Fellinger
Periodica Musicalia
(1789–1830)

Studien zur Musikgeschichte des 19. Jahrhunderts
Band 55

Forschungsunternehmen der Fritz Thyssen Stiftung
Arbeitskreis Musikwissenschaft

Periodica Musicalia
(1789–1830)

im Auftrag des Staatlichen Instituts für
Musikforschung Preußischer Kulturbesitz

bearbeitet von Imogen Fellinger

Gustav Bosse Verlag Regensburg 1986

C

ML
110
· P47
1986

Inhalt

Vorwort VII

I. Periodica musicalia (1789—1830)
Historischer Überblick XI

II. Bemerkungen zur Anlage des Verzeichnisses XXXVII

III. Bibliographien

    1. Thematische Verzeichnisse XLI
    2. Bibliotheks-Kataloge XLI
    3. Allgemeine Musik-Bibliographien XLI
    4. Allgemeine Zeitschriften-Bibliographien XLII
    5. Verzeichnisse von Musikzeitschriften XLII
    6. Verzeichnis periodischer Musikpublikationen XLII
    7. Verzeichnisse von Musikverlagen XLIII

IV. Sigel der Bibliotheken XLV

Verzeichnis der Abkürzungen XLIX

Chronologische Übersicht nach Gründungsjahren L

V. Chronologisches Verzeichnis der Periodica musicalia
(1789—1830) 1

Appendix 993

Register

    1. Titel der Periodica musicalia 997
    2. Herausgeber 1000
    3. Erscheinungsorte 1001
    4. Verleger und Drucker 1002
    5. Komponisten 1004
    6. Textverfasser 1035
    7. Titel und Textanfänge von Vokal- und Bühnenwerken 1051
    8. Titel von Instrumentalwerken 1223

Addenda 1259

Vorwort

Die hier vorgelegte Publikation stellt eine Art von Parallel-Band zu meinem *Verzeichnis der Musikzeitschriften des 19. Jahrhunderts,* Regensburg 1968 (Studien zur Musikgeschichte des 19. Jahrhunderts, Band 10) dar. Handelte es sich bei jener Veröffentlichung um Periodica, die in der Hauptsache aus Abhandlungen, Berichten, Kritiken und Nachrichten aus dem Musikleben bestehen, so geht es hier um Periodica, die ausschließlich musikalische Werke verschiedener — zuweilen auch einzelner — Komponisten enthalten. Jene, wie sich nunmehr nachweisen ließ, vom Beginn der 90er Jahre des 17. Jahrhunderts überkommene Tradition, musikalische Werke in bestimmten festgelegten zeitlichen Abständen erscheinen zu lassen, ist nicht nur, wie lange Zeit allgemein angenommen wurde, als typisch für das 18. Jahrhundert anzusehen. Vielmehr erlebte diese Art der Publikationsform am Ende des 18. und vor allem im 19. Jahrhundert einen erheblichen Aufschwung und begegnet durchaus auch noch im 20. Jahrhundert.

Grundlegende Merkmale der Zeitschriften im engeren Sinne sind auch für diese Periodica gültig, so die sukzessive Erscheinungsweise in periodisch regelmäßiger Folge (etwa als Monats- oder Wochenblatt sowie als Jahrbuch) oder auch in zwangloserer Form (so sechs Hefte jährlich), die Zählung nach Nummern und Jahrgängen und die Lieferung zu Abonnementsbedingungen. Wie den Zeitschriften liegt auch den periodischen Musikpublikationen die Absicht einer unbeschränkten Erscheinungsdauer zugrunde, sind sie wie diese durch eine von Verleger oder Herausgeber bestimmte Haltung gekennzeichnet und lassen auch sie — bis zu einem gewissen Grade — ein Streben nach Mannigfaltigkeit des Inhalts und nach Aktualität erkennen. Der Plan einer unbegrenzten Erscheinungsdauer dokumentiert sich in Publikationen dieser Art, die 25 und mehr Jahrgänge umfassen, wenn auch kurzlebigere Veröffentlichungen wie bei Zeitschriften an Zahl überwiegen. Eine durch Verleger oder Herausgeber geprägte Grundhaltung äußert sich etwa im Niveau und in der Art der Auswahl dargebotener Kompositionen. Die Tendenz zu inhaltlicher Vielfalt wird deutlich in einer Vielzahl vorgelegter Stücke verschiedenartiger Komponisten und unterschiedlicher Gattung instrumentaler und vokaler Art. Eine Neigung zu Zeitbezogenheit schließlich findet ihren Niederschlag im Abdruck neuer Kompositionen, in einem anderen Sinne verstanden etwa auch in Zugeständnissen an den jeweils herrschenden Publikumsgeschmack. Andererseits erscheinen die Periodica musicalia zumeist ohne Angabe von Jahreszahlen, was sie wiederum — gemäß verlegerischer Gepflogenheit — in die Nähe allgemeiner musikalischer Ausgaben rückt. Sie repräsentieren damit eine Publikationsform, die zwischen der Zeitschrift auf der einen und der musikalischen Ausgabe auf der anderen Seite steht.

Diese periodischen Ausgaben richteten sich vornehmlich an private Musizierkreise, aber auch an halböffentliche oder öffentliche Bereiche des Musizierens, so an Chor- und Instrumental-Vereinigungen, Lehranstalten, Kirchen und Musikalische Gesellschaften. Sie vermitteln damit einen lebendigen Eindruck von der musikalischen Praxis dieser Bereiche. In der Hauptsache geht es daher um Werke für einzelne Instrumente, wie Klavier, Harfe, Gitarre, Flöte allein oder auch in Verbindung· mit Geige oder Singstimmen, zuweilen aber auch um mehrstimmige Chorwerke mit oder ohne Instrumentalbegleitung, um Kompositionen für Orgel oder für Orchester. Hierbei erscheinen Klavierstücke, Sonaten, Variationenwerke, Lieder für eine oder zwei Singstimmen mit instrumentaler Begleitung in der Regel in originaler Gestalt, während Auszüge aus Opern, größeren Chorwerken, Orchester- und Kammermusikwerken in bearbeiteter Form gebracht werden.

Nicht zuletzt spielten bei dieser Art der Erscheinungsform musikalischer Periodica selbstredend auch merkantile Gesichtspunkte eine wesentliche Rolle. Die periodischen Sammlungen wurden zur Subskription ausgeschrieben. Mit einer bestimmten Anzahl von Abonnenten war eine solche Ausgabe gesichert. Der Subskriptionspreis wurde verhältnismäßig niedrig gehalten, separat herausgegebene Hefte oder Einzelausgaben von Kompositionen wurden dagegen zu einem ungleich höher veranschlagten Preise vertrieben.

Diese Periodica wurden bisher von der Forschung noch kaum beachtet. Ihre Quellenlage ist kompliziert. Vielfach haben sie sich nur noch in einzelnen — oftmals unvollständigen — Exemplaren oder lediglich als Bruchstücke oder Einzelnummern erhalten, wenn sie sich nicht überhaupt nur mehr bibliographisch an Hand von Verlagsverzeichnissen oder von Anzeigen und Rezensionen in Musikzeitschriften nachweisen lassen. Sie sind von wesentlicher Bedeutung für die Kenntnis der Musizierpraxis im späten 18. und frühen 19. Jahrhundert und somit für die Art musikalischer Rezeption innerhalb privater und öffentlicher Bereiche in jener Zeit. Damit ermöglichen sie zugleich Rückschlüsse auf den Zeitgeschmack. Darüber hinaus sind sie wegen der in ihnen enthaltenen Erst- und Frühdrucke von Kompositionen bedeutenderer Meister wichtig. Das vorliegende Verzeichnis, mit dem somit neue musikalische Quellen aus jener Epoche erschlossen werden, vereinigt in chronologischer Folge periodische Musikpublikationen, die in der Zeit von 1789 bis 1830 zu erscheinen begannen. Es umfaßt mit 237 aus 16 Ländern der Welt stammenden Titeln mit Inhaltsangaben in originaler Anordnung die in 147 europäischen und außereuropäischen Bibliotheken vorhandenen, wie auch nur mehr bibliographisch nachweisbare Periodica dieses Zeitraumes, sofern sie tatsächlich erschienen sind. Hierbei wurden periodische Sammlungen, die ihr Erscheinen vor 1800 aufnahmen, nur dann berücksichtigt, wenn ihr Hauptgewicht im 19. Jahrhundert lag, wie bei der 46 Jahrgänge umfassenden Publikation *Musikaliskt Tidsfördrif* (Stockholm 1789—1834), die die Reihe der Periodica eröffnet, und bei *Apollo* (Kopenhagen 1795 [—1808]) oder wenn sie gleichgewichtig dem 18. und 19. Jahrhundert zugehörten, so *The Piano-Forte Magazine* (London [1797—1802]). Ergaben sich dieserart die zeitlichen Grenzen von 1789 bis 1830 gleichsam vordergründig aus der speziellen Konstellation der eruierbaren und hier vorgelegten Periodica musicalia im Hinblick auf die ersten Dezennien des 19. Jahrhunderts in europäischen Ländern und in den Vereinigten Staaten von Nordamerika, so stellt diese Zeitspanne für die Publikationen selbst eine typische Phase im Zuge ihrer Entwicklung dar. Denn gerade in jenen Jahrzehnten erlebten sie eine überaus starke Verbreitung und eine vorher ungekannte Vielfalt von Erscheinungsformen. Gleichzeitig bildet aber dieser Zeitraum auch, für sich betrachtet, innerhalb der musikhistorischen Entwicklung eine in sich abgeschlossene Epoche, die vom Ausbruch der Französischen Revolution (1789) bis zum Beginn der musikalischen Romantik um das Jahr 1830 reicht — als erste Phase des von der Französischen Revolution bis zum Ersten Weltkrieg gehenden geistesgeschichtlichen Entwicklungszuges. Einen gewissen Ausblick auf die Weiterentwicklung der periodischen Musikpublikationen gewähren einzelne Periodica, deren Erscheinungsdauer über das Jahr 1830, in drei Fällen auch über die Jahrhundertmitte, hinausgeht, so bei *Der musikalische Gesellschafter in einsamen Stunden* (Wien [ca. 1824–ca. 1866]), *The Musical Bijou* (London 1829—1851) und *Concordance* (Wien [1830–ca. 1863]).

Aufgenommen wurden nur musikalische Ausgaben, die Periodica darstellen, also in bestimmten Zeitabständen, sei es wöchentlich, monatlich, zweimonatlich, vierteljährlich oder jährlich oder auch in zwangloserer Form herausgegeben worden sind. Die Art der Periodizität geht entweder aus der Formulierung des Haupt- oder Untertitels der Publikation hervor, so *Neues Musikalisches Wochenblatt für eine Flöte* (Hamburg [ca. 1810–ca. 1811]), ist an der Zählung nach Jahrgängen erkennbar oder auch gelegentlich beigegebenen Vorworten oder zeitgenössischen Überlieferungen (Verlagsverzeichnissen, Anzeigen in Tageszeitun-

gen und Musikzeitschriften etwa) zu entnehmen. Hierbei wurden auch Periodica berücksichtigt, die nur eine Nummer oder einen Jahresband erlebten, wenn sie die Absicht erkennen ließen, daß weitere Nummern oder Bände folgen sollten, etwa die englische Ausgabe *Musical Souvenir* (London 1829), aus deren Vorwort eindeutig hervorgeht, daß mehrere Jahrgänge geplant waren (*Preface*, S. 2). Von Periodica, die auf Grund zeitgenössischer Quellen tatsächlich erschienen sind, von denen sich jedoch keine Exemplare nachweisen lassen – entweder, da sie niemals in den Besitz von Bibliotheken gelangt sind, oder aber durch Kriegseinwirkung vernichtet oder anderweitig abhanden gekommen sind –, werden die Titel gebracht und nach Möglichkeit Hinweise auf ihren Inhalt gegeben.

Einige der in den *Recueils imprimés XVIIIe siècle* (*RISM* B II) enthaltenen Periodica, vor allem die mit „ca. 1800" oder „[1800]" versehenen Sammlungen, konnten exakter datiert werden. Sie fanden Berücksichtigung, sofern sie im Jahre 1800 oder später erschienen, mußten jedoch ausgeschlossen bleiben, wenn sie dem 18. Jahrhundert zuzuweisen waren. Dies gilt etwa auch für das von F. F. Hurka herausgegebene Monatsblatt *Musikalisches Journal*, das nachweislich 1799, nicht 1800, in Berlin erschienen ist, wie der auf Seite 7 gegebene Hinweis auf *Becker's Taschenbuch zum Geselligen Vergnügen* erkennen läßt. Auch einige von Bibliotheken vorgenommene Datierungen bedurften der Korrektur, beispielsweise das norwegische Periodicum *Lyren* (Christiania [1823]), das gemäß seines Inhaltes in das Jahr 1832 zu verweisen ist und daher hier auszuschließen war.

Unberücksichtigt blieben Musikbeilagen und musikalische Supplemente von Musikzeitschriften und musikalischen Almanachen, nicht-musikalischen Fachzeitschriften und literarischen und kulturhistorischen Almanachen sowie Musikzeitschriften, die gleichgewichtig aus einem Textteil und einem Musikteil bestehen. Ebenso blieben periodisch veröffentlichte, mit dem Hinweis auf zugehörige Melodien ausgestattete Textsammlungen französischer Chansons und Romanzen und jährlich herausgegebene Sammlungen von Karnevals- und Redoute-Tänzen ausgeschlossen. Sie alle stellen periodische Veröffentlichungen musikalischer Werke in einem weiteren Sinne dar.

Der Publikation ist ein *Historischer Überblick* über Entstehung und Entwicklung der periodischen Musikpublikationen vorausgeschickt. Für die Angabe der Fundorte wurden die Sigel des *Répertoire International des Sources Musicales* (*RISM*) übernommen und für darin nicht enthaltene Institutionen entsprechende Sigel gesetzt (*IV. Sigel der Bibliotheken*). Dem Hauptteil *V. Chronologisches Verzeichnis der Periodica musicalia (1789–1830)* mit Inhaltsangaben ist ein umfangreicher Registerteil angeschlossen, der nach Titeln der Periodica, Herausgebern, Erscheinungsorten, Verlegern und Druckern, Komponisten, Textverfassern sowie Titeln und Textanfängen von Vokal- und Bühnenwerken und Titeln von Instrumentalwerken angeordnet ist.

Der Plan zu einem Quellenwerk der periodischen Musikpublikationen des 19. Jahrhunderts entstand in Zusammenhang mit dem *Verzeichnis der Musikzeitschriften des 19. Jahrhunderts* (1968) im Rahmen der von der Fritz Thyssen Stiftung geförderten und von mir geleiteten Dokumentationsstelle für *Musikbibliographie des 19. Jahrhunderts* am Musikwissenschaftlichen Institut der Universität Köln, bei dessen Vorbereitung ich auf die Bedeutung dieser Spezies von Periodica im 19. Jahrhundert aufmerksam geworden war. Mit den hierfür erforderlichen Vorarbeiten wurde Anfang des Jahres 1969 begonnen. Bis August 1970 wurden die meisten eruierbaren Titel periodischer Ausgaben mit dem Nachweis von Fundorten für den Zeitraum von 1789 bis 1918 aufgenommen und einige der Sammlungen aus der Zeit von 1800 bis 1850 nach ihrem Inhalt aufgeschlüsselt.

Diese bis August 1970 von der Fritz Thyssen Stiftung getragene Dokumentationsstelle wurde Anfang September 1970 durch das Staatliche Institut für Musikforschung Preußischer Kulturbesitz in Berlin übernommen und als *Musikar-*

chiv des 19. Jahrhunderts im Rahmen der Historischen Abteilung von mir weitergeführt. Seit diesem Zeitpunkt habe ich die Arbeit an den Periodica musicalia, hauptsächlich deren inhaltliche Aufschlüsselung und die auf Grund zeitgenössischer Quellen vorgenommene Datierung und Identifizierung der Sammlungen und in ihnen enthaltener Kompositionen, fortgesetzt und für den Zeitraum von 1800 bis 1850 weitgehend zum Abschluß gebracht. War zunächst daran gedacht gewesen, die aus der ersten Hälfte des 19. Jahrhunderts stammenden Periodica in einem Bande zu vereinigen, so mußte diese Absicht angesichts des zu großen Umfangs der inzwischen erarbeiteten Titel mit Fundortnachweisen und Inhaltsangaben aufgegeben werden zugunsten einer Begrenzung auf den Zeitraum bis 1830.

Das Manuskript vorliegender Veröffentlichung wurde im August 1977 abgeschlossen und im Oktober 1978 zum Satz gegeben. Ergänzungen zu zwei im Werk berücksichtigten Periodica, die sich während der Drucklegung ergaben, folgen als Nachtrag am Ende des Hauptteils.

Mein Dank gilt den Direktoren, Abteilungsleitern und Mitarbeitern der beteiligten Bibliotheken im In- und Ausland, die bereitwillig ihre Bestände zur Einsichtnahme zur Verfügung stellten oder Auskünfte über sie erteilten. Vor allem seien hier die Bayerische Staatsbibliothek in München, die Österreichische Nationalbibliothek in Wien, die Öffentliche Bibliothek der Universität Basel, die Bibliothèque du Conservatoire Royale de Musique in Brüssel, Det Kongelige Bibliotek in Kopenhagen, die Bibliothèque Nationale in Paris, die British Library in London, die Biblioteka Narodowa in Warschau und die Kungl. Musikaliska Akademiens Bibliotek in Stockholm genannt.

Besonders habe ich der Fritz Thyssen Stiftung für die Gewährung einer wissenschaftlichen Hilfskraft (April 1971 bis März 1972), einer studentischen Hilfskraft (bis Mai 1973) und von Reisemitteln (bis September 1972) sowie für die Bewilligung der Druckbeihilfe zu danken.

Darüber hinaus möchte ich dem Direktor des Staatlichen Instituts für Musikforschung Preußischer Kulturbesitz, Herrn Prof. Dr. Hans-Peter Reinecke, sowie den Mitarbeitern, die mich bei meiner Arbeit unterstützt haben, meinen Dank aussprechen.

Imogen Fellinger

I. Periodica musicalia (1789—1830)
Historischer Überblick

Die ersten periodisch erschienenen musikalischen Sammlungen Anfang der 90er Jahre des 17. Jahrhunderts weisen die gleichen Titel wie andere inhaltlich gleichartige nicht-periodische Ausgaben auf. Sie setzen sich aus dem Begriff der Erscheinungsform und dem Gattungsbegriff zusammen, etwa *„Recueil d'Airs"*. Jedoch unterscheiden sie sich von jenen durch hinzutretende Wendungen, die sich auf die Erscheinungsweise beziehen, so „pour les mois", „pour le quartier" oder „pour l'année". Seit der Wende vom 17. zum 18. Jahrhundert wurde die genauere Bestimmung der Periodizität auch in die Titel-Formulierung unmittelbar einbezogen, etwa in dem von John Walsh dem Älteren herausgegebenen Periodicum *Monthly Mask of Vocal Music* (London 1702/03—1711/12, 1717—1723/24) oder auch bei Johann Adam Hillers periodischer Sammlung *Wöchentlicher musikalischer Zeitvertreib* (1759—1760).

Der um die Wende vom 17. zum 18. Jahrhundert im allgemeinen Sprachgebrauch heimisch werdende, von mittellateinisch *diurnale* (italienisch *giornale*) abgeleitete französische Begriff *journal* erhielt die Bedeutungen, die er im Französischen noch heute besitzt: Tagebuch sowie Zeitung und Zeitschrift. Dieser Begriff sollte alsbald im Rahmen periodischer Musikpublikationen eine dominierende Funktion als Gattungsbegriff wie auch als Terminus im Titel periodischer Musikausgaben einnehmen. Ein erster Nachweis findet sich bei Georg Philipp Telemann in dessen Vorrede zu dem von ihm herausgegebenen Periodicum *Der Getreue Music-Meister* (1728), das er als *„ein musicalisches Journal"*[1] vorstellt. Diese begriffliche Verbindung bürgerte sich im Verlauf der Zeit als Gattungsbezeichnung für periodische Musikpublikationen zur Unterscheidung von Musikzeitschriften im üblichen Sinne weitgehend ein. Termini wie *musikalisches Journal, Musik-Journal* oder auch einfach *Journal*, entsprechend im Französischen *Journal de Musique* und im Englischen *Musical Journal*, wurden als Gattungsbegriffe auch im 19. Jahrhundert angewendet. Hans Georg Nägeli bezeichnete seine Sammlung *Teutonia* (1808 [—1814]), die im Rahmen der Periodica musicalia wegen ihrer weitgehend zwanglosen und nur in einigen Nummern periodischen Erscheinungsweise einen Grenzfall darstellt, als *Journal*[2] und in einem Zirkular vom Jahre 1807 als *Gesang-Journal*[3]. 1821 definierte der französische Musikkritiker Castil-Blaze diese Publikationsform wie folgt: *„C'est une feuille qui paraît périodiquement et contient un ou plusieurs morceaux de musique vocale et instrumentale. Le journal Hebdomadaire, le journal des Troubadours, le journal d'Euterpe, le Chantre du Midi, etc., sont*

---

1 *Vorrede*, S. [1].
2 *Ankündigung*, S. III und V.
3 Zitiert bei R. Hunziker, *Hans Georg Nägeli. Einige Beiträge zu seiner Biographie*, in: *Schweizerische Musikzeitung* 76, 1936, S. 624.

des *journaux de Musique"*[4]. Demgegenüber umschrieb er die Musikzeitschrift im engeren Sinne als *„journal littéraire spécialement consacré à la musique"*[5], wobei er beispielsweise an eine Zeitschrift wie die *Allgemeine musikalische Zeitung* (Leipzig 1798/99—1848) dachte.

Im Rahmen von Titeln einzelner Periodica tauchte der Begriff *Journal* zuerst bei französischen und belgischen periodischen Musikpublikationen in den 50er Jahren des 18. Jahrhunderts auf, so in dem von 1758 bis 1773 in Lüttich erschienenen *Echo, ou Journal de Musique Françoise, Italienne* und dem von de Lagarde herausgegebenen *Journal de Musique* (Paris 1758). Auch das erste Auftreten des Begriffes *Zeitschrift* als adäquater Terminus für *Journal* im deutschen Sprachraum geschah innerhalb dieser Publikationsform: *Neue Musikalische Zeitschrift, aufs Jahr 1791. Zur Beförderung einsamer und geselliger Unterhaltung beim Klavier für Geübte und Ungeübte, von verschiedenen Tonsetzern bearbeitet* (Halle 1791), von der in vierteljährlichem Abstand zwei Hefte erschienen sind. Doch wurde der Begriff *Zeitschrift* dann bald für Musikzeitschriften im engeren Sinne übernommen, während er sich im Rahmen periodischer Musikausgaben in der Regel nur in kombinierten Wortformen, wie *Wochenschrift, Monatsschrift* und ähnliche Bildungen eingeführt hat. Denn auch im deutschen Sprachraum blieb der Begriff *Journal* als zentraler Terminus für periodische Musikpublikationen weiterhin bestehen, wobei er auch in kombinierter Form, etwa mit der instrumentalen Besetzung verknüpft auftrat, so als *Orgel-Journal*[6], oder auch mit der musikalischen Zweckbestimmung verbunden wurde, etwa als *Theater-Journal*[7].

Neben dem zentralen Begriff *Journal* und anderen synonym gebrauchten Termini wie *Archiv, Blätter, Magazin, Museum*, etc., ferner — ähnlich wie bei allgemeinen Sammlungen und Serienwerken der Zeit — Begriffen aus der griechischen Mythologie, etwa *Amphion, Apollo, Euterpe, Eunomia, Orpheus*, und Begriffen mehr poetischer Art, wie sie auch Gedichtsammlungen der Epoche aufweisen, wie *Blumenlese, Liederkranz, Arabesken*, im Englischen etwa *Bijou, Gem*, spielt naturgemäß das Epitheton *periodisch* (englisch *periodical*, französisch *périodique*) im Rahmen dieser Publikationen eine hervorragende Rolle. Es taucht, wie es scheinen will, zu Beginn der zweiten Hälfte des 18. Jahrhunderts bei französischen Periodica auf, so bei *L'Année musicale. Ouvrage périodique mêlé des parodies des plus jolis petits airs italiens* (Paris 1755/56—1756/57), dann ab 1760 in den zahlreichen Ausgaben von *Symphonies périodiques*

---

4 *Dictionnaire de Musique Moderne*, par M. Castil-Blaze, Tome I, Paris 1821, S. 321. — *Journal hebdomadaire*, Paris 1764—1808, 38 Jahrgänge. — *Journal des Troubadours*, Paris [1807/08—1814/15], 8 Jahrgänge. — *Journal d'Euterpe*, seit 1815 (nach Fusion mit *Journal des Amateurs*, Paris 1815): *Journal d'Euterpe et des Amateurs*, Paris 1813—1827, 15 Jahrgänge. — Das an letzter Stelle genannte Periodicum *Le Chantre du Midi* ist in keiner Bibliothek nachweisbar. Erst während der Drucklegung fanden sich die Nummern 3—6 und 10—16 dieser Ausgabe in einer Privatsammlung in London. Sie konnten daher für die vorliegende Publikation nicht mehr berücksichtigt werden. Der exakte Titel lautet: *„Le Chantre du Midy* ([Kopftitel:] *Midi*). Journal de Musique. Rédigé par MM. A. B. Roux-Martin & J.h Roger. Ce Journal contiendra 48 morceaux de chant, la souscription est de (F.) 18 par année, payable de 4 en 4 mois d'avance. On souscrit à Paris, chez Petit, Passage Feydeau, No. 13. A Montpellier, chez Jr Roger, Gd-rue (1819)". Der Inhalt besteht aus Romanzen für eine Singstimme mit Pianoforte-, Harfen- oder Gitarre-Begleitung von Joseph Granier, Joseph Roger und A. B. Roux-Martin.

5 Ebda., S. 321.

6 *Orgel-Journal*, Mannheim 1830/31—1832/33.

7 So *Theater=Journal für Gesang mit Begleitung des Pianoforte*, Wien [1819—1822].

und *Periodical Overtures* französischer und englischer Verleger[8]. Dieses Beiwort fand in den folgenden Jahrzehnten vielfältige Anwendung, vor allem in Verbindungen wie *Recueil périodique*, so *Recueil périodique d'Ariettes d'Opéra Comiques et autres...* (Paris 1777), auch im deutschen Sprachraum, etwa *Periodische Unterhaltungen* (Wien [1805–1806]). Wie zahlreiche Beispiele erkennen lassen, hat sich die Bedeutung des Begriffes *periodisch* im Vergleich zu exakten Angaben über die Art der Periodizität in Ausdrücken wie *Wochenblatt, Monatsblatt, Monatsfrüchte, Monthly Journal* und ähnlich, dahingehend entwickelt, daß mit dem Terminus *periodisch* zum Teil auch die Vorstellung einer etwas zwangloseren Erscheinungsweise verbunden wurde, wenn andererseits auch durch diesen Begriff die Absicht der Periodizität als solche deutlich ausgesprochen erschien. Eine weitere Differenzierung in der Anwendung des Begriffes bahnte sich zu Beginn des 19. Jahrhunderts an. Während sich für Musikzeitschriften im engeren Sinne immer mehr der ursprünglich 1754 von Friedrich Wilhelm Marpurg geprägte Begriff *periodische Schrift*[9] einführte, so bei Fétis als *écrit périodique*[10] und auch noch bei Freystätter[11], blieb der Terminus *periodisches Werk*[12], im Französischen entsprechend *Ouvrage périodique*[13] oder auch *Œuvre périodique*[14] und im Englischen *periodical Collection*[15], den periodischen Musikpublikationen im Sinne einer strengen oder auch freizügigeren Periodizität vorbehalten. War die Anwendung der Begriffe zwischen beiden Kategorien von Periodica von Anbeginn an fließend gewesen, so war hier eine klare begriffliche Abgrenzung vollzogen worden.

I

Diese Vielheit der Begriffe deutet zugleich auf eine Vielfalt der Erscheinungen einer solchen Publikationsform hin, die sich in der Art ihrer Entstehung und ihrer Entfaltung in unterschiedlicher Weise ausgeprägt hat. Die periodischen Musikpublikationen stellen in allen Ländern mit Ausnahme von Deutschland und Österreich, in denen zuerst musikalische Gelehrten-Zeitschriften erschienen, die frühesten Periodica auf musikalischem Gebiet überhaupt dar. Historisch läßt sich diese Publikationsform, soweit nachweisbar, bis Anfang der 90er Jahre des 17. Jahrhunderts zurückverfolgen. Wie es dazu kam, musikalische Werke in periodischer Folge herauszugeben, ist nicht recht auszumachen. Als erste Ausgabe kann, wie es scheint, die von dem Pariser Verleger Christophe Ballard in dreimonatiger Abfolge („*de trois mois en trois mois*") herausgegebene Sammlung *Airs sérieux et à boire* von Jean Baptiste de Bousset (livre I– XVIII) (Paris 1690–1694) gelten. Zwar hatte Ballard schon vorher unter

---

8 Sie enthielten etwa Werke von J. Amon, I. Pleyel und hauptsächlich von Komponisten der Mannheimer Schule, beispielsweise *Simphonie périodique a più stromenti*, Paris, de La Chevardière, mit Kompositionen von Christian Cannabich, Anton Filtz, etc. oder *The Periodical Overtures in 8 Parts. Composed by Stamitz... Filtz... Stamitz... Cannabich...*, London R. Bremner [1764] und folgende Ausgaben.
· 9 Fr. W. Marpurg, *Historisch-kritische Beyträge zur Aufnahme der Musik* I, 1. Stück, 1754, S. XV.
10 Fr.-J. Fétis bezeichnet die *Allgemeine musikalische Zeitung* als „*écrit périodique*" in: *Biographie universelle des musiciens* VII, S. 282.
11 W. Freystätter gab seinem 1884 erschienenen Verzeichnis *Die musikalischen Zeitschriften seit ihrer Entstehung bis zur Gegenwart* den Untertitel *Chronologisches Verzeichniss der periodischen Schriften über Musik.*
12 *Cäcilia, ein periodisches Werk* [1822].
13 *Mon Plaisir, Ouvrage périodique* [1821–1844].
14 *Le Troubadour du Nord. Œuvre périodique musical* [ca. 1810–ca. 1819].
15 *Martin Platt's periodical Collection of popular Dances, Waltzes, &c.* [ca. 1810– 1815].

zahlreichen Serien einige Ausgaben vorgelegt, deren Bände er im Abstand von einem Jahr erscheinen ließ, so *Airs de différents autheurs à 2 parties* (livre I–XXXVII) (Paris 1658–1694). Doch sind diese offensichtlich als numerierte Serien, noch nicht als Periodica aufzufassen, zumal sie auch im Gegensatz zu gleichartigen späteren Sammlungen nicht die Angabe „pour l'année" aufweisen. Das Jahr 1690 dürfte somit als Zeitpunkt der Entstehung dieser Publikationsform zu betrachten sein. Das Haus Ballard erreichte um jene Zeit den Höhepunkt seiner Verlagstätigkeit. Durch zahlreiche Drucke von Serien von Zeitvertreib-Sammlungen und ähnlichen Ausgaben suchte der Verlag seinen Kundenkreis zu erweitern[16]. Es wäre demnach durchaus denkbar, daß er sich zu diesem Zwecke einer neuen Erscheinungsform für Musikwerke bediente, sie vielleicht erfunden hat. Es liegt aber auch nahe anzunehmen, daß Ballard die Publikationsform der Gelehrten-Zeitschriften, die in jener Epoche seit geraumer Zeit bestanden – so *Le Journal des Sçavans* (Paris) seit 1665 und der seit 1682 herauskommende *Mercure Galant* (seit 1724 *Mercure de France*) –, auf den Bereich praktischer Musikausgaben übertragen hat.

Weitere Ausgaben im Rahmen dieser Publikationsform folgten[17]. Mitte der 90er Jahre begann C. Ballard mit der regelmäßigen Herausgabe seiner berühmt gewordenen *Recueil d'Airs sérieux et à boire de différents autheurs pour l'année 1695* mit Generalbaß, die in monatlichen Folgen und zu Jahrgängen zusammengefaßt bis 1724 erschienen ist. Sie enthält eine Fülle von Kompositionen französischer Meister der Epoche, so von Abeille, Charpentier, Desfontaines, Duparc, Lecamus, Lully und andere mehr. Als Fortsetzung ließ J. B. C. Ballard, der die *Recueil d'airs sérieux...* in Nachfolge von C. Ballard seit 1716 verlegt hatte, die *Meslanges de musique latine, françoise et italienne, divisez par saisons. Suite du recueil de différents auteurs, donné au public de mois en mois pendant trente années consécutives* (1725–1732) folgen. Sie umfassen Vokalwerke französischer und italienischer Komponisten wie Boismortier, Bononcini, Campra, Charpentier, Lambert und A. Scarlatti. Zahlreiche, zum Teil sehr verbreitet gewesene periodische Ausgaben folgten, so *Simphonie périodique a più stromenti*, Paris, de La Chevardière seit den 60er Jahren mit Werken der Mannheimer Schule, etwa von Filtz und Cannabich, und das *Journal hebdomadaire*, das 1764 bis 1783 bei de La Chevardière erschien und dann von 1784 bis 1808 durch Le Duc fortgesetzt wurde. Dieses wöchentlich herausgegebene Journal enthielt hauptsächlich ausgewählte Opernarien, daneben „*vaudevilles, rondeaux, ariettes, duos, romances*" von Meistern wie P. M. Berton, Dezède, Gluck, Grétry, Lully, Monsigny, Philidor, Piccini und Rameau.

Die erste englische Ausgabe erschien 1699: *Mercurius Musicus or, the Monthly Collection of New Teaching Songs, compos'd for the Theatres, and other Occasions, with a Thorow Bass for the Harpsichord, or Spinett, by the best Masters of the Age, the songs being transpos'd for the Flute, at the end of the book. For january (– december)*, London 1699–1702, W. Pearson for H. Playford. An zeitgenössischen englischen Komponisten sind in dieser periodischen Sammlung J. Barrett, J. Blow, J. Clark, W. Croft und andere, mit einem Gesang auch Henry Purcell, vertreten. Sowohl der gleichzeitig erschienenen französischen Ausgabe *Recueil d'airs sérieux...* wie dieser englischen Sammlung ist gemein, daß sie ausschließlich Vokalkompositionen ihrer Zeit und ihres Landes aufweisen. Während das französische Periodicum als Divertissement-Sammlung zu klassifizieren ist, tritt bei der englischen Ausgabe im Rahmen dieser Publikationsform erstmals der Bezug zum Theater auf, zugleich mit einem didaktischen Zweck verbunden, zudem auch der Gesichtspunkt der Bearbeitung

---

16 Vl. Fédorov, Artikel *Ballard* in: *MGG* I, Sp. 1146–1147.

17 So *Airs sérieux et à boire de différents auteurs pour les mois d'octobre, novembre et décembre* (Paris 1694).

für ein Instrument, hier am Ende des Bandes für eine Flöte. Damit sind in diesen ersten nachweisbaren Periodica musicalia am Ende des 17. Jahrhunderts verschiedene Aspekte vorgezeichnet, die sich im Verlauf der weiteren Entwicklung dieser Publikationsform als charakteristisch, ja geradezu als typisch für diese erweisen sollten.

Wahrscheinlich durch jenes erste englische Periodicum *Mercurius Musicus* angeregt, ließ John Walsh der Ältere gemeinsam mit J. Hare zu Beginn des 18. Jahrhunderts die bedeutende periodische Ausgabe *The Monthly Mask of Vocal Music, or the Newest Songs for the Theatre's & other Ocations* (1702/03 – 1711/12, 1717–1723/24) erscheinen. Sie besteht aus einzelnen Gesängen einiger italienischer Meister, wie G. B. Bononcini, Conti, Corelli und A. Scarlatti, sowie hauptsächlich englischer Komponisten, wie B. Aldrich, J. Clarke, W. Croft, H. Purcell, Roseingrave und J. Weldon, darunter auch eine Anzahl von Erstdrucken Händelscher Kompositionen. Diese Gesänge wurden zur gleichen Zeit oder auch etwas eher von denselben Platten in Einzelausgaben in den Handel gebracht. War dieses Werk ausschließlich der Vokalmusik gewidmet, so enthielt Walsh' zweites Periodicum großenteils Instrumentalwerke: *Mercurius Musicus or a Monthly Entertainment of Musick... for the Harpsichord or Spinnet, Harp and Organ to consist of Preludes, Tocatas, Aires, Lessons and the most Favourite Song Tunes in ye Opera's* (1708–1709). Die schon im ersten englischen Periodicum angeklungene Tendenz, Vokalkompositionen in instrumentaler Bearbeitung vorzulegen, wurde von John Walsh dem Jüngeren neben der Flöte auf weitere Instrumente ausgedehnt, wie dessen Ausgabe *The Monthly Mask, or an Entertainment of Musick consisting of six... Songs set for the Violin, German Flute, Common Flute & Harpsichord...* (1737–1738) zeigt. Seit den 60er Jahren folgten die verschiedenen Ausgaben von „Periodical Overtures", so *The Periodical Overtures for the Harpsichord, Piano-Forte...* [ca. 1775] mit Werken von Bach, Cannabich, Crispi, Filtz, P. Ricci und Stamitz.

Hinzu gesellte sich seit Anfang des 18. Jahrhunderts der Amsterdamer Verleger französischer Herkunft Estienne Roger, der als eine Art von Vorläufer von 1696 an ein nicht-periodisches Sammelwerk in fünfzehn Lieferungen bis etwa 1712 unter dem Titel *Recueil d'airs sérieux et à boire, tirez des livres de Messieurs de Bousset, la Barre, Piroye, du Buisson & autres maîtres* herausgab[18]. Offensichtlich von seinem Landsmann C. Ballard beeinflußt ließ Roger seit 1701 in monatlichen Folgen die periodische Sammlung *Les Airs sérieux et à boire des mois de Janvier, Février, Mars...* erscheinen, die bis zum Jahre 1723 herauskam. Das Neue gegenüber den üblichen Airs-Sammlungen der Epoche ist bei diesem Periodicum, daß Roger dessen Inhalt durch „*des plus beaux morceaux des Opera, de belles Cantates Françoises & Italiennes*" beträchtlich erweiterte. Spätere Ausgaben bereicherte er auch durch verschiedene ihm im Manuskript vorliegende Weisen. Daneben oder kurz danach scheint noch eine undatierte periodische Ausgabe mit dem Titel *Recueill de Cantates Françoises & Italiennes & d'Airs sérieux & à boire choisis de différens Autheurs, en 4 saisons de l'année*, wie dem Verlagskatalog zu entnehmen ist[19], herausgekommen zu sein. Periodische Airs- und Chanson-Sammlungen nach französischem Muster folgten in den Niederlanden in den letzten beiden Dezennien des 18. Jahrhunderts, wobei hauptsächlich auf das bei B. Hummel et Fils in Den Haag und Amsterdam gegen 1785 erschienene *Journal de la Haye ou Choix d'Airs Français dédié aux Dames* und auf das bei W. C. Nolting in Amsterdam von etwa 1789 an herausgekommene *Journal d'Amsterdam ou Choix des Chansons Françoises* hinzuweisen ist.

---

18 vgl. F. Lesure, *Bibliographie des Editions Musicales publiées par Estienne Roger et Michel-Charles Le Cène (Amsterdam 1696–1743)*, Paris 1969.
19 *Catalogue de 1737*, abgedruckt ebda.

Die erste in Deutschland erschienene periodische Musikpublikation war Telemanns Ausgabe *Der getreue Music-Meister* (Hamburg 1728). Neu ist im Rahmen dieser Gattung in jener Zeit, daß sich Telemanns Werk aus sehr verschiedenartigen Gattungen sowohl vokaler als auch instrumentaler Art zusammensetzt. So bringt er Kompositionen für Singstimmen mit Basso continuo und für eine Vielzahl von Instrumenten (Querflöte, Oboe, Trompete, Violine, Viola pomposa, Viola da Gamba, Violoncello und Generalbaß-Instrumente) in Gestalt von *„Trii, Duetti, Soli etc. Sonaten, Ouverturen, etc. wie auch Fugen, Contrapuncte, Canones, etc."* Die darin enthaltenen Opernarien sind seinen eigenen Werken entlehnt. Daneben sind Komponisten wie J. C. Pezold, S. L. Weiss, E. T. Baron, J. V. Goerner, J. S. Bach, J. D. Zelenka, Dirnslot und J. G. Kreysing vertreten. Telemann, der mit dieser Publikation in der Hauptsache einen didaktischen Zweck verfolgte, *„das mehreste, was nur in der Music vorkommen mag..., nach und nach alle 14. Tage in einer Lection vorzutragen"*, war sich seiner Pioniertat durchaus bewußt, wenn er im Vorwort zu seiner Sammlung betonte, *„daß es ein musicalisches Journal sey, und... das erste, so, vermittelst wirklicher Music, in Teutschland, zum Vorschein kommt"*[20]. Es folgten Johann Adam Hillers *Wöchentlicher musicalischer Zeitvertreib* (1759–1760) mit eigenen Kompositionen für Clavicimbel allein, Liedern, Arien und Stücken für Violine und Baß, sowie so bedeutungsvolle Periodica wie die wöchentlich herausgegebene Sammlung *Musikalisches Allerley von verschiedenen Tonkünstlern* (1761–1763), so von J. F. Agricola, C. Ph. Em. Bach, F. Benda, J. P. Kirnberger, F. W. Marpurg und J. Ph. Rameau, und *Musikalisches Mancherley* (1762/63) in vierteljährlichen Folgen mit Kompositionen von J. F. Agricola, C. Ph. Em. Bach, F. W. Bach, C. Fasch und J. P. Kirnberger für Klavier, Orgel, Violine und Flöte, darunter zahlreiche Erstdrucke. C. F. Cramers *Polyhymnia*, die seit 1783 zweimal jährlich herauskam, enthielt größere Werke im Klavierauszug, so Salieri's *Armida* (1783) und J. A. P. Schulz' *Chöre und Gesänge zur Athalie von Racine* (1786). Cramer verband mit dieser Ausgabe die Absicht, *„eine allmähliche Sammlung und Herausgabe verschiedner theils unbekannter, theils schon bekannter musikalischer Werke zu veranstalten, die mir der Aufmerksamkeit wahrer Musikfreunde würdig scheinen, die aber, weil sie nur in zu kostbaren oder für das Vergnügen der Liebhaber unbrauchbaren Partituren vorhanden sind, in dieser Gestalt von ihnen nicht leicht angeschaft werden"*[21]. Es handelt sich also bei Cramer darum, den Geschmack und die Kenntnisse ernsthafter Musikfreunde zu bilden und zu fördern, indem er ausgewählte musikalische Werke in einer für diese akzeptierbaren Form, nämlich durch den Klavierauszug, zugänglich machte.

Eine Gemeinsamkeit zwischen G. Ph. Telemann und C. F. Cramer wird hier deutlich: Telemanns Zweck seiner Ausgabe *Der getreue Music-Meister* war, *„zu nutzen und zu belustigen"*, C. F. Cramers Absicht war es, die Kenntnis musikalischer Werke zu vermitteln und mit ihnen Vergnügen zu bereiten. War Telemanns Periodicum — dessen Titel folgend — *„so wol für Sänger als Instrumentalisten"* bestimmt, so hatte er dabei, wie seinem Vorwort zu entnehmen ist, den *„Music-Liebhaber"* im Auge, von dem er *„eine gewogene Meinung"* über diese wie seine anderen Arbeiten erwartete[22]. Richtete sich Telemann dieserart mit seinem Periodicum an den in einem gewissen Sinne vorgebildeten *Liebhaber* der Musik, so wurde seit der zweiten Jahrhunderthälfte, besonders seit den 80er Jahren des 18. Jahrhunderts, in diesen Publikationen mehr und

---

20 Vorwort zu *Der getreue Music-Meister.* Fotomechanischer Neudruck der Originalausgabe von 1728 (Leipzig 1980).
21 *Allgemeine Nachricht in Absicht dieser Polyhymnia,* Hamburg 1786.
22 *Vorrede,* S. [2].

mehr neben dem *Kenner* der Musik auch dem *Liebhaber*, dem *Musikfreund* in einem weiteren Sinne, Rechnung getragen. So war Bosslers musikalische Wochenschrift *Neue Blumenlese* (Speyer 1784) *„für Klavierliebhaber"*, dessen seit 1789 erschienene, sich großer Beliebtheit erfreuende *Bibliothek der Grazien, eine musikalische Monatsschrift*, die Werke von Komponisten wie Anfossi, Bertoni, Capelli, Cimarosa und Gluck brachte, ausdrücklich *„für Liebhaberinnen und Freunde des Gesangs und des Klaviers"* gedacht, wohingegen Johann Carl Friedrich Rellstabs *Clavier-Magazin* (Berlin 1787) gleichermaßen *„für Kenner und Liebhaber"* bestimmt war.

Als eine Art Vorform für die frühen Periodica musicalia der Schweiz mögen in diesem Zusammenhang die Neujahrsblätter der *Musikgesellschaft ab dem Musiksaal* (1685—1812) mit Zitaten aus der Bibel, den Klassikern und neueren Dichtern sowie Vokal- und Instrumental-Kompositionen und diejenigen der *Musikgesellschaft zur deutschen Schule in Zürich* (1713—1812) mit graphischen Darstellungen von Sängern und Instrumentalisten sowie von Szenen aus dem Alten Testament und Choralsätzen auf biblische Texte für drei und vier Stimmen, teilweise mit Orgelbegleitung, betrachtet werden[23]. Sie bildeten gemeinsam den Vorgänger des dann seit 1813 publizierten Jahrbuches *Neujahrsgeschenk an die Zürcherische Jugend von der Allgemeinen Musikgesellschaft in Zürich*, das bis zum heutigen Tage erscheint. Die ersten periodischen Ausgaben der Schweiz im eigentlichen Sinne stellen Publikationen einzelner Komponisten dar, die in der Regel aus Vokalwerken mit Generalbaß bestehen. Als neuer Gesichtspunkt tritt hier die geistliche Musik hinzu, so bei dem frühesten nachweisbaren Periodicum *Musicalisch-monatliche Aussgaaben, bestehende in teutschen, geistlichen Arien; concerts-weis vorgestellet: theils zu zweyen, theils zu dreyen Stimmen, samt einem General-Bass und Violoncello. . .* von Johann Caspar Bachofen (Zürich 1737, 2. Aufl.), der noch eine 3. Auflage im Jahre 1740 und eine vierte im Jahre 1755 folgte. Vom gleichen Verfasser erschien dann noch eine Ausgabe mit weltlichen Gesängen *Musicalisch-wöchentliche Aussgaaben* für zwei Singstimmen und Basso continuo (Zürich 1748—1750). Ähnlich geartete Periodica weltlichen und geistlichen Inhalts brachte in den folgenden Dezennien Johannes Schmidlin heraus: *Musicalisch-wöchentliche Vergnügungen. . . für zwei Cantstimmen und ein General Bass* (Zürich 1759—1760) und *Musikalisch-wöchentliche Ergetzungen bestehend in geistlichen Liedern zu zwei Cantstimmen und einem Generalbass* (Zürich 1773). Schließlich ist hier noch die vermutlich von Johann Heinrich Egli stammende Ausgabe *Musikalisch-wöchentliche Belustigungen zu ein, zwei und drei Stimmen* (Zürich 1775) zu nennen. Mit diesen Sammlungen ein- und mehrstimmiger Gesänge (mit Generalbaß) erfährt die Publikationsform der Periodica musicalia eine spezifische Ausprägung, die sich besonders in der Schweiz auch noch im 19. Jahrhundert, vor allem durch Hans Georg Nägeli, fortsetzen sollte.

Die frühen Periodica musicalia Belgiens erschienen ausnahmslos in Lüttich. Als erste nachweisbare Publikation ist anzuführen *Les Récréations harmoniques, ou Recueil de chansons françaises, mélées d'airs tendres et comiques &c. des plus nouveaux, dans le gout italien avec la basse continue, lesquels peuvent se jouer sur toutes sortes d'instrumens* (1756/57), die monatlich bei F. J. Desoer herauskam und außer Kompositionen von Duni nur anonyme Stücke aufweist. Ihr folgte die von Benoit Andrez publizierte Sammlung *L'Echo ou Journal de Musique françoise, italienne, contenant des airs, chansons, brunettes, duos tendres ou bachiques, rondes, vaudevilles, contredan-*

---

23 Man vgl. [H. Stierlin], *Die Neujahrstücke der frühern Musikgesellschaften bis 1812*, 45. Neujahrstück der Allgemeinen Musikgesellschaft, Zürich 1856.

ses. . . (1758–1773)[24]. Dieses Periodicum, das nachgewiesenermaßen von Beginn seines Erscheinens an großen Anklang fand, enthält Kompositionen englischer, französischer und italienischer sowie einheimischer Meister, teilweise in Erstausgaben, unter ihnen Galuppi, Jomelli, Traetta, Gassmann, Wagenseil und Gluck[25]. Wie hier, so dienten auch bei den folgenden belgischen Periodica französische Publikationen als Vorbild, etwa bei den von Joseph-Henri Mees (1777– ca. 1856) um die Wende vom 18. zum 19. Jahrhundert und in den ersten Dezennien des 19. Jahrhunderts herausgegebenen periodischen Musikpublikationen, so *Journal d'Apollon pour le Forte Piano* (1798 [–1804]).

In Rußland begannen periodische Musikpublikationen um die Mitte der 70er Jahre des 18. Jahrhunderts zu erscheinen. Sie waren zumeist von kurzer Lebensdauer, geringer Auflagenhöhe und bestanden gleichermaßen aus Vokal- und Instrumental-Kompositionen. Als erste nachweisbare Publikation ist *Muzykal'nye Uveselenija* [Musikalische Vergnügungen] (Moskau 1774–1775) zu nennen, eine Art Zeitvertreib-Sammlung, die Oden, russische geistliche und weltliche Lieder sowie Arien und Instrumentaltänze polnischer, englischer und französischer Herkunft enthält, hauptsächlich von J. B. Kerzelli, dem Begründer der ersten Musikschule in Moskau, komponiert. Ein Dezennium später brachte Baron Ernst Vančura das vor allem aus eigenen Kompositionen bestehende *Journal de Musique pour le Clavecin ou Piano Forte* (St. Petersburg 1785, 1790 und 1794) heraus[26]. Wesentlich sind dann im Rahmen dieser Publikationsform die in den 90er Jahren veröffentlichten Ausgaben des in St. Petersburg wirkenden deutschen Musikverlegers Johann Daniel Gerstenberg (1758–1841), etwa das *Sankt-Peterburgski Muzykal'nyj Magazin* (1794/95), das in seinen insgesamt zehn erschienenen Nummern zwei Klaviertrios von Pleyel, 50 Variationen über ein russisches Lied *„Pri dolinuške stojala"* [„Am Tal stand ich"] sowie andere zeitgenössische Klavierwerke enthält. Weitere wichtige Publikationen hatten vornehmlich Opern-Arien zum Inhalt, so die von Gerstenberg verlegten Periodica *Journal d'Airs Italiens, Français et Russes avec Accompagnement de Guitare par J. B. Hainglaise* (1796/97) und *Journal d'Ariettes avec Accompagnement de Guitare par A. F. Millet* (1796), sowie das für Repertoire-Fragen so aufschlußreiche *Giornale Musicale del Teatro italiano di St. Pietroburgo, o Scielta d'Arie, Duetti, Terzetti, Overture etc. delle Opere Buffe, representate sul Teatro Imperiale di St. Pietroburgo* [1795–1798], herausgegeben von Bernhard Theodor Breitkopf, dem Sohn des Leipziger Verlegers Immanuel Breitkopf. Die sechzig erschienenen Nummern umfassen hauptsächlich Auszüge aus Opern Mozarts, wie *Die Hochzeit des Figaro, Così fan tutte* und *La Clemenza di Tito* sowie italienischer Komponisten, etwa Paisiello, Cimarosa und Sarti. Neben den Namen der Komponisten werden hier auch die Namen der Interpreten genannt.

Vermutlich durch englische Periodica musicalia angeregt, die namentlich in den Neuengland-Staaten Eingang gefunden haben dürften, erschienen seit Mitte der 80er Jahre des 18. Jahrhunderts auch in den Vereinigten Staaten von Nordamerika periodische Musikpublikationen. Die erste Ausgabe dieser Art war das von Amos Doolittle und Daniel Read monatlich herausgegebene Periodicum *The American Musical Magazine* (New-Haven 1786/1787), das insgesamt zwölf Nummern erlebte. Es enthält ausnahmslos Werke amerikanischer und englischer

24 Man vgl. C. Charlier, *„L'Echo", périodique musical Liégeois du XVIIIème siècle*, in: 1er Congrès, Société internationale de musicologie. Compte-rendu, Lüttich 1930, S. 87.

25 E. van der Straeten, *Curiosités de l'Histoire Musicale des Anciens Pays-Bas*, Paris-Brüssel 1867, S. 115.

26 B. Jagolim, *Russkaja muzykal'naja periodika do 1917 goda* [Russische Musikzeitschriften vor 1917], in: *Kniga* 3, 1960, S. 335–341.

Komponisten, vornehmlich geistliche Gesänge, so verschiedenen Städten Neuenglands gewidmete *Hymns*[27]. Auch die folgende Publikation *The Musical Magazine* (Cheshire, Connecticut 1792–1801) von Andrew Law, von der im Ganzen sechs Nummern herauskamen, besteht in der Hauptsache aus *„Psalm and Hymn Tunes"*. Einige in amerikanischen Tageszeitungen erschienene Anzeigen lassen erkennen, daß weitere derartige Publikationen geplant, aber — wohl in Ermangelung einer genügenden Anzahl von Subskribenten — niemals veröffentlicht worden sind. Von anderen lassen sich Titel, aber keine Exemplare nachweisen. In einigen von ihnen war auch die Aufnahme weltlicher Kompositionen vorgesehen. Doch bis zur Jahrhundertwende liegt das Hauptgewicht in diesen Periodica bei der geistlichen Musik[28].

Eine gewichtige Bedeutung kommt dem ersten in Schweden herausgekommenen musikalischen Periodicum zu. Es handelt sich um die von dem Komponisten Olof Åhlström (1756–1835) herausgegebene Publikation *Musikaliskt Tidsfördrif* (Stockholm 1789–1834), die mit 46 Jahrgängen eine der langlebigsten Erscheinungen innerhalb dieser Gattung von Periodica darstellt. Åhlström trachtete danach, neben eigenen Werken vor allem eine große Vielfalt von Kompositionen seiner Zeit aus dem in- und ausländischen Bereich vorzulegen. Die einzelnen Jahresbände lassen deutlich den Wandel der Stile und des Geschmackes in jenen Dezennien um die Wende vom 18. zum 19. Jahrhundert erkennen.

Eine dem schwedischen Periodicum in der Art der Auswahl verwandte Sammlung brachte der dänische Musikverleger Søren Sønnichsen im Jahre 1795 als musikalische Monatsschrift unter dem Titel *Apollo* in sechs Jahrgängen heraus, deren Erscheinen sich zum Teil in unregelmäßigen Folgen bis zum Jahre 1808 erstreckte. Neben den Kompositionen dänischer Meister, wie Claus Schall, sind vor allem Klavierwerke von Ignaz Pleyel, Daniel Steibelt und Johann Ladislaus Dussek vertreten. Ein genauerer Vergleich mit dem *Musikaliskt Tidsfördrif* zeigt, daß *Apollo* zahlreiche Kompositionen aus dieser Publikation in einem zeitlichen Abstand von etwa einem Jahr übernommen hat.

Ein besonderer Impuls für die Herausgabe periodischer Ausgaben ging hierbei seit den letzten Dezennien des 18. Jahrhunderts von der Zunahme an Opern im Repertoire der Bühnen aus. Dies hatte ein erhöhtes Interesse für musikdramatische Werke vonseiten des Publikums zur Folge. In bevorzugtem Maße nahmen daher Sammlungen dieser Art neben einzelnen Sätzen aus Symphonien oder Sonaten Auszüge aus Opern auf — teilweise auch ausschließlich —, so Ouverturen und Märsche im Klavierauszug sowie Arien und Ensemble-Sätze für eine oder mehrere Singstimmen mit Instrumentalbegleitung. Die Fülle solcher Bearbeitungen gewährt zugleich Einblick in den Umfang des Repertoires damaliger Opernbühnen.

Rückschauend wird deutlich, daß die Publikation solcher Periodica in den späteren Dezennien des 18. Jahrhunderts erheblich zunahm. Die starke Verbreitung dieser Erscheinungsform gegen 1780 fällt zusammen mit dem großen Aufschwung, den der Musikdruck ganz allgemein um jene Zeit nahm, zunächst besonders in den Metropolen Englands und Frankreichs, dann auch in Deutschland und anderen europäischen Ländern. Die Publikationsform der Periodica musicalia breitete sich weiterhin im 19. Jahrhundert in England, Frankreich und Deutschland, in Dänemark und Schweden, in Rußland wie auch in einem gewissen Grade in den Vereinigten Staaten von Nordamerika in zunehmendem Maße aus. Weitere Länder wie Polen, die Tschechoslowakei, Österreich, Italien, Spanien und Norwegen folgten.

---

27 Facsimile-Ausgabe, Scarsdale, N. Y. 1961.
28 Ch. E. Wunderlich, *A History and Bibliography of early American Musical Periodicals, 1782–1852,* Ann Arbor, Mich. 1962, masch. — Microfilm-Xerography, Ann Arbor, Mich. 1977, S. 23–28.

Damit hatte sich in Fortführung der im 18. Jahrhundert sehr verbreitet gewesenen, Vokalwerke mit Basso continuo, Opernbearbeitungen und Instrumentalwerke enthaltenden Divertissement-Sammlungen um die Jahrhundertwende als hauptsächlich vertretener Typ ein Mischtypus im Sinne von gehobener Zeitvertreib-Sammlung herausgebildet, der durch eine große Vielfalt gekennzeichnet ist. Dieser Typus zeigt Werke hoher Kunst neben solchen mehr unterhaltender Gebrauchsmusik, Kompositionen großer Meister neben denjenigen kleinerer, vielfach längst vergessener Komponisten, weltliche neben geistlichen Werken. Dieser ein ansehnliches Niveau repräsentierende Typus entsprach der Tendenz der Zeit zum Allgemeinen, Umfassenden, wie sie in den letzten Dezennien des 18. Jahrhunderts geistesgeschichtlich hervorgetreten war. Im Rahmen der Periodica musicalia ist an so bedeutende Sammlungen wie *Musikaliskt Tidsfördrif* (Stockholm 1789–1834), *Apollo* (Kopenhagen 1795 [–1808]), *The Piano-Forte Magazine* (London [1797–1802]) oder *Journal d'Apollon pour le Forte Piano* (Hamburg 1798 ⌊ –1804 ⌋) zu denken.

Drei Aspekte waren, wie es scheint, für die Begegnung mit dem musikalischen Werk innerhalb der Privatsphäre der Musizierenden, bei denen es sich hauptsächlich um Dilettanten handelte, für die Publikation solcher Periodica maßgebend:

1. Die periodischen Musikpublikationen bildeten einen gewissen Ersatz für Konzert- und Theater-Aufführungen bei Musikliebhabern, die fern von mukalischen Zentren (etwa Residenz- oder Handelsstädten) lebten und daher keinen – oder nur selten – Aufführungen beiwohnen konnten.

2. Sie dienten dem Nacherleben öffentlichen Musiklebens im Sinne von Vertiefung des Gehörten.

3. Sie galten dem ersten Kennenlernen neuer Werke noch vor der öffentlichen Erstaufführung oder vor derem ersten vollständigen Erscheinen im Druck.

Zu Beginn des 19. Jahrhunderts scheint eine gewisse „Klassen-Einteilung" der Musikliebhaber auf die Weiterentwicklung periodischer Musikpublikationen in ihren unterschiedlichen Ausprägungen von Einfluß gewesen zu sein. Gemäß eines vom Jahre 1801 aus Breslau stammenden Berichtes wurden die verschiedenen Klassen *„von Liebhabern der Tonkunst"* — wie folgt — gesehen: Die erste Klasse bevorzuge Werke von Haydn und Mozart oder Werke, die *„in dem Geiste dieser großen Männer geschrieben sind"*[29]. Zur zweiten Klasse der Musikliebhaber werden diejenigen gerechnet, *„die eben so wenig einen ganz schlechten als ganz geläuterten Geschmack besitzen. Sie hassen das Niedrige und Gemeine, haben Sinn für das Edle und Erhabene, aber übersehen doch nicht selten die wahren Schönheiten und haschen, ohne viel Besonnenheit, zu sehr nach dem Brillanten"*[30]. Zur dritten Klasse werden diejenigen gerechnet, *„welche die Musik nur deswegen lieben und ausüben, weil man darnach tanzen kann"*. Diese dritte Gruppe hatte mit der Zeit ein — und zwar in allen Ständen — starkes Übergewicht. Die Folge davon war nach der Ansicht des Berichterstatters der *Allgemeinen musikalischen Zeitung, „daß die Meisterstücke der Tonkunst den mittelmäßigen und in vieler Rücksicht elenden Produkten Wenzel Müllers, Kauers und anderer nachstehen; daß das Donauweibchen zum Him-*

---

29 *Brief aus Breslau, über den Zustand der Musik daselbst* < *Geschrieben Ende Januar 1801.*>, in: *Allgemeine musikalische Zeitung* [*AmZ*] III, 1800/01, Sp. 348.
30 Ebda., Sp. 350.

mel erhoben und Axur langweilig gefunden wird; daß Walzer und Angloisen Abgang finden und die schönsten Sonaten ihren Verlegern remittirt werden"[31].

Zudem scheint von verlegerischer Seite her eine vermehrte Rücksichtnahme auf die speziellen Wünsche der Bezieher periodischer Musikpublikationen solchen Entwicklungen Vorschub geleistet zu haben, wie aus folgenden vom Jahre 1802 stammenden Ausführungen des Verlegers der *Schlesischen Musikalischen Blumenlese* (Breslau) hervorgeht: *„Es ist mit einer musikalischen Zeitschrift, wie mit jeder andern. Sie müssen auf ein gemischtes Publikum rechnen, wovon ein Theil lustige, ein andrer ernste, dieser ausführliche, jener kurze, der eine schwere, der andre leichte Sachen begehrt, indeß hier einer Singstücke, dort einer Tänze, und dort einer Sonaten und so ins Unendliche fort wünscht. Wir wollen uns bemühen, den Meisten zu Gefallen zu seyn, Allen — ist unmöglich"*[32].

Das Ergebnis einer solchen Einstellung zeigt sich in der Mischform zahlreicher derartiger Veröffentlichungen unterschiedlichen Niveaus. Wöchentlich erscheinende Blätter, die jeden Sonnabend oder Sonntag ausgeliefert wurden, genossen besonderen Vorzug. Der Umfang einzelner Nummern oder Lieferungen beschränkte sich entweder auf eine bestimmte Anzahl von Stücken, zwei Opern-Arien und ein Instrumentalstück etwa, oder auf eine festgelegte Zahl von Seiten oder Bogen. Diese Auslieferungsart konnte zur Folge haben, daß nur der erste Teil einer Komposition, etwa zwei Sätze einer Sonate, geliefert wurden, und die restlichen Teile oder Sätze eines Werkes erst am folgenden Wochenende ausgefolgert werden konnten. Als Anreiz zur Subskription von Periodica musicalia galten die Gesichtspunkte der „Wohlfeilheit" und der „Eleganz der Ausstattung". An den Begriff der „Wohlfeilheit" war die Bedingung zur Abnahme eines ganzen Jahrgangs geknüpft. Der Subskriptionspreis war in der Regel um ein Drittel niedriger kalkuliert, als der Preis bei Abnahme von Einzelheften. Die „Eleganz der Ausstattung" bezog sich auf die Qualität des Notenstiches, des Druckes und des verwendeten Papiers[33]. Ein weiteres Argument der Verbreitung war etwa auch, daß die bestehenden Leihbibliotheken keinen Ersatz für eine periodische Publikation böten. Denn diese Publikationsform ermögliche es, gegen geringes Entgelt eine spezielle Sammlung — gleichsam eine eigene Bibliothek — von Musikstücken zu erwerben.

31 Ebda., Sp. 351—352. — *Das Donauweibchen,* Oper von Ferdinand Kauer. *Axur, Re d'Ormus,* Oper von Antonio Salieri.

32 *Schlesische Musikalische Blumenlese* (1802), 3. Heft, Einlegezettel.

33 So lautete die Pränumerations-Anzeige für die *Musikalische Blumenlese des Steyermärkischen Musik-Vereins. Jahrgang 1824* wie folgt: *„Das erste Heft — 16 Folio-Blätter stark — liegt zum Stiche bereit und pränumerirt man sich darauf mit 1 Thlr. für welchen h ö c h s t w o h l f e i l e n P r e i s man dieses, rein und correct gestochen und auf schönem Papier abgedruckt in einem eleganten Umschlage cartonnirt erhält. . . Der billige Pränumerationspreis gilt nur b i s E n d e J a n u a r 1824; dann tritt der L a d e n p r e i s von 1 Thlr. 8 Gr. ein".* In: *Intelligenz-Blatt zur AmZ XXV,* 1823, No. X. Sp. 42.

Das Abwenden vom allgemeinen Mischtypus gehobener Art, der sich, wie angedeutet, um die Wende vom 18. zum 19. Jahrhundert herausgebildet hatte, führte im Verlauf der ersten Dezennien des 19. Jahrhunderts zu einer Vielzahl unterschiedlicher Erscheinungsformen, die sich in drei größere Komplexe gliedern lassen:

1. In einem weiteren Sinne vornehmlich der Unterhaltung dienende Periodica.
2. Periodica für gehobene Ansprüche im Sinne von ,,Mustersammlungen''.
3. Periodica, die sich speziellen Aufgaben zuwandten.

Die Periodica der ersten Kategorie, die vornehmlich der Unterhaltung, der ,,*Erhohlung und Erheiterung*''[34] dienten, dürften der zweiten und zuweilen auch der dritten Klasse von Musikliebhabern in der zuvor von zeitgenössischer Seite beschriebenen Weise zuzuordnen sein, vermochten aber darüber hinaus, je nach Inhalt — entsprechend der Auffassung der Zeit —, auch den vielseitigen Wünschen und Erfordernissen von Musikern Rechnung zu tragen. Der adäquate Begriff für die Divertissement-Sammlung des 18. Jahrhunderts ist für das beginnende 19. Jahrhundert im deutschen Sprachraum *Musikalisches Unterhaltungsblatt* oder *Unterhaltungsblatt*. In solchen Unterhaltungsblättern konnte ein höheres oder auch flacheres Niveau zutage treten. Als Friedrich August Kanne (1778—1833), der Wiener Musikkritiker, Komponist und Dichter, im Jahre 1824 daran ging, das Periodicum *Der neue Amphion* herauszugeben, trachtete er danach, in diesem ,,*musikalischen Unterhaltungsblatt. . . die Produkte unserer besten Meister im Tonsatze, für das Fortepiano allein und den Gesang mit Begleitung des Erstern zu einem schönen Kranze*'' zu vereinigen: ,,*Es werden also darin lauter Original-Compositionen erscheinen, welche durch einen wohlgewählten Wechsel, sowohl dem großen Spieler und fertigen Sänger, als auch dem angehenden Liebhaber Interesse gewähren können*''[35].
Selbstredend hing die Qualität solcher Ausgaben auch von der Spielfertigkeit ihrer Abnehmer ab, die häufig technisch nur sehr anspruchslosen Stücken gewachsen gewesen zu sein scheinen. Tatsächlich herrscht in ihnen zuweilen ein beträchtliches Mittelmaß vor, in denen anspruchsvollere Kompositionen nur hin und wieder begegnen. Andererseits wird die Tendenz sichtbar, durch Aufnahme von Werken klassischer Komponisten das Niveau dieser Periodica zu heben oder durch Anzeige solcher Kompositionen ein erhöhtes Interesse für Ausgaben dieser Art zu erwecken.
Auch solche für Dilettanten bestimmte Periodica sollten nach der Auffassung der Zeit über ein gewisses musikalisches Niveau verfügen. Dies betraf sowohl den einer solchen Publikation zugrunde gelegten Plan, eine ,,*geschmackvolle Zusammenstellung*''[36], wie es an einer Stelle heißt, als auch die Qualität der Arrangements, schließlich etwa auch eine einwandfreie Satztechnik. Waren diese Forderungen nicht erfüllt, so wurde beispielsweise von den Kritikern der *Allgemeinen musikalischen Zeitung* von der ,,*Anschaffung eines solchen Machwerks*'' abgeraten[37]. Als sinnvoller Plan wurde etwa betrachtet, daß jedes Heft eines Periodicum eine bestimmte Reihenfolge einhielte, so mit einer Sonate begänne, dann einige Lieder folgen ließe und zum Schluß Märsche, Walzer und Ecossaisen brächte. Es herrschte also das Bestreben vor, trotz technisch

---

34 *Allgemeine musikalische Zeitung mit besonderer Rücksicht auf den österreichischen Kaiserstaat* [*AmZ* (Wien)] I, 1817, Sp. 218.
35 *AmZ (Wien)* VII, 1823, Sp. 267.
36 *AmZ* XXI, 1819, Sp. 561.
37 Etwa in Bezug auf das in sechs Heften herausgekommene *Magazin pour la Harpe* (Braunschweig [1805—1806]), in: *AmZ* VII, 1804/05, Sp. 352.

beschränkter Fähigkeiten der Liebhaberkreise, diesen Werke von Qualität vorzulegen und in der Auswahl der Stücke Mannigfaltigkeit vorwalten zu lassen, um *„Einfaches, Gefälliges und Leichtes, im Gesange und Spiele"*[38] bieten zu können. Als eine Ausgabe in diesem Sinne sind beispielsweise die *Monats-Früchte für Clavier und Gesang den Freunden des Schönen und Edeln gewidmet* ([1803/04−1804/06]) anzusehen. Dieser aus Liedern und selbständigen Klavierstücken von Komponisten wie J. F. Reichardt, F. H. Himmel, A. Gürrlich, F. F. Hurka, W. Bach und V. Righini bestehende Sammlung lag nach den Worten des Verlegers Rudolph Werckmeister die Absicht zugrunde, *„den Klagen so vieler Freunde des frohen Gesanges und des leichten fliessenden Spieles, über die Sucht so vieler unserer Komponisten nach Genialität, nach bizarren Künsteleyen und nach verschrobenen unnatürlichen Verzierungen, die den wahren Naturton und allen Ausdruck der Empfindung verdunkeln, in einer Art Einhalt zu thun"*[39]. Von der zeitgenössischen Kritik wurde diese Publikation äußerst wohlwollend aufgenommen und ihr Zweck vor allem darin gesehen, *„Freunden der Musik, die grössere Werke nicht bezwingen können. . ., etwas Leichtes, Gefälliges und Angenehmes zu bieten; sich innerhalb dieser beschränkteren Sphäre zu halten, aber sie gut auszufüllen und auch durch Mannichfaltigkeit in derselben interessant zu bleiben"*[40].

Eine ähnlich positive Beurteilung erfuhren etwa auch die 1812−1814 erschienenen *Variétés amusantes pour le Pianoforte* (München), herausgegeben von dem *„königl. baierischen Hofmusiker"* Philipp Röth, die der Rezensent der *Allgemeinen musikalischen Zeitung* durch seine Besprechung weiteren Kreisen bekannt zu machen wünschte. Über diese Publikation, von der laut Anzeige des Herausgebers *„monatlich. . . ein Heft von 5 Bogen auf feinem Regalpapier mit zierlichem Umschlage, von den neusten durch den Stich noch nicht bekannt gewordenen Klavier-Compositionen. . ., als Sonaten, Variationen, Lieder, und Arien aus Opern und Ballets"*[41] erschien, führt der Kritiker im einzelnen aus: *„Es ist nur auf Dilettanten beyder Geschlechter, und auf solche, die Einfaches, Gefälliges und Leichtes, im Gesange und Spiele, lieben, berechnet; diese aber werden sich durch seine meisten Stücke recht angenehm unterhalten finden"*[42].

Zum andern galten solche Periodica im Sinne von Unterhaltungsblättern der mehr oder weniger umfangreichen Auswahl aus Opern und Balletten in unterschiedlicher Bearbeitung, wie die recht zahlreich erschienenen Theater-Journale vornehmlich für Klavier allein[43] und für Gesang und Klavierbegleitung[44] sowie etwa auch für Gesang und Gitarre-Begleitung[45], für zwei Violinen[46], für zwei Flöten[47], für zwei Csakan[48], für Flöte, Violine, Viola und Violoncello[49] oder für zwei Violinen, Viola und Violoncello[50] erkennen lassen. Besonders be-

38 *AmZ* XV, 1813, Sp. 180.
39 *Ankündigung eines musikalischen Journals für Freunde des Gesanges und des Klaviers,* in: *Intelligenz-Blatt zur AmZ* V, 1802/03, No. XV, Sp. 61.
40 *AmZ* VI, 1803/04, Sp. 654.
41 Subskriptionsanzeige von Philipp Röth in: *Intelligenz-Blatt zur AmZ* XV, 1813, No. III, Sp. 17.
42 *AmZ* XV, 1813, Sp. 180.
43 *Theater=Journal. Enthält eine Sammlung vorzüglich beliebter Tonstücke aus den besten und neuesten Opern für das Piano-Forte ohne Text* (München [ca. 1820−ca. 1827/28]).
44 *Theater=Journal für Gesang mit Begleitung des Piano-Forte* (Wien [1819−1822]).
45 *Theater=Journal für Gesang mit Begleitung der Guitare* (Wien [1819]).
46 *Theater=Journal für zwei Violinen* (Wien [1819?]).
47 *Theater=Journal für zwei Flöten* (Wien [1819]).
48 *Theater=Journal für zwei Csakan* (Wien [1819−1820]).
49 *Theater=Journal für Flöte, Violine, Viola und Violoncello* (Wien [1819?]).
50 *Theater=Journal für zwei Violinen, Viola und Violoncello* (Wien [1819]).

vorzugt wurden hierbei Stücke aus neuen Opern, wie sie beispielsweise die monatlich erschienene, drei Jahrgänge umfassende periodische Ausgabe *Musikalische Arabesken. Lieblingsstücke aus den neuesten Opern für Clavier und Gesang* (Dresden 1804–1806) darbot. Mit Arien, Duetten, Ouverturen und Märschen von Paer, J. Weigl, Naumann, Cannabich und Cimarosa stützte sich diese nur noch lückenhaft nachweisbare Sammlung hauptsächlich auf das Repertoire der Dresdner Bühne. Die zeitgenössische Kritik erkannte nach Erscheinen des ersten Heftes (Januar 1804), das drei Stücke aus verschiedenen Opern von Paer brachte, *„etwas Unterhaltendes und in seiner Art wirklich Gutes"*[51].

Ein das Repertoire der Wiener Bühnen — vor allem in Hinsicht auf Novitäten — in umfassender Weise widerspiegelndes Periodicum stellt das von Matthäus Stegmayer herausgegebene *Musikalische Wochenblatt, das ist: Eine Sammlung der besten Arien, Duetten, Terzetten, Maersche, Rondos und Ouverturen aus den vorzüglichsten Opern und Balleten . . . für Gesang und Forte=Piano* (Wien [1806/07–1810/12]) dar. Die Fülle der dargebotenen Stücke vermittelt einen Eindruck von der Breite des Repertoires der Wiener Theater um die Mitte des ersten und beginnenden zweiten Dezenniums des 19. Jahrhunderts. Auf Grund der Kenntnis dieser Sammlung läßt sich nunmehr der exakte Nachweis erbringen, daß Verleger Cappi die drei einzelnen Stücke *Terzetto* (Nr. 3), *Canon* (Nr. 4) und *Duetto* (Nr. 10) aus der 1./2. Fassung von Beethovens *Fidelio*, die er im Jahre 1807 im Klavierauszug — vor Erscheinen des Klavierauszuges der Oper im Jahre 1810 — herausgegeben hatte, im Rahmen des ersten Jahrganges dieses Wochenblattes hatte erscheinen lassen[52].

Ähnlich wie das *Musikalische Wochenblatt* — jedoch in kleinerem Umfang — gewährt auch das Periodicum *Die Musikalische Biene* (Wien [1819/20–1820/21]), in dem für Klavier allein arrangierte Auszüge aus bevorzugten Opern und Balletten vorgelegt wurden, einen Einblick in das Repertoire der damaligen Wiener Bühnen. Während der Zeit ihres Erscheinens konnte sich diese Publikation — nach zeitgenössischer Mitteilung — *„eines steigenden Beyfalls"* erfreuen[53]. Durch die Verbindungen des K. K. Hoftheater-Musik-Verlages gelang es innerhalb dieser Veröffentlichung in kurzer Zeit nach den jeweiligen Aufführungen, allgemein interessierende Stücke dem Musikliebhaber zur Verfügung zu stellen.

Daneben gab es Periodica, die ihre Auswahl nicht auf Grund des Repertoires einer Bühne oder der Theater einer Stadt vornahmen, sondern weiter ausgriffen. Zwar blieben auch diese Ausgaben *„auf den Privatgebrauch"* beschränkt, jedoch strebte man danach, etwa im Falle der 1824 im Herder-Verlag, Freiburg im Breisgau, erschienenen *Musikalisch-dramatischen Blumenlese, „nur Stücke von anerkanntem Werthe in beständiger Abwechslung, sowohl hinsichtlich der Nation, welcher der Compositeur angehört, als hinsichtlich des Zeitalters, in dem er geschrieben, auch der Instrumental- und Vocal-Musik, wovon jeder ein angemessener Theil mit sorgfältiger Auswahl zufallen soll"*, aufzunehmen[54]. Ouverturen, Märsche, Arien, Duette und Terzette aus Opern von Haydn, Mo-

---

51 *AmZ* VI, 1803/04, Sp. 447.

52 Nr. 3 *Terzetto* „Ein Mann ist bald genommen", 1. Jg., 2. Quartal, S. 169–173; Nr. 4 *Canon* „Mir ist so wunderbar", 1. Jg., 4. Quartal, S. 412–416; Nr. 10 *Duetto* „Um in der Ehe froh zu leben", 1. Jg., 2. Quartal, S. 201–205. — Man vgl. I. Fellinger, *Kompositionen Beethovens und Bearbeitungen seiner Werke in Periodica des 19. Jahrhunderts*, in: *Beiträge zur Beethoven-Bibliographie. Studien und Materialien zum Werkverzeichnis von Kinsky-Halm*, hrsg. von K. Dorfmüller, München 1978, S. 53–54.

53 *Der Sammler* XI, 1819, S. 220.

54 Verlag der Herder'schen Kunst- und Buchhandlung in Freyburg im Breisgau: *Ankündigung (Juny 1824)*.

zart, Beethoven, C. M. von Weber, Fesca, Spohr, Rossini, Lindpaintner, Spontini und Marschner, bildeten vornehmlich den Inhalt dieser Sammlung.

Hinzu traten periodische Ausgaben, deren einzelne Hefte sich aus Potpourris zusammensetzten. Die unterschiedlichen aus ihrem Zusammenhang gelösten Themen und Stücke stammten zumeist aus bekannten Opern und Balletten, die in technisch anspruchsloser Weise durch kurze Überleitungspartien aneinandergereiht wurden. Eine solche Publikation stellte etwa das von Maximilian Joseph Leidesdorf (1787–1840) herausgegebene *Damen-Journal für das Piano-Forte* (Wien [1818–ca. 1821]) dar, das von diesem mit folgenden Worten angepriesen wurde: *„Dieses Journal wird in geschmackvoller Zusammenstellung alles Schöne, womit die beliebtesten Tonsetzer von Zeit zu Zeit die musikalische Welt bereichern, nebst den neuesten und interessantesten Musikstücken, welche auf allen hiesigen und auswärtigen Theatern aufgeführt werden, enthalten. Da jede ermüdende Schwierigkeit darinnen vermieden wird, so wird sich dieses Journal zur Erheiterung in freyen Stunden ganz eignen und deshalb mehren andern gleichen Unternehmungen vorzuziehen seyn"*[55]. Ein Rezensent der *Allgemeinen Musikalischen Zeitung* sah sich hierdurch zu folgender kritischen Stellungnahme veranlaßt, in der er sich vor allem gegen die quodlibetartige Aneinanderreihung der vorgelegten Stücke wandte und vor dem Verfall des Niveaus durch den Einfluß solcher Sammlungen warnte: *„Heisst das aber eine geschmackvolle Zusammenstellung, wenn man mit dem Adagio der feyerlichen Ouverture der ‚Zauberflöte' in einen Tanz aus (dem Ballet der) ‚Berggeist' einleitet, dann nach einigen leeren Modulationen in einen spanischen Tanz und von da, auf gleiche Weise, in die Polonoise aus ‚Italiana in Algieri' (B dur), von da in das Rondo-finale aus Mozarts ‚Entführung' fährt; darauf nach einigen (aus f nach g) überleitenden Passagen einen Gassenhauer anstimmt (‚Es ist all' eins, ob wir Geld hab'n oder keins'), dann wieder ein Tänzchen aus dem ‚Berggeist' anhebt und mit einigen leeren Abschiedscomplimenten schliesst? (Diess ist der Inhalt von No. 1.) In der Tat, es ist die beste Art, die Stücke grosser Meister vollends ganz herunterzubringen und den Leuten die Ehrfurcht vor der Tonkunst zu benehmen, wenn man das Vortrefflichste in solchen Verstümmelungen mit dem Mittelmäßigen und Schlechtesten zusammenflickt?"*[56] In der Tat lassen die nachfolgenden Hefte dieser Ausgabe ganz allgemein ein einheitlicheres Bild erkennen: Mehrfach wurden nunmehr Stücke aus jeweils einer Oper innerhalb eines Heftes zu einem Potpourri vereinigt.

Dieser Komplex von Periodica, der vielfach der Zerstreuung und dem Zeitvertreib von Dilettanten diente, erlebte zum Teil, wie es etwa bei Potpourri-Sammlungen zu beobachten war, ein starkes Niveaugefälle. Eine solche Entwicklung dürfte mit dem Aufkommen der Salonmusik zuerst gehobener, dann teilweise flacherer Art einhergegangen sein[57]. Einige über längere Zeiträume hin erschienene Ausgaben lassen eine gewisse Verflachung in dieser Hinsicht deutlich werden. An die Stelle von klassischen und zeitgenössischen Komponisten traten mit der Zeit immer mehr Werke von Modekomponisten. Gegenüber herkömmlichen Gattungen von Klavierstücken und Liedkompositionen etwa, dominierten fortan mehr und mehr Tanzkompositionen. Vereinzelt waren seit Beginn der

---

55 *Damen-Journal für das Piano-Forte* (Wien [1818–ca. 1821]): Umschlagtitel.
56 *AmZ* XXI, 1819, Sp. 561–563.
57 Während die Anfänge der Salonmusik um die Wende vom 18. zum 19. Jahrhundert im virtuosen Bereich liegen und die Salonmusik der 30er Jahre in drei Arten als *gehobene, virtuose* und *„romantisierende Salonmusik"* erscheint, zeigten sich seit Beginn der 40er Jahre deutliche Verfallserscheinungen innerhalb der *romantisierenden* und *virtuosen* Richtung. – Man vgl. I. Fellinger, *Die Begriffe ‚Salon' und ‚Salonmusik' in der Musikanschauung des 19. Jahrhunderts*, in: *Studien zur Trivialmusik des 19. Jahrhunderts*, hrsg. von Carl Dahlhaus, Regensburg 1967, S. 131–141.

20er Jahre des 19. Jahrhunderts periodische Sammlungen herausgegeben worden, die sich verschiedenen Gesellschaftstänzen der Zeit widmeten und damit Modeströmungen sichtbar werden ließen. Hier ist an eine Ausgabe wie *Etrennes à Terpsichore, ou Recueil des Contre-Danses, Anglaises et Walzes* (Paris [1821–1823]) zu denken, die als typisch für die Zeit der Restauration in Frankreich genommen werden kann. Pierre Marque (1781–1868), der Komponist dieser Tänze, galt in jenen Jahren als Tanzkomponist der französischen Aristokratie, deren Bälle und sonstigen Festivitäten er anführte[58]. – Eine gewisse Hinwendung zu mehr modischen Richtungen vom Ende der 20er bis in die 40er und 50er Jahre hinein zeigt exemplarisch die englische, in Jahresbänden herausgegebene Publikation *The Musical Bijou* (London 1829–1851), die zugleich als ein charakteristisches Beispiel für häusliches Musizieren in der ersten Jahrhunderthälfte in England gelten kann. Neben einheimischen Komponisten wie Barnett, Bishop, Rawlings und Rodwell, und Komponisten der virtuosen Richtung, so Czerny, Herz, Hünten und Kalkbrenner, sowie führenden Opernkomponisten, wie Auber, Bellini, Donizetti, Paer und Rossini, traten seit den 40er Jahren immer stärker Komponisten von Tanzmusik in den Vordergrund, so Louis Antoine Jullien und Ricardo Linter. Ihre Tänze, vor allem Walzer und Quadrillen, erklangen in jenen Jahren ebenso bei den Promenade Concerts im Royal English Opera House in London wie bei den Staatsbällen in Wien, Paris und St. Petersburg[59].

IV

Das starke Niveaugefälle um das Jahr 1830 rief als Gegengewicht sogenannte *Mustersammlungen* hervor, in denen ganz bewußt gehobeneren musikalischen Ansprüchen Rechnung getragen wurde. Als erstes Periodicum in dieser Richtung ist die Ausgabe *Musikalischer Ehren-Tempel* (Hamburg [ca. 1830– ca. 1831]) zu nennen. Eine Reihe ähnlich gearteter Periodica folgte im Verlauf der 30er Jahre[60]. Doch gab es solche Bestrebungen bereits seit Jahrhundertbeginn, wenn auch die betreffenden Periodica in jener Zeit noch nicht mit dem Begriff einer *Mustersammlung* bedacht wurden. Als ein hervorragendes Periodicum dieser Art ist Hans Georg Nägelis in 17 Suites herausgegebenes *Répertoire des Clavecinistes* (Zürich [1803–1810]) anzuführen. Nägeli kündigte diese Ausgabe im Mai 1803 als *„ein neues periodisches Werk"* an[61]. Seine Absicht war, aus den Werken Clementis, von dem *„sich eine neue, höchst merkwürdige und folgenreiche Epoche dieses Kunstfaches"* an datiere und derjenigen Komponisten, *„die sich sowohl in ästhetischer als in kunsthistorischer Hinsicht an ihn anschliessen, eines Cramer, Dussek, Steibelt, Beethoven u. s. w. das Vorzüglichste auszuheben, wodurch die Klavier-Setzkunst und Klavier-Spielkunst wesentlich erweitert wird"*[62]. Abgesehen von den genannten Komponisten wollte er auch Werke der diesen würdigen Nachfolgern bringen. Von diesen erwartete er *„Klavier-Solos in grossem Styl, von grossem Umfang, in mannichfaltigen Abweichungen von der gewöhnlichen Sonaten-Form . . . Ausführlichkeit, Reichhaltigkeit, Vollstimmigkeit"*[63]. Um im Rahmen seines *Répertoire* eine gewisse Vollständigkeit zu erlangen, erwarb er für einige ältere Werke die Verlagsrechte von den Original-Verlegern, so für Werke Beethovens, Reichardts und Weyses.

---

58 Fétis V, S. 464–465.
59 Man vgl. die im *Musical Herald* (London) 1846 und 1847 erschienenen Berichte über Jullien und Ricardo Linter.
60 So *Bibliothek für Pianoforte-Spieler. Mustersammlung aus den Werken der berühmtesten Tonsetzer älterer und neuerer Zeit* (Hamburg und Itzehoe [ca. 1832–ca. 1833]).
61 *Intelligenz-Blatt zur AmZ* VI, 1803/04, No. XXIII, Sp. 97–100.
62 Ebda., Sp. 97.
63 Ebda., Sp. 98.

Die Ausgabe enthält, wie bekannt, die Erstdrucke von Beethovens Sonaten op. 31, Nr. 1 und 2 in Suite 5 sowie der Sonate op. 31, Nr. 3 in Suite 11, außerdem Nachdrucke der *Sonate pathétique* (op. 13) und der Waldstein-Sonate (op. 53) in Suite 11 und 15[64].

Als Beispiel aus dem englischen Bereich sei hier auf das von Thomas Busby im Winter 1801/1802 herausgegebene Periodicum *The Monthly Musical Journal* hingewiesen, durch welches die musikalische Öffentlichkeit in England regelmäßig mit der besten neuen ausländischen Musik italienischer, deutscher und französischer Herkunft bekannt gemacht werden sollte — so sind Komponisten wie Bruni, Tarchi, Haydn, Hoffmeister, Dalayrac und Méhul vertreten —, durchsetzt mit Originalkompositionen des Herausgebers und anderer englischer Komponisten der Zeit, wie Arnold und Callcott. Durch die Napoleonischen Kriege wurde die Verbindung zum Kontinent unterbrochen, sodaß das Journal nach vier Nummern sein Erscheinen beenden mußte[65].

Solchen Publikationen lag die Absicht zugrunde, durch die gebotenen Kompositionen, die nach Möglichkeit von den berühmtesten Komponisten der Zeit stammen sollten, bereichert auch durch hervorragende Werke früherer Epochen, die musikalische Bildung der Musiktreibenden, an die sie gerichtet waren, zu erweitern und zu vertiefen. Darüber hinaus erhoben sie den Anspruch, *„Ein Repertorium für längere Zeit, das selbst für die Geschichte unserer Kunst von Werth seyn muss"* zu sein. Die in solchen Ausgaben vorgelegten Kompositionen sollten *„von anerkanntem Werthe"* sein. Mit diesem in den Quellen der Zeit mehrfach wiederkehrenden Begriff wurde in diesem Zusammenhang in etwa folgende ästhetische und qualitative Vorstellung verbunden: *„Compositionen, die sich durch ästhetisch reinen, mit Kunst, Anmuth und Klarheit ausgeführten Tonsatz vorzüglich auszeichnen"*[66]. Die Sammlung, die mit jenen Worten angezeigt wurde, erschien als *Musée Musical des Clavicinistes* seit 1817. Jährlich wurden zwei Hefte mit je einem Werk herausgegeben, so 1817 im ersten Heft der Erstdruck von Beethovens Klaviersonate (op. 101) im Februar[67] und im zweiten Heft in Erstausgabe die *Fantasie <im italienischen Style> verbunden mit einem großen Rondo* (op. 38) von Ignaz Moscheles im Juni[68].

In diesen Sammlungen, in denen ein höherer Rang von Qualität angestrebt wurde und die somit für gehobene Ansprüche bestimmt waren, spielte die Publikation von *Originalkompositionen* (im Englischen *Original Music*, im Französischen *Morceaux de Musique inédits* oder Morceaux inédits) eine wesentliche Rolle. Hatte man in Unterhaltungs- und Zeitvertreibs-Blättern nur in Ausnahmefällen Wert auf die Veröffentlichung von Originalkompositionen gelegt, wie Friedrich August Kanne bei seinem Periodicum *Der neue Amphion* (1824), so bildete die Publikation unveröffentlichter Kompositionen für den anspruchsvolleren periodischen Ausgaben ein zentrales Anliegen. Es handelte sich in diesem Zusammenhang um Werke, die entweder ausdrücklich für eine in Aussicht genommene oder bereits im Erscheinen begriffene periodische Ausgabe komponiert wurden oder in einem solchen Periodicum erstmals zum Abdruck gelangten. Daneben wurden Kompositionen von Klassikern wie Haydn und Mo-

---

64 Vgl. Kinsky-Halm, S. 78.

65 Man vgl. auch K. G. F. Spence, *The Learned Doctor Busby,* in: *Music and Letters* XXXVII, 1956, S. 147.

66 Anzeige des Verlages S. A. Steiner und Comp., Wien, in: *Intelligenz-Blatt zur AmZ* (Wien) I, 1817, No. 1, nach Sp. 32.

67 Vgl. Kinsky-Halm, S. 279—280.

68 Rezension des 2. Heftes in: *AmZ* (Wien) I, 1817, Sp. 217—218. — Der im *Thematischen Verzeichniss im Druck erschienener Compositionen von Ignaz Moscheles,* S. 15, angegebene Verlag: *Haslinger* und Preis: *1 Rthl.* sind einer späteren Ausgabe, nicht dem hier vorliegenden, bei der Vorgängerfirma *S. A. Steiner und Comp.* mit der Preisangabe *4 fl. 30 kr.,* erschienenen Erstdruck, entnommen.

zart und gelegentlich auch solche aus Barock und Vorklassik aufgenommen. So lautete die Verlagsanzeige für das *Museum für Pianoforte Musik und Gesang,* herausgegeben von A. Mühling (Halberstadt [1828–1831]) wie folgt: „*Unter diesem Titel erscheint vom 1. Januar 1828 an bey dem Unterzeichneten eine Sammlung von Musikstücken für Pianoforte ohne Begleitung, in monatlichen Heften, jedes von 3 Bogen, auf schönes Velinpapier, mit größter Eleganz gedruckt. Der Inhalt besteht zu zwey Drittheilen aus neuen Originalkompositionen bewährter Künstler, zu einem Drittheile aus arrangirten und älteren werthvollen Sachen . . .*"[69] Die Originalkompositionen stammten von Meistern wie Carl Eberwein, Carl Erfurt, Moritz Hauptmann, Heinrich Marschner, Friedrich Schneider und dem Herausgeber selbst. Bei den arrangierten Werken handelte es sich etwa um Einzelstücke aus Opern von Auber, Boieldieu, Righini und Rossini und bei den „*älteren werthvollen Sachen*" um Kompositionen von J. S. Bach, C. Ph. Em. Bach, Haydn und Mozart. – Ähnlich verhielt es sich bei der im Verlag Herder in Freiburg im Breisgau erschienenen Ausgabe *Lyra. Eine Sammlung von Liedern, Balladen, Duettinis der vorzüglichsten Componisten mit Begleitung des Pianoforte und der Guitarre* (1824), bei der „*ein Theil dieser Lieder . . . aus Originalen, das heißt, solchen Gesängen, die noch nicht im Stiche erschienen*", besteht, „*und der andere Theil aus Compositionen, deren vorzüglicher Gehalt bereits allgemein anerkannt ist*"[70].

Darüber hinaus war bei mehr lokal orientierten Periodica neben der Zugehörigkeit zu der betreffenden Region die Erstveröffentlichung von zum Abdruck gelangender Werke von besonderer Bedeutung, da man mit solchen Ausgaben zugleich die Förderung heimischer kompositorischer Talente verband. So wurde beispielsweise die *Musikalische Blumenlese des Steyermärkischen Musik-Vereins* (1824) mit folgenden Worten angezeigt: „*Um den vaterländischen Musiktalenten auch für die Tonsetzkunst eine, durch die Leitung des löblichen steyermärkischen Musikvereins gesicherte, Bahn zu eröffnen, ferner aus Achtung für die Tonkunst und für alle Freunde gehaltvoller Compositionen überhaupt*", wurde beschlossen, „*eine Sammlung neuer, im besten Style verfasster Original-Musikwerke zu veranstalten . . .*"[71] Verschiedene derartige Periodica, die sich auf bestimmte Zentren musikalischer Wirksamkeit konzentrierten, folgten mehr oder weniger ausschließlich solchen Prinzipien, so auch Publikationen mit Werken bretonischer Komponisten, etwa *La Lyre Armoricaine* (Nantes 1826/ 27), die den Hinweis trägt: „*Ce Recueil, qui ne renferme que des Morceaux de Musique inédits et composés en Bretagne, paraît chaque mois par livraison de deux feuilles petit in-folio*"[72].

Wurden bei vornehmlich der Unterhaltung dienenden Sammlungen nur hin und wieder Stücke von Klassikern herangezogen, um zur Hebung des Niveaus beizutragen, so ließen die Beispiele der für gehobene Ansprüche bestimmten Periodica deutlich werden, daß neben der vorrangigen Publikation unveröffentlichter Werke zeitgenössischer Komponisten – mit Ausnahme lokal begrenzter Sammlungen, in denen man sich in der Regel ausschließlich auf die Neuveröffentlichung zeitgenössischer Werke beschränkte –, auch Kompositionen von Klassikern (Haydn, Mozart, Beethoven), aufgenommen wurden. Mozartsche Werke begegnen hauptsächlich auf dem Gebiete der Klaviermusik und der Klavierbearbeitung und zwar, wie sich anhand der überlieferten Periodica nachweisen ließ, in zwei zeitlichen Phasen: Die erste beginnt Mitte der 80er

---

69 *Intelligenz-Blatt zur AmZ* XXX, 1828, No. IX, Sp. 34–35.
70 Verlag der Herder'schen Kunst- und Buchhandlung in Freyburg im Breisgau: *Ankündigung (Juny 1824).*
71 *Anzeige für Tonsetzer und Musikfreunde des In- und Auslandes*, in: *AmZ* (Wien) VII, 1823, Sp. 576.
72 Titelblatt der 1. Lieferung: *Nantes, Juillet 1826.*

Jahre des 18. Jahrhunderts und setzt sich in den ersten Dezennien des 19. Jahrhunderts fort — hier dominieren die Variationen-Werke in der Originalfassung —, die zweite hebt um die Wende der 20er in die 30er Jahre des 19. Jahrhunderts an. Sie bringt im Vergleich zur Jahrhundertwende eine sachlichere Einstellung gegenüber Mozarts Klaviersonaten mit sich, die nunmehr als vollständige Werke präsentiert werden. Die für die weitere Entwicklung des 19. Jahrhunderts und besonders für die private Musikpflege so wesentlich werdenden Bearbeitungen von Orchesterwerken für Klavier zu vier Händen begegnen in diesen Periodica seit den 40er Jahren[73]. — Ähnlich erschienen in der Originalfassung vornehmlich Klavierwerke Beethovens (Sonaten, selbständige Stücke und Variationenwerke) und einstimmige Lieder mit Klavierbegleitung in vollständiger Wiedergabe oder in Teilabdrucken (einzelne Sätze oder Themen), während Chor- und Orchesterwerke (einzelne Sätze, Satzteile oder Themen von Symphonien, Klavierkonzert op. 15, Ballett- und Schauspielmusiken, Orchester-Tänze) und Kammermusikwerke (Violinsonaten, Streichquartette, Septett op. 20) in bearbeiteter Form vorgelegt wurden[74]. — Diese Ausgaben trugen zu früher Verbreitung von Kompositionen der Klassiker — vornehmlich über den deutschen Sprachraum hinaus — bei. Sie bereichern die Kenntnis von Quellen klassischer Werke in beträchtlichem Grade und ermöglichen überdies die Klärung quellengeschichtlicher Zusammenhänge.

Daß diese Art von Periodica für ein exklusiveres Publikum bestimmt war, braucht kaum noch betont zu werden. Diese Tatsache wurde auch mitunter in solchen Ausgaben recht deutlich zum Ausdruck gebracht. So heißt es beispielsweise in der *Ankündigung* der Sammlung *Erato* (Dresden 1812), die aus Liedern, Arietten und Romanzen mit Klavierbegleitung von Dresdner Komponisten wie Weinlig, Blüher, Forcht, Morgenroth, Salomo und Bertoldy, besteht, ausdrücklich, daß *„bey der Wahl der darin aufzunehmenden Texte und Compositionen vorzüglich das gebildetere Publicum, dem Musik nicht blos ein tönendes Erz und eine klingende Schelle ist"*, berücksichtigt worden sei[75].

V

Neben dem Typ der *Zeitvertreib-Sammlung*, teilweise auch als *musikalisches Unterhaltungsblatt* bezeichnet, und den gehobeneren Ansprüchen dienenden Periodica, die seit 1830 als *Mustersammlungen* verstanden wurden, entwickelten sich seit Beginn des 19. Jahrhunderts zahlreiche sich speziellen Aufgaben widmende periodische Veröffentlichungen. Einzelne solcher Aspekte lassen sich vereinzelt schon früher nachweisen. Aber erst die Zeit um die Wende vom 18. zum 19. Jahrhundert scheint eine solche Vielfalt von Erscheinungsformen in einem größeren Umfang begünstigt zu haben. So war mit einer Reihe solcher Sammlungen zugleich eine didaktische Absicht verbunden — ein Gesichtspunkt, der erstmals in der frühen englischen Ausgabe *Mercurius Musicus* (1699—1702) in dem Begriff der *New Teaching Songs* anklang. Telemanns periodische Publikation *Der getreue Music-Meister* (1728) hatte sich zur Aufgabe gestellt, *„das mehreste, was nur in der Music vorkommen mag, nach Italiänischer, Französischer, Englischer, Polnischer, &c. so ernsthaft= als lebhaft= und lustigen Ahrt, nach und nach alle 14. Tage in einer Lection vorzutragen ..."*[76], wodurch dem

---

73 I. Fellinger, *Mozartsche Kompositionen in periodischen Musikpublikationen des späten 18. und frühen 19. Jahrhunderts*, in: *Mozart-Jahrbuch* 1978/79, S. 203—209.
74 I. Fellinger, *Kompositionen Beethovens und Bearbeitungen seiner Werke in Periodica des 19. Jahrhunderts*, S. 48.
75 *Ankündigung* in: *Intelligenz-Blatt zur AmZ* XIII, 1811, No. XIII, Sp. (57).
76 Vorwort zu *Der getreue Music-Meister* (Leipzig 1980).

Ausführenden Gelegenheit gegeben wurde, die mitgeteilten Kompositionen vor dem Eintreffen der folgenden Lektion zu lernen. Aus der Zeit des beginnenden 19. Jahrhunderts ist etwa P. J. Milchmeyers *Journal dédié aux jeunes Elèves* (Meissen 1801[/02]) zu nennen. Milchmeyers Einleitung zu dieser vornehmlich für Kinder und Anfänger bestimmten Ausgabe enthält *„Einige lesenswerthe Bemerkungen über den Fingersatz, Ausdruck und Veränderungen des Instruments"*[77]. Milchmeyer gibt hier sehr ins einzelne gehende Hinweise zur Spieltechnik, für die Handhaltung und den Ausdruck in Verbindung mit den Eigenheiten des Tasteninstruments, die über den rein didaktischen Zweck hinaus wesentlich für die frühe Hammerklaviertechnik sind.

Weiterhin sei noch auf die von Justin Heinrich Knecht herausgegebene *Cäcilia, ein periodisches Werk, welches für angehende und geübte Orgelspieler, kleinere und größere leicht spielbare Orgelstücke verschiedener Art enthält* (Freiburg [1822]) hingewiesen. Die der Ausgabe zugrunde liegende Absicht, wie Knecht sie in seinem Vorwort *Nöthiger Vorbericht* dargelegt hat, war, eine Sammlung von Orgelstücken vorzulegen, *„welche nicht nur der Natur der Orgel, sondern auch den Kräften und Bedürfnißen der meisten Organisten in Stadt und Land angemeßen, also leicht spielbar und gemeinnützig sind"*. Knecht gedachte in diesem zunächst auf sechs Lieferungen berechneten Werk, von dem drei Lieferungen erschienen, Kompositionen für Orgel *„nach steigender Ordnung"* methodisch in verschiedenen Stilen zu bringen, so *„im gebundenen Styl"*, *„im eleganten Styl"*, *„im freien Styl"* und *„im strengen Styl"*, um damit dem in jener Zeit herrschenden völligen Mangel an solchen Sammlungen abzuhelfen[78].

Einen· pädagogischen Zweck verfolgten auch Periodica mit mehrstimmigen Chorgesängen, die entweder für den Schulgebrauch, für Singeschulen, für den Kirchen- oder für den Gesellschaftsgesang bestimmt waren. In einem allgemeineren Sinne verstanden, ging es etwa Hans Georg Nägeli darum, durch den Chorgesang auf dem Gebiete der Tonkunst *„das elementarisch höchste (allgemeingültige, von der Kunst des Ausdrucks oder der Darstellung unabhängige) Kunstschöne zu erkennen"*, also auch hierin eine erzieherische Funktion auszuüben. Diesen mehr ästhetischen Grundsatz vertrat Nägeli in dem von ihm herausgegebenen und ausschließlich mit eigenen Kompositionen ausgestatteten Periodicum *Teutonia. Rundgesänge und Liederchöre* (Zürich 1808 [—1814])[79]. Mit ihm wollte er zur Verbreitung dieser aus Solo- und Chorgesang bestehenden Gattung geselligen Singens beitragen.

Hier ist etwa auch an die von Michael Hauber und Caspar Ett herausgegebene Sammlung *Musikalischer Jugendfreund* (München 1814—1815) zu denken. Dieses hauptsächlich *„für Elementar- als auch für Arbeits-Schulen"* gedachte *musikalische Journal*, das *„vorzüglich auf jeden Tag in der Woche passende und leichte Schullieder"*, etwa auch *„Prüfungs- und Preisevertheilungs-Lieder"* geistlicher und weltlicher Art enthielt, galt über den rein schulischen Zweck hinaus in einem höheren Sinne der *„Veredlung des Volks-Gesangs"*[80]. In der Aufnahme verschiedener Kirchenlieder sind zugleich Ansätze zu einer kirchenmusikalischen Restauration zu sehen, deren Mitinitiator Caspar Ett war.

Auf höherer Ebene verbanden sich bei Alexandre Choron (1771—1834) in Zusammenhang mit der von ihm in Paris geleiteten *Ecole de Musique Religieuse* (vor 1826 *Ecole Royale de Chant et de Déclamation*) und den von ihm herausgegebenen Periodica erzieherische Absichten, nämlich die Schulung zum Chor-

---

77 Einleitung, S. 3—8.
78 *Nöthiger Vorbericht* in 1. Lieferung.
79 *Ankündigung* zur *Teutonia*, Zürich, Neujahr 1808.
80 *Anzeige, die Fortsetzung des musikalischen Jugendfreundes betreffend* am Ende des ersten Jahrganges.

gesang, mit dem Bestreben, die Kirchenmusik seiner Zeit zu restaurieren und kirchenmusikalische Werke der Vergangenheit zu neuem Leben zu erwecken. Erstmals verwirklichte er diese Absichten im Rahmen periodischer Musikpublikationen in dem wöchentlich herausgegebenen *Journal de Musique Religieuse* (Paris [1827]), das Kompositionen auf geistliche und moralisierende französische und lateinische Texte für eine oder mehrere Singstimmen mit Orgel- oder Klavier-Begleitung enthält. Die hier zum Abdruck gelangten Werke von Komponisten wie Clari, Cimarosa, Couperin, Danzi, Haydn, Mozart, J. G. Naumann, J. A. P. Schulz und Abbé Vogler sowie von Zeitgenossen wie J. Elsner, von Neukomm und von Choron selbst, waren sowohl als Musikübung als auch für Musikalische Gesellschaften, Gemeinden und Erziehungsheime sowie vor allem für den Gottesdienst bestimmt[81]. 1829 setzte Choron diese seine Bemühungen in zwei separat erschienenen Periodica fort: Das dreimal monatlich herausgegebene *Journal de Chant et de Musique d'Eglise* (Paris 1829[−1830]) mit liturgischen Gesängen sowie kirchenmusikalischen Werken von Meistern des 18. Jahrhunderts, wie Basili, Danzi, Händel, B. Marcello, Rolle, Sacchini, war für den Kirchengebrauch bestimmt, während das halbmonatlich, dann dreimal monatlich erschienene *Journal de Chant et d'Education Musicale* (Paris 1829 [−1830]) mit weltlichen Werken von Clari, Händel, Jomelli, Nicolini, Pergolesi, Sacchini und J. A. P. Schulz der Chorschulung galt.

Mit solchen gleichermaßen religiöser Erbauung wie erzieherischen Aufgaben — etwa der Übung und Fortbildung im Chorgesang — dienenden periodischen Ausgaben wurden des öfteren auch ethische Belange verknüpft. Um ein solches Periodicum handelt es sich beispielsweise bei der von dem Berliner Buchhändler, Privatgelehrten und Komponisten Johann Daniel Sander (1759−1825) edierten Sammlung *Die Heilige Cäcilia* (Berlin [1818]), die mehrstimmige Chorwerke älterer und zeitgenössischer Komponisten in originaler und bearbeiteter Fassung enthält. Als allgemeiner Grundsatz wurde hier der mehrstimmige Gesang als *„eines der wirksamsten Mittel zur Bildung und Veredlung des Menschen"* betrachtet[82]. Diese aus drei Abteilungen bestehende, zu einem Jahrgang zusammengefaßte Sammlung, die für *„Schulen, Kirchen, Gymnasien und Freunde religiöser Musik"*[83] bestimmt war und von der Exemplare durch die höhere Kirchenbehörde des Preußischen Staates an Kirchen und Schulen verteilt wurden, setzt sich in der Hauptsache aus geistlichen Oden, Motetten, Psalmen, Chören und Gesängen von Händel, J. A. P. Schulz, J. F. Reichardt, Zelter, J. H. Rolle, Rungenhagen, C. H. Graun, Beethoven — nach fortschreitendem Schwierigkeitsgrad angeordnet — zusammen. Berliner Komponisten bilden deutlich den Schwerpunkt der Ausgabe. Örtliche Verhältnisse, etwa in kleineren Orten oder Dörfern, in denen es damals weder eine Orgel noch ein Positiv gab, ließen den Herausgeber einstimmige Weisen vierstimmig setzen. Ferner legte er anstelle fremdsprachiger und lateinischer Texte deutsche Übersetzungen vor, ein Vorgehen, das von der zeitgenössischen Musikkritik gerügt wurde. Man empfahl, hier wenigstens die Texte *„zugleich im Originale unterzulegen"*[84]. Die Aufnahme geistlicher Werke vornehmlich aus der Vergangenheit, wobei sich der Herausgeber von Komponisten, wie Zelter, beraten ließ, ist als früher Versuch einer Wiederbelebung geistlicher Musikwerke — wenn auch in bearbeiteter Form — im Rahmen periodischer Musikpublikationen zu werten.

81 Doch räumte Choron in einer Anmerkung zu dieser Ausgabe ein:„ *N. B. Quoiqu'
essentiellement propres aux usages de l'Eglise, tous les objets compris en ce recueil
conviendront également pour l'enseignement et les réunions musicales"*. Anzeige der
beiden Journale in: *Journal de Musique Religieuse* [1827].
82 *Vorrede*, S. 1.
83 *Intelligenz-Blatt zur AmZ* XXIV, 1822, No. VII, Sp. 36.
84 *AmZ* XXI, 1819, Sp. 167.

Nach Auffassung der Zeit handelte es sich bei den hier enthaltenen Werken um einen *„reichen Schatz des Vorzüglichsten und Besten, . . ., um die unsterblichen, grössten Theils wenig oder gar nicht bekannten Compositionen der berühmtesten Meister"*[85]. Sie galten der Feier und Belebung des öffentlichen protestantischen Gottesdienstes und bereicherten darüber hinaus das Repertoire öffentlicher Singchöre und privater Singvereine, denen man im Staate Preußen in jenen Jahren gerade erst begann, einige Aufmerksamkeit zu schenken, in entscheidendem Maße.

VI

Welche geistige Haltung stand — ganz allgemein gesehen — hinter den Periodica musicalia dieses Zeitraumes? Die Jahre von 1789 bis 1830 stellen eine Epoche großer politischer Umwälzungen und wirtschaftlicher Krisen dar. Es ist daher zu fragen, inwieweit sich in den periodischen Ausgaben historische und zeitgeschichtliche Momente widerspiegeln. Historische Begebenheiten wie auch das politische Tagesgeschehen fanden in den Musik-Periodica — als Ganzes gesehen — nur in einem sehr geringen Maße einen Widerhall. Da der Gesichtspunkt der Delektierung, der Zerstreuung, des Zeitvertreibs, daneben auch der einer gehobenen Musikausübung sowie eine deutliche Tendenz zur Spezialisierung, etwa in musikpädagogischer oder kirchenmusikalischer Richtung, in diesen Ausgaben — in der dargestellten Weise — vorherrschend waren, vermied man es offensichtlich weitgehend, Kompositionen, die politische Ereignisse zum Gegenstand hatten, in den Rahmen dieser Periodica einzubeziehen. Ganz deutlich scheint man im Allgemeinen dahin tendiert zu haben, diese periodischen Publikationen — gerade im Gegensatz zum Zeitgeschehen — gleichsam zu einem Hort der friedlichen Einkehr werden zu lassen. In den Ausgaben wurden daher vor allem — entsprechend der herrschenden Dichtung der Zeit und nicht zuletzt auch der überaus reich vertretenen Dilettanten-Literatur — die Idylle des häuslichen Bereiches, die Geselligkeit in Familie und Freundeskreis, die verschiedenen Phasen des Daseins und der das Leben umgebenden Dinge betont. Die zur Vertonung herangezogenen Texte bewegten sich somit weitgehend in Abkehr von den Zeitereignissen. So charakterisierte Hans Georg Nägeli die von ihm vertonten Texte in seiner Sammlung *Liederkranz* (Zürich 1816—1818), wie folgt: *„In Hinsicht auf den Text verbreiten sich die Gedichte nach ihrem zusammengefaßten Inhalt über die besingbaren Verhältnisse des menschlichen Lebens also, daß die Lebensstufen und Lebenserscheinungen so bestimmt als mannigfaltig hervortreten und wechseln: als Eintritt in das Leben, Anschauung der Natur, Hingebung an die Gesellschaft, Aufopferung für dieselbe, Betrachtung der Vergänglichkeit, Hinblick aufs Unvergängliche und Sehnsucht nach demselben"*[86].

Auch bei den französischen periodischen Liedsammlungen, die neben den deutschsprachigen Ausgaben am stärksten vertreten sind, handelt es sich größtenteils um unpolitische Texte, die zuerst mehr dem Schäfermilieu — besonders ausgeprägt bei Jean-Pierre Claris de Florian (1755—1794), so in der Vertonung der in dessen bekanntesten Roman *Estelle* enthaltenen Gedichte durch Joseph Bernhard Woets im *Journal d'Erato* (Gent 1818—1819) —, später mehr der Liebeslyrik vornehmlich in Gestalt der *Romance* von elegischer oder sentimentaler Art, zuneigen, etwa in *Le Souvenir des Ménestrels* (Paris 1814—1829).

---

85 *Intelligenz-Blatt zur AmZ* XXIV, 1822, No. VII, Sp. 36.
86 *Vorrede* zu *Liederkranz auf das Jahr 1816* (Zürich).

Es zeigt sich, daß die verschiedenen Aspekte, nach denen die unterschiedlichen Arten von Periodica ausgerichtet waren, den Charakter dieser Sammlungen bestimmten. Der Rückgriff auf historische Gestalten und Vorgänge wie auch allgemeine und politische Bezüge zur eigenen Zeit und ihren Geschehnissen, wie sie den zugrunde gelegten Texten von Vokalwerken und den Überschriften von Instrumentalwerken zu entnehmen sind, begegnen hin und wieder, blieben jedoch für das Erscheinungsbild der periodischen Ausgaben als Ganzes gesehen ohne Einfluß. Es handelt sich um einzelne in den Periodica enthaltene Kompositionen, von denen einige Beispiele herausgegriffen seien.

Da sind zunächst die Fest- und Gelegenheitskompositionen, mit denen hochgestellten Persönlichkeiten der eigenen Zeit gehuldigt wurde, so zu Krönungsfeierlichkeiten oder Geburtstagen, etwa die zahlreichen von Friedrich Kuhlau und Claus Schall aus solchen und ähnlichen Anlässen dänischen Königen und Prinzen dargebrachten Instrumental- und Vokalwerke[87], Ferdinando Paers Huldigung an Charles X von Frankreich[88], *Napoleons Krönungsmarsch*[89] und der *Marsch der Leibgarde des Kaysers der Franzosen Napoleon*[90] sowie *General Laureston's March* von G. Cooke[91] oder *The Duke de Reichstadt's Waltz* von S. T. Rosenberg[92]. Ferner spielten eine gewisse Rolle Gelegenheitswerke, die zur Wiederkehr denkwürdiger Ereignisse oder zum Gedenken an bedeutende Persönlichkeiten der Vergangenheit verfaßt wurden, so der dem Gedächtnis an den Tod Gustav Adolphs von Schweden während des 30jährigen Krieges geltende *Trauermarsch, aufgeführt bei der religiösen Festlichkeit der 2n. Säcularfeier des Todes Gustav Adolph's Kön.[ig] v.[on] Schweden am 6n. Nov. 1832 am Schwedenstein bei Lützen* von Franz Louis Schubert[93]. In französischen Liedsammlungen, die hauptsächlich alljährlich als Album, Almanach, Etrennes oder Souvenir herauskamen, erschienen Reminiszenzen in Form anekdotenhafter Schilderungen von Begebenheiten aus dem Leben historischer Persönlichkeiten, teilweise in das Schäfermilieu verlegt, so französischer Könige, wie Charles VII[94], François I[95] und Henri IV[96].

In ihrer Beziehung zur Zeitgeschichte lassen die Periodica einige wesentliche Ereignisse und Phasen aus der Epoche von 1789 bis 1830 sichtbar werden. Obwohl die periodischen Musikpublikationen ihrer Geisteshaltung nach nicht der Ort für die Aufnahme von revolutionären Gesängen waren, die in Einzelausgaben, wohl auch auf Flugblättern zu ihrer Zeit verbreitet wurden, gelangte der von Rouget de Lisle 1792 in Straßburg verfaßte Revolutionsgesang *Chant de guerre pour l'armee du Rhin*, der 1795 als *Marseillaise* zur französischen Nationalhymne erklärt wurde, als *Marche des Marseillois* für Klavier bereits ein Jahr

87 Z. B. Friedrich Kuhlau: *Marsch No. 1* [−2] *i Anledning af Hans Majestæts Kong Frederik VI. Kroning* [K. 206, 1−2], in: *Nye Apollo* (Kopenhagen) 1. Aarg. [1814/16], S. 98−99, oder Claus Schall: *Sang i Anledning af Hans Höjhed Prinds Christian Frederiks Födselsdag* (18. Sept. 1815), ebda., S. 82−84 und 90−91.

88 *Hommage au Roi, Charles X*, in: *Le Souvenir des Ménestrels* (Paris) 13e Année, 1826, S. 167−176.

89 Nachdruck in: *Polyhymnia* (Meißen), 3. Jg. [1827], S. 183−184.

90 *Magazin pour la Harpe* (Braunschweig) [1805], Cah. 2, S. 19.

91 Lauriston, Alexandre Jacques Bernard Law, Marquis de (1768−1828), französischer General und Diplomat. − *The Monthly Polite Musical Repertory* (London) [ca. 1805], No. 4, S. 10.

92 Herzog von Reichstadt (1811−1832), Sohn von Napoleon I. und Kaiserin Marie-Louise. − *The Musical Bijou* (London) VII, 1835, S. 93−94.

93 *Polyhymnia* (Meißen) Neue Folge 2. = 9. Jg. [1833], S. 14.

94 Pierre Gaveaux: *Charles VII, Romance historique*, in: *Le Souvenir des Ménestrels*, 5e Année, 1818, S. 194−195.

95 Etwa F. A. Boieldieu: *François Premier, Romance*, ebda., [1ère] Année, 1814, S. 18−19.

96 Moreau: *Le Panache d'Henri IV, Romance*, ebda., S. 54−55.

nach der Entstehung im schwedischen Periodicum *Musikaliskt Tidsfördrif* zum Abdruck. Spätere Nachdrucke folgten, etwa als *Marseiller-Marsch*[97].

Daß der polnische Freiheitskampf als Folge der drei polnischen Teilungen unter die Häuser Habsburg, Preußen und Romanow in den Jahren 1772, 1793 und 1795 die Gemüter der damaligen Zeit über die Ländergrenzen hinweg bewegte, fand seinen Niederschlag in deutschen, französischen und englischen periodischen Ausgaben. So begegnen die Namen berühmter polnischer Freiheitshelden, wie der von Tadeusz A. B. Kościuszko (1746−1817), dem Führer des Aufstandes von 1794 als Antwort auf die zweite polnische Teilung, etwa in der *Polonoise a la Kościusko* für Flöte[98], oder der von Fürst Józef Poniatowski (1763−1815), so in der Vokal-Polonaise auf dessen Tod *Le Troubadour Français au Tombeau de Poniatowski* von Charles Lafont, in der dieser als neuer Bayard apostrophiert wird[99]. Zudem wurde an das polnische Schicksal durch Veröffentlichung des polnischen Nationalgesanges *Non belle Pologne* des Grafen Dombroski erinnert[100].

Als Belege für die deutschen Freiheitskriege (1813−1815) gegen Napoleon lassen sich in den periodischen Sammlungen vornehmlich Lieder und Chorgesänge nach Texten aus Theodor Körners Sammlung *Leyer und Schwert* anführen, so *Lützow's wilde Jagd* von C. M. v. Weber[101], *Gebet vor der Schlacht* vom gleichen Komponisten mit englischem Text[102] oder *Gebet während der Schlacht* in den Vertonungen von H. G. Nägeli und Fr. H. Himmel[103].

An den Wiener Kongreß (1814−1815) erinnert in den Periodica-Ausgaben der *Wiener Congress Wals*, für Klavier arrangiert[104]. − Dem Einmarsch der vereinigten österreichischen, preußischen und russischen Heere in Paris nach dem Sieg bei Waterloo (Belle-Alliance) durch Blücher und Wellington über Napoleon vom 18. Juni 1815 wurde durch Aufnahme des *Marche triomphale sur l'Entrée à Paris de leurs Majestés François I, Alexandre I et Frédéric Guillaume III le 10 Juillet 1815* für Klavier durch Daniel Steibelt Rechnung getragen[105].

Der Rückkehr der Bourbonen auf den französischen Thron unter Louis XVIII wurde 1815 in französischen Ausgaben etwa durch zwei Lieder mit Instrumentalbegleitung gehuldigt: Mit *La Renaissance des Lys* mit dem Refrain *„Vive le Roi, vive Louis"* von Charles Laffillé[106] und mit der *Hymne à la Paix* von Paz[107].

---

97 Stockholm 1793, S. 72. − *Polyhymnia* (Meißen) 6. Jg. [1830], S. 169.

98 *Neues Musikalisches Wochenblatt für eine Flöte* (Hamburg [ca. 1810]) 2. Quartal, No. 7, S. 5.

99 *„L'Amour, l'espoir de sa patrie, nouveau Bayard, sans reproche et sans peur..."*, in: *Le Souvenir des Ménestrels*, 5e Année, 1818, S. 17−19.

100 *„Non belle Pologne! à jamais non, tu n'es point esclave!"* − *„O Poland, Dear Poland! never shalt thou bow thee down in slavery!"*, in: *The Musical Gem* (London) III, 1832, S. 60−63.

101 *„Was glänzt dort im Walde im Sonnenschein?"* [Jähns 168], in: *Orpheus* (Freiburg i. Br.) 4. Bd. [ca. 1829], No. 141, oder als *Lützow's Wild Hunt* unter Hinzufügung einer Klavierbegleitung in: *Apollo's Gift* (London) I (1830), S. 66−68.

102 [Jähns 173] als *The Prayer before Battle* unter Hinzufügung einer Klavierbegleitung, in: *Apollo's Gift* II (1831), S. 58−60.

103 H. G. Nägeli (für Singst., Pfte.-Begl.) in: *Liederkranz auf das Jahr 1816*, No. X, S. 20−21, und Fr. H. Himmel (für 4 Singst.) in: *Polyhymnia* (Freiburg i. Br.) [1824/25] 12. Heft, No. 65, S. 89.

104 *Nye Apollo* I, 1815, S. 96.

105 François I = Kaiser Franz I. von Österreich; Alexandre I = Zar Alexander I. von Rußland; Frédéric Guillaume III = König Friedrich Wilhelm III. von Preußen. − *Anthologie musicale* (Wien) Cah. 9 [4. 11. 1815], S. 14−16.

106 *Etrennes aux Dames* (Paris) [1815], und *Le Souvenir des Ménestrels*, Année 2 [1815], S. 6−9.

107 *Etrennes aux Dames* [1815].

Mit dem von Conrad Lüders verfaßten großen Tongemälde für Klavier wurde die Aufmerksamkeit auf die Pariser Juli-Revolution von 1830 gelenkt: *(Pariser Revolutionen) Stormklokken, Modstand og Sejer (26de−29de July)*[108]. In diesem Stück versuchte der Komponist, verschiedene Phasen des Geschehens mit tonmalerischen Mitteln zu charakterisieren. − Zur Beendigung dieser Revolution schrieb Auguste Panseron seine *Hymne à la Paix, Chant National*[109].

Diese Beispiele, die sich fortsetzen ließen, mögen hier genügen. Sie lassen erkennen, daß die periodischen Ausgaben dieser Epoche − wenn auch an verstreuter Stelle und nicht in allen überlieferten Ausgaben − Kompositionen zu bedeutenden historischen und zeitgeschichtlichen Ereignissen − teilweise auch mehr in Form von Reminiszenzen − aufweisen. Vielfach erscheinen sie dem jeweils herrschenden Charakter der periodischen Sammlungen nach Art und instrumentaler Besetzung (Klavier, Flöte, Harfe, Chorgesänge mit hinzugefügter Klavierbegleitung, etc.) angeglichen. Sie sind weniger von musikalischem, als vielmehr von zeitgeschichtlichem Interesse und runden das Bild der Periodica nach dieser Richtung hin ab.

Als Ganzes genommen scheinen die Periodica musicalia für eine in jenen Dezennien bestehende, auf Tradition gegründete Bildungsschicht bestimmt gewesen zu sein, bei der ein mehr oder weniger ausgeprägtes Bedürfnis nach musikalischer Betätigung vorhanden gewesen sein dürfte. Doch richteten sich diese Ausgaben, wie deutlich wurde, nicht ausschließlich an den musikliebenden Dilettanten, sondern je nach Inhalt, auch an den Musiker sowie an Chor- und Instrumental-Vereinigungen privater und öffentlicher Art. Die der Unterhaltung im weiteren Sinne dienenden Sammlungen galten in erster Linie dem Zeitvertreib von Musikliebhabern, weniger deren Bildung, wenn auch gewisse Ansätze, auf den Geschmack der Musizierenden einzuwirken, auch in dieser Kategorie von Periodica unverkennbar sind. So trachtete man etwa danach, wie sich zeigte, das Absinken des Niveaus von Ausgaben durch Aufnahme klassischer Stücke oder von Originalkompositionen zu verhindern. Hingegen galten von vornherein die für gehobene Ansprüche bestimmten periodischen Sammlungen der musikalischen Bildung in einem umfassenden Sinne. Zugleich hatten sie die Funktion, den Stand der musikalischen Kunst zu repräsentieren, auch gegenüber nachfolgenden Epochen. Ebenso dienten die speziellen Aufgaben sich zuwendenden Periodica, die einen stark erzieherischen Zug in verschiedener Richtung erkennen ließen und damit zugleich − in einem höheren Sinne verstanden − ästhetische und zuweilen auch ethische Belange verknüpften, der Bildung in musikalischer und allgemeiner Beziehung.

Dergestalt vermitteln die Periodica eine Vorstellung von der doch recht differenzierten Musikkultur dieser privaten und zum Teil auch öffentlichen Bereiche, an die sie gerichtet waren. Sie gewähren damit einen Einblick in die Wirklichkeit des Musiklebens jener Zeit, von der sie ein Teil sind.

---

108 *Odeon* (Kopenhagen), 4. Aarg., 2. Bind [1831], S. 33−45.
109 „*Divine paix, viens régner sur la France*" (für T I, II, Bar., B, Pfte.) in: *Album Lyrique*, 1831, No. 12.

Das Verzeichnis ist in chronologischer Folge nach den Gründungsjahren der Periodica von 1789 bis 1830 angeordnet. Innerhalb der einzelnen Erscheinungsjahre sind die Titel der periodischen Musikpublikationen alphabetisch nach der mechanischen Wortfolge gegliedert. Die zeitliche Zuordnung der Periodica richtet sich nach dem Datum ihres Erscheinungsbeginns, vielfach auch nach dem nach zeitgenössischen Quellen erschlossenen ersten Erscheinungsjahr. Jährlich herausgegebene periodische Sammlungen sind dem Jahr zugeordnet, für das sie bestimmt waren, nicht dem Jahr ihrer Publikation.

Die Periodica sind mit sämtlichen Angaben in ihrer Originalsprache verzeichnet. Maßgebend für ihre Aufnahme war in der Regel das Titelblatt des ersten Jahrgangs oder Bandes. Die Angaben betreffen Titel und Untertitel der Publikation, Herausgeber, Erscheinungsort mit Verleger oder Drucker sowie die Erscheinungsdauer und die Zahl herausgegebener Jahrgänge oder Bände. Hinweise, die zwar der betreffenden Musica practica-Zeitschrift, nicht aber dem zugrunde gelegten Titelblatt entnommen sind, etwa später erfolgte Änderungen des Titels oder Untertitels, stehen in runden Klammern ( ), Ergänzungen des originalen Wortlautes, erschlossene Jahreszahlen, Personen- und Ortsnamen sowie Bemerkungen zur Erscheinungsfolge und zur Besetzung, dagegen in eckigen Klammern [ ] . Im Original stehende runde Klammern werden durch spitze Klammern < > wiedergegeben.

1. *Titel:*

Die Periodica sind mit ihrem vollständigen Haupttitel (und Untertitel), unter dem sie begründet wurden, und sämtlichen Titeländerungen bei kontinuierlicher Jahrgangs-Zählung verzeichnet. Die Titel russischer Periodica erscheinen in lateinischer Transliteration, die den internationalen Regeln folgt. Bei diesen sowie bei polnischen Periodica ist eine deutsche Übersetzung in eckigen Klammern angefügt. Widmungen wurden nur dann einbezogen, wenn sie für die Datierung der Periodica mitbestimmend oder ausschlaggebend waren.

2. *Erscheinungsorte:*

Die Erscheinungsorte werden in ihrem originalen Wortlaut mit dem Namen des Verlegers oder Druckers und deren Adressen angeführt.

3. *Erscheinungsdauer:*

Die Erscheinungsdauer der Periodica musicalia wird unter Berücksichtigung der originalen Zählung nach Jahrgängen, Bänden, Heften oder Lieferungen und zugehöriger Platten-Nummer angegeben. Bei jährlich erscheinenden Publikationen, bei denen Bestimmungsjahr und Erscheinungsjahr voneinander abweichen, werden beide Jahresangaben genannt, etwa:

The Musical Gem. A Souvenir
[1.] 1830 − [6.] 1835, 1829 − 1834.

Ist das Endjahr oder das letzte Heft in der Angabe mit einem Fragezeichen versehen, so bedeutet dies, daß es sich hierbei um den letzten nachweisbaren Jahrgang oder das letzte nachweisbare Heft, nicht unbedingt um den letzten erschienenen Jahrgang oder das letzte erschienene Heft handelt. Hinweise auf

die Zahl herausgegebener Nummern oder Hefte folgen im Anschluß an die Jahres-Angaben. Sie beziehen sich entweder auf die einzelnen angeführten Jahrgänge:

>Rok 1803–1805, No. 1–12

oder – bei fortlaufender Numerierung – auf die Dauer des Erscheinens einer periodischen Musikpublikation:

>Jahrgang 1. [1819/1820] –2. [1820/1821] : No. 1–30.

4. *Fundorte:*

Die Angabe der Fundorte in Form von Sigeln folgt dem Alphabet der Ländersigel, denen jeweils die kombinierten Orts- und Bibliothekssigel – wiederum in alphabetischer Folge – zugeordnet sind:

>**A** Wn–**D** Mbs–**F** Pn–**GB** Lbm, Ob

Besitzt eine Bibliothek ein vollständiges Exemplar der betreffenden periodischen Sammlung, dann wird lediglich ihr Sigel angegeben, ist das Werk dagegen unvollständig, so werden in runden Klammern die vorhandenen Jahrgänge, Lieferungen, Hefte oder Nummern genannt:

>**GB** Lbm ([1.] 1830–[2.] 1831)

Ist der Grad der Unvollständigkeit geringfügig, so ist die betreffende Angabe durch ein * gekennzeichnet. Dieses Zeichen bezieht sich entweder auf einen einzelnen Jahrgang:

>1. 1825 *

oder auf einen Komplex von Jahrgängen:

>1. 1825–15. 1839 *.

Bei der Angabe der Fundorte sind Original-Ausgaben von vorhandenen Xerokopien oder Mikrofilmen von Periodica unterschieden worden. Serien, die als Mikrofilm vorliegen, werden durch ein „M" angezeigt, xerokopierte Exemplare durch ein „X", Reprint-Ausgaben durch ein „R". Einzelne durch Xerokopien ergänzte Bände oder Nummern wurden dagegen dem allgemeinen Besitzstand zugerechnet. Privatbibliotheken werden nur dann als Fundorte angeführt, wenn eine Ausgabe oder einzelne ihrer Jahrgänge, Hefte oder Nummern in keiner öffentlichen Bibliothek nachweisbar sind.

5. *Verweisungen:*

Auf Vorgänger- und Nachfolge-Periodica wird verwiesen (→):

>**Monats-Früchte für Clavier** ([ab 2. 1804/06:] **Piano-Forte) und Gesang.**
>→*Neue Monats-Früchte für Pianoforte und Gesang.* 1812.

An den Komplex der Titelaufnahme mit Fundortnachweisen schließt sich die inhaltliche Aufschlüsselung der Periodica musicalia in originaler Reihenfolge an:

1. Name des Komponisten
2. Titel der Komposition – bei Vokalwerken mit Textincipit in Anführungszeichen (Textmarken in runden Klammern) und Textverfasser in runden Klammern – bei Bühnenwerken nach Möglichkeit auch unter Angabe der Bühnengestalt in runden Klammern
3. Opus-Zahl oder andere Werkbezeichnung mit Bezug auf bestehende thematische Verzeichnisse

4. Besetzung:
Hinweise auf die Besetzung erfolgen entsprechend der originalen Vorlage.
Sie werden nur gegeben, wenn die Besetzung nicht eindeutig aus der Formulierung des Titels der periodischen Musikpublikation hervorgeht oder die
einzelnen Kompositionen einer Periodica-Sammlung unterschiedliche Besetzung aufweisen. Kompositionen für Klavier zu zwei Händen und für eine
Singstimme und Klavierbegleitung (mit Textincipit) werden in der Regel ohne Besetzungshinweis gebracht. Hier wurde nur bei Gattungsbegriffen eine
Ausnahme gemacht, die sowohl dem instrumentalen als auch dem vokalen
Bereich angehören, wie etwa Romanze, Kavatine und ähnliche.
5. Angabe der Seitenzahlen oder der Anzahl der Blätter. Diese unterblieb bei
einer zwei Parallel-Editionen zusammenfassenden Inhaltsangabe.

Sind Überschrift und erste Textzeile einer Gesangskomposition identisch, so
wird diese Zeile nur einmal angeführt. Vortragsbezeichnungen werden nur dann
genannt, wenn sie anstelle einer Überschrift stehen oder bei mehrsätzigen Werken die Zahl der Sätze bestimmen. Kompositionen wurden nach Möglichkeit
identifiziert, fehlende Opus-Zahlen ergänzt, falsche Zuschreibungen von Kompositionen und andere unrichtige Angaben richtiggestellt. Folgen keine weiteren Bemerkungen, so bedeutet dies, daß das betreffende Werk vollständig und
in der Originaltonart abgedruckt ist. Separate arienartige Gesänge, von denen
nicht bekannt ist, ob sie zu einer Oper, einem Oratorium oder einer Kantate ge-
hören, konnten nur teilweise identifiziert werden.
Besondere Eigenheiten der Orthographie jener Epoche wurden ohne besonderen Hinweis übernommen, etwa archaische Schreibweisen wie „Polonoise" anstatt „Polonaise", „encor" anstelle von „encore", „tems" anstatt „temps"
(„printems" anstelle von „printemps") sowie Verbalendungen wie „vous avés"
anstatt „vous avez" und ähnliche. Fehlende Akzente wurden stillschweigend
ergänzt. Offensichtliche Druckfehler sind dagegen mit einem Ausrufezeichen
[!] markiert.

6. *Register*:
Dem Verzeichnis sind acht Register angeschlossen. Die Ziffern beziehen sich
auf die Seitenzahlen des *Chronologischen Verzeichnisses*, bei mehrfachem Auftreten von Erscheinungsorten, Namen sowie Stücken oder Bearbeitungen des
gleichen Komponisten ist die betreffende Anzahl in runden Klammern ange-
merkt, etwa 432 (2).

a) *Titel der Periodica musicalia*.
Das Register enthält sämtliche Titel, unter denen eine periodische Musikpublikation erschienen ist. Bei gleichlautenden Titeln, wie etwa *Polyhymnia*,
ist der Erscheinungsort beigefügt.
b) *Herausgeber*.
Das Register schließt alle Namen von Herausgebern, Herausgeber-Gesell-
schaften und von Komponisten, die als Herausgeber solcher periodischen
Sammlungen mit eigenen oder Werken anderer Komponisten zeichneten,
ein. Ihnen sind, soweit zu ermitteln, die Lebensjahre in runden Klammern
beigegeben.
c) *Erscheinungsorte*.
Die Ortsnamen sind unter der im Deutschen gebräuchlichen Form angegeben. Auf andere im Verzeichnis vorkommende Ortsbezeichnungen wird verwiesen.
d) *Verleger und Drucker*.
Das Register umfaßt alle im Verzeichnis erwähnten Namen und Firmenbe-
zeichnungen von Verlagen und Druckereien. Bei anonymen Firmen ist der
zugehörige Ortsname hinzugefügt.

e) *Komponisten.*
Das Register verzeichnet sämtliche in den Periodica genannten oder identifizierten Namen von Komponisten und Bearbeitern, denen in runden Klammern — soweit eruierbar — die Lebensjahre angefügt sind. Sind diese unbekannt, werden nach Möglichkeit andere Angaben zum Wirken der betreffenden Persönlichkeit gemacht.

f) *Textverfasser.*
Das Register nennt alle in den Sammlungen auftretenden und teilweise auch identifizierten Namen von Verfassern und Übersetzern vorkommender Dichtungen und Libretti, soweit erschließbar, unter Angabe von Geburts- und Todesjahr.

g) *Titel und Textanfänge von Vokal- und Bühnenwerken.*
Das Register weist sämtliche Titel und Textincipits (kursiv) der in den Periodica enthaltenen Vokalkompositionen und Bühnenwerke (Opern, Vaudevilles, Melodramen, Ballette und Bühnenmusik) sowie Textmarken instrumentaler Bearbeitungen von Vokalwerken oder Choralbearbeitungen und Textunterlegungen zu Instrumentalwerken auf. Zweisprachige Textanfänge sind unter beiden Versionen angeführt. In verschiedenen Sprachen vorkommende Werktitel sind unter dem Originaltitel verzeichnet; von anderssprachigen Titeln wird auf diesen verwiesen. Bei Titeln von Opern, Oratorien und verwandten Gattungen blieb der bestimmte Artikel im Rahmen der alphabetischen Ordnung unberücksichtigt, z. B. Zauberflöte (Die), wurde hingegen bei Titeln von Liedkompositionen einbezogen, etwa La Pensée.

h) *Titel von Instrumentalwerken.*
Das Register faßt alle Titel der für Instrumente komponierten sowie bearbeiteten Werke zusammen. Einzelne Sätze aus Werken sind, soweit eruierbar, den entsprechenden Werktiteln zugeordnet.

III. Bibliographien

1. Thematische Verzeichnisse

Thematisch-systematisches Verzeichnis der musikalischen Werke von Johann Sebastian Bach. Bach-Werke-Verzeichnis (BWV). Herausgegeben von Wolfgang Schmieder, Leipzig 1950 (abgekürzt: BWV).

Catalogue Thématique des Oeuvres de C. Ph. Em. Bach par Alfred Wotquenne, Leipzig — Bruxelles — Londres — New York 1905 (abgekürzt: Wq).

Joseph Haydn. Thematisch-bibliographisches Werkverzeichnis, zusammengestellt von Anthony Hoboken, 3 Bände, Mainz 1957, 1971 und 1978 (abgekürzt: Hob.).

Chronologisch-thematisches Verzeichnis sämtlicher Tonwerke Wolfgang Amadé Mozarts von Dr. Ludwig Ritter von Köchel. Sechste Auflage bearbeitet von Franz Giegling, Alexander Weinmann, Gerd Sievers, Wiesbaden 1964 (abgekürzt: KV).

Das Werk Beethovens. Thematisch-bibliographisches Verzeichnis seiner sämtlichen vollendeten Kompositionen von Georg Kinsky. Nach dem Tode des Verfassers abgeschlossen und herausgegeben von Hans Halm, München — Duisburg (1955): Werke ohne Opuszahl (abgekürzt: WoO). Anhang: Zweifelhafte und unechte Werke (abgekürzt: Anh.).

Carl Maria von Weber in seinen Werken. Chronologisch-thematisches Verzeichnis seiner sämmtlichen Compositionen von Friedr. Wilh. Jähns, Berlin 1871 (abgekürzt: Jähns).

Schubert. Thematic Catalogue of all his Works in chronological order by Otto Erich Deutsch, London (1951). — Franz Schubert. Thematisches Verzeichnis seiner Werke in chronologischer Folge von Otto Erich Deutsch. Neuausgabe in deutscher Sprache bearbeitet und herausgegeben von der Editionsleitung der Neuen Schubert-Ausgabe und Werner Aderhold, Kassel — Basel — Tours — London 1978 (abgekürzt: D).

Dan Fog: Kompositionen von Fridr. Kuhlau. Thematisch-bibliographischer Katalog, Kopenhagen 1977 (abgekürzt: K.).

2. Bibliotheks-Kataloge

Catalogue de la Bibliothèque de F. J. Fétis acquise par l'Etat Belge, Bruxelles 1877 (Bibliothèque Royale de Belgique).

Catalogue of Printed Music in the British Museum. Accessions Part 53 — Music in the Hirsch Library, London 1951; Supplementary List, London 1959.

Joseph Gassner: Die Musikaliensammlung im Salzburger Museum Carolino Augusteum, Salzburg 1962.

Klaus Hortschansky: Katalog der Kieler Musiksammlungen. Die Notendrucke, Handschriften, Libretti und Bücher über Musik aus der Zeit bis 1830, Kassel 1963.

Musikalier. II. Dansk Musik. Redigeret af K. Schmidt-Phiseldeck, Aarhus 1929. Tillaeg, Aarhus 1932 (Statsbiblioteket i Aarhus. Fagkataloger 3).

Georg Walter: Katalog der gedruckten und handschriftlichen Musikalien des 17. bis 19. Jahrhunderts im Besitze der Allgemeinen Musikgesellschaft Zürich, Zürich 1950.

Conservatoire Royal de Musique de Bruxelles. Catalogue de la Bibliothèque dressé par Alfred Wotquenne. 3e Volume, Bruxelles 1908.

3. Allgemeine Musik-Bibliographien

The British Union-Catalogue of Early Music printed before the Year 1801. Editor: Edith B. Schnapper, 2 Bände, London 1957.

Répertoire International des Sources Musicales. Recueils Imprimés XVIIIe Siècle. Ouvrage publié sous la Direction de François Lesure. München – Duisburg (1964).

(C. F. Whistling:) Musikalisch-literarischer Monatsbericht neuer Musikalien, musikalischer Schriften und Abbildungen, Leipzig 1829–1830.

(C. F. Whistling:) Handbuch der musikalischen Litteratur oder allgemeines systematisch geordnetes Verzeichniss der bis zum Ende des Jahres 1815 gedruckten Musikalien, auch musikalischen Schriften und Abbildungen mit Anzeige der Verleger und Preise. Leipzig 1817. Nachträge 1–10, 1818–1827. 2. Aufl. Bearbeitet und herausgegeben von Adolph Hofmeister. Leipzig 1828. Ergänzungsbände 1–3, 1829–1839.

4. Allgemeine Zeitschriften-Bibliographien

Catalogue collectif des Périodiques conservés dans les bibliothèques de Paris et dans les bibliothèques universitaires de province. (Bibliothèque Nationale. Département des Périodiques.) Paris 1940–1962, Vol. 1–43 et suppléments.

Catalogue collectif des Périodiques du Début du XVIIe siècle à 1939, conservés dans les Bibliothèques de Paris et dans les Bibliothèques universitaires des Départements. Tome IV: R–Z, Paris 1967; Tome III: J–Q, 1969; Tome II: C–I, 1973; Tome I: A–B, 1977; Tome V: Additions et Corrections ..., 1981 (Bibliothèque Nationale. Département des Périodiques).

British Union-Catalogue of Periodicals. A Record of the Periodicals of the World, from the seventeenth Century to the Present Day, in British Libraries. Edited of the Council of the British Union-Catalogue of Periodicals by James D. Stewart with Muriel E. Hammond and Erwin Saenger. Volume I–IV, London 1955–1958.

Union List of Serials in Libraries of the United States and Canada. Third Edition. Edited by Edna Brown Titus. Under the Sponsorship of the Joint Committee on the Union List of Serials with the Cooperation of the Library of Congress, New York 1965, Vol. 1–5.

5. Verzeichnisse von Musikzeitschriften

B. S. Jagolim: Russkaja muzykal'naja Periodika po 1917 goda [Die russischen Musikzeitschriften vor 1917]. In: Kniga Sbornik III (Moskau) 1960, S. 335–359.

K. Musioł: Bibliografia śląskich czasopism muzycznych. Bibliographie der schlesischen Musikzeitschriften. In: Studia śląskie, Seria nowa, tom XXII (1972), S. 354–355.

J. G. Prod'homme: Essai de bibliographie des périodiques musicaux de langue française. In: Bulletin de la Société française de musicologie II, 1918, S. 76–90.

A. Riedel: Répertoire des Périodiques Musicaux Belges, Bruxelles 1954 (Bibliographia Belgica 8), Chapitre I, S. 9–23.

Edmond van der Straeten: Nos Périodiques musicaux, Gand (1893) III. Liste descriptive, S. 45–73.

Charles Edward Wunderlich: A History and Bibliography of Early American Musical Periodicals, 1782–1852, University of Michigan, Ph. D., 1962 (University Microfilms International, Ann Arbor, Michigan, 1977).

6. Verzeichnis periodischer Musikpublikationen

Jørgen Poul Erichsen: Indeks til Danske periodiske Musikpublikationer 1795–1841. Kumuleret og annoteret indeks til: Apollo, Nordens Apollo, Nye Apollo, Odeon, Musikalsk Theater Journal, Vaudeville Journal (Århus) 1975, Statsbiblioteket.

7. Verzeichnisse von Musikverlagen

Alexander Weinmann: Vollständiges Verlagsverzeichnis Artaria & Comp., Wien (1952) (Beiträge zur Geschichte des Alt-Wiener Musikverlages, Reihe 2, Folge 2)

Alexander Weinmann: Verzeichnis der Musikalien aus dem K. K. Hoftheater-Musik-Verlag (Wien 1961) (Ebda., Folge 6)

Alexander Weinmann: Verlagsverzeichnis Tranquillo Mollo (Wien 1964) (Ebda., Folge 9)

Alexander Weinmann: Verlagsverzeichnis Pietro Mechetti quondam Carlo (Wien 1966) (Ebda., Folge 10)

Alexander Weinmann: Verlagsverzeichnis Giovanni Cappi bis A. O. Witzendorf (Wien 1967) (Ebda., Folge 11)

Alexander Weinmann: Wiener Musikverlag „am Rande" (Wien 1970) (Ebda., Folge 13)

Alexander Weinmann: Vollständiges Verlagsverzeichnis Senefelder, Steiner, Haslinger. Band 1: A. Senefelder, Chemische Druckerey, S. A. Steiner, S. A. Steiner & Comp. (Wien 1803-1826) München-Salzburg 1979 (Musikwissenschaftliche Schriften, Band 14, zugleich Beiträge zur Geschichte des Alt-Wiener Musikverlages, Reihe 2, Folge 19)

IV. Sigel der Bibliotheken

A	**Österreich**
Gmk	Graz, Akademie für Musik und darstellende Kunst
M	Melk, Benediktinerstift
Sca	Salzburg, Museum Carolino Augusteum, Bibliothek
SEI	Seitenstetten, Stift
SF	St. Florian, Augustiner-Chorherrenstift
Waw	Wien, Privatbibliothek Alexander Weinmann
Wgm	Wien, Gesellschaft der Musikfreunde
Wmi	Wien, Musikwissenschaftliches Institut der Universität
Wmk	Wien, Bibliothek der Akademie für Musik und darstellende Kunst
Wn	Wien, Österreichische Nationalbibliothek, Musiksammlung
Wn-h	Wien, Österreichische Nationalbibliothek, Musiksammlung, Sammlung Anthony van Hoboken
Wst	Wien, Stadtbibliothek
Wu	Wien, Universitätsbibliothek

B	**Belgien**
Bc	Bruxelles, Bibliothèque du Conservatoire Royal de Musique
Br	Bruxelles, Bibliothèque Royale de Belgique
Gu	Gent, Bibliotheek van de Universiteit

CH	**Schweiz**
Bu	Basel, Öffentliche Bibliothek der Universität
Bwchr	Basel, Privatbibliothek Werner Christen
BEl	Bern, Schweizerische Landesbibliothek
BEsu	Bern, Stadt- und Universitätsbibliothek
Gc	Genève, Bibliothèque du Conservatoire de Musique
Lz	Luzern, Zentralbibliothek
SO	Solothurn, Zentralbibliothek
W	Winterthur, Stadtbibliothek
Zz	Zürich, Zentralbibliothek (und Bibliothek der Allgemeinen Musikgesellschaft)

CS	**Tschechoslowakei**
Bu	Brno, Universitní knihovna
KRa	Kroměříž, Zámecký hudební archív
Mms	Martin, Matica slovenská
Pnm	Praha, Hudební oddělení národního Musea
Pu	Praha, Hudební oddělení Universitní knihovy
TRE	Třebŏn, Státní archív

D	**Deutschland**
As	Augsburg, Staats- und Stadtbibliothek
AB	Amorbach, Fürstlich Leiningische Bibliothek
Bds	Berlin (DDR), Deutsche Staatsbibliothek
Bhm	Berlin (West), Bibliothek der Hochschule der Künste (ehemalige Staatliche Hochschule für Musik und Darstellende (Kunst)

Bim	Berlin (West), Staatliches Institut für Musikforschung Preußischer Kulturbesitz
Bs	Berlin (West), Staatsbibliothek Preußischer Kulturbesitz
BAs	Bamberg, Staatsbibliothek (ehemals Staatliche Bibliothek)
BFb	Burgsteinfurt, Fürst zu Bentheimsche Musikaliensammlung (als Dauerleihgabe in der Universitätsbibliothek Münster)
BNba	Bonn, Beethoven-Archiv
BNu	Bonn, Universitätsbibliothek
BOCs	Bochum, Stadtbibliothek, Musikbücherei (ehemalige Städtische Musikbibliothek)
Cl	Coburg, Landesbibliothek
DO	Donaueschingen, Fürstlich Fürstenbergische Hofbibliothek
DS	Darmstadt, Hessische Landes- und Hochschulbibliothek
DT	Detmold, Lippische Landesbibliothek
DÜk	Düsseldorf, Goethe-Museum (Anton und Katharina Kippenberg-Stiftung)
EF	Erfurt, Wissenschaftliche Allgemeinbibliothek
EU	Eutin, Kreisbibliothek (ehemalige Eutiner Landesbibliothek)
F	Frankfurt/Main, Stadt- und Universitätsbibliothek
FRh	Freiburg i. Br., Herder-Verlagsarchiv
GOl	Gotha, Forschungsbibliothek (ehemalige Landesbibliothek)
Hm	Hamburg, Musikbücherei der Öffentlichen Bücherhallen
Hs	Hamburg, Staats- und Universitätsbibliothek
HAmi	Halle/Saale, Sektion Germanistik- und Kunstwissenschaft der Martin-Luther-Universität, Fachbereich Musikwissenschaft
Kl	Kassel, Murhardsche Bibliothek der Stadt Kassel und Landesbibliothek
KIl	Kiel, Schleswig-Holsteinische Landesbibliothek
KNh	Köln, Bibliothek der Staatlichen Hochschule für Musik
KNm	Köln, Musikwissenschaftliches Institut der Universität
Lr	Lüneburg, Ratsbücherei und Stadtarchiv
LEm	Leipzig, Musikbibliothek der Stadt
LEsm	Leipzig, Stadtgeschichtliches Museum
LEu	Leipzig, Universitätsbibliothek
LÜh	Lübeck, Bibliothek der Hansestadt
Mbs	München, Bayerische Staatsbibliothek
Mm	München, Städtische Musikbibliothek
MAl	Magdeburg, Staatsarchiv (ehemaliges Landeshauptarchiv)
MAs	Magdeburg, Stadt- und Bezirksbibliothek
MGu	Marburg/Lahn, Universitätsbibliothek
MZsch	Mainz, Musikverlag B. Schott's Söhne, Verlagsarchiv
Rs	Regensburg, Staatliche Bibliothek
SP	Speyer, Pfälzische Landesbibliothek
SW	Schwerin, Mecklenburgische Landesbibliothek
Tu	Tübingen, Universitätsbibliothek
W	Wolfenbüttel, Herzog August Bibliothek
WRgs	Weimar, Goethe-Schiller-Archiv
WRz	Weimar, Zentralbibliothek der deutschen Klassik
WÜu	Würzburg, Universitätsbibliothek
ZEo	Zerbst, Bibliothek der Erweiterten Oberschule „Albert Kuntz" (jetzt Stadt- und Kreisbibliothek, Abt. Wiss. Bibliothek)

DK   **Dänemark**

A	Aarhus, Statsbiblioteket
Kdf	København, Privatbibliothek Dan Fog
Kk	København, Det Kongelige Bibliotek

Km	København, Musikhistorisk Museum
Kmk	København, Det Kongelige Danske Musikkonservatorium

E **Spanien**

Mn	Madrid, Biblioteca Nacional

F **Frankreich**

Nm	Nantes, Bibliothèque municipale
Pn	Paris, Bibliothèque Nationale
Po	Paris, Bibliothèque de l'Opéra
Psg	Paris, Bibliothèque Sainte-Geneviève
Sn	Strasbourg, Bibliothèque municipale
V	Versailles, Bibliothèque municipale

GB **Großbritannien**

Bu	Birmingham, University Library
Cu	Cambridge, University Library
Ep	Edinburgh, Public Library
Er	Edinburgh, Reid Library
Gu	Glasgow, University Library
Lbm	London, The British Library (ehemals British Museum)
Lcm	London, Royal College of Music
Lcs	London, Cecil Sharp Library
Lu	London, University Library
LVu	Liverpool, University Library
Ob	Oxford, Bodleian Library
STm	Stratford-upon-Avon, Shakespeare Memorial Library
T	Tenbury, St. Michael's College Library

I **Italien**

Ma	Milano, Biblioteca Ambrosiana
Mc	Milano, Biblioteca del Conservatorio

N **Norwegen**

Bo	Bergen, Offentlige Bibliotek
Ou	Oslo, Universitetsbiblioteket

NL **Niederlande**

At	Amsterdam, Toonkunst Bibliotheek
DHgm	Den Haag, Gemeente Museum
Uim	Utrecht, Institut voor Muziekwetenschap der Rijksuniversiteit

PL **Polen**

GD	Gdánsk (Danzig), Biblioteka Polskiej Akademii Nauk
BY	Bytom, Biblioteka Śląska
KAp	Katowice, Państwowa Wyźsza Szkoła Muzyczna
Wn	Warszawa, Biblioteka Narodowa
Wt	Warszawa, Warszawskie Towarzystwo Muzyczne
WRu	Wrocław, Biblioteka Uniwersytecka

S **Schweden**

L	Lund, Universitetsbibliotek
Ll	Linköping, Stifts- och Landsbiblioteket

Sdt	Stockholm, Drottningholms Teatermuseum
Sk	Stockholm, Kungliga Biblioteket
Skma	Stockholm, Kungl. Musikaliska Akademiens Bibliotek
Sm	Stockholm, Musikhistoriska Museet
Ssr	Stockholm, Sveriges Radio, Musikbiblioteket
SK	Skara, Stifts- och Landsbiblioteket
ST	Strängnäs, Stifts- och Läroverksbiblioteket
Uu	Uppsala, Universitetsbiblioteket
V	Västerås, Stifts- och Läroverksbiblioteket

SF **Finnland**

Hs	Helsinki, Sibelius Akatemia
Ta	Turku, Åbo Akademis bibliotek
Ts	Turku, Sibeliusmuseum vid Åbo Akademi

US **Vereinigte Staaten**

AA	Ann Arbor (Mich.), University of Michigan, Music Library
Bp	Boston (Mass.), Boston Public Library
BAep	Baltimore (Md.), Enoch Pratt Free Library, Fine Arts and Music Department
BAhs	Baltimore (Md.), Maryland Historical Society Library
IOh	Iowa City, State Historical Society of Iowa
MN	Minneapolis (Minn.), University of Minnesota
Nf	Northampton (Mass.), Forbes Library
NH	New Haven (Conn.), Yale University, The Library of the School of Music
NYp	New York (N. Y.), New York Public Library
Pc	Pittsburgh (Pa.), Carnegie Public Library of Pittsburgh
PHf	Philadelphia (Pa.), Free Library of Philadelphia
PROb	Providence (R. I.), John Carter Brown Library, Brown University
R	Rochester (N. Y.), Sibley Music Library, Eastman School of Music, University of Rochester
U	Urbana (Ill.), University of Illinois Library
Vu	Villanova, University
Wc	Washington, Library of Congress
WOa	Worcester (Mass.), American Antiquarian Society Library

Verzeichnis der Abkürzungen

A	Alt	M. Chor	Männerchor
ad lib.	ad libitum	Mel.	Melodie
Anh.	Anhang		
Arr., arr.	Arrangement, arran-	Ob.	Oboe
	giert, arrangé	obl.	obligat(o)
		Op.	Opus
B	Baß	Orch.	Orchester
Bar.	Bariton	Org.	Orgel
Bc.	Basso continuo		
Begl.	Begleitung	Pfte.	Pianoforte
Bl.	Blatt	Pfte. 4hdg.	Pianoforte zu vier
Bll.	Blätter		Händen
		Pl. Nr.	Plattennummer
C-A	Contralto	Pos.	Posaune
C-T	Contra-Tenor		
ca.	circa	Rec.	Recitativo, Rezitativ
Cah.	Cahier	Réc.	Récitatif
Cav.	Cavatine, Cavatina		
Cemb.	Cembalo	s.	siehe
		S	Sopran (Dessus)
F. Chor	Frauenchor	S.	Seite(n)
Fg.	Fagott	s. a.	siehe auch
Fl.	Flöte	Singst.	Singstimme(n)
		s. l.	sine loco
Gem. Chor	Gemischter Chor	Sp.	Spalte
Git.	Gitarre	St.	Stimme(n)
Hf.	Harfe	T	Tenor
Hr.	Horn	Trp.	Trompete
instr.	instrumental	Übers.	Übersetzung
Instr.-Begl.	Instrumental-		
	Begleitung	Va.	Viola
		Var.	Variation(en)
K-Fg.	Kontrafagott	Vc.	Violoncello
Kb	Kontrabaß	Vl.	Violine
Kl. A.	Klavierauszug		
Klar.	Klarinette		

Chronologische Übersicht nach Gründungsjahren

1789: 1	1807: 251	1819: 575
1795: 70	1808: 271	1820: 597
1797: 86	1809: 284	1821: 626
1798: 105	1810: 284	1822: 645
1799: 115	1811: 310	1823: 654
1800: 130	1812: 317	1824: 663
1801: 137	1813: 345	1825: 744
1802: 148	1814: 384	1826: 822
1803: 156	1815: 473	1827: 829
1804: 173	1816: 486	1828: 865
1805: 201	1817: 497	1829: 898
1806: 210	1818: 555	1830: 952

V. Chronologisches Verzeichnis der Periodica musicalia (1789–1830)

1789

Musikaliskt Tidsfördrif. [Herausgegeben von Olof Åhlström. Pfte. u. Gesang]
Stockholm Och Kongl. Privilegierade Not-Tryckeriet.

År 1789–1834, N. 1–14 ([ab 1790:] 1–30, [ab 1825:] 1–15)

D Bs (1822–1823); Mbs (1790, 12–14; 1792, 7, 26–27; 1795, 20–21, 23;
1796, 13; 1798, 16–19; 1805, 4–6, 17–18, 25; 1807, 24–26; 1812, 4–7) –
DK Kk (1789, 5, 11–13; 1790, 10–14, 16, 26–29; 1791, 1–7, 10–30;
1792–1796; 1797, 4–5, 16–17; 1798–1808; 1809, 1–2, 13–19, 26–30;
1810–1812; 1813, 5–6, 10–12, 22–25; 1815, 18; 1816, 14–15, 20–21,
24–26; 1817, 25–27; 1819, 15–17; 1821, 7–12, 15–18; 1822, 4–7; 1824,
3–4; 1827–1829) – **GB** Lbm (1800–1808) – **N** Ou (1809, 13–14) – **NL**
DHgm (1790, 2) – **S** L; LI (1789–1794; 1795–1799*; 1800; 1817–1820;
1823*; 1827*; 1832); Sdt (1790–1804; 1806; 1808–1809*); Sk; Skma; Sm;
SK (1793–1799*; 1803*; 1805*; 1813–1814*); ST (1791–1792; 1799; 1802;
1806; 1820–1827); Uu; V (1833*) – **SF** Hs (1790*; 1798*; 1805*; 1811*;
1816*; 1818*); Ta (1789–1824); Ts (1789–1824) – **US** NYp (1790; 1797,
4–5; 1799, 1–25; 1800, 4–5, 7–9, 22–23; 1801, 22–23; 1802, 20; 1803,
4–5; 1804, 4–6; 1805, 2–3; 1808, 10–12)

1789

N. 1:

[1]	Wisa „Min lefnad har ständigt besannat"	2–	3
[2]	[Joseph Martin] Kraus: [Gesang] utur: Visit Timan[!] [Komödie mit Gesang] „Hör mina öma suckar klaga" [Nach dem Französischen]	4	

N. 2:

[3]	[Thomas Christian] Walter: Aria „Milt öma hjerta min älskling jag gifvit"	5–	7
[4]	Kozak	8	

N. 3:

[5]	[Joseph] Haydn: Favorit pièce [Hob. I, Nr. 47, II]	9–	12

N. 4:

[6]	Polonoise	13	
[7]	[Olof] Åhlström: Visa „Kom muntra löje sänk dig neder"	14–	15
[8]	[Joseph] Haydn: Menuetto [Hob. I, Nr. 71, III]	16	

N. 5:

[9]	[Johann Baptist] Vanhal: Rondo	17–	20

N. 6:

[10]   [Johann David] Zander: Rondo (Vl., Pfte.)   21— 23

[11]   Carl Stenborg: [Lied] „Kom muntra löje sänk dig neder"   24

N. 7:

[12]   Vivace [Abdruck aus Reichardt: Musikalisches
               Kunstmagazin, 1782]   25

[13]   [Olof] Åhlström: [Arie] (Nadda) utur: Den bedragne Bachan
       [Der betrogene Bacchus] „När kärlek härskar i ett
       bröst"   26— 27

[14]   Kozak   28

N. 8:

[15]   Duo, (italienische Weise) „Lå tombe kymret för
               svinna"   29— 30

[16]   [Johann] Wikmansson [!] : Gyllene Tiden „Fordom var
       verlden så glättig och rolig" (Singst., Chor, Pfte.)   31— 32

[17]   Menuet (Zither)   32

N. 9:

[18]   Polonoise   33

[19]   Polonoise (Vl.)   34

[20]   [Lied] „Sälla förflutna dagar hvar förre" (Singst.,
               Chor, Pfte.)   35— 36

N. 10:

[21]   Thema (Abbé Vogler) [mit Var.]   37

[22]   [Johan Fredrik] Palm: Visa „Lägg af min van"   38— 39

[23]   [Olof] Åhlström: Marche   40

N. 11:

[24]   [Vicente] Martín [y Soler]: ([Arie aus:] Una cosa rara)
       „Cavatevi, padroni la gran folia"   41— 44

N. 12:

[25]   Marche   45

[26]   [Olof] Åhlström: Wisa „Ungdom du hvars hjerta hyser"   46— 47

[27]   Polonoise   48

N. 13:

[28]   [Joseph] Haydn: Andante [Hob. I, Nr. 81, II]   49— 52

N. 14:

[29]   [Joseph] Haydn: Adagio [Hob. I, Nr. 71, II]   53— 56

1790

N. 1:

[1]   [Joseph Martin] Kraus: Visa „Bröder se Bålen den fröjdas
         och röker" [Anna Maria Lenngren]   2— 3
[2]   Polonoise   4

N. 2:

[3]   [Johann David] Zander: Andantino (Var. 1—4) (Hf.)   5— 7
[4]   [Olof] Åhlström: Visa „Du som i höghet tror sällheten vinnas"   8

N. 3:

[5]   [Antonio] Sacchini: ([Arie aus der Oper:] Dido) „Lätt mitt
         hopp ej få"   9— 12

N. 4. 5:

[6]   [Giuseppe] Sarti: [Lied] „Un amante suenturato"   13— 17
[7]   [Lied] „Du som af skönhet och behagen"   18— 19
[8]   Menuetto (Hf.)   20

N. 6:

[9]   Allegretto (Var. 1—7) (Zither)   21— 23
[10]   Pastorale   24

N. 7. 8:

[11]   [Christian Friedrich] Müller: Sonata per il Violino
         (Allegro-Grave-Andantino)   25— 32

N. 9:

[12]   Christian Kull: Rondo   33
[13]   [Christoph Willibald] Gluck: Ode „Tyst stod Maj såg den
         kransade" (Klopstock)   34— 35
[14]   Chinesisk Ballett   36

N. 10:

[15]   [Lied] „O Du som i ditt häng har slutit"   37— 39
[16]   Menuetto   40

N. 11:

[17]   [Christoph Willibald] Gluck: Aria utur: Pelegrimerne „Så
         länge hjertat Slår i mitt beklämda bröst"   41— 43
[18]   Marche   44

N. 12. 13. 14:

[19]   Abbé [Georg Joseph] Vogler: Ouverturen till: Gustaf Adolph   45— 55
[20]   [Lied] „Ljudet kan väl aldrig hinna"   56

N. 15:

[21]   [Olof] Åhlström: Pastorale   57
[22]   [Lied] „I Stillhet gömd för ödets nycker"   58— 59
[23]   Rondo   60

N. 16:

[24]   [Antonio] Sacchini: [Arie] utur: Collonien „Denna dag jag
        Hymen lyder"   61— 64

N. 17:

[25]   [Johann Baptist] Vanhal: Adagio   65
[26]   [Nicolas] Dezedes: [Arie] utur: Julie „Som Julie behagar"   66— 68

N. 18. 19:

[27]   [Pierre Alexandre] Monsignii [!]: [Arie] utur: Arsène „För
        tviflan i mitt hjerta"   69— 74
[28]   [Johann David] Zander: Polonoise   75— 76

N. 20:

[29]   Allegretto   77
[30]   [Lied] „Fylda glas och fylda Balår"   78— 79
[31]   Menuetto   80

N. 21. 22:

[32]   [Olof] Åhlström: [Arie] (Oden) utur: Frigga „Des unga
        bröst af kärlek rördt" [C. G. af Leopold]   81— 86
[33]   Polonoise   87
[34]   Polonoise   88
[35]   Grazioso för Harpa   89

N. 23:

[36]   [Joseph Martin] Kraus: [Arie] utur: Mexicanska Systrarna
        „Du i hvars oskuldsfulla blick"   90— 91
[37]   [J. August] Seterholm: Marche   92

N. 24. 25:

[38]   [J. August] Seterholm: Menuetto   93
[39]   Grefve [Nils Anton Augustin] Bark [!]: Menuetto „Kom
        muntra löje sänk dig neder"   94— 95

[40] [Olof] Åhlström: Wisa „Kom lät oss lifvets vällust smaka" 96— 97

[41] [Joseph] Haydn: Allegretto con Variatione [!] (Var. 1—3)
[Hob. III, Nr. 41, IV] 98—100

N. 26. 27:

[42] [Wolfgang Amadeus] Mozart [!] : Favorit Pièce
[KV 300 d = 310, I] 101—106

[43] Marche „Se grande Furste dagen svalkas"
(Carl Michael Bellman) 107—108

N. 28. 29:

[44] [Wolfgang Amadeus] Mozart [!] : Marche varié
[KV 374 c = 352] 109—115

[45] Polonoise 116

N. 30:

[46] Polonoise 117

[47] Wisa „Till nöjet alla hjertan fika" 118—119

[48] [Joseph] Haydn: Menuetto al Roverscio [Hob. I, Nr. 47, III] 120

1791

N. 1:

[1] Alvorthy: „Mins hur jag älskat dig från din linda" 2— 3

[2] [Ignaz] Pleyel: Adagio non troppo 4

N. 2. 3:

[3] [Joseph] Haydn: Vivace [Hob. I, Nr. 71, IV] 5— 9

[4] [André-Ernest-Modeste Grétry:] [Terzett] (Lisbé, Fatmé,
Sander) utur: Zemire och Azor „Ach! grymma sorg
som mig förtär!" 10— 12

N. 4. 5:

[5] [Joseph] Haydn: Allegro [Hob. I, Nr. 66, I] 13— 18

[6] [Joseph Martin] Kraus: Chœur utur: Äfventyraren
„Dessa band och dessa knippor" 19— 20

N. 6:

[7] Grefve [Nils Anton Augustin] Bark [!] : Scherzando 21

[8] Ynglingen „Blodet brinner, hjertat hoppar" 22— 23

[9] [Ignaz] Pleyel: Andante ma non troppo 24

N. 7:

[10] Menuet Allegretto 25

[11] Wolf: De oeniga Äkta „Frun beklagar sig gråtande" 26— 28

N. 8. 9:

[12]   [Joseph] Haydn: Vivace [Hob. I, Nr. 69, I]   29— 33

[13]   [Georg Joseph] Vogler: Andante utur: Gustaf Adolph
       „Far väl Jaggår at evigt rycka"   34— 35

[14]   [Ignaz] Pleyel: Cantabile   36

N. 10. 11. 12:

[15]   [Wolfgang Amadeus] Mozard[!]: Thema med 9 Variationer
       [KV 315 d = 264]   37— 48

N. 13. 14:

[16]   [Joseph Martin] Kraus: Ouverturen till: Äfventyraren   49— 56

N. 15:

[17]   [Ignaz] Pleyel: Andante med Variationer (Var. 1—5)   57— 59

[18]   Andante „Då Bacchus bor i huset"   60

N. 16:

[19]   Carl Stenborg: Aria (Zicca) ur: Äfventyraren „Yra fjäriln
       full af hopp" (Singst., Vl., Pfte.)   61— 64

N. 17:

[20]   Grazioso   65

[21]   [Olof] Åhlström: Ur föraktaren „Min vän! hvad båtar oss så
       noga tiden mäta?"   66— 67

[22]   Carl Stenborg: Visa „Bröder se Bålen etc." [Anna Maria
       Lenngren]   68

[23]   Visa „Bröder se Bålen etc." [Anna Maria Lenngren]
       (Mel. von einem Musiklehrer)   68

N. 18:

[24]   Larghetto   69

[25]   Visa „Öde, om du vill mig gifva" (Mel. von einem
       Musiklehrer)   70— 71

[26]   Polonoise   72

N. 19. 20. 21:

[27]   [Georg Joseph] Vogler: Thema med (16) Variationer   73— 81

[28]   [Johan Fredrik] Palm: Allegretto „Tag hit min Lyra"   82— 83

[29]   Karsten: Visa „I Stillhet gömd för ödets nycker"   84

N. 22:

[30]   Andante   85

[31]   [Olof] Åhlström: Wårens ankomst „Åter igen med lifvande
       blickar"   86— 87
[32]   [Ignaz] Pleyel: Menuetto   88

N. 23. 24. 25:
[33]   [Joseph] Haydn: Sinfonie [Hob. I, Nr. 47, I, IV]   89—100

N. 26. 27. 28. 29:
[34]   [Joseph] Haydn: Sinfonie [Hob. I, Nr. 62, I, III, IV]
       (Kl. A.: Palm)   101—116

N. 30:
[35]   Menuetto   117
[36]   Förnöjsamheten „Sök dig förnöjsamhet"   118—119
[37]   Pastorale Andantino   120

1792
N. 1. 2. 3:
[1]   [Georg Joseph] Vogler: Ouverture till Operan:
       La Toisondor [!]   2— 11
[2]   Marche   12

N. 4. 5. 6:
[3]   [André-Ernest-Modeste] Grétry: Air (Blondel) utur:
       Richard „O min Kung o min vän!"   13— 20
[4]   ([André-Ernest-Modeste] Grétry): Romance (Blondel,
       Richard) [aus: Richard] „Mitt öma hjertas låga"   21— 23
[5]   C.[arl] G.[ustaf] Frisch: Polonoise   24

N. 7:
[6]   Abbé [Georg Joseph] Vogler: Polonoise   25— 28

N. 8. 9:
[7]   [Georg Joseph] Vogler: Aria med Recitatif (Médée) utur:
       La Toison d'Or „Hé que me sont à moi"   29— 36

N. 10:
[8]   Allegretto   37— 38
[9]   [Olof] Åhlström: Mannens Fyra Åldrar „Män skja känn
       dilt ödes Skick"   38— 39
[10]   Menuetto   40

N. 11. 12:
[11]   [André-Ernest-Modeste] Grétry: Aria (Richard) utur:
       Richard „Hvad gruflig lott för all min ära"   41— 48

N. 13:

[12]   [Johan Fredrik] Grenser: Marche   49

[13]   [Johan Fredrik] Palm: „På Späda myrthenqvistars blad"   50— 51

[14]   [Johan Fredrik] Grenser: Marche   5?

N. 14. 15:

[15]   [Joseph Martin] Kraus: Aria utur: Soliman II „Stundom
          du bland vapnen i lar"   53— 58

[16]   [Joseph Martin] Kraus: [Arie] utur: Soliman II
          „Som när af et gynnande väder" (T, Pfte.)   59— 60

N. 16. 17:

[17]   [Johan Fredrik] Grenser: Marche   61

[18]   [Joseph Martin] Kraus: Aria utur: Soliman II
          „J som föragten krigets fara" (Singst., Vl., Pfte.)   62— 67

[19]   [Carl Erik] Gleisman: Polonoise   67— 68

N. 18:

[20]   [Joseph Martin] Kraus: Marche utur: Soliman II   69

[21]   [Johan Fredrik] Palm: „Jag sjunga vil om Trojas krig"   70— 71

[22]   Menuetto   72

N. 19. 20. 21:

[23]   [Wolfgang Amadeus] Mozard [!]: Ariette Je suis Lindor
          du Barbier de Seville Var. [KV 299 a = 354]   73— 84

N. 22:

[24]   Menuetto   85

[25]   „När til en blygd för våra seder"   86— 87

[26]   [Johan David] Zander: Marche   88

N. 23:

[27]   [Olof] Åhlström: Thema varié (Polonoise — Var. 1—7)   89— 92

N. 24. 25:

[28]   J.[ohan] A.[dolf] Mecklin: Claver Sonat (Andante — Rondo
          capricio [!] e vivace — Menuetto)   93— 98

[29]   „J vårens skugga fann jag dig"   99

[30]   Moderato   100

N. 26. 27:

[31]   [Wolfgang Amadeus] Mozard [!]: Menuetto con Variationi [!]
          [KV 573]   101—108

[32]   Pastorale   109

N. 28:
[33]   [Johan Fredrik] Palm: „Lät oss Bacchi ära höja!''   110—111
[34]   Andante   112
[35]   Marche   113

N. 29:
[36]   [Johan Fredrik] Palm: „Fästom då förrände slutas''   114—115
[37]   Polonoise   116

N. 30:
[38]   Marche   117
[39]   „O Gud vi lofve Tig'' (Englisches Trompeten-
              stück: God bless the King)   118—119

1793
N. 1:
[1]   [Nicolas] Dalayrac: Romance utur: Folke Birgers(s)on
              „Hvart ögnablick, hvad godhets prof''   2—   3
[2]   Allegretto   4

N. 2:
[3]   [Nicolas] D'Aleyrac [!]: Romance utur: Folke Birgersson
              „Snart sprider dagen sina strålar''   5—   8

N. 3:
[4]   [Christoph Willibald] Gluck: Aria (Admet) utur:
              Alceste „Lät sorgen fly, och fruchtan jaga''   9— 11
[5]   [J. August] Seterholm: Fröken M: Gyllenborg Quadrille   12

N. 4:
[6]   Andantino   13
[7]   [Christoph Willibald] Gluck: „När ifrån den stilla Månan''   14— 15
[8]   Polonoise   16

N. 5. 6:
[9]   G.[ustaf] Collin: Marche utur: Gustaf Wasa varierad (Var. 1—9) 17— 23
[10]   Grefve [Nils Anton Augustin] Bark [!]: Marche   24

N. 7:
[11]   Estländske Bond Danser (N: 1—2)   25
[12]   [Johan Fredrik] Palm: Allegretto „Lät statskloke män i
              Conseljen''   26— 27

[13]   Grefve [Nils Anton Augustin] Bark [!] : Tempo de[!]
       Menuetto   28

N. 8. 9. 10. 11. 12:

[14]   [Olof] Åhlström: Claver Sonat (Allegro-Adagio-Allegro finale)   29— 46
[15]   [Nicolas] D'Alayrac: Romance utur: Nina „När en älskling
       åter syns"   47— 48

N. 13:

[16]   Marche   49
[17]   Ode öfver Sällheten „O sällhet hvar finner jag Dig?"   50— 51
[18]   Andante con moto   52

N. 14. 15:

[19]   [Joseph Martin] Kraus: Thema med Variationer (Scherzo —
       Var. 1—12 — Scherzo)   53— 59
[20]   Visa „Det var en lag i Grekeland"   60

N. 16:

[21]   Grazioso   61
[22]   [Joseph Martin] Kraus: Elegie „Farväl mit kära barn"
       ([Carl Michael] Bellman)   62— 63
[23]   Marche   64

N. 17:

[24]   Menuetto Grazioso   65
[25]   Trägårds Balen „Den mänskjovän må heder ske"   66— 67
[26]   Polonoise   68

N. 18:

[27]   Ça ira   69
[28]   [Olof] Åhlström: Måttlighetens Skål „En dåre för sin
       framtid gråter"   70— 71
[29]   [Claude-Joseph Rouget de l'Isle] : Marche des Marseillois 72

N. 19:

[30]   Marche   73
[31]   [Olof] Åhlström: Visa „J bland en munter ungdoms tropp"   74— 75
[32]   Vivace   76

N. 20:

[33]   [Johan Fredrik] Grenzer[!] : Marche   77
[34]   [Johan Fredrik] Palm: „Han, som kan ensam glädje skänka"   78— 79

[35] [Johan Fredrik] Grenzer [!] : Marche   80

N. 21:

[36] [Ignaz] Pleyel: Grazioso   81

[37] [Joseph Martin] Kraus: „Ödet skulle fritt min oskuld få
              förtrycka"   82— 83

[38] [Ignaz] Pleyel: Andante Cantabile   84

N. 22. 23. 24:

[39] [Johann Christian Friedrich] Haeffner: Recitatif och Aria
              (Öfverste Prästen) utur: Alcides Inträde i Verlden
              (Rec.) „J skydd af dessa hvalf" (Aria) „O Thebe!
              sälla folk och land"   85— 93

[40] [Johan] Vikmansson [!] : Hvem är den Största Man? „Lät
              Pastor smiler få för klara" (nach Lessing)   94— 95

[41]   Menuetto   96

N. 25:

[42]   Allegretto   97

[43]   Visa „Naturen mig lärde hvad Vishet ej fann"   98— 99

[44]   Allegretto   100

N. 26. 27:

[45] [André-Ernest-Modeste] Grétry: Ouverturen til: Richard   101—108

N. 28.29:

[46] [Joseph Martin] Kraus: „Dors, mon enfant, clos ta paupière"   109—116

N. 30:

[47]   Allegretto   117

[48] [Nicolas] D'Allayrac [!] : [Arie] utur: Azémia „Mit hjerta
              klappar vid din röst"   118—120

1794
N. 1:

[1]   „Du Yngling! som ännu har nog för dit hopp"   2— 3

[2]   Baron [Israel] Lagerfeldt: Pastorale   4

N. 2:

[3]   [Nicola] Piccini: Chœur utur: Dido „Gå Hjeltehamn ach gå
              til baka!"   5— 8

N. 3:

[4]   [Nicolas] D'Alairac [!] : Thema med Variationer
              (Allegretto — Var. 1—3)   9— 12

[5]   „Toma glas i godt Calas"   12

N. 4. 5:

[6]   [Nicola] Piccini: Aria (Didon) utur Operan: Dido
       „Hvad jag är svag, ach värdes ömma"   13– 17

[7]   Thema af Mozart [!] [KV 492, 3] med
                Variationer (Allegretto – Var. 1–5) [KV C 26.17]   18– 20

N. 6:

[8]   [Thomas] Byström: „Naturen mig lärde hvad vishet ej fann"   21

[9]   Thema af Mozart [KV 527, 12] med Variationer
                (Vivace – Var. 1–5)   22– 24

[10]   Menuetto   24

N. 7:

[11]   C:[onrad] Kuhlau: Andante med Variationer (Var. 1–4)   25– 28

N. 8. 9:

[12]   G.[iuseppe] Mislivezeck: [Gesang] „Ömma maka!
       se hvad smärta"   29– 36

N. 10:

[13]   Marchia [!]   37– 38

[14]   [Joseph Martin] Kraus: „Point de tristesse: passons nos jours"   39

[15]   Marchia [!]   40

N. 11. 12. 13. 14:

[16]   [Wolfgang Amadeus] Mozart [!]: Allegretto med Varia-
                tioner [KV 613]   41– 54

[17]   [Christoph Willibald] Gluck: Aria (Alceste) utur: Alceste
                „Ack Gudar! jag ej längre hinner"   55– 56

N. 15:

[18]   [Nicolas] D'Alayrac: Complet [!] (Ingrid, Folke, Östen) utur:
                Folke Birgerson [!] „Mot vackra barn! sad Olle"   57– 60

N. 16. 17. 18:

[19]   [François] Devienne: [Arie] utur: Nunnorne [= Les Visitan-
                dines] „J bland de skönas skara"   61– 70

[20]   Polonoise   71– 72

[21]   Kozack   72

N. 19. 20:

[22]   Be Julie Candeille: Air utur: Den vackra Arendatorskan
                „Flickan, vid femton år"   73– 77

[23]   Lik Sång ,,Af jord du kommen är"   78— 79
[24]   Allegretto   80

N. 21:

[25] [François] Devienne: Coupleter utur: Nunnorne [= Les
      Visitandines] ,,Ur det lugn min oskuld vunnit"
      (Singst., Hf.)   81— 84

N. 22. 23:

[26] [Nicolas] D'Alairac [!] : Ouverture til: Azémia (Kl. A.:
      Haeffner)   85— 92

N. 24:

[27] [Johan Fredrik] Palm: ,,Goda Gosse! glaset töm"   93
[28] [Christoph Willibald] Gluck: Aria utur: Orphe ,,Min vän jag
      ropar dig"   94— 95
[29]   Moderato   95
[30] [Joseph Martin] Kraus: ,,Se källan, se lunden" (Singst., Zither)   96

N. 25. 26:

[31] [Christoph Willibald] Gluck: Ouverture til: Iphigenie
      uti Auliden   97—104

N. 27:

[32] [Giovanni] Paisiello: Aria utur: Le Marquis Tulipano
      ,,J tystnadens sköt mina tårar de rinna"   105—108

N. 28. 29:

[33] [Giovanni] Paisiello: Aria utur: Le Marquis Tulipano ,,Hvad
      plåga at brinna"   109—113
[34] [Gluck] : Balletter utur: Iphigénie en Tauride   114—116

N. 30:

[35]   Menuetto   117
[36]   Engelske Bord Visa ,,Sag mig, at dricka"
      (4 Singst., Chor)   118—120

1795

N. 1. 2. 3:

[1] [Friedrich Ludwig Aemilius] Kunzen: Ouverture til Operan:
      Holger Danske   2— 10
[2] [Friedrich Ludwig Aemilius] (Kunzen): Mellan Act uti:
      Holger Danske   11— 12

N. 4. 5. 6:

[3]   [Wolfgang Amadeus] Mozard [!] : Thema med Variationer
      (Allegretto — Var. 1–10) [KV 455]   13— 24

N. 7. 8:

[4]   [Wolfgang Amadeus] Mozard [!] : Ouverturen til: Zauber-
      flöjten [KV 620]   25— 30

[5]   [Wolfgang Amadeus] Mozard [!] : Duett (Pamina, Papageno)
      utur: Zauberflöjten „Kunde hvarje redlig man"
      [KV 620, aus 8]   31— 32

N. 9:

[6]   [Wolfgang Amadeus] Mozard [!] : Duett (Pamina, Papageno)
      utur: Zauberflöjten „Den man som utaf kärlek brinner"
      [KV 620, 7]   33— 36

N. 10:

[7]   [Wolfgang Amadeus] Mozard [!] : Aria (Tamino) utur:
      Zauberflöjten „Stark är o Flöjt din tjusnings magt"
      [KV 620, aus 8]   37— 40

N. 11:

[8]   J.[ohan] A.[dolf] Mecklin: Marche   41
[9]   [Thomas] Byström: Wisa „Hopp om den tid som komma skall"   42
[10] [Thomas] Byström: Wisa „Sof min söta gosse! sof"   43
[11] J.[ohan] A.[dolf] Mecklin: Quadrille Fröken Hammarskjöld   44

N. 12:

[12] J.[ohan] A.[dolf] Mecklin: Quadrille Grefvinnan Strömfeldt   (45)
[13] [Wolfgang Amadeus] Mozard [!] : [Arie] (Papageno)
      Utur: Zauberflöjten „Det klingar så herrligt"
      [KV 620, aus 8]   (46— 47)
[14] J.[ohan] A.[dolf] Mecklin: Menuetto   (48)

N. 13. 14:

[15] J.[ohan] A.[dolf] Mecklin: Claver Sonat (Allegro ma non
      tanto)   49— 52
[16] J.[ohan] A.[dolf] Mecklin: Menuetto   53
[17] C.[arl] Stenborg: Aria „Wid ljudet utaf Älskarns röst"   54— 55
[18] [Carl Erik] Gleisman: [Lied] „Må Cytherens blommer paras"   56

N. 15:

[19] [Wolfgang Amadeus] Mozard [!] : Aria [Tamino] utur:
      Zauberflöjten „Den sköna som så ljufligt ler"
      [KV 620, 3]   57— 60

[20]　[Johan]　Wikmansson[!]: Canon à 4 „Toma glas i godt Calas"　　60

N. 16:

[21]　[Thomas] Byström: [Lied] „Genom Dalens stilla famn"　　61— 63

[22]　[Thomas] Byström: Visa „Förgäfves letar du en töcknig"　　64

N. 17. 18:

[23]　C.[arl] L.[udvig] Lithander: Thema af [Carl Gustaf] Goës
　　　　varieradt (Var. 1—12)　　65— 72

N. 19:

[24]　[Carl Erik] Gleisman: [Lied] „Om hoppet sin stråle"　　73— 74

[25]　C.[arl] M.[ichael] Bellman: Mångelskan „Jag lämnar Er på
　　　　borgen"　　75— 76

N. 20:

[26]　[Friedrich Joseph] Kirmair: Thema af Mozard [!] [KV 620, 2]
　　　　med Variationer (Allegretto — Var. 1—4)　　77— 80

N. 21:

[27]　[Friedrich Joseph] Kirmair: Thema af Mozard [!] [KV 620, 7]
　　　　med Variationer (Moderato — Var. 1—4)　　81— 84

N. 22:

[28]　[Domenico] Cimarosa: Aria utur: Italienskan i London
　　　　„Flickan som lågar ofta sig plågar"　　85— 88

N. 23:

[29]　[Friedrich Joseph] Kirmair: Thema af Mozard [!]
　　　　[KV 620, 16] med Variationer (Andantino poco
　　　　Allegretto — Var. 1—4)　　89— 92

N. 24:

[30]　[Domenico] Cimarosa: Aria utur: Italienskan i London
　　　　„Du från mig hastar"　　93— 96

N. 25:

[31]　[Friedrich Joseph] Kirmair: Thema af Mozard [!]
　　　　med Variationer (Allegro — Var. 1—5)　　97—100

N. 26. 27. 28:

[32]　J. L. P. L. Freubel: Romance varierad (Andantino — Var. 1—6)　101—105

[33]　[Domenico] Cimarosa: Aria utur: Italienskan i London
　　　　„Hvar är jag? hvart går jag?"　　106—112

15

N. 29:

[34] [Domenico] Cimarosa: Aria utur: Italienskan i London
      „Jag skall mig lycklig finna"   113—116

N. 30:

[35] [Carl Erik] Gleisman: Kellgrens Död „Alt alt förvandlas skall" 117—119

1796

N. 1. 2. 3:

[1]   [Wolfgang Amadeus] Mozard [!]: Menuetto af [Johann
      Christian] Fischer varierad [KV 189 a = 179]   2— 12

N. 4:

[2]   Marche   13
[3]   Karsten: Couplets „Chantons le jour le plus beau de ma vie"
      (Le Hoc)   14— 15
[4]   Joh:[ann] Phil:[ipp] Kirnberger: Gregiske Tonarterne   16

N. 5. 6. 7:

[5]   Aria „O död! hvar är din udd?"   17— 28

N. 8:

[6]   [Olof] Åhlström: Pastorale „Min Hjord är alt för mig"   29— 30
[7]   [Olof] Åhlström: Wisa „När til en blygd för vår a seder" 30— 31
[8]   [Carl Erik] Gleisman: [Lied] „Lycklig den med sorgfritt hjerta"32

N. 9. 10:

[9]   [Wolfgang Amadeus] Mozard [!]: Allegretto med Variationer
      [KV 300 e = 265]   33— 39
[10]   Andra Tyger, Andra Seder „J min ungdom, sade Tant" 40

N. 11. 12:

[11] [Friedrich Joseph] Kirmair: Thema af Mozard [!]
      [KV 492, 9] med Variationer (Allegro — Var. 1—7)   41— 45
[12] [Carl Erik] Gleisman: Allegretto „Bortt sorg och bekymmer" 46— 47
[13] [Olof] Åhlström: [Lied] „Ensam i min hyddas famn"   48

N. 13:

[14] [Friedrich Joseph] Kirmair: Thema af Mozard [!]
      [KV 527] med Variationer (Menuetto — Var. 1—6)   49— 52

N. 14:

[15]   Menuetto   53

[16]   [André-Ernest-Modeste] Grétrii [!] : Visa „Lät en sniken
           Guldets slaf"   54— 55
[17]   [Lied] „Hör min vän det är ej åt"   56

N. 15:

[18]   [Johann Christian Friedrich] Haeffner: Couplettr i anledning
           af Kongl. Majts återkomst från Ryssland „Milde Ko-
           nung! hör vår röst" (Lindegren)   57— 60

N. 16. 17. 18:

[19]   [Johann Christian Friedrich] Haeffner: Aria med Chor „Kan
           mit hjerta mer begära" (Singst., Chor, Pfte.-Arr.:
           Haeffner)   61— 72

N. 19. 20. 21. 22:

[20]   [Daniel] Steibelt: Ouverturen till: Turken   73— 87
[21]   [Olof] Åhlström: [Lied] „Nannas siska i sin bur"   88

N. 23. 24:

[22]   [Thomas] Byström: Då jag var liten „Det var en tid jag kallades
           den lilla"   89— 93
[23]   M:[aria] T:[heresia] v.[on] Ahlefeldt: Ballet utur:
           Thelemak på Calypsos Ö   94— 96

N. 25:

[24]   Marche   97
[25]   [Johan Fredrik] Palm: Visa „Snart är din sällhets tid"   98— 99
[26]   Polonoise   100
[27]   Valls (von 12jährigem Schüler)   100

N. 26. 27. 28:

       [François] Metzger [!] : Tvenne Claver Sonater för
           nybegynnare:
[28]   Sonata I (Allegro — Rondo Allegretto)   101—106
[29]   Sonata II (Allegro molto — Tempo di Menuetto)   107—112

N. 29. 30:

[30]   [Jean-Baptiste] Du Puy: Polonoise   113—117
[31]   [François] Metzger [!] : Rondo   118—119

1797

N. 1:

[1]   [Wolfgang Amadeus] Mozart [!] : Marche utur: Zauberfleuten
           [KV 620, 9]   2— 3

[2]   [Johann Christian Friedrich] Haeffner: Kärleken „Milda Hjerta
      känn min låga"   3—   4

N. 2:
[3]   Pastorale   5
[4]   [Jean-Baptiste] Du Puy: Visa „Gamla Didrick var en man"   6—   8
[5]   Allegretto af et Fruntimmer om 14 år   8

N. 3:
[6]   [Olof] Åhlström: Polonoise   9— 12

N. 4:
[7]   [Christian Friedrich] Muller [!] : Polacca (Vl.)   13— 16

N. 5:
[8]   [Carl Erik] Gleisman: Polonoise   17— 20

N. 6:
[9]   [Johan Fredrik] Palm: Adagio sostenuto „Förrn solens morgon
      blick"   21— 23
[10]   Menuetto   24

N. 7:
[11] [Olof] Åhlström: Marche   25
[12] [Johann Friedrich] Christman [!] : Den glade Landboer
      „Ej er jeg Konge, men tilfreds"   26— 27
[13]   Polonoise   28

N. 8:
[14] Aprile: Duo „Sömnens Gud min Thilma målar"   29— 32

N. 9:
[15] [Johan Fredrik] Palm: Julia „Snart mit hjerta domnande bort" 33— 36

N. 10:
[16]   Marche   37
[17] [Jean-Baptiste] Du Puy: Visa. Den första Maj 1797 „Se solen
      hur prägtig och skön Hon går ner"   38— 39
[18]   Polonoise   40

N. 11. 12:
[19] [Ignaz] Pleyl [!] : Moderato med Variationer (Var. 1—4)   41— 45
[20]   Visa „Sjungom vänner! höjom glädjens ljud!"   46— 47
[21]   Marche   48

N. 13:

[22]   Andante Polonoise   49

[23] J.[ohann] C.[hristoph] Kellner: Caffe. Fugette   50— 52

N. 14. 15:

[24] [Wolfgang Amadeus] Mozard[!] : Thema med Variationer
            (Var. 1—6) [KV 547 b]   53— 57

[25]   Visa „Kom glädjens Vän! kom handledd af din sköna"   58— 59

[26] [Olof] Åhlström: [Visa] „Bröder se Bålen den fröjdas och
            röker" [Anna Maria Lenngren]   60

N. 16:

[27]   Menuetto   61

[28] [Nicolas] D'Alayrac: Aria utur: Camilla „O Gud! i all min
            bittra smärta"   62— 64

N. 17:

[29]   Andantino   65

[30] [Wolfgang Amadeus] Mozard [!] : Afsked af en Wän „Förgät ej
            mig, när nöjets öpna sköte"   66— 68

N. 18. 19. 20:

[31]   Marche   69

[32] [Christian Friedrich] Müller: Arier (Loföns Gudinna) och Chor
            uti: Prologen som upfördes på Drottningholm d. 23 Oc-
            tober 1797 „Jag gråter! Svaren sorgsna stränder"   70— 72

[33] [Olof] Åhlström: Aria (Hymen) „För Edert väl dess hjerta
            brinner"   73— 78

[34]   En Krigare „Ej äran gör nog til at Ynglingen mana"   78— 80

N. 21. 22:

[35] [Johann Christian Friedrich] Haeffner: Aria [ein Krieger]
            med Chor „Princessa Nordens högsta prydnad"   81— 87

[36]   Marche   88

N. 23. 24. 25:

[37] [Wolfgang Amadeus] Mozard [!] : Ouverturen till Operan:
            Don Giovanni [KV 527]   89— 98

[38] [Jean-Baptiste] Du Puy: Chor af Prasterne uti: Prologen till
            Gustaf Wasa, upförd d. 1 November 1797 „Skönhet,
            skänk af Himmelen!"   99—100

N. 26. 27. 28. 29:

[39] [Jean-Baptiste] Du Puy: Arier (Svea) och Chor uti: Prologen
till Gustaf Wasa, upförd d: 1 Nov. 1797 ,,Må Thronens
hopp fördubbladt styrkas af bördens rätt"   101—111

[40]   Genie ,,Ej nog, at hundra Hjeltars blod"   112—116

N. 30:

[41] [Jean-Baptiste] Du Puy: Andante (Öfverste Prästen) uti: Prologen till Gustaf Wasa ,,J, som våra offer skåden"   117—119

1798

N. 1:

[1]   [Christian Friedrich] Muller [!] : Aria uti: Eremiten ,,Om
styrkan mig har lämnat"   2— 4

N. 2:

[2]   [Per] Frigel: Aria utur: Eremiten ,,Håll up, min far jag ber!"   5— 8

N. 3:

[3]   Mozard [!] [unterschoben, recte: Lorenz Schneider] :
[Vergiß mein nicht] ,,Förgät ej mig, när nöjets öpna
sköte" [KV C 8. 06 (Anh. 246)]   9— 11

[4]   J.[ohan] Gernandt: Menuetto   12

N. 4. 5:

[5]   [Olof] Åhlström: Aria (Pedrillo) utur: Eremiten ,,Fan far i
Er så många ni ären" [Eurèn nach A. v. Kotzebue]   13— 18

[6]   C.[arl] Stenborg: Cavatina utur: Eremiten ,,Moder du som i
din famn"   19— 20

N. 6:

[7]   [Carl Erik] Gleisman: Aria utur: Eremiten ,,Jag hafver hungrat"   21— 24

N. 7. 8:

[8]   [Thomas] Byström: Den lyckliga Barndomen ,,O! flygtade behag
af mina ungdoms dagar!"   25— 30

[9]   [Christian Friedrich?] Muller [!] : ,,Det var i saimen på en ö"   31

[10]   Marche   32

N. 9. 10:

[11]   [Johan Fredrik] Grenzer [!] : Moderato af [Olof] Åhlström,
varierad (Var. 1—5)   33— 37

[12]   Menuetto   37

[13]   [Johan Fredrik] Grenzer [!] : Polonoise   38— 39

[14]   Larghetto   40

N. 11. 12:

[15]   [Wolfgang Amadeus] Mozard [!] : Allegro à quatre Mains
        [KV 123 a = 381, I]   41— 48

N. 13. 14. 15:

[16]   [F. J.] Lithander: Allegretto med Variationer (Var. 1—13)   49— 59
[17]   Pastorale   59

N. 16. 17. 18. 19:

[18]   F.[rançois] Mezger: Bataille de Fleurus dédiée à l'Armée de
              Sambre & Meuse   61— 76

N. 20. 21:

[19]   Lydia och Arist, Lyrisk monolog „Sällhet !
              jag sökte dig"   77— 84

N. 22:

[20]   [Olof] Åhlström: Aria utur: Eremiten „Då, min vän! oss alt
              förlåter" [Eurèn nach A. v. Kotzebue]   85— 88

N. 23:

[21]   F. J. Lithander: Drottning Catharinas Vålnad „O lycklig den,
              i från sin låga hydda"   89— 92

N. 24:

[22]   J.[ohann] Seb.[astian] Bach: Choral i Myxolydisk Tonart
              [BWV 370]   93
[23]   [Johann Philipp] Kirnberger: Choral i Aeolisk Tonart   93
[24]   J.[ohan] A.[dolf] Mecklin: Hymne à deux Chœur [!]
              „Herre! Dig i nåd förbarma!" (S. Ödman)   94— 95
[25]   J. C. Oley: Choral Förespelning [Orgel]   96

N. 25:

[26]   Choral uti Hypolydisk Tonart [Schwedisches Psalm-
              buch, Nr. 107]   97
[27]   E.[rnst] L.[udwig] Gerber: Choral Förespelning   98— 99
[28]   [Thomas] Byström: „J Herrar jag vil er berätta"   100

N. 26. 27. 28:

[29]   [Anders Fredrik] Skjöldebrand: Ouverture m:m: til Varbeck   101—104
[30]   [Anders Fredrik Skjöldebrand] : [Arie] (Varbeck) [aus: Var-
              beck] „O lyckliga maka!"   104—107

[31]   [Anders Fredrik Skjöldebrand] : Marche [aus: Varbeck,
            6. Szene]   108

[32]   [Anders Fredrik Skjöldebrand] : [Arie] (Varbeck) [aus:
            Varbeck] „J som beslutat at följa min Fana"   108—110

[33]   J.[ohann] Ph.[ilipp] Kirnberger: Choral Förespelning   111—112

[34]   C.[arl] Ph.[ilipp] E.[manuel] Back [!] : Choral Förespelning 112

N. 29. 30:

[35]   [Thomas] Byström: Air Russe variée (Andante — Var. 1—10)   113—120

1799

N. 1. 2. 3:

[1]   [Johan Fredrik] Palm: Ynglingen „Ner uti dalens djup"   2—   9

[2]   [Anders Fredrik Skjöldebrand] : [Duett] (Eleonore, Rudolf)
            utur: Rudolf „J lifvets vår då första lågan brinner"
            (2 Singst., Pfte. oder Hf.)   10— 11

[3]   ([Thomas] Byström): (Air Russe variée [Fortsetzung nach der
            9. Variation:]) Presto-Grazioso   12

N. 4:

[4]   [Johan] Gernandt: Menuetto   13— 15

[5]   [Johan Fredrik] Palm: [Lied] „Se mamma hur det brinner"   16

N. 5:

[6]   [André-Ernest-Modeste] Grétry: [Arie] utur: Caravan „Vi
            föddes blott at slafvar vara!"   17— 20

N. 6. 7. 8:

[7]   [André-Ernest-Modeste] Grétry: Trio utur Operan: Caravan
            „Men ack! Er hjelp oss unna"   21— 23

[8]   ([André-Ernest-Modeste] Grétry): [Arie] utur: Caravan
            „Almaide vil förgäfves yrka"   24— 26

[9]   [Nicolas] D'Alayrac: [Arie] utur: Savoyar Gossarne „Med
            alt Ert guld och al Er lycka"   27— 29

[10]   Abbé [Georg Joseph] Vogler: [Arie] utur: Gustaf Adolph
            „Hvad tiden sagta skrider"   29

[11]   Abbé [Georg Joseph] Vogler: L'Invocazione del Sole alla mezza
            notte in Laponia „Lucido Dio! per cui l'april s'infiora"   30— 31

[12]   Abbé [Georg Joseph] Vogler: [Arie] utur: Gustaf Adolph
            „Gud hvad vällust hjertat känner"   32

N. 9. 10. 11:

[13]   [Anders Fredrik] Sköldebrand [!] : [Arie] (Varbeck) utur:
            Warbeck [2. Akt] „Gån mine vänner! til tåget alt
            bereden"   33— 39

[14] [Antonio Bartolomeo] Bruni: [Arie] utur: Fiskarne ,,Du
Guda skänk, från himlen buren" 40– 43

[15] [J. C. F. Haeffner] : Prof-Psalm, Mel.[odie] No. 141 [H. Albert]44

N. 12:

[16] [Antonio Bartolomeo] Bruni: [Arie] (Eric) utur: Fiskarne
[= Toberne, ou le Pêcheur suédois] ,,Jag smider och
jag plöjer" 45– 46

[17] [Martin] Luther: På Tyska börjas Psalmen. Nun freuet euch
lieben Christ'n gemein [und] Prof-Psalm, Mel. No. 219 47– 48

[18] [J. C. F. Haeffner] : Mel.[odie] No. 131 48

N. 13. 14. 15:

[19] [Nicolas] D'Alayrac: Duo utur: Savoyar Gossarne ,,Hvar dag
då solen på fästet går" 49– 60

N. 16:

[20] [Antonio Bartolomeo] Bruni: [Arie] utur: Fiskarne ,,Jag af
min Far fått ärfva" 61– 62

[21] [Antonio Bartolomeo] Bruni: [Arie] (Eric) utur: Fiskarne
,,Ack! huru rädslan än mig skakar!" 63– 64

N. 17:

[22] [Antonio Bartolomeo] Bruni: [Arie] utur: Fiskarne ,,Du
min Far! sommig lifvet skänkt" 65– 67

[23] Källan af en Musikälskare ,,Genom dalens stilla famn" 68

N. 18. 19:

[24] [Nicolas] D'Alayrac: [Arie] utur: Savoyar Gossarne ,,Förtju-
sande lott!" (T, Pfte.) 69– 75

[25] Un poco Allegretto 76

N. 20. 21:

[26] [Peter] Askegren [!]: Andante med Variationer (Var. 1–10) 77– 84

N. 22. 23. 24. 25:

[27] [Nicolas] D'Alayrac: Duo (Ingrid, Eric) utur: Folke Birgerson
[!] ,,Min bror, bror Eric ack da vaka!" 85– 98

[28] [Domenico Della Maria] : Couplet utur: Den unga Arestanten
,,J sitt ägta val min vän" 99–100

N. 26. 27:

[29] F. J. Lithander: Thema af Haydn [Hob. I, Nr. 53, II] med
Variationer (Andante – Var. 1–8) 101–106

[30] [Domenico] Della Maria: Couplet utur: Den unga Arestanten ,,När fången i den dystra muren" 107–108

[31]   Menuetto   108

N. 28. 29:

[32]   [Domenico] Della Maria: Aria utur: Den unga Arestanten
          „Mitt Giftermål är fast beslutit"   109—116

N. 30:

[33]   [Olof] Åhlström: [Ode] „Vid den klara källans brädd"
          (Imitation von Anacreons 4. Ode)   117—119

1800

N. 1. 2:

[1]   Sjöberg: Lifvets dag Ode till et nyfödt Barn „Men löse Ängel!
          Slumrande ler du än"   2—   6

[2]   [Joseph Martin] Kraus: Marche utur Operan: Dido och Aeneas   7

[3]   [Johann Christian Friedrich] Haeffner: Marche utur Operan:
          Dido och Aeneas   8

N. 3:

[4]   [André-Ernest-Modeste] Grétrii [!]: Aria utur Operan:
          Panurge „Aldrig följer ångrens smärta"   9— 11

[5]   [Joseph Martin] Kraus: Jarbas Marche utur: Dido och Aeneas   12

N. 4. 5:

[6]   [Johann Christian] Vogel: Ouverture til: Demophon   13— 19
[7]   Marche   20

N. 6:

[8]   [Carl Erik] Gleisman: Pollonoise [!]   21— 24

N. 7. 8. 9:

[9]   Abbé [Georg Joseph] Vogler: [Duett] (Sigrid, Johan) utur:
          Gustaf Adolph „Sed god dag min söta Pappa!"   25— 33

[10]   [Georg Joseph Vogler] : [Arie] utur: Gustaf Adolph „En liten
          menlös tärna"   34— 36

N. 10. 11:

[11]   Abbé [Georg Joseph] Vogler: [Arie] (Gustaf Adolph) utur:
          Gustaf Adolph „Döm sparre, döm, min vän"   37— 41

[12]   Abbé [Georg Joseph] Vogler: [Arie] (Johan) utur: Gustaf
          Adolph „Kära go vänner, ta Er väl till vara!"   42— 44

N. 12. 13. 14:

[13]   [Pierre] Gaveaux: [Arie] utur: Den Unga Matrosen „Mej
          lite fjålleri förlåt!"   45— 53

24

[14] [Pierre] Gaveaux: [Arie] utur: Den Unga Matrosen „Svårare
      seglats man aldrig finner"   54— 55
[15] [Maria Theresia von] Ahlefeldt: Ballett utur: Telemack   56

N. 15. 16. 17:
[16] [Peter] Askegren [!]: Thema con Variatione [!] (Var. 1—12)   57— 66
[17] [Carl Ludvik] Lithander: Polonoise   67— 68

N. 18. 19. 20:
[18] [Nicolas] D'Allairac [!]: Duo (Eric, Ingrid) utur: Folke Birger-
      son [!] „Han är sin väg"   69— 74
[19] [Joseph Martin] Kraus: [Arie] (Clelie) aus: Dido och Aeneas
      „Bland alla nöjens krets"   75— 79
[20]   Marche   80

N. 21:
[21] [Nicolas] D'Alayrac: Aria utur: Azémia „Du som ännu i
      grymma öden"   81— 84

N. 22. 23:
[22] Doctor Struve [!]: Musik, uppförd vid Deras Kongl. Majestäters
      höga kröning i Norrköping (Intrada-Finale)   85— 92

N. 24. 25:
[23] [Olof Åhlström]: Aria (Lasse) utur: Tand Doctorn „Monsieur,
      je suis un grand artiste"   93— 97
[24] [Joseph Martin] Kraus: Aria utur: Dido „O Juno! du som öf-
      vergifvit" (Pfte.-Arr.: J. A. Fahlroth)   97— 99
[25]   Walls   100

N. 26. 27:
[26] [Friedrich Ludwig Aemilius] Kunzen: Aria (Vapendragare)
      utur Operan: Ossians Harpa „Jag, en sådan dåre vara"   101—105
[27] [Wolfgang Amadeus] Mozart: Aria „Jo ti lascio cara addio"
      [KV 621 a = Anh. 245]   106—108

N. 28. 29. 30:
[28] [Rodolphe] Kreutzer: Ouverture til: Lodoïska   109—114
[29] [Thomas] Byström: A ma Guitarre, Romance „Ma Guitarre!
      ô la seule amie"   115—120
[30]   [Lied] „Skön stod på lifvets falska stränder"
              [Eingesandt]   120

1801

N. 1. 2. 3:

[1]   [Domenico] Cimarosa: Aria utur: Theater Directeuren ,,Den
       role jag önskar vinna"   2—   9

[2]   [Conrad] Kuhlau: Menuetto   10

[3]   A. König: Andante con Expressione [!]   11

[4]   A. König: Adagio   12

N. 4:

[5]   Allegretto med Variationer (Var. 1—5) [Eingesandt]   13— 15

[6]   Allegretto [Eingesandt]   16

N. 5. 6:

[7]   [Nicolas] D'Alayrac: Aria utur: De bägge Arrestanterne [!]
       ,,Ah! ah! unga Flickor som bli gifta"   17— 24

N. 7. 8. 9:

[8]   [Nicolas] D'Alayrac: Aria utur: De bägge Arrestanterna
       ,,Af en makas ömma låga njöt"   25— 27

[9]   [Nicolas] D'Alayrac: Aria utur: De bägge Arrestanterna
       ,,Jag först bör ta en bister mine"   27— 29

[10]   [Joseph] Haydn: Andante [Hob. I, Nr. 94, II]   30— 33

[11]   [Joseph] Haydn: Andante [con Variazioni] [Hob. I, Nr. 75, II] 34— 36

N. 10. 11:

[12]   [Johann Wilhelm] Hässler: Canson [!] Russe avec XII Varia-
       tions pour le Clavecin   37— 43

[13]   Grazioso   44

N. 12. 13. 14:

[14]   [Nicolas] D'Alayrac: [Arie] utur: Gubben i Bergsbygden
       ,,Jag läst i Farfars gamla skrifter"   45— 47

[15]   [Nicolas] D'Alayrac: Aria utur: Gubben i Bergsbygden ,,När
       jag far en gål uppå landet"   48— 53

[16]   [Nicolas] D'Alayrac: Aria utur: Gubben i Bergsbygden ,,Grafven
       har gömt den första i bland vänner"   54— 55

[17]   Polonoise   56

N. 15. 16. 17:

[18]   [Rodolphe] Kreutzer: Arier utur: Lodoïska ,,Så snart mår gon
       råd nan"   57— 68

N. 18. 19. 20. 21:

[19] [Nicolas] D'Alayrac: Arier utur: Gubben i Bergsbygden „Clara
      mej ofta banna plär"   69— 82

[20] [Nicolas] D'Alayrac: [Arie] utur: Fatima „O kärlek, din ära
      skall elda min tunga"   83— 84

N. 22. 23:

[21] [Peter] Askergren: Polonoise   85— 90

[22] [Johan Fredrik] Palm: [Lied] „O Du, som verldars millioner"   90— 91

[23]   Andante   92

N. 24:

[24] [Nicolas] D'Alayrac: Aria utur Comedien: Fatima „En Flicka
      jag vacker kan finna"   93— 96

N. 25. 26. 27. 28:

[25] [Nicolas] D'Alayrac: Arier utur Comedien: Fatima „På Edert
      Slaveri" — „Du danat dygder i min själ" — „Älskade
      kön, ditt välde tar ej ända"   97—112

N. 29. 30:

[26] [Jean-Baptiste] Du Pui [!]: Polonoise   113—117

[27]   [Lied] „Än plockar jag rosor till kransar"   118

[28]   Marche   119

Bihang:

[29] C.[arl] L.[udvig] Lithander: Capricio [!]   2— 12

1802

N. 1. 2:

[1]   [Domenico] Della Maria: Aria utur Opera: Komiken „Föräld-
      rar å förmyndare"   2—   8

N. 3. 4:

[2]   [Johann Gottlieb] Nauman [!]: Arier (Christiern, Gustaf)
      utur: Gustaf Vasa „Må mitt beröm, de slagnas blygd" —
      „Ädla skuggor vördade Fäder"   9— 15

[3]   [Carl Erik] Gleisman: Valls   16

N. 5:

[4]   [Domenico] Della Maria: Aria utur Opera: Komiken „J våra
      dar; hvad härligt bruk"   17— 18

[5]   [Domenico] Della Maria: Vaudeville utur Opera: Komiken „Lät
      oss ej spela kärlek mer"   19— 20

N. 6. 7:

[6]   [Domenico] Della Maria: Aria utur Opera: Komiken „Är väl
      försigtighet ett brott?"   21— 22

[7]   [Domenico] Della Maria: Aria (Poeten) utur Opera: Komiken
      „D'ä väl Fan att ni som gör Musiken"   23— 26

[8]   Aria utur: Forvangen „Täcka Creoler skyndom till
      Dansen"   26— 27

[9]   Baron [Israel] Lagerfeldt: Maestoso   28

N. 8. 9. 10:

[10] [Johann Gottlieb] Nauman [!]: Arier (Gustaf, Christiern) utur:
      Gustaf Wasa „Gå, säg, att under fjättrar böjd" — „För-
      mätne Gustaf, frukta!"   29— 37

[11] [Johann Gottlieb Naumann]: Polonoise utur: Gustaf Wasa   37— 38

[12]   Mad[emoise]lle Hjortsbergs Solo i Baletten till:
      Gubben i Bergsbygden [Nicolas D'Alayrac]   39

[13]   Hr. Casaglis Solo i samma Balett [Gubben i Bergsbygden]
      [Nicolas D'Alayrac]   39— 40

N. 11. 12:

[14] [Nicolas] D'Alayrac: Arie (Clara [mit Chor]) utur: Gubben
      i Bergsbygden „Hvad fröjd för oss att åter få"   41— 45

[15] [Olof] Åhlström: [Lied] „Skön stod blomman, förstlingen af
      våren"   46— 48

N. 13. 14. 15:

[16] A.[ugust] E.[berhard] Mueller: Marche Variée (Var. 1—12)   49— 59

[17] [Johann Christian Friedrich] Haeffner: [Arie] Utur: Renaud
      „Glada lekar muntra nöjen"   60

N. 16. 17. 18. 19:

[18] [Johann Christian Friedrich] Haeffner: Arier (Armid, Renaud) —
      Duo (Armid, Renaud) utur: Renaud „O! huru lifvas ej
      mitt sinne" — „Säg hurdu kunde trolös vara" — „Hur
      kan jag lifvets smärta bära" — „Hvad sällhet, hvilken
      höjd"   61— 73

[19] [Johan Fredrik] Palm: [Lied] „Älskvärda Nattfiol!"   74— 75
[20] Noach Nystedt: Marche   76

N. 20:

[21] [Joseph Martin Kraus]: Marche [in Beisetzungsmusik für
      Gustaf III.]   77

[22] Abbé [Georg Joseph] Vogler: Marche „Hosianna Davids Son"
      (S, A, T, B, Pfte.)   78— 79

[23]   Georgii: Elegie vid Marg. Fredr. Georgiis Död „Sorgen kom i
       dystra skyar" (Georgii)   80

N. 21. 22. 23:

[24]   [Domenico] Cimarosa: Aria utur: Hemliga Äktenskapet
       „Må jag Grefvens till gift vinna"   81— 92

N. 24:

[25]   [Olof] Åhlström: Höst Wisa „Från Lunden hem, jag sorgsen
       går"   93— 95
[26]   Marche   96

N. 25:

[27]   [Olof] Åhlström: Marche   97
[28]   [Olof] Åhlström: Den Lyckliga Makan „När jag så stilla, så
       lycklig och nöjd"   98— 99
[29]   Angloise [Eingesandt]   100

N. 26:

[30]   Marche   101
[31]   Wisa „Det är ej värdt att nöta bort"   102—103
[32]   Menuetto   104

N. 27. 28:

[33]   [Jean François] Lesueur: Anacreons 1sta Ode. Öfver hans Lyra
       „Jag sjunga vill Atriders fejd"   105—108
[34]   [Etienne Nicolas] Méhul: Anacreons 19de Ode „Den svarta jor-
       den dricker" [„Tout boit dans la nature"]   108—109
[35]   [François-Joseph] Gossec: Anacreons 40de Ode. Kärleken
       stungen af ett Bi „En dag bland unga Rosor"   110—112

N. 29. 30:

[36]   [Luigi] Cherubini: Anacreons 3dje Ode „J den tysta midnattens
       stund"   113—118
[37]   [Louis-Sébastien] Le Brun: [Arie] Utur: Svärfadren Rival
       „Jag alla dar denna yngling får se"   118—119

1803

N. 1. 2. 3:

[1]   [Louis-Sébastien] Le Brun: Coupletter ur: Svärfadern Rival
       „Jag ger farväl åt stora verldens sköna"   2— 3
[2]   [Joseph] Haydn: Favorit Menuet med Variationer (Var. 1—12)
       [Hob. XVII, 3]   4— 12

N. 4:

[3]	Tempo di Menuetto	13
[4]	Skånska Dragon Wisan „Hvad muntrar mer ett hurtigt lag"	14— 15
[5]	[Johann Christian Friedrich] Haeffner: [Lied] „Nej bättre jag min lycka vet"	16

N. 5:

[6]	[Olof] Åhlström: Wålnaden af lilla Gustaf „Tack! min Mamma! tack för din visit!"	17— 20

N. 6:

[7]	Marche	21
[8]	[Olof] Åhlström: Till Jason „Då i nattens tysta sköte"	22— 23
[9]	Marche	24

N. 7. 8:

[10]	[Louis-Sébastien] Le Brun: Aria utur: Svärfadern Rival „Ängel för mitt hjerta, milda ljufva hopp"	25— 31
[11]	Marche	32

N. 9. 10:

[12]	Christian Kull: Gubben Noak: Thema med Variationer	33— 40

N. 11. 12:

[13]	[Antonio] Sacchini: Aria (Theseus) ur: Œdip „Du som fordom burit en krona"	41— 46
[14]	[Antonio Bartolomeo] Bruni: [Duett] (Laurenzi, Claudine) ur: Claudine eller Skoputsaren „Min ömhet mildra skall den smerta"	47— 48

N. 13. 14:

[15]	[Antonio] Sacchini: Aria (Œdip) ur: Œdip „Min dotter! ach må du mig för låta"	49— 53
[16]	[Antonio Bartolomeo] Bruni: [Arie] (Claudine) ur: Claudine eller Skoputsaren „Alt kallar till mitt minne åter"	54— 56

N. 15. 16:

[17]	[Antonio] Sacchini: Recitatif och Aria (Œdip) ur: Œdip (Rec.) „Du är ej mer min son" — (Aria) „Hon ensam har mig följt"	57— 62
[18]	[Olof] Åhlström: Tårarna „Kan ingen hamn åt mig upsökas"	62— 64

N. 17. 18. 19:

[19]	[Antonio] Sacchini: Recit.[atif] och Aria (Antigon) ur: Œdip (Rec.) „Af smärtorna förtärd" — (Aria) „Gud, det är för mig"	65— 70

[20] [Antonio] Sacchini: Trio ur: Œdip „Så är min Bror mig
åter lämnad vorden!" (S, A, B, Pfte.)   71— 76

N. 20. 21. 22:

[21] [Antonio] Sacchini: Duo (Œdip, Antigon) ur: Œdip
„J, nattens barn!"   77— 88

N. 23. 24. 25:

[22] [Etienne Nicolas] Méhul: Ouverture d'Euphrosine   89— 97

[23] Witzoffski: [Lied] „Ömhet lugn och hopp upfyll"   98— 99

[24] [Antonio Bartolomeo] Bruni: Kupletter (Claudine) ur:
Claudine eller Sko Putsaren [!] „Tänk, lilla Clara,
hon som sjöng för Er"   100

N. 26. 27. 28:

[25] [Daniel] Steibelt: Ouverturen till: Roméo och Juliette   101—111

[26]   Marche   112

N. 29. 30:

[27] [Antonio Bartolomeo] Bruni: Aria (Florville) ur: Claudine
eller Skoputsaren „Genom lifvet in i döden"   113—119

1804

N. 1:

[1] [Jacob Bernhard] Struve [!]: Kupletter ur: Torparen
„Det bodde en Gubbe i västan fjell skog"   2— 3

[2]   Marche   4

N. 2:

[3] C.[arl] F.[Philipp] E.[manuel] Bach: Allegro di molto
[Wq 63,6]   5— 7

[4] [Wolfgang Amadeus] Mozart: Walz [= KV 606, 1, 3, 5]   7— 8

N. 3:

[5] [Jacob Bernhard] Struve [!]: [Arie] ur: Torparen „Far
verlden kring, min vän"   9— 12

N. 4. 5. 6:

[6] [Jacob Bernhard] Struve [!]: [Arie] ur: Torparen „Du
Himla skänk"   13— 21

[7] [Etienne Nicolas] Méhul: [Arie] ur: Målaren och Modellerna
„Fast jag är i min ungdoms dar"   22— 23

[8]   Marche   24

N. 7. 8. 9:

[9]   [Luigi] Cherubini: Kupletter ur: Wattendragaren ,,Himla
       försyn! min hand ledsaga''   25— 27

[10]   [Antonio Bartolomeo] Bruni: Duo (Claudine, Madame Simon)
       ur: Claudine eller Skoputsarn ,,Må den enda tröst jag
       njuta''   28— 33

[11]   Kupletter ur en Tysk Opera ,,Er Flickor, kärlekens
              Gudinna''   34— 36

N. 10. 11:

[12]   [Christoph Willibald] Gluck: Ouverturen till: Alceste   37— 42

[13]   [Antonio Bartolomeo] Bruni: [Arie] (Robert) ur: Claudine
              eller Skoputsarn ,,Hvad Robert är glad och rolig''   43— 44

N. 12. 13. 14. 15:

[14]   [Etienne Nicolas] Méhul: Duo (Stålsporre, Räfklo) ur: Målaren
              och Modellerne ,,Kom ut, kom hit''   45— 57

[15]   A. C. F.: Angloise. Polonoise   58— 60

N. 16. 17:

[16]   [Wolfgang Amadeus] Mozart: Ariette med Variationer
              [KV 374 a = 359]   61— 68

N. 18:

[17]   Bag-pipe [Eingesandt]   69— 71

[18]   Polonoise   71— 72

N. 19. 20:

[19]   [Nicolas] D'Alayrac: Rondo ur: Léhéman ,,Emot din vän''   73— 79

[20]   Marche   80

N. 21. 22:

[21]   [Daniel] Steibelt: La Coquette   81— 88

N. 23. 24. 25:

[22]   [Nicolas] D'Alayrac: Aria ur: Léhéman ,,J nått ert mål, i
              grymma öden!''   89— 97

[23]   [Johann Abraham Peter] Schulz: Mellan Akt ur: Aline   98—100

N. 26. 27. 28:

[24]   [Johann Wilhelm] Haessler: Sonata à quatre main [!]
              (Adagio mesto e sostenuto — Allegro molto)   101—109

[25] [Friedrich Heinrich] Himmel: [Arie] ur Operan: Fanchon
      „Lison är skön; men ringa är dess börd"   110—112

N. 29. 30:
[26] [Etienne Nicolas] Méhul: Aria ur: Målaren och Modellerna
      „O! du som altid har utgjort mitt väl"   113—120

1805
No. 1:
[1] [Nicolas] D'Alayrac: Romance ur: Léhéman „En vandringsman
      som vilse gick"   2— 4
[2]   Grazioso   4

No. 2. 3:
[3]   C.[arl] A.[ugust] Grevesmöhlen: Polonoise   5— 12

No. 4. 5. 6:
[4] [Friedrich Joseph] Kirmair: Thema med Variationer (Alle-
      gretto — Var. 1—6)   13— 21
[5] [Wolfgang Amadeus] Mozart: Andante Cantabile [KV 300 h =
      330, 2]   22— 23
[6] [Johann Abraham Peter] Schulz: Largo Maestoso   24

No. 7. 8. 9:
[7] [Nicolas] Dalayrac: Air (Lise) de l'Opéra: Maison à Vendre
      „Fiez vous aux vains discours des hommes"   25— 36
[8]   Waltz   36

No. 10. 11. 12:
[9] [Friedrich Joseph] Kirmair: Thema med Variationer
      (Allegretto — Var. 1—9)   37— 46
[10]   Adagio con Espressione   47— 48

No. 13. 14:
[11] [Ferdinando] Paer: Aria „Jag ädelt vill förklara"   49— 56

No. 15. 16:
[12] J.[ohann] L.[adislaus] Dussek: Favorite Hornpipe   57— 62
[13]   Walz   62— 64

No. 17. 18:
[14] [Ludwig van] Beethoven: Ouverture [Op. 43]   65— 72

No. 19. 20:

[15] [Etienne Nicolas] Méhul: Aria ur: Le Jeune Sage et le Vieux
          Fou ,,Ert lof till glädjen höjen''   73— 79
[16]   Marche   80

No. 21. 22:

[17] [Muzio] Clementi: Sonat (Presto)   81— 85
[18] [Friedrich Ludwig Aemilius] Kunzen: Favorit Aria ur:
          Holger Danske ,,De spøgelser dandse ved midienat''   86— 88

No. 23. 24:

[19] P.[ierre] Rode: Polonoise   89— 95
[20]   Grazioso   96

No. 25:

[21]   Menuett [Eingesandt]   97
[22] [Ludwig van] Beethoven: Sorg Marche vid en Hjeltes
          Begrafning [Op. 26, III]   98—100

No. 26. 27:

[23] [Antonio] Salieri: Ouverture till: Armida   101—105
[24]   Menuetto   106—107
[25]   Marche   108

No. 28. 29. 30:

[26] [Wolfgang Amadeus] Mozart: Den Förnöjde, Aria ,,Hur nöjd
          hvar morgon tar jag mot'' [KV 473]   109—110
[27] [Thomas] Byström: Polonoise   111—118
[28]   Vänskapens Saknad ,,Farväl all ro!'' [Eingesandt] 118—120

1806

No. 1. 2. 3:

[1]   [Etienne Nicolas] Méhul: Ouverture till: Joanna   2— 11
[2]   [Lied] ,,Naturen mig lärde hvad vishet ej fann''
          [Eingesandt]   12

No. 4. 5. 6. 7:

[3]   [Etienne Nicolas] Méhul: Duetto (Ariodan, Ina) ur Operan:
          Ariodan ,,Lät de mörka tviflen försvinna''   13— 28

No. 8. 9:

[4]   [Ignaz] Pleyel: Polonoise   29— 34
[5]   La Belle Inconnue [Eingesandt]   35— 36

34

No. 10. 11. 12:

[6] [Etienne Nicolas] Méhul: Ouverture till Operan: Une Folie   37— 45

[7] [Olof] Åhlström: Ålderdommen „Kom glada ungdom, lek
     och dansa"   46— 48

No. 13. 14:

[8] [Nicolas] D'Alayrac: Kupletter ur: Slottet Monténéro „J detta
     Slott, som Gud förbanna"   49— 51

[9]   Marhe [!]   52

[10] [Nicolas] D'Alayrac: Kupletter ur: Slottet Monténéro „När
     jag blir väckt"   53— 55

[11] [Johan] Wikmansson [!] : Wisa „Ungdom du hvars hjerta hyser" 56

No. 15. 16. 17:

[12] [André-Ernest-Modeste] Grétry: Aria ur: Semire [!] och Azor
     „Siskan med sin unga tropp"   57— 65

[13]   Folksången med Variationer (Moderato — Var. 1—4)
              [über „God save the King"]   65— 68

No. 18. 19:

[14] [Olof] Åhlström: [Lied] „Månen ej lyser den ängsliga natt"   69— 73

[15] Götzloff: Ensligheten „J Enslighetens lugna sköte"   74— 76

No. 20. 21. 22:

[16] [Joseph] Gelinek: Tema af Méhul med Variationer
     (Allegretto — Var. 1—6)   77— 86

[17] Joseph Haydn: Den Saknades Minne, Aria „Kom, älskade minne!"
     [Hob. XXVI a, Nr. 32]   87— 88

No. 23. 24. 25. 26:

[18] Demar: Pot Pourry   89—104

No. 27. 28:

[19] [Joseph] Weigl: Ouverture till Operan: Die Uniform   105—112

No. 29:

[20] [Luigi] Marchesi: Aria „C'est en vain qu'on fait la guerre"   113—116

No. 30:

[21] J.[ohan] Swensson [!] : Polonoise   117—119

[22] C.[onrad] Kuhlau: [Lied] „Nå! nå! unga Flicka det stundar
     en dag"   120

1807

No. 1. 2. 3:

[1]   [Johann Christian Friedrich] Haeffner: Psaltaren ,,Bönhöre
Tig then Evige!'' (20. Psalm, Übers.: Tingstadius)
(S, A, T, B)   2— 12

No. 4. 5:

[2]   [Daniel] Steibelt: Rondo   13— 17

[3]   [Jean-Pierre-Claris de] Florian: Den Sökta Herden, Romance
,,Om ni hos Er en herde finner''   18— 19

[4]   [François Adrien] Boieldieu: Wals   20

No. 6:

[5]   L.[uigi] Marchesi: Air ,,De mes larmes, témoin fidèle''   21— 23

[6]   [François Adrien] Boieldieu: Wals   24

No. 7:

[7]   [André-Ernest-Modeste] Grétry: Duo (Blondel, Laurette)
ur: Richard ,,Tro ej hjertats ömma Gud''   25— 28

No. 8. 9:

[8]   [Luigi] Cherubini: [Arie] (Antonio) Ur: Wattendragaren
,,Det var en liten Savojar''   29— 33

[9]   Lorenzen: [Lied] ,,Lifligt mig Foglarnas samljud förtjusar''
(Singst., Hf.)   34

[10] Lorenzen: [Lied] ,,Dystra skog och mörka gömma''
(Singst., Hf.)   35— 36

No. 10. 11. 12:

[11] [Lugi] Cherubini: [Duett] (Armand, Constance) Ur:
Wattendragaren ,,Ifrån min maka skilja mig''   37— 47

[12] Paul Mascheck: Wals   48

No. 13:

[13] C.[arl] L.[udvik] Lithander: Polonoise   49— 52

No. 14. 15.16:

[14] [Luigi] Cherubini: [Arie] (Antonio) Ur: Wattendragaren
,,Säg, för att trösta dig''   53— 58

[15] [Etienne Nicolas] Méhul: Moderato ur Operan: Euphrosine   59— 61

[16] [Olof] Åhlström: Kupletter ,,Ja vist, godt Folk, det går så till'' 62— 64

No. 17. 18:

[17] [Christoph Willibald] Gluck: Ouverture till: Armide   65— 70

36

[18] [Johan Fredrik] Palm: Marche Funèbre   71— 72

No. 19. 20:

[19] J. E. Wass: Polonoise   73— 77

[20] [Etienne Nicolas] Méhul: Ouverture till: Ariodant   78— 80

No. 21. 22. 23:

[21] Mozart [unterschoben, recte: Anton Eberl]: Thema med
         Variationer (Andante — Var. 1—10) [KV C 26.05
         (Anh. 288)]   81— 90

[22] J. G. Lundberg: Marche   91— 92

No. 24. 25. 26:

[23] Abbé [Georg Joseph] Vogler: Thema med Variationer
         (Larghetto — Var. 1—10)   93—100

[24]   Marche [Eingesandt]   103—104

No. 27:

[25] J.[ohann] L.[adislaus] Dussek: Thema med Variationer
         (Andantino Moderato — Var. 1—3)   105—108

No. 28. 29. 30:

[26] Princesse D'Amalfi: Air „Malheureux, que puis-je faire?" 109—117

[27]   Till min I x x i dess Graf „I denna graf, der fasa rår"
              [Eingesandt]   118—120

1808

No. 1:

[1]   De Husliga Sorgerna, Dryckes Wisa „Hundra bålar
              fyllas i"   2— 3

[2]   Wals af en Musik Älskarinna [Eingesandt]   4

No. 2. 3. 4:

[3]   Aria „Mörka öknar lät mig dölja"   5— 13

[4]   [Isouard]: Coupletter utur Operetten: Intrigen i Fönstren
              „Ack! du för hvilken jag Evigt skall ömma"   14— 16

No. 5. 6:

[5]   [Wolfgang Amadeus] Mozart: Allegretto med Variationer
              [KV 581, 4]   17— 23

[6]   [Ludwig van] Beethoven: Teutsche Taenze [WoO 8, 5]   23— 24

No. 7. 8. 9:

[7]   [Nicolas Dalayrac]: Aria ur: Alexis „Duästenn enten peten
              Trompeten"   25— 34

[8]   [Struwe] : Wals utur: Den Ondsinta Hustrun „Jag gläder
          mit åt hur"   35— 36

No. 10. 11. 12:
[9]   [Struwe] : Duo ur: Den Ondsinta Hustrun „Ja, ja sa stolt marchera" 37— 48

No. 13. 14. 15. 16. 17:
[10] [Nicolas Dalayrac] : Aria ur: Alexis „Kan man den man älskar
          bedröfva?"   49— 51
[11] [Daniel] Steibelt: Fantaisie Militaire   52— 68

No. 18. 19. 20:
[12] [Pierre Gaveaux] : Ouverture till: Unga Matrosen   69— 78
[13] N.[oel] Gelles [!] : Romance „A deux époques de sa vie"   79— 80

No. 21. 22. 23:
[14] [Henri-Montan] Berton: Romance „Pour bien chanter il faut
          premièrement"   81— 90
[15]   Romance „J'aime et je ne puis exprimer mes vœux"   91— 92

No. 24:
[16]   Andante con Variatione [!] (Var. 1—5)   93— 96

No. 25:
[17]   Mamma Mia „Mamma mia non mi gridate"   97—100

No. 26. 27. 28:
[18] [Gottlob Benedict Bierey] : Ouverturen till: Sveitziska Flickan
          [= Rosette, das Schweizer Hirtenmädchen]   101—109
[19] [Ludwig van] Beethoven: Allegretto [Op. 10, II, II]   110—112

No. 29. 30:
[20] [Ludwig van] Beethoven: Adagio [Op. 43, 15]   113
[21]   Romance „Deux bergères pour faire usage de
          l'amusement"   114—115
[22] [Etienne Nicolas Méhul] : Prélude dans l'Op.[éra] : Ariodant 116—117
[23] [Johan Fredrik] Palm: Walz   118
[24] [Ludwig van] Beethoven: Allegretto [Op. 43, 6: Allegro]   119—120

1809
No. 1. 2:
[1]   [Etienne Nicolas] Méhul: Ouverture de: L'Irato   2— 8
[2]   Marche   8

No. 3:

[3]   [Lied] „Hon nalkos den sorgliga stunden"   9— 11

[4]   Doctor Ödman: Melodie till Psalmen No. 194 i Svenska
              Psalmboken   12

No. 4:

[5]   Doctor Ödman: Melodie till Psalmen No. 45 i Dess försök till
              Kyrko Sånger   13

[6]   [Gottlob Benedict Bierey]: [Arie] ur: Den Sveitziska Flickan
       [= Rosette, das Schweizer Hirtenmädchen] „Jag känna
       lärdt en unger man"   14— 15

[7]   Marche   16

No. 5. 6. 7. 8. 9. 10. 11:

[8]   Abbé [Georg Joseph] Vogler: Cantate „Helig är Herren!"
       (4stg., Pfte.)   17— 44

No. 12:

[9]   [Bernhard Henrik] Crusell: Coupletter utur: Skomakaren i
       Damas „Af hundra tusen paradis"   45— 48

No. 13. 14:

[10]   [Joseph] Gelineck [!]: Thema med Variationer
       (Andantino — Var. 1—6)   49— 55

[11]   Polonoise   56

No. 15. 16:

[12]   [Johann Baptist Cramer]: Thema af Mozart [KV 620, 20]
       med Variationer (Tempo moderato — Var. 1—10 —
       Allegretto)   57— 63

[13]   [Bernhard Henrik] Crusell: [Lied] „Jag har dig åter"   64

No. 17. 18:

[14]   [Johann Baptist] Cramer: Thema af Rousseau med Variationer
       (Moderato assai — Var. 1—8)   65— 70

[15]   [Antonio] Sacchini: Aria ur: Œdipe „Med dubbel glädje,
       för dig"   71— 72

No. 19:

[16]   Marche   73

[17]   Scarlati [!]: Allegro   74— 76

No. 20. 21. 22:

[18]   [Nicolas] D'Alayrac: Duo ur: Azémia „Af skräck milt hjerta
       upfylt är"   77— 88

39

No. 23. 24. 25:

[19] [Etienne Nicolas] Méhul: Duo (Lisette, Lucile) ur: Den Före-
             gifne Skatten „Ej kan ett hjerta sig försvara"   89— 98
[20]   Menuetto   99
[21]   Menuetto   100

No. 26. 27. 28. 29. 30:

[22] [Nicolas] D'Alayrac: Aria ur: En Timmas Äktenskap „Du som
             begråter ömt"   101—113
[23] [Nicolas] D'Alayrac: Aria utur: En Timmas Äktenskap „Hvad
             är den ed som älskarn svär betagen"   114—119
[24]   Polonoise [Eingesandt]   119—120

1810

No. 1:

[1]   [Nicolas] D'Alayrac: Coupletter ur: En Timas Äktenskap
             „En vacker dag! hvad oförtänkt"   2— 4

No. 2:

[2]   [André-Ernest-Modeste Grétry] : Marche ur Dramen: Morerne i
             Spanien [= Les Maures d'Espagne]   5
[3]   [François Devienne] : [Arie] ur: Nunnorne [= Les Visitandines]
             „Må Himlen sjelf Er sälla göra!"   6— 8

No. 3. 4:

[4]   [Nicolas] D'Alayrac: Aria ur: Kuluff „Ach! hvad gruflig plåga" 9— 13
[5]   [Nicolas] D'Alayrac: Coupletter ur: Kuluff „Jag till min hydda
             nu i all tysthet"   14— 16

No. 5. 6. 7. 8:

[6]   [Nicolas] D'Alayrac: Aria ur: Kuluff „Är detta ej en dröm?"   17— 32

No. 9. 10:

[7]   [André-Joseph] Fauvel: Romance „En Amour on nous dit
             légères"   33— 35
[8]   Lifvets Vår och Höst „Förn Rosensblad i morgon
             kanske falla"   36— 37
[9]   [Pierre-Jean] Garat: Romance „Hur ömt jag älskar dig hur ömt!" 38— 40

No. 11. 12. 13. 14. 15:

[10] J.[ohann] H.[einrich] Küster: Cantate med Chor „Det var en
             tid!" (Kl. A.: J. H. Küster)   41— 60

No. 16. 17. 18:

[11] [Nicolas] D'Alayrac: Aria ur: Slottet Monténéro „Ja, offret
        måste ske"   61— 69

[12] C.[arl] A.[ugust] Stieler: Svearne fordomdags „Svearne
        fordomdags drucko ur horn" (T I, II, B)   70— 72

No. 19. 20:

[13] [Peter] Askergren: Polonesse [!]   73— 78

[14]   Sång den 21 Augusti 1810 „Vid ljuset af ett nytändt
               hopp"   79— 80

No. 21. 22. 23:

[15] L.[udwig van] Beethoven: Adelaide, Aria [!] „Ensam vandrar
        din vän i blomster parken" [Op. 46]   81— 92

No. 24. 25. 26. 27:

[16] [Vincenzo] Righini: Favorit Rondo ur Operan: Enea [nel] Lazio
        „Dove ando? che vidi mai?"   93—105

[17] Nicolò de Malte [Isouard]: Romance ur: Cendrillon „Vackra
        men bedrägliga kön"   106—108

No. 28. 29. 30:

[18] [François Adrien] Boieldieu: Romance ur: Kaliffen i Bagdad
        „Ack! söta mor oändligt han rör mig"   109—111

[19] Nicolò de Malte [Isouard]: [Arie] ur: Cendrillon „Jag blygsam
        tyst och undergifven"   112—115

[20] [Henri-Montan] Berton: Coupletter ur: Aline „Man denna yng-
        ling sett belönas"   116—120

1811

No. 1. 2. 3:

[1]   Nicolò de Malte [Isouard]: [Arie] (Cendrillon) ur: Cendrillon
        „Hvar för höghet efter sträfva?"   2— 11

[2]   Walls   12

No. 4. 5. 6:

[3]   Nicolò de Malte [Isouard]: [Arie] (Tisbe) ur: Cendrillon „Gud!
        hvilken händelse!"   13— 24

No. 7. 8. 9. 10:

[4]   Nicolò de Malte [Isouard]: Ouverturen till: Cendrillon   25— 37

[5]   Ivanovitz: Polonoise   38— 40

No. 11. 12. 13. 14. 15:

[6] Nicolò de Malte [Isouard]: Duo ur: Cendrillon „Ack hvilken dag!
      fröjd för oss två!"   41— 60

No. 16. 17. 18. 19:

[7] Nicolò de Malte [Isouard]: Duo (Cendrillon, Prinsen) ur:
      Cendrillon „Jag svär att segren min skall blifva!"   61— 76

No. 20. 21:

[8] [Wolfgang Amadeus] Mozart: Ouverturen till: La Clemenza di
      Tito [KV 621]   77— 84

No. 22. 23. 24. 25:

[9] Nicolò de Malte [Isouard]: Duo (Clorinde, Tisbe) ur:
      Cendrillon „Hvem? du, bli min Förstinna, hvem?"   85— 99

[10]   Marche   99—100

No. 26. 27. 28. 29:

[11] P.[hilipp] J.[akob] Riotte: Tema med Variationer (Allegretto —
       Var. 1—9)   101—113

[12]   Legatissimo   114—116

No. 30:

[13] [Ludvik Anton Edmond] Passi [!]: Marche [Eingesandt]   117—119

1812

No. 1. 2. 3:

[1] [Jean-Pierre] Solié: Aria ur: Det Lyckliga Trolleriet „Jag är
      godsint from och fredlig"   2— 11

[2]   Menuetto   12

No. 4. 5. 6. 7:

[3] [Daniel] Steibelt: Allegorisk Ouverture till:Åminnelse af Amiral
      Duncans Seger öfver Hollendska Flottan d. 11 Oct. 1797 13— 28

No. 8. 9. 10:

[4] Nicolò de Malte [Isouard]: Duo (Cendrillon, Prinsen) ur:
      Cendrillon „Hon då Er hela ömhet vunnit"   29— 38

[5] [J. E.] Wass: Wals   39— 40

No. 11. 12:

[6] [Wolfgang Amadeus] Mozart: [Rezitativ und] Aria [Königin
      der Nacht] ur: Trollflöjten [Rez.] „Haf mod min
      son" — (Aria) „Jag blef af ödet dömd att lida"
      [KV 620, 4]   41— 47

[7]　[Ludvik Anton Edmond] Passy: La Poste Angelaise　　48

No. 13:

[8]　[Wolfgang Amadeus] Mozart: Aria (Pamina) ur: Trollflöjten
　　　„Himmel! ack, han mer ej brinner" [KV 620, 17]　　49— 52

No. 14. 15. 16:

[9]　[Wolfgang Amadeus] Mozart: Duo (Pamina, Papageno) ur:
　　　Trollflöjten „Snälla fötter, dristig flykt" [KV 620,
　　　aus 8]　　53— 61

[10]　[Wolfgang Amadeus] Mozart: Aria (Papageno) ur: Trollflöjten
　　　„En öm och trogen maka" [KV 620, 20]　　61— 64

No. 17. 18. 19:

[11]　[Wolfgang Amadeus] Mozart: Aria (Papageno) ur: Troll-
　　　flöjten „Papagena! Papagena!" [KV 620, aus
　　　II. Akt, Finale]　　65— 73

[12]　[Henri-Montan] Berton: Romance ur: Aline „Född i de sköna
　　　Länder"　　74— 76

No. 20. 21. 22:

[13]　[Joseph] Haydn: [Lied mit Chor] Ur: Års Tiderne „Hastigt
　　　som vi spinna" [Hob. XXI, Nr. 3, 20 c]　　77— 88

No. 23. 24. 25:

[14]　[Wolfgang Amadeus] Mozart: Sinfonia [KV 492: Ouverture]　　89—100

No. 26. 27:

[15]　[Peter von] Winter: Aria ur: Den Afbrutna Offerfesten
　　　„Om Flickor nån sin"　　101—105

[16]　[Peter von] Winter: Aria ur: Den Afbrutna Offerfästen [!]
　　　„Förr lekte jag och sjöng och log"　　105—108

No. 28. 29. 30:

[17]　[Peter von] Winter: Duo (Elma, Murney) ur: Den Afbrutna
　　　Offer Festen „Blif evigt vid min sida!"　　109—118

[18]　　　　Marche　　119

1813

No. 1. 2. 3. 4:

[1]　[Ludvik Anton Edmond] Passy: Thema med Variationer
　　　(Allegretto Espressivo — Var. 1—10)　　2— 15

[2]　[Vincenz] Mascheck [!]: Wallz [!]　　16

No. 5. 6:

[3] [Wolfgang Amadeus] Mozart: Aria (Papageno) ur: Trollflöjten
     „Jag heter Papageno jag' " [KV 620, 2]   17— 19

[4] [Wolfgang Amadeus] Mozart: Aria (Sarastro) ur: Trollflöjten
     „I dessa fridens bygder" [KV 620, 15]   20— 21

[5] [Wolfgang Amadeus] Mozart: Aria (Sarastro) ur: Trollflöjten
     „O Isis och Osires" [KV 620, 10]   22— 24

No. 7. 8:

[6] [Johann Rudolf] Zumsteeg: Ouverture: Die Geister Insel von
     Gotter   25— 32

No. 9:

[7]   No. 165 i Svenska Psalm-boken   33

[8] [Nicolas D'Alayrac]: Chor ur: Slottet Monténéro „O Gud!
     ditt bistånd vi åkalla! "   34— 36

No. 10. 11. 12:

[9] [Nicolas] D'Alayrac: [Duett] Ur: Slottet Monténéro „Fort
     Skyndom oss, kom alle man!"   37— 48

No. 13. 14. 15. 16. 17. 18. 19. 20:

[10] N.[icolas] Eggert: Cantate (Rec.) „Gläds, Svea! Länge nog den
     molnom köljda tiden" — [Arie] „Se'n Han dig helgat
     sin hjeltliga lefnad" (Kl. A.: E.[rik] Drake)   49— 79

[11]   Marche   80

No. 21:

[12] J.[ohan] F.[redrik] Bervald: Döds-offer öfver Bröderna
     Ramsay „Oss samma hulda moders vård uppfödde"   81— 84

No. 22. 23:

[13] [Wolfgang Amadeus] Mozart: Duo (Don Juan, Zerlina) ur: Don
     Juan „Du bör ej fruktan bärd" [KV 527, 7]   85— 90

[14]   Polonoise   90— 91

[15]   Marche Lamentabile   92

No. 24. 25:

[16] [Wolfgang Amadeus] Mozart: Trio (D. Elvira, Don Juan, Lepo-
     rello) ur: Don Juan „Säg hvar den man jag finner"
     [KV 527, 3]   93—100

No. 26. 27. 28:

[17] [Wolfgang Amadeus] Mozart: Aria ([D.] Elvira) ur: Don Juan
     „J hvilket djup af förnedring" [KV 527, 23]   101—111

[18]   Andante   112

No. 29:
[19]   Polonoise   113
[20]   [Olof] Åhlström: Jul Aflonen, Wisa ,,O du som svingar dig
              i spåren"   114—115
[21]   Allegretto   116

No. 30:
[22]   Nicolò Isouard: Coupletter (Lovisa) ur: De Löjliga Mötena
       [= Les Rendez-vous Bourgeois] ,,Alla dagar så såg
       han på mej"   117—119

1814
No. 1. 2. 3. 4:
[1]   [Christoph Willibald] Gluck: Duo (Renaud, Armida) ur:
       Armid ,,Armida! vill då lemna mig"   2— 16

No. 5. 6:
[2]   [Henri-Montan] Berton: Polonoise utur: Afbrutna Concerten
       ,,Ach unga qvinnor"   17— 24

No. 7:
[3]   [Wolfgang Amadeus] Mozart: Aria (Zerlina) ur: Don Juan
       ,,Är du beskedlig, godsint och fredlig" [KV 527, 19]   25— 28

No. 8. 9:
[4]   [Wolfgang Amadeus] Mozart: Aria [Don Giovanni] ur: Don
       Juan ,,Källrarna öpna! vinerne flyte!" [KV 527, 12]   29— 35
[5]   Wals   36

No. 10. 11:
[6]   J.[ohan] F.[redrik] Bervald: Klagan på Stranden ,,Du flyr!
       O dyra Maka"   37— 43
[7]   Lamentabile   44

No. 12. 13. 14. 15:
[8]   [André-Ernest-Modeste] Grétry: Mélange af Musiken till Op.:
       Richard   45— 58
[9]   Allegretto   59— 60
[10]   Menuetto   60

No. 16. 17. 18:
[11]   J.[ohan] F.[redrik] Bervald: Allegro maestoso ,,Hell Dig, som
       höjt på stridens bana"   61— 71

[12]   Menuetto [Eingesandt]   72

No. 19. 20:

[13] Mozart [unterschoben, recte: August Eberhard Müller] : Allegro
       [KV C 25. 04 (Anh. 136)]   73— 80

No. 21. 22. 23:

[14] [Antonio] Sacchini: Ouverturen till Op.: Œdip (Vl., Pfte.)   81— 90
[15] A. G. Rylander: Wals   91
[16] A. G. Rylander: Wals   92

No. 24. 25. 26:

[17] [François Adrien] Boieldieu: Ouverturen till: Califen i
       Bagdad   93—101
[18]   Polonoise   102—103
[19]   Polonoise [Eingesandt]   103—104

No. 27. 28. 29. 30:

[20] [Jean-Baptiste] Du Puy: Musik ur: Ungdom och Dårskap
       ,,När en gång jag ska i brudesäng''   105—117
[21] [Johan Fredrik] Palm: Walz   118—119

1815
No. 1. 2:

[1]   [Olof] Åhlström: Anacreons 4de Ode ,,Wid den klara källans
       brädd''   2— 8
No. 3. 4. 5:

[2]   [Jean-Baptiste] Du Puy: Musik ur: Ungdom och Dårskan ,,Om
       ett gådt råd du följa kan''   9— 20

No. 6. 7. 8. 9:

[3]   [Joseph] Gelineck [!] : Andante med Variationer (Var. 1—9)   21— 33
[4]   Walz [Eingesandt]   34

No. 10. 11. 12:

[5]   Abbé [Georg Joseph] Vogler: Ouverturen till: Gustaf Adolph   37— 48

No. 13. 14:

[6]   [Charles-Simon] Catel: Ouverturen till: L'Auberge de Bagnères 49— 54
[7]   Polonoise [Eingesandt]   55
[8]   Larghetto   56

No. 15. 16:

[9]   [Charles-Simon] Catel: En Spelares Visa ,,Ingen fins på vår jord'' 57— 64

No. 17:

[10]   Polonoise   65— 68

No. 18:

[11]   Böhmisk Walz med Variationer (Var. 1—6) [Eingesandt] 69— 72

No. 19. 20:

[12]   [Georg Friedrich] Händel: Fuga [Suite No. 4, I]   73— 77
[13]   [Henri-Montan] Berton: Aria ur: Aline ,,Unga flicka med ett
              hjerta"   78— 80

No. 21. 22. 23:

[14]   [Olof] Åhlström: Sonat (Adagio — Allegro)   81— 92

No. 24. 25. 26. 27:

[15]   H.[enri-Montan] Berton: Scene och Rondeau ur: Afbrutna Con-
              certen ,,Min vän mer lycklig är en jag"   93—108

No. 28. 29. 30:

[16]   [Olof Åhlström] : ([Fortsetzung der ,,Sonat":] Grazioso —
              Alla Polacca)   109—119
[17]   Andante [Eingesandt]   119

1816

No. 1:

[1]   [Johann] Haeffner: Omarbetning af Traditioner för Svenska
              Folkdansar (No. 1)   2
[2]   [Johann] Haeffner: Omarbetning Ring Lek ,,Och vi ska skära
              hafre"   3
[3]   Polonoise [Eingesandt]   4

No. 2. 3. 4. 5:

[4]   [Joseph] Gelinek: Romance ur: Cendrillon, Variationer
              (Allegretto — Var. 1—5)   5— 20

No. 6. 7:

[5]   Joseph Weigl: Duo (Emeline, Richard) ur: Sveizer Famillen
              ,,Kom och sätt dig vid min sida"   21— 28

No. 8. 9. 10:

[6]   [Joseph] Gelinek: Variationer på Duo ur: Don Juan: du skalbej
              fruktan bära [Mozart, KV 527, 7] (Var. 1—10 — Presto
              Finale o Coda)   29— 40

No. 11. 12:

[7]   [Joseph] Weigl: Ouverturen till Op.: Sveizer Familien   41— 48

No. 13:

[8]   Marche [Eingesandt]   49

[9]   [Olof] Åhlström: ,,Mårten Holk af ingen känd" (Singst.,
       2 stg. Chor, Pfte.)   50— 51

[10]   Marche [Eingesandt]   52

No. 14. 15:

[11]   [Joseph] Gelinek: Variations Pastorale sur l'air de Chalumeau
       de l'Opéra: Sweizer Familien (Andante — Tema — Var.
       1—7) [Op. 60]   53— 60

No. 16. 17:

[12]   [Daniel] Steibelt: Romance   61— 68

No. 18. 19:

[13]   J.[oseph] Weigl: Aria ur: Sweitzer Familjen ,,Jag är en sorgsen
       Sweitzisk man"   69— 74

[14]   Allegretto   75— 76

No. 20. 21:

[15]   [Nicolas] D'Alayrac: Ouverture till: Savoyar Gossarne   77— 84

[16]   Allegretto   84

No. 22. 23:

[17]   Joseph Weigl: Aria (Emeline) ur: Sweizer Familjen ,,Hvem hörde
       väl nånsin mig klaga?"   85— 92

No. 24. 25. 26:

[18]   [Luigi] Cherubini: Ouverture till: Wattendragaren   93—104

No. 27. 28:

[19]   Nicolò de Malte [Isouard]: Aria ur: Cendrillon ,,Oss kallar våren
       lill att njuta"   105—112

No. 29. 30:

[20]   Ernesto Haeusler: Canzonetta ,,Pensa ch'io resto e peno"   113—116

[21]   Ernesto Haeusler: Canzonetta ,,Tornate sereni Begl'astri
       d'amore"   117—120

1817

No. 1:

[1]   [Olof] Åhlström: Polonoise   2— 4

No. 2. 3. 4. 5. 6:

[2]   H.[enri-Montan] Berton: Duo ur: Afbrutna Conserten „Af en
        ofantlig skatt"   5— 22
[3]   Polonoise [Eingesandt]   23— 24
[4]   Polonoise [Eingesandt]   24

No. 7. 8. 9. 10:

[5]   [Olof] Åhlström: Thema med Variationer (Largo — Var. 1—17)   25— 40

No. 11. 12. 13. 14:

[6]   [Antonio] Sacchini: Recit. (Polinis, Œdip) och Aria ur Operan:
        Œdip (Rec.) „O Gud! dig, vanbörd" — (Aria) „Utur din
        famn för evigt stärta mig"   41— 55
[7]   Polonoise [Eingesandt]   56

No. 15. 16. 17. 18:

[8]   [Olof] Åhlström: Sonata (Allegro — Andante con variatione
        (Var. 1—5) — Menuetto Allegretto)   57— 72

No. 19. 20. 21:

[9]   [Charles-Simon] Catel: Aria ur Operan: Wärdshuset i Bagnères
        „Jag ej kan se utan löje"   73— 84

No. 22. 23. 24:

[10] [Olof] Åhlström: Återkomsten „Tröja, som hört att den önskade
        dagen"   85— 95
[11]   Polonoise från Skåne   96
[12]   Polonoise från Upland   96

No. 25. 26. 27:

[13] F.[riedrich] H.[einrich] Himmel: Ouverture till: Fanchon   97—108

No. 28. 29. 30:

[14] [Ludvik Anton Edmond] Passy: Aria „Nar i mitt sorgsna bröst"109—119

1818

No. 1. 2:

[1]   Abbé Gelinek: Duo ur Operan: Sveizer-Famillen [Weigl] satt i
        Rondo (Pfte.)   2—   6
[2]   Sorg-Marche   7
[3]   Sorg-Marche   8

No. 3. 4. 5. 6:

[4]   [Nicolò Isouard] : Aria utur Franska Operan: Un Jour à Paris
        „Hvad jag darrar!"   9— 24

No. 7. 8:

[5]   [François] A.[drien] Boieldieu: Cupletter utur: Nya Egendoms
      Herrn [= Le nouveau seigneur de village] ,,Ah ni har
      vackra rättigheter''   25— 32

No. 9. 10. 11. 12:

[6]   [François Adrien] Boieldieu: Duo ur: Nya Egendoms Herrn
      ,,Om jag så här på asstånd blifver''   33— 48

No. 13. 14. 15. 16:

[7]   [Johann Ladislaus] Dussek: Favorit Sonat (Allegro — Rondo)   49— 64

No. 17. 18:

[8]   [Daniel] Steibelt: Air de: Roméo et Juliette (Pfte.)   65— 71
[9]   Marche   72

No. 19. 20. 21:

[10] J.[ohann] L.[adislaus] Dussek: La Consolation   73— 84

No. 22. 23:

[11] [Joseph] Haydn: Adagio [Hob. III, Nr. 23, I]   85— 91
[12]   Marche   92

No. 24. 25. 26:

[13] P.[ierre] Rode: Polonoise   93—102
[14] L.[udwig] Berger: Wals   103
[15] A. Fr. Wirgin: Höst Wisa ,,Jag hösten ser på dessa blad''
      [Eingesandt]   104

No. 27. 28:

[16] [Ernst] Haeusler: Sång Stycke ,,J Skogens svala luft''   105—110
[17] [Ernst] Haeusler: Sång Stycke ,,O! måtte dock till dessa
      skuggors famn''   111
[18]   Moderato   112

No. 29. 30:

[19] F.[!] [John] Field: Romance   113—119

1819

No. 1. 2:

[1]   Nicolò de Malte [Isouard]: Coupletter (Joconde, Edile) ur
      Operan: Joconde ,,Herden af sin ömhets låga''   2—   6
[2]   Nicolò de Malte [Isouard]: Romance [Joconde] ur Operan:
      Joconde ,,Alt ett sårat hjerta hämna''   7—   8

No. 3. 4. 5:

[3]   Nicolò de Malte [Isouard] : Aria ur Operan: Joconde „J nöjens
        rus min tid försvunnit"   9— 20

No. 6. 7. 8:

[4]   Abbé [Georg Joseph] Vogler: Ouverturen till: Herman von
        Unna   21— 30

[5]   Abbé [Georg Joseph] Vogler: Marche ur: Herman von Unna   31— 32

No. 9. 10. 11:

[6]   Nicolò de Malte [Isouard] : Aria (Jeannette) ur Op.: Jaconde [!]
        „Gamla faster hon sa så här"   33— 42

[7]   [Friedrich] Kuhlau: Den ensliga Blomman „J Lunden blomman
        ensligt stod"   43— 44

No. 12. 13. 14:

[8]   [Joseph] Gelinek: Tema med Wariationer [!] (Andante Amoro-
        so — Var. 1—6)   45— 56

No. 15:

[9]   H.[einrich] G.[erhard] Lentz: Largo   57

[10]   [Nicolas] d'Alayrac: Romance ur: Slottet Monténéro „Ännu ej
        förtviflan mig fällt"   58— 59

[11]   Vivace   60

No. 16. 17:

[12]   [André-Ernest-Modeste] Grétry: Ouverturen till: Caravanen
        [= La Caravane du Caïre]   61— 66

[13]   J. Piscator: Walz   67— 68

No. 18. 19. 20:

[14]   [Olof] Åhlström: Thema med Wariationer [!] (Andante
        Grazioso — Var. 1—2 — Allegro)   69— 76

[15]   A. G. Forsberg: Polonoise   77— 80

No. 21. 22. 23. 24:

[16]   A.[ugust] E.[berhard] Müller: Grand Caprice   81— 96

No. 25. 26. 27:

[17]   [Wolfgang Amadeus] Mozart: Andante Grazioso med Waria-
        tioner [!] [KV 300 i = 331]   97—108

No. 28:

[18]   Larghetto   109

[19] [Olof] Åhlström: Svensk Ynglinga-Sång „Bälten Wispänna
        Och brynjor vi draga"   110—111

[20]   Allegretto   112

No. 29. 30:

[21] [Christoph Willibald] Gluck: Aria ur: Iphigeni [!] i
        Tauriden „I Gudar! må Ert hat"   113—119

1820

No. 1. 2:

[1] [Christoph Willibald] Gluck: Aria (Iphigenie) ur: Iphigenie
        i Tauriden „Ack, hårda öde att fördraga! "   2— 8

No. 3. 4:

[2]   Midnatts Sång i Lappmarken år 1799 af förf. till Voy.
           Pittor au Cap Nord „Från dessa Fjäll, med ögat vändt
           från jorden"   9— 16

No. 5. 6. 7:

[3] [Anders Fredrik Skjöldebrand] : Duo med Chor ur Op.:Warbeck
        „Enda glädje för mitt hjerta"   17— 21

[4] [Olof] Åhlström: Andante Grazioso af Pihlman med Variationer
        (1—6)   22— 28

No. 8. 9. 10. 11:

[5] [Christoph Willibald] Gluck: Ouverture och Orage [und Arie
        (Iphigenie) und Chor (Priesterinnen)] till: Iphigenie
        i Tauriden „Du allmagt som täks bistånd sända"   29— 44

No. 12. 13:

[6] [Olof] Åhlström: Thema af Boccherini med Variationer
        (Menuetto grazioso — Var. 1—8)   45— 52

No. 14. 15. 16. 17:

[7] [Joseph Martin] Kraus: Duo „Se non Timoro altato"
        (S, T, Pfte.)   53— 68

No. 18. 19:

[8]   Sorg-Marche [Eingesandt]   69

[9] [Johann Wilhelm] Haessler: Elégie „Tout se tait, tout est calme"
        (Florian)   70— 75

[10]   Andante Grazioso [Eingesandt]   76

No. 20. 21. 22. 23:

[11] Joseph Liparski [!] : Aria utur Op.: Wattendragaren [= Les deux
        Journées] af Cherubini med Variationer (Var. 1—8)   77— 92

No. 24. 25. 26. 27:

[12] [Olof] Åhlström: Andante Grazioso af Nauman [!] med
  Variationer (Var. 1—10)   93—107

[13] C.[onrad] G.[ottfried] Kuhlau: [Lied] „J de år, då ordet
  qvinna ökar"   108

No. 28. 29:

[14] [Per] Frigel: Utur Oratorium: Försonaren på Oljoberget „Mildhet från ditt öga gick"   109—116

No. 30:

[15]   Andante Sostenuto   117—118

[16] C.[onrad] G.[ottfried] Kuhlau: [Lied] „We den som sig med
  griller plågar"   119

1821

No. 1. 2:

[1] [Giovanni] Paisiello: Ouverture: L'Infante de Zamora
  [= Frascatana]   2—   8

No. 3:

[2]   Marche vid Påfvens Lifgarde   9

[3] Nicolò de Malte [Isouard]: Coupletter utur Op.: Joconde
  „Bland alla flickor här i vår by"   10— 12

No. 4. 5. 6:

[4] F.[riedrich] Kuhlau: Ouverture till Op.: Die Räuberburg 13— 23

[5] [Gustaf Eric] Nordblad: Marche   24

No. 7. 8. 9:

[6] Mozart [unterschoben, recte: Emanuel Aloys Förster]: Thema
  med Variationer [KV C 26. 06 (Anh. 289)]   25— 36

No. 10. 11. 12:

[7] [Nicolas] d'Alayrac: Trio (Laura, Veneranda, Louis) ur:
  Slottet Monténéro „Sälla stund! ljufva smärta!"   37— 48

No. 13. 14:

[8]   Marche   49

[9] Mozart [unterschoben, recte: Friedrich von Dalberg]: Den giftes
  God morgon „Nu god morgon! dagens öga öpnat i det
  höga!" [KV C 8. 11 (Anh. 251)]   50— 51

[10] Mozart [unterschoben, recte: Friedrich von Dalberg]: Den giftes
  God-natt „Rolig natt! ögat tungt och känslan matt"
  [KV C 8. 10 (Anh. 250]   52— 53

[11] [Ludwig van] Beethoven: Polonoise   54— 55
[12]   Grazioso   56

No. 15. 16. 17. 18:
[13] [Nicolas] d'Alayrac: Recitatif och Duo (Louis, Laura)
      ur: Slottet Monténéro „Jag skiljas från min själ?"   57— 72

No. 19. 20:
[14] Hermann: La Coquette   73— 80

No. 21. 22:
[15] [Henri-Montan] Berton: Coupletter ur Op.: Gifta Ungkar-
      larne „Hvad äktenskap ger skäl att prisa"   81— 83
[16] [Joseph] Haydn: Adagio ur Violin qvartetter [Hob. III,
      Nr. 78, II]   84— 87
[17] [Joseph] Haydn: Allegretto ur qvartetter [Hob. III, Nr. 39, II]   88

No. 23. 24. 25:
[18] [Joseph] Haydn: Moderato ur quartetter [Hob. III, Nr. 35, I]   89— 99
[19] [Joseph] Haydn: Scherzo Allegro utur Qvartetter
      [Hob. III, Nr. 38, II]   100

No. 26. 27:
[20]   Andante af Nauman [!] med Variationer (1—7)   101—108

No. 28. 29. 30:
[21] [Christoph Willibald] Gluck: Aria (Pylad) utur Operan:
      Iphigenie i Tauriden „Ack! af en vän skall jag ej
      blifva hörd"   109—114
[22] [Joseph] Haydn: Adagio utur quartetter [Hob. III, Nr. 39, III]   115—119

1822

No. 1. 2. 3:
[1]   [Christoph Willibald] Gluck: Andante utur: Armide   2— 3
[2]   [Christoph Willibald] Gluck: Andante ur: Armide   4— 5
[3]   [Joseph] Haydn: Menuetto utur Quartetter
      [Hob. III, Nr. 35, II]   6— 7
[4]   [Joseph] Haydn: Affettuoso utur Quartetter
      [Hob. III, Nr. 34, II]   8— 12

No. 4. 5. 6. 7:
[5]   [Etienne Nicolas] Méhul: La Chasse du jeune Henry   13— 28

No. 8. 9. 10:

[6]   [Daniel] Steibelt: Aria (Roméo) med Recitatif utur Op.:Roméo
      och Juliette (Rec.) ,,Wreda skuggor! böjd till försoning''
      — (Aria) ,,Hvad rystig syn!''   29— 40

No. 11. 12:

[7]   [Daniel] Steibelt: Aria ur Op.: Roméo och Juliette
      ,,Från ett helt förtroende leder''   41— 48

No. 13. 14:

[8]   [André-Ernest-Modeste] Grétry: Aria (Zemir) utur: Zemir
      och Azor ,,Azor! Jag dig i denna skogen''   49— 56

No. 15. 16:

[9]   D.[aniel] Steibelt: Aria (Cebas) utur Op.: Roméo och Juliette
      ,,Lik en Engel i dyg der och godhet''   57— 64

No. 17. 18:

[10] [Wolfgang Amadeus] Mozart: Favorit Pièce [KV 300 d = 310,
      I. Satz]   65— 72

No. 19. 20. 21:

[11] Abbé [Joseph] Gelinek: Thema utur: Sweitzer Famillen [Weigl]
      med Variationer (Andantino — Var. 1—10)   73— 83

[12]   Wals   84

No. 22. 23:

[13] Wenzel Müller: Duo (Nadel, Sabina) ur Op.: Den förmenta
      Prinsen ,,De ljufva månskens stunder''   85— 92

No. 24. 25:

[14] Wenzel Müller: Aria (Evchen) ur Op.: Den förmenta Prinsen
      ,,Jag för soldater tycke har''   93—100

No. 26. 27:

[15] [André-Ernest-Modeste] Grétry: Aria utur: Zemire och
      Azor ,,Ack! hvilket straff af ömhet brinna''   101—108

No. 28. 29. 30:

[16] [André-Ernest-Modeste] Grétry: Trio (Zemir, Lisbé, Fadmé)
      ur: Zemir och Azor ,,Re'nnattens välde syns försvinna''   109—120

1823

No. 1:

[1]   [Nicolas] d'Alayrac: Coupletter utur Comedien: Två Ord
      [= Deux Mots] ,,Alt hopp och klokhet''   2—   4

No. 2. 3:

[2]   [Nicolas] d'Alayrac: Aria utur Comedien: Två Ord [= Deux
       Mots] „Hvad bör nuske? O hvilket val!"   5— 12

No. 4. 5. 6:

[3]   [Gasparo] Spontini: Ouverturen till Op.: Westale [= La Vestale] 13— 24

No. 7. 8. 9:

[4]   [Wolfgang Amadeus] Mozart: Favorit Andante utur Violin
       Quartetter [KV 464, 3]   25— 33

[5]   [Friedrich Heinrich] Himmel: Coupletter utur Op.: Fanchon
       „Ja verlden är en stor Orchester"   34— 36

No. 10. 11. 12:

[6]   C.[arl] M.[aria] de Weber: Ouverture till Op.: Friskytten
       [= Freischütz] [Jähns 277]   37— 48

No. 13. 14. 15. 16:

[7]   [Christoph Willibald] Gluck: Musik [Arie] (Orest) ur Operan:
       Ephigenie [!] i Tauriden (Rec.) „Ack! Gudar J, som velen
       oss förtrycka!" — [Arie] „Kan lugnet i mitt hjerta bo?" 49— 54

[8]   Weisse: Allegro molto   55— 63

[9]   Ohms: Wals [Eingesandt]   64

No. 17. 18. 19. 20:

[10]   J.[ohann] B.[aptist] Cramer: Le Retour du Printems, Diver-
       tissement (Introduction — Marcia — Arietta alla Spag-
       nola — Danse Villageoise)   65— 80

No. 21. 22. 23:

[11]   F.[riedrich] Kuhlau: Romance ur Op.: Die Räuberburg „Jag
       gerna dör, men utan mod"   81— 86

[12]   F.[riedrich] Kuhlau: Ariette ur Op.: Die Räuberburg „Gif detta
       skärp, gif dessa band!"   87— 90

[13]   F.[riedrich] Kuhlau: Trio (Julian, Aimar, Camillo) [aus: Die
       Räuberburg] „Alla verldars Herre! Du oss vill bevara" 91— 92

No. 24. 25:

[14]   F.[riedrich] Kuhlau: Trio (Adelaide, Richard, Therne) ur Op.:
       Die Räuberburg „Sälla känslors skaparinna!"   93— 99

[15]   Beethoven [unterschoben]: German Wals [Anh. 14, 1]   100

No. 26. 27:

[16]   Allegretto   101

[17]   F.[riedrich] Kuhlau: Kupletter ur Op.: Die Räuberburg „Min
       Fru på bröllopsdagen"   102—103

[18] F.[riedrich] Kuhlau: Romance (Adelaide, Therese) ur Op.:
       Die Räuberburg „Kung Ludvik drog i fordom tid"   104—105
[19] [François Adrien] Boieldieu: Entre-Acte uti: Le petit Chape-
       ron Rouge   106—107
[20]   Sorg-Marche   108

No. 28. 29. 30:
[21] [Johan] Wikmanson: Hönshuset, Badinage   109—113
[22] [Nicolas] d'Alayrac: Kupletter utur Op.: Två Ord „J dessa
       dragen alla behagen"   114—117
[23] [François Adrien] Boieldieu: Wals ur Op.: Le petit Chaperon
       Rouge   118
[24]   Eccossaise [!]   118
[25] [Gioacchino] Rossini: Wals ur Op.: Tancred   119

1824
No. 1. 2:
[1]   [Gioacchino] Rossini: Ouverture till Op.: Demetrio e Polibio   2— 8

No. 3. 4:
[2]   [Joseph] Haydn: Aria „Rigtigt, ja, rigtigt den nygifte säger"
       [Hob. XXIV b, Nr. 5]   9— 14
[3]   [Gioacchino] Rossini: Vals Favorite ur Operan: Barbier de
       Sevilla   15— 16

No. 5:
[4]   [Peter von] Lindpaintner: Romance ur Op.: Sulmona „Ack!
       hur lär han sorgligt spana"   17— 20

No. 6. 7. 8. 9:
[5]   J.[Gioacchino] Rossini: Aria (Narciso) ur Op.: Turken i Italien
       „Dess älskande hjerta"   21— 27
[6]   J.[Gioacchino] Rossini: Aria (Narciso) ur Op.: Turken i Italien
       (Rec.) „Jag fattar, tro mig, intrigen" — (Aria) „Gif, i
       nåder, att företaget"   28— 36

No. 10. 11:
[7]   J.[ohann] B.[aptist] Cramer: Maestoso   37— 40
[8]   H.[ans] H.[agerup] Falbe: Norsk Wals   41— 43
[9]   [Ludwig van] Beethoven: Andante [Op. 26, I, Thema]   44

No. 12. 13:
[10] J.[Gioacchino] Rossini: Ouverture till Op.: La Donna del Lago 45— 52

No. 14. 15:

[11] H.[enri-Montan] Berton: Aria ur Op.: Le Délire „Nej, för mig
intet hopp!"   53– 58

[12] H.[enri-Montan] Berton: Romance ur Op.: Le Délire „Tjusande
fält, som fordom glädt hans hjerta"   59– 60

No. 16. 17. 18:

[13] V.[incenzo] Righini: Ariette „Ljufva Zefir! ach! hör mig!"   61– 64

[14] V.[incenzo] Righini: Ariette „Ach, en gång jag denna skönhet" 65– 67

[15] V.[incenzo] Righini: Ariette „Nu, när af himlen, jag får dig
åter"   67– 70

[16] V.[incenzo] Righini: Ariette „Mitt arma hjerta, jag förstår dig" 70– 72

No. 19. 20:

[17] J.[ohann] B.[aptist] Cramer: Rondo   73– 80

No. 21. 22. 23:

[18] [Wolfgang Amadeus] Mozart: Ouverture till Op.: L'Enlèvement
du Serail [KV 384]   81– 91

[19] [Edmond] Passy: Echo „Hur ljuft det svar"   92

No. 24. 25:

[20] [Nicolas] D'Aalayrac [!] : Air Favorit de l'Opéra: Alexis
„Från lifvets första år tillbaka"   93– 99

[21] J.[ohann] N.[epomuk] Hummel: Romance   100

No. 26. 27:

[22] Fred [!] [Ferdinand] Ries: Introduction et Grande Marche   101–102

[23]   Marche   103–108

No. 28. 29. 30:

[24] L.[udwig] van Beethoven: Rondeau [Op. 51, Nr. 1]   109–119

[25] [Olof] Åhlström: Aftonvandringen „Jag mins den, som en
aning"   120

1825

No. 1:

[1]   [Gioacchino] Rossini: Recitatif och Aria ur Operan: Tancred
(Rec.) „Jag kom! se mig, O hulda!" – (Aria) „Du, som
länder" (Kl. A.: Passy)   2–   4

No. 2:

[2]   J.[ohann] B.[aptist] Cramer: Fandango   5–   8

No. 3:

[3]   [Ludwig van] Beethoven: [Das Glück der Freundschaft]
        „Lycksalig den, hvars trohets lön" [Op. 88]   9— 12

No. 4. 5:

[4]   J.[ohann] B.[aptist] Cramer: Le Songe de Rousseau, Air varié
        (Introduction — Aria — Var. 1—10)   13— 20

No. 6:

[5]   [Vincenzo] Righini: Duo „O! hvar är du, min vän, min sällhet?" 21— 24

No. 7:

[6]   [Wolfgang Amadeus] Mozart: Andante [KV 498, I]   25— 28
[7]   J.[ohann] B.[aptist] Cramer: Allegro Moderato   28

No. 8:

[8]   Der Uhraufzieher, Wiener Schlittagen Walze   29
[9]   [Ludwig van] Beethoven: Den Älskande, Ariette „Hvilken
        undransvärd förmåga!" [WoO 139]   30— 31
[10] [Ludwig van] Beethoven: Den Åldriges Klagan,
        Ariette „Den blomstrande vår skrider fram
        under dans" [WoO 138]   32

No. 9:

[11] J.[ohann] B.[ernhard] Hummel: Variations sur l'Air Tirolien
        [!] (Thema — Var. 1—8)   33— 36

No. 10:

[12] J.[ohann] B.[aptist] Cramer: Andante cantabile   37— 38
[13] [Gioacchino] Rossini: Wals   39— 40

No. 11. 12:

[14] [Michel] Caraffa [de Colobrano]: Cavatina alla Pollacca [!]
        „Min kärlek J begären"   41— 46
[15] [Gasparo] Spontini: Aria ur Op.: Westalen „De milda Gudars
        nåd"   46— 47
[16] [Henri-Montan] Berton: Marche ur Op.: Aline   48

No. 13. 14:

[17] L.[ouis] Spohr: Aria (Fristan) ur: Jessonda „Af krigets troll-
        kraft dragen"   49— 54
[18] A. Fromelt [!]: Adagio und alla Pollacca [!] nach Melodien
        aus Mozart's Zauberflöte [KV 620]   55— 56

No. 15:

[19]   [Gasparo] Spontini: Aria (Julia) ur: Westalen „War mig huld,
         som du det varit förr"   57— 60

1826

No. 1:

[1]   L.[ouis] Spohr: Aria ur: Jessonda „Snart är jag en ande vorden"   2—   3
[2]   [Gasparo] Spontini: Aria ur Op.: Westalen „Du, de betrycktas
         stöd"   4

No. 2. 3:

[3]   L.[ouis] Spohr: Rondo (Nadori) ur Op.: Jessonda „Ej mitt värf
         kan fråmgang vinna"   5—   9
[4]   F.[riedrich] Kuhlau: Rondo öfver ett Thema utur: Don Juan
         [Mozart, KV 527, 12]   10— 12

No. 4:

[5]   J.[ohann] N.[epomuk] Hummel: Wals   13
[6]   J.[ohann] N.[epomuk] Hummel: Wals: La Chasse (Pfte. 4hdg.) 14— 15
[7]   [Johann] N.[epomuk] Hummel: Polonoise   16

No. 5:

[8]   [Friedrich Heinrich] Himmel: Favorit Aria ur Op.: Sylpherna
         „Fordom, likt den lugna floden"   17— 19
[9]   [Ludwig van] Beethoven: Wals [WoO 8, 4]   20
[10] [Ludwig van] Beethoven: Wals [WoO 8, 5]   20

No. 6:

[11] J.[oseph] Haydn: Ox-Menuetten [Hob. IX, Nr. 27]   21
[12] Carl Maria v.[on] Weber: Coupletter (Preciosa) ur Op.: Preciosa
         „Ensamheten mig ej döljer" [Jähns 279, N. 7]   22— 23
[13]   Coupletter „Kärlek sjunger min hämpling"   24

No. 7:

[14] [Wolfgang Amadeus] Mozart: Aria [La Contessa] utur Op.:
         Figaros Bröllop [= Le Nozze di Figaro] „Milda him-
         mel! se min smärta" [KV 492, 10]   25— 26
[15] [Gasparo] Spontini: Marche utur Op.: Fernand Cortes [!]   27— 28

No. 8. 9:

[16] [Wolfgang Amadeus] Mozart: Aria [Cherubino] utur Op.:
         Figaros Bröllop „Wäsen som lyda ömma begär"
         [KV 492, 11]   29— 31

[17] [Wolfgang Amadeus] Mozart: Aria [Cherubino] utur Op.:
      Figaros Bröllop ,,Jag ej vet hvad det är" [KV 492, 6]   32— 36

[18] J. W. Zimmerman: Wals   36

No. 10:

[19] J.[ohann] N.[epomuk] Hummel: The lass of Richmond hill,
      Thema med Variationer (Allegretto — Var. 1—7)   37— 40

No. 11. 12:

[20] [Wolfgang Amadeus] Mozart: Cavatina (Barbarina) utur Op.:
      Figaros Bröllop ,,Den är borta, ack! jag arma!"
      [KV 492, 23]   41— 42

[21] [Gasparo] Spontini: Aria (Julia) utur Op.: Westalen ,, Du, som
      jag här ej vågar nämna"   42— 45

[22] F.[riedrich] Kuhlau: Aria (Aimar) utur Op.: Die Räuberburg
      ,,Förlän mig skydd, O Gud!"   46— 48

No. 13. 14:

[23] [Karl] Cherny [!] : Thema med Variationer (Andante espressivo
      teneramente — Var. 1—5)   49— 55

[24]   Johanna Quadrill [Eingesandt]   56

No. 15:

[25] Carl Maria [von] Weber: Zigeuner Marche utur Op.: Preciosa
      [Jähns 279, N. 2]   56

[26] [J. W.] Zimmerman: Ecossaise   57

[27] [Etienne-Nicolas] Méhul: Romance utur Op.: Joseph ,,J blom-
      man utaf lefnads våren"   58— 59

1827

No. 1:

[1]   Jag şökte — och fann, Romance ,,Jag sökte oskuld"   2— 3

[2]   J. W. Zimmerman: Ecossaise   4

[3]   [J. W.] Zimmerman: Wals   4

No. 2. 3:

[4]   [François] A.[drien] Boieldieu: Aria (Anna) utur Op.: Hvita
      Frun [= La Dame Blanche] ,,O Gud! det var då här"   5— 11

[5]   J.[Gioacchino] Rossini: Larghetto utur Op.: Othello   12

No. 4. 5:

[6]   [François] A.[drien] Boieldieu: Duo (Georges, Jenny) utur Op.:
      Hvita Frun [= La Dame Blanche] ,,Han oss lemnar här
      allena båda!"   13— 20

No. 6:

[7]   A. Fromelt [!] : Galopp-Wals med Variationer (Var. 1—4)   21— 23

[8]   A.[ugust] Setterholm: Wals   24

No. 7. 8:

[9]   [François] A.[drien] Boieldieu: Cavatina utur Op.: Hvita
      Frun [= La Dame Blanche] (Rec.) „Låt oss nu,
      passa på! " — (Cavatina) „Kom, tjusande sköna! "   25— 32

No. 9:

[10]   J.[ohann] B.[aptist] Cramer: Allegretto moderato   33— 36

No. 10:

[11]   [Wolfgang Amadeus] Mozart: Aria (Ilia) utur Op.: Idomeneo
       „Man fader, och hembygd" [KV 366, 11]   37— 40

No. 11. 12:

[12]   [Ludwig van] Beethoven: Aria utur Op.: Die Schöne Müllerinn
       med Variationer [WoO 69]   41— 47

[13]   Schweizer Wals (Pfte.-Arr.: J. N. Hummel)   48

No. 13. 14:

[14]   P.[eter] Lindpaintner: Recit. och Duo (Apelle, Compaspe)
       utur Op.: Allesandro [!] in Efeso (Rec.) „Gudar! skall
       jag fly dig" — (Duo) „Ja, jag svär vid det höga"   49— 54

[15]   [Christoph Willibald] Gluck: Ballett utur Op.: Armide   55— 56

No. 15:

[16]   [Gasparo] Spontini: Bäjerska Favorit Folksången   57

[17]   [Gottlob] F.[riedrich] Kittler: Eccossais [!]   57

[18]   J.[ohann] W. [Nepomuk] Hummel: Wals för Apollo-Salen i
       Wien   58— 59

[19]   M.[ichael] Henkel: Rondo   60

1828

No. 1. 2:

[1]   L.[udwig] van Beethoven: VI Variations sur l'Air Nel cor più
      non mi sento [WoO 70]   2— 7

[2]   J. W. Zimmerman: Favorit Wals   8

No. 3. 4:

[3]   [François Adrien] Boieldieu: Aria utur Op.: Chaperon Rouge
      (Rec.) „Fåfängt ni flytt, ni vackra" — (Aria) „Fört-
      jusande ring, så farlig för de sköna!"   9— 15

[4]   Grazioso (Pfte. 4hdg.)   16

No. 5:

[5]   [Johann] N.[epomuk] Hummel: Polonoise   17

[6]   [François Adrien] Boieldieu: Coupletter ur Op.: Chaperon Rouge
       „Här mig en Krona"   18— 19

[7]   [Henri] Hertz [!]: Allegretto   20

[8]   Lapp-Sång   20

No. 6:

[9]   [François Adrien] Boieldieu: Recitatif och Aria (Eremiten)
       utur Op.: Chaperon Rouge (Rec.) „Se ljuset redan
       flyr" — (Aria) „Dem, dem hans liar skörda"   21— 24

No. 7. 8.:

[10]   F.[riedrich] Kalkbrenner: Thema med Variationer (Andante —
       Var. 1—8 — Rondo)   25— 31

[11]   [Olof] Åhlström: Sång till Ordens Biskopen ... O. Wallin på
       dess födelse dag „Gode Herde! se med välbehag"   32

No. 9. 10:

[12]   Carl Maria von Weber: Uppjudning till Dans [= Aufforderung
       zum Tanze. Rondo brillant, Jähns 260]   33— 39

[13]   [Michel Cléophas] Oginsky: Polonoise   40

No. 11. 12:

[14]   [Christoph Willibald] Gluck: Favorit Aria (Iphigenie) utur
       Op.: Iphigenie i Tauriden „Gudinna du mig ser"   41— 46

[15]   Louis Spohr: Aria utur Op.: Faust „Fick jag mig kalla hans egen" 47— 48

[16]   Louis Spohr: Pantomimisk Dans uti Operan: Faust   48

No. 13:

[17]   Luis [!] Spohr: Duo (Faust, Rosina) utur Op.: Faust „Du din
       vän kan säker följa"   49— 52

No. 14. 15:

[18]   Luis [!] Spohr: Recitatif och Aria utur Op.: Faust (Rec.) „Än
       lefver han, min Hugo" — (Aria) „Jag det känner:
       Trogen kärlek"   53— 60

1829

No. 1:

[1]   Louis Spohr: Coupletter utur Op.: Faust „Hvad fröjd åt själen
       vinet ger!"   2—   3

[2]   L. van Beethoven [unterschoben]: Favorite Wals [Anh. 14, 2]   4

No. 2:

[3]   [François] A.[drien] Boieldieu: Coupletter (Margareta) utur
      Op.: Hvita Frun [= La Dame Blanche] „Stackars gamla
      Margareta!"   5— 8

No. 3. 4. 5:

[4]   [François] A.[drien] Boieldieu: Aria (Georges) utur Op.:
      Hvita Frun „Hvad lycklig lott har en soldat"   9— 18
[5]   [Edmond] Passy: Marcia Maestoso   19— 20

No. 6. 7:

[6]   [Jean-Pierre] Solié: Ouverturen till Op.: Hemligheten
      [= Le Secret]   21— 26
[7]   Tyroler Wisa „När jag upp med solen står"   26— 27
[8]   E.[rik] G.[abriel] von Rosén: Marche   28

No. 8:

[9]   [Sigismund von] Neukomm: Aria med Recitatif utur Oratorium:
      Christi Grafläggning (Rec.) „Men Eva, osynbar för mensk-
      ligt öga" — (Aria) „Hur sköna äro dina sår! " [Op. 49]   29— 32

No. 9:

[10] [Johann Rudolf] Zumsteeg: Ouverture till Op.: Das Pfauenfest 33— 36

No. 10. 11:

[11]   Duo (Pauline, St. Romain) „Han vårdnad åt min ung-
               dom gifvit"   37— 44

No. 12:

[12]   Wals   45
[13] G.[eorg] Günther: Divertissement en forme de Wals   46
[14] Rudolph Bay: Hoppet „Hopp, ljufva hopp!"   47
[15] [Georg Friedrich] Haendel: Fuga   48

No. 13. 14. 15:

[16] [Jean-Baptiste] Du Pui [!]: Aria utur Op.: Ungdom och
      Dårskap „Edra miner, bistra, tvära"   49— 59
[17] [Anders Fredrik Skjöldebrand]: Entre Akt till Fjerde Akten af:
      Hjalmar (Vl., Pfte.)   59— 60

1830

No. 1:

[1]   [Anders Fredrik Skjöldebrand]: 3dje Akten, 3dje Scenen af:
      Hjalmar (Vl., Pfte.)   2— 4

[2]   [Anders Fredrik Skjöldebrand]: Marche till Templet ur:
      Hjalmar [Akt V, Szene 4]   4

No. 2:
[3]   [Louis] Spohr: Romance utur Op.: Zemire och Azor
      ,,Älskvärda Ros! så täck och så mild"   5— 7
[4]   [Georg Joseph] Vogler: Barcarolle de Venise varié (Allegretto —
      Var. 1—2)   8

No. 3. 4:
[5]   [Joseph Martin] Kraus: ,,Svallhaf, brustna djup, och Klippiga"   9— 13
[6]   Polonoise   14— 15
[7]   [Joseph Martin] Kraus: Till min Flicka ,,Kärlek! hvad
      förtjusning"   16

No. 5. 6:
[8]   [François Adrien] Boieldieu: Ouverture till Op.: Le Chaperon
      Rouge   17— 23
[9]   Air Chinois   24

No. 7:
[10] [Ferdinando] Pär: Aria utur Op.: Sargines ,,Mitt hjerta räds
      och bäfvar bland"   25— 28

No. 8:
[11] [Wolfgang Amadeus] Mozart: Ouverture till Op.: Così Fan
      Tutti [!] eller Troheten på prof [KV 588]   29— 32

No. 9. 10:
[12] [Vincenzo] Bellini: Duo (Artur, Alaide) uti Melodramen:
      La Straniera ,,Wårda, vårda så mycken hemlighet"   33— 39
[13] [Vincenzo] Bellini: Cavatina utur Melodramen: La Straniera
      ,,Store Gud! i så grufliga stunder"   39— 40

No. 11:
[14] J.[oseph] Haydn: Adagio un poco [Hob. I, Nr. 47, II]   41— 44

No. 12:
[15] V.[incenzo] Righini: Ouverture till Op.: La Selva incantata
      eller Den förtrollade Skogen   45— 48

No. 13:
[16] V.[incenzo] Righini: Marche och introduction till Op.:
      Det befriade Jerusalem   49
[17] V.[incenzo] Righini: Dans och Militaire Exercitie utur Op.: La
      Selva incantata eller Den förtrollade Skogen   50— 52

No. 14. 15:

[18] Pehr [!] Frigel: Recitatif och Aria utur Oratorium: Försonaren
på Oljoberget (Rec.) ,,Fullbordad är Evighetens råd''–
(Aria) ,,Samma hjerta än Du bär''   53– 58

[19] V.[incenzo] Righini: Cavatina (Armida) utur Op.: La Selva
incantata eller Den förtrollade Skogen ,,O, qval! jag
är förlorad''   59– 60

1831

No. 1:

[1] V.[incenzo] Righini: Corpo di Ballo utur Op.: Det befriade
Jerusalem   2– 4

[2] V.[incenzo] Righini: Pantomina Gioconda Dei Guerrieri utur Op.:
La Selva incantata   4

No. 2. 3:

[3] V.[incenzo] Righini: Aria (Gottfried) utur Op.: Det befriade
Jerusalem ,,Du, alla werldars Konung!''   5– 7

[4] V.[incenzo] Righini: Aria (Armida) utur Op.: Det befriade
Jerusalem ,,Jag längtar till grafven''   7– 12

No. 4. 5:

[5] V.[incenzo] Righini: Duo (Rinaldo, Armida) utur Op.: Det
befriade Jerusalem ,,Himmel! ser jag de anlets dragen''   13– 18

[6] V.[incenzo] Righini: Cavatina (Armida) utur Op.: Det befriade
Jerusalem ,,Ah! grymma hjelte''   19– 20

No. 6. 7. 8:

[7] [Gioacchino] Rossini: Ouverture till Op.: Wilhelm Tell
(Kl. A.: Ch. Rummel)   21– 30

[8] [Nicola] Piccini: Glada drömmar uti Op.: Atis   31– 32

No. 9:

[9] [Joseph] Haydn: Adagio [Hob. I, Nr. 71, II]   33– 36

No. 10:

[10] V.[incenzo] Righini: Aria (Tancred) utur Op.: Det befriade
Jerusalem ,,Oväf denna harm och smerta!''   37– 40

No. 11:

[11] [Karl] Czerny: Romance   41

[12] Fredric Lemming: ,,Paa livets Øe ved en afsides Kilde''   42– 43

[13] [Karl] Czerny: Romance   44

No. 12. 13. 14:

[14] [Joseph] Mayseder: Polonoise   45— 56

No. 15:

[15] [Georg Friedrich] Händel: Aria utur Oratorium: Messias „Han
      blef försmädad" [No. 24: „He was despised"]   57— 60

1832

No. 1:

[1]   Abbé [Georg Joseph] Vogler : Andantino   2— 4

No. 2:

[2]   V.[incenzo] Righini: Aria (Rinaldo) utur Op.: Det befriade Je-
      rusalem „Se afgrunds klyftor skälfva"   5— 7

[3]   Fred.[ric] Carl Lemming: Marche   8

No. 3. 4:

[4]   [Ludwig van] Beethoven: Andante med Variationer [Op. 26, I] 9— 16

No. 5. 6. 7:

[5]   Louis van Beethoven: Sonate ... dedicé [!] à Joseph Haydn
      [Op. 2, I]   17— 27

[6]   [François Adrien] Boieldieu: Romance „S'il est vrai que d'être
      deux".   28

No. 8:

[7]   J.[ohn] Field: Notturno   29— 31

[8]   [Edmond] Passy: Wisa till en Yngling „Bryt blomman, o Yngling"
      (Tegnér)   32

No. 9. 10. 11:

[9]   V.[incenzo] Righini: Aria (Rinaldo) utur Op.: Det befriade
      Jerusalem „Nej, jag kan ej rätt förklara"   33— 42

[10] F.[redric] C.[arl] Lemming: På en väns Namsdag „Som
      Olding Fader" (F. C. Lemming) (T, Pfte.)   43

[11]   Polonoise   44

No. 12. 13. 14:

[12] F.[riedrich] Kuhlau: Ouverture till Op.: Lu Lu (Pfte.-Arr.:
      F. Kuhlau)   45— 56

No. 15:

[13] [Sigismund von] Neukomm: Herde-klagan „Der uppe på skyhög
      klyfta" (Goethe)   57— 60

1833

No. 1. 2. 3:

[1]   L.[udwig] van Beethoven: Scena ed Aria „Ah! perfido, sper-
      guiro" [Op. 65]   2— 12

No. 4. 5:

[2]   L.[udwig] van Beethoven: Aria „Dåmera ej flyter en saknadens
      tår" [WoO 137]   13— 19

[3]   C. M. v. Weber [unterschoben, recte: C. G. Reissiger]: Sista
      Musikaliska tanka [= Danses brillantes pour le Piano-
      forte, Op. 26, 5]   20

No. 6. 7:

      Marche   21

[4]   [Anders Fredrik Skjöldebrand]: Ouverture till: Hjalmar af
      Sorgspelets Förf. (Pfte. 4hdg.)   22— 27

[5]   C.[arl] F.[redric] Lemming: Allegro giusto   28

No. 8:

[6]   C. F. Schröter: Favorit Wals af L. van Beethoven [unterschoben:
      Anh. 14, 1] med Variationer (Thema — Var. 1—7)   29— 32

No. 9:

[7]   L.[udwig] van Beethoven: Till Hoppet „Du hopp! som plägar
      hos den sorgsne dröja" [Op. 32]   33— 35

[8]   [Johann Christian Friedrich] Haeffner: Marche på minnes-
      fästen i Upsala d. 6 November 1832 „Låt Dina portar
      upp" (Fahlcrantz) (4 Männer-St.)   35— 36

No. 10:

[9]   [Pierre] Rode: Thema med Variationer (Andante — Var. 1—4)   37— 40

No. 11. 12:

[10] [Wolfgang Amadeus] Mozart: Aria (Ilia) ur Op.: Idomeneo
      „Ljufva milda västan vindar!" [KV 366, 19]   41— 47

[11] Marche   48

No. 13:

[12] C.[arl] M.[aria] von Weber: Aria (Euryanthe) utur Op.:
      Euryanthe „Klockan i dalen, Bäckarnas sus"
      [Jähns 291, N. 5]   49— 51

[13] Polonoise   52

No. 14. 15:

[14] F.[ranz] Hünten: Rondoletto   53— 58

[15] F.[ranz] Hünten: Rondo   59— 60

1834

No. 1:

[1] L.[ouis] Spohr: Aria (Dandau) ur Op.: Jessonda med Chor
     „Du hvars blick är solens lågor"   2— 4

No. 2:

[2] E.[dmond] Passy: Notturno   5— 8

No. 3. 4:

[3] [François Adrien] Boieldieu: Recitatif och Aria (Rudolph) ur
     Op.: Le petit Chaperon Rouge eller De begge Talis-
     manerne (Rec.) „Han går, jag ensam är" — (Aria)
     „J nattens tysta sköt"   9— 16

No. 5. 6. 7:

[4] [Luigi] Cherubini: Ouverture till Op.: Medea   17— 28

No. 8. 9:

[5] [Wolfgang Amadeus] Mozart: Aria (Idomeneo) ur Op.:
     Idomeneo „Jag har en storm uti mitt hjerta"
     [KV 366, 12]   29— 36

No. 10. 11:

[6] [Christoph Willibald] Gluck: Aria (Alceste) ur Op.: Alceste
     „Nej, afgrunds gudar nattens söner"   37— 38

[7] [Christoph Willibald] Gluck: Aria (Armide) ur Op.: Armide
     „Ack är då ödets dom"   39— 40

[8] [Christoph Willibald] Gluck: Aria (Pilad) ur Op.: Iphigenie
     i Tauriden „Wårt fasta vänskapsband är knutit"   41— 43

[9] [Christoph Willibald] Gluck: Aria (Iphigenie) ur Op.:
     Iphigenie i Auliden „Farväl! behålt i ständigt minne"   43— 44

No. 12:

[10] G.[eorge] Onslow: Thema utur Op.: L'Algade de la Véga   45— 48

No. 13. 14:

[11] F.[erdinand] Hérold: Recitatif och Aria (Marie) uti Op.:
     Marie (Rec.) „Mig en afgrund är öpnad" — (Aria)
     „O Gud! förlåt mig!"   49— 54

[12] F.[erdinand] Hérold: Ariette (Adolph) ur Op.: Mari [!]
     „Från detta slott i morgon skall jag fara"   55— 56

No. 15:

[13]   J.[oseph] Haydn: Recitatif och Aria (Lucas) ur Oratorium:
       Årstiderne, Sommaren [Die Jahreszeiten, Sommer]
       (Rec.) „Nu bränner middags solens eld" — (Cavatina)
       „Naturen trycks af hettans tyngd" [Hob. XXI, Nr. 3;
       8 b—c]   57— 59
[14]   Polonoise   60

1795

Apollo. Et musikalsk Maanedsskrivt for Sang og Klaveer af forskiellige Componister.

Kiøbenhavn. Trykt og forlagt af S. Sønnichsen, Kongl. privil(eg). Node= og Bogtrykker.

Aargang 1. [1795/1796] — 6. [1806/1808], Bind 1—2.

A Wn (2. [1796/99])— **B** Bc (1. [1795]; 3. [1800]) — **D** Bs (1. [1795];
2. [1796/99], 1; 3. [1800]; 6. [1808], 1); KII (1. [1795], 1; 3. [1800];
5. [1806/07]; 6. [1808], 1) — **DK** A; Kk (1. [1795]; 2. [1796/99], 1, 2*;
3. [1800] — 4. [1802/03]; 5. [1806/07], 1*, 2; 6. [1808]); Km (1. [1795],
2); Kmk (1. [1795], 2; 2. [1796/99] — 6. [1808]) — **GB** Lbm (5. [1806/07];
6. [1808], 1)

Første Aargang [1795/1796]

[1. Bind. 1795]:

[1]   [Sören] Wedel: Sinfonie [Ouverture] af: Lise og Peter   2— 5
[2]   Minuett af A. W. [!] Mozart [KV 492, 3]
             med Variationer (1—5) [KV Anh. C 26. 17]   6— 8
[3]   [Giuseppe] Sarti: Aria af: J oprørt Vand er godt at fiske „Mine
             Herrer! mig tilgive"   9— 12
[4]   [Ignaz] Pleyel: Andante cantabile   13
[5]   W.[olfgang] A.[madeus] Mozart: Aria af: Die Zauberflöte, en
             Operette „Wie stark ist nicht dein Zauberton" — „Hvor
             stærk er ei din Trylleklang?" [KV 620, aus 8]   14— 15
[6]   W.[olfgang] A.[madeus] Mozart: Aria af samme [Die Zauber-
             flöte] „Ein Mädchen, oder Weibchen, wünscht Papageno
             sich" — „En liden vakker Kvinde ta'r Papageno sig"
             [KV 620, 20]   16
[7]   W.[olfgang] A.[madeus] Mozart: Marsch af samme [Die Zauber-
             flöte] [KV 620, 9]   17
[8]   [Maximilian] Stadler: Sonate (Allegro — Adagio — Presto)   18— 20
[9]   J.[oseph] Haydn: Den fromme Landmand „Venligt Aften-
             røden smiler" [Hob. XXVI a, Nr. 25]   21— 23

[10] W. A. Mozart [recte: A. E. Müller]: Lillien „J favre Lises Have
      en fremmed Yngling kom" (Haste) [KV C 8. 08
      (Anh. 248)]   24

[11] [Giuseppe Sarti]: Ouverture af: J oprørt Vand er godt at fiske 25— 28

[12] [Karl Ditters von] Dittersdorf: Aria af: Der Schiffspatron „Wel-
      ches Mädchen kann wohl immer" — „Findes vel en jor-
      disk Pige"   29— 31

[13] [Leopold] Kotzeluch [!]: Rondo   32— 34

[14] [Johann Gottlieb] Nauman [!]: Aria af: Elise [= Elisa] „Favre
      Blomster som Engene pryder"   34— 36

[15]   Marsch af: Gustav Vasa [J. G. Naumann] med Variatio-
      ner (Allegro moderato — Var. 1—7)   37— 41

[16] [Giuseppe Sarti]: Aria af: J oprørt Vand er godt at fiske „Een-
      som og traurig, tilsidst du haver"   42— 45

[17] [Joseph] Haydn: Sonatine (Andante Allegretto — Allegretto)
      [Hob. I, Nr. 85, II + Ia, Nr. 15, II]   46— 48

[18] [Ignaz] Pleyel: Sonatine (Andante grazioso — Allegro —
      Andante arioso — Rondo Allegro)   49— 54

[19] [Sören] Wedel: [Arie] (Lise) Af: Lise og Peter „O! kan Graad
      dit Hierte bøie"   55

[20] [Karl Ditters von] Dittersdorf: Arie af: Hieronymus Knicker,
      en Operette „Bin ich gleich von Bauernstande" —
      „Skisnt jeg er en Bondepige"   56— 59

[21] [Joseph Martin] Kraus: Marsch af: Amphytrion   60

[22] [Nicolas Dalayrac]: Ouverture af: Renaud d'Ast   61— 66

[23] [Wenzel] Müller: Romance af: Das neue Sonntagskind, en
      Operette „Es seufzt einmal um Mitternacht" —
      „En vakker Glut indsperret var"   67— 69

[24] [Johann Baptist] Vanhal: Thema med Variationer
      (Andante — Var. 1—5)   70— 72

2. Bind. 1795/[1796]:

[25] [Franz Anton] Hoffmeister: Sonatine (Andante)   2— 8

[26] [Antonio] Salieri: Aria af: Trophonii Hule [= La Grotta di
      Trofonio] „Min ømme Barm indtager"   9— 11

[27] [Hans Georg Nägeli]: Selskabs Sang „Fryddig ved Livet i dine
      Dages Vaar!" (Frankenau) (Chor, EinzelSt.)   12

[28] [Giovanni Paisiello]: Ouverture af: Kong Theodorus i Venedig
      [= Il Re Teodoro in Venezia]   13— 18

[29] [Giovanni Paisiello]: Recitativ og Aria af samme (Kong
      Theodorus i Venedig) „Hvor underligt! hvad mon
      alt det betyder"   19— 23

[30] [Joseph] Haydn: Allegretto [Hob. XVII, Nr. 10]   23— 24

[31] [Wolfgang Amadeus] Mozart: Rondo [KV 485] 25– 29

[32] [Wolfgang Amadeus] Mozart: Aria [Monostatos] af: Die Zau-
      berflöte, en Operette „Alles fühlt der Liebe Freuden" –
      „Alting føler Elskovs Glæder" [KV 620, 13] 30– 31

[33] [Wolfgang Amadeus] Mozart: Aria [Sarastro] af samme [Die
      Zauberflöte] „In diesen heil'gen Hallen" – „I dette
      Tempels Skygger" [KV 620, 15] 32– 33

[34] [Wolfgang Amadeus] Mozart: Aria [Papageno] af samme [Die
      Zauberflöte] „Der Vogelfänger bin ich ja" – „Jeg er en
      Fuglefænger, ja" [KV 620, 2] 34– 35

[35] [Johann Friedrich] Reichard [!] : Balletstykker af: Olympia-
      den, en Opera (Grazioso – Coupl. 1. 2. – Gavotte) 36

[36] Abbé [Georg Joseph] Vogler: Ouverture til: Gustav Adolph,
      en Opera 37– 44

[37] [Johann Gottlieb] Nauman [!] : Duetto (Elise, Dalmire) af:
      Elise „Kom omfavn mig min Veninde" 45

[38] [Joseph] Wiegl [!] : Romance af: Das Petermännchen „Süss ist
      das seelige Gefühl" – „Hvor tryller rene Kiærlighed!" 46– 47

[39] Sang til Kiærlighed „Kiærlighed, vor Jords Gudinde"
      (Nach dem Deutschen von Haste) 47

[40] Selskabs Sang „Velkommen, enhver, som har Druesaft
      kiær!" (Nach dem Deutschen) (Solo, Chor, Pfte.-Begl.) 48

[41] [Johan Henrik] Lorentz: Duett af Syngestykket: Lilla [Martín
      y Soler] med Variationer (Andante – Var. 1–6) 49– 51

[42] [Florian Leopold Gassmann] : Terzett (Jens, Rosine, Engelke)
      af: De forlibte Haandværksfolk [= L'Amore Artigiano]
      „Jeg ikke sove kan" 52– 53

[43] [Johann Friedrich] Reichardt: Ballo af Andromeda 53

[44] Mozart [recte: Lorenz Schneider] : Sang „Forglem ei mig, naar
      Glæden dig indbyder" (Nach dem Deutschen von Haste)
      [KV C 8. 06 (Anh. 246)] 54– 56

[45] J.[ohann] F.[ranz] Sterkel: Chaconne 57– 59

[46] [Claus] Schall: Drikkesang af Aftenen „Ud til Kampen os Flas-
      kerne byde" [Fr. Høgh-Guldberg] 60

[47] [Wolfgang Amadeus] Mozart: Til Chloe „Naar dit aabne Blik
      indbyder" [KV 524] 61– 63

[48] [Joseph Martin] Kraus: Intermedium til: Amphytrion 64– 67

[49] J.[ohann] H.[einrich] C.[arl] Bornhardt: Rondo 68– 69

[50] Abbé [Georg Joseph] Vogler: Duett af: Gustav Adolf „Skiulte
      Vidne til min Klage" 70– 71

[51] [Hardenack Otto Conrad] Zink [!] : Sang af: Papagoien
      „Flyv søde Fugl, hvorhen du vil!" 72

Anden Aargang [1796/1799]

1. Bind [1796]:

[1]   [Friedrich Ludwig Aemilius] Kunzen: Ouverture til: Festen i
       Valhal (Vl., Pfte.)   1—   7

[2]   [Friedrich Ludwig Aemilius Kunzen]: Marsch af samme [Festen
       i Valhal]   8

[3]   Variationer paa Selskabssangen: Fryd dig ved Livet &c.
       [Nägeli]   9— 11

[4]   [Johann Schenk?]: Chor af: Skattegraverne [= Der Schatzgräber]
       „Større Lyst man ei kan smage"   12

[5]   [Friedrich Ludwig Aemilius Kunzen]: Fortsettelse [!] af: Festen
       i Valhal (Chor af Einherier og Valkyrier „Guldhornet
       Odin tømmer" — „Og Odin han sendte Hermod Afsted"
       (Solo, Chor) — „Der var en Fryd in gamle Dage" (Solo,
       Chor) — „Ved Ledreborg, der stod en Lund")   13— 18

[6]   [Joseph Martin] Kraus: Mellemact af: Amphytrion   19— 21

[7]   [Johann Heinrich Carl] Bornhardt: Sonatina (Allegro Spirituoso)22— 24

[8]   [Friedrich Ludwig Aemilius Kunzen]: Fortsættelse af: Festen
       i Valhal (Freya og Valkyrierne) „Valkyrier med Sang og
       Dands" (Solo, Chor) Dands (Pfte.)   25— 29

[9]   [Philipp] Barth junior: Vuggevise for Lovisa Augusta's Datter
       „Fred, o Spæde! om Din Slummer!" (F. Høegh Guld-
       berg)   30

[10]   F.[riedrich] A.[ugust] Baumbach: Russisk Vise med Variationer
       (Allegretto — Var. 1—10)   31— 33

[11]   Salpetervise „Lad Jorden aabne os sit Favn" (Rahbek)   34

[12]   [Philipp] Barth junior: Romance „Bag Vestens Skove Mørket
       viger" (F. Høegh Guldberg)   35

[13]   J.[ohann] A.[braham] P.[eter] Schulz: Allegretto   36

[14]   [Johann Gottlieb] Nauman [!]: Aria af Operaen: Gustav Vasa
       „Fædres Skygger! Fortidens Hæder!" (ins Nordische
       übers. für Sept. 95: F. Høegh Guldberg)   37

[15]   [Friedrich Ludwig Aemilius Kunzen]: Slutningen af: Festen i
       Valhal   38— 44

[16]   [Franz Anton] Hofmeister [!]: Aria af: Der Königssohn aus
       Ithaka „Euch, ihr Herrn, mit stolzen Bliken [!]" —
       „Herrer, J med stolte Blikke"   45— 47

[17]   Drikkesang „Naar jeg drikker, Amphion" (Nach dem
       Schwedischen: Rahbek) (Solo, Chor, Pfte.-Begl.)   48

[18]   [Joseph] Gelinek: Sonate (Allegretto — Andante — Rondo)   49— 53

[19]   [Ignaz?] Schuster: Duetto (Steffen, Lise) „Er du min egen Pige!"54— 56

[20]   Vise „Mener du at den har Lykken fat" (Nach Kellgren:
       P. A. Heiberg)   57

[21] [Etienne Nicolas] Méhul: Krigernes Afskeed: Hymne „Seiersæl Frieheds Røst" (Chénier, übers.: P. A. Heiberg)   58— 59

[22] [Philipp] Barth junior: Selskabs Sang, hvor Nogle have, Hver sin
Pigelild, men En har ingen „Fra Skabelsens Morgen alt
Levendes Lyst" (F. Høegh Guldberg)   60

[23] J.[ohann] A.[braham] P.[eter] Schulz: Den rette Biskop „At
ingen Tid, og intet Land" (Baggesen)   61

[24] [Leopold] Koželuch: Sonate (Allegro — Andante — Rondo)   62— 68

[25] [Wenzel] Müller: Aria aus der Zauberzitter, en Operette „Der
Lenz belebet die Natur" — „Naturen skabes ny om Vaar"69

[26] [Johann Schenk?]: Aria (Vilhelm) af: Skattegraverne „Hvo til
Piger har Attraae"   70— 72

2. Bind [1799]:

[27] [François Devienne]: Rondo (Belfort) af: Nonnerne [= Les
Visitandines] „Jeg var i alle Zoner"   1— 6

[28] [François Devienne]: Romance (Euphemia) af samme [= Nonner-
ne] „Her hvor Uskyld fredelig byger"   7— 9

[29] [François Devienne]: Vaudeville (Belfort) af samme [= Nonnerne]
„Saafremt man ikke mig tillader"   10

[30] [Johann Baptist] Vanhal: Aria af: Lila [!] [Martín y Soler]
med Variationer (Allegretto — Var. 1—4) (Pfte.)   11— 12

[31] [Wolfgang Amadeus] Mozart: Rondo [KV 284 c = 311, III]   13— 19

[32] [Wenzel] Müller: Duett (Bella, Lore) af: Das Sonnenfest der Braminen „Ich fuhr im Traume, so wie heut" — „I Drøm
ved Bredden op og ned"   20— 21

[33] [Joseph] A.[ugustin] Gürlich: Allegretto   22— 23

[34] [H. O. C.] Zinck: Sang for tre Mandsstemmer ‹Ingen Klubsang›
„Hver, som bylder gierne" (F. Høegh Guldberg) (Soli,
Chor, Pfte.-Begl.)   24

[35] [Pierre] Gaveaux: Ouverture til: Den barnlige Kierlighed
[= L'Amour Filiale]   25— 29

[36]   Til Glæden „Skiønne Guddomsstraale, Glæde!"
(Nach Schiller)   30— 31

[37] [François] Mezger: Sonate (Allegro Moderato — Rondo
Allegretto)   32— 36

[38]   Selskabs Sang „Livet er tit ved et Blomsterbeed lignet"
(Haste)   37

[39] F.[ranz] Lauska: Rondo for Damer   38— 42

[40]   Den franske Dands „Igien, igien til Dands det gaaer"
(K. L. Rahbek)   43

[41] [Friedrich Heinrich] Himmel: Liredreieren „Skiøn Jomfru! jeg
beder, medlidende vær!" (Frankenau)   44— 45

[42]   C.[arl] F.[riedrich] Ebers: Rondo   46— 47

[43]   [Philip] Barth junior: Walzer   48

[44]   [Domenico] Cimarosa: Ouverture til: Den hemmelige Forlovelse
         [= Il Matrimonio segreto]   49— 57

[45]   [Giovanni Paisiello] : Aria af: Landsbyepigen [= La Frascatana]
         „At Amor os bedrager"   58— 59

[46]   [Philip] Barth junior: Sang „Mødes nu, for næste Stund"
         (F. Høegh Guldberg)   60

[47]   Vise af: Pebersvendene „Hvad spørger jeg om Gods og
            Guld" [nach Iffland]   61

[48]   [Joseph] Haydn: Thema med Variationer (Andantino —
            Var. 1—7) [Hob. I, Nr. 31, IV]   62— 64

[49]   [Philip] Barth: Marsch   65

[50]   [Wenzel] Müller: Aria af: Die Zauberzitter „Elskov staaer i Pagt
            med Livet"   66— 67

[51]   [Ignaz] Pleyel: Rondo   68— 69

[52]   [Wolfgang Amadeus] Mozart: Chor [Monostatos und Sklaven]
            og Duett (Pamina, Papageno) af: Tryllefløiten [= Zau-
            berflöte] (Chor) „Det klinger saa herligt" (Duett) „Kun-
            de dog hver brave Mand" [KV 620, aus 8]   70— 71

[53]   [Philip] Barth: Allegretto   72

Tredie Aargang [1799/1801]

1. Bind [1799/1800]:

[1]   [Wolfgang Amadeus] Mozart: Ouverture til: Elskernes Skole
            [= Così fan tutte] [KV 588]   1— 5

[2]   [Pierre] Gaveaux: Romance (Felix) af: Barnlig Kierlighed
            [= L'Amour Filiale] „Elskende Hyrder! Blomsterne"   6— 8

[3]   [Karl Ditters von Dittersdorf] : Romance af: Apothekeren og
            Doktoren [Dittersdorf] med Variationer (Andante —
            Var. 1—5)   9— 12

[4]   Abbé [Georg Joseph] Vogler: Polonoise   13— 15

[5]   [Wolfgang Amadeus] Mozart: Duett (Pamina, Papageno) af:
            Tryllefløjten „Den Mand, som Elskov giennemgløder"
            [KV 620, 7]   16— 17

[6]   [Muzio] Clementi: Sonatine [Op. 36, 3]   18— 21

[7]   [Johann Gottlieb] Nauman [!] : Aria (Almira) af: Amphion
            „Amphion, lad Strengen lyde" (Singst., 2 Vl., B)   22— 24

[8]   J.[ohann] Hummel: Aria af: Aline [J. A. P. Schulz, 2. Akt]
            med Variationer (Thema — Var. 1—6 — Adagio-Coda)   25— 26

[9]   [Wolfgang Amadeus] Mozart: Aria [Fiordiligi] af: Elskernes
            Skole [= Così fan tutte] „Elskte! huld du vist"
            [KV 588, 25]   29— 34

[10] [Joseph] Haydn: Rondo [Hob. X, Nr. 12, III]   35

[11] [Nicolas Dalayrac]: Arie af: Phillip og Annette [= Philippe et
        Georgette] „O min Annette! med Roser strøer du Li-
        vets Vei"   36

[12] [Ignaz] Pleyel: Sonatine (Allegro — Andante — Rondo Allegro)   37— 40

[13] [François] Devienne: Arie (Euphemia) af: Nonnerne [= Les
        Visitandines] „O Du som jeg med Smerte"   41— 45

[14] [Domenico] Cimarosa: Arie (Doralbe) af: Entrepeneuren [!]
        i Knibe [= L'Impresario in Angustie] „Vilde du Skiønne
        min Troeskab lønne" [und] Lindeman: Menuetto   46— 48

[15] [François] Devienne: Arie af: Nonnerne „Er jeg lidt fuld en
        Morgen-Stund"   49

[16] [Karl Ditters von] Dittersdorf: Arie af: Den røde Hue [= Das
        rothe Käppchen von Dittersdorf] med Variationer
        (Thema — Var. 1—6 — Allegro)   50— 53

[17] [Nicolas] Dalayrac: Arie af: Phillip og Annette „Hvo prøve
        vil sin Piges Hierte" (Übers.: E. Falsen)   54— 55

[18] [Wolfgang Amadeus] Mozart: Sonatine (Allegretto — Grazioso —
        Allegretto) [I. Satz: KV 564, III]   56— 59

[19] [Ole Andreas?] Lindeman: Vivace   60

[20] [Ole Andreas?] Lindeman: Allegro   61

[21] [Wolfgang Amadeus] Mozart: Arie [Ferrando] af: Elskernes
        Skole [= Così fan tutte] „Glad jeg seer at det ædleste
        Hierte" [KV 588, 24]   62— 65

[22] [Ignaz] Pleiel [!]: Sonatine (Moderato — Adagio espressivo —
        Rondo Allegro)   66— 69

[23] [Pierre] Gaveaux: Vaudeville (Armand) af: Den barnlige Kier-
        lighed [= L'Amour Filiale] „Nu kiere Børn forener
        jer"   70— 72

2. Bind [1800/1801]:

[24] J.[oseph] Haydn: Allegro [Hob. I, Nr. 81, III]   1

[25] [Antonio Bartolomeo] Bruni: Arie og Chor af: Major Palmer
        „Lad kun den Pige løbe" (A. G. Thoroup)   2— 3

[26] [Jean-Baptiste-Edouard] Du Puy: Polonoise   4— 6

[27] [André-Ernest-Modeste] Grétry: Chor af: Caravanen fra Cairo
        [= La Caravane du Caïre] „Ved lange Rejsers Ende"
        (A. G. Thoroup)   7— 9

[28] [François] Metzger: Rondo — Un poco Allegretto   10— 12

[29] [Wolfgang Amadeus] Mozart: Andante med Variationer
        (Var. 1—2) [KV 564, II]   13

[30] [Christian Friedrich] Müller: Arie af: Eremiten „Seer Du min
        Kraft aftage" (A. G. Thoroup)   14— 15

[31] ⌊Muzio⌋ Clementi: Sonatine (Allegro [Op. 36, 2, I] − Air suisse
      [Op. 36, 5, II] − Rondo, Allegro di molto [Op. 36, 5,
      III])   16− 19

[32] [Ignaz] Pleyel: Thema med Variationer (Allegretto − Var. 1−4) 20− 21

[33] [Domenico] Cimarosa: Arie [aus: Il Matrimonio segreto]
      „Elskende Pige, Hiertet til Plage" (A. G. Thoroup)   22− 24

[34] [Joseph] Haydn: Minuetto [Hob. I, Nr. 69, III]   25

[35] [Wolfgang Amadeus] Mozart: Arie (Blonde) af: Die Entführung
      aus dem Serail „Welche Wonne, welche Lust" − „Hvilken
      overvættes Lyst" (A. G. Thoroup) [KV 384, 12]   26− 29

[36] [Johan Fredrik] Grenzer [!]: Thema [Åhlström] med Variatio-
      ner (Moderato − Var. 1−5)   30− 33

[37] Wolff: Det eenige Ægtepar, et musikalsk Malerie „Konen beklager
      sig grædende"   34− 35

[38] [Jean-Baptiste-Edouard] Du Puy: Selskabs Sang „See Solen, hvor
      pragtfuld og skiønden nedgaaer" (A. G. Thoroup)   36

[39] [Pierre] Gaveaux: Ouverture til: Den lille Matros [= Le Petit
      Matelot]   37− 44

[40] [Pierre Gaveaux]: Arie af samme [Den lille Matros] „Ei min
      Attraa det længer er" (Frankenau)   45− 47

[41] [Leopold] Kotzeluck [!]: Skotsk Dandsemusik   48

[42] [Pierre] Gaveaux: Arie af: Den lille Matros „Ah − ! lad min
      Snak for fiantet gaae" (Frankenau)   49− 53

[43] [Pierre Gaveaux]: Arie (Faer Thomas) af samme [Den lille Matros]
      „Aldrig man kan fit Maaltid nyde" (Frankenau)   54− 55

[44] [Pierre Gaveaux]: Arie (Lise) af samme [Den lille Matros]
      „Mægtig Elskovs reene Lue" (Frankenau)   56

[45] [Ignaz] Pleyel: Rondo   57

[46] [Muzio] Clementi: Sonatine [Op. 36, 6, II]   58− 59

[47] [Ole Andreas?] Lindeman: Allegro molto   60

[48] [Leopold] Kotzeluch [!]: Sonatine (Andantino)   61− 63

[49] [Johan Henrik] Lorentz: Vilhelms Afsked „Sidste, sidste Gang
      jeg hilser Eder" (F. Høegh-Guldberg)   64− 65

[50] [Ignaz] Pleiel [!]: Thema med Variationer (Allegretto − Var.
      1−4)   66− 67

[51] [Johann Gottlieb] Nauman [!]: Rundsang „Hvor Viin og Piger
      trylle os" (G. A. [!] Thoroup) (Solo, Chor, Pfte.)   68− 70

[52] J.[ohan] F.[rederik] Grønland: (2) Dandse (Angloise) (Pfte.) 71

[53] [Johann Wilhelm?] Häsler: De to Duer „Mig disse skiønne Duer
      ere" (Frankenau)   72

Fierde Aargang [1801/1803]

1. Bind [1801/1802]:

[1] [Domenico] Della Maria: Ouverture til: Arrestanten [= Le
        Prisonnier]   1— 8

[2] [Domenico Della Maria]: Arie af samme [= Arrestanten] „Jeg
        er bestemt, jeg Dyd vil lære!" (Baggesen)   8— 11

[3] [Domenico Della Maria]: Arie af samme [= Arrestanten] „Naar
        i et Fængsels mørke Giemme" (Baggesen)   12

[4] Abbé [Georg Joseph] Vogler: Thema med Variationer
        (Allegro — Var. 1—14)   13— 18

[5] [Giovanni] Paisiello: Favorit-Arie af: Skoemageren [= Il Calzola-
        jo, Pasticcio] „Hvo til Piger Tillid sætter" (A. G. Tho-
        roup)   19— 21

[6] Gavilieff: Russisk Dandsemusik (Polonoise)   22— 23

[7] [Francesco] Bianchi: Rosen, [Chanson française] „Blomsten
        jeg veed" [„Rose d'amour"] (A. G. Thoroup)   24

[8] [Johann Gottlieb] Nauman [!]: Anacreontisk Sang „Naar du
        beste Pige" (A. G. Thoroup)   25

[9] [Christian Friedrich] Müller: Polonoise   26— 29

[10] [Joseph] Haydn:: Duett (Adam, Eva) af: Skabelsen [= Die
        Schöpfung] „Naar Dagningen vinker" [F. H.
        Guldberg] [Hob. XXI, Nr. 2, 16c]   30— 31

[11] [Nicolas] d'Alairac [!]: Arie af: Adolph og Clara [= Adolphe
        et Clara] eller: De to Arrestantere „Med min Haand
        bortgav jeg mit Hierte" (Baggesen)   32— 33

[12] [Daniel] Steibelt: Rondo   34— 36

[13] [Muzio] Clementi: Engelsk Nationalmusik   36

[14] D.[omenico] Della Maria: Ouverture til: Operetten [= L'Opéra-
        Comique]   37— 43

[15] (D.[omenico] Della Maria): Arie af samme [= Operetten]
        „Hvad nye Anstalter uden Tal?" (A. G. Thoroup)   44

[16] (D.[omenico] Della Maria): Romance af samme [= Operetten]
        „Skiønt for en frygtsom Elsker man"   45

[17] [Giovanni Battista] Viotty [!]: Thema med Variationer
        (Andante — Var.)   46— 47

[18] [Domenico Della Maria]: Arie af: Operetten „De det Held sig
        til Nytte føre" (A. G. Thoroup)   48

[19] [Friedrich Ludwig Aemilius] Kunzen: Romance af: Hvad vil
        Folk sige? „Ak! om en Hyrde I opdager" (E. Falsen) 49

[20] [Jean Louis?] Duport: Jagten (Pfte.)   50— 52

[21]   Den svenske Fakkeldands   53

[22] [Friedrich Ludwig Aemilius] Kunzen: Zigeuner Vise (Florimon)
af: Den afbrudte Reise „Sono Donzella von stor Verstande" (N. T. Bruun)   54— 55

[23] [Anton] Wranitzky: Rondo   56— 59

[24] [Friedrich Ludwig Aemilius] Kunzen: Sang paa Kongens
Fødselstag 1802 „Fryd dig, o Konge!" (Th. Thaarup)   60

[25] W.[olfgang] A.[madeus] Mozart: Marsch i den tyrkiske Smag
[KV 300 i = 331, III]   61— 63

[26] [Gottlob Benjamin] Roesler: Rundsang „Ædle Hjerters Søster,
Glæde!" (Frankenau)   64— 65

[27] [Daniel] Steibelt: Sonatine (Romanze. Moderato — Rondo
Allegro)   66— 67

[28] A.[nton] Eberl: Rondo   68— 69

[29] [Nicolas] Dallayrac [!]: Arie med Variatoner [!] (Andante —
Var. 1)   70— 71

[30] [Wolfgang Amadeus] Mozart: Adagio   71

[31] [Johan Henrik] Lorentz: Zoraides Klage ved Rosentræet „O Rosenbusk, hvor blid var ei din Fred" (H. W. Lundbye nach
Florian)   72

2. Bind [1802/1803]:

[32] [Antonio Bartolomeo] Bruni: Ouverture til: Mødet paa Reisen
[= La Rencontre en Voyage]   1— 6

[33] [Antonio Bartolomeo Bruni]: Vaudeville af samme [= Mødet
paa Reisen] „Endskiønt jeg ei har villet" (A. G.
Thoroup)   7

[34] [Antonio Bartolomeo Bruni]: Arie af samme [= Mødet paa
Reisen] „Hvo paa at reise falder" (A. G. Thoroup)   8— 9

[35] [Antonio Bartolomeo Bruni]: Arie af samme [= Mødet paa
Reisen] „Han var saa from" (A. G. Thoroup)   10— 11

[36] [Ferdinand] Kauer: Favoritvise af: Daß [!] Donauweibchen
„Es hat die Schöpferinn der Liebe" — „Os Elskovs
hulde Skaberinde" (Frankenau)   12

[37] B.[ernard] Viguerie: Slaget ved Marengo. Et musikalsk Malerie
[Op. 8]   13— 24

[38] [Nicolas] Dalajrac [!]: Arie af: Huuskiøbet [= La Maison à
vendre] „Forelsket, liig en Oltids Digter"   25— 27

[39] [Nicolas] Dalajrac [!]: Arie af samme [= Huuskiøbet] „Stoler
kun paa Mandfolks falske Eeder!"   28— 31

[40] [Joseph] Haydn: Favoritrondo af Krigs-Symphonie [Hob. I,
Nr. 100, II]   32— 36

[41] [Joseph] Haydn: Walzer [Hob. I, Nr. 97, III: Trio]   37

[42]   [Luigi] Cherubini: Romance af: De to Dage [= Les Deux
         Journées] „En Savojard laae paa en Stii"   38— 41

[43]   [Luigi Cherubini] : Romance af samme [= De to Dage] „Evige
         Gud, mit Fied du lede" (N. T. Bruun)   42— 45

[44]   [Ignaz] Pleyel: Scherzando   46— 47

[45]   [Daniel] Steibelt: Rondo   48

[46]   [Thomas] Bystrøm: Polonoise   49

[47]   [Daniel] Steibelt: Walzer   50— 51

[48]   [Henri-Montan] Berton: Arie af: Ponce de Léon „J et Slør,
         som Mængden forblinder" (L. Kruse)   52— 54

[49]   Romance (Pfte.)   55— 57

[50]   Lütger: Favoritarie af: Den lille Matros [= Gaveaux] med
         Variationer (Allegretto — Var. 1—3)   58— 60

[51]   Bøttcher: Tempo di Valzer   61

[52]   Citharspilleren „Jeg vandrer fra Bye og til Bye"
         (Baggesen)   62— 63

[53]   [Adalbert] Gyrowitz [!] : Rondo   64— 68

[54]   J.[oseph] Haydn: Arie af: De fire Aarstider [= Die Jahreszeiten]
         „Alt iler Jordens Dyrker hen" [Hob. XXI, 3, 3b]   69— 72

Femte Aargang [1804/1806]

1. Bind [1804/1805] :

[1]   [Claus] Schall: Klaveerudtog af Musik til: Balletmester
         Galleottis pantomimiske Epilog   1—   3

[2]   [Henri-Montan] Berton: Arie af: Ponce de Léon „Stolt I troe
         hver og een"   4—   6

[3]   [Olof] Åhlström: Polonoise   7—   9

[4]   [Vincenz] Mascheck: Bøhmisk Almuesang med Variationer
         (Tempo di Walzer [Ach, du lieber Augustin] — Var.
         1—4)   10— 11

[5]   [Johann Heinrich Carl] Bornhardt: Vaarsang „Atter Vaaren
         Jorden fryder" (R. Frankenau)   12

[6]   [François Adrien] Boieldieu: Ouverture til: Califen af Bagdad 13— 18

[7]   [Jean-Pierre] Solié: Romance af: Lønkammeret [= Le Secret]
         „Du forsvandt Haabets flygtige Straale"   19

[8]   ([Jean-Pierre] Solié): Romance af samme [Lønkammeret]
         „Hør Skiønne! hvis I prøve vil?" (A. G. Thoroup)   20— 21

[9]   [Adalbert] Gyrowitz [!] : Sonatine (Andante — Allegro mo-
         derato)   22— 23

[10]   [Ludwig van] Beethoven: Rondo Allegro   24

[11]   [Ferdinand] Kauer: Vaaren „See Vaaren sig nærme!"
         (Frankenau)   25

[12] [Daniel] Steibelt: Søeslaget [= Le Combat naval, Op. 41]   26— 36

[13] [Etienne Nicolas] Méhul: Romance af: Skatten [= Le Trésor
      supposé] „Een Tanke blot bestandig nære"   37

[14] [Ludwig van] Beethoven: Balletstykker (Adagio [Op. 43, 15] —
      a la Polacca [Op. 43, 6: Allegro]   38— 39

[15] [Etienne Nicolas] Méhul: Arie (Lisette, Dorval, Crispin) af:
      Skatten [= Trésor supposé] „Troe mit Ord, jeg Dem
      sværger til"   40— 43

[16] [Charles François] Dumonchau: Allegro Brillante   44— 47

[17] [Jean-Pierre] Solié: Arie (Marque) af: Lønkammeret [= Le
      Secret] „Fordum det et Ordsprog var"   48

[18] [Friedrich Heinrich] Himmel: Valtsesang „Hører I Schwalber-
      nes Hvirvledands?" (H. G. Sveistrup)   49

[19] [Joseph Augustin] Gürlich: Balletstykker   50— 51

[20] [Friedrich Heinrich] Himmel: Yndlings Polonoise   52— 53

[21] [François Adrien] Bojeldieu [!]: Romance af: Califen i Bag-
      dad „Fra den Dag af, hans Kjækhed lærte" (T. Thaarup) 54— 55

[22] [Johann Ladislaus] Dussek: Sonate [Op. 46, 1]   56— 59

[23] [François Adrien] Bojeldieu [!]: Vise af: Califen i Bagdad,
      „Kjerligheds Held, troer een at finde" (T. Thaarup)   60

[24] [Charles François] Dumonchau: Allegro Scherzando   61— 63

[25] [Ferdinand] Kauer: Favoritvise af: Daß [!] Donauweibchen
      „Die Liebe macht das Leben süss" — „Med Roser
      Elslov strøer vort Fied" (Frankenau)   64

[26] [Carl] Möser: Contradands af: Biergskotter [= Bergschotten],
      opført paa den store Maskerade i Berlin [12. März 1804]65— 67

[27] [Daniel] Steibelt: Rondo   68— 69

[28] H.[einrich] Gross: Andantino   70— 71

[29] [Johann Ladislaus] Dussek: Allegretto [Op. 46, 3, II]   72

2. Bind [1805/06]:

[30] [Pierre] Gaveaux: Arie af: Skielmen i sin egen Snare [= Le
      Trompeur Trompé] „Det unge Folk, det Lapsepak"   1

[31] W.[ilhelm?] Bach: Rondo   2— 3

[32] [Carl] Zeuner: Polonoise ‹opført paa den kayserlige Maskerade
      i Petershof›   4— 5

[33] [Friedrich Heinrich] Himmel: Selskabssang „Es kann schon nicht
      alles so bleiben" (Kotzebue) — „See, alt sig forandrer her-
      neden" (Frankenau)   6— 7

[34] D.[aniel] Steibelt: Pastorale   8— 9

[35] [Pierre] Gaveaux: Arie af: Skielmen i sin egen Snare „Blide
      Amor, Kierligheds Gud!"   10— 11

[36] [Johann Ladislaus] Dussek: Rondo [Op. 46, 5, II] 12

[37] [François Adrien] Bojeldieu [!] : Ouverture til: Tante Aurore 13— 19

[38] [Nicolas] Dalayrac: Recitativ og Romance af: Camilla (Rec.)
„O Gud! skiøndt Qvaler mig fortære" (Romance) „O!
elskte Barn, hviil paa mit Skiød" 20— 21

[39] [Henri-Montan] Berton: Rondo af: Ponce de Léon „Mellem
Frygt og Haab jeg strider" 22— 24

[40] [Ignaz] Pleyel: Sonatine (Allegro Maestoso — Rondo) 25— 29

[41] [Pierre] Rode: Polonoise 30— 31

[42] [Nicolò] Isouard: Arie af: Den utidige Fortrolighed [= Les
Confidences] „Ja, hendes Frygt, skal snart forgaae" 32— 36

[43] Frøken Gyllenhaal: De fem Skaaler „Jeg aldrig det for Vellyst
kiender" (Nach dem Schwedischen: Frankenau) 37

[44] [Johann Ladislaus] Dussek: Russisk Arie med Variationer
(Andantino moderato assai — Majore-Minore) 38— 39

[45] [Jean Baptiste Lemoyne] : Arie af: Rivalerne [= Les Prétendus]
„Her frem! hver Konstner, hver Kriger og Skiald!"
(Frankenau) 40— 43

[46] [Daniel] Steibelt: Yndlings Polonoise 43— 47

[47] [Nicolas] Dalayrac: Vise med Chor af: Camilla „Vor Møller
hjem ad skynder sig" 48

[48] Abbé [Georg Joseph] Vogler: Venskabs Ønsker paa høitidelige
Dage „Glæde varsler Dagens Vinge" (Frankenau) 49

[49] V.[ilhelm] Bach: Divertissement 50— 51

[50] [Daniel] Steibelt: Rondo 52— 53

[51] [Nicolò] Isouard: Arie af: Den utidige Fortrolighed [= Les Con-
fidences] „Saadan, Tilfældet alting mager" 54— 57

[52] [Ignaz] Pleyel: Thema med Variationer (Andante — Var. 1—5) 58— 60

[53] J.[ohann] F.[riedrich] Reichardt: Sang „Veed Du de Zoner,
hvor Citronen groer" (Frankenau, nach Goethe) 61

[54] [Jean-Baptiste] Du Puy: Polonoise No. 2 62— 66

[55] [Angelo] Tarchy [!] : Vise af: Fra Vertshuus til Vertshuus
[= D'Auberge en Auberge] „Alt efter Modens Lov
sig retter" (N. T. Bruun) 67

[56] [Angelo] (Tarchi): Rondo af samme [= Fra Vertshuus til
Vertshuus] „Den Mand, som vil behage" 68— 71

[57] [Rodolphe] Kreutzer: Marsch af: Lodoïska 71

[58] [Johann Ladislaus] Dussek: Rondo [Op. 46, 4, II] 72

Siette Aargang [1806/1808]

1. Bind [1806]:

(1)　　[Johan Henrik] Lorenz: Romance af: Fruentimmerhævneren,

	opført ved den Kongelige dramatiske Skoles Aabning „Ild var min Barm" (N. T. Bruun)	1
(2)	[Vincenz] Maschek: Rondo	2— 3
(3)	[Nicolò] Isouard: Mellemakt af: Den utidige Fortrolighed [= Les Confidences] Contradands	4— 5
(4)	Til min Søsters Bryllup „Skilt fra Dig ved Bølger" (Frankenau)	6
(5)	J.[ohann] F.[riedrich] Reichardt: Romance af: Rinaldo og Rinaldini „Her ved Havets aabne Bredder" (M. Rahbek)	7
(6)	[Johann Ladislaus] Dussek: Thema med Variationer [Op. 46, 6, II]	8— 9
(7)	[Charles François] Dumonchau: Divertissement	10— 11
(8)	[Christian Friedrich] Müller: Selskabssang „Det er ei værd at slide bort" (Frankenau, nach dem Schwedischen)	12
(9)	[Bernhard Anselm] Weber: Pantomime	13
(10)	[Nicolò] Isouard: Romance af: Michel Angelo [= Michel-Ange] „I Venedig leved' en Pige" (Frankenau) [„A Venise jeune fillette"]	14— 15
(11)	[Joseph] Haydn: Rondo [Hob. I, Nr. 88, IV]	16— 18
(12)	C. A. P.: Valz à la Robertson	19
(13)	[Jean Baptiste Lemoyne]: Vaudeville af: Rivalerne [= Les Prétendus] „Hæld Bryllup! den er Dands for Glædens Ven" (Frankenau)	20— 21
(14)	[Joseph] Gelinek: Favoritduett af: Den smukke Møllerpige med Variationer [Variationen Nr. 7 über das Duett „Nel cor più non mi sento" aus „La Molinara" von Paisiello]	22— 24
(15)	[Nicolas] D'Alayrac: Sang af: Familien fra America [= La Famille américaine] „Skiønt seirende over al Jorden" [„Souvent l'hymen souffre"]	25
(16)	[Paul?] Wranisky [!]: Yndlings Polonoise	26— 27
(17)	[Joseph] Weigl: Favoritmarsch af: Uniformen [= L'Uniforme]	28— 29
(18)	[Giovanni] Paisiello: Pastorale for føelsomme Spillere	29
(19)	[Angelo] Tarchi: Romance af: Fra Værtshuus til Værtshuus [= D'Auberge en Auberge] „Det milde Bud Naturen Giver"	30— 31
(20)	[Ludwig van] Beethoven: Andante udi den spanske Smag	32— 33
(21)	[Etienne Nicolas] Méhul: Duett (Helene, Paul) af: Helene [= Héléna] „En Digter, en redelig Mand" [„Un beau troubadour"]	34— 36
(22)	[Etienne Nicolas Méhul]: Romance af samme [Helene] „Elicio tilbad Nanette"	37
(23)	[Pierre] Rode: Arie med Variationer [Op. 10]	38— 41

(24)   [Angelo] Tarchi: Arie af: Fra Vertshuus til Vertshuus [!]
        „Forgieves Rosen dølger"   42— 43

(25)   [Friedrich Ludwig] Seidel: Rondo   44— 45

(26)   B. G. F. Ahlhelm: Krigswalzer [Walse militaire]   46— 48

(27)   J.[ohann] F.[rederik] Grønland: Romance af: Frejas Alter,
        et Syngespil „I Kierligheds Lund hugger jeg her"
        (A. Oehlenschläger)   49— 54

(28)   [Joseph Augustin] Gürlich: Sonatine (Largo — Allegretto)   55— 57

(29)   [Ludwig van] Beethoven: Polonoise   58— 59

(30)   [Nicolas] D'Alayrac: Romance af: En Times Ægteskab [= Une
        Heure de Mariage] „Ja, hvert et Ord endnu jeg veed"
        [„Il m'en souvient"]   60

(31)   F.[rédéric] A.[uguste] Lemière: Slaget ved Jena, et musikalsk
        Malerie [Op. 36]   61— 72

2. Bind [1808]:

(32)   [Wolfgang Amadeus] Mozart: Arie [Don Giovanni] af:
        Don Juan „Kiølige Druer, Kierligheds Luer"
        (L. Kruse) [KV 527, 12]   1— 3

(33)   ([Wolfgang Amadeus] Mozart): Arie [Zerlina] af samme
        [= Don Juan] „Klynk ei din Stakkel!" [KV 527, 19]   4— 5

(34)   J.[ohann] H.[einrich] C.[arl] Bornhardt: Lette Variationer
        paa Foraarssangen „Velkommen, livsalige Aften!"
        (Andante — Var. 1—8 — Adagio)   6— 8

(35)   [Etienne Nicolas] Méhul: Romance af: Paschaen i Suresne
        [= Une Folie ‹ Ungdom og Galskab ›] „Vi ere i vor
        Alders Vaar" (N. T. Bruun)   9

(36)   V.[alentin] Nicolai: Rondo   10— 11

(37—38)   Svenske Balletstykker (No. 1. Allegro. No. 2. Allegretto) 11— 12

(39)   B.[ernhard] A.[nselm] Weber: Marsch og Pantomime   13

(40)   [Joseph Augustin] Gürrlich: Sonatine (Pfte. 4 hdg.) (Andante
        grazioso)   14— 17

(41)   [Domenico] Cimarosa: Arie af: Den hemmelige Forlovelse [= Il
        Matrimonio segreto] „O! forlad mig gode Herre" (Spo-
        ron)   18— 23

(42)   [Daniel] Steibelt: Mellemspil (Andantino grazioso)   23

(43)   Mennesket, en Sang „Hvad troer du Mennesket at være?"
                (Frankenau, nach Schiller)   24

(44)   [Johann Heinrich Carl] Bornhardt: Variationer paa Selskabssan-
        gen „Nyd Livets korte Morgenrøde" (Andante — Var.
        1—7 — Coda)   25— 28

(45)   Toleranzvise „Held Pigen som tæller sit fiortende
                Aar!" (Frankenau, nach dem Deutschen)   29

(46) F.[rançois] Gebauer: Polonoise   30— 31

(47) [Ignaz] Pleyel: Rondo   32— 35

(48) [Bernhard Anselm Weber]: Favoritmarsch af: Die Weihe der
      Kraft   35

(49)   Glædens Bud, en Selskabsang ,,Snart er din Ungdomstid
           forsvunden'' (Frankenau, nach dem Schwedischen)   36

(50) [Ferdinand Kauer]: Favorit Ouverture til: Die Sternenköniginn
      [= Das Sternenmädchen im Meidlinger Walde]   37— 42

(51) [Nicolas] Dalayrac: Romance af: Slottet Montenero ,,Midt i
      Ardenner Skovens Øde'' (N. T. Bruun)   43

(52) [Johan Fredrik] Palm: Jeg kan og Jeg kunde, (Selskabssang)
      ,,Tag frem min Harpe, jeg vil sinnge'' (N. T. Bruun)   44

(53) [Daniel] Steibelt: Sonatine [Op. 29, 1]   45— 47

(54)   Uhrforagteren ,,Min Ven! hvad nytter det at give Tiden
           Love?'' (N. T. Bruun, nach dem Schwedischen)   48

(55) [Jean] La Tour: Marsch for de franske Tropper   49

(56) [Friedrich Franz] Hurka: Seilladsen ,,O, glade lyksalige Dage!''
      (N. T. Bruun, nach dem Deutschen)   50

(57) [Friedrich Franz Hurka]: Pigen til sin Elsker. Svar paa Seil-
      ladsen ,,Ja, det var lyksalige Dage!'' (N. T. Bruun)   51

(58) [Daniel] Steibelt: Rondo for Damer (Pfte. 4 hdg.)   52— 55

(59)   Venskab, ,,Træt jeg vandrede paa Livets Sti'' (N. T.
           Bruun, nach dem Schwedischen)   56

(60) ([Charles François] Dumonchau): Allegro   57— 59

(61) [Christian Friedrich] Müller: Drikkevise ,,Den Hytte, som er
      Bacchi Bolig'' (N. T. Bruun)   60

(62) F.[riedrich] H.[einrich] Himmel: Thema med Variationer
      (Andantino grazioso — Var. 1—6)   61— 63

(63) L.[udvig] Zinck: Sang af: Tvillingerne fra Bergamo ,,En tro og
      kiærlig Elsker''   64

(64)   Vor første Pligt, Selskabssang ,,Hvad er vor første Pligt?''
           (N. T. Bruun, nach dem Schwedischen)   65

(65) [Wolfgang Amadeus] Mozart: Sonatine [Sonate KV 545, I]   66— 68

(66) [Nicolò Isouard]: Romance af: Pleiesønnen [= Léonce] ,,Da jeg
      ham saae, jeg følde noget her'' (N. T. Bruun)   69

(67) [Nicolò Isouard]: Vise af samme [= Pleiesønnen] ,,Der siges at
      i Ægtestanden'' (N. T. Bruun)   70

(68) [Nicolò Isouard]: Arie af samme [= Pleiesønnen] ,,Ja! skiøn
      du er, o Ægtestand!'' (N. T. Bruun)   71

1797

The Piano-Forte Magazine.

London: Printed for Harrison ([ab Vol. V:], Cluse,) and Co. No. 18, Paternoster Row, ([ab Vol. IV, 3:] No. 78, Fleet Street, [ab XVI, 5:] No. 108 Newgate Street.)

[1797–1802]: Vol. I–XVI.

D Mbs – **GB** Bu ([1797–1802*]); Cu ([1797–1802*]); Lbm ([1797–1802*]); Lcm ([1797–1798]: I–VI); Lcs ([1797–1802*]); Lu ([1797–1800]: I–V, VII–X, XIII); LVu ([1797–1802*]); STm ([1797–1802*]); T ([1797–1802*]) – **NL** At ([1797]: I, 9)

Vol. I:

1.	[Samuel] Arnold: The Agreeable Surprize, a Comick Opera in Two Acts, as performed at the Theatre Royal in the Hay-Market [Kl. A. mit Text]	5– 40
2.	William Jackson of Exeter: Twelve Canzonets for Two Voices [mit Bc., Op. 9]:	

I.	„Time has not thinn'd my flowing hair"	4– 7
II.	„The day that saw thy beauty rise"	8– 9
III.	„From the plains from the woodlands and groves"	10– 13
IV.	„Now I know what it is to have strove"	14– 15
V.	„Ah where does my Phillida stray"	16– 19
VI.	„The pilgrim that journeys all day"	20– 22
VII.	„Take oh take those lips away"	23– 25
VIII.	„O Venus hear my ardent pray'r"	26– 28
IX.	„Do not unbind two gentle hearts"	29– 31
X.	„Sad is my day and ling'ring night"	32– 33
XI.	„Ah what avails thy lover's pray'r"	34– 36
XII.	„Alas from the day that we met"	37– 39

3.	Charles Frederick Abel: Six Sonatas for the Piano Forte, with an Accompaniment for a Violin [Op. 5]	2– 44
4.	Thomas Carter: Canons, Glees and Catches, for Two, Three and Four Voices:	

Glee „Will you never from me part" (2 Singst., Bc.)	6	
Glee „Fra' Martino companajo" (3 Singst.)	7	
Song „When the vine's balmy juice" (Vl., Singst., Pfte.)	8– 9	
Trio „Che affanni oh che pene" (3 Singst.)	10– 11	
The Irish Echo Catch „Echo, echo, how do you do" (3 Singst.)	11	
Duo „Tiranno, amor, deh lasciate mi" (2 Singst., Bc.)	12– 13	

Glee ,,Why all this whining" (2 Singst., Pfte., Bc.)   14

Glee ,,Vo cantare voglio cantare" (3 Singst.)   14— 15

Canon in the 5th below ,,Non nobis,
Domine" (3 Singst.)   15

Serious Glee ,,'Twas on a pleasant morning"   16— 17

Canon Four in one ,,Unto thee, O my strength"
(4 Singst.)   18— 19

Canon Three in one ,,Cantabunt labia mea quando"
(3 Singst.)   19

Glee ,,Bid the festive glass go round" (3 Singst.)   20— 27

5.   J.[ohann] S.[amuel] Schroeter: The Field of Battle for the Piano
Forte [= The Conquest of Belgrade]   3— 14

[5a]   I.[gnaz] Pleyel: A Select Collection of Favourite Airs and Rondos
for the Piano Forte:

I.   Allegro   3

II.   Minuetto   3— 4

III.   Allegretto — Variation   4— 5

IV.   Allegro   6

V.   Rondo   7

VI.   Andante (Var. 1—2)   8— 9

VII.   Allegretto   9— 10

VIII.   Allegro   11

IX.   Gratioso   12— 13

X.   Andante con Var. (Var. 1—5)   14— 17

XI.   Gratioso   17

6.   [Joseph] Haydn: A Favourite Lesson for the Piano Forte:
Sonata [Hob. XIV, Nr. 4]   3— 9

7.   Six Favourite Songs for the Voice and Piano Forte (Harrison):

1. [Samuel] Webbe: The Nonpareil ,,Through nature
I have sought"   4— 5

2. [James] Hook: I love them all ,,Some men with
rapture view"   6— 7

3. [Michael] Arne: The Seasons of Love ,,When the
blossoms of spring"   8— 9

4. [Jonathan] Battishill: Red and White ,,Pleas'd let
the dangling fop delight"   10— 11

5. [Thomas] Carter: Rosy Morning ,,Ere the lark with
eager flight"   12— 13

6. [Samuel] Arnold: William ,,My William left his
Nancy"   14

8. Love in a Village, a Comick Opera, as performed at the Theatres
    Royal, Covent Garden and Drury Lane. The Musick by Handel,
    Baildon, Giardini, Boyce, Festing, Paradies, Arne, Geminiani, Agus,
    Howard, Galuppi, Abos (Abel, Weldon, Larry Grogan, Carter, Car-
    ey, Barnard) &c. for the Piano Forte, Voice, German Flute or Gui-
    tar   5— 82

Vol. II:

1. I.[gnaz] Pleyel: A Celebrated Concertante for the Piano Forte
    [Nr. 1]   2— 12

2. [Johann Friedrich] Edelman: A Celebrated Overture for the
    Piano Forte [Op. IV]   2— 10

3. [Samuel] Arnold: Peeping Tom of Coventry, a Comick Opera in
    Two Acts, as performed at the Theatre Royal in the Hay
    Market [Kl. A. mit Text]   3— 40

4. [Pietro Alessandro] Gulielmi [!]: The Four Favourite Italian
    Overtures:

    1. Il Viaggiotore   3— 7

    2. Orlando   8— 13

    3. Il Carnovale de Venezia   14— 19

    4. Il Desertore   20— 25

5. A Collection of Overtures and Symphonies by Vanhall, Ditters,
    Martini, Bach of Berlin, Stamitz and Cimorosa [!]:

    1. Vanhall: Favorite [!] Overture   3— 14

    2. [Carl] Ditters [von Dittersdorf]: Overture [= Perio-
       dische Ouverture. Sinfonia XXXVIII]   16— 23

    3. Martini: Grand Overture   25— 39

    4. [Carl Philipp Emanuel] Bach of Berlin:Symphonie   41— 48

    5. [Johann] Stamitz: Overture   49— 61

    6. [Domenico] Cimarosa: Overture (Vl., Pfte.)   62— 73

6. A Select Collection of new Favourite and Popular Songs by the
    most Celebrated Composers:

    [1.] Michael Arne: Dear Mary „Farewel [!] to Old
         England"   6— 7

    2. [Jonathan] Battishill: Celadon „Tho' his passion in
       silence"   8— 9

    3. [Thomas Augustine] Arne: Homeward Bound „Loose
       evry sail to the breeze"   10— 11

    4. [James] Hook: To the Greenwood gang wi me „To
       speer my love"   12— 13

    5. Samuel Webbe: The Caution „Ah tell me my Anna"   14— 16

    6. [Thomas Augustine] Arne: Every one's Liking
       „When kind friends expect"   17— 20

7. [Samuel] Arnold: Contrition „Go perjur'd wretch!"
(Harrison) 21

8. [Jonathan] Battishill: A Hunting Song „The whistling plowman" 22— 23

9. Michael Arne: Jamie Gay „As Jamie Gay gang'd blithe
his way" 24— 25

10. [Jonathan] Battishill: The Lover's Rhapsody „O forbear to bid me" 26— 27

11. Percy: The Sentimental Shepherd „Tho' my flocks
range o'er pastures" (Harrison) 28— 29

12. [James] Hook: Ballanden's Braes „It was high o'er
the murelands" 30— 31

13. [Samuel] Arnold: The Disconsolate Shepherd „Ye
swains that insult o'er my woe" 32— 33

14. [Samuel] Arnold: Smiling Nan „What should sailors
do on shore" 34— 36

15. Hunting Song „Ye sluggards who murder" 37— 39

16. Th.[omas] A.[ugustine] Arne: Rule Britannia „When
Britain first at heav'ns command" 40— 41

17. [Stafford Smith]: The Anacreontick Song
„To Anacreon in heav'n" 42— 43

18. „The Hounds are all out" 44

19. The Pigeon „Why tarries my love" 45

20. Kate of Aberdeen „The silver moons enamoured beam" 46— 47

21. Fal lal la „A Shepherd lost his blooming
maid" 48— 49

22. Britons strike home „To arms your ensigns
strait display" 50— 51

23. Th.[omas] A.[ugustine] Arne: „To keep my gentle
Jessy" 52— 53

24. „When 'tis Night" 54— 55

25. „In the dead of the night" 56— 57

26. Fair Rosale „On that lone bank" 58— 59

27. Hark away „Hark away 'tis the merry ton'd
horn" 60

28. Galliard: The Early Horn „With early horn salute" 61— 63

29. J. Moulds: The Primrose Girl „Come buy of poor
Kate primroses" 64— 65

30. H. Carey: Sally in our Alley „Of all the girls" 66— 67

31. „Encompass'd in an angel's frame" 68— 69

32.	The Storm ,,Cease rude Boreas blustring railer"	70— 71
33.	The Fox Hunter ,,Come rouse brother sports-men the hunters all cry"	72— 73
34. [Samuel] Webbe: Yes and No ,,When by some fa-vour'd youth"		74— 76
35. [Ignaz] Pleyel: Henry's Cottage Maid ,,Ah! where can fly my souls true love"		77
36.	Auld Robin Gray ,,When the sheep are in the fauld"	78— 79
37. [James] Hook: The Wooing Days ,,Happy are the days of wooing"		80— 81
38.	,, 'Twas within a mile of Edinborough Town"	82— 83
39.	,,Hush ev'ry breeze"	84— 85
40. [Samuel] Webbe: The Ties of Friendship ,,How sweet are the ties"		86— 87
41.	Sandy and Alice ,,Young Sandy was press'd from his Alice's side"	88— 89
42. [Thomas] Carter: Good Liqor ,,My voice tho' discor-dant"		90— 92
43. [Henry] Purcel [!] : Mad Tom ,,Forth from my dark and dismail cell"		93— 99
44.	Hunting Song ,,Now the hill tops are burnish'd"	100—101
45.	Bonny Blithsome Nanny ,,Farewell ambition's gilded toys"	102—103
46.	,,De'el take the warr"	104—105
47.	,,Shepherds I have lost my love"	106—107
48.	Queen Mary's Lamentation ,,I sigh and la-ment me in vain"	108—109
49. [James] Hook: Hunting Song ,,How smooth glides the stream"		110—112
50.	God save the King ,,God save great George our King"	113
51.	A Hunting Song ,,The morning is charming"	114—115
52.	The Mansion of Peace ,,Soft Zephyr on thy balmy wing"	116—117
53.	,,Begone dull care"	118—119
54.	,,O' say bonny lass"	120—122
55. [Jonathan] Battishill: The Power of Wine ,,See the jolly god appears" (C-T, T, B, Bc.)		123—128

7.   Dominico Paradies: A Favourite Minuet with Variations (Var.
      1—5 — Presto)   4—   9

8.   [Johann Adolf] Hasse: A Favourite Concerto [Op. IV, No. 1]   4— 11

9.   [Thomas Augustine] Arne: Artaxerxes, a Serious Opera   5— 93

Vol. III ([ab Nr. 7: Pl. Nr.] 40—50):

1.   W.[olfgang] A.[madeus] Mozart: A Favourite Air [J. P. Duport]
      adapted with Variations [KV 573]   3— 14

2.   [Thomas Augustine] Arne: Comus, a Masque [Milton], as it is
      performed at the Theatres Royal Drury Lane and Covent
      Garden [Kl. A. mit Text]   5— 43

3.   [Bonifazio] Asioli: A Celebrated Air   3— 10

4.   [Franz Koczwara]: The Battle of Prague for the Piano Forte   4— 17

5.   [Karl Heinrich] Gzaun [!]: The Battle of Rosbach, a Favourite
      Sonata for the Piano Forte   3— 13

6.   [Johann Christian] Bach: Celebrated Concerto for the Piano
      Forte from Opera 13 [No. 4]   3— 22

7.   M.[ichael] Arne: Cymon, a Dramatic Romance, as performed at
      the Theatre Royal Drury Lane [Kl. A. mit Text]   5— 94

8.   C.[arl] F.[riedrich] Abel: Six Overtures [Op. 1], composed and
      adapted for the Piano-Forte   5— 40

9.   W.[olfgang] A.[madeus] Mozart: Marche des Marriages [!]
      Samnites, et l'Air de Julie, [„Lison dormait"] with
      Variations (Thema — Var. 1—9) [KV 315 d (264)]
      [A. E. M. Grétry] (Thema — Var. 1—8) [KV 374 c
      (352)] [N. Dezède]   5— 30

10.   F.[ranz] Kotzwara: The Agreeable Surprize, a favourite Sonata
      for the Piano Forte   5— 16

11.   [Johann August] Just: Favourite Concerto for the Piano Forte   5— 16

12.   [John] Burton: The Courtship, the Chace, and Tit for Tat
      (Rondeau), Three favourite Concertos for the Piano
      Forte [Ten Sonatas. No. 6. Moderato. No. 1. Allegro.
      No. 2. Rondo. No. 8. Giga in Rondeau Form]   4— 19

13.   [Domenico] Paradies: Celebrated Concerto for the Piano Forte   3— 14

14.   L.[eopold] Koželuch: Favourite Overture ... for the Piano Forte 3—   8

Vol. IV ([Pl. Nr.] 51—64):

1.   William Shield: Rosina, a Comic Opera, as performed at the Theatre
      Royal, Covent Garden ([Komponisten:] Paxton, Sacchini,
      Shield) [Kl. A. mit Text]   5— 44

2.   [Joseph] Haydn: The Celebrated Overture, La Chasse ... ,
      adapted for the Piano Forte [Hob. I, Nr. 73]   3— 20

3. [Georg Friedrich] Handel: Eight Select Overtures from Oratorios:

[1]	Occasional Oratorio	5– 11
[2]	Saul	12– 22
[3]	Esther	23– 28
[4]	Deborah	29– 34
[5]	Time & Truth	35– 39
[6]	Solomon	40– 44
[7]	Soloman [!]	45– 51
[8]	Jephta	52– 56

4. [Georg Friedrich] Handel: The Coronation Anthem [„Zadok the Priest"]   4– 9

5. [Jean] Vanhall: A Favourite Overture, for the Piano Forte (Sinfonia)   3– 12

6. [Carlo] F.[rancesco] Cesarini: A Concerto, composed for the Piano Forte [= Two Concertos, No. 1]   4– 9

7. C. [Johann] F.[riedrich] Lampe: The Celebrated Cuckoo Concerto   3– 6

8. [Franz Xaver] Richter: A Concerto, composed for the Piano Forte   4– 11

9. [Johann] Schobert: Deux Sonates pour le Piano Forte

   Sonata I   3– 11

   Sonata II: Pastorale   12– 22

10. V.[alentino] Niccolai: Six Sonatas for the Piano Forte   4– 59

11. Ja[me]s Hook: Six Familiar Sonatas   4– 41

Vol. V ([Pl. Nr.] 65–79):

1. [Thomas] Linley [the Elder] [und Thomas Linley the Younger]: The Duenna, a Comick Opera, as performed at the Theatre Royal, Covent Garden [Kl. A. mit Text]   3– 66

2. [Tommaso] Giordani: Six Sonatas for the Piano Forte (Op. 24)   3– 47

3. Three Celebrated English Overtures, adapted for the Piano Forte:

   [1] [George Rush]: Royal Shepherd   1– 7

   [2] [François Hippolyte Barthélémon]: A Peep behind the Curtain [Orpheus]   8– 13

   [3] [Thomas Butler]: Widow of Delphi   14– 20

4. F.[rancesco] Giuliani: Six Sonatas for the Piano Forte, op. 6   4– 65

5. [Tommaso] Giordani: Six Sonatas for the Piano Forte [Op. 10]   3– 41

6. C.[harles] Dibdin: The Padlock, a Comic Opera, composed and adapted for the Piano Forte   4– 64

7. [Johann] Schobert: Two Sonatas for the Piano Forte   4– 24

Vol. VI ([Pl. Nr.] 80—96):

1. [Samuel Arnold]: The Maid of the Mill, a Comic Opera [Isaac
    Bickerstaffe], as performed at the Theatre Royal, Co-
    vent Garden [Kl. A. mit Text]   4— 99

2. G.[eorg] F.[riedrich] Handel: The Overture, Songs, and Recita-
    tives in the Messiah, a Sacred Oratorio   4— 41

3. Muzio Clementi: Six Sonatas for the Piano Forte [Op. 1]   4— 45

4. G. [eorg] F.[riedrich] Handel: The Overture, Songs, Duett and
    Trio in: Acis & Galatea, a Masque   4— 43

5. J.[ohann] S.[amuel] Schroeter: Six Sonatas for the Piano Forte
    Op. 2 d.   4— 43

6. [Charles Dibdin]: Lionel and Clarissa, or a School for Fathers.
    A Comic Opera [Isaac Bickerstaffe], as performed at
    the Theatres Royal, [A Pasticcio, arranged by Charles
    Dibdin] [Komponisten: Dibdin, Scolari, Galuppi,   3— 95
    Vento, Dr. Arne, Vinci u. Potenza]

Vol. VII ([Pl. Nr.] 97—113):

1. J.[ohn] Chalon: The Favourite Air in the Barbier de Seville
    with Variations for the Piano Forte (Andante ,,Tell
    tale eyes can ne'er dissemble" [,,Vous l'ordonnez"]
    [Paisiello] — (Var. 1—12)   3— 10

2. [Arcangelo] Corelli: Concerto composed for the Celebration
    of the Nativity [= Concerti Grossi, Op. 6, Nr. 8]   4— 12

3. [Johann] S.[amuel] Schroeter: Six Sonatas for the Piano Forte
    [Op. 4]   3— 28

4. A Favourite Collection of Familiar Rondos for the Piano Forte 3— 10

5. T.[homas] Busby: Six Sonatas for the Piano Forte [Op. 1]   4— 45

6. Six Sonatas for the Piano Forte:

    [1] ([Carl Philipp Emanuel] Bach): Sonata I [Wq Nr. 175:
        Sinfonie]   4— 11

    [2] ([Georg] Benda): Sonata II   12— 15

    [3] [Carl Heinrich] Gzaun [!]: Sonata III   16— 22

    [4] [Georg Christoph] Wagenseil: Sonata IV   23— 28

    [5] [Johann Adolph] Hasse: Sonata V   29— 35

    [6] [Johann Philipp] Kernberger [!]: Sonata VI   36— 39

7. Four Italian Overtures. Arranged for the Piano Forte by
    L.[aurent François] Boutmy [Op. 2]:

    [1] [Giuseppe] Sarti: Sinfonia   4— 8

    [2] [Giovanni] Paisiello: Sinfonia [Il Barbiere di
        Siviglia]   9— 15

    [3] [Giovanni] Paisiello: Sinfonia [Il Re Teodoro
        in Venezia]   16— 23

	[4] [Antonio] Salieri: Sinfonia [Overture in D]	24— 29
8.	Tommaso Giordani: Overture to the Elopement for the Piano Forte	4— 11
9.	Samuel Arnold: The Son in Law, a Comic Opera [J. O'Keeffe], as performed at the Theatre Royal in the Haymarket [Kl. A. mit Text]	3— 40
10.	[Samuel] Arnold: The Castle of Andalusia, a Comic Opera, as performed at the Theatre Royal, Covent Garden [Kl. A. mit Text]	4— 93
11.	Molini: „Of noble Race was Shenkin", a Celebrated Welch Air with Variations for the Piano Forte (Var. 1—7)	3— 6
12.	A Collection of Favorite [!] and familiar Pieces adapted for the Piano Forte:	

	[1]	Air russe	3	
	[2]	Madam Hilligsbergs Reel	3	
	[3]	Downfall of Paris	4—	5
	[4]	March	6	
	[5]	Le Reveil du Peuple	6	
	[6]	Caledonian Hunt	7	
	[7]	Fife Hunt	7	
	[8]	Lord Mac Donald's Reel	8	
	[9]	Marche des Marsillois	9	
	[10]	La [!] Boulanger	10	
	[11]	Lady Shaftsbury Reel	10	
	[12]	Dance in Paul et Virginie	11	
	[13]	Countess of Sutherlands Reel	12	
	[14]	Logie of Buchan	12	
	[15]	Earl of Hume	13	
	[16]	My Lodging is on the cold Ground	13	
	[17]	Money Musk	14	
	[18]	Jess Macpharlane	14	
	[19]	New German Waltz	15	
	[20]	Duke of Yorks Cotillion	15	
	[21]	Drops of Brandy	16	
	[22]	No 'twas neither shape nor Feature	16	
	[23]	Mac Gregor Aruaro	17	
	[24]	The Brunswick	17	
	[25]	Lock Grrock side	18	

Vol. VIII ([Pl. Nr.] 114—130):

1.	William Jackson of Exeter: Twelve Favourite Songs, Opera 4:		
	I. „Ye Shepherds so chearful"	4—	5
	II. „My banks they are furnish'd"	6—	7
	III. „Why will you my passion reprove"	8—	9
	IV. „Ye Shepherds give ear"	10—	11
	V. „Go gentle gales"	12—	15

VI.	„When absent from my souls delight"	16— 17
VII.	„O say thou dear possessor"	18— 21
VIII.	„Let me approach my sleeping love"	22— 23
IX.	„O Nancy wilt thou go with me"	24— 26
X.	„Ah what avails this sweetly solemn bow'r"	28— 33
XI.	„With Delia ever could I stay"	34— 37
XII.	„Whilst blooming youth and gay delight"	38— 45

2. [Tommaso] Giordani: Six Favourite Sonatas for the Piano
   Forte, Opera 27   4— 57

3. J.[ohann] A.[ugust] Just: Six Favourite Sonatas for the
   Piano Forte [= Sechs Trios, Op. XIII]   4— 51

4. Molini: The Fife Hunt, a favourite Scotch Air, with Variations
   for the Piano Forte (Allegretto — Var. 1—5)   3— 8

5. [Samuel] Arnold: The Spanish Barber, a Comic Opera, as performed at the Theatre Royal in the Haymarket [Kl. A.
   mit Text]   4— 43

6. Venanzio Rauzzini: Six Favourite Sonatas for the Piano Forte   4— 81

7. W.[illia]m Jackson: Twelve Canzonetts, Opera 13:

I.	„Ye nymphs and shepherds"	4— 7
II.	„Deluding joys of gaudy art"	8— 11
III.	„On pleasure's smooth wings"	12— 17
IV.	„To me had clouds o'erspread"	18— 21
V.	„Let fortune's angry tempest blow"	22— 25
VI.	„The breeze of love"	26— 29
VII.	„Love in thy eyes"	30— 33
VIII.	„If I love"	34— 37
IX.	„Ah the shepherd's mournful fate"	38— 41
X.	„No longer hope"	42— 45
XI.	„Whence comes my love"	46— 49
XII.	„What tho' I have skill"	50— 53

Vol. IX ([Pl. Nr.] 131—145):

1. [Franz Anton] Rosetti: Three Favourite Divertisements for the
   Piano Forte Op: 2 (Divertimento I—III)   4— 43

2. V.[alentin] Roeser: Twelve easy Lessons for the Piano, Opera 6
   (Sonata I—XII)   3— 45

3. The German Erata [!], a celebrated Collection of Airs by Haydn,
   Mozart, &c.:

   [Johann Abraham Peter] Schultz: Hymn to Nature „Holy Nature heav'nly fair"   3

   [Johann Friedrich] Reichardt: Song „Strew the way with fairest
   flow'rs"   4— 5

[Wolfgang Amadeus] Mozart: Duett „The manly heart with love
o'erflowing" [KV 620, 7]   6— 11

[Karl Ditters von] Dittersdorf: A Drinking Song „To Bacchus
dear Bacchus"   12— 13

[Wolfgang Amadeus] Mozart: Song „Within these sacred bowers"
[KV 620, 15]   14— 15

[Joseph] Haydn: Song „A prey to tender anguish"
[Hob. XXVI a, G 1]   16— 17

[Johann Abraham Peter] Schultz: Song „Blossom loveliest
flower"   18— 19

[Joseph] Haydn: Song „To sing of love's passion"
[Hob. XXVI a, 7]   20— 21

[Joseph] Haydn: Song „At Lucy's door was Colin seen"
[Hob. XXVI a, 4]   22— 23

[Johann Abraham Peter] Schultz: Song „Beneath a poplar's
friendly shadow"   24— 25

[Johann Abraham Peter] Schultz: Song „By moonlight's softest
lustre"   26

[Johann Friedrich] Reichardt: Song „Unnotic'd in the lonely
mead"   27

4.   [James] Hook: The Hours of Love, composed for the Voice and
Piano Forte (Sonnet I—IV):

        I.   Morning „Come come my fair one"   3— 5

        II.   Noon „Hush ev'ry breeze"   6— 9

        III.   Evening „E'er night assumes her gloomy reign"   10— 13

        IV.   Night „Night reigns around"   14— 15

5.   E.[Johann Friedrich] Edelmann: Four Sonatas for the Piano
Forte Op. II   4— 55

6.   C.[Jean Baptist] Vanhall: Six Favourite Sonatas for the Piano
Forte   4— 93

7.   Thomas Linley [the Elder]: The Camp, a musical Entertainment,
as performed at the Theatre Royal, Drury Lane   3— 43

Vol. X ([Pl. Nr.] 146—161):

1.   Thomas Linley [the Elder]: The Gentle Shepherd, a Pastoral
Opera, as performed at the Theatre Royal, Drury Lane   3— 36

2.   Philidor [recte: Pierre Alexandre Monsigny] & [Charles] Dibdin:
The Deserter, a Musical Drama, as performed at the
Theatre Royal, Drury Lane   3— 68

3.   Muzio Clementi: Six Sonatas for the Piano Forte [Op. 4]   4— 49

4.   [Thomas Augustine] Arne: The Fairy Prince, a Masque, as performed at the Theatre Royal, Covent Garden [Kl. A.
mit Text]   3— 42

5. Convivial Harmony. Being a Favourite Collection of Catches,
Canons, and Glees. Selected from the Works of the
Greatest Masters; for the Voice, and Piano Forte, by
Dr. [Samuel] Arnold:

No. I.	[Maurice] Greene: Round „How soft the delights"	3	
No. II.	Round „Come let us laugh"	4	
No. III.	„Great Bacchus born in thunder"	4—	5
No. IV.	Round „As Thomas was cudgel'd"	5	
No. V.	Round „Mortals learn your lives"	6	
No. VI.	„So peaceful rests without a stone"	6	
No. VII.	[Maurice] Greene: Round „I've lost my mistress"	7	
No. [V]III.	Round „Jolly mortals fill your glasses"	8	
No. IX.	„On the poor confin'd debtors"	8—	9
No. X.	„Hail hail green fields"	9	
No. XI.	Round „Come come all noble souls"	10	
No. XII.	„Prithee foolish boy"	10—	11
No. XIII.	Orlando Gibbons: Glee „The silver swan"	12—	13
[No. XIV.]	T.[homas] Morley (1595): Glee „Fair Phillis I saw sitting"	14—	19
[No. XV.]	Rogers: A favorite [!] Glee „Come come all noble souls" (A, T, B)	20—	21
[No. XVI.]	Gironimo Converso (1580): A favorite [!] Glee „When all alone my pretty love"	22—	25
[No. XVII.]	Tho[ma]s Ford (1636): A favorite [!] Glee „Fair sweet cruel"	26—	29
[No. XVIII.]	Jos.[eph] Baildon: A pastoral elegiac Glee „Adieu to the village"	30—	35

6. The Golden-Pippin, an English Burletta, as performed at the
Theatre Royal, Covent Garden. The Music compiled
from the works of the most celebrated Masters ([Kom-
ponisten:] Arne, Bates, Fiochietti, Francesco, Giorda-
ni, Monsignier [!]) [Kl. A. mit Text]   3— 83

Vol. XI ([Pl. Nr.] 162 A—175):

1.	[Giovanni] Paisiello: A celebrated Symphony [Overture], adapted for the Piano Forte (Vl., Cemb. oder Pfte.)	3—	14
[1 b]	Domenico Corri: A Concerto for the Piano Forte	4—	17
2.	[Nicola] Picini [!]: A Favourite Synphony [!], for the Piano Forte	4—	13
3.	Ignace Pleyel: Twelve easy Sonatinas for the Piano Forte	4—	21
4.	G.[eorg] F.[riedrich] Handel: Judas Maccabaeus, a Sacred Oratorio for the Voice, and Piano Forte	3—	83

5. [Johann Christian] Fisher: Celebrated Rondeau with Variations   3— 6

6. Ignace Pleyel: Three Sonatas, dedicated to the King of Prussia for the Piano Forte (Sonata I, 4th Suitte [!], Sonata II, 3d Suette [!], Sonata III)   4— 59

7. [Johann] S.[amuel] Schroeter: Six Concertos for the Piano Forte, Op: 3   4—101

Vol. XII ([Pl. Nr.] 176—191):

1. James Hook: The Hermit, a Poem by Dr. Goldsmith, set to Musick for the Piano Forte, Op. 24   4— 37

2. [Rodolphe] Kreutzer: Overture to Lodoïska   1— 9

[2 b] [James] Hook: Overture to the Lady of the Manor   2— 13

3. William Shield: The Poor Soldier, a Comic Opera, as performed at the Theatre Royal Covent Garden. Composed and selected [Kl. A. mit Text]   1— 40

4. William Shield: Robin Hood, a Comic Opera, as performed at the Theatre Royal Covent Garden. Composed and selected ([Komponisten:] Baumgarten, Bertoni, Giordani, Harrington, Lord Mornington, Shield, Smith) [Kl. A. mit Text]   1—100

5. John Chalon: Six Sonatinas for the Piano Forte, Op. 3   1— 36

6. [Joseph Haydn]: Three Sonatas for the Piano Forte Op: 40 [Hob. XV, Nr. 3—5]   1— 57

7. J.[ohn] C.[hristian] Luther: Eight easy and familiar Songs. The words chiefly written by T. S. Dupuis:

    [1]   Pastoral Cantata „Delia the brightest of the village train"   1— 4

    [2]   The Lover's Rhapsody „How sweet amidst the calm serene"   5

    [3]   Reflection „Pleasures leads the captive senses"   6— 7

    [4]   The Lover's Address to his Lute „Sweet lute attune thy mystic string"   8— 9

    [5]   The Landskip „Sequester'd in my native bow'r"   10— 11

    [6]   The Shepherd's Return, a Pastoral Dialogue „Why heaves that soft that piercing sigh"   12— 13

    [7]   The Comforts of a social life „In Summers cool shade"   14— 15

    [8]   The neglected Swain „As the Thames silent stream"   16— 17

Vol. XIII ([Pl. Nr.] 192—207):

1. Dramatic Harmony, a Collection of Favourite Songs, Airs, &c., introduced in Popular Performances at the Theatres

Royal in Drury Lane, Covent Garden and the Hay Market:

[1]   Smith: „How cruelly fated is woman to woe"
          (Comedy of the Chances)   2—   3

[2]   [Thomas Augustine] Arne: „No ice so hard so
          cold as I"   4—   9

[3]   [William] Boyce: „Sweetest bard that ever sung"   10— 13

[4]   M.[ichael] Arne: The Old Woman's Song. In Har-
          lequin's Invasion „Old women we are"   14— 17

[5]   [Jonathan] Batishall [!]: „Like sparkling cham-
          paigne" (The Foundling) (Vl. I, II, B)   18— 21

[6]   [Hippolyte] Barthélémon: „Tell not me of your
          Roses and Lillies" (Vl. I, II, B)   22— 24

[7]   [William Shield]: Robin Hood „The laughing
          powr's"   25

[8]   [William Shield]: Robin Hood „Hark the warb-
          ling choir sings"   26— 27

[9]   [William Shield]: Robin Hood „I'm just arriv'd
          from the holy land"   28— 29

[10] [William Shield]: Robin Hood „O love the parent
          of gay smiling"   30— 31

[11] [William Shield]: Robin Hood „The Vi'let nurs'd
          in woodland wild"   32— 39

[12]   „I am a brisk and sprightly lad" (The
          Spoil'd Child)   40

[13] [Samuel Arnold]: Siciliana „At the peacefull mid-
          night hour" (The Castle of Andalusia)   41— 47

[14] [Samuel Arnold]: „On by the spur of valor goa-
          ded" (The Castle of Andalusia)   48— 54

[15]   „Primroses deck the banks green side"   55— 56

[16] [Thomas Carter]: „Still the Lark finds repose"
          (Rival Candidates)   57— 59

[17]   „Since then I'm doom'd" (The Spoil'd
          Child)   60— 61

[18]   „To the winds, to the waves" (The Follies
          of a Day)   62— 63

[19] [William Jackson]: „When first this humble roof"
          (The Lord of the Manor)   64— 65

[20] [William Shield]: „No 'twas neither shape nor
          feature" (The Flitch of Bacon)   66— 67

[21] [Thomas Linley]: „In my pleasant native plains"
          (The Carnival of Venice)   68— 69

[22]   „The wand'ring sailor"   70— 72

[23]   [Barthélémon] : Catch „Oh what a pleasure it
       will be" (The Election)   73— 74

[24]   [Barthélémon] : Larghetto „Within this faithful
       bosom" (The Election)   75— 77

[25]   „Sons of freedom" (The Election)   78— 79

[26]   [Barthélémon] : Finale „Thus may freedom still
       make known" (The Election)   80— 83

[27]   With consent of ones friends" (The Divorce) 84— 87

[28]   [William Shield] : Duett (Tom, Biddy) „Try me
       Biddy you shall find" (The Divorce)   88— 91

[29]   „O force me not from him" (The Divorce)   92— 93

[30]   [Shield] : „Come gentle strains" (The Divorce)   94— 95

[31]   [William Shield] : „Good Lord how the seasons
       are vary'd" (The Divorce)   96— 97

[32]   [Charles Dibdin] : „Twas at the dark and midnight
       hour" (Jupiter & Alcmena)   98—100

[33]   [William Shield] : O welcome home my dearest
       Jack" (Lord Mayors Day [Pantomime])   101—105

[34]   [William Shield] : „There was an old woman"
       (Lord Mayors Day)   106—107

[35]   [William Shield] : „I'm the toast of half the
       City" (Lord Mayors Day)   108—109

[36]   The Borrow Womans Song „A very honest
       poor old woman"   110—111

[37]   [William Shield] : „London Town is just like a
       Barbers shop" (Harlequin Rambler)   112—115

[38]   [William Shield] : „Distress me with these tears"
       (Harlequin Rambler)   116—119

[39]   Roundelay „Trumpets cease your ratt'ling
       clangor"   120

[40]   The Blue Bell of Scotland, a favourite Ballad
       „Oh! where and oh where is your Highland
       Laddie gone" (Singst., Git.)   121—124

2.   J.[ohann] C.[hristian] Bach: Six Sonatas composed for the
       Harpsichord or Piano Forte, Opera 20   2— 41

3.   [Johann] Schobert: Two Sonatas, for the Piano Forte ‹ Opera 8 › 2— 20

4.   Leopold Koželuch: Three Sonatas for the Harpsichord or Piano
       Forte [= Trios für Pfte. und Streicher] ‹ Opera 27 ›   2— 68

5.   The Lass of Peaties Mill with Variations (Var. 1—5) 1— 6

6.   My ain kind dearie with Variations   7— 13

7.   [William] Boyce: Solomon, a Serenata, composed for the Harp-
       sichord or Piano Forte [Kl. A. mit Text]   1— 65

Vol. XIV ([Pl. Nr.] 209–223 B):

1. Ignace Pleyel: Three Sonatas for the Harpsichord or Piano Forte
    (Quatuor I–III)   2– 51

2. Three Irish and Scotch Airs, with Variations:

    [1] Croppies lie down, an Irish Air with Variations
         (Var. 1–4)   1– 5

    [2] Down the Burn Davy, a Scotch Air [von J. Hook],
         with Variations (Var. 1–3)   6– 9

    [3] Broom on Cowdenknows, a Scotch Air, with Varia-
         tions (Var. 1–2)   10– 12

3. [Georg Friedrich] Handel: L'Allegro, Il Penseroso, ed Il Moderato.
    For the Voice, Harpsichord and Piano Forte   2– 58

4. [Wolfgang Amadeus] Mozart: Airs with Variations for the Piano
    Forte, Ariette No. 20 [KV 25] [und] Ariette No. 2
    [KV 300 f (353)]   2– 19

[4a] [Wolfgang Amadeus] Mozart: Airs with Variations, Thema
     No. 18 [KV 299a (354)]   2– 17

[4b] [Wolfgang Amadeus] Mozart: Airs with Variations, Thema
     No. 14 (Var. 1–6) [KV 547b] [und] Menuetto
     No. 17 [KV 173c (180)]   2– 17

5. [Wolfgang Amadeus] Mozart: Airs with Variations, Fischers
    Minuet with Variations [KV 189 a (179)]   2– 19

6. J. Geary: Six [!] Canzonets for the Harpsichord or Piano Forte:

    [1] The Silver Rain „The silver Rain, the pearly dew"   1

    [2] As To'ther Day „As to'ther day fair Chloe stray'd"   2– 3

    [3] Come gentle Zephyr   4– 6

    [4] Pity the Sorrows   7– 9

    [5] Beauty blooms on ev'ry thorn   10– 11

    [6] Mary's Dream „The moon had climb'd the highest
         hill"   12– 15

    [7] Go gentle Zephyr   16

    [8] The Confession „With sorrow and repentance true" 17– 20

7. [André-Ernest-Modeste] Grétry: Richard Cœur de Lion, an
    Historical Romance ... adapted to the English Words,
    by [Thomas] Linley [the Elder]   2– 28

8. [Nicola Piccini]: Overture: La Buona Figliuola   2– 8

9. [Joseph] Haydn: La Reine de France, a Sinfonia Concertante,
    arranged for the Piano Forte [Hob. I, Nr. 85]   2– 22

10. [Joseph] Gelinek: Hope told a flatt'ring Tale with Variations
    „Ah! will no change of clime" (Var. 1–5) [= Variatio-
    nen über „Nel cor più non mi sento" aus: La Molinara
    von G. Paisiello]   1– 6

11. [Antonio Sacchini]: Overture: Œdipe à Colonne (Pfte.-Arr.: Lackwitt) 1— 9

Vol. XV ([Pl. Nr.] 224—238):

1. [Johann Franz Xaver] Sterkel: Twelve Pieces for the Harpsichord or Pianoforte op. 10
    1. Allegro assai 3— 6
    2. Marchia Majestoso [!] 7— 8
    3. Menuetto un poco lento 9
    4. Romance 10
    5. Polonese [!] 11
    6. Arioso 12— 14
    7. Presto scherzando 14— 15
    8. Non troppo Allegro più Grazioso 15— 18
    9. Adagio con espressione — Allegro 18— 20
    10. Vivace 20— 21
    11. Rondo Allegro 21— 24
    12. Tempo di Menuetto con Variazioni (Var. 1—6) 24— 28

2. J.[ohann] F.[ranz Xaver] Sterkel: Les Petites Beauté's. Six Pieces for the Harpsichord or Pianoforte, op. 24:
    1. Maestoso 3— 4
    2. Allegretto 4— 7
    3. Romance 8— 9
    4. Menuetto 10— 11
    5. Andantino 12— 15
    6. Chaconne 16— 20

3. [William] Jackson: Twelve Favourite Songs, Opera [1] (Singst., Vl.I, II, Pfte.):
    1. „The heavy hours are almost past" 2— 3
    2. „Blest as th'immortal Gods" 4— 9
    3. „For ever Fortune wilt thou prove" 10— 11
    4. „My days have been so wond'rous free" (Vl. I, II, Singst., B) 12— 15
    5. „In vain you tell your parting Lover" (Vl. I, II, Singst., Cemb.) 16— 17
    6. „The merchant to secure his treasure" (Vl. I, II, Singst., B) 18— 21
    7. „Ah why must words my flame reveal" 22— 23
    8. „To him who in an hour must die" 24— 27
    9. „Twas when the seas were roaring" 27— 30

10. „Waft me some soft"	31—	33
11. „While liquid odours round him breathe"	34—	35
12. „I anthe the lovely joy of her swain"	36—	37

4.   [Giusto] Ferdinando Tenducci: Four Sonatas for the Piano Forte 2— 35

5.   Giovanni Paisiello: A Favourite Sonata for the Piano Forte   2— 19

6.   Charles Stamitz: A Sonata for the Harpsichord or Piano Forte   2— 19

7.   Antonio Shammel [!]: Six Divertimentos for the Piano Forte
    [Op. 17]   1— 18

8.   A Favorite [!] Air with Variations (Moderato —
        Var. 1—5)   1— 4

[8a]   A Favorite [!] Air   4— 8

9.   [Wolfgang Amadeus] Mozart: Airs with Variations for the Piano
    Forte, Ariette No. 6 [KV 374 b = 360]   2— 9

10. Muzio Clementi: Two Sonatas for the Piano Forte [Op. 5, Nr. 1
    und 2]   2— 17

11. Leopold Koželuch: A Favorite [!] Sonata for the Piano Forte or
    Harp [= Concerto Nr. 1]   2— 21

12. Muzio Clementi: Three Sonatas for the Piano Forte [Op. 7]   2— 42

Vol. XVI ([Pl. Nr.] 239—250):

1.   [Joseph] Haydn: Two Favourite Airs in the Celebrated Oratorio of:
    The Creation „The marvellous work" [Hob. XXI, Nr. 2,
    4a] and „With verdure clad" [Hob. XXI, Nr. 2, 6b]   2— 20

2.   Mathias Vento: Six Sonatas for the Piano Forte, with an Accom-
    panyment [!] for the Flute or Violin   1— 41

3.   [Wolfgang Amadeus] Mozart: Airs with Variations for the Piano
    Forte, No. 10 [KV 613]   2— 19

4.   [James] Hook: The Aviary, a Collection of Sonnets. Properly
    adapted for the Voice, Harp or Piano Forte:

        I.   The Thrush „Sweet warbling Thrush"   2— 5

        II.   The Linnetts „Ye tunefull linnets bless my care"   6— 7

        III. The Goldfinch „The Goldfinch swells his little
            throat"   8— 11

        IV. The Robin Redbreast „Little bird with bosom red" 12— 13

        V.   The Nightingale „Nightingale no more complain" 14— 15

        VI. The Lark „Go tuneful bird"   16— 20

5.   Antonio Kammell: Six Sonatas for the Piano Forte or Harp
    Opera IX   2— 59

6.   Thirty Popular Airs, Reels, Dances &c. adapted for the Piano
    Forte:

        1. Air   3

	2.	Tink a Tink	4	
	3.	Madame Hilligsberg's Reel	4	
	4.	The Marquis of Huntly's Farewell	5	
	5.	Three Halfpence	5	
	6.	Viottis favorite [!] Pollacca [!]	6	
	7.	Aldrige's favorite [!] Hornpipe	7	
	8.	I lost my love & I care not	7	
	9.	The Princess of Wales's Reel	8	
	10.	La Visite	8	
[10a]		[March]	9	
	11.	Berllisle March	9	
	12.	O'er the Moor among the Hether [!]	10	
	13.	The Sailors Wife	10	
	14.	Astley's Hornpipe	11	
	15.	Lord Lowis Gordon	12	
	16.	Miss Polly Welsh	13	
	17.	Thro' the Wood of Favie	13	
	18.	A Favorite [!] Lesson	14	
	19.	Welsh Ho[r]npipe	15	
	20.	Dublin House	15	
	21.	The Village Maid	16	
	22.	There's Nea Luck About the House (Allegro — Var. 1−2)	17	
	23.	Miss Stewart's Gig	18	
	24.	Hamelton Races	19	
	25.	Moorland Willy	19	
	26.	Ally Croaker	20	
	27.	The Merry Dance	20	
	28.	Maggie Lawder	21	
	29.	Miss Admirall Gordon	22	
	30.	Brose and Butter	22	
7.		[Henry] Purcell: Come if you dare (Singst., Chor, Begl.)	2−	8
8.		[Georg Friedrich Händel] : Three Celebrated Italian Airs from: Alcina		
	1.	Verdi prati e selve amene	9−	12
	2.	Di cor mio quanto t'amai	13−	16
	3.	Un momento di contento	17−	20
9.		James Hook: The Double Disguise, a Comic Opera, performed at the Theatre Royal Drury Lane [Kl. A. mit Text]	2−	40

1798

Journal d'Apollon pour le Forte Piano, contenant Romances, Airs, Rondeaux, Ariettes, Ouvertures &c. Dédié aux Dames. Il paroitra chaque Dimanche un No. à compter du mois de Janvier 1798. Le dit Journal sera composé de 52 Nos. [No. 1: 7. Januar 1798.]

A Hambourg, chez J. J. Mees Fils ([ab 4. 1801:] Chez Mees père et Comp.[agn]ie). Editeur du Journal à la Comédie françoise.

Année 1. 1798 – 7. [1804], No. 43.

B Bc (1. 1798, 1–17, 19–30, 32–42, 46–48, 51/52; 2. [1799], 1/2–4, 6–7/8/9, 12–14, 17–27, 29/30–[34/35], [38/39/40]–52; 3. [1800], 1/2–3, 6–[13/14], 17/18–19/20, 23, 26–35/36, 40–46/47) – **CH** Bu (2. [1799], 27) – **D** AB (1. 1798, 1–37, 51–52; 2. [1799], 4–5, 9, 29/30, 32–33, [38/39/40]; 3. [1800], 1, 2–3, 5–7); Bim (M/X: 1. 1798, 1–42, 46–48, 51/52; 2. [1799], 1/2–7/8/9, 12–14, 17–52; 3. [1800], 1/2–3, 5–13/14, 17/18–19/20, 23, 26–35/36, 40–46/47; X: 4. [1801], 1, 25–26, 33/34, 44/45; 5. [1802]; 6. [1803], 17–19, 24/25–26, 28/29–35, 38–39, 42–51/52; 7. [1804]); EU (2. [1799], 26); Hs (5. [1802]; 7. [1804]); KIl (1. 1798, 10–12, 31, 42); LÜh (2. [1799], 20, 22/23, 26–28, 32/33, 36/37, 38/39/40–43); SW (6. [1803], 17–19, 24/25–26, 28/29–35, 38–39, 42–51/52); WRz (4. [1801], 33/34, 44/45; 5. [1802], 11/12, 36/38) – **I** Mc (4. [1801] 1, 25, 26; 5. [1802], 15, 25/26, 47/48) – **US** U (1. 1798*)

1e Année. 1798:

No. 1.	[Pierre Gaveaux]: Air de: L'Amour Filial „Jeunes amans cueillés des fleurs"		2–	3
No. 2.	[Jean François Le Sueur]: Air de: La Caverne, Romance „Toi que sans cesse j'appelle"		2–	3
No. 3.	[Jean François Le Sueur]: Air de: La Caverne „Il y a cinquante ans"		2–	3
No. 4.	[Pierre Gaveaux]: L'Ouverture de: L'Amour Filial		2–	5
No. 5.	[Fabry] Garat: Les Troubadours François à Hambourg [4. Februar 1798], nouvelle Romance „Un Ménestrel, un Troubadour" (Garat) (Vl., Singst., Pfte.)		2–	3
No. 6.	[Jean-Pierre] Solié: Air [Alexandrine] du: Petit Jokei „Lorsque vous verrés un amant"		2–	3
No. 7.	[Baudron]: Air dans: Le Roi de Cocagne „Entre mille fleurs nouvelles" (A. Paris)		2–	4
No. 8.	[Jean François Le Sueur]: Ouverture de: La Caverne		2–	4
No. 9.	[Jean François Le Sueur]: Suite de l'Ouverture de: La Caverne		5–	10
No. 10.	[Pierre] Gaveaux: [Arie] „A Paris et loin de sa mère" (Marsollier)		2–	3
No. 11.	P.[ierre] Gaveaux: Air du: Traité Nul „Ah! qu'c'est un métier"	1–		3

No. 12.	P.[ierre] Gaveaux: Air du: Traité Nul „Souvent la nuit quand je sommeille" (Marsollier)	2—	3
No. 13.	Romance Chinoise „Le lierre et le murier sauvage"	2—	3
No. 14.	[Martin-Joseph] Adrien: La Semaine „Lundi pour une semaine"	2—	3
No. 15.	[Martin-Joseph] Adrien: „Céleste objet, sensible créature"	2—	3
No. 16.	St. Porta: Rondo „Cher objet de ma tendresse"	1—	4
No. 17.	„Ruisseau qui baigne cette plaine"	2—	3
No. 18.	[Domenico] Dela [!] Maria: Romance [Rosine] [aus:] Le Prisonnier ou La Ressemblance „Lorsque dans une tour obscure" (Duval)	2—	3
No. 19.	[Nicolas] d'Alayrac: Air de: La Maison Isolée „Claire est espiègle"	2—	3
No. 20.	[François Devienne]: Rondeau des: Visitandines „Enfans chéri des dames je fus"	1—	4
No. 21.	[Nicolas] D'Alayrac: Air (Claire) de: La Maison Isolée „Je sais qu'une fois dans la vie" (Pfte.-Arr.: J. Mees)	2—	4
No. 22.	J: Duquenoy [!]: Rondo dans: La Fête des Mariages „Margot l'aut' jour gémissant" (Pfte.-Arr.: J. Mees)	2—	3
No. 23.	[Domenico] Delamaria [!]: Romance [Mad. Belmont] du: Prisonnier, Opéra „Il faut des époux assortis" (Duval) 2—		3
No. 24.	[Antonio Bartolomeo Bruni]: Ronde dans: Le Major Palmer „Craignez une fillette"	2—	3
No. 25.26.	[Domenico] [Delamaria [!]: Rondo [Blinval] du: Prisonnier „Oh! c'en est fait, je me marie"	1—	5
No. 27.	P.[ierre] Gaveaux: Chanson de: La Famille Indigente „Le bon vieillard de Gaillard"	2—	3
No. 28.	[Girard de Propiac]: Air (Vénus) des: Trois Déesses Rivales „Sur les mortels et sur les Dieux"	[2 S.]	
No. 29.	[André-Ernest-Modeste Grétry]: Air de: Lisbeth „Quand on ne dort pas" [Favières]	[2 S.]	
No. 30.	[André-Ernest-Modeste Grétry]: Air de: Lisbeth „Je connais la bonne jeunesse" [Favières]	2—	4
No. 31.	Lorigine [!] du Jokei, Romance dans: Les 3 Sultanes „Un jour l'amour battit sa mère"	[2 S.]	
No. 32.	[Pierre] Gaveaux: Chanson de: La Famille Indigente „Pour bien employer ses loisirs"	2—	3
No. 33.34.	[Domenico Della Maria]: Duo (Rosine, Blinval) du: Prisonnier „Oh ciel, dois-je en croire mes yeux?"	1—	9
No. 35.	Plumetet: Air de: L'Heureuse Inconséquence „Nous autres fillettes qui cueillons des oranges" (Pfte.-Arr.: J. Mees)	2—	3

No. 36.   [Nicolas] d'Alayrac: Romance dans: Alexis ,,On nous raconte
qu'au village" (Pfte.-Arr.: J. Mees)   2—   3

No. 37.   [Nicolas Dalayrac]: Air de: Marianne ,,Quand il est auprès de
Sophie" (Pfte.-Arr.: J. Mees)   2—   3

No. 38.   [Nicolas] d'Alayrac: Romance de: Marianne ,,Tous les jours
au fond de mon cœur" (Pfte.-Arr.: J. Mees)   2—   3

No. 39.   [Domenico] Dellamaria: Romance de: L'Opéra Comique
,,Ah pour l'amant le plus discret"   2—   3

No. 40.   [Domenico] Dellamaria: Air de: L'Opéra Comique ,,Ces
messieurs ont cet avantage"   2—   3

No. 41.   [Domenico] Dellamaria: Air de: L'Opéra Comique ,,Je vous
comprendrai toujours"   2—   3

No. 42.   [Domenico] Della-Maria: Rondeau de: L'Opéra Comique
,,Oncles tuteurs se fâcheront"   1—   3

[No. 43. [Domenico] Della Maria: Air [?] de: L'Opéra Comique]

No. 46.   [Antonio] Lamparelli: Chanson Persane dans: Les Trois
Sultanes ,,Vent brûlant d'Arabie"   2—   3

No. 47.   [Nicolas Dalayrac]: Air de: Philippe et Georgette ,,Chacun
avec moi l'avouera entre les fleurs fraîches"   2—   3

No. 48.   [Nicolas Dalayrac]: Air de: Raoul de Crequi ,,Je brûle
de voir ce château"   2—   3

No. 51.52.[Nicolas Dalayrac]: Duo (Md. Bernard, Marianne) ,,Mon
maître est quelque fois avare" (Pfte.-Arr.: Le Gaye)   2—   8

2e Année [1799]:

No.   1.2. [J:Duquesnoy]: Trio dans: [La Fête des Mariages] ,,J'aime
Suzon, j'aime Margot"   2—   8

No.   3.   [André-Ernest-Modeste Grétry]: Romance de: Richard Cœur
de Lion ,,Une fièvre brûlante un jour me terassait [!]"2—   3

No.   4.5. [Domenico Della Maria]: Ouverture de: L'Opéra Comique   2—   8

No.   6.   [Domenico Della Maria]: Vaudeville de: L'Opéra Comique
,,Maintenant l'ouvrage est fini"   2—   3

No.   7.8.9.[Domenico Della Maria]: Trio (Florimond, Laure, Armand)
de: L'Opéra Comique ,,Allons allons vous rangez
ce côté"   2— 11

No.   9.   P.[ierre] Gaveaux: Romance de: Léonore ,,Qu'il m'a fallu
depuis deux ans"   2—   3

No.   12.   [Nicolas] D'Alayrac: Air de: La Leçon ,,Toutes bonnes que
nous sommes"   1—   4

No.   13.   P.[ierre] Gaveaux: Air de: Léonore ,,Fidélio, mon doux ami"   1—   3

No.   14.   [Nicolas] Dezed [!]: Air de: La Cinquantaine ,,Viens, ma
chère Aline" (Pfte.-Arr.: Le Gaye)   2—   3

No.   17.   P.[ierre] Gaveaux: Air de: Léonore ,,Sans un peu d'or"   2—   3

No. 18.   [André-Ernest-Modeste] Grétry : Air d' : Elisca „Ne crains plus
             rien pour l'avenir"   2—   3

No. 19.   L.[ouis] Pradère Fils : Le Bouton de Rose „Bouton de rose tu
             seras plus heureux que moi"   2—   3

No. 20.   [Nicolas] D'Alairac [!] : Air d' : Adolphe et Clara ou Les deux
             Prisonniers „D'un époux chéri la tendresse"   2—   3

No. 21.   [Domenico] Dellamaria : Romance de : L'Oncle Valet „Ah
             combien pendant votre absence"   2—   3

No. 22.23.[Nicolas] d'Alayrac : Duo (Clara, Adolphe) d' : Adolphe et
             Clara „Jamais d'amour je l'ai juré"   2—   9

No. 24.   [Fabry] Garat : Romance de la Nimphe „Nimphes pourquoi
             me fuyez vous? "   2—   3

No. 25.   [Nicolas] d'Alayrac : Air d' : Adolphe et Clara ou Les deux
             Prisonniers „Prenons d'abord l'air bien méchant"   2—   3

No. 26.   [Nicolas] d'Alairac [!] : Rondo d' : Adolphe et Clara „Aimable
             et belle viens à ma voix"   2—   6

No. [27] [Nicolas] d'Alayrac : Rondo d' : Adolphe et Clara „Ah! jeunes
             filles qu'on marie"   2—   6

No. 28.   [Nicolas] Dalayrac : Air d' : Adolphe et Clara „Prenons d'abord
             l'air bien méchant"   2—   3

No.29.30.[Domenico] Dellamaria : Ouverture du : Prisonnier   2—   8

No. 31.   [Grétry] : Air (Panurge) dans : L'Isle des Lanternes „Du
             choix que l'amour suggère rarement"   1—   3

No. 32.33.[Nicolas] d'Alayrac : Ouverture d' : Adolphe et Clara   2—   7

No. [34.35] [Domenico] Della Maria : Rondo de : L'Oncle Valet „Non
             point de mélancolie"   2—   8

No. 36.37. [Nicolas] Dalayrac : Duo (Limbourg, Gaspard) d' : Adolphe et
             Clara „Bon la voilà bon j'apperçois [!] une voiture" 2—   7

No. 38.39.40.[Nicolas] Dalayrac : Quatuor d' : Adolphe et Clara „Jeu-
             nesse aveugle et souvent téméraire"   2— 14

No. 41.42.[Nicolas] Dalayrac : Trio d' : Adolphe et Clara „Oui, mon
             ami, je reste là"   2—   5

No. 43.   [Nicolas] Dalayrac : Finale d' : Adolphe et Clara „Que l'amour
             et que la gaîté"   2—   3

No. [44] [Henri-Montan] Berton : Air de l'Opéra de : Ponce de Léon
             „Vous avez tous la vanité"   1—   3

No. 45.46.[Henri-Montan] Berton : Rondeau de : Ponce de Léon (Rec.)
             „O plaisir, ô bonheur" — [Arie] „Ce doux espoir
             par la crainte"   2—   8

No. 47.   [Henri-Montan] Berton : Air de l'Opéra de : Ponce de Léon
             „Sous un voile que l'on révère"   2—   3

No. 48.49.[Nicolas Dalayrac] : Ouverture de : Gulnare (Vl., Pfte.)   2—   5

No. 50.51.[Henri-Montan] Berton: Rondo de l'Opéra de: Ponce de Léon
,,Ah! du sage Padille''   2—   7

No. 52.   Romance ,,Le jeune amour est ma foi''   2—   3

3e Année [1800]:

No. 1.2. [Henri-Montan Berton]: Ouverture du: Rendez-Vous Supposé 2— 8

No. 3.   J.[acopo] G.[otifredi] Ferrari: Romance ,,La troupe des
amants''   2—   3

No. 5.   [Giovanni] Paesiello: Air du: Barbier de Séville ,,Vous l'ordonnez je me ferai connaître''   2—   3

No. 6.   [Henri-Montan] Berton: Couplets du: Rendez-Vous Supposé
ou Le Souper de Famille ,,Moi de l'esprit, toi de la
grâce''   2—   3

No. 7.   Couplets chantés à l'occasion du Mariage de S.A.S.
le Prince Héréditaire de Mecklenbourg Schwerin &c.
,,Mes amis partageons l'ivresse'' (Plumet et)   2—   3

No. 8.   [François Adrien] Boieldieu: Romance de la Dot ,,Qu' avec
charme je me rappelle''   2—   3

No. 9.   [Antonio Bartolomeo] Bruni: Romance de: L'Auteur dans
son Ménage ,,O vous qui vous laissez séduire''   2—   3

[No. 10] [Jean-Pierre] Solié: Air (Céleste) du: Chapitre Second ,,Sans
peine à l'accent''   2—   3

[No. 11] [Jean-Pierre Solié]: Air (Céleste) du: Chapitre Second ,,Aux
accens d'une douce voix''   [2 S.]

[No. 12] [Jean-Pierre Solié]: Vaudeville du: Chapitre Second ,,Dans
tous les romans de la vie''   [2 S.]

[No. 13.14] [Jean-Pierre] Solié: Ouverture du: Chapitre Second
(Pfte.-Arr.: C. Lau)   2—   9

No. 17.18.[Jean-Pierre] Solié: Duo (Dearlove, Céleste) du: Chapitre
Second ,,Willams coquin maraud''   1—   6

No. 19.20.[Jean-Pierre Solié]: Air du: Chapitre Second ,,Ah! le bonheur
s'enfuit par la contrainte''   [7 S.]

No. 23.   [Jean-Pierre Solié]: Rondeau du: Chapitre Second ,,C'est en
vain qu'on blâme les torts''   [4 S.]

No. 26.   [Nicolas] Daleyrac [!]: Air (Ibrahim) de: Gulnare ,,Je trouve
une femme jolie''   2—   3

No. 27.   [Nicolas] Dalayrac: Romance de: Gulnare ,,Pour mieux te
prouver mon amour''   2—   3

No. 28.   [Nicolas] Dalayrac: Romance de: Gulnare ,,Rien, tendre
amour, ne résiste à tes armes''   2—   3

No. 29.30.[Nicolas] Daleyrac [!]: Rondeau de: Gulnare ,,Sexe charmant, j'adore ton empire''   2—   6

No. 31.32.[Nicolas] Daleyrac [!] : Rondeau de: Gulnare „Jeunes
    esclaves, croyez moi"   1— 6

No. 33.   [Angelo] Tarchi: Romance du: 30 et 40 „Pardonnez si mon
    cœur"   1— 3

No. 34.   [Etienne Nicolas] Méhul: Romance d': Ariodant „Femme
    sensible, entends-tu le ramage"   1— 3

No. 35.36.[Louis Luc Loiseau de] Persuis: Rondo (Pauline) de: Fanny
    Morna „L'Amour nourrit ce doux espoir" (Favières) 1— 6

No. 40.   [Luigi] Cherubini: Romance des: Deux Journées „Un pauvre
    petit Savoyard"   1— 3

No. 41.   [Luis-Sébastien] Lebrun: Romance de: Marcelin „Victor
    renonce aux amours de la ville" [Bernard Valville] 2— 3

No. 42.   [Louis-Sébastien] Lebrun: Romance de: Marcelin „Certain
    esclave de Phrigie" [Bernard Valville]   2— 3

No. 43.   [Louis-Sébastien] Lebrun: Romance de: Marcelin „Ce jeune
    homme depuis huit jours" [Bernard Valville]   2— 3

No. 44.45.[Louis-Sébastien Lebrun] : Ouverture de: Marcelin   2— 8

No. 46.47.[François] Devienne: Ouverture du: Valet de deux Maîtres 2— 6

4e Année [1801] :

No. 1.   [Luigi Cherubini] : Couplets des: Deux Journées „Guide mes
    pas, ô Providence"   2— 3

No. 25.   [Nicolas] Dalayrac: Air de: Léon ou Le Château de Monténéro
    „On dit que le Diable est céans"   2— 3

No. 26.   [Nicolas] Dalayrac: Air de: Léon ou Le Château de Monténéro
    „Dans une forêt des Ardennes"   2— 3

No. 29.30.[Nicolas Dalayrac] : Air de l'Opéra: Maison à Vendre „Tou-
    jours courant après ma belle" [Alex. Duval]   1— 4

No. 33.34.[Nicolas] Dalayrac: Air de: La Maison à Vendre „Fiez vous
    aux vains discours" [Alex. Duval] (Pfte.-Arr.: C. Lau)2— 7

No. 44.45.[François Adrien] Boieldieu: Air du: Calife de Bagdad „De
    tous les pays pour vous" [Saint-Just]   2— 8

5e Année [1802] :

No. 1.   [François Adrien] Boieldieu: Nouvelle Romance dans:
    Zoraïme et Zulnar „Pour jeune pastourelle
    aimable" [Saint-Just]   2— 3

No. 2.   [Angelo] Tarchi: Romance de d': Auberge en Auberge
    „Doux sentiment dicté par la nature" [Mercier-
    Dupaty]   2— 3

No. 3.   [Angelo] Tarchi: Air d': Auberge en Auberge „Chez nous les
    hommes, les coquettes" (Dupaty)   2— 3

No. 4. [Angelo] Tarchi: Romance d': Auberge en Auberge „On reconnaît qu'on est près d'une fleur" [Mercier-
Dupaty] 2— 3

No. 5.6. [Nicolas] Dalairac [!] : Ouverture de: Lehmann ou La Tour
de Neustadt 2— 8

No. 7. [Nicolas] Daleyrac [!] : Romance de: La Tour de Neustadt
„Un voyageur s'est égaré" [Marsollier] 2— 3

No. 8.9. [Angelo] Tarchi: Rondeau du: 30 et 40 „On dit que j'ai de
grands défauts" [Duval] 2— 6

No. 10. [François Devienne] : Gasconne dans: Les Visitandines „Un
soir de cette automne de Bordeaux" [Picard] [2 S.]

No. 11.12.[Etienne Nicolas] Méhul: Rondeau de: L'Emporté „J'ai de la
raison j'aime la sagesse" [Marsollier] 2— 7

No. 13. [Etienne Nicolas] Méhul: Air dans l'Opéra de: L'Emporté
„Promenerons nous bien longtems" [Marsollier] 2— 5

No. 14. [François Adrien] Boieldieu: Romance „S'il est vrai que d'être
deux" 2— 3

No. 15. [Etienne Nicolas] Méhul: Romance d': Une Folie „Je suis
encor dans mon printems" [Bouilly] 2— 5

No. 16.17.[Etienne Nicolas] Méhul: Air Picard d': Une Folie „Si jamais
je prinds femme" [Bouilly] 2— 6

[No. 18.19] [François Adrien] Boieldieu: Aus der Operette: Der Chalyf
von Bagdad (Pfte.) [8 S.]

No. 20. C. d'Ennery: Le Lys et la Rose „Un brillant par terre de fleurs"
(Regnault Warin) [2 S.]

No. 21. [C.] d'Ennery: Marie Stuart „D'un pouvoir usurpé malheureuse
victime" 2— 3

No. 22. [C.] d'Ennery: Romance du jeune Edwin dans: Le Cimetière
de la Madeleine „Tourterelle captive au fond de ce
berceau" 2— 3

No. 23.24.[Etienne Nicolas] Méhul: Ouverture d': Une Folie 2— 8

No. 25.26.[Etienne Nicolas] Méhul: Air d': Une Folie „Reviens mon
aimable gaîté" [Bouilly] 2— 6

No. 27.28.[Etienne Nicolas] Méhul: Scène et Rondeau d': Une Folie
(Scène) „Traçons bien notre plan" (Rondeau) „On
ne saurait trop embellir" [Bouilly] 2— 7

No. 29.30.[Etienne Nicolas] Méhul: Air d': Une Folie „De l'intrique ô
vastes mystères" [Bouilly] 2— 8

No. 31.32.[Etienne Nicolas] Méhul: Duo (Carlin, Florival) d': Une Folie
„Quittez tout cela promptement" [Bouilly] 2— 6

No. 33. C. d'Ennery: Romance (Marie Antoinette) dans: Le Cimetière
de Madeleine „Oh! qui peut calmer de ma vie" 2— 3

No. 34.35.[Angelo] Tarchi: Rondo de: D'Auberge en Auberge „L'homme
qui veut nous plaire" [Dupaty] 2— 6

No. 36.37.38.[Etienne Nicolas] Méhul: Trio (Armantine, Cerberti, Carlin)
          d': Une Folie „Non je ne puis en conscience"
          [Bouilly]   2— 16

No. 39.40.[Etienne Nicolas] Méhul: Quatuor (Armantine, Cerberti,
          Florival, Carlin) d': Une Folie „Ça commençons
          mais je crois qu'elle tremble " [Bouilly]   2— 13

No. 41.   [Antonio Bartolomeo Bruni]: Air de: Toberne ou Le Pêcheur
          Suédois „Dans ma retraite obscure" [Patrat]   1— 3

No. 42.   [Nicolò] Isouard: Barcarole dans l'Opéra de: Michel-Ange
          „A Venise, jeune fillette" [Delrieu]   2— 3

No. 43.   [Nicolò Isouard]: Couplets dans l'Opéra de: Michel-Ange
          „Jeunes amants qui d'amour bravez écueils et
          naufrage" [Delrieu]   2— 3

No. 44.45.[Etienne Nicolas] Méhul: Duo (Florival, Carlin) d': Une
          Folie „Je vous suis, viens donc, traître!" [Bouilly] 2— 8

No. 46.   [François Adrien] Boieldieu: Romance à trois notes [aus:]
          Ma Tante Aurore „Deux jeunes s'aimaient d'amour"
          (Longchamps) (Singst., Pfte. oder Hf.)   2— 3

No. 47.48.[François Adrien] Boieldieu: Rondo de: Ma Tante Aurore
          „D'un peu d'étourderie empruntons le secours"
          [Longchamps] (Singst., Pfte. oder Hf.)   2— 7

No. 49.50.[François Adrien] Boieldieu: Ouverture de: Ma Tante Aurore 2— 9

No. 51.52.[Wolfgang Amadeus Mozart]: [Aria (D. Giovanni) aus:]
          Don Juan „Dans une fête qu'amour apprête"
          [KV 527, 12]   2— 6

6e Année [1803]:

No. 17.   [François Adrien Boieldieu]: Air de: Ma Tante Aurore „Je ne
          vous vois jamais rêveuse" [Longchamps]   2— 3

No. 18.   [Henri-Montan] Berton: Romance [aus:] Le Grand Deuil,
          „Souvent il veut me faire dire" [Vial und Etienne] 2— 3

No. 19.   [Henri-Montan] Berton: Romance du: Grand Dueil „A Cythère
          avec le printems autrefois" [Vial und Etienne]   2— 3

No. 24.25.N.[icolò] Isouard: Rondeau [aus:] Les Confidences „Voilà
          comme dans cette vie" [Hoffmann]   2— 7

No. 26.   N.[icolò] Isouard: Romance [aus:] Les Confidences „L'Aurore
          a paru sans nuage" [Hoffmann]   2— 3

No. 28.29.[Henri-Montan] Berton: Polonaise du: Concert Interrompu
          „Craignés jeunes beautés" [Marsollier und Favières] 2— 5

No. 30.31.H.[enri-Montan] Berton: Ouverture d': Aline   2— 7

No. 32.   [Henri-Montan] Berton: Romance d': Aline, Reine de Golconde
          „Alors dans la provence" (Vial [und] Favière [!]) 2— 3

No. 33.   [Henri-Montan] Berton: Barcarole d': Aline „Blondelette
          joliette de l'amour" [Vial und Favières]   2— 3

No. 34.   Nicolò [Isouard] : [Arie aus:] Le Médecin Turc „Sans plaisirs
         et sans espérance" [Villiers und Gouffé]   2—   3

No. 35.   Nicolò [Isouard] : [Arie mit Chor aus:] Le Médecin Turc „Les
         plaisirs volaient sur mes traces" [Villiers und Gouffé] 2—   3

No. 38.   Nicolò [Isouard] : Romance du: Médecin Turc „C'est toujours
         du bout de son aile" [Villiers und Gouffé]   2—   3

No. 39.   Nicolò [Isouard] : Couplets du: Médecin Turc „Toujours guidé
         par la tendresse" [Villiers und Gouffé]   2—   3

No. 42.   H.[enri-Montan] Berton: Couplets de l'Opéra de: La Romance
         „Mon cœur s'ouvroit au sentiment" [Loraux jeune] 2—   3

No. 43.   [Henri-Montan] Berton: Romance de: La Romance, Opéra en
         I Acte „Du tendre amour je chérissois l'empire"
         [Loraux jeune]   2—   3

No. 44.   [Henri-Montan] Berton: Polonaise de l'Opéra de: La Romance
         (Rec.) „Ah! des beaux arts" [Arie] „Méritez un si
         bel honneur" [Loraux jeune]   1—   4

No. 45.46.H.[enri-Montan] Berton: Air de: La Romance „Pour entendre
         chanter" [Loraux jeune]   2— 11

No. 47.   [Henri-Montan] Berton: Air de Mr. Musard „En affaires comme
         en voyage"   2—   3

No. 48.   [Pierre] Gaveau [!] : Couplets d': Un Quart d'Heure de Silence
         „Point de mélancolie bannissons les soupirs"
         [Guillet]   2—   3

No. 49.50.P.[ierre] Gaveaux: Trio (Dubreuil, Alexandrine, Florine)
         d': Un Quart d'Heure de Silence „Retenez bien
         cette leçon" [Guillet]   1—   9

No. 51.52.[Nicolas] Dalayrac: Air d': Une Heure de Mariage „O vous qui
         sans espoir" (Etienne)   2—   8

7e Année [1804] :

No. 1.   [Nicolas] Dalayrac: Couplets d': Une Heure de Mariage „Il
         m'en souvient longtems" [Etienne]   2—   3

No. 2.   [Nicolas] Dalayrac: Romance d': Une Heure de Mariage
         „Serment d'amour ressemble à fleur nouvelle"
         [Etienne]   2—   4

No. 3.   [Henri-Montan] Berton: Rondo (Aline mit Chor) d': Aline,
         Reine de Golconde „Enfans de la Provence"   2—   3

No. 4.5.   [Henri-Montan] Berton: Duo (Zélie, Osmin) d': Aline, Reine
         de Golconde „Tu m'aimeras toute la vie"   2—   9

No. 6.   [Henri-Montan Berton] : Couplets de l'Opéra d': Aline „Il
         reçut au sein de la gloire"   2—   3

No. 7.   [Pierre] Gaveaux: Air du: Trompeur Trompé „D'un mensonge
         très innocent" [Bernard Valville]   2—   3

No. 8.   [Pierre] Gaveaux: Cavatina „Gaîment je m'accomode de tout je suis"   2— 3

No. 9.   P.[ierre] Gaveaux: Couplets du: Bouffé et le Tailleur „On dit que je suis sans malice"   2— 3

No. 10.   [Pierre] Gaveaux: Couplets du: Trompeur Trompé „J'attendais dans l'inpatience [!]" [Bernard Valville]   2— 3

No. 11.12.P.[ierre] Gaveaux: Romance du: Trompeur Trompé „Vous qui souffrez du mal d'amour" [Bernard Valville]   2— 5

No. 13.   P.[ierre] Gaveaux: Rondo du: Bonhomme Misère „Maris jaloux vous avés tort"   2— 3

No. 14.   [Gasparo] Spontini: Romance [aus:] La Petite Maison „Lorsque je dis que la richesse" [Dieulafoy und Gerson]   2— 3

No. 15.   P.[ierre] Gaveaux: Romance d': Avis aux Femmes „Une femme prudente et sage"   2— 3

No. 16.   [Pierre] Gaveaux: Air du: Bonhomme Misère ou Le Diable Couleur de Rose „L'on nous dit que l'premier homme"   2— 3

No. 17.   [Henri] Darondeau: Romance (Théophile) de: Théophile „Sexe charmant de qui nous tenons l'être"   2— 3

No. 18.   H.[enri-Montan] Berton: Romance des: Trois Prisonniers „J'étois aimé, j'étois heureux"   2— 3

No. 19.   G.[asparo] Spontini: Romance (Emma) [aus:] Milton „J'aurai le sort de la fleur des déserts"   2— 3

No. 20.21.G.[asparo] Spontini: Air [aus:] Milton „Sans le secours d'un vain langage"   1— 4

No. 22.   [Francesco] Bianchi: Couplets de: La Lanterne Magique „A vos leçons mon cher Flutter"   2— 3

No. 23.24.[Francesco] Bianchi: Air de: La Lanterne Magique „Ah mon âme est oppressée"   1— 5

No. 25.   [Etienne Nicolas] Méhul: Romance (l'Enfant, La Mère) [aus:] Héléna „Un beau troubadour béarnais"   2— 3

No. 26.   [Etienne Nicolas] Méhul: Chanson [aus:] Héléna „Guillot de la jeune Isabelle"   2— 4

No. 27.   Nicolò [Isouard]: Romance (Clémence) de: L'Intrigue aux Fenêtres „Toi dont l'amour m'est plus cher"   2— 3

No. 28.   Nicolò [Isouard]: Couplets de: L'Intrigue aux Fenêtres „O ma Clémence si ta constance"   2— 3

No. 29.   [Nicolò Isouard]: Couplets de: L'Intrigue aux Fenêtres „Douce et fidelle amie"   2— 3

No. 30.31.Nicolò [Isouard]: Duo (Laurange, Floricourt) de: L'Intrigue aux Fenêtres „Maudit Argus que le diable l'emporte" 1— 6

No. 32. [Gasparo Spontini]: Romance de: Julie ou Le Pot de Fleurs
,,En vain je cherche à m'en distraire'' (Singst., Pfte.-
Arr.: C. Lau) 2— 3

No. 33.34.[Gasparo] Spontini: Couplets et Duo (Julie, Valcour) de:
Julie ou Le Pot de Fleurs ,,Il a donc fallu pour la
gloire'' (2 Singst., Pfte.-Arr.: C. Lau) 1— 6

No. 35.36.G.[asparo] Spontini: Duo (Verseuil, Julie) [aus:] Julie ou
Le Pot de Fleurs ,,De votre confidence je m'honnore
en ce jour'' 1— 7

No. 37.38.[Charles François] Dumonchau: Rondo de: L'Officier Cosaque
,,Dieu des plaisirs, dieu des amours'' 1— 6

No. 39.40.[Charles François] Dumonchau: Duo de: L'Officier Cosaque
,,Entraîné par la simpatie [!]'' 1— 5

No. 41. [François Adrien] Boieldieu: Romance de: La Jeune Femme
Colère ,,Ah que deux Epoux sont heureux'' 2— 3

No. 42. [Nicolas] Dalairac [!]: Le Premier Amour, Romance
,,Reviens, ô toi que je chéris'' 2— 3

No. 43. [Nicolas] Dalayrac: Le Point du Jour dans: Gulistan ou Le
Hulla de Samarcande ,,Le point du jour à nos bosquets'' 2— 3

1799

The Musical Journal for the Piano-Forte in two Sections, one of Vocal, and one
of Instrumental Music. Selected, and, arranged by Benjamin Carr. [No. 1: De-
zember 1799. Wöchentlich, ausgenommen Juli-November]

[Baltimore: Published by Joseph Carr.] Engraved by I. E. Martin.

Volume 1. [1799/1800] − 5. [1803/1804]: No. 1—120.

(Reprint: Wilmington, Delaware, USA 1972.)

D Bim (R) − **US** AA (2. [1800/01]: 43, 49); BAep (1. [1799/1800] −
4. [1802/03]: 1—4, 6—10, 12—29, 45—46, 78); BAhs; NH; NYp (M); PHf;
PROb; R; Vu (4. [1802/03] − 5. [1803/04]); Wc (1. [1799/1800] −
3. [1801/02]; 5. [1803/04])

Volume 1 [1799/1800]: Vocal Section

No. 1:

[1] A.[lexander] Reinagle: Rosa, sung in the Comedy of:
The Secret ,,Majestic rose'' 2— 3

[2] [James] Hook: Pretty Maids all in a Row, a favorite Nursery Song
,,How does my Lady's garden grow'' (1 oder 2 Singst.,
Pfte.) 4

No. 3:

[2a] [William] Sheild [!]: From Rosina „When the rosy morn
                      appearing"   5

[3]   [Thomas] At(t)wood: Poor Lima, a favorite Ballad „At early
                      dawn from humble cot"   6— 7

[4]   Cupid benighted „In the dead of the night"   8

No. 5:

[4a] [John Wall] Callcott: „Ye Gentlemen of England"   9

[5]   [Samuel] Arnold: The much admird [!] Death and Burial of
                      (Poor) Cock Robin „Who kill'd poor Robin"   10— 12

No. 7:

[5a]   The Welch Lullaby „Hush sweet Babe" (1, 2 oder 3
                      Singst.)   13

[6]   ([Samuel] Arnold): Courteous Stranger, the favorite Polonaise
                      „Courteous stranger now free from danger"   14— 16

No. 9:

[6a] [Stephen Storace]: The Little Bird from the Opera of: The
                      Cherokee „A shepherd once" [James Cobb]   17

[7]   B.[enjamin] Carr: Poor Mary, sung in: The Italian Monk
                      [Samuel Arnold] „Dark was the night"   18— 19

[8]   B.[enjamin] Carr: Little Boy blew, Nursery Song „Little boy
                      blew come blow me your horn" (2 Singst., Pfte.) 20— 21

[9]   B.[enjamin] Carr: Shakespeare's Willow „A poor soul sat
                      sighing"   22

No. 11:

[10] R.[eginald] Spofforth: The Wood Robin „Stay sweet enchanter
                      of the grove"   23— 26

No. 13:

[10a]   Sweet Charity „In tatter'd weed from town to town" 27

Two Original Russian Airs. Adapted to English Words:

[11]   Air 1 „Inconstant spring thy morn"
                      (2 oder 3 Singst.)   28— 29

[12]   Air 2 „Lend me thy saffron robe, dear god of joy" 30

No. 15:

[13]   „Ye ling'ring winds"   32— 33

[14] R.[aynor] Taylor: Never doubt that I love „Doubt the mor-
                      ning & evening dew"   34— 35

No. 17:

[14a]   Lucy Gray of Allendale „O! have you seen the blushing
                  rose"   37

[15]   [John] Percy: „A wand'ring Gipsey" (P. Pindar)   38— 39

[16]   [Johann Friedrich] Reichardt: The Angler „In gurgling eddies
                  roll'd the tide" (nach Goethe)   40

No. 19:

[17]   B.[enjamin] Carr: Ah! how hapless is the maiden [Beginn]   41— 44

No. 21:

[18]   [Benjamin Carr: Ah! how hapless is the maiden, Schluß]   45— 48

No. 23:

[18a]   Waving Willow „ 'Twas at the hour of days decline"   49

[19]   B.[enjamin] Carr: The Widow „Cold was the night wind"   50— 51

[20]   R.[aynor] Taylor: The faded Lilly! or Louisa's Woe „O Lilly!
                  why so droops thy head"   52

[21]   J.[ames] Hewitt: „When the shades of night persuing"   53

Volume 1 [1799/1800]: Instrumental Section

No. 2:

[22]   [Thomas] Haigh: Aria con Variazione [!] (Andante —
                  Var. 1—5)   2— 4

No. 4:

[22a] [Valentin ?] Nicholai [!]: Octave Movement   5

[23]   [Ignaz] Pleyel: Sonata (Fl. oder Vl., Pfte.)   6— 8

No. 6:

[24]   [Ignaz] Pleyel: Sonata (Continuation and Conclusion)   9— 12

No. 8:

[25]   [Luigi] Boccherini: Andantino   13— 16

No. 10:

[25a] [George] Schetky: Air   17

[26]   Lord Alexander Gordons Reel (Pfte.-Arr. als Rondo:
                  I. G. C. Schetky)   18— 19

[27]   [Michael Kelly]: March in blue Beard   20

No. 12:

[27a]   The Duke of Kents Grand March   21

[28]   [Ignaz] Pleyel: Minuetto en Rondo   22— 23

[29]   [Ignaz] Pleyel: Minuetto & Trio   24

No. 14:

[29a]   La Petite Chasse   25

[30]   Six favorite German Waltzen   26— 28

No. 16:

[31]   [Joseph] Haydn: Andante [Hob. I, Nr. 94, II]   29— 32

No. 18:

[31a]   Madame Bounapartes [!] Minuet   33

[32]   B.[enjamin] Carr: 3 Divertimentos   34— 36

No. 20:

[32a]   Turkish Air   37

[33]   B.[enjamin] Carr: Six Imitations of English, Scotch, Irish, Welch,
                 Spanish & German Airs (Imitation 1, of an English Legen-
                 dary Air. Imitation 2, of a Scotch Song. Imitation 3, of
                 a Plaintive Irish Ditty. Imitation 4, of an Ancient Welch
                 Air. Imitation 5, of a Spanish Ballad. Imitation 6, of a
                 German Waltz)   38— 40

No. 22:

[34]   [Giovanni Battista] Viotti: Rondeau   41— 44

No. 24:

[34a] [Ignaz] Pleyel: Aria [mit Var.]   45

[35]   [Ignaz] Pleyel: Rondo   46— 47

[Bei den Nummern 2a, 4a, 5a, 6a, 10a, 14a, 18a, 22a, 25a, 27a, 29a, 31a, 32a und 34a handelt es sich um Stücke, die vom Verleger nachträglich an Stelle von Titelblättern eingefügt wurden.]

Volume 2 [1800/1801]: Vocal Section

No. 25 (Dec. 1, 1800):

[36]   The Blue Bell of Scotland, Scotch Ballad „Ah! where
                 and ah!"   2— 4

No. 27 (Dec. 15, 1800):

[37]   An Amateur: The Death of Crazy Jane „In awful gloom the
                 tufted grove"   5— 6

[38]   R.[aynor] Taylor: L'Amour interrogé par un Berger „Cupid
                 rambling once astray"   7— 8

No. 29 (Dec. 29, 1800):

[39]   [Harriet] Abrams: The Orphans Prayer, a Pathetic Ballad ,,The
          frozen streets in Moonshine glitter"   9— 11

[40]   Adeste fideles, the celebrated Portuguese Hymn for
          Christmas Day ,,Adeste fideles" — ,,Hither ye faithful"   12

No. 31 (Jan. 12, 1801):

[41]   T.[homas] Billington: Maria's Evening Service to the Virgin
          ,,At morn and eve to thee I pray" (Singst., Fl. oder Ob.,
          Pfte.)   13— 15

[42]   [Samuel] Arnold: Weeping, Widow'd, Polly, a favorite Ballad
          ,,What boots it where thy Soldier lies"   16

No. 33 (Jan. 26, 1801):

[43]   [John Andrew] Stevenson: The Willow, Ballad ,,To the brook
          and the willow"   17

[44]   [Michael] Kelly: Heigh Ho No Ni No, a favorite Ballad in the
          Opera of: Feudal Times ,,First beneath the Willow   18— 20
          shade"

No. 35 (Feb. 9, 1801):

[45]   Filippo Trajetta: The Sailor, an Elegy ,,The Sailor sighs"   21— 22

[46]   [Charles] Dibdin: Ballad ,,When Fairies are lighted by Nights
          silver Queen"   23— 24

No. 37 (Feb. 23, 1801):

[47]   [Michael] Kelly: Serenade, sung in the Opera of: Seige [!] of
          Belgrade ,,To mighty love"   25

[48]   Martini: Blithe as the Hours of May, sung in: The Seige [!] of
          Belgrade ,,Blithe as the hours in may"   26— 27

[49]   [Stephen] Storace: Sung in: The Seige [!] of Belgrade ,,All will
          hail the joyous day"   28

No. 39:

[50]   B.[enjamin] Carr: Canzonett for 2 Voices ,,Zephyrs of
          the vernal morn"   29— 31

[51]   B.[enjamin] Carr: Sung in the Opera of: The Archers ,,Why
          Huntress why"   32— 34

No. 41:

[52]   [John Andrew] Stevenson: Evening, Canzonett ,,O'er the
          heath the heifer strays"   35— 37

[53]   ,,Lost is my quiet for ever"   38

No. 43:

[54]   Benjamin Carr: A Negro Song „The loud wind roar'd" (Dutchess
              of Devonshire)   39

[55]   B.[enjamin] Carr: The Orphan Boy „Stay Lady stay,
              for my mercy's sake" (Mrs. Opie)   40— 41

[56]   B.[enjamin] Carr: The poor Flower Girl „The vi'let and primrose"
              (Holcroft)   42

No. 45:

[57]   [Stephen] Storace: Bird Song „Sweet Bird that cheer'st the
              heavy hours"   43— 46

No. 47:

[58]   [William] Shield: Canzonett „This Lock of dear Selina's hair"   47

[59]   An Amateur: The Winter's Evening „It was a winter's evening"
              (Aikind)   48— 49

[60]   [Michael] Kelly: Hamlet's Letter to Ophelia „Doubt o most
              beautified" (Kelly)   50— 51

Volume 2 [1800/1801]: Instrumental Section

No. 26 (Dec. 8, 1800):

[61]   [Johann Ladislaus] Dussek: Aria alla Tedesca, arranged as
              a Rondo   2— 4

No. 28 (Dec. 22, 1800):

[62]   [Arcangelo] Corelli [!]: The Lullaby, selected from his cele-
              brated 8th Concerto composed purposely for the Cele-
              bration of the Nativity of our Saviour   5— 8

No. 30 (Jan. 5, 1801):

[63]   ([Ignaz] Pleyel): Rondeau de Hyacinte Jardin   9— 12

No. 32 (Jan. 19, 1801):

[64]   [Daniel Gottlob] Türk: Tre Sonate   13— 16

No. 34 [Feb. 2, 1801]:

[65]   [Daniel Gottlob Türk: Tre Sonate, Schluß]   17— 20

No. 36 (Feb. 16, 1801):

[66]   [Ignaz] Pleyel: Sonata (Vl. oder Fl., Pfte.)   21— 24

No. 38 [Mar. 2, 1801]:

[67]   Ja.[me]s Hewitt: Pot Pouri [!]   25— 28

No. 40 [Mar. 16, 1801]:

[68] [James Hewitt: Pot Pourri, Schluß]   29— 32

No. 42 (Mar. 30, 1801):

[69] Dale: The favorite Scotch Air of the Blue Bell of Scotland with
           Variations (Andante — Var. 1—3)   33— 36

No. 44:

[70] R.[aynor] Taylor: Twelve Variations to Ching Chit Quaw, an
           Imitation of a Chinese Air   37— 40

No. 46:

[71] J.[ames] Hewitt: Roxalana from Haydns Overtures
           [Hob. I, Nr. 63, II] (Var. 1—6)   41— 44

No. 48:

[72] Zampieri: A miscellaneous Sonata, in which is introduc'd the
           Air of Lullaby and the Musical Bells   45— 47

Volume 3 [1801/1802]: Vocal Section

No. 49:

[73] B.[enjamin] Carr: Erin go Bragh or the Exile of Erin
           „There came to the beach"   3— 5

[74] [Joseph] Mazzinghi: A favorite Song in the new: Comedy of
           Life „Sweetly in life's jocund morning" (Reynolds)   6— 7

[75] [James] Hook: Orra Moor, a favorite Canzonet „My orra moor
           where art thou"   8

No. 51:

[76] [George] Schetky: Canzonett „The Sails are bent"   9

[77]   Oh cease those Bells, sung in: The Wedding in Wales
              „Oh cease the murmur of those bells"   10— 11

[78] J.[ames] Sanderson: The Cottage on the Moor „My Mam is no
           more"   12— 13

[79]   Lady Alice „Lady Alice was sitting in her bow'r"   14

No. 53:

[80] T.[homas] Haigh: The silken Cord „With conscious pride I view
           the band" (Carlisle)   15— 17

[81] [Samuel] Arnold: Sweet Music Tink a Tank, sung in: Obi or
           Three Finger'd Jack „Quashee he load his gun"   18— 19

[82] [C. H.] Florio: Ballad from the Egyptian Festival Music „Oh
           red look'd the sun"   20

No. 55:

[83]   [T. A.] Geary: „Go gentle Zephyr"   21— 23

[84]   J. Major: A favorite Rondeau „From thy roseate bowr's Aurora"
      (Wennington)   24— 25

[85]   S.[amuel] Webbe: „O had I the wings of an Eagle I'd fly"   26

No. 57:

[86]   G. de la Rose-Fonbrune: Sappho on the Rock of Lucate, a favorite
      Romance „Oh give me of the icy wave" (Nach dem Fran-
      zösischen)   27— 29

[87]   [Angelo] Tarchi: „Hear you not the Nightingale" [Übers.:
      Thomas Busby]   30— 31

[88]   B.[enjamin] Carr: A little Ballad „Sweet to the morning
      traveller" (From the Annual Anthology)   32

No. 59:

[89]   [James] Hook: A favorite Rondo „While Strephon thus you
      teize me"   33— 35

[90]   B.[enjamin] Carr: „When nights were cold" (I. E. Harwood)   36— 38

No. 61:

[91]   [Michael] Kelly: My Pilgrim Cheer, sung in: Adelmorn „What
      detains him ah!"   39— 41

[92]   M. G. Lewis: Sir Gondibert, sung in: Adelmorn „The wind it
      blows cold"   42— 43

[93]   An Amateur: Ballad, sung in the grand Dramatic Romance of:
      Joanna „I know not joy when far from thee" (Peter
      Pindar)   44

No. 63:

[94]   [François Hippolyte] Barthélémon: Durandarte and Belerma,
      a Spanish Ballad „Sad and fearful is the story" 46— 47

[95]   [George] Schetky: Haste ye, a favorite Scotch Ballad „Haste
      ye Mary dear"   48— 49

[96]   [Reginald] Spofforth: The Banks of the Tyne „ 'Ere the larks
      early carol"   50— 51

No. 65:

[97]   A favorite Ballad „Gin a body, meet a body" 53

[98]   R.[aynor] Taylor: „Hark the birds"   54— 55

[99]   [Leopold] Koželuch: The much admir'd Scotch Air of: Jessy
      „Here's a health to ane I loe dear"   56— 57

[100] R.[eginald] Spofforth: Valentine Day, Serenade „Who plays so
      sweet"   58

No. 67:

[101] [John] Davy: The celebrated Bravura Song from the new Opera
    of: What a Blunder „Again my absent love"   59— 64

No. 69:

[102] Margravine of Anspach: A favorite Madrigal „O Mistress
    mine" (Shakespeare [!])   65

[103] [Thomas] Busby: William & Jane „Sadly Jane sat weaving
    willow"   66— 67

[104]   The favorite Scotch Ballad „Roys wife of Aldivalloch"
    to which is added the words of „Canst thou leave me
    thus my Katy" (Robert Burns)   68— 69

[105] B.[enjamin] Carr: „Sweet little Bird"   70

No. 71:

[106] [Joseph] Haydn: Air from Oratorio of: The Creation of
    the World „On mighty pens uplifted soars the
    eagle aloft" (Hob. XXI, Nr. 2, 9b)   71— 75

Volume 3 [1801/1802] : Instrumental Section

No. 50:
[107] [Muzio] Clementi: A favorite Waltz (Aus Op. 38)   3— 4

No. 52:
[108]   Specimens of original Airs of Hindostan   5

[109] T.[homas] Costellow: The favorite Irish Air, performed on
    the Harp in: Harlequin Amulet, with Variations   6

No. 54:
[110] [Thomas Costellow: The favorite Irish Air, Schluß]   7— 8

No. 56:
[111] Martini: Grand March in his celebrated Battle Overture   9

[112]   The Lee Rigg with Variations   10

No. 58:
[113]   [The Lee Rigg, Schluß]   11— 12

No. 60:
[114] B.[enjamin] Carr: Rondo   13— 14

No. 62:
[115] [Antonio Bartolomeo] Bruni: Overture to the Comic Opera of:
    L'Auteur dans son Ménage   15— 16

No. 64:

[116] [Antonio Bartolomeo Bruni: Overture to the Comic Opera of:
           L'Auteur dans son Ménage, Schluß]   17— 18

No. 66:

[117] [Muzio] Clementi: Waltz   19— 20

No. 68:

[118] [Ignaz] Pleyel: Sonatina with Scotch Airs (Aus Op. 48)   21— 22

No. 70:

[119] [Ignaz Pleyel: Sonatina with Scotch Airs, Schluß]   23
[120] [Johann Baptist] Crammer [!]: Marche Turque   24

No. 72:

[121] [Johann Baptist Cramer: Marche Turque, Schluß]   25

Volume 4 [1802/1803]: Vocal Section

No. 73 (Dec. 13, 1802):

[122] [William] Sheild [!]: The Thorn, a favorite Ballad „From the
        white blossom'd Sloe" (Burns)   3— 5
[123] H. Piercy: The Beggar Girl, a favorite Song or Duett „Over the
        mountain and over the moor"   6— 8

No. 75 [Dec. 27, 1802]:

[124] [John] Braham: From the new Opera of: The Cabinet „Fair Ellen" 9
[125] [Samuel] Webbe: A favorite Air „The Rose had been wash'd"   10— 11
[126] [Domenico] Corri: From the favorite new Opera of: The Cabinet
        „The bird in yonder cage confin'd"   12— 14

No. 77:

[127] R.[aynor] Taylor: The Constant Sailor leaving Land „The Boat-
        swain now pipes all the sails to unfurl"   15
[128] [James] Hook: A favorite Pastorale „Should the rude hand of
        care"   16— 17
[129] [J.] Ambrose: Moss Roses, a favorite Song „Two bunches a
        penny moss roses"   18— 19
[130] [Ignaz] Pleyel: Collins Grave, an elegiac Ballad „Now twilights
        fairy hand had dress'd"   20

No. 79:

[131] [Stephen] Storace: The much admired Battle Song of Love and
        Honor „Love and Honor now conspire"   21— 24

[132] W. Langshaw: Ballad „Dear Boy throw that icicle down"
(R. Bloomfield)   25— 26

No. 81:

[133]   Irish Air „Oh had I a cave" (2 Singst., Pfte.-Arr.:
               Koželuch)   27

[134]   Scotch Ballad „O my loves like the red rose" (Arr.:
               Koželuch)   28— 29

[135] R.[aynor] Taylor: The favorite Ballad of: Edward „In my eyes
               dear Edward read"   30— 31

[136] [John] Moorehead: Absence „Together rear'd we oft beguild"   32

No. 83:

[137] [John] Davy: Duetto „The breast that heaves"   33— 35

[138] [William] Shield: The Post Captain, a Sailor's Tale „When Steer-
               well heard me first impart"   36— 38

No. 85. Two original Chinese Songs:

[139]   Moo-Lee-Chwa „Hail matchless flow'r" ([Übers.:] Scott;
               Pfte.-Arr.: Kambra)   39

[140]   The Peyho Boatmen or Higho highau „The silver
               waters" ([Übers.:] Scott; Pfte.-Arr.: Kambra)   40— 42

No. 87:

[141] [Domenico] Cimarosa: A favorite Italian Air „Partiro dal caro
               bene" — „Fragrant Chaplets quaintly twining"   43— 47

[142]   The favorite Duett „Sweet is the breath of morn"   48— 50

No. 89:

[143]   The Robin Redbreast „Little bird with bosom red"   51

[144] [Samuel] Webbe Jun.r: Fair Anna „Fair Anna was a lovely maid" 52— 53

[145] [John] Davy: The poor little Gleaner „Ye gen'rous reapers"   54— 55

[146] [James] Hook: „A dying thrush"   56

No. 91:

[147] [Benjamin] Carr: „The morning dew"   57

[148] [Benjamin] Carr: Claudine „The sun had sunk behind a hill"   58— 59

[149] B.[enjamin] Carr & G.[eorge] Schetky: Rondeau Chasse „Tis
               then with bound & sprightly horn"   60— 62

No. 93:

[150] Repmah of Birmingham: „Go, lovely Rose" (Waller)   63

[151] [John] Moulds: The Pilgrim Boy „O'er barren rocks and dreary
               space"   64— 65

[152] „Their groves o'sweet myrtle" (Burns) 66— 67

[153] Ar hyd y nos or Poor Mary Anne, Welch Air „Some unkindly wou'd persuade me" 68

No. 95:

[154] [Wolfgang Amadeus] Mozart: [Duetto (Servilia, Annio) aus:]
La Clemenza di Tito „Ah perdona al primo affetto"
— „Ah forgive this thoughtless error" [KV 621, 7] 69— 71

[155] [John] Braham: The favorite ballad of: The beautiful Maid
„When absent from her my soul holds most dear" 72— 73

Volume 4 [1802/1803]: Instrumental Section

No. 74:

[156] M. Payne: St. Bride's Bells with Variations (Allegro — Var. 1—3) 3— 4

No. 76:

[157] [M. Payne: St. Bride's Bells (Var. 3—7)] 5— 6

No. 78:

[158] [Muzio] Clementi: Grand Waltz 7— 8

No. 80:

[159] Trip to Amiens, arranged as a Rondo by T.[homas]
H.[amly] Butler 9— 10

No. 82:

[160] [Rodolphe] Kreitzer [!]: Overture to: Lodoïska 11— 12

No. 84:

[161] [Rodolphe Kreutzer: Overture to: Lodoïska, Schluß] 13— 14

No. 86:

[162] Sonatina (Allegro moderato — alla Scherza — Rondo) 15— 16

No. 88:

[163] [Joseph] Haydn: Allegretto Marziàle (From his Turkish Military
Overture) [Hob. I, Nr. 100, II] 17— 18

No. 90:

[164] [Joseph Haydn: Allegretto Marziále, Schluß] 19— 20

No. 92:

[165] [Ignaz] Pleyel: Aria con Variazione [!] (Grazioso — Var. 1—3) 21— 22

No. 94:

[166] [Valentin ?] Nicholai [!] : Sonatina (All.[egr]o Mod.[erat]o
        – Rondo)   23– 24

No. 96:

[167] Melanzinsky: Grand March and Trio from the New Romantic
             Drama of: Gustavas Vasa [Naumann?]   25

Volume 5 [1803/1804] : Vocal Section

No. 97:

[168] [Joseph] Mazzinghi: O sing sweet Bird or the Captive to his
             Linnet, sung in: The Wandering Melodist „O sing sweet
             bird from that lov'd strain"   3– 5

[169] [John] Braham: The Gypsies, sung in: Family Quarrels „The
             Gypsies came to my father's door"   6– 7

[170]   Roses and Thorns, sung in the new Comedy of: Hear
             both Sides „Of the rose fair and young"   8

No. 99:

[171] Bach: Song „In this shady blest retreat"   9– 11

[172]   The Skaiters Song „This bleak and frosty morning"
             (Arr.: 1 oder 2 Singst., Pfte.)   12– 13

[173] [William] Carnaby: „Gather your rose buds"   14

No. 101:

[174] Theodore Smith: The poor Songstress „To you kind Ladies"   15– 17

[175] R.[aynor] Taylor: Sophrosyne „Sophrosyne thou guard unseen"
             (Hayley)   18– 19

[176]   The Maid of Lodi „I sing the Maid of Lodi"   20

No. 103:

[177] [John] Braham: The Love Letter, sung in: Family Quarrels
             „Hark where martial music sounding"   21– 26

No. 105:

[178]   Little Fairy „Little Fairy succour lend"   27

[179] C. H. Florio: Far, far, at Sea „ 'Twas at night"   28– 29

[180] [James] Hook: „Once, twice, thrice"   30– 31

[181] [Robert] Wornum: Lodi's Frantic Maid, a Sequel to the Maid
             of Lodi „Attend thou purling stream"   32

No. 107:

[182] [Joseph] Haydn: The Spirit [!] Song „Hark! Hark! what I tell
        to thee" [Anne Hunter] [Hob. XXVIa, Nr. 41]   33— 36

[183] [John] Davy: Duett from: Red Roy „When simmers sun"   37— 38

No. 109:

[184] [Stephen] Storace: Rondo „The summer heats bestowing"   39— 41

[185] [Karl Ditters von] Ditterstorff [!]: Two Maidens sat complaining,
        Duo „Plaignez deux pastourelles" — „Two maidens sat
        complaining"   42— 43

[186] [James] Sanderson: Sandy & Jenny „Come bonny Lassie"   44

No. 111:

[187] [William] Carnaby: The Braes of Yarrow „Thy braes were
        bonny"   46— 47

[188] [James] Sanderson: A bonny Soldier's Bride I'll be „A roving
        life I dearly love"   48— 49

[189] [Charles] Dibdin: The Sapling „In either eye a ling'ring tear"   50— 51

No. 113:

[190] [John] Braham: Love and Glory, a favorite Ballad, sung in the
        new & celebrated historical Opera called: The English
        Fleet in 1342 „Young Henry was as brave a youth"   53

[191] [William] Shield: „The bleak wind whistles o'er the main"   54— 58

No. 115:

[192] [Giuseppe] Giordani: „From branch to branch"   59— 61

[193]   French Air „Soft Arnos stream"   62— 63

[194] [John Braham]: All's well, Duett in the new Historical Opera of:
        The English Fleet in 1342 „Deserted by the waning
        moon"   64

No. 117:

[195]   Scotch Song „Wilt thou be my dearie" (Burns)
        (Singst., Pfte.-Arr.: Koželuch)   65

[196]   Scotch Song „Saw ye Johnny" (Arr.: Haydn)
        [Hob. XXXIa, 156]   66— 67

[197]   The boatie Rows, an ancient Scotch Ballad „O weel
        may the boatie row"   68— 70

No. 119:

[198] [William] Jackson of Exeter: Canzonett „Do not unbind two
        gentle hearts"   71— 73

[199] B.[enjamin] Carr: The Willows wave over his Tomb „Little
        Gipsey declare"   74— 75

Volume 5 [1803/1804] : Instrumental Section

No. 98:

[200] [Carl] Kambra: Pasticcio   3— 4

No. 100:

[201]   Air: Vous l'ordonnés &c varié pour le Piano Forte
        (Andantino — Var. 1—6)   5— 6

No. 102:

[202] [Bernard] Viguerie: Sonata (Allegro Maestoso — Grazioso —
        All.[egr]o mod.[erat]o)   7— 8

No. 104:

[203] [Bernard Viguerie: Sonata, Schluß]   9— 10

No. 106:

[204] [Johann Ladislaus] Dusseck [!]: L'Amour est un Enfant
        Trompeur varié (Andantino Moderato — Var. 1—4)   11— 12

No. 108:

[205] [Johann Ladislaus Dussek: L'Amour est un Enfant Trompeur,
        Schluß]   13

[206] R.[aynor] Taylor: March & Rondo   14

No. 110:

[207] [Victor Charles Paul] Dourlen: Military Finale to the Battle
        of Maringo   15— 16

No. 112:

[208] [Giovanni Mane] Jarnovick [!]: Rondo (Pfte.-Arr.: [Domenico]
        Corri)   17— 18

No. 114:

[209] [Giovanni Mane Giornovichi: Rondo, Schluß]   19— 20

No. 116:

[210] B.[enjamin] Carr: Rondo   21— 22

No. 118:

[211] [Muzio] Clementi: How d'ye do? Very well I thank you, a
        favorite Waltz   23— 24

No. 120:

[212] [Johann] Brandl: Serenading March [aus:] Notturno   25

1800

The American Musical Magazine, or, Repository of Sacred Music.
Published under the Direction of the Hampshire Musical Society. (No. 1: Oct.
1800.) [Vierteljährlich.]

Printed, ‹Typographically,› at Northampton, By Andrew Wright. By whom
Subscriptions and pieces for this work, are thankfully received.

Volume 1. 1800/1801, No. 1–4.

D Bim (M: 1800/01, 2–4) – **US** IOh (1800/01, 2); Nf (1800/01, 3–4); NYp
(1800/01, 2); WOa

Volume 1. 1800/1801

No. 1 (Oct. 1800):

[1]	[Friedrich] Schwindell [!] : Creation, a Chorus	1–	3
[2]	Milgrove: Bicester	4–	6
[3]	U.[ri] K. Hill: Washington's Dirge	6–	7
[4]	Philadelphia [aus] Williams Collection	8–	9
[5]	[Elisha] West: Jerusalem	9–	10
[6]	Greens [aus] Har.[monia] Sacra	11	
[7]	[Elias] Mann: No. Twenty-one	12–	15
[8]	Livonia	16	
[9]	Lambeth [aus] Har.[monia] Sacra	17–	18
[10]	[Elias] Mann: No. Five	19	
[11]	Redemption	20–	21
[12]	Marlborough	22	
[13]	Habakkuk	23–	24

No. 2 (Jan. 1801):

[14]	Stephenson: Anthem „I was glad" (From 122d Psalm) (2 Singst.)	25–	30
[15]	Brentford [aus] Har.[monia] Sacra „Buried in shadows of the night" (2 Singst., B-Begl.)	31	
[16]	Frary: Richmond „Lord I will bless you"	32	
[17]	Frary: Submission „Naked as from the earth we came"	33	
[18]	Zion „How did my heart rejoice to hear"	34–	35
[19]	I.[ohn] Lane: Middletown „When I the holy grave survey"	36	
[20]	Islington [aus] Har.[monia] Sacra „Jesus attend, thyself reveal" (2 Singst., B-Begl.)	37	
[21]	B. Harwood: Fiftyeighth Psalm Tune „Judges who rule the world by laws"	38–	39

[22]   U.[ri] K. Hill: Columbia [composed for the 4th of July]
       „Columbians raise your cheerful songs" (Member of
       the Washington Literary Society)   40— 41

[23]   Dresdon [!] [aus] Har.[monia] Sacra „He dies! the
       heav'nly Lover dies!" (2 Singst., B-Begl.)   41— 42

[24]   Carpenter: Sinai „O the immense th'amazing height"   43— 44

[25]   B. Harwood: Devotion „Begin the high celestial strain"   45— 46

[26]   Fifth Psalm Tune „Lord in the morning"   47— 48

No. 3 (April 1801):

[27]   U.[ri] K. Hill: A Tribute to Washington [Composed for the
       Fourth of July] „Our hero of immortal fame"   49— 51

[28]   U.[ri] K. Hill: Ode to Science „Genius of Science"   51— 52

[29]   Knap: Anthem. Psalm 39th „I said I will take heed to my ways" 53— 60

[30]   [B.] Harwood: Harlem „Thy name, almighty Lord"   60— 61

[31]   [B.] Harwood: Old Age „The time of our abode on earth"   62— 63

[32]   Crucifixion. 22d Psalm „Now led our mournful songs
       record"   63— 64

[33]   No. 24. Old 50th Psalm „I am the saviour"   65— 66

[34]   Capin: Oxford „When God revealed his gracious name"   66

[35]   [Elias] Mann: Supplement to Denmark „We are his people"   67

[36]   Capin: Nòrfolk „Sweet is the work, my God, my King"   68

[37]   N.[ahum] Mitchell: Adoration „Our spirits join t'adore the
       Lamb"   69— 72

No. 4 (July 1801):

[38]   No. 19 „Hark hark! what distant music melts upon
       the ear" (2 S, T)   73— 77

[39]   L. Hospital: Sussex „Our Shepherd alone"   78— 79

[40]   N.[ahum] Mitchell: Dalmatia „Jesu, lover of my soul"   80

[41]   N.[ahum] Mitchell: Union „How pleasant 'tis to see"   81

[42]   [Elias] Mann: No. 31 „When God reveal'd his gracious name" 82— 83

[43]   N.[ahum] Mitchell: Senex „The land of silence and of death" 84

[44]   Brown: Coromandel „Thy words the raging winds control"   85

[45]   [Elias] Mann: No. 30 „Great is the Lord"   86

[46]   [Felice de] Giardini: Pelham „My soul repeat his praise"   87

[47]   [William] Billings: Deerfield „Great God how frail a thing" 88

[48]   N.[ahum] Mitchell: Dies Judicii, or Doomsday „Lo! he cometh
       countless trumpets blow"   89— 92

[49]   Lee: Friendship „Thy wrath lies heavy on my soul"   93— 94

Auswahl der besten Compositionen für das Clavier oder Pianoforte von den berühmtesten Componisten herausgegeben von Johann Heinrich Olbers Organist an St. Wilhadi Kirche in Stade.

Hamburg, gedruckt und in Commission zu haben bey den Gebrüdern Meyn, ([ab 3. Heft:] Hannover, gedruckt bei dem Hofbuchdrucker J. T. Lamminger, auf Kosten des Herausgebers.)

Jahrgang 1. [ca. 1800]: Heft 1—4.

D Lr

1. Heft:

[1] [François] Mezger: VI Petits airs (No. 1—6)   1— 4

[2] [Ludwig] Hellwig: Der Mann für uns „Wer nicht im Freundeskreis
        sich freun" (Bouterweck) (Singst., Chor, Pfte.)   5

[3] [Vincenz] Maschek: Rondo   6

[4] [Wenzel Müller]: Arie (Mika) aus der Oper: Das Sonnenfest der
        Braminen „Fort mit Leiden, immer in Freuden!"   7— 9

[5] [Daniel] Steibelt: Sonata (Allegro moderato — Rondo Allegretto)10— 13

[6] [Ignaz] Pleyel: Sonata (Allegro — Andante Siciliano)   14— 17

[7] [Ignaz] Pleyel: Thema con Variazioni (Allegro — Var. 1—4)   18— 20

[8] [Joseph] Haydn: Andante con moto [Hob. I, Nr. 89, II]   21

[9] [Christoph August] Gabler: Ermahnung an zwey Kinder
        „Süsses Mädchen, holder Knabe!" (Weisse)   22— 23

[10] [Giacomo Gotifredi] Ferrari: Sonata (Allegretto vivace —
        Andante con moto)   24— 29

2. Heft:

[11] [François] Mezger: IV Petits airs (No. 7—10)   31— 34

[12] [Franz Anton] Hoffmeister: Ariette (Huy) aus: Rosalinde „Wer
        Weiberherzen fischen will"   35

[13] [Wolfgang Amadeus] Mozart: Duettino (Sesto, Annio) aus:
        La Clemenza di Tito „Deh prendi un dolce amplesso" —
        „Nimm diesen Kuss zum Pfande" [KV 621, 3]   36

[14] [Joseph] Gelinek: Sonata (Allegretto — Andante — Rondo)   37— 41

[15] [Franz] Grill: Sonata (Allegro — Rondo Allegretto)   42— 47

[16] Haydn [unterschoben, recte: François Tomich]: Sonata
        (Allegro — Rondo Allegretto) [Hob. XVa, B-dur]   48— 57

[17]   Gesellschaftslied für junge Frauenzimmer „Auf! fessel
        zum Genusse des Lebens flücht'gen Traum"   58— 59

3. Heft:

[18] [Franz] Destouches: IV petites Pièces   61— 63

[19] [Giovanni] Paesiello: Arie (Rosalba) aus der Oper: Theatralische
        Abendtheuer „An dem schönsten Frühlingsmorgen"   64

[20] [Anton] Reicha: Amor, der Joujou-Spieler „Ach! Amor Herzens-
            zieler"   65

[21] [G. L. ?] Riedel: Sonata (Allegro non troppo — Andante —
            Rondo. Allegro)   66— 69

[22] [Karl Friedrich] Ebers: Arie (Ruttillio) aus der Oper:
            Die Blumeninsel „Ein Auge, das mir Liebe lacht"   70— 72

[23] [Wolfgang Amadeus] Mozart: Sonata [KV 374 d = 376]   72— 86

[24] [Joseph] Haydn: Sailors Song, Matrosenlied „High on the giddy
            bending Mast" — „Hoch klimt [!] der Seemann auf den
            Mast" [Hob. XXVIa, Nr. 31]   87— 91

4. Heft:

[25] [Wolfgang Amadeus] Mozart: La Bataille [KV 535]   93— 94

[26] [Daniel] Steibelt: Walzer   94— 95

[27] [Franz Jacob] Freystädter [!]: Zwey ganz originelle Walzer
            mit Alt[e]n   95— 96

[28] [Johann Rudolph] Berls: Der Landmann „Der Landmann hat
            viel Freude"   97

[29] [Fridericke] Pallas: Arie „Klopfe nicht so bange"   98

[30] Dems. v. B.: Die Wayse „Der Landmann grüst [!] der Aue ent-
            flohn" (Freudentheil)   99

[31]   Marcia del Regimento d'Orange   100

[32] [Peter von Winter]: III. Pièces de l'Opéra: Das unterbrochene
            Opferfest, arr. von Rosenberger   101—105

[33] [Thomas] Haigh: Andante con Variationi [!] (Var. 1—4)   106—109

[34] [Muzio] Clementi: Sonata (Allegro — Adagio Maestoso —
            Allegro con Spirito)   110—123

[35] [Joseph] Haydn: Die Verzweiflung „Verzweiflung prest [!]
            mein armes Herz" [Hob. XXVI a, Nr. 28]   124—125

Journal de Musique tiré des meilleurs Opéras français & allemands, arrangé pour
le Piano Forte.

A Hambourg, Ches [!] Jean Auguste Böhme, Editeur, Marchand de Musique.
Gravé par Louis Rudolphus.

[1800]: Cahier 1—3.

NL At

Cahier 1 ([Pl. Nr.] 108):

[1]   [Christoph Willibald] Gluck: Chœur d': Iphigénie en Aulide
            „Que d'attraits! que de majesté!"   2— 3

[2]   [Peter von] Winter: [Arie] (Silvio) aus der Oper: Die Brüder als
            Nebenbuhler „Mio dolce tesoro" — „O holde Geliebte"   4— 7

[3]   [Peter von] Winter: Arie (Dorinda) aus derselben Oper [= Die
      Brüder als Nebenbuhler] „Amor, in questo secolo" –
      „Die Lieb' in unsern Tagen"   8– 10

[4]   [Christoph Willibald] Gluck: Air (Iphigénie) d': Iphigénie „Les
      vœux dont ce peuple m'honnore"   11– 12

Cahier 2 ([Pl. Nr.] 109):

[5]   [Wolfgang Amadeus] Mozart: Arie (Belmonte) aus der:
      Entführung aus dem Serail „Hier soll ich dich denn sehen,
      Konstanze" – „O! ma chère Constance!" [KV 384, 1]   2– 3

[6]   [Wolfgang Amadeus] Mozart: Arie (Blonde) aus derselben Oper
      [= Die Entführung aus dem Serail] „Welche Wonne, wel-
      che Lust" – „Quel espoir enchanteur!" [KV 384, 12]   4– 7

[7]   [Nicolas] d'Alairac [!]: Air d': Adolphe et Clara ou Les deux
      Prisonniers „D'un époux chéri"   8– 9

[8]   W.[olfgang] A.[madeus] Mozart: Finale (Belmonte) aus der:
      Entführung aus dem Serail „Nie werd' ich deine Huld
      verkennen" – „Un noble sentiment l'enflamme"
      [KV 384, 21]   10– 12

Cahier 3 [ohne Pl. Nr.]:

[9]   [Vicente] Martín [y Soler]: Duett (Diana, Endimione) aus dem:
      Baume der Diana „Pianin pianino ho chia mero" –
      „Ganz lose leise will ich ihn wecken"   2– 6

[10] [Wolfgang Amadeus] Mozart: Air (Blonde) de: L'Enlèvement
      du Sérail „Durch Zärtlichkeit und Schmeichlen [!]" –
      „Soumis, galant, sincère l'amant" [KV 384, 8]   7– 9

[11] [Wolfgang Amadeus] Mozart: Romance du même Opéra
      [= Enlèvement du Sérail] „Im Mohrenland gefangen" –
      „Dans un château de l'Arragon" [KV 384, 18]   10– 12

The Musical Journal for the Flute or Violin. [Editor: Benjamin Carr.] [No. 1:
Jan. 1800. Wahrscheinlich wöchentlich.]

[Baltimore: Joseph Carr.] Sold at the following Musical Repositories: J. Carr's
Baltimore, J. Chalk's Philadelphia, and J. Hewitt's New York.

Volume 1. 1800, No. 1–24.

D Bim (M) – **US** Wc

Vocal Section

No. 1:

[1]   [Alexander] Reinagle: [Rosa], (Song in: The Secret)
      „Majestic rose"   [1]– 3

[2]   [James] Hook: Pretty Maids all in a Row, a Nursery Song
      „How does my Lady's garden grow"   4

No. 3:

[3]   [Thomas] Atwood: Poor Lima „At early dawn from humble cot" 6—   7

[4]   Cupid benighted „In the dead of the night"   8

No. 5:

[5]   [William] Jackson of Exeter: Canzonett „Love in thy eyes
               for ever plays"   10— 12

No. 7:

[6]   [Samuel] Arnold: Courteous Stranger, the favorite Polonaise
               „Courteous stranger now free from danger"   14— 16

No. 8 [recte: 9]:

[7]   B.[enjamin] Carr: Shakespeare's Willow „A poor soul sat sighing" 17

[8]   B.[enjamin] Carr: Poor Mary, sung in: The Italian Monk
               [Samuel Arnold] „Dark was the night"   18— 19

[9]   B.[enjamin] Carr: Little Boy blew, Duett „Little boy blew come
               blow me your horn"   20

No. 11:

[10]   T.[homas] Dibdin: Ben & Mary „The decks were clear'd"   22— 23

[11]   Portugueze Hymn on the Nativity „Adeste fideles"   24

No. 13:

Two Original Russian Airs:

[12]   Air 1 „Inconstant spring thy morn"   26— 27

[13]   Air 2 „Lend me thy saffron robe dear god of joy"   28

No. 15:

[14]   „Ye ling'ring winds"   30— 31

[15]   R.[aynor] Taylor: Never doubt that I love „Doubt the morning
               and evening dew"   32

No. 17:

[16]   [John] Percy: „A wand'ring Gipsey" [P. Pindar]   34— 36

No. 19:

[17]   [Johann Friedrich] Reichardt: The Angler „In gurgling eddies
               roll'd the tide" (Nach Goethe)   38— 39

[18]   [James] Hook: „By Baby bunting"   40

No. 21:

[19]   [Joseph] Haydn: Hurly Burly, a favorite Sailors Song „High on
               the giddy bending mast" (2d. Book of Canzonetts)
               [Hob. XXVIa, Nr. 31]   42— 44

No. 23:

[20]   J.[ames] Hewitt: When the Shades of Night „When the shades
          of night persuing"   46— 47

Instrumental Section

No. 2:

[21]   T.[homas] Haigh: Aria con Variazione [!] (Andante —
          Var. 1—[3])   2— 4

No. 4:

[22]   [Ignaz] Pleyel: Thema con Variazione [!] (Andante — Var. 1—5) 5— 8

No. 6:

[23]   [Ignaz] Pleyel: Duo (Adagio espressivo — Rondo Presto)   10— 12

No. 8:

[24]   [Joseph] Haydn: Sonate [Hob. XVI, Nr. 35, I]   14— 16

No. 10:

[25]   [Giovanni Giuseppe] Cambini: Chantons l'Hymen   18— 19
[26]   [William] Shield: Air   20

No. 12:

[27]   [Ignaz] Pleyel: Minuetto & Trio   22— 23
[28]   [Ignaz] Pleyel: Minuetto   24

No. 14:

[29]   Six favorite German Waltzen   25— 28

No. 16:

[30]   [Georg Friedrich] Handel: Duetto: Selected and arranged from
          that beautiful Composition „As steals the morn" in his:
          L'Allegro il Penseroso   29— 32

No. 18:

[31]   B.[enjamin] Carr: Six Imitations of English, Scotch, Irish, Welch,
          Spanish & German Airs (Imitation 1, of an English Legen-
          dary Air. Imitation 2, of an Ancient Welch Air. Imitation
          3, of a Pathetic Scotch Song. Imitation 4, of a Plaintive
          Irish Ditty. Imitation 5, of a Spanish Ballad. Imitation 6,
          of a German Waltz)   33— 36

No. 20:

[32]   [Joseph] Haydn: Andante [Anfang] [Hob. I, Nr. 94, II]
          (D-dur)   38— 40

No. 22:

[33] [Joseph] Haydn: [Andante, Fortsetzung] 41– 44

No. 24:

[34] [Joseph] Haydn: [Andante, Schluß] 45– 47

1801

Holsteinisches Musik-Journal für Clavier und Gesang herausgegeben von Christian Lau. [Wöchentlich.]

Hamburg, Erste Elbstraße No. 62.

[ca. 1801], Quartal 1–4.

D Hs ([ca. 1801], 2. Quartal, 19.–20. Woche) – **DK** Km ([ca. 1801], 1. Quartal, 7.–13. Woche, 2. Quartal, 14.–16. Woche, 4. Quartal, 40.–42., 49.–51. Woche)

1. Quartal

7. 8. Woche:

[1] [Nicolas] d'Alayrac: Arie (Clara) aus der Operette: Adolph und
         Clara „Ach ihr Mädchen, ach ihr Guten" [5 S.]

9.10. Woche:

[2] [Nicolas d'Alayrac]: Ouverture aus der Oper: Adolph u.[nd]
         Clara [8 S.]

11.12. Woche:

[3] [Nicolas] d'Alayrac: Arie aus der Operette: Adolph und Clara
         „O holder Engel erscheine bald!" [8 S.]

12.13. Woche:

[4] [Nicolas d'Alayrac]: Ariette (Clara) aus der Oper: Adolph und
         Clara „In des Gatten zärtlicher Liebe" [3 S.]

2. Quartal

14.15.16. Woche:

[5] [Nicolas] d'Alayrac: Arie aus der Operette: Adolph u.[nd] Clara
         „Der Ton, der Blick sei fürchterlich" [6 S.]

[6] [Nicolas d'Alayrac]: Duett (Clara, Adolph] aus der Operette:
         Adolph u.[nd] Clara „Fort mit der Liebe, ich gab mein
         Wort" [7 S.]

19.20. Woche:

[7] [François Adrien] Boieldieu: Aus der Operette: Der Chalyf
            von Bagdad (Pfte.)   [8 S.]

4. Quartal

40.41.42. Woche:

[8] [Nicolas] Dalayrac: Duett (Versac, Dermont) aus der Operette:
            Dies Haus ist zu kauf [!] ‹ La Maison à Vendre › „Zu
            leben auf dem Lande"   [12 S.]

49.50. Woche:

[9] [Nicolas] ‹ Dalayrac › : Arie (Sainville) aus der Operette: Das
            Gemälde ‹ Catinat, ou Le Tableau › (Rec.) „Was soll
            ich thun? was wird aus mir?" (Arie) „O denk ich eurer,
            theure Kinder!"   [6 S.]

51. Woche:

[10] [Nicolas] ‹ Dalayrac › : Arie (Auguste) aus der Operette: Das
            Gemälde ‹ Catinat, ou Le Tableau › (Rec.) „Geliebte
            Schwester dein Herz ist nur" (Arie) „Ma bonne sœur
            ouvre ton cœur"   [5 S.]

Journal dédiées [!] aux Jeunes Elèves par P.[eter] J.[ohann] Milchmeyer.

à Meissen: Imprimé chez Klinkicht. ([Am Ende der Einleitung, S. 8:] Dresden,
den 1. November 1801.)

(1801[/1802]): No. I–V.

B Bc – **D** Bs (1801[/02], 3); WRgs (1801[/02], 1–3)

No. I. (November 1801):

[1] [Louis] Abeille: Rondo   9– 10

[2] [Ignaz] Pleyel: Thema   11– 12

[3] [Giovanni Mane] Giornowick [!] : Rondo   12– 13

[4] [Daniel] Steibelt: Rondo   14– 15

[5] Böttcher: Walzer   16

[6] [August Wilhelm Friedrich] Jahn: Polonoise   17

[7] Lütger: Allegretto [mit] Var.[iationen] (1–3)   18– 21

[8] [Peter Johann Milchmeyer]: (Musikalische Gänge mit Anmer-
            kungen)   22– 23

No. II. (December 1801):

[9] [Johann] Wannhall [!] : La Maison de Cartes — Das Kartenhäus-
            chen „Lacht nur, guten Leute, lacht!"   11

[10] [Daniel] Steibelt: Rondo   12– 13

[11] [Johann] Wessely: Air de dance de l'Opéra d': Armide [mit]
Var.[iationen] (Andantino — Var. 1—4)   14— 17

[12] [Muzio] Clementi: Larghetto con moto (Pfte. 4hdg.)   18— 19

[13] [Georg Joseph] Vogler: Ballet des Bohémiens d': Herrmann
d'Unna   20— 22

[14] [Peter Johann Milchmeyer]: (Passages les plus difficiles)   26— 27

No. III. [Januar 1802]:

[15] [Johann] Wanhal: Le Jeune Arbre — Der junge Baum ,,Das liebe
kleine Baeumchen hier" (Weiße)   3

[16] [Georg Joseph] Vogler: Ballet des Enfants d': Herrmann d'Unna 4

[17] [Carl] Kreith: Marsch   5— 6

[18] [Johann Friedrich] Reichardt: Aus der Oper: Tamerlan   6— 7

[19] [Peter von] Winter: Aus dem Opferfest (Kind, willst du ruhig
schlafen) (Pfte.)   8— 9

[20] [Johann Friedrich] Reichardt: Allegretto   9

[21] [Daniel] Steibelt: Walzer   10— 11

[22] [Johann Egid] Geyer: Allegretto (Pfte. 4hdg.)   12— 15

[23] [Ignaz] Pleyel: Adagio   16— 17

[24] [Ferdinand] Kauer: Walzer   17

[25] [Peter Johann Milchmeyer]: (Passages les plus difficiles)   18— 19

No. IV. [Februar 1802]:

[26] [François-Adrien] Boieldieu: Pastorale   3— 7

[27] [Carl Friedrich] Zelter: Ständchen ,,Zu meiner Laute Liebesklang,
horch auf!"   8— 9

[28] [Daniel] Steibelt: Sonata (Allegro — Andante — Rondo)   10— 15

[29] [Christoph August] Gabler: Walzer (Pfte. 4hdg.)   16— 17

[30] [Peter Johann Milchmeyer]: (Passages les plus difficiles)   18— 19

No. V. [März 1802]:

[31] [Luigi] Cherubini: Aus dem Wasserträger ,,Ha segne,
Gottheit! mein Bestreben"   3— 5

[32] [Daniel] Steibelt: Adagio maestoso   6— 8

[33] [Vincenzo] Righini: Marche   8— 9

[34] [Carl] de Hampeln: Walzer   10

[35] [Daniel] Sterkel: Andantino   11— 14

[36] [Vincenzo] Righini: Danse Russe   14— 15

[37] [Gottlieb Heinrich] Köhler: Andan.[te] (Var. 1—2)   16— 17

[38] [Christian Gottlieb] Kleeberg: Zum ewigen Frieden ,,Laßt den
Thieren ihre Kriege" (Witschel)   18— 19

The Monthly Musical Journal Consisting of Original British and of New Foreign Music Vocal & Instrumental. Conducted by Dr. [Thomas] Busby.

London, printed for Richard Phillips, No. 71 St. Pauls Church Yard, & may be had on the first day of every month of all the Music Sellers and Booksellers in the United Kingdom.

Vol. 1. [1801/1802], No. 1–4.

D Mbs (1. [1801/02, 1–3) – **GB** Lbm; Ob – **US** NYp (1. [1802/02], 1–2)

No. 1:

[1]   [Antonio] B.[artolomeo] Bruni: Overture to the Comic Opera
        of: L'Auteur dans son Ménage   1–   7

[2]   [Etienne Nicolas] Méhul: Song from the New French Opera of:
        Ariodant ,,Be calm your rising anger" ([Übers.:] Tho-
        mas Busby)   8– 13

[3]   [Carlo] Pozzi: Italian Air ,,Partiro, mio caro bene" – ,,Turn
        from my heart's delight my lover" ([Übers.:] Wolcot)   14– 17

[4]   [Nicolas] Delayrac [!]: The Persian Slave, Song ,,That I might
        prove my love sincere"   18– 19

[5]   [Joseph] Haydn: The favourite Air in the Oratorio of: Creation
        (Rec.) ,,And God said let the earth bring forth grass"–
        (Aria) ,,From chaos see the new-born fields" ([Übers.:]
        T. S. Surr) [Hob. XXI, Nr. 2, 6] (Pfte.-Arr.: Thomas
        Busby)   20– 25

[6]   [John Wall] Callcott: Glee for three voices ,,If happily we wish
        to live" (Wolcot)   26– 28

[7]   [Samuel] Arnold: Duett ,,Softly ye swains" (S. Arnold)   29– 31

[8]   [Thomas] Busby: The Golden Moments are gone by, a Song
        ,,When Cupids leave the virgin's face" (Wolcot)   32– 35

[9]   [Thomas] Busby: William and Jane, a Song ,,Sadly, Jane sat
        weaving willow" (Ireland)   36– 39

No. 2:

[10] Federico Guglielmi [!] Rust: Aria con Variazion(i)
        (Allegretto Grazioso – Var. 1–7)   40– 47

[11] [Nicolas] Delayrac [!]: New (French) Song ,,Tous les jours
        au fond de mon coeur"   48– 50

[12] [Nicola] Picini [!]: Celebrated (Italian) Air ,,A wandring
        youth forgive"   51– 55

[13] [Etienne Nicolas] Méhul: (French Song) ,,Lovely maid see
        around us all nature is blooming" ([Übers.:] G. F.
        Busby) (Hf., Singst., Pfte.)   56– 57

[14] [Jacob] Haibel: (Italian Air) ,,Says Jessy one morn as we rang'd
        thro' the fields" (T. Dutton)   58– 59

[15] [Daniel] Steibelt: Tis Love holds the bright torch of Nature,
(Song) „Tis love holds the light torch of nature" 60— 61

[16] [Luigi] Cherubini: (Air) „The rose when dews of night are shed"
(H. I. Pye Esqr.) 62— 65

[17] [Angelo] Tarchi: (Song) „Hear you not the nightingale?"
([Übers.:] Thomas Busby) 66— 67

[18] [Samuel] Arnold: (Song) „I have listened too long to thy tale"
(Wolcot) 68— 69

[19] [Thomas] Busby: The Soldier in Camp, (Song) „Yes I hear'd the
roaring ocean" (James) 70— 71

[20] [John] Moorehead: The Beggar Girl, (Song) „Come list unto my
ditty" (Cherry) 72— 73

[21] [Thomas] Busby: Winter Defeated, (Song) „See where stern
winter's icy hand" (Dyer) 74— 77

No. 3:

[22] [Franz Anton] Hoffmeister: Overture to: Rosalinde, a
celebrated Opera 78— 84

[23] [Martin Joseph] Adrien: [Lied] „In vain the song of sorrow"
(Wolcot) 85

[24] [Joseph] Haydn: A favorite [!] Air in the Oratorio of:
Creation „And God created man in his own image"
([Übers.: T. S. Surr) [Hob. XXI, Nr. 2, 13] 86— 91

[25] [Thomas] Busby: [Lied] „Sweet Maid, I've heard thy frequent
sigh" (Mrs. Opie) 92— 94

[26] [John Wall] Callcott: Fill away! A Glee for three voices
„Fill away the skies tell us" (Wolcot) 95— 97

[27] [Samuel] Arnold: [Lied] „When first, o Zelinda" (Wolcot) 98— 99

[28] [Thomas] Busby: [Lied] „Tho' winter blast the weaping year"
(Wolcot) 100—103

No. 4:

[29] [Daniel Gottlob] Türk of Göttingen: Overture 104—106

[30] [Franz Anton] Hoffmeister: March 107

[31] [Vincenzo] Righini: [Lied] „My nymph a world bewitches!"
(Wolcot) 108—109

[32] [Andreas] Romberg: Amor Gradito, a favorite [!] Air „Vivo
in foco amoroso" 110—111

[33] [Thomas] Busby: Poor Christobal! „Blow ye breezes, wave my
willow" (Ireland) 112—113

[34] [Samuel] Arnold: [Lied] „In vain the song of sorrow"
(Wolcot) 114—115

[35] Abbé [Georg Joseph] Vogler: Thema con Variazioni (Thema — Var. 1—8) 116—120

[36] [Thomas] Busby: Go, Dimpled Boy, a Glee for three voices „Go, dimpled Boy, thy lures are vain" (Ireland) 121—127

Schlesische Musikalische Blumenlese. ([Ab 1. 1801/02, Heft 3:] Redaction: [Justin Heinrich] Knecht.) (Heft 1: 13. May 1801.)

Breslau, Gedruckt ([ab 2. 1802/03:] und zu haben) in der Notendruckerey bei sel. Grasses Erben ([ab 2. 1802/03, Heft 4:] Grass) und (Johann August) Barth.

Jahrgang [1.] 1801/1802 — 3. 1803/1805.

D Bim (M); Mbs (2. 1802/03, 1, 4) — **PL** BY ([1.] 1801/02, 1); KAp (M); WRu

→ *Neue Schlesische Musikalische Blumenlese.* 1806.

[1.] Jahrgang (1801/1802)

1. Heft (1801):

[1] [Vincenz Franz] Tuczeck [!] : Sonata (Allegro moderato) 1— 9

[2] [Gottlob] Hensel: Lied der Freude, am ersten Tage des 19ten Jahrhunderts in einer fröhlichen Gesellschaft gesungen „Du Erstling des Jahrhunderts" (Fülleborn) 10— 12

[3] [Heinrich Ludwig] Berner jun.: An Liebchen „Süsses Liebchen, Herzensdiebchen" 13

[4] [Heinrich Ludwig] Berner jun.: Lied zur Feier des hundertjährigen Preussischen Königthums „Sei willkommen, Tag der Ehre" (Fülleborn) 14— 15

[5] C.[hristian] B.[enjamin] Uber: Das Ritterspeel ei Fürstensteen, dan 17. Ogust 1800 „Ech kumm hold oh vu Fürstensteen" (Fülleborn) 16— 17

[6] [Joseph] Schnabel: Wer ist ein Patriot? „Wer Gott erkennt, den Fürsten ehret" 18— 19

[7] Angloise 20

[8] Ecossoise 20

[9] [Wilhelm] Flemming: Kriegerlied „Krieger, auf! die Fahne winket" (Felckel) 21— 23

[10] Der Recensent dieser Blumenlese „Hm! hm! Ei! ei! Ein musikalisch Allerlei zu rezensiren?" 24

2. Heft (1801):

[11] [Heinrich Ludwig] Berner jun.: Dyhrenfurth „Da trug uns ja auf sanfter Welle" (Fülleborn) 1— 2

[12]   [Ludwig Anton Leopold] Siebigk: Marche   3

[13]   [Vincenz Franz] Tuczeck [!]: Walzer   4

[14]   [Justin Heinrich] Knecht: Der Zackenfall, eine Musikalie
       „Was saust und rauscht so dumpf heran?" (Fülleborn)   5— 20

[15]   Der Herbst „Bunt sind schon die Wälder" (v. Salis)   21

[16]   Ferd.[inand] Florian Eisenbeck: Die Nonne „Wenn ich zum
       Altare trete"   22— 23

[17]   [Justin Heinrich] Knecht: Alla Siciliana   23

[18]   [J. O. H.] Schaum: Christian Tzessell von Schwenting, eine
       Schlesische Volkssage „Herr Tzessell war ein arger
       Mann" (Fülleborn)   24— 25

[19]   Der Verliebte „Bei gut und böser Laune"   26

3. Heft (1802):

[20]   [Heinrich Ludwig] Berner jun.: An die Hütte der Einsamkeit
       in Carlsruhe „Vom lauten Weltgetümmel fern" (Fülle-
       born)   1

[21]   Freudenlied treuer preussischer Unterthanen. Nach der
       bekannten Melodie des englischen Volksliedes: When
       Britons first at heven's [!] comand [!] „Wer Gott und
       seinen König ehrt" (Singst., Chor, Pfte.)   2—   3

[22]   [Justin Heinrich] Knecht: Angloise   4

[23]   Güttler: Walzlied, im Winter 1801 „Hört Ihr den schwäbischen
       Wirbeltanz?"   5

[24]   [Justin Heinrich] Knecht: Ein altes Schlesisches Volkslied mit 7
       Veränderungen fürs Klavier „Unser Bruder Malcher"   6— 10

[25]   Eccosoise [!]   10

[26]   [Justin Heinrich] Knecht: Eine kurze Fantasie aus G dur   11

[27]   [Johann Gottlieb] Schummel: Arie aus Schillers: Maria Stuart
       „Eilende Wolken" (S, Pfte.)   12— 17

[28]   W. v. Kr-r: Polonaise   18— 19

[29]   W. v. Kr-r: Marche   20

[30]   Sig. von Fr...ke: Walzer   21

[31]   Carl Seidel: Lied eines jungen Bauern „Hot ihr ne dos Mensch
       gesahn"   22— 23

[32]   [Justin Heinrich] Knecht: Schwäbischer Bauerntanz   24

4. Heft (1802):

[33]   [Joseph] Schnabel: Der Obelisk bei Ullersdorf, ein Gesang „Er-
       töne Lied mit wonnigem Empfinden"   1—   4

[34]   L.[udwig] A.[nton] L.[eopold] Siebigk: Sieben Variationen
       für das Clavier oder auch für die Harfe über Schulze's
       Lied: Beschattet von der Pappelweide   5—   8

[35]   J.[ustin] H.[einrich] Knecht: Walzer   9

[36]   Ecossoise   9

[37]   J.[ustin] H.[einrich] Knecht: Herzhaftes Hochzeitlied auf die
            Vermählung des Professor Weinisch in jüdisch-deutscher
            Sprache verfaßt vom ehemaligen Rektor Arletius in Bres-
            lau „Seyd mir mauchel"   10— 11

[38]   [Johann Gottlieb] Hoppe: Genuss der Tugend und Freude „Edle
            Tugend, sanfte Freude"   12— 13

[39]   Ferd.[inand] Florian Eisenbeck: Die Vestale an ihr Lämpchen
            „Wie flimmerst du so matt und trübe"   14— 15

[40]   J.[ustin] H.[einrich] Knecht: Zweistimmiges Handstück für's
            Klavier   16— 18

[41]   J.[ustin] H.[einrich] Knecht: Gigue   19

[42]   Ungenannter: Etwas wider die Liebe „Ihr Freunde, gebt das Lie-
            ben auf!"   20— 21

[43]   J. Herrmann: Die Weisheit, ein Trinklied „So kommt denn,
            jugendliche Weisen"   22— 24

2. Jahrgang (1802/1803)

1. Heft (1802):

[1]   F.[riedrich] W.[ilhelm] Berner: Lobgesang am Morgen „Lobt
            den Herrn, die Morgensonne weckt die Flur aus ihrer
            Ruh" (S, A, T, B)   [2 S]

[2]   [Friedrich Franz] Hurka: Der Ritter auf dem Kynast, eine Volks-
            sage „Wer je mein Kind zu freien denkt" (Fülleborn)   1

[3]   [Friedrich Franz] Hurka: Der Sänger „Schöne Mädels, lust'ge
            Knaben"   2—   3

[4]   [Friedrich Franz] Hurka: Die Schäferinn „Frühe geht die Schä-
            ferinn"   4

[5]   J.[ustin] H.[einrich] Knecht: Kurze Fantasie für's Klavier aus
            Es dur   5

[6]   J.[ustin] H.[einrich] Knecht: An meinen Freund, den Harfner,
            im Frühlinge (Rec.) „Wie? soll denn auch in diesen Won-
            netagen" — (Arietta) „Mit Sang und Klang" (K. Paffrath) 6—   8

[7]   [Justin Heinrich] Knecht: Walzer   9

[8]   Ecossoise   9

[9]   J.[ustin] H.[einrich] Knecht: Die Jahreszeiten „Macht der Lenz
            die Erde neu" (Isaac Maus) (Singst., Pfte. oder 2 Singst.) 10— 11

[10]   [Justin Heinrich] Knecht: Quadrille   12

[11]   [Justin Heinrich] Knecht: Das Glück der Liebe „Unser süßester
            Beruf ist das Glück der Liebe" (Gotter)   13

[12]   J.[ustin] H.[einrich] Knecht: Warnung an die Mädchen „O Mäd-
           chen! wenn die Liebe das Herz beschleicht"   14— 15

[13]   [Justin Heinrich] Knecht: Schwäbischer Bauerntanz mit
           6 Veränderungen   16— 17

[14]   [Justin Heinrich] Knecht: Der Trinker an die Flasche „Komm,
           liebe Treue, komm und leere dich" (Kretschmann)   18— 20

[15]   [Friedrich Franz] Hurka: Das Kräutermädel an die Städterinnen
           „Ich bin ein schlichtes Mädel"   21

[16]   J.[ustin] H.[einrich] Knecht: Quadrille   22

2. Heft (1802):

[17]   J.[oseph] Schnabel: Die Schweizerei bei Fürstenstein, Lied einer
           Melkerin „Will der Herr zur Schweizerei?"   1

[18]   J.[oseph] Schnabel: Elisens Abschied „Noch einmal Heinrich,
           eh wir scheiden"   2— 3

[19]   J.[ustin] H.[einrich] Knecht: Angloise   4

[20]   [Gottlob] Hensel: Sonata (Allegro)   5— 11

[21]   J.[ustin] H.[einrich] Knecht: Das Echo auf dem Kynast in
           3 Scenen: Empfindungen I. Bey Ersteigung des Kynast's
           bey Hermsdorf in Schlesien „Entfernt von der Erde Ge-
           tümmel" (Mayer) (Singst., 4stg. Chor, Pfte.)   12— 18

[22]   F.[riedrich] W.[ilhelm] Berner: Lobgesang am Mittag „Dankt
           dem Herrn! mit frohen Gaben"   19— 20

[23]   F.[riedrich] D.[ionys] Weber: Sette Balli Tedeschi (No. 1—7)   21— 23

3. Heft (1803):

[24]   Lob der Stadt Breslau, ‹ Ein altes Volkslied › „Schön
                   Breslau will ich preisen"   1— 3

[25]   Minuetto   [1 S.]

[26]   F.[riedrich] D.[ionys] Weber: Zum Neuen Jahr 1803
           „Dukaten, Aemter, Bräute kommt" (2 Singst., Chor,
           Pfte.)   [1]— 3

[27]   [Friedrich Dionys Weber]: Balli Tedeschi (No. 8—12)   4— 8

[28]   [Gottlob] Hensel: Als Kunz seinen Sohn in Breslau besucht
           hatte „Wos ich jentag ho gesahn"   9— 10

[29]   [Justin Heinrich Knecht]: Das Echo auf dem Kynast. II.
           Scene: Bey dem Anblicke der eingefallenen Ritterburg
           der uralten Grafen von Schafgotsch „Was seh ich hier?"
           (Singst., 4stg. Chor, Pfte.)   11— 15

[30]   F.[riedrich] D.[ionys] Weber: Sei Minuetti (No. 1—3)   16— 21

[31]   H.[einrich] C.[arl] Ebell: Trinklied „Nimm Bachus [!] unser
           Opfer" (Singst., 3stg. Chor, Pfte.)   22— 24

4. Heft (1803):

[32]   May-Lied „Es spalten und sprossen, vom Lenzhauch um-
            flossen" (Ernst v. Wedig)   1—   2

[33]   Julie Merfort: 6 Walzer (No. 1—3)   3—   4

[34]   [Justin Heinrich Knecht]: Das Echo auf dem Kynast. III.
            Scene ‹ Beschluß › : An der Stelle das Echo selbst
            „Weilt sie hier nicht?" (Singst., 4stg. Chor, Pfte.)   5— 25

3. Jahrgang (1803/1805)

1. Heft (1803):

[1]   [Heinrich Ludwig] Berner jun.: Lob des Sprudels in Karlsbad
            „Ewig sey dir Lob gesungen" (Singst., Vl., Pfte.)   1—   4

[2]   F. G. Arlt: Vergissmeinnicht „Vergissmeinnicht! Dein auch nie
            zu vergessen"   5

[3]   [Julie Merfort]: [6 Walzer] (No. 4—6)   6

[4]   Joseph Klingohr: Six Allemandes   7

[5]   Joseph Wolfg.[ang] Klingohr: Die Kaffee-Schwester „Kaffeechen,
            Kaffeechen, du himmlischer Trank"   8—   9

[6]   F.[riedrich] D.[ionys] Weber: Minuetti (No. 4—6)   10— 15

[7]   Ferd.[inand] Florian Eisenbeck: Die Bitte „Liebe, eine Hütte
            nur"   16

[8]   Ecossoise   16

[9]   [Justin Heinrich] Knecht: Lied der Freude für jüngere Mädchen
            „Lasst uns Kränze winden" (Starcke)   17

[10]   Polonoise   18— 19

[11]   H.[einrich] C.[arl] Ebell: Der Musikfreund „Musik du bist
            mein bester Freund"   20— 21

[12]   Bürgel: Ariette con Variazioni (Allegretto — Var. 1—4)   22— 24

2. Heft (1804):

[13]   F.[riedrich] W.[ilhelm] Berner: Lied zur Wallfarth [!] auf
            den Prudelberg „Hinan! hinan zu jener steilen Höhe"   [2 S.]

[14]   F. Horak: Six Variations   1—   7

[15]   Ferd.[inand] Florian Eisenbeck: An die Mädchen „Ohne Zärt-
            lichkeit und Liebe"   8—   9

[16]   C. F. Schwarzer: Die betende Laura „Laura betet, Engelharfen
            hallen"   10— 11

[17]   F.[riedrich] W.[ilhelm] Berner: Die Musik „Du voll reger
            Harmonien" [Fülleborn]   12— 13

[18]   J — g — sch: Marche   14— 16

146

[19]   [Johann Wilhelm] Holenz: Fischer-Lied „Wer gleichet uns
          freudigen Fischern im Kahn?" (Ch. A. Overbeck)   17

[20]   Ferd.[inand] Florian Eisenbeck: Vergiss mein nicht „Vergiss-
          meinnicht soll dir zu Ehren"   18— 19

[21]   Polonoise   20— 21

[22]   Balzers Girge, ‹ein Volkslied› „Wie wirds og inse
          Balzers Girga roin"   22— 23

[23]   Der Rosènstock „Es war mir unbekannt"   24

3. Heft (1804):

[24]   [F.] Horak: Minuetto   1— 6

[25]   B. F. Köhler: Spielerlied „Alles spielt! Ein Versifex mit Reimen"   7

[26]   [Joseph] Elsner: Trinklied, an Geburtstagen der Freunde zu
          singen „Die Zeit entflieht, der Mensch mit ihr"
          (Klamer Schmidt)   8— 9

[27]   Obst: Walzer für vier Hände (No. 1—3)   10— 13

[28]   Ferd.[inand] Florian Eisenbeck: Abschied „Schenke mir dein
          Angedenken" (Gordes [!])   14— 15

[29]   [Ferdinand Florian] Eisenbeck: An meine Harfe „Holde Harfe,
          die du weinest" (Hübner)   16— 17

[30]   [Ferdinand Florian] Eisenbeck: Unglückliche Liebe „So willst
          du mich verlassen"   18— 19

[31]   B. F. Köhler: 3 Ecossoisen   20

[32]   [Ludwig Anton Leopold] Siebigk: Walzer   21

[33]   [Johann Wilhelm] Holenz: Tarquin und Lukrezia, Romanze
          „Da, wo der Tiberstrom" (Fr. W. Gotter)   22— 23

[34]   [Ludwig Anton Leopold] Siebigk: Quadrille für geübtere Spieler 24

4. Heft (1805):

[35]   [F.] Horak: Rondo   1— 5

[36]   F. G. Arlt: Morgenlied „Wie die Sonne freundlich lacht!"
          (Rudolphi)   6

[37]   An die Freundschaft „Bestätigt ihn nach alter deutscher
          Weise"   7

[38]   [Georg Gottfried] Klipstein: Das Kind „Als mich die Mama Häns-
          chen küssen sah"   8

[39]   J.[oseph] Elsner: Sonata   9— 14

[40]   [Gottlob] Hensel: Quadrille   15

[41]   [Georg Gottfried] Klipstein: Walzer   16

[42]   [Georg Gottfried] Klipstein: Walzer   17

[43]   J. H. Jungnitsch: Polonoise   18— 19

[44]   Trost der Hofnung [!] „Wenn auf meines Lebens
         Wegen”   20— 21

[45]   Schn.: Siegmund von Nostitz, der Löwenritter, eine Erzählung
         „An König Matthis Hofe” (Fülleborn)   22— 23

[46]   [Gottlob] Hensel: Volkslied „Vernahmt mech orma Bauersman” 24— 25

[47]   Grotke: Walzer   26

1802

Allgemeines deutsches, französisches und italienisches Theater Journal
([Umschlagtitel:] **Theater-Journal**) für das Fortepiano bearbeitet.
Braunschweig: im musikalischen Magazine auf der Höhe.
[1802—1803]: No. 1—6.
S Skma ([1802—1803], 1—3, 5)

No. 1 ([Pl. Nr.] 415 [1802]):

[1]   [Joseph] Wölfl: Romanze (Iakob) aus der Oper: Das schöne Milch-
         mädchen „In einem kleinen Dörfchen war ein Mädchen”   2—   3

[2]   [Antonio Bartolomeo] Bruni: [Arie] (Melle Randels) aus der
         Oper: [Le Major] Palmer „Weiberwiz [!] ist doch der
         beste”   4—   7

[3]   [Rodolphe] Kreutzer: Marche de: Lodoïska   8

[4]   P.[eter von] Winter: Aria (Dorina) aus: I Fratelli Rivali „Amor in
         questo secolo, se fatto impertinente” — „Die Lieb’ in un-
         sern Tagen hat wunderliche Launen”   9— 11

[5]   [Luigi] Cherubini: Couplets des: Deux Journées „Guide mes pas,
         ô Providence”   12— 13

[6]   [Nicolas] Dalayrac: Air (Claire) de: La Maison Isolée „Je sais
         qu’ne fois dans la vie d’amour”   14— 15

No. 2 ([Pl. Nr.] 425 [1802]):

[7]   [Joseph] Wölfl: [Arie] (Gürge) aus der Oper: Das schöne Milch-
         mädgen [!] „Ernst oder Scherz, ei was, sei’s was es sei” 16— 19

[8]   [Joseph] Wölfl: [Arie] (Lise) aus der Oper: Das schöne Milch-
         mädchen „Ein Mädchen, das sich einen Mann zum Scla-
         ven macht”   20— 23

[9]   [Ferdinando] Paer: Walzer aus der Oper: Camilla   24

[10]   [Nicolas] d’Alairac [!]: Air d’Alexis, ou l’Erreur d’un bon Père
         „J’aimons que on chante gaiment couplets”   25— 27

[11]   [Nicolas] Dalayrac: Air de: La Maison Isolée „Claire est espiègle
et cependant c'est la plus aimab' du village"   28— 29

No. 3 ([Pl. Nr.] 426 [1803]):

[12]   [Joseph] Wölfl: [Arie] (Schoenstein) aus der Oper: Das schöne
Milchmädchen „Der Iugend Lenz verfliesset, so flüchtig
wie ein Traum"   2— 5

[13]   [Antonio Bartolomeo] Bruni: Duetto (Melle. Randels, Hellmann)
aus der Oper: [Le Major] Palmer „Sachte mein Herr,
wir haben Muse"   6— 11

[14]   [Ferdinando] Baer [!]: Duetino [!] (Achill, Patroclus) aus der
Oper: Achilles „Giusti Numi ah sostenete" — „Gnädge
Götter o schwebt hernieder"   12— 14

[15]   [Nicolas] Dalayrac: Romance du: Château de Monténéro „Oui,
je dois encore espérer mon espoir"   15

No. 5 ([Pl. Nr.] 491/501 [1803]):

[16]   [Joseph] Wölfl: Duetto (Schönstein, Johann) aus der Oper: Das
schöne Milchmädgen [!] „Ja ich leb und webe nur in ihr"   1— 4

[17]   W.[enzel] Müller: Duetto (Frohwald, Veit) aus der: Teufelsmühle
„In jener Mühle wie bekannt, Da hauste Kilian"   5— 6

[18]   (Ieriel) „Vom Schicksal auserlesen wirst du den Geist erlösen"   6

[19]   W.[enzel] Müller: [Arie] aus der: Teufelsmühle „Potz wetter das
kann gar nicht seyn"   7— 8

[20]   W.[enzel] Müller: Duetto (Hanns, Märtchen) aus der: Teufelsmühle „Gib mir die Hand zum Unterpfand"   9— 11

[21]   W.[enzel] Müller: [Arie] aus der: Teufelsmühle „Einsam weinte
am murmelnden Quell"   12

[22]   [Etienne Nicolas] Méhul: Romance d'Erriodan [!]
„Femmes [!] sensible entends tu le ramage de ces
oiseaux"   13— 14

Almanach pour une Flûte contenant de Rondeaux, Airs variés, Divertissemens
et autres Morceaux d'un genre très agréables [!] et non difficiles [!] choisis
dans les Ouvrages du [!] Célèbres Compositeurs.

A Bronsvic: au Magasin de Musique sur la rue: die Höhe.

[ca. 1802—1808]: Cahier 1—7.

DK Kk ([ca. 1803], Cah. 2*)

Cahier 2 ([Pl. Nr.] 505):

No. I.	Tempo di Minuetto	2
No. II.	And[anti]no Pastorale	2— ?
No. ?	[Bruchstück, C-dur]	?— 11

Damen Allmanach am Claviere.

Braunschweig: im musikalischen Magazine auf der Höhe.

[1802–1805:] Heft 1–4.

D Rs ([1802], 1) – **NL** DHgm ([1803], 2)

1. Heft ([Pl. Nr.] 454 [1802]):

    I.   [Georg Christoph] Grosheim: Das Vergißmeinnicht
              ,,Im hohen Schilfe grün und dicht'' (Wilhelmine Freiin
              von Hastfer, geb. von Klenke)   2

    II.   [Georg Christoph] Grosheim: Einer Freundin, als sie mir ein
              Band schenkte ,,Schmücken will mich deine Hand''
              (von Klenke, geb. Karschin)   3– 4

    III.   [Georg Christoph] Grosheim: Das kurze Glück, Romanze
              ,,Ich gieng bei'm Abendschimmer''   5– 6

Nro. 1. H.[einrich] F.[riedrich] Müller: Walzer   7

Nro. 2. H.[einrich] F.[riedrich] Müller: Angloise   8

Nro. 3. H.[einrich] F.[riedrich] Müller: Walzer   9– 10

Nro. 4. H.[einrich] F.[riedrich] Müller: Eccossaise [!]   11

Nro. 5. H.[einrich] F.[riedrich] Müller: Quadrille   11– 12

Nro. 6. H.[einrich] F.[riedrich] Müller: Walzer   13

Nro. 7. H.[einrich] F.[riedrich] Müller: Angloise   14

Nro. 8. H.[einrich] F.[riedrich] Müller: Walzer   15

Nro. 9. H.[einrich] F.[riedrich] M.[üller]: Angloise   16

Nro. 10. H.[einrich] F.[riedrich] Müller: Eccossaise [!]   17

Nro. 11. H.[einrich] F.[riedrich] M.[üller]: Quadrille   17– 18

Nro. 12. H.[einrich] F.[riedrich] Müller: Walzer   19– 20

Nro. 13. H.[einrich] F.[riedrich] Müller: Quadrille   21– 22

Nro. 14. H.[einrich] F.[riedrich] M.[üller]: Eccossaise [!]   22

Nro. 15. H.[einrich] F.[riedrich] Müller: Walzer   23– 24

Nro. 16. H.[einrich] F.[riedrich] M.[üller]: Angloise   24

Nro. 17. H.[einrich] F.[riedrich] Müller: Ecossaise   25

Nro. 18. H.[einrich] F.[riedrich] M.[üller]: Quadrille   25– 26

Nro. 19. H.[einrich] F.[riedrich] Müller: Walzer   27– 28

Nro. 20. H.[einrich] F.[riedrich] M.[üller]: Ecossaise   28

Nro. 21. H.[einrich] F.[riedrich] Müller: Quadrille   29– 30

Nro. 22. H.[einrich] F.[riedrich] M.[üller]: Ecossaise   30

Nro. 23. H.[einrich] F.[riedrich] Müller: Angloise   31

Nro. 24. H.[einrich] F.[riedrich] Müller: Walzer   32

[24a] [Georg Christoph] Grosheim: Wiegenlied „Schlafe, süß Kindel"
(Klenke, gebohren Karschin)   33— 34

Nro. 25. H.[einrich] F.[riedrich] M.[üller]: Quadrille   35— 36

Nro. 26. H.[einrich] F.[riedrich] M.[üller]: Ecossaise   36

Nro. 27. H.[einrich] F.[riedrich] Müller: Angloise   37— 38

Nro. 28. H.[einrich] F.[riedrich] M.[üller]: Ecossaise   38

Nro. 29. H.[einrich] F.[riedrich] Müller: Walzer   39— 40

Nro. 30. H.[einrich] F.[riedrich] M.[üller]: Ecossaise   40

Nro. 31. H.[einrich] F.[riedrich] Müller: Quadrille   41— 42

Nro. 32. H.[einrich] F.[riedrich] M.[üller]: Ecossaise   42

2. Heft ([Pl. Nr.] 508 [1803]):

[1]   H.[einrich] F.[riedrich] Müller: Qua Ouverture   2

[2]   Der Traum, Aria „Gib mir die zarte lilljen Hand"
(Jacobi)   3

[3]   H.[einrich] F.[riedrich] Müller: Allegretto   5

[4]   H.[einrich] F.[riedrich] Müller: Walzer   77

[5]   H.[einrich] F.[riedrich] Müller: Der Frühlingsabend „Beglänzt
vom rothen Schein des Himmels" (Mathison [!])   9

[6]   [Johann Michael] Lanz: Ariette variée (Thema — Var. 1—12)   11

[7]   H.[einrich] F.[riedrich] Müller: Angl:[aise]   22

[8]   Allegro   23

[9]   H.[einrich] F.[riedrich] Müller: Hopser   25

[10]   H.[einrich] F.[riedrich] Müller: Hopser   25

[11]   H.[einrich] F.[riedrich] Müller: Hopser   26

[12]   Presto   27

[13]   H.[einrich] F.[riedrich] Müller: Walzer   29

[14]   Allegro   31

[15]   H.[einrich] F.[riedrich] Müller: Quadrille   33

[16]   Hopser   34

[17]   [Luigi Cherubini]: Marsch aus Lodaïska [!]   35

[18]   H.[einrich] F.[riedrich] Müller: Andante con Variationi [!]
(Var. 1—6)   37

Journal des Dames, Contenant des Romances, Rondeaux et Polonaises, avec accompagnement de Piano ou de Harpe éparé, Musique de Messieurs Berton, Plantade et Pradère Fils, à dater du 1er Vendémiaire An 11. Il paraîtra deux Numéros par Mois qui seront rendus franc de port. ([Kopftitel:] **Journal dédié aux Dames.**)

A Paris Chez M. Momigny, Auteur et Editeur, au Grand Magasin de Musique, Boulevard et en face la Rue Montmartre No. 31.

Année 1. [1802/1803]

B Bc — **GB** Lbm (Prospectus)

1e Année [1802/03]

No. 1. (1er Vendémiaire):

1.   C.[harles] Plantade: Romance „Vous dont le cœur jusqu'alors insensible"   2—   3

2.   H.[enri-Montan] Berton: Apollon et Daphné, Romance „L'Amour m'a fait la peinture de Daphné" (Marmontel)   1—   3

No. 2. [15 Vendémiaire]:

3.   H.[enri-Montan] Berton: L'Empire des Arts et de la Beauté, Polonaise „Ah! des beaux arts, connaissez tous les Dons précieux" [Aus: La Romance]   1—   4

No. 3. [1er Brumaire]:

4.   C.[harles] Plantade: Charlotte au Tombeau de Werther, Romance „Werther, mon cher Werther" (Ponteuil)   2—   3

5.   L.[ouis] Pradère Fils: Chanson „Point ne voudrais pour bien passer"   2—   3

No. 4. [15 Brumaire]:

6.   L.[ouis] Pradère Fils: Rondeau „Paisible indifférence dissipe mon erreur" (Grétry Neveu)   1—   6

No. 5. [1er Frimaire]:

7.   H.[enri-Montan] Berton: Les Adieux, Romance „Voici l'instant, l'instant affreux"   2—   3

8.   L.[ouis] Pradère Fils: Romance „Iris s'en va quelle douleur!"   2—   3

No. 6. ‹15 Frimaire›:

8 [!]. C.[harles] Plantade: L'Heureux Hymen, Rondeau „Quel bonheur est le nôtre" (Emile Dupré)   2—   5

No. 7. ‹1er Nivôse›:

9.   C.[harles] Plantade: L'Amant d'Isaure, Romance „J'ai perdu celle que j'adore"   2—   3

10.   L.[ouis] Pradère Fils: Couplets à Sophie „Bouton charmant que le Zéphir"   2—   3

No. 8. ‹15 Nivôse›:

11.   L.[ouis] Pradère Fils: Polonaise „Soyez discrèt, tendre et sincère" 1—   5

No. 9. ‹ 1er Pluviôse › :

12.   H.[enri-Montan] Berton: Rondeau „Non, plus d'espérance"   2—   5

No. 10. ‹ 15 Pluviôse › :

13.   L.[ouis] Pradère Fils: Le Sentiment et la Folie, Rondeau „Enchaîné par l'amour près de femme jolie" (Alexandre
Dusommerard)   2—   7

No. 11. ‹ 1er Ventôse › :

14.   C.[harles] Plantade: Le Souvenir, Romance „Cesse de m'abuser
fugitive" (Chev.[ali]er de Bouflers)   2—   3

15.   J.[érôme-] J.[oseph] Momigny: La Rose „Vous dont la gloire
est d'être belle"   2—   3

No. 12. ‹ 15 Ventôse › :

16.   L.[ouis] Pradère Fils: Romance „Ne peux plus chanter avec vous" 2—   3

17.   J.[érôme-] J.[oseph] Momigny: La Coquette „J'aime Rosine à
la folie" (Armand Gouffé)   2—   3

No. 13. 14. ‹ 1er et 15 Germinal › :

18.   [André-Ernest-Modeste] Grétry: Air (Phanor) de: Delphis et
Mopsa „Dieu des amans, Dieu des époux" (Pfte.- oder
Hf.-Begl.: J. J. Momigny)   2—   7

19.   J.[érôme-] J.[oseph] Momigny: Couplets trouvés dans le
berceau de la petite fille, recueillie par la Princesse
Louise de Prusse „A peine aux rayons du matin"   2—   3

No. 15. ‹ 1er Floréal › :

17.[!] H.[enri-Montan] Berton: Couplets „Elle est à moi, celle que
j'aime"   2—   3

18.[!] Ch.[arles] Plantade: L'Amour Trahi, Romance „Comment ne
pas croire à la flamme"   2—   3

19.[!] J.[érôme-] J.[oseph] Momigny: La Violette „De la saison que
toujours on regrette" (J. J. Momigny)   2—   3

No. 16. ‹ 15 Floréal › :

20.   H.[enri-Montan] Berton: La Nuit, Stances „Déjà sur l'horizon
seintillent les étoiles"   2—   3

21.   L.[ouis] Pradère Fils: Chanson Nègre „Moi ne vouloir aimer
que toi ah!" (Melinet Aîné)   4—   5

No. 17. ‹ 1er Prairial › :

22.   J.[érôme-] J.[oseph] Momigny: La Voix du Cœur s'élevant contre
la Raison et la Gloire „Froid et redoutable poison"   2—   3

23.   P. Commegrain: Romance „Plus d'aimerai, paisible indifférence"
(Coupigny)   4—   5

No. 18. ‹15 Prairial› :

24.	[Antonio] Lamparelli: Romance de Malvina „Depuis qu'une autre a su te plaire"	2—	3
25.	[Antonio] Lamparelli: Le Rêve „Je rêvais, ah le plaisant tour"	4—	5

No. 19. ‹1er Messidor› :

26.	H.[enri-Montan] Berton: Le Tombeau, Romance „Sur la tombe où ses yeux on vu descendre Adèle" (F. Levasseur)	2—	5

No. 20. ‹15 Messidor› :

27.	H.[enri-Montan] Berton: Romance „On a de loi que son vouloir"	2—	3
28.	L.[ouis] Pradère Fils: Villanella „Rosette, pour un peu d'absence" (Ph. Desportes)	4—	5

No. 21. ‹1er Thermidor› :

29.	Ch.[arles] Plantade: La Candeur et l'Innocence, Romance à Estelle „Depuis quelque tems le soleil" (L. F. Chauffret)	2—	3
30.	Ch.[arles] Plantade: Chanson „Aimez vous avez quinze ans" (Montcrif)	4—	5

No. 22. ‹15 Thermidor› :

31.	Ch.[arles] Plantade: Laure d'Estell, Romance „Dans les nœuds de l'hyménée" (Darce)	2—	3
32.	J.[érôme-] J.[oseph] Momigny: La Vengeance de l'Amour „Quand Vénus punit Pérystère" (Auguste de la Bouïsse)	4—	5

No. 23. ‹1er Fructidor› :

33.	L.[ouis] Pradère Fils: Le Retour dans sa Patrie, Romance „Je touche enfin ce fortuné rivage"	2—	3
34.	J.[érôme-] J.[oseph] de Momigny: Le Baiser, Romance „Gentil Alain à sa jeune Bergère" (Fabien Pillet)	4—	5

No. 24. ‹15 Fructidor› :

35.	J.[érôme-] J.[oseph] de Momigny: Polonaise „Que l'aimable folie règne sur notre vie" (Madame R***)	2—	8

Journal pour la Guittare à sept cordes pour l'année 1802 par A. Sychra.

Moskva: A. Sychra.

1802

[B. S. Jagolim, S. 342.]

Musikalisches Damen-Journal. [Für Pianoforte. Vierteljährlich.]

Leipzig: Hinrichsche Musikhandlung.

[1802]: Heft 1—4.

1. Heft:

1.   [Andrea] Luchesi [!] : Sonate
2.   [Vincenz] Maschek: Variationen
3.   Sammlung von Favoritarien
4.   [Giovanni Antonio] Guido: Walzer und Angloisen

[Intelligenz-Blatt zur Allgemeinen musikalischen Zeitung IV, 1801/02, No. XII
(April 1802), Sp. 47—48, und Hofmeister 1845, S. 115.]

Nouveau Journal d' Apollon pour Piano ou Harpe par les Compositeurs Chérubini, Boieldieu et Louis Jadin, contenant des Romances, Rondeaux, Duos ou
Airs Français, des Duos Cavatines, ou Canons Italiens à trois et quatre voix ...
(Livraison 1: Le 1er Floréal An X [April 1802]) [Monatlich 3 Lieferungen
zu zwei Nummern.]

On s'abonne à Paris, Chez Mme. Duhan et Comp.[agn]ie, Editeurs du dit
Journal, aux deux Lyres, Boulevard Montmartre, No. 1050 ...

Année 1. [1802], Livraison 1—21: No. 1—42?

F Pn (1. [1802], No. 1—3, 8, 14, 24, 25, 28, 30, 42)

1ère Année, Livraison 1—21:

No. 1. L.[ouis] Jadin: Romance „Quoi! tu peux douter de mon cœur"
     (Longchamps)   2— 4

No. 2. [Luigi] Chérubini: Chanson italienne, mise en duo
     „Solitario bosco ombroso"   2— 5

No. 3. [Luigi] Chérubini: Duo, Suite (de) la Chanson italienne „La mia
     fille il mio bel foco dite"   2— 5

No. 8. [Luigi] Chérubini: Duo, Suite de la Chanson italienne „Dite
     almeno amiche fronde"   2— 6

No.14. [Luigi] Chérubini: La Ceinture d'Armide „Nè il superbo pavon
     si vago" (Tasso)   2— 5

No.24. [Luigi] Chérubini: Le Veuf inconsolable, Romance „Sainval
     étoit encor dans l'âge" (Lamaisonfort)   2— 3

No.25. Vincenzo Fiocchi: Rondeau „Sans l'amant qui nous engage"   2— 7

No.28. [Luigi] Chérubini: Romance „Tu les brisas ces nœds [!]
     charmants" (Longchamps)   2— 3

No.30. [Luigi] Chérubini: Chanson „Un jour échappé de Cythère"   2— 4

No.42. [Luigi] Chérubini: Le Reveil, Romance „Le sommeil fuit, je
     vois naître le jour" (Ferrary jeune)   [1 S.]

1803

Eunomia. [Stykker for Harpe eller Klaveer]. ([S. 4 unten:] Samles af [Johan Henrik] Lorenz) [Wöchentlich.]

[Kopenhagen]: ([S. 4 unten:] trykkes hos Sønnichsen, som tillige er Forlægger.)

[1803–1804]: Heft 1–4.

DK Kk

1. Heft:

No. 1. [François-Adrien] Bojeldieu [!]: Polonoise	1	
No. 2. ([Johan Henrik] Lorentz): Sang af: De lystige Passagerer „Unge skiønne Creolerinder"	2–	3
No. 3. [J. M.] Weippert: Walz	4	
No. 4. [Luigi] Cherubini: Marsch af: De to Dage [= Les deux Journées]	5	
No. 5. [François-Joseph] Gossec: Gavotte (Rondo-Minore)	6–	7
No. 6. [Luigi] Cherubini: Marsch af: De to Dage	8	
No. 7. [Ignaz] Pleyel: (Menuetto)	9	
No. 8. [Johann Ladislaus] Dussek: Sonatine (Allegro – Rondo non Presto)	10–	13
No. 9. [Johann Georg Heinrich] Backofen: Allemande	14	
No.10. [Johann Georg Heinrich] Backofen: Andante	15	
No.11. [Anton] Wranitzky: Allegro molto	16	
No.12. [Jean Baptiste] Cardon: (Vise af: Barberen i Sevilla [Paisiello] med Variationer) (Andante – Var. 1–4)	17–	19
No.13. [Martin-Pierre] Dalvimare: Romance	20	
No.14. [Nicolas] Dalairac [!]: Romance af: Nina eller den Vanvittige af Kiærlighed „Naar min Edvard gienkommen" (A. G. Thoroup)	21	
No.15. [J. M.] Weippert: Rondo	22–	23
No.16. [Egidio Giuseppe] Albanese: Allegretto	24	
No.17. [Ignaz] Pleyel: Dands i den Kosakkiske Smag	24	
No.18. [Marie Martin Marcel de] Marin: Valz	˙25	
No.19. [J. M.] Weippert: Allegretto	26–	27
No.20. [Johan Henrik] Lorenz: Marsch	28	
No.21. [Johann Carl Gottfried] Löwe: Allegretto	29	
No.22. [Louis Charles] Ragué: Allegretto	30–	31
No.23. [August Wilhelm Friedrich] Jahn: Polonoise	32	
No.24. Preludium	33	
No.25. [Johan Henrik] Lorenz: Thema med Variationer (Andante – Var. 1–6)	34–	37

156

No.26. [Johann Baptist] Krumpholtz: Allemande   38— 39

No.27. [Christoph Willibald] Gluck: Allegretto   40

No.28. [Johann Baptist] Krumpholtz: Angloise   42

No.29. [Marie Martin Marcel de] Marin: Jagten   42— 43

No.30.   (Ungersk Dandsemusik)   44

No.31. [Johann Baptist] Krumpholtz: Romance   45

No.32. [Johann Georg Heinrich] Backofen: Minuetto   46— 47

No.33. [J. M.] Weippert: Marsch   48

2. Heft:

No. 1. [Johann Heinrich Carl] Bornhardt: Vaarsang ,,Kling Harpe, kling!" (A. G. Thoroup)   1

No. 2. [Johan Henrik] Lorenz: Andante Grazioso   2— 3

No. 3.   Russisk Dands   3

No. 4. [Johann Baptist] Krumpholtz: Rondo Allegretto   4— 5

No. 5. [Johan Henrik] Lorenz: Vise (Arie) af: De to smaa(e) Savoyarder [Dalayrac] med Variationer (Andante — Var. 1—4)   6— 11

No. 6. [Joseph Leopold] Knafel: Dands i den bøhmiske Smag   11

No. 7. [Joseph Leopold] Knafel: Andante   12

No. 8. [Joseph] Weigl: Allegretto   13

No. 9. [Louis Charles] Ragué: Allegretto   14— 15

No.10.11.   Estlandske Bondedandse (No. 1—2)   16

No.12. [Johan Fredrik] Grenzer [!] : Andante   17

No.13. [Johann Baptist] Krumpholtz: Rondo Allegro   18— 19

No.14. [Søren] Wedel: Allemande af: Peter og Lise   20

No.15.   Skotsk Dands   21

No.16. [Johann Baptist] Krumpholtz: Scherzando Allegretto   22— 23

No.17. [Joseph Leopold] Knafel: Andantino   24

No.18. [Louis Charles] Ragué: Andante Amoroso   25— 27

No.19. [Anton Gottlieb] Heyse: Angloise   28

No.20. [Peter von] Winter: Andante   29

No.21. [Johann Baptist] Krumpholtz: Rondo   30— 31

No.22. [Vincenzo] Righini: Andante affettuoso   32

No.23. [Johan Henrik] Lorenz: Minuetto   33

No.24. [Ignaz] Pleyel: Thema med Variationer (Andante Var. 1—4)   34— 37

No.25. [Joseph Leopold] Knafel: Allegretto   37

No.26. [Anton Wilhelm Christian] Saal: Polonoise   38— 39

No.27. [Joseph Leopold] Knafel: Angloise   39

No.28. [Joseph Leopold] Knafel: Andante — 40

No.29. [Vincenz] Masche(c)k: Quadrille — 41

No.30. [Peter von] Winter: Allegretto — 42— 43

[No.30a] Valz — 44

No.31. [Vincenz] Masche(c)k: Valz — 44

No.32. [Franz Xaver] Süsmayer [!] : Andante — 45

No.33. [Louis Charles] Ragué: Rondo poco Andante — 46— 47

No.34. [Joseph] Wölfl: Marsch i den tyrkiske Smag — 48

3. Heft:

No. 1. [Johan Henrik] Lorenz: En ung Krigers Sang „Os Veyen til Æren staaer aaben" (Lundbye) — 1

No. 2. [Johann Friedrich] Reichardt: Vivace — 2— 3

No. 3. [Joseph Leopold] Knafel: Tydsk Dands — 3

No. 4. [Ignaz] Pleyel: Menuetto — 4— 5

No. 5. [Vincenz] Masche(c)k: Valz — 5

No. 6. [Johann Baptist] Krumpholtz: Romance — 6— 7

No. 7. [Johann Baptist] Krumpholtz: Allegretto scherzando — 8— 9

No. 8. [Johan Henrik] Lorenz: Sonatine (Allegro-Rondo Allegretto-Minore) — 10— 13

No. 9. [Joseph Leopold] Knafel: Thema med Variationer (Thema — Var. 1—8) — 14— 18

No.10. [Antonio] Salieri: Andante maestoso, ma con moto — 19

No.11. [Adalbert] Gyrowetz: Allemande — 20

No.12. [Ignaz] Pleyel: Grazioso — 21

No.13. [Marie Martin Marcel de] Marin: Rondo i den Kosakkiske Smag — 22— 23

No.14. [Johan Henrik] Lorenz: Andante — 24— 25

No.15. [Johann Ladislaus] Dussek: Rondo Allegretto — 26— 27

No.16. [Vincenz] Masche(c)k: Angloise — 28

No.17. [Ignaz] Pleyel: Andante — 29

No.18. [Johann Ladislaus] Dussek: Rondo Allegretto — 30— 31

No.19. [Joseph Leopold] Knafel: Allemande — 31

No.20. Engelsk Hornpipe Dands — 32

No.21. [Joseph] Haydn: Allegretto [Hob. I, Nr. 73, II] — 33

No.22. [Johan Henrik] Lorenz: Landeværnets Marsch af Hjemkomsten, med Variationer (Var. 1—6) — 34— 39

No.23. [Philipp Joseph] Hinner: Rondo Grazioso — 40— 41

No.24. Emich: Largo Cantabile — 42— 43

No.25. Rondo Andante — 44

No.26. Emich: Romance   45
No.27. [Johann Baptist] Krumpholtz: Menuetto   46— 47
No.28. [Vincenz] Masche(c)k: Angloise   48

4. Heft:
No. 1. [Johan Henrik] Lorenz: Løvhytten „Aander Vellyst, milde
         Aftenvinde!" (M. C. Brunn [!])   1
No. 2. [Daniel] Steibelt: Valz   2— 3
No. 3. [Philipp Joseph] Hinner: Romance   4— 5
No. 4.   Kosak(k)isk Dands   6— 7
No. 5. [Franz] Petrini: Minuetto   7
No. 6. [Wolfgang Amadeus] Mozart: Allegro   8
No. 7. [Johan Henrik] Lorenz: Thema med Variationer (Var. 1—4)   9— 11
No. 8. [Johan Fredrik] Grenzer [!]: Poco Allegretto   12
No. 9. [Giovanni] Paisiello: Andante   13
No.10. [Antonio] Salieri: Allegretto   14— 15
No.11. [Georges] Lambert: Pastorale Andantino   16
No.12. ([Georges] Lambert): Allemande   17
No.13. [Ignaz] Pleyel: Polonoise con moto   18— 19
No.14. [Vincenz] Mascheck: Angloise   19
No.15. [Johann Baptist] Krumpholtz: Rondo Allegro   20— 23
No.16. [Vincenz] Mascheck: Allegretto   23
No.17. [Giovanni] Paisiello: Romance   24
No.18. [François-Joseph] Naderman: Romance af: Arrestanten [Della
         Maria] med Variationer (Andante — Var. 1—4)   25— 29
No.19. [Søren] Wedel: Contradands af: Lise og Peter   30— 31
No.20. [François-Adrien] Boieldieu: Polonoise   32— 33
No.21. [Johan Fredrik] Grenzer [!]: Allegretto grazioso   33
No.22. [Johann Baptist] Krumpholtz: Rondo   34— 36
No.23. [Johann Georg Heinrich] Backofen: Larghetto   37
No.24. [Daniel] Steibelt: Valtz   38— 39
No.25. [Johann Georg Heinrich] Backofen: Andantino   39
No.26. [Adalbert] Gyrowetz: Allemande   40
No.27. [J. M.] Weippert: Allegretto   41
No.28. [J. M.] Weippert: Rondo Allegro   42— 43
No.29. [Johann Georg Heinrich] Backofen: Menuetto Allegretto   44
No.30. [Johan Henrik] Lorenz: Larghetto   45
No.31. [Friedrich Ludwig Aemilius] Kunzen: Marsch af: Erik Ejegod   46— 47
No.32. [Friedrich Heinrich] Himmel: Russisk Dands   48

Auswahl-Ausgaben der „Eunomia" folgten als:

Udvalgte Stykker for Harpe eller Klaveer af het musikalske Ugeblad Eunomia.

Kiøbenhavn: Trykt og forlagt ved S. Sønnichsen.

[1806]: Samling 1—4.

DK Kk

Eunomia, eller udvalgte Stykker for Harpe eller Klaveer af berømte Componister. Tredie Oplag.

Kiøbenhavn: Trykt og forlagt af S. Sønnichsen.

[ca. 1810]: 1 Band.

DK A; Kk

Journal d'Airs choisies avec Accompagnement de Guitare par les meilleures [!] Maîtres.

A Vienne, publié chez Jean Cappi, Place St. Michel N. 5.

[1803], Livraison 1—4 ?

A Wgm ([1803], 2: Einzeldruck) — **CS** Pnm ([1803], 4, [3]) — **D** Mm ([1803], 2, 4)

Livr.[aison] 2 ([Pl. Nr.] 961):

[1] F:[rancesco] de Zucconi: Fantasia per Chitarra, Op. XI   2— 7

Livr.[aison] 4 ([Pl. Nr.] 966 D):

[2] Fra[nces]c.[o] de Zucconi: Variazioni per Chitarra sul Tema:
     Ich bin der Schneider wetz wetz [Op. 8]   2— 5

[3] Fr:[ancesco] de Zucconi: 12 Petites Pièces faciles pour la Guitarre
     seule, Oeuvre VII   2— 7

Journal auserlesener Musikstücke für mittelmässige Klavierspieler.

Braunschweig: J. F. Spehr.

[1803—1804]: Heft 1—5.

[Intelligenz-Blatt zur Allgemeinen musikalischen Zeitung V, 1802/03, No. XXV, Sp. 107, ebda. VI, 1803/04, No. V, Sp. 23, ebda. No. XIX, Sp. 83; C. F. Whistling 1817, S. 361.]

Journal pour la Guitarre, par F.[riedrich] A.[ugust] Kanne. Oeuvr. XIII. ([Ab Cahier 3:] par August Harder.)

Penig et Leipzig: chez Ferd.[inand] Dienemann et Comp.

[1803—1806]: Cahier 1—4.

Cahier 1 [1803] (F. A. Kanne):

[1]   Lied (Matthisson)

[2]   Sechs italienische Kanzonen

[Allgemeine musikalische Zeitung VI, 1803/04, Sp. 658—659; Intelligenz-Blatt zur Allgemeinen musikalischen Zeitung VII, 1804/05, No. I, Sp. 4; ebda. VIII, 1805/06, No. XII, Sp. 47.]

Journal pour la Guitare à 7 cordes.

Moskva?: Svintickij.

1803

Journal de Musique Militaire, arrangé pour 2 Clarinettes en Fa, 2 Clarinettes en Ut, 2 petites Flûtes en Fa, 2 Cors, 2 Bassons, un Serpent, une Trompette et la Grosse Caisse. ([Ab Livraison 7:] **Journal d'Harmonie** pour 2 Clarinettes, 2 Hautbois, 2 petites Flûtes, 2 Cors, 2 Bassons, un Serpent, une Trompette et Timbales. Redigé ([ab Livraison 7:] Composé) par une Société d'Artistes. [Monatlich.]

On souscrit à Lyon: chez P. Leroy, Place des Terreaux No. 1. A Paris: chez Pleyel, Rue Neuve des Petits Champs No. 728 entre les Rues de la Loi et Helvétius ([ab Livraison 7:] A Lyon: chez Chanel, Place de la Platière No. 62.

[1803-1804]: Livraison 1—12 [In Stimmen]

CH Zz

1e Livraison:

No. 1.   Charles Fils: Marche

No. 2.   [Eugène] Leroy: Waltze

No. 3.   [Eugène] Leroy: Pas Redoublé

No. 4.   [Eugène] Leroy: Pas Redoublé

No. 5.   [Eugène] Leroy: Marche

No. 6.   [Eugène] Leroy: Waltze

No. 7.   [Eugène] Leroy: Pas Redoublé

2e Livraison:

No. 1.   Charles Fleury: Ouverture

No. 2.   H. D.: Rondo Finale

No. 3.   [Eugène] Leroy: Marche

No. 4.   Charles Fleury: Pas Redoublé

No. 5. [Eugène] Leroy: Walze

No. 6. [Eugène] Leroy: Rondo en Pas Redoublé

3e Livraison:

No. 7. Louis Jadin: Ouverture

No. 8. [Eugène] Leroy: Rondeau

No. 9. [Eugène] Leroy: Marche

No. 10. ([Eugène] Leroy): Allemande

No. 11. ([Eugène] Leroy): Walze

No. 12. ([Eugène] Leroy): Rondeau en Pas Red[ou]blé

4e Livraison:

No. 13. [Robert-Nicolas-] C.[harles] Bochsa Fils: Ouverture

No. 14. [Robert-Nicolas-] C.[harles] Bochsa Fils: Rondeau

No. 15. C.[harles] Bochsa Père: Marche Funèbre

No. 16. [Eugène] Leroy: Allemande

No. 17. [Eugène] Leroy: Fandango

No. 18.   Allemande en Rondeau

5e Livraison:

No. 19. C.[harles] Fleury: Ouverture

No. 20. L.[ouis] Jadin: Rondeau

No. 21. [Eugène] Leroy: Marche

No. 22. [Eugène] Leroy: Rondeau

No. 23. [Eugène] Leroy: Walze

6e Livraison:

No. 24. [Eugène] Leroy: Chasse

No. 25. [Joseph] Haydn: Ouverture (F-dur) [Hob. XVI, Nr. 35, I]

No. 26. [Joseph] Haydn: Andantino (F-dur) [Hob. I, Nr. 101, II]

No. 27. [Paul] Alday [l'aîné]: Rondeau

No. 28. Desormes: Marche

No. 29. [Eugène] Leroy: Walze

No. 30. [Eugène] Leroy: Pas Redoublé

7e Livraison:

No. 31. L.[ouis] Jadin: Ouverture

No. 32. J.[oseph] Haydn: Andantino (F-dur) [Hob. I, Nr. 73, II]

No. 33. L.[ouis] Jadin: Chasse

No. 34. L xxx: Marche

No. 35.　[Eugène] Leroy: Walze

No. 36.　[Eugène] Leroy: Allemande

8e Livraison:

No. 37.　G.[eorge-Antoine] Walter: Ouverture

No. 38.　[Joseph] Haydn: Andante (F-dur) [Hob. I, Nr. 94, II]

No. 39.　G.[eorge-Antoine] Walter: Polonaise

No. 40.　[Eugène] Leroy: Marche

No. 41.　[Eugène] Leroy: Walze

No. 42.　[Eugène] Leroy: Rondeau en Pas Redoublé

9e Livraison:

No. 43.　[Paul] Alday [l'aîné] : Ouverture

No. 44.　[Joseph] Haydn: Andantino (F-dur) [Hob. I, Nr. 104, II]

No. 45.　[Paul] Alday [l'aîné] : Allegro Finale

No. 46.　Saramia: Marche

No. 47.　Ch.[arles] Bochsa [Père?] : Valzer

No. 48.　Fournier: Rondeau

10e Livraison:

No. 49.　Ch.[arles] Fleury: Ouverture

No. 50.　[Joseph] Haydn: Andantino [Hob. I, Nr. 97, II]

No. 51.　[Joseph] Haydn: Minuetto (F-dur) [Hob. I, Nr. 97, III]

No. 52.　Ch.[arles] Fleury: Polonaise

No. 53.　[Domenico] Cimarosa: Marche

No. 54.　Ch.[arles] Fleury: Pas Redoublé

11e Livraison:

No. 55.　G.[eorge-Antoine] Walter: Ouverture

No. 56.　[Joseph] Haydn: Andante un poco Adagio (F-dur) [Hob. I, Nr. 92, II]

No. 57.　[Joseph] Haydn: Minuetto (F-dur) [Hob. I, Nr. 92, III]

No. 58.　G.[eorge-Antoine] Walter: Rondeau

No. 59.　G.[eorge-Antoine] Walter: Marche

No. 60.　[Eugène] Leroy: Pas Redoublé

12e Livraison:

No. 61.　[Mathieu] F.[rédéric] Blasius: Ouverture

No. 62.　[Joseph] Haydn: Andantino [Hob. I, Nr. 100, II]

No. 63.　[Joseph] Haydn: Minuetto (F-dur) [Hob. I, Nr. 100, III]

No. 64.　[Charles] Fleury: Chasse

No. 65.   [Eugène] Leroy: Marche

No. 66.   [Eugène] Leroy: Fandango

No. 67.   [Eugène] Leroy: Allemande

Monats-Früchte für Clavier ([ab 2. 1804/05:] **Piano-Forte) und Gesang**, den Freunden des Schönen und Edeln gewidmet. [Heft I: 1. Juni 1803].

Im Verlage des Bureau de Musique von Rudolph Werckmeister in Oranienburg ([ab 2. 1804/05, Heft II:] Berlin)

Jahrgang [1. 1803/1804] − 2. [1804/1806], Heft 1−6.

A Wst ([1. 1803/04], 5) − **D** Bhm ([1. 1803/04], 3); Bs ([1. 1803/04], 2, 5); DÜk ([1. 1803/04], 2); GOl ([1. 1803/04], 1−4); Hs ([1. 1803/04], 3); KNm ([1. 1803/04], 5; 2. [1804/06, 1); Mbs ([1. 1803/04], 4; 2. [1804/06], 6); W ([1. 1803/04], 6) − **F** Pn (2. [1804/06], 1−6) − **GB** Lbm ([1. 1803/04], 1−6)

→ *Neue Monatsfrüchte für Pianoforte und Gesang. 1812.*

I. Heft ([Pl. Nr.] 12 [Juni 1803]):

[1]   J.[ohann] F.[riedrich] Reichardt: Liedchen „Ruhe, Süßliebchen
          im Schatten" (Tieck)   3

[2]   F.[riedrich] H.[einrich] Himmel: Die Seelen Wanderung der Blu-
          men „Sollten nur der Menschen Seelen" (R. Werckmeister)4−   5

[3]   A.[ugustin] Gürrlich: Pas-Seul aus dem Ballett:
          Die Alpen-Schäferin   6−   7

[4]   F.[riedrich] F.[ranz] Hurka: Malwina's letzte Klage „Seit du
          der andern dich ergeben" (Lange, nach dem Französi-
          schen)   8−   9

[5]   W.[ilhelm] Bach: Allegro   10− 11

[6]   A.[ugustin] Gürrlich: Polonaise   12− 13

[7]   F.[riedrich] H.[einrich] Himmel: Aldos Bild „Liebes Bild du
          hebest meinen Geist empor" (Elisa von der Reck [!])   14− 15

[8]   F.[riedrich] F.[ranz] Hurka: Das Süsseste „Den Honig pflegt
          die ganze Welt das Süsseste zu nennen"   16− 17

[9]   W.[ilhelm] Bach: Rondo Allegretto   18− 19

[10]   F.[riedrich] H.[einrich] Himmel: Der Kuss „Amor stimme mei-
          ne Leyer" (R. Werckmeister)   20− 21

II. Heft ([Pl. Nr.] 17 [August 1803]):

[11]   V.[incenzo] Righini: Marsch   3

[12]   F.[riedrich] F.[ranz] Hurka: Sehnsucht „Der Wald, der dunkle
          Wald" (L −) (Singst., Pfte., 2 Hr. in F ad lib.)   4

[13]   A.[ugustin] Gürrlich: Pantomime. Larghetto affettuoso aus
          dem Ballet: Das Opfer vor der Bildsäule des Amor   5

[14]   J.[ohann] F.[riedrich] Reichardt: An meine Laute „Ertöne
        süße Laute" (Amalia v. Imhof)   6— 7

[15]   F.[riedrich] H.[einrich] Himmel: Mayreigen „Singt der Wonn'
        und Blüthenzeit" (v. Salis)   8— 9

[16]   V.[incenzo] Righini: Ich liebe dich „O könnt' ich doch die
        Nachtigall" (Lehne)   10— 11

[17]   H.[einrich] Gross: Das Geheimniss „Sie konnte mir kein Wört-
        chen sagen" (Schiller)   12— 13

[18]   F.[riedrich] H.[einrich] Himmel: Air anglois avec Variations
        (Andantino — Var. 1—4)   14— 17

[19]   F.[riedrich] F.[ranz] Hurka: Die Spröde „An dem reinsten
        Frühlingsmorgen" (Göthe)   18

[20]   F.[riedrich] F.[ranz] Hurka: Die Bekehrte. Ein Gegenstück zu
        der Spröden „Bei dem Glanz der Abendröthe" (Göthe)   19

[21]   J.[ohann] F.[riedrich] Reichardt: Liebestaumel „Wach ich?
        Träum ich?"   20— 21

[22]   W.[ilhelm] Bach: Fantasia   22

III. Heft ([Pl. Nr.] 19 [Oktober 1803]):
[23]   W.[ilhelm] Bach: Minuetto I. II.   3

[24]   F.[riedrich] H.[einrich] Himmel: Mancherlei Freuden „Mit tau-
        sendfacher Schöne begrüsst der Lenz die Flur"
        (Elisa v. d. Reck [!])   4— 5

[25]   V.[incenzo] Righini: Röschen „Noch nicht entblüht zur Rose"
        (Jens Baggesen)   6— 7

[26]   A.[ugustin] Gürrlich: Corps de Ballet aus dem Opfer vor der Bild-
        säule des Amor   8— 9

[27]   J.[ohann] F.[riedrich] Reichardt: [Echtes Glück] „Ach um-
        sonst auf aller Länder Charten" (Schiller)   10

[28]   F.[riedrich] H.[einrich] Himmel: Das Lieblingsplätzchen „Wohl
        kenn' ich ein Plätzchen" (Königsfeld)   11

[29]   W.[ilhelm] Bach: Andante con Variazioni (Var. 1—6)   12— 15

[30]   F.[riedrich] F.[ranz] Hurka: An die Einfalt „Einfalt, Einfalt
        Freundin meiner Jugend"   16— 17

[31]   J.[ohann] F.[riedrich] Reichardt: „Holde Vergessenheit"
        (Herder)   18

IIII. Heft ([Pl. Nr.] 24 [Dezember 1803]):
[32]   A.[ugustin] Gürlich: Marche   3

[33]   H.[einrich] Gross: An ein Abendlüftchen „Sei mir gegrüsst aus
        deinen reinen Höhen"   4— 5

[34]   W.[ilhelm] Bach: Andante spagnuolo   6— 7

[35] F.[riedrich] H.[einrich] Himmel: Walzlied „Hört ihr den schwä-
      bischen Wirbeltanz!"   8— 9

[36] V.[incenzo] Righini: Euphrosine an ihr Bettchen „Ich liebe,
      kleines Bettchen! dich in dieser ernsten Stille" (Gott-
      lieb Hiller)   10— 11

[37] C.[arl] Zeuner: Polonaise. Executée à la Masquerade Impériale
      de Peterhof   12— 13

[38] H.[einrich] Gross: Andantino   14— 15

[39] F.[riedrich] F.[ranz] Hurka: Phillis „Wenn der finstre Damon
      spricht" (Lessing)   16— 17

[40] F.[riedrich] H.[einrich] Himmel: Und er hielt Wort „Philint
      stand jüngst vor Babets Thür"   18

V. Heft ([Pl. Nr.] 36 [Februar 1804]):

[41] W.[ilhelm] Bach: Andantino   3

[42] J.[ohann] F.[riedrich] Reichardt: Liebe „Wenn der Reiz der
      Zärtlichkeit"   4— 5

[43] H.[einrich] Gross: Würde der Frauen „Ehret die Frauen" (Schiller) 6— 7

[44] A.[ugustin] Gürrlich: Pas de trois aus dem Ballet: Das Opfer vor
      der Bildsäule des Amor   8— 11

[45] V.[incenzo] Righini: Der Zufriedene „Wenn mich mein Röschen
      liebet" (K. Reinhard)   12— 13

[46] F.[riedrich] F.[ranz] Hurka: Das Gärtchen „Ich weiss ein Gärt-
      chen klein und schön" (Georg Emmrich)   14— 15

[47] W.[ilhelm] Bach: Andante à quatre mains   16— 19

[48] F.[riedrich] H.[einrich] Himmel: Lebenslied „Junge Freuden-
      Götter flattert auf und ab!" (Tiedge)   20

VI. Heft ([Pl. Nr.] 46 [April 1804]):

[49] W.[ilhelm] Bach: Divertimento   3— 5

[50] [Friedrich Franz] Hurka: Die Worte des Glaubens „Drei Worte
      nenn ich euch Innhalt schwer" (Singst., Chor, Pfte.)   6— 7

[51] F.[riedrich] H.[einrich] Himmel: Abendröthe „Die Abendröthe
      färbt die Flur"   8— 9

[52] J.[ohann] F.[riedrich] Reichardt: Todtenmarsch   10— 11

[53] V.[incenzo] Righini: Ueber alles die Liebe „Glücklich, wem die
      stille Freude"   12— 13

[54] J.[ohann] F.[riedrich] Reichardt: Frühlings-Wünsche „Seh ich
      frisch mit grünen Zweigen" (Amalia von Immhof [!])   14— 15

[55] Menuette composée pour sa Majesté la Reine regnante
      de Prusse   16— 17

[56] Menuette composée pour S. A. R. Madame la Princesse
      Guillaume   18

2. Jahrgang [1804/1806]

I. Heft ([Pl. Nr.] 65 [1804]):

[1]	B.[ernhard] A.[nselm] Weber: Ouverture zum zweiten Jahr-gange der Monats-Früchte	1— 6
[2]	[Friedrich Heinrich] Himmel: Die Liebenden ,,Wohl scherzen und kosen, gelagert auf Rosen" (Karl von Haugwitz)	7
[3]	[Heinrich] Gross: Blume auf das Grab eines Kindes ,,Ruhig schlummre deine Hülle" (Tiedge)	8— 9
[4]	[Johann Friedrich] Reichardt: Die kleine Adelaide ,,Ich bin das Mädchen der Freude" (Tiedge)	10
[5]	[Wilhelm] Bach: Allegro — Andante legato	11
[6]	[Vincenzo] Righini: Neues Leben ,,Woher dies neue Leben" (Karl Reinhardt)	12— 13
[7]	F.[riedrich] F.[ranz] Hurka: Die kleine Myris oder die Grazie des Widerspruchs ,,Ich bin nicht hübsch, ich bin nicht schön" (Baggesen)	14
[8]	B.[ernhard] A.[nselm] Weber: ,,Die Hände kreuzweis auf der Brust" (Bürde, nach Shakspeare [!])	15
[9]	[Augustin] Gürrlich: Allegretto	16— 18

II. Heft ([Pl. Nr.] 80 [1805]):

[10]	F.[riedrich] L.[udwig] Seidel: Klage der Schäferin ,,Tief unten im einsamen Thale" (C. Schreiber)	1
[11]	[Friedrich Heinrich] Himmel: Der Besuch ,,Ein Mädchen schön, in später Nacht" (Cramer)	2— 3
[12]	[Heinrich] Gross: Andante espressivo	4— 5
[13]	[Johann Friedrich] Reichardt: Morgenfeier ,,Hochgegrüsst sei du Aurore!" (Tiedge)	6— 7
[14]	B.[ernhard] A.[nselm] Weber: ,,An der Quelle sass der Knabe" [Schiller]	8— 9
[15]	A.[ugustin] Gürrlich: Largo. Allegretto	10— 13
[16]	F.[riedrich] F.[ranz] Hurka: An die Natur ,,Lasst mich allein, verfolgende Gefühle" (Tiedge)	14— 15
[17]	B.[ernhard] A.[nselm] Weber: Pantomime aus dem Trauerspiel: Genua und Rache	16

III. Heft ([Pl. Nr.] 104 [1805]):

[18]	[Johann Friedrich] Reichardt: Maygesang ,,Der Greis des Silber-haares" (Tiedge)	1
[19]	[Johann Franz Xaver] Sterkel: Lied eines Schweizer Mädchens ,,Ich wäre wohl fröhlich so gerne"	2— 3
[20]	[Augustin] Gürrlich: Andante grazioso à quatre mains	4— 9

[21] [Friedrich Ludwig] Seidel: Lied „Junges Herz voll Zärtlichkeit"
      (Herklots)   10— 11

[22] [Friedrich Heinrich] Himmel: Die Gnomen „Des Tagscheins Blen-
      dung drückt" (Mathisson [!])   12— 13

[23] [Johann Franz Xaver] Sterkel: Andante con moto ed espressione 14— 15

[24] [Heinrich Karl] Ebell: Romanze „Die eine Hand auf's Herz ge-
      legt" (Bürde)   16

IV. Heft ([Pl. Nr.] 105 [1805]):

[25] [Friedrich Ludwig] Seidel: Rondo   1— 3

[26] [Vincenzo] Righini: Der Zottelbär, Romanze „Schön Gretchen
      ging spazieren im Buchenwald" (Herklots)   4— 5

[27] [Friedrich] F.[ranz] Hurka: Morgenfeier „Hochgegrüsst sei du
      Aurore!" (Tiedge)   6— 7

[28] B.[ernhard] A.[nselm] Weber: Marsch und Pantomime   8— 9

[29] [Johann Franz Xaver] Sterkel: Wiedervergeltung „Töne der
      Hoffnung, Ahnung der Liebe"   10— 12

[30] [Johann Franz Xaver] Sterkel: Andante con vivezza   13— 15

[31] F.[riedrich] H.[einrich] Himmel: Andenken „Ich denke dein,
      wenn durch den Hain" (Matthisson)   16

V. Heft ([Pl. Nr.] 156 [1806]):

[32] J.[oseph] Haydn: Rondo. Allegretto [Hob. I, Nr. 88, IV] 1— 5

[33] F.[riedrich] H.[einrich] Himmel: Romanze „Ein Gärtner hegt'
      ein Röselein" (J. F. K.)   6— 7

[34] A.[ugustin] Gürrlich: Pas de Deux aus der Einschiffung nach
      Cithere   8— 10

[35] [Friedrich Franz] Hurka: Die Seelenwanderung der Blumen
      „Sollten nur der Menschen Seelen" (R. W.[erckmeister]) 11— 12

[36] [Johann Franz Xaver] Sterkel: Lied der Liebe „Namen nennen
      dich nicht, dich bilden Pinsel und Griffel" [Ueltzen]   13— 15

[37] B.[ernhard] A.[nselm] Weber: Sehnsucht „Ach mir ist das Herz
      so schwer"   16

VI. Heft ([Pl. Nr.] 170 [1806]):

[38] [Friedrich Franz] Hurka: Würde der Frauen „Ehret die Frauen
      sie flechten und weben" [Schiller]   1— 3

[39] B.[ernhard] A.[nselm] Weber: Marsch   4— 5

[40] [Johann Franz Xaver] Sterkel: „Man strebt die Flamme zu ver-
      hehlen"   6— 9

[41] W.[ilhelm] Bach: Rondo   10— 11

[42] J.[ohann] F.[riedrich] Reichardt: „Wenn dunkel meinen Pfad
      umhüllt" (Matthisson)   12

[43] B.[ernhard] A.[nselm] Weber: Arie „O wie sind zwei Gatten
       glücklich"   13
[44] J.[ohann] P.[hilipp] Schmidt: (3) Walzer und (3) Ecossaisen   13— 16

Répertoire des Clavecinistes. [Periodisches Werk.] [Hrsg.: H. G. Nägeli.]

A Zuric: chez Jean George Naigueli et Comp.

[1803—1810]: Suite 1—17.

A Wn ([1803—1810]: 1, 3—13, 15, 17) — **CH** Bu ([1803—1809]: 4—6, 14,
16); Gc ([1803—1804]: 2—8); W ([1803—1810]: 1—2, 4—17; Zz ([1803—
1809]: 1—2, 4—5, 7—13, 15—16) — **D** Bhm ([1803—1809], 6, 16); Bim
([1803], 3); BNba ([1810]: 17); Hs ([1803—1805]: 2, 4—6, 8—9, 13);
Kl ([1805]: 14); KIl ([1804]: 11); Mbs ([1803—1809]: 2, 5—11, 14, 16);
MZsch ([1804]: 9) — **GB** Lbm

1ere Suite [1803]:
Muzio Clementi: Trois Sonates pour le Piano Forte

2e Suite [1803]:
J.[ohann] B.[aptist] Cramer: Trois Sonates pour le Piano Forte

3e Suite [1803]:
J.[ohann] L.[adilaus] Dussek: Trois Sonates pour le Piano Forte

4e Suite [1803]:
D.[aniel] Steibelt: Deux Sonates pour le Piano Forte

5e Suite [1803]:
Louis van Beethoven: Deux Sonates pour le Piano Forte [Op. 31, I und II]

6e Suite [1803]:
C. G. [!] [Friedrich Wilhelm] Haak: Caprice et Variations (Thema —
               Var. 1—12) pour le Piano Forte

7e Suite [1803]:
[Christoph Ernst Friedrich] Weisse [recte: Weyse]: Allegri di Bravura
               pour le Piano Forte

8e Suite [1804]:
Abbé Maximilian Stadler: Deux Sonates suivie d'une Fugue pour le Piano Forte

9e Suite [1804]:
Antoine Liste: Deux Sonates pour le Piano Forte

10e Suite [1804]:
Muzio Clementi: Trois Sonates pour le Piano Forte

11e Suite [1804]:
Louis van Beethoven: Deux Sonates pour le Piano Forte [Op. 13 und Op. 31,III]

12e Suite [1805]:
Joseph Wölfl: Sonate précédée d'une Introduction et Fugue pour le Piano Forte

13e Suite [1805]:
François Pollini: Variations et Rondeau pour le Piano Forte

14e Suite [1805]:
W.[enzel] J.[ohann] Tomaschek: Sonate [Op. 10] et Rondeau [Op. 11]
        pour le Piano Forte

15e Suite [1805]:
Louis van Beethoven: Grande Sonate pour le Piano Forte [Op. 53]

16e Suite [1809]:
[Christoph Ernst Friedrich] Weyse: Allegri di Bravura pour le Piano Forte

17e Suite [1810]:
Antoine Liste: Grande Sonate pour le Piano Forte

Wybór pięknych dzieł muzycznych y pieśni polskich. [Auswahl schöner polnischer Musikstücke und Lieder.] ([1805:] Wydany w Warszawie przez Jozefa Elsnera [Herausgegeben in Warschau von Joseph Elsner.]) [Monatlich.]

Warszawa: u Elsnera i Kompanii ([1805:] Wrocław: drukarni od J. K. Mei ... u Grassa i Bartha.

Rok 1803–1805, No. 1–12.

D Mbs (1805, 2) – **PL** Wn (1803, 1, 5, 8, 11, ohne Nr.; 1805, 7–12)

1803

No. 1 ([Pl. Nr.] 10):

[1]	M.[ichał Kleofas] Ogiński: Polonez (Pfte.)	1–	2
[2]	J.[oseph] Elsner: Sen Fillidy „Sen ci wczorajszy wystawił" (L. Osiński) (Singst., Pfte.-Begl.)	3–	4
[3]	[Jan] Stefani: Polonez (Pfte.)	5–	6
[4]	J.[oseph] Elsner: Do Zosi „Raz patrzając na mą Zosie" (J. Niemcewicz) (Singst., Pfte.-Begl.)	7–	8
[5]	[Joseph] Elsner: Marsz z opery: Przerwana Ofiara [= Das unterbrochene Opferfest] (Winter) w wariacjami (Pfte.)	9–	18

No. 5 ([Pl. Nr.] 16):

[6]	[J.] Andrychewicz: Polonez (Pfte.)	4–	5

[7]   [Jan] Stefani: O miłosci „Czas wszystko goi" (Kniaźnin)
       (Singst., Pfte.-Begl.)   6—   7

[8]   [J.] Andrychewicz: Polonez (Pfte.)   8—   9

[9]   [Jan] Stefani: Krosienka „Darmo mi, matko, stawiasz krosienka"
       (Kniaźnin) (Singst., Pfte.-Begl.)   10— 11

[10]   Tomasz Grem: Andante z wariacjami (Pfte.)   12— 17

[11]   J.[oseph] Elsner: Rondo a la Krakowiak (Pfte.)   18— 21

No. 8 ([Pl. Nr.] 20):

[12]   [J.] Andrychewicz: Thema z opery: Telemak z wariacjami
       (Pfte.)   3— 11

[13]   J.[oseph] Elsner: Życzenia w samotności „Szczęśliwy kto
       samotnym ciesząc się schronieniem" (J. Niemcewicz)
       (Singst., Pfte.-Begl.)   12— 13

[14]   M.[ichał Kleofas] Ogiński: Polonez (Pfte.)   14— 15

[15]   J.[oseph] Elsner: Glicera „U tej topoli ja mu wieńce wiła"
       (F. Kniaźnin) (Singst., Pfte.-Begl.)   16— 17

[16]   Unicki: Polonez (Pfte.)   18— 19

No. 11 ([Pl. Nr.] 12):

[17]   Merlini: Polonez (Pfte.)   4—   5

[18]   J.[oseph] Elsner: Oda o Elizie „Eliza wczoraj ostro spojrzała"
       (F. Kniaźnin) (Singst., Pfte.-Begl.)   6—   7

[19]   Unicki: Polonez (Pfte.)   8—   9

[20]   J.[oseph] Elsner: Żal pasterki „On temi góry za las obrócił"
       (F. Kniaźnin) (Singst., Pfte.-Begl.)   10— 11

[21]   Emilia Potocka: Andante z wariacjami (Pfte.)   12— 15

[22]   J.[oseph] Elsner: Rondo à la Mazurek (Pfte.)   16— 19

[Ohne Nr.: Pl. Nr. 19]:

[23]   J.[oseph] Elsner: Korydon „Łakozielona! nie zwa biszmię więcey"
       (Karpiński) (Singst., Pfte.-Begl.)   3—   5

[24]   J.[oseph] Elsner: Do Justyny „Złote mey pierwszey młodosci
       chwile" (W. Pstrokoński) (Singst., Pfte.-Begl.)   6—   8

1805

No. 2:

[1]   A. Morowski: Andante z waryacyami (Var. 1—6 — Allegro)
       (Pfte.)   1— 11

[2]   J.[oseph] Elsner: Już ia nie ten „Lata moie ustąpiły!"
       (Karpiński) (Singst., Pfte.-Begl.)   12— 13

[3]   J.[oseph] Elsner: [Lied] „Trzeba się kochać" (Karpiński)
       (Singst., Pfte.-Begl.)   14— 15

[4]   J. Andrychowicz [!] : Polonez (Pfte.)   16— 18

[5]   Dodadek na Gitarę Hiszpańską z Opery: Woziwoda
                 „Biedny Sabaudczyk" (Singst., Git.)   19

No. 7:

[6]   [Ernst Theodor Amadeus] Hoffmann: Sonata (Pfte.)   1— 11

[7]   J.[oseph] Elsner: Szczęśliwość „Niech kornu wielka nadzieja
               zabłyśnie" (Karpiński) (Singst., Pfte.-Begl.)   12— 13

[8]   J.[oseph] Elsner: Polonez (Pfte.)   14— 15

[9]   J.[oseph] Elsner: Polonez (Pfte.)   16— 17

[10]   Weinert: Polonez (Pfte.)   18— 19

[11]   Mühlhausen: Dodatek na gitare hiszpańską (Git.)   20

No. 8:

[12]   J.[oseph] Elsner: Sonata col violino obligato   1— 11

[13]   [Jan] Stefani: Do dębów „Dęby wesołe naco wy szumicie"
               (Kniaźnin) (Singst., Pfte.-Begl.)   12— 13

[14]   W. Gabel: Polonez (Pfte.)   14— 15

[15]   J. Kryński: Marsz (Pfte.)   16

No. 9:

[16]   J.[oseph] Elsner: Sonata II (Pfte.)   1— 14

[17]   Janicky: Polonez z arii opery: Telemach (Pfte.)   15

[18]   J.[oseph] Elsner: Pieśń „Nim słońce nasze oświeci strony" (xxx)
               (Singst., Pfte.-Begl.)   16— 17

No. 10:

[19]   J.[oseph] Elsner: Sonata III col violino obligato   1— 4

[20]   M. Kamiński: Andante „Czy to nie jest udręczenie"
               (Singst., Pfte.-Begl.)   15— 16

No. 11:

[21]   M. Kamiński: Duma. Na Kształt ronda (Pfte.)   1— 4

[22]   J.[oseph] Elsner: Do zabłockiego „Oczęta Zosi, oczęta żywe"
               (Kniaźnin) (Singst., Pfte.-Begl.)   5

[23]   A.[nton] Weinert: Tema [t] z waryacjami z opery: Siedm razy
               jeden [J. Elsner] (Pfte.)   6— 9

[24]   J.[oseph] Elsner: Do Filonie „Filonie! ty lubisz wiosnę"
               (Kniaźnin) (Singst., Pfte.-Begl.)   10— 11

[25]   [Michał Kleofas] Ogiński: Polonez (Pfte.)   12— 13

[26]   J.[oseph] Elsner: Polonez (Pfte.)   14— 15

[27]   J.[oseph] Elsner: Polonez (Pfte.)   16— 17

[28] [Joseph Elsner]: Dodatek na gitare angielską z komedio-opery:
      Stary trzpiot „Między rozumem i pięknością łatwo
      wybierać można" (Singst., Git.)   18— 19

No. 12:

[29] J.[oseph] Elsner: Ballet z melodrammy: Nurzaha[d] (Pfte.)   1— 9

[30] M.[aciej] Kamiński [!]: Andante (Pfte.)   9— 13

[31] J.[oseph] Elsner: Polonez (Pfte.)   13— 15

[32] J.[oseph] Elsner: Polonez (Pfte.)   16— 17

[33] J.[oseph] Elsner: Andantino z melodramy: Nurzaha[d]
      „W raju naszego Proroka" (Chor, Pfte.-Begl.)   18— 19

[Inhaltsangaben zu 1803, No. 1, 5, 8, 11 und 1805, No. 7—12 nach Mitteilung
von Frau Maria Prokopowicz, Warschau.]

1804

Amusement périodique pour Guitarre et Violon (ou Flûte ou Piano Forte).
B.[artolomeo] Bortolazzi. [Cahier 1: Pränumerations-Anzeige in der Wiener
Zeitung Nr. 79: 3. 10. 1804.]

Wien: Chemische Druckerey.

[1804—1805], Cahier 1—12 ([Pl. Nr.] 69, 70, 71, 74, 76, 84, 85, 90, 101, 102,
106, 111)

Hamburgisches Journal des Gesanges mit Guitarre-Begleitung ([Umschlagtitel:]
Hamburgisches Journal für Gesang und Guitarre) eingerichtet von A.[madeus]
E.[berhard] Rodatz.

Hamburg, bey Johann August Böhme, bey der Börse.

[1804 — ca. 1809]: Heft 1—6.

D Bs; Hs ([1804], 4); W ([1804], 1)

1. Heft [1804]:

[1]   C.[arl] F.[riedrich] Zelter: Das Hüttchen „Ich hab' ein kleines
       Hüttchen nur" (Gleim)   3

[2]   C.[arl] F.[riedrich] Zelter: Die Schäferinn „Frühe geht die
       Schäferinn" (von Gries, nach Polizian)   4

[3]   F.[riedrich] F.[ranz] Hurka: Romanze vom Sänger „Auf den
       Bergen sass ein Müder" (G. A. H. Gramberg)   5

[4]   V.[incenzo] Righini: Das Feenland „Mit Rosen umweben der
      Sterblichen Leben" (Matthisson)   6

[5]   V.[incenzo] Righini: Der Herbstabend. An Sie „Abendkloken-
      halle zittern" (Salis)   7

[6]   V.[incenzo] Righini: An eine Rosenknospe „Schönste Rosen-
      knospe dieser Flur!" (Matthisson)   8

[7]   V.[incenzo] Righini: Der fröhliche Trinker „Ich lebe frey
      und sorgenlos" (C. Müchler)   8— 9

[8]   J.[ohann] R.[udolf] Zumsteeg: An Mignon „Ueber Thal und
      Fluss getragen" (Göthe)   9

[9]   Der Frühlingsabend „Es naht in stiller Feier"   10

[10] [Etienne Nicolas] Méhul: Rondo aus der Oper: Je toller je
      besser ‹:Une Folie:› „On ne saurait trop embellir" —
      „Schnell ist die Zeit, rasch das Gefühl"   11— 13

[11] J.[ohann] R.[udolf] Zumsteeg: Die Welt ohne Sie „Oft in
      meiner Kindheit süssen Träumen" [Lohbauer]   14— 15

[12] J.[ohann] R.[udolf] Zumsteeg: Ermunterung „Seht! wie die
      Tage sich sonnig verklären!" (Salis)   16— 17

[13] F.[riedrich] L.[udwig] A.[emilius] Kunzen: Stutzerlied „Närr-
      chen sey nicht spröde" (Blumauer)   18

[14] [Charles-Henri] Plantate [!]: Air „Te bien aimer, ô ma chère
      Zélie"   19

[15] F.[riedrich] H.[einrich] Himmel: Gesellschaftslied „Es kann
      schon nicht alles so bleiben" (A. v. Kotzebue)   20

[16] F.[riedrich] L.[udwig] A.[emilius] Kunzen: Das Mädchen
      „Ich weis [!] ein Mädchen"   21

[17] H.[ans] G.[eorg] Naegeli: Morgenlied „Sieh, wie der Hain er-
      wacht" (Jacobi)   22

[18] H.[ans] G.[eorg] Naegeli: Frühlingslied „Sieh, mit Huld und
      Glanzgefieder" (Miller)   23

[19] J.[ohann] F.[riedrich] Reichardt: Liebe „Wenn der Reiz der
      Zärtlichkeit"   24

[20] F.[riedrich] H.[einrich] Himmel: Lebenslied „Junge Freuden-
      götter flattert auf und ab!" (Tiedge)   25

[21] V.[incenzo] Righini: Suschen „Schön Suschen war ein Bürgers-
      kind"   26— 27

[22]   Fiora's Lied „Fröhlich wandern wir und wallen"
             (Aus dem Romane: Die Zigeuner)   27

2. Heft [1805]:

[23] [Friedrich Franz] Hurka: Der Gesang „O das nur, was im
      Busen des Edlen heimlich glüht" (Müchler)   3

[24] [Friedrich Franz] Hurka: Liebe „Was zieht zu deinem Zauber-
      kreise mich unwillkührlich hin" (Müchler)   4

[25] [Friedrich Franz] Hurka: Liebeserklärung „Gott grüss dich, Mädchen, jung und fein" (Liebrecht)   5

[26] [Friedrich Franz] Hurka: Nein! „Darf ich zu deinem Preise" (Müchler)   6

[27] B.[ernhard] A.[nselm] Weber: Serenade „Lausch, o Geliebte dem Tone der Saiten!" (Herklots)   7

[28] [Carl] Spazier: Flattersinn „Heute die und jene morgen" (Heidenreich)   8

[29] [Carl] Spazier: Lied der Treue ‹ : Gegenstück: › „Eine nur und ewig Eine" (Heidenreich)   9

[30] [Vincenzo] Righini: Auf dem Wasser „Sitze still, mein Schiffchen lenck ich" (Robert)   10

[31] [Vincenzo] Righini: Frühlingslied „Unsre Wiesen grünen wieder" (Salis)   11

[32] [Vincenzo] Righini: Adelaide „Einsam wandelt dein Freund" (Matthisson)   12

[33] [Johann Franz Xaver] Sterkel: Freundschaftslied „Willkommen uns, wer frohen Muth mit Biedersinn vereint"   13

[34] [Johann Franz Xaver] Sterkel: Ballade „Der kalte wilde Regen goss"   14

[35] [Hans Georg] Naegeli: Hirtenlied „Frey von Sorgen treib' ich jeden Morgen"   15

[36] [Hans Georg] Naegeli: Mailied „Paradiesisch umgestaltet prangt die Flur in holdem Glanz" (Matthisson)   16

[37] [Johann Rudolf] Zumsteeg: Liedchen „Wär' ich ein muntres Vögelein" (Kleinschmidt)   17

[38] J.[ohann] F.[riedrich] Reichardt: Frühlingswünsche „Seh' ich frisch mit grünen Zweigen" (Amalie von Immhoff [!])   19

[39:] [Johann Rudolf] Zumsteeg: An Marien „Was gleichet der Lust"   20– 21

[40] [Johann Rudolf Zumsteeg]: Antwort „Wie trübst du, Geliebter! wie trübst du mein Herz!" [Haug?]   21

[41] V.[incente] Martín [y Soler]: Aria aus der Oper: Der Baum der Diana „Da un Numeignoto dentro il mio seno" – „Fremde Gefühle glühn mir im Herzen"   22– 23

[42]   Hier und dort. An Lyda „Lyda, Lyda unser Leben ist ein Traum"   24

[43] [Jean-Jacques] Rousseau: Air de trois notes „Que le jour me dure" – „Wie der Tag mir schleichet"   25

[44] [François] Devienne: Romance d'Estelle „Arbre charmant qui me rappelle"   26

[45] [François] Devienne: Romance d'Estelle „Ah! s'il est dans votre vilage [!]"   27

[46] [François] Devienne: Romance d'Estelle „Ce matin dans une bruyère"   28

[47]   [Fabry] Garat: Romance „Je t'aime tant"   29

[48]   [Nicolas] Dalayrac: Romance de: Gulnare „Rien, tendre amour
       ne resiste"   30

[49]   [François Adrien] Boieldieu: Romance du: Calife de Bagdad
       „Pour obtenir celle qu'il aime" — „Manche verlangen
       Mädchen zu fangen"   31

3. Heft [1806]:

[50]   B.[ernhard] A.[nselm] Weber: Das Mädchen an die Hoffnung
       „Hoffnung, Vertraute gefühlvoller Herzen"   2

[51]   [Johann Rudolf Zumsteeg]: Wiedersehn „Wiedersehn! Wort des
       Trostes" [Mahlmann]   3

[52]   [Johann Franz Xaver] Sterkel: Der Geist der Harmonie „Von
       fernen Fluren weht ein Geist" (Schreiber)   4—   5

[53]   [Johann Franz Xaver] Sterkel: Das Lied von der Dankbarkeit
       „Liebliches Sträuschen am Busen" (Aurnhammer)   6—   7

[54]   [Johann Franz Xaver] Sterkel: Maireigen „Singt der Wonn'
       und Blütenzeit" (Salis)   8

[55]   [Georg Joseph von] Rieff: An Sie „Wir trennten uns, als schon
       die Abendröthe" (v. Steigentesch)   9

[56]   [Vincenzo] Righini: Ergebung „Veni Amore, nel tuo Regno" —
       „Wann der Liebe Ruf ertönet"   10— 11

[57]   [Vincenzo] Righini: Glut und Nacht „Che ti giova, cara Fille" —
       „Was ist Reichthum, was sind Ehren" (F. L. W. Meyer)   12— 13

[58]   [Vincenzo] Righini: Sehnsucht „Una breve lontananza" —
       „Als du sagtest: ich muss scheiden" (F. L. W. Meyer)   14— 15

[59]   [Vincenzo] Righini: „Con dolce forza le tue pupille"   16

[60]   [Johann Friedrich] Reichardt: Canzonetta „L'astro di Venere
       apparse in Cielo"   17

[61]   La Soirée Orageuse „Au près de Barcelone un jour me
               promenant"   18

[62]   Romance „Pourquoi troubler dans mon âme"
               (Coupigni [!])   19

[63]   Air Savoyard „Je quittai la montagne"   20

[64]   Romance „L'amour est un enfant trompeur"   21

[65]   [François] Devienne: Romance Estelle „Que j'aime à voir les
       hirondelles"   22

[66]   [Johann Friedrich] Reichardt: Die Abendstille „Schön am Abend,
       schön glühen Wald und Höhn" (Voss)   23

[67]   [Johann] F.[riedrich] Reichardt: Morgengruss, Duettino „Won-
       ne, Wonne still im Schauern" (L. A. v. Arnim)   24— 25

[68]   C.[hristian] Schreiber: Sehnsucht „Schon nimmt ins vertrauliche
       Düster"   26

[69] C.[hristian] Schreiber: Der Traum am Bach „Auf blühenden
      Haiden, am einsamen Bach"   27

[70] [Nicolas] D'Alayrac: Aria aus der Oper: Die Wilden „Ach kaum
      kann ich es nun erwarten"   28— 29

[71] [Adalbert] Gyrowetz: An Eliesen um Mitternacht „Die Schöp-
      fung schlummert um mich her" (Miller)   30

[72] [Adalbert] Gyrowetz: Beim Abschied „Nimm dies kleine Ange-
      denken" [Op. 22, 1]   31

4. Heft [ca. 1807]:

[73] [Johann Friedrich Reichardt]: An meine Laute „Ertöne
      süsse Laute" (Amalia v. Imhoff [!])   2— 3

[74] [Friedrich Ludwig] Seidel: Lied „Junges Herz voll Zärtlichkeit"
      (Herklots)   3

[75] [Friedrich Heinrich] Himmel: Das Veilchen „Von dunklem Laub
      umschlossen" (C. Müchler)   4— 5

[76] [Friedrich Heinrich] Himmel: Das Schneeglöckchen „Wenn noch
      Eis die Fluren drückt" (C. Müchler)   6— 7

[77] J.[ohann] F.[riedrich] Reichardt: [Echtes Glück] „Ach, um-
      sonst auf aller Länder Charten" (Schiller)   7

[78] [Friedrich Heinrich] Himmel: Die Rose „Bild der jungfräulichen
      Tugend" (C. Müchler)   8

[79] A.[ndreas] Romberg: Das glückliche Land „Kennst du das Land?
      wo die Zitronen blühn" (Göthe)   9

[80] [Domenico] Della Maria: La Rose, Romance „Des fleurs ô toi
      la plus jolie" (Bonafont)   10

[81] [Domenico] Della Maria: Les Soupirs d'Amour „Mon cœur
      soupire, la nuit, le jour" (Bonafont)   10— 11

[82] [Friedrich Heinrich] Himmel: Das Vergiss mein nicht „Freund-
      lich glänzt an stiller Quelle" (C. Müchler)   11

[83] F.[riedrich] de Dalberg: L'Amour et le Temps „A voyager
      passant sa vie"   12

[84] [Francesco] Bianchi: [Lied] „Rose d'amour, par son brillant
      contour"   13

[85] [Francesco] Bianchi: [Lied] „Que le jour me dure"   14

[86] [Francesco] Bianchi: [Lied] „Adieu Bergère chérie"   15

[87] [Francesco] Bianchi: [Lied] „Ah moi n'est pas sauvage malgré
      ma noir couleur"   16

[88] J.[ohann] R.[udolf] Zumsteeg: Was ist Liebe? „Du kömmst
      vom Kloster Walsingham" (Nach dem Englischen:
      Haug)   17— 19

[89] [Peter von] Winter: Aria aus der Oper: Das Opferfest „Was
      Liebe wir nennen"   20— 21

[90] F. Heine: Sehnsucht „Wenn nur Sehnsucht Flügel hätte" 22

[91] [Johann Franz Xaver] Sterkel: Lied eines Schweizer Mädchens „Ich wäre wohl fröhlich so gerne" 23

[92] J.[oseph] Haydn: Gleichsinn „Sollt' ich voller Sorg' und Pein" [George Wither; Übers.: J. J. Eschenburg] [Hob. XXVIa, Nr. 6] 24— 25

[93] J.[oseph] Haydn: An Iris „Ein Liedchen von Liebe verlangst du von mir" [J. A. Weppen] [Hob. XXVIa, Nr. 7] 26— 27

[94] A.[ndreas] Romberg: Canzone „Chi mai di questo core" 27

[95] [Wolfgang Amadeus] Mozart: Duettino (Sesto, Annio) aus der Oper: La Clemeza [!] di Tito „Deh prendi un dolce amplesso" — „Nimm diesen Kuß zum Pfande" [KV 621, 3] 28

5. Heft [ca. 1808]:

[96] [Johann Rudolf] Zumsteeg: Wahre Minne „Hold bin ich einer Holden" (Nach Milon von Sevelingen [Haug]) 2— 3

[97] L.[ouis] Abeille: Des Pilgers Nachtlied „Ruht, ihr weichen Seelen" (Tiedge) 4

[98] Die Tochter an die Mutter „Mutter was belaurst du meine Blicke" 4— 5

[99] F.[riedrich] F.[ranz] Hurka: Phantasie. An Guido „Die Lüfte des Abends wehn kühler und mild" (von Krosigck geb. Krüger) 6

[100] [Friedrich Franz] Hurka: An Carolinen „Frühling und Natur vereinen" (Richter) 7

[101] J.[oseph] Woelfl: Meine Wünsche „Nur ein Hüttchen, wär es immer auch mit Moos und Schilf bedeckt" (K. A. Rode) 8

[102] [Johann Franz Xaver] Sterkel: An das Glück „Laß Glück in ihrem Kreise" 9

[103] [Friedrich Ludwig] Seidel: Thekla ‹ Eine Geisterstimme › „Wo ich sei, und wo mich hingewendet" (F. v. Schiller) 10

[104] [Friedrich Heinrich] Himmel: Die unsichtbare Welt „Wenn im Hauch der Abendkühle" (E. v. d. Reck [!] geb. R. Gräfin v. Medem) 11

[105] Heine: Ständchen „O gieb vom weichen Pfühle" (Jagemann) 12

[106] B.[enjamin] F.[riedrich] Köhler: An einen Waldquell „Murmle sanft, du kleine Quelle" 13

[107] A.[ugust] E.[berhard] Müller: Macht der Liebe „Liebe wechselt Berg' und Thale" 14— 15

[108] B.[enjamin] F.[riedrich] Köhler: Lied eines Landmanns „Sorg' und Reichthum fliehen mich" 16

[109] [Friedrich Franz] Hurka: Anfrage „Du kleines blauäugiges Mädchen" (Richter) 16— 17

[110] [Friedrich Heinrich] Himmel: Aldo's Bild „Liebes Bild, du hebest
        meinen Geist empor" (Elise v. d. Reck [!])   18

[111] [Vincenzo] Righini: Euphrosine an ihr Bettchen „Ich liebe,
        kleines Bettchen! dich" (G. Hiller)   19

[112] [Johann Friedrich] Reichardt: Einsamkeit „Ja winkt nur,
        ja winkt nur" (L. A. v. Arnim)   20

[113] P. Pohl: An's Mädel, das mich wohl kennt „Dies Lied e'm Mädel
        gelten soll" (G. S.)   21

[114] [P.] Pohl: Das Traumbild „Geliebtes Bild, das mir mit Feu'rent-
        zücken" (Hölty)   22

[115] [Vincenzo] Righini: La Veglia, Risposta al Sogno „Non dolerti,
        o pastorello"   23

[116]   Duettino „Torna Licinia bella" (S, T)   24— 25

[117] [Vincenzo] Righini: Il Sogno „Lungi ancor dal ben che adoro"   26

[118] [Vincenzo] Righini: La Speranza „Non so se tu m'inganni"   27

[119] [Johann Friedrich] Reichardt: La Lontananza „Il tenero
        sembiante"   28

[120] D.[omenico] Della Maria: Air de Prisonnier „Lorsque dans
        une tour obscure" — „Sehe ich voll Gram und
        Schmerzen"   29

[121] F.[riedrich] de Dalberg: A deux voix „Ce que je désire"   29

[122] F.[riedrich] de Dalberg: Romance „Il est trop tard"   31

6. Heft [ca. 1809]:

[123] L.[ouis] Spohr: Wiegenlied „Eya popeya, so leise so lind"
        (E. v. Göchhausen)   2

[124] L.[ouis] Spohr: Schottisch Lied „Mir ist, als müßt' ich dir was
        sagen"   3

[125] L.[ouis] Spohr: Lied der Freude „Rauschet ihr Meere und wehet
        ihr Winde" (E. Groß)   4

[126] L.[udwig] v.[an] Beethoven: Der freie Mann „Wer, wer ist ein
        freier Mann?" [G. C. Pfeffel] [WoO 117]   5

[127] L.[udwig] v.[an] Beethoven: Gretels Warnung „Mit Liebes-
        blick und Spiel und Sang" [Gerhard Anton von Halem]
        [Op. 75, 4]   6

[128] L.[udwig] v.[an] Beethoven: La Partenza. Der Abschied
        „Ecco quel fiero istante" — „Das ist die Schreckens-
        stunde — " [Pietro Metastasio] [WoO 124]   7

[129] [Wolfgang Amadeus] Mozart: Romance (Osmin) aus der Oper:
        Die Entführung aus dem Serail „Wer ein Liebchen hat
        gefunden" [KV 384, 2]   8— 9

[130]   Minnelied „Ich will der Minne pflegen" (Magenau)   10

[131] A.[ugust] E.[berhard] Müller: Romanze „Die Sonne schien
    im Lenz so mild" (F. A. A. Meyer)   11

[132] F.[riedrich] H.[einrich] Himmel: „Présens du ciel, bien
    faits charmans" (Florian)   12

[133] [Rodolphe] Kreutzer: Air de l'Opéra: Jadis et aujourd' hui
    „A qui voulez vous que je plaise" [Sewrin]   12— 13

[134] [Friedrich Heinrich] Himmel: Freude Friede Hoffnung
    „Wer ist's, die so magisch des Lebens Bild" (Schreiber)   14

[135] F.[riedrich] H.[einrich] Himmel: Romance „La trompette
    appelle aux alarmes" (Florian)   15

[136]   Romance „Un jeune troubadour qui chante"
    (Dalvimare)   16— 17

[137]   Lied „Was ich liebe weiss nur ich"   17

[138] [Johann] F.[riedrich] Reichardt: Frühzeitiger Frühling
    „Tage der Wonne, kommt ihr so bald" (Göthe)   18

[139] [Johann] F.[riedrich] Reichardt: Marja „Ihr lieblichen Bilder,
    entflohenes Glück"   19

[140]   Schwüle Luft „Der Himmel ist oft hell" (L. A. v. Arnim) 20

[141]   Die Stationen des Lebens „Schon haben viel Dichter"   20— 21

[142] [Friedrich Franz] Hurka: Der Gewinn des Lebens „Am kühlen
    Bach, am luft'gen Baum" (Nach dem Englischen)   21

[143] [Johann] F.[riedrich] Reichardt: Nachgefühl „Wenn die
    Reben wieder blühen" (Göthe)   22

[144] [Johann] F.[riedrich] Reichardt: Abschied „Zu lieblich ist's,
    ein Wort zu brechen" (Göthe)   22— 23

[145] [Johann] F.[riedrich] Reichardt: Wonne der Wehmuth „Trock-
    net nicht, trocknet nicht, Thränen der ewigen Liebe"
    (Göthe)   23

[146] [Johann] F.[riedrich] Reichardt: Dauer im Wechsel „Hielte
    diesen frühen Segen ach, nur eine Stunde fest" (Göthe)   24

[147] [Johann] F.[riedrich] Reichardt: Der Junggesell und der Mühl-
    bach „Wo willst du klares Bächlein hin" (Göthe)   25

[148] [Johann] F.[riedrich] Reichardt: Duettino „O di l'aura che
    dolce sospira" (S, C-A, Git.)   26— 27

[149] [Johann] F.[riedrich] Reichardt: La Nuit „Ah! si pouvez
    ramener mon amante" (I. A. Ségur)   28

[150] [Johann] F.[riedrich] Reichardt: Canzonetta „Già la notte
    s'aviccina"   28

Musikalische Arabesken. Lieblingsstücke aus den neuesten Opern für Clavier und Gesang, [herausgegeben von Zucker].

Dresden: in der Arnoldischen Buch- und Kunsthandlung. (Meissen, aus der Klinkichtschen Notendruckerey).

Jahrgang [1.] 1804 – 2. 1805, Heft 1–12; 3. 1806, Heft 1–6.

A Wn ([1.] 1804, 1, 4, 6, 9, 10; 2. 1805, 2, 4, 9) – **D** Bhm (2. 1805, 9) – **GB** Lbm (2. 1805, 1)

[1. Jahrgang.] 1804

1. Heft (Monat Jenner 1804):

[1]	Ferdinando Pär: Overtura nell'Opera: La Testa Riscaldata	1–	9
[2]	Ferdinando Pär: Marcia nell'Opera: Sargino	10–	11
[3]	Ferdinando Pär: Duetto (Isabella, Edoardo) nell'Opera: I Fuorusciti „In qual loco, in quale istante" – „Alles droht uns hier Verderben"	12–	24

4. Heft (Monat April 1804):

[4]	Ferd.[inando] Pär: Duetto (Isabella, Uberto) nell'Opera: I Fuorusciti „Quello sguardo quell'aspetto" – „Vor den Blicken dieser Augen"	1–	13
[5]	[Joseph] Weigl: Duettino nell'Opera: L'Amore Marinaro „Ah spiegarti, oh dio! vorrei" – „Ach, der Mund will gern es sagen" (S, T, Pfte.)	14–	18
[6]	Ferd.[inando] Pär: Marcia nell'Opera: Achille	18–	19

6. Heft (Monat Juny 1804):

[7]	Ferdinando Pär: Recit.[ativo] e Rondò nell'Opera: L'Intrigo Amoroso „E mi lasci così?" – „Mich verlassen kannst du?" (Singst., Cemb.)	1–	12
[8]	Ferd.[inando] Pär: Duettino (Briseide, Achille) nell'Opera: Achille „Di chi fedel t'adora" – „Du bist mir treu geblieben!"	13–	19
[9]	[Ferdinando] Pär: Walzer dell'Opera: Camilla	20	

9. Heft (Monat September 1804):

[10]	Ferd.[inando] Pär: La Marina, Duetto „Tremola amena l'onda" – „Zitternde kleine Wellen"	1–	8
[11]	Ferd.[inando] Pär: Il Sogno, Duetto „Quando in ciel l'alba fresca s'infiora" – „Als im Osten Aurora entblühte"	9–	14
[12]	Ferd.[inando] Pär: Il Ruscello, Duetto „Mormorando il chiaro rio" – „Murmelnd sagt der Bach auf grüner Weide"	15–	19
[13]	Ferd.[inando] Pär: Marcia nell'Opera: Achille	20	

10. Heft (Monat October [1804]):

[14]	Ferd.[inando] Pär: La Partenza, Duetto „Addio! che affanno!" – „Leb wohl! O! Leiden!"	1–	12

[15]   Ferd.[inando] Pär: Duetto (Griselda, Lisetta) nell'Opera:
Griselda „Vederlo sol bramo contento e felice" –
„Ach folgten dem Theuern der Fried"   13– 28

2. Jahrgang. 1805

1. Heft (Monat Januar 1805):

[1]   [Karl] Cannabich: Polacca „Ritorn al fine a questo petto" –
„Bald werd' ich wieder ein holdes Wesen"   1– 17

[2]   Deutscher Tanz, genannt: Der Wetzstein (Thema –
Var. 1–9)   18– 24

2. Heft (Monat Februar 1805):

[3]   Ferd.[inando] Pär: Cavatina (Ernesta) nell'Opera: La moglie
ravveduta „Donne, un gusto v'e nel mondo" –
„Eins nur ist das Best' auf Erden"   1– 13

[4]   Ferd.[inando] Pär: Duettino (Leonora, Florestano) nell'Opera:
Leonora „Momento barbaro" – „Furchtbarer Augen-
blick"   14– 23

4. Heft (Monat April 1805):

[5]   Luigi Caruso: Rondò „Parto, mio bel tesoro" – „Flieh ich von
dir, Geliebter"   1– 11

[6]   [Johann Gottlieb] Naumann: Duettino (Dorinda, Orgonte)
nell'Opera: Aci e Galatea „Mia vezzosa Dorindela" –
„Dorchen, allerschönstes Dorchen"   12– 24

9. Heft (Monat September 1805):

[7]   Ferd.[inando] Pär: Overtura nell'Opera: Soffoniba [!]   1– 15

[8]   [Domenico] Cimarosa: Duetto (Bellina, Filandro) nell'Opera:
Le Astuzie feminili „Qui dolcemente spira" –
„Hier, wo so sanft sie wehen"   16– 24

Nordens Apollo. [Herausgegeben von Philip Barth.]

Kiöbenhavn hos Lose & Comp:

Aargang 1. [1804]

A Wn – **D** Bim (X) – **DK** Kk

→ *Nordens Apollo. 1805.*

[1]   C.[laus] Schall: Min Sang om min Veninde „Hvis nogen seer her
i vor Nord" (Baggesen)   1

[2]   [Ludwig van] Beethoven: Allegro af Balletten: Gli Uomini di
Prometeo [Op. 43, 13, stark gekürzt]   2– 3

[3]   I. Herrmann: Nytaarssang „Et Aar igien tilbagelagt" (Thaarup)   4

[4]   I.[ohann] L.[adislaus] Dussek: 4 Variationer paa Arien
      „L'amour est un enfant trompeur" [Op. 6, 1]   5—   7

[5]   [Philip] Barth: Pigen ved Rygtet om Krig „Flygter! o snarligt!
      fra samlede Hær" (F. Høgh Guldberg)   8—   9

[6]   [Joseph] Haydn: Vals [Hob. IX, Nr. 12, 1 und 10]   9

[7]   W.[olfgang] A.[madeus] Mozart: Menuetto [KV 425, III]   10— 11

[8]   C. Kozeluck [!] : Siciliana   12— 13

[9]   W.[olfgang] A.[madeus] Mozart: Andante [KV 248b = 250, 6] 14— 15

[10] [Wolfgang Amadeus Mozart] : Menuetto [KV 248b = 250, 7]   15— 16

[11] P.[hilip] Barth: March   17

[12] [Joseph] Haydn: Menuetto [Hob. I, Nr. 86, III]   18— 19

[13] D.[aniel] Steibelt: Moderato   19— 20

[14] P.[hilip] Barth: Den Uskyldige Alder „Ieg kiender en Alder hvor
      hemmelig Kummer" (F.)   21

[15] I.[oseph] Haydn: Andante [Hob. I, Nr. 101, II]   22— 26

[16] P.[hilip] Barth: Minnas Stemme „Du Toneskaberinde!
      O Sangens Muse tie" (M. C. Bruun)   26— 27

[17] C.[laus] Schall: Ungersk Dands   28

[18] [Etienne Nicolas] Méhul: Ouverture du: Jeune Henri „Chasse"
      [= Le Jeune Henri]   29— 40

[19] P.[hilip] Barth: Sang til et Klaver „Naar Konst, og Hierte
      Strængen röre" (Thaarup)   41

[20] D.[aniel] Steibelt: Allegretto   42— 43

[21] C.[laus] Schall: Kehraus. Wals   44

[22] P.[hilip] Barth: Ved St. Nepomuks Statue paa Broenover
      Moldaufloden i Prag „Midnats seene Stierne alt operinder"
      (Schak [!] Staffeldt, nach Ries)   45— 48

[23] L.[udwig van] Beethoven: Andante [Op. 28, II]   49— 52

[24] P.[hilip] Barth: Vals   53

[25] [Joseph] Haydn: Minuetto [Hob. I, Nr. 91, III]   54— 55

[26] [Johan Fredrik] Krenzer [!] : Tambourin af: Vindmöllerne
      i Provence (Pfte.)   55

[27] P.[hilip] Barth: Aftensang „Dagen flöi med Lysets Vinger"
      (P. K. Tröiel)   56

[28] (C.[laus]) Schall: Balletten: Amors Triumpf (Kl. A.)   57— 80

[29] P.[hilip] Barth: Kiærminde „Modtag den Blomst, jeg rækker
      dig" (Lundbye)   81

[30] W.[olfgang] A.[madeus] Mozart: Menuetto [KV 543, III]   82— 83

[31] [Joseph] Kirmair: Eccossaise [!]   83

[32]   I.[oseph] Lipavsky: Polonese   84

[33]   [Rodolphe] Kreutzer: Ouverture de l'Opera: Lodoïska   85— 89

[34]   [Joseph] Kirmair: Presto (Presto — Trío — Presto)   90— 91

[35]   [Joseph Kirmair]: Presto (Presto — Trio — Presto)   91

[36]   P.[hilip] Barth: Den Ulykkelige til Sövnen „End jeg lever, og
       min bittre Smerte" (Lundbye)   92

[37]   P.[hilip] Barth: March   93

[38]   [Joseph] Haydn: Minuetto [Hob. I, Nr. 73, III]   94— 95

[39]   [Ludwig van] Beethoven: Adagio [Op. 43, 15]   95

[40]   L.[udwig van] Beethoven: Allegretto [Op. 43, 6: Allegro]   96

[41]   [Daniel] Steibelt: Rondo   97—100

[42]   [Joseph] Kirmair: Thema af Mozarts: Trylleflöite [KV 620, 20]
       variert (Thema — Var. 1—6)   101—103

[43]   [Christoph Willibald] Gluck: Ouvert.[ure] a la Turka af:
       Det Uventede Möde [= La Rencontre Imprévue]   104—107

[44]   C.[laus] Schall: Vals   108

[45]   [Claus Schall]: Sangene til: Iohanna Montfaucon „See vore
       Hierter for Dig brænde" [Nach Kotzebue: N. T. Bruun]
       (Soli und Chor: S I, II, T, B, Pfte.)   109—120

Pot Pourri für das Forte-Piano.
Wien: Im Verlage des Kapellmeisters Thadé Weigl am Graben Nro. 1212.
Jahrgang 1. [1804] — [10. 1813], Heft 1—12.
A Wgm (1. [1804]); Wn (1. [1804] — 3. [1806]; [4. 1807], 46; [5. 1808],
55; [7. 1810], 74, 76—77; [9. 1812], 102—103); Wst (1. [1804], 1—6, 7—8;
2. [1805], 9—10; 3. [1806], 31, 33—36; [4. 1807], 37—38; [5. 1808],
50—51, 56; [10. 1813], 115—116) — **D** Bim (X: 1. [1804] — 3. [1806];
[4. 1807], 46; [7. 1810], 74, 76—77; [9. 1812], 102—103)

1. Jahrgang [1804]

1. Heft ([Pl. Nr.] 607):

No. 1.   [Domenico] Della-Maria: Andantino aus dem Singspiel:
          Das Singspiel [= L'Opéra Comique]   1

No. 2.   [Henri-Montan] Berton: Zweyte Ouverture [aus:] Aline   2

No. 3.   [Angelo] Tarchi: Allegretto aus dem Singspiel: Zwey Posten
          [= D'Auberge en Auberge]   2— 3

No. 4.   [Domenico] Della-Maria: Adagio aus dem Singspiel: Das Sing-
          spiel [= L'Opéra Comique]   3

No. 5.   [Henri-Montan] Berton: Andante aus dem Singspiel: Aline   4

No. 6.   [Henri-Montan] Berton: Marsch der Neapolitaner [aus:]
Aline   4—   5

No. 7.   [Angelo] Tarchi: Andantino aus dem Singspiel: Zwey Posten
[= D'Auberge en Auberge]   5—   6

No. 8.   [Michael] Umlauf: Pantomime: Aline   6

No. 9.   [Henri-Montan] Berton: Allegretto aus dem Singspiel: Aline   7

No. 10.   [Johann Christoph] Vogel: Das beliebte Duet aus dem Sing-
spiel: Aline   8—   9

2. Heft ([Pl. Nr.] 613):

No. 11.   [Thadé Weigl]: Andante aus dem Ballet: Die verliebten Thor-
heiten   1

No. 12.   [Michael] Umlauf: Marsch aus dem Singsp.[iel]: Aline   2—   3

No. 13.   [Thadé Weigl]: Allegro aus dem Ballet: Die verliebten Thor-
heiten   3

No. 14.   [Thadé Weigl]: Larghetto aus dem Ballet: Die verliebten Thor-
heiten   4

No. 15.   [Henri-Montan] Berton: Dritte Ouverture aus dem Singspiel:
Aline   5—   6

No. 16.   [Thadé Weigl]: Allegretto aus dem Ballet: Die verliebten Thorheiten   6

No. 17.   [Girolamo] Crescentini: Das beliebte Rondo aus dem
Singsp.:[iel]: Giulietta e Romeo [Zingarelli]   7—   9

No. 18.   [Thadé Weigl]: Marsch aus dem Ballet: Die verliebten Thor-
heiten   9

3. Heft ([Pl. Nr.] 617):

No. 19.   Jos:[eph] Weigl: Aus dem Ballet: Die Isthmischen Spiele   1

No. 20.   Jos:[eph] Weigl: Andante aus dem Ballet: Die Isthmischen
Spiele   2—   3

No. 21.   [Thadé Weigl]: Grazioso aus dem Ballet: Die verliebten
Thorheiten   4

No. 22   [Thadé Weigl]: Allegro aus dem Ballet: Die verliebten Thor-
heiten   4—   5

No. 23.   Sim:[on] Mayer [!]: Marsch aus dem Singspiel: Alonso
und Cora   5—   6

No. 24.   Jos:[eph] Weigl: Wasser-Marsch aus dem Ballet: Die
Isthmischen Spiele   7—   8

No. 25.   Jos:[eph] Weigl: Allegretto aus dem Ballet: Die Isthmischen
Spiele   8—   11

No. 26.   [Thadé Weigl]: Allegro aus dem Ballet: Die verliebten Thor-
heiten   11—   12

No. 27.   Sim:[on] Mayer [!]: Marsch aus dem Singspiel: Alonso und
Cora   12—   13

4. Heft ([Pl. Nr.] 626):

No. 28.   Jos:[eph] Weigl: Allegretto aus dem Ballet: Die Isthmischen
Spiele   1—   2

No. 29.   Jos:[eph] Weigl: Aus dem Ballet: Die Zerstörung der Stadt
Troja   3

No. **30.**   [Thadé Weigl]: Allegretto **aus** dem Ballet: Die verliebten Thorheiten   4

No. 31.   Thadé Weigl: Marsch aus dem Ballet: Bachus [!] und Ariadne   4—   6

No. 32.   Jos:[eph] Weigl: Pantomime aus dem Singspiel: Pigmalion   7—   8

No. 33.   [Friedrich Franz] Hurcka [!]: Melodie des belieb:[ten]
Liedchens: Die Schiffarth   8

5. Heft ([Pl. Nr.] 628):

No. 34.   Thadé Weigl: Aus dem Ballet: Bachus [!] und Ariadne   1

No. 35.   [Franz Xaver] Süßmayer: Marsch aus dem Singspiel: Phasma   2

No. 36.   [Thadé Weigl]: Pas de Deux aus dem Ballet: Die verliebten
Thorheiten (Andante — Var: I—III)   2—   4

No. 37.   Jos:[eph] Weigl: Marsch aus dem Ballet: Cleopatra's Tod   5

No. 38.   Jos:[eph] Weigl: Marsch aus dem Ballet: Cleopatra's Tod   5—   6

No. 39.   Jos:[eph] Weigl: Marsch aus dem Ballet: Cleopatra's Tod   6

No. 40.   Thadé Weigl: Contratanz aus dem beliebten Terzet des Herrn
Giulio Viganò   7—   8

6. Heft ([Pl. Nr.] 633):

No. 41.   [Peter von] Winter: Marsch aus dem Singsp[iel]: Marie von
Montalban   1

No. 42.   [Peter von] Winter: Marsch aus dem Singsp[iel]: Marie von
Montalban   2

No. 43.   [Ferdinando] Paer: Marsch aus dem Singsp[iel]: Achilles
[= Achille]   2—   3

No. 44.   Thadé Weigl: Aus dem grossen Ballet: Bachus [!] und Ariadne 3

No. 45.   Thadé Weigl: Andante aus dem grossen Ballet: Bachus [!]
und Ariadne   4

No. 46.   [André-Ernest-Modeste] Grétri [!]: Marsch aus dem
Singsp:[iel]: Raul der Blaubart [= Raoul Barbe Bleue]   5

No. 47.   [Thadé Weigl]: Allemande aus dem Ballet: Verlegenheit
durch Zufälle   6

No. 48.   [Thadé Weigl]: Andantino aus dem Ballet: Verlegenheit
durch Zufälle   7

7. Heft ([Pl. Nr.] 651):

No. 49.   [Peter von] Winter: Marsch aus dem Singspiel: Tamerlan   1—   2

No. 50. [Peter von] Winter: Marsch aus dem Singspiel: Tamerlan   2—   3

No. 51. Wolf.[ang] Ama:[deus] Mozart: Der beliebte Türkische
Marsch [KV 300i = 331, III]   4—   5

No. 52. [Thadé Weigl] : Polonaise, das beliebte Solo der Madame Del
Caro Narducci aus dem Ballet: Verlegenheit durch Zufälle 6—   7

No. 53. [Thadé Weigl] : Marsch aus dem Ballet: Verlegenheit durch
Zufälle   7

No. 54. [André-Ernest-Modeste] Grétry: Dritte Ouverture aus dem
Singspiel: Raul der Blaubart [= Raoul Barbe Bleue]   8

8. Heft ([Pl. Nr.] 652):

No. 55. [Peter von] Winter: Ballabile aus dem Singspiel: Tamerlan   1—   3

No. 56. [Wolfgang Amadeus] Mozart: Marsch aus dem Singspiel:
Mädchen-Treue [= Cosi fan tutte, KV 588, 8: Coro]   3

No. 57. [Thadé Weigl] : Allemande aus dem Ballet: Verlegenheit
durch Zufälle   4—   5

No. 58. [Wolfgang Amadeus] Mozart: Das beliebte Duet [Fiordiligi,
Dorabella] aus dem Singspiel: Mädchen-Treue [= Così
fan tutte, KV 588, 4]   5—   7

No. 59. [André-Ernest-Modeste] Grétry: Gaertner-Szene aus dem
Singspiel: Raul der Blaubart [= Raoul Barbe Bleue]   8

No. 60. [Michael] Umlauf: Allemande aus dem Ballet: Amors Rache   9

9. Heft ([Pl. Nr.] 659):

No. 61. [Adrien] Quaisin [!] : Marsch aus dem Singspiel: Salomons
Urtheil [= Le Jugement de Salomon]   1

No. 62. [Adrien] Quaisin [!] : Der beliebte Lanzentanz aus dem Singsp[iel] : Salomons Urtheil [= Le Jugement de Salomon] 2—   3

No. 63. Thadé Weigl: Andante aus dem grossen Ballet: Bachus [!]
und Ariadne   4—   8

No. 64. [Adrien] Quaisin [!] : Marsch aus dem Singsp[iel] : Salomons
Urtheil [= Le Jugement de Salomon]   8

10. Heft ([Pl. Nr.] 674):

No. 65. [Adrien] Quaisin [!] : Marsch aus dem Singsp[iel] : Salomons
Urtheil [= Le Jugement de Salomon]   2—   3

No. 66. Joh:[ann] Gallus [= Mederitsch] : Marsch aus dem Singspiel:
Babilons Piramiden   3

No. 67. [Adrien] Quaisin [!] : Marsch aus dem Singsp[iel] : Salomons
Urtheil [= Le Jugement de Salomon]   4—   5

No. 68. Joh:[ann] Gallus [= Mederitsch] : Priester Marsch aus dem
Singspiel: Babilons Piramiden   6

No. 69.   Joh:[ann] Gallus [= Mederitsch] : Ariette aus dem Singspiel:
Babilons Piramiden   7

No. 70.   [Antonio] Salieri: Marsch aus dem Singspiel: Die Neger   8—   9

11. Heft ([Pl. Nr.] 675):

No. 71.   [Nicolas] Dalayrak [!] : Ouverture aus dem Singspiel: Die
beyden Savoyarden [= Les deux Petits Savoyards]   1—   4

No. 72.   [Peter von] Winter: Pantomime aus dem Singspiel: Babilons
Piramiden   4—   5

No. 73.   [Nicolas] Dalayrak [!] : Das beliebte französische Liedchen
aus dem Singspiel: Die beyden Savoyarden [= Les deux
Petits Savoyards]   5

No. 74.   [Peter von] Winter: Marsch aus dem Singspiel: Babilons
Piramiden   6

No. 75.   Jos:[eph] Weigl: Das beliebte Terzet aus dem Singspiel: Die
Herrnhuterinnen [= Devienne: Les Visitandines]   6—   7

No. 76.   [Nicola Antonio] Zingarelli: Trauer-Marsch aus dem Singspiel: Pirus, König von Epirus [=Pirro, Re d'Epiro]   7

12. **Heft** ([Pl. Nr.] 682]):

No. 77.   [Peter von] Winter: Tanz der Papagenos aus dem Singspiel:
Das Labyrinth   1

No. 78.   [Ferdinando] Paer: Marsch aus dem Singspiel: Der Fürst von
Tarant [= Il Principe di Taranto]   2

No. 79.   [Peter von] Winter: Flöten-Marsch aus dem Singspiel: Das
Labyrinth   3

No. 80.   Anton Fischer: Rondo aus der Kinder-Pantomime: Der wohltätige Genius   4—   5

No. 81.   Sim:[on] Mayer [!] : Marsch aus dem Singspiel: Genoveva
von Schotland [!] [= Ginevra di Scozia]   6

2. Jahrgang [1805]

1. Heft ([Pl. Nr.] 691):

No. 1.   Ant:[on] Fischer: Andantino aus der Kinder-Pantomime:
Der wohlthaetige Genius   2—   3

No. . 2.   [François] Devienne: Allegretto aus dem Singspiel: Die Herrnhuterinnen [= Les Visitandines]   4—   5

No. 3.   [Nicolas] Dalayrak [!] : Larghetto aus dem Singspiel: Die
beyden Savoyarden [= Les deux Petits Savoyards]   5—   6

No. 4.   [Michael] Umlauf: Andante aus dem Ballet: Amors Rache   6—   7

No. 5.   [Thadé Weigl] : Allegretto aus dem Ballet: Die verliebten
Thorheiten   7

No. 6.   [Michael] Umlauf: Andante aus dem Ballet: Amors Rache   8

No. 7.   Kroenungs-Marsch des Kaisers Napoleon   9

2. Heft ([Pl. Nr.] 692):

No. 8.   [Peter von] Winter: Trauer-Marsch aus dem großen Ballet:
         Vologesus   2

No. 9.   [Adrien] Quaisin [!] : Großer Marsch aus dem Singsp:[iel] :
         Salomons Urtheil [= Le Jugement de Salomon]   2— 3

No. 10. [Thadé Weigl] : Die beliebte Eccossaise [!] aus dem grossen
         komisch:[en] Ballet: Verlegenheit durch Zufaelle   4— 5

No. 11. Anton Fischer: Allemande aus der Kinder-Pantomime: Der
         wohlthaetige Genius   6

No. 12. [Thadé Weigl] : Allegretto aus dem grossen komischen Ballet:
         Verlegenheit durch Zufaelle   7

No. 13. Anton Fischer: Scherzando aus der Kinder-Pantomime: Der
         wohlthaetige Genius   8— 9

3. Heft ([Pl. Nr.] 694):

No. 14. [Antonio] Salieri: Ouverture aus dem grossen Singsp:[iel] :
         Die Neger   2— 5

No. 15. [Peter von] Winter: Marsch aus dem grossen Ballet: Volo-
         gesus   5— 6

No. 16. Anton Fischer: Menuett samt Trio aus dem K:K: kleinen
         Redouten-Saal vom Jahr [1]805   6— 7

No. 17. Thadé Weigl: Andantino aus dem Divertissement: Die Band-
         kraemerinnen aus Tyrol, welches am 13ten Febr:[uar]
         [1]805 im K:K: grossen Redouten-Saale aufgeführt
         wurde   7— 8

No. 18. [Peter von] Winter: Allegretto aus dem grossen Ballet:
         Vologesus   9

4. Heft ([Pl. Nr.] 695):

No. 19. [Peter von] Winter: Rondeau aus dem gross:[en] pantom:[imi-
         schen] Ballet: Vologesus   2— 4

No. 20. [M. Umlauf, Th. Weigl, P. Wranitzky?] : Andantino aus dem
         gross:[en] kom:[ischen] Ballet: Der Tyroler-Jahrmarkt   4— 5

No. 21. [M. Umlauf, Th. Weigl, P. Wranitzky?] : Allegro aus dem
         gross:[en] kom:[ischen] Ballet: Der Tyroler-Jahrmarkt   5— 6

No. 22. [M. Umlauf, Th. Weigl, P. Wranitzky?] : Allegro aus dem
         gross:[en] kom:[ischen] Ballet: Der Tyroler-Jahrmarkt   6

No. 23. [Peter von] Winter: Marsch aus dem gross:[en] pantom:[imi-
         schen] Ballet: Vologesus   7

No. 24. Ignatz[!] von Seyfried: Waffentanz der Kinder aus dem großen
         Zauber-Singsp:[iel] : Untreue aus Liebe   8— 9

5. Heft ([Pl. Nr.] 697):

No. 25.   Peter Winter: Rondo aus dem großen pantom:[imischen]
          Ballet: Vologesus   2

No. 26.   Paul Wranitzky [?] : Marsch aus dem groß:[en] kom:[ischen]
          Ballet: Der Tyroler-Jahrmarkt   3

No. 27.   Peter Winter: Marsch aus dem großen pantom:[imischen]
          Ballet: Vologesus   4

No. 28.   [Adrien] Quaisin [!] : Marsch aus dem großen Singsp:[iel] :
          Salomons Urtheil [= Le Jugement de Salomon]   5—   6

No. 29.   Peter Winter: Trauer-Marsch aus dem groß:[en] pantom:[imi-
          schen] Ballet: Vologesus   7

No. 30.   Michael Umlauf [?] : Allegro aus dem groß:[en] kom:[ischen]
          Ballet: Der Tyroler-Jahrmarkt   8—   9

6. Heft ([PL. Nr.] 727):

No. 31.   [Adrien] Quaisin [!] : Marsch aus dem groß:[en] hist.[ori-
          schen] Drama: Die Eroberung von Jerusalem [= La
          Prise de Jérusalem]   2

No. 32.   [Adrien] Quaisin [!] : Marsch aus dem groß:[en] hist.[ori-
          schen] Drama: Die Eroberung von Jerusalem [=La
          Prise de Jérusalem]   2—   3

No. 33.   [M. Umlauf, Th. Weigl, P. Wranitzky?] : Gavotta aus dem
          gross:[en] kom:[ischen] Ballet: Der Tyroler-Jahrmarkt 3

No. 34.   [M. Umlauf, Th. Weigl, P. Wranitzky?] : Andante aus dem
          gross:[en] kom:[ischen] Ballet: Der Tyroler-Jahrmarkt 4

No. 35.   [Adrien] Quaisin [!] : Allegro vivace aus dem groß:[en]
          hist:[orischen] Drama: Die Eroberung von Jerusalem
          [= La Prise de Jérusalem]   4

No. 36.   [Thadé Weigl] : Marsch aus dem gross:[en] kom:[ischen]
          Ballet: Verlegenheit durch Zufaelle   5

No. 37.   Paul Wranitzky [?] : Tyroler-Tanz aus dem groß:[en]
          kom:[ischen] Ballet: Der Tyroler-Jahrmarkt   6—   8

No. 38.   [Adrien] Quaisin [!] : Agitato aus dem groß:[en]
          hist:[orischen] Drama: Die Eroberung von Jeru-
          salem [= La Prise de Jérusalem]   9

7. Heft ([Pl. Nr.] 728):

No. 39.   [Adrien] Quaisin [!] : Marsch aus dem groß:[en] hist:[ori-
          schen] Drama: Die Eroberung von Jerusalem [= La
          Prise de Jérusalem]   2—   3

No. 40.   Dalayrak [!] [recte: André-Ernest-Modeste Grétry] :
          Marsch aus dem komm:[ischen] [!] Singsp:[iel] :
          Die beyden Geitzigen [= Les Deux Avares]   4

No. 41.   Peter Winter: Rondeau aus dem groß:[en] pantom:[imischen]
          Ballet: Vologesus   5—   6

No. 42.   Thadé Weigl [?]: Andantino aus dem groß:[en] komm:
[ischen] [!] Ballet: Der Tyroler-Jahrmarkt   6—   7

No. 43.   Peter Winter: Rondeau aus dem groß:[en] pantom:[imischen]
Ballet: Vologesus   8—   9

No. 44.   [Adrien] Quaisin [!]: Andante molto aus dem groß:[en]
hist:[orischen] Drama: Die Eroberung von Jerusalem
[= La Prise de Jérusalem]   9

No. 45.   F:[rançois Joseph] Nadermann [!]: Der beliebte Harfen-
Marsch   9

8. Heft ([Pl. Nr.] 736):

No. 46.   Adagio sostenuto aus dem gross:[en] Divertissement:
Freundschaft schaetzbahrer als Liebe [Arr.: Gioja]   2—   3

No. 47.   Allegro giusto aus dem grossen Divertissement:
Freundschaft schaetzbahrer als Liebe [Arr.: Gioja]   3—   4

No. 48.   [M. Umlauf, Th. Weigl, P. Wranitzky?]: Andante aus dem
gross:[en] kom:[ischen] Ballet: Der Tyroler-Jahr-
markt   4—   5

No. 49.   Allegro moderato aus dem grossen Divertissement:
Freundschaft schaetzbahrer als Liebe [Arr.: Gioja]   5—   8

No. 50.   [Johann Baptist Elmenreich]: Marsch aus dem komischen
Intermezzo: Der Kapellmeister   8

No. 51.   [Peter von] Winter: Allegro aus dem großen pantom:[imi-
schen] Ballet: Vologesus oder: Der Triumph der Treue   9

9. Heft ([Pl. Nr.] 755):

No. 52.   Ant:[on] Fischer: Andantino aus dem grossen Singspiel:
Swetards Zauberthal   2—   3

No. 53.   Mich:[ael] Umlauf: Marsch aus dem grossen komischen
Divertissement: Gleiches mit Gleichem   3

No. 54.   Mich:[ael] Umlauf: Contra-Tanz aus dem grossen komischen
Divertissement: Gleiches mit Gleichem   4—   5

No. 55.   Ant:[on] Fischer: Andantino aus dem grossen Singspiel:
Swetards Zauberthal   6

No. 56.   Mich:[ael] Umlauf: Allemande aus dem grossen komischen
Divertissement: Gleiches mit Gleichem   7

No. 57.   Mich:[ael] Umlauf: Allegretto aus dem grossen komischen
Divertissement: Gleiches mit Gleichem   8

No. 58.   [Francesco Federici]: Marsch aus dem grossen italienischen
Singspiel: Zaïre [= Zaïra]   9

No. 59.   Ant:[on] Fischer: Marsch aus dem grossen Singspiel:
Swetards Zauberthal   9

10. Heft ([Pl. Nr.] 756):

No. 60.	Mich:[ael] Umlauf: Andantino aus dem grossen komischen Divertissement: Gleiches mit Gleichem	2—	6
No. 61.	[Francesco] Federici: Marsch aus dem grossen ital:[ienischen] Singsp:[iel] : Zaire [= Zaïra]	7	
No. 62.63.	Gefecht der aus Paris angekomenen [!] Pantomimisten und Gladiatoren, vorgestellt in dem gross:[en] Ballet: Vologesus [I. II]	8—	9

11. Heft ([Pl. Nr.] 785):

No. 64.	Das beliebte Pas de Deux des Herrn und Madame Coralli aus dem grossen Divertissement: Apollo als Hirt	2—	3
No. 65.	Allegretto aus dem grossen Divertissement: Apollo als Hirt	3—	4
No. 66.	[Domenico] Cimmarosa [!] : Marsch aus dem grossen Singspiel: Die Horazier und Curiazier [= Gli Orazi ed i Curiazi]	5	
No. 67.	Jos:[eph] Weigl: Andante aus dem grossen tragischen Ballet: Richard Loewenherz	6	
No. 68.	Allegretto aus dem grossen Divertissement: Apollo als Hirt, getanzt von Herrn und Madame Coralli	7—	8
No. 69.	Neuester Marsch des Kaisers Napoleon	9	

12. Heft ([Pl. Nr.] 786):

No. 70.	[Carl] Möser: Marsch aus der Quadrille der Berg-Schotten, getanzt auf dem grossen Masken-Balle in Berlin den 12ten März 1804	2—	3
No. 71.	Allegretto aus dem grossen Divertissement: Apollo als Hirt	4—	5
No. 72.	Jos:[eph] Weigl: Allegretto aus dem grossen tragischen Ballet: Richard Loewenherz	6—	7
No. 73.	Allegro aus dem grossen Divertissement: Apollo als Hirt	7—	8
No. 74.	[Giuseppe Sarti?] : Marsch aus dem grossen ernsthaften Singspiel: Giulio Sabino	9	

3. [Jahrgang. 1806]

25. Heft ([Pl. Nr.] 793):

No. 1.	[Carl] Möser: Contredance aus der Quadrille der Berg-Schotten, getanzt auf dem grossen Masken-Balle in Berlin den 12ten März 1804	2—	4
No. 2.	Marsch des Französischen 11ten Jaeger-Regiments	4—	5
No. 3.	Jos:[eph] Weigl: Die Verschwörung aus dem grossen ernsth:[aften] Ballet: Richard Loewen-Herz	5—	6

No. 4.	Französischer Grenadier Marsch	7
No. 5.	Adagio aus dem grossen Divertissement: Apollo als Hirt	8— 9
No. 6.	Allegro aus dem grossen Divertissement: Apollo als Hirt	9— 10
No. 7.	[Louis Jadin?]: Andante assai aus dem gross:[en] kom:[ischen] Ballet: Die Tanzsucht	10

26. Heft ([Pl. Nr.] 795):

No. 8.	[Adalbert] Girowetz[!]: Adagio aus dem grossen Divertiss:[ement]: Atalante und Hippomenes	2
No. 9.	[Adalbert] Girowetz [!]: Allegro aus dem grossen Divertiss:[ement]: Atalante und Hippomenes	3— 4
No. 10.	Französischer Grenadier Marsch	5
No. 11.	Marsch des Franz:[ösischen] 8ten Jaeger-Regiments	6
No. 12.	Ouverture aus dem grossen komisch:[en] Ballet: Der Seehaven [!]	7— 8
No. 13.	Allegretto aus dem grossen komischen Ballet: Der Seehaven [!]	9
No. 14.	Marsch des Französischen 49ten Linien Inf:[anterie] Regiments	10
No. 15.	Marsch des Französischen 50ten Linien Inf:[anterie] Regiments	11

27. Heft ([Pl. Nr.] 796):

No. 16.	[Louis Jadin?]: Allegretto grazioso aus dem grossen komischen Ballet: Die Tanzsucht	2— 4
No. 17.	Marsch des Französischen 9ten Jaeger-Regiments	5— 6
No. 18.	Tempo di Menuetto aus dem grossen komischen Ballet: Der Seehaven [!]	7
No. 19.	Marsch der K:[aiserlichen] Französischen Garde zu Fuss	8— 9
No. 20.	Allegro comodo aus dem grossen komischen Ballet: Der Seehaven [!]	10
No. 21.	Marsch der Französischen Grenadier zu Pferd	11

28. Heft ([Pl. Nr.] 813):

No. 22.	[Adalbert] Girowetz [!]: Andante aus dem grossen Divertissement: Atalante und Hippomenes	2
No. 23.	Grazioso aus dem grossen komischen Ballet: Der Seehaven [!]	3
No. 24.	Allegretto aus dem grossen komischen Ballet: Der Seehaven [!]	4
No. 25.	[Michael] Umlauf: Allegretto aus dem grossen kom:[ischen] Ballet: Paul und Rosette	5— 6

No. 26. [Luigi] Cherubini: Ouverture aus dem grossen ernsthaften
Singspiel: Lodoïska .... 6— 7

No. 27. Andantino aus dem grossen komischen Ballet: Der See-
haven [!] .... 8— 9

No. 28. [Luigi] Cherubini: Andantino aus dem grossen ernsthaften
Singspiel: Faniska 9

29. Heft ([Pl. Nr.] 826):

No. 29. [Michael] Umlauf: Allegretto aus dem grossen kom:[ischen]
Ballet: Paul und Rosette (F-dur) 2

No. 30. [Michael] Umlauf: Allegretto aus dem gross:[en]
kom:[ischen] Ballet: Paul und Rosette (C-dur) .... 2— 3

No. 31. [Michael] Umlauf: Allegretto aus dem gross:[en]
kom:[ischen] Ballet: Paul und Rosette (F-dur) 3

No. 32. [Ignaz] v.[on] Seyfried: Marsch aus dem grossen Singspiel: Die Samniterinnen 4

No. 33. Allegretto aus dem grossen komischen Ballet: Der
Seehaven [!] (D-dur) 5

No. 34. Allegretto aus dem grossen komischen Ballet: Der
Seehaven [!] (Es-dur) .... 6— 7

No. 35. [Luigi] Cherubini: Marsch aus dem Singspiel: Faniska
(A-dur) 8

No. 36. [Luigi] Cherubini: Marsch aus dem Singspiel: Faniska
(F-dur) 9

30. Heft ([Pl. Nr.] 831):

No. 37. Jos:[eph] Weigl: Oesterreichischer Grenadier-Marsch
aus dem grossen Singspiel: Die Uniform 2

No. 38. [Michael] Umlauf: Allegretto aus dem gross:[en]
kom:[ischen] Ballet: Paul und Rosette 3

No. 39. [Antonio] Salieri: Evolutions-Marsch aus dem grossen
Singspiel: Palmyra 4

No. 40. [Michael] Umlauf: Andante aus dem gross:[en] kom:[i-
schen] Ballet: Paul und Rosette 5

No. 41. Allegro aus dem grossen komischen Ballet: Der
Seehaven [!] .... 6— 7

No. 42. [Michael] Umlauf: Moderato aus dem gross:[en]
kom:[ischen] Ballet: Paul und Rosette 8

No. 43. Opfer-Marsch aus dem romantischen Schauspiel:
Alane 9

31. Heft ([Pl. Nr.] 883):

No. 44. [Johann Nepomuk?] Maelzl: Der beliebte Kaiser-Marsch
des zweyten Regiments der Stadt-Miliz 2

No. 45.   Adalb:[ert] Gyrowetz: Marsch der Lycier aus dem Melo-
           dram: Mirina, Königin der Amazonen   3

No. 46.   Adalb:[ert] Gyrowetz: Tanz der Amazonen aus dem Melo-
           dram: Mirina, Königin der Amazonen   4— 5

No. 47.   Adalb:[ert] Gyrowetz: Marsch der Amazonen aus dem Melo-
           dram: Mirina, Königin der Amazonen   5

No. 48.   Adalb:[ert] Gyrowetz: Marsch der Priester aus dem Melo-
           dram: Mirina, Königin der Amazonen   6

No. 49.   [Michael] Umlauf: Andantino aus dem gross:[en]
           komisch:[en] Ballet: Paul und Rosette   6

No. 50.   [Michael] Umlauf: Allegretto aus dem grossen komischen
           Ballet: Paul und Rosette (Es-dur)   7

No. 51.   [Michael] Umlauf: Allegretto aus dem grossen komischen
           Ballet: Paul und Rosette (B-dur)   8

No. 52.   Fried:[rich] Starke: Trauer-Marsch, welcher bey Gelegen-
           heit des feyerlichen Leichen-Begängnisses, des P:T:
           Herrn Hof-Kriegsraths Praesidenten, Herrn Maximilian,
           Grafen Baillet von Latour, angewendet wurde   9

32. Heft ([Pl. Nr.] 897):

No. 53.   [Luigi] Cherubini: Ouverture aus dem grossen ernsthaften
           Singspiel: Lodoïska   2— 4

No. 54.   Die beliebte Anglaise, getanzt von Mlle. Price bey den
           Vorstellungen des K:K: Kunstbereiters Herrn de Bach   4

No. 55.   Adalb:[ert] Gyrowetz: Einzug des Bellerophon in das Lager
           der Amazonen aus dem Melodram: Mirina, Königin der
           Amazonen   5

No. 56.   Franz Weiß: Adagio non molto aus dem grossen pantom:[imi-
           schen] Ballet: Der grossmüthige Kalif   6

No. 57.   Ant:[on] Fischer: Marsch nach dem neuen eingeführten ge-
           schwinden Tempo für das 2te Regiment der Stadt Militz   7

No. 58.   F:[ranz] Weiß: Das beliebte Pas de deux aus dem grossen
           Divertissement: Amphion   8— 9

No. 59.   Franz Weiß: Allegretto aus dem grossen pantom:[imischen]
           Ballet: Der grossmüthige Kalif   10

No. 60.   Anton Fischer: Marsch aus dem grossen Singsp:[iel]: Die
           Festung an der Elbe   10

No. 61.   [Adalbert] Gyrowetz: Einzug der Amazonen aus dem Melo-
           dram: Mirina, Königin der Amazonen   11

No. 62.   Franz Weiß: Allegro molto aus dem grossen pantom:[imi-
           schen] Ballet: Der großmüthige Kalif   12— 13

No. 63.   Die beliebte Anglaise getanzt von dem K:K:Kunstbe-
           reiter Herrn de Bach bey dessen Vorstellungen   13

33. Heft ([Pl. Nr.] 898):

No. 64.   Adalb:[ert] Gyrowetz: Ouverture aus dem grossen pantomi-
          misch:[en] Ballet: Atalante und Hippomenes   2—   5

No. 65.   Jos:[eph] Weigl: Marsch aus dem grossen ernsth:[aften]
          Singspiel: Vestas Feuer   5

No. 66.   Franz Weiß: Allegro aus dem grossen pantomim:[ischen]
          Ballet: Der grossmüthige Kalif   6

No. 67.   Allemande, getanzt bey der Vorstellung des K:K: Kunst-
          bereiters, Herrn de Bach, von dem kleinen de Bach   6—   7

No. 68.   Ant:[on] Fischer: Das beliebte Savoyarden-Lied aus dem
          grossen Singspiel: Die Festung an der Elbe   7

No. 69.   Franz Weiß: Marsch aus dem grossen pantom:[imischen]
          Divertissement: Amphion   8

No. 70.   Franz Weiß: Allegretto aus dem grossen pantomim:[ischen]
          Ballet: Der grossmüthige Kalif   9

No. 71.   Adalb:[ert] Gyrowetz: Marsch der Lycier aus dem Melodram:
          Mirina, Königin der Amazonen   10

No. 72.   Franz Weiß: Allegro molto aus dem grossen pantomim:[ischen]
          Ballet: Der grossmüthige Kalif   11— 12

No. 73.   [Charles-Simon] Catel: Marsch bey der Königswahl aus dem
          gross:[en] ernsth.[aften] Singsp:[iel]: Semiramis   13

34. Heft ([Pl. Nr.] 907):

No. 74.   Fried:[rich] Starke: Original-Marsch nach dem neuen bey
          der K:K: oesterreichischen Armée eingeführten ge-
          schwinden Tempo (C-dur)   2

No. 75.   Mich:[ael] Umlauf: Tempo di Marcia aus dem grossen pan-
          tom:[imischen] Ballet: Die Abencerragen und Zegris
          [oder Die feindlichen Volksstämme]   3

No. 76.   Mich:[ael] Umlauf: Allegro molto aus dem grossen panto-
          m.[imischen] Ballet: Die Abencerragen und Zegris
          [oder Die feindlichen Volksstämme]   4—   5

No. 77.   Fried:[rich] Starke: Original-Marsch nach dem neuen bey
          der K.K. oesterreichischen Armée eingeführten ge-
          schwinden Tempo (F-dur)   6

No. 78.   [Charles-Simon] Catel: Evolutions-Marsch aus dem grossen
          Singsp:[iel]: Semiramis   7—   9

35. Heft ([Pl. Nr.] 908):

No. 79.   Mich:[ael] Umlauf: Andantino aus dem grossen pantom:[imi-
          schen] Ballet: Die Abencerragen und Zegris [oder Die
          feindlichen Volksstämme]   2

No. 80.   Mich:[ael] Umlauf: Allegro molto aus dem grossen pantom:[i-
          mischen] Ballet: Die Abencerragen und Zegris [oder
          Die feindlichen Volksstämme]   3

No. 81. Fried:[rich] Starke: Original-Marsch nach dem neuen bey der K.K. oesterreichischen Armée eingeführten geschwinden Tempo (C-dur)   4

No. 82. [Christoph Willibald] Ritter [von] Gluck: Priester-Marsch aus dem groß:[en] ernsthaften Singspiel: Iphigenia in Tauris   5

No. 83. [Adalbert]: Gyrowetz: Favorit Duet aus dem grossen Singspiel: Agnes Sorel   6

No. 84. Fried:[rich] Starke: Original-Marsch nach dem neuen bey der K:K: oesterreichischen Armée eingeführten geschwinden Tempo (F-dur)   7

No. 85. [Charles-Simon] Catel: Triumph-Marsch aus dem groß:[en] ernsth.[aften] Singsp:[iel]: Semiramis   8— 9

36. Heft ([Pl. Nr.] 911):

No. 86. Mich:[ael] Umlauf: Allegretto aus dem grossen pantom:[imischen] Ballet: Die Abencerragen und Zegris [oder Die feindlichen Volksstämme]   2— 3

No. 87. Fried:[rich] Starke: Original-Marsch nach dem neuen bey der K.K. oesterreichischen Armée eingeführten geschwinden Tempo (Es-dur)   3

No. 88. [Christoph Willibald] Ritter [von] Gluck: Tanz der Scythen aus dem grossen tragischen Singspiel: Iphigenia in Tauris   4— 5

No. 89. [Ignaz] Ritter v.[on] Seyfried: Marsch aus dem grossen Singspiel: Alamar der Maure   6

No. 90. Das beliebte Tyroler Liedchen aus dem Lustspiel: Der Lügner   7

No. 91. Fried:[rich] Starke: Original-Marsch nach dem neuen bey der K. K. oesterreichischen Armée eingeführten geschwinden Tempo (C-dur)   8

No. 92. [Charles-Simon] Catel: Marsch der Priester aus dem grossen ernsthaften Singspiel: Semiramis   9

[4. Jahrgang. 1807]

37. Heft ([Pl. Nr.] 945):

No. 1. Franz Weiß: Das beliebte Terzet, welches Herr Taglioni mit den Dlles Neumann und Tilly in dem grossen pantom:[imischen] Ballet: Der grossmüthige Kalif tanzte   2— 4

No. 2. Bernard Anselm Weber: Trauermusik bey Theresen's Todtenamt aus dem Schauspiel: Die Weihe der Kraft   5

No. 3. Adalb:[ert] Gyrowetz: Marsch aus dem gross:[en] Singsp[iel]: Agnes Sorel   6

No. 4. F.[ranz] Weiß: Aus dem grossen Ballet: Der grossmüthige Kalif   6— 7

No. 5.   F.[ranz] Weiß: Aus dem grossen pantom:[imischen] Ballet:
            Der grossmüthige Kalif   7

No. 6.   Mich:[ael] Umlauf: Aus dem grossen pantom:[imischen]
            Ballet: Die Abencerragen und Zegris [oder Die feind-
            lichen Volksstämme]   8— 9

38. Heft ([Pl. Nr.] 946):

No. 7.   Mich:[ael] Umlauf: Das beliebte Solo der Dem.lle Neumann,
            aus dem grossen komischen Ballet: Die Hochzeit des Ga-
            mache oder Don Quixotte [!]   2— 3

No. 8.   [Bernhard Anselm] Weber: Krönungs-Marsch aus dem grossen
            Schauspiel: Die Jungfrau von Orleans   4— 5

No. 9.   J:[oseph] Schmitt: Marsch aus dem grossen Schauspiel: Die
            Kreutzfahrer   5

No. 10.   Adalb:[ert] Gyrowetz: Marsch aus dem grossen pantom:[imi-
            schen] Ballet: Die Inkas oder Die Eroberung von Peru   6

No. 11.   Adalb:[ert] Gyrowetz: Zweyte Ouverture aus dem Schauspiel
            mit Gesang: Ida   7

No. 12.   Mich:[ael] Umlauf: Aus dem grossen pantom:[imischen]
            Ballet: Die Abencerragen und Zegris [oder Die feind-
            lichen Volksstämme]   8

No. 13.   Bern:[hard] Anselm Weber: Marsch aus dem Schauspiel:
            Die Weihe der Kraft   9

46. Heft ([Pl. Nr.] 983):

Nro. 57.   G.[ottlob] B.[enedikt] Bierey: Ouverture aus dem grossen
            Singspiel: Wladimir, Fürst von Nowgorod   2— 7

Nro. 58.   J.[ohann] N.[epomuk] Hummel: Marsch der Troianer aus
            dem grossen pantom.[imischen] Ballet: Helena und Paris 8

Nro. 59.   J.[ohann] N.[epomuk] Hummel: Opfer der Priester aus
            dem grossen pantom.[imischen] Ballet: Helena und
            Paris   9

Nro. 60.   Jos.[eph] Weigl: Ouverture aus dem grossen pantom.[imi-
            schen] Ballet: Alceste   10— 11

[5. Jahrgang. 1808]

50. Heft ([Pl. Nr.] 991):

Nro. 7.   [Christoph Willibald] Ritter von Gluck: Ouverture aus dem
            großen ernsth.[aften] Singsp.[iel]: Alceste   2— 5

Nro. 8.   Ludwig Belloli: Marsch aus dem großen heroischen Ballet:
            Die Zerstörung von Pompeianum   6

Nro. 9.   Ludwig Belloli: Andantino aus dem großen heroischen Ballet:
            Die Zerstörung von Pompeianum   7

198

Nro. 10.   Ludwig Belloli: Andante aus dem großen heroischen Ballet:
           Die Zerstörung von Pompeianum   7— 8

Nro. 11.   [Adalbert] Gyrowetz: Marcia Lugubre aus dem großen pan-
           tomimischen Divertissement: Atalante und Hippomenes   9

Nro. 12.   [Leopold] Koželuch: Trauer-Marsch aus dem großen ernsthaf-
           ten Ballet: Die wiedergefundene Tochter Kaiser Otto des
           Zweyten   10

51. Heft ([Pl. Nr.] 992):

Nro. 13.   [Adalbert] Gyrowetz: Allegro aus dem großen pantomimi-
           schen Divertissement: Atalante und Hippomenes   2

Nro. 14.   [Adalbert] Gyrowetz: Allegretto aus dem großen pantomimi-
           schen Divertissement: Atalante und Hippomenes   3— 5

Nro. 15.   Ludwig Belloli: Aus dem großen heroischen Ballet: Die
           Zerstörung von Pompeianum   6— 7

Nro. 16.   [Christoph Willibald] Gluck: Ballet-Musick aus dem großen
           ernsth:[aften] Singspiele: Armida   8— 9

55. Heft:

Nro. 29—31.[Leopold] Koželuch: Aus dem großen pantomimischen
           Ballete: Die wiedergefundene Tochter Kaiser Otto des
           Zweyten   2— 6

Nro. 32.   Jos.[eph] Weigl: Aus dem Ballet: Alceste   6

Nro. 33.   [Louis Jadin?] : Pas de deux aus dem komischen Ballet:
           Die Tanzsucht   7— 10

Nro. 34.   [Leopold] Koželuch: Aus: Die wiedergefundene Tochter
           Kaiser Otto des Zweyten   11— 12

56. Heft ([Pl. Nr.] 1000):

Nro. 35.   Ferd:[inando] Paer: Ouverture aus dem grossen ernsth:[af-
           ten] Singspiele: Camilla oder Das Geheime Gewölbe   2— 6

Nro. 36.   Aus dem grossen pantom:[imischen] Ballete:
           Figaro oder Der Barbier von Sevilla   7

Nro. 37.   Ludwig van Beethoven: Aus dem grossen pantom:[imi-
           schen] Ballete: Die Geschöpfe des Prometheus
           ([Op. 43, 6, gekürzt]   8

Nro. 38.   Aus dem grossen pantom:[imischen] Ballete: Figaro
           oder Der Barbier von Sevilla   9

Nro. 39.   Allegro vivace (aus dem grossen pantom:[imischen]
           Ballete: Figaro oder Der Barbier von Sevilla)   9— 10

Nro. 40.   Abbé [Georg Joseph] Vogler: Marsch aus dem grossen Schau-
           spiele: Herrman von Una [!]   10

Nro. 41.   Bern:[hard] Ans:[elm] Weber: Marsch aus dem grossen
           Trauerspiele: Die Braut von Messina   11

[7. Jahrgang. 1810]

74. Heft ([Pl. Nr.] 1142):

Nro. 1—3. Jos:[eph] Weigl: Erster Aufzug, erste Abtheilung [aus:]
      Wilhelm Tell, ein großes pantomimisches Ballet in
      4 Akten   1— 7

[75. Heft (Pl. Nr. 1143)]:

[Nro. 4—7. Jos:[eph] Weigl: Erster Aufzug, zweyte Abtheilung [aus:]
      Wilhelm Tell ...]

76. Heft ([Pl. Nr.] 1144):

Nro. 8—11. Jos:[eph] Weigl: Erster Aufzug, dritte Abtheilung [aus:]
      Wilhelm Tell ...   1— 7

77. Heft ([Pl. Nr.] 1149):

Nro. 12—20. Jos:[eph] Weigl: Zweyter Aufzug, erste Abtheilung [aus:]
      Wilhelm Tell ...   1— 7

[9. Jahrgang. 1812]

102. Heft ([Pl. Nr.] 1252):

Nro. 3—4. Joh:[ann] Nep:[omuk] Hummel: Erster Aufzug, zweyte
      Abtheilung [aus:] Der Zauberring, oder: Harlekin als
      Spinne, eine große Pantomime in zwey Aufzügen   1— 9

103. Heft ([Pl. Nr.] 1253):

Nro. 5. Joh:[ann] Nep:[omuk] Hummel: Erster Aufzug, dritte Ab-
      theilung [aus:] Der Zauberring, oder: Harlekin als
      Spinne ...   1— 9

[10. Jahrgang. 1813]

115. Heft ([Pl. Nr.] 1284):

[1]   [Gasparo] Spontini: Ouverture [aus:] Ferdinand Cortez   1— 6

116. Heft ([Pl. Nr.] 1285):

[2]   [François Adrien] Boieldieu: Ouverture [aus:] Johann von Paris 1— 8
[3]   [François] A.[drien] Boieldieu: Zweyte (Ouverture) [aus:]
      Johann von Paris   9— 10

1805

Harmonia eine Monatschrift für Gesang und Clavier.

Prag: Verlegt von C. Pluth. In Commission bey J. Polt.

(Jahrgang 1.) 1805, Heft 1—8.

A Wn (1. 1805, 1—3, 6—8) — **CS** Pnm (1. 1805, 5); Pu; TRE (1. 1805, 1—3)

1. Heft:

I.	W.[enzel] J.[ohann] Tomascheck [!]: VI Variationen über ein bekanntes Thema [Op. 16]	2— 5
II.	Jos.[eph] Rösler: Rondo	6— 12
III.	F.[riedrich] D.[ionys] Weber: Trauermarsch	12
IV.	J.[ohann] T.[heobald] H.[eld]: Des Amtmanns Tochter „Es war ein Jüngling treu und brav" (Nach dem Alt-englischen von Carl Reinhard)	13— 18
V.	[Johann Georg] Häser: Liebe „Heisse stille Liebe schwebet" (Lafontaine)	18— 19

2. Heft:

I.	J.[oseph] Rösler: Andante	2— 5
II.	Jos.[eph] Drechsler: Rondo alla Polaca [!]	6— 10
III.	[Vincenz Franz] Tuczek: Marsch	10
IV.	J.[ohann] T.[heobald] H.[eld]: Nähe des Geliebten „Ich denke dein, wenn mir der Sonne Schimmer" (Göthe)	11— 13
V.	F.[riedrich] D.[ionys] Weber: Frühlingsgesang „Es blüht voll Lust und neuen Freuden" (Delorme)	14
VI.	A.[nton] Bayer: Ungrische Täntze (No. 1—4)	18— 19

3. Heft:

I.	[Anton] Wojtischek: Variationen (Andante — Var. 1—6 — Coda)	2— 5
II.	J.[ohann Nepomuk] Wittassek: Rondo	6— 12
III.	J.[ohann] T.[heobald] H.[eld]: Wiedersehn „Wiedersehn! Wort des Trostes o wie schön" [Mahlmann]	12— 15
IV.	J.[oseph] Rösler: Die frühe Liebe „Munter doch nicht zu geschwind" (Hölty)	16— 19

4. Heft:

I.	Jos.[eph] Rösler: Minnuetto [!]	1— 5
II.	Ant.[on] Bayer: Rondo	5— 10
III.	F.[riedrich] D.[ionys] Weber: Marsch	11— 12
IV.	J.[ohann] T.[heobald] H.[eld]: Der Fischer „Das Wasser rauscht, das Wasser schwoll" (Göthe)	13— 18

[V.]   E. Junker: Lebe wohl „Lebe wohl, vergiß mein nicht" [Cordes]   19

5. Heft:

  I.   J.[ohann] Rumler: Variationen (Andante — Var. 1—5)   2— 7

  II.   F.[riedrich] D.[ionys] Weber: Romanz [!]   7— 12

  III.   J.[oseph] Rössler: Herbstlied „Feld einwärts flog ein Vögelein"   13— 17

  IV.   W.[enzel] J.[ohann] Tomaschek: Canon für IV Singstimmen
         „Das Hirtenleben hat viel Freud"   17

  V.   J.[ohann] T.[heobald] H.[eld]: Molly's Werth „Ach könnt ich
         Molly kaufen" (Bürger)   18— 19

6. Heft:

  I.   F.[riedrich] D.[ionys] Weber: Polonoise   2— 5

  II.   Joh.[ann] Gänsbacher: Variationen über einen Marsch aus der
         Oper: Samoré von Abbé Vogler (Var. 1—7)   5— 8

  III.   J.[ohann] T.[heobald] H.[eld]: Menuetto Scherzoso   9— 10

  IV.   J.[oseph] Rösler: La Verità „Tutti di con che il bel sesso"   11— 17

  V.   J.[ohann] T.[heobald] H.[eld]: Schwanenlied „Mir thut's so
         weh' im Herzen!" (Bürger)   18— 19

7. Heft:

  I.   J.[ohann] Wittassek: Andante   2— 6

  II.   J.[oseph] Rösler: Rondo   7— 13

  III.   F.[riedrich] D.[ionys] Weber: Minuett   14— 17

  IV.   J.[ohann] T.[heobald] H.[eld]: Ständchen an Feodoren
         „Rings wallten Todesstille" (Haug)   18— 19

8. Heft:

  I.   F.[riedrich] D.[ionys] Weber: Adagio espressivo   2— 4

  II.   J.[ohann] Wittassek: Menuetto   5— 7

  III.   J.[oseph] Rösler: Rondo   8— 13

  IV.   J.[oseph] Rösler: Die Entfernte „So hab ich wirklich dich ver-
         lohren" (Göthe)   14— 19

Magazin pour la Harpe.

A Bronsvic au Magasin de Musique sur la rue: die Höhe.

[1805—1806]: Cahier 1—6.

DK Kk ([1805], 2]

Cahier 2 ([Pl. Nr.] 571):

[1]   J. Jours: Sonate (Allegro con spirito — Grazioso espressivo —
         Allegro un poco) (Vl., Hf.)   2— 8

[2]   [Ferdinand] Kauer: Romanza (Hulda) aus dem: Donauweibchen
      „Frau Gerdrut war im ganzen Land"   9

[3]   H. R. Müller: Warum heyrathen Frauenzimmer „Warum hey-
      rathen Frauenzimmer? Die Eine thuts, um froh zu
      leben"   10

[4]   Erinnerung der Kinderjahre „O Tage meiner Freude"
      (Sturm)   11

[5]   ([Ferdinand] Kauer): Duett (Lilli und ein Knabe) [aus:
      Donauweibchen] „Ein Weibchen, ein Männchen"   12

[6]   [Johann Rudolph] Zumsteeg: Die Wittwe „Noch saß im schwar-
      zen Kleide" [Joh. Chr. Friedr. Haug]   13— 16

[7]   Der Mensch „Was ist der Mensch? Halb Thier, halb
      Engel!"   17— 18

[8]   Marsch der Leibgarde des Kaysers der Franzosen
      Napoleon   19

[9]   Fransoise [!]   19

[10] Fransoise [!]   19— 20

[11] Schottisch   20

[12] Schottisch   20

[13] Schottisch   20

[14] Quadrille   21

[15] Walzer   21— 22

[16] Eccossoice [!]   22

[17] Eccossoice [!]   22

The Monthly Polite Musical Repertory. [Für Pianoforte.]
London: Printed by I. Longman & Co. No. 131 Cheapside ‹ from 26 ›
[ca. 1805]: No. 1—4?
GB Lbm ([ca. 1805], 4)

No. 4:

[1]   G. Cooke: General Laureston's March   10

[2]   A favorite [!] Welch Air   11

[3]   The Straw Bonnet   11

[4]   The Bughe Horn   11

[5]   Madme. Parisot's Hornpipe   12

[6]   Neil: Gow a Strathpay   12

[7]   Union of France & England   12

[8]   Maggie Lauder, [Schottisches Lied]   12

Musikalisches Wochenblatt für Klavier und Gesang. Komponiert und herausgegeben von Georg Ernst Gottlieb Kallenbach.

Magdeburg

[ca. 1805]

D ZEo

[1]	Der Frühlingsabend, Aria	1
[2]	Polonoise und Trio (Pfte. 4hdg.)	2— 3
[3]	An Minna. Mit Variationen für die Singstimme (Singst., Pfte.-Begl.)	4— 7
[4]	Auf den Rauchenstein (Singst., Pfte.-Begl.)	10— 11
[5]	3 Hopser	12
[6]	Die Seefahrt des Lebens (Singst., Pfte.-Begl.)	13
[7]	An die Laute (Singst., Pfte.-Begl.)	14— 15
[8]	Sehnsucht nach dem Landleben (Singst., Pfte.-Begl.)	16
[9]	3 Hopser	17
[10]	Der Talisman (Singst., Pfte.-Begl.)	18— 19
[11]	Volkslied mit Variationen (Var. 1–12)	20— 26

Nordens Apollo udgivet af C.[laus] Schall. [Heft 1: April 1805.]

[Kopenhagen:] Stukket af G. N. Angelo.

Aargang 1. [1805] – 4. [1808/1809].

A Wn (1. [1805]; 3. [1807]) – **B** Bc (1. [1805]) – **D** Bim (X: 1. [1805] – 2. [1806]); Bs (3. 1807)); KIl (1. [1805]; 2. [1806]; 4. [1808/09]) – **DK** A; Kk; Km (2. [1807])

→ *Nordens Apollo*. 1804.

1. Aargang [1805]:

[1]	[Joseph] Haydn: Adagio [Hob. I, Nr. 71, II]	1— 4
[2]	[Karl Joseph?] Krause: Ungersk Dands	5— 6
[3]	[Johann Anton] André: Andante Moderato Tempo il [!] Marchia	6— 7
[4]	[Karl Joseph Krause?]: Chinesisk Ballet	7— 8
[5]	[Joseph] Haydn: Vivace [Hob. I, Nr. 71, IV]	8— 12
[6]	[François Adrien Boieldieu]: Rondo (Julie) af: Tante Aurore „Lidt Snedighed jeg tager"	13— 20
[7]	[Nicolas] D'Alairac [!]: Ouverture til: Azemia	21— 27
[8]	[Claus Schall?]: Allegretto med Variationer taget af: Bournonvilles Eng:[elske] Entre (Var. 1–2, Andante, All[egret]to)	28— 31

[9]   [Henri-Montan] Berton: [Arie] af: Den Dybe Sorg [= Le Grand
      Deuil] „Kun alt for nöie han opdager"   32— 34

[10] C:[onrad] Kuhlau: Andante med Variationer (Thema —
      Var. 1—4)   35— 38

[11] [Henri-Montan Berton]: Duet (Finette, Crispin) af: Den Dybe
      Sorg „Naar Præsten först har sagt Amen"   38— 45

[12] [Claus] Schall: Sinfonie (Andante grazioso)   45— 53

[13] [Henri-Montan Berton]: [Arie] (Versil) af: Den Dybe Sorg
      „Da til os först Elskov steeg ned"   54— 56

[14] [Claus Schall]: Ouverture af Balletten: Fanden er Lös
      [V. Galeotti]   56— 61

[15] [Henri-Montan Berton]: Duet (Finette, Le Blanc) af: Den
      Dybe Sorg „O Gud! mine Kinder de glöde!"   61— 74

[16] [Etienne Nicolas] Méhul: Ouverture til: Skatten [= Le Trésor
      Supposé]   74— 79

[17] [Claus] Schall: Engelsk Dans   79— 80

[18] [Claus] Schall: Vals   80— 82

[19] [Claus] Schall: Den Lykkelige Konstner „Venskab! Din him-
      melske Stierne" (N. T. Bruun)   82— 83

[20] [Claus] Schall: Iomfru Lauervaldts Debut [Ballett]   83— 87

[21] [Claus] Schall: Allegro   87— 89

[22] [Edouard] Du Pui [!]: [Arie] (Chrispin [!]) af: Skatten
      „Det hedder en aquisition" [= Einlage zu Méhul „Le
      Trésor Supposé"]   90— 91

[23] [Claus Schall?]: Menuet   92— 93

[24] [Etienne Nicolas Méhul]: Romance (Lucile, Versil) af: Skatten
      „Een Tanke blot bestandig nære" [No. 3 (5. Szene)]
      [N. T. Bruun)   93— 94

[25] [Wilhelm Daniel] Luplau: Musiken til Hr: Solodandser Paulsens
      Pantominiske [!] Epilog   95—100

[26] [Etienne Nicolas Méhul]: Duet (Lisette, Lucile) af: Skatten
      „Omsonst vil Hiertet sig forsvare" [No. 4 (6. Szene)]
      [N. T. Bruun]   100—105

[27] [Claus] Schall: Andante con Molto Expresioni [!]   106—107

[28] [Claus Schall]: All[egret]to   107—109

[29] [Claus] Schall: Engelsk Dans   109

[30] [Claus] Schall: Andantino (Var. 1—8, Allegro)   109—112

[31] [Claus] Schall: March   112—113

[32] [Etienne Nicolas Méhul]: [Arie] (Geronde) af: Skatten
      „Man intet mig bebreide kan" [No. 6 (15. Szene)]
      [N. T. Bruun]   113—114

[33] [Claus] Schall: Menuet   115—116

[34] C.[laus] Schall: Grav Sang „O Grav! som skiuler min Themire"
      (Nach Leonard: N. T. Bruun)   116

[35] [Claus] Schall: Larghetto quasi Andante — Allegro molto   117—120

[36] [Claus] Schall: Eduart og Anine „Min Eduart vil du blive din
      Pige evig huld?" (T. C. Brun [!]) (2 Singst., Pfte.)   120—122

[37] [Claus] Schall: Marsch   122

[38] [Claus] Schall: Ouverture til: Niels Lembak   123—127

[39] [Claus Schall]: Sang (Signe) af: Niels Lembak „Min Siel er tryg,
      og stolt mit Blik"   128—129

[40] [Claus] Schall: Moderato   129—132

[41] [Claus Schall]: Sang (Lembak) af: Niels Lembak „Men det for
      Öie skal"   132

[42] [Hans] Heger: Vals   133

[43] [Claus] Schall: Engelsk Dands   134

[44] [Claus Schall]: [Gesang] (Signe) af: Niels Lembak „Ieg er
      dog ret ulykkelig"   134—135

[45] [Claus] Schall: Menuetto Allegro   135—137

[46] [Claus Schall]: [Gesang] af: Niels Lembak „Hvad mægter
      at standse min Gang!"   137—139

[47] [Claus] Schall: Engelsk Dands   139

[48] [Hans] Heger: March   140—141

[49] [Claus] Schall: Gavotto [!] Andante quassi [!] Allegretto   141—144

2. Aargang [1806]:

[1]   [Claus] Schall: Balletten: Biergbeboerne eller Börnene og Spei-
      let (I.—III. Akt) [V. Galeotti] (Pfte.)   1— 22

[2]   [Claus] Schall: Sang „Ieg kiender en Pige som Vaaren skiön"
      (N. T. Bruun)   23

[3]   [Claus] Schall: Ved Kronprindsens tilbagekomst fra Holsten
      1804 „Hil være Dig Frederik! Velkommen igien!"
      (O. Tönsberg)   24

[4]   Poco Allegretto quasi Andante (Var. 1—5)   25— 28

[5]   [Claus] Schall: Vuggevise „Du mit Hiertes sidste Fryd"
      (N. T. Bruun)   28

[6]   [Claus] Schall: Pantominisk [!] Prolog opfört paa det Konge-
      lige Teater i Anledning af Hans Maiestaedt Kongens og
      Kronprindsens Födselsdag [30.1.1806]   29— 47

[7]   [Claus] Schall: Frederiksværkernes Sang paa Kronprindsens
      Födselsdag 1806 „At vi i Fredens trygge Lye"
      (E. Tscherning)   48

[8]   C.[laus] Schall: Nina eller: Den Vanvittige af Kierlighed Ballet
      i to Akter [V. Galeotti] (Kl. A. mit erläuterndem Text)   49— 91

[9]   [Domenico] Della Maria: Sang (Serbine) af: Den Gamle Borg
        [= Le Vieux Château] „Naturen stedse man in-
        drömmer"   92– 94

[10]   [Claus] Schall: Romance „Saa herlig staaer Vaaren med Blom-
        ster og Krat" (Oehlenschläger)   95– 96

[11]   [Claus] Schall: Vals   97– 98

[12]   [Claus Schall] : [Gesang] (Amborg) af: Niels Lembak „Gaae
        kiære Dreng! tryg ved min Side"   98– 99

[13]   [Claus] Schall: [Aus: Niels Lembak] Andante con molto
        espressione (Pfte.)   100–102

[14]   [Claus] Schall: [Gesang] (Tolli) af: Niels Lembak „Fieldet
        være brat og Vejen nok saa lang"   102

[15]   [Hans] Heger: Vals   103–104

[16]   [Claus Schall] : [Gesang] (Tolli) af: Niels Lembak „Om hende
        har ieg ofte drömt"   105–106

[17]   [Claus] Schall: Ecosaises [!] en potpourie [!]   106–110

[18]   [Claus] Schall: Marsche [!]   110–111

[19]   [Claus] Schall: Grevinde Danneskiolds Samsöes Födselsdag
        den 12 August 1805 „O! du hvis Blik saa venligt
        smiler" (L. Sander)   112

[20]   [Claus] Schall: Den 12te August 1806 „Som blide Morgen-
        drömme svinde" (L. Sander)   113

[21]   P.[eder] Schall: Poco Andantino quasi Allegretto   114–115

[22]   [Claus] Schall: Tempo di Menuetto et Moderato (Var. 1–5) 116–119

[23]   [Claus] Schall: Dands ved Hr. Dahlens Benefice [1.3.1806] 120–133

[24]   [Claus] Schall: Kronprindsens Menuet   133–134

[25]   [Claus] Schall: Sköytelöberen „Fra Træet Rimens Blade"
        (Öhlenslæger)   134–136

[26]   [Claus] Schall: Friheds Sang i Skoven „Venner, i Naturens
        Skiöd" (Sander)   137

[27]   [Joseph] Haydn: Poco Allegretto   138–141

[28]   Den Tillidsfulde „Den som er uden Synd og Last"
        (Öhlenslæger)   142

[29]   [Claus] Schall: [Gesang] af: Niels Lembak „Skulde vel en
        större Glæde"   143

[30]   [Claus] Schall: Den sidste Midnatstime i Aaret 1806 „I Tidens
        dybe Hav" (N. T. Bruun)   144

3. Aargang [1807]:

[1]   C.[laus] Schall: Musiken til Balletten: Den Vægelsindede eller:
        Det fortryllede Malerie [V. Galeotti] (Kl. A. mit er-
        läuterndem Text)   1– 27

[2]   C.[laus] Schall: Ines de Castro, en tragisk Pantomime, Ballet
        i fem Acter af Vincenzo Galeotti (Kl. A. mit erläutern-
        dem Text)   28– 96

[3]   [Claus] Schall: Fru Colbiörnsens Födselsdag (Hanne, Olivia,
        Angelika) „Modtag din ældste Datters Gave" (Sander)
        (3 Singst., Pfte.)   97–101

[4]   [Claus] Schall: Pot Pourri (Marche-Ecossois-Wals)   102–107

[5]   [Claus] Schall: Aaret 1806 „I Taare svandt et Aar!" (Sander) 107–118

[6]   C.[laus] Schall: Sonate à quatre mains (Adagio – Allegretto –
        Allegro – Presto)   119–139

[7]   [Claus] Schall: Erindringen „Her ved Nattens stolte Pragt"   140–(141)

[8]   [Claus] Schall: Aarstiderne „Du aldrig vil elske?" (Öhlenslæger)(142)–143

[9]   Ecosois[!] (No. 1–4) (No. 4: Efterligning af den lydske
                Sang i: Ungdom og Galskab [Dupuy])   143–144

4. Aargang [1808/1809]:

[1]   C.[laus] Schall: Den græske Hyrde et Divertisement af
        Bournonvil[le] (Kl. A.)   1– 17

[2]   [Edouard] Du Pui [!]: Sang ved den förste Concert i det Har-
        moniske Selskab i Vinteren 1807 „Saa samles vi igien
        til Lyst ved hulde Harmonie" (Rabeck [!]) (1, 3–4
        Singst., Pfte.)   18– 26

[3]   [Claus] Schall: Danse-Skolen for Bournonvilles Elever
        (9 Ballett-Sätze, Kl. A.)   26– 35

[4]   [Hans Hagerup] Falbe: Romance (Justine) af: De to Eremitter
        „Moder, du for meget skatter" (F. Stoud)   36– 37

[5]   Divertisement pour le Piano Forte (Allegro molto –
                Adagio – Allegretto)   37– 40

[6]   Gavotto [!]   40– 45

[7]   Den Forladte „Naar Solen röd og langsom daler"
                (Oehlensleger [!])   45– 47

[8]   [Claus] Schall: Den forladte Pige „O Gud! mine Taare de rinde
        saa varme!" (N. T. Bruun)   47

[9]   [Claus] Schall: Ouverturen til: Chinafarerne   48– 53

[10]   [Claus Schall]: Rolf Blaaskiæg, Tragisk Ballet [V. Galeotti]
        (Kl. A. mit erläuterndem Text)   55–120

[11]   [Hans Hagerup] Falbe: Udtog af Natten [Et musikalsk Maleri]
        No. 1. Nattens Rolighed. No. 2. Vægter Raab. No. 3.
        Tappenströg. No. 4. Iæger Retraite. No. 5. Et Bal.
        No. 6. En Ildebrand. No. 7. Nattens Rolighed. No. 8.
        Reveilen (Kl. A.)   121–132

[12]   Ecosais [!] (No. 1–6)   133–135

[13]   Wals   136–138

[14]   Lorentzen [= Johan Henrik Lorenz?] : Grave et Fandango in-
        drettet for Harpe   139—144

[15]   C.[laus] Schall: Kehraus-Wals   145—148

[16]   C.[laus] Scall [!] : Ecosais [!]   148

[17]   [Hans] Heger: Ecossoises (No. 1—10)   149—150

Periodische Unterhaltungen für Gesang und Clavier von Anton Diabelli. [Heft 1:
15.5.1805]

Wien: Gedruckt in der K.K. privl. chemischen Druckerey.

[1805—1806] : Heft 1—6.

A Sca; Wgm ([1805—1806], 1); Wn ([1805—1806], 5, 6)

1. Heft ([Pl. Nr.:] 135 [15.5.1805]):

[1]   G.[eorg] Leon: Vaterlandslied „Ich bin ein deutscher Bieder-
        mann"   2

[2]   Georg Leon: Bey Übersendung eines Paars weißer Handschuhe
        „Dieses Auge, diese Miene"   3— 5

[3]   Der Savoyarde „So fröhlich als ich Bursche bin"   6— 7

[4]   Weiße: Das hat er gut gemacht „Klitandern macht sein Reich-
        thum Sorgen" (Singst., 4stg. Chor, Pfte.)   8— 12

[5]   G.[eorg] Leon: An Nadine „Mein Sinn ist mir so trübe" 13— 17

2. Heft ([Pl. Nr.] 147):

[6]   Herder: Der selige Morgen auf dem Lande, Duetto „Meine Schäf-
        chen, morgens früh"   2— 10

[7]   E. von Götz: An Henriette von B.** „Verlaß das Städtchen, den
        lärmenden Schwall"   10— 15

3. Heft ([Pl. Nr.] 159):

[8]   E. von Götz: Aufmunterung zur Geselligkeit „Wenn gute Men-
        schen sich umschlingen"   2— 10

[9]   G.[eorg] Leon: An Lottchen „Holde Sittsamkeit, Lieb' und
        Freundlichkeit"   10— 13

[10]   E. von Götz: Aufmunterung zur Arbeit „Auf ihr Bewohner der
        friedlichen Flur"   14— 15

4. Heft ([Pl. Nr.] 168):

[11]   E. von Götz: Der Trinker an seine Flasche „Dir nur bleib ich treu
        und hold"   2— 3

[12]   Die Feyerstunde „Horch! die liebe Feyerstunde schlägt" 4— 15

5. Heft ([Pl. Nr.] 192):

[13]   Alexis und Naide, Duetto „Ich nenne dich, ohn' es zu
                 wissen"   2—   9

[14]   E. von Goetz: Romance „Die Sonne glänzt so helle"   10— 11

[15]   Weiße: Der schwere Tod „Herr Jobst, ein Freund sein Lebelang" 12— 15

6. Heft ([Pl. Nr.] 276):

[16]   Ulrich Petrack: Das Augenmaß „Wenn dir im blendend-weißen
                 Kleide"   2—   8

[17]   E. von Goetz: Eine Abschieds Scene, Duetto (Emma, Adolph)
                 „Theure faße Muth, ich scheide"   9— 16

1806

Boehmens Euterpe. Eine Sammlung musikalischer Compositionen für Gesang
und Pianoforte.

Prag im Verlage der Notendruckerey des C: Pluth.

Jahrgang 1. [1806]: Heft 1—6.

A Wn (1. [1806], 3) — CS Pnm (1. [1806], 1); Pu (1. [1806], 2, 3, 4) — D
Bim (M: 1. [1806], 1, 3—4); Mbs (1. [1806], 2)

1. Heft:

[1]   Joh.[ann] Gaensbacher: XII Variazionen (Allegro — Var. 1—12)   1—   5

[2]   Jos.[eph] Rösler: Andante   6—   8

[3]   Jos.[eph] Rösler: Menuetto   8— 11

[4]   F.[riedrich] D.[ionys] Weber: Rondo   12— 14

[5]   J. T. H.[eld]: Der Herzens-Wechsel „Du giebst mir also nicht
                 dein Herz?" (G. aus F. Schillers Musenallmanach [!]
                 fürs J.[ahr] 1796)   15— 17

2. Heft:

[6]   J.[ohann] Wittassek: Adagio ma no[n] troppo   1

[7]   Vincent Maschek: Polonaise   4

[8]   F.[riedrich] D.[ionys] Weber: Rondo   8

[9]   J. T. H.[eld]: Vollendung „Auf wild verwachsnem Felsenpfade"
                 (K. Ag. Sch..r)   13

3. Heft:

[10]   J.[oseph] Rösler: VIII Variationen   1—   7

[11]   F.[riedrich] D.[ionys] Weber: Andante moderato   8— 10

[12]   J.[oseph] Rösler: Der Schlaf „In Thetis Wellen sank nun wieder"
      (B. Ehrlich)   11— 17

4. Heft:

[13]   F.[riedrich] D.[ionys] Weber: Allegro con spirito   1— 7

[14]   J.[ohann] Rumler: Rondeau a IV Mains   8— 15

[15]   [J.] [T.] H.[eld]: Die Sterne „Wie wohl ist mir im Dunkeln!"
      (Kosegarten)   16— 17

Journal pour la Guitarre.

à Mayence chez Charles Zulehner.

[ca. 1806]: Cahier I—III.

D MZsch

[ca. 1806]

Cahier I ([Pl. Nr.] 125):

Nr. 1.   [Johann Franz Xaver] Sterkel: Die vier Traeume „Es ruhet in
        dämmernder Ferne ein Land"   2— 3

Nr. 2.   [Friedrich von] Dalberg: Fischerlied „Wir schwanken hin, wir
        schwanken her"   4— 5

Nr. 3.   Das Ständchen „Gute Nacht gute Nacht gute Nacht"   6— 7

Nr. 4.   [Friedrich von] Dalberg: Der Gewinn des Lebens „Am kühlen
        Bach, am luft'gen Baum"   8— 9

Nr. 5.   [Johann Rudolf] Zumsteg [!]: Liebe „Nichts rundum erforschen
        des endlichen Blicke" [Joh. Chr. Friedr. Haug]   10— 11

Nr. 6.   [Johann Franz Xaver] Sterkel: Stille Leben „Das Bächlein das
        im Thale so leise murmelnd fliest [!]"   12   —

Cahier II ([Pl. Nr.] 139):

Nr. 1.   [August] Harder: An die Laute „Leiser, leiser, kleine Laute"   2

Nr. 2.   Carl Zulehner: An den Abendstern „Stern der Liebe, bleich
        und trübe"   3

Nr. 3.   [August] Harder: Klotar „Amandas Brautfest zu verschönen"   4— 7

Nr. 4.   [Simon] Mayer [!]: Cavatina „Chi dice mal d'amore"   8

Nr. 5.   [Sebastiano] Nasolini: [Aria] „Chi mi dice il gran per che" —
        „Sagt mir Freunde!"

Cahier III ([Pl. Nr.] 161):

Nr. 1.   [Johann Franz Xaver] Sterkel: [Aria] „Son troppo innocente"   2— 3

Nr. 2. [Friedrich] v.[on] Dalberg: Herbstlied „Wohl seh ich die Blätter
vom Baume"   4

Nr. 3. [Johann Franz Xaver] Sterkel: Die Unanakreontische Muse
„Ich bin die jüngste der Musen"   5— 7

Nr. 4. [Vincenzo] Righini: [Lied] „Dein gedenk' ich, röthet sich
der M."   8— 9

Nr. 5. [Carl] Zulehner: Liebeszauber „Mädel schau mir ins Gesicht"   10— 11

Nr. 6. Joh.[ann] Kreusser [!]: [Wiedersehn] „Wiedersehn! Wort
des Trostes" [Siegfried August Mahlmann]   12

Musikalisches Wochenblat [!] das ist: Eine Sammlung der besten Arien, Duetten, Terzetten, Maersche, Rondos und Ouverturen aus den vorzüglichsten Opern und Balleten, für Gesang und Forte = Piano. [Herausgegeben von Matthäus Stegmayer.]

Wien: Zu haben bey Johann Cappi, Kunst- und Musikalien Verleger auf dem Michaeler Platz, No. 4.

Jahrgang 1. [1806/1807] — 4. [1810/1812], Quartal 1—4.

A Waw (1. [1806/07], 24*; 3. [1808/09], 29; 4. [1810/1812], 19); Wgm (1. [1806/07], Quartal 1—3; 2. [1807/08], 4, 24; 3. [1808/09], 13*, 15*, 45*; 4. [1810/12], 3*); Wn (1. [1806/07], Quartal 1, 16*, 40*, 46*; 3. [1808/09], Quartal 3); Wst (1. [1806/07], 2, 5—13, 29, 38, 45*, 47*, 48; 2. [1807/08], 21; 3. [1808/09], 11*, 27*, 43*, 50—51) — **CS** KRa (1. [1806/07]); Mms (4. [1810/12], Quartal 1—2) — **D** Bs (1. [1806/07], 25*, 28); BNba (1. [1806/07], Quartal 1); Cl (1. [1806/07], 43*); KIl (1. [1806/07], Quartal 2—4; 2. [1807/08], Quartal 4; 3. [1808/09], Quartal 2, 4; 4. [1810/12], Quartal 2—4); KNm (M: 1. [1806/07], Quartal 2—4; 2. [1807/08], Quartal 4; 3. [1808/09], Quartal 2, 4; 4. [1810/12], Quartal 2—4); Mbs (1. [1806/07], Quartal 1; 2. [1807/08], Quartal 1; 3. [1807/08], Quartal 1); Mm (1. [1806/07], 14*) — **F** Pn (2. [1807/08], Quartal 1—2; 3. [1808/09], Quartal 1—3)

1. Jahrgang [1806/1807]

1. Quartal ([Pl. Nr.] 1228: No. 1—4; 1229: No. 5—8; 1230: No. 9—13)

No. 1 [3.10.1806]:

[1] W.[olfgang] A.[madeus] Mozart: Ouvertura aus der Oper:
Idomeneo [KV 366]   1— 4

[2] [Anton] Fischer: Marsch aus der Oper: Die Festung an der Elbe   4

[3] [Nicolas] Dalayrak [!]: Romanze (Nina) aus der Oper:
Nina „Wann der Herzgeliebte erscheint"   5

[4] [Ignaz von] Seyfried: Aria (Euphrosine) aus der Oper:
Euphrosine [et Corradin] (Méhul) „Auf unsers Lebens
Wegen"   6— 7

[5] [Nicolas] Dalayrac: Aria (Dilara) aus der Oper: Gulistan
„O komm zurück an der Geliebten Herz"   8

No. 2 [10.10.1806]:

[6]   [Franz] Weiß: Marsch aus dem Ballet: Amphion   9

[7]   Mich.[ael] Umlauf: Aus dem großen kom:[ischen] Ballet:
       Paul und Rosette   10— 11

[8]   [Nicolas] Dalayrac: Duetto (Taher, Unbekannter) aus der Oper:
       Gulistan „Ja wisse nur, dass meinem Weib"   12— 16

No. 3 [17.10.1806]:

[9]   [Christoph Willibald] Gluk [!]: Scene (Euridice und Euridice,
       Orfeo) aus der Oper: Orfeo und Euridice „Ah infido!" —
       (Duetto) „Vieni! appaga il tuo Consorte"   17— 21

[10]   [Ferdinando] Paer: Duettino (Rosina, Sebastian) aus der Oper:
       Die Weiberkur „Lebt Mann und Weib hienieden"   22— 23

[11]   [Charles-Simon] Catel: Marsch bey der Königswahl aus der
       Oper: Semiramis   23

[12]   V.[incenzo] Martini: Lied (Querpfiff) aus der Oper: Die Insel
       der Liebe „Die Männertreu hat sich verjährt"   24

No. 4 [24.10.1806]:

[13]   [Charles-Simon] Catel: Ouvertura dell' Opera: Semiramis   25— 29

[14]   Jos:[eph] Weigl: Duetto (Saltag, Malo) aus der Oper:
       Vestas Feuer „Stille Rache, reifen Sinn"   30— 31

[15]   [Georg] Vogler: Cavatinetta (Polluce) dell' Opera: Castore e
       Polluce „L'ombra magnanima pianti non vuole"   32

No. 5 [31.10.1806]:

[16]   [André-Ernest-Modeste] Grétry: Duetto (Richard, Blondel)
       aus der Oper: Richard Löwenherz „Mich brannt' ein
       heisses Fieber"   33— 34

[17]   [Franz] Weiß: Pas de deux aus dem Ballet: Amphion   35— 36

[18]   [Johann Baptist] Henneberg: [Arie] (Cremona) aus der großen
       Oper: Babilons Piramiden „Ein gutes Kind sagt ohne
       Scheu"   37— 38

[19]   Jos.[eph] Weigl: Marsch aus der Oper: Vestas Feuer   38

[20]   [Johann Baptist] Henneberg: Arietta (Rosine) aus dem Sing-
       spiel: Liebe macht kurzen Prozeß „Mein Vater hat
       g'wonnen"   39— 40

No. 6 [7.11.1806]:

[21]   Ferd.[inando] Pär: Marsch aus der Oper: Sargino   41

[22]   [Luigi] Cherubini: Arie (Corine) aus der Oper: Anacreon
       „Gott Amor! schütze stets meine Triebe"   42— 43

[23]   [Christoph Willibald] Gluck: Priester-Marsch aus der Oper:
       Alceste   43

[24] [Georg] Joseph Vogler: Terzetto (Ilaria, Castore, Polluce)
dell' Opera: Castore e Polluce „Parti del vostro affetto"   44— 48

No. 7 [14.11.1806]:

[25] [Charles-Simon] Catel: Evolutions-Marsch aus der Oper:
Semiramis   49— 51

[26] [Christoph Willibald] Gluck: Aria (Orfeo) dell' Opera:
Orfeo e Euridice „Che farò senza Euridice"   52— 53

[27] [Peter von] Winter: Duetto (Karolina, Heinrich) aus der Oper:
Die Brüder als Nebenbuhler ‹ Fratelli Rivalli › „Wann
Liebe uns beglücken wird"   54— 56

[28] [Anton] Fischer: Tanz der Landleute aus der Oper: Die Festung
an der Elbe   56

No. 8 [21.11.1806]:

[29] [Georg Joseph] Vogler: Marsch aus der Oper: Castor und Pollux 57

[30] [Gasparo] Spondini [!]: Aria (Emma) aus der Oper: Milton
„Liebliche Blume, dir ward mein Geschick!"   57— 58

[31] [Franz] Weiss: Aus dem Ballet: Amphion   58— 59

[32] [Charles-Simon] Catel: Duetto (Azema, Arzatz) aus der Oper:
Semiramis „Der milde Strahl der Hoffnung"   60— 64

No. 9 [28.11.1806]:

[33] [Charles-Simon] Catel: Triumph-Marsch beym Einzug des baby-
lonischen Heeres aus der Oper: Semiramis   65— 66

[34] [Nicolas Dalayrac]: Trinklied (Ferrand) aus der Oper: Das Schloss
von Montenero „Hier treibt der Teufel selbst sein Spiel" 67— 68

[35] [Louis Jadin?]: Aus dem Ballet: Die Tanzsucht   69— 70

[36] Ig.[naz] von Seyfried: Duettino (Nette, Marzelline) aus der
Operette: Zum goldenen Löwen „Dich überfällt ein
Grauen"   71— 72

No. 10 [6.12.1806]:

[37] Ig.[naz] von Seyfried: Rondo (Nette) aus der Operette: Zum
goldenen Löwen „Auf Männer rechne man nicht viel"   73— 76

[38] Jos.[eph] Weigl: Marsch aus dem Ballet: Die Tänzerin aus Athen 76

[39]   Gavotta aus dem Ballet: Die Tanzsucht [L. Jadin?]   77

[40] Ig.[naz] von Seyfried: Hymne (1.—3. Priesterin) aus der Oper:
Semiramis „O Gott der Ehen"   78— 80

No. 11 [13.12.1806]:

[41] [Michael] Umlauf: Marsch aus dem Ballet: Die feindlichen Volksstämme   81

[42] Jos.[eph] Wölfl: Aria (Kilian) aus der Oper: Der Kopf ohne
Mann „Raufen kann ein jeder Bauer"   82— 83

[43] [Nicolas] Dalayrac: Entract vor dem zweiten Aufzug aus der
      Oper: Das Schloss von Montenero   84

[44] [Adalbert] Gyrowetz: Duetto (Agnes, Bertha) aus der Oper:
      Agnes Sorel ,,Vergebens will die Liebe''   85— 87

[45] [Nicolas] Dalayrac: Entract vor dem dritten Aufzug aus der Oper:
      Das Schloss von Montenero   88

No. 12 [20.12.1806]:

[46] [Jean François] Lesueur: Marsch der Kaledonier aus der Oper:
      Die Barden   89

[47] [Peter von] Winter: Arietta (Sarastro) aus der Oper: Das Laby-
      rinth ‹ Zweiter Theil der Zauberflöte › ,,Zertheilt ihr
      guten Götter''   90

[48] [Louis Jadin?]: Ballabile aus dem Ballet: Die Tanzsucht   91

[49] F.[erdinando] Pär: Duetto (Isabella, Ulberto) dell' Opera:
      Fuorusciti ,,Quelli sguardi''   92— 96

No. 13 [27.12.1806]:

[50] Jos.[eph] Weigl: Aria (Sericia) aus der Oper: Vestas Feuer ,,Ihr
      wollet Abschied nehmen''   97—100

[51] [Peter von] Winter: Mohrentanz aus der Oper: Das Labyrinth   101

[52] [Jean François] Lesueur: Marsch der Heldentöchter aus der
      Oper: Die Barden   101

[53] [Jean François] Lesueur: Duetto (Rosmala, Ossian) aus der
      Oper: Die Barden ,,Wenn meine Thränen flossen''   102—104

2. Quartal ([Pl. Nr.] 1231: No. 14—17; 1232: No. 18—21; 1233: No. 22—26)

No. 14 [3.1.1807]:

[54] Jos.[eph] Weigl: Ouverture aus der Oper: Vestas Feuer   105—109

[55] [Franz] Weiss: Andante aus dem Ballett: Der Grossmüthige
      Kalif   109

[56] [Christoph Willibald] Gluck: Duetto (Orest, Pilades) aus der Oper:
      Iphigenie in Tauris (Recit.) ,,O, unverhofftes Glück'' —
      (Arie) ,,Und du behauptest noch, dass du mich liebst'' 110—112

No. 15 [10.1.1807]:

[57] I.[gnaz] G. v.[on] Seyfried: Marsch aus der Oper: Alamar,
      der Maure   113

[58] [Christoph Willibald] Ritter v.[on] Gluck: Tanz der Scythen
      aus der Oper: Iphigenie in Tauris   114—115

[59] [Nicolas Dalayrac]: Arietta aus der Oper: Das Schloss von Mon-
      tenero ,,Meine Hoffnung kann nicht vergehn''   116

[60] [Ferdinando] Pär: Duettino (Soffia, Sargino) aus der Oper:
      Sargino „Dolce dell' anima" — „O, du mein Einziger" 117—119

[61] [François Joseph] Nadermann [!]: Favorit-Marsch   120

No. 16 [17.1.1807]:

[62] [Christoph Willibald] Ritter von Gluck: Aria (Pilades) aus der
      Oper: Iphigenie in Tauris (Rec.) „Oh wie beleidigend" —
      (Aria) „Nur einen Wunsch, nur ein Verlangen"   121—123

[63] A.[dalbert] Gyrowetz: Marsch aus der Oper: Agnes Sorel   124

[64] Jos.[eph] Weigl: Ballabile aus dem Ballet: Die Tänzerin von
      Athen   124—125

[65] [Vincenzo] Martini: Duetto (Karolina, van der Liiken): aus
      der Oper: Die Insel der Liebe „Ich hörte einen Gukuk
      schrei'n"   126—128

No. 17 [24.1.1807]:

[66] A.[nton] Fischer: Marsch aus der Oper: Die Festung an der
      Elbe   129

[67] [Christoph Willibald] Ritter v.[on] Gluck: Aria (Pilades)
      aus der Oper: Iphigenie auf Tauris „Oh Gottheit! Du
      den edlen theuer"   130—131

[68] [Michael] Umlauf: Aus dem Ballet: Paul und Rosette   132—134

[69] I.[gnaz] G. Ritter v.[on] Seyfried: Maurisches Lied (Almansine)
      aus der Oper: Alamar [der Maure] „Er kommt zu mir,
      o welche Freude"   135—136

No. 18 [30.1.1807]:

[70] [Luigi] Cherubini: Aria (Anakreon) aus der Oper: Anacreon
      „Um froh zu seyn, bedarf nicht"   137—139

[71] [Johann] Gallus [= Mederitsch]: Priester-Marsch aus der Oper:
      Babylons Pyramiden   139

[72] [Jean François] Lesueur: Air de Danse aus der Oper:
      Die Barden   140—142

[73] F.[erdinando] Pär: Duettino (Isabella, Edoardo) dell' Opera:
      Fuorusciti „Nume benefico che forte sei"   143—144

No. 19 [7.2.1807]:

[74]   Marcia di tre Nazioni   145

[75] Adalbert Gyrowetz: Aria (Agnes) aus der Oper: Agnes Sorel
      „Er drückt mit leisem Beben"   146—148

[76] [Luigi] Cherubini: Ballo aus der Oper: Anacreon   149

[77] [Peter von] Winter: Terzetto dell'Opera: Castore e Polluce
      „Quanto, oh, quanto è amor possente" (S, T, B, Pfte.) 150—152

No. 20 [14.2.1807]:

[78]   Adalbert Gyrowetz: Aria (Kastelan) aus der Oper: Agnes Sorel
       „Ein Krieger wendet seine Kunst"   153—155

[79]   [Giovanni Battista] Cimadoro: Duetto (Galatea, Pigmaleone)
       dell' Opera: Pigmaleone „Ah senti! ben mio ah questo
       cos'è"   156—157

[80]   W.[olfgang] A.[madeus] Mozart: Marsch aus der Oper: Così
       fan tutte ‹ Mädchentreue › [KV 588, 8]   158

[81]   P.[eter von] Winter: Ballet-Musik aus der Oper: Castor und
       Pollux   159—160

No. 21 [21.2.1807]:

[82]   P.[eter von] Winter: Marsch aus der Oper: Castor und Pollux   161

[83]   [Luigi] Cherubini: Aria (Amor) aus der Oper: Anacreon „Eifer-
       sucht quälte den Vater sehr oft"   162—166

[84]   Adalb.[ert] Gyrowetz: Duetto (Fiorina, Giocondo) dell' Opera:
       La Muta per Amore „Al fin compite sono caro i desiri
       miei"   167—168

[85]   [Jean François] Lessueur [!]: Ballet-Musik aus der Oper:
       Die Barden   168

No. 22 [28.2.1807]:

[86]   Ludwig van Beethoven: Terzetto (Rocco, Marzelline, Jaquino)
       aus der Oper: Fidelio „Ein Mann ist bald genommen"
       [Op. 72, 1. Fassung, 3]   169—173

[87]   V.[incenzo] Martini: Aria (Clara) dell' Opera: Festa del
       Villaggio „Posso donarti il cor"   174—175

[88]   [André-Ernest-Modeste] Grétry: Ballet-Musik aus der Oper:
       Zemire und Azor   175—176

No. 23 [7.3.1807]:

[89]   F.[erdinando] Paer: Aria (Sargino) dell' Opera: Sargino (Rec.)
       „O ciel qui, qui vi passa" — (Aria) „Ah, Soffia mio,
       caro bene io sospiro sol parte"   177—180

[90]   [Nicolas] Dalayrac: Duetto (Laura, Ludwig) aus der Oper:
       Das Schloß von Montenero „Oh Schicksal! ich klage
       vergebens"   181—184

No. 24 [14.3.1807]:

[91]   A.[ntonio] Salieri: Ouverture aus dem Schauspiel: Die Hussiten
       vor Naumburg   185—187

[92]   Ferd.[inando] Paer: Aria (Isabella) dell'Opera: Sargino „Un
       forte batti cote mi cento dentr'al petto"   188—191

[93]   [Luigi] Cherubini: Ballet-Musik aus der Oper: Anacreon   192

No. 25 [21.3.1807]:

[94] A.[nton] Fischer: Aria (Henriete [!]) aus der Operette:
       Das Singspiel auf dem Dache „Ihn sehn, den Theuren
       wiederfinden"   193–197

[95] [André-Ernest-Modeste] Grétry: Spiegel-Terzetto aus der Oper:
       Zemire und Azor „Ach lasset mich noch ferner weinen"
       (3 Singst., Pfte.)   198–199

[96] P.[eter von] Winter: Marsch aus der Oper: Castor und Pollux   200

No. 26 [28.3.1807]:

[97] L.[udwig] v.[an] Beethoven: Duetto (Marcelline, Leonore)
       aus der Oper: Fidelio „Und [!] in der Ehe froh zu
       leben" [Op. 72, 1. Fassung, 10]   201–205

[98] Th.[adé] Weigl: Arietta (Jerumeo) aus der Oper: Idoli „Ach
       wenn ich doch der Flachs nur wäre"   206–207

[99] M.[ichael] Umlauf: Allegretto aus dem Ballet: Abenzeragen
       und Zegris oder Die feindlichen Volksstämme   208

3. Quartal ([Pl. Nr.] 1234: No. 27–30; 1235: No. 31–34; 1236: No. 35–39)

No. 27 [4.4.1807]:

[100] [Luigi] Cherubini: Ouvertur [!] aus der Oper: Anacreon   209–215

[101] [Henri-Montan] Berton: Romance (Delia) aus der Oper: Delia
       und Verdikan „Erscheine endlich, lang ersehnte Stunde"216

No. 28 [11.4.1807]:

[102] A.[dalbert] Gyrowetz: Duetto (Agnes, Carl) aus der Oper:
       Agnes Sorel (Rec.) „Ich muß es Euch bekennen" –
       (Arie) „O meines Lebens schönster Tag"   217–222

[103] M.[ichael] Umlauf: Ballet-Musik aus der Operette: Delia und
       Verdikan ([H.-M.] Berton)   223

[104] A.[dalbert] Gyrowetz: Marsch aus der Oper: Ida   224

No. 29 [18.4.1807]:

[105] F.[riedrich] H.[einrich] Himmel: Duetto (Fanchon, Eduard)
       aus der Oper: Fanchon, das Leyermädchen „In Savo-
       yen bin ich gebohren" (v. Kotzebue)   225–229

[106] [Christoph Willibald] Ritter v.[on] Gluck: Aria (Iphigenie)
       aus: Iphigenie auf Tauris (Rec.) „Nein die barbar'sche
       Pflicht" – (Aria) „Ich fleh' dich an und bebe"   229–232

No. 30 [25.4.1807]:

[107] F.[erdinando] Paer: Duetto (Sofonisba, Massinissa) dell' Opera:
       Sofonisba „Ah perchè da me t'involi, oh Regina"   133–137 [!]

[108] [Luigi] Cherubini: Ballet-Musik aus der Oper: Anacreon   138—139 [!]

[109] Ig.[naz] v.[on] Seyfried: Maurischer Marsch aus der Oper:
Alamar [der Maure]   140 [!]

No. 31 [2.5.1807]:

[110] [Domenico] Della Maria: Duetto (Rosine, Linwalld) aus der
Oper: Der Gefangene „Ist's Traum? oder Wahrheit,
diess Glück!"   241—246

[111] Ferd.[inando] Paer: Grand Marche pour le Pianoforte,
composé à Varsovie l'hiver 1807   247—248

No. 32 [9.5.1807]:

[112] W.[olfgang] A.[madeus] Mozart: Aria (Belmonte) aus der Oper:
Die Entführung aus dem Serail „Wenn der Freude
Thränen fliessen" [KV 384, 15]   249—252

[113] Ferd.[inando] Pär: Ballet-Musik aus der Oper: Sargino   253

[114] [Luigi] Cherubini: Ariette (Polly) aus der Operette: Die Gefangene „Wenn auf dem weiten Blumenfeld"   254—255

[115] M.[ichael] Umlauf: Danse Armée aus dem Grossen Ballet:
Die feindlichen Volksstämme   256

No. 33 [16.5.1807]:

[116] Ferd.[inando] Pär: Terzetto (Sofonisba, Massinissa, Siface)
dell' Opera: Sofonisba „Una soave calma nascere in
cor mi sento"   257—259

[117] [Georg Joseph] Vogler: Großer Kosakentanz aus dem:
Polymelos   260—263

[118] J.[ohann Baptist] Henneberg: Marsch aus dem Schauspiel:
Konrad Langbart   264

No. 34 [23.5.1807]:

[119] Ferd.[inando] Paer: Ouvertur [!] aus der Oper: Sofonisba   265—270

[120] [Nicolas] Dallayrac [!]: Romance (Longino) aus der Oper:
Das Schloss von Montenero „Durch einen Wald bejahrter Eichen" (Pfte.-Arr.: G. Liverati)   271—272

No. 35 [30.5.1807]:

[121] [Nicola Antonio] Zingarelli: Aria (Ines) nell' Opera: Ines de
Castro (Rec.) „Fra poco rivedrai" — (Aria) „Vieni,
diletto sposo"   273—277

[122] Joseph Weigl: Marsch aus dem grossen Schauspiel:
Der Machtspruch   278—279

[123] [Georg Joseph] Vogler: Romance Africaine (Pfte.)   280

No. 36 [6.6.1807]:

[124] Joseph Weigl: Marsch aus der Oper: Kaiser Hadrian   281

[125] [Giovanni] Paisiello: Aria (Teodoro) dell' Opera: Il Re Teodoro „Non era ancora sorta"   282–286

[126] Ant.[on] Diabelli: Tambourin Solo der Mademoiselle
Neumann für das Pianoforte   287–288

No. 37 [13.6.1807]:

[127] I.[gnaz] G. Ritter von Seyfried: Duetto (Anette, Léhél Sohn)
aus der Oper: Mitternacht „Wenn Du mich liebst, so
bin ich reich"   289–293

[128] [Christoph Willibald] Ritter v.[on] Gluck: Ballet-Musik aus
der Oper „Orpheo und Euridice"   294–295

[129] [Friedrich] Starke: Neuer Millitairischer [!] Marsch   296

No. 38 [20.6.1807]:

[130] Peter Winter: Ouverture aus der Oper: Das Unterbrochene
Opferfest   297–300

[131] [Etienne Nicolas] Méhul: Romance (Heinrich) aus der Oper:
Gabriele d'Estrées oder Die Liebschaft Heinrich des
Vierten „Geliebte Gabriele, mein Glück und meine
Lust"   301–303

[132] Anton Salieri: Kinder-Tanz aus dem Schauspiel des Herrn von
Kotzebue: Die Hussiten vor Naumburg   304

No. 39 [27.6.1807]:

[133] Ferdinando Paer: Duetto (Eloisa, Abeilardo) della Cantata:
Eloisa ed Abeilardo „Qui le bell'anime che fide
amarono"   305–308

[134] Michael Umlauf: Pas de Deux der Madame Treitschke, Demoiselle Francesca de Caro aus dem Ballet: Don Quixotte
oder Die Hochzeit des Gomache   309–311

[135] [Etienne Nicolas] Méhul: Marsch aus der Oper: Gabrielle
d'Estrées   312

4. Quartal ([Pl. Nr.] 1278: No. 40–43; 1279: No. 44–47; 1280: No. 48–52)

No. 40 [4.7.1807]:

[136] [Etienne Nicolas] Méhul: Ouvertur [!] aus der Oper:
Gabrielle d'Estrées   313–319

[137] Anton Fischer: Romance (Wilhelmine) aus der Oper: Die
Festung an der Elbe „An Rittersmann wurden in
aner Slackt"   320

No. 41 [11.7.1807]:

[138] S.[imon] Mayer [!]: Cavatina dell' Opera: La Lodoviska [!]
(Rec.) „Questo ah si lo raviso" — (Aria) „Pietosa a
miei lamenti"   321—324

[139] Michael Umlauf: Allegretto aus dem Ballet: Don Quixotte oder
Die Hochzeit des Gomache (Pfte.)   325

[140] [Etienne Nicolas] Méhul: Entr'Acte aus der Oper: Gabrielle
d'Estrées   326—327

[141] Ferdinand Paer: Marsch aus der Oper: Sofonisba   328

No. 42 [18.7.1807]:

[142] Adalbert Gyrowetz: Aria (Waldströmm) aus der Operette: Die
Junggesellen Wirtschaft „Ihr, die mit Feuerblicken
zum süssen Kampf bereit"   329—332

[143] [Luigi] Cherubini: Air de Danse Grande de l' Opéra: Anacreon 333—336

No. 43 [25.7.1807]:

[144] P.[eter von] Winter: Polonaise ‹ François › aus der Oper:
Zwey Worte (Dalayrac) „Ein Mädchen voll Verlangen" 337—340

[145] Abbé [Georg Joseph] Vogler: Grönländische Romance aus
dem: Polymelos mit 6 Variationen (Pfte.)   341—344

No. 44 [1.8.1807]:

[146] D.[omenico] Cimerosa [!]: Ouverture aus der Oper: Die Heurath durch List ‹ Il Matrimonio per Raggiro ›   345—349

[147] Ferd.[inando] Pär: Cavatina ‹ Edoardo › dell' Opera:
Fuorusciti „Una fida pastorella fù rapita al suo pastor"
(Singst., Pfte. oder Git.)   350—352

No. 45 [8.8.1807]:

[148] Ferdinando Pär: Duetto (Eloisa, Abeilardo) della Cantata:
Eloisa ed Abeilardo „Perchè palpiti cor mio"   353—354

[149] W.[olfgang] A.[madeus] Mozart: Aria (Belmonte) aus der
Oper: Die Entführung aus dem Serail „Hier soll ich
[dich] denn sehen, Konstanze" [KV 384, 1]   355—356

[150] Franz Maurer: Niederländer-Bauern Pas de Deux aus der Pantomime: Arlequin und Colombine auf den Alpen   357—359

[151] Franz Maurer: Solo des Harlequin ‹ als Zwergin › aus der Pantomime: Arlequin und Colombine auf den Alpen   359

[152] [Giuseppe] Sarti: Trauer-Marsch aus der Oper: Giulio Sabino 360

No. 46 [15.8.1807]:

[153] Benedetto Nero: Cavatina dell' Opera: I Saccenti alla Moda
„Chi vuol la bella rosa"   361—363

[154] Joseph Weigl: Marsch aus der Oper: Vestas Feuer   364—365

[155] Abbé [Georg Joseph] Vogler: Schwedisches Lied aus dem:
Polymelos mit 5 Variationen (Pfte.)   366—368

No. 47 [22.8.1807]:

[156] [Christoph Willibald] Ritter v.[on] Gluck: Ouverture aus
der Oper: Helena und Paris   369—371

[157] [Luigi] Cherubini: Aria (Anacreon) aus der Oper: Anacreon
„Wo Vergnügen ihr winkt, da vergisst sie die Zeit"   372—375

[158] F.[ranz] Maurer: Balletmusik aus der Pantomime: Arlequin
und Colombine auf den Alpen   376

No. 48 [29.8.1807]:

[159] [Giovanni] Paisiello: Aria aus der Grossen Oper: Proserpina
„Déserts écartés sombres lieux"   377—380

[160] Schulz: Harmonie zum Monolog im Schiller'schen Schauspiel:
Die Jungfrau v.[on] Orleans   381

[161] [Josef] Trübensee [!]: Duettino (Suse, Wilhelm) aus der
Oper: Der rothe Geist im Donnergebürge „Vertraue
kühn auf meine Lehren"   382—384

No. 49 [5.9.1807]:

[162] [Nicolas] Dalayrac: Ouverture aus der Operette: Zwey Worte   385—389

[163] F.[ranz] X.[aver] Süssmayer: Terzetto aus der Oper: Soliman der Zweyte „Tändeln und scherzen kapert die
Herzen"   390—392

No. 50 [12.9.1807]:

[164] F.[ranz] X.[aver] Süssmayer: Cavatina (Marianne) aus der
Oper: Soliman der Zweyte „Man gewinnt nicht Mädchenherzen"   393—394

[165] Abbé [Georg Joseph] Vogler: Marsch aus dem Schauspiel:
Hermann v.[on] Una [!]   395

[166] Abbé [Georg Joseph] Vogler: Balletmusik ‹ von Kindern ›
aus dem Schauspiel: Hermann v.[on] Una [!]   395

[167] [Christoph Willibald] v.[on] Gluck: Duetto (Rezzia, Ali)
aus der Oper: Die Pilgrimme von Mekka „Ketten
sind wenn Sie Geliebte theilen"   396—398

[168] [Friedrich] L.[udwig Aemilius] Kunzen: Ariette (Harald)
aus der Oper: Ossians Harfe „Über Berge, über Fluthen" 399—400

No. 51 [19.9.1807]:

[169] S.[imon] Mayer [!]: Aria Favorita „Chi dice mal d'amore"
(Singst., Pfte. oder Git.)   401—403

[170] [Bernhard Anselm] Weber: Tanz der Grazien aus dem Schauspiel: Die Jahresfeyer   404

[171] [Nicolas] Dalayrac: Preghière en Terzetto aus der Oper: Der
   Thurm v.[on] Gothenburg „O, allmächt'ger der Wai-
   sen Herr"   405—408

No. 52 [26.9.1807]:

[172] [Christoph Willibald] Ritter v.[on] Gluck: Aria (Ali)
   aus der Oper: Die Pilger von Mecca „Nie wirst du
   Ali untreu sehn"   409—410

[173] B.[ernhard] A.[nselm] Weber: Trauer-Marsch aus der
   Tragödie: Die Braut v.[on] Messina   411

[174] L.[udwig] v.[an] Beethoven: Canon (Marceline, Leonore,
   Jaquino, Rocco) aus der Oper: Fidelio „Mir ist so
   wunderbar, es engt das Herz mir ein" [Op. 72, 2. Fassung, 4]   412—416

2. Jahrgang [1807/1808]

1. Quartal ([Pl. Nr.] 1308: No. 1—4; 1309: No. 5—8; 1310: No. 9—13)

No. 1 [3.10.1807]:

[1]   [Peter von] Winter: Ouverture aus der Oper: Tamerlan   1—   5

[2]   [Nicola Antonio] Zingarelli: Rondo (Ines) dell' Opera:
   Ines de Castro „Sento nel dir vi addio"   6—   8

No. 2 [10.10.1807]:

[3]   Ignatz v.[on] Seyfried: Duetto (Marpissa, Idas) aus der Oper:
   Idas und Marpissa „Endlich bist du mir gegeben"   9— 11

[4]   [Georg Joseph] Vogler: Variationen aus dem: Polymelos für
   das Pianoforte   12— 13

[5]   Simon Mayer [!]: Aria (Adelasia) dell' Opera: Adelasia ed
   Aleramo „Confusa quest' alma"   14— 16

No. 3 [17.10.1807]:

[6]   [Johann Nepomuk Hummel]: Ballet-Musik aus dem Ballete:
   Helena und Paris   17— 18

[7]   Ig.[naz] v.[on] Seyfried: Tanz des Amor aus der Oper:
   Idas und Marpissa   19

[8]   [Giuseppe] Sarti: Duetto (Epponia, Sabino) dell' Opera:
   Giulio Sabino „Come partir poss'io"   20— 24

No. 4 [24.10.1807]:

[9]   A.[dalbert] Gyrowetz: Cavatina (Ida) aus der Oper: Ida „Mit
   trunknen Blick hieng ich an ihm"   25— 26

[10]   S.[imon] Mayer [!]: Aria (Adelasia) dell' Opera: Adelasia
   ed Aleramo „Quando vedo il pastorello"   27— 30

[11] J.[oseph] Weigel [!] : Ballet Musik aus dem Ballet: Die Hul-
      digung (Air de Danse Allemande — Air de Danse
      Hungroise — Air de Danse Tyroliens)   31— 32

No. 5 [31.10.1807]:

[12] F.[ranz] X.[aver] Süssmayer: Ouverture aus der Oper:
      Soliman der Zweyte   33— 37

[13] [Nicolas] Dalayrac: Aria (Valbelle) aus der Operette: Zwey
      Worte „Wenn wir in Labyrinthen irren"   38— 39

[14] Nicolò Giuliani: Marcia dell' Opera: Armiro e Daura   40

No. 6 [7.11.1807]:

[15] P.[eter von] Winter: Ballet Musik aus der Oper: Tamerlan   41— 42

[16] F. Stein: Trauer Marsch für das Pianoforte bey dem Leichen-
      begräbnisse Kant's, vorgetragen von seinen Schülern
      in Königsberg den 28t. Febr: 1804   43

[17] [Friedrich Heinrich] Himmel: Duetto (Fanchon, Eduard) aus der
      Oper: Fanchon „In heitrer Abend Sonne Stralen [!]"   44— 46

[18] [Christoph Willibald] Gluck: Aria (Iphigenie) aus der Oper:
      Iphigenie auf Tauris „O lasst mich tiefgebeugte weinen"   47— 48

No. 7 [14.11.1807]:

[19] A.[dalbert] Gyrowetz: Favorit Thema mit Variationen aus dem
      Ballet: Die Inkas (Gavotta — Var. 1—4 — Coda)   49— 51

[20] Ferdinando Pär: Aria Pollacca [!] dell' Opera: L'Intrigo
      Amoroso „Un solo quarto d'ora"   52— 56

No. 8 [21.11.1807]:

[21] Mich.[ael] Umlauf: Ballet Musik aus: Die Abenceragen und
      Zegris oder Die feindlichen Volksstämme   57— 61

[22] [Christoph Willibald] v.[on] Gluck: Aria (Iphigenie) aus der
      Oper: Iphigenie auf Tauris „O! du, die mir das Leben
      gab"   62— 63

[23] J.[ohann] N.[epomuk] Hummel: Marsch aus dem Ballet:
      Helena und Paris   64

No. 9 [28.11.1807]:

[24] [Nicola Antonio] Zingarelli: Overtura dell' Opera:
      Giulietta e Romeo   65— 69

[25] F.[riedrich] A.[ugust] Kanne: Cavatina (Orpheus) aus der
      Oper: Orpheus „Wilde Fluten schweiget"   70— 71

[26] [Thadé Weigl] : Allegretto aus dem Ballet: Die Verliebten
      Thorheiten   72

No. 10 [5.12.1807]:

[27] Ferdinando Pär: Overtura dell' Opera: I Fuorusciti   73— 76

[28]   Joseph Weigel [!] : Duetto (Marie, Ostade) aus der Operette:
      Ostade „Kaum glaub ich mir"   77— 80

No. 11 [12.12.1807] :

[29]   G.[ottlob] B.[enedict] Bierey: Marsch aus der Oper: Wladimir   81

[30]   Simon Mayer [!] : Aria (Adelasia) dell' Opera: Adelasia ed
      Aleramo „Amor perchè m'accendi"   82— 85

[31]   Peter Winter: Air de Danse aus der Oper: Tamerlan   86— 88

No. 12 [19.12.1807] :

[32]   [Friedrich] Neumann: Pas de Deux aus dem neuen Divertissement
      des Herrn Taglioni   89— 92

[33]   G.[ottlob] B.[enedict] Bierey: Duetto (Jöropolk, Dobrin)
      aus der Oper: Wladimir „Rogneda mein"   93— 96

No. 13 [26.12.1807] :

[34]   [Luigi] Cherubini: Ballet Musik aus dem grossen Pantomimi-
      schen Ballet: Achilles in Scyrus   97— 99

[35]   A.[dalbert] Gyrowetz: Aria aus der Operette: Die Junggesellen-
      Wirtschaft „Der Ehstand knüpft mit goldnen Banden"   100—103

[36]   G.[ottlob] B.[enedict] Bierey: Marsch aus der Oper: Wladimir 104

2. Quartal ([Pl. Nr.] 1311: No. 14—17; 1312: No. 18—21; 1313: No. 22—26)

No. 14 [2.1.1808] :

[37]   [Gottlob Benedict] Bierey: Ouverture aus der Oper: Wladimir

[38]   [Ferdinando] Paer: Duetto aus der Oper: Il Sogno „Quando
      il ciel"

No. 15 [9.1.1808] :

[39]   [Domenico] Cimarosa: Scena ed Aria „Andate amici miei"

[40]   [Michael] Umlauf: Terzetto aus dem Ballet: Don Quixote

[41]   [Adalbert] Gyrowetz: Marsch aus dem Ballet: Die Inkas

[42]   [Bernhard Anselm Weber] : Choral (Martin Luther) als Ouverture
      zum Schauspiel: Die Weihe der Kraft

No. 16 [16.1.1808] :

[43]   [Adalbert] Gyrowetz: Duetto aus der Oper: Emerike „Stunden"

[44]   [Michael] Umlauf: Pas de deux aus dem Ballet: Don Quixote

[45]   [Luigi] Cherubini: Ballet-Musik aus: Achilles in Scyrus

No. 17 [23.1.1808] :

[46]   [Ferdinando] Paer: Duetto dell' Opera: La Notte „Mira!
      fra mille Stelle"

[47] [Adalbert] Gyrowetz: Ballet-Musik aus: Atalante und Hippomenes
[48]   Ballet-Musik aus dem Ballet: Der Seehafen

No. 18 [30.1.1808]:
[49] [Adalbert] Gyrowetz: Aria aus: Emerike „Mädel, geh ja mir
         nicht hin"
[50] [Paul] Wranitzky: Marcia aus dem Ballet: Das Waldmädchen
[51] [Joseph] Weigl: Terzetto aus: Ostade „Glühn im Herzen"

No. 19 [6.2.1808]:
[52] [Ferdinando] Paer: Duetto aus der Oper: La Partenza „Addio"
[53] [Adalbert] Gyrowetz: Zweyte Ouverture aus der Oper: Ida
[54] [Michael] Umlauf: Ballet-Musik aus: Abenceragen und Zegris

No. 20 [13.2.1808]:
[55] [Daniel] Steibelt: Ouverture aus der Oper: Giulietta e Romeo
[56] [Friedrich] Starke: Lied für zwey Liebende „Ich liebe dich"
[57] [Michael] Umlauf: Ballet-Musik aus dem Ballet: Die Tanzsucht

No. 21 [20.2.1808]:
[58] [Christoph Willibald] Gluck: Aria aus: Armida „Heitre Wonne"
[59] [Adalbert] Gyrowetz: Ouverture aus dem Ballet: Die Inkas
[60] [Daniel] Steibelt: Marcia dell' Opera: Giulietta e Romeo

No. 22 [27.2.1808]:
[61] [Domenico] Cimarosa: Aria con Recitativo aus: Gli Orazi
         [ed i Curiazi] „Guardami"
[62] [Franz] Teyber: Marsch aus der Oper: Aragis von Benevent
[63] [Adalbert] Gyrowetz: Duetto aus: Emerike „Eins, zwey"

No. 23 [5.3.1808]:
[64] [Christoph Willibald] Gluck: Duetto aus: Armida „Du enteilest mir"
[65] [Luigi] Cherubini: Ballet-Musik aus: Achilles in Scyrus
[66] [Anton] Fischer: Rondo aus der Pantomime: Der wohlthätige Genius

No. 24 [12.3.1808]:
[67] [Christoph Willibald] Gluck: Ouverture aus: Alceste
[68] [Joseph] Weigl: Ariette aus: Ostade „Nach dem Glanze"
[69] [Ferdinand] Kauer: Ariette aus: Schlangenthurm „Ich bin zu
         verlassen"
[70] [Joseph] Weigl: Marsch aus: Richard Löwenherz

No. 25 [19.3.1808]:

[71] [Friedrich August] Kanne: Duetto aus: Orpheus „Die theuren
          Geliebten"

[72] [Ferdinand] Kauer: Ariette aus: Kunz von Kauffingen „Will man sich"

[73] [Luigi Belloli]: Ballabile aus dem Ballet: Der Triumph des Vitellius
          Maximus

[74] [Gottlob Benedict] Bierey: Marsch aus der Oper: Wladimir

No. 26 [26.3.1808]:

[75] [Joseph] Weigl: Duetto aus der Oper: Hadrian

[76] [Christoph Willibald] Gluck: Ballet-Musik aus: Armida

3. Quartal ([Pl. Nr.] 1314: No. 27–30; 1315: No. 31–34; 1316: No. 35–39)

No. 27 [2.4.1808]:

[77] [Wolfgang Amadeus] Mozart: Ouverture aus: Don Juan [KV 527]

[78] [Ferdinand] Kauer: Ariette aus: Kunz von Kauffungen „Mich hat
          in mein Leben"

[79] [Domenico] Cimarosa: Marcia dell' Opera: Gli Orazi ed i Curiazi

No. 28 [9.4.1808]:

[80] [Ferdinando] Paer: Rondo aus: Camilla „Oh momento fortunato"

[81] [Johann Nepomuk] Hummel: Andante aus dem grossen Ballet:
          Helena und Paris

[82] [Peter von] Winter: Allegretto aus dem Ballet: Vologesus

[83] [Thadé] Weigl: Allegretto aus dem Ballet: Die verliebten Thorheiten

No. 29 [16.4.1808]:

[84] [Bonifacio] Asioli: Terzetto „Ecco quel fiero istante"

[85] [Leopold] Koželuch: Ballabile aus dem grossen Ballet: Die wieder-
          gefundene Tochter Kaiser Ottos [II.]

[86] [Francesco] Federici: Marsch aus der Oper: Zaïre [= Zaïra]

No. 30 [23.4.1808]:

[87] [Joseph] Weigl: Ouverture dell' Opera: L'Amor marinaro

[88] [Nicolas] Dalayrac: Aria aus: Gulistan „Früh wenn der junge Tag"

[89] [Adrien Quaisain]: Zwei Märsche aus dem Melodram: Salomons
          Urtheil [= Le Jugement de Salomon]

No. 31 [30.4.1808]:

[90] [Wolfgang Amadeus] Mozart: Arie [Zerlina] aus:
          Don Giovanni „Vedrai carino" [KV 527, 19]   241–243

[91] [Franz] Weiß: Terzetto aus dem Ballet: Der großmüthige Kalif

[92] [Josef] Schuster: Wäscher-Liedchen aus der Parodie:
Othello, der Mohr in Wien

[93] [Paul] Wranitzky: Allegro aus dem Ballet: Der Tyroler Jahrmarkt

[94] [Johann Nepomuk] Hummel: Opfer der Priester aus dem Ballet:
Helena und Paris

[95] [Friedrich Franz] Hurka: Melodie des beliebten Liedchens:
Die Schiffahrt

No. 32 [7.5.1808]:

[96] [Antonio] Salieri: Ouverture zu: Azur, Re d'Ormus

[97] [Wolfgang Amadeus] Mozart: Aria [Figaro] aus: Figaro „Se
vuol ballare, signor continu" [!] [KV 492, 3]

[98] [Joseph] Weigl: Andante grazioso aus dem Ballet: Alceste

[99] [Paul] Wranitzky: Allegretto aus dem Ballet: Der Tyroler
Jahrmarkt

No. 33 [14.5.1808]:

[100] [Luigi] Cherubini: Romance aus: Faniska „Ihr, die dieser Ort"

[101] [Joseph] Haydn: Ouverture zum Herbst aus: Vier Jahreszeiten
[Hob. XXI, Nr. 3, 12]

[102] [Joseph] Haydn: Cavatina [Hanne] aus: Vier Jahreszeiten
„Licht und Leben" [Hob. XXI, Nr. 3 aus 18]

[103] [Wolfgang Amadeus] Mozart: Marcia aus: Clemenza di Tito
[KV 621, 4]

No. 34 [21.5.1808]:

[104] [Christoph Willibald] Gluck: Ouverture aus: Armida

[105] [Giovanni] Paesiello: Aria aus: Nina „Il mio ben, quando verrà"

[106] [Leopold] Koželuch: Gavotta aus dem Ballet: Die wiedergefundene Tochter Kaiser Ottos [II.]

No. 35 [28.5.1808]:

[107] [Christoph Willibald] Gluck: Ariette aus: Armida „Kehrte
ohne Blumen"

[108] [Ferdinando] Paer: Aria aus: La Camilla „M'han no detto che
il marito"

[109] [Johann Ladislaus] Dussek: Air de dance avec Variation du Ballet:
Blaise et Babett

[110] [Charles-Simon] Catel: Priester-Marsch aus der Oper: Semiramis

No. 36 [4.6.1808]:

[111] [Simon] Mayer [!]: Scena e Duetto dell' Opera: Adelasia
ed Aleramo „Qual capestio"

[112] [Christoph Willibald] Gluck: Duetto aus: Armida „Auf Freund!
Laß uns fliehen"   285—287

[113] [Luigi Belloli]: Allegretto aus dem Ballet: Der Triumph des
Vitellius Maximus

No. 37 [11.6.1808]:

[114] [Ferdinando] Paer: Ouverture aus: La Camilla

[115] [Christoph Willibald] Gluck: Favorit-Chor aus: Armida
„Beklagt sey er"   295—296

No. 38 [18.6.1808]:

[116] [Ludwig van] Beethoven: 3 Lieder mit Begleitung des Pianoforte

[117] [Leopold] Koželuch: Pastorale aus dem Ballet:
Die wiedergefundene Tochter Kaiser Ottos [II.]

[118] [Christoph Willibald] Gluck: Echo-Gesang der Najaden aus:
Armida

[119] [Luigi Belloli]: Ballet-Musik aus dem Ballet: Der Triumph des Vitellius
Maximus

No. 39 [25.6.1808]:

[120]   Das beliebte Quintett-Rondo aus dem Ballet:
Figaro von Duport

[121] [Joseph] Gelinek: Ariette „Beglückt durch dich" (Pfte.)

[122] [Giovanni] Liverati: Aria und Polonaise aus der Operette:
Alle fürchten sich „Mädchen versäumet ja nicht die Zeit"

4. Quartal ([Pl. Nr.] 1317: No. 40—43; 1318: No. 44—47; 1319: No. 48—52)

No. 40 [2.7.1808]:

[123] Joseph Weigl: Ouverture aus der Oper: Ostade   313—317

[124] [Michael Umlauf]: Das beliebte Pas des [!] Deux des Herrn
Duport und Dem[oise]lle Coustou aus dem Ballet:
Die Tanzsucht   318—320

No. 41 [9.7.1808]:

[125] D.[omenico] Cimarosa: Aria (Curiazio) dell' Opera: Gli Orazi
e Curiazi „Quelle pupille tenere che brillano d'amore" 321—325

[126] [Nicolas] Dalayrac: Cavatina (Gulistan) aus der Oper: Gulistan
„O höret mit Erbarmen den jungen Wandrer an" (Singst.,
Git. oder Pfte.)   326—328

No. 42 [16.7.1808]:

[127] F.[erdinando] Pär: Aria (Camilla) dell' Opera: La Camilla
„Cara parte di me stessa"   329—331

[128]   Ballet-Musik aus dem grossen Ballet: Die bestrafte
Eifersucht   332–333

[129] W.[olfgang] A.[madeus] Mozart: Introduzione (Leporello)
dell' Opera: Il Don Giovanni „Notte e giorno faticar" –
„Keine Ruh' bey Tag und Nacht" [KV 527, 1]   334–336

No. 43 [23.7.1808]:

[130] Domenico Cimarosa: Aria (Paolino) dell' Opera: Il Matrimonio
Segreto „Pria che spunti in ciel l'aurora"   337–343

[131] A.[ntonio] Salieri: Evolution Marsch aus der Oper: Palmira   344

No. 44 [30.7.1808]:

[132] Adalbert Gyrowetz: Ouverture aus der Oper: Agnes Sorel   345–349

[133] [François] A.[drien] Boieldieu: Romance aus: ‹ Der Kaliph von
Bagdad › „Depuis le jour, ou son courage" – „Seit jenem Tag, wo er zum Glücke" (Singst., Pfte. oder Git.)   350–352

No. 45 [6.8.1808]:

[134] Fr.[iedrich Heinrich] Himmel: Lenore, ein Lied „Einst gieng
im sanften Abendschein" (V.C.P.)   353–355

[135] [André-Ernest-Modeste] Grétry: Marsch aus der Oper: Die
Samniterinnen ‹ Mariages Samnites ›   356

[136] J.[ohann] B.[aptist] Cramer: Andante für das Clavier   357–359

[137] Andreas Romberg: Lied „Mein, o mein ist sie auf immer"   360

No. 46 [13.8.1808]:

[138] W.[olfgang] A.[madeus] Mozart: Ouvertura dell' Opera:
La Clemenza di Tito [KV 621]   361–365

[139] [Nicola Antonio] Zingarelli: Duetto (Romeo, Evevardo)
dell' Opera: Giulietta e Romeo „Giusto ciel, del
mio tormento"   366–368

No. 47 [20.8.1808]:

[140]   Ballet-Musik aus: Figaro oder Der Barbier von
Sevilla von Duport   369–370

[141] [Nicola Antonio] Zingarelli: Duetto (Romeo, Giulietta)
dell' Opera: Romeo e Giulietta „Dunque mio bene
tu mia sarai" (2 Singst., Pfte. oder Git.)   371–374

[142] [Antonio] Salieri: Terzetto aus der Oper: Palmira „Coppia
si tenera così fedel" – „Gerechte Götter steht der
Tugend bei"   375–376

No. 48 [27.8.1808]:

[143] [Giovanni] Paisiello: Duetto (Nina, Holm) dell' Opera:
Nina „O momento, fortunato" – „Welche Wonne!
wie so glücklich"   377–383

[144]   Ballabile aus dem beliebten Ballet: Figaro oder
               Der Barbier von Sevilla von Duport   384

No. 49 [3.9.1808]:

[145]   Das beliebte Pas des [!] Deux, getantzt von Hrn.
               Duport und Made. Neuville in dem Ballet: Figaro   385–386

[146] W.[olfgang] A.[madeus] Mozart: Adagio [KV 540]   387–389

[147] Ferd.[inando] Pär: Duetto (La Camilla, Duca) dell' Opera:
               La Camilla „No crudel tu non m'amasti" – „Ach
               dein Herz fühlt keine Liebe"   390–392

No. 50 [10.9.1808]:

[148]   Favorit-Rondo ‹ der drey Damen im Quintett des
               3. Aktes › aus dem Ballett: Figaro oder Der Barbier
               von Sevilla von Duport   393–396

[149] P.[eter von] Winter: Aria (Mirrha) aus der Oper: Das Unter-
               brochene Opferfest „Ich war, wann ich erwachte"
               (Singst., Pfte. oder Git.)   397–399

[150] [Luigi Cherubini]: Marsch aus der Oper: Die Tage der Gefahr 400

No. 51 [17.9.1808]:

[151] [Giovanni] Paisiello: Rondo (Lisetta) dell' Opera: Il Re Teo-
               doro „Come lasciar potrei" – „Ich sollt' den Lieben
               meiden?"   401–403

[152] Ant.[onio] Salieri: Ouvertura dell' Opera: Palmira   404–406

[153] W.[olfgang] A.[madeus] Mozart: Duettino (Sesto, Annio)
               dell' Opera: Clemenza di Tito „Deh prendi un dolce
               amplesso" [KV 621, 3]   407–408

No. 52 [24.9.1808]:

[154]   Erstes Solo des Herrn Duport aus dem grossen komi-
               schen Ballet: Figaro oder Der Barbier v.[on] Sevilla   409–410

[155] W.[olfgang] A.[madeus] Mozart: Duetto (Zerlina, Giovanni)
               dell' Opera: Il Don Giovanni „Là ci darem la mano!" –
               „Sey ohne Furcht mein Leben!" [KV 527, 7]   411–413

[156] [Luigi] Cherubini: Märsche aus der Oper: Faniska (No. 1–2)   414–415

[157] [Luigi] Cherubini: Ballo aus: Faniska   415–416

3. Jahrgang [1808/1809]

1. Quartal ([Pl. Nr.] 1358–1370: No. 1–13)

No. 1 ([Pl. Nr.] 1358 [1.10.1808]):

[1]   [Luigi] Cherubini: Ouverture aus der Oper: Lodoïska   1– 6

[2]   Jos.[eph] Haydn: „Gott! Erhalte den Kaiser!" [Hob. III, 77, III]   7

[3]   Jos.[eph] Weigl: Ariette (Kalaf) aus der Oper: Kalaf „Nach
        meiner Klause flieh' ich"   8

No. 2 ([Pl. Nr.] 1359 [8.10.1808]):

[4]   Lied der Räuber aus dem Trauerspiel: Die Räuber „Ein
             freyes Leben führen wir" [Schiller] (Singst., Pfte. oder
             Git.)   9

[5]   Das beliebte Terzetto im 2t. Act des Ballets: Figaro, ge-
             tantzt von Made. Neuville, Made. Coustou u.[nd] Hrn.
             Taglioni   10

[6]   W.[olfgang] A.[madeus] Mozart: Canzonetta (Giovanni)
             dell' Opera: Il Don Giovanni „De vieni alla finestra" —
             „Erscheine liebstes Mädchen" [KV 527, 17]   11— 13

[7]   [Luigi] Cherubini: 2 Märsche aus der Oper: Faniska (No. 3—4)   14— 15

[8]   Das beliebte Pas de Deux des Herrn Duport und Made.
             Neuville aus dem grossen komischen Ballet: Figaro oder
             Der Barbier von Sevilla von Duport im 2ten Act   16

No. 3 ([Pl. Nr.] 1360 [15.10.1808]):

[9]   Das beliebte Solo der Made. Neuville im zweyten Act
             des grossen komischen Ballets: Figaro oder Der Barbier
             von Sevilla von Duport   17— 19

[10]   Giuseppe Weigl: Duetto (Lucillia, Dorimante) dell: Amor
             Marinaro „Ah spiegarti oh Dio vorrei"   20— 22

[11]   Franz Teyber: Favorit-Ländler aus der Oper: Die beyden Marillo 23

[12]   F.[erdinand] Kauer: Arietta (Dominic) aus dem Schauspiel:
             Die Fürsten der Langobarden „Ja undankbar ist stets
             die Welt"   24

No. 4 ([Pl. Nr.] 1361 [22.10.1808]):

[13]   [Etienne Nicolas] Méhul: Rondo aus der Operette: Die
             Temperamente ‹L'Irato› „Jugend ist ein Gut" —
             „J'ai de la raison"   25— 29

[14]   Joseph Haydn: Andante mit dem Pauckenschlag [!]
             [Hob. I, Nr. 94, II]   30— 32

No. 5 ([Pl. Nr.] 1362 [29.10.1808]):

[15]   [Luigi] Cherubini: Ouverture aus der Oper: Faniska   33— 39

[16]   Joseph Weigl: Marsch aus der Oper: Das Waisenhaus   40

No. 6 ([Pl. Nr.] 1363 [5.11.1808]):

[17]   W.[olfgang] A.[madeus] Mozart: Duetto (Dorabella, Guglielmo)
             ricavato dall' Opera: Così fan tutte „Il core vi dono" —
             „Empfange diess Herzchen!" [KV 588, 23]   41— 45

[18]   Masur für das Pianoforte   46

[19]   Romance (Ne m'oubliez pas) ,,Vous me quittez pour
              aller à la gloire''   47

[20] [André-Ernest-Modeste] Grétry: Marche aus der Oper: Der
              Blaubart   48

No. 7 ([Pl. Nr.] 1364 [12.11.1808]):

[21] W.[olfgang] A.[madeus] Mozart: Aria (Belmonte) aus der Oper:
              Die Entführung aus dem Serail ,,Kostanze [!] dich wie-
              der zu sehen, dich!'' [KV 384, 4]   49— 52

[22] [Verschiedene Komponisten]: Das beliebte komische Pas des [!]
              Deux getanzt von Hrn. Schlothauer [!] und Me. Boisson
              in der Pantomime: Arlequin und Columbine auf den
              Alpen [Arr.: Schlotthauer]   53— 56

No. 8 ([Pl. Nr.] 1365 [19.11.1808]):

[23] [Verschiedene Komponisten]: Ballet-Musik aus dem neuen
              zweyten Akt der beliebten Pantomime: Arlequin und
              Colombine auf den Alpen, [getanzt] von Herrn
              Schlothauer [!] [Arr.: Schlotthauer]   57— 59

[24] [Louis-Sébastian] Lebrun: Ariette (Robert) aus der Oper:
              Pächter Robert [= Marcellin] ,,Im Phrygerland ein
              armer Sklave''   60— 61

[25] [Antonio] Salieri: Duetto (Aspasia, Atar) d': Axur Re d'Ormus,
              per Cembalo ,,Per te Solo amanto''   62— 64

No. 9 ([Pl. Nr.] 1366 [26.11.1808]):

[26] R.[odolphe] Kreutzer: Ouverture aus der Oper: Lodoïska   65— 69

[27] Ferd.[inando] Pär: Chanson à toi ,,Ce que je désire'' (No. VIII) 70— 71

[28] [Henri-Montan] Berton: Marsch aus der Oper: Aline, Königinn
              von Golkonda   72

No. 10 ([Pl. Nr.] 1367 [3.12.1808]):

[29] W.[olfgang] A.[madeus] Mozart: Aria (Giovanni) dell' Opera:
              Il Don Giovanni ,,Finch' han dal vino'' — ,,Treibt der
              Champagner'' [KV 527, 12]   73— 77

[30] F.[erdinando] Pär: III Marcie per il Cembalo, ricavate dell' Opera:
              Achille   78— 80

No. 11 ([Pl. Nr.] 1368 [10.12.1808]):

[31] F.[riedrich] H.[einrich] Himmel: Ariette (Fanchon) aus der
              Oper: Fanchon ,,Fort, daß die Leyer klinge''   81

[32] Giuseppe Farinelli: Duettino (Aspasia, Masetto) dell' Opera:
              Teresa e Claudio ,,L'amore vi chiedo''   82— 86

[33]   Der beliebte Marsch der k.k. Nieder-Oesterreichischen
               Landwehre der Stadt Wien   87

[34] Alexander Rolla: Allegretto agitato aus dem grossen Ballet:
               Abdul   88

No. 12 ([Pl. Nr.] 1369 [17.12.1808]):

[35] [Christoph Willibald] Gluck: Ouverture d': Iphigénie en Aulide 89– 95

[36] F.[riedrich] H.[einrich] Himmel: Das beliebte Savoyarden-
               Liedchen (André) aus der Oper: Fanchon „Den fröh-
               lichen Tanz der Savoyarden"   96

No. 13 ([Pl. Nr.] 1370 [24.12.1808]):

[37] [Nicola Antonio] Zingarelli: Rondo (Romeo) dell' Opera:
               Romeo e Giulietta „Tranquillo io son fra poco" –
               „Ombra adorata aspetta" (Pfte.- oder Git.-Arr.:
               Bortolazzi)   97–101

[38] F.[riedrich] H.[einrich] Himmel: Romanze (Fanchon) aus
               der Oper: Fanchon „Mit holder Schönheit ausgestat-
               tet" – (Chor) „Nein, Liebe kennt nicht Rang und
               Stand"   102–103

[39] [Luigi] Cherubini: Marsch aus der Oper: Medea   104

2. Quartal ([Pl. Nr.] 1387–1399: No. 14–26)

No. 14 ([Pl. Nr.] 1387 [31.12.1808]):

[40] Ferdinando Paer: Ouvertura per Cembalo dell' Opera: Achille 105–110

[41] [Johann Franz Xaver] Sterkel: Vergiss Mein Nicht „Vergiss
               mein nicht, wenn dir die Freude winket" (Singst.,
               Git. oder Pfte.)   111–112

No. 15 ([Pl. Nr.] 1388 [7.1.1809]):

[42] Ant.[onio] Salieri: Rondo (Aspasia) dell' Opera: Axur, Re
               d' Ormus „Son queste le speranze"   113–115

[43] [Peter von] Winter: Duetto (Mirrha, Murnei) aus der Oper:
               Das Unterbrochene Opferfest „Wenn mir dein Auge
               strallet [!]"   116–119

[44] [Johann Baptist Elmenreich]: Marche aus der Oper: Der
               Capellmeister   120

No. 16 ([Pl. Nr.] 1389 [14.1.1809]):

[45] [Giovanni] Paisiello: Ouvertura dell' Opera: La Molinara 121–123

[46] D.[omenico] Cimarosa: Duetto (Carolina, Paolo) dell' Opera:
               Il Matrimonio Segreto [!] „Io ti lascio perchè uniti" 124–128

No. 17 ([Pl. Nr.] 1390 [21.1.1809]):

[47]   [Christoph Willibald] Ritter v.[on] Gluck: Aria (Iphigenie)
       aus der Oper: Iphigenie in Aulis „Leb' wohl, und das
       Bild der Tiefbetrübten" — „Adieu: Conserver dans
       votre âme"   129—130

[48]   M.[atteo] Bevilacqua: Aria „La Biondina in Gondoletta"
       (Singst., Cemb. oder Git.)   131—133

[49]   Leop.[old] Koželuch: Ballet-Musik aus dem grossen Ballet:
       Die wiedergefundene Tochter Kaiser Otto des IIten   134—135

[50]   Franz Tobias von Lehrl: Marsch des 6ten Bataillons der k.k.
       Nieder-Oesterreichischen Landwehre der Stadt Wien   136

No. 18 ([Pl. Nr.] 1391 [28.1.1809]):

[51]   Joseph Weigl: Ouverture aus der Oper: Das Waisenhaus   137—141

[52]   [Christoph Willibald] Ritter v.[on] Gluck: Aria (Iphigenie)
       aus der Oper: Iphigenie in Aulis „O lebe für Orest,
       meinen Bruder " — „Vivez pour Oreste, mon frère"   142—143

[53]   [Conradin] Kreutzer: Ländler nach schweizerischer Art   144

No. 19 ([Pl. Nr.] 1392 [4.2.1809]):

[54]   Joseph Weigl: Duetto (Obrist, Director) aus der Oper: Das
       Waisenhaus „Zum zweitenmal ein Herz zu finden"   145—149

[55]   Minuetto aus der Oper: Don Giovanni von W. A. Mozart
       [KV 527] [mit 5 Variationen]   150—152

No. 20 ([Pl. Nr.] 1393 [11.2.1809]):

[56]   Joseph Weigl: Aria (Director) aus der Oper: Das Waisenhaus
       (Rec.) „Die Nacht entflieht, der Morgen tritt hervor" —
       (Aria) „Schön ist das vergnügte Leben"   153—156

[57]   [Antonio] Salieri: Quartetto (Areidoro, Alderano, Dario,
       Oronte) aus der Oper: Palmira „Silenzio facciasi"   157—158

[58]   [Luigi] Cherubini: Marsch aus der Oper: Medea   159—160

No. 21 ([Pl. Nr.] 1394 [18.2.1809]):

[59]   Joseph Weigl: Aria (Thomas) aus der Oper: Das Waisenhaus
       „Mich durchläuft, mich durchglüht ein Behagen"   161—165

[60]   [Etienne Nicolas] Méhul: Ouverture des zweiten Actes
       aus der Oper: Hélène   166—168

No. 22 ([Pl. Nr.] 1395 [25.2.1809]):

[61]   Menuet Favori, varié très facile   169—174

[62]   [Nicola Antonio] Zingarelli: Cavatina (Romeo) dell' Opera:
       Romeo e Giulietta „Che vago sembiante, che luci
       vezzose"   175—176

No. 23 ([Pl. Nr.] 1396 [4.3.1809]):

[63]   Anton Salieri: Favorit-Marsch aus der grossen Oper: Cesar
       in Farmacusa   177

[64]   [Johann Christoph] Vogel: Duetto (Zeline, Osmin) aus der
       Oper: Aline, Königin von Golconda „Du widmest
       mir dein ganzes Leben"   178–182

[65]   A.[ntonio] Salieri: Aria (Atar) dell' Opera: Axur, Re d' Ormus
       „Soave luce di paradiso" (Singst., Cemb.)   183–184

No. 24. ([Pl. Nr] 1397 [11.3.1809]):

[66]   [Henri-Montan] Berton: Ouverture aus der Oper: Aline,
       Königin von Golconda   185–189

[67]   [Nicolas] Daleyrac [!]: Romance aus der Oper: Der Thurm
       von Gothenburg „Ein Reisender verlohr den Weg"   190–191

[68]   [Conradin] Kreutzer: Walzer   192

No. 25 ([Pl. Nr.] 1398 [18.3.1809]):

[69]   Johann Fuß: Trauermarsch, gewidmet den Manen des am
       7. März 1809 verstorbenen sehr berühmten Herrn
       Georg Albrechtsberger, von seinem Schüler   193

[70]   Ant.[onio] Salieri: Ariette „Ich denke dein, wenn durch
       den Hain" [Matthisson]   194–195

[71]   Fandango für das Pianoforte   196–197

[72]   [Wolfgang Amadeus] Mozart: Duetto (Ferrando, Guglielmo)
       dell' Opera: Così fan tutte „Secondate aurette amiche"
       – „Traget sanft mit leisem Wehen" [KV 588, 21]   198–200

No. 26 ([Pl. Nr.] 1399 [25.3.1809]):

[73]   Abbé [Joseph] Gelinek: Das beliebte Andante von W. A. Mozart,
       übersetzt für das Pianoforte [KV 543, II]   201–205

[74]   Abbé [Joseph] Gelinek: Landwehr Marsch mit unterlegtem
       Text in Musik gesetzt „Was für ein Feld wohl nennst
       du dein?" (H. I. v. Collin)   206–207

[75]   A.[ntonio] Salieri: Cavatina (Arteneo) dell' Opera: Axur,
       Re d' Ormus „Com'ape ingegnosa"   208

3. Quartal ([Pl. Nr.] 1420 – [1432]: No. 27–39)

No. 27 ([Pl. Nr.] 1420 [1.4.1809]):

[76]   [Domenico] Cimarosa: Ouverture zu: Matrimonio Segretto [!]

[77]   [Ferdinando] Paer: Ariette „Des Frühlings schöne Königin"
       (No. VII)   215–216

No. 28 ([Pl. Nr.] 1421 [8.4.1809]):

[78]   V.[ittorio] Trento: Aria Polonoise

[79]   [Etienne Nicolas] Méhul: Gavotte aus: Theseus [Gossec]

[80]   Romance Andante

No. 29 ([Pl. Nr.] 1422 [15.4.1809]):

[81]   B.[onifacio] Asioli: La Campana di Morte, Sonetto col
           Pianoforte   225—228

[82]   [Etienne Nicolas] Méhul: Ouverture des 2. Actes [aus:]
           Die beiden Füchse [= Une Folie]   229—231

[83]   Ferd.[inand] Neupauer: Marsch   232

No. 30 ([Pl. Nr.] 1423 [22.4.1809]):

[84]   Ungarische Land Werbung (Pfte.-Arr.: Gelinek)

[85]   V.[incente] Martín [y Soler]: Favorit-Duetto aus der Oper:
           Der Baum der Diana „Ochietto furbetto", welches in
           dem beliebten musikalischen Quodlibet: Rochus
           Pumpernickel gesungen wurde

[86]   Josef Weigl: Das beliebte Solo aus dem großen Ballet: Alcine

[87]   [Wolfgang Amadeus] Mozart: Marsch in F aus: Zauberflöte
           [KV 620, 9]

No. 31 ([Pl. Nr.] 1424 [29.4.1809]):

[88]   Josef Haydn: Rondo all' ongroise [Hob. XV, Nr. 25, III]

[89]   [Giovanni] Paesiello: La Rachelina Molinara, Cavatine
           (Pfte.- oder Git.-Arr.: Matteo Bevilacqua)

[90]   [Luigi Cherubini]: 2. Marsch aus: Die Tage der Gefahr

No. 32 ([Pl. Nr.] 1425 [6.5.1809]):

[91]   [Jacob] Haibel: Das beliebte Pas de deux aus dem grossen Ballet:
           Le Nozze Disturbate

[92]   [Louis-Sébastien] Lebrun: Rondo (Marcellin) aus: Pächter Robert

[93]   [Wolfgang Amadeus] Mozart: [Aria (D. Giovanni)] aus:
           Don Giovanni „Finch'han dal vino" [KV 527, 12]

[94]   [Friedrich] Satzenhofen: Zwey beliebte Tyroler Lieder (Pfte.)

No. 33 ([Pl. Nr.] 1426 [13.6.1809]):

[95]   Mich.[ael] Umlauf: Favorit-Andante aus dem komischen Ballet:
           Paul und Rosette

[96]   [Jean François] LeSueur: Napoleons Krönungsmarsch

[97]   A.[ntonio] Sacchini: Scena e Rondo

No. 34 ([Pl. Nr.] 1427 [20.5.1809]):

[98]   [Luigi] Cherubini: Quartetto aus: Faniska

[99] [Wolfgang Amadeus] Mozart: III Marcie dell' Opera:
Idomeneo, Re di Creta [KV 366, 8, 14, 25]

No. 35 ([Pl. Nr] 1428 [27.5.1809]):

[100] Josef Haydn: Ouverture aus: Die vier Jahreszeiten [Hob. XXI, Nr. 3]

[101] [Nicolas] Dalayrac: Aria aus: Die beiden Savoyarden

No. 36 ([Pl. Nr.] 1429 [3.6.1809]):

[102] [Giovanni] Paesiello: Duetto aus der Oper: La Molinara, eingelegt in: Rochus Pumpernickel

[103] Ferd.[inando] Paer: La fausse Gajeté

[104] G.[eorg] F.[riedrich] Händel: Variations pour le Pianoforte

[105] [François Joseph] Naderman: Favoritmarsch als Ouverture
zu: Rochus Pumpernickel

No. 37 ([Pl. Nr.] 1430 [10.6.1809]):

[106] [Luigi Cherubini] : Romance aus: Tage der Gefahr

[107] [Wolfgang Amadeus] Mozart: [Terzett (Pamina, Papageno,
Monostatos)] aus: Zauberflöte „Du feines Täubchen,
nur herein" [KV 620, 6]

No. 38 ([Pl. Nr.] 1431 [17.6.1809]):

[108] [Wolfgang Amadeus] Mozart: Rondo très facile, Oeuvre 23
[KV 485]

[109] [Antonio] Salieri: Aria e Marcia dell' Opera: Palmira

[110]   Französischer Zapfenstreich (Pfte.)

No. 39 ([ohne Pl. Nr., recte 1432: 24.6.1809]):

[111] [Wolfgang Amadeus] Mozart: Terzetto [Fiordiligi, Dorabella,
Don Alfonso] aus: Così fan tutte „Soave già il vento"
[KV 588, 10]

[112]   3 beliebte französische Märsche [1. Partie]

4. Quartal ([Pl. Nr.] 1433—1445: No. 40—52)

No. 40 ([Pl. Nr.] 1433 [1.7.1809].):

[113] F.[erdinando] Pär: Ouvertur [!] aus der Oper: Sargino   313—319

[114] R. de H.: Romance „Partant pour la Sirie" (Laborde)   320

No. 41 ([Pl. Nr.] 1434 [8.7.1809]):

[115] D.[omenico] Cimarosa: Duetto (Geronimo, Conte) dell' Opera:
Il Matrimonio segretto [!] „Se fiaato in Corpo avete"   321—333

No. 42 ([Pl. Nr.] 1435 [15.7.1809]):

[116] [Michael Umlauf]: Contradanza all' Ungarese aus dem Ballet:
‹ Die Weinlese ›   334—336

No. 43 ([Pl. Nr.] 1436 [22.7.1809]):

[117]   3 beliebte französische Märsche, 2. Partie (I. Marche
de l'Empereur Napoléon. II. Marche de Massena.
III. Marche)   337—339

[118] [Nicola Antonio] Zingarelli: Aria (Romeo) dell'Opera:
Giulietta e Romeo (Rec.) „Qual sarà il mio contento"
— (Aria) „Sommo ciel cher il cor mi vedi"   340—344

No. 44 ([Pl. Nr.] 1437 [29.7.1809]):

[119] J.[ohann] L.[adislaus] Dussek: Variations pour le Piano-Forte
sur l'Air „Nato io sono nello stato Romano" dell' Opera:
Axur, Re d'Ormus (Tema-Var. 1—6)   345—350

[120] [Etienne Nicolas] Méhul: Romance (Helene, Paul) aus der
Oper: Helena „Ein Troubadour im Bearnerland"   351—352

No. 45 ([Pl. Nr.] 1438 [5.8.1809]):

[121] Ferd.[inando] Pär: Cavatina dell' Opera: Achille „Deh per
pietà de della mia sorte"   353—355

[122] J.[ohann] L.[adislaus] Dussek: Variations sur la Marche de
Mr. Gluck   356—359

[123] De la Lance: De Zilia, Romance „De ce ruisseau l'on deparoit"
(La Comtesse de Beaufort)   360

No. 46 ([Pl. Nr.] 1439 [12.8.1809]):

[124] W.[olfgang] A.[madeus] Mozart: Aria (Cherubino) dell' Opera:
Le Nozze di Figaro „Non sò più cosa son, cosa faccio" —
„Neue Freuden, neue Schmerzen" [KV 492, 6]   361—363

[125] [Wolfgang Amadeus] Mozart: Ouverture dell' Opera:
Così fan tutte" [KV 588]   364—368

No. 47 ([Pl. Nr.] 1440 [19.8.1809]):

[126] [Nicola Antonio] Zingarelli: Aria (Romeo) dell' Opera:
Giulietta e Romeo „Prendi! l'acciar ti rendo"   369—372

[127] L.[udwig] van Beethoven: Variations sur un Air Suisse
[WoO 64]   373—376

No. 48 ([Pl. Nr.] 1441 [26.8.1809]):

[128] W.[olfgang] A.[madeus] Mozart: Duetto (Figaro, Susanna)
dell' Opera: Le Nozze di Figaro „Se a caso Madama
la notte ti chiama" — „Sollt einstens die Gräfin zur
Nachtzeit dir schellen" [KV 492, 2]   377—381

[129]   3 beliebte französische Märsche, 3. Partie   382—384

No. 49 ([Pl. Nr.] 1442 [2.9.1809]):

[130] Joh.[ann] Fuss: Bitte beim Abschied (Rec.) „Also gehst du?
Willst nicht länger weilen" − [Arie] „Darf die Liebe
nicht das Schicksal lenken" (C. N. Meyer)   385−389

[131]   3 beliebte französische Märsche, 4. Partie   390−392

No. 50 ([Pl. Nr.] 1443 [9.9.1809]):

[132] [Etienne Nicolas] Méhul: Duetto (Dorchen, Sophie) aus der
Operette: Der Schatzgräber ‹ Le Trésor Supposé ›
„Ihr Mädchen, ja ihr sollt es wissen"   393−397

[133]   3 beliebte französische Märsche, 5. Partie   398−400

No. 51 ([Pl. Nr.] 1444 [16.9.1809]):

[134] W.[olfgang] A.[madeus] Mozart: Duetto (Susanna, Le Conte)
dell' Opera: Le Nozze di Figaro „Crudel! perchè finora" − „So lang hab ich geschmachtet" [KV 492, 16]   401−403

[135]   3 beliebte französische Märsche, 6. Partie   404−406

[136] [Etienne Nicolas] Méhul: Aria (Sophie) aus der Operette:
Der Schatzgräber ‹ Le Trésor Supposé › „Ach wenn
er kommt, fühl' ich Entzücken"   407−408

No. 52 ([Pl. Nr.] 1445 [23.9.1809]):

[137] [Etienne Nicolas] Méhul: Ouverture aus der Operette:
Der Schatzgräber ‹ Le Trésor Supposé ›   409−414

[138] [Antonio] Salieri: Aria (Oronte) e Marcia dell' Opera:
Palmira „Al piè vostro conduco, e tributo" −
„Herr! ich lege hier zu deinen Füssen"   415−416

4. Jahrgang [1810/1812]

1. Quartal ([Pl. Nr.] 1496−1508: No. 1−13)

No. 1 ([Pl. Nr.] 1496):

[1]   [Gasparo] Spontini: Ouverture aus der Oper: Die Vestalin
[= La Vestale]   1− 7

[2]   G.[iuseppe] Nicolini: Marcia dell' Opera: Coriolano   8

No. 2 ([Pl. Nr.] 1497):

[3]   [Gasparo] Spontini: Triumph-Marsch aus der Oper:
Die Vestalin [= La Vestale]   9− 10

[4]   [Nicolas] Dalayrac: Duetto aus der Oper: Die beyden Savoyarden [= Les deux Petits Savoyards] „Ein hüb-
sches kleines Mädchen"   11− 14

[5]   [Antonio] Salieri: Aria e Marcia dell' Opera: Palmira   15− 16

No. 3 ([Pl. Nr.] 1498):

[6]   [Gasparo] Spontini: Trauer-Marsch aus: Vestalin
       [= La Vestale]   17— 18

[7]   G. [Simon] Mayr: Cavatina dell' Opera: La Ginevra di Scozia
       „Come potrei mai vivere"   19— 22

[8]   [Louis-Sébastien] Lebrun: Ariette (Marcellin) aus der
       Oper: Pächter Robert [= Marcellin]   23— 24

No. 4 ([Pl. Nr.] 1499):

[9]   [Domenico] Cimarosa: Duetto dell' Opera: Il Matrimonio
       segreto   25— 31

[10]   [Giuseppe] Nicolini: Marcia dell' Opera: Trajano   32

No. 5 ([Pl. Nr.] 1500):

[11]   G. S.[imon] Mayr: Marcia dell' Opera: La Ginevra di Scozia   33— 34

[12]   [Gasparo] Spontini: Duetto aus der Oper: Die Vestalin
       [= La Vestale]   35— 40

No. 6 ([Pl. Nr.] 1501):

[13]   [Giuseppe] Nicolini: Scena ed Aria dell' Opera: Il Coriolano   41— 48

No. 7 ([Pl. Nr.] 1502):

[14]   [Louis-Sébastien] Lebrun: Ouverture zur Oper: Pächter
       Robert [= Marcellin]   49— 56

No. 8 ([Pl. Nr.] 1503):

[15]   [Anton] Fischer: Preghiera aus der Oper: Der Blaubart   57— 60

[16]   [Giuseppe] Nicolini: Aria dell' Opera: Trajano in Dacia   61— 64

No. 9 ([Pl. Nr.] 1504):

[17]   [Luigi] Cherubini: Aria aus der Oper: Die Tage der Gefahr   65— 69

[18]   2 russische Märsche (1. Infanterie-Marsch.
              2. Cavallerie-Marsch)   70— 72

No. 10 ([Pl. Nr.] 1505):

[19]   [Wolfgang Amadeus] Mozart: Duetto [Vitellia, Sesto]
       dell' Opera: La Clemenza di Tito „Come ti piace
       imponi" [KV 621, 1]   73— 76

[20]   [Gasparo] Spontini: Aria aus der Oper: Die Vestalin   77— 80

No. 11 ([Pl. Nr.] 1506):

[21]   [Wolfgang Amadeus] Mozart: Ouverture aus der Oper:
       Die Entführung aus dem Serail [KV 384]   81— 86

[22]   [Henri-Montan] Berton: Romance aus der Oper: Aline,
       Königin von Golkonda   87— 88

No. 12 ([Pl. Nr.] 1507)

No. 13 ([Pl. Nr.] 1508):

[23] [Antonio] Salieri: Canzonetta d'Azur, Re d' Ormus   99—102

[24] [Gasparo] Spontini: Aria aus der Oper: Die Vestalin „Die
      Götter werden uns nicht sinken lassen"   103—106

2. Quartal ([Pl. Nr.] 1514—1526: No. 14—26)

No. 14 ([Pl. Nr.] 1514):

[25] L.[uigi] Cherubini: Ouverture aus der Oper: Medea   107—114

No. 15 ([Pl. Nr.] 1515):

[26] G.[iuseppe] Nicolini: Duetto (Decebalo, Trajano) dell' Opera:
      Trajano in Dacia „Il braccio mio guerriero"   115—118

[27] W.[olfgang] A.[madeus] Mozart: Aria (Tamino) aus der Oper:
      ‹ Die Zauberflöte › „Wie stark ist nicht dein Zauber-
      ton" — „Quel suono chi me! quel suon perchè"
      [KV 620, aus 8]   119—122

No. 16 ([Pl. Nr.] 1516):

[28] Ant.[onio] Salieri: Coro ossia Marcia d' Axur, Re d' Ormus
      „No più vaghi Soggiorni dell' Asia" (Singst., Cemb.)   123—126

[29] G.[asparo] Spontini: Duetto (Julia, Licinius) aus der Oper:
      Die Vestalinn „Ich bebe, athme kaum, o heilige Natur" 127—130

No. 17 ([Pl. Nr.] 1517):

[30] G.[iuseppe] Nicolini: Duetto (Decebalo, Colmira) dell' Opera:
      Trajano in Dacia „Tergi quei tuoi beirai"   131—137

[31]   Der beliebte Prater Marsch   138

No. 18 ([Pl. Nr.] 1518):

[32] G.[iovanni] Liverati: Aria (Ginevra) nell' Opera:
      La Ginevra di Scozia   139—146

No. 19 ([Pl. Nr.] 1519):

[33] W.[olfgang] A.[madeus] Mozart: Ouverture aus der Oper:
      Die Zauberflöte [KV 620]   147—152

No. 20 ([Pl. Nr.] 1520):

[34] Giuseppe Nicolini: Duetto (Volumnia, Coriolano) dell' Opera:
      Il Coriolano „L'armi deponi, o caro"   153—162

No. 21 ([Pl. Nr.] 1521):

[35] Nicolò Isoward [!]: Favorit Romance (Cendrillon) aus der
      Oper: Prinzessin Aschenbrödel [= Cendrillon] „Je

suis modeste et soumise" — „Anspruchslos und ohne Dünkel" (Singst., Pfte. oder Git.)   163—166

[36] J.[ohann] B.[aptist] Cramer: Le Retour du Printems,
Divertimento   167—170

No. 22 ([Pl. Nr.] 1522):

[37] [Nicolò Isouard] : Romance (Aschenbrödel) mit Tamburin
aus der Oper: Aschenbrödel [= Cendrillon] „Was ist
des Reichtums Schimmer?" (Singst., Pfte. oder Git.)   171—174

[38] W.[olfgang] A.[madeus] Mozart: Duetto (Annio, Sevillio)
dell' Opera: La Clemenza di Tito „Ah perdona al
primo affetto" [KV 621, 7]   175—178

No. 23 ([Pl. Nr.] 1523):

[39] [Nicolò Isouard] : Romance (Prinz) aus der Oper: Aschenbrödel
[= Cendrillon] „Reitzend, doch trügliches Geschlecht"
(Singst., Pfte. oder Git.)   179—180

[40] J.[ohann] B.[aptist] Cramer: Arietta alla Spagnuola   181—186

No. 24 ([Pl. Nr.] 1524):

[41] L.[udwig] van Beethoven: Ouverture d'Egmont, Tragédie
de Göthe (Op. 84)   187—195

[42] [Jacopo Gotifredo] Ferrari: Les Grâces et Amour, Romance
„A l'ombre d'un myrthe fleuri"   196

No. 25 ([Pl. Nr.] 1525):

[43] W.[olfgang] A.[madeus] Mozart: Aria (Cherubino) dell' Opera:
Le Nozze di Figaro „Voi, che sapete che cosa è amor" —
„Ihr, die ihr Triebe des Herzens kennt" [KV 492, 11] 197—199

[44] [Louis-Sébastien] Lebrun: Terzetto (Robert, Justine, Victor)
aus der Oper: Pächter Robert ‹ Marcelin › „In der
Geliebten Nähe"   200—204

No. 26 ([Pl. Nr.] 1526):

[45] [Luigi] Cherubini: Duetto (Constance, Armand) aus der Oper:
Die Tage der Gefahr (Rec.) „Me séparer de mon époux" —
„Mich trennen soll ich von dem Gatten?" — (Aria)
„Tu en appartiens" — „Mein nur bist du!"   205—211

[46] Nicolò Isovard [!] : Turnier Marsch aus der Oper: Aschenbrödel ‹ Cendrillon › (Pfte. oder Git.)   212

3. Quartal ([Pl. Nr.] 1545—1557: No. 27—39)

No. 27 ([Pl. Nr.] 1545):

[47] G.[iuseppe] Nicolini: Ouvertura dell' Opera: Trajano in Dacia   213—217

[48]   A.[dalbert] Gyrowetz: Duetto (Berissa, Selico) aus der Oper:
               Selico „Lebe wohl, wir müssen scheiden"   218—220

No. 28 ([Pl. Nr.] 1546):
[49]   [Etienne Nicolas] Méhul: Ouverture aus der Oper: Hélène   221—226
[50]   Johann Fuss: Die Verlassne an ihr Kind „Es muß das Herz an
               etwas hangen" (Müchler)   227—228

No. 29 ([Pl. Nr.] 1547):
[51]   [Luigi] Cherubini: Marsch aus der Oper: Medea   229—230
[52]   Giuseppe Weigl: Polonoise (Dorimante) [aus:] L'Amor Marinaro
               „Torni serena l'alma"   231—236

No. 30 ([Pl. Nr.] 1548):
[53]   [André-Ernest-Modeste] Grétry: Terzetto (Blaubart, Marie, Vergi)
               aus der Oper: Der Blaubart „Ach! theure Schwester,
               siehst du nichts"   237—243
[54]   G.[iovanni] Liverati: Marcia dell' Opera: Ermanno   244

No. 31 ([Pl. Nr.] 1549):
[55]   [Etienne Nicolas] Méhul: Rondo (Isabelle) aus der Oper:
               Die Temperamente ‹ L'Irato › „An einen sich
               allein zu binden"   245—251
[56]   Giov.[anni] Liverati: Marcia dell' Opera: Ermanno   252

No. 32 ([Pl. Nr.] 1550):
[57]   [Anton] Fischer: Ouverture aus der Oper: Raul der Blaubart   253—260

No. 33 ([Pl. Nr.] 1551):
[58]   G.[iovanni] Liverati: Scena e Duetto (Didone, Enea) dell' Opera:
               Enea in Cartagine (Rec.) „Sol tu mi rendio caro"—
               (Duetto) „Soave giubilo le sue delizie"   261—263
[59]   [André-Ernest-Modeste] Grétry: Aria (Blaubart) aus der Oper:
               Der Blaubart „Ha Falsche, die Thüre offen fort zum
               Tod"   264—268

No. 34 ([Pl. Nr.] 1552):
[60]   Joseph Weigl: Ouverture aus der Oper: Die Uniform   269—275
[61]   J.[ohann] N.[epomuk] Hummel: Deutscher aus dem Diver-
               tissement: Das belebte Gemählde   276

No. 35 ([Pl. Nr.] 1553):
[62]   [Louis-Sébastien] Lebrun: Duetto (Robert, Justine) aus der
               Oper: Pächter Robert ‹ Marcellin › „Süsser Schlaf
               schloß meine Augenlieder [!]"   277—284

No. 36 ([Pl. Nr.] 1554):

[63] [François-Adrien] Boieldieu: Ouverture aus der Oper: Johann
              von Paris ‹ Jean de Paris ›   285—291

[64] Fe[r]d.[inando] Pär: Ariette „Pupille tenere del caro bene!"   292

No. 37 ([Pl. Nr.] 1555):

[65] [François-Adrien] Boieldieu: Duetto (Olivier, Lorezza)
              aus der Oper: Johann von Paris ‹ Jean de Paris ›
              „In einer schmachtenden Romanze"   293—298

[66] Abbé [Joseph] Gelinek: Original Schweitzer Ländler
              oder Alpen Lieder gesetzt für das Fortepiano
              (No. I. Auf der Olma giebts Kalma. II. III. IV.
              V. Hall herein Umma da. VI.)   299—300

No. 38 ([Pl. Nr.] 1556):

[67] [François-Adrien] Boieldieu: Romance (Prinzessinn, Olivier,
              Johann und Chor) aus der Oper: Johann von Paris
              ‹ Jean de Paris › „Der Troubadour, stolz auf der
              Liebe Bande"   301—307

[68] Abbé [Joseph] Gelinek: Marche de l' Opéra: Jean de Paris   308

No. 39 ([Pl. Nr.] 1557):

[69]   Réponse à la Romance de Mr. de Segur: Ne m'oublies
              pas „Oui je vous fuis" (Singst., Pfte. oder Git.)   309—310

[70] [François-Adrien] Boieldieu: Aria (Olivier) aus der Oper:
              Johann von Paris ‹ Jean de Paris › „Begiebt mein
              Herr sich auf die Reise"   311—316

4. Quartal ([Pl. Nr.] 1608—1620: No. 40—52)

No. 40 ([Pl. Nr.] 1608):

[71] W.[olfgang] A.[madeus] Mozart: Ouverture aus der Oper:
              Die Hochzeit des Figaro [KV 492]   317—323

[72]   [Arie] (Marie) „Semblable aux fleurs, qui naissent sur
              les traces"   324

No. 41 ([Pl. Nr.] 1609):

[73] [François-Adrien] Boieldieu: Arie [Olivier] ‹ Begiebt mein
              Herr sich auf die Reise › aus: Johann von Paris (Pfte.) 325—327

[74] A.[ntonio] Salieri: Duetto (Aspasia, Atar) d': Axur, Re d'Or-
              mus „Qui dove ride l'aura"   328—332

No. 42 ([Pl. Nr.] 1610):

[75] [François-Adrien] Boieldieu: Romance aus: Johann von Paris
              ‹ Der Troubadour stoltz auf der Liebe Bande › (Pfte.) 333

[76] [Luigi] Cherubini: Ouverture aus: Tage der Gefahr   334–340

No. 43 ([Pl. Nr.] 1611):

[77] [François-Adrien] Boieldieu: Duetto [Olivier, Lorezza]
        ‹ In einer schmachtenden Romanze › aus Johann
        v.[on] Paris (Pfte.)   341–343

[78] W.[olfgang] A.[madeus] Mozart: Aria (Figaro) dell’ Opera:
        Le Nozze di Figaro „Non più andrai farfallone
        amoroso” [KV 492, 9]   344–348

No. 44 ([Pl. Nr.] 1612):

[79] [François-Adrien] Boieldieu: Duetto ‹ Der Mann, den ich
        erwählt › aus: Johann v.[on] Paris (Pfte.)   349–352

[80] [Etienne Nicolas] Méhul: Schwäbisches Lied aus den:
        Beiden Füchsen [= Une Folie] „Ein Röckle und
        ein Hösle”   353–356

No. 45 ([Pl. Nr.] 1613):

[81] [François-Adrien] Boieldieu: Chor ‹ Lasst zu dem Fest ›
        aus: Johann von Paris (Pfte.)   357–358

[82] [André-Ernest-Modeste] Grétry: Duetto (Vergi, Marie)
        aus der Oper: Der Blaubart „Ja, ja ich gebe deine
        Schwüre”   359–362

[83] [Johann Baptist] Henneberg: Favorit-Ariette (Gretl) aus der
        Operette: Die Kaufmanns-Bude „A Schüsserl und a
        Reindel”   363–364

No. 46 ([Pl. Nr.] 1614):

[84] V. A. Wagner: Grablied „Auch des Edlen schlummernde
        Gebeine” (Matthisson)   365–366

[85] F.[riedrich] A.[ugust] Kanne: Die Wunderblume „Kennt
        ihr das Blümchen still und fein” (Singst., Pfte., Git.)   367–368

[86] A.[ntonio] Salieri: Canone (Fiam, Art, Brig) d’: Axur,
        Re d’Ormus „All’ er ta zovanotti”   369–372

No. 47 ([Pl. Nr.] 1615):

[87] [Etienne Nicolas] Méhul: Ouverture aus der Oper: Die
        Beyden Füchse [= Une Folie]   373–379

[88] [Angelo] Tarchi: Arie (Friedrich) aus: Zwey Posten [= D’Au-
        berge en Auberge] „Lass uns ruhig ringsum sehen”   380–382

No. 48 ([Pl. Nr.] 1616):

[89] W.[olfgang] A.[madeus] Mozart: Duetto (Susanna, Contessa)
        dell’ Opera: Le Nozze di Figaro „Su l’aria? Che soave
        zeffiretto” – „Nun soll ich? Wenn die sanften Abend-
        lüfte” [KV 492, 20]   383–385

[90]   N.[icolas] Daleyrac [!] : Ouverture aus der Oper: Der Thurm
             von Gothenburg   386—392

No. 49 ([Pl. Nr.] 1617):
[91]   Simon Sechter: Polonoise und Rondo fürs Forte-Piano   393—394
[92]   [Nicolas] Dalairac [!] : Duetto (Pietro, Joseph) aus der Oper:
             Die Beiden Savojarden „Kaum wird es Morgens früh"   395—400

No. 50 ([Pl. Nr.] 1618):
[93]   [Luigi] Cherubini: Ouverture aus der Oper: La Prisonière [!]   401—407
[94]   Der beliebte Parade Marsch des zweyten Löbl:
             Bürger-Regiments in Wien   408

No. 51 ([Pl. Nr.] 1619):
[95]   Joh.[ann] Fuss: II Märsche fürs Piano-Forte   409—410
[96]   J.[oseph] Haydn: Arie (Hanne) aus den: Vier Jahrszeiten [!]
             „Ein Mädchen das auf Ehre hielt" [Hob. XXI, Nr. 3
             aus 21]   411—416

No. 52 ([Pl. Nr.] 1620):
[97]   W.[olfgang] A.[madeus] Mozart: Romance (Pedrillo) aus der
             Oper: Die Entführung aus dem Serail „In Mohrenland
             gefangen war ein Mädel hübsch und fein" [KV 384, 18] 417—418
[98]   ₀[Louis-Sébastien] Lebrun: Rondo (Justine) aus der Oper:
             Pächter Robert ‹Marcellin› „Hoffnungsstrahlen
             blinken uns"   419—424

[2. Jahrgang [1807/08], 3. Quartal, teilweise nach A. Weinmann, Cappi-Verlags-
verzeichnis, ergänzt, ebenso die Datierung der Jahrgänge 1—3.]

Neue Schlesische Musikalische Blumenlese.

Breslau. Gedruckt und zu haben in der Notendruckerei bei Grass und Barth, und
in Commission bei C. Friedrich Barth jun. daselbst.

1806—1807: Heft 1—2.

D Bim (M) — **PL** KAp (M); WRu

→ *Schlesische Musikalische Blumenlese.* 1801.

1. Heft (1806):

[1]   [Joseph Elsner] : Sonata (Allegro)   1— 14
[2]   [Joseph] Elsner: Ballet aus dem Melodramma: Nurzaha [!]
             (Andantino — Ein Tanz mit Tamburin — Solo i Ter-
             zetto — Allegro — Türkischer Tanz)   15— 23

[3]   M.[aciej] Kaminski [!] : Andante   23— 27

[4]   J.[oseph] Elsner: Polon.[aise]   27— 29

[5]   J.[oseph] Elsner: Polon.[aise]   30— 31

[6]   [Justin Heinrich] Knecht: Sonatina für das Klavier (Allegro —
        Andante come Minuetto — Rondo Allegretto)   32— 39

[7]   J.[oseph] Elsner: (Lob der Buchdruckerkunst) „Auf und stimmt
        ein Lied der Lieder" (Singst., gem. Chor, Pfte.)   40— 42

[8]   J.[oseph] Elsner: Des Antonius von Padua Fischpredigt
        „Antonius zur Predig die Kirche findt ledig"   43

[9]   [Heinrich] C.[arl] Ebell: Der Knaben Wunderhorn „Ein
        Knab' auf schnellem Roß"   44— 45

[10]   H.[einrich] C.[arl] Ebell: Friedenslied „Süße liebe Friedens-
        taube"   46— 47

[11]   Phrygisch „Das Mägdlein will ein Freyer hab'n"   48— 49

[12]   [Gottlob] Hensel: Unkraut „Wie kommt's, daß du so traurig
        bist"   50

[13]   [Gottlob] Hensel: Walzer „Büble wir wolle ausse gehe"   51

2. Heft (1807):

[14]   Andante   1

[15]   Andante   2— 3

[16]   Andante   3

[17]   Rondo   4— 5

[18]   Polon.[aise]   6— 11

[19]   Con Vivezzo   11— 12

[20]   Allegro con Fuoco   12— 16

[21]   Tehma [!] con Variationi (Var. 1—7 — Prestissimo —
                Alla Pollacca)   17— 26

[22]   F.[riedrich] W.[ilhelm] Berner: Eccossoise [!]   27

[23]   [Friedrich Wilhelm Berner] : Angloise   27

[24]   F. A. Gebel: Der Rattenfänger, Romanze „Wer ist der bunte
        Mann im Bilde"   28— 29

[25]   Joh.[ann] Wolfg.[ang] Klingohr: Die schwarzbraune Hexe
        „Es blies ein Jäger wohl in sein Horn"   30— 31

[26]   J.[ohann] W.[olfgang] Klingohr: Die Gastlichkeit des Winters
        „Der Winter ist ein scharfer Gast"   32— 33

[27]   F.[riedrich] W.[ilhelm] Berner: Ehestand der Freude „Lasset
        uns scherzen blühende Herzen"   34— 35

[28]   F.[riedrich] W.[ilhelm] Berner: Hüt du dich „Ich weiß ein
        Mädchen hübsch und fein"   36— 37

[29]   F.[riedrich] W.[ilhelm] Berner: Weine nur nicht „Weine nur
nicht, ich will dich lieben"   38— 39

[30]   Länder [!] (No. 1—6)   40— 42

[31]   Die Hoffnung „Daß ein selig Pfand ihm bliebe"   43

[32]   Morgenfeyer „Hochgegrüßt seyst du Aurore!" 44— 45

[33]   Der Trost „Einst blüht ein Morgen der beßern Welt"   46

Polyhymnia. Et periodisk Vaerk for Sang og Klaveer af F.[riedrich] L.[udwig]
AE.[milius] Kunzen.

Kiøbenhavn: Trykt og forlagt af S. Sønnichsen, Kongelig privilegered Node- og
Bogtrykker.

[ca. 1806—1810]: Hefte 1—4.

A Wn — D KIl; KNm (X); Mbs — DK A; Kk; Km — GB Lbm — S Skma; Ssr

1ste Hefte:

[1]   Arie af: Min Bedstemoder „Paa Ungdoms og Munterheds Vinger"   1— 5

[2]   Arie af samme [Min Bedstemoder] „See det Purpur Læben sirer" 5— 7

[3]   Amazonernes Marsch af: Eropolis   8

[4]   Søerøvernes Vise af samme [Eropolis] „Som Fuglene raske"   9— 11

[5]   Arie af samme [Eropolis] „Kun Elskov fryder alle Guder"   11— 14

[6]   Duett (Dorval, Claire) af: Naturens Røst „Om din stolte
Tinding svæver"   15— 18

[7]   Vuggevise af samme [Naturens Røst] „Smilende i Søvnens Arme"18— 19

[8]   Polonoise af: Den Logerende „Funklende Stierner af din Krands" 20— 26

[9]   Chor af: Fredsfyrsten „Vær velkommen, o Morgenrøde!"   27— 29

[10]   Chor af: Eropolis „O Fred, livsaligste Lyd!"   30— 32

2det Hefte:

[11]   Romance af: Naturens Røst „Hr. Phillip var mægtig"   [33]

[12]   Nye Duett og Chor af: Figaros Giftermaal „Ømme Par! din
Fryd forkynde"   34— 36

[13]   Arie af: Eropolis „Ej dit Øje flamme"   37— 39

[14]   Duett af: Fredsfyrsten „Barn, der Himlen lig" (S, T, Pfte.) 40— 45

[15]   Dandse af: Eropolis (Molto andante. Allegro maestoso,
L'istesso tempo)   46— 48

[16]   Vise (Fanny) af: Min Bedstemoder „Selv Heltens Mod at bøje" 49

[17]   Marsch og Chor af: Eropolis „Hvor Faren vinker"   50— 52

[18]   Nye Duett (Hother, Nanna) af: Balders Død „Kun Trælle
kan frygte!"   52— 57

[19] Søerøvernes Vise af: Eropolis „Ej spørge vi Druen"   58— 59

[20] Nye Arie (Nanna) af: Balders Død „Vrede, naar din Jld kun ulmer"60— 64

3die Hefte:

[21] Arie af: Min Bedstemoder „Muntre Glutter, J snedig smile"   65— 69

[22] Duett (Anthiope, Orythia) af: Eropolis „Nei, min Arm skal
            Ingen myrde!"   69— 74

[23] Pastorale af: Opstandelsen „Hild være dig signede Dag!"   74— 75

[24] Chor af samme [Opstandelsen] „Med Taalmod, med hellig
            Forlængsel"   76— 77

[25] Arie af: Den Logerende „Dunkle Sagn fra svundne Tider"   77— 83

[26] Chor og Ballet af: Eropolis „Zevs, almægtige Gud"   83— 88

[27] Recitativ og Arie af samme [Eropolis] „Som Nattens kolde
            Mørke"   89— 95

[28] Vise af samme [Eropolis] „En troefast Ven er Jordens Hæder" 96

4de Hefte:

[29] Arie af: Opstandelsen „Hans Vink, som Jord og Himmel
            fryder"   97—101

[30] Arie af: Jokeyen „Jeg saae paa Elskovs Vinge"   102—103

[31] Chor af: Jubileum „Thi stor, og reen, og navnløs Salighed"   104—105

[32] Arie af: Eropolis „Kun for dine Dage"   106—112

[33] Chor af: Erobreren og Fredsfyrsten „Du, som al vor Skyld
            forlader!"   113—115

[34] Cantate, opført i det Harmoniske Selskab, i Anledning af
            dets 25de Aars Stiftelsesdag „O Harmonie! din
            Tryllekjæde"   115—120

[35] Introduction og Chor af: Eropolis „Kun ved Uskyld kan vi
            vinde"   120—122

[36] Dands af samme [Eropolis]   123

[37] Marsch og Vise af: Hospitalet „Skiøn er Jordens store Sphære" 124—125

[38] Dands af: Eropolis   126

Žurnal otečestvennoj muzyki. [Zeitschrift für vaterländische Musik.]
[Herausgeber:] D. N. Kašin.

Moskva

1806—1807: No. 1—6.

[Inhalt nach B. S. Jagolim, S. 342:]

Russische Lieder für Gesang und Pianoforte (oder Harfe)

D. N. Kašin: Variationen für Pianoforte nach Themen russischer Lieder

„Starinnaja muzyka na drevnie russkie povesti" [Altertümliche Musik nach alt-russischen Erzählungen] („Solovej-Budímerovič", „Pervaja poezdka v Kiev Ilji-Muromca" [Ilja Muromecs erste Fahrt nach Kiew] (Singst., Pfte.-Begl.)

1807

Journal d'Airs, Romances et Duos de divers Auteurs. Paroles françaises avec Accompagnement de Harpe, rédigé par J.[ean-] M.[arie] Plane.

à Paris: chez Sieber, Md. de Musique, rue de Richelieu No. 28.

[ca. 1807] : No. 1—2?

B Bc ([ca. 1807] , 2)

→ *Journal d'Airs, Romances et Duos.* 1808.

No. 2. [Antonio] Lamparelli: L'Absence d'une Amie, Romance
   „Las! plaignez la triste aventure du troubadour"
   (Vigée)   2— 3

Journal d'Airs, Romances et Duos de divers Auteurs, avec Accompagnement de Piano.

à Paris: chez Sieber, Md. de Musique, rue de Richelieu No. 28.

[ca. 1807] : No. 1—3?

B Bc ([ca. 1807] , 3)

→ *Journal d'Airs, Romances et Duos.* 1808.

No. 3. [Jean-Joseph] Cambini: Le Souvenir, Romance „Quinze printems
   embellissoient Zaide"   2— 3

Journal für die Guitarre herausgegeben von Albert Methfessel.

Leipzig, bei Friedrich Hofmeister.

[1807—ca. 1815] : Heft 1—3.

D DO ([1808], 2); Mm ([1808 — ca. 1815], 2—3) — **DK** Kk ([1807 — ca. 1815], 1, 3)

1. Heft ([Pl. Nr.] 34 [1807]):

[1] A.[lbert] Methfessel: Der Alpenhirt „Schon war in Höhen und
   in Tiefen" (H. Seidel)   4— 5

[2] A.[lbert] Methfessel: Die Welt der Ideale „In aller Herzen ruht
   die Welt des Schönen" (Schreiber)   6

[3]   A.[lbert] Methfessel: Ständchen „Horch auf, was flüstert der
       Abendwind?'' (Mahlmann)   7

[4]   A.[lbert] Methfessel: Das Vergissmeinnicht und die Rose
       „Im hohen Schilfe grün und dicht''   8

[5]   A.[lbert] Methfessel: Der Abend „Der Abend schleyert Flur
       und Hain'' (Matthisson)   9

[6]   L'Amour „N'avoir jamais qu'une pensée''   10— 11

[7]   A.[lbert] Methfessel: Thema mit Veränderungen (Var. 1—6)
       (Git.)   12— 13

[8]   Canzonetta „Pur non sonno almenta lora''   14— 15

[9]   [Peter von] Winter: Duett aus der Oper: Belisa „Clitandro oh
       se sapesse gl'affanni del mio core'' (S, T, Git.)   16

2. Heft ([Pl. Nr.] 109 [1808]):

[10]   [Albert] Methfessel: Worte der Sehnsucht „So fern von dir, du
       Holde, durchglüht mich stiller Schmerz'' (Schreiber)   3

[11]   [Albert] Methfessel: Der Harfner „Was hör' ich draussen vor
       dem Thor'' (Goethe)   4— 5

[12]   [Friedrich Heinrich] Himmel: Aus Rom an Caroline von der
       Lühe „Wenn im Schatten, wo die Pracht zertrümmert''   6— 7

[13]   [Albert] Methfessel: Mädchenlehre „Ich sah ein Blümchen am
       Wege stehn''   8

[14]   [Albert] Methfessel: Winterlied „Es nahet der Winter, und
       hüllet die Flur''   9

[15]   [Albert] Methfessel: Lied aus der Ferne „Wenn in des Abends
       leztem [!] Scheine'' (Matthisson)   10

[16]   [Albert] Methfessel: Sprache der Melodie „Stumm ist das
       Leben um mich her''   11

[17]   [Albert] Methfessel: Sehnsucht „Schon nimmt ins vertrauliche
       Düster'' (Schreiber)   12

[18]   [Albert] Methfessel: Erinnerung „Auch ich hab einst geliebt!''
       (Mahlmann)   13

[19]   [Albert Methfessel]: Monolog der Maria Stuart (Rec.) „O Dank,
       Dank diesen freundlich grünen Bäumen'' — (Andantino)
       „Eilende Wolken! Segler der Lüfte'' [Schiller]
       (Singst., Fl., Git.)   14— 21

[20]   [Albert] Methfessel: Der Abend „Purpur malt die Tannenhügel''
       (Matthison [!])   22

[21]   [Albert] Methfessel: Fernando und Clarisse „Im Thale des Lebens
       am silbernen Quell'' (Schreiber)   23

[22]   Abschied des Grafen Oginsky von seiner Geliebte[!]
       „Zum Lebewohl nimm meines Herzens Klagen''   24

3. Heft ([Pl. Nr.] 363 [ca. 1815]):

[23]   [Albert Methfessel] : Was wir lieben „Hoch soll ewig leben"
             (v. Lichtenstein)   3

[24]   [Albert Methfessel] : Der Fischer „Das Wasser rauscht', das
             Wasser schwoll" (Göthe)   4— 5

[25]   L'addio „Ecco qual fier'istante!"   6

[26]   [Albert Methfessel] : Kriegers Abschied „Leb' wohl, mein Bräut-
             chen schön!"   7

[27]   Albert Methfessel: Friedensgesang im Jahre 1814 „Heut im fro-
             hen Jubelkreise sey die Freude unser Gott!" (Albert
             Methfessel) (Singst., Klar. in B, Git.)   8— 9

[28]   [Albert Methfessel] : Ständchen im Mai „Vom sanften Frühlings-
             hauch umschwebt" (A.[lbert] M.[ethfessel]) (Singst.,
             Klar. in B, Git.)   10

[29]   [Albert Methfessel] : Der deutsche Mann „Wer ist ein Mann?
             Wer beten kann" (E. M. Arndt)   11

[30]   Notturno „O notte soave, tu rendi la calma" (S, T, Git.) 12— 13

[31]   [Albert Methfessel] : Des Fremdlings Abendlied „Ich komme
             vom Gebürge her" (Schmidt)   14

[32]   [Albert Methfessel] : Der Hirten Wahl „Tadelt nicht den
             jungen Hirten" (Langbein)   15

[33]   [Domenico] Cimarosa: Duett (Carolina, Paolino) aus der
             Oper: Il Matrimonio Segreto „Io ti lascio, perchè
             uniti che ci trovi" (2 Singst., Git. I, II)   16— 23

[34]   Duettino „Amor perchè m'accendi di dolce fiamm'
             il petto" (S I, II, Git.)   24— 25

[35]   [Albert Methfessel] : Sehnsucht der Liebe „Wie die Nacht mit
             heilgem Leben" (Theodor Körner)   26— 27

[36]   [Albert Methfessel] : Wiegenlied „Su, su! Ich wiege mein Kind"
             (Gramberg)   28

Journal de Harpe, composé de Romances, Airs nouveaux Français et Italiens, Rondos, Airs Variés &c. Rédigé par [Jean-Marie] Plane, Professeur.

à Paris: Chez Auguste Leduc, & Compagnie, Rue de Richelieu No. 78 près celle Feydeau.

Année 180 [7].

F Pn (180 [7], 1 Nr.)

[No. ?]   Marche   2— 3

Journal de Lyre ou Guitare par les Meilleurs Auteurs.

Publié à Paris par P. et J. J. Le Duc.

Année 1. [1807] – 2. [1808].

GB Lbm ([2. 1808], 69–72)

2e Année [1808] :

No. 69.	J.[oseph Henri] Mees: Le Rendez-Vous „Moment heureux que mon âme est charmée de mon amour" (Mde. Agathe L .....)	48– 49
No. 70.	[Peter von] Winter: La Mélancolie, Air tiré de: Marie de Montalban „Viens, douce Mélancolie"	50– 51
No. 71.	[Peter von] Winter: Air du: Sacrifice Interrompu [= Das Unterbrochene Opferfest] „Les femmes prens y garde"	52– 53
No. 72.	J.[oseph Henri] Mees: Ma Gaîeté Perdue „Hélas sans toi tranquille indifférence" (Mde. Agathe L ...)	54– 55

Journal für Quartetten Liebhaber auf zwey Violinen, Alt et Basso.
[Heft 1: 25.7.1807.]
Wien. Im Verlage der K.K. priv. chemischen Druckerey am Graben in der Paternostergasse.

[1807–ca. 1810] : Heft 1–24. 4 Stimmen (Vl. I, II, Va., Vc.)

A M; SF ([1807], 4); Wgm ([1807], 1); Wn ([1807–ca. 1810], 1–3, 5–12, 16–20, 23–24) – **D** Bim (X)

1. Heft ([Pl. Nr.] 593 [25.7.1807]):

No. 1.	[Wolfgang Amadeus] Mozart: Overtura aus der Oper: Idomenes [!] [KV 366]	1– 2
No. 2.	[Luigi] Cherubini: Pantomimischer Marsch aus der Oper: Faniska	2
No. 3.	[Adalbert] Gyrowetz: Marsch aus: Agnes Sorel	2– 3
No. 4.	[Ferdinando] Pär: Duett aus: Sargino	3
No. 5.	[Michael] Umlauf: Marsch aus: [Die Abencerragen und Zegris oder] Die [feindlichen] Volksstämmen [!]	3
No. 6.	[Christoph Willibald] Gluk [!]: Ballet der Scythen aus: Iphigenia auf Tauris	4

2. Heft ([Pl. Nr.] 601):

No. 1.	[Ferdinando] Pär: Overtura aus der Oper: Sargino	1– 3
No. 2.	[François Adrien] Boieldieu: Romanze aus der Oper: Der Kaliph von Bagdad	3

No. 3. [Adalbert] Gyrowetz: Marsch aus der Oper: Ida   3

No. 4. [Luigi] Cherubini: Hymne aus der Oper: Medea   4

No. 5. [Joseph] Weigl: Marsch aus der Oper: Vesta's Feuer   4

No. 6. [Christoph Willibald] Gluck: Opfer-Marsch aus: Alceste   4

3. Heft ([Pl. Nr.] 607):

No. 1. [Joseph] Weigl: Overture aus der Oper: Vesta's Feuer   1—   3

No. 2. [Ferdinando] Pär: Marsch aus der Oper: Sargino   3

No. 3. [Luigi] Cherubini: Ballet aus der Oper: Anacreon   3

No. 4. [Nicolas] Dallayrac [!]: Romance aus der Oper: Nina   4

No. 5. [Ignaz von] Seyfried: Marsch der Mauren aus der Oper:
        Alamar [der Maure]   4

No. 6. Gallus [= Johann Mederitsch]: Priester Marsch aus der Oper:
        Babylons Pyramiden   4

4. Heft ([Pl. Nr.] 682):

No. 1. [Johann Christoph] Vogel: Ouverture aus der Oper: Demophon   1—   2

No. 2. [Charles-Simon] Catel: Marsch aus der Oper: Semiramis   2

No. 3. [Michael] Umlauf: Contredance aus dem Ballet: [Die Abencer-
        ragen und Zegris oder] Die [feindlichen] Volksstämme   2—   3

No. 4. [Ignaz von] Seyfried: Romance aus der Oper: Euphrosine   3—   4

No. 5. [Anton] Fischer: Ländlicher Chor aus der Oper: Die Festung
        an der Elbe   4

No. 6. [Georg Joseph] Vogler: Geister Tanz aus der Oper:
        Castor und Pollux   4

5. Heft ([Pl. Nr.] 691):

No. 1. [Karl David] Stegmann: Overture aus der Oper: Heinrich der
        Löwe   1—   2

No. 2. [Ignaz von] Seyfried: Marsch der Spanier aus der Oper:
        Alamar [der Maure]   2—   3

No. 3. [Adalbert] Gyrowetz: Duett aus der Oper: Agnes Sorel   3

No. 4. [Georg Joseph] Vogler: Ballet aus der Oper: Castor und Pollux   3

No. 5. [Nicolas] Dalayrac: Romanze aus der Oper: Gulistan   3—   4

No. 6. [Anton] Fischer: Marsch aus der Oper: Die Festung an der Elbe   4

6. Heft ([Pl. Nr.] 720):

No. 1. [Luigi] Cherubini: Overtura des 2ten Acktes [!] der Oper:
        Medea   1

No. 2. [Ludwig van] Beethoven: Terzett [Marzelline, Jaquino, Rocco]
        aus der Oper: Fidelio [Op. 72, 3: 1. Fassung]   2

No. 3. [Louis] Jadin: Gavotte aus dem Ballet: Die Tanzsucht   2—   3

No. 4. J.[oseph] Weigl: Duett aus der Oper: Vesta's Feuer   3

No. 5. [Georg Friedrich] Händel: Chor aus dem Oratorium: Judas
       Maccabeus [!] [Seht er kommt mit Preis gekrönt]   4

No. 6. [Ignaz von] Seyfried: Großer Marsch aus der Oper: Die Samni-
       terinnen   4

7. Heft ([Pl. Nr.] 725):

No. 1. [Luigi] Cherubini: Ouverture des 2ten Actes der Oper: Faniska   1

No. 2. [Michael] Umlauf: Allemande aus dem Ballet: Paul und Rosette
       [oder Die Winzer]   1—   2

No. 3. [Charles-Simon] Catel: Triumph-Marsch aus der Oper: Semiramis   2—   3

No. 4. [Adalbert] Gyrowetz: Aria aus der Oper: Agnes Sorel   3

No. 5. [Gasparo] Spondini [!]: Romanze aus der Oper: Milton   4

No. 6. J.[oseph] Weigl: Marsch aus dem Ballet: Die Tänzerinn von Athen   4

8. Heft ([Pl. Nr.] 738):

No. 1. [Franz Xaver] Süßmayr [!]: Ouverture aus der Oper:
       L' Incanto superato   1—   2

No. 2. [Luigi] Cherubini: Cavatina aus der Oper: Anacreon   2—   3

No. 3. [Peter von] Winter: Mohrentanz aus der Oper: Das Labyrinth   3

No. 4. J.[oseph] Weigl: Ballabile aus dem Ballet: Die Tänzerinn aus
       Athen   3—   4

No. 5. [Franz] Weiß: Andante aus dem Ballet: Der großmüthige Kaliph   4

No. 6. [Ignaz von] Seyfried: Triumphmarsch aus der Oper: Cyrus   4

9. Heft ([Pl. Nr.] 763):

No. 1. [Anton] Fischer: Ouverture des 2ten Ackts [!] der Oper:
       Das Schloß Montenere [!] [Dalayrac]   1

No. 2. [Wolfgang Amadeus] Mozart: Priestermarsch aus der Oper:
       Idomeneo [KV 366, 25]   1

No. 3. [André-Ernest-Modeste] Grétry: Duett aus der Oper:
       Richard Löwenherz   1—   2

No. 4. [Peter von] Winter: Cavatina aus der Oper: Das Labyrinth   2

No. 5. [Nicolas] Dallayrac [!]: Trinkchor aus der Oper:
       Das Schloß Montenero   2—   3

No. 6. [Michael] Umlauf: Große Scene aus dem Ballet: Paul und
       Rosette (Tempo di Menuetto — Gavotta)   3—   4

10. Heft ([Pl. Nr.] 809):

No. 1. [Franz Anton] Hofmeister [!]: Ouvertura der Oper:
       Der erste Kuß   1—   2

No. 2. [Franz] Weiß: Andante aus dem Ballet: Amphion   2—   3

No. 3. [Peter von] Winter: Großer Marsch aus der Oper:
        Castor und Pollux   3

No. 4. [Ferdinando] Paer: Duett aus der Oper: I Fuor' usciti
        [di Firenze]   3

No. 5. [Michael] Umlauf: Tanz der Cirkasserinn aus der Operette:
        Delia und Verdikan   4

No. 6. [Wolfgang Amadeus] Mozarz [!]: Marsch aus der Oper: La
        Clemza [!] di Tito [KV 621, 4]   4

11. Heft ([Pl. Nr.] 814):

No. 1. [Peter von] Winter: Ouverture aus der Oper: I Fratelli Rivali   1—   2

No. 2. [Charles-Simon] Catel: Triumpfmarsch [!] aus der Oper:
        Semiramis   2—   3

No. 3. [Henri-Montan] Berton: Romanze aus der Oper:
        Delia und Verdikan   3

No. 4. [Anton] Fischer: Marsch aus der Oper: Die Festung an der Elbe   4

No. 5. [Luigi] Cherubini: Tanz aus der Oper: Anacreon   4

No. 6. [Georg Joseph] Vogler: Geisterchor aus der Oper:
        Castor und Pollux   4

12. Heft ([Pl. Nr.] 856):

No. 1. [Luigi] Cherubini: Overture aus der Oper: Elisa   1—   3

No. 2. [Franz Xaver] Süsmayer [!]: Preghiera aus der Oper: Moses   4

No. 3. [Georg Joseph] Vogler: Triumpfmarsch [!] aus der Oper:
        Castor und Pollux   4

No. 4. [Franz Anton] Hofmeister [!]: Terzett aus der Oper: Telemach   4

No. 5. [François Joseph] Nadermann [!]: Favorit Marsch   4

No. 6. [Anton] Schweizer [!]: Cavatina aus der Oper: Polyxena   4

13. Heft ([Pl. Nr.] 867):

No. 1. [Peter von] Winter: Ouverture aus der Oper: Belisa   1—   3

No. 2. [Georg Joseph] Vogler: Chor und Marsch aus der Oper:
        Castor und Pollux   3

No. 3. [Joseph] Wölfl: Andante   3

No. 4. [Nicolas] Dallayrac [!]: Entr'act aus der Oper: Das Schloß
        Montenero   4

No. 5. [Ignaz von] Seyfried: Canzonett aus der Oper: Alamar
        [der Maure]   4

No. 6. [Carl David] Stegman [!]: Schlachtgesang der Druiden aus
        der Oper: Heinrich der Löwe   4

14. Heft ([Pl. Nr.] 909):

No. 1. [Antonio] Salieri: Overture aus dem Schauspiel: Die Hussiten
        vor Naumburg   1—   2

No. 2. [Wolfgang Amadeus] Mozart: Chor u:[nd] Marsch aus der
       Oper: Così fan tutte [KV 588, 8]   2

No. 3. [Louis] Jadin: Ballabile aus dem Ballet: Die Tanzsucht   2— 3

No. 4. [André-Ernest-Modeste] Grétry: Terzett aus der Oper:
       Zemire u:[nd] Azor   3

No. 5. [Charles-Simon] Catel: Hymne aus der Oper: Semiramis   3— 4

No. 6. [Joseph] Wölfl: Ariette aus der Oper: Der Kopf ohne Mann   4

15. Heft ([Pl. Nr.] 916):

No. 1. [Luigi] Cherubini: Overture aus der Oper: Anacreon   1— 3

No. 2. Abbé [Georg Joseph] Vogler: Afrikanische Romanze   3

No. 3. [Verschiedene Komponisten]: Zwergentanz aus der Pantomime:
       Harlekin und Columbine auf den Alpen [Arr.: Schlott-
       hauer]   4

No. 4. [Johann Nepomuk] Hummel: Marsch aus den [!] Ballet:
       Helena und Paris   4

No. 5. [Anton] Fischer: Canzonette aus der Oper: Die Festung
       an der Elbe   4

No. 6. [Antonio] Salieri: Kindertanz aus den [!] Schauspiel:
       Die Hussiten [vor Naumburg]   4

16. Heft ([Pl. Nr.] 1030):

No. 1. [Ignaz von] Seyfrid [!]: Ouverture des IIIten Akts der Oper:
       Idas u:[nd] Marp:[issa]   1

No. 2. Abbé [Georg Joseph] Vogler: Kosakenballet   1— 2

No. 3. [Franz Anton] Maurer: Niderländer [!] Pas de deux aus der
       Pantomime: Harl:[equin] u:[nd] Kolomb:[ine]   2— 3

No. 4. [Michael] Umlauf: Waffentanz aus dem Ballet: [Die Aben-
       cerragen und Zegris oder] Die [feindlichen] Volks-
       stämme   3

No. 5. [Adalbert] Gyrowetz: Cavatina aus der Oper: Ida   3

No. 6. [Ferdinando] Pär: Parade Marsch der Französischen Armé [!]
       in Warschau   4

17. Heft ([Pl. Nr.] 1049):

No. 1. [Gottlob Benedict] Bierey: Ouverture aus der Oper: Wladimir   1— 2

No. 2. [Ferdinando] Pär: Chor aus der Oper: Sargino   2— 3

No. 3. [Georg Joseph] Vogler: Marsch aus dem Schauspiel:
       Herman v:[on] Unna   3

No. 4. [Ignaz von] Seyfried: Tanz des Amor aus der Oper: Idas u:[nd]
       Marp:[issa]   3— 4

No. 5. [Friedrich August] Kanne: Cavatina aus der Oper: Orpheus   4

No. 6. [Joseph] Weigl: Marsch aus der Oper: Kaiser Hadrian   4

18. Heft ([Pl. Nr.] 1107):

No. 1. [Etienne Nicolas] Méhul: Ouverture des 2ten Akts der Oper:
         Gabrielle d'Estrées   1

No. 2. [Anton] Diabelli: Tamburin Solo   1—   2

No. 3. [Wolfgang Amadeus] Mozart: Aria [Belmonte] aus der Oper:
         Die Entführung a:[us] d:[em] Serail [KV 384, 15]   2—   3

No. 4. [Johann Christoph] Vogl [!]: Marsch aus der Oper: Demophon   3

No. 5. [Verschiedene Komponisten]: Contredance a:[us] d:[er]
            Pantom:[ime]: Arleq[uin] u:[und] Colom:[bine]
            a:[uf] d:[en] Alpen [Arr.: Schlotthauer]   4

No. 6. [Ignaz von] Seyfried: Chor und Marsch a:[us] d:[er] Op:[er]:
         Gabrielle d'Es[trées] [Méhul]   4

19. Heft ([Pl. Nr.] 1173):

No. 1. [Wolfgang Amadeus] Mozart: Ouverture aus der Op:[er]:
         Die Entführung a:[us] d:[em] Serail [KV 384]   1—   2

No. 2. [Giuseppe] Sarti: Trauermarsch a:[us] d:[er] Op:[er]:
         Giulio Sabino   2

No. 3. [Joseph] Weigl: Chor aus der Op:[er]: Vesta's Feuer   2—   3

No. 4. [Johann Nepomuk] Hummel: Szene a:[us] d:[em] Ballet:
         Helene und Paris   3

No. 5. [Johann Philipp Christian] Schulz: Monolog a:[us] d:[em]
         Schau:[spiel]: Die Jungfrau v:[on] Orleans   4

No. 6. [Georg Joseph] Vogler: Andante   4

20. Heft ([Pl. Nr.] 1174):

No. 1. [Michael] Umlauf: Ouverture d'Entrée aus den [!] Ballet:
         Die Abencerragen [und Zegris oder Die feindlichen
         Volksstämme]   1—   2

No. 2. [Joseph] Weigl: Terzett aus der Oper: Ostade   2—   3

No. 3. [Gottlob Benedict] Bierey: Chor u:[nd] Marsch a:[us] d:[er]
         Op:[er]: Wladimir   3

No. 4. [Simon] Mayer [!]: Aria a:[us] d:[er] Op:[er]:
         Adelasia u:[nd] Aleramo   3—   4

No. 5. [Paul] Wranizky [!]: Masur aus den [!] Ballet: Das Wald-
         mädchen   4

No. 6. Gallus [= Johann Mederitsch]: Priesterchor a:[us] d:[er]
         Op:[er]: Babylons Piramide   4

21. Heft ([Pl. Nr.] 1393):

[1]   [Petrus Jakob Haibel und Ignaz von Seyfried]: Ouverture aus
         dem Musikalischen Quodlibet: Rochus Pumpernickel   1—   2

[2]   Jos.[eph] Weigl: Aria aus der Oper: Das Waisenhaus   2— 4

[3]   Frid:[rich] [!] Stein: Allemande aus der Pantomime:
        Fee Radiante   4

22. Heft ([Pl. Nr.] 1394):

[1]   [Nicolas] Dalayrac: Ouverture aus der Oper: Gulistan   1— 3

[2]   Joseph Weigl: Duetto aus der Oper: Das Waisenhaus   3— 4

[3]   [Johann Nepomuk] Hummel: La Strasbourgoise [!] danse aus
        dem Divetiss:[ement] [!]: Das belebte Gemälde   4

23. Heft ([Pl. Nr.] 1395):

[1]   Jos.[eph] Weigl: Ouverture aus der Oper: Kaiser Hadrian   1— 3

[2]   Jos.[eph] Weigl: Romanze aus der Oper: Das Waisenhaus   3— 4

24. Heft ([Pl. Nr.] 1396):

[1]   Frid.[rich] [!] Stein: Ouverture aus der Oper: Der Weiber-Feind 1— 3

[2]   [Michael] Umlauf: Allegretto aus dem Divertissement: Die
        Weinlese   3

[3]   J.[oseph] Weigl: Ouverture des IIIten Akts aus der Oper:
        Kaiser Hadrian   4

[4]   [Johann Nepomuk] Hummel: Scherzando un poco Allegretto
        aus dem Divertissement: Das belebte Gemählde   4

Journal des Troubadours. Pour Piano ou Harpe.

à Paris, au magasin de musique de Mons.[ieu]r Momigny, boulevard Poissonnière,
près la rue du faubourg Montmartre, No. 20 ([dann:] chez Lélu, boulevard des
Italiens, No. 8, près la rue Cérutti.)

Année 1. [1807/1808] – 8. [1814/1815].

B Bc (1. [1807/08], 4, No. 1; 6, [No. 1]; 4. [1810/11], 3, 6) – **D** Mbs
(4. [1810/11], 11) – **F** Pn (1. [1807/08], 1–6, 8, 12; 2. [1808/09], 2,
4, 5, 7, 11; 3. [1809/10], 1, 3, 5, 7–10; 4. [1810/11], 1, 2, 4, 6, 11;
6. [1812/13], 1, 5, 10; 8. [1814/15], 1) – **I** Ma (2. [1808/09])

1ère Année [1807/1808]

1er Cahyer ([Pl. Nr.] 1):

No. 1.   [Antonio] Pacini: Le Troubadour, Romance marotique
          „Si savez bien aimer encore" (L. G. C.)   2— 3

[No. 2]   [Wolfgang Amadeus] Mozart: Air [Cherubino] du:
          Mariage de Figaro „Voi che sapete che cosa è
          amor" [KV 492, 11]   4— 6

No. 3.   F. Pertosa: Encore toi, Romance „Non, je ne veux chanter
          que toi" (Mme. F. B. xxx)   8— 9

2e Cahyer ([Pl. Nr.] 2):

No. 1. [Antonio] Pacini: L'Hiver, Romance ,,La forêt n'a plus
de parure" (Arnoult) 2— 3

No. 2. [Ferdinando] Päer: Duetto (Achille, Patrocle) di:
Achille ,,Sotto quel armi in campo" — ,,Sous
cette noble armure" ([Übers.:] de Gourbillon) 4— 6

No. 3. Fabry Garat: Clara, Romance ,,Clara, n'a pas besoin
d'ayeux" (Mr. xxx) 8— 9

3e Cahyer ([Pl. Nr.] 3):

No. 1. Romance nouvelle ,,Soldat, qui garde ces crénaux"
(Mme. xxx) 2— 3

No. 2. [Domenico] Cimarosa: Rondo ,,No quel lampo non dà terrore"4— 6

No. 3. [Giuseppe] Giacomelli: L'Amante abandonnée, Romance
marotique ,,Pour surmonter tendre langueur" (Mr. xxx) 8— 9

4e Cahyer ([Pl. Nr.] 4):

No. 1. [Pierre-Jean] Wacher: Misanthropie, ou Portrait de la vie,
Romance nouvelle ,,Un sage l'a dit autrefois" (Mr. L.D.L.)2— 3

[No. 2] [Stefano] Pavesi: Duettino (Faustina, Pierino) ne': Nemici
Generosi ,,Piaceri dell' anima" — ,,Transport qui m' enflamme" 4— 6

5e Cahyer ([Pl. Nr.] 5):

No. 1. [Antonio] Pacini: Peines d'Amour, Romance nouvelle
,,La jeune beauté qui t'engage" (Marchangy) 2— 3

[No. 2] [Nicola Antonio] Zingarelli: Aria ,,Guardami e in questo
ciglio" — ,,Cher objet! ton absence" 4— 5

No. 3. [Giuseppe] Giacomelli: La Violette ,,Aimable fille du
printems" (Mr. xxx) 6— 7

6e Cahyer ([Pl. Nr.] 6):

[No. 1] [Pierre-Jean] Wacher: Œnône abandonée [!] Héroide
,,Paris abandonnoit Œnône" (Gassau) 2— 3

[No. 2] [Valentino] Fioravanti: Rondò nella Capricciosa Pentita
,,Chi d'amor squarciò la benda" — ,,Si d'amour bri-
sant les armes" ([Übers.:] Desessard) (Pfte.- oder
Hf.-Begl.: Pacini) 4— 9

[No. 3] J.[osep]h Roger aîné: La Prairie, Romance nouvelle
,,Que j'aime la prairie" (Ducray-Duminil) 10— 11

8e Cahyer ([Pl. Nr.] 8):

[No. 1] Louis Balochi: Mes Souhaits, Chanson érotique ,,Point ne
voudrais pour bien passer la vie" 2— 3

[No. 2] [Sebastiano] Nasolini: Duettino Notturno „Idol mio, mio
    bene amato" — „Douce amie, charme de ma vie"
    ([Übers.:] D ....)   4—   7

[No. 3] L.[ouis] Jadin: Le Chant des Fauvettes, Romance
    „Avant que la chaleur du jour" (Boucher)   8—   9

11e Cahyer ([Pl. Nr.] 11):

[No. 1] [Antonio] Pacini: Sur le Tableau de la Bataille d'Eylau,
    Chant héroique „Que j'admire la main savante"   2

[No. 2] [Vicente] Martín [y Soler]: Invocation aux Arts, Romance
    nouvelle „Talent chéris! venez guérir les maux"   3

[No. 3] [Wolfgang Amadeus] Mozart: Cavatina [Barbarina] du:
    Mariage de Figaro „L'ho perduta mes chinella" [!] —
    „L'ai perdue malheureuse!" [KV 492, 23]   4—   5

[No. 4] [Antoine] Meissonnier: Caprice et Rondeau   6—   7

12e Cahyer ([Pl. Nr.] 12):

No. 2. [Antoine] Meissonnier: L'Amante délaissée, Romance
    nouvelle „Tu me fuis, amant infidèle" (Inger Des-
    Essarts) (Pfte.-Begl.: Pacini)   4—   5

[No. 3] [Antoine] Meissonnier: Le Coup d'Oeil, Romance nouvelle
    „L'Amour couronne la jeunesse" (Inger Des-Essarts)
    (Pfte.-Begl.: Pacini)   6—   7

2e Année [1808/1809]

1er Cahier ([Pl. Nr.] 13):

No. 1. Félix Blangini: Romance à une ou à deux voix „Vous me
    quittez pour aller à la gloire" (Le Comte de Ségur,
    Le Ch.[evalie.]r de Messence)   2—   3

No. 2. [Antonio] Pacini: L'Arrivée du Troubadour, Romance
    nouvelle „Du beau ciel de l'Occitanie le Troubadour
    vient"   4—   5

No. [3] [Wolfgang Amadeus] Mozart: Rondoncino [Dorabella]
    di Così fan tutte „E amore un ladroncello" —
    „L'amour plein de malice" ([Übers.:] Inger Des-
    Essarts) [KV 588, 28]   6—   8

2e Cahier ([Pl. Nr.] 14):

No. 3. [= 4] F.[abry] Garat: La Contrainte, Romance nouvelle
    „Quelle austere contrainte on m'inpose [!] en ce
    jour" (Ducos)   2—   3

No. 4. [= 5] L.[ouis] Jadin: Le Bonheur de la Vie, Chanson
    „Fuis mélancolie va courir les champs" (J. E. Despréaux) 4—   5

No. 2. [= 6] [Wolfgang Amadeus] Mozart: Duo (Fiordiligi,
Dorabella) de: Così fan tutte „Ah guarda sorella" –
„Ma sœur examine" ([Übers.:] Inger Des-Essarts)
[KV 588, 4]   6–   9

3e Cahier ([Pl. Nr.] 15):

No. 5. [= 7] [Antonio] Pacini: Avis à la Jeunesse, Rondeau
„Sachez brillante jeunesse" (Lincelle)   1–   3

No. 6. [= 8] Félix Blangini: Le Troubadour, Romance „Tout
est joyeux dans la nature" (Millevoye)   4–   5

No. 3. [= 9] F.[élix] Blangini: La Libertà à Nice, Canzonetta
„Grazie a l'inganni tuoi" (Metastasio) – „Après un
long délire" ([Übers.:] de Gourbillon)   6–   7

4e Cahier ([Pl. Nr.] 16):

No. 10. C. d'Ennery: L'Ermite de Saint-Avelle, Romance
„Aux rochers de Saint-Avelle" (S. E. Géraud)   2–   3

No. 11. [Antoine] Meissonnier: L'Amante délaissée, Romance
nouvelle „Tu me fuis, amant infidelle"
(Inger Des-Essarts)   4–   5

No. 12. [Francesca] Festa-Maffei: Cavatina per Matrimonio per
Sussurro „E pur dolce un pò d'amore" – „Jeune
fille qu'amour inspire" ([Übers.:] de Gourbillon)   6– 11

5e Cahier ([Pl. Nr.] 17):

No. 13. Félix Blangini: Romance „Quand tu m'aimais"   2–   3

No. 14. [Antonio] Pacini: Les Maux de l'Univers, Chanson
„Sur cette machine ronde" (Despréaux)   4–   5

No. 15. [Nicola Antonio] Zingarelli: Scena e Rondò (Romeo)
di: Giulietta e Romeo (Rec.) „Tranquillo io son" –
„Attends hélas" – (Rondò) „Ombra adorata aspetta" –
„Ombre chère et sacrée" ([Übers.:] de Gourbillon)   6–   9

6e Cahier ([Pl. Nr.] 18):

No. 16. [Antonio] Pacini: Romance „Il est parti l'objet de mon
amour"   2–   3

No. 17. Félix Blangini: Romance „Je t'aimerai tant que l'amant"   4–   5

No. 18. [Domenico] Cimarosa: Duettino Notturno „O Notte
soave" – „Nuit pure et tranquille" ([Übers.: de
Gourbillon)   7–   9

7e Cahier ([Pl. Nr.] 19):

No. 19. [Christoph Willibald] Gluk [!]: Scène et Rondeau (Orphée)
d'Orphée (Rec.) „Malheureux qu'ai-je fait" (Rondeau)
„J'ai perdu mon Euridice"   1–   4

No. 20.　J.[érôme] J.[oseph] de Momigny: L'Amour et la Gloire,
　　　　Romance héroïque „Arthur saisit et lance et bouclier"
　　　　(J. G. A. Pierret de St. Séverin)　　　　　　　　6— 7

No. 21.　[Giovanni] Paisiello: Canzonetta e Duettino (Rachelina)
　　　　della Molinara „Nel cor più non mi sento" — „Des
　　　　jours de ma jeunesse" ([Übers.:] de Gourbillon)　　9— 11

8e Cahier ([Pl. Nr.] 20):

No. 22.　[Christoph Willibald] Gluck: Romance d'Orphée
　　　　„Objet de mon amour"　　　　　　　　　　　2— 3

No. 23.　[J.-B.] Lélu: Ismène, 51me Romance „Près de Thétis au
　　　　sein de l'onde" (Dusausoir)　　　　　　　　　4— 5

No. 24.　[Angelo] Tarchi: Scena e Duettino del: Disertore (Réc.)
　　　　„Soldati a voi la nuova usata legge" — „Soldats, Soldats,
　　　　sans murmure et sans truit" — (Duettino) „Ah che mi
　　　　manca l'anima" — „Moment fatal et plein d' horreur"　6— 9

9e Cahier ([Pl. Nr.] 21):

No. 25.　[Christoph Willibald] Gluk [!]: Prière d'Orphée avec
　　　　Choeur „Laissés vous toucher par mes pleurs"　　2— 3

No. 26.　[Félix] Blangini: Gaston, Romance „Gaston le sort de la patrie"4— 5

No. 27.　[Pietro] Guglielmi: Cavatina nella: Serva innamorata
　　　　„Quegli affetti lusinghieri" — „Ces mouvemens de
　　　　tendresse" ([Übers.:] Inger Des-Essarts)　　　　7— 9

10e Cahier ([Pl. Nr.] 22):

No. 28.　[Amélie Julie] Simons-Candeille: Le Roman et la Romance,
　　　　Chansonnette „Le Roman, dit-on, prit naissance"
　　　　([Amélie Julie] Simons-Candeille)　　　　　　2— 3

No. 29.　Tillot: Le Troubadour vaincu par l'Amour, Romance „Un jeune
　　　　troubadour, enfant de la victoire" (L. Th. A. Dartois de
　　　　Bononville [!])　　　　　　　　　　　　　4— 5

No. 30.　F.[élix] Blangini: La Partenza, Canzonetta „Ecco quel fiero
　　　　istante" (Metastasio) — „Voici l'instant funeste"
　　　　([Übers.:] de Gourbillon)　　　　　　　　　6— 7

11e Cahier ([Pl. Nr.] 23):

No. 31.　S. A. S. la Princesse Nathalie de K. ..... N: A ma Cabane,
　　　　Romance „Humble cabane de mon père"　　　2— 3

No. 32.　Ducrest de Villeneuve: Bonheur et Malheur, Romance „Bon-
　　　　heur et Malheur sont deux frères" (Mme. de Sabran)　4— 5

[No. 33] [Pietro Guglielmi]: Cavatine et Polonaise nella: Serva inna-
　　　　morata „Perdei del cor la pace" — „Je languis, je soupire" 7— 9

12e Cahier ([Pl. Nr.] 24):

No. 34.　[J.-B.] Lélu: Le Boccage, 53me Romance „Bosquets char-
　　　　mant, ô fortune Boccage" (Dusausoir)　　　　2— 3

No. 35.   [Amélie Julie] Simons-Candeille: Le Doux Bonsoir, Romance
Nocturne „Il est minuit: faut surmonter" ([Amélie
Julie] Simons-Candeille)   4—   5

No. 36.   [Giuseppe] Sarti: Trio (Dorina, Masotto, Titta) delle: Nozze
di Dorina „Il Riposo et la sua Pace" — „Plus de calme,
plus d'espérance" ([Übers.:] de Gourbillon)   7—   9

3e Année [1809/1810]

1er Cahier ([Pl. Nr.] 25):

No. 1.   [Antonio] Pacini: L'Etranger, Romance „Un français ardant
et volage abusé" (S. A.)   2—   3

No. 2.   Joseph Catrufo: Le doux Printems, Romance nouvelle „Le
doux printems couronné de verdure" (M. de Sxxx)   4—   5

No. 3.   F.[élix] Blangini: Notturno primo „Se son lontano dal
mio diletto" — „Quand je m'éloigne de mon amie"
(S, T, Pfte. oder Hf.)   7—   9

3e Cahier ([Pl. Nr.] 27):

No. 7.   [Ferdinando] Paer: Romance „Tu le veux donc, ô peine
extrême"   2—   3

No. 8.   L.[ouis] Jadin: Le Volage constant „Pourquoi d'être volage"
(Boucher)   4—   5

No. 9.   [Antonio] Pacini: Il Giuramento, Arietta „Ch'io mai vi possa
lasciar d'amore" — „Que ta peur cesse sur ma tendresse"   6—   8

5e Cahier ([Pl. Nr.] 29):

No. 13.   [Antonio] Pacini: Marie Louise, Romance historique
„Jaloux de réparer tous les maux"   2—   3

No. 14.   [Amélie Julie] Simons-Candeille: Le Travail et l'Amitié,
Romance „Dans ma solitude profonde toujours nuit
au milieu du jour" ([Amélie Julie] Simons-Candeille)   4—   5

[No.15?] [Félix] Blangini: „Quel cor che mi prometti" — „Depuis
longtems Clycère"   4—   6

7e Cahier ([Pl. Nr.] 31):

No. 19.   D.[enis] Etienne: Femme jeune et jolie, Romance
„Amour Dieu que l'encense" (St. Just)   2—   3

No. [20] L.[ouis] Jadin: Mon seul Désir, Rêve à Zélie „Un agréable
mensonge m'a charmé"   2—   3

No. 21.   Camille Barni: Air „Da voi cari lumi" — „Beaux yeux que
j'adore" (Metastasio)   7—   9

8e Cahier ([Pl. Nr.] 32):

No. 23.   L. C.: Julie ou le Danger des Voyages, Romance nouvelle „Sous
l'heureux ciel de l'antique Ausonie" (de Gourbillon)   4—   5

No.[24?] [Félix] Blangini: [Duo] „Se provaste il mio tormento" —
„Que ne puis-je, ô mon amante" (S, T, Instr.-Begl.)   7— 9

9e Cahier ([Pl. Nr.] 33):

No. 25.   [Antonio] Pacini: Chimène et le Cid, Romance „Le Cid,
après son hyménée" (de Florian)   1— 3

No. 26.   [F.] Pertosa: La Chanson du Rossignol, Romance
„Ecoutez la chanson du rossignol"   4— 5

No. 27.   [Domenico] Cimarosa: Cavatina dell': Impressario in
Angustie ‹ le Directeur dans l'Embaras › „Sento
che in seno mi batte il core" — „Mon sein palpite
mon cœur s'agite" (Pfte.-Begl.: Pacini)   6— 8

10e Cahier ([Pl. Nr.] 34):

No. 28.   F.[élix] Blangini: Les Regrets de l'Absence, Romance
„O toi qui me fais éprouver"   2— 3

No. 29.   [Joseph] Catrufo: La Déclaration, Romance nouvelle
„De l'amitié l'amour est la folie" (Mr. xxx)   4— 5

No. [30?] [Félix] Blangini: [Duo] „Del sen gl'ardori nessun mi
vanti" — „Que nul me vante flamme brûlante"
(S, T, Pfte. oder Hf.)   15— 16

4e Année [1810/1811]

1er Cahier ([Pl. Nr.] 37):

No. 1.   [J.-B.] Lélu: Romance favorite de Henry Quatre
„Viens aurore, je t'implore"   2— 3

No. 2.   Louis Balochi: Le dernier Chant du Troubadour, Romance
„Triste, accablé sous le poids du malheur" (Madame xxx) 4— 5

No. 3.   [Antonio] Pacini: 1re Arietta „Mi giuri che m'ami" —
„Cruelle Denise" ([Übers.:] de Gourbillon)   6— 7

No. 4.   N. Signorile: Duo nocturne „Alme volubili" — „O vous qui
de l'amour" ([Übers.:] de Gourbillon) (S, T, Pfte.
oder Hf.)   8— 10

2e Cahier ([Pl. Nr.] 38):

No. 5.   F.[élix] Blangini: Le Dépit et le Penchant, Romance „Oui
c'en est fait renonce à la tendresse"   2— 3

No. 6.   [Pierre-Jean] Wacher: Le Soir, Romance pastorale „L'astre
des nuits éclaire la campagne" (Deluigni)   4— 5

No. 7.   Urbain Meurger aîné: La Fantaisie, Romance „La nuit tombait dans la prairie" (Mme. Victoire Babois)   6— 7

No. 8.   [Giovanni] Paisiello: Air del: Pirro „Sommo Clemente
nume" — „Dieu juste que j'implore" ([Übers.] de
Gourbillon) (Pfte. oder Hf.-Begl.: Lélu)   9— 11

3e Cahier ([Pl. Nr.] 39):

No. 9.   [Antonio] Pacini: Irène, Romance nouvelle „D'où vient
qu'en proie à la tristesse" (Viellard)   2—   3

No. 10. Charles Thibault: L'Amour mendiant, Romance nouvelle
„Par Cypris chassé d'Idalie" (de Saint Severin)   4—   5

4e Cahier ([Pl. Nr.] 40):

No. 13. [J.-B.] Lélu: La Naissance du Roi de Rome, Chant héroïque
„Le joyeux troubadour a ressaisi sa lyre" (J. B. Perrier)   2—   3

No. 14. L.[ouis] Jadin: Bonheur d'aimer, Romance „Bonheur
d'aimer et de voir" (Boucher)   4—   5

No. 15. [Joseph] Catrufo: „Se tutti i mali miei" — „Si tu pouvais
comprendre" ([Übers.:] de Gourbillon)   6—   7

No. 16. [Giuseppe] Nicolini: Duettino „Apri le fulgide pupille, o
cara!" — „Dans le silence la nuit s'avance" ([Übers.:]
de Gourbillon) (Pfte.-Begl.: Pacini)   8—   9

6e Cahier ([Pl. Nr.] ‹ 42 ›):

No. 21. Ch.[arles] H. Plantade: Reine des Fleurs, Romance „Reine
des fleurs, charmante Rose"   2—   3

No. 22. [Antonio] Pacini: Oscar et Malvina, Romance „Lorsque l'astre
des nuits de sa douce lumière" (Veillard)   5—   7

No. 23.24 [Gaetano] Andreozzi: Scena e Preghiera (Olindo) nell' Opera
Seria di: Sofronia ed Olindo (Réc.) „Fra tuoi palpiti o
cor" — „Cœur timide et sans foi" — (Larghetto) „Deh!
ti scorda in quel momento" — „Dieu que j'adore ma
voix t'implore" ([Übers.:] de Gourbillon)   8— 11

11e Cahier ([Pl. Nr.] ‹ 284 › — ‹ 286 ›):

No. 41. [J.-B.] Lélu: Silence! ... L'Amour dort, ‹ 60me Romance ›
„A l'ombre d'un épais feuillage" (Mathias)   2—   3

No. 42. P. Rougeon Desrivières: Le Tems et l'Amitié, Romance
‹ No. 8 › „Le tems debout sur des ruines" (Ch. de
St. Amand) (Pfte.- oder Hf.-Begl.: Lélu)   2—   3

No. 43. 44. [Giovanni) Paisiello: Rondò della Nina „Il mio ben
quando verrà" — „Lorsqu'en ces lieux Lindor viendra"
([Übers.:] de Gourbillon) (Pfte.- oder Hf.-Begl.: Lélu)   1—   5

6e Année [1812/1813]

1er Cahier ([Pl. Nr.] ‹ 514 › ‹ 511 › ‹ 444 ›):

[1]   [J.-B.] Lélu: Un seul Regard, Romance „D'un seul regard
je connais la puissance" (M. H. de R.) (Git.-Begl.: F.
Carulli)   [1—2]

[2]   F.[erdinando] Carulli: Romance en Nocturne „Quand sur
mon front" (de Chateauneuf) (2 Singst., Pfte.) (Git.-
oder Lyra-Begl.: P. Rougeon Desrivières)   3— 4

[3]   [Félix] Blangini: 3me Ariette italienne du 8me Recueil
„Che non mi disse un di" — „J'ai perdu le bonheur"
([Übers.:] Lélu)   6— 7

[4]   [Ferdinando] Carulli: Troisième Sonate, œuvre 56

5e Cahier ([Pl. Nr.] ‹ 537 › ‹ 540 › ‹ 400 ›):

[5]   F.[erdinando] Carulli: Bayard, Chant guerrier „Blessé
par le fer d'une lance" (Dumolard)   2— 3

[6]   [J.-B.] Lélu: La Tourterelle, Pastorale „Tourterelle si
fidelle je vois" (Lélu)   2— 3

[7]   F.[élix] Blangini: Nocturne à deux voix „Di tanti miei tormenti" — „C'est un cruel martyre", Op. XV ([Übers.:]
Lélu) (S, S oder T, Pfte. oder Hf.)   1— 3

10e Cahier ([Pl. Nr.] ‹ 560 › ‹ 549 › ‹ 561 ›):

[8]   F.[erdinando] Carulli: On n'aime qu' une fois, Romance
„Plus ne verrai ma jeune bergerette" (F. T. Gavet)   2— 3

[9]   L.[ouis] Jadin: Simple Histoire, Romance „Las! plaignez
la triste aventure"   2— 3

No. 30.   [J.-B.] Lélu: Barcarola Veneziana „Ah! se ti fossi o nina"
(Fioravanti) — „Dans le sein d'Amphitrite" ([Übers.:]
Lélu) (Pfte.-Begl.: Lélu)   2— 3

8e Année [1814/1815]

1er Cahier ([Pl. Nr.] ‹ 649 › ‹ 650 › ‹ 657 ›):

No. 1.   [J.-B.] Lélu: C'est un Enfant, il faut du Bruit! Chanson
„L'avare cache sa richesse" (Florian)   2— 3

No. 2.   H.[enri] N.[oel] Gilles: On y va, Chansonnette
„Cupidon est un drôle"   2— 3

[No. 3]   F.[élix] Blangini: Nocturne italienne à deux voix „Languir
d'amore crudel mi vedi" — „Lorsqu' on soupire dieux
quel martyre" (S, T, Pfte. oder Hf.)   2— 5

Magdeburgisches musikalisches Wochenblatt für Klavier und Gesang, herausgegeben von George Ernst Gottlieb Kallenbach.

[Magdeburg]

[1807]

D Bim (X); MAl; MAs

[1]   An das häusliche Glükk [!] „Nicht deiner Schwester"   1

[2]   Abschiedslied an Sophien „Lebe wohl, du die ich innig
      liebe" (K.)   2— 3

[3]   Hopser   4

[4]   Hopser   4

[5]   Walzer   4

[6]   Winterlied, Aria „Mädchen, 's ist Winter!" (S.)   5

[7]   March [!]   6— 7

[8]   Lied eines Invaliden im Auslande gesungen „Da bin
      ich alter blinder Mann" (K.)   8— 9

[9]   Walzer (Pfte. 4hdg.)   10— 11

[10] Ecoseize [!] (Pfte. 4hdg.)   10— 11

[11] Der Greis, Aria „Was höhnst du, Mädchen" (Kretsch-
      mann)   12

[12] Hopser   13

[13] Angloise   13

[14] Frühlingslied „Unsre Wiesen grünen wieder" (von
      Salis)   14— 15

[15] An Minna „Du forderst, o Mädchen, ein Liedchen
      von mir?" (K.)   16

[16] Hopser   17

[17] Hopser   17

[18] Hopser   17

[19] Menuet (4hdg.)   18— 19

[20] Trost der Hoffnung „Wenn auf meines Lebens Wegen"
      (Schinck)   20— 24

[21] Corinna an ihren Geliebten, der sie nicht Du nennen
      wollte „Weg mit dem Wort, das Rousseau haßt" (Siegm:
      Frh: v. Seckendorf)   25

[22] An das Glück „Nur so viel Stroh, ein Lager mir zu betten"
      (Müchler)   26— 27

[23] Mein Wunsch „Im Erlenhaine, tief versteckt" (Hecht) 28

[24] Der Ritter bey Weinsberg, Aria „Ein muntrer Ritter
      ging einmal" (Pfeffel)   29

[25] Lied aus der Ferne „Wenn in des Abends letzten Scheine"
      (Matthisson)   30— 31

[26] Pastorale (Pfte. 4hdg.)   32— 35

[27] Balletto (Pfte. 4hdg.)   34— 35

[28] Brose: Pächter Steffens Abendtheuer auf der Reise zu seinem
      Liebchen, seinen Freunden beym Caminfeuer erzählt
      „Zum fernen Liebchen ritt' ich einst"   36— 37

[29]   Das Gesetzbuch, Aria „Es war einmal ein Grübelkopf"
         (Langbein)   38— 39

[30]   Volkslied mit Variationen (Thema — Var. I—VI)   40— 42

[31]   Auf den Tod meines Hundes „Ruhe sanft, du gutes
         Thier" (K.)   43

[32]   Trennung und Wiedersehn, Aria „Trennung, ach! der
         Liebe Leiden" (Martini)   44— 45

[33]   Neuseeländisches Schlachtlied, Aria „Hallo, ihr Ge-
         sellen" (Bürger)   46— 47

[34]   Das Mädchen „Ein Mädchen, das ein fühlend Herz"
         (Schrbr.)   48— 49

[35] Brose: Walzer   50
[36] [Brose] : Walzer   50

Terpsichore. Journal des Französischen, Deutschen und Italienischen Theaters im leichten Klavierauszuge. Abonnement.

Braunschweig: im Musik-Comtoir [!]

[ca. 1807], Lieferung 1—3?

D F ([ca. 1807], 3)

3. Lieferung ([Pl. Nr.] 101):

[1]   [Friedrich Heinrich] Himmel: Ouverture aus der Oper:
        Fanchon, das Leyermädchen   2— 7

[2]   [Nicolas] Dalayrac: Rondo aus der Oper: Adolph und Klara
        „Ah! jeunes filles qu'on marie"   8— 12

[3]   [Friedrich Heinrich] Himmel: Ariette aus der Oper: Die Sylphen
        „Nein, nichts ist betrübter, als wenn man einsam liebt"   13— 15

Violin-Journal. [Herausgegeben von Johann Heinrich Carl] Bornhard [!].

[Braunschweig: Musikalien-Magazin auf der Höhe.]

[1807/1808], Heft 1—3?

[Anzeige der Firma Breitkopf und Härtel in: Intelligenz-Blatt zur Allgemeinen Musikalischen Zeitung X, 1807/08, No. III (Nov. 1807), Sp. 11 und No. V (Jan. 1808), Sp. 19.]

Žurnal dlja semistr. gitary. [Zeitschrift für die siebensaitige Gitarre.]

Moskva: Ž. Pejron.

1807

1808

Giornale di Musica vocale Italiana di (Giovanni) Ricordi e (Felice) Festa ([ab Anno 2. 1809:] **di Giovanni Ricordi**), Composto di Cavatine, Arie, Rondo, Duetti e Terzetti scielti dalle Opere de magliori Autori del Teatro Italiano nel corrente anno. In piena partitura unitamente all'Accompagnamento di Piano-Forte.

Milano Presso Giovanni Ricordi Negoziante, Copista, ed incisore di Musica in Contrada di Sa. Margherita. Felice Festa Negoziante, ed incisore di Musica in Pantano No. 4705, ([ab Anno 2. 1809:] Presso il Sud. o Gio:[vanni] Ricordi, Editore tiene Stamperia di Musica nella Conta. di Sa. Margherita.

Anno 1. 1808 – 3. [1810/1814].

D Mbs (2. 1809, 2) – **I** Mc (1. 1808, 1–2; 2. 1809, 5)

Anno 1. 1808:

1.	[Giuseppe] Farinelli: Scena e Duetto (Agenore, Calliroe) nella: Calliroe (Venezia 1808) „No crudel per me giammai" ([Pl. Nr.] 1)	1– 30
2.	[Vincenzo] Federici: Cavatina con Marcia nella: Conquista dell' Indie Orientali (in Torino nel Carnevale 1808) „Terra amica, amica stella" ([Pl. Nr.] 2)	1– 2
[3]	[Joseph] Weigl: Terzetto nel: Rivale di sè stesso „Di gioja il cor sorpreso" (S, T, B) ([Pl. Nr.] 16)	
[4]	L.[uigi] Mosca: Duetto nell': Italiana in Algeri „Ai capriccj della sorte" (C, B) ([Pl. Nr.] 17) [Rossini]	
[5]	[Giuseppe] Nicolini: Scena ed Aria nel: Coriolano „Cari figli" (S) ([Pl. Nr.] 21)	
[6]	[Gaetano] Marinelli: Duetto nel: Trionfo d'Amore „Dolce Sposa" (S, T) ([Pl. Nr.] 25)	

Anno 2. 1809:

[1]	[Giuseppe] Nicolini: Duetto nel: Coriolano „L'armi deponi o caro" (2 S) ([Pl. Nr.] 24)	
2.	Marco Portugallo: Duetto „Non tremar io t'offro il petto" ([Pl. Nr.] 26)	
[3]	[Johann Ludwig] Dussek: Rondò „Se è ver che il cor" (S) ([Pl. Nr.] 29)	
[4]	[Ercole] Paganini: Cavatina „Se alcun veduto" (C) ([Pl. Nr.] 31]	
5.	Ercole Paganini: Duetto con Recitativo (Lucinda, Bernardo) nell' Opera: Le Rivali Generose (Rec.) „Brava! ti ho colta alfin" – (Duetto) „Vuoi che teco anch'io deliri" ([Pl. Nr.] 32)	2– 25
[6]	[Carlo] Bigatti: Rondò „Linto al sen" (C) ([Pl. Nr.] 33)	

[7]   [Carlo] Bigatti: Cavatina „Non dormo un'ora" (C) ([Pl. Nr.] 35)

[8]   [Francesco] Morlacchi: Cavatina „Aura d'Amor" (T) ([Pl. Nr.] 39)

[9]   [Nicola Antonio] Manfroce: Aria „No che non può" (S)
      ([Pl. Nr.] 40)

[10] [Valentino] Fioravanti: Duetto „Questo cor, quest'alma mia" (C. T.)
      ([Pl. Nr.] 45)

[11] [Giuseppe] Nicolini: Duetto „Misero padre" (C, S) ([Pl. Nr.] 54)

[12] [Stefano] Pavesi: Duetto „Minacci ah! parti" (C, S) ([Pl. Nr.] 52)

[13] [Stefano] Pavesi: Duetto „Vincitor la man ti stendo" (S, T)
      ([Pl. Nr.] 53)

[14] [Luigi] Marchesi: Aria „In seno qu'est'alma" (S) ([Pl. Nr.] 57)

[15] [Simon] Mayr: Scena e Cavatina „La pace, la calma" (T)
      ([Pl. Nr.] 60)

[16] [Ferdinando] Paer: Duetto nell': Agnese „Quel Sepolcro" (S, B)
      ([Pl. Nr.] 62)

[17] [Stefano] Pavesi: Notturnino „Or che fra i taciti" (C, T, B)
      ([Pl. Nr.] 66)

Anno 3. [1810/1814]:

[1]   [Stefano] Pavesi: Cavatina „Mi vien da ridere" (C) ([Pl. Nr.] 69)

[2]   [Stefano] Pavesi: Duetto „Parlo schietto" (C, B) ([Pl. Nr.] 74)

[3]   [Ferdinando] Paer: Cavatina nell': Agnese „Tutto è silenzio"
      (S) ([Pl. Nr.] 82)

[4]   [Pietro] Generali: Duetto „Se ti guardi" (C, B) ([Pl. Nr.] 86)

[5]   [Giuseppe] Nicolini: Rondò „Io non chiedo al ciel" (C)
      ([Pl. Nr. 91)

[6]   G.[iuseppe] Mosca: Terzetto ne': Pretendenti Delusi „Con
      rispetto e riverenza" (T, 2 B) ([Pl. Nr.] 101)

[7]   [Pietro] Generali: Terzetto „Se sapesse Fiordalisa" (T, 2 B)
      ([Pl. Nr.] 109)

[8]   [Gioacchino] Rossini: Duetto nel: Demetrio e Polibio
      „Questo cor ti giura Amore" (S, C) ([Pl. Nr.] 118)

[9]   G.[iuseppe] Mosca: Romance „Tranquillo nel suo cor la
      Villanella" (C) ([Pl. Nr.] 121)

[10] G.[iuseppe] Mosca: Rondo nell' Opera: Le Bestie in Uomini
      „Mentre guardo" (C) ([Pl. Nr.] 123)

[11] Guglielmi F.: Rondò „Alla tua bella Venere" (S) ([Pl. Nr.] 159)

[12] [Gioacchino] Rossini: Rondò nell' Opera: Il Tancredi „Perchè
      turbar la calma" (C) ([Pl. Nr.] 163)

[13] [Gioacchino] Rossini: Terzetto nell': Italiana in Algeri „Dè
      pappataci" (T, 2 B) ([Pl. Nr.] 173)

[14] [Gioacchino] Rossini: Rondò e Scena nell': Italiana in Algeri
      „Pensa alla Patria" (C) ([Pl. Nr.] 174)

[15] [Simon] Mayr: Terzettino nell' Opera: Atar „Per queste estreme
      lagrime" (2 S, T) ([Pl. Nr.] 195)

[Nach Katalog Ricordi von 1815 ergänzt.]

Journal d'Airs, Romances et Duos, Extraits des meilleurs Auteurs, avec Accompagnement de Piano-Forte. [No. 1: 15 Janvier 1808.]

Publié à Paris par P. et J. J. Le Duc ... Rue Traversière St. Honoré, No. 37.

[1808], Livraison 1—12: No. 1—48.

B Bc ([1808], 1—20)

→ *Journal d'Airs, Romances et Duos de divers Auteurs*. 1807.

1er Livraison:

No. 1. [Henri] Darondeau Fils: La Rose, Romance „Tendre fruit des
         pleurs de l'aurore" (Gentil Bernard)   2— 3

No. 2. [Antonio] Lamparelli: L'Absence d'une Amie, Romance
         „Las! plaignez la triste aventure du troubadour" (Vigée)   4— 5

No. 3. [Jean-Joseph] Cambini: Le Souvenir, Romance „Quinze prin-
         tems embellissoient Zaide"   6— 7

No. 4. Henry [!] Darondeau: Le Ruisseau „Ruisseau qui baignes cette
         plaine" (Pannard)   8— 9

2e Livraison:

No. 5.   La Mélancolie, Romance „Que la beauté sur nos sens
               a d'empire!"   10— 11

No. 6. A.[ntoine] Romagnesi: Le Berger Volage „Zéphir charmant
         mais trop volage" (Mad.e Petigny)   12— 13

No. 7. J.[oseph] Muntz-Berger: Telle que je la voudrois „D'aimer
         jamais si je fais la folie" (de Nivernois)   14— 15

No. 8. [Joseph-Henri] Mees: Lise et Colin „Si je recherche la parure"
         (Pfte.-Begl.: Hausmann)   16— 17

3e Livraison:

No. 9. [Jean-Marie] Plane: L'Amitié, Romance „Au près de la
         simple Nérée" (Mxxxx)   18— 19

No. 10. [Joseph-Henri] Mees: La Prefecture de Cythère „Je ne puis
         souffrir les abus" (Pfte.-Begl.: Hausmann)   20— 21

No. 11. [Joseph-Henri] Mees: Le Curieux „Hier soir assis sur l'herbette"
         (Pfte.-Begl.: Hausmann)   22— 23

No. 12. Jules César dalla Torre: Romance „Il faut aimer au printems
         de son âge" (Mr. xxx)   24— 25

4e Livraison:

No. 13.   [Joseph-Henri] Mees: La Querelle de l'Amour et du Papillon
          „Un jour l'amour se promenant" (Madame Agathe L...)   26— 27

No. 14.   Le Maître: Romance avec accompagnement de Basson obligé
          „Je vais chanter de la douce Laurence" (Mr. xxx)   28— 29

No. 15.   [Hilaire-Nicolas] Guénin Fils: Viens Aurore „Viens aurore,
          je t'implore" (Henri IV)   30— 31

No. 16.   [Antonio] Lamparelli: Le Tombeau de Caroline, Romance
          „Rendez la moi cette fille chérie" (Coupigny)   32— 33

5e Livraison:

No. 17.   Gustave Dugazon: Envoi en Italie „Enfans de mon faible
          génie" (Poultier)   34— 35

No. 18.   Gustave Dugazon: Joli Bouton „Joli bouton que dans ces
          lieux chaque matin" (Poultier)   36— 37

No. 19.   Gustave Dugazon: La Fièvre „La fièvre est une maladie"
          (Mre. de la Mardelle)   38— 39

No. 20.   Gustave Dugazon: Chant d'Amour „Venez amour, venez
          monter ma lyre" (de Marmontel)   40— 41

Journal de Musique Etrangère, pour la Guitare ou Lyre, rédigé par [Salvador]
Castro [de Gistau]. Chaque numéro de ce Journal sera composé de trois mor-
ceaux, dont un de chant Espagnol, un de chant Italien et un pour l'Instrument.
Il paraîtra tous les mois un Cahier.

A Paris, chez l'Editeur et Auteur, Rue de Provence, No. 14. Gravé par Michot.

[ca. 1808]: No. 1—36.

D Mbs — **F** Pn ([ca. 1808], 1—35)

[ca. 1808]:

No. 1.   [Salvador] Castro [de Gistau]: Rondo Pastorale   2—   3

No. 2.   [Salvador] Castro [de Gistau]: Bolero „Vi tu hermosura y
          luego" — „Je vis ta beauté, et aussitôt" (Singst., Git.)   2—   3

No. 3.   [Salvador] Castro [de Gistau]: Canzonetta Italiana
          „Giera un giorno in gondoletta" — „J'étois un jour
          délicieusement endormi" (arr. mit Git.- oder Lyra-Begl.)   2—   3

No. 4.   [Salvador] Castro [de Gistau]: Thema connu sous le nom de:
          Lodoïska, varié (Andante — Var. 1—7)   2—   5

No. 5.   [Salvador] Castro [de Gistau]: Bolero „Ya que no puedo
          darte" — „Puisque je ne peux te donner"   2—   3

No. 6.   [Salvador] Castro [de Gistau]: Canzonetta Italiana „La bion-
          dina in gondoletta" — „L'autre soir je menai la petite"
          (arr. mit Git.- oder Lyra-Begl.)   2—   3

No. 7. [Salvador] Castro [de Gistau] : Air Français varié, pour la
Guitare (Andante — Var. 1—6) 2— 5

No. 8. [Salvador] Castro [de Gistau] : Bolero ,,Favores y desprecios" —
,,Je ne garole point les faveurs" 2— 3

No. 9. [Salvador] Castro [de Gistau] : Canzonetta Italiana ,,Sono
innamorato" — ,,Je suis amoureux" (arr. mit Git.- oder
Lyra-Begl.) 2— 3

No. 10. [Salvador] Castro [de Gistau] : Rondo pour la Guitare ou
Lyre 2— 3

No. 11. [Salvador] Castro [de Gistau] : Bolero ,,Adonde me encaminas" — ,,Où me conduis-tu cruel" (Singst., Git.) 2— 3

No. 12. [Salvador] Castro [de Gistau] : Canzonetta Italiana ,,O
pescator de l'onda fidulin" — ,,Pêcheur de l'onde-
petit fripon" (arr. mit Git.- oder Lyra-Begl.) 2— 3

No. 13. Fernando Sor: Un Menuet et un petit Allegro pour la Guitare
ou Lyre 2— 3

No. 14. [Salvador] Castro [de Gistau] : Seguidilla ,,No me llamen
dichoso" — ,,Ah! ne dis pas que je suis heureux" 2— 3

No. 15. [Salvador] Castro [de Gistau] : Canzonetta Italiana ,,La nev'
è a la montagna" — ,,La neige couvre la montagne"
(arr. mit Git.- oder Lyra-Begl.) 2— 3

No. 16. [Salvador] Castro [de Gistau] : Rondo pour la Guitare ou
Lyre 2— 3

No. 17. [Salvador] Castro [de Gistau] : Seguidilla ,,Una muger me
dixo" — ,,Une femme me disait" 2— 3

No. 18. [Salvador] Castro [de Gistau] : Canzonetta Italiana ,,Chi mai
di questo core" — ,,Eh qui pourra lire dans ce cœur"
(arr. mit Git.- oder Lyra-Begl.) 2— 3

No. 19. [Salvador] Castro [de Gistau] : Rondo pour la Guitare ou
Lyre 2— 3

No. 20. [Salvador] Castro [de Gistau] : Bolero ,,En que todos te
quieran" — ,,Je ne suis pas fâché" 2— 3

No. 21. [Salvador] Castro [de Gistau] : Canzonetta Italiana ,,Toglie-
mo su'l fagotto" — ,,Jouons sur le basson" (arr. mit Git.-
oder Lyra-Begl.) 2— 3

No. 22. F.[elice] Moretti: Air varié pour la Guitare (Andantino —
Var. 1—6) 2— 4

No. 23. [Salvador] Castro [de Gistau] : Imitation de la Chasse,
Seguidilla ,,Ley es que ha de adorarte" — ,,T'aimer
est une loi pour tous ceux" 2— 3

No. 24. [Salvador] Castro [de Gistau] : Canzonetta Italiana ,,Al margine
d'un rio" — ,,Sur le bord d'une rivière" (arr. mit Git.- oder
Lyra-Begl.) 2— 3

No. 25. [Salvador] Castro [de Gistau] : Rondo pour la Guitare ou
Lyre 2— 3

No. 26. [Salvador] Castro [de Gistau] : Seguidilla „Quando hicimos el cambio" — „Quand nous fimes l'échange" 2— 3

No. 27. [Salvador] Castro [de Gistau] : Canzonetta Veneziana „Or che sono d'amante sprovvisto" — „Maintenant que je suis sans amours" 2— 3

No. 28. [Salvador] Castro [de Gistau] : Air Français varié pour la Guitare ou Lyre (Andante — Var. 1—9) 2— 6

No. 29. [Salvador] Castro [de Gistau] : Bolero „Yo bien fuera constante" — „Moi, je serois constant" 2— 3

No. 30. [Salvador] Castro [de Gistau] : Canzonetta Italiana „La mia crudel tiranna" — „La perfidie! elle fit serment de m'aimer" (arr. mit Git.- und Lyra-Begl.) 2— 3

No. 31. [Salvador] Castro [de Gistau] : Air composé et varié pour la Guitare ou Lyre (Andantino — Var. 1—7) 2— 5

No. 32. [Salvador] Castro [de Gistau] : Seguidilla „Fabio Fabio te nombra mi triste pecho" — „Fabio! Fabio! mon triste cœur" 2— 3

No. 33. [Salvador] Castro [de Gistau] : Canzonetta Italiana „Presso del rio che piange" — „Qu'il te souvienne, ô mon amie" (arr. für Git.- oder Lyra-Begl.) 2— 3

No. 34. [Salvador] Castro [de Gistau] : Rondo pour la Guitare ou Lyre 2— 3

No. 35. M ***: Tyrana del Animalito — Chanson du Petit Animal „Yo tengo un animalito" — „J'ai messieurs en mon pouvoir" (Singst., Git.-Arr.: Castro) 2— 3

No. 36. [Salvador] Castro [de Gistau] : Catina Amabile, Canzonetta Veneziana „Catina amabile dolce tesor" — „Catherine ô toi mon unique trésor" 2— 3

Journal de Piano-Forte, avec Accompagnement de Violon, Extraits des meilleurs Auteurs; composé d'Ouvertures, d'Opéra, Opéra Comique Français et Italiens, Airs arrangés et variés, Andante, Rondeaux, Waltz &c. publié par P. et J. J. Le Duc.

On souscrit à Paris au Bureau du dit Journal, Rue Traversière St. Honoré No. 37.

[Année 1. ca. 1808], Livraison 1.

F Pn

1re Année [ca. 1808] :

1re Livraison:

No. 1. [Wolfgang Amadeus Mozart] : Introduction du: Mariage de Figaro [KV 492, 1] 2— 3

No. 2. [Wolfgang Amadeus Mozart] : Andante [KV 492, 11] 4— 5

No. 3. [Wolfgang Amadeus Mozart] : Allegro vivace [KV 492, 6] 6— 7

No. 4.   [Wolfgang Amadeus Mozart] : Allegretto [KV 492, 20]   8–   9

No. 5.   [Wolfgang Amadeus Mozart] : Legato [KV 492, 22]   9

Polyhymnia, eine Wochenschrift, gewidmet den Freunden der Musik.

Würzburg: bey Christian Bauer.

Jahrgang 1. [1808] : Heft 1–4–2. [1809] : Heft 1–?

D Mbs (1. [1808] , 1; 2. [1809] , 1) – **GB** Lbm (1. [1808] , 1)

1. Jahrgang [1808]

Heft 1:

[1]   [Joseph] Weigl: Ouverture aus der Oper: Die Uniform
        (Pfte.-Arr.: Röder)   3–   7

[2]   ([Peter von] Winter): Aria aus der Oper: Maria von Montalban
        „Schönste Gottheit edler Seelen"   8–   9

[3]   ([Franz Joseph] Fröhlich): Der Freudenwechsel, (Lied) „Seeg-
        nend dencke ich der Stunden meiner Jugendzeit"
        (H. Ultsch)   10– 11

[4]   [Johann Heinrich Carl] Bornhard [!] : An den Abendstern,
        (Lied) „Sey gegrüßt in deiner Schöne" (Singst., Git.)   12

[5]   [Daniel] Steibelt: Thema mit Variazionen aus der Oper:
        Die Zauberflöte [KV 620, 20] (Ausgezogen aus einer
        Fantasie) (Andante – Var. 1–8)   13– 16

[6]   ([Franz Joseph] Fröhlich): Der Sommerabend, (Lied) „Will-
        kommen, o Abend, den Müden" (Singst., Pfte. oder Git.) 17– 18

Tänze für's Clavier:

[7]   (Wiskemann): Allemande   18

[8]   ([Franz Joseph] Fröhlich): Dreher   18

[9]   (Neuberth): Schottischer   18

[10] [Daniel] Steibelt: Polonaise favorite, arrangée en Ronde   19– 22

[11] [Ferdinando] Pär: Neue Romanze „Mit Gram u.[nd] Schmerz
        soll ich gehorchen" (F. Marx)   23– 25

[12] (Wiskemann): Serenade „Der Thau steht auf der Rose" [Mahl-
        mann] (Singst., Git.)   26

[13] [Joseph] Haydn: Adagio [Hob. III, Nr. 74, II]   27– 28

[14] ([Ludwig] Berger): Der Strom, (Lied) „Es zieht ein Strom durch
        alle Lebensreiche" (Tiedge) (Singst., Git.)   29

[15] [Wolfgang Amadeus] Mozart: Marsch aus der Oper: Idomeneus
        [KV 366, 25]   30

[16] [Peter von] Winter: Tanz der Papagenos aus der Oper: Das Labyrinth (dem 2ten Theile der Zauberflöte, das Labyrinth betitelt)   30

[17] [Ferdinando] Paer: Ouverture aus der Oper: Die Wegelagerer   31— 35

[18] [Wolfgang Amadeus] Mozart: An die Einsamkeit, (Lied) „Dir, Einsamkeit! vertrau' ich nur mein Herz" [D. Jäger] [KV 340b = 391]   36

[19] Bonaventura: Neue Variazionen (Tema — Var. 1—4) (Git.)   37— 38

[20] [Ferdinando] Pär: Romanze „Nur den reizenden Namen" (Marx) (Singst., Pfte. oder Git.)   39— 40

[21] [Joseph] Haydn: Adagio (aus einer seiner Sinfonien) [Hob. I, Nr. 99, II]   41— 42

[22] ([Franz Joseph] Fröhlich): An Lyde, (Lied) „Sieh mich an und lächle, Süsse" (Stolberg) (Singst., Pfte. oder Git. und Fl. oder Vl. ad lib.)   43

[23] Bonaventura: Walzer mit Variazionen (Var. 1—2) (Git.)   44

[24] [Franz Destouches?]: Marsch aus: Wallensteins Lager [Reiterlied „Auf, auf Kameraden aufs Pferd, aufs Pferd"] (Git.-Arr.: Bonaventura)   44

[25] [Joseph] Haydn: Menuet [Hob. I, Nr. 101, III]   45— 46

[26] [Felice] Blangini: Duett (aus den Notturnen) „Hoffnung flüstert mir still im Herzen" (S, T, Pfte. oder Git.)   47

[27] (Fr. Marx): Vergeblicher Trost, (Lied) „Vergessen soll ich jede Sorgen" (F. A. Marx)   48— 49

[28] Leonard de Call: 3 Ländler (Git., 2. Git. ad lib.)   50

[29] [Adalbert] Gyrowetz: Ouverture aus der Oper: Selico (Pfte.-Arr.: Fröhlich)   51— 55

[30] ([Peter von] Winter): Marsch aus der Oper: Maria von Montalban (Git.-Arr.: Fröhlich)   56

[31] ([Peter von] Winter): Quartett ‹Ach bald trocknet das Verhängnis› aus: Maria von Montalban (Git.-Arr.: Fröhlich)   56

[32] ([Peter von] Winter): Chor ‹Die See ist klar, stoßt ab vom Land› aus: Maria von Montalban (Git.-Arr.: Fröhlich)   56

[33] [Adalbert] Gyrowetz: Adagio (und) Minuetto (aus Notturnen) (Pfte.-Arr.: Fröhlich)   57— 58

[34] (Wiskemann): Freundschaft und Liebe, (Lied) „Auf des Schicksals hohen Wellen" (Singst., Pfte. oder Git.)   59— 60

[35] [Ludwig van] Beethoven: (Das Blümchen Wunderhold), Lied „Es blüht ein Blümchen irgend wo" (Bürger) [Op. 52, 8] 61

[36] [Anton] Eberl: Marsch (ausgezogen aus einer Fantasie)   62— 63

[37] [Francesco] Bianchi: Lied „Ohne deine Blicke ist die
        schönste Flur" (Singst., Pfte. oder Git.)   64

[38] [Peter von] Winter: Duett (Luise, Maria) aus der Oper:
        Maria von Montalban „Sende Rettung uns her-
        nieder" (2 Singst., Pfte. oder Git.)   65

[39] [Wolfgang Amadeus] Mozart: Menuet(t) (aus einem Trio)
        [KV 563, 5] (Pfte.-Arr.: Fröhlich)   66— 67

[40] [Wolfgang Amadeus] Mozart: Canon für 3 Stimmen aus der Oper:
        Così fan tutti [!] „Auf, weil volle Gläser winken"
        [KV 588, Schluß aus 3] (3 Singst., Pfte. oder Git.)   68

2. Jahrgang [1809]

Heft 1:

[1]   [Wolfgang Amadeus] Mozart: Variationen zu 4 Händen
        [KV 501]   2— 9

[2]   [August] Harder: Lied „Süße Ahnungsschauer gleiten über
        Flur und Fluß"   10

[3]   [Friedrich Heinrich] Himmel: Aria (Zobea) aus der Oper:
        Die Sylphen „O man hat zu jedem Werke"   11— 13

[4]   R. E.: Die Fesseln der Liebe „Wir sahen uns, und nie gefühltes
        heißes Sehnen" (Singst., Fl., Pfte.)   14— 15

[5]   An die Hoffnung, Lied „Hoffnung, Quelle sanfter
        Freuden" (Singst., Git.)   16

[6]   [Franz Anton] Hoffmeister: Ouverture aus der Oper:
        Telemach (Kl. A.: Kühnert)   17— 21

[7]   R. E.: Das Sehnen nach Ruhe „Flieh nicht grausam länger uns,
        o Holde" (Singst., Fl., Pfte.)   22— 23

[8]   J.[oseph] Küffner: Marsch   24

[9]   [Wolfgang Amadeus] Mozart: Adagio [KV 540]   25— 27

[10] [Peter von] Winter: Arie aus der Oper: Die Sternenköniginn
        „Ich bin gewiß ein folgsam Kind"   28— 29

[11] [Friedrich August Kanne]: Die Elfenköniginn „Was unterm
        Monde gleicht uns Elfen" [Matthisson] (Singst., Git.)   30

[12] [Johann Rudolf] Zumsteeg: Andenken „Ich denke dein, wann[!]
        durch den Hain" (Matthisson)   31

[13] [Ludwig van] Beethoven: Die Ruhe „Im Arm der Liebe ruht
        sich's wohl!" (Bürger [recte: H. Wilhelm F. Ueltzen])
        [Op. 52, Nr. 3]   32— 33

[14] [Johann Nepomuk] Hummel: Walzer   34

Russkij karmannyj pesennik dlja semistr. gitary. ([1810:] **Žurnal gitarnyj** ...)
[Russisches Taschenliederbuch für die siebensaitige Gitarre ([1810:] Zeitschrift für Gitarre ...)]

Moskva: V. Alfer'ev.

1808–1810.

Teutonia. Rundgesänge und Liederchöre [mit Pianoforte], von Hans Georg Nägeli. [Heft 1: Neujahr 1808.] [Vierteljährlich, dann zwanglos.]

Zürich: im Verlage des Autors.

(1808) – [1814]: Heft 1–12.

A Wn (1808: 1) – **CH** Bu (1808-[1809]: 1–6); BEl (1808-[1810]: 1–8); BEsu; Lz (1808-[1809]: 1–7); SO; W; Zz

Erster Heft (1808):

I.	Der blaue Himmel „Im Anfang wars auf Erden" (Claudius)	6–	7
II.	Vaterlandslied „Ihr Freunde! Stimmt den Rundgesang auf Vater Hermann an!" (Aresto)	8–	9
III.	Natur „Groß und schön, o Natur im Jubelkleide!" (Bouterwek)	10–	11
XVII. [recte: IV.]	Freude „Kommt laßt uns fröhlich singen!" (Witte)	12–	13
V.	Freundschaft „Nur noch einmal vollgegossen" (Niemann)	14–	15
VI.	Die sieben Wünsche „Hätt' ich sieben Wünsch' in meiner Gewalt" (Herder)	16–	19

Zweyter Heft [1808]:

VII.	Hoffnung „Hoffnung immergrün! Wenn dem Armen alles fehlet" (Herder)	23–	25
VIII.	Vaterlandslied „Alles schweige, jeder neige ernsten Tönen nun sein Ohr" (Hall. Liederb.)	26–	27
IX.	Wechselgesang „Komm! Freude, komm!" (Maaß)	28–	31
X.	Wechselgesang „Das Fest der Freude ist erschienen" (Thilo)	32–	36
XI.	Psalm „Die Himmel rufen" (Cramer)	37–	40
XII.	Psalm „Dich, Gott zu Zion, lobt man in der Stille" (Cramer)	41–	43

Dritter Heft [1808]:

XIII.	Frühlingslied „Das Herz wird im Freyen dem Städter erst frey" (Rochlitz)	45–	47

XIV.	Sommerlied „Es giebt der Plätzchen überall" (Voß)	48— 49
XV.	Herbstlied „Waldnacht! Jagdlust! leis' und ferner klingen Hörner" (Tieck)	50— 51
XVI.	Winterlied „So trübe, so traurig?" (Bouterwek)	52— 53
XVII.	Die Flucht der Zeit „Flüchtiger als Wind und Welle" (Herder)	54— 55
XVIII.	Die Könige der Welt „Wir sind die Könige der Welt!" (Starke)	56— 63

Vierter Heft [1808]:

XIX.	Ordenslied „Auf, ihr Brüder!" (Böheims Liedersamml.[ung])	65— 69
XX.	Abschiedslied „Du bist zum lezten [!] Male hier am geweihten Ort" (Böheims Liedersamml.[ung])	70— 71
XXI.	Reiselied „Wer Leib und Geist erhalten will" (Maaslieben)	72— 73
XXII.	Nachtgesang „Tiefe Feyer schauert um die Welt" (Kosegarten)	74— 78
XXIII.	Größe im Unglück „Sag' an, was unsterbliche Geister entzückt" (Mahlmann)	79— 84
XXIV.	Den fernen Brüdern „Die Sonne sank am Horizont" (Richter)	85— 86

Fünfter Heft [1809]:

XXV.	Einladung aufs Land „Kommt! Kommt Freunde, kommt aufs Land!" (Tiedge)	87
XXVI.	Wechselgesang „Beglänzt vom rothen Schein des Himmels" (Matthisson)	88— 93
XXVII.	Wasserlied „Wir ruhen vom Wasser gewiegt im Kreise" (Salis)	94—101
XXVIII.	Der Garten des Lebens „Der Garten des Lebens ist lieblich und schön" (Tiedge)	102—103
XXIX.	Aschermittwochslied „Weg von Lustgesang und Reigen" (Jacobi)	104—107
XXX.	Skolie „Im Strahle der Sonne die Rose verblüht" (Mahlmann)	108—112

Sechster Heft [1809]:

XXXI.	Sonntagsmorgenlied im Frühling „O seht, auf leisen Flügeln" (Krummacher)	113—119
XXXII.	Sonntagslied im Sommer „Der Sonntag ist da!" (Krummacher)	120—123
XXXIII.	Pfingstlied „Geist der Wahrheit! Geist der Liebe" (Niemeyer)	124—127

XXXIV.   Liebe „Sag an, mein Lied, was an den Staub den Erden-
            pilger kettet" (Matthisson)   128—131

XXXV.   Der Eistanz „Wir schweben, wir wallen auf hallendem
            Meer" (Herder)   132—134

XXXVI.   An die Freude „Freude! schöner Götterfunken"
            (Schiller)   135—142

Siebenter Heft [1809]:

XXXVII.   Die Blume des Lebens „Des Lebens Blume blühet schön"
            (Herder)   143—150

XXXVIII.   Landlied für Mädchen „Seht, Gespielen, seht!" (Salis) 151—153

XXXIX.   Mutterliebe „Am stillen Pfad der Kindheit" (Krum-
            macher)   154—155

XL.   Würde der Frauen „Ehret die Frauen, sie flechten und
            weben" (Schiller)   156—159

XLI.   Der freye Mann „Wer ist ein freyer Mann?" (Pfeffel) 160—161

XLII.   Der Bund „Bestätigt ihn nach alter deutscher Weise,
            den Bund, der uns vereint" (Böheims Lieder-
            samml.[ung])   162—167

Achter Heft [1810]:

XLIII.   Wechselgesang „Gottlob! der Frühling ist erschienen!"
            (Mnioch)   169—173

XLIV.   Einladung zum Tanze „Schmeichelnde Flöten laden
            uns ein" (Langbein)   174—175

XLV.   Lied beym Rundetanz „Auf! es dunkelt, silbern fun-
            kelt ob dem Tannenberg der Mond!" (Salis)   176—179

XLVI.   Das Gastmahl „Ein edler Schmaus hat uns geschaart"
            (Voß)   180—181

XLVII.   Trinklied „Trinkt, ihr deutschen Brüder!"
            (Hall. Liederb.)   182—183

XLVIII.   Vivat „Vivat! es lebe, was fröhlich ist" (Seckendorf) 184—186

Neunter Heft [1811]:

XLIX.   Die schöne Gegend „Seht rings umher die Gegend an"
            (Göckingk)   187—190

L.   Der Wald „Nimm mich in kühligen schattigen Arm,
            säuselnder Hain!" (Friedericke Brun g. Münter)   191—197

LI.   Abendlandschaft „Goldner Schein deckt den Hain"
            (Matthisson)   198—208

LII.   Das Todtenopfer „Die Berge stehn so düster"
            (Matthisson)   209—215

LIII.   Die Schwestern des Schicksals „Nenne nicht das
            Schicksal grausam" (Herder)   216—218

LIV.   Erinnerung „Gute Zeiten, sel'ge Stunden" (Herder)   219—220

Zehnter Heft [1812]:

LV.   Psalm „Die Gnade Gottes sey mit allen" (Cramer)   221—225

LVI.   Psalm „O welch ein Lob bereitest du dir" (Cramer)   226—228

LVII.   Psalm „Wie selig lebt, der Gott vertraut" (Cramer)   229—233

LVIII.   Psalm „Gott ist mein Hirt! im Schatten seiner Güte"
(Cramer)   234—236

LIX.   Psalm „Ja, fürwahr! uns führt mit sanfter Hand"
(Krummacher)   237—239

LX.   Psalm „Es jauchze Gott und preise Gott alle Welt"
(Cramer)   240—244

Eilfter Heft [1813]:

LXI.   Haingesang. In den ersten Tagen des Lenzes „Horcht,
Brüder, horcht!" (Pfeiffer)   246—251

LXII.   Veilchensträuße „Wir haben Veilchen, duftig und
blau" (Pfeiffer)   252—253

LXIII.   Der Sänger Willkommen „Wen grüßt der traute Sängerbund?" (Pfeiffer)   254—255

LXIV.   Knabe Samuel und Eli's Söhne „Wer frech in sich selber
zerstörte die Blüthe" (Pfeiffer)   256—260

LXV.   Don Alonso oder das Opfer der Pflicht „Wie tobt und
wie toset des Sturms Getose!" (Pfeiffer)   261—264

LXVI.   Nach einem Gewitter „Ein Sturmgewölk umzog den
Horizont mit schwarzem Flor" (Pfeiffer)   265—270

Zwölfter Heft [1814]:

LXVII.   Bruderliebe „Himmlische! die unsre Herzen, wie ein
zartes Saytenspiel" (Wessenberg)   271—273

LXVIII.   Der Lebensweg „Durch Nacht zum Licht" (Kosegarten)   274—276

LXIX.   Das deutsche Lied „Von allen Ländern in der Welt"
(Schmidt)   277—283

LXX.   Freude „Im vertrauten Kreis der Brüder" (Krummacher)   284—285

LXXI.   Die Sterne „Sterne sind dem Himmel gegeben"
(Besselt)   286—287

LXXII.   Nachtgesang „Das Tagewerk ist abgethan" (Voß)   288—290

1809

Neuer musikalischer Merkur für das Pianoforte. [Wöchentlich.]
Dresden, Hilschersche Musikhandlung.
Jahrgang 1. [1809/1810] : Heft 1−11?

10. Heft [1810] :

[1]	[Johann Gottlieb] Georgi: Andante favorit	[2 Bll.]
[2]	Neumann: Die Erinnerung	[1 Bl.]
[3]	[Justus Johann Friedrich] Dotzauer: 3 Walzes à 4 mains	[2 Bll.]
[4]	[Friedrich] Richter: An den Mond	[1 Bl.]
[5]	[August] Bergt: Leichter Sinn (Gramberg)	[1 Bl.]
[6]	[Johann Gottlieb] Naumann: Nachtgesang (Kosegarten)	[1 Bl.]
[7]	[Theodor] Voetsch: 2 Walzer und 2 Ecossaisen	[1 Bl.]
[8]	Tyrolerlied	[1 Bl.]
[9]	[Franz] Dunckel: Variat.[ionen]	[2 Bll.]
[10]	[Adalbert] Gyrowetz: Marsch	
[11]	[Friedrich] Heine [!] : Die Lerche	
[12]	[Franz] Dunckel: Adagio	

[Nach Anzeige in: Intelligenz-Blatt zur Allgemeinen Musikalischen Zeitung XII,
1809/1810, No. XIII (Dec. 1810), Sp. (53)]

1810

Journal of Musick, composed of Italian, French and English Songs, Romances
and Duetts, and of Overtures, Rondos &c. for the Forte Piano, published by
Madame Le Pelletier. Two numbers of six pages each, to appear every month.
[No. 1: 15. Februar 1810.]

Baltimore: (Published ... by Madame Le Pelletier)

Part 1−2. 1810: No. 1−24.

D Bim (M) − **US** Bp; Wc

Part I

No. 1−4:

[1]   [Charles-Simon] Catel: Overture to the Opera: L'Auberge de
Bagnères (Pfte.-Arr.: Madame Le Pelletier)   2−   8

[2] [Friedrich Heinrich] Himmel: Air from the Opera: The Sylphs
„The heart that warm'd my guileless breast" (Nach
Camoens: Mrs. Le Pelletier) 9— 12

[3] [Henri-Montan] Berton: Romance de l'Opéra: La Romance
„Du tendre amour" — „If in that breast" ([Übers.:]
Mrs. Le Pelletier und Moore) 13— 16

[4] H:[enri-Montan] Berton: Boleros de l'Opéra de: Ponce de Léon
„Il faut garder votre savoir" (Singst., Pfte.-Arr.: Madame Le Pelletier) 17— 19

[5] Felix Blangini: Aria „Lo sventurato adora" 20— 23

[6] J. T.: Song „I danc'd with Harriet at the fair" (Charles Leftly) 25— 26

No. 5:

[7] Nicolò Isouard: Interlude to the Opera: Les Confidences
(Pfte.-Arr.: Madame Le Pelletier) 28— 31

[8] [Girolamo] Crescentini: Clori la Pastorella, Canzonetta
„Clori la pastorella" — „Aux bords d'une onde claire" 32— 33

No. 6—7:

[9] [Henri-Montan] Berton: Polonaise du: Concert Interrompu
„Craignez jeunes beautés"— „Beware beauteous virgins" 36— 43

[10] J. T.: Stances sur la Mort d'un Serin „Aimable oiseau"
(Charles Lagarenne) 44— 45

[11] Madame Le Pelletier: Song „Come tell me where the maid is
found" (T. Moore) 46— 48

No. 8:

[12] ([Martin Pierre] Dalvimare): Romance „Je t'aimerai" 50— 52

[13] J. T.: Song „I have a silent sorrow here" (R. B. Sheridan) 53— 55

No. 9—11:

[14] [Etienne Nicolas] Méhul: Overture and Interlude of the Opera:
Une Folie (Pfte.-Arr.: Madame Le Pelletier) 58— 71

[15] Nicolò Isouard: Romance de: Michel Ange „En me jurant
d'être fidèle" 72— 75

No. 12:

[16] Pietro Guglielmi: Duetto nella: Debora e Sisara „Al mio contento" — „Quelle ombre de tristesse" 78— 83

Part II

No. 13:

[17] G. Gray: Love & Kitty, a favorite Song „How gaily once the
hours flew" 86—88

[18] W.[illiam] Reeve: Kitty's the Rose, a favorite Ballad to the
Romance of: An Bratach „Adown in our valley"   89– 91

No. 14–15:

[19] P.[ierre] Gaveaux: La Leçon (de Chant), Romance (Célestine,
Cavatini) du: Bouffe et le Tailleur „Conservez bien la
paix du cœur" (2 Singst., Pfte. oder Hf.)   94–101

[20] J.[ohann] L.[adislaus] Dussek: The Willow, favorite Song in:
The Captive of Spilburg [= Spielberg] „When the
shepherd asks my hand"   102–105

No. 16–17:

[21] Madame Le Pelletier: Fantaisie sur un Air russe   108–119

No. 18–20:

[22] [François Adrien] Boieldieu: Duo de: Ma Tante Aurore „De
toi Frontin je me défie"   122–137

[23] J. T.: Song „My Stella sleeps" (Anna Seward)   138–139

No. 21:

[24]   Air de Saül „O toi, seul arbitre du monde"   142–143

[25] Richard Light: A favorite Ballad „Soft as the falling dews of
night"   144–145

[26] J. T.: La Raison détrônée „La raison régnait sur la terre"   146–147

No. 22:

[27] [John] Whitaker: Little Winny Wilkins, a favorite Song „Twas
Monmouth Fair"   150–153

[28] J. T.: Complainte de l'Aveugle espagnol „Je perdis l'épouse
fidelle" (Massiac)   154–155

No. 23–24:

[29] John Clarke: The Coronach, a funeral Song from: The Lady
of the Lake „He's gone on the mountain" [Scott]   158–162

[30] John Stevenson: The Soldier Bridegroom's Song from: The
Lady of the Lake „The heath this night must be
my bed" [Scott]   163–165

[31] (J.[ohn]) Clarke: Blanche of Devan's Song from: The Lady
of the Lake „They bid me sleep" [Scott]   166–169

Journal de Musique Italienne pour le chant et Accompagnement de Piano ...
paraît tous les 1ers et 15 de chaque mois ...

A St. Pétersbourg: chez Dalmas, Editeur, Grande Millionne, No. 48.

[ca. 1810]

F Pn ([ca. 1810], 1 Nr.)

[No.?][François Adrien] Boieldieu: Duo (Marton, Frontin) de:
        Ma Tante Aurore „De toi Frontin je me défie"
        ([Pl. Nr.] 17)   2—   8

Journal de Rondeaux, Romances, Airs, Scènes Françaises ou Italiennes avec Accompagnement de Forte-Piano. Rédigé par G.[abriel] Le Moyne ... Il paroîtra un numéro tous les dix jours.

A Paris, Chez Le Moyne, Professeur, Rue de la Laine, No. 131 et chez Chapelle, Md. de Musique, Rue de Marivaux, Place des Italiens.

[ca. 1810] : No. 1—2?

F Pn ([ca. 1810], 2*)

No. 2:

G.[abriel] Le Moyne: Air „En parcourant les doux climats de
        Paphos" (Singst., Pfte., Vl. oder Fl.)   4—   5

Martin Platt's Periodical Collection of Popular Dances, Waltzes &c. With proper Figures for the Piano Forte, Harp or Violin.

London: Published Monthly By Messrs. Clementi & Co.

[ca. 1810—1815] : Heft 1—8?

GB Lbm ([ca. 1810—1815, 7—8, 3 unnum. Hefte)

7. Heft:

No. 1.	The Sicilian	2
No. 2.	Master Mac Cloud	2
No. 3.	The Hornsey Dance or Julianas Cottage	3
No. 4.	Peter Kneller	3
No. 5.	Johny's A Coming	4
No. 6.	Herne Hill	4

8. Heft:

No. 1.	Castle Durrow	2
No. 2.	The Sociable	2
No. 3.	The Saxon Dance	3
No. 4.	Prince Blucher's Farewell	3

| No. 5. | The Forest of Bondy | 4 |
| No. 6. | Miss Grunde | 4 |

[1. Heft ohne Numerierung:]

No. 1.	Lord Exmouth's Return	2
No. 2.	The Waterloo	2
No. 5.	The Duchess of Gloucester	3
No. 6.	La Jolie Angloise	3
No. 3.	The Broken Sword	4
No. 4.	The Grand Duke Nicholas	4

[2. Heft ohne Numerierung:]

[1]	The Waltzer's Fancy	2
[2]	Count Platoff or the New Russian Danse	2
[3]	Lady Catherine Bertie	3
[4]	Harlequin and Humpo	3
[5]	The Battle of Salamanca	4
[6]	The Muses	4

[3. Heft ohne Numerierung:]

No. 1.	Calder Fair	2
No. 2.	Enrico	2
No. 3.	The Cossack	3
No. 4.	The Regent	3
No. 5.	Orange Boven	4
No. 6.	Tom Thumb	4

Musikalische Neuigkeiten für Freunde des Gesanges und Fortepiano's.
[Herausgegeben von Gottlob Benedict Bierey.]

Breslau: Gedruckt und zu haben in der priv. Stadt- und Universitäts-Buchdrucke-rey bei Grass und Barth.

Jahrgang 1. [1810] — 2. [1811].

D Bim (M: 1. [1810], 2–4; 2. [1811], 1–2); DÜk (1. [1810], 4, No. 21) — **PL** KAp (M: 1. [1810], 2–4; 2. [1811], 1–2); WRu (1. [1810], 2–4; 2. [1811], 1–2)

1. Jahrgang [1810]

2. Heft:

No. 7.

[1] [Christoph Willibald] Gluck: Arie (Iphigenie) aus der Oper:
Iphigenie in Tauris „O lasst mich Tiefgebeugte weinen" 25— 28

[2] [Haibel/von Seyfried]: Ariette (Babette) aus dem: Pumpernickel „Wenn auf die Männer wir freundlich blicken" 28

No. 8.

[3] [Haibel/von Seyfried]: Zwischenmusik aus dem: Pumpernickel 29— 31

[4] Joseph Weigl: Pumpernickels Ankunft in der Residenz, Marsch
(ursprünglich aus: Richard Löwenherz) 31— 32

[5] [Heinrich Carl] Ebell: Marsch aus der Oper: Anakreon 32

No. 9.

[6] [Tuczek]: Aria (Dämona als Ungar) aus der Oper: Dämona
„Oerdög was soll das bedeuten" 33— 35

[7] Die blauen Augen „Blaue Augen! Euch zu preisen" 35— 36

No. 10.

[8] [Tuczek]: Tanz der Kroaten aus: Dämona 37— 39

[9] Eccossaise [!] 40

[10] Tyrolertanz 40

No. 11.

[11] Dem Ideal des Herzens „Sieh in weit entlegner Ferne" 41— 42

[12] An Sie „Wenn du mein Herz geliebtes Mädchen kenn-
test" 42— 44

No. 12.

[13] A.[dalbert] Gyrowetz: Favorit-Thema mit Variationen aus
dem Ballete: Die Inka's (Gavotta — Var. 1—4 — Coda) 45— 48

3. Heft:

No. 13.

[14] Joseph Weigl: Scene (Emmeline) aus der: Schweitzer-Familie
„Gott, was seh' ich?" 49— 52

No. 14.

[15] [Johann Friedrich] Reichardt: Trauermarsch, mit welchem
am 19. August 1810 die Gedächtnissfeyer unserer geliebten Monarchie im hiesigen Theater eröffnet wurde
„Mir fehlet die Sprache" 53—[53a]

[16] Joseph Weigl: Zweite Ouverture aus der Oper: Die Schweitzer-
Familie 54

No. 15.

[17] [Johann Nepomuk] Hummel: Sonatina (Andante espressivo –
Scherzando)   57– 59

[18]   Ungarischer Tanz   59

[19]   Eccossaise [!]   60

No. 16.

[20]   Quadrille   60

[21] [Joseph Weigl] : Arie (Emmeline) aus der: Schweitzer Familie
„Wer hörte wohl jemals mich klagen?"   61– 64

No. 17.

[22] Ignatz von Seyfried: Tanz des Amors aus der Oper: Idas und
Marpissa   65– 66

[23]   Seiner Majestät dem König bei der Ankunft in Breslau
von den hiesigen Frey-Maurer-Logen „Zu der grauen
Urwelt heil'gen Resten"   66– 67

[24]   Canon zu vier Stimmen „Der sey ein deutscher Mann"   67

[25]   Quadrille   68

[26]   Eccossaise [!]   68

No. 18.

[27]   Allemande   69

[28]   Rondo à quatre mains   70– 71

[29] Cand. Jüngling: Walzer   72

[30] Cand. Jüngling: Eccossaise [!]   72

[31]   Canon zu drei Stimmen „Wer seinen [!] Gott vertraut" 72

4. Heft:

No. 19.

[32]   Wein und Kuss „Für die Mühen des Lebens"   73– 74

[33] [Anton] Fischer: Hirtenlied „Kaum wechselt die Nacht"   74– 75

[34]   Walzer   76

No. 20.

[35] [Michael] Umlauf: Sonatina (Allegro – Andantino – Allegro) 77– 79

[36]   Länderer   79– 80

[37]   Musikalische Spielerei, Eine [!] Menuet auf den
obern Tasten   80

No. 21.

[38] [Ludwig van] Beethoven: Gretels Warnung „Mit Liebesblick
und Spiel und Sang" (aus Goethe's Faust [recte: Ha-
lem]) [Op. 75, 4]   81

[39] Nicolò de Maltha [Isouard]: Cavatina aus der Oper: Cendrillon
‹Achenbrödel [!]› „O denkt, ich kam schon seit
Jahren"   82— 83

[40]   Ein österreichisches Nationallied „Es thut mir im
Herzel wos brenne"   83

[41]   Ecossaise   83

[42]   Walzer   84

No. 22.

[43] [Franz Anton?] Schubert: Sieben leichte Variationen
(Moderato — Var. 1—7)   85— 88

No. 23.

[44] A.[ugust?] Bergt: Harmonie „Einen Ton im Reich der Harmonieen"   89

[45] A.[ugust?] Bergt: Leichter Sinn „Gar viele Ding auf Erden"   90

[46]   Ein ungarisch Nationallied   90— 91

[47] [Antonio] Salieri: Canone a tre voci „Chi menta su, chi
scende giù"   91

[48]   Walzer   92

[49] [Adrien Quaisain]: Tanz aus: Salomo's Urtheil [= Le
Jugement de Salomon]   92

No. 24.

[50] [Luigi Belloli]: Ballabile aus dem grossen Ballet: Der Triumph
des Vitellius Maximus   93— 95

[51]   Tanz aus: Columbus   96

[52]   Eccossaise [!]   96

2. Jahrgang [1811]

1. Heft:

No. 1.

[1]   An die Freunde der Tonkunst zum Neujahr 1811
„Wo die Töne rieselnd quellen"   1— 2

[2]   Gedanken und Empfindungen des Käufers der:
Musikalischen Neuigkeiten am ersten Tage des 1811ten
Jahres   2— 3

[3]   Des Einsamen Klage „Der Lenz verblüht! die Freude flieht"   3— 4

[4]   Eccossaise [!]   4

No. 2.

[5]   Abt [Georg Joseph] Vogler: Variationen (Maestoso — Var. 1—4)   5— 7

[6]   [Gottlob Benedict Bierey]: Marsch aus der Oper: Wladimir   8

No. 3.

[7]   Lied aus dem Lustspiel: Hass den Frauen „Liebt o liebt! dem [!] wirds gereuen"   9— 10

[8]   [Joseph] Rösler: Cavatina aus der Oper: Elisene „Ihr Freunde wollt den Tod mir geben"   10— 11

[9]   Marsch aus der Ouverture: Die drei Pumpernickel   11— 12

[10]   [Verschiedene Komponisten]: Solo (Harlequin als Zwergin) aus der Pantomime: Arlequin und Columbine auf den Alpen [Arr.: Schlotthauer]   12

No. 4.

[11]   Joseph Weigl: Marsch aus der Oper: Kaiser Hadrian   13

[12]   [Carl Friedrich Ludwig] Schäffer: 3 Länderer à quatre mains   14— 15

[13]   Abt [Georg Joseph] Vogler: Afrikanische Romanze (Pfte.)   16

No. 5.

[14]   [Nicolò Isouard]: Romanze (Cendrillon) mit Tamburin [aus der Oper: Cendrillon] „Sey uns Rang und Gold beschieden"   17— 19

[15]   [Henri-Montan] Berton: Romanze (Delia) aus: Delia und Verdikan „Erscheine endlich, lang ersehnte Stunde"   19— 20

No. 6.

[16]   Niederländer-Bauerntanz   21— 23

[17]   [Friedrich] Starke: Neuer österreichischer Militärmarsch   23— 24

[18]   Canon zu 3 Stimmen „Dein Herz sey wie das Licht der Sonne"   24

2. Heft:
No. 7.

[19]   [Gottlob Benedict] Bierey: Erinnerung „Was ists, das mit Sehnsucht den Busen mir schwillt"   25— 27

[20]   Jos.[eph] Weigl: Ballabile   27— 28

No. 8.

[21]   [Gottlob Benedict] Bierey: Taddädls eingelegte Aria in der Oper: Die Sternenkönigin „Die Hochzeit ist bei meiner Treu" [mit Text-Parodie]   29— 30

[22]   Der Frühling „Der Frühling ist wieder gekommen"   31— 32

[23]   Eccossaise [!]   32

No. 9.

[24]   Abbé [Georg Joseph] Vogler: Schwedisches Lied mit
              5 Variationen (Pfte.)   33— 36

[25]   [Anton] Fischer: Marsch aus der Oper: Die Festung an
              der Elbe   36

No. 10.

[26]   [Gottlob Benedict] Bierey: Variationen für die Singstimme
              [über] „Con dolce forza le tue pupille" (Righini)
              (Tempo giusto — Var. 1—4)   37— 39

[27]   Gavotta   40

No. 11.

[28]   [Vincenzo] Martini: Duetto (Karoline, van der Lücken)
              [aus: Isola Piacevole] „Ich hörte einen Guguk schrein" 41— 44

[29]   Länderer   44

No. 12.

[30]   M.[ichael] Umlauf: Rondo   45— 46

[31]   [Ferdinand] Kauer: Ariette aus der Oper: Der Schlangenthurm
              „Ihr Mädeln, he! wollt's mich!"   47— 48

[32]   Ecossaise   48

Musikalisches Wochenblatt für zwey Flöten, enthält Arien, Romanzen, Rondos, Tänze etc.

Hamburg bey Rudolphus, Reichenstrasse No. 47 und Altona, Breitestrasse No. 425.

[ca. 1810]: Quartal 1—3.

[Nach „Verzeichniss einiger sehr zu empfehlenden Musikalien f. die Flöte" von Rudolphus.]

Muzykal'nyj žurnal dlja fortepiano na nyněšnij 1810 god pod nazvaniem: Prinošenie prekrasnomu polu. [Musikalische Zeitschrift für Fortepiano für das Jahr 1810 unter dem Titel: Gabe für das schöne Geschlecht.]

Moskva

1810

[B. S. Jagolim, S. 341.]

Neues musikalisches Wochenblatt für eine Flöte.

Hamburg bey Rudolphus. Altona bey Cranz. ([Kopftitel ab 1. ca. 1810, No. II:]
Hamburg und Altona bei L. Rudolphus.

Jahrgang [1. ca. 1810] − 2. [ca. 1811]

D DT ([1. ca. 1810], Quartal 1: 1−79, 84−91; Quartal 2−4); 2. [ca. 1811],
Quartal 1); Hs ([1. ca. 1810], Quartal 1)

1. Quartal: 91 vermischte Lieder

No. I:

No.	1.	[Eduard] Willimann: Der Bauer [Troll] und der Maler, [Romanze] (Mein Herr Maler wollt ihr wohl etc.)	2
No.	2.	Zweite Melodie zu obigem Texte [Mein Herr Maler wollt ihr wohl etc.]	2
No.	3.	[Eduard] Willimann: Antwort des Malers (Mein Herr Bauer grossen Dank etc.)	2
No.	4.	Mozart [unterschoben, recte: Lorenz Schneider]: Vergiss mein nicht (Vergissmeinnicht o Theure, die ich meine etc.) [KV Anh. C 8.06 (Anh. 246)]	3
No.	5.	Hansius: Lied (Im Arm der Liebe ruht sich's wohl etc.) [Ueltzen]	3
No.	6.	[Johann Rudolf] Zumsteg [!]: Die schöne Spinnerinn [= Die Spinnerin] (Ich sass und spann vor meiner Thür etc.) [Voss]	3
No.	7.	Lied (Beglückt durch dich, beglückt durch mich etc.)	
No.	8.	Zufriedenheit (Arm und klein ist meine Hütte etc.)	4
No.	9.	Adelaide (Einsam wandelt dein Freund, etc.) [Matthisson]	4

No. II:

No. 10.		[Johann Rudolf] Zumsteg [!]: Der Kukuk [= Meister Kukuks Musikalische Vorrede] (Wir Vögel singen nicht egal etc.) [Claudius]	5
No. 11.		L.[uise] Reichardt: Dort oben auf jenen Bergen etc.	5
No. 12.		[Francesco] Bianchi: Die ungerechte Forderung	6
No. 13.		An den Abendstern (Sei gegrüsst in deiner Schöne etc.)	6
No. 14.		(Ach was ist die Liebe für ein süsses Ding! etc.)	7
No. 15.		(Ich liebe dich, sprach oft mein thränend Auge etc.)	7
No. 16.		Lied für Deutsche (Freudensänge deutscher Brüder etc.)	7
No. 17.		[Georg Christoph] Grosheim: Das Mädchen aus der Fremde (In einem Thal bei armen Hirten erschien etc.)	8
No. 18.		[Francesco] Bianchi: Die schöne Nacht (Nun verlass ich diese Hütte! etc.)	8

No. 19.　[Hans Georg] Nägli [!] : An Lina (Dein gedenk ich röthet
　　　　　sich der Morgen etc.)　　　　　　　　　　　　　　8

No. III:

No. 20.　　　　(Warum heirathen Frauenzimmer)　　　　　　　9

No. 21.　　　　Erinnerung (O Tage meiner Freude etc.)　　　　9

No. 22.　[Johann Friedrich] Reichhardt: Lied (Ach umsonst, auf aller
　　　　　Länder Charten, etc.)　　　　　　　　　　　　10

No. 23.　　　　(Rosen auf dem [!] Weg gestreut etc.)　　　　　10

No. 24.　　　　Der Scheerenschleifer　　　　　　　　　　　10

No. 25.　　　　Lied (Wo lernt man Weisheit besser, als bey Gesang
　　　　　und Wein?)　　　　　　　　　　　　　　　　11

No. 26.　　　　Todtengräberlied aus: Hamlet (Mir ist kein Potentate
　　　　　gleich etc.) [Nach Shakespeare]　　　　　　　11

No. 27.　　　　(Wer wollte sich mit Grillen plagen etc.)　　　　11

No. 28.　[Henri-Montan Berton]: Arie aus der Oper: Aline (Uns
　　　　　Hirten der Provence etc.)　　　　　　　　　　12

No. IV:

No. 29.　　　　(Dein gedenk' ich und mit sanftem Beben etc.)　　13

No. 30.　　　　Warnung für Mädchen (Nur ein Weilchen blüht der
　　　　　May etc.)　　　　　　　　　　　　　　　　13

No. 31.　　　　(Ein Graf ritt aus auf Mädchenschau etc.)　　　14

No. 32.　　　　Trincklied (Im Weine wie das Sprichwort sagt etc.)　14

No. 33.　　　　Der Liebhaber nach der Mode　　　　　　　　15

No. 34.　　　　(Lebe wohl, Vergissmeinnicht!)　　　　　　　15

No. 35.　　　　(Fröhlich tönt der Becherklang! etc.)　　　　　16

No. 36.　　　　(Was frag' ich viel nach Geld und Gut etc.) [Johann
　　　　　Martin Miller]　　　　　　　　　　　　　　16

No. 37.　　　　Lebenslied (Junge Freudengötter, flattert auf und
　　　　　ab etc.)　　　　　　　　　　　　　　　　　16

No. V:

No. 38.　　　　Rundgesang (Nicht blos für diese Unterwelt etc.)　17

No. 39.　　　　Mein Mädchen (Wer sieht wohl mein Mädchen etc.)　17

No. 40.　[Heinrich Theodor Louis] Schnorr: Das neue Lied (Ein
　　　　　neues Lied, ein neues Lied etc.)　　　　　　　18

No. 41.　[Francesco] Bianchi: Punschlied (Heran ihr Freunde trin-
　　　　　ket! etc.)　　　　　　　　　　　　　　　　18

No. 42.　　　　Romanze (Reis't ihr einmal durch deutsche Land etc.)　19

No. 43.　[Johann Abraham Peter] Schulz: Neujahrslied (Des Jahres
　　　　　letzte Stunde etc.)　　　　　　　　　　　　19

No. 44.   Liebe und Treue (Liebe schwärmt auf allen Wegen etc.) 20

No. 45.   (Schön ist es auf Gottes Welt etc.) 20

No. 46.   Trinklied (Geniesst den Reiz des Lebens etc.) 20

No. VI:

No. 47.   Sehnsucht (Ich denk' an euch ihr himmlisch schönen
            Tage etc.) 21

No. 48.   Todtengräberlied (Grabe Spaden [!], grabe etc.) 22

No. 49.   Rundgesang (Süss ist der Liebe Vorgefühl! etc.) 22

No. 50.   Lied zum Lobe der Weiber (Ström' aus mein Lied
            und werde Tanz etc.) 22

No. 51.   Lied von der Hoffnung (Hoffnung, Hoffnung, weiche
            nicht! etc.) 23

No. 52.   Der Menschenfreund (Brüder die Menschheit leitet
            ein Gott! etc.) 23

No. 53.   [Joh. Bapt.] Elmenreich: Der Rechenmeister Amor (Der)
            Tausendkünstler Amor liess sich bey der etc.) 24

No. VII:

No. 54.   Der Postillion (Man nennt mich einen armen Wicht etc.) 25

No. 54[a]: (Wer wollte nicht Sorgen und Trübsinn zerstreun? etc.) 26

No. 55.   Selbstberuhigung (Ruhig wall' ich meine Bahn etc.) 26

No. 56.   Der Tod (Aus dieser Welt voll Angst und Schmerzen
            etc.) 26

No. 57.   Lied (Das Mädchen ist mir ehrenwerth etc.) 27

No. 58.   An Minna (Hätt' ich Minna's süsse Liebe, etc.) 27

No. 60.   [Henri-Montan Berton]: Arie aus der Oper: Aline (Junge
            Schöne, weich von Herzen etc.) 28

No. VIII:

No. 61.   Bundeslied (Heilig, heilig ist der Bund etc.) 29

No. 62.   Romanze (Nichts gehet über Weiberlist etc.) 30

No. 63.   Aufruf zum Genusse (Es keimen uns Freuden die Fülle
            etc.) 30

No. 64.   Ahndung (Einsam weil ich in den Abendstunden etc.) 30

No. 65.   F.[erdinando] Pär: Romanze aus der Oper: Camilla (Jüng-
            stens ging beim Sternenhimmel) 31

No. 66.   (Nur zärtliches Kosen im blühenden Haine etc.) 31

No. 67.   [Henri-Montan Berton]: Arie aus der Oper: Aline (Unter
            Mirthen ward er gebohren etc.) 32

No. IX:

No. 68.   An den Jüngling (Jüngling willst du dich verbinden
etc.)   33

No. 69.   Romanze (Ein Raugraf gross und mächtiglich)   34

No. 70.   Der Organist und der Bälgentreter (In einem Dorf
nicht weit von hier)   34

No. 71.   (Oft läst [!] die Lieb' uns ihre Macht empfinden)   35

No. 72.   Das Würfelspiel (Das Leben ist ein Würfelspiel etc.)   36

No. X:

No. 73.   Der Organist und das Mädchen (Ein Mädchen nah an
achtzehn Jahr)   37

No. 74.   Lied an den Mond (Sieh, da bist du wieder, lieber
guter Mond!)   38

No. 75.   Ich liebe dich (O könnt ich doch die Nachtigall)   38

No. 76.   Jean Paul's Lieblingslied (Namen nennen dich nicht)   39

No. 77.   (Wie der Tag mir schleichet)   39

No. 78.   [Adalbert Gyrowetz]: Abschied [= Das Angedenken]
(Nimm das kleine Angedenken) [D-dur, C-Takt]
[Op. 22, 1]   40

No. XI:

No. 79.   Die Seligkeit der Liebe (Beglückt beglückt wer die
Geliebte findet)   41

No. 80.   An den Schlaf (Komm hernieder Freund der Müden!)   42

No. 81.   Morgengedanken (Freude ströhmt zum Herzen)   42

No. 82.   Das liebende Mädchen (Jüngling wenn ich dich von
fern erblicke)   43

No. 83.   An das Vergis[!] mein nicht (Gegenbild von jener
Himmelsbläue)   43

No. 84.   Mollys Werth (Ach könnt ich Molly kaufen etc.)   44

No. 85.   Ständchen (Zu meiner Laute Liebesklang)   44

No. XII:

No. 86.   Strickerlied (Der Zwirn ist gesponnen)   45

No. 87.   Die Erscheinung (Ich lag auf grünen Matten)   46

No. 88.   (Hör' zu! ich will dir Weisheit singen)   46

No. 89.   Sehnsucht (Als du sagtest ich muss scheiden)   47

No. 90.   (Wo willst du klares Bächlein hin)   47

No. 91.   [Ignaz Umlauff]: [Arie aus der komischen Oper: Das
Irrlicht] (Zu Steffen sprach im Traume) [Christoph
F. Bretzner]   48

2. Quartal: Neue Walzer, Allemanden, Angloisen, Ecossaisen, Franzoisen [!],
Polonoisen, Hoppser [!], Quadrillen, Menuetten und Märsche

No. I:

No. 1.	Favorit-Walzer der Königin von Preussen	2
No. 2.	[Ignaz] Pleyl [!]: Ecossoise	3
No. 3.	[Ignaz] Pleyl [!]: Ecossoise	3
No. 4.	[Ignaz] Pleyl [!]: Ecossoise	3
No. 5.	[Ignaz] Pleyl [!]: Ecossoise	3
No. 6.	[Wolfgang Amadeus] Mozart: Marsch aus der Oper: Titus [D-dur] [KV 621, 4]	4

No. II:

No. 7.	Polonoise à la Kosciusko	5
No. 8.	H.[einrich] F.[riedrich] Müller: Allemande	6
No. 9.	Allemande	6
No. 10.	H.[einrich] F.[riedrich] Müller: Hops-Walzer	6
No. 11.	[Johann Heinrich Carl] Bornhard [!]: Hops-Walzer	7
No. 12.	H.[einrich] F.[riedrich] Müller: Walzer	7
No. 13.	H.[einrich] F.[riedrich] Müller: Angloise	7
No. 14.	Alsfasser: Quadrille	8

No. III:

No. 15.	Graf [Michel Cléophas] Oginsky: Favorit-Polonoise	9
No. 16.	Zweiter Favorit-Walzer der Königinn von Preussen	10
No. 17.	Eccossoise [!]	11
No. 18.	Eccossoise [!]	11
[No. 19.]	[Ferdinando] Pär: Marsch aus der Oper: Sargino	12

No. IV:

No. 20.	Walzer	13
No. 21.	Walzer	14
No. 22.	Ecossoise	14
No. 23.	Walzer	15
No. 24.	Ecossoise	15
No. 25.	Quadrille	16

No. V:

No. 26.	Hops-Walzer	17
No. 27.	Hops-Angloise	18

No. 28. Françoise 18

No. 29. Walzer 18— 19

No. 30. Françoise 19

No. 31. Ecossoise 19

No. 32. Walzer 20

No. 33. Ecosoise [!] 20

No. VI:

No. 34. Quadrille 21

No. 35. Angloise 22

No. 36. Hopser 22

No. 37. Walzer 23

No. 38. Ecossoise 23

No. 39. Mozart [unterschoben] : Walzer (G-dur) [Anh. C 29.08, 1] 24

No. 40. Hopser 24

No. VII:

No. 41. Quadrille 25

No. 42. Favorit-Walzer der Königinn von Dännemack [!] 26

No. 43. Walzer (27)

No. 44. Hopser (27)

No. 45. Hopser 28

No. 46. Hopser 28

No. 47. Hopser 28

No. VIII:

No. 48. Menuetto 29

No. 49. Walzer 30

No. 50. Ecossoise 30

No. 51. Ecossoise 31

No. 52. Ecossoise 31

No. 53. Ecossoise 31

No. 54. Walzer 31

No. 55. Ecossoise 32

No. 56. Ecossoise 32

No. 57. Walzer 32

No. IX:

No. 58. Walzer 33

No. 59. Ecossoise 33

No. 60.	Menuetto	34
No. 61.	Ecossoise	34
No. 62.	Hops-Angloise	35
No. 63.	Ecossoise	35
No. 64.	Ecossoise	35
No. 65.	Menuetto Maestoso	36

No. X:

No. 66.	Quadrille	37
No. 67.	[Franz Anton] Hoffmeister: Menuetto	38– 39
No. 68.	Angloise	39
No. 69.	[Wolfgang Amadeus] Mozart: Walzer	40

No. XI:

No. 70.	[Carl] Kreith: Der Trompetenstoss	41
No. 71.	Napoleons Krönungs-Marsch	42
No. 72.	Ecossoise	43
No. 73.	Ecossoise	43
No. 74.	Ecossoise	43
No. 75.	[Johan Fredrik] Berwald: Polonaise	44

No. XII:

No. 76.	Angloise	45
No. 77.	Angloise	45
No. 78.	Marsch	46
No. 79.	Marsch	47
No. 80.	Polonoise	48

3. Quartal: Belibte [!] Arien und Romanzen aus neuen Opern

No. I:

| No. 1. | [Wolfgang Amadeus Mozart]: Arie [Vitellia] aus: Titus (Schlägt mir dein Herz voll Liebe etc.) [KV 621, 2] | 2– 4 |

No. II:

| No. 2. | [Wolfgang Amadeus Mozart]: [Duettino (Sesto, Annio)] aus: Titus (In deinem Arm zu weilen etc.) (D-dur) [KV 621, 3] | 5 |
| No. 3. | [Wolfgang Amadeus] Mozart: [Aria (Servilia)] aus: Titus (Ach nicht durch Klagen etc.) (G-dur) [KV 621, 21] | 6 |

No. 4.   [Wolfgang Amadeus] Mozart: [Duetto (Servilia, Annio)]
         aus: Titus (Ach verzeih du Auserwählte etc.)
         [KV 621, 7]   7

No. 5.   [Wolfgang Amadeus] Mozart: [Aria (Annio)] aus:
         Titus (Kehr zurück in Titus Arme etc.) (D-dur)
         [KV 621, 13]   8

No. III:

No. 6.   [Wolfgang Amadeus] Mozart: [Aria (Tito)] aus: Tito
         (Wären doch bei jedem Bürger) (D-dur) [KV 621, 20]   9— 10

No. 7.   [Wolfgang Amadeus] Mozart: [Aria (Tito)] aus: Titus
         (Der höchste Thron der Erde) (G-dur) [KV 621, 6]   10— 11

No. 8.   [Wolfgang Amadeus] Mozart: [Aria (Publio)] aus:
         Titus (Urtheilt bedächtig etc.) (D-dur) [KV 621, 16]   12

No. IV:

No. 9.   [Wolfgang Amadeus Mozart] : [Rondò (Sesto)] aus: Titus
         (Ach nur einmal noch in meinem Leben) (D-dur)
         [KV 621, 19]   13— 16

No. V:

No. 10. [Ferdinando] Paer: Polacca aus: Griselda (Ich verachte
         Gold und Schätze etc.)   17— 20

No VI:

No. 11. [Pierre] Gaveaux: Andante aus dem: Kleinen Matrosen
         [= Le Petit Matelot] (O wie reich an lautren Freuden)   21

No. 12. [Ferdinando] Paer: Allegro aus: Griselda,(Die Hirten-
         flöte blasen etc.)   22— 24

No. VII:

No. 13.   Der Edelmann, Romanze (Es war einmal ein Edel-
                  mann)   25

No. 14.   Das Lob der Musik (Musik du bist mein bester Freund) 26

No. 15. [Wolfgang Amadeus] Mozart: [Duetto (Ferrando, Guglielmo)
         con Coro] aus: Weibertreue [= Così fan tutte] (Traget
         sanft mit leisem Wehen) (D-dur) [KV 588, 21]   26— 27

No. 16. [Wolfgang Amadeus] Mozart: [Duett (Pedrillo, Osmin)]
         aus der: Entführung aus dem Serail (Vivat, Vivat!
         Bachus lebe!) (G-dur) [KV 384, 14]   28

No. VIII:

No. 17. [Franz Anton] Hofmeister [!] : Andante aus dem: Königs-
         sohn von Ithaka (Nichts kann mir so sehr gefallen etc.) 29

No. 18. [Wenzel] Müller: Adagio aus dem Sonnenfeste
         (Das Schiksal winkt etc.)   30— 31

No. 19.   [Wenzel] Müller: Rondo Allegretto aus dem:
Sonnenfeste (Mädchen heraus, heraus!)   32

No. IX:

No. 20.   [Wolfgang Amadeus] Mozart: Arie [Figaro] aus: Figaro
(Dort vergiss leises Flehn, sanftes Wimmern)
[KV 492, 9]   33— 35

No. 21.   [Wolfgang Amadeus] Mozart: Arie [!] [= Coro] aus:
Figaro (Gnäd'ge Götter diese Rosen) [KV 492, 21]   36

No. X:

No. 22.   [Christoph Willibald] Gluck: Tanz aus: Iphigenia in Aulis   37

No. 23.   [Christoph Willibald] Gluck: [Arie] aus derselben Oper
[= Iphigenia in Aulis]: (Ich will das harte Loos des
Scheidens standhaft tragen)   37

No. 24.   [Ferdinando] Pär: [Arie] aus: Griselda (Gern schaft [!]
andern er Vergnügen)   38— 39

No. 25.   [Christoph Willibald] Gluck: [Arie] aus: Iphigenia in
Aulis (Leb' wohl deinem Herzen ewig theuer)   40

No. XI:

No. 26.   [Wolfgang Amadeus] Mozart: [Duett (Zwei Priester)] aus:
Zauberflöte (Bewahret euch vor Weibertükken) (D-dur)
[KV 620, 11]   41

No. 27.   [Wolfgang Amadeus] Mozart: [Arie (Tamino)] aus: Zauberflöte (Dies Bildniss ist bezaubernd schön) (G-dur)
[KV 620, 3]   42— 43

No. 28.   [Peter von Winter]: Cavatina aus dem zweiten Theil der:
Zauberflöte [= Das Labyrinth] (Nun Adjeu! ich reis'
ihr Schönen etc.)   43

No. 29.   [Wolfgang Amadeus] Mozart: [Arie (Papageno)] aus: Zauberflöte (Der Vogelfänger bin ich ja) (G-dur) [KV 620, 2]   44

No. XII:

No. 30.   [Karl Ditters von] Dittersdorf: Duett aus dem: Doctor und
Apotheker (Zwei Mädchen sassen manche Nacht)   45

No. 31.   [Karl Ditters von] Dittersdorf: Arie aus dem: Doctor und
Apotheker (O wie herrlich, o wie labend)   46— 47

No. 32.   [Vincente] Martín[y Soler]: Duett aus: Lilla oder Schönheit und Tugend (Lasset Frieden uns stiften etc.)   48

4. Quartal: Fantasien, leichte Variazionen, nebst einigen franz.[ösischen] u.[nd]
holländ.[ischen] doubl. Märschen

No. I:

No. 1.   [Bernhard] Fatschek: Walzer   1

No. 2.   H.[einrich] Köhler: Variationen über das Thema: Ey du
         lieber Augustin! (Var. 1—4)   2— 3

No. 3.   [Bernhard] Fatschek: Marsch   4

No. II:
No. 4.   C.[arl] Kreith: Divertissement   5

No. 5.   H.[einrich] Köhler: Variationen über die [!] Menuett des
         [Salvatore] Viganò. (Andante — Var. 1—3)   6— 8

No. III:
No. 6.   H.[einrich] Köhler: Variationen über das Thema:
         In meinem Schlosse ist's gar fein (Andantino —
         Var. 1—4)   9— 11

No. 7.   [Bernhard] Fatschek: Pas redoublé   12

No. IV:
No. 8.   [Carl] Kreith: Divertissement   13

No. 9.   H.[einrich] Köhler: Variationen über die [!] Menuett aus:
         Dom [!] Juan (Var. 1—4) [KV 527 aus 14]   14— 16

No. V:
No. 10. [Bernhard] Fatschek: Allemande   17

No. 11.   Eccossoise [!]   17

No. 12. H.[einrich] Köhler: Variationen über: Ascouta Jeannette
         (Poco Allegretto — Var. 1—3)   18— 19

No. 13. [Bernhard] Fatschek: Pas redoublé   20— 21

No. 14.   Contra Caira   21

No. 15. H.[einrich] Köhler: Variationen über: Je suis encor dans
         mon printems [Méhul] (Andantino — Var. 1—3)   22— 23

No. 16. [Carl] Kreith: Divertissement   24

No. VII:
No. 17. [Johann Friedrich] Kelz: Variationen über: Ich schlief, da
         träumte mir (Allegretto — Var. 1—6)   25— 27

No. 18. [Carl] Kreith: Divertissement   28

No. VIII:
No. 20. [!] [Johann Friedrich] Kelz: Variationen über: Guter Mond
         du gehst so stille (Andante — Var. 1—6)   29—(31)

No. 19. [!] C.[arl] Kreith: Divertissement   32

No. IX:
No. 21.   Quadrille   33

No. 22.	Angloise	33	
No. 23.	Variationen über: Gestern Abend ging ich aus (Var. 1—5)	34—	36

No. X:

No. 24.	Variationen über: Die Milch ist gsünder etc. (Var. 1—5)	37—	39
No. 25.	[Carl] Kreith: Divertissement	40	

No. XI:

No. 26.	Variationen über: Ein Mädchen oder Weibchen, aus der: Zauberflöte [Mozart: KV 620, 20] (Var. 1—17)	41—	44

No. XII:

No. 27.	Variationen über: Der Vogelfänger bin ich ja, aus der: Zauberflöte [Mozart: KV 620, 2] (Allegretto Var. 1—7)	45—	48

2. Jahrgang [ca. 1811]

1. Quartal

No. I:

No. 1.	[Nicolò Isouard]: Romanze aus: Aschenbrödel (Geld und Gut macht uns nicht glücklich)	2—	3
No. 2.	[Nicolò Isouard]: [Arie] aus: Aschenbrödel (Ich bin bescheiden)	3	
No. 3.	[Heinrich] Köhler: Wiener Walzer	4	
No. 4.	[Heinrich] Köhler: Ecossoise	4	
No. 5.	[Heinrich] Köhler: Ecossoise	4	

No. II:

No. 6.	[Nicolò Isouard]: Romanze aus: Aschenbrödel (Ach wie so reizend)	5	
No. 7.	[Nicolò Isouard]: Arie aus: Aschenbrödel (Holder Lyra Zaubertöne etc.)	6—	7
No. 8.	Wiener Walzer	8	
No. 9.	Ecossoise	8	
No. 10.	Ecossoise	8	

No. III:

No. 11.	Abt [Georg Joseph] Vogler: Hirtenwonne	9	
No. 12.	[Franz Anton Hoffmeister]: [Arie] aus: Telemach (Wie der Thor beugt sich der Weise)	10—	11
No. 13.	[Muzio] Clementi: Rondo	12	

No. IV:

No. 14. [Bernhard Anselm Weber] : Romanze aus: Deodata
(War einmal eine edle Dirne) [von Kotzebue]   13

No. 15. [Bernhard Anselm Weber] : Romanze aus: Deodata (Lieb
Söhnlein sprach meine Grossmutter) [von Kotzebue]   14

No. 16. [Bernhard Anselm Weber] : Cavatina aus: Deodata (Gott!
zu dem der Unschuld Stimme) [von Kotzebue]   14

No. 17. [Bernhard Anselm Weber] : Romanze aus: Deodata (Komm
herein, mein holdes Liebchen) [von Kotzebue]   15

No. 18. Quadrille française   15

No. 19. [Vincenz] Maschek: Rondo   16

No. V:

No. 20. [Franz Anton] Hoffmeister: Ballet aus: Telemach   17

No. 21. [Franz Anton] Hoffmeister: Arie aus: Telemach (Zu
Thaten mich empor zu flügeln)   18— 19

No. 22. [André-Ernest-Modeste] Grétry: Arie aus: Blaubart   20

No. VI:

No. 23. [André-Ernest-Modeste Grétry] : Marsch aus: Blaubart 21

No. 24. [Antonio] Salieri: Recitativ und Arie aus: Axur   22— 23

No. 25. [Antonio Salieri] : Arie aus: Axur (Geh sage deinem
Herrn)   23

No. 26. Quadrille françoise   24

No. VII:

No. 27. [Heinrich] Köhler: Walzer   25

No. 28. [Antonio] Salieri: Ballet aus: Axur   26— 27

No. 29. Ecossoise aus Lodoïska [Rodolphe Kreutzer]   27

No. 30. P. A. Süssmilch: Marsch   28

No. VIII:

No. 31. [Ferdinando Paer] : Chor aus: Sargino   29

No. 32. [François-Adrien] Boldieu [!] : Romanze aus dem:
Califen von Bagdad (Seit dem sein Arm kraftvoll
im Streite)   30

No. 33. Walzer   31

No. 34. Walzer   32

No. IX:

No. 35. Russischer Marsch   33

No. 36. [Joseph Weigl] : Arie aus dem: Dorf im Gebürge (Muthig,
muthig ohne Sorgen)   34— 36

No. X:

No. 37. [Joseph Weigl] : Arie aus dem: Dorf im Gebürge (Ich bin
         überall zu Hause)   37

No. 38. [Wolfgang Amadeus Mozart] : Arie aus: Dom [!] Juan
         (Mit Blondienen phantasiren) [KV 527, aus 4]   38— 40

No. 39. Walzer   40

No. XI:

No. 40. [Carl] Kreith: Solo   41

No. 41. [Wolfgang Amadeus] Mozart: [Duetto (Zerlina, Masetto
         e Coro) aus: Dom [!] Juan (Liebe Schwestern zur
         Liebe geboren) [KV 527, 5]   42— 44

No. 42. Ecossoise   44

No. XII:

No. 43. [Christoph Willibald] Gluck: Arie aus: Iphigenia in Aulis
         (Schon lang schmückt seine Stirn der Lorbeerkranz
         des Helden)   45

No. 44. [Carl] Kreith: Solo   46— 47

No. 45. Etienne Nicolas Méhul: Romanze aus: Joseph (Ach musste
         der Tod ihn uns nehmen)   48

Novyj žurnal dlja semistr. gitary. [Neue Zeitschrift für die siebensaitige Gitarre.]
St. Petersburg: S. Aksenov.
1810?

Rigasches musikalisches Journal. Herausgegeben von August Jenisch. Mit Bewilligung der Kaiserlichen Censur-Committée zu Dorpat. (Von diesem Journal erscheint alle vierzehn Tage ein Bogen; zuweilen werden auch mehrere Bogen auf einmal ausgegeben.)
Mitau: Gedruckt bey Johann Friedrich Steffenhagen und Sohn.
1810, Heft 1— ?
D Hs (1810, 1)

1. Heft:

[1]   Nic.[olò] Isouard: Romance (Ferval) aus der Oper: Ein Tag in
      Paris [= Un Jour à Paris] ,,Beglückte Freistadt heitrer
      Ruh''   1— 2

[2]   Nic.[olò] Isouard: Duett (Pauline, St. Romain) aus derselben
      Oper [Ein Tag in Paris] ,,Er hat mit Sorgfalt mich er-
      zogen''   3— 12

[3]   Nic.[olò] Isouard: Duett (Armand, Labrie) aus der Oper: Ein
        Tag in Paris „Wohlan! der beste Rath ist ein schmei-
        chelnder Brief''   13— 26

Thalia, eine Zeitschrift für Gesang.

Dresden: Hilscher.

[ca. 1810]: Heft 1—3.

[C. F. Whistling 1817, S. 573.]

Le Troubadour du Nord. Journal de Chant avec accompagnement de Piano Forte,
dédié à Sa Majesté Impériale l' Impératrice Elisabeth Alexiewna.

Gravé et imprimé à St. Pétersbourg. L'on s'abonnne chez Dalmas, acteur français
de Sa Majesté Impériale, maison Schkourin No. 11, sur le Canal de la Moika.

Année 1. [ca. 1810] — 5. [ca. 1814]?

D KIl (5. [ca. 1814], 1 Nr.); KNm (3. [ca. 1812], 51) — **F** Pn (1. [ca. 1810],
2 Nrn.)

[1ère Année. ca. 1810]:

[1]   [Nicolas Dalayrac]: Duo (Laure, Edmont) de: Léon ou le
        Château de Monténéro „Que je quitte ces lieux!''
        ([Pl. Nr.] 48)   10— 17

[2]   [Nicolas Dalayrac]: Trio (Laure, Venerande, Edmont)
        de: Léon „Doux moment! trouble extrême!
        est-ce un songe'' ([Pl. Nr.] 53)   27— 34

3e Année [ca. 1812]:

No. 51.

[1]   [Nicolas Dalayrac]: Romance de: Gulistan „Cet appareil de
        fête ajoute à mon malheur'' ([Pl. Nr.] 158)   2— 4

[2]   [Nicolas Dalayrac]: Siciliene [!] de: Gulistan „Ecoutés la
        prière d'un jeune voyageur'' ([Pl. Nr.] 159)   4— 5

[3]   [François Adrien Boieldieu]: Chanson de: Calife de Bagdad
        „Pour obtenir celle qu'il aime'' ([Pl. Nr.] 141)   4— 5

[4]   [Etienne Nicolas Méhul]: Romance (Joseph) de: Joseph
        „A peine au sortir de l'enfance'' ([Pl. Nr.] 266)   4— 5

[5e Année. ca. 1814]:

[1]   Catterino Cavos: Aria aus dem Ballett: Die Liebe zum Vater-
        lande „Miloj moj serdečnoj drug'' [Mein lieber herz-
        licher Freund] ([Pl. Nr.] 517)   2— 8

Le Troubadour du Nord. Oeuvre périodique musical contenant un recueil de pièces choisies pour le Chant avec accompagnement de Guitarre ou Forte-Piano par Mauro Giuliani.

Publié à Vienne chez Artaria & Comp. Propriété des Editeurs.

[ca. 1810 – ca. 1819] : Cahier 1–12.

A Wn ([1810–1817] : 2–3, 9); Wst ([1810–ca. 1819] : 2–12) – **CS** Pu ([ca. 1810] : 1) – **D** Mbs ([1810–1812] : 2–4)

Cahier 1 ([Pl. Nr.] 2049 [ca. 1810]):

Nro. 1.	Air (Zerbine) du: Vieux Château (Della Maria) „On vante toujours la nature"	2–	5
Nro. 2.	Romance „Te bien aimer, ô ma chère Zélie"	6–	7
Nro. 3.	La Sentinelle „L'astre des Nuits"	8–	11
Nro. 4.	Canzonetta Siciliana „Nici bedda Nic'ingrata"	12–	15
Nro. 5.	Duettino „Il mondo nuovo" (S, T, Git., Pfte.)	16–	21

Cahier 2 ([Pl. Nr.] 2070 [27.1.1810]):

No. 1.	„Partant pour la Syrie"	1–	2
No. 2.	„Mon cœur soupire"	3–	5
No. 3.	„Soldat qui garde ces creneaux"	5–	7
No. 4.	„Jeune encore, je revais d'avance"	8–	9
No. 5.	„Ecco di Gnido il Tempio"	10–	14
No. 6.	„Amor che nasce" – „Plein de malice"	15–	18

Cahier 3 ([Pl. Nr.] 2117 [26.1.1811]):

Nro. 1.	Cavatina „Come potrai mai vivere" (S, Git. oder Pfte.)	2–	5
Nro. 2.	Romance „J'arrive ici de not' village"	6–	9
Nro. 3.	Canzonetta Veneziana „Basta così ma basta d'amarti ti prometto"	10–11	
Nro. 4.	Tirañita Spagnuola „La tirana se embarcò"	12–	15
Nro. 5.	Canzonetta Tedesca „Flattre, flattre, kleiner Vogel"	16–	17
Nro. 6.	Duetto „La vostra Pamela v'adora costante"	18–	24

Cahier 4 ([Pl. Nr.] 2235 [22.4.1812]):

Nro. 1.	Romance „Tu le veux donc, ô peine extrême"	2–	3
Nro. 2.	Canzonetta „Sul margine d'un rio"	4–	5
Nro. 3.	Romance „Il est trop tard"	6–	7
Nro. 4.	Canzonetta „Sempre più t'amo, mio bel tesoro"	8–	9
Nro. 5.	Duetto „Voci canore, e tenere" (C-A, T, Git. oder Pfte.)	10–	15

Cahier 5 ([Pl. Nr.] 2299 [13.4.1814]):

Nro. 1.	Romance „Lundi pour une semaine"	2— 5
Nro. 2.	Canzonetta „Nina, s'è ver che m'ami"	6— 8
Nro. 3.	„Je vous attende [!] au temple de la nuit"	9— 11
Nro. 4.	Romance „C'est pour te plaire"	11— 13
Nro. 5.	Duetto Notturno „Sono dolci le catene"	14— 18

Cahier 6 ([Pl. Nr.] 2309 [13.4.1814]):

Nro. 1.	Romance „Lorsque dans une tour obscure" (S, Git. oder Pfte.)	1— 3
Nro. 2.	Canzonetta „Se anch' io fossi in caso"	4— 8
Nro. 3.	Romance „L'amour est un enfant trompeur"	9— 11
Nro. 4.	Duetto „Amore vi chiedo" (S, C—A, Git. oder Pfte.)	12— 19

Cahier 7 ([Pl. Nr.] 2400):

Nro. 1.	Le dernier Chant du Troubadour „Triste, accablé sous le poids de malheur"	1— 3
Nro. 2.	„Vuoi per sempre abbondonarmi"	4— 7
Nro. 3.	Le Plaisir „Plus leger qu'un enfant"	8— 9
Nro. 4.	„Il faut partir"	10— 11
Nro. 5.	Duetto „Se non lontano" (S, T, Git. oder Pfte.)	12— 16

Cahier 8 ([Pl. Nr.] 2402 [20.9.1815]):

Nro. 1.	Romance „Je vous écris"	2— 3
Nro. 2.	„Il ne vient pas"	4— 6
Nro. 3.	Cavatina „Voi che sapete" — „Mon cœur soupire"	7— 12
Nro. 4.	Le Troubadour vaincu par l'Amour „Un jeune troubadour"	12— 13
Nro. 5.	Duetto „Piaceri dell' anima" (S I, II, Git. oder Pfte.)	14— 18

Cahier 9 ([Pl. Nr.] 2474 [8.3.1817]):

Nro. 1.	Romance „Toujours toujours je te serai fidèle"	2— 4
Nro. 2.	Canzonetta „Ardo ognor perte d'amore"	4— 7
Nro. 3.	Romance Martiale „Du mirthe frais au du triste olivier"	8— 10
Nro. 4.	Le Souvenir d'Amour, Romance „Parle-moi de ce que j'adore"	11— 12
Nro. 5.	Duo Notturne à Romance „Je t'aime tant"	13— 15

Cahier 10 ([Pl. Nr.] 2497 [23.7.1817]):

| Nro. 1. | Cavatina (Tancredi) [aus: Tancred (Rossini)] „Tu che accendi" | 2— 8 |

Nro. 2.	Canzonetta „Nina non dir di no!"	9— 10
Nro. 3.	Cavatina „Per pietà bell' Idol mio"	11— 15
Nro. 4.	Terzetto (Amenaide, Tancredi, Argirio) aus: Tancred (Rossini) „Fra quai soavi palpiti"	15— 21

Cahier 11 ([Pl. Nr.] 2538 [7.12.1818]):

Nro. 1.	Romance de le bon Chevalier „Reposez-vous, bon chevalier"	2— 3
Nro. 2.	Le Sentiment d'Amour, Romance „N'avoir sans y songer"	4— 5
Nro. 3.	Le Portugais, Romance „Un Portugais dont l'âme fière s'irritait" (Pinto)	6— 8
Nro. 4.	Romance „Je vais en Palestine"	8— 10
Nro. 5.	Terzetto „Da quel sembiante appresi a sospirare amante" (S I, II, III, Git. oder Pfte.)	11— 14

Cahier 12 ([Pl. Nr.] 2599 [ca. 1819]):

Nro. 1.	N'oubliez pas, Romance „Demain guidé par l'amour"	2— 3
Nro. 2.	L'Amitié, Canon à deux voix „A l'amitié je consacre ma vie"	3— 6
Nro. 3.	On est heureux que lorsqu'on aime, Romance „De la raison la voix suprême"	6— 9
Nro. 4.	L'Amour, l'Amitié, et le Vin ou L'Hongroise, la Viennoise, et la Tyrolienne, Canon à trois voix „Du Dieu d'amour"	10— 13

1811

Wöchentliche Musikalische Blaetter für das Pianoforte, die Guitarre und für Gesang.
Würzburg: im Verlage bei Carl Philipp Bonitas. Handlung und Buchdruckerei auf dem Kürschnershof.

1811: 1.—2. Halbjahr, Heft 1—2.

D DÜk (1811, 1. Halbjahr, 1. Heft, 1—11; 2. Heft; 2. Halbjahr, 1.—2. Heft) — **NL Uim** (1811, 1. Halbjahr, 1. Heft, 1—8, 11—12; 2. Heft, 11)

Erstes Halbjahr 1811

1. Heft

No. 1:

| [1] | [Etienne Nicolas] Méhul: Ouverture aus der Oper: Joseph, oder Jacob und seine Söhne in Egypten (Pfte.) | 3— 6 |

[2]   W. Dennerlein: Der eifersüchtige Gärtner „Was tapp' ich noch
        im Dunkeln" (St. Schütze) (Singst., Git., Pfte.)   7—   8

[3]   Liebeserklaerung von einem Kaufmann „Sieh mein
        Herz hier ohne Emballage" (Singst., Git., Pfte.)   9— 10

No. 2:
[4]   [Etienne Nicolas Méhul] : Romanze (Benjamin) aus der Oper:
        Joseph „Ach! mußte der Tod ihn uns nehmen"
        (Singst., Pfte.)   11— 13

[5]   Carl Gollmick: Die Blümchen „Ein Blümchen lacht im Frühlings-
        thal" (Voigt) (Singst., Git., Pfte.)   14— 15

[6]   Becker: Polonaise (Pfte.)   16

No. 3—5:
[7]   [Joseph Augustin] Gürrlich: Corps de Ballet (Pfte.)   17

[8]   B.[ernhard] A.[nselm] Weber: Der Fischerknabe aus:
        Wilhelm Tell „Es lächelt der See" [Schiller]
        (Singst., Git., Pfte.)   18

[9]   B. Albert: Dreher (Pfte.)   19

[10] W * j.: Allemande (Pfte.)   19

[11] L'Abbé [Joseph] Gelinek: Variations sur l'air des Tyroliens:
        ‹ Wann i in der Fruh aufsteh › (Tema — Var. 1—9)
        (Pfte.)   20— 29

[12] J.[os.] Viernickel: Dreher (Pfte.)   30

No. 6:
[13] E. Becker: Marsche [!] (Pfte.)   31

[14] C.[arl] Gollmick: Abendlied „Alles still, und Liebchen streckte"
        (Singst., Git., Pfte.)   32— 33

[15] [Bernhard Anselm Weber] : Der Hirte auf dem Berge aus:
        Wilhelm Tell „Ihr Matten lebt wohl, ihr sonnigen
        Weiden" [Schiller]   34

No. 7:
[16] J.[oseph] Weigl: Ouverture aus der Oper: Die Schweizer-
        familie (Pfte.)   35— 38

No. 8:
[17] [Jul. Miller] : Rondo aus dem: Cosackenoffizier „O Gott der
        Liebe, Gott der Wonne" (Singst., Pfte.-Arr.: Röder)   39— 42

No. 9:
[18] Albert: Marche (Pfte.)   43

[19] [Georg Vincent] Röder: Romanze aus dem Schauspiel:
　　　　Rinaldo Rinaldini „Am Bache saß Liebchen im
　　　　lieblichen Traum" [Vulpius] (Singst., Git., Pfte.)　　　44— 45

[20] Segniz: Polonoise (Pfte.)　　　46

No. 10:

[21] J. H. Clasing: Aria (Anton) aus der Oper: Mischelli und sein
　　　　Sohn „Wenn das Heer sich rüstet zu dem Kampfe"
　　　　(Singst., Pfte.)　　　47— 50

[22] E. Becker: Dreher (Pfte.)　　　51

[23] W.[olfgang] Schindlöcker: Wonne der Wehmuth „Trocknet
　　　　nicht Thränen der ewigen Liebe" (Goethe)
　　　　(Singst., Pfte.)　　　52

No. 11:

[24] [Christoph Willibald Gluck]: Aria (Iphigenie) aus der Oper:
　　　　Iphigenie „Il faut de mon destin" — „Ich will das harte
　　　　Loos" (Singst., Pfte.-Arr.: Grosheim)　　　53

[25] 　　　Der Vogel, Idyl [!] „Mirtyll der schönste Hirt im
　　　　Hain" (nach Geßner) (Singst., Git., Pfte.)　　　54— 55

[26] G. H. Derwort: Marsch (Git.)　　　56

[27] Jos. Viernickel: Dreher (Pfte.)　　　57

[28] W.[olfgang] Schindlöcker: Allegretto (Pfte.)　　　58

No. 12:

[29] J. D. Gerlach: Die Waisen des Kriegers „Wo ist mein Vater
　　　　und Mutter hin?" (Arthur) (Singst., Pfte.)　　　59— 62

2. Heft

No. 1:

[30] [Vincenz Franz Tuczek]: Ouverture aus der Oper: Dämona
　　　　(Pfte.-Arr.: Röder)　　　3— 7

[31] [Friedrich Heinrich] Himmel: Die Sehnsucht „Jüngling wenn
　　　　ich dich von fern' erblicke" (Singst., Git.-Begl.:
　　　　C. Gollmick)　　　8

No. 2:

[32] [Wolfgang Amadeus] Mozart: Duett (Zerlina, Don Jouan [!])
　　　　aus der Oper: Don Jouan [!] „Gieb mir die Hand
　　　　mein Leben" [KV 527, 7] (2 Singst., Pfte.)　　　9— 11

[33] [Friedrich Fleischmann]: Wiegenlied „Schlafe, mein Prinzchen
　　　　es ruhn" [Gotter] (Singst., Git.)　　　12

No. 3:

[34]   Polster: Notabene, (Lied) „Hätt' ich einen Mutterpfennig"
       (Singst., Pfte.)   13

[35]   C. Segniz: Walzer (Pfte. 4hdg.)   14— 15

[36]   A. Wolf: Die drey Elemente „Ein neuer Weltsistemsverfasser"
       (Singst., Git.)   16

No. 4:

[37]   C.[arl] Gollmick: Romanze aus dem: Minnesänger „Über die
       Berge mit Ungestüm" (Kotzebue) (Singst., Git.)   17

[38]   [Peter von Winter]: Aria aus der Oper: [Maria von] Montalban
       „Rosenbilder süsser Liebe" (Singst., Pfte.)   18— 19

[39]   B.[ernhard] J.[oseph] Mäurer: Sonatine (Git., Vl.)   20

No. 5:

[40]   [Christoph Willibald Gluck]: Air gay de l'Opéra: Iphigénie
       (Pfte.-Arr.: Grosheim)   21

[41]   Allemand [!] (Pfte. 4hdg.)   22— 23

[42]   C. Segniz: 2 Ecossoisen (Pfte., Fl.)   24

No. 6:

[43]   F.[ranz] Danzi: Aria (Julie) aus der Oper: Die Mitternachts-
       stunde „Ich will scherzen, lachen, singen"
       (Singst., Pfte.)   25— 28

No. 7—9:

[44]   [Friedrich] v.[on] Dalberg: Meine Sterne, (Lied) „Meine
       Sterne kommt ihr wieder!" (Mahlmann)
       (Singst., Pfte.)   29

[45]   [Wolfgang Amadeus Mozart]: Duetto [Sesto, Annio] aus
       der Oper: Titus „Im Arm der Freundschaft weilen"
       (Singst., Git.) [KV 621, 3]   30— 31

[46]   [Ignaz von Seyfried]: Ouverture aus der Oper: Die rothe und
       weiße Rose (Pfte.-Arr.: Röder)   32— 37

[47]   Allemand [!] (Pfte. 4hdg.)   38— 39

[48]   [August] Harder: (Das) Ständchen, (Lied) „Mitternacht um-
       hüllt die Flur" (C. Lang) (Singst., Git.)   40

No. 10:

[49]   Madame Bursay: Romanze: Bald, nur nicht zu bald etc. „Gar
       lieblich mag der Ehstand seyn" (Nach dem Französi-
       schen) (Singst., Pfte.)   41

[50]   Joseph Haydn: Menuet (Pfte.) [Hob. III, Nr. 83, II]   42— 43

[51]   J.[os.] Viernickel: Langsamer Walzer (Pfte.)   44

No. 11:

[52] [Anton] Salieri: Ouverture aus der Oper: Palmira (Pfte.)   45— 47

[53] B.[ernhard] J.[oseph] Mäurer: Polonoise (Git., Vl.)   48

No. 12:

[54] F.[riedrich] A.[ugust] Kanne: Chloe, (Lied) „Chloe kennst
du jene Stunde" (Nach dem Französischen [Jacobi])
(Singst., Pfte.)   49— 52

No. 13:

[55] J. D. Gerlach: Allegretto (Pfte.)   53— 55

No. 14:

[56] B. Albert: Marche (Pfte.)   56

Zweytes Halbjahr 1811

1. Heft

No. 1—2:

[57]   Ouverture (Pfte.)   3— 8

[58] W.[olfgang] Schindlöcker: Ewig dein „Auf ewig dein, wenn
Berg' und Meere trennen" (Singst., Pfte.)   9— 11

[59] [Nicolò Isouard]: La Chasse aus der Oper: Aschenbrödel
[=Cendrillon] (Pfte.)   12

No. 3—4:

[60] [Georg] V.[incent] Röder: Phantasie (Pfte.)   13— 22

No. 5:

[61] [Nicolò Isouard]: Romanze aus der Oper : Aschenbrödel
[=Cendrillon] „Ich lebe still und eingezogen"
(Singst., Pfte.)   23— 24

[62] [Georg] V.[incent] Röder: Marsch (Pfte.)   25— 26

No. 6:

[63] [Georg] V.[incent] Röder: Caanon [!] „Heilig! sey uns der
Weg der Tugend" (5 Singst.)   27— 29

[64] W.[olfgang] Schindlöcker: Allegretto (Pfte.)   30

No. 7—8:

[65] [Georg] V.[incent] Röder: Ouverture (Pfte.)   31— 39

[66] [Johann Ludwig] Böhner: Allemande (Pfte.)   40

[67] ([Johann Ludwig] Böhner): Eccosoise [!] (Pfte.)   40

No. 9:

[68]   W.[olfgang] Schindlöcker: Allegretto (Pfte.)   41— 42

[69]   [Johann Friedrich] Reichardt: Liedchen „An a Bergli bin i
       gesesse" (Göthe. Nach einem Schweitzer [!] Volks-
       lied) (1- oder 2stg.)   42

[70]   G.[ottfried] W.[ilhelm] Fink: Die Verlassene „Am heiligen
       Abend vorm Osterfest" (G. W. Fink) (Singst., Pfte.
       oder Git.)   43— 44

[71]   [Carl Friedrich] Zelter: Rosenband „Im Frühlings Schatten
       fand ich sie" (Klopstock) (Singst., Pfte. oder Git.)   44

No. 10:

[72]   [Georg] V.[incent] Röder: Andante (Pfte.)   45— 46

[73]   G.[ottfried] W.[ilhelm] Fink: Der Mondschein, Canon „Silber-
       ner freundlicher Mondenschein" (G. W. Fink)
       (S I, II, T, B)   47

[74]   Der arme Thom's „Thoms sass am hallenden See"
       [Falk] (Singst., Pfte.)   48

No. 11:

[75]   [Nicolas Dalayrac]: Aria aus der Oper: Gülnare [!] „Liebe!
       wer kann deiner Macht widerstehen" (Pfte.- oder
       Hf.-Arr.: Röder)   49— 54

[76]   Allemande (Pfte.)   54

No. 12—13:

[77]   [Adrien Quaisain]: No. 1. Marsch aus dem Melodrama:
       Salomons Urtheil [= Le Jugement de Salomon] (Pfte.) 55— 56

[78]   [Adrien Quaisain]: No. 2. Marsch aus: Salomons Urtheil
       (Pfte.)   56— 57

[79]   [Adrien Quaisain]: No. 3. Marsch aus: Salomons Urtheil
       (Pfte.)   59— 60

[80]   Andante moderato (Pfte.)   59— 60

[81]   [Adrien Quaisain]: Marsch aus dem Melodrama: (Die) Erobe-
       rung von Jerusalem [= La Prise de Jérusalem] (Pfte.)   60— 61

[82]   [Adrien Quaisain]: No. 4. Marsch aus dem Melodrama:
       Salomons Urtheil (Pfte.)   62

2. Heft

No. 1:

[83]   Ouvertura (Pfte.)   3— 9

[84]   [August] Harder: Die Propheten der Natur, ein Lied aus dem
       Christfeste „Allgemach aus Dämmerung und Nacht"
       (F. A. Krummacher) (Singst., Pfte.)   10

No. 2:

[85] [Georg] V.[incent] Röder: Sonatine für Dilettanten oder
Schüler (Allegro) (Pfte.)   11– 15

No. 3:

[86] Poly Delaurier: Romanze [!] française „Aimable object de mon
délire" (Poly Delaurier) (Singst., Git.)   16

No. 4:

[87] [Ignaz von Seyfried] : Ballo aus: König Saul (Pfte.)   17– 19
[88] Frédéric Seifert: Allemande (Pfte.)   20

No. 5:

[89] W.[olfgang] Schindlöcker: Allemande (Pfte.)   21
[90]   Allemande (Pfte.)   21
[91] [Georg] V.[incent] Röder: Das fränkische Lied vom Kometen
aus der fränkischen Chronik „Da droben funkelt der
Komet" (Singst., Pfte.)   22– 23
[92] C. Segniz: Rath und Trost „In die Nacht voll Duft und Glanz"
(Singst., Pfte.)   24

No. 6:

[93] [Georg] V.[incent] Röder: Variationen (Thema – Var. 1–8 –
Thema) (Pfte.)   25– 30

No. 7:

[94] V.[incenz] F.[ranz] Tuczek: Rondo aus der Oper:
Lanassa „Wo find ich o schöne Zeiten" (Singst., Pfte.)   31– 36

No. 8:

[95] V.[incenz] F.[ranz] Tuczek: Marcia aus der Oper:
Lanassa. No. 1 (Pfte.)   37
[96] V.[incenz] F.[ranz] Tuczek: Marcia aus der Oper:
Lanassa No. 2 (Pfte.)   38

No. 9–12:

[97]   Potpourri (Pfte.)   39– 54

Žurnal dlja fortepiano, soderžaščij v sebe russkie pesni s variacijami. [Zeitschrift
für Fortepiano, enthaltend russische Lieder mit Variationen.] [Herausgeber:]
F. Nerlik. [Monatlich.]

St. Petersburg

1811

[B. S. Jagolim, S. 341.]

1812

Anthologie Musicale ou Recueil périodique pour le Forte-Piano qui offrira particulièrement les Idées, les Thèmes et Morceaux choisis des Opéras, et des Ballets ainsique d'autres nouvelles Compositions les plus goûtées. **Musickalischer Sammler für das Forte-Piano.** [Herausgegeben von Ignaz Moscheles.]

Herausgegeben in Wien bey Artaria et Comp.

[1812−1817]: No. 1−12.

A Gmk ([1817], 11); Wn ([1812], 3); Wst ([1812−1817], 1−4, 6−12) − **D** Mbs ([1812], 1)

Cahier 1 ([Pl. Nr.] 2229 [22.4.1812]):

[1]	[Gasparo Spontini]: Le Commencement de l'Ouverture de: La Vestale	2−	3
[2]	[Adalbert Gyrowetz]: Thème du Sextetto de l' Opéra: Der Augenarzt	3	
[3]	[Ignaz] Moscheles: Variation [über Sextetto aus: Der Augenarzt]	4−	5
[4]	[Gasparo Spontini]: Duo de l' Opéra: La Vestale	5−	6
[5]	[Wolfgang Amadeus Mozart]: Chœur de l' Opéra: L' Enlèvement [= Die Entführung aus dem Serail] (D-dur) [KV 384, 5] 6		
[6]	[Johann Nepomuk] Hummel: Valzes de l' Apollo-Saal [No. 1−2] 7−		8
[7]	[Giuseppe Nicolini]: Cavatina de: Trajan[o in Dacia (Tu sei il mio amore)]	8−	9
[8]	[Ignaz] Moscheles: Variation [sopra la Cavatina: (Tu sei il mio amore) in F-dur dell' Opera: Trajano in Dacia, aus Op. 7] 9−		10
[9]	[Nicolò Isouard]: Marche de l' Opéra: Cendrillon − Aschenbrödel 10−		11
[10]	[Johann Nepomuk] Hummel: Var:[iation über Marche aus: Cendrillon]	11	
[11]	L' Abbé [Joseph] Gelinek: Var:[iation über Marche aus: Cendrillon]	12	
[12]	[Adalbert Gyrowetz]: Cavatina de l' Opéra: Der Augenarzt	13−	14
[13]	Air populaire	14	
[14]	Ecossoise Favorite	14−	16
[15]	[Gasparo Spontini]: Marche de l' Opéra: La Vestale	16	
[16]	[Adalbert Gyrowetz]: Duo de l' Opéra: Der Augenarzt	17	
[17]	[Joseph Weigl]: Cavatina de l' Opéra: Die Schweitzer-Familie	18	
[18]	[Gasparo Spontini]: Finale du second Act [!] de: La Vestale	18−	20

Cahier 2 ([Pl. Nr.] 2247 [22.7.1812]):

[19]	[Nicolò Isouard]: L' Ouverture de l' Opéra: Ein Tag in Paris [= Un Jour à Paris]	2−	3

[20] [Joseph] Mayseder: Tiré d'un Quatuor   3— 4

[21] [Luigi Cherubini]: Marche de l' Opéra: Medea   5

[22]   Solo du Ballet: Zéphir, dansé par Mr. Duport   5— 6

[23] [Nicolò Isouard]: Le Commencement de l' Ouverture de l' Opéra:
           Cendrillon   6— 7

[24] [Gasparo Spontini]: Marche Funèbre de l' Opéra: La Vestale   7

[25] [Johann Nepomuk] Hummel: Walzes de l' Apollo-Sal [!] de
           1812   7— 9

[26] [Ludwig van] Beethoven: Le Commencement du Septuor favorit
           [Op. 20, I: Allegro con brio]   9

[27]   Thème Russe   10

[28] [Ignaz] Moscheles: Variation [sur un Thème Russe, Op. 23]   10— 11

[29] [Joseph Weigl]: Thème de l' Opéra: Franzisca de Foix   11— 13

[30] [Nicolò Isouard]: Thème de l' Opéra: Cendrillon   13— 14

[31] L' Abbé [Joseph] Gelinek: Variat:[ion über Thema aus:
           Cendrillon]   14— 17

[32]   Solo du Ballet: La Fille mal gardée, dansé par
           Mr. Duport   17— 18

[33] [Nicolò Isouard]: Air favorit de l' Opéra: Das Lotterie-Loos   18

[34] [Ignaz von Seyfried]: Thème favorit du Ballet: Der blöde Ritter   18— 20

[35] [Joseph Weigl]: Thème favorit de l' Opera: Franzisca [de Foix]   20— 21

[36]   Solo du Ballet: Zéphir, dansé par Mr. Duport   21— 23

Cahier 3 ([Pl. Nr.] 2262 [24.10.1812]):

[37]   Introduzione Pastorale   2— 3

[38] [Gasparo Spontini]: Le Commencement de l' Ouverture de
           l' Opéra: Fernand Cortez   3— 4

[39] [Wolfgang Amadeus Mozart]: Marche de l' Opéra: Die Zauber-
           flöte [KV 620, 9]   4

[40] [Ignaz von Seyfried]: Tiré du Ballet: Der blöde Ritter   4— 5

[41] [Gasparo Spontini]: Air de l' Opéra: Fernand Cortez   5— 7

[42] [Wolfgang Amadeus Mozart]: Air de l' Opéra: Die Zauber-
           flöte [KV 620 aus 8]   8— 9

[43] [François-Adrien Boieldieu]: Romance de l' Opéra: Jean de Paris   9— 10

[44] [Johann Nepomuk] Hummel: Thème de l' Ouverture de la
           Tragédie ‹ Johann von Finnland ›   10— 11

[45] [Ignaz von Seyfried]: Solo de Mr. Mayseder dans le Ballet:
           Der blöde Ritter   11— 13

[46] [Gasparo Spontini]: Marche de l' Opéra: Fernand Cortez   13— 15

[47] [François-Adrien Boieldieu]: Ouverture de l' Opéra: Jean de Paris   15— 17

[48] [Gasparo Spontini] : Chœur de l' Opéra: Fernand Cortez   17— 18

[49] [Ignaz] Moscheles: Variation [über Chœurs de l' Opéra:
      Fernand Cortez]   18— 19

[50] [Johann Nepomuk] Hummel: Tiré de la Pantomime: Harlekin
      als Spinne   20

[51] [François-Adrien Boieldieu] : Duo de l' Opéra: Jean de Paris   20— 22

[52] Abbé [Joseph] Gelinek: Walzes ‹ Schweitzer Ländler ›   22— 24

[53] [Ignaz] Moscheles: Marsch des löbl:[ichen] 2ten Regiments
      der Wiener Stadt Miliz   24— 25

[54] [François-Adrien Boieldieu] : Duetto de l' Opéra: Jean de Paris   25— 28

Cahier 4 ([Pl. Nr.] 2276 [6.3.1813]):

[55] [Ignaz] Moscheles: Introduzione. Tempo di Marcia   1— 2

[56] [Georg Friedrich] Händel: Ouverture de la Cantate: Timoteus [!] 2— 3

[57] [Pierre] Rode: Thème et Variations joués dans le Ballet: Tele-
      mach par Mr. Mayseder   3— 5

[58] [Georg Friedrich] Händel: Chœur de la Cantate: Timotheus 5— 7

[59] [Joseph] Mayseder: Le Commencement d'un Quatuor
      favori   7— 8

[60] [Mauro] Giuliani: Menuet   8— 10

[61] [Ludwig van] Bethofen [!] : Marche funèbre (a-moll)
      [Op. 26, III gekürzt]   10— 11

[62] [Georg Friedrich] Händel: Chœur de la Cantate: Timotheus 11— 12

[63] [Ignaz] Moscheles: Ecossaises [No. 1—3]   12— 13

[64] [Antonio] Salieri: Marche de l' Opéra: La Palmira   14— 15

[65]   Danse de Bacchantes du Ballet: Telemach   15— 16

[66] [Johann Nepomuk] Hummel: Danses hongroises [No. 1—4]   17— 19

[67] [Fabry] Garat: Romance   19

[68] [Ignaz] Moscheles: Variations [über Romance von Garat]   19— 21

[69] [Ignaz] Moscheles: Valzes [No. 1—4]   21— 22

[70] [Georg Friedrich] Händel: Chœur de la Cantate: Timotheus 22— 23

Cahier 5 ([Pl. Nr.] 2289)

Cahier 6 ([Pl. Nr.] 2293 [2.2.1814]):

[71] [Ignaz] Moscheles: Introduzione. Tempo di Marcia, ma
      moderato   2— 3

[72] [Joseph] Weigel [!] : Chanson de guerre ‹ Kriegslied ›   4

[73] [Johann Baptist] Cramer: Rondo tiré d'une Sonate   4— 7

[74] [Giovanni] Liverati: Marche religieuse de l' Opéra: David 7— 8

[75] [Ignaz] Moscheles: Chanson de guerre ‹ Kriegslied ›
      par Mr. Weigel [!] avec Variations   8— 10

[76] [Daniel] Steibelt: Bacchanale   10— 11

[77] L'Abbé [Joseph] Gelinek: Thème (Kaiser Joseph willst Du
      noch eines mit mir wagen) avec Variations [Op. 80]   11— 14

[78] [Mauro] Giuliani: Scherzo tiré d'une Sérénade   14— 16

[79] [Joseph] Weigel [!]: Chanson de guerre ‹ Kriegslied ›   16— 17

[80] [Ludwig van] Bethofen [!]: Andante espressivo, tiré d'une
      Sonatine [Op. 79, II: Andante]   17— 18

[81] [Friedrich August] Kannè [!]: Chœur de guerre, tiré de la
      pièce patriotique: Deutscher Sinn   18— 19

[82] [Ignaz] Moscheles: Prière de guerre ‹Kriegsgebeth›   20— 21

[83] [Joseph] Weigl: Chœur de guerre ‹Kriegslied›   21

Cahier 7 ([Pl. Nr.] 2308 [27.6.1814]):

[84] [Ignaz] Moscheles: Introduzione — Allegretto dans le genre russe 1— 2

[85] [Johann Baptist] Cramer: Air russe avec Variations   2— 3

[86] [Ignaz] Moscheles: Marche trionphale [!]   3— 6

[87]   Musique de Ballets de: Fernand Cortez [Spontini]   6

[88]   Chansons russe [!]   7

[89] [Daniel] Steibelt: Bacchanale   8— 10

[90]   Musique de Ballets de: Fernand Cortez [Spontini]   10

[91] [Daniel] Steibelt: Valse russe, avec Variations   10— 12

[92] [Mauro] Giuliani: Monferines   12— 14

[93]   Musique de Ballets de: Fernand Cortez [Spontini]   14— 16

[94] [Ludwig van] Bethofen [!]: Tiré de Bagatelles [Op. 33, 3] 16— 18

[95] [Ignaz] Moscheles: Thème [The harmonious Blacksmith]
      de Händel avec Variations [Op. 29]   18— 20

[96] [Ignaz] Moscheles: Ecossaises [No. 1—3]   20

[97]   Danse noмée [!] Tempette   20— 21

[98] [Franz] Roser: Valzes de la Sale de la Redoute [No. 1—3]   21— 23

Cahier 8 ([Pl. Nr.] 2367 [27.1.1815]):

[99]   [Ignaz] Moscheles: Introduction. Allegro spirituoso   2— 3

[100] [Johann Nepomuk] Hummel: Ouverture de l' Opéra: Die Rück-
       fahrt des Kaisers   4— 7

[101]   Musique du Ballet de: Nina   7— 8

[102]   Gavotte   8— 11

[103] [Ignaz] Moscheles: Marche de l'Opéra: Die Rückfahrt des
       Kaisers [J. N. Hummel], variée   11— 13

[104] [Conradin] Kreutzer: Valse favorite   13

[105] [Ludwig van] Beethoven: Canon de l' Opéra: Fidelio
        [Op. 72,3]   14— 15

[106]   Musique du Ballet de: Nina   16

[107] [Ignaz] Moscheles: Air de: Nina, varié   16— 17

[108] [Ludwig van] Beethoven: Duo de l' Opéra: Fidelio [Op. 72,8]   17— 18

[109]   Musique du Ballet de: Nina   18— 19

[110]   Musique du Carousel   20

[111]   Marche de Trompettes   20

[112]   Allegro   20— 23

[113]   Quadrille — Allemandes   23— 24

[114]   Polonaise de la Redoute parée   24— 25

[115] [Ludwig van Beethoven]: Duo du second Act [!] de l' Opéra:
        Fidelio [Op. 72, 15]   26— 29

[116] [Ignaz] Moscheles: Fuge   29— 30

[117] [Johann Nepomuk] Hummel: Chanson de l' Opéra: Die Rück-
        fahrth des Kaisers   30— 32

[118]   Musique du Ballet de: Nina   32— 34

Cahier 9 ([Pl. Nr.] 2428 [4.11.1815]):

[119] [Ignaz] Moscheles: Introduction. Allegro spirituoso   2— 6

[120] [Franz Martin] Pechatschek: Thème hongrois, varié   6— 10

[121] [Charles Simon] Catel: Musique du Ballet: Les Bayadères   10— 13

[122] [Daniel] Steibelt: Marche triomphale sur l' Entrée à Paris de leurs
        Majestés François I., Alexandre I. et Frédéric Guillaume
        III. le 10 Juillet 1815   14— 16

[123] [Etienne Nicolas Méhul]: Romance de l' Opéra: Joseph et
        ses Frères   16— 17

[124] [Ignaz] Moscheles: Variation [über Romance aus: Joseph
        et ses Frères]   17— 18

[125] [Charles-Simon Catel]: Marche guerrière du Ballet:
        Les Bayadères   18— 19

[126] [Charles-Simon Catel]: Entrée des: Bayadères   19— 20

[127] [Etienne Nicolas Méhul]: Duo de l' Opéra: Joseph et ses Frères   20— 21

[128] [Nicolò Isouard]: Duo de l' Opéra: Joconde   22

[129] [Ignaz] Moscheles: Romance de l' Opéra: Joseph, variée
        (Var. 1—2)   22— 24

[130] Conradin Kreutzer: Tempo di Menuetto   24— 26

[131] [Charles-Simon] Catel: Musique du Ballet: Les Bayadères   26— 28

Cahier 10 ([Pl. Nr.] 2455 [30.9.1816]):

[132] [Felice] Blangini: Ouvertur [!] aus der Oper: Nephtali   1— 7

[133] [Adalbert] Gyrowetz: And[an]te Cantabile aus dem Ballet:
Die Hochzeit der Thetis und des Peleus   7— 10

[134] L:[udwig] van Beethoven: Favorit Menuet aus dem Septet [!]
[Op. 20, III]   10— 12

[135] [Louis] Spohr: Rondo aus Quatuor [Op. 11]   12— 15

[136] [Ignaz von] Seyfried: Marsch aus dem Melodram: Saul,
König in Israel   16

[137] [Adalbert] Gyrowetz: Aus dem Ballet: Die Hochzeit der
Thetis und Peleus   16— 17

[138] [Felice] Blangini: Arie aus der Oper: Nephtali (O du Gefährte)   18— 20

[139] L:[udwig] van Beethoven: Schlusgesang [!] aus der Oper:
Die gute Nachricht [WoO 94: 21 Takte]   20

[140] L:[udwig] van Beethoven: Finale aus der 5ten Sinfonie
[Op. 67]   20— 21

Cahier 11 ([Pl. Nr.] 2482 [26.4.1817]):

[141] [Nicolas] Dalayrac: Ouverture aus der Oper: Dichter und
Tonsetzer [= Le Poète et le Musicien]   2— 8

[142] [Gioacchino] Rossini: Cavatina aus der Oper: Tancred   8— 11

[143] [Paul Wranitzky]: Aus dem Ballet: Das Waldmädchen   11— 12

[144] [Nicolas] Dalayrac: Aus der Oper: Dichter und Tonsetzer   12— 15

[145] [Gioacchino] Rossini: Alla Polacca aus der Oper: Tancred   15— 17

[146] [Joseph von] Kinsky: Juden–Scene aus dem Ballet: Chevalier
Dûpe auf dem Jahrmarkt   17— 19

[147] [Gioacchino] Rossini: Aria aus der Oper: Tancr(e)d   19— 22

[148] [Adalbert] Gyrowetz: Finale aus dem Ballet: Die Pagen des
Herzogs Vendomme [!]   22— 25

Cahier 12 ([Pl. Nr.] 2494 [21.6.1817]):

[149] [François-Adrien] Boieldieu: Ouverture aus der Oper: Der
Kirchtag im benachbarten Dorfe [= La Fête du Village
voisin]   1— 9

[150] [François-Adrien Boieldieu]: Arie: Nützet die Zeit des Lebens
aus der nämlichen Oper [Der Kirchtag im benachbarten
Dorfe]   9— 11

[151] [Peter] Haensel: Andante favorite aus dem Quartett Op. 33   11— 15

[152] [Joseph von] Kinsky: Allegro non troppo aus dem Ballet:
Chevalier Dûpe auf dem Jahrmarkt   15— 17

[153] L:[udwig] van Beethoven: Andante aus dem Septet [Op. 20, IV] 17— 20

[154] A:[nton] Fischer: Allegro molto aus der Oper: Das Hausgesinde 20— 21

Erato. Eine Monatsschrift für Gesang mit Begleitung des Pianoforte.
Herausgegeben von C.[hristian] Th.[eodor] Weinlig und F.[ranz] M.[oritz]
Forcht in Dresden.

Meissen, gedruckt bey Christian Ehregott Klinkicht.

1812: Heft 1—12.

D DÜk; MZsch

Erstes Heft (Januar 1812):

I.   August Blüher: An die Laute „Leiser, leiser, kleine Laute"
        (Rochlitz)   3

II.   Theod.[or] Weinlig: Die Boten der Liebe „Wo ziehet ihr hin,
        ihr Wolken blau?" (Emil Freiherr von Göchhausen)   4— 5

III.   Moritz Salomo: Die Thräne „Die Wahrheit wohnt auf düstrem
        Grunde" (Seidel)   6— 7

IV.   J. F. Bertoldy: Abendlied „Du stilles Ziel der Müden" (Giese) 8— 9

V.   F.[ranz] A.[nton] Morgenroth: Die neue Wohnung „Der erste
        Ton der Saiten im neuen Aufenthalt" (Theodor Hell)   10— 11

VI.   August Blüher: Lied eines Harfenmädchens „Siehst du in Westen
        der Berge goldne Kante?" (Carl Besseldt)   12

Zweites Heft (Februar 1812):

I.   Theod.[or] Weinlig: Das Liebchen „Das Liebchen ist so mild
        und gut" (G. A. v. Halem)   (13)

II.   F.[ranz] A.[nton] Morgenroth: Der Abend „Stille Ruhe deckt
        die Flur" (Theodor Hell)   14— 15

III.   [J.] F. Bertoldy: Ob's Liebe wohl sey? „Ich fühle — ist's Lust?"
        (Giese)   16— 17

IV.   Theod.[or] Weinlig: Sehnsucht „Kennst du den Fluß, auf
        dessen schwarze Wellen" (v. Richter)   18— 19

V.   August Blüher: An Ruhheims Fluren „Zerreiß den Wolken-
        schleier, du herbstliche Natur!" (Kosegarten)   20— 21

VI.   Mor.[itz] Salomo: Romanze „Ich hatte gemähet den ganzen
        Tag" (Tiedge)   22— 23

VII.   A.[ugust] Blüher: Serenate „Der Thau steht auf der Rose"
        (Mahlmann)   24

Drittes Heft (März 1812):

I.   A.[ugust] Blüher: Clärchen „Freudvoll und leidvoll" (Göthe)   (25)

II.   F.[ranz] A.[nton] Morgenroth: An eine Lerche „Fliegen möcht'
        ich mit dir" (Theodor Hell)   26— 27

III.   Theod.[or] Weinlig: Ermunterung „Weil' im stillen Blütenhaine
        süßer Hoffnung gern!" (G. H. Kretzschmar)   28

IV. A.[ugust] Blüher: Lied, zum Hausbedarf „Lieb' und Freude
     sind zärtliche Schwestern" (Rochlitz)   29

V.   F.[ranz] M.[oritz] Forcht: An mein Herz „Immer hoffend,
     immer voll Vertrauen" (Catharina Baronin von Falken-
     stein)   30— 31

VI. August Blüher: Die Schifferin, Ballade „Es wogt der Kahn auf
     dem stillen See" (Schreiber)   32— 33

VII. J. F. Bertoldy: Die Ulmenlaube „An meines Vaters Garten
     steht die Laube" (Eleg.[ante] Zeit.[ung] St. 225)   34

VIII. Mor.[itz] Salomo: Klage „Still ist die Nacht" (Aus Melpomene
     und Erato)   35

IX. Theod.[or] Weinlig: Der Sommerabend „Der Abend schwebt
     herab auf goldnen Flügeln" (G. H. Kretzschmar)   36

Viertes Heft (April 1812):

I.   Fr.[anz] A.[nton] Morgenroth: Zartes Herz „Zartes Herz,
     tiefer Schmerz!" (Schreiber)   (37)

II. J. F. Bertoldy: Sophia's Liebe „Daß ich den Nachbar liebe"
     (Haug)   38— 39

III. Moritz Salomo: Selma's Schwanenlied „Fliesset, fliesset,
     stille Thränen" (W. Käuffer)   40— 41

IV. A.[ugust] Blüher: Il primo amore ‹ Die erste Liebe ›
     „Dal suo gentil sembiante" — „Von ihrem Blick ent-
     flammet" (Metastasio)   42— 43

V.   Theod.[or] Weinlig: Das Veilchen „Crocus und Hepatica"
     (G. A. v. Halem)   44

VI. August Blüher: Minna als Wilhelms Braut, bei dessen Abreise
     „Ich denke dein, und neues Wonneleben erfüllt mein
     Herz" (Elisa [von der Recke])   45

VII. Fr.[anz] A.[nton] Morgenroth: Am Grabe der Luise „So sinkt
     sie denn, die zarte Blüthe nieder" (Küchelbecker)   46— 47

VIII. Theod.[or] Weinlig: Die drei Sterne „Es blinken drei freund-
     liche Sterne" (Theod. Körner)   48

Fünftes Heft (May 1812):

I.   A.[ugust] Blüher: Der Bräutigam „Eil', o Mai, mit hellem Braut-
     gesange" (Voss)   (49)

II. Moritz Salomo: Herbstempfindungen „Der Herbst durchgieng
     die stille Flur" (August Blumröder)   50— 51

III. Fr.[anz] A.[nton] Morgenroth: Abendgesang „Traulich sank
     der Abend nieder" (Julius v. Wallenborn) (Singst.,
     1stg. Chor, Pfte.)   52— 53

IV. J. F. Bertoldy: La Costanza ‹ Beständigkeit › „Più non si trovano
     fra mille amanti" — „Von tausend Liebenden wollte man
     suchen"   54— 55

V.   Fr.[anz] A.[nton] Morgenroth: Hoffnung „Wenn in Nacht sich meine Tage hüllen" (Tiedge)   56— 57

VI.   Theod.[or] Weinlig: Der Wandrer, die Rose und das Mädchen „O Rose! von duftenden Blättern umhüllt" (C. Grass)   58— 60

Sechstes Heft (Juny 1812):

I.   Theod.[or] Weinlig: La Farfalletta ‹ Der Schmetterling › „Fortunata farfalletta" — „Kleiner bunter Sommervogel" (Luigi Balochi)   (61)—65

II.   A.[ugust] Blüher: Des Mädchens Klage „Wohl treiben über die Berge die Wolken" (Gruber)   66— 67

III.   F.[ranz] A.[nton] Morgenroth: Der Schmerz der Erinnerung „Warum muß ich Dein gedenken" (Theodor Hell)   68— 69

IV.   A.[ugust] Blüher: Trost „Der Abend kam, zur Frühlingsflur" (Petrick)   70— 71

V.   F.[ranz] M.[oritz] Forcht: Wer ist glücklich? „Glücklich wer durch sanfte Bande" (Catharina Baronin von Falckenstein [!])   72

Siebentes Heft (July 1812):

I.   Theod.[or] Weinlig: Ergebung „In verklärter Stille ruht das Herz" (G. H. Kretzschmar)   (73)

II.   Moritz Salomo: Frühlingsphantasie „Der Schnee zerschmolz vom milden Strahl der Sonne" (Eduard Hoffmann)   74— 75

III.   F.[ranz] A.[nton] Morgenroth: Guter Tag „Was machen die Kinder?" (Stephan Schütze)   76— 77

IV.   Moritz Salomo: Die Vergleichung „Ich verglich mein schönes Mädchen" (Louise Brachmann)   78— 79

V.   A.[ugust] Blüher: Das Lieblingsörtchen „Wohl wölbet sich lieblich am kühligen Bach" (Sophie Mereau)   80— 81

VI.   F.[ranz] A.[nton] Morgenroth: Der Frühlings-Abend „Beglänzt vom rothen Schein des Himmels" (Matthison [!])   82— 83

VII.   Theod.[or] Weinlig: Betty's Liedchen „Jung bin ich, und weiß noch nicht" (Haug)   84

Achtes Heft (August 1812):

I.   A.[ugust] Blüher: Entflohene Freuden „Mir blühet kein Frühling"   (85)

II.   F.[ranz] M.[oritz] Forcht: Der Sommer „O! welche Lust herrscht überall" (Catharina Baronin von Falkenstein)   86— 87

III.   Theod.[or] Weinlig: Die Töne „Es blüht des Herzens süsse Lust" (G. H. Kretzschmar) (S, T, B, Pfte.)   88— 89

IV.   Moritz Salomo: Rückkehr „So nahst du endlich" (C. Schreiber)   90— 91

V.   F.[ranz] A.[nton] Morgenroth: Himmlisches Entzücken „In der Freude Reih'n" (Wilhelm Typke)   92— 93

VI.   J. F. Bertoldy: Der Kuß „Im Dörfchen wo ich lebte" (K. Giese)   94— 96

Neuntes Heft (September 1812):

I.   F.[ranz] A.[nton] Morgenroth: An eine Rose „Liebling des Frühlings, lächelnde Rose" (Wilhelm Typke) (S, T, Pfte.)   (97)

II.   A.[ugust] Blüher: Im Mondenschein „Im Mondenschein da leuchtet voll Augen der nächtliche Hain" (G. A. H. Gramberg)   98— 99

III.   F.[ranz] A.[nton] Morgenroth: Der Scherz „Scherz auf einem sanften Munde" (Elisa [von der Recke])   100—101

IV.   A.[ugust] Blüher: Die Boten „Berget euch im Hauch der Winde" (‹ Nach Metastasio › : Meyer)   102

V.   Theod.[or] Weinlig: Berg und Thal „Aus des Thales düstren Auen" (Fr. Kind)   103—108

Zehntes Heft (October 1812):

I.   Theod.[or] Weinlig: Liebesklage ‹ Altschottisch › „Schäfer, sagt: Erblicket ihr nirgends meine Dora?" (Haug)   (109)

II.   F.[ranz] A.[nton] Morgenroth: Unwandelbar „Ich liebte Dich! es waren Wonnetage" (Theodor Hell)   110—111

III.   Moritz Salomo: An die Freude „Holde Freude, meinem Herzen ach!" (G. H. Kretzs(c)hmar)   112—113

IV.   A.[ugust] Blüher: An Doris mit einem Sträußchen von Vergiß-meinnicht „Vergiß mein nicht! so lispelt dir die kleine Blüthe"   114

V.   F.[ranz] M.[oritz] Forcht: An den Mond „Gefährde der Mü-den, du strahlest" (Catharina Baronin von Falkenstein)   115

VI.   A.[ugust] Blüher: Sehnsucht „Meine Ruh' ist dahin, meine Freud' ist entflohn" (Rochlitz)   116—117

VII. Theod.[or] Weinlig: Frühlingslied „Sänger des Haines! mit heiterem Lied" (G. H. Kretzschmar) (S I, II, Pfte.)   118—119

VIII. J. F. Bertoldy: Flüchtig ist die Zeit „Rosen pflücke, Rosen blühn" (Gleim)   120

Eilftes Heft (November 1812):

I.   J. F. Bertoldy: Die Annäherung „Leiser nannt' ich deinen Nahmen" (Jacobi)   (121)—123

II.   F.[ranz] A.[nton] Morgenroth: Die Hoffnung „Es wandelt auf Erden ein himmlisches Kind" (Krummacher)   124—125

III.   A.[ugust] Blüher: Der Treue ‹ Nach dem Schottischen › „Im Krieg ist mein Liebster" (Rochlitz)   126

IV.   F.[ranz] A.[nton] Morgenroth: Das Hüttchen „Ich hab'
        ein kleines Hüttchen nur" (Gleim)   127

V.   A.[ugust] Blüher: Elvirens Schwanenlied, im Herbste zu
        singen „Wie blickst du aus dem Nebelduft" (Kose-
        garten)   128—129

VI.   Theod.[or] Weinlig: Wiegenlied „Schlummre sanft! des Le-
        bens Morgenröthe" (von Steigentesch)   130—131

VII.   Moritz Salomo: Beruhigung „Ermatte nicht, o Herz!"
        (G. H. Kretzschmar)   132

Zwölftes Heft (December 1812):

I.   J. F. Bertoldy: Nähe des Geliebten „Ich denke dein, wenn mir
        der Sonne Schimmer" (Göthe)   (133)

II.   A.[ugust] Blüher: Des Einsamen Klage „Der Lenz verblüht,
        die Freude flieht!" (Gustav Scholz)   134

III.   F.[ranz] A.[nton] Morgenroth: Liedchen der Freundschaft
        an Emma „Ein Liedchen der Freundschaft singt
        heut mein Gesang" (Heidenreich)   135

IV.   F.[ranz] M.[oritz] Forcht: Ansicht des Lebens „Jahre wech-
        seln, Tage, Monden schwanden" (Catharina Baronin
        von Falkenstein)   136—137

V.   Theod.[or] Weinlig: Weiblicher Sinn „Was sanft und mild,
        und mit bescheidner Sitte" (Schreiber)   138—139

VI.   F.[ranz] A.[nton] Morgenroth: Liebeszauber „Wer nennt
        den Zauber mir" (W. Typke)   140

VII.   Theod.[or] Weinlig: Mariens Lied „Ich saß im Frühroth, saß
        im Abendschimmer" (Haug)   141

Euphonia. Eine musikalische Monatschrift für Gesang und Pianoforte. Herausgegeben von Joh.[ann] Wittassek.

Prag in der Polt'schen Buch- und Musikalienhandlung.

Jahrgang 1. [1812]: Heft 1—9.

CS Pnm; Pu — **D** Mbs (1. [1812], 1—2) — **F** Pn (1. [1812], 1—2)

1. Heft:

[1]   J.[ohann] T.[heobald] H.[eld]: Vierstimmiger Neujahrsgesang
        mit willkührlicher Clavierbegleitung „Mit nur zu raschem
        Flügel entfloh ein altes Jahr" (A. G. Meisner) (S, A, T, B,
        Pfte. oder S, Pfte.)   2— 5

[2]   F.[riedrich] D.[ionys] Weber: Allegretto (Thema — Var. 1—7)   6— 12

[3]   Joh.[ann] Gänsbacher: Mancherley Freuden „Mit tausend-
        facher Schöne begrüßt der Lentz die Flur" (Elisa
        von der Recke) (Singst., Pfte. oder Git.)   13— 15

[4]   J.[ohann] A.[nton] Wittassek: Scene aus dem Melodrama:
       David (Harfen-Solo, fürs Piano-Forte eingerichtet, mit
       Text: „Wie sanft ruht sich's auf diesem harten Steine")   16— 20

2. Heft:

[5]   W.[enzel] J.[ohann] Tomaschek: Ecloge   1— 6

[6]   J.[ohann] T.[heobald] H.[eld]: Kanzonette „Se tu non vedi
       tutto il cor mio" (Metastasio) — „Wenn dir mein Inn-
       res dunkel noch bliebe" (Singst., Git., Pfte.)   7— 11

[7]   J.[ohann] A.[nton] Wittassek: Triumph-Marsch der Israeliten
       beim Einzug in Jerusalem aus dem Melodrama: David   12— 17

[8]   (J.[ohann] Anton) Wittasek [!]: Das Johannes Würmchen
       „Ein Johannes Würmchen saß" (Pfeffel) (Singst.,
       Git., Pfte.)   18— 20

3. Heft:

[9]   J.[ohann Anton] Wittassek: Overtura zu dem Melodrama: David 2— 11

[10]   Wenzel J.[ohann] Tomaschek: Romance (Seline) aus der Oper:
       Seraphine „Abdallah schwor Vatiben" (Singst.,
       Git., Pfte.)   12— 15

[11]   Wenzel J.[ohann] Tomaschek: Marsch der Spanier aus der Oper:
       Seraphine   16— 17

[12]   J. Heip: Sehnsucht „Abendglocke töne, fluthe Silberbach"
       (A oder B, Pfte.)   18— 19

4. Heft:

[13]   J.[ohann] T.[heobald] H.[eld]: La Gelosa, Ariette „Tu sei
       gelosa, è vero!" (Metastasio) — „Wahr ist's du eiferst
       Amande!"   2— 5

[14]   J.[ohann] Gänsbacher: L'Ameró, Canzonetta „L'ameró saró
       costante" (Andante con Variationi — Var. 1—8)
       (Singst., Git., Pfte.)   6— 16

[15]   [Johann Anton] Wittassek: Wünsche „Könnt' ich wider Willen
       lachen" (Gleim)   17— 19

[16]   Fr. Rindler: Marcia francese   20

5. Heft:

[17]   G. J. v. N.: Terzetto „In questa tomba oscura" [Carpani]
       (S, T, B, Pfte. ad lib.)   2— 5

[18]   Joseph Roesler: Andante   6— 15

[19]   [Johann Anton] Wittassek: Ballett aus dem Melodram: David   16— 19

[20]   W.[enzel] J.[ohann] Tomaschek: Marsch der Marokaner aus
       der Oper: Seraphine   20— 21

6. Heft:

[21]	[Friedrich] D.[ionys] Weber: Märsche I. II.	1—	3
[22]	J.[ohann] T.[heobald] H.[eld]: Kanzonetta „Sei troppo scaltra" (Metastasio) — „Bist viel zu reizend" (Singst., Git., Pfte.)	4—	7
[23]	G.[iuseppe] Rösler: Rondo	8—	13
[24]	T — n — th: Die Erscheinung „Ich lag auf grünen Matten" [Kose-garten] (Singst., Git., Pfte.)	14—	15
[25]	F. Rindler: Menuetto	16—	17

7. Heft:

[26]	J.[ohann] Wittassek: Andante aus einer Simfonie (Pfte.)	2—	9
[27]	C. E. A. Freyherr v. E..s: Klage „Dein Silberschein durch Eichen-grün" (Hölty)	10—	13
[28]	Fr. Rindler: Polonoise	14—	15

8. Heft:

[29]	W.[enzel] J.[ohann] Tomaschek: Cavatine aus der Oper: Seraphine „Laß o laß dein banges Zagen"	1—	3
[30]	J.[oseph] Rösler: Rondo	4—	12
[31]	J.[ohann] T.[heobald] H.[eld]: Ariette „Ti sento mio core" (Metastasio) — „Wohl hör' ichs im Herzen"	13—	16

9. Heft:

[32]	Giuseppe Rösler: Capriccio	1—	7
[33]	J.[ohann] A.[nton] Wittassek: Romanze (Pfte.)	8—	11
[34]	J.[ohann] A.[nton] Wittassek: Trauermarsch	12—	13
[35]	G. J. N.: Die Liebe „Weißt du was die Liebe ist?" (Ernst Schulze)	14—	16

Neue Monatsfrüchte für Pianoforte und Gesang. [Heft 1: Januar 1812]

Berlin: Gröbenschütz und Seiler

1812: Heft 1—6.

→ *Monats-Früchte für Clavier und Gesang.* 1803.

Gemäß „Pränumerations-Anzeige" des Verlages enthielt die Ausgabe Kompositionen von Gürrlich, Himmel, Righini, Rungenhagen, [F. L.] Seidel, [B. A.] Weber, Wollank und Zelter (Intelligenz-Blatt zur Allgemeinen Musikalischen Zeitung XIII, 1811, No. XVI (Nov. 1811), Sp. 70—71).

Nouveau Journal des différentes agréables pièces variées pour seul guitare à six cordes.

St. Petersburg: K. Berezovskij.

1812

Novyj žurnal dlja semistr. gitary (sobranie raznogo roda p'es ...) [Neue Zeitschrift für die siebensaitige Gitarre (Sammlung verschiedenartiger Stücke ...)]

St. Petersburg: A. Sychra.

1812–1813

Pelissier's Columbian Melodies. A Monthly Publication, consisting of a Variety of Songs and Pieces for the Piano Forte, composed by Victor Pelissier, of Philadelphia. Copyright secured according to Law. (Registered for the copyright on December 30, 1811.) [No. 1: Januar 1812.]

Philadelphia: Published for the Author by G. Willig, and sold at his Musical Magazine, No. 24 South Fourth Street ([ab No. 7:] by J. Taws, and sold at the Musical Magazine, No. 61 South Third Street) and at the Author's, No. 46 South Fifth Street.

1812, No. 1–12.

D Bim (M) – **US** Wc

No. 1 [Januar 1812]:

[1]	A Grand Overture	3–	4
[2]	Sung in the Opera of: Edwin & Angelina „Few are the Joys"	5–	7
[3]	„Return oh love!" (Cha.[rle]s Cox)	8–	9
[4]	A Dance as performed in: The Tale of Mistery	10	

No. 2 [Februar 1812]:

[5]	A Grand Overture [Fortsetzung von No. 1]	13–	14
[6]	Sung in the Entertainment of: Maria „I laugh, I sing" (Stern [!])	15–	17
[7]	Sung in the Entertainment of: The Sicilian Romance [Reeve] „Kind Zephir"	18–	20
[8]	The Archers Tune as performed in: The Lady of the Lake	20	

No. 3 [März 1812]:

[9]	A Grand Overture [Schluß von No. 1–2]	23–	24
[10]	Sung in the Entertainment of: The Merry Gardener „At first how humble"	25–	27
[11]	Sung in: The Tempest „Dry those eyes"	28–	29
[12]	Sung behind the Scenes in the new Melo Drama of: The Lady of the Lake „I hate to learn the ebb of time"	29	
[13]	Nuptial Procession March in the New Melo Drama of: The Bridal Ring	30	
[14]	Allemande	30	

No. 4 [April 1812]:

[15]	Overture in the New Melo Drama of: The Bridal Ring	33– 36
[16]	Sung in the Melo Drama of: The Lady of the Lake „What groans shall yonder vallie fill"	37
[17]	The Host that fights for Liberty „Arm arm ye brave and nobly join"	38– 39
[18]	Waltz	40
[19]	Hornpipe	40

No. 5 [Mai 1812] :

| [20] | Ode on the Passions (Pfte. mit Text zwischen den einzelnen Abschnitten) | 43– 48 |
| [21] | Sung in: The Deaf Lover [Shield] „Believe me, Sir" | 49– 50 |

No. 6 [Juni 1812]:

[22]	Sung in: Alzuma or The Death of Pizarro „Bright orb that rulst th'aethereal way"	53– 54
[23]	Sung in the Opera of: Edwin & Angelina „The Bird when summer charms no more"	55– 57
[24]	Dances as performed in the Melo Drama of: The Bridal Ring	58– 60

No. 7 [Juli 1812]:

[25]	March in Adelgitha	63
[26]	Sung in the Pantomime of: Obi or Three Fingered Jack [S. Arnold] „My cruel love to danger go"	64
[27]	Storm as performed in: The Tempest „Spirits of the storm"	65– 66
[28]	March as performed in: The Bridal Ring	67
[29]	The sweet blue eye'd Maid „In a humble thatch'd cot"	68– 69
[30]	Negro Dance in: Obi or Three Fingered Jack [S. Arnold]	70
[31]	Horn Pipe	70

No. 8 [August 1812]:

[32]	A Glee „Silent silent Nymph" (3 Singst.)	73– 76
[33]	Song sung in the Opera of: The Peasant Boy „Wither strays my lover"	77– 78
[34]	Dances as performed in: The Peasant Boy	78– 80

No. 9 [September 1812]:

| [35] | Overture as performed in the Opera of: The Peasant Boy | 83– 86 |
| [36] | Sung in the Opera of: Maria „Ah why on Quebec's bloody plain" (Stern [!]) | 87 |

[37]   Duett „When a woman hears the sound of the drum
           and fife"   88— 90

[38]   Dance as performed in: Obi or Three Fingered Jack   90

No. 10 [Oktober 1812]:

[39]   March with Variations for the Piano Forte (Var. 1—2)   93— 95

[40]   St. Agnes's Well, sung in the Opera of: The Peasant
           Boy „A story there runs of a marvellous well"   96— 97

[41]   Sung in the Play of: Glory of Columbia „He who his
           country's liv'ry wears"   97—100

[42]   Hornpipe   100

No. 11 [November 1812]:

[43]   Duett (Nanett, Henry) sung in the Opera of:
           Maria „Hope, gentle hope" (Stern [!])   103—106

[44]   Air as performed in the Pantomime of: The Archers 107

[45]   A New Comic Song „A justice I am" (A Citizen of
           Philadelphia)   108—109

[46]   Fandango danced in the Pantomime of: Gil Blas   110

[47]   Allemande as danced in the Pantomime of: The
           Milleners   110

No. 12 [Dezember 1812]:

[48]   Rondo   113—117

[49]   Sung in: Valentine & Orson „'Tis far away o'er yonder
           plains"   118—119

[50]   A New Waltz   120

S. Peterburgskij trubadur. [St. Petersburgischer Troubadour.]

St. Petersburg: I. Gel'd.

1812

Le Troubadour des Salons. Journal de Chant avec Accompagnement de Lyre ou Guitare. Rédigé par M. M. [Antoine] Romagnesi et [Antoine] Meissonnier. Chaque Livraison de ce Journal contiendra trois Romances à une ou deux Voix et des Pièces pour la Guitare composées par les meilleurs Auteurs. Il paraîtra une Livraison tous les premiers de chaque Mois.

On s'abonne à Paris, au Magasin de Musique de A.[ntoine] Meissonnier, petite Galerie des Panoramas, No. 15 ([später:] Boulevard Montmartre No. 25) et chez tous les Directeurs des Postes.

Année 1. [ca. 1812] – 17. [ca. 1828].

D Bim (M: 13. [ca. 1824], 341–346; 14. [ca. 1825], 353–376, 380–387;
15. [ca. 1826], 388–390, 392–393, 397, 417; 17. [ca. 1828], 444–446,
452–456, 458–459, 461–467)– **F** Nm (13. [ca. 1824], 341–346; 14. [ca.
1825], 353–376, 380–387; 15. [ca. 1826], 388–390, 392–393, 397, 417;
17. [ca. 1828], 444–446, 452–456, 458–459, 461–467); Pn (14. [ca. 1825],
380, 384; 17. [ca. 1828], 454) – **NL** DHgm (14. [ca. 1825])

13e Année [1824]

6e Livraison:

No. 341. [François] Berton Fils: Il faut parler, il faut se taire,
Chansonnette „Quand mon seigneur on se fait appeller"
(Le Vicomte d'Audiffret) (Singst., Git.-Begl.:
A. Meissonnier) [2 S.]

No. 342. Gustave Dugazon: Le Souvenir et l'Amitié, Nocturne à deux
voix „Sous un jeune orme au bord" (Mr. ***) (S, T,
Lyra- oder Git.-Begl.: A. Meissonnier) [3 S.]

7e Livraison:

No. 343. A.[ntoine] Meissonnier: Le Mépris des Richesses, Chansonnette „Richesse, honneur, quelle folie!" (Delrieu) [2 S.]

No. 344. Edouard Pillore: Bien fin sera qui m'attrapera „Alors qu'un
amant vient me dire" (M ***) [2 S.]

9e Livraison:

No. 345. F.[rançois] Berton Fils: L' Amour Ermite, Chansonnette
„Au hameau, depuis ce matin" (H. Louis Guérin)
(Singst., Git.- oder Lyra-Begl.: A. Meissonnier) [3 S.]

No. 346. Gustave Dugazon: Souvenir du Bonheur, Romance „Aux lieux
témoins de nos amours" (de Mortanval) (Singst., Git.-
oder Lyra-Begl.: A. Meissonnier) [2 S.]

14e Année [1825]

1re Livraison:

No. 353. L.[ouis] Jadin: Chansonnette Savoyarde „Souviens-toi,
Jeannette, de ces jours si doux" (A. Jadin) (Singst.,
Lyra- oder Git.-Begl.: [A.] Meissonnier) [2 S.]

No. 354. A.[ntoine] Romagnesi: Chansonnette à deux voix „Que
le diable emporte l'amour" (Mme. d'Avot) (S, T,
Lyra- oder Git.-Begl.: [A.] Meissonnier) [2 S.]

No. 355. A.[ntoine] Meissonnier: Adieu Zoé! „Adieu Zoé, l'aurore
matinale blanchit" (Isid: Simard) (Singst., Git.-Begl.) [2 S.]

2e Livraison:

No. 356. Isidore Milhès: Edile, Romance „Berceau de mes jeunes
années" (A. Béraud) (Singst., Git.-Begl.: [A.] Meis-
sonnier)   [2 S.]

No. 357. A.[ntoine] Romagnesi: Nocturne à deux voix „Ne te
réveille pas" (Pawlowski) (S, T, Git.-Begl.:
[A.] Meissonnier)   [2 S.]

No. 358. F.[rançois] Berton Fils: Mam'zelle Zizi, Chanson Créole
„Oui cœur à moi a doux émoi" (E. Bérat) (Singst.,
Git.-Begl.: A. Meissonnier)   [3 S.]

3e Livraison:

[No. 359] A.[ntoine] Romagnesi: Le Romantique, Romance „Ah! je
suis triste, moi" (Ed: Péan) (Singst., Git.-Begl.: A. Meissonnier)   [2 S.]

[No. 360] L.[ouis] Jadin: Sans toi, pour moi, tout est Souffrance!
Nocturne à deux voix égales „Sans toi, pour moi,
qu' est l' existence?" (A. Jadin) (S I, II, Git.-Begl.:
A. Meissonnier)   1—   3

No. 361. [François] Berton Fils: Le Serment de Silvie ‹ Ou autant[en]
emporte le vent › , Romance „En vain un berger du
village" (Singst., Git.-Begl.: A. Meissonnier)   [2 S.]

4e Livraison:

No. 362. A.[ntoine] Romagnesi: Je l' aimerai toute la Vie, Romance
„Je connais une bergerette" (Eugène de Monglave)
(Singst., Lyra- oder Git.-Begl.: A. Meissonnier)   [2 S.]

No. 363. Auguste Panseron: La Morale en Action, Romance „Chaque
matin aussitôt que l' aurore répand le jour" (Galice)
(Singst., Lyra- oder Git.-Begl.: A. Meissonnier)   [2 S.]

No. 364. Fabre d' Olivet: Invocation à la Lune, Romance „Astre des
nuits dont la douce lumière" (Fabre d' Olivet) (Singst.,
Lyra- oder Git.-Begl.: A. Meissonnier)   [2 S.]

5e Livraison:

No. 365. A.[ntoine] Meissonnier: Ma Nicette, Chansonnette „Vous
n' avez pas vu ma nicette" (J. Lance) (Singst., Git.-Begl.) [2 S.]

No. 366. A.[ntoine] Romagnesi: Ma Fille vous ne filiez pas, Chansonnette „Que fais-tu toujours solitaire?" (A. Naudet)
(Singst., Lyra- oder Git.-Begl.: A. Meissonnier)   [2 S.]

No. 367. F.[rançois] Berton Fils: Ces beaux Messieurs ou Non, non,
je ne veux pas, Chansonnette „Point je ne veux, disait
Colette" (Singst., Lyra- oder Git.-Begl.: A. Meissonnier)   1—   3

6e Livraison:

No. 368. F.[rançois] Berton Fils: Trente Moutons pour un Baiser,
ou trente Baisers pour un Mouton, Chansonnette

„Philis plus avare que tendre" (Singst., Lyra- oder Git.-Begl.: A. Meissonnier) [2 S.]

No. 369. A.[ntoine] Romagnesi: Pour l' Amour de Dieu, Romance à deux voix „Fière châtelaine, prétends-tu toujours" (Sazerac) (S oder Bar., T, Lyra- oder Git.-Begl.: A. Meissonnier) [2 S.]

No. 370. A.[ntoine] Meissonnier: Le Doute embarrassant, Romance „Trois fois on a daigné m' écrire" (de Courcy) (Singst., Lyra- oder Git.-Begl.) [2 S.]

7e Livraison:

No. 371. A.[ntoine] Romagnesi: La mauvaise Langue de Village, Chansonnette „Vous me refusez pour amant" (H. T. Poisson) (Singst., Git.-Begl.: A. Meissonnier) [2 S.]

No. 372. F.[rançois] Berton Fils: Adieu Colin, au revoir! Romance „Encor un mot, ô ma Lucette" (Mr.***) (Singst., Git.-Begl.: A. Meissonnier) [2 S.]

No. 373. Auguste Panseron: La Fiancée, Romance „Cher amant, l' hymen entre nous" (Pawlowski) (Singst., Git.-Begl.: A. Meissonnier) [2 S.]

8e Livraison:

No. 374. A.[ntoine] Meissonnier: Mes quarante Ans, Romance „A quarante ans, vous trouve-t-on encore" (Dumersan) (Singst., Git.- oder Lyra-Begl.) [2 S.]

No. 375. A.[ntoine] Romagnesi: Le Tems, le Plaisir et la Peine, Chansonnette „Un jour, si l'on en croît un sage" (Justin Gensoul) (Singst., Git.-Arr.: P. Rougeon) [2 S.]

No. 376. F. A. Finiels: La Rose, Romance „Une rose dut l'existence" (Singst., Lyra- oder Git.-Begl.: A. Meissonnier) [2 S.]

9e Livraison:

No. 377. A.[ntoine] Romagnesi: L'Amour oriental, Chansonnette „Dans le jardin de la beauté" (Justin Gensoul) (Singst., Lyra- oder Git.-Begl.: A. Meissonnier) [2 S.]

No. 378. H. Miller: Air écossais à deux voix „L' amour nous réunit dans ce séjour" (Lebel) (S I, II, Git.- oder Lyra-Begl.: A. Meissonnier) 2— 7

No. 379. Pamela Branchu: Espoir et Souvenir, Tyrolienne „Aimable illusion ta brillante magie" (Singst., Git.- oder Lyra-Begl.: A. Meissonnier) [2 S.]

10e Livraison:

No. 380. A.[ntoine] Romagnesi: La Reconnaissance filiale, Romance „Toi qui sans cesse occupe tes loisirs" (A. de Caen) (Singst., Git.- oder Lyra-Begl.: A. Meissonnier) [2 S.]

No. 381. L.[ouis] Jadin: Romance „A la plus douce rêverie"
        (A. Jadin) (Singst., Lyra- oder Git.-Begl.: A. Meis-
        sonnier)   [2 S.]

No. 382. H. Miller: L' Amour caché dans une Rose, Romance „L' amour
        qui tient mon âme captive sous sa loi" (Lebel) (Singst.,
        Lyra- oder Git.-Begl.: A. Meissonnier)   [2 S.]

11e Livraison:

No. 383. A.[ntoine] Romagnesi: Les Regrets du Voyageur, Romance
        à deux voix „Combien je te regrette beau ciel de mon
        pays!" (Justin Gensoul) (S oder Bar., T, Lyra- oder Git.-
        Begl.: A. Meissonnier)   [2 S.]

No. 384. H.[enri] Darondeau: L' Egalité d' Humeur, Romance „Le
        rêve brillant de la gloire" (Lucot) (Singst., Git.- oder
        Lyra-Begl.: A. Meissonnier)   [2 S.]

No. 385. Isidore Milhès: Le Choix d' une Amie, Romance à deux voix
        „Si quelque jour je fais choix" (Marsollier) (Singst.,
        Git- oder Lyra-Begl.: A. Meissonnier)   [2 S.]

12e Livraison:

No. 386. A.[ntoine] Meissonnier: Trilby ou le Lutin d' Argail,
        Romance „Ce doux lutin qu' il me faut oublier"
        (Desbordes-Valmore) (Singst., Lyra- oder Git.-Begl.)   [2 S.]

No. 387. A.[ntoine] Romagnesi: La Fileuse, Chansonnette à deux
        voix „File, file, jeune Lucile" (Mme. d' Avot) (S oder
        Bar., T, Git.-Begl.: A. Meissonnier)   1—   3

15e Année [1826]

1re Livraison:

No. 388. Charles Marie de Weber: Du moins je la voyais, Romance
        „Elle étais simple et gentillette" (Mr.***) (Singst.,
        Lyra- oder Git.-Begl.: A. Meissonnier) [Jähns 292]   [2 S.]

No. 389. [François] Berton Fils: Romance „Le clair de lune"
        (Carmouche) (Singst., Git.-Begl.: A. Meissonnier)   [2 S.]

No. 390. Auguste Panseron: Encore toujours, Nocturne à deux voix
        „O toi, mon bien, ma vie" (Alexandre) (S, T, Git.-Begl.:
        A. Meissonnier)   [2 S.]

2e Livraison:

No. 392. Mr. xxx: Mes Troubadours „Sous les drapeaux des ris et
        des amours" (Piis) (Singst., Git.- oder Lyra-Begl.:
        A. Meissonnier)   [2 S.]

No. 393. H. Miller: Si je l' osais, Romance „Je t' ai vu, charmante
        Emilie" (Gai de la Tour) (Singst., Git.-Begl.: A. Meis-
        sonnier)   [2 S.]

5e Livraison:

No. 397. Edouard Bruguière: Maudit Printemps! Chansonnette
„Je la voyais de ma fenêtre" (P. J. de Béranger)
(Singst., Git.- oder Lyra-Begl.: A. Meissonnier)   [2 S.]

12e Livraison:

No. 417. Coralie de Félix de la Motte: Le Ramoneur Auvergnat,
Romance „Bien loin du foyer paternel" (Coralie
Félix de la Motte) (Singst., Git.- oder Lyra-Begl.:
A. Meissonnier)   [2 S.]

[ohne Nr.] Musique d' Elle: L' Anonyme, Romance ou Chanson
„Quoi vous songiez à faire une romance" (Paroles
de Lui) (Singst., Git.- oder Lyra-Begl.: A. Meissonnier)   [2 S.]

17e Année [1828]

1re Livraison:

No. 444. F.[rançois] Berton Fils: Le Souvenir de la Victoire ou
l' Invalide, Chanson „Le souvenir de la victoire de
l' amour" (H. T. Poisson) (Singst., Lyra- oder Git.-
Begl.: A. Meissonnier)   [2 S.]

No. 445. A.[ntoine] Meissonnier: La Questionneuse, Chansonnette
„Vous qui savez grand' mère deviner l'avenir" (F. Louis)
(Singst., Lyra- oder Git.-Begl.: A. Meissonnier)   [2 S.]

2e Livraison:

No. 445 [!] Fabry Garat: Reste en ces Lieux! Romance „Privé de toi,
mon adorable amie" (Hortensius de St. A. ***)
(Singst., Lyra- oder Git.-Begl.: A. Meissonnier)   [2 S.]

No. 446. A.[uguste] Panseron: Brennus, Nocturne à deux voix
égales „Brennus disait aux bons Gaulois" (Béranger)
(S I, II, Lyra- oder Git.-Begl.: A. Meissonnier)   [2 S.]

[5e Livraison]:

No. 452. F.[rançois] Berton Fils: Couramé ou L' Amour de la Terre
Natale, Romance „Loin des bords ou je pris naissance"
(Singst., Lyra- oder Git.-Begl.: A. Meissonnier)   [2 S.]

6e Livraison:

No. 453. H.[enri] Darondeau: Tu sais pourquoi, Romance „Te faudra-
t-il toujours des larmes?" (L' Auteur du Charme de
s' entendre) (Singst., Lyra- oder Git.-Begl.: A. Meissonnier)   [2 S.]

No. 454. Auguste Panseron: Voyez cette Barque Légère, Nocturne
à deux voix „Voyez ami cette barque légère" (J. P.
de Béranger) (2 Singst., Lyra- oder Git.-Begl.:
A. Meissonnier)   [2 S.]

No. 455. [Luigi] Bocherini [!] : Bolero „Estoy convale ciente de
una Cayda" — „Du mal qui me dévore et que j' ignore"
(Singst., Lyra- oder Git.-Begl.: A. Meissonnier) [2 S.]

8e Livraison:

No. 456. A. Mercadier: Le Rêve ou Adieux à Marie, Romance „Phoebé
versait sur la nature entière" (A. L **) (Singst., Lyra-
oder Git.-Begl.: A. Meissonnier) [2 S.]

9e Livraison:

No. 458. Coralie de Félix de la Motte: Portrait de Thémire, Chansonnette „De ma Thémire, dans mon délire" (Singst.,
Lyra- oder Git.-Begl.: A. Meissonnier) [2 S.]

No. 459. Mme. Hérault: La Nuit, Romance „La nuit enveloppe la
terre" (Singst., Git.-Begl.) [2 S.]

No. 461. N. P. Hamelin: Fleurette, Romance „Déjà la nuit d' un voile
sombre" (N. P. Hamelin) (Singst., Lyra- oder Git.-Begl.:
Ch. M. Simon) [2 S.]

10e Livraison:

[ohne Nr.] Charles Malo: Plaignez le Pauvre Aveugle, Romance „Nicette
vous plaît vous enchante" (Charles Malo) (Singst., Lyra-
oder Git.-Begl.: A. Meissonnier) [2 S.]

No. 461 [!] N. P. Hamelin: La Paresse, Chansonnette „O ma paresse,
ô ma chère paresse" (Singst., Lyra- oder Git.-Begl.:
Ch. M. Simon) [2 S.]

[ohne Nr.] F.[ernando] Sor: Romance „O vous que Mars rend
invicible", chantée dans: Les Trois Sultanes (Singst.,
Git.-Begl.) [2 S.]

[11e Livraison] :

No. 462. F.[rançois] Berton Fils: Laisse-moi te parler de Bastien,
Chansonnette dialoguée „Ecoute bien, écoute Nicolas"
(Emile Barateau) (Singst., Lyra- oder Git.-Begl.:
A. Meissonnier) [3 S.]

No. 463. Emile Rouzé: Chant de Médorah „Hélas quel coup funeste
me ravit" (Requin nach Lord Byron) (Singst., Lyra-
oder Git.-Begl.: Ch.[ar]les Simon) [2 S.]

No. 464. L.[ouis] Jadin: Accours gentille Amie, Barcarolle „Le soleil
au rivage" (A. Jadin) (Singst., Lyra- oder Git.-Begl.:
A. Meissonnier) [2 S.]

[12e Livraison] :

No. 465. G.[eorg] Kuhn: L' Echo de Navarin, Romance hellénique
„Elle a sonné l' heure de la vengeance" (Alphonse Jarry)
(Singst., Lyra- oder Git.-Begl.: Meissonnier aîné, und
Chor: S I, II, B) [3 S.]

No. 466. L.[ouis] Jadin: Romance „Repose en paix, ma bonne mère"
(A. Jadin) (Singst., Lyra- oder Git.-Begl.: A. Meissonnier)[2 S.]

No. 467. L.[ouis] Jadin: C' est le Signal du Rendez-Vous, Boléro
„La nuit vient remplacer le jour" (A. Jadin) (Singst.,
Lyra- oder Git.-Begl.: A. Meissonnier)   [2 S.]

Variétées [!] amusantes pour le Piano Forte. ([Ab Cahier VII:] Publiées par
P.[hilipp] Röth à Munic.) [Monatlich.]

Gravé au bureau de lithographie chez Sidler à Munic.

1812–1814.

A Sca (1812, 6) – **D** Mbs (1812, 1–12; 1813, 1, 3–4, 6, 8–12; 1814, 1–[7?])

1812

Cahier I:

[1]   [Peter von] Winter: Duett (Ceres, Proserpina) aus der Oper:
Der Raub der Proserpina „Vaghi colli ameni prati" –
„Stille Fluren kühle Quellen"   4–[6]

[2]   [Philipp Röth: Arie (Robert) aus: Pachter Robert „Könnt'
ein holdes Wörtchen", No. 6]   [7]–22

[3]   Peter Brochard: Aus dem Ballet: Der Mechanicus   23

Cahier II:

[4]   [Peter von] Winter: Ouverture aus dem: Raub der Proserpina   2– 8

[5]   [Philipp] Röth: Aria (Holnara) aus der Oper: Holnara „Wenn
jene Palmenhügel das Morgenlicht umkränzt" –
„Di voi spiagge a mene dividermi dovrò!"   9– 13

[6]   [Franz Anton] Maurer: Aus dem Ballet: Der Mahler Tenier   13– 16

[7]   [Franz] Beutler: Allemande   17

[8]   [Philipp] Röth: Die Nachtigall „Mein Liebchen hat ein Vögelein"18– 19

Cahier III:

[9]   [Peter von] Winter: [Duett] (Pollux, Castor) aus: Castor
und Pollux (Rec.) „Addio Polluce amate" –
„Leb wohl geliebter Bruder" [Duett] „Ah ch'io
sento in tal momento" – „Ach es löst die Trennungsstunde" (Bernard)   2– 7

[10]   P.[hilipp] Röth: Variationen über ein Thema aus dem Ballet:
Der Mechanicus [Peter Brochard] (Andante Modera-
to – Var. 1–5)   8– 13

[11]   [Ferdinand] Fränzl: [Arie] (Barbara) aus der Oper: Carlo
Fioras „Es ist ein gar wunderlich seltsames Ding"   14– 15

[12] [Peter] Brochart [!] : Aus dem Ballet: Der Mechanicus   16— 18
[13] P.[hilipp] Röth: Allemande   18— 19

Cahier IV:

[14] [Franz Anton] Maurer: Aus dem: Mahler Tenier (Allegretto
        moderato)   2— 3
[15] [Peter (von)] Winter: Terzett (Proserpina, Ceres, Vertuno)
        aus dem: Raub der Proserpina (Rec.) „O ciel tu parti" —
        „Himmel! du mich verlassen" [Terzett] „Mi lasci o
        madre amata" — „Du scheidest geliebte Mutter"   4— 10
[16] [Philipp] Röth: Allegretto moderato   11— 15
[17] [Philipp] Röth: Romanze (Robert) aus: Pachter Robert
        „Aesop, ein Sklav aus Phrygierland" [No. 7]   16— 19

Cahier V:

[18] Simon Mayer [!] : Arie „Fuggi mio bene" — „Eile Geliebter!"
        (Aria) „Vienio caro amor ci chiama" — „Stille Ruhe
        o komm und tröste"   2— 7
[19] [Johannes Christoph] Vogel: Ouverture aus: Demophon
        (Vl., Pfte.)   8— 17
[20] [Ferdinand] Fränzl: [Arie] (Stefano) aus der Oper: Carlo
        Fioras „Auch im Zorn ist die Natur"   17— 18
[21] P.[hilipp] Röth: Allemande   19

Cahier VI:

[22] P.[hilipp] Röth: Duett (Holnara, Edwin) aus der Oper: Holnara
        „Schwester dich zu nennen" — „Tu che sei l'oggetto"   2— 4
[23] C.[arl] M.[aria] v.[on] Weber: Variationen [Op. 5]   8— 14
[24] Michel Schönche: Der arme Fischer „Der arme Fischer klagt
        noch immer seine Klage"   15— 16
[25] [Franz Anton] Maurer: Aus dem Mahler Tenier (Andantino —
        Andante — Allegro non troppo)   16— 19
[26] Lohmaier: Allemande   19

Cahier VII:

[27] [Johann David] Hermann: Sonate (Allegro vivace)   2— 9
[28] [Peter von] Winter: Arie (Moctar) aus der Oper: Tamerlan
        „A peine à son aurore" — „Im Frühling seines Lebens"   9— 12
[29] P.[hilipp] Röth: Menuetto allegretto   12— 16
[30] [Ferdinand] Fränzl: [Lied] „Süsse heilige Natur, lass mich
        gehn auf deiner Spur"   16— 17
[31] [Franz] Danzi: Andante   17— 19

Cahier VIII:

[32] [Peter von] Winter: Duett (Seyda, Moctar) aus: Tamerlan „Au
      nom au tendre nom de père" – „Der theure süsse Vater-
      name"   2– 6
[33] Franz Beutler: Allegretto poco Andantino   6– 13
[34] P.[hilipp] Röth: Romance (Justine) aus: Pachter Robert
      „Jüngst saß am Fenster ich allein" [No. 1]   13– 18
[35] P.[hilipp] Röth: Allemande   18– 19

Cahier IX:

[36]   Duetto (Rodrigo, Diego) „E che? che mi ro giusto ciel?"
              – „Wohl an! Ist's möglich? o Himmel"   2– 8
[37] [Peter von] Winter: Aus: Castor und Pollux (Larghetto –   9– 13
      Allegretto)
[38] Fr.[anz] Beutler: Im tiefen Grunde „Im tiefen Grunde!
      Da schlafen die Meereswellen"   14– 15
[39] P.[hilipp] Röth: Marche Militaire   16– 17
[40] [Ferdinand] Fränzl: Romanze (Isabella) aus: Carlo Fioras
      „Ach mich hat das Schicksal früh"   18– 19

Cahier X:

[41] [Adalbert] Gyrowetz: Duett (Wilhelmine, Philipp) aus dem:
      Augenarzt „Wir wandeln beseeligt durch Feld und
      Flur"   1– 9
[42]   Allegretto   9– 12
[43] [Peter von] Winter: Arie (Seyda) aus: Tamerlan „Tout cède
      au pouvoir de vos armes" – „Entflohen ist das Glück
      meines Lebens"   12– 15
[44] P.[hilipp] Röth: Allemande   16– 18
[45] F. Bohrer: Allegretto moderato   18– 19

Cahier XI:

[46] [Peter von] Winter: Duett (Seyda, Moctar) aus der Oper:
      Tamerlan „La mort la plus cruelle" – „Laß uns
      zum Grabe gehen"   2– 7
[47] P.[hilipp] Röth: Ouverture aus: Pachter Robert   7– 15
[48] Georg Schinn: Wiegenlied „Schlaf Herzens Söhnchen!
      mein Liebling bist du!" (v. Hiemer) [Op. 14,2]   16– 17
[49] [Franz] Danzi: Allegretto non troppo   17– 19

Cahier XII:

[50] [Joseph] Wölfel [!]: Variationen (Allegretto – Var. 1–7)   2– 7
[51] P.[hilipp] Röth: Duett (Elise, Xaira) aus: Holnara „Ruhig ist
      der Kindheit Schlummer" – „Innocenti e dolci affetti"   8– 11

[52]   A.[nton] Bohrer: Menuetto   12— 13

[53]   [Franz] Danzi: Cavatine aus: El Bondocani „Ich danke sei-
       nem Muth mein Leben"   13— 17

[54]   [Franz Anton] Maurer: Aus: Tenier (Allegretto)   18— 19

[55]   [Etienne Nicolas] Méhul: Marche aus: Ariodante   19

1813

Cahier I:

[1]   [Peter von] Winter: Ouverture aus: Castor und Pollux   2— 7

[2]   P.[hilipp] Röth: Der Winter „Es rast mit Schnee und Eis"
       (Gerhard Haslinger)   8— 9

[3]   [Friedrich Eugen] Thurner: Aus: Amor und Psiche (Andante)   10— 12

[4]   [Etienne Nicolas] Méhul: Duett (Mendoce,Flora) aus den:
       Zwey Blinden von Toledo [= Les Deux Aveugles
       de Tolède] „Süsse Liebe nur erfüllt die Natur"   13— 19

Cahier III:

[5]   [Franz] Danzi: Duett „Du meines Herzens einzige Wonne" —
       „Due vaghi rai son la sorgente"   2— 10

[6]   [Peter von] Winter: Aus: Castor und Pollux (Allegretto)   11— 15

[7]   P.[hilipp] Röth: [Lied] „Meine Ruh' ist dahin, meine Freud'
       ist entflohn"   16— 17

[8]   [Wolfgang Amadeus] Mozart: Menuetto Allegretto [KV 563, 5] 17— 19

Cahier IV:

[9]   [Franz] Danzi: Aus dem Ballet: Der Raub der Proserpina
       (Allegretto — Larghetto — Allegretto)   2— 7

[10]   P.[hilipp] Röth: Arie (Robert) aus: Pachter Robert „Euch
       ihr heimathlichen Auen" [No. 5]   7— 11

[11]   P.[eter] Brochard: Aus dem: Mechanicus (Andantino poco
       Allegretto)   12— 13

[12]   [Peter von] Winter: [Chor] „Ah tergi i bei lumi" — „Trockne
       deine Thränen" (4stg. Chor, Pfte.)   14— 16

[13]   P.[hilipp] Röth: Allemande   17— 19

Cahier VI:

[14]   Joh.[ann] Franz Hitzelberger: Andantino poco Allegretto
       (Var. 1—7)   2— 6

[15]   P.[hilipp] Röth: Duett (Holnara, Xaira) aus der Oper:
       Holnara „Weih' immer deine Thränen"   7— 16

[16]   [Franz] Danzi: Aus dem: Raub der Proserpina (Allegretto
       maestoso)   17— 18

[17]   [Peter] Ritter: [Arie] (Röschen) aus dem: Zitterschläger
       „Mit einem alleine ist trauliches Spiel" [No. 6]   18— 19

Cahier VIII:

[18]   [Franz] Danzi: „In der Väter Hallen"   2— 10

[19]   [Peter von] Winter: Aus: Castor und Pollux (Allegretto)   11— 14

[20]   P.[hilipp] Röth: [Lied] „Ob ich dich liebe? weiß ich nicht!"   14— 18

[21]   Fr.[anz] Beutler: Allemande   19

Cahier IX:

[22]   P.[hilipp] Röth: Duett (Justine, Robert) aus: Pachter Robert
       „Süsser Schlaf schloß meine Augenlieder [!]" [No. 8]   2— 13

[23]   [Franz] Danzi: Aus dem: Raub der Proserpina (Allegretto)   14— 18

[24]   Allemande   19

Cahier X:

[25]   [Peter von] Winter: Duett „Fu d'amore la bella face" —
       „Zarter Liebe Götter Flamme"   2— 14

[26]   Fr.[anz] Beutler: Ländlicher Marsch   14— 15

[27]   P.[hilipp] Röth: Romance (Agathe) aus der Oper: Der Dichter
       und der Tonkünstler „Bisher besiegte nie mich Liebe"
       (Singst., Git., Pfte.)   15— 18

[28]   P.[hilipp] Röth: Allemande   19

Cahier XI:

[29]   P.[hilipp] Röth: Duett (Elise, Agathe) aus der Oper: Der
       Dichter und der Tonkünstler „In der Freundschaft
       Busen schütt' ich meinen Schmerz"   2— 7

[30]   [Franz] Danzi: Aus dem: Raub der Proserpina (Allegro
       majestoso)   8— 16

[31]   [Ferdinand] Fränzl: „Muthig durch die Lust des Lebens"   17— 18

[32]   Allemande   19

Cahier XII:

[33]   [Franz] Danzi: Aria „Eccoti Orazio, al fine in liberta" —
       „Ja so bist du endlich Orazio in Freiheit"   2— 16

[34]   Ph.[ilipp] Röth: Andante   17— 19

1814

Cahier I:

[1]   P.[hilipp] Röth: Aus der Oper: Der Dichter und der Ton-
       künstler „Hofnung [!]! Trösterin in Leiden"   2— 9

[2]   [Franz] Danzi: Larghetto   10— 12
[3]   [Karl] Blumröder: [Arie] (Hannchen) aus der Oper:
       Die Jagd „Du süsser Wohnplatz stiller Freuden"   13— 15
[4]   Ant.[on] Bohrer: Menuetto   16— 17
[5]   P.[hilipp] Röth: Allemande   18
[6]   P.[hilipp] Röth: Allemande   19

Cahier II:

[7]   [Johann Nepomuk] Baron v.[on] Poißl: Duett (Aucaßin,
       Nicolette) aus der Oper: Aucaßin und Nicolette
       „Geliebte Nicolette"   2— 14
[8]   P.[hilipp] Röth: Allegretto   15— 16
[9]   [Anton] Bohrer: Allegretto non troppo   17— 18
[10]   P.[hilipp] Röth: Neue Lebenslust „Wollt' ich neulich von
       euch scheiden"   18— 19

Cahier III:

[11]   P.[hilipp] Röth: Duett (Agathe, Wahl) aus der Oper: Der
       Dichter und der Tonkünstler „So unerwartet sie
       zu sehen"   2— 12
[12]   [J.] Stumpf: Polonaise   12— 16
[13]   P.[hilipp] Röth: Andantino   17— 19
[14]   Allegretto   19

Cahier IV:

[15]   [Karl] Blumröder: Aus der Jagd „Schön sind Rosen und
       Jasmin"   2— 7
[16]   [Joseph] Weigl: Allegretto   7— 10
[17]   Allegretto non troppo   11— 16
[18]   Hildebrand: Christels Klage am letzten Merz [!] „Da mir
       mein Mädchen untreu ward"   16— 17
[19]   Allemande   18— 19

Cahier V:

[20]   Baron Streit: [Arie] (Walla) aus der Oper: Ritterliebe
       „O Einsamkeit; wie sanft erquickst du mich!"   2— 7
[21]   [Peter von Winter]: Allegretto   7— 12
[22]   Ph.[ilipp] Röth: [Lied] „Auf den Bergen saß ein Müder"   12— 16
[23]   J.[ohann] Kalcher: Menuetto   16— 17
[24]   Ph.[ilipp] Röth: Allegretto vivace   18— 19

Cahier VI:

[25]   P.[eter] Brochard: Aus der Pantomime: Arlequins Wanderung
       ([No. 1] Allegretto. No. 2. Allegretto grazioso.

No. 3. Andantino. No. 4. Andantino. No. 5.
Allegretto. No. 6. Marche)   2— 17

[26] [Karl] Blumröder: Amalia „Ein Ideal schwebt stets vor
      meinen Blicken" (Karl Müchler)   18— 19

Cahier [VII?]:

[27]   [Duett] (Adrasto, Polifonte) „Real destra io voglio"
               — „Macht des kühnen Herrschers"   3— 5

[28]   Duett (Polifonte, Adrasto) „Audace! trema del mio
               rigore" — „Verwegner! zittre vor meiner Rache"   6— 11

[29] F.[ranz] Danzi: Aus dem: Raub der Proserpina (Allegretto —
               Andantino — Allegretto)   11— 15

[30] [Ferdinand] Fränzl: [Arie] (Isabella) aus: Carlo Fioras
               „Ja, dem Himmel will ich mich vertrauen!"   16—[19]

1813

Journal d'Euterpe ([ab 3.(1815), Livraison 8:] **et des Amateurs**) ou Nouveau Journal de Chant avec accompagnement de Piano ou Harpe. Les Abonnés recevront (reçoivent) exactement, le 5 de chaque mois, une Livraison de 4 Nos., contenant deux Romances, ou une Scène ou un Rondeau Français.

A Paris au Bureau du Journal ([ab 13. (1825):] d' Euterpe), Rue de Cléri, No. 34 ([ab 1. (1813), Livraison 4:] rue neuve St. Eustache No. 17. Chez Mr. Garaudé, [ab 5. (1817):] rue St. Honoré No. 108, [ab 13. (1825):] chez Mr. (P.) Vaillant, rue de Cléry No. 27.)

Année 1. (1813), Livraison 1—12, — 15. (1827), Livraison 1—10.

A Wn (1. (1813), 45—47/48; 9. (1821), 1) — **B** Bc — **CH** Bu (6. (1818) — 9. (1821)) — **D** Bim (M); KIl (3. (1815), 33; 11. (1823), 37); KNh (5. (1817)); Mbs (1. (1813), 7, 17—18, 19*) — **F** Pn (1. (1813) — 2. (1814), 1—36, 41—48; 3. (1815) — 6. (1818); 7. (1819), 9—12; 8. (1820), 29/30—47/48; 10. (1822) — 11. (1823), 1—24, 41—[47]/48; 12. (1824), 1—7/8, 17—42, 45—47/48; 13. (1825) — 14. (1826), 1—35/36, 38—47/48; 15. (1827)); Po (8. (1820), 46); Psg (9. (1821), 18; 10. (1822), 33); V (4. (1816), 3/4; 5. (1817), 21/22; 8. (1820), 44; 11. (1823), 33) — **GB** Lbm (9. (1821), 41/42—44) — **NL** Uim (10. (1822), 4)

→ *Journal des Amateurs*. 1815.

1re Année (1813)

1re Livraison:

No. 1.   [Charles-] H.[enri] Plantade: Le Barde Ecossais, Romance
         „Consumé de mélancolie, un écossais redit"   2— 3

No. 2.3.   [Nicola] Zingarelli: Duo (Roméo, Everardo) de:
           Roméo et Juliette „Giusto ciel! del mio tormento" —
           „Sois touché de ma tristesse"   4— 9

No. 4.   L.[ouis] Jadin: Romance „Depuis une heure je l'attends"
           (Campenon)   10— 11

2e Livraison:

No. 5.6.   [Stefano] Pavesi: Duo Buffo (Simoncino, Norina) nella:
           Giardiniera Appruzzeza „Come il rospo sempre" —
           „Tel qu'on voit en silence" (2 Singst., Pfte.-Begl.:
           A. Garaudé)   13— 21

No. 7.   Sophie Gail: Bolleros „Jeune beauté, cause de mon martire"   22— 23

No. 8.   [Jean Baptiste] Bouffet: Aux Fleurs qui doivent parer le
           sein d'une Belle „Aimables enfans de zéphir"
           (G. Nanteuil)   24— 25

3e Livraison:

No. 9.10. [Antonio] Salieri: Duetto (Aspasia, Atar) di: Axur, Re
           d' Ormus „Qui, dove ride l' aura" — „Là, sous ce
           vert feuillage" (2 Singst., Pfte.-Begl.: A. Garaudé)   26— 30

No.11.12. A.[lexis de] Garaudé: Troisième Rondeau „Reine des
           fleurs, rose jolie" (J. J. Lucet)   31— 33

4e Livraison:

No. 13.   [Jean-Baptiste] Roucourt: L' Amant désabusé, Romance
           „Plus n'ai soucis, plus n'ai souffrance"   34— 35

No. 14.   [Antonio] Salieri: Air dans l' Opéra d': Axur, Re d' Ormus
           „Tu sei l' anima mia" — „De l' amour la douce ivresse"   36— 37

No. 15.   [Henri-Jean] Rigel: L' Eté, Romance „Déjà de nos climats
           Cérès exile Flore"   38— 39

No. 16.   [Antonio] Salieri: Cavatina (Arteneo, Elamir) dans
           l' Opéra d': Axur, Re d' Ormus „Com' ape ingegnosa,
           su' i lucidi albori" — „Comme on voit l'abeille presser
           chaque fleur" (2 Singst., Pfte.-Begl.: A. Garaudé)   40— 41

5e Livraison:

No. 17.   J.[Georges] Lambert: Les Cheveux d' Iris, Romance
           „De l' arc léger dont il nous blesse" (E. Dupati [!])   42— 43

No. 18.   Camillo Mazzoni: Cavatina „Son troppo innocente nel arte
           d' amar" — „Ma simple innocence, tendre et sans détour" 44— 45

No. 19.   A.[lexis de] Garaudé: La Petite Marguerite, Romance à une
           ou deux voix ‹ ad lib. › „Toi qui de l' innocence"
           (Constant Dubos)   46— 47

No. 20.   Giuseppe Nicolini: Duettino (Abenamet, Zoraide) nell' Opera
           Seria: Abenamet e Zoraide „Apri le fulgide pupille" —
           „Ouvres donc tes beaux yeux" (2 Singst., Pfte.-Begl.:
           A. Garaudé)   48— 49

6e Livraison:

No. 21.   A.[lexis de] Garaudé: Mademoiselle de la Fayette ou
           Le Siècle de Louis XIII, Romance nocturne à trois
           voix ,,Pour oser offrir nos hommages'' (Mme. de
           Genlis) (S I, II, T oder C-A, Pfte.- oder Hf.-Begl.)   51— 53

No.22.23. G. Cesare dalle Torre: Cavatina ,,Scioglierò le mie catene'' —
           ,,Je briserai mes tristes chaînes''   54— 57

No. 24.   B.[ocquillon] Wilhem: Isaure, Romance ,,Au printems
           de mon âge'' (Derosoy)   58— 59

7e Livraison:

No. 25.   [Jean Baptiste] Roucourt: La Première Fleur du Printems,
           Romance ,,Premier présent que la nature nous offre''
           (Van Bemmel)   60— 61

No.26.27. Simone Mayer [!] : Cara a Fatale immagine, Duetto (Elisa,
           Florindo) nell': Elisa ,,Qual sara mai al primo riveder-
           lo'' — ,,De quels transports sa présence en ces lieux''   62— 71

No. 28.   Victor Dourlen: La Pensée, Romance ,,Des dons charmans
           que la rosée'' (Mme. M. .y.)   72— 73

8e Livraison:

No.29.30. V.[alentino] Fioravanti: Ser Marc Antonio, Polacca
           ,,Ah! che non posso esprimere'' — ,,Ah! comment
           pourrai-je rendre'' (Singst., Pfte.-Begl.: A. Garaudé)   75— 79

No. 31.   [Jean Baptiste] Bouffet: La Manière de vivre cent Ans
           ,,Si de votre vie, joyeux troubadours'' (A. Désaugiers)   80— 81

No. 32.   A.[lexis de] Garaudé: Amour et Mystère, Romance
           ,,L'amour dans l'ombre du mystère''   82— 83

9e Livraison:

No.33.34.[Gioacchino] Rossini: Cavatina nella Opera: Pietra di
           [!] Paragone ,,Quel dirmi o dio! non t'amo!'' —
           ,,Je ne puis te dire: je t'aime!'' (Singst., Pfte.-Begl.:
           A. Garaudé)   85— 89

No. 35.   A.[ntoine] Romagnesi: Le Plaisir, Chansonnette ,,Plus
           léger qu' un enfant d' école''   90— 91

No. 36.   Mlle. C. Granville: Serment d' Amour, Romance ,,Serment
           d' amour est de peu de durée''   92— 93

10e Livraison:

No. 37.   H.[enri-] N.[oel] Gilles: Romance ,,Que veut-il dire?''   94— 95

No.38.39. Ferdinando Orlandi: Duetto (Contessa, Capitano) nella:
           Dama Soldato ,,Soffrire, nò, non voglio'' — ,,J' ai
           souffert trop longtems des maux''   96—103

No. 40.   Louis Balochi: Hymne à la Gaité ,,Dans l'âge heureux où
           des plaisirs'' (Désaugiers)   104—105

11e Livraison:

No.41.42. V.[ictor] Dourlen: Hippolyte et Aricie, Scène (Aricie)
„Près d' un temple sacré" (Singst., Pfte.-Begl.:
A. Garaudé)   107—115

No.43.44. F.[erdinando] Orlandi: Se l' Inganno osser la Sorte, Aria
„Caro mio sposo, se per inganno" — „A nous unir
puisque je suis forcée" (Singst., Pfte.-Begl.: A. Garaudé)116—121

12e Livraison:

No. 45.   A.[lexis de] Garaudé: Quinze Ans, Romance „J' ai vu
tes yeux charmans" (C. L. Mollevault)   122—123

No. 46.   Sophie Gail: L' Amour et le Diable, Chansonnette „On
sait que l'amour et le diable" (Creuzé de Lessert)   124—125

No.47.48. [Gioacchino] Rossini: Duetto (Tancredi, Amenaide)
nell' Opera seria: Il Tancredi „Lasciami! non
t' ascolto" — „Laisse-moi! Fuis ma présence"
(2 Singst., Pfte.-Begl.: A. Garaudé)   126—136

2e Année (1814)

1re Livraison:

No. 1.   [Ferdinando] Orlandi: Cavatina del: Quiproquo „Bella
vita, bel mestier" — „Dans les camps, dans les
combats"   1— 5

No. 2.   [Antoine] Romagnesi: Je n'ose, Romance „Prolonge un
moment ta carrière" (Brault)   6— 7

No. 3.   A.[lexis de] Garaudé: Bolleros a due voci „La notte e il
giorno sempre presente" — „Auprès de toi toujours
être sans cesse"   8— 11

No. 4.   H.[enri] N.[oel] Gilles: Il est parti, Romance „Il est
parti, l' objet de mon amour"   12— 14

2e Livraison:

No. 5.6.   Simone Mayer [!]: Duo (Antinoo, Adraste) dans: I Misteri
Eleusini ‹ les Mistères [!] d' Eleusis › „Figlio mio!
Segui!" — „Ah! mon fils parle!" (2 Singst., Pfte.-Begl.:
A.Garaudé)   15— 23

No. 7.   Gábriel Lemoyne: Plaisir et Tourment, Romance „L' amour,
pour prix de ma défaite!" (de Longchamps)   24— 25

No. 8.   A.[lexis de] Garaudé: Amour, Fidélité! Romance „Un
paladin, sur son coursier" (H. Audibert)   26— 27

3e Livraison:

No.9.10.   H.[enri-] N.[oel] Gilles: Zoé, Polonaise „Zoé, quoique
légère, voudrait à chaque instant"   29— 33

No.11.12. [Gioacchino] Rossini: Cavatina nel: Tancredi (Rec.) ,,O
    patria! dolce e ingrata patria!'' – ,,Après un long exil''
    (Cavatina) ,,Tu che accendi questo core'' – ,,Tout
    excite mon courage'' (Singst., Pfte.-Begl.: A. Garaudé) 34– 39

4e Livraison:

No.13.14. A.[lexis] de Garaudé: Les Français au Tombeau de
    Louis XVI, Hymne à trois voix ‹ ad lib. › ,,De nos
    erreurs trop illustre victime'' (J. J. Lucet) (S I oder T,
    S II oder C-A, B, Pfte.- oder Hf.-Begl.) 41– 43

No.15.16.17.[Gioacchino] Rossini: Duetto (Polibio, Sireno)
    nell'Opera: Demetrio e Alibio [!] ,,Mio figlio
    non sei'' – ,,Qui, j'ai pour toi la tendresse''
    (2 Singst., Pfte.-Begl.: A. Garaudé) 45– 51

5e Livraison:

No. 18. V.[ictor] Dourlen: L' Abandon, Romance ,,Rendez
    à son amie'' 52– 53

No. 19. Il Dolore, Cavatina ,,Pupille tenere del caro bene'' –
    ,,Oh! par pitié, mon aimable Constance!'' 54– 55

No. 20. [Antoine] Romagnesi: L' Amour Souffleté, Chanson allégo-
    rique ,,L' amour auprès de la sagesse'' 56– 57

6e Livraison:

No. 21. Camillo Barni: Cavatina ,,Da voi cari lumi'' –
    ,,Beaux yeux que j' adore'' 59– 61

No.22.23. B.[ocquillon] Wilhem: Invocation à l' Espérance, Romance
    à une, deux ou trois voix ‹ ad lib. › ,,Toi, qui par une
    douce erreur'' (S, T I oder II, B, Pfte.- oder Hf.-Begl.) 62– 63

7e Livraison:

No.24.25.26. Simone Mayer [!] : Recitativo e Duetto (Ifigenia, Achille)
    nell': Ifigenia in Aulide (Rec.) ,,Ami tu dunque la sposa
    tua?'' – ,,Te serai-je donc toujours chère ?'' (Duetto)
    ,,Quando volto al patrio monte'' – ,,Crois que mon
    vœu le plus sincère'' (2 Singst., Pfte.-Begl.: A. Garaudé) 64– 71

No. 27. [Jean Baptiste] Roucourt: Je ne t' aime plus, Romance
    ,,Toi, dont jadis un seul regard'' (C.M.P. van Bemmel) 72– 73

No. 28. A.[lexis de] Garaudé: Le Chant d'Amour, Virelai ,,Le
    chant d'amour, au point du jour'' 74– 75

8e Livraison:

No.29.30. [Jean Baptiste] Bouffet: Le Chant de la Fauvette, Rondeau
    ,,Bouton d' amour, tendre fillette'' (J. J. Lucet) 76– 81

No.31.32. A.[lexis de] Garaudé: Notturno a due voci ,,Se tu sapessi
    quanto t' adoro'' – ,,Toute la vie, avec sa mie''
    (J. J. Lucet) (S, T, Pfte.-Begl.) 82– 85

9e Livraison:

No. 33.   H.[enri-Jean] Rigel: La Séparation, Romance
    ,,Témoin des jeux de mon enfance"   86— 87

No.34.35. Simone Mayer [!] : Polonese nell' Opera: La Lodoïska
    ,,Contento il cor nel seno mi sento giubilar"
    (Singst., Pfte.-Begl.: G. Lemoyne)   88— 91

No. 36.   L.[ouis] Moreau: Eglé, Romance ,,Plus ne saurais supporter
    ton absence" (N. Martin)   92— 93

10e Livraison:

No. 37.   [Stefano] Pavesi: Cavatina ,,Perchè presente, quel vago
    oggetto"   95— 97

No.38.39. A.[lexis de] Garaudé: Nocturne Français à deux voix
    ,,Asile discret du mistère [!]" (J. J. Lucet)   98—101

No. 40.   S.[imon] Mayer [!] : Cavatina (Lowinski) nell' Opera:
    La Lodoïska ,,Rasserena il mesto ciglio" (Singst.,
    Pfte.-Begl.: A. Garaudé)   102—103

11e Livraison:

No. 41.   V.[ictor] Dourlen: Le Spectre de la Tour, Romance (Réc.)
    ,,Je vais sur un ton lamentable"–(Romance) ,,Dans le
    fond d' une tour" (Trouvée dans le Tombeau d' un
    Ostrogoth, près Montmartre)   105—107

No.42.43. [Pierre-Charles] Guglielmi: Duetto (buffo) (Capitano,
    Lucilla) [Rec.] ,,Non fuggir, mi ascolta, ingrata!" —
    ,,A mes vœux soyez sensible!" (Duetto) ,,Il mio ben
    tu sola sei" — ,,Auprès de vous je sens mon cœur"   108—115

No. 44.   A.[lexis] de Garaudé: Ovide, Couplets ,,Tristes amans,
    fades auteurs" (Charles Malo)   116—117

12e Livraison:

No. 45.   Nicolò [Isouard] : Rondeau dans: La Jeune Hôtesse
    ,,Lysis avait de la jeunesse"   118—121

No.46.47. [Pierre-Charles] Guglielmi: Cavatina ,,Allor che sul' prato"—
    ,,Ah! que n' éprouve t' il"   122—127

No. 48.   H. A. Kretschmer: Le Bonheur, Romance ,,Fuis de mon
    cœur, stérile indifférence" (J. J. Lucet)   128—129

3e Année (1815)

1re Livraison:

No. 1.   F.[elice] Blangini: Six Nouveaux Nocturnes (No. 1)
    ,,Belle ninfe, è nato aprile" — ,,Dans le printems
    du bel âge sachons" (S, T, Pfte.- oder Hf.-Begl.)
    (Op. 20)   1— 3

No. 2.   L.[ouis] Moreau: Absence et Retour, Romance „On est
         si bien, si bien près d'une amie!" (Elisée Suleau)   4— 5

No. 3.   A.[lexis de] Garaudé: L' Orage et le Berger, Romance
         „Lise, entends-tu l' orage?"   6— 7

No. 4.   [Luigi] Ricci: Cavatina „All' orror di mie aventure" —
         „La rigueur du sort qui m' accable"   8— 10

2e Livraison:

No. 5.6. Simone Mayer [!]: Duetto buffo (Colombina, Cassandro)
         „Vecchierello, mio grazioso" — „Dites-moi donc en
         confidence"   12— 17

No. 7.   B.[ocquillon] Wilhem: Non, non plus d' Amour, Chan-
         sonnette „Non, non, beau sire, plus d' amour!"
         (Charles Malo)   18— 19

No. 8.   H.[enri] Darondeau: Je t' aimerai, Romance „Garde-toi
         bien d' accuser d' inconstance" (Capelle)   20— 21

3e Livraison:

No. 9.   F.[elice] Blangini: Six Nouveaux Nocturnes (No. 2)
         „A chi v' ama, o pastorelle" — „O vous dont le
         cœur volage" (S, T, Pfte.- oder Hf.-Begl.)   23— 25

No. 10. A.[lexis de] Garaudé: Romance „Je t' aime encore,
         amant volage" (J. J. Lucet)   26— 27

No. 11. M.[ichele] Bolaffi: Cavatina „Come mai da te lontano" —
         „Te quitter, ma douce amie"   28— 29

No. 12. Hyppolite L...: Saint Denis, Cantique spirituel ... si l' on
         veut „Chantons à pleine gorge" (Armand Gouffé)   30— 31

4e Livraison:

No.13.14. Carlo Angrisani: Duetto buffo (Lucilla, Claretta)
         „Guardami, indegna, e trema!" — „Crains mon
         courroux, fuis ma présence!" (S I, II, Pfte.- oder
         Hf.-Begl.)   33— 39

No. 15. G.[eorges] Lambert: La Romance d' Alfred „Alfred un
         jour, banni de son domaine" (Millevoye)   40— 41

No. 16. H.[enri] N.[oel] Gille [!]: Le Courroux appaisé, Romance
         „Quelle rigueur extrême! Zulime" (G...)   42— 43

5e Livraison:

No. 17. F.[elice] Blangini: Six Nouveaux Nocturnes (No. 3)
         „Non ami il prigioniero" — „Vous dont l' humeur
         légère" (S, T, Pfte.- oder Hf.-Begl.) (Op. 20)   45— 47

No.18.19. A.[lexis de] Garaudé: Le Pour et le Contre, Duo
         „Non jamais, il ne faut aimer" (Le Chevalier
         d' Antibes)   48— 55

No. 20.   M.[ichele] Bolaffi: Cavatina „Che cangi tempra mai
            più non spero" — „Ils sont passés ces jours où
            ta constance"   56— 57

6e Livraison:

No. 21.   G.[eorges] Lambert: Hymne Magique „Odin se lève,
            Odin l' invulnérable" (Millevoye)   58— 59

No. 22.   [Jean Baptiste] Bouffet: Romance „J' étais heureux
            lorsque l' indifférence" (Charles Simon)   60— 61

No.23.24. Giuseppe Curci: Duetto (Gonsalvo, Zulema) nell' Opera:
            La Zulema „Di marte la tromba" — „Pour prendre
            les armes" (2 Singst., Pfte.-Begl.: A. Garaudé)   62— 69

7e Livraison:

No.25.26 [Francesco] Cerrachini: Cavatina „Godete oh! dolci
            amanti" — „O toi pour qui je soupire" (Singst.,
            Pfte.-Begl.: A. Garaudé)   71— 75

No. 27.   [Pierre-Ignace] Bégrez: Le Don de plaire, Romance
            „Jurer chaque jour de ma vie" (Auguste ...)
            (Singst., Git., Pfte.)   76— 77

No. 28.   A.[lexis de] Garaudé: Aux Belles dépourvues d' Esprit,
            Romance à deux voix „Jeunes beautés, qui tournez
            mille têtes"   78— 80

8e Livraison:

No.29.30. Ferdinando Paer: Duetto buffo nell' Opera: Tutto il Male
            vien dal Buco „D' amor la febbre" — „Une fièvre brû-
            lante" (S, B, Pfte.-Begl.: A. Garaudé)   81— 89

No. 31.   S.[imon] Herz: Le Départ, Romance „Ne retiens plus ton
            ami" (Auguste Moufle)   90— 91

No. 32.   Louis Balochi: Lorédan, Romance „Plaisir d' amour embellis-
            sait la vie" (Planard)   92— 93

9e Livraison:

No. 33.   [Michele] Bolaffi: Caro Rio, Canzonetta „Caro rio ch' al
            mar t' envai" — „Ruisseau, dont l' onde limpide"   95— 97

No.34.35. A.[lexis de] Garaudé: Nocturne à deux voix „La cloche
            du hameau rappelle les bergères" (A.[lexis de]
            Garaudé) (S, T, Pfte.- oder Hf.-Begl.)   98—102

No. 36.   F.[elice] Blangini: Six Nouveaux Nocturnes (No. 4)
            „Sorprender mi vorresti" — „Le trouble secret qui
            m' agite" (S, T, Pfte.- oder Hf.-Begl.)   103—105

10e Livraison:

No.37.38. G.[ioacchino] Rossini: Scena e Duetto (Tancredi, Argirio)
            nel: Tancredi [Rec.] „M' abbracia, Argirio!" —

,,Ne crains plus, Argire" (Duetto) ,,Ah! se di mali miei"
— ,,Ah! puisque ma misère"   107—115

No. 39.   [Pierre-Ignace] Bégrez: La Dernière Fois, Romance ,,Je te
fuis, volage Amélie" (J. J. Lucet)   116—117

No. 40.   H. Garnault: 1er Canon à trois voix ,,Dans la jeunesse
aimons toujours"   118—119

11e Livraison:

No.41.42. G. Morandi: Dove trovar si può, Cavatina ,,Fido silenzio
amico, ombre segrete!" — ,,Asile du silence, sombres
forêts"   121—125

No. 43.   V.[ictor] Dourlen: Romance ,,Je pense à vous lorsque la
jeune aurore" (M. S. G.)   126—127

No. 44.   A.[lexis de] Garaudé: Arthur et Julia, Romance ,,D' un
vieux château les antiques tourelles" (A.[lexis de]
Garaudé)   128—129

12e Livraison:

No. 45.   Nicolò de Malte [Isouard]: Le Ménestrel, Ronde Villageoise
,,Accourez, jeunes pastourelles" (Le Chevalier Dupuy
des Islets)   130—131

No. 46.   Sophie Gail: Clarisse, Romance ,,Clarisse, n' a pas du destin"
(Dubois)   132—133

No.47.48. S.[imon] Mayer [!]: Duetto (Adele, Balduino) nel: Raul [!]
di Crequi (Rec.) ,,Ohime! sperai che morte" —
,,Hélas! puissai-je par ma mort" (Duetto) ,,Soccorso!
oh dio" — ,,O ciel! que vois-je?" (2 Singst., Pfte.- Begl.:
A. Garaudé)   134—143

4e Année (1816)

1re Livraison:

1.   V.[ictor] Dourlen: Si je le puis, Romance ,,Elle le veut
la coquette Julie" (M. S. G.)   2—   3

2.   A.[lexis] de Garaudé: La pauvre Isabelle, Romance
,,De la pauvre Isabelle, ah!" (A.[lexis] de Garaudé)   4—   5

3. 4.   S.[imon] Mayer [!]: Duetto (Vanoldo, Enrico) nell' Opera:
La Rosa bianca e la Rosa rossa ‹ La Rose blanche et
la Rose rouge › ,,E deserto il bosco intorno" — ,,Dans
cette forêt solitaire"   6— 17

2e Livraison:

5.   (S.[imon] Mayer [!]): Cavatina (Enrico) nell' Opera:
La Rosa bianca e la Rosa rossa ‹ La Rose blanche
et la Rose rouge › ,,Qui sospirò, là rise" — ,,C' est
dans ces lieux" (Singst., Pfte.-Begl.: G. C. dalla Torre)   18— 21

No. 6.   F.[elice] Blangini: Notturno (No. 5) „Non mi sprezzar licori"
            − „Jamais d' une cruelle" (S, T, Pfte.- oder Hf.-Begl.)   22− 23

No. 7.8.   [Jean Baptiste] Bouffet: Rondeau „De l' Amour évitons les
            armes" (J. J. Lucet)   24− 28

3e Livraison:

No.9.10.   [Gioacchino] Rossini: Duetto buffo (Isabella, Taddeo)
            nell' : Italianna [!] in Alghierra [!] „Ai capricci
            della sorte" − „Aux caprices du hasard" (2 Singst.,
            Pfte.-Begl.: A. Garaudé)   29− 39

No. 11.   A.[ntoine] Romagnesi: L' Amant timide, Romance „Mon
            cœur soumis à votre aimable empire"   40− 41

No. 12.   A.[lexis] de Garaudé: Les Adieux d' un Volontaire Royal
            à son Amie, Romance „Tous les braves courent aux
            armes" (Edouard Nibelle)   42− 43

4e Livraison:

No.13.14.   F.[erdinando] Paer: Aria buffa „Quattro sono le parti
            del mondo" − „Ah! dans tous les pays du monde"   45− 51

No. 15.   S.[imon] Herz: Romance „Craignez, naïves pastourelles"
            (Adolphe Jadin)   52− 53

No. 16.   H. A. Kretschmer: La Fantaisie, Barcarole „Un peu de
            malice, un grain de caprice" (Guyon)   54− 55

5e Livraison:

No. 17.   [Giuseppe] Siboni: Arriette [!] „Stava all erbette in seno
            la pastorella clori" − „Sur l' herbette nouvelle la jeune
            pastourelle"   57− 59

No. 18.   L.[ouis] Moreau: Amour et Regrets, Romance „Il est
            passé ce tems d' ivresse" (Poultier)   60− 61

No. 19.   F.[elice] Blangini: Notturno „Perchè palpiti cor mio" −
            „Pourquoi donc douter encore" (S, T, Pfte.- oder
            Hf.-Begl.)   62− 63

No. 20.   B.[ocquillon] Wilhem: Le Plaisir des Rois et le Roi des
            Plaisirs, Chanson „Sous des lambris où l' or éclate"
            (Pannard)   64− 65

6e Livraison:

No.21.22.   F.[erdinando] Paer: Duetto buffo (Alinda, Gianpaolo)
            „Si mi amate e s'io v' adoro" − „Si tu m' aimes, si
            je t' adore" (2 Singst., Pfte.-Begl.: A. Garaudé)   67− 77

No. 23.   A.[lexis] de Garaudé: Romance „Depuis dix jours écoulés
            sans te voir" (A. de Garaudé)   78− 79

No. 24.   H. Garnault: 4e Canon à trois voix „J' aime hélas! une
            infidèle" (3 Singst., Pfte.-Begl.)   80− 81

7e Livraison:

No. 25. A.[lexis] de Garaudé: Le Matin, Romance „De pâles feux
l' horison [!] se colore" (A. de Garaudé) (S I, II, T
oder C-A, Pfte.- oder Hf.-Begl.)   83— 87

No. 26. [Antoine] Meissonnier: L'Echarpe, Romance „D' amour
gage flateur, présent de mon amie" (Auguste Lafarge)   88— 89

No.27.28. M.[ichele] Bolaffi: Madrigale „Povero angusto rio!" —
„O toi dont l' onde pure"   90— 95

8e Livraison:

No.29.30. [Giuseppe] Nicolini: Duetto (Decebalo, Trajano) nell' Opera:
Il Trajano „Il braccio mio guerriero" — „A la gloire
fidèle au camp"   97—101

No. 31. Fabri [!] Garat: Invocation à la Nuit, Romance „O nuit,
de ta pâleur obscure" (de Gourbillon)   102—103

No. 32. L.[ouis] Moreau: Romance „Soleil couchant, mieux que
brillante aurore" (Le Vicomte de Suleau)   104—105

9e Livraison:

No. 33. Nicolò de Malte [Isouard]: Rosier d' Amour, Romance
„Un jeune Arabe aux plaines d' Idumée" (N. Le Fèvre) 106—107

No. 34. A.[lexis] de Garaudé: Nocturno „O rammenta o bella
Irena" — „Où sont-ils, ces jours d' ivresse" (S, T,
Pfte.- oder Hf.-Begl.)   108—111

No. 35. [Giuseppe] Siboni: Arriette [!] „Non vè' più barbaro di
chi non sente" — „Est-il possible d' être insensible"   112—113

No. 36. H. Garnault: 2e Canon „Entends-tu ma sœur?" (3 Singst.,
Pfte.-Begl.)   114—115

10e Livraison:

No.37.38. G.[ioacchino] Rossini: Cavatina (Lindoro) nell':
Italiana in Algieri [!] „Languir per una bella" —
„Languir pour une belle" (Singst., Pfte.-Begl.:
A. de Garaudé)   116—122

No.39.40. A.[lexis] de Garaudé: Adieux à l'Amour, 4e Rondeau
„Enfans légers de la folie" (A. de Garaudé)   123—129

11e Livraison:

No. 41. L.[ouis] Jadin: Romance „Hier je t' adorais encore"
(Du Mersan [!])   130—131

No. 42. Victor Dourlen: Mainfroi ou le Chant du Départ „Le
beau Mainfroi, pour repousser le Maure" (Alexis
de St. Michel)   132—133

No.43.44. [Giuseppe] Siboni: Arriette [!] „Ah crudel tu m' hai
tradito" — „Tu trahis donc tes promesses"   134—139

12e Livraison:

No. 45. G.[eorges] Lambert: Gaston de Foix, Romance „C' en
est donc fait! au sein de la victoire" (La Comtesse
de Genlis)   140—141

No. 46. Louis Balochi: Inès et Roger ou La Fidélité, Romance
„Dès mes plus jeunes ans" (Edmond Géraud)   142—143

No.47.48. [Vincenzo] Federici: Scena e Duetto (Scipione, Sofonisba)
nell' Opera: La Sofonisba (Rec.) „Assai di Sofonisba
a Roma è noto" — „La fière Sophonisbe enfin doit
croire" (Duetto) „Frema pur l' irata sorte" — „Ne
croit pas que l' infortune" (2 Singst., Pfte.-Begl.:
A. Garaudé)   144—155

5e Année (1817)

1re Livraison:

No. 1.   A.[lexis] de Garaudé: Il faut aimer, Romance „Par une
chansonnette égayant"   2— 3

No. 2.   [Antoine] Meissonnier: Les Amours du Village, Chansonnette
„Soir et matin sur la fougère" (M. xxx)   4— 5

No. 3.   [Peter von] Winter: Duetto nella: Proserpina „Vaghi colli
ameni prati" — „Voilà donc ce beau rivage" (2 Singst.,
Pfte.-Begl.: A. Garaudé)   6— 10

No. 4.   G.[iacomo] Bianchi: Arietta „Son dolci le pene" —
„Pour un cœur fidèle"   11— 13

2e Livraison:

No. 5. 6. G.[ioacchino] Rossini: Duetto buffo (Lindoro, Mustafa)
nell'Opera: L'Italiana in Algieri [!] „Se inclinassi
a prender moglie" — „Si jamais du mariage" (S, T,
Pfte.-Begl.: A. Garaudé)   14— 23

No. 7.   [Jean Baptiste] Bouffet: Eloge de la Bétise „Que je plains
un homme d' esprit!" (Armand Gouffé)   24— 25

No. 8.   [Henri] Darondeau: Romance „Dors, mon enfant, clos ta
paupière" (Berquin)   26— 28

No.9.10. F.[erdinando] Paer: Cavatina nell' Opera del: Sargino
„Dovunque il suon guerriero" — „Ecoute la trompette" 30— 35

No.11.12. Théophile Bayle: L' Eloge de la Coquetterie, Polonaise
„Contre le sexe on se récrie" (D' Hermilly)   36— 41

4e Livraison:

No. 13. H. A. Kretschmer: Romance de: Blanche de Capello ou La
Vertu récompensée „Aimables jouvenceaux, séduisante
jeunesse" (M. xxx)   42— 43

No. 14. A.[lexis de] Garaudé: Les Adieux à la Campagne, Romance
„Je vous quitte, riants côteaux" (A. Garaudé)   44— 45

No.15.16. [Ferdinando] Paer: La Famiglia filarmonica, Cantata e
Duetto „Qui fra le mie ritarte" — „Dans ce séjour
de crainte"   46— 56

5e Livraison:

No.17.18. Marchesi di Bolognia: Cavatina „Amare un tenero e dolce
oggetto" — „Lorsque l' on aime avec tendresse"
(Singst., Pfte.-Begl.: A. Garaudé)   57— 61

No. 19.   H.[enri] Darondeau: L' Hermite Pierre à Tancrède
pleurant Clorinde aux pieds des Autelas „A qui
viens tu porter le tribut" (M. xxx)   62— 63

No. 20.   Louis Balochi: Le Vieux Châtel, Romance „Le jeune
Eloi, fils chéri de Germaine" (Madame Azais)   64— 65

6e Livraison:

No.21.22. Ferdinando Paer: Duetto (Arbace, Mandane) nell' Opera:
L' Eroismo in Amore „Te sovente in mezzo all' ire" —
„Pour la gloire et la patrie"   66— 75

No.23.24. V.[ictor] Dourlen: Philocles, Air „Oui, mon dessin est
pris" (Justin)   76— 81

7e Livraison:

No. 25.   L.[ouis] Jadin: Le Retour de la Palestine, Nocturne à deux
voix „Souveraine de ce séjour" (S I, II, Pfte.- oder Hf.-
Begl.)   82— 83

No. 26.   L.[ouis] Jadin: Le Serment du Soir, Nocturne à deux voix
„Quand de la nuit l' étoile" (M. xxx) (S I, II, Pfte.-
oder Hf.-Begl.)   84— 85

No.27.28. A.[lexis de] Garaudé: La Civetteria ‹ La Coquetterie › ,
Aria „Così, donne mie care" — „Je veux enseigner
aux dames"   86— 91

8e Livraison:

No.29.30. [Gioacchino] Rossini: Duetto (Leicester, Matilde)
nell' Opera: La Margarita di Scozia „Incanta che
fessi?" — „Pourquoi veux-tu suivre"   92— 98

No.31.32. L.[ouis] Jadin: La Mort d' Oscar, Nocturne à deux voix
„Le fier Oscar a mordu la poussière" (M. xxx)   99—107

9e Livraison:

No. 33.   Aurélie Plou: Le Berger Volage, Boléro „De mon berger
volage j' entends le flageolet" (M. xxx)   108—109

No. 34.   A.[ntoine] Romagnesi: Le Choix d' un Epoux, Chansonnette
„Si je voulais parmi les hommes"   110—111

No.35.36. Gioachino [!] Rossini: Cavatina (Rec.) „Ecco mi, ingiusti
numi" — „Je suis donc en la puissance" (Cavatina)
„Chi sa dirmi, o mia speranza" — „Unique objet de
ma pensée"   112—117

10e Livraison:

No.37.38. L.[ouis] Moreau: Chant d' Hymen „Ah qu' il est doux le
jour" (Narcisse)   118—122

No.39.40. [Stefano] Pavesi: Duetto buffo (Sandra, Berto) „Sono
quà, di sù, che vuoi?" — „Qui donc ainsi te chagrine?"
(2 Singst., Pfte.-Begl.: A. Garaudé)   123—131

11e Livraison:

No.41.42. H.[enri] Darondeau: Air de: Deucalion et Pyrrha, Opéra
„Vénus! Vénus! ... quoi! c' est un songe" (Armand
Gouffé) (Singst., Pfte.-Arr.: H. Darondeau)   133—139

No.43.44. S.[imon] Mayer [!] : Cavatina nell' Opera: La Medea „Jo
ti lasciai piangendo" — „Séjour de ma jeunesse"   140—143

12e Livraison:

No.45.46. G.[ioacchino] Rossini: Aria (Matilde) nell' Opera:
L' Elisabetta, Regina d' Inghilterra „Sento un
interna voce" — „Gémissant en silence"   144—151

No. 47.   G.[eorges] Lambert: Stances à l' Indifférence, Romance
„O calme heureux! chère et paisible indifférence!"
(Madame J. M. xxx)   152—153

No. 48.   Sophie Gail: Le Vaisseau, ou Le Retour en France,
Nocturne „Je vais bientôt de ma patrie" (S, T, Pfte.-
oder Hf.-Begl.)   154—156

6e Année (1818)

1re Livraison:

No. 1.2. [Stefano] Pavesi: Duetto (Trajano, Decebalo) nell':
Arminia „Vincitor la man ti stendo" — „Cette main
victorieuse te rend"   1— 9

No. 3.   L.[ouis] Jadin: La Devise des Preux, Romance „Fiers
déffenseurs [!] du beau pays de France" (A. Jadin)   10— 11

No. 4.   L.[ouis] Jadin: A Demain ou le Rants des Vaches,
Premier Nocturne à deux voix „Déjà le rants appelle
les troupeaux" (A. Jadin)   12— 14

2e Livraison:

No. 5.6. Gioacchino Rossini: Preghiera nell' Opera: La Gazza Ladra
‹ La Pie Voleuse › „Deh tu reggi in tal momento"   15— 19

No. 7.8. H.[enri] Darondeau: Romance (Vénus) de: Deucalion et
Pyrrha, Opéra „O mon cher fils à ma douleur amère"
(Armand Gouffé)   20— 26

3e Livraison:

No.9.10. G.[ioacchino] Rossini: Duetto (Ramire, Cenerentola)
nell' Opera: La Cenerentola ‹ Cendrillon › „Un
soave non sò chè"   26— 37

No. 11. A.[lexis de] Garaudé: Le Petit Bateau, Chanson „Lise,
jeune aventurière" (Vallenet)   38— 39

No. 12. L.[ouis] Jadin: Deuxième Nocturne à deux voix égales
„Entendez-vous cette voix éclatante?" (A. Jadin)   40— 42

4e Livraison:

No. 13. Gioacchino Rossini: Cavatina (Elisabetta) nell': Elisabetta
d' Inghilterra „Bell' alme generose, a questo sen venite"   44— 46

No. 14. [Gioacchino] Rossini: Quartetto (Amenaïde, Tancredi,
Argirio, Orbazano) nel: Tancredi „Ah se giusto o
ciel tu sei mi difenda"   47— 49

No.15.16. L.[ouis] Jadin: Duo Nègre, troixième Nocturne à deux
voix „Promets encor(e) à moi d' aimer" (A. Jadin)   50— 55

5e Livraison:

No.17.18. G.[ioacchino] Rossini: Duetto (Ninetta, Pippo) nell' Opera:
La Gazza Ladra ‹ La Pie Voleuse › (Rec.) „Deh pensa
che domani oggi fors' anco" — (Duetto) „E ben, per
mia memoria"   57— 69

No. 19. [Jean Baptiste] Bouffet: Le Secret, Chanson „On peut être
un amant fidèle"   70— 71

No. 20. A.[lexis] de Garaudé: Le Chaperon de Roses, Romance
„Ouvrez, ouvrez, beau châtelain" (Coupigni [!])   72— 73

6e Livraison:

No. 21. [Giuseppe] Siboni: Arriette [!] „Lagna si ognor Lisetta" —
„Ma belle pastourelle"   74— 75

No. 22. G.[iacomo] Ferrari: Arietta „In quell' occhio lusinghiero" —
„Pourquoi donc ne puis-je lire"   76— 77

No. 23. Louis Balochi: Le Troubadour Hermite, Romance „Qui
veut savoir la touchante aventure" (Edmond Géraud)   78— 79

No. 24. Rigault: Romance „Tout repose dans la nature"   80— 81

7e Livraison:

No.25.26. [Gioacchino] Rossini: Duettino (Desdemonde, Emilia)
nel Dramma: Otello „Vorrei che il tuo pensiero"   82— 87

No. 27. H.[enri] Darondeau: Un seul Baiser, Romance pastorale
„Laisse tes agneaux errer dans la prairie" (Marmontel)   88— 89

No. 28.　A. M. Laflèche: Romance „Regard d' amour trompe la
vigilance"　　　　　　　　　　　　　　　　　　90— 91

8e Livraison:

No. 29.　L.[ouis] Jadin: Romance „Je chante peu, car je n' ai pas
d' amie" (de Marchangy)　　　　　　　　　92— 93

No. 30.　A.[lexis] de Garaudé: La Séparation forcée, Romance
„Ma vie auprès d' Annette" (Briand)　　　　94— 95

No.31.32. P.[eter von] Winter: Duetto (Seide, Maometto) nel Melodramma tragico: Il Maometto „Ah! confida ad altra
amano"　　　　　　　　　　　　　　　　　96—106

9e Livraison:

No. 33.　A.[lexis de] Garaudé: Cara Lisa, Romance Italienne à
une ou deux voix égales ‹ad. lib.› „Cara Lisa,
amato bene!"　　　　　　　　　　　　　　106—108

No. 34.　G.[iacomo] Ferrari: Ariette „Un fanciullin tiranno" —
„Un enfant plein de malice"　　　　　　　109—111

No. 35.　T.[héophile] Bayle: Romance „De me chérir toute la vie"
(Sainte Marie)　　　　　　　　　　　　　112—113

No. 36.　A.[lexis] de Garaudé: La Tourelle, Romance à deux voix
„Un chevalier de haut parage" (Isabelle de Montolieu) 114—116

10e Livraison:

No.37.38. [Jean Baptiste] Bouffet: Nouveau Rondeau „Ne laissons
pas aux roses" (Gourbine)　　　　　　　　118—123

No.39.40. G.[iuseppe] Farinelli: Duetto (Ginevra, Antonio) nell' Opera:
La Ginevra degli Almieri (Rec.) „Da tal punto più non
vivo" — (Duetto) „Te lo chiedo per l' amore"　124—134

11e Livraison:

No. 41.　A.[lexis] de Garaudé: L' Abandon, Romance „Que n' as-tu
comme moi" (Desbordes)　　　　　　　　136—137

No. 42.　[Antoine] Meissonnier: Jeune Fille, Boléro „Jeune fille,
qui de l' amour"　　　　　　　　　　　　138—139

No.43.44. L.[ouis] Gianella: Cavatina favorita nell' Opera:
La Dama Soldato „Io sono un pò difficile"　140—146

12e Livraison:

No. 45.　Antoine Reicha: Romance (Natalie) (dans l' Opéra):
Natalie ou La Famille Russe „Tu vas là voir cette
mère charmante" (Guy)　　　　　　　　　148—149

No. 46.　H.[enriette] Colombelle: Les Arts et l' Amitié, Romance
„Arts enchanteurs dont le goût est le guide"
(H. Colombelle)　　　　　　　　　　　　150—151

No.47.48. [Stefano] Pavesi: Duetto (Termuti, Gigi) nell' Opera:
La Gioventù di Cesare „Se dai retta a quel infido"   152—161

7e Année (1819)

1re Livraison:

No. 1.2.   [Louis] Gianella: Due Voci amabili, Cavatina „Due voci
amabili sento nel core"   1— 7

No. 3.   F.[rançois] Benoist: Le parfait Chevalier, Romance „En
un tournois jouter pour la plus belle" (F. Mazois)   8— 9

No. 4.   Henriette Colombelle: Le même Jour que toi, Romance
„Un vieux troubadour revenait"   10— 12

2e Livraison:

No. 5.   A.[lexis] de Garaudé: La Pélerine, Romance „Pélerine,
où vas-tu si tard?" (Desbordes-Valmore)   14— 15

No. 6.   F.[romental] Halévy: Romance „Jeune fille aux cheveux
d'ébène" (F. Halévy)   16— 17

No. 7.8.   Ferd.[inan]do Paer: Terzetto nell' Opera: L' Eroismo in
Amore „Di procelle a noi foriera"   18— 25

3e Livraison:

No. 9.   G.[ioacchino] Rossini: Cavatina nell': Aureliano in Palmira „Perchè mai le luci apprimmo"   27— 29

No. 10.   Rigault: Les Souvenirs de l' Amour, Romance „Le matin,
quand je vois l' aurore"   30— 31

No. 11.   A.[lexis] de Garaudé: Le Chevalier et la Pastourelle,
Romance dialoguée „Je vous promets, gentille
pastourelle"   32— 33

No. 12.   G.[ioacchino] Rossini: Duettino (Elisabetta, Matilde)
nell': Elisabetta, Regina d' Inghilterra „Non bastan
quelle lagrime"   34— 36

4e Livraison:

No.13.14. G.[ioacchino] Rossini: Cavatina nell' Opera: La Gazza
Ladra ‹ La Pie Voleuse › „Di piacer mi balza il cor"   38— 43

No. 15.   A.[lexis] de Garaudé: L' Esprit de mon Cousin Roland,
Chanson „Dans sa tendresse frénétique" (Scribe)   44— 45

No. 16.   Louis Balochi: La Fontaine du Grand-Bois, Romance à
deux voix „Quel est, sur cette couche obscure"
(Lorrando)   46— 47

5e Livraison:

No. 17.   G.[eorges] Lambert: Romance „Ne sais pourquoi toujours
soupire" (F. Delcroix)   48— 49

No. 18.   Rigault: Romance „Je pense à toi quand se lève l' aurore"
          (Louyer de Villermay),   50— 51

No.19.20. [Gioacchino] Rossini: Cavatina (Amenaïde) ‹con Cori ad
          lib. › nell: Tancredi „Come dolce all' alma mia"   52— 58

6e Livraison:

No.21.22. [Gioacchino] Rossini: Cavatina (Amenaïde) nel: Tancredi
          (Rec.) „Tancredi! idolo mio" — (Cavatina) „Ah che
          non serve il piangere"   60— 65

No. 23.   [Antoine] Meissonnier: On ne meurt pas d' Amour, Romance
          „Ne le croyez si l'on vous dit un jour" (Desbordes-
          Valmore)   66— 67

No. 24.   [Louis] Jadin: Le Gondolier, Nocturne „Accourez, jeunes
          fillettes, venez trouver le gondolier" (A. Jadin) (S, T,
          Pfte.- oder Hf.-Begl.)   68— 70

7e Livraison:

No.25.26. A.[lexis] de Garaudé: Canon à trois voix „Ah! je sais bien
          que, loin des dames"   72— 76

No.27.28. Gioacchino Rossini: Duetto (Rinaldo, Armida) nell' atto
          primo dell': Armida „Amor! possente nome! come
          risuoni"   77— 87

8e Livraison:

No. 29.   G.[eorges] Lambert: L' Echo, Romance „Tout pour l' amour
          chante le troubadour" (Desbordes-Valmore)   88— 89

No. 30.   L.[ouis] Jadin: Les Souvenirs, Nocturne „Salut, ô lieux
          qui m' ont vu naître!" (A. Jadin) (S, T, Pfte.- oder
          Hf.-Begl.)   90— 93

No.31.32. [Pietro] Generali: Duetto buffo (Colonello, Michele) „Che
          bella vita è il militar" (2 Singst., Pfte.-Begl.: Bouffet)   94—104

9e Livraison:

No.33.34. F.[erdinando] Paer: Cavatine, chantée dans: La Cappriccio-
          sa [!] Corretta „Per indol felice, nemica al cappriccio
          [!] " (Singst., Pfte.-Begl.: A. de Garaudé)   106—111

No. 36.   [recte: 35] A.[lexis] de Garaudé: Le Traité de Paix entre
          l' Amour et l' Hymen, Romance allégorique „Le
          dieu d' amour, le dieu d' hymen"   112—113

No.37.38. [recte: 36] L.[ouis] Jadin: Bathilde et Loredan, Nocturne
          „Beaux châtelains et damoiselles" (A. Jadin) (S, T,
          Pfte.- oder Hf.-Begl.)   114—117

10e Livraison:

No.37.38. G.[ioacchino] Rossini: Cavatina nell': Otello „Ah! si,
          per voi già sento" (Singst., Pfte.-Begl.: A. Garaudé)   119—125

No. 39.   A.[ntoine] Romagnesi: Qu' est-ce donc que l' Amour?
            Romance „Innocence paisible, tu charmais l' heureux
            tems" (Naudet)   126—127

No. 40.   A.[lexis] de Garaudé: Amour et Dépit, Romance à deux
            voix „Un jour, d' une jouvencelle s' empara cruel dé-
            pit" (Ourry)   128—129

11e Livraison:

No. 41.   H.[enri-]N.[oel] Gilles: Chanson „Faut-il être tant
            volage?" (La Comtesse de Murat)   132—133

No. 42.   L.[ouis] Moreau: L' Amitié, Romance à deux voix „Douce
            amitié, pure et divine flamme" (Mme. Perrier)   134—135

No.43.44. G.[iuseppe] Weigl: Duetto (Conte, Matilde) nell' :
            Imboscata (Rec.) „Eh via! mi segui e sgombra questa
            larva" — (Duetto) „Un labbro io più non odo"   136—141

12e Livraison:

No. 47. [!] A.[lexis] de Garaudé: Conseils aux Demoiselles,
            Romance à deux voix „Sans trop vouloir chérir
            la vie"   142—143

No. 48.   [Jean Baptiste] Bouffet: Romance arabe „Fleur du
            matin! je sens que je t' adore" (C. Bérard)   144—145

No.45.46. [!] Carlo Soliva: Aria (Floresca) nell' Opera: La Testa
            di Bronzo „Dove sono? vivo ancora!"   146—151

8e Année (1820)

1re Livraison:

No. 1.2.   Ferdinando Paer: Cavatina „Alla ridente immagine di sua
            felicità"   1— 5

No. 3.   [Antoine] Meissonnier: La Fidélité du Village, Romance
            „C' était ici que mon amie" (E. Barateau)   6— 7

No. 4.   Edouard Bruguiére: Le Vieux Ménestrel, Romance „Jours
            d' allégresse, qu' ètes vous devenus?" (Mr. D... L...)   8— 9

2e Livraison:

No. 5.   M. C. Mortellari: Cavatina „Nella selvetta amica"   11— 13

No. 6.7.   [Jean Baptiste] Bouffet: Le Beau Berger, Rondeau Pastoral
            „Qui me rendra mon beau berger!" (Hureau)   14— 17

No. 8.   M. C. Mortellari: Canzonetta „Grazie o figlinol d' apollo"   18— 19

3e Livraison:

No.9.10. G.[ioacchino] Rossini: Scena e Duetto (Norfole, Elisabetta)
            nell': Elisabetta d' Inghilterra (Rec.) „Colmo di duol,
            regina" — (Duetto) „Perchè mai destin crudele"
            (2 Singst., Pfte.-Begl.: A. Garaudé)   21— 35

No. 11. A.[lexis] de Garaudé: L' Incertitude, Romance „D' où vient
que je rougis" (Mme. de Beaufort d' Hautpoult)   36— 37

No. 12. Louis Balochi: Le Pèlerin et le Damoisel, Romance à deux
voix égales „A l' heure où la cloche lointaine" (Edmond Géraud)   38— 40

4e Livraison:

No.13.14. G.[ioacchino] Rossini: Duettino (Armida, Rinaldo)
nell': Armida „Soavi catene, se amore v' ordi"   41— 45

No. 15. A.[lexis] de Garaudé: Romance „Vous désirez que sur ma
lyre" (de Mme. ...)   46— 47

No. 16. Henriette Colombelle: La Modestie, Romance „Accepte,
aimable modestie"   48— 49

5e Livraison:

No.17.18. Luigi Mosca: Cara mia Sposina, Aria buffa „Cara mia,
sposina bella" (Singst., Pfte.-Begl.: A. de Garaudé)   51— 57

No. 19. [Fernando] Sor: L' Amant trahi, Romance „Cruel amour,
tu déchires mon âme"   58— 59

No. 20. H.[enri] Darondeau: Le Damoisel ou l' Amour Vengé,
Romance chevaleresque „Un Damoisel, ennemi
du repos"   60— 61

6e·Livraison:

No.21.22. A.[lexis de] Garaudé: Duo (Parthénope, Linus) [aus:]
La Lyre Enchantée, Opéra en un acte (Réc.) „Linus!
que vous tardiez de répondre à ma voix!" — (Duo)
„Lorsque Vénus sortit du sein de l' onde" (Gentil
Bernard)   63— 71

No.23.24. G.[ioacchino] Rossini: Duettino (Rinaldo, Armida) nell':
Armida „Dove son io?"   72— 75

7e Livraison:

No.25.26. Giovanni Pacini: Cavatina nell' Opera: Il Barone di Dolsheim
(Rec.) „Fortunata Glicera! al fin lo vide" — (Cavatina)
„Cara, adorata immagine, che impressa in cor"   77— 83

No.29.30. [!] A.[lexis] de Garaudé: Air (Uranie) [aus:] La Lyre En-
chantée, Opéra en un acte (Réc.) „Elève et fils du dieu" —
(Air) „Chantez, Linus, les faveurs éclatantes du dieu"
(Gentil Bernard)   84— 87

8e Livraison:

No.29.30. G.[ioacchino] Rossini: Cavatina (Rodrigo) nell': Otello
„Che ascolto! oime! oime, che dici?"   88— 95

No. 31. L.[ouis] Balochi: Bérenger, Romance à deux voix „Qui
veut savoir la touchante aventure" (Edmond St.
Géraud)   96— 97

No. 32.   A.[lexis] de Garaudé: Couplets (Linus) [aus:] La Lyre
          Enchantée, Opéra en un acte „A l' amour ouvrez
          votre cœur" (Gentil Bernard)   98— 99

9e Livraison:

No.33.34. A.[lexis] de Garaudé: Cavatine (Parthénope) avec des Chœurs
          ‹ ad lib. › [aus:] La Lyre Enchantée, Opéra en un
          acte (Réc.) „L' amour m' a remis cette lyre" —
          (Cavatine) „Écoutez, écoutez ma lyre" (Gentil Bernard)100—109

No.35.36. F.[rancesco] Morlacchi: Duetto (Oliviero, Principessa) nell'
          Opera: Gianni di Parigi ‹ Jean de Paris › „Ah! non
          credeva offendervi!"   110—114

10e Livraison:

No.37.38. Sophie Gail: Duettino militare „Già suona il tamburo, la
          truppa s' avanza" (Arr. f. 2 gleiche Singst. oder S, T:
          A. de Garaudé)   116—121

No.39.   H. Courtin: Vous qui priez, priez pour moi, Nocturne à
          deux voix „Dans la solitaire Bourgade" (Millevoye)   122—123

No.40.   A.[lexis] de Garaudé: Cavatine (Linus) [aus:] La Lyre
          Enchantée, Opéra en un acte (Réc.) „Ce sublime essor
          m' épouvante!" — (Cavatine) „Par le séjour des champs
          on peut être charmé" (Gentil Bernard)   124—127

11e Livraison:

No.41.42. A.[lexis] de Garaudé: Stances à une ou plusieurs voix
          ‹ ad lib. › sur la Naissance de Son Altesse Royale,
          Monseigneur le Duc de Bordeaux „Un beau LYS
          se mourait, sa tige était flétrie" (Durozoir)   129—135

No. 43.   G.[ioacchino] Rossini: Cavatina nell' Opera: Il Ciro
          „T' abbraccio, ti stringo, mio tenero figlio"   136—138

No. 44.   [Peter von] Winter: Terzettino (Clotilde, Irminio, Valdo-
          miro) nell' Opera: I Due Valdomiri „Propizio all'
          opra arridi"   139—143

12e Livraison:

No. 45.   Mlle. N. Huin: Romance „Jadis au temps de la chevalerie"   144—145

No. 46.   [Antoine] Meissonnier: Coralie, Romance „Dans son
          printems la jeune Coralie"   146—147

No.47.48. G.[ioacchino] Rossini: Duetto (Aldimira, Sigismondo)
          nell' Opera: Il Sigismondo (Rec.) „Come? Si che
          l' estinta infida mia consorte" — (Duetto) „Se ricuso
          i doni tuoi"   148—156

9e Année (1821)

1re Livraison:

No. 1.   Henriette Colombelle: La Petite Mendiante, Romance
           „C' est la petite mendiante" (Boucher Deperthes)   2— 3

No. 2.   Mme. Dubournial: Le Vieux Troubadour, Romance
           „A l' ombre d' un vieux Sycomore" (Ch. Berceau)   4— 5

No. 3.4.   G.[ioacchino] Rossini: Duetto (Desdemone, Otello)
           nell: Otello „Non arrestar il colpo"   6— 16

2e Livraison:

No. 5.   A.[lexis] de Garaudé: La Fleur du Matin, Romance „Du
           jeune époux l' âme s' est exhâlée" (Hyppolite)   18— 19

No. 6.   Charlotte ...: Les Adieux, Romance à deux voix „De nos
           vallons la fille solitaire" (Matilde de Rokeby nach
           Lord Byron)   20— 21

No. 7.8.   Giovanni Pacini: Scena e Rondo (Amalia) nell' Opera:
           I Baroni di Dolsheim (Rec.) „Pria che per sempre melo
           rapisca" — (Rondo) „Ah! per me l' avversa sorte"   22— 30

3e Livraison:

No. 9.   A.[lexis] de Garaudé: La Chaumière et le Château,
           Chansonnette „Vois-tu là bas, sur la colline "
           (V. de St. Hilaire)   32— 33

No. 10.   Charlotte ...: Romance „Un chevalier de haut lignage"
           (tirée du Roman d': Ivanhoé de Walter Scott)   34— 35

No.11.12. G.[ioacchino] Rossini: Duetto (Osiride, Elcia) nell' Oratorio:
           Il Mosè in Egitto „Ah se puoi così lasciarmi"   36— 46

4e Livraison:

No. 13.   D. Michelle [!] Carafa: Cavatina nell' Opera: La Gabriella
           „Ombra che a me d' intorno"   48— 50

No. 14.   [Giacomo] Meyerber [!]: Cavatina (Romilda) nell' Opera:
           Costanza e Romilda „Tu sai qual oggetto, signore,
           rivedi"   51—(53)

No.15.—17. A.[lexis] de Garaudé: La Promenade sur Mer, Nocturne
           à deux voix „Mollement balancées les vagues cares-
           sées" (A. de Garaudé)   1— 7

5e Livraison:

No. 18.   Henriette Colombelle: O Pauvre Enfant, tu seras Roi!
           Romance „Dors, cher enfant, repose encore"
           (Boucher de Perthes)   (54)—55

No. 18. [!] [Jean Baptiste] Bouffet: Le Tems perdu, Boléro „N' atten-
           dez pas, pour jouir de la vie" (V. de St. Hilaire)   56— 57

No.19.20. Giovanni Pacini: Duettino (Adelaide, Comingio) nell' Opera:
Adelaide e Comingio (Rec.) ,,Nati non eravamo per-
essere felici!" – (Duettino) ,,Tu lo sai quant' io t' amai"   58— 64

6e Livraison:

No. 22.[!] V.[ictor] Dourlen: Romance ,,Adieu grandeurs, adieu
vaine opulence" (V. de St. Hilaire)   66— 67

No. 22.   A.[lexis] de Garaudé: Un Mot d' Amour, Romance du
Solitaire ,,Aux chants des fils de la victoire" (Me. Le
V. te d' Arlincourt)   68— 69

No.23.24. [Gioacchino] Rossini: Canzone e Romance (Desdemonde)
nell' Opera dell': Otello ,,Assisa a piè d' un salice"   70— 74

7e Livraison:

No. 25.   Meurger aîné: Adieux à Marie, Romance ,,Cédant au bruit
des armes"   75— 77

No. 26.   Meurger aîné: Mon Dieu, mon Prince, et mon Amie, Romance militaire ,,L' honneur m' appelle et me ravit"   78— 79

No.27.28. G.[ioacchino] Rossini: Polacca (Amenaide) nell' Opera:
Il Tancredi ,,Fra quei soavi palpiti"   80— 87

8e Livraison:

No.29.30. Giovanni Pacini: Duetto (Amalia, Federico) nel: Barone di
Dolsheim (Rec.) ,,Cielo! la morte!" – (Duetto) ,,In
quel cor confido e spero" (2 Singst., Pfte.-Begl.:
A. Garaudé)   89— 99

No.31.32. A.[lexis] de Garaudé: Arie (No. 2) (Linus) [aus:] La Lyre
Enchantée, Opéra en un acte ,,Qui cause des neuf
sœurs" (Gentil Bernard)   100—104

9e Livraison:

No.33.34. [Gioacchino] Rossini: Cavatina nell' Opera: Adelaide di
Borgogna ,,Occhi miei, piangeste assai"   105—109

No. 35.   Meurger aîné: Si lorsque tout sommeille ,,Si, lorsque tout
sommeille, sous tes murs" (Mr. D...)   110—111

No. 36.   Eugénie Rigaud-Pallard: Romance ,,Joli hameau, berceau
de mon jeune âge" (Gay de la Tour)   112—114

10e Livraison:

No.37.38. G.[ioacchino] Rossini: Cavatina (Elisabetta) nell': Elisabetta ,,Quant' è grato all' alma mia" (Singst., Pfte.-
Begl.: A. de Garaudé)   115—121

No. 39.   L.[ouis] Jadin: Romance ,,Sans te nommer je t' offre mon
hommage" (Adolphe Jadin)   122—123

No. 40.   L.[ouis] Jadin: La Leçon, Nocturne à deux voix ,,Redis
moi je t' aime!" (Adolphe Jadin)   124—127

11e Livraison:

No.41.42. D. M.[ichele] Carafa: Tu Guerrier parlar t' intesi, Duetto
(Cavaliere, Adele) nell' Opera: Adele di Lusignano
„Oh Dei! Tu guerrier parlar t' intesi"   129–139

No. 43.   G.[eorges] Lambert: Les Adieux a Betzi „Adieu, beauté
douce et timide"   140–141

No. 44.   L.[ouis] Jadin: Nicette a quinze ans, Chansonnette „Si
vous connaissiez celle que tant j' aime" (Adolphe
Jadin)   142–143

12e Livraison:

No. 45.   A.[lexis] de Garaudé: Le Tombeau, Romance „Dans la
prairie elle brillait naguère" (Boucher Deperthes)   144–14[7]

No. 46.   Alexis Dupont: Romance „Je pense à toi lorsque l' aurore"   146–14[7]

No.47.48. Carlo Coccia: Scena e Cavatina (Gabriella) nell' Opera:
Il Faiello (Rec.) „Oi me che orror!" – (Cavatina)
„Pietà del mio dolore"   148–156

10e Année (1822)

1re Livraison:

No. 1.2. G.[ioacchino] Rossini: Duetto (Edoardo, Matilde) nell'
Opera: Matilde de Sabrand ossia Il Corradino „No,
Matilde, non morrai"   1– 13

No. 3.   A.[lexis] de Garaudé: Le Grenadier blessé, Romance
„Atteint par un plomb meurtrier" (Félix Mathieu)   14– 15

No. 4.   Félix Mathieu: Doux Souvenir, Romance „Doux souvenir
embellit notre vie" (Félix Mathieu)   16– 17

2e Livraison:

No. 5.6. A.[lexis] de Garaudé: Le Rendez-Vous, Nocturne ou
Rondeau à 2 voix égales „Viens bergère, viens ma
chère" (Boucher Deperthes)   18– 25

No. 7.8. [Gioacchino] Rossini: Cavatina nell' Opera: Matilde di
Sabrand ossia Il Corradino „Piange il mio ciglio"   26– 32

3e Livraison:

No.9.10. G.[ioacchino] Rossini: Duetto (Elcia, Osiride) nell' Opera:
Il Mosè en Egitto „Tutto mi ride intorno"   33– 37

No. 11.   H.[enri] Darondeau: Stances à la Mélancolie „Aliment
et poison d' une âme trop sensible"   38– 39

No. 12.   Madame Charlotte ... : L' Exilé, Romance à deux voix
„Pourquoi me fuir passagère hirondelle?" (de
Lamartine)   40– 41

4e Livraison:

No. 13. Félix Mathieu: Le Ruisseau, Romance „Ruisseau qui baigne
cette rive" (Félix Mathieu) 42— 43

No. 14. [Jean Baptiste] Bouffet: L' Indécision, Chanson „Tour
à tour je crains et j' espère" (L. Jourdain) 44— 45

No.15.16. [Gioacchino] Rossini: Cavatina (Bianca) nell' Opera: Bianca
e Falliero (Rec.) „Come sereno è il di come più bello"–
(Cavatina) „Della rosa il bel vermiglio" 46— 54

5e Livraison:

No.17.18. F.[erdinando] Paer: Il Gelsomino, Arietta „Il più gentil
tra fiori" 55— 59

No. 19. A.[lexis] de Garaudé: Guerre aux Turcs ou Les Adieux
des Dames Russes, Romance „Partez, défenseurs
de la croix" 60— 61

No. 20. Mme. Charlotte...: Eponine à son Fils endormi sur ses
Genoux dans les Souterrains, Romance „Jeune héritier
du noble Sabinus" (Ancelot) 62— 63

6e Livraison:

No.21.22. G.[ioacchino] Rossini: Duetto (Zelmira, Emma) nella:
Zelmira „Perchè mi guardi e piangi" (2 Singst., Pfte.-
Begl.: A. de Garaudé) 64— 69

No. 23. L.[ouis] Moreau: Stances à Lydie „Toujours je pense
à l' objet qui me charme" 70— 71

No. 24. [André-Ernest-Modeste] Grétry aîné: La Damoiselle au
Croisé, Romance à trois notes „Ton Roi t' appelle
aux bords du Jourdain" 72—́ 73

7e Livraison:

No. 25. Henriette Colombelle: Le pauvre Insensé, Romance „Ce
malheureux qui sous l' ombrage" (Boucher des Perthes) 74— 75

No. 26. E.[tienne] Voizel: L' Excuse, Romance „Dernier trésor
d'une amie" (Madame Dufrenoy) 76— 77

No.27.28. Il Zeffiretto „O soave zeffiretto che d' intorno" 78— 82

8e Livraison:

No. 29. [Antoine] Meissonnier: Romance „O toi que j' aime" 84— 85

No. 30. A.[lexis] de Garaudé: Le Page, Chansonnette „Le bon
Artus, loin d' une belle" 86— 87

No.31.32. [Saverio] Mercadante: Duetto (Elisa, Marchese) nell' Opera:
Elisa e Claudio „Dove mai, dove trovarlo" 88—101

9e Livraison:

No. 33. [Jean Baptiste] Bouffet: La petite Maîtresse, Chansonnette
„Je n' aime pas qu' on me répète" 102—103

No. 34.   A.[lexis] de Garaudé: L' Amant résigné, Romance ,,Si mon
          cœur s' est laissé surprendre'' (G**** D****)   104—105

No.35.36. [Saverio] Mercadante: Scena [und] Aria (Carlotta) nell'
          Opera: Elisa e Claudio (Rec.) ,,Felici voi cui di pro-
          pizio il cielo'' — (Aria) ,,Ah! d'amor, se accorte siete''   106—112

10e Livraison:

No. 37.   F.[erdinando] Paer: Il Bacio, Arietta ,,O bella che dormi
          su letto''   113—115

No. 38.   Adolphe Miné: Voici la Nuit, Romance ,,Voici la nuit!
          faut-il l' attendre encore?'' (Etienne A... .)   116—117

No. 39.   A.[lexis] de Garaudé: Le Chien et la Belle, Romance
          ,,Un ménestrel, avec tristesse, chantait'' (Léon de
          la Mothe)   118—119

No. 40.   [Ferdinando] Paer: L' Errore, Arietta ,,Se intraccia del
          piacer''   120—121

11e Livraison:

No. 41.   G.[eorges] Lambert: Comment faire? Romance ,,Que de
          grâces! que de candeur!''   122—123

No. 42.   T.[ito] Consalvo: 6 Notturni (No. 1) ,,La speranza al cor
          mi dice'' (2 Singst., Pfte.)   124—127

No. 43.   L.[ouis] Jadin: Il est Minuit ou L' Ombre de Claire, Romance
          ,,Il est minuit sur la bruyère'' (A. Jadin)   128—129

No. [44] T.[ito] Consalvo: 6 Notturni (No. 2) ,,Questo monte,
          quell' antro'' (2 Singst., Pfte.)   130—132

12e Livraison:

No.45.46. [Gioacchino] Rossini: Air de la: Zelmira, Opera ,,Mentre
          qual fiera ingorda'' (Arr. f. 1 Singst. ohne Chöre: A.
          de Garaudé)   134—141

No. 47.   Alexis Dupond: Il faut aimer! Romance ,,Il faut aimer pour
          plaire à son amie'' (Madame F ... .)   142—143

No. 48.   A.[lexis] de Garaudé: Quel est le plus sage? Chansonnette
          ,,Orphée ayant perdu sa femme'' (Charles Morel)   144—145

11e Année (1823)

1re Livraison:

No. 1.   Eugénie Rigaut: La douce Vengeance, Romance ,,Je vis un
          jour dans la prairie''   2— 3

No. 2.   A.[lexis] de Garaudé: Trop jeune et trop vieux, Chanson-
          nette ,,Le tems que fuit'' (Asselin)   4— 5

No. 3.4. G.[ioacchino] Rossini: Duo (Zelmira, Ilo) de la: Zelmira,
          Opera ,,A che quei Tronchi accenti'' (Arr. f. 2 Singst.
          ohne Chöre: A. de Garaudé)   6— 21

2e Livraison:

No. 5. L.[ouis] Jadin: Non, je n'eus plus rien à chercher,
 Chanson „Je voulais pour l' aimer sans cesse"
 (A. Jadin) 22— 23

No. 6. Nélia Maillard: Romance „Des plaisirs aimable folie"
 (Cottereau) 24— 25

No. 7. 8. G.[ioacchino] Rossini: Duo (Zenobia, Arsace) nell':
 Aureliano in Palmira „Mille sospiri e lagrime" 26— 29

3e Livraison:

No. 9. Henriette Colombelle: Pauvre Hirondelle! Romance „Pauvre
 hirondelle, tu te plains" (Auguste Mouffle) 30— 31

No. 10. A.[lexis] de Garaudé: On ne dort plus, Romance „On ne
 dort plus quand le cœur jeune" (Vaninka) 32— 33

No.11.12. [Pietro] Generali: Cavatina (Eufemia) nell' Opera: Chiara
 di Rosembergh „Accoglienza così bella" 34— 39

4e Livraison:

No.13.14. Marco Bordogni: Cavatina „Sentir un dolce affetto" 42— 47

No. 15. Mme. Ponchard: A la Poésie, Stances „O douce poésie, couvre
 de quelques fleurs" (Madame Desbordes-Valmore) 48— 49

No. 16. Meurger aîné: La Petite Meunière, Chansonnette „Un soir
 d' été, dans la prairie" (Féray) 50— 51

5e Livraison:

No. 17. Henriette Colombelle: Je vous aimais, Romance „Je vous
 aimais, lorsqu' amante fidèle" (Boucher Deperthes) 52— 53

No. 18. L.[ouis] Jadin: Le Bonheur n' est qu' auprès de toi, Romance
 „J' ai de nos villes opulentes admiré" (A. Jadin) 54— 55

No.19.20. A.[lexis] de Garaudé: Scena e Duetto per due Soprani
 (Rec.) „E tanto tu dunque l' ami?" — (Duetto)
 „L' infedel punir dovrai" (2 S oder T, S, Pfte.-Begl.) 56— 68

6e Livraison:

No. 21. G.[eorges] Lambert: Ce que j' adore, Romance „Chanter
 l' esprit et la beauté" 70— 71

No.22.23. G.[ioacchino] Rossini: Duetto (Matilde, Alibour) nell' Opera:
 Matilde di Sabrand, ossia Il Corradino „Di capricci, di
 smorfiette" 72— 87

No. 24. A.[lexis] de Garaudé: Je ne sais pas, Romance „Je ne sais
 pas: voilà toujours, Adèle" (P. S. Blot) 88— 89

7e Livraison:

No.25.26. F.[erdinando] Paer: La Dichiarazione, Arietta „Nina sul fior
 degli anni" 92— 95

No. 27.   Le Guernadier, Romance „Guernadier, que tu m' affliges"
(Brazier, Dumersan) ([alte bekannte Weise], Pfte.-Begl.:
A. de Garaudé)   96– 97

No. 28.   [François] Berton Fils: L' Abandon, Nocturne à deux voix
„Règne des fleurs, douce belle saison" (Gaudran)
(S, T, Pfte.-Begl.)   98–102

8e Livraison:

No.29.30.[Jean Baptiste] Bouffet: Le premier Age, Rondeau
„Profitons de nos jeunes ans"   103–109

No.31.32. G.[ioacchino] Rossini: Duetto (Riccardo, Zoraide) nell'
Opera: Ricciardo e Zoraide „Ricciardo! che veggo?
mancare mi sento"   110–122

9e Livraison:

No. 33.   L.[ouis] Moreau: Nocturne à deux voix „Aimer est un destin
charmant" (Parny)   124–126

No.34.35. T.[ito] Consalvo: 6 Notturni (No. 3) „Ninfe se liete viver
bramate" (S I, T, Pfte.-Begl.)   127–131

No. 36.   Etienne Voizel: La Marguerite, Chansonnette „Gentille
jouvencelle compte à peine quinze ans" (Paul Dekock) 132–133

10e Livraison:

No. 37.   A.[lexis] de Garaudé: Mi Pizzica, Cavatine „Mi pizzica,
mi stimola" – „Quel nom donner au sentiment"   134–136

No. 38.   T.[ito] Consalvo: 6 Notturni (No. 4) „Quel ruscelletto
che l' onde chiare" (S I, T, Pfte.-Begl.)   137–139

No.39.40. A.[lexis] de Garaudé: Duo (Uranie, Linus) [aus:] La
Lyre Enchantée, Opéra en un acte (Rec.) „Ce penchant aux douces erreurs" – (Duo) „Gardez vous
sans cesse des pièges" (Gentil Bernard)   140–144

11e Livraison:

No. 41.   Charles Henry Plantade: Elle et moi, Romance „Amant aimé
d'une amante fidelle" (Charles Pougens)   146–147

No. 42.   Henriette Colombelle: Jamais d' Amour, Romance „Ecoute-
moi sans te fâcher, Gustave " (Virginie H.[éraud?])   148–149

No.43.44. G.[ioacchino] Rossini: Duetto (Arsace, Azur) de la:
Semiramide, arr. à deux voix égales „Bella immago
degli dei"   150–165

12e Livraison:

No. 45.   E.[tienne] Voizel: Ayez Pitié de moi, Romance „Vers la
chapelle à l' ombre d' un murier"   166–167

No. 46.   Alexis Dupond: L' Aveu permis, Romance „Viens, mon
cher Olivier" (Desbordes-Valmore)   168–169

No. [47.] 48. G.[ioacchino] Rossini: Riedi al Soglio, Grand Rondeau
(Zelmira) de la: Zelmira „Riedi al soglio irata stella"   170—176

12e Année (1824)

1re Livraison:

No. 1.   Ch.[arles] Plantade: Adieu volage Amour, Romance „Adieu,
volage amour, je brise cette lyre" (Virginie H.[éraud?])   2— 3

No. 2.   E.[tienne] Voizel: Le Nautonnier ou La Batelière déguisée,
Romance „La nuit tendait ses voiles sombres"   4— 5

No. 3.4.   ([Saverio] Mercadante): Cavatine de Pacini ... dans l' Opéra
d': Elisa e Claudio „Lungi dal caro ben"   6— 12

2e Livraison:

No. 5.   A.[lexis] de Garaudé: Du Temps de Charlemagne, Romance
„Du temps de Charlemagne, un jour, un chevalier"
(Boucher Deperthes)   14— 15

No. 6.   E.[tienne] Voizel: Je pense à vous! Pensez à moi, Romance
„Quand Phébus ouvre ma paupière"   16— 17

No. 7.8.   [Gioacchino] Rossini: Serbami Ognor, Duetto (Semiramide,
Arsace) nella: Semiramide „Serbami ognor si fido il cor" 18— 28

3e Livraison:

No. 9.   [Gioacchino] Rossini: Preghiera nell' Opera: Semiramide
„Al mio pregar t' arrendi"   30— 31

No. 10.   A.[lexis] de Garaudé: Tu n' es plus celui que j' aimais,
Romance „Lorsqu' à t' aimer bornant mes vœux"
(Virginie H.[éraud!])   32— 33

No. 11.   [Jean Baptiste] Bouffet: A une Infidèle, Romance à deux
voix „Pourquoi troubler dans mon âme attendrie"   34— 35

No. 12.   [Francesco] Morlacchi: Recitativo e Romanza [Tebaldo]
nel: Teobaldo [!] e Isolina (Rec.) „Notte tremenda!
orribil notte!" — (Romanza) „Caro suono lusinghiero"   36— 40

4e Livraison:

No. 13.   Sentenza „Quell' alma severa che amor non intende"   42— 45

No. 14.   A.[lexis] de Garaudé: Vous reviendrez demain, Romance
„Plus fraîche que l' aurore"   46— 47

No. 15.   F.[élix] Pellegrini: Vous qui chantez, Romance „Vous qui
chantez dans le sacré vallon" (Le Ch.[evalie]r J:A:
Jaquelin)   48— 49

No. 16.   [Giovanni] Pacini: Preghiera (Giulia) nell' Opera: La Vestale
„Io son la rea"   50— 52

5e Livraison:

No. 17.   G.[eorges] Lambert: Evitez là, Romance „Vous qui
d' amour craignez" (Mr. Briffaut)   54— 55

No. 18. A.[lexis] de Garaudé: O mon Elise! Reste encore! Romance „Oui, je le vois, deux fois l' aurore" (Mme. Virginie H.[éraud?])   56— 57

No.19.20. [Gioacchino] Rossini: Ah quel Giorno, Cavatina nella: Semiramide, arr. pour la voix Soprano „Ah quel giorno ognor rammento di mia gloria"   58— 63

6e Livraison:

No. 21. Henriette Colombelle: Un seul Jour, Chanson „J' ai souvent chanté sur ma lyre" (Virginie H.[éraud?])   64— 65

No. 22. F.[élix] Pellegrini: Méfiez vous! Romance „Bergerette jeune et jolie" (J. A. Juventin)   66— 67

No.23.24. G.[iovanni] Pacini: Come Sembrava mi, Cavatina (Teodora) nell' Opera: La Sposa Fedele „Come sembrava mi bello il mattino"   68— 72

7e Livraison:

No. 25. [Gioacchino] Rossini: L' Usato Ardir, Terzettino (Semiramide, Arsace, Orol) nell' Opera: Semiramide „L' usato ardir, il mio valor"   74— 77

No. 26. A.[lexis] de Garaudé: La Jalousie, Romance „Depuis qu' auprès de ma rivale" (Virgine H.[éraud?])   78— 79

No. 27. E.[tienne] Voizel: La Chaumière, Romance „Séjour de mon heureux enfance" (Ch. Paul de Kock)   80— 81

No. 28. T.[ito] Consalvo: 6 Notturni (No. 5) „Non sperar, non lusingarti" (2 Singst., Pfte.-Begl.)   82— 84

8e Livraison:

No. 29. Albert Guillion: Le Serment du Troubadour, Romance „Je suis amant et militaire" (Anacharsis Dumonsseaux)   86— 87

No. 30. A.[lexis] de Garaudé: Le Diable au manoir, Chansonnette „Vraiment le diable est en ces lieux" (J. D. d' Attel de Lutange)   88— 89

No.31.32. [Saverio] Mercadante: Rondò nell' Opera: Didone Abbandonata (Rec.) „Si mori ... ma che fo ... vivi" — (Rondò) „Vivi superbo e regna" (Singst., Arr. ohne Chöre mit Pfte.-Begl.: A. de Garaudé)   90— 96

9e Livraison:

No.33.34. G.[iovanni] Pacini: Cavatina (Licinio) e Recitativo (Enea) nell' Opera: La Vestale (Rec.) „Padre, a voi che di Roma regolate" — (Cavatina) „Se de nemici a scorno" (Singst., Arr. ohne Chöre mit Pfte.-Begl.: A. de Garaudé)   98—103

No. 35. [Henri] Darondeau: La Branche d' Amandier, Nocturne à deux voix „De l' amandier tige fleurie" (Alphonse de La Martine)   104—105

No. 36.   F.[élix] Pellegrini: Romance ,,Hélas! il aime une autre
amie" (Ch.[evali]er de Bouflers)   106—108

10e Livraison:

No.37.38. A.[lexis] de Garaudé: Air (Parthénope) aus: La Lyre Enchantée, Opéra en un acte avec des chœurs ‹ad.
lib.› ,,Echo fidèle! et vous, légers Zéphirs!" (Gentil Bernard) (S, 4stg. gem. Chor, Pfte.- oder Hf.-Begl.)   110—115

No.39.40. [Francesco] Marlacci [!]: Cavatina nell' Opera:
Teobaldo [!] ed Isolina ,,Si ravvisi quel guerriero"
(Arr.: de Garaudé)   116—122

11e Livraison:

No. 41.   [Henri] Darondeau: Stances aux Fleurs, Nocturne à deux
voix ,,Prémices, du printemps, fleurs qui venez
d' éclore"   124—125

No. 42.   F.[élix] Pellegrini: Hélas! A qui donc se fier? Romance
,,A quinze ans, dans notre village" (d' Hervilly)   126—127

No.43.44. [Gioacchino] Rossini: Scena e Duetto (Falliero, Bianca)
nell' Opera: Bianca e Falliero [Rec.] ,,Divisi noi?
Pur troppo" — (Duetto) ,,Sappi che un rio dovero"   128—145

12e Livraison:

No. 45.   A.[lexis] de Garaudé: Colette, Romance à 2 voix égales
,,Colette, au village, a reçu le jour" (Boucher De-
perthes)   146—147

No. 46.   F.[élix] Pellegrini: Quel est celui qu' il faut aimer?
Romance ,,Le papillon brillant par ses vives couleurs"
(J. A. Juventin)   148—149

No.47.48 [Saverio] Mercadante: Cavatina (Enea) nell' Opera: Didone
Abbandonata ,,Addio, felici sponde" (Arr. ohne
Chöre: A. de Garaudé)   150—156

13e Année (1825)

1re Livraison:

No. 1.   A.[lexis] de Garaudé: Le Voyage en Sicile ou L' Eruption
de l' Etna, Romance historique ,,Près de la plage de
Catane" (A. de Garaudé)   2— 3

No. 2.   P.[ierre] Vaillant: Les Adieux de Linus aux Nymphes de
la Thrace, Romance ,,Dans la Thrace indomptée"   4— 5

No. 3.4. P.[ietro] Raimondi: Aria (Berenice) nell' Opera: Berenice
in Roma (Rec.) ,,E vero, ebben, co lei che ognor"—
(Arie) ,,Da te lungi il mio destino" (Singst., Pfte.-
Begl.: A.[de] Garaudé)   6— 12

2e Livraison:

No. 5.   A.[lexis] de Garaudé: Chant Espagnol „Que du plaisir la
          trompeuse douceur" (Boucher de Perthes)   14— 16

No. 6.   Etienne Voizel: La Pélerine, Romance „Pelérine, où vas-tu
          si tard?" (Desbordes-Valmore)   18— 19

No. 7.8. G.[iovanni] Pacini: Duetto (Cleofide, Poro) nell' Opera:
          Alessandro nell' Indie „Più tollerar non posso"   20— 31

3e Livraison:

No. 9.   [Jean Baptiste] Bouffet: Romance „J' aimais, j' étais aimé
          de la belle Sylvie" (Mme. de L. B.)   34— 35

No. 10.   [Jean Baptiste] Bouffet: Si tu m' aimais, Romance „Quand
          ma jeune et belle maîtresse" (Justin Bouisson)   36— 37

No.11.12. G.[iovanni] Pacini: Aria (Cleofide) nell' Opera: Alessandro
          nell' Indie „Bell' ombra adorata, lo sento"   38— 44

4e Livraison:

No. 13.   P.[ierre] Vaillant: La Première Fois, Romance „J' étais
          encore au printems de la vie" (Lambert)   46— 47

No. 14.   Nélia Maillard: Le Déclaration, Romance „Des dieux
          j' éprouve le bonheur" (D. L. Ferlus)   48— 49

No.15.16. A.[lexis] de Garaudé: Tema con variazioni „Ah! quanto
          dopo il turbine"   50— 56

5e Livraison:

No. 17.   A.[lexis] de Garaudé: La Rose de Salente, Romance „Ne
          chantez pas la rose de Salente" (Boucher Deperthes)   58— 60

No. 18.   A.[lexis] de Garaudé: Douce Amitié, Romance „Douce
          amitié! que ta voix consolante" (Boucher Deperthes)   62— 64

No.19.20. [Giacomo] Meyerbeer: Cavatina (Armando) nell' Opera:
          Il Crociato in Egitto (Rec.) „Popolo d' Egitto, ecco,
          ritorno a voi" — (Cavatina) „Cara mano dell' amore"
          (Singst., Arr. ohne Chöre mit Pfte.-Begl.: A. de Ga-
          raudé)   65— 73

6e Livraison:

No. 21.   Etienne Voizel: Le Plaisir et l' Espérance, Romance „Veut-
          on connaître de l' amour" (Le Comte de Ségur)   76— 77

No. 22.   [Jean Baptiste] Bouffet: Arthur, Romance „Dans ton re-
          gard, dans ton sourire" (Mr. E. S.)   78— 80

No.23.24. [Giovanni] Pacini: Duetto (Isabella, Podesta) nell' Opera:
          Isabella ed Enrico „Già nel fatale istante"   81— 95

7e Livraison:

No. 25.   P.[ierre] Vaillant: Le Sans-Souci „Au Dieu de la folie Con-
          stant" (J. J. de Lucet)   98— 99

No. 26. Jh. Monière: Le Trésor d' Eloi, Chansonnette ,,O saint ermite des montagnes" (H. L. Guérin)   100—101

No.27.28. [Pietro] Raimondi: Ah! Dov'è colui che adoro? Cavatina
nella: Berenice ,,Oi-me! tacete! Ah! dov'è colui che
adoro?" (Singst., Pfte.-Begl.: A. de Garaudé)   102—111

8e Livraison:

No. 29. Etienne Voizel: La Jalousie, Romance ,,Quelle est donc cette
jalousie" (Lamiot)   114—115

No. 30. Nélia Maillard: Ecoutez-Moi! Romance ,,Ecoutez-moi, j' ai
deux mots à vous dire"   116—117

No.31.32. [Saverio] Mercadante: Aria nell' Opera: Isciti ,,Se la mia
dolce speme"   118—123

9e Livraison:

No. 33. A.[lexis] de Garaudé: L' Enfant du Pêcheur, Romance à
deux voix de: Masaniello ou Huit Jours à Naples
,,Enfant du pauvre pêcheur" (S, C-A, Pfte.)   126—129

No. 34. J. Monière: Le Souvenir, Stances ,,Le temps, sur son aile
légère" (M. H. Rolie)   130—131

No.35.36. [Giovanni] Pacini: Cavatina (Aspasia) nella grand' Opera:
Il Temistocle ,,Non so qual forza ignota"   133—139

10e Livraison:

No. 37. P.[ierre] Vaillant: Charmants Oiseaux, Romance à une
ou à deux voix ,,Charmants oiseaux dont la discrète
flamme" (Le Chevalier L. C.) (S I, II, Pfte.)   142—143

No. 38. J. Monière: Chant d' une Odalisque ,,Aux bords du Bendamir est un berceau de roses" (Merville)   144—145

No.39.40. [Giovanni] Pacini: Recitativo e Aria (Enrico) nell' Opera:
Isabella ed Enrico (Rec.) ,,Oh raro esempio d' amistà" —
(Aria) ,,La mia pace a te si affida"   146—152

11e Livraison:

No. 41. L.[ouis] Moreau: Le Départ du petit Savoyard ,,Pauvre
petit, pars pour la France"   154—155

No. 42. L.[ouis] Moreau: Les Amours des Quatre Ages, Romance
,,On m' accusa toute ma vie" (Mr. M. ***)   156—157

No.43.44. [Nicola] Vaccaj: Cavatina (Astartea) nell' Opera: Zadig ed
Astartea ,,Voi mi chiamaste al trono"   158—164

12e Livraison:

No. 45. A.[lexis] de Garaudé: Les Amours de Cupidon, Chansonnette ,,De prendre femme, un jour"   166—167

No. 46. H.[enri] Darondeau: Jamais changer, Chansonnette ,,Jamais
changer, vous dira cet amant sans cesse" (Lorau [!] jeune) 168—169

No.47.48. [Nicola] Vaccaj: Duetto (Astartea, Zadig) nell' Opera: Zadig
ed Astartea „Deh! lascia, ch' io respiri"   170—181

14e Année (1826)

1re Livraison:

No. 1.   G.[eorges] Lambert: Romance „Dès que je connus le
plaisir" (Dumoustier)   2— 3

No. 2.   H.[enri] Darondeau: Elle était là, Romance „Elle était
là celle que j' aime" (Mr. J. es de B.)   4— 5

No. 3.4.   [Nicola] Vaccaj: Aria finale (Astartea) con Variazioni nell'
Opera: Zadig ed Astartea [Rec.] „Nò ... t' arresta!
e maggior pena" — (Aria) „Nel mirarmi lieta appieno"   6— 14

2e Livraison:

No. 5.   Alexis de Garaudé: La plus Sage, Chansonnette „Des filles
de notre village" (Boucher de Perthes)   16— 17

No. 6.   G. Bourget: Je songe à toi, Nocturne à deux voix „Je songe
à toi quand se lève l' aurore" (S, T, Pfte. oder Hf.)   18— 19

No. 7.8.   Gio.[vanni] Pacini: Cavatina nel: Cesare in Egitto „Pace
ei goda, e pace ei segni"   20— 27

3e Livraison:

No. 9.   J.[oseph] Meifred: Ah! Qu' on est bête quand on aime!
Romance „Plaignez-moi bien, ah' quel malheur!"   28— 29

No. 10.   L.[ouis] Moreau: Son Nom, Romance „Nom charmant,
voix mystérieuse" (Ch. Sezanne)   30— 31

No.11.12. [Antoine] Sapienza: Scena e Rondò (Rosselane) nell':
Audacia Fortunata (Rec.) „Signor, vita non chiedo"—
(Rondò) „Avvinta di Catena" (Singst., Pfte.-Arr.:
A. de Garaudé)   32— 41

4e Livraison:

No.13.14. A.[lexis] de Garaudé: Le Départ des Pêcheurs, Nocturne
„Adieu, jeunes filles, fraîches et gentiles [!]" (Walter Scott) (2 Singst., Pfte.)   42— 46

No.15.16. [Saverio] Mercadante: Cavatina (Feraspe) nella: Nitocri
(Rec.) „Eccoti alfin, Feraspe, al gran cimento!"—
(Cavatina) „Deh seconda amica, sorte"   47— 55

5e Livraison:

No. 17.   A.[lexis] de Garaudé: Quittons-nous, Chansonnette
„Quittons-nous, mon aimable Lise" (Paul de Kock)   56— 57

No. 18.   E.[tienne] Voizel: L' Oubli, Romance „Ainsi ta bouche
le confesse"   58— 59

No.19.20. Nicola Vaccaj: Duetto (Podesta, Lucinda) nell' Opera:
La Villanella Feudataria „Si, ch' io t' amo"   60— 74

6e Livraison:

No. 21. A.[lexis] de Garaudé: L' Orage, Chansonnette „Pour nous
garantir de l' orage, allons" (Boucher de Perthes) 75— 76

No. 22. E.[tienne] Voizel: Le Vœu, Romance „Tes mépris, ton
inconstance, ne feront plus ma douleur" (Desbordes-
Valmore) 77— 78

No.23.24. [Saverio] Mercadante: Scena e Cavatina nell' Opera:
Nicotri [!] (Scena) „Numi che intesi mai!" —
(Cavatina) „Se m' abbandoni" 79— 87

7e Livraison:

No. 25. Henri Berton: Le Sommeil de Julien, Romance „C' était
l' hiver, et la nature entière" (Desbordes-Valmore) 88— 89

No. 26. A.[lexis] de Garaudé: La Mélancolie, Romance „Du Printems chantez les attraits" (Mme. de B***) 90— 91

No.27.28. [Nicolai] Vaccaj: Scena, Rondò e Finale con Variazioni
nell' Opera: Pietro il Grande (Scena) „Come qual
cenno oh colpo" — (Rondò e Finale) „Deh! Se
pietà pei miseri" 92—100

8e Livraison:

No.29. A.[lexis] de Garaudé: Feuille de Rose, Chansonnette
„Feuille de rose au gré du vent" (Victorine de B***) 102—103

No. 30. P.[ierre] Vaillant: Réveille-toi, Romance „Réveille-toi,
jeune bergère" (Lambert) 104—105

No.31.32. Filippo Celli: Gran Duetto (Elena, Malcom) nell' Opera:
La Donna del Lago „Nel rivederti, o caro"
(Pisaroni und Canzi) 106—123

9e Livraison:

No. 33. A.[lexis] de Garaudé: Ah! Que les Hommes sont méchants!
Chansonnette „Vous me l' aviez bien dit, ma mère"
(Boucher de Perthes) 124—125

No. 34. [Jean Baptiste] Bouffet: L' Amour et l' Amitié, Barcarole
„Dans la carrière de la vie" (Paul de Kock) 126—127

No.35.36. Giovanni Pacini: Rondò (Zora, Calif) con Variazoni nell'
Opera: La Schiava in Bagdad (Rec.) „Numi che sento?
ah, padre!" — (Rondò) „Sommo ciel! Che un padre
amato" 128—138

10e Livraison:

No. 37. A.[lexis] de Garaudé: La Colère d' une Fillette, Chansonnette „A moi qui suis sage" (Boucher de Perthes) 140—141

No. 38. N.[élia] Maillard: Chansonnette „Dans cette vie, je le
soutiens" 142—143

No.39.40. Giovanni Pacini: Cavatina nell' Opera: La Sacerdotessa
d' Irminsul „Esci, fatal memoria"   144—153

11e Livraison:

No. 41. A.[lexis] de Garaudé: La Déclaration, Romance „C' en
est fait, aimable inconnue" (Boucher de Perthes)   154—155

No. 42. L.[ouis] Moreau: Romance „Si Colin est auprès de moi"
(Léonard)   156—157

No.43.44. [Nicola] Vaccaj: [Arie] (Caterina) nell' Opera: Pietro il
Grande „Quanto è dolce, o buona gente"   158—168

12e Livraison:

No. 45. A.[lexis] de Garaudé: L' Ami, Romance „L' amour t' appelle,
et l' ami te regrette" (Victorine de B....)   170—171

No. 46. [Jean Baptiste] Bouffet: Chansonnette „Je n' ai pas encore
de maîtresse"   172—173

No.47.48. [Nicola] Vaccaj: Recitativo e Rondò (Ebuzio) nell' Opera:
I Baccanali di Roma (Rec.) „Oh mia Fecennia, oh cara"—
(Rondò) „Là rivive il nostro amore"   174—183

15e Année (1827)

1re Livraison:

No. 1.   Alexis de Garaudé: Espoir et Souvenir, Romance à deux
voix égales „Espoir au matin de la vie" (Victorine
de B....)   2— 3

No. 2.   C.[harles] M.[ichel] Sola: Le Changement, Chansonnette
„Tout change dans la nature"   4— 5

No. 3.4. [Nicola] Vaccaj: Duetto (Romeo, Giulietta) nell' Opera:
Giulietta e Romeo „Sei pur che angor rivedo"   6— 15

2e Livraison:

No. 5.   Alexis de Garaudé: Charles et Agnès Sorel, Romance „Fuyant
la gloire et les allarmes" (Hyppolite Rolle)   16— 17

No. 6.   C.[harles] M.[ichel] Sola: Douce Amitié, Romance „Douce
amitié, toi qui charmait ma vie"   18— 19

No. 7.8. [Nicola] Vaccaj: Cavatina (Bianca) nell' Opera: Bianca di
Messina „Deh! m' inspira oh ciel"   20— 25

3e Livraison:

No. 9.   Alexis de Garaudé: Loin de vous, Romance „Ce que j' éprouve
loin de vous" (Charles Dupeuty)   26— 27

No. 10. A. Bénédit: Heure du Soir, Romance „Heure du soir, heure
paisible et sombre" (Millevoye)   28— 29

No.11.12. [Antoine] Sapienza: Cavatina nell' Opera: L' Audacia Fortunata „Ch' io perdessi la mia pace" (Singst., Pfte.-Arr.:
A. de Garaudé)   30— 35

4e Livraison:

No. 13.   Alexis de Garaudé: Le Rêve du Pauvre, Chansonnette
„Près d' un hôtel un pauvre diable" (Brazier)   36— 37
No. 14.   E.[tienne] Voizel: Romance „Vivre seul n' est point exister" 38— 39
No.15.16. N.[icola] Vaccaj: Duetto (Fernando, Bianca) nell' Opera:
Bianca di Messina „Odi i profondi gemiti"   40— 51

5e Livraison:

No. 17.   Alexis de Garaudé: Sais-tu pourquoi? Romance „Sais-tu
pourquoi dans la nature" (Ménard de Rochecave)   52— 53
No. 18.   [Jean Baptiste] Bouffet: Nocturne à deux voix „Quand
on est deux" (Comte de Ségur)   54— 55
No.19.20. N.[icola] Vaccaj: Duetto (Bianca, Filippo) nell' Opera:
Bianca di Messina „Guidami all' Ara, o caro!"   56— 66

6e Livraison:

No. 21.   Alexis de Garaudé: La Jalouse, Chansonnette „Jeune fauvette,
qui vous cachez" (Boucher Deperthes)   68— 69
No. 22.   Auguste Brocard: Parlons plus bas, Romance „Parlons
plus bas, il pourrait nous entendre" (Mr. Albin ***)   70— 71
No.23.24. N.[icola] Vaccaj: Romanza della: Villanella Feudataria
„Presso un ruscello limpido"   72— 77

7e Livraison:

No.25.26. [Jean Baptiste] Bouffet: Le Retour du Ménestrel, Rondeau
„La voix du ménestrel vous annonce la paix!" (M. ***)   78— 83
No.27.28. Lord Burghersh: Si fier Dolore, Canone (Teseo) nell' Opera:
Fedra „Si fiero dolore, si lungo soffrire"   84— 88

8e Livraison:

No. 29.   Alexis de Garaudé: Le Philosophe, Chansonnette „Jour et
nuit je travaille" (Boucher de Perthes)   90— 91
No. 30.   P.[ierre] Vaillant: Plus d' Amour, Romance „En vain
des bois la naissante verdure"   92— 93
No.31.32. Pagioli: Cavatina (Giacinta) nell' Opera: Il Figlio Bandito
(Rec.) „Seconda i miei desiri" — (Cavatina) „Se
pietoso, ho giusto Dio!"   94—100

9e Livraison:

No. 33.   A.[lexis] de Garaudé: Elle pleurait! Romance „Je lui disais:
perfide Estelle!" (Boucher de Perthes)   100—101

No. 34. Alexandre Piccinni: L' Anniversaire, Romance élégiaque
„Voici l' instant où la parque inflexible" (Hédouin)   102–103

No.35.36. Gioacchino Rossini: Cavatina (Oreste, Pilade) nell' Opera:
Ermione (Rec.) „Reggia abborrita!" – (Cavatina)
„Che sorda al mesto pianto"   104–111

10e Livraison:

No.37.38. A.[lexis] de Garaudé: Chant des Jeunes Marins Boulonnais,
Barcarolle à deux voix égales „Saisissons la rame légère"
(P. Hédouin)   112–117

No. 39. T.[ito] Consalvo: 6 Notturni „Los venturato adora la
speme" (S I, II, Pfte.)   118–120

No. 40. F. Moroni: Arietta „Vorrei che almen per gioco"   121–122

Eine Auswahl-Ausgabe des „Journal d' Euterpe" mit Lyra- oder Gitarre-Begleitung folgte als:

Etrennes Lyriques ([ab 3. 1816:] **Nouvelles Etrennes Lyriques**) ou Collection de
morceaux de Chant, tels que Romances, Rondeaux, Nocturnes, Scènes, &c. Avec
accompagnement de Lyre ou Guitare. Publiés dans le Journal d' Euterpe pendant
le cour de l' abonnement de 1813 [–1818].

A Paris, Au Bureau du Journal d' Euterpe, rue neuve St. Eustache, No. 17, au 1er.

Année 1. 1814 – [6. 1819]: No. 1–151.

F Pn (1. 1814 – [6. 1819]: 44–65, 76, 149); **V** ([6. 1819], 151)

Journal des Troubadours (avec Accompagnement de Lyre ou Guitarre).

à Paris: Aux Troubadours, Chez Lélu, Compositeur, Editeur de Musique et Md.
d'Instrumens, Boulevard des Italiens no. 8, près la rue Cérutti.

[ca. 1813]

D WÜu ([ca. 1813], 34) – **F V** ([ca. 1813], 22) – **NL DHgm** ([ca. 1813], 86)

No. 22. Félix Blangini: Je t' aimerai, Romance „Je t' aimerai
tant que l' amant"   4– 5

No. 34. F. Pertosa: Le Rossignol, Romance „Ecoutez la chanson"   [2 S.]

No. 86. Charles Lambert: Le Rendez-Vous, Romance „Olivier je
t' attends" (Marceline Desbordes)   [2 S.]

Répertoire de Musique composé par Jean Nep.[omuk] Hummel.

A Vienne chez l' Auteur, Brandstadt No. 671.

[2. Auflage:]

Répertoire de Musique pour les Dames. Ouvrage périodique et progressif composé par Jean Nep.[omuk] Hummel.

à Vienne chez l' Auteur Brandstadt No. 671.

Année 1. [1813/1814] − 2. [1814/1815], Cahier 1−12.

A Wgm; Wn (1. [1813/14], 2−7; 2. [1814/15], 7−8); Wst (1. [1813/14], 1−6, 8−12) − **D** DO (1. [1813/14], 6); Mbs (1. [1813/14], 2, 7)

1 Année [1813/1814] :

Cahier 1:	Caprice (Pfte.) [Op. 49]		
Cahier 2:	Sonata [Pfte.] con Flauto o Violino obligato [Op. 50]	2−	11
Cahier 3:	Sonata (Marche et Rondeau) per il Cembalo à 4 mains [Op. 51]	2−	17
Cahier 4:	VI Pièces très faciles (Pfte.) [Op. 52]		
Cahier 5:	Potpourri (Pfte.) con Accompagnamento di Chitarra [Op. 53]		
Cahier 6:	Variazioni alla Monferrina (Pfte.) con Violoncello obligato [Op. 54]	2−	10
Cahier 7:	La bella Capricciosa, Polacca per il Pianoforte solo, Op. 55		
Cahier 8−9:	Rondo brillant pour le Piano-Forte avec accompagnement d' Orchestre [Op. 56] (Pfte., Vl. I, II, Va., Fl., Ob. I, II, Klar. I, II in A, Fg. I, II, Hr. I, II)	2−	21
Cahier 10:	Variations sur un thème d': Armide de Gluck (Pfte.) [Op. 57]		
Cahier 11:	Potpourri sur differens thèmes de: La Peau d' Ane ‹Die Eselshaut› (Hummel) (Pfte.) [Op. 58]	2−	9
Cahier 12:	Second-Potpourri sur differens thèmes de: La Peau d' Ane ‹Die Eselshaut› (Hummel) (Pfte.) [Op. 59]		

2 Année [1814/1815]:

Cahier 1−3:	Première Grande Sérénade en Potpourri (Pfte., Git., Vl., Klar., Fg. oder Fl. und Vc.), Oeuvre 62, No. I [Op. 63]
Cahier 4:	Sonate (Pfte.) con Accomp: di Flauto o Violino [Op. 64]
Cahier 5−6:	[Grand] Trio (Pfte., Vl., Vc.) [Op. 65]
Cahier 7−8:	Grande Sérénade No. II en Potpourri (Pfte., Git., Vl., Klar., Fg. oder Fl. und Vc.), Oeuvre 62, No. II [Op. 66]
Cahier 9:	Vorspiele vom Anfange eines Stükes aus allen 24 Dur und Mol Tonarten zum nützlichen Gebrauch für Schüler (Pfte.) [Op. 67]
Cahier 10−12:	Sappho von Mitilene oder: Die Rache der Venus, ein großes heroisch-mythologisches Ballet (Pfte.) [Op. 68]

Laut Anzeige vom 20. September 1815 in der „Wiener Zeitung" Neuausgabe
(mit Platten-Nummern 2373—2389) als:

Répertoire de Musique pour les Dames. Ouvrage périodique et progressif.

Wien: Artaria & Comp.

Année 1—2 [1815]

A Waw (1. [1815], 9); Wst (1. [1815], 4, 5, 7—9; 2. [1815], 1, 5—6, 9—12) —
D DO (2. [1815], 8—9); Mbs (1. [1815], 3, 11; 2. [1815], 5—6)

1814

Almanach Lyrique des Dames.

A Paris Chez Janet et Cotelle, Rue Neuve des Petits Champs, No. 17, et Rue St.
Honoré, No. 125. Et chez Janet, Libraire, Rue St. Jacques, No. 59.

1814—1815.

F Pn (1815) — **GB** Lbm (1814)

1814 [1stg. Weisen ohne Instrumentalbegleitung]:

[1]	[Xavier] Desargu: Blanche Marguerite „Bien que Brigitte eut à peine quinze ans"	1— 3
[2]	[H.] Courtin: Le Pêcheur „Près des bords fleuris"	4— 6
[3]	Ferd.[inando] Paer: Le Baiser du Départ „Il a fui loin de son amie"	7— 9
[4]	[Martin Pierre] Dalvimare: François Ier „La fleur de la chevalerie le va heureux François"	10— 12
[5]	[Martin Pierre] Dalvimare: Agnès Sorel à Charles VII „Espoir des preux et fleur·de courtoisie"	13— 15
[6]	Sauvan: Le Vaillant Troubadour „Brûlant d' amour et partant pour la guerre"	16—·18
[7]	Schaumas: A Laurette „Ce que j' aime en toi ma Laurette"	19— 21
[8]	Gustave Dugazon: Les Quinze Ans de Cécile „Tout s' embellit dans la nature"	22— 24
[9]	[Félix] Blangini: Romance „Que le jour me dure passé loin de toi"	25— 27
[10]	Alex.[andre] Piccini: Conseils de Mentor „Demi dieux que la terre encense"	28— 29
[11]	G.[asparo] Spontini: Les Adieux d' un jeune Croisé „Adieu pour la dernière fois"	30— 32
[12]	G.[ustave] Dugazon: Phoebé, Nocturne français „Phoebé que ton règne paisible" (2 Singst.)	33— 36

[13]   G.[ustave] Dugazon: La Bachelette ,,Ah! dis-moi gentil trou-
          badour"   37— 39

[14]   [Antoine] Romagnesi: Les Regrets d' Amitié ,,Cher compagnon
          de mon enfance"   40— 42

[15]   Gustave Dugazon: A Laure ,,Toi qui jeune et belle"   43— 44

[16]   [Ferdinando] Paer: Romance ,,Il est parti celui que j' aime"   45— 47

[17]   [Giovanni] Paesiello: La Molinara ,,La Rachelina molina-
          rina" — ,,Votre meunière devant son maître"   48— 50

[18]   [Antoine] Romagnesi: Le Tems passé ,,Nos troubadours nous
          ont vanté le tems"   51— 53

[19]   x x x: Sans le nommer ,,D' une juste et vive tendresse"   54— 56

[20]   [Antoine] Glachant: Je ne t' aime pas ,,Quoi! Zulmé, tu crois
          que je t' aime"   57— 59

[21]   [Giacomo Gotifredi] Ferrari: Romance ,,A ton réveil la volupté" 60— 62

[22]   [Daniel] Steibelt: Romance ,,L' amour tient le flambeau du
          monde"   63

[23]   Gustave Dugazon: La Danse des Pasteurs ,,A ces clartés
          mystérieuses" (2 Singst.)   66— 69

[24]   [Henri-] N.[oel] Gille [!] : Les plus jolis Mots ,,A deux
          époques de sa vie"   70— 72

[25]   [Girolamo] Crescentini: Clori la Pastorella, Canzonetta
          ,,Clori la pastorella dal monte al bosco" — ,,Aux
          bords d'une onde claire azile"   73— 74

[26]   [Girolamo] Crescentini: Canzonetta ,,Languir d' amore cru-
          del mi vedi" — ,,O toi que j' aime d' amour extrême"   75— 76

[27]   La Dormeuse, Barcarole Vénitienne ,,Dans une barque
          légère"   77— 79

1815 [1 stg. Weisen mit Instrumentalbegleitung, vermutlich Harfe]:

[1]   [J.-B.] Lélu: Blanche portera ma Couronne ,,Le glaive et la
          torche à la main"   1— 3

[2]   [Jacob Nicolas] Goulé: L' Amour Guerrier ,,Toujours avide
          de conquêtes"   4— 6

[3]   [Charles] Plantade: Eginard au Tombeau de son Amie ,,Que
          fais-tu là, valeureux chevalier" [Mr. H. L. S.]   7— 9

[4]   [J.-B.] Lélu: Les Soupirs ,,Témoins de ma peine secrette"   10— 12

[5]   [Guillaume-Pierre-Antoine] Gatayes: La Naissance de la Femme
          ,,Lorsque Dieu la femme créa"   13— 15

[6]   Fabry Garat: Eliska ou la Russe ,,Loin de ces lieux qu' attriste
          ton absence"   16— 18

[7]   [Ferdinando] Paer: Le Mystère ,,Amant dont le cœur
          enflammé"   19— 21

[8]   [Jean Baptiste] Bouffet: Beauté et Bonté „C' est la beauté qui
         séduit par ses charmes"   22— 23

[9]   Dalassenée: Les Adieux „O champs heureux arrosés par le Tage" 24— 25

[10] [Guillaume-Pierre-Antoine] Gatayes: Adèle ou la Rose „Un
         beau matin, la jeune Adèle"   26— 28

[11] [Jean Baptiste] Bouffet: Hymne à la Gaieté „Dans l' âge
         heureux où des plaisirs"   29— 32

[12] [Charles] Plantade: Le Rêve „Moi rêver douce amie"   33— 34

[13] [Ferdinando] Paer: Un seul Regard „Un seul regard remplit
         mon cœur de flamme"   35— 36

[14] [Guillaume-Pierre-Antoine] Gatayes: La Feuille tombée „Toi
         que les vents ont détachée"   37— 39

[15] Boulard: L' Art de plaire et l' Art d' aimer „Jadis tranquilles sur
         la terre"   40— 42

[16] G.[ustave] Dugazon: La Clef des Champs „Le rosignol [!]
         enfermé dans sa cage"   43— 45

[17] F.[rançois] H.[enri] Blaze: Les Sermens „C' en est fait la
         raison m' éclaire"   46— 48

[18] Giuseppe: Eloge de la Coquetterie „Des coquettes chacun se
         plaint"   49— 51

[19] [Fabry] Garat: Chant du Captif Espagnol „Braves guerriers,
         tendres amans"   52— 54

[20] [Guillaume-Pierre-Antoine] Gatayes: Consigne à mon Chien
         „Compagnon soumis de mes jeux"   55— 57

[21] [Francois Joseph] Naderman: Quelque Gloire, beaucoup
         d' Amour „Quelque gloire, beaucoup d' amour
         embelissait [!] mon existence"   58— 60

[22] Mme. Simons Candeille: Belle plus belle „Prenons ma lyre pour
         abréger la nuit"   61— 62

[23] [François Henri] Castil Blaze: Vive le Roi! „Quels transports
         règnent en ces lieux"   63— 66

[24]   Charmante Gabrielle, Romance „Charmante Gabrielle,
         percé de mille dards"   67— 68

[25] [Guillaume-Pierre-Antoine] Gatayes: Je n' aimais plus „Je
         n' aimais plus, j' étais triste et rêveur"   69— 70

[26] Henry Duval: Le Bonheur est de vous aimer „Sexe aimable,
         l' on a beau dire"   71— 73

[27] [Guillaume-Pierre-Antoine] Gatayes: Mon Inconstance „Tu
         dis que je suis inconstant"   74— 76

[28] Jardin: Mort d' Atala „C' est ainsi que plaintive au milieu des
         forêts"   77— 79

Journal Militaerischer Musik, wovon alle Monathe ein Heft erscheint. Die in dieser Sammlung vorkommenden Gegenstände sollen entweder in des Unterfertigten eigenen Compositionen, als Parthien, Serenaden, Variationen, Parade-Märsche, Vergatterung, Rast, Zapfenstreiche, Tagrebelle, und aller Art National-Tänze, oder in ebenfalls von ihm arrangirten Stücken aus den neuen Opern und Balleten gewählt, und für Harmonie wirkungsvoll gesetzt, bestehen.

(Wien): Ist zu haben in der Kunsthandlung des Joh.[ann] Traeg in Klosterneuburgerhofe oder in Endes unterzeichneten Wohnung, Friedrich Starke, Compositeur [No. 173, im fürstlich Esterhazischen Hause, nächst der Alser-Caserne].

Jahrgang 1. [1814] – 5. [1818].

A Wgm (2. [1815], 19; 3 [1816], 25)

1. Jahrgang [1814]:

Nro. 1.   [Johann Nepomuk Hummel]: Die Eselshaut, für Harmonie

Nro. 2.   [Friedrich Starke]: 6 militärische Stücke als Märsche, Vergatterung, Rast und Zapfenstreich

Nro. 3.   [François Adrien Boieldieu]: Ouverture aus: Johann von Paris [= Jean de Paris]

[François Adrien Boieldieu]: Romanze derselben Oper [Johann von Paris] „Der Troubadour"

[Joseph Weigl]: Beliebte Romanze aus: Ostade

[Gasparo Spontini]: Ballet aus: Cortez

[Friedrich Starke]: 2 Märsche für türkische Musik

Nro. 4.   [Friedrich Starke]: Zapfenstreich, Märsche und Variationen über die Romanze aus dem: Aschenbrödel [Isouard?]

Nro. 5.   [Louis Luc Loiseau de] Persuis: Ballet: Nina, für Harmonie

Nro. 6.   Ludwig van Beethoven: Die Oper: Fidelio [Op. 72]

Nro. 7.   [Friedrich Starke]: Die Schlacht bei Leipzig in zwei Abtheilungen, für türkische Musik (I. Abtheilung)

Nro. 8.   [Louis Luc Loiseau de] Persuis: Ouverture

[Friedrich Starke]: Verbesserte militärische Messgesänge

[Ludwig van] Beethoven: Eine beliebte Polonaise

[Joseph] Eybler: Walzer und 2 Ecossaisen

Nro. 9.   [Friedrich Starke]: Die Schlacht bei Leipzig (II. Abtheilung)

Nro. 10.   [Friedrich Starke]: Echo, Zapfenstreich mit Trio und Abschieds-Coda, nebst 2 Märschen

Nro. 11.   [Friedrich Starke]: Vergatterung, Rast, Abschiedsmarsch, und ein lustiges Quodlibet

Nro. 12.   [Nicolò Isouard]: Oper: Joconde für 6- und 9stimmige Harmonie

2. Jahrgang [1815]:

Nro. 13. Fr.[iedrich] Starke: Oper: Die Brüder von Stauffenberg in
2 Abtheilungen componirt und für Harmonie eingerichtet
(I. Abtheilung)

Nro. 14. [Friedrich Starke]: Vergatterung, Rast, Alexandermarsch
Nro. 3 nebst 14 Variat.[ionen] und Coda

Nro. 15. [Friedrich Starke]: Oper: Die Brüder von Stauffenberg
(II. Abtheilung)

Nro. 16. [Friedrich Starke]: Eine besonders für Clarinett concertante Partie, für türkische Musik

Nro. 17. [Etienne Nicolas] Méhul: Joseph et ses Frères, Grand Opéra,
partagé en harmonie de neuf voix (Partie I)

Nro. 18. J.[oseph] Heydn [!]: Chor

[Friedrich Starke]: Vergatterung, Rast, Doublier-Marsch
und Ecossaisen, für türkische Musik

Nro. 19. [Etienne Nicolas] Méhul: Joseph et ses Frères, Grand Opéra,
partagé en harmonie de neuf voix et ‹à volonté›
avec accompagnement de deux trompettes (Partie II)
(Ob. I, II, Klar. I, II in B, Klar. II in C, Fg. I, II et
Grande, Hr. I, II, Clarini)

Nro. 20. [Joseph] Kynsky [!]: Ein beliebtes Ballet: Das ländliche
Fest bey Kis-Bèr

Nro. 21. [Joseph Kinsky]: Detto [Ballet: Das ländliche Fest bey
Kis-Bèr], für türkische Musik

Nro. 22. J.[oseph] Heydn [!]: Andante

[Ignaz von] Seyfried: Marsch

[Friedrich Starke]: 12 Walzer mit untermischten Posthornsolo nebst Coda, die Schlacht bei Paris ausdrückend

Nro. 23. [Friedrich Starke]: Pièce Joyeuse, enthält ein Rondo aus
einem Ballet, Masurisch mit Trompetensolo, Quadrille,
6 Variationen nebst Coda über ein beliebtes russisches
Thema, für Harmonie

Nro. 24. [Friedrich Starke]: Dasselbe [Pièce Joyeuse] für türkische
Musik

3. Jahrgang [1816]:

Nro. 25. Fried.[rich] Starke: Pièce Joyeuse pour la musique militaire
(Klar. I, II, III in C, Ob. I, II, Clarino I, II, Hr. I, II,
Fg. I, II, Contra)

[Joseph] Meyseder [!]: Polonaise (Klar. I, II, III in C,
Ob. I, II, Clarino I, II, Hr. I, II, Fg. I, II, Contra)

[Friedrich] Starke: Rittornel (Klar. I, II, III in C, Ob. I, II,
Clarino I, II, Hr. I, II, Fg. I, II, Contra)

Nro. 26. [Friedrich Starke]: Detto dasselbe, für eine vollständige
türkische Musik

Nro. 27. [Adalbert] Gyrowetz: Ein beliebtes Ballet: Die Hochzeit
der Tetis und des Peleus, für Harmonie

Nro. 28. [Adalbert Gyrowetz]: Dasselbe Ballet [Die Hochzeit der
Tetis und des Peleus], für türkische Musik

Nro. 29. Fr.[iedrich] Starke: Sechs Original-Eilmärsche, für eine
vollständige türkische Musik

Nro. 30. [Gioacchino Rossini]: Ouverture: L' Italiana in Algeri

[Friedrich Starke]: Potpourri als Zapfenstreich mit 2 Trios

[Gioacchino Rossini]: Marsch aus der Oper: Tancredi
mit einem Original-Trio

[Friedrich Starke]: Leipziger Walzer

Nro. 31. [Gioacchino Rossini]: Die beliebte Oper: Tancred, für
Harmonie

Nro. 32. [Gioacchino Rossini]: Ouverture aus: Tancred, Allemande
mit F Clarinett und Trompetensolo, 6 Ecossaisen
nebst Coda, für türkische Musik

Nro. 33. [Friedrich Starke]: Die Schlacht bei Belle-Alliance, oder
Wellingtons und Blüchers Sieg, ein grosses charakteristisches Tongemälde in 2 Abtheilungen (I. Abtheilung)

Nro. 34. [Friedrich Starke]: Die zweite Abtheilung als Siegesjubel

Nro. 35. [Friedrich Starke]: Neue 6 Militärmärsche, für Harmonie
und türkische Musik

Nro. 36. [Joseph] Meyseder [!]: Grosse Polonaise (No. 2),
Ecossaisen sammt Coda, für Harmonie u.[nd]
türkische Musik

4. Jahrgang [1817]:

Nro. 37. [Adalbert] Gyrowetz: Ballet: Die zwey Tanten, für Harmonie
und türkische Musik (I. Abtheilung)

Nro. 38. [Adalbert] Gyrowetz: Detto (II. Abtheilung), f.[ür] Harmonie und türkische Musik

Nro. 39. [Friedrich Starke]: Variationen mit Coda über das Lied
„Wenn ich mir einst ein Mädchen wähle" nebst 6
militärischen Walzern und Coda mit Trompetensolo,
f.[ür] Harmonie

Nro. 40. [Friedrich Starke]: Dieselben Var.[iationen] und Walzer
für ganze türkische Musik

Nro. 41. [Friedrich Starke]: Der Carneval in Gotha, enthält lustige
Stücke für ganze türkische Musik

Nro. 42. [Friedrich Starke]: Eine neue k. k. Wachparade No. 2 enthält: Vergatterung, Rast, nebst 2 Märschen für türkische Musik

Nro. 43. [Wolfgang Amadeus Mozart] : Die beliebtesten Stücke aus
der Oper: Titus [KV 621], für Harmonie und türkische Musik

Nro. 44. [Friedrich Starke] : Ein charakteristischer Zapfenstreich
mit Var.[iationen] nebst dem Berliner Triumph-
Marsch für türkische Musik

Nro. 45. [Louis Luc Loiseau de] Persuis: Ein beliebtes Ballet:
Der Zauberschlaf in 2 Abtheilungen, für Harmonie
(I. Abtheilung)

Nro. 46. [Louis Luc Loiseau de] Persuis: Detto für türkische Musik

Nro. 47. [Adalbert] Gyrowetz: Zweyte Abtheilung desselben
Ballets [Der Zauberschlaf], für Harmonie

Nro. 48. [Adalbert] Gyrowetz: Detto [Der Zauberschlaf], für
türkische Musik

5. Jahrgang [1818] :

Nro. 49. [Gioacchino] Rossini: Eine Ouverture

[Friedrich Starke] : Eine National-Polonaise, nebst Varia-
tionen verbunden mit Clarinet, Horn, Trompeten, und
Serpent oder Fagottsolo, für Harmonie und türkische
Musik

Nro. 50. [Friedrich Starke] : Production der Madame Catalani in Wien
etc., für Harmonie und türkische Musik

Nro. 51. Fr.[iedrich] Starke: Serenade, vorzüglich für Geburts-
und Namenstage anwendbar

Nro. 52. Fr.[iedrich] Starke: Dieselbe Serenade, für türkische Musik

Nro. 53. [Friedrich Starke] : Militärisch musikalische Tags Begebenheiten, für die türkische Musik

Nro. 54. J.[oseph] Weigl: Die beliebte Operette: Nachtigall und Rabe

Nro. 55. [Gasparo Spontini] : Ouverture aus der Oper: Die Vestalinn

L.[udwig] van Beethoven: Scherzo, die beliebten Mödlinger
Ländler [WoO 17]

[Anton] Diabelli: Rondo

Nro. 56. [Gioacchino] Rossini: Oper: L' Otello ‹ Mohr von Venedig ›
in Harmonie

Nro. 57. Ouverture aus: Othello [Rossini] , nebst den beliebten
Waterloo-Walzern, neu arr. für vollständige türkische
Musik

Nro. 58. Ouverture, eine beliebte Cavatine (Rossini) mit Variationen für Clarinett und Horn, nebst 4 Ecossaisen mit
Trios und Coda, für Harmonie und türkische Musik

Nro. 59. [Friedrich Starke] : Original-Märsche in D., für türkische
Musik, S.[eine]r russ.[ischen] kais.[erlichen]
Hoh.[eit] Prinzen Michael gewidmet

Nro. 60.   Ouverture aus der Oper: Dichter und Tonsetzer
            [Dalayrac] nebst 6 Deutschen mit Trios und Coda,
            für Harmonie und türkische Musik

[Nach „Verzeichniss sämmtlicher Werke" von Friedrich Starke in: Wiener Piano-
forte-Schule, 3te Abtheilung, 2. Aufl., Wien o. J., abgedruckt bei A. Weinmann,
Wiener Musikverlag „am Rande", S. 136, ergänzt.]

Journal des Muses des Pays-Bas. Paroles inédites et Musique nouvelle avec Accompagnement de Piano ou Harpe ([ab 1815:] **Journal d' Apollon et des Muses des
Provinces Unies.**) (Directeur: J. Spangenberg Fils.)

A la Haye ([ab 1815:] A Amsterdam et à la Haye): Au Parnasse chez F. J. Weygand, ([ab 1815:] Editeur) Marchand de Musique ([ab 1815:] d' Instruments
et d' Estampes et Cartes géographiques) de S. A. R. le Prince d' Orange-Nassau
([ab 1815:] de S. M. le Roi de Pays-Bas.)

[1814–1815]

B Bc ([1814], 1–8, 10–16, 18, 20–25; [1815], 1–4) – NL At ([1814],
17–21; [1815], 14); DHgm ([1814], 1–15, 21, 24–25, 27–28, 30–31;
[1815], 3, 5, 7, 9–11, 13, 15)

[1814]:

No. 1.	J. Spangenberg Fils: Ordonnance des Muses à leurs Favoris „Quittez la campagne et les bois" (J. Spangenberg Fils)	[2 S.]
No. 2.	N.[icolaus] A.[lbert] Schaffner: Il faut aimer, Romance „De la paisible indifférence" (Lise Alliéry)	[3 S.]
No. 3.	N.[icolaus] A.[lbert] Schaffner: Les Souhaits d' un Suisse hors de sa Patrie „Dans les beaux champs de l' Helvétie" (J. Gaudin)	[2 S.]
No. 4.	R. Benucci: La Violette, Romance „Gage de la flamme secrette!" (J. Gaudin)	[2 S.]
No. 5.	H.[enri] Messemaeckers: Promesse à Fanni, Romance „Bien veux t' aimer, ô ma fidèle amie!" (J. Gaudin)	[2 S.]
No. 6.	J. Fastré: A Therpsicore, Romance „Muse charmante, aimable Therpsicore" (C. M. P. van Bemmel)	[2 S.]
No. 7.	A. Leeflang: Les Regrets d' une Amante Helvétienne, Romance „Echo de ce rocher sauvage" (J. Gaudin)	[2 S.]
No. 8.	Auguste de Peellaert: Le Vieillard, Romance „Sombres forêts, témoins de mon délire" (Ph. Josselin) (2 Singst., Pfte. oder Hf.)	[2 S.]
No. 9.	J. Fastré: Emilie à sa Mère, Romance élégiaque „O toi, dont j' ai troublé la vie" (C. M. P. van Bemmel)	[2 S.]
No. 10.	Auguste de Peellaert: Chactas au Tombeau d' Atala, Romance „Chère Atala, ma bien aimée" (Auguste Gaudais)	[3 S.]

No. 11.   G. van den Bergh: Les Regrets, Romance ,,Ils sont passés les
           beaux jours de ma vie" (Mr. R**)   [2 S.]

No. 12.   N.[icolaus] A.[lbert] Schaffner: Les Pourquoi. A Aglaé,
           Romance ,,Dites-moi, femme échanteresse" (C. M. P.
           van Bemmel)   [2 S.]

No.13.14. G. van den Bergh: L' Anniversaire. Hommage rendu à S. A. R.
           La Princesse d' Orange-Nassau par douze jeunes Demoi-
           selles de la noblesse de la Haye, lors de son retour dans
           cette ville, le 7 Janvier 1814 ,,O Vous! qu' un Dieu tout
           bon" (J. Gaudin)   [5 S.]

No. 15.   C. M. P. van Bemmel: Le Troubadour Délaissé, Romance
           ,,Amour, illusion chérie" (C. M. P. van Bemmel)   [2 S.]

No. 16.   A.[uguste] de Peellaert: Elan d' Amour, Romance ,,Qui
           n' eût de ses charmes touchans" (C. M. P. van Bemmel)   [2 S.]

No. 17.   J. Spangenberg: Projets d' Amour, Romance ,,Oui, je veux
           enfin lui dire" (C. M. P. van Bemmel)   [2 S.]

No. 18.   A.[uguste] de Peellaert: Les Adieux, Romance ,,Le jour naît,
           la voûte azurée" (J. Gaudin)   [3 S.]

No. 19.   J. Fastré: Le Charme, Romance ,,Charme trompeur cesse de
           me poursuivre" (Mr. R. Z.)   [2 S.]

No. 20.   A.[uguste] de Peellaert: Cloris à sa Lyre, Romance ,,De
           mes soupirs, aimable confidente" (De Proisy)   [2 S.]

No. 21.   J. Fastré: Soupirs d' Amour, Romance ,,Etre charmant, objet
           de mon ardeur" (C. M. P. van Bemmel)   [2 S.]

No. 22.   A.[uguste] de Peellaert: L' Erreur d' un Moment, Romance
           ,,Avais quinze ans, bouche jolie" (J. Plaisant)   [2 S.]

No. 23.   R. Benucci: Le Malheureux Troubadour, Romance
           ,,Ecoutez gente gente demoiselle" (J. Plaisant)   [2 S.]

No. 24.   J. L. P. L. Freubel: L' Amour du Poète, Romance
           ,,Ah! qu' un Poète est amoureux" (Pierart)   [3 S.]

No. 25.   Giovanni Celli: Tendre Amitié, Romance ,,Tendre
           amitié, céleste flamme"   [2 S.]

No. 27.   Romance ,,Jeune amans cueillez la fleur nouvelle"   [2 S.]

No. 28.   J.[ean] Janssens: Couplets du Peintre par Amour ,,L' amour
           est plein de charmes" (J. van der Maesen)   [2 S.]

No. 30.   J.[ean] Janssens: L' Immortelle, Romance ,,Immortelle
           divine symbole d' un amour parfait" (J. P. Fourquet)   [2 S.]

No. 31.   J.[ean] Janssens: Le Premier Serment, Romance ,,Depuis
           deux ans privé de mon amie" (J. van der Maesen)   [2 S.]

[1815]:

No. 1.   Auguste de Peellaert: Le Souvenir et l' Espérance, Romance
           ,,Un bien suprême où l' on aspire" (Emanuel Dupaty)   [3 S.]

No. 2.   C.[harles] H.[enri] Plantade: Eginard au Tombeau de son
Amie, Romance „Que fais-tu là, valeureux chevalier"
(Mr. H. L. S.)   [2 S.]

No. 3.   Amédée R.: La Batelière, Chanson Nouvelle „Batelière jolie,
pour rejoindre ma mie"   [2 S.]

No. 4.   P. d' Alvimare: Les Adieux, Romance „O beau pays de l' Ibérie"[2 S.]

No. 5.   [Jacob Nicolas] Goulé: La Suisesse au Bord du Lac, Romance
„L' encens des fleurs embaume cet azile"   [2 S.]

No. 7.   L' Amour et le Médecin, Couplets „Le médecin le
dieu d' amour"   [2 S.]

No. 9.   J.[oseph Henri] Mees: Avis aux Plaideurs ou l' Amour Avocat
„L' amour exilé de cithère"   [2 S.]

No. 10. J. Warot: Tout n' est qu' amour, Romance „Tout n' est qu'
amour, ma virginie" (Menechet)   [2 S.]

No. 11. J. Warot: Les Noms, Romance „La mine dit-on est trompeuse"
(Brault)   [2 S.]

No. 13. A.[ntoine] Romagnesi: L' Amant Timide, Romance „Mon
cœur soumis à votre aimable empire"   [2 S.]

No. 14. Gardez-vous Bergerette, Couplets „A peine eus-je
atteint l' âge"   [2 S.]

No. 15. A.[ntoine] Romagnesi: Reviens à moi, Romance „L' ingrat
qui m' a ravi ton cœur" (Jacquin)   [2 S.]

Journal de Musique.

à St. Petersbourg chez Paez, grande Morskoy no. 125, à Moscou chez Lehnhold.

[1814]

No. 12. D.[aniel] Steibelt: La Chasse, Rondo pour le Pianoforte
([Pl. Nr.] 1673)

[Nach Exemplar in Musikantiquariat H. Baron, London.]

Musikalischer Jugendfreund. Den Vorständen des Volksschulwesens im König-
reiche Baiern allerunterthänigst gewidmet von den Herausgebern M.[ichael]
Hauber und K.[aspar] Ett. [Mehrstimmige Chorgesänge mit und ohne Instrumentalbegleitung.]

München, in der Jos.(eph) Sidlerschen Verlagshandlung. ([Titelblatt der Hefte:]
Gedruckt, und im Verlage der Sidlerschen Haupt-Steindruck-Niederlage Rosen-
gaße No. 608. Lithog. von Joh. Frid. Weber)

Jahrgang 1. (1814), Heft 1–12 – 2. (1815), Quartal 1–4.

A Sca (1. 1814); Wn (2. 1815, Quartal 1) – **D** Bim; Mbs

1. Jahrgang (1814)

1. Heft:

No. 1.   Carl Neuner: Neujahrslied „Willkommen, liebes neues Jahr!"
(3 stg.)   2

No. 2.   Carl Neuner: Morgenlied „Wir sind zum Tag erwacht"
(Einzelne Singst. 3 stg., Chor 4 stg.)   3

No. 3.   Joseph Gratz: Aufmunterung zum Fleiß „Laßt andre nur
im Müßiggang die goldne Zeit verleben!" (2 Singst.,
2 stg. Chor, B)   4

No. 4.   Georg Schinn: Jesus „Reich an jeder schönen Gabe"
(Einzelne Singst. u. Chor, 4 stg.)   5

No. 5.   Kaspar Ett: Vorsätze „Gott will, es soll immer so bleiben"
(3 stg.)   6

No. 6.   Joseph Schell: Kindlicher Frohsinn „Freut euch der Jugend"
(Einzelne Singst. u. Chor, 4 stg.)   7

2. Heft:

No. 7.   [Joseph] Gratz: Danklied „Gott Zebaoth! Dich loben
freudig wir" (2 stg. mit B)   10

No. 8.   [Georg] Schinn: Abendlied „Dankt dem Herrn!" (4 stg.)   11

No. 9.   [Carl] Neuner: Dem Allweisen „Wer hieng in lichten
Fernen" (3 stg.)   12

No. 10.   Joh.[ann] Baptist Moralt: Die Schulfeyer „Festlich
wollen wir uns freuen" (4 stg.)   13

No. 11.   [Kaspar] Ett: Lobgesang „Alles was loben kann" (3 stg.)   14

No. 12.   [Carl] Neuner: „Unschuld und Tugend giebt wahren Werth
vor Gott" (Chor 3 stg. u. 2 stg. mit B)   15

3. Heft:

No. 13.   [Carl] Neuner: Auf den heiligen Charfreytag „Ach! sieh
ihn dulden" (4 stg.)   18

No. 14.   [Georg] Schinn: Chorgesang der erstkommunizirenden
Kinder „Sey uns gesegnet heilige Stunde" (4 stg.)   19

No. 15.   [Carl] Neuner: Frühling „Herrlich pranget die Natur"
(4 stg.)   20

No. 16.   [Carl] Neuner: Summe des Gebots „Hoch am Kreuze seh
ich dich" (4 stg.)   21

No. 17.   [Georg] Schinn: Chorgesang nach der Erneuerung der heiligen
Taufgelübde bey der Kinder-Kommunion „O Vater sieh
mit Wohlgefallen" (Einzelne Singst. u. Chor, 4 stg.)   22— 23

No. 18.   [Kaspar] Ett: Aufmunterung zum Fleiße „Kinder! laßt
uns fleißig seyn" (2 stg. mit B)   23

4. Heft:

No. 19. [Carl] Neuner: Jesu Tod „Schau hin an jene Stätte" (4 stg.) 26

No. 20. [Carl] Neuner: Der Auferstandene „Er lebt! ihr Himmel, jauchzt" (4 stg.) 27

No. 21. Karl Leibl: Werth der Unschuld „Der Himmels Garten trägt ein Blümlein schön und fein" (3 stg. oder 2 stg. mit B) 28

No. 22. [Georg] Schinn: An die Tugend „Holde Tugend! leite mich in meiner Jugend!" (Solo-S, Instr.-Begl.) 29

No. 23. [Kaspar] Ett: Ermunterung „Seht! wie die Tage sich sonnig verklären!" (4 stg.) 30

No. 24. Michael Hauber: Am Stiftungstag der Schule, Wechselgesang „Wie wimmelt' s von Blümchen im Grünen so schön" (Mädchen- u. Knaben-Chor, 4 stg.) 31

5. Heft:

No. 25. [Carl] Neuner: Der Frühling „Preist Gott, der uns den Frühling schaft [!]" (4 stg.) 34

No. 26. [Carl] Neuner: Vor der öffentlichen Prüfung „Der Schule edle Stunden" (3 stg.) 35

No. 27. [Georg] Schinn: Bestrafter Leichtsinn, Duettino für geübtere Singschüler „Ein junges Lämmchen, weiß wie Schnee" (Chor 2 stg., Instr.-Begl.) 36— 38

No. 28. [Carl] Neuner: In der Bittwoche „Blick' o Gott! mit Wohlgefallen auf die Flur" (Einzelne Singst. u. Chor, 4 stg.) 39

No. 29. [Kaspar] Ett: Lied im Freien „Wie schön ist's im Freien!" (4 stg.) 40

6. Heft:

No. 30. [Carl] Neuner: Der Herr ist freundlich „Seht! er kommt! vor ihm die Freude" (4 stg.) 42

No. 31. [Georg] Schinn: Loblied am Morgen „Lobt den Herrn!" (4 stg.) 43

No. 32. [Carl] Neuner: Jesus der Kinderfreund „Ja Er des Vaters Ebenbild" (Einzelne Singst. u. Chor, 4 stg.) 44— 45

No. 33. [Carl] Neuner: Vor der Preise-Vertheilung „Schöne Früchte ärnten wir" (3 stg. mit instr. Nachspiel) 45

No. 34. [Carl] Neuner: Vor der öffentlichen Prüfung „Willkommen in unserer Mitte" (Einzelne Singst. u. Chor, 4 stg. mit instr. Vor- u. Zwischenspiel) 46

No. 35. [Kaspar] Ett: Lob der Arbeitsamkeit „Arbeit macht das Leben süß" (4 stg.) 47

7. Heft:

No. 36. [Carl] Neuner: Morgenlied „Da tret ich wieder an den Tag" (4 stg.) 50

No. 37. [Georg] Schinn: Vor der öffentlichen Schulprüfung „Gott, der in uns das Gute schaft [!]" (Einzelne Singst. u. Chor, 4 stg.)   51

No. 38. [Georg] Schinn: Im Leiden „O leide! leide gern" (4 stg.)   52

No. 39. [Kaspar] Ett: Güte Gottes „Der Herr ist gut!" (Einzelne Singst. 3 stg. u. Chor 4 stg., Instr.-Begl.)   53

No. 40. Vor und nach der öffentlichen Prüfung „Schon kehrte in dem Aehrenkleide" (4 stg., Pfte.)   53— 55

8. Heft:

No. 41. Jost Anton Miller: Sommerlied „Lange Sommer-Tage!" (3 stg.)   58

No. 42. Vor der Preise-Vertheilung der Knabenschule „Auf! trockne froh den Schweiß" (Mel.: God save the King) (4 stg.)   59

No. 43. Jost Ant.[on] Miller: Erntelied „Frohe Schnitter! aufge- sprungen!" (Einzelne Singst. u. Chor, 3 stg.)   60

No. 44. [Carl] Neuner: Werth der Arbeit „Arbeit macht das Leben süß" (Burmann) (3 stg.)   61

No. 45. [Carl] Neuner: Der Sommer „O Kinder seyd doch recht erfreut" (4 stg. mit instr. Vor-, Zwischen- u. Nach- spielen)   62

No. 46. [Carl] Neuner: Der Fleiß „Süßer angenehmer Fleiß!" (Weiße) (3 stg. mit instr. Vor- u. Nachspiel)   63

No. 47. [Carl] Neuner: Vor der Preise-Vertheilung der Mädchen- schule „Wenn jüngst der Arbeit Last so heiß auf unsern Schultern lag" (4 stg.)   64

9. Heft:

No. 48. [Georg] Schinn: Die Waise „Weht hier leis ihr Lüfte" (Singst., Pfte.)   66— 70

No. 49. [Carl] Neuner: Frühe Tugend „Selig, selig, selig, Herr!" (4 stg.)   70

No. 50. [Carl] Neuner: Der Herbst „Wie gut und mild ist unser Gott!" (4 stg.)   71

No. 51. [Johann Baptist] Moralt: Am allgemeinen Dankfeste „All- gütiger! Kein Wort erreicht das Dankgefühl" (4 stg.)   72

10. Heft:

No. 52. [Kaspar] Ett: Zur heiligen Communion „Jesu! Jesu! komm zu mir!" (4 stg.)   74

No. 53. [Carl] Neuner: Die Hoffnung „Es wandelt auf Erden ein himmlisches Kind" (2 stg. mit B)   75

No. 54. [Kaspar] Ett: Am Geburtstage des Vaters „Das ist uns ein fröhlicher seliger Tag" (Solo-St., Chor lstg., Instr.- Begl.) 76— 77

No. 55.   J.[ost] A.[nton] Müller: Das Veilchen „Holdes Veilchen!"
           (1 stg., Instr.-Begl.)   77

No. 56.   [Georg] Schinn: Die Kinder am Geburtstage ihrer Mutter
           „Komm noch oft, o Tag der Wonne!" (2 stg.,
           Instr.-Begl.)   78

No. 57.   [Carl] Neuner: Der Mensch wie er seyn soll „Ehrlich denken,
           ehrlich leben" (1 stg. mit B)   79

No. 58.   [Jost Anton] Müller: Herbstlied „Dankt dem segnenden
           Gebieter" (3 stg.)   80

11. Heft:

No. 59.   L. Stadler: Die acht Seligkeiten „Selig sind die arm im Geiste"
           (Einzelne Singst. u. Chor, 3 stg., Instr.-Begl.)   82– 83

No. 60.   [Carl] Neuner: Auch hier kann Seligkeit seyn „Wie herrlich
           wär hienieden schon diese Welt durch deine Huld!"
           (4 stg.)   83

No. 61.   [Carl] Neuner: Verschiednes Führen „Mit deinen Menschen
           gehst du, Herr!" (4 stg.)   84

No. 62.   Abt [Georg Joseph] Vogler: Pange lingua, Alte Kirchenmelo-
           die mit Harmonie-Begleitung „Preiset Lippen das Ge-
           heimniß" (4 stg.)   85

No. 63.   [Carl] Neuner: Danklied „Laßt unserm Gott uns singen"
           (3 stg.)   86

No. 64.   [Georg] Schinn: Dem Erlöser „Wenn ich Ihn nur habe"
           (Novalis) (1 stg., Instr.-Begl.)   87

12. Heft:

No. 65.   [Georg] Schinn: Die Christen Hoffnung „Kennt ihr das
           Land?" (Solo-St., Instr.-Begl.)   90– 92

No. 66.   [Carl] Neuner: Auf das heilige Weihnachtsfest „Schlaf'
           wohl, du Himmels-Knabe, du!" (4 stg.)   93

No. 67.   [Carl] Neuner: Heil unserm König „Heil unserm König Max"
           (2 stg. mit B)   94

No. 68.   [Carl] Neuner: Frühlingshoffnung „Es wird wohl Winter
           weit und breit" (Krummacher) (Singst. mit B u. 4 stg.
           Chor)   95

2. Jahrgang (1815)

1. Quartal:

No. 69.   [Georg] Schinn: Neujahreswunsch „Durch das Leben fließe
           Neues Jahr!" (Singst., Pfte.)   2– 4

No. 70.   [Carl] Neuner: „Nützet die Jahre! wie euch die Klugheit
           räth" (4 stg. mit instr. Nachspiel)   5

No. 71.   [Joseph] Graz [!]: An Jesus in der Krippe „Den Hirten
           in der Armuth gleich" (Singst., Pfte.)   6– 7

No. 72.   [Jost Anton] Müller: Winterlied „Großer Schöpfer! Herr
der Welt" (2 Singst. mit B)   8— 9

No. 73.   [Georg] Schinn: Das weiße Mäuschen „Vom weißen Mäuschen sing' ich dir" (Singst., Instr.-Begl.)   10— 13

No. 74.   [Georg] Schinn: Vor der Morgenschule (Vor der Abendschule) „Schon deines Namens Süßigkeit" („Nur treuer Sinn")
(2 stg.)   14— 15

No. 75.   [Georg] Schinn: Nach der Morgenschule (Nach der Abendschule) „Ach, bleib' bei uns" („O du, der alles Sehnen
stillt") (2 stg.)   16— 17

No. 76.   [Joseph] Graz [!] : Fasset eure Seelen in Geduld „Wenn zu
Zeiten schwere Leiden" (Luc.[as] 21, 19) (Singst.,
Pfte.)   18

No. 77.   [Georg] Schinn: Das Blümchen „Herr! was kann ein Blümchen seyn" (Singst., Instr.-Begl.)   19

2. Quartal:

No. 78.   [Joseph] Gratz: Zum Kyrie „Ich komme vor dein Angesicht" (4 stg.)   22

No. 79.   Zum Gloria, Alte Melodie „Ehre sey Gott in der Höhe!"
(4 stg.)   22— 23

No. 80.   [Joseph] Gratz: Vor dem Evangelium „Mit Nacht umzog
das Heidenthum den Tempel Gottes" (4 stg.)   23

No. 81.   [Joseph] Gratz: Zum Credo „Preis und Anbethung bringen
wir Herr" (4 stg.)   24

No. 82.   J.[ustin] H.[einrich] Knecht: Zum Offertorium „Am
letzten Abendmahle" (4 stg.)   24— 25

No. 83.   [Joseph] Gratz: Zum Sanctus „In Geist und Wahrheit Gott
verehren" (4 stg.)   25

No. 84.   [Joseph] Gratz: Zum Agnus Dei und zur Communion „Lamm!
du trägst der Erde Sünden!" (4 stg.)   26

No. 85.   [Joseph] Gratz: Zum Beschluß „Herr segne und behüte mich!"
(4 stg.)   26

No. 86.   [Georg] Schinn: Deutsche Choral-Vesper, Eingang „Der du
stets unsre Zuflucht bist" (4 stg.)   27

Die acht Kirchentöne nach Vorschrift des Antiph:[onale] Rom:[anum]
(Chor I, II, 4 stg.):

No. 87.   [Kaspar] Ett: I. „Von Herzen, Gott will ich dir singen"   28

No. 88.   [Kaspar Ett]: II. „Von Herzen Gott! will ich dir singen"   29

No. 89.   [Kaspar] Ett: III. „Von Herzen, Gott! will ich dir singen"   30

No. 90.   [Kaspar] Ett: IV. „Von Herzen, Gott! will ich dir singen" 30— 31

No. 91.   [Kaspar] Ett: V. „Von Herzen, Gott! will ich dir singen"   31

No. 92.   [Kaspar] Ett: VI. „Von Herzen, Gott! will ich dir singen"   32

No. 93.   [Kaspar] Ett: VII. „Von Herzen, Gott! will ich dir singen"   32— 33

No. 94.   [Kaspar] Ett: VIII. „Von Herzen, Gott! will ich dir singen"   33

No. 95.   [Kaspar] Ett: Hymnus (Mel. Creator alme siderum)
          „Preis Ihm! Er schuf" (4 stg.)   34

No. 96.   [Georg Joseph] Vogler: Der Lobgesang Mariae (Nach dem
          8ten Kirchentone) „Gott den Ewigen erhebet meine
          Seele" (Chor I, II, 4 stg.)   35

No. 97.   G.[eorg] Albrechtsberger: Schlußlied „O Mutter mit dem
          Himmels Kinde" (4 stg.)   36

No. 98.   [Georg] Schinn: Arbeitsamkeit „Kinder! geht zur Biene hin"
          (Singst., Pfte.)   37— 38

No. 99.   [Georg] Schinn: Sehnsucht nach dem Himmel „Ach, wär'
          ich doch schon droben!" (Singst., Pfte.)   39

3. Quartal:

Gesänge zur heil.[igen] Messe nach römischen Coralmelodien [!]
(4 stg.):

No. 100.   [Kaspar] Ett: Zum Kyrie „Hier liegt vor deiner Majestät"   42

No. 101.   [Kaspar] Ett: Zum Gloria „Ehre sey Gott in der Höhe!"   43

No. 102.   [Kaspar] Ett: Vor dem Evangelium „Voll Anmuth, und
           voll Wahrheit"   44

No. 103.   [Kaspar] Ett: Zum Credo „Du, der da nichts als Liebe ist!"   45

No. 104.   [Kaspar] Ett: Zum Offertorium „Nimm an der Gaben
           Weihe"   46

No. 105.   [Kaspar] Ett: Zum Sanctus „Wer ist, wie du, so heilig"   47

No. 106.   [Kaspar] Ett: Zum Agnus Dei „Nicht würdig bin ich Armer"   48

No. 107.   [Joseph] Gratz: Lauretanische Lytanie „Vater! aller Wesen"
           (Chor 4 stg. sowie Solo-St. mit B)   49— 51

No. 108.   [Georg] Schinn: Gebet um Frieden „Friede Gottes komm
           wir flehen" — „Summe Deus! Te ragamus" (Solo-St.,
           Chor 1 stg., Pfte.)   52— 55

No. 109.   [Joseph] Gratz: Jesus „Der Herr der einst auf Erde war"
           (Singst., Pfte.)   56— 57

No. 110.   [Georg] Schinn: Das Glück der Jugendjahre „O Tage sanfter
           Freude" (Singst., Instr.-Begl.)   58

No. 111.   [Georg] Schinn: Beym Tode eines Mitschülers (einer Mit-
           schülerin) „Rosen welken und verschwinden" (Einzel-
           ne Singst. u. Chor, 4 stg.)   59

4. Quartal:

No. 112.   [Georg] Schinn: Morgenlied „Guten Morgen! Nimm des
           Tages Sorgen" (Singst., Instr.-Begl.)   62

No. 113. [Georg] Schinn: Abendlied „Gute Nacht! wieder ist ein
Tag vollbracht" (4 stg.)   63

No. 114. [Georg] Schinn: Gott mein Alles „So früh, so schnell erwach' ich nicht" (Singst., Instr.-Begl.)   64— 65

No. 115. [Georg] Schinn: Schönheit „Alle Schönheit der Natur"
(Singst., Instr.-Begl.)   66— 67

No. 116. [Georg] Schinn: Das gute und böse Herz „Wer leidet, wenn
er leiden sieht" (Singst., Instr.-Begl.)   68— 69

No. 117. C.[arl] Leibl: Die Blümchen „Ein Blümchen lacht im Frühlingsthal" (2 Singst., Instr.-Begl.)   70— 71

No. 118. [Joseph] Gratz: Lobgesang „Lobsingt dem Herrn!" (S-, A-,
T-, B-Solo, Chor lstg., Pfte.)   72— 78

No. 119. Georg Schinn: Finden der Ruhe „Such' nie die Ruhe außer
dir" (Singst., Instr-Begl.)   79

Lieder-Texte zum Musikalischen Jugendfreunde. Herausgegeben von M.[ichael]
Hauber und K.[aspar] Ett. ‹Erster Jahrgang, I. bis XII. Heft.›

München, 1815. Bey Jakob Giel.

D Mbs

———— Zweyte Auflage.

München, 1820. Bey Jakob Giel.

D Mbs

Musikalischer Sammler für das Piano-Forte, erscheint alle Sonabend [!]
I Heft ([ab 1822:] mit und ohne Begleitung.) [Heft 1: 1. Januar 1814.]

Wien, bey Pietro Mechetti q[uonda] m Carlo, am Bürgerspital-Platz No. 1166,
([ab. 1822:] im Michaelerhaus No. 1221.)

Jahrgang 1. [1814] — 2. [1815] und [1822].

A Waw (2. [1815], 1. Quartal, 11); Wgm (2. [1815], 1. Quartal, 7); Wn
(1. [1814], 3. Quartal, 1—13; 2. [1815], 1. Quartal, 9, 2. Quartal, 1;
[1822], 81—82); Wst (2. [1815], 2. Quartal, 10) — **CS** KRa (2. [1815],
1. Quartal) — **D** Mbs (1. [1814], 2. Quartal, 10)

1. Jahrgang [1814]

2. Quartal

10. Heft ([Pl. Nr. 262):

[1]   J.[ohann] P.[eter] Pixis: Rondeau, Oeuvre 9   2— 7

11.—13. Heft ([Pl. Nr.] 263—265)

3. Quartal

1. Heft ([Pl. Nr.] 279):

[2]   F.[riedrich] A.[ugust] Kanne: Rondo   2—   7

2. Heft ([Pl. Nr.] 280):

[3]   L.[udwig] v.[an] Beethoven: Marsch aus der Oper: Fidelio
          [Op. 72, 6]   2

[4]   L.[udwig] v.[an] Beethoven: Duetto [Pizarro, Rocco] aus:
          Fidelio [Op. 72, 8]   3—   6

[5]   [Ignaz] Moscheles: Menuetto   7

3. Heft ([Pl. Nr.] 281):

[6]   P.[aul] Maschek: Caprice à la Chasse   2—   7

4. Heft ([Pl. Nr.] 282):

[7]   [Ludwig van Beethoven]: Introduction des 2ten Aktes aus:
          Fidelio [Op. 72, 11]   2—   4

[8]   [Ludwig van Beethoven]: Duetto [Leonore, Rocco] aus:
          Fidelio [Op. 72, 12]   5—   7

5. Heft ([Pl. Nr.] 283):

[9]   Jean Horžalka: Variations (Thema — Var. 1—6)   2—   6

[10] Jean Horžalka: 6 Eccosaises [!]   7

6. Heft ([Pl. Nr.] 284):

[11] L.[udwig] v.[an] Beethoven: Terzetto [Leonore, Florestan,
          Rocco] aus: Fidelio [Op. 72, 13]   2—   4

[12] [Ludwig van Beethoven]: Duetto [Leonore, Florestan] aus:
          Fidelio [Op. 72, 15]   5—   7

7. Heft ([Pl. Nr.] 285):

[13] Paul Maschek: Caprice à la Polacca   2—   5

[14] [Giuseppe] Nicolini: Aria de l' Opéra: Trajano   5—   7

8. Heft ([Pl. Nr.] 286):

[15] A.[ugust] F.[riedrich] [!] Kanne: Rondo   2—   7

9. Heft ([Pl. Nr.] 287):

[16] [Giuseppe] Nicolini: Quartetto di: Trajano   2—   5

[17] [Giuseppe Nicolini]: Aria di: Trajano   6—   7

10. Heft ([Pl. Nr.] 288):

[18] [Ludwig van Beethoven]: Quartett [Leonore, Florestan, Pizarro,
          Rocco] aus der Oper: Fidelio [Op. 72, 14]   2—   7

11. Heft ([Pl. Nr.] 289):

[19]   M.[aximilian] J.[oseph] Leidesdorf: Sonatine et Rondo
           [Op. 9]   2—   7

12. Heft ([Pl. Nr.] 290):

[20]   I.[gnaz] Moscheles: Six Divertissements [Op. 28], No. 1, 2   2—   7

13. Heft ([Pl. Nr.] 291):

[21]   M.[aximilian] J.[oseph] Leidesdorf: Variationen [Op. 10]   2—   4
[22]   M.[aximilian] J.[oseph] Leidesdorf: Variationen (Andante —
           Var. 1—4 — Finale)   4—   7

4. Quartal

11. Heft ([Pl. Nr.] 325)

2. Jahrgang [1815]

1. Quartal

1. Heft ([Pl. Nr.] 500):
[1]   J.[ohann] P.[eter] Pixis: Allegretto avec Variations
[2]   J.[oseph] Gelinek: Polonoise

2. Heft ([Pl. Nr.] 501):
[3]   M.[aximilian] J.[oseph] Leidesdorf: Rondo pastorale et
           6 Ecossaises

3. Heft ([Pl. Nr.] 502):
[4]   Ferd.[inando] Paer: Ouverture aus: Agnese

4. Heft ([Pl. Nr.] 503):
[5]   Fr.[ancesco] Pollini: Toccata

5. Heft ([Pl. Nr.] 504):
[6]   Fr.[ancesco] Pollini: Variations

6. Heft ([Pl. Nr.] 505):
[7]   [Wenzel Robert von] Gallenberg: Overtura nel Ballo:
           Il Ritorno d' Ulisse

7. Heft ([Pl. Nr.] 506):
[8]   [Maximilian Joseph] Leidesdorf: Trois Marches et Trios

8. Heft ([Pl. Nr.] 507):

[9]   De Martens: Polonaise

9. Heft ([Pl. Nr.] 508):

[10]   M.[aximilian] J.[oseph] Leidesdorf: Rondo brillant   3—   9

10. Heft ([Pl. Nr.] 509):

[11]   H.[ieronymus] Payer: Polonaise

11. Heft ([Pl. Nr.] 510):

[12]   J.[ohann] P.[eter] Pixis: Romance avec Variations (Op. 13)

12. Heft ([Pl. Nr.] 511):

[13]   [Louis Luc Loiseau de] Persuis: Pièces favorites du Ballet: Nina   2—   7

13. Heft ([Pl. Nr. 512):

[14]   [Maximilian Joseph] Leidesdorf: 12 Ländler

2. Quartal

1. Heft ([Pl. Nr.] 513):

[15]   [Louis Luc Loiseau de] Persuis: Pièces favorites du Ballet de:
          Nina

2. Heft ([Pl. Nr.] 514):

[16]   [Maximilian Joseph] Leidesdorf: Thème de l' Opéra:
          Joconde [Nicolò Isouard] varié

3. Heft ([Pl. Nr.] 515):

[17]   N.[icolò] Isouard: Duett und Cavatine aus: Joconde

4. Heft ([Pl. Nr.] 516):

[18]   P.[hilipp] J.[akob] Riotte: Rondo

5. Heft ([Pl. Nr.] 517):

[19]   Therese Zimmermann: Rondo brillant

6. Heft ([Pl. Nr.] 518):

[20]   Carl Stein: 6 Variationen

7. Heft ([Pl. Nr.] 519):

[21]   N.[icolò] Isouard: Duett aus: Joconde

8. Heft ([Pl. Nr.] 520):

[22]   Joseph Schmid: XI Variationen über ein russisches Originalthema

9. Heft ([Pl. Nr.] 521):

[23]   N.[icolò] Isouard: Finale aus: Joconde

10. Heft ([Pl. Nr.] 522):

[24]   [Maximilian Joseph] Leidesdorf: Variations sur la Romance
favorite de l' Opéra: Joseph et ses Frères [Etienne
Nicolas Méhul]

11.–13. Heft ([Pl. Nr.] 523–525)

[1822]

79. Heft ([Pl. Nr.] 1181):

[1]   Carl Maria von Weber: Ouverture aus: Freischütz [Jähns 277]

81. Heft ([Pl. Nr.] 1197):

[2]   [Carl Maria von Weber]: Jäger Chor aus der Oper: Der Freyschütze [Jähns 277, N. 15]   2–   3

82. Heft ([Pl. Nr.] 1185):

[3]   C.[arl] M.[aria] von Weber: Trinklied [Caspar] aus der Oper:
Der Freyschütze [Jähns 277, N. 4], Lach-Chor   1–   3

83. Heft ([Pl. Nr.] 1195):

[4]   Carl Maria von Weber: Volkslied der Brautjungfrauen aus:
Freischütz [Jähns 277, N. 14]

87. Heft ([Pl. Nr.] 1194):

[5]   Carl Maria von Weber: Cavatine (Agathe) aus: Freischütz
[Jähns 277, N. 12]

Nye Apollo ([ab 4. 1818/19:] **et Maaneds Skrift for Pianoforte**).
Kiöbenhavn hos C. C. Lose.
Aargang 1. [1814/1816] – 12. [1826/1827].
A Wn (1. [1814/16] – 4. [1818/19], 1. Bind; 7. [1821/22]; 8. [1822/23],
1. Bind; 9. [1823/24] – 11. [1825/26], 1. Bind) – **D** Bs (2. [1816/17],
1. Bind; 4. [1818/19], 1. Bind); KII (2. [1816/17], 2. Bind) – **DK** A;
Kk (1. [1814/16] – 8. [1822/23], 1. Bind; 9. [1823/24] – 12. [1826/27]);
Kmk (6. [1820/21], 2. Bind; 9. [1823/24]; 11. [1825/26] – 12.
[1826/27]) – **GB** Lbm (1. [1814/16]; 2. [1816/27]; 4. [1818/19], 1. Bind;
5. [1829/20], 2. Bind; 6. [1820/21], 2. Bind; 7. [1821/22], 1. Bind)

→ *Odeon.* 1827.

1. Aargang [1814/1816]:

[1]   [Friedrich] Kuhlau: Rondo over et Thema af Rode
      [K. Nr. 203]   1—   5

[2]   Nicolò Isouard: Vise (Anine) af: Cendrillon ,,Hvad vil Riigdom
      vel sige?''   6—   7

[3]   [Christoph Ernst Friedrich] Weise [!]: Vals [= Grande Valse
      pour le Pianoforte No. 2]   8—   9

[4]   Nicolò Isouard: Romance af: Cendrillon ,,Jeg lever stille,
      indgetogen''   10— 11

[5]   [Daniel] Steibelt: Rondo scherzo   12

[6]   [Daniel] Steibelt: Savoyart-Rondo   13— 15

[7]   [Ludwig van] Beethoven: Bagatell [Op. 33, Nr. 1]   16— 18

[8]   Marsch af de Kaiserlige Russiske Tropper ved Indtoget
               i Berlin   19

[9]   [Christoph Ernst Friedrich] Weyse: Romance (Charlotte)
      af: Sovedrikken ,,De klare bölger rulled mod dunkle
      Aftenlund''   20— 21

[10] [Christoph Ernst Friedrich] Weyse: Romance af: Sove-
      drikken ,,Skiön Jomfrue! luk dit Vindue op''   22— 23

[11]   Dronning af Westphalens Vals   24

[12]   Eccosaise [!]   24

[13] Fr.[iedrich] Kuhlau: Variationer over Arien ,,Manden med
      Glas i Haand'' [Op. 14]   25— 29

[14] [Christoph Ernst Friedrich] Weise [!]: Romance af: Sove-
      drikken ,,Det blanke Sværd paa Væggen hang''   30— 31

[15] [Friedrich] Westenholz: Berliner Favorit Dandse
      (Vals — Vals — Ecossaise)   32— 33

[16] [Anton Franz] Beczwarzowski: Favorit Rondo   34— 35

[17] [Anton Franz] Beczwarzowski: Nye Skots Dands
      (Eccossoise [!])   35

[18] [Michel Cleophas] Oginsky: National Polonaise   36

[19] [Daniel] Steibelt: Kosakisk Arie   37— 40

[20] [Christoph Ernst Friedrich] Weyse: Duett (Abellone, Malz)
      af: Sovedrikken ,,En Mand mistænker ei i Lön'' —
      ,,Ein guter Mann traut seiner Frau''   41— 45

[21] [Ferdinando] Baer [recte:] Paer: Bataille af Operaen:
      Achilles [I. Akt, Nr. 9: Bataglia]   46— 48

[22] ([Karl Anton Philipp] Braun): Dandsen til: Hytten i
      Schwarzwald   49

[23] ([Friedrich Heinrich] Himmel): (Arie) (Fanchon) af:
      Fanchon ,,Ei Byrd, men Skiönhed Aand og Dyder''
      (Solost., 4stg. Chor, Pfte.) [III. Akt, Nr. 47]   50— 52

[24]   ([Karl Anton Philipp] Braun): Dandsen til: Hytten i
       Schwarzwald   53

[25]   F.[riedrich] Kuhlau: Marsch til den Kongelige Liv Garde
       [K. Nr. 207]   54— 55

[26]   F.[riedrich] Naue: Ecossoise   55

[27]   F.[riedrich] Naue: Ecossoise   55

[28]   [Franz] Lauska: Thema med Variationer (Thema — Var. 1—6)   56— 60

[29]   [Friedrich Ludwig] Seidel: Feldmars(c)hall Blüchers
       Seyersmarsch   61— 63

[30]   [Friedrich Heinrich] Himmel: Arie (Fanchon) af: Fanchon
       „Rask! lad din lire klinge!" — „Fort das [!] die Leyer
       klinge!" [II. Akt, Nr. 30]   64— 65

[31]   [Christoph Ernst Friedrich] Weyse: Vals [= Grande Valse pour
       le Pianoforte No. 1]   66— 67

[32]   A.[ugust] Gerke: Polonaise Militaire   68— 69

[33]   ([Karl Anton Philipp] Braun): Dandsen til: Hytten i
       Schwarzwald   70— 71

[34]   ([Karl Anton Philipp] Braun): Marsch af samme [Hytten
       i Schwarzwald]   71

[35]   [Mariano Rodrigues] Ledesma: Spansk Dands kaldet Zapateado   72

[36]   A.[ugust] Gerke: Angloise   72

[37]   J.[ohann Baptist] Wanhal: 6 Variationes over favorit Dandsen
       i: Cendrillon [Isouard (A quoi bon la richesse)]   73— 79

[38]   [Joseph] Gelinek: Favorit Polonaise   80— 81

[39]   [Friedrich] Kuhlau: Marsch No. 1 componered i Anledning
       af Hans Majestæts Kong Frederik VI. Kroning
       [K. Nr. 206, 1]   82— 84

[40]   Eccossaise [!]   84

[41]   Kosakiske Favorit Dandse af Kaiserinden af Rusland 85

[42]   Kosackentanz   85

[43]   [Joseph] Weigl: Ouverture af: Schweizerfamilien   86— 89

[44]   [Friedrich] (Kuhlau): Marsch [No. 2] componered i Anledning
       af Hans Majestæts Kong Frederik VI. Kroning
       [K. Nr. 206, 2]   90— 91

[45]   [Rodolphe] Kreutzer: Chansonnette (Virginie) af: Paul og
       Virginie „Min Lili! jeg alting savner"   92— 93

[46]   A.[ugust] Gerke: Ungersk Dands   94— 95

[47]   Wiener Congress Wals   96

[48]   [Joseph] Weigl: Ouverture af: Schweizerfamilien No. 2
       [II. Akt, Nr. 9: Entreact]   97

[49]   C.[laus] Schall: Sang i Anledning af Hans Höjhed Prinds
        Christian Frederiks Födselsdag opfört paa Sorgenfrei
        den 18de Sept. 1815 „Iil hulde Sommer iil ei bort din"   98— 99

[50]   D.[aniel] Steibelt: Tyrkisk Rondo [Op. 40, 1]   100—103

[51]   [Carl] Reichel: Polonoise   104—105

[52]   [Nicolas?] Baldenecker: Sonatina (Moderato)   106—107

[53]   [Mariano Rodrigues] Ledesma: Bolero favori —
        Spansk Divertissement   108

[54]   [Gottlieb Benjamin] Rösler: Rondo à la Turque   109

[55]   [Luigi] Cherubini: Polonoise (Varbello, Floreski) af:
        Lodoïska „Forelsket ind til Sielen"   110—115

[56]   D.[aniel] Steibelt: Allemande   116—117

[57]   J.[ohann] L.[adislaus] Dussek: Andantino con Variazioni
        (Thema — Var. 1—8 — Coda)   118—120

[58]   [Edouard] Du Puy: Romance af: Bonden som Dommer „O,
        lyd min Sang om Kierlighed!" (N. T. Bruun)   121

[59]   Moritz von Didrichstein: Lykönskningssang. Ved Deres
        Majestæters höie Ankomst i Skuespillhuset den
        4de September 1815 „Gud Du Danmarks
        Kongekrone" (N. Fürst)   122—123

[60]   D.[aniel] Steibelt: La Chasse   124—125

[61]   [Johann Nepomuk] Hummel: Marsch af Balletten: Helena
        og Paris [Op. 26]   126

[62]   [Johann Nepomuk] Hummel: Menuetto (af samme) [Helena
        og Paris], [Op. 26]   126—127

[63]   J.[ohann] N.[epomuk] Hummel: Rondo [Op. 52, 6]   128—131

[64]   [Joseph] Weigl: Dands af Balletten: Hyldningen   132

[65]   [Johann Ladislaus] Dussek: Skots Arie No. 2 med Variationer
        (Thema — Var. 1—4)   133—137

[66]   [Franz] Krommer: Menuetto   138—139

[67]   [Johann Nepomuk] Hummel: Tydsk Dands (Vals med Chor)
        componered for Apollo Sahlen i Wien   140—141

[68]   ([Rodolphe] Kreutzer): Canzonette (Virginie, Paul) af:
        Paul og Virginie „Med Din Haand Dadlerne pluk"   142—144

2. Aargang [1816/1817]

1. Bind [1816]:

[1]   H.[enri Montan] Berton: Romance af Operetten: Romancen
        [= La Romance] „Du tendre amour je chérissois
        l' empire" — „Kierligheds Glæde fyldte dette Hierte"   1— 4

[2]   F.[riedrich] Kuhlau: II Vaabendandse opfört ved Hans
      Majestæt höje Nærværelse ved Land Cadetternes
      Examen (No. 1. Allegro assai. No. 2. Presto)
      [K. Nr. 208, 1–2]   4–   5

[3]   Russisk National Viise „Skiönne Minka Æren lyder"   6

[4]   G.[ottlob] B.[enjamin] Rösler: Sonatine (Allegro vivace –
      Romance – Alla Polacca)   7– 11

[5]   Hendes Kongelige Höjhed Kronprindsesse Carolines
              Favorit Vals   12

[6]   [Daniel] Steibelt: Ouverture af: Romeo et Juiliette   13– 20

[7]   F.[riedrich] L.[udwig] A.[emilius] Kunzen: Romance af
      Sörgespillet: Blanca „En Riddersmand drog fra sin
      unge Brud" (Ingemann)   21

[8]   [Christoph Ernst Friedrich] Weyse: Arie af: Ludlams Hule
      „Han gik til Ludlams Hule" (Oehlenschlaeger)   22– 23

[9]   [Michel Cleophas] Oginsky: Berömt Polonaise   24

[10] [Gottlob Friedrich] Kittler: Charakteristiske Dandse opförte
      ved Söe-Cadetternes Examen 1816 (No. 1. Contre
      Dands. No. 2. Pas de deux. No. 3. Vaaben Dands)   25– 28

[11] ([Rodolphe] Kreutzer): Af Balletten: Paul et Virginie   28– 29

[12] [Daniel] Steibelt: Romance   30– 31

[13] ([Daniel] Steibelt): Valse en Rondo   32– 33

[14] [Carl?] Myhlenfeldt: Rusisk [!] Arie   33

[15] [Christoph Ernst Friedrich] Weyse: Arie af: Ludlams Huule
      „Vil Du være stærk og fri" (Oehlenschlaeger)   34– 35

[16] [Friedrich Wilhelm?] Simonsen: Marsch   36

[17] Nicolò [Isouard]: Tourneer Marsch af Operaen: Cendrillon   37

[18] [Henri Montan] Berton: Vaudevill (Valsain, Marquisen)
      af Operetten: Romancen [= La Romance] „Belle
      cousine, un être aimable et doux" – „Ved Deres
      Hierte Troskab Kierlighed"   38– 39

[19] [Jacobo Goffredo] Ferrari: Variationer over en rusisk [!] Arie
      „Kalimuska" (Andantino – Var. 1–11 – Coda)   40– 45

[20] F.[riedrich] L.[udwig] Æ.[milius] Kunzen: Romance af
      Sörgespillet: Hagbarth og Signe „Du som din bolig
      har imellem Skiolde" (Oehlenschlaeger)   46– 47

[21] (F.[riedrich] L.[udwig] Æ.[milius] Kunzen): Romance
      af samme [Sörgespillet: Hagbarth og Signe] „Min
      hielm er mig for blank og tung" (Oehlenschlaeger)   48

[22] [Joseph] Weigl: Rondo af: Schweizer Familien [Thema aus
      I. Akt, Nr. 6: Duett „Setz' dich, liebe Emmeline"]
      (Pfte.-Arr.)   49– 51

[23] [Ludwig van] Beethoven: 6 lette Variationer [WoO 77]   52– 55

[24] [Wolfgang Amadeus] Mozart: Arie (Cherubino) af: Figaro
       „Voi, che sapete" — „O Du som kiender!"
       [KV 492, 11]   56— 59

[25] [Louis Philippe de] Bombelles: (Favorit-) Vals   60

[26] [Carl Peter Otto] Zachariae: Marsch for H[an]s:
       Kongelige Majestæts Garde til Fods   61

[27] [Ferdinando] Paer: [Ouverture] af Operaen: Agnese   62— 67

[28] [Etienne Nicolas] Méhul: Romance [Joseph] af: Joseph
       „A peine au sortir de l' enfance" — „Min fiortende
       vaar kun jeg skued" [I. Akt, Nr. 2]   68— 69

[29] [Luigi] Cherubini: Ballo af: Faniska   70— 71

[30] [Carl Peter Otto] Zachariae: (Stor) Vals   72

2. Bind [1816/1817]:

[31] [Bernhard Anselm] Weber: Börnedands af: Deodata [II. Akt,
       Nr. 3, 1. Teil: Tanz der Kinder]   1— 2

[32] [Bernhard Anselm Weber]: Pas de deux af samme [Deodata]
       [II. Akt, Nr. 3, 2. Teil]   2— 5

[33] [Bernhard Anselm Weber]: Romance (Deodata) af samme
       [Deodata] „Kom kun ind, höitelskte Beiler!"
       [III. Akt, Nr. 5]   6

[34] [Bernhard Anselm Weber]: Cavatine (Deodata) af samme
       [Deodata] „Gud! til hvem end Uskylds Stemme"
       [III. Akt, Nr. 6]   7

[35] [Etienne Nicolas] Méhul: Romance (Benjamin) af: Joseph
       „Ah! lorsque la mort trop cruelle" — „Da Döden ham
       rev fra vort Hierte" [II. Akt, Nr. 7]   8— 9

[36] [Friedrich Heinrich] Himmel: Rondoletto [Op. post.]   10— 12

[37] [Ludwig van] Beethoven: Marsch af Operaen: Fidelio
       [Op. 72, Nr. 6]   13

[38] Nicolò Isouard: Ouverture af: Joconde   14— 21

[39] [Bernhard Anselm] Weber: Romance (Deodata) af: Deodata
       „Der var en Möe i fordums Dage" [III. Akt, Nr. 3]   22— 23

[40]   Hoffdandse (Quadrille, Frenis [!])   24

[41] [Adalbert] Gyrowetz: Ouverture af: Agnes Sorel   25— 29

[42] [Bernhard Anselm] Weber: Duett (Adele, Bertha) af: Deodata
       „Fiernt vi drog fra Österlandet" [II. Akt, Nr. 5]   30— 31

[43] L.[udwig] v.[an] Beethoven: Variationer over en Schweizer
       Arie [WoO 64]   32— 33

[44]   Marsch ved Intoget i Paris af de allierede Tropper   34— 36

[45] [Etienne Nicolas] Méhul: Mellemact af: Joseph [III. Akt,
       Nro. 10: Entr'-Acte]   37— 40

[46] ([Bernhard Anselm] Weber): Marsch af: Deodata [I. Akt
        aus Nr. 4]   40— 42

[47] [Adalbert] Gyrowetz: Duet (Agnes, Berta) af: Agnes Sorel
        „Forgieves Pigens Hierte"   43— 45

[48] [Adalbert] Gyrowetz: Arie (Agnes) af: Agnes Sorel „Min
        Haand han kierlig trykker"   46— 48

[49] [Johann Wilhelm] Wilms: Favorit Rondo [Op. 19, 1]   49— 53

[50] [Gottfried] H.[einrich] Köhler: 6 Variationer over God
        save the King   54— 57

[51] [Adalbert] Gyrowetz: Cavatina (Castellan) af: Agnes Sorel
        „En Kriger hos det smukke Kiön"   58— 60

[52] [Bernhard Anselm] Weber: Krigs Marsch af: Deodata [IV. Akt,
        Nr. 5: Feldmusik]   61

[53] [Carl] Jäger: Sonatine (Allegretto-Rondo)   62— 67

[54] Nicolò Isouard: Romance (Joconde) af: Joconde „Man stun-
        dum vel kan sige" — „Dans un délire extrême"   68— 69

[55] [Bernhard Anselm] Weber: Narrens Vise (Narren) i: Deodata
        „Der var engang en Ungersvend" (Singst., 1stg. Chor,
        Pfte.) [I. Akt: Romanze des Narren]   70— 73

3. Aargang [1817/1818]

1. Bind [1817]:

[1]   Hendes Höjhed Prindsesse Julianes Favorit Vals   1

[2]   W.[olfgang] A.[madeus] Mozart: Menuetto [KV 551, III]   2— 3

[3]   [Johann Wilhelm] Wilms: Polonaise [= Rondo, Op. 19, 2]   4— 9

[4]   Nicolò Isouart [!]: Arie (Jeanette, Joconde) af: Joconde
        „Imellem Egnens Piger her" — „Parmi les filles du
        canton"   10— 12

[5]   C.[laus] Schall: Nye Kehraus   13

[6]   [Johann Baptist] Cramer: Rouseaus Dröm [= Songe de
        Rousseau]   14— 21

[7]   Nicolò Isouard: Romance (Boscareccia, Melide, Joconde)
        af: Joconde „Dans un amoureux délire" — „Ramt
        af Kierlighedens Pile"   22— 26

[8]   [Johann Wilhelm] Wilms: Favorit Rondo No. 3 [Op. 19, 3]   27— 31

[9]   Krigerens Afsked til sin Elskede „Til blodig Kamp
        gaae Stridens Kiæmpe ud" (N. T. Brun [!] nach
        Theodor Körner)   32— 33

[10] A.[nton oder Aloys?] Stolpe: Polonaise   34— 35

[11]   Wiener Vals   36

[12] [Bernhard Anselm] Weber: Ouverture af: Deodata   37— 43

[13] [Karl Anton Philipp] Braun: Vise (Thomas) af: Hytten i
        Schwarzwald „Overalt jeg er velkommen"   44— 45

[14] [Gottlieb Heinrich] Koehler: Sonatine (Andante — Allegro)   46— 48

[15] [Ludwig van] Beethoven: Allegretto quasi Andante
        [Op. 33, 6]   49

[16]   Gavotte dandsed af Madame Ginetti   50— 51

[17] P.[ierre] Rode: Polonaise   52— 57

[18] C.[laus] Schall: Sang i Anledning af Hans Höjhed Prinds Chri-
        stian Födselsdag „I Fredens livsalige Dage" (Thaarup)   58— 60

[19] [Christoph Ernst Friedrich] Weyse: Ballade „Svend Aage
        og Ingeborg drog' over Söe"   61

[20] [Joseph] Gelineck [!]: Variationer over Dronningen af
        Preusens' Favorit Vals (Allegretto — Var. 1—11)   62— 71

[21] [Johann Ladislaus] Dussek: Larghetto quasi Andante
        [Op. 16, 1, II]   72

2. Bind [1817/1818]:

[22] [Franz] Krommer: Menuetto   1

[23] [Gottlob Friedrich] Kittler: Revue Marsch for Hans Majestæts
        Kongens Regiment   2— 3

[24] ([Gottlob Friedrich] Kittler): Française   3

[25]   Polonaise dandsed af Madame Ginetti   4— 5

[26] [Ferdinand] Ries: Rondo   6— 9

[27] [Vincenzo] Righini: Haabet „O Haab! maaskee Du daarer"
        (Git., Singst., Pfte.)   10— 11

[28] [Johannes?] Kabell: Vals   12

[29] [Ludwig van] Beethoven: Andante [Op. 33, 4]   13

[30] [Vincenzo] Righini: Harpespilleren „Over Bierg og Dal og
        Söe" (Git., Singst., Pfte.)   14— 15

[31] E.[douard] Du Puy: Ouverture af: Ungdom og Galskab   16— 23

[32] [Johannes?] Kabell: Marsch   24

[33] F.[riedrich] Kuhlau: Vals [Aus: X Walses pour le Pianoforte,
        K. Nr. 211, 5]   25

[34] [Carl] Jaeger: Sonatine (Allegro moderato — Polonaise)   26— 31

[35] [Franz] Krommer: Rondo   32— 33

[36] [Friedrich Heinrich] Himmel: Portraitet „Kunstner min Pige
        Du male!" — „Mahler mahl' mir mein Liebchen"
        (Singst., Git., Pfte.)   34— 35

[37] [Muzio] Clementi: Adagio   36

[38] [Albert] Methfessel: Canzonette „Per pietà, deh senti ingrato!" —
        „Du, ved hvem mit Hierte hænger" (Nach dem
        Italienischen)   37

[39] [Johann Ladislaus] Dussek: Comtesse af Southerlands
      Favorit Rondo   38— 43

[40] [Casimir Antonio?] Cartillieri: Variationer (Andantino —
      Var. 1—6)   44— 47

[41]   Berliner Favorit Vals   48

[42] [Friedrich Ludwig Aemilius Kunzen]: Vise af: Salomons
      Dom „Skue i Lilien, Fyrstinde"   49

[43] [Joseph] Gelineck [!]: Variationer over en Tyroler Viise
      [= „Wann i in der Früh aufsteh"] [Op. 46]   50— 59

[44] [Peter von] Winter: Marcia af: Den afbrudte Offerhöjtid
      [= Das Unterbrochene Opferfest, I. Akt aus Nr. 13]   60

[45] L.[udwig] Zinck: [Lied] „Forglem mig ei!"   61

[46] Hertz: Marsch   62— 63

[47] Hertz: Eccosaise [!]   63

[48] F.[riedrich] Kuhlau: Favorit Vals [K. Nr. 213]   (64)—65

[49] [Peter von] Winter: Ouverture af: Den afbrudte Offerhöjtid 66— 69

[50] [Friedrich Ludwig Aemilius Kunzen]: Dands af: Salomons Dom 70— 71

[51] [Friedrich Ludwig Aemilius Kunzen]: Dands af: Salomons Dom 72

4. Aargang [1818/1819]

1. Bind [1818]:

[1]   [Edouard] Dupuy: Marsch   1

[2]   Wiener (Pause-) Vals   1

[3]   [Christoph Ernst Friedrich] Weyse: Romance af: Ludlams
      Huule „Her sad de gamle Fædre" (Oehlenschläger)   2— 3

[4]   [Ferdinando] Paer: Ouverture af: Sargino   4— 9

[5]   [Christoph Ernst Friedrich] Weyse: Taffelmusik af Sörgespillet:
      Macbeth   10— 12

[6]   [Edouard] Du Puy: Norsk National Dands   13

[7]   [Gottlob Friedrich] Kittler: Zigeunervise afsjungen paa
      Maskeraden den 1 Febr: 1818 „Hvor alting aander
      Munterhed" (N. T. Bruun)   14— 15

[8]   [Franz] Krommer: Menuett af Sinfonie No. 2   16— 17

[9]   [F. A.] Neumann: Wiener National Arie ‹„A Schüsserl und
      a Reindl etc: › (med Variationer) (Thema — Var. 1—8) 18— 23

[10] [Alexandre?] Robineau: (Favorit-) Vals   24

[11] Baron von Boynebourgk: Vals   25

[12] (Baron von Boynebourgk): Eccossaise [!]   25

[13] [Joseph] Gelineck [!]: Variationer over en Vals til Apollo
      Sahlen i Wien [Op. 50]   26— 35

[14] [Christoph Ernst Friedrich] Weyse: Krigernes Marsch i:
      Makbeth [!]   36

[15] F.[riedrich] Kuhlau: Evigheds Blomsten „Mellem Gravenes
      Höie" (F. Högh Guldberg) (Singst., 4stg. Chor, Pfte.)
      [K. Nr. 157]   37— 39

[16] [Johann Baptist] Cramer: Jagt Stykke [Le Rendez-Vous à
      la Chasse, Divertissement]   40— 48

[17] [Gioacchino] Rossini: Ouverture af: Tancred   49— 55

[18] [Christoph Ernst Friedrich] Weyse: Borgvaegterens Sang
      i Sörgespillet: Macbeth „Den mörke Nat forsvunden
      er"   56— 57

[19] F.[riedrich] Kuhlau: Revue Marsch for (Hans Majestæts)
      Garden til Fods [K. Nr. 209]   58— 60

[20] [Joseph] Gelinek: Rondo à la Polonaise   61— 65

[21] [Edouard] Du Puy: Hans Majestæts Kongens Regiments Revue
      Marsch   66— 67

[22] [Ludwig van] Beethoven: Allegro. Scherzo [Op. 18, II, 3]   68— 69

[23] [Gioacchino] Rossini: Arie [Roggiero] af: Tancred „Torni al
      fin ridente" — „Favre Fred Du mild ned" [II. Akt,
      Nr. 14]   ˙70— 72

2. Bind [1818/1819]:

[24] [Ludwig van] Beethoven: Allemande [Op. 92, III, 1. Thema]   1

[25] [Philip Anthony] Corri: La Galantina, Divertissement   2— 11

[26] [Christoph Ernst Friedrich] Weyse: Romance af: Genoveva
      „Hist i Kreds af höie Fjelde" (J. L. Heiberg) —
      „Dicht von Felsen eingeschlossen" (Tiek [!])   12— 13

[27] [Christoph Ernst Friedrich] Weyse: Ouverture af: Macbeth   14— 23

[28] En Dilletant: Polonaise   24

[29] [Gioacchino] Rossini: Cavatina af: Tancredi „Du som tændte
      dette Hierte" — „Tu che accendi questo core"   25— 29

[30] [Nicolas] Dalayrak [!]: Ouverture af: Slottet Monténéro   30— 37

[31] F.[riedrich] Kuhlau: Arie „Kong Christian stod ved höjen
      Mast" med Variationer [Op. 16]   38— 48

[32] F.[erdinand] Ries: Berömt Irlandsk Arie i Rondo [Op. 67, 2] 49— 55

[33] [Joseph] Gelinek: Variationer over en Österrigsk Vals
      (Tema — Var. 1—8)   56— 64

[34] ([François Adrien] Boieldieu): Rondo af: Den Rödhette
      [!] ‹Chaperon rouge› „Depuis longtems, gentille
      Anette" — „Siig mig Annette, hvi saa længe"   65— 68

[35] [Albrecht] Agthe: Andante [= Amusement Musical,
      Op. 4, I]   69— 72

5. Aargang [1819/1820]

1. Bind [1819]:

[1]   [Nicolas] Dalayrac: Ouverture af: To Ord [= Deux Mots]   1– 5

[2]   F.[erdinand] Ries: Romance [Op. 58, 2]   6– 9

[3]   F.[erdinand] Ries: Allegro vivace [Op. 58, 9]   10– 15

[4]   [Charles] Detroit: Berliner Favorit Vals   16– 17

[5]   C.[arl] M.[aria] de Weber: Serenade „Lyt sagte lyt Du Elskte
       lyt!" (Baggesen) [Jähns Nr. 65 „Horch, leise horch!"]   18– 24

[6]   [Etienne Nicolas] Méhul: Ouverture af: Helene [= Héléna]   25– 31

[7]   [Ferdinand] Ries: Rondoletto [Op. 78, 1]   32– 39

[8]   Hertz: Vals   40

[9]   J.[ohann] Kabell: Marsch   41

[10] C.[laus] Schall: Romance af: Tycho Brahes Spaadom „Solen
       sank hag grönne Lund" [J. L. Heiberg]   42– 48

[11] [Johann August] Wittaschek: Menuetto   49– 51

[12] [Joseph] Gelinek: Romance af: Cendrillon [Isouard: „A quoi
       bon la richesse"] med Variationer (Thema – Var. 1–6)   52– 59

[13] F.[erdinand] Ries: Andantino [Op. 58, 7]   60– 61

[14] ([Friedrich Ludwig Aemilius] Kunzen): Romance af:
       Den unge Zigeunerinde „En Blomst paa nögen
       Klippe stod"   62

[15] [Friedrich Ludwig Aemilius Kunzen]: Vise af samme [Den
       unge Zigeunerinde] „Dom di dom! kommer Alle,
       kom!"   63

[16] J.[ohann] P.[hilipp] Schmidt: Ouverture af: Alpehytten
       [= Die Alpenhütte]   64– 69

[17] [Gioacchino] Rossini: Polonaise af: Tancred [2. Akt, Finale,
       T. 1–40, Pfte.-Arr.]   70– 72

2. Bind [1819/1820]:

[18] N.[icolò] Isouard: Ouverture af: Jeannot og Colin   1– 7

[19] [Ferdinand] Ries: La Malinconia [Op. 58, 8]   8– 9

[20] [Ferdinand] Ries: Andantino [Op. 58, 10]   10– 11

[21] [Ferdinand] Ries: Allegretto Scherzando [Op. 58, 11]   11– 13

[22] [Ferdinand] Ries: Allegretto Grazioso [Op. 58, 12]   14– 15

[23] R.[udolph] Bay: Pigen, (Arie) „Der dandser en Pige for hver
       Mands Dör" (Ingemann)   16– 17

[24] R.[udolph] Bay: (Arie) „Du, som svöbt i Skiönheds Rosen-
       klæde" (Ingemann)   18– 19

[25] Charles Arnold: Rondo over en Norsk Dands [Op. 20]   20– 24

[26] [Johann Baptist] Cramer: Favorit Arie af Rousseau (med
      Variationer) (Introduction – Thema di Rousseau –
      Var. [1]–8)   25– 31

[27] [Johann Nepomuk] Hummel: Nye Wiener Vals [Op. 31, 9]   32

[28] R.[udolph] Bay: Haabet „Smilende Haab! du elskte Barn"   33

[29] F.[erdinand] Ries: Allegretto ma non troppo [Op. 58, 1]   34– 37

[30] F.[erdinand] Ries: Tempo di Menuetto [Op. 58, 3]   38– 39

[31] [François Adrien] Boieldieu: Æmmet til denne Ouverture er
      en Deel af Perraults Eventyr: Den lille Rödhætte
      [= Le Petit Chaperon Rouge] [Mit Texthinweisen]   40– 48

[32] F.[erdinand] Ries: Kosakisk Dands med Variationer [= Danse
      cosaque favorite avec variations, ohne Opus-Zahl]   49– 55

[33] [Franz] Krommer: Rondo   56– 57

[34] Nicolò Isouard: Ouverture af: Michel Angelo [= Michel-Ange]   58– 65

[35] [Johann Nepomuk] Hummel: Nye Wiener Vals [Op. 31, 8]   66

[36] [Johann Andreas] Amon: Sonatina (Sonate périodique)
      (Allegro – Romance – Rondo)   67– 71

6. Aargang [1820/1821]

1. Bind [1820]:

[1] [Johann] N.[epomuk] Hummel: Polonaise [Op. 70, 1]   1

[2] R.[udolph] Bay: (Romance) Til Graven „Man Fryd forgiæves
      söger paa Livets trange Vei"   2– 3

[3] [François Adrien] Boieldieu: Marsch af: Den lille Rödhætte
      [= Le Petit Chaperon Rouge]   4– 5

[4] ([Ferdinand] Ries): Allegretto [Op. 58, 6]   6– 7

[5] [Johann Ladislaus] Dussek: L' Amusoire, Favorit-Rondo   8– 12

[6] [Gioacchino] Rossini: Marsch af: Tancred [Chor: Alla Gloria,
      alla Trionfo]   13

[7] [Johann Baptist] Cramer: En Sommer Dag, Et Divertissement
      (Introduzione – Allegro scherzoso – Rondo con brio)   14– 23

[8] [Johann Ladislaus] Dussek: Rondo efter en Rus(s)isk Arie   24– 27

[9] (Vise) „Sanct Hansdag er Glædens og Midsommers
      Fest"   28– 29

[10] [J. D.] Lindemann: Polonaise [No. 1] af Operaen: Joconde
      [Isouard: 2. Akt, Quartett „Quand on attend sa belle"]   30– 31

[11] [J. D.] Lindeman(n): Polonaise No. 2 af Operaen: Joconde
      [Isouard: 1. Akt, Arie „J' ai longtemps parcouru
      le monde"]   32– 33

[12] [Frederik Carl] Lemming: Vals   34– 35

[13]   Arie af: Rosen og Kysset ,,O kom og lytter til min
         Stemme'' [N. T. Bruun]   36

[14] [Ferdinando] Paer: Marsch af: Sargino   37

[15] [Daniel] Steibelt: Cosakisk Rondo   38— 44

[16] [Ferdinando] Paer: Ouverture af: Achilles   45— 48

[17]   Spansk Insurgent-Marsch   49

[18] [Louis Joseph Ferdinand] Hérold: Ouverture af de 6 Rosen-
         brude [= Les Rosières]   50— 55

[19] [Friedrich Joseph] Kirmair: Variationer over Quartetten af:
         Den afbrudte Offerhöjtid [Winter] (Thema — Var.
         1—6 — Coda)   56— 61

[20] C.[hristoph] E.[rnst] F.[riedrich] Weyse: To Melodier til
         Fröken Jessens kronede Nationalsang ,,Dannemark!
         hellige Lyd! himmelske Fryd!'' (Tempo di Marcia) —
         (Trichordium Andantino)   62— 64

[21] Hoffmann: Fandango   65

[22]   Vals   65

[23] [Johann Ladislaus] Dussek: Jagtstykke [La Chasse]   66— 72

2. Bind [1820/1821]:

[24] [Joseph] Gelineck [!] : Potpour(r)i (over Themaer af Bort-
         förelsen, Offerhöjtiden og Fanchon) [Mozart, Win-
         ter, Himmel]   1— 12

[25] [J. D.] Lindemann: Vals   13

[26] [J. D.] Lindemann: Sauteuse   13

[27] [Friedrich] Kalkbrenner: Allegro   14— 19

[28] R.[udolph] Bay: Romance af: Ali og Gulhindi ,,Ton, söde
         Strenge, tolk med eders Klang'' (Öhlenschläger)   20— 21

[29] [J. D.] Lindemann: Polonaise No. 3 af Operaen: Joconde
         [Isouard: 1. Akt ,,Dans un amoureux délire'']   22— 23

[30] [Joseph] Haydn: Oxemenuetten [Hob. IX, Nr. 27]   24

[31] F.[ranz] Lauska: Rondo No. 1   25— 30

[32] [Ludwig van] Beethoven: Scherzo [Op. 33, 2]   31— 33

[33] C.[hristoph] E.[rnst] F.[riedrich] Weyse: Fædrelandssang
         ,,Duftende Enge og kornrige Vange'' (J. Jetsmark) —
         ,,Goldene Saaten und duftende Auen'' (Blok Töxen)   34— 35

[34] Anton Keyper: Vals   36— 37

[35] J.[ohann] Kabell: (Romance) Til Ungdomsvaaren ,,Du kjerlig
         med mig iler, min Ungdoms favre Vaar'' (S. Hertz)   38— 39

[36] [Sigismund von] Neukom(m): Variationer over en tyds Quadrille
         (Allegro — Var. 1—5)   40— 48

[37]   [Maximilian Joseph] Leidersdorff [!] : Favorit-Rondo af:
        Rödhætten [Boieldieu] med Variationer (Thema –
        Var. 1–6) [Op. 148]   49– 55

[38]   [Friedrich] Kuhlau: Rondo over et Thema af: Don Juan
        [Mozart: „Finch' han dal vino"] [Op. 31, 1]   56– 59

[39]   R.[udolph] Bay: Mnemosyne „Svæv, hulde Mnemosyne,
        fra din Taage ned!"   60

[40]   Triumph Marsch   61

[41]   [Friedrich] Kuhlau: Rondo over et Thema af: Figaro
        [Mozart: „Non più andrai"] [Op. 31, 2]   62– 67

[42]   [Rudolph] Bay: De tre Stierner „Tre venlige Stierner opklare"
        (N. T. Bruun, nach Theodor Körner)   68– 69

[43]   [Johann Ludwig] Adam: (Andante) Grazioso   70– 71

[44]   Vals af Operaen: Joconde [Isouard]   72

[45]   Eccossaise [!] af: Tancred [Rossini: „Di tanti palpiti"] 72

[46]   Eccossaise [!] af: Röverborgen [Kuhlau]   72

7. Aargang [1821/1822]

1. Bind [1821] :

[1]   J. D. Lindemann: Viener Vals   1

[2]   F.[riedrich] Kuhlau: Den Döende, (Sang) „De sagtnes alt,
       de Bölger" (F. Höegh-Guldberg) [Op. 72b, 3]   2– 3

[3]   [Friedrich] Kuhlau: Rondo over et Thema af: Rödhætten
       [Boieldieu: „Depuis longtemps"] [Op. 31, 3]   4– 12

[4]   [François Adrien] Boieldieu: Ouverture af: Den Nye Jordegod-
       sejer [= Le Nouveau Seigneur de Village]   13– 17

[5]   L.[ouis] Spohr: Polonaise af Operaen: Faust [2. Akt aus
       Nr. 17: Tempo di Polacca, stark gekürzt]   18– 19

[6]   A.[ugust] D.[aniel] Heger: Vals   20– 21

[7]   F.[riedrich] Kuhlau: Marsch opfört ved Höjtideligheden paa
       Giethuset i Anledning af Hans Majestæts Allerhöjeste
       Födselsdag (Pfte. mit Chor ad lib.) [K. Nr. 138]   22– 23

[8]   [Friedrich] Kuhlau: Coro (til samme) „Æt, som var, hvem
       Liv og Land vi skylde" (Chor ad lib.: T I, II, B I, II)
       [K. Nr. 138]   24

[9]   [Franz] Lauska: Rondo No. 2   25– 30

[10]   [Joseph] Gelinek: Cavatina af: Tancredi [Rossini: „Di tanti
       palpiti"] med Variationer (Thema – Var. 1–5 –
       Coda – Presto)   31– 41

[11]   A.[ugust] D.[aniel] Heger: Kjerminde „Modtag den Blomst
       jeg rækker dig" (Lundbye)   42

[12]   F.[riedrich] Kuhlau: Stjernemidnatten „Værene, med Dig
       Selv og Gud" (Höegh-Guldberg) [Op. 72b, Nr. 1]   43— 45

[13]   [Philip Ludvig] Keck: Characteristiske Dandse opförte ved
       Söe Cadetternes Examen (No. I. Pas redoublé. No. II.
       Contredands. No. III. Pas redoublé. No. IV. Vaaben-
       dands)   46— 49

[14]   [Wenzeslaus] Plachý: Norsk Vise med Variationer [Op. 11]   50— 57

[15]   Vals af: Tancredi [Rossini: „Di tanti palpiti"]
               (Pfte.-Arr. in C-dur)   58— 59

[16]   Kongen i Leire, (Romance) „Der boede en Konge i
               Leire"   60

[17]   [Franz] Lauska: Rondo [Nr. 3]   61— 65

[18]   A.[ugust] D.[aniel] Heger: Taarnvægteren „Midnatstimen
       i Taarnet slaaer" (B. S. Ingemann)   66— 67

[19]   I.[gnaz] Moscheles: (Rondo) Allegretto [Op. 18, Nr. 3]   68— 71

[20]   Vals af: Figaro(s Givtermaal) (Mozart: [KV 492, 3])
               (Pfte.-Arr.)   72

2. Bind [1821/1822]:

[21]   F.[riedrich] Kuhlau: Variationer over den kronede danske
       Nationalsang [Dannemark, Dannemark, hellige lyd"
       (Weyse)] [Op. 35]   1— 11

[22]   J.[ohann] Kabell: Det sidste Morgenskiær „Glödende Skiær
       min Alders Morgenröde!" (Sylvester Hertz)   12

[23]   F.[riedrich] Kuhlau: Sonatina I [Op. 20, 1]   13— 19

[24]   [François Adrien] Boieldieu: Ouverture af: Markedet i
       nærmeste Landsbye (i Naboelandsbyen) [= La
       Fête du Village Voisin]   20— 27

[25]   F.[riedrich] Kuhlau: Sonatina II [Op. 20, 2]   28— 36

[26]   [Friedrich] Kuhlau: Sonatina III [Op. 20, 3]   37— 45

[27]   J.[ohann] Kabell: Hyrdens Morgensang „Naar jeg min Hannas
       Aasyn seer" (Sylvester Hertz)   46— 47

[28]   R.[udolph] Bay: Romance af: Blanca „Der boer en Kæmpe
       i Ætnas Huler" (Ingemann)   48

[29]   M.[aximilian] J.[oseph] Leidesdorf: Marsch   49

[30]   Camille Pley(e)l: Polonaise   50— 55

[31]   R.[udolph] Bay: Hjertets Vuggevise „Hvad er det dog"
       (Ingemann) (Git., Singst., Pfte.)   56— 57

[32]   M.[aximilian] J.[oseph] Leidesdorf: Andantino   58— 60

[33]   M.[aximilian] J.[oseph] Leidesdorf: Romance Pastorale   61

[34]   Camille Pley(e)l: Blanding af Arier uddragene af Rossinis
       Operaer [Op. 20]   62— 72

8. Aargang [1822/1823]

1. Bind [1822]:

[1]   M.[aximilian] J.[oseph] Leidesdorf: Marcia   1—   3

[2]   R.[udolph] Bay: Pillegrimssang „Fra höjen Fjeld jeg kommer"   4—   5

[3]   Camille Pley(e)l: La Récréation, Rondoletto [Op. 18]   6— 12

[4]   Camille Pley(e)l: Blanding af Arier uddragene af Rossinis Operaer,
         No. 2 [Op. 21]   13— 23

[5]   T. Ter Borch: Wiener-Vals   24

[6]   F. K.: Vals efter et Thema af: Tancred [Rossini]   25

[7]   F.[riedrich] Kuhlau: Sang opfört ved det Kongelige Artillerie-
         corpsets Höjtideligholdelse af Kongens Födselsdag
         1822 „Rank staaer, med Hjelmen i det Höie" (Fr.
         Höegh-Guldberg) [K. Nr. 160]   26— 27

[8]   [Christoph August] Gabler: Andante med Variationer
         (Andante — Var. 1—6)   28— 35

[9]   [Gioacchino] Rossini: Marsch af: Elisabeth [I. Akt, aus Nr. 2:
         Coro e Cavatina; gekürzt]   36

[10] A.[ugust] D.[aniel] Heger: Vals, efter en Arie i C. M. v.
         Webers: Jægerbrud [= Freischütz, Jähns 277, N. 13]   37

[11] A.[ugust] D.[aniel] Heger: Vals, efter en Mellem-Act og et
         Jægerchor i C. M. v. Webers: Jægerbrud [= Frei-
         schütz, Jähns 277, N. 15]   38— 39

[12] A.[ugust] D.[aniel] Heger: Jægermarsch. Efter Jægerchoret
         i C. M. v. Webers: Jægerbrud [= Freischütz, Jähns
         277, N. 15]   40— 41

[13] [Ignaz] Moschelles [!]: Rondo No. I [Op. 18, 1]   42— 45

[14] F.[riedrich] Kuhlau: Den kronede Norske Nationalsang
         „Sönner af Norges det ældgamle Rige"
         (4 Singst., Pfte.) [K. Nr. 139]   46— 47

[15] [Johann] Kabell: Marsch   48

[16] F.[riedrich] Kuhlau: Variationer over Folkesangen af:
         Jægerbruden [C. M. v. Weber, Freischütz, Jähns 277,
         No. 14] [Op. 48]   49— 60

[17] C.[arl] M.[aria] v.[on] Weber: Introduction und Marsch af:
         Jægerbruden [= Freischütz, Jähns 277, N. 1: Chor
         und Marsch]   61— 63

[18] C.[arl] M.[aria] v.[on] Weber: Spott Chor af: Jægerbruden
         [= Freischütz, Jähns 277, aus N. 1]   64

[19] C.[arl] M.[aria] v.[on] Weber: Vals af: Jægerbrud
         [= Freischütz, Jähns 277, Beginn von N. 1]   65

[20] [Ignaz] Moschelles [!]: Rondo No. II [Op. 18, 2]   66— 69

[21]   C.[hristoph] E.[rnst] F.[riedrich] Weyse: Teklas Sang
       „Der Eichwald brauset, die Wolken ziehn" [Schiller] –
       „Dybt Skoven bruser og Skyen gaaer" [Oehlen-
       schläger]   70– 71

[22]   W.[olfgang] A.[madeus] Mozart Fils: Polonaise   72

2. Bind [1822/1823]:

[23]   A.[ugust] D.[aniel] Heger: Vals efter en Vise af C. M. v.
       Webers: Preciosa [Jähns 279]   1

[24]   [Gioacchino] Rossini: Ouverture af: Barberen i Sevilla   2–   7

[25]   F.[riedrich] Kuhlau: Variationer over et Thema af: Jæger-
       bruden [= C. M. v. Weber, Freischütz, Jähns 277,
       N. 8] [Op. 49, 2]   8– 13

[26]   [Ferdinand] Ries: Rondo over en Cavatine af: Barberen i
       Sevilla [Rossini] [Op. 89, 2]   14– 19

[27]   Favorit Vals af: Cendrillon (Rossini [II. Akt:
       Si trovarla io iuro])   20– 21

[28]   [Friedrich Wilhelm] v.[on] Foltmar: Variationer over Arien
       af: Ludlams Huule „Vil du være stærk og frie"
       [Weyse] [Op. 12]   22– 36

[29]   Vals, efter Melodier af C. M. v. Webers: Jaegerbruden
       [= Freischütz, Jähns, aus N. 3, 12 und 16, etc.]   37– 39

[30]   E.[douard] Dupuy: Afskeden „Flagget mig kalder!"
       (N. T. Bruun)   40– 41

[31]   C.[arl] M.[aria] v.[on] Weber: Ouverture af: Preciosa
       [Jähns 279]   42– 48

[32]   [Friedrich] Kalkbrenner: Rondo [Op. 32]   49– 59

[33]   [Friedrich Heinrich] Himmel: Bön under Slaget „Fader jeg
       kalder Dig!" (N. T. Bruun, nach Theodor Körner)   60

[34]   W.[olfgang] A.[madeus] Mozart Fils: Polonaise mélancolique 61

[35]   Camille Pley(e)l: Straahytten, Romance af Operaen: Koulouf
       [Dalayrac] med Variationer [Op. 9]   62– 69

[36]   E.[douard] Dupuy: Venskab „O milde venskab, du, som straa-
       ler" (N. T. Bruun)   70– 71

[37]   Hamborger Favorit-Vals   72

[38]   Russisk Dands, Masurque   72

9. Aargang [1823/1824]

1. Bind [1823]:

[1]   [Wolfgang Amadeus] Mozart: Ouverture af: Titus [KV 621]   1–   6

[2]   C.[arl] Schwarz: Marsch componeret for Garden til Fods i
       Anledning af Hans Majestæts Höje Födselsdag   6–   7

[3] Polonaise efter et Thema af: Barbaren i Sevilla
(Rossini: [Zitti zitti, piano piano])) 8

[4] Polonaise efter Folkesangen af: Jægerbruden (C. M.
v. Weber: [Freischütz, Jähns, N. 13 und N. 14])) 9

[5] L.[ouis] Spohr: Romance (Zemire) af Operaen: Zemire og
Azor ,,Rose! hvor er Du yndig og skiön!" [I. Akt, Nr. 8]10— 12

[6] [Wolfgang Amadeus] Mozart: Marsch af: Titus [KV 621, 4] 13

[7] R.[udolph] Bay: Danevang, Dansk Folkesang ,,Danevang
med grönne Bred" (B. S. Ingemann) 14— 15

[8] [Johann Baptist] Cramer: Romance af: Nina [Dalayrac] i
Rondeau 16— 25

[9] R.[udolph] Bay: Til Dannebrog ,,Vift stolt paa Codans Bölge!"
(B. S. Ingemann) (T, B, Pfte.) 26— 27

[10] C.[hristoph] F.[riedrich] E.[rnst] Weyse: Ouverture af:
Iphigenie af Gluck med Finale 28— 35

[11] Polonaise af: Skaden (Rossini, [La Gazza Ladra:
Ma qual suono]) 36

[12] [Johann Heinrich] Walch: Cotillon 37— 39

[13] C.[hristoph] F.[riedrich] E.[rnst] Weyse: Romance af:
Nina ,,Hvor sig Dagen langsomt sniger" [Heiberg] 40— 41

[14] J.[ohann] B.[aptist] Cramer: Divertimento (Preludio —
Grazioso — Rondo) 42— 53

[15] [Maximilian Joseph] Leidesdorf: Scherzo 54— 55

[16] [Joseph] Küffner: Polonaise 56— 57

[17] Hanne Irgens: Den lille Pietro ,,Til giv, o ærværdige Herr
Eremit" 58— 60

[18] [Christoph Willibald] Gluck: Ouverture d': Alceste 61—65

[19] Fr.[iedrich] Kuhlau: I Vaaren ,,Saa er du kommen da, o vaar"
(N. V. Dorph) [K. Nr. 162] 66— 67

[20] F.[riedrich] Kuhlau: Rondo over et Thema af: Figaro [Mozart:
Non sò più cosa son, cosa faccio, KV 492, Nr. 6]
[Op. 56, 1] 68— 72

2. Bind [1823/1824]:

[21] I.[gnaz] Moschelles [!]: Allegro, Moderato [Op. 55] 1— 3

[22] F.[riedrich] Kuhlau: Rondo over et Thema af: Figaro [Mozart:
Se a caso madonna la notte ti chiama, KV 492, Nr. 2]
[Op. 56, 2] 4— 9

[23] H.[ans] P.[eter] J.[ohan] Lyngbye: Sang for Danske ,,Jeg
kjender et Land" (Sophus Zahle) (4stg. Gem. Chor,
Pfte.) 10— 12

[24] ([Hans Ernst] Kroyer): Studenternes Velkomstsang til Hans
      Höihed Prinds Christian paa Sorgenfri „Velkommen i
      Din Ungdomsland" (Oehlenschläger)   13

[25] L.[udwig] Pape: Sonatine (Allegro moderato – Andante –
      Rondo Allegro)   14– 19

[26] F.[riedrich] Kuhlau: Rondo over et Thema af: Figaro [Mozart:
      Ricevete, o padroncina, KV 492, Nr. 21] [Op. 56, 3]   20– 24

[27] [Pierre] Rode: Andante med Variationer, sjunget af Mad. Cata-
      lani (Thema – Var. 1–2) (Pfte.)   25– 27

[28] [Ferdinando] Paer: Ouverture af Operaen: Skovens Sönner
      [= I Fuorusciti di Firenze]   28– 33

[29] Conrad Lüders: Marsch (til kongelige Livgarde til Fods) 34– 36

[30] I.[gnaz] Moscheles [!] : Andantino i Spansk Smag   37

[31] [Carl] Schwarz: Marsch   38– 39

[32] C.[arl] M.[aria] v.[on] Weber [?] : Erindring „Maanen taus
      og klar nedstraler" (Theodor Körner, [Übers.:] N. T.
      Bruun) (Git., Singst., Pfte.) [Jähns, Anh. III, N. 99] 40– 41

[33] C.[arl Joseph] Rauch: Variationer over en yndet Tyroler
      Viise [Tiroler sind lustig] (Thema – Var. 1–10)   42– 48

[34] C.[arl] Schwarz: Variationer over en yndet Arie af: Figaro
      [Mozart:] „Ikke mere med Kjerligheds Sukke"
      [= Non più andrai, KV 492, 9] [Op. 2]   49– 61

[35] R.[udolph] Bay: Les regrêts ‹Hjemvee › , Valse   62– 67

[36] C.[arl] M.[aria] v.[on] Weber: Mit Fædreland „Hvor er o
      Skiald, dit Fædreland?" (Th.(eodor) Körner, [Übers.:]
      N. T. Bruun) [Op. 41, 4 – Jähns N. 177 „Wo ist des
      Sängers Vaterland"]   68– 72

10. Aargang [1824/1825]

1. Bind [1824]:

[1]   [Ignaz] Moscheles: Vals af Balletten: Portraiterne
      [= Les Portraits, Op. 40]   1

[2]   C.[onradin] Kreutzer: Ouverture af: Libussa   2– 9

[3]   C.[onradin] Kreutzer: Marsch af: Libussa   10– 12

[4]   R.[udolph] Bay: Le souvenir de l' Italie ‹Erindring fra
      Italien › , Valse capricieuse   13– 15

[5]   F.[erdinand] Ries: Rondo efter en ynded Cavatina i: Skaden
      [Rossini: La Gazza Ladra] [Op. 98, 1]   16– 25

[6]   I.[gnaz] Moschelles [!] : Brillant Rondo [Op. 54: Les Charmes
      de Paris]   26– 39

[7]   [Johann Heinrich] Walch: Pas redoublé   40

[8]   I.[gnaz] Moschelles [!] : Variationer over et Thema af Haendel
      [The harmonious Blacksmith] [Op. 29]   41– 47

[9]   Louis Beethoven [!] : Adagio [Op. 15, II: Largo, T. 40–70,
      C-Takt]   48

[10] L.[udwig] v.[an] Beethoven: Favorit Menuet af Septetten
      [Op. 20, III: Tempo di Menuetto]   49

[11] [Anton] Diabelli: Andante af [Pierre] Rode varieret   50– 51

[12] R.[udolph] Bay: Le Rosignol [!] ‹ Nattergalen › [Vals]   52– 53

[13] L.[udwig] Pape: Sonatine (Andante – Andantino – Rondo –
      Allegro)   54– 60

[14] C.[arl] M.[aria] v.[on] Weber: Afsked fra Livet „Mit Saar
      er Brandde blege Læber bæve!" (Nach Theodor Kör-
      ner) [Op. 41, 2 – Jähns N. 175 „Die Wunde brennt"]   61– 63

[15] [Giacomo] Mayerbeer [!] : Ouverture af: Costanze og
      Romilde [!]   64– 72

2. Bind [1824/1825] :

[16] F.[erdinand] Ries: Rondo over en engelsk Arie [Op. 134, II?]   1– 7

[17] [Louis] Spohr: Adagio   8– 10

[18] [Anton] Diabelli: Allemande   11

[19] [Ignaz] Moscheles: Rondoletto [Op. 52: La Tenerezza]   12– 21

[20] C.[arl] Schwarz: Marche de parade   22– 23

[21] C.[arl] Schwarz: Pas redoublés   24

[22] J.[ohann] B.[aptist] Cramer: [La] Parodie, Sonate [Op. 43]   25– 37

[23] C.[onrad] Lüders: Marsch (Parade-Marsch)   38– 39

[24] J.[ohann] N.[epomuk] Hummel: Stor Vals i Form af Rondo
      [Op. 103, 3]   40– 48

[25] J.[ohann] N.[epomuk] Hummel: Divertissement [Op. 105, 3]   49– 55

[26] F.[erdinand] Ries: Polonaise af Operaen: Tancredo [Rossini]
      [Op. 104, 1: Polonaise de Tancredi (Fra quai soavi
      palpiti) arr. en rondeau]   56– 65

[27] L.[udwig] v.[an] Beethoven: Scherzo af Septetten [Op. 20, V] 66– 67

[28] I.[var] F.[rederik] Bredal: Vals   68– 69

[29]   Polonaise efter Dandsen og Choret af: Preciosa
                  (C. M. v. Weber: [IV. Akt, aus Nr. 12: Es blinken
                  so lustig die Sterne, Jähns 279]) (Pfte.-Arr.)   70– 72

11. Aargang [1825/1826]

1. Bind [1825] :

[1]   [Luigi] Cherubini: Ouverture af: Medea   1– 7

[2]   [Johann Heinrich] Walch: Nye Cotillon   8– 12

[3]   I.[gnaz] Moscheles: Rondo [Op. 11, 2]   13— 19

[4]   F.[riedrich] W.[ilhelm] von Foltmar: Selskabssang af I. Iets-
        mark „Skjön var den Skik hos de nordiske Fædre" —
        „Fröhlich gesellten, nach nordischer Weise" (Sophie
        Bohnhoff) (4 Singst., Pfte.)   20— 21

[5]   F.[riedrich] Kalkbrenner: Romance   22— 24

[6]   I.[gnaz] Moscheles: Rondo [Op. 11, 1]   25— 30

[7]   [Louis Luc Loiseau de Persuis]: Alexander Marsch [Pfte.-Arr.:
        Fr. Starke]   31

[8]   Fred.[erik] Foersom: Tyrkisk Rondo   32— 36

[9]   J.[ohann] F.[riedrich] Kelz: Rondo   37— 39

[10]   [Daniel] F.[rançois] E.[sprit] Auber: Ouverture af Syngestykket:
        Sneen [= La Neige]   40— 47

[11]   C.[arl] Schwarz: Sonatine [Op. 5]   48— 55

[12]   Ferd.[inand] Ries: Introduzion og stor Marsch   56— 59

[13]   N.[icolai] P.[eter] Nielsen: Polonaise   60

[14]   P. T. Oterdahl: Amusement   61— 63

[15]   J.[oseph] Rudersdorff: Polonaise [Aus Op. 6?]   64— 65

[16]   [Joseph] Gelinek: Potpourri efter Themaer af: Die Wiener
        in Berlin [Karl von Holtei]   66— 72

2. Bind [1825/1826]:

[17]   C.[arl] M.[aria] v.[on] Weber: Zigeunermarsch af: Preciosa
        [Jähns 279]   1

[18]   Favorit Dands af: Preciosa (C. M. v. Weber: [IV. Akt,
        aus Nr. 12: Es blinken so lustig die Sterne, Jähns 279])
        (Pfte.-Arr.)   2— 3

[19]   F.[riedrich] Kalkbrenner: Vals af: Don Juan af Mozart
        med Variationer [Op. 38]   4— 12

[20]   [Johann Hugo] Worzischek: Rondeau Mignon [Op. 18, 2]   13— 15

[21]   (C.[hristoph] E.[rnst] F.[riedrich] Weyse): Fædrelandssang
        „Duftende Enge og kornrige Vange" (Jetsmark)
        [= Neue Melodie zu Jetsmarks Fædrelandssang]   16— 17

[22]   G.[ottfried] Rieger: Variationer over en Polonaise i: Barberen
        af Sevilla [Rossini] [Op. 17]   18— 25

[23]   [Louis Joseph Ferdinand] Hérold: Ouverture af: Alfen Som
        Page [= La Clochette]   26— 31

[24]   [Friedrich] Kalkbrenner: Scotsk Thema (af Walter Scotts: Red
        Gountle) med Variationer [Op. 74]   32— 41

[25]   C.[arl] Schwarz: To Revue-Marscher for det Slesvigske
        Jægercorps (Allegro — Presto)   42

[26]   W.[enzeslaus] Plachý: Variationer over en Svensk Folkesang
        (Allegro — Thema — Var. 1—6)   43— 47

[27]   J.[ohann] Amon: Andante cantabile   48

[28]   F.[riedrich] Kalkbrenner: Valsen's Fortryllelser (Samling
       af 3 Valser) [Op. 73]   49— 55

[29]   F.[riedrich] Kuhlau: Rondo over et (yndet) Thema af Operaen:
       Sneen [Auber, La Neige] [Op. 73, 1]   56— 63

[30]   F.[rederik] Fröhlich: Ouverture af: Kong Salomon og Jörgen
       Hattemager   64— 71

[31]   C.[onradin] Kreutzer: Menuetto   72

12. Aargang [1826/1827]

1. Bind [1826]:

[1]   Louisen-Marsch   1

[2]   F.[riedrich] Kuhlau: Rondo over et Thema af: Barberen i
       Sevilla [Rossini] [Op. 73, 2]   2—   9

[3]   J.[ohann] N.[epomuk] Hummel: La Contemplazione, Fantasia
       [Op. 107, 3]   10— 15

[4]   [Johann Nepomuk] Hummel: Russisk Rondoletto [Op. 107, 2] 16— 23

[5]   [Louis] Spohr: Cotillon af Operaen: Der Berggeist   24

[6]   F.[erdinand] Ries: Sonatine [Op. 5, 2]   25— 33

[7]   F.[riedrich] Kuhlau: Rondo over et Thema af: Barberen i
       Sevilla [recte: Gazza Ladra] [Rossini] [Op. 73, 3]   34— 43

[8]   [Ludwig van] Beethoven: Andante cantabile e grazioso
       [Op. 126, 3]   44— 45

[9]   C.[hristoph] E.[rnst] F.[riedrich] Weyse: Sang for Danske
       (efter Delingsscenen i Sörgespillet: Svend Grathe)
       „Der er et Land" [C. J. Boye]   46— 48

[10]   C.[arl] Czerny: Rondeau Mignon   49— 51

[11]   [Ignaz] Moschelles [!]: (Rondo over en) Venetiansk Folke-
       sang [Op. 12]   52— 61

[12]   J.[ohann] N.[epomuk] Hummel: Ungersk Rondo [Op. 107, 6] 62— 69

[13]   [Louis] Spohr: Polonaise   70— 71

[14]   [Johann Peter] Pixis: Vals   72

2. Bind [1826/1827]:

[15]   [Ignaz] Moscheles: Vals [Op. 27, III]   1

[16]   Camille Pleyel: Blanding af Arier af Rossini's Operaer
       (Moise — Gazza Ladra — Moise) [Op. 25]   2— 17

[17]   F.[erdinand] Ries: Sonatine [Op. 5, 1]   18— 28

[18]   Camille Pleyel: Blanding af Arier af Rosini's [!] Operaer
       (Zelmire) [Op. 27]   29— 36

[19]   F.[rederik] Blinck: Introduction og Rondo   37— 44

[20]   Cottillon efter yndede Themaer af Operaen:
Den hvide Dame (Boieldieu: [La Dame Blanche])   45– 47

[21]   Vals af: Den hvide Dame (Boieldieu [I. Akt: Sonnez,
Sonnez, cors et musette] (Pfte.-Arr.)   48

[22] [François Adrien] Boieldieu: Ouverture af Operaen: Den hvide
Dame   49– 57

[23] H.[ans] P.[eter] J.[ohan] Lyngbye: Dansk Fiirkreds Sang
i Bern „Mens fjerne Qvad paa Hjemmets Fest"
(J. Baggesen) (4stg. Männerchor, Pfte.)   58– 59

[24] C.[arl] Czerny: Thema med Variationer (Tema – Var. 1–5 –
Tempo del Tema ma più sostenuto)   60– 65

[25] P.[eter] Jensen: Romance „Pigen sad tavs ved den rivende
Ström" (L. Kruse)   66– 67

[26]   Vals af Operaen: Den hvide Dame (Boieldieu [II. Akt:
De l' amour, de sa douce magie]) (Pfte.-Arr.)   68

[27] C.[arl] M.[aria] v.[on] Weber: Vals   69

[28] C.[arl] Czerny: Kronings Marsch   70– 72

The Piano Forte Journal consisting of Overtures, Airs, Rondos, and Select Movements; extracted from the Works of the most Popular Authors on the Continent, never before printed in this Country. And some of which have been arranged expressly for this Work.

London, Printed and sold by Chappell & Co. Music & Musical Instrument Sellers N. 124, New Bond Street.

[1814–1816]: No. 1–7?

GB Lbm ([1814–1816], 1–2, 6–7)

No. 1.   [Luigi] Cherubini: Overture to: Lodoïska, arranged by
J.[ohann] B.[aptist] Cramer ([Pl. Nr.] 224)   1– 8

No. 2.   D.[aniel] Steibelt: [Joseph] Haydn's Celebrated Military
Movement, with Variations & an Introduction
([Pl. Nr.] 245)   2– 9

No. 6.   [Daniel] Steibelt: Le Berger et son Troupeau,
Pastoral Rondo ([Pl. Nr.] 392)   2– 9

No. 7.   [Luigi] Cherubini: Rondo from the Opera of:
Faniska ([Pl. Nr.] 395)   1– 8

Le Souvenir des Ménestrels, Contenant une Collection de Romances ([9. 1822:] nouvelles ou) inédites ([10. 1823–13. 1826:] ou nouvelles), ([ab 14. 1827:] composées par les (des) meilleurs Auteurs, [ab 10. 1823:] Dédié aux Amateurs.) Le tout recueilli et publié par un Amateur (Charles Laffillé). Il (Ce Recueil),

([9. 1822—10. 1823:] auquel coopèrent les plus grands maîtres, paraîtra (paraît) tous les ans au 1er janvier.) [1814—1817: 1st. Weisen ohne ([ab 1818:] mit) Pfte.-Begl.]

A Paris, Chez L' Editeur, au Magasin de Madame Bénoist, rue de Richelieu, no. 20, ([ab 4. 1817:] Chez Madame Veuve Bénoist, Palais-Royal, galeries de bois, no. 254, [ab 8. 1821:] Au Magasin de Musique de la Lyre moderne, rue Vivienne, no. 6, [ab 14. 1827 auch:] Chez L' Auteur, Galerie Vivienne, no. 70, [ab 15. 1828:] Chez l' Auteurs, Galerie Vivienne, No. 70.)

Année [1.] 1814—16. 1829.

D Bim (M: 4. 1817 — 11. 1824, 13. 1826 — 16. 1829) — **F** Pn; Sn (2. 1815); **V** ([1.] 1814; 6. 1819) — **GB** Lbm (3. 1816)

[1re] Année. 1814:

[1]	Nicolò [Isouard]: Dialogue entre Euterpe et Erato ,,C' est Erato, c' est toi, ma sœur" (Dupuy des Islets) (2 Singst., Pfte. oder Hf.)	1— 3
[2]	[Pierre-Ignace] Bégrez: Le Pouvoir de la Musique, Romance ,,Présent du Ciel, divine mélodie" (Mme. Ferrier)	4— 5
[3]	P.[ierre] Hédouin: L' Helvétien, Pastorale Suisse ,,N' as-tu point vu, plaintive tourterelle" (Sophie d' Ordre)	6— 7
[4]	L.[ouis] Jadin: Romance ,,De vos oiseaux la douce mélodie" (Nach Petrarca: Le Baron de Jubé)	8— 9
[5]	P.[ierre] Vaillant: Romance tiré du Roman de Pauline et Belval ,,O vous, aimables tourterelles" (Roy)	10— 11
[6]	C.[har]les Laffillé: L' Absence, Romance ,,Du mal que me fait ton absence" (C.[har]les Laffillé)	12— 13
[7]	[Giuseppe] Catrufo: L' Infidélité d' Annette, Romance ,,Près des bords où l' Evan paisible roule" (P. Hédouin)	14— 15
[8]	(Henriette) Georgeon: Le Retour du Guerrier, Romance ,,Ne vois-je pas de la montagne" (Henriette Georgeon)	16— 17
[9]	[François] Adr.[ien] Boieldieu: François Premier, Romance ,,Quel est ce brillant chevalier" (Ravrio)	18— 19
[10]	Sophie Gail: Les Devoirs du Chevalier, Romance ,,Vous qui voulez l' ordre de chevalier" (Creuzé de Lesser)	20— 21
[11]	[Jean-Paul-Egide] Martini: Soupirs d' Amour, Romance ,,Vœux indiscrets, soupirs d' amour" (La Baronne D.... De P......)	22— 23
[12]	[Jérôme Joseph] de Momigny: S' il m' aimait, Romance ,,S' il m' aimait, je craindrais ma faiblesse" (Rxx de Lxx)	24— 25
[13]	[J. B.] Lélu: Silence! ... L' Amour dort, Romance ,,A l' ombre d' un épais feuillage" (Mathias)	26— 27
[14]	Quinebaux: L' Adieu, Romance ,,Laisse tomber les yeux sur celle qui t' adore" (M[arceli]ne Desbordes)	28— 29

[15] A.[ntoine] Romagnesi: Il reviendra, Romance ,,Las! il fuit
      loin de son amie" (de Lacaze)   30— 31

[16] [Amélie Julie] Simons-Candeille: Belle, plus belle, Chansonnette
      ,,Prenons ma lyre pour abréger la nuit" ([Amélie Julie]
      Simons-Candeille)   32— 33

[17] A.[uguste] Blondeau: L' Amitié, Romance ,,Tendres amants,
      troupe aimable et légère" (Millevoye)   34— 35

[18] [Jean-Denis] S.(aint)-Aubin Fils: Je pars, Romance ,,Je pars,
      ô mon unique amie" (Alex.[an]dre de Montferier)   36— 37

[19] P.[ierre] Hédouin: Les Adieux de Velléda, Chant gallique
      ,,Sur le sommet d' un rocher" (P. Hédouin)   38— 39

[20] Ducrêst de Villeneuve: Inès et Roger, Romance ,,Dès mes plus
      jeunes ans" (E. Géraud)   40— 41

[21] Mélanie de Lépinay, sa Fille: L' Amoureuse Attente, Romance
      ,,Pour t' attendre Floride" (Mélanie de L' Epinay)   42— 43

[22] J. A. Dietrich: Regrets d' Absence, Romance ,,Jours ténébreux
      obscurcissent ma vie" (Millevoye)   44— 45

[23] [Georges] J.[oseph] Lambert: Plaisir d' Amour, Romance
      ,,Plaisir d' amour, charmez encor mon cœur"
      (Mme. Clément née Hémery)   46— 47

[24] Josephine Baptiste: Le Chant du Troubadour Castillan ,,Saisis
      tes armes, Troubadour" (A. J. de Launay)   48— 49

[25] J.[oseph] Ladurner: Pleurs sur la Tombe de J. J. Rousseau,
      Romance ,,Voici donc le séjour paisible" (Mme. de
      Beauharnais)   50— 51

[26] Champein: Les Vœux d' un Troubadour, Romance ,,Preux,
      Chevalier, sensible ménestrel" (Dupuy des Islets)   52— 53

[27] [Louis] Moreau: Le Panache d' Henri IV, Romance ,,Chers
      compagnons, disait à ses soldats" (El Suleau)   54— 55

[28] J.[oseph] Catrufo: A l' Astre des Nuits, Romance Elégiaque
      ,,O toi dont la douce lumière convient" (P. Hédouin)   56— 57

[29] Ch.[ar]les Laffillé: Les Regrets d' un Troubadour, Romance
      ,,Bosquet chéri, mystérieux séjour" (Ch.[ar]les Laffillé)   58— 59

[30] Quinebaux: Plainte d' Amour, Romance ,,Quand l' amitié
      tremblante" (Mademoiselle xxxx)   60— 61

[31] Caroline Cresté: L' Exile de la Guyanne, Romance ,,Dans ces
      déserts, je finirai ma vie" (C. de Proisy)   62— 63

[32] Ducrêst de Villeneuve: La Fée Morgane, Romance tirée du
      Poème de Charlemagne ,,C' était un soir, au fond de
      sa tourelle" (Millevoye)   64— 65

[33] [Jean Baptiste] Bouffet: Doux Chant d' Amour, Romance ,,Doux
      chant d' amour me trouble" (Eusèbe Salverte)   66— 67

[34] Léonide Jadin: La Jouvencelle, Romance ,,Jà sont passés seize
      printems" (Adolphe Jadin)   68— 69

[35] Gabriel Le Moyne: La Devise du Chevalier, Romance „Francs
 Chevaliers, suivons la gloire" (Mr. xxx)   70— 71

[36] N.[arcisse] Carbonel: Alfred le Grand, Romance „Au camp
 Danois, un Ménestrel s' avance" (Mme. ***)   72— 73

[37] [Rodolphe] Kreutzer: L' Amante abandonnée, Romance „Il
 m' en souvient, ce fut sous cet ombrage" (Vigée)   74— 75

[38] [Pierre-Ignace] Bégrez: La Naissance de la Volupté, Romance „L' Amour un beau soir s' égara" (Aug.[us] te
 d' Hardiviller)   76— 77

[39] Mme. de Bawr: A la Mémoire d' un être chéri, Romance Elégiaque
 „O toi qui ne peux [!] plus entendre" (Mme. de Bawr) 78— 79

[40] F.[rançois] J.[oseph] Naderman: Romance „Heure du soir!
 heure paisible et sombre" (Millevoye)   80— 81

[41] L.[ouis] Pradhere: Romance tirée du Poème de Rosamonde
 „Rose innocente, amours des champs sauvages" (Brifaut) 82— 83

[42] P.[ierre] Dalvimare: Aline et Zerbin, Romance „Français
 qui chérissez vos dames" (de Coupigny)   84— 85

[43] Gustave Dugazon: Que veut-il dire? Romance tirée de l' Album
 de Mr. Ch.[ar] les Pecherman „Que veut-il dire?
 Pourquoi cet air mystérieux?" (Mme. de N xxx)   86— 87

[44] Pio Dussek Cianchettini: Si vous m' aimez, Romance „Si vous
 m' aimez, pourquoi ne pas me dire" (Mr. Hxxx)   88— 89

[45] [Charles-Simon] Catel: L' Exil, Romance „Loin d' un monde
 rempli d' appas" (de Jouy)   90— 91

[46] Fabry Garat: Troubadour et Guerrier, Romance „Troublant
 la paix du beau pays de France" (de Brévannes)   92— 93

[47] [Giovanni] Pacini: La Pauvre Zélie, Romance „Du doux
 printems où célèbre la fête" (Isabelle de Montolieu)   94— 95

[48] F.[rançois] Berton Fils: Romance „Pourquoi tourmenter ma
 jeunesse" (F. Bourguignon)   96— 97

[49] B.[ocquillon] Wilhem: Beaucoup d' Amour, Romance „Malgré
 la voix de la sagesse" (P. J. de Béranger)   98— 99

[50] C.[harles] Bochsa Fils: Romance tirée du nouveau Roman
 de Mme. de Genlis, Intitulé Mademoiselle de la
 Fayette, Composé dans le style ancien „Pour oser
 offrir nos hommages à la déité" (Mme. de Genlis)   100—101

[51] [Ferdinando] Paer: Le Mystère, Romance „Amant dont le
 cœur enflammé" (Dupuy des Islets)   102—103

[52] H.[enri] Berton Père: Agnès Sorel, Romance historique „Jadis,
 Agnès la belle" (A. Daniel)   104—105

[53] Frédéric Duvernoy: Quand je te vois, Romance „Quand je te
 vois, à peine je respire" (Mr. Hxxx)   106—107

[54] [Luc] Guénée: Gaston de Foix, Romance historique „Le
 front calme et serein" (Eugène S.... E.)   108—109

[55] [Gottfried] Rieger: Romance „Plaignez mon sort, partagez ma tristesse" (Victor Vial)   110—111

[56] [Jean Baptiste] Bouffet: Hymne à la Gaîté „Dans l' âge heureux où des plaisirs" (A. Désaugiers)   112—113

[57] Mlle. Minette: Romance Pastorale „Rossignol amoureux, sensible tourterelle" (Mlle. Minette)   114—115

[58] Garat aîné: Le Sommeil de Clary, Romance „Dors, Clary, tu le peux" (A. J. Delaunay)   116—117

[59] Mme. de Foissi: Romance „Avril, l' honneur et des bois" (Rémi Belleau)   118—119

[60] [Gasparo] Spontini: La Plainte d' Amour, Romance „Voici les lieux où ma triste musette" (Giraud)   120—121

[61] [Jean-Paul-Egide] Martini: Romance „Jeunes beautés, soyez indifférentes" (Mme. La Baronne D.... de P.....)   122—123

[62] C.[harles] H.[enri] Plantade: Le Rêve, Chant Nègre „Moi rêver, douce amie" (Mr...)   124—125

[63] J. Frey: Le Retour de Syrie, Romance „Relevé des plus nobles vœux" (Camille P.....)   126—127

[64] Le Chevalier de Piis: Antoine et Antoinette, Romance „Antoine est si las de la vie" (Le Chevalier de Piis)   128—129

[65] Louis Balochi: Les Adieux de Raoul de Coucy, Romance „Il faut partir, l' honneur m' appelle" (P. A. Vieillard)   130—131

[66] P.[ierre] M.[ontan] Berton Fils: Le Premier Amour, Romance „Hélas! plein du feu qui m' inspire" (P. M. Berton Fils) 132—133

[67] [Henri-Jean] Rigel: Au Zéphir, Romance „Que ton haleine est parfumée" (Nach dem Persischen)   134—135

[68] Xavier Désargus: Le Berger Amoureux, Romance „Depuis que je connais Lucette" (Adolphe Jadin)   136—137

[69] Le Ch.[evali]er Le Mière de Bermond: La Provence, Romance „Joyeux enfans de la Provence" (Martinville)   138—139

[70] Pascal Taskin: La Belle de Jour et la Belle de Nuit, Romance „Les doux rayons de l' Aurore" (Philipon de la Madelaine)   140—141

[71] [Jean-Baptiste] Roucourt: Zoé ou la Provençale, Romance „A l' ombre d' un tilleul en fleurs" (T. M. P. Vanbemmel)   142—143

[72] Joseph Catrufo: L' Intimité, Romance „Quand deux flambaux brûlent ensemble" (Em. Dupaty)   144—145

[73] Salais: Le Chant d' Asléga, Romance „Pardonne, Isnel; un père inexorable donna ma main" (de Parny)   146—147

[74] G.[eorges] Lambert: Le Troubadour Malheureux, Romance „Troubadour de la belle France" (Aimé Martin)   148—149

[75] [Etienne Nicolas] Méhul: Bayard Mourant, Romance historique „Couvert de sang et chargé de blessures" (Brifaut)   150—151

[76] Valmalette: Regrets d' Amour, Romance „Depuis que sur
      cette rive" (Valmalette)   152—153

[77] [Amédée] Méreaux: Ode d' Anacréon „Je voulais chanter
      Atride, Thèbe et ses superbes tours" ([Übers.:]
      de St. Victor)   154—155

[78] G.[eorges] Lambert: Les Souvenirs du Val, Romance „Que
      de souvenirs poétiques" (E. Dupaty)   156—157

[79] Tourterelle Fils: Le Bonheur d' être aimé, Romance „Je te
      dois tout, ô ma divine amie!" (Mademoiselle xxxxx)   158—159

[80] P.[ierre] Gaveaux: Romance tirée du Poème d'Ossian „On
      dit que je suis belle" (Baour-Lormian)   160—161

[81] [Luc] Guénée: L' Amour Naissant, Romance „Quel est cet
      aimant" (A. de Sarrazin)   162—163

[82] [Amélie Julie] Simons-Candeille: Le Repentir, Romance
      „Pour un ingrat dont l' imposture trahit l' honneur"
      (Dupuy-Desislets)   164—167

2e Année. 1815:

[1]   Nicolò de Malte [Isouard]: Le Ménestrel, Ronde Villageoise
      „Accourez, jeunes pastourelles" (Le Ch.[evali]er
      Dupuy des Islets) (Singst., Pfte. oder Hf.)   1— 5

[2]   Ch.(arl)es Laffillé: La Renaissance des Lis, Chant Gallique
      „Français! quel est ce chevalier" (Ch.(arl)es Laffillé)   6— 9

[3]   D.. d.(e) Vxxx: Le Matin, Tyrolienne „L' Aube à peine effleure"
      (D.. d. Vxxx)   10— 11

[4]   Honorine Lostin: Le Retour du Bien Aimé, Romance „Sur tes
      rameaux j' avais laissé ma lyre" (Mr. Lostin)   12— 13

[5]   (L.[ouis]) Moreau: Chansonnette „J' aimais à chanter
      autrefois" (Mr.....)   14— 15

[6]   P.[ierre] Hédouin: Le Retour de Nély, Romance „La nature
      à mes yeux" (P. Hédouin)   16— 17

[7]   L.[ouis] Jadin: Plus de Bonheur, Romance „Or écoutez la
      doléance d' un troubadour" (Adolphe Jadin)   18— 19

[8]   Gustave Dugazon: La Sagesse et le Plaisir, Chanson „La
      blonde Eglé jeune et naïve" (Léon de la Mothe)   20— 23

[9]   Mme. Target née Hutchinson: Romance Anglaise „Poor
      little simple rustic maid" (Mme. Target)   24— 25

[10] Garat aîné: Comme va le Monde, Boutade „Que devenir sur la
      machine ronde?" (A. J. de Launay)   26— 27

[11] Ch.[arles] Lambert: L' Amour à la Chasse, Chanson „Amour,
      dit-on, est hypocrite" (Frédéric de Courcy)   28— 29

[12] [Charles] Mansui: La Séparation, Romance „On nous sépare ...
      hélas!" (Frédéric de Courcy)   30— 31

[13] F.[rançois] J.[oseph] Naderman: Fleur de Beauté, Romance „Fleur de beauté n' a souvent qu' une aurore" (de Coupigny)   32— 33

[14] D. d.(e) Vxxx: Le Soir, Tyrolienne „Phoebus, au delà des montagnes" (D. d. Vxxx)   34— 35

[15] Guy de Sannoy: Le Jeune Ménestrel, Romance „Adieu, le bonheur de ma vie" (Guy de Sannoy)   36— 37

[16] L.[ouis] Moreau: Les Regrets, Romance „Fille d' amour, douce mélancolie" (Mr. xxx) (2 Singst.)   38— 41

[17] Fabry Garat: Le Troubadour, Romance „Quand la chevalerie embellissait les jours" (de St. Laurent)   42— 43

[18] Quinebaux: La Lyre d' Orphée, Romance „Il me souvient d' avoir entendu dire" (A. J. de Launay)   44— 45

[19] A.[ntoine] Romagnesi: Le discret Troubadour, Romance „Sans espoir aimant une belle" (Pallard)   46— 47

[20] Ch.(arl)es Laffillé: Les Feuilles, Romance „Peupliers dont les rameaux verts se dépouillent" (Campenon)   48— 49

[21] Garat aîné: Romance Nègre „Cœur à moi chagrin Félicie" (Le Ch.[evali]er Dupuy des Islets)   50— 51

[22] Ch.[arl]es Lambert: Le Rendez-Vous, Romance „Olivier je t'attends, l' heure est déjà sonnée" (Marceline Desbordes)   52— 53

[23] Lami: Barcarolle à deux voix „Filles du hameau, laissez-vous conduire" (Mr. xxx)   54— 55

[24] A.[médée] Ardisson: Le Jeune Peintre devenu aveugle, Romance „L' amour et les beaux arts" (C. de Chatillon)   56— 57

[25] Quinebaux: La Coquette, Romance „Hortense est, dit-on, très coquette, eh!" (Le Ch.[evali]er Dupuy des Islets)   58— 59

[26] P.[ierre-Montan] Berton: L' Amour filial, Romance „Beaux lieux, séjour de l' innocence" (Mme. Dufrenois)   60— 61

[27] H.[einrich] Domnich: Chansonnette „Dans un rond de bergerettes" (Mxxx)   62— 63

[28] Me. Target née Hutchinson: Larmes d' Amour, Romance „Vous vous plaignez, amants ingrats" (Mr. xxx)   64— 65

[29] D. de Vxxx: Le Midi, Tyrolienne „Les feux du jour nous chassent" (D. de Vxxx)   66— 67

[30] Garat aîné: Le Petit Air boudeur, Couplets à Hortense „On voit dame grecque ou romaine" (Le Ch.[evali]er Dupuy des Islets)   68— 69

[31] Quinebaux: L'Abandon, Romance „Que n'as-tu, comme moi, pris naissance au village?" (M.(arcelline [!]) Desbordes)   70— 71

[32] F.[rançois] J.[oseph] Naderman: La Feuille Sèche, Romance
      „Toi que les vents ont détachée des arbres" (Michaud) 72— 75

[33] Ch.(arl)es Laffillé: La Fiancée, Romance „Le soir brunissait
      la clairière" (Millevoye)   76— 79

[34] [J. B.] Lélu: L' Echo, Bollero „Tout pour l' amour!
      chante le troubadour" (M.(arcelli)ne [!] Desbordes)   80— 81

[35] Xavier Désargus: Madame de la Vallière recevant Mlle.
      de Blois sa fille, dans son Oratoire „Gage d' un amour
      trop funeste" (Vieillard)   82— 83

[36] N. Paz: Romance espagnole „Crudo amor en tus cadenas"
      (Yriarte)   84— 85

[37] Fabry Garat: Adèle, Romance „Gémissez sur le sort d' Adèle"
      (Tournay)   86— 89

[38] F.[rançois] Berton Fils: N' est-ce pas là de l' Amour? Romance
      „Après quelques moments d' absence" (Fillette de
      Ronsière)   90— 91

[39] Camille Pleyel: Colma, Chant Ossianique „Loin de moi Salgar
      est errant" (Baour Lormian)   92— 93

[40] [Antoine] Meissonnier: Le Serment rompu, Romance „J' avais
      juré que dans l' indifférence" (Mme. de Rancogne)   94— 95

[41] [Jean-Paul-Egide] Martini: Les Adieux de Sapho à Phaon,
      Romance „C' en est fait, dans l' onde glacée" (De-
      moustier)   96— 97

[42] Auguste L.[ouis] Blondeau: La Palinodia à Nice, Romance
      Italienne „Placa gli sdegni tuoi" (Métastase)   98— 99

[43] Frédéric Duvernoy: Romance historique, Françoise de Foix
      à François Ier, qui lui redemandait par M. de Béarn
      ses bannières et ses bagues „Redemandez, ô seigneur
      infidèle" (Le Ch.[evali]er de Valori)   100—103

[44] B.[ocquillon] Wilhem: Non, non, beau Sire! Chansonnette „Non,
      non, beau Sire, plus d' amour" (Ch.[ar]les Malo)   104—105

[45] Mme. Target née Hutchinson: Crainte et Plaisir, Romance
      „Crainte et plaisir troublent mon cœur" (Le
      Ch.[evali]er Dupuy des Islets)   106—107

[46] Mme. de Sanoy: Aimez, pour être heureux! Romance „Quand
      le printemps ramène les plaisirs et les fleurs" (Mr. xxx) 108—109

[47] Siffrein Reynaud: Invitation à l' Amour, Romance „Amour,
      amour, ne me suis pas" (Mme. Target née Hutchinson)   110—111

[48] [J. B.] Lélu: Elle fuit, Romance „Tu m' as quitté paisible
      indifférence" (Audibert)   112—113

[49] Léonide Jadin: Le Troubadour Suppliant, Romance „Gentille
      châtelaine, au nom du tendre amour" (Adolphe Jadin)   114—115

[50] A.[uguste] Blondeau: Depuis un Jour, Romance „Depuis
      un jour, je renais à la vie" (A. Blondeau)   116—117

[51] Garat aîné: L' Anneau magique, Romance „D' Henri second, de sa belle maîtresse" (Le Ch.[evali] er Dupuy des Islets)   118—121

[52] P.[ierre] d' Alvimare: La Commune Loi, Chanson „C' est la commune loi, partout on est de même" (A. de Fxxxxx) 122—125

[53] Herminie d' Aubonne: Les Vœux, Romance „Entends, ô nuit silencieuse, ma faible voix" (P. de Plombières)   126—127

[54]   Air de la petite Russie „Pozaluite sudaryma siadte samoi riadam" — „De plus tendre amant daignez récompenser la flamme"   128—131

[55] P.[ierre] d' Alvimare: Rosette, Chansonnette „Rosette, pour un peu d' absence" (Baillif)   132—135

[56] D. de Vxxx: La Nuit, Tyrolienne „Echappée à l' œil de sa mère" (D. de Vxxx)   136—137

[57] J.[oseph] Haydn: Le Premier Baiser [Der erste Kuß], Romance Allemande „Leiser nannt ich deinen Namen" („D' une voix craintive et tremblante") [J. G. Jacobi] [Hob. XXVI a, Nr. 3]   138—139

[58] Camille Pleyel: Chansonnette „J' étais bien jeune encore" (de Jouy)   140—141

[59] Caroline S..... C.....: La Tendresse maternelle, Romance „J' éprouve le plus doux transport" (Le C.[om] te de Proisy-d' Eppe)   142—143

[60] Guénin Père: Le Vieillard amoureux, Romance „Je ne suis pas dans la saison" (P. de Plombières)   144—145

[61] Henriette Georgeon: La Bonne Epouse, Romance „L' usage défend aux époux" (Henriette Georgeon)   146—147

[62] Henri Naderman: Romance „Gémis tendre musette, soupire ma douleur" (Roland)   148—149

[63] Ch.(arl)es Laffillé: Les Adieux au Collège, Chansonnette „Je sors enfin de ma cellule" (Frédéric de Courcy)   150—153

[64] J.[oseph] Haydn: Consolation d' un Amant malheureux [Trost unglücklicher Liebe], Romance Allemande „Ihr missvergnügten Stunden, wie gross ist eure Zahl!" („Jours de deuil, jours de larmes, qui pourrait vous compter?") [Hob. XXVI a, Nr. 9]   154—155

[65] [Charles-Simon] Catel: La Châtelaine, Romance „Prêt à combattre où son Seigneur l' appelle" (H. Audibert)   156—159

[66] Nicolò de Malte [Isouard]: Rosier d' Amour, Romance „Un jeune Arabe, aux plaines d' Idumée" (N. Lefebvre) 160—163

[67] Félice Blangini: La Pesca, Barcarole „Già pronta la t' aspetta" (M......)   164—165

[68] P.[ierre] Vaillant: Devise des Français, Couplets „Lorsqu' après tant de maux" (Désaugiers)   166—169

[69] Pio Dussek Cianchettini: Romance „Je me croyais guéri pour l' avenir" (Hureau)   170—171

[70] L.[ouis] Pradher: Tourment d' Absence, Romance „Il a quitté sa tendre amie" (P. Hédouin)   172—173

[71] Louis Balochi: Complainte de la Duchesse de la Vallière, religieuse Carmélite, sur la mort du Comte de Vermandois, son fils „Dans ce séjour où l' innocence" (Mr. xxx)   174—177

[72] P.[ierre] Gaveaux: Amédée et Adèle, Romance „Jadis fut un jeune page" (Mr. xxx)   178—181

[73] Gabriel Lemoine: Le Magnétisme, Chanson „Le Magnétisme est sans mentir" (Frédéric de Courcy)   182—185

[74] Josephine Baptiste: Prière à Marie, Romance „Une Vierge à genoux, dans sa mélancolie" (M.(arcelli)ne [!] Desbordes)   186—187

[75] [Charles-Simon] Catel: La Prude, Romance „Vous connaissez la jeune Ormonde"(Le Ch.[evali] er Dupuy des Islets)   188—189

[76] Mademoiselle Minette: L' Amore Infelice, Canzonetta „Io ti vid di t' ammirai" (Mademoiselle Minette)   190—191

[77] [Rodolphe] Kreutzer: Les Effets de l' Absence, Romance „A mon réveil si vois l' Aurore" (Vigée)   192—193

[78] [Pierre-Ignace] Bégrez: Velléda, Romance „Au sein des nuits, sur l' aride bruyère" (de Chateaubriand)   194—197

[79] [François Adrien] Boil-Dieu [!]: La Rencontre du Soir, Chansonnette „Anette [!] ramenait un soir" (H.(enrie)tte Georgeon)   198—199

[80] F.[rançois] Berton Fils: La Mort du Chevalier, Romance „Elle n' est plus, mon amante chérie!" (Michel)   200—201

[81] Ch.(arl)es Laffillé: Le Compte du Tems, Conte „Or, écoutez, voici mon conte" (Despréaux)   202—205

[82] Quinebaux: La Nouvelle Athala, Romance „Vierge, trésor de la Floride" (Le Ch.[evali] er Dupuy des Islets)   206—209

[83] [Amélie Julie] Simons-Candeille: L' Adieu, Romance „Je cède à la raison" (Simons-Candeille)   210—211

[84] C.[harles] Bochsa: Zoraï, Romance „Aux champs où respire le Maure" (P. A. Vieillard)   212—213

[85] [Gasparo] Spontini: Flambeau d' Amour, Rondeau „Suivons la lumière du flambeau d' amour" (de Luigny)   214—215

[86] Ferdinand Sor: Boléro Espagnol „Misdescuida des o jos vieron tu cara"   216—217

[87] [Ferdinando] Paer: Hymne de François Premier: A la Beauté „Beauté, charmes des yeux" (Le Ch.[evali] er Dupuy des Islets) (Singst., B-Begl.)   218—221

[88] Ch.(arl)es Laffillé: La Défaite de Lise, Romance ,,Lise tremblante au nom d' amant" (Ch.(arl)es Laffillé)   222—223

[89] J.[oseph] Ladurner: L' Agneau chéri, Pastorale ,,Je voulais
offrir à ma belle" (P. de Plombières)   224—225

[90] Madame L...: Le Troubadour Malheureux, Romance
,,Elle avait d' un tendre regard" (Mr. L...)   226—227

[91] [Charles] Lafont: Le Radotage Amoureux, Romance ,,Salut!
homme et jolie, salut!" (Frédéric Bourguignon)   228—229

[92] H.[enri] Berton (Père): La Plainte du Barde, Chant Ossianique
(Réc.) ,,Selgar laissait oisifs sa harpe et son courage"
(A. J. de Launay) (Singst., B-Begl.)   230—237

[93] Champein: Le Vieux Troubadour, Chanson ,,Apollon, et toi,
tendre Amour" (Philippon de la Madelaine) (Singst.,
B-Begl.)   238—241

[94] Sophie Gail: Prière aux Songes, Nocturne à deux voix ,,O vous,
qui des ris et des jeux" (Cheurlin)   242—245

[95] Ch.(arl)es Plantade: Les cinq Ages de la Vie, Romance
,,Vous demandez que mes crayons, de la vie"   246—249

[96] Sallais: Le Fat, Chanson ,,Mon plaisir fut de voltiger" (P. de
Plombières)   250—251

[97] (H.[enri]) Berton (Père): Les Regrets de Lise, Pastorale
,,Assise au bord d' une onde claire" (M. Loreaux)   252—253

[98] [Henri-Jean] Rigel: Le Bouquet, Romance ,,A l' aide d' un
bouquet" (H. Audibert)   254—255

[99] Garat aîné: Mon Système, Rondeau ,,Pour être heureux que
faut-il dans la vie?" (A. J. de Launay)   256—259

[100] [Etienne Nicolas] Méhul: Le Retour de l' Exilé, Romance
,,France chérie, ô ma Patrie!" (Brifaut) (Singst.,
B-Begl.)   260—263

[101] [Jean Baptiste] Bouffet: La Villageoise, Pastorale ,,Sur le
gazon, au bord d' une fontaine" (Ch.(arl)es Laffillé)   264—265

[102] G.[eorges] Lambert: Mon Réveil, Romance ,,Le jour se lève,
amour m' inspire" (Mr. L...)   266—267

[103] Ch.(arl)es Laffillé: Le Saule de l' Amant, Romance ,,Humble
saule, ami du mystère" (J. F. Ducis)   268—269

3e Année. 1816:

[1] P.[ierre] Gaveaux: Ronde Nocturne ,,Accourez Nymphes et
Bergères" (Le Ch.[evali]er Dupuy des Islets) (Singst.,
Pfte. oder Hf.)   1— 8

[2] Ch.[arl]es Laffillé: Hymne à la Concorde ,,Quel bruit confus!
D' où naît cette allégresse?" (Ch.[arl]es Laffillé)   9— 13

[3] P.[ierre] Vaillant: Absence et Retour, Romance ,,Plus n' est
bonheur pour la triste Idelmine" (Le Ch.[evali]er
Dupuy des Islets)   14— 17

[4]   Auguste L.[ouis] Blondeau: Honneur et Foi, Romance
      ,,Champs émaillés de fleurs, et vous ruisseaux
      limpides" (Auguste L. Blondeau)   18— 19

[5]   Ch.[arl]es Lambert: Je suis aimé! Romance ,,Ton cœur
      soupire, ton cœur, Elvire" (Frédéric de Courcy)   20— 21

[6]   A.[lexandre] Piccini: Regrets d' Amour, Romance ,,Bords
      charmans que la seine arrose" (J. A. Jacquelin)   22— 23

[7]   H. Guénin Fils: Gérard de Nevers, Romance ,,Viens Damoisel,
      suis noble Dame" (H. de Sazerac)   24— 25

[8]   Gustave Dugazon: La Prière du Soir, Nocturne à deux voix
      ,,On sonne dans la chappelle de l' hermite du Valnoir"
      (Dumersan)   26— 29

[9]   P.[ierre] Hédouin: Le Roi Troubadour, Stances Marotiques
      (Récit à volonté) ,,Etais plongé dans la mélancolie"–
      (Stances) ,,Seule espérance de longue absence"
      (P. Hédouin)   30— 31

[10] Dreleng: Mon Plan de Retraite, Chansonnette ,,Il nous faut
      donc battre en retraite" (Auguste de Montaiglon)   32— 33

[11] [Marie Alexandre] Guénin Père: Vieux Ménestrel, Romance
      ,,Beau Ménestrel autrefois sur ma lyre" (Alphonse
      Vxxx)   34— 35

[12] Ch.[arl]es Laffillé: Roland désarmé par l' Amour, Romance
      historique ,,Le fier Roland, soldat de Charlemagne"
      (Le Ch.[evali]er Dupuy des Islets)   36— 39

[13] Le Ch.[evali]er H.[enri] Berton Père: L' Ouragan, Pastorale
      ,,Argile fragile, sous mes doigts arrondissez-vous!"
      (Loraux de Ronsière)   40— 42

[14] [Hilaire-Nicolas] Guénin Fils: Le Vieux Châtelain, Romance
      ,,Sur les rives de la Durance" (H. de Sazerac)   43— 45

[15] Gustave Dugazon: Le Pastour, Nocturne à deux voix égales
      ,,Près du troupeau que gaîment il fait paître"
      (L' Héritier)   46— 49

[16] P.[ierre] Vaillant: L' Amour fixé, Romance ,,Depuis long-
      tems le dieu d' amour" (Roy)   50— 51

[17] A.[lexis] de Garaudé: Depuis dix Jours, Romance ,,Depuis
      dix jours écoulés sans te voir" (A. de Garaudé)   52— 53

[18] [Luc] Guénée: L' Echarpe, Romance ,,D' Amour, gage
      flatteur, présent de mon amie" (Auguste Lafarge)   54— 55

[19] H. A. Kretschmer: Le Pâtre au Tombeau de sa Bergère,
      Romance ,,Ah! ne crains rien, bonne mère"
      (X. B. de Saintine)   56— 58

[20] P...... de B......: Le Matin, Romance ,,Je veux te saluer, ô
      charme de l' aurore!" (P. Hédouin)   59— 61

[21] Auguste L.[ouis] Blondeau: N' ai pu changer, Romance ,,Plaignez
      ma destinée, vous qui souffrez" (Auguste L. Blondeau)   62— 65

[22] Herminie Daubonne: Amour et Indifférence, Romance ,,Dois-je l' aimer? dois-je la fuir?" (Frédéric de Courcy) 64— 65

[23] D...... de V......: Le Pauvre Petit, Chansonnette ,,Venu dans ce bas monde" (D...... de V......) 66— 68

[24] Mme. T. A. L...: Les Croisades, Romance historique ,,Près du Jourdain, un jeune troubadour" (Mme. d' Hervilly) 69— 71

[25] Champein Père: Les Yeux de Philis, Romance ,,La nuit allait s' enfuir" (Nach dem Italienischen: Champein Fils) 72— 73

[26] Charles Thibault: Le Portrait, Romance ,,O Ménestrel, va servir la patrie" (V. Ambroisine Dxxx) 74— 75

[27] Dreleng: Le Rendez-Vous, Romance ,,Quand par le mystère embellie" (A. de Montaiglon) 76— 77

[28] J.[ohann] J.[acob] Dreuilh: Le Pêcheur pris par l' Amour, Romance ,,Au soleil couchant un pêcheur bravant l' amour" (Carmouche) · 78— 80

[29] A.[lexis] de Garaudé: Arthur et Julia, Romance historique ,,D' un vieux château les antiques tourelles" (A. de Garaudé) 81— 83

[30] D...... de V......: Tristan, Romance chevaleresque ,,Que me fait, si tu m' aimes bien" (Creusé de Lessert) 84— 85

[31] H.[enrie]tte Georgeon: Le Plaisir des Larmes, Romance ,,Longtems j'ai cru que la seule gaîté" (V. Ambroisine Dxxxxxx) 86— 87

[32] Ch.[arl]es Thibault: Le Départ de Croisé, Romance ,,En partant pour la Palestine" (Paulin) 88— 89

[33] G.[eorges] Lambert: Chant Nocturne d' Alfred, Observant les positions du Camp Danois, Chant 4.e ,,Buvez: en attendant l' aurore" (Millevoye, tiré du Poème d' Alfred) 90— 91

[34] [Jean-Frédéric-Auguste] Lemière de Corvey: La Pensée, Romance ,,J' aime à voir la terre" (Louis de Par xxx) 92— 93

[35] B.[ocquillon] Wilhem: Parny, Romance ,,Je disais aux fils d' Epicure" (P. J. de Béranger) 94— 97

[36] J.[oseph] F.[rançois] [!] Naderman: Le Bosquet, Romance ,,Bosquet charmant, c' est sous ton verd feuillage" (Hureau) 98— 99

[37] [François Henri] Castil-Blaze: Léandre au Bord de l' Hellespont, Romance ,,La nuit a déployé ses voiles" (Castil-Blaze) 100—102

[38] H.(enrie)tte Georgeon: La Pauvre Colette, Romance ,,Colette disait à Colin" (Henriette Georgeon) 103—104

[39] Fabry Garat: Nocturne à deux voix ,,Des cœurs aimants, ô compagne chérie" (Rucoulau) 105—107

[40] [Charles] Lafond [!]: Le Délire, Romance ,,Conçois-tu toutes mes douleurs" 108—109

[41]   Des Ifs, Romance à trois notes „Adieu bergère chérie"
          (Le Ch.[evali] er de Florian)   110—111

[42]   Champein: L' Indien au Tombeau de sa Compagne, Romance
          „O souvenir! sous ce palmier sauvage" (X. de Saintine) 112—115

[43]   [Siffrein] Reynaud: Le Rendez-Vous, Romance „Ton cœur
          garde t' il souvenance, ma Zélie" (Le Ch.[evali] er
          Dupuy des Islets)   116—117

[44]   A. Staudt: Baiser d' Amour, Romance „Baiser d' amour pris
          sur lèvres" (A. Staudt)   118—119

[45]   [Henri-Jean] Rigel: Le Barde au Tombeau de sa Bien Aimée,
          Romance „O ma Lorna, fleur matinale" (B. de Sain-
          tine)   120—123

[46]   A.[ntoine] Romagnesi: Romance „Depuis longtems j' aimais
          Adèle" (Mr. xxx)   124—125

[47]   H.[enrie]tte Georgeon: Vent du Nord, Romance „Vent du nord
          trouble l' harmonie" (H.[enrie]tte Georgeon)   126—127

[48]   [Charles-Simon] Catel: Regrets d' Amour, Romance „Tout
          repose dans la nature"   128—130

[49]   Mme. de Sanoy: L' Amour Raisonnable, Couplets „Envain d'un
          premier sentiment" (Bujac)   131—133

[50]   [Louis-Barthélemi] Pradher: Le Soldat, Romance „Dans
          un camp régnait le silence" (Audibert)   134—136

[51]   C.[harl] es Laffillé: La Leçon, Romance „A quatorze ans
          fillette n' ose qu' en secret" (Aus dem Roman:
          Le Tombeau Mystérieux)   137—139

[52]   Camille Pleyel: Duguesclin au Tombeau de Roland, Romance
          Chevaleresque „Dans les champs Navarrois, au fond
          d' une vallée" (E. Géraud)   140—142

[53]   Quinebaux: Le Dernier Adieu, Romance „Je me meurs!
          je succombe au destin" (M.(arcel)ine Desbordes)   143—144

[54]   Herminie Daubonne: Le Rêve, Romance „Eclatans flambeaux
          de la terre" (Mr xxx)   145—147

[55]   Madame J. D.: Isolier, Romance „L' orage a détruit notre armée"
          (Madame L. B.)   148—150

[56]   Edouard Salior: Ma Bourse, Couplets „Don charmant, tissu
          précieux" (Frédéric de Courcy)   151—152

[57]   Xavier Désargus: La Fileuse, Chansonnette „Autre fois jeune
          et jolie, ah!" (Frédéric de Courcy)   153—155

[58]   Ch.[arl] es Plantade: L' Amour Médiateur, Chansonnette
          „C' est bon, mademoiselle! c' est bon, monsieur"
          (Frédéric de Courcy)   156—159

[59]   H.[enri-François] Berton Fils: Le Berger délaissé, Romance
          „Imma si belle que j'adorais" (Loraux de Ronsière)   160—161

[60]   [Jean-Paul-Egide] Martini: Romance „Dans mon Printems''
       (La Baronne D.... de P......)   162—163

[61]   Louis Solikof: Les Regrets, Romance „Ils ne sont plus ces jours
       charmans'' (Mr.xxx)   164—166

[62]   Ch.[arl]es Laffillé: Plaire et Changer, Romance „Vous qui, près
       d' un objet charmant'' (Mr.xxx)   167—169

[63]   Mme. Norblin: L' Adieu, Romance „Aux lieux charmans
       qu' habite son amie'' (Mr. xxx)   170—171

[64]   Félix Blangini: Nous, Romance à deux voix „J' étais seul
       encor dans la vie''   172—174

[65]   Amédée Ardisson: Le Portrait de Zélie, Romance „De sa voix
       la douceur enchante'' (Amédée Ardisson)   175—177

[66]   [Charles] Plantade: La Petite Laurette, Chansonnette „Où va
       Laurette en tapinois?'' (Ch.[arl]es Malo)   178—179

[67]   [Martin Pierre] Dalvimare: Marguerite de Navarre à son Méne-
       strel, Après la Bataille de Pavie „Viens, prends ton
       luth fidèle troubadour'' (de Coupigny)   180—181

[68]   P.[ierre-]M.[ontan] Berton Fils: Chagrin d' Amour, Romance
       „Je reprends la vie avec les désirs'' (P. M. Berton Fils)   182—183

[69]   Le Ch.[evali]er Frédéric Duvernoy: Je vous attends, Romance
       „Je vous attends, que mon âme est saisie'' (Audibert)   184—185

[70]   Dietrich: Chanson „Vive un amant pour être prévenant!''
       (Panard)   186—189

[71]   Nicolò di Malta [Isouard]: Canzoncina „Dille pietosa js me
       ne ch' ella fuil primo amore''   190—191

[72]   Fabry Garat: Plainte d' Amour, Romance „Rive enchantée,
       berceau de mes amours!'' (M.(arcel)ine Desbordes)   192—193

[73]   C.[aroline] Martainville: La Franchise d' un Vieillard, Chan-
       son „Ne croyez pas que la vieillesse chez l' homme
       amène la raison'' (A. Martainville)   194—195

[74]   [Jean-Frédéric-Auguste] Le Mière de Corvey: Le Chevalier
       au Tombeau de son Amie, Romance „Tu connais
       ma jeune maîtresse'' (X. B. de Saintine)   196—198

[75]   Casimir Baecker: Le Bouton de Rose de 1814, Romance „O!
       doux bienfait du créature'' (La Comtesse de Genlis)   199—202

[76]   G.[eorges] Lambert: Le Flux de la Mer, Stances „Je rêvais
       à toi, sur la rive'' (Le Ch.[evali]er E. Dupaty)   203—206

[77]   [Rodolphe] Kreutzer: Baiser d' Amour, Romance „Baiser
       d' amour, charme délicieux!'' (Le Ch.[evali]er Dupuy
       des Islets)   207—208

[78]   H.[enri] Berton: Le Repentir, Romance „Oyez d' un beau
       Ménestrel'' (Le Comte de Proisy)   209—211

[79]   [Joseph] Ladurner: Les Trois Baisers, Romance pastorale
       „J' avais pris Lise pour amie'' (Audibert)   212—213

[80] Ch.[arl]es Laffillé: Tourments d' Amour, Romance „Si
      l' amour cause mes tourments, ah!" (Mr. xxx)   214—216

[81] Ch.[arl]es Bochsa: Boléro „Non, l' Amour ne compte
      jamais" (Mr. xxx)   217—218

[82] Ch.[arl]es Laffillé: Eliza, Romance „Je rêvais non loin
      d' Idalie" (Le Ch.[evali]er Dupuy des Islets)   219—221

[83] [Etienne Nicolas] Méhul: Eginhard et Emma, Romance
      „Le premier jour qu' Emma vit Eginhard" (Brifaut)
      (Singst., B-Begl.)   222—224

4e Année. 1817:

[1]   Nicolò de Malte [Isouard] : Les Guerriers Troubadours,
      Chanson bacchique „La guerre avait pour nous
      des charmes" (Le Ch.[evali]er Dupuy des Islets)
      (Singst., Pfte. oder Hf.)   1— 6

[2]   P.[ierre] Gaveaux: Mathilde au Désert, Romance „Chère
      Mathilde, ô malheureuse amie?" (Géry) (Singst.,
      B-Begl.)   7— 10

[3]   L. de Breuil: Le Doute, Romance „Dois-je le croire?"
      (Max. Cheurlin)   11— 12

[4]   Frédéric Duvernoy: L' Hymen et l' Amour, Chansonnette
      „S' en allant en Pélérinage" (Albéric Deville)   13— 14

[5]   L. Patras: La Plainte du Troubadour, Romance „L' aimable
      printems vient de naître" (L. Patras)   15— 16

[6]   Ch.[arl]es Laffillé: La perduta Pace, Romance italienne
      „Giorni sereni e placidi" (A. Bouvard)   17— 19

[7]   Antoni Anson: Adieux à la Campagne, Romance „Il faut
      partir, car l' automne s' avance" (La Princ.[es]se
      Lize de Kourakin)   20— 21

[8]   L.[ouis] Moreau: Les Regrets, Romance „Le doux sommeil,
      sur tout ce qui respire" (Michelot)   22— 25

[9]   J. Hatzfeld: Les Charmes de l'Amitié, Romance „Tendre
      amitié, doux charme de la vie" (A. L. Louyer
      de Villermay)   26— 27

[10] [Antoine] Meissonnier: Les Adieux de Madme. de Lavallière
      à la Cour de Louis Quatorze, Romance „D' une
      brillante cour je quitte le délice" (Troyes)   28— 29

[11] L.[uc] Guénée: Que faut-il faire? Romance „Près de toi mon
      âme" (Auguste La Farge)   30— 31

[12] L.[ouis] Jadin: L' Innocente, Pastorale „Soupirait bergerette,
      déjà depuis longtems" (Duteil)   32— 33

[13] Lechallier: Les Adieux de Roselle, Romance „Adieu, Roselle,
      adieu ma vie" (nach Metastasio: Armand Gouffé)   34— 37

[14] [Jacques-Marie] Beauvarlet-Charpentier: Elle était là! Romance
      „Elle était là! j' ai douce souvenance" (A. Vulpian)   38— 39

[15] Quinebaux: Romance „Tes mépris, ton inconstance" ((Marceline) Desbordes)   40— 41

[16] B.[ocquillon] Wilhem: Laisse-moi t' oublier! Romance „Cache
tes yeux sous un voile sévère" (Mlle. Josephine xxx)   42— 43

[17] P.[ierre] Berton: A Selma, Romance „Adieu, paisible indifférence" (P. Berton(Fils))   44— 47

[18] Amédée de Beauplan: Les Conseils, Romance „Vieillard qui
veut épouse de vingt ans" (de Coupigny)   48— 49

[19] [Antoine] Meissonnier: Le Tissu de Cheveux, Romance „Je
le tiens ô ma douce amie" (Aug.[us]te Lafarge)   50— 52

[20] [Jean-Frédéric-Auguste] Le Mière de Corvey: Le Papillon et
les Roses, Romance „Je sens qu' avec des épigrammes"
(Armand Gouffé)   53— 55

[21] G.[ustave] Dugazon: Le Matin, Chansonnette italienne „Già
pronta là t' aspetta adorna navicella"   56— 58

[22] C.[arol]ine Martainville: Les deux Bateliers, Nocturne „Tranquilles dans notre nacelle" (Le C.[om]te de Proisy
d' Eppe)   59— 63

[23] Lechallier: Ce que mon cœur aime à penser, Romance „Auprès
de toi, brûlante ivresse" (Melchior Cochet)   64— 65

[24] [Jean-Baptiste] Hus-Desforges: Amour et Dépit, Rondeau en
stile marotique „Un jour, d' une Jouvencelle s' empara
cruel" (Ourry)   66— 68

[25] Ch.[arl]es Laffillé: Mon Souvenir, Romance „Je pense à toi
quand se lève l' aurore" (Louyer de Villermay)   69— 71

[26] Amédée Ardisson: Qu' il est doux de recommencer, Chanson
„Un couple heureux qu' himen engage" (Amédée
Ardisson)   72— 74

[27] P.[ierre] Vaillant: Le Départ, Romance „Il faut partir, rêve
heureux de ma vie" (A. Lafarge)   75— 77

[28] A.[lexis] de Garaudé: Il faut aimer, Chansonnette „Par une
chansonnette égayant son chemin" (A. de Garaudé)   78— 81

[29] Stanislas Champein Fils: L' Aveu, Romance „L' histoire dit qu' un
jour, soit caprice ou tendresse" (Stanislas Champein Fils)82— 83

[30] Gustave Dugazon: Blondel, Romance „Au tems jadis la Reine
Bérangère" (Auguste Garnerey)   84— 86

[31] D.[enis] Gaubert: Henri IV à Gabrielle ‹ à Cœuvres ›, Romance
historique „Sous ta fenêtre, objet chéri" (J. A.)   87— 89

[32] L.[uigi] Cherubini: Nocturne italien „Parti coll' ombra è ver"
(2 Singst.)   90— 94

[33] Ch.[arle]s Laffillé: L' Hôte aimable, Chanson „Messieurs,
chantez tous avec moi" (Panard und Collé)   95— 97

[34] [Georges] Lambert: Le Charme de la Voix, Romance „On aime
tout dans celle que l' on aime" (Mr. xxx) (S, T)   98—101

[35]   Jardin: L' Espérance, Romance ,,Sur l' espérance, je vais tracer
       quelques couplets" (Jardin)   102—104

[36]   F.[rançois] Berton Fils: Le Billet, Romance ,,Je le tiens ce
       billet de celle que j' adore" (Loreaux de Ronsière)   105—106

[37]   J.[oseph] Ladurner: Voilà comme il m' aimait! Romance ,,Soli-
       taire et silencieuse" (Frédéric de Courcy)   107—109

[38]   H.[ermin]ie d' Aubonne: Les Regrets du Ménestrel, Romance
       ,,Flambeau d' amour est éteint dans mon cœur"
       (Mr. d' Aubonne)   110—111

[39]   Champein (Père): Couplets ,,A l' aspect d' un affreux orage"
       (Champein Fils)   112—113

[40]   L.[ouis] Pradher: La Bonne Vieille, Romance ,,Au tems passé,
       j' étais fraîche et jeunette" (Justin Gensoult)   114—116

[41]   [Giovanni] Pacini: L' Amour Médecin, Chansonnette ,,L' amour
       fâché contre sa mère" (Louyer de Villermay)   117—119

[42]   Auguste Kreutzer: Le Baiser, Romance ,,Dans mes yeux tu lis
       que je t' aime"   120—121

[43]   Madame xxx: La Bonne Nourice ,,A peine amour venait de
       naître" (A. Vulpian)   122—123

[44]   Antoni Anson: Zadig, Romance ,,Loin de la riche Babilone [!] "
       (Auguste Garnerey)   124—125

[45]   [François Adrien] Boieldieu: Les Chevaliers de la Fidélité,
       Romance à quatre notes ,,Noble écuyer, soutien du
       diadême" (Théaulon)   126—127

[46]   Camille Pleyel: Olgar et Lorma, Romance ,,Olgar, soumis à la
       voix de l' honneur" (Ch.[arl]es David de Thiais Fils)   128—130

[47]   Amédée Ardisson: Loin de Zélie, Romance ,,Loin de Zélie
       le tems s' écoule avec lenteur" (Amédée Ardisson)   131—133

[48]   Ch.[arl]es Laffillé: Rose d' Amour, Romance ,,Rose d'·amour,
       nouvelle éclose" (Millevoye)   134—136

[49]   R.[odolphe] Kreutzer: Le Chasseur, Romance ,,Echappé des
       bras de l' aurore" (Le Ch.[evali]er Dupuy des Islets)   137—139

[50]   [Nicolas] Bochsa: Adèle aux Montagnes russes, Couplets
       ,,J' entends parler de ces montagnes" (Théaulon)   140—141

[51]   ‹Fabry› Garat: Mes Vœux, Romance ,,Au fond d' un
       champêtre séjour" (Caignez)   142—145

[52]   Le Vic.[om]te D. de V.: Le premier Rendez-Vous ,,La lune
       a franchi les coteaux" (Morel)   146—147

[53]   Madame J. D.: Les Regrets, Romance ,,Comme une rose
       épanouie" (Mme. J. D***)   148—149

[54]   F.[rançois] J.[oseph] Naderman: Les Adieux de Raoul de
       Coucy à Gabrielle de Vergy, Romance ,,Tout brillant
       de vaillance" (Mr. +++)   150—151

[55]   S.[ophie] Gail: Les Belles, Nocturne à deux voix „Aimons
       toujours les belles" (Alfred D ++)   152—155

[56]   [Charles-Simon] Catel: Le Tombeau, Romance „Mathilde, ici
       rêveuse et solitaire" (Le Ch.[evali]er Dupuy des Islets) 156—158

[57]   [Henri-Jean] Rigel: Romance „Daphnis avec mystère m' a
       parlé de ses feux"   159—161

[58]   Mr. C. B. +++: Annette, Romance „Pour chanter la jeune
       Annette"   162—163

[59]   F.[rançois-] J.[oseph] Gossec: Chagrin d' Amour, Romance
       „Amans qui du Dieu de Cythère" (Alphonse Vulpian)   164—165

[60]   A.[uguste] d' Hardivilliers: Le Paladin, Chant héroïque „Couvert
       de gloire et rempli d' espérance" (A. d' Hardivilliers)   166—168

[61]   Ch.[arl]es Laffillé: La Chaumière, Pastorale „De ma chaumière,
       je vais en joyeux jouvenceau" (Ch.[arl]es Laffillé)   169—171

[62]   H.[enri-] M.[ontan] Berton: La Jalousie, Romance „Si d' un
       seul trait, né de la jalousie" (Mr. M.*** Aîné)   172—174

[63]   [André-Joseph] Grétry Neveu: Hommage aux Chef d' Oeuvres
       du célèbre Grétry „Chantre d' Azor, que tu plais à nos
       cœurs" (Grétry Neveu)   175—176

5e Année. 1818:

[1]   H.[enri-Montan] Berton: La Batelière de la Grâce de Dieu,
       Romance „Ecoutez tous l' aventure de jeune et gente
       Nisa!" (Bouilly)   1— 5

[2]   [Stanislav] Champein Père: Chanson bachique „Amis, de
       cette voûte sombre" (Champein Fils)   6— 7

[3]   [Désiré-Alexandre] Batton: La Résolution inutile, Romance
       „Cessons d' aimer Adèle, hélas!" (Le Chev[ali]er
       Dupuy des Islets)   8— 9

[4]   A.[ntoine] Romagnesi: L' Indécision, Romance „Quand d' une
       froide indifférence" (A. Romagnesi)   10— 11

[5]   Sophie Gail: Nocturne Français à deux voix „Dimanche dans
       la plaine" (S, T) (Sophie Gay)   12— 14

[6]   L.[ouis] Moreau: Le Serment, Romance „Toi dont l' amour
       m' est plus cher" (Mr. xxx)   15— 16

[7]   [Charles Philippe] Lafont: Le Troubadour français au tombeau
       de Poniatowski, Polonaise héroïque „L' Amour, l' espoir
       de sa patrie" (Le C.[om]te de Messence)   17— 19

[8]   [Antoine] Meissonnier: A un Infidèle, Romance „Il est donc
       vrai! je ne vous suis plus chère" (Aug.[us]te Lafarge)   20— 21

[9]   [François-Joseph] Gossec: Me fuyez-vous? Romance „Me
       fuyez-vous? ô beauté sévère" (Cheurlin)   22— 23

[10]   Effimovitch: Viendra bientôt, Lai du XVe siècle „Viendra
       bientôt cettuy que tant aimez" (Le Comte La Garde
       de Messence)   24— 25

[11] [Jean-Frédéric-Auguste] Le Mière de Corvey: L' Ingénue
abusée, Romance „De l' amour j' ai porté la chaîne"
(P. J. Charrin und J. Dusaulchoy)   26— 27

[12] [Charles-Simon] Catel: Wallace ou le Ménestrel écossais,
Romance „Errant de ville en ville" (Mr. xxx)   28— 29

[13] Mauro Giuliani: Le premier Moment „Au premier moment
de bonheur" (Le Comte La Garde de Messence)   30— 31

[14] Amédée de Beauplan: Le Pêcheur, ou Perle sans Tache, Romance
„Jeune pêcheur des côtes d' Arabie" (Théaulon)   32— 33

[15] Mr. xxx: Chanson anglaise en Trio „Drinck to me only with
thine eyes" (Dessus I, II, B) (Mr. xxx)   34— 35

[16] Amédée de Txxx: Le Départ, Romance „Me faut partir, cruel
honneur" (Amédée de Txxx)   36— 37

[17] Eugène Grandfond: Thémire, Romance „Bosquets enchanteurs
où ma belle jura de m' aimer"(Mr. xxx)   38— 39

[18] Auguste Charles de Beauregard: Premier Regard et premier
Soupir, Romance „J' avais un cœur simple et paisible" (Mr. xxx)   40— 41

[19] Mr. Mxxx: Mon Ecriture, Romance „Dans le langage épistolaire"
(Mr. P.)   42— 43

[20] [Jean-Frédéric-Auguste] Le Mière de Corvey: M' oublieras-tu
ou le Troubadour proscrit, Romance „M' oublieras-tu?
quand fuyant ma Patrie" (Le Comte La Garde de
Messence)   44— 45

[21] Amédée de Beauplan: Le Chaperon de Roses, Romance „Ouvrez,
beau châtelain, sous la tourelle" (de Coupigny)   46— 48

[22] H.[enri-] M.[ontan] Berton: Air de: Roger Roi de Sicile „Que
je vous plains, conquérants de la terre" (Mr. xxx)   49— 51

[23] [Jean-Frédéric-Auguste] Le Mière de Corvey: Cœur perdu,
Chansonnette „La moindre perte est un malheur"
(Francis Dupuis)   52— 54

[24] Barbier: Gentil Edmond, Romance „Près d' un ruisseau dont
l' onde fugitive" (Mr. xxx)   55— 57

[25] P. Rougeon Desrivières: Les Voyages de la Folie, Romance „Pour
chasser la mélancolie" (Sewrin)   58— 61

[26] P.[ierre] Vaillant: Charmants Oiseaux, Nocturne français
„Charmants oiseaux dont la discrète flamme" (Mr.
le Ch.[evali]er L. C.x)   62— 64

[27] Charles Farcy: L' Attente, Romance „Mon doux ami dans
ces lieux va se rendre" (Charles Farcy)   65— 66

[28] Simone Mayer [!]: Cavatina della: Ginevere [!] in Scozia
„Ah! che per me non v'è ne pace ne pietà"   67— 69

[29] Princesse N. Kourakin: Natalie au Tombeau de sa Mère, Romance
„Sur cette tombe où repose ma mère" (Le Comte La
Garde de Messence)   70— 71

[30] Auguste D.: Il faut aimer, Romance „D' amour je bravais la
     puissance" (Auguste D.)   72— 73

[31] H.[enri-] M.[ontan] Berton: Eginard, Romance à deux voix
     „Que fais-tu là, valeureux chevalier" (Hilaire L. S.)
     (Partie I, II, B-Begl.)   74— 77

[32] E. Marty: Les Lunettes, Chansonnette „Quoi! Lise au printems
     de vos jours" (Mr. xxx) (Singst., Instr.-Begl.)   78— 79

[33] Amédée de Beauplan: Le Songe, Romance „Celle que j' aime
     tant, lasse d' être cruelle" (Philippe Desportes)   80— 81

[34] Prosper de Ginestet: Elvir et Mathilde, Romance „Dans un
     château d' Occitanie" (Prosper de Ginestet)   82— 84

[35] Don Juan Federico Agosti: Romance „A deux époques de sa
     vie" (L. Hennequin)   85— 87

[36] Salvator Callault: Larmes d'Amour, Romance „Depuis que ma
     jeune maîtresse" (Talairat)   88— 89

[37] Léopold Desjardin: Lise, Chansonnette „Lise malgré sa perfidie
     toujours me plaît" (Gaston)   90— 91

[38] Kretschmer: L' Honneur, la Patrie et le Roi, Romance „Un
     troubadour lorsqu' il monte sa lyre" (Singst., Instr.-
     Begl., 3stg. Chor) (Guyon)   92— 95

[39] Mr. xxx: Il Tempo di Gnido. Le Temple de Gnide, Chansonnette
     vénitienne „Questo è di Gnido il tempio" — „Entrons
     dans le temple de Gnide" ([Übers.:] Loraux de
     Ronsière)   96— 98

[40] Léopold Desjardins: L' Indifférence, Romance „A vingt ans,
     ignorant l' amour" (Mr. xxx)   99—101

[41] Le Baron [Paul] Thiébault: Je ne la verrai plus! Romance „O
     souvenir, à mon cœur plein d' allarmes" (M... de la
     Chesnaye)   102—104

[42] J.[osep]h Roger: La Rupture „Ton mépris, ta faveur, n' ont
     plus rien qui me touche" ([Übers.] nach Metastasio:
     Cr xxxx de L xxxxx T.)   105—107

[43] Amédée de Beauplan: L' Esprit de mon Cousin Roland,
     Chanson „Dans sa tendresse frénétique" (Scribe)   108—110

[44] [J.-B.] Lélu: L' Adieu, Romance en Nocturne à deux voix
     „Rive enchantée, berceau de mes amours" (M. Des-
     bordes) (S, T, B-Begl.)   111—113

[45] [Jean-Frédéric-Auguste] Le Mière de Corvey: Regrets d' Isaure,
     sur la Mort de sa Mère, Romance „J' ai vu s' éteindre
     dans mes bras" (J. N. Bouilly)   114—116

[46] Prosper de Ginestet: Le Songe véritable, Romance „Du sommeil
     le Dieu bienfaisant" (Prosper de Ginestet)   117—119

[47] Federico Agosti: Le Service dangereux, Romance „Si rencon-
     trez la sensible Isabelle" (L. Hennequin)   120—121

[48] [Nicolas] Millot: Le Départ, Romance „L' ordre est donné, demain avant l' aurore" (Le Ch.[evali] er de Mes[sence]) 122—123

[49] Mauro Giuliani: Couplets à ma Mère, pendant ma captivité en Sibérie „Bien loin de vous, mon adorable mère" (Le Chevalier de Saint-Denis) 124—125

[50] [Rosa] Gonthier: Chant guerrier d' Alfred „De la beauté fuyons les charmes" (P. Ledoux) (Singst., Inst.-Begl., 3stg. Chor) 126—129

[51] Le Baron Thiébault: Les Regrets, Romance „Chagrin d' amour m' agite et me dévore" (La Duchesse d' Abrantès) 130—131

[52] L. de Breuil: Je suis pauvre, Romance „Ah! cache-moi ta grâce enchanteresse" (L. Michaut) 132—133

[53] Le Vicomte D. de V.: Jean de Montfort, Romance „Hélas! qui pourrait oublier le triste sort" (S. Edmond Géraud) 134—137

[54] Antoni Anson: Douce Pensée, Romance „Douce pensée, naquit un jour" (Mr. xxx) 138—139

[55] Ch.[arl]es Laffillé: Le Doute, Romance „Suis-je aimé de la bergère" (Aug.[us]te Lafarge) 140—141

[56] J.[oseph] Meissonnier Jeune: Je n' ai rien, pas même une fleur, Romance „Cherchez-vous le bonheur suprême?" (de Salcs) 142—143

[57] Gustave Dugazon: Le Chien et la Belle, Romance „Un Ménestrel, avec tristesse" (Léon de la Mothe) 144—146

[58] B.[ocquillon] Wilhem: Si j' étais petit Oiseau, Chansonnette „Moi, qui même auprès des belles" (P. J. de Béranger) 147—149

[59] D.[enis] Gaubert: Les Adieux du Troubadour, Romance „Au pied d' un chêne solitaire" (La Comtesse de Staëti) 150—151

[60] Léonide Jadin: Chant chevaleresque „Francs Paladins! pour vaincre l' infidèle armez vos bras" (Mr. xxx) 152—154

[61] Madame Honorine xxxx: Le Bocage, Romance „Qu' as-tu donc bocage fleuri?" (Alphonse Vulpian) 155—157

[62] de Fischer: Le Troubadour polonais, Romance „Un chevalier qui volait aux combats" (de Fischer) 158—160

[63] L.[uigi] Chérubini: Nocturne italien à deux voix „Son lungi e non mi brami" (T I, II, B-Begl.) 161—165

[64] Stanislas Champein Fils: L' Amour fixé, Couplets „Arrêtez vite l' enfant frère des trois Grâces" (Stanislas Champein Fils) 166—167

[65] Lechalier [!]: L' Amour et le Papillon, Romance „Dans une prairie, à Cythère" (C. B. Naigeon) 168—169

[66] Ch.[arl]es Laffillé: Le jeune Pêcheur hollandais, Romance „Couché sur la déserte plage" (Le Chev.[ali] er de Lourdoueix) 170—172

[67]   R.[odolphe] Kreutzer: Romance „Laisse-moi te dire je
       t' aime" (Auguste Lafarge)   173—175

[68]   [Henri-Jean] Rigel: Regard d' Amour, Romance „Regard
       d' amour pénètre dans notre âme" (Vulpian)   176—177

[69]   Nicolò [Isouard]: Nocturne à deux voix „Care pupille, tra
       mille e mille" (S, T, B-Begl.)   178—182

[70]   'L.[ouis] Jadin: Devise des Chasseurs français, Chansonnette
       „Honneur et franchise, loyauté, valeur" (Un Chasseur
       de la Légion de l' Orne)   183—184

[71]   Madame J. D.: Félicité, Romance „De mes yeux le sommeil
       a fui" (Mr. L. F.)   185—187

[72]   [Joseph-Nicolas] de Méreaux: Oscar, Romance „Ne la vois
       plus celle qui fut ma mie" (J. Alexandre)   188—189

[73]   F.[roment] al Halévy: Je suis heureux, Romance à deux
       voix „Je suis heureux, puisque ma douce amie"
       (A. L. Louyer de Villermay)   190—191

[74]   Jadin: La Créole, Romance „Tant doux plaisir que tiens de
       toi" (Jadin)   192—193

[75]   P.[ierre] Gaveaux: Charles VII, Romance historique „Charle[!],
       oubliant toute la terre"(Le Chev.[ali]er Dupuy des
       Islets)   194—195

[76]   Ch.[arl]es Laffillé: La Parjure, Air „Ma pastourelle a trahi
       mon cœur" (Ch.[arl]es Laffillé)   196—200

6e Année. 1819:

[1]   H.[enri-Montan] Berton: La Nouvelle Athalante, Romance
       „Ne me fuis point, nymphe charmante" (Le Ch.[e-
       vali]er Dupuy des Islets)   1— 2

[2]   Ch.[arl]es Laffillé: L' Aurore, Romance „Salut! fille des cieux;
       salut!" (Ch.[arl]es Laffillé)   3— 4

[3]   Mlle. A. Bence: Venez Petits! Chansonnette „Simple et timide
       autant que belle" (Alphonse V.)   5— 6

[4]   [Rodolphe] Kreutzer: Pélage, Romance héroïque „Enfans de
       la Castille" (A. Bignan)   7— 9

[5]   [Giuseppe] Catrufo: L' Absence, Romance „Depuis la triste
       journée" (M. Cheurlin)   10— 11

[6]   G. [Jean] N.[icolas] Méreaux (Père): Beaucoup d' Amour,
       Romance „Un amant timide et discret" (Mr. T. M.)   12— 14

[7]   P.[ierre] Gaveaux: Romance „Divine Hortense, si chère à
       mon amour" (C. Josselin)   15— 16

[8]   Emilien de Ginestet: Vous l' écoutiez, Romance „Vous
       l' écoutiez, vous cherchiez à lui plaire" (Mr.**)   17— 18

[9]   Ch.[arl]es Laffillé: Souvenir d' Amour, Romance „Dieu des
       amants, toi que ma voix implore" (Duquere)   19— 20

[10] [Jean-Frédéric-Auguste] Le Mière de Corvey: La Rieuse,
      Chansonnette „Depuis quelque temps, Thérèse" (Mr.**) 21— 23

[11] F.[romental] Halévy: Le pauvre Homme, il n' a rien à lui,
      Chanson „Pour Orgon l' or est une idole" (Mr.
      A. L. L. de V.)   24— 26

[12] Antoni Anson: La Chapelle de l' Amour, Petit Rondo „Jadis,
      échappé de Cythère" (Ferdinand de Villeneuve)   27— 30

[13] [Charles-Simon] Catel: Zirphile et Fleur de Myrthe, Romance
      „Zirphile à l' espoir le plus doux" (Jouy und Lefèvre) 31— 34

[14] Chapus: Auprès de toi, Romance „Auprès de toi toujours mon
      cœur palpite" (Chapus)   35— 36

[15] P.[ierre] d' Alvimare: Amélie, ou l' Exilé, Romance élégiaque
      „Loin du beau ciel où je reçus le jour" (de Coupigny) 37— 39

[16] J.[osep]h[-Pierre] Roger: La Nuit, Romance „Ha! si pouvez
      ramener mon amante" (de Ségur)   40— 41

[17] Stanislas Champein Fils: L' Amour heureux, Romance „Bocage
      solitaire, abri mystérieux" (Stanislas Champein Fils) 42— 43

[18] Charles Farcy: L' Absence, Romance „O triste retraite, tu
      vis mon bonheur" (Charles Farcy)   44— 45

[19] Le Baron [Paul Charles] Thiébault: Plains mes Tourmens,
      Romance „Plains mes tourmens, jeune et tant belle
      amie" (Le Baron Thiébault)   46— 47

[20] J.[uan] F.[ederico] Agosti: Il faut la voir et l' entendre,
      Romance „Si mon amie est belle" (F. de Pussy)   48— 49

[21] Mme. la Comtesse B. D. P.: L' Enfance, Romance „Qui nous
      rendra ces premiers jeux" (La Comtesse B. D. P.) 50— 52

[22] Ch.[arl]es Laffillé: La Fée Urgande, Conte „Enfans, il était
      une fois une Fée" (de Bérenger [!])   53— 56

[23] F.[rancesco] Parenti: Les Souvenirs de St. Preux, Romance
      „Bosquet charmant, où mon âme ravie" (C. Raison) 57— 59

[24] Louis Jadin: Adieu vous dis! Romance „Beau chevalier, appuyé
      sur sa lance" (Le Ch.[evali]er Coupé de St. Donat) 60— 61

[25] J. A. Moreau: Le Mariage de l' Amour, Romance „De fixer
      le choix de l' amour" (Mr. P. L.)   62— 64

[26] [Jean-Frédéric-Auguste] Le Mière de Corvey: Les Illusions,
      Stances „Je comptais sur un tendre ami" (Ménard
      Derochecave)   65— 67

[27] Le Baron [Paul Charles] Thiébault: La Plainte, Romance
      „Pourquoi ton doux regard" (de Germont)   68— 69

[28] Charles Farcy: L' Epreuve, Romance „Beau chevalier, prends
      pitié de mes peines" (Charles Farcy)   70— 71

[29] Champein Père: Le Bonheur, Chanson „Le bonheur est partout"
      (Champein Fils)   72— 73

[30] P.[ierre] Hédouin: Le Rendez-Vous, Nocturne à deux voix
,,La nuit sombre de son ombre" (P. Hédouin)
(2 Singst.)   74— 76

[31] Le V[icom]te D... de V...: Tout passe, Romance ,,Comme une
erreur mensongère" (Mr.***)   77— 78

[32] F.[romental] Halévy: Jeune Fille aux Cheveux d' Ebène,
Romance ,,Jeune fille aux cheveux d' ébène, au
regard vif" (F. Halévy)   79— 81

[33] [Jean-Frédéric-Auguste] Le Mière de Corvey: Je connais le
Pèlerin, Chansonnette ,,L' amour voulant sur la terre
voyager" (Armand Gouffé)   82— 84

[34] Antoni Anson: Près d' un Ruisseau, Romance pastorale ,,Près
d' un ruisseau dans l' ombre solitaire" (H.[enr]i
Malivert)   85— 86

[35] Ch.[ar]les Lambert: Plaintive Tourterelle, Romance ,,Redis
ton chant, plaintive tourterelle" (A. L. L. V.)   87— 89

[36] P.[ierre] Vaillant: Les Adieux de Linus, Romance
,,Dans la Thrace indomptée" (Mr.***)   90— 92

[37] F.[rançois] Fétis: La Crainte et l' Espoir, Romance
,,Je t' aime et n' ose te le dire" (F. Fétis)   93— 95

[38] Mme. Antony La Motte: Le Saule, Romance ,,Que tu conviens à l' ennui"   96— 97

[39] F.[romental] Halévy: C' était Armand, Romance ,,Un jour
j' étais à la fontaine" (F. Halévy)   98—100

[40] Corret aîné: Je ne sais pas, Romance ,,Non les trésors de la
science" (Cheurlin)   101—102

[41] [J.-B.] Lélu: L' Amour comparé à la Vie, Romance ,,Comme
la vie, l' amour est un feu créateur" (Armand Gouffé) 103—104

[42] Gustave Dugazon: Jéhan de Saintré, Romance ,,Devers minuit,
dans le palais tranquille" (Auguste Garnerey)   105—108

[43] N. G. Blondat: Le Pouvoir de l' Amour, Romance ,,Tu me
demandes, ma Julie" (Dekock)   109—111

[44] Lechallier: Elle n' est plus, Romance ,,Plus de repos, j' ai perdu douce amie" (Naigeon)   112—113

[45] F. de Beauregard: Romance ,,Près de toi, ô ma douce amie"
(F. de Beauregard)   114—115

[46] De Breuil: L' Indifférence, Romance ,,Vous qui des faveurs de
vos belles" (Cheurlin)   116—118

[47] Prosper de Ginestet: Les Hélas! Nocturne à deux voix ,,La jeune
Lise avait quinze ans" (Prosper de Ginestet) (2 Singst.) 119—122

[48] [J.-B.] Lélu: Le Destin d' un Papillon, Romance ,,Eclos sur
la robe de Flore, beau papillon" (Denne Baron)   123—125

[49] [Henri-Jean] Rigel: Le Retour du Chevalier, Romance ,,Salut
terre chérie, berceau de mes aveux" (A. Bignan)   126—127

[50]   L. de Breuil: La Fleur d' Amour, Romance „La fleur d' amour
             est tendre et passagère" (Dhuyelle)   128—129

[51]   Eliza Berlot: Pastoralle „J' aime une bergère"   130—131

[52]   [Joseph] Meissonnier Jeune: Les petits Jeux, Chansonnette
             „Un jour le prince de Cythère" (A. Lafarge)   132—135

[53]   Mme. Honorine**: Quelques Histoires, Romance „A son
             aurore d' abord charmer" (Alphonse V.)   136—137

[54]   B.[ocquillon] Wilhem: Brennus, Fait historique „Brennus
             disait aux bons Gaulois" (de Béranger)   138—141

[55]   D.[enis] Gaubert: Le Retour, Romance „Sombre et plaintif
             dans le délire" (Ivès de Guiraud)   142—144

[56]   Mlle. J. E. Champein: L' Amitié, Couplets „Sans pitié, l' amitié"
             (Mlle. J. E. Champein)   145—146

[57]   Félix Blangini: Cansonetta [!] „Ah! se ti fossi o nina" (Mr.***) 147—149

[58]   Jenny Duvivier: Gentille Amie, Romance „Gentille amie,
             toute ma vie" (Mr.***)   150—151

[59]   Ch.[arl]es Laffillé: Le petit Questionneur, Chansonnette
             „Qu' elle est cette pastourelle" (Loraux de Ronsière) 152—154

[60]   Julia Piston: Fleurette et Henriot, Romance „Quel trouble
             en tous mes sens" (Guérin)   155—156

[61]   Méreaux Fils: Le Berger malheureux, Romance „Dans ces bois,
             dans cette prairie" (Mr. Paul)   157—158

[62]   J.[ean] Ancot Fils: Azélie et Gustave, Romance „Gustave, à
             chaque instant du jour" (Auguste D.)   159—160

7e Année. 1820:

[1]   R.[odolphe] Kreutzer: Le Français, Romance „Comme il
            est beau le ciel de ma patrie" (Brifaut)   1— 2

[2]   Ch.[arl]es Laffillé: Zulmé, Romance „Dans un castel, aux
            rives de Provence" (Ch.[arl]es Laffillé)   3— 5

[3]   J.(enny) Duvivier: Le Souvenir, Romance „Quand du destin
            la loi cruelle" (Mme. L. D.)   6— 8

[4]   Gustave Dugazon: Annette, Nocturne à 2 voix „L' oiseau du
            bocage" (Léon de la Mothe) (2 Singst.)   9— 10

[5]   P.[ierre] Gaveaux: Antonia, Romance „Honneur des rives
            immortelles" (de Coupigny)   11— 13

[6]   A. Bence: Rends-le-Moi, Chansonnette „Te souvient-il, Eléonore"
            (A. V.)   14— 16

[7]   [Jean-Frédéric-Auguste] Lemière de Corvey: Le Vieux Temps,
            Romance „Las! il n' est plus le bon vieux temps"
            (Coupé de St. Donat)   17— 19

[8]   F.[rançois] Berton Fils: La Fin du Jour, Romance „Le jour
            a fui, la nuit commence" (Mr.***)   20— 22

[9]   A.[lexandre] Piccini: Les Chefs Ecossais, Romance „A la no-
      blesse il sait unir la grâce" (Guilbert de Pixérecourt)   23— 25

[10] J.[ean] Ancot Fils: Parlons plus bas! Nocturne à deux voix
      „Tandis qu' Alain conte fleurette" (Mr. Auguste D.**)
      (2 Singst.)   26— 28

[11] [Antoine] Meissonnier (aîné): La Fidelité au Village, Chan-
      sonnette „C' était ici que mon amie" (E. Baraton [!])   29— 30

[12] D.[enis] Gaubert: La Viellesse [!] du Troubadour, Romance
      „Ai tout perdu! car n' ai plus la jeunesse" (C. Hubert)   31— 33

[13] [Guillaume] Gatayes: Les Guerriers et les Belles, Romance
      „Mars a vraim.[en]t plus d' un mystère" (Mr.***)   34— 36

[14] J. Frey: Je pense à toi! Romance „Je pense à toi dès que je
      vois l' aurore" (Talairat)   37— 38

[15] (Mme.) S. Doin: Bonsoir, au Revoir, Romance „Déjà brille
      l' astre des nuits" (A. Lepage)   39— 41

[16] Lechallier: L' Amante inquiète, Romance à deux voix „O ma
      vie! sans envie" (Desbordes) (2 Singst.)   42— 44

[17] F.[abry] Garat: N' ayez pas peur! Romance „N' ayez pas peur!
      on veut seulement vous le dire" (Le Baron Jubé)   45— 46

[18] F.[elice] Blangini: Viendra bientôt, Romance à deux voix
      „Viendra bientôt celui que tant aimez" (Ch.[evali]er
      de Messence) (2 Singst.)   47— 48

[19] Ch.[arl.]es Laffillé: Le Retour dans la Patrie, Chanson „Qu' il
      va doucement le navire" ((P.) de Béranger) (Singst.,
      Pfte. oder Git. und 3stg. Chor)   49— 53

[20] P.[rosper] de Ginestet: La Tempête, Romance „Hermosa, le
      long du rivage entends-tu" (Edmond Gérault)   54— 57

[21] A.[dolphe] Jadin (Fils): Cède à l' Amour! Chansonnette „Cède
      à l' amour sans détour" (A.(dolphe) Jadin)   58— 59

[22] J.[ean] Ancot Fils: L' Amour aux Rives de la Seine „L' amour
      a déserté Cythère" (Sévestre)   60— 62

[23] D.[enis] Gaubert: Chante, chante, pauvre Petit, Romance
      „Jetté sur cette boule" (P. de Béranger)   63— 65

[24] [Jean-Frédéric-Auguste] Le Mière de Corvey: Blanche et Rose,
      Romance „Ornement d' un bocage" (Desbordes-Val-
      more)   66— 68

[25] A.[médée] de Beauplan: Sir Arthur et la Pastourelle, Romance
      „Je vous promets, gentille pastourelle" (Mr.***)   69— 72

[26] F.[rançois] Dupierge: Daphnis et Chloé, Romance „Chloé
      gentille bergerette" (Mr.***)   73— 75

[27] F.[rançois] Berton Fils: Conseils à ma Fille, Romance „O ma
      jeune amie" (Mme. D' Avot)   76— 78

[28] P.[rosper] de Ginestet: Un Regard, un Soupir, un Baiser, Ro-
      mance „Oui, j' en conviens, j' ai traité de folie" (E.(mi-
      lien) de Ginestet)   79— 81

[29] [Jean-Frédéric-Auguste] Le Mière de Corvey: Le Tombeau,
Elégie „Elle n' est plus cette bonne Amélie" (C. (aroline) Le Mière de Corvey)   82— 83

[30] Louise P*****: Le Chevalier, Romance „Dans les combats et
par mainte prouesse" (d' Haussez)   84— 85

[31] L.[ouis] Jadin (Père): Fleurette et Henry, Histoire du 15e Siècle,
Romance „Simple, timide et joliette" (A.(dolphe) Jadin) 86— 89

[32] Antoni Anson: La Rose d' Amour, Romance „De l' amour
aimable ornement" (Ch.[arl]es Dupeuty)   90— 92

[33] [Charles-Simon] Catel: Le Vieux Lubin, ou la Mémoire de
Jeanne d' Arc, Romance „Sous le toit qui vit naître
Jeanne" (Gilbert)   93— 96

[34] [Jean-Frédéric-Auguste] Lemière de Corvey: Isnel, Romance
„Reviendra-t-il le bien aimé" (A. Moufle)   97— 99

[35] [Jacques-Féréol] Mazas: Le Chien d' Olivier, Romance „Pour
trouver le bonheur" (Desbordes)   100—102

[36] P.[ierre] Vaillant: Les Enfants de la Joie, Chanson „Au champs
de bataille" (C. Josselin)   103—106

[37] J. P. Labadie: Je veux t' aimer, Romance „Je veux t' aimer
malgré toi-même" (J. P. Labadie)   107—109

[38] A.[médée] de Beauplan: Le Faux Solitaire, Romance „Où
courez-vous ainsi, ma chère?" (Mr.***)   110—112

[39] E.[douard] Bruguière: „Ruisseau qui baignes la prairie"
(A. Girardon)   113—114

[40] Mlle. A. Percilliée: Je te plains Pastourelle! Romance „Je te
plains pastourelle, j' ai connu ton tourment" (Mr.
A. L. L. V.)   115—116

[41] [Henri] Herdliska: Le Vieillard Grivois, Chanson Bachique
„A Vénus, à son fils volage" (Josselin)   117—119

[42] A.[ntoine] Romagnesi: Jadis et Aujourd' hui, Romance „J' avais
promis amour, Constance" (A. Sanson)   120—122

[43] [Nicolaus Albert] Schaffner: Les Etrennes, Chansonnette
„Je fus au grand art" (Mr. A. V.***)   123—125

[44] A.[ntoni] Anson: Répondez-Moi, Romance „Répondez-moi,
charmante Eléonore" (C. Dupeuty)   126—127

[45] Quinebaux: L' Exil, Romance „Sous des Cyprès je dépose ma
lyre" (M.[arcel]ine Valmore)   128—129

[46] D.***: Le Retour du Prisonnier, Romance „J' ai recouvré ma
liberté" (E. Michel)   130—132

[47] [J.-B.] Lélu: L' Ermite de St. Mesmin, Nocturne à deux voix
„Entends ma voix ermite charitable" (Blanvillain)
(2 Singst., Pfte. oder Git.)   133—136

[48] H.[enri-]Montan Berton: Quand on est deux, Nocturne à 2
      voix ,,Belle Lise, où vas-tu seulette'' (C. Josselin)
      (2 Singst., Pfte.)   137—140

[49] Julia Piston: L' Amour a passé par là, Chansonnette ,,Quand
      une fille de quinze ans'' (Mr.***)   141—142

[50] E.[liza] Berlot: Mathilde, Romance ,,Des Sarrazins Mathilde
      prisonnière'' (C. Josselin)   143—145

[51] [Giuseppe] Catrufo: Genièvre et Lancelot, Romance ,,Dans
      un Canton de la sombre Angleterre'' ((A.) Garnerey)   146—148

[52] Ch.[arl]es Laffillé: Ma Philosophie, Chanson de table ,,Amis,
      de ma philosophie'' (Mr. B***)   149—151

[53] [Joseph] Meissonnier Jeune: Elle et Moi, Chansonnette
      ,,Si j' en crois ma Silvie'' (Bouchet)   152—154

[54] Corret aîné: Le Départ, Romance ,,Beau troubadour a suspendu
      sa lyre'' (Mr.***)   155—157

[55] F.[erdinan]d Paer: La Meunière, Chansonnette ,,Chacun me
      croit de ce canton'' (Des Islets)   158—160

8e Année. 1821:

[1]   [Charles-Simon] Catel: La Prisonnière ou Le Clair de Lune
      ,,Chère Almaïs, voici donc la tourelle'' (Le Ch.[evali]er
      Dupuy des Islets)   1— 5

[2]   P.[ierre] Gaveaux: Les Regrets de l' Absence, Romance ,,Tendres
      agneaux qui paissez dans la plaine'' ((Paul) Senemaud)   6— 8

[3]   [Rodolphe] Kreutzer aîné: Clari, Romance ,,Ah! que ne suis-je
      encor dans le Hameau'' (Le Ch.[evali]er Dupuy des
      Islets)   9— 10

[4]   Ch.[arl]es Laffillé: Le Trouble, Romance ,,Amour, quel feu
      vient m' enbraser [!]?'' (Ch.[arl]es Laffillé)   11— 13

[5]   [François Henri] Castil-Blaze: Galaor, Romance ,,La Reine
      Berthe aimait'' ((Auguste) Garnerey)   14— 16

[6]   Amédée de Beauplan: Barcarolle dialoguée ,,Vois-tu cette
      nacelle'' (Mr.***)   17— 19

[7]   B.[ocquillon] Wilhem: Qu' il donne en Paix! Romance ,,Dans
      son délire, mon pauvre ami'' (Autier Debassieux)   20— 22

[8]   F.[rançois] Berton Fils: Ma dernière Espérance, Romance
      ,,Mes premiers nœuds que le sort a rompus'' (Loraux
      aîné)   23— 25

[9]   F.[erdinando] Paer: Nocturne à deux voix ,,Quand Thalie, plus
      jolie'' (Desbordes-Valmore)   26— 29

[10] Le Chevalier [Giuseppe] Catrufo: Le Gondolier, Barcarolle
      ,,Assis au bord de sa nacelle'' (Emile Beaufrère)   30— 32

[11] [B. J.] Schloer: Le Printems fuit, Romance ,,Le printems
      fuit, déjà l' herbe fanée'' (Mr.***)   33— 35

[12] [Marceline] Desbordes [-Valmore] : A l' Alouette, Romance
„Alouette, hélas! petite Alouette" (Marceline Desbordes)   36— 38

[13] [N. G.] Blondat: Minuit, Romance „Impatiente sentinelle"
(Dequet)   39— 41

[14] [François Henri] Castil-Blaze: La Rupture, Romance „Il est
donc vrai, parjure Eléonore" (Castil-Blaze)   42— 44

[15] [Jean-Frédéric-Auguste] Le Miere de Corvey: Ce n' était
pas là de l' Amour, Romance „Victor, me disait
mon Adèle" (C.[asimir) Josselin)   45— 47

[16] A.[uguste] L.[ouis] Blondeau: L' Espérance, Romance „De
deux beaux yeux" (Costè Fils)   48— 50

[17] Mme. de Fontry: Plus d' Amour! Romance „Non, plus d' amour!"
(Emile Barateau)   51— 52

[18] E.[manuel] Imbimbo: L' Amour seul nous reste! Romance
„O toi que j' aime et que je perds" (Mr.***)   53— 55

[19] F.[rançois] Fétis: Moins de Richesse, plus d' Amour! Romance
„A sa maîtresse un gentil troubadour" (Philippe Pascal)   56— 58

[20] P.[rosper] de Ginestet: Le Ménestrel aux Abois, Romance
„Aux pieds d' un antique Castel" (P. de Ginestet)   59— 61

[21] N. G. Blondat: Les Deux Voyageurs, Romance „Dans la carrière
de la vie" (Dekock)   62— 65

[22] A.[ntoine] Romagnesi: Romance „Ah! si ma dame me voyait!"
(M.***)   66— 68

[23] Aristide Farrenc: Le Souvenir, Romance „Doux souvenir, je
chéris ta puissance" (Emilie Dumeray)   69— 71

[24] L.(ouis) Jadin: Pour savoir à quoi m' en tenir! Chansonnette
„Mon dieu, comment donc faire" (A. Jadin)   72— 74

[25] [J.-B.] Lélu: L' Heure du Rendez-Vous, Tyrolienne „Demain
guidé par l' amour" (Mr.***)   75— 77

[26] Eugène Walckiers: L' Oriflamme, Chant Guerrier „Un étendard
mystérieux veillait aux destins de la France" (H. L.
Guérin)   78— 80

[27] Antoni Anson: Eloigne-Toi! Romance „Eloigne-toi! l' amitié
t' en supplie" (M. F. G.)   81— 83

[28] [Jean-Frédéric-Auguste] Le Mière de Corvey: Les Adieux,
Romance „Adieu charmante solitude" (C.(aroline)
Le Mière de Corvey)   84— 86

[29] D.[enis] Gaubert: Le Rêve du Bonheur, Romance „J' étais
heureux au printems de ma vie" (Sieray)   87— 89

[30] [Pierre] Chapelle: L' Eclipse, Romance „Le vieux Lycas chantait un jour" (Bourgueil)   90— 92

[31] A.[ntoine] Romagnesi: Arthur de Royaumont, Romance „A
Royaumont, vers la plaine tranquille" (de Coupigny)   93— 95

[32] [J.-B.] Lélu: Un Rien, Romance „Un rien me séduisit en toi"
(Le Ch.[evali]er de Rougemont) 96— 98

[33] Félix Dupierge: Il est parti! Romance „Il est parti, l' objet de ma
tendresse" (Albéric Deville) 99—100

[34] P.[ierre] Vaillant: Le Dieu de la Treille, Chanson „Quel plaisir
d' être en ces lieux" (Mr. François) 101—104

[35] [B. J.] Schloer: Je ne sais pas comme on oublie, Romance
„Des amours suivant le torrent" (L. F. Gilbert) 105—107

[36] H.(yacin)t(e) Ladureau: Rien ne peut tenir Lieu d' Amour!
Romance „Je suis sensible, j' ai quinze ans"
(A. L. de V.) 108—111

[37] T.[ranquille] Berbiguier: Elle! Romance „Songes riants, vous
passez vite" (Emile Barateau) 112—114

[38] Ch.[arl]es Adolphe Servatius: Le Souvenir et les Adieux,
Romance „O France! ô ma patrie!" (Adolphe
Servatius) 115—117

[39] Caroline Martainville: Dors ma Mère! Chansonnette „O ma vie,
sans envie" (Desbordes-Valmore) 118—120

[40] Ch.[arl]es Laffillé: L'Amour et L'Amitié, Romance „Quel
pouvoir inconnu m'entraîne" (Justin [Gensoul]) 121—123

[41] [J.-B.] Lélu: La Colombe et le Damoisel, Romance „Allez,
colombes messagère [!]" ((A.) L. de V.) 124—126

[42] [Henri-Jean] Rigel: La Fille Abandonnée, Romance „Eh!
quoi déjà sur la montagne" (L. T. Gilbert) 127—129

[43] Aléxandre Piccini: Le Dépit, Romance „J' étais heureux avant
de te connaître" (J. F. Delavillenié) 130—133

[44] [François Henri] Castil-Blaze: Le Pot au Lait — Lou flasqué Rout,
Canon à quatre voix — Canoun à quatré vouas „Aye aï
aï qu' ai-je donc fait?" — „moun flasqué ei rout" 134—137

[45] [Antoine] Meissonnier: Le Lendemain du Mariage, Chansonnette „L' amour veut-il former un cœur? " (Mr.***) 138—139

[46] J.[oseph] B.[ernhard] Woets: Aline, Romance „Aline quitte
son village" (Desbordes-Valmore) 140—142

[47] F.[rançois] J.[oseph] Naderman: Hommage à Mme.
M.[arcel]ine Desbordes „Honneur à la muse nouvelle" (J. Pain) 143—147

[48] Corret aîné: L' Amant trahi! Romance „Plaisir d' aimer qui fait
le bien suprême" (Pilot) 148—150

[49] [Antoine] Meissonnier: L' ai-je rêvé? Romance „L' ai-je rêvé?
disait un jour Annette" (Mlle.**) 151—152

[50] Félix Blangini: La Devise Castillane, Romance „Bien aime qui
jamais n' oublie" (Le C.[om]te de Lagarde Messence) 153—155

[51] H.[enri-]M.[ontan] Berton: La Confession Militaire, Romance
„Triste jouet d' un bizarre destin" (Albéric Deville) 156—158

[52] Julia Piston: L' Innocence, Chansonnette „Quand fillette ignore
l' amour" (Albéric Deville)   159—160

9e Année. 1822:

[1] P.[ierre] Gaveaux: Sapho consacrant sa lyre à l' Amour,
Romance „Sur cet autel simple et charmant" (Le
Ch.[evali]er Dupuy des Islets)   1— 3

[2] [Henri-Jean] Rigel: Amour et Soleil Couchant, Romance
„Soleil couchant embellit nos campagnes" (E. Barateau)   4— 6

[3] J.(enny) Duvivier: L' Incertitude, Romance „Serait-il vrai?"
(J. Duvivier)   7— 8

[4] Le Ch.[evali]er [Giuseppe] Catrufo: Le Page de la Reine
Marguerite, Romance „Pourquoi faut-il au printems
de ma vie" (P. Hédouin)   9— 11

[5] Julia Piston: L' Espérance, Romance „Douce espérance, tu consoles dans le malheur" (Albéric Deville)   12— 13

[6] L.[ouis] Jadin: Est-ce de Plaisir ou de Peur? Chansonnette
„Pourquoi par ce cruel silence" (A. Jadin)   14— 16

[7] [Charles] Lafont: Le Printems, Romance „Le doux printems
vit naître mon amie" (Mr.***)   17— 18

[8] L.[ouis] Jadin: La Cloche du Matin, Canon à 3 voix „Réveillez
vous frère, la cloche au son argentin" (A. Jadin)   19— 20

[9] C.[harles] Farcy: Seigneur de Haut Parage n' aura mon cœur
„Le noble Arthur, en son chemin" (Aimé Paris)   21— 23

[10] [Jean-Frédéric-Auguste] Le Mière de Corvey: Plus ne veux rire,
Chant du Pâtre „Plus ne veux rire, disait Elmire"
(Mr.***)   24— 26

[11] L. de Breuil: A Zélie! Romance „Vous vous plaignez, jeune Zélie"
(Cheurlin)   27— 29

[12] J. Méry Père: La Violette, Chansonnette „Que vois-je sur la verdurette?" (L. T. Gilbert)   30— 32

[13] J.[oseph] B.[ernhard] Woets: La Feuille, Fable „De ta tiche
détachée pauvre feuille" (V. Arnault)   33— 38

[14] Eugène C**: Le Troubadour délaissé, Romance „Un troubadour
délaissé de sa belle" (Ternier)   39— 41

[15] Mme. [E.] Lafont: L' Ignorante, Chansonnette „Lise gentille
pastourelle" (Amilet)   42— 44

[16] A.[ntoine] Romagnesi: Il faudrait m' aimer! Romance „La
belle qui m' est chère" (Delêtre Poirson)   45— 47

[17] [Antoine] Meissonnier: L' Amour et la Reconnaissance, Romance
„O toi dont l' amitié fidèle" (Nach dem Russischen:
Gaudran)   48— 50

[18] B. J. Schloer: Prends garde à toi! Rondo „Si joliette, pauvre
Perrette hélas!" (P. Senemaud)   51— 54

[19] J.[oseph] Zimmerman: Le Mal d' Amour, Romance ,,N' avoir
      qu' une seule pensée" (Hoffmann)   55— 57

[20] [François Henri] Castil-Blaze: Départ des Grecs, Chant Guerrier
      ,,Enfant de la Grèce asservie" (La Comtesse de Redern) 58— 61

[21] [Charles] Lafont: Le Tems fait tout, Romance ,,Le tems fait
      tout de nos peines amères" (de Coupigny)   62— 64

[22] Caroline Martainville: Le Chant d' Elmire, Romance ,,J' étais
      près d' Isnel" (C. Bérard)   65— 68

[23] C.[harles] Farcy: La Fuite inutile, Romance ,,Mon cœur s' agite
      auprès de toi" (A. de Carion Nisas)   69— 70

[24] Mlle. Bresson: Le Solitaire, Romance ,,Printems, réveil de la
      nature" (Le Vicomte d' Arlincourt)   71— 74

[25] [Pierre-David-Augustin] Chapelle: La Résignation, Romance
      ,,Tu le veux je fuis ta présence" (Dormoy)   75— 78

[26] [Guillaume Pierre Antoine] Gatayes: La Vieille de seize Ans,
      Romance ,,Rêves heureux de ma jeunesse" (C. P. de
      Kock)   79— 82

[27] L.[uigi] Cherubini: Je ne t' aime plus, Romance à 2 voix ,,Non
      je ne t' aime plus"   83— 86

[28] [Jean-Frédéric-Auguste] Le Mière de Corvey: Mancini, Romance
      ,,Aux lieux où je vivais tranquille" (M.***)   87— 89

[29] Félix Dupierge: Le Sourire, Romance ,,Qu' un sourire produit
      en nous d' effets!" (Deville)   90— 92

[30] A.[ntoine] Romagnesi: La Fille de quinze Ans, Chansonnette
      ,,Ah! quel bon tems une fille" (Mr.***)   93— 96

[31] Prosper de Ginestet: Godefroy, Romance ,,Nobles soutiens de
      mes états" (Prosper de Ginestet)   97—101

[32] J.[oseph] B.[ernhard] Woets: La Rose délaissée, Romance
      ,,Une rose dût l' existence au premier rayon"   102—104

[33] R.[osalbina] de Munck: Le bon vieux Temps, Romance ,,Quand
      reviendra cet heureux tems" (N.(esto)r de Laprunarede)105—108

[34] [Antoine] Meissonnier: Comme on aime, Romance ,,J' ai vu
      mainte femme jolie" (Gaudran)   109—111

[35] Emilien de G.(inestet): Le Berger Volage, Romance ,,A la gen-
      tille Glycère Lisis parlait" (E. de Ginestet)   112—114

[36] Thérésia Démar: Invocation à l' Amitié, Romance ,,Tendre
      amitié, doux charme de la vie" (Deville)   115—117

[37] Antoni Anson: Arthur, éloigne-toi! Romance ,,Eloigne-toi,
      Pauline t' en supplie!" (C. J. Robillard)   118—120

[38] Jules Feisthamel: Vaudrait-il pas mieux mourir? Romance
      ,,Je suis fatigué du jour" (E. D..... D.)   121—122

[39] J.[osep]h Roger: Le Troubadour errant, Romance ,,Près d' un
      Castel de structure gothique" (L. Montigny)   123—125

[40] [J.-B.] Lélu: La Saison d' aimer, Romance „Quand l' aquilon
      qui glace nos montagnes" (Morel)   126—129

[41] [François] Fétis: L' Amour et les Bergères, Romance „Riez,
      riez, mes légères compagnes" (Desbordes)   130—133

[42] B. J. Schloer: Heureux Printems, Nocturne à 2 voix „Heureux
      printems que tu plais à mon âme" ((P.) Senemaud)   134—136

[43] J.[oseph] Zimmerman: Les Dangers, Chansonnette „La jeune
      Estelle, au paturage va souvent" (Brault)   137—139

[44] P.[ierre] Hédouin: La Croisade, Chant Guerrier „Braves français,
      guerriers fidèles" (P. Hédouin)   140—142

[45] D.[enis] Gaubert: L' Attente, Pastorale „Alexis ne vient point
      dans ce champêtre azile" (A. Lafargue)   143—145

[46] Fabry Garat: La Bergère et le Roi, Romance „Au bord d' une
      onde vive et pure" (Bouteiller) (1 Singst.)   146—147

[47] E.[manuel] Imbimbo: Le Charme de s' entendre, Romance
      „Il est bien doux" (Mr.***)   148—149

[48] [J.-B.] Lélu: Le Songe et le Réveil, Romance „O doux sommeil
      en fermant ma paupière" (Morel) (1 Singst.)   150—151

[49] L. Corret aîné: Ronde „Pour visiter le saint lieu" (Mr.***)
      (1 Singst.)   152—153

[50] B. J. Schloer: Le Retour, Romance „Aux bords d' une mer
      écumante" (Gilbert)   154—156

[51] H.[enri] Berton: Les Ruisseaux, Stances à 2 voix „Que j' aime
      à voir dans les prairies" (Philipon de la Magdelaine [!]) 157—160

[52] F.[erdinando] Paer: Mes seules Amours, Romance „Un jour
      sur la harpe plaintive" (Emile Barateau)   161—164

[53] Ch.(arl)es Laffillé: La Bachelette, Romance „Pêcheur de cette
      rive" (E.(ugène) Chapus) (1 Singst.)   165—166

[54] Amédée de Beauplan: Adieu vous dis! Romance „Adieu vous
      dis! cruelle bachelette" (Deville) (1 Singst.)   167—168

10e Année. 1823:

[1]   [Henri-Jean] Rigel: Le Bouquet, Chansonnette „Lycas m' aimait,
      il sut me plaire" (Loraux (de Ronsières))   1— 4

[2]   J.[oseph] Zimmerman: M' aime-t' elle encore? Romance „Près
      de l' orme au bout du village" (Casimir Bonjour)   5— 9

[3]   P.[ierre] Vaillant: Le Sans-Souci, Chansonnette „Au dieu
      de la folie constant" (J. J. Lucet)   10— 12

[4]   Lechallier: Avis à une Coquette, Polacca „A la vive coquetterie
      sans doute" (Rodolphe)   13— 16

[5]   P.[auline] Duchambge: Le Doute, Romance „Trois fois on
      a daigné m' écrire" ((Fréd.) de Courcy)   17— 20

[6]   C.[harles] Phelippès: Le Croisé, Romance „Prêt à partir pour
      les champs d' Idumée" (C. Phelippès)   21— 24

[7]   A. B. Roux-Martin: L' Hyacinthe, Romance ,,J' aurai toujours
des pleurs" (Desbordes-Valmore)   25— 28

[8]   L.[ouis] Jadin: J' ai quinze Ans, Romance ,,J' ai quinze ans,
je m' appelle Lise" (A. Jadin)   29— 32

[9]   Louis-Ange Carpentras: Le Paladin, Romance ,,Assis au pied
des tours gothiques" (Louis-Ange Carpentras)   33— 36

[10]   P.[rosper] de Ginestet: Tout plaît en Elle, Romance ,,Une
belle existe en ces lieux" (P. de Ginestet)   37— 40

[11]   Le Ch.[evali]er [Oscar de] Lagoanère: Autant qu' il m' en
souvient, Romance ,,Je vous disais, écoutez ma musette" (Boucher de Perthes)   41— 44

[12]   [Emanuel] Imbimbo: Le Doute embarrassant, Romance ,,Ma-
man me dit avec tendresse" (Albéric Deville)   45— 48

[13]   [Gioacchino] Rossini: Air [aus:] Le Barbier de Séville, Opéra
en quatre Actes (Réc.) ,,Tout se tait, tout est calme" —
(Air) ,,Je sens naître dans mon âme" (Castil-Blaze)
(Singst., Git.-Arr.: Meissonnier Jeune)   49— 57

[14]   [Pauline] Duchambge: Pierre, Nocturne à deux voix ,,Pierre
est sorti de son village" ((Fréd.) de Courcy)   58— 63

[15]   A.[ntoine] Romagnesi: N' écoutez pas! Chansonnette
,,N' écoutez pas, disait Isaure" (Justin Gensoul)   64— 66

[16]   L.[ouise] Farreng [!]: Le Berger Fidèle, Romance ,,Une
jeune bergère a su me captiver" (C. F.***)   67— 69

[17]   C. Bernon: Le Souvenir, Romance ,,Je chante de la providence"
(Dupont)   70— 72

[18]   F.[erdinan]d Paer: L' Innocence et la Pudeur, Romance ,,La
pudeur dans son enfance" (Albéric Deville)   73— 76

[19]   L.[ouis] Jadin: Le seul Objet de mes Amours, Chansonnette
,,Toi qui m' appris" (A. Jadin)   77— 79

[20]   J. A. Moreau: La Cloche du Rendez-Vous, Romance ,,Voici
l' heure où ma Laurette" (Deslauriers)   80— 83

[21]   [J.-B.] Lélu: L' Orage, Romance ,,Mon jeune ami, sur la
montagne" (Camille)   84— 88

[22]   Amédée de Beauplan: La Dame de la Tourelle, Nocturne à
deux voix ,,A peine l' aurore de ses feux colore"
(Théaulon)   89— 93

[23]   G.[eorges] Lambert: Le Dépit Amoureux, Romance ,,Dans la
paisible indifférence" (Albéric Deville)   94— 97

[24]   [Pauline] Duchambge: L' Aveu d' une Femme, Romance ,,Pour
la première fois tout bas" ((Fréd.) de Courcy)   98—100

[25]   Alph.[onse] Fontvanne(s): Oubliez-moi, mais ne m' évitez
pas, Romance ,,Je vous aimais et pour toute la vie"
(Made. de Pussy)   101—104

[26] Antoni Anson: Le Sacrifice, Romance „Je lis dans ton cœur
        agité" (Pawlowski)   105—109

[27] Mme. Raillard-Bence: Il attend! Romance „Quelle mortelle
        impatience" (Le Ch.[evali]er Oudry)   110—112

[28] F. Ponchard: Le Châtelain, Romance „Transi de froid, marchant
        à peine" (Bouteiller)   113—117

[29] Carl Maria [von] Weber: [„Chor der Brautjungfern" aus:]
        Der Freischütz „Wir winden dir den Jungfernkranz"
        [Jähns 277, N. 14]   118—120

[30] [Charles-Simon] Catel: Invocation „O toi qui veille sur mes
        jours" (Jouy)   121—125

[31] [Jean-Frédéric-Auguste] Le Mière de Corvey: Ecoutez-Moi!
        Romance „Ecoutez-moi, vous que mon cœur adore"
        (Albéric Deville)   126—128

[32] Ch.[arl]es Laffillé: Délie, Romance „Assise auprès d' une fon-
        taine" (Ch.(arl)es Laffillé)   129—132

[33] (C.[aroline]) Martainville: Adeline, je t' en supplie! Romance
        „Quand ton regard, doux interprète" (Théaulon)   133—136

11e Année. 1824:

[1]   F.[erdinan]d Paer: Tristan et son Lévrier, Romance „Un che-
        valier tendre et fidèle" (A. Delvaux)   1— 4

[2]   Ch.[arl]es Laffillé: Fidèle à mes Amours je t' aimerai toujours,
        Romance „Toujours je t' aimerai, je te serai fidèle"
        (Ch.[arl]es Laffillé)   5— 7

[3]   [François Henri] Castil-Blaze: Lou Troubadour, Romance
        provençale „Lou vent s' escoun din sei mountagne"
        (Hyacinthe Morel)   8— 11

[4]   B. J. Schloer: Le Charme de l' Amour, Romance „On se plaint
        de l' amour" (F.[erdinan]d F. Weston)   12— 14

[5]   [Jean-Frédéric-Auguste] le Mière de Corvey: L' Enfant aveugle,
        Romance „Quel est donc, dites-moi, ce qu' on nomme
        lumière" (J. F. Chatelain)   15— 16

[6]   L.[ouis] Maresse: L' Oiseleur, Romance „Caché par la verte
        chamille" (Mr. Aycard)   17— 21

[7]   A.[médée] de Beauplan: Dites-le moi! Romance „Pourquoi ne
        puis-je plus entendre" (Beaulieu) (Singst., Git.-Begl.:
        Julia Piston)   22— 24

[8]   A.[ntoine] Romagnesi: Le Chien du Régiment, Romance „De
        mon vieux compagnon de gloire" (Mr.***)   25— 28

[9]   Félix Bodin: Mon Fils est là! Romance „Dans cette riante
        prairie" (E. Scribe)   29— 32

[10] Ch.[arl]es Plantade: Le Naufragé, Romance „Le soleil, de la nuit
        éclaire la montagne" (Desbordes-Valmore)   33— 37

[11] Carl Maria von Weber: [Arie (Agathe) aus:] Der Freischütz —
      Le Franc Chasseur „Quoique voilé par un nuage"
      ([Übers.:] Ch.[arl]es Laffillé) [Jähns 277, N. 12]   38— 42

[12] L.[ouis] Jadin: Doux Souvenir! Romance „Doux souvenir,
      à l' espérance mon cœur préfère" (A. Jadin)   43— 46

[13] L.[ouis] Maresse: Le Retour au Village, Romance „Lieux
      charmans où de ma jeunesse" (Dufresne)   47— 50

[14] Lechallier: Il faut encore avoir bon Cœur, Romance „Passant
      près du château d' Ambure" (H. I. Guérin)   51— 55

[15] Charles Lis: La Marguerite, Romance „Gentille Jouvencelle
      compte à peine vingt ans" (C. P. Dekock)   56— 60

[16] P. Rougeon: Le Ier Amour du Troubadour, Romance „Sous
      les murs du château d' Elvire" (Mr.***)   61— 63

[17] J.[ean-] B.[aptiste] Guiraud: Prenez garde d' aimer! Romance
      „La beauté rit de nos allarmes" (de Courcy)   64— 67

[18] A.[médée] de Beauplan: Elle est partie! Romance „Elle est
      partie! et je la vois encore belle d' amour" (Vatout)   68— 71

[19] Adolphe Miné: Le Jour de Mai, Romance „A la voix du dieu
      des amours" (Gautier)   72— 76

[20] P.[rosper] de Ginestet: La 1ère et la 2ème Fois, Romance
      „Lorsqu' à seize ans au dieu de la tendresse" (Mr.
      A.***)   77— 81

[21] [Jean-Baptiste] Roucourt: La Tombe du Pauvre, Romance
      „Au tems passé l' on vit parmi les hommes" (Jobard)   82— 86

[22] Philippe Schunck: Amour, Honneur! Romance „Amour, honneur,
      noble devise" (Le Comte de Bouilly)   87— 90

[23] P.[ierre] Hédouin: Marie, ô ma douce Marie! Romance „Vieux
      château de Montgoméri" (P. Hédouin) (Singst., Pfte.-
      Begl.: Hummel)   91— 95

[24] B. J. Schloer: Les quatre Heurs du Jour, Romance „Le ciel
      blanchit et la lumière lutte déjà" (Morel de Bélesme)   96— 99

[25] A.[ntoine] Meissonnier: Adieu, Zoé! Romance „Adieu, Zoé!
      l' aurore matinale blanchit déjà" (Isid.[ore] Simard)   101—104

[26] Alph.[onse] Fontvanne: L' Absence, Romance „De moi Fanny
      s' est éloignée avec elle" (Mr. de V***)   105—108

[27] [Charles-Philippe] Lafont: Dieu! C' est désolant, Romance
      „Victor me dit que sa tendresse" (Mlle. Palmire**)   109—113

[28] H.[enri] Messemaeckers: Regard d' Amour, Nocturne „Regard
      d' amour pénètre dans notre âme" (Vulpian)   114—118

[29] [Pauline] Duchambge: L' Amour d' un Jour, Romance „Pour-
      quoi disais-tu d' abord" (F. de Courcy)   119—122

[30] H. C. Steup: Je vais donc quitter, Romance „Je vais donc
      quitter pour jamais" (Florian)   123—126

[31]   Antoni Anson: Ma Mère est-ce ainsi qu' on oublie? Romance
      „Ma mère prétend que l' absence triomphe" (Mr.***)   127—130

[32]   Louis Balochi: L' Amante del Secol d' Oro, Chansonnette
      italienne „Mio ben, non amo" (Louis Balochi)   131—133

[33]   J. B. Le Camus: La Métempsicose, Romance „Quoi, tu crains,
      en quittant la vie" (Vernet Bérard)   134—137

[34]   [Henri] Karr: Le Départ du Chevalier, Romance „Preux che-
      valier, déjà l' airain sonore" (Hédouin)   138—140

[35]   [Henri-Montan] Berton: Alcibiade à Glycère, Couplets „Par
      l' amour Glycère amenée" (Loraux de Ronsière)   141—144

[36]   [Henri-Jean] Rigel: Tu me l' a dit! Romance „Tu me l' a dit
      ce mot" (Albéric Deville)   145—148

12e Année. 1825:

[1]   A.[lexandre] Piccini: Le Pêcheur, Barcarole Boulonnaise
      „Parcourant la plaine liquide de l' amour" (P. Hé-
      douin)   1— 5

[2]   Ch.[arl]es Laffillé: Le Berger trahi, Pastorale „Une jeune
      pastourelle, du village" (Ch.[arl]es Laffillé) (Singst.,
      Git.)   6— 9

[3]   Xavier Désargus: Le Persifflage, Chansonnette „Vous m' aimez,
      je vous cros sincère" (Mr. L... de V....) (Singst., Git.)   10— 12

[4]   Amédée de Beauplan: Il va venir, il me consolera, Romance
      „Il est donc vrai?" (Vatout) (Singst., Git.)   13— 16

[5]   Mme. Mauger née Bresson: Le Bonheur d' être mère, Romance
      „J' attendais ton heureux retour" (Mr. de C***)   17— 21

[6]   [Jean-Frédéric-Auguste] Lemière de Corvey: L' Amour Naïf,
      Romance „Si vous aimez tendre sourire" (J. F.
      Chatelain)   22— 26

[7]   F.[erdinan]d Paer: Le pauvre Page, Romance „Jeune beauté
      de haut parage" (H. T. Poisson)   27— 32

[8]   C.[harles] Phellippes: Romance „C' est toi que j' aime"
      (C. Phellippes)   33— 36

[9]   Barni de Lambre: Romance „C' est près de vous" (Albéric
      Deville)   37— 40

[10]   Jules Feisthamel: La Demande, Romance „Tu me demandes
      si je t' aime!" (Mr.***)   41— 45

[11]   (R.[odolphe]) Kreutzer: Ipsiboé, Romance „Jadis il fut une
      princesse" (de St. Yon)   46— 48

[12]   A.[ntoine] Romagnesi: La Mauvaise Langue de Village,
      Chansonnette „Vous me refusez pour amant"
      (H. T. Poisson) (Singst., Git.)   49— 52

[13]   Louis Balochi: Blanche de Devan, Romance de la Dame du
      Lac „Dors, disent-ils, pauvre étrangère!" (Mr.***)   53— 57

[14] Ch.[arl]es Laffillé: La Sirène, Romance „Près d' un vaisseau
      voguant" (H. T. Poisson)   58— 61

[15] Adolphe Adam: Adieu, Romance „Ces yeux où les tiens savaient
      lire" (Frédéric de Courcy)   62— 65

[16] Léon Amédée: Le Miroir d' Héloïse, Romance „Pour admirer
      une glace gothique" (L. T. Gilbert) (Singst., Git.)   66— 69

[17] P.[ierre] Vaillant: L' Amant Heureux, Romance „Tu me l' as
      dit, ce mot" (Albéric Deville)   70— 73

[18] B. J. Schloer: Bonheur d' Amour, Romance „Heureux cent
      fois le jour" (Mr.***)   74— 77

[19] Charles Phellipes: Le Captif, Romance „Loin des bords baignés
      par la Seine" (Charles Phellipes)   78— 82

[20] [J.-B.] Lélu: Le Saule, Romance „Qu' un autre des amours
      chante l' heureux symbole" (Constant Dubos)   83— 87

[21] [Charles Philippe] Lafont: Ah! Si ma Mère le savait! Romance
      „Fuyez Lubin me dit ma mère" (H. T. Poisson)   88— 92

[22] F.[rancesco] Molino: Je le veux! Romance „Je le veux, me
      semble si tendre" (Mme. la V.se de R.) (Singst., Git.)   93— 95

[23] [Henri] Darondeau: Le Pauvre Enfant, Romance „Ne pleure
      pas, mon pauvre enfant" (***) (Singst., Git.-Begl.:
      Julia Piston)   96— 99

[24] L. D. Obert: Il faut partir! Romance „Je souffre hélas sans
      espérance" (Mr.***)   100—103

[25] Auguste Panseron: Chante Heloïse! Romance „O toi la
      compagne chérie de mon enfance" (Isidor(e)
      Simard)   104—107

[26] P.[ierre] Hédouin: Minuit, Nocturne à deux voix „J' entends
      sonner la douzième heure" (Mr.***)   108—112

[27] N. G. Blondat: Le Sans-Souci, Chansonnette „Je suis d' un
      caractère facile" (N. G. Blondat) (Singst., Git.)   113—117

[28] B. J. Schloer: L' Attente, Romance „Je vais te voir, ma douce
      amie" (H. T. Poisson)   118—122

[29] [Henri-Jean] Rigel: Séalgar, Romance Ecossaise „Dans la soli-
      taire vallée" (P. Hédouin)   123—127

[30] Alfred Larmande: J' ai perdu mon Amie! Romance „Déjà de
      son souffle amoureux" (C. Vagon) (Singst., Git.)   128—131

[31] [Jean-Baptiste] Hus-Desforges: L' Orage, Romance „Dans sa
      course brûlante" (Mme. Desbordes-Valmore)   132—135

[32] P.[ierre] Hédouin: L' Infidélité Excusable, Romance „O toi
      qui ne veux pas comprendre" (Loraux de Ronsière)
      (Singst., Git.)   136—138

[33] Antoni Anson: Je ne veux plus, Romance „Qu' ai-je promis!
      oh! parole imprudente" (Pawlowski)   139—144

[34] Luigi Castellacci: Songez à moi! Romance ,,Songez à moi
        vous qui de l' opulence"(Le Ch.[evalie]r Dupuy des
        Islets) (Singst., Git.)   145—147

[35] Le Ch.[evali] er H.[enri] Berton: J' ai perdu son amour!
        Romance ,,Songes riants, où ma maîtresse se peig-
        nait" (C. Josselin)   148—152

[36] Léon de Boudeville: Edvin, Romance ,,Depuis qu' Edvin ne
        voit plus son Emma" (A. Delvaux) (Singst., Git.)   153—155

[37] Ch. M. Simon: La Rupture, Romance ,,L' arrêt affreux qui
        te dégage" (Mr. Poterlet) (Singst., Git.)   156—158

[38] Julia Piston: Souvenir est folie, Romance ,,Je l' ai revu le
        solitaire ombrage" (Mr. Duchemin) (Singst., Git.)   159—160

[39] Aurélie Berbiguier: A Victorine, Romance ,,Victorine ton
        image dans mon cœur" (P. Hédouin)   161—164

13e Année. 1826:

[1]   H.[enri-Montan] Berton: L' Exilé, Romance ,,Proscrit,
        chassé, quel sort affreux" (Le Ch.[evali] er Dupuy
        des Islets)   1— 5

[2]   [J.-B.] Lélu: Corine, Romance ,,Approchez-vous, brillant
        cortège des poètes" (G. Ménard de Rochecave)   6— 9

[3]   [Jean-Frédéric-Auguste] Le Mière de Corvey: L' Orphéline,
        Romance ,,Depuis mes plus tendres années" (J. F.
        Chatelain)   10— 14

[4]   Julia Piston: Le Doute, Romance ,,Est-ce pour moi, qu' Ed-
        mond soupire" (Julia Piston) (Singst., Git.)   15— 17

[5]   [Jean-Baptiste] Hus-Desforges: L' Adieu du Départ, Romance
        ,,Je vais donc quitter mon amie" (E. Letellier Fils)   18— 20

[6]   Edouard Bruguières [!]: L' Aveu d' une Femme, Romance
        ,,Pour la première fois, tout bas" (F. de Courcy)   21— 23

[7]   F.[erdinando] Paer: Colette, Romance ,,Colette au village
        a reçu le jour" (Boucher des Perxes [!])   24— 27

[8]   Ch.[arl]es Laffillé: Le petit Malheureux, Romance ,,Prenez
        pitié de ma misère" (P. Hédouin) (Singst., Git.)   28— 32

[9]   E. Pillore: Boléro ,,Dans l' espoir d' avoir une belle fidèle"
        (A. P.) (Singst., Git.)   33— 36

[10] F.[erdinan]d Paer: L' Erreur, Chansonnette ,,C' est à vous
        seul que je veux plaire" (B.[oucher] de Perthes)   37— 41

[11] L.[ouis] Jadin: La Veuve du Grec Botzaris, Romance histo-
        rique ,,Ce que j' aimais, hélas!" (Lambert)   42— 46

[12] [Charles-Philippe] Lafont: Le Baiser, Romance ,,Quel mortel
        n' a connu l' yvresse [!] " (Bachelier)   47— 50

[13] Edouard Bruguière: Le Secret, Romance ,,Dans la foule, Olivier,
        ne viens plus" (Desbordes-Valmore)   51— 54

[14]   P.[ierre] Hédouin: La Dame du Terrail à son Fils Bayard,
Romance „Pars jeune objet de ma tendresse"   55— 58

[15]   Luigi Castellacci: Robert, Romance „Pour riche damoiselle
Robert brûlait d' amour" (Louis Jolly) (Singst., Git.)   59— 62

[16]   Jules Feisthamel: La Marguerite, Romance „Marguerite, est
le nom chéri" (Ulrich Guttinger)   63— 66

[17]   Antoni Anson: La Méprise, Romance „On dit que l' amour
à mon âge" (Mr.***)   67— 71

[18]   [Saverio] Mercadante: Boléro des Noces de Gamache „Si par
hazard à travers la campagne" (T. Sauvage und Dupin)
(Singst., Git.)   72— 75

[19]   Charles Plantade: Qu' on a mal pour se faire aimer, Romance
„J' avais juré d' être volage" (Mr.***)   76— 80

[20]   A.[uguste] Panseron: Eh! Vogue ma Nacelle, Chansonnette
„Sur une onde tranquille" (J. P. de Béranger) (S, T,
Git.)   81— 85

[21]   F.[rédéric] Bérat: N' ai plus d' Annette, Pastorale „Méchante
Annette m' abandonne" (F. Bérat)   86— 88

[22]   C.[harles] P.[hilippe] Lafont: La Fleur mourante, Romance
„C' est pour mourir que la fleur vient de naître"
(Mr.***)   89— 92

[23]   F.[erdinan]d Paer: Il faut attendre tout du Tems, Chansonnette
„Joli minois, petite fille" (H. T. Poisson)   93— 97

[24]   Louis Maresse: Le Retour en France, Romance „Rives charmantes de la Seine" (H. T. Poisson)   98—102

[25]   Ch.[arl]es Laffillé: La Dame noire du Valais, Romance
„Simple et timide de Bachelette" (H. T. Poisson)
(Singst., Git.)   103—107

[26]   [Jean-Baptiste] Roucourt: Le Banni, Romance „Accablé
d'ennuis et d'allarmes" (Mr.***)   108—112

[27]   A.[ntoine] Meissonnier: Le Mépris des Richesses, Chansonnette „Richesse, honneur, quelle folie!" (Delrieu)
(Singst., Git.)   113—117

[28]   A.[drien] Boieldieu: Regrets de Couramé, Romance „Loin
du paiis des Galibis" (Mr. A. C.***)   118—122

[29]   A.[ntoine] Romagnesi: La Coquette de Village, Chansonnette
„N'abuse pas de mes aveux!" (Naudet) (Singst., Git.)   123—126

[30]   Jules Feisthamel: La Tourterelle, Romance „Redis ton chant,
plaintive tourterelle" (Louyer [de] Villermay)   127—131

[31]   Caroline Martainville: Le Départ, Romance „Tous les braves
courent aux armes" (Mr.***)   132—136

[32]   Amédée de Beauplan: La Naïve, Chansonnette „Un berger
de notre village" (Mr.***) (Singst., Git.)   137—140

[33] Xavier Desargus: L'Orphéline, Romance ,,Je suis une pauvre
orphéline'' (Barateau)   141—145

[34] F.[rançois] Berton Fils: Je n'aime rien quand je ne la vois
pas, Romance ,,Au printems j'aimais la nature''
(Gaudran) (Singst., Git.)   146—148

[35] Jules Feisthamel: La Sorcière, Chansonnette ,,Fillettes qui
d'un fâcheux rêve'' (A. Jacquemart)   149—153

[36] Prosper de Ginestet: Une Romance sans Amour, Romance
,,J'aime, je ne puis m'en défendre'' (Emile Barateau)   154—157

[37] P.[ierre] Vaillant: La première Fois, Romance ,,J'étais encore
au printems de la vie'' (Lambert)   158—160

[38] Eugénie Boucault: Rends-moi ton Cœur! Romance ,,O ma
Zulmé, prends pitié de ma flamme'' (J. F. Chatelain)   161—163

[39] Luigi Castellacci: La pauvre Laide, Romance ,,Au sein des
jeux et des plaisirs'' (Mr.***) (Singst., Git.)   164—166

[40] F.[erdinan]d Paer: Hommage au Roi, Charles X ,,Rejouis-toi,
peuple fidèle'' (Ch.[arl]es Laffillé)   167—176

14e Année. 1827:

[1] X.(avier) Désargus: Le Tombeau de Clorinde, Romance
Heroïque ,,D'un sort fatal, déplorable victime''
(Le Ch.[evali]er Dupuy des Islets)   1— 4

[2] (Gioacchino) Rossini: Prière tirée du: Siège de Corinthe
,,Juste ciel, ah! ta clémence est ma seule espérance!''
(Soumet und Balochi)   5— 7

[3] Ch.[arl]es Laffillé: L'Infidélité d'Aline, Romance ,,Oui, c'en
est fait, perfide amante'' (Ch.(arl)es Laffillé)   8— 11

[4] P.[ierre] Vaillant: Plus d'Amour, Romance ,,En vain des
bois la naissante verdure'' (Ch.[arl]es R***)   12— 14

[5] J.[oseph] B.[ernhard] Woets: Le plus Fort a toujours Raison,
Chansonnette ,,Finissez donc, disait Glicère au beau
Damon'' (C. Catelin)   15— 18

[6] L.[ouis] Balochi: L'Age d'Or, Romance ,,Dans l'âge d'or''
(Mr.***)   19— 22

[7] [Antonin] Aulagnier: Romance ,,S'il avait su quelle âme il
a blessée'' (Mr.***)   23— 26

[8] F. Massimino: La Veillée, Chansonnette ,,Un soir d'hiver, à la
veillée'' (H. T. Poisson)   27— 32

[9] [J.-B.] Lélu: La Bergère Consolée, Romance ,,Que veux-tu?
berger curieux'' (Revenaz)   33— 36

[10] [Charles] Lafont: Le Charme de la Mélodie, Romance
,,Lorsque ta voix, ô mon amie'' (H. T. Poisson)   37— 41

[11] Caroline Martainville: Le Suisse au Régiment, Romance
,,Que mon sort est funeste'' (E. Scribe)   42— 45

[12] Amédée de Beauplan: Le p'tit Jardinet d'Amour, Ronde ,,Au p'tit jardinet d'amour" (Benjamin A***)   46— 50

[13] J.[oseph] N.[icolas] Méreaux: La Nymphe de Blanduze, Romance ,,Blanduze, Vallon solitaire qu'arosent de limpides eaux" (Draparnaud)   51— 54

[14] A.[ntoine] Meissonnier: Le Pauvre Ménestrel, Romance ,,Un pauvre Ménestrel" (Le Ch.[evali]er de M.)   55— 58

[15] [Henri-François] Berton Fils: Le Pélerinage, Romance ,,Avant l'aube du jour" (Hilaire L. S.)   59— 63

[16] [Antoine] Pacini: Veux-tu m'aimer? Romance ,,Dis-moi, Nanette, veux tu m'aimer? " (E.(mile) Barateau)   64— 67

[17] Antoni Anson: Je ne veux plus, Romance ,,Qu'ai-je promis!" (Pawlowski)   68— 72

[18] A.[uguste] Panseron: Chantez Petit! Chansonnette ,,Voici la saison nouvelle" (Galice)   73— 76

[19] A.[uguste] Andrade: Le bon Ermite, Romance ,,Ermite, votre chapelle s'ouvre-t'elle" (Desbordes-Valmore)   77— 80

[20] F.[rançois] Berton Fils: La Paix du Cœur, Chansonnette ,,Dès que Lubin dans la prairie" (H. T. Poisson)   81— 86

[21] A.[ntoine] Romagnesi: L'Illusion Maternelle, Romance ,,Croyez-vous que je me désole" (A. Romagnesi)   87— 89

[22] L.[uigi] Castellacci: Les derniers Adieux, Romance ,,Toi qui d'une flâme brûlante" (Madame**)   90— 93

[23] E.[douard] Bruguière: Adieu Bonheur, Romance ,,Adieu bonheur, loin de ma bien aimée" (H. T. Poisson)   94— 98

[24] Ch.(arl)es Laffillé: Chant d'Haïti ,,Le monde a salué tes fils" (Romané) (Singst., Pfte. und 4stg. Gem. Chor)   99—108

[25] J.[ean] B.[aptiste] Duvernoy: Je t'aime encore! Romance ,,Il m'en souvient, lorsque l'amour soumit mon cœur" (H. T. Poisson)   109—112

[26] [J.-B.] Lélu: Me vois-tu? M'entends-tu? Romance ,,Si ta marche attristée" (Desbordes-Valmore)   113—115

[27] Le Ch.[evali]er [Oscar de] Lagoanère: Retourne à ton Hameau, Nocturne à 2 voix ,,Entends-tu, bergerette, la cloche du hameau?" (Mr.***) (2 Singst., Pfte.)   116—120

[28] F.[ranz] Grast: Le Prisonnier, Nocturne à 2 voix ,,Moi captif, à la fleur de l'âge" (P. J. de Béranger) (2 Singst., Pfte.)   121—125

[29] A.[uguste] Panseron: Belle, viens à moi! Chansonnette ,,Entends-tu les gondoles" (Desbordes-Valmore)   126—128

[30] [Henri-Jean] Rigel: La Rêverie, Romance ,,La jeune fille qui s'élance dans un monde" (Mr.***)   129—132

[31] [Jean-Frédéric-Auguste] Le Mière de Corvey: Le Roi Momusien, Chanson bachique ,,Je vois l'avenir sans effroi" (P. J. Charrin)   133—136

[32] F.(erdinan)d Paer: Toute la Vie, Romance ,,Toute la vie
      l'homme ici bas" (Mr.***)   137—140

15e Année. 1828:

[1]   [Marie Pierre] Chénié: Le Vrai Français, Chant Guerrier
      ,,Brillant Français, héritier de la gloire" (Le
      Ch.[evali] er Dupuy des Islets)   1— 4

[2]   Caroline Martainville: Stances ,,Elle m'a fui, l'amante que
      j'adore" (P. Dorange)   5— 8

[3]   Fabry Garat: Le Jeune Poète mourant, Romance ,,Rempli
      d'illusions, j'aimais la fleur nouvelle" (Holmon-Durand)   9— 11

[4]   V.[!] [Franz] Danzi: Mary's Dream — Le Songe de Marie,
      Romance Anglaise ,,The moon had climb'd the high
      east hill" (Mr.***)   12— 16

[5]   F.[erdinando] Paer: On vous dira la Vérité, Romance ,,Si
      l'on vous dit que je vous aime" (Emile Barateau)   17— 21

[6]   A.[ntoine] Romagnesi: Si vous étiez mon Frère, Romance
      ,,Quand de votre voix douce et tendre" (J. Arnaud)   22— 24

[7]   Edouard Bruguière: Voici le Printems! Romance ,,Déjà
      l'haleine du Zéphir" (H. T. Poisson)   25— 29

[8]   Auguste Andrade: Il mentira, Romance ,,Bonne vieille,
      l'âme attendrie" (Isidore Simard)   30— 32

[9]   J.[ohann] B.[ernhard] Woets: Portrait de Délie, Romance
      ,,Vous qui craignez d'aimer" (Foulan)   33— 36

[10] F.[ernando] Sor: Roxelane, Air ,,O vous, que Mars rend
      invincible"   37— 41

[11] Xavier Désargus: Quand je t'écris, Romance ,,Quand je
      t'écris à l'ombre du mystère" (Desbordes-Valmore)   42— 45

[12] Ch.(arl)es Laffillé: Si tu m'aimais! Romance ,,Si tu m'aimais,
      d'un amour pur et tendre" (E.(mile) Barateau)   46— 50

[13] T. H. J. Pfeffinger: Qu'elle est jolie! Chanson ,,Grands Dieux
      combien elle est jolie" (P. J. de Béranger)   51— 54

[14] P.[ierre] Hédouin: Le Village, Romance ,,Que j'aime à voir
      un riant paysage" (P. Hédouin)   55— 57

[15] Amédée Raoul: Le Doute, Romance ,,Trois fois on a daigné
      m'écrire" (F.(rédéric) de Courcy)   58— 61

[16] Ch.[arl]es Plantade: Derniers Couplets ,,Ah! l'bel état qu'l'état
      d'soldat!" (A. Désaugiers)   62— 67

[17] [Pauline] Duchambge: La Brigantine, Romance ,,La brigantine
      qui va tourner" (Casimir Delavigne)   68— 71

[18] Henry Blanchard: Ronde Provençale ,,Provençale jolie, de ce
      joyeux canton" (Théaulon)   72— 76

[19] [Jean-Baptiste] Hus-Desforges: Qui blesse peut guérir,
      Romance ,,L'amour a fait couler mes larmes"
      (E.(mile) Barateau)   77— 80

[20]   Alexis Laurent: Fleur printanière, Chansonnette „Fleur
       printanière, rose légère" (Cunyngham)   81— 83

[21]   J. Warot: Marie Mensikoff, Romance „A peine au printems
       de mon âge" (J. B. A. Châtelain)   84— 88

[22]   [Jean-Frédéric-Auguste] Le Mière de Corvey: Le Sommeil,
       Romance „Ah! dites-moi, quel est dans ce bocage"
       (Boucher de Perthes)   89— 92

[23]   F.[ranz] Grast: Il n'est plus là! Romance „Il n'est plus là,
       cet Edmond" (de Jouy)   93— 96

[24]   F.[ranz] Danzi: O weine nicht! Romance allemande „O weine
       nicht! In einem bessern Leben"   97— 99

[25]   La Marquise de Valory: Nephtale, Romance sacrée „Le tems
       approche où les fruits de nos plaines" (La Marquise
       de Valory)   100—103

[26]   L.[ouis] Moreau: La Mère devant le Lion, Romance „Un
       lion affreux, dans Florence" (Ducis)   104—107

[27]   Auguste Andrade: Le Souvenir, Romance „Sans l'oublier, on
       peut fuir" (Desbordes-Valmore)   108—111

[28]   Auguste Panseron: Petit Blanc à Négresse, Chansonnette
       „Si ton cœur, ô négresse" (Etienne Arago)   112—114

[29]   A.[ntonin] Aulagnier: Colin, que vous ai-je fait ? Chansonnette
       „Ah! Colin, que vous ai-je fait?" (Courvoisier)   115—118

[30]   P.[ierre] Hédouin: Barbe bleue, Romance „J'entends Barbe
       bleue"   119—123

[31]   [Jean Baptiste] Désormery: Je suis heureux! Virelai „Je suis
       heureux, chantait un vieux garçon" (Albéric Deville)   124—126

[32]   Jules Gar(d): Pourquoi me réveillez-Vous? Chansonnette
       „J'étais au loin sous la coudrette" (Emilie Cottenet)   127—130

[33]   L.[ouis] Jadin: N'en parle pas! Romance „Je pars, ami, je vais
       quitter l'ingrate" (Brice)   131—135

[34]   [J.-B.] Lélu: L'Ormeau, Romance „Je te retrouve après
       trente ans" (Constant Dubos)   136—138

[35]   Ph.[ilipp] Pfeffinger: Beauté et Bonté, Chansonnette „Galant
       qui chantez la beauté" (Armand Gouffé)   139—142

[36]   Ch.[arl]es Laffillé: Le Village abandonné, Romance „Que
       devenir? ô Ciel!" (Ch.[arl]es Laffillé)   143—148

[37]   [Henri-Jean] Rigel: Romance „Si j'ai chanté" (Coupigny)   149—151

[38]   S. J. Lautz: Le Pêcheur de Cadix, Barcarolle „Le ciel est pur
       et sans nuage" (L. T. Gilbert)   152—156

[39]   Luigi Castellacci: Ariette Italienne „Giovenotti se bramate"
       (Métastase)   157—160

16e Année. 1829:

[1]   Ch.[arl]es Laffillé: Le Laurier de Virgile ,,Vous qui brûlez des flammes du génie" (J. D. L.)   1— 5

[2]   Auguste Panseron: La Muette de Portici, Romance ,,Napolitains, cessez la barcarole" (Le B.[ar]on de Maldigny)   6— 10

[3]   Fanny Paré: Romance ,,Tu ne sais pas aimer" (Armand Séville)   11— 13

[4]   P.[ierre] Hédouin: Le Chant des Ménestrels ,,Bergers, prenez vos chalumeaux" (P. Hédouin)   14— 17

[5]   [Henri-Jean] Rigel: Encore un Troubadour! Romance ,,Voyez-vous, triste et solitaire" (Millevoye)   18— 22

[6]   (J.) Féneaux: Le vieux Castel, Romance ,,Je te revois, antique et noble asile" (Le B.[ar]on de Maldigny)   23— 26

[7]   [Jean-Frédéric-Auguste] Le Mière de Corvey: A demain, Romance ,,«A demain!» a-t-il dit" (Caroline Le Mière de Corvey)   27— 30

[8]   F.[erdinando] Paer: Le Vague du Cœur, Romance ,,Le repos loin de moi" (Mme.***)   31— 35

[9]   [Antoine] Romagnesi: Je ne suis pas la plus Belle, Romance ,,Ah! ne me parlez pas d'amour!" (Boucher Deperthes) (Singst., Git.)   36— 38

[10]   X.[avier] Désargus: Le Vieillard et l'Ormeau, Romance ,,Je te salue, humble hameau" (J. F. Chatelain)   39— 42

[11]   Ch.[arl]es Laffillé: Bouvines, Chant héroïque ,,Bouvine! à ce beau nom" (Ch.[arl]es Laffillé)   43— 48

[12]   F.[ranz] Grast: Astre des Nuits, Nocturne à deux voix ,,Astre des nuits dont la douce lumière" (Fabre d'Olivet)   49— 52

[13]   (Pauline) Féneaux: Les Bienfaits de l'Amitié, Romance ,,Entends ma voix, ô déesse chérie" (Le B.[ar]on de Maldigny)   53— 56

[14]   Jules Gard: L'Amour et la Châtelaine, Romance ,,Ouvrez, gentille châtelaine" (Alphonse Brot)   57— 60

[15]   Luigi Castellacci: La Fleur renvoyée, Romance ,,Adieu, douce pensée, image du plaisir" (Desbordes-Valmore) (Singst., Git.)   61— 64

[16]   L.[ouis] Ancot: Le Captif en Ecosse, Romance ,,Loin de la France et de la belle" (P. Hobacq)   65— 68

[17]   [Jean Baptiste] Désormery: La Résignation forcée, Chanson ,,Apôtre de l'indépendance" (Albéric Deville)   69— 72

[18]   E.[ugène] Troupenas: Chant de Virginie, Romance ,,La terre a fui, les paisibles étoiles" (T. Dupont)   73— 76

[19]   [Gioacchino] Rossini: Prière à quatre voix [aus:] Le Comte Ory ,,Noble châtelaine, voyez notre peine" (Scribe und Poirson) (T [I, II] Bar., B)   77— 80

[20] Adolphe Adam: Valentine, Romance „A l'instant même où
je verse des larmes" (St. Hilaire und de Villeneuve) 81– 83

[21] Luigi Castellacci: Canzonetta „Parla mi pur sincera" (M.***)
(Singst., Git.) 84– 87

[22] A.[lexandre] Piccini: Zélia, à petit blanc, Romance „Petit
blanc, dans la ville" (P. Hédouin) 88– 92

[23] J.[oseph] B.[ernhard] Woets: Virelai, Romance „Près d'un
ami plus d'une jeune fille" (Albéric Deville) 93– 95

[24] E.[tienne] Voizel: La Femme du Pêcheur, Romance „On entend
mugir la tempête" (P. Hédouin) 96–100

[25] A. Ropiquet [!]: Les Rossignols, Romance „La nuit a ralenti
les heures" (J. P. de Béranger) 101–104

[26] Amédée Raoul: Les Enfants de la Veuve, Romance „Dors,
notre mère, dors encore" (E. de Sérionne) 105–108

[27] [J.-B.] Lélu: L'Hiver, Romance „A l'approche des froids
autans" (E. Revenaz) 109–112

[28] Caroline Martainville: Soyez volage, Romance „J'aimais Silvie
et je croyais lui plaire" (Mme. la C.[omte]sse de
Beaufort) 113–115

[29] L.[ouis] Ancot: L'Attente et le Retour, Romance „Reviendra-t-il celui que j'aime" (P. Hédouin) 116–120

[30] Mme. de Félix de la Motte: Fillette sage est prise un Jour,
Romance „Dans mon jeune âge, un jeune page"
(Mme. de Félix de la Motte) 121–124

[31] [Jean-Frédéric-Auguste] Le Mière de Corvey: N'y pensons
plus! Romance „N'y pensons plus! mais s'il m'avait
aimée" (Caroline Le Mière de Corvey) 125–127

[32] J.[ean] B.[aptiste] Duvernoy: Tendre Baiser, Romance „O
toi qu'une bouche jolie" (Le B.[ar]on de Maldigny) 128–130

[33] P.[ierre] Hédouin: La pauvre Amélie, Romance „Il est passé
le songe" (P. Hédouin) 131–134

[34] Ch.[arl]es Laffillé: Le pauvre Alexis, Pastorale „Aux lieux de
ton enfance" (Le B.[ar]on de Maldigny) 135–138

[35] Luigi Castellacci: L'Incertitude, Romance „D'où vient que
je rougis?" (Desbordes-Valmore) (Singst., Git.) 139–141

[36] F. Brouilly: Quand tu m'aimais, Romance „Quand tu m'aimais,
je chérissais la vie" (Mme.***) 142–144

[37] Ph.[ilipp] Pfeffinger: La Retraite, Chanson „Dame Clotho!
noble Parque!" (Armand Gouffé) 145–148

[38] Auguste Andrade: La jeune Pélerine, Romance „Vous avez
reçu l'humble aveu" (Mme. Amable Tastu) 149–152

[39] C.[harles] L.[aurent] Rhein: La pauvre Rose, Romance
„Il vient un sorcier l'autre jour" (Mme. La C.[omte]sse
de Bradi) 153–156

[40]   A.[ntonin] Aulagnier: Tu n'es plus belle! Romance „Quel
          prestige égarait mes yeux!" (Guttinguer)   157—160

Les Variétés Amusantes ou Dépôt de pièces faciles pour la Guitarre. Œuvre Périodique Composées [!] à l'usage des Commençans par Mauro Giuliani, Œuv:
43. [Für Gitarre Solo.]

à Vienne chez Artaria et Comp. ([Pl. Nr.] 2283)

[1814]: No. I — X.

D SP

No. I.	Allegretto	2
No. II.	Allegro	2— 3
No. III.	Grazioso	4
No. IV.	Allegretto	5
No. V.	Allegretto	6
No. VI.	[Ohne Satzbezeichnung]	6— 7
No. VII.	Grazioso	8
No. VIII.	Allegro spiritoso	9
No. IX.	Allegretto	10
No. X.	Allegro Vivace	10— 11

1815

Etrennes aux Dames ou choix de Romances et Chansonnettes. Mises en Musique
par divers auteurs avec Accomp.[agnemen]t de Lyre ou Guitare par Meissonnier
(Jeune)

à Paris: A la Lyre Moderne chez Madame Benoist, Mde. de Musique et d'Instruments, Rue de Richelieu, No. 20.

[1815]

F Pn (2 unnumerierte Lieferungen)

[1. Lieferung:]

[1]   Charles Lafillé: La Renaissance des Lys, Chant gallique „Français
          quel est ce chevalier" (Charles Lafillé)   [2 S.]

[2]   [N.] Paz: Hymne à la paix „Fille céleste, je t'implore" (Félix
          Mouron de Caux)   [2 S.]

[3]   N. Paz: L'Amour en Vendange, Chanson „Guide par l'aimable
          phalange" (Frédéric D. C. xxx)   [2 S.]

[4]   N. Paz: Elle et lui, Romance „Je ne saurais vivre sans lui" (V. Vial) [2 S.]

[5]   [Charles] Mansui: La Séparation, Romance ,,On nous sépare
         hélas!" (Frédéric de Courci [!])   [2 S.]

[6]   Louis***: L'Orage, Romance ,,Lise entends-tu l'orage?"
         (Colardeau) (Lyra- oder Git.-Begl.: Julia Piston)   [2 S.]

[7]   Catrufo: Puis bien souffrir, Romance ,,Puis bien souffrir avec
         courage" (Mr. S***)   [2 S.]

[2. Lieferung:]

[8]   Xavier Desargus: Le Sire de Damas, Romance historique (Réc.)
         ,,Aux champs de la Massoure" − ,,Est advenu le dernier
         de mes jours" (Revoil) (Lyra- oder Git.-Begl.: Julia Piston)[2 S.]

[9].   A.[ntoine] Romagnesi: Il reviendra ,,Las! il fuit loin de son amie"
         (de la Caze)   [2 S.]

[10]   [Antoine] Meissonnier: Regrets d'un Troubadour, Romance
         ,,Belles vous qui savez charmer" (Gxx de Bxx)   [2 S.]

[11]   [Antoine] Romagnesi: La Chanson, Chanson ,,Recontrant sous
         l'ombrage" (Armand Gouffé)   [2 S.]

Journal des Amateurs, Composé de Pièces de Chant Italiennes et Françaises d'une
Composition simple et d'une Exécution facile Avec Accompagnement de Forte-
Piano ou Harpe Choisies parmi les productions des meilleurs Auteurs Italiens et
Français et recueillies par MRS. Simonis et Romagnesi.

à Paris, on s'abonne chez Mr. Romagnesi, Rue de Richelieu No. 78. Et chez tous
les Marchands de Musique.

[1815]: Livraison 1−14.

D Hs ([1825], 11, [1]); Mbs ([1825], 2−5) − **F** Pn ([1825], 1−7, 9−12) −
GB Ob

→*Journal d'Euterpe.* 1813.

1re (Livraison):

[1]   [Simon] Mayer [!] : Cavatina ,,Per quell'amabile dolce
         sembiante" − ,,Jeune Emilie ma douce amie"   1−   3

[2]   A.[ntoine] Romagnesi: Le Discret Troubadour, Romance
         ,,Sans espoir aimant une belle un troubadour" (Pallard)   4−   5

2e (Livraison):

[3]   (A.[ntoine]) Romagnesi: Le Printems ,,Lorsque le doux Zéphire
         ramène les beaux jours" (S, T, Pfte. oder Hf.)   1−   3

[4]   Ferdinando Paer: Cavatina ,,E pena troppo barbara" − ,,Ah! quel
         cruel martyre"   4−   5

‹ 3e Livraison › :

[5]   [Antoine] Meissonnier: Je ne la verrai plus, Romance ,,O sou-
         venir à mon cœur plein d'allarmes"   2−   3

[6]   Nocturne à deux voix „Ah! voi dite ombrose piante" –
        „Dites-moi bois solitaire"   4–   7

‹ 4e Livraison › :

[7]   Gordegiano [!] : Cavatina „Quel caro amato oggetto" –
        „Objet de mon ivresse"   2–   3

[8]   A.[ntoine] Romagnesi: Le Plaisir „Enfans de la folie"
        (S, T, Pfte. oder Hf.)   4–   5

‹ 5e Livraison › :

[9]   Regrets de Sully sur la mort d'Henri Quatre „O toi
        qu'il suffit que l'on nomme" (J. A. Jacquelin)   2–   3

[10]   Francesco: Cavatina „Povere mie speranze" – „En vain douce
        espérance"   4–   5

‹ 6e Livraison › :

[11]   [Antoine] Meissonnier: Arbre flétri, Romance „Arbre flétri
        pâle et mourant feuillage" (Madame H. de R.)   2–   3

[12]   (Ferdinando) Paer: La Dolce Imagine, Cavatina „La dolce imagine
        d'un bel diletto" – „Ton regard tendre ô toi que j'aime"   4–   5

‹ 7e Livraison › :

[13]   Francesco: Dormia sul margine, Canzonetta „Dormia sul margine
        d'un ruscelletto" – „Sous un ombrage près du rivage"   2–   3

[14]   A.[ntoine] Romagnesi: Les Adieux, Romance „Un chevalier
        qui volait aux combats" (Bérard)   4–   5

‹ 8e Livraison › :

[15]   [Simon] Mayer [!] : Cavatina „Cara su questo core" –
        „Je ne puis me défendre"   1–   3

‹ 9e Livraison › :

[16]   [Pietro] Guglielmi: Cavatina „Sol per te mio bel tesoro" –
        „T'adorer belle Emilie"   2–   4

‹ 10e Livraison › :

[17]   Ferdinando Simonis: Sia benedetto amore, Duettino „Sia bene-
        detto amore che l'anima m'accende"   [2 S.]

[18]   A.[ntoine] Romagnesi: La Dormeuse, Romance „Réveille-
        toi jeune bergère" (Brault)   6–   7

‹ 11e Livraison › :

[19]   Edouard Roger: La Séparation, Romance „Adieu bergère chérie"
        (Florian)   2–   3

[20]   Ferdinando Paer: Cavatina „No non ti dei lagnar"   2–   3

‹ 12e Livraison › :

[21]   Francesco: Canzonetta „Placa gli sdegni tuoi"   2—   3

[22]   A.[ntoine] Romagnesi: L'Amour Combattu „Nuit charmante et
       paisible" (S, T, Pfte. oder Hf.)   1—   3

‹ 13e Livraison › :

[23]   [Simon] Mayer [!] : Amor m'accendi, Polacca „Amor m'accendi
       di fiamma"   2—   3

‹ 14e Livraison › :

[24]   Boléro espagnol à deux voix „Una paloma blanca" —
                    „Dans la saison nouvelle" (A. R.)   2—   3

**Journal d'Apollon ou Nouveau Journal de Chant avec accompagnement de Piano
ou Harpe ([Kopftitel:] Journal d'Apollon.)**

à la Haye: Chez F. J. Weygand, Editeur et Marchand de Musique, d'Instrumens,
d'Estampes et Cartes-Géographiques de S. M. le Roi des Pays-Bas.

[1815]: No. 1—96?

B Bc ([1815], 2, 4—6, 8—9) — **NL** At ([1815], 40, 52, 71); DHgm ([1815],
3—8, 14, 27, 39, 42, 56, 76, 85, 87, 96)

No. 2.   Le Mystère, Romance „Arbres toufus, témoins de ma
            foiblesse"   [2 S.]

No. 3.   Sans le vouloir, Romance „Sans le vouloir dans les yeux
            d'une belle"   [2 S.]

No. 4.   Le Ruisseau, Romance „De ce ruisseau ces fleurs
            ornaient la rive"   [2 S.]

No. 5.   L'Heureuse Destinée, Romance „Que ton sort est
            digne d'envie"   [2 S.]

No. 6.   Il est trop tard, Romance „Il est trop tard pour qu'amour
            nous engage"   [2 S.]

No. 7.   A.[lexandre Etienne] Choron: La Sentinelle, Romance „L'astre
            des nuits de son paisable éclat" (Brault)   [2 S.]

No. 8.   H.[enri] Darondeau: Le Retour de la Sentinelle, Romance
            „L'aube riante annonçoit le matin" (Brault)   [2 S.]

No. 9.   Mr. Joliveau: Le Premier Amour, Romance „Quel trouble
            s'élève en mon cœur" (Mme. Joliveau)   [2 S.]

No. 14.   [Jacques-Marie] Beauvarlet-Charpentier: L'Amant à préférer
            ou le Choix raisonnable, Romance „Au traître amour
            je me fierais peut-être" (Panard)   [2 S.]

No. 27.   F.[rancois] J.[oseph] Naderman: Le Portrait, Romance
            „Qui la voit un jour seulement"   [2 S.]

No. 39.   Ch.[arles] H.[enri] Plantade: A toi, Romance „Je t'aime
            hélas!"   [2 S.]

No. 40.   Ch.[arles] H.[enri] Plantade: L'Accueil, Romance „D'un accueil qui m'enchante"   [2 S.]

No. 42.   Nicolò [Isouard]: Romance de la Petite Cendrillon „Je suis modeste et soumise"   [2 S.]

No. 52.   [Martin-Joseph] Adrien [l'aîné]: A demain des Affaires, Chanson „Que j'aime ce sage Thébain"   [2 S.]

No. 56.   Mlle. Madinier: La Voix d'Amour, Romance „On aime tout dans celle que l'on aime!"   [2 S.]

No. 71.   Portrait Charmant, Romance „Portrait charmant, portrait de mon amie"   [2 S.]

No. 76.   Léon de la Motte [!]: Bouton d'Amour, Romance „Bouton d'amour sur ta tige fléxible" (Léon de la Motte [!])   [2 S.]

No. 85.   F.[erdinando] Paer: Un seul Regard, un seul Mot, un seul Baiser, Romance „Un seul regard remplit mon cœur de flamme"   [2 S.]

No. 87.   [Antonio] Lamparelli: Une Rose à l'Agonie, Romance „Au matin je vis une rose"   [2 S.]

No. 96.   [Jacob Nicolas] Goulé: Le Plaisir et l'Espérance, Romance „Veut-on connaître de l'amour"   [2 S.]

Journal de Lyre ou Guitare, rédigé par [Antoine] Meissonnier. Chaque Numéro de ce Journal sera composé de deux Romances françaises, un Air italien et une Pièce pour la Lyre ou Guitare, composés par les meilleurs Auteurs (Accompagnement de Lyre ou Guitare par [Antoine] Meissonnier). Il paraîtra un numéro tous les premiers de chaque mois.

On s'abonne à Paris, chez Meissonnier, Rue Montmartre No. 182 au coin du Boulevard. Et à la Lyre Moderne, chez Mme. Benoist, Rue de Richelieu No. 20.

Année 1. [ca. 1815] − 13. [ca. 1827].

F Nm (7. [ca. 1821], 9 (138); 11. [ca. 1825] − 13. [ca. 1827]); Pn (10. [ca. 1824], 3 (219); 12. [ca. 1826] − 13. [ca. 1827]) − **GB** Lbm (6. [ca. 1820], 1−3, 5−10)

6e Année [ca. 1820]

1re Livraison ([Pl. Nr.] ‹149›):

No. 97.   N.[arcisse] Carbonel: La Pauvre Adèle, Romance „Dites-moi, pastourelle"   [2 S.]

No. 98.   N.[arcisse] Carbonel: Courage et Raison, Romance „Dans le vieux château de son père"   [2 S.]

No. 49.   Félix Blangini: La Speranza, Canzonetta „So che un sogno e la speranza" − „L'espérance n'est qu'un vain songe"   1− 4

2e Livraison ([Pl. Nr.] ‹150›):

No. 99.   N.[arcisse] Carbonel: Albert et Emerance, Romance „Sur les bords de la Durance" (Madame***)   [2 S.]

No. 100. Alphonse Meurger le Jeune: Le Pastour „Gentille pastourelle,
accourez, il est jour"   [2 S.]

No. 50. [Valentino] Fioravanti: Duettino „Apri le fulgide pupille"
(2 Singst., Lyra- oder Git.-Arr.)   [2 S.]

3e Livraison ([Pl. Nr.] ‹ 151 ›):

No. 102. Charles: Lise et Colin, Romance „Loin du hameau la jeune
Lise"   [2 S.]

No. 103. [Antoine] Meissonnier: Les Ménestrels, Romance „O jour
digne d'envie" (F. Delcroix)   [2 S.]

No. 51. [Simon] Mayer [!]: Nice dorme, Cavatina „Nice dorme e
solo i mondo di mie lagrime"   [2 S.]

5e Livraison ([Pl. Nr.] ‹ 153 ›):

No. 106. Héloïse au Paraclet, Romance „De la triste destinée,
ô dieux abrégez le cours"   [2 S.]

No. 107. Sermens d'Amour, Romance „Je t'aimerai, j'adorerai
mes chaines"   [2 S.]

No. 53. Ducrey Dumenil: Lo Cantor Ispagnol „Io souis d'anadalousié"
(Ducrey Dumenil)   [2 S.]

6e Livraison ([Pl. Nr.] ‹ 154 ›):

No. 108. P.[hilippe] Lafond [!]: Le Souvenir, Romance „Parle-moi
de ce que j'adore" (Le Comte La Garde de Messence)   [2 S.]

No. 109. P.[hilippe] Lafond [!]: Les Souhaits, Romance „Espoir,
plaisir, doux songe de la vie" (Le Comte La Garde de
Messence)   [2 S.]

No. 54. [Simon] Mayer [!]: Air dans l'Opéra: Il Fanatico per la
Musica „Papa, non dite no"   1— 3

7e Livraison ([Pl. Nr.] ‹ 155 ›):

No. 110. L.[ouis] Moreau: Soleil couchant, Romance „Soleil couchant
mieux que brillante aurore" (Elisés Suleau)   [2 S.]

No. 111. L'Heureuse Solitude, Romance „Je possède un réduit
obscur"   [2 S.]

No. 55. [Wolfgang Amadeus] Mozart: O dolce concento, Canzonetta
„O dolce concento, o dolce piacer" (Singst., Lyra- oder
Git.-Arr.) [KV 620, aus 8]   1— 4

8e Livraison ([Pl. Nr. ‹ 156 ›):

No. 112. Regrets d'Absence, Romance „Tristes échos d'une terre
étrangère"   [2 S.]

No. 113. Mes Désirs, Romance „Que ne suis-je la fougère"
(Ribouté)   [2 S.]

No. 56. Chanson Sicilienne „Stanco di pascolar le pecorelle"   1— 3

9e Livraison ([Pl. Nr.] ‹ 157 ›):

No. 114. [Antoine] Meissonnier: L'Echarpe, Romance ,,D'amour
gage flatteur" (Auguste Lafarge) [2 S.]

No. 115. A.[lexis] de Garaudé: La Pauvre Isabelle, Romance ,,De la
pauvre Isabelle, Ah!" (A. de Garaudé) [2 S.]

No. 57. [Wolfgang Amadeus] Mozart: Duettino [Sesto, Annio]
della: Clemenza di Tito ,,Deh prendi un dolce amplesso"
(2 Singst., Lyra- oder Git.-Arr.) [KV 621, 3] [2 S.]

10e Livraison ([Pl. Nr.] ‹ 158 ›):

No. 116. A.[lexis] Garaudé: Romance ,,Je t'aime encor" (J. J. Lucet) [2 S.]

No. 117. [Antoine] Meissonnier: La Bachelette, Romance ,,Où donc
est-il le jouvenceau" (Dieulafoi) [2 S.]

No. 58. Ferdinando Simonis: Nocturne à deux voix ,,Sia benedetto
amore" 1— 3

7e Année [ca. 1821]

9e Livraison ([Pl. Nr.] ‹ 169 ›):

No. 138. [Antoine] Meissonnier: La Pensée, nouvelle Tyrolienne
,,Adieu douce pensée, image du plaisir" (Desborde[!])
(Singst., 2. Singst. ad lib., Git.) [4 S.]

10e Année [ca. 1824]

3e Livraison:

No. 219. [Antoine] Meissonnier: Coralie, Romance ,,Dans son
printems la jeune Coralie" [2 S.]

11e Année [ca. 1825]

4e Livraison ([Pl. Nr.] ‹ 212 ›):

No. 253. [André-Ernest-Modeste] Grétry aîné: L'Amour exilé, Romance
,,On ne formait plus que des plaintes" (Grétry aîné) [2 S.]

No. 254. P.[rudent-] L.[ouis] Aubéry Duroulley [!]: Le Baiser
d'Adieux, Romance ,,Près de toi l'heure du mystère"
(Justin Gensoul) [2 S.]

No. 255. [Oscar de] Lagoanère: 1er Nocturne à une, deux ou trois
voix ,,Ton souvenir est toujours là" [2 S.]

5e Livraison ([Pl. Nr.] ‹ 213 ›):

No. 256. H.[enri] Darondeau: Qui la voit veut l'entendre, qui l'entend
veut la voir, Chansonnette ,,Si mon amie est belle" [2 S.]

No. 257. H.[enri] Darondeau: Romance ,,Ce que j'éprouve loin de
vous" (C. Dupeuty) [2 S.]

No. 258. [André-Ernest-Modeste] Grétry aîné: Le Damoiselle au Croisé,
Romance à trois notes ,,Ton Roi t'appelle aux bords du
Jourdain" (Grétry aîné) [2 S.]

6e Livraison ([Pl. Nr.] ‹ 214 ›):

No. 259. [Antoine] Meissonnier: Le Nom d'Amour, Romance ,,Quoi, mon Elise, quand je t'aime" (Gentil)   [2 S.]

No. 260. [Henri] Darondeau: L'Amour ne rend donc pas heureux, Romance ,,Je tremble en approchant d'Estelle"   [2 S.]

No. 261. [Oscar de] Lagoanère: Paisibles Lieux, Nocturne à une, deux ou trois voix, ad lib. ,,Paisibles lieux, bocages frais"   [3 S.]

7e Livraison ([Pl. Nr.] ‹ 215 ›):

No. 262. Théophile Bayle: L'Amour de la Musique, Chansonnette ,,J'avais à peine quatorze ans" (Peronnet)   [2 S.]

No. 263. [André-Ernest-Modeste] Grétry aîné: La Déclaration chevaleresque ,,O! pastourelle, je suis Arthur"   [2 S.]

No. 264. Henry Dufay: Zéphir et Flore, Romance allégorique ,,Zéphir un jour au lever de l'aurore" (Henry Dufay)   [2 S.]

8e Livraison ([Pl. Nr.] ‹ 216 ›):

No. 267. [Antoine] Meissonnier: Le Reveil ,,On sonne!... encore!" (Desbordes-Valmore)   [3 S.]

No. 268. [Prudent-Louis] Aubéry du Boully [!]: Romance ,,Mon cœur et toi" (Le Prevot-d'Iray)   [2 S.]

No. 267. [recte: 269] Khun: Canon à trois voix égales ,,Que la gaîté, qu'une douce harmonie"   [2 S.]

9e Livraison ([Pl. Nr.] ‹ 217 ›):

No. 268. De Bovin: Chansonnette ,,Grâce à tant de tromperie" (J. J. Rousseau)   [2 S.]

No. 269. [André-Ernest-Modeste] Grétry aîné: L'Amant Hermite, Romance ,,Je veux un jour avoir un hermitage" (Grétry aîné)   [2 S.]

No. 270. [Antoine] Meissonnier: Le Cid, Romance ,,Prêt à partir pour la rive affricaine [!] " (de Chateaubriant)   [2 S.]

10e Livraison ([Pl. Nr.:] ‹ 218 ›):

No. 271. [Antoine] Meissonnier: L'Amour et la Reconnaissance, Romance ,,O toi dont l'amitié fidèle" (Nach dem Russischen: Gaudran)   [2 S.]

No. 272. [Antoine] Meissonnier: Comme on aime, Romance ,,J'ai vu mainte femme jolie" (Gaudran)   [2 S.]

No. 273. H.[enri] Darondeau: Pour un seul jour, Chansonnette ,,Amans que vous me faites rire" (Théodore B...)   [2 S.]

11e Livraison ([Pl. Nr.]•‹ 219 ›):

No. 274. Félix Mathieu: L'Automne, Romance ,,Salut bois couronnés" (de la Martine)   [2 S.]

No. 275. Mr. R***: Le Troubadour exilé, Romance ,,Sous le beau
ciel de l'Ausonie" (Mr. L*** aîné)   [3 S.]

No. 276. [François] Berton Fils: L'Abandon, Nocturne à deux voix
,,Règne des fleurs douce belle saison" (Gaudran)   [3 S.]

12e Livraison ([Pl. Nr.] ‹ 220 ›):

No. 277. [François] Berton Fils: Devine moi, Romance ,,Devine moi
je n'ose te l'écrire"   [2 S.]

No. 278. A. B. Roux[-Martin]: La Suite du Rendez-Vous, Romance
,,Sans attendre Alexis" (Arnaud)   [2 S.]

No. 279. [François] Berton Fils: Boléros ,,Pour être heureux"
(Gaudran)   [2 S.]

12e Année [ca. 1826]

1re Livraison ([Pl. Nr.] ‹ 221 ›):

No. 280. J.[osep]h [-Pierre] Roger: Chagrin d'Amour, Romance
,,Je possédais la jeune Aglaure" (Legouvé)   [2 S.]

No. 281. A. B. Roux[-Martin]: Le Souvenir, Romance ,,Ils ne sont
plus ces jours de mon jeune âge" (Adolphe Crémieu [!]) [2 S.]

No. 282. Isidore de Montlaur: Plaisir d'Amour, Nocturne à deux voix
,,Plaisir d'amour allait charmer ma vie" (S, T, Lyra-
oder Git.-Begl.)   2— 5

2e Livraison ([Pl. Nr.] ‹ 222 ›):

No. 283. J.[osep]h [-Pierre] Roger: Le Troubadour Errant, Romance
,,Près d'un castel de structure gothique" (Montigny)   [2 S.]

No. 284. A. B. Roux-Martin: Elle était là, Romance ,,Elle était là:
L' amour avait guidée" (Adolphe Chemieux)   [2 S.]

No. 285. [Henri] Darondeau: Partagez mes Amours, Romance ,,Dans
le calme et l'indifférence"   [2 S.]

3e Livraison ([Pl. Nr.] ‹ 223 ›):

No. 286. J.[osep]h[-Pierre] Roger: Le Rendez-Vous, Romance ,,Pour-
quoi ces pleurs, gentille pastourelle" (Mr.***)   [2 S.]

No. 287. J.[osep]h Granier: J'attends le Soir, Boléro ,,En vain l'aurore,
qui se colore" (Desbordes-Valmore)   [2 S.]

No. 288. J.[osep]h Roger: Vous qui priez, priez pour moi, Romance
,,Dans la solitaire bourgade" (Millevoye)   [2 S.]

4e Livraison ([Pl. Nr.] ‹ 224 ›):

No. 289. L.[oui]s Moreau: On dit qu'il faut aimer, Romance à deux
voix égales ,,On dit qu'il faut aimer toujours" (S I, II,
Lyra- oder Git.-Begl.)   [2 S.]

No. 290. Vinci: Le Dernier Chant de l'Ermite, Romance ,,Du luth plaintif, Alcindor jeune ermite"   [2 S.]

No. 291. Giroud: Le premier Moment, Romance „Au premier moment
du bonheur"   [2 S.]

5e Livraison ([Pl. Nr.] ‹ 225 ›):

No. 292. [Antoine] Meissonnier: Mon Carnaval „Amis, voici la riante
semaine" (P. J. de Béranger)   [2 S.]

No. 293. Louis Moreau: Regrets et souvenirs, Romance „T'en souviens-
tu des jours de notre enfance" (T***)   [2 S.]

No. 294. J.[osep]h Granier: Je t'aime, Romance „Répète encor ces
deux mots!"   [2 S.]

6e Livraison ([Pl. Nr.] ‹ 226 ›):

No. 295. [Pauline] Duchambge: Le Matelot „Un Matelot à bord loin
du rivage"   2— 3

No. 296. H.[enri] Berton: Le Silence ou l'Aveu refusé, Romance
„Qu'exigez vous encore"   2— 3

No. 297. P. Astruc: Dis le moi, Nocturne à une et à deux voix ad lib.
„Dis le moi, est-ce à moi" (Mme. L. De L***) (S, T,
Lyra- oder Git.-Begl.)   (1)— 3

7e Livraison ([Pl. Nr.] ‹ 227 ›):

No. 298. [Antoine] Meissonnier: Le Chant d'Amour, Romance „O
toi que j'aime"   [2 S.]

No. 299. J.[osep]h Roger: Le Dernier Baiser, Romance „J'ai sur mon
sein ton écharpe légère" (Bisset)   [2 S.]

No. 300. [Pauline] Duchambge: L'Aveu, Romance „Pour la première
fois" (de Courcy)   [2 S.]

8e Livraison ([Pl. Nr.] ‹ 228 ›):

No. 301. Isidore Milhès: Sophie au Bocage, Romance „Arbres touffus
témoins de mes faiblesses" (Mr. G***)   [2 S.]

No. 302. J.[osep]h Roger: Tu n'es plus là! Romance „Tu n'es plus
là, mon cœur" (Emilien De G***)   [2 S.]

No. 303. Aug.[us]te Depeelaert: Morale en Chanson, Nocturne à
deux voix „Or écoutez séduisante bergère" (Aug.[us]te
Depeelaert)   [2 S.]

9e Livraison ([Pl. Nr.] ‹ 229 ›):

No. 304. Alexandre Piccinni [!] : Romance à une, deux ou trois voix,
ad lib. [aus:] Le Bramine (No. 1) „Orphelin dès ma
tendre enfance" (Delestre Poirson)   1— 8

No. 305. Alexandre Piccini: Couplets [aus:] Le Bramine (No. 2) „Au
moindre mot au moindre signe" (Delestre Poirson)   1— 3

No. 306. Adolphe Miné: Mes seules amours, Romance „Un jour sur sa
harpe plaintive" (E. Barateau)   [2 S.]

10e Livraison ([Pl. Nr.] ‹ 230 ›):

No. 307. Alexandre Piccini: Couplets [aus:] La Petite Lampe Merveilleuse (No. 1) „Dieux que c'est beau!'' (Scribe und
Melesville)   [2 S.]

No. 308. Alexandre Piccini: Chansonnette [aus:] La Petite Lampe
Merveilleuse (No. 2) „J'aime les tartelettes'' (Scribe
und Melesville)   [2 S.]

No. 309. Alexandre Piccini: Virelay [aus:] La Petite Lampe Merveilleuse (No. 4) „Il va venir dans un tel jour'' (Scribe und
Melesville)   [2 S.]

11e Livraison ([Pl. Nr.] ‹ 231 ›):

No. 310. Alexandre Piccini: Nocturne à trois voix [aus:] La Petite
Lampe Merveilleuse (No. 6) „Ah! qu'ils redoutent ma
vengeance'' (Scribe und Melesville)   1 —   4

No. 311. Alexandre Piccini: Nocturne à trois voix [aus:] La Petite
Lampe Merveilleuse (No. 5) „Dieu du mystère et de
la volupté'' (Scribe und Melesville)   1 —   4

No. 312. Alexandre Piccini: Duo (Aladin, le Sultan) [aus:] La Petite
Lampe Merveilleuse (No. 3) „Parlez, dites que faut-il
faire'' (Scribe und Melesville)   1 —   8

12e Livraison ([Pl. Nr.] ‹ 332 › [!]):

No. 313. [Fabry] Garat: Romance „Tout deux dans la même
chaumière'' (Walter Scott)   [2 S.]

No. 314. Adolphe Miné: Je ne l'aime plus, Romance „Voici la nuit
faut-il l'attendre encore?'' (Etienne Arnal)   [2 S.]

No. 315. [Fabry] Garat: Le Sire de Coucy partant pour la Croisade,
Romance „La foi nous prête son flambeau'' (Le
Ch.[evali]er Dupuy Des-Islets)   [2 S.]

13e Année [ca. 1827]

1re Livraison ([Pl. Nr.] ‹ 233 ›):

No. 316. [François] Berton Fils: Le Berger Délaissé, Romance „Imma
si belle que j'adorais'' (Loreau de Ronsier [!])   [2 S.]

No. 317. A.[ntoine] Romagnesi: Colin va-t-en, Chansonnette „J'attends
en vain, de sa promesse'' (Justin Gensoult)   [2 S.]

No. 318. A.[ntoine] Romagnesi: Il n'est pas de fidèle Amant, Chansonnette „Près d'un bois dans une cachette'' (Mme. d'Avot)   [2 S.]

2e Livraison ([Pl. Nr.] ‹ 234 ›):

No. 319. Isidore Milhès: Le Temps, Romance „Près de la beauté que
j'adore'' (De Béranger)   [2 S.]

No. 320. [François] Berton Fils: Où la trouver? Chansonnette „Où la
trouver? celle que je désire'' (Gaudran)   [2 S.]

No. 321. A.[ntoine] Romagnesi: Nocturne à deux voix ,,Que ton
sort est digne d'envie"   [2 S.]

3e Livraison ([Pl. Nr.] ‹ 235 ›):

No. 322. A.[ntoine] Meissonnier: L'Amour Marchand de Meubles,
Chansonnette ,,Quelle tristesse dans Paphos" (E. Bérat)   [2 S.]

No. 223 [!]. Adolphe Miné: L'Usage de ce Monde, Chanson ,,Quittant
pour un procès maudit" (Arnal)   [2 S.]

No. 224 [!]. Adolphe Miné: Une Soirée d'Eté, Nocturne à deux voix
,,Le crêpe de la nuit couvre le paysage" (E. Bérat)   [2 S.]

4e Livraison ([Pl. Nr.] ‹ 236 ›):

No. 325. [François] Berton Fils: Plaisir d'aimer ou Le Troubadour
d'Occitanie, Romance ,,Sous le beau ciel de notre
Occitanie" (Martin)   [2 S.]

No. 326. A.[ntoine] Romagnesi: L'Amour Constitutionel, Chansonnette
,,Nous apprenons de l'île de Cythere" (H. Genevoix [!]) [2 S.]

No. 327. Adolphe Miné: La Berceuse, Nocturne à deux voix ,,Dormez
je veillerai sans cesse" (E. Barateau)   [2 S.]

5e Livraison ([Pl. Nr.] ‹ 237 ›):

No. 328. A.[uguste] Panseron: La Petite Mendiante, Romance ,,C'est
la petite mendiante" (Boucher de Perthes)   [2 S.]

No. 329. Marie B***: Le Pêcheur Vénitien, Barcarolle ,,Un vieux
pêcheur de prise sa guitare à la main"   [2 S.]

No. 330. [Wolfgang Amadeus] Mozart: Air (Don Juan) [aus: Il Don
Giovanni] ,,Deh, vieni alla finestra" (Singst., Lyra-
oder Git.-Begl.: F. Sor) [KV 527, 17]   1— 3

6e Livraison ([Pl. Nr.] ‹ 238 ›):

No. 331. Frédéric Duvernoy J.[eu]ne: L'Orphelin, Romance ,,Transi
de froid et sans asile" (Correard)   [2 S.]

No. 332. Auguste Panseron: Chanson ,,O Démocrite en ta philosophie"
(Galice)   [2 S.]

No. 333. Frédéric Duvernoy: L'Espoir, Romance ,,L'espoir est ici bas"
(Ch.[arl]es Simon)   [2 S.]

7e Livraison ([Pl. Nr.] ‹ 239 ›):

No. 334. H.[enri] Darondeau: La Petite Savante, Chansonnette ,,Lisis
est un jeune berger" (Théaulon)   [2 S.]

No. 335.   Le Guernadier, Romance ,,Guernadier, que tu m'affliges"
(Brazier, Dumersan)   [2 S.]

No. 336. Auguste Panseron: Le Caprice, Nocturne à deux voix ,,Je
rentre dans le hameau" (Galice)   1— 4

8e Livraison ([Pl. Nr.] ‹ 240 ›):

No. 337. [A. de] Morange: Le Sentiment, Romance „Le sentiment
est l'âme de la vie" (Morange)   [2 S.]

No. 335 [!] Frédéric Duvernoy J.[eu]ne: L'Amant Délaissé, Romance
„Hôtes legers de ce riant bocage" (Ch. Simon)   [2 S.]

No. 339. A.[lexis] de Garaudé: Le Rendez-Vous, Nocturne ou Rondeau
à deux voix égales „Viens bergère viens ma chère"
(Boucher de Perthes)   1—   8

9e Livraison ([Pl. Nr.] ‹ 241 ›):

No. 340. [Frédéric] Duvernoy J.[eu]ne: Chant de Romance „J'ai
souvenance que pour exprimer" (Mme. de Montanclos)   [2 S.]

No. 341. [Antoine] Meissonnier: Les Adieux de Mme. de Lavallière à
la Cour de Louis quatorze, Romance „D'une brillante
Cour je quitte le délice"   [2 S.]

No. 342. E.[ustache] Bérat: Les Bords de la Seine, Romance „Salut
riches bords de la Seine" (E. Bérat) (2 Singst., Git.-Begl.) 2—   4

10e Livraison ([Pl. Nr.] ‹ 242 ›):

No. 343. LA**: L'Enfant du Soldat, Romance „Je n'ai plus d'appui
sur la terre"   [2 S.]

No. 344. LA**: Le Buisson, Romance „Assis au bord d'une fontaine"
(Parny)   [2 S.]

No. 345.   Ecoute, Ecoute, Nouvelle Tyrolienne „Ecoute ne trahis
jamais ta foi" (Simard) (S I, S II ad lib., Lyra- oder
Git.-Begl.)   2—   6

11e Livraison ([Pl. Nr.] ‹ 243 ›):

No. 346. E.[ustache] Bérat: J'ai retrouvé man Coutiau, Chansonnette
„Que j'sìs content qu'eu bonn' nouvelle" (E. Bérat)   2—   7

No. 347. A.[ntoine] Romagnesi: Dis-moi que je me suis trompé?
Romance „Le tems s'enfuit qu'elle tarde à paraître"
(J. Simard)   [2 S.]

No. 348. J.[oseph] Roger: Le Rossignol et le Berger, Nocturne „Tout
reposait dans la forêt"   1—   3

12e Livraison ([Pl. Nr.] ‹ 244 ›):

No. 349. F.[rançoi]s Sudre: Romance „Tu me demandes si je t'aime"
(P. E. Destouches)   [2 S.]

No. 350. F.[rançoi]s Sudre: Romance „Quand l'espérance de te voir" [2 S.]

No. 351. F.[rançoi]s Sudre: Le Bonheur, Nocturne à deux voix
„Jeune encor et sans défiance" (E**D**)   1—   4

1816

Auswahl der vorzüglichsten Arien, Romanzen und Duetten aus den neuesten Opern mit Begleitung des Piano-Forte.

München: In der Falter'schen Musik und Instrumenten Handlung.

Jahrgang 1. [ca. 1816] — 3. [ca. 1818].

D DO (3. [ca. 1818], 12); Mbs

1. Jahrgang [ca. 1816]

1. Heft:

[1] J.[oseph] Weigl: Cavatine (Emmeline) aus der Oper: Die Schweizer-Familie „Wer hörte wohl jemals mich klagen?" 1— 4

[2] J.[oseph] Weigl: Lied aus der Oper: Die Schweizer-Familie „Wenn sie mich nur von weitem sieht" (1)— 3

[3] [Adalbert] Gyrowetz: Duett (Agnes, Bertha) aus der Oper: Agnes Sorel „Vergebens will die Liebe" (1)— 3

2. Heft:

[4] [Sebastiano] Nasolini: Arie „Ach nur bei dir allein kann ich genesen" 1— 4

[5] [Henri Montan] Berton: Favorit Romance aus: Aline „Enfans de la provence" — „Verscheucht des Lebens Sorgen" 2— 5

[6] [Adalbert] Gyrowetz: Arie (Agnes) aus der Oper: Agnes Sorel „Er drückt mit leisem Beben" [1—2]

3. Heft:

[7] Nicolò [Isouard]: Favorit Romance (Princessin Aschenbrödel) aus der Oper: Cendrillon „Je suis modeste et soumise" — „Anspruchlos und ohne Dünkel" 2— 4

[8] Nicolò [Isouard]: Duetto (Clorinde, Tisbé) aus der Oper: Cendrillo [!] „Arrangeons ces fleurs ces dentelles" — „Diese Blumen, diese Spitzen" (1)— 6

[9] [Anton] Fischer: Favorit Romance (Wilhelmine) aus der Oper: Die Festung an der Elbe „An Rittersman wurden in aner Slakt" [Castelli] (1)— 6

4. Heft:

[10] Nicolò [Isouard]: Romance (Cendrillon) aus der Oper: Cendrillon „A quoi bon la richesse" — „Was ist aller Glanz von Thronen" 2— 5

[11] Nicolò [Isouard]: Barcarole (M. Angelo) aus der Oper: Michael Angelo „In Venedig lebt einst ein Mädchen" 2— 3

[12] Nicolò [Isouard]: Arietta (Aria) aus der Oper: Michael Angelo (No. 8) „Glücklich das Paar" 4— 5

486

5. Heft:

[13] [Anton] Fischer: Canzonetta aus der Oper: Die Festung an der
Elbe „Kaum wechselt die Nacht mit düsterem Grau"   (1)— 4

[14] [Adalbert] Gyrowetz: Aria (Sibille) aus der Oper: Der Sammtrock „Es gleicht der Ehestand"   (1)—(4)

[15] [Adalbert] Gyrowetz: Duetto (Blum, Kranz) aus der Oper: Der
Sammtrock „Ja wohl nur edler Muth"   (1)— 3

6. Heft:

[16] [Peter (von)] Winter: Cavatina aus der Oper: Calypso „Numi!
pietosi Numi" — „Blickt huldvoll mächt'ge Götter!"   (1)— 3

[17] Nicolò Isouard: Aria (Alidor) aus der Oper: Cendrillon —
Princessin Aschenbrödel „Conservez bien votre
bonté" — „Bleibe du stets kindlich und rein"   2— 5

[18] Nicolò [Isouard]: Romance aus der Oper: Cendrillon —
Princessin Aschenbrödel „O sexe aimable mais
trompeur" — „Unstete, leidig liebe Fraun!"   6— 7

[19] [Etienne Nicolas] Méhul: Duetto (Jacob, Ben) aus: Joseph
„Du bist die Stütze deines Vaters!"   (1)—(4)

7. Heft:

[20] C.[arl] M.[aria] de Weber: Zwey favorit Gesänge (Krips) aus
der Oper: Silvana „Sah ich sonst ein Mädchen" [und]
„Ein Mädchen ohne Mängel" [Jähns 87, N. 14 und N. 6] 2— 5

[21] [Peter von] Winter: Aria (Telemac) aus der Oper: Calypso
„Senza lui che fù mio guida" — „Fern von väterlichen [!]
Strande"   (1)— 7

8. Heft:

[22] [Ferdinando] Paer: Aria (Numa) aus der Oper: Numa Pompilius
„Saprei serbar saprei serbar l'amico" — „Der Freundschaft
heilge Pflichten treu erfüllen"   2— 11

[23] J. S.[imon] Mayr: Cavatina nell'Opera: Ginevra di Scozia „Come
potrei mai vivere!" [Rossi] — „Dir folgen meine
Thränen"   (1)—(4)

9. Heft:

[24] Giuseppe Farinelli: Duettino (Aspasia, Masetto) dell'Opera:
Teresa e Claudio „Amore vi chiedo" — „Geliebtes
Mädchen"   (1)— 6

[25] F.[erdinando] Paer: Aria (Lelio) aus der Oper: Sofonisbe
„Spesso trionfa, trionfa amore" — „Die Liebe zeugt,
sie zeugt nur Engel"   (1)—(5)

10. Heft:

[26] J.[oseph] Weigl: Arie (Aline) aus der Oper: Aline „Stille
deiner Zweifel Frage"   (1)—(5)

[27]   P.[eter] Ritter: Zwey Gesänge aus der Oper: Der Zitterschläger
No. 1 [Arie] (Raimund) „Aus fernem Lande wandelt er"
No. 2 [Arie] (Röschen) „Auf den Abend Auen" (1)— 4

[28]   Gasp.[aro] Spontini: Arie aus der Oper: Die Vestalinn
„Du, die mein Mund nur mit Beben nennt" (1)— 4

11. Heft:

[29]   [Vincenzo] Righini: Arie (Tigrane) aus der Oper: Tigranes
„Dovunque tu sarai" — „Nie wird von dir sich trennen" (1)— 8

[30]   [Vincenzo] Righini: Cavatina aus der Oper: Tigranes „Ah! che
giova un'alma forte" — „Auf der blut'gen Bahn des
Ruhmes" (1)— 4

12. Heft:

[31]   [Henri-Montan] Berton: Arie (Zelia) aus der Oper: Aline
„Frühe ward für Heldenthaten" (1)— 4

[32]   J.[oseph] Weigl: Duett (Richard, Emmeline) aus der Oper:
Die Schweizer-Familie „Setz' dich liebe Emmeline" (1)— 5

[33]   F. H. Urbani: Sentinelle „Sentinelle prenés garde à vous!" —
„Heda! Wache! hört auf euren Freund!" (1)— 4

2. Jahrgang [ca. 1827]

1. Heft:

[1]   [Giuseppe] Farinelli: Aria „Dir allein will ich nur leben" —
„Ecco a voi di pace il segno" 2— 7

[2]   Simon Maier [!]: Cavatina „Mein Geliebter, du nur kannst
mir Freude geben" — „Perchè tardi perchè tardi
amato sposa" 1— 5

2. Heft:

[3]   [Charles-Simon] Catel: Duetto (Azema, Arzace) aus der Oper:
Semiramis „Der milde Strahl der Hoffnung" 1— 5

[4]   [Charles-Simon] Catel: Aria (Arzace) aus der Oper: Semiramis
(Rec.) „Was sagte Oroes" [Aria] „Was die Götter mir
auch bestimmen" 1— 5

3. Heft:

[5]   [Adalbert] Gyrowetz: Cavatine (Berg) aus dem Singspiel:
Der Augenarzt „Mir leuchtet die Hoffnung" 1— 4

[6]   G.[iuseppe] Nicolini: Duetto (Coriolano, Velunia) [aus] Opera:
Il Coriolano „Fra i perigli onor mi chiama" — „Theure
Gattinn! die Ehre rufet" 2— 11

4. Heft:

[7]   [Ferdinando] Paer: Polonoise aus der Oper: L'Intrigo amoroso
„Un solo quarto d'ora" — „Entzückter Sehnsucht Gluten"(1)— 8

[8]   A.[dalbert] Gyrowetz: Romance (Marie) aus dem Singspiele:
         Der Augenarzt „Die Ruh' ist mir verschwunden"   (1)— 4

5. Heft:

[9]   [Domenico] Cimarosa: Duettino „Oh notte soave tu rendi la
         calma" — „Senk Abend voll Milde auf unsre Gefilde"   (1)— 5

[10]   [Girolamo] Crescentini: Recitativ und Rondo aus: Romeo und
         Julie (Rec.) „Tranquillo io son" — „Ich bin bereit!"
         [Arie] „Ombra adorata aspetta" — „Bald, o geliebter
         Schatten!"   (1)— 7

6. Heft:

[11]   F.[elice] Blangini: Duett (Sara, Abraham) aus der Oper:
         Abrahams Opfer „Dieu puissant! pardonne à ses
         larmes" — „Gott allmächt'ger! ach, vergieb die Thränen" (1)—10

[12]   [Henri-Montan] Berton: Cavatine (Aline) aus: Aline (No. 5.)
         „Blondelette joliette" — „Blonde Kleine, liebe Meine"   2— (4)

7. Heft:

[13]   F.[erdinando] Paer: Aria aus der Oper: Sofonisbe „Da tanto
         duolo e spasimo" — „Von Leiden rings umgeben"   (1)— 8

[14]   [Henri-Montan] Berton: Aria aus: Aline (No. 1.) „A travers
         se rempart fragile" — „Hinter diesen schwachen Stäben"   2—   7

8. Heft:

[15]   G.[asparo] Spontini: Duetto (Amazily, Cortez) und zwey Arien
         aus der Oper: Ferdinand Cortez „O Schmeichellaut! wie
         süss, wie neu!" Aria (Telasco) „Das also ist der Schatz"
         [und] (Cortez) „Du rührend Muster edler Freundschafts-
         treue"   (1)—14

9. Heft:

[16]   L.[ouis] Abeille: Aria (Aennchen) aus dem Singspiele: Peter
         und Aennchen „Hannchen trug zum Markte Eyer"   [1]

[17]   [Louis] Abeille: Aria (Aennchen) aus: Peter und Aennchen
         „Jung und noch unerfahren"   [2]

[18]   [Giacomo] Tritto: Duett „Da te mio ben dipende" — „Hallt
         mir von deiner Flöte" (S, T, Pfte.)   1— 11

10. Heft:

[19]   [Vincenzo] Righini: Aria (Camilla) aus: Aeneas in Latium „Perchè
         siam da questi Eroi" — „Sind wir einzig nur beschieden" (1)— 8

[20]   L.[ouis] Abeille: Duett (Aennchen, Peter) aus: Peter und Aenn-
         chen „Du schmückst mein Ruhepläzchen [!]"   (1)— 4

11. Heft:

[21] [Vincenzo] Righini: Aria (Camilla) aus: Aeneas in Latium
„Della guerriera tromba" – „Beym Schall der Kriegstrommete" (1)– 8

[22] A.[dalbert] Gyrowetz: Duett (Marie, Berg) aus dem Singspiele:
Der Augenarzt „Kann ich froh die Hoffnung nähren" 1– 6

12. Heft:

[23] [François Adrien] Boieldieu: Romance (Prinzessin, Olivier,
Johann mit Chor) aus der Oper: Johann von Paris
„Der Troubadour stolz auf der Liebe Band" (1)– 8

3. Jahrgang [ca. 1818]

1. Heft:

[1] Johann Fuss: Arie (Isaak) und Cavatine (Isaak) aus dem Melodram :
Isaak (Arie) „Gott schützt die Unschuld" (Cavatine)
„Leb wohl, geliebte Mutter" 1– 4

[2] [François Adrien] Boieldieu: Duetto (Lorezza, Olivier) aus der
Oper: Johann von Paris „In einer schmachtenden
Romance" (1)– 8

2. Heft:

[3] Ferd.[inando] Pär: Aria (Leonora) aus der Oper: Leonora
„Fiero aquilon furente" – „Brüllender Sturm im
Meere" (1)–10

[4] J.[oseph] Weigl: Duett (Emmeline, Paul) aus der Oper: Die
Schweizerfamilie „Vater! wirst du mir verzeih'n" (1)– 4

3. Heft:

[5] [François] A.[drien] Boieldieu: Arie aus der Oper: Johann
von Paris (Rec.) „Der Ritterschaft Zierde" (Arie)
„Alles für Gott, Schönheit und Ruhm" (1)– 8

[6] F.[erdinando] Paer: Duettino aus der Oper: Numa Pompilius
„Secondi il cielo la vostra speme" – „Ach sendet Frieden in unsre Herzen" (1)– 4

4. Heft:

[7] [Henri-Montan] Berton: Romance (Aline) aus der Oper:
Aline, Königin von Golkonda „An Neapels Höhen
wo Citronen stehen" [1–2]

[8] B.[ernhard] A.[nselm] Weber: Aria (Alexandrine) aus dem
Singspiele: Die Wette „Es bleiben Gram und Sorgen aus" (1)– 6

[9] [Etienne Nicolas] Méhul: Chor aus der Oper: Joseph „Dieu
d'Israel! père de la nature!" – „Gott Israel! Vater
aller Wesen!" (M. Chor, F. Chor, Pfte.) (1)– 6

5. Heft:

[10] [Valentino] Fioravanti: Aria (Bocchindoro) aus der Oper:
       I Virtuosi ambulanti „Adorata eccelsa Diva" —
       „Göttin mit dem Palmenkranze"   (1)— 6

[11] [Valentino] Fioravanti: Duo (Rosalinde, Lauretta) aus der Oper:
       I Virtuosi ambulanti „Già la notte s'avvicina" —
       „Ha schon sinkt der Abend nieder!"   (1)— 8

6. Heft:

[12] [Valentino] Fioravanti: Aria (Lauretta) aus der Oper: I Virtuosi
       ambulanti (Rec.) „A me civetta? a me?" — „Elender Rei-
       mer du wagst's" (Aria) „Sono amabil" — „Frevler! ha ich
       will dich lehren"   (1)—12

[13] Francesco Danzi: XII Canzonette Italiane con accompagnamento
       di Forte Piano, Op: 40. (I. „Che ciascun per te". II. „Mi
       lagnerò tacendo". III. „Chi mai di questo core". IV. „Bella
       fiamma del mio core". V. „Bei labbri che amore". VI.
       „Torna in quell'onda chiare". VII. „Chi un dolce amor
       condanna". VIII. „Per pietà bell'idol mio". IX. „Conser-
       vati fedele". X. „Se mai turbo il tuo riposo". XI. „Ch'io
       mai vi possa lasciar d'amore". XII. „Dal tuo gentil sem-
       biante")   2— 27

7. Heft:

[14] F.[ranz] Danzi: Aria per il Soprano (Rec.) „Dunque mi lascia o
       ciel" — „So stirbt die Hofnung [!]" — (Aria) „Ritorna
       fedele" — „O nah dich dem Herzen"   1— 10

8. Heft:

[15] Fr.[anz] Danzi: Aria per il Tenore (Rec.) „Ah che incertezza
       amara" — „Ha welche Angst presst meine Brust" (Aria)
       „S'ora fatal s'appressa" — „Es naht die ernste Stunde" (1)—12

9. Heft:

[16] [Giacomo] Mayer-Beer [!]: Duetto (Asmaweth, Sulima) aus der
       Oper: Jephta's Gelübde „Deine Liebe ist mein Leben" (1)—12

10. Heft:

[17] [Charles-Simon] Catel: Zwey Romanzen aus der Oper: Die vor-
       nehmen Wirthe: Romance No. I (Annette) „Zur Mutter
       sagte jünst [!]" [und] Romance No. II (Villeroy) „Als
       ich sie schon verlohren [!] glaubte"   2— 9

[18] [Friedrich Heinrich] Himmel: Ida. Die Sendung „An Alexis send'
       ich dich" [Tiedge]   2— 3

11. Heft:

[19] [Ferdinando] Paer: Arie aus der Oper: Der lustige Schuster „Zu-
       frieden durch Liebe und sanfte Herzenstriebe"   (1)— 6

12. Heft:

[20]   Ferd.[inando] Paer: Duetto (Leonora, Florestano) [aus: Leonora]
„Momento barbaro!" — „Ha! welch ein Schreckenloos!"   (1)— 7

Aziatskij muzykal'nyj žurnal. [Asiatische Musikzeitschrift.] [Herausgeber:]
Ivan V. Dobrovol'skij.

Astrachan'

1816—1818: No. 1—8.

[Inhalt: Vom Herausgeber aufgezeichnete Lieder der im Osten Rußlands, im Kaukasus und in Zentral-Asien lebenden Völker (Kalmücken, Kasan- und Astrachan-Tataren, Armenier, Kabardiner, Kosaken, Kirgisen, Turkmenen, Bucharen, etc.)]

Le Chansonnier du Jour. Œuvre périodique contenant un recueil de pièces choisies pour le Chant avec l'accompagnement de Guitarre ou Fortepiano de Mauro Giuliani. [Cahier 1: 17. 2. 1816.]

A Vienne: chez Tranquillo Mollo.

[1816—1818]: Cahier 1—7.

CS KRa ([1816], 1)

Cahier 1 ([Pl. Nr.] 1621) [17. 2. 1816]:

Nro. 1.	Dieu, le roi et l'amour „Le nain monté sur la tourelle"	1—	3
Nro. 2.	Romance „Je t'aime tant"	4—	5
Nro. 3.	Il etoit là „Autrefois tout dans la nature"	6—	7
Nro. 4.	Serenate „Liebchen öffne doch dein Fenster"	8—	9
Nro. 5.	Duetto „Se provaste il mio tormento" (S, T, Git., Pfte.)	10—	15

Cahier 2 [13. 7. 1816]

Cahier 3 [13. 7. 1816]

Cahier 4 [17. 1. 1818]

Cahier 5 [17. 1. 1818]

Cahier 6 [2. 5. 1818]

Cahier 7 [2. 5. 1818]

Liederkranz auf das Jahr 1816(−1818). Von Hans Georg Nägeli.
Zürich, bey H. G. Nägeli, und in Commission bey Schropp u. C. in Berlin, Max
u. C. in Breslau, Gebr. Almenräder in Cöln, Gayl in Frankfurt a. M., J. B. G.
Fleischer in Leipzig u. Steinkopf in Stuttgart.

(Jahrgang) 1816−1818

CH Bu; BEl; Lz (1816−1817); SO; W; Zz − **D** Bim (X); BNu (1817−1818);
DO (1816); DT (1817−1818); SP (1816−1817) − **NL** At (1817)

1816:

I.	Sängers Wanderlied „Gar fröhlich tret' ich in die Welt" (Körner)	2−	3
II.	Genügsamkeit „Ach! ich frage nichts nach Kronen" (Wagner)	4−	6
III.	Sehnsucht nach den Bergen „Wenn freundlich noch die Trauben-hügel" (Usteri)	6−	8
IV.	Der Alpensohn „Frey und frank im Alpenlande" (Hottinger d. J.)	9−	12
V.	Des Sängers Lied zu den Sternen „Die ihr dort oben zieht" (Körner)	13	
VI.	Mein Vaterland „Wo ist des Sängers Vaterland?" (Körner)	14	
VII.	Der Vater an seinen Sohn „Ziehe hin, mein wackrer Sohn!"	15	
VIII.	Deutscher Trost „Deutsches Herz, verzage nicht" (Arndt)	16−	17
IX.	Bundeslied vor der Schlacht „Ahndungsgrauend, todesmuthig bricht der große Morgen an" (Körner)	18−	19
X.	Gebet während der Schlacht „Vater, ich rufe dich!" (Körner)	20−	21
XI.	Todtenehre „Sieg! euer Kampf ist aus!" (Kosegarten)	22−	23
XII.	Die im Kampfe Gefallenen an die trauernden Freunde „Zu des Himmels süßem Frieden" (Hallisch.[es] Wochenblatt)	23−	25
XIII.	Worte der Liebe „Worte der Liebe! ihr flüstert so süß" (Körner)	26−	27
XIV.	Naturgenuß „Im Abendschimmer wallt der Quell" (Matthisson)	28−	31
XV.	Das Dörfchen „Freundlich an dem Berggehänge" (Körner)	31−	33
XVI.	Stille Freude „Auf Berg und Thal ruht dunkle Nacht" (C. Schreiber)	34−	35
XVII.	Ermunterung „Der heitre Himmel im Bächlein blinkt" (Wessen-berg)	35−	39
XVIII.	Haingesang „Grüne Dämmerung des Haines" (Voß)	40	
XIX.	Das Flüchtigste „Tadle nicht der Nachtigallen" (Herder)	41	
XX.	Die Rose „Rose, komm! der Frühling schwindet" (Jacobi)	42−	45
XXI.	Erinnerung „In stillen Phantasieen sitz' ich am Wiesenbach" (Gries)	45−	47
XXII.	Ahndung „Du Schloß dort auf dem Felsen" (Körner)	48−	49
XXIII.	Der Einsiedler „Siehe da in Waldesnacht" (Hill)	50	
XXIV.	Erdelebens Abschied „Gute Nacht! Meine Wallfahrt ist voll-bracht" (Vogel)	51	

1817:

I.   Madonna mit dem Kinde „Schlumm're Kind, daß Mutterfreude"
        (Friedrich Kind)   2—   3

II.   Der Traum der Unschuld „Himmlische Auen, wo meines Daseyns
        Wiege stand" (Arndt)   4

III.   Adele „Noch spielet Adele mit Lämmern der Au" (J. R. Wyß, ält.) 5

IV.   Elisens Lied „Kommst du mir wieder, Sohn der Sterne?" (Arndt) 6—   7

V.   Die junge Schäferin „Auf grüner Haide steht der Klee"
        (Gottwalt)   8

VI.   Rosaline „Sie wallte sinnig und allein" (Hill)   9— 11

VII.   Abendgedanken an Minona „Wenn sich still der Abend senkt"
        (Theodor Hell)   12

VIII.   Sehnsucht der Liebe „Wie die Nacht mit heil'gem Beben"
        (Theodor Körner)   13— 15

IX.   Sängers Abschied von den Frauen „Ade! ihr holden Frauen!"
        (Wilhelm Hensel)   15— 17

X.   Aufruf „Krieg ist entschieden, kräftig und frey!" (Fouqué)   17

XI.   Waldmusik „Wunderbare Töne klingen" (Aloys Schreiber)   18

XII.   Freudenlied „Freunde! genießet den Frühling des Lebens"
        (Arndt)   19

XIII.   Der Tochter Glückwunsch „Nimm freundlich heut die Rose"
        (Wessenberg)   20

XIV.   Die Rosenfeyer „Traulich kommt zu dem Freund, ihr Freunde"
        (Voß)   21

XV.   Die Blumen aus Eden „Zum Berge meiner Freude" (Graß)   22

XVI.   Die Sterne „Wie wohl ist mir im Dunkel!" (Kosegarten)   23— 27

XVII.   Liebesnähe „Lieb' sey ferne, ist doch immer da" (Arndt)   28— 29

XVIII. Beym Schlafengehen „Deck' dich zu, schlumm're nun zu guter
        Ruh" (Paul Gr.[af] v.[on] Haugwitz)   30— 31

XIX.   Das Erwachen „Einst dehnte sich in ungemessner Ferne"
        (Hanhart)   32— 33

XX.   Klage „Der Tag ist kalt und traurig" (F. Krug v.[on] Nidda)   34

XXI.   Erinnerung „Was blickst du sehnend so zurück?" (Arndt)   34— 35

XXII.   Das Wasser „Wie schau' ich fromm und still hinab" (Arndt)   36— 39

XXIII. Im Bade „Bäume schatten, Pilger wanken" (Friedrich Cramer)   40

XXIV.   Die Jungfrau und der Schwan „Dort schwimmt er auf dem
        grünen See" (Pfeffel)   40— 43

1818:

I.   Sorgenfrey „Es tanzen beflügelt die Jahre dahin" (Moritz Ulrici) 1

II.   Frühlingserwachen „Es schauet der Morgen mit funkelndem
        Schein" (Gramberg)   1

III. Frühlingslust „Träum' ich, oder wach' ich" (Burdach) 2— 3

IV. An einem Frühlingsabend „Wenn der Blüthenhauch der Lüfte"
(L. Nöller) 4

V. Die Leyer „Bald vergnügt, bald sinnig" (Isidorus) 5

V[I]. Leyermann am Jahrmarkte „Wie kommen die Menschen in fröhlichen Haufen zusammengelaufen" (Fouqué) 6— 7

VII. Lebensmuth „Das Schwert an der Seite" (Fouqué) 7— 9

VIII. Der junge Krieger „Aus Wolken tritt der Mond" (Müchler) 10— 11

IX. Beschwichtigung „Wer zeigt mir zur Höhe des Ruhmes die Bahn?"
(Pfeiffer) 12— 14

X. Lebewohl „Im Wald erwacht der Hörnerklang" (Isidorus) 15— 16

XI. Wanderlied „Gute Nacht mein Leid, meine Einsamkeit"
(Gottwalt) 16

XII. Ein Spatziergang im Walde „Regt euch stille Lüfte!" (Gottwalt) 17

XIII. Minneboten „Nachtviolen! Liebesklagen! öffnet euch dem
Abendhauch" (Gottwalt) 18

XIV. Fächerlied einer Liebenden „Wehe wie mit Wiegenliede"
(Heydenreich) 19

XV. Gruß aus der Ferne „Du liebes holdes Wesen" (Max von Schenkendorf) 20

XVI. Rückkehr in's Vaterland „Bist du das Land, wohin mich Sehnsucht zieht" (Müchler) 21— 23

XVII. Dank um Liebe „Daß mir diese Welt mit allen ihren Narren"
(Overbeck) 24— 27

XVIII. Der erste Kuß „Minna! kennst du noch die Stunde" (Jacobi) 28— 30

XIX. Schlummerlied „Süß von Zitherklang umfangen" (Fouqué) 30

XX. Häusliches Glück „Es stürmt auf der Flur" (Rochlitz) 31— 33

XXI. Abgeschiedenheit „Grün in Busch und Hüttendach" (Fouqué) 34— 35

XXII. Lebensblumen „Ach! lieber Gott! wie krank und matt" (Fouqué) 35— 37

XXIII. Entsagung „Laß die Menschen stumm und fern" (Fouqué) 37— 38

XXIV. An den Schlaf „Gott des Schlafes, Freund der Ruh!" (Herder) 39

Nouveau Journal de Chant, composé de Romances, Airs, et Chansons, avec
Accompag.[nemen]t de Piano ou Harpe, dédié aux Dames par l'Editeur.

A Amsterdam et à la Haye, Chez F. J. Weygand, Editeur, et M.[archan]d de
Musique, d'Instrumens, d'Estampes, et Cartes-Geographique [!] de S. M. le
Roi des Pays-Bas.

[ca. 1816—1827]: No. 1—96?

NL DHgm ([ca. 1816—1827]: 7, 14, 18—19, 25, 29, 32, 35, 40, 46, 55—56,
58—61, 63—70, 73, 76, 79, 81, 85, 88, 91—93, 95—96)

No. 7. [Antoine] Meissonnier: Ma Philosophie, Polonaise „On parle
de philosophie" [2 S.]

No. 14. [Henri-] N.[oël] Gilles: Les plus jolis Mots, Romance „A deux
époques de sa vie" [2 S.]

No. 18. B.[enoît] Pollet: Le Troubadour du Tage, Romance „Fleuve
du Tage" (J. H. de Meun) [2 S.]

No. 19. P.[hilippe] Lafond [!]: Romance „C'est une larme" (Le
Chevalier de Messence) [2 S.]

No. 25. H. Courtin: Le Bonheur du Châlet, Romance „Au beau pays
de l'Helvétie" (Flori d'At.) [2 S.]

No. 29. Urbain Meurger aîné: L'Echarpe de Bayard, Romance „Au
dieu d'amour" (Vaissière) [2 S.]

No. 32. Aurélie Plou: Le Berger Volage, Boléro „De mon berger volage" [2 S.]

No. 35. [Antoine] Meissonnier: Les Amours du Village, Chansonnette
„Soir et matin sur la fougère" (M***) [2 S.]

No. 40. P.[hilippe] Lafond [!]: A ma Romance, Romance „Va de
nouveau courir le monde" (Le Chevalier de Messence) [2 S.]

No. 46. [Antoine] Pacini: Le Castel, Romance „Un castel d'antique
structure" [2 S.]

No. 55. [Philippe] Lafont [?]: La Nuit, Nocturne à deux voix „Au
vallon tout est sombre" [2 S.]

No. 56. Mr.+++: Le Buveur, Chanson bachique „A boire je passe ma
vie" (Singst., Pfte. oder Hf.-Begl.: Henri Lemoine) [2 S.]

No. 58. J.[akob] Struntz [!]: Les Croisades ou le Boristhène,
Romance „Près du Jourdain un jeune troubadour"
(Mme. d'Hervilly) [2 S.]

No. 59. Me. de Courtrai: L'immortel Laurier, Romance „Un vaillant
et fier paladin" (Mr. de Courtrai) [2 S.]

No. 60. [Antoine] Romagnesi: Adèle, Romance „Depuis longtems
j'aimais Adèle" [2 S.]

No. 61. Mr. Bayle, avoué: Rose ou il s'agît de bien voir la Chose
„J'ai choisi Rose pour maîtresse" [2 S.]

No. 63. [Théophile] Bayle: Le double Enchantement, Romance
„Si mon amie est belle" [2 S.]

No. 64. [Georges] Lambert: L'Amour vrai, Romance „De ma
Céline amant modeste" [2 S.]

No. 65. E. L.: Ma Maîtresse, Romance „O vous qui bravez les
dangers" (Fabre d'Olivet) [2 S.]

No. 66. Amedée de Beauplan: Dormez donc mes chères Amours,
Romance à deux voix chantée dans: La Somnambule
[Hérold?] „Reposons-nous ici tous deux" [2 S.]

No. 67. [Giuseppe] Giacomelli: Ni jamais, ni toujours, Nocturne à
deux voix ad lib. „Je n'aimerai jamais" (Mlle. Delieu)
(S, T, Pfte.- oder Hf.-Begl.) [2 S.]

No. 68. [Théophile] Bayle: Je ne l'aime plus, Romance „De me
            chérir toute la vie" [2 S.]

No. 69. **· Air chantée dans: Les Folies du Jour „C'est de l'or"
            (Singst., 2. und 3. Singst. ad lib., Pfte.- oder Hf.-Begl.)

No. 70. Ronde chantée dans: La Marchande de Goujons,
            Vaudeville „C'est l'amour" (Francis und d'Artois) [2 S.]

No. 73. L. Roussel: Nocturne à une ou deux voix „Il est minuit,
            léger zéphir parcourant le bocage" (1 oder 2 Singst.,
            Pfte.- oder Hf.-Begl.: J. P. Le Camus) [2 S.]

No. 76. M. C.: Patrie, Honneur, Couplets chantés dans: La Somnam-
            bule [Hérold?] à deux voix „Elle a trahi ses sermens
            et sa foi" [2 S.]

No. 79. A.[ntoine] Romagnesi: Le Champs d'Asyle, Romance
            „Si loin du port" (M. Naudet) [2 S.]

No. 81. A.[ntoine] Romagnesi: La Résignation, Romance „Si mon
            cœur c'est laissé" (Mr. G. D.) [2 S.]

No. 85. J.[oseph] B.[ernhard] Woets: La Mélodie „Présent du ciel,
            divine mélodie" (Mme. Perrier) [2 S.]

No. 88. Ant.[oine] Messemaeckers: Qu'elle est jolie, Romance „Grand
            Dieu! combien elle est jolie" (de Béranger) [2 S.]

No. 91. C.[harles] H.[enri] Plantade: Le Jour, Nocturne à deux
            voix „La blanche aurore" [2 S.]

No. 92. J. Warot: La Fleur chérie, Romance „Dans un bosquet
            délicieux" (M.***) [2 S.]

No. 93. A. M.***: La Mère aveugle, Romance „Tout en filant votre
            lin" (de Béranger) [2 S.]

No. 95. Ant.[oi]ne Pernet Fils: Daphnis et Chloé, Romance à deux
            voix „Chloé gentille bergerette" (Albéric Deville) [2 S.]

No. 96. Ant.[oi]ne Pernet Fils: L'Hymen d'un Jour, Romance
            „Adieu Robert, seul objet de mon choix" (H. Audibert) [2 S.]

1817

Euphrosine. Et musikalsk Maanedsskrift for Pianoforte og Sang af forskiellige Componister, samles og udgives af E. Friling, Kongl. privilegered Musik – og Instrumenthandler.

Kiøbenhavn: Trykt med Sønnichsens Skrivter hos T. Lund.

[ca. 1817]: Heft 1.

DK A; Kk; Km

Første Hefte (Januar):

[1]   Dronningen af Danmarks Walz   3

[2] [E.] Friling: Russisk Thema af: Wanhall med Variationer
(Var. 1—4)   4— 5

[3]   Hertugen af Wellingtons Marsch   6— 7

[4] [Edouard] Dupuy: Ecossaise Bournonvilles Solo i: Den
Bortfløyene Fugl   7

[5] [Johann Baptist] Vanhall: Andante minore-Majore   8

[6] [E.] Friling: Comtesse Knuths Walz   9

[7] [Nicolas Dalayrac]: Arie af: Alexis „Fra spæde Aar ung Edvans
Dage"   10— 11

[8]   Comtesse af Sutherlands Reel   12

[9] [Johann Heinrich] Walch: Eccossaise [!]   12

Journal de Chant (avec Accompagnement de Piano ([ab 3. 1819:] ou Harpe) et Guitare), Dédié à S.(on) A.(ltesse) I.(mpériale) et R.(oyale) La Princesse d'Orange. (Rédigé) Et publié sous sa protection, par J.[oseph] H.[enri] Mees.

On s'abonne à Bruxelles, chez l'Editeur, J.[oseph] H.[enri] Mees.

Année 1. [1817] — 3. [1819].

B Bc (1. [1817], 1, 3—8, 10, 13, 15, 22—23, 26, 31—33, 38/39—40/41, 43/44, 47/49; 2. [1818], 1/2, 5/6, 9/10, 20, 22, 27—28/29, 31, 35/36—37, 39/40, 48/49—50/52; 3. [1819]) — **D** KNm (3. [1819], 1/2)

1ère Année [1817]:

No. 1. J.[oseph] H.[enri] Mees: Portrait d'Anna dans l'Opéra du:
Fermier Belge „Douce candeur, raison aimable" (Singst.,
Git., Pfte.)   2— 4

No. 3. J.[oseph] H.[enri] Mees: Chacun son Paquet, Ronde
Villageoise „Savez-vous bien ce qu'il faut aux fillettes"
(Singst., Git., Pfte.)   2— 4

No. 4. J.[oseph] H.[enri] Mees: Les Adieux de Firmin à Babet (à 2
voix) „Adieu Babet, chère et constante amie" (Mlle.
A.[ngelique] G.) (2 Singst., Git., Pfte.)   2— 5

No. 5. J.[oseph] H.[enri] Mees: Le Délire des quatre Ages „L'homme
au sortir de son berceau" (Singst., Git., Pfte.)   2— 3

No. 6. J.[oseph] H.[enri] Mees: La Princesse Charlotte, Walse (Git.) 4

No. 7. Meurger: La Fantaisie, Boléro „La nuit tombait dans la
prairie" (Singst., Pfte.- und Git.-Begl.: J. H. Mees)   2—(4)

No. 8. F. B.: Le Beau Châtelain de Coucy, Romance à deux voix
„Las! j'étais en si doux servage" (S, T, Git.-Begl.:
J. H. Mees, Pfte.)   1— 3

No.10.11. J.[oseph] H.[enri] Mees: Le Retour de Firmin, Romance
dialoguée „Que ce jour dure à mon impatience"
(Mlle. Angelique G**) (2 Singst., Pfte.)   2— 7

No. 13.   [Etienne-Nicolas] Méhul: Romance (Rosette) de: La Journée
aux Aventures „Au château du seigneur Gernance"
(Singst., Git.-Begl.: J. H. Mees, Pfte.)   2— 4

No. 15.   L'Innocence et l'Echo „O Dieu puissant protège ma
démarche!" (Singst., Git.-Begl.: J. H. Mees, Pfte.)   2— 3

No. 22.   M.. G...: L'Amour Prédicateur „Des rois et des dieux, le vainqueur" (Singst., Pfte.- und Git.-Begl.: (J.) H. Mees)   2— 4

No. 23.   Le Tombeau de L'Amour „Un castel d'antique
structure" (Singst., Pfte. und Git.-Begl.: (J.) H. Mees)   2— 3

No. 26.   J.[oseph] H.[enri] Mees: L'Amour avec nous perd son
tem(p)s, Chansonnette „S'occuper du soir au matin"
(Singst., Git., Pfte.)   2— 4

No. 31.   O Pescator, Cansonet „O pescator dell'onda fidulin"
(Singst., Git., Pfte.)   2— 4

No. 32.   H.: Filles du Hameau, Chansonnette à deux voix „Filles
du hameau laissez vous conduire" (2 Singst., Git., Pfte.)   2— 4

No.[33]. Mr. C**: (L'Amour vrai), Nocturne à deux voix „Quand sur
mon front brillait fleur de jeunesse" (2 Singst., Git.-
Begl.: J. H. Mees, Pfte.)   1— 3

No.38.39. Charles Lis: Le Bon Ermite, Nocturne à deux voix „Au fond
de ces arbres épais" (S, T, Git., Pfte.)   1— 3

No.40.41. [Joseph] H.[enri] Mees: Le Marchand de Plaisir, Romance
„L'amour courait chercher pratique de plaisir"
(Singst., Git., Pfte.)   2— 5

[No.42.] [Joseph] H.[enri] Mees: Ronde de Village „Loin du hameau
se promenant" (Singst., Git.)   6

No.43.44. [François-Adrien] B.[oieldieu]]: Romance (Télémaque) et
Chœur [aus:] Télémaque „Ecoutons ses récits touchans"–
(Romance) „Simple berger j'étais dans l'esclavage"–
(Chœur) „Puisse des Dieux" (Singst., Chor: S, T, B;
Git. und Pfte.-Begl.: J. H. Mees)   1— 5

No.47.48.49. [Peter von] Winter: Duo (Telaira, Poluce) et Polonaise
[aus: Castor et Pollux] (Duo) „Me n'andrò di giove
al piede" – (Polonaise) „Strinse i lacci nostri" [G. Bernard und Morel] (2 Singst., Git.-Begl.: J. H. Mees, Pfte.)   1— 7

2e Année [1818]:

No.1. 2.   J.[oseph] H.[enri] Mees: Héloïse et Abailard, Dialogue
„Goûtons sans crainte et sans allarmes" (2 Singst.,
Git., Pfte.)   2— 11

No.5. 6.   J.[oseph] H.[enri] Mees: Chant Nocturne, Sérénade à deux
ou trois voix ad lib. „O douce nuit ô silence éloquent"
(2 oder 3 Singst., Git., Pfte.)   3— 7

No.9.10. Florio: Duo Favori „Se mi credi amato bene" — „Toi qui fais
mon bien suprême" (2 Singst., Git.-Begl.: J. H. Mees, Pfte.) 1— 6

No. 14. Auguste de Peellaert: Couplets de l'Amant Troubadour „L'un
me dit que je suis jolie" (Mr.***) (Singst., Git.-Begl.: (J.)
H. Mees, Pfte.)   2— 3

No. 20. Le Ch.[evalie]r H. P.: La Fleur Marguerite, Romance à une
ou deux voix „Toi qui de l'innocence" (1 oder 2 Singst.,
Git., Pfte.)   2— 3

No. 22. [Henri-Montan] Berton: Pierrot, Charlot et Coco, ou les
Enfans Egarés, Canon à 3 voix „Voici venir la nuit"
(3 Singst., Git., Pfte.)   2— 3

No. 27. (Auguste de) Peellaert: Prière à Marie „Une vierge à genoux
dans sa mélancolie" (3 Singst., Git.-Begl.: J. H. Mees,
Pfte.)   1— 3

No.28.29.J.[oseph] H.[enri] Mees: Les Troubadours ou le premier
de Mai, Sérénade „Amis accordons" (3 Singst., Git., Pfte.) 1— 6

No. 31. J.[oseph] H.[enri] Mees: La Châtelaine et le Troubadour
„Prends ta lyre, bon troubadour" (Mr. G.) (2 Singst.,
Git., Pfte.)   1— 3

No.35.36.[Joseph] H.[enri] Mees: Les Troubadours et la Voisine, Trio
„Cet homme là je le parie" (3 Singst., Git., Pfte.)   23— 28

No. 37. Le Maître de Chapelle de Campagne. Anecdote du
Célèbre Mozart „Mes amis, faites silence" (Singst.,
Git., Pfte.)   2— 3

No.39.40.[Charles-Simon] Catel: Le Ménestrel Ecossais, Balade [!]
„Loin du tumulte de la guerre" (Singst., Pfte. oder Hf.) 2— 5

No.48.49. J.[oseph Henri] Mees: Final de la Sérénade, Retraite des
Troubadours „Retirons-nous, le jour va nous surprendre"
(3 Singst., Git., Pfte.)   29— 33

No.50.51.52. [Charles-Simon] Catel: Zirphile et Fleur de Myrte, Duo
„Près de vous, mon âme ravie" (2 Singst., Git., Pfte.)   1— 7

3e Année [1819]:

No.1. 2.   Atala, Chant Elégiaque (Réc.) „Attendons en ces lieux
le lever de l'aurore" (Chant) „Atala je t'adore!" (Singst.,
Git., Pfte.)   1— 4

No.3.   Le Portrait de Corine „Doux parler, doux regard"
(Singst., Pfte.- und Git.-Begl.: J. H. Mees)   2— 3

No.4.   [Charles] Plantade: La Nuit, Nocturne à deux voix égales
„Au vallon tout est sombre" (2 Singst., Git., Pfte.
oder Hf.)   2— 3

No.4 [recte: 5.] Le Premier Amour „Vous souvient-il de cette jeune
amie" (Desbordes) (Singst., Git., Pfte.)   2— 3

No.6. 7. [Antoine] Romagnesi: Nocturne à deux voix „Lorsque le
doux zéphire ramène les beaux jours" (S, T, Git., Pfte.
oder Hf.)   1— 4

No.8. Le Retour „Pour retourner près de Clémence" (Singst., Pfte.- (oder Hf.-) und Git.-Begl.: J. H. Mees) 2— 3

No.9.10. Cavatine „Au doux chant des oiseaux au murmure de l'onde" (Singst., obl. Git.-Begl.: (J.) H. Mees, Pfte. oder Hf.) 1— 6

No. 11. Auguste de Peelaert [!] : Le Pêcheur Hollandais, Nocturne „Couché sur la déserte plage" (2 Singst., Git., Pfte. oder Hf.) 1— 3

No. 12. [Martin Pierre] Dalvimare: Le Mal d'Amour „Ne le croyez, si l'on vous dit un jour" (Desbordes) (Singst., Git.-Begl.: (J. H.) Mees, Pfte. oder Hf.) 2— 3

No. 13. Auguste de Peelaert [!] : Nocturne „D'où peut venir le trouble" (2 Singst., Git.-Begl.: (J.) H. Mees, Pfte. oder Hf.) 2— 3

No.14.15.16. J.[oseph] H.[enri] Mees: Les Roses, Rondeau „Que ces lieux ont de charmes" (Singst., Git., Pfte. oder Hf.) 1— 7

No. 17. [Joseph] H.[enri] Mees: Stances à Marie Thérèse, Impératrice d'Autriche „O femme Roi, modèle des grands hommes" (Fourquet) (Singst., Hörner oder Trompeten in C, Hörner in C, Hf. oder Pfte.) 2— 3

No. 18. J.[oseph] H.[enri] Mees: Je pense à vous, pensez à moi, Nocturne à deux voix „Je pense à vous, alorsque la nature" (F. Smits) (2 Singst., Git., Pfte. oder Hf.) 2— 3

No.19.20.21. Nazoli: Scène d'Orphée „Hélas! quelle est ma peine" — „Ahi me dove tracorsi" (Singst., Git.-Begl.: J. H. Mees, Pfte. oder Hf.) 1— 7

No. 22. Les Soupirs „Petit chagrin dans notre enfance" (Singst., Pfte.- (oder Hf.-) und Git.-Begl.: J. H. Mees) 2— 3

No.23.24.25. [Gioacchino] Rossini: ‹ Zitti zitti piano piano ›, Trio Favori (Il Conte, Rosina, Figaro) du: Barbier de Séville „Zitti zitti piano piano non facciamo confusione" — „Douce- ment faisons silence ayons de la confiance" (3 Singst., Pfte. oder Hf.) 1— 6

No. 26. Madame E. Lafont: Douceur d'aimer, Romance „Douceur d'aimer, besoin d'une âme tendre" (Mr.***) (Singst., Git.-Begl.: (J.) H. Mees, Pfte. oder Hf.) 2— 3

No.27.28. [Gioacchino] Rossini: Ah! come mai quell'anima, Duo (Tancredi, Amenaide) de: Tancrede „Ah! come mai quell'anima" — „O moitié de moi même" (2 Singst., Git.-Begl.: (J.) H. Mees, Pfte. oder Hf.) 1— 4

No. 29. [Jules] Godefroid: Le Troubadour Infortuné „Assis sur le gazon, à l'ombre d'un vieu chêne" (Le Comte Adolphe de Pestre) (Singst., Git., Pfte. oder Hf.) 2— 3

No.30.31.32. G.[ioacchino] Rossini: Per lui che adoro, Aria [aus: L'Italiana in Algeri] „Per lui che adoro che il mio tesoro" — „Toi que j'adore te voir encore" (Singst., Git.-Begl.: (J.) H. Mees, Pfte. oder Hf.) 1— 7

No. 33. Ch.[arles] Bochsa: Que le Jour me dure, Romance à deux
voix „Que le jour me dure passé loin de toi" (J. J.
Rousseau) (2 Singst., Pfte. oder Hf.)   2— 3

No.34.35.36.37. Mr.***: Trio (Le Docteur, Mis Megrine, Mis Vapour)
de Mirlitons, Scène Comique „Signora recevez mon
très humble respect" (3 Singst., Pfte. oder Hf.)   1— 12

No. 38. Mr.***: Son Dieu, son Prince et son Amie, Romance
Guerrière „L'honneur l'apelle [!] et le ravit à
son amante" (3 Singst., Git.-Begl.: (J.) H. Mees,
Pfte. oder Hf.)   1— 3

No. 39. Bonifazio Asioli: Arietta (Rec.) „E di me che sarà" —
„Quel effroi quelle honeur!" (Aria) „Son tanti i mie i
disastri" — „et qui viendra me deffendre [!]" (Singst.,
Pfte.- oder Hf.-Begl.)   1— 3

No.40.41.42.43. Auguste de Peelaert [!]: La Leçon de Musique, Duo
(Leontin, Brigitte) de: L'Amant Troubadour „Pour
peindre le sentiment" (Mr.) (2 Singst., Pfte. oder Hf.)   1— 12

No. 44. [Louis-Emmanuel] Jardin [!]: La Bergère délaissée, Chansonnette „A peine eus-je atteint l'âge" (Singst., Git.-
Begl.: J. H. Mees, Pfte. oder Hf.)   2— (3)

No.45.46.47.J.[oseph] H.[enri] Mees: Rondeau (Rondicino) dans:
Le Proverbe en Défaut ou l'Insubordination Involontaire,
Opéra en un acte (Réc.) „Vous qui dans les beaux arts et
leur culte tranquile [!]" (Rondeau) „Le jardinier, le
moissonneur et le berger" (Mr.***) (Singst., Git., Pfte.
oder Hf.)   1— 7

No.48.49.[Pierre] Rode: Air, varié pour la voix „O dolce canto del
dio d'amore" (Singst., Git., Pfte.)   1— 4

No.50.51.[52.] La Nouvelle Leçon de Chant, chantée dans: Le Bouffe
et le Tailleur „Déjà tout renait à la vie" (2 Singst., Git.-
Begl.: (J. H.) Mees, Pfte. oder Hf.)   1— 6

Journal Hebdomadaire.
A Bruxelles: on s'abonne chez Barbieri rue de Namur No 89 (Rue de l'Etuve No 5),
et chez Godefroy rue de la Madelaine et A Haarlem, chez Mr. Dansaert.
Année 1. [ca. 1817].
NL DHgm (1. [ca. 1817], 6/7, 16, 17, 21)

1ère Année:

No. 6. 7. [Giuseppe] Gazanica [!]: Cavatina delle: Vendemie [!]
„Del destin in van mi lagno"   90— 93

No. 16.   [Chanson] „Un jour échappe de Cithère un éssaim"   [2 S.]

No. 17.   [Giacomo Gotifredo] Ferrari: [Chanson] „La jeune
Thémire est charmante"   [2 S.]

No. 21.   [Antonio Maria Gasparo Sacchini] : Air d': OEdipe à
Colone „Tout mon bonheur est de suivre vos pas"   [2 S.]

Musée Musical des Clavicinistes. Museum für Klaviermusik. [Heft 1: Februar 1817.]
Wien: bei S. A. Steiner und Comp.
[1817—1824] : Heft 1—8.
A Wmk ([1819], 5); Wn ([1817—1820], 1, 3, 5, 7); Wst ([1817—1820],
2—4, 6—7) — D Hs ([1817], 1); Mbs ([1817—1824], 1, 3, 5, 8)

1. Heft ([Pl.] No. 2661 [1817]):
Ludwig van Beethoven: Sonate pour le Piano-Forte für das Hammer-
Klavier, 101tes Werk   2— 19

2. Heft ([Pl.] No. 2690 [1817]):
I.[gnaz] Moscheles: Fantasie ‹ im italienischen Style › verbunden mit
einem großen Rondo für das Piano-Forte, 38tes Werk   2— 20

3. Heft ([Pl.] No. 2802 [1818]):
Abbé [Maximilian] Stadler: Fuge ‹ mit einem Vorspiele › für das Piano-
Forte (Prélude — Fuga)   1— 14

4. Heft ([Pl.] No. 2879 [1818]):
Wolfgang Ebner: Aria S.[eine]r kaiserlichen Majestät Ferdinand III.
36 Mahl verändert, und für das Clavier eingerichtet (1648)   2— 17

5. Heft ([Pl.] No. 2897 [1819]):
Joh:[ann] Nep:[omuk] Hummel: Große Sonate für das Piano-Forte,
81tes Werk   2— 37

6. Heft ([Pl.] No. 3046 [1819]):
Eduard Freyherr von Lannoy: Große Sonate für das Piano-Forte,
9tes Werk   2— 23

7. Heft ([Pl.] No. 3080 [1820]):
R.[udolf] E:[rz] H:[erzog von Österreich] : Aufgabe von Ludwig
van Beethoven gedichtet, Vierzig Mahl verändert   2— 32

8. Heft ([Pl.] No. 4251 [1824]):
J:[ohann] N.[epomuk] Hummel: Fantaisie pour le Piano-Forte,
Oeuvre 18   1— 30

Musikalsk Theaterjournal eller udvalgte Nummere af nye og bekiendte Theater-
stykker. Indrettede til at spille paa Klaveer eller Fortepiano ([ab Heft 2:]
Musikalsk Theaterjournal for Sang og Klaveer) af Ludvig Zinck.

Kiøbenhavn: Trykt og forlagt af S. Sønnichsen.

[1817]: Heft [1]–3.

A Wn ([1817, 1]) — D Bim (M) — DK A; Kk; Kmk

→*Musikalsk Theater Journal*. 1817.

1. Heft:

(1)   [Friedrich Heinrich] Himmel: [Arie] (Fanchon) Af: Fanchon
      ,,Til Vennen, til den hulde Lærer''   1

(2)   [Henri-Montan] Berton: [Arie] (Mad. de Termont) Af: Ro-
      mancen [= La Romance] ,,Mit Hierte for ham aabent
      stod''   2– 3

(3)   [Friedrich Heinrich] Himmel: [Arie] (Martin) Af: Fanchon
      ,,Vor Verden her er et Orchester''   4

(4)   [Nicolas] D'Alayrac: [Arie] Af: Azemia ,,Hvor det vil være
      mig en Glæde''   5

(5)   [Henri-Montan] Berton: Rondo af: Romancen [= La Romance]
      ,,For at glemme ham ret''   6– 8

(6)   [Edouard] Du Puy: [Arie] (Wilhelmine) af: Ungdom og
      Galskab ,,Jeg er endnu i Livets Vaar''   10– 11

(7)   [Claus] Schall: Sang af Epilogen i Anledning af Hs. Majestæt
      Kongens Fødselsdag, den 28de Januari 1816 ,,Hæv
      Dig, min Sang, med Jubellyd'' (N. T. Bruun)   12

(8)   L.[udvig] Zinck: Søemands-Sang af: Tordenskiold i Mar-
      strand ,,Skaal for alle smukke Piger!''   15

(9)   [Christoph Ernst Friedrich] Weyse: Romance (Clara) af: Lud-
      lams Hule ,,Der er en Øei Livet'' (Singst., Hf.)   16– 18

(10)   L.[udvig] Zinck: Nye Vise af: Soliman den Anden ,,At elske
      og behage er Qvindens Øiemeed'' [N. T. Bruun]   19

(11)   [Christoph Ernst Friedrich] Weyse: Buggevise (Fanny) af: Lud-
      lams Hule ,,Tommeliden var sig en Mand saa spæd''   20

(12)   [Claus] Schall: Romance af: De tre Galninger ,,Efter korte
      Savn, til den elskte Favn''   21

(13)   [Christoph Ernst Friedrich] Weyse: [Arie] (Villiam) Af:
      Ludlams Hule ,,Herr Oberst! en Skotte maae slaae
      for sit Land''   22– 23

(14)   [Edouard] Du Puy: Nattergalen og Pigerne af Lystspillet:
      Huusfred ,,Den Nattergal synger''   24

2. Heft:

(1)   [Christoph Ernst Friedrich] Weyse: Sang af: Arlechinos Bryllup
      ,,Grum, men flygtig er den Smerte'' [Lauritz Kruse]   1

(2) L.[udvig] Zinck: Af: Tordenskjold i Marstrand „Lyksalige Fred!" 2— 4

(3) C.[arl] Braun: [Arie] (Thomas) Af: Hytten i Schwarzwald
     „Over alt jeg er velkommen"   5

(4) [Rodolphe] Kreutzer: [Arie] (Paul) Af: Paul og Virginie
     „Mat og træt du sagtens maa være"   6— 8

(5) L.[udvig] Zinck: Sang (Fridolin) af Skuespillet: Fridolin „En
     Ridder stolt og drabelig"   9

(6) [François Adrien] Boieldieu: Duett (Olivier, Lorezza) af:
     Johan fra Paris [= Jean de Paris] „J en from,
     uskyldig Romance"   10— 15

(7) [François Adrien] Boieldieu: Mellemact af: Johan de Paris
     [= Jean de Paris]   16— 17

(8) [Christoph Ernst Friedrich] Weyse: Duett (Sir Harry, Tom)
     af: Ludlams Hule „Naar Mørket slukker Aftenrøden"   18— 19

(9) [Claus Schall]: Vise (Crispin) af: De tre Galninger „Jeg er
     lidt af alle Slags"   20

(10) [Nicolas] Dalayrac: [Rezitativ und Arie] (Laura) af: Slottet
     Monténéro [= Le Château de Monténéro] (Rec.)
     „Jeg mig opoffre maa" — [Arie] „O min elsker, jeg
     dig skal miste"   21— 24

3. Heft:

(1) B.[ernhard] A.[nselm] Weber: Romance (Deodata) af:
     Deodata „Der var en Mø i fordums Dage"   1

(2) [Etienne Nicolas] Méhul: Romance (Benjamin) af: Joseph og
     hans Brødre i Ægypten [= Joseph] „Da Døden ham
     rev fra vort Hierte"   2— 3

(3) [Etienne Nicolas] Méhul: Romance (Joseph) af samme
     [= Joseph og hans Brødre i Ægypten] „Min fiortende
     Vaar kun ieg skued"   4

(4) B.[ernhard] A.[nselm] Weber: Romance (Deodata) af:
     Deodata „Kom kun ind, høitelskte Beiler"   5

(5) [Etienne Nicolas] Méhul: Duett (Jacob, Benjamin) af: Joseph
     og hans Brødre i Ægypten „O, du, din gamle Faders
     Stytte!"   6— 8

(6) L.[udvig] Zinck: Serenade af: Masken „O, qual fiamme di
     gloria" — „Denne Flamme, som Kierlighed" [Baltha-
     sar Bang]   9— 12

(7—11)[Claus Schall]: Dandsemusik (Menuetto — Ecossaise —
     Hornpipe — Contradands) af samme [= Masken]   13— 16

(12) L.[udvig] Zinck: [Arie] af: Tvillingerne fra Bergamo „Altid
     fornøiet, altid glad"   17

(13) [Joseph] Weigl: [Arie] (Paul) af: Schweitzerfamilien „Hun
     iler bort med snare Skridt"   18— 19

(14) [Joseph] Weigl: Duett (Nikard, Emmeline) af samme
       [= Schweitzerfamilien] „Sæt dig,Elskte! ved min Side" 20— 23

(15) [Nicolas] Dalayrac: Romance (Laura) af: Slottet Monténéro
       [= Le Château de Monténéro] „Blide Haab! jeg har
       Dig iglen!"   24

Musikalsk Theater Journal for Piano-Forte ([ab 6. 1827/28] og Sang)
([1. 1817/18 — 5. 1825/26:] af Ludwig Zinck, Kongelig Syngemester
og Hoforganist.)

Kiöbenhavn forlagt af C: C: Lose ([ab 11. 1834/36, 2:] & Olsen.)

Aargang 1. [1817/1818] — 14. [1839/1841], Bind 1—2.

D Bim (M); Bs (1. [1817/18]); Mbs (1. [1817/18], 1; 13. [1839], 1) —
DK A; Kk (1. [1817/18] — 13. [1839]; 14. [1839/41], 2); Km (8.
[1831/32], 2; 11. [1834/36], 1); Kmk (7. [1829/31], 1)

→*Musikalsk Theaterjournal.* 1817.

1. Aargang [1817/1818]

1. Bind [1817]:

[1]   Nicolò (Isouard): Romance (Clemence) af: Intrigen i Vinduerne
       [= L'Intrigue aux Fenêtres] „Toi, dont l'amour n'est
       plus cher" — „Elskte! o kunde du höre"   1

[2]   (Nicolò Isouard): Romance (Lorange) af samme Stykke [Intri-
       gen i Vinduerne] „Douce et fidèle amie" — „Yndige
       hulde Pige!"   2— 4

[3]   [Edouard] Du Puy: Aria (Isaun) til: Califen i Bagdad [= Le
       Calife de Bagdad] „Svage Bryst! Alt hvad du kan"   5— 13

[4]   L.[udvig] Zinck: Vise af: Hittebarnet „Naar man sit Glas
       har tömt i Ro"   14— 15

[5]   [Friedrich Ludwig Aemilius] Kunzen: (Adagio og Choral)
       af Skuespillet: Korsridderne ‹ Ved Emmas Indmuring ›
       „Fra Livets lyse Morgenröde"   16

[6]   [Friedrich Ludwig Aemilius] Kunzen: (Arie) (Angelica) af
       Syngestykket: Husarerne paa Frieri „Hvert Bogstav
       dybt til Hjertet trænger"   17

[7]   [Friedrich Ludwig Aemilius] Kunzen: (Arie) af samme Stykke
       [Husarerne paa Frieri] „Alfader lod sit Blik paa Eden
       hvile" (N. T. Bruun)   18— 19

[8]   [Wolfgang Amadeus] Mozart: Duet [Ferrando, Guglielmo]
       [con coro] af: Elskernes Skole ‹ Così fan tutte ›
       „Secondate aurette amici" — „Kommer, Amors vante
       Fölge!" [KV 588, 21]   20— 22

[9]   [Friedrich Ludwig Aemilius] Kunzen: Arie af: Husarerne paa
       Frieri „Vi dem Vinterveien vise!"   23— 27

[10] [Friedrich Ludwig Aemilius] Kunzen: Romance (Tolestine)
af Skuespillet: Den unge Zigeunerinde ,,Favre Stierne,
som paa Himlen tindrer!'' (N. T. Bruun)   28— 29

[11] [Nicolas] Dalayrac: Romance af Syngestykket: Alexis ,,Dès
mon enfance auteur a fait'' — ,,Fra Livets allerförste
Vaar''   30— 31

[12] [Nicolas] Dalayrac: Af samme Stykke [Alexis] ,,On nous raconte qu'au village'' — ,,Fra spæde Aar ung Eduards
Dage''   32— 33

[13] (Nicolò Isouard): Vise (Begge) og Duett (Lucas, Jeannette) af
Syngestykket: Joconde ,,Ma grandmère me dit
souvent'' — ,,Grandmama har mig ofte sagt''   36— 43

[14] (Nicolò Isouard): Arie (Joconde) af Syngestykket: Joconde
,,J'ai longtems parcouru le monde'' — ,,Jeg har gjennemreist alle Zoner''   44— 53

[15] ([Friedrich Ludwig Aemilius] Kunzen): Vise af: Husarerne
paa Frieri ,,Hvor Kugler regne, Sabler klirre''   54— 55

[16] ([Friedrich Ludwig Aemilius] Kunzen): (Arie) af samme
Stykke [Husarerne paa Frieri] ,,Ja det var Elskovs
Tryllekjæde''   56

2. Bind [1818]:

[17] P.[eter von] Winter: (Arie) (Myrra) af Syngestykket: Offerhöitiden [= Das Unterbrochene Opferfest] ,,Jeg var
paa Nattens Hvile''   1— 3

[18] ([Peter von] Winter: Duett (Myrra, Murney) af Syngestykket:
Offerhöitiden ,,Naar i dit Blik jeg skuer''   3— 8

[19] ([Peter von] Winter): Duet (Amina, Palmyra) af Syngestykket:
Offerhöitiden ,,Barn! hvis du vil bevare''   9— 14

[20] [Rodolphe] Kreutzer: (Arie) af: Forrigetider og Nuomstunder
[= Jadis et Aujourd'hui] ,,Hver Dag, hver Nat'' —
,,Le jour, la nuit''   15— 20

[21] [Christoph Ernst Friedrich] Weyse: (Terzett) af Syngestykket:
Faruk ,,Risler alle Bölger smaae''   21— 23

[22] [Ludvig] Zinck: Bolero af Syngestykket: Soliman II. ,,Elskovs
Trylleri opfylder al naturen'' [N. T. Bruun]   24— 28

[23] [Ludvig] Zinck: Terzet (Roxelane, Delia, Elmire) af: Soliman
den Anden ,,Straal herligt paa Himlen''   29— 37

[24] [Nicolas] Dallayrac [!]: (Arie) af Syngestykket: Adolphe og
Clara ,,Jeg sætte vil et Ausigt op''   38— 39

[25] [Friedrich Ludwig Aemilius] Kunzen: Sang af Syngestykket:
Kjærlighed paa Landet ,,Elskovs Rosenkjæde omslynge
skal og Bryst!''   40— 41

[26] Nicolò [Isouard]: Romance (Therese) af Syngestykket: Jeannot
og Colin ,,Malgré l'éclat de l'opulence'' — ,,Trods Guldets
Glands''   42— 43

[27] Nicolò [Isouard]: Romance (Colette) af Syngestykket: Jeannot
      og Colin ,,Ah! Jeannot me délaisse'' — ,,Ak! Jeannot
      mig forlader''   44— 45

[28] Nicolò [Isouard]: Duett (Colette, Jeannot) af: Jeannot og
      Colin ,,Tous mes plaisirs'' — ,,Hans var hver Glæde''   46— 56

2. Aargang [1819/1820]

1. Bind [1819]:

[1]   (Nicolò Isouard): Duet (Baron Lucival, Begge) af Synge-
      stykket: Jeannot og Colin ,,Studering let undværes''   1— 10

[2]   [Nicolas] Dalayrac: (Arie) af Syngestykket: To Ord [= Deux
      Mots] ,,Lidt Klogstab, Haab og vaagent Öie''   11— 12

[3]   [Nicolas] Dallayrac [!]: Polonaise af Syngestykket: To Ord
      ,,En Mund til Kysret dannet''   13— 17

[4]   [François Adrien] Boieldieu: Vise (Babet) af: Den Nye
      Godseier [= Le Nouveau Seigneur de Village] ,,Monsieur
      Champagne à la mine imposante'' — ,,Monsieur Cham-
      pagne har fornemme Nykker''   18— 20

[5]   [François Adrien] Boieldieu: Romance af samme Stykke [Den
      Nye Godseier] ,,Oh! vous avez des droits superbes'' —
      ,,Den, man som Herremand adlyder''   21— 23

[6]   [François Adrien] Boieldieu: Duet (Frontin, Babet) af samme
      Stykke [Den Nye Godseier] ,,Paa denne Plads jeg nu
      skal blive?''   24— 32

[7]   [Christoph Ernst Friedrich] Weyse: (Arie) (Mira) af Syngestykket:
      Faruk ,,Elskte Faruk! hörte du min Klage''   33— 37

[8]   Alexander Piccini: (Arie) af: Ægtefolkene för Brölluppet ,,Un
      peu d'adresse'' — ,,Ved lidt Intrigue''   38— 39

[9]   J.[ohann] P.[hilipp Samuel] Schmidt: Romance af: Alpehytten
      [= Die Alpenhütte] ,,Her hvor ingen Hjorder gives''   40— 41

[10] [Etienne Nicolas] Méhul: Romance af Syngestykket: Helena
      ,,Accusé du meurtre d'un père'' — ,,Elskte Fader,
      de mig anklage''   42— 43

[11] [Christoph Ernst Friedrich] Weyse: Duett (Geoncha, Mira)
      af Syngestykket: Faruk ,,Du snart skal her ham skue''   44— 48

[12] [Friedrich Ludwig Aemilius] Kunzen: (Arie) af Syngestykket:
      Min Bedstemoder ,,Vennehuld du her skal hvile''   49— 51

[13] (Nicolò Isouard): Duet (Edile, Robert) af Syngestykket:
      Joconde ,,O see min Skræk''   52— 63.

[14] [Christoph Ernst Friedrich] Weyse: [Arie] af Syngestykket:
      Faruk ,,Han slumred derinde''   64— 65

[15] [Domenico] Della Maria: (Romance) af Syngestykket: Operetten
      [= L'Opéra-Comique] ,,Ah! pour l'amant le plus dis-
      cret'' — ,,Skjönt for en frygtsom Elsker man''   66— 67

508

[16]   [Ferdinand] Hérold: Sang (Florette) af Syngestykket: De sex
        Rosenbrude [= Les Rosières] „Man har sin Plage for
        Fred at faae"   68— 69

[17]   [Ferdinand] Hérold: Romance (Eugenie) af Syngestykket:
        De sex Rosenbrude „Jeg fik Rosen for rene Sæder"   70— 71

2. Bind [1820]:

[18]   [François Adrien] Boieldieu: Romance af: Den lille Rödhætte
        [= Le Petit Chaperon Rouge] „Il m'a demandé le
        bouquet" — „Först bad han mig om den Bouquet"   1— 3

[19]   [François Adrien] Boieldieu: Romance af: Den lile Rödhætte
        „Le noble éclat du diadême" — „Ei Kronens Glands og
        Demants Smykker"   4— 5

[20]   Nicolò Isouard: Barcarole af: Michel Angelo „A Venise jeune
        fillette" —„I Venedig var der en Pige"   6— 7

[21]   [Ferdinando] Paer: Duettino (Soffia, Sargino) af Syngestykket:
        Sargino „Dolce dell' anima speme e diletto" — „Du som
        mit Hjerte Kjerlighed lærte"   8— 9

[22]   [Ferdinando] Paer: Arie af: Sargino „A Soffia mio caro bene" —
        „O Sophia! elskte Pige!"   10— 12

[23]   F.[rédéric] Kreubé: Arie (Edmond) af: Caroline og Edmond
        „Nice, Alain dans not' village" — „Lise, Alan fra
        Barndoms Alder"   13— 15

[24]   [Ferdinando] Paer: Aria (Isabella) af: Sargino „Quest'a spettare
        mi piace assai" — „Naar Præstens Amen giver os
        sammen"   16— 21

[25]   Nicolò Isouard: Vise af: Michel Angelo „Jeunes amants qui
        d'amour" — „Elskende Par! I som froe"   22— 24

[26]   [Ferdinando] Paer: Arie (Isella) af: Sargino „Un forte batti-
        core" — „Alt ved den blotte Tanke"   25— 29

[27]   F.[rédéric] Kreubé: Romance af: Edmond og Caroline „Le
        ciel dit-on dans sa clémence" — „Da Gud os vilde
        Held tilmaale"   30— 33

[28]   [Nicolas] D'Allayrac [!]: (Romance) af Syngestykket:
        Renaud d'Ast „Veemod! söde Tryllerinde!"   34— 36

[29]   F.[erdinand] Hérold: Arie af Syngestykket: De sex Rosenbrude
        [= Les Rosières] „Ah! faut-il à mon âge" — „Ak! jeg
        har ingen Beiler!"   37— 39

[30]   L.[udvig] Zinck: Jennys Sang af: Rochesters Forviisning
        „Glade Alder! Barndoms hulde Vaar!"   40— 41

[31]   [Christoph Ernst Friedrich] Weyse: Arie med Chor af Synge-
        stykket: Faruk „Skjönne Faruk! lad dig röre!"   42— 49

[32]   [Friedrich Ludwig Aemilius] Kunzen: Vise af: Den unge Zigeu-
        nerinde „Fallala! agt paa min Sang!"   50— 53

[33]   L.[udvig] Zinck: Sang af: Sanct Hansaften Spil „Da Oldtids
        gamle Guder döde" (Öhlenschlæger)   54— 55

[34]   [Stanislas Champein]: Romance af Syngestykket: Syngesygen
        [= La Mélomanie] „O des Dieux le plus bel ouvrage!" —
        „O du Gudernes Mesterstykke!"   56— 57

[35]   (Nicolò [Isouard]): (Vise) af Syngestykket: De to Virtuoser
        ‹ Lulli et Quinau(lt) › „Der er stor Forskjel paa min
        Fader" — „Ah mon Dieu! quelle differénce"   58— 60

[36]   [Gioacchino] Rossini: Arioso af: Tancredo „Ah! che scordar" —
        „Nei trods din grummt Eviig"   61

[37]   Nicolò Isouard: Polonaise af Syngestykket: De to Virtuoser
        „Vous connaissez l'enfant trompeur" — „Jeg vædder
        Tante kjender vel det Barn"   62— 69

[38]   [Gioacchino] Rossini: Cavatina (Amenaide) af Syngestykket:
        Tancredo „No che il morir non è" — „Död du ei
        skrækker mig"   70— 72

3. Aargang [1821/1822]

1. Bind [1821]:

[1]   [Wolfgang Amadeus] Mozart: Aria (Figaro) af: Figaros Giv-
        termaal [= Le Nozze di Figaro] „Non più andrai,
        farfallo ne amoroso" — „Ikke mere med Kierligheds
        Sukke" [KV 492, 9]   1— 7

[2]   [Ludvig] Zinck: (Arie) af Skuespillet: Rochesters Forviisning
        „Naar Ynglingen seer elsket Pige" (N. T. Bruun)   8— 9

[3]   [Wolfgang Amadeus] Mozart: Duett (Susanna, Contessa) af:
        Figaros Givtermaal „Sull'aria che soave zeffiretto" —
        „Velanda! Kjöl og sval er Aftenluften" [KV 492, 20]   10— 12

[4]   [Desiré Alexandre] Batton: Bolero af Syngestykket: Det
        hemmelige Vindue [= La Fenêtre Secrète] „Aux
        Françaises de la beauté" — „Frankrigs Pige in-
        drömmer man"   13— 15

[5]   W.[olfgang] A.[madeus] Mozart: Aria (Contessa) af: Figaros
        Givtermaal „Porgi amor qualche ristoro" — „Til mit
        Favntag bring tilbage" [KV 492, 10]   16— 17

[6]   W.[olfgang] A.[madeus] Mozart: Aria (Cherubin) af: Figaros
        Givtermaal „Non sò più cosa son, cosa faccio" —
        „Jeg mig selv ikke mere gjenkjender!" [KV 492, 6]   18— 21

[7]   [Wolfgang Amadeus] Mozart: Recitativ og Arie (Susanna)
        af: Figaros Givtermaal „Giunse alfin il momento" —
        „Sig det Öie blik nærmer" [KV 492, 27]   22— 24

[8]   [Wolfgang Amadeus] Mozart: Recitativ og Arie (La Contessa)
        [aus: Die Hochzeit des Figaro] „E Susanna non vien?" —
        „Ei Susanna er her?" [KV 492, 19]   25— 29

[9]   [François Adrien Boieldieu]: Romance af: Den lille Rödhette [!]
        [= Le Petit Chaperon Rouge] „Robert forsikred Lise"   30— 31

[10] [Wolfgang Amadeus] Mozart: Arie (Basilio) af: Figaro „In
 quegl'anni, in cui val poco" — „I den uerfarne Alder"
 [KV 492, 25] 32— 36

[11] [Henri-Montan] Berton: Arie af: Montano og Stephanie „Oui,
 c'est demain" — „Ja, naar i Morgen" 37— 43

[12] [François Adrien] Boieldieu: Bolero (Frue Ligneul) af Syngestykket: Markedet i nærmeste Landsbye [= La Fête
 du Village Voisin] „Profitez de la vie" — „Nyd Livets glade Dage" 44— 47

[13] [François Adrien Boieldieu]: Sang af Syngestykket: Markedet
 i nærmeste Landsbye „Amusez vous oui" — „Moer I
 jer kun ved" 48— 49

[14] [François Adrien Boieldieu]: Arie (Lise) af Syngestykket:
 Markedet i nærmeste Landsbye „Je suis la petite
 marchande" — „Kom kjöb! jeg har deilige Vare!" 50— 54

[15] [François Adrien] Boieldieu: Cavatine af Syngestykket:
 Markedet i nærmeste Landsbye „Simple, innocente
 et joliette" — „Dydig og from aldrig Coquette" 55— 60

[16] [Wolfgang Amadeus] Mozart: Arie (Susanna) af: Figaros
 Bryllup [= Die Hochzeit des Figaro] „Venite,
 inginocchiatevi" — „Kom, læg dig smukt for mig
 paa Knæ!" [KV 492, 12] 61— 65

[17] [François Adrien] Boieldieu: Vise (Zoraime) af: Zoraime
 og Zulnar [= Zoraïme et Zulnar] „Pour jeune
 pastourelle" — „Sin favre Elskerinde" 66— 69

[18] [Desiré Alexandre] Batton: (Arie) (Frontin) af Syngestykket:
 Det hemmelige Vindue [= La Fenêtre Secrète] „Du
 som kjender Landets Viis" — „En Espagne dites le moi" 70— 72

2. Bind [1821/1822]:

[19] [Wolfgang Amadeus] Mozart: Arie (Figaro) af: Figaro „Se
 vuol ballare Signor contino" — „Kom min Herr
 Græve! jeg skal Dem lære" [KV 492, 3] 1— 5

[20] Simon Mayer [!]: Duettino af Syngestykket: Lanassa „Ham,
 som ved Skjæbnens Slag" 6— 7

[21] Simon Mayer [!]: Aria af Syngestykket: Lanassa „Engang mig
 Skjæbnen fletted" 8— 12

[22] [Joseph] Weigl: Arie af: Kong Waldemar „En ulyksalig Mand,
 forfulgt af svare Plager" 13— 15

[23] C.[arl] M.[aria] v.[on] Weber: Ariette [Aennchen] af:
 Jægerbruden [= Der Freischütz] „Naar man paa
 sin Vandring finder" — „Kommt ein schlanker
 Bursch gegangen" [Jähns 277, N. 7] 16— 21

[24] C.[arl] M.[aria] v.[on] Weber: Folkesang [Chor der Braut-
 jungfern] af: Jægerbruden „Vi binde dig din Jomfruekrands" — „Wir winden dir den Jungfernkranz" [Jähns
 277, N. 14] 22— 23

[25]   [Joseph] Weigl: Romance af Syngestykket: Kong Waldemar
       [= König Waldemar] „I Dannemark en Drot der var"   24— 25

[26]   C.[arl] M.[aria] v.[on] Weber: Duett (Anna, Agathe) af:
       Jægerbruden „Skjelm! hold fast!" — „Schelm! halt
       fest!" [Jähns 277, N. 6]   26— 33

[27]   C.[arl] M.[aria] v.[on] Weber: Cavatina (Agathe) af: Jæger-
       bruden „Og visner end den rene Lillie" — „Und ob
       die Wolke sich [!] verhülle" [Jähns 277, N. 12]   34— 36

[28]   Simon Mayer [!]: (Arie) af Syngestykket: Lanassa „Ah! perchè
       mai nel petto" — „Nei! aldrig meer mit Hjerte"   37— 39

[29]   C.[arl] M.[aria] v.[on] Weber: Vise (Caspar) [aus: Der Frei-
       schütz] „Her i Jordens Jammerdal" — „Hier im ird'-
       schen Jammerthal" [Jähns 277, N. 4]   40— 41

[30]   C.[arl] M.[aria] v.[on] Weber: Arie [Aennchen] af: Jæger-
       bruden „At hun græder Slet kun klæder" — „Trübe
       Augen Liebchen taugen" [Jähns 277, aus N. 13]   42— 47

[31]   C.[arl] M.[aria] v.[on] Weber: Arie (Agathe) af: Jægerbruden
       „Skovens Krone, löft min Tone" — „Leise, leise, from-
       me Weise" [Jähns 277, aus N. 8]   48

[32]   C.[arl] M.[aria] v.[on] Weber: Arie [Max] af: Jægerbruden
       „Gjennem Skove, gjennem Lunde" — „Durch die Wäl-
       der, durch die Auen" [Jähns 277, aus N. 3]   49— 53

[33]   Simon Mayer [!]: Arie af Syngestykket: Lanassa „Mentre di
       morte, o misero" — „Før Døden ender min Plage"   54— 60

[34]   [Gioacchino] Rossini: Cavatina (Rosina) af: Barberen i
       Sevilla [= Il Barbiere di Siviglia] „Una voce poco
       fà" — „Kjærlighedens ömme Röst"   61— 67

[35]   [Gioacchino] Rossini: Arie (Conte) af: Barberen i Sevilla
       [= Il Barbiere di Siviglia] „Ecco ridente il cielo" —
       „Medens Aurora maler"   68— 72

4. Aargang [1823/1824]

1. Bind [1823]:

[1]   C.[arl] M.[aria] v.[on] Weber: Scene og Arie (Agathe) af:
       Jægerbruden [= Der Freischütz] „Wie nahte mir der
       Schlummer" — „Hvor rolig var min Slummer"
       [Jähns 277, N. 8]   1— 9

[2]   [Frédéric] Kreubé: Romance af: Edmond og Caroline „Il faut
       l'aimer" — „Hun kver er kjer"   10— 12

[3]   [Wolfgang Amadeus] Mozart: Rondò (Sesto) af: Titus „Deh,
       per questo istante solo" — „Denne sidste Gunst i
       Livet" [KV 621, 19]   13— 19

[4]   [Wolfgang Amadeus] Mozart: Duett (Sesto, Vitellia) af:
      Titus ,,Come ti piace, imponi" — ,,Frit over mig
      du byde!" [KV 621, 1]   20— 23

[5]   [Wolfgang Amadeus] Mozart: Duettino (Sesto, Annio) af:
      Titus ,,Deh prendi un dolce amplesso" — ,,O, Vens-
      kabs Himmelflamme" [KV 621, 3]   24

[6]   [Wolfgang Amadeus] Mozart: Duett (Annio, Servilia) af:
      Titus ,,Ah, perdona al primo affetto" — ,,O, tilgiv
      det piinte Hierte" [KV 621, 7]   25— 27

[7]   [Wolfgang Amadeus] Mozart: Arie (Vitellia) af: Titus ,,Deh,
      se piacer mi vuoi" — ,,Vil du mit Hierte vinde"
      [KV 621, 2]   28— 33

[8]   [Wolfgang Amadeus] Mozart: Arie (Sesto) af: Titus ,,Parto,
      parto, ma tu ben mio" — ,,Elskte, elskte, du som
      mig fryder" [KV 621, 9]   34— 40

[9]   [Wolfgang Amadeus] Mozart: Arie (Vitellia) af: Titus ,,Non,
      più di fiori" — ,,Aldrig mig Glæden" [KV 621, 23]   41— 48

[10] E.[douard] Du Puy: Polonaise af: Felicie ,,Jeg er et Sendebud" 49— 55

[11] [Edouard] Du Puy: Romance af Syngestykket: Felicie ,,O
      Sympatie! os Himlens Mildhed"   56— 57

[12] [Edouard] Du Puy: Romance af Syngestykket: Felicie ,,Den
      sande rene Fryd"   58— 59

[13] [Edouard] Du Puy: Romance af Syngestykket: Felicie ,,Al
      Livets Held berövet" — ,,Her blandt de grönne Stammer"60

[14] Ferd.[inando] Paer: Arie (Polacca) af: Agnese ,,Nu Held om-
      sider til os ned smiler"   61— 65

[15] Ferd.[inando] Paer: Arie af Syngestykket: Agnese ,,Alting
      er stille!"   66— 72

2. Bind [1824]:

[16] [Edouard] Du Puy: Romance af Syngestykket: Felicie ,,Den
      förste gang jeg skued Bruden"   1— 3

[17] Ferd.[inando] Paer: Romance af Syngestykket: Agnese ,,Da
      Hyrden gjenfandt Lammet"   4— 5

[18] [Ferdinando] Paer: Arie af Syngestykket: Skovens Sönner [= I
      Fuorusciti di Firenze] ,,Lidt blye man först os finder"   6— 12

[19] C.[onradin] Kreutzer: Cavatina af: Libussa ,,Skjönne Toner
      i det Fjerne!"   13— 15

[20] C.[onradin] Kreutzer: Polonaise (Ladislaw) af Syngestykket:
      Libussa ,,Nu muntre Dyr! jeg Roe Jer skiænker"   16— 21

[21] C.[onradin] Kreutzer: Arie (Dobra) af Syngestykket: Libussa
      ,,Dykt indgravet i mit Hjerte"   22— 29

[22] [Gioacchino] Rossini: Cavatina af: Skaden [= La Gazza Ladra]
      ,,Di piacer mi balza il cor" — ,,Hvor min Barm af
      Glæde slaaer!"   30— 36

[23]   C.[onradin] Kreutzer: Recitativ og Arie (Libussa) af Synge-
       stykket: Libussa „Det er besluttet"   37– 41

[24]   C.[onradin] Kreutzer: Arie af Syngestykket: Libussa „Saa
       bryd da frem"   42– 49

[25]   C.[arl] M.[aria] v.[on] Weber: Arie [Fatime] af: Abu Hassan
       „Wird Philomele trauren [!]" – „Kan Nattergalen sörge"
       [Jähns 106, N. 5]   50– 55

[26]   C.[onradin] Kreutzer: Romance af: Libussa „J Nat jeg drömte
       underlig!"   56– 60

[27]   [Etienne Nicolas] Méhul: Arie af: Duellen [= La Journée aux
       Aventures] „Amour entends ma voix!" – „O Elskov!
       hör min Bön!"   61– 69

[28]   [Etienne Nicolas] Méhul: Barcarolle (Antonin) af: Duellen
       „Pour charmer le voyage" – „Her jeg gaaer og
       spadserer"   70– 71

[29]   [Etienne Nicolas] Méhul: Arie (Rosette) af: Duellen „Au
       Châteaux du seigneur Gernance" – „Paa Gernance
       der saae jeg svinde"   72– 73

[30]   [Etienne Nicolas] Méhul: Vise (Antonin) af: Duellen „Toutes
       les filles du village" – „Alle de skjönne Bönderpiger"   74– 76

5. Aargang [1825/1826]

1. Bind [1825]:

[1]   F.[riedrich] Kuhlau: Cavatina (Vela) af: Lulu „Nei, vilde
       Jæger, derinde leger"   1–   5

[2]   ([Friedrich] Kuhlau): Duettino (Lulu, Vela) con Coro af:
       Lulu „Hvi skjælver saa Din Stemme?"   6– 10

[3]   ([Friedrich] Kuhlau): Cavatina (Vela) af: Lulu „Hist i mörke
       Fængsel"   11– 13

[4]   ([Friedrich] Kuhlau): Cavatina af: Lulu „Omduftet af venlige
       Dale"   14– 19

[5]   ([Friedrich] Kuhlau): Vise (Barca) af: Lulu „Naar Möen
       bliver Kone"   20– 21

[6]   ([Friedrich] Kuhlau): Duettino (Sidi, Barca) af: Lulu „Milde
       Soel, hvor er din Lue"   22– 24

[7]   ([Friedrich] Kuhlau): Chor og Dands af: Lulu „Lystigt om-
       kring i susende Ring!"   25– 30

[8]   ([Friedrich] Kuhlau): Hexens Spindesang af: Lulu „Slunken
       Ædderkop sidder paa Tue"   31– 35

[9]   ([Friedrich] Kuhlau): Cavatina (Lulu) af: Lulu „Ömt, hvad
       Smerten saarer"   36– 39

[10]   ([Friedrich] Kuhlau): Cavatina (Lulu) af: Lulu „Rolig, Hulde,
       rolig! dæmp dit Hjertes Slag!"   40– 41

[11] ([Friedrich] Kuhlau): Drikkevise (Barca) af: Lulu „Kloden
maatte styrte sammen"   42— 50

[12] ([Friedrich] Kuhlau): Duet (Lulu, Barca) af: Lulù „O! kunde
blot jeg give"   51— 60

[13] C.[hristoph] E.[rnst] F.[riedrich] Weyse: Cavatina af:
Floribella „Korte Drömme hele Livet er"   61— 64

[14] C.[hristoph] E.[rnst] F.[riedrich] Weyse: Romance af:
Floribella „Fra arvet Borg til fjerne Bred"   65— 68

[15] C.[hristoph] E.[rnst] F.[riedrich] Weyse: Cavatina af:
Floribella „Fuglen tier, Skoven hviler"   69— 72

2. Bind [1825/1826]:

[16] [Christoph Ernst Friedrich] Weyse: Maurer-Chor af: Floribella
„Vestens fjerne Bjerge blaane"   1— 3

[17] D.[aniel] F.[rançois] E.[sprit] Auber: Rondo af: Sneen
[= La Neige] „Lorsque l'hiver, enchaîne les flots" —
„Saa snart som Jis bedækker vor Sö"   4— 7

[18] D.[aniel] F.[rançois] E.[sprit] Auber: Arie af: Sneen „Des
succès de Linsberg" — „Hvor mig fryder, min Ven"   8— 17

[19] C.[hristoph] E.[rnst] F.[riedrich] Weyse: Duet af: Floribella „Her komme vi ei"   18— 24

[20] [Ferdinand] Hérold: Rondo af: Alfen som Page [= La Clochette]
„Me voilà me voilà pour vous" — „Jeg er her! jeg er
flink! Hvad har"   25— 31

[21] D.[aniel] F.[rançois] E.[sprit] Auber: Arie (Linsberg) af:
Sneen „D'un insensé d'un téméraire" — „Jeg ei min
Bröde kan forsvare"   32— 33

[22] [Ferdinand] Hérold: Romance af: Alfen som Page „Une loi
dans l'inde connue" — „Der en Lov i Indien findes"   34— 36

[23] J.[ohann] P.[hilipp] Schmidt: Arie af: Feodore „Aarstiden
den forskjönnes"   37— 39

[24] D.[aniel] F.[rançois] E.[sprit] Auber: Romance af: Sneen
„Chacun dans ce palais" — „Enhver paa dette Slot"   40— 41

[25] [Christoph Ernst Friedrich] Weyse: Arie af: Floribella „Ton
igjen, o hulde Röst!"   42— 49

[26] [Wolfgang Amadeus] Mozart: Arie (Tamino) af: Trylleflöiten
[= Die Zauberflöte] „Hvor tryller dette Billed mig"
[KV 620, 3]   50— 53

[27] [Wolfgang Amadeus] Mozart: Arie (Tamino) af: Trylleflöiten
„Hvor stærk er ei din Trylleklang" [KV 620, aus 8]   54— 57

[28] [Wolfgang Amadeus] Mozart: Arie [Monostatos] af: Trylleflöiten „Alting föler Elskovs Glæde" [KV 620, 13]   58— 60

[29] [Wolfgang Amadeus] Mozart: Arie (Papageno) af: Trylleflöiten
„En Möe i mine Arme" [KV 620, 20]   61— 63

[30]   [Wolfgang Amadeus] Mozart: Arie (Sarastro) af: Trylleflöiten
       „J disse hellige Haller" [KV 620, 15]   64— 65

[31]   [Wolfgang Amadeus] Mozart: Duet (Pamina, Papageno) af:
       Tryllflöiten „Den Mand som Elskovs Jld besjeler"
       [KV 620, 7]   66— 69

[32]   [Wolfgang Amadeus] Mozart: Arie (Pamina) af: Tryllflöiten
       „Ak, jeg seer at Elskovs Lykke" [KV 620, 17]   70— 72

6. Aargang [1827/1828]

1. Bind [1827]:

[1]   [François Adrien] Boieldieu: Romance (Jenny) de l'oper [!]:
       La Dame Blanche < Den Hvide Dame > „Til Lön for
       Elskov" — „Du ciel pour nous"   1— 3

[2]   [François Adrien] Boieldieu: Canzonette (Marguerite) de
       l'opéra: La Dame Blanche < Den Hvide Dame > „Hurtig
       svandt min Ungdoms Glæder" — „Pauvre dame
       Marguerite"   4— 7

[3]   [François Adrien] Boieldieu: Ballade (Jenny) de l'opéra:
       La Dame Blanche < Den Hvide Dame > „D'ici voyez
       ce beau domaine" — „Den gamle Borg i Skovens
       Skygger"   8— 9

[4]   C.[hristoph] E.[rnst] F.[riedrich] Weyse: Romance af: Lud-
       lams Hule „Jeg var en Knös med ærligt Blod"   10— 13

[5]   [François Adrien] Boieldieu: Cavatine (Georg) af Operaen:
       Den Hvide Dame „Nu man först lytte maae"   14— 19

[6]   [François Adrien] Boieldieu: Arie med Chor (Georg) af
       Operaen: Den Hvide Dame „Syng höit! i Hallen
       Minstrel"   20— 29

[7]   [Ludvig Zinck]: Vise (Sophie) af: Syv militaire Piger „Vivat
       Tapperhed!" [J. L. Heiberg]   30— 31

[8]   Vise af: Recensenten og Dyret „Vil du see? disse tre"
       (Mel. ‚Steh' mal auf, junger Schweitzerbub') [J. L.
       Heiberg]   32— 33

[9]   Romance af: Recensenten og Dyret „Intet, min Ven,
       jeg frygter meer" [J. L. Heiberg]   34— 35

[10]   Tyroler-Sang af Skuespillet: Alperosen „Lille Rose,
       du smiler i bliden Vaar" [Franz von Holbein]   36

[11]   [Ludvig Zinck]: Chor af: Syv militaire Piger „Hvad ligner
       Soldaternes krigerske Glæde" [J. L. Heiberg]   37— 39

[12]   [Ludvig Zinck]: Vise (Briquet) af: Syv militaire Piger „Man
       herved gjöre vil bekjendt" [J. L. Heiberg]   40— 41

[13]   [Ludvig Zinck]: Vise (Julie) af: Syv militaire Piger „En Soldat
       i Ungdoms Alder" [J. L. Heiberg]   42— 43

[14] [Ludvig Zinck]: Slutningssang (Henri) af: Syv militaire Piger
      „J har lært os, muntre Piger" [J. L. Heiberg]   44— 48

[15] [François Adrien] Boieldieu: Duet (Georg, Jenny) af:
      Den Hvide Dame „Ilsomt Manden fra os bortiler"   49— 55

[16] [Ludvig Zinck]: Sang (Victor) af: Syv militaire Piger „Lukker
      op, J bange Harer!" [J. L. Heiberg]   56— 57

[17] [Ludvig Zinck]: Sang (Elise) af: Syv militaire Piger „Lad os
      til vore Vaaben gribe modigt"   58— 60

[18] [Daniel François Esprit] Auber: Arie af: Mureren [!] [= Le
      Maçon] „A chaque instant sur mon passage" —
      „Altid hans billed mig ledsager"   61— 65

[19] [Daniel François Esprit] Auber: Græsk Romance af: Muur-
      mesteren [= Le Maçon] „A sa jeune captive" —
      „I sin unge slavinde"   66— 67

[20] [Daniel François Esprit] Auber: Romance af: Muurmesteren
      „Elle va venir" — „Irma snart er her"   68— 69

[21] [Daniel François Esprit] Auber: Rondo af: Muurmesteren
      „Bon ouvrier, voici l'aurore" — „Driftige svend,
      straalerne smile"   70— 72

2. Bind [1827/1828]:

[22] [Daniel François Esprit] Auber: Duet (Henriette, Roger) af:
      Muurmesteren „Ils s'éloignent, mais de leur vue" —
      „Der er borte, men dog jeg bæver"   1— 3

[23] [Daniel François Esprit] Auber: Arie (Henriette) af: Muur-
      mesteren „Ah! sur notre hymen" — „Aa! givt först
      i gaar"   4— 9

[24] [Daniel François Esprit] Auber: Duet (Henriette, Roger) af:
      Muurmesteren „Je m'en vas [!]" — „Jeg vil gaae"   10— 19

[25] [Daniel François Esprit] Auber: Arie (Roger) af: Muurmesteren
      „Oui, ma tête est brûlante" — „Ha! den rædsomste Uro" 20— 25

[26] [Daniel François Esprit] Auber: Duet (Henriette, Mme.
      Bertrand) af: Muurmesteren „Allons encor madam'
      Bertrand" — „Den Sladdrer seer jeg ogsaa her"   26— 36

[27] [Friedrich] Kuhlau: Chor af Operaen: Hugo og Adelheid
      „Med hædret Flag i höien Mast" (T I, II, B, Pfte.)   37— 41

[28] [Friedrich] Kuhlau: Vise med Chor af Operaen: Hugo og
      Adelheid „Blandt Almer i Borghallen Ridderen sad"   42— 49

[29] [Friedrich] Kuhlau: Romance (Adelheid) af Operaen: Hugo
      og Adelheid „Fra Nattens Busk löd Elskovs Ord"   50— 57

[30] [Friedrich] Kuhlau: Vise (Begge) af Operaen: Hugo og Adel-
      heid „Til Sol gaaer op, fra Dag gaaer ned"   58— 59

[31] [Friedrich] Kuhlau: Cavatina (Adelheid) af Operaen: Hugo
      og Adelheid „Di Troskab, Elskte! Bestod sin Pröve"   60— 61

[32] [Friedrich] Kuhlau: Cavatina (Adelheid) af Operaen: Hugo
og Adelheid „Ei trolös skal mig Hugo troe" 62– 63

[33] [Gioacchino] Rossini: Cavatina (Malcolm) af Operaen:
Pigen ved Söen [= La Donna del Lago] „Dig, mit
Haab, jeg Dig paakalder" 64– 72

7. Aargang [1829/1831]

1. Bind [1829/1830]:

[1] [Gioacchino] Rossini: Duettino (Elina, Hubertus) af: Pigen ved
Söen [= La Donna del Lago] „Henover hine Bölger" 1– 3

[2] P.[eter] Jensen: Chor af: Maria og græske Piger ‹ Chor von Marie
und griechische Mädchen › ‹ af: Væringerne i Mikla-
gard › „Evig Naturen skiænker sine Gaver" – „Ewig,
Natur! vertheilst du deine Gaben" 4– 5

[3] [Peter Jensen]: Chor af Væringer ‹ Chor der Wäringer › [aus:
Væringerne i Miklagard] „Stærke vi stande, Stridende
gange" – „Siegend wir streiten, singen in Reihen" 6– 7

[4] [Peter Jensen]: Romance (Elisif) [aus: Væringerne i Miklagard]
„Vil du vil hære denne Dragt" – „Gefällt dir dieses schöne Kleid" 8– 9

[5] [Christoph Ernst Friedrich] Weyse: Romance (Maria) [aus:
Væringerne i Miklagard] „En Rose stander i Himlens
Lund" – „Neu blühen wieder im Himmelshain" 10– 12

[6] [Christoph Ernst Friedrich] Weyse: Duett (Zeifadin, Kurum)
af: Faruk „Hvo nærmer hist sig Eensomhedens Bo?" 13– 17

[7] [Christoph Ernst Friedrich] Weyse: Arie (Kurum) af: Faruk
„Ak hvor finder jeg i Hast" 18– 21

[8] [Christoph Ernst Friedrich] Weyse: Maurer Chor af: Floribella
„Det er Tid tænk vor Hövdings Fare" 22– 25

[9] [Christoph Ernst Friedrich] Weyse: Duet (Almanzor, Fernando)
af: Floribella „En Sön jeg favned faderglad" 26– 33

[10] [Daniel François Esprit] Auber: Sang (Mad: Bertrand) af:
Muurmesteren [= Le Maçon] „En sortant d'chez
moi" – „Da fra mit Værksted" 34– 36

[11] [François Adrien] Boieldieu: (Arie) (Aurore) Af: De Væltede
Vogne [= Les Voitures Versées] „Er man een Snees
Aar" 37– 39

[12] [Christoph Ernst Friedrich] Weyse: Vise af: Et Eventyr i
Rosenborg Hauge „Man siger Hjertet har ei Rum" 40– 41

[13] [Christoph Ernst Friedrich] Weyse: Vise (Mad: Sommer,
Christine) af: Et Eventyr i Rosenborg Hauge „Stille
du skal dig her paa Bænken sætte" 42– 45

[14] [Georges] Onslow: Arie af: Fedor eller Skovbarnet ‹ Le Colporteur › „Pour des filles si gentilles" – „Unge Herrer,
I som sukke" 46– 48

[15] [Daniel François Esprit] Auber: Duet (Roger, Baptiste) af:
Muurmesteren ,,Dépêchons, travaillons" — ,,Rap og
stærk, til dit Værk"   49— 57

[16] [François Adrien] Boieldieu: Arie (Armand) af Operaen:
De Vældede Vogne ,,Jeunes beautés d'humeur légère" —
,,Med flygtigt sind Pariserinden"   58— 60

[17] C.[hristoph] E.[rnst] F.[riedrich] Weyse: Arie af Syngestykket:
Et Eventyr i Rosenborg Hauge ,,Amor gaaer omkring og
tigger"   61— 67

[18] [Georges] Onslow: Ariette (Mina) af: Skovhuggerens Sön
[= Le Colporteur] ,,Le cœur à l'ouvrage" — ,,Jeg
har kun i Tanker"   68— 69

[19] [Daniel François Esprit] Auber: Barcarole (Masaniello) af:
Den Stumme i Portici ,,Amis, la matinée est belle" —
,,En nyfödt Soel i Östen glöder"   70— 72

2. Bind [1830/1831]:

[20] [Daniel François Esprit] Auber: Cavatine (Masaniello) af:
Den Stumme i Portici ,,Ferme tes yeux la fatigue
t'accable" — ,,Træthed betvang dine vaagende Blikke"   1— 3

[21] [Daniel François Esprit] Auber: Cavatine (Elvire) af: Den
Stumme i Portici ,,Ne repoussez pas" — ,,Stöd ei
fra Din Barm"   4— 7

[22] [Daniel François Esprit] Auber: Barcarole (Pietro) af:
Den Stumme i Portici ,,Voyez du haut de ces rivages" —
,,Betragt fra disse höie Strande"   8— 9

[23] [Daniel François Esprit] Auber: Barcarole (Masaniello) af:
Den Stumme i Portici ,,Chantons gaîment la barcarole" —
,,Stem i til en glad Barcarole"   10— 11

[24] [Ferdinand] Hérold: Romance (Adolph) af: Marie ,,Je pars
demain, il faut quitter Marie" — ,,Jeg maae afsted!
naar Solens Straaler glöde"   12— 13

[25] [Ferdinand] Hérold: Barcarole (Suzette) af Operaen: Marie
,,Batelier, dit Lisette" — ,,Colin paa Rhinens Vover laae" 14— 17

[26] [Daniel François Esprit] Auber: Recitativ og Arie (Elvire) af:
Den Stumme i Portici (Rec.) ,,Plaisir du rang suprême" —
,,O Höiheds Glands og Hæder!" (Aria) ,,A celui que
j'aimois" — ,,Jeg til ham, jeg har kjær"   18— 24

[27] [Daniel François Esprit] Auber: Chor af: Den Stumme i Portici
,,Au marché qui vient de s'ouvrir" — ,,Kom hid, hver
Markedsgjæst"   25— 29

[28] [Ferdinand] Hérold: Vise (Lubin) af: Marie ,,Sur la rivière,
comme mon père" — ,,Rask, som min Fader, Möllen
jeg lader"   30— 31

[29] [Daniel François Esprit] Auber: Chor af: Den Stumme i Portici
,,Saint bien heureux" — ,,Hellige Martyr"   32— 33

[30] [Daniel François Esprit] Auber: Fisker-Chor af: Den Stumme i
Portici ,,Amis! Amis! le soleil va paraître" — ,,Til Arbeid
op! den unge Soel sig hæver"   34— 36

[31] C:[arl] M:[aria von] Weber: Cavatine (Rezia) af: Oberon
,,Sörg du min Sjel" [Jähns 306, N. 19]   37— 39

[32] [Daniel François Esprit] Auber: Arie (Alfonso) af: Den
Stumme i Portici ,,Ah! ces cris d'allégresse" —
,,Ha, denne Jubelsang"   40— 45

[33] [Ferdinand] Hérold: Cavatine (Henri) af: Marie ,,Une robe
légère" — ,,Uskyld skal alt udtrykke"   46— 48

[34] C:[arl] M:[aria von] Weber: Arietta (Fatime) af: Oberon
,,En Möe i Ungdoms Vaar" [Jähns 306, N. 10]   49— 51

[35] C:[arl] M:[aria von] Weber: Scene og Arie (Rezia) af:
Oberon ,,O hav, uhyre Slange" [Jähns 306, N. 13]   52— 60

[36] C:[arl] M:[aria von] Weber: Arie (Rezia) af: Oberon (Rec.)
,,Iil ædle Helt, iil og befrie" — (Arie) ,,Ja, min Helt,
mit Haab, min Glæde!" [Jähns 306, aus N. 6]   61— 65

[37] C:[arl] M:[aria von] Weber: Duet (Scherasmin, Fatime) af:
Oberon ,,Ved Garonnes favre Kyster" [Jähns 306,
N. 17]   66— 72

8. Aargang [1831/1832]

1. Bind [1831]:

[1] C:[arl] M:[aria von] Weber: Romance (Fatime) af: Oberon
,,Arabien, Arabien, mit elskte Fædreland" [Jähns 306,
N. 16]   1— 3

[2] C:[arl] M:[aria von] Weber: Sang [Meermädchen] af: Oberon
,,Hvor livsaligt at flyde paa Vand" [Jähns 306, N. 15]   4— 5

[3] [Daniel François Esprit] Auber: Ballade (Henriette) af: Bruden
[= La Fiancée] ,,Si je suis infidèle" — ,,Hvis min Troskab
jeg glemmer"   6— 9

[4] C:[arl] M:[aria von] Weber: Duettino (Rezia, Fatime) af:
Oberon ,,Lyksalig Möe!" [Jähns 306, aus N. 6]   10— 12

[5] [Daniel François Esprit] Auber: Arie (Frédéric) af: Bruden
,,Je craignais de trahir" — ,,Jeg var nær ved at röbe"   13— 17

[6] [Daniel François Esprit] Auber: Vise (Charlotte) af: Bruden
,,Que de mal de tourment" — ,,Hvilken Nöd, hvilken
Qval"   18— 21

[7] [Daniel François Esprit] Auber: Tyrolersang (Fritz) af: Bruden
,,Villageois ou berger" — ,,Landsbybarn, Kammerat"   22— 24

[8] C:[arl] M:[aria von] Weber: Arie (Rezia) af: Oberon ,,O min
Sjæl henrykt af Lyst!" [Jähns 306]   25— 27

[9] [Daniel François Esprit] Auber: Vise (Fritz) af: Bruden ,,Garde
à vous, garde à vous" — ,,Passer paa, giver Agt"   28— 29

[10]   [Daniel François Esprit] Auber: Duet (Henriette, Fritz) af:
       Bruden „Entendez vous? " — „Hörer Du, Fritz?"   30– 41

[11]   [Daniel François Esprit] Auber: Romance (Henriette) af:
       Bruden „De quels nouveaux malheurs" — „Min
       Fader nævnte hun"   42– 45

[12]   [Daniel François Esprit] Auber: Barcarole (Marquis) af: Fra
       Diavolo „Bag Gitrets tætte Gjemme" (Git., Singst.,
       Pfte.)   46– 47

[13]   [Daniel François Esprit] Auber: Barcarole af: Fra Diavolo
       „Til söes naar Storme true"   48

[14]   [Daniel François Esprit] Auber: Cavatine (Fritz) af: Bruden
       „O jour, plein de charmes" — „Hil dig Dag som smiler" 49– 55

[15]   [Daniel François Esprit] Auber: Romance (Lorenzo) af:
       Fra Diavolo „Glad jeg hörte hende sige"   56– 59

[16]   [Daniel François Esprit] Auber: Vexelsang (Zerline) af: Fra
       Diavolo „Tröst af det venlige Haab"   60

[17]   [Daniel François Esprit] Auber: Romance (Frédéric) af: Bruden
       „O jour heureux" — „Ofte jeg mindes"   61– 63

[18]   [Daniel François Esprit] Auber: Vexelsang (Mylord) af: Fra
       Diavolo „Jeg gjerne saae"   64– 65

[19]   [Daniel François Esprit] Auber: Duet (Henriette, Frédéric)
       af: Bruden „Au nom du Dieu puissant!" — „Af Dem
       i Herrens Navn"   66– 72

2. Bind [1831/1832]:

[20]   [Daniel François Esprit] Auber: Duet (Md. Charlotte, Fritz)
       af: Bruden „Bannissant la tristesse" — „Livets Glæder
       at smage"   1– 13

[21]   [Daniel François Esprit] Auber: Arie (Zerline) af: Fra Diavolo
       „Ja, i Morgen Din jeg bliver"   14– 19

[22]   [Friedrich] Kuhlau: Vise (Babekan) af: Trillingbrödrene [fra
       Damask] „Om Alkoranen er fra Evighed"   20– 21

[23]   [Daniel François Esprit] Auber: Favorit Romance (Zerline)
       af: Fra Diavolo „Paa Bjerget dybt i Skoven" (Git.,
       Singst., Pfte.)   22– 24

[24]   [Friedrich] Kuhlau: Vise (Ibad) af: Trillingbrödrene [fra
       Damask] „Den som ei drikke kan"   25– 31

[25]   [Friedrich] Kuhlau: Vise (Ibad) af samme [Trillingbrödrene
       fra Damask] „Saadi, min Mester"   32– 35

[26]   [Friedrich] Kuhlau: Chor med Dands af: Trillingbrödrene [fra
       Damask] „Hvad Propheten har forjettet" (Gem. Chor,
       Pfte.)   36– 47

[27]   [Friedrich] Kuhlau: Chor af Slaver, med Dands af samme
       [Trillingbrödrene fra Damask] „Djævles Hær, med
       Blus og Svöber"   48– 59

521

[28] [François Adrien] Boieldieu: Romance (Betty) af: De to Nætter
      [= Les Deux Nuits] „Prends garde à toi: me repête mon
      père" — „Tag Dig i vare, saa siger min Fader"   60— 62

[29] (L.[udvig] Zinck): Romance (Ferdinand) af Vaudevillen: Kjöge
      Huuskors „Naar Aftenglands og Morgenröde"   63— 65

[30] (L.[udvig] Zinck): Arie (Blase) af Vaudevillen: Kjöge Huus-
      kors „Her er jeg, kjære Barn"   66— 67

[31] (L.[udvig] Zinck): Sang (Niels) af Vaudevillen: Kjöge Huus-
      kors „Tænk engang: midt i nat"   68— 69

[32] [François Adrien] Boieldieu: Romance (Edouard) af: De to
      Nætter „Le beau pays de France" — „Ja, Frankrig
      er et Eden"   70— 72

9. Aargang [1832/1833]

1. Bind [1832]:

[1]   [Ferdinand] Hérold: Barcarole af: Zampa „Douce jouven-
      celle" — „Dalens hulde Pige" (Git., Singst., Pfte.)   1— 3

[2]   [Ferdinand] Hérold: Romance af: Zampa „Mes bons amis,
      partagez mon ivresse" — „Lad Eders Fryd denne Fest
      herligt smykke" (Git., Singst., Pfte.)   4— 5

[3]   [Ferdinand] Hérold: Vise (Zampa) af: Zampa „Que la vogue
      écumante" — „Lad den fraadende Bölge" (Git.,
      Singst., Pfte.)   6— 7

[4]   [Ferdinand] Hérold: Bön af: Zampa „Aux pieds de la Ma-
      done [!]" — „Fromt for din Fod, Madonna"   8— 9

[5]   [Ferdinand] Hérold: Ballade af: Zampa „D'une haute
      naissance" — „Fra Adelsblod hun nedstammed"
      (Git., Singst., Pfte.)   10— 12

[6]   [Ferdinand] Hérold: Barcarole (Alphons) af: Zampa „Où
      vas-tu, pauvre gondolier" — „Arme Fisker siig hvor-
      hen Du roer?" (Git., Singst., Pfte.)   13— 17

[7]   [Ferdinand] Hérold: Vise (Zampa) af: Zampa „Au plaisir à
      la folie" — „Hvert Minut for Fryd vi lever" (Git.,
      Singst., Pfte.)   18— 19

[8]   [Ferdinand] Hérold: Arie (Zampa) af: Zampa „Toi, dont la
      grâce séduisante" — „Jeg for din Ynde alt maa glemme"   20— 28

[9]   [Daniel François Esprit] Auber: Vise af: De to Sedler „Une
      rose bien fleurie" — „Skjelmsk om Pigen Amor spöger"
      (Git., Singst., Pfte.)   29— 33

Folkesange af: Maigildet

[10] No. 1. „Dankonning han lader en Havfrue gribe"
               (Git., Singst., Pfte.)   34— 35

[11] No. 2. (Niels) „Liden Kirsten gaaer i Lunden"
               (Git., Singst., Pfte.)   36— 37

[12]   No. 3. „Agnete hun stander paa Höielofts Bro”
         (Git., Singst., Pfte.)   38— 39
[13]   No. 4. „Jeg vanked' viden om i Land at finde”   40
[14]   No. 5. Marsch   41
[15]   No. 6. Chor „Al Verdens Skaber mild og blid!”   42— 44
[16]   No. 7. Slutningschor „Höit af Glæde Hjertet slaaer”   45— 47
[17]   [Daniel François Esprit] Auber: Barcarole (Fontanarose)
         af: Elskovsdrikken [= Le Philtre] „Je suis riche,
         vous êtes belles” — „Du har Skönhed og jeg har Penge”
         (Git., Singst., Pfte.)   48— 56
[18]   [Daniel François Esprit] Auber: Vise (Jeannette) af: Elskovs-
         drikken „Habitans des bords de l'Adour” — „Her hvor
         Adour med Sölverskjær” (Git., Singst., Pfte.)   57— 61
[19]   I:[var Frederik] Bredal: Duet (Lord Ashton, Lady Ashton)
         af: Bruden fra Lammermoor „Let knækker Stormens
         Kast”   62— 65
[20]   I:[var Frederik] Bredal: Romance (Ailsie) af: Bruden fra
         Lammermoor ‹Skotsk Melodie› „Et Dyb og dog
         Gods Himmel” (Git., Singst., Pfte.),   66— 67
[21]   [Daniel François Esprit] Auber: Romance (Térézine) af:
         Elskovsdrikken „La Reine Yseult aux blanches
         mains” — „Dronning Yseult, som Solen skjön”
         (Git., Singst., Pfte.)   68— 72

2. Bind [1832/1833]:

[22]   I:[var Frederik] Bredal: Vise (Ailsie) af: Bruden fra Lammer-
         moor ‹Skotsk Melodie › „Der sidde to Ravne paa
         Træet hist” (Git., Singst., Pfte.)   1
[23]   [Daniel François Esprit] Auber: Arie (Jolicœur) af: Elskovs-
         drikken „Je suis sergent” — „Jeg er Sergeant”   2— 8
[24]   I:[var Frederik] Bredal: Vise (Bucklaw) af: Bruden fra Lam-
         mermoor „Penge, penge! tro mit Ord” (Git., Singst.,
         Pfte.)   9— 11
[25]   I:[var Frederik] Bredal: Recitativ ed Arie (Bucklaw) af: Bru-
         den fra Lammermoor (Rec.) „Ak ja! dit Mod Du maa
         betvinge” (Arie) „Ingen kan sin Skjæbne kjende”
         (Git., Singst., Pfte.)   12— 19
[26]   [Daniel François Esprit] Auber: Arie (Térézine) af: Elskovs-
         drikken „La coquetterie fait mon seul bonheur” —
         „Ved at coquettere kun jeg fryder mig”   20— 24
[27]   [Daniel François Esprit] Auber: Romance (Guillaume) af:
         Elskovsdrikken „Philtre divin, liqueur enchanteresse” —
         „O Elskovsdrik, som hende skal henrive” (Git., Singst.,
         Pfte.)   25— 27

[28] I:[var Frederik] Bredal: Recitativ og Arie (Edgar) af: Bruden
      fra Lammermoor „En Havnens Dæmon ledet har mit
      Fjed!"   28– 33

[29] I:[var Frederik] Bredal: Duet (Lucie, Edgar) af: Bruden fra
      Lammermoor „Vi skilles maae, o bittre Smerte!"   34– 40

[30] I:[var Frederik] Bredal: Jægersang af: Bruden fra Lammer-
      moor „Glade Lyst! Hör Hornet toner" (4stg. gem.
      Chor, Pfte.)   41– 47

[31] I:[var Frederik] Bredal: Romance (Edgar) af: Bruden fra
      Lammermoor „Du som kjender hver en Tanke"   48– 49

[32] I:[var Frederik] Bredal: Hexesang (Ailsie) af: Bruden fra
      Lammermoor „Fuldmaanen skinner paa Busk og Krat"   50– 51

[33] [Friedrich] Kuhlau: Vise af: William Shakespeare „Sanct
      Hubert love vi med Sang!" [C. J. Boye]   52– 53

[34] [Daniel François Esprit] Auber: Duet (Térézine, Guillaume).
      af: Elskovsdrikken „C'est Guillaume! allons, du courage"
      – „Ah Guillaume! min sværmende Elsker!"   54– 60

[35] [François Adrien] Boieldieu: Arie (Eduard) af: De to Nætter
      „Tout repose en ce lieu sauvage" – „Alt er taust paa
      disse mörke Steder"   61– 67

[36] [François Adrien] Boieldieu: Ballade af: De to Nætter „La,
      la, la... écoutons" – „La, la, la ... hör engang" (S, T,
      Pfte.)   68– 71

10. Aargang [1833/1834]

1. Bind [1833]:

[1]   [François Adrien] Boieldieu: Ménestrel-Sang af: De to Nætter
      „Dans les beaux vallons de Clarence" – „Fordum var
      en tro Provencaler"   1– 6

[2]   J:[ohan] P:[eter] E:[mil] Hartmann: Vise (Pantalone) af
      Operaen: Ravnen „Moerlille sidder med Briller paa"   7– 9

[3]   Arie (Ernest) af: De Danske i Paris „Jeg seer hendes
      Pande" [J. L. Heiberg]   10– 11

[4]   Vexelsang (Ernest) af: De Danske i Paris „Lyksalig er
      han, som sidder der" [J. L. Heiberg]   12– 13

[5]   Bolero (Ernest) af: De Danske i Paris „I Dandsen du
      mig möder" [J. L. Heiberg]   14– 15

[6]   Arie (Adolf) af: De Danske i Paris „Skal jeg maaskee
      til mit Fædrelands Dale" [J. L. Heiberg]   16– 17

[7]   Tyrolersang (Juliette) af: De Danske i Paris „O hvor
      gjerne saae jeg ikke" [J. L. Heiberg]   18– 20

[8]   [Daniel François Esprit] Auber: Arie (Olifour) af: Brama og
      Bayaderen [= Le Dieu et la Bayadère] „Quel vin, quel
      repas délectable" – „Slig Viin alle Sorger forjager"   21– 25

[9]   Vise (Majoren) af: De Danske i Paris „Med Foden paa
        Nakken" [J. L. Heiberg]   26— 27

[10]   [Karl Gottlieb] Reissiger: Arie af: Möllen i Bjergklöften [= Die
        Felsenmühle zu Etalières] „Nu stille Nat om Jorden
        hviler"   28— 33

[11]   [Karl Gottlieb] Reissiger: Sang af: Möllen i Bjergklöften
        „Naar jeg paa Excercitsen er"   34— 36

[12]   [Daniel François Esprit] Auber: Arie (Olifour) af: Brama og
        Bayaderen „Sois ma bayadère" — „Bliv min Bajadere"   37— 39

[13]   [Karl Gottlieb] Reissiger: Cavatina (Anette) af: Möllen i
        Bjergklöften „I din stille blide Slummer"   40— 41

[14]   [Daniel François Esprit] Auber: Arie (Ninka) af: Brama og
        Bayaderen „Dès qu'une amie à recours" — „Var en
        Veninde i Nöd"   42— 48

[15]   [Giacomo] Meyerbeer: Vexelsang (Robert) af: ‹ Robert le
        Diable › Robert af Normandiet „Avec bonté voyez
        ma peine" — „See mig i Angrens bittre Smerte"   49— 51

[16]   Vise (Mikkel) af: De Danske i Paris „Jeg forstaaer
        mig dog" [J. L. Heiberg]   52— 53

[17]   Vise (Mikkel) af: De Danske i Paris „Gud bevares, hvor
        Alting er stort i Paris!" [J. L. Heiberg]   54— 55

[18]   [Giacomo] Meyerbeer: Romance (Alice) af: ‹ Robert le
        Diable › Robert af Normandiet „Va! va! va dit-elle" —
        „Gaae! gaae! sagde hun"   56— 60

[19]   [Giacomo] Meyerbeer: Cavatinetta (Robert) af: ‹ Robert
        le Diable › Robert af Normandiet „Approchons!
        Approchons!" — „Nu afsted, ja afsted!"   61

[20]   [Karl Gottlieb] Reissiger: Vise (Frey) af: Möllen i Bjergklöften
        „Heisa, stik Glasset ud" — „Bar Du end Kronens Guld"   62— 64

[21]   [Giacomo] Meyerbeer: Ballade (Raimbaud) af: ‹ Robert
        le Diable › Robert af Normandiet „Jadis régnait
        en Normandie" — „I Normandie til Folkets Lykke"   65— 72

2. Bind [1834]:

[22]   [Giacomo] Meyerbeer: Sicilienne (Robert) af: ‹ Robert
        le Diable › Robert af Normandiet „O fortune à
        ton caprice" — „Jeg min Skjebne, muntre Lykke"   1— 5

[23]   Slutningssang af: De Danske i Paris „Til Danmark nu!"
        [J. L. Heiberg]   6— 7

[24]   [Giacomo] Meyerbeer: Romance (Alice) af: ‹ Robert le Diable ›
        Robert af Normandiet „Quand je quittai la Normandie" —
        „Da jeg drog fra mit Hjem med Smerte"   8— 11

[25]   [Giacomo] Meyerbeer: Cavatina (Isabelle) af: ‹ Robert le
       Diable › Robert af Normandiet „En vain j'espère" —
       „Haabet forsvinder"   12— 13

[26]   [Giacomo] Meyerbeer: Cavatina (Isabelle) af: ‹ Robert le
       Diable › Robert af Normandiet „Robert! Robert! toi
       que j'aime" — „Robert, Robert! Taarer rinde"   14— 17

[27]   Vise (Majoren) af: De Danske i Paris „;Ved fremmed
       Kyst" [J. L. Heiberg]   18— 19

[28]   [Giacomo] Meyerbeer: Arie (Isabelle) af: ‹ Robert le Diable ›
       Robert af Normandiet „Idole de ma vie" — „O hans
       Aand"   20— 24

[29]   I:[var Frederik] Bredal: Romance (Juan) af: Guerillabanden
       „Fædreland! naar Vold Dig truer"   25— 27

[30]   [Giacomo] Meyerbeer: Arie (Isabelle) af: ‹ Robert le Diable ›
       Robert af Normandiet „La trompette guerrière" —
       „Krigstrompeterne tone"   28— 31

[31]   [Giacomo] Meyerbeer: Duettino (Isabelle, Robert) af:
       ‹ Robert le Diable › Robert af Normandiet „Mon
       cœur s'élance et palpite il bat" — „Min Barm af
       Glæde sig hæver og slaaer"   32— 36

[32]   I:[var Frederik] Bredal: Vise (Louis) med Chor af: Guerilla-
       banden „Naar i Glasset Druen glöder" (Singst., gem.
       Chor, Pfte.)   37— 39

[33]   I:[var Frederik] Bredal: Duet (Rouselle, Amilla) af: Guirilla-
       banden „O Gud! hvad er det!"   40— 47

[34]   I:[var Frederik] Bredal: Romance (Rouselle) af: Guerilla-
       banden „Naar Maanens Skjær igjennem Skovens
       Kroner"   48— 49

[35]   [Heinrich] Marschner: Vise (Eneboeren) af: Tempelherren og
       Jödinden [= Der Templer und die Jüdin] „Barfödder-
       munk fra sin Celle bortdrog"   50— 55

[36]   [Heinrich] Marschner: Romance (Guilbert) af: Tempelherren
       og Jödinde „For Skjönheden henrykt af knæle"   56— 57

[37]   [Heinrich] Marschner: Vise (Wamba) af: Tempelherren og
       Jödinden „Det vil bedre gaae"   58— 60

[38]   [Heinrich] Marschner: Romance (Ivanhoe) af: Tempelherren
       og Jödinden „Hvo er den Riddersmand"   61— 63

[39]   [Heinrich] Marschner: Vise (Tuck) med Chor af: Tempelherren
       og Jödinden „Giver Agt, op til Jagt!"   64— 65

[40]   I:[var Frederik] Bredal: Seguedille (Amilla) af: Guerillaban-
       den „Elskov blomstrer i hver Barm"   66— 69

[41]   ([Ferdinand] Hérold) & [Jacques Fromental] Halévy:
       Romance (Francesca) af: Ludovic „Mon courroux que
       son sort désarme" — „O hans Skjæbne har slukt min
       Vrede"   70— 72

11. Aargang [1834/1836]

1. Bind [1834]:

[1]   [Ferdinand] Hérold: Bön af: Ludovic „Nous voici tous, ô pro-
       tectrice" — „Fader, Din Fred os ei forlade!" (gem.
       Chor, Pfte.)   1

[2]   I:[var Frederik] Bredal: Recitativ og Arie (Amilla) af: Guerilla-
       banden (Rec.) „Hvad har jeg hört?" (Arie) „Nej, elskte
       min ære"   2— 7

[3]   Vise (Rataplan) af: Rataplan (den lille Tambour) „Viid
       mit Barn, hvert Elskovsbaand" (Git., Singst., Pfte.)   8— 9

[4]   ([Ferdinand] Hérold): Cavatina (Francesca) af: Ludovic „L'hy-
       men en t'unissant à celle" — „Naar Dig en hellig Lænke
       binder"   10— 11

[5]   [Heinrich] Marschner: Cavatine (Rebecca) af: Tempelherren
       og Jödinden [= Der Templer und die Jüdin] „Tillad
       at jeg Slöret bærer"   12— 15

[6]   Romance (Rataplan) af: Rataplan „Paa blodig Valplads" 16— 17

[7]   [Heinrich] Marschner: Sachsernes Krigssang af: Tempelherren
       og Jödinden „Ei Friheds Sön" (Chor, Pfte.)   18— 19

[8]   ([Ferdinand] Hérold): Arie (Francesca) af: Ludovic „Mon cœur
       renaît à l'espérance" — „O Glædens Haand mit Liv skal
       smykke"   20— 24

[9]   Sang (Rataplan) af: Rataplan „O siig, kan Du ikke"   25

[10] [Heinrich] Marschner: Arie (Ivenhoe) af: Tempelherren og
       Jödinden „Det hædrer höit en Drot"   26— 29

[11] ([Ferdinand] Hérold): Ronde (Nice) af: Ludovic „Je vends des
       scapulaires" — „Smaae Helgenmalerier"   30— 31

[12] [Heinrich] Marschner: Vise (Wamba) af: Tempelherren og
       Jödinden „Det er dog ret herligt som Konge at staae"   32— 33

[13] ([Ferdinand] Hérold): Vexelsang (Gregorio) af: Ludovic
       „Voici le jour!" — „Elskte vaagn op"   34— 36

[14] ([Ferdinand] Hérold): Drikkesang (Scipio) af: Ludovic „Nous
       boirons, trinquerons" — „Lystigt op med hver kop"   37— 39

[15] Vexelsang (Rataplan) af: Rataplan „Siig husker Du
       den Gang"   40— 41

[16] [Vincenzo] Bellini: Arie (Valdeburgo) af: Den Ubekjendte
       [= La Straniera] „Arme Forladte, fölg Din Ven"   42— 43

[17] ([Ferdinand] Hérold): Couplets (Gregorio) af: Ludovic „Oui
       voilà ma femme" — „Snart hun som min Kone"   44— 45

[18] [Heinrich] Marschner: Bön (Rebecca) af: Tempelherren og
       Jödinden „Herre! i min Qval og Jammer"   46— 48

[19] [Vincenzo] Bellini: Arie (Alaide) af: Den Ubekjendte „Hæv-
       nens Magt Du er forsonet"   49— 51

[20] [Ferdinand] Hérold: Romance (Isabelle) af: Klerkevænget
[= Le Pré aux Clercs] „Souvenir du jeune âge" –
„Om mit Hjem staaer et Minde"   52– 53

[21] [Vincenzo] Bellini: Cavatina ‹Bön› (Alaide) af: Den Ubekjendte „Du som hörer Bedrövedes Klage"   54– 55

[22] [Ferdinand] Hérold: Cavatina (Isabelle) af: Klerkevænget
„Jours de mon enfance" – „Mindet blidt skal drage"   56– 57

[23] [Ferdinand] Hérold: Romance (Nicette) af: Klerkevænget
„Ah monsieur de grâce" – „O jeg beer min Herre"   58– 60

[24] ([Ferdinand] Hérold): Bön (Francesca) af: Ludovic „O mon
père, veille sur moi!" – „Livets Fader! skue til mig
ned!"   61

[25] [Vincenzo] Bellini: Arie (Isoletta) af: Den Ubekjendte „Har
Du Din Elskov glemt"   62– 63

[26] [Vincenzo] Bellini: Duet (Valdeburgo, Isoletta) af: Den Ubekjendte „Unge Blomst, som Solen qvæger"   64– 69

[27] [Ferdinand] Hérold: Romance (Nicette) af: Klerkevænget
„A la fleur du belle âge" – „I Ungdoms glade Dage"   70– 72

2. Bind [1835/1836]:

[28] ([Ludvig] Zinck): Sang (Charlotte) af: Guldkorset „Bort
med al Melancholie!" [Melesville, Brazier]   1

[29] [Daniel François Esprit] Auber: Romance (Lo Mangli) af:
Prindsen af China [= Le Cheval de Bronze] „Tranquillement il se promène" – „Roligen han ved Rosenhækken" 2– 3

[30] [Daniel François Esprit] Auber: Ariette (Tao-jin) af: Prindsen
af China „Allons, prenons patience" – „Mine Qvaler
vil jeg taale"   4– 7

[31] [Daniel François Esprit] Auber: Ballade (Peki) af: Prindsen
af China „Hvor vildsomme Klippe udspringer"   8– 9

[32] [Daniel François Esprit] Auber: Romance (Le Prince) af:
Prindsen af China „J'ai pour guide en voyage" –
„Paa min Reise mig ledsager"   10– 11

[33] [Daniel François Esprit] Auber: Romance (Peki) af: Prindsen
af China „Som ugift Pige, ak hvad man da taale maa"   12– 14

[34] Sang af Skuespillet: Matrosen „Sei, Matros! kun en
Vending med Stavnen!"   15

[35] [Daniel François Esprit] Auber: Romance af: Lestocq „Glædens
engel venligt byde"   16– 17

[36] [Daniel François Esprit] Auber: Romance (Lestocq) af:
Lestocq „Voilà bien comme sont les femmes" –
„Der er Billedet af Qvinden"   18– 19

[37] [Daniel François Esprit] Auber: Cavatine (Dimitri) af: Lestocq
„O doux moment dont mon âme est ravie" – „Salige
Stund! endelig tindre"   20– 21

[38] [Daniel François Esprit] Auber: Sang (Elisabeth) af: Lestocq
 „Ah qu'elle est belle celle" — „Almægtig er Din Ynde"   22— 23

[39] [Daniel François Esprit] Auber: Vexelsang (Catharine) af:
 Lestocq „O kjære Doctor, tie, o tie"   24— 25

[40] [Daniel François Esprit] Auber: Romance (Catharine) af:
 Lestocq „Le pauvre Ivan" — „Den arme Iwan"   26— 27

[41] I:[var Frederik] Bredal: Vise (Salvador) med Chor af: Guerillabanden ‹Spansk Melodie› „Jeg var en Knös paa sex-
 ten Aaar"   28— 30

[42] I:[var Frederik] Bredal: Scene ed Arie (Juan) med Chor af:
 Guerillabanden (Scene) „Reiser Eder, Spaniens Sönner!"
 (Arie) „Sværger at fölge"   31— 37

[43] I:[var Frederik] Bredal: Arie (Louis) af: Guerillabanden „Af
 Mod og Lyst mit unge Bryst"   38— 44

[44] I:[var Frederik] Bredal: Duettino (Amilla, Coelestine) af:
 Guerillabanden „I Dödens Arm han hviler kold og
 blodig"   45— 47

[45] [Johan Peter Emil] Hartmann: Duetto (Marietta, Tomaso) af:
 Corsarerne „O! I maa skamme Jer"   48— 51

[46] [Johan Peter Emil] Hartmann: Drikkevise (Tomaso) med Chor
 af: Corsarerne „Den er stærk, den gyldne Viin"   52— 57

[47] [Johan Peter Emil] Hartmann: Recitativ og Cavatina (Diagoras)
 af: Corsarerne (Rec.) „Hvad har jeg gjort" (Cav.)
 „O! hjælp mig Himmel!"   58— 59

[48] C:[hristoph] E:[rnst] F:[riedrich] Weyse: Romance (Klara)
 af: Ludlams Hule „Der er en Öe i Livet"   60— 62

3 Sange af Vaudevillen: Debatten i Politievennen:
[49] ([Henrik] Rung): No. 1. Duet (Maria, Petrea) „Vinden vifter,
 Lövet skjælver" [Henrik Hertz] (Git., 2 Singst., Pfte.)   63

[50] ([Henrik] Rung): No. 2. Duet (Petrea, Andreas) „Nei, at gaae
 til Verdens Ende" [Henrik Hertz]   64— 65

[51] ([Henrik] Rung): No. 3. Qvartet (Marie, Petrea, Emil, Andreas)
 „Muntert fra vort Fangebuur" (Henr: Hertz) (Mel.:
 ‹ Fader Bergström › Bellman)   66— 67

[52] ([Henrik] Rung): Canon af Vaudevillen: Nei „Klokkens Lyd
 er min Fryd"   68— 72

12. Aargang [1837/1838]

1. Bind [1837/1838]:

[1] A:[dolphe] Adam: Vise (Chappelou) af: Postillonen i Lonjumeau
 [= Le Postillon de Lonjumeau] „Mes amis, écoutez
 l'histoire" — „Nu skal et Eventyr I höre"   1— 3

Sange af Lystspillet: Farinelli [Übers.: J. L. Heiberg]:

[2]   No. 1. (Preciosa) „Om spanske Piger et Rygte siger"   4— 5

[3]   No. 2. (Farinelli) „Fordum saa vandred enhver Menestrel" 6— 7

[4]   No. 3. (Duett) (Preciosa, Farinelli) „Ved Haabets gyldne Straaler"   8— 10

[5]   No. 4. (Farinelli) „See hist paa de vildene Bölger"   11— 12

[6]   No. 5. (Farinelli) „Dal, hvor jeg bygger"   13— 15

[7]   No. 6. (Farinelli) „I Læ ved de sölvblaa Vande"   16— 17

[8]   No. 7. (Farinelli) „Hör sidste Gang denne bedende Stemme"   18— 19

[9]   A:[dolphe] Adam: Romance (Chappelou) af: Postillonen i Lonjumeau „Assis au pied d'un hêtre" — „I Ly af Egens Kroner"   20— 21

[10]   A:[dolphe] Adam: Arie (Madelaine) af: Postillonen i Lonjumeau „Mon petit mari" — „Lille Mand troe mig"   22— 25

[11]   A:[dolphe] Adam: Duettino (St: Phar., Md: de Latour) af: Postillonen i Lonjumeau „Ah, croyez à mon ardeur" — „Hellig er min Troskabseed"   26— 29

[12]   [Heinrich] Marschner: Arie (Heiling) af: Hans Heiling „Den skjönne Dag, da Du mig gav"   30— 36

[13]   [Heinrich] Marschner: Vise (Conrad) med Chor af: Hans Heiling „En lille rosenkindet Glut"   37— 39

[14]   [Daniel François Esprit] Auber: Cavatina af: Ambassadricen [= L'Ambassadrice] „Jusqu'à lui son amour m'élève" — „Han mig kjærlig til sig vil hæve"   40— 41

[15]   [Heinrich] Marschner: Vexelsang (Anna) af: Hans Heiling „Hvor hopper ei Hjertet nu höit"   42— 48

[16]   A:[dolphe] Adam: Arie (St: Phar.) af: Postillonen i Lonjumeau „Soyez toujours mes amours" — „O, ved din Barm, elskovsvarm"   49— 53

[17]   [Daniel François Esprit] Auber: Vise (Charlotte) af: Ambassadricen „Il est, dit on, un beau, jeune homme" — „Man har fortalt, Du har indtaget"   54— 55

[18]   [Daniel François Esprit] Auber: Arie (Henriette) af: Ambassadricen „Voguez Sultan joyeux" — „Muntre Sultan, iil hen"   56— 59

[19]   [Daniel François Esprit] Auber: Cavatina (Henriette) af: Ambassadricen „Le ciel nous a placés" — „Skjæbnen alt paa Vuggen"   60— 61

[20]   [Daniel François Esprit] Auber: Barcarole (Pietro) af: Fiorella „Après la richesse, joyeux pélerin" — „Efter Rigdoms Gaver jeg som Pilegrim gaaer"   62— 63

[21]   [Daniel François Esprit] Auber: Barcarole (Fiorella) af: Fiorella „Pauvre Napolitain" — „Bort, Havets arme Sön!"   64— 67

[22] [Daniel François Esprit] Auber: Arie (Rodolphe) af: Fiorella
       „Oh, ce n'est rien encore" — „Oh, det er endnu Intet"   68— 72

2. Bind [1838]:

[23] [Daniel François Esprit] Auber: Cavatina (Rodolphe) af:
       Fiorella „Aux jours de l'opulence" — „Da Lykken
       mig omsvæved"   1— 3

[24] [Daniel François Esprit] Auber: Vise (Alberto) af: Fiorella
       „Heureux climat! beau ciel de l'Italie!" — „I vort
       Italien, milde Drömmes Rige"   4— 5

[25] [Ferdinand] Hérold: Arie (Isabelle) af: Klerkevænget [= Le
       Pré aux Clercs] „O dieu du jeune âge" — „Gud, o
       hör min Klage"   6— 9

[26] [Daniel François Esprit] Auber: Sang (Arpaya) af: Fiorella
       „J'entends et la grêle et la pluie" — „Her hörer jeg
       Blæsten og Regnen"   10— 12

[27] [Heinrich] Marschner: Arie (Dronningen) af: Hans Heiling
       „Du ellers skal Aandernes Harme fornemme"   13— 15

[28] [Daniel François Esprit] Auber: Romance (Charlotte) af:
       Ambassadricen „Que ces murs coquets" — „Kunde
       Væggen her sladdre"   16— 19

[29] [Daniel François Esprit] Auber: Vise (Henriette) af: Ambassa-
       dricen „Il était un vieux bonhomme" — „En bedaget
       Knark, hvis Ho'ede"   20— 21

[30] [Ferdinand] Hérold: Arie (Mergy) af: Klerkevænget „O
       ma tendre amie" — „Snart skal Dig Veninde"   22— 25

[31] [Heinrich] Marschner: Arie (Anna) af: Hans Heiling „Ak!
       forhen slog saa rolig glad mit Hjerte"   26— 31

[32] [Heinrich] Marschner: Arie (Conrad) af: Hans Heiling „Und
       mig blot et Haab, Du Kjære!"   32— 36

[33] [Heinrich] Marschner: Vise (Stephan) af: Hans Heiling „Det
       lysted en Jæger at frie engang"   37— 39

[34] [Jacques Fromental] Halévy: Serenade (Léopold) af: Jödinden
       [= La Juive] „Loin de son amie" — „Fjernt fra Dig
       jeg hæved"   40— 43

[35] [Heinrich] Marschner: Duet (Conrad, Anna) af: Hans Heiling
       „Ha, dette Ord mig til Himlen kan hæve"   44— 47

[36] [Jacques Fromental] Halévy: Romance (Rachel) af: Jödinden
       „Pour lui, pour moi mon père" — „Tilgiv os elskte
       Fader!"   48— 49

[37] [Jacques Fromental] Halévy: Cavatine (Eleazar) af: Jödinden
       „Dieu! que ma voix tremblante" — „Gud! til din Fod
       sig svinger"   50— 52

[38] [Jacques Fromental] Halévy: Romance (Rachel) af: Jödinden
       „Il va venir" — „Han kommer her!"   53— 57

[39]   [Heinrich] Marschner: Duet (Conrad, Anna) af: Hans Heiling
       „Nu er Du min!"   58— 61

[40]   [Vincenzo] Bellini: Romance (Giorgio) af: Puritanerne
       [= I Puritani di Scozia] „Cinta di fiorie col bel
       crindisciolto" — „Med Rosenkrands om Haarets
       blöde Lokker"   62— 65

[41]   [Ferdinando] Paer: Romance (Aglaé) af: En Kones Caprice
       [= Un Caprice de Femme] „Quand on dort dans ses
       chaînes" — „Den som lider uden Smerte"   66— 69

[42]   [Vincenzo] Bellini: Romance (Arthur) af: Puritanerne (Rec.)
       „La mia canzon d'amore" — „Ha, det er hendes Stem-
       me" (Romance) „a una fonte afflitto e solo" — „Ved
       en Kilde eensom stille"   70— 72

13. Aargang [1839]

1. Bind [1839]:

[1]   [Vincenzo] Bellini: Polacca (Elvira) af: Puritanerne [= I Puri-
       tani di Scozia] „Son vergin vezzosa" — „Hvor smyk-
       ker ei Bruden"   1—   7

[2]   [Ferdinando] Paer: Arie (Valbrun) af: En Kones Caprice [= Un
       Caprice de Femme] „Voix ravissante" — „Södt Stem-
       men lyder"   8— 13

[3]   [Daniel François Esprit] Auber: Romance (Angela) af: Even-
       tyret paa Maskeraden [= Le Domino Noir] „Qui je
       suis?" — „Hvem jeg er?"   14— 17

[4]   [Daniel François Esprit] Auber: Romance (Angela) af: Even-
       tyret paa Maskeraden „Le trouble et la frayeur" —
       „Mit Hjerte ængstligt slaaer"   18— 19

[5]   [Daniel François Esprit] Auber: Arie (Angela) af: Eventyret
       paa Maskeraden „Flamme vengeresse" — „Blide   ·
       Kjærlighed"   20— 24

[6]   [Daniel François Esprit] Auber: Cantate (Angela) af: Even-
       tyret paa Maskeraden „Heureux qui ne respire" —
       „Lyksalig den som vandrer"   25— 27

[7]   [Daniel François Esprit] Auber: Vexelsang (Juliano, Angela)
       af: Eventyret paa Maskeraden „D'où venez vous, ma
       chère" — „Tör jeg Din Alder vide"   28— 31

[8]   [Daniel François Esprit] Auber: Romance (Horace) af:
       Eventyret paa Maskeraden „Amour viens finir" —
       „O Kjærligheds Stemme"   32— 33

[9]   [Daniel François Esprit] Auber: Cavatina (Angela) af: Even-
       tyret paa Maskeraden „L'heure, la nuit, tout m'est
       propice" — „Venlige Nat mit Fjed Du dölger"   34— 35

[10]   [Daniel François Esprit] Auber: Romance (Angela) af: Even-
       tyret paa Maskeraden „Mes chères sœurs" — „Gid,
       elskte Söstre!"   36— 37

[11] [Daniel François Esprit] Auber: Vise (Brigitte) af: Eventyret
      paa Maskeraden ,,Au réfectoire à la prière" — ,,Selv
      naar vi Morgenbön skal gjöre"   38— 40

[12] [Daniel François Esprit] Auber: Cavatine (Angela) af: Even-
      tyret paa Maskeraden ,,Ah, quelle nuit le moindre bruit
      me trouble" — ,,Ak, hvilken Nat, af Alt forladt je
      flygted"   41— 45

[13] [Daniel François Esprit] Auber: Sang (Gil Perez) af: Eventyret
      paa Maskeraden ,,Nous allons avoir grâce à Dieu" —
      ,,Nu skal vi et lækkert Maaltid faae"   46— 47

[14] [Daniel François Esprit] Auber: Duet (Angela, Horace) af:
      Eventyret paa Maskeraden ,,J'entends la danse et
      par prudence" — ,,Musiken lyder og Klogskab byder" 48— 53

[15] [Daniel François Esprit] Auber: Arragonisk Vise (Angela) af:
      Eventyret paa Maskeraden ,,La belle Inès fait florès" —
      ,,Ines er skjön! Dalens Sön"   54— 60

[16] [Daniel François Esprit] Auber: Couplets (Jacinthe) af: Even-
      tyret paa Maskeraden ,,S'il est sur terre un emploi" —
      ,,Er der en Stand, hvorved man"   61— 63

[17] [Heinrich] Marschner: Vise (Bæbu) af: Bæbu [= Der Bäbu]
      ,,Den Dumme, som hæler"   64— 65

[18] [Daniel François Esprit] Auber: Duet (Angela, Horace) af:
      Eventyret paa Maskeraden ,,O terreur qui m'accable"
      — ,,Store Gud for min Bröde"   66— 72

2. Bind [1839]:

[19] [Vincenzo] Bellini: Arie (Elvira) af: Puritanerne ,,Qui la voce
      sua soave" — ,,Her jeg til hans Stemme lytted"   1— 8

[20] [Friedrich] Kuhlau: Vise af: Aladdin ,,Lykken ei tvinges maa" 9— 11

[21] [Heinrich] Marschner: Sang (Gosain) af: Bæbu ,,Der hvor Ganges
      rul(l)er klar"   12— 13

[22] [Heinrich] Marschner: Romance (Dilafrosa) af: Bæbu ,,Let
      og glad Gazellen spiller"   14— 15

[23] [Franz] Gläser: Romance (Anton) af: Örnens Rede [= Des
      Adlers Horst] ,,Hvi græder hun"   16— 18

[24] [Franz] Gläser: Vise (Veronica) af: Örnens Rede ,,Alt Solens
      Lue"   19— 21

[25] [Friedrich] Kuhlau: Romance (Paribanu) af: Aladdin ,,Kom
      nu min Yngling kjære"   22— 24

[26] [Franz] Gläser: Vise (Cassian) af: Örnens Rede ,,Vor lövbe-
      krandste Bane"   25— 27

[27] [Franz] Gläser: Terzet (Veronica, Cassian, Renner) af:
      Örnens Rede ,,Naar Sneens lune Dyne"   28— 33

[28] [Heinrich] Marschner: Romance (Dilafrosa) af: Bæbu ,,Min
      Sjæl paa Drömmens Vinger"   34— 37

[29]   H:[erman S.] Lövenskiold: Romance (Evan) af: Sara „Skal
      fra det kjære Land "   38— 39

[30]   H:[erman S.] Lövenskiold: Canzonette af: Sara „Hvi flyer
      Du Hjemmets Böge"   40— 42

[31]   H:[erman S.] Lövenskiold: Cavatina af: Sara „Sov, o sov, min
      Broder!"   43

[32]   H:[erman S.] Lövenskiold: Ariette af: Sara „Plukker Blomster
      unge Piger"   44— 48

[33]   [Franz] Gläser: Romance (Rose) af: Örnens Rede „Hvor sig
      hist om Fjeldet snoer"   49— 51

[34]   [Ambroise] Thomas: Cavatina (Agathe) af: Parykmageren
      [= Le Perruquier de la Régence] „A peine je respire" —
      „Mit Hjerte ængstligt bæver"   52— 53

[35]   A:[mbroise] Thomas: Couplets (Fléchinel) af: Parykmageren
      „Sous la grâce et l'aisance" — „I sin Holdning og Mine"   54— 57

[36]   H:[erman S.] Lövenskiold: Ballade (Dougal) af: Sara „En Vin-
      ternat i Slud og Blæst"   58— 60

[37]   [Ambroise] Thomas: Romance (Forlange) af: Parykmageren
      „Je fus hélas dans ma patrie" — „Elskov og Haab ven-
      lig tilsmilte"   61— 63

[38]   [Hippolyte] Monpou: Sang (Frédéric) af: Instrumentmageren
      i Wien [= Le Luthier de Vienne] „Les fils de l'université"
      — „En lystig, ung, galant Student"   64— 65

[39]   [Hippolyte] Monpou: Sang (Bathilde) af: Instrumentmageren
      i Wien „Pour un amant ma chère enfant" — „Bedst ved
      Dit Smiil Du atter vil"   66— 67

[40]   [Ambroise] Thomas: Rondo (Fléchinel) af: Parykmageren
      „Ah vive la Russie" — „Rusland, det maa jeg föle"   68— 72

14. Aargang [1839/1841]

1. Bind [1839/1840]:

[1]   [Hippolyte] Monpou: Ballade (Bathilde) af: Instrumentmage-
      ren i Wien [= Le Luthier de Vienne] „Ramenons mon
      troupeau" — „Hjorden maa drives hjem"   1—   5

[2]   [Adolphe] Adam: Romance (Robinson) af: Bryggeren i Preston
      [= Le Brasseur de Preston] „Pour sauver sa vie" —
      „Jeg for at bevare ham"   6— 10

[3]   [Ambroise] Thomas: Sang (Fléchinel) af: Parykmageren [= Le
      Perruquier de la Régence] „Tout homme de génie" —
      „Geniet altid tænker"   11— 13

[4]   [Adolphe] Adam: Sang (Effie) af: Bryggeren i Preston „Monsieur
      Robinson est si bon garçon" — „I Preston Enhver har Ro-
      binson kjær"   14— 17

[5]   [Hippolyte] Monpou: Cavatine (Bathilde) af: Instrumentmage-
       ren i Wien „Doux moment, douce ivresse" — „I din
       Favn"   18— 21

[6]   [Adolphe] Adam: Skotsk Ballade (Robinson) af: Bryggeren i
       Preston „Montagnarde jolie" — „Her, Bjergets skjönne
       Datter"   22— 24

[7]   [Adolphe] Adam: Vise (Robinson) af: Bryggeren i Preston
       „Joli brasseur, de mon cœur" — „Brygger, fölg flink
       Lykkens Vink"   25— 27

[8]   [Adolphe] Adam: Cavatine (Effie) af: Bryggeren i Preston „Dans
       notre brasserie" — „Han rask som för skal brygge"   28— 29

[9]   [Albert] Grisar: Arie (Blanche) af: Anno et Tusinde (= L'An
       Mille) „Pauvre fiancée" — „Brist mit arme Hjerte"   30— 33

[10]   Sang (Theodor) af: Den Usynlige paa Sprogöe „I alle
       Verdens Riger" [H. C. Andersen]   34— 36

[11]   Sang (Theodor) af: Den Usynlige paa Sprogöe „Siig
       hvad man vinder" [H. C. Andersen]   37

[12]   [Ambroise] Thomas: Arie (Agathe) af: Parykmageren „Autour
       de moi les honneurs" — „Hvorhen jeg seer, yppig Pragt"   38— 43

[13]   [Adolphe] Adam: Soldatersang (Effie) af: Bryggeren i Preston
       „Je viens de l'essayer" — „Ha, stolt af mit Forsög"   44— 47

[14]   Sang (Blomme) af: Den Usynlige paa Sprogöe „Jeg
       er et Söndagsbarn!" [H. C. Andersen]   48

[15]   [Vincenzo] Bellini: Cavatina (Norma) af: Norma „Casta Diva,
       che inargenti" — „Klare Maane, som huldt forsölver"   49— 51

[16]   [Adolphe] Adam: Duet (Effie, Robinson) af: Bryggeren i
       Preston „Ah, pour nous quel bonheur" — „Jeg snart
       til Altret gaaer"   52— 57

[17]   Sang af Skuespillet: Dorothea og Gomez Arias „Sennor
       Gomez! lad Dig röre" [nach Calderon] (Singst., Git.,
       Pfte.; Arr.: M: C: Eisen)   58— 59

[18]   [Jacques Fromental] Halévy: Romance (Edgar) af: Scheriffen
       [= Le Shérif] „Je reviens, je reviens" — „Jeg igjen
       vender hjem"   60

[19]   [Jacques Fromental] Halévy: Romance (Camilla) af: Scherif-
       fen „Je vois encor la vague mugissante" — „Jeg seer
       endnu de skumbedækte Bölger"   61— 63

[20]   [Jacques Fromental] Halévy: Sang (Ketty) af: Scheriffen „Ma
       pantoufle à la main" — „Naar paa Torvet jeg gik"   64— 67

[21]   Vise (Aurelia) af Vaudevillen: Flugten til Sprogöe „Lad
       ikkun andre Folk berömme" [Henrik Hertz]   68— 69

[22]   [Gaetano] Donizetti: Romance (La Marquise) af: Regimentets
       Datter [= La Fille du Régiment] „Pour une femme de
       mon nom" — „Ak, som en Dame og Rangsperson"   70— 72

2. Bind [1840/41]:

[23] [Gaetano] Donizetti: Chant guerrier (Marie) af: Regimentets
    Datter (No. 2) „Au bruit de la guerre" — „Kanonernes
    Torden"   1— 3

[24] [Gaetano] Donizetti: Chant de Régiment (Marie) af: Regi-
    mentets Datter (No. 3) „Chacun le sait, chacun le
    dit" — „Det Regiment som overalt"   4— 7

[25] ([Gaetano] Donizetti): Duettino (Marie, Tonio) af: Regimen-
    tets Datter (No. 4) „De cet aveu si tendre" — „For-
    gjæves jeg forsvare"   8— 10

[26] ([Gaetano] Donizetti): Vise (Tonio) af: Regimentets Datter
    (No. 5) „Ah mes amis, quel jour de fête" — „Jeg under
    Frankrigs Örn vil kjæmpe"   11— 12

[27] ([Gaetano] Donizetti): Romance (Marie) af: Regimentets
    Datter (No. 6) „Il faut partir mes bons compagnons
    d'armes" — „Jeg maa afsted fra Vaabenbrödre sommig
    laerte"   13— 15

[28] ([Gaetano] Donizetti): Cavatine (Marie) af: Regimentets Datter
    (No. 7) „Quand le destin" — „Jeg laae som Barn"   16

[29] ([Gaetano] Donizetti): Romance (Marie) af: Regimentets Datter
    (No. 8) „Par le rang, et par l'opulence" — „Man ved
    Glands vil fængsle mit Hjerte"   17— 19

[30] ([Gaetano] Donizetti): Arie (Marie) af: Regimentets Datter
    (No. 9) „Salut à la France" — „Hil Dig, Frankrigs
    Kriger"   20— 23

[31] [Johan Peter Emil] Hartmann: Romance (Anna) af: Syvsoverdag
    „Konning Volmer drager"   24

[32] [Gaetano] Donizetti: Romance (Tonio) af: Regimentets Datter
    (No. 10) „Pour me rapprocher de Marie" — „Jeg kun
    for Marie at vinde"   25— 27

[33]   Sang af Skuespillet: Familien Mazarin „Her i Cata-
    loniens Dale"   28— 29

[34] [Adolphe] Adam: Romance (Marcel) af: Dronningen for een
    Dag [= La Reine d'un Jour] (No. 1) „Est-ce elle, est
    ce un songe" — „Var det kun en Dröm"   30— 33

[35] ([Adolphe] Adam): Duettino (Francine, Marcel) af: Dronningen
    for een Dag (No. 2) „Crois moi le luxe" — „Men Pynt
    dog tidt"   34— 36

[36] [Adolphe] Adam: Cavatine (Francine) af: Dronningen for een
    Dag (Nr. 3) (Rec.) „Captive en ce palais" — „Et Slot
    beboer jeg her" (Cav.) „Mon doux pays, ma belle France"
    — „Frankrig! jeg her har fölt med Smerte"   37— 39

[37] ([Adolphe] Adam): Cavatine (Marcel) af: Dronningen for een
    Dag (No. 4) „Pour sauver ma gentille amie" — „For at
    være Dig Tröst i Nöden"   40— 41

[38] ([Adolphe] Adam): Arie (Marcel) af: Dronningen for een Dag
(No. 5) „Ouvrons la voile" — „Tilveirs med Seilet"   42— 45

[39] ([Adolphe] Adam): Sömandssang (Marcel) af: Dronningen for
een Dag" (No. 6) „Pour chercher la richesse" — „For
sig Rigdom at sanke"   46— 48

[40] ([Adolphe] Adam): Arie (Francine) af: Dronningen for een Dag
(No. 7) „Il me faut des chevaux" — „Jeg maa ha' e et
Palais"   49— 53

[41] [Daniel François Esprit] Auber: Cavatine (Nisida) af: Zanetta (No. 1) „Plus doucement" — „Himlen er blaae"   54— 55

[42] ([Daniel François Esprit] Auber): Vise (Zanetta) af: Zanetta
(No. 2) „Voici la jardinière" — „See her, som Gart-
nerpige"   56— 57

[43] ([Daniel François Esprit] Auber): Vise (Zanetta) af: Zanetta
(No. 3) „Dans ces magnifiques jardins" — „Som her
ubemærket jeg gik"   58— 61

[44] ([Daniel François Esprit] Auber): Cavatina (Princessen) af:
Zanetta (No. 4) „Dans l'âme délaissée" — „Naar
Hjertet heftigt glöder"   62— 65

[45] ([Daniel François Esprit] Auber): Cavatina (Zanetta) af:
Zanetta (No. 5) „Moi baronne et comtesse!" —
„Hvad er jeg, Baronesse!"   66— 69

[46] ([Daniel François Esprit] Auber: Sang (Zanetta) af: Zanetta
(No. 6) „Si je suis encor toute émue" — „At vaade
Öine jeg har faaet"   70— 72

Periodisches Wochenblatt der Tanzmusik für eine Flöte.

[1817]: Heft 1—2.

[Intelligenz-Blatt zur Allgemeinen Musikalischen Zeitung XIX, 1817, No. V
(July 1817), Sp. 20.]

Le Troubadour Ambulant. Journal de Guitare. Composé de Soixante Feuilles,
choisies dans les Ouvrages Nouveaux des Auteurs les plus distingués. On recevra
chaque mois un cahier de cinq morceaux.

On s'abonne à Paris, Chez Mr. [Antonio] Pacini, Rue Favart, No. 12, ([später:]
Boulevard Italien No. 11.)

Année 1. [1817] — 12. [1828].

F Nm (4. [1820], 216, 226—227; 6. [1822] — 12. [1828], Cah. 1—4*);
Pn (1. [1817], 46) — **I** Mc (1. [1817], 36) — **NL** DHgm (1. [1817], 6;
7. [1823], 426—429; 8. [1824], 434, 444, 447, 449, 456—459)

1ère Année [1817]

2e Cahier:

No. 6. [Antonio] Pacini: N'oubliez pas! Boscareccia „Demain guidé
par l'amour" (M.***)   [2 S.]

7e Cahier:

No. 36. [Jacob Nicolas] Goulé: Pense au Retour, Romance „Il est
venu le triste jour" (Mr. G+++)   [2 S.]

9e Cahier:

No. 46. [Jacob Nicolas] Goulé: L'Hospitalité, Romance à deux voix
„Ouvre en tout tems ta modeste chaumière" (Guttin-
guer) (S, T, Lyra- oder Git.-Begl.: Meissonnier)   [2 S.]

2e Année [1818]

2e Cahier:

No. 67. [Jacob Nicolas] Goulé: Le Retour „Pour retourner près de
Clémence" (Mr. G***) (Singst., Lyra- oder Git.-Begl.:
Meissonnier Jeune)   [2 S.]

10e Cahier:

No. 108. Henry Karr: Toujours, jamais, toujours, Romance „Que votre
cœur est rempli d'inconstance" (Singst., Git.-Begl.:
Val.[en]tin Castelli)   [2 S.]

3e Année [1819]

4e Cahier:

No. 137. V.[alen]tin Castelli: Le Barde, Chant gallique „Je chanterai
le brave et sa patrie" (J. Boucher de Perthes)   [2 S.]

4e Année [1820]

8e Cahier:

No. 216 Félix Bodin: L'Echo désespérant, Nocturne à deux voix égales
„Echo veux-tu qu'un peu je te consulte?" (Félix Bodin)
(2 Singst., Git.-Begl.: Carcassi)   [2 S.]

10e Cahier:

No. 226. F.[élix] Bodin: Songe-t-elle à moi? Romance „Pour lui parler un seul instant" (F. Bodin) (Singst., Git.-Begl.: Carcassi)   [2 S.]

No. 227. Félix Bodin: Je songe à lui, Romance „Dans mon cœur je crois
découvrir" (Félix Bodin) (Singst., Git.-Begl.: Carcassi)   [2 S.]

6e Année [1822]

1er Cahier:

No. 301. A.[uguste] Nourrit: Le Castel et l'Abbaye, Romance „O dame
tant jolie" (Amable Tastu) (Singst., Git.-Begl.: Carulli)   [2 S.]

No. 302. Th.[éophile] Bayle: Le double Enchantement, Romance
„Si mon amie est belle" (Singst., Git.)   [2 S.]

No. 303. F.[rançois] Berton Fils: Le Pressentiment d'Amour, Romance
„Qui peut causer tant de bonheur" (Mme. Marotte Davot) [2 S.]

No. 304. Ch: V.[alen] tin Castelli: Le Trompeur par Système „Pour être
heureux auprès des belles" (Mr.***)   [2 S.]

2e Cahier:

No. 307. [Claudius Théodore] Hustache: L'Innocence et la Beauté,
Romance „Sur un lit de feuillage" (Mr. P. M.)   [2 S.]

No. 308. [Antonio] Pacini: Qui l'aurait dit? Romance „Qui l'aurait
dit? Zélie est infidèle" (J. A. Jacquelin)   [2 S.]

No. 309. Lemaître: Romance „Puisque l'orgueil pour jamais nous
sépare" (Singst., Git.-Arr.: Rigot)   [2 S.]

3e Cahier:

No. 311. Rondeau chanté dans les Blouses „A la ville je ne vois
pas" (Singst., Git.-Begl.: Pacini)   [2 S.]

No. 312. [Henri] Blanchard: Ronde chantée dans les Blouses „Allons
amis, mettons nous en cadence" (Singst., Git.-Begl.:
Varlet)   [2 S.]

No. 313. Mr. Le B***: Nice et Philène ou le Départ ‹La Partenza›,
Romance „Oh Dieu, quel tourment" (Nach Metastasio:
Mr. Le C. F. D. L.) (Singst., Git.-Begl.: Carulli)   2— 5

No. 314. Bd. Beck: Rose sauvage, Tyrolienne „Dans le bocage rose
sauvage" (E. Trumper)   [2 S.]

4e Cahier:

No. 316. [Valentin] Castelli: Romance „Heureux qui près de toi"   [2 S.]

No. 317. Delvacq: Romance „Le voulez-vous? ne le voulez-vous pas?"
(Mr. de la Seiglière)   [2 S.]

No. 318. [Antonio] Pacini: Pas d'aimerai, Romance „Pas d'aimerai,
disait fille jolie" (Stephen A.)   [2 S.]

No. 319. Baric: Le Soir, Nocturne „Bientôt la nuit silencieuse"
(2 Singst., Git.)   [2 S.]

5e Cahier:

No. 321. Euphrosine Pacini: Ne croyez pas, Romance „Ne croyez pas,
naïve pastourelle" (Euphrosine Pacini)   [2 S.]

No. 322. [Claudius Théodore] Hustache: Romance du Passager „O que
de pleurs ont mouillé ma paupière" (Mr. P. M.)   2— 3

No. 323. Pascal Petitbon: Le Troubadour d'Occitanie „Au doux pays
d'Occitanie" (Eugène de Pradel)   [2 S.]

No. 324. A.[ugus] te Ladureau: La douce Ignorance „J'ignorais jusqu'au
nom d'amour" (Mr. Etienne) (Singst., Git.-Begl.: Varlet) 2— 3

6e Cahier:

No. 326. Moraux Domatre, née Georgeon: L'Ecarté, Chanson ,,Jadis
on jouait en France'' (Moraux Domatre, née Georgeon)
(Singst., Git.-Begl.: Pacini)   [2 S.]

No. 327. [Giuseppe] Catrufo: La Réforme, Chanson ,,Qui, c'en est
fait à la mélancolie'' (Singst., Git.-Begl.: Pacini)   2— .3

No. 328. A.[lphonse] Meurger: Les Soupirs, Romance ,,La nuit a
voilé l'empirée Philomèle'' (A. Machet)   [2 S.]

[No.] 329. [Ferdinando] Paer: Les Bergers malheureux, Nocturne à
deux voix ,,Envain la fleur nouvelle appèle le zéphir''
(Mennechet)   2— 5

7e Cahier:

‹No. 341.› Fabry Garat: Le Départ de Némour, Romance ,,Prêt à
quitter la France'' (Singst., Git.-Begl.: Pacini)   2— 3

No. 342. Félix Bodin: Le Chant de l'Infortune ,,Il est un lieu simple''
(Singst., Git.-Begl.: Meissonnier J.[eu] ne)   [2 S.]

No. 344. [Ferdinando] Paer: Parisina, Héroïne d'un Poème de Lord
Byron, Nocturne à deux voix ,,Dans l'ombre de la nuit''
(Mennechet) (Singst., Git.-Begl.: Pacini)   2— 5

8e Cahier:

No. 346. Mr.***: Le Départ du Français exilé, Romance ,,O France,
ô ma patrie'' (Mr.***) (Singst., Git.-Begl.: J. Vimeux)   [2 S.]

No. 34[7] A. Mocker: L'Oiseau bleu, Ronde Villageoise ,,Au bois la
gentille marcelle'' (Blot) (Singst., Git.-Begl.: G. Carulli)   [2 S.]

No. 348. Raoulx de Crozet: Le Ménestrel, Romance ,,Auprès de douce
amie''   [2 S.]

No. 349. [Ferdinando] Paer: La Leçon d'Amour, Nocturne à deux
voix ,,Jadis, près de sa dame'' (Mennechet) (2 Singst.,
Git.-Begl.: Pacini)   2— 5

10e Cahier:

No. 356. Fabry Garat: Veux l'oublier, Romance ,,Veux l'oublier, mais
son image se présente'' (Singst., Git.-Begl.: Pacini)   2— 3

No. 357. Mme. Fabry Garat: L'Infidelle, Romance ,,Pourquoi troubler
dans mon âme'' (de Coupigny) (Singst., Git.-Begl.:
Pacini)   2— 3

No. 358. Raoulx de Crozet: L'heureux vieux Temps, Romance ,,A tort
on blâme la vieillesse''   [2 S.]

No. 356[recte: 359] J.[acques] Boucher de Perthes: La petite Mendiante, Chansonnette ,,C'est la petite mendiante qui
vous demande'' (J. Boucher de Perthes) (Singst., Git.-
Begl.: Carcassi)   [2 S.]

540

11e Cahier:

No. 361. Auguste Nourrit ‹ J. › : Le Pâtre des Pyrénées „Un jeune
            pâtre assis au pied d'un chêne" (Louis Castel) (Singst.,
            Git.-Begl.: Pacini)   2— 3

No. 362. Bd. Beck: L'Espérance et le Souvenir, Romance „Le dieu
            qu'on adore à Cythère" (Vernet Bérard de St. Paul)   2— 3

No. 363. [Claudius Théodore] Hustache: Le Retour du Printems,
            Romance „Le troubadour repend sa lyre" (F..... de S....)   2— 3

No. 364. [Nicola Zingarelli]: Rondeau de: Roméo et Juliette „Ombra
            adora ta aspetta" — „Oui je suivrai ton ombre"   2— 5

12e Cahier:

No. 366. [Antonio] Pacini: La petite Ville, Chanson „Fuyez de cette
            ville"   [2 S.]

No. 367. J:[ean-] P:[ierre] Lecamus: Le Réduit obscur, Romance
            „Je possède un réduit obscur"   [2 S.]

No. 368. Ad:[olphe] Duval: Il faut aimer, Romance „Point n'aimerai
            disait Colette" (Ch: de Rossius) (Singst., Git.-Begl.:
            Pacini)   [2 S.]

No. 369. [Nicola] Zingarelli: Duettino (Romeo, Giulietta) dans:
            Romeo et Giulietta „Dunque mio bene" — „Pour
            ma tendresse" (Singst., Git.-Begl.: J. Vimeux)   2— 6

7e Année [1823]

1er Cahier:

No. 371. Gustave Dugazon: Valérie, Romance „Une éternelle nuit
            s'étend sur ma paupière" (Mme. Davot) (Singst., Git.-
            Begl.: Carcassi)   [2 S.]

No. 372. C: A: Lys: Fleur d'Innocence, Romance „Un jour passant
            sur la rive isolée" (Quetelet)   [2 S.]

No. 373. Camille Durutte: Rendez-la moi! Romance „Jeunes beautés,
            je vous supplie"   2— 3

2e Cahier:

No. 376.   Le Départ du Guernadier, chanté dans: Les Cuisinières
            „Guernadier, que tu m'affliges" (Brazier, Dumersan)   [2 S.]

No. 378. M.[oraux] D.[omatre] née Georgeon: Les Festes de Paris
            „La peste de Barcellonne inquiétait bien des gens"
            (M.[oraux] D.[omatre] née Georgeon)   [2 S.]

No. 379. Maurice de Raoulx: Je ne veux pas tromper, Romance „Preux
            troubadour, je ne suis point coquette" (Mr. xxx)   [2 S.]

3e Cahier:

No. 381. J.[oseph] B.[ernhard] Woets: Le Diable boiteux, Romance
            „Quoique bon diable et bon vivant" (Singst., Git.-Begl.:
            de Raouli)   2— 3

No. 382. Ed: B.....: Les Adieux ,,Vous qu'il fallait pour mon martire''
(Ed: B.....)   2— 3

No. 383. [Antonio] Pacini: Veux-tu m'aimer? ,,Dis-moi, Nanette,
veux-tu m'aimer?'' (Emile Barateau)   [2 S.]

No. 384. [Ferdinando] Paer: Duo (Griselda, Lisetta) de: La Griselda
,,Vederlo sol bramo'' — ,,Le voir et l'entendre''
(2 Singst., Git.-Begl.: J. Vimeux)   1— 9

4e Cahier:

No. 386. A.[dolphe] Duval: Le Serment de l'Amour, Romance
,,J'avais juré haine éternelle'' (Ch: de Rossius)   [2 S.]

No. 387. Mr. Ed.. B****: Le Souvenir, Romance ,,Ah! viens à moi,
douce philosophie'' (Mr. Ed.. B****)   2— 3

No. 388. [Adolphe] Adam: Amour et Regret, Romance ,,Dans les
regrets et dans les larmes''   [2 S.]

No. 389. [Antonio] Pacini: Clément Marot et Marguerite de Valois,
Romance historique extraite du: Diable boiteux
,,Gentil page et gai troubadour''   [2 S.]

[No. 390] J. R. Guérin: La Rose du Soir, Romance ,,L'amour au lever
de l'aurore'' (J. R. Guérin)   2— 3

5e Cahier:

No. 391.   Le Langage des Fleurs, Romance à une ou deux voix
,,Dans ce misterieux langage''   [2 S.]

No. 392. Romané: L'Absence, Romance ,,Ames regrets aux tourmens
de l'absence'' (M. J. Mallac)   2— 3

[No. 393] J.[os.] Meifred: La petite Meunière, Historiette ,,Perrette
étoit meunière'' (J. Meifred)   [2 S.]

No. 349 [recte: 394] Mme. Zoé de la Rue: Talents chéris, Romance
,,Talents chéris venez guérir''   2— 3

6e Cahier:

No. 396. V.[alentin] Castelli: A ma Mie, Chansonnette ,,Rien ne me
plaît tant que ma Mie'' (A: Desmoulins)   [2 S.]

No. 397. Rosalbina de Munck: La plus Jolie, Romance ,,Personne
n'aime autant que moi''   [2 S.]

No. 398.   Je ne veux plus aimer, Romance à deux voix ,,Je
l'adorai cette jeune Zélie''   [2 S.]

No. 399. [Claudius Théodore] Hustache: Le Troubadour trompé par
l'Amour, Romance ,,Il était nuit et la bise était forte''
(Mr. R.....)   2— 3

7e Cahier:

No. 401.   Elle n'a fait que paraître, Romance ,,Un jour traversant
le village''   2— 3

No. 402. C: A: Moreau: Les Anglais et les Français, Romance „Quel est ce personage" [2 S.]

No. 403. Maurice de Raoulx: Penser d'Amour „Penser d'amour remplit mon éxistance [!]" (Mr. ***) [2 S.]

No. 404. [Théophile] Bayle: Symtômes d'Amour, Romance à deux voix „Des bois aimer la solitude y porter" 2— 3

8e Cahier:

No. 406. T:[héophile] Bayle: Elle et vous, Romance „Celle que j'aime est très jolie" [2 S.]

No. 407. Mme. A: M:: Le Sommeil du Troubadour, Romance „Errant depuis l'aurore" (P. Duchemin) 2— 3

No. 408. Pour vivre heureux faut vivre en bête, Chanson de Table „On nous vante en vain les appas" (B. Girault) [2 S.]

No. 409. Le Tasse captif, Romance „Dans ce triste et sombre azile" (P. A. Viellard) 2— 3

9e Cahier:

No. 411. Carnaud: La Gamme, Chanson „Disciples de l'accord parfait" (Carnaud) [2 S.]

No. 412. Théophile Bayle: L'Erreur, Romance „Comme une vaine erreur" (Desbordes-Valmore) [2 S.]

No. 413. Doy-Neff: L'Amour noyé dans une Coupe „Dans une coupe d'Ambroisie" (Théophile) [2 S.]

No. 414. [Claudius Théodore] Hustache: Les Adieux, Romance „Quel calme pur la nature repose" (Mr. P. M.***) [2 S.]

10e Cahier:

[No. 416] Théophile Bayle: La Pastourelle, Romance à deux voix „Assise au bord d'un clair ruisseau" (Charlemagne) (2 Singst., Git.-Begl.: Maurice de Raoulx) [2 S.]

[No. 417] [Michel] Carafa [de Colobrano]: Raimond à la Croisade, Romance „Le preux Raimond à la jeune Isabelle" (Lonsing) (Singst., Git.-Begl.: Maurice de Raoulx) [2 S.]

[No. 418] Mme. T. G.: Amyntas, Romance „Sous ton boccage, ô Nymphe hospitalière" (Mr. T. D.) (Singst., Git.-Begl.: Maurice de Raoulx) [2 S.]

[No. 419] Fabry Garat: Vilanelle [!] „Simple bergère j'étais en mon printems" (de Coupigni [!]) (Singst., Git.-Begl.: Maurice de Raoulx) [2 S.]

11e Cahier:

No. 421. Martin: Le Reproche, Romance „Pourquoi toujours avec indifférence" (Ernest L***) 2— 3

No. 422. Doy-Neff: Silence, l'Amour dort ,,A l'ombre d'un épais
feuillage" (Ségur)   [2 S.]

No. 423. Amédée de Beauplan: L'Ingénue, Chansonnette ,,Enfin, j'aurai
bientôt quinze ans" (Armand Gouffé)   [2 S.]

No. 424. [André-Ernest-Modeste] Grétry: Air d'Anacréon ,,Songe
enchanteur, favorable chimère" (Singst., Git.-Begl.:
Carulli)   [2 S.]

12e Cahier:

No. 426. L: Roussel: Il est Minuit, Nocturne à une ou deux voix
,,Il est minuit, léger zéphir" (Fd. Smits)   [2 S.]

No. 427. Martin: Le Volage fixé, Romance ,,Beau damoisel paré
de mille charmes" (Erneste L.... R)   [2 S.]

No. 428. Carnaud: Laissez-le dire ou l'Amant comme il y en a beaucoup, Romance ,,C'en est donc fait belle constance"
(Alex: Sanson)   [2 S.]

No. 419 [recte: 429] Ernest [und] Duplessis: Qu'avez-vous rêvé,
Romance ,,Avez-vous rêvé mariage?" (Ernest, Duplessis)   [2 S.]

8e Année [1824]

1er Cahier:

No. 433. Martin: Le double Regret, Romance ,,Comme au temps
où dans la prairie" (Erneste L. R.)   [2 S.]

No. 434. Mr. L***: Mon pauvre Cœur console toi, Romance ,,Mon
Adèle était si jolie" (Mr. L***) (Singst., Git.-Begl.:
Carulli)   2—   3

2e Cahier:

No. 436. Isidora de Zegers: Les Regrets de Chloé, Romance ,,Adieu
charmant bocage" (A: Gauthier)   2—   3

No. 437. Carnaud: L'Accord parfait, Chanson ,,La chose la plus
nécessaire" (Carnaud)   [2 S.]

No. 438. F.[ranz] Grast: Le Départ de ma Mie, Romance ,,Il est
donc vrai vous partez mon amie" (Desjaques)   [2 S.]

No. 439. [Théophile] Bayle: L'Absence, Romance à deux voix
,,Voici la riante prairie" (2 Singst., Git.-Arr.: Maurice
de Raoulx)   2—   3

3e Cahier:

No. 441.   Bayard à Brescia, Romance ,,Le reverrez, belles cités
de France"(Amable Tastu) (Singst., Git.-Begl.:Carulli) [2 S.]

No. 444.   Regard d'Amour, Air suisse du Canton du Vaud ,,Reve-
nant au village un soir"   [2 S.]

4e Cahier:

No. 446. [Ferdinando] Paer: Le jeune Exilé, Romance ,,Heureux
ami sur le rivage" (Singst., Git.-Arr.: Carulli) — 2— 5

No. 147 [recte: 447] La Baronne de Hauteclocque: La Veuve et ses
trois Amans, Chansonnette ,,A jeune veuve aimable
et belle" — [2 S.]

No. 448. Carnaud: La Voix de la Nature, Romance égyptienne ,,Aux
jours des frimats tout repose" (Vernes-de-Luze) — [2 S.]

No. 446 [recte: 449] F:[ranz] Grast: Je t'aimerai, Nocturne à deux
voix ,,Je t'aimerai tant que l'ombre fidèle" (***) — 1— 3

5e Cahier:

No. 451. Grisélidis, Romance ,,Ecoutez, gente Damoiselle"
(R. H.) (Singst., Git.-Begl.: Carulli) — [2 S.]

No. 452. Le Vicomte de Marin: Le Refus du Baiser ,,De ce refus
pénétrez vous la cause" (La Comtesse d'Hautpoul) — 2— 3

No. 453. Chanson ,,Narguons la tristesse" (Singst., Git.-Begl.:
Rigot) — 2— 3

No. 454. La Baronne de Hauteclocque: Jusqu'à mon dernier Jour,
Romance à deux voix ,,Jusqu'au dernier jour de ma vie" — [2 S.]

6e Cahier:

No. 456. L:[éopold] Aimon: Romance, chantée ... dans: Une Journée de Charles V ,,Sous l'humble chaume" (Duport) — [2 S.]

No. 457. [Henri-François] Berton Fils: L'Amour en Sentinelle,
Chanson ,,Desservant la cour immortelle" (Héreau) — [2 S.]

No. 458. F.[ranz] Grast: Le joli Pied de mon Amie, Romance ,,Ad-
mirez son regard touchant" — [2 S.]

No. 459. Mme. Mauger née Bresson: Les Fleurs, Romance ,,Char-
mantes fleurs, présent de flore" — [2 S.]

7e Cahier:

No. 461. [Charles-Philippe] Lafont: La pauvre Aveugle, Romance
,,Le soleil échauffe la terre" (Commerson) (Singst.,
Git.-Begl.: Carulli) — [2 S.]

No. 462. M.elle Noury: Je donnerois Bagdad pour une Rose, Romance
,,Errant un jour dans ces riants bosquets" (Théaulon) — [2 S.]

No. 463. F.[ranz] Grast: Conseils à Rosine, Romance ,,Qu'au tendre
amour, votre cœur s'abandonne" — [2 S.]

[No.] 464. Raoulx de Crozet: Toujours, Nocturno à deux voix ,,D'un
pied léger et devançant l'aurore" (Mr. V*** de C***) — [2 S.]

8e Cahier:

[No. 466] C.[harles] M.[ichel] Sola: Le Dépit jaloux, Romance ,,Vas
dire à l'infidèle" (Le Comte de La Garde) — 2— 3

No. 467. [Carl Maria von Weber]: Valse du: Freischütz ‹Robin des
Bois › „Valse jolie danse chérie" ([Textunterlegung:]
Le Comte de La Garde) [Jähns 277, aus N. 3]   1— 4

No. 468. F.[abry] Garat: Romance „Besoin d'aimer" (Bouilly)   [2 S.]

No. 469. F:[ranz] Grast: Romance „Il n'est plus là!" (de Jouy)   [2 S.]

9e Cahier:

No. 471. [Carl Maria von Weber]: Chœur du: Freischütz ‹Robin des
Bois › „Quand l'aube paraît le chasseur" (Arr. für
2 Singst., Git.: Carulli) [Jähns 277, N. 15]   2— 5

No. 472. Raoulx de Crozet: Le Voyage de la Vie, Romance „L'amour
l'hymen et la folie" (V. de C***)   [2 S.]

No. 473. Fabry Garat: Le Porte Drapeau, Chant Guerrier „Un vieux
soldat porte drapeau"   [2 S.]

No. 474. C:[harles-] M:[ichel] Sola: Le Changement, Romance „Tout
change dans la nature" (Singst., Git.-Begl.: Luigi Castellacci)   [2 S.]

10e Cahier:

No. 476. Fabry Garat: Les Riens, Chansonnette „Un rien sait occuper
les belles"   2— 3

No. 477. Raoulx de Crozet: Honneur, Amour, Romance „Faisant serment de constance éternelle" (V. de C***)   [2 S.]

[No.] 478. [Carl Maria von Weber]: Prière de: Robin des Bois „Le
calme vient après l'orage" (Singst., Git.-Begl.: Carulli)
[Jähns 277, N. 12]   [2 S.]

No. 479. Ed.[ouard] Pillore: Le vieux Troubadour „A mon expérience
croyez jeune beauté" (Mr.***)   [2 S.]

11e Cahier:

[No. 481] Fabry Garat: Le Tour d'Europe du Grenadier „Ce n'est
qu'dans not' bell' France" (J**N** Bouilly)   2— 3

[No. 482] E.[douard] Pillore: N'ai-je pas assez d'Attraits? „On ne
me trouve pas jolie" (M.elle A++)   2— 3

No. 484. Auguste Panseron: Eh vogue ma Nacelle „Sur une onde tranquille" (J. P. de Béranger) (S, T, Git.-Begl.)   [2 S.]

12e Cahier:

No. 486. F:[abry] Garat: L'Etoile du Soir, Romance à une ou deux
voix „Astre du soir, astre du Cythère" (Tissot) (S, T,
Git. oder S, Git.)   [2 S.]

No. 487. J: Grast: Romance „Seconde moi ma lyre" (J: M: Desjaques) [2 S.]

No. 448 [recte: 488] F. L. Gouzy: La Séparation, Romance „Plaisir
d'amour, besoin d'une âme tendre" (Singst., Git.-Begl.:
Carulli)   [2 S.]

No. 489. Lucy Doyen: Le Navigateur suisse, Romance ,,Rives de ma
terre natale" (J: de Ch***)   2— 3

9e Année [1825]

1er Cahier:

No. 491. L.[ouis] Jadin: Romance ,,Je veux le fuir" (A. Jadin)   [2 S.]

No. 492. [Antonio] Pacini: Le Charme, Romance ,,Le charme est
la fleur du bocage" (J. Commerson) (Singst., Git.-
Begl.: Carulli)   [2 S.]

[No.] 493. F.[abry] Garat: Les Inconveniens de la Fortune ,,Depuis
que j'ai touché le faîte" (Désaugiers)   2— 3

No. 494. [Jacques] Boucher de Perthes: Inès, Romance ,,Que du
plaisir la trompeuse douceur" (Boucher de Perthes)   [2 S.]

2e Cahier:

No. 496. L.[ouis] Jadin: Gente Annette et son Page, Romance ,,Non
je ne crois pas ce langage" (Singst., Git.-Begl.: Carulli)   2— 5

No. 497. F.[ranz] Grast: Lise ne m'aime pas, Chansonnette ,,Je vois
Lise, soudain j'adore" (Legouvé)   [2 S.]

No. 498. C.[harles-] M.[ichel] Sola: Marguerite de Flandre à
Richar [!] Cœur de Lion ,,Toi qui me fit connaître
un instant" (Le Comte de Lagarde)   [2 S.]

No. 499. [Rosalbina de] Munck: La Bergère et son Fuseau, Romance
,,Sous un berceau jeune bergère" (de Laprunarede)
(Singst., Git.-Begl.: Carulli)   [2 S.]

3e Cahier:

No. 501. [Luigi] Castellacci: En riant, Chanson ,,A peine sorti de
l'enfance" (Le Comte Alfred de Jaubert)   [2 S.]

No. 502. F.[ranz] Grast: Demain ou le Retour, Romance ,,Triste
bosquet bois solitaire" (J. M. Desjaques)   [2 S.]

No. 503. Joujou [Pseud.]: Que les chiens sont heureux! Lamentations
,,Sur la rive où naguère j'errais"   [2 S.]

No. 504. F.[ranz] Grast: Astre des Nuits, Nocturne à une ou deux
voix ,,Astre des nuits, dont la douce lumière" (Fabre
d'Olivet)   [2 S.]

4e Cahier:

No. 506. A. Brocard: La Chaumière incendiée, Romance ,,Hélas! d'un
pâtre malheureux" (Albin***) (Singst., Git.-Begl.:
Carulli)   [2 S.]

No. 507. F.[ranz] Grast: De tes beaux yeux, Romance ,,De tes
beaux yeux, aimable indifférente" (J. M. Desjacques)   [2 S.]

No. 508. Ch.[arles] M.[aria] de Weber: La Mère au Berceau de son
Fils, Romance ,,Dors mon enfant, lorsque sur ta paupière" (Le Comte de Lagarde Messence) [Jähns 96]   [2 S.]

No. 509. [Luigi] Castellacci: Désir d'Inconstance, Romance „Si de
l'amour je ne portais la chaîne" (J. F. de la Villenié) [2 S.]

5e Cahier:

No. 511. [Luigi] Castellacci: La Jeune Veuve, Hymne à l'Amitié
„Tendre amitié, douce compagne" (F. A. Barde) 2— 3

No. 512. A. Brocard: Ça fait toujours plaisir, Chanson pastorale „Tout
le village ignore qu'Alin est mon amant" (Mme.***) [2 S.]

No. 513. Ed. B**: Le Souvenir „Envain le jour succède au jour"
(Alph: de La Martine) [2 S.]

No. 514. A.[ndré] Friard: J'en reviens à mes Moutons, Romance
„J'ai vu près de mon asile" [2 S.]

6e Cahier:

No. 516. André Friard: Emploi de la Journée, Romance „O vous, qui
cherchez le bonheur" [2 S.]

No. 517. A. Brocard: Plus d'Espérance, Romance „Vous désirez que
sur ma lyre" (Mme.***) (Git.-Begl.: Carulli) [2 S.]

No. 518. A. Colin: Le Retour de l'Hiver, Pastorale „La neige, au loin,
couvre nos montagnes" 1— 3

No. 519. André Friard: Invocation au Sommeil, Nocturne à deux
voix „Divin sommeil! rends la paix à la terre"
(Singst. I, II, Git.) 2— 3

7e Cahier:

[No. 522?] E.[douard] Pillore: Enfin mon Amant, n'est jamais content „Colin dit que je suis sévère" (M...) 2— 3

No. 523. [Fabry] Garat: Le Doute, Romance „La beauté que j'adore"
(Deslauriers) 2— 3

No. 524. J. Rigot: La Fidélité, Romance „O toi digne amant que
j'adore" (D:A:B:) 2— 3

8e Cahier:

No. 526. [Luigi] Castellacci: Serment d'Amour, Romance „Ne doute
plus de ma constance" (A. Barde) 2— 3

No. 527. [Philipp Jakob] Pfeffinger: L'Amour comparé à la vie, Romance „Comme la vie l'amour est un feu créateur"
(Armand Gouffé) 2— 3

No. 528. J. Galopin: La Bachelette, Romance „A la porte d'un vieux
manoir" (Mr.***) 2— 3

No. 529. Raoulx de Crozet: Bosquet d'Amour, Nocturne à deux voix
„Bosquet d'amour ombrage solitaire" (Dessus I, II, Git.) [2 S.]

9e Cahier:

No. 531. Volpato: La Berceuse, Nocturne à deux voix „Dormez je
veillerai sans cesse" (E. Barateau) [2 S.]

No. 352 [recte: 532] [Antonio] Pacini: Le plus beau jour d'une
Femme, Rondoletto „Adieu, Muse! on me marie"
(Desbordes-Valmore)   1— 3

No. 532 [!] Rigot: Malheur d'Amour, Romance „Regarde moi, fière
Clémence" (A: D:)   2— 3

No. 533. E.[douard] Pillore: La Bergère satisfaite „Toujours quand
je sors du hameau" (M...)   2— 3

10e Cahier:

[No. 536?]   Air écossais chanté dans: La Dame Blanche „O ma
compagne dans la campagne" (Arr. für 2 Singst. u.
Git.: Volpato)   [2 S.]

No. 537. Carnaud: L'Amour et l'Amitié, Romance „Depuis qu'aux
genoux de Silvine" (de Moustier)   [2 S.]

No. 538. A.... Hippolyte: Le Chevalier, Romance „Quand guidé par
la gloire" (Alphonse Ernaux)   2— 3

No. 539. [Gustave] Carulli: La Walse [!], Chansonnette „Valse
jolie dans cette vie"   [2 S.]

11e Cahier:

No. 541. F.[éréol] Mazas: Chanson „Ne soyez qu'infidèle" (de Ségur) [2 S.]

No. 542. [Fabry] Garat: Aimons toujours, Nocturne à deux voix
„Un cœur à peine à son aurore" (Singst., Git.-Begl.:
Volpato)   2— 3

10e Année [1826]

1er Cahier:

No. 551. [Auguste] Panseron: Chansonnette „Bien malin qui m'attrappera" (V. de B.)   [2 S.]

No. 552. [Hippolyte] Gasse: Non!!! Chansonnette „Besoin d'aimer
est besoin du jeune âge" (Singst., Git.-Begl.: Volpato)   [2 S.]

No. 553. A. Ducocq: Comment faire? Boléro „Que de grâces, quelle
candeur" (M. ***)   [2 S.]

No. 554. Graille: Ne m'oubliez pas, Romance à deux voix „Ne m'oubliez pas, ô ma tant douce amie"   [2 S.]

2e Cahier:

No. 1556[recte:556] Mr. le B. de***: Le Savez-vous, Romance „Le
savez-vous ce qui cause ma peine" (Mr.***)   2— 3

No. 557. E. Arnaud: La Peureuse, Chansonnette „Ma mère grande
et nuit et jour me recommande" (L. H. Guérin)
(Singst., Git.-Begl.: Varlet)   [2 S.]

No. 558. Ed.[ouard] Pillore: Qui jamais me plaira comme lui, Romance „Tristes regrets sortez de ma pensée" (Singst.,
Git.-Begl.: Varlet)   [2 S.]

No. 559. D. Lamarra: Nocturne à deux voix „Je n'ai qu'un cœur"
(St. Cyr Poncet Delpech) (A, T, Git.)   [2 S.]

3e Cahier:

No. 561. Duplessis: Un seul Amour, Romance „Un seul amour n'en
veux pas d'avantage" (Ernest L+++)   [2 S.]

No. 562. Rigot: Lisette et Léandre, Romance „Assis auprès d'un
vert boccage" (Mlle. D. R.)   [2 S.]

No. 563. [Carl Maria von] Weber: Mes Couleurs, Romance „Ma
douce amie vois la couleur" (Le Comte de La Garde
Messence) [Jähns 62]   [2 S.]

No. 564. [Edouard] Pillore: Caprice à trois voix „Amant veux-tu
gagner les faveurs"   2— 3

4e Cahier:

No. 566. F:[erdinando] Paer: Ah! Qu'il est laid! Chansonnette „Ne
croyez pas Estelle" (Boucher de Perthes) (Singst.,
Git.-Begl.: Carulli)   2— 3

No. 567. A. Moreau: L'heureux Temps, Chansonnette „Au bon vieux
tems de galans ménestrels" (Emile Barateau)   [2 S.]

No. 568. E.[douard] Pillore: La Rêverie, Romance „O douce poésie,
couvre de quelques fleurs" (Desbordes)   2— 3

No. 569. F:[ranz] Grast: Elégie „J'ai cherché dans l'absence un
remède" (Parny)   2— 5

5e Cahier:

No. 571. A. Moreau: Celle que je préfère, Chansonnette „Je veux dans
le village aller" (A. Moreau)   2— 3

No. 572. Ed: B***: Romance tirée de Walter Scot [!] „L'ombre
du soir se répand dans la plaine" (Mme. Collet)   [2 S.]

No. 574. Raoulx de Crozet: Les Adieux, Nocturne à deux voix
„Fuyez oiseaux des bois" (Mr. V.*** de C.***)   [2 S.]

6e Cahier:

No. 576. Auguste Panseron: Romance chantée dans: L'Ecole de
Rome, Opéra comique en un Acte „Ma fiorella toi
que j'adore" (Rochefort) (Singst., Git.-Begl.:
Me[i]ssonnier jeune)   2— 3

No. 577. A. Godfroy: Boléro „Pour la première fois"   [2 S.]

No. 578. T. Nollet: Polonaise „Profitons de nos jeunes ans"   [2 S.]

No. 579. Raoulx de Crozet: Le Serment, Nocturne à deux voix
„Je jure de t'aimer" (Mr. V*** de C***)   [2 S.]

7e Cahier:

No. 581. G.[ustave] Carulli: Le premier Serrement de Main, Romance „Des beaux jours aimable chimère" (P. d' I...) 2— 3

No. 584. F.[abry] Garat: Demain, Romance „Demain, je verrai ce
    que j'aime" (Singst., Git.-Begl.: Rigot)   2— 3

8e Cahier:

No. 586. [J.] Rigot: Dites-le-moi, Romance „D' où naît le trouble,
    qui m'agite" (Alexandre Marie)   2— 3

No. 587. [Antonio] Pacini: Paul enrichi, Chanson „Vers le temple
    de la richesse" (Joseph Pain)   2— 3

No. 588. A. Moreau: Le vrai Bonheur, Rondocino „Edgard, mon
    cher ami" (Ch: G:)   2— 3

9e Cahier:

No. 591. J. Vimeux: La Leçon de la Vieille, Chansonnette „Bergerette
    ne vas pas sous l'ormeau" (Auguste Duvivier)   [2 S.]

No. 592. [J.] Rigot: Avis au beau Sexe, Ronde „On dit Coquette,
    jeune fillette" (Alexandre Marie)   2— 3

No. 594. A.[uguste] Nourrit: Nocturne à deux voix „Nymphe
    de ce bocage" (S, T, Git.)   1— 3

10e Cahier:

No. 596. [Louis] Niedermeyer: Le Lac, Méditation poétique „Un soir
    t'en souvient-il?" (de La Martine) (Singst., Git.-Begl.:
    Carulli)   2— 3

No. 597. [Henri-François] Berton Fils: Qui blesse peut guérir, Ro-
    mance „L'amour a fait couler mes larmes" (E. Bara-
    teau) (Singst., Git.-Begl.: Carulli)   [2 S.]

No. 598. [Antonio] Pacini: Comment veut on que je devine? Chan-
    sonnette „Si chez nous le Dieu qu'on adore" (L. M..) 2— 3

No. 599. F.[abry] Garat: Leicester et Amélie, Nocturne à deux voix
    „La nuit paraît moins sombre" (Deslauriers)   2— 3

11e Cahier:

No. 601. Benedit: Heure du Soir est Aurore d'Amour, Romance
    „Heure du soir, heure paisible et sombre" (Millevoye) [2 S.]

No. 602. A. Godfroy: La pénible Résolution, Romance „Longtems
    l'amour fit palpiter mon cœur"   [2 S.]

No. 603. M***: Le Français au Sérail „Venez, beau voyageur" (Mr. R:) 2— 3

No. 604. H.***: La Fortune „Pan! est-ce ma brune Pan!" (de
    Béranger)   [2 S.]

12e Cahier:

[No. 606?] Mme. Le Bègue: Ma première Romance „Aimable chien
    c'est moi" (Mme. Le Bègue)   [2 S.]

No. 607. Achille Hébert: Soupir d'Amour, Romance „J'avais vu Sophie
    une fois" (Charles M***) (Singst., Git.-Arr.: Kocken) [2 S.]

[No. 608?] Raoul de Crozet: Idala, Romance „Reviens encor paisible avant courrière" (Mr. V*** de C***)   [2 S.]

No. 609. Achille Hébert: L'Aveu, Romance „L'aveu que tu viens de me faire" (Amand A***) (Singst., Git.-Arr.: Kocken)   2— 3

11e Année [1827]

2e Cahier:

No. 616. [Emanuel] Imbimbo: Elvire, Romance „Vous qui riez du mal d'amour"   [2 S.]

No. 617. Graille: Le Ruisseau ou l'Amant constant, Romance „Ruisseau qui baignes cette plaine" (Singst., Git.-Begl.: Jenny Donjon)   [2 S.]

No. 618. A. Godfroy: La Damoiselle, Lai du 12me Siècle „Elle est triste la damoiselle" (A. D.**)   [2 S.]

No. 619. [Fabry] Garat: Le Troubadour montagnard, Chansonnette „Fillette si ton âme se sent" (Deslauriers)   2— 3

3e Cahier:

No. 621. F.[ranz] Grast: Les Adieux, Romance „Vallon chéri, retraite fortunée" (J. M. Desjaques)   2— 3

No. 622. Gabrieli: Jamais sans toi, Romance „Je la cherchais depuis longtems" (Le Ch.[evali]er Henrion de Bussy)   2— 3

No. 623. A. Godfroy: Ah! Je crains bien d'avoir toujours quinze ans, Romance „Toujours était là ton langage"   2— 3

No. 624. E. Roldan: Adieu pense à moi, Romance „Des ennemis voyez vous la bannière"   2— 3

4e Cahier:

No. 626. G.[ustave] Carulli: L'Echo du Vallon, Romance „Sur le sommet de la montagne" (J. Pain)   2— 3

No. 628. Henry.....: Mon Habit „Sois moi fidèle, ô pauvre habit" (de Béranger)   [2 S.]

No. 629. H***: Les Champs „Rose partons voici l'aurore" (de Béranger)   [2 S.]

5e Cahier:

No. 631. S. J. Lautz: La Veuve du Soldat, Romance „Il nous aimait, il aimait sa patrie" (L. T. Gilbert) (Singst., Git.-Begl.: Flore Lautz)   [2 S.]

No. 632. J. Vimeux: L'Ermite par Amour, Romance „Délaissé par sa belle"   [2 S.]

No. 633. [Antonio] P.[acin]i: Gardons l'Indifférence, Romance nouvelle „Venez entendre mes accens"   [2 S.]

No. 634. La Nature, Romance à une ou à deux voix „Combien la nature est féconde en plaisirs" (de Béranger)   [2 S.]

6e Cahier:

No. 636. H.[ippol]y[te] Gasse: C'est une Sœur! Romance „Quel
est ami de notre enfance? " (Victor R***) (Singst.,
Git.-Begl.: Carulli)   [2 S.]

No. 638. S. J. Lautz: Le Grec captif, Romance „Trahi du sort un brave
matelot" (Charles Hannong) (Singst., Git.-Begl.: Flore
Lautz)   2— 3

No. 639. F.[ranz] Grast: Le Lac de Genève, Helvétienne „Onde
azurée, onde limpide" (Petit-Senn)   2— 5

7e Cahier:

No. 641. P***: Je veux dormir sans cesse, Chanson „Hier le bonheur
dans un songe" (Justin Cabassol)   [2 S.]

No. 642. [Auguste] Panseron: Thérésina, Barcarolle vénitienne
„Thérésina pour la vie" (nach E. Barateau) (Arr.
als Nocturne für 2 Singst. und Git.-Begl.: Carulli)   2—[5]

No. 643. Endres: Je n'ose parler, Romance „Idole de mon cœur"
(Singst., Git.-Begl.: Carulli)   [2 S.]

No. 644. H***: Les petits Coups „Maîtres de tous nos désirs" (de
Béranger)   [2 S.]

8e Cahier:

No. 646. F.[ranz] Grast: L'Ange et le Rameau, Romance „Que ce
rameau béni protège ta demeure!" (Desbordes-Valmore)   [2 S.]

No. 1647[recte: 647] P***: La Colère, Chansonnette „A moi qui
suis sage" (Boucher de Perthes)   [2 S.]

No. 648. E.[douard] Pillore: Romance „Lorsque je te crus infidèle"   2— 3

No. 649. J.[ohn] Field: Nocturne „Tout est tranquille" (Des
Jaques) (Arr. für 2 Singst. und Git.-Begl.: F. Grast)   [2 S.]

9e Cahier:

No. 653[recte: 651] [Maria Felicia] Malibran: Le Retour de la
Tyrolienne „Chagrin d'amour avait flétri ma vie"
(Loraux de Ronsière) (Singst., Git.-Begl.: Carulli)   2— 3

No. 652. H.[ippolyte] Gasse: Je ne le ferai plus, Romance „Comme
autre fois je t'en supplie ah!"   2— 3

No. 653. [A.] Colin: Romance „Il faut que je vous le confie"   [2 S.]

No. 654. F.[ranz] Grast: Les Gondoles, Barcarolle à deux voix
„Entends-tu les gondoles" (Desbordes-Valmore)   [2 S.]

10e Cahier:

No. 656. F.[ranz] Grast: Le Mois de Mai, Helvétienne „Le mois de
mai, paré de guirlandes nouvelles" (Didier)   2— 3

No. 657. Ant:[oine] Elwart: Mon Réveil à mon Amie, Chansonnette
„Troupe légère, aimables songes" (Litais de Gaux) [2 S.]

No. 658. Moraux D*[omatre] , née Georgeon: Les Pourquoi? Romance
„Ah! que je suis malheureuse!" (de Rancé) [2 S.]

No. 659. [A.] Colin: Quand on aime on aime sans Retour, Romance
à deux voix „Au point du jour" (Auguste Cot) [2 S.]

11e Cahier:

No. 661. Ce qu'on appelle Amour, Romance „Quand je voyais
femme jeune et jolie" 2— 3

No. 662. V***: Boutade d'un Français, Romance „Pauvres Français
tout chez nous dégénère" (H. Griffon) (Singst., Git.-
Begl.: Castellacci) [2 S.]

No. 663. [A.] Colin: Je n'en ai point, Boléro „Veut-on peindre taille
légère" (Le Ch.[evali]er H. de Girard) [2 S.]

12e Cahier:

No. 666. D. Lamarra: Romance „S'il me fallait aimer encore" (Made.
Balard, née Alby) (Singst., Git.-Begl.: L. Castellacci) 2— 3

No. 668. Delaporte: Le Cyprès, Romance „Amour, couronne de
Cyprès" (Bureau [!]) 2— 3

No. 669. [Ferdinando] Paer: Reviendra-t-elle? Nocturne à deux
voix „Le voici l'aimable séjour" (Vatout) (Singst.,
Git.-Begl.: Carulli) 2— 5

12e Année [1828]

1er Cahier:

No. 671. Fanny Kunzé: Il ne m'aime pas comme je l'aime, Romance „De son bonheur, de sa tendresse" (Adolphe
de la V***) 2— 3

No. 672. [Francesco] Masini: Plaire et aimer, Romance „L'autre
jour ma bergère" (Jouvy) 2— 3

No. 673. A: Rivière: Vous aimerez mon Amie, Chansonnette „Si
vous aimez gentil sourire" (A: Rivière) [2 S.]

2e Cahier:

No. 676. Eucharis P.[acini]: Le Retour à la Chapelle, Romance „Je
te salue, ô Vierge tutélaire" (Amable Tastu) 2— 3

No. 677. [Charles Michel] Sola: Le Dépit jaloux, Romance „Va dire
a l'infidelle" (Le Comte de La Garde-Messence) 2— 3

No. 678. [Charles Michel] Sola: Douce Amitié, Romance „Douce
amitié toi qui charmais ma vie" 2— 3

3e Cahier:

No. 681. Eucharis Pacini: Romance „Viens avec moi" (Eucharis Pacini) (Singst., Git.-Begl.: Carulli) 2— 3

554

No. 683. [Gioacchino] Rossini: Rondoncino „Chi m'ascolta il canto
usato" — „Autour de moi chacun s'empresse" (Singst.,
Git.-Begl.: Carulli) 2— 3

4e Cahier:

No. 686. A. Moniot: Eloge de la Rose, Romance „La rose sait par sa
couleur" (Mr. Frédéric) 2— 3

No. 688. Mr. M. P.: C'est toi, Romance „C'est toi dont le charmant
sourire" (Mr. E. B.) 2— 3

1818

**Auswahl der Vorzüglichsten Arien, Romanzen und Duetten aus den neuesten
[italienischen] Opern [mit unterlegtem deutschen Text] mit Begleitung des
Piano-Forte oder der Guitarre.**

München in der Musik und Instrumenten Handlung von Falter und Sohn.

Jahrgang 1. [ca. 1818]: Heft 1—12.

D DO (1. [ca. 1818], 2, 5, [7?]); Mbs (1. [ca. 1818], 1—6)

1. Heft:

[Gioacchino] Rossini: Favorit Duetto (Zarabotto, Batone) aus der
Oper: L'Inganno Felice „Vataluno mormorando" —
„Es giebt Leute, welche murmeln" (1—16)

2. Heft:

[Gioacchino] Rossini: Recitativ [!] ed Aria nell'Opera: L'Ingano [!]
Felice „Cielo! che mi chiedete!" — „Himmel! welch
eine Frage?" (1)—14

3. Heft:

[Gioacchino] Rossini: Duetto (Lindoro, Mustafa) nell'Opera: Italiana
in Algieri [!] „Se inclinassi a prender moglie" —
„Wenn ich eine Gattinn wählte" (1)—16

4. Heft:

[Gioacchino] Rossini: Duetto (Argirio, Tancredi) nell'Opera: Tancredi
„Ah se dè mali miei" — „Fühlst du bey Vaterthränen" (1)—12

5. Heft:

[Pietro] Generali: Aria (Fecenia) aus der Oper: Die Bachanten „Ecco
il sen Fericio [!] mai" — „Gerne will ich dem Tode mich
weihen" (1)—10

[Gioacchino] Rossini: Cavatina (Amenaide) nell'Opera: Tancredi „Nò
che il morir non è" — „Des Todes Engel winkt" (1)— 4

6. Heft:

[Gioacchino] Rossini: Cavatina (Amenaide) aus der Oper: Tancredi
„Come dolce all alma mia" − „Süss verhallen in meiner
Seele"   (1)− 8

[Ferdinando] Orlandi: Aria del'Opera: La Dama Soldato „Amor perchè
perchè perchè mi" − „O Liebe warum plagst du mich"   (1)−12

[7. Heft?]:

[Pietro] Guglielmi: Duetto (Chiara, Barilotto) Nell'Opera: Li [!]
due Prigionieri „Quell' occhietto coccoletto" −
„Dieses Auge voll von Liebe"   1− 12

Damen-Journal für das Piano-Forte, herausgegeben von M.[aximilian] J.[oseph]
Leidesdorf ([Kopftitel:] **Musikalisches Damen-Journal,** [ab Heft III:] **Damen-
Journal.**) [Alle zwei bis drei Wochen ein Heft.]

Wien, im Verlag bei S. A. Steiner und Comp: Musikhändler am Graben No. 612
im Paternostergässchen.

[1818 − ca. 1821]: Heft 1 − XXIII.

A Wn ([1818−1819]: 1−7); Wst ([1818−1819]: 3, 5, 12) − CS KRa ([1818−
ca. 1821]: 1−16, 18−22) −D Bhm; Bim (X)

1. Heft ([Pl. Nr.] S: u: C: 2901):

[1]   [Wolfgang Amadeus Mozart]: Zauberflöte [Ouverture:
Adagio, KV 620]   1

[2]   [Philipp Jakob Riotte]: Aus dem Ballet: Der Berggeist   1− 2

[3]   El Zapateado ‹ Spanischer Original Tanz ›   2− 3

[4]   [Gioacchino Rossini]: Polonaise ‹ aus: L'Italiana in Algeri ›
[I. Akt, aus Nr. 2]   4− 5

[5]   [Wolfgang Amadeus Mozart]: Finale aus der Oper: Die Entführung aus dem Serail [KV 384, 21]   5− 6

[6]   Es ist alles eins, ob wir Geld hab'n oder keins   6− 7

[7]   Philipp Jakob Riotte: Aus dem Ballet: Der Berggeist   7− 8

2. Heft ([Pl. Nr.] S: u: C: 2902):

[8]   [Adalbert Gyrowetz und Louis Luc Loiseau de Persuis]: Ouverture aus dem Ballet: Der Zauberschlaf   1

[9]   [Felice] Blangini: Air   1− 2

[10]   [Gioacchino] Rossini: Ouverture aus: La Cenerentola   2− 4

[11]   [Joseph Kinsky]: Aus dem Ballet: Aschenbrödl   4− 5

[12]   [Wolfgang Amadeus Mozart]: Figaro [KV 492, Nr. 6]   5

[13]   [Louis] Spohr: Polonaise aus der Oper: Faust [II. Akt,
aus Nr. 17]   6

[14]   [Gioacchino] Rossini: Ouverture aus der Oper: Elisabet [!]   7

[15]   [Philipp Jakob Riotte]: Violin Solo aus dem Ballet: Der Berg-
       geist   8

III. [Heft] ([Pl. Nr.] S: u: C: 2903):

[16]   [Ludwig van Beethoven]: Ouverture aus: Fidelio [Op. 72:
       Anfang]   1— 2

[17]   Masurka   2— 3

[18]   [Wolfgang Amadeus Mozart]: Don Juan [KV 527, aus Nr. 14]   3— 4

[19]   [Carl Blum]: Aline ‹ Ballet ›   4— 5

[20]   [Ferdinando Paer]: Sargines [I. Akt, aus Nr. 8]   6— 7

[21]   [Gasparo Spontini]: Adagio aus der: Vestalin [III. Akt, Nr. 25] 7

[22]   [Gasparo Spontini]: Ferdinand Cortez   8

IV. [Heft] ([Pl. Nr.] S: u: C: 2904):

[23]   [Gasparo Spontini]: Marsch aus: Cortez   1— 2

[24]   [Ludwig van] Beethoven: Adelaide [Op. 46]   3— 4

[25]   [Stefano Pavesi?]: Andante aus: Marc-Antonio   4— 5

[26]   [Joseph Weigl]: Duetto aus: Nachtigall und Raabe   6

[27]   [Maximilian Joseph] Leidesdorf: Neuer Waterloo Deutscher   6— 7

[28]   Romance Espagnole   7— 8

V. [Heft] ([Pl. Nr.] S: u: C: 2905):

[29]   L:[udwig] van Beethoven: Ouverture aus dem Ballet: Prometeus
       [Op. 43]   1— 2

[30]   Contratanz aus dem Ballet: Die beyden Tanten   2— 3

[31]   [John] Field: Nocturne   3— 4

[32]   Polonaise aus dem Bal:[let:] Die beyden Tanten   4— 6

[33]   Le Souvenir de Spa, Romance   6— 7

[34]   [Gasparo Spontini]: Duetto aus der Oper: Die Vestalin
       [II. Akt, aus Nr. 14]   7

[35]   [Carl Blum]: Aline   8

[36]   [Wolfgang Amadeus Mozart]: Finale aus der Oper: Don Juan
       [KV 527, aus Nr. 14]   8

VI. [Heft] ([Pl. Nr.] S: u: C: 2906):

[37]   [Luigi Cherubini]: Chor aus: Medea [II. Akt, aus Nr. 11]   1— 2

[38]   [Philipp Jakob Riotte]: Aus dem: Berggeist   2— 3

[39]   [Nicolò Isouard]: Romance de: Joconde   3— 4

[40]   [Gioacchino] Rossini: Air favorit   4— 6

[41]   [Gioacchino] Rossini: Ouverture aus der Oper: Othello   6— 7

[42]   Himlischer [!] Deutsche. Fopp-Walzer   8

VII. [Heft] ([Pl. Nr.] S: u: C: 2907):

[43]   [Wolfgang Amadeus Mozart] : Ouverture aus: Titus [KV 621: Anfang]   1

[44]   [Jean-François Le Sueur] : La Sentinelle   2— 3

[45]   [Wolfgang Amadeus] Mozart: Lied [KV 468]   3— 4

[46]   [Gioacchino] Rossini: Chor aus: Cenerentola [II. Akt, aus Nr. 14]   4— 5

[47]   [Gioacchino Rossini] : L'Italiana in Algeri [II. Akt, aus Nr. 12]   6

[48]   [Christoph Willibald Gluck] : Iphigenie [en Tauride, I. Akt, Nr. 3]   6— 7

[49]   [Maximilian Joseph] Leidesdorf: Variazion [!] über die Sentinelle [Le Sueur]   8

VIII. [Heft] ([Pl. Nr.] S: u: C: 2908):

[50]   [Ludwig van] Beethoven: Concert [Op. 15, I, Anfang]   1— 2

[51]   [Gioacchino] Rossini: Cavatine aus der Oper: Othello   2— 4

[52]   [Jean-Pierre Solié] : Partant pour la Syrie   4— 5

[53]   [Gioacchino Rossini] : Quartett aus: Othello [I. Akt, aus Nr. 5] [und] Duetto aus: Othello [I. Akt, aus Nr. 3]   5— 8

IX. [Heft] ([Pl. Nr.] S: u: C: 2909):

[54]   [Louis] Spohr: Aria aus: Faust [I. Akt, aus Nr. 9]   1— 3

[55]   [Wolfgang Amadeus] Mozart: Lied [KV 597]   4

[56]   [François Adrien Boieldieu] : Aria aus: Rothkäppchen   4— 5

[57]   [Gioacchino] Rossini: Aria aus: Othello [II. Akt, aus Nr. 6]   5— 7

[58]   [Felice] Blangini: Romanze   7— 8

X. [Heft] ([Pl. Nr.] S: u: C: 2910):

[59]   J.[Gioacchino] Rossini: Sämtliche Stücke sind aus der Oper: La Gazza Ladra ‹Die diebische Elster›   1— 8

XI. [Heft] ([Pl. Nr.] S: u: C: 2911):

[60]   [Gioacchino] Rossini: Marsch aus der Oper: Othello [I. Akt, aus Nr. 1]   1—. 2

[61]   [Wolfgang Amadeus] Mozart: Lied [KV 519]   2— 3

[62]   [Gioacchino] Rossini: Aus der Oper: Cenerentola   3— 4

[63]   [Ferdinand] Ries: Bagatelle   5— 6

[64]   [Ludwig van] Beethoven: Larghetto [Op. 36, II]   6— 7

[65]   [Gioacchino] Rossini: Cavatina dell'Opera: Il Barbier di Seviglia [!] [I. Akt, aus Nr. 4]   7— 8

XII. [Heft] ([Pl. Nr.] S: u: C: 2912):

[66] [Louis Luc Loiseau de] Persuis: Ouverture aus der Oper: Das
       befreyte Jerusalem   1— 2

[67] [François Adrien] Boieldieu: Chor der Holzhauer aus der Oper:
       Das Rothkäppchen   2— 3

[68] [Michel] Caraffa [de Colobrano]: Andante   4— 5

[69] [François Adrien] Boieldieu: Arie (Nannette) aus der Oper:
       Das Rothkäppchen   6— 7

[70] [Gioacchino] Rossini: Finale aus der Oper: Die diebische
       Elster ‹Gazza Ladra› [II. Akt, aus Nr. 15]   7— 8

XIII. [Heft] ([Pl. Nr.] S: u: C: 2913):

[71] Carl Blum: Sämtliche Stücke aus dem: Rosenhütchen   1— 8

XIV. [Heft] ([Pl. Nr.] S: u: C: 2914):

[72] [Gioacchino] Rossini: Sämtliche Stücke aus: Richard und
       Zoraide   1— 8

XV. [Heft] ([Pl. Nr.] S: u: C: 2915):

[73] [Gioacchino] Rossini: Sämtliche Stücke aus dem: Barbier von
       Sevilla   1— 8

XVI. [Heft] ([Pl. Nr.] S: u: C: 2916):

[74] [Giacomo] Meyerbeer: Sämtliche Stücke sind aus der neuen Oper:
       Emma von Leicester   1— 8

XVII. [Heft] ([Pl. Nr.] S: u: C: 2917):

[75] Joachim Rossini: Sämtliche Stücke aus der Oper: Der Türke
       in Italien   1— 8

XVIII. [Heft] ([Pl. Nr.] S: u: C: 2918):

[76] [Wenzel Robert Graf Gallenberg]: Marsch aus dem Ballet:
       Alfred [der Große]   1— 3

[77] [Valentino Fioravanti]: Arie aus den: Sängerinnen auf dem
       Lande   3— 4

[78] [Pierre] Rovelli: Andantino   4— 5

[79] [Gasparo Spontini]: Cavatine aus der Oper: Die Vestalinn
       [II. Akt, Nr. 12]   5— 7

[80] [Wenzel Robert Graf Gallenberg]: Aus dem Ballet: Alfred
       [der Große]   7— 8

[81] [Wenzel Robert Graf Gallenberg]: Aus dem Ballet: Alfred
       [der Große]   8

XIX. [Heft] ([Pl. Nr.] S: u: C: 2919):

[82] [Johann Friedrich] Reichardt: Kennst du das Land, wo die
Citronen blühn? [Goethe] 1— 2

[83] [Wenzel Robert Graf Gallenberg]: Marsch aus dem Ballet:
Alfred [der Große] 2— 4

[84] [Giuseppe] Nicolini: Cavatina: Come potrei mai vivere 4— 6

[85] [Wolfgang Amadeus Mozart]: Aria aus der Oper: Idomeneus
[KV 366, Nr. 11] 6— 7

[86] [Wenzel Robert Graf Gallenberg]: Aus dem Ballet: Alfred
[der Große] 7— 8

XX. [Heft] ([Pl. Nr.] S: u: C: 2920):

[87] [Wolfgang Amadeus Mozart]: Marsch aus der Oper: Idomeneus
[KV 366, aus Nr. 14] 1— 2

[88] [Wenzel Robert Graf Gallenberg]: Aus dem Ballet: Alfred
[der Große] 2— 3

[89] L.[udwig] van Beethoven: Andante 3— 4

[90] [Ferdinando Paer]: Aus der Oper: Agnese 4— 6

[91] [Michel] Caraffa [de Colobrano]: Arietta 6— 8

XXI. [Heft] ([Pl. Nr.] S: u: C: 3171):

[92] Joachim Rossini: Sämtliche Melodien aus der Oper: Cenerentola
‹ Aschenbrödel › 1— 8

XXII. [Heft] ([Pl. Nr.] S: u: C: 3172):

[93] J.[Gioacchino] Rossini: Ouverture aus der Oper: Moses
[= Mosè in Egitto] 1— 2

[94] [Michel] Caraffa [de Colobrano]: Cavatine 3

[95] [Michel] Caraffa [de Colobrano]: Polonoise 4— 5

[96] [Gioacchino] Rossini: Cavatine aus der Oper: La Pietra del
Paragone 5— 6

[97] Romance ‹ Reposés vous, beau Chevalier › 6— 7

[98] [Gioacchino] Rossini: Ouverture aus: Moses [= Mosè in Egitto] 7— 8

XXIII. [Heft] ([Pl. Nr.] S: u: C: 3173):

[99] [Potpourri] 1— 8

[Alle Stücke eines Heftes sind potpourri-artig aneinandergereiht.]

Die Heilige Cäcilia. Lieder, Motetten, Chöre und andere Musikstücke religiösen Inhalts. Herausgegeben und S.[eine]r Maj.[estät] dem Kaiser und Könige Alexander I. allerunterthänigst zugeeignet von J.[ohann] D.[aniel] Sander. [Chorwerke für 4 Singstimmen (S, A, T, B), wenn nicht anders angegeben.]

Berlin, in der Sanderschen Buchhandlung.

(Jahrgang 1.) 1818: Abtheilung 1–3.

A Wn – D Bim; DT; LEm; Mm; MGu

Erste Abtheilung: Geistliche Lieder, Oden und Hymnen. Durchgesehen von S.[amuel] M.[ichael] D.[aniel] Gattermann, G.[eorg] A.[braham] Schneider und B.[ernhard] A.[nselm] Weber.

1.	J.[ohann] A.[braham] P.[eter] Schulz: Hymne „Groß ist der Herr"	2
[1a]	J.[ohann] F.[riedrich] Reichardt: Hymne „Lobt den gewaltigen, den gnäd'gen Herrn"	2
2.	J.[ohann] F.[riedrich] Reichardt: Allgemeiner Lobgesang „Alles, was Odem hat, lobe den Herrn!"	2
[2a]	Friedrich Zelter: [Allgemeiner Lobgesang] „Alles, was Odem hat, lobe den Herrn!" (3 stg.)	3
3.	J.[ohann] F.[riedrich] Reichardt: Das Glück des Lebens „Steig' auf, mein Dank, zu jener Höh' "	3
4.	J.[ohann] H.[einrich] Rolle: Die Herrlichkeit Gottes in der Natur „Wie herrlich bist Du, Gott!"	3– 4
5.	J.[ohann] A.[braham] P.[eter] Schulz: Morgenlied „Wenn ich einst von jenem Schlummer"	4
6.	J.[ohann] H.[einrich] Rolle: Morgenlied „Mein erst Gefühl sey Preis und Dank"	5

Für die Advent- und Weihnachtszeit:

7.	J.[ohann] A.[braham] P.[eter] Schulze [!]: Die erfreute Welt „Lobsingt dem Gott der Ehren"	5
8.	J.[ohann] A.[braham] P.[eter] Schulz: Lobgesang der Erhörten „Laßt uns in vereinten Chören"	6
9.	J.[ohann] A.[braham] P.[eter] Schulz: Der Segen des Erlösers „Der Herr erscheint in seiner Höhe"	7
10.	J.[ohann] H.[einrich] Rolle: Weihnachtslied „Dies ist der Tag, den Gott gemacht"	7
[10a]	S.[amuel] M.[ichael] D.[aniel] Gattermann: [Weihnachtslied] „Dies ist der Tag, den Gott gemacht"	8
11.	J.[ohann] A.[braham] P.[eter] Schulz: Neujahrslied „Mit frommer Ehrfurcht und mit heitern Blicken"	8
12.	S.[amuel] M.[ichael] D.[aniel] Gattermann: Neujahrs-Lied „Ehre Dir, in Deinem Heiligthume"	9– 12
13.	J.[ohann] H.[einrich] Rolle: Winterlied „Das schöne Jahr ist nunmehr fort!"	13

14.   S.[amuel] M.[ichael] D.[aniel] Gattermann: Ergebung in Gottes Willen „Immer müsse, Gott, dein Rath" (3 stg.)   13

15.   S.[amuel] M.[ichael] D.[aniel] Gattermann: Gottes Vorsehung „Sollt' ich Dir, mein Gott, nicht trauen?" (3 stg.)   14

16.   S.[amuel] M.[ichael] D.[aniel] Gattermann: Gottes Unermeßlichkeit und Allmacht „Gott, grenzenlos, undenkbar groß!" (3 stg.)   14– 15

17.   S.[amuel] M.[ichael] D.[aniel] Gattermann: Vertraun auf Gott „Gott lebet noch" (3 stg.)   15

Für die Fastenzeit und den Charfreitag:

18.   J.[ohann] A.[braham] P.[eter] Schulz: Bei dem Andenken der Leiden Jesu „Durchdenk' ich meines Heilands Leben"   16

19.   J.[ohann] A.[braham] P.[eter] Schulz: Jesus auf Golgatha „Sieh Jesum Christum leiden!"   16– 17

20.   J.[ohann] A.[braham] P.[eter] Schulz: Christi Huld gegen den gefallenen Petrus „Mitten unter deinen Schmerzen"   17

21.   J.[ohann] H.[einrich] Rolle: Vom Leiden und Tode Jesu „Hin an dein Kreuz zu treten"   18– 19

22.   K.[arl] Ph.[ilipp] E.[manuel] Bach: Osterlied „Amen! Lob und Preis und Stärke" [Christoph Christian Sturm] [Wq 197, [4]]   20

23.   J.[ohann] A.[braham] P.[eter] Schulz: Ueber die Auferstehung Jesu „Vollendet bist du nun vor Gott"   21

24.   J.[ohann] A.[braham] P.[eter] Schulz: Der auferstandene Heiland „Das Grab zerbricht"   22

25.   J.[ohann] A.[braham] P.[eter] Schulz: Danklied für die Erlösung „Herr, wir singen deiner Ehre"   22– 23

26.   J.[ohann] A.[braham] P.[eter] Schulz: Der Siegesfürst „Erhöhet die prächtigen Pforten der Siege"   23

27.   J.[ohann] Ch.[ristian] Friedr.[ich] Bach: Unsre Auferstehung durch die Auferstehung Jesu „Er ist erstanden"   24

28.   J.[ohann] A.[braham] P.[eter] Schulz: Gott im Frühling, Frühlingslied „In seinem schimmernden Gewand"   24

29.   J.[ohann] A.[braham] P.[eter] Schulz: Bußlied „Sey gnädig mir nach deiner Güte" (Nach dem 51. Psalm)   25

30.   J.[ohann] A.[braham] P.[eter] Schulz: Lobgesang auf die Himmelfahrt des Erlösers „Triumph Ihm, Jubel und Dank!" (Auch mit Begl. eines Tasteninstruments)   25– 26

31.   K.[arl] Ph.[ilipp] E.[manuel] Bach: Festtags-Lied „Vom Grab', an dem wir wallen" [Christoph Christian Sturm] [Wq 197, [11]: Weihnachtslied]   26– 27

32.   C.[arl] F.[riedrich] Rungenhagen: Bitte um den Beistand des heiligen Geistes „Geist der Wahrheit, lehre mich" (Choralmelodie für 2 S und B)   27

33. J.[ohann] F.[riedrich] Reichardt: Pfingstlied „Schmückt das Fest mit grünen Maien" 28

34. K.[arl] Ph.[ilipp] E.[manuel] Bach: Pfingstlied „Sey Welterlöser, sey gepreis't!" [Christoph Christian Sturm] [Wq 197, [5]] 29

35. J.[ohann] A.[braham] P.[eter] Schulz: Dem Dreieinigen „Preis Ihm! Er schuf und er erhält" 30

36. S.[amuel] M.[ichael] D.[aniel] Gattermann: Sommerlied „Singt mit heiligem Entzücken" 31

37. J.[ohann] D.[aniel] Sander: Am Erntefest „Bringt Lob dem Allerhalter dar" 31

38. J.[ohann] H.[einrich] Rolle: Erntelied „Erheb' o meine Seele" 32

39. J.[ohann] D.[aniel] Sander: Feier des achtzehnten Octobers „Stimmt an des Dankes Feierlieder" 33

40. J.[ohann] D.[aniel] Sander: Festgesang zur Feier der Vaterlandsbefreiung „Herr, Gott, dich loben wir!" 34

Tod und Auferstehung:

41. J.[ohann] A.[braham] P.[eter] Schulz: Gedanken an den Tod „Mein Leben steht in Gottes Hand" 34

42. J.[ohann] H.[einrich] Rolle: Der Tod „Wie wird mir dann, o dann mir seyn" 35

[42a] J.[ohann] F.[riedrich] Reichardt: [Der Tod] „Wie wird mir dann, o dann mir seyn" 36

43. J.[ohann] A.[braham] P.[eter] Schulz: Trost am Grabe „Trockne deines Jammers Thränen" 36– 37

44. J.[ohann] A.[braham] P.[eter] Schulz: „Der Säemann säet den Samen" 37

45. K.[arl] H.[einrich] Graun: „Auferstehn, ja auferstehn wirst du" 38

46. K.[arl] Ph.[ilipp] E.[manuel] Bach: Gottes Größe in der Natur „Groß ist der Herr!" [Christoph Christian Sturm] [Wq 197, [7]] 38

47. J.[ohann] A.[braham] P.[eter] Schulz: Lobgesang „Meine Seele lobsinget dem Herrn" 39

48. S.[amuel] M.[ichael] D.[aniel] Gattermann: Das Leben „Wir treten hier in's Leben" (2 S, A) 39

49. K.[arl] Ph.[ilipp] E.[manuel] Bach: Sommerlied „Allgütiger, dich muß ich fühlen" [Christoph Christian Sturm] [Wq 197, [20]] 40

50. J.[ohann] A.[braham] P.[eter] Schulz: Gott ist allwissend „Allwissender! Du kennst das Herz" 40– 41

51. L.[udwig] van Beethoven: Die Ehre Gottes aus der Natur „Die Himmel rühmen des Ewigen Ehre" [Op. 48, 4] 41– 42

52.   J.[ohann] A.[braham] P.[eter] Schulz: Trostlied „Ich hoff'
      auf Gott mit festem Muth"   42

53.   K.[arl] Ph.[ilipp] E.[manuel] Bach: Demüthigung vor Gott
      „Betet an vor Gott, ihr Sünder!" [Christoph Christian
      Sturm] [Wq 197, [1]]   43

54.   S.[amuel] M.[ichael] D.[aniel] Gattermann: Herbstlied „Du
      Gott und Vater aller Welt"   44

55.   J.[ohann] A.[braham] P.[eter] Schulz: Selbstprüfung „Ach
      Gott! wie mancher von den Tagen"   44

56.   K.[arl] Ph.[ilipp] E.[manuel] Bach: Dieses und jenes Leben
      „Ein Pilger bin ich in der Welt" [Christoph Christian
      Sturm] [Wq 197, [22]]   45

57.   F.[riedrich] L.[udwig] Seidel: Vertrauen auf Gott „Ent-
      schwinge dich, mein Geist"   46

58.   K.[arl] Ph.[ilipp] E.[manuel] Bach: Lob des Allgütigen
      „Allgütiger, mein Lebenlang" [Christoph Christian
      Sturm] [Wq 197, [23]]   46— 47

59.   J.[ohann] A.[braham] P.[eter] Schulz: Dank „Der Herr ist
      gut"   47

60.   K.[arl] Ph.[ilipp] E.[manuel] Bach: Freudigkeit bei dem Ge-
      danken an den Tod „Gott, dem ich lebe" [Christoph
      Christian Sturm] [Wq 197, [9]: Todesfreudigkeit]   48

61.   J.[ohann] F.[riedrich] Reichardt: Das ist ein köstlich Ding, dem
      Herrn danken „Hallelujah! Bringet Ehre, Preis und
      Ruhm"   48

Zweite Folge von Liedern:

62.   Karl Fasch: Zufriedenheit, auch im Leiden „Was mein Gott will,
      gescheh' allzeit!" (4 Soli, 4 stg. Chor)   50— 52

63.   [Karl Fasch?]: Rechter Gebrauch des göttlichen Unterrichts
      „Gelobet sey'st du, Gott" (Soli: S I, II, B, 4 stg. Chor)   53— 54

64.   [Karl Fasch?]: Gottes Vorsehung „Wenn ich, o Schöpfer, deine
      Macht" (Soli: S I, II, A, T I, II, 4 stg. Chor)   55— 57

65.   [Karl Fasch?]: Gottes Wort „Gott ist mein Hort" (Soli: S, A, T,
      5 stg. Chor)   [58—59]

66.   [Karl Fasch?]: Die Auferstehung „Auferstehn, ja auferstehn"
      (Soli: S I, II, B, 4 stg. Chor)   60— 61

67.   [Karl Fasch?]: Weihnachtslied „Laßt uns mit ehrfurchtsvollem
      Dank" (Soli: S I, II, A, 4 stg. Chor)   61— 63

68.   S.[amuel] M.[ichael] D.[aniel] Gattermann: [Weihnachtslied]
      (Einleitender Chor) „Ehre sey Gott! Ehre sey Gott in
      der Höhe" [Weihnachtslied] „Laßt uns mit ehrfurchts-
      vollem Dank" (4 Soli, 4 stg. Chor)   63— 67

69.   J.[ohann] A.[braham] P.[eter] Schulz: Christi Geburt „Nacht
      voll Heil, voll ew'ger Wonne"   67

70.   S.[amuel] M.[ichael] D.[aniel] Gattermann: Weihnachtslied „Heiland, den uns Gott verhieß"   68

71.   S.[amuel] M.[ichael] D.[aniel] Gattermann: Dank für die Geburt Christi „Lobt Gott, ihr Christen"   68

72.   Ph.[ilipp] Kirnberger: Morgengesang „Hebet eure Augen auf zu der Berge Höhen!" (4 Soli, 4 stg. Chor)   69– 70

73.   F.[riedrich] L.[udwig] Seidel: Morgenlied „Von Dankbarkeit durchdrungen"   70

74.   J.[ohann] P.[hilipp] Schmidt: Morgenlied „Vater, also leb' ich wieder"   71

[74a] J.[ohann] F.[riedrich] Reichardt: [Morgenlied] „Vater, also leb' ich wieder"   71

75.   Winterlied „Schöpfer, deine Herrlichkeit"   72

76.   J.[ohann] P.[hilipp] Schmidt: Gebet des Herrn „Vater! der mit Licht und Gnade segnet" (3, 4 und 6 stg. Chor)   72– 75

77.   F.[riedrich] L.[udwig] Seidel: „In tiefer heil'ger Stille"   76– 78

Drei Weihnachts-Lieder:

78.   S.[amuel] M.[ichael] D.[aniel] Gattermann: Erstes [Weihnachtslied] „Laßt uns unserm Gott lobsingen!"   79

79.   S.[amuel] M.[ichael] D.[aniel] Gattermann: Zweites [Weihnachtslied] „Lob sey dem allerhöchsten Gott!"   79

80.   S.[amuel] M.[ichael] D.[aniel] Gattermann: Drittes [Weihnachtslied] „Sey Christenheit, sey hocherfreut!"   80

81.   Dank am Neujahrs- oder am Ernte-Fest „Jauchzt dem Höchsten alle Welt!"   80– 82

82.   J.[ohann] D.[aniel] S.[ander]: Neujahrslied „Mit Andacht grüßt das neue Jahr"   82– 83

83.   [Johann Heinrich] Rolle: Zum Neujahrsfest „Gott, Ewiger!" (1778)   83– 84

Für die Fastenzeit und die heilige Woche:

84.   J.[ohann] A.[braham Peter] Schulz: Der Erlöser „Ich irr' um traurige Cypressen"   84– 89

85.   K.[arl] Ph.[ilipp] E.[manuel] Bach: Passionslied „Da stehest du, Sohn Gottes" [Christoph Christian Sturm] [Wq 197, [6]]   90

86.   „Herr, stärke mich, dein Leiden zu bedenken"   90– 91

87.   „Erniedrigt hatte sich bereits mein Heiland bis zum Tod' "   91

88.   S.[amuel] M.[ichael] D.[aniel] Gattermann: Dank für den Erlösungs-Tod „Nun ist alles wohlgemacht"   91

89.   Samuel Arnold: Hymne zum Osterfest „Erstanden ist der Herr vom Tod" (4 einzelne Singst., 4 stg. Chor)   92– 95

Zweite Abtheilung: Motetten und Psalme für Chöre. Mit Berathung des Herrn
Prof. Fr.[iedrich] Zelter ausgewählt.

1.	J.[ohann] A.[braham] P.[eter] Schulz: Hymne „Vor dir, o Ewiger, tritt unser Chor zusammen"	2— 5
2.	[Gottfried August] Homilius: „Machet die Thore weit!" (Psalm 24, 7—10) (2 Chöre)	5— 7
3.	[Gottfried August] Homilius: Zum Weihnachts-Fest „Sehet, welch eine Liebe"	8— 10
4.	J.[ohann] H.[einrich] Rolle: Zum Neujahrs-Feste „Gott! du bleibest, wie du bist"	10— 11
5.	J.[ohann] H.[einrich] Rolle: Für jeden Festtag „Danket dem Herrn!" (Soli: S I, II, B, 4 stg. Chor)	12— 13
6.	S.[amuel] M.[ichael] D.[aniel] Gattermann: „Wie groß ist des Allmächt'gen Güte!" (Wechselnde Besetzung: 4 stg. Chor, 3 Singst., 4 Singst. oder Chor)	13— 17
7.	Ph.[ilipp] Kirnberger: Motette „Gott ist unsre Zuversicht und Stärke" (Ps.[alm] 46, 2. f.)	18— 20
8.	S.[amuel] M.[ichael] D.[aniel] Gattermann: Genügsamkeit „Wird vom Glück dir viel beschieden" (3 Singst., 4 stg. Chor)	21
9.	[Gottfried August] Homilius: Für die Fastenzeit „So gehst du nun, mein Jesu hin" (Joh. 11, 16) (2 Chöre)	22— 23
10.	J.[ohann] H.[einrich] Rolle: „Es ist in keinem Andern Heil" (Apostelgeschichte 4, 12)	24— 27
11.	[Gottfried August] Homilius: „Siehe, das ist Gottes Lamm" (Joh. 1, 29)	27— 30
12.	J.[ohann] P.[hilipp] Schmidt: Heiliges Lied „Dich preis't, Allmächtiger" (Soli, Chor)	30— 33
13.	C.[arl] F.[riedrich] Rungenhagen: Kleine Motette für drei Stimmen „Du leitest mich nach deinem Rath" (Ps.[alm] 73, 24) (S I, II, A)	33— 34
14.	J.[ohann] F.[riedrich] Reichardt: „Der Mensch lebt und bestehet"	34— 35

Zwei Versette für eine Beerdigung, oder auch das Fest der Todten:

15.	F.[riedrich] L.[udwig] Seidel: Erste (Versette) „Saat der Vollendung, gereift dem Tage der Garben"	36
[15a]	J.[ohann] F.[riedrich] Reichardt: Zweite (Versette) „Trauert um die Trauernden"	37
16.	[Carl Friedrich] Rungenhagen: „Selig sind die Todten" (S-Soli, 2 Chöre)	37— 40

17.	J.[ohann] P.[hilipp] Schmidt: Lobgesang „Alles, was Odem hat" (Soli, Chor)	40— 43
18.	Jos.[eph] Haydn: [Aus dem Danklied zu Gott] „Du bist's, dem Ruhm und Ehre gebühret" [C. F. Gellert] [Hob. XXVc, Nr. 8]	43— 45
19.	F.[riedrich] L.[udwig] Seidel: Der achte Psalm „Unendlicher! Gott unser Herr!" (Nach Moses Mendelssohn's Uebersetzung) (Soli, Chor)	46— 51
20.	[Gottfried August] Homilius: „Allen, die ihn anrufen" (Ps.[alm] 145, 18, 19)	51— 55
21.	B.[ernhard] A.[nselm] Weber: Chor „Ehre sey dem Vater und dem Sohne"	55— 57
22.	J.[ohann] H.[einrich] Rolle: „Gott, zu dir mich stets zu halten" (Nach Ps.[alm] 73, 28. Vulgata: Mihi adhaerere Deo bonum est) (Soli, Chor)	57— 60
23.	C.[arl] F.[riedrich] Rungenhagen: „Groß ist der Herr" (2 Einzelst., Chor)	61— 62
24.	C.[arl] F.[riedrich] Rungenhagen: „Herr! thue meine Lippen auf" (S-Soli, Chor)	62— 64
25.	J.[ohann] H.[einrich] Rolle: „Jauchzet dem Herrn, alle Welt" (Ps.[alm] 100, 1.2.5)	65— 68
26.	Chr.[istian] Friedr.[ich] Schale: „Lobe den Herrn, meine Seele" (Ps.[alm] 103, 2)	68— 70
27.	J.[ohann] H.[einrich] Rolle: „Gnädig und barmherzig ist der Herr" (Ps.[alm] 145, 8.9.10)	71— 74
28.	[Gottfried August] Homilius: „Das ist vom Herrn gescheh'n" (Ps.[alm] 118, 23)	74— 75
29.	J.[ohann] H.[einrich] Rolle: „Siehe, das ist unser Gott, auf den wir harren" (Jesaias 25, 9)	76— 78
30.	J.[ohann] Sebast.[ian] Bach: „Laß stets dein Reich sich mehren" [BWV 231: Choralchor „Sei Lob und Preis mit Ehren"]	79— 83
31.	[Gottfried August] Homilius: „Herr, lehre uns bedenken, daß wir sterben müssen" (Ps.[alm] 90, 12)	84— 86
32.	J.[ohann] H.[einrich] Rolle: „Gott, dein Weg ist heilig" (Psalm 77, 14.15) (Soli: A, T, B, Chor)	87— 89
33.	[Johann Heinrich] Rolle: „Der Herr ist König" (Ps.[alm] 97, 1—7) (Soli, Chor)	89— 92
34.	[Gottfried August] Homilius: „Wir liegen vor dir mit unserm Gebet" (Daniel 9, 18.19)	92— 94
35.	Carl Fesch [!]: [Trauer-Motette] „Selig sind die Todten, die in dem Herrn sterben" (Offenb.[arung] 14, 13)	94— 95

Dritte Abtheilung: Chöre und andere kirchliche Musikstücke mit Begleitung der Orgel oder eines andern hinlänglich starken Tasten-Instruments.

I. [Georg Friedrich] Händel: Hymne (Aus dem Englischen von Fr.[iedrich] Zelter und J.[ohann] D.[aniel] Sander)

1. (Chor) „O preis't den Herrn mit einem Mund" 1— 13
2. (Arie) „Preis't Ihn, All' ihr, die ihr sein Haus" (T oder tiefer A) 14— 16
3. (Arie) „Denn unsre größte Wonn' " (T oder S) 17— 20
4. (Arie) „Du, Gott, bist groß" (B) 20— 24
5. (Chor) „Laut komm' und froh die ganze Welt" 24— 32
6. (Arie) „Gott, deine Gnade hat kein Ziel" (S) 33— 34
7. (Chor) „Du Welt voll Glück und Heil" 35— 40
8. (Chor) „Stimmt an das Lied mit Cherubim und Seraphim" 41— 46

II. J.[ohann] H.[einrich] Rolle: (Cantate) Für den Advent (Psalm 68, 5)

(1.) (Chor) „Singet Gott! Lobsinget seinem Namen" 47— 56
(2.) (Recitativ) „Er kommt, der Held aus Davids Stamm" (B) 57— 58
(3.) (Aria) „Singt, Christen, singt in freudigen Chören" (T) 59— 63
(4.) (Recit.[ativ]) „Willkommen, Freund, und Retter, uns!" 64
(5.) (Aria) „Segne mich mit deinem Segen" (S) 64— 70
(6.) (Choral) „Kommt laßt uns niederfallen" 71

III. J.[ohann] H.[einrich] Rolle: Weihnachts-Cantate (Jesaias 60, 2)

(1.) (Chor) „Siehe! Finsterniß bedecket das Erdreich" 72— 81
(2.) (Recit.[ativ]) „Das Graun der Nacht umgab die Welt" (T oder S) 82— 84
(3.) (Arie) „Singt, die größte aller Nächte" (T oder S) 84— 89

IV. Einige Chöre für hohe Feste

1. J.[ohann] P.[hilipp] Schmidt: Lobgesang der Engel „Ehre sey Gott! in der Höhe!" (2 S, A) 89— 92
2. [Johann Friedrich] Reichardt: „Euch ist heute der Heiland geboren" 93— 98
3. [Georg Friedrich] Händel: „Ehre sey Gott! Halleluja!" (S I, II oder A, A, T und B) 98—104
4. [Georg Frierich] Händel: [Aus] dem Oratorium: Simson [!] „Lobsinget Gott, des Weltalls Herrn!" 105—112
5. J.[ohann] H.[einrich] Rolle: „Danket dem Herrn! denn er ist freundlich" 113—118
6. J.[ohann] H.[einrich] Rolle: „Alles, was Odem hat, lobe den Herrn!" 118—123

7.   J.[ohann] H.[einrich] Rolle: „Der Herr hat Großes an uns
     gethan" (S-Solo, Chor)   124—127

8.   J.[ohann] P.[hilipp] Schmidt: „Der Herr ist erhöhet durch
     die Rechte Gottes" (S, A, T, B)   128—131

9.   J.[ohann] H.[einrich] Rolle: [Chor] „Unsre Seele harret
     auf den Herrn"   131—144

V.   J.[ohann] F.[riedrich] Reichardt: Dem Unendlichen (Ode
     von Klopstock)

     1.   Chor „Wie erhebt sich das Herz" (2 S, T, B, Kb.)   145—146

     2.   [Chor] „Allein du rufst mich aus meiner Nacht"
          (2 S, T, B, Klar., Basset-Hr., Fg.)   146—149

     3.   [Chor] „Dann denk' ich es ganz, daß du ewig mich
          schufst" (Klar., Basset-Hr., Wald-Hr. in Es, Fge.)   149—154

     4.   „Weht, Bäume des Lebens, in's Harfengetön" (4 Soli,
          Chor, 4 Fl., 4 Wald-Hr. in G und D, Fge.)   154—157

     (5.) „Donnert, Welten, in feierlichem Gang" (4 Soli,
          Chor, Fl., Klar., Ob., Basset-Hr., Hr. u. Trp. in Es,
          Pos., Fg., K-Fg.)   157—168

VIa.[Georg Friedrich] Händel: Chor „Herr! nie laß uns im Glauben
     wanken"   169—172

VIb.J.[ohann] Adolph Hasse: Chor, mit dem Liede: O Gottes Lamm,
     unschuldig „Dir Dank für deine Leiden!"   173—178

VII. Drey [recte: Zwei] Choral-Melodieen, mit figurirter Begleitung

     [Georg Friedrich] Händel: Melodie: Schmücke dich, o liebe
          Seele von Joh.[ann] Crüger (versehen mit A, T, B
          und Begl.)   178—180

     [Gottfried August] Homilius: Melodie: Was mein Gott will,
          gescheh' allzeit! von Herrmann Fink, [mit] figurir-
          te[r] Begleitung   180—187

Journal d'Erato. Collection de toutes les Poésies d'Estelle, Roman pastoral de
Florian, mises en Musique avec Accompagnement facile de Piano ou Harpe,
Flûte ou Violon et Violoncelle obligés. Par J.[oseph] B.[ernhard] Woets.

A Gand, Chez l'Auteur. A Paris, chez Janet et Cotelle, Rue St. Honoré No. 125.

1818 — 1819: Cahier 1—19.

B Gu (1818—1819: 1—2, 6—19)

1er Cahier (Mars 1818):
Le Printems, Chanson des Bergères „Voici venir le doux printems"
(No. 16 du Poème)   1— 5

2e Cahier (Avril 1818):
La Bergère Annette, Chanson „L'autre jour la bergère Annette"
(No. 5 du Poème) (Singst., Pfte. oder Hf., Fl., Vc.)   1— 3

6e Cahier (Août 1818):
Le Berger Méril, Scène pastorale „J'aime et je ne puis exprimer mes vœux" (No. 8 du Poème)   1—   6

7e Cahier (Août 1818):
Gaston, Chant heroïque „Gaston le sort de la patrie" (No. 19 du Poème)   1—   4

8e Cahier (Août 1818):
Le Nid de Fauvettes, Romance „Ce matin dans une bruyère" (No. 9 du Poème)   1—   5

9e Cahier (Septembre 1818):
Clémence Isaure, Romance „A Toulouse il fut une belle" (No. 18 du Poème)   1—   3

10e Cahier (Septembre 1818):
Le Vieux Berger ou les Charmes de la Vie paisible, Romance „Dans cette aimable Solitude" (No. 7 du Poème)   1—   4

11e Cahier (Septembre 1818):
Le Départ de Némorin, Scène pastorale „Je vais donc quitter" (No. 2 du Poème)   1—   5

12e Cahier (Octobre 1818):
Némorin Exilé, Air „C'en est fait...je succombe souvenir!" (No.6 du Poème)   1—   3

13e Cahier (Novembre 1818):
Les Tourmens de l'Absence, Romance „Du soleil qui te suit" (No. 14 du Poème)   2—.   3

14e Cahier (Décembre 1818):
La Séparation, Romance „Adieu, bergère chérie, adieu, mes seules amours" (No. 3 du Poème)   1—   7

15e Cahier (Janvier 1819):
Les Souvenirs, Romance „Arbre charmant qui me rappelle" (No. 11 du Poème)   1—   3

16e Cahier (Février 1819):
Isidore, Romance „Beau Narcisse qu'une bergère" (No. 17 du Poème)   2—   5

17e Cahier (Mars 1819):
C'est mon Ami, rendez-le-moi, Romance „Ah! s'il est dans votre village" (No. 10 du Poème)   2—   3

18e Cahier (Avril 1819):
Les Adieux, Chanson „Adieu, charmantes bergères" (No. 13 du Poème) (2 Singst., Pfte. oder Hf., Vl. oder Fl., Vc.)   1—   5

19e Cahier (Avril 1819):
Le Retour de Némorin, Scène pastorale „Je vous salue, ô lieux charmans" (No. 12 du Poème) (Singst., Pfte., Fl. oder Vl., Fg. oder Vc.)   2—   9

La Lira de Apolo. Periódico Filarmonico dedicado a las Damas por el Profesor Don Bartolome Wirmbs.

Madrid, calle del Turco, casa de la Real Sociedad.

Año 1. [ca. 1818] — 2. [ca. 1819]

D Bim (M) — **E** Mn

Año 1. [ca. 1818]:

No. 1. [Gioacchino] Rossini: Cavatina de la Opera: La Elisabetta
       „Bell' alme generose"   1— 3

[2]   [Friedrich] K[a]l[k]brenner: Waltz   4

[3]   [Simon] Majer [!]: Obertura de la Opera: La Elisa   1— 8

[4]   [Gioacchino] Rossini: Escena y Cavatina en la Opera: Aureliano
        en Palmira „Dolci silvestri orrori amiche"   1— 6

[5]   F. A. A.: Colección de Waltzes   7

[6]   ([Pietro] Generali): Obertura (Pamela [nubile])   1— 5

[7]   [Vincenzo] Pucitta: Cavatina de la Opera: La Ginebra de Escocia
        [= La Ginevra di Scozia] „Oh bel momento" — „Ho
        dulce momento"   1— 4

[8]   Primera Colección de Canciónes Españolas: Nice Bur-
        lada, o los Ojuelos, Primera Parte „Madre unos ojuelos"
        (Git., Singst., Pfte.)   1— 4

[9]   ([Ludwig van] Beethoven): Colección de Waltzes (No. 1—4) 1— 4

[10]   [Gioacchino] Rossini: Duo (Aureliano, Zenobia) ([aus:]
        Aureliano) „Se libertà ti è cara se brami" — „Si
        libertad de se as y reino"   1— 6

[11]   A. F. de Cordoba: Divertimiento para Piano Forte sobre el Tema
        de la Polacca en: La Griselda   1— 6

[12]   [Vincenzo] Pucitta: Cavatina de la Opera: La Caza de Henrique IV
        [= La Caccia di Enrico IV] „Tenero oggetto d'un dolce
        amore" — „Placido obgeto de un dulce afecto"   1— 5

[13]   J.[ohann] B.[aptist] Cramer: Adagio para Piano Forte
        (D-dur, 3/4)   1— 2?

[14]   Nice Burlada, Can.[ción] Esp.[añola] „El enigma"   2— 3

[15]   [Friedrich] K[a]l[k]brenner: Valtz (5—6)   4

[16]   Marco Portogallo: Cavatina (Vomira) en la Opera: Mitridates
        „Teneri e cari affetti" — „Tiernos suspiros mios"   1— 6

[17]   [Marco] Portogallo: Obertura de la Opera: Artaxerxes   1— 6

[18]   (N.)***: Cavatina de la Opera: El Furbo „Sgombra dall' anima" —
        „Huya del anima"   1— 4

[19]   Manuel Rucker: Nice Vengada o los Ojuelos, Segunda Parte,
        Canción „Madre los ojos" (Git., Singst., Pfte.)   1— 4

[20]   A. F. de Cordoba: Rondó para Piano Forte (F-dur, 2/4)   1— 4

[21]   [Vincenzo] Pucitta: Cavatina de la Opera: La Vestal [= La
        Vestale] „Vittima sventurata" — „Victima
        desgraciada"   1— 5

[22]   Julian Muñoz: Nice Enamorada, Canción „De amores me muero
        mi madre acudid" (Git., Singst., Pfte.)   6— 8

[23]   [Nicolas] Dalairac [!] : Obertura de la Opera: Picaros y Diego
       [= Picaros et Diégo] (Pfte.-Arr.: Manuel Rucker)   1— 4

[24]   [Gioacchino] Rossini: Cavatina de la Opera: El Barbero de
       Sevilla ,,Io sono docile" — ,,Yo soi mui timida"   1— 8

[25]   M. D. E. D. A.(cedo) R.(ico): Colección de Walses [No. 1—7]   9— 12

[26]   [Vincenzo] Pucitta: Cavatina (Licinio) de la Opera: La Vestal
       ,,In queste sacre ed abborrite mura" — ,,En este santo
       y retirado templo"   1— 6

[27]   ([Joseph] Kowlowsky) [!] : Polaca sacada (del Romance) de
       la Opera: El Cavallero Iocondo   1— 2

[28]   Andres Rosquellas: El Recuerdo, Canción ,,Quando de nice lolo
       grar solia"   1— 4

[29]   [Giovanni] Liverati: Canon a cuatro Voces de la Opera: I Sel-
       vaggi ,,Oh sacro vincolo" — ,,Sagrado vinculo"   1— 7

[30]   Waltz   8

[31]   E. Moreno: Una Verdad, Canción con Acompanamiento de Piano
       Forte y Guitarra ,,Zagal tus canta res dexa"   1— 4

[32]   [Giovanni] Liverati: Duo (Cabana, Amazila) de la Opera: I Sel-
       vaggi ,,Vieni pur fra le mie bracesa cara"   1— 7

[33]   Jacinto Cadina: Andante con Variaciónes para Piano Forte
       (Var. 1—4)   1— 5

Año 2. [ca. 1819]:

[1]   [Gioacchino] Rossini: Cavatina de la Opera: Il Ciro ,,T'abbraccio
       ti stringo" — ,,Te abrazo te estrecho"   1— 3

[2]   Manuel Rucker: Nice Augente: O la Explicación, Primera Parte,
       Canc:[ió]n ,,Oiga meuna cosa" (Git., Singst., Pfte.)   2— 3

[3]   [Carlo] Soliva: Obertura de la Opera: La Cabeza de Bronce   2— 8

[4]   [Gioacchino] Rossini: Duettino (Desdemone, Emilia) de la
       Opera: Otelo ,,Vorrei che il tuo pensiero" — ,,Tal vez
       mi pena fiera"   1— 7

[5]   Francisco Mirecki: Polonesia y Trio para Piano Forte   2— 3

[6]   Angel Ynzenga: Marcha Funebre para Piano Forte a la sensible
       y prematura muerte de la Reina nuestra Señora D.
       Maria Ysabel de Braganza   2— 4

[7]   [Simon] Mayer [!] : Tercettino (Atar, Aspaia, Asur) de la Opera:
       Atar ,,Per queste estreme lagrime" — ,,Por tanta amarga
       lagrima"   1— 6

[8]   [Giuseppe] Mosca: Terceto de la Opera: Los Pretendientes
       [= I Pretendenti delusi] (Pfte.-Arr.)   1— 3

[9]   Manuel Ruicker [!] : Nice Presente: O la Esplicación [!] , Segunda
       Parte, Canción ,,El dulce bien por quien suspiro" (Git.,
       Singst., Pfte.)   2— 4

[10] [Gioacchino] Rossini: Cavatina (Giannetto) de la Opera: La
        Urracca [!] Ladrona [= La Gazza Ladra] „Vieni fra
        queste braccia" — „Llega yen es tos brazos"   1— 8

[11] [Gioacchino] Rossini: Yntroducción y Romance para Piano
        Forte de la Opera: Otelo (Pfte.-Arr.)   1— 4

[12] [Vincenzo] Puccitta: Canon a tres Voces de la Opera: Aristo-
        demo „Cessino al fine i palpiti" — „Cesen ya tantas
        lagrimas"   1— 4

[13] [Gioacchino] Rossini: Cavatina (Ninetta) de la Opera: La
        Urraca Ladrona „Di piacer mi balza il cor" — „El placer
        reboza en mi"   1— 8

[14]   Grande Marcha y Polaca para Piano Forte   1— 4

[15] [Simon] Mayer [!]: Cavatina de la Opera: Amor non ha ritegno
        „A un cor gentile e tenero" — „A un pecho tierro y
        candido"   1— 4

[16] Manuel Rucker: Nice desengañada, o: Amara la Moda, Canción
        para Piano Forte y Guitarra „Si de tus astucias"   1— 4

[17] Carl Scholl: Walz con Trio y Coda para Piano Forte   1— 4

[18] [Michel] Carafa [de Colobrano]: Cavatina de la Opera:
        La Gabriela „Ombra che ame d'intorno" — „Sombra
        que ami cercana"   1— 4

[19] [Gioacchino] Rossini: Obertura de la Opera: Armida   1— 8

[20] [Giovanni] Pacini: Cavatina de la Opera: El Baron de Dolsheim
        „Fortunata Glicera" — „Yn felice amor mio"   1— 7

[21] J.[ohann] A.[nton] F.[riedrich] Jansen: Tres Waltzes o Land-
        lers para Piano Forte (No. 1—3)   2— 3

[22] Manuel Rucker: Nice Cauta: O del Dicho al Hecho, Canción „Es
        cierto que ofre ces" (Git., Singst., Pfte.)   2— 4

[23] A.[ngel] Ynzenga: Canon a dos Voces para Piano Forte „E pena
        troppo barbara" — „De pena siempre barbara"   1— 4

[24] Manuel Rucker: Nise llorosa, o la Amarga Reconvención, Canción
        „Tus ojos bañados" (Git., Singst., Pfte.)   1— 4

[25]   Polonesa, Trio y Waltz para Piano Forte a la Feliz Entrada
        en Madrid de la Reina nuestra Señora D. Maria Josefa
        Amalia de Saxonia   1— 4

[26] A.[ngel] Ynzenga: Duetino Nocturno para Piano Forte „La più
        dolce e fida amante" — „El mas dulce y caro amante"   1— 4

[27] [Ferdinando] Paer: Obertura de la Opera: L'Agnese   1— 8

[28] [Vincenzo] Puccitta: Cavatina (Achille) de la Opera: Las Yras
        de Aquiles „Queste che io miro oh Dei" — „Estas que
        miro oh Dioses!"   1— 7

[29] [Johann Anton Friedrich] Jansen: Polonesa   1— 3

[30] [Johann Anton Friedrich] Jansen: Polonesa   3— 5

Répertoire de Musique pour le Piano-Forte. Ouvrage périodique, composé par
M.[aximilian] J.[oseph] Leidesdorf. [Cahier 1: 21. 1. 1818.]
Wien: Jean Cappi.

Année 1. [1818/1819], Cahier 1–12, – 2. [1821], Cahier 1–10.
A Waw (2. [1821], 2); Wgm (1. [1818/19], 11–12; 2. [1821], 1); Wmi
(1. [1818/19], 7; 2. [1821], 5–6); Wn (1. [1818/19], 1, 3; 2. [1821],
1, 4, 8–10) – **CS** KRa (2. [1821])

1 Année [1818/1819]:

Cahier 1 ([Pl. Nr.] 2300) [21. 1. 1818]:
Les Adieux, l'Absence et le Retour (Pfte.)

Cahier 2 ([Pl. Nr.] 2301):
Introduction et Rondeau (Pfte. und Vl. oder Fl.), op. 81

Cahier 3 ([Pl. Nr.] 2302):
Introduction et Rondeau (Pfte.), op. 82

Cahier 4 ([Pl. Nr.] 2303):
Variations sur un thème favorit du Ballet: Thetis et Peleus (Pfte.), op. 84

Cahier 5–6 ([Pl. Nr.] 2304–2305):
Divertissement (Pfte. 4hdg., Singst., Vl., Git., Vc.), op. 85

Cahier 7 ([Pl. Nr.] 2306) [7. 9. 1818]:
Adagio et Polonaise (Pfte.), op. 86

Cahier 8 ([Pl. Nr.] 2307):
Grand Potpourri (Pfte.), op. 88

Cahier 9 ([Pl. Nr.] 2308):
Variationen über „Sul margine d'un rio" (Pfte. 4hdg.), op. 90

Cahier 10 ([Pl. Nr.] 2309):
Bagatelles (Pfte.), op. 92

Cahier 11–12 ([Pl. Nr.] 2310–2311) [18. 1. 1819]:
Sonate pathétique (Pfte.), op. 72

2 Année [1821]:

Cahier 1 ([Pl. Nr.] 2365) [26. 4. 1821]:
Adagio et Polonaise (Pfte., Vl. oder Fl.), op. 105

Cahier 2 ([Pl. Nr.] 2366) [26. 4. 1821]:
Variations sur la Cavatine „Di piacer mi balza" (Pfte.) ([Rossini]: Diebische
Elster), op. 106

Cahier 3 ([Pl. Nr.] 2367) [26. 4. 1821]:
Bagatelle (Pfte. 4hdg.), op. 107

Cahier 4 ([Pl. Nr.] 2368) [26. 4. 1821]:
Variations sur un thème russe (Pfte.), op. 108

Cahier 5–6 ([Pl. Nr.] 2369–2370) [26. 4. 1821]:
Le Souvenir, Fantaisie (Pfte.), op. 114

Cahier 7 ([Pl. Nr.] 2371) [26. 4. 1821]:
Variations sur la marche du couronnement du Ballet: Jeanne d'Arc (Pfte.),
op. 122

Cahier 8—9 ([Pl. Nr.] 2372—2373) [24. 5. 1821]:
Quartuor (Pfte., Vl., Va., Vc.), op. 123

Cahier 10 ([Pl. Nr.] 2374) [10. 12. 1821]:
Variationen über das Volkslied der Brautjungfrauen aus: Freischütz [C. M. von
Weber] [Jähns 277, N. 14] (Pfte.), op. 131

Les Zéphirs. Recueil de Bluettes tendres et bachiques.

Bruxelles

[ca. 1818]

[E. Van der Straeten, S. 73.]

Žurnal dlja semistr. gitary. [Zeitschrift für die siebensaitige Gitarre.]

St. Petersburg: A. Sychra.

1818

1819

Die Musikalische Biene. Ein Unterhaltungs Blatt für das Piano Forte. [Heft 1:
12. 2. 1819.]

Wien im K. K. Hoftheater Musik Verlag in der Burg.

Jahrgang 1. [1819/1820] — 2. [1820/1821]: No. 1—30.

A Wn (1. [1819/20], 2 [8], 7, 17, 19; 2. [1820/21], 25, 30); Wst (1.
[1819/20], 1, 4, 10) — **D** Bim (X: 1. [1819/20], 2 [8], 7, 17; 2. [1820/21],
25, 30)

1. Jahrgang [1819/1820]

No. 1 [12. 2. 1819]:

[1]   Carl Blum: Ensemble und Solo aus dem Ballete: Achilles
            ([Pl. Nr.] M̊ 74)

[2]   Joseph Weigl: Aria aus: Nachtigall und Rabe (Glückselig stumme
            Zeugen) ([Pl. Nr. M̊ 83)

[3]   Joseph Weigl: Aria aus: Nachtigall und Rabe (Vernimm mich Nachti-
            gall) ([Pl. Nr.] M̊ 84)

[4]   Joseph Weigl: Duetto aus: Nachtigall und Rabe (Ich bin erschrocken)
            ([Pl. Nr.] M̊ 85)

[5] [Gioacchino] Rossini: Arietta und Cavatina (Desdemona) aus:
     Otello ([Pl. Nr.] M̊ 81)

[6] Chr.[istoph] W.[illibald] v.[on] Gluck: Aria (Pylades) aus:
     Iphigenie in Tauris (Nur einen Wunsch) ([Pl. Nr.] M̊ 82)

[7] Carl Blum: Pas de trois aus dem Ballet: Aline ([Pl. Nr.] M̊ 78)

No. 2 [14. 2. 1819]:

[8] [Gioacchino] Rossini: Ouverture aus der Oper: Otello
     ([Pl. Nr.] M̊ 80)   1— 8

[9] W.[olfgang] A.[madeus] Mozart: Arie (Cherubin) aus: Die Hoch-
     zeit des Figaro [KV 492, 6: Non sò più cosa son]
     ([Pl. Nr.] M̊ 75)

[10] Joseph Weigl: Quartetto aus: Nachtigall und Rabe (Geh Phillis
     ins Gebüsch) ([Pl. Nr.] M̊ 86)

[11] Joseph Weigl: Schlussgesang aus: Nachtigall und Rabe ([Pl. Nr.]
     M̊ 87)

No. 3:

[12] Ferdinand Stegmayer: Variationen über ein Thema aus dem: Wirts-
     haus von Granada [Umlauf] ([Pl. Nr.] M̊ 77)

[13] Joseph Weigl: Duett aus: Nachtigall und Rabe (Wirf eilig weg)
     ([Pl. Nr.] M̊ 76)

[14] W.[olfgang] A.[madeus] Mozart: Duetto (Gräfin, Susanne)
     aus: Hochzeit des Figaro [KV 492, 20: Sull'aria ...
     che soave zefiretto] ([Pl. Nr.] M̊ 79)

[15] [Gioacchino] Rossini: Duettino (Desdemona, Emilia) aus:
     Otello ([Pl. Nr.] M̊ 88)

No. 4 [25. 2. 1819]:

[16] Adalbert Gyrowetz: Ouverture zu: Aladin ([Pl. Nr.] M̊ 96)

[17] Adalbert Gyrowetz: Marsch und Romanze (Kalif) aus: Ala-
     din ([Pl. Nr.] M̊ 97)

[18] Gioacchino Rossini: Arie (Rodrigo) aus: Otello ([Pl. Nr.] M̊ 98)

No. 5 [13. 3. 1819 und 18. 3. 1819]:

[19] [Gioacchino] Rossini: Ouverture zu: Cenerentola

[20] [Adalbert] Gyrowetz: Arie (Azelia) aus: Aladin

[21] [Ludwig van] Beethoven: Triumphmarsch aus: Tarpeja [WoO 2a]

[22] Jos.[eph] Weigl: Concertant Aria (Phyllis) aus: Nachtigall und
     Rabe

No. 6 [28. 3. 1819 und 5. 4. 1819]:

[23] [François Adrien] Boieldieu: Ouverture und Arie (Röschen) aus:
     Rothkäppchen

[24] [Ludwig van] Beethoven: Quartett [Marzelline, Leonore, Jaquino,
       Rocco] aus: Fidelio [op. 72, 3: Mir ist so wunderbar]

[25] Carl Blum: Ensemblestück und Pas de deux aus: Aline

No. 7 [20. 4. 1819]:

[26] [Michael] Umlauf: Ouverture aus dem Schauspiele: Das Wirts-
       haus von Granada ([Pl. Nr.] M̊ 62)   1— 6

[27] [Gioacchino] Rossini: Entre-Act aus der Oper: Othello
       ([Pl. Nr.] M̊ 102)   7

[28] [Gioacchino] Rossini: Marsch aus der Oper: Othello   7

[29] Jos.[eph] Weigl: Terzetto aus: Nachtigall und Rabe (Sprich,
       schöne Phillis) ([Pl. Nr.] M̊ 107)   8— 11

[30] [François Adrien] Boieldieu: Aria (Nanette) aus: Roth-Käppchen
       (Er bat mich so sanft) ([Pl. Nr.] M̊ 112)   13

No. 8 [11. 5. 1819]:

[31]   Variationen über Röschens Arie [aus: Rothkäppchen
              von Boieldieu]

[32] [François Adrien] Boieldieu: Holzhauerchor aus: Rothkäppchen

[33] [François Adrien] Boieldieu: Arie (Baron) aus: Rothkäppchen

[34] Carl Blum: Ballabile aus: Achilles

[35] [Gasparo] Spontini: Schlusschor und Tanz aus: Ferdinand Cortez

No. 9 [29. 5. 1819]:

[36] [Gioacchino] Rossini: Ouverture zu: Diebische Elster

[37] [François Adrien] Boieldieu: Bauernchor aus: Rothkäppchen

[38] [Joseph] Kinsky: Ballabile aus: Der blöde Ritter

No. 10 [15. 6. 1819]:

[39] [Gioacchino] Rossini: Chor der Nobili aus: Othello

[40] [Gioacchino] Rossini: Canone mit Chor aus: Othello

[41] [Gioacchino] Rossini: Chiusa stretta des 1. Finale [Othello]

[42] [Michael] Umlauf: Entr'act aus: Das Wirtshaus von Granada
       ([Pl. Nr.] M̊ 64)

[43] Carl Blum: Ensemble und Solo aus dem Ballet: Achilles
       ([Pl. Nr.] M̊ 74)

No. 11 [17. 7. 1819 und 5. 8. 1819]:

[44] [Gioacchino] Rossini: Duett aus: Othello

[45] [Gioacchino] Rossini: Terzett aus: Othello

[46] [Adalbert] Gyrowetz: Duett aus: Aladin

[47] [François] Devienne: Grosser russischer Pas de deux

[48] [Wolfgang Amadeus] Mozart: Duett und Einzugsmarsch aus:
        Titus [KV 621]

No. 12 [6. 8. 1819]:

[49] [Gioacchino] Rossini: Chor der Krieger aus: Othello

[50] [Gioacchino] Rossini: Duett (Desdemona, Othello) aus: Othello

[51] [Gioacchino] Rossini: Grosse Schlusszene aus: Othello

[52] [Paul Wranitzky]: Allgemein beliebte Polonaise aus: Waldmädchen

No. 13 [29. 8. 1819]:

[53] [Verschiedene]: Einzugsmarsch, Erscheinen der Barden und Freu-
        dentanz aus: Ossian

[54] [Ludwig van] Beethoven: Duett und Terzett aus: Fidelio [op. 72]

[55] [François Adrien] Boieldieu: Marsch aus: Rothkäppchen

[56] [Adalbert] Gyrowetz: Finale aus: Aladin

No. 14 [23. 9. 1819]:

[57] [Verschiedene]: Liebeserklärung und Kriegertanz aus: Ossian

[58] [Adalbert] Gyrowetz: Arie aus: Aladin

[59] [François Adrien] Boieldieu: Entr'act aus: Liebe und Ruhm

[60] [François Adrien] Boieldieu: Traum aus: Rothkäppchen

No. 15 [28. 10. 1819]:

[61] [Gioacchino] Rossini: Ouverture zu: Richard und Zoraide

[62]   Pas de deux der zwei kaledonischen Kriegerinnen

[63] [Verschiedene]: Pas de deux aus: Ossian

No. 16 [23. 11. 1819] [Nach Exemplar in Antiquariat Baron, London]:

[64] [Gioacchino] Rossini: Terzett aus: Richard und Zoraide (Ha,
        welch Vergnügen) ([Pl. Nr.] M̊ 145)   1— 6

[65] [Ludwig van] Beethoven: Arie [Pizarro] aus: Fidelio (Ha,
        welch ein Augenblick) [Op. 72, 7] ([Pl. Nr.] M̊ 143)   7

[66] [Gioacchino] Rossini: Marcia aus: Richard und Zoraide
        (Kl. A.: P. Maschek) ([Pl. Nr.] M̊ 121)   8

[67] [Verschiedene]: Solo der Dlle. Aumer aus dem Ballete: Ossian   9— 13

No. 17 [9. 12. 1819 und 11. 1. 1820]:

[68] [Gioacchino] Rossini: Duetto aus: Richard und Zoraide (Schlägt
        mir ihr Herz voll Treue) ([Pl. Nr.] M̊: 150)   1— 5

[69] [Gioacchino] Rossini: Chiusa des ersten Finale aus: Richard
        und Zoraide ([Pl. Nr.] M̊: 149)   6— 7

[70] [Verschiedene]: Triumphmarsch aus: Ossian ([Pl. Nr.] M̊: 121)   8

[71] [Verschiedene]: Quintett aus dem Ballet: Ossian   9— 11

[72] [Verschiedene]: Allgemeine Gruppe und Jagdmarsch aus dem:
Ballete: Ossian   12— 13

No. 18 [19. 2. 1820]:

[73] [Gioacchino] Rossini: Duett aus: Richard und Zoraide (Umsonst
willst du mich täuschen)

[74] [Verschiedene]: Ossians Traumgesicht, Erscheinungen in Walhalla

[75] [Verschiedene]: Finale aus: Ossian

[76] [Ludwig van] Beethoven: Schlusschor aus: Fidelio [Op. 72, 16:
Heil sei dem Tag]

No. 19 [3. 3. 1820]:

[77] [Valentino] Fioravanti: Ouverture aus: Die Sängerinnen auf
dem Lande ([Pl. Nr.] M̓: 159)   1— 6

[78] [Ludwig van] Beethoven: Duett [Leonore, Florestan] aus:
Fidelio (O namenlose Freude) [Op. 72, 15] ([Pl. Nr.]
M̓ 161)   7— 9

[79] [Joseph] Kinsky: Ballabile aus: Der blöde Ritter   10— 11

[80] [Gioacchino] Rossini: Canon aus: Richard (und) Zoraide
(O Geliebte, laß dieses Zagen)   12

[81] [Gioacchino] Rossini: Sextett aus: Richard und Zoraide (Verwirrung und Schrecken) ([Pl. Nr.] M̓: 147)   13

No. 20 [24. 3. 1820]:

[82] [Ludwig van] Beethoven: Ouverture zu: Fidelio [Op. 72]

[83] [Verschiedene]: Pas de deux aus: Ossian

[84] [Gioacchino] Rossini: Schlussgesang aus: Richard und Zoraide

2. Jahrgang [1820/1821]

No. 21 [28. 5. 1820 und 18. 6. 1820]:

[1] [Wolfgang Amadeus] Mozart: Ouverture zu: Mädchentreue
[= Così fan tutte, KV 588]

[2] [Valentino] Fioravanti: Arie aus: Sängerinnen auf dem Lande

[3] [Gioacchino] Rossini: Duett aus: Richard und Zoraide (O lass
zu sanfter Liebe)

[4] [Verschiedene]: Jagdmusik, Tanz und Marsch aus: Ossian

No. 22 [29. 7. 1820]:

[5] [Gioacchino] Rossini: Duett (Pippo, Ninetta) aus: Diebischer
Elster

[6] [Gioacchino] Rossini: Schlussgesang aus: Diebischer Elster

[7] [Joseph] Kinsky: Ouverture, Introduction und pantomimisches
Stück aus: Emma

No. 23 [24. 8. 1820]:

[8]   [Johann Nepomuk] Hummel: Ouverture zu: Die gute Nachricht

[9]   [Wenzel Robert von] Gallenberg: Marsch aus: Alfred der Grosse

[10] A. Favier: Grosses Pas de deux

[11] [François Adrien] Boieldieu: Entr'act zum 3. Akt von: Roth-
       käppchen

No. 24 [14. 10. 1820]:

[12] [Louis Joseph Ferdinand] Hérold: Ouverture zu: Zauberglöckchen

[13] [Joseph] Kinsky: Pas de deux aus: Emma

[14] [Wenzel Robert von] Gallenberg: Preisschiessen mit der Armbrust
       aus: Alfred der Grosse

No. 25 [23. 11. 1820]:

[15] I.[gnaz] Ritter von Seyfried: Ouverture zur: Jungfrau von
       Orleans ([Pl. Nr.] N: 174)   1—   7

[16] [Joseph Haydn]: Oesterreichisches Volkslied (Gott! erhalte
       Franz den Kaiser) ([Pl. Nr.] N: 184) [Hob XXVIa,
       Nr. 43]   8

[17]   Englisches Volkslied (God save the King)   8

[18]   Rule Britannia   8—   9

[19] [Giovanni] Paesiello: Arie (Saper bramate etc.) aus dem: Bar-
       bier von Sevilla   9

[20] [Wenzel Robert von Gallenberg]: Pas de deux (Betzy, Page)
       aus: Alfred [der Grosse] ([Pl. Nr.] N: 169)   10— 11

[21] [Wenzel Robert von Gallenberg]: Marcia. Ankunft der Bauern
       zum Rosenfeste [aus: Alfred der Grosse]   11— 13

No. 26 [6. 2. 1821]:

[22] [François Adrien] Boieldieu: Ouverture zu: Die umgeworfenen
       Wagen [= Les Voitures versées]

[23] [François Adrien] Boieldieu: Romanze (Roger) aus: Rothkäppchen

[24] [Wenzel Robert von] Gallenberg: Introduction aus: Alfred der
       Grosse

No. 27 [22. 3. 1821]:

[25] [Gioacchino] Rossini: Schlussgesang aus: Barbier von Sevilla

[26] [Wenzel Robert von] Gallenberg: Grosses Quartett aus:
       Alfred der Grosse

No. 28 [8. 4. 1821]:

[27] [Christoph Willibald] Gluck: Ouverture zu: Iphigenie in Aulis

[28] [Wenzel Robert von] Gallenberg: Pas de deux (Alfred, William)
       aus: Alfred der Grosse

No. 29.

No. 30 [7. 6. 1821]:

[29] [Wenzel Robert von Gallenberg]: Pas de deux (Alfred, Betzy)
      [aus: Alfred der Grosse] ([Pl. Nr.] N: 169)   2— 5

[30] [Gioacchino] Rossini: Trink Chor aus der: Diebischen Aelster
      ([Pl. Nr.] N: 186)   6— 9

[31] [Gioacchino] Rossini: Arie (Giannetto) aus der: Diebischen
      Aelster ([Pl. Nr.] N: 183)   10— 12

[32] [Gioacchino] Rossini: Arie (Amtmann) aus der: Diebischen
      Aelster ([Pl. Nr.] N: 187)   13— 15

Musikalisches Conversationsblatt. Eine Auswahl vorzüglicher Gesangstüke älterer
und neuerer Zeit mit Begleitung des Fortepiano. [Nro. 1: 14. April 1819.]

Wien im k. k. Hoftheater Musikverlage in der Burg.

[1819—1821]: Nro. 1—13.

A Wgm ([1819], 1); Wn

Nro. 1 [14. 4. 1819]:

[1]   [Wolfgang Amadeus] Mozart: Duetto (Vittelia, Sextus) aus:
      Titus „Come ti piace imponi" — „Fordre nach Gefal-
      len" [KV 621, 1] ([Pl. Nr.] M̊: 109)   1— 4

[2]   [Adalbert] Gyrowetz: Romance (Kalif) aus: Aladin „In der
      kleinen niedern Hütte" ([Pl. Nr.] M̊: 106)   5

[3]   [François Adrien] Boieldieu: Aria (Rogers) aus: Rothkäppchen
      „Nicht Purpurglanz, nicht Diademe" ([Pl. Nr.] M̊: 110)   6— 7

[4]   [Adalbert] Gyrowetz: Duetto (Aladin, Azelia) aus: Aladin
      „Der Weiber Streicheln, Kosen" ([Pl. Nr.] M̊: 105)   8— 13

Nro. 2 [27. 4. 1819]:

[5]   [François Adrien] Boieldieu: Aria (Röschen) aus der Oper:
      Rothkäppchen „Lange schon sah liebe Nanette" —
      „Depuis longtems, gentille Annette" ([Pl. Nr.] M̊: 103)   1— 6

[6]   [François Adrien] Boieldieu: Chor der Holzhauer aus: Roth-
      käppchen „Seyd munter, behende, fällt die Bäume"
      ([Pl. Nr.] M̊: 113)   7— 9

[7]   [Adalbert] Gyrovetz [!]: Cavatina (Azelia) aus: Aladin „Wirst
      sehn, wie ich mich kleide" ([Pl. Nr.] M̊: 114)   10— 13

Nro. 3 [17. 5. 1819]:

[8]   [Gioacchino] Rossini: Cavatina [Ninetta] dell' Opera: Gazza Ladra
      „Di piacer mi balza il cor" [I. Akt, Nr. 2] ([Pl. Nr.]
      M̊: 104)   1— 5

[9]　[François Adrien] Boieldieu: Aria (Nanette) aus: Rothkäppchen
　　　„Er bat mich so sanft um den Strauss" ([Pl. Nr.]
　　　M̥: 118)　　　　　　　　　　　　　　　　　　　　　　6— 8

[10]　[Adalbert] Gyrowetz: Terzetto (Aladin, Giaffar, Calif) aus:
　　　Aladin „Wozu soll ein Serail mir nützen" ([Pl. Nr.]
　　　M̥: 119)　　　　　　　　　　　　　　　　　　　　　　9— 13

Nro. 4 [8. 7. 1819]:

[11]　[François Adrien Boieldieu]: Aria (Bar:[on] Rudolph) aus:
　　　Rothkäppchen (Rec.) „Ihr flieht umsonst, Ihr armen
　　　Schäferinnen" (Aria) „O Talismann du furchtbar un-
　　　sern Schönen" ([Pl. Nr.] M̥: 122)　　　　　　　　　1— 6

[12]　[Michael] Umlauf: Romanze aus dem Schauspiele: Das Nacht-
　　　lager in Granada [!] von Kap. „Eingeschlummert ist
　　　die Erde in des Mondes Silbergrau" (Singst., Cemb.)
　　　([Pl. Nr.] M̥: 63)　　　　　　　　　　　　　　　　7

[13]　[Adalbert] Gyrowetz: Recitativ et Cavatina (Azelia) aus:
　　　Aladin (Rec.) „Wohl liebt mich dieser Aladin"
　　　(Cavatina) „Reiche Gewänder, Spitzen und Bänder"
　　　([Pl. Nr.] M̥: 123)　　　　　　　　　　　　　　　8— 10

[14]　G.[ioacchino] Rossini: Duetto (Ciro, Amira) dell'Opera:
　　　Ciro „Nello stringerti al mio petto" ([Pl. Nr.] M̥: 36)　　11— 13

Nro. 5 [19. 8. 1819]:

[15]　[Gioacchino] Rossini: Cavatina [Rosine] dell'Opera: Il Bar-
　　　biere di Seviglia [!] „Una voce poco fà" (G-Dur) [I. Akt,
　　　Nr. 4] ([Pl. Nr.] M̥: 128)　　　　　　　　　　　　1— 5

[16]　[Friedrich Heinrich Himmel]: [Arie (Fanchon) aus: Fanchon]
　　　„Mit holder Schönheit ausgestattet" [III. Akt, Nr. 47ᶻ
　　　Vorspiel und Nachspiel gekürzt] ([Pl. Nr.] M̥: 33)　　6

[17]　[Gioacchino Rossini]: [Terzetto (Amira, Ciro, Baldasar) aus:
　　　Ciro] „Fiero (Sdegno) nell'anima terror (Fiero) si
　　　desta" ([Pl. Nr.] M̥: 37)　　　　　　　　　　　　7— 13

Nro. 6 [28. 10. 1819]:

[18]　[Gioacchino] Rossini: Canone (Agorante, Richard, Ernest,
　　　Zoraide) del primo Finale di: Ricciardo e Zoraide
　　　„O Geliebte, lass dieses Zagen" — „Cessi o mai quel
　　　tuo rigore" [I. Akt, aus Nr. 9] ([Pl. Nr.] M̥: 141)　　1— 5

[19]　[François Adrien] Boieldieu: Duetto (Margareth, Gräfin) aus:
　　　Ruhm und Liebe „O Heymath, süss und theuer"
　　　([Pl. Nr.] M̥: 52)　　　　　　　　　　　　　　　6— 9

[20]　[Friedrich Heinrich] Humel [recte: Himmel]: Aria (Saint Val.)
　　　aus: Fanchon „Doch in des Mädchens Schose [!] erblik'
　　　ich" [I. Akt, Nr. 14] ([Pl. Nr.] M̥: 31)　　　　　　10

[21] [Gioacchino] Rossini: Schluss Chor (Ernesto, Richard, Zoraide)
aus: Richad [!] und Zoraide „Was des Schiksals [!]
Macht geschieden" — „Or più dolce intorno al core"
[II. Akt, Schluß von Nr. 13 gekürzt und vereinfacht]
([Pl. Nr.] M̊: 142)   11— 13

Nro. 7 [23. 11. 1819]:

[22] [Gioacchino] Rossini: [Recitativ und] Duetto (Zomira, Zoraide)
dell'Oppera [!]: Ricciardo e Zoraide „Invan tu fingi
ingrata" — „Umsonst willst du mich täuschen" [I. Akt,
aus Nr. 4] ([Pl. Nr.] M̊: 140)   1— 15

Nro. 8 [9. 12. 1819]:

[23] G.[ioacchino] Rossini: Duetto (Agorante, Richardo) dell'Opera:
Ricciardo e Zoraide „Donato a questo core" —
„O lass zu sanfter Liebe" [II. Akt, aus Nr. 10] (Clavi-
cembalo-Arr.: Paolo Mascheck) ([Pl. Nr.] M̊: 144)   1— 13

Nro. 9 [19. 2. 1820]:

[24] [Pietro] Generalli [!]: Aria (Filipuccio) aus: La Contessa di Colle
Erboso, eingelegt in: Die Sängerinnen auf dem Lande
[= Le Cantatrici Villane (Fioravanti)] „Von der Liebe
Schlangenbissen" ([Pl. Nr.] 156 M̊)   1— 5

[25] [Valentino] Fioravanti: [Recitativ und] Aria (Carlino) aus der
Oper: Die Sängerinnen auf dem Lande [= Le Cantatrici
Villane] (Rec.) „Ha! den Frevel" (Aria) „O flieht ihr
sanften Triebe" [II. Akt, aus Nr. 11] ([Pl. Nr.] M̊: 157) 6— 9

[26] [Gioacchino] Rossini: Cavatina (Isabella) nell'Opera: L'Italiana
in Algeri „Per lui che adoro che il mio tesoro" [II. Akt,
Nr. 12: Quartetto] ([Pl. Nr.] M̊: 14)   10— 13

Nro. 10 [3. 3. 1820]:

[27] [Valentino] Fioravanti: Terzetto (Rosa, Agatha, Pucephalo)
aus: Die Sängerinnen auf dem Lande [= Le Cantatrici
Villane] „Sagen werd ich, wenn beym Agiren" [I. Akt,
Nr. 2] ([Pl. Nr.] M̊: 155)   1— 13

Nro. 11 [28. 5. 1820]:

[28] [Valentino] Fioravanti: Duetto (Rosa, Carlino) aus: Die Sängerinnen auf dem Lande [= Le Cantatrici Villane] „Gieb mir
jetzt Kraft, o Liebe" (B-dur) [I. Akt, Nr. 7] ([Pl. Nr.]
M̊: 158)   1— 6

[29] Nicolò Isouard: Arie (Adele) aus: Das Lotterie-Loos, eingelegt
in: Die Sängerinnen auf dem Lande [= Le Cantatrici
Villane (Fioravanti)] „Nein, ich singe nicht, mein Herr"
([Pl. Nr.] 41)   7— 13

Nro. 12 [5. 8. 1820]:

[30] [Gioacchino] Rossini: Schlussgesang (Ninetta) aus der Oper: Die
      diebische Älster [!] „Heiter lacht nun die Sonne" –
      „Ecco cessato il vento" [II. Akt, aus Nr. 16] ([Pl. Nr.]
      N: 172)   1– 5

[31] [François Adrien] Boieldieu: Troubadour Lied (Karl, Bianco,
      Chor) aus: Ruhm und Liebe „Wenn das Schwert und
      die Leier in der Hand uns erglänzt" ([Pl. Nr.] M̂: 53)   6– 8

[32] Joseph Weigl: Bass Arie (Gärtner Ambros) [aus:] Alexis „Wenn
      ich mein Gärtchen früh bestelle" ([Pl. Nr.] N: 173)   9– 10

[33] Jos.[eph] Weigl nach Blangini: Quartetto (Frau v.[on] Durst,
      Rose, H.[er]r v.[on] Felding, Heinrich) [aus:] Der
      Kirchtag im benachbarten Dorfe (Boieldieu) „Nun
      hilft kein Zieren, sie triumphiren" ([Pl. Nr.] M̂: 25)   11– 13

Nro. 13 [6. 2. 1821]:

[34] [Gioacchino Rossini]: Canon (Rosine, Conte, Bartolo, Basilio)
      [aus: Il Barbiere di Siviglia] „Staunen und Schrecken,
      lähmt meine Sinne" – „Freddo ed immobile come una
      statua" [I. Akt, aus Nr. 8] ([Pl. Nr.] N. 178)   2– 10

[35] [Gioacchino Rossini]: Bolleros (Rosina) [aus: Il Barbiere di
      Siviglia] „Ein Quell der Freuden ist treue Liebe" –
      „Come il candore d'intatta neve" ([Pl. Nr.] N. 176)   11– 16

Musikalisches Wochenblatt für Klavier und Gesang, komponirt und herausgegeben
von George Ernst Gottlieb Kallenbach.

Magdeburg: Creutz.

[1819], No. 1–2?

D Bim (**M**: [1819], 1–2) – **PL** GD ([1819], 1–2)

No. 1:

[1]   Das Abentheuer des Pfarrers Schmolke und Schulmeisters
          Bakel, eine komische Romanze „Mein Seel'! wir gehen
          irr' " (Langbein)   1– 24

No. 2:

[2]   Letzter Wunsch „Wenn, o Schicksal, wenn wird endlich" 1

[3]   Ball-Lied. Alte und neue Welt „Recht! Recht! Immer
          nach China verwiesen!"   2– 3

[4]   Ouverture (Pfte. 4hdg.)   4– 15

[5]   Eliesens Abschied „Noch einmal, Robert, eh wir
          scheiden"   16– 17

[6]   Allemande (Pfte. 4hdg.)   18– 19

[7]   Quadrille (Pfte. 4hdg.)   18– 21

[8]   Angloise (Pfte. 4hdg.)   20— 21
[9]   Lied „Lebe wohl, o mütterliche Erde"   22— 23
[10]   Die Ruhe im Grabe „Im Grabe ist Ruh!"   24

Musikalisk Journal. [Herausgegeben von Franz Berwald.]
Stockholm: Stentryck af Fehr & Müller.
1819: Häftet 1—6.
D Bim (X) — S Skma

1. Häftet af Franz Berwald:

No. 1. (Franz Berwald): Romace [!] „Jag minnes dig, när näktergalen"
         (Singst., Pfte.)   2—   3

No. 2. (Franz Berwald): Romance „Ma vie est une fleur sauvage"
         (Singst., Pfte.)   (4)— 5

No. 3. (Franz Berwald): Antante [!] (Pfte.)   6—   9

No. 4. (Franz Berwald): Echo (Pfte.)   9— 11

No. 5. (Franz Berwald): Polonoise Bagatelle (Pfte.)   12—(13)

No. 6. (Franz Berwald): Thema con Variaz:[ioni] (Andante — Var. 1—3)
         (Pfte.)   14— 15

2. Häftet af Åtskillige:

No. 1. P.[er Fredrik] Blidberg: Blomman förgät mig ej „Jag föddes vid
         en" ‹Poetiska Kallender för år 1812› (Singst., Pfte.-
         Arr.: J. M. W...s)   2

No. 2. [Per Fredrik] Blidberg: Rosen „Den lefvande fullhetens yppiga
         prakt" ‹Poetiska Kallender för år 1812› (Singst., Pfte.-
         Arr.: F. W. R....l)   3

No. 3.   [Romance] „En parcourant les doux climats de Paphos,
         et Cythère" (Singst., Pfte.)   4—   5

No. 4. [Franz] B.[erwald]: Andantino (Pfte.)   6

No. 5. Lacoste: (Adagio — Allegro assai — Adagio) (Pfte.)   7— 10

No. 6. [Ludvig Anton Edmond] Passi [!]: Rondo con brio (Pfte.) 11— 14

No. 7. [Franz] B.[erwald]: Scherzo (Pfte.)   14— 15

3. Häftet af Franz Berwald:

No. 1. (Franz Berwald): Aftonrodnan „Ren solen sunkit bakom bergen"
         [G. Ingelman] (Singst., Pfte.-Begl.)   2—   3

No. 2. (Franz Berwald): Imitation „Ute blåser sommarvind" [S. Hed-
         born] (Singst., Pfte.)   3

No. 3. (Franz Berwald): Thema con Variazione [!] (Andantino —
         Var. 1-5) (Pfte.)   4—   9

No. 4. (Franz Berwald): Polonoise (Pfte.)   10— 12

No. 5. (Franz Berwald): Tempo di Marcia (Pfte.)   13— 15

4. Häftet af Åtskillige:

No. 1. [Etienne Nicolas] Méhul: Romance et Rondeau „Il n'aime plus
       comme autre fois" (Singst., Pfte.)   (2)—6

No. 2. [Giovanni Battista] Viotti: Serenad (Pfte.)   7— 12

No. 3. [Domenico] Corri: Polonoise (Pfte.)   12— 15

5. Häftet af Åtskillige:

No. 1. [Felice] Blangini: Duo „L'espérance me dit sans cesse" (2 Singst.,
       Pfte.)   2— 3

No. 2. [Franz Berwald]: Romance „Un jeune troubadour qui chante"
       (Singst., Pfte.)   4— 5

No. 3. Louis Berger: Rondeau (Pfte.)   6— 13

No. 4. [Franz] B.[erwald]: Polonoise (Pfte.)   14— 15

6. Häftet af Franz Berwald:

No. 1. (Franz Berwald): „Mais, ne l'oublions pas, à la ville" (Singst.,
       Pfte.)   2— 3

No. 2. (Franz Berwald): Pot-Pouri [!] (Pfte.)   4— 13

No. 3. (Franz Berwald): Polonoise (Pfte.)   13— 15

Theater=Journal für zwey Csakan. Dieses Journal wird alle neuen interessanten Gesangstücke, welche auf den hiesigen und auswärtigen Theatern aufgeführt werden, enthalten. [Heft 1: 3. 5. 1819.]

Wien bei S. A. Steiner und Comp: Musikalienhändler und Besitzer der k: k: pr: Chemie-Druckerey.

[1819—1820]: Heft 1—2?

A Wn ([ca. 1820], 2)

1. Heft ([Pl. Nr.] 2991 [3. 5. 1819])

2. Heft ([Pl. Nr.] 2992 [24. 4. 1820]):

No. 1. [Joseph Drechsler]: Der Berggeist   1

No. 2. [Franz Volkert]: [Der] Siegende Amor   1

No. 3.   Thetis und Peleus   1

No. 4. [Franz Volkert]: Zauberpyramiden   2

No. 5. [Wenzel Müller]: Travestirte Tancred [= Tancredi]   2— 3

No. 6. [Wilhelm Reuling]: Der lustige Fritz   3

No. 7. [Peter Winter]: Das Labyrinth   3

No. 8. [Wenzel Müller]: Der Tieger [!] aus dem Zaubergebirge   3

No. 9. [Joseph Drechsler]: Berggeist   4

No.10.   Ballo   4

Theater=Journal für Flöte, Violine, Viola und Violoncello.

Wien bei S. A. Steiner und Comp.

[1819?]: Heft 1 ([Pl. Nr.] 2941) – ?

[Nach Mitteilung von A. Weinmann, Wien.]

Theater=Journal für zwey Flöten. [Heft 1: 3. 5. 1819.]

Wien bei S. A. Steiner und Comp.

[1819]: Heft 1 ([Pl. Nr.] 2981) – 2?

[Nach Mitteilung von A. Weinmann, Wien.]

Theater=Journal für Gesang mit Begleitung der Guitare. Dieses Journal enthält alle neuen interessanten Gesangstüke [!], welche auf den hiesigen und auswärtigen Theatern aufgeführt werden. [No. 1: 3. 5. 1819.]

Wien, bei S: A: Steiner und Comp: ‹ Graben No. 572, im Paternostergäßchen. ›

[1819]: No. 1–7?

D Mm ([1819], 3, 7)

No. 1 ([Pl. Nr.] S: u: C: 2921 [3. 5. 1819]):

G.[ioacchino] Rossini: Arie aus: Othello „Du magst mich so betrüben"

No. 2 ([Pl. Nr.] S: u: C: 2922 [3. 5. 1819]):

G.[ioacchino] Rossini: Cavatine aus: Othello „O Gott, hab' Mitleid"

No. 3 ([Pl. Nr.] S: u: C: 2923 [3. 5. 1819]):

I: [Gioacchino] Rossini: Canzonette (Desdemona) aus der Oper: Othello
        „Gelehnt an die Cypresse" – „Assisa a un piè d'un salice" 2–   3

No. 7 ([Pl. Nr.] S: u: C: 2927):

W.[enzel] Müller: Lied (Spindelbein) aus der Zauberposse: Die Fee aus
        Frankreich „Duidu Dass im Wald finster ist"   2–   3

Theater=Journal für Gesang mit Begleitung des Piano-Forte. Dieses Journal wird alle neuen interessanten Gesangstücke, welche auf den hiesigen und auswärtigen Theatern aufgeführt werden, enthalten. [Heft 1: 20. 1. 1819.]

Wien, bei S. A. Steiner und Comp: Musikhändler und Besitzer der k. k. pr. Chemie-Druckerey.

[1819–1822]: No. 1–97.

A M ([1819–1822]: 5, 34, 36, 45–46, 53–57, 59, 62–63, 77, 83, 88–90, 92); Sca ([1819–1821]: 8–9, 20, 53, 56, 68, 72, 90); Waw ([1820–1821]: 9, 67, 78); Wgm ([1819–1821]: 1–4, 11, 13–19, 21, 23–25, 33, 35, 38); Wn ([1819–1822]: 2, 22, 29–30, 32, 88, 92–93); Wst ([1819–1821]: 3, 6–7, 10–11, 14–30, 32, 36, 38, 41, 44, 57, 74, 93–94) – CS Bu ([1819–1821]: 86–87, 89–91) – D DO ([1820]: 12); Mbs ([1820–1821]: 16, 72); Mm ([1821]: 48)

[1819]

1. Heft ([Pl. Nr.] S: u: C: 2951 [20. 1. 1819]):

[Gioacchino] Rossini: Canzonette [Desdemona] aus der Oper: Othello „Gelehnt an die Cypresse" – „Assisa a piè d'un salice"

2. Heft ([Pl. Nr.] S: u: C: 2952 [20. 1. 1819]):

[Gioacchino] Rossini: Duettino aus der Oper: Othello „Warum den [!] stets mich täuschen" – „Vorrei che il tuo"

3. Heft ([Pl. Nr.] S: u: C: 2953 [20. 1. 1819]):

J. [Gioacchino] Rossini: Canon (Desdemona, Rodrigo, Elmiro) aus dem ersten Finale der Oper: Othello „O schenk' mir deine Liebe" – „Ti parli l'amore"   1–   5

J. [Gioacchino] Rossini: Quintett (Othello, Rodrigo, Desdemona, Elmiro, Emilie) aus dem ersten Finale der Oper: Othello „Wie graus es endet" – „Incerta l'anima"   6–   8

4. Heft ([Pl. Nr.] S: u: C: 2954 [20. 1. 1819]):

[Gioacchino] Rossini: Duetto aus der Oper: Othello „Nein warum das Zagen" – „No non temer serena"

[5. Heft ([Pl. Nr.] S: u: C: 2955 [29. 1. 1819]):

[Gioacchino] Rossini: Arie aus der Oper: Othello „Du magst mich so betrüben" – „Ah come mai non"]

6. Heft ([Pl. Nr.] S: u: C: 2956 [3. 5. 1819]):

I: [Gioacchino] Rossini: Recitativo e Duetto (Armida, Rinaldo) nell'Opera: Armida (Rec.) „Nie werd' ich fühllos vergessen" – „Grata quest 'alma costante" (Duetto) „Du liebst? – Welch' süss Bekenntniss!" – „Amor possente nome"   1– 16

[1820]

7. Heft ([Pl. Nr.] S: u: C: 2957 [6. 4. 1820]):

G.[ioacchino] Rossini: Cavatina (Oreste, Pilade) nell'Opera: Ermione
  (Rec.) „Reggia abborita" — „Wohnsitz des Schreckens"
  (Cav.) „Des stummen Schmerzens Klage" — „Che sorda
  al mesto pianto"   1— 12

8. Heft ([Pl. Nr.] S: u: C: 2958 [6. 4. 1820]):

Joachim Rossini: Cavatina (Gianetto) aus der Oper: La Gazza ladra —
  Die diebische Elster „Vieni fra queste braccia" —
  „Komm in die offnen Arme"   2— 9

9. Heft ([Pl. Nr.] S: u: C: 2959 [6. 4. 1820]):

Joachim Rossini: Cavatina (Ninetta) aus der Oper: La Gazza ladra —
  Die diebische Elster „Di piacer, mi balza il cor" —
  „Was ich oft im Traume sah"   2— 9

10. Heft ([Pl. Nr.] S: u: C: 2960 [6. 4. 1820]):

Joachim Rossini: Cavatina (Conte) aus der Oper: Der Barbier von Sevilla
  „Ecco ridente il cielo" — „Sieh schon die Morgenröthe" 2— 7

11. Heft ([Pl. Nr.] S: u: C: 2961 [6. 4. 1820]):

Joachim Rossini: Cavatina (Rosina) aus der Oper: Der Barbier von Sevilla
  „Una voce poco fà" — „Frag' ich mein beklommen Herz" 2— 9

12. Heft ([Pl. Nr.] S: u: C: 2962 [6. 4. 1820]):

Joachim Rossini: Cavatina (Podesta) aus der Oper: La Gazza ladra —
  Die diebische Elster „Il mio piano è preparato" —
  „Dieser Plan ist unvergleichlich"   2— 9

[13. Heft ([Pl. Nr.] S: u: C: 2963 [6. 4. 1820]):

[Gioacchino] Rossini: Arie aus der Oper: Die Getäuschten „Ha, wie
  warf mich eine Stimme" — „Una voce"]

14. Heft ([Pl. Nr.] S: u: C: 2964 [6. 4. 1820]):

Joachim Rossini: Gebeth (Mosè) aus der ernsthaften Oper: Moses in
  Egypten „Dal tuo stellato soglio" — „Von deinem
  Sternenthrone"   2— 7

15. Heft ([Pl. Nr.] S: u: C: 2965 [6. 4. 1820]):

Joachim Rossini: Cavatina (Narciso) aus der Oper: Der Türke in Italien
  „Tu seconda il mio disegno" — „Meine Leiden wird
  Amor rächen"   2— 9

16. Heft ([Pl. Nr.] S: u: C: 2966 [6. 4. 1820]):

Joachim Rossini: Cavatina (Fiorilla) aus der Oper: Der Türke in Italien
  „Non si da follia maggiore" — „Thöricht ist die Frau
  zu nennen"   2— 7

17. Heft ([Pl. Nr.] S: u: C: 2967 [15. 5. 1820]):

Ferdinand Paer: Aria (Agnese) aus der Oper: Agnese „Tutto è silenzio" — „Alles ist stille"   2— 9

18. Heft ([Pl. Nr.] S: u: C: 2968 [15. 5. 1820]):

Ferdinand Paer: Duetto (Uberto, Agnese) aus der Oper: Agnese „Quel sepolcro, che racchiude" — „Jenes Grabmal, das die Hülle"   2— 15

19. Heft ([Pl. Nr.] S: u: C: 2969 [15. 5. 1820]):

Ferdinand Paer: Aria (Ernesto) aus der Oper: Agnese „Cielo, pietoso cielo" — „Himmel! mitleid'ger Himmel"   2— 11

20. Heft ([Pl. Nr.] S: u: C: 2970):

Joachim Rossini: Duetto (Ninetta, Fernando) aus der Oper: La Gazza ladra „Come frenar il pianto" — „Ach meine Thränen fliessen"   2— 19

21. Heft ([Pl. Nr.] S: u: C: 2971):

Joachim Rossini: Duetto (Pippo, Ninetta) aus der Oper: La Gazza ladra (Rec.) „Deh pensa che domani" — „O denke, dass morgen" (Duetto) „E ben per mia memoria" — „So nimm, gedenke meiner"   2— 17

22. Heft ([Pl. Nr.] S: u: C: 2972):

Joachim Rossini: Duetto (Ninetta, Gianetto) aus der Oper: La Gazza ladra „Forse un di conoscerete" — „Einst wird wohl der Tag erscheinen"   2— 19

23. Heft ([Pl. Nr.] S: u: C: 3153):

Joachim Rossini: Schluss-Gesang (Ninetta, Podesta, Pippo, Gianetto, Fabricio und Chor) aus der Oper: La Gazza ladra „Ecco cessato il vento" — „Aus hat der Sturm getobet"   2— 7

24. Heft ([Pl. Nr.] S: u: C: 3154):

Joachim Rossini: Romanze (Cenerentola) aus der Oper: Cenerentola— Aschenbrödl „Una volta c'era un Re" — „Einmahl war ein grosser König"   2— 3

25. Heft ([Pl. Nr.] S: u: C: 3155):

Joachim Rossini: Duetto (Ramiro, Cenerentola) aus der Oper: Cenerentola [Rec.] „Tutto è deserto" — „Alles ist einsam" (Duetto) „Un soave non so che" — „Ein bezaubernd weiss nicht was"   2— 19

26. Heft ([Pl. Nr.] S: u: C: 3156 [26. 10. 1820]):

F.[rancesco] Morlacchi: Cavatina e Bolleros aus der Oper: Gianni di
      Parigi — Prinzessinn von Navarra „Il mio destin dipen-
      de" — „Der Augenblick entscheidet"   2— 7

27. Heft ([Pl. Nr.] S: u: C: 3157 [26. 10. 1820]):

F.[rancesco] Morlacchi: Duettino (Oliviero, Principessa) aus der Oper:
      Gianni di Parigi „Ah non credeva offendervi" — „Ver-
      zeihet, wenn ich fehlte"   1— 8

28. Heft ([Pl. Nr.] S: u: C: 3158 [26. 10. 1820]):

F.[rancesco] Morlacchi: Trobadore (Oliviero) aus der Oper: Gianni di
      Parigi „More o bella il Trobadore" — „Sieh den Trouba-
      dour, o Schöne"   2— 15

29. Heft ([Pl. Nr.] S: u: C: 3159 [26. 10. 1820]):

F.[rancesco] Morlacchi: Terzetto Canone (Seneschall) aus der Oper:
      Gianni di Parigi „Ah! qual tresca al mio cospetto" —
      „Ha, Scandal, was muss ich finden"   2— 10

[1821]

30. Heft ([Pl. Nr.] S: u: C: 3160 [16. 5. 1821]):

Joachim Rossini: Duetto (Clarisse, Graf) aus der Oper: La Pietra del
      Paragone — Weiberproben „Conte mio se l'eco avesse"
      — „Hätte Echo doch ihre Stimme"   2— 17

[31. Heft ([Pl. Nr.] S: u: C: 3161 [16. 5. 1821]):

[Gioacchino] Rossini: Terzettino aus der Oper: Weiberproben „Der
      Zanck ist geschlichtet" — „Fra tante"]

32. Heft ([Pl. Nr.] S: u: C: 3162):

Joachim Rossini: Duetto (Rosina, Figaro) aus der Oper: Der Barbier von
      Sevilla „Dunque io son, tu non m'inganni" — „Also ich?
      meinst du es wirklich"   2— 13

[33. Heft ([Pl. Nr.] S: u: C: 3163 [12. 5. 1821]):

[Gioacchino] Rossini: Duetto aus der Oper: Moses „Könntest du mich
      so verlassen" — „Ah se puo così"]

[34. Heft ([Pl. Nr.] S: u: C: 3164 [12. 5. 1821]):

[Gioacchino] Rossini: Duetto aus der Oper: Moses „Alle erquickt die
      Freude" — „Tutto mi ride"]

[35. Heft ([Pl. Nr.] S: u: C: 3165 [12. 5. 1821]):

[Gioacchino] Rossini: Duetto aus der Oper: Moses „Ich darf dir nicht
      erklären" — „Parlar spiegar"]

36. Heft ([Pl. Nr.] S: u: C: 3166 [12. 5. 1821]):

Joachim Rossini: Duetto (Elcia, Osiride) aus der Oper: Moses „Quale
assalto qual cimento" — „Du bestürmest mich mit
Bitten" 2— 7

[37. Heft ([Pl. Nr.] S: u: C: 3167 [12. 5. 1821]):

[Gioacchino] Rossini: Quartetto aus der Oper: Moses „Es schwinden
die Sinne" — „Mi manca la voce"]

38. Heft ([Pl. Nr.] S: u: C: 3168 [16. 5. 1821]):

Joachim Rossini: Arie, eingelegt in die Oper: Weiberproben, aus: Ermione
(Rec.) „Reggia aborita" — „Schön ist das Leben" — (Arie)
„O ciel che sorda al mesto pianto" — „Und Liebe für dich
Freund und Klarisse" 1— 9

[39. Heft ([Pl. Nr.] S: u: C: 3169):

[Ferdinand] Hérold: Romance aus der Oper: Das Zauberglökchen [!]
„Ein Gesetz in Indien läßt geschehen"]

[40. Heft ([Pl. Nr.] S: u: C: 3170):

[Ferdinand] Hérold: Arie aus der Oper: Das Zauberglökchen [!]
„Seht mich hier Befehle zu empfangen"]

[ca. 1821]

41. Heft ([Pl. Nr.] S: u: C: 3601):

[Gioacchino] Rossini: Arietta (Bartolo) aus der Oper: Der Barbier
von Sevilla „Seh' ich die holde Miene" — „Quando
mi sei vicina" 2— 3

[42. Heft ([Pl. Nr.] S: u: C: 3602):

[Gioacchino] Rossini: Bolleros (Grünbaum) aus der Oper: Der Barbier
von Sevilla „Ein Quell der Freude" — „Come il candore"]

[43. Heft ([Pl. Nr.] S: u: C: 3603):

[Gioacchino] Rossini: Canon aus der Oper: Der Barbier von Sevilla
„Staunen und Schreken [!]" — „Freddo ed imobile"]

44. Heft ([Pl. Nr.] S: u: C: 3604):

([Gioacchino] Rossini): Aria (Bartolo) aus der Oper: Der Barbier von
Sevilla „Einen Doctor meines Gleichen" — „A un Dottor
della mia sorte" 1— 13

[45. Heft ([Pl. Nr.] S: u: C: 3605):

[Gioacchino] Rossini: Canon aus der Oper: Richard und Zoraide
[= Ricciardo e Zoraide] „O Geliebte, laß dieses Zagen"
— „Cessi o mai quel"]

[46. Heft ([Pl. Nr.] S: u: C: 3606):

[Gioacchino] Rossini: Schlußchor aus der Oper: Richard und Zoraide
　　　　　„Was des Schicksals" — „Or più dolce intorno"]

[47. Heft ([Pl. Nr.] S: u: C: 3607):

[Gioacchino] Rossini: Duetto aus der Oper: Richard und Zoraide „O
　　　　　laß zu sanfter Liebe" — „Dona la a questo core"]

48. Heft ([Pl. Nr.] S: u: C: 3608):

[Gioacchino] Rossini: Duetto (Zolmira, Zoraide) aus der Oper: Richard
　　　　　und Zoraide „Umsonst willst du mich täuschen" — „In
　　　　　van tu fingi, Ingrata" 　　　　　　　　　　　　1— 15

[49. Heft ([Pl. Nr.] S: u: C: 3609):

[Gioacchino] Rossini: Cavatina aus der Oper: Italiana in Algieri [!] „Per
　　　　　lui, che adoro, ch'è il mio"]

[50. Heft ([Pl. Nr.] S: u: C: 3610):

[Gioacchino] Rossini: Cavatina aus der Oper: Italiana in Algieri [!] „Per
　　　　　lui, che adoro, ch'è il mio"]

[51. Heft ([Pl. Nr.] S: u: C: 3611):

[Gioacchino] Rossini: Cavatina nell'Opera: Italiana in Algieri [!]
　　　　　„Soffri amor per qualche istante"]

[52. Heft ([Pl. Nr.] S: u: C: 3612):

[Gioacchino] Rossini: Quartett [!] nell'Opera: Tancred „Ah se giusto,
　　　　　o ciel"]

53. Heft ([Pl. Nr.] S: u: C: 3613):

[Gioacchino] Rossini: Duetto (Tancredi, Argirio) (nell'Opera): Tancredi
　　　　　„Ah se de mali miei" 　　　　　　　　　　　　　2— 7

[54. Heft ([Pl. Nr.] S: u: C: 3614):

[Gioacchino] Rossini: Cavatina nell'Opera: Tancred „Come dolce
　　　　　all'alma mia"]

[55. Heft ([Pl. Nr.] S: u: C: 3615):

[Gioacchino] Rossini: Rec.[itativo] e [!] Aria nell'Opera: Tancred
　　　　　„Tu che accendi"]

56. Heft ([Pl. Nr.] S: u: C: 3616):

[Gioacchino] Rossini: Polonoise (Amenaide) (nell'Opera: Tancredi)
　　　　　„Fra quai soavi palpiti" 　　　　　　　　　　　2— 5

57. Heft ([Pl. Nr.] S: u: C: 3617):

G.[ioacchino] Rossini: Terzetto (Amira, Ciro, Baldasar) dell'Opera:
　　　　　Ciro „Fiero nell'anima" 　　　　　　　　　　　1— 7

[58. Heft ([Pl. Nr.] S: u: C: 3618):

[Gioacchino] Rossini: Duetto nell'Opera: Ciro „Nello stringerti
al mio petto"]

[59. Heft ([Pl. Nr.] S: u: C: 3619):

[François Adrien] Boieldieu: Quartett aus der Oper: Der Kirchtag im
benachbarten Dorfe „Nun hilft kein Zieren"]

[60. Heft ([Pl. Nr.] S: u: C: 3620):

[Wolfgang Amadeus] Mozart: Duett [Vitellia, Sesto] aus der Oper:
Titus „Fordre nach Gefallen"] [KV 621, 1]

[61. Heft ([Pl. Nr.] S: u: C: 3621):

[Joseph] Weigl: Arie aus der Oper: Alexis „Wenn ich mein Gärtchen"]

[62. Heft ([Pl. Nr.] S: u: C: 3622):

[François Adrien] Boieldieu: Arie und Duett aus der Oper: Der neue
Gutsherr „Ach gar zu viele schöne Rechte"]

[63. Heft ([Pl. Nr.] S: u: C: 3623):

[Friedrich Heinrich] Himmel: Ariette aus der Oper: Fanchon „Mit
holder Schönheit"]

[64. Heft ([Pl. Nr.] S: u: C: 3624):

[Friedrich Heinrich] Himmel: Ariette aus der Oper: Fanchon „Doch
in des Mädchens Schooße"]

[65. Heft ([Pl. Nr.] S: u: C: 3625):

[Friedrich Heinrich] Himmel: Arie aus der Oper: Fanchon „In Savoyen
bin ich geboren"]

[66. Heft ([Pl. Nr.] S: u: C: 3626):

[Friedrich Heinrich] Himmel: Ariette aus der Oper: Fanchon „Fort
das [!] die Leyer klinge"]

[67. Heft ([Pl. Nr.] S: u: C: 3627):

[Nicolò] Isouard: Arie aus der Oper: Das Lotterieloos „Nein, ich singe
nicht, mein Herr"]

68. Heft ([Pl. Nr.] S: u: C: 3628):

Nicolò Isouard: Arie (Joconde) (aus der Oper): Joconde „Ich bin etwas
verliebter Launen"   1— 5

[69. Heft ([Pl. Nr.] S: u: C: 3629):

[Nicolò] Isouard: Troubadour aus der Oper: Joconde „Einsam mit ge-
brochnen [!] Herzen"]

[70. Heft ([Pl. Nr.] S: u: C: 3630):

[Nicolò] Isouard: Duett aus der Oper: Joconde „So sprach oft meine
        Großmama"]

[71. Heft ([Pl. Nr.] S: u: C: 3631):

[Nicolò] Isouard: Quartett aus der Oper: Joconde „Wenn uns die Gunst
        der Schönen"]

72. Heft ([Pl. Nr.] S: u: C: 3632):

Nicolò Isouard: Romance (Joconde) [aus der Oper:] Joconde oder die
        Abenteurer „Spottend des Mädchens Jammer"   1— 3

[73. Heft ([Pl. Nr.] S: u: C: 3633):

[Pietro] Generali: Arie aus der Oper: Sängerinnen auf dem Lande „Von
        der Liebe Schlangenbissen"]

74. Heft ([Pl. Nr.] S: u: C: 3634):

[Valentino] Fioravanti: Aria aus der Oper: Die Sängerinen [!] auf dem
        Lande „O flieht ihr sanften Triebe"   2— 5

[75. Heft ([Pl. Nr.] S: u: C: 3635):

[Valentino] Fioravanti: Duett aus der Oper: Sängerinnen auf dem Lande
        „Gib mir jetzt Kraft, o Liebe"]

[76. Heft ([Pl. Nr.] S: u: C: 3636):

[Valentino] Fioravanti: Schlußgesang aus der Oper: Sängerinnen auf dem
        Lande „Laßt uns jubeln"]

[77. Heft ([PL. Nr.] S: u: C: 3637):

[Valentino] Fioravanti: Terzett aus der Oper: Sängerinnen auf dem
        Lande „Sagen werd' ich"]

[78. Heft ([Pl. Nr.] S: u: C: 3638):

[Etienne Nicolas] Méhul: Arie aus der Oper: Joseph und seine Brüder
        „Ach umsonst, Pharao"]

[79. Heft ([Pl. Nr.] S: u: C: 3639):

[Etienne Nicolas] Méhul: Duett aus der Oper: Joseph und seine Brüder
        „O du meine einzige Stütze"]

[80. Heft ([Pl. Nr.] S: u: C: 3640):

[Etienne Nicolas] Méhul: Terzett aus der Oper: Joseph und seine
        Brüder „Es tönt ein fernes Lied"]

[81. Heft ([Pl. Nr.] S: u: C: 3641):

[Etienne Nicolas] Méhul: Romance aus der Oper: Joseph und seine
        Brüder „Als ihm der Tod den Sohn entrissen"]

[82. Heft ([Pl. Nr.] S: u: C: 3642):

[Etienne Nicolas] Méhul: Romance aus der Oper: Joseph und seine
            Brüder „Einst zog ich an der Brüder Seite"]

[83. Heft ([Pl. Nr.] S: u: C: 3643):

[François-Adrien] Boildieu: Troubadour aus der Oper: Ruhm und
            Liebe „Wenn das Schwert und die Leyer"]

[84. Heft ([Pl. Nr.] S: u: C: 3644):

[François-Adrien] Boieldieu: Duett aus der Oper: Ruhm und Liebe
            „O Heymath süß und theuer"]

[85. Heft ([Pl. Nr.] S: u: C: 3645):

[François-Adrien] Boieldieu: Romance aus der Oper: Ruhm und
            Liebe „Ritter voll Muth"]

[86. Heft ([Pl. Nr.] S: u: C: 3646):

[Adalbert] Gyrowetz: Rec.[itativ] und Cavat.[ine] aus der Oper:
            Aladin „Reiche Gewänder"]

[87. Heft ([Pl. Nr.] S: u: C: 3647):

[Adalbert] Gyrowetz: Terzett aus der Oper: Aladin „Wozu soll ein
            Serail"]

88. Heft ([Pl. Nr.] S· u: C: 3648):

[Adalbert] Gyrowetz: Romance (Kalif) aus: Aladin „In der kleinen
            niedern Hütte"   1

[89. Heft ([Pl. Nr.] S: u: C: 3649):

[Adalbert] Gyrowetz: Schlußchor aus der Oper: Aladin „Der Mensch
            hat Begierden"]

90. Heft ([Pl. Nr.] S: u: C: 3650):

[Adalbert] Gyrowetz: Cavatina (Azelia) aus (der Oper): Aladin „Wirst
            sehn, wie ich mich kleide"   2—   5

[91. Heft ([Pl. Nr.] S: u: C: 3651):

[Adalbert] Gyrowetz: Duett aus der Oper: Aladin „Der Weiber Strei-
            cheln"]

92. Heft ([Pl. Nr.] S: u: C: 3652 [20. 3. 1822]):

[Gasparo] Spontini: Arie aus der Oper: Olimpio „Auguste épouse
            d'un héros" — „Erhab'ne Gattin eines Helden"   2—   5

93. Heft ([Pl. Nr.] S: u: C: 3653 [21. 12. 1821]):

Ludwig Spohr: Romanze (Zemire) aus der Oper: Zemire und Azor
            „Rose, wie bist du reizend (lieblich) und mild!"   1—   3

94. Heft ([Pl. Nr.] S: u: C: 3654 [21. 12. 1821]):

Ludwig Spohr: Romanze (Ali) aus der Oper: Zemire und Azor „Unter
   Palmen schlief ich ein"   2— 7

95. Heft ([Pl. Nr.] S: u: C: 3655):

Luigi Cherubini: Aria aus: Der Wasserträger „O Vorsicht"

96. Heft ([Pl. Nr.] S: u: C: 3656):

Luigi Cherubini: Duett aus: Der Wasserträger „O soll von dir"

97. Heft ([Pl. Nr.] S: u: C: 3657):

Luigi Cherubini: Terzett aus: Der Wasserträger „O was verdank"

[Fehlende Hefte nach Verlagsanzeige und Mitteilung von A. Weinmann, Wien,
ergänzt.]

Theater=Journal für zwey Violinen.

Wien bei S. A. Steiner und Comp.

[1819?] : Heft 1 ([Pl. Nr.] 2971) — ?

[Nach Mitteilung von A. Weinmann, Wien.]

Theater=Journal für zwey Violinen, Viola und Violoncello. [Heft 1: 2. 12. 1819.]

Wien bei S. A. Steiner und Comp.

[1819]: Heft 1 ([Pl. Nr.] 2931) — ?

[Nach Mitteilung von A. Weinmann, Wien.]

1820

Giornale di Musica Vocale Italiana con Accompagmento [!] di Piano-Forte.

Monaco presso Falter e Figlio.

Anno 1. 1820 — 2. [1821].

A Wn (2. [1821], 3, 5, 10, 12, 18) — **D** BFb (1. 1820, 6); DO (1. 1820 —
2. [1821], 1—18); Mbs (1. 1820 — 2. [1821], 11—18); Mm (2. [1821], 1, 8)

Anno 1. 1820:

No. 1. [Stefano] Pavesi: Cavatina (Oliviero) nell'Opera: Celanira
     „Dolce de bardi il canto" — „Hymen [!] der Barden
     erschallen"   (1)— 6

No. 2. [Michel] Caraffa [de Colobrano]: Cavatina (Adelaide) alla
Polacca nell'Opera: Adelaide „De sdegni tuoi mi rido"
— „Ich soll euch Liebe schenken" (1)— 6

No. 3. [Stefano] Pavesi: Canzonetta (Oliviero) nell'Opera: Celanira
„La tua diletta imagine" — „An deinem holden Bilde" (1)— 3

No. 4. [Gioacchino] Rossini: Duettino (Desdemona, Emilie)
nell'Opera: Otello „Vorrei che il tuo pensiere" —
„Warum denn stets mich täuschen" (1)— 8

No. 5. [Carlo] Coccia: Cavatina (Clotilde) nell'Opera: Clotilde
„Dunque tradita, oh Cielo!" — „Ich bin verrathen,
o Himmel!" (1)— 6

No. 6. [Giovanni] Pacini: Aria (Amalia) nell'Opera: La Colpa
emendata dal Valore „Ah! per me l'avversa sorte" —
„Wehe mir! o hartes Schicksal!" (1)—10

No. 7. [Giuseppe] Niccolini: Duettino (Emilia, Q:[uinto] Fabio)
nell'Opera: Quinto Fabio „Oh come l'anima soavemente" — „Du meiner Seele Lust! welch sel'ges Entzücken" (1)— 4

No. 8. [Giovanni] Pacini: Recitativo e Cavatina (Amalia) nell'Opera:
La Colpa emendata dal Valore „Fortunata Glicera!" —
„Hochbeglückte Glizere!" (1)— 8

No. 9. [Carlo] Coccia: Aria (Clotilde, Jacopone) nell'Opera: Clotilde
„Deh, tu guida, oh ciel pietoso" — „Ew'ges Wesen, nur
deine Güte" (1)— 8

No. 10. [Gioacchino] Rossini: Cavatina (Elisabetta) nell'Opera:
Elisabetta Regina d'Inghilterra „Bell'alme generose" —
„Genießet edle Seelen" (1)— 2

No. 11. P:[eter] di Winter: Variationi [!], Tema del Sig[no]re
Caraffa „O cara memoria degl'anni primieri" — „Du
süße Erinnrung an schönre Tage" (1)- 8

No. 12. [Gioacchino] Rossini: Cavatina (Ninetta) nell'Opera: La
Gazza Ladra „Di piacer mi balza il cor" — „Was ich
oft im Traume sah" (1)— 8

No. 13. [Giuseppe] Niccolini: Cavatina (Quinto Fabio) nell'Opera:
Quinto Fabio „Ecco o patria! invitta Roma" — „Siegreich kehr' ich zu dir, o theure" (1)— 6

No. 14. [Stefano] Pavesi: Duetto (Celanira, Oliviero) nell'Opera:
Celanira „Si, và trionfa" — „Auf! auf zum Kampfe" (1)— 8

No. 15. [Gioacchino] Rossini: Cavatina (Desdemona) nell'Opera:
Otello „Deh calma oh ciel nel seno" — „O Gott hab
Mitleid, nehme" (1)— 2

No. 16. [Gioacchino] Rossini: Cavatina (Agorante, Zoraide mit Chor)
nell'Opera: Ricciardo e Zoraide „Per poco ti calma" —
„Ach gieb dich zufrieden" (1)— 6

No. 17. [Gioacchino] Rossini: Duetto (Zoraide, Ricciardo) nell'Opera:
Ricciardo e Zoraide „Ricciardo! che veggo?" –
„Ricciardo! wen seh' ich!"   (1)–16

No. 18. [Gioacchino] Rossini: Cavatina (Lisinga) nell'Opera: Demetrio
e Polibio „Mi scende nell'alma" – „O senke nun Schlum-
mer"   (1)– 2

No. 19. [Gioacchino] Rossini: Aria (Dorliska) nell'Opera: Torvaldo
e Dorliska „Tutto è vano! ni un m'ascolta" – „Himmel!
vergebens ist mein Rufen!"   (1)– 8

No. 20. [Gioacchino] Rossini: Duettino (Matilde, Elisabetta)
nell'Opera: Elisabetta, Regina d'Inghilterra „Vorrei
stemprarti in lagrime" – „Bey diesen Reue Zähren"   (1)– 4

No. 21. [Michel] Caraffa [de Colobrano]: Arietta (Adelaide)
nell'Opera: Adelaide „Da me che vuoi, che brami"
– „Den ersten Kuß der Liebe"   (1)– 6

No. 22. [Gioacchino] Rossini: Cavatina (Siveno) nell'Opera:
Demetrio e Polibio „Pien di contento in seno" –
„Mit freudigem Entzücken"   (1)– 6

No. 23. [Gioacchino] Rossini: Cavatina (Torvaldo) nell'Opera:
Torvaldo e Dorliska „Fra un istante a te vicino" –
„Hoffe, Theure! nicht mehr ferne"   (1)– 6

No. 24. [Gioacchino] Rossini: Canzonetta (Cenerentola) nell'Opera:
La Cenerentola „Una volta c'era un Re" – „Lange Weil
den König plagt"   (1)– 2

No. 25. [Giuseppe] Niccolini: Cavatina (Vitekindo mit Chor)
nell'Opera: Carlo Magno „Eccomi a voi miei fidi!" –
„Fort in die Schlachten, tapfre Krieger!"   (1)– 6

No. 26. [Gioacchino] Rossini: Duetto (Polibio, Siveno) nell'Opera:
Demetrio e Polibio „Mio figlio non sei" – „Zwar
konnte das Schicksal"   (1)– 8

No. 27. [Gioacchino] Rossini: Aria (Cenerentola mit Chor) nell'Opera:
La Cenerentola „Naccqui all'affanno al pianto" – „Geboren für Thränen und Leiden"   (1)–10

No. 28. [Giacomo] Mayerbeer [!]: Cavatina (Emma mit Chor)
nell'Opera: Emma di Resburgo „ah questo baccio ah
questo baccio" – „Bist du entflohen du Traum der
Liebe!"   (1)– 6

No. 29. [Gioacchino] Rossini: Canzonetta (Desdemona) nell'Opera:
Otello „Assisa a piè d'un salice" – „Gelehnt an die
Zipresse [!]"   (1)– 4

No. 30. [Gioacchino] Rossini: Duettino (Dorliska, Torvaldo)
nell'Opera: Torvaldo e Dorliska „Quest' ultimo
addio" – „Wird ewig uns hassen"   (1)– 3

No. 31. [Giacomo] Mayerbeer [!]: Cavatina (Edemondo) nell'Opera:
Emma di Resburgo „La sorte la sorte barbara" –
„Zum Tode, zum Tode führt mich fort!"   (1)– 4

No. 32.   [Giacomo] Meyerbeer: Romanza (Emma) nell'Opera: Emma di Resburgo „Sulla rupe triste e sola" — „Bey des Mondes blassem Schimmer"   (1)–(2)

No. 33.   [Ferdinand] Fränzl: Recitativo e Cavatina (Isabella) nell'Opera: Carlo Fioras „O dolce istante!" — „Dank theurer Oheim!"   (1)– 6

No. 34.   [Gioacchino] Rossini: Cavatina (Podesta) nell'Opera: La Gazza Ladra „Il mio piano è preparato" — „Ja mein Plänchen kann nicht fehlen"   (1)– 8

No. 35.   [Giuseppe] Niccolini: Recitativo ed Agitato (Balduino) nell'Opera: Balduino „Mai figli miei l'amata sposa" — „Ach meine Kinder! holde Geliebte"   (1)– 6

No. 36.   [Giacomo] Mayerbeer [!]: Cavatina (Emma) nell'Opera: Emma di Resburgo „Il piacer la gioja" — „Hohe Lust und Wonne"   1– 6

No. 37.   [Gioacchino] Rossini: Prima Composizione „Se il vuol la mulinara" — „Die Müllerin befehle"   1– 4

No. 38.   [Giuseppe] Niccolini: Preghiera (Vitekindo) nell'Opera: Carlo Magno „Ah quando cesserà" — „Einsam und freudenleer"   1– 2

No. 39.   Aiblinger [recte: Giacomo Meyerbeer]: Duetto (Emma, Edemondo) nell'Opera: Emma di Resburgo „Solo tu sostegno, e vita" — „Meines Lebens Glück, und meine Wonne"   1– 12

No. 40.   [Giuseppe] Niccolini: Cavatina (Balduino) nell'Opera: Balduino „Nere, e funeste immagini" — „Schauerlich schwarze Bilder!"   1– 2

No. 41.   [Giacomo] Mayerbeer [!]: Cavatina (Norcesto) nell'Opera: Emma di Resburgo „Non v'atterisca" — „Laßt euch nicht schrecken"   1– 4

No. 42.   [Giuseppe] Niccolini: Duetto (Vitekindo, Rosmida) nell'Opera: Carlo Magno „Mio ben serena il ciglio" — „Erheitre nun o Liebe"   (1)– 8

No. 43.   [Johann Kaspar] Aiblinger: Aria (Agnese mit Chor) per l'Opera: Agnese „Se all'amor d'un padre amato" — „Wenn in treue Vater Arme"   1– 10

No. 44.   [Giuseppe] Niccolini: Recit:[ativo] ed Aria (Vitekindo) nell'Opera: Carlo Magno „Ove son? che m'avenne?" — „Wo bin ich? Ha! was seh ich?"   1– 6

No. 45.   [Giacomo] Meyerbeer: Cavatina nell'Opera: Emma di Resburgo „Oh ciel, oh ciel pietoso" — „Du dort oben, ew'ger Rächer"   1– 6

No. 46.   [Giacomo] Mayerbeer [!]: Cavatina (Emma) nell'Opera: Emma di Resburgo „Il dicadra" — „Es weicht das Licht"   (1)– 3

No. 47.   [Gioacchino] Rossini: Cavatina (Gianetto) nell'Opera: La
                Gazza Ladra „Vieni, vieni fra queste braccia" — „Kom-
                me, komm' in die offnen Arme"   1— 6

No. 48.   [Giuseppe] Niccolini: Arietta (Balduino) nell'Opera:
                Balduino „Ah! figli! venite" — „Laßt jezt [!] nun,
                ihr Theuren"   (1)— 2

Anno 2. [1821]:

No. 1.   [Giovanni] Pacini: Cavatina (Adelaide) nell'Opera: Adelaide
                e Comingio „Dolci memorie d'un primo affeto [!]" —
                „Süsses Erinnern erster Gefühle"   1— 4

No. 2.   [Giuseppe] Niccolini: Aria (Quinto Fabio) nell'Opera:
                Quinto Fabio „Voi che vedete il pianto" — „Bey die-
                sen heißen Zähren"   1— 6

No. 3.   [Johann Kaspar] Ayblinger: Aria (Isabella) per l'Opera:
                L'Inganno felice „Al più dolce, e caro oggetto" —
                „An der Besten der Gatten Seite"   1— 8

No. 4.   [Johann Kaspar] Ayblinger: Cavatina (Paolo) per l'Opera:
                Paolo e Virginia „Qui seco piansi di bel contento" —
                „Einst weilt ich seelig an ihrer Seite"   1— 2

No. 5.   [Gioacchino] Rossini: Aria (Rosina) nell'Opera: Il Barbiere
                di Siviglia „Contro un cor che accende amore" —
                „Wenn mein Herz mit reinem Triebe"   1— 8

No. 6.   [Giuseppe] Niccolini: Cavatina (Quinto Fabio) nell'Opera:
                Quinto Fabio „Lasciarti mio bene verderti languire" —
                „Der sollt ich entsagen, für die ich nur lebe!"

No. 7.   [Gioacchino] Rossini: Duettino (Elcia) nel: Mosè in Egito [!]
                „Tutto mi ride intorno" — „Holde erglänzt die Sonne" 1— 4

No. 8.   [Giovanni] Paccini [!]: Cavatina (Comingio) nell'Opera:
                Adelaide e Comingio „Ogni mio ben perdei per chi vi-
                vro" — „Schmerzliches Erinnern verlasse mich"   1— 2

No. 9.   [Gioacchino] Rossini: Cavatina (Edoardo) nell'Opera:
                Edoardo e Cristina „Vinsi vinsi che fui d'Eroi" —
                „Siegreich siegreich von fernen Höhen"   1— 8

No. 10.   [Johann Kaspar] Ayblinger: Cavatina (Lucilla) per l'Opera:
                L'Amore Marinaro „Misera io spero m'affanno" —
                „Hoffnung blüht für Dulden und Leiden"   1— 8

No. 11.   Giov.[anni] B.[attista] Velutti [!]: Barcarole vénitienne
                „La notte c'è bella" — „Der Tag ist verschwunden"   1— 2

No. 12.   [Gioacchino] Rossini: Duetto (Christina, Eduardo) nell'
                Opera: Eduardo e Christina „In que' soavi sguardi" —
                „Aus seinen holden Zügen"   1— 12

No. 13.   [Nicola Antonio] Manfroci [!]: Cavatina (Alzira) nell'Opera:
                Alzira „Povero cor perchè" — „Einsam und traurend
                fließt"   1— 3

No. 14.   [Giacomo] Mayerbeer [!] : Variazioni (Isaura) nell'Opera:
Margherita d'Anjou „Ah sposo adorabile" — „Gelieb-
ter meiner Seele du!"   1 —   8

No. 15.   [Michel] Caraffa [de Colobrano]: Rondo (Elisabetta)
nell'Opera: Elisabetta in Derbystiere „Alta ragion
di stato" — „Seht mich in eurer Mitte!"   1 — 10

No. 16.   [Gioacchino] Rossini: Cavatina (Elena) nell'Opera: La Donna
del Lago „Oh mattutini albori!" — „Früh wenn der Tag
erwachet"   1 —   4

No. 17.   [Giovanni] Paccini [!] : Duettino (Adelaide, Comingio) nell'
Opera: Adelaide e Comingio „Vederlo (-la) piangere,
sentirlo (-la) gemere" — „Fließet ihr Tränen der rein-
sten Liebe"   1 —   2

No. 18.   [Johann Kaspar] Ayblinger: Rondo (Lucilla) per l'Opera:
L'Amor Marinaro „Ah se fia che il caro oggetto" — „Ihn
der mich so tief betrübte"   1 — 12

[**Journal d'Apollon.**]

A Bruxelles, Chez les Frè:[res] Williaume, litho:(graphes) Editeurs, Rue de la
Couronne et du S.on 2, No. 1372. (Gravé par Ris).

Année 1 [ca. 1820] — 2 [ca. 1821].

B Bc (1. [ca. 1820]); Br (2. [ca. 1821])

1ère Année [ca. 1820]

1ère Livraison:

[1]   Mlle. Marie B.: Le Pêcheur Vénitien, Barcarolle „Un vieux pêcheur
de prise sa guitare à la main" (Singst., Lyra- oder Git.-
Begl.)   [2 S.]

[2]   Mme. Fabry Garat: L'Infidelle, Romance „Pourquoi troubler dans
mon âme" (de Coupigny) (Singst., Git.-Begl.: Pacini)   [2 S.]

[3]   Fabry Garat: Veux l'oublier, Romance „Veux l'oublier, mais son
image se présente dans mon someil [!] " (Singst., Git.-
Begl.: Pacini)   [2 S.]

[4]   [Wolfgang Amadeus] Mozart: Air (Don Juan) [aus: Don Gio-
vanni] „Deh vieni alla finestra" (Singst., Lyra- oder
Git.-Begl.: F. Sor) [KV 527, 17]   [3 S.]

2e Livraison:

[5]   Raoulx de Crozet: L'Heureux Vieux Temps, Romance „A tort
on blâme la vieillesse" (Singst., Git.-Begl.)   [2 S.]

[6]   Frédéric Duvernoy: L'Espoir, Romance „L'espoir est ici bas,
un bien cher à tout âge" (Ch_es Simon) (Singst., Lyra-
oder Git.-Begl.: [A.] Meissonnier)   [2 S.]

[7] Frédéric Duvernoy J.[eu]ne: L'Orphelin, Romance „Transi de froid et sans asile" (Correard) (Singst., Lyra- oder Git.-Begl.: A. Meissonnier) [2 S.]

[8] Gustave Dugazon: Valérie, Romance „Une éternelle nuit s'étend sur ma paupière" (Mme. Davot) (Singst., Git.-Begl.: Carcassi) [2 S.]

3e Livraison:

[9] Le Départ — La Partenza del Guerriero „Già suona il tamburro" — „Adieu, chère Colette" (Singst., Git.-Begl.) (1— 4)

[10] Ad:[olphe] Duval: Il faut aimer, Romance „Point d'aimerai, disait Colette" (Ch: de Rossius) (Singst., Git.-Begl.: Pacini) [2 S.]

[11] Camille Durette: Rendez-La-Moi! Romance „Jeunes beautés, je vous supplie" (Singst., Git.-Begl.) [2 S.]

[12] [Gioacchino] Rossini: Prière (Ninette) [aus:] La Pie Voleuse, Opéra en trois Actes „Ciel exauce ma prière" (Castil-Blaze) (Singst., Git.-Begl.: L. A. Carpentras) [2 S.]

4e Livraison:

[13] Charles Laurent: Dois-je encore l'aimer, Romance „Je crus toujours sans nulle méfiance" (Joseph Demarteau) (Singst., Lyra- oder Git.-Begl.) [2 S.]

[14] Frédéric Duvernoy J.[eu]ne: L'Amant Délaissé, Romance „Hôtes légers de ce riant bocage" (Ch. Simon) (Singst., Lyra- oder Git.-Begl.: A. Meissonnier) [2 S.]

[15] [Antoine] Romagnesi: Je ne sais plus ce que je veux, Air arrangé et varié par Rougeon (Thème-Var. 1—2) (Git.) [2 S.]

[16] Auguste Panseron: Le Caprice, Nocturne à deux voix „Je rentre dans le hameau" (Galice) (2 Singst., Lyra- oder Git.-Begl.: A. Meissonnier) (1)— 4

5e Livraison:

[17] E.[ustache] Bérat: Les Bords de la Seine, Romance „Salut riches bords de la Seine" (E. Bérat) (2 Singst., Git.-Begl.) 2— 4

[18] J. R. Guérin: La Rose du Soir, Romance „L'amour au lever de l'aurore" (J. R. Guérin) (Singst., Git.-Begl.) [2 S.]

[19] [Antoine] Meissonnier: Les Adieux de Mme. de Lavallière à la Cour de Louis quatorze, Romance „D'une brillante cour je quitte le délice" (Singst., Lyra- oder Git.-Begl.) [2 S.]

[20] Charles Laurent: Nocturne à deux voix „Ne te réveille pas encore" (Mr. xxx) (Singst., Git.-Begl.) [3 S.]

6e Livraison:

[21] [Antoine] Pacini: Veux tu m'aimer? „Dis-moi, Nanette, veux tu m'aimer?" (Emile Barateau) (Singst., Lyra- oder Git.-Begl.) [2 S.]

[22] [François] Snel: Amélie, Romance „L'astre des nuits s'élève
à l'horison [!]" (Singst., Git.-Begl.)   [3 S.]

[23] Charles Laurent: Les Chevaliers Rose Croix, Romance „Beaux
jours de la chevalerie" (Singst., Git.-Begl.)   [2 S.]

[24] J.[ean] Andries: La Tempête, Romance „Hermosa le long du
rivage" (Singst., Git.-Begl.)   [3 S.]

7e Livraison:

[25] Fortuné Cardon: Le plus Beau Jour „Combien ô trône de
Cibele" (Fd. Smits) (Singst., Git.-Begl.: Delobel)   [2 S.]

[26] Le Départ du Grenadier „Guernadier, que tu
m'affliges" (Brazier, Dumersan) (Singst., Git.-Begl.)   [2 S.]

[27] A.[ntoine] Romagnesi: Dis-moi que je me suis trompé?
Romance „Le tems s'enfuit qu'elle tarde à paraître"
(I. Simard) (Singst., Git.-Begl.: [A.] Meissonnier)   [2 S.]

[28] J.[oseph-Pierre] Roger: Le Rossignol et le Berger, Nocturne
„Tout reposait dans la forêt" (2 Singst., Lyra- oder
Git.-Begl.: [A.] Meissonnier)   1— 3

8e Livraison:

[29] La**: L'Enfant du Soldat, Romance „Je n'ai plus d'appui sur la
terre" (Singst., Lyra- oder Git.-Begl.: [A.] Meissonnier] [2 S.]

[30] Le Language des Fleurs, Romance à une ou deux voix
„Dans ce misterieux [!] language" (Singst., Git.-Begl.)   [2 S.]

[31] F.[rançoi]s Sudre: Le Bonheur, Nocturne à deux voix „Jeune
encor et sans défiance" (E**D**) (2 Singst., Lyra- oder
Git.-Begl.: [A.] Meissonnier)   1— 4

[32] Maurice de Raoulx: Je ne veux pas tromper, Romance „Preux
troubadour je ne suis point coquette" (Mr.***) (Singst.,
Lyra- oder Git.-Begl.)   [2 S.]

9e Livraison:

[33] A.[ntoine] Romagnesi: Chansonnette à deux voix „Que le diable
emporte l'amour" (Mme. d'Avot) (2 Singst., Lyra- oder
Git.-Begl.: [A.] Meissonnier)   [2 S.]

[34] Romané: L'Absence, Romance „Ames regrets aux tourmens de
l'absence" (M. J. Mallac) (Singst., Git.-Begl.)   [2 S.]

[35] J.[oseph] Meifred: La Petite Meunière, Historiette „Perrette
étoit meunière" (J. Meifred) (Singst., Lyra- oder Git.-
Begl.)   [2 S.]

[36] F.[rançoi]s Sudre: Romance „Tu me demandes si je t'aime"
(P. E. Destouches) (Singst., Lyra- oder Git.-Begl.:
[A.] Meissonnier)   [2 S.]

10e Livraison:

[37] Elle n'a fait que paraître, Romance „Un jour
traversant le village" (Singst., Git.-Begl.)   [2 S.]

[38] A.[ntoine] Meissonnier: Adieu Zoé! „Adieu Zoé, l'aurore
      matinale" (Isid: Simard) (Singst., Git.-Begl.)   [2 S.]

[39] A.[dolphe] Duval: Le Serment de l'amour, Romance „J'avais
      juré haine éternelle" (Ch: de Rossius) (Singst., Lyra-
      oder Git.-Begl.)   [2 S.]

[40] [Antoine] Pacini: Clément Marot et Marguerite de Valois,
      Romance historique extraite du Diable boiteux „Gentil
      page et gai troubadour" (Singst., Git.-Begl.)   [2 S.]

11e Livraison:

[41] H.[enri] Darondeau: La Petite Savante, Chansonnette „Lisis est
      un jeune berger" (Théaulon) (Singst., Lyra- oder Git.-
      Begl.)   [2 S.]

[42] Maurice de Raoulx: Pensée d'Amour „Pensée d'amour remplit
      mon existence" (Mr.***) (Singst., Git.-Begl.)   [2 S.]

[43] [Théophile] Bayle: Symptômes d'Amour, Romance à deux
      voix „Des bois aimer la solitude" (2 Singst., Git.-Begl.)   [2 S.]

[44] [A. de] Morange: Le Sentiment, Romance „Le sentiment est
      l'âme de la vie" (Morange) (Singst., Lyra- oder Git.-
      Begl.: A. Meissonnier)   [2 S.]

12e Livraison:

[45] Frédéric Hagemann: Les Derniers Regrets d'un Jeune Sciote,
      Romance „Heureux berceau de ma paisible enfance"
      (André Van Hasselt) (Singst., Git.-Begl.: Frédéric
      Hagemann)   [2 S.]

[46] V.[alentin] Castelli: A ma Mie, Chansonnette „Rien ne me plaît
      tant que ma mie" (A. Desmoulins) (Singst., Git.-Begl.)   [2 S.]

[47] La **: Le Buisson, Romance „Assis au bord d'une fontaine"
      (Parny) (Singst., Lyra- oder Git.-Begl.: [A.] Meissonnier) [2 S.]

[48]   Je ne veux plus aimer, Romance à deux voix „Je l'adorai
      cette jeune Zélie" (2 Singst., Git.-Begl.)   [2 S.]

2e Année [ca. 1821]

1ère Livraison:

[1] F.[rançoi]s Sudre: Romance „Quand l'espérance de te voir"
      (Singst., Lyra- oder Git.-Begl.: [A.] Meissonnier)   [2 S.]

[2] A.[ntoine] Romagnesi: Nocturne à deux voix „Ne te réveille
      pas" (Pawlowski) (S, T, Git.-Begl.: [A.] Meissonnier]   [2 S.]

[3] [Louis] Adam: Amour et Regret, Romance „Dans les regrets
      et dans les larmes" (Singst., Git.-Begl.)   [2 S.]

[4] L.[ouis] Jadin: Chansonnette Savoyarde „Souviens-toi Jeannette
      de ces jours si doux" (A*** Jadin) (Singst., Lyra- oder
      Git.-Begl.: [A.] Meissonnier)   [2 S.]

2e Livraison:

[5]   [François] Berton Fils: Le Serment de Silvie ‹ Ou autant emporte
le vent › , Romance „En vain un berger du village"
(Singst., Git.-Begl.: [A.] Meissonnier)   [2 S.]

[6]   Fabry Garat: Vilanelle [!] „Simple bergère j'étais en mon printems" (de Coupigni [!]) (Singst., Git.-Begl.: Maurice
de Raoulx)   [2 S.]

[7]   L.[ouis] Jadin: Sans toi, pour moi, tout est Souffrance!
Nocturne à deux voix égales „Sans toi, pour moi
qu'est l'existence" (A. Jadin) (S I, II, Git.-Begl.:
A. Meissonnier)   [2 S.]

3e Livraison:

[8]   A.[ntoine] Romagnesi: Le Romantique, Romance „Ah! je suis
triste moi" (Ed: Pean) (Singst., Git.-Begl.: A. Meissonnier)   [2 S.]

[9]   A.[ntoine] Romagnesi: Je l'aimerai toute la Vie, Romance
„Je connois une bergerette" (Eugène de Monglave)
(Singst., Lyra- oder Git.-Begl.)   [2 S.]

[10] F.[rançois] Berton Fils: Trente Moutons pour un Baiser,
ou trente Baisers pour un Mouton, Chansonnette
„Philis plus avare que tendre" (Singst., Lyra- oder
Git.-Begl.: A. Meissonnier)   [2 S.]

[11] Théophile Bayle: L'Erreur, Romance „Comme une vaine
erreur" (Desbordes-Valmore) (Singst., Git.-Begl.)   [2 S.]

[12] Henri Blanchard: La Famille du Porteur d'Eau, Couplets
chantés au Variétés „La vie est un fleuve profond"
(Francis, Dartois und Gabriel) (Singst., Git.-Begl.:
[J.] Piston)   [2 S.]

4e Livraison:

[13] A.[ntoine] Meissonnier: Le Doute Embarrassant, Romance
„Trois fois on a daigné m'écrire de ces mots"
(de Courcy) (Singst., Lyra- oder Git.-Begl.)   [2 S.]

[14] A.[ntoine] Romagnesi: La Mauvaise Langue de Village, Chansonnette „Vous me refusez pour amant" (H. T. Poisson) (Singst., Git.-Begl.: A. Meissonnier)   [2 S.]

[15] [Michel] Carafa [de Colobrano]: Raimond à la Croisade,
Romance „Le preux Raimond, à la jeune Isabelle"
(Lonsing) (Singst., Git.-Begl.: Maurice de Raoulx)   [2 S.]

[16] Joseph Denis Doche: Ronde de la Pauvre Fille „Jeune beauté
pense en grandissant tout autrement" (Dieulafoi,
Achille und Armand Dartois) (Singst., Git.-Arr.:
[A.] Meissonnier Jeune)   [2 S.]

5e Livraison:

[17] A.[ntoine] Romagnesi: Pour l'Amour de Dieu, Romance à
deux voix ,,Fière châtelaine prétends-tu toujours"
(S oder Bar., T, Lyra- oder Git.-Begl.: A. Meissonnier) [2 S.]

[18] [Claudius Théodore] Hustache: Les Adieux, Romance ,,Qu'el
calme pur la nature repose" (Mr. P. M. ***) (Singst.,
Git.-Begl.) [2 S.]

[19] Auguste Panseron: La Fiancée, Romance ,,Cher amant l'hymen
entre nous" (Pawlowski) (Singst., Git.-Begl.: A. Meissonnier) [2 S.]

[20] [Antoine François] Heudier: Vaudeville de l'Heritière
,,Ce testament lorsque j'y pense" (Scribe) (Singst.,
Lyra- oder Git.-Begl.: Julia Piston) [2 S.]

6e Livraison:

[21] A.[ntoine] Romagnesi: Le Tems, le Plaisir et la Peine, Chansonnette ,,Un jour, si l'on en croit" (Justin Gensoul)
(Singst., Git.-Arr.: P. Rougeon) [2 S.]

[22] F. A. Finiels: La Rose, Romance ,,Une rose dut l'existence au
premier rayon" (Singst., Git.- oder Lyra- Begl.:
A. Meissonnier) [2 S.]

[23] F.[rançois] Berton Fils: Adieu Colin, au Revoir! Romance
,,Encor un mot, ô ma Lucette" (Paroles de Mr.***)
(Singst., Git.-Begl.: A. Meissonnier) [2 S.]

[24] J.[oseph] D.[enis] Doche: Romance de Léonide ,,C'était
un soir, une voix gémissante" (St. Hilaire, de Villeneuve
und Dupeuty) (Singst., Lyra- oder Git.-Begl.: [A.]
Meissonnier Jeune) [2 S.]

7e Livraison:

[25] A.[ntoine] Romagnesi: L'Amour Oriental, Chansonnette ,,Dans
le jardin de la beauté" (Justin Gensoul) (Singst., Lyra-
oder Git.-Begl.: A. Meissonnier) [2 S.]

[26] A.[ntoine] Meissonnier: Mes Quarante Ans, Romance ,,A quarante ans, vous trouve t-on" (Dumersan) (Singst., Git.-
oder Lyra-Begl.) [2 S.]

[27] [Claudius Théodore] Hustache: Le Troubadour trompé par
l'Amour, Romance ,,Il était nuit et la bise était forte"
(Mr. R.....) (Singst., Git.-Begl.) [2 S.]

[28] [Antoine François] Heudier: Vaudeville du Coiffeur et le
Perruquier ,,La vieillesse doit êt' sage " (Scribe und
Mazer) (Singst., Lyra- oder Git.-Begl.: Julia Piston) [2.S.]

8e Livraison:

[29] A.[ntoine] Romagnesi: Les Regrets du Voyageur, Romance
à deux voix ,,Combien je te regrette, beau ciel de mon
pays!" (Justin Gensoul) (S oder Bar., T, Lyra- oder
Git.-Begl.: A. Meissonier)   [2 S.]

[30] H. Miller: L'Amour caché dans une Rose, Romance ,,L'Amour
qui tient mon âme captive sous sa loi" (Lebel) (Singst.,
Lyra- oder Git.-Begl.)   [2 S.]

[31] A.[ntoine] Romagnesi: La Reconnaissance Filiale, Romance
,,Toi qui sans cesse occupe tes loisirs" (A. de Caen)
(Singst., Git.- oder Lyra-Begl.: A. Meissonnier)   [2 S.]

[32] L.[ouis] Jadin: Romance ,,A la plus douce rêverie" (A. Jadin)
(Singst., Git.- oder Lyra-Begl.)   [2 S.]

9e Livraison:

[33] A.[ntoine] Romagnesi: La Fileuse, Chansonnette à deux voix
,,File, file, jeune Lucile, sois tranquille" (Mme. d'Avot)
(S oder Bar., T, Git.-Begl.: A. Meissonnier)   [3 S.]

[34] I.[sidore] Milhès: Le Choix d'une Amie, Romance à deux voix
,,Si quelque jour je fais choix d'une amie" (Marsollier)
(S, T, Git.- oder Lyra-Begl.: A. Meissonnier)   [3 S.]

[35] R.[ené] Cornu: L'Asile de la Bienfaisance, Romance ,,Il est un
lieu simple et sans faste" (Mialhe) (Singst., Git.-oder
Lyra-Begl.: A. Meissonnier)   [2 S.]

[36] J.[oseph] D.[enis] Doche: La Petite Coquette, Romance
,,Jeunes beautés vous à qui la nature" (Désaugiers
und Gentil) (Singst., Git.-Begl.: [A.] Meissonnier)   [2 S.]

10e Livraison:

[37] Auguste Panseron: Encore toujours, Nocturne à deux voix
,,O toi, mon bien, ma vie" (Mr. Alexandre) (S, T,
Git.-Begl.: A. Meissonnier)   [2 S.]

[38] Charles Marie de Weber: Du moins je la voyais, Romance
,,Elle était simple et gentillette" (Mr.***)(Singst.,
Git.-Begl.: A. Meissonnier) [Jähns 292]   [2 S.]

[39] A.[ntoine] Meissonnier: Trilby ou le Lutin d'Argail, Romance
,,Ce doux lutin qu'il me faut oublier" (Desbordes-Val-
more) (Singst., Lyra- oder Git.-Begl.)   [2 S.]

[40] Pamela Branchu: Espoir et Souvenir, Tyrolienne ,,Aimable
illusion, ta brillante magie" (Singst., Git.- oder Lyra-
Begl.: A. Meissonnier)   [2 S.]

11e Livraison:

[41] A.[ntoine] Romagnesi: L'Arbre et le Vieillard, Romance ,,Je te
salue, humble hameau" (J. T. Chatelain) (Singst., Git.-
Begl.: P. Rougeon)   [2 S.]

[42]   M***: Mes Troubadours „Sous les drapeaux des ris et des amours"
        (Pils) (Singst., Git.- oder Lyra-Begl.: A. Meissonnier)   [2 S.]

[43]   H. Miller: Si je l'osais, Romance „Je t'ai vu, charmante Emilie"
        (Gai de la Tour) (Singst., Git.-Begl.: A. Meissonnier)   [2 S.]

[44]   [François] Berton Fils: Le Clair de Lune, Romance „Le clair
        de lune ou monde apporte le repos" (Carmouche)
        (Singst., Git.-Begl.: A. Meissonnier)   [2 S.]

12e Livraison:

[45]   A.[ntoine] Romagnesi: Si ca t'arrive encore, Chansonnette
        „Je ne veux pas vous regarder" (I. Simard) (Singst.,
        Git.-Begl.: A. Meissonnier)   [2 S.]

[46]   A.[ntoine] Romagnesi: La Sensitive et le Papillon, Nocturne
        à deux voix „Quand le papillon amoureux" (Florian)
        (S, T, Git.-Begl.: A. Meissonnier)   [2 S.]

[47]   A.[ntoine] Romagnesi: Le Malheur d'aimer, Romance „On
        me disait: fuyez l'indifférence" (A. Romagnesi)
        (Singst., Git.- oder Lyra-Begl.: A. Meissonnier)   [2 S.]

[48]   A.[ntoine] Meissonnier: Le Secret, Romance „Dans la foule
        Olivier, ne vient plus me surprendre" (Desbordes-
        Valmore) (Singst., Git.-Begl.)   [2 S.]

Journal de Forte-Piano formé de Pièces de tout genre propre à cet Instrument
telles que Préludes, Exercises, Airs, Roudeaux, Potspourris [!], Variations,
Fantaisies, Ballets, Sonates, Ouvertures, Contredanses, Walses &c. Composées
par les meilleurs Auteurs.

[Paris?]

[1820?]

GB Lbm ([1820?], 1 Nr.)

[Nicolò] Isouard: Entrée d'Alidor, Quatuor (Alidor, Clorinde, Tisbé,
        Cendrillon) [aus:] Cendrillon „La charité s'il vous
        plaît"   14— 19

Journal de Musique. [Herausgegeben von Franz Berwald].

Stockholm: Imp: Lithographique de C. Müller.

1820: Cahier I — IV.

DK Kk (1820, 1) — **S** Skma

Cahier I:

[1]   [Peter von] W[in]ter: La Plainte „D'une montagne sur la
        cime"   2— 3

[2]   Romance „Ah! Jeannot me délaisse"   4— 5

[3]   [Louis] Spohr: Polacca alla Spagnola, tirée de son sixième
                Concert   5— 10

[4]   [Franz] Berwald: Thema con Variazione [!] (Moderato —
                Var. 1—5)   11— 16

[5]   March [!] Triomphal   17

Cahier II:

[6]   [Jean-Baptiste] Du Puy: [Lied] „Des chevaliers guerriers et
                troubadours"   2— 3

[7]   Le Regard, Romance „J'aime encore et je revais
                d'avance"   4

[8]   B.[ernhard] Romberg: Chansons suédoises avec Variations
                (Introduzione — Tempo di Menuetto — Allegretto)
                (Pfte.-Arr.)   5— 13

[9]   [Franz] Berwald: Rondeau Bagatelle   13— 15

Cahier III:

[10]   C.[arl] Braun: Romance „J'avais juré que de mon âme émue" 2— 5.

[11]   Pot-Pourri ‹tirés de différentes Pièces› (Introduzione,
                Adagio — Mozart: Don Juan — Bouffet: Le Papillon —
                Mozart: All.[egr]o — Nicolò [Isouard]: Jeannot et
                Collin)   6— 13

Cahier IV:

[12]   Romance „Je t'aimerai"   2— 3

[13]   B.[ernhard] Romberg: Airs Russes variés pour le Violoncelle
                (Pfte.-Arr.)   4— 15

La Lyre des Dames ou Choix de Musique Nouvelle pour le Chant (avec Accompagnement de Piano ou Harpe) composé ... par Félix Blangini.

On s'abonne à Paris chez l'Auteur, Rue des petites Ecuries, No. 9.

Année 1. [1820] — 2. [1821]

D Mbs (2. [1821], 1, 7—9) — F Pn

Année 1.[1820]

1ère Livraison:

No. 1.   Ariette de: La Fée Urgèle „Je vends des bouquets"   1— 5

No. 2.   L'Attente „Dans les bras de l'espérance" (Mme. la Comtesse
          de Redern, née Montpezat)   6— 7

No. 3.   Nocturne à deux voix „Oh come volano i bei momenti"   8— 11

No. 4. Récitatif et Air (Colmira) de: Trajano in Dacia, Grand Opéra représenté à Munich devant leurs Majestés en 1814 (Réc.) „In qual tenera parte" (Air) „Dove s'intese mai mostro dite peggior" 12— 18

2e Livraison:

No. 5. L'Abandon, Romance „Il est parti, mon âme se déchire" 2— 3

No. 6. Nocturne à deux voix „Idolo del mio cuor" (S I, II, Pfte. oder Hf.) 4— 6

No. 7. Canzonetta „Nice di te m'accesi" 7— 9

No. 8. Air ‹ de Vieille › „C'est une misère" 10— 13

No. 9. Le Repentir, Romance à une, deux, trois ou quatre voix „Oui, je croyais toute ma vie" (S [I, II], S oder T, B, Pfte. oder Hf.) 14— 19

3e Livraison:

No. 10. La Devise Castillane, Romance „Bien aime qui jamais n'oublie" (Le Comte de Lagarde ‹ Messence ›) (2 Singst., Pfte. oder Hf.) 2— 3

No. 11. Nocturne à deux voix „Sediamo ai freschi, o cara" 4— 7

No. 12. La Souvenance, Romance à une, deux, trois ou quatre voix „Pour chasser de sa souvenance" (S, T oder S, T, B, Pfte. oder Hf.) 8— 9

No. 13. Duetto (Decebalo, Colmira) di: Trajano in Dacia „Tergi què tuoi beirai, idolo del cuor mio" 10— 17

4e Livraison:

No. 14. Recitativo ed Aria (Colmira) nel: Trajano in Dacia (Rec.) „Miei fidi ecco l'albergo" (Aria) „Raggio d'eterna luce" 1— 7

No. 15. Romance „C'est pour te plaire" (Ch.[evali]er de Messence) 8— 9

No. 16. Canzonetta Veneziana „Senti cara Ninetta" 10— 11

No. 17. Cavatine (Robert) „Pour un baiser faut-il perdre la vie" 12— 14

5e Livraison:

No. 18. Rondeau de tout par Amour „Quel plaisir pour un Roi français" 2— 5

No. 19 Leçon inutile, Romance à une ou deux voix „Un jour sous la coudrette" (Hoffmann) 6— 7

No. 20. Ariette de: La Fée Urgèle „Ah! que l'amour est chose jolie" 8— 12

No. 21. Canzonetta „Vezzosetta mia pargoletta" 13— 15

6e Livraison:

No. 22. Polonaise de: La Princesse de Cachemire „Vous êtes belle et Princesse" 1— 7

611

No. 23.   Le Billet, Romance à une ou deux voix „Je suis à toi, c'est pour toute la vie" (Le Comte de Lagarde ‹ Messence ›)   8— 9

No. 24.   Romance „Depuis que ma jeune maîtresse"   10— 11

No. 25.   Terzetto (Colmira, Decebalo) di: Trajano in Dacia „Che bel piacere al cuore"   12— 16

7e Livraison:

No. 26.   La Nouvelle Valentine, Stances Elégiaques „Sous le ciel doux et pur" (Mme. P.)   2— 3

No. 27.   Amour et Gloire, Romance nouvelle à une ou deux voix ‹ à volonté › „Preux chevalier combat toujours" (A. Bignan)   4— 5

No. 28.   L'Amour et l'Amitié, Romance nouvelle „Quel pouvoir inconnu m'entraîne" (Justin Gensoul)   6— 7

No. 29.   Notturno a due voci „Addio pastorella amata" (S, T oder S, Pfte. oder Hf.)   8— 9

No. 30.   Canzonetta „Gl'affetti del cuore serbarti costante"   10— 12

8e Livraison:

No. 31.   Air du: Cheval échappé „Le maudit animal, qu'il m'a donné de mal"   1— 7

No. 32.   Il faut partir, Romance nouvelle „Il faut partir, ô! joie hélas" (Roger)   8— 9

No. 33.   Le Lis, Fabliau-Romance de la Princesse de Nevers „Etait un lis aux champs" (Baron de R*** St. Cyr) (S, S oder T, Pfte. oder Hf.)   10— 11

No. 34.   Geoffroy Rudel, Romance nouvelle „Un noble chevalier de France" (de Saint Amand)   12— 13

9e Livraison:

No. 35.   Récitatif et Air (Trajano) du Ier Acte de: Trajan[o in Dacia] (Réc.) „Non irritarmi più" (Aria) „Vedrà che in van persiste"   1— 9

No. 36.   Regrets, Romance à une ou deux voix „J'ai tout rêvé, pour mon âme trop tendre"   10—11

No. 37.   Romance de l'Opéra de: La Sourde Muette „Je m'abandonne à l'espérance"   12— 13

No. 38.   Agnes Sorel à Charles VII, Romance Historique „Espoir des preux et fleur de courtoisie" (de Coupigni [!])   14— 15

10e Livraison:

No. 39.   Air de: La Fée Urgèle „La noble chose que l'être chevalier"   2— 7

No. 40.   Notturno a una o due voci „Guidiam nina guidiam"   8— 9

No. 41.   Plaintes d'un Troubadour, Romance à une ou deux voix „Las! est bien loin cette tant douce amie" (S, T oder S, Pfte.)   10— 11

No. 42.   Canzonetta „Fra tanti palpiti nel mio tormento"   12— 14

11e Livraison:
No. 43.   Symptômes d'Amour, Romance „Dis-moi ce que j'éprouve"   2—   3
No. 44.   Notturno a due voci „La primavera ecco venir"   4—   5
No. 45.   Ariette „Tout doucement plus lentement"   6—   9
No. 46.   Duetto (Decebalo, Trajano) di: Trajano in Dacia „Il braccio
          mio guerriero"   10— 12

12e Livraison:
Nos. 47. 48. Trio (d'Absac, Latour d'Auvergne, Henri IV) de: Tout par
          Amour, Opéra en trois actes (Rec.) „Que vois-je! ah Sire
          mon nom?" [Arie] „Pour un français quel don flatteur"   1— 13
No. 49.   Le Regard, Romance à une, deux, trois ou quatre voix „Cache
          moi ton regard" (Marceline Desbordes) (S [I, II], S oder T,
          B, Pfte. oder Hf.)   14— 15
No. 50.   Notturno a due voci „Caro ben vivi felice" (S, T oder S,
          Pfte. oder Hf.)   16— 18

2e Année [1821]
[1ère Livraison]:
No. 1.   Je veux t'aimer toujours, Romance „Idole de ma vie, mon
          tourment!" (Marceline Desbordes)   2—   3
No. 2.   Le Paladin, Romance „Le beau Mainfroi du Roi Charles"
          (Brault)   4—   5
No. 3.   Duguesclin, Romance à une voix et Refrain à quatre voix
          à volonté „En combattant aux champs de Navarette"   6—   7
No. 4.   Dieu le veut! Romance „Fleurs et tapis décoraient la
          Chapelle" (Brault)   8—   9
No. 5.   Les Dangers, Romance „La jeune Estelle au paturage"   10— 11
No. 6.   Guy, Romance „Guy, vous serez mon Chevalier" (Brault)   12— 13
No. 7.   Canzonetta „L'Amor che mi tormenta"   14— 15
No. 8.   Canzonetta a una o due voci „Spine voi che germogliate"   16— 17
No. 9.   Canzonetta „La speranza del mio core"   18— 19
No. 10.   Regrets d'une Bergère, Romance à une ou deux voix
          „Adieu, charmant bocage" (Gauthier)   20— 21
No. 11.   Tout est calme, Romance à une ou deux voix „Tout est
          calme dans la nature"   22— 23
No. 12.   Le Saule du Sage, Romance à une ou deux voix „Saule,
          que j'aime ton ombrage!"   24— 25
No. 13.   Nocturne italien à deux voix „Dal tuo rigore oppresso"
          (S, T oder S, Pfte. oder Hf.)   26— 30

No. 14. Nocturne à deux voix „Quel labbro ch'io speri" (S, S oder T, Pfte. oder Hf.) — 31— 35

No. 15. Nocturne italien à deux voix „Sul margine del rio" — 36— 39

2e Livraison:

No. 16. La Justification, Romance „N'accusez point mon trouble extrême" (Brault) — 2— 3

No. 17. Le Page blessé à Pavie, Romance nouvelle „Dans le Châtel je suis entré" (le Baron de R....St. Cyr) — 4— 5

No. 18. Romance „Olivier je t'attends" (Marceline Desbordes) — 6— 7

No. 19. Canzonetta „Non me scaldè la zucca" — 8— 9

No. 20. Sempre più t'amo, Canzonetta a una o due voci „Sempre più t'amo, mio bel tesoro" — 10— 11

No. 21. Canzonetta „Il fiero destin mia cara Ninin" — 12— 13

No. 22. Notturno a due voci „Quando amor m'avvin se al gioco" (S, T oder S, Pfte. oder Hf.) — 14— 17

No. 23. Notturno a due voci „Dove sei bel Idol mio" (S, T, Pfte. oder Hf.) — 18— 21

Nos. 24. 25. Récitatif et Air (Sophie) [aus:] Le Jeune Oncle (Réc.) „Dans sa retraite agréable" (Air) „On dit que les soins" (de Fontenille) — 1— 7

No. 26. Rondeau [aus:] Le Jeune Oncle „Philosophie encor un jour" (de Fontenille) — 1— 4

Nos. 27. 28. Air [aus:] Le Jeune Oncle „Qui, de la riante nature" (de Fontenille) — 1— 7

No. 29. Couplets (Nancy) [aus:] Le Jeune Oncle „Ce n'est pourtant pas dieu merci" (de Fontenille) — 2— 3

No. 30 Romance [aus:] Le Jeune Oncle „Cruel ennemi des amours" (de Fontenille) — [2 S.]

3e Livraison:

No. 31. Qui m'aime me suive! ou l'Enfant d'Auvergne „Enfant de la ville prochaine" (C. Bérard) — 2— 3

No. 32. Je vous l'ai dit, Romance „Je vous l'ai dit, je veux me taire" (C. Bérard) — 4— 5

No. 33. Chansonnette „Aimer est un tendre délire" — 6— 7

Nos. 34. 35. Duo (La Princesse, La Tour d'Auvergne) de: La Princesse de Nevers, Opéra en trois actes „Ah pardonnez à votre amie" — 8— 15

No. 36. Toi et moi, Chansonnette „De nos bergères la plus belle" (Dusausoir) — 16— 17

No. 37. Astre des Nuits, tirée d'Eléonore de Rosalba ou les Pénitens noirs, Romance à deux voix „Astre des nuits et vous heures paisibles" (S, T, Pfte.) — 18— 19

No. 38.   La Dormeuse, Romance „Réveille-toi, jeune bergère" (Brault)   20— 21

No. 39.   La Pauvre Zélie, Romance „Du doux printems on célèbre la
            fête"   22— 23

No. [40]   Fuyez la bien, Chansonnette „Jeunes gens qui d'Estelle
            approchez quelque fois" (Mr. P***)   24— 25

No. 41.   Tout Amour, ou Sœur Henriette, Romance à deux voix
            „Il n'est rien comme l'amitié" (A. R. C. de St. A.)   26— 28

Nos. 42. 43. Trio (Sophie, Folleville, [Dormeuil]) [aus:] Le Jeune
            Oncle „Si quelques jours je m'engage" (de Fontenille)   1— 9

Nos. 44. 45. Trio (Folleville, Sophie, Dormeuil) [aus:] Le Jeune
            Oncle „Allons, partons, le plaisir nous invite" (de Fontenille) 2— 7

4e Livraison:

No. 46.   Tancrède, Romance à une ou deux voix „Banni de sa patrie,
            un noble chevalier" (l'auteur de Nous!)   2— 3

No. 47.   Le Conseil inutile, Romance à une ou deux voix „Quand tu
            me dis qu'on doit sans peine" (Mr. P.***)   4— 5

No. 48.   L'Amour discret, Romance à une ou deux voix „Vous auprès
            de qui l'on soupire" (Mr. P.***)   6— 7

Nos. 49. 50. Air du 1er acte de: La Fée Urgèle „Non, je ne puis me
            deffendre"   8— 14

Nos. 51. 52. Duo (Un Anglais, Germain) [aus:] Le Jeune Oncle
            „Godem, c'été insuportable [!]" (de Fontenille)   15— 23

No. 53.   A la Sonnette, Romance „Il est tems, ma chère sonnette"
            (Mme. Perrier)   24— 25

Nos. 54. 55. Récitatif et Rondeau de: La Fausse Duègne, Opéra en
            3 actes (Réc.) „Amour tu me dois ton appui" [Arie] „Par
            les égards, par les plaisirs"   26— 33

Nos. 56. 57. Duo (Robert, la vieille) du 2me Acte de: La Fée Urgèle
            „Que voulez vous? Un prix bien doux!"   34— 42

Nos. 58. 59. Rondeau (d'Absac) de: La Comtesse de la Marck ou Tout
            par Amour, IIe acte „Ah! quel plaisir d'être à la Cour"
            [Saint-Cyr, Dartois]   43— 49

No. 60.   Couplets [aus:] La Comtesse de la Mark [!] „A le grand
            homme! il a la pomme"   50— 51

Unter dem gleichen Titel sind Teile des Année 1 nachweislich 1821 auch in Wien
bei Artaria & Comp. erschienen: No. 1—17 als Cahier I—IV ([Pl. Nr.] 2633, 2634,
2636, 2652), No. 20—22, 24 als Cahier V ([Pl. Nr.] 2653) und No. 27—29, 32—34
und 30 als Cahier VI ([Pl. Nr.] 2675) (vgl. A. Weinmann, Vollständiges Verlagsverzeichnis Artaria & Comp., S. 151.)

Musik Journal för Damer.

Stockholm: Stentryck af C. Müller.

Årgang 1 [1820/1821]

S Skma

1. Årgang [1820/21]:

[1]   [Georg Joseph] Vogler: Romance ur: Herman von Unna, Skåde-
      spel med Sång „Du som dignar under plågor"   3

[2]   [François-Adrien] Boieldieu: Duo (Iohan, Olivier) ur: Jean de Paris,
      Comisk Opera „Rester à la gloire fidèle" — „Att ärans
      gudomlighet dyrka" [I. Akt, Duetto: Jean, Olivier,
      gekürzt]   4— 13

[3]   W.[olfgang] A.[madeus] Mozart: Finale [3 Knaben, Tamino]
      ur: Il Flauto Magico, Stor Opera „Te guida a palme no-
      bile" — „Till målet denna bana" [KV 620, aus 8: Zum
      Ziele führt dich diese Bahn"]   14— 15

[4]   F.[riedrich] H.[einrich] Himmel: Couppletter (Florine) ur:
      Fanchon, Vaudeville „Die aller Liebe sich erworben" —
      „Den allas kärlek sig förvärfvat" [I. Akt, Nr. 2]   16

[5]   Aria ur Operan: La Contessa „Il secreto se si perde" —
      „Däva inte mycke höfligt" [Schwedischer Text aus der
      Operette: Stormiga Aftonen, in der diese Arie gesungen
      wurde]   17— 22

[6]   W.[olfgang] A.[madeus] Mozart: Recitativo & Aria (La Con-
      tessa) ur: Le Nozze di Figaro, Comisk Opera (Rec.)
      „E Susanna non vien?" — „Men Susanna ej syns?"
      (Aria) „Dove sono i bei momenti" — „Flydda äro för
      detta hjerta" [KV 492, 19]   23— 31

[7]   [Georg Joseph] Vogler: Choral ur: Herman von Unna, Skåde-
      spel med Sång „Eviga Magt som dygden belönar"
      (3stg. Chor: S, T, B, Pfte.)   32

[8]   [Joseph] Weigl: Duo (Richard, Jacob) ur: Die Zweitzer
      familie, Lyrisk Opera „Durch das Band der reinsten
      Liebe" — „I ditt bröst sig kärlek gömde" [II. Akt,
      Nr. 14]   33— 48

[9]   [François-Adrien] Boildieu [!]: Romance (Olivier, Johan,
      Princesse) ur: Jean de Paris, Comisk Opera „Le Trou-
      badour fier de son doux servage" — „En Troubadour
      stolt af sin ljufva kedja" (3 Singst., Chor, Pfte.)
      [II. Akt, Nr. 12: Romance et Chœur]   49— 57

[10] W.[olfgang] A.[madeus] Mozart: Aria [Cherubino] ur:
      Le Nozze di Figaro, Comisk Opera „Non sò più cosa
      son, cosa faccio" — „Jag ej vet hvad det är sommig
      plågar!" [KV 492, 6]   58— 63

Musikalische Monatsschrift gesammelt und herausgegeben von Carl Anton Reichel.
[Vermutlich Danzig]
[ca. 1820]: Erstes – Zwölftes Stück.
D Bs ([ca. 1820], 1*, 2–11, 12*) – **GB** Lbm ([ca. 1820], 1–9, 10–12*)

Erstes Stück (Monat Januar [Pl. Nr.] 3100):

[1] [Carl Anton] Reichel: Ouverture aus dem Liederspiel: Die
        Hochzeitfeier   1–   4

[2] Conradin Kreutzer: Frühlings Ahnung „O sanfter, süsser Hauch!"
        [L. Uhland; Op. 33]   5–   8

[3] [Johann Wilhelm] Wilms: Polonoise   9– 15

[4]   Favorit-Walzer der Münchner Redoute   15

[5]   Walzer   16

[6]   Hops-Walzer   16

Zweites Stück (Monat Februar [Pl. Nr.] 3100):

[7] [Johann Ladislaus] Dussek: Air Russe en Rondo   17– 20

[8] [Carl Anton] Reichel: Walzer   21

[9] [Carl Anton] Reichel: Polonoise   22– 23

[10] [Joseph] Gelineck [!]: [Variations] Sur l'air „O dolce concento"
        [Mozart, KV 620, aus 8] (Tema – Var. 1–3 – Coda)   24– 26

[11] [Joseph] Gelineck [!]: [Variations] Sur l'air „Nel cor più
        non mi sento" [Paisiello] (Tema – Var. 1–2)   26– 27

[12] [Gioacchino] Rossini: Polacca à quatre mains   28– 31

[13]   Vierhändiger Englischer Walzer   30– 31

[14] [Carl Friedrich] Zelter: Meine höchste Wonne „Schön ists,
        wenn Natur zur Frühlingsweihe" [Chr. L. Reissig]   32

Drittes Stück (Monat März [Pl. Nr.] 3100):

[15] Zwaneveld: Polonoise   33– 38

[16] C.[arl] A.[nton] Reichel: Eccosaisen-Walzer [!]   38

[17] [Karl] Klage: Leichte Sonatine (Moderato – Rondo –
        Allegretto)   39– 44

[18] Emilie Zumsteg [!]: Natur und Jugend „Der Fluren Grün, das
        Abendgold"   44– 46

[19] [Johann Baptist] Cramer: Vier Präludien (No. 1–4)   47– 48

Viertes Stück (Monat April [Pl. Nr.] 3100d):

[20] [Conradin?] Kreutzer: Ouverture au Caprice avec six Variations
        faciles (Introduzione – Allegro assai e Vivace – Andante
        sostenuto – Allegro assai e Vivace – Tema – Var. 1–6
        – Coda)   49– 54

[21]   Conradin Kreutzer: Einkehr „Bei einem Wirthe, wundermild"
       [L. Uhland, Op. 34, 8]   55— 56

[22]   [Muzio] Clementi: Vivace   57— 60

[23]   Adagio con espressione   60 .

[24]   [Ferdinando] Pär: Pot-pourri   61— 63

[25]   [Carl Anton] Reichel: 4 neue Tänze (Ecossaisen)   64

Fünftes Stück (Monat Mai [Pl. Nr.] 3100e):

[26]   Kirchberg: Geschwind-Marsch   65

[27]   Geschwind-Marsch   66

[28]   Geschwind-Marsch   67

[29]   Köhler: Sonata (Moderato con espressione — Andante canta-
       bile — Rondo Allegretto)   68— 74

[30]   [Carl Anton] Reichel: Schweizer Hirtenlied mit Variationen
       „Steh' nur auf, du Schweizer Bu'r!" (Var. 1—4)   75— 76

[31]   Ratzkowsky: Polonoise aus dem: Calif v.[on] Bagdad
       [Boieldieu]   77— 78

[32]   Weller: Walzer   78

[33]   Weller: Russischer Walzer   78

[34]   [Carl Anton] Reichel: Das Veilchen „Von dunkeln Laub
       umschlossen" (C. Müchler)   79

[35]   [Carl Anton] Reichel: Das Vergissmeinnicht „Freundlich
       glänzt an stiller Quelle" (C. Müchler)   80

Sechstes Stück (Monat Juny [Pl. Nr.] 3100f):

[36]   Köhler: Poco Allegretto quasi una Fantasia   81— 82

[37]   J.[oseph] Wölfl: Marche et Rondeau pastorale   83— 88

[38]   [Johann Karl Friedrich] Rüttinger: Sonatine (Allegro —
       Poco Adagio — Vivace)   89— 92

[39]   [Ludwig] Berger: Serenade „Der Thau steht auf der Rose"
       (Müchler)   93

[40]   [Carl Anton] Reichel: Polonoise   94— 95

[41]   Scheibler: Wiener Walzer   96

[42]   Walzer   96

[43]   Eccosaise [!]   96

Siebentes Stück (Monat July [Pl. Nr.] 3100g):

[44]   C.[arl] A.[nton] Reichel: Introduction und Rondo   97—101

[45]   Wilde: Polonaise aus den Opern: Die Diebrische [!] Elster
       und Othello von Rossini, arr.   102—103

[46]   [Anton] Diabelli: Cadenza — Sonatine (Allegro — Alla
       Polacca)   104—107

[47] Meyer: Neue Tänze (Hops Walzer – Geschwind Walzer –
       Geschwind Walzer – Ecossaise)   108–109

[48] [Johann Friedrich] Reichardt: Lied der Nacht „Im Windsge-
       räusch in stiller Nacht" (Tiek [!]) [Lieder der Liebe
       und Einsamkeit, II. Sammlung]   110–111

[49] Meyer: Geschwind Walzer   112

[50] Meyer: Hops Walzer   112

[51]   Ecossaise   112

Achtes Stück (Monat August [Pl. Nr.] 3100h):

[52] C.[arl] A.[nton] Reichel: Andante Pastorale   113–115

[53] [Friedrich?] Westenholz: Variations sur la Polonaise d'Oginsky
       (Var. 1–2)   116–121

[54] [Mauro] Giuliani: An das Schicksal „Höre, Schicksal, was ich
       heische"   122–123

[55]   Favorit-Polonaise aus: Tancred (Rossini)   124–125

[56] [Ludwig van] Beethoven: Der Jüngling in der Fremde „Der
       Frühling entblühet dem Schooss der Natur" [Chr.
       L. Reissig; WoO 138]   126–127

[57] Nagel: Walzer   128

[58] Nagel: Geschwind-Walzer   128

Neuntes Stück (Monat September [Pl. Nr.] 3100i):

[59] C.[arl] M.[aria] v.[on] Weber: „Es stürmt auf der Flur, es
       brauset im Hain" [Friedrich Rochlitz] [Op. 30, 2;
       Jähns 161]   129–131

[60] [Joseph] Gelineck [!]: Mazur favorit varié (Thema –
       Var. 1–14)   131–139

[61] [Carl Anton] Reichel: Polonoise   140–141

[62] Köhler: Andante   142

[63] Brunner: Neue Tänze (Walzer No. 1–2)   143

[64]   Tyroler-Lied aus dem Lustspiel: Die Bürger in Wien
             „Hoch droben auf'm Berge, da horstet der Aar"   144

Zehntes Stück (Monat October [Pl. Nr.] 3191):

[65] Kirchberg: Parade-Marsch   145–147

[66] Lindemann: Ecossaise (No. 1–3)   147

[67] [Theodor] Gaede: Allegretto aus dem Ballet: Die Eifersüchti-
       gen auf dem Lande   148–150

[68] [Theodor] Gaede: Allemande aus vorigem Ballet [Die Eifer-
       süchtigen auf dem Lande]   151

[69] C.[arl] A.[nton] Reichel: Sonata (Allegro moderato –
       Romanze Pastorale – Rondo)   152– 160

Eilftes Stück (Monat November [Pl. Nr.] 3191):

[70] [Anton] Diabelli: Zwei Sonatinen   161—170

[71] Witkowsky: Polonaise   171—172

[72] Lindemann: Ecossaise (No. 1—2)   172

[73] [Gioacchino] Rossini: Marsch aus: Tancred [II. Akt, Nr. 12] 173

[74] [Carl Anton] Reichel: Pot-pourri   174—176

Zwölftes Stück (Monat December [Pl. Nr.] 3191):

[75] [Johann W.] Wilms: Rondo favorit   177—181

[76] [Johann Baptist] Wanhal: Sonate Militaire (Introduzione —
          Allegro — Marcia — Cotillon)   182—187

[77] Kronberger: Walzer (Pfte. 4hdg.)   188—189

[78] [Carl Anton] Reichel: Thema con Variation [!] (Var. 1—4)   190—192

Douze Nouvelles Polonaises favorites pour l'année 1820. Composées pour le Pianoforte par différents Auteurs choisies et publiées par l'Editeur.

St. Petersbourg: chez Paez, Magazin de Musique, grande Morskoi No. 125, à Moscou: chez Lehnhold.

1820: No. 1 — ?

D KIl (1820, 1)

No. 1.   Schmidt: Polonoise tirée de l'Opéra: Tancred
              (Gioacchino Rossini) (Pfte.-Arr.)   2— 3

Soirées Musicales ou Nouveau Recueil de Chant avec Accompagnement... Composé d'Airs, Romances et Nocturnes de MM. Plantade, Romagnesi, Pradher, Jadin et autres Compsiteurs distingués ... Les livraisons se feront ... les 5, 15, et 25 de chaque mois.

On souscrit à Paris chez Bressler, Rue de la Paix, No. 24, chez tous les M.ds de Musique... ([ab 2. ca. 1821]: Et chez Meissonnier Jeune, Rue Dauphine No. 28.)

Année 1. [ca. 1820] — 2. [ca. 1821].

1. Edition avec Accompagnement de Piano ou Harpe:

   D Mbs (1. [ca. 1820], 1, 5) — **F** Psg (2. [ca. 1821], 6)

2. Edition avec Accompagnement de Guitare ou Lyre (Arr.: P. Rougeon und Meissonnier Jeune)

   F Pn (1. [ca. 1820], 10, 33/35); V (1. [ca. 1820], 5)

Année 1. [ca. 1820]:

No. 1.   A.[ntoine] Romagnesi: Arthur de Royaumont, Romance
              „A Royaumont vers la plaine" (de Coupigny)   2— 3

No. 5.   A.[ntoine] Romagnesi: Les Trois Ages du Troubadour,
Tyrolienne „Lorsque je parvins à cet âge"   2— 3

No. 10. A.[ntoine] Romagnesi: Le Sommeil de l'Amour, Romance
„A l'ombre d'un épais feuillage" (Mathias)   2— 3

Nos. 33. 34. 35. A.[ntoine] Romagnesi: Duo (Germeuil, Babet) tiré
d'un Opéra inédit „Tiens Babet ta mine jolie"   2— 7

Année 2. [ca. 1821]:

No. 6.   A.[ntoine] Romagnesi: Loin des Yeux près du Cœur,
Romance „Ils ne sont plus ces momens pleins de
charmes" (Mr.***)   2— 3

Theater=Journal. Enthält eine Sammlung vorzüglich beliebter Tonstücke aus den besten und neuesten Opern für das Piano-Forte ohne Text.

München: bei Falter und Sohn, Residenzgaße No. 33.

Jahrgang 1. [ca. 1820], Heft 1—12; 2. [ca. 1821] — 8. [ca. 1827/1828], Heft 1—6.

D Mbs (1. [ca. 1820]; 2. [ca. 1821], 5—6; 3. [ca. 1822], 2; 7. [ca. 1826/27], 2—3)

1. Jahrgang [ca. 1820]

1. Heft:

[1]   [Michel] Caraffa [de Colobrano]: Cavatina alla Polacca aus:
Adelaide, gesungen von Mlle. Metzger in der: Schönen
Müllerin   2— 3

[2]   [Gioacchino] Rossini: [Ständchen (Conte)] aus: Barbiere di
Siviglia [„Tacete già veggo", I. Akt, aus No. 1]   4— 5

[3]   [Gioacchino Rossini: Coro aus: Barbiere di Siviglia „Mille grazie
mio Signore", I. Akt, Schluß der Introduzione]   5— 6

[4]   [Gioacchino Rossini: Cavatina (Figaro) aus: Barbiere di Siviglia
„Largo al factotum della città", I. Akt, No. 2]   7— 10

[5]   [François Adrien] Boieldieu: Romance aus dem: Rothkäppchen 10— 11

2. Heft:

[6]   [Gioacchino] Rossini: Tempo di Marcia aus: Ricciardo e Zoraide
[I. Akt, aus No. 1]   2— 3

[7]   [Gioacchino Rossini]: Cavatina [Agorante] con Coro [aus:
Ricciardo e Zoraide „Minacci puri disprezzo", I. Akt,
No. (2), (Marziale)]   4— 5

[8]   [Gioacchino] Rossini: Duett aus: Ricciardo e Zoraide
[„Qual sarà mai la gioja", I. Akt, aus No. 7]   6— 7

[9]   [Gioacchino Rossini]: Duetto [(Zoraide, Richard) aus:
Ricciardo e Zoraide „Ricciardo! che veggo!",
II. Akt, aus No. 11]   8— 9

[10] [Gioacchino Rossini]: Coro a suo Tempo [aus: Ricciardo e
       Zoraide „Qual suono terribile", I. Akt, aus No. 9]   10— 11

3. Heft:

[11] [Gioacchino] Rossini: [Cavatina (Ninetta)] aus: La Gazza Ladra
       [„Di piacer mi balza il cor", I. Akt, aus No. 2]   2

[12] [Gioacchino Rossini: Coro (Ninetta) aus: La Gazza Ladra
       „Ma qual suono?", I. Akt, No. 4]   3

[13] [Gioacchino Rossini: Schluß der Introduzione (Fabricio)] aus:
       La Gazza Ladra [„La seduto l'amato Giannetto",
       I. Akt, aus No. 1]   4— 5

[14] [Gioacchino Rossini: Cavatina (Ninetta)] aus: La Gazza Ladra
       [„Tutto sorridere mi veggo" (Es-dur), I. Akt, aus No. 2] 6— 7

[15] [Gioacchino Rossini: Quintetto] aus: Barbiere di Siviglia
       [„Buona sera", II. Akt, aus No. 12]   8— 9

[16] [Gioacchino] Rossini: Tempo di Marcia aus: Othello (D-dur)
       [I. Akt, aus No. 1]   9

[17] [Gioacchino] Rossini: [Rondo con Coro (Rosina)] aus:
       Barbiere di Siviglia [„A il più lieto", II. Akt, aus
       No. 15]   10— 11

4. Heft:

[18] [Gioacchino] Rossini: Introductione Brillante aus: La Gazza
       Ladra [(Chor) „Oh che giorno fortunato", I. Akt,
       aus No. 1]   2— 5

[19] [Gioacchino Rossini: Aria (Podesta mit Chor) aus: La Gazza
       Ladra „Udrai la sentenza perdon chiederai", II. Akt,
       aus No. 12]   6— 9

[20] [Gioacchino Rossini: Cavatina (Isacco) aus: La Gazza Ladra
       „Avanti, avanti, chi vuol comprar", I. Akt, aus No. 3] 9

[21] [Gioacchino Rossini]: Allegro   10— 11

5. Heft:

[22] [Gioacchino] Rossini: [Duetto (Figaro, Conte)] aus: Der
       Barbier von Siviglia [„All' Idea di quel metallo",
       I. Akt, No. 3]   2— 3

[23] [Gioacchino Rossini]: Finale aus: Barbier von Siviglia [I. Akt,
       stark gekürzt]   4— 5

[24] [Gioacchino Rossini: Duetto aus: Barbier von Siviglia
       „Nummero quindici", I. Akt, aus No. 3]   6— 7

[25] [Gioacchino Rossini: Quintetto aus: Barbier von Siviglia
       „Bricconi, birbanti ...", II. Akt, aus No. 12]   8— 9

[26] [Gioacchino] Rossini: Duetto [Isabella, Taddeo] aus: Italiana
       in Algeri [„Ai capricci della sorte", I. Akt, aus No. 6] 10— 11

6. Heft:

[27] [Gioacchino] Rossini: [Duetto (Rosina, Figaro] aus: Bar-
      biere di Siviglia [„Dunque io son", I. Akt, No. 6]   2— 4

[28] [Gioacchino Rossini: Duetto (Conte, Bartolo)] aus: Barbiere
      di Siviglia [„Pace e gioja", II. Akt, No. 10]   5— 6

[29] [Gioacchino Rossini: Aria (Basilio)] aus: Barbiere di Siviglia
      [„La calunnia" (Es-dur), I. Akt, No. 5, 8 Takte]   6

[30] [Gioacchino Rossini: Aria (Bartolo)] aus: Barbiere di Siviglia
      [„Doch wird wider mein Vermuthen", II. Akt, aus
      Einlege-Arie der Wiener Aufführung]   6— 7

[31] [Gasparo] Spontini: Duetto [Licinius, Cinna] aus: Vestalin
      [„Quand l'amitié seconde mon courage", I. Akt,
      No. 3]   8— 11

7. Heft:

[32] [Gioacchino] Rossini: Finale [Terzetto (Rosina, Conte, Figaro)]
      aus: Barbier von Siviglia [„Zitti, zitti, piano, piano",
      II. Akt, aus No. 14]   2— 3

[33] [Gioacchino] Rossini: [Aria con] Coro [Otello] aus: Otello
      [„Ah! si per voi già sento", I. Akt, No. 2]   4

[34] [Gioacchino] Rossini: [Chor] aus: Ricciardo [e Zoraide „Qual
      innate so fulmine", II. Akt, aus No. 12]   5

[35] [Gioacchino] Rossini: [Duetto (Zoraide, Ricciardo)] aus:
      Ricciardo [e Zoraide „ah! nati, è ver, noi siamo sol",
      II. Akt, aus No. 11]   6— 7

[36] [Gioacchino] Rossini: Coro aus: La Gazza Ladra [„Tocchiamo,
      beviamo", I. Akt, No. 6]   8— 9

[37] [Gioacchino] Rossini: Quartetto aus: Ricciardo e Zoraide
      [„Contro cento" (Es-dur), II. Akt, aus No. 12]   10— 11

8. Heft:

No. 1. [Gioacchino] Rossini: Duettino aus: Demetrio e Polibio   2— 4

No. 2. [Gioacchino] Rossini: Duetto [Jago, Rodrigo] aus: Otello
      [„Nel seno già sento", I. Akt, aus No. 3]   5— 6

No. 3.   Andante   6— 7

No. 4. [Gioacchino] Rossini: Allegro aus: La Gazza Ladra   8— 9

No. 5. [Gioacchino] Rossini: Terzetto [Podesta, Fernando, Ninetta]
      aus: La Gazza Ladra [„O nume benefico", I. Akt, aus
      No. 9]   9

No. 6. [Gioacchino] Rossini: Finale [Figaro] aus: Barbiere di Siviglia
      [„Di felice", II. Akt, No. 16]   10— 11

9. Heft:

No. 1. [Gioacchino] Rossini: Aria [Rodrigo] aus: Otello [„Che
      ascolto?", II. Akt, aus No. 6]   2— 4

No. 2. [Gioacchino Rossini]: Cavatina [Desdemona] aus: Otello
[„Deh calma, oh ciel", III. Akt, aus No. 10]   5

No. 3. [Gioacchino] Rossini: Andante aus: La Gazza Ladra [recte:
Cavatina (Rosina) aus: Il Barbiere di Siviglia „Una
voce poco fa", I. Akt, aus No. 4]   6— 7

No. 4. [Gioacchino] Rossini: [Aria (Fiorillo)] aus: Barbier von
Siviglia [„Piano, pianissimo", I. Akt, aus No. 1]   7— 8

No. 5. [Gioacchino] Rossini: [Cavatina (Lindor)] aus: Italiana in
Algieri [!] [„Tu che m'accendi pietoso amore", I. Akt,
aus No. 2]   9— 10

No. 6. [Gioacchino] Rossini: Quartetto [Agorante, Ricciardo,
Ernesto, Zoraide] aus: Ricciardo e Zoraide
[„Cessi o mai quel tuo rigore", I. Akt, aus No. 9]   10— 11

10. Heft:

No. 1. [Gasparo] Spontini: Finale aus: Vestalin „Delauriers"
[I. Akt, No. 6]   2— 3

No. 2. [Gioacchino] Rossini: Duetto [Desdemona, Emilia] aus:
Otello [„Vorrei, che il tuo pensiero", I. Akt,
aus No. 4]   4— 5

No. 3. [Gioacchino] Rossini: [Duetto (Ricciardo, Adorante)] aus:
Ricciardo e Zoraide [„Come potrò", II. Akt, No. 10,
Schlußteil]   5— 7

No. 4. [Gioacchino] Rossini: [Duetto (Ninetta, Lucia)] aus: La
Gazza Ladra [„Ebben per mia memoria", II. Akt,
No. 13]   8— 9

No. 5. [Gioacchino] Rossini: [Aria (Bertha)] aus: Barbier von
Sevilla [„Il vecciotto cerca moglie", II. Akt, No. 13]   10— 11

11. Heft:

No. 1. [Gioacchino] Rossini: [Duetto (Jarabotto, Batone)] aus:
L'Inganno Felice [„Va tal uno mormorando" No. 6]   2— 6

No. 2. [Gioacchino] Rossini: [Duetto (Ricciardo, Ernesto)] aus:
Ricciardo e Zoraide [„S'ella me ognor fedele",
I. Akt, No. 7, 1. Teil]   6— 7

No. 3. [Gioacchino] Rossini: Introduction [und Chor] aus: Otello
[(Chor) „Viva Otello", I. Akt, aus No. 1]   8— 10

No. 4. [Gioacchino] Rossini: Duetto [Jago, Rodrigo] aus: Otello
[„No non temer serena", I. Akt, No. 3]   10— 11

12. Heft:

No. 1. [Stefano] Pavesi: Cavatina aus: Marcantonio   2— 4

No. 2. [François Adrien] Boieldieu: Duetto aus dem: Rothkäppchen   4— 5

No. 3. [Gioacchino] Rossini: [Aria (Podesta)] aus: La Gazza Ladra
[„Il mio piano è preparato", I. Akt, No. 8]   6— 9

No. 4. I.[ohann] K.[aspar] Aiblinger: Marcia aus: Demetrio
      [Rossini] (eingelegt)   10— 11

2. Jahrgang [ca. 1821]

5. Heft:

No. 1. [Giovanni] Pacini: Cavatina aus: La Colpa Emendata del
      Valor (Pfte.-Arr.: G. Schinn)   2— ?

No. 5. [Adalbert] Gyrowetz: Cavatina aus dem: Augenarzt (Mir
      leuchtet die Hoffnung, sie täuschet mich nicht)   11

6. Heft:

No. 1. [Robert] Graf v.[on] Gallenberg: Marsch aus: Alfred der
      Große   2

No. 2. [Giacomo] Meyerbeer: [Arie (Emma)] aus der Oper:
      Emma v.[on] Rexburgh [„Ah questo baccio",
      I. Akt, aus No. 2]   3–[6]

No. 3. [Giacomo] Meyerbeer: [Cavatina (Norcesto)] aus der Oper:
      Emma v.[on] Rexburgh [„Al padre d'intorno",
      I. Akt, aus No. 2]   7— 9

No. 5. [recte 4] [Gioacchino] Roßini: [Arie (Cenerentola)] aus:
      Cenerentola [„Una volta c'er un Re", I. Akt, aus
      No. 1]   9

No. 5. [Gioacchino] Roßini: [Quintetto] aus: Cenerentola [„Se
      tu più mormori sola una sillaba", I. Akt, No. 5,
      Schlußteil]   10— 11

3. Jahrgang [ca. 1822]

2. Heft:

[1]   Louis Spohr: Polonaise aus der Oper: Faust [Op. 60, II. Akt,
         aus No. 17: Pantomimischer Tanz]   2— 3

[2]   Thème varié sur la Polonaise favorite del l'Opéra:
         Le Barbier de Séville (Thema — Var. 1–5 — Allegro)   4— 11

7. Jahrgang [ca. 1826/1827]

2. Heft:

[1]   [Giacomo] Meyerbeer: Duetto [Palmide, Armando] e Coro
         aus der Oper: Il Crociato in Egitto [(Duetto) „Ah non
         ti son più cara", I. Akt, No. 4, — (Coro) „Udite or'alto
         arcano", II. Akt, No. 17]   2— 11

[2]   [Giacomo] Meyerbeer: Quartetto [Armando, Palmide, Felicia,
         Adriano] e Quintetto [Armando, Palmide, Felicia,
         Adriano, Aladino] aus der Oper: Il Crociato in Egitto
         [„O cielo clemente", II. Akt, aus No. 14]   2— 11

1821

Etrennes à Terpsichore, dédiées aux Dames, ou Recueil de Contre-Danses, Anglaises et Walzes, Composées par [Pierre] Marque (& Collinet). Arrangées pour le Piano, par (R.[ené]) Cornu.

A Paris, Gide Fils, Rue St. Marc-Feydeau, No. 20.

Année [1.] 1821 — 3. [1823].

F Pn ([1.] 1821; 3. [1823])

[1ère] Année:

[Pierre]	Marque: 1er Quadrille (No. 1. La Rose. No. 2. La Pâquerette. No. 3. La Pensée. No. 4. L'Anémone. No. 5. La Clématide)	3—	13
[Pierre]	Marque: 2ème Quadrille (No. 1. La Pervenche. No. 2. La Tubéreuse. No. 3. La Tulipe. No. 4. La Jacinthe. No. 5. La Violette)	15—	25
[Pierre]	Marque: 3ème Quadrille (No. 1. La Marguerite. No. 2. L'Eglantine. No. 3. La Renoncule. No. 4. Iris. No. 5. L'Immortelle)	27—	37
[Pierre]	Marque: Anglaises (No. 1—2)	39—	41
[Pierre]	Marque: Ecossaises (No. 1—2)	43—	45
[Pierre]	Marque: Valse	47—	50

3e Année:

[Pierre]	Marque: 1er Quadrille (Pantalon — Eté — Poule — Trénis — Polonaise)	2—	7
[Pierre]	Marque: 2ème Quadrille (Pantalon — Eté — Poule — Pastourelle — Polonaise)	8—	13
[Pierre]	Marque: 3ème Quadrille (Pantalon — Eté — Poule — Trénis)	14—	19
Collinet: 4eme	Quadrille (Pantalon — Eté — Poule — Trénis — Eté)	20—	25

La Lyre du Hainaut. Recueil de Morceaux de Musique pour la Guitare, Publié par P. Nacher. (96 Pages grand in 8º par Année.)

à Tournay, chez P. Nacher, Propriétaire — Editeur, Professeur, et Marchand de Musique, Rue des Maux ([später:] Rue aux Rats). D. Casterman, Imprimeur-Libraire ... , Rue de Pont.

[1821]

B Bc

[1]	[Jean-Pierre] Lecamus: L'Absence „Cruelle absence de le chérir" (Git.-Begl.: [P.] Nacher)	[2 S.]

[2] [Antoine] Meissonnier: L'ai-je rêvé, Romance „L'ai-je rêvé, disait un jour Lisette" (Git.-Begl.: P. Nacher) [2 S.]

[3] A.[mand] Houzé: Avis aux maris jaloux „De la sombre jalousie" (Pannart) [2 S.]

[4] Le Mière de Corvey: Blanche et Rose, Romance „Ornement d'un bocage ignoré de l'amour" (Mme. Desbords [!]) (Git.-Begl.: P. Nacher) [2 S.]

[5] Amand Houzé: Le bon vieux tems „Au bon vieux tems, point n'était d'infidèles" (Coupigny) [2 S.]

[6] [Rodolphe] Kreutzer: Clari, Romance „Ah! que ne suis-je encor dans le hameau" (Ch.[evalie]r Dupuy) (Git.-Begl.: P. Nacher) [2 S.]

[7] J.[oseph] Zimmerman: Les Dangers, Romance „La jeune Estelle au paturage va pleurant" (L. Brault) (Git.-Begl.: Varlet) [2 S.]

[8] P. Nacher: Les Devoirs du Chevalier, Rondo „Femme jolie, cherre [!] patrie" (A. F. Lienard) 1— 4

[9] [François] Berton Fils: La Fin du Jour, Romance „Le jour a fui, la nuit commence" (Git.-Begl.: P. Nacher) [2 S.]

[10] [Giuseppe] Catruffo [!]: Le Gondolier, Barcarolle „Assis au bord de sa nacelle" (Git.-Begl.: [P.] Nacher) [2 S.]

[11] Detournay Pontus: Il va parler! „Embelissez ma triste solitude" (Mlle. Desbords [!]) [2 S.]

[12] Adèle Favart: L'innocente Bergerette „Soupirait Bergerette déja depuis longtems" [2 S.]

[13] A.[ugustin de] Peellaert: Licas et sa bien Aimée, Romance à deux voix „Entendez-vous jeune bergère" (A. Peellaert) (Git.-Begl.: P. Nacher) [2 S.]

[14] A. F.: Plainte du Troubadour, Romance „C'en est donc fait jeune Bergère" (L. L...) [2 S.]

[15] A.[mand] Houzé: Le Refrain menteur, Romance „Tu me dis refrain menteur" (Armand Gouffé) [2 S.]

[16] Lechallier: L'Amante inquiète, Romance à deux voix „O ma vie! sans envie" (Mlle. Desbordes) (Git.- oder Lyra-Begl.: P. Nacher) [2 S.]

[17] Blondat: Les deux Voyageurs, Romance „Dans la carrière de la vie" (Dekock) (Git.-Begl.: [P.] Nacher) [2 S.]

[18] Frédéric Kreubé: Edmond et Caroline, ou la Letre [!] et la Réponse, Couplets „Il faut l'aimer" (Jeu Marsollier) (Git.- oder Lyra-Begl.: P. Nacher) [2 S.]

[19] A.[médée] de Beauplan: Nocturne à une ou deux voix „Reposons nous ici tous deux" (Git.-Begl.: P. Nacher) [2 S.]

[20] [Ferdinando] Paer: Le Maître de Chapelle ou Le Souper imprévu, Opéra en un Acte, Duo (Gertrude, Barnabé) „Comment voulez-vous que je chante" (Fl.- oder Vl.- und Git.-Begl.: P. Nacher) 1— 20

[21]   A.[ugustin] de Peelaert [!]: Morale en Chanson, Romance à
       deux voix „Or écoutez séduisante bergère" (A. de
       Peelaert [!]) (Git.-Begl.: P. Nacher)   1—   3

[22]   Walse   4

[23]   Adèle Favart: Orphée, Romance „Jadis aux rives de la Grèce"
       (Wa)   [1—2]

[24]   Blondat: Le Pouvoir de l'Amour, Romance „Tu me demandes,
       ma Julie" (Dekock) (Git.- oder Lyra-Begl.: P. Nacher)   3—   4

[25]   [Ferdinando] Paer: Romance „Des bois aimer la solitude"
       (Git.- oder Lyra-Begl.: P. Nacher)   [2 S.]

[26]   P. Nacher: Il faudrait m'aimer, Romance „La belle qui m'est
       chère" (D. Poirson)   [2 S.]

[27]   A.[mand] Houzé: La chimère ou l'image du bonheur, Romance
       „Un Enfant en délire" (Blondat)   [2 S.]

[28]   H.[enri-] M.[ontan] Berton: Duo (Floridor, Danois) [aus:]
       Corisandre ou la Rose magique „Preux chevaliers la
       beauté nous appelle" (Ancelot und Saintine) (Git.-
       Begl.: Me[i]ssonnier J.[eu]ne)   1—   8

[29]   P. Nacher: Il faudrait m'aimer, Romance „La belle qui m'est
       chère" (D. Poirson)   [2 S.]

[30]   A.[mand] Houzé: Le Héros d'Ibérie „Reviens de l'Ibérie, modèle
       des guerriers" (C. M. P. Vanbemmel)   [2 S.]

[31]   Mlle. Percilliée: Romance „Je te plains, Pastourelle" (Git.-Begl.:
       P. Nacher)   [2 S.]

[32]   [Fabry] Garat: Le premier Baiser d'Amour, Romance „Bouche
       gentille, demi close" (L'Auteur du Charme de s'entendre)
       (Git.-Begl.: Melle. Camus)   [2 S.]

[33]   [Jean-Pierre] Lecamus: Romance (Théodore) du: Château de
       ma Tante, ou l'Amour et les Cartes „Si dans ces lieux
       elle respire" (Victor) (Git.-Begl.: [P.] Nacher)   [2 S.]

[34]   J.[oseph] Zimmerman: L'Aubépine, Romance à une ou deux
       voix „Dans le printems, dans le jeune âge" (L. Brault)
       (S, T, Git.)   [2 S.]

[35]   Mme. de Grammont: La Bergerette, Chansonnette „Je suis une
       simple bergère" (Ducrai Dumenil) (Git.-Begl.: P. Nacher)   [2 S.]

[36]   Jules Feisthamel: Le Bonheur d'être aimé quand on aime, Boléro
       „Venez, petits oiseaux" (Mme. Riccoboni) (Git.-Begl.:
       P. Nacher)   [2 S.]

[37]   [Jacques-Féréol] Mazas: Le Chien d'Olivier, Romance „Pour
       trouver le bonheur" (Mlle. Desbordes) (Git.-Begl.:
       P. Nacher)   [2 S.]

[38]   [Sophie] Gail: Inès, Boléro „Ce soir Inès à l'heure du silence"
       (Git.-Begl.: Meissonnier jeune)   [2 S.]

[39] A.[lexis de] Garaudé: Couplets [aus:] La Lyre enchantée, Opéra
en un Acte „A l'amour ouvrez votre cœur" (Git.-Begl.:
P. Nacher)   [2 S.]

[40] A.[mand] Houzé: Prière à l'Amour, Romance „Fais tendre
amour que brûlant pour Glycère" (Jauffret) (Singst.,
Fl., Git.)   [2 S.]

[41] L.[ouis] Jadin: Le Printems, Nocturne à deux voix „La musette
sur l'herbette"   [2 S.]

[42] L.[ouis] Jadin: Redis-le moi, Nocturne à deux voix „O toi, le
charme de ma vie" (A. Jadin)   [2 S.]

[43] Gustave Dugazon: Réveille-toi! Romance „Réveille-toi, jeune
Bergère" (Brault) (Git.-Begl.: Me[i]ssonnier Jeune)   [2 S.]

[44] J.[ean-] P.[ierre] Lecamus: L'Insomnie, Nocturne à deux
voix „Sommeil bien faisant de tes charmes" (Git.-
Begl.: P. Nacher)   [2 S.]

[45] P. Nacher: La Leçon inutile „Un jour sur la coudrette"
(Hoffman)   [2 S.]

[46] [Manuel] Garcia: La Mort du Tasse, Opéra en trois Actes,
Romance „Vous dont l'image toujours chère" (De-
meun und Cuvelier) (Git.-Begl.: P. Nacher)   [2 S.]

[47] J.[ean-] P.[ierre] Le Camus: Plaignez-moi, Nocturne à
deux voix „Plaignez-moi cruelle Emilie" (Git.-Begl.:
P. Nacher)   [2 S.]

Mon Plaisir. Ouvrage périodique pour le Csakan seule [!] par Antoine Diabelli.
Vienne, chez A. Diabelli et Comp. Graben No. 1133.

[1821 – 1844]: Cahier 1–41.

A Wn ([1821–1844]: 2–5, 28–30, 32–35, 38–40); Wst ([1821–1844]:
2–4, 7, 9–10, 12–13, 16, 18–19, 24, 28, 30, 38–41)

[1821 – 1844]:

Cahier 1 ([Pl. Nr.] C. et D. 812) 24 leichte und angenehme Melodien:

Nr. 1.   [Peter von Winter]: Romanze aus: Opferfest

Nr. 2.   [Jean-François Le Sueur]: Romanze ‹ La Sentinelle ›

Nr. 3.   [Jean-Pierre Solié]: Romanze ‹ Partant pour la Syrie ›

Nr. 4.   Romanze ‹Vous me quittez ›

Nr. 5.   Russisches Volkslied ‹ Schöne Minka ›

Nr. 6.   [Giovanni Paisiello]: Cavatina aus: Molinara ‹ La Racchelina ›

Nr. 7.   [Henri-Montan Berton]: Romanze a.[us] d.[er] Op.[er]:
Aline ‹An Neapels Höhen ›

Nr. 8.   [Henri-Montan Berton]: Ariette aus detto [=Aline] ‹Blonde
kleine›

Nr. 9.   [Friedrich Heinrich Himmel]: Die Sendung Ida's an Alexis, [Melodie]

Nr. 10.   [Luigi Cherubini]: Romanze aus d.[er] Op.[er]: Die Tage der Gefahr ‹Ha segne Gottheit›

Nr. 11.   Englisches Volkslied ‹God save the king ›

Nr. 12.   Rule Britannia

Nr. 13.   [Etienne Nicolas Méhul]: Romanze aus: Joseph ‹Einst zog ich ›

Nr. 14.   [Nicolò Isouard]: Romanze aus: Joconde ‹ Spottend der Mädchen Jammer ›

Nr. 15.   [Ludwig van Beethoven]: Melodie [Das Liedchen von der Ruhe] ‹ Im Arm der Liebe ruht sichs so wohl › [Op. 52, 3]

Nr. 16.   Melodie ‹ Ist denn Lieben ein Verbrechen ›

Nr. 17.   Allegro moderato aus dem Ballet: Das Wäldchen bey Kis-Ber

Nr. 18.   [Peter von Winter]: Duett aus: Opferfest ‹Wann dir mein Auge strahlet ›

Nr. 19.   [Friedrich Franz Hurka]: Die Schiffahrt, Melodie

Nr. 20.   [Carl Blum]: Romanze aus: Rosenhütchen

Nr. 21.   [Carl Blum]: Trinkchor aus detto [= Rosenhütchen]

Nr. 22.   [Carl Blum]: Ariette aus detto [= Rosenhütchen]

Nr. 23.   [Carl Blum]: Chor der Holzbauer aus detto [= Rosenhüt-chen]

Nr. 24.   [Carl Blum]: Schlusscavatina aus detto [= Rosenhütchen]

Cahier 2 ([Pl. Nr.] C. et D. 813) Variationen, Cavatina alla Polacca und Bollero, gesungen von Mad. [Clara] Metzger-Vespermann:

[1]	[Peter von] Winter: Thema von Caraffa mit Variat:[ionen] (Allegretto – Var. 1–5)	3–	5
[2]	[Michel] Caraffa [de Colobrano]: Cavatina alla Polacca, einge-legt in der Oper: La Molinara [Paisiello]	6–	7
[3]	Variationen ‹Nel cor più non mi sento › aus der Oper: La Molinara [Paisiello] (Var. 1–3)	7–	9
[4]	[Michel] Caraffa [de Colobrano]: Bollero, eingelegt in der Oper: Der Barbier von Sevilla [Rossini]	10–	11

Cahier 3 ([Pl. Nr.] C. et D. 814) Arien mit Variationen, gesungen von Mad. Catalani:

[1]	[Ferdinando] Paer: Thema mit Variationen ‹ La biondina.in gondoletta › (Allegretto – Var. 1–3)	3–	5
[2]	[Michele] Bolaffi: Cavatina ‹ Caro rio ›	5–	7

[3]   Variationen ‹ Nel cor più non mi sento › [Paisiello:
              La Molinara] (Andantino — Var. 1—2)   7— 9

[4]   [Pierre] Rode: Thema und Variationen (Andante — Var. 1—2)   9— 10

[5]   Variationen ‹ O dolce concento › [Mozart, KV 620, aus
              8] (Allegretto — Var. 1—2)   10— 11

Cahier 4 ([Pl. Nr.] C. et D. 815) Tancred, Oper von [Gioacchino] Rossini:

[No. 1.]   Ouverture   2— 3

No. 2.   Coro ‹ Più dolci e placide ›   3

No. 3.   Arie ‹ Come dolce ›   4

No. 4.   Cavatina ‹ Di tanti palpiti ›   4— 5

No. 5.   Arie ‹ Quando al marcial ›   6

No. 6.   Duetto ‹ Ah come mai quell'anima ›   7

No. 7.   Marcia   7

No. 8.   Duetto ‹ Ah! se de mali miei ›   8— 9

No. 9.   Coro ‹ Regna il terror ›   9

No. 10.   Arie ‹ Perchè turbar la calma ›   9— 10

No. 11.   Marcia   10

No. 12.   Finale ‹ Fra quei soavi palpiti ›   11

Cahier 5 ([Pl. Nr.] C. et D. No. 816): Ite Abtheilung der Oper: Die diebische
Elster ‹ La Gazza ladra › von G.[ioacchino] Rossini:

[No. 1.]   Ouverture   3— 5

No. 2.   Moderato aus der Introduction   5

No. 3.   Coro   6

No. 4.   Cavatina der Ninette   6— 7

No. 5.   Arie des Podesta   8— 9

No. 6.   Cavatina des Gianetto   9— 10

No. 7.   Duetto   10— 11

No. 8.   Marcia   11

[Cahier 6: IIte Abtheilung der Oper: Die diebische Elster ‹ La Gazza ladra ›
von Gioacchino Rossini]

Cahier 7 ([Pl. Nr.] D. et C. No. 842) Il Barbiere di Seviglia ‹ Der Barbier von
Sevilla › , Oper von G.[ioacchino] Rossini:

               Ouverture   2— 3

No. 1.   Cavatina ‹ Ecco ridente il cielo ›   3— 4

No. 2.   Coro   4

No. 3.   Cavatina ‹ Largo al factotum ›   4— 5

No. 4.   Duetto ‹ All' Idea di quell metallo ›   5— 6

No. 5.	Cavatina ‹Una voce poco fà!›	7
No. 6.	Duetto ‹Dunque io son›	8
No. 7.	Tempo di Marcia	8– 9
No. 8.	Quintetto ‹Buona Sera!›	9
No. 9.	Ariette ‹Il vecchioto cerca moglie›	10
No. 10.	Terzetto ‹Ah qual colpo›	10
No. 11.	Finale ‹Di felice in nesto›	11

[Cahier 8: Cenerentola ‹Aschenbrödel›, Oper von Gioacchino Rossini]

Cahier 9 ([Pl. Nr.] D. et C. No. 844) Othello, Der Mohr von Venedig, Oper von G.[ioacchino] Rossini:

	Ouverture	2–	3
No. 1.	Marcia	3	
No. 2.	Arie ‹Ah si per voi già sento›	4	
No. 3.	Duetto ‹No, non temer serena›	4–	5
No. 4.	Duettino ‹Vorrei che il tuo›	6	
No. 5.	Canon ‹Ti parli l'amore›	6–	7
No. 6.	Marcia	7	
No. 7.	Quintetto ‹Incerta l' anima›	7	
No. 8.	Aria ‹Che ascolto›	8	
No. 9.	Terzetto ‹Ah vieni! nel tuo sangue›	9	
No. 10.	[Michel] Carafa [de Colobrano]: Cavatina ‹Fra tante angoscie›, eingelegt	9–	10
No. 11.	Canzonetta ‹Assisa a un piè›	11	
No. 12.	Preghiera ‹Deh calma, oh ciel›	11	

Cahier 10 ([Pl. Nr.] D. et C. No. 845) L'Italiana in Algeri ‹Die Italienerin in Algier›, Oper von G.[ioacchino] Rossini:

	Ouverture	2–	3
No. 1.	Cavatina ‹Soffri o cor›	4	
No. 2.	Duetto ‹Se inclinassi a prender moglie›	5	
No. 3.	Duetto ‹Ai capricci della sorte›	6	
No. 4.	Coro ‹Uno stupido›	7	
No. 5.	Coro ‹Viva il grande Kaimakan›	7	
No. 6.	Cavatina ‹Per lui, che adoro›	8–	9
No. 7.	Terzetto ‹Papataci›	9–	10
No. 8.	Rondo ‹Amici, in ogni evento›	10–	11

[Cahier 11: Il Turco in Italia ‹Der Türke in Italien›, Oper von Gioacchino Rossini]

Cahier 12 ([Pl. Nr.] D. et C. No. 847) Elisabeth, Königin von England, Oper von G.[ioacchino] Rossini:

	Ouverture	2—	4
No. 1.	Introduzione ‹ Più lieta, più bella ›	4—	5
No. 2.	Marcia		
No. 3.	Quartetto ‹Osserva come esulta ›	5—	6
No. 4.	Coro ‹Vieni, o prode ›	6—	7
No. 5.	Arie ‹ Sento un interna voce ›	7	
No. 6.	Duetto ‹ Perchè mai destin crudele ›	8—	9
No. 7.	Duettino ‹Non bastan quelle lagrime ›	9	
No. 8.	Terzetto ‹Pensa che sol per poco ›	9—	10
No. 9.	Cavatina ‹Bell'alme generose ›	10—	11
No. 10.	Finale	11	

Cahier 13 ([Pl. Nr.] D. et C. No. 3670) Der Diamant des Geisterkönigs, Original-Zauberspiel von Ferd.[inànd] Raimund, Musik von Jos.[eph] Drechsler:

No. 1.	Allegretto	(3)	
No. 2.	Ariette ‹Ich bin der liebe Florian ›	(3)	
No. 3.	Duetto ‹Mariandl, Zuckerkandl ›	4—	5
No. 4.	Ariette alla Polacca ‹ Die Ehre ist fürwahr nicht klein ›	5	
No. 5.	Tanz der Genien	6	
No. 6.	Tanz der Küchenmädchen	6	
No. 7.	Ballet-Musik	6—	7
No. 8.	Ariette ‹Mariandl ist so schön ›	7	
No. 9.	Aria ‹ Hier im einsam stillen Thale ›	8	
No. 10.	Quodlibet ‹ Werd' ich denn hier sterben müssen ›	8—	10
No. 11.	Einzugsmarsch	10	
No. 12.	Chor ‹Nur piano, haltet ein ›	11	
No. 13.	Schlussgesang ‹Der kleine Liebesgott ›	11	

[Cahier 14: Die Stumme von Portici ‹ La Muette de Portici › , Oper von D. E. F. Auber, Iste Abtheilung]

[Cahier 15: Die Stumme von Portici, Oper von D. E. F. Auber, IIte Abtheilung]

Cahier 16 ([Pl. Nr.] D. et C. No. 3673) Die Braut ‹ La Fiancée › , Oper von D. E. F. Auber:

	Ouverture	2—	4
No. 1.	Introduction ‹ Rasch und flink ›	5	
No. 2.	Romanze ‹ Sollt' ich einst die Treue brechen ›	5—	6

No. 3.	Ariette ‹ Der beschwerlichste Stand ›	6
No. 4.	Arie ‹ O Tag der Lust und Freude ›	6— 7
No. 5.	Duett ‹ Horch! Trommelschlag ›	7
No. 6.	Arie ‹ Ist spröd auch eine Schöne ›	8
No. 7.	Intermezzo	8— 9
No. 8.	Rundgesang ‹ Habt wohl Acht ›	9
No. 9.	Balletmusik	9
No. 10.	Tirolienne [!]‹Jäger oder Hirt ›	10
No. 11.	Canon ‹ Wahres Glück suchest du ›	10
No. 12.	Duett ‹ Wer wird in Jugendfülle ›	11
No. 13.	Preghiera ‹ Heiter und froh schwanden ›	11

[Cahier 17: Fiorella, Oper von D. E. F. Auber]

Cahier 18 ([Pl. Nr.] D. et C. No. 3675) Zampa oder: Die Marmorbraut, Romantische Oper von F. Hérold:

	Ouverture	2— 5
No. 1.	Introduction ‹Welch seltne Pracht ›	5
No. 2.	Cavatine ‹ O Göttin sanfter Triebe ›	6
No. 3.	Chor ‹ Lasst uns're Gondel schaukeln ›	6— 7
No. 4.	Lied ‹ Ihr Freunde theilt nun mein Glück ›	7
No. 5.	Romanze ‹ Nicht bestimt [!] um zu trauern ›	7
No. 6.	Terzett ‹ Sprich, was giebt's, was geht hier vor ›	8
No. 7.	Quartett ‹ Dieser ist's, welch ein Anblick ›	8— 9
No. 8.	Trinklied ‹ Mag die Welle mich schwingen ›	10
No. 9.	Lied ‹ Brüder, schwingt nun die Pokale ›	10
No. 10.	Rondo aus dem 1sten Finale	11

Cahier 19 ([Pl. Nr.] D. et C. No. 4247) Zampa oder: Die Marmorbraut, Romantische Oper: von F. Hérold, 2te Abtheilung:

2ter Act:

No. 11.	Preghiera ‹ Mit frommen reinen Trieben ›	3
No. 12.	Arie ‹ Du, die mit holder Grazien Miene ›	3— 4
No. 13.	Duett ‹ Seh ich recht, 's ist mein Weib ›	5
No. 14.	Duett ‹ Erschreckt und blass ›	6— 7
No. 15.	Chor und Tanz ‹ Das Echo uns'rer Berge ›	7
No. 16.	Schifferlied ‹ Mädchen unter Lachen ›	8
No. 17.	Finale des 2ten Acts ‹ Heil dir! o Held ›	8— 9

3ter Act:

No. 18.   Barcarole ‹Wo hinaus, armer Schifferman [!]›   9

No. 19.   Serenade-Chor ‹ Freundliche Sterne ›   10

No. 20.   Cavatine ‹Was zittert ihr ›   10

No. 21.   Duett ‹Wo bin ich? ›   10— 11

[Cahier 20: Fra Diavolo, oder: Das Gasthaus von Terracina, Oper von D. E. F. Auber]

[Cahier 21: Anna Bolena, Oper von V. Bellini [recte: G. Donizetti]]

[Cahier 22: Il Pirata, Oper von V. Bellini]

[Cahier 23: Montecci und Capuleti, Oper von V. Bellini]

Cahier 24 ([Pl. Nr.] D. et. C. No. 4252) Norma, Oper von V. Bellini:

No. 1.   Introduction ‹Ite sul colle o Druidi› ‹ Späh' auf dem Hügel ›   2— 3

No. 2.   Cavatine ‹ Meco all'altar di Venere › ‹ Mit Adalgisa Hand in Hand ›   3

No. 3.   Tempo di Marcia   3— 4

No. 4.   Cavatine ‹Casta Diva › ‹Keusche Göttin ›   4— 5

No. 5.   Cavatine ‹Vieni in Roma › ‹Komm nach Rom ›   5

No. 6.   Romanze ‹ Sola furtiva al tempio › ‹Hier stahl er mir den Frieden ›   5

No. 7.   Duett ‹Ah! si fa core e abbracciami › ‹Empfange diesen Schwesterkuss ›   6

No. 8.   Terzett ‹Oh! di qual sei tu vittima › ‹Arme, geopfert ist dein Glück ›   6

No. 9.   Terzett ‹Vanne si mi lascia indegno › ‹ Ziehe hin, weil du vergessen ›   7

No. 10.   Duett ‹Deh! con te li piendi › ‹ Diese Zarten jetzt beschütze ›   7

No. 11.   Duett ‹Mira, o Norma › ‹Sieh', o Norma ›   8

No. 12.   Cavatine ‹Ah del Tebro › ‹ Fluch den Römern ›   8— 9

No. 13.   Duett ‹ In mia man alfin tu sei › ‹Nun bist du in meinen Händen›   9

No. 14.   Duett ‹Già mi pasco ne tuoi sguardi › ‹An dem Schmerz will ich mich weiden ›   10

No. 15.   Duett ‹Qual cor tradisti › ‹In dieser Stunde sollst du erkennen ›   10— 11

No. 16.   Finale ‹Deh! non volerli vittime› ‹Soll für der Mutter ›   11

[Cahier 25: La Somnambula ‹Die Nachtwandlerin› , Oper von V. Bellini]

[Cahier 26: Beatrice di Tenda ‹ Das Castell von Ursino › , Oper von V. Bellini]

[Cahier 27: I Puritani ‹Die Puritaner ›, Oper von V. Bellini]

Cahier 28: ([Pl. Nr.] D. & C. No. 7428) L'Elisir d'amore ‹Der Liebestrank ›, Oper von G. Donizetti:

No. 1.	Coro ‹Bel conforto›‹Labung vor der Sonne ›	2	
No. 2.	Cavatina ‹Quanto è bella›‹Wie sie schön ist ›	2	
No. 3.	Marcia	2–	3
No. 4.	Cavatina ‹Come Paride vezzoso › ‹Wie der holde Jüngling ›	3	
No. 5.	Cavatina ‹Chiedi all'aura lusinghiera › ‹Frag' die lauen Lenzesweste ›	4	
No. 6.	Duetto ‹Per guarir da tal pazzia › ‹Lass das Herz nur einmal ›	4	
No. 7.	Cavatina ‹Udite, o rustici › ‹So höret ihr Bauern ›	4–	5
No. 8.	Duetto ‹Obligato, ah! si obligato › ‹Sehr verbunden ›	6	
No. 9.	Cavatina ‹Ah! dottor ci do parola› ‹Ja, ich schwöre auf meine Ehre ›	6	
No. 10.	Duetto ‹Esulti pur la barbara › ‹O juble nur du Grausame ›	6–	7
No. 11.	Cavatina ‹Adina credimi › ‹Adina glaube mir ›	7–	8
No. 12.	Coro ‹Fra lieti concenti › ‹Bei lauten Gesängen ›	8	
No. 13.	Coro ‹Cantiamo, facciam brindisi › ‹Nun hebt die Gläser hoch empor ›	8–	9
No. 14.	Barcarole ‹Io son ricco› ‹Ich bin reich ›	8	
No. 15.	Cavatina ‹Ai perigli della guerra › ‹Die Gefahren wohl ich kenne ›	9	
No. 16.	Duetto ‹Qua la mano giovinetto › ‹Reich die Hand mir ›	10	
No. 17.	Cavatina ‹Io già m'immagino › ‹Mädchen, ich denke es ›	10	
No. 18.	Duetto ‹Quanto amore › ‹So viel Liebe ›	10–	11
No. 19.	Cavatina ‹Una furtiva lagrima ›‹Ach! eine Thräne ›	11	
No. 20.	Cavatina ‹Una tenera occhiatina › ‹Koketterie mit Feueraugen ›	11	

Cahier 29 ([Pl. Nr.] D. & C. No. 7429) La Straniera ‹Die Unbekannte ›, Oper von V. Bellini:

No. 1.	Introduzione ‹Voga il vento›	2	
No. 2.	Cavatina ‹Giovin rosa il vergin seno›	3	
No. 3.	Duetto ‹O tu che sai gli spasimi ›	3	
No. 4.	Romance ‹Sventurata il cor che fida ›	4	
No. 5.	Duetto ‹Serba i tuoi segreti ›	4–	5
No. 6.	Coro ‹Qui non visti qui segreti ›	5	

No.	7.	Terzetto ‹ No, non ti son rivale ›	5— 6
No.	8.	Coro ‹ Lungo il largo ›	6
No.	9.	Coro ‹ La Straniera a cui fé ›	6— 7
No.	10.	Cavatine ‹ Un grido io sento ›	7
No.	11.	Cavatine ‹ Meco tu vieni o misera ›	8
No.	12.	Duetto ‹ Si... sulla salma del fratello ›	8— 9
No.	13.	Cavatine ‹ Ah se non m'ami più ›	9— 10
No.	14.	Preghiera ‹ Ciel pietoso in si crudo momento ›	10
No.	15.	Coro ‹ Pari all' amor degli angioli ›	11
No.	16.	Schlussgesang ‹ Or se pago ciel tremendo ›	11

Cahier 30 ([Pl. Nr.] D. & C. No. 7430) Belisario, Oper von G. Donizetti:

		Ouverture	2
No.	1.	Introduction ‹ Serto di eterni lauri ›	3
No.	2.	Cavatine ‹ La man terribile ›	3
No.	3.	Cavatine ‹ Sin la tomba ›	4
No.	4.	Cavatine ‹ Oh desio della vendetta ›	4
No.	6. [recte 5]	Coro ‹ L'inno della vittoria ›	5
No.	6.	Duetto ‹ Sul campo della gloria ›	5
No.	7.	Cavatine ‹ Ah da chi son'io ›	6
No.	8.	Coro ‹ Comando fu di Cesare ›	6
No.	9.	Allegro ‹ Madre tu fosti ›	7
No.	10.	Cavatine ‹ Ah si tremendo annunzio ›	7
No.	11.	Cavatina ‹ Trema Bisanzio ›	8
No.	12.	Duetto ‹ Ah se potessi piangere ›	8
No.	13.	Duetto ‹ Dunque andiam ›	9
No.	14.	Coro ‹ Diffondasi terribile ›	9
No.	15.	Duetto ‹ Se il fratel stringere ›	9
No.	16.	Coro ‹ Noi rechiamo [!] a nemici ›	10
No.	17.	Cavatine ‹ Da quel di che l'innocente ›	10— 11
No.	18.	Schlusscavatine ‹ Egli è spento ›	11

[Cahier 31: Lucia di Lammermoor, Oper von G. Donizetti]

Cahier 32 ([Pl. Nr.] D. & C. No. 7591) Marino Faliero, Oper von G. Donizetti:

No.	1.	Introduction ‹ Zara infida ›	2— 3
No.	2.	Allegro vivace ‹ Orgoglio si scelerati ›	3
No.	3.	Andante ‹ Di mia patria ›	4
No.	4.	Allegro giusto ‹ Ma un solo conforto ›	4

No. 5.	Moderato ‹ Tu non sai ›	5
No. 6.	Moderato ‹ Vivi, la mia memoria ›	5
No. 7.	Moderato ‹ Se pur giungi a trucidarlo ›	6
No. 8.	Larghetto ‹ Questo brando del suo sangue ›	6
No. 9.	Vivace ‹ Tremo osteno ›	7
No. 10.	Larghetto	7
No. 11.	Andantino ‹ Or che in cielo ›	7
No. 12.	Larghetto ‹ Io ti veggio, or vegli ›	8
No. 13.	Allegretto moderato ‹ Mi tornano presenti ›	8
No. 14.	Andante cantabile	9
No. 15.	Moderato ‹ Fosca notte orrenda ›	9
No. 16.	Andante mosso ‹ La notte inoltrasi ›	9
No. 17.	Allegro ‹ Tutto or morte ›	10
No. 18.	Moderato ‹ Fra due tombe ›	11
No. 19.	Allegro ‹ Odo il suon di chi sprezza ›	11
No. 20.	Moderato ‹ Il palco è a noi trionfo ›	11

Cahier 33 ([Pl. Nr.] D. & C. No. 7592) Lucrezia Borgia, Oper von G. Donizetti:

No. 1.	Introduction ‹ Bella Venezia ›	2
No. 2.	Larghetto ‹ Nella fatal di Rimini ›	3
No. 3.	Vivace ‹ Bando a si triste immagini ›	3
No. 4.	Andante sostenuto ‹ Oh! sien così tranquille ›	4
No. 5.	Allegro ‹ Ciel! che veggio ›	4— 5
No. 6.	‹ Di pescatore ignobile ›	5
No. 7.	‹ Ama tua madre e tenero ›	5
No. 8.	Andante ‹ Maffia Orsini ›	6
No. 9.	Allegretto ‹ Qualcunque sia l'evento ›	6
No. 10.	Andante ‹ Qui che fai? ›	7
No. 11.	Andante ‹ Delia Duchessa ai prieghi ›	7
No. 12.	‹ Guai se ti sfugge un moto ›	7
No. 13.	Allegro vivace ‹ Infelice il veleno bevesti ›	8
No. 14.	Allegro giusto ‹ Minacciata a la mia vita ›	8
No. 15.	Larghetto ‹ Onde a lei ti mostri grato ›	9
No. 16.	Allegro vivace ‹ Sia qual vuolsi in tuo demora ›	9
No. 17.	Allegro ‹ Stolti ai corre alla Negroni ›	10
No. 18.	Allegro ‹ Evviva il Reno ›	10
No. 19.	Vivace ‹ Io ti darò balordo ›	11
No. 20.	Ballata ‹ Il segreto per esser felici ›	11

Cahier 34 ([Pl. Nr.] D. & C. No. 7593) Parisina, Oper von G. Donizetti:

No. 1.	Moderato ‹ Dall' Eridano si stende ›	2
No. 2.	Larghetto ‹ Io l'amai fin da quell'ora ›	3
No. 3.	Moderato ‹ Per le cure per le pene ›	3
No. 4.	Andantino ‹ Aura soave ›	4
No. 5.	Larghetto ‹ Forse un destin ›	4
No. 6.	Moderato ‹ V'era un di quando l'alma ›	5
No. 7.	Larghetto ‹ Ah! dillo tel chieggo ›	5— 6
No. 8.	Andante ‹ Ah! tu sai che insiem ›	6
No. 9.	Allegretto ‹ Voga qual lago stagnante ›	6— 7
No. 10.	‹ Si quest'alma respira ›	7
No. 11.	Andante ‹ Oltre ogni tuo pensiero ›	8
No. 12.	Larghetto ‹ Sogno talor di corere ›	8
No. 13.	Allegro vivace ‹ Ah non pentirti ›	9
No. 14.	Larghetto ‹ Io sentii tremar la mano ›	9
No. 15.	Moderato ‹ Quest'amor dovea in terra ›	9— 10
No. 16.	Larghetto ‹ Per sempre sotterra sepolto ›	10
No. 17.	Andantino ‹ Ciel sei tu che in tol ›	11
No. 18.	Schluss-Cav:[atine] ‹ Ah! scenda indegno ›	11

Cahier 35 ([Pl. Nr.] D. & C. No. 7594) Lieder von Heinrich Proch:

No. 1.	Das Alpenhorn	2
No. 2.	An die Sterne	3
No. 3.	Schmidlied	4— 5
No. 4.	Der Jüngling am Bache	5— 6
No. 5.	Ob sie meiner wohl gedenkt	6
No. 6.	Lebe wohl!	7
No. 7.	Der fröhliche Zecher	8
No. 8.	Mein Reichthum	8— 9
No. 9.	Der arme Topfbinder	9
No. 10.	Wanderlied an Sie	9— 10
No. 11.	In der Mühle	10— 11
No. 12.	Schweitzers Heimweh	11

[Cahier 36: Lieder von Franz Schubert]

[Cahier 37: Linda di Chamounix, Oper von G. Donizetti, Ite Abtheilung]

639

Cahier 38 ([Pl. Nr.] D. & C. No. 7597) Linda di Chamounix, Oper von G. Donizetti, 2te Abtheilung:

No. 13.	Duett ‹Ah dimmi t'amo›	2—	4
No. 14.	Duett ‹Ah, che il ciel› ‹Himmels-Segen mag euch beglücken›	4	
No. 15.	Wahnsinns-Scene ‹No, non è ver› ‹Nein! nimmermehr›	5—	6
No. 16.	Chor ‹Facciam allegri› ‹Es lebe hoch das Wiederseh'n›	7	
No. 17.	Duett ‹Ciel che intendo?› ‹Gott! was hör' ich›	7—	8
No. 18.	Cavatina ‹Ell'è un giglio di puro› ‹Eine Lilie wie Schnee rein›	8—	9
No. 19.	Cavatina ‹E la voce che primièra› ‹Ja, die Stimme musst du kennen›	10	
No. 20.	Schluss-Duett ‹Ah! di tue pene› ‹Ja, es schwinden alle Leiden›	10—	11

Cahier 39 ([Pl. Nr.] D. & C. No. 7861) Nabuco donosor, Oper von Gius. Verdi:

No. 1.	Frauen-Chor ‹Gran Nume, che voli› ‹O Gottheit erhöre›	2	
No. 2.	Cavatina ‹D'Egitto la sui lidi› ‹Ja, wer auf ihn nur bauet›	2—	3
No. 3.	Cavatina ‹Come notte a sol fulgente› ‹Wie die Nacht flieht›	3	
No. 4.	Cavatina ‹Io t'amava› ‹Dich nur liebt' ich›	4	
No. 5.	Chor ‹Viva Nabucco› ‹Hoch leb' der König›	4—	5
No. 6.	Cavatina ‹Tremin gl'insani› ‹Bald naht die Stunde›	5	
No. 7.	Cavatina ‹Anch'io dischiuso› ‹Auch mir lachte einst›	6	
No. 8.	Cavatina ‹Salgo già del trono› ‹Schon seh' ich den Thron›	6—	7
No. 9.	Cavatina ‹Tu sul labbro› ‹Ew'ger Vater›	7	
No. 10.	Chor ‹Il maledetto› ‹Du, der so schändlich›	8	
No. 11.	Canon ‹S'appressan gl'istanti› ‹Es bebet die Seele›	8—	9
No. 12.	Cavatina ‹Deh perdona ad un padre› ‹Sieh' im Aug' die heissen›	9	
No. 13.	Chor ‹Va pensiero sull'ali› ‹Theure Heimath›	10	
No. 14.	Cavatina ‹Dio di Giuda› ‹Hör' mich Gott der Feinde›	10	
No. 15.	Cavatina ‹Cadran noi perfidi› ‹Die Feinde müssen untergehn›	11	
No. 16.	Preghiera ‹Oh dischiuso è il› ‹Ja, die Engel seh' ich mir›	11	

Cahier 40 ([Pl. Nr.] D. & C. No. 7862) Don Pasquale, Oper von G. Donizetti:

No. 1.	Cavatina ‹Bella siccome un angelo › ‹Ach! wie ein Engel ›	2	
No. 2.	Cavatina ‹Ah! un foco insolito › ‹Ach! ich fühl' des Feuers ›	3	
No. 3.	Duett ‹Segno soave e casto › ‹Wo ist es nun hinge- schwunden ›	4	
No. 4.	Duett ‹Mi fa il destin mendico › ‹O Gott! sieh' auf meine Leiden ›	4	
No. 5.	Cavatina ‹ So' anch' io la virtù › ‹ Auch ich versteh' die feine ›	5	
No. 6.	Cavatina ‹Cercherò lontana terra › ‹ In die Ferne will ich ziehen ›	6	
No. 7.	Cavatina ‹ E se fia che ad altro › ‹Und wenn du mich einst ›	6	
No. 8.	Quartett ‹ Fra da una parte › ‹Von einer Seite ›	6–	7
No. 9.	Andante ‹E rimato la impietrato › ‹Wie versteinert bleibt er ›	8	
No. 10.	Duett ‹ E finita, Don Pasquale › ‹Bist verloren, Don Pasquale ›	8–	9
No. 11.	Duett ‹Via caro sposino › ‹Mein Männchen, o gib ›	9	
No. 12.	Duett ‹Cheti, immantinente › ‹Ganz im Stillen, sacht' und ›	10	
No. 13.	Serenade ‹Com' e gentil › ‹Wie Luna lacht ›	10	
No. 14.	Rondo finale ‹ La morale in tutto questo › ‹ Geben will ich nun euch Allen ›	11	

Cahier 41 ([Pl. Nr.] D. & C. No. 7863) Maria di Rohan, Oper von G. Donizetti:

No. 1.	Cavatina ‹ Quando il cor › ‹Als des Herzens ›	2	
No. 2.	Cavatina ‹Cupa fata! mestizia › ‹Ach, nur für Angst ›	2–	3
No. 3.	Cavatina ‹Ben fu il giorno › ‹Ja, der Tag der Wonne ›	3	
No. 4.	Cavatina ‹Gemea di tetro carcere › ‹ In meines Kerkers dunkler ›	4	
No. 5.	Cabaletta ‹Se ancor m'e dato › ‹Den süssen Glauben gönne ›	4–	5
No. 6.	Quintett ‹D'un anno il giro › ‹Ein Jahr ist schon dahin ›	5	
No. 7.	Cavatina ‹Alma soave e cara › ‹Weile, o scheidende Seele ›	6	
No. 8.	Duett ‹Ah nò, t'inganni › ‹Ach nein, o glaube ›	6–	7
No. 9.	Duett ‹A morire incominciari › ‹Todesqual war mir schon ›	8	

No. 10.	Preghiera ‹Havvi un Dio › ‹ Leiht ein Gott mir ›	8— 9
No. 11.	Cavatina ‹Bella e di sol vestita › ‹ Hell, wie der Strahl der ›	9
No. 12.	Cavatina ‹Ogni mio bene › ‹An dich gekettet ›	10
No. 13.	Cavatina ‹So per prova il tuo › ‹Drückt nicht Schuld ›	10
No. 14.	Terzetto finale ‹Vivo non t'è concesso › ‹Nicht über diese Schwelle ›	11

Les Muses Lyriques. Journal de Chant avec Accompagnement de Guitare ou Lyre. Rédigé & Publié par MM. Lafont... et A... P..... Ce journal... paraîtra... le 1er et le 15 de chaque mois.

On souscrit à Paris chez Mr. Lafont, Rue Taitbout, No. 9, près le Boulevard des Italiens. Chez Mr. Dupont, Quai Bourbon, No. 19. Ile St. Louis.

Année 1. [1821]: No. 1–48.

F Pn

No. 1.	[Charles-Philippe] Lafont: A l'Espérance, Romance „Sans espérance, à soupirer se passent mes beaux jours" (A... P.....)	[2 S.]
No. 2.	Mme. E. Lafont: Le Départ, Romance „Il a donc quitté ce rivage"	[2 S.]
No. 3.	[Charles-Philippe] Lafont: Le Printems, Romance „Le doux printems vit naître mon amie"	[2 S.]
No. 4.	[Charles-Philippe] Lafont: Le Soupir, Romance „Petit chagrin, dans notre enfance"	[2 S.]
No. 5.	[Charles-Philippe] Lafont: Le Regard, Romance „Cache moi ton regard" (Melle. Desbordes) (1 oder 2 Singst., Git.- oder Lyra-Begl.)	[4 S.]
No. 6.	C.[harles] Farcy: La Fuite inutile „Mon cœur s'agite, privé de toi" (A. de Carrion-Nisas)	[2 S.]
No. 7.	C.[harles] Farcy: L'Absence, Romance „O triste retraite! tu vis mon bonheur" (C. Farcy)	[2 S.]
No. 8.	Mme. [E.] Lafont: L'Ignorante, Chansonnette „Lise, gentille pastourelle" (Amilet)	[2 S.]
No. 9.	[Charles-Philippe] Lafont: L'Amour sommeillant, Romance „D'un ruisseau qui coupait la plaine"	[2 S.]
No. 10.	[Charles-Philippe] Lafont: Le Tems fait tout, Romance „Le tems fait tout: de nos peines amères" (de Coupigny) (2 Singst., Git.-Begl.)	[2 S.]
No. 11.	[Charles-Philippe] Lafont: C'en est donc fait! Romance „C'en est donc fait! j'ai brisé cette chaîne"	[2 S.]

No. 12.   Mme. [E.] Lafont: Je veux t'aimer toujours, Romance
          ,,Idole de ma vie, mon tourment" (Mlle. Desbordes)
          (2 Singst., Git.-Begl.)   [3 S.]

No. 13.   [Jacques-Marie] Beauvarlet-Charpentier: Le Rêve ,,Un
          soir accablé de tristesse" (Mr. C***)   [2 S.]

No. 14.   [Charles-Philippe) Lafont: La Violette, Romance „Eglé
          cueillait des fleurs et l'humble violette" (Amilet)   [2 S.]

No. 15.   C.[harles] Farcy: Regrets d'Amour, Romance ,,Ils ne sont
          plus, ces jours de ma jeunesse" (C. Farcy) (Singst.,
          Git.-Begl.)   [2 S.]

No. 16.   Mme. [E.] Lafont: A Emilie, Romance ,,Comme un torrent,
          s'élance une onde vive" (Mr. E. D...)   [2 S.]

No. 17.18. L. Lorin: Bala, Romance ,,C'en est fait! j'ai cessé de plaire"
          (Evariste Parni)   1—   5

No. 19.   C.[harles] Farcy: Seigneur de haut parage n'aura mon
          cœur, Romance ,,Le noble Arthur, en son chemin"
          (Aimé Paris)   [2 S.]

No. 20.   [Charles-Philippe] Lafont: Exhortation de l'amour ,,Allons,
          jeunes beautés" (Mr. A. B.. ee)   [2 S.]

No. 21.22. C.[harles] Farcy: Les Adieux, Rondeau ,,D'un fol amour
          déabusé" (A. de Carion-Nisas)   1—   4

No. 23.   [Charles-Philippe] Lafont: Bliomberis, Romance ,,Loin
          de toi, ma Félicie" (Florian)   [2 S.]

No. 24.   A. Barthelmy Hadot: Imitation d'Anacréon ,,Je voudrais
          chanter les Atrides" (Mr. A. B.)   [2 S.]

No. 25.26.27.28 [Jacques-Marie] Beauvarlet-Charpentier: L'Enthou-
          siasme, Cantate ,,O des beaux arts grand et noble dé-
          lire!" (C. Farcy)   2— 10

No. 29.   [Pauline] du Chambge: L'Echo, Romance ,,Echo, voici
          l'aurore" (Mme. Desbordes-Valmore) (2 Singst., Git.-
          oder Lyra-Begl.)   [2 S.]

No. 30.   L. Lorin: L'Esclave souveraine ,,Rien n'est joli comme
          l'amour" (Evariste Parny)   2—   4

No. 31.   [Charles-Philippe] Lafont: Romance ,,Quitte ma Dame,
          hélas!" (Raoul de Coucy)   [2 S.]

No. 32.   [Charles-Philippe] Lafont: La Rose, Romance ,,Amis, chan-
          tons la rose" (de la Chabeaussiere)   [2 S.]

No. 33.   [Charles-Philippe] Lafont: Le plus amoureux et la plus jo-
          lie, Romance ,,Personne n'aime autant que moi"   [2 S.]

No. 34.   [Charles-Philippe] Lafont: Je t'aimerai, Romance ,,Je t'ai-
          merai, tant que dans la prairie" (M.***) (2 Singst.,
          Git.-Begl.)   [3 S.]

No. 35.   [Charles-Philippe] Lafont: Je l'ai perdu, Romance ,,Je suis
          isolé sur la terre"   [2 S.]

No. 36. A.[ntoi]ne Glachant: Les Regrets maternels, Romance „Tu
n'es donc plus, ô fille si chérie" (A. Paris) [2 S.]

No. 37. [Charles-Philippe] Lafont: L'Exilé, Romance „A d'aimables compagnes, une jeune beauté disait" (P. J. de
Béranger) [3 S.]

No. 38. Madame de Bray: Azélie, Romance „Azélie avait de mon
cœur reçu" (Mr.***) [2 S.]

No. 39. C.[harles] Farcy: Il m'oublie! Romance „Fuis, innocente
bergerette" (Aimé Paris) [2 S.]

No. 40. Ant.[oi]ne Glachant: A Bacchus, Chanson anacréontique
„Buvons, aimons, chantons Bacchus" (Mr. A.) [2 S.]

No. 41. C.[harles] Farcy: Les Conseils de la vieille Annette „Lise
disait dans son jeune âge" (Aimé Paris) 2— 4

No. 42. [Jacques-Marie] Beauvarlet-Charpentier: Sophie d'Apremont
et Sargines, Romance „Point ne suffit de tre beau Damoisel" (Aimé Paris) [2 S.]

No. 43. C.[harles] Farcy: A la Mélancolie, Romance „Viens, douce
mélancolie" (Bobée) [2 S.]

No. 44. [Charles-Philippe] Lafont: Mon Dieu! Mon Dieu! C'est désolant, Romance „Victor me dit que sa tendresse"
(Melle. Palmire***) [2 S.]

No. 45. [Charles-Philippe] Lafont: Il ne vient pas, Romance de l'Opéra de: L'Echelle de Soie „Je n'entends plus aucun bruit" [3 S.]

No. 46. [Charles-Philippe] Lafont: La Tourterelle, Romance „Une
sensible tourterelle" (Me.***) [2 S.]

No. 47. [Charles-Philippe] Lafont: Couplets „On dit que l'himen et
l'amour" (Mr.***) [2 S.]

No. 48. Mme. [E.] Lafont: La fausse Indifférence, Romance „Edmont quitte la ville" (de Coupigny) [2 S.]

Terpsychora czyli zbiór naynowszych i naybardziey ulubionych w Towarzystwach
Warszawskich rozmaitych tańców na piano-forte. [Terpsïchore oder Sammlung
verschiedener neuester und in der Warschauer Gesellschaft beliebtester Tänze für
Piano-Forte.]

Warszawa: L. Letronne.

1821: No. 1—8?

PL Wn (1821, 8); Wt (1821, 1)

No. 1:

[1] [Michel] Woldemar: Polonaise nouvelle 2

[2] [François Adrien] Boieldieu: Valse du: Petit Chaperon Rouge 3

[3] [Gioacchino] Rossini: Valse nouvelle 4— 6

[4]   Valse sur un Duo de l'Opéra: Gazza Ladra [Rossini]   7

[5]   Le Comte [Wenzel Robert] Gallenberg: Valse du nouveau
                    Ballet d': Alfred le Grand   8

[6]   Mazure   9

[7]   Mazure   10

[8]   Ch.[arles] Meyer: Ecossois   11

No. 8:

[9]   [Franciszek] Lessel: Polonaise nouvelle   2— 3

[10]   [Wenzel Wilhelm] Würfel: Valses   4— 7

[11]   Cercha: Mazure et Valse   7— 8

[12]   [John] Field: Caprice à la Valse   9

[13]   L. van Beethoven [unterschoben]: Valse [Anh. 14, 2]   10— 11

1822

Cäcilia, ein periodisches Werk welches für angehende und geübtere Orgelspieler, kleinere und größere leicht spielbare Orgelstücke verschiedener Art enthält. Erste Lieferung, enthaltend XXIV Intonationen aus allen Dur- und Molltonarten, und XVI Präludien durch die gebräuchlichsten Dur und Moll Tonarten im gebundenen Styl. (Zweite Lieferung enthaltend XXIV Intonationen aus allen Dur- und Molltonarten, und XVI Präludien durch die gebräuchlichsten Dur- und Moll-Tonarten im gebundenen Styl; dritte Lieferung enthält die erste Hälfte von 336 kurzen Sätzen für die Orgel, in Kadenzen, Uebergängen und Tonausweichungen durch die meisten Dur und Molltonarten) von Justin Heinrich Knecht.

Freiburg im Breisgau: in der Herder'schen Buchhandlung.

[1822]: Lieferung 1—3.

A Wgm — **D** Tu

Erste Lieferung:

I. Intonationen auf der Orgel

a) Durch alle Durtonarten:

    1. Aus C dur   1

    2. Aus G dur   1

    3. Aus D dur   2

    4. Aus A dur   2

    5. Aus E dur   3

    6. Aus H dur   3

    7. Aus F dur   4

8. Aus B dur   4

9. Aus Es dur   5

10. Aus As dur   5

11. Aus Des dur   6

12. Aus Ges dur   6

b) Durch alle Molltonarten:

13. Aus A moll   7

14. Aus E moll   7

15. Aus H moll   8

16. Aus Fis moll   8

17. Aus Cis moll   9

18. Aus D moll   9

19. Aus G moll   10

20. Aus C moll   10

21. Aus F moll   11

22. Aus B moll   11

23. Aus Es moll   12

24. Aus As moll   12

II. Präludien für die Orgel

a) Durch die gebräuchlichsten Durtonarten:

1. Aus C dur   13

2. Aus G dur   14

3. Aus D dur   15

4. Aus A dur   16

5. Aus E dur   17

6. Aus F dur   18

7. Aus B dur   19

8. Aus Es dur   20

9. Aus As dur   21

b) Durch die gebräuchlichsten Molltonarten:

10. Aus A moll   22

11. Aus E moll   23

12. Aus H moll   24

13. Aus D moll   25

14. Aus G moll   26

15. Aus C moll   27

16. Aus F moll   28

Zweite Lieferung:

Muntre und angenehme Orgelstücke im eleganten Stiel

a) Durch die gebräuchlichsten Durtonarten:

No. 1.	Aus C dur	1
No. 2.	Aus C dur	2
No. 3.	Aus G dur	3
No. 4.	Aus G dur	4
No. 5.	Aus D dur	5
No. 6.	Aus D dur	6
No. 7.	Aus A dur	7
No. 8.	Aus A dur	8
No. 9.	Aus E dur	9
[No. 10.	Aus E dur]	10
[No. 11]	Aus F dur	11
No. 12.	Aus F dur	12
No. 13.	Aus B dur	13
[No.] 14.	Aus B dur	14
No. 3 [recte 15]	Aus Es dur	15
No. 16.	Aus Es dur	16

[b)] Durch die gebräuchlichsten Molltonarten:

[No. 17]	Aus A moll	17
No. 18.	Aus A moll	18
No. 19.	Aus E moll	19
[No.] 20.	Aus E moll	20
[No. 21]	Aus H moll	21
No. 22.	Aus H moll	22
No. 23.	Aus D moll	23
[No.] 24.	Aus D moll	24
[No. 25]	Aus G moll	25
No. 26.	Aus G moll	26
No. 27.	Aus C moll	27
[No. 28]	Aus C moll	28
[No. 29]	Aus F moll	29
No. 30.	Aus F moll	30

Dritte Lieferung:

Kadenzen und Tonausweichungen:

I.	Von C dur in alle andere Durtonarten (1–12)	1
II.	Von C dur in alle Molltonarten (13–24)	3
III.	Von C moll in alle Durtonarten (25–36)	5
IV.	Von C moll in alle andere Molltonarten (37–48)	7
V.	Von Cis moll in die gewöhnlichen Molltonarten (49–66)	9
VI.	Von D dur in die andern gewöhnlichen Durtonarten (67–76)	12
VII.	Von D dur in die gewöhnlichen Molltonarten (77–84)	13
VIII.	Von D moll in die gewöhnlichen Durtonarten (85–94)	15
IX.	Von D moll in die anderen gewöhnlichen Molltonarten (95–102)	16
X.	Von Es dur in die anderen gewöhnlichen Durtonarten (103–112)	18
XI.	Von Es dur in die gewöhnlichen Molltonarten (113–120)	19
XII.	Von E dur in die anderen gewöhnlichen Durtonarten (121–130)	21
XIII.	Von E dur in die gewöhnlichen Molltonarten (131–138)	22
XIV.	Von E moll in die gewöhnlichen Durtonarten (139–148)	24
XV.	Von E moll in die andern gewöhnlichen Molltonarten (149–156)	25
XVI.	Von F dur in die andern gewöhnlichen Durtonarten (157–166)	27
XVII.	Von F dur in die gewöhnlichen Molltonarten (167–174)	29

La Harpe du Nord. Journal de musique uniquement à recueillir ce qu'il y aura de plus intéressant en fait de pièces fugitives par les amateurs et les artistes demeurant en Russie pour le Chant, le Piano, La Harpe et la Guittare, très humblement dédié à sa Majesté L'Impératrice régnante Elisabeithe Alexiewna par l'éditeur Frédéric Satzenhoven. [Wöchentlich.]

St. Petersburg: F. Satzenhoven, ([ab 1826:] L. Peter, [ab 1828:] G. Schmitzdorf.)

1822 – 1829

[Inhalt: Klavierstücke von Komponisten wie I. F. Laskovskij, N. A. Titov, L. Maurer, F. Scholz sowie Arrangements aus Opern von Rossini, Weber, Spohr, Boieldieu.]

Journal d'Orgue dont les Morceaux sont d'une exécution très facile sur le Piano par [Jacques Marie] Beauvarlet-Charpentier ... Chaque Livraison paraîtra tout [!] les deux mois à partir du 1er mars 1822.

A Paris Chez l'auteur, Rue des Marais, No. 2, à l'entrée du Faub.[ou]rg du Temple, et chez Carli..., Boulevard Montmartre, No. 14.

[Année 1.] 1822, No. 1.

F Pn

No. 1:

[1]	Première Marche pour les processions de la Fête du St. Sacrement	2—	3
[2]	2me Marche	4—	5
[3]	Veni Creator, Hymne	5—	7
[4]	2me V.[eni Crea]t.[or] Récit de voix humaine ou à son défaut de Haubois	6	
[5]	3me V.[eni Crea]t.[or] Clairons et Cromone avec les Fonds	6—	7
[6]	4me V.[eni Crea]t.[or], Plain — Jeu ou Fonds d'Orgue pour Amen	7	
[7]	Ière Sortie de Chœur à la Fin des Offices	8—	9
[8]	2me Sortie de Chœur	10—	11

Lieder Kranz mit Begleitung des Pianoforte oder der Guitarre.
Augsburg bey Gombart et Comp.

Jahrgang [1. ca. 1822/1823], Heft 1–12, – 3. [ca. 1828], Heft 1–6.

A Sca ([1. ca. 1822/23], 8–12) – **CH** Bu ([1. ca. 1822/23], 2, 3) – **D** Mbs ([1. ca. 1822/23], 2–10); Mm (2. [ca. 1826/27], 2)

[1. Jahrgang, ca. 1822/1823]

2. Heft ([Pl. Nr.] 816–823):

[1]	F.[ranz] X.[aver] Eisenhofer: Vertrauen „Nicht den Sternen sollst du trauen"	1—	3
[2]	A.[dalbert] Gyrowetz: An die Natur „Enteilt der Schimmerbühne" (C. L. Reißig)	4—	5
[3]	C.[arl] Th.[eodor] Theuss: Der Hirtin Wahl „Tadelt nicht den jungen Hirten" (Langbein)	6—	7
[4]	[Stefano] Pavesi: Canzonetta aus der Oper: Celanira „La tua diletta imagine" – „An deinem holden Bilde"	8—	10
[5]	[Friedrich] Wollank: Die Nacht „Es säuseln lind die Bäume"	11	
[6]	[Friedrich Heinrich] Himmel: Lebenslied „Junge Freudengötter, flattert auf und ab" (Tiedge)	12—	13
[7]	F.[riedrich] Gumlich: Der Liebe Sehnen „Des Herbstes Lüfte wehen" (Goettinger)	14—	15
[8]	[Karl Friedrich] Ebers: Ergebung „Mag immerhin der Strom entgleiten" (Salis)	16	

3. Heft:

[9]	G.[eorg] C.[hristoph] Grosheim: Schweiz „Von der Alpen steilen Höhen" (Freyherr von der Malsburg)	1

[10] [Adalbert] Gyrowetz: Beruhigung „Der wahre Himmelsfriede
      wohnt nur im stillen Grab" (Reißig)   2— 3

[11] C.[onradin] Kreutzer: Lebewohl „Lebe wohl, lebe wohl mein
      Lieb!" (Uhland)   4— 7

[12] C.[arl] M.[aria] [von] Weber: Liebe Glühen „In der Berge
      Riesenschatten" (F. W. Gubitz) [Jähns 140]   8— 9

[13] A. Kegler: Todtenfeier „Warum wilst du ihn beklagen" (Louise
      Brachmann)   10

[14] [Peter] Lindpaintner: Minnelied „Der Holdseligen sonder
      Wank" (J. Voss)   11

[15] [Gioacchino] Rossini: Cavatine aus der Oper: Otello „Deh
      calma oh ciel" — „O Gott, hab' Mitleid"   12— 13

[16] [Johann Andreas] Gleichmann: Abendfeier „Abend wars, die
      Nachtviole" (Tiedge)   14— 15

[17] N.[icolaus] Stoessel: Sonntagsliedchen „Alles zieht und will
      sich sonnen"   16

4. Heft:

[18] A. Kegler: Muth im Leben „Jedes Ding im weiten Leben"
      (Louise Brachmann)   1

[19] A.[lbert] Methfessel: Das Veilchen an Bianca „Ein Veilchen,
      das im Schatten" (Tiedge)   2— 3

[20] A. Kretzschmer: Der Bund „Leiser nannt ich deinen Namen"
      (Jacobi)   4

[21] Chr. Schulz: Sehnsucht und Beruhigung „Wo seyd ihr hin mit
      eurem heitern Glüke [!]"   5

[22] C.[arl] von Seckendorff: Das Alphorn „Ein Alphorn hör' ich
      schallen" (J. Kerner)   6— 7

[23] C.[onradin] Kreutzer: Frühlings Ruhe „O legt mich nicht ins
      dunkle Grab" (Uhland)   8— 12

[24] [Peter] Lindpaintner: Die Nonne „Ach welch ein Schmerz"   13— 15

[25] Graf Moritz Dietrichstein: Zur Nacht „Gute Nacht! allen Müden
      sey's gebracht"(Th. Koerner)   16

5. Heft:

[26] [Gioacchino] Rossini: Cavatine aus der Oper: Demetrio und
      Polibio „Pien di contento in seno" — „Mit freudigen
      Entzüken [!]"   1— 5

[27] F.[erdinand] Ries: Zwey Wünsche „Das Leben der Menschen
      ist nichtiger Traum"   6— 7

[28] [Andreas] Henkel: Willst du mit? „Willst du, wo ich wohne,
      sehn?" (v. Steigentesch)   8— 9

[29] A.[nton] André: An meine Laute „Ertöne süse [!] Laute"
      (Amalie Imhoff)   10— 11

[30]   N.[icolaus] Stoessel: Der Abschied „Alter Sänger, zarter
       Minne!"   12— 13

[31]   Lanz: Tanzlied „Auf! die Arme sanft verschlungen!" (Heyden-
       reich)   14— 15

[32]   Chr. Schulz: Die Rose „Die Rose blüht, der Liebe süsse Blume"   16

6. Heft:

[33]   L.[udwig] von [!] Beethoven: Abendlied unterm gestirnten
       Himmel „Wenn die Sonne niedersinket" (H. Goeble)
       [WoO 150]   1— 5

[34]   [Johann Baptist] Gaensbacher: Lied „Quel ruscelletto che
       l'onde chiare" — „Rieselnde Quelle, freundliche.
       Welle"   6— 8

[35]   [Albert] Methfessel: Sehnsucht „Dort, wo des Himmels Blau
       auf Bergen ruht"   9

[36]   Ferd.[inand] Pillwitz: Das Thal „Ich weiss ein herrliches Thal"
       (Tiedge)   10— 11

[37]   [Ferdinand] Ries: Mein Schiksal [!] „Siehst du ein Glik [!]"   12— 13

[38]   [Michel Cleophas] Oginsky: Lebewohl „Zum Lebewohl nimm
       meines Herzens Klagen"   14— 15

[39]   Schwytzer Heiweh „Herz, mys Herz, warum so trurig?"
       (Im Berner Dialekt)   16

7. Heft:

[40]   F. Knapp: Hoffnung und Erinnerung „Mir blüht eine Stelle
       die weiht ein Altar"   1

[41]   An die Entfernte „Neidisch trennen Thal und Hügel"
       (Favoritlied von Mad. Milder Hauptmann)   2— 3

[42]   [Andreas] Henkel: Im Grünen „Das Veilchen entblühte"
       (Freyherr von Steigentesch)   4— 5

[43]   [Joseph] Rudersdorff: Das Vergangene „Weit in nebelgrauer
       Ferne" (Schiller)   6

[44]   [Etienne Nicolas] Méhul: Romanze aus der Oper: Helene „Ein
       Ritter von edlen Geblüt"   7— 9

[45]   Lebens Genuss „Wenn die Hoffnung nicht so wär"   10— 11

[46]   C.[arl] M.[aria] v.[on] Weber: Trink-Lied [Caspar] aus der
       Oper: Der Freyschütze „Hier im ird'schen Jammer-
       thal" [Jähns 277, N. 4]   12— 13

[47]   [Johann Baptist] Gaensbacher: Lied „L'amero saro costante" —
       „Ewig treu beständig lieben"   14— 15

[48]   [Ferdinand] Ries: An den Frühling „Wilkommen schöner
       Jüngling" (Schiller)   16

8. Heft:

[49] C.[arl] M.[aria] v.[on] Weber: Cavatine [Agathe] aus der
      Oper: Der Freyschütze „Und ob die Wolke sich [!]
      verhülle" [Jähns 277, N. 12]   1— 5

[50] C.[arl] M.[aria] v.[on] Weber: Volkslied der Brautjungfern
      aus der Oper: Der Freyschütze „Wir winden dir den
      Jungfernkranz" [Jähns 277, N. 14]   6— 8

[51] C.[arl] M.[aria] v.[on] Weber: Spott-Chor aus der Oper:
      Der Freischütze „Schau der Herr mich an als König"
      [Jähns 277, N. 1]   9— 11

[52] C.[arl] M.[aria] v.[on] Weber: Jaeger Chor aus der Oper:
      Der Freischütze „Was glich [!] wohl auf Erden dem
      Jaeger-Vergnügen" [Jähns 277, N. 15]   12— 16

9. Heft:

[53] C. Kloss: Die Mairose „Ein Röschen so lieblich und sorgsam
      gepflegt" (Schreiber)   1

[54] [Giuseppe] Nicolini: Canzonette aus der Oper: Carlo Magno
      „Ah quando cessera" — Einsam und freudenleer"   2— 3

[55] F.[erdinand] von Pillwitz: Die Halbheit „Freund was du bist,
      das sey tüchtig und ganz" (Langbein)   4— 5

[56] [Albert] Methfessel: Vorüber! „Du schöner Traum von meines
      Lebens Wonnen" (Th. Hell)   6— 7

[57] A.[nton] André: Heut zu Tage „In der Liebe Götterwelt"
      (Mahlmann)   8— 9

[58] [Johann Baptist] Gaensbacher: Lied „Piangero la mia suentora"
      — „Beweine nicht mein herbes Leiden"   10— 11

[59] Fr. Lachle: Wiegenlied „Schlumre sanft noch an dem Mutter
      Herzen" (Theodor Körner)   12— 13

[60] [Anton] Fischer: Canzonette aus der Oper: Die Festung an
      der Elbe „Kaum wechselt die Nacht mit düsterem
      Grau"   14— 16

10. Heft:

[61] [Albert] Methfessel: Hoffnung „Es reden und träumen die
      Menschen" (Schiller)   1

[62] F.[ranz Xaver] Loehle: Die Beruhigung „Wo des Mondes blei-
      cher Schimmer" (Mathisson [!])   2— 3

[63] [Gioacchino] Rossini: Cavatine aus der Oper: La Donna del
      Lago „Oh mattutini abhori!" — Früh wenn der Tag
      erwachet"   4— 7

[64] E. v. Hettersdorf: Der Geist der Harmonie „Von fernen Fluren
      weht ein Geist" (Schiller)   8— 9

[65] A.[nton] André: Nein! „Darf ich zu deinem Preise" (Michler [!]) 11— 12

[66]   A. Haensch: Bundeslied der heiligen Schaar in Griechenland
       „In Osten tagts!'' (M. v. Morgenstern)   12— 13

[67]   M.[auro] Giuliani: Romanze „Flattre, flattre, kleiner Vogel''   14— 15

[68]   L.[ouis] Abeille: Lied aus dem Singspiele: Peter und Aennchen
       „Hanchen trug zu Markte Eier''   16

11. Heft:

[69]   C.[arl] M.[aria] v.[on] Weber: Arietta [Aennchen] aus der
       Oper: Der Freischütze „Kommt ein schlanker Bursch
       gegangen'' [Jähns 277, N. 7]   1— 8

[70]   Bernh.[ard] Reinwald: Sinn Blüthe „Sinkt die Sonn' am
       Abend nieder''   9

[71]   [Friedrich Heinrich] Himmel: Das Lieblingsplätzchen „Wohl
       kenn ich ein Plätzchen'' (Königsfeld)   10— 11

[72]   [Johann Andreas] Gleichmann: Hoffnung „Hin nach deinem
       Sonnenhügel''   12— 13

[73]   A.[ugust] E.[berhard] Müller: Lied aus dem Singspiel: Der
       Polterabend „Immer heiter und zufrieden''   14—[16]

12. Heft:

[74]   C.[arl] M.[aria] [von] Weber: Arie [Fatime] aus der Oper:
       Abu Hassan „Wird Philomele trauren [!]'' [Jähns 106,
       N. 5]   1— 8

[75]   Favorit Boleros „Son gelsomino son piccol fiore'' —
       „Ein kleines Blümchen ist die Jasmine''   9— 14

[76]   Liebeserklärung „Aendre doch dein hart Verfahren''   15

[77]   Der Trost der Kleinen „Es hat euch immer sehr ver-
       drossen''   16— 17

2. Jahrgang [ca. 1826/1827]

2. Heft ([Pl. Nr.] 1012):

[1]   Franz Danzi: Lied „Meine Ruh ist dahin''   1— 2

[2]   [Gioacchino] Rossini: Cavatine aus der Oper: Die diebische
       Elster „Di piacer mi balza il cor'' — „Was ich oft
       im Traume sah''   3— 9

[3]   [Ludwig van] Beethoven: Lied [An die Geliebte] „O dass
       ich von dem stillen Auge'' [Jos. Ludwig Stoll]
       [WoO 140, 1. Fassung, C-dur]   10— 11

[4]   Xav:[er] Brauchle: Der Kuss „Nie kann die Liebe ganz ihr
       Wesen sagen''   12— 16

La Sentinelle. Journal [de Chant].

[Mons?] Gravé par Ris

[ca. 1822]

B Bc [1822, No. 32]

[No. 32] [Carl Maria von] Weber: Prière [Agathe] [aus:] Robin des
    Bois [= Der Freischütz] „Longtems voilé par les nuages"
    (Castil-Blaze) — [„Und ob die Wolke sie verhülle"]
    (Singst., Git.-Begl.: P. Nacher) [Jähns 277, N. 12]   [2 S.]

[ohne No.] [Van Synghel Père: La Mélancolie (Roucher)]

1823

Album Musicale [!]. Recueil de Compositions Originales pour Piano et Chant.

Vienne: Sauer & Leidesdorf, Propriété des Editeurs.

Année 1. [1823] — 2. [1824].

A Wn (2. [1824]*); Wn-h — **D** DO (1. [1823]) — **GB** Lbm (2. [1824])

1ère Année ([Pl. Nr.] 490 [19. 12. 1823]):

[1]	W.[enzel] Robert Comte de Gallenberg: Cotillon composé pour le Piano-Forte	2— 6
[2]	Auguste Louis: Plaisanteries sur des thèmes originaux espagnols	7— 11
[3]	F.[ranz] Schubert: Air russe pour le Piano [D 780, 3]	13— 15
[4]	M.[aximilian] J.[oseph] Leidesdorf: Mädchens Herzen-schläge „Um die Mitternacht, wenn kein Horcher wacht" (Dr. T. B.)	17— 21
[5]	[Joséphine] Mainvielle Fodor: Ma Mie, Chanson „Quand vous verrez nimphe jolie"	23— 25
[6]	[Gioacchino] Rossini: Cavatina „Deh tu pietoso cielo"	27— 29
[7]	[Joséphine] Mainvielle Fodor: Ne l'éveilles pas, Romance „Charmant ruisseau je t'en supplie"	31— 34
[8]	Valses:	35— 37

No. 1. M.[aximilian] J.[oseph] Leidesdorf

No. 2. F.[ranz] Schubert [D 769, 2]

No. 3. H. H.[einrich] E.[dler] v.[on] Wertheimstein

No. 4.

No. 5. M.[aximilian] J.[oseph] Leidesdorf

No. 6. I. Levit

[9]	Quadrille	38

[10]   Eté   39

[11]   Masur   40

2d [!] Année ([Pl. Nr.] 590 [11. 12. 1824]):

6 Illustrationen zum Freischütz von Moritz von Schwind   [Bl. 1—6]

[1]   Auguste Louis: Fantaisie sur des thèmes du: Franc Chasseur
           de Ch. M. de Weber   2— 21

[2]   François Schubert: Plaintes d'un Troubadour [D 780, 6]   22— 25

[3]   M.[aximilian] J.[oseph] Leidesdorf: Romance „Conçois-tu
           toutes mes douleurs"   26— 27

[4]   Fr.[anz] Schubert: Die Erscheinung „Ich lag auf grünen
           Matten" (Kosegarten) [D 229]   28— 29

[5]   J.[ohann] P.[eter] Pixis: Les Folies Parisiennes, Suite de
           danses favorites [Nach Rossini] (Quadrille No. 1—2.
           Quadrille No. 3: Elisa e Claudio. Quadrille No. 4.)   30— 33

Amphion. Journal périodique pour le Chant avec accompagnement de Pianoforte.
Propriété de l'Editeur.

Vienne: M. J. Leidesdorf, Kärntnerstraße No. 941.

[1823]: Cahier 1—4.

A Wn ([1823], 4)

Cahier 4:

[1]   [Michele] Caraffa: Duettino nell'Opera: Il Sacrificio d'Epito
           „Ah dell'Empireo, Padre e Signor" ([Pl. Nr.]
           S et L 284)   2— 5

Journal Muzyczny na rok 1823 czyli zbiór naynowszych tańców i śpiewów z
różnych oper i komedio-oper ułożonych na pianoforte przez różnych kompo-
zytorow. [Musikalisches Journal für das Jahr 1823 oder Sammlung von Tänzen und Liedern aus verschiedenen Opern und komischen Opern eingerichtet
für Pianoforte von verschiedenen Komponisten.]

Warszawa: J. Widrychiewicz.

Rok 1823

PL Wn (1823, 4)

No. 4. [Józef] Damse: Thema z wariacjami z komedio-opery:
        Żarłok bez pieniędzy ze śpiewu „Uroczysty dzień
        wesela" (Pfte.)   2— 11

Musikaliskt Allehanda. [Für Gesang und Pianoforte. Wöchentlich.]

Stockholm ([1823, No. 1—4:] Tryckt af C. Müller, [ab 1824:] Stentr.(yck) af
(I.) L. Ebeling.)

1823, No. 1–51/52; 1824, No. 1–25/26; 1830, No. 1–4/6.

DK Kk (1823, 1–25/26) – **S** Sk; Skma (1823; 1824, 1–25/26; 1830, 1–2, 4/6)

1823

No. 1 (13 Februari 1823):

[1] [Friedrich Heinrich] Himmel: [Arie (Martin) aus:] Fanchon, III Acten „Ja verlden är en stor orchester" [Nr. 41]

[2] [Jean-Baptiste] Du Puy: Pastorale (Pfte.) [1 S.]

No. 2 (20 Februari 1823):

[3] [Friedrich] Kuhlau: Valls (Pfte.) [1 S.]

[4] [Gasparo] Spontini: [Arie (Julia) aus:] Westaler [La Vestale], II Acten, 3 Scen. „Var mig huld som du det varit förr" [Nr. 9]

No. 3 (27 Februari 1823):

[5] [Joseph] Küffner: Marche (Pfte.) [1 S.]

[6] [Friedrich Heinrich] Himmel: [Arie (Fanchon) und Chor (Fanchon, Florine, Eduard Saint L., André, Abbé Vincent) aus:] Fanchon, 3dje Acten „Gudomligt skön i ungdoms våren" (Singst., Chor, Pfte.) [Nr. 47]

No. 4 (6 Mars 1823):

[7] [Gasparo] Spontini: Triumph Marche utur Op.: Westalen [I. Akt, Nr. 5, Schluß mit Chor der Vestalinnen, und Nr. 6: Finale, 1. Teil] (Pfte.)

[8] [Lied] „Milda kärlek, Himla låga stundom såtjusande öm" (C. G.) [Eingesandt] [1 S.]

No. 5 (13 Mars 1823):

[9] Walls (Pfte.) [1 S.]

[10] [Gasparo] Spontini: [Arie (Licinius) aus] Op.: Westalen, 2 Acten „De milda Gudars nåd" [Nr. 12]

[11] [Jean-Baptiste] Du Puy: Allegretto (Pfte.) [1 S.]

No. 6 (21 Mars 1823):

[12] Walls (Pfte.) [1 S.]

[13] [Nicolas] Dalayrac: [Arie (Walbelle)] utur Operetten: Twå Ord [= Deux Mots] „Att hopp och klok het samman para!"

[14] Marche (Pfte.) [1 S.]

No. 7 (27 Mars 1823):

[15] Marche Presto (Pfte.) [1 S.]

[16] [Gasparo] Spontini: [Duett (Julia, Ober-Vestalin) aus:]
Vestalen, 3 Acten „Farväl du goda systers skara
farväl" [Nr. 25]

No. 8. 9 (3 April 1823):

[17] Folk Sång, Melodie af Fru Sessi „Herre bevara skydda
försvara vår dyre Kung!" (S I, II, T, B, Pfte.)   [2 S.]

[18] [Wolfgang Amadeus] Mozart: [Duett (Susanna, Il Conte)] utur
Op.: Figaro, 3 Acten „Hur kan du grymma flicka längre
mig plåga Så?" [KV 492, 16]

No. 10. 11 (10 April 1823):

[19] [Ferdinand] Ries: Triumf Marche (Pfte.)   (1)—   3

[20] [Daniel] Steibelt: Aria (Cécile) utur: Roméo och Juliette,
1sta Acten „Från ett helt förtroende leder" (D-dur)
[Scene 4]   (4)—   8

No. 12 (17 April 1823):

[21] Sjömans Dans (Pfte.)   [1 S.]

[22] L.[ouis] Spohr: Quartette „Rolig natt! rolig natt mädans vänner
hvilen Er!" (T I, II, B I, II, Pfte.)

No. 13. 14 (24 April 1823):

[23] Norsk dans kallad Feijern (Pfte.) [Eingesandt]   (1)

[24] [Daniel] Steibelt: Aria (Romeo) utur Op.: Romeo och
Juliette, 3dje Acten „Vreda skuggor! böjd till
försoning" [Scene 3]   2—   8

No. 15 (1 Maj 1823):

[25] Anglaise (Pfte.)   [1 S.]

[26] C.[arl] M.[aria] v.[on] Weber: [Arie] (Caspar) utur Op.:
Friskytten [= Der Freischütz] „Här i jordens jämmerdal" [Jähns 277, N.4]

[27] [Daniel] Steibelt: Aftruppning (Pfte.)   [1 S.]

No. 16. 17 (15 Maj 1823):

[28] C.[arl] M.[aria] v.[on] Weber: Walls utur Op.: Friskytten
(Pfte.) [Jähns 277, N. 3, Anfang]   (1)— 2

[29] C.[arl] M.[aria] v.[on] Weber: Duo (Anna, Agatha) utur
Op.: Friskytten „Skälm! sitt qvar, som jag dig fäste"
[Jähns 277, N. 6]   3—   8

No. 18 (22 Maj 1823):

[30] C.[arl] M.[aria] v.[on] Weber: Jägare Chor utur Op.: Friskytten
(Pfte.) [Jähns 277, N. 15]

[31]   [Lied] „Vid första kallelsen at dricka" [Eingesandt]

No. 19. 20 (20 Maj 1823):

[32]   [Joseph Martin] Kraus: Till Cidli „I vårens skugga fann jag
dig" (nach Klopstock)   (1)

[33]   C.[arl] M.[aria] v.[on] Weber: Ariett (Anna) utur Op.:
Friskytten „Ty en ynglings friska kinder" [Jähns 277,
N. 7]   2— 5

[34]   C.[arl] M.[aria] v.[on] Weber: Cavatina (Agatha) utur Op.:
Friskytten „Blott för en stund kan molnet skilja"
[Jähns 277, N. 12]   6— 8

No. 21 (5 Junii 1823):

[35]   Verser afsjungne vid aftäckningen af L. Hjortsbergs
Porträtt „Med känslan snillet fick en son" [Eingesandt]

[36]   C.[arl] M.[aria] v.[on] Weber: Chor af Brudtärnor utur Op.:
Friskytten „Vi bundit hop din bröllopskrans" (S,
Chorst., Pfte.) [Jähns 277, N. 14]

No. 22 (12 Junii 1823):

[37]   [Gasparo] Spontini: [Prière] (Julia) utur Op.: Westalen „Du
de betrycktas stöd, Du mägtiga Latona" [II. Akt,
Nr. 18]

[38]   [Christoph Willibald] Glück [!]: Sommarnatten „När ifrån
den fulla Månan skimret sig" (Nach Klopstock)
[Eingesandt]

No. 23. 24 (26 Junii 1823):

[39]   [Antonio Bartolomeo] Bruni: Ouverture till Op.: Fiskaren
[= Toberne, ou le Pêcheur suédois]   (1)–(7)

[40]   Nanisdags Sång den 6 Junii 1823 „Dig dagens hjelte
skålen ägnas" [Eingesandt]   (8)

No. 25. 26 (10 Julii 1823):

[41]   [Wolfgang Amadeus] Mozart: Duette (Sextus, Annius) utur
Op.: Titus, 1sta Acten, 3dje scen. „I lifvet och i
döden består vårt vänskaps band" [KV 621, 3]   (1)— 2

[42]   [Wolfgang Amadeus Mozart]: [Terzetto (Sesto, Tito, Publio)
aus: Titus „Quello di Tito è il volto!", KV 621, 18]   [3]—8

No. 27. 28 (24 Julii 1823):

[43]   C.[arl] M.[aria] v.[on] Weber: Ouverture till Op.: Friskytten
[Jähns 277]   (1)— 8

No. 29. 30 (14 Augusti 1823):

[44]   Trio „Lät oß i mörka lunden gå" (T I, II, Pfte.)   (1)— 4

[45] [Wolfgang Amadeus] Mozart: Duette (Sextus, Vitellia) utur
Op.: Titus, 1sta Acten, 1 scen. „Jag gränslös lydnad
svärdig" [KV 621, 1]   4— 8

No. 31. 32. 33 (28 Augusti 1823):
[46] [Daniel] Steibelt: Fantasie sur la Ronde d': Aline (Pastorale
Moderato — Allegretto — Var. 1—4 — Allegro) (Pfte.)   (1)—12

No. 34. 35 (11 September 1823):
[47] [Wolfgang Amadeus] Mozart: Aria [Vitella] utur Op.: Titus
„Ej hymens låga för mig skall tändas" [KV 621, 23]   (1)— 7

[48] G....n: Harmoniens Välde, Qvartette „Kom du ljufva Harmonie,
kom att trösta mig" (T I, II, B I, II)   7— 8

No. 36. 37 (25 September 1823):
[49] C.[arl] M.[aria] v.[on] Weber: Aria [Max] utur Op.: Friskytten „Förr mitt värf jag sorg fri skötte" [Jähns 277,
N. 3]   (1)— 8

[50] [Jean-Baptiste] Du Puy: Trio „Ja sorgen är skuggan i lifvet"
(T I, II, B)   8

No. 38. 39 (9 October 1823):
[51] [Johann Gottlieb] Nauman [!]: Ouverture till Op.: Gustav
Wasa   (1)— 6

[52] [Jean-Baptiste] Du Puy: Romance utur: Den Röda och den
hvita Rosen „Skild ifrån sin älskarinna" (Singst.,
Pfte., Git.)   7— 8

No. 40. 41 (23 October 1823):
[53] C.[arl] M.[aria] v.[on] Weber: Aria (Agathe) utur Op.:
Friskytten „Hur lungt mitt lif förflutit" [Jähns 277,
N. 12]   (1)— 8

No. 42. 43 (30 October 1823):
[54] Nicolò [Isouard]: Coupletter (Jeannette) utur: Jocond „Bland
alla flickor här i vår by"   (1)— 3

[55] [Ferdinando] Paer: Thema med Variationer (Allegretto —
Var. 1—6) (Pfte.)   4— 8

No. 44. 45. 46 (13 November 1823):
[56] [Gasparo] Spontini: [Arie (Julia)] utur Op.: Vestalen, 3dje
Acten „Du som jag här ej vågar nämna" [Nr. 28]   (1)— 3

[57] [Joseph] Gelineck [!]: Thema af Hummel varierad (Allegro
di Molto — Var. 1—9) (Pfte.)   4— 12

No. 47. 48 (27 November 1823):

[58] [Wolfgang Amadeus] Mozart: Trio (D. Elvira, Leporello,
Don Juan) utur Op.: Don Juan „O blygd! O djup af
smerta!" [KV 527, 16] (1)— 8

No. 49. 50 (8 December 1823):

[59] [Daniel] Steibelt: Marche utur Op.: Roméo och Juliette (Pfte.)
[II. Akt, Finale] (1)— 2

[60] C.[arl] M.[aria] v.[on] Weber: Aria (Anna) utur: Friskytten
„Brudens öga passa föga" [Jähns 277, N. 13, ohne
Romanze] 3— 8

No. 51. 52 (20 December 1823):

[61] [Wolfgang Amadeus] Mozart: Duette (Leporello, Don Juan)
utur Op.: Don Juan „Herr Guvernör som rider"
[KV 527, 24] (1)— 8

1824

No. 1 (8 Januari 1824):

[1] J.[ohann] W.[ilhelm] Haessler: Sonate (Allegro — Allegro
assai) (Pfte.) (1)— 4

[2] Trio „Tår hvaraf mitt öga skymmes" (3 Singst., Pfte.) 4

No. 2. 3 (22 Januari 1824):

[3] J.[oseph Martin] Kraus: Ouverture till Op.: Proserpin (5)— 12

[4] J.[ohann] W.[ilhelm] Haessler: Prestissimo (Pfte.) 12

No. 4 (29 Januari 1824):

[5] A.[ugust] A.[lexander] Klengel: Romance (Pfte.) (13)—16

[6] J.[ohann] B.[aptist] Cramer: Prélude (Pfte.) 16

No. 5 (5 Februari 1824):

[7] Hafsstilla och Lycklig Segelfart „Lugnt är vattnet som
en spegel" [und] „Se dimman försvinner" [Eingesandt](17)—18

[8] M.[uzio] Clementi: Exercice (Pfte.) 19— 20

No. 6 (12 Februari 1824):

[9] Vals (Pfte. 6hdg.) (21)—23

[10] J.[ohann] W.[ilhelm] Haessler: Andantino, con affetto (Pfte.) 24

No. 7 (19 Februari 1824):

[11] J.[oseph Martin] Kraus: Duo (Dido, Æneas) utur Op.: Dido
och Æneas „Ack! hvad de lågor ljufligt brinna" (25)—27

[12] J.[ohann] B.[aptist] Cramer: Exercice (Pfte.) 27— 28

No. 8 (26 Februari 1824):

[13] J.[ohann] L.[adislaus] Dussek: Trichordium „Der kärleken
lägrar sig hvilar man säll"   (29)–30

[14] S.[igismund von] Neukomm: Vals (Pfte.)   31

[15]   Ecossaise (Pfte.)   31

[16]   Quadrille (Pfte.)   32

[17]   Vals (Pfte.)   32

No. 9 (4 Mars 1824):

[18]   Bön under ett Fältslag „Gud jag anropar dig!" (nach
Theod. Körner) [Eingesandt]   (33)

[19] J.[ohann] W.[ilhelm] Haessler: Sonate (Largo e sostenuto –
Presto) (Pfte.)   34– 36

No. 10 (18 Mars 1824):

[20]   Trio „När skall den högtids klocka slå" (S, T, B,
Pfte.) [Eingesandt]   (37)–39

[21] C.[arl] Kloss: Polonoise (Pfte. 4hdg.)   39– 40

No. 11. 12 (26 Mars 1824):

[22] L.[ouis] Spohr: Ouverture till Op.: Faust   (41)–47

[23] J.[oseph Martin] Kraus: [Chanson] „Point de tristesse,
passons nos jours"   48

No. 13. 14 (8 April 1824):

[24] J.[oseph Martin] Kraus: Aria (Æneas) utur Op.: Dido och
Æneas „Jag skall då evigt bryta det band"   (49)–54

[25] C.[arl] Kloss: Polonoise (Pfte. 4hdg.)   54– 56

No. 15. 16 (22 April 1824):

[26] J.[ohann] F.[riedrich] Keltz [!] : Jägar = Chœr [!] utur
Op.: Friskytten [Jähns 277, N. 15], varierad
(Molto vivace – Var. 1–4) (Pfte.)   (57)–63

[27] L. Berjaud: Le Souvenir, Romance för 2 Röster „J'étais heureux
à ce tems d'innocence" (Dastrat) (2 Singst., Pfte. oder
Hf.)   63– 64

No. 17 (6 Maj 1824):

[28] J.[oseph Martin] Kraus: [Arie aus der Kantate: La Tempesta]
„Ma tu tremi, o mio tesoro" (S, Pfte.)   (65)–67

[29] J.[ohann] W.[ilhelm] Haessler: Allegretto, con grazia (Pfte.) 67– 68

No. 18 (13 Maj 1824):

[30]   Marche för 4 Röster, Nordisk Ynglinga Sång „Sent en
Majdag så skön" (S, A, T, B) [Eingesandt]   (69)–72

[31]   J.[ohann] W.[ilhelm] Haessler: Wagg – visa „Trötta Gossen
       min" (nach Henrici)   72

No. 19 (20 Maj 1824):

[32]   J.[ohann] W.[ilhelm] Haessler: Sonate (Allegretto grazioso
       – Minuetto I – Minuetto II – Allegro) (Pfte.)   (73)–76

No. 20. 21 (28 Maj 1824):

[33]   J.[Gioacchino] Rossini: Cavatina (Fiorilla) utur Op.: Turken i
       Italien „Största dårskap är i verlden"   (77)–82
[34]   A.[ugust] A.[lexander] Klengel: Romance (Pfte.)   82– 84

No. 22. 23. 24 (10 Juni 1824):

[35]   J. [Gioacchino] Rossini: Duetto (Selim, Fiorilla) utur Op.:
       Turken i Italien „Ni ä mina Damer ni så lätta så svaga"
       [2. Akt, Nr. 11]   (85)–95
[36]   Marche utur Dramen: Drottning Christina (Pfte.)   95– 96
[37]   J.[ohann] B.[aptist] Cramer: Prélude (Pfte.)   96

No. 25. 26 (23 Juni 1824):

[38]   [Wolfgang Amadeus] Mozart: [Recitativo ed Aria] (Susanna)
       utur Op.: Figaro, 4de Acten „Ändtlig nalkas den stun-
       den" [KV 492, 27]   (97)–100
[39]   C.[arl] Arnold: Rondo på ett Norrskt Thema (Pfte.)   100–104
[40]   J.[ohann] B.[aptist] Cramer: Prélude (Pfte.)   104

1830

No. 1:

[1]   [Gioacchino] Rossini: Tyroler Sång ur Op.: Wilhelm Tell
       „Lik en Zephyr Din fot du styr" [3. Akt, aus Nr. 15:
       Chœur tyrolien]   (1)– 2
[2]   A.[ugust] A.[lexander] Klengel: Etude (Pfte.)   3
[3]   Wals (Pfte.)   4

No. 2:

[4]   [Sigismund von] Neukomm: Romance utur: Påskmorgonen
       „Vårvind barn af Årets skiften"   5– 7
[5]   [August Alexander] Klengel: Polonaise öfver mel. „God
       save the King" (Pfte.)   7– 8
[6]   Mazurka (Pfte.)   8

No. 3:

[7]   [Nicolaus?] Baldenecker: Thema med Variationer (Var. 1–7)
       (Pfte.)   9– 12

No. 4. 5. 6:

[8]   [Jean-Baptiste] E.[douard] Du Puy: Quintett (Gök, Sabina,
        Varning, Brandwakten, Fru Stork) utur: Tyska Små-
        stadsboerne „Hå hå min Engel skön! vak opp!"   13– 23

[9]   [Jean-Baptiste] E.[douard] Du Puy: Marsch (Pfte.)   24

1824

Amphion. Musikalisk Tidskrift.

Stockholm: Stentryck af C. Müller

[1824:] 1 sta Häftet.

S Skma

1sta Häftet:

[1]   B.[ernhard] A.[nselm] Weber: Klagosång öfver Moreaus död
        „Klaga, klaga; rätt till sorgen Mensklighet!" (S, T, B,
        Pfte.)   4– 9

[2]   F.[riedrich] Kuhlau: Canzonetta „Venni amore nel tuo regno
        m'accompagno" (Singst., Pfte.)   10– 15

Etrennes Lyriques ([1824:] **et Lithographiques**) [ab 1825:] (ou) Recueil de
Romances et Nocturnes ([1833:] de Romances, Nocturnes, Contredanses, Valse
et Galop) avec Accompagnement de Piano ou Harpe, composées ([ab 1829:]
publié(es) ([1824:] de douze Romances ou Nocturnes) par A.[ntoine] Romagnesi ([1828:] et E.[douard] Bruguière) et ornées de (douze) Dessins litho-
graphiés.

à Paris chez M. [Antoine] Romagnesi, Rue de Grétry, No. 2, ([ab 1825:] chez
l'Auteur, Rue St. Marc, No. 9, [ab 1829:] chez A.[ntoine] Romagnesi, Rue
Vivienne, No. 21, [1833:] Rue de Richelieu, No. 87. E. Duverger, typ. 4, Rue
de Verneuil.)

[1824–1833]

D DO ([1833]); KIl ([1825]) – **F** Pn ([1824–1826], [1828] – 1831, [1833])

[1824]: A.[ntoine] Romagnesi

[1]   La Lanterne magique, Chanson „Quand le mensonge défigure"
        (A. Naudet)   2– 3

[2]   La pénible Reconnaissance, Romance „Hélas! que je dois à vos
        soins!" (Made. Desbordes-Valmore)   4– 5

[3]   Autant qu'il m'en souvient, Chansonnette „Je vous disais:
        écoutez ma musette" (Boucher de Perthes)   6– 7

[4] L'ai-je rêvé? Romance à deux voix „L'ai-je rêvé? disait, un jour, Annette" (M.elle***) (S, T, Pfte. oder Hf.)   8— 9

[5] Laissez venir le Tems, Chansonnette „Irma votre sœur est jolie" (Justin Gensoul)   10— 11

[6] L'Enfant trouvé, Romance „Abandonné dès ma naissance" (Mr. de B...)   12— 13

[7] Le Revenant, Chansonnette „L'éclair, précurseur de l'orage" (Naudet)   14— 15

[8] Ne te réveille pas, Nocturne à deux voix „Ne te réveille pas, doux charme de ma vie" (Pawlowski) (S, T, Pfte.)   16— 17

[9] Le vieux Troubadour, Chansonnette „Joyeux enfans de la folie" (Camille)   18— 19

[10] On est si méchant au village! Chansonnette „Je n'ai pas encore quinze ans" (A. Naudet)   20— 21

[1825]: A.[ntoine] Romagnesi

[1] Gloire et Bonheur, Romance dialoguée entre un soldat et un berger „Vois-tu cette troupe guerrière" (D. L.)   2— 5

[2] Si ça t'arrive encore! Chansonnette „Je ne veux pas vous regarder, Monsieur" (I. Simard)   6— 7

[3] L'Heureux Sommeil, Romance „Lorqu'accablé d'une sombre tristesse" (A. R.[omagnesi])   8— 9

[4] Il n'est plus Tems, Chansonnette „Toi! jurer de n'aimer jamais!" (Naudet)   10— 11

[5] La Sensitive et le Papillon, Nocturne à deux vois „Quand le papillon amoureux" (Florian)   12— 13

[6] Le Petit Doigt, Chansonnette „Près de son chalet de feuillage" (Hte. L. Guérin)   14— 15

[7] L'Arbre et le Vieillard, Romance „Je te salue, humble hameau" (J. F. Chatelain)   16— 17

[8] Amour et Froideur, Romance „Dois-je toujours aimer sans espérance?" (A. R.[omagnesi])   18— 19

[9] La Mère et l'Amant, Chansonnette „Ecoute moi, me dit Lucas" (Justin Gensoul)   20— 21

[10] Prière à Ste. Geneviève, Nocturne à deux voix „Priez pour nous, ô vierge, de Nanterre" [Simonnin] (S, T, Pfte. oder Hf.)   22— 23

[1826]: A.[ntoine] Romagnesi

[1] La Pénitente „Mon père, souffrez qu'en ce lieu" (A. R.[omagnesi]   2— 3

[2] La Richesse de celui qui n'a rien, Chanson „Amis, je le confesse, depuis longtems" (Capelle)   4— 5

[3] Te faut-il plus, te faut-il moins? Romance „Sous une couronne nouvelle presser mes cheveux chaque jour"
(C.[om]te Jules de Rességuier)   6— 7

[4] N'oubliez pas que je vous aime! Chansonnette „Pour mieux
tromper l'œil des jaloux" (Fie. Bérat)   8— 9

[5] L'Image et la Réalité, Romance à deux voix „Sous les saules
de la prairie" (Dumersan) (S, T, Pfte.)   10— 11

[6] La Nouvelle Corine, Romance „Lorsqu'abusant ma crédule
jeunesse" (Alphonse***)   12— 13

[7] La Rosière, Chansonnette „De l'innocence du village"
(Naudet)   14— 15

[8] Le Nid et la Rose, Chansonnette „Lubin, de la forêt prochaine"
(Alphonse)   16— 17

[9] Le bon Pasteur, Romance „Bons habitans du village, prêtez
l'oreille un moment" (Camille [Bondu])   18— 19

[10] Le nouveau Démocrite, Chanson „Gai Démocrite, qui vécus
cent neuf ans" (Désaugiers)   20— 22

[1828]:

[1] A.[ntoine] Romagnesi: Le Commencement et la Fin,
Romance „Dans cet âge heureux de l'erreur"
(Naudet)   2— 3

[2] Edouard Bruguière: Les Sermons et la Danse, Chansonnette
„Quoi! pas encore une bergère!" (H. T. Poisson)   4— 5

[3] A.[ntoine] Romagnesi: Je revenais de mon Village, Chansonnette „Autrefois, d'un sexe enchanteur"   6— 7

[4] Edouard Bruguière: Le Bonheur habite aux Chalets, Chant
montagnard suisse à deux voix sur des motifs de
Ranz „Au bruit des chansonnettes" (Le Baron de
St. P*****) (S, T, Pfte.)   8— 9

[5] A.[ntoine] Romagnesi: Qu'est-ce que la Vie, Chansonnette
„Chaque matin, en baillant, on s'éveille" (F. de
Courcy)   10— 11

[6] Edouard Bruguière: Laissez-moi le pleurer ma Mère! Romance
„Tout était vrai dans son language" (Mme. C.***)   12— 13

[7] A.[ntoine] Romagnesi: Il fallait bien lui pardonner, Chansonnette à deux voix „A douze ans l'aimable Lisette"
(Delahaye) (S, T, Pfte.)   14— 15

[8] Edouard Bruguière: Soutiens, mon Dieu, la pauvre Fiancée!
Romance „Encor un jour et je suis enchaînée"
(Baron de St. P.*****)   16— 17

[9] A.[ntoine] Romagnesi: L'Amour a passé par là, Chansonnette „A peine échappée à l'enfance" (Naudet)   18— 19

[10] Edouard Bruguière: Les Fruits de l'Education, Chansonnette
,,A me répondre qu'on s'apprête" (H. T. Poisson)   20— 21

[11] A.[ntoine] Romagnesi: Si vous étiez ma Sœur, Romance
,,Si vous étiez ma sœur, pourriez-vous me défendre"
(H. T. Poisson)   22— 23

[12] Edouard Bruguière: Chant de Noce villageoise, imité d'un
vieil Air Breton ,,Nous v'nous vous souhaiter bonheur
en mariage" (Arr. für 2 gleiche Singst. oder als Chor)   24— 25

1829:

[1]   A.[ntoine] Romagnesi: Est-ce l'Amour, est-ce la Peur? Chansonnette ,,Toujours inquiette et rêveuse" (A. Naudet)   2— 3

[2]   F.[rançois] Berton Fils: La petite Boiteuse, Chansonnette
,,Du bal voilà le signal déjà" (St. Georges)   4— 5

[3]   A.[ntoine] Romagnesi: La petite Bergère, Romance ,,Pour-
quoi, tandis que d'espérance" (Mr. M.***)   6— 7

[4]   F.[ranz] Grast: La Cloche du Soir, Nocturne à deux voix
,,La cloche du hameau retentit dans la plaine"
(Ch. Didier)   8— 9

[5]   D. Lemire: Le triste Retour, Romance ,,Asile heureux de mon
enfance" (A. Caumont)   10— 11

[6]   A.[ntoine] Romagnesi: L'heureuse Solitude, Chansonnette
,,Adieu soucis, adieu fortune" (Justin Gensoul)   12— 13

[7]   A.[ntoine] Romagnesi: Gentille Nonette, Nocturne à deux
vois ,,Gentille nonette qui dans ce saint lieu"
(B.[oucher] D.[e Perthes]) (S, T, Pfte.)   14— 15

[8]   A.[ntoine] Romagnesi: Fi! que c'est laid d'être jaloux!
Chansonnette ,,Alfred, il faut je vous gronde"
(A. L.[ambert])   16— 17

[9]   A.[ntoine] Romagnesi: Le vieux Clocher de mon Village,
Romance d'un esclave à Alger, recueillie par Mr.
C. B. ,,Loin du beau ciel où je suis né" [Antony
Rainal]   18— 19

[10] A.[ntoine] Romagnesi: Le Mariage du Preux, Romance à deux
voix ,,Du preux, l'effroi de l'infidèle" (Justin Gensoul)
(C, T, Pfte.)   20— 21

[11] F.[ranz] Grast: Zulmé, Romance ,,De ce beau lac, sur ma
nacelle un jour" (J. M. Desjaques)   22— 23

[12] A.[ntoine] Romagnesi: Les Chemins différens, Chanson
,,O mes compagnons de misère" (Alex. Barrière)   24— 25

1830:

[1]   A.[ntoine] Romagnesi: Le Chant du Pâtre, Tyrolienne
,,Oh! qu'il est doux, quand la rame docile tombe"
(A. Bétourné)   2— 3

[2]   Hyppolite Monpou: Marie, Ballade tirée de la légende Bretonne
      „Au noble Arthur, gente Marie" (A. Naudet)   4— 5

[3]   A.[ntoine] Romagnesi: Ce que c'est que de vieillir, Chanson-
      nette „Dix printemps vous ont bien grandie!" (A.
      Naudet)   6— 7

[4]   Amédée de Beauplan: Toute la vie, Boléro „Toute la vie,
      rêvant de séduisans attraits"   8— 9

[5]   A.[ntoine] Romagnesi: La petite Batelière, Barcarole à
      deux voix „Pour promener sur l'eau" (A. Bétourné)
      (S, T, Pfte.)   10— 11

[6]   Ch.[evali]er [Oscar de] Lagoanère: Adieu Bonheur, Romance
      „Du haut de la tourelle"   12— 13

[7]   A.[ntoine] Romagnesi: Je veux plaire à mon époux, Chan-
      sonnette „Une fleur, un nœud de rubans" (A. Bé-
      tourné)   14— 15

[8]   Paulin: Le Roi René, Romance „Heureux enfans d'Occitanie,
      ménestrels" (Paulin)   16— 17

[9]   A.[ntoine] Romagnesi: Le Voyageur, Chansonnette „Toi
      qui va cherchant, à la ronde" (Gentil)   18— 19

[10] Ch.[evali]er [Oscar de] Lagoanère: Les Prestiges de l'Amour,
      Nocturne à deux voix „Ici l'onde, un instant, réfléchit
      ton image"   20— 21

1831:

[1]   A.[ntoine] Romagnesi: Le Retour au Castel, Romance
      „Gentille châtelaine, je reviens près de toi" (B.
      Rondeau)   2— 3

[2]   F.[rançois] Berton Fils: Les Bergers sont des Loups, Chanson-
      nette „Croyez ma vieille expérience" (Emile Barateau)   4— 5

[3]   [Antoine] Romagnesi: Le Rendez-Vous Espagnol, Nocturne
      à deux voix „Parlez tout bas, mon doux ami" (de
      Coupigny) (S, T, Pfte.)   6— 7

[4]   Auguste Andrade: Le Tombeau de Pèlerin, Romance „Quel
      est de tartre funéraire" (Antoinette de la B.***)   8— 9

[5]   A.[ntoine] Romagnesi: L'heureux Vigneron, Chansonnette
      „L'aurore annonce le matin" (Gentil) (C oder B,
      Pfte.)   10— 11

[6]   Ch.[arles] Plantade: Le Berger dans le Malheur, Chansonnette
      „Ah! j'ai perdu mon blanc troupeau!" (Gentil) (S
      oder T, Pfte.)   12— 15

[7]   A.[ntoine] Romagnesi: On appelle ça du Bonheur, Chanson-
      nette „A peine arrivé sur la terre" (A. Naudet)   16— 17

[8]   Ch.[arles] Plantade: Le Pêcheur de Sorrente, Ballade „Sor-
      rente, doux rivage, espoir des matelots" (Delphine
      Gay)   18— 19

667

[9] A.[ntoine] Romagnesi: Les Plaisirs de l'Hiver, Ronde à deux
voix „Après les beaux jours" (A. Romagnesi) (S, T,
Pfte.) 20— 21

[10] Ch.[evali]er [Oscar de] Lagoanère: Le Retour du Tyrolien
„Je vous revois, lieux charmans, doux ombrage"
(A. Romagnesi) 22— 23

[11] A.[ntoine] Romagnesi: A quoi sert-il d'être jolie? Chansonnette „Ma bonne mère, pourquoi donc prendre" (Alex,
Barrière) 24— 25

[12] F.[ranz] Grast: Les Batelières de Brienz, Barcarolle Suisse
„Chantons gaîment, jeunes bergères" (E. Goubert) 26— 27

[1833]:

[1] A.[ntoine] Romagnesi: L'Attente du Reveil, Romance „O
mon Dieu, c'est bien lui" (Made. Waldor) [2 S.]

[2] A.[ntoine] Romagnesi: Les Plaisirs du Printems, Chansonnette
à deux voix „O mes jeunes compagnes, accourez sur
mes pas" (Mr. Aumassip) (S I oder T, S II, Pfte.) [2 S.]

[3] A.[ntoine] Romagnesi: La Bergère prévoyante, Chansonnette
„Je te promets, gente fleur du village" (Mr.***) [2 S.]

[4] A.[ntoine] Romagnesi: Pourquoi ne devine-t-il pas? Romance
„Il me trouve triste et rêveuse" (Made. S. L.) [2 S.]

[5] A.[ntoine] Romagnesi: Comme tout change avec le Tems,
Chansonnette à deux voix „Au tems heureux de
mon jeune âge" (A. Naudet) (S, T, Pfte.) [2 S.]

[6] A.[ntoine] Romagnesi: Toussez quand il faudra rougir,
Chansonnette „Eh! quoi, ce matin, à la ville"
(H. T. Poisson) [2 S.]

[7] A.[ntoine] Romagnesi & Henry Lemoine: Deux Quadrilles
nouveaux, suivis d'une Valse et d'un Galop (Pfte.) 2— 13

[**Journal des Amateurs.** Recueil de Chant.] (Piano ou Harpe) (Il paraît deux
numéros tous les mois.)

A Bruxelles, Chez [Pierre-Joseph] Plouvier, au Magasin de Musique et d'Instru-
men(t)s, Rue et montagne de la Cour, No. 672.

Année 1. [ca. 1824] – 3. [ca. 1826].

D KNm (1. [ca. 1824], 11, 22—24; 2. [ca. 1825], 2, 6, 9, 14, 16—17)

1re Année [ca. 1825]:

No. 11. L.[ouis] Jadin: Le Fandango Français „Ma mie, ma douce mie"
(Abbé de L'Attaignant) (Singst., 2. Singst. ad lib.,
Pfte.-Arr.: Ch.[ar]les Staes) 2— 3

No. 22. [François Adrien] Boieldieu: Couplets (Nanette) [aus:] Le Petit Chaperon Rouge „Il m'a demandé le bouquet" (Théaulon)　　2— 3

No. 23. [François Adrien] Boieldieu: Ronde [aus:] Le Petit Chaperon Rouge „Depuis longtems, gentille Anette" (Théaulon) (Singst., Pfte.)　　2— 4

No. 24. [François Adrien] Boieldieu: Romance [aus:] Le Petit Chaperon Rouge „Le noble éclat du diadème ici" (Théaulon)　　2— 3

2e Année [ca. 1826]:

No. 2. Delieu: Ni jamais, ni toujours, Nocturne à une ou deux voix „Je n'aimerai jamais" (S, T, Pfte.-Arr.: Giacomelli)　　2— 3

No. 6. [Narcisse] Carbonel: La Pauvre Adèle, Romance à une ou deux voix „Dites-moi, pastourelle" (Singst., 2. und 3. Singst. ad lib.: Plouvier, Pfte.)　　2— 3

No. 9. S.[ophie] Gail: Tirolienne „Celui qui sut toucher mon cœur" (Dubois) (Singst., Pfte.-Begl.)　　2— 3

No. 14. F. B.: Le Beau Châtelain de Coucy, Romance à deux voix „Las! j'étais en si doux servage" (2 Singst., Pfte.)　　2— 3

No. 16[a] F.[elice] Blangini: Romance à une ou deux voix „Qui nous offre des charmes?"　　2

No. 16[b] [François Adrien Boieldieu]: Couplets dans: Le Petit Chaperon Rouge „Robert disait à Claire"　　3

No. 17. A.[ntoine] Romagnesi: Boléro „Faut l'oublier, disait Colette"　　2— 3

[**Journal des Amateurs.** Recueil de Chant.] (Accomp.[agnemen]t de Guitare par [Pierre-Joseph] Plouvier.) (Il paraît trois numéros tous les mois.)

On s'abonne à Bruxelles, chez [Pierre-Joseph] Plouvier, au magasin de Musique et d'Instrumen(t)s, Montagne de la Cour No. 672.

Année 1. [ca. 1824] – 3. [ca. 1826].

B Bc (1. [ca. 1824], 8–9, 17, 21–22, 25–26/28, 32; 2. [ca. 1825], 1–13, 15–16/17; 21–22, 25, 27–28/30, 32, 35; 3. [ca. 1826], 1/2–6, 9, 17–21, 23, 27–29, 31–32, 34–35) — **NL** DHgm (2. [ca. 1825], 6–7, 12)

1re Année [ca. 1824]:

No. 8. A.[lexis de] Garaudé: Il faut aimer, Romance „Par une chansonnette égayant"　　[2 S.]

No. 9. Lechaillier: L'Attente, Romance „Depuis une heure je l'attends"　　[2 S.]

No. 17. [Angelo] Benincori: Psyché, Romance avec une seconde voix non obligée „Tout l'univers obéit à l'amour"　　[2 S.]

No. 21.   [Fabry] Garat: Le Soir, Romance „En vain l'aurore, qui se
          colore" (Melle. Desbordes)   [2 S.]

No. 22.   [François Adrien] Boieldieu: Romance [aus:] Le Petit
          Chaperon „Le noble éclat du diadème ici" (Théaulon)   2— 3

No. 25.   Delieu: Ni jamais, ni toujours, Nocturne à deux voix ad lib.
          „Je n'aimerai jamais"   [2 S.]

No. 26.27.28 [François Adrien] Boieldieu: Cavatine [aus:] La Fête
          du Village Voisin „Simple, innocente et joliette"
          (Sewrin)   2— 7

No. 32.   [Guillaume Pierre Antoine] Gatayes: Les Amis de Paris, Air
          „Ma fortune étoit mince"   [2 S.]

2e Année [ca. 1825]:

No. 1.   [Narcisse] Carbonel: La pauvre Adèle, Romance à une ou
          deux voix „Dites-moi, pastourelle"   [2 S.]

No. 2.   [Henri-Noel] Gille [!]: Romance, arr. avec une seconde
          voix „Que veut-il dire? "   [2 S.]

No. 3.   Sophie Gail: La Cloche, Nocturne à une ou deux voix
          „Quand vient la saison de Flore"   [2 S.]

No. 4.   ****: Il faut la marier, Avis important „Quant jeune ber-
          gerette qu'Amour vient épier" (Deshayes) (Singst.,
          2 Singst. ad lib., Git.-Begl.)   [2 S.]

No. 5.   S.[ophie] Gail: Tirolienne „Celui qui sut toucher mon
          cœur" (Dubois)   [2 S.]

No. 6.   Sophie Gail: Nocturne à une ou deux voix „Dimanche dans
          la plaine" (Sophie Gay)   [2 S.]

No. 7.   Encore une Tirolienne „Mes amis, c'est dans sa patrie"
          (Le Comte de la Garde de Messence)   [2 S.]

No. 8.   [Antoine] Romagnesi: Faut l'oublier, Boléro „Faut l'oublier,
          disait Colette"   [2 S.]

No. 9.   F.[elice] Blangini: Romance à une ou deux voix „Qui nous
          offre des charmes? "   [2 S.]

No. 10.   H.[enri] Darodeau [!]: Les Débats ou l'Oubli du Passé,
          Chanson de Table „A présent mes chers camarades"
          (A. Gouffé)   [2 S.]

No. 11.   [Jacob Nicolas] Goulé: La Suissesse au bord du lac, Romance,
          avec une seconde voix ad lib. „L'encens des fleurs em-
          baume cet azile"   [2 S.]

No. 12.   [François Adrien] Boieldieu: Couplets dans: Le Petit
          Chaperon Rouge „Robert disait à Claire"   [2 S.]

No. 13.   L'Ecaillère, Chanson de Table, arr. avec une seconde
          voix ad lib. „A la barque! Crie Annette à tous les
          passans"   [2 S.]

No. 15.   L.[ouis] Roussel: Nocturne à une ou deux voix „Il est
          minuit" (Ed. Smits)   [2 S.]

No. 16.17.	S.[ophie] Gail: Le Serment, Nocturne à deux voix „Viens écouter ce doux serment"	1— 4
No. 21.	L.[ouis] Roussel: Pensée du Soir, Nocturne à une ou deux voix „J'aime la nuit"	[2 S.]
No. 22.	[Gustave] Dugazon: Le Pastour, Nocturne à une ou deux voix „Près du troupeau que gaîment"	[2 S.]
No. 25.	L.[ouis] Roussel: Le Premier Rendez-vous, Nocturne à une ou deux voix „La lune a franchi les coteaux" (Morel ‹de Bélesme›)	[2 S.]
No. 27.	A.[médée] de Beauplan: La Somnambule, Romance à une ou deux voix „Reposons nous ici tous deux"	[2 S.]
No. 28.29.30.	H.[enri Montan] Berton: Valentin, Air „Brillant palais, séjour de l'opulence"	2— 7
No. 32.	[Guillaume Pierre Antoine] Gatayes: Le Joli Petit Mari, Air „Ah! le joli petit mari"	[2 S.]
No. 35.	Le Castel, Romance „Un castel d'antique structure" (Singst., 2. Singst. und Git.-Begl.: Plouvier)	[2 S.]

3e Année [ca. 1826]:

No. 1.2	[Henri-Montan] Berton: Valentin, Couplets „Chère Marie entends-tu le tambour"	1— 4
No. 3.	[Jean-Baptiste] Roucourt: Plaisir et Tourment, Romance „L'amour, pour prix de ma défaite" (Longchamps)	[2 S.]
No. 4.	J. [Giuseppe] Catrufo: La Châtelaine et le Troubadour, Romance à une ou deux voix „Prends ta lyre, bon troubadour" (G.)	[2 S.]
No. 5.	[François Adrien] Boieldieu: [Arie aus:] Les Voitures Versées, Opéra „Jeune beauté d'humeur légère" (E. Dupaty)	[2 S.]
No. 6.	A.[médée] de Beauplan: Adieux à une Coquette, Boléro „Séparons nous jeune indiscrète"	[2 S.]
No. 9.	L.[ouis] Roussel: Plus d'Amour plus rien, Nocturne à une ou deux voix „En vain des bois la naissante verdure" (M.***)	[2 S.]
No. 15.	[Daniel François] E.[sprit] Auber: La Bergère Châtelaine, Ronde „Gentille bachelette un jour allait au bois" (Planard)	[2 S.]
No. 17.	J.[acques] Struntz [!]: Les Croisades ou le Boristhène, Romance „Près du Jourdain un jeune troubadour" (Mme. d'Hervilly)	[2 S.]
No. 18.	Louis Roussel: Romance à une ou deux voix „Quand fuit le jour" (Edouard Smits)	[2 S.]
No. 19.	Bayle, avoué: Rose, ou il s'agît de bien voir la chose, Air „J'ai choisi Rose pour maîtresse"	[2 S.]

No. 20.	Patrie, Honneur, Couplets chantés dans: La Somnam- bule „Elle a trahi ses sermens et sa foi"	[2 S.]
No. 21.	Bayle, avoué: Je ne l'aime plus, Romance à une ou deux voix „De me chérir toute la vie" (Sainte Marie)	[2 S.]
No. 23.	[Georges] Lambert: L'Amour vrai, Romance „De ma Céline amant modeste"	[2 S.]
No. 27.	[Luc] Guénée: La Chambre à coucher, ou une demi heure de Richelieu, Romance „L'amour s'enfuit, dame Cypris"	[2 S.]
No. 28.	Bayle: Le Double Enchantement, Romance à une ou deux voix „Si mon amie est belle" (2. Singst., Git.-Begl.: Plouvier)	[2 S.]
No. 29.	[Joseph Karl] Kühn: L'Immortel Laurier, Romance chevale- resque „Un vaillant et fier paladin" (Coutray [!])	[2 S.]
No. 31.	A.[ntoine] Romagnesi: Le Baiser, Nocturne à une ou deux voix „Ecoute-moi, jeune Délie" (Armand Gouffé)	[2 S.]
No. 32.	P.[ierre] d'Alvimare: Les Adieux, Romance „O beau pays de l'Ibérie!"	[2 S.]
No. 34.	[Edouard] Bruguière: O douce Chimère, Romance à une ou deux voix „Comme une vaine erreur" (Marceline Desbordes)	[2 S.]
No. 35.	Le Réduit Obscur, Air arrangé à une ou deux voix par Le Camus „Je possède un réduit obscur"	[2 S.]

Lyra, eine Sammlung von Liedern, Balladen, Duettinis der vorzüglichsten Componisten mit Begleitung des Piano Forte und der Guitarre. [Herausgegeben von Carl
Conrad Büttinger.]

Freiburg im Breisgau: in der Herder'schen Kunst und Buchhandlung.

[Jahrgang 1. 1824], Bändchen 1–4.

CH Bu – **D** Bim (X); FRh ([1. 1824], 1–3); Mbs ([1. 1824], 1–3) – **GB** Lbm
([1. 1824], 1, 3)

1. Bändchen, Heft 1–3

1. Heft:

No. 1.	G.[ottfried] Weber: Seufzer aus der Geisterwelt „Wohl lernt sich fügen, was sich gesträubt" (F. W. Jung)	2– 3
No. 2.	E. v. Hettersdorf: Lied „Mond und Sterne wie so selig" (Helmina Chezy)	4
No. 3.	[Adolf Bernhard] Marx: Sehnsucht „Matt schleich ich durch das Leben"	5
No. 4.	[Johann Rudolf] Zumsteeg: Liedchen „Wär ich ein muntres Vögelein" (Kleinschmitt [!])	6– 7
No. 5.	[Carl] Nicola: Der Schmid „Ich hör meinen Schatz" (Uhland)	8– 9

No. 6. Kanter: Das Sträusschen „Ich habe ein Sträusschen"
        (Kanter)   10— 11

No. 7. C.[arl] C.[onrad] Büttinger: Einkehr „Bei einem Wirthe
        wundermild" (Uhland)   12

2. Heft:

No. 8. Leonardi: Klage „Spira pour ma spira lento" — „Säuselt sanft
        ihr Zephir Lüfte"   13— 16

No. 9. [Carl Friedrich] Zelter: Seufzer des Gefangenen „Warum ich
        bleibe?" (von Göthe [recte: Schütze])   17

No. 10. C.[arl] M.[aria] von Weber: Lied von Clotilde „Wenns [!]
        Kindlein süssen Schlummers Ruh" (Clotilde [von
        Nostitz und Jänkendorf]) [Jähns 281]   18— 19

No. 11. E. Stegmann: Der Blumenkranz „In dem reichsten Farben-
        glanze" (von Haupt)   20— 21

No. 12. [Josef Franz] Greith: Duettino „Lausche dann! im Blätter-
        schauer" (Salis)   22— 23

No. 13. [August] Harder: Die Propheten der Natur „Allgemach aus
        Dämmerung und Nacht" (A. Krummacher)   24

3. Heft:

No. 14. Conradin Kreutzer: In der Ferne „Will ruhen unter den
        Bäumen hier" (Uhland)   25— 27

No. 15. Louis Spohr: Liebesschwärmerei „Wär ich ein Vögelein"
        (Cäcilie v. W.) [Op. 37, 5]   28— 29

No. 16. [Georg] Weixelbaum: Erinnerung „Lieblich wie der Blüthen-
        schleyer"   30— 31

No. 17. [Johann Friedrich] Reichardt: Frühzeitiger Frühling „Tage
        der Wonne, kommt ihr so bald?" (Goethe)   32— 33

No. 18. [Felice] Blangini: Notturno a due Voci „Almen se non
        possio" — „Le Cœur plein de tristesse" — „Kannst
        du von mir dich trennen" (S, T, Git., Pfte.)   34— 35

No. 19. C. Schulz: Klage der Schäferinn „Tief unten im einsamen
        Thale" (‹Auf Veranlassung des Göthischen Lieds:
        Klage des Schäfers › C. Schreiber)   36

2. Bändchen, Heft 4—6

4. Heft:

No. 20. A.[nton] André: Nein! „Darf ich zu deinem Preise"
        (Müchler)   38— 39

No. 21. Max Eberwein: Liebeserklärung „Du mein Ut re mi fa sol
        la, mein Alles süsse Kleine!" (Ernst Conradi)   40— 41

No. 22. V.[incenzo] Righini: Die Tauben, Duettino „In der Myrthen
        Schatten" (A. W. Schlegel) (S, T, Git., Pfte.)   42— 43

No. 23.   Vetter: Lebensregeln „Rosen pflücke, Rosen blühn"
           (J. W. L. Gleim)   44— 45

No. 24.   Kretzschmer: Die junge Schäferin „Zu den Knaben will
           ich gehen" (Gottwald)   46— 47

No. 25.   Fr.[iedrich] v.[on] Boyneburgk: Lied des Ariel aus dem
           Sturm „Fünf Faden tief liegt Vater dein"
           (Schakespeare [!])   48

5. Heft:

No. 26.   C.[onradin] Kreutzer: Scheiden und Meiden „So soll ich
           dich nun meiden" (Uhland)   49— 51

No. 27.   F. Kalliwoda: Zu der Romanze des Troubadour „Hörst du
           den Ton"   52— 53

No. 28.   F.[riedrich] Kuhlau: Die Wünsche „Wär ich doch ein milder
           West!" (Nach Jagemann von Sander) [Op. 19,9]   54— 57

No. 29.   [Carl Conrad] B[üttinge]r: Gretchen in der Stadt „Ich
           freue mich herz inniglich" (Castelli)   58— 59

No. 30.   C.[arl] M.[aria] v. Weber: Schmerz „Herz, mein Herz er-
           manne dich" (Gr.[af] v.[on] Blankensee) [Jähns 274] 60

6. Heft:

No. 31.   [Carl Friedrich] Zelter: Rosenband „Im Frühlingsschatten
           fand ich sie" (Klopstock)   61

No. 32.   C.[arl] M.[aria] von Weber: Des Künstlers Abschied „Auf
           die stürm'sche See hinaus" (Alexander von Dusch)
           [Jähns 105]   62— 65

No. 33.   J. D. C. Brugger: Des Töchterleins Meinung „Lieb Väterlein
           wünschet mich fromm und gut"   66— 67

No. 34.   F.[riedrich] H.[einrich] Himmel: Wiedersehn „Wiedersehn!
           endlich tönt dir mein Willkommen!" (Elisa v. Reck [!]) 68— 69

No. 35.   F.[erdinand] S.[imon] Gassner: Trinklied „Kommt Brüder,
           trinket froh mit mir"   70— 71

No. 36.   J. A. Anthes: Der Morgen im Gebirge „Sieh, der Himmel
           strahlet" (Schmid)   72

3. Bändchen, Heft 7—9

7. Heft:

No. 37.   Ludwig von [!] Beethoven: Das Geheimniss. Liebe und
           Wahrheit „Wo blüht das Blümchen das nie verblüht"
           (von Wessenberg) [WoO 145]   74— 75

No. 38.   Charles Arnold: Romance du Solitaire „Erwach beim Ruf
           der Siegestöne" — „Aux chants des fils de la victoire"
           (Vicomte de Arleincourt)   76— 77

No. 39.   Ferdinand Pillwitz: Kusslehre „Niergends hin als auf den
           Mund" (Paul Flemming)   78— 79

No. 40. A.[lbert] Methfessel: Trost in Tönen „Könnt ihr klagen,
könnt ihr sagen" (Carove)   80— 81

No. 41. Schulz: An die Sterne „Sternlein rein und golden"
(K. Blumauer)   82— 83

No. 42. [Friedrich Ernst] Feska [!]: Liebes Leiden „O wie so
schmerzenvoll" (Graf von Loeben)   84

8. Heft:

No. 43. J.[osef] Greith: Frühlings-Lied „Unsre Wiesen grünen
wieder"   85— 87

No. 44. C.[onradin] Kreutzer: Jägerlied „Kein bessre Lust in dieser
Zeit" (Uhland)   88— 89

No. 45. [Carl Conrad] B.[üttinge]r: Wandrers Nachtlied „Der du
von dem Himmel bist" (Göthe)   90— 91

No. 46. Franz Schubert: Das grüne Lautenband „Schad um das
schöne grüne Band" (W. Müller) [D 795, 13]   92— 93

No. 47. A.[nton] André: Das Geständniss „Wohl giebt es der Mädchen so viele" (Becker)   94— 95

No. 48. [E. v.] Hettersdorf: Liebeswonne „Wie tragen Sterne reinern Glanz"   96

9. Heft:

No. 49. F.[riedrich] E.[rnst] Fesca: Das Veilchen und das Mädchen „Mädchen sieh das Veilchen an" (G. Döring)   97

No. 50. J. D. C. Brugger: An den Mond „Füllest wieder Busch und
Thal" (Göthe)   98— 99

No. 51. [Johann Franz Xaver] Sterkel: Der Abschied „Lass mein
Aug den Abschied sagen" (Göthe)   100—101

No. 52. Dillenberger: Euphrosyne „Wem das Glück nicht viel gegeben" (Schreiber)   102—103

No. 53. F.[riedrich] H.[einrich] Himmel: Der Maitag „Hinweg
mit der Grille" (Tiedge)   104—105

No. 54. J.[osef] Greith: Bard Reinold, Ballade „Lebt ein junger
Barde" (J. A. Henne)   106—107

No. 55. D.[aniel] S.[iegmeier] Siegel: Herbstlied „Das Laub
fällt von den Bäumen" (Mahlmann)   108

4. Bändchen, Heft 10—12

10. Heft:

No. 56. B. Stehle: An die Mädchen „Ohne Zärtlichkeit und Liebe"   110—111

No. 57. Franz Schubert: Morgengruss „Guten Morgen schöne Müllerin" (W. Müller) [D 795, 8]   112—113

No. 58. [Friedrich Ernst] Fesca: Frühlings-Vorgefühl „Ich war betrübt bis in den Tod" (Graf v. Löben)   114—117

No. 59.   [Johann] Gaensbacher: Lied „Quel ruscelletto che l'onde
chiare" — „Rieselnde Quelle, freundliche Welle"   118—120

11. Heft:

No. 60.   [Peter] Lindpaintner: Minnelied „Der Holdseligen sonder
Wank" (J. Voss)   121

No. 61.   [Pauline Anna] Milder-Hauptmann: An die Entfernte,
Favoritlied „Neidisch trennen Thal und Hügel"   122—123

No. 62.   Peruchini: Venizianisches [!] Lied „Der Tag ist verschwunden" (Mit Manieren von Veluti)   124—125

No. 63.   Zeller: Lied aus der Ferne „Wo ist sie hin, von der ich ewig
träume" (Tiedge)   126—127

No. 64.   A.[ugust] E.[berhard] Müller: Lied aus dem Singspiel:
Der Polterabend „Immer heiter und zufrieden"   128—129

No. 65.   P.[eter] Lindpaintner: Des Jünglings Klage „Der Himmel
ist so klar und rein" (F. A. Adam)   130—131

No. 66.   E. v. Hettersdorf: Einsamkeit und Freundesnähe „Noch
glänzt mir deines Lichtes Schein"   132

12. Heft:

No. 67.   Franz Schubert: Der Müller und der Bach „Wo ein treues
Herze in Liebe vergeht" (W. Müller) [D 795, 19]   133—138

No. 68.   L.[udwig] Maurer: Zum Abschied „Wann hell im Thau
die Rosen stehn" (Helmina [von Chézy])   139

No. 69.   [Josef Franz] Greith: Ballade „Knabe kam gegangen zu
dem Meer" (J. A. Henne)   140—141

No. 70.   B. Stehle: An den May „O lieber May, wie schön und
neu" (Hölzl)   142—143

No. 71.   D.[aniel] Siegel: Die Erde „Wenn sanft entzückt mein
Auge sieht" (Mathisson [!])   144

La Lyre du Vaudeville. Journal des airs nouveaux chantés sur les Théâtres du Vaudeville, des Variétés, du Gymnase &a. Ce Journal composé de 48 morceaux formant 96 pages pour l'année paraîtra tous les mois. (No. 1: 1er Mai 1824).

à Paris: Publié par Jouve, Editeur, Md. de Musique, Palais Royal, No. 96.

Année 1. 1824/1825, No. 1—12.

1. Edition avec Accompagnement de Piano (ou Harpe):
   F Pn (1. 1824/25, 1, [1]; 2—12)

2. Edition avec Accompagnement de Guitare (ou Lyre) (Git.-Arr.: Julia Piston,
   Meissonnier Jeune):
   F Pn — GB Lbm (1. 1824/25, 2, [6]; 3, [10]; 4, [13—14]; 5, [18—20];
   6, [21—22]; 8, [28—29]; 10, [36]; 11, [38])

No. 1:

[1] Henri Blanchard: La Famille du Porteur d'Eau, Couplets „La vie est un fleuve profond" (Francis, Dartois, Gabriel)

[2] J.[oseph] D.[enis] Doche: Romance de: Léonide „C'était un soir, une voix gémissante" (de St. Hilaire, de Villeneuve, Dupeuty)

[3] [Antoine-François] Heudier: Vaudeville de: L'Heritière „Ce testament lorsque j'y pense" (Scribe)

[4] Joseph Denis Doche: Ronde de: La Pauvre Fille „Jeune beauté, pense en grandissant" (Dieulafoi, Achille und Armand Dartois)

No. 2:

[5] Henri Blanchard: Les Ouvriers ou les bons Enfans, Couplets „Peut-on marcher du même pas" (Francis, Brazier, Dumersan)

[6] J.[oseph] D.[enis] Doche: Romance de: La pauvre Fille „Je fus sur la pierre abandonnée au malheur" (Dieulafoi, Achille und Armand Dartois)

[7] Henri Blanchard: Les Ouvriers ou les bons Enfans, Couplets „J'peux quoiqu'menuisier" (Francis, Brazier, Dumersan)

[8] [Antoine-François] Heudier: Vaudeville du: Coiffeur et le Perruquier „La vieillesse doit êt'sage" (Scribe, Mazer)

No. 3:

[9] H.[enri] Darondeau: Les Maris sans Femmes, Rondo „Le perru-quier du quartier médit du cabaretier" (Désaugier [!], Gentil)

[10] J.[oseph] D.[enis] Doche: Vaudeville d': Alfred ou la bonne Tête „Longtems nos maîtres sur la scène" (Achille Dartois, Théodore Anne)

[11] J.[oseph] D.[enis] Doche: Air (le Comte, Ninette) [aus:] Ninette à la Cour „Quittez votre village" (Ourry, Dartois)

[12] J.[oseph] D.[enis] Doche: L'Amant Voleur, Romance de: La Maison de Plaisance „Un jeune homme a le cœur sensible" (Benjamin, Revoli)

No. 4:

[13] D.[enis] J.[oseph] [!] Doche: Air [aus:] Le Nécessaire et le Superflu „L'univers fléchit sous ma loi" (Dumersan, Dartois)

[14] L'Isle des Noirs, Chanson Créole „On dit qu'aimer est grand bonheur"

[15] J.[oseph] D.[enis] Doche: Air de: La Chasse au Renard „Des fillett's de ce village" (St. Hilaire)

[16] J.[oseph] D.[enis] Doche: Air de: La Chasse au Renard „Ma mer'qu'était prudente et sage" (St. Hilaire)

No. 5:

[17]   Valse de: La Férie des Arts „J'ai parcouru le monde en-
          tiers" (Gabriel, Armant)

[18]   J.[oseph] D.[enis] Doche: Romance [aus:] Le Roi et le Pâtre
          „Ah! si j'étais sur la montagne" (MMrs.***)

[19]   J.[oseph] D.[enis] Doche: La Petite Coquette, Romance
          „Jeunes beautés vous à qui la nature" (Désaugiers,
          Gentil)

[20]   [Antoine-François] Heudier: Vaudeville d': Une Visite en Prison
          „Aux bords brumeux de la Tamise" (Duvert, Nicolle)

No. 6:

[21]   J.[oseph] D.[enis] Doche: La Petite Babet, Air „Ça n'peut pas
          prendre" (Francis, Dartois)

[22]   Adolphe Adam: Vaudeville du: Baiser au Porteur „Aux tems de
          la chevalerie" (Scribe, Justin Gensoul, de Courcy)

[23]   J.[oseph] D.[enis] Doche: Le Roi et le Pâtre, Romance „Quand
          je vous vois, j'éprouve un trouble extrême" (MMrs.**)

[24]   J.[oseph] D.[enis] Doche: Air de: Rataplan ou le petit Tambour
          „Lorsqu'on est riche et gentille" (Sewrin, Vizentini)

No. 7:

[25]   Adolphe Adam: La petite Somnambule, Air „D'abord je
          veux, en mariage" (Dupeuty, de Villeneuve)

[26]   [Antoine-François] Heudier: Vaudeville des: Frères de Lait
          „Le vrai bonheur habite nos campagnes" (Duvert,
          Nicole,***)

[27]   J.[oseph] D.[enis] Doche: Vaudeville du: Premier Prix „On
          vante chez les Ecossaises" (Dupeuty, de Villeneuve)

No. 8:

[28]   J.[oseph] D.[enis] Doche: Blanche et isolier, Air „Oui de
          l'amour j'entends souvent" (Théodore Anne)

[29]   Air (Charlot) [aus:] Le Retour à la Ferme „Vive ma
          petite Jeannette" (Achille Dartois, Brisset) (Arr.: P. A.
          Béancourt)

[30]   Adolphe Adam: Le Bal champêtre, Vaudeville final „Livrons
          nous à la danse" (Scribe, Dupin) (S, T, B, Instr.-Begl.)

No. 9:

[31]   P. A. Béancourt: La Sorcière des Vosges, Air „Cette nuit sur la
          montagne" (Achille Dartois)

[32]   Henri Blanchard: La Fille du Marin, Couplets „J'en vois que
          dans le monde" (Sewrin, Dumersan)

[33] P. A. Béancourt: Ma Femme se marie, Air „Aussitôt que le bal
commence" (Duvert, Vianadt)

[34] Le Soldat Laboureur, Ronde de la Beausseronne „Ah!
que je suis donc chagrinée" (Arr.: Henri Blanchard)

No. 10:

[35] Adolphe Adam: Apollon II, Air „Déjà frappé d'une stupeur
mortelle" (Romieu, Ferdinand Langlé)

[36] J.[oseph] D.[enis] Doche: Les Folies du Jour, Couplets
„Quand on se promène" (Théolon [!], Ménessier, Martin)

[37] Victorin, Tyrolienne „Vive l'université pour la grâce et
la beauté" (Théolon [!]) (Arr.: Henri Blanchard)

No. 11:

[38] J.[oseph] D.[enis] Doche: Julien, Air „Vive Paris toute la
vie" (Dartois, Xavier)

[39] Adolphe Adam: La Haine d'une Femme ou le jeune Homme
à marier, Vaudeville „Soyez mon guide et mon amie"
(Scribe)

[40] [Henri] Blanchard: Victorin, Air „Quitter pour la terre
étrangère" (Théolon [!])

No. 12:

[41] Adolphe Adam: La Quarantaine, Vaudeville final „Vins
étrangers ah! s'il est vrai" (Scribe, Mazères)

[42] P. A. Béancourt: La Somnambule marié, Vaudeville „Maris
de qui l'esprit morose" (Théolon [!])

[43] P. A. Béancourt: La Sorcière des Voges [!], Scène du bouquet
(Vermont, Fanny, Arthur) „De cette résistance que
faut-il" (Achille Dartois)

Musikalisch-Dramatische Blumenlese für's Piano-Forte.

Freiburg im Breisgau in der Herder'schen Kunst- und Buchhandlung.

(Jahrgang 1.) [1824/1825], Bändchen 1—4.

A Wst (1. [1824/25], 1—2) — **D** DO (1. [1824/25], 2—4); FRh; Mbs (1.
[1824/25], 2—4) — **NL** DHgm — **PL** WRu (1. [1824/25], 2—3) — **US** MN

1. Bändchen: Heft 1—3

1. Heft:

No. 1. [Ludwig van] Beethoven: Ouverture aus der Oper: Fidelio
[Op. 72]   1— 8

No. 2.   C.[arl] M.[aria] v.[on] Weber: Das Glöcklein im Thale,
          Cavatina (Euryanthe) aus: Euryanthe „Glöcklein im
          Thale" [Jähns 291, N. 5]   9— 11

No. 3.   [Adolph Bernhard] Marx: Lied aus dem Trauerspiele: Pizarro
          von Auffenberg „In dem fernen theuren Vaterlande"   12

No. 4.   [Michel] Carafa [de Colobrano]: Duetto (Charlot, Marie)
          de l'opéra: Le Solitaire „Je suis un diable" — „Ich bin
          ein wahrer Teufel"   13— 21

2. Heft:

No. 5.   E.[duard] Stegmann: Morgenlied des Pförtners aus dem
          Trauerspiel: Macbeth „Verschwunden ist die finstre
          Nacht" (Schiller)   22— 23

No. 6.   [Friedrich Ernst] Feska [!]: Marsch aus der Oper:
          Cantemire [op. 19] (Pfte. 4hdg.)   24— 29

No. 7.   [Louis Joseph Ferdinand] Hérold: Romance (Emilie) aus
          der Oper: Die Rosenmädchen „Man ertheilte mir gern
          die Rose" — „Je suis sage j'obtins la Rose"   30— 31

No. 8.   [Gioacchino] Rossini: Duett (Desdemona, Emilia) aus der
          Oper: Othello „Warum denn stets mich täuschen" —
          „Vorrei, che il tou [!] pensiero"   32— 38

No. 9.   [Louis] Spohr: Terzett (Enrigue, Isabele, Mathilde) aus der
          Oper: Der Zweikampf „O, ein Wort aus diesem Munde"   39— 42

3. Heft:

No. 10.   W.[olfgang] A.[madeus] Mozart: Ouverture aus: Idomeneo
          [KV 366]   43— 47

No. 11.   [Joseph] Haydn: Recitativ u.[nd] Cavatina (Euridice) aus
          dem Drama: Orpheus u.[nd] Euridice (Rec.) „Dov'è
          l'amato bene?" — „Wohin bist du mein Leben?" (Cava-
          tina) „Del mio core il voto estremo" — „Ah! ich weiss
          es bleibt dem Gatten" [Hob. XXVIII, 13, Nr. 8 a—b]   48— 51

No. 12.   [Peter von] Lindpaintner: Romanze (Blanka) aus der Oper:
          Sulmona „Ah wie ängstlich wird er spähen"   51— 53

No. 13.   [Louis] Spohr: Duett (Amazili, Nadori) aus der Oper:
          Jesonda [!] „Schönes Mädchen, wirst mich hassen"   54— 62

2. Bändchen: Heft 4—6

4. Heft:

No. 14.   C.[arl] M.[aria] von Weber: Tanz aus der Oper: Silvana
          [Jähns 87, N. 12]   63

No. 15.   Louis Spohr: Ouverture aus der grossen Oper: Jesonda [!]
          (Pfte. 4hdg.)   64— 75

No. 16.   [Carl Maria von] Weber: [Arie] (Abu Hassan) aus der Oper:
          Abu Hassan „O Fatime! meine Traute" [Jähns 106,
          aus N. 2]   76— 77

No. 17.   [Carl Conrad] Büttinger: Arie (Jacob) aus der Oper: Der
          Kiffhaeuser-Berg „Selig, selig wessen Herz"   78— 82

5. Heft:

No. 18.   J.[oseph] Weigl: Ouverture aus der Oper: Das Waisenhaus   83— 88

No. 19.   [Michel] Carafa [de Colobrano]: Duett (Le Solitaire,
          Elodie) aus der Oper: Le Solitaire ‹ Der Einsiedler ›
          „De la faible viellesse [!]" — „Sittig Alter ehrt die
          Tugend"   89— 93

No. 20.   F.[riedrich] E.[rnst] Fesca: Romanze aus der Oper: Omar
          und Leila „Dort in der Laub am Gitter" [op. 28]   94— 95

No. 21.   [Gasparo] Spontini: Duetto (Licinius, Cinna) aus der Oper:
          Die Vestalin „Quand l'amitié seconde mon courage" —
          „Mich will der Freund im Kampfe unterstützen"   96—102

6. Heft:

No. 22.   [Peter] v.[on] Winter: Ouverture zur Oper: Marie von
          Montalben [!]   103—108

No. 23.   [Christoph Willibald] Gluck: Arie (Alceste) aus der Oper:
          Alceste „No crudel non posso vivere tu lo sai" —
          „Nein so grausam, o Geliebter"   108—110

No. 24.   [Daniel François Esprit] Auber: Duetto (Bertha, Wellau)
          aus der Oper: Der Schnee „So lang hab' ich sie nicht
          gesehen"   111—119

No. 25.   C.[onradin] Kreutzer: Recitativo und Cavatina (Alphonsine)
          aus der Oper: Der Taucher (Rec.) „Gerettet bin ich" —
          (Cavatina) „Das Rauschen der Blätter auf wankenden
          Zweigen"   120—122

3. Bändchen: Heft 7—9

7. Heft:

No. 26.   [Carl Maria von Weber]: Ouverture [aus: Euryanthe,
          Jähns 291]   123—131

No. 27.   [Luigi] Cherubini: Duett (Varbel, Floresky) aus der Oper:
          Lodoïska „Für Mädchenreiz zu schlagen"   132—139

No. 28.   [Gioacchino] Rossini: Preghiera (Semiramide) dell'Opera:
          Semiramide „Al mio pregart t'arendi"   140—142

8. Heft:

No. 29.   H.[einrich] Marschner: Tanz mit dem Kinde aus dem Volks-
          schauspiel: Schön Ella   143

No. 30.   ([Johann Wenzel] Caliwoda) [!]: Marsche [!] maestoso
          aus der Oper: Damon und Pytias   144—145

No. 31.   [Peter von] Winter: [Arie] (Calypso) aus der Oper: Calypso
          „Tu che sei crudel sorgente" — „Ach! wo bist du hin-
          geschwunden"   146—147

No. 32.   P.[ietro] Generali: Recitativ und Duett (Fecenia, Ebut)
                aus der Oper: Die Bachanten (Rec.) „Ach du nur bist
                mir nahe" — (Duett) „Ach, wenn Liebe"   148—157

No. 33.   C.[onradin] Kreutzer: Cavatine (Ladislaw) aus: Libussa
                „So mögt ihr muntre Thiere weiden!"   158—162

9. Heft:

No. 34.   [Wolfgang Amadeus] Mozart: Ouverture aus der: Zauber-
                flöte (Vl., Pfte.) [KV 620]   163—168

No. 35.   [Ferdinando] Paer: Duett (Sofonisbe, Siface) aus der Oper:
                Sofonisbe „De t'arresta, Siface!" — „Mein Geliebter,
                verweile!"   169—176

No. 36.   Fr.[iedrich] v.[on] Boyneburgk: Lied des Ariel aus dem:
                Sturm „Wo die Bie'n', saug' ich mich ein" (Shakes-
                peare)   177—178

No. 37.   P.[eter] Ritter: Duetto (Fokin, Torillos) aus dem: Manda-
                rin oder Die gefoppten Chinesen „Ehmals lebt ich
                wohl in Freuden"   179—182

4. Bändchen: Heft 10—12

10. Heft:

No. 38.   C.[arl] M.[aria] v.[on] Weber: Ouverture aus: Preciosa
                [Jähns 279]   183—184

[No. 38a] [Carl Maria von Weber]: Zigeunermarsch ‹nach einer
                ächten Zigeunermelodie› [aus: Preciosa, Jähns 279,
                N. 2]   185—189

No. 39.   Peter Lindpaintner: Romanze (Blanka) und Duetto (Guido,
                Blanka) aus der Oper: Sulmona (Romanze) „Zwar
                du schwebst vor meinen Blicken" — (Duetto) „Find
                ich dich Geliebte wieder"   190—199

No. 40.   Louis Spohr: Romanze (Zemire) aus: Zemire und Azor
                „Rose, wie bist du reizend und mild!"   200—202

11. Heft:

No. 41.   [Carl Maria von Weber]: Spanische National-Tänze aus:
                Preciosa [Jähns 279]   203—206

No. 42.   [Wolfgang Amadeus] Mozart: Aria (Idomeneo) aus:
                Idomeneo „Vedrommi intorno" — „Ein klagender
                Schatten" [KV 366, 6]   207—211

No. 43.   Joseph Strauss: Duetto (Anna, Raymund) aus der Oper:
                Die Hütte am See „Folge deinem grossen Ziele"   212—222

12. Heft:

No. 44.   C.[arl] M.[aria] von Weber: Tanz aus: Preciosa [Jähns 279,
                N. 4]   223

No. 45.   ([Carl Conrad] Büttinger): Tanz aus dem Schauspiel von
          Klingemann (Pfte. 4hdg.)   224—233

No. 46.   L.[ouis] Spohr: Duetto (Decio, Lansetta) aus der Oper:
          Der Zweikampf mit der Geliebten „Das lasst ein Le-
          ben, wie's soll, mir sein"   234—240

No. 47.   [Giacomo] Meyerbeer: Cavatina (Emma) aus der Oper:
          Emma v.[on] Rexburg [= Emma di Resburgo]
          „Il dicadra, Emma più non sara!" — „Bald sinkt der
          Tag, Emma wird bald nicht mehr seyn"   241—242

Musikalische Blumenlese des Steyermärkischen Musik-Vereins. Eine Sammlung
streng ausgewählter Original-Musikwerke. Herausgegeben durch eine vom Musik-
Vereine in Steyermark gewählte Redigirungs-Commission. [Vierteljährlich.]

Grätz in Steyermark: Eigenthum des Verlegers, Johann Lorenz Greiner. Firma:
Franz Ferstl'sche Kunst- und Musikhandlung.

1824: Heft 1—4.

A Gmk (1824, 1); Wn (1824, 1)

1. Heft:

[1]   Anselm Hüttenbrenner: Sonate für das Piano-Forte, Xtes Werk   [23 S.]

Der musikalische Gesellschafter in einsamen Stunden. Ein periodisches Werk für
eine Flöte. Eingerichtet und herausgegeben von Anton Diabelli.

Wien, bei Cappi und Diabelli, Kohlmarkt No. 300, ([ab Heft 19:] chez A. Diabelli et Comp., Graben No. 1133, [ab Heft 88:] C. A. Spina.)

[ca. 1824 — ca. 1866:] Heft 1—104.

A M ([ca. 1824:] 5); Wgm ([ca. 1824 — ca. 1866:] 5, 10—11, 14, 17, 19—21,
23, 26, 28, 30, 33—36, 40, 43, 45, 48, 60, 100); Wn ([ca. 1824 — ca. 1866:]
2, 10, 17, 19, 21, 23, 28, 42, 46—47, 51, 54, 58, 60, 64—66, 70—71, 74, 77—78,
85—86, 89, 91—92, 95—104); Wst ([ca. 1824 — ca. 1866:] 1, 53—54, 77,
84); Wu ([ca. 1853 — ca. 1866:] 88—90, 92—104)

1. Heft ([Pl. Nr.] C. et D. No. 138) Beliebte Melodien mit Variationen:

Nro. 1.   Bolleros   3

Nro. 2.   La Sentinelle, [Romanze] [Jean-François Le Sueur]
            (mit Variationen)   4—   5

Nro. 3.   Das ist alles eins (Lied mit Variationen)   5

Nro. 4.   L.[udwig] v.[an] Beethoven: Menuetto varié [Op. 70,
            Nr. 2, III: Allegretto ma non troppo]   6

Nro. 5.   [Friedrich Heinrich] Himmel: Die Sendung Ida's [an
            Alexis], Melodie   6

Nro. 6.   Partant pour la Syrie, Romance [Jean-Pierre Solié] varié 6— 7

Nro. 7.   Foppländer mit Variationen (I—II)   8— 9

Nro. 8.   [Friedrich Franz] Hurka: Die Schiffahrt, Lied varié   10

Nro. 9.   Hier.[onymus] Payer: Parade Marsch   11

2. Heft ([Pl. Nr.] C. et D. No. 139) Othello ‹ Mohr in Venedig › , Oper von [Gioacchino] Rossini:

            Ouverture   3— 4

Nro. 1.   Marcia, moderato   5

Nro. 2.   Duetto ‹ Vorrei che il tuo pensiere › — ‹ Warum denn
            stets mich täuschen ›   5

Nro. 3.   Canon ‹ Ti parli l'amore › — ‹ O schenk' mir deine Liebe › 6

Nro. 4.   Quintetto ‹ In certa l'anima › — ‹ Wie graus es endet ›   6— 7

No. 5.   Duetto ‹ Nò non teme serena › — ‹ Nein, nein, warum
            das Zagen ›   7— 9

No. 6.   Aria ‹ Ah come mai non senti › — ‹ Du magst mich so
            betrüben ›   9— 10

No. 7.   Canzonette ‹ Assisa a un piè d'un salice › — ‹ Gelehnt
            an die Zipresse ›   10— 11

No. 8.   Cavatina ‹ Deh calma, oh ciel › — ‹ O Gott, hab' Mitleid › 11

[3. Heft ([Pl. Nr.] C. et D. No. 140) La Gazza Ladra ‹ Die diebische Elster › , Oper von [Gioacchino] Rossini, Iste Abtheilung]

[4. Heft ([Pl. Nr.] C. et D. No. 141) Die Geschöpfe des Prometheus, Ballet [Op. 43] von L.[udwig] v.[an] Beethoven]

5. Heft ([Pl. Nr.] C. et D. No. 142) Nachtigall und Rabe, Oper von Jos:[eph] Weigl:

No. 1.   Arie ‹ Glückselig stumme Zeugen ihr ›   3

No. 2.   Arie ‹ Vernimm mich Nachtigall ›   4

No. 3.   Duetto ‹ Ich bin erschrocken ›   4— 5

No. 4.   Coro ‹ In dieses Thales Gründen ›   6

No. 5.   Terzetto ‹ Sprich, schöne Phillis ›   6— 7

No. 6.   Arie ‹ In lang gezognen Klängen ›   8— 9

No. 7.   Duetto ‹ Durch gleichen Schmerz gebunden ›   10

No. 8.   Finale ‹ Komm, Bräutigam, und komm, o Braut ›   10— 11

[6. Heft ([Pl. Nr.] C. et D. No. 143) Achilles, Ballet von Carl Blum]

[7. Heft ([Pl. Nr.] C. et D. No. 144) Tancred, Oper von [Gioacchino] Rossini]

[8. Heft ([Pl. Nr.] C. et D. No. 145) Rothkäppchen ‹ Chaperon Rouge › , Oper von [François Adrien] Boieldieu]

[9. Heft ([Pl. Nr.] C. et D. No. 146) Elisabeth, Königin von England, Oper von [Gioacchino] Rossini]

10. Heft ([Pl. Nr.] C. et D. No. 147) Der Barbier von Sevilla, Oper von [Gioacchino] Rossini:

No. 1.	Cavatina	3
No. 2.	Vivace	4— 5
No. 3.	Arie	5— 6
No. 4.	Duetto	7— 9
No. 5.	Cavatina	9— 10
No. 6.	Duetto	10— 11
No. 7.	Tempo di Marcia	12
No. 8.	Moderato	12— 13
No. 9.	Allegro	13
No. 10.	Terzetto	14
No. 11.	Finale, Polacca	14— 15

11. Heft ([Pl. Nr.] C. et D. No. 148) Richard und Zoraide, Oper von [Gioacchino] Rossini:

No. 1.	Tempo di Marcia	2— 3
No. 2.	Cavatina ‹Minacci pur di sprezzo ›	3— 5
No. 3.	Duetto ‹Invan tu fingi ingrata›	5— 6
No. 4.	Terzetto ‹ Cruda sorte ›	6— 7
No. 5.	Coro ‹ Cherecate ›	8
No. 6.	Cavatina ‹S'ella m'è egnor ›	8— 9
No. 7.	Marcia maestoso	11
No. 8.	Quartetto ‹ Cessi omai quel tuo rigore ›	10— 11
No. 9.	Coro	11
No. 10.	Duetto ‹Donala a questo core ›	12— 13
No. 11.	Marcia moderato	14— 15
No. 12.	Schluss-Gesang	15

[12. Heft: L'Italiana in Algeri ‹Die Italienerinn in Algier › , Oper von [Gioacchino] Rossini]

[13. Heft: Alfred der Grosse, Ballet von [Wenzel Robert v.[on] Gallenberg]

14. Heft ([Pl. Nr.] C. et D. No. 645) Nachtrag zur Oper: Die diebische Elster ‹ La Gazza ladra › von [Gioacchino] Rossini:

[1]	Introduzione	2— 3
[2]	Cavatina (Isak) ‹Stringhe e ferri ›	4

[3]	Trinkchor	5—	6
[4]	Finale 1mo	6—	7
[5]	Duetto ‹Forse un di conoscerete›	8—	9
[6]	Arie (Podesta) ‹Si per voi pupille›	10—	11
[7]	Duetto ‹Eben per mia memoria›	12—	13
[8]	Arie (Fernando) ‹Accusata di furto›	13—	14
[9]	Marcia Maestoso	14	
[10]	Marcia Andante mesto	14	
[11]	Schussgesang [!] ‹Ecco cessato il vento›	14—	15

[15. Heft ([Pl. Nr.] C. et D. No. 646) Cenerentola ‹Aschenbrödel›, Oper von [Gioacchino] Rossini]

[16. Heft ([Pl. Nr.] C. et D. No. 647) Il Turco in Italia ‹Der Türke in Italien›, Oper von [Gioacchino] Rossini]

17. Heft ([Pl. Nr.] C. et D. No. 648) Johann von Paris [= Jean de Paris], Oper von [François Adrien] Boieldieu:

		Ouverture	2—	6
No.	1.	Arie ‹Begiebt mein Herr sich auf die Reise›	6—	8
No.	2.	Duetto ‹Den Ruhm über alles zu lieben›	8—	9
No.	3.	Arie ‹Weil man jetzt hier im Haus›	10	
No.	4.	Arie ‹Welche Lust gewährt das Reisen›	10—	12
No.	5.	Duetto ‹In einer schmachtenden Romanze›	12—	13
No.	6.	Chor ‹Lasst zu dem Fest›	14	
No.	7.	Romanze ‹Der Troubadour›	14	
No.	8.	Duetto ‹Den Mann, den ich erwählt›	14—	15

[18. Heft ([Pl. Nr.] C. et D. No. 649) Oberon, König der Elfen, Ballet von I.[gnaz] v.[on] Seyfried]

19. Heft ([Pl. Nr.] C. et D. No. 650) Ferdinand Cortez, Oper von G.[asparo] Spontini:

		Ouverture	2—	5
No.	1.	Introductio Fort, fort aus diesem Land›	5—	6
No.	2.	Arie ‹Umsonst, sie ist nicht mehr›	6—	7
No.	3.	Duetto ‹Telasko kommt›	8—	9
No.	4.	Chor ‹Ihr Kinder der erhabnen Sonne›	9—	10
No.	5.	Allegro	10—	11
No.	6.	Allegro	11—	12
No.	7.	Allegr [!] marziale	13	

No. 8.   Tempo di Marcia   13— 14

No. 9.   Arie ‹Von allen bin ich verlassen ›   14— 15

20. Heft ([Pl. Nr.] C. et D. No. 651) Don Juan, Oper von W.[olfgang]
A.[madeus] Mozart [KV 527], Iste Abtheilung:

              Ouverture   3— 5

No. 1.   Introduction ‹Keine Ruh' bey Tag und Nacht›
              [KV 527, 1]   6— 7

No. 2.   Terzetto ‹Ach! wer wird mir nun sagen › [KV 527, 3]   8— 9

No. 3.   Arie ‹ Gnäd'ges Fräulein! sehn sie hier das Register ›
              [KV 527, 4]   9— 11

No. 4.   Duetto und Chor ‹ Hat ein Mädchen sein Liebchen
              gefunden › [KV 527, 5]   12

No. 5.   Duetto ‹ Gieb mir die Hand, mein Leben › [KV 527, 7] 12— 13

No. 6.   Quartetto ‹ Falsch ist sein Herz und schaudervoll ›
              [KV 527, 9]   14— 15

21. Heft ([Pl. Nr.] C. et D. No. 652) Don Juan, Oper von W.[olfgang]
A.[madeus] Mozart [KV 527], IIte Abtheilung:

No. 7.   Arie ‹Treibt der Champagner› [KV 527, 12]   2— 3

No. 8.   Arie ‹ Liebchen, aller Zank sey ferne › [KV 527, 13] 3— 4

No. 9.   Menuetto [KV 527, aus 14]   4

No. 10.   Duetto ‹Hör' auf, du Haase! › [KV 527, 15]   5

No. 11.   Terzetto ‹ Was quäl' ich mich so lange › [KV 527, 16] 6— 7

No. 12.   Arie ‹ Erscheine, liebes Mädchen › [KV 527, 17]   7

No. 13.   Arie ‹Ich weiss es lange, was dir wohl fehlet ›
              [KV 527, 18]   8— 9

No. 14.   Arie ‹Könnt' ich den Schmerz dir lindern ›
              [KV 527, 21]   9— 10

No. 15.   Rondo ‹ Zweifle nicht, du bleibst mir theuer ›
              [KV 527, 22]   11— 12

No. 16.   Finale ‹ Schon ist hier der Tisch bereitet › [KV 527, 26] 13— 15

[22. Heft ([Pl. Nr.] C. et D. 653): Gesänge und Variationen der Mad. [Clara]
Metzger-Vespermann]

23. Heft ([Pl. Nr.] C. et D. 654) Der Freyschütze, Romantische Oper von Carl
Maria von Weber [Jähns 277]:

              Ouverture   2— 4

No. 1.   Introduction ‹Victoria der Meister soll leben ›   5

No, 2.   Bauern Marsch   6

No. 3.   Spottchor ‹Schau der Herr mich an als König ›   6

No. 4.	Terzetto ‹ O lass Hoffnung dich beleben ›	6– 7
No. 5.	Bauern Walzer	7
No. 6.	Arie ‹ Durch die Wälder durch die Auen ›	8
No. 7.	Andante ‹ Jetzt ist wohl ihr Fenster offen ›	8
No. 8.	Trinklied ‹ Hier im ird'schen Jammerthal ›	8– 9
No. 9.	Duetto ‹ Schelm, halt fest ›	9
No. 10.	Arietta alla Polacca ‹ Kommt ein schlanker Bursch gegangen ›	10– 11
No. 11.	Cavatina ‹ Leise, leise fromme Weise ›	12– 13
No. 12.	Cavatina ‹ Und ob die Wolke sich [!] verhülle ›	13– 14
No. 13.	Volkslied der Brautjungfern ‹ Wir winden dir den Jungfernkranz ›	14
No. 14.	Jägerchor ‹ Was glich [!] wohl auf Erden dem Jägervergnügen ›	15

[24. Heft: La Donna del Lago ‹ Das Fräulein vom See › , Oper von [Gioacchino] Rossini]

[25. Heft: Armida, Oper von [Gioacchino] Rossini]

26. Heft ([Pl. Nr.] D. et C. 1821) Matilde di Schabran ossia Corradino, Oper von G.[ioacchino] Rossini:

	Ouverture	2– 4
No. 1.	Introduzione ‹ Zitti nessun v'è ›	4– 6
No. 2.	Quartetto ‹ Alma rea perchè t'involi ›	6– 7
No. 3.	Cavatina ‹ Piange il mio ciglio ›	7
No. 4.	Duetto ‹ Di capricci di smorfiette ›	7– 9
No. 5.	Quintetto ‹ Questa è la Dea ›	9
No. 6.	Marcia	10
No. 7.	Sextetto ‹ E palese il tradimento ›	10– 11
No. 8.	Cavatina ‹ Ah come nascondere ›	12– 13
No. 9.	Duetto ‹ No Matilde non morai ›	13– 14
No. 10.	Finale ‹ Ami alfin e chi non ama ›	14– 15

[27. Heft ([Pl. Nr.] D. et C. 1822) Eduard und Christina, Oper von G.[ioacchino] Rossini]

28. Heft ([Pl. Nr.] D. et C. 1823) Moses in Egypten, Oper von G.[ioacchino] Rossini:

No. 1.	Ouverture	2
No. 2.	Quintetto ‹ Celeste man placata ›	3
No. 3.	Aria ‹ Voci di giubilo ›	3– 4

No. 4.	Duetto ‹ Ah se puoi lasciarmi ›	5— 6
No. 5.	Marcia	6
No. 6.	Duetto ‹ Tutto mi ride intorno ›	7
No. 7.	Marcia	8
No. 8.	Duetto ‹ Parlar, spiegar non posso ›	8— 10
No. 9.	Aria ‹ La pace mia smarrita ›	10— 11
No. 10.	Duetto ‹ Quale assalto ›	11
No. 11.	Quartetto ‹ Mi manca la voce ›	12
No. 12.	Marcia	12
No. 13.	Aria ‹ Porgi la destra amata ›	13— 14
No. 14.	Preghiera ‹ Dal tuo stellato soglio ›	15

[29. Heft ([Pl. Nr.] D. et C. 1824) Gesänge und Variationen der Mad. [Angelica] Catalani]

30. Heft ([Pl. Nr.] D. et C. No. 1825) Favorit Stücke aus dem Zauberspiel: Der Diamant des Geisterkönigs [Raimund], Musik von Jos.[eph] Drechsler:

No. 1.	Ariette ‹ Mariandl ist so schön, d'Mariandl gibt mir all's ›	2	
No. 2.	Ariette ‹ Ich bin der liebe Florian ›	2	
No. 3.	Duetto ‹ Mariandel, Zuckerkandel meines Herzens bleib gesund ›	2—	3
No. 4.	Tanz der Genien	4	
No. 5.	Tanz der Küchenmädchen	4	
No. 6.	Polacca ‹ Die Ehre ist fürwahr nicht klein ›	4—	5
No. 7.	Aus dem Quodlibet ‹ Und ihr Florl meint sie, ist ihr all's, meint sie ›	5	
No. 8.	Marcia	6	
No. 9.	Chor ‹ Nur piano, haltet ein ›	6	
No. 10.	Schlussgesang ‹ Der kleine Liebesgott ›	7	
No. 11.	[Michel] Carafa [de Colobrano]: Marcia aus der Oper: Gabrielle von Vergi	7	
No. 12.	[Wenzel Müller]: Schlussgesang aus dem kom:[ischen] Singspiel: Der blaue und [der] rothe Geist	8	
No. 13.	[Wenzel Müller]: Duetto aus: Der blaue und [der] rothe Geist ‹ Madel drah dich, Madl hüth dich, Madl schau kein andern an ›	8	
No. 14.	Ig.[naz] Schuster: Tiroler Lied aus dem Singspiel: Die Stimme der Natur [Mich g'freut mein Bauernstand]	8	
No. 15.	[Gioacchino Rossini]: Zelmira-Marsch	9	
No. 16.	[Nicolò Isouard]: Romanze aus der Oper: Joconde	10	

No. 17. [Carl] Keller: Ariette alla Polacca ‹ Kennst du der Liebe
Sehnen ›   10— 11

No. 18 [Heinrich] Hirtl: Prater-Marsch   12

No. 19. Steinmann: Wiener Favorit-Marsch   13

No. 20.   God save the King   14

No. 21.   Rule Britania [!] Marcia   14

No. 22.   Neue Galoppe   15

No. 23. [Pietro] Rovelli: Favorit-Thema   15

No. 24. [Joseph Haydn]: Österr.[eichisches] Volkslied: Gott erhalte Franz den Kaiser [Hob. XXVIa, Nr. 43]   15

[31. Heft: Preciosa von C.[arl] M.[aria] v.[on] Weber, Jähns 279]

[32. Heft: Elisa e Claudio, Oper von [Saverio] Mercadante]

33. Heft ([Pl. Nr.] D. et D. No. 2033) Favorit-Stücke aus der Pantomime: Die
Zauberrose, Musik von Joh.[ann] Faistenberger:

No. 1.   Solo des Policinello   3

No. 2.   Allegro non troppo   3

No. 3.   Stelzentanz   4

No. 4.   Fischertanz   4— 5

No. 5.   Cotillon   6

No. 6.   Jagdtanz   6— 7

No. 7.   Pas de deux von Arlequin und Columbine   7— 8

No. 8.   Polonaise   8— 9

No. 9.   Pirot fängt einen ungeheuern Fisch   9

No. 10.   Marcia   9

No. 11.   Arlequin kommt als Orgelmann   10

No. 12.   Pas de deux von Arlequin und Columbine   10— 11

No. 13.   Scene zwischen Arlequin und Columbine im Garten   12

No. 14.   Arlequin, welcher in Stücken zerfallen war, wird
von Pirot wieder zusammengesetzt   12— 13

No. 15.   Finale ‹ Waffentanz ›   13— 15

34. Heft ([Pl. Nr.] D. et C. No. 2034) Il Crociato in Egitto ‹ Die Kreuzfahrer in
Egypten › , Oper von G.[iacomo] Meyerbeer:

Ouverture   2— 3

No. 1.   Introduzione ‹ I doni d'Elmireno ›   3— 4

No. 2.   Coro con Ballo ‹ Urridi vezzose ›   4— 5

No. 3.   Tempo di Marcia   6

No. 4.   Cavtina [!] ‹ Palpito dolente ›   6— 7

No. 5.   Duetto ‹Non sai qual incanto›   7— 8

No. 6.   Terzetto ‹Giovinetto Cavalier›   8— 9

No. 7.   Aria ‹Ah ch'io l'adoro ancor›   9— 11

No. 8.   Coro dei Congiurati ‹Nel silenzio fra l'orror›   11

No. 9.   Quartetto ‹O cielo clemente›   12— 13

No. 10.   Aria ‹L'Acciar della fede›   13

No. 11.   Duetto. Finale ‹Ravvisa quel alma›   14— 15

35. Heft ([Pl. Nr.] D. et C. No. 2035) ‹Le Maçon› Der Maurer und der Schlosser, Oper von [Daniel François Esprit] Auber:

              Ouverture   2— 3

No. 1.   Introduction ‹Quel bonheur› — ‹Welche Lust, welche
              Freude›   4

No. 2.   Rondo ‹Bon ouvrier voici l'aurore› — ‹Wak'rer [!]
              Meister, sieh der Morgen›   4— 5

No. 3.   Ariette ‹En sortant d'chez moi› — ‹Als er den Dienst
              bey mir beschloss›   5— 6

No. 4.   Duetto ‹Je m'en vas› — ‹Ich muss fort›   6— 8

No. 5.   Hochzeits Marsch   9

No. 6.   Coro ‹Un instant mes sœurs› — ‹Lasst in freundlicher
              Ruhe›   9

No. 7.   Romanze ‹A sa jeune captive› — ‹Seiner jungen
              Gefang'nen›   10

No. 8.   Arie ‹A chaque instant sur mon› — ‹Mir ist, was ich
              empfind›   10— 11

No. 9.   Duetto ‹Dépêchons, travaillons› — ‹Ohne Rast, ange-
              fasst›   12— 13

No. 10.   Romanze ‹Elle là venir, j'en conçois› — ‹Bald werd'
              ich sie seh'n›   13

No. 11.   Ariette ‹Ah! sur not rechy men moi› — ‹Ach! am
              Ehrentage›   13— 14

No. 12.   Duetto ‹Allons encor Madam Bertrand› — ‹Brigitta
              auch in ihrer Zahl›   14— 15

36. Heft ([Pl. Nr.] D. et C. No. 2036) ‹La Dame Blanche› Die weisse Frau,
Oper von Boieldieu:

              Ouverture   2— 4

No. 1.   Introduction ‹Ertönt Schalmei'n und Hörner›   5

No. 2.   Aria ‹Es lebe hoch der Kriegerstand›   6— 7

No. 3.   Terzett ‹Seht, dort kommt Euer Weib gelaufen›   7

No. 4.   Romanze ‹Still! seht ihr von fern die alten Mauern›   8

No. 5.   Romanze ‹O du arme Margarethe›   8— 9

No. 6.	Cavatina ‹ O komm weisse Schöne ›	9
No. 7.	Duett ‹ Diese Hand und ihr zärtliches Drücken ›	10
No. 8.	Zweytes Finale ‹ Die Versteigerung › — ‹ Wir verlassen die stillen Hütten ›	11— 13
No. 9.	Arie ‹ O Lust, du meiner Jugend Aufenthalt ›	13— 14
No. 10.	Arie und Chor ‹ Hoch lebe der neue Herr vom Gut ›	14— 15

[37. Heft: Das Mädchen aus der Feenwelt oder: Der Bauer als Millionär, Zauberspiel (mit Gesang) von [Joseph] Drechsler]

[38. Heft: Der Klausner auf dem wüsten Berge ‹Le Solitaire›, Oper von [Michel] Carafa [de Colobrano]]

[39. Heft: Marie oder Verborgene Liebe, Oper von [Ferdinand] Hérold]

40. Heft ([Pl. Nr.] D. et C. No. 2586) 50 beliebte Wienertänze:

No. 1.— 5.	Jos.[eph] Lanner: Wienerländler [Op. 1]	2— 3
No. 6.—11.	J.[oseph] Lanner: Gowatschische Ländler [Op. 2]	3— 4
No. 12.—16.	Jos.[eph] Lanner: Oberländler [Op. 3]	4— 5
No. 17.—19.	Jos.[eph] Lanner: Jewatsdorfer Ländler [Op. 4]	6
No. 20.—22.	Jos.[eph] Lanner: Tyroler Ländler [Op. 6]	6— 7
No. 23.—27.	Joh.[ann] Strauss [Vater]: Döblinger Reunion Walzer	8— 9
No. 28.	Maurer und Schlosser Cotillon	9
No. 29.—38.	Leopoldstädter Theater-Tänze	10— 12
No. 39.—42.	Joh.[ann] Krall: Sololändler	12— 13
No. 43.—44.	Fr.[anz] Schubert: (2) Walzer [D 365, 16 und 21]	14
No. 45.—50.	Trauer-Walzer	14— 15

[41. Heft: L'Ultimo Giorno di Pompei, Oper von [Giovanni] Pacini]

42. Heft ([Pl. Nr.] D. et C. No. 3008) Il Pirata ‹Atto Imo ›, Oper von Vinc.[enzo] Bellini:

	Ouverture	2— 4
No. 1.	Cavatina alla Polacca ‹ Nell furor delle tempeste ›	4
No. 2.	Cavatina ‹ Per te di vane lagrime ›	5
No. 3.	Cavatina ‹ Lo sognai ›	6
No. 4.	Trinklied ‹ Evviva! allegri ›	7
No. 5.	Aria ‹ Si vincemmo ›	8— 9
No. 6.	Duetto ‹ Tu sei agurato, ah fuggi ›	10— 12
No. 7.	Cavatina ‹ Ah come rapida ›	13— 14
No. 8.	Finale	14— 15

43. Heft ([Pl. Nr.] D. et C. No. 3009) Il Pirata ‹Atto secondo› , Oper von Vinc.[enzo] Bellini:

No.	9.	Entreact und Chor des 2ten Acts	2— 3
No.	10.	Marziale	3— 4
No.	11.	Duetto ‹Tu m'apristi in cor ferita›	4— 6
No.	12.	Aria ‹Strazziar l'amato oggetto›	6— 8
No.	13.	Terzetto ‹Vieni, cerchiam pei mari›	9— 11
No.	14.	Aria ‹Col sorriso d'innocenza›	11— 13
No.	15.	Schluss Arie ‹Tu vedrai la sventurata›	13— 15

[44. Heft ([Pl. Nr.] D. et C. No. 3010) Der Alpenkönig und der Menschenfeind, rom.[antisches] Zauberspiel von W.[enzel] Müller]

45. Heft ([Pl. Nr.] D. et C. No. 3011) Steyrische Alpengesänge von Carl Fischer und Fr. Schultz, sammt einem Anhang von echt steyrischen Tänzen:

Carl Fischer:

No.	1.	Frohsinn auf der Alm. Solojodler	3
No.	2.	Gebirgsjodler aus Admont	3
No.	3.	Judenburger-Jodler	3
No.	4.	Frühlingszeit	4
No.	5.	Das Schnaderhüpfl	4
No.	6.	Der Schnee	5
No.	7.	Hansel u.[nd] Gretl	5
No.	8.	Mürzthaler-Jodler	6
No.	9.	Die Schwagerinn auf der Alm	6
No.	10.	Der Trinker u.[nd] sein Fläschchen	6
No.	11.	Stoff-Alma Jodler	7
No.	12.	Geythaler-Jodler	7
No.	13.	Leoma Stanzeln	7
No.	14.	Zuruf auf der Alm	8
No.	15.	Gottsgebirger Jodler	8
No.	16.	Goâs Alma Jodler	8
No.	17.	Traunberger Echo-Jodler	8
No.	18.	Marburger Stanzeln	9
No.	19.	Aflenzer Jodler	9
No.	20.	Genuss auf der Alm	9
No.	21.	Müllthaler Jodler	10
No.	22.	Werfner Jodler	10
No.	23.	Alma Freud	10

Fr. Schultz:

No. 24.	Der Steyrische Bauer	11
No. 25.	Das Geständniss	11
No. 26.	Die Sennerin	12

Echt steyrische Tänze:

No. 1.	Das sand Tag, d'Hochzeit Tag	12
No. 2.	Drah dich Waberl	12
No. 3.	Der Sennerinn ihrer	13
No. 4.	Der Bizelberger Mirzel der ihrige	13
No. 5.	Lasst's den Alma Nazl ausser	13
No. 6.	Am Kiritag	13
No. 7.	Röthelsteiner	14
No. 8.	An Herz und an Sinn	14
No. 9.	Der Vorderberger	14
No. 10.	Der Luttenbergerische	15
No. 11.	Der Hundsmarkerische	15
No. 12.	Der alte Riegersburger	15

46. Heft ([Pl. Nr.] D. et C. No. 3012) Die Stumme von Portici ‹ La Muette de Portici › , Oper von D.[aniel] F.[rançois] E.[sprit] Auber, I. Abtheilung:

	Ouverture	2— 6
No. 1.	Introduction ‹ Stimmt an der Freude Festgesang ›	7— 8
No. 2.	Arie ‹ Was gelten Glanz und Herrlichkeit ›	8— 10
No. 3.	Guarache ‹ Balletmusik ›	10— 11
No. 4.	Bolero ‹ Balletmusik ›	11— 13
No. 5.	Trauungszug	13— 14
No. 6.	Fischer Chor ‹ Auf Brüder auf! der Morgen grüsst die Erde ›	14— 15

47. Heft ([Pl. Nr.] D. et C. No. 3013) Die Stumme von Portici ‹ La Muette de Portici › , Oper von D.[aniel] F.[rançois] E.[sprit] Auber, II. Abtheilung:

No. 7.	Erste Barcarole ‹ O seht! wie golden strahlt die Sonne ›	2— 3
No. 8.	Duett ‹ Das Leben giebt, das Teuerste zu retten ›	3— 4
No. 9.	Chor ‹ Auf! singet die Barcarole ›	5
No. 10.	Duett ‹ O höre mich ›	6— 7
No. 11.	Chor ‹ Zum Markt erscheinen seht uns heut ›	7— 8
No. 12.	Tarantelle, Balletmusik	9
No. 13.	Preghiera ‹ Allmächt'ger, den im Staube wir verehren ›	10
No. 14.	Schlummerlied ‹ Mit leise rauschendem Gefieder ›	10— 11

694

No. 15	Cavatine ‹ O kannst du mir vergeben ›	11—	12
No. 16.	Chor ‹ Doch man kommt ›	12—	13
No. 17.	Marsch und Chor	13—	14
No. 18.	Zweite Barcarole ‹ Es schwankt, es wogt in Sturmes Grausen ›	14—	15
No. 19.	Finale	15	

48. Heft ([Pl. Nr.] D. et C. No. 3014) Zweites Heft beliebter Wiener Walzer:

No. 1.— 6.	Joh.[ann] Strauss [Vater]: Sperls Fest-Walzer	2—	3
No. 7.—13.	Joh.[ann] Strauss [Vater]: Täuberln-Walzer	3—	5
No. 14.—18.	Joh.[ann] Strauss [Vater]: Gesellschafts-Walzer	5—	6
No. 19.—25.	Joh.[ann] Strauss [Vater]: Champagner-Walzer	6—	7
No. 26.—31.	Joh.[ann] Strauss [Vater]: Wiener-Launen-Walzer	8—	9
No. 32.—36.	Fr. Morelly: Eisball-Walzer	9—	10
No. 37.—41.	Fr. Morelly: Wintergarten-Walzer	11—	12
No. 42.—46.	Ad.[olf] Müller: Othellerl-Walzer	12—	13
No. 47.—54.	Ad.[olf] Müller: Julerl-Walzer	13—	15

[49. Heft: Semiramide, Oper von [Gioacchino] Rossini, I. Abtheilung]

[50. Heft: Semiramide, Oper von [Gioacchino] Rossini, II. Abtheilung]

51. Heft ([Pl. Nr.] D. et C. No. 3917) Die Braut ‹La Fiancée › , Oper von D.[aniel] F.[rançois] E.[sprit] Auber:

	Ouverture	2—	4
No. 1.	Introduction ‹ Rasch und flink ›	5	
No. 2.	Romanze ‹ Sollt’ ich einst die Treue brechen ›	5—	6
No. 3.	Ariette ‹ Der beschwerlichste Stand ›	6	
No. 4.	Arie ‹ O Tag der Lust und Freude ›	7	
No. 5.	Duett ‹Horch! Trommelschlag › ,	8	
No. 6.	Arie ‹ Ist spröd auch eine Schöne ›	8—	9
No. 7.	Intermezzo	10	
No. 8.	Rundgesang ‹Habt wohl Acht ›	10	
No. 9.	Marcia	10	
No. 10.	Balletmusik	11	
No. 11.	Tirolienne	11—	12
No. 12.	Canon ‹ Wahres Glück suchest du ›	12	
No. 13.	Duettino ‹ Süsse Erinn’rung ›	13	
No. 14.	Terzetto ‹ Liebes Kind, lass dir rathen ›	13—	14
No. 15.	Duett ‹ Wer wird in Jugendfülle ›	14—	15

No. 16.   Preghiera ‹ Heiter und froh schwanden hinieden ›   15

No. 17.   Schlussgesang   15

[52. Heft: Fiorella, Oper von [Daniel François Esprit] Auber]

53. Heft ([Pl. Nr.] D. et C. 3919) Zampa oder Die Marmorbraut, Romantische Oper von F.[erdinand] Hérold, Ite Abteilung:

[I. Act:]

     Ouverture   2— 5

No. 1.   Introduction ‹ Welch' seltne Pracht ›   6

No. 2.   Cavatine ‹ O Göttin sanfter Triebe ›   6— 7

No. 3.   Chor ‹ Lasst uns're Gondel schaukeln ›   7

No. 4.   Lied ‹ Ihr Freunde, theilt nun mein Glück ›   8

No. 5.   Romanze ‹ Nicht bestimmt, um zu trauern ›   8

No. 6.   Terzett ‹ Sprich, was giebts, was geht hier vor ›   9

No. 7.   Quartett ‹ Dieser ist's, welch ein Anblick ›   10— 11

No. 8.   Lied ‹ Mag die Welle mich schwingen ›   12

No. 9.   Lied ‹ Brüder schwingt nun die Pokale ›   12

No. 10.   Erstes Finale ‹ Wir gehorchen schnell dem Signale ›   13— 15

54. Heft ([Pl. Nr.] D. et C. 3920) Zampa oder Die Marmorbraut, Romantische Oper von F.[erdinand] Hérold, IIte Abteilung:

II. Act:

No. 11.   Preghiera ‹ Mit frommen reinen Trieben ›   2

No. 12.   Arie ‹ Du die mit holder Grazien-Miene ›   2— 3

No. 13.   Duett ‹ Seh' ich recht, 's ist mein Weib ›   4

No. 14.   Duett ‹ Erschreckt und blass ›   4— 6

No. 15.   Chor und Tanz ‹ Das Echo uns'rer Berge ›   6— 7

No. 16.   Schifferlied ‹ Mädchen unter Lachen ›   7

No. 17.   Finale des 2ten Acts ‹ Heil dir! o Held ›   8— 9

III. Act:

No. 18.   Barcarole ‹ Wo hinaus armer Schiffersmann ›   9

No. 19.   Serenade-Chor ‹ Freundliche Sterne ›   10

No. 20.   Cavatine ‹ Was zittert ihr ›   10

No. 21.   Duett ‹ Wo bin ich? ›   10— 11

[55. Heft: Fra Diavolo, Oper von F. Hérold, recte: Auber, I. Abtheilung]

[56. Heft: Fra Diavolo, Oper von F. Hérold, recte: Auber, II. Abtheilung]

[57. Heft: Dritte Abtheilung beliebter Wiener Tänze von Fr. Morelly]

58. Heft ([Pl. Nr.] D. et C. No. 5570) Potpourri nach Motiven der Oper:
Montecchi und Capuletti von V.[incenzo] Bellini:

       Erstes (−3tes) Potpourri   3− 15

[59. Heft ([Pl. Nr.] D. et C. No. 5571) Anna Bolena, Oper von G.[aetano]
Donizetti]

60. Heft ([Pl. Nr.] D. et C. No. 5572) Potpourri nach Motiven der Oper:
Norma von V.[incenzo] Bellini:

       Erstes (−3tes) Potpourri   2− 15

[61. Heft: Das Stelldichein, Ballet von [Engelbert] Aigner]

[62. Heft: Lieder von Heinrich Proch]

[63. Heft: La Somnambula, Oper von [Vincenzo] Bellini]

64. Heft ([Pl. Nr.] D. & C. No. 6680) L'Elisir d'Amore ‹ Der Liebestrank ›,
Oper von G.[aetano] Donizetti:

No. 1.	Coro ‹Bel conforto al mietitore › — ‹Labung vor der Sonne Gluthen ›	2	
No. 2.	Cavatina ‹ Quanto è bella, quanto è cara › — ‹ Wie sie schön ist, wie so lieblich ›	2−	3
No. 3.	Coro	3	
No. 4.	Marcia	4	
No. 5.	Cavatina ‹ Come Paride vezzoso › — ‹ Wie der holde Jüngling ›	4−	5
No. 6.	Cavatina ‹ Chiedi all'aura lusinghiera › — ‹Frag' die lauen Lenzesweste ›	5	
No. 7.	Duetto ‹Per guarir da tal pazzia › — ‹ Lass das Herz nur einmal offen ›	6	
No. 8.	Cavatina ‹ Udite, o rustici › — ‹ So höret ihr Bauern ›	6−	7
No. 9.	Duetto ‹Obligato, ah! si obligato › — ‹ Sehr verbunden, o sehr verbunden ›	8	
No. 10.	Cavatina ‹Ah! dottor ei do parola › — ‹ Ja, ich schwöre auf meine Ehre ›	8	
No. 11.	Duetto ‹Esulti pur la barbara › — ‹O juble nur du Grausame ›	8−	9
No. 12.	Cavatina ‹Adina credimi › — ‹Adina glaube mir ›	10	
No. 13.	Stretta di Finale 1mo ‹Fra lieti concenti › — ‹ Bei lauten Gesängen ›	10−	11
No. 14.	Coro ‹Cantiamo, facciam brindisi › — ‹ Nun hebt die Gläser hoch empor ›	11	
No. 15.	Barcarole ‹Io son ricco e tu sei bella › — ‹ Ich bin reich, sehr reich zu nennen ›	12	

No. 16.   Cavatina ‹Ai perigli della guerra › — ‹ Die Gefahren
               wohl ich kenne ›   12— 13

No. 17.   Duetto ‹ Qua la mano giovinetto › — ‹Reich die Hand
               mir, edler Jüngling ›   13

No. 18.   Cavatina ‹Io già m'immagino › — ‹ Mädchen, ich
               denke es ›   13

No. 19.   Duetto ‹Quanto amore › — ‹ So viel Liebe ›   14

No. 20.   Cavatina ‹Una tenera occhiatina› — ‹Kokettrie mit
               Feueraugen ›   14

No. 21.   Cavatina ‹Una furtiva lagrima › — ‹ Ach! eine Thräne
               stahl sie mir ›   15

No. 22.   Cavatina ‹Prendi, per me sei libero › — ‹ Nimm hier,
               nun bist du von mir frey ›   15

65. Heft (⟦Pl. Nr.⟧ D. & C. No. 6681) Belisario, Oper von G.⟦aetano⟧ Donizetti:
               Ouverture   4
No. 1.   Introduction ‹ Serto di eterni lauri ›   5
No. 2.   Moderato ‹Delle trombe frammisto›   5
No. 3.   Moderato ‹ La man terribile ›   5
No. 4.   Larghetto ‹Sin la tomba ›   6
No. 5.   Allegretto ‹Oh desio della vendetta ›   6
No. 6.   Allegro marziale ‹ L'inno della vittoria ›   7
No. 7.   Allegro moderato ‹ Sul campo della gloria ›   7
No. 8.   Maestoso ‹Perchè solleciti così ne ad una? ›   8
No. 9.   Andante ‹Ah da chi son'io ›   8
No. 10.   Allegro vivace ‹Pera l'empio che offese natura ›   9
No. 11.   Andante mosso   9
No. 12.   Allegro ‹ Madre tu fosti, e moglie ›   10
No. 13.   Larghetto ‹Ah si tremendo annunzio ›   10
No. 14.   Cavatina alla Polacca ‹ Trema Bisanzio ›   11
No. 15.   Allegro ‹Benedir quel l'infelice ›   11
No. 16.   Larghetto ‹Ah se potessi piangere ›   12
No. 17.   Moderato ‹Dunque andiam de' giorni miei ›   12
No. 18.   Allegro vivace ‹ Diffondasi terribile ›   13
No. 19.   Andantino ‹Se il fratel stringere ›   13
No. 20.   Vivace ‹ Noi vechiamo a nemici la morte ›   14
No. 21.   Moderato ‹ Da quel di che l'innocente ›   14
No. 22.   Schlusscavatine ‹ Egli è spento è del perdono ›   15

66. Heft ([Pl. Nr.] D. & C. No. 6682) Beatrice di Tenda, Oper von V.[incenzo] Bellini:

No. 1.	Introduction ‹ M' è importuna ›	2
No. 2.	All[egr]o risoluto ‹Non regnar che per costei ›	2— 3
No. 3.	Andante sostenuto e cantabile ‹ Ah! non pensar che pieno ›	3
No. 4.	Andante amoroso ‹Come t'adoro e quanto ›	3
No. 5.	All[egr]o moderato ‹Nulla è un regno ›	4
No. 6.	Allegro giusto	4— 5
No. 7.	Allegro ‹Come ah come ogni cosa ›	5
No. 8.	Largo sostenuto ‹Ma la sola ohimè ›	6
No. 9.	Allegro moderato	6
No. 10.	Moderato	7
No. 11.	Largo ‹Ah! non voler fra questi ›	7
No. 12.	Allegro	7— 8
No. 13.	Allegro moderato	8
No. 14.	Moderato ‹Deh! Se mi amasti ›	8— 9
No. 15.	Andante sostenuto	9
No. 16.	Andante ‹Ah tal onta io meritai ›	9— 10
No. 17.	Allegro maestoso ‹Nè fra voi si trova ›	10
No. 18.	Andante mosso ‹Dal tenebroso carcere ›	11
No. 19.	Andante assai ‹ Io soffrii tortura ›	11
No. 20.	Moderato ‹Al tuo fallo ›	11
No. 21.	Allegro	12
No. 22.	Andante ‹Qui mi accolse oppresso ›	12
No. 23.	Allegro moderato ‹Non son io che la condanna ›	13
No. 24.	Moderato ‹Ah no non sia la misera ›	13
No. 25.	Largo ‹Angiol di pace all' anima ›	13
No. 26.	Lugubre, maestoso ‹Ah se un urna ›	14
No. 27.	Schlusscavatine ‹ Ah, la morte a cui m'appresso ›	15

[67. Heft: Marino Faliero, Oper von [Gaetano] Donizetti]

[68. Heft: Lucrezia Borgia, Oper von [Gaetano] Donizetti]

[69. Heft: Lucia di Lammermoor, Oper von [Gaetano] Donizetti]

70. Heft ([Pl. Nr.] D. & C. No. 7101) Parisina, Oper von G.[aetano] Donizetti:

No. 1.	Cavatine (Per veder su quel bel viso)	2
No. 2.	Cavatine (Dall' Eridano si stende)	2— 3

No. 3.	Cavatine (Io l'amai fin da quell'ora)	3	
No. 4.	Cavatine (Per le cure per le pene)	3—	4
No. 5.	Coro (Aura soave)	4—	5
No. 6.	Cavatine (Forse un destin)	5	
No. 7.	Coro di Cavalieri (Alle giostre a tornei)	6	
No. 8.	Cavatine (V'era un di quando l'alma)	6	
No. 9.	Cavatine (Ah! dillo tel chieggo)	7	
No. 10.	Cavatine (Ah! tu sai che insiem)	7	
No. 11.	Coro di Gondolieri (Voga qual lago stagnante)	8	
No. 12.	Finale 1º (Si quest'alma respira)	8—	9
No. 13.	Coro di Damigelle (Oltre ogni tuo pensiero)	9—	10
No. 14.	Cavatine (Sogno talor di correre)	10—	11
No. 15.	Duetto (Ah non pentirti)	11	
No. 16.	Cavatine (Io sentii tremar la mano)	11	
No. 17.	Cavatine (Quest'amor dovea in terra)	12	
No. 18.	Duetto (Per sempre sotterra sepolto)	12—	13
No. 19.	Coro (Muta insensibile)	13	
No. 20.	Cavatine (Ciel sei tu che in tal)	14	
No. 21.	Schluss-Cavatine (Ah! scenda indegno)	14—	15

71. Heft ([Pl. Nr.] C. S. 7530) I Puritani ‹Die Puritaner›, Oper von V.[incenzo] Bellini:

No. 1.	Coro ‹A festa a tutti rida il cor›	2	
No. 2.	Cavatina ‹Ah per sempre io ti perdei›	2	
No. 3.	Cavatina ‹Bel sogno beato›	3	
No. 4.	Duetto ‹Sai come arde›	3—	4
No. 5.	Cavatina ‹Sorgea la notte folta›	4	
No. 6.	Duetto ‹A quel nome›	5	
No. 7.	Cavatina ‹A te, o cara, amor talora›	5	
No. 8.	Polacca ‹Son vergin vezzosa›	6	
No. 9.	Quartetto ‹Oh vieni al tempio›	7	
No. 10.	Coro ‹Piangon le ciglia›	7—	8
No. 11.	Cavatina ‹Cinta di fiori›	8—	9
No. 12.	Cavatina ‹Qui la voce sua soave›	9	
No. 13.	Cavatina ‹Vien, diletto, è in ciel la luna›	9—	10
No. 14.	Duetto ‹Il rival salvar tu dei›	10—	11
No. 15.	Duetto ‹Se tra il bujo›	11	
No. 16.	Duetto ‹Suoni la tromba›	11—	12

No. 17.	Romanza ‹A una fonte afflitto ›	12– 13
No. 18.	Cavatina ‹Nel mirarti un solo istante ›	13
No. 19.	Duetto ‹Vieni fra queste braccia ›	14
No. 20.	Cavatina ‹Credeasi misera ›	14– 15
No. 21.	Schlusschor ‹Esultate già i Stuardi ›	15

[72. Heft: Lieder von Fr.[anz] Schubert]

[73. Heft ([Pl. Nr.] D. & C. No. [7598?]) Linda di Chamounix, Oper von G.[aetano] Donizetti, I. Abtheilung]

74. Heft ([Pl. Nr.] D. & C. No. 7599) Linda di Chamounix, Oper von G.[aetano] Donizetti, II. Abtheilung:

No. 11.	Cavatine ‹Ja, alles will sich vereinen › — ‹Se tanto in ira agli uomini ›	3
No. 12.	Duett ‹Ach! ihr Rosenlippen › — ‹Ah! dimmi t'amo ›	3– 5
No. 13.	Duett ‹Himmels Segen mag euch beglücken › — ‹Ah, che il ciel vi benedica ›	6
No. 14.	Wahnsinns-Scene ‹Nein! nimmermehr › — ‹No, non è ver ›	6– 8
No. 15.	Chor ‹Vivat, ja sie sind's › — ‹Viva! eccoli ›	9
No. 16.	Chor ‹Es lebe hoch das Wiederseh'n › — ‹Facciam allegri un brindisi ›	10
No. 17.	Duett ‹Gott! was hör' ich › — ‹Ciel, che intendo ›	10– 12
No. 18.	Cavatine ‹Eine Lilie wie Schnee rein › — ‹Ell' è un giglio di puro ›	12– 13
No. 19.	Cavatine ‹Ja, die Stimme musst du kennen › — ‹E la voce che primiera ›	14
No. 20.	Schlussduett ‹Ja, es schwinden alle Leiden › — ‹Ah! di tue pene ›	14– 15

[75. Heft: Nabuccodonosor, Oper von [Giuseppe] Verdi]

[76. Heft: Don Pasquale, Oper von Verdi, recte: Donizetti]

77. Heft ([Pl. Nr.] D. & C. No. 7749) Maria di Rohan, Oper von G.[aetano] Donizetti:

	Ouverture	2– 3
No. 1.	Cavatina ‹Quando il cor › — ‹Als des Herzens ›	4
No. 2.	Cavatina ‹Cupa fatal mestizia › — ‹Ach, nur für Angst ›	4
No. 3.	Cavatina ‹Ben fu il giorno › — ‹Ja, der Tag der Wonne ›	5

No. 4. Cavatina ‹Gemea di tetro carcere › — ‹ In meines Kerkers dukler [!] Nacht › 5— 6

No. 5. Cabaletta ‹ Se ancor m'è dato › — ‹ Den süssen Glauben gönne mir › 6— 7

No. 6. Quintett ‹D'un anno il giro › — ‹ Ein Jahr ist schon dahin › 7

No. 7. Cavatina ‹Alma soave e cara › — ‹ Weile, o scheidende Seele › 8

No. 8. Duett ‹Ah nò, t'inganni ascoltami › — ‹ Ach nein, o glaube › 8— 9

No. 9. Duett ‹ Che mai potrà › — ‹ So kann dich nicht der Thränen Schwall › 9— 10

No. 10. Preghiera ‹Havoi un Dio › — ‹ Leiht ein Gott mir › 11

No. 11. Cavatina ‹Bella, e di sol vestita › — ‹ Hell, wie der Strahl der Sonne › 11

No. 12. Aria ‹Ogni mio bene › — ‹ An dich gekettet › 12— 13

No. 13. Cavatina ‹So per prova il tuo › — ‹ Drückt nicht Schuld › 13— 14

No. 14. Terzetto finale ‹Vivo non t'è concesso › — ‹ Nicht über diese Schwelle › 14— 15

78. Heft ([Pl. Nr.] D. & C. No. 8191) Die vier Haimonskinder, Oper von M.[ichael] W.[illiam] Balfe:

No. 1. Arie ‹Auf ihr Wachen › 2— 3

No. 2. Quintett ‹ Beglückter Tag › 3— 4

No. 3. Romanze ‹Von seinem dunklen › 4

No. 4. Quartett ‹Gott! was seh' ich › 4— 5

No. 5. Erstes Finale ‹ So ist's, es bleibt dabei › 5— 6

No. 6. Arie ‹Was der Glanz › 6— 7

No. 7. Quintett ‹Gefährtin in Leiden › 7— 8

No. 8. Duett ‹Das Verdienst › 8— 9

No. 9. Duett ‹ Mit mildem Wort › 10— 11

No. 10. 2tes Finale ‹Ein Stelldichein › 11

No. 11. Cavatine ‹Trauernd auf des Vaters › 12

No. 12. Romanze ‹Ein Hoffnungs-Schimmer › 12

No. 13. Glockenduett ‹Warum willst du noch › 12— 13

No. 14. Arie ‹Um der Männer Herz › 14— 15

No. 15. Chor ‹Auf! lasset uns ohne › 15

[79. Heft: Der Zauberschleier, Antheil des Teufels und Todtentanz von [Anton Emil] Titl]

[80. Heft: Marie, die Regimentstochter, Oper von [Gaetano] Donizetti]

[81. Heft: Ernani, Oper von [Giuseppe] Verdi]

[82. Heft: Guttenberg, Oper von [Ferdinand] Füchs]

[83. Heft: I Lombardi, Oper von [Giuseppe] Verdi]

84. Heft ([Pl. Nr.] D. & C. No. 8831) Märsche:

No. 1.	H.[einrich] Proch: Nationalgarde-Marsch	2
No. 2.	Rudolph von Vivenot: Parade-Marsch für die Nationalgarde	3
No. 3.	Edm.[und] Winterle: Fest-Marsch der Nationalgarde Österreichs	4
No. 4.	H.[einrich] Proch: Studenten-Marsch	5
No. 5.	Fuchs-Marsch nach beliebten Studentenliedern	6
No. 6.	Fr.[anz] X.[aver] Chotek: Wiener Jubelmarsch	6– 7
No. 7.	Rakoczy-Marsch	7– 8
No. 8.	Jul.[ius] Egghard: Wiener Nationalgarde-Marsch	8– 9
No. 9.	[Claude Joseph] Rouget de Lisle: La Marseillaise	9
No. 10.	L. Gebel: Bundes-Marsch der deutschen Völker	10
No. 11.	Fr.[anz] v.[on] Mosel: Prinz Johann, Lied (Aug. Schumacher)	10– 11
No. 12.	W.[illiam] V.[incent] Wallace: Maritana-Marsch	11

85. Heft ([Pl. Nr.] D. & C. No. 8832) Maritana, Oper von W.[illiam] Vinc.[ent] Wallace:

No. 1.	Introduction ‹Sing’, schönes Mädchen, sing’›	2
No. 2.	Romanze ‹Ein Ritter fürstlich anzuschau’n ›	2– 3
No. 3.	Abendgebet ‹Unsichtbare Engelschaaren ›	3
No. 4.	Duett ‹Wär’ mir verliehen Zaubermacht ›	4– 5
No. 5.	Arie ‹Nie genug preisen kann man das Reisen ›	5
No. 6.	Gitana ‹Schöne Gitana, künde geschwinde ›	6
No. 7.	Erstes Finale ‹Lebt wohl, mein Capitänchen ›	7– 8
No. 8.	Terzett ‹Auf meinem Weg hierher ›	8
No. 9.	Ariette ‹Sterben möcht’ ich auf dem Ehrenfeld ›	9
No. 10.	Romanze ‹Im Stillen Glücke Tag für Tag ›	9
No. 11.	Chor ‹Ha, welcher Jubel ›	9
No. 12.	Cavatine ‹Hör’ mich, holde Maritana ›	10
No. 13.	Romanze ‹Ein Blümchen gibt’s ›	11
No. 14.	Quartett ‹Ha Verwirrung! ›	11
No. 15.	Canon ‹Geheimnissvolles jetzt umrollt ›	12

No. 16.   Arie ‹Reizende Bilder und munt're Lust ›   12

No. 17.   Duett ‹Gleich der Blume, ohne Licht und Wärme ›   12— 13

No. 18.   Arie ‹Dem Unglück heimgegeben ›   13— 14

No. 19.   Duett ‹Ja, so wahr als du bist Don Caesar ›   14

No. 20.   Duett ‹ O Maritana, süsse Waldesblüth' ›   15

86. Heft ([Pl. Nr.] D. & C. No. 8833) Das Haustheater der Nymphen, Komische Zauberpantomime in 2 Abtheilungen, Musik von A.[nton] Emil Titl:

No. 1.   Introduction   2

No. 2.   Andante cantabile   2— 3

No. 3.   Pas de deux   3

No. 4.   Allegretto   4

No. 5.   All[egr]o moderato   4— 5

No. 6.   Ouverture zur Kinderpantomime   5— 7

No. 7.   Introduction zur Kinderpantomime   7

No. 8.   Einzug der Hochzeitsgäste   8

No. 9.   Polka   8— 9

No. 10.   Allegro   9

No. 11.   Tanz der Colombine   9

No. 12.   Galoppe   10

No. 13.   Walzer   10— 11

No. 14.   Pirot als Uhr   11

No. 15.   Pas styrien   12

No. 16.   Pas de deux   12— 13

No. 17.   Pierot im Spiegel   13

No. 18.   Pas de deux   14

No. 19.   Nymphentanz   15

[87. Heft: Die Zigeunerin [= The Bohemian Girl] , Oper von [Michael William] Balfe]

88. Heft ([Pl. Nr.] C. S. 9291) Rigoletto, Oper von G.[iuseppe] Verdi:

No. 1.   Duetto ‹Quel vecchio maledivami! ›   3

No. 2.   Ballata ‹Questa o quella per me pari sono ›   4

No. 3.   Duetto ‹Figlia! ... Mio padre ›   4— 5

No. 4.   Cavatina ‹De non parlare al misero ›   5— 6

No. 5.   Duetto ‹Ah! veglia, o donna ›   6— 7

No. 6.   Duetto ‹ E il sol dell' anima ›   7— 8

No. 7.   Duetto ‹Addio speranza ed anima ›   8— 9

No. 8.	Cavatina ‹Caro nome che il mio cor ›	9–	10
No. 9.	Cavatina ‹Colei che prima potè ›	11	
No. 10.	Cavatina ‹Parmi veder le lagrime ›	11–	12
No. 11.	Coro ‹Scorrendo uniti remota via ›	13	
No. 12.	Cavatina ‹Povero Rigoletto ›	14	
No. 13.	Quartetto ‹Un dì, se ben rammentomi ›	15–	16
No. 14.	Cavatina ‹Tutte le feste al tempio ›	16	
No. 15.	Duetto ‹Si, vendetta, tremenda ›	17	
No. 16.	Cavatina ‹La donna è mobile ›	18	

89. Heft ([Pl. Nr.] C. S. 9915) Luisa Miller, Oper von G.[iuseppe] Verdi:

No. 1.	Introduction ‹Ti desta o Luisa ›	2	
No. 2.	Cavatina ‹Lo vidi, e'l primo palpito ›	2–	3
No. 3.	Duetto ‹T'amo d'amor ch'esprimere ›	3	
No. 4.	Cavatina ‹Sacra la scelta ›	4	
No. 5.	Cavatina ‹Ah! fu giusto il mio sospetto ›	4	
No. 6.	Coro ‹Quale un sorriso ›	5	
No. 7.	Duetto ‹Dall' aule raggianti ›	5	
No. 8.	Duetto ‹Deh! la parola amara ›	6	
No. 9.	Quintetto ‹Deh! mi salva, deh! m'aita ›	6–	7
No. 10.	Coro ‹Ah! Luisa ove sei ›	7	
No. 11.	Aria ‹Tu puniscimini, o Signore ›	8–	9
No. 12.	Aria ‹L'alto retaggio non ho ›	9	
No. 13.	Quartetto ‹Presentari alla Duchessa ›	10–	11
No. 14.	Romanza ‹Quando sere al placido [!] ›	11	
No. 15.	Cavatina ‹L'ara o l'avello apprestami ›	12	
No. 16.	Duetto ‹La tomba è un letto ›	12	
No. 17.	Cavatina ‹Andrem, raminghi e poveri ›	13	
No. 18.	Coro ‹Come in un giorno solo ›	13–	14
No. 19.	Duetti ‹Piangi, il tuo dolore ›	14–	15
No. 20.	Terzetto Finale ‹Padre ricevi ... l'estremo ... addio ›	15	

90. Heft ([Pl. Nr.] C. S. 9293) Die Zauberflöte, Oper von W.[olfgang] A.[madeus] Mozart [KV 620]:

No. 1.	Introduction ‹Zu Hilfe! sonst bin ich verloren › ‹Ich sollte fort? › – ‹Du Jüngling schön und liebevoll › [KV 620, 1]	3–	4
No. 2.	Ariette ‹Der Vogelfänger bin ich ja › [KV 620, 2]	5	
No. 3.	Arie ‹Diess Bildnis ist bezaubernd schön › [KV 620, 3]	5–	6

No. 4.   Arie ‹Zum Leiden bin ich auserkohren› [KV 620, 4]   6— 7

No. 5.   Terzett ‹Du feines Täubchen nur herein› [KV 620, 6]   8

No. 6.   Duett ‹Bei Männern welche Liebe fühlen›
              [KV 620, 7]   9

No. 7.   Gesang der 3 Knaben ‹Zum Ziele führt dich diese
              Bahn› [KV 620, 8]   10

No. 8.   Ariette ‹Wie stark ist nicht dein Zauberton›
              [KV 620, aus 8]   10— 11

No. 9.   Duett ‹Das klinget so herrlich› [KV 620, aus 8]   11

No. 10.   Priester-Marsch [KV 620, 9]   12

No. 11.   Arie ‹O Isis und Osiris› [KV 620, 10]   12

No. 12.   Ariette ‹Alles fühlt der Liebe Freuden› [KV 620, 13]   13

No. 13.   Arie ‹In diesen heiligen Hallen› [KV 620, 15]   13

No. 14.   Ariette ‹Ein Mädchen oder Weibchen› [KV 620, 20]   14

No. 15.   Chor ‹Bald prangt den Morgen zu verkünden›
              [KV 620, 21]   14

No. 16.   Arie ‹Ach ich fühl's, es ist verschwunden›
              [KV 620, 17]   15

No. 17.   Finale ‹Es siegt die Stärke› [KV 620, aus 21] ›   15

No. 91 ([Pl. Nr.] C. S. 9946) I Masnadieri ‹Die Räuber› , Oper von G.[iuseppe]
Verdi:

No. 1.   Preludio   2

No. 2.   Aria ‹O mio castel paterno›   3— 4

No. 3.   Aria ‹La sua lampada vitale›   4

No. 4.   Cavatina ‹Lo sguardo avea degli angeli›   5

No. 5.   Duettino ‹Carlo! io muojo [!]›   6

No. 6.   Coro ‹Godiam che fugaci›   6— 7

No. 7.   Cavatina ‹Tu del mio Carlo al seno›   7

No. 8.   Duetto ‹Io t'amo, Amalia! io t'amo›   8

No. 9.   Cavatina ‹I Cittadini correano alla festa›   8— 9

No. 10.   Romanza ‹Di ladroni attorniato›   9

No. 11.   Duetto ‹T'abbraccio o Carlo ... abbracciami›   10

No. 12.   Coro ‹Ma quando quell'ora›   11— 12

No. 13.   Racconto Massimiliano   12

No. 14.   Giuramento Andante maestoso   13

No. 15.   Duetto ‹Come il bacio d'un padre amoroso›   13

No. 16.   Terzetto. Finale ultimo   14— 15

92. Heft ([Pl. Nr.] C. S. 10, 192) Il Trovatore, Oper von G.[iuseppe] Verdi:

No. 1.	Introduzione ‹Abbietta Zingara ›	3	
No. 2.	Cavatina ‹Di tale amor ›	4	
No. 3.	Terzetto ‹Qual voce ›	4—	6
No. 4.	Canzone ‹Stride la vampa ›	6	
No. 5.	Duetto ‹Mal reggendo ›	7	
No. 6.	Duetto ‹Perigliarti ancor languente ›	8	
No. 7.	Cavatina ‹Per me ora fatale ›	8	
No. 8.	Coro ‹Il figlio della Zingara ›	9	
No. 9.	Coro ‹Squilli, echeggi la tromba guerriera›	9	
No. 10.	Cavatina ‹Giorni poveri vivea ›	10	
No. 11.	Terzetto ‹Ah! deh! rallentate o barbari ›	10—	11
No. 12.	Cavatina ‹Ah si, ben mio ›	11	
No. 13.	Cavatina ‹Di quella pira ›	12	
No. 14.	Cavatina ‹D'amor sull' ali rosee ›	12	
No. 15.	Cavatina ‹Tu vedrai che amore ›	13	
No. 16.	Duetto ‹Mira, di acerbe lagrime ›	13	
No. 17.	Duettino ‹Ai nostri monti ›	14	
No. 18.	Cavatina ‹Contende il giubilo ›	14—	15

93. Heft ([Pl. Nr.] C. S. 10, 433) Jenny Bell, Oper von D.[aniel] F.[rançois] E.[sprit] Auber:

No. 1.	Ariette ‹Au théâtre, le secret ›	3—	4
No. 2.	Ariette ‹J'ai fort peu de science ›	4—	5
No. 3.	Duettino ‹Honneur donc au galant ›	5—	6
No. 4.	Arie ‹Par vos soins est-ce une fête ›	6—	7
No. 5.	Ariette ‹Ecoutez bien ce passage ›	8	
No. 6.	Cavatine ‹Cette vermeille rose ›	8—	9
No. 7.	Arie ‹J'entends dans le grand monde›	9—	10
No. 8.	Cavatina ‹Il faudrait une journée ›	11	
No. 9.	Ariette ‹Halte là Messieurs, je vous prie ›	12	
No. 10.	Bacchanale ‹Versez que fume et pétille ›	12—	13
No. 11.	Cantabile ‹Qui j'emporte dans la tombe ›	13	
No. 12.	Cavatine ‹Celui que ton cœur préfère ›	14	
No. 13.	Cavatine ‹Chanter ô terreurs ›	14	
No. 14.	Variations sur le Rule Britannia	15	

94. Heft ([Pl. Nr.] C. S. 10, 470) La Traviata, Oper von G.[iuseppe] Verdi:

No. 1.	Introduzione ‹Dell' invito trascora è già l'ora ›	2—	3

No. 2.	Brindisi ‹Libiamo ne' lieti calici ›	3	
No. 3.	Valse e Duetto ‹Un dì felice eterea ›	4—	5
No. 4.	Aria ‹Ah forse è lui che l'anima ›	5—	6
No. 5.	Aria ‹De' miei bollenti spiriti › ‹O mio rimorso ›	6—	7
No. 6.	Duetto ‹ Pura siccome un angelo ›	7—	9
No. 7.	Aria ‹Di provenza il mar ›	9—	10
No. 8.	Coro ‹Avrem lieta di maschere la notte ›	10—	11
No. 9.	Coro di Zingare ‹Noi siamo Zingarelle ›	11—	12
No. 10.	Coro di Mattadori Spagnuoli ‹Di Madride noi siam mattadori ›	13—	14
No. 11.	Aria ‹Addio del passato ›	14—	15
No. 12.	Coro Baccanale ‹ Largo al quadrupede ›	15	

95. Heft ([Pl. Nr.] C. S. 16, 188) Der Nordstern, Oper von G.[iacomo] Meyerbeer:

No. 1.	Introduction ‹Hier in den Schatten ›	3	
No. 2.	Arie des Danilowitz ‹Kauft mir ab, schaut her ›	3	
No. 3.	Trinklied ‹Finnland soll leben, stosst an! ›	4—	5
No. 4.	Terzett ‹Merket auf! Paff! ›	5	
No. 5.	Arie ‹Der Sohn der Ukraine ›	6	
No. 6.	Zigeuner Gesang ‹Es summt und schwirrt und singt ›	6—	7
No. 7.	Duett ‹Aus welcher Stadt bist du? ›	7	
No. 8.	Ariette ‹Da ist die Stunde ›	8	
No. 9.	Preghiera (Catherine) ‹Du, theurer Mutter Geist ›	8	
No. 10.	Barcarolle ‹Die leichten Segel schwellen ›	9	
No. 11.	Valse	9—	10
No. 12.	Ariette ‹Wild wie der Sturm der Steppe ›	10—	11
No. 13.	Marcia	11	
No. 14.	Quintett ‹Lasst diese Neckereien ›	12	
No. 15.	Ariette ‹Der Corporal versteht des Dienstes Pflichten ›	12	
No. 16.	Der heilige Marsch	13	
No. 17.	Entreact	13	
No. 18.	Romance ‹ Glücksel'ge Zeit ›	14	
No. 19.	Couplets ‹ Seine Hand führte mich ›	14—	15
No. 20.	Air Finale ‹Wie süss, wie hold ›	15	

96. Heft ([Pl. Nr.] C. S. 16, 283) Die Sizilianische Vesper, Oper von G.[iuseppe] Verdi:

No. 1.	Introduction ‹Al cielo natio ›	3

No. 2.	Cavatina ‹Qual s'offre al mio sguardo ›	4
No. 3.	Cavatina ‹Deh! tu calma o Dio possente ›	5
No. 4.	Duetto ‹Qual è tuo nome? [!] ›	5— 6
No. 5.	Cavatina ‹O sacra terra ›	6— 7
No. 6.	Duetto ‹Ma le tue luci angeli ›	7
No. 7.	Tarantella	8— 9
No. 8.	Barcarolla ‹Del piacer s'avanza l'ora ›	9
No. 9.	Duetto ‹Ombra diletta ›	10
No. 10.—14.	Ballo [1—5]	10— 13
No. 15.	Coro ‹Si celebri al fine tra canti ›	14
No. 16.	Bolero ‹Il don m'è grato e pregio ›	14— 15

97. Heft ([Pl. Nr.] C. S. 16, 284) Dinorah oder die Wallfahrt nach Ploërmel ‹Le Pardon de Ploërmel › Oper von G.[iacomo] Meyerbeer ([Arr.:] Jos.[eph] Fahrbach), I. Abtheilung:

No. 1.	Aus der Ouverture	2— 5
No. 2.	Chor ‹O heilige Jungfrau ›	6
No. 3.	Chor der Landleute ‹Der Tag will entfliehn ›	7— 8
No. 4.	Wiegenlied	8— 9
No. 5.	Sackpfeifer-Arie	10
No. 6.	Couplets ‹Gott vertheilte gnädig seine Gaben ›	11
No. 7.	Duett ‹Nur zu, nur zu! ›	12— 13
No. 8.	Arie ‹Mächt'ge Kunst der Magie ›	14— 15
No. 9.	Beschwörungs-Scene ‹ Auf, entweicht von hier, ihr Geister ›	16
No. 10.	Duett ‹Wie! ein Schatz? ›	16— 17
No. 11.	Terzett mit der Glocke	18— 19
No. 12.	Entr'act zum 2ten Act	19— 20
No. 13.	Die Rückkehr aus der Schenke, Chor ‹O wie gut, o wie rein ›	21
No. 14.	Romance ‹ Der alte Zaubrer der dort hauset ›	21

98. Heft ([Pl. Nr.] C. S. 16, 954) Dinorah oder die Wallfahrt nach Ploërmel ‹Le Pardon de Ploërmel › Oper von G.[iacomo] Meyerbeer ([Arr.:] Jos.[eph] Fahrbach), II. Abtheilung:

No. 15.	Arie ‹Du leichter Schatten, bleib mir zur Seite ›	3— 6
No. 16.	Chanson ‹Vor Angst erstarrt mein Blut ›	7
No. 17.	Legende ‹Dunkel ruh'n die Loose ›	8
No. 18.	Duett ‹Sobald die Stunde schlägt ›	8— 9
No. 19.	Aus dem Terzett und Finale 2do ‹Seid jetzt still ›	10— 11

No. 20.	Gesang des Jägers ‹Herbei zu frohem Jagen ›	12— 13
No. 21.	Gesang des Mähers ‹Seht das Korn reift überall ›	13— 14
No. 22.	Hirtengesang ‹Im Busch wo kühl sich ruht ›	14— 15
No. 23.	Aus dem Quartett und Paternoster	15— 16
No. 24.	Melodram ‹Wie? noch am Leben ›	16
No. 25.	Romanze ‹Dich rächet meine Reue ›	17
No. 26.	Aus dem Duo und Finale 3zo	17— 19

99. Heft ([Pl. Nr.] C. S. 17, 403) Die Kinder der Haide, Oper von Anton Rubinstein ([Arr.:] Jos.[eph] Fahrbach):

I. Act:

No. 1.	Einleitung	3
No. 2.	‹Dann heisst's wandern wie die Andern ›	3— 4
No. 3.	‹Weisst auf der Haide drauss, hat der reiche Wirth sein Haus › ‹Ha! Horch! das ist des Rössleins Huf ›	5
No. 4.	‹Lass' mich, nein, ich scherze nicht › ‹Wohlan so geh' ich sicherlich ›	6— 7
No. 5.	‹O Abendluft › ‹Ich hielt dir Wort ›	7— 8
No. 6.	Chor der Zigeuner ‹Rasch behutsam ›	8— 9

II. Act:

No. 7.	‹ Ich will vergessen ›	9— 10
No. 8.	‹ Sprich nicht, ich weiss was dich beseelt ›	10
No. 9.	‹Ich weiss dein Herz ist frei ›	10
No. 10.	‹Was wünscht zuerst eine junge Braut ›	11
No. 11.	‹Mit mir ziehst du dahin ›	11— 13
No. 12.	Chor der Zigeuner ‹Das Brautpaar hoch! ›	13
No. 13.	Chor der Zigeuner	13— 15
No. 14.	Duetto ‹Maria mein! dachtest du meiner ›	15
No. 15.	‹Auf lasst uns der Freude fröhnen ›	16— 17

III. Act:

No. 16.	‹ In stiller Nacht wo alles ruht ›	17
No. 17.	‹ Ein Pferd das ist was ich längst begehrt ›	18
No. 18.	‹Du holder Engel so sanft und rein ›	18
No. 19.	Duett ‹Ja du hast mein gedacht › ‹Dein ist mein Herz ›	18— 19
No. 20.	‹Sagt, ist nicht diese Hütte mein ›	19

IV. Act:

No. 21.	Chor der Zigeuner ‹Elend ist Zigeunerleben ›	20

No. 22.	‹ Frei, ja ich war es einst ›	20— 21
No. 23.	Couplet ‹ Rebenblut fliesst durch die Adern ›	21
No. 24.	‹O wie bin ich tief gefallen ›	22
No. 25.	‹ Der Gram der mir die Seele füllt ›	22
No. 26.	‹ Ich will vor Gott dich nicht verklagen ›	22
No. 27.	‹ Ha! sie lügen deine Sterne ›	22

100. Heft ([Pl. Nr.] C. S. 17, 425) Die Verschworenen ‹Der häusliche Krieg›,
Oper von Franz Schubert [D 787] ([Arr.:] Jos.[eph] Fahrbach), I. Abtheilung:

No. 1.	‹ Er ist's sie ist's ›	2— 4
No. 2.	Romanze ‹ Ich schleiche bang und still herum ›	4
No. 3.	Chor der Frauen	5— 9
No. 4.	Verschwörungschor der Frauen	10— 11
No. 5.	Marsch und Chor der Ritter	12
No. 6.	Chor der Ritter	13— 15

101. Heft ([Pl. Nr.] C. S. 17, 710) Die Verschworenen ‹Der häusliche Krieg›,
Oper von Franz Schubert [D 787] ([Arr.:] Jos.[eph] Fahrbach), II. Abtheilung:

No. 7.	Chor der Ritter und Frauen	2— 5
No. 8.	Duetto ‹Es will die Pflicht ›	6— 8
No. 9.10.	Arietta ‹Ich habe gewagt ›	9
No. 11.	Finale ‹ Suchet keine stärkern Waffen ›	10— 15

102. Heft ([Pl. Nr.] C. S. 17, 800) Il Trovatore, Oper von J. [Giuseppe] Verdi
([Arr.:] Jos.[eph] Fahrbach), II. Abtheilung:

No. 1.	Coro di armigeri ‹Sull' orlo dei tetti ›	3— 4
No. 2.	‹Tacea la notte placida ›	4— 5
No. 3.	‹Deserto sulla terra ›	6
No. 4.	Coro di Zingari ‹Vedi! le fosche notturne spoglie ›	7— 8
No. 5.	‹Condotta ell'era in ceppi ›	8— 9
No. 6.	Finale II e Coro ‹Ah! se l'errore t'ingombra ›	9
No. 7.	‹ E deggio e posso crederlo? ›	10— 12
No. 8.	Miserere	12— 13
No. 9.	‹Parlar non vuoi? ›	13— 15
No. 10.	‹Prima che d'altri vivere ›	15

103. Heft ([Pl. Nr.] C. S. 18, 880):

1.	Johann Strauss [Sohn]: Morgenblätter, Walzer (No. 1–5) [Op. 279]	3— 5

2.   Eduard Strauss: Helenen-Quadrille über Motive der komischen
Oper: „Die schöne Helene" von J. Offenbach (No. 1.
Pantalon. No. 2. Eté. No. 3. Poule. No. 4. Trénis.
No. 5. Pastourelle. No. 6. Finale) [Op. 14]   6— 7

3.   Josef Strauss: Frauenherz, Polka-Mazur [Op. 166]   8— 9

4.   Johann Strauss [Sohn]: 'S gibt nur a Kaiserstadt! 'S gibt nur
a Wien! Polka [Op. 291]   10— 11

104. Heft ([Pl. Nr.] C. S. 19, 166) Der Maskenball, Oper von [Giuseppe] Verdi
(Arr. von J.[oseph] Fahrbach):
I. Act:

No.	1.	‹ Ha, welch hohe Wonne wird mir dies Fest gewähren ›	2	
No.	2.	‹ Für dein Glück und für dein Leben ›	2—	3
No.	3.	‹ Mit starrem Angesicht blickt sie nach oben ›	3	
No.	4.	‹ Jeder Gram weiche heute dem Vergnügen ›	3—	4
No.	5.	‹ O sag' wenn ich fahr' auf stürmischen Wogen ›	4	
No.	6.	‹ Nur Scherze sind's und Possen ›	5	
No.	7.	Coro ‹Du den wir hoch verehren ›	5	

II. Act:

No.	8.	‹ Wenn das Kraut, wie ihr Wort mir verkündet ›	5	
No.	9.	‹ Weisst du nicht, dass, wenn Schlangen der Reue nagend ›	6	
No.	10.	‹ O wie die süssen Worte ›	6	
No.	11.	‹ Sieh, mit der Gattin, zu solchen Stunden ›	6—	7

III. Act:

No.	12.	‹ Der Tod ist mir willkommen ›	7	
No.	13.	‹ O entzückende, selige Stunden ›	8	
No.	14.	Romanze: ‹Doch heisst dich auch das Pflichtgeboth›	8	
No.	15.	‹ Lasst ab mit Fragen, ich darf nicht sagen ›	8—	9
No.	16.	‹ O lasst, in muntern Tänzen ›	9—	10
No.	17.	‹Ach, warum hier, o fliehe! ›	10—	11

[Teilweise nach Verlagsanzeigen und Verzeichnis der „Verlags-Musikalien von
Anton Diabelli und Compagnie in Wien", [1825], ergänzt.]

Musikaliskt Veckoblad ([ab 1827/28:] **Weckoblad**) ([ab 1833:] **för Piano-Forte**)
(No. 1: 6. 3. 1824.)

Stockholm: Stentryck af C. G. Kjellström ([ab 1833:] Schultén lithogr. S. Müller impr. Hos A. W. Möller).

1824, No. 1–13; 1827/1828, No. 1–26; 1833, No. 1/2 – 25/26.

S Sk; Skma (1824, 2; 1827/28; 1833, 1/2–12, 16–25/26)

1824

No. 1 (6 Mars 1824):

[1]   [Wolfgang Amadeus] Mozart: [Arie (Constanze)] utur Oper:
      Die Entführung [Doch wie schnell schwand meine
      Freude] (Pfte.) [KV 384, aus 6]   1— 4

No. 2 (15 Mars 1824):

[2]   [Carl Maria von] Weber: [Arie (Aennchen)] utur Oper: Friskyt-
      ten [= Der Freischütz] [Trübe Augen, Liebchen tau-
      gen] (Pfte.) [Jähns 277, aus N. 13]   1— 4

No. 3 (20 Mars 1824):

[3]   [Wolfgang Amadeus] Mozart: [Aria (Zerlina)] utur Oper:
      Don Jouan [!] [Vedrai, carino, se sei buonino]
      (Pfte.) [KV 527, 19]   1— 3

[4]   [Wolfgang Amadeus] Mozart: Allegro [assai aus Terzett (Bel-
      monte, Pedrillo, Osmin)] utur Op.[er]: Die Entfüh-
      rung [Marsch! fort, fort...] (Pfte.) [KV 384, aus 7]   3— 4

No. 4 (27 Mars 1824):

[5]   John Field: Polonoise Favorite   1— 4

No. 5 (3 Aprill 1824):

[6]   [Wolfgang Amadeus] Mozart: [Arie (Blonde)] utur Op.[er]:
      Die Entführung [Durch Zärtlichkeit und Schmeicheln]
      (Pfte.) [KV 384, 8]   1— 3

[7]   [Christoph Ernst Friedrich] Weyse: Minuette   3— 4

No. 6. 7 (10 Aprill 1824):

[8]   J.[ohann] Fuss: La Chasse   1— 8

No. 8 (24. Aprill 1824):

[9]   J.[ean] J.[acques] Rousseau: Sång „Lång samt dagen skrider" 1— 4

No. 9 (1 Maj 1824):

[10] Haydn: Minuetto   1— 4

No. 10 (8 Maj 1824):

[11] F.[erdinand] Ries: Largo   1— 4

No. 11. 12 (22 Maj 1824):

[12] R.[odolphe] Kreutzer: Rondo Favorit   1— 8

No. 13 (29 Maj 1824):

[13]   C.[arl] M.[aria] v.[on] Weber: [Ariette (Aennchen)] utur
Op.[er] : Friskytten [Kommt ein schlanker Bursch ge-
gangen] (Pfte.) [Jähns 277, N. 7]   1—   4

1827/1828
No. 1 (6 Oct. 1827):

[1]   C.[arl] M.[aria] v.[on] Weber: Romance (Adolar) utur Operan:
Euryanthe „Hvarest silfverböljor strömma" [Jähns 291,
N. 2]   1—   4

No. 2 (13 Oct. 1827):

[2]   [Johann Friedrich] Reichardt: Blommorne „I rosor ängen
blomma låter" [= Göthe's Lieder, Oden, Balladen und
Romanzen, I. Abtheilung]   5

[3]   C.[arl] M.[aria] v.[on] Weber: Cavatina (Euryanthe) utur
Operan: Euryanthe „Hjordarnes klockor!"
[Jähns 291, N. 5]   6—   8

No. 3 (20 Oct. 1827):

[4]   E. B.: Vals   9
[5]   W.[ilhelm] F.[riedrich] Riem: Polonoise   10— 11
[6]   [Friedrich] Kuhlau: Triolett „Hjertats ljufva låga!" [Carl Teuthold; Op. 19, 4]   11— 12

No. 4 (27 Oct. 1827):

[7]   F.[erdinando] Paer: Aria (Ghitta) utur Operan: Camilla
„Hymen först vår sällhet tänder"   13— 16

No. 5 (3 Nov. 1827):

[8]   Beethoven [unterschoben]: Vals [Anh. 14, 1]   17
[9]   F.[riedrich] Kuhlau: Aria (Lulu) utur Operan: Lulu „Bitter
sorg och smärta" [C. F. Güntelberg; Op. 65, 9a]   28— 20

No. 6 (10 Nov. 1827):

[10]   [Joseph] Gelineck [!]: Favorit Eccossaise [!] varierad
(Prestissimo — Var. 1—7 — Coda)   21— 24

No. 7 (17 Nov. 1827):

[11]   F.[riedrich Heinrich] Himmel: Till Aftonstjernan „Du aftonens
stjerna!" [Op. 43, Nr. 7: Ida. Die Lauscherin (Schäfer-
roman: Alexis und Ida von Tiedge)]   25

[12]   [Louis] Spohr: Den första Kyssen „En högröd ros på kinden
står"   26— 27

[13] F.[riedrich Heinrich] Himmel: Dansen „Ej mera muntert nöje
       är" [Op. 43, Nr. 2: Ida. Der Tanz (Schäferroman:
       Alexis und Ida von Tiedge)]   28

No. 8 (24 Nov. 1827):

[14] C.[arl] Czerny: 2ne Valsar   29

[15] [Friedrich Heinrich] Himmel: Ur Ida och Alexis „Liksom i skyn
       en stjerna" [Op. 43, Nr. 15: Alexis. Das Orakel der
       Zweige (Schäferroman: Alexis und Ida von Tiedge)]   30— 31

[16] [Friedrich Heinrich] Himmel: Serenad „Dagens buller hjertat
       kyler" [Op. 43, Nr. 9: Alexis. Ständchen (Schäfer-
       roman: Alexis und Ida von Tiedge)]   32

No. 9. 10 (1 Dec. 1827):

[17] [August Alexander] Klengel: Romance varierad (Adagio —
       Andante — Var. 1—6)   33— 39

[18] [Friedrich] Kuhlau: Till Sophie „Nej, intet haf min kärlek
       till dig stänger" [J. G. Jacobi; Op. 23, 1]   39— 40

No. 11 (8 Dec. 1827):

[19] L.[ouis] Spohr: Romance (Ali) utur Operan: Zemire och Azor
       „Den fröjd, i dag ditt hjerta skänks" [I. Akt, Nr. 3]   41— 44

No. 12 (15 Dec. 1827):

[20] F.[riedrich] Kuhlau; Qvällen „Mörk står skogen" [Kosegarten;
       Op. 23, 6]   45

[21] C.[arl] Czerny: Polonaise   46— 47

[22] C.[arl] M.[aria] v.[on] Weber: Den Trofasta Kärleken, Skottsk
       National melodi „Ej till färd åt fjerran land" [Machnell-
       A. v. Nordstern] [Jähns 304, N. 10]   48

No. 13 (22 Dec. 1827):

[23] F.[riedrich] Kuhlau: Lutan „O! hvilken ljuf och himmelsklott
       att vara få en luta" [F. Kind; Op. 11a, 10]   49

[24] C.[arl] M.[aria] v.[on] Weber: Månen, Skottsk melodi „Det
       mörknar öfver sjö och land" [T. Pringle — A. v. Nord-
       stern] [Jähns 295, N. 1]   50— 51

[25] C.[arl] M.[aria] v.[on] Weber: Jägarn, Skottsk melodi „Frisk
       och glad är Jägarns lefnad" [David Vedder — F. Kuhn]
       [Jähns 303, N. 9]   51— 52

No. 14 (5 Jan. 1828):

[26] [Ludwig van] Beethoven: Aria (Florestan) utur Operan:
       Fidelio „O! hur hastigt sorgedagen" [Op. 72,
       II. Akt, Nr. 11: Teil der Arie]   53— 56

No. 15 (12 Jan. 1828):

[27] [Friedrich Heinrich] Himmel: Blomsterspråket „Naturen bär
    i handen" [Op. 43, Nr. 41: Alexis. Das Zeichen
    (Schäferroman: Alexis und Ida von Tiedge)]   57

[28] J.[ohann] F.[riedrich] Kelz: Rondo   58— 60

No. 16 (19 Jan. 1828):

[29] C.[arl] Keller: Ariette „O hvilken ljuflig låga"   61— 64

No. 17 (26 Jan. 1828):

[30] F.[riedrich] Kuhlau: Vals [K. Nr. 211, 7]   65

[31] J.[ohann] B.[aptist] Cramer: Allegretto non tanto   66— 67

[32] C.[arl] Schwarz: Marsch   68

No. 18 (2 Febr. 1828):

[33] E.[duard] Brendler: „Har du den glömt" (Grafström)   69

[34] [Louis] Spohr: Cavatina (Rosa [= Röschen]) utur Op.: Faust
    „Tordes jag nämnas Hans maka" [Op. 60, II. Akt,
    Nr. 13, Schluß]   70— 71

[35] [Wilhelm Friedrich] Riem: Polonoise   72

No. 19 (9 Febr. 1828):

[36] [Gioacchino] Rossini: Canzonette „Försänkt i qualets sköte"   73— 74

[37] [Ludwig van] Beethoven: Tröst „Stillen er! — Stillen er!"
    [Goethe; Op. 83, Nr. 1]   75— 76

No. 20.21 (23 Febr. 1828):

[38] [Ludwig van] Beethoven: Tema med Variationer [Op. 26, I]   77— 84

No. 22 (1 Mars 1828):

[39] [Friedrich Heinrich] Himmel: Sång „Himlars Gud! till Dig mitt
    hjerta flyr" (Tiedge: Urania) [Aus Op. 18]   85— 87

[40]   Notturno „Lycklig den som Hoppets Tärna" (2 Singst.,
    Pfte.)   88

No. 23. 24 (15 Mars 1828):

[41] E.[duard] Brendler: Snillet „Till vida oceanen tågar"   89

[42] J.[ohann] N.[epomuk] Hummel: Thema utur Op.: Armida
    af Gluck, med Variationer [Op. 57]   90— 96

No. 25 (22 Mars 1828):

[43] F.[riedrich] Kuhlau: Natten „Rysvärd Natten är" [Kosegar-
    ten; Op. 23, 10]   97— 99

[44]   [Ludwig van] Beethoven: Förnöjsamheten „Fast lyckan mig
          förskjuter" [Christian Ludwig Reissig; Op. 75, 6]   100

No. 26 (29 Mars 1828):

[45]   J.[Gioacchino] Rossini: Ouverture till Operan: Tancred   101–104

1833

No. 1. 2 (d. 5 Januarii 1833):

[1]   [Gioacchino] Rossini: Barcarolle [Pêcheur] utur Operan:
          Wilhelm Tell „Kom, åt min båt förtrodig" (A-dur)
          [I. Akt, aus Nr. 1]   (1)– 2

[2]   F.[riedrich] Kuhlau: Cavatina [(Vela) aus: Lulu] „Nej vilda
          yngling" [C. F. Güntelberg; Op. 65, 2]   3– 5

[3]   W.[ilhelm] Hünten: Rondo sur une Thème de l'Opéra: Tancred
          de Rossini [II. Akt, Nr. 18]   6– 8

No. 3 (d. 19 Januarii 1833):

[4]   [Vincenzo] Bellini: Cavatina utur Operan: La Straniera „Tveka
          då ej, olyckliga"   (9)–10

[5]   W.[ilhelm] Bauck: Valse   11– 12

No. 4 (d. 26 Januarii 1833):

[6]   Aloys Schmitt: Divertissement   13– 15

[7]   [Gioacchino] Rossini: Cavatina [Desdemona] utur Operan:
          Othello „Låt sömnens magt förjaga" [III. Akt, aus
          Nr. 10, langsamer Schlußteil der Arie]   16

No. 5. 6 (d. 9 Februarii 1833):

[8]   Wilhelm Bauck: Sonate (Allegro moderato e con sentimento)   17– 23

[9]   [Carl Friedrich] Zelter: Den Bedjande Laura „Laura beder
          Engla harpor klinga"   24

No. 7. 8 (d. 23 Februarii 1833):

[10]   W.[ilhelm] Hünten: Variations de Mayseder ‹Opera 25›
          arrangeés pour le Piano Forte (Introduction – Tema –
          Var. 1–5)   25– 31

[11]   [Gioacchino] Rosini [!]: Romans [Cenerentola] ur Operan:
          Cenerentola „Det en Konung var en gång" [I. Akt,
          aus Nr. 1]   32

No. 9 (d. 2 Mars 1833):

[12]   [Giacomo] Meyerbeer: Ballad [B. Raimbaud] ur Operan:
          Robert le Diable „I Normandie, som nyss jag sade"
          (I. Akt, aus Nr. 1]   33– 35

[13]   Aloys Schmitt: Etude   36

No. 10. 11 (d. 16 Mars 1833):

[14]   F.[riedrich] Kuhlau: Rondeau Pastoral [Op. 125]   37— 44

No. 12 (d. 23 Mars 1833):

[15]   F.[rederik Carl] Lemming: Divertissement en forme de Valse   45— 48

No. 13. 14. 15 (d. 13 Aprill 1833):

[16]   F.[riedrich] Kuhlau: Ouverture till Operan: Lulu [Op. 65]   49— 60

No. 16 (d. 20 Aprill 1833):

[17]   F.[riedrich] Kuhlau: Arietta [Adelaide] ur Operan: Röfvarborgen
        „Gif mig det blåa axelband" [A. Oehlenschläger; K. Nr.
        129, 19]   61— 63

[18]   [George] Gerson: Önskan och Försakelse „Ser jag de blommor
        små"   64

No. 17 (d. 27 Aprill 1833):

[19]   J.[ohan] W.[ilhelm] Söderman: Valse   65— 66

[20]   H.[ildebrand] Hildebrandsson: Sångarns Lön, Ballad „Skön
        Agnes höll harpan i liljehand" (Stéenhoff)   66— 67

[21]   H.[ildebrand] Hildebrandsson: Vågen „Mitt lif är en våg"
        (Nicander)   68

No. 18 (d. 4 Maji 1833):

[22]   J.[ohann] N.[epomuk] Hummel: Amusement, Op. 108   69— 72

No. 19. 20 (d. 18 Maji 1833):

[23]   J.[ohann] N.[epomuk] Hummel: Romance och Rondo
        [Fortsetzung und Schluß von: Amusement]   73— 80

No. 21 (d. 25 May 1833):

[24]   Weyrauch: Harpspelaren „Blott den sitt Bröd med tårar åt"   81— 83

[25]   [Gioacchino] Rossini: Bön ur Operan: Corinths Belägring
        „Himla magt, du hör mig klaga"   84

No. 22. 23 (d. 8 Junii 1833):

[26]   J.[ohann] N.[epomuk] Hummel: Rondo Scherzando   85— 90

[27]   [Carl Abraham] Mankell: Hösten „Den gröna, den sköna,
        den lekande våren förflyger"   91— 92

No. 24 (d. 15 Junii 1833):

[28]   [Gioacchino] Rossini: Romans [Mathilde] ur: Wilhelm Tell
        „På ödslig stig bort i skogarnas gömma" [II. Akt,
        aus Nr. 9]   93— 96

No. 25. 26 (d. 29 Junii 1833):

[29]   F.[ranz] Hünten: Variationer öfver ett Tyroler-Thema, Op. 27   97—104

Der neue Amphion. Musikalisches Unterhaltungsblatt in monatlichen Lieferungen. Redigirt von Friedrich August Kanne.

Wien: herausgegeben vom Lithographischen Institute nächst der k: k: Burg No. 2.

(1824): Heft 1—12, Lieferung 1—24.

A Wgm (1824, 5: 9. Lfg., 19—20, 10. Lfg., 22; 6: 12. Lfg., 24; 10: 20. Lfg.) Wn (1824, 9: 17.—18. Lfg.; 10: 20. Lfg.; 12: 23.—24. Lfg.); Wst (1824, 10: 19.—20. Lfg.)

5. Heft

9. Lieferung:

No. 19.   J.[oseph] H.[artmann] Stunz: Canon (Re, Duca, Elisa, Barone) mit Begleitung des Pianoforte aus der Oper: La Repressaglia „Con qual franchezza il perfido" — „Der Freche treibt sein Spiel mit mir" (4 Singst., Pfte.-Begl.)   3

No. 20.   [Jan] H.[ugo] Worzischek: Impromptu pour le Piano-Forte   1— 5

10. Lieferung:

No. 22.   Adalbert Gyrowetz: Arie: Die Ruhe „Treibt auf nächtlich wilden Meere"   1— 3

6. Heft

12. Lieferung:

No. 24.   Henry Marschner: Le Papillon, Caprice pour le Piano-Forte   2— 15

9. Heft [Juli 1824]

17. Lieferung:

No. 32.   Friedrich Aug.[ust] Kanne: Die Flucht der Liebenden, Duett „Bey der Sterne sanftem Schimmer" [aus einer unveröffentlichten Oper] (S, T, Pfte.)   2— 11

18. Lieferung:

No. 33.   Friedrich August Kanne: Ouverture zur Oper: Die eiserne Jungfrau oder Der Tempel des Todes [Melodram, dann zur Oper umgestaltet] (Pfte.)   2— 13

10. Heft [August 1824]:

19. Lieferung:

No. 34.   Engelbert Aigner: VI Variationen mit Introduction über ein originales Thema (Pfte.)   2— 15

20. Lieferung:

No. 35.   Anton Halm: An den Abendstern, Notturno „Du blickst so
          lächelnd auf mich nieder" (op. 53) (Singst., Pfte.)   2— 13

12. Heft [Oktober 1824?]

23. Lieferung:

No. 39. 40. Hildenbrand: Die Kindheit „Wenn die Abend Röthe Dorf
          und Hain umwallt" (Mathisson [!]) (Singst., Pfte.)   2— 7

24. Lieferung:

No. 41.   Simon Sechter: V deutsche Gedichte (Singst., Pfte.):
          (1) Wunsch an Salis „Noch einmal möcht' ich"
               (Matthison [!])   2— 5

          (2) Drey Blümlein „Drey Blümlein in meinem Garten
               blühn" (Pfeffel)   6— 8

          (3) Abendlandschaft „Goldner Schein deckt den
               Hain" (Matthisson)   9— 11

          (4) Andenken „Ich denke dein, wann durch den
               Hain" (Matthison [!])   12— 13

          (5) „Harr' o harre, liebe Quelle"   13— 15

Neuestes Journal leichter und angenehmer Melodien für zwey Violinen von Anton Diabelli.

Wien: chez A. Diabelli et Comp. Graben No. 1133.

[1824 – ca. 1830]: Heft 1–27. Violino I, II.

A SEI ([1824], 7); Wst ([1824], 1–3)

1. Heft ([Pl. Nr.] A. D. 26):

Nro. 1.   Rule Britannia   1

Nro. 2.   [Etienne Nicolas] Méhul: Romanze aus: Joseph   1

Nro. 3.   [Ludwig van] Beethoven: Menuetto (G-dur) [Op. 70, Nr. 2,
            III: Allegretto ma non troppo]   1

Nro. 4.   [Gioacchino] Rossini: Pollacca [!] aus: Tancred   2

Nro. 5.   [Ludwig van] Beethoven: Andante [aus: Septett, Op. 20, IV] 2— 3

Nro. 6.   Der beliebte Mailänder Walzer   3

Nro. 7.   Bollero   4

Nro. 8.   A.[nton] Diabelli: Monferrine   5

Nro. 9.   [Jean-François Le Sueur]: La Sentinelle, [Romanze]   5

Nro. 10.   [Johann Nepomuk] Hummel: Romanze aus dem Feenspiel:
            Die Eselshaut   5

Nro. 11. [Gioacchino] Rossini: Marcia aus: Tancred   6

Nro. 12. [Gioacchino] Rossini: [Schluss-]Polonaise aus: Tancred   6–   7

2. Heft (Pl. Nr. A. D. 27):

Nro. 13. [Christoph Willibald von] Gluck: Favorit Aria aus der Oper:
            Iphigenie auf Tauris [O du, die mir das Leben gab]   3

Nro. 14. I.[gnaz] von Seyfried: Canzonette aus der Oper: Euphrosine   3

Nro. 15. J.[ohann] N.[epomuk] Hummel: Polacca   4

Nro. 16. [Ludwig van] Beethoven: Lied aus der Ferne [Als mir noch
            die Träne] [WoO 137]   4

Nro. 17.   Rondo [Donnete innamorate]   5

Nro. 18. [Friedrich Heinrich] Himmel: Duetto aus der Oper:
            Fanchon   6

Nro. 19. [Philipp Jakob] Riotte: [Pas de deux] aus dem Kinder-
            Ballet: Die Redoute   6–   7

Nro. 20. [Johann Nepomuk] Hummel: Walzer aus dem
            Divertiss.[ement]: Das belebte Gemählde   7

Nro. 21. [Gasparo] Spontini: Romanze aus der Oper: Milton   7

Nro. 22. [Joseph] Kinsky: Allegro aus dem Ballet: Die Hochzeit
            auf dem Lande   7

Nro. 23. [Giacomo] Meyerbeer: Allegretto aus der Oper: Die
            beyden Kalifen   8

Nro. 24. [Ferdinando] Paer: Rondo aus der Oper: Camilla   8–   9

3. Heft ([Pl. Nr.] A. D. No. 28):

Nro. 25. [Luigi] Cherubini: Marsch aus der Oper: Medea   4

Nro. 26. [Anton] Diabelli: Andantino con espressione   4

Nro. 27. [Ludwig van] Beethoven: Menuetto [aus dem: Septett,
            Op. 20, III]   4–   5

Nro. 28. [Etienne Nicolas] Méhul: Rondo aus der Oper: Die
            beyden Füchse   5

Nro. 29. [Nicolò] Isouard: Andante aus der Oper: Aschenbrödel   6

Nro. 30. [Johann Nepomuk] Hummel: Allegretto aus der Pantomime:
            Der Zauberring   6

Nro. 31. [Nicolas] Dalayrac: Romanze aus der Oper: Marschall
            Catinat   6

Nro. 32. [Joseph] Kinsky: Kosaka   6–   7

Nro. 33.   Romanze [!] Françoise   7

Nro. 34. [Ferdinando] Paer: Thema [La Biondina in Gondoletta]
            mit Variationen (Var. 1–3)   7–   8

Nro. 35. [Joseph] Kinsky: Rondo aus dem Ballet: Die Hochzeit
            auf dem Lande   9

Nro. 36.   Mozart [recte: Lorenz Schneider] : Vergiss mein nicht, Lied
[KV C 8. 06 (Anh. 246)]   9

4. Heft: Samml.[ung] verschieden.[er] Tänze

[37]   [Joseph] Eybler: Polonaise

[38]   [Michael] Pamer: Ecossaise

[39]   Madratura

[40]   Tempête

[41]   Menuet Savoyarde

[42]   Souvage

[43]   Calamaica

[44]   Fandango

[45]   Strassburger

[46]   Menuet à la reine

[47]   Gallopade

[48]   Deutsche Quadrille

[49]   Russische Quadrille

[50]   Cosaque

[51]   Milanaise

[52]   Monferine

[53]   Masur

[54]   Matelotte

[55]   Tarantelle

[56]   Schwerttanz

[57]   Hongroise

[58]   Cotillon

[59]   Monemasque

[60]   La Virginie

5. Heft:

[61]   [Joseph] Otter: Drey Menuetten mit Trios

[62]   [Joseph] Otter: Drey Walzer mit Trios

[63]   Steidler: Schlittage-Walzer mit Trio

[64]   Seitenstück zum Franzensbrunner Walzer

[65]   [Michael] Pamer: Steyrische Tänze

6. Heft:

[66]   [Gioacchino] Rossini: Favorit-Arie a.[us] d.[er] Oper: Othello
Du magst mich so betrüben

[67] [Gioacchino] Rossini: Cavat.[ine] a.[us] d.[er] Oper: Othello
       ‹ O Gott hab Mitleid ›

[68] Weiss: Allegretto

[69] [Friedrich Heinrich] Himmel: Die Sendung Ida's an Alexis, Lied

[70] [François Adrien] Boieldieu: Romanze a.[us] d.[er] Op.[er]:
       Rothkäppchen

[71] [Gioacchino] Rossini: Allegro a.[us] d.[er] Op.[er]:
       Cenerentola

[72] [Adalbert] Gyrowetz: Marsch aus: Aladin

[73] [Friedrich Franz] Hurka: Die Schiffahrt, Lied

[74] C.[arl] Blum: Allegretto aus dem Ballet: Aline

[75] [Jean-Pierre Solié]: Partant pour la Syrie, Romanze

[76] [Rudolph] Zumsteeg: Melodie ‹Lebt wohl ihr Berge ›

[77] H.[ieronymus] Payer: Parademarsch mit Trio

7. Heft: Favorit-Stücke aus dem Zauberspiel: Der Diamant des Geisterkönigs,
von J.[oseph] Drechsler (Nr. 1–10)

[78]   Ariette ‹Mariandl ist so schön›

[79]   Ariette ‹Ich bin der liebe Florian ›

[80]   Duett ‹Mariandel, Zuckerkandel meines Herzens ›

[81]   Tanz der Genien

[82]   Tanz der Küchenmädchen

[83]   Polacca ‹Die Ehre ist fürwahr nicht klein ›

[84]   Moderato aus dem Quodlibet ‹ Und ihr Florl, meint
            sie, gilt ihr all's, meint sie ›

[85]   Einzugsmarsch

[86]   Chor ‹ Nur piano, haltet ein ›

[87]   Schlussgesang ‹Der kleine Liebesgott ›

8. Heft:

[88] [Michel] Carafa [de Colobrano]: Marsch mit Trio a.[us]
       d.[er] Op.[er]: Gabrielle von Vergi

[89] [Wenzel Müller]: Schlussgesang aus dem kom.[ischen] Sing-
       sp.[iel]: Der blaue und [der] rothe Geist

[90] [Wenzel Müller]: Duett aus: Der blaue und [der] rothe Geist
       ‹ Madl drah dich, Madl hüth dich ›

[91] [Michel] Carafa [de Colobrano]: Cavatina ‹Fra tante angoscie›ge-
       sungen von H.[er]rn David in der Oper: Othello [Rossini]

[92] Ig.[naz] Schuster: Tyrolerlied aus dem Singsp.[iel]: Die Stim-
       me der Natur ‹Mich g'freut mein Bauernstand ›

[93] [Carl] Keller: Ariette ‹Kennst du der Liebe Sehnen ›

[94] [Franz Volkert]: Ländlicher Tanz aus der Zauberposse: Der
          wilde Mann im Prater

[95]   Neue Galoppe in C

[96] [Heinrich] Hirtl: Der beliebte Pratermarsch

9. Heft:

[97] [Anton] Diabelli: Duettino facile

[98] J. Steinmann: Favorit-Marsch mit Trio

10. Heft:

[99] J.[ohann] Faistenberger: Die Zauberrose, Pantomime

11. Heft:

[100] [Daniel François Esprit] Auber: Die beliebtesten Stücke der
          Oper: Der Maurer und der Schlosser [Le Maçon]

12. Heft:

[101] [François Adrien] Boieldieu: Die weisse Frau ‹La Dame blanche›

13. Heft:

[102] Jos.[eph] Drechsler: Das Mädchen aus der Feenwelt oder Der
          Bauer als Millionär, Original-Zaubermährchen

14. Heft:

[103] [Giovanni] Pacini: Marsch aus der Oper: Die Araber in Gallien
          [Gli Arabi nelle Gallie]

[104] C.[arl] M.[aria] v.[on] Weber: Lützow's wilde Jagd [Was
          glänzt dort im Walde im Sonnenschein?, Jähns 168]

[105] C.[arl] M.[aria] v.[on] Weber: Schwertlied [Du Schwert an
          meiner Linken, Jähns 169]

[106] [Adalbert] Gyrowetz: Melodie des Liedchens ‹Nimm diess
          kleine Angedenken› [Op. 22, 1]

[107] [Wenzel Müller]: Marsch aus: Fee und Ritter

[108] [Nicolas] Dalayrac: Romanze aus der Oper: Nina

[109] [Franz] Gläser: Erlenkönig-Marsch [!]

[110] [Peter von] Winter: Thema (O cara memoria) mit Variat.[ionen]

[111] [Christoph Willibald] Gluck: Priestermarsch aus der Oper:
          Iphigenie in Tauris

15. Heft:

[112] [Michel] Carafa [de Colobrano]: Favorit-Melodien aus der Oper:
          Der Klausner auf dem wüsten Berge ‹Le Solitaire›

[4.—15. Heft nach Verzeichnis der „Verlags-Musikalien von Anton Diabelli und
Compagnie in Wien", [1825]. Nach Hofmeister 1845, S. 48: 27 Hefte erschienen]

L'Orphée. Nouveau Journal de Chant. Dédié aux Amateurs. [Mit Pianoforte- oder Harfen-Begleitung.] Les Abonnés recevront exactement le 20 de chaque mois, une Livraison de 3 Morceaux de Chant, choisis parmi les plus saillans des Théâtres d'Italie, de France et d'Allemagne, avec la traduction Française, ou parmi des Manuscrits que l'Editeur recevra...

On s'abonne à Bruxelles chez Mr. T. A. E. Carpentier, Lithographe, Editeur, Rue N.[otre] D.[ame] aux Neiges Allée de Fontainebleau No. 223 ([ab 2. [1825/26:] chez Mr. S. S. Schouten Carpentier, Rue de la Cuiller, S.on 3, No. 1431 [ab 3. 1826/27:] chez Mr. J. Delfosse Junior, Rue du Houblon S.on 3, No. 1439, près le nouveau marché aux grains [ab 5. 1828/29:] chez P. Nacher, Rue de la Montagne No. ˙823, chez Delfosse, Rue du Houblon, S.on 3, No. 1479) et Mme. Veuve Remy, Montagne de la Cour No. 671.

Année 1. [1824/1825] – 6. [1829/1830].

B Bc (1. [1824/25], 1–4, 7, 9–11, 13–36; 2. [1825/26]; 3. [1826/27], 1–2, 4–27, 29–35/36; 5. [1828/29]; 6. [1829/30], Livr. 5); Br (1. [1824/25], 1–18)–**NL** At (1. [1824/25]); DHgm (1. [1824/25]; 2. [1825/26], 1–9)

1re Année [1824/1825]

1re Livraison:

No. 1.   G.[ioacchino] Rossini: Duetto (Elcia, Osir) nell'Opera: Il Mosè in Egitto ,,Tutto mi ride intorno" – ,,Dans une pure ivresse"   1– 5

No. 2.   Madame Schouten née Carpentier: Peut-être j'aimerai, Romance ,,Pour mon bonheur je ris encore"   6– 7

No. 3.   C.[arl] M.[aria] von Weber: Volkslied und Chor der Brautjungfern aus der Oper: Der Freyschütz ,,Wir winden dir den Jungfernkranz" – ,,Nous consacrons au Dieu d'amour" (S-Solo, Chor, Pfte.- oder Hf.-Begl.) [Jähns 277, N. 14]   8– 9

2e Livraison:

No. 4.   G.[ioacchino] Rossini: Canzone e Romance (Desdemone) nell' Opera dell': Otello ,,Assisa a piè d'un salice" – ,,Je saure au pied d'un seul épais"   10– 14

No. 5.   E.[tienne] Voizel: La Marguerite, Chansonnette ,,Gentille jouvencelle compte à peine quinze ans"   15–(16)

No. 6.   C.[arl] M.[aria] von Weber: Cavatina (Agathe) aus der Oper: Der Freyschütz ,,Und ob die Wolke sie verhülle" – ,,Bien qu'obscurci par les nuages" ([Übers.:] N. J. Trumper) [Jähns 277, N. 12]   17– 19

3e Livraison:

No. 7.   A.[lexis de] Garaudé: Notturno a due voci ,,Se tu sapessi" – ,,Toute la vie avec sa mie" (S, T, Pfte.-Begl.)   20– 23

No. 8. [Jean Baptiste] Bouffet: La Petite Maîtresse, Chansonnette
„Je n'aime pas qu'on me répète" 24— 25

No. 9. C.[arl] M.[aria] von Weber: Duetto (Euryanthe, Eglantine)
aus der Oper: Euryanthe „Unter ist mein Stern gegangen" — „Ah! l'étoile de ma vie" [Jähns 291, N. 7] 26— 29

4e Livraison:

No. 10. F.[elice] Blangini: Nocturne „Belle Ninfe è nato aprile" —
„Dans le printems du bel âge" (S, T, Pfte.- oder
Hf.-Begl.) 30— 32

No. 11. [François Adrien] Boieldieu: Rondeau de: La Famille Suisse
„Quand le sort nous est prospère" [Saint-Just]
(Singst., Fl. oder Vl., Pfte.- oder Hf.-Begl.) 33— 37

No. 12. Polonaise de: L'Amour et Psyché „Gleich der jungen
fruhlings [!] Rose" — „Ainsi que la jeune Rose"
([Übers.:] N. J. Trumper) 38— 40

5e Livraison:

No. 13. C.[arl] M.[aria] von Weber: Scene und Arie (Agathe) aus der
Oper: Der Freyschütz „Wie nahte mir der Schlummer" —
„Depuis qu'amour enflamme" ([Übers.] N. J. Trumper)
[Jähns 277, N. 8] 42— 47

No. 14. Colette Botte: La naïve Pastourelle, Romance „Je suis belle"
(Adolphe Quetelet) 48— 49

No. 15. G.[iuseppe] Nicolini: Duettino (Abenamet, Zoraide)
nell'Opera Seria: Abenamet e Zoraide „Apri le fulgide
pupille, o cara!" — „Ouvres, donc tes beaux yeux,
ô toi que j'aime" 50— 51

6e Livraison:

No. 16. F.[elice] Blangini: Nocturne „Non, ami il prigioniero" —
„Vous donc l'humeur légère" (S, T, Pfte.- oder Hf.-
Begl.) 53— 55

[No. 17] L.[ouis] Jadin: Le Serment du Soir, Nocturne „Quand de la
nuit l'étoile avant courière" (S I, II, Pfte.- oder Hf.-
Begl.) (56)—(57)

No. 18. Ritter Sig[is]m[un]d [von] Neukomm: Die Blumenweihe
„Blumen! nicht für Spiel und tanz" [Tiedge: Aennchen
und Robert] — „Roses! point ne vous destine" (N. J.
Trumper) 58— 60

7e Livraison:

No. 19. [Nicola Antonio] Zingarelli: Duo (Roméo, Everardo) de:
Roméo et Juliette „Giusto ciel! del mio tormento" —
„Soi touché de ma tristesse" 62— 67

No. 20.   F.[erdinand] Hérold: Air du: Roi René ou La Provence au
           15me Siècle (1er Couplet) „Non, je ne veux pas écou-
           ter" (2e Couplet) „Non je ne veux pas danser"
           (Belle und Sewrin)   68— 70

No. 21.   [Benedikt] Schack: Terzetto (Vater, Liese, Anton) aus der
           Oper: Der Dumme Gärtner „Mein Sohn gehorche mir" —
           „Mon fils, écoute-moi"   71— 75

8e Livraison:

No. 23 [recte: 22] [Michel] Carafa [de Colobrano]: Chanson de
           l'écho de l'Opéra: Le Valet de Chambre, Tyrolienne
           „Le soir la jeune Colette" (Scribe und Melesville)   77— 81

No. 22 [recte: 23] [Jean Baptiste] Bolaffi: Cavatina „Come mai da
           te lontano" — „Te quitter, ma douce amie"   82— 83

No. 24.   L.[udwig] van Beethoven: An die Hoffnung „Die du so
           gern in heil'gen Nächten feyerst" — „Toi qui te plais
           dans l'ombre et le silence" (Tiedge) [Op. 94]   84— 85

9e Livraison:

No. 25. 26 [Gioacchino] Rossini: [Arie (Tancredi)] nell'Opera seria:
           Il Tancredi „Lasciami! non t'ascolto" — „Laisse-moi!
           fuis ma présence"   87— 97

No. 27.   F.[rançois] J.[oseph] Fétis: Rondo (Clary) und Chœur ad
           lib. de l'Opéra: Marie Stuart en Ecosse „A la fleur du
           bel âge" — (Chœur) „Le bal est un plaisir"   98—100

10e Livraison:

No. 28.   F.[elice] Blangini: Notturno „Non mi sprezzar licori" —
           „Jamais d'une cruelle" (S, T, Pfte.- oder Hf.-Begl.) 102—103

No. 29.   [Charles-Simon] Catel: Air (Zirphile) de l'Opéra: Zirphile
           et Fleur de Myrthe „Dans une retraite profonde"
           (Jouy und Lefèvre) (Singst., Pfte.- oder Hf.-Begl.:
           Fétis)   104—107

No. 30.   C.[arl] M.[aria] von Weber: Arie [Aennchen] aus der
           Oper: Der Freischütz „Trübe Augen Liebchen taugen"
           [Jähns 277, aus N. 13]   108—112

11e Livraison:

No. 31.   Simone Mayer [!]: Duetto Buffo (Colombina, Cassandro)
           „Vecchierello mio grazioso" — „Dites-moi donc en
           confidence"   114—119

No. 32. [François Joseph] Fétis: Romance (Rosette) de l'Opéra:
Les Sœurs Lumelles „Rose qui vient d'éclore" 120—121

No. 33. Max.[imilian] Eberwein: Aria aus der Oper: Das befreite
Jerusalem „Im Angesicht der heil'gen Mauern" 122—124

12e Livraison:

No. 34. Giuseppe Curci: Duetto (Gonsalvo, Zulema) nell'Opera:
La Zulema „Di marte la tromba" — „Pour prendre
les armes" 126—133

No. 35. C.[arl] M.[aria] v.[on] Weber: Cavatine aus: Preciosa
„Einsam bin ich nicht alleine" — „Je suis seul et non
solitaire" [Jähns 279, N. 7] 134—135

No. 36. H.[enri] Berton: Virginie ou les Décemvirs „Quel farouche
regard" (T, Pfte.- oder Hf.-Begl.) 136—142

2e Année [1825/1826]

1re Livraison:

No. 1. Cerrachini: Cavatina „Godete oh! dolci amanti" — „O toi
pour qui je soupire" (Singst., Pfte.-Begl.: A. Garaudé) 2— 6

No. 2. F.[erdinand] Hérold: Duo (Lasthénie, Hypparète) [aus:]
Lasthénie „Ah que ce jour pour Hypparète" 7— 9

No. 3. C.[arl] M.[aria] von Weber: Ariette [Aennchen] aus der
Oper: Der Freischütz „Kommt ein schlanker Bursch
gegangen" — „Le jeune homme au teint de roses"
[Jähns 277, N. 7] 10— 14

2e Livraison:

No. 4. A.[lexis] de Garaudé: Tema con variazoni „Ah! quanto
dopo il turbine" 17— 23

No. 5. [Michel] Carafa [de Colobrano]: Couplets de l'Opéra:
La Belle au Bois Dormant „Si je savais par ma baguette"
(Planard) 24— 25

No. 6. [Sigismund von] Neukom [!]: Die Alpenrose „Du blühtest
dort im dunklen Moose" (Tiedge: Aennchen und Robert) — „Cachée et sous la mouse [!] obscure" 26— 27

3e Livraison:

No. 7. 8 [Michel] Carafa [de Colobrano]: Duo (Lindor, La Princesse)
de l'Opéra: La Belle au Bois Dormant „Daignez prendre
un guide" (Planard) 30— 39

No. 9. [Sigismund von] Neukomm: Das entscheidende Reis,
Wechselgesang „Aennchen, komm mit mir! der Tag
ist so schön" (Tiedge: Aennchen und Robert) (2 Singst.,
Pfte.- oder Hf.-Begl.) (40)—43

4e Livraison:

No. 11 [recte: 10] G.[ioacchino] Rossini: Cavatina nell'Opera:
Il Ciro „T'abbraccio, ti stringo"   45– 47

No. 10 [recte: 11] Madame Schouten née Carpentier: Mon Elisa
n'est plus, Romance „Depuis ta mort Elisa" (Mr.
Ls. J. Mabilde)   48– 49

No. 12. L.[udwig] van Beethoven: Die Ehre Gottes aus der Natur
„Die Himmel rühmen des Ewigen Ehre" (Gellert)
[Op. 48, 4]   50– 51

5e Livraison:

No. 13.   [Saverio] Mercadante: Aria nel Opera: I Sciti [!] [= Gli
Sciti] „Se la mia dolce speme"   54– 59

No. 14.   Le Chevalier A. de Villers: Serment d'Amour, Romance
„Serment d'amour à la beauté" (Mr.***)   60– 61

No. 15.   C.[arl] M.[aria] von Weber: Duetto (Euryanthe, Adolar)
aus der Oper: Euryanthe „Hin nimm die Seele mein!"
[Jähns 291, N. 13]   62– 65

6e Livraison:

No. 16.   T.[ito] Consalvo: Quel Ruscelletto, Notturni „Quel
ruscelletto, che l'onde chiare" (S I, T, Pfte.- oder
Hf.-Begl.)   68– 70

No. 17. 18. L. N. Groetaers: Guillaume au Cornet, Romance
Héroïque „Preux chevaliers, laissez le cimeterre"   72– 79

7e Livraison:

No. 19.   [Gioacchino] Rossini: Cavatina (Adelaide) nell'Opera:
Adelaide di Borgogna „Occhi miei, piangeste assai"   83– 87

No. 20.   F.[rédéric] Kreubé: Romance de l'Opéra Comique: Les
Enfans de Maître Pierre „Je chéris ce séjour" (Dekock) 88– 89

No. 21.   [Sigismund von] Neukomm: Nachruf „Fort ist Aennchen,
hin, dahin!" (Tiedge: Aennchen und Robert)   90– 91

8e Livraison:

No. 22.   Philibert Brouw de Brux.[el]les: Garde à Vous, Couplets
„Que bachelette à son aurore" (Hilaire)   94– 95

No. 23.   Michelle [!] Carafa [de Colobrano]: Cavatina nell'Opera:
La Gabriella „Ombra che a me d'intorno"   96– 98

No. 24.   L.[udwig] van Beethoven: [Der Kuß], Ariette „Ich war
bei Chloen ganz allein" [Chr. F. Weisse] – „Près de
chloè seul me trouvant" [Op. 128]   100–102

9e Livraison:

(No.) 25. Ludwig van Beethoven: Opferlied „Die Flamme lodert!
Milder Schein" (Friedrich von Matthisson) (Solo-S,
Pfte.- oder Hf.-Begl.) [Op. 121b]   105—110

(No.) 26. A.[uguste] de Peellaert: L'Attente, Romance „Il ne
vient pas"   112—113

(No.) 27. L. N. Groetaers: Le Lilas, Romance Allégorique „Au
printems moins qu'à son feuillage"   116—117

10e Livraison:

(No.) 28. [Giacomo] Meyerber [!]: Cavatina nell'Opera: Constanza
e Romilda „Tu sai qual oggetto" — „Tu connais bien
celle" (P. Vanduyse)   120—122

(No.) 29. A.[uguste] de Peellaert: Aslega, Romance „Pardonne Isnel
un père inexorable" (Parny)   124—125

(No.) 30. [François] A.[drien] Boieldieu: Cavatine (Georges) de
l'Opéra Comique: La Dame Blanche „Maintenant
observons" (Scribe)   127—132

11e Livraison:

(No.) 31. [Saverio] Mercadante: Cavatina (Enea) nell'Opera: Didone
Abbandonata „Addio felici sponde" — „Adieu, char-
mante terre!" (M.lle Natalie V. D.***) (Arr. ohne
Chöre: A. de Garaudé)   134—140

(No.) 32. L. N. Groetaers: Le Rêve „Un soir accablé de tristesse"
(Carnot)   142—143

(No.) 33. L. N. Groetaers: Mijn Wensch aan Fanny, Zangstuk „Vond
ik Febus elpenciter voor u, Fanny!" — „Chanterois
tant douce Mie, eus-je, dieu des arts" (P. van Duyse)   144—145

12e Livraison:

(No.) 34. [Francesco] Morlacchi: Caro Suono Lusinghiero, Recitativo
e Romanza nel: Teobaldo e Isolina (Rec.) „Notte tremenda! orribil notte!" — „O nuit terrible! O nuit
horrible!" (Romanza) „Caro suono lusinghier" —
„Quand à mon âme attendrie"   148—152

(No.) 35. Edouard Desomère Fils: Ecoutez-moi, Romance „Ecoutez-
moi, je n'ai que deux mots à vous dire"   154—155

(No.) 36. C.[arl] M.[aria] von Weber: Duett (Anna, Agathe) aus
[der] Oper: Der Freiscutz [!] „Schelm! halt fest" —
„Tiens, infâme" [Jähns 277, N. 6]   157—163

3e Année [1826/1827]

1re Livraison:

2 [recte: 1] L. N. Groetaers: Toi qui jadis, Chant Hellénique (Rec.)
„Toi qui jadis étais si florissante" — (Chant) „Peuple
du nord l'Europe te contemple"   6— 12

1 [recte: 2] Carl Keller: Die Feldflasche „Helft Leutchen mir vom Wagen doch" (Veith) — „De la voiture enlevez-moi" (Prudent Van Duyse) (Singst., Pfte.-Begl.:L. N. Groetaers)　　　14— 15

2e Livraison:

4.　[Giacomo] Meyerbeer: Aria (Palmide) nell'Opera: Il Crociato in Egitto „D'una madre disperata" — „D'une mère infortunée" (Mlle. N. Van Duyse)　　　18— 28

5.　E.[tienne] Voisel [!]: L'Oubli, Romance „Ainsi ta bouche le confesse"　　　30— 31

6.　M.[auro] Giuliani: Romanze „Flattre, flattre, kleiner Vogel"— „Petit oiseau vole, vole!" (Mlle. N. Van Duyse)　　　32— 33

3e Livraison:

7.　[Gioacchino] Rossini: Della Rosa, Air Favori „Della rosa il bel vermiglio l'amor" — „Peinds lui, Rose matinale" (Prudent Van Duyse)　　　34— 41

8.　A.[lexis de] Garaudé: L'Orage, Chansonnette „Pour nous garantir de l'orage" (Boucher de Perthes)　　　42— 43

9.　[Sigismund von] Neukomm: Die Hütte „Grüne frisch, du Epheuranke" (Tiedge: Aennchen und Robert)　　　44— 45

4e Livraison:

10.　T.[ito] Consalvo: Notturno „Non sperar, non lusingarti" — „La franchise sait me charmer" (P. Van Duyse) (S I, II, Pfte.)　　　48— 50

11. 12. Divers Auteurs: Duo (Henri, Catau) de: La Forêt de Sénart ou la Partie de Chasse de Henri IV (Rossini: Cenerentola) „Son regard me plaît, m'enchante" [Arr. und Text: Castil-Blaze]　　　51— 61

5e Livraison:

13.　[Verschiedene Autoren]: Couplets de l'Opéra [Pasticcio]: La Forêt de Sénart „Amis, venez dans le bocage" (C. M. v. Weber) [Arr. und Text: Castil-Blaze] (2 Singst., Pfte.)　　64— 66

14. 15 [Giacomo] Meyerber [!]: Duo (Isaure, Lavarenne) de l'Opéra: Marguerite d'Anjou (Rec.) „Ah! de grâce!" — (Duo) „La crainte m'agite"　　　67— 76

6e Livraison:

16.　F.[erdinand] Hérold: Barcarole (Suzette) [aus:] Marie, Opéra Comique en trois actes „Batelier, dit Lisette, je voudrais passer l'eau" (Planard)　　　78— 81

17.　[Francesco de] Piantanida: Favorit-Bolleros „So lange noch in unschuldsvollen Tagen" — „O jours riants où brille la jeunesse" (Prudent Vanduyse)　　　83— 86

18.   L. N. Groetaers: Nocturne à deux voix „Minuit s'avance"
        (Prudent Van Duyse)   88— 89

7e Livraison:

19.   F.[erdinand] Hérold: [Arie] (Henri) [aus:] Marie, Opéra en
        trois actes „Une robe légère d'une entière blancheur"
        (Planard)   92— 94

20.   A.[lexis] de Garaudé: La Colère d'une Fillette, Chansonnette
        „A moi qui suis sage, qui le suis toujours" (Boucher
        de Perthes)   96— 97

21.   [Gioacchino] Rossini: Cavatine d'Ivanoé, nouvel Opéra en
        trois actes „En vain mon âme espère"   99—104

8e Livraison:

22.   G.[ioacchino] Rossini: Recitatif [und] Air (Mahomet) [aus:]
        Le Siège de Corinthe, Opéra en trois actes (Rec.)
        „Qu'a ma voix la victoire s'arrête"- (Air) „La gloire
        et la fortune à nos armes fidèles"   106—114

23.   J. Mallieux: Sans toi et avec toi, Romance „Sans toi quels lieux
        auraient des charmes" (Mr.***)   116—117

24.   A.[ntoine] Romagnesi: Chansonnette „Pour mieux tromper
        l'œil des jaloux" (F.ie Bérat)   118—119

9e Livraison:

25. 26. G.[ioacchino] Rossini: Ballade (Ismène) [und] Chœur du:
        Siège de Corinthe, Opéra en trois actes (Ballade)
        „L'hymen lui donne Une couronne" — (Chœur)
        „Viens, jeune Reine, calme ta haine" (Soummet
        und Balochi)   122—131

27.   H.[enri-] M.[ontan] Berton: Couplets [aus:] Les Créoles
        „Je suis maître d'équipage" (Delacour)   132—134

10e Livraison:

29. 30 [recte: 28.29] H.[enri-] M.[ontan] Berton: Air [aus:]
        Les Créoles „O ma meilleure amie" (Delacour)   137—145

31.   [recte: 30] A.[ntoine] Romagnesi: Le Serment d'une Coquette,
        Chansonnette „Oui je le jure et pour la vie" (Mme***) 146—147

11e Livraison:

31.   C.[harles] Plantade: A ce Soir, Romance „De mon premier
        billet te souvient-il encore" (Courcy)   150—(151)

32. 33 [Gioacchino] Rossini: Duo (Julie, Nérine) aus: Demetrio e
        Polibio, Opéra en trois actes „Je m'unis à celui que
        j'aime" — „Questo cor ti giura amore" (de Pour-
        ceaugnac nach Molière)   153—157

12e Livraison:

34.   [Louis] Spohr: Romance (Zémire) de: Zémire et Azor
„Rose chérie viens sur mon cœur" (Arr. für die
französische Szene: H. Brovellio; Pfte.-Arr.: Pixis)   159—162

35. 36 [Daniel François Esprit] Auber: Couplets (Fiorella, dann
Zerbine) [und] Chœur [aus:] Fiorella, Opéra
Comique en trois actes (Fiorella) „Pauvre Napolitain, la mer est belle" — (Zerbine) „Au bord Américain, l'or étincelle" — (Chœur) „Moi, quitter
l'Italie pour un climat nouveau" (Scribe)   163—167

5e Année [1828/1829]

1re Livraison:

[1]   A. Roget: Romance [aus:] La Nouvelle Somnambulle [!],
Vaudeville en trois actes „Le doux mystère et l'ombre
de la nuit" (Théaulon) ([Pl. Nr.] 226)   2— 3

[2]   A.[uguste] Panseron: Jeunes Bergerettes, Romance à deux
voix „Jeunes bergerettes, suivez Lubin sans effroi"
(Mr.***) (S, T, Pfte.-Begl.) ([Pl. Nr.] 223)   2— 3

[3]   [Gioacchino] Rossini: Récit à volonté [und] Air (Argire)
[aus:] Tancrède (Rec.) „Tancrède de nos murs est
proscrit à jamais" — (Air) „Bannis la chimère, qui
trouble ton cœur" (Ed: d'Anglemont) (Arr. für die
französische Szene: Lemière de Corvey) ([Pl. Nr.] 225)   1— 7

2e Livraison:

[4]   P. Nacher: Romance Allégorique à l'occasion de la Naissance de
S. A. R. la Princesse Wilhelmine, Frédéric, Alexandrine,
Anne, Louise des Pays-Bas [5. August 1828] „Je vis
un jour, Dieux!" (P. Van Duyse)   2— 3

[5]   A.[ntoine] R.[omagnesi]: Ici restons toujours, Ronde à deux
voix „Dans sa barque légère le pêcheur amoureux"
(Alfred Cotreau) (S, T, Pfte.- oder Hf.-Begl.) (Pl. Nr. 233) 2— 3

[6]   [Gioacchino] Rossini: Cavatine [aus:] Pietra di Paragone
‹ La Pierre de Touche › „Quel dir mi, o dio!" — „Et
quoi! je n'aime pas!" ([Pl. Nr.] 234)   2— 7

3e Livraison:

[7]   Air Suisse „Je dois te fuir et toi cruelle" (Amable Tastu)
— „Du mues mir's nit vor übel nehme" ([Pl. Nr.] 241)   2—(3)

[8]   [Gioacchino] Rossini: Prière arrangée à une ou deux voix [aus:]
Le Comte Ory, Opéra en trois actes „Noble châtelaine
voyez notre peine" (Scribe und Poirson) (Arr.: für S I,
oder S I, II, Pfte.- oder Hf.-Begl.: Nacher) ([Pl. Nr.] 239)   2— 3

[9]   [Gioacchino] Rossini: Cavatine (Le Comte) [aus:] Le
       Comte Ory, Opéra en deux actes ,,Que les destins
       prospères accueillent vos prières'' (Scribe und
       Poirson) ([Pl. Nr.] 237)   2— 7

4e Livraison:

[10] Auguste Panseron: Chansonnette ,,Bien malin qui m'attrapera''
       (Victor de B.) ([Pl. Nr.] 246)   2— 3

[11] [Gioacchino] Rossini: Duo [aus:] Le Comte Ory ,,Ah
       la bonne folie c'est divin'' ([Pl. Nr.] 247)   2— 5

[12] [Michel] Carafa [de Colobrano]: Ronde (Marguerite) [aus:]
       La Violette ,,Un vieux berger loin du hameau'' (Planard
       nach dem Roman von Gérard de Nevers) ([Pl. Nr. 248)   1— 3

5e Livraison:

[13] [Michel] Carafa [de Colobrano]: Couplet (Marguerite, Richar-
       det) à une ou deux voix [aus:] La Violette, Opéra ,,Je
       sais une violette sous gentille collerette'' (Planard nach
       dem Roman von Gérard de Nevers) ([Pl. Nr.] 254)   2— 3

[14] [Michel] Carafa [de Colobrano]: Romance [aus:] La Violette,
       Opéra ,,Du bonheur goûtant tous les charmes'' (Planard
       nach dem Roman von Gérard de Nevers) ([Pl. Nr.] 255)   1— 3

[15] [Michel] Carafa [de Colobrano]: Air (Euriant) [aus:] La
       Violette, Opéra ,,L'orgueil et la tendresse'' (Planard
       nach dem Roman von Gérard de Nevers) ([Pl. Nr. 253)   1— 7

6e Livraison:

[16] H.[enri-Montan] Berton: Les Petits Appartemens, Romance
       ,,Je ne l'aime plus maintenant'' (Varner und Dupin)
       ([Pl. Nr.] 258)   2— 3

[17] [Michel] Carafa [de Colobrano]: Cavatine (Gérard) [aus:]
       La Violette, Opéra ,,Violette, jolie image de pudeur''
       (Planard nach dem Roman von Gérard de Nevers)
       ([Pl. Nr.] 259)   2— 7

[18] D.[aniel] F.[rançois] E.[sprit] Auber: Romance (Henriette)
       [aus:] La Fiancée, Opéra Comique en trois actes ,,Un
       ciel serein et sans nuage'' (Scribe) ([Pl. Nr.] 260)   2— 3

7e Livraison:

[19] [Charles] Lafont: Barcarolle ,,Sur l'eau qui te balance'' (Des-
       bordes-Valmore) ([Pl. Nr.] 268)   2— 4

[20] F.[er]d[inando] Paer: Vous faites donc comme elle? Romance
       ,,Parlez échos discrets'' (Ed. Monnais) ([Pl. Nr.] 269)   2— 3

[21] Charles Marie de Weber: Tyrolienne ,,Sans argent comptant''
       (Edouard Monnais) ([Pl. Nr.] 267)   2— 3

[22] Edouard Bruguière: Aimer et se le dire c'est remplir son destin,
  Nocturne à deux voix „Au bord d'un clair ruisseau"
  (S, T, Pfte.-Begl.) ([Pl. Nr.] 266) 2— 3

8e Livraison:

[23] D.[aniel] F.[rançois] E.[sprit] Auber: Couplets (Fritz) [aus:]
  La Fiancée, Opéra Comique en trois actes „Garde à
  vous, avançons en silence" (Scribe) ([Pl. Nr.] 278) 2— 3

[24] D.[aniel] F.[rançois] E.[sprit] Auber: Ballade (Henriette)
  [aus:] La Fiancée „Si je suis infidèle même après
  ton trépas" ([Pl. Nr.] 277) 2— 4

[25] D.[aniel] F.[rançois] E.[sprit] Auber: Duo (Henriette,
  Frédéric) [aus:] La Fiancée, Opéra Comique en trois
  actes „Au nom du Dieu puissant!" ([Pl. Nr.] 276) 2— 9

9e Livraison:

[26] [Charles] Lafont: Le Sorcier de Tivoli „A Tivoli riant et frais
  séjour du Sorcier" (Ed. Mennechet) ([Pl. Nr.] 282) 2— 3

[27] Amédée Beauplan: Le Péage du Châtelain „Seigneur soldat, mon
  camarade" (Louis Guérin) ([Pl. Nr.] 283) 2— 3

[28] [Gioacchino] Rossini: Air (Amenaide) [aus:] Tancrède „Je
  t'implore, ô dieu, que j'adore!" (D'Anglemont)
  (Singst., Pfte.- oder Hf.-Begl.: Mr.***) ([Pl. Nr.] 284) 1— 5

10e Livraison:

[29] [François] A.[drien] Boieldieu: Couplets aus: Les Deux Nuits,
  Opéra Comique „Prends garde à toi" (Bouilly und
  Scribe) ([Pl. Nr.] 287) 1— 3

[30] [François] A.[drien] Boieldieu: Duo (Betti, Carill) [aus:]
  Les Deux Nuits, Opéra Comique „Seule dans cette
  armure" (Bouilly und Scribe) (2 Singst., Pfte.- oder
  Hf.-Begl.: V. Rifaut) ([Pl. Nr.] 288) 1— 15

11e Livraison:

[31] [François] A.[drien] Boieldieu: Nocturne à une, deux ou
  trois voix [aus:] Les Deux Nuits, Opéra Comique
  „La belle nuit, la belle fête" [Bouilly und Scribe]
  ([Pl. Nr.] 292) 2— 5

[32] [François] A.[drien] Boieldieu: Couplets (Edouard) [aus:]
  Les Deux Nuits, Opéra Comique „Le beau pays de
  France" (Bouilly und Scribe) (2 Singst., Pfte.- oder
  Hf.-Begl.: V. Rifaut) ([Pl. Nr.] 293) 2— 4

[33] [François] A.[drien] Boieldieu: Nocturne (Edouard) [aus:]
  Les Deux Nuits, Opéra Comique „Dans les beaux
  vallons de Clarence" [Bouilly und Scribe] ([Pl. Nr.] 295) 1— 2

12e Livraison:

[34] (Auguste) Panseron: Ne n'oubliez pas, Romance „Puisque la gloire
vous appelle" (Boucher de Perthes) ([Pl. Nr.] 299)   1— 2

[35] Auguste Panseron: Nocturne Créole (Petit Blanc, Négresse)
[aus:] Mariage du Petit Blanc „Sous mon (ton) bras
qui t'(m') enchaîne ton (mon) bras" (Mange)
([Pl. Nr.] 300)   [2 S.]

[36] [François] A.[drien] Boieldieu: Air de Deux Nuits, Opéra
Comique (Réc.) „Voici de saint Dunstan l'antique
monastère" — (Air) „Tout repose en ce lieu sauvage"
(Bouilly und Scribe) (Singst., Pfte.- oder Hf.-Begl.:
V. Rifaut) ([Pl. Nr.] 301)   1— 8

6e Année [1829/1830]

5e Livraison:

[1] [Maria Felicia] Malibran: Tyrolienne à une ou deux voix „Je
fus heureux avant de te connaître" (Loraux de Ronsière) (S I, II, Pfte.-Begl.) ([Pl. Nr.] 338)   2—(3)

[2] [Maria Felicia] Malibran: L'Indifférence, Tyrolienne à une ou
deux voix „D'un gai refrain la légère harmonie" (St.
Hilaire) ([Pl. Nr.] 339)   [2 S.]

[3] [Jacques Fromental] Halévy: Duo (Marinette, Elise) [aus:]
Le Dilettante d'Avignon „Quoi ce jeune homme à
regard tendre" [Hoffmann und Léon Halévy]
([Pl. Nr.] 337)   2— 7

Polyhymnia eine Sammlung vierstimmiger Gesänge ohne Begleitung.

Freiburg im Breisgau in der Herderschen Kunst und Buchhandlung.

(Jahrgang 1. [1824/25]): Bändchen 1—4.

D FRh — **NL** DHgm

1. Bändchen, Heft 1—3

1. Heft:

No. 1. [Carl Maria von Weber]: Zigeunermarsch aus: Preciosa,
„Frischer Muth, leichter Sinn" [Jähns 279, N. 2]   1

No. 2. [Carl Maria von Weber]: Gebet [Agathe] aus dem: Freischütz „Leise, leise fromme Weise" [Jähns 277, N. 8]   2

No. 3. [Carl Maria von Weber]: Lied [Preciosa] aus: Preciosa
„Einsam bin ich nicht alleine" [Jähns 279, N. 7]   3

No. 4. [Carl Maria von Weber]: Trinklied [Caspar] aus dem: Freischütz „Hier im irdschen Jammerthal" [Jähns 277, N. 4] 4— 5

No. 5. [Carl Maria von Weber]: Romance [Adolar] aus der Oper:
        Euryanthe „Unter blüh'nden Mandelbäumen"
        [Jähns 291, N. 2]   6– 7

No. 6. [Carl Maria von Weber]: [Arie (Max)] aus dem: Frei-
        schütz „Jetzt ist wohl ihr Fenster offen" [Jähns 277,
        zu N. 3]   7– 8

2. Heft:

No. 7. [Nicolaus] Gerson: Iris „Schön sind Rosen und Jasmin"   9– 10

No. 8. C.[arl] C.[onrad] Büttinger: Introduction und Schlacht-
        gesang „Still und schauerlich empor!" – (Marsch)
        „Heraus aus deiner Wolfesgruft" (I. W. L. Gleim)   10– 13

[No. 9] [Nicolaus] Gerson: Die menschliche Stimme „Muthiger
        bei dem Ruf der Posaune" (Th. Körner)   13– 14

No. 10. Eduard Stegmann: Lied der Treue „Schön sind die blumi-
        gen Matten" (J. F. Ratschky)   15

No. 11. C.[arl] C.[onrad] Büttinger: Skolie „Wer Vater Bachus [!]
        deine Gaben" (L. A. Unzer)   16

3. Heft:

No. 12. [Gioacchino Rossini]: Aus der Oper: Othello „Von Leiden
        schwer und Kummer"   17

No. 13. [Gioacchino Rossini]: Aus der Oper: Il Turco in Italia
        „Ja trauet den Weibern nur"   18– 19

No. 14. [Gioacchino Rossini]: Aus der Oper: Moses in Egypten
        [= Mosè in Egitto] „Der Friede fehlt dem Leben"   20

No. 15. [Gioacchino Rossini]: Aus der Oper: Tancred „Schütze
        mich, o Gott der Liebe"   21

No. 16. [Gioacchino Rossini]: Aus der Oper: Il Turco in Italia
        „Der Schmetterling mit Kosen"   22

No. 17. [Gioacchino Rossini]: Aus der Oper: Moses in Egypten
        „In dem Drange der Gefühle"   23

No. 18. [Gioacchino Rossini]: Aus der Oper: Tancred „Dir soll
        mit treuster Zärtlichkeit"   24

2. Bändchen, Heft 4–6

4. Heft:

No. 19. L.[ouis] Spohr: Aus der Oper: Jessonda „Auf und lasst
        die Fahnen fliegen"   25

No. 20. L.[ouis] Spohr: Romanze aus der Oper: Zemire und Azor
        „Rose, wie bist du reitzend und mild!"   26– 27

No. 21. L.[ouis] Spohr: Aus der Oper: Der Zweikampf mit der
        Geliebten „Wie die Wiesenblum' am Abend"   28

No. 22.   [Louis Spohr]: Aus der Oper: Jessonda „Bald bist du ein
          Geist geworden"   29

No. 23.   [Louis Spohr]: Aus der Oper: Der Zweikampf mit der Ge-
          liebten „Ich liebe Glanz, Musick und Tanz"   30— 31

No. 24.   [Louis Spohr]: Rondo aus der Oper: Jessonda „Dass
          mich Glück mit Rosen kröne"   31— 32

5. Heft:

No. 25.   [Wolfgang Amadeus] Mozart: Marsch aus der: Zauberflöte
          „Hoch über dir, du stiller Tempel" [KV 620, 9]   33

No. 26.   [Wolfgang Amadeus] Mozart: Aus der: Entführung aus
          dem Serail „Das [!] wir uns niemals wieder finden!"
          [KV 384, aus 15]   34

No. 27.   [Wolfgang Amadeus] Mozart: Aus: Don Juan „Himmel,
          lass Rache mich sehen" [KV 527]   35

No. 28.   [Wolfgang Amadeus] Mozart: [Rondò (Mademoiselle Silber-
          klang)] aus dem: Schauspiel-Direktor „Bestes Mäd-
          chen [!] mit Entzücken" [KV 486, 2]   36— 37

No. 29.   [Wolfgang Amadeus Mozart]: [Arie (D. Giovanni)] aus:
          Don Juan „Treibt der Champagner das Blut erst im
          Kreise" [KV 527, 12]   38— 39

No. 30.   [Wolfgang Amadeus Mozart]: [Terzett (drei Knaben)]
          aus der: Zauberflöte „Zum Ziele führt dich diese
          Bahn" [KV 620, aus 8]   40

6. Heft:

No. 31.   [Peter von] Winter: Aus der Oper: Calypso „Was ist's,
          das [!] nun die Waffen hier"   41

No. 32.   [Peter von] Winter: Aus dem: Unterbrochenen Opferfest
          „Zieht ihr Krieger, zieht von dannen"   42— 43

No. 33.   [Peter von] Winter: Gebet aus: Marie von Montalban „Sen-
          de Rettung uns hernieder"   44

No. 34.   [Peter von] Winter: Aus dem: Unterbrochenen Opferfest
          „Sanft ist des Todes Schlummer"   45

No. 35.   [Peter von Winter]: Jagdgesang aus der Oper: Calypso
          „Laut tönet durch Berg und Thal"   46— 47

No. 36.   [Peter von Winter]: Aus: Marie von Montalban „Auf Brü-
          der, zieht von hinnen"   48

3. Bändchen, Heft 7—9

7. Heft:

No. 37.   [Luigi] Cherubini: Aus der Oper: Faniska „Allzu tief sind
          des Herzens Wunden"   49

No. 38.   [Luigi] Cherubini: Aus der Oper: Lodoïska „Stoss an!
          leert Freunde diesen Becher"   50— 51

No. 39.   [Luigi] Cherubini: Aus der Oper: Der Portugiesische Gast-
          hof „Mir ist ein starker Schutz gegeben"   52

No. 40.   [Luigi] Cherubini: Aus der Oper: Der Wasserträger „Muntere
          Hirten, schmücket mit Blumen"   53

No. 41.   [Luigi] Cherubini: Aus der Oper: Lodoïska „Bild der Ge-
          liebten, das sie mir gab"   54— 55

No. 42.   [Luigi] Cherubini: Aus der Oper: Faniska „O Himmel !
          deinen Segen"   56

8. Heft:

No. 43.   F.[ranz] Beutler: Gute Nacht „Gute Nacht! gute Nacht!
          allen Müden seys gebracht"   57— 58

No. 44.   Stehle: Der Abschied „Lass mein Aug den Abschied sagen"
          (Göthe)   58— 59

No. 45.   F.[ranz] Beutler: Polonaise „Ohne Leichtsinn fröhlich
          seyn"   60— 61

No. 46.   [Carl Conrad] B.[üttinge]r: Nachtlied „Die Erde ruht, das
          Herz erwacht" (S. A. Mahlmann)   62

No. 47.   Stehle: An den May „O lieber May, wie schön und neu"
          (Hölzl)   63

No. 48.   Romanze „Vernimm mein traurig Loos!" (Arr.:
          F. Beutler)   64

9. Heft:

No. 49.   [Ferdinando] Paer: Romanze aus der Oper: Camilla
          „Einstmal gieng beym Sternenhimmel"   65

No. 50.   [Ferdinando] Paer: Aus der Oper: Griselda „Mir nahet
          nun die Wonne"   66— 67

No. 51.   [Ferdinando] Paer: Aus der Oper: Sofonisbe „Ja ich
          weih mein Herz der Liebe"   68— 69

No. 52.   [Ferdinando] Paer: Aus der Oper: Sargino „Wie Ver-
          zweiflung mich bestürmet" (3 Singst.)   71

No. 53.   [Ferdinando Paer]: Canon aus der Oper: Camilla „Ach
          wie sein Blick voll Trauer"   71— 72

4. Bändchen, Heft 10—12

10. Heft:

No. 54.   C.[arl] C.[onrad] Büttinger: Heimlicher Schmerz „Wie
          mir ist dies kann ich niemand sagen"   73

No. 55.   Leonardi: Sehnsucht nach der Geliebten „Freude, ja Freu-
          de winket mir"   75— 77

No. 56.   [Nicolaus] Gerson: Der Abend „In rothen Gluthen sank
          der Tag" (G. W. Christoph Starke)   77

No. 57.   C. Magg: Wein und Liebe „Ohne Wein und ohne Liebe"   78— 79

No. 58.　　Leonardi: Einladung zum Tanz „Kein tödtliches Sorgen
　　　　　　beklemmet die Brust" (I. W. Ludwig Gleim)　　　　　80

11. Heft:

No. 59.　　P.[eter] Ritter: Aus der Oper: Der Mandarin „Ehmals
　　　　　　lebt ich wohl in Freuden"　　　　　　　　　　　　81– 83

No. 60.　　[Carl Conrad] B.[üttinge]r: Aus der Oper: Mathilde
　　　　　　„Uns rufen Schmerzenstöne"　　　　　　　　　　　　83

No. 61.　　L.[ouis] Abeille: Aus der Oper: Amor und Psyche
　　　　　　„Schlummert ruhig holde Kinder"　　　　　　　　84– 85

No. 62.　　[Wolfgang Amadeus] Mozart: [Arie (Sarastro)] aus der:
　　　　　　Zauberfloete „In diesen heil'gen Hallen" [KV 620, 15]　85– 86

No. 63.　　[Gioacchino Rossini]: Aus der Oper: Il Turco in Italia
　　　　　　„Dir verdank ich, güt'ger Himmel"　　　　　　　　87

No. 64.　　C.[arl] M.[aria] von Weber: Der arme Minnesänger
　　　　　　„Ueber die Berge mit Ungestüm" (v. Kotzebue)
　　　　　　[Op. 25, 2; Jähns 110]　　　　　　　　　　　　　88

12. Heft:

No. 65.　　[Friedrich Heinrich] Himmel: Gebeth während der Schlacht
　　　　　　„Vater ich rufe dich!" (Theo.[dor] Körner)　　　　89

No. 66.　　[Daniel François Esprit] Auber: Aus der Oper: Der Schnee
　　　　　　[= La Neige] „Liebende preisen hier Florens süsse
　　　　　　Blumendüfte"　　　　　　　　　　　　　　　　　90– 91

No. 67.　　Variationen aus der: Schönen Müllerin (Paesiello: [La
　　　　　　Molinara „Là ci darem la mano"]) „Mich fliehen
　　　　　　alle Freuden" (Andantino – Var. 1–3)　　　　　　92– 94

No. 68.　　[Carl Conrad] B[üttinge]r: Heimlicher Schmerz „Wie
　　　　　　mir ist dies kann ich niemand sagen"　　　　　　95

No. 69.　　Fried.[rich] Kuhlau: Aus der Oper: Die Räuberburg „Will-
　　　　　　kommen warmer Purpurtrank!" [A. Oehlenschläger;
　　　　　　K. Nr. 129, 12]　　　　　　　　　　　　　　　　96

Unterhaltungen am ([ab 3. ca. 1830] für das) Pianoforte.

Augsburg bey Gombart u. Com.[pagni]e.

Jahrgang [1. 1824] – 4. [ca. 1833]

D As (4. [ca. 1833], 1–6); Mbs ([1. 1824], 5, 8; 2. [1825], 4; 3. [ca. 1830],
2, 5, 7–10)

2. Jahrgang [1825]

4. Heft ([Pl. Nr.] 995):

[1]　　[Daniel François Esprit] Auber: Aus dem: Schnee [= La
　　　　Neige]　　　　　　　　　　　　　　　　　　　　　1– 6

[2]   [Joseph] Weigl: Aus der: Nachtigal [!] und Rabe   7— 13

[3]   P.: Aus dem: Rothenkäppchen   14— 16

[4]   [Daniel François Esprit] Auber: Romance aus dem: Schnee
       [= La Neige]   16— 17

[5]   [Pierre Alexandre Monsigny]: Marcia aus: Arsène [= La
       belle Arsène]   17— 20

3. Jahrgang [ca. 1830]

2. Heft ([Pl. Nr.] 1041):

[1]   [Friedrich] Kalkbrenner: Rondeau   1— 7

[2]   C.[arl] M.[aria] v.[on] Weber: Ouverture aus: Abu Hassan
       [Jähns 106]   7— 12

[3]   [Johann Nepomuk] v.[on] Poissl: Marsch aus dem Trauer-
       spiele: Belisar   13

[4]   L.: Münchner Odeon Laendler   13

[5]   [Christoph Willibald] Gluck: Chor der Priesterinen [!] aus:
       Iphigenie in Tauris   14— 15

[6]   [Ludwig van] Beethoven: Thema aus dem Septuor
       [Op. 20, IV]   16

[7]   C.[arl] M.[aria] v.[on] Weber: Jaegerchor aus: Euryanthe
       [Jähns 291, N. 18]   16— 17

[8]   [Peter (von)] Lindpaintner: Pas de deux National aus dem
       Ballete: Danina   17— 20

[9]   Menuet nach einem Thema aus der Oper: Die weisse
       Frau von Boildieu [!]   20

5. Heft ([Pl. Nr.] 1044):

[10]   Conr.[adin] Kreuzer [!]: Marsch aus dem Melodrama:
       Sigune   1— 2

[11]   Thema aus einem [Johann Nepomuk] Humm'lischen
       Rondo   3

[12]   Galoppe   3

[13]   [Ludwig] v.[an] Beethoven: Adagio aus der Sonate: Pathé-
       tique [Op. 13]   4— 6

[14]   C.[arl] Czerny: Polonaise   6

[15]   Potpourri über Themas v.[on Johann Nepomuk]
       Hummel   7— 13

[16]   Aloys Schmitt: Rondino   14— 16

[17]   [Johann Nepomuk] Hummel: Zwey Walzer   16— 18

[18]   [André Hippolyte] Chélard: Favorit Thema aus der Oper:
       Macbeth   19

[19]   Favorit Berliner Galloppe   20

7. Heft ([Pl. Nr.] 1050):

[20]	C.[arl] Czerny: Polonaise, Op. 85	1—	2
[21]	[Giacomo] Meyerbeer: Aus der Oper: Crociato	3—	9
[22]	C.[arl] M.[aria] v.[on] Weber: Marsch aus der Oper: Oberon [Jähns 306, aus N. 22]	9—	10
[23]	Walzer nach Motiven aus der Oper: Macbeth von Chélard (No. [1.] 2)	11—	12
[24]	C.[arl] Czerny: Marsch	13—	15
[25]	[Friedrich] Kalkbrenner: Aus einem Rondo mit Mozartischem Thema aus Figaro, Op. 57	16—	20

8. Heft ([Pl. Nr.] 1051):

[26]	D.[aniel] F.[rançois] E.[sprit] Auber: Ouverture aus der Oper: Die Stumme von Portici	1—	7
[27]	Jeannette Schubart: Laendler (Nro. 1—3)	8	
[28]	H.[enri] Herz: Rondo-Capriccio sur la Barcarolle Favorite de: La Muette de Portici [Auber], opera 44	9—	20

9. Heft ([Pl. Nr.] 1052):

[29]	[Gioacchino] Rossini: Ouverture de l'Opéra: Guillaume Tell	1—	11
[30]	[Gioacchino Rossini]: [Guillaume Tell] (Nro. 1. Introduction; Chor: mild erglüht die Maien Sonne; Fischer Lied: O, komm mein süßes Leben; Chor: Der Heerden froh Geläute; Chor: Auf! laßt die Hörner schallen) (Pfte.)	12—	20

10. Heft ([Pl. Nr.] 1053):

[31]	[Gioacchino Rossini]: Fortsetzung der Oper: Wilhelm Tell (Nro. 2. Duo: Ha, wo hin!; Nro. 3. Chor: O Licht des Himmels; Nro. 4. Chor: Tag der Wonne; Nro. 5. Pas de six) (Pfte.)	1—	20

Jahrgang 4. [ca. 1833]

1. Heft ([Pl. Nr.] 1160):

[1]	[Luigi] Ricci: Duetto aus der Oper: Chiara di Rosembergh	1—	4
[2]	[Luigi Ricci]: Marsch und Cavatina aus derselben Oper [Chiara di Rosembergh]	5—	6
[3]	[Luigi Ricci]: Andante aus derselben Oper [Chiara di Rosembergh]	7—	8
[4]	[Franz] Hünten: Rondoletto	9—	11
[5]	Henri Herz: Variationen, Op. 39	12—	16
[6]	C. M. von Weber [unterschoben, recte: C. G. Reissiger]: Letzter Gedanke [Jähns Anh. 104: Danses brillantes pour le Pianoforte, Op. 26, 5]	17	

[7]   [Ignaz] Moscheles: Irländische Arie aus der Fantasie Op. 69   18— 19
[8]   Henri Herz: Deux Walses brillantes   20

2. Heft ([Pl. Nr.] 1161):
[9]   [Vincenzo] Bellini: Introductione del'Opera: La Straniera   1— 5
[10] [Vincenzo] Bellini: Chor aus der nämlichen Oper [La
          Straniera]   6— 9
[11]   Dänische Roman(c)e   10
[12] [Wenzel] Placchi [!]: Variationen (Thema — Var. 1—3)   11— 14
[13] [Carl] Reisiger [!]: Chor a.(us) d.(er) Oper: Die Felsen-
          mühle   15— 17
[14] J.[ohann] Strauß [Vater]: Tausendsapperment-Walzer,
          Op. 61 (No. 1. 2.)   18— 19
[15] Pfeiffer: Galopp   20

3. Heft ([Pl. Nr.] 1162):
[16]   Andante (con Variatione [!]) (1—3)   1— 6
[17] J.[ohann] E. Horzalka: Romance   7— 8
[18] [Johann Nepomuk] Humel [!]: Tyroliene [!]   9
[19]   Marsch   10— 11
[20]   Marsch   12
[21]   Rondeau   13— 16
[22] [Ludwig van] Beethofen [!]: Aus einer Sonate [Op. 101, I]   17— 20

4. Heft ([Pl. Nr.] 1163):
[23] [Carl] Czerny: Variations (Thema — Var. 1—6)   1— 8
[24] [Luigi] Ricci: Introduction aus der Oper: Der neue Figaro   9— 12
[25] [Luigi Ricci]: Cavatina (Leporello) aus derselben Oper
          [Der neue Figaro]   13— 20

5. Heft ([Pl. Nr.] 1164):
[26] C.[hristian Gottlieb] Müller: Parade Marsch (Carussel-Marsch)   1
[27]   Der Appenzeller Hirtenknabe   2— 3
[28]   Feldschritt   4
[29] J.[ohann] Strauß [Vater]: Robert Tänze, nach beliebten
          Motiven aus Meyerbeer's Oper: Robert der Teufel
          (Nro. 1. 2) [Op. 64]   4— 7
[30] [Ludwig van] Beethoven: Adagio cantabile aus einer Sonate,
          Ouv. [!] 13   8— 11
[31]   Rondoletto über ein Thema aus der Oper: Robert
          der Teufel [Meyerbeer]   11— 17

[32] [Michel Cleophas] Oginsky: Polonaise   17— 19

[33]   Favorit-Galopp   20

6. Heft ([Pl. Nr.] 1165):

[34] [Daniel François Esprit Auber]: Quintetto aus: Fra Diavolo   1— 8

[35] [Daniel François Esprit Auber]: Arie aus: Fra Diavolo   8— 17

[36] [Johann Nepomuk] Humel [!]: Thema aus dem: Fest der
          Handwerker [Reuling] mit Variation   17— 19

[37] [Saverio] Mercadante: Motif aus der Oper: Elisa u.[nd]
          Claudio   19— 20

Žurnal dlja gitary. [Zeitschrift für die Gitarre.]

St. Petersburg: A. Sychra.

1824

1825

Amphion. Geschenk für Freunde des Gesanges und Pianofortespiels auf das Jahr 1825, herausgegeben von J.[ustus] J.[ohann] F.[riedrich] Dotzauer.

Meissen bei Friedr. Wilh. Goedsche.

[Jahrgang 1.] 1825 — [3.] 1827.

D Bim (X: [1.] 1825); DT ([1.] 1825); DÜk ([1.] 1825)

[Jahrgang 1.] 1825:

[1] Albrecht Agthe: Andante   2— 5

[2] F.[riedrich] W.[ilhelm] Agthe: An Mignon „Ueber Thal und
      Fluss getragen" [Goethe]   6— 8

[3] F.[riedrich] W.[ilhelm] Agthe: Pas redoublé   9— 12

[4] Julius Benedict: Scherzo   13— 17

[5] J.[ustus] J.[ohann] F.[riedrich] Dotzauer: Unter der Linde
      „Unter der Linde säuseln im Morgenstrahl" (Arthur
      von Nordstern)   18— 19

[6] J.[ustus] J.[ohann] F.[riedrich] Dotzauer: An Auguste „Als
      noch dein Kuss auf meinen Lippen brannte" (Gustav
      Hartwig)   20— 21

[7] J.[ustus] J.[ohann] F.[riedrich] Dotzauer: Larghetto   22— 23

[8] M.[oritz] Hauptmann: Lied „Wehe nur, du Geist des Lebens"
      (Ernst Schulz)   24— 26

[9]   A.[ugust] A.[lexander] Klengel: Presto   27— 29

[10] C.[arl] Kraegen: Polonoise   30— 33

[11] F.[riedrich] A.[ugust] Kummer: Potpourri   34— 39

[12] I.[ohann] G.[ottfried] Kunstmann: Die Kindheit „Wann die
          Abendröthe Dorf und Hain umwallt" (Matthison [!])   40— 41

[13] H.[einrich] Marschner: Der Müller und die Müllerin „Kennst
          du wohl die kleine Mühle" (W. Gehrhard)   42— 43

[14] (H.[einrich] Marschner): Walzer   44— 45

[15] Carl v. Miltitz: Ingratitude — Undankbarkeit „Blow, blow, thou
          winter wind" — „Blas, blas! du Winterluft" (Sheake-
          spear [!])   46— 47

[16] Franz Morgenroth: Wanderers Abendlied „Aus der Ferne
          komm ich her" (Woldemar)   48— 49

[17] Andoinette [!] Pechwell: Romance (Pfte.)   50— 53

[18] H.[einrich] A.[loys] Präger: Wiederschein „Fischer harrt
          am Brückenbogen" (Freiherr Franz v. Schlechta)   54— 55

[19] Louis v. Schelcher: Das Thal „Ich weiss ein herrliches Thal"   56— 59

[20] I. Schubert: Andante grazioso   60

[21] L.[ouis] Spohr: Nachgefühl „Wenn die Reben wieder blühen"   61— 63

[22] C.[arl] M.[aria] v.[on] Weber: Arioso „Wo lebt man glück-
          licher als in dem Schoos der Lieben" [Friedrich
          Kind] (Singst., Fl., Pfte.) [Jähns 283, 2]   64— 70

L'Amphion. Nouveau Journal de Chant. Avec Accompagnement de Guitare. Les abonnés recevront exactement le 5 de chacque mois une Livraison de trois morceaux de chant (un grand air ou rondeau et deux romances)

On s'abonne à Bruxelles, chez Mr. S. S. Schouten Carpentier, Lithographe Editeur, rue de la Cuiller S.on 3, No. 1431... (au Bureau du Journal d'Amphion)

Année 1. [ca. 1825] — 2. [ca. 1826].

B Bc (1. [ca. 1825], 20, 22—25, 29—30, 34/35; 2. [ca. 1826], 2) — **NL** DHgm (1. [ca. 1825], 34/35—36; 2. [ca. 1826], 1—3)

1e Année [ca. 1825]

7e Livraison:

No. 20.   Philibert Bron: La Petite Jeannette, Romance „Ne battez
            pas la petite Jeannette" (Boucher de Perthes)   90— 91

8e Livraison:

No. 22.   [Michel] Carafa [de Colobrano]: Air dans: La Belle aux
            Bois Dormant „Du nom de Persinette" (Planard)
            (Singst., Git.-Arr.: P. Nacher)   97—100

No. 23.   A.[ntoine] Romagnesi: Je n'aime plus, Romance „Heureux ces jours où de la jeune Adèle" (Singst., Git.- oder Lyra-Arr.: P. Rougion [!] Desrivières)   101—102

No. 24.   [François] Berton Fils: Il faut parler, il faut se taire, Chansonnette „Quand mon seigneur on se fait appeller" (Le Vicomte d'Audiffier) (Singst., Git.- Begl.: A. Meissonnier)   103—107

9e Livraison:

No. 25.   A. Forment: Bonsoir, mes amis, dormez bien! Chanson „De la lampe qui nous éclaire" (Singst., Git.-Begl.: Meissonnier J.[eu] ne)   105—106

No. 29.   Edouard Bruguière: La Valse Romantique „Phébus de pourpre et de rubis" (Ernest Dunant) (Singst., Git.- Begl.: F. Carulli)   119—122

No. 30.   Edouard Bruguière: Zelinette, Vilanelle [!] à deux voix „Petite ensemble faisons route" (Silvain Blot)   124—125

12e Livraison:

No. 34.35.[A. B.] Roux-Martin: Les Nouveaux Valets de Ferme, Duo „Ecoute donc mon aventure" (Gerdret) (2 Singst., Git.-Begl.: Laflèche)   138—144

No. 36.   Edouard Bruguière: La Servante Marie, Romance historique „Dans Rome une fille des champs" (H. T. Poisson) (Singst., Git.-Begl.: F. Carulli)   146—147

2e Année [ca. 1826]

1e Livraison:

No. 1.   L. N. Groetaers: A la Patrie, Romance „Salut, berceau de mon enfance" (P. van Duyse) (Singst., Git.-Begl.: Delobel)   2— 3

No. 2.   Philibert Bron: Garde à vous, Couplets „Que Bachelette à son aurore" (Hilaire) (Singst., Git.-Arr.: P. Nacher)   4— 5

No. 3.   L. Ct.: Heures d'Amour, Romance „Je t'aime et n'ose de le dire toi"   6— 7

2e Livraison [?]:

[No. 4?] [C.[har] les Laurent: Si vous m'aimez, Romance „Si vous m'aimez, vous que j'adore"   [2 S.]

Aurora d'Italia. Con accompagmento [!] di Piano-Forte.

Monaco: presso Falter e Figlio.

Anno 1. [ca. 1825].

D Mbs (1. [ca. 1825], 3, 9, 10)

No. 3. [Gioacchino] Rossini: Rondo (Elene) con Variationi [!]
        nell' Opera: La Donna del Lago „Tanti affetti in tal
        momento" – „Kaum ertrag ich die Gefühle" [2. Akt,
        Nr. 15]   (1)–10

No. 9. [Vincenzo] Pucitta: Duettino „Un palpito mi sento" –
        „Mir pocht es hier im Herzen" (S [I, II] oder S, T,
        Pfte.)   (1)– 8

No. 10. [Saverio] Mercadante: Cavatina (Angelica) nell'Opera:
        Podestà di Burgos „L'ha sbagliata il Signor Zio" –
        „Was sie wähnen, wird nie geschehen"   1– 10

Hommage aux Dames. Album de Romances et de Nocturnes Inédits, ([ab 5. 1829:]
Album de Romances Nouvelles et Inédites, ([ab 7. [1831:] Album de Romances
et Nocturnes, [9. ca. 1833:] Album de 15 Romances et Nocturnes Inédits, [10.
ca. 1837:] Album de Chant.)

Paris, chez Maurice Schlesinger, Md. de Musique du Roi, Editeur des Œuv.[res]
de Mozart, Hummel, Moscheles, Rossini &c., Rue de Richelieu No. 97.

Année 1. [1825] – 10. [ca. 1837].

A Wn (7. [1831]) – **D** Mbs (3. [1827]) – **F** Pn (2. [1826]; 5. [1829];
7. [1831]; 9. [ca. 1833] – 10. [ca. 1837])

2e Année [1826]:

[1] H.[enri-] M.[ontan] Berton: Les Adieux de Charles Premier,
     Romance „Un sujet abat mes grandeurs" (Mme. Duf-
     renoy) ([Pl. Nr.] 488)   2– 3

[2] A.[drien] Boieldieu: Plus d'Illusion, Romance „J'ai tout rêvé
     pour mon âme" (Fontenille) ([Pl. Nr.] M. S. 474)   [2 S.]

[3] Mme. Lafont: Ne quittons pas Paris, Romance „J'avais pensé
     lisant un certain livre" (Poisson) ([Pl. Nr.] 475)   [2 S.]

[4] D.[aniel] F.[rançois] E.[sprit] Auber: Ouvrez-moi! Chan-
     sonnette „Ouvrez-moi! O mes gentilles demoiselles"
     (Eugène Scribe)   2– 3

[5] [Friedrich] Kalkbrenner: Romance „D'ou vient que je rougis?"
     (Boileau) ([Pl. Nr.] M. S. 479)   1– 4

[6] Ch.[arles] Marie de Weber: Fleur du Printems, Romance
     „Fleur du joli printems, parais donc je t'attends!"
     (Edouard) ([Pl. Nr.] 492) [Op. 23, Nr. 3; Jähns 117]   [2 S.]

[7] Charles Plantade: Le Doute, Romance „Trois fois on a daigné
     m'écrire" (F. de Courcy) ([Pl. Nr.] 489)   2– 3

[8] Auguste Panseron: Si le Zéphir l'éveille, arrangé en Nocturne
     à deux voix „Parmi les fleurs qu'arrose" (Aus dem
     Italienischen: Galice) (S, T, Pfte.) ([Pl. Nr.] 482)   2– 3

[9] P.[hilippe] Lafont: Jeune Brigitte, Romance-Valse „Jeune
     Brigitte a l'ermitage du coteau" (Brault) ([Pl. Nr.] 477)   [2 S.]

[10] G.[asparo] Spontini: Le Retour, Strophes „Ne pleurons plus
      sur ma patrie" (St. Hilaire)   1— 4

[11] [François] Berton Fils: L'Enigme, Chansonnette „Toujours
      frondé par la vieillesse" (Ph. de Par) ([Pl. Nr.]
      M. S. 491)   2— 3

[12] F.[riedrich] Kalkbrenner: Hai Luli, Chanson du Mont Caucase
      „Je suis triste, je m'inquiète" (Le Comte de Maistre)
      ([Pl. Nr.] M. S. 480)   2— 3

[13] D.[aniel] F.[rançois] E.[sprit] Auber: Romance „Un ingrat
      fait couler mes larmes" (Mr.***) ([Pl. Nr.] M. S. 484)   1— 4

[14] P.[hilippe] Lafont: La Nuit Blanche, Romance „Pour dame
      belle et blanche d'une illustre maison" (Despreaux)
      ([Pl. Nr.] 476)   2— 3

[15] P.[hilippe] Lafont: Ce qu'il ne faut pas dire, Chansonnette
      „Du bas en haut, du haut en bas" (Despreaux)
      ([Pl. Nr.] 478)   2— 3

[16] [François] Berton Fils: Le Sourire, Romance „Qui ne connait
      d'un doux sourire" (Le Vicomte d'Audifrat)
      ([Pl. Nr.] M. S. 490)   2— 3

[17] A.[drien] Boieldieu: L'Enfant perdu, Romance „Un bel enfant
      triste et timide" (Lorin de Belmontet) ([Pl. Nr.]
      M. S. 473)   2— 3

[18] G.[asparo] Spontini: L'Adieu, Romance „Touchant adieu que
      dans la vie" (Mr.***) ([Pl. Nr.] 485)   2— 3

[19] Ferd.[inando] Paer: Isnelle, Romance „Oscar ne te plains
      pas Isnelle" (Boucher de Pertes)   2— 3

[20] H.[enri-] M.[ontan] Berton: Le Reveil du Troubadour, Canon
      à trois Voix égales „Mon luth dormait ne voulait
      l'accorder" (H.-M. Berton) ([Pl. Nr.] M. S. 487)   2— 3

[21] H.[enri] Berton Fils: Colin et Colette ou toi et moi, Romance
      „Des nos bergères la plus belle" (Mr.***) ([Pl. Nr.]
      M. S. 500)   2— 3

[22] Auguste Panseron: J'eusse mieux fait de l'éviter, Chansonnette
      „Colin des bergers du village" (Pawlowsky) (Pl. Nr.] 481) 2— 3

[23] Ch.[arles] Marie de Weber: Le Grec et son Fils, Mességnienne
      „Ici mon enfant, ma barque t'attend" (Mr.***) ([Pl.
      Nr.] M. S. 509) [Op. 30, Nr. 2; Jähns 161]   1— 3

3e Année [1827]:

[1] Amédée de Beauplan: La jeune Estelle, Chansonnette „Dans
      un bosquet" (Naigeon) ([Pl. Nr.] S. M. No. 604)   1— 3

[2] Félix Blangini: Les quatre Ages de Colette, Nocturne à deux
      voix „Colette a dix huit ans" (Hilaire L. Sazerac)
      (S, T, Pfte.) ([Pl. Nr.] M. S. No. 603)   1— 3

[3] Félix Blangini: Daphnis et Cloé (Chloe), Nocturne à deux voix
„Du Rossignol caché dans le feuillage" (Charles Cate-
lin) ([Pl. Nr.] M. S. No. 601)   1— 3

[4] Fabry Garat: Le Troubadour Pasteur, Nocturne à une ou deux
voix égales „A l'ombre d'un vieux hêtre" (Deslauriers)
([Pl. Nr.] M. S. No. 608)   1— 3

[5] P.[hilippe] Lafont: L'Ange de Poésie, Romance „Volez ange de
poésie" (Delphine Gay) ([Pl. Nr.] M. S. No. 602)   1— 3

[6] P.[hilippe] Lafont: Lise m'aime à la Folie, Romance „Lise
accueille tous mes riveaux" (Mr.***) ([Pl. Nr.]
M. S. No. 606)   1— 3

[7] G.[iacomo] Meyerbeer: Le Ranz de Vaches d'Appenzel(l),
Chanson Suisse à une et deux voix „Voici donc le
soir" (Scribe)   1— 6

[8] George Onslow: Le Printems, Nocturne à une ou à deux voix
‹Ad lib.› „Toi qui longtemps à mes vœux fut rebelle"
(J. Jph. Vaissière)   1— 4

[9] George Onslow: Le Premier Baron Chrétien „Au tems passé,
la jeune Aldine" (Millevoie)   1— 3

[10] Auguste Panseron: Zéphyrs bercez notre barque légère, Nocturne
à deux voix „Puisqu'ici bas la vie est un passage"
(Camille) ([Pl. Nr.] S. M. No. 607)   1— 4

[11] Charles Plantade: Que ne savez-vous lire? „Je n'ai plus à ma
collerette" (Charles Catelin) ([Pl. Nr.] S. M. 605)   1— 3

[12] Charles Marie de Weber: Le Secret, (Romance) Fantaisie
Pastorale „Plus d'espérance" (Ed. Monnais) [Jähns 157] 1— 5

5e Année [1829]:

[1] Giacomo Meyerbeer: Ballade de la Reine Marguerite de Valois
„Pour être un digne et bon Chrétien" ([Pl. Nr.]
M. S. 881)   [2 S.]

[2] Giacomo Meyerbeer: La Barque légère „Lise sur le rivage un
soir se promenait" (Naudet) ([Pl. Nr.] M. S. 880)   2— 7

[3] F.[romental] Halévy: La Romance des Romances „Je veux
chanter un noble paladin" (Edouard Monnais)
([Pl. Nr.] M. S. 889)   2— 7

[4] F.[rançois] Berton Fils: La Petite Fille et la Sonate (Sonate
de I.[gna] ce Pleyel Œuvre 14), Scène et Romance
„Allons! travaillons mon Sonate" (Emile Barateau)
([Pl. Nr.] M. S. 879)   1— 4

[5] Edmond Lhuillier: La Croix du Village, Romance „Près de
l'adour est un village" (Emile Barateau) ([Pl. Nr.]
M. S. 775)   [2 S.]

[6] C.[harles] P.[hilippe] Lafont: Je tressaille! J'ai froid! Romance ,,Quand je ne te vois pas'' (Desbordes Valmore) ([Pl. Nr.] M. S. 776) [2 S.]

[7] Amédée de Beauplan: Moi je fais semblant d'être heureux, Chansonnette ,,L'Humeur égale, en apparence'' ([Pl. Nr.] M. S. 842) [2 S.]

[8] F.[rançois] Berton Fils: La Cloche du Hameau, Romance ,,Sur les neiges de la montagne'' (Hippolyte Louis Guérin) ([Pl. Nr.] M. S. 825) [2 S.]

[9] F.[rançois] Berton Fils: Ma Philosophie, Ronde ,,Eh! gai vivent les amours'' (G*** d'Angers) ([Pl. Nr.] M. S. 824) [2 S.]

[10] Amédée de Beauplan: La Défense de Chanter, Tyrolienne ,,Dans chaque bal, par sa danse légère'' (Amédée de Beauplan) ([Pl. Nr.] M. S. 847) [2 S.]

[11] Amédée de Beauplan: Le Tems n'est plus, Romance ,,Le tems n'est plus où vos doigts sur la lyre'' ([Pl. Nr.] M. S. 843) [2 S.]

[12] Jacques Strunz: Les Refrains du Pays, Tyrolienne ,,Sur ces rives lointaines chantons ô mes amis'' (A. Bétourné) ([Pl. Nr.] M. S. 878) [2 S.]

7e Année [1831]:

[1] Pauline Duchambge: La Sultane Favorite ,,Brûlez doux parfums d'Arabie'' (A. Bétourné) ([Pl. Nr.] M. S. 1148) 2— 3

[2] [Carl] Reissiger: La Syrène, Romance ,,Pourquoi me fuir, jeune pêcheur?'' (A. Bétourné) ([Pl. Nr.] M. S. 1139) [2 S.]

[3] Etienne Thénard: Il Dolce Far Niente, Romance ,,Dans une molle insouciance'' (J. L. Tirpenne) ([Pl. Nr.] M. S. 1146) [2 S.]

[4] Pauline Duchambge: La Sœur de Charité, Romance ,,Voici la paisible demeure'' (A. Bétourné) ([Pl. Nr.] M. S. 1140) [2 S.]

[5] F.[romental] Halévy: La Promenade du Soir, Nocturne â deux Voix ,,Là bas vers la colline'' (A. Bétourné) ([Pl. Nr.] M. S. 1159) [2 S.]

[6] F.[erdinando] Paer: L'Aveugle, Romance ,,Oh que j'ai froid ma main glacée'' (Mr.***) ([Pl. Nr.] M. S. 1141) [3 S.]

[7] F.[erdinando] Paer: Voici L'Aurore, Nocturne ,,Voici l'aurore d'un rayon pur'' (A. Bétourné) (S, T, Pfte.) ([Pl. Nr.] M. S. 1149) 2— 4

[8] [Carl] Reissiger: La Petite Bayadère ,,Elle est jeune la Bajadère'' (A. Bétourné) ([Pl. Nr.] M. S. 1151) [2 S.]

[9] Auguste Andrade: Chant des Mariniers, Barcarole ,,Le ciel est pur'' (Cappot de Feuillide) ([Pl. Nr.] M. S. 1153) 2— 3

[10] Etienne Thénard: La Confession ,,Quand mon époux loin de la France'' (J. L. Tirpenne) ([Pl. Nr.] M. S. 1147) 2— 3

[11]　Etienne Thénard: La Philosophie du Gondolier, Chanson „Je
　　　suis simple gondolier" (J. L. Tirpenne) ([Pl. Nr.]
　　　M. S. 1145)　　　　　　　　　　　　　　　　　　　[2 S.]

9e Année [ca. 1833]

[1]　　F.[erdinan]d Paer: La Confession „Mon père il me disait"
　　　　(Arthur de Lucy)　　　　　　　　　　　　　　　　2—　3

[2]　　Ad.[olphe] Adam: Oh! Que je hais ma Pension, Chansonnette
　　　　„Ah! laissez-moi dormir encore" (J. Arago)　　　2—　3

[3]　　Jules Alary: Jane Shore „Ne fuyez pas, quand ma voix vous
　　　　implore" (Emilien Pacini)　　　　　　　　　　　2— (4)

[4]　　Ad.[olphe] Quesnel: Fais-toi Corsaire, Chanson „Ces champs
　　　　peuvent-ils te sourire" (Marius)　　　　　　　[2 S.]

[5]　　[A.] Féréol: Chante le Repos, Romance „Laisse ta lance,
　　　　prends la rame" (Féréol)　　　　　　　　　　[2 S.]

[6]　　Lejey-Miland: Le Jeune Enfant, Romance „Le jeune enfant
　　　　vient de quitter la terre" (Marius)　　　　　[2 S.]

[7]　　A. Féréol: La Dame au Collier d'Or, Romance „L'harmonie et
　　　　les fleurs" (Amélie Valmore)　　　　　　　　2—　3

[8]　　Ad.[olphe] Quesnel: Pas d'Amours, Chansonnette „Que disiez
　　　　vous hier, jeune fillette" (Marius)　　　　　[2 S.]

[9]　　[Michel] Carafa [de Colobrano]: [Romance] „Son gli occhi
　　　　di fille" (M***)　　　　　　　　　　　　　2—　5

[10]　　Giulio Alary: Nocturne „Che chiedi che brami" (M***)　2—　4

[11]　　[Vincenzo] Bellini: Il Rimprovero „O crudel che il mio pianto
　　　　non vedi" (***)　　　　　　　　　　　　　[2 S.]

[12]　　Giacomo Meyerbeer: Le Moine „Pieux symbole où mon cœur
　　　　en délire" (Emilien Pacini)　　　　　　　　2—　9

[13]　　　　„Plus d'un seigneur de Venise"　　　　　3—　7

10e Année [ca. 1837]

[1]　　Giacomo Meyerbeer: Le Poète mourant, Elégie „Le poète
　　　　chantail: de sa lampe fidèle" (Millevoye) (T, Pfte.)
　　　　([Pl. Nr.] M. S. 2294)　　　　　　　　　　1—　9

[2]　　L.[ouis] Clapisson: La Fleur et le Papillon, Mélodie „La pauvre
　　　　fleur disait au papillon céleste" (Victor Hugo) ([Pl. Nr.]
　　　　M. S. 2454)　　　　　　　　　　　　　　　2—　5

[3]　　Jacques Strunz: (La Prière de) La Jeune Proscrite „L'aurore
　　　　étincelante ramène au loin" (Crevel de Charlemagne)
　　　　([Pl. Nr.] M. S. 2449)　　　　　　　　　　2—　3

[4]　　H.[einrich] Panofka: La Fiancée, Scène dramatique „Pour
　　　　cet affreux hymen déjà je suis parée" (Caroline de
　　　　Montigny) ([Pl. Nr.] M. S. 2498)　　　　　2—　9

[5] Jacques Strunz: L'Andalousie ,,Cadix, ô noble ville! rivale de Séville'' (Crevel de Charlemagne) ([Pl. Nr.] M. S. 2451) 2— 3

[6] L.[ouis] Clapisson: Adieux à la Terre ,,La coupe de mes jours'' (Alphonse de Lamartine) ([Pl. Nr.] M. S. 2456) 2— 9

[7] Jacques Strunz: Les Rameurs du Bosphore, Barcarolle Orientale ,,Allons, courage! Ramons plus fort!'' (Crevel de Charlemagne) (2 Singst., Pfte.) ([Pl. Nr.] M. S. 2448) 2— 3

[8] Jacques Strunz: Les Madrilènes ,,Vivent les plus gentilles des brunes jeunes filles'' (Crevel de Charlemagne) ([Pl. Nr.] M. S. 2452) 2— 3

[9] H.[einrich] Panofka: Haidée, Scène dramatique ,,Là, près de moi sois immobile'' (Aldée nach Lord Byron) ([Pl. Nr.] M. S. 2497) 2— 5

[10] L.[ouis] Clapisson; Le Fou, Scène dramatique ,,Ah que mon soleil est beau!'' (M***) ([Pl. Nr.] M. S. 2455) 2— 9

[11] Jacques Strunz: Le Gitano ,,Au bruit des Castagnettes'' (Crevel de Charlemagne) ([Pl. Nr.] M. S. 2450) 2— 3

[12] H.[einrich] Panofka: Le Naufrage, Scène dramatique ,,Les flots entonnent leur colère'' (Aldée) ([Pl. Nr.] M. S. 2499) 2— 7

[13] Jacques Strunz: Le Brigand de l'Estramadure ,,Eh! viva l'Estramadura!'' (Crevel de Charlemagne) ([Pl. Nr.] M. S. 2453) 2— 3

[14] L.[ouis] Clapisson: L'Adoption ,,N'est-il pas vrai, ma bonne mère'' (Théodore Polak) ([Pl. Nr.] M. S. 2457) 1— 5

Journal Hebdomadaire. Forming a Collection of the most select Musical Trifles (Pieces) in German, French, & Italian Songs, Ballads & Romances, Waltzes, Marches &c. From the latest foreign Publications.

London, published for the Editor by T. C. Bates, Engraver, & Printer, 20, St. John Square (printed & sold by T. Boosey & Co. 28 Holles Street, Oxford Street). ‹Delivered to Subscribers every Saturday.›

[ca. 1825], No. 1—14?

GB Lbm ([ca. 1825], 2, 14)

No. 2:

[1] de Chateaubriant: Le Montagnard émigré, Romance ,,Combien j'ai douce souvenance'' (1 Singst., Pfte., 2. Singst. ad lib.) (5)

[2] Sorge la Bell'Aurora ,,Sorge la bell'aurora, Nice riposa ancora'' (2 Singst., Pfte.) 6— 7

[3] Three Vienna Laendler (Waltz No. 4—6) 8

No. 14:

[4]   [Francesco de] Piantanida: Arietta „Son gelsomino son piccol
            fiore"   (53)—55

[5]   [Friedrich] Wollank: L'Abbandono, Canzonetta „Teco potessi io
            vivere"   55— 56

La Lyre des Jeunes Demoiselles. Journal de Chant avec Accompagnement de Guitare ou Lyre. Rédigé par A.[ntoine] Romagnesi et [Antoine] Meissonnier. Ce
Journal contiendra 24 Romances ou Nocturnes. Il paraîtra une Livraison le 1er
et le 15 de chaque Mois.

A Paris au Magasin de Musique de A.[ntoine] Meissonnier, Boulevard Montmartre,
No. 25 près du Passage des Panoramas.

Année 1. [ca. 1825] — 2. [ca. 1826]

F Nm (1. [ca. 1825], 5, 9—10, 24); Pn (1. [ca. 1825], 9, 24; 2. [ca. 1826],
1, 6—9, 12, 15, 17, 19, 21, 23) — **NL** DHgm (1. [ca. 1825], 9)

1re Année [ca. 1825]

5e Livraison:

[1]   Charles Plantade: Le Chapeau du Pêcheur, Romance „Le ciel est
            pur" (Mr. Flori***) (Singst., Git.- oder Lyra- Begl.:
            A. Meissonnier)   [2 S.]

9e Livraison:

[2]   R. Cornu: L'Asile de la Bienfaisance, Romance „Il est un lieu
            simple et sans faste" (Mialhe) (Singst., Git.- oder Lyra-
            Begl.: A. Meissonnier)   [2 S.]

10e Livraison:

[3]   A.[ntoine] Romagnesi: L'Illusion Maternelle, Romance „Croyez-
            vous que je me désole" (A. Romagnesi)   [2 S.]

24e Livraison:

[4]   A.[ntoine] Romagnesi: Les Plaisirs de l'Enfance, Romance
            à deux voix „La simple fleur des champs" (H. T.
            Poisson) (S, T, Git.- oder Lyra-Begl.)   [2 S.]

2e Année [ca. 1826]

1re Livraison:

[1]   A.[ntoine] Romagnesi: Le Pauvre Aveugle, Romance „O vous,
            dont la richesse est grande" (Camille) (Singst., Git.-
            oder Lyra-Begl.: A. Meissonnier)   [2 S.]

6e Livraison:

[2]   A.[ntoine] Meissonnier: La Rose Blanche de l'Ermite, Romance
            „Simple et timide bachelette" (H. T. Poisson)   [2 S.]

7e Livraison:

[3] B.[ocquillon] Wilhem: Si j'etais Petit Oiseau! Chanson ,,Moi
qui même auprès des belles" (P. J. de Béranger)   1— 3

8e Livraison:

[4] F.[rançois] Berton Fils: Le Radoteur, Chansonnette à une ou
deux voix ad lib. ,,Voici ce que disait naguère" (J. Pain)
(S I, S II ad lib., Pfte.)   [2 S.]

9e Livraison:

[5] J.[ean] N.[icolas] Mereaux: La Négresse, Romance ,,Un jour
une mère cruelle" (Gabrielle de P.[aban]: Le Nègre
et la Créole) (Singst., Git.- oder Lyra-Begl.: A. Meissonnier)   [2 S.]

12e Livraison:

[6] Coralie de Félix de la Motte: Le Ramoneur Auvergnat, Romance
,,Bien loin du foyer paternel" (Coralie de Félix de la
Motte) (Singst., Git.- oder Lyra-Begl.: A. Meissonnier)   [2 S.]

15e Livraison:

[7] Louis Jadin: Air Montagnard ,,Le chasseur avide vainement
poursuit l'oiseau" (Singst., Git.- oder Lyra-Begl.: [A.]
Meissonnier)   [2 S.]

17e Livraison:

[8] A.[ntoine] Romagnesi: Demain je puis mourir, Romance à deux
voix ,,Trop longtemps la folie a reçu mon encens" (Brazier) (2 Singst., Git.- oder Lyra-Begl.: A. Meissonnier) [3 S.]

19e Livraison:

[9] A.[ntoine] Romagnesi: Le Nouveau Démocrite, Chanson ,,Gai
Démocrite, qui vécus cent neuf ans" (Désaugiers)
(Singst., Git.-Begl.)   20— 22

21e Livraison:

[10] Félix Blangini: Peu connue, point troublée, Romance ,,La douce
fille du printemps" (Le C.[om]te de la G.) (Singst.,
Git.- oder Lyra-Begl.: A. Meissonnier)   [2 S.]

23e Livraison:

[11] A.[ntoine] Romagnesi: Le Bon Temps, Chansonnette à deux
voix ,,A vingt ans de l'insouciance" (Brazier) (S, T,
Git.-Begl.: [A.] Meissonnier)   [2 S.]

Le Ménestrel Breton. Recueil périodique de Romances avec Accompagnement de Guitare. [Livraison 1: Januar 1825.]

On souscrit chez l'auteur ‹M. Arsène Gouet› , ancien notaire à St. Malo, Dép.[artement] d'Ille-et-Vilaine, et chez M. Petit..., passage Feydeau, à Paris.

Année 1. [1825]: Livraison 1–10.

F Pn

1ère Livraison [Januar 1825]:

No. 1.   Arsène Gouet: L'aveugle Troubadour, Romance „Je commençais à peine ma carrière" (Arsène Gouet)

No. 2.   Arsène Gouet: Le Chevalier breton, Romance „Couvert d'une armure brillante" (Arsène Gouet)

No. 3.   Arsène Gouet: The Wood Robin-Le Rouge-Gorge, Nocturne à deux voix égales „Stay sweet enchanter of the grove" — „Aimable enchanteur du bocage"

No. 4.   Arsène Gouet: Ourika, Romance „A peine au matin de la vie" (Arsène Gouet)

No. 5.   Arsène Gouet: Elle, Romance „Il faut que je vous parle d'elle" (Arsène Gouet)

2e Livraison [Februar 1825]:

No. 6.   Arsène Gouet: Le Troubadour consolateur au Troubadour aveugle „Puisque d'un dieu d'auguste bienfaisance" (V. Aubry)

No. 7.   Em:[ile] Leroux: Au beau Sexe, Romance „Sexe adoré femmes charmantes" (Arsène Gouet)

No. 8.   Arsène Gouet: M'aimes-tu bien? Romance à une, deux ou trois voix „Il est donc vrai" (Arsène Gouet)

No. 9.   Arsène Gouet: Ne valsez jamais, Chansonnette „Entre l'amour et l'innocence" (Arsène Gouet)

No. 10.   Arsène Gouet: Avis à ma Pendule „Ecoute bien, ô ma pendule" (Arsène Gouet)

3e Livraison [März 1825]:

No. 11.   Arsène Gouet: Plaintes du Troubadour, Romance „Marguerite fleur d'innocence" (Arsène Gouet)

No. 12.   Emile Le Roux: Le Vieillard, Romance „J'ai vu passer autour de moi" (Arsène Gouet)

No. 13.   Arsène Gouet: Le Chevalier et la Pastourelle, Romance-Nocturne à deux voix „Triste et pensif sur son fier destrier" (Arsène Gouet) (S, T, Git.-Begl.)

No. 14.   Arsène Gouet: Les Cheveux noirs et les Cheveux blonds, Chansonnette „Sur les yeux noirs, sur les yeux bleus" (Arsène Gouet)

No. 15.   Arsène Gouet: On ne m'aime plus, Romance ,,Eh bien! je vous ai donc perdus'' (Arsène Gouet)

4e Livraison [April 1825]:

No. 16.   Arsène Gouet: La Séparation, Romance ,,Faut te quitter! toi que jamais'' (Arsène Gouet)

No. 17.   Arsène Gouet: Le Sourire de la Patrie, Romance ,,Beau troubadour, reviens couvert de gloire'' (Arsène Gouet)

No. 18.   Arsène Gouet: Isabelle, Romance à deux voix ,,Au bord du lac tranquille'' (Arsène Gouet)

No. 19.   Arsène Gouet: Souvenez-vous de moi, Romance ,,Faut-il dépouiller la nature'' (Arsène Gouet)

No. 20.   Arsène Gouet: La Puce, Chansonnette ,,Hier dans un songe charmant'' (Arsène Gouet)

5e Livraison [Mai 1825]:

No. 21.   Arsène Gouet: L'Amante abandonnée, Romance ,,Malgré ta froide indifférence'' (Mlle. Victorine G.***) (Singst., Git.-Begl.: G. Nelet)

No. 22.   Arsène Gouet: Eginard, Romance ,,Heureux favori de l'amour'' (Arsène Gouet)

No. 23.   Arsène Gouet: L'Amour desarmé, Romance à trois notes et à une ou deux voix ,,Un jour, Constance sans défiance'' (Arsène Gouet)

No. 24.   Arsène Gouet: A mon Amie, Romance ,,Salut à nos beautés nouvelles'' (Mr.***)

No. 25.   G. Nelet: Le petit Revenant ,,Je t'en conjure, ma Délie'' (Arsène Gouet)

6e Livraison [Juni 1825]:

No. 26.   Arsène Gouet: Le Ménestrel aveugle, Romance ,,L'astre brillant du jour'' (Arsène Gouet)

No. 27.   Arsène Gouet: Zulmé, Romance ,,Adieu Zulmé, toi que l'amour créa'' (Arsène Gouet)

No. 28.   Mr.***: Romance à deux voix ,,Ah! que je plains l'amant tendre et fidèle'' (Mr.***)

No. 29.   Arsène Gouet: Les Preuves d'Amour, Romance ,,Quoi, mon Eglé, tu prétends'' (Arsène Gouet)

No. 30.   Arsène Gouet: A mon Bonnet de Nuit, Chansonnette ,,Toi qui depuis plus de dix ans'' (Arsène Gouet)

7e Livraison [Juli 1825]:

No. 31.   E.[mile] Leroux: La Pendule ,,Toi qui du temps impitoyable'' (Arsène Gouet)

No. 32.   Leroux Père: Chant guerrier „Preux chevalier, affronte le
trépas" (Arsène Gouet) (Singst., Git.-Begl.: Leroux
Fils)

No. 33.   G. Nelet: L'Echo, Nocturne „Hier, au fond d'un sombre
bois" (Arsène Gouet) (2 Singst., Git.-Begl.)

No. 34.   Mr.***: Dis-moi pourquoi? Romance „Dis-moi pourquoi,
jeune Azélide" (Arsène Gouet)

No. 35.   Arsène Gouet: Le Spectre, Romance „Le vent du nord
sifflait" (Arsène Gouet)

No. 36.   Arsène Gouet: Vais la revoir, Chansonnette „Vais la revoir,
aimable espoir" (Arsène Gouet)

8e Livraison [August 1825]:

No. 37.   Arsène Gouet: Aimer pour vivre et vivre pour aimer, Romance
„Trompe-moi donc, abuse de tes charmes" (Arsène
Gouet)

No. 38.   Arsène Gouet: Le Grenadier français, Romance „Dans les
combats de l'Ibérie" (Arsène Gouet)

No. 39.   Arsène Gouet: La Simplicité, Nocturne à deux voix „Jeune
Aglaé, vous êtes belle et sage" (Arsène Gouet)

No. 40.   Arsène Gouet: Comment la voir et ne pas l'adorer? Romance
„Adieu, paisible indifférence" (Arsène Gouet)

No. 41.   Arsène Gouet: L'Inconstance, Chansonnette „Amant heureux
de la belle Palmyre" (Arsène Gouet)

9e Livraison [September 1825]:

No. 42.   Arsène Gouet: Mes Regrets, Romance „Qu'est devenu ce
tems heureux" (Arsène Gouet)

No. 43.   Arsène Gouet: Honneur et Loyauté, Romance „De l'antique
chevalerie" (Arsène Gouet)

No. 44.   R. V.***: Le Ruisseau, Romance à deux voix „Toujours
fidèle à ta rive chérie" (Arsène Gouet) (S, T, Git.-Begl.)

No. 45.   Arsène Gouet: Bien aimer est le Bonheur „Un Troubadour,
à la fleur de son âge" (G. Nelet)

No. 46.   Arsène Gouet: Pastorale „Gentille bergerette, au bord d'un
clair ruisseau" (Arsène Gouet)

10e Livraison [Oktober 1825]:

No. 47.   Arsène Gouet: Sur la Mort d'un Fils, Romance „Objet de
crainte et d'espérance" (Arsène Gouet)

No. 48.   G. Nelet: La Croix d'Honneur „Brave soldat va! renonce
aux allarmes" (Arsène Gouet)

No. 49.   Mr.***: Le Soir, Romance à deux voix „Comme un voile
étoilé, vois-tu, jeune Glycère" (Arsène Gouet) (S, T,
Git.-Begl.)

No. 50.   Mr.***: Je ne l'oublirai jamais, Romance „Non je ne
          l'oublirai jamais" (Arsène Gouet)

No. 51.   G. Nelet: Clémence „Loin de sa Clémence chérie" (Arsène
          Gouet)

Neuestes Journal ‹Periodisches Werk› für eine Flöte, enthaltend die beliebtesten
Tonstücke aus Opern, Balleten &c., eingerichtet von Carl Scholl.

Wien: bey Cappi und Comp: Eigenthum der Verleger.

[1825–1827]: Heft 1–10.

A M ([1825], 1–2); Waw ([1825], 3); Wgm ([1825], 4)

1. Heft ([Pl. Nr.] C. u. C. 31 [7. 4. 1825]):

X. [Saverio] Mercadante: Elisa und Claudio, Oper, Ite Abtheilung

[1]	Ouvrture [!]	1–	6
[2]	Cavatina ‹Miei cari figli ›	7–	9
[3]	Arie ‹Ah d'amor, se accorte siete ›	10–	13

2. Heft ([Pl. Nr.] C. u. C. 32 [7. 4. 1825]):

X. [Saverio] Mercadante: Elisa und Claudio, Oper, IIte Abtheilung

[4]	Duetto ‹Qui fra voi ›	1–	5
[5]	Andante ‹Ah senti ah pietà ›	6	
[6]	Coro ‹ Quali accenti ›	7–	8
[7]	Arie ‹Fra baci innocenti ›	8–	9

3. Heft ([Pl. Nr.] C. u. C. 33 [7. 4. 1825]):

[8]   [Gioacchino] Rossini: Stücke aus: Othello, Tancredi,
        Donna del Lago

4. Heft ([Pl. Nr.] C. u. C. 34 [7. 4. 1825]):

[9]	J.[Gioacchino] Rossini: Cavatina aus der Oper: Der Barbier von Sevilla	2–	4
[10]	J. [Gioacchino] Rossini: Drey Märsche aus der Oper: Die Italienerinn in Algier (Marcia I–III)	4–	5
[11]	J.[Gioacchino] Rossini: Schluss-Gesang aus der Oper: Die Diebische Elster ‹Aus hat der Sturm getobt › (mit Var. 1–3)	5–	7
[12]	J. [Gioacchino] Rossini: Cavatine aus der Oper: Elisabeth ‹O nahet edle Seelen ›	7	
[13]	J. [Gioacchino] Rossini: Cavatina aus der Oper: Hermione ‹Ah come nascondere › Eingelegt und gesungen in der Oper: Coradino von S. David	8–	9

[14]   J. [Gioacchino] Rossini: Duetto aus der Oper: Moses   10

[15]   J. [Gioacchino] Rossini: Zwey Märsche aus der Oper:
      Aschenbrödel ‹Cenerentola› (Marcia I–II)   11

5. Heft ([Pl. Nr.] C. u. C. 35 [21. 4. 1825]):

[16]   [Gioaccino] Rossini

6. Heft ([Pl. Nr.] C. u. C. 36 [21. 4. 1825]):

[17]   [Gioaccino] Rossini

7. Heft [Nach Pl. Nr. C. u. Cz. 220] [7. 8. 1826]:

[18]   [François Adrien Boieldieu]: Die beliebtesten Tonstücke aus:
      Die weiße Frau [= La Dame Blanche]

8. Heft [Nach Pl. Nr. C. u. Cz. 236] [26. 10. 1826]:

[19]   [Wolfgang Amadeus Mozart]: Figaros Hochzeit [KV 492],
      I. Abtheilung

9. Heft [Nach Pl. Nr. C. u. Cz. 236] [26. 10. 1826]:

[20]   [Wolfgang Amadeus Mozart]: Figaros Hochzeit [KV 492],
      II. Abtheilung

10. Heft [Pl. Nr. C. u. Cz. 311] [14. 5. 1827]:

[21]   [Gioacchino Rossini]: Belagerung von Corinth

N.[orske] L.[yra]. [Heft 1: ca. 23. 5. 1825.]

Christiania: Steentryk af L.[ars] M.[öller] Ibsen. Lith: A. O. Holdt.

[1825:] Heft 1–6?

N Ou

Heft 1:

No. 1.   L.[ars] M.[öller] I.[bsen]: Mindet „Et Glimt fru Evigheden"
      (H. A. Bjerregaard) (Singst., Git., Pfte.)   [1 S.]

[No. 2.3.4] H.[ans Hagerup] Falbe: Ouverture pour le Piano-Forte   1– 6

No. 5.6. L.[ars] M.[öller] Ibsen: Til Friheden „Hellige Frihed! for
      svinder dit Aasyn fra Jorden?" (H. A. Bjerregaard)
      (Singst., Git., Pfte.)   [2 S.]

Heft 2:

No. 1.   L.[ars] M.[öller] Ibsen: Engang Endnu „Jeg fik u di min
      Barndoms Vaar" (A. Olsen) (Singst., Git., Pfte.)   [1 S.]

No. 2.   L.[ars] M.[öller] Ibsen: Wi sees igien „Naar Livets bedste
      Held" (Singst., Git., Pfte. oder Hf.)   [1 S.]

No. 3.4.5. L.[ars] M.[öller] Ibsen: Duettino (Beate, Begge) af:
Freias Altar „Saagaaer du da ikke din Vei" (S, T,
Pfte. oder Git.)   [3 S.]

No. 6.   L.[ars] M.[öller] Ibsen: Taus Kjerlighed „Jeg siger ei jeg
elsker Dig" (Nach dem Russischen: C. N. Schwach)
(Singst., Git.- und Pfte.-Arr.)   [1 S.]

Heft 3:

No. 1.2. L.[ars] M.[öller] Ibsen: Min Barndom „Sug hvor sö ger du
o Tanke hen?" (S. O. Wolff) (Singst., Git., Pfte.)   [2 S.]

H.[ans Hagerup] Falbe: Udvalgte Sange af: Geheime Overfinantz-
raaden:

[No, 3]   Romance „Hjertet Lykken har sin Trone" (H. A.
Bjerregaard) (Singst., Pfte.: Es-dur; Singst., Git.:
L. M. Ibsen ohne Vor- und Nachspiel: D-dur)   [2 S.]

[No. 4. 5]   Finale (Felsek, Maria) „Af Medynk Blikket vi bort
vende" (H. A. Bjerregaard) (Singst., Pfte. 4 hdg.,
Git.-Arr.: L. M. Ibsen)   [2 S.]

Heft 4:

H.[ans Hagerup] Falbe: Udvalgte Sange af: Geheime Overfinantz-
raaden [Fortsetzung]:

[No. 1.2]   Romance (Maria) „Mig den Elstes Haand har givet"
(H. A. Bjerregaard) (Singst., Pfte., Git.-Arr.: L. M.
Ibsen)   [1 S.]

No. 3.   L.[ars] M.[öller] Ibsen: Laengsel „Suk! hvorfor haever Du
Dig fra mit Bryst?" (H. A. Bjerregaard)(Singst., Git., Pfte.)[1 S.]

Heft [5?]:

No. 2.   L.[ars] M.[öller] Ibsen: Foedselsdagen „Med Barnets rene
Himmel i mit Bryst" (Singst., Git., Pfte.)   [1 S.]

Heft [6?]:

No. 2. [?] L.[ars] M.[öller] Ibsen: De Røde og Hvide Roser „Da
hemmelig tyst under Egens" (H. A. Bjerregaard)
(Singst., Git., Pfte.)   [1 S.]

No. 4.   L.[ars] M.[öller] Ibsen: Kierlighed „Hvad er det som smelter
vort Hjerte" (S. O. Wolff) (Singst., Git., Pfte.)   [1 S.]

[No. 6?]L.[ars] M.[öller] Ibsen: Norsk Balvise „Vaaren, Blomster
lokket" (J. B.) (Singst., Git., Pfte.)   [1 S.]

Ny Maanedlig Journal for Fløite Solo.

Kjøbenhavn: Samlet og forlagt af C. D. Milde.

1825–1826: Heft 1–16.

DK Kdf; Kk (1825–1826: 2–15)

1. Heft (Juny 1825):

[1]   [Karl] Keller: Adagio   2

[2]   [Friedrich] Kuhlau: Divertissement 1 (Fl., Pfte. ad lib.)
         [Op. 68, 1]   3—   6

[3]   [Friedrich August] Kummer: Caprice   7—   9

[4]   [Jean-Louis] Tulou: Arie Varié (Allegretto poco Andante —
         Var. 1—4)   10— 11

2. Heft (July 1825):

[5]   [Johann Wilhelm] Gabrielsky [!] : Adagio   14

[6]   [Friedrich] Kuhlau: Divertissement 2 (Fl., Pfte. ad lib.)
         [Op. 68, 2]   15— 18

[7]   P.[eter] Jensen: Fantaisies ou Caprices [Op. 14, 1]   19— 22

[8]   [Carl] N. Weiss: Andante Varié (1 Var.)   23

3. Heft (August 1825):

[9]   [Karl] Keller: Andante   26

[10] [Friedrich] Kuhlau: Divertissement 3 (Fl., Pfte. ad lib.)
         [Op. 68, 3]   27— 30

[11] Fröhlich: Thema con Variations [!] (Allegretto — Var. 1—6)   31— 33

[12] [Louis] Drouet: Solo (Allegretto)   34— 35

4. Heft (September 1825):

[13] [Carl] Weiss: Romance (Andantino — Var.)   38

[14] [Friedrich] Kuhlau: Divertissement 4 (Fl., Pfte. ad lib.)
         [Op. 68, 4]   39— 42

[15] [Peter] Jensen: Fantasies [!] ou Caprices [Op. 14, 2]   43— 46

[16] [Johann Wilhelm] Gabrielski: (Polacca)   47

5. Heft (October 1825):

[17] [Carl] Weiss: Variations sur un Walse tirol (Andantino —
         Var. [1]—3)   50

[18] [Friedrich] Kuhlau: Divertissement 5 (Fl., Pfte. ad lib.)
         [Op. 68, 5]   51— 54

[19] Petersen: Solo (Introduction — Allegro Brillante — Andante)   55— 57

[20] [Jean-Louis] Tulou: Fantasie [!]   58— 59

6. Heft (November 1825):

[21] [Friedrich] Kuhlau: Andante sostenuto   62

[22] [Friedrich] Kuhlau: Divertissement 6 (Fl., Pfte. ad lib.)
      [Op. 68, 6]   63— 66
[23] [Peter] Jensen: Fantasies [!] ou Caprices [Op. 14, 3]   67— 71

7. Heft [Dezember 1825]:
[24] C. D. Milde: Potpourri ou Solos de l'Opéra: Lulu par F. Kuhlau   2— 11

8. Heft [Januar 1826]:
[25] C.[arl] Keller: Allegro (Introduzione — Tema — Var. 1—5 —
      Coda)   2— 4
[26] [Peter Jensen]: [Solo] No. 1 [Op. 17, 1]   5— 10
[27] [Jean-Louis] Tulou: Andante con Variation [!] (Var. 1—3 —
      Boléro)   11— 13

9. Heft [Februar 1826]:
[28] Schwencke: Fantasie   2— 4
[29] [Peter Jensen]: [Solo] No. 2 [Op. 17, 2]   5— 11
[30] [Ferdinando] Paer: Arie „La Biondina i Gondoletta" med
      Variation (Allegro Giusto-Var. 1—4)   12— 13

10. Heft [März 1826]:
[31] C.[arl] Keller: Allegro   2— 4
[32] [Peter Jensen]: [Solo] No. 3 [Op. 17, 3]   5— 10
[33]   Thema med Variationer og Melodier af Operaen: Den
              hvide Dame [Boieldieu] som Potpourri (Allegretto-
              Var. 1—5 — All[egr]o moderato — Allegretto)   11— 13

11. Heft [April 1826]:
[34] C. Berens: Melodier af Operaen: Den hvide Dame [Boieldieu]
      som Potpourri   2— 4
[35] [Peter Jensen]: [Solo] No. 4 [Op. 17, 4]   5— 10
[36] [Pierre] Rode: Thema med Variationer   11— 12
[37] C.[arl] Keller: Andante   12— 13

12. Heft [Mai 1826]:
[38] [Michel] Caraffa [de Colobrano]: Andante alla Polacca   2
[39] [Peter Jensen]: [Solo] No. 5 [Op. 17, 5]   3— 8
[40] [Jean-Louis] Tulou: Fantaisie   9— 13

13. Heft [Juni 1826]:
[41]   Allegro moderato   2— 6
[42] P.[eter] Jensen: [Solo] No. 6 [Op. 17, 6]   7— 12
[43] [Jean-Louis] Tulou: Polacca   13

14. Heft [Juli 1826]:

[44]	[Peter Jensen]: Etude [Op. 25, 2]	2	
[45]	[Peter] Jensen: Etude Op. 25[,1]	3	
[46]	[Friedrich Kuhlau]: Fantasia I [Op. 38]	4—	9
[47]	[Peter Jensen]: Etude [Op. 25, 12]	10	
[48]	[Peter Jensen]: Etude [Op. 25, 11]	11	

15. Heft [August 1826]:

[49]	[Peter Jensen]: Etude [Op. 25, 4]	2	
[50]	[Peter Jensen]: Etude [Op. 25, 3]	3	
[51]	[Friedrich Kuhlau]: Fantasia II [Op. 38]	4—	9
[52]	[Peter Jensen]: Etude [Op. 25, 10]	10	
[53]	[Peter Jensen]: Etude [Op. 25, 9]	11	

16. Heft [September 1826]:

[54]	[Peter Jensen]: Etude [Op. 25, 6]	2	
[55]	[Peter Jensen]: Etude [Op. 25, 5]	3	
[56]	[Friedrich Kuhlau]: Fantasia III [Op. 38]	4—	9
[57]	[Peter Jensen]: Etude [Op. 25, 8]	10	
[58]	[Peter Jensen]: Etude [Op. 25, 7]	11	

Polyhymnia. Eine musikalische Monatsschrift ([6. 1830 − 7. 1831:] Anthologie als Monatsschrift) ([ab 8. 1832:] in Original-Compositionen) für das Piano-Forte ([6. 1830 − 7. 1831:] neu arrangirt und) herausgegeben von Friedrich August Kummer, ([ab 2. 1826:] Heinrich Aloys Praeger, [ab 7. 1831, Heft 11:] F.[ranz] L.[ouis] Schubert.)

Meissen: Steindruck ([ab 6. 1830:] Druck) und Verlag von Christian Ehregott Klinkicht ([3. 1827 − 4. 1828 auch:] Leipzig: bei J. G. Mittler), ([ab 7. 1831:] C. E. Klinkicht & Sohn.)

Jahrgang 1. [1825] − 7. [1831]. Neue Folge Jahrgang 1. ‹der alten Folge 8.› [1832] − 8. ‹der alten Folge 15.› (1839).

D Bds (1. [1825], 10; 2. [1826], 2); Bs (1. [1825]); BAs (9. (1833); 10. (1834) *); BOCs (3. [1827]); Cl (3. [1827]); DT (3. [1827]; 5. (1829) − 14. (1838)); DÜk (5. (1829)); EF (2. [1826]); F (1. [1825] − 6. [1830]); HAmi (1. [1825] − 12. (1836); 15. (1839)); LEm (1. [1825]; 4. [1828] − 5. (1829)); LEsm (2. [1826]; 4. [1828]); LEu (4. [1828]; 6. [1830]); Mbs (2. [1826], 1; 3. [1827] * ; 5. (1829), 1–6; 6. [1830]; 7. [1831], 1–6, 8; 8. [1832]; 9. (1833), 7–12; 12. (1836), 10; 14. (1838), 12; Mm (5. (1829); 12. (1836)); SW (7. [1831]) − **GB** Lbm (2. [1826] − 3. [1827]; 6. [1830] − 8. [1832])

1. Jahrgang [1825]

Heft 1:

[1]   F.[riedrich] A.[ugust] Kummer: Divertimento über Thema's
       aus: Preciosa [C. M. v. Weber; Jähns 279]   2— 10

[2]   Allegro   11— 12

[3]   [Gioacchino] Rossini: Cavatine (Pfte.)   12— 13

[4]   [Joseph] Toepler: Sehnsucht „Wie die Nacht mit heil'gem Be-
       ben" (Theod.[or] Körner)   14— 15

[5]   Choral: Allein Gott in der Höh' sey Ehr'   16

Heft 2:

[6]   F.[riedrich] A.[ugust] Kummer: Thema di Rossini con Varia-
       tioni [!] (Var. 1—3]   17— 19

[7]   C.[arl] Maria von Weber: Chor und Tanz aus: Euryanthe (Pfte.
       4hdg.) [Jähns 291, N. 1]   20— 23

[8]   Fr.[iedrich] A.[ugust] Kummer: Rondoletto   24— 30

[9]   [Gasparo] Spontini: Andante sostenuto aus: Die Vestalin   31

[10]   Walzer   32

[11]   Choral: Erhalt' uns, Herr, bei deinem Wort   32

Heft 3:

[12]   F.[riedrich] A.[ugust] Kummer: Scherzando   33— 37

[13]   C.[arl] M.[aria] von Weber: Romanze aus: Euryanthe (Pfte.
       4hdg.) [Jähns 291, N. 2]   38— 41

[14]   F.[riedrich] A.[ugust] Kummer: Allegro giusto   42— 43

[15]   [Gasparo] Spontini: Cavatine aus: Vestalin   43— 44

[16]   G. D.: Quadrille   44— 45

[17]   E. D.: Länder [!]   45

[18]   An die Spröden „Ich sah ein Röschen am Wege stehn" 46— 47

[19]   Allegrezza   47— 48

[20]   Choral: Herr Jesu Christ, dich zu uns wend'   48

Heft 4:

[21]   F.[riedrich] A.[ugust] Kummer: Divertimento scherzando   49— 52

[22]   [Gioacchino] Rossini: Marcia festiva aus der Oper: Zelmira 53— 54

[23]   [Wolfgang Amadeus] Mozart: Aus: Don Juan (Fl. oder Vl.,
       Pfte.) [KV 527, 7]   55— 57

[24]   [Joseph] Weigl: Aria aus der Oper: Das Waisenhaus „Was
       kümmert mich des Fremden Gold"   58— 60

[25]   Alfons Zezi: Allegro di molto   61— 64

[26]   Choral: Auch jetzt macht Gott uns offenbar   64

Heft 5:

[27] L.[ouis] Spohr: Aus der Oper: Jessonda   6[5]—66

[28] [Daniel François Esprit] Auber: Entr'act aus der Oper: Der
      Schnee [= La Neige]   67

[29] [Daniel François Esprit] Auber: Cavatine aus der Oper: Der
      Schnee „Frühlingszeit hat viel Freud"   68— 71

[30] C.[arl] M.[aria] v.[on] Weber: Chor aus: Euryanthe (Pfte.
      4hdg.) [Jähns 291, N. 3]   72— 73

[31] [François Adrien] Boeildieu [!]: Aus der Oper: Johann v.[on]
      Paris [= Jean de Paris]   74

[32] C.[arl] M.[aria] v.[on] Weber: Morgengesang aus: Preciosa
      „Die Sonn erwacht, mit ihrer Pracht" (Pfte.)
      [Jähns 279, N. 9]   75

[33] [Wolfgang Amadeus] Mozart: Aus der Oper: Figaro [KV 492,9] 76— 78

[34] [Gioacchino] Rossini: Allegretto   78— 79

[35]   Choral: Wer nur den lieben Gott lässt walten   80

Heft 6:

[36]   Divertissement (Spohr: Jessonda, Mozart: Figaro, Ros-
      sini: Elster, C. M. v. Weber: Euryanthe) [Jähns 291]   81— 85

[37] Carl Maria v.[on] Weber: Duetto aus: Euryanthe (Pfte. 4hdg.)
      [Jähns 291, 7]   86— 89

[38] [Daniel François Esprit] Auber: Allegretto aus der Oper:
      Der Schnee   90

[39] [Gioacchino Rossini]: Beliebte Cavatine aus der Oper:
      Tancred   91— 93

[40] Carl Kummer: Russischer Walzer   94

[41] G. D.: Walzer   94— 95

[42]   Choral: Nun danket alle Gott   96

Heft 7:

[43] [Gioacchino] Rossini: Ouverture aus der Oper: Die Italienerin
      in Algier   97—104

[44] J. B.: Variationen (Thema — Var. 1—6)   104—108

[45] T. Stirl: Walzer   108—109

[46] [Gasparo] Spondini [!]: Allegretto molto moderato aus:
      F.[ernand] Cordez [!]   109

[47] [Etienne Nicolas] Mehül [!]: Romanze aus der Oper: Jacob
      u.[nd] seine Söhne „Ach mußte der Tod ihn uns
      nehmen"   110—111

[48] T. Stirl: Russischer Walzer   112

[49]   Choral: Eine feste Burg ist unser Gott   112

Heft 8:

[50] [Joseph] Weigl: Aus der Oper: Die Schweizerfamilie   113—115

[51]   Nationaltanz aus: Neu York   115

[52] [Giacomo] Meierbeer [!]: Cavatine aus: Margherita d'Anjou
              „O Liebe, deren Augen mein tiefstes Herz liegt offen"   116—120

[53]   All[egr]o giusto   120—121

[54] [Joseph] Töpler: Mondhelle „Du Sehnsuchterwecker, du
              freundlicher Mond" (J. G. Seidl)   122

[55] F.[riedrich] A.[ugust] Kummer: All[egr]o giojoso [!]   123—126

[56] [Ludwig van] Beethoven: Marcia aus der Oper: Fidelio
              [Op. 72, 6]   126—127

[57] [Gioacchino] Rossini: Aus der Oper: Ricciardo e Zoraide   127

[58]   Eccossoise [!]   128

[59]   Choral: Nun bitten wir den heiligen Geist   128

Heft 9:

[60] [Peter von] Winter: Aus der Oper: Das unterbrochene Opfer-
              fest   129—131

[61] [Carl Maria] v.[on] Weber: Spott-Chor aus der Oper: Der
              Freischütz [Jähns 277, N. 1]   131

[62] Carl Maria v.[on] Weber: Jäger-Chor aus: Euryanthe (Pfte.
              4hdg.) [Jähns 291, N. 18]   132—133

[63] [Ferdinando] Paer: Polacca aus der Oper: Sargino   134—135

[64] D.[aniel] F.[rançois] E.[sprit] Auber: Ouverture zur Oper:
              Der Schnee [= La Neige]   136—142

[65]   Allegrezza   143—144

[66]   Choral: Jesu meine Zuversicht   144

Heft 10:

[67] [Daniel François Esprit] Auber: Ouverture aus der neuen
              Oper: Leocadia   145—152

[68] [Francesco] Morlacci [!]: Coro e Cavatina aus der Oper:
              Tebaldo e [!] Isolina   153—157

[69] F. E. Wustlich: Ständchen „Komm, fein Liebchen, komm ans
              Fenster"   158

[70]   Kosak (Trio I, II)   159

[71]   Französisch   159

[72] [Gioacchino] Rossini: Marciale aus der Oper: Elisabeth   160

[73]   Choral: Danket dem Herrn, denn er ist sehr freundlich 160

Heft 11:

[74]   Tempo di Polacca brillante   161—165

[75] [Francesco] Morlacchi: Andantino aus der Oper: Tebaldo e [!]
      Isolina   166−169

[76] [H. Marschner] : Aus dem Liederspiel: Die Wiener in Berlin   169−170

[77] C.[arl] M.[aria] v.[on] Weber: Aus: Preciosa [Jähns 279]   170−171

[78] [Wolfgang Amadeus] Mozart: Aus: Don Juan ,,Keine Ruh' bei
      Tag und Nacht" [KV 527, 1]   172−174

[79] [Gasparo] Spontini: Trauer Marsch aus der Oper: Die Vestalin   175−176

[80]   Choral: Herr, deine Allmacht reicht so weit   176

Heft 12:

[81] [Gioacchino] Rossini: Aus der Oper: Die diebische Elster   177−181

[82] Carl Maria v.[on] Weber: Duetto aus der Oper: Euryanthe
      (Pfte. 4hdg.) [Jähns 291, N. 11]   182−183

[83] [Louis] Spohr: Aus der Oper: Der Berggeist   184−185

[84] K. T. Wagner: Walzer   185

[85] F.[riedrich] A.[ugust] Kummer: Lied ,,Woher das Grübchen
      im Kinn?"   186−188

[86] K. Th. Wagner: Walzer   188

[87] [François Adrien] Boieldieu: Aus der Oper: Johann v.[on]
      Paris [= Jean de Paris]   189

[88] Charlotte Franz: Lied ,,Ich wäre wohl fröhlich so gerne"   190

[89] [Wolfgang Amadeus] Mozart: Aus der Oper: Titus [KV 621,7] 191

[90] [Rodolphe] Kreutzer: Marsch aus der Oper: Lodoïska   192

[91]   Choral: Lob't unsern Gott mit fröhlichem Gemüthe   192

2. Jahrgang [1826]

Heft 1:

[1]   [Wenzel Wilhelm] Würfel: Jägerchor aus der Oper: Rübezahl
      ,,Wie herrlich ists im Wald" (T I, II, B I, II)   2−   5

[2]   [Ludwig van] Beethoven: Aus dem Schauspiel: Egmont
      [Op. 84, 5]   5−   6

[3]   [Wenzel Wilhelm] Würfel: Chortanz aus der Oper: Rübezahl   7−   8

[4]   [Wenzel Wilhelm] Würfel: Cavatina aus der Oper: Rübezahl
      ,,Du Mächtiger, der in den Sagen des Volkes"   8− 10

[5]   J.[ohann] B.[aptist] Cramer: Prestissimo   10− 15

[6]   [Gioacchino] Rossini: Polonoise aus der Oper: Othello   15− 16

[7]   [Carl Maria von Weber] : Trio aus der Oper: Der Freyschütz
      [Jähns 277, N. 2]   16

Heft 2:

[8]   F.[erdinando] Paer: Ouverture aus: Sargino   17− 23

[9]   F.[erdinando] Paer: Arie (Sargino) [aus: Sargino] „Ach
       Sophia süsses Leben, ja ich athme nur für dich"   24— 26

[10]   Moderato   27

[11]   [Joseph Haydn]: Gott erhalte Franz den Kaiser   27

[12]   Vorspiel   27

[13]   Lento   27— 28

[14]   Vorspiel ,Viotti' Andante — ,Dussek' Più moto   28— 29

[15]   J.[ohann] S.[ebastian] Bach: Prélude [BWV 856]   29— 30

[16]   Enrico Präger: Walzer   31— 32

Heft 3:

[17]   C.[arl] M.[aria] v.[on] Weber: Ouverture aus: Euryanthe
       [Jähns 291]   33— 41

[18]   C.[arl] M.[aria] v.[on] Weber: Cavatina (Euryanthe) aus:
       Euryanthe „Glöcklein im Thale!" [Jähns 291, N 5]   41— 43

[19]   C.[arl] M.[aria] v.[on] Weber: Lied [Bertha] mit Chor aus:
       Euryanthe „Der May, der May bringt frische Rosen
       dar" [Jähns 291, N. 21]   44— 46

[20]   C.[arl] M.[aria] v.[on] Weber: Tanz. Ernster Reigen aus:
       Euryanthe [Jähns 291, aus N. 1]   46— 47

[21]   J.[ohann] S.[ebastian] Bach: Prélude [BWV 850]   48

Heft 4:

[22]   [Heinrich] Präger: Romance „Wenn mir oft mit heilig süssem
       Schauer" (Eduard Stein)   49— 51

[23]   Becker: Rondo   52— 57

[24]   Nicolò [Isouard]: Ouverture aus: Joconde   58— 64

Heft 5:

[25]   J.[oseph] Haydn: Introduzione aus dem Oratorium: Die Worte
       des Erlösers am Kreutze [!] [Hob. XX/2]   65— 67

[26]   [Joseph Haydn]: Schlusssatz aus demselben [Hob. XX/2]   67— 70

[27]   [Friedrich Ernst] Feska [!]: Soldaten-Abschied „Heute scheid'
       ich, heute wandr' ich" (Müller)   70— 71

[28]   [Heinrich] Praeger: Der Sachsen Vaterland „Ich kenn' ein
       wunderschönes Land" (Mahlmann) (T-Solo, S I, II,
       T I, II, B I, II)   71— 74

[29]   [Wolfgang Amadeus] Mozart: Marcia [KV 383e = 408/1]   75— 77

[30]   Witkowsky: Polonaise brillante   77— 78

[31]   Louis van Beethoven [unterschoben]: An die Geliebte. Favorit-
       Walzer für das Piano-Forte, mit unterlegten Worten für
       eine Singstimme arrangirt von Heinrich Schütz „O süsse
       Himmelslust bebt durch die trunkne Brust" [Anh. 14, 1]   79— 80

Heft 6:

[32] [Wolfgang Amadeus] Mozart: Ouverture aus der Oper: Don
         Juan [KV 527]   81— 88

[33] [Wolfgang Amadeus] Mozart: Allegretto [KV 385i = 399, 3]   89

[34] C.[arl] M.[aria] v.[on] Weber: Hochzeits-Marsch aus: Eury-
         anthe [Jähns 291, N. 23]   90— 91

[35] Nicolò [Isouard]: Romance [aus:] Joconde „Losreissend ohn
         Erbarmen aus des theuren Mädchens Armen"   92— 93

[36] C.[arl] F.[erdinand] Becker: Andante cantabile   94— 95

[37] [Luigi] Cherubini: Marcia   96

[38] [Heinrich] Praeger: Ecossaise   96

Heft 7:

[39] [Daniel François Esprit] Auber: Der Carnaval in Venedig,
         Favorit-Arie (Adele) aus der Oper: Das Concert bey
         Hofe „Hört ihr von fern den Schall der jubelvollen
         Töne?"   (97)—109

[40] W. Hessner: Ecossaise   109

[41] C.[arl] M.[aria] v.[on] Weber: Entre-Act aus dem: Frei-
         schütz [Jähns 277, N. 11]   110—111

[42] W. Hessner: Walzer   112

Heft 8:

[43] Becker: Allegro brillante   113—119

[44] Conradin Kreutzer: Jagdchor aus der Oper: Libussa „Mit freiem
         Sinn, mit frischem Muth" (T I, II, B I, II)   119—122

[45] C.[arl] M.[aria] v.[on] Weber: Cavatina (Agathe) aus dem:
         Freischütz „Und ob die Wolke sich [!] verhülle"
         [Jähns 277, N. 12]   123—125

[46] Haerting: Cotillon   125—126

[47] [Johann Heinrich?] Walch: Walzer   126—128

Heft 9:

[48] Conradin Kreutzer: Ouverture aus der Oper: Libussa   129—136

[49] Conradin Kreutzer: Fest-Marsch aus: Libussa   137—139

[50] [Wolfgang Amadeus] Mozart: Eccosaise [!] aus: Don Juan
         [KV 527, 12]   139

[51] Haerting: Ecossaise   139

[52] H.[einrich] Präger: Vergissmeinnicht „Leb' wohl, o Holde,
         die mein Herz verehrte" (Ferd. Grossmann)   140—141

[53] L.[ouis] Spohr: Der Compas „Frisch die Segel aufgezogen"
         (3 Singst.)   142—143

[54] Zayitz: Marcia brillante   143—144

Heft 10:

[55] [Wenzel Wilhelm] Würfel: Ouverture aus der Oper: Rübezahl   145—153

[56] A.[ugust] Pohlenz: Der kleine Tambour „Bin der kleine Tam-
      bour Veit"   154—156

[57] C.[arl] M.[aria] v.[on] Weber: Presto scherzando   156—158

[58] P. Zajitz: Marcia   159—160

Heft 11:

[59] Nicolò [Isouard]: Ouverture aus der Oper: Aschenbrödl [!]   161—169

[60] [Franz] Danzi: Duettino (Caroline, Gustav), eingelegt in der
      Operette: Die Nachtwandlerin „O weiche nie aus die-
      ser Brust"   170—171

[61] H.[einrich] A.[loys] Praeger: Lied des Rekruten in: Wallen-
      steins Lager „Tromeln [!] und Pfeifen, krieg'rischer
      Klang" (Schiller)   171

[62] P.[eter] v.[on] Winter: Marsch aus der Oper: Das unterbrochne
      Opferfest   172

[63] [Gioacchino] Rossini: Geschwind-Walzer aus der Oper: Die
      Jungfrau v.[om] See [= La Donna del Lago]   173—174

[64]   Marcia   174—176

[65] [Wolfgang Amadeus] Mozart: Schnell-Walzer   176

Heft 12:

[66] Ferd.[inand] Beyer: Allegro scherzando   177—180

[67] [Heinrich Aloys] Praeger: Françoise   180—182

[68] C.[arl] M.[aria] v.[on] Weber: Chor mit Echo aus: Preciosa
      „Im Wald! im Wald! im frischen, grünen Wald!"
      [Jähns 279, N. 6]   183—184

[69] C. M. v. Weber [unterschoben, recte Luise Reichardt]: Das
      Vöglein „Es singt ein Vögelein wit, wit, wit" [Jähns,
      Anh. 112]   185—186

[70] H.[einrich] A.[loys] Praeger: Englischer Zapfenstreich   186—187

[71] [François Adrien] Boieldieu: Bauern-Tanz aus: Die weisse
      Dame [= La Dame blanche]   187

[72] P.[eter] v.[on] Winter: Trauer-Marsch aus dem: Unter-
      brochenen Opferfest   188

[73] C.[arl] Meyer: Walzer   189

[74] C.[arl] Meyer: Geschwind-Walzer   189

[75] P. Schulz: Unsterblichkeit, Choral „Gleich des Feldes Blumen
      schwindet alles Fleisch umher" (Voss)   190

[76] [Martin] Luther: Ach bleib bei uns, Herr Jesu Christ   190

[77]   Nun sich der Tag geendet hat   191

[78] [Martin] Luther: Ziel des Menschenlebens: Aus tiefer Not
schrey' ich zu dir „Allgütiger! empor zu dir, soll sich
der Mensch erheben" (Schink)   191

[79] Jacob Prätorius: Morgenlied: Wachet auf! ruft uns die Stimme
„Brüder (Schwestern) weihet euch aufs neue zu neuem
Fleiss" (Niemeyer)   192

[80] [Martin] Luther: Eigenthumsschätzung: Vater unser im Himmelreich „Du gebest wenig oder viel" (Reche)   192—193

[81] Paul Speratus: Ewigkeit Gottes: Sey Lob und Ehr' dem höchsten Gut „Unendlicher, den keine Zeit umschließt"
(Münter)   193

[82] Zweck der Jugendjahre: Ermuntre dich, mein schwacher Geist „Ich trete vor dein Angesicht" (Münter)   194

[83] Pflichten gegen die Obrigkeit: Nun kommt der Heiden
Heiland „Wer gehorcht, der thu's mit Lust" (Cramer)   195

[84] Glaube an Unsterblichkeit: Nun lasst uns den Leib begraben „Der Tod darf mir nicht schrecklich sein"
(Spalding)   195

[85] Aufrichtigkeit: Mein Gott! ich danke herzlich dir
„Wer Wahrheit über alles schätzt" (Neander)   196

3. Jahrgang [1827]

Heft 1:

[1] [Anton] Salieri: Ouvertura aus der Oper: Palmira   2— 5

[2] L.[udwig] v.[an] Beethoven: Rondo moderato e grazioso
[Op. 51, Nr. 1]   5— 10

[3] Conradin Kreutzer: Jägerchor „Ihr Jäger, horcht! der Hörner
Klang" (T I, II, B I, II, Pfte.)   10— 13

[4] Fournes: Heinrich an Lyda „Wiedersehen, Lyda, wieder küssen
werden wir uns"   14

[5] C. A. Gabler: Trompeten-Marsch   14— 15

[6] [Luigi] Cherubini: Alla Polacca   15— 16

Heft 2:

[7] A.[drien] Boieldieu: Ouverture zur Oper: Die weisse Frau   17— 25

[8] [Franz Gläser]: Romanze aus: Die Sieben Mädchen in Uniform „Im öden Kerker schmachtet Sophiens trauter
Freund" [Ludwig Angely]   26— 28

[9] Carl Meyer: Walzer   28— 31

[10] F.[ranz] X.[aver] Chwatal: Walzer   31— 32

Heft 3:

[11] [Gioacchino Rossini]: Ouverture zur Oper: Der Barbier von
Sevilla (Pfte.-Arr.: H. A. Praeger)   33— 40

[12]   G.[ustav] Doering: Das Veilchen und das Maedchen „Mädchen,
         sieh das Veilchen an''   41

[13]   H.[einrich] A.[loys] Praeger: Gebet „Nimm, o Vater, an des
         Jahres erstem Morgen''   42– 43

[14]   C.[arl] M.[aria] v.[on] Weber: Andante cantabile [aus: Eury-
         anthe, Pas de Cinq; Jähns 291, zu N. 21]   43

[15]   [Anton] Salieri: Mohrentanz aus: Axur   44– 45

[16]   [Wolfgang Amadeus] Mozart: Trauungs-Marsch aus: Figaro
         [KV 492, 22]   46– 48

[17]   Marcia   48

Heft 4:

[18]   J. [Gioacchino] Rossini: Ouverture zur Oper: Das Fräulein
         vom See [= La Donna del Lago]   49– 55

[19]   H.[einrich] A.[loys] Praeger: Ländlicher Tanz aus dem Ballet:
         Die Entstehung des Harlekins   56– 60

[20]   C.[arl] M.[aria] v.[on] Weber: Jägerchor aus der Oper: Eury-
         anthe „Die Thale dampfen, die Höhen glühn!'' (T I, II,
         B I, II, Pfte.) [II. Akt, 18; Jähns 291, N. 18]   61– 63

[21]   Mode-Walzer   63

[22]   Marsch   64

Heft 5:

[23]   [Anton] Salieri: Ouverture zur Oper: Axur, König von Ormus   65– 68

[24]   H.[einrich] A.[loys] Praeger: Allegretto nach einer Melodie
         von C.[arl] M.[aria] v.[on] Weber   69– 71

[25]   Ferd.[inand] Beyer: Allegro vivace   71– 74

[26]   H.[einrich] A.[loys] Praeger: Jägerchor „Wir Jäger sind Kinder
         der freien Natur'' (Carl Nakonz) (T I, II, B I, II, Pfte.) 75– 77

[27]   H.[einrich] A.[loys] Praeger: Ecossaise   77

[28]   C.[arl] M.[aria] v.[on] Weber: Maienblümlein „Maienblümlein
         so schön'' [Aug. Eckschläger; Op. 23, 3; Jähns 117]   78

[29]   A.[nton] Diabelli: Rondo Mignon   79– 80

Heft 6:

[30]   [Daniel François Esprit] Auber: Ouverture zur Oper: Der Maurer
         [= Le Maçon]   81– 89

[31]   [Conradin] Kreutzer: Cavatine (Ladislaw) aus: Libussa „So
         mögt ihr muntre Thiere weiden!''   89– 93

[32]   [Michel] Caraffa [de Colobrano]: Favorit-Bolero   93– 94

[33]   [Gioacchino] Rossini: Marsch aus Elisabeth [= Elisabetta Re-
         gina d'Inghilterra, II. Akt aus Nr. 8]   95

[34] J.[oseph] Haydn: Andante con moto [Hob. I, Nr. 89, II]   95— 96

[35] C.[arl] M.[aria] v.[on] Weber: Walzer nach einer Melodie
        aus: Oberon [Jähns 306]   96

Heft 7:

[36] [Johann Christoph] Vogel: Ouverture aus der Oper: Demo-
        phon   97—104

[37] W.[olfgang] A.[madeus] Mozart: Marche des: Mariages
        Samnites (Thema — Var. 1—5) [KV 374c = 352]   105—107

[38] Louis Spohr: Romance (Zemire) aus der Oper: Zemire und
        Azor „Rose, wie bist du reizend und mild"   108—109

[39] [Daniel François Esprit] Auber: Favorit-Tänze aus der Oper:
        Der Maurer [= Le Maçon] (Walzer, Hopser)   110—111

[40] [Gioacchino] Rossini: Marsch, Walzer   111—112

Heft 8:

[41] J.[oseph] Haydn: Sonata [Hob. XVI, Nr. 36]   113—120

[42] A.[drien] Boieldieu: Romance   121

[43] [Gioacchino] Rossini: Marsch aus: Othello [I. Akt, aus Nr. 1] 121—122

[44] E. Schubert und H.[einrich] Praeger: Jägerchor „Hurra, durch
        Feld und Wald, die Büchse kracht" (T I, II, B I, II,
        Pfte.)   122—123

[45] J. C. Remde: Rondo   124—127

[46] A.[drien] Boieldieu: Chor der Holzhauer aus: Rothkäppchen   127—128

[47] A.[drien] Boieldieu: Aria (Nanette) aus: Rothkäppchen   128

Heft 9:

[48] C.[arl] M.[aria] v.[on] Weber: Rondo brillant. Aufforderung
        zum Tanze [Op. 65; Jähns 260]   129—136

[49] [Wolfgang Amadeus] Mozart: Coro aus: Titus [KV 621, 24]   137

[50]   Preghiera (Artenco, Elamir) „Wie dort auf den Auen
        beim Morgenlicht grauen"   138—140

[51] H.[einrich] A.[loys] Praeger: Liebesglück „Ordensband und
        Sterne braucht die Liebe nicht" (Ferd. Treu)   140—141

[52] F. Vanhall: Sonata (Moderato — Marcia — Rondino)   142—143

[53] J. G. Müller: Cotillon, Walzer   143—144

Heft 10:

[54] I.[gnaz] Moscheles: Ouverture aus dem Ballet: Die Portraits   145—152

[55] Hessner: Polonaise   153

[56] F.[riedrich] E.[rnst] Feska [!]: Lied „Der Mond blickt durch
        die Fenster klar" (Helmina v. Chézy)   154—156

[57]   Tempo di Walzer   157

[58]   [Gioacchino] Rossini: Marsch aus: Elisabeth [I. Akt, aus
            Nr. 3]   158

[59]   J.[oseph] Haydn: Menuetto [Hob. I, Nr. 96, III]   158–159

[60]   H.[einrich] A.[loys] Praeger: Furien-Tanz aus dem Ballet:
            Die Entstehung des Harlekins   160

Heft 11:

[61]   [Vincente] Martin [y Soler]: Ouverture aus dem: Baum der
            Diana [= L'Arbore di Diana]   161–165

[62]   [Friedrich] Kuhlau: Sonatine [Op. 55, 5]   166–170

[63]   Pyrenäen-Walzer, vor- und rückwärts zu spielen   171

[64]   C. R.: Walzer   172

[65]   H.[einrich] A.[loys] Praeger: Freundschaft und Liebe „Zwei
            Genien hat uns die Gottheit gesandt" (Nakonz) (T I,
            II, B I, II)   172–173

[66]   C. G. Müller: Der versprochne Kuß „Was ich gestern Dir ent-
            rissen"   174

[67]   Schulz: Zigeuner-Marsch aus dem Schauspiel: Preziosa   175–176

Heft 12:

[68]   Adrian [!] Boieldieu: Ouverture aus: Le Calife de Bagdad
            (Pfte.-Arr.: Praeger)   177–183

[69]   Napoleons Krönungs-Marsch   183–184

[70]   F.[erdinand] Beyer: Walzer nach Melodien aus: Oberon
            [C. M. v. Weber; Jähns 306]   184–186

[71]   [Heinrich Aloys] Praeger: Die geweihten Rosen, Duettino
            (Mädchen, Eremit) „Nimm hin des Freundes Gabe"   186–188

[72]   Choral „Nachsicht, Langmuth, stilles Dulden" (4stg.)   189

[73]   Kunze: Ermunterung „Muthig, muthig, bald errungen ist
            der Sieg" (Lavater)   189

[74]   J.[ohann] F.[riedrich] Reichardt: Bei der allgemeinen
            Todtenfeier „Trauert um die Trauernden"   190

[75]   [Giovanni Pierluigi da] Palaestrina [!]: Chor „Sei mit uns,
            mit deinem Volke, Gott, Vater!" (4stg.)   190

[76]   Choral „Hier ist mein Herz, Herr, nimm es hin!" (4stg.) 191

[77]   [August] Harder: Lied „Hoffe, Herz, nur mit Geduld!"   191

[78]   „Es lebt ein Gott, der Menschen liebt!" (2stg., Bc.)   192–193

[79]   Chor „Gloria! Die Dreieinigkeit, in Ewigkeit" (4stg.)   193

[80]   Choral: „Gott sey uns gnädig" wie er sich durch die
            Tradition auf der Thomas-Schule zu Leipzig erhalten
            hat (4stg.)   194–195

[81] Gläser: Das Daseyn Gottes „Es ist ein Gott, ein guter Gott"
     (3stg.)   194—195

[82] Gläser: Frühlingslied „Der Frühling umweht uns so lind und
     so warm" (2stg.)   195

[83]   Choral „Eins ist Noth, ach Herr dies Eine" (4stg.)   196

4. Jahrgang [1828]

Heft 1:

[1] [Friedrich Heinrich] Himmel: Ouverture zu: Fanchon   1— 8

[2] [Gioacchino] Rossini: Sieges-Marsch aus: Tancred   9

[3] H.[einrich] A.[loys] Praeger: Neujahrs-Gesang des Kindes
     „Wohl wechseln schnell im Leben uns're Jahre"   10— 11

[4] [Gioacchino] Rossini: Arie aus der Oper: Othello   12— 15

[5]   Masurca   16

Heft 2:

[6] W.[olfgang] A.[madeus] Mozart: Ouverture aus: Figaro's
     Hochzeit [KV 492]   17— 24

[7] C. Schulz: Geschwind-Marsch   25

[8] A.[ugust] Bergt: Lied „Lieblich ists im Kühlen, wenn die
     Mücken spielen" (Gräre)   26— 27

[9] [Gioacchino] Rossini: Arie aus: Othello   28— 31

[10] C. G. Müller: Wiener-Walzer   32

Heft 3:

[11] P.[eter] v.[on] Winter: Ouverture aus der Oper: Das unter-
     brochene Opferfest   33— 37

[12] H.[einrich] A.[loys] Praeger: Der Tanzlustige   38— 41

[13] [Friedrich Heinrich] Himmel: [Arie] (Martin) Aus: Fanchon
     „Die Welt ist nichts, als ein Orchester"   42— 43

[14] [Friedrich Heinrich] Himmel: [Arie] (Eduard) Aus: Fanchon
     „Dich deckt mit bleiernem Gefieder"   44

[15] [Gioacchino] Rossini: Cavatina aus der Oper: Othello   45

[16] H.[einrich] A.[loys] Praeger: Allemande   46— 47

[17] C. G. Müller: Russischer Walzer   47

[18] H.[einrich] A.[loys] Praeger: Walzer. Nach Melodien aus:
     Oberon [C. M. v. Weber; Jähns 306]   48

Heft 4:

[19] [Gioacchino] Rossini: Introduction aus: Semiramide   49— 52

[20] P.[eter] v.[on] Winter: Aria (Willac Uma) aus dem: Opferfest
     „Wenn Sieges Lieder tönen"   53— 57

[21]   [Johann Hugo] Worzischek: Rondeau au Mignon [Op. 18, 2]   58– 60

[22]   H.[einrich] A.[loys] Praeger: Marsch aus: Die beyden Brüder   61

[23]   Ch. Schulz: Zum Monolog in der: Jungfrau v.[on] Orleans   62– 63

[24]   W. Hessner: Walzer   64

Heft 5:

[25]   D.[aniel] Steibelt: Rondo Pastorale   65– 70

[26]   [Anton] Salieri: Duetto (Astasia, Tarar) aus: Axur „Hier,
          wo die Frühlingslüfte mit süssem, sanftem Säuseln"   71– 75

[27]   [François Adrien] Boieldieu: Anglaise   76– 77

[28]   [François Adrien] Boieldieu: Romanze   78

[29]   H.[einrich] A.[gathon] G.[ottlieb] Tuch: Tyroler   79

[30]   H.[einrich] A.[gathon] G.[ottlieb] Tuch: Grazien-Walzer   80

Heft 6:

[31]   [Nicolas] D'Alayrac: Ouverture aus der Oper: Die beiden
          kleinen Savoyarden   81– 86

[32]   [Wenzel Robert von] Gallenberg: Marsch aus dem: Turnier
          von Kronstein   87– 89

[33]   [Adalbert] Gyrowetz: Cavatine (Berg) aus der Oper: Der
          Augenarzt „Mir leuchtet die Hoffnung, sie täuschet
          mich nicht"   90– 91

[34]   L.[ouis] Spohr: Menuetto aus: Faust   92– 94

[35]   [Jean-François] Lesueur: Favorit-Marsch   95– 96

Heft 7:

[36]   [Heinrich Aloys] Präger: Der Dessauer Marsch als Ouverture
          von Friedrich Schneider   97–107

[37]   [Wolfgang Amadeus] Mozart: Arie (Sarastro) aus der Oper:
          Die Zauberflöte „In diesen heil'gen Hallen"
          [KV 620, 15]   108–109

[38]   Siegel: Marsch   109

[39]   [François Adrien] Boieldieu: Ariette   110–111

[40]   Siegel: Marcia   112

[41]   Voigt: Russischer Marsch   112

Heft 8:

[42]   [François Adrien] Boieldieu: Ouverture aus der Oper: Johann
          von Paris [= Jean de Paris]   113–121

[43]   [Heinrich Aloys] Präger: Venetianisches Gondlerlied „Es
          schwebet die Gondel auf schaukelnder Welle"
          (W. Gerhard)   122–123

[44]   L.[ouis] Spohr: Chorale [!] „Sende, Himmel, Seegens Fülle
       auf das theure Paar hernieder" (Chor 3stg.)   123

[45]   Siegel: Marcia   124

[46]   Siegel: Marcia   125

[47]   [Ludwig van] Beethoven: Walzer vivace (variato) [Op. 120,
       Tema – Var. III]   125–126

[48]   [Henri-Montan] Berton: Marsch aus: Aline, Königin von Gol-
       conda   126–128

[49]   Hessner: Walzer   128

[50]   Hessner: Ecossaise   128

Heft 9:

[51]   H.[einrich] A.[loys] Praeger: Allemande   129–132

[52]   Walzer   132–133

[53]   F. Gottschalck: Polonoise   133–135

[54]   J. [Gioacchino] Rossini: Cavatine (Tankred) aus der Oper:
       Tankred „Euch, schöne blumenreiche Auen"   136–140

[55]   M. Ernst Thomas: Trauermarsch   141

[56]   [Gioacchino] Rossini: Canzonetto [!] aus: Othello   142–143

[57]   B.: Kuckuck und Nachtigall, komischer Walzer   144

[58]   Hopser   144

Heft 10:

[59]   [Domenico] Cimarosa: Ouverture de l'Opéra: Il Matrimonio
       per raggiro   145–152

[60]   [Daniel François Esprit] Auber: Zank-Duett aus dem:
       Maurer u.[nd] Schlosser   153–157

[61]   W.[olfgang] A.[madeus] Mozart: An Chloe „Wenn die Lieb'
       aus deinen blauen, hellen, offnen Augen sieht"
       [J. G. Jacobi, KV 524]   157–160

[62]   Masurca   160

Heft 11:

[63]   J.[oseph] Haydn: Ouverture aus dem Oratorium: Die vier
       Jahreszeiten [Hob. XXI, Nr. 3]   161–166

[64]   [Gasparo] Spontini: Arie (Amazily) aus der Oper: Ferdinand
       Cortez „Ja dir, der du mein Schicksal leitest"   167–171

[65]   [Daniel François Esprit] Auber: Duett aus der Oper: Der
       Maurer u.[nd] Schlosser ‹Immer zu! ohne Ruh!›
       (Pfte.)   171–174

[66]   M. Ernst Thomas: Trauermarsch   175

[67]   [Daniel François Esprit] Auber: Marsch aus der Oper: Der
       Maurer u.[nd] Schlosser   176

Heft 12:

[68]   [Daniel François Esprit] Auber: Ouverture aus der Oper:
      Fiorella (Pfte.-Arr.: H. Präger)   177—187

[69]   F.[erdinand] Raimund: Marsch und Chor aus dem Original-
      Zauberspiele: Die gefesselte Fantasie   187—188

[70]   F.[erdinand] Raimund: Ariette des Harfenisten, Nachtigall,
      ‹Nicht's Schöneres auf der ganzen Welt› aus: Die
      gefesselte Fantasie (Pfte.)   189

[71]   Michael Gastaritz: Choral „Herzlich lieb hab ich dich" (4stg.)   190

[72]   P. Schulz: Choral „Kommt, lasst uns niederfallen" (Cramer)   190—191

[73]   Joh.[ann] Hermann Schein: Morgenlied: Befiehl du deine
      Wege u.s.w. oder: Ach Herr mich armen Sünder
      u.s.w. „Ich bin durch deine Liebe" (Cramer)   191

[74]   Nicol.[aus] Decius: Am stillen Freitage „O Lamm Gottes"
      (Luther)   191

[75]   Johann Herrmann: Heiligkeit: O Gott, du frommer Gott u.s.w.
      „Lass mich das Böse stets verabscheun" (Cramer)   192

[76]   Johann Schop: Der Tod Jesu: O Traurigkeit, o Herzeleid u.s.w.
      „Es ist vollbracht!"   192

[77]   Allmacht Gottes: Nun lob' mein Seel' den Herren
      u.s.w. Eine alte von Luther verbesserte Melodie „Herr,
      dein ist alle Stärke" (Cramer)   193

[78]   An die Unschuld: Alle Menschen müssen sterben u.s.w.
      oder: Jesu, der du meine Seele u. s. w. „Unschuld, Got-
      tes reinster Engel" (Engel)   193

[79]   [Wilhelm Friedrich] Riem: Werth der Vorzeit, Choral „Was
      sollen wir auf dieser Welt" (Novalis)   194

[80]   [Johann Rudolf] Zumsteg [!]: Erinnerung an den Tod und
      das Weltgericht „Eh' ich dies vollendet habe"   194

[81]   L. T. Rungenhagen: Bitte um Beistand des heiligen Geistes,
      Choral-Melodie „Geist der Wahrheit, lehre mich
      aller Weisheit Quelle kennen!" (Bürck) (S I, II, B)   195

[82]   J.[ohann] F.[riedrich] Reichardt: Das ist ein köstlich Ding,
      dem Herrn danken „Halleluja bringet Ehre" (Karo-
      line Rudolphi)   196

5. Jahrgang (1829)

Heft 1:

[1]   Potpourri aus der Oper: Marie [Hérold]   2— 14

[2]   Holtey [recte: Eberwein]: Mantel-Lied (Wallheim) aus:
      Lenore „Schier dreissig Jahre bist du alt"   15— 16

[3]   Cossack   16

Heft 2:

[4]   [Christoph Willibald] Gluck: Ouverture aus der Oper: Alceste   17— 21

[5]   Vinc.[enzo] Bellini: Trinklied ‹Auf hurrah! nur fröhlich ›
      (Pfte.)   22— 25

[6]   [Friedrich Heinrich] Himmel: Aus der Oper: Fanchon „Mit
      holder Schönheit ausgestattet"   26— 27

[7]   [Wolfgang Amadeus] Mozart: Arie (Gräfin) aus: Figaros Hoch-
      zeit „Heilge Quelle reiner Triebe" [KV 492, 10]   28— 29

[8]   [Daniel François Esprit] Auber: Entre Act aus dem: Maurer
      und Schlosser   30— 31

[9]   [Daniel François Esprit] Auber: Marcia aus demselben [Mau-
      rer und Schlosser]   31

[10] [Daniel François Esprit] Auber: Arioso aus demselben [Mau-
      rer und Schlosser]   32

Heft 3:

[11] F.[erdinand] Hérold: Ouverture zu der Oper: Marie   33— 39

[12] [Giovanni] Pacini: Aria (Appio) aus der Oper: Der letzte Tag
      in Pompei (Pfte.)   40— 45

[13] L.[ouis] Spohr: Lied aus dem Schauspiel: Das Majorat „Was
      treibt den Waidmann in den Wald" (Singst., Hf. in
      As oder Pfte.)   46— 47

[14] W. Hessner: Walzer   47— 48

Heft 4:

[15] [Giovanni] Pacini: Cavatina aus der Oper: Der letzte Tag
      vom [!] Pompei   49— 55

[16]   Variationen über ein Thema aus: Don Juan v.[on]
            W. Mozart [KV 527, 7] (Andante — Var. 1—5 —
            Presto)   55— 60

[17] K. Th. Wagner: Pilgers Nachtlied „Von lichter Höh' kam ich
      heran" (J. N. Vogel [!])   61

[18] C. Schulz: Marsch   62— 64

Heft 5:

[19] [Rodolphe] Kreutzer: Ouveture [!] zu der Oper: Lodoÿska   65— 71

[20] R. J. Riotte: Violin Solo, Chor und Märsche (Einzugsmarsch
      der englischen Krieger — Maŕsch der Tempelherren)
      aus dem Schauspiel: Richard Löwenherz in Palästina   72— 75

[21] Chr. Schulz: Romanze „Mein Knappe, wie kommst du an
      Stirn' und Brust"   76— 77

[22] [Heinrich Aloys] Präger: Chor und Tanz aus der [Oper: Die]
      Versöhnug [!] Dem Landmann verinnet [!] auf
      Erden das Leben (Pfte.)   78— 80

779

Heft 6:

[23]   H.[einrich] A.[loys] Praeger: Ouverture aus der Oper: Die
       Versoehnung   81— 88

[24]   H.[einrich] A.[loys] Praeger: Kroenungs-Marsch zur: Jung-
       frau von Orleans   89— 90

[25]   [Heinrich Aloys] Praeger: Walzer   91— 92

[26]   [Ferdinand] Hérold: Romanze (Pfte.)   93

[27]   [Karl Friedrich] Zelter: Der Koenig von Thule „Es war ein
       König in Thule" [Goethe]   94

[28]   C.[arl] M.[aria] v.[on] Weber: Wiegenlied „Schlaf, Herzens-
       Söhnchen, mein Liebling bist du" [Jähns 96]   95

[29]   F.[erdinand] Hérold: Mueller-Lied aus: Marie „Wie es die
       Alten vormals gehalten"   96

Heft 7:

[30]   E.[tienne Nicolas] Méhul: Ouverture aus der Oper: Der Schatz-
       gräber [= Le Trésor supposé]   97—102

[31]   [François Adrien] Boieldieu: Chor aus der: Weissen Dame
       ‹Jubelklang: Es lebe hoch, der neue gnädge Herr ›
       (Pfte.)   103—107

[32]   [Wolfgang Amadeus] Mozart: Duetto (Servilia, Annio) aus:
       Titus „Ach! verzeih, du Auserwählte" [KV 621, 7]   108—111

[33]   Ariette (Pfte.)   111—112

[34]   Ariette der Fantasie: Ich bin ein Wesen leichter Art
                  (Pfte.)   112

Heft 8:

[35]   F.[erdinando] Paer: Ouverture aus der Oper: Der lustige
       Schuster   113—120

[36]   [Wolfgang Amadeus] Mozart: Chor aus: Titus „Schützt Titus,
       o ihr Götter!" [KV 621, 5] (S, A, T, B, Pfte.)   121—123

[37]   ([Rodolphe] Kreutzer): Lied (Aus der Oper: Lodoÿska):
       Wenn sich Lenz und Sommer gatten (Pfte.)   124—125

[38]   [Rodolphe Kreutzer]: Entr'Acte aus demselben [Lodoïska]   125—127

[39]   C.[arl] Czerny: Wiener Walzer   127

[40]   L.[udwig?] Schuberth: Walzer   128

Heft 9:

[41]   J.[oseph] Weigl: Ouverture aus dem Singspiel: Die Schweitzer
       Familie   129—135

[42]   J.[ohann Friedrich] Schubert: Sonatine (Andante assai mode-
       rato — Allegretto)   135—137

[43] [Etienne Nicolas] Méhul: Romanze aus der Oper: Joseph
oder Jacob und seine Söhne „Ich war Jüngling noch
an Jahren"   138—139

[44] Rempt: Ulysses Abschied von der Königin Aräte „Lebe beständig wohl, o Königin"   140

[45] Vinc.[enzo] Bellini: Entre Act aus der Oper: Der Seräuber [!]
[= Il Pirata]   141—144

[46] L.[ouis] Spohr: Walzer aus der Oper: Die Vestalin [Spontini]   144

Heft 10:

[47] [Etienne Nicolas] Méhul: Ouverture aus der Oper: Joseph
oder Jacob und seine Soehne in Aegypten   145—150

[48] Schubert: Sonatine (Andantino grazioso — Allegretto)   150—152

[49] C.[arl] M.[aria] v.[on] Weber: Volkslied „Mein Schatzerl
is hübsch!" [Jähns 234]   153

[50] D.[aniel] F.[rançois] E.[sprit] Auber: Chor aus der Oper:
Die Stumme von Portici (Gott in den Höhen) (Pfte.)   154—155

[51] [Vincenzo] Bellini: Aria aus der Oper: Der Seeraeuber
[= Il Pirata] (Siehst du sie, die ich verlassen) (Pfte.)   155—159

[52] Chor: Wohlauf! seht dort der Sonne Strahlen (Pfte.)   159—160

Heft 11:

[53] L.[udwig Wilhelm] Maurer: Ouverture aus dem Vaudeville:
Der neue Paris   161—170

[54] D.[aniel] F.[rançois] E.[sprit] Auber: Barcarole (Masaniello)
aus der Oper: Die Stumme von Portici „O seht, wie
strahlet schön der Morgen"   171—173

[55] Marcia [mit] Trio   174—176

Beilage:

[56] M. Wagner: Einzugsmarsch und Zapfenstreich der Russen in
Adrianopel unter der Anführung des Feldmarschalls
Grafen Diebitsch-Sabalkansky   178—180

Heft 12:

[57] D.[aniel] F.[rançois] Auber: Ouverture aus der Oper: Die
Stumme von Portici   181—190

[58] [Daniel François Auber]: Cotillon aus der Oper: Die Stumme
von Portici (Pfte.-Arr.: C. Richter)   191—194

[59] H.[einrich] Walch: Neuer Triangel-Walzer   195

[60] [Karl Gottlieb] Reissiger: Beruhigungs-Walzer „Nun lebe,
o Hoffnung im heilenden Herzen" (Friedrich Partzsch)
(Gesang-Arr.: Friedrich Partzsch)   196

[61] [Johann Gottlob] Schneider: Zwölf Choräle. 1. Vom Himmel hoch da komm ich her etc. 2. Lobt Gott ihr Christen etc. 3. Sey Lob und Ehr dem höchsten etc. 4. Gott des Himmels und der Erden etc. 5. Dir, dir, Jehova, will ich singen etc. 6. Straf mich nicht in deinen [!] Zorn etc. 7. Jesus meine Zuversicht etc. 8. Wer nur den lieben Gott läßt walten etc. 9. Neuere Melodie. 10. Was Gott thut, das ist wohl gethan etc. 11. Wachet auf! ruft eine Stimme etc. 12. Eine feste Burg ist unser Gott etc.   197—200

6. Jahrgang [1830]

Heft 1:

[1] [François] A.[drien] Boieldieu: Ouverture aus der Oper: Die zwei Nächte (Pfte.-Arr.: Rummel)   2— 10

[2] D.[aniel] F.[rançois] E.[sprit] Auber: Barcarole (Pietro) aus der Oper: Die Stumme von Portici „Ihr Freunde, seht die wilden Wogen"   11— 13

[3] [Daniel François Esprit Auber]: Trauungszug aus derselben Oper [Die Stumme von Portici] ‹Hör unser Flehn, o spende Segen! › (Pfte.)   14— 15

[4] L. Pape: Walzer   16

Heft 2:

[5] Fr.[iedrich] Kuhla [!]: Ouverture aus der Oper: Die Räuberburg [K. Nr. 129]   17— 24

[6] C. Richter: Die Flasche, Lied „Helft Leutchen mir vom Wagen doch" (Thema — Var. 1—3)   25— 28

[7] C.[arl] M.[aria] v.[on] Weber: [Lied] „Meine Lieder, meine Sänge sind dem Augenblick geweiht" [Wilhelm von Löwenstein-Werthheim] [Op. 15, 1; Jähns 73]   29— 30

[8] [Daniel François Esprit] Auber: Favorit Walzer aus der Oper: Die Stumme von Portici   31— 32

Heft 3:

[9] W.[ilhelm] Sutor: Ouverture: Das Tagebuch   33— 39

[10] G.[ioacchino] Rossini: Arie aus der Oper: Die diebische Elster (Pfte.)   40— 43

[11] A.[drien] Boieldieu: Romanze (Margarethe) aus der Oper: Die weiße Dame „O du arme Margarethe'   44— 47

[12] [Heinrich Aloys] Präger: Fastnachts-Walzer   47— 48

Heft 4:

[13] G.[asparo] Spontini: Ouverture aus der Oper: Die Vestalin [= La Vestale]   49— 56

[14]   G.[ioacchino] Rossini: Favorit-Duett aus: Armida (Pfte.-Arr.:
       Präger)   57– 62

[15]   L. van Beethoven [unterschoben] : Zweiter Sehnsuchts-Walzer
       [Anh. 16, 2]   62

[16]   C.[arl] M.[aria] v.[on] Weber: Lied der Hirtin „Wenn die
       Maien grün sich kleiden" [Friedrich Kind; Op. 71, 5;
       Jähns 229]   63– 64

Heft 5:

[17]   G.[ioacchino] Rossini: Ouverture aus der Oper: Wilhelm Tell 65– 77

[18]   A.[drien] Boieldieu: Aus der Oper: Die zwei Nächte ‹O Zau-
       berland › (Pfte.)   78

[19]   [Friedrich Heinrich] Himmel: Die Wiederkehr in mein Vater-
       land „Bist du das Land, wohin mich Sehnsucht zieht?"   79

[20]   G.[ioacchino] Rossini: Aus: [Guillaume] Tell ‹Was erschallt ›
       (Pfte.)   80

Heft 6:

[21]   A.[drien] Boieldieu: Arie aus der Oper: Die weisse Dame
       ‹Ach welche Lust, Soldat zu sein › (Pfte.)   81– 86

[22]   C. J. Meyer: Leichter Walzer durch alle Tonarten   87– 90

[23]   G.[ioacchino] Rossini: Pas de six aus der Oper: Wilh.[elm]
       Tell   91– 94

[24]   Walzer: Der Alpen-Sänger   94

[25]   C.[arl] M.[aria] v.[on] Weber: Der arme Minnesänger „Lass
       mich schlummern, Herzlein, schweige" [August von
       Kotzebue; Op. 25, 3; Jähns 112]   95

[26]   G.[ioacchino] Rossini: Tanz und Schalmeyen-Lied aus der
       Oper: Wilh.[elm] Tell   96

Heft 7:

[27]   Joh. Grill: Grand Rondo brillante   97–106

[28]   [Heinrich Aloys] Präger: Marsch aus: Pfeffer-Rösel   106

[29]   [Nicolaus von] Kruft [!]: Mädchenklage und Mädchentrost
       „Der freie Mann schaut die Natur"   107–109

[30]   C.[onradin] Kreutzer: Recitativ und Duett (Lorenzo, Alphonso)
       aus der Oper: Der Taucher ‹Hege männliches Ver-
       trauen › (Pfte.)   110–112

Heft 8:

[31]   F.[rançois] Auber: Ouverture aus der Oper: Die Braut   113–122

[32]   [Gioacchino] Rossini: Morgen-Staendchen „Schon glänzt
       die Morgenröthe" [aus: Barbiere di Siviglia]   123–124

[33] A.[drien] Boieldieu: Ballade aus der: Weissen Dame
      ‹ Seht jenes Schloss mit seinen Zinnen › (Pfte.)   125—126
[34] G.[ioaccino] Rossini: Chor aus: Wilhelm Tell (Pfte.)   127—128

Heft 9:

[35] G.[ioacchino] Rossini: Duetto aus der Oper: Wilhelm
      Tell ‹ Ha wohin! › (Pfte.)   129—140
[36] A.[lbert] Methfessel: An die Laute „Süße liebliche Ver-
      traute, meines Kummers Trösterin"   141
[37] F.[rançois] Auber: Arie aus der Oper: Die Stumme von
      Portici ‹ Ach die Jubelgesänge › (Pfte.)   142—143
[38] A.[drien] Boieldieu: Aus [der Oper]: Die zwei Nächte
      [= Les deux Nuits] (Pfte.)   143—144

Heft 10:

[39] [Vincenzo] Bellini: Terzetto aus der Oper: Der Seeräuber
      [= Il Pirata] ‹ Suchen wir zu Meer › (Pfte.)   145—150
[40] [Gioacchino] Rossini: Chor aus der Oper: Die Italienerin
      in Algier (Pfte.)   151—152
[41] Th. Stirl: Walzer   152
[42] C. Richter: Divertimento (Vl., Pfte.)   153—157
[43] F.[rançois] Auber: Cavatine (Masaniello) aus der Oper:
      Die Stumme von Portici „Mög' sanfter Schlaf
      deinen Kummer dir lindern"   157—160

Heft 11:

[44] [J.] Lanz: Rondoletto alla Polacca [Op. 15]   161—168
[45] [Rouget de Lisle] Marseiller-Marsch [= Marseillaise]   169
[46] Nicolò [Isouard]: Romanze aus der Oper: Cendrillon
      „Unstete, leidig liebe Fraun!"   170—171
[47] [Nicola Antonio] Zingarelli: Cavatina aus der Oper:
      Julie und Romeo (Pfte.)   171—174
[48] [Gioacchino Rossini]: Chor aus: Moses in Aegypten (Pfte.) 175—176

Heft 12:

[49] Fr.[anz] Hünten: Rondo: Der kleine Tambour   177—180
[50] [Gioacchino Rossini]: Duett aus: Aschenbroedel (Pfte.)   181—185
[51] [Gioacchino Rossini]: Arie aus: Moses in Aegypten (Pfte) 185—188
[52] A.[drien] Boieldieu: Aus der Oper: Die zwei Nächte ‹ Nimm
      dich in Acht › (Pfte.)   188—189
[53] [Friedrich] Kuhlau: Romanze aus: Elisa „Mit blut'gem
      Schwerdt ging Saladin" [C. J. Boye; Op. 29, 2]   190—191

[54] [Gioacchino Rossini]: Prighiera aus: Moses in Aegypten
    (Pfte.)   192

[55] Johann Schneider: Zwölf Choräle, harmonisirt. 1. Gottes
    Sohn ist kommen. 2. Die Himmel rühmen des Ewigen
    Ehre. 3. Herzliebster Jesu, was hast du verbrochen.
    4. Wie groß ist des Allmächt'gen Güte. 5. Mach's mit
    mir Gott nach deiner Güt. 6. Nun freut euch lieben
    Christen. 7. Wie schön leuchtet der Morgenstern.
    8. O Ewigkeit, du Donnerwort. 9. O wie seelig
    seyd ihr doch ihr Frommen. 10. Vater unser im
    Himmelreich. 11. Herr wie du willst, so schick's
    mit. 12. Freu dich sehr, o meine Seele.   193–196

7. Jahrgang [1831]

Heft 1:

[1] [Christian Friedrich] Ruppe: Griechische Schlacht-Ouverture   2–9

[2] P.[eter] Lindpainter [!]: Sehnsucht nach dem Vaterlande
    „An's ferne Ufer hingebannt, thut mir's im Herzen
    weh"   10–11

[3] [Daniel François Esprit] Auber: Aria aus der Oper: Die
    Braut ‹Tag der reinsten Wonne› (Pfte.)   11–15

[4] Valbruch: Schnell-Walzer   16

Heft 2:

[5] [Heinrich] Geissler: Ouverture aus: Alexina   17–27

[6] W. Osthoff: Abschied „Strahle mit Wonne, leuchtende
    Sonne"   27

[7] [Friedrich] Kuhlau: Räuberlied mit Chor (Rocheloup, alle
    Räuber) aus der: Räuberburg „Willkommen,
    warmer Purpurtrank" [A. Oehlenschläger] (Singst.,
    Chor, Pfte.) [K. Nr. 129, 12]   28–29

[8] Spanischer Insurgenten-Marsch   30–31

[9] Wiener Walzer nach Paganini   31–32

Heft 3:

[10] Richter: Grosser Jahreszeiten-Walzer (Der Winter. Der
    Frühling. Der Sommer. Der Herbst)   33–38

[11] [François Adrien] Boieldieu: Duett aus der: Weissen
    Dame ‹Seht, er eilet, lässt uns hier allein›
    (Pfte.)   39–42

[12] [Francesco] Clerico: Marcia Funebre aus: Adelaide von
    Guesclino [!]   43

[13] [Friedrich] Kuhlau: Romanze (Adelaide) aus der Oper:
    Die Räuberburg „Der König Ludwig zog so weit"
    [A. Oehlenschläger; K. Nr. 129, 4]   44–45

[14] [François Adrien] Boieldieu: Aus der Oper: Die zwei
         Nächte [= Les deux Nuits] (Pfte.)   46–47

[15] Hildebrandt: Walzer   47

[16] G. Hausmann: Walzer   47–48

Heft 4:

[17] P.[eter] v.[on] Winter: Ouverture zu der Oper: Mahomed   49–56

[18] [François Adrien] Boieldieu: Aus der Oper: Die zwei
         Nächte (Pfte.)   57–60

[19]   Spanischer Marsch   60–61

[20] [Wolfgang Amadeus] Mozart: Canon „Ach, süsses, theures,
         theures Leben!" (3 Singst.) [KV 562]   62–63

[21] Valbruch: Walzer   64

Heft 5:

[22] G.[ioacchino] Rossini: Ouverture des: Grafen Ory
         [= Le Comte Ory]   65–71

[23] M.[uzio] Clementini [recte: Clementi]: Allegretto con
         Variationi [!] (Thema – Var. 1–11)   71–77

[24] C.[arl] M.[aria] v.[on] Weber: Maienblümlein „Maien-
         blümlein so schön, mag euch gern blühen sehn"
         [August Eckschläger; Op. 23, 3; Jähns 117]   78

[25] A. Haubold: Pastorale   79

[26]   Marienbader Hops-Walzer   79–80

[27]   Galopp nach C. M. v. Webers: Reigen   80

Heft 6:

[28] G.[eorge] Onslow: Ouverture aus der Oper: Der Hau-
         sirer ‹ Le colporteur ›   81–90

[29] [Gioacchino] Rossini: Marsch aus: Moses [= Mosè in Egitto] 91

[30] [Carl Ludwig] Blum: Duett „Schwäne kommen gezogen"
         [Op. 13, 2]   92–93

[31] D.[aniel] F.[rançois] E.[sprit] Auber: Favorit-Galopp
         aus der Oper: Die Braut [= La Fiancée]   93–94

[32] Kotziusko: Polonoise   94–95

[33]   Das Mädchen im Mai „Maienglocken in den
         Locken"   95

[34] [Daniel François Esprit] Auber: Pariser National Marsch 96

Heft 7:

[35] G.[iovanni] Pacini: Ballabile aus der Oper: Der letzte
         Tag von Pompeji   97–101

[36] [Gioacchino] Rossini: Chor aus der Oper: Moses ‹O
        süsse Morgenröthe› (Pfte.)   102—104

[37] C.[arl] Czerny: Krönungs-Marsch   105—107

[38] C.[arl] M.[aria] v.[on] Weber: Das Veilchen im Thale
        „Ein Veilchen blüht im Thale" [Friedrich Kind;
        Op. 66, 1; Jähns 217]   108

[39] [Heinrich Aloys Praeger]: Sonatine ‹nach dem Duett:
        Fühlst du bei Vaterthränen› aus der Oper:
        Tancred (Rossini) (Pfte.)   109—112

Heft 8:

[40] Vinc.[enzo] Bellini: Cavatina ‹Ich träumte› (Pfte.)   113—117

[41] [Gioacchino] Rossini: Cohr[!] ‹Tag der Wonne› aus:
        Tell (Pfte.)   117—121

[42]   Marienbader Hops-Walzer   121

[43] C.[arl] M.[aria] v.[on] Weber: Mailied „Tra, ri, ro!
        der Sommer, der ist do!" (2 S-St., Pfte.) [Jähns 210] 122—124

[44] [Daniel François Esprit] Auber: Tyroler Walzer aus
        der Oper: Die Braut   124—125

[45] [Heinrich Aloys Praeger]: Sonatine ‹nach der Cavatine
        Duld' o Herz› aus der Oper: Die Italienerin in
        Algier [= L'Italiana in Algeri] (Rossini) (Pfte.)   125—128

Heft 9:

[46] G.[iovanni] Pacini: Einzugs-Marsch von Sallustio   129—133

[47] [Friedrich] Kuhlau: [Arie (Rocheloup) mit] Räuber-
        Chor aus der Oper: Die Räuberburg „Es gehn
        nach Raub die Hyänen" [A. Oehlenschläger]
        (Solo, 4stg. Männerchor, Pfte.) [K. Nr. 129, 17]   134—138

[48] Keller: Sonatine nach der Ariette: Kennst du der Liebe
        Sehnen? (Pfte.)   139—142

[49] [Daniel François Esprit] Auber: Cavatina aus der Oper:
        Die Stumme von Portici ‹Mög' sanfter Schlaf›
        (Pfte.)   142—144

Heft 10:

[50] [Heinrich Aloys] Präger: Rondino   145—147

[51] F.[riedrich] Kalkbrenner: Introduction und Rondo
        ‹Nach der ersten Pariser Ausgabe›   147—158

[52] W.[enzel] Müller: Ariette (Lieschen) aus dem Original-
        Zauberspiele: Der Alpenkönig u.[nd] der
        Menschenfeind „Ach! wenn ich nur kein Mäd-
        chen wär"   159—160

Heft 11:

[53] F.[ranz] L.[ouis] Schubert: Variationen über ein Thema
aus Rossini's: Wilhelm Tell (Allegretto. Tema —
Var. 1–6)   161–168

[54] F.[ranz] L.[ouis] Schubert: Blumengruss, Bolero „Gerne
geb' ich, was ich habe"   169–170

[55] F.[ranz] L.[ouis] Schubert: VI. Contertänze über ein
Thema aus der Oper: Der Templer und die Jüdin
von Marschner (No. 1. Pantalon. No. 2. L'Eté.
No. 3. Poule. No. 4. Pastourelle. No. 5. Trénis.
No. 6. Finale)   171–176

Heft 12:

[56] [Franz Louis Schubert]: Divertissement sur les Thèmes
de l'Opéra: Fra Diavolo von Auber   177–183

[57] F.[ranz] L.[ouis] Schubert: Vergangenheit! „Ach mir
lag ein endlos Hoffen" (Henriette Cleemann)   184–185

[58] J.[ohann] P.[eter] Pixis: Introduction und Rondino   185–189

[59] [Peter] Lindpaintner: Walzer aus dem Ballet: Joko   190

[60] F.[ranz] L.[ouis] Schubert: Parade-Marsch des 2ten
sächsischen Schützen-Bataillons   191–192

[61] F.[ranz] L.[ouis] Schubert: Rutscher   192

[62] Johann Schneider: Zwölf Choräle, harmoniesirt.
1. Sollt ich meinen Gott nicht singen. 2. Komm
heiliger Geist. 3. Nun bitten wir den heil'gen
Geist.4. Lobe den Herren den mächtigen. 5. Ich
ruf zu dir Herr Jesu Christ. 6. Wenn wir in höchsten Nöthen. 7. Christ, unser Herr, zum Jordan
kam. 8. Meine Hoffnung steht auf Gott. 9. O
Lamm Gottes unschuldig. 10. Jesu meines Herzens Freud. 11. Besitz ich nur ein ruhiges Ge-
wissen. 12. Was ist mein Stand mein Glück.   193–196

Neue Folge Jahrgang 1. ‹der alten Folge 8.› [1832]
Heft 1:

[1]   F.[ranz] L.[ouis] Schubert: Romance favorite: Voyez
sur cette roche ‹Er blickt auf Felsenhöhen›
de l'Opéra: Fra Diavolo [Auber] varié (Thema —
Var. 1–6) (Pfte.)   2–8

[2]   W. Eichler: Die Laute der Polyhymnia „Wenn dir die
Sehnsucht den Busen bewegt"   9–11

[3]   [Gioacchino] Rossini: Türkischer Marsch aus der Oper:
Die Belagerung von Corinth   12–16

Heft 2:

[4]   Notturno über Themen aus der Oper: Fra
           Diavolo (Auber)   17—23

[5]   J.[ulius] Wunderlich: Ständchen „Stille Nacht hält mich
           umfangen" (L. Siegel)   23—25

[6]   F.[erdinand] Hérold: Barcarole aus der Oper: Zampa
           oder Die Marmorbraut „Schleudre, schäumende
           Welle, mich zum Himmel hoch empor"   25—28

[7]   [Gioacchino] Rossini: Ballade aus der Oper: Die Be-
           lagerung von Corinth (Pfte.)   28—32

[8]   Buchbinder: Rutscher   32

Heft 3:

[9]   [Ferdinand] Hérold: Ouverture zu der Oper: Zampa
           oder Die Marmorbraut   33—43

[10]   J. Meyer: Die letzten Zehn vom vierten Regiment bei
           ihrem Übergange über die Preussische Grenze
           im Herbste 1831 „In Warschau schwuren tau-
           send auf den Knieen" (J. Mosen)   44—47

[11]   Walzer aus dem Ballett: Die Zauberrose [Faistenberger]   48

Heft 4:

[12]   Rondo über Motive aus der Oper: Der
           Gott und die Bajadere (Auber)   49—53

[13]   F.[ranz] L.[ouis] Schubert: Der neue Galgen in
           Posen „Es giebt ein Holz auf Erden"   54—55

[14]   [George] Onslow: Rondino   56—57

[15]   [Joseph] Küffner: Fantaisie sur les Thèmes de L'Opéra:
           La Cornette   58—63

[16]   Rutscher aus: Fra Diavolo (Auber)   64

[17]   Rutscher aus Auber's: Bajadere   64

Heft 5:

[18]   G.[iacomo] Meyerbeer: Ouverture nell'Opera: Constanza
           e Romilda   65—75

[19]   W. Eichler: Frühlingsgruss „Wach auf, Herzliebste, aus
           Nacht und Traum!" (Albert Graf Schlippenbach)   76—79

[20]   Kracoyac, Polnischer Marsch   79—80

[21]   Masurka   80

Heft 6:

[22]   Divertissement über Motive aus der Oper:
           Robert der Teufel ‹Robert le Diable› (Meyerbeer)   81—87

[23] Fr.[anz] Kugler: Die lustigen Musikanten „Da sind wir Mu-
         sikante wieder" (Clemens Brentano)   88—91

[24]   Potpourri über Motive aus dem Melodram:
         La Straniera ‹Die Fremde› (Bellini)   92—95

[25] C. Sommerfeld: Rutscher   96

Heft 7:

[26] [Vincenzo] Bellini: Ouverture zu dem Melodram: I Montec-
         chi e Capuleti   97—103

[27] [Ludwig van] Beethoven: Andante più tosto Allegretto
         (Pfte. 4hdg.) [Op. 12, II, 2]   104—109

[28] F.[ranz] L.[ouis] Schubert: Aennchens Gram „Dort am
             Flüsschen bei der Brücke" (Nach dem Russischen)   110—111

[29] [Heinrich] Marschner: Walzer aus: Des Falkners Braut   112

Heft 8:

[30] J. M. Rummel: Rondo über Motive aus der Oper: Der Gott
         und die Bajadere v.[on] Auber   113—119

[31] Joseph Wolfram: An die Blumen „Euch ihr Blumen, liebe
         Blumen" (Marsano)   120—122

[32] J. Meyer: Introduction u.[nd] französ.[ischer] Marsch
         über Motive aus: Des Falkners Braut v.[on]
         Marschner   123—126

[33] J.[ulius] Wunderlich: Damen-Galopp   127—128

Heft 9:

[34] [Gaetano] Donizetti: Ouverture de l'Opéra: Anna Bolena   129—138

[35]   Bayersches [!] Volklied [!] „Dort loss i mei
         Kühel am liebste fresse"   139

[36] [Daniel François Esprit] Auber: Tyrolienne aus der Oper:
         Die Braut „Is der Bua frisch und g'sund"   140—141

[37] F.[ranz] L.[ouis] Schubert: Polonaise über Motive aus:
         Fra Diavolo (Auber)   142—143

[38]   Communal-Garden-Marsch ‹Rutscher›   144

Heft 10:

[39] [Johann Peter] Pixis: Polonaise de l'Œuv. 107   145—151

[40] Fr.[anz] Kugler: Katzennatur „'s war mal 'ne Katzen-
         königin" (H. Heine)   152—153

[41] Fr.[anz] Kugler: Lied des Gefangenen „Als meine Groß-
         mutter die Lise behext" (H. Heine)   154—155

[42] [Franz] Hünten: Rondo   155—159

[43]   Agnesen-Rutscher   160

Heft 11:

[44] [Henri] Herz: Aufforderung zum ländlichen Tanz
über Motive aus Auber's [!] : Liebestrank   161—166

[45] [Ferdinand] Hérold: Ballade aus der Oper: Zampa
„In dem Schmuck der ersten Jugend"   167

[46] [Heinrich] Marschner: Potpourri aus: Des Falkners Braut
(Pfte. 4hdg.)   168—175

[47] [Johann] Strauss [Vater] : Erwärmungs-Walzer   176

Heft 12:

[48] [Vincenzo] Bellini: Mélange de l'Opéra: I Montecchi e
Capuleti   177—182

[49] [Ferdinand] Hérold: Arie (Zampa) aus der Oper: Zampa
„Wenn ein Mädchen mir gefällt"   182—187

[50] F.[ranz] L.[ouis] Schubert: Contretänze über Motive aus
Auber's [!] : Liebestrank (No. 1. Pantalon. No. 2.
L'Eté. No. 3. Poule. No. 4. Pastourelle. No. 5.
Trénis. No. 6. Finale)   188—192

[51] Johann Schneider: Zwölf Choräle, harmoniesirt. 1. Ich
dank dir schon durch. 2. Nun lasst uns Gott dem
Herren. 3. Kommt her zu mir spricht. 4. Nun danket alle Gott. 5. Gott ist mein Lied. 6. Gelobet
seyst du Jesu Christ. 7. Wir Christenleut. 8. Meinen Jesum lass ich nicht. 9. Aus meines Herzens
Grunde. 10. In dich hab' ich gehoffet, Herr.
11. Werde munter mein Gemüthe. 12. Ermuntre dich mein schwacher Geist.   193—196

Neue Folge 2. ‹der alten Folge 9.› [1833]

Heft 1:

[1] [Michel] Carafa [de Colobrano] : Ouverture de: La Marquise
de Brinvilliers   2— 12

[2] F.[ranz] L.[ouis] Schubert: Der Winter „Kein Gesang belebt
die Wälder"   12— 13

[3] F.[ranz] L.[ouis] Schubert: Trauermarsch, aufgeführt bei der
religiösen Festlichkeit der 2n. Säcularfeier des Todes
Gustav Adolph's Kön.[ig] v.[on] Schweden am 6n.
Nov. 1832 am Schwedensteine bei Lützen   14

[4] [Ferdinand] Hérold: Favoritstück aus der Oper: Zampa
[II. Akt, aus 10]   15

[5] F.[ranz] L.[ouis] Schubert: Rutscher nach Melodien aus:
Zampa [Hérold]   16

Heft 2:

[6] [Giacomo] Meierbeer [!]: Introduction und Rondo bachique
     aus der Oper: Robert der Teufel [II. Akt, aus 4]   17— 22

[7] [Johann Peter] Lyser: Baierisches Lied „Mein herzliebstes
     Schatzerl!"   23

[8] [Vincenzo] Bellini: Cavatine aus: La Straniera ‹Die Fremde›
     „Komme mit mir, du Arme"   24— 25

[9]   Brasilianische Tanzweise   25

[10] [Luigi] Cherubini: Marsch aus der Oper: Die Tage der Gefahr
     (Pfte. 4hdg.)   26— 27

[11] ([Ludwig van] Beethoven): Marsch (Pfte. 4hdg.) [Op. 72, 6]   28— 29

[12] [Vincenzo] Bellini: Pièce favori de l'Opéra: I Montechi [!]
     e Capuleti   30— 31

[13] H.[enri] Herz: Tyroler Walzer   32

Heft 3:

[14] [Vincenzo] Bellini: Ouvertura nell'Opera: Il Pirata ‹Die See-
     räuber›   33— 39

[15] [Ferdinand] Hérold: Barcarole aus der Oper: Zampa (No. 1—2)   40— 41

[16] F.[ranz] L.[ouis] Schubert: An Pauline „Ob ich Dich liebe?
     O frage die Sterne" (E. Bönicke)   42— 43

[17] Amadeus Beauplan: Die Wasserfahrt „Wie die Gondel so sanft
     im Abendwind sich wieget!" (C. Kirsch)   44— 45

[18] Wolfram: Geschwind-Marsch aus dem: Bergmönch   46

[19] [Carl] Czerni [!]: Neuer Sehnsuchts-Walzer   47

[20] F.[ranz] L.[ouis] Schubert: Jodler-Galoppe   47

[21] [Johann] Strauss [Vater]: Militair-Galoppe   48

Heft 4:

[22] V.[incenzo] Bellini: Ouvertura nell'Opera: Bianca e Fernando 49— 55

[23] Julius Piccini: Der Dorfmusikant „Bei dem Klange der Schal-
     meien"   56— 57

[24] H.[enri] Herz: Polonaise   58— 62

[25] [Giacomo] Meierbeer [!]: Romanze (Pfte.)   63

[26]   Monat Mai, Canon für 6 Stimmen   63

[27]   Rutscher aus: Des Falkners Braut (Marschner)   64

[28]   Rutscher aus derselben Oper [Des Falkners Braut]
            (Marschner)   64

Heft 5:

[29] [Ferdinand] Hérold: Ouverture zu der Oper: Die Täuschung
     ‹l'Illusion› [II. Akt, 6]   65— 70

[30] [Ferdinand] Hérold: Gebet aus der Oper: Zampa ,,Zu der
      heil'gen Jungfrau Füssen''   71

[31] W. Eichler: Doralicen-Walzer (Pfte. 4hdg.)   72– 77

[32] F.[ranz] L.[ouis] Schubert: Vive l'Empereur! ,,Der Kaiser
      ruft zu Kampf u.[nd] Sieg'' (T I, II, B I, II oder
      1 Singst., Pfte.)   78– 79

[33]   Galoppe über Motive aus: Des Falkners Braut
            (Marschner)   80

[34]   Rutscher aus derselben Oper [Des Falkners Braut]
            (Marschner)   80

Heft 6:

[35]   Sonatine nach einer Arie aus der Oper: Die Täuschung
            (Hérold)   81– 85

[36] C. Blum: Gruss an die Schweitz (Rec.) ,,Was ragt dort aus der
      Ferne'' – ,,Uf'm Bergli, bin i gsässe''   86– 94

[37]   Masurka nach Melodien aus: Wilhelm Tell (Rossini)   95

[38] J. Wunderlich: Rosenthal-Galopp   96

Heft 7:

[39] C.[!] [Luigi] Cherubini: Ouverture aus der Oper: Medea   97–106

[40] J.[ohann] P.[eter] Pixis: Rondo ‹Op. 111›   107–109

[41] Ries: Wanderlied ,,Ein Heller und ein Batzen'' (Albert Graf
      Schlippenbach)   110

[42] [Ferdinand] Hérold: Tyrolienne aus der Oper: Die Täuschung
      ,,Rothe Lichter steigen aus der Nacht empor''   111

[43] [Carl Gottlieb] Reissiger: Masurka aus: Libella   112

[44] W. Eichler: Galloppe   112

Heft 8:

[45] [Michel] Caraffa [de Colobrano]: Ouverture zu der Oper: Der
      Schein trügt ‹L'Apparenza inganna›   113–119

[46] [Auguste] Panseron: Ein Brautkranz ,,Beglücktes Paar! welch'
      sel'ge Stunden'' (S, T, Pfte. oder Hf.)   120–121

[47] [Friedrich] Kalkbrenner: Marsch (Pfte. 4hdg.)   122–127

[48]   Galloppe über Motive aus: Des Adlers Horst (Gläser)   128

Heft 9:

[49] [Giacomo] Meierbeer [!]: Ouverture aus der Oper: Emma
      von Ressburg [= Emma di Resburgo]   129–138

[50]   Abschieds-Walzer à la Strauss   139

[51] F.[ranz] L.[ouis] Schubert: Elegie auf den Tod der Zwickauer
      Biene ,,Schlummre ruhig, kleine Biene'' (C. Zehmen)   140–141

[52]   Divertissement über Motive aus: Des Adlers Horst
            (Gläser)   142—144

Heft 10:

[53]   I. [Gioacchino] Rossini: Ouverture aus der Oper: Othello,
       ‹Der Mohr von Venedig›   145—154

[54]   D.[aniel] F.[rançois] E.[sprit] Auber: Marsch aus der Oper:
       Die Falschmünzer   155

[55]   [Daniel François Esprit] Auber: Öffnet mir! Romanze „Öffnet
       mir! Liebliche Mädchen" (Scribe)   156—157

[56]   Teufels-Walzer nach Motiven aus der Oper: Robert
            der Teufel (Meyerbeer)   158—159

[57]   [Karl Gottlieb] Reissiger: Ecossaise aus der: Felsenmühle 160

[58]   F.[ranz] L.[ouis] Schubert: Henrietten-Rutscher   160

Heft 11:

[59]   [Luigi] Cherubini: Ouverture aus der Oper: Die Abencerragen 161—170

[60]   Divertissement aus der Oper: Hans Heiling
            (H. Marschner)   171—173

[61]   [Gaetano] Donizetti: Romanze aus der Oper: Il Furioso
       „Sah ich ihr Auge strahlen"   174—175

[62]   Rutscher aus: Hans Heiling (Marschner)   176

[63]   Rutscher aus: Robert der Teufel (Meierbeer [!])   176

Heft 12:

[64]   [Saverio] Mercadante: Ouverture aus der Oper: Der Deserteur
       ‹Il Dissertore Svizzero›   177—183

[65]   F.[ranz] L.[ouis] Schubert: Das Zigeunermädchen „Als ich
       auf der Wiese sass" (Fr. Kind)   184—185

[66]   Amadeus Beauplan: Barcarole „Dort an Sorrentos Strande"   186—187

[67]   F.[ranz] L.[ouis] Schubert: Sechs neue Contretänze (Panta-
       lon. Le Deux. A la Boule. La Pastourelle. La Trévise.
       [!]. Finale)   188—191

[68]   C.[arl] Meyer: Walzer   192

[69]   Johann Schneider: Zwölf Choräle, harmoniesirt. 1. Es woll' uns
       Gott genädig seyn. 2. Warum sollt' ich mich denn grä-
       men. 3. Auf, auf mein Herz. 4. Der Heiland, welcher
       Jesus. 5. Ich weiss, mein Gott, dass all. 6. An einen
       Gott nur glauben wir. 7. Schmücke dich, o liebe Seele.
       8. Durch Adams Fall ist ganz verderbt. 9. Von Gott
       will ich nicht lassen. 10. Eins ist noth! ach Herr, dies
       eine. 11. Herr Christ der ein'ge Gottes Sohn. 12. Herr
       ich habe missgehandelt.   193—195

Neue Folge 3. ‹der alten Folge 10.› [1834]

Heft 1:

[1] [Gioacchino] Rossini: Ouverture zu der Oper: Die Belagerung
von Corinth   2– 11

[2] Constant Longuet: Endimions Schlaf, Nachtgesang für zwei Stimmen „Still Lüftchen athmet nur mit Zagen!"   12– 13

[3] C. Richter: Triumph-Marsch   14– 15

[4] [August] Neithardt: Walzer   16

Heft 2:

[5] C. J. Klemm: Amusement für 3 Hände oder Pianoforte und
Flöte oder Violine   17– 22

[6] J. C. [!] Klemm: Wiegenlied für einen kleinen Knaben
„Schlummre sanft, du holder Knabe" (Schink)   23

[7] H.[enri] Herz: Contretänze (No. 1. Pantalon. No. 2. Eté.
No. 3. Poule. No. 4. Trénis. No. 5. Finale. Chassez-
Croisez. Eté)   24– 28

[8] J.[ohann] P.[eter] Pixis: Rondino ‹Op. 108›   29– 31

[9] [Daniel François Esprit] Auber: Polonaise aus der Oper: Die
Falschmünzer   32

Heft 3:

[10] [Michel] Caraffa [de Colobrano]: Ouverture aus der Oper:
Le Solitaire ‹Der Einsiedler›   33– 43

[11] [Felice] Blangini: Duett „Trennt mich das Schicksal von dem
Geliebten" (S, T, Pfte.)   44– 47

[12] [Daniel François Esprit] Auber: Walzer   48

Heft 4:

[13] [Ferdinand] Pillwitz: Ouverture zu: Rataplan   49– 52

[14] [Albert] Lortzing: Trinklied aus dem Liederspiel: Der Pole
und sein Kind „Im kühlen Keller sitz ich hier"
(B, Pfte.)   53

[15] [Louis] Angely: Gallopade aus dem Vaudeville: List und
Phlegma „Sehn sie nur auf mich"   54– 55

[16] W. Hünten: Rondino alla Cosacca   56– 59

[17] Polonaise aus dem Liederspiel: Der Pole und sein
Kind [Lortzing]   60– 61

[18] F.[ranz] L.[ouis] Schubert: Henrietten-Walzer   62– 63

[19] W.[enzel] Müller: Rutscher aus dem: Alpenkönig   64

Heft 5:

[20] J.[ohann] P.[eter] Pixis: Rondo écossais, Op. 106   65– 72

[21] [Ferdinand] Ries: Mädchenlied „Dir ist sonst der Mund ver-
      schlossen" (Adelbert von Chamisso)   73

[22] A.[uguste] Panseron: Schäferlied „Junge Schäferinnen, o
      kommt hinaus in die Flur!" (S, T, Pfte.)   74— 75

[23] H.[enri] Herz: Rondino scherzando   76— 77

[24] H.[enri] Herz: Polonaise   78— 79

[25] [Gasparo] Spontini: Geschwind-Marsch   80

Heft 6:

[26] [Giacomo] Meyerbeer: Ouvertura nell'Opera: Margherita
      d'Anjou   81— 90

[27] F.[ranz] L.[ouis] Schubert: Abendlied im Sommer „Kühlend
      nach des Tages Gluth"   91

[28]   General Bertrand's Abschied „Leb' wohl, du theures
              Land"   92— 93

[29]   Rondino grazioso über ein Thema aus: Hans Heiling
              (Marschner)   94— 96

[30]   Mazurka aus: Hans Heiling (Marschner)   96

Heft 7:

[31] S.[imon] Mayr: Ouverture zu: Die zwei Herzoginnen   97—105

[32] [François Adrien] Boieldieu: Abschied von der Heimath „Du
      friedliches Hüttchen im Thale"   106—107

[33] [Joseph] Küffner: Drey russische Melodien mit Variationen   108—111

[34]   Walzer aus: Hans Heiling (Marschner)   112

Heft 8:

[35] [Carl Gottlieb] Reissiger: Potpourri aus der Oper: Libella 113—123

[36] H.[enri-Montan] Berton: Der kleine Schornsteinfeger „Nach
      der Stadt zog mich's hinaus" (T I, II, Pfte.)   124—125

[37] Aug.[uste] Panseron: Das Waisenmädchen „Meine Gespielen
      steigen hernieder"   126—127

[38]   Leipziger Schützen-Marsch   127

[39]   Kanonen-Rutscher   128

Heft 9:

[40] Blum: Ouverture aus dem Liederspiel: Die Rückkehr ins Dörf-
      chen ‹Nach Melodien aus C. M. v. Weber's Lieder-
      sammlung ›   129—133

[41] [Franz] Kugler: Berliner Eckensteher Lied „Das beste Leben
      hab' ick doch"   134—135

[42] [Daniel François Esprit] Auber: Ballet ‹Pas de deux ›   136—141

[43]   Holländisches Volkslied „Es sitzen auf den Thronen"
         (Deutscher Text: Holtei)   142

[44]   F.[ranz] L.[ouis] Schubert: Geschwind-Marsch   143

[45]   [Johann] Strauss [Vater]: Rosen-Galopp   144

Heft 10:

[46]   Divertissement aus: Lumpaci-Vagabundus (A. Müller) 145—154

[47]   [Louis] Spohr: Chor aus dem Schauspiel: Die beiden Galeeren-
         sklaven „Der Morgen graut, mit Jubellaut begrüsst"
         (S-Solo, Chor, Pfte.)   155

[48]   [Amédée] Beauplan: Constance, Romanze „Seit du aus die-
         sem Thal gegangen"   156—157

[49]   H.[einrich] Marschner: Parade-Marsch   158—159

[50]   Signal-Galopp   160

Heft 11:

[51]   Habene(c)k: Französischer Marsch ‹Le Drapeau tricolore› 161—162

[52]   F. L. Witt: Barcarole „Immer nur vorwärts, mein schaukeln-
         der Kahn" (Tromlitz)   163—165

[53]   F.[ranz] L.[ouis] Schubert: Polonaise No. 1 (Pfte. 4hdg.) 166—169

[54]   F.[ranz] L.[ouis] Schubert: Polonaise No. 2 (Pfte. 4hdg.) 170—173

[55]   E.[dmond] Lhuillier: Das Hindumädchen „Reich mit des
         Orients Segen beladen"   174—175

[56]   [Joseph] Lanner: Walzer   176

Heft 12:

[57]   [Frédéric] Chopin: Fantasie sur des motifs de: La Révolte au
         Sérail [= Ballet von Théodore Labarre]   177—184

[58]   [Gioacchino] Rossini: Chor für vier Männerstimmen „Herr
         in den Sternenhöhen, Herrscher in Sturmeswehen"   185—189

[59]   F. Suchane(c)k: Marsch   189—190

[60]   H.[errmann] Mehlhorn: Walzer   190—191

[61]   Hermann Mehlhorn: Walzer   192

[62]   Johann Schneider: Zwölf Choräle. harmonisirt. 1. An Wasser-
         flüssen Babylon oder: Ein Lämmlein geht und trägt die
         Schuld. 2. O Gott du frommer Gott. 3. Nun lob' mein'
         Seel' den Herren. 4. Aus der Tiefen rufe ich. 5. Ach
         bleib mit deiner Gnade. 6. Singen wir aus Herzens
         Grund. 7. Herr Gott dich, loben alle wir oder: Vor dei-
         nen Thron tret ich. 8. Lasst uns alle fröhlich seyn.
         9. O Haupt voll Blut und Wunden. 10. Jesu der du
         meine Seele oder: Alle Menschen müssen sterben.
         11. Nun ruhen alle Wälder. 12. Herzlich lieb hab ich
         dich o Herr.   193—196

Neue Folge Jahrgang 4. ‹der alten Folge 11.› [1835]

Heft 1:

[1]   [Michel] Caraffa [de Colobrano]: Ouverture zu der Oper:
       (Masaniello), Der Neapolitanische Fischer   2— 10

[2]   [Amédée] Beauplan: Tyrolienne „Sieh dort im Thal''   11— 12

[3]   F.[ranz] L.[ouis] Schubert: Sechs Contretänze über Themen
       aus: Hans Heiling von Marschner (No. 1. Pantalon.
       No. 2. L'Eté. No. 3. Poule. No. 4. Pastourelle.
       No. 5. Trénis. No. 6. Finale.)   13— 16

[4]   E. Schmuckert: Bertha-Rutscher   16

Heft 2:

[5]   [Michel] Caraffa [de Colobrano]: Introduction und Bolero   17— 21

[6]   P.[eter] Winter: Thema von Caraffa varirt [!] (Var. 1—5)   21— 25

[7]   H.[errmann] Mehlhorn: Beim Abendläuten „Ein Tag ist wieder
       hingegangen'' (Paolo)   26— 29

[8]   F.[ranz] L.[ouis] Schubert: Fastnachts-Cotillon   30— 32

Heft 3:

[9]   Amusement über beliebte Tanzmelodien aus der Oper:
              Gustav III oder Der Maskenball (Auber)   33— 41

[10]   [Antoine] Romagnesi: Romanze auf den Tod Boieldieu's „Des
       Sängers Saitenspiel erklingt''   42— 43

[11]   [Ferdinand] Hérold: Der Jäger des Gebirges „Nun lasse mich,
       mein theures Leben''   44— 45

[12]   [Auguste] Panseron: Romanze (Pfte.)   46— 47

[13]   Rutscher aus dem: Maskenball (Auber)   48

Heft 4:

[14]   [Adolphe] Adam: Ouverture zu der Oper: Die Schweitzer-
       hütte ‹Le Chalet›   49— 55

[15]   [Daniel François Esprit] Auber: Lied eines Pariser Stutzers
       „Ey wie froh, geht sichs so''   56— 59

[16]   F.[ranz] L.[ouis] Schubert: An Minna „Willst noch einmal
       mir erscheinen'' (Prölss)   60— 61

[17]   [Louis François] Chollet: Favorit-Walzer im: Türkischen Gar-
       ten zu Paris   62— 64

Heft 5:

[18]   Potpourri aus der Oper: Il Corsaro ‹Der Seeräuber›
              (Pacini)   65— 74

[19]   Oesterreichische Volkslieder
              No. 1. „'s Bedl'waib'l wollt Kiärifiärten gehn''
              No. 2. „Af'n Sunda is Kiärda''

No. 3. „Wai, Wai, sollst hoam gehn"

No. 4. Schützenlied „Juche [!], frisch af, wems
Schiässn g'frait"

No. 5. „N'Monta hat's g'reg'nt, und'n Järda hat's
g'schnaibt"   75— 79

[20]   Galoppe aus: Lestocq (Auber)   80

Heft 6:

[21] [Gioacchino] Rossini: Ouverture aus der Oper: Semiramis   81— 92

[22] E. Schmuckert: Frühlings-Lied „Der Frühling erwacht, es grü-
       nen die Maien" (Ernst Finke)   93— 94

[23]   Walzer aus der Oper: Die Fürstin von Grenada
               (Lobe)   95

[24]   Rutscher aus derselben Oper [Die Fürstin von Grenada
               von Lobe]   96

Heft 7:

[25] Giaccomo [!] Meyerbeer: Ouverture aus der Oper: Der Kreutz-
       fahrer in Egypten   97—103

[26] F.[riedrich] W.[ilhelm] Eichler: Wiegenlied „Schlaf, Herzens
       Söhnchen, mein Liebling bist du" [F. K. Hiemer]   104—105

[27] [Charles Auguste] de Bériot: Variationen (Op. 20)   106—111

[28]   Rutscher nach Straussischer Manier   112

Heft 8:

[29]   Divertissement aus dem Ballet: Joko (Lindpaintner)   113—118

[30]   Potpourri aus der Operette: Die Schweitzerhütte ‹Le
               Chalet › (Adam)   118—124

[31] F.[ranz] L.[ouis] Schubert: Der Jäger, Romanze „Es zog ein
       Jäger so lustig im Wald" (Henriette Cleemann)   125—126

[32]   Dampf-Walzer nach [Johann] Strauss [Vater]   126—127

[33] F.[ranz] L.[ouis] Schubert: Eisenbahn-Galoppe   128

Heft 9:

[34] [Luigi] Cherubini: Ouverture zu der Oper: Der portugiesische
       Gasthof   129—138

[35]   Marsch nach Melodien aus der Oper: Die Flibustier
               (Lobe)   139

[36]   Neapolitanisches Lied „Hinauf zum hohen Fenster
               der Grausamen"   140—141

[37] [Amédée] Beauplan: Die Hochzeit einer Gräfin, Ballade „Sahst
       du die Braut hoch auf dem Throne"   142—143

[38]   Walzer aus der Oper: Die Flibustier (Lobe)   144

Heft 10:

[39]   Potpourri aus der Oper: Lestocq (Auber)   145—152

[40]   Divertissement aus der Oper: Lestocq oder Intrigue
            und Liebe (Auber)   153—157

[41]   [Charles] Plantade: Rondo „Agnes verschmähte Liebestreue"
            (Leclère)   158—159

[42]   Walzer aus: Lestocq (Auber)   160

Heft 11:

[43]   [Vincenzo] Bellini: Notturno aus der Oper: Norma   161—166

[44]   Rondo à la danse nach [Joseph] Lanner   167—171

[45]   [Edouard] Bruguière: Romanze „Holder Glückestraum, em-
            pfunden kaum in Jugendzeiten"   172—173

[46]   [Auguste] Panseron: Romanze „Umsonst klag' ich mein
            Leiden"   174—175

[47]   Walzer aus: Norma (Bellini)   176

Heft 12:

[48]   Rondo scherzando und Bolero über Motive aus der
            Oper: Salvator Rosa (Rastrelli)   177—188

[49]   [Antoine] Romagnesi: Elisas letztes Gebet, Romanze „Deine
            Lyra sie schweigt" (Poisson)   189—190

[50]   Lock-Walzer nach [Johann] Strauss [Vater]   191

[51]   Galoppe aus: Lestocq (Auber)   192

[52]   Johann Schneider: Zwölf Choräle, harmonisirt. 1. Lobet den
            Herren, denn er ist. 2. Nun sich der Tag geendet. 3. Herr
            Jesu Christ, du höchstes. 4. Ach Gott und Herr. 5. Sollt'
            es gleich bisweilen scheinen. 6. Wenn meine Sünd' mich
            kränken. 7. Jesu, meine Freude. 8. Ach was soll ich Sün-
            der oder: Alles ist an Gottes Seegen. 9. Ach Gott, wie
            manches Herzeleid. 10. O Traurigkeit. 11. Aus tiefer
            Noth. 12. Was mein Gott will.   193—196

Neue Folge Jahrgang 5. ‹der alten Folge 12.› [1836]

Heft 1:

[1]   Fantaisie über Motive aus der Oper: Die Nachtwand-
            lerin ‹La Sonnambula› (Bellini)   2— 8

[2]   Walzer aus der Oper: Die Jüdin (Halévy)   9

[3]   [Jean-Auguste] Andrade: Romanze „Ob ich auch erkannte
            Italiens Flur" (Mlle. Toller)   10—11

[4]   F.[ranz] L.[ouis] Schubert: Sechs neue Contre-Tänze (No. 1.
            Pantalon. No. 2. L'Eté. No. 3. Poule. No. 4. Pastourelle.
            No. 5. Trénis. No. 6. Finale)   12—15

[5]   Rutscher aus der Oper: Das eherne Pferd [= Le
               Cheval de Bronze] (Auber)   16

Heft 2:
[6]   [Luigi] Cherubini: Ouverture aus der Oper: Lodoïska   17−24
[7]   [Daniel François Esprit] Auber: Barcarole „Sind wir beym
               frohen Feste" (B, Pfte.)   25−26
[8]   Melange aus der Oper: Das Pferd von Erz [= Le
               Cheval de Bronze] (Auber)   27−31
[9]   Galoppe aus der Oper: Das eherne Pferd (Auber)   32

Heft 3:
[10]   Rondo scherzando über Motive aus der Oper:
               Chiara di Rosembergh (Ricci)   33−40
[11]   Volkslied aus der Gegend von Bourbon-l'Archam-
               bauld in Frankreich „Dort in des Waldes traulich
               stillen Gründen"   40−41
[12]   [Jacques Fromental] Halévy: Provencalisches Lied „Sechs
               Monden sind es schon"   42−43
[13]   H.[enri] Herz: Siciliana   44−45
[14]   Marsch über Motive von [Johann] Strauss [Vater]   46−47
[15]   Galoppe aus der Oper: Chiara di Rosembergh
               (Ricci)   48

Heft 4:
[16]   Potpourri aus der Oper: Der Wahnsinnige auf
               St. Domingo (Donizetti)   49−58
[17]   H.[enri] Herz: Vergissmeinnicht-Walzer   59
[18]   F.[ranz] L.[ouis] Schubert: Der Troubadour, Romanze
               „Der Himmel glänzt in Frühlingssonnenschein"
               (E. Reiniger)   60−61
[19]   [Gioacchino] Rossini: Wiegenlied „Bis Morgen dich er-
               weckt, o schlumm're"   62−63
[20]   Sommerfeld: Carnevals-Galopp   64

Heft 5:
[21]   F.[ranz] L.[ouis] Schubert: Variationen über ein Thema
               aus der Oper: Der Liebestrank ‹ L'Elisire d'Amore ›
               (Donizetti), Op. 28   65−72
[22]   Potpourri aus der Oper: Beatrice di Tenda
               (Bellini)   73−77
[23]   [Adolphe] Adam: Barcarolle „Trage Kahn mich zum Ge-
               stade"   78−79

[24]   Rutscher aus der Oper: Beatrice di Tenda
(Bellini)   80

Heft 6:

[25]   Divertissement aus der Oper: Die Puritaner
(Bellini)   81—88

[26]   [Henri] Bertini: Danse montagnarde ‹Tanz der Gebirgsbewohner › dans le genre Dauphinois   89—91

[27]   [Ludwig van] Beethoven: Lied ‹Geschrieben in das Stamm-
buch der baierischen Hofsängerin Regina Lang ›
„O dass ich dir vom stillen Auge" [WoO 140,
1. Fassung]   92—93

[28]   [Henri] Bertini: Walzer   94—95

[29]   Galoppe aus der Oper: Die Jüdin (Halévy)   96

Heft 7:

[30]   Divertissement aus der Oper: Die Jüdin (Halévy)   97—106

[31]   Walzer nach (Melodieen von) Lanner   107

[32]   [Auguste] Panseron: Romanze „Als ich von dir schied"   108—109

[33]   [Henri] Bertini: Barcarolle   110—111

[34]   Rutscher nach (Melodieen von) Labitzky   112

Heft 8:

[35]   [Henri] Herz: Introduction und Ballet   113—118

[36]   L.[ouis] Plaidy: Die drey Wünsche, Lied „Wie ein Vöglein möcht ich fliegen" (Henriette)   119

[37]   [Auguste] Panseron: Mein Hüttchen, Romanze „Grossen
Reichthum habe ich nimmer"   120—121

[38]   Rondino über Motive aus der Oper: Das
Heilmittel (Hérold)   122—125

[39]   H.[enri] Bertini: Adagio   126—127

[40]   Tyroler-Walzer aus der Oper: Das Heilmittel
(Hérold)   128

Heft 9:

[41]   Introduction und Rondo über Motive aus der
Oper: Der Blitz ‹L'Eclair › (Halévy)   129—132

[42]   J.[oseph] Dessauer: Romance „Felice donzella, che mai
non intese un inno" — „Beglückt ist die Jungfrau,
die niemals noch hörte ein Loblied"   133—137

[43]   [Henri] Bertini: Marche funèbre ‹Trauer-Marsch ›   138—139

[44]   [Henri] Bertini: Alla Siciliana   140—141

[45]   Walzer aus der Oper: Der Blitz (Halévy)   142—143

[46]   Galoppe aus der Oper: Der Blitz (Halévy)   144

Heft 10:

[47]   Potpourri aus der Oper: Das Nachtlager in [!]
            Granada (C. Kreutzer)   145–150

[48]   Amusement über Motive aus: La Médecine sans
            Médecin ‹Das Heilmittel › (Hérold)   151–157

[49]   Aug.[uste] Panseron: Barcarole „Stets auf ruhiger Welle"
            (S, T, Pfte.)   158–159

[50]   Walzer aus der Oper: Das Nachtlager in [!] Grana-
            da ([C.] Kreutzer)   160

Heft 11:

[51]   Fantaisie über Motive aus der Oper: Die Puri-
            taner (Bellini)   161–169

[52]   [Maria Felicia] Malibran: Englisches Matrosen-Lied
            „Die Sonne sinkt yo ho ho hé hip!" − „The
            Sun sinks yo ho ho hé hip!"   170–173

[53]   [Henri] Bertini: Rondino   174–175

[54]   Galoppe aus der Oper: Belisar (Donizetti)   176

Heft 12:

[55]   Fantaisie über Motive aus der Oper: Die
            Hugenotten (Meyerbeer)   177–187

[56]   Home! sweet home! − Das Heimathland „In
            stolzen Palästen, was soll mir die Pracht"
            (Aus dem Englischen)   188–189

[57]   Parademarsch über Melodien aus der Oper:
            Die Hugenotten (Meierbeer[!])   190–191

[58]   Galoppe aus der Oper: Actéon (Auber)   192

[59]   Johann Schneider: Zwölf Choräle, harmonisirt. No. 1. Gott sey
            Dank in aller. No. 2. Jesu Leiden, Pein und Tod. No. 3.
            Christe, du Lamm Gottes. No. 4. Jesus Christus, unser
            Heiland, der von uns. No. 5. Herr Jesu Christ, dich zu
            uns wend'. No. 6. Liebster Jesu, wir sind hier. No. 7.
            Allein Gott in der Höh' sey Ehr'. No. 8. Erschienen ist
            der herrliche Tag. No. 9. Komm Gott Schöpfer, heili-
            ger Geist. No. 10. Jesus Christus, unser Heiland, der
            den Tod. No. 11. Christus ist erstanden. No. 12. Wo
            Gott zum Haus nicht giebt sein' Gunst.   193–196

Neue Folge Jahrgang 6. ‹ der alten Folge 13. › (1837)

Heft 1:

[1]   F.[ranz] L.[ouis] Schubert: Ouvertüre zu der Operette:
            Der Cornet [Küffner]   2–9

[2]   [François Henri] Musard: Contretänze über die neuesten
       Opernmelodien (No. 1. Pantalon. No. 2. L'Eté. No. 3.
       Poule. No. 4. Pastourelle. No. 5. Trénis. No. 6. Finale.)   10—12

[3]   [Maria Felicia] Malibran: Tramtaram „Tramtaramtam, Trom-
       melschläger" („Rataplan" frey übersetzt v.[on]
       D. Kaltschmidt)   13—15

[4]   Zigeuner-Galoppe aus der Oper: Die Hugenotten
       (Meyerbeer)   16

Heft 2:

[5]   Amusement aus der Oper: Belisar (Donizetti)   17—24

[6]   [Franz] Hünten: Rondo über ein Favorit-Thema aus der Oper:
       Gianni di Calais (Donizetti)   25—30

[7]   [Auguste] Panseron: Gesang aus: Anakreon „Myrthe soll mir
       Kühlung hauchen"   31

[8]   Galoppe aus der Oper: Actéon (Auber)   32

Heft 3:

[9]   Fantasie über Motive aus der Oper: Die Huge-
       notten (Meyerbeer)   33—41

[10]   [Théodore] Labarre: Räuberlied „Mögen Verliebte gehen
       einsam zum stillen Hain"   42—43

[11]   [Antoine] Romagnesi: Der Seesturm „Ringsum wird Nacht
       und näher sausen die Stürme schon"   44—45

[12]   Walzer aus der Oper: Marino Faliero (Donizetti)   46—47

[13]   Galoppe aus derselben Oper [Marino Faliero]
       [Donizetti]   48

Heft 4:

[14]   F.[ranz] L.[ouis] Schubert: Rondo über Motive aus:
       Marino Faliero (Donizetti)   49—55

[15]   [Franz Louis] Schubert: Stille, Duett „Stille, o Stille!
       Fruchtende Fülle" (S, B, Pfte.)   56—59

[16]   Notturno über Motive aus der Oper: Marino
       Faliero (Donizetti)   60—63

[17]   [Franz Louis] Schubert: Frühlings-Galoppe   64

Heft 5:

[18]   Marche et Rondo militaire sur des Motives de
       l'Opéra: Torquato Tasso (Donizetti)   65—72

[19]   [Adolphe] Adam: Rondo mignon   73—75

[20]   [Théodore] Labarre: Prière de jeune fille ‹Bitte eines
       Mädchens› Romanze „Hier vor der heil'gen
       Jungfrauen Bilde"   76—77

[21] [François Henri] Musard: Favorit-Walzer   78—79

[22]   Galopp über Motive aus der Oper: Die Huge-
               notten (Meyerbeer)   80

Heft 6:

[23] E.[ugène] Déjazet: Variations brillantes sur un Thème favori
               de Beethoven [Anh. 14, 1], Op. 17   81—88

[24] F.[ranz] L.[ouis] Schubert: Barcarole „Nur zu, nur zu,
               du kühner Kahn" ‹Aus dem Neugriechischen ›   89—92

[25] [Charles Auguste de] Bériot: Rondino cantabile über
               ein Thema aus der Oper: Die Puritaner (Bellini)   93—95

[26] [Charles] Meyer: Walzer über Motive aus der Oper: Die
               Hugenotten (Meierbeer [!])   95—96

Heft 7:

[27] [Théodore] Labarre: Ouverture zu der Oper: L'Aspirant
               de Marine ‹Der Seekadet ›   97—106

[28]   Norwegische Volksmelodie „Wenn der Lenz
               erwacht"   107

[29]   Russischer Vespergesang „Horch, die Wellen tra-
               gen bebend sanft und rein" (S, A, T, B, oder
               1 Singst., Pfte.)   108—109

[30]   Steyermärkischer Favorit-Walzer ‹Valse styrienne ›   110—111

[31] [François Henri] Musard: Pariser Favorit-Galoppe   112

Heft 8:

[32]   Divertissement aus der Oper: Actéon (Auber)   113—122

[33]   Cantabile und Polacca über Motive aus der Oper:
               Torquato Tasso (Donizetti)   123—125

[34] [Francesco] Masini: Barcarole „Warum erschallt am
               Lande der frohen Schiffer Sang?"   126—127

[35]   Galoppe aus der Oper: Der Postillon von Lon-
               jumeau (Adam)   128

Heft 9:

[36] [Henri] Bertini: Sicilianische Melodie variirt   129—135

[37]   Sonatine über Motive aus der Oper: Olivo
               und Pasquale (Donizetti)   136—140

[38]   Altes Volkslied „Ach, ach, ich armes Kloster-
               Fräulein!"   141

[39] Hauschild: Johannisthal-Galoppe ‹Liv. 29. ›   142—144

Heft 10:

[40] [Jules] Godefroid: Ouverture: Le Diadesté   145—156

[41] Loïsa Puget: La Laitière ‹Das Milchmädchen › „Rahm
      geb' ich mit Freuden, guten Leuten''   157—158

[42] Léopoldine Blahetka: Valse à la Viennoise ‹tiré de
      l'Œ.[uvre] 42 ›   159—160

Heft 11:

[43]   Melange aus der Oper: Der Postillon von
             Lonjumeau (Adam)   161—173

[44] L.[oïsa] Puget: Meine Taube, Romanze „Sage mir doch,
      liebliche Taube''   174—175

[45] [Daniel François Esprit] Auber: Schottischer Tanz aus
      der Oper: Die Gesandtin   176

Heft 12:

[46]   Divertissement aus der Oper: Die Gesandtin
             (Auber)   177—188

[47] [Auguste] Panseron: Die Abreise der Tochter, Romanze
      „Sieh den Kahn, geschaukelt von Winden''   189—190

[48]   Schottischer Tanz   191—192

[49] Johann Schneider: Zwölf Choräle, harmonisirt. No.1.
             Auf meinen lieben Gott oder: Wo soll ich
             fliehen hin. No.2. Allein zu dir Herr Jesu Christ.
             No.3. Valet will ich dir geben oder: Schatz über
             alle. No.4. O Herre Gott, dein göttlich. No.5.
             Seelenbräutigam oder: Wer ist wohl wie du.
             No.6. Mein Jesu, dem die Seraphinen. No.7.
             Wie wohl ist mir, o Freund der Seelen. No.8.
             Wär' Gott nicht mit uns. No.9. O Herr mein
             Gott, durch den. No.10. In allen meinen Thaten.
             No.11. Wer Gottes Wege geht. No.12. Auferstehn,
             ja auferstehn wirst du.   193—196

Neue Folge Jahrgang 7. ‹der alten Folge 14.› (1838)
Heft 1:

[1]   [Henri] Bertini: Rondino alla Polacca   2—12

[2]   V.[incenzo] Bellini: Traum der Kindheit, Romanze „Du
      holdes Traumbild aus meiner Kindheit''   13—15

[3]   Neu-Schottisch   16

Heft 2:

[4]   [Henri] Bertini: Abschied von der Küste Frankreichs,
      Rondo Barcarole über eine Romanze v.[on
      Albert] Grisar, Op. 103   17—27

[5]   [Heinrich] Marschner: Wiegenlied „Mein Kindchen schlafe
      ein, bei goldnem Sternenschein'' (L. Schefer)   28

[6]   A.[dolphe] Adam: La Cachucha, Walzer über spani-
       sche Melodien   29—32

Heft 3:
[7]   Rondo espagnol über Themen aus dem Werke:
             Soirées italiennes (Mercadante)   33—39
[8]   [Albert] Grisar: Die Spinnerin, Romanze ,,Schnurr'
             immer zu, mein liebes Rädchen"   40—41
[9]   Rondino über Motive aus der Oper: Lucia
             di Lammermoor (Donizetti)   42—44
[10]   [Ludwig] Schunke: Hugenotten-Walzer   45—47
[11]   Favorit-Schottisch   48

Heft 4:
[12]   Fantasie über Motive aus der Oper: Lucia
             di Lammermoor (Donizetti)   49—59
[13]   F.[ranz] L.[ouis] Schubert: Das Schneegefild ,,Wie weiss
             sind grüne Flure(n) beschneit" (Helmina Chézy)   60—61
[14]   [Adolphe] Adam: Rondo espagnol   62—63
[15]   Amors-Flügel, Galopp nach [Joseph] Lanner   64

Heft 5:
[16]   F.[ranz] L.[ouis] Schubert: Le [!] Chasse, Rondino über
             Motive aus: Soirées musicale [!] (Rossini)   65—69
[17]   [Gaetano] Donizetti: Serenade (Pfte. 4hdg.)   70—75
[18]   [Auguste] Panseron: Duett ,,Ja, wir müssen nun scheiden"
             (2 S, Pfte.)   76—78
[19]   [François Henri] Musard: Pariser Favorit-Galopp   79—80
[20]   F.[ranz] L.[ouis] Schubert: Schottischer Tanz   80

Heft 6:
[21]   A.[mbroise] Thomas: Ouvertüre zu der Oper: Die
             Doppelleiter ‹La double Echelle›   81—90
[22]   F.[ranz] L.[ouis] Schubert: Gut' Nacht ,,Gut' Nacht,
             fahr' wohl" (Helm. Chézy)   91
[23]   F.[ranz] L.[ouis] Schubert: Mein einsam Denken ,,Lass't
             in Ruh" (Helm. Chézy)   92
[24]   [Franz] Hünten: Rondino über russisches Lied   93—95
[25]   Grand Galopp ‹Aus der Oper: Der schwarze
             Domino › (Auber)   96

Heft 7:
[26]   Fantaisie und Rondo über Motive aus der Oper:
             Das Schloss am Aetna (Marschner)   97—105

[27] [Théodore] Labarre: Meine Hütte, Tyrolienne „Man rühmt
      der Hallen Pracht"   106—107

[28]   3 Brillante Walzer à la Chopin über Motive
              aus der Oper: Der schwarze Domino (Auber)   108—112

Heft 8:

[29] [Eugène] Déjazet: Fantaisie sur des Motives de l'Opéra: Le
      Chevalier de Canolle [Fontmichel], l'Œuvre 22   113—124

[30] [Vincenzo] Bellini: Romance „Holder Mond"   125—127

[31]   Schottischer Tanz   128

Heft 9:

[32] Henry Lemoine: L'Andalouse d'Hyppolite [!] Monpou,
      Impromptu (Œ. [uvre] 33)   129—136

[33] F.[ranz] L.[ouis] Schubert: Lied des Narren „Es war
      einmal ein König, der hat nen klugen Spitz"
      (aus dem Lustspiele: Selim, der eitle Sultan von
      Wallmont)   137—139

[34]   Alla Polacca über ein Motiv aus der Oper:
              Der schwarze Domino (Auber)   140—143

[35] F. W. Kretschmar: Thee-Walzer über das Wort: Thee   144

Heft 10:

[36]   Introduction und Rondo über Motive aus der
              Oper: Der schwarze Domino (Auber)   145—155

[37] [Heinrich] Marschner: Schottischer Walzer aus der:
      Feuerbraut   156

[38] Ch.[evalier de] Lagoanère: Barcarole „Es weh'n so sanft
      die Winde" (S, T, Pfte.)   157—159

[39] F.[ranz] L.[ouis] Schubert: Favorit-Marsch für die
      Leipziger Communal-Garde   160

Heft 11:

[40]   Fantaisie über Motive aus der Oper: Guido
              und Ginevra oder Die Pest in Florenz (Halévy)   161—168

[41] [Adolphe] Adam: Romance du: Grand Prix   169

[42] [Chevalier de] Lagoanère: Gebet zur Madonna, Romance
      „Wie vor Marien betend auf Knie'n"   170—171

[43]   Divertissement sur des airs de Danse du:
              (Grand) Prix (Adam)   172—175

[44] F.[ranz] L.[ouis] Schubert: Fantasieblumen,
      Schottischer Walzer   176

Heft 12:

[45] ([Franz Louis] Schubert): Potpourri aus der Oper:
Czaar und Zimmermann (Lortzing)   177—187

[46] [Frédéric] Bérat: Das Gebirgsmädchen bei der Abreise „O Du, die mir innig verbündet"   188—189

[47] Henri Herz: Quatres Walses[!] Brillantes   190—192

[48] Johann Schneider: Zwölf Choräle, harmonisirt. No.1.
Bin ich allein ein Fremdling. No.2. Was sorgst
du ängstlich für dein Leben. No.3. Nicht so
traurig, nicht. No.4. Das walt mein Gott.
No.5. Mein(e) Augen schliess' ich. No.6. Wie
schnell ist doch ein Jahr. No.7. Es ist genug.
No.8. Es ist nun aus mit meinem. No.9. Jesu
der du meine ‹Neuere Mel.› . No.10. Gott
der Vater wohn' uns bei. No.11. Christ lag
in Todesbanden. No. 12. Vor deinen Thron
tret ich.   193—196

Neue Folge Jahrgang 8. ‹der alten Folge 15.› (1839)

Heft 1:

[1] [Jacques Fromental] Halévy: Rondino grazioso über
ein Thema aus der Oper: Die Pest in Florenz   2—7

[2] [Loïsa] Puget: Der Schmied, Chansonnette „ Der Ambos
erschallt"   8—9

[3] F.[ranz] L.[ouis] Schubert: Sechs neue Contretänze
über Motive aus der Oper: Das Schloss am Aetna
(Marschner) (No. 1. Pantalon. No. 2. L'Eté. No. 3.
Poule. No. 4. Pastourelle. No. 5. Trénis. No. 6.
Finale)   10—15

[4] [Franz Louis] Schubert: Winterbelustigung, Schottischer
Walzer   16

Heft 2:

[5] [Michel] Caraffa [de Colobrano]: Divertissement aus dem
Ballet: L'Orgie   17—20

[6] [Michel] Caraffa [de Colobrano]: Air favori   21

[7] Walzer-Guirlande nach [Josef] Lanner und [Jo-
hann] Strauss [Vater] (Pfte. 4hdg.)   22—29

[8] [Jean Auguste] Andrade: Romanze als Duett für zwei
Soprane bearbeitet v.[on] [Franz Louis] Schu-
bert „Vor des Altares Schwelle" (S I, II, Pfte.)   30—31

[9] [Franz Louis] Schubert: Schneeglöckchen, Schottischer
Walzer   32

Heft 3:

[10] C.[harles] Mayer: Introduction und Rondo über
           Motive aus: Guido und Ginevra (Halévy)   33—41

[11] [Hippolyte] Monpou: Lebe wohl, Sicilienne „Bald
           trennt uns das Meer"   42—43

[12] Ferd.[inand] Hérold: Divertissement aus dem Ballet:
           La Somnambule   44—47

[13] [Franz Louis] Schubert: Maskenfreiheit, Schottischer
           Walzer   48

Heft 4:

[14] F.[riedrich] Burgmüller: La Poste ‹Die Post›, Walzer,
           Op. 23   49—55

[15] (A.[uguste]) Panseron: Der Stern, Romance „Schaue,
           mein Kind, jenes Sternes Geflimmer"   56—57

[16] A.[mbroise] Thomas: Gebete zur heiligen Jungfrau,
           Romanze „Der junge Gondoliere schiffend in
           seinem Kahn"   58—59

[17]   Marsch über Motive aus der Oper: Zum treuen
           Schäfer (Adam)   60—61

[18] [Charles] Chaulieu: Rondino über ein dänisches National-
           lied, Opus 142   62—64

Heft 5:

[19] F.[riedrich] Burgmüller: Boléro sur la Romance
           fav.[orite]: Rossine de Massini, Op. 22   65—73

[20] [Albert] Grisar: Helene, Boléro „Stehe auf, mein holdes
           Leben"   74—75

[21] N.G. Bach: Air Suisse, varié   76—79

[22] [Franz Louis] Schubert: Maiblumen, Schottischer
           Walzer   80

Heft 6:

[23]   Potpourri aus der Oper: Die Genueserin
           (Lindpaintner)   81— 90

[24] L. Gomion: La Cachucha   91— 93

[25] Loïsa Puget: Lied „Unter allen Dingen kann nur Lust
           mir bringen"   94— 95

[26]   Galop aus der Oper: Der Pariser Perüquier [!]
           (Thomas)   96

Heft 7:

[27] [Eugène] Déjazet: Variationen über ein Thema aus der
           Oper: Der Brauer von Preston (Adam)   97—105

[28] [Jean Auguste] Andrade: Romanze „Das Saatfeld ist
      gemähet"   106—107

[29] [Sigismund] Thalberg: Nocturne   108—110

[30] [Adolphe] Adam: Schottischer Walzer aus der Oper:
      Der Brauer v.[on] Preston   111—112

Heft 8:

[31]   Divertissement aus der Oper: Der Brauer von
           Preston (Adam)   113—125

[32] L.[aure] Brice: Romance „Wann muntre Lerchen
      schlagen"   126—127

[33]   Galopp aus dem: Brauer von Preston (Adam)   128

Heft 9:

[34]   Potpourri aus der Oper: Der Feensee (Auber)   129—140

[35] [Albert] Grisar: Romanze „Schon weicht die Nacht und
      Morgenlüfte wallen"   141—142

[36]   Cracovienne   143—144

Heft 10:

[37]   Bolero nach Motiven aus der Oper: Der Schwur
           (Mercadante)   145—150

[38] [Charles Laurent] Rhein: Air de Vaudeville, varié   151—153

[39] A.[uguste] Panseron: Romance „Wohl über Thal und Hügel"   154—155

[40] Wolff: Intermezzo   156—157

[41] [Franz] Hünten: Mazurka sentimentale   158

[42]   Mailänder Favorit-Galoppe   159—160

Heft 11:

[43] [Friedrich] Kalkbrenner: Fantaisie über Motive aus der
      Oper: Der Feensee (Auber)   161—168

[44] A.[dolf] E.[duard] Marschner: Lied „Ich irr' umher
      betäubt und stumm" (Graf v.(on) Platen)   169

[45] Adrien Boieldieu‹Sohn›: Romance „Ich hör' in des
      Schlosses Nähe"   170—171

[46] [Franz Louis] Schubert: Schottischer Walzer aus Halévy's
      Oper: Die Dreizehn   172

[47] J.[acques] Herz: Rondo über ein Thema aus dem: Feensee
      (Auber)   172—176

Heft 12:

[48] [Franz Louis] Schubert: Reminiscenzen aus der Oper: Die
      Dreizehn von Halévy in Form eines Divertissements   177—185

[49]   La Jota Andalouse, Spanischer Nationaltanz   186—188

[50] L.[oïsa] Puget: Zur Zeit, als die Königinn Bertha
spann, Romance Comique „Wie beglückt
lebte man"   189—191

[51] [Adolphe] Adam: Schottischer Walzer aus der Oper:
Zum treuen Schäfer   192

[52] Johann Schneider: Zwölf Choräle, harmonisirt. No. 1. Gott
sey uns gnädig und barmherzig. No. 2. Wir glauben
an den ein'gen. No. 3. Erhalt' uns, Herr, bei deinem
Wort. No. 4. Gott sey gelob't. No. 5. Ach Gott vom
Himmel sieh. No. 6. Wer Gott vertraut. No. 7. Du
klagst und fühlest. No. 8. Gott lebet noch. No. 9.
Warum betrübst du dich. No.10. Der Wollust Rei(t)z
zu widerstreben. No.11. Du klagst, o Christ. No.12.
Der lieben Sonnen Licht.   1—   4

Polyhymnia. Ein Taschenbuch für Privatbühnen und Freunde des Gesanges auf das Jahr 1825. Im Vereine mit Friedrich Kind herausgegeben von Heinrich Marschner. ([Am Ende des Vorwortes:] Dresden, im July 1824.)

Leipzig bey C. H. F. Hartmann. Wien im lithographisch:[en] Institute am Michaelsplatz No. 2, nächst der K. K. Burg.

Jahrgang 1. 1825.

A Wn; Wn-h; Wst — **D** Bds; Bhm; DT; DÜk; KNm (X); LEm

[2. Ausgabe:] Jahrgang 1. 1829.

DK Kk

Heinrich Marschner: Der Holzdieb. Komische Oper in 1 Aufzuge von Friedrich Kind:

Ouverture		IX—XVI
Nro. 1.	Arie (Suschen) „Im May, im May wie lustig und schön!"	1— 8
Nro. 2.	Arie (Lorenz) „Nur Thaler"	11— 18
Nro. 3.	Arie (Felix) „Bei Sonnaufgeh'n zieh ich zum Wald"	23— 29
Nro. 4.	Quartett (Barbara, Felix, Suschen, Lorenz) „Meister Lorenz!"	31— 50
Nro. 5.	Arie(tte) (Barbara) „Bei Wiederspruch und Grillen"	54— 56
Nro. 6.	Duett (Suschen, Felix) „Sagt ich's nicht schon tausendmal"	59— 64
Nro. 7.	Arie (Suschen) „Das Herz ist gewachsen"	65— 67
Nro. 8.	Arie (Lied) (Barthel) „Trägt nach Staaren man Verlangen"	70— 72
Nro. 9.	Arie (Suschen) „Von den Farben allen"	78— 81
Nro. 10.	Arie (Lied) (Lorenz) „Das ist das ächte Lied"	83— 85
Nro. 11.	Quartett (Barthel, Suschen, Barbara, Lorenz) „Helft mir! Helft um Moses Willen!"	89— 98

Nro. 12.   Quintett mit Chor (Die Vorigen, Felix, Chor von Jäger
und Bauer-Purschen) „Er ist's! Er ist's! nur angefaßt" 102—118

Nro. 13.   Finale (Suschen und Barbara, Felix und Tenori, Lorenz
und Bassi) „Es gilt! Es gilt! Zum Feste" 126—136

Anhang:

[1]   F. Graf von Riesch: Zwey Märsche (Pfte. 4hdg.) 138—145

[2]   C.[arl] M.[aria] v.[on] Weber: Dichtung zu einem Romane
[Wiedersehn, Romanze] „Um Rettung bietet ein güld'-
nes Geschmeide" (Herzog [Leopold August] von
Gotha) [Jähns 129] 146—151

[3]   Heinrich Marschner: Zwey Lieder von Göthe (1) Sehnsucht „Was
zieht mir das Herz so?" (2) Der Schmachtende „Hier
klag ich verborgen" (Singst., Git.- oder Pfte.-Begl.) 152—155

[4]   Eugenie Marschner: Wiener Ländler für das Pianoforte (No. 1—5)156—158

[5]   Lud:[wig] van Beethoven: Trinklied mit Chor „Schenk ein,
mein guter Junge!" (Aus der Sammlung schottischer
Lieder) [Op. 108, Nr. 13] 159—161

[6]   H.[einrich] Marschner: Lied mit Chor „Kommt, ihr Männer,
jung und alt" (W. Gebhard) 162—164

[7]   Lied „Wo ich gewesen bin, kann ich dir schon sagen" 165—166

[8]   H.[einrich] Marschner: Lied beym Wechsel des Jahres zu
singen (Nach einer Melodie Mozarts) „Freunde seht —
Junges Jahr — Wenn du theilest — Junges Jahr!"
(4 Männerst.) 166—168

Les Trois Lyres. Journal de Chant avec Accompagnement de Piano, Harpe et Guitare, publié par Alphonse Meurger, Professeur de Musique, Auteur de la Lyre Française, Recueil de Chant, publié en 1823.

Bruxelles

1825

[E. van der Straeten, S. 71.]

Le Troubadour des Salons. Journal de Chant avec Accompagnement de Piano ou Harpe, rédigé par M. M. [Antoine] Romagnesi et [Antoine] Meissonnier. Chaque Numéro contiendra trois Romances à une ou deux voix, et paraîtra du 1er ou 5 de chaque mois à dater du 1er Janvier.

On s'abonne à Paris, au Magasin de Musique de A.[ntoine] Meissonnier, Galerie du Passage des Panoramas, No. 15, et chez tous les Directeurs des Postes.

Année 1. [1825] — 5. [1829].

A Wn (1. [1825], 2 [1]) — **F** Pn (1. [1825], 1—8; 2. [1826], 3—14; 3. [1827]; 4. [1828], 1—3, 6, 8, 10—12; 5. [1829], 5, 2)

1ère Année [1825]

1re Livraison:

No. 1.   L.[ouis] Jadin: Chansonnette Savoyarde „Souviens-toi
Jeannette, de ces jours si doux" (A. Jadin)   2— 3

No. 2.   A.[ntoine] Romagnesi: Chansonnette à deux voix „Que le
diable emporte l'amour!" (Mme. d'Avot) (S, T, Pfte.
oder Hf.)   2— 3

No. 3.   A.[ntoine] Meissonnier: Adieu Zoé, Romance „Adieu Zoé,
l'aurore matinale blanchit" (Isidore Simard)   2— 3

2e Livraison:

No.[1]   F.[rançois] Berton Fils: Mam'zelle Zizi, Chanson Créole
„Qui cœur à moi a doux émoi" (E. Bérat)   2— 4

No. 2.   A.[ntoine] Romagnesi: Nocturne à deux voix „Ne te réveille
pas" (Pawlowski) (S, T, Pfte. oder Hf.)   2— 3

No. 3.   Isidore Milhès: Edile, Romance „Berceau de mes jeunes années"
(A. Béraud)   2— 3

3e Livraison:

No. 1.   A.[ntoine] Romagnesi: Le Romantique, Romance „Oui, je
suis triste, moi" (Ed. Péan)   2— 3

No. 2.   L.[ouis] Jadin: Sans toi, pour moi, tout est Souffrance!
Nocturne à deux voix égales „Sans toi, pour moi,
qu'est l'existence?" (A. Jadin) (S I, II, Pfte. oder Hf.)   2— 4

No. 3.   F.[rançois] Berton Fils: Le Serment de Silvie, ou autant en
emporte le vent, Romance „En vain un berger du
village"   2— 4

4e Livraison:

No. 1.   [André-Ernest-Modeste] Grétry: Le Berger délaissé,
Romance postume „Mirtil, errant à l'aventure"
(Grétry Neveu)   2— 3

No. 2.   A.[ntoine] Romagnesi: Je l'aimerai toute ma Vie, Romance
„Je connais une bergerette" (Eugène de Monglave)   2— 3

No. 3.   Louis Moreau: Regrets et Souvenirs, Romance „T'en souviens-
tu des jours de notre enfance" (de T*** de T***)   2— 3

5e Livraison:

No. 1.   A.[ntoine] Romagnesi: Ma Fille vous ne filiez pas! Chansonnette „Que fais-tu toujours solitaire?" (A. Naudet)   [2 S.]

No. 2.   F.[rançois] Berton Fils: Non, non je ne veux pas, Chansonnette „Point je ne veux, disait Colette"   1— 3

No. 3. A.[ntoine] Meissonnier: Ma Nicette, Chansonnette „Vous
      n'avez pas vu ma nicette" (J. Lance)   2—   3

6e Livraison:

No. 1. A.[ntoine] Meissonnier: Le Doute embarrassant, Romance
      „Trois fois on a daigné m'écrire" (de Courcy)   2—   3.

No. 2. A.[ntoine] Romagnesi: Pour l'Amour de Dieu, Romance
      à deux voix „Fière châtelaine, prétends-tu toujours"
      (Sazerac) (S oder Bar., T, Pfte. oder Hf.)   2—   3

No. [3] F.[rançois] Berton Fils: Trente Moutons pour un Baiser,
      ou trente Baisers pour un Mouton, Chansonnette
      „Philis plus avare que tendre" (M***)   [2 S.]

7e Livraison:

No. [1] F.[rançois] Berton Fils: Adieu Colin, au revoir, Romance
      „Encor un mot, ô ma Lucette" (M***)   2—   3

No. [2] Auguste Pansereon: La Fiancée, Romance „Cher amant,
      l'himen, entre nous" (Pawlowski)   4—   5

No. 3 A.[ntoine] Romagnesi: La mauvaise Langue de Village,
      Chansonnette „Vous me refusez pour amant"
      (H. T. Poisson)   6—   7

8e Livraison:

No. [1] A.[ntoine] Romagnesi: Le Tems, le Plaisir et la Peine,
      Chansonnette „Un jour, si l'on en croît un sage"
      (Justin Gensoul)   2—   3

No. [2] A.[ntoine] Meissonnier: Mes quarante Ans, Romance „A
      quarante ans vous trouve-t-on encore" (Dumersan)   4—   5

No. [3] F. A. Finiels: La Rose, Romance „Une rose dut l'existence"
      (Mr.***)   [2 S.]

2e Année

3e Livraison:

[1] A.[ntoine] Romagnesi: Le Malheur d'aimer, Romance
      „On me disait: fuyez l'indifférence" (A. Romag-
      nesi) (Singst., Pfte.)   [2 S.]

[2] A.[ntoine] Meissonnier: Le Secret, Romance „Dans la
      foule, Olivier, ne viens plus me surprendre" (Des-
      bordes Valmore)   [2 S.]

4e Livraison:

[3] A.[ntoine] Romagnesi: Si ça t'arrive encore, Chansonnette
      „Je ne veux pas vous regarder" (I. Simard) (Singst.,
      Pfte.)   [2 S.]

[4]   Louis Levasseur: Doux Souvenir, Romance „Doux souvenir je chéris ta puissance" (Emilie Dumeray)   [2 S.]

5e Livraison:

[5]   Edouard Bruguière: Maudit Printemps! Chansonnette
„Je la voyais de ma fenêtre" (P. J. de Béranger)   [2 S.]

[6]   Ed.[ouard] Pillore: Le Jeune Page et la Fillette, Nocturne
à deux voix „On dit qu'il est faux et volage"
(S, T, Pfte. oder Hf.)   [2 S.]

6e Livraison:

[7]   F.[rançois] Berton Fils: Il faut parler, il faut se taire,
Chansonnette „Quand Monseigneur on se fait
appeler" (Le Vicomte d'Audiffret)   [2 S.]

[8]   Gustave Dugazon: Le Souvenir et l'Amitié, Romance
à deux voix „Sous un jeune orme, au bord
d'une onde claire"   [2 S.]

7e Livraison:

[9]   A.[ntoine] Meissonnier: Le Mépris des Richesses, Chansonnette „Richesse, honneurs, quelle folie!"
(Delrieu)   [2 S.]

[10]   E.[douard] Pillore: Bien Fin sera qui m'attrapera!
Chansonnette „Alors qu'un amant vient me dire"   [2 S.]

8e Livraison:

[11]   Aug.[uste] Panseron: Les Hirondelles, Romance „Captif au rivage du maure" (J. P. de Béranger)   2— 3

[12]   Ed.[ouard] Pillore: La Bergère sans Façon, Nocturne
à deux voix „Un jour Lubin, d'un air honnête"
(Mr.***) (2 S, Pfte. oder Hf.)   [3 S.]

9e Livraison:

[13]   A.[ntoine] Romagnesi: La Fileuse, Chansonnette à
deux voix „File, file, jeune Lucile" (Mme.
d'Avot) (S oder Bar., T, Pfte. oder Hf.)   4— 5

[10e] Livraison:

[14]   A.[ntoine] Romagnesi: La Coquette de Village, Chansonnette „N'abuse pas de mes aveux" (Naudet)   [2 S.]

[15]   A.[ntoine] Romagnesi: L'Oraison du Paladin, Romance
à deux voix „Ayez pitié de moi, aimable châtelaine!" (Sazerac) (S oder Bar., T, Pfte. oder Hf.)   6— 7

[11e] Livraison:

[16]   F.[rançois] Berton Fils: Le Radoteur, Chansonnette à une ou
deux voix ad lib. „Voici ce que disait naguère"   [2 S.]

[17]   A.[ntoine] Romagnesi: Il n'est plus Tems, Chansonnette
       „Toi jurer de n'aimer jamais" (Naudet) (Singst.,
       Pfte.)   [2 S.]

[18]   A.[ntoine] Meissonnier: La Rose blanche de l'Ermite,
       Romance „Simple et timide bachelette" (H. T.
       Poisson)   [2 S.]

12e Livraison:

[19]   Coralie de Félix de la Motte: Le Ramoneur Auvergnat,
       Romance „Bien loin du foyer paternel" (Cora-
       lie de Félix de la Motte)   [2 S.]

[20]   A.[ntoine] Romagnesi: L'Illusion Maternelle, Romance
       „Croyez vous que je me désole" (A. Romagnesi)   [2 S.]

[21]   Musique d'Elle: L'Anonime [!], Romance ou Chanson
       „Quoi vous songiez à faire une romance!"
       (Paroles de Lui)   [2 S.]

13e Livraison:

[22]   Charles Marie B. de Weber: Du moins je la voyais, Romance
       „Elle était simple et gentillette" (Mr.***) (Singst.,
       Pfte.) [Jähns 292]   [2 S.]

[23]   [François] Berton Fils: Romance „Le clair de lune"
       (Carmouche)   [2 S.]

[24]   Auguste Panseron: Encore toujours, Nocturne à deux voix
       „O toi, mon bien, ma vie" (Alexandre) (S, T,
       Pfte.)   1 — 3

14e Livraison:

[25]   Mr.***: Mes Troubadours, Chansonnette „Sous les
       drapeaux des ris et des amours" (Piis)   [2 S.]

[26]   A.[ntoine] Romagnesi: L'Arbre et le Vieillard, Romance
       „Je te salue, humble hameau" (J. F. Chatelain)   [2 S.]

[27]   H. Miller: Si je l'osais, Romance „Je t'ai vu, charmante
       Emilie" (Gai de la Tour)   [2 S.]

3e Année [1827]

1e Livraison:

[1]   A.[ntoine] Romagnesi: L'Image et la Réalité, Romance
       à deux voix „Sous les saules de la prairie" (Dumer-
       san) (S, T, Pfte.)   [2 S.]

[2]   Dolive: Clarice, Romance „Belle d'attraits et d'innocence"
       (H. Genevois)   [2 S.]

[3]   Ed.[ouard] Pillore: Estelle ou on sait mieux aimer au
       village, Romance „Estelle avait seize printemps"   [2 S.]

2e Livraison:

[4] A.[ntoine] Romagnesi: Le bon Pasteur, Romance „Bons
habitans du village" (Camille)   [2 S.]

[5] F.[rançois] Berton Fils: Pauvrette dors en Paix, Romance
„Sous ce veil [!] arbre où tous les jours" (L. Sazerac)   [2 S.]

[6] Félix Blangini: Et cependant il n'en est rien, Romance
„D'où vient cette rougeur subite" (Charles Catelin)   [2 S.]

3e Livraison:

[7] Félix Blangini: Répète-le-moi, Romance „Quand ton
amour répond" (Aglaé Buthiau)   [2 S.]

[8] F.[rançois] Berton Fils: Le Grand Père ou l'Avis
tardif, Chansonnette en Duo dialoguée ou
à une seule voix „Ma fille j'aperçois Colin"
(H. L. Sazerac)   [2 S.]

[9] A.[ntoine] Romagnesi: Demain je puis mourir, Romance
à deux voix „Trop longtemps la folie" (Brazier)   [2 S.]

4e Livraison:

[10] Félix Blangini: Romance „Des jours si longs de mon
absence"   [2 S.]

[11] A.[ntoine] Romagnesi: N'oubliez pas que je vous
aime! Chansonnette „Pour mieux tromper
l'œil des jaloux" (Frédéric Bérat)   [2 S.]

[12] F.[rançois] Berton Fils: Les petits Oiseaux de Sylvie,
Romance à deux voix égales „O vous qui près
de ma Sylvie" (Edmond de Sibles) (T I, II, Pfte.)   2— 5

5e Livraison:

[13] L. Lucotte: Mary, Romance „Adieu pays que je regrette"   [2 S.]

[14] A. Ropicquet: Le petit Vinaigrier, Chansonnette „En
course dès le grand matin"   [2 S.]

[15] F.[rançois] Berton Fils: La petite Fille ou on la marira,
Chansonnette „Quand je n'avais que trois ans"
(H. L. Sazerac)   2— 3

6e Livraison:

[16] A.[ntoine] Romagnesi: Le bon Temps, Chansonnette à
deux voix „A vingt ans de l'insouciance"
(Brazier) (S, T, Pfte.)   8— 9

[17] F.[rançois] Berton Fils: La Femme de bon Conseil,
Chansonnette „Sans blesser l'austère raison"
(Fontenille)   2— 3

818

7e Livraison:

[18]   A.[ntoin] Romagnesi: La Peureuse, Chansonnette à
          deux voix „Ma mère grande, et nuit et jour"
          (H. L. Guérin)   2—   3

[19]   Félix Blangini: Je n'aime point, Chansonnette „Ma
          fille vous avez quinze ans" (Sazerac)   [2 S.]

[20]   F.[rançois] Berton Fils: Romance „Quand le tout puissant
          fit la terre" (Delalande)   2—   3

8e Livraison:

[21]   Félix Blangini: Peu connue, point troublée, Romance
          „La douce fille du printems"   2—   3

[22]   A.[ntoine] Romagnesi: Le Nid et la Rose, Chansonnette
          „Lubin, de la forêt prochaine" (Alphonse)   [2 S.]

[23]   F.[rançois] Berton Fils: La petite Fille ou on la marira,
          Chansonnette „Quand je n'avais que trois ans"
          (H. L. Sazerac)   2—   3

9e Livraison:

[24]   Félix Blangini: Thémire Infidelle, Romance „Bosquets
          enchanteurs où ma belle jura"   2—   3

[25]   A.[ntoine] Romagnesi: Te faut-il plus, te faut-il moins?
          Romance „Sous une couronne nouvelle" (Le
          C.[om]te de Bességuier)   [2 S.]

[26]   Francesco Morlacchi: Lise et Lycas, Romance „Dans le
          vallon, triste et rêveuse" (F. de***)   [2 S.]

10e Livraison:

[27]   A.[ntoine] Meissonnier: Le pauvre Ménestrel, Romance
          „Un pauvre ménestrel, vieux serviteur de France"
          (Le Chevalier de M***)   2—   3

[28]   Ed.[ouard] Pillore: Le Devin du Village, Nocturne à
          deux voix „J'ai consulté le devin du village"   2—   3

11e Livraison:

[29]   Mme. de Félix de la Motte: L'Ombre de Robert le
          Diable, Romance „Quels tristes sons, quel
          sinistre présage" (Mme. Félix de la Motte)   2—   3

[30]   A.[ntoine] Romagnesi: La nouvelle Corine, Romance
          „Lorsqu'abusant ma crédule jeunesse" (Alphonse) [2 S.]

[31]   H.[enri] Darondeau: Le Bal ou la Jalousie, Romance
          „Elle était là, superbe et triumphante" (Hxxx
          de St. Albin)   2—   3

12e Livraison:

[32]   F.[ernando] Sor: Valse du Ballet: Cendrillon
       „En ce moment parlez vous même"   [2 S.]

[33]   A.[ntoine] Romagnesi: La Pénitente, Romance „Mon
       père, souffrez qu'en ce lieu" (A. R.)   [2 S.]

[34]   Ed.[ouard] Pillore: 4e Nocturne à une ou deux
       voix „De l'amant qui m'engage" (Mme. A**)   [3 S.]

4e Année [1828]

1e Livraison:

[1]   F.[rançois] Berton Fils: Le Souvenir de la Victoire ou
       l'Invalide, Chanson „Le souvenir de la victoire
       de l'amour" (H. T. Poisson)   [2 S.]

[2]   A.[ntoine] Meissonnier: La Questionneuse, Chanson-
       nette „Vous qui savez grand' mère deviner
       l'avenir" (F. Louis)   [2 S.]

[3]   A.[ntoine] Romagnesi: Il fallait bien lui pardonner,
       Chansonnette à deux voix „A douze ans l'aima-
       ble Lisette" (Delahaye) (S, T, Pfte.)   [2 S.]

2e Livraison:

[4]   Fabry Garat: Reste en ces lieux ! Romance „Privé
       de toi, mon adorable amie" (Hortensius
       de St. A***)   [2 S.]

[5]   Auguste Panseron: Brennus, Nocturne à deux voix
       égales „Brennus disait aux bons Gaulois"
       (P. J. de Béranger)   [2 S.]

[6]   A. Godfroy: Vous plaire ah! C'est trop difficile, Ro-
       mance „Si de votre aimable langage du ciel"
       (Mr.***) (Pfte.- oder Hf.-Begl.: Darondeau)   2— 3

3e Livraison:

[7]   A.[ntoine] Meissonnier: Les Lunettes de ma Grand'Mère,
       Chansonnette „Prenez garde à ce que vous faites"
       (H. L. Guérin)   [2 S.]

[8]   A.[ntoine] Romagnesi: Qu'est-ce que la vie, Chanson-
       nette „Chaque matin, en baillant, on s'éveille"
       (F. de Courcy)   [2 S.]

[9]   A.[ntoine] Romagnesi: Romance „Si vous étiez ma sœur"
       (H. T. Poisson)   [2 S.]

[10]   Auguste Panseron: Les Hirondelles, Romance „Captif au
       rivage du maure" (J. P. de Béranger)   2— 3

[11]   A.[ntoine] Romagnesi: Le pauvre Aveugle, Romance
       „O vous, dont la richesse est grande" (Camille)   [2 S.]

[12] Ed.[ouard] Pillore: La Bergère sans Façon, Nocturne
à deux voix „Un jour Lubin, d'un air honnête"
(Mr.***) [3 S.]

6e Livraison:

[13] H.[enri] Darondeau: Tu sais pourquoi, Romance „Te
faudra-t-il toujours des larmes?" (l'Auteur du:
Charme de s'entendre) [2 S.]

[14] Auguste Panseron: Voyez cette barque légère, Nocturne
à deux voix „Voyez amis cette barque légère"
(J. P. de Béranger) [3 S.]

[15] [Luigi] Boccherini: Bolero „Es toy conva leciente" –
„Du mal qui me dévore" [2 S.]

8e Livraison:

[16] Adolphe Mercadier: Le Rêve ou Adieux à Marie,
Romance „Phoébé versait sur la nature" (A. L.**) [2 S.]

[17] A.[ntoine] Romagnesi: Romance „Je suis loin d'elle"
(Genevois) [2 S.]

[18] A. Ropicquet: Le petit Vinaigrier, Chansonnette „En
course dès le grand matin" (Lefebvre) [2 S.]

10e Livraison:

[19] Charles Malo: Plaignez le pauvre Aveugle, Romance
„Nicette vous plaît, vous enchante" (Charles
Malo) [2 S.]

[20] N. P. Hamelin: La Paresse, Chansonnette „O ma paresse,
ô ma chère paresse" (Mr. Eugène ***) [2 S.]

[21] F.[ernando] Sor: Romance „O vous que Mars rend
invincible" 1– 3

11e Livraison:

[22] Emile Rouzé: Chant de Medorah „Hélas, quel coup
funeste me ravit" (Nach Lord Byron: Requin) [2 S.]

[23] L.[ouis] Jadin: Accours, gentille Amie, Barcarolle
„Le soleil au rivage" (A. Jadin) [2 S.]

[24] F.[rançois] Berton Fils: Laisse-moi te parler de Bastien,
Chansonnette dialoguée „Ecoute bien, Nicolas,
je t'en prie" (Emile Barateau) [2 S.]

12e Livraison:

[25] L.[ouis] Jadin: Romance „Repose en paix, ma
bonne mère" (A. Jadin) [2 S.]

[26] L.[ouis] Jadin: C'est le signal du Rendez vous, Boléro
„La nuit vient remplacer le jour" (A. Jadin) [2 S.]

5e Année [1829]

5e Livraison:

No. 2. Matteo Carcassi: La Nuit s'avance, Nocturne à
deux voix „Silence amis, point de bruit"
(Le Comte de Messence)   [2 S.]

1826

L'Echo des Salons. Journal de Chant [Monatlich 2 Lieferungen zu 2 Nummern.]
A Paris, chez E. Bruguière, Rue neuve St. Augustin No. 10. A Lyon, chez Ar-
naud, Editeur Marchand de Musique rue Gentil No. 1.
Année 1. [1826].

A Wn (1. [1826], 18) – **F** Nm (1. [1826], 38); Pn (1. [1826], 18, 29, 34)

1ère Année [1826]:

No. 18. E.[douard] Bruguière: L'heureux Perroquet, Chansonnette „Pour toi la vie est une fête" (Ernest Dunant)
(Git.-Begl.: F. Carulli)   2— 3

No. 29. Auguste Panseron: Le vieux Chêne, Romance à une ou
deux voix „Dans cette plaine viens me trouver"
(S, T, Pfte.)   2— 7

No. 34. Edouard Bruguière: L'Echo prophétique, Romance
„Assis à l'ombre d'un vieux chêne" (Ernest Dunant) 2— 3

No. 38. L.[ouis] Jadin: L'Infidèle, Chansonnette „Oui, je suis
infidèle" (A. Jadin)   2— 3

(Journal de Guitare. Accomp.[agnemen]t par [Pierre-Joseph] Plouvier.)
(72 numéros, 6 par mois.)

On s'abonne à Bruxelles, chez [Pierre-Joseph] Plouvier, rue de l'Impératrice
No. 1258.
Année 1. [ca. 1826].

B Bc (1. [ca. 1826], 1)

1ère Année [ca. 1826]:

No. 1. [Ferdinand] Hérold: Couplets [aus:] La Clochette ou
Le Diable-Page „Une loi dans l'inde connue"   2— 3

Journal für Militärmusik. 1s. Heft enthaltend Reveille, 3 Parademärsche, 3 Geschwindmärsche, 2 Russische Walzer und Zapfenstreich, für 1 Flöte, 3 Clarinetten, Trompete, Hörner, Fagotts, Signalhorn, Baßposaune u.[nd] Janitscharenmusik componirt von Theodor Theuss. Op. 49.

Leipzig bei Fr. Hofmeister.

[ca. 1826], Heft 1 [In Stimmen]

D Bs

1. Heft ([Verlags-Nr.] 1298):

No. 1.	Reveille
No. 2.	Marsch in Es
No. 3.	Marsch in Es
No. 4.	Russ.[ischer] Walzer in Es
No. 5.	Russ.[ischer] Geschw.[ind]-Marsch in F
No. 6.	Geschw.[ind]-Marsch in Es
No. 7.	Russ.[ischer] Walzer in Es
No. 8.	Geschw.[ind]-Marsch in Es
No. 9.	Marsch in Es
No. 10.	Zapfenstreich in Es

Der lustige Leyermann. Musicalische Zeitschrift für fröhliche Pianofortspieler, leichte gefällige Musikstücke und launige Gesänge enthaltend, herausgegeben von A.[dam] G.[ottlieb] Theile.

Meißen bei Fried. Wilh. Goedsche.

Jahrgang 1. [1826]–2. 1827, Heft 1–4.

D KIl (1. [1826], 2); Mbs (2. 1827, 3)

1. Jahrgang [1826]

2. Heft:

No. 1.	(A.[dam] G.[ottlieb] Theile): Polonaise	2– 3
No. 2.	(A.[dam] G.[ottlieb] Theile): Schnell-Walzer	3
No. 3.	(A.[dam] G.[ottlieb] Theile): Quadrille	4
No. 4.	(A.[dam] G.[ottlieb] Theile): Quadrille	4– 5
No. 5.	(J. C. Theile): Ecoss.(aise)	5
No. 6.	(J. C. Theile): Ecoss.(aise)	5
No. 7.	(A.[dam] G.[ottlieb] Theile): Thema con Var.[iazioni] (Allegretto – Var. 1–10)	6– 10
No. 8.	(A.[dam] G.[ottlieb] Theile): Walzer	11
No. 9.	(Zschaler): Galopp-Walzer (Pfte. 4hdg.)	12– 13
No. 10.	(Zschaler): Galopp-Walzer (Pfte. 4hdg.)	14– 15

No. 11.	J. C. Theile: Walzer	16
No. 12.	J. C. Theile: Walzer	16–17
No. 13.	J. C. Theile: Walzer	17
No. 14.	J. C. Theile: Geschwind-Walzer	18
No. 15.	[Fr.] Partzsch: Die Gnomen: Scherzando nach Friedrich von Matthison's [!] Gedicht „Gleich schwarzen Phantomen" (Pfte.)	19– 23
No. 16.	Recitativ „Und will er nicht, nun gut, gut!"	23
No. 17.	(D.[aniel] S.[iegmund] Siegel): Lob des Singens „Das Singen ist ein köstlich Ding" (Singst., Pfte., Git.)	24– 25
No. 18.	Zoche-Zochetti: (Das) Lied vom langen Bart „Es geht vom Kriegsmann ein Geschrei"	26– 27
No. 19.	Zschaler: Das neue Grossvaterlied „Als der Grossvater die Grossmutter nahm" (Langbein)	28
No.20.–27.(A.[dam] G.[ottlieb] Theile): (Acht) Ecoss.(aisen)		29– 31

2. Jahrgang. 1827

3. Heft:

No. 1.	(Fr.) Theuss: Thema mit 12 Variationen	1– 10
No. 2.	(Fr.) Theuss: Pas redoublé	10– 12
No. 3.	(Fr.) Theuss: Walzer	13– 14
No. 4.	(Fr.) Theuss: Ecossaise	14– 15
No. 5.	[Johann Ernst] Haeuser: Walzer	15
No. 6.	[Daniel Siegmund] Siegel: Des lustigen Leiermanns Lieblingslied mit 12 Variationen „A Schüsserl' un a Reinerl" (Singst., Pfte., Git.)	16– 26
No. 7.	Fr. Partzsch: Wiegenlied „O schlumm're, Kindchen, stille jetzt" (Fr. Partzsch)	27
No. 8.	Der zufriedene Landmann „Jetzt, dächt' ich lang in den Sack" (Hebels Allemannische Gedichte, ins Hochdeutsche übertragen von Girardet)	28– 29
No. 9.	Die Liebespost „Postmeister Amor lässt euch sagen" (Emil Reiniger)	30– 31

La Lyre Armoricaine. Ce Recueil, qui ne renferme que des Morceaux de Musique inédits et composés en Bretagne, paraît chaque mois par livraison de deux feuilles petit in-folio. (Livraison 1: Juillet 1826.)

A Nantes, de l'Imprimerie de Mellinet-Malassis ([später:] Chez Sicard, Editeur, marchand de Musique, Rue de la Fosse, No. 15.)

1826/1827, Livraison 1–12.

F Nm (1826/27, 1–6); Pn (1826/27, 1–6, 9–12)

1ère Livraison (Juillet 1826):

[1]   Ferdinand van der Hurel: Chant de l'Hellénie „Où vont ces valeureux guerriers?'' (Ch.[arles] de Commequiers) (Singst., Pfte. oder Hf.; Git.-Begl.: Mayer)   1— 4

2e Livraison [August 1826 ?]:

[2] de S***:   Laisse-moi t'oublier, Romance „Cache tes yeux sous un voile sévère'' (Singst., Pfte. oder Hf.)   [2 S.]

[3]   Louël: J'irai te voir, Romance „J'irai te voir, solitaire fontaine'' (Louël) (Singst., Pfte., oder Hf.)   [2 S.]

3e Livraison [März 1827]:

[4]   Mayer: Le Sourire „Sexe charmant, quel est donc votre empire?'' (Singst., Git.; Pfte.- oder Hf.-Begl.: Mlle. Cie. St. L.)   [2 S.]

[5]   Rhein: Françoise de Foix „Noble Françoise, au fond de ces tourelles'' (Ludovic) (Singst., Pfte. oder Hf.)   [2 S.]

4e Livraison [April 1827]:

[6]   de S***: Chant du dernier Abencérrage „Portant ses pas vers les champs d'Ibérie'' (Charles de Commequiers) (Singst., Pfte.)   [2 S.]

[7]   Mayer: Le Charme „Le Charme est un prestige enivrant et rapide'' (Evariste Boulay-Paty) (Singst., Git.)   [2 S.]

[8]   Scheyermann: Le Ménestrel (Jouvencel) breton, Ballade „Aux champs de l'Armorique'' (Urbain de Marquessac) (Singst., Pfte.)   [2 S.]

5e Livraison [Mai 1827]:

[9]   de S***: Invocation (Réc.) „O toi qui m'apparus dans ce désert du monde'' — (Air) „Vas-tu revoir demain l'éternelle lumière'' (de la Martine) (T, Pfte. und S, T, B, Pfte.)   2— 7

6e Livraison [Juni 1827]:

[10]   Dialogue du Guerrier et du Pasteur „Berger, pense-tu trouver des charmes''   [2 S.]

[11]   Mayer: Le Soir, Romance „Comme un voile étoilé, vois-tu, jeune glycère'' (Arsène Gouet) (Singst., Git.)   [2 S.]

[12]   Jh. de Monti de Rezé: Le Soldat français, Chansonnette „Brave et galant par caractère'' (Mr.***) (Singst., Git.)   [2 S.]

9e Livraison [September 1827]:

[13] Rhein: L'Abandon „Il est parti mon âme se déchire" (Le Comte
Lagarde de Messence) (Singst., Pfte. oder Hf.)   3

[14] Mr. P.: Le Jouvencel Breton, Romance „Aux champs de
l'Armorique" (Urbain de Marquessac) (Singst., Pfte.)   2— 3

10e Livraison [Oktober 1827]:

[15] Alphonse Le Duc: Ourika, Romance „L'astre du jour allait de
sa lumière" (Calloc) (Singst., Pfte. oder Hf.)   [2 S.]

[16] Jh. de Monti de Rezé: Mon tour ne viendra-t-il jamais, Chansonnette „Ma grand'mère disait souvent" (Ernest Dunant)
(Singst., Pfte. oder Hf.)   [2 S.]

11e Livraison [November 1827]:

[17] Scheyermann: Chant d'un Vendéen „Eveille-toi, noble Vendée"
(Charles de Commequiers) (Singst., Pfte. oder Hf.)   [2 S.]

[18] Jh. de Monti de Rezé: Le Mot Amour, Romance „Lubin à
l'ombre d'un ormeau" (Mr.....) (Singst., Pfte.
oder Hf.)   [2 S.]

12e Livraison [Dezember 1827]:

[19] Mr. F. P.: Olivier, Nocturne à deux voix „Olivier je t'attends
déjà l'heure est sonnée" (Desbordes Valmor [!])
(S, T, Pfte.)   2— 3

[20] B. de Saint-Pern: Le Combat des Trente ou La devise des Bretons „Parmi les preux de la noble Armorique" (de
Commequiers) (Singst., Pfte.)   2— 3

The Monthly Rose. A Collection of Airs with Variations; Rondos, Waltzes, Polo-
noises. Melodies of Different Nations &c. Original & Selected from the Works of
the Most Eminent Composers for the Piano Forte.

London. Published by Clementi & Co. For Messrs. Yaniewicz & Weiss's Music
Warehouse, Lord Street, Liverpool. Entd. at Stat. Hall.

[ca. 1826—1827]: No. 1—14?

D Hs ([ca. 1827], 14)

1827

No. 14.   Six Select Pieces in the Waltz, Minuet, and Polacca Style:

No. I.   Waltz   2— 3

No. II.   [Beethoven unterschoben]: Tempo di Minuetto [Anh. 14, 3:
Hoffnungswalzer]   4— 5

No. III.   [Beethoven unterschoben]: Slow Minuet [Anh. 14, 1: Sehn-
suchtswalzer]   5

No. IV.   [Beethoven unterschoben] : Waltz [Anh. 14, 2: Schmerzens-
            walzer]   6— 7

No. V.   [Ludwig van Beethoven] : Waltz [Op. 120: Tema. Vivace]   7

No. VI.   A la Polacca   8

Musikalische Schnellpost. Ein Monatsblatt für mittlere Pianofortespieler. (Heft 1:
Juny [1826]).

Dresden bei Wilhelm Paul, Frauengasse, No. 396.

Jahrgang 1. [1826/1827] — 3. [1828/1829], Heft 1—12.

GB Lbm (1. [1826/27])

1. Jahrgang [1826/1827]

1. Heft:

[1]   Carl Czerny: Rondo   1—   4

[2]   [Giacomo] Meyerbeer: Cavatine aus der Oper: Die Kreuzritter
            in Egypten [= Il Crociato in Egitto] (Pfte.)   4—   5

[3]   A.[ugust] Neithardt: Liebesrausch „Dir Mädchen schlägt mit
            leisem Beben" (Th.[eodor] Körner)   6—   7

[4]   Der beliebte Pausen-Walzer   8

[5]   Jos.[eph] Krogulsky: Mazurka   8

2. Heft:

[6]   I.[gnaz] Moscheles: Polonaise [Op. 56, III: Tempo di Polacca] 9— 12

[7]   [Gioacchino] Rossini: Gebet aus der Oper: Semiramis (Pfte.)   12— 13

[8]   F.[riedrich] W.[ilhelm] Agthe: Soldatenlied beim Einrücken
            in's Quartier „Lustig, ihr Leute, Soldaten sind da"   14— 15

[9]   Favorit-Walzer Ihrer Königl.[ichen] Hoheit, der Prin-
            zessin Louise von Lucca   16

3. Heft:

[10]   Potpourri nach Melodien aus der Oper: Das Concert
            am Hofe (Auber) [= Le Concert à la Cour]   17— 19

[11]   [Johann Nepomuk] Hummel: Rondoletto   20— 22

[12]   J.[oseph] Wolfram: Romanze (Liubowa) aus der Oper: Alfred
            „Du, um den wir zärtlich trauern"   23

[13]   Neue Galoppe   24

4. Heft:

[14]   Antoine Pechwell: Romance (Pfte.)   25— 27

[15]   Joseph Rastrelli: Rondeau mignon   28— 30

[16]   J.[ohann] G.[ottfried] Bergmann: Spinnerlied „Und wenn
            im Maien der Kukuk [!] schreit"   31

[17]   E.[rnst] Bochmann: Cotillon nach Melodien aus C. M. v.
Weber's: Beherrscher der Geister [Jähns 122]   32

5. Heft:

[18]   Carl Czerny: Polonaise   33— 35

[19]   J.[oseph] Töpler: Variationen über das Thema: An Alexis
send ich dich (Tema — Var. 1—3)   36— 38

[20]   Carl von Schelcher: Der Abschied „Muss ich von dir auch
scheiden"   39

[21]   E.[rnst] Bochmann: Walzer   40

6. Heft:

[22]   [Johann Hugo] Worzischek: Rondeau espagnol [Op. 17]   41— 43

[23]   Louis Spohr: Larghetto   44— 45

[24]   Joseph Rastrelli: Triumph Marsch   46

[25]   J.[ohann] G.[ottfried] Bergmann: Die kranke Flasche „Als
Lukas bei der Flasche sass" (C. F. Weisse)   47

[26]   E.[rnst] Bochmann: Neuer Pausen-Walzer   48

7. Heft:

[27]   C. A. Hüttner: Rondoletto nach Temas aus C. M. v. Weber's:
Oberon [Jähns 306]   49— 52

[28]   W. Herold: Liebes-Ruhe „Seelig, seelig, wem gebettet Liebe
hat sein Kämmerlein" (Th. Hell)   52— 53

[29]   [Giacomo] Meyerbeer: Romanze aus der Oper: Der Kreuzfahrer in Egypten [= Il Crociato in Egitto] (Pfte.)   54— 55

[30]   G. Adam: Walzer   56

8. Heft:

[31]   S. Winterstein: Allegretto   57— 59

[32]   Jos.[eph] Rastrelli: Notturno   60— 63

[33]   C.[arl] G.[ottlieb] Reissiger: Sehnsucht nach dem Geliebten
„Schon flammt die Sonne durch Morgenröthe" (H.
Stieglitz)   64

9. Heft:

[34]   C.[arl] G.[ottlieb] Reissiger: Walzer   65

[35]   J.[oseph] Töpler: Friede „Friede umher! Lächelnder Friede
in endloser Weite" (Agnes Franz)   66— 67

[36]   I.[gnaz] Assmeyer: Polacca melancolica   68— 69

[37]   J.[oseph] Mayseder: Rondo   70— 72

10. Heft:

[38]   Carl Krägen: Scherzo   73— 77

[39]   J.[ohann] G.[ottfried] Bergmann: Zufriedenheit „Bleibt
      mir nur der leichte Sinn" (Joh. Miksch)   78– 79

[40]   E.[rnst] Bochmann: Walzer   80

11. Heft:

[41]   J.[oseph] Rastrelli: Rondeau en Walse   81– 83

[42]   J.[oseph] Töpler: Alla Polacca   84– 86

[43]   C.[arl] G.[ottlieb] Reissiger: Liebes A-B-C „A b c d, wenn
      ich dich seh' " (W. Gerhard)   87

[44]   C.[arl] Krägen: Walzer   88

[45]   (Jos.[eph]) Krogulsky: Mazurka   88

12. Heft:

[46]   (I.[gnaz]) Moscheles: Adagio [Op. 64, II]   89– 91

[47]   C. A. Hüttner: Rondoletto nach Motiven aus Boieldieu's:
      Weisser Dame   92– 94

[48]   F.[riedrich] W.[ilhelm] Agthe: Ermuthigung „Verzage nicht,
      wenn rings Orkane stürmen" (Hohlfeldt)   95

[49]   Ernst Bochmann: Gruß an die Schweiz (Pfte.)   96

Petersburgskij žurnal dlja gitary, izdavaemyj A. O. Sichroju, soderžaščij raznogo roda sočinenija, prijatnye dlja slucha i legkie dlja igry. [Petersburgische Zeitschrift für Gitarre, herausgegeben von A. O. Sychra, enthaltend verschiedene Arten von Werken, angenehm für das Gehör und einfach zu spielen. – Monatlich.]

St. Petersburg: A. Sychra.

1826–1828

[Inhalt: Auszüge aus beliebten Opern, Romanzen, Tanzstücke (Walzer, Ecossaises, Mazurkas) in Bearbeitungen des Herausgebers.]

1827

Album des Dames. Journal de Chant. Avec Accompagnement de Piano ou Harpe. Publié sous la Protection de S. M. La Reine des Pays bas par P. L. Michelot Jeune.

On s'abonne à Bruxelles chez l'Editeur P. L. Michelot J.[eu]ne au Béguinage, Sn. 4. No. 1005. et chez les Delles. Remy, Montagne de la Cour. Chaque Numéro contiendra quatre Romances à une ou deux voix, et paroitra du 25 au 30 de chaque mois, à dater du 25 Juin 1827.

Année 1. [1827/1828] – 10. [1836/1837].

A Wn (1. [1827/28] – 2. [1828/29], 49–64, 69–88) – B Bc (9. [1835/36], 385*, 386–432; 10. [1836/37], 433–466, 468–480)

1ère Année [1827/1828]

1e Livraison:

No. 1. A.[ntoine] Romagnesi: L'Amour a passé par là, Chansonnette
„A peine échappée à l'enfance" (A. Naudet) 2— 3

No. 2. [Henri-Montan] Berton: Couramé, ou L'Amour de la Terre
natale, Romance „Loin des bords où je pris naissance" 4— 5

No. 3. A.[uguste] Panseron: Voyez cette Barque légère, Nocturne
à deux voix „Voyez, amis, cette barque légère" (J. P.
de Béranger) 6— 7

No. 4. A.[ntoine] Romagnesi: Il fallait bien lui pardonner, Chansonnette à deux voix „A douze ans l'aimable Lisette" (Delahaye) (S, T, Pfte.) 8— 9

2e Livraison:

No. 5. · Amédée de Beauplan: Romance (Madame) dans: L'Arbitre,
Comédie Vaudeville en deux actes „Je vais le revoir"
(Théaulon, Paulin) 2— 3

No. 6. F.[rançois] Berton Fils: Le Grand Père ou L'Avis tardif,
Chansonnette dialoguée à une ou deux voix „Ma fille
j'aperçois Colin" (H. L. Sazerac) 4— 5

No. 7. A.[ntoine] Romagnesi: Toujours et jamais, Nocturne à deux
voix „Lucas, épris de la gentille Hélène" (A. Romagnesi)
(S, T, Pfte.) 6— 9

No. 8. [Nicolas Joseph] Platel: Le Prisonnier, Romance à une ou
trois voix „Reine des flots, sur ta barque rapide"
(P. J. [!] de Béranger) 10— 12

3e Livraison:

No. 9. Auguste Panseron: Le Cor, Romance „Près du lointain
feuillage" (Amable Tastu) (Singst., obl. Horn-Begl.,
Pfte. oder Hf.) 2— 3

No. 10. Edouard Bruguière: Chante, chante, Fauvette, Romance
„J'ai vu naître l'aurore" 4— 5

No. 11. George Onslow: Le Printems, Nocturne à une ou deux voix
‹Ad lib. ›„Toi qui longtemps à mes vœux fut rebelle"
(J. J.ph Vaissière) (S, T, Pfte.) 6— 7

No. 12. G.[iacomo] Meyerbeer: Le Ranz-des-Vaches d'Appenzel,
Chanson Suisse à une ou deux voix „Voici donc le
soir" (E. Scribe) 8— 12

4e Livraison:

No. 13. [Nicolas Joseph] Platel: Strophes sur le rétablissement de la
Santé de S. M. la Reine „Auguste, objet de notre amour"
(Delélé) (2 Singst., Pfte.) 2— 3

No. 14. A.[ntoine] Romagnesi: Romance „Je suis loin d'elle"
(Genevois)   4—   5

No. 15. Edouard Bruguière: Tout passe! Nocturne à deux voix
„Aimez, jeunes fillettes" (Sylvain Blot) (S, T, Pfte.)   6—   7

No. 16. L.[ouis] Spohr: Nocturne (Troll, Ludmilla) tiré de l'Opéra
de: Berggeist, le génie de la montagne „Que tes traits
sont ravissants!" (S, T, Pfte.)   8— 10

5e Livraison:

No. 17. L.[ouis Emanuel] Jadin: Le Fils de la Veuve, Romance „Ne
crains pas que je t'abandonne" (A. Jadin)   2—   3

No. 18. N. P. Hamelin: La Paresse, Chansonnette „O ma paresse,
ô ma chère paresse" (M. Eugène***)   4—   5

No. 19. E.[douard] Bruguière: La Fille des Montagnes, Romance
à deux voix „Pourquoi me presenter l'image de la
tendresse" (Silvain Blot)   6—   7

No. 20. [Oscar] de Lagoanère: A chaque Instant, Nocturne à une
ou quatre voix „A chaque instant mon cœur palpite"
(M****) (S I, Pfte. oder S I, II, T, B, Pfte.)   8— 10

6e Livraison:

No. 21. C.[harles] Plantade: Le Retour de Pierre ou Le Congé du
Soldat, Chansonnette „Pour aller venger la patrie"   2—   3

No. 22. [Auguste] Panseron: Romance „M'en vais doucement de
la vie"   4—   5

No. 23. F.[rançois] Berton Fils: Laisse-moi te parler de Bastien,
Chansonnette dialoguée „Ecoute Nicolas, je t'en prie,
écoute bien" (Emile Barateau)   6—   7

No. 24. Spack: L'Abandon, Romance à deux voix „Que n'as-tu
comme nous pris naissance" (Desbordes-Valmore)   8—   9

7e Livraison:

No. 25. L.[ouis Emanuel] Jadin: Accours, gentille Amie, Barcarolle
„Le soleil au rivage fait ses derniers adieux" (A. Jadin)   2—   3

No. 26. G.(eorge) Onslow: Ronde [aus:] Le Colporteur, Opéra
Comique en 3 actes, arrangée à une voix „C'est la
fête du village" (Planard)   4—   5

No. 27. Edouard Bruguière: Chansonnette, arrangée à deux voix sur
un motif de Beethoven „Jeune bergère, espère" (H. T.
Poisson) (S, T, Pfte. oder Hf.)   6—   7

No. 28. G.[eorge] Onslow: Romance (Mina, Alexis) [aus:] Le
Colporteur „Alexis doit quitter son père" (Planard)   8—   9

8e Livraison:

No. 29. [Pauline] Duchange [!]: La Brigantine ou le Départ, Romance „La Brigantine qui va tourner" (Casimir Delavigne)   2—   3

No. 30. J.[oseph Denis] Doche: Romance [aus:] La Nouvelle Somnambule, Vaudeville en trois actes „Il est minuit, Eblis quitte soudain son lit" (Théaulon)   4—   5

[No. 31] G.[uillaume] Cassel: L'Ecossais, Nocturne à deux voix „Consumé de mélancolie un écossais répète encor" (S, T, Pfte.) 6—   7

No. 32. A.[ntoine] Romagnesi: L'Amant et le Nautonnier, Romance pour deux voix „Salut, ô sol hospitalier" (Brault)   8—   9

9e Livraison:

No. 33. [Michel] Carafa [de Colobrano]: Notre Dame du Mont Carmel [aus:] Masaniello (No. 11) „Les Turcs inondant nos rivages" (Moreau, Lafortelle)   1—   3

No. 34. Amédé [!] de Beauplan: Le Bonheur de se revoir, Tirollienne [!] „Bonheur de se revoir après les jours d'absence" (Gutinguer)   4—   5

No. 35. E.(douard) Bruguière: Quand vient la Nuit, Nocturne „Un soir d'hyver à la veillée" (H. T. Poisson) (S, T, Pfte. oder Hf.)   6—   7

No. 36. [Michel] Carafa [de Colobrano]: Barcarole [aus:] Masaniello (No. 4) „Le Ciel n'a plus d'étoiles" (Moreau, Lafortelle)   8—   9

10e Livraison:

No. 37. G.[uillaume] Cassel: Le Barde, Chant Gallique „Le fier Colgar assis au pied d'un chêne"   2—   3

No. 38. Air Suisse „Au matin quand le soleil brille" (Amable Tastu)   4—   5

No. 39. [Pauline] du Chambge: Minuit, Nocturne à deux voix „Il est minuit, la cloche du village" (de Nanteuil)   6—   7

No. 40. [Michel] Carafa [de Colobrano]: Romance (Léona) [aus:] Masaniello (No. 9) „Ah! mon ami que ces pensées" (Moreau, Lafortelle)   8—   9

11e Livraison:

No. 41. [Pauline] Duchambe [!]: Adieu donc, mon Pays! ou Le Suisse au Régiment „Que mon sort est funeste" (Scribe)   2—   3

No. 42. D.[aniel] F.[rançois] E.[sprit] Auber: Barcarole (Pietro) [aus:] La Muette de Portici, Opéra en 5 actes (No. 15) „Voyez du haut de ces rivages" (Scribe, Germain Delavigne)   4—   5

No. 43. Edouard Bruguière: Il n'est plus Temps, Chansonnette à 2 voix „Il est tems, dit la gente Claire" (H. T. Poisson) (S, T, Pfte. oder Hf.)   6—   7

No. 44.   Auguste Panseron: Auprès de toi, loin de toi, Romance à 2
          voix „Auprès de toi quelle ardeur inconnue" (M. Paw-
          lowsky) (S, T, Pfte. oder Hf.)   8— 9

12e Livraison:

No. 45.   E.[douard] de Somère Fils: L'Absence „Quand on est loin
          de sa maîtresse" (M. L. J. Mabilde)   2— 3

No. 46.   Edouard Bruguière: Non, vraiment, je n'écoute rien, Chanson-
          nette „Non, Lycas, je n'écoute rien" (Bétourné)   4— 5

No. 47.   A.[uguste] Panseron: Auprès de vous, Nocturne à 2 voix
          „Auprès de vous dans ce champêtre asile" (H. T. Poisson)
          (S, T, Pfte.)   6— 7

No. 48.   Edouard Bruguière: Aimer et se le dire c'est remplir son
          Destin, Nocturne à 2 voix „Au bord d'un clair ruisseau"
          (S, T, Pfte.)   8— 9

2e Année [1828/1829]

1e Livraison:

No. 49.   Edouard Bruguière: Les Brises du Soir, Romance „Quand les
          brises du soir caressent nos campagnes" (Bétourné)   2— 3

No. 50.   Amédée de Beauplan: Je ne suis à personne, Romance „Rose
          qui du hameau revenait seule un jour" (Silvain Blot) 4— 5

No. 51.   Auguste Panseron: Jeunes Bergerettes, Nocturne à 2 voix
          „Jeunes bergerettes, suivez Lubin" (Galice) (S, T, Pfte.
          oder Hf.)   6— 7

No. 52.   Amédée de Beauplan: Je dors, je suis heureux, Nocturne à
          une ou plusiers [!] voix „Dans le doux paiis qu'il
          habite" (Amédée de Beauplan) (S, T, B, Pfte.)   .   8— 10

2e Livraison:

No. 53.   Edouard Bruguière: Ma Chimère, Romance „Rendant hommage
          à la beauté" (Bétourné)   2— 3

No. 54.   Amédée de Beauplan: La jeune Coquette, Chansonnette „Oui,
          je l'avouerai, j'en conviendrai" (Amédée de Beauplan) 4— 5

No. 55.   Edouard Bruguière: Les Montagnards Tyroliens „Enfans de
          la simple nature" (A. Bétourné)   6— 7

No. 56.   Auguste Panseron: Soyez heureux, Chant d'Himénée à 2 voix
          „Soyez heureux, amans fidèles" (H. T. Poisson) (2 Singst.,
          Pfte. oder Hf.)   8— 9

3e Livraison:

No. 57.   Auguste Panseron: Le Ciel est pur, Barcarole „La nuit
          mysterieuse en déployant ses voiles" (M. Betourné)   2— 3

No. 58.   F.[rançois] Berton Fils: Que n'est ce hélas! le Chant de
          mon Berger, (Romance) „Doux chant d'amour me
          trouble" (Madame**)   4—   5

No. 59.   Edouard Bruguière: Le Départ du Pays, Romance „Amis il
          faut quitter ces lieux" (H. T. Poisson)   6—   7

No. 60.   A.[ntoine] Romagnesi: Ici restons toujours, Ronde à deux
          voix „Dans sa barque légère le pêcheur amoureux"
          (Alfred Cotreau) (S, T, Pfte. oder Hf.)   8—   9

4e Livraison:

No. 60   [recte: 61] G.[uillaume] Cassel: Le Grec à son Coursier
          „Viens, seul espoir, qui reste à ma vengeance" (A.
          Jenneval)   2—   3

No. 62.   Amédée de Beauplan: Le bon Ermite, Romance „Ermite, votre
          chapelle s'ouvre t'elle au malheureux?" (Desbordes-Val-
          more)   4—   5

No. 63.   Edouard Bruguière: C'est en ces lieux que je l'attends! Ro-
          mance „Je vais te voir, ma douce amie" (H. T. Poisson)   6—   7

No. 64.   Gioacchino Rossini: Prière (Le Comte, Coriphée, Raimbaud,
          Le Gouvern[eur]) à quatre voix [aus:] Le Comte
          Ory (No. 7) „Noble châtelaine, voyez notre peine"
          (4 Singst., Pfte. ad lib.)   8—   9

6e Livraison:

No. 69.   A.[ntoine] Romagnesi: Je ne suis pas la plus belle,
          Romance „Ah! ne me parlez pas d'amour!"
          (Boucher-Deperthes)   2—   3

No. 70.   A.[uguste] Barbereau: Heure du Soir, Romance
          „Heure du soir heure paisible et sombre"
          (Millevoie)   4—   5

No. 71.   A.[ntoine] Romagnesi: La Fuite, Thème allemand de
          C. Kreutzer, arrangé à deux voix „Viens fuyons
          en silence" (A. Romagnesi) (C-A, T, Pfte.)   6—   7

No. 72.   Vérelst: Rien avant toi rien après toi, Romance
          à deux voix „Qui moi changer moi devenir
          volage" (Desbordes-Valmore) (S, T, Pfte.)   8—   9

7e Livraison:

No. 73.   Auguste Panseron: Suivez la Loi des Plaisirs, Nocturne
          à deux voix „Jeunes beautés que mon langage
          éveille" (H. T. Poisson) (S, T, Pfte. oder Hf.)   1—   3

No. 74.   Edouard Bruguière: Le Talisman, Chansonnette „Bonne
          mère, daignez m'apprendre" (A. Bétourné)   4—   5

No. 75.   F.[rançois] Berton Fils: Le Bonheur des Champs, Ro-
          mance „A l'ombre d'un épais feuillage" (E. Bérat)   6—   7

No. 76.   Auguste de Peellaert: On n'en meurt pas, Romance à
          quatre voix ,,Ne le croyez si l'on vous dit"
          (Desbordes-Valmore) (S I, II, T, B, Pfte. oder Hf.)   8— 10

8e Livraison:

No. 77.   Charles Plantade: Dis-moi si tu m'entends, Romance ,,La
          nuit étend ses voiles" (Paulix)   2— 3

No. 78.   Edouard Bruguière: La petite Bohémienne, Chanson-
          nette ,,Accourez, bachelettes, je prédis les beaux
          jours" (A. Bétourné)   4— 5

No. 79.   Auguste Panseron: La Vallée d'Interlachen, Nocturne
          à deux voix ,,Montagnes, ici je veux passer mes
          jours" (E. Barateau)   6— 7

No. 80.   Auguste Panseron: Ronde d'Auvergne, Nocturne à
          deux voix ,,Payis des montagnes, berceau de
          nos jours" (Galice) (S, T, Pfte. oder Hf.)   8— 9

9e Livraison:

No. 80   [recte: 81] D.[aniel] F.[rançois] E.[sprit] Auber:
          Romance (Henriette) [aus:] La Fiancée, Opéra
          en 3 actes (No. 13) ,,Un ciel serein et sans nuage"
          (Scribe)   2— 3

No. 81   [recte: 82] D.[aniel] F.[rançois] E.[sprit] Auber:
          Tyrolienne (Fritz) [aus:] La Fiancée (No. 8)
          ,,Montagnard ou berger votre sort peut changer"
          (Scribe)   4— 5

No. 83.   D.[aniel] F.[rançois] E.[sprit] Auber: Romance
          (Frédéric, Henriette) [aus:] La Fiancée (No. 10)
          ,,O jour heureux que mon cœur se rappelle"   6— 7

No. 84.   D.[aniel] F.[rançois] E.[sprit] Auber: Couplets
          (Fritz) [aus:] La Fiancée (No. 7) ,,Garde à
          vous, garde à vous" (Scribe) (Singst., Chor ad
          lib., Pfte.)   8— 10

10e Livraison:

No. 85.   D.[aniel] F.[rançois] E.[sprit] Auber: Ballade
          (Henriette) [aus:] La Fiancée (No. 1) ,,Si
          je suis infidèle" (Scribe)   2— 3

No. 86.   Amedée de Beauplan: La Barque, Romance ,,Mon
          œil rêveur suit la barque lointaine"   4— 5

No. 87.   A.[ntoine] Romagnesi: Est-ce l'amour, est-ce la
          peur, Chansonnette ,,Toujours inquiette et
          rêveuse" (Naudet)   6— 7

No. 88.   Auguste Panseron: Les Matelots et les Bergères,
          Barcarolle à deux voix ,,Sur les barques
          légères des joyeux matelots" (Bétourné)   8— 9

9e Année [1835/1836]

1e Livraison ([Pl. Nr.] ‹ P.M.1. ›):

No. 386. F.[rancesco] Massini[!] : Un Sourire, Romance
,,Don précieux de la nature" (Eugène Hanappier) 4— 5

No. 387. D.[aniel] F.[rançois] E.[sprit] Auber: Couplets
(Le Prince) [aus:] Le Cheval de Bronze
(No. 3) ,,J'ai pour guides en voyage la folie
et l'amour" 6— 7

No. 388. F.[rancesco] Massini[!] : Le Rendez-Vous au
Lido, Barcarole à 2 voix ,,Partons, tout
est tranquille" (Eugène Hanappier) 8— 9

2e Livraison ([Pl. Nr.] ‹ P.M.2. ›):

No. 389. (D.[aniel] F.[rançois] E.[sprit]) Auber: Couplets
(Peki) [aus:] Le Cheval de Bronze (No. 8)
,,Quand on est fille, hélas" 1— 3

No. 390. Th.[éodore] Labarre: Le Matador, Romance
,,Juana, mon idole, ah!" (Crevel de Charlemagne) 4— 5

No. 391. Léon de Burbure: La Jeune Indienne ,,Un beau
navire à la riche carêne" (Léon Halévy) 6— 7

No. 392. F.[rancesce] Massini[!] : Les Adieux à la Campagne,
Nocturne à 2 voix ,,Le sombre hiver dépouillant
la nature" 8— 9

[3e Livraison] ([Pl. Nr.] ‹ P. M. 3. ›):

No. 393. L. Prosper Michelot: Souvenez-vous de moi, Romance
,,A mon bonheur je ne dois plus prétendre"
(A. Racine Braud) 2— 3

No. 394. A.[médée] de Beauplan: O ma Cavale, Ballade ,,O ma
Cavale au sabot noir" (Léon Buquet) 4— 5

No. 395. Edmond Duval: La Jeune Malade, Romance ,,Regarde,
ainsi que cette rose blanche" (Mme. Lesguillon) 6— 7

No. 396. Auguste Panseron: Les Gondoliers de Constantinople,
Barcarolle à 2 voix égales ,,O ma gondole! la
brise est folle" (Crevel de Charlemagne) 8— 10

[4e Livraison] ([Pl. Nr.] ‹ P. M. 4. ›):

No. 397. G.[ioacchino] Rossini: La Promessa Cansonnetta [!]
,,Ch'io mai vipossa" — ,,Etre infidèle non"
(Metastasio) 1— 3

No. 398. G.[ioacchino] Rossini: La Pastorella dell'Alpi,
Tirolese ,,Son bella pastorella" — ,,Je suis
la pastourelle" (Le Comte C. Pepoli) 4— 5

No. 399. Frédéric Bérat: Ma Normandie, Romance ,,Quand
tout renaît à l'espérance" (Frédéric Bérat) 6— 7

No. 400. G.[ioacchino] Rossini: La Pesca, Notturno a due
voci „Già la notte s'avvicina" — „Vois! déjà
la nuit s'avance" (Metastasio)   8— 11

5e Livraison ([Pl. Nr.] ‹P.M.5.›):

No. 401. G.[ioacchino] Rossini: Il Rimprovero, Canzonetta
„Mi lagnerò tacendo" — „D'un sort contraire"
(Metastasio)   1— 3

No. 402. Amédée de Beauplan: La Leçon de Valse du Petit
François, Chansonnette „Mon béti Vranzois"
(Amédée de Beauplan)   4— 5

No. 403. D.[aniel] F.[rançois] E.[sprit] Auber: Celle que
j'aime, Chansonnette „On croit que dans
l'indifférence" (Eugène Scribe)   6— 7

No. 404. G.[ioacchino] Rossini: La Serenata, Notturno a
due voci „Mira la bianca luna" — „Vois
l'astre du mystère" (Le Comte C. Pepoli)   8— 11

6e Livraison ([P. Nr.] ‹P.M.6.›):

No. 405. G.[ioacchino] Rossini: La Partenza, Cansonetta[!]
„Ecco quel fiero istante" — „Adieu tu vois mes
larmes" (Metastasio)   1— 3

No. 406. A.[médée] de Beauplan: Jouissons et passons,
Chansonnette „Que je plains ces docteurs"
(Armand Overnay)   4— 5

No. 407. Hipp.[olyte] Monpou: Couplets [aus:] Les Deux
Reines, Opéra comique en 1 acte (No. 1)
„Adieu, mon beau navire" (Fred: Soulier,
Arnault)   6— 7

No. 408. Isidore Zérézo: L'Adieu, Romance „Adieu pour
toujours, mes amours" (Desbordes-Valmore)
(S, T, Pfte.)   8— 9

7e Livraison ([Pl. Nr.] ‹P.M.7.›):

No. 409. G.[ioacchino] Rossini: L'Invito, Bollero „Vieni,
o Ruggiero" — „Viens, ô ma vie" (Le Comte
C. Pepoli)   1— 3

No. 410. P.[auline] Duchambge: La Religieuse et le Soldat,
Romance „Au près de ce lit de douleur"
(M. Guttinguer)   4— 5

No. 413 [recte: 411] Prosper Michelot: Non, non je ne veux
plus aimer, Romance „D'amour, je veux fuir
les tourmens" (A. Racine Braud)   6— 7

No. 412. G.[ioacchino] Rossini: La Regata Veneziana, Notturno a due voci „Voga, o Tonio bene — detto
voga arranca" (Le Comte C. Pepoli) (S I, II, Pfte.)   8— 13

8e Livraison ([Pl. Nr.] ‹ P.M.8. ›):

No. 413. G.[ioacchino] Rossini: L'Orgia „Amiamo, cantiamo"
         — „Que j'aime la danse" (Le Comte C. Pepoli)   2—   5

No. 414. A.[médée] de Beauplan: Ramène-moi, Sicilienne
         „Sur le rivage ramène-moi" (M.A. Desportes)   6—   7

No. 415. Albert Grisar: La Peur, Romance „Ne me regardez
         pas ainsi" (André Van Hasselt)   8—   9

No. 416. A.[médée] de Beauplan: Où courez-vous, jeunes
         Filles, Nocturne „Vous si jeunes, si gentiles [!]"
         (A. de Beauplan) (S, T, Pfte.)   10— 11

9e Livraison ([Pl. Nr.] ‹P.M.9. ›):

No. 417. G.[ioacchino] Rossini: La Gita in Gondola, Barcarola
         „Voli l'agile barchetta" — „Glisse, vole, ô ma gon-
         dole" (Le Comte C. Pepoli)   2—   5

No. 418. Albert Grisar: Les Laveuses du Couvent, Romance
         „Hola! fillette brune et blanche" (Ed. Thierry)   6—   7

No. 419. Loïsa Puget: Toi! Romance „Oui, c'est toi, que
         j'aime" (Gustave Lemoine)   8—   9

No. 420. [Jacques] F.[romental] Halévy: Romance [aus:]
         L'Eclair, Opéra comique en 3 actes „O divine
         harmonie, viens m'apprendre mon sort" (Plan-
         ard, de Saint Georges)   10— 11

10e Livraison ([Pl. Nr.] ‹P.M.10. ›):

No. 421. D.[aniel] F.[rançois] E.[sprit] Auber: Romance
         (Léoni) [aus:] Actéon, Opéra comique en un
         acte (No. 4) „Jeunes beautés, charmantes demoi-
         selles" (E. Scribe)   2—   3

No. 422. Auguste Panseron: Vous demandez pourquoi je pleure,
         Romance „Ne m'interrogez pas, ma mère" (E.
         Barateau)   4—   5

No. 423. A.[médée] de Beauplan: La Patrie, Romance „J'ai
         vu les Iles Boromées fraîches" (Antoni Renal)   6—   7

No. 424. A.[ndré] Jaspar: La Pastourelle, Nocturne à deux
         voix „Elle s'en va, la douce pastourelle"
         (Desbordes-Valmore) (S, T, Hf. oder Pfte.)   8—   9

11e Livraison ([Pl. Nr.] ‹ P.M.11. ›):

No. 425. [Jacques] F.[romental] Halévi[!]: Couplets (Hen-
         riette) [aus:] L'Eclair, Opéra Comique en trois
         actes (No. 1) „La riche nature en ces beaux cli-
         mats" (Planard, Saint Georges)   2—   3

No. 426. [Isidore] Zérézo: La Barcarolle „Jeunes filles qui
         reposes [!] sur les roses" (Vanhasselt)   4—   5

No. 427. [Jacques] F.[romental] Halévy: Romance [aus:]
L'Eclair, Opéra comique en trois actes „Quand
de la nature l'épais nuage" (Planard, de Saint
Georges)   6—   7

No. 428. F.[rançois] Masini: Les Fiancées des Pâtres Stirienne [!]
à 2 voix „Adieu, vertes montagnes, vallons
riches campagnes" (Crevel de Charlemagne)   8—   9

[12e Livraison] ([Pl. Nr.] ‹ P.M.12. ›):

No. 429. Louis Friard: L'Exilé, Romance „J'ai tout perdu,
tout jusqu'à l'espérance" (S** Amant)   2—   3

No. 430. F.[rançois] Masini: Le Papillon, Chansonnette
„Près du vallon l'écho murmure" (Crevel de
Charlemagne)   4—   5

No. 431. T.[héodore] Labarre: La Fille d'Otaïti, Romance
„Te souvient-il du jour" (Victor Hugo)   6—   7

No. 432. I.[sidore] Zérézo: L'Espoir, Nocturne „Doux espoir
à mon cœur"   8—   9

10e Année [1836/1837]

1e Livraison ([Pl. Nr.] ‹ P.M.1. ›):

No. 433. G.[iacomo] Meyerbeer: Romance (Valentine) [aus:]
Les Huguenots, Opéra en 5 actes (No. 17) „Parmi
les pleurs mon rêve se ranime" (E. Scribe)   2—   5

No. 434. Isidore Zérézo: Venise, Barcarole „C'est Venise, mon
doux rêve" (André Vanhasselt)   6—   7

No. 435. E.[dmond] Duval: Malheur à moi! Romance „Malheur
à moi! je ne sais plus lui plaire"   8—   9

No. 436. (G.[iacomo] Meyerbeer: Couplets (Militaires des Soldats Huguenots) [aus:] Les Huguenots (No. 11A)
„Rataplan rataplan" (Boisrosé solo) „Prenant son
sabre de bataille" (Chœur und Coryphées, Pfte.-
Begl. ad lib.)   10—(12)

2e Livraison ([Pl. Nr.] ‹ P.M.2. ›):

No. 437. Louis Friard: Les Adieux, Romance „Charmant paiis,
séduisante contrée" (Louis Friard)   2—   3·

No. 438. P.[rosper] L. Michelot: Tragalla, Barcarolle „La tyrannie étreint la terre" (André Van Hasselt)   4—   5

No. 439. A.[lbert] Grisar: Romance [aus:] Sarah, Opéra Comique en deux actes (No. 4) „S'il faut quitter
la noble terre" (Melesville)   6—   7

No. 440. G.[iacomo] Meyerbeer: Litanies des Femmes Catho-
liques à 2 voix [aus:] Les Huguenots, Opéra en
5 actes (No. 11C) „Vierge Marie soyez bénie"
(2 Singst., Frauen-Chor ad lib., Pfte.-Begl. ad lib.)   8—   9

3e Livraison ([Pl. Nr.] ‹ P.M.3. ›):

No. 441. [Alphonse] This [!]: Le Retour à Florence, Romance
„Doux ciel de l'Italie" (Crevel de Charlemagne)   2— 3

No. 442. Jean Barnett: Le Lac de Thun, Romance „Je ris au
flot qui me jette du lac" (Gaucheraud)   4— 5

No. 443. Louïsa Puget: Cavatine (Inès) [aus:] Le Mauvais
Œil, Opéra Comique en 1 acte (No. 2) „Qui
me dira pourquoi mon cœur soupire" (E.
Scribe, Gustave Lemoine)   6— 7

No. 444. Hippolite [!] Monpou: Chanson (Frédéric) [aus:] Le
Luthier de Vienne, Opéra comique en un acte
(No. 1) „Les fils de l'université de Vienne"
(St. Georges, Leuven)   8— 9

4e Livraison ([Pl. Nr.] ‹ P.M.4. ›):

No. 445. Jean Barnett: Que je l'aimais! Romance „Au banc du
parc, un soir qu'elle était belle!" (M. Gaucheraud)   2— 3

No. 446. Loïsa Puget: Ronde (Inès) [aus:] Le Mauvais Œil,
Opéra comique en 1 acte (No. 5) „J'étais triste
et rêveuse" (E. Scribe, Gustave Lemoine)   4— 5

No. 447. F.[rançois] Masini: Une Chanson Bretonne „Bien
loin de la Bretagne" (E. Barateau)   6— 7

No. 448. Isidore Zérézo: Le Pêcheur de Sorrente, Barcarole
à deux voix „Sorrente, doux rivage, espoir des
matelots" (Delphine Gay) (S, T, Pfte.)   8— 9

5e Livraison ([Pl.-Nr.] ‹ P.M.5. ›):

No. 449. Jean Barnett: J'aime à la Folie, Romance „Si ton
regard brille" (Amand, Lagneau)   2— 3

No. 450. Isidore Zérézo: Elle va mourir! Romance „Celle
dont la tendresse d'espoir" (Gustave Vaez)   4— 5

No. 451. Jean Barnett: La Veuve du Montagnard Ecossais,
Romance „Il est mort, mon époux" (L.
Couailhac)   6— 7

No. 452. Auguste Gaussoin: Le Chrétien mourant, Méditation
poétique „Qu'entends-je autour de moi?"
(Alp: de Lamartine)   8— 9

6e Livraison ([Pl. Nr.] ‹ P.M.6. ›):

No. 453. A.[dolphe] Adam: Ronde (Chappelou) [aus:] Le
Postillon de Lonjumeau, Opéra comique en 3
actes (No. 4) „Mes amis, écoutez l'histoire"
(de Leuven, Brunswick)   1— 3

No. 454. Albert Grisar: Mon Beau Rouet que filez-vous,
Romance „Dévide ma blonde quenouille"
(Ed. Thierry)   4— 5

No. 455. P.J.: Je suis Souffrante, Romance ,,Oui, loin
de toi, je suis souffrante'' (Mr.***)   6—   7

No. 456. Loïsa Puget: Le Tour de France, Chansonnette
,,Compagnons du devoir après le tour de
France'' (Gustave Lemoine)   8—   9

7e Livraison ([Pl. Nr.] ‹ P.M.7. ›):

No. 457. Loïsa Puget: Un Vœu à la Madone, Romance ,,O
sainte Madone, ma belle patrone'' (Gustave
Lemoine)   2—   3

No. 458. Pauline Duchambge: La Rançon, Romance ,,Filons
toute la nuit'' (Emile Souvestre)   4—   5

No. 459. Loïsa Puget: Le Clocher de mon Village, Chansonnette ,,Chez nous il est un monastère''
(Gustave Lemoine)   6—   7

No. 460. F.[rançois] Masini: Sur mon Rocher, Chansonnette ,,Ils vont courant la terre'' (E. Barateau)   8—   9

8e Livraison ([Pl. Nr.] ‹ P.M.8. ›):

No. 461. Loïsa Puget: Ne quittez jamais votre mère, Romance
,,Hélas qu'est devenu ce tems de ton enfance!''
(Gustave Lemoine)   2—   3

No. 462. Pauline Duchambge: Le Retour en Bretagne, Romance
,,Je touche au terme du voyage'' (E. Souvestre)   4—   5

No. 463. Loïsa Puget: Le Forgeron, Chansonnette ,,Enclume
chérie, ô mes seuls amours'' (Gustave Lemoine)   6—   7

No. 464. F.[rançois] Masini: Près d'une Amie, Nocturne à
2 voix ,,Loin des bruits de la vie'' (A. Tastu)   8—   9

[9e Livraison] ([Pl. Nr.] ‹ P. M. 9. ›):

No. 465. [Jean-Baptiste-] A.[imé] Michelot: Géneviève de
Brabant, Ballade ,,Le cor, le son du cor,
là-bas'' (A. Baron)   1—   3

No. 466. Edmond Duval: Le Crieur de Nuit, Romance ,,Eveil-
lez vous, gens qui dormez'' (Desbordes-
Valmore)   4—   5

No. 468. F.[rançois] Masini: Que la Mer est Belle, Nocturne
à 2 voix ,,Oh! que la mer est belle'' (E. Barateau)   8—   9

10e Livraison ([P. Nr.] ‹ P.M.10 ›):

No. 469. D.[aniel] F.[rançois] E.[sprit] Auber: Couplets
(Henriette) [aus:] L'Ambassadrice (No. 1 bis)
,,Il était un vieux bonhomme'' (Scribe,
St. Georges)   2—   3

No. 470. Adolphe Vogel: Juive et Chrétien, Romance „Brune fille, ô toi que j'adore" (Clara Francia Molard)   4—   5

No. 471. Loïsa Puget: Un Bonheur Ignoré, Romance „Pour aller au bal, ma douce Marie" (Gustave Lemoine)   6—   7

No. 472. P.[rosper] L. Michelot Jeune: Adieux à la Suisse, Tyrolienne „Tout m'a séduit dans la belle Helvétie" (J. M. Desjaques)   8—   9

11e Livraison ([Pl. Nr.] ‹ P.M.11. ›):

No. 473. Giacomo Meyerbeer: La Folle de St. Joseph, Romance „Mes pleurs, mouillez cette pierre." (Le Marquis de Custine)   2—   3

No. 474. H.[yp] p[oly] te Rey: Le Souvenir, Romance „Doux souvenir, venez calmer mon âme" (P.G. Dufour)   4—   5

No. 475. A.[ugustin] de Peellaert: Sir Roger le Silencieux, Boléro „Faut-il toujours et souffrir" (Le Baron de Reiffenberg)   6—   7

No. 476. Auguste Panseron: Sous l'Abri du Rivage, Nocturne à 2 voix égales „En oubliant l'orage qui vient" (E. Barateau) (S I, II, Pfte.)   8—   9

12e Livraison ([Pl. Nr.] ‹ P.M.12. ›):

No. 477. D.[aniel] F.[rançois] E.[sprit] Auber: Romance [aus:] L'Ambassadrice, Opéra comique en 3 actes (No. 5 bis) „Le ciel nous a placés dans les rangs" (Scribe, St. Georges)   2—   3

No. 478. Albert Grisar: Couplets [aus:] L'An Mil, Opéra comique en 1 acte (No. 7 bis) „A bas la corvée, pour nous plus d'affront" (Melesville, P. Foucher)   4—   5

No. 479. Loïsa Puget: Dis-moi, je t'aime, Romance „Dis seulement, dis-moi, je t'aime!" (G. Lemoine)   6—   7

No. 480. D.[aniel] F.[rançois] E.[sprit] Auber: Couplets [aus:] L'Ambassadrice „Il est dit-on un beau jeune homme"   8—   9

Album des Pianistes. Recueil de Morceaux Inédits.([Ab ca. 5. 1831:] Morceaux Inédits).

à Paris, chez Maurice Schlesinger, Md. de Musique du Roi, Editeur des Œuvres de Mozart, Rossini, Hummel, &c. Rue de Richelieu No. 97. Propr. de l'Editeur.

Année 1. [ca. 1827] – 10.[1838].

A Wn (5. [ca. 1831]; Wn-h (1.[ca. 1827]) – D Mbs (2. [ca. 1828])

1ère Année [ca. 1827]:

[1] I.[gnaz] Moscheles: Le Cours du Monde, Problème Musical [1 S.]

[2] Ch.[arles] Czerny: Caprice (pour le Piano Forte), Op. 108
     ([Pl. Nr.] 466) 1— 15

[3] Fr.[iedrich] Kalkbrenner: Le Bon Vieux Tems, Air varié
     (Introduzione — Tema — Var. 1—4 — Polacca)
     ([Pl. Nr.] 471) 1— 9

[4] Félix Mendelsohn [!] Bartholdy: Capriccio [Op. 5]
     ([Pl. Nr.] 470) 1— 11

[5] I.[gnaz] Moscheles: La Petite Babillarde, Rondeau Op. 65
     [!] ([Pl. Nr.] M. S. 462, [ab S. 6:] 426 [!]) 2— 13

[6] J.[ohann] P.[eter] Pixis: Rondo Brillant, Op. 84 ([Pl.
     Nr.] M.S. 467) 2— 14

[7] Ferd.[inand] Ries: Introduction & Rondo, Op. 139
     ([Pl. Nr.] 469) 1— 15

2e Année [ca. 1828]:

[1] Charles Czerny: Rondeau brillant dans le style fran-
     çais, Op. 107 ([Pl. Nr.] 601.M.S.) 2— 19

[2] J.[ohann] N.[epomuk] Hummel: La Belle Catherine,
     varié pour le Piano Forte (Œuvre 1) ([Pl. Nr.]
     594) 1— 9

[3] I.[gnaz] Moscheles: Nocturne, Op. 71 ([Pl. Nr.] 597) 1— 9

[4] J.[ohann] P.[eter] Pixis: Nouveau Chœur des Chas-
     seurs de C. M. de Weber, varié pour le Piano
     Forte, Op. 80 ([Pl. Nr.] 600) 1— 11

[5] J.[érôme] Payer: Air Tirolien, varié pour le Piano Forte,
     Œuv. 130 ([Pl. Nr.] M.S. 546) 2— 10

[6] H.[enri] Bertini Jeune: Rondo brillant, Opera 54
     ([Pl. Nr.] 548) 2— 18

5e Année [ca. 1831]:

[1] Frédéric Kalkbrenner: Rondo pour le Piano Forte sur la
     Sicilienne dans: Robert le Diable de Meyerbeer,
     Œuv. 109 ([Pl. Nr.] M. S. 1160) 2— 9

[2] I.[gnaz] Moscheles: Souvenir d'Anna Bolena, Fantaisie
     Dramatique, pour le Piano sur une Cavatine,
     Op. 86 ([Pl. Nr.] M. S. 1135) 2— 13

[3] J. [ohann] P.[eter] Pixis: Rondino sur deux Romances
     favorites de l'Opéra: Le Templier et la Juive de
     Heinrich Marschner, Œuv. 115 ([Pl. Nr.]
     M. S. 1134) 2— 9

[4] Jérôme Payer: Variations brillantes pour le Piano sur un
     Air Allemand, Op. 152 ([Pl. Nr.] M. S. 1138) 2— 13

[5] Amédée Méreaux: Aigues Caoutes, Canzonette du: Petit
Pâtre de St. Sauveur, variée pour le Piano-Forte,
Op. 31 ([Pl. Nr.] M. S. 1137)   2— 11

[6] [John] Field: Rondoletto pour le Piano-Forte ([Pl. Nr.]
M. S. 1136)   2— 9

[9e Année [1837]:

[1] [Friedrich] Kalkbrenner: Introduction et Polonaise brillante, Op. 141   1— 21

[2] [Franz] Liszt: Réminiscences des: Huguenots de Meyerbeer, Grande Fantaisie dramatique   1— 35

[3] [Frédéric] Chopin: Quatre Mazurkas   1— 13

[4] [Ludwig] Schunke: Cavatine favorite des: Huguenots de
Meyerbeer, Op. 51   1— 14

[5] [Sigismund] Thalberg: Adagio et Rondo de Concert, Op. 5   1— 17

[6] [Carl] Czerny: Variations brillantes sur la célèbre romance
dans: L'Eclair de F. Halévy, Op. 443   1— 13]

[10e Année [1838]:

[1] [Sigismund] Thalberg: Scherzo, Op. 31   1— 17

[2] [Frédéric] Chopin: Trois Valses, Op. 34, Nos. 1—3   [29 S.]

[3] [Theodor] Döhler: Grande Fantaisie sur des Thèmes de l'Opéra:
The Gypsy's Warning de J. Benedict, Op. 27   1— 25

[4] [Franz] Liszt: Chants du Cynge, Dernières Mélodies de
Schubert, No. 1 [D 957, 1]   1— 9

[5] [George] Osborne: Morceau de Concert, Fantaisie & Variations
sur des Motifs de: Guido et Ginévra, Op. 29   1— 19

[6] [Amédée] Méreaux: Grande Fantaisie sur une Mazurka de
F. Chopin, Op. 45   1— 23]

Amphion et Musikalsk-Tidsskrift, for Piano-Forte.

Christiania: Paa H. T. Winthers Forlag. Steentryk af H. T. Winther. Lith: A. O. Holdt.

Aargang 1. [1827] — 2. [1828].

N Ou

1te Aargang [1827]:

No. 1. H. Skramstad: Marsch (Pfte. 4hdg.)   (1— 2)

No. 2. W.[aldemar] Thrane: Aria af: Clara „Mod den klare Himmel" (H. A. Bjerregaard)   3

No. 3. T.[heodor] Avé Lallemant [!]: Vals   4

No. 4.   General Bertrand's Afskedsqvad til Frankrige ,,Dig
             elskte Frankrig! mit Farvel jeg byder" (Singst., Git.,
             Pfte.)   5—   6

No. 4.   [recte 5] T.[heodor] Avé Lallemand [!] : Vals   [7]

No. 6.   J. L. F. Rausche: Wals   8

No. 7.   J. F. Holm: Vals   9— 10

No. 8.   C.[hristian] G.[ottlieb] Muller: Russisk Vals   11

[No. 8a]   T.[heodor] Avé Lallemand [!] : Ecossaise   11

No. 9.   P. L.: Amor en Romance ,,Gud Amor er en Driller"   12

No. 10.   C.[arl] Czerny: Polonaise   12— 13

No. 11.   [Wenzel Robert von] Gallenberg: Vals   13

No. 12.   C.[arl] Czerny: Trio   13

No. 13.   F.[rederik] C.[arl] Lemming: Den Glade ,,Kjerlighed du
             som al Verden op liver"   15

No. 14.   Marie Szymanowska: Polonaise   16— 17

No. 15.   P. L.: Vals   18

No. 16.   Sang til: Bancosedlerne ,,Du Seddel Drot med Ro-
                sens Skjer"   19

[No. 17]   I.[gnaz] G. Assmayer: Rondeau Mignon   20— 22

No. 18.   [Gioacchino] Rossini: Wiener Vals   23

No. 19.   W.[aldemar] Thrane: Polonaise af: Fjeld-Eventyret ,,Gyldne
             lokker silke blöde" (Finberg)   24— 25

No. 20.   J.[ohann] H.[einrich] Walch: Vals   26

No. 21.   Ch.[arles] Czerny: Rondeau Mignon   27— 29

No. 22.   A. Binzer: Stjernen ,,See en Stjerne blinker hist paa Him-
             lens Blaa" (.....r)   30

No. 23.   Albert Methfessel: Polonaise   31

No. 24.   [Ludwig van] Beethoven: Vals (Pfte. 4hdg.)   32— 33

No. 25.   C.[arl] F.[rederik] [!] Lemming: Barndommens Blomster
             ,,Lig Skyen, naar bag Vestens Fjeld"   34

No. 26.   [Bernhard] Crusell: Frithiofs Lykke ,,Lad kun Kong Beles
             Sönner drage" (Frithiofs Saga, Pg. 51)   35

No. 27.   T.[heodor] Avé Lallemamt [!] : Vals   36— 37

[No. 27a]   [Johann Nepomuk] Hummel: Fantacie [!]   38

No. 28.   [Bernhard] Crusell: Kongevalget ,,Til Things! til Things!
             Budstikken gaaer om Bjerg og Dal" (Frithiofs Saga,
             Pg. 173) (Solo, 3stg. Chor, Pfte.)   39

No. 29.   F.[riedrich] Kalkbrenner: Thème allemand varié, Op. 10,
             No. 1   40— 41

[No. 30] ([Bernhard] Crusell): Frithiof spiller Skak „Björn og Frithiof begge sad de ved et Taulbredts blanke Plade"
(Frithiofs Saga, Pg. 48)   42

[No. 31] ([Bernhard] Crusell): Frithiof kommer til Kong Ring
„Kong Ring sad glad paa Höibænk" (Frithiofs Sa-
ga, Pg. 147)   43

[No. 32]   Vikingebalk „Nu han Svevede om paa det vild somme Hau"   44

[No. 33] [Christian Gottlieb] Müller: Vals   45

[No. 34]   Frithiof og Ingeborg „I Hildings Gaardi Omsorgs Lÿ
(Frithiofs Saga, Pg. I)   46

2den Aargang [1828]:

[1]   Frithiof hos Angantÿr „Nu vi berette ville Hvorlunde
Angantÿr" (Frithiofs Saga, Pg. 97)   1

[2]   P. L.: Ecosaise [!] (No. 1—5)   2— 3

[3]   Ingeborgs Klager „Nu er det Höst" (Frithiof Saga,
Pg. 4)   4

[4]   C.[arl] Czerny: Marsch   5

[5]   Thomsen: Quadrille   6— 7

[6]   Eccosaise [!]   7

[7]   C.[arl] Czerny: Menuetto   8

[8]   L.: Marsch   9

[9]   [Daniel] Steibelt: Marsch   10— 11

[10]   Thomsen: Valfarten gjennem Livet „Der slynger sig mangen Vei
og Sti Igjennem Livets Dal"   12

[11]   [Friedrich] Kuhlau:„Der vanker en Ridder mellem grönne
Trær" [J. L. Heiberg; Op. 100, 6]   13

[12]   L.: Rondo   14— 15

[13]   Beethoven [unterschoben]: Vals [Anh. 14, 3]   16

[14]   Beethoven [unterschoben]: Vals [Anh. 14, 2]   17

[15]   L.: Vals   18

[16]   Adagio   19

[17]   [Frederik Carl] Lemming: Polacca   20— 22

[18]   [Friedrich Kuhlau]: Elverhöi Börnedands [Op. 100, 12d]   23

[19]   [Friedrich Kuhlau]: Elverhöi Krandsedands [Op. 100, 12f]   24

[20]   [Johann Friedrich] Shwenke [!]: Allegro   25

[21]   [Friedrich] Kuhlau: Menuetto [Op. 100, 12a]   26— 27

[22]   [Friedrich] Kuhlau: Polonaise [Op. 100, 12c]   28

[23]   [Friedrich] Kuhlau: Contredands [Op. 100, 12b]   29

[24] [Johann Heinrich] Walch: Ecossaise   29

[25] F.[erdinand] Riis [!]: Marsch   30— 31

[26] [Johann Heinrich] Walch: Vals   32

[27]   Vals   33

[28] [Heinrich] Marschner: Vals   34— 35

[29] [Johann Heinrich] Walch: Vals   35

[30] [Albert] Methfessel: Den Fremmede „Eensom? eensom? Nei,
        det er jeg ei" (Th. Hell)   36

[31]   Marsch   37

[32]   Vals   38— 39

[33]   Livets fire Aldre „Barnet i favre Alder"   40

[34] Thomsen: Polonaise   41

[35]   Vals   42— 43

[36] [Albert] Methfessel: Weinlied „Ein Lied ist noch kein Gläs-
        chen Wein" (Scütze [!])   44

Journal de Musique Religieuse, offrant un choix de textes et de poésies morales ou
sacrées, soit françaises, soit latines, mises en musique à une ou plusieurs voix, avec
accompagnement d'Orgue ou de Forte-Piano, par les meilleurs Compositeurs, et
également susceptibles d'être employées pour l'étude de la musique pour le service
de l'Eglise, et les réunions ou sociétés de musique. Publié pour l'usage des Commu-
nautés et des Maisons d'éducation de l'un et de l'autre sexe, par M. A. Choron, ...
Ce Journal est composé de cinquante-deux numéros par an; chaque numéro aura
de deux à trois pages de Musique. Il paraîtra le lundi de chaque semaine.

à Paris, chez Melle. Alex.[andri]ne Choron, Rue de Vaugirard, No. 69.

Année 1. [1827].

F Pn (1. [1827], 1 – 14/15, 18/20 – 50/53) – **GB** Lbm (1. [1827], 1, 47/48)

→ *Journal de Chant et de Musique d'Eglise.* 1829.

→ *Journal de Chant et d'Education Musicale.* 1829

No. 1. F.[rançois] Couperin: Invitation à louer Dieu, Air, mis à
         trois voix par Choron „Consacrons nos airs et nos con-
         certs" (Pfte.- oder Org.-Begl. ad lib.: Falandry; auch
         für 1 (S) oder 2 Singst. (S, B))   2— 4

No. 2. [Alexandre] Choron: Punition des Impies, Ode (Cantique à
         3 voix) „Paroissez roi des rois" (J. B. Rousseau) (Pfte.
         oder Org.-Begl.: Falandry)   2— 3

No. 3. S.[igismund von] Neukomm: O Salutaris, (Motet à 3 voix)
         „O salutaris hostia" (S I, II, B, Org.- oder Pfte.-Begl.)   2— 4

No. 4. [Alexandre] Choron: Cantique pour le Jour de la Confirma-
         tion (à 3 voix) „Quel feu s'allume dans mon cœur"
         (L'Abbé le Tourneur) (Pfte.- oder Org.-Begl.: Falandry)   2— 3

No. 5.   J.[ohann] P.[hilipp] Schmidt: Gloria Deo, Motet en chœur
à trois voix „Gloria Deo in excelsis"   2— 4

No. 6.7. J.[ohann] G.[ottlieb] Naumann: Air, inseré dans l'Oratorio
de: La Prise de Jéricho „D'une fausse pitié je ne fus
point séduite" [Lachnith]   3— 8

No. 8.   [Alexandre] Choron: Pour le Jour de la Présentation, Cantique
à trois voix „O prodige, ô merveille" ([Übers.:] Santeuil)
(Org.- oder Pfte.-Begl.: Falandry)   2— 3

No. 9.   S.[igismund von] Neukomm: La Salutation angélique, (Prière)
à trois voix „Ave maria, gratia plena"   2— 4

No. 10.   [Alexandre] Choron: Ave verum, (Motet) à trois voix „Ave
verum corpus natum" (S, C-A, B, Pfte.- oder Org.-Begl.
ad lib.: Falandry)   2— 4

No. 11.12. J.[oseph] Haydn: Air du Laboureur, tiré de la 1re partie des:
Quatre Saisons, Cantate (Réc.) „Le triste hiver a fui" —
(Aria) „Plein d'une ardeur nouvelle" [Hob. XXI, Nr. 3]
(Pfte.-Arr.: Ferd.[inan]d Ries)   3— 8

No. 13.   Hymne portugais, en l'honneur de la natività de N. S.
sur un chant des matelots siciliens „Adeste fideles laeti
triumphantes" (Pfte.-Begl. nach engl. Ausg.: Choron)

No. 13[a]   Chant en l'Honneur de la Ste. Vierge, (Motet à deux
voix) sur un air sicilien „O sanctissima, o piissima dulcis
virgo Maria"

No. 14.15. Abbé [Georg Joseph] Vogler: Le Ps(e)aume CXXXII à
4 voix „Ecce quam bonum" (T I, II, B I, II oder S I, II,
C-A I, II, Org.- oder Pfte.-Begl. ad lib.)   3— 8

(No. 16.17.) G.[iovanni] C.[arlo] M.[aria] Clari: Duetto madrigalesque „Cantando un di"

No. 18.19.20. [Domenico] Cimarosa: Scène de l'Oratorio d': Isaacco
(Rec.) „Chi, per pietà, mi dice" — (Aria) „Ah! parlate che forse tacendo" (Metastasio)   3— 12

No. 21.22. [Wolfgang Amadeus] Mozart: Air de: Davidde Penitente,
Cantate „Fra l'oscure ombre funeste" [KV 469, 8]
(S, Pfte.-Arr.: F.[erdinan]d Ries)   3— 9

No. 23.   Fr.[anz] Danzi: Motet à voix seule „O salutaris hostia"
(2. Stimme ad lib.; Org.- oder Pfte.-Begl.: Choron)   2— 3

No. 24.   Fr.[anz] Danzi: Ave Verum a voix seule „Ave verum corpus natum de Maria virgine"   2— 3

No. 25.26. [Sigismund von] Neukomm: Motet à trois voix égales
„Amor Jesu dulcissime"   3— 7

No. 27.28. [Wolfgang Amadeus] Mozart: Air de: Davidde Penitente, Grande Cantate „Sorgi, o Signore, e spargi i
tuoi nemici" [KV 469, 5] (S I, II, Pfte.-Arr.:
F.[erdinan]d Ries)   3— 7

No. 29.30. [Wolfgang Amadeus] Mozart: Air de: Davidde Penitente, Grande Cantate „A te, fra tanti affanni"
[KV 469, 6] (Pfte.-Arr.: F.[erdinan]d Ries)   3— 9

No. 31.32.33.34.35.36.37. Jos.[eph] Elsner: Messe à trois voix égales
avec deux Motets, formant Graduel et Offertoroir (T I,
II, B oder S I, II, C-A, Org.- oder Pfte.-Begl. ad lib.)   3— 27

No. 38.39.40.41. J.[ohann] A.[braham] P.[eter] Schulz: Chœurs
d'Athalie, Tragédie en cinq Actes, Chœurs du premier acte „Tout l'univers est plein de sa magnificence"
(Racine) ([retuschiert und arr. für Pfte. von] Neukomm)   3— 17

No. 42.43. S.[igismund von] Neukomm: Cantique de la Ste. Vierge
‹ Magnificat › à voix seule „Magnificat anima mea"
(Singst., Pfte.- oder Org.-Begl.)   3— 7

No. 44.45.46. [Joseph] Haydn: Motet (à 4 voix) „Insanae et vanae
curae" [Hob. XXI, 1, Nr. 13c] (4stg., Pfte.-Begl.:
Zulehner)   3— 13

No. 47.48. Abbé G.[eorg] J.[oseph] Vogler: Rorate, prière pour le
temps de l'Avent „Rorate coeli de super" (S, A, T, B,
Org.- oder Pfte.-Begl. ad lib.)   3— 7

No. 49.   [Wolfgang Amadeus] Mozart: Hymne à la Providence,
(Cantique à deux voix) „O douce providence"
(2 Singst., Pfte.-Begl.)   2— 3

No. 50.51.52.53. [Joseph] Haydn: La Tempesta, Chœur à quatre
voix, avec Orchestre „Vè i venti fre mon fieri"
[Hob. XXIVa Nr. 8] (S, A, T, B, Pfte.-Begl.)   3— 12

Le Maître à chanter ou le Troubadour cosmopolite. Journal de Chant, rédigé par
J.[oseph] H.[enri] Mees. [Mit Gitarre-Begleitung.]

Bruxelles, Chez Mme. Nolot, Montagne de la Cour No. 672.

Année 1. [1827]

B Bc (1. [1827], 11—13, 19, 22, 25, 29, 32—33, 37, 39, 41—44, 46) — **NL** Uim
(1. [1827], 20)

1re Année [1827]

3e Livraison:

No. 11.   J.[oseph] H.[enri] Mees: Plaintes de Marie „A peine en
mes quinze printems" (Mme. D***) ([Pl. Nr.] 1195)   [2 S.]

4e Livraison:

No. 12.   Au.[guste] Panseron: Petit Blanc, Chanson Créole „Un
petit blanc que j'aime" (Boucher Deperthes) ([Pl. Nr.]
1199)   [2 S.]

No. 13.14. C.[arl] M.[aria] de Weber: Le Secret, Fantaisie Pastorale
„Plus d'espérance ni de regret" (Monnais) (Singst.,
Git.-Begl.: J. H. Mees) ([Pl. Nr.] 1201)   1— 4

5e Livraison:

No. 19. J.[oseph] H.[enri] Mees: Elle aima toujours, Romance „Je
vais chanter de la douce Laurence" ([Pl. Nr.] 1211)   [2 S.]

6e Livraison:

No. 20. A.[drien] Boieldieu: L'Enfant perdu, Romance „Un bel enfant, triste et timide" (Lorin de Belmontet)   [2 S.]

No. 22. Edmond Lhuilier [!]: Ah! Que les Hommes sont méchants!
Chansonnette „Vous me l'aviez bien dit, ma mère"
(Boucher de Perthes) (Singst., Git.-Arr.: Meissonnier
Jeune)   [2 S.]

7e Livraison:

No. 25. Fabry Garat: Prenez garde à vous, Romance „Jeune soldat
sentinelle avancée" (Singst., Git.-Begl.: J. H. Mees)
([Pl. Nr.] 1227)   [2 S.]

8e Livraison:

No. 29. Ferd.[inando] Paer: On vous dira la vérité, Romance „Si l'on
vous dit que je vous aime" (Emile Barateau) (Singst.,
Git.-Begl.: Plouvier) ([Pl. Nr.] 2139)   [2 S.]

No. 32. [Edouard] Bruguière: Les Adieux d'Isaure à la brigantine,
Romance „Il abandonne un ciel si pur" (St. Elme
Champ) (Singst., Git.-Begl.: Plouvier) ([Pl. Nr.] 1237)   [2 S.]

9e Livraison:

No. 33. A.[ntoine] Romagnesi: L'Amant et le Nautonnier, Romance
pour deux voix „Salut, ô sol hospitalier" (Brault)
(2 Singst., Git.-Arr.: A. Meissonnier) ([Pl. Nr.] 1242)   [2 S.]

10e Livraison:

No. 37. Anai Roger: Les Contes de ma Mère grand, Chansonnette
„Doux penchant tendre souvenance" (Marcillac)
(Singst., Git.-Begl.: Meissonnier Jeune) ([Pl. Nr.] 1261)   [2 S.]

No. 39. Edouard Bruguière: Rendez-moi, mon léger bateau, Barcarolle
„On m'avait dit: sur un autre rivage" (St. Elme Champ)
(Singst., Git.-Arr.: Meissonnier Jeune) ([Pl. Nr.] 1259)   [2 S.]

11e Livraison:

No. 41. Edouard Bruguière: Le Napolitain, Chant à une ou deux voix
„Amis, le tambour bat, le clairon sonne" (A. Bétourné)
(Git.-Begl.: Meissonnier Jeune) ([Pl. Nr.] 1265)   [2 S.]

No. 42.   Edou[ar]d Bruguière: Le Départ du pays, Romance ,,Amis
          il faut quitter ces lieux" (H. T. Poisson) (Singst., Git.-
          Begl.: Meissonnier Jeune) ([Pl. Nr.] 1268)   [2 S.]

No. 43.   Edou[ar]d Bruguière: C'est en ces lieux que je l'attends, Ro-
          mance ,,Je vais te voir, ma douce amie" (H. T. Poisson)
          (Singst., Git.-Begl.: Meissonnier Jeune?) ([Pl. Nr.]
          1269)   [2 S.]

No. 44.   F.[rançois] Berton Fils: La Cour et le Village, Stances ,,J'ai
          vu de votre Roi la cour" (Marmontel) (Singst., Git.-Begl.:
          Plouvier) ([Pl. Nr.] 1271)   [2 S.]

12e Livraison:

No. [46?] D.[aniel] F.[rançois] E.[sprit] Auber: Barcarole [Frauen-
          chor] à deux voix ‹extraite du Final du 2e acte›
          ,,Chantons gaîment la barcarole" (Scribe und Germain
          Delavigne) ([Pl. Nr.] 1273) [La Muette de Portici]   2— 11

Musicalischer ([ab 1. 1827, 4:] **Musikalischer) Blumenkranz.** Eine Sammlung
([1. 1827 – 2. 1828:] leichter und) gefälliger Musikstücke zur angenehmen
Unterhaltung am Piano-Forte von Wilhelm Adolph Müller ([ab 3. 1829:] herausgegeben von Wilhelm Adolph Müller, Cantor in Borna.)

Meissen bei Fr. Wilh. Goedsche. ([1. 1827 auch:] Pressburg bei Otto Wygand)

Jahrgang 1. [1827] – 3. [1829], Heft 1–4; 4. [1830] – 5. [1831], Heft 1–6.

D LEm (1. [1827] – 2. [1828]; 3. [1829], 1, 2*, 3–4); Mbs (4. [1830], 1)

1. Jahrgang in 4 Heften [1827]

1. Heft:

No. 1.   (Wilhelm Adolph Müller): Fantasie   2— 7

No. 2.   (Wilhelm Adolph Müller): Ecossaise (Tänze im Mode-
          geschmack)   7

No. 3.   (Wilhelm Adolph Müller): Walzer (Tänze im Modegeschmack)   8— 9

No. 4.   (Wilhelm Adolph Müller): Elysium ,,Kennst du den Ort, wo
          sich in Harmonien" (E. Reindahl, geb. Kultmann)   10— 12

No. 5.   (Wilhelm Adolph Müller): (Langsamer) Walzer   13

No. 6.   (Wilhelm Adolph Müller): Rondo scherzando   14— 19

No. 7.   (Wilhelm Adolph Müller): Geschwind-Marsch   20— 21

No. 8.   (Wilhelm Adolph Müller): Ecoss.(aise)   21

No. 9.   (Wilhelm Adolph Müller): Der Frühling ,,Es kehret der Früh-
          ling mit lächelndem Blick" (Neumann)   22— 23

No. 10.   (Wilhelm Adolph Müller): Parade-Marsch (Pfte. 4hdg.)   24— 27

No. 11.   (Wilhelm Adolph Müller): Geschwind-Marsch (Pfte. 4hdg.)   28— 29

No. 12.   (Wilhelm Adolph Müller): Walzer (Pfte. 4hdg.)   30— 31

2. Heft:

No. 1. (Wilhelm Adolph Müller): Ouverture   2— 10

No. 2. (Wilhelm Adolph Müller): Adolph an Julie, (Gesang) „Julie,
           Dein Adolph naht sich Dir"   11— 15

No. 3. (Wilhelm Adolph Müller): Sonata   16— 21

No. 4. (Wilhelm Adolph Müller): Adagio   22— 23

No. 5. (Wilhelm Adolph Müller): Rondo un poco all.[egr]o   23— 25

No. 6. (Wilhelm Adolph Müller): Polonaise (Pfte. 4hdg.)   26— 29

No. 7. (Wilhelm Adolph Müller): Ecossaise (Pfte. 4hdg.)   28— 29

No. 8. (Wilhelm Adolph Müller): (Langsamer) Walzer   30— 31

3. Heft:

No. 1. (Wilhelm Adolph Müller): Sonate   2— 7

No. 2. (Wilhelm Adolph Müller): Andante   8— 11

No. 3. (Wilhelm Adolph Müller): Polacca   11— 17

No. 4. (Wilhelm Adolph Müller): Bruderliebe „Bruder! tönt es dir
           entgegen" (Winkler: Maurers Leben)   18— 19

No. 5. (Wilhelm Adolph Müller): Lied der Mutter an der Wiege ihres
           Knaben „Steige, sanfter Schlummer!" (L. Breuer)   20— 22

No. 6. (Wilhelm Adolph Müller): Liebe zu den Schwestern „Wem
           kam auf der Arbeit Wegen" (Winkler: Maurers Leben) 23— 24

No. 7. (Wilhelm Adolph Müller): Walzer   25

No. 8. (Wilhelm Adolph Müller): Rondo scherzando (Pfte. 4hdg.) 26— 31

4. Heft:

No. 1. (Wilhelm Adolph Müller): Rondo   2— 5

No. 2. (Wilhelm Adolph Müller): Schlittenfahrt (Rec.) „Halte heute,
           lieber Velten!" (Arioso) „Auf dem Schlitten will ich
           jagen"   6— 9

No. 3. (Wilhelm Adolph Müller): Fantasie   10— 11

No. 4. (Wilhelm Adolph Müller): Pastorale   12— 14

No. 5. ([Karl Eduard?] Hering): Marsch   15— 16

No. 6. ([Karl Eduard?] Hering): Andante   17— 18

No. 7. ([Karl Eduard?] Hering): Des Soldaten Heirathgedanken
           „Wenn ich so gehe her und hin" (Th. Hell)   19— 21

No. 8. (Wilhelm Adolph Müller): Marsch   22— 23

No. 9. (Wilhelm Adolph Müller): Walzer nach Melodien aus: Oberon 24— 25

No. 10. (Wilhelm Adolph Müller): Walzer (Pfte. 4hdg.)   26— 31

2. Jahrgang in 4 Heften [1828]

1. Heft:

No. 1. (Wilhelm Adolph Müller): Cotillon 1— 5

No. 2. (Wilhelm Adolph Müller): Scherzando 6— 11

No. 3. (Wilhelm Adolph Müller): Schnell-Walzer 12

No. 4. (Wilhelm Adolph Müller): Thema mit Veränderungen
   (Var. 1—4) 13— 17

No. 5. ([Gottlob Benedikt] Bierey): Rondo 18— 24

No. 6. ([Karl Eduard?] Hering): Sehnsucht „Ich weiss ein kleines,
   enges Haus" 25

No. 7. (Reichert): Introduction con Rondo 26— 31

2. Heft:

No. 1. (Wilhelm Adolph Müller):Parate-Marsch [!] 2— 4

No. 2. (Wilhelm Adolph Müller): Langsamer Walzer 5

No. 3. (Wilhelm Adolph Müller): Geschwind-Marsch 6— 7

No. 4. (Wilhelm Adolph Müller: Sonata (Introduction, Adagio —
   Allegro) 8— 13

No. 5. (Wilhelm Adolph Müller): Polonoise 14— 15

No. 6. (Wilhelm Adolph Müller): Russe 16

No. 7. [Ludwig van] Beethoven: Andante [Op. 26, I: Thema] 16— 17

No. 8. (Wilhelm Adolph Müller): Das Himmelsröschen „Eine
   junge dornenlose zart erblühte Maienrose" 18— 23

No. 9. (Wilhelm Adolph Müller): Rondoletto Allegro 24— 27

No. 10. [Friedrich] Kalkbrenner: Larghetto 28— 31

3. Heft:

No. 1. (Wilhelm Adolph Müller): Scherzando 2— 5

No. 2. (Wilhelm Adolph Müller): Walzer 5

No. 3. (Wilhelm Adolph Müller): Sonatine 6— 9

No. 4. (Wilhelm Adolph Müller): Andante 10— 11

No. 5. (Wilhelm Adolph Müller): Rondoletto 11— 13

No. 6. (Wilhelm Adolph Müller): Langsamer Walzer 14

No. 7. (Wilhelm Adolph Müller): Galoppe 15

No. 8. [Peter von] Winter: Largo aus dem: Opferfeste „Du
   musst zum Tode gehen" (Pfte.-Arr.) 16— 23

No. 9. (Wilhelm Adolph Müller): Ouverture 23— 31

4. Heft:

No. 1. (Wilhelm Adolph Müller): Fantasie 2— 7

No. 2. (Wilhelm Adolph Müller): Polonoise 8— 9

No. 3. (Wilhelm Adolph Müller): Walzer 10

No. 4. [Peter von] Winter: Terzetto aus dem Opferfeste
(Pfte.-Arr. ohne Text) 11— 15

No. 5. (Wilhelm Adolph Müller): Der Abschied „Dumpf ertönt" 16— 21

No. 6. (Wilhelm Adolph Müller): Potpourri 22— 31

3. Jahrgang in 4 Heften [1829]

1. Heft:

No. 1. (Wilhelm Adolph Müller): Potpourri ([darunter:] Andante von Böhner) 1— 9

No. 2. (Wilhelm Adolph Müller): Polonaise 10— 11

No. 3. C.[arl] M.[aria] von Weber: Aria [Hüon] aus: Oberon
„Von Jugend auf in dem Kampfgefild" [Jähns
306, N. 5] 12— 19

No. 4. (Wilhelm Adolph Müller): Walzer 20— 21

No. 5. C.[arl] Czerny: Rondoletto 22— 27

2. Heft:

No. 1. (Wilhelm Adolph Müller): Sonatine 1— 6

No. 2. (Wilhelm Adolph Müller): Ouverture 7— ?

(No. 3. [Conradin] Kreutzer: Lebewohl)

(No. 4. [Carl] Czerny: Polonoise) ?— 21

No. 5. Louis Wolfram: Rondo 21— 25

No. 6. L.[ouis] Wolfram: Walzer 26

No. 7. St....l: Walzer 27

3. Heft:

No. 1. (Wilhelm Adoph Müller): Sonatine 1— 8

No. 2. Wolf.[gang Amadeus] Mozart: Rondo 9— 20

No. 3. L.(ouis) Wolfram: Walzer 21

No. 4. L.(ouis) Wolfram: Fantasie 22— 26

No. 5. (Wilhelm Adolph Müller): Andante 26— 27

No. 6. (Wilhelm Adolph Müller): Walzer 27

4. Heft:

No. 1. (Wilhelm Adolph Müller): Potpourri (1)— 7

No. 2. [Wolfgang Amadeus] Mozart: Rondo 8— 13

No. 3. (Wilhelm Adolph Müller): Russe 13

No. 4. [Johann Christian Heinrich] Rink: Fughetta 14— 15

No. 5. [Conradin] Kreutzer: Scheiden und Meiden „So soll ich
dich nun meiden"   16– 19

No. 6. (Wilhelm Adolph Müller): Walzer   20

No. 7. C.[arl] Czerny: Walzer   21

No. 8. (Wilhelm Adolph Müller): Ecossaise   21

No. 9. [Johann Baptist] Wanhal: Rondo   22– 25

No. 10. [Johann Baptist] Wanhal: Andante   26

4. Jahrgang in 6 Heften [1830]

1. Heft:

No. 1. (W.[ilhelm] A.[dolph] Müller): Potpourri (Melodie
von Paganini)   1– 3

No. 2. (W.[ilhelm] A.[dolph] Müller): Sonatine   4– 9

No. 3. (W.[ilhelm] A.[dolph] Müller): Andante cantabile   9– 10

No. 4. (W.[ilhelm] A.[dolph] Müller): Polonoise   10– 13

No. 5. K.[arl] E.[duard] Hering: Rondoletto   13– 15

No. 6. L.[uise] Reichardt: An den Erlöser „Bleibe bei uns"   16

Musikalisches Taschenbuch für das Jahr 1827, herausgegeben und den Freunden des Gesangs und der Guitarre gewidmet von Georg Löhr.

in Frankfurt a.[m] M.[ain]: E. Pichler'sche Musik Verlagshandlung.

(1827)

CH Zz

[1] G.[eorg] Löhr: Ouverture à la Rossini, arr. pour une
Guitarre Basson   5– 10

[2] G.[eorg] Löhr: Andante & (3) Variationen (Git.)   11– 16

[3] X.[aver] Schnyder von Wartensee: Das Häuschen „Dort oben
auf buschigtem Hügel" (A. Geyer)   17– 23

[4] G.[eorg] Löhr: 3 Walzer (2 Git.)   24– 31

[5] W. C. Pfaehler: Warnung vor dem Wasser „Gukt [!] nicht in
Wasserquellen"   32– 33

Muzykal'nyj al'bom na 1827 (–1828, 1832) god. [Musikalisches Album für das Jahr 1827(–1828, 1832).] [Herausgeber:] A.N. Verstovskij.

Moskva

1827–1828 und 1832

[In der Ausgabe für 1828 Klavierstücke von Al'abjev, Verstovskij und Geništa enthalten.]

Odeon. Et Musikalsk Maaneds Skrift for Piano-Forte.

Kiöbenhavn, hos C.C.Lose.

Aargang 1. [1827/1828] — 7. [1834], 1. Bind.

A Wn (1. [1827/28] — **D** Bs (2. [1828/29]); BFb (3. [1829/30], 2. Bind, 5. Heft) — **DK** A; Kk (1. [1827/28] — 6. [1832/34], 1. Bind); Kmk (1. [1827/28] — 3. [1829/30]) — N Bo (4. [1830/31], 1. Bind)

→ *Nye Apollo.* 1814.

1. Aargang [1827/1828]

1. Bind [1827]:

[1]	[Henri] Karr: Ballade af Syngestykket: Den hvide Dame [Boieldieu] med Variationer [Op. 151]	1— 7
[2]	(F.[riedrich]) Kuhlau: Rondo over et Thema (Den skotske Sang) af: Den hvide Dame [Boieldieu; Op. 84, 1]	8— 15
[3]	I.[gnaz] Moscheles: Polonaise [Op. 3]	16— 25
[4]	F.[riedrich] Kuhlau: Rondo over en yndet Romance af Syngestykket: Muurmesteren ‹ Le Maçon › [Auber; Op. 84, 3]	26— 33
[5]	Fr.[iedrich] Kalkbrenner: Andante	34
[6]	F.[riedrich] Kuhlau: Rondo over en Canzonette af: Den hvide Dame [Boieldieu; Op. 84, 2]	35— 43
[7]	C.[arl] Czerny: Marsch	44
[8]	[Joseph] Gelinek: Variationer over en Cavatine af: Schweitzerfamilien [Weigl] [Op. 65]	45— 51
[9]	F.[riedrich] Kalkbrenner: Österisk Folkesang med Variationer [Op. 10, 1]	52— 57
[10]	C.[arl] M.[aria] v.[on] Weber: Chor af: Preciosa [Jähns 279, aus N. 2]	58— 59
[11]	(C.[arl] M.[aria] v.[on] Weber): Ziegeunernes Morgensang af samme [Preciosa, Jähns 279, N. 9]	60
[12]	C.[arl] Czerny: Lento	61
[13]	(L.[udwig] van Beethoven): Rondo [Op. 51, Nr. 2]	62— 69
[14]	F.[erdinand] Ries: Adagio — Allegretto [Op. 30, 3, II und Beginn von III]	70
[15]	F.[erdinand] Ries: Andante	70— 71
[16]	I.[gnaz] Moscheles: Militair Marsch	72

2. Bind [1827/1828]:

[17]	C.[arl] M.[aria] v.[on] Weber: Marsch af Operaen: Oberon [Jähns 306 aus N. 22]	1
[18]	[Friedrich] Kalkbrenner: Rondo Polacca [Op. 45]	2— 11
[19]	L.[udwig] v.[an] Beethoven: Rondo [Op. 51, Nr. 1]	12— 17

[20]   Beethoven [unterschoben]: Længsels-Vals [Anh. 16, 2]   18

[21]   C.[arl] M.[aria] de Weber: Ouverture af Operaen: Oberon
       [Jähns 306]   19— 25

[22]   C.[arl] Czerny: Romanesque over Themaer af: Preciosa
       [C. M. v. Weber, Jähns 279]   26— 35

[23]   J.[ohann] H.[einrich] Walch: Vals   36

[24]   C.[hristoph] E.[rnst] F.[riedrich] Weyse: Ouverture af:
       Et Eventyr i Rosenberg Hauge   37— 43

[25]   J.[ohann] H.[einrich] Walch: Gesvind Marsch   44

[26]   F.[erdinand] Ries: Variationer over Arien ,,Krigerens
       Afsked" (March-Tema-Var. I—VII)   45— 53

[27]   C.[arl] Czerny: Sörgemarsch ved v. Beethovens Begravelse   54— 57

[28]   H.[erman] Lövenskjold: Rondo over et Thema af: Preciosa
       [C. M. v. Weber, Jähns 279]   58— 63

[29]   F.[riedrich] Kuhlau: Ouverture af Operaen: Hugo og
       Adelheid [Op. 107]   64— 72

2. Aargang [1828/1829]

1. Bind [1828]:

[1]   I.[gnaz] Moscheles: Rondo Espressivo [Op. 71]   1— 9

[2]   J.[ohann] N.[epomuk] Hummel: Marche à la Romain
       [Op. 111, 1]   10— 12

[3]   F.[erdinand] Ries: En Dansk Sang med Variationer
       [Op. 149, 1]   13— 19

[4]   I.[gnaz] Moscheles: Divertissement over en Schweizer
       Sang   20— 23

[5]   F.[erdinand] Ries: En Tydsk Sang med Variationer
       [Op. 149, 2]   24— 31

[6]   ([Johann Baptist] Cramer): Le petit rien, Morceau favori   32— 36

[7]   [Charles] Chaulieu: Chor af Biergbönderne i Operaen: Den
       hvide Dame [Boieldieu] med Variationer (Introduc-
       tion-Thema-Var. I-V — And[an]te con moto)   37— 47

[8]   [Ferdinando] Paer: Venetianisk Sang [,,La biondina in
       gondoletta"] med Variationer, sjunget af Madame
       Catalani (Thema-Var. I—IV) (Pfte.)   48— 53

[9]   F.[riedrich] Kalkbrenner: Rondino [sur le Duo du: Col-
       porteur de Onslow]   54— 61

[10]   G.[eorges] Onslow: Ouverture af: Fedor eller Skovbarnet
       ‹ Le Colporteur ›   62— 69

[11]   C.[arl] Czerny: Polonaise   70— 71

[12]   Vals efter et Thema af Ouverturen af: Oberon
       (C. M. v. Weber [Jähns 306])   72

2. Bind [1828/29]:

[13]   C.[onrad] Lüders: Hops Vals   1

[14]   F.[riedrich] Kuhlau: Rondeau brillant [Op. 92]   2— 23

[15]   J.[ohann] H.[einrich] Walch: Gesvind-Marsch   24

[16]   J.[ørgen] E.[rnst] Simonsen: Divertisement i Form af Vals   25

[17]   H.[enri] Herz: Rondo over et Chor af Operaen: Moses
         [= Mosè in Egitto] (Rossini)   26— 39

[18]   F.[riedrich] Kuhlau: Rondo over et Thema af: Fedor eller
         Skovbarnet ‹Le Colporteur ›[Onslow; Op. 96]   40— 50

[19]   F. W. v.[on] Foltmar: Hops Vals   51

[20]   H.[enri] Herz: Thema af Operaen: Moses af Rossini i Rondo   52— 61

[21]   [François Adrien] Boieldieu: (Ouverture) af Operaen: De
         væltede Vogne ‹Les Voitures Versées ›   62— 69

[22]   F.[erdinand] Hérold: Marsch af Operaen: Marie   70— 71

[23]   Mlle. Henriette Sontags Favorit Galop-Vals   72

3. Aargang [1829/1830]

1. Bind [1829]:

[1]   L. v. Beethoven [unterschoben]: Vals [Anh. 14, 1]   1

[2]   F.[riedrich] Kuhlau: Rondo over et Thema af Operaen:
         Marie [Hérold; Op. 97, 1]   2— 11

[3]   J. [!] [Niels] P.[eter] Jensen: Cotillon efter Themaer af:
         Elverhöi [F. Kuhlau]   12— 17

[4]   F.[riedrich] Kuhlau: Rondo over et Thema af Operaen:
         Marie [Hérold; Op. 97, 2]   18— 27

[5]   R.[udolph] Bay: Variationer over Sangen Dannevang
         (Andantino — Var. 1—5—Bolero)   28— 35

[6]   C.[onrad] Lüders: Hops-Wals   36

[7]   H.[enri] Herz: Rondo over et Thema af Rossinis Opera:
         Moses, La Chasse   37— 44

[8]   C.[onrad] Lüders: Cottillon   45— 47

[9]   I.[var] Bredal: Revue-Marsch for H. M. Kongens Livcorps   48— 49

[10]   I.[var] Bredal: Gesvind-Marsch   50

[11]   D.[aniel] F.[rançois] E.[sprit] Auber: Ouverture af Operaen
         Muurmesteren [= Le Maçon]   51— 57

[12]   F.[riedrich] Kalkbrenner: Introduction og Rondino [Op. 78]   58— 65

[13]   (L.[udwig]) v.[an] Beethoven: Variationer over et yndet
         Thema [Op. 20, IV]   66— 71

[14]   C.[arl] M.[aria] v.[on] Weber: Militairisk Vals   72

2. Bind [1829/30]:

[15]   C.[arl] Cherny [!]: Galoppe   1

[16]   H.[enri] Herz: Rondo over en Arie af Rossinis Opera: Moses   2— 10

[17]   L. v. Beethoven [unterschoben]: Favorit-Vals [Anh. 14, 2]   11

[18]   J. F. Marcks: Variationer over en Schweitzer-Sang [„Steh
         nur auf, du Schweizerbub"] (Introduzione-Thema —
         Var. 1—5)   12— 17

[19]   J.[ohan] P.[eter] E.[mil] Hartmann: Rondeau brillant
         [Op. 6, 1]   18— 29

[20]   D.[aniel] F.[rançois] E.[sprit] Auber: Bolero af Operaen:
         La Muette de Portici   30— 36

[21]   F.[erdinand] Hérold: Ouverture af Operaen: Marie   37— 43

[22]   F.[ranz] Hünten: Rondeau over Arien: Le petit Tambour
         [Op. 30, 1]   44— 47

[23]   [Schlossbauer]: Galop Valse af: Muurmesteren [Auber]   48

[24]   [F. W. v. Foltmar]: Hops Valse   49

[25]   F.[riedrich] Kuhlau: Rondo over et Thema af: Semiramis
         [Rossini; Op. 109, 2] .   50— 59

[26]   F.[ranz] Keyper: Cotillon, uddraget af Balletten: Sövng-
         jængersken [Bournonville nach Hérold]   60— 65

[27]   F.[riedrich] Kuhlau: Rondo over en tydsk Sang [Op. 109, 3]   66— 72

4. Aargang [1830/1831]

1. Bind [1830]:

[1]   H.[enri] Herz: La Guarache, Air de Ballet de: La Muette
         de Portici [Auber]   1—   5

[2]   [Louis Joseph Ferdinand] Hérold: Marsch af Operaen:
         Marie   6—   7

[3]   F.[ranz] Hünten: Rondeau sur un Thème de l'Opéra: Le Siège
         de Corinthe de Rossini [Op. 30, 2]   8— 12

[4]   Sultan Mahmud II Favorit Marsch   13

[5]   (F.[ranz]) Hünten: Rondeau de l'Opéra: Ricciardo e Zoraide
         de Rossini [Op. 30, 3]   14— 17

[6]   H.[enri] Herz: Tarentelle (Air de Ballet) de: La Muette de
         Portici [Auber]   18— 21

[7]   (F.[ranz]) Hünten: Rondeau sur un Thème favorit de
         l'Opéra: La Cenerentola de Rossini [Op. 30, 4]   22— 25

[8]   J.[ohann] P.[eter] E.[mil] Hartmann: Rondeau brillant
         [Op. 6, 2]   26— 35

[9]   Johnsson: Holste(e)nsk Galop Vals   36

[10]   [Daniel François Esprit] Auber: Ouverture af Operaen: Den
        Stumme i Portici   37— 43

[11]   Egeling: Parade-Marsch   44— 45

[12]   Quadrille paa Melodier af Operaen: Den Stumme
                i Portici (Auber) (No. 1. Pantalon. No. 2. Eté. No. 3.
                Poule. No. 4. Julie. No. 5. Eté)   46— 49

[13]   W.[ilhelm] Hünten: Rondo efter et Thema af Crescentinis'
        Opera: Romeo og Juliette   50— 53

[14]   Vals af: Den Stumme i Portici (Auber)   54

[15]   Wiener-Vals af samme [Den Stumme i Portici]
                (Auber)   54

[16]   J.[ohann] P.[eter] E.[mil] Hartmann: Fantaisie [Op. 7]   55— 67

[17]   W.[ilhelm] Hünten: Arie af: Zelmire af Rossini, arrangeret
        i Rondo   68— 72

2. Bind [1831]:

[18]   Potpourri af: Elverhöi ([Friedrich] Kuhlau)   1— 17

[19]   (Fr.[iedrich]) Kuhlau: Ouverture af: Trillingbrödrene
        fra Damask [Op. 115]   18— 31

[20]   [Daniel François Esprit] Auber: Nye Pariser-Marsch   32

[21]   [Conrad Lüders]: (Pariser-Revolutionen) Stormklokken,
        Modstand og Sejer (26de—29de July [1830])   33— 45

[22]   Cotillon af: Den Stumme i Portici [Auber]   46— 48

[23]   F.[riedrich] Kuhlau: Rondo over et Thema af: Fra Diavolo
        [Auber; Op. 118, 3]   49— 59

[24]   T.[eofil] Klonowski: Polonaise à la Chlopicki   60— 61

[25]   [Teofil] Klonowski: Marsch for den Polske National-Garde   62

[26]   F.[riedrich] Kuhlau: Rondo over et Thema af: Fra Diavolo
        [Auber; Op. 118, 2]   63— 71

[27]   [Teofil] Klonowsky [!]: Marsch for de polske Skarpskytter   72

5. Aargang [1831/1832]

1. Bind [1831]:

[1]   F.[riedrich] Kuhlau: Rondo over et Thema af: Fra Diavolo
        [Auber; Op. 118, 1]   1— 9

[2]   C.[hristian] Wulff: Variationer over en Arie af: Ungdom og
        Galskab [Dupuy] (Introduzione-Thema-Var. 1—6)   10— 20

[3]   W.[enzeslaus] Plachý: Variationer over en yndet Galopade
        af C. Czerny [Op. 26]   21— 25

[4]   Potpourie af Balletten: Victors Bryllup [Keck]   26— 33

[5]   L.[udwig] Zinck: Ouverture af: (Vaudevillen) Kjöge-
        Huuskors   34— 42

[6]   F.[rederik] Blinck: En Aften paa Landet, Divertisement   43— 51

[7]   F.[rederik] Blinck: Polonaise brillante   52— 61

[8]   H.[enri] Karr: Divertissement   62— 64

[9]   [Louis Joseph Ferdinand] Hérold: Ouverture af: Zampa   65— 72

2. Bind [1832]:

[10]   H.[enri] Lemoine: Nye Potpourri af Operaen: Zampa
          [Hérold]   1— 5

[11]   ([Johann Peter] Pixis): (Variationer over en yndet Schvei-
          tzersang [„Le Garçon Suisse"] componeret for
          Sangerinden Sontag) (Introduzione-Thema-Var. 1—4)   6— 11

[12]   Gallopade af: Zampa [Hérold]   12

[13]   F.[ranz] Hünten: Polonaise [Op. 22]   13— 21

[14]   Ch.[arles] Czerny: Rondo over en Cavatine af Operaen:
          Zelmire af Rossini [Op. 22]   22— 35

[15]   Galopade af Elskovsdrikken [=Le Philtre, Auber]   36

[16]   Nye Gallopade   37

[17]   [Ivar] Bredal: Ouverture af: Bruden fra Lammermoor   38— 48

[18]   J.[oachim] Pettoletti: Vals   49

[19]   C.[arl] Schwarz: Rondo (G-Dur)   50— 53

[20]   F.[riedrich] Kuhlau: La Clochette, Rondeau brillant
          [Op. 121]   54— 67

[21]   (C.[arl]) Schwarz: Rondo (F-dur)   68— 72

6. Aargang [1832/1834]

1. Bind [1832]:

[1]   Marsch for den Kongelige Liv Garde til Fods (C-dur)   1

[2]   [Ivar] Bredal: Potpourri af: Bruden fra Lammermoor   2— 13

[3]   F.[riedrich] Kuhlau: Rondo pastorale [Op. 125]   14— 21

[4]   P.[oul] D.[iderich] Muth Rasmussen: Parade-Marsch for
          Hans Majestæt Kongens Regiment   22

[5]   F.[ranz] Keyper: Potpourri af: William Shakespeare
          (F. Kuhlau)   23— 33

[6]   J.[ohann] P.[eter] E.[mil] Hartmann: Marsch af Operaen
          Ravnen   34— 36

[7]   Marsch for den Kongelige Liv Garde til Fods (Es-dur)   37

[8]   F.[riedrich] Kuhlau: La Légèreté, Rondeau brillant [Op. 120]   38— 51

[9]   2 Gallopader af (Operaen): Brama og Bayaderen
          (Auber)   52

[10]   F.[ranz] Keyper: Potpourri af Balletten: Faust [Keck]   53— 65

[11]   Conr.[ad] Lüders: Arie med Variationer (over en tydsk
        Sang) [Op. 24]   66— 72

2. Bind [1833/1834]:

[12]   F.[riedrich] Kuhlau: Divertissement [sur Thèmes favoris de
        Mozart; Op. 126]   1— 11

[13]   Mazurka   12

[14]   Russisk Vals   12

[15]   F.[ranz] Keyper: Potpouri [!] af: De Danske i Paris   13— 24

[16]   N.[icolai] P.[eter] Nielsen: Rondo over en yndet Vals
        [Souvenir de Bergen]   25— 36

[17]   Pause Gallopade   37

[18]   G. Marks: Divertissement af: La Straniera [Bellini; Op. 29] 38— 45

[19]   G.C. Macdougall: Capriccio   46— 51

[20]   G. Marks: Divertissement af: Il Pirata [Bellini; Op. 28]   52— 59

[21]   C.[hristian] J.[ulius] Hansen: Vals   60

[22]   G. Marks: Divertissement af: I Capuleti e Montecchi
        [Bellini; Op. 27]   61— 69

[23]   H.[enri] J. Bertini: 3 Studier (No. 1. Allegro. No. 2. Alle-
        gretto. Mouv[emen]t de Valse. No. 3. Presto)   70— 72

7. Aargang [1834]

1. Bind [1834]:

[1]   Gallopade af: Robert le Diable [Meyerbeer]   1

[2]   I.[var] Bredal: Potpourri af: Guerillabanden   2— 13

[3]   J.[acob] Schmitt: La Sérénade interrompue par l'Orage,
        brillant Nocturne [Op. 143]   14— 23

[4]   F.[rederik] Foersam: Variationer over et original Thema   24— 33

[5]   H.[enri] Bertini: L'Espérance, Nocturne No. 1 [Op. 87, 1]   34— 36

[6]   Gallopade af: Tempelherren og Jödinden [Marsch-
                      ner]   37

[7]   C.[onrad] Lüders: Sörge-Marsch   38— 39

[8]   H.[enri] Bertini: Les Regrets, Nocturne No. 2. [Op.87, 2]   40— 45

[9]   F.[ranz] Keyper: Potpourri af: Et Eventyr i Rosenborg
        Hauge [Weyse]   46—57

[10]   H.[enri] Bertini: Le Calme, Nocturne No. 3 [Op. 87, 3]   58— 60

[11]   Gallopade af: Ludovic [Hérold]   61

[12]   [Louis Luc Loiseau de Persuis]: Potpourri af Balletten:
        Nina [teilweise nach Dalayrac]   62— 71

Terpsichore. Journal périodique des Pièces choisies de Ballets, arrangées pour le Piano-Forte.

Wien: Pietro Mechetti.

[1827–1828]: Nr. 1–40.

A Wst ([1827–1828], 29, 35, 37)

Nr. 1.   I.[gnaz] de Seyfried: Pas de deux du Ballet: Oberon

Nr. 2.   Le Comte W.[enzel] R.[obert] Gallenberg: Pas de deux du Ballet: Jeanne d'Arc

Nr. 3.   I.[gnaz] de Seyfried: Pas de trois du Ballet: Oberon

Nr. 4.   Le Comte W.[enzel] R.[obert] Gallenberg: Scène du premier Acte du Ballet: Jeanne d'Arc

Nr. 5.   Le Comte W.[enzel] R.[obert] Gallenberg: Divertissement espagnol du Ballet: Die Feuernelke

Nr. 6.   I.[gnaz] de Seyfried: Danse à Clochette du Ballet: Oberon

Nr. 7.   I.[gnaz] de Seyfried: Scène et Danse des Nymphes du même Ballet [Oberon]

Nr. 8.   Le Comte W.[enzel] R.[obert] Gallenberg: Finale du premier Acte du Ballet: Jeanne d'Arc

Nr. 9.   Le Comte W.[enzel] R.[obert] Gallenberg: Introduction du Ballet: Die Feuernelke

Nr. 10.   I.[gnaz] de Seyfried: Scène du premier Acte du Ballet: Oberon

Nr. 11.   Le Comte W.[enzel] R.[obert] Gallenberg: Deuxième Pas de deux du Ballet: Jeanne d'Arc

Nr. 12.   Le Comte W.[enzel] R.[obert] Gallenberg: Dance de Guirlande du Ballet: Die Feuernelke

Nr. 13.   P.[eter] Lindpaintner: Ouverture zu dem Ballet: Danina

Nr. 14.   P.[eter] Lindpaintner: Tanz mit Kokusnüssen aus demselben Ballet [Danina]

Nr. 15.   P.[eter] Lindpaintner: Tarantelle aus demselben Ballet [Danina]

Nr. 16.   P.[eter] Lindpaintner: Marsch der Portugiesen aus demselben Ballet [Danina]

Nr. 17.   P.[eter] Lindpaintner: Boleros aus demselben Ballet [Danina]

Nr. 18.   P.[eter] Lindpaintner: Waffentanz aus demselben Ballet [Danina]

Nr. 19.   Pas de deux du Ballet: Le Carnaval à Venise

Nr. 20.   Masur du même Ballet [Le Carnaval à Venise]

Nr. 21.   P.[eter] Lindpaintner: Pas de deux du Ballet: Danina

Nr. 22.   P.[eter] Lindpaintner: Tanz mit Glockenspiel aus demselben Ballet [Danina]

Nr. 23.   Solo de Violoncelle du Ballet: Die Portugiesen in Indien [Arr.: Johann Pensel]

Nr. 24.   Grande Marche du même Ballet [Die Portugiesen in Indien] [Arr.: Johann Pensel]

Nr. 25.   Ouverture du même Ballet: [Die Portugiesen in Indien] [Arr.: Johann Pensel]

Nr. 26.   Marche du même Ballet [Die Portugiesen in Indien] [Arr.: Johann Pensel]

Nr. 27.   [Robert Wenzel von Gallenberg]: Danse arabe du même Ballet [Die Portugiesen in Indien]

Nr. 28.   [Raimondi]: Pas de deux du même Ballet [Die Portugiesen in Indien]

Nr. 29.   [Adalbert Gyrowetz]: Beliebte Mazurka aus dem Ballette: Der aus Liebe vermummte Neffe

Nr. 30.   Pas de cinq du Ballet: Die Portugiesen in Indien [Arr.: Johann Pensel]

Nr. 31.   [Adalbert Gyrowetz]: Pas de six du Ballet: Der aus Liebe vermummte Neffe

Nr. 32.   [Robert Wenzel von Gallenberg]: Pas de sept du même Ballet [Der aus Liebe vermummte Neffe]

Nr. 33.   [Adalbert Gyrowetz]: Ballabile du même Ballet: [Der aus Liebe vermummte Neffe]

Nr. 34.   [Wenzel Robert von Gallenberg]: Pas de quatre du Ballet: Der Zögling der Natur

Nr. 35.   Le Comte W.[enzel] R.[obert] Gallenberg: Polacca aus: Schimpf und Rache [=Ottavio Pinelli]

Nr. 36.   Le Comte W.[enzel] R.[obert] Gallenberg: Marche favorite du même Ballet [Schimpf und Rache]

Nr. 37.   W.[enzel] R.[obert] v.[on] Gallenberg: Pas de deux aus dem Ballet: Lira d'Achille

Nr. 38.   [Wenzel Robert von Gallenberg] : Finale du Ballet: Der Zögling der Natur

Nr. 39.   [Josef Weigl?] : Pas de trois du Ballet: Alcine

Nr. 40.   Pugni: Monferine du Ballet: Adèle de France

1828

L'Abeille Musicale. Journal [mensuel] de Chant [avec Guitare]. (Nr. 1: Octobre 1828.)

Paris chez A. Romagnesi, Compositeur Editeur, Rue Richelieu 87.

[Année 1. 1828—12. 1839.]

B Bc ([11. 1838], 1 Nr.) — **D** Hs ([11. 1838], 1 Nr.) — **F** V ([7. 1834], 2 Nrn.)

[7e Année 1834]

[1] (Loïsa) Puget: Noël „Souvenir d'enfance, oh! mon beau Noël"
        (Gustave Lemoine)   [2 S.]

[2] (Loïsa) Puget: Le Voleur Idiot, Romance „Grâce pour sa
        misère!" (Gustave Lemoine)   [2 S.]

[11e Année 1838]:

[1] A.[ntoine] Romagnesi: Le Grain de Mer „Le ciel est noir,
        l'orage gronde" (Claudius B.***)   [2 S.]

Arion. Sammlung auserlesener Gesangstücke mit Begleitung des Piano-Forte. (12 Hefte jährlich, [ab 7. 1831:] 6 Hefte jährlich.)

Braunschweig, in Commission bei Fr. Busse ([ab 4. 1829:] bei Fr. Busse, [ab 9. ca. 1833:] Leipzig, bei Robert Crayen.)

Band 1. [1828] — 9. [ca. 1833].

A Wn — **D** Bds (1. [1828] — 2. [1828]; 5. [1830]); Bhm (2. [1828]*); BFb (1. [1828] — 6. [1830]); DT (1. [1828] — 2. [1828]; 5. [1830] — 6. [1830]*; 8. [ca. 1832]*); DÜk; Hm (2. [1828]); Hs (9. [ca. 1833]); KIl (4. [1829]); KNm — **DK** Kk (1. [1828] — 8. [ca. 1832]); Kmk (1. [1828] — 3. [1829]; 8. [ca. 1832] — 9. [ca. 1833]) — **F** Pn (5. [1830], Heft 28; 8. [ca. 1832], Heft 54) — **GB** Ob (7. [1831] — 8. [ca. 1832])

Erster Band: Heft 1—6 [1828]:

No. 1. W.[olfgang] A.[madeus] Mozart: An Chloe „Wenn die
          Lieb' aus deinen blauen, hellen, offnen Augen sieht"
          [Johann Georg Jacobi] [KV 524]   1— 6

No. 2. (Louise Reichardt): Das Mädchen am Ufer „Es singt ein
          Vöglein witt, witt, witt"   7— 9

No. 3. G.[ustav] Doering: Das Veilchen und das Mädchen
          „Mädchen sieh das Veilchen an"   10

No. 4. C.[arl] Keller: Rondo „Der holden Blumen bunter
          Schimmer"   12— 13

No. 5. W. Osthoff: Lied aus Gabriele „O lasst mich ruhn an
          dieser lieben Stelle"   18— 19

No. 6. C.[arl] M.[aria] v.[on] Weber: Maienblümlein „Maienblümlein so schön" [August Eckschläger] [Jähns 117] 20

No. 7. C.[arl] M.[aria] v.[on] Weber: Die freien Sänger
„Vöglein hüpfet in dem Haine" [Friedrich För-
ster] [Jähns 198]   21

No. 8. Joh.[ann] Fried.[rich] Reichard [!]: Lied der
Nacht „Im Windsgeräusch in dunkler Nacht"
[Tieck]   22— 24

No. 9. A.[lbert] Methfessel: An die Laute „Süsse liebliche
Vertraute"   25

No. 10. C.[arl] M.[aria] v.[on] Weber: Volkslied „Mein
Schatzerl is hübsch!" [Jähns 234]   26— 27

No. 11. W. Osthoff: Wanderers Morgenlied „Komm Lüftchen
aus dem Morgen"   27— 29

No. 12. C.[arl] M.[aria] v.[on] Weber: Das Veilchen im
Thale „Ein Veilchen blüht im Thale" [Fried-
rich Kind] [Jähns 217]   30— 31

No. 13. [Michel] Carafa [de Colobrano]: Boleros „Ein
Quell der Freuden ist treue Liebe"   32— 39

No. 14. C.[arl] M.[aria] v.[on] Weber: [Lied] „Meine
Lieder, meine Sänge" [Wilhelm Graf von
Löwenstein-Werthheim] [Jähns 73]   40— 43

No. 15. J.[Gioacchino] Rossini: Morgen=Ständchen „Ecco viden-
te il cielo" — „Schon glänzt die Morgenröthe" [Il
Barbiere di Siviglia, I. Akt, aus Nr. 1]   43— 45

No. 16. C.[arl] Keller: Die Laute „Wenn dir die Sehnsucht den
Busen bewegt"   46— 48

No. 17. C[arl] M[aria] v[on] Weber: Der kleine Fritz an seine
jungen Freunde „Ach wenn ich nur ein Liebchen
hätte!" [Jähns 74]   48— 50

No. 18. C[arl] M[aria] v[on] Weber: Wiegenlied „Schlaf',
Herzens Söhnchen" [F.K. Hiemer] [Jähns 96]   51

No. 19. P.[eter] Lindpaintner: Sehnsucht nach dem Vaterlande
„Ans ferne Ufer hingebannt"   52— 54

No. 20. C[arl] M[aria] v[on] Weber: Das Röschen „Ich sah
ein Röschen am Wege stehn" [C. Müchler] [Jähns 67] 54— 55

No. 21. Louise Reichard [!]: Spanisches Lied „Nach Sevilla,
nach Sevilla, wo die hohen Prachtgebäude"
[Clemens Brentano]   56— 57

No. 22. W. Osthoff: Abschied „Strahle mit Wonne, leuchtende Sonne"   58

No. 23. [Friedrich Heinrich] Himmel: Herzenswechsel, Duett
„Du giebst mir also nicht dein Herz?" (S, Bar.,
Pfte.)
                                                     59

No. 24.   P.[eter] Lindpaintner: Stille Liebe „Treu geliebt und
        still geschwiegen" 60— 61

No. 25.   C.[arl] M.[aria] v.[on] Weber: Lied der Hirtin „Wenn
        die Maien grün sich kleiden" [Friedrich Kind]
        [Jähns 229] 62— 63

No. 26.   [Johann Rudolf] Zumsteeg: „Wär ich ein muntres
        Vögelein" [Friedrich August ? Kleinschmidt] 64— 65

No. 27.   C.[arl] M.[aria] v.[on] Weber: [Lied aus:] Der arme
        Minnesänger „Lass mich schlummern" [A. v. Kotze-
        bue] [Jähns 112] 66— 67

No. 28.   Francesco Pollini: Canzonetta „Bella Ciprignia, madre
        d'amor" 68— 69

No. 29.   C.[arl] Keller: Arioso „Land meiner seligsten Gefühle" 70— 72

No. 30.   P.[eter] Lindpaintner: Preghiera „Ciel pietoso! Ciel
        clemente" — „Lass dein Trauern! lass dein Klagen" 73— 78

No. 31.   Das Mädchen im Mai „Maienglocken in den Locken" 79

No. 32.   Chr.[istian] Schulz: Romanze „Mein Knappe, wie
        kommst du" 80— 81

No. 33.   Louis Spohr: Romanze [Zemire] aus: Zemire und Azor
        „Rose, wie bist du reizend und mild" [I. Akt, Nr. 8] 82— 86

No. 34.   [Karl Friedrich] Zelter: Der König von [!] Thule „Es
        war ein König in Thule" [Goethe] 87

No. 35.   Nicolò [Isouard]: Romanze aus der Oper: Cendrillon
        „O sexe aimable mais trompeur" — „Unstete,
        leidig liebe Fraun!" 88— 89

No. 36.   [Friedrich Heinrich] Himmel: Die Wiederkehr in mein
        Vaterland „Bist du das Land, wo hin mich Sehnsucht
        zieht?" 90— 92

No. 37.   C.[arl] M.[aria] v.[on] Weber: Mein Verlangen „Ach
        wär ich doch zu dieser Stund' " [Friedrich Förster]
        [Jähns 196] 92— 95

No. 38.   [Carl] Blum: ‹Duett› „Schwäne kommen gezogen"
        (2 Singst., Pfte.-Begl.) 96— 97

No. 39.   Das Wunderblümchen „Ein Blümchen schön, doch
        unbekannt" 98

No. 40.   Conradin Kreutzer: Frühlings-Ruhe „O legt mich nicht
        in's dunkle Grab" [L. Uhland] [Op. 33, No. 3] 99—105

No. 41.   C.[arl] M.[aria] v.[on] Weber: Das Mädchen an das
        erste Schneeglöckchen „Was bricht hervor wie Blü-
        thenweiss" [Fr.v. Gerstenbergk] [Jähns 267] 105—109

No. 42.   Conradin Kreutzer: In der Ferne „Will ruhen unter den
        Bäumen hier" [L. Uhland] 110—112

No. 43.   C.[arl] M.[aria] v.[on] Weber: Mailied „Tra, ri, ro!
der Sommer der ist do!" (S I, II mit oder ohne
Pfte.-Begl.) [Jähns 210]   113—116

No. 44.   [August] Harder: Die Propheten der Natur „Allgemach
aus Dämmerung und Nacht" [F.A. Krummacher]   116—117

Zweiter Band: Heft 7—12 [1828]:

No. 45.   [Francesco de] Piantanida: Favorit Bolleros „Son gelsomino, son piccol fiore" — „So lange noch in
unschuldsvollen Tagen"   1—   7

No. 46.   [Johann Rudolf] Zumsteeg: Die Erscheinung „Ich lag
auf grünen Matten" [Kosegarten]   8— 11

No. 47.   Le Petit Tambour „Je suis le petit tambour de la
garde nationale"   12— 13

No. 48.   C.[arl] M.[aria] v.[on] Weber: Lied von Clotilde „Wenn
Kindlein süssen Schlummers Ruh" [Clotilde von
Nostitz und Jänkendorf] [Jähns 281]   14— 15

No. 49.   Chr.[istian] Schulz: So oder so „Nord oder Süd! Wenn
nur im warmen Busen"   16— 17

No. 50.   C.[arl] M.[aria] v.[on] Weber: Die gefangenen Sänger
„Vöglein einsam in dem Bauer" [Friedrich Förster]
[Jähns 197]   18— 19

No. 51   [C.T.] Moritz: Der Schäfer im Mai „Siehst du das
Vöglein nisten im Wald?" [Fr. Lange] [Op. 7, 1]   20

No. 52.   A.[lbert] Methfessel: [Lied] „So mancher mögt ihr
Blümchen sein"   21

No. 53.   C.[arl] M.[aria] v.[on] Weber: Meine Farben „Wollt
ihr sie kennen?" [Lehr] [Jähns 62]   22— 26

No. 54.   L.[ouis] Spohr: Schottisches Lied „Mir ist, als müsst
ich dir was sagen" [Op. 25, Nr. 2]   26— 27

No. 55.   [Giacomo] Meyer Beer: „O säbst du die Holde"   28— 30

No. 56.   F.[riedrich] L.[udwig] Seidel: Romanze aus dem Trauerspiel: Der Leuchtthurm „Es schaut der Leuchtthurm
durch die Nacht"   31

No. 57.   Abbé [Maximilian] Stadler: Psalm XXIII: Dominus regit
me „Gott ist mein Hirt, mir wird nichts mangeln"   32— 37

No. 58.   W. Osthoff: Lied von Clotilde „Wenn Kindlein süssen
Schlummers Ruh" [Clotilde von Nostitz und Jänken-
dorf]   38— 39

No. 59.   F.[riedrich] Wollank: Treulieb, Duett „Treulieb ist nimmer
weit"   40

No. 60.   J.[ohann] F.[riedrich] Reichardt: An den Frühling
„Willkommen schöner Jüngling!" [Schiller]   41

No. 61. [Karl] Löwe: Der Wirthin Töchterlein „Es zogen drei
         Bursche [!] wohl über den Rhein" [L. Uhland]
         [Op. 1, No. 2]   42— 47

No. 62. Georg Müller: Duett „Haben böse Mächte Herrschaft
         immer?"   48— 53

No. 63. Lied „Lüftchen, ihr plaudert so viel und so laut"
         (A.d.M)   54— 55

No. 64. W. Osthoff: Ich denke dein „Ich denke dein, wenn in des
         Schachtes Tiefe" (F. du Prè)   56— 57

No. 65. C. Markmann: Amor in allen Ecken „Amor ist in allen
         Ecken" (Carl Köchy)   58— 59

No. 66. B.[onifacio] Asioli: Canzonetta „Se resto sul lido se
         sciolgo le vel" — „Ob hier am Gestade, ob dort auf
         dem Meere"   59— 60

No. 67. (Mozart) [recte: Adalbert Gyrowetz]: Abschied „Nimm
         dies kleine Angedenken" [KV Anh. C 8.03; Op. 22, 1]   61— 63

No. 68. [Louis] Abeille: „Komm stiller Abend nieder"   64— 66

No. 69. [Friedrich Heinrich] Himmel: Das Vergissmeinnicht
         „Freundlich glänzt an stiller Quelle" (Müchler)   67

No. 70. F.[riedrich] L.[udwig] A.[emilius] Kunzen: „Kennt
         ihr das Land, wo jede Klage schweigt"   68— 70

No. 71. F.[riedrich] Hartmann: Bitte, bitte! „Bitte, bitte! einen
         Blick" (H. Schmidt)   70— 71

No. 72. C.[arl] M.[aria] v.[on] Weber: Der Jüngling und die
         Spröde [Zwiegesang] „Weile Kind, ich will nicht
         rauben" [F.W. Gubitz] [Jähns 192]   72— 74

No. 73. [Adalbert] Gyrowetz: Cavatine aus der Oper: Der
         Augenarzt „Mir leuchtet die Hoffnung, sie täu-
         schet mich nicht"   74— 78

No. 74. L.[udwig] v.[an] Beethoven: Wonne der Wehmuth
         „Trocknet nicht, Thränen der ewigen Liebe!"
         (Göthe) [Op. 83, 1]   78— 80

No. 75. F. J. Arendt: Andenken „Ich denke dein, wenn durch
         den Hain" (Matthisson)   81

No. 76. Georg Müller: Canzonetta „Aure amiche ah! non spirate
         per pietà"   82— 87

No. 77. T. Gaede: Minnelied „Flutenreicher Ebro, blühende
         Gestade" (Nach dem Spanischen)   88— 89

No. 78. W. Osthoff: Der Troubadour „Gott Amor sprach: „Mir
         folge nach!" (Haug)   90— 91

No. 79. A.[ndreas] Romberg: Mignons Lied „Kennst du das
         Land? wo die Zitronen blühn" (Göthe)   92— 93

No. 80. [Christoph August] Gabler: Abschied vom Liebchen
         „Traut Liebchen, leb' wohl!"   94— 95

No. 81. C.[hristian] Schulz: Lied aus Hedwig „Worte such' ich
mir vergebens" (Th. Körner)   96— 97

No. 82. [Etienne Nicolas] Méhul: Le doux Mal „N'avoir jamais
qu'une pensée"   98— 99

No. 83. C.[arl] M.[aria] v.[on] Weber [zweifelhaft]: Lied in
der Fremde „Einsam? nein, das bin ich nicht!"
[Th. Hell] [Jähns Anh. 98]   100

No. 84. Ständchen an Luise „Leise rauscht es in den
Bäumen"   101

No. 85. C.[arl] M.[aria] v.[on] Weber: [Lied] „Was zieht
zu deinem Zauberkreise" (Müchler) [Jähns 68]   102—105

No. 86. [Etienne Nicolas] Méhul: Romanze [Benjamin] aus:
Joseph „Ach musste der Tod ihn uns rauben"
[II. Akt, No. 7]   106—108

No. 87. Sehnsucht nach Licht „Du schönes Licht, das
alles rings erhellt"   108—109

No. 88. C.[arl] M.[aria] v.[on] Weber: [Lied aus:] Der arme
Minnesänger „Ueber die Berge mit Ungestüm"
[A.v. Kotzebue] [Jähns 110]   110—111

No. 89. [Gioacchino] Rossini: Romanze [Cenerentola] aus:
Cenerentola „Una volta cera [!] un Rè" [I. Akt,
aus Nr. 1: „Una volta c'era un Rè"]   112—113

No. 90. Gustav Nauenburg: Lied aus der Ferne „Wenn in des
Abends letztem Scheine"   114—115

No. 91. C.[arl] G.[ottlieb] Reissiger: La Jeune Peureuse
„Ma mère grande et nuit et jour"   116—117

No. 92. P.J. Fournes: Das Kind am Grabe der Mutter „Schläfst
sanft in deinem Kämmerlein"   118—119

Dritter Band: Heft 13—18 [1829]:

No. 93. H. Werner: Kriegers Abschied „Ich muss ins Feld, ich
will dich meiden" (Göthe)   1

No. 94. F.[rancesco] Bianchi: La smorfia sella [!] „Vien
qua Dorina bella"   2— 4

No. 95. [Karl Friedrich] Zelter: Die Betende „Laura betet!
Engelharfen hallen"   4— 5

No. 96. L.[udwig] v.[an] Beethoven: Freudvoll und leidvoll „Freudvoll und leidvoll, gedankenvoll
sein" [Goethe] [Op. 84, 4]   6— 9

No. 97. J.[ean] M.[arie] Montù: Lauf der Welt „An jedem
Abend geh' ich aus"   10— 11

No. 98. [Vincenzo] Righini: [Lied] „Nehmt euch in acht!"   12— 13

No. 99. [Gioacchino] Rossini: Cavatina „Hold wie das Morgenlicht lächelt die Ferne"   14— 17

No.100.   C.[arl] M.[aria] v.[on] Weber: Ich denke Dein
„Ich denke dein, wenn durch den Hain"
[Matthisson] [Jähns 48]   17— 20

No.101.   [Giacomo] Meyer Beer: Cavatina „Ach dies Herz
schlägt nur für dich"   21— 25

No.102.   F.[riedrich] Hartmann: Den Fernen „Weit hin durch
der Nächte Stille"   25— 27

No.103.   X.[aver] Eisenhofer: Aria „Holde Liebe, sanfte Freuden"   28— 32

No.104.   C.[onradin] Kreutzer: Einkehr „Bei einem Wirthe,
wundermild" (Uhland) [Op. 34, II. Heft, No. 8]   33— 35

No.105.   C.[arl] M.[aria] v.[on] Weber: Volkslied „Wenn ich
ein Vöglein wär!" [Jähns 232]   36— 37

No.106.   Fr.[iedrich] Lindner: Stumme Liebe „Der Jüngling
zieht in die Welt hinaus"   38— 39

No.107.   [Johann Rudolf] Zumsteeg: Canon „Der Ewige segnet der Frommen Tage" (Mendelssohn) (3 Singst.)   40

No.108.   J.[acob] G.[ottfried] Ferrari: L'Agnellina e la Cornacchia ‹Canone a tre voci › „L'agnellina fa bebe"   41

No.109.   [Friedrich Heinrich] Himmel: Aus Tiedges Urania „Mir
auch war ein Leben aufgegangen" [Op. 18]   42— 47

No.110.   Georg Müller: Das Mädchen am Bache „Ich sass im Grünen am klaren Bach"   48— 49

No.111.   C.[arl] M.[aria] v.[on] Weber: Umsonst „Umsonst,
entsagt ich der lockenden Liebe" [Jähns 28]   50— 51

No.112.   [Johann Rudolf] Zumsteeg: Russisches Brautlied, Duett
„Die Lämmlein springen, die Vögelein singen"   52— 53

No.113.   A.[nton] Diabelli: „Ihr Wuchs ist nymphenhaft und
schlank"   54— 55

No.114.   M.[arian Rodriguez] de Ledesma: La Felicità „Di
tanti miei tormenti" – „Des stillen Freundes
Sehnen"   56— 60

No.115.   Laurenz Schneider: „In questa tomba oscura" – „Lass
ruhen mich im Stillen"   61

No.116.   C.[arl] M.[aria] v.[on] Weber: „Es stürmt auf der
Flur, es brauset im Hain" [Fr. Rochlitz] [Jähns 161]   62— 65

No.117.   W. Osthoff: Der armen Magdalenen Wiegenlied „Schlummre,
mein Söhnchen, o schlummre du!"   66— 67

No.118.   [Johann Rudolf] Zumsteeg: Thekla, aus Wallenstein
„Der Eichwald brauset, die Wolken ziehn" (Schiller)   68— 71

No.119.   H. Werner: Mignon aus Wilhelm Meister „Heiss' mich
nicht reden" (Göthe)   72— 73

No.120.   A.[ugust] W.[ilhelm] Bach: An die Vorausgegangenen
„Seid ihr vorausgegangen, liebe Gefährten der Rei-
se" (Fr. Grillparzer)   74— 75

No.121.   C.[arl] G.[ottlieb] Reissiger: Cara Lisa, Canzonetta
          „Cara Lisa, amato bene"   76— 77

No.122.   [Friedrich] Kuhlau: Romanze (Adelaide, Therese) aus
          der Oper: Die Räuberburg „Die Christen landen
          kühn am Strand" [A. Oehlenschläger; K. Nr. 129, 4]   78— 80

No.123.   [Johann Adam] Hiller: Frühlingslied „Der Schnee zer-
          rinnt, der May beginnt" (Wei[sse]) (2 Singst.,
          Pfte.)   80

No.124.   C.[arl] M.[aria] v.[on] Weber: Unbefangenheit „Fra-
          ge mich immer! fragest umsonst" [Jähns 157]   81— 87

No.125.   Dr. d'Alquen: Wunsch „Ach! wenn ich nur ein einzigs
          mal"   88— 90

No.126.   [Xaver] Eisenhofer: Ständchen „Ich erblicke froh den
          Dämmerschein des Lichtes"   91— 97

No.127.   G. Bergen: Unter der Linde „Unter der Linde säuseln
          im Morgenstrahl" (Arthur v. Nordstern)   97— 98

No.128.   H. Werner: Haidenröslein „Sah' ein Knab' ein Röslein
          stehn" (Göthe)   99

No.129.   [J. F.] A.[rend]t: „Schlafe mein Kind, schlafe bald ein"
          (A.[rend]t)   100

No.130.   C.[arl] Blum: Walzer „Kleine Blumen, kleine Blätter"   101—105

No.131.   W. Osthoff: Die Nachtigallen „Wenn der Lenz die jun-
          gen Blumenschwingen"   106—109

No.132.   K.[arl] E.[duard] Herring [!]: Die Sonnen „Hier am
          lieblich duftenden Flieder" (Dorismund)   110—111

No.133.   F.[erdinand] Rahles: Klage „Wie gern möcht das Haupt
          ich legen"   111—113

No.134.   Lied „Hoffnung, du liebes freundliches Licht" (A.d.M.) 114—115

No.135.   F. Partzsch: Minnetrost „Wenn das Leben stürmend an
          die Brust dir schlägt" (Coelestin)   116—117

No.136.   Dr. d'Alquen: Die Geschenke „Als die Wiese neu ergrünte"
          (W. Blumenhagen)   118—119

Vierter Band: Heft 19—24 [1829]:

No.137.   Jos[eph] Haydn: Sympathie „Wie lieb' ich dich, wie bist
          du mir so unaussprechlich theuer hier!" (Nach Meta-
          stasio) [Hob. XXVIa, Nr. 33]   1— 5

No.138.   [Vincenzo] Righini: Sehnsucht „Hier das Gestade des
          wogenden Meeres"   6— 9

No.139.   [Wolfgang Amadeus] Mozart: Das Veilchen „Ein Veil-
          chen auf der Wiese stand" [Goethe] [KV 476]   10— 14

No.140.   Dr. Kniewel: Sehnsucht „Noch einmal muss ich vor dir
          stehn"   14— 16

No.141. J.[ohann] F.[riedrich] Reichardt: Der Alpenjäger,
Romanze „Willst du nicht das Lämmlein hüten?" 17— 20

No.142. C.[arl] M.[aria] v.[on] Weber: Schlummerlied „Sohn
der Ruhe, sinke nieder" [Castelli] [Jähns 285, Bearbeitung für 4 Männerst.] 21

No.143. [Friedrich Heinrich] Himmel: Aus Tiedges Urania
„Gott! ein Gott! ach irrend such' ich ihn!—"
[Op. 18] 22— 26

No.144. C.[arl] M.[aria] v.[on] Weber: Minnelied „Der Holdseligen sonder Wank" [Johann Heinrich Voß]
[Jähns 160] 26— 27

No.145. [Peter von] Lindpaintner: Aus dem Liederspiel: Der blinde
Gärtner „Ach, mein Auge ist verschlossen" (Kotzebue) 28— 30

No.146. [Daniel François Esprit] Auber: Barcarole [Pietro und
Chor] aus: Die Stumme von Portici „Voyez du
haut de ces rivages" — „Ihr Freunde, seht die wilden Wogen" [5. Akt, No. 24, 1. Teil] 31— 36

No.147. H. Werner: Der Waisenknabe „Ich leb' in stetem Leide"
(Albert vom Hochwald) 36— 37

No.148. F. A. Schulz: Der Ring „Liebchen wallt in fernem
Lande" (J. G. Jacobi) 38— 39

No.149. H.....dt: Wandrers Abendlied „Fremd bin ich hier"
(Amalie) 40

No.150. [Friedrich Heinrich] Himmel: Ida an Alexis, bei Sendung
einer Rose „An Alexis send' ich dich" [Tiedge]
[Op. 43, No. 40] 41— 44

No.151. Tyrolerlied „Vom Wald bin i füra" 45— 47

No.152. [Karl Friedrich] Zelter: Der Fischer „Das Wasser rauscht',
das Wasser schwoll" (Göthe) 48— 49

No.153. [Johann Gottlieb] Naumann: Lied auf dem Wasser zu
singen für eine oder zwei Stimmen „Wir ruhen,
vom Wasser gewiegt" (Salis) (Solost., 2stg. Chor) 50— 51

No.154. C.[arl] M.[aria] v.[on] Weber: Klage „Ein steter Kampf
ist unser Leben" [C. Müchler] [Jähns 63] 52— 57

No.155. [Albert] Methfessel: Sehnsucht und Liebe „Wie die Nacht
mit heil'gem Beben" 58— 60

No.156. An mein Schifflein „Trag' mich Schifflein, leise" 61— 67

No.157. [Friedrich Heinrich] Himmel: Der Stern „Auf der Ahnung
offnem Meere" 68— 69

No.158. C.[hristian] Schulz: Der kurze Frühling ‹Spanisch›
„Frühling währt nicht immer" (Herder) 70— 71

No.159. C.[arl] Seifert: Wär' ich ein Stern „Wär' ich ein Stern,
ich wollt' ihr leuchten" (Jean Paul) 72— 75

No.160. C.[arl] F.[riedrich] Reichardt: Das Lösegeld „Horch!
         was ruft dort in dem Hain?"   75— 77

No.161. [Peter von] Winter: Canzonetta „Die Blumen des Lebens,
         mit eilenden Schwingen"   78— 80

No.162. C.[arl] M.[aria] v.[on] Weber: „Du liebes holdes himmel-
         süsses Wesen" [Streckfuss] [Jähns 130]   81— 85

No.163. Dr. d'Alquen: Der Jüngling an die Rose „Rose wie du duf-
         test" (Smets)   85— 90

No.164. [Gioacchino] Rossini: Cavatina [Desdemona] aus:
         Othello „O Gott! mit sanftem Schlummer" — „Deh
         calma, o Ciel nel sono" [III. Akt, aus Nr. 10]   90— 92

No.165. H. Hernaut: Maigruss „Reiche volle Blüthen, bringt der
         schöne Mai" (F. Förster)   93

No.166. H. Werner: Gebet „Verlass mich nicht, verlass mich nicht!
         o du, zu dem ich flehe" (Hohlfeldt)   94— 95

No.167. F.[ranz] W.[Xaver] Chwatal: Vorsatz „Ei wenn ich ein
         Veilchen wär' "   96— 98

No.168. [Peter von] Winter: Canzonetta „Dürft ein süsses Wört-
         chen"   98—100

No.169. [André-Ernest-Modeste] Grétry: Cavatine aus der Oper:
         Zemire und Azor „Das Gefühl der reinsten Liebe"   101—105

No.170. H. Werner: Vollmondnacht „Herrin, sag' was soll das Flü-
         stern?" (Göthe: aus dem West-östlichen Divan)   106—107

No.171. L.[udwig] Helwig [!]: Psalm LXXXVI „Herr neige deine
         Ohren und erhöre mich"   108—113

No.172. W.[ilhelm] Herrmann: Ueber Nacht „Hat dich der Sturm
         fortgeweht?"   114—115

No.173. [Etienne Nicolas] Méhul: Romanze [Joseph] aus der
         Oper: Joseph „Ich war Jüngling noch an Jahren"
         [I. Akt, Nr. 2]   116—117

No.174. [Gioacchino] Rossini: Cavatina [Desdemona] aus:
         Othello „Im Schatten einer Weide sass einst im tief-
         sten Leide" [III. Akt, aus Nr. 10]   118—119

Fünfter Band: Heft 25—30 [1830]:

No.175. J.[oseph] Haydn: Heller Blick „Ob ich dich liebe, fragest
         du?" [Hob. XXVIa, Nr. 35]   1—   5

No.176. F.[riedrich] Lindner: Die Rose „Es gleicht die Jugend einem
         schönen Garten"   5— 13

No.177. C.[arl] M.[aria] v.[on] Weber: Rhapsodie „Traurig! einsam
         welkst du hin Blume!" [Fr. Haug] [Jähns 70]   14— 16

No.178. C.[onradin] Kreutzer: Morgenandacht im Freien an
         einem Sonntage „Das ist der Tag des Herrn"   17— 19

No.179. [Johann Friedrich] Reichardt: Ächtes Glück „Ach umsonst
auf aller Länder Charten" (Schiller) — 20

No.180. [Wolfgang Amadeus] Mozart: „Ridente la calma nell' alma
si‚desti" — „Der Silfe des Friedens" (Jäger) [KV 210a
=152] — 21— 25

No.181. [Friedrich Franz] Hurka: Lob der weissen Farbe „Zartes
Weiss, die Feier meiner Lieder" (Müchler) — 26— 27

No.182. [Peter von] Winter: Aria [aus: Das unterbrochene Opfer-
fest] „Ich war, wenn ich erwachte" [I. Akt, Nr. 9] — 28— 31

No.183. [Friedrich Heinrich] Himm[el]: Der Abend auf dem
Wasser „Es tönt das Lied der Nachtigallen" (Müchler) — 32— 34

No.184. [Christian] Schreiber: Klage „Still ist die Nacht, in sanfter
Pracht" — 34— 35

No.185. C.[hristian] Schulz: Landlied ‹Duett› „Meine Schäfchen
Morgens früh" (Herders Volkslieder) — 36— 39

No.186. Adalbert Gyrowetz: Lied „Neben dir ist das liebste Plätzchen mir" — 39— 40

No.187. J.[oseph] Haydn: „Un tetto umil, cui cinge il faggio e il
pin" — „Ein kleines Haus, von Nussgesträuch"
[Hob. XXVIa, Nr. 45] — 41— 45

No.188. A. Kretzschmer: „Zu den Knaben will ich gehen" (Gottwalt) — 46— 47

No.189. [Wolfgang Amadeus] Mozart: Meine Wünsche „Ich möchte
wohl der Kaiser sein" [J. W. L. Gleim] [KV 539] — 48— 50

No.190. C.[arl] M.[aria] v.[on] Weber: Gebet um die Geliebte
„Alles in mir glühet zu lieben" [F.W. Gubitz]
[Jähns 166] — 50— 51

No.191. [Christian] Schmidt: Des Mägdleins Schmuck „Im Haare
den Kranz, am Busen den Strauss" (Dr. Deeken) — 52— 54

No.192. H. Werner: Sehnsucht „Ach einsam muss dies Herz verzagen" (C. H.) — 55

No.193. C.[arl] M.[aria] v.[on] Weber: Persisches Lied „Rosen
im Haare, den Becher zur Hand" [Nach dem Persischen des Hafis von Breuer] [Jähns 238] — 56— 57

No.194. W. Toeche: „Lass mich los, um Gotteswillen" (L. Tieck) — 58— 59

No.195. C.[arl] M.[aria] v.[on] Weber: An den Mond „Sanftes
Licht, weiche nicht" [G. Reinbeck] [Jähns 72] — 60

No.196. L.[ouis] Spohr: Wiegenlied „Eya popeya, so leise so lind" — 61

No.197. W.[ilhelm] Ehlers: Freie Künste „In unserm heut'gen
Geist der Zeiten" — 62— 64

No.198. Wiegenlied „Schlaf in guter Ruh, thu' die Aeuglein
zu" — 64— 65

No.199. C.[arl] Keller: Rondo „Wen glücklich seine Liebe macht" — 66— 71

No.200. Der Sänger, ‹Volkslied› „Schöne Mädchen, muntre
Knaben" — 72— 73

No.201.   A. Kretzschmer: Der ritterliche Sänger „In Lieb' entglüht, doch Harmes müde"   74— 75

No.202.   C.[arl] M.[aria] v.[on] Weber: Abschied, ‹Volkslied › „O Berlin, ich muss dich lassen" (2 Singst. mit oder ohne Pfte.-Begl.) [Jähns 208]   76— 77

No.203.   Canzonetta „Amo te solo te solo amai"   78— 79

No.204.   [Friedrich Ludwig] Seidel: Thekla, Eine Geisterstimme „Wo ich sei, und wo mich hingewendet" [Schiller]   80

No.205.   C.[onradin] Kreutzer: Lebewohl „Lebewohl, lebewohl mein Lieb!"   81— 85

No.206.   L.[ouis] Spohr: Der erste Kuss „Die Lippe brennt, die Wange glüht"   86— 89

No.207.   Mariand'l, ‹Volkslied › „Mariand'l ist so schön"   89— 92

No.208.   „Der Wein erfreut des Menschen Herz"   93— 95

No.209.   C.[arl] M.[aria] v.[on] Weber: Wunsch und Entsagung „Wenn ich ein Blümlein schau" [Castelli; Jähns 213]   96— 97

No.210.   A.[lbert] Methfessel: Lizidas „Könnt' ich ein Lüftchen sein!"   98— 99

No.211.   Franz Schubert: Wandrers Nachtlied „Der du von dem Himmel bist" (Göthe) [D 224]   99—100

No.212.   Franz Schubert: Der Wanderer „Ich komme vom Gebirge her" (Schmidt von Lübeck) [D 493]   101—107

No.213.   C.[onradin] Kreutzer: Scheiden und meiden „So soll ich dich nun meiden" [L. Uhland]   107—111

No.214.   [Mauro] Giuliani: „Flattre, flattre kleiner Vogel"   112—113

No.215.   Rondo „Es regt sich im Herzen ein nie gefühlt Verlangen"   114—118

No.216.   [Vincenzo] Righini: An eine Rosenknospe „Schönste Rosenknospe dieser Flur!"   118—119

Sechster Band: Heft 31—36 [1830]:

No.217.   C.[arl] M.[aria] v.[on] Weber: Volkslied „Weine, weine, weine nur nicht" [Jähns 231]   1— 5

No.218.   Nicolò d'Isouard: „Dans un délire extrême" — „Losreissend ohn' Erbarmen" [aus: Joconde]   6— 8

No.219.   C.[arl] M.[aria] v.[on] Weber: [Arie (Hassan)] Aus der Oper: Abu Hassan „O Fatime, meine Traute" [Jähns 106, aus N. 2]   8— 11

No.220.   [Daniel François Esprit Auber]: Romance aus: Fra Diavolo „Voyez sur cette roche" — „Auf jenen Felsenklippen"   12— 14

No.221. P.[io] Cianchettini: J'ai d'l'argent „J'ai d'l'argent, ah! Dieu, qu'e'est encourageant!" – „Ich hab' Geld, alles Trübe ist erhellt!" 14– 17

No.222. Gustav Nauenburg: Lied der Liebe „Durch Fichten am Hügel" (Mathisson [!]) 18– 20

No.223. [Luigi] Cherubini: Aria [Micheli] aus dem: Wasserträger „Guide mes pas, ô providence" – „Ha, segne Gottheit mein Bestreben" [I. Akt, Nr. 2] 21– 27

No.224. G.[ottlob] Wiedebein: Immer mehr „Ich möchte sie wohl sehen" (Eckermann) 28– 31

No.225. F.[riedrich] Hartmann: An Emma „Du forderst, o Emma ein Liedchen von mir" (Bouquet) 32– 35

No.226. [Gioacchino] Rossini: Tyrolienne aus: Wilh.[elm] Tell „Toi que l'oiseau ne suivrait pas" – „Von Lust belebt" [III. Akt, Nr. 15] 35– 38

No.227. H. Werner: Der arme Thoms „Thoms sass am hallenden See" (Falk) 39

No.228. [Karl Friedrich] Ebers: Die Hoffnung „Das [!] ein selig Band ihm bliebe" (Peucer) 40

No.229. L.[udwig] v.[an] Beethoven: Das glückliche Land „Kennst du das Land, wo die Zitronen blühn" (Göthe) [Op. 75, 1] 41– 47

No.230. [Jean-Pierre] Solié: Aus der Oper: Das Geheimniss „Femmes, voulez vous épouver" – „Weiber, euch setzt die Zeit ein Ziel" 48– 50

No.231. Vogue ma Nacelle, Duettino „Sur une onde tranquille" 51– 53

No.232. C.[arl] M.[aria] v.[on] Weber: Triolet „Keine Lust ohn' treues Lieben" [Carl Förster] [Jähns 256] 54– 55

No.233. Zigeunerliedchen „Nimmer frommen wirds den Stutzern" (Bardale: Sammlung auserlesener Volkslieder) 56– 58

No.234. [Joseph Carl] Ambrosch: „Nicht zur Erde senkt die Blicke" 58– 60

No.235. [Daniel François Esprit] Auber: [Barcarolle (Masaniello, Borella, Chor)] Aus der Oper: Die Stumme von Portici „Amis la matinée est belle" – „O! seht wie strahlet schön der Morgen" [II. Akt, Nr. 10, Arr. für eine Singst., Pfte.-Begl.] 61– 67

No.236. „Ich bin überall zu Hause" 68– 70

No.237. C.[arl] M.[aria] v.[on] Weber: Canzonetta „Ninfe, se liete viver bramate" – „Heitere Tage, Mädchen" [Jähns 124] 71– 75

No.238. F.[riedrich] Hartmann: Meerfahrt „Du meiner Leiden, du meiner Freuden, Heimathland" (Adelheid von Stolter) 76– 77

No.239. [Wolfgang Amadeus] Mozart: Romance „Brûlant d'amour et partant pour la guerre"   78— 79

No.240. A.[lbert] Methfessel: Der Abend „Der Abend schleiert Flur und Hain"   80

No.241. [Carl] Keller: „Kennst du der Liebe Sehnen?" — „Conosci tui martiri"   81— 88

No.242. [Nicolò] Mussini: Souvent l'amour „Souvent l'amour nous prouve son empire"   88— 90

No.243. Der Sänger „Der Sänger sah als kühl der Abend thaute"   91— 93

No.244. W. Werner: Alpenlied „Auf hoher Alp' wohnt auch der liebe Gott!" (Krummacher)   94— 95

No.245. [Wolfgang Amadeus] Mozart: Romanze [(Pedrillo) aus: Die Entführung aus dem Serail] „In Mohrenland gefangen war ein Mädel" [KV 384, 18]   96— 97

No.246. Die Blume „Ich lebe und liebe und weiter nichts"   98—100

No.247. C.[arl] M.[aria] v.[on] Weber: Reigen „Sagt mir an, was schmunzelt ihr" [Joh. Heinr. Voss] [Jähns 159]   101—109

No.248. F.[ranz] Schubert: Morgengruss „Guten Morgen, schöne Müllerin" (W. Müller) [D 795, 8]   110—111

No.249. [Benedict] Randhartinger: Christiane „Es stand ein Sternlein am Himmel" ([Matthias] Claudius)   112—115

No.250. C. H. Schmidt: Der wunde Ritter „Ich weiss eine alte Kunde" (H. Heine)   115—119

No.251. Die Stille „Wiege mich ein, du Mutter alles Trostes"   120

Siebenter Band: Heft 37—42 [1831]:

No.252. [Gioacchino] Rossini: Cavatina „Armes Herz, trag' deine Leiden" — „ Soffri amor per qualche istante"   1— 5

No.253. A.[lbert] Methfessel: An die Hoffnung „Es reden und träumen die Menschen so viel" (Fr. Schiller)   6— 7

No.254. F.[ranz] Otto: Ungeduld „Ich schnitt' es gern in alle Rinden ein" (W. Müller)   8— 10

No.255. J.[ean] M.[arie] Montù: Lied des Gefangenen „Wie lieblicher Klang! o Lerche"   11— 13

No.256. [J.F.] A.[rend]t: Still! Still! „Ich lag unter duftenden Rosen"   14— 15

No.257. Dr. d'Alquen: Wiegenlied „Liebchen, lass dich küssen" (Tiedge)   16— 17

No.258. Volkslied‹für ein oder zwei Stimmen› „Herzig Schatzerl, lass dich herzen"   18— 20

No.259. V.[incenzo] Bellini: Cavatina ‹Aus der Oper: La Straniera › „Mecco tu vieni, o misera" — „Komm mit mir, o du Arme"   21— 23

No.260.   [Johann Heinrich] Clasing: Der Bergmann „Der Bergmann
              lebt beim Grubenlicht"   24— 25

No.261.   „Que veut-il dire?" — „Was will das sagen?"   26— 29

No.262.   C.[arl] G.[ottlieb] Reissiger: Liebchens Erinnerung
              „Wie wohl ist mir im Herzen" (Op. 24)   30— 31

No.263.   Franz Otto: Abschied der Schwalben „Die Schwalben,
              ja die Schwalben" (Julius Mosen)   32— 33

No.264.   [J.F.] A.[rend]t: Des Kindes Traum „Horch Mutter,
              ich erzähle"   34— 40

No.265.   Franz Otto: Wunsch „Ach! wenn ich nur ein einzigmal"   41— 45

No.266.   C.[arl] G.[ottlieb] Reissiger: Einsamkeit „So sitz'
              ich oft alleine in stummer Sehnsucht da!" (Op. 42)   46— 49

No.267.   C.[!] F.[riedrich] Reichardt: Mignons Lied „Kennst du
              das Land, wo die Zitronen blüh'n" (Göthe)   50— 51

No.268.   Franz Otto: Frühlingsreigen „Du heller linder Abendwind"
              (Wilh. Müller)   52— 53

No.269.   Nicolò [Isouard]: Romance de l'Opéra: Cendrillon
              „Je suis modeste et soumise" — „Ich wandle still
              und bescheiden"   54— 56

No.270.   [J.F.] A.[rend]t: Thräne und Lied „Die Thräne perlt
              aus weichem Herzen"   56— 57

No.271.   A.[lbert] Methfessel: Sängers Morgenlied „Süsses Licht
              aus goldnen Pforten"   58— 60

No.272.   F.[erdinand] Hérold: Ballade [Camilla] aus der Oper:
              Zampa „D'une haute naissance" — „In dem Schmuck
              erster Jugend" [I. Akt, Nr. 2]   61— 67

No.273.   Franz Otto: An Maria „Ich sah' in die blaue unendliche See"   68— 71

No.274.   [J.F.] A.[rend]t: Klage der Veilchen, die im Mai ihren
              Duft verlieren „Am stillen Hügel, im Laube verhüllt"
              (Aus dem Roman: Paul Cliffort)   72— 73

No.275.   Franz Otto: Ubi bene, ibi patria „Ich bin überall zu Hause"   74— 76

No.276.   F.W. [Johann Friedrich] Reichardt: Das Unwandelbare
              „Unaufhaltsam enteilet die Zeit" (Schiller)   77

No.277.   C.T. Moritz: Der Fischer „Der Fischer ruht im Nachen"
              (Gramberg) [Op. 5]   78— 80

No.278.   [Antonio] Salieri: Duett (Astasia, Tarar) aus: Axur
              „Hier, wo die Frühlingslüfte"   81— 87

No.279.   Franz Otto: Aus der Ferne „Am stillen Hain im Abendschein"   88— 91

No.280.   [J.F.] A.[rend]t: Zu dir! „Zu dir, du meiner Seele"   92— 96

No.281.   Haidenröslein „Sah ein Knab' ein Röslein stehn"
              (Göthe)   96— 97

No.282.   [J.F.] A.[rend]t: Die Erwartung „Fliege Schiffchen
              durch die Rosen" (A.[rend]t)   98— 99

No.283.   Nachtlied der Schiffer, Neugriechisches Volkslied
          „Mond du mein Freund" (Bardale: Sammlung auser-
          lesener Volkslieder)   100

No.284.   Franz Otto: Das kranke Kind, Romanze „In finstrer
          Kammer, um Mitternacht"   101–109

No.285.   Les yeux noirs et les yeux bleus „Aime les yeux
          noirs, si tu veux"   110–111

No.286.   [J. F.] A.[rend]t: Boleros „Speranza più bel dono" –
          „Dir will ich Tempel bauen"   112–117

No.287.   F.[riedrich] Hartmann: Sehnsucht „Lüftchen woher und
          wohin" (J.J.v. Wessenberg)   118–119

No.288.   Ed.[uard] Fein: Was nicht schadet „Mädchen zu küssen,
          ei, schadet ja nicht!"   120

Achter Band: Heft 43–48 [ca. 1832]:

No.289.   F.[ranz] Otto: Heimweh „Nach der Heimath möcht ich
          wieder" (C. Beils)   1– 3

No.290.   [J.F.] A.[rend]t: Herein „Was lauscht herein zum Fenster-
          lein?"   4– 7

No.291.   Canzonetta für drei Stimmen „Già riede primavera" –
          „Schon kehrt der Frühling wieder" (S, T, B, Pfte.-
          Begl. oder S, T, B)   8– 13

No.292.   [J.F.] A.[rend]t: Liebchens Schätze „Schöne Mädchen,
          holde Frauen" (Oettinger)   14– 17

No.293.   F.[ranz] Otto: Der erste Mai „Auf würz'gen Blüthenwogen"
          (A.[rend]t)   18– 19

No.294.   [J.F.] A.[rend]t: Gold und Silber „Gold und Silber preis'
          ich sehr"   20

No.295.   Volkslied „Wenn ich heirath', sagt' ich"   21– 23

No.296.   F.[ranz] Otto: Bauernregel „Im Sommer such' ein Lieb-
          chen dir" (Uhland)   24– 29

No.297.   [J.F.] A.[rend]t: „Que veut-il dire?"   30– 31

No.298.   Franz Otto: Des Sängers Liebesweh „Was lispelt in den
          Zweigen" (Julius Riedrich)   32– 33

No.299.   [J.F.] A.[rend]t: Der Genügsame „Zwei Fäuste zur Ar-
          beit" (Geo. Keil)   34– 35

No.300.   Volkslied „Wann i in der Früh aufsteh' "   36– 37

No.301.   [J.F.] A.[rend]t: Der Wächter „In Schlummer wieget
          mich die Nacht" (Schnezler)   38– 40

No.302.   W. Osthoff: Vertrauen auf Gott „Zu Gott will ich mich
          wenden" (C. Franke)   41– 43

No.303.   Franz Otto: Frühlings Ahnung „O sanfter süsser Hauch"   44– 48

No.304. [J.F.] A.[rend]t: Altes Lied „Ich hör' von tausend Freuden"   48— 51

No.305. W. Osthoff: Neckendes Lied „Eines guten Hauses Kind" (Nach dem Ungarischen: Feludi)   52— 53

No.306. Franz Otto: Küssen und Weinen „Man kann nicht immer fröhlich sein" (Otto Graf von Loeben)   54— 57

No.307. F.[ranz] Otto: Trockene Blumen „Ihr Blümlein alle, die sie mir gab" (W. Müller)   58— 60

No.308. W.Osthoff: Der Zigeunerknabe „Weiss nicht, wo ich geboren"   61— 63

No.309. Franz Otto: Das Lied vom Scheiden „Drängt wohl sich auch beim Scheiden" (C.F.Fischer)   64— 70

No.310. W.Osthoff: Abendständchen „Du Liebesliedchen schwebe zum Fensterchen hinauf"   70— 71

No.311. [J.F.] A.[rend]t: Die Nachbarin „Mein Stübchen ist mir lieber"   72— 74

No.312. H. Werner: Der Hirtenknabe an die Himmelsschäfchen „Was treibt ihr dort in ferner Höh' "   74— 75

No.313. Franz Otto: An Sie „Holdes Blümchen des Mai" (F. Keilholz)   76— 78

No.314. Franz Otto: Schäfers Sonntagslied „Das ist der Tag des Herrn!" (Uhland)   79— 81

No.315. Franz Otto: Schäfers Sonntagslied „Das ist der Tag des Herrn!" (Uhland)   83— 87

No.316. W.Osthoff: Lied „So fliesst ihr denn, ihr heissen Thränen nimmer"   88— 89

No.317. Franz Otto: Nachts „Dem stillen Hause blick' ich zu" (Wiland [!])   90— 94

No.318. Franz Otto: Ueber die See! „Ueber der See wogende Höh" (Aus dem Englischen des T. Moore)   95— 98

No.319. H. Werner: Aus dem Alpenröslein „Stand ein Röslein wunderschön"   98— 99

No.320. H. Werner: Romanze „Im Blüthenduft der stillen Nacht"   100—102

No.321. Franz Otto: Brautgesang „Das Haus benedei ich und preiss' es laut"   103—111

No.322. [J.F.] A.[rend]t: Die Boten „Mondenschein, süsser Mondenschein!"   112—113

No.323. Fra[n]z Otto: Vorabend „Was streift vorbei im Dämmerlicht?" (Wiland [!])   114—118

No.324. W. Werner: Todtengräberlied „Grabe Spaden, grabe!" [Nach Shakespeare]   118—119

No.325. Treue Liebe „Wie ein Gestirn um Mitternacht"   120—121

Neunter Band: Heft 49–54 [ca. 1833]:

No.326. Fr.[anz] J. Skraup: Der Schiffer „Neulich Abends, als
mein Schiffchen"   1– 4

No.327. Franz Otto: Warnung „Vor den Fenstern lasst euch
warnen" (Julius Mosen)   4– 10

No.328. F.[ranz] J. Skraup: Lied „Im süssesten Rausche der Jugend"   11– 13

No.329. Franz Otto: Da drüben „Da drüben über'm Walde"
(Julius Mosen)   14– 16

No.330. Friedrich Nohr: Der Liebe Sehnen „Hier steh' ich auf
dem Hügel"   17– 18

No.331. Franz Otto: Liebesgeständniß „Ach sel'gen Liebesglanz
erschau ich ferne" (L. Richter)   19– 20

No.332. [Gioacchino] Rossini: Cavatina [Uberto] nel: Donna del
Lago „Aurora! che sorgerai avversa ognor per me?" –
„Der Freiheit goldne Stunden" [II. Akt aus Nr. 13]   21– 23

No.333. Franz Otto: Aus der Ferne „Am stillen Hain, im Abendschein" (S I, II)   24– 29

No.334. Fr.[iedrich] Nohr: Winterlied „Keine Blumen blühn, nur
das Wintergrün" (Hölty)   30– 31

No.335. Franz Otto: Der erste Kuß „Die Lippe brennt, die Wange
glüht"   32– 37

No.336. C.[hristian] G.[ottlieb] Belcke: Abendlied im Herbst
„Alles ruht in Thal und Gründen" (E. Müller)   38– 40

No.337. Conradin Kreutzer: Siegfried's Schwerdt „Jung Siegfried
war ein stolzer Knab' " (L. Uhland)   41– 47

No.338. Friedrich Nohr: Sehnsucht „Wie so ganz dahin gegeben"
(Louise Brachmann)   48– 49

No.339. C.[hristian] G.[ottlieb] Müller: Aufforderung „Eine
hohe Hahnefeder steck' ich auf meinen Hut"   50– 55

No.340. Conradin Kreutzer: Fräuleins Wache „Ich geh all' Nacht
die Runde" (L. Uhland)   56– 59

No.341. Sal.[omon] Burckhardt: Sehnsucht „Ueber die Wolken
hin" (Montano)   60

No.342. Franz Otto: Rabenlied „Zwei Raben flogen um einen
Stein" (Julius Mosen)   61– 64

No.343. Conradin Kreutzer: Das traurige Turnei, Ballade „Es
ritten sieben Ritter" (L. Uhland)   65– 75

No.344. F.[erdinand] Stegmayer: Die Thräne „Zerdrück die Thräne
nicht in deinem Auge" (Herlossohn)   76– 82

No.345. F.[erdinand] Stegmayer: Alles aus Liebe „Wenn ich schlafe,
wenn ich wache" (G. Keil)   83– 86

No.346. Fr.[anz] Otto: Klage „Still ist die Nacht, in sanfter Pracht"   87– 88

No.347. Sal.[omon] Burckhardt: Eile „Es flog ein Zeisig durch den Wald" (Voigt)   88— 89

No.348. C.[hristian] G.[ottlieb] Müller: An Mignon „Ueber Thal und Fluss getragen" (Göthe)   90— 91

No.349. Sal.[omon] Burckhardt: Nachtlied „Sterne mit den goldnen Füsschen" (Heine)   92— 93

No.350. Franz Otto: Abschied vom Lande „Lebet wohl, ihr lieben schönen Auen"   94— 96

No.351. Sal.[omon] Burckhardt: Glück „Willst du des Armen dich gnädig erbarmen" (Fr. Tieck)   96— 97

No.352. Conradin Kreutzer: Graf Eberstein „Zu Speier, im Saale, da hebt sich ein Klingen" [L. Uhland]   98— 99

No.353. F.[ranz] Skraup: Lied „Wenn du mich liebst, so sehr als ich dich liebe"   100—102

No.354. Conradin Kreutzer: Sängers Vorüberziehen „Ich schlief am Blüthenhügel" (2 Singst., Pfte.)   103—108

No.355. Fr.[iedrich] W.[ilhelm] Jähns: Trinklied „So schlagen wir die Grillen todt" (Hoffmann von Fallersleben)   109—111

No.356. Franz Otto: Der Herbstabend „Traurig tönt im falben Strauche"   112—116

No.356. [recte: 357] F.[erdinand] Stegmayer: Es ist ein Reif gefallen „Es ist ein Reif gefallen in einer Frühlingsnacht" (E. Ferrand)   116—121

No.358. Fr.[iedrich] W.[ilhelm] Jähns: Der Ungenannten „Auf eines Berges Gipfel"   122—123

Arion. Sammlung auserlesener Gesangstücke mit Begleitung der Guitarre.

Braunschweig, bei F. Busse.

Band 1. [1828] —6.[ca. 1830].

DK Kk (1. [1828], 1, 2*)

1. Band (1828]

1. Heft:

No. 1. W.[olfgang] A.[madeus] Mozart: An Chloe „Wenn die Lieb' aus deinen blauen, hellen, offnen Augen sieht" [Johann Georg Jacobi] [KV 524]   1— 3

No. 2. Louise Reichardt: Das Mädchen am Ufer „Es singt ein Vöglein witt, witt, witt"   4— 5

No. 3. G.[ustav] Döring: Das Veilchen und das Mädchen „Mädchen sieh das Veilchen an"   6

No. 4. C.[arl] Keller: Rondo „Der holden Blumen bunter Schimmer"   7— 11

No. 5.   W. Osthoff: Lied aus Gabriele „O lasst mich ruhn an die-
          ser lieben Stelle"   12— 13

No. 6.   C.[arl] M.[aria] v.[on] Weber: Maienblümlein „Maien-
          blümlein so schön" [August Eckschläger] [Jähns 117]   14

No. 7.   [Wolfgang Amadeus] Mozart: Aria (Tamino) aus der
          Oper: Die Zauberflöte „Dies Bildniss ist bezaubernd
          schön" [KV 620, 3]   15— 18

No. 8.   J.[ohann] F.[riedrich] Reichardt: Lied der Nacht „Im
          Windsgeräusch in dunkler Nacht" [Tieck]   18— 19

No. 9.   So oder so! „Klein oder gross! was kümmert mich die
          Länge" (Th. Hell)   20— 21

No. 10.   C.[arl] Keller: Ariette „Wen glücklich seine Liebe macht"   22— 25

No. 11.   C.[arl] M.[aria] v.[on] Weber: Volkslied „Mein Schat-
          zerl is hübsch!" [Jähns 234]   26

No. 12.   C.[arl] M.[aria] v.[on] Weber: Die freien Sänger „Vög-
          lein hüpfet in dem Haine" [Friedrich Förster]
          [Jähns 198]   27

No. 13.   Ständchen an Luise „Leise rauscht es in den Bäumen"   28

2. Heft:

No. 14.   Lied „Lüftchen ihr plaudert so viel und so laut"   29

No. 15.   C.[arl] M.[aria] v.[on] Weber: [Lied] „Meine Lieder,
          meine Sänge" [Wilhelm Graf von Löwenstein-Werth-
          heim] [Jähns 73]   30— 32

No. 16:   J.[Gioacchino] Rossini: Morgen-Ständchen „Ecco ridente
          il cielo" — „Schon glänzt die Morgenröthe" [Il Bar-
          biere di Seviglia, I. Akt, aus Nr. 1]   32— 33

No. 17.   C.[arl] M.[aria] v.[on] Weber: Das Veilchen im Thale
          „Ein Veilchen blüht im Thale" [Friedrich Kind]
          [Jähns 217]   34— 35

No. 18.   P.[eter] v.[on] Winter: Aria „Ich war, wenn ich erwachte"   35— 38

No. 19.   C.[arl] M.[aria] v.[on] Weber: Wiegenlied „Schlaf',
          Herzens Söhnchen" [F. K. Hiemer] [Jähns 96]   39

No. 20.   P.[eter] Lindpaintner: Stille Liebe „Treu geliebt und still
          geschwiegen"   40— 41

No. 21.   C.[arl] M.[aria] v.[on] Weber: [Lied aus:] Der arme
          Minnesänger „Lass mich schlummern" [A.v. Kotze-
          bue] [Jähns 112]   41— 42

Museum für Pianoforte Musik und Gesang, herausgegeben von A.[ugust] Mühling.
Halberstadt bey C. Brüggemann. Eigenthum des Verlegers.
Jahrgang 1. [1828] —4.[1831].

D Bds (1. [1828], 11; 2. [1829], 2–7; 3. [1830], 2, 4; 4. [1831], 1, 3–4);
Bhm (1. [1828], 1); Mbs (1. [1828] –3. [1830])

1. Jahrgang [1828]

1. Heft:

No. 1.	Fr.[iedrich] Lindner: Adagio et Polonoise	1– 6
No. 2.	[Vincenzo] Righini: Marsch aus dem: Befreiten Jerusalem [= Armida al Campo de' Franchi]	7
No. 3.	Fr.[iedrich] Lindner: Lied „Wenn ich ein Vöglein wär"	8
No. 4.	[François-Adrien] Boyeldieu [!]: Chor aus der: Weissen Frau [= La Dame Blanche]	9– 12

2. Heft:

No. 5.	Carl Erfurt: Thema con Variazioni	13– 19
No. 6.	Carl Erfurt: An eine Nachtigall „Liebe Flöterin" (Heine)	20
No. 7.	M.[oritz] Hauptmann: Ecossaise	21
No. 8.	J.[oseph] Haydn: Rondo [Hob. XVI, Nr. 27, III]	22– 24

3. Heft:

No. 9.	M.[oritz] Hauptmann: Polonoise	25– 26
No. 10.	F.[riedrich] Lindner: Menuetto	27
No. 11.	A.[ugust] Mühling: Frühlingsbote „Wie so lieblich hallen Deine Lieder" (A. Brüggemann) (Ursprünglich für 4 Männerst. componirt)	28– 29
No. 12.	F.[riedrich] Lindner: Tanz (Pfte. 4hdg.)	30– 33
No. 13.	[Daniel François Esprit] Auber: Duetto aus der Oper: Der Maurer und der Schlosser [= Le Maçon] (Pfte.)	34– 36

4. Heft:

No. 14.	Rud.[olphe] Kreuzer [!]: Divertimento	37– 42
No. 15.	A.[ugust] Mühling: Die Betende „Laura betet!"	43
No. 16.	A.[ugust] Mühling: Andantino (con) Menuetto	44– 46
No. 17.	A.[ugust] Mühling: Allegretto Fugato	47
No. 18.	W.[olfgang] A.[madeus] Mozart: Menuetto [KV 576 b = 355]	48

5. Heft:

No. 19.	M.[oritz] Hauptmann: Walzer	49
No. 20.	Fr.[iedrich] Lindner: Ouverture aus dem Ballet: Der Maler	50– 53
No. 21.	Fr.[iedrich] Lindner: Allegro vivace	54
No. 22.	A. Kretzschmer: Lied aus der Steiermark „Wie d'Wölkern am Himmel"	55

No. 23.   [Daniel François Esprit] Auber: Introduction und Chor
          aus der Oper: Der Maurer und der Schlosser (Pfte.)   56— 60

6. Heft:

No. 24.   A.[ugust] Mühling: Rondo   61— 68
No. 25.   Carl Erfurt: Lied „Wär' ich ein Vögelein"   69
No. 26.   C.[arl] M.[aria] v.[on] Weber: Finale aus der Oper:
          Silvana (Pfte.) [Jähns 87, N. 19]   70— 72

7. Heft:

No. 27.   [Pierre] Rode: Rondo   73— 80
No. 28.   Sophus Friedrich: Wiegenlied „Schlafe Vögelein im Walde"
          (K. Besselt nach dem Lettischen)   81
No. 29.   F.[riedrich] W.[ilhelm] Sörgel: Geschwind Walzer   82
No. 30.   J.[oseph] Wolfram: Introduction und Chor aus der
          Oper: Die bezauberte Rose (Pfte.)   83— 84

8. Heft:

No. 31.   C.[arl] W.[ilhelm] Greulich: Sonate (Allegro ma con
          grazia — Romanze — Rondo)   85— 95

9. Heft:

No. 32.   A.[ugust] Mühling: Menuetto   97—100
No. 33.   C.[arl] Eberwein: Des Mädchens Klage „Der Eichwald
          brauset, die Wolken ziehn" [Schiller]   101—103
No. 34.   H. A.[ugust] Zschiesche: Marcia   104
No. 35.   F.[erdinand] Hérold: Cavatine, Barcarolle, Romanze
          aus der Oper: Marie (Pfte.)   105—108

10. Heft:

No. 36.   Fr.[iedrich] Schneider: Andantino   109
No. 37.   Fr.[iedrich] Schneider: Allegretto mit Variationen
          (Var. 1—3)   110—111
No. 38.   M.[oritz] Hauptmann: Minnelied „Holder klingt mir
          Vogelgesang" (Hölty)   112—113
No. 39.   G.[ustav] W.[ilhelm] Teschner: Walzer   113
No. 40.   F.[riedrich] W.[ilhelm] Sörgel: Polonoise   114—115
No. 41.   M.[oritz] Hauptmann: Eccossaise [!]   115
No. 42.   J.[oseph] Haydn: Rondo aus der Sinfonie in C
          [Hob. I, Nr. 97, IV]   116—120

11. Heft:

No. 44.   Carl Erfurt: Rondo alla Turca   121—129

No. 45. Carl Erfurt: Scheerenschleifers Morgenlied „Da ist das
         liebe Morgenlicht" (A. Brüggemann)   130—131

No. 46. C.[arl] M.[aria] v.[on] Weber: Allegretto aus der Oper:
         Silvana [Jähns 87, aus N. 1]   131

No. 47. C.[arl] M.[aria] v.[on] Weber: Chor aus der Oper:
         Euryanthe (Pfte.) [Jähns 291, N. 9, Beginn des
         Finale]   132

12 Heft:

No. 48. C.[arl] G.[ottlieb] Reißiger: Rondino   133—138

No. 49. A.[ugust] Mühling: Im Frühling „Am Fenster steh' ich
         stundenlang" (F. H. Slawik)   139

No. 50. F.[riedrich] W.[ilhelm] Grund: Marcia (Pfte. 4hdg.)   140—141

No. 51. J.[Gioacchino] Rossini: Cavatine [Rosine] aus der
         Oper: Der Barbier von Sevilla [I. Akt, 5. Szene]
         (Pfte.)   142

2. Jahrgang [1829]

1. Heft:

No. 1. C.[arl] Angelus de Winkhler: Bagatelle ou Variations sur
         un thème favori (Introduzione—Thema—Var. 1—6)   1— 6

No. 2. Kretzschmer: Abendlied „Guten Abend, lieber Monden-
         schein!" (W. Müller)   7— 8

No. 3. [August] Mühling: Prestissimo   8

No. 4. Ph.[ilipp] Eman.[uel] Bach: Allegro di molto   9— 10

No. 5. V.[incenzo] Righini: Marsch aus dem: Befreiten Jerusa-
         lem [= Armida al Campi de' Franchi]   11— 12

2. Heft:

No. 6. [Wolfgang Amadeus] Mozart: Andante aus einem Bogen-
         Quartett [KV 464, III] (Pfte.)   13— 16

No. 7. C.[arl] Eberwein: Sie, Er „Himmel unter und über uns" 17— 18

No. 8. [Friedrich Wilhelm] Sörgel: Rondo in Walzerform   19— 24

3. Heft:

No. 9. Carl Eberwein: Ouverture zu: Proserpina (Kl. A.: Carl
         Eberwein)   25— 30

No. 10. Heinrich Marschner: Lied (Zetulbe) aus dem Schauspiel:
         Ali Baba „Arbeit und Gesang sind gar treue Schwe-
         stern" (Th. Hell)   31

No. 11. [George] Onslow: Arie aus dem: Hausirer „Holden Schö-
         nen hier zu fröhnen" (Pfte. 4hdg.)   32— 33

No. 12. J. [Gioacchino] Rossini: Intermezzo aus der Oper: Der
         Barbier von Sevilla   34— 35

No. 13.   C.[arl] G.[ottlob] Reißiger: Langsamer Walzer   36

4. Heft:

No. 1(4) M.[oritz] Hauptmann: Rondo   37– 41
No. 15.   Fr.[iedrich] Schneider: Frühlingseinzug „Die Fenster auf,
          die Herzen auf!" (W. Müller) (S I, II, Pfte.)   42– 43
No. 16.   W.[olfgang] A.[madeus] Mozart: Aria [D. Ottavio] aus
          der Oper: Don Juan [Il mio tesoro in tanto]
          [KV 527, 22] (Pfte.)   44– 48

5. Heft:

No. 17.   A.[ugust] Mühling: Marcia   49– 52
No. 18.   G.[ottfried] W.[ilhelm] Fink: Der Verlassene „Ich gehe,
          weil es mir von Herzen gefällt" (G. W. Fink)   53
No. 19.   G.[ustav] W.[ilhelm] Teschner: Walzer   54
No. 20.   C.[arl] F.[riedrich] Ebers: Paganini oder Glöckchen-
          Walzer für das Piano-Forte   54– 56
No. 21.   C.[arl] F.[riedrich] Ebers: Variazioni sopra un thema
          originale composte da N. Paganini [Op. 1] (Thema –
          Var. 1–5)   57– 58
No. 22.   [Daniel François Esprit] Auber: Barcarole (Pietro) aus
          der Oper: Die Stumme von Portici (Pfte.)   59– 60
No. 23.   H.A.[ugust] Zschiesche: Walzer   60

6. Heft:

No. 24.   C.[arl] F.[riedrich] Ebers: Potpourri aus der Oper:
          Der Klausner von Caraffa   61– 72

7. Heft:

No. 25.   C.[arl] Erfurt: Rondino   73– 77
No. 26.   Julius Schneider: Fischerlied „Fischer hat ein schönes
          Seyn" (v. Schlechta)   78
No. 27.   F.[riedrich] W.[ilhelm] Grund: Walzer   79
No. 28.   C.[arl] F.[riedrich] Müller: Con spirito   80– 82
No. 29.   [Friedrich Ludwig Aemilius] Kunzen: Aus der dänischen
          Oper: Holger Danske ‹Oberon›   82– 84

8. Heft:

No. 30.   Julius Schneider: Variationen auf das Wiegenlied von Carl
          M.v. Weber (Thema – Var. 1–8)   85– 90
No. 31.   H.[einrich] Enkhausen [!]: Die Traeume „Da steh' ich
          sehnend im Feld' und schau"   91
No. 32.   Carl Erfurt: Geschwind-Walzer ueber ein Thema aus:
          Oberon [C. M. v. Weber; Jähns 306]   92

No. 33. [Daniel François Esprit] Auber: Allegretto aus der Oper:
               Die Braut [= La Fiancée] (Pfte.)   93— 94

No. 34. [Daniel François Esprit] Auber: Allegretto aus der Oper:
               Die Braut (Pfte.)   94— 96

9. Heft:

No. 34. [!] Fr.[iedrich August] Belcke: Nach beliebten Melodien
               aus der Oper: Die Stumme von Portici [Auber]
               (Op. 46)   97—103

No. 35. F.[riedrich] W.[ilhelm] Grund: Allegretto (Pfte. 4hdg.)   104—105

No. 36. C.[arl] Eberwein: Tischlied zu: Leonore, Act III
               „Was brauchen wir weiter" [Holtei] (Singst., Pfte.)   106—107

No. 37. [Gioacchino] Rossini: Aus der Oper: Graf Ory [II. Akt,
               1. Szene, Duett „Sereni qui di pace in seno"] (Pfte.)   108

10. Heft:

No. 38. A.[ugust] Mühling: Arie aus: Fanchon von Himmel mit
               Variationen (Thema — Var. 1—9) (Pfte.)   109—117

No. 39. C.[arl] M.[aria] v.[on] Weber: Aus der Oper: Eury-
               anthe [Jähns 291, III. Akt, N. 21 „Der Mai, der Mai"] 117

No. 40. C.[arl] Erfurt: Der holde Gefaehrte „Ich steig' auf die
               Berge" (A. Brüggemann)   118—119

No. 41. M.[oritz] Hauptmann: Ecossaise   119

No. 42. Carl Erfurt: Walzer nach einem Thema aus dem: Maurer
               [D.F.E. Auber]   120

11. Heft:

No. 43. [Heinrich] Enckhausen: Rondo   121—125

No. 44. Fr.[iedrich] Lindner: Marcia   126—128

No. 45. [Friedrich Wilhelm] Sörgel: Quadrille   128

No. 46. Bergen: Lied in der Fremde „Einsam? nein das bin ich
               nicht!"   129

No. 47. L.[ouis] Spohr: Aus der Oper: Faust   130—132

No. 48. [Friedrich Wilhelm] Sörgel: Walzer   132

12. Heft:

No. 48. [!] Ferd.[inand] Ries: Rondo a la Tedeska [!], Op. 157,
               Nr. 2   133—140

No. 49. S.[elmar] Seiffart: Wenn! „Wenn ich ein Maler wär' "
               (Emil Reiniger)   141

No. 50.   Walzer aus der Oper: Joconde [nach dem Thema
               der Romance „Dans un délire extrême", Isouard]   142—143

No. 51. V.[incenzo] Righini: Triumphmarsch   143—144

3. Jahrgang [1830]

1. Heft:

No. 1. H.[einrich] Marschner: Rondino, Œuv. 58   1— 9

No. 2. [George] Onslow: Aus der Oper: Der Hausirer
        (Pfte. 4hdg.)   10— 11

No. 3. Max Eberwein: Der Harfnerin Klagen „Wo blüht das
        Thal, wo Liebe sich ew'ge Kränze flicht"   12

2. Heft:

No. 4. [Friedrich Wilhelm] Sörgel: Tema con Variationi [!]
        (Thema — Var. 1—6)   13— 19

No. 5. H.[einrich] Enckhausen: Andante   19— 20

No. 6. C.[arl] W.[ilhelm] Greulich: Die Gewaehrung „Darf
        mein Lied dir leis' erklingen?" (W. Fischer)   21

No. 7. F.[riedrich] Schneider: Rondo   22— 23

No. 8. [Gioacchino] Rossini: Aus der Oper: Graf Ory [I. Akt,
        Finalszene, Duett „La sorte già col suo rigor"]
        (Pfte.)   24

3. Heft:

No. 9. H.[einrich] Enckhausen: Sonate (Allegro Maestoso)   25— 29

No. 10. H. A.[ugust] Zschiesche: Polonoise   30— 31

No. 11. Sophus Friedrich: An mein Herz „Lass dich nicht irren,
         Herz" (Schink)   32

No. 12. C.[arl] Erfurt: Walzer   33

No. 13. C.[arl] Eberwein: Ballet aus der Oper: Graf von Gleichen   34— 36

4. Heft:

No. 14. A.[ugust] Mühling: Allegretto Siciliano   37— 41

No. 15. Ditfurt: Staendchen „Ruhe süss Liebchen im Schatten"
         [Ludwig Tieck]   42— 43

No. 16. C.[arl] Erfurt: Polonoise   44— 45

No. 17. C.[arl] M.[aria] v.[on] Weber: Chor aus der Oper:
         Silvana [Jähns 87, I. Akt, N. 3, Jägerchor „Halloh,
         im Wald nur lebt' sich's froh"] (Pfte.)   46— 47

No. 18. C.[arl] M.[aria] v.[on] Weber: Aus der Oper: Silvana
         [Jähns 87, III. Akt, N. 19, Finale „Singet, tanzt,
         die Becher leeret"] (Pfte.)   48

5. Heft:

No. 19. D.[aniel] S.[iegmeier] Siegel: Variationen über ein
         Thema aus: Das befreite Jerusalem von Righini
         (Op. 49)   49— 55

No. 20. F.[ranz] X.[aver] Chwatal: Staendchen „Liebchen, lausche meinen Tönen" (Carus) 56

No. 21. [Johann] Sebastian Bach: Air [BWV 830] 57

No. 22. C.[arl] Fr.[iedrich] Ebers: Andantino teneramente 58— 60

6. Heft:

No. 23. F.[riedrich August] Belcke: Polonoise 61— 63

No. 24. F.[riedrich August] Belcke: Andantino 63— 65

No. 25. M.[oritz] Hauptmann: Seufzer „Die Nachtigall singt überall" 66

No. 26. W.[ilhelm] Taubert: Scherzo 67— 71

No. 27. L.[ouis] Spohr: Cavatina aus der Oper: Faust (Pfte.) 71— 72

7. Heft:

No. 28. G. Müller: Rondo über Melodien aus der Oper: Die Stumme von Portici [D.F.E. Auber] (Op. 12) 73— 82

No.[29] Kretzschmer: Rascher Walzer „Mädchen sind wie der Wind" (Singst., Pfte.) 83

No. 30. G.[ustav] W.[ilhelm] Teschner: Walzer 84

8. Heft:

No. 31. F.W. Lerche: Grande Walse brillante 85— 89

No. 32. C.[arl] G.[ottlieb] Reissiger: Schnell-Walzer 89

No. 33. F.[riedrich] W.[ilhelm] Grund: Marcia (Pfte. 4hdg.) 90— 91

No. 34. Carl Helmholz: Lisels Brautlied „Mädels sagt es laut" (Schubart) 92

No. 35. C.[arl] Fr.[iedrich] Ebers: Allegro Scherzando (nach Caraffa) 93— 96

9. Heft:

No. 36. Heinrich Marschner: Ballet aus der Oper: Lucretia (Kl.A.: Heinrich Marschner) 97—104

No. 37. A.[ugust] Mühling: Andantino grazioso (Thema — Var. 1—4) 104—107

No. 38. Carl Erfurt: Lied „Uns ist ein Sternlein aufgegangen" (Krummacher's Festbüchlein) 108

10. Heft:

No. 39. Julius Schneider: Rondo 109—115

No. 40. H.[einrich] Enckhausen: An die Scheidende „Hab' oft mit Dir gesprochen" (Seidl) 116

No. 41. J.[Gioacchino] Rossini: Duetto [Rosina, Figaro] aus der Oper: Der Barbier von Sevilla [I. Akt, Nr. 7 „Dunque io son"] (Pfte.) 117—120

11. Heft:

No. 42.   Georg Müller: Walzer   121—122

No. 43.   Georg Müller: Hopswalzer   123—124

No. 44.   Max Eberwein: Marcia Brillante   124—126

No. 45.   Vivace   126—127

No. 46.   Vivace   127—128

No. 47.   Böttcher: Rondo   128—131

No. 48.   Bergen: Staendchen „Leise rauscht es in den Bäumen"   132

12. Heft:

No. 49.   C.[arl] G.[ottlieb] Reissiger: Rondino   133—136

No. 50.   F.[riedrich] W.[ilhelm] Grund: Walzer   137

No. 51.   Carl Erfurt: Jaegers-Braut „Mein Schatz, das ist
          ein Jägersmann"   138—139

No. 52.   F.[riedrich] W.[ilhelm] Grund: Walzer   139—140

No. 53.   [Johann] S.[ebastian] Bach: Aria [BWV 828]   140—142

No. 54.   C.[arl] M.[aria] v.[on] Weber: Ballet aus der Oper:
          Silvana [Jähns 87, II. Akt, N.12]   142—(144)

4. Jahrgang [1831]

1. Heft:

No.   1. C.[arl] Erfurt: Variations mignonnes sur un thème
          de Paganini (Op. 10, Liv. 1)   1—   7

No.   2. C.[arl] Erfurt: Variations mignonnes sur un thème ori-
          ginal (Op. 10, Liv. 2)   7— 12

3. Heft:

No.7—17. Charles Erfurt: Valses brillantes Oe. 11   25— 36

4. Heft:

No. 18.   C.[arl] Arnold: Divertimento pastorale   37— 42

No. 19.   Carl Erfurt: Klarer Himmel „Wie das Herz sich wieget"   43— 45

No. 20.   C.[hristian] F.[riedrich] Ehrlich: Sehnsuchtswalzer   46

No. 21.   C.[hristian] F.[riedrich] Ehrlich: Walzer   47

No. 22.   C.[arl] F.[riedrich] Ebers: Marsch aus der Oper: Esther   48

Orpheus. Sammlung auserlesener mehrstimmiger Gesänge ohne Begleitung.
(6 bis 12 Hefte jährlich.)

Braunschweig, in Commission bei F. Busse.

Band 1. [1828] –5. [ca. 1830]. Partitur. Vier Stimmbücher (T I, II, B I, II)

D DÜk (1. [1828] – 5. [ca. 1830]); Mbs (1. [1828]) – **GB** Lbm (1. [1828])

Erster Band: Heft 1–6 [1828]:

No. 1.   P.[eter von] Winter: „Mir ist auf der Welt"

No. 2.   [Carl] Spazier: „Wie hehr im Glase blinket"

No. 3.   [Albert] Methfessel: „So mancher mögt ihr Blümchen sein"

No. 4.   W. Osthoff: „Was ziehet so rüstig"

No. 5.   P.[eter von] Winter: „Im Arm der Liebe"

No. 6.   [Chanson vénitienne] „O pescator dell' onda"
           (S, A, T, B)

No. 7.   [Louis] Abeille: „Komm stiller Abend" (S, A, T, B)

No. 8.   P.[eter von] Winter: „Der Wein erfreut"

No. 9.   F.[riedrich] Schneider: „Lasset die Freud' uns"

No. 10.   Mich.[ael] Haydn: „Das Glas gefüllt"

No. 11.   A.[ugust] Bergt: „Waldnacht, Jagdlust"

No. 12.   C.[arl] Blum: „Brüder lasset uns"

No. 13.   Fischer: „Wenn ich die Blümlein"

No. 14.   Müller: „Durch der Abenddämmerung" (S, A, T, B)

No. 15.   C.[arl] M.[aria] v.[on] Weber: [Schwertlied] „Du
           Schwert an meiner Linken" [Th. Körner] [Jähns 169]

No. 16.   A.[ugust] Mühling: „Trüb' und heiter tagt" (S I, II, A)

No. 17.   A.[ugust] Mühling: „Dort sinket die Sonne" (S I, II, A)

No. 18.   M.[ichael] Haydn: „Wer unter eines"

No. 19.   [Antonio] Salieri: „Silenzio facciasi"

No. 20.   [Xaver] Eisenhofer: „Holde Liebe"

No. 21.   [W.] Osthoff: „Rasch nach den Tönen"

No. 22.   C.[arl] M.[aria] v.[on] Weber: „Frischer Muth" [Jähns 279, aus N. 2]

No. 23.   [Ignaz von] Seyfried: „Piano, piano, vien"

No. 24.   [Louis] Spohr: „Dem Schnee, dem Regen"

No. 25.   [Leonhard von] Call: „Alles was die Erd"

No. 26.   [Conradin] Kreutzer: „Ich hör meinen Schatz"

No. 27.   [Friedrich] Schneider: „So sagen die Weisen"

No. 28.   [W.] Osthoff: „Freundschaft, Freude"

No. 29.   [Carl] Blum: „Kleine Blumen"

No. 30.   [Leonhard von] Call: „Komm stiller Abend"

No. 31.   [Friedrich] Schneider: „Jetzt schwingen wir"

No. 32.   [Ferdinando] Paer: „Palpitante incerto"

No. 33. [August] Bergt: „Der Abend sinkt"

No. 34. [Ignaz von] Seyfried: „Che bel contento"

No. 35. [Friedrich] Schneider: „Kommt Freunde, trinket"

No. 36. [Friedrich Ferdinand] Flemming: „Integer vitae"

No. 37.   „O sanctissima"

No. 38. [Xaver] Eisenhofer: „Lustig durchs Leben"

No. 39. B.[ernhard] A.[nselm] Weber: „Rasch tritt der Tod"

No. 40. [Conradin] Kreutzer: „Was ist das für ein"

No. 41. C.[arl] M.[aria] v.[on] Weber: Husarenlied „Husaren sind
         gar wack're Truppen" [Adalbert vom Thale] [Jähns 284]

Zweiter Band: Heft 7–12 [ca. 1828]:

No. 42. J.[oseph] Haydn: [Der Greis] „Hin ist alle meine Kraft"
         [J. W. L. Gleim] [Hob. XXVc, Nr. 5]

No. 43. Ziegler: „Vinum Rhenanum"

No. 44. Mozart [zweifelhaft]: „O wie schön ist es hier" [KV Anh.
         C 9. 11]

No. 45. [August] Bergt: „Rauschet ihr Meere"

No. 46. [Leonhard von] Call: „Was frag' ich viel nach Geld und
         Gut" [Miller]

No. 47. [Ignaz von] Seyfried: „Luci sereni"

No. 48. C.[arl] M.[aria] v.[on] Weber: [Romanze (Adolar) aus:
         Euryanthe] „Unter blüh'nden Mandelbäumen"
         [Jähns 291, N.2]

No. 49. C. M. v. Weber [unterschoben, recte: Bernhard Anselm Weber]:
         [Dreistimmiger Gesang] „Hör' uns Wahrheit"
         [Jähns, Anh. 117]

No. 50. H. Werner: „Lustig in den Kampf"

No. 51.   „O wie herrlich, o wie"

No. 52. Nicolò [Isouard]: „O trotz dem blassen"

No. 53. [Leonhard von] Call: „Ihr bangen Sorgen"

No. 54. [Friedrich Ernst] Fesca: „An der Mulde Strand"

No. 55. C.[arl] M.[aria] v.[on] Weber: [Trinklied vor der Schlacht]
         „Schlacht, du brichst an!" [Jähns 171]

No. 56. Hasslinger: „Kyrie eleison"

No. 57. C.[arl] G.[ottlieb] Reissiger: [Wanderers Nachtlied II]
         „Der du von dem Himmel bist" [Goethe]

No. 58. H. Werner: [Heidenröslein] „Sah ein Knab ein Röslein
         stehn" [Goethe]

No. 59. [Carl] Blum: „Am Sonntag"

No. 60. [Xaver] Eisenhofer: „Freunde stimmt in"

No. 61.   [Jean Marie] Montù: „Sancta Maria"

No. 62.   [Georg Friedrich] Bischoff: „Treulieb ist nimmer"

No. 63.   C.[hristian] Schulz: „Sei hochgelobt du"

No. 64.   [Friedrich Wilhelm] Berner: „Rasch von seiner"

No. 65.   [Carl] Blum: „Heute is Sonntag"

No. 66.   H. Werner: „Hier sind wir"

No. 67.   [Xaver] Eisenhofer: „Wer der Mädchen"

No. 68.   [August] Bergt: „Ach, was ist die Liebe"

No. 69.   H. Werner: „Hoch hebt sich der Sonne"

No. 70.   „Stille, stille, stille"

No. 71.   „Was, was, was"

No. 72.   [Xaver] Eisenhofer: „Ich erblicke froh den"

No. 73.   [Johann] Fuss: „Ruhe frei von aller Klage"

No. 74.   [W.] Osthoff: „Beim fröhlichen Mahle"

No. 75.   [O.] Lorenz: „Singt und trinket"

No. 76.   Abendroth: „Auf in die Schlacht"

No. 77.   H. Werner: „Ich muss ins Feld"

No. 78.   [Carl Gottlieb] Hering: „Lustiger Matrosensang"

No. 79.   [W.] Osthoff: „Gute Nacht"

No. 80.   [Carl] M.[aria] v.[on] Weber: [Schlummerlied] „Sohn
           der Ruhe, sinke nieder" [Castelli] [Jähns 285]

Dritter Band: Heft 13—18 [ca. 1829]:

No. 81.   [Conradin] Kreutzer: „Es gingen drei Jäger"

No. 82.   [Carl Friedrich] Zelter: „Sanct Paulus war ein Medicus"
           [Krüger]

No. 83.   [August] Bergt: „Wo Lieb' und Güte"

No. 84.   [Leonhard von] Call: „Wenn die Nacht mit"

No. 85.   [Albert] Methfessel: „Wo möcht ich sein?"

No. 86.   [Wolfgang Amadeus] Mozart: „Ave Maria"

No. 87.   [Heinrich August] Neithardt: „Zwei Sterne leuchten"

No. 88.   [Xaver] Eisenhofer: „Wenn die helle Fiedel"

No. 89.   [Gottfried Wilhelm] Fink: „Ist doch gar eigen in"

No. 90.   [Xaver] Eisenhofer: „Schlummre sanft, o edle"

No. 91.   [Carl] Steinacker: „Vieler Trug bethört"

No. 92.   [Carl Maria von] Weber: [Reiterlied I] „Frisch auf mit
           frischem Flug!" [Th. Körner] [Jähns 172]

No. 93.   [Xaver] Eisenhofer: „Horch durch des"

No. 94.   [H.] Werner: „Die Fahnen wehen"

No. 95.   [O.] Lorenz: „Singt laut! das Lied"

No. 96.   [O.] Lorenz: „Plötzlich, o Mädchen"

No. 97.   H. Werner: „Ferne Wolken seh"

No. 98.   [Wilhelm] Sutor: „Freundlich nimmt des"

No. 99.   [Carl Friedrich] Zelter: „Was ist das für ein"

No.100.   [Carl Maria von] Weber: [Jägerchor aus: Euryanthe] „Die
          Thale dampfen" [Jähns 291, N.18]

No.101.   [H.] Werner: „Burgen mit hohen Mauern und Zinnen"
          [Goethe]

No.102.   [Etienne Nicolas] Méhul: [Romanze aus der Oper: Joseph]
          „Ich war Jüngling noch an Jahren"

No.103.   [H.] Werner: „So mancher möcht ihr"

No.104.   [Carl Gottlieb] Hering: „Auf getrunken!"

No.105.   [Gottfried Wilhelm] Fink: „Silberner freundlicher"

No.106.   [Joseph] Weigl: „Die hier im Herrn"

No.107.   Hildebrand: „Wenn die Abendröthe"

No.108.   Huber: „Komm feins Liebchen"

No.109.   „Unsre Wiesen grünen"

No.110.   [Friedrich] Kuhlau: „Unter allen Wipfeln"

No.111.   [Carl Friedrich] Zoellner: „Nimmer das glaubt mir"

No.112.   [Carl Maria von] Weber: [Schwäbisches Tanzlied] „Geiger
          und Pfeiffer" [Sauter] [Jähns 135]

No.113.   E.[milie] Zumsteeg: „Auf hoher Alp"

No.114.   „Du du liegst mir im Herzen"

No.115.   [Heinrich Aloys] Präger: „Zwei Genien hat uns"

No.116.   Müller: „Keine Lust ohn treues"

Vierter Band: Heft 19—24 [ca. 1829]:

No.117.   „Nimm zu dieses Festes Feier"

No.118.   [O.] Lorenz: „Ich lag unter duftenden"

No.119.   [Gotthilf Friedrich] Ebhardt: „Jäger sind Kinder"

No.120.   [Christian August] Pohlenz: „Wiegen wir Schwalben"

No.121.   [Franz Xaver] Chwatal: „Nacht, o Nacht, du"

No.122.   [Ignaz von] Seyfried: „Deh con me non vi"

No.123.   [Carl Maria von] Weber: [Arie (Agathe) aus: Der Freischütz]
          „Leise, leise, fromme Weise" [Jähns 277, aus N. 8]

No.124.   [Stephen] Storace: „Kehre wieder, holder"

No.125.   [Gioacchino] Rossini: „Von Leiden schwer" [aus: Otello]

No.126.   [Johann Rudolf] Zumsteeg: „Wolken verschweben tiefer ins Leben" [Friedr. Wilhelm Gotter]

No.127.   [Carl Maria von] Weber: [Aus Arie (Max) aus: Der Freischütz] „Jetzt ist wohl ihr Fenster" [Jähns 277, aus N. 3]

No.128.   [Conradin] Kreutzer: „Das ist der Tag des Herrn"

No.129.   [Carl Friedrich] Zoellner: „Fühlst du noch die"

No.130.   [Franz] Skraup: „Erwache aus deinen"

No.131.   [August] Bergt: „Liebt, o liebt, es wird"

No.132.   [Johann Wenzel] Kalliwoda: „Hörst du den Ton der"

No.133.   „Schön sind Rosen und Jasmin"

No.134.   [Carl Friedrich] Zoellner: „Klinge leise, klinge"

No.135.   [Christian] Schulz: „Des Jahres letzte Stunde"

No.136.   [Luigi] Cherubini: „O lächle stets"

No.137.   „Was lindert der Wehmuth"

No.138.   [Johann Gottlieb] Naumann: „Wiederum hat stille"

No.139.   [Conradin] Kreutzer: „Droben stehet die Kapelle" [L. Uhland]

No.140.   „Wecke den Amor nicht"

No.141.   [Carl Maria von] Weber: [Lützow's wilde Jagd] „Was glänzt dort im Walde im Sonnenschein?" [Th. Körner] [Jähns 168]

No.142.   „Was perlt im Glase"

No.143.   „Ich kenne ein Blümchen"

No.144.   Heneberg: „Se lontan ben mio"

No.145.   „Still und schauerlich"

No.146.   [H.] Werner: „Für Freiheit, Ehre und"

No.147.   [Heinrich August] Neithardt: „Sei gegrüsst durch"

No.148.   [Peter von] Winter: „Warum ist mir so"

Fünfter Band: 25.–30. Heft [ca. 1830]:

No.149.   A.[lbert] Methfessel: Rosen und Röschen „Viel von Rosen, süßen lichten"

No.150.   A.[ugust] Mühling: „Zur Freude, zum Gesange"

No.151.   H. Werner: Trinklied „Wir sind die Könige der Welt"

No.152.   L.[ouis] Spohr: Frühlingsorakel „Du prophet'scher Vogel du" (Goethe)

No.153.   [Johann Gottlieb] Naumann: „Infelice sventurata"

No.154.   C.[arl] Blum: Walzer „Du schwäbisches Mädchen"

No.155.   „O sanctissima"

No.156.   [Heinrich] Marschner: „Brüder, laßt uns lustig sein" (Günther)

No.157.   A.[ugust] Mühling: „Guckt nicht in die Wasserquellen"
(Mahlmann)

No.158.   [Christian Gottlieb] Belcke: „Allah gibt Licht in Nächten"
(Mahlmann)

No.159.   A.[ugust] Mühling: Nachtlied „Die Erde ruht"

No.160.   H. Werner: Trinklied „Lustig, ohne Sorg' und Pein"

No.161.   W.[ilhelm] Sutor: Die Waldfrau „Was schallet im Walde"

No.162.   Kauffmann: Rheinlied „Wir singen und fahren"
(Zimmermann)

No.163.   Franz Otto: Wanderers Abschied „Drängt wohl sich auch
beim Scheiden" (Fischer)

No.164.   S.[iegfried] W.[ilhelm] Dehn: Scherzlied „Voll, voll, voll"
(Lessing)

No.165.   F.[ranz] Otto: Trinklied „Gott Amor und Bachus [!] "

No.166.   C.[onradin] Kreutzer: Jägers Lust „Es lebe, auf Erden"
(Müller)

No.167.   W.[ilhelm] Sutor: Aus der Ferne „Am stillen Hain im
Abendschein"

No.168.   Franz Otto: Abschiedslied „Ach, wie wär's möglich dann"
(Chezy)

No.169.   C.[hristian] G.[ottlieb] Belcke: Gebet „Herr, gib Frieden"

No.170.   „Zieht der Russe in den Krieg"

1829

Album Lyrique. Composé de douze Romances, Chansonnettes & (et, ou) Nocturnes ([ab 1832:] mis en Musique) avec Accompag.(nemen)t de Piano, orné de douze lithographies... Par Auguste Panseron. ([Umschlagtitel:] **Album d'Aug.(uste) Panseron.**)

(à) Paris, Chez E. Troupenas, Rue St. Marc, No. 23, et J. Meissonnier, Rue Dauphine, No. 22, ([1831:] Chez Schonenberger, Boulevard Poissonnières, No. 10, [ab 1832:] chez Ph. Petit, Rue Vivienne, 18, [1834:] chez J. Meissonnier, Rue Dauphine, No. 22, [1835:] au Dépôt Central de Musique et de la Librairie, Rue des Filles St. Thomas, No. 5, Place de la Bourse, [1836:] chez Frère, Passages des Panoramas, 16, [1839:] sur la Société Musicale, Boulev.[ar]t des Italiens, 10, Leipzig chez Breitkopf et Hértel [!]).

[1829]–[1839].

D DO ((1832);(1837)) – **F Pn** ([1829] – (1837);[1839])

[1829] : Auguste Panseron

[1]   L'Album, ou Conseils à ma jeune amie, Romance
        ,,Quand jeune, à peine au sentier de la vie" (L.C.
        Valette de Metz)   [2 S.]

[2]   Ah! Qu'ils sont heureux de danser, Chansonnette
        ,,Sur la place il n'est plus personne" (Galice)   [2 S.]

[3]   La Vallée d'Interlachen, Nocturne à deux voix
        ,,Montagnes, ici je veux passer mes jours" (Emile
        Barateau)   [2 S.]

[4]   Dites-le-moi, Romance ,,Vous le savez, je vous adore"
        (Le Baron de Maldigny)   [2 S.]

[5]   Voici le jour, Romance à deux voix ,,Voici le jour qui
        s'empresse d'éclore" (Bétourné)   [2 S.]

[6]   Adieu donc, ne m'oubliez pas, Romance ,,Puisque la
        gloire vous appelle, je ne veux plus vous retenir"
        (Boucher de Perthes)   [2 S.]

[7]   Ma Sœur serait-ce donc aimer ,,Pourquoi suis-je
        triste au bocage" (Léon Bruys)   [2 S.]

[8]   La Tyrolienne ,,Heureux climat, Tyrole, ô ma patrie"
        (Mr. Paulin***)   [2 S.]

[9]   Les Matelots et les Bergères, Barcarolle à deux voix
        ,,Sur les barques légères des joyeux matelots" (Bétourné) [3 S.]

(1830): Auguste Panseron

No. 1.   Adieu, sois moi fidele, Barcarolle ,,Sous un ciel pur et
            sans nuages" (A. Bétourné)   [2 S.]

No. 2.   Maman me permet de danser, Chansonnette ,,Pour
            courir sur les vertes fougères" (A. Bétourné)   [2 S.]

No. 3.   Nocturne à 2 voix ,,J'étais heureux" (Mr. Paulin***)
            (S, T, Pfte.)   [3 S.]

No. 4.   Emmène-moi, Romance ,,Laisse moi quitter nos mon-
            tagnes" (Emile Barateau)   [2 S.]

No. 5.   Walsons encore, Chansonnette ,,Quittez la contredanse,
            venez jeunes beautés" (Galice)   [4 S.]

No. 6.   Ronde villageoise à deux voix ,,Allons danser sur la
            colline" (A. Bétourné) (S, T, Pfte.)   [2 S.]

No. 7.   Le Retour au Tyrol, Tyrolienne ,,Je vous revois" (Paulin) [2 S.]

No. 8.   Le grand Fantôme blanc, Chansonnette ,,Ecoutez-moi,
            gentes fillettes" (A. Bétourné)   [2 S.]

No. 9.   Venez dans ma chaumière, Nocturne à deux voix égales
            ,,Pour trouver ce parfait bonheur" (de Ségur)   [2 S.]

No. 10.   Le Montagnard Ecossais, Romance ,,Adieu cités,
            adieu riches campagnes" (A. Bétourné)   [2 S.]

No. 11.   La Femme du Contrebandiste, Boléro ,,Mon Dieu, quand reviendra l'enfant de la montagne" (A. Bétourné)   [2 S.]

No. 12.   En vain l'orage grondera, Nocturne à deux voix égales ,,J'arrive au terme du voyage" (A. Bétourné)   [4 S.]

[1831] : Auguste Panseron

No. 1.   Appelez-moi.... Je reviendrai, Romance ,,Je le sais, vous m'avez trahie" (Emile Barateau)   2— 3

No. 2.   La Veillée de la Mère Simonne, Ronde villageoise ,,Vite! à la veillée accourons!" (Vial)   1— 3

No. 3.   Espoir, Bonheur, Amour, Nocturne à deux voix ,,Du soir respirons la fraîcheur" (Emile Barateau) (S, T, Pfte.)   2— 3

No. 4.   Je renonce aux Amours, Romance ,,Quand ta bouche savait me dire" (M.***)   2— 3

No. 5.   Walse ,,Quel air se fait entendre" (Galice)   2— 5

No. 6.   Chantons un Air napolitain, Barcarolle à deux voix ,,Amis, voici le matin" (Emile Barateau) (2 Singst., Pfte.)   2— 5

No. 7.   Emma, Tyrolienne ,,Près chéris, champs fleuris, montagnes campagnes" (Ulric Guttinger)   2— 3

No. 8.   La Femme du Pêcheur, Chansonnette ,,Je suis la femme d'un pêcheur" (Bétourné)   (1)— 3

No. 9.   Nocturne à deux voix ,,Tu ne dis mot" (Le Chevalier Lacour) (S, T, Pfte.)   1— 3

No. 10.   Regarde-moi, Romance ,,Que dans tes yeux il est de charmes" (Auguste de Maldigny)   (2)— 3

No. 11.   Nous danserons une autre fois, Pastorale à 2 voix ,,La Contredanse déjà commence" (Emile Barateau)   2— 5

No. 12.   Hymne à la Paix, Chant National à quatre voix égales ,,Divine paix, viens régner sur la France" (Galice) (T I, II, Bar., B, Pfte.)   2— 5

(1832): Auguste Panseron

No. 1.   Le verras-tu jamais! Romance ,,Le destin appelle aux combats" (H. T. Poisson)   (2)— 3

No. 2.   L'Amour en a menti, Chansonnette ,,Gentilles pastourelles, ah! venez m'écouter" (Emile Barateau)   2— 3

No. 3.   Rayon d'Amour et de Mystère, Nocturne à deux voix ,,Des nuits aimable messagère" (Emile Barateau) (S I, II, Pfte.)   1— 3

No. 4.   Peut être un Jour, Romance ,,Eh quoi, jamais une pensée" (Frédéric de Courcy)   2— 3

No. 5.	L'Anglaise à Paris, Walse ,,Ah! quel charmant pays" (Ulric Guttinger)	2— 4
No. 6.	Le Séjour au Village, Pastorale à deux voix ,,Qu'on est heureux d'habiter le village!" (Charles Phelippes) (S, T, Pfte.)	2— 4
No. 7.	Montagnes tranquilles, Tyrolienne ,,Doux Tyrol, montagnes tranquilles" (Emile Barateau)	2— 3
No. 8.	La Croix d'Or, Chansonnette ,,Minois piquant, gentil corsage, pied mignon, regard plein d'attrait" (H. T. Poisson)	2— 3
No. 9.	Adieu, Nocturne à deux voix ,,La barque allait partir pour chercher d'autres rives" (Ulric Guttinger) (S I, II, Pfte.)	2— 4
No. 10.	J'ai cru le revoir, Romance ,,Oui, c'est là qu'il m'est doux de l'attendre" (A. Bétourné)	2— 3
No. 11.	Le Grand Homme Noir, Chansonnette créole ,,Enfans, évitez les savanes, surtout" (A. Bétourné)	2— 3
No. 12.	Ramons vers le Rivage, Barcarolle à deux voix ,,Assez vogué sur l'onde, la terre nous sourit" (Ulric Guttinger) (S I, II, Pfte.)	2— 4

(1833): Auguste Panseron

No. 1.	Au Revoir, Louise! Romance ,,Pauvre soldat, en partant pour la guerre" (Emile Barateau)	[2 S.]
No. 2.	Le Bal de l'Hôtel voisin, Chansonnette ,,Je puis du moins de la fenêtre" (H.T. Poisson)	[2 S.]
No. 3.	Voici le Soir, Nocturne à deux voix égales ,,Voici le soir! déjà dans nos campagnes" (Emile Barateau) (S I, II, Pfte.)	[2 S.]
No. 4.	J'ai prié, Romance ,,Vous m'aviez dit, bon Ermite" (Emile Barateau)	[2 S.]
No. 5.	L'Heure du Repos, Chansonnette ,,Entendez-vous le joyeux chalumeau" (Firmin Née)	[2 S.]
No. 6.	Le Tyrol est là bas, Nocturne à deux voix égales ,,Amis, un peu de courage!" (Emile Barateau) (S I, II, Pfte.)	[2 S.]
No. 7.	Elle m'aimait tant, Romance ,,Bonne Lucie appaise ta colère" (T.H. Polak)	[2 S.]
No. 8.	Que j'ai ri! Chansonnette ,,Notre vieux Bailli, que c'est drôle!" (Emile Barateau)	[2 S.]
No. 9.	La Voix du Cœur, Nocturne à deux voix égales ,,Fidèle au serment qui nous lie" (Baron Auguste Maldigny) (S I, II, Pfte.)	2— 4
No. 10.	La Jeune Insulaire, Romance ,,Sur les flots ma piroque enchantée se berçait" (A. Bétourné)	[2 S.]

No. 11.   La Bergére Suisse, Chansonette Tyrolienne ,,Sous
le beau ciel de l'Helvétie'' (Silvain Séjalon)   [2 S.]

No. 12.   La Pêche du Soir, Barcarolle à deux voix égales ,,Voici
le soir, la pêche est abondante'' (Th. Polak) (S I oder T,
S II oder Bar., Pfte.)   [2 S.]

[1834] : Auguste Panseron

No. 1.   Le Doux Air de Venise, Barcarolle ,,La la la sur les bords
de la mer'' (Emile Barateau)   [2 S.]

No. 2.   Le Chevalier de la Montagne, Tyrolienne ,,Troupeau
que j'accompagne'' (Adolphe Favre)   [2 S.]

No. 3.   Tous deux, Nocturne pour Soprano ou Ténore ,,Oh!
viens, quittons la ville'' (Emile. Barateau) (S oder T,
Pfte.)   [2 S.]

No. 4.   L'Anneau de Claire, Romance ,,Ne pleure pas, ma
pauvre fille'' (Emile Barateau)   [2 S.]

No. 5.   Les Enfans de dix ans, Romance ,,Petit garçon, petite
fille'' (H.T. Poisson)   [2 S.]

No. 6.   La Valse Légère, Nocturne pour Soprano ou Ténore
,,A la valse légère, oh! livrons nous tous deux!'' (Adolphe
Favre) (S oder T, Pfte.)   2—   5

No. 7.   Entre nous jamais l'Amour, Romance ,,D'où vient ce
mélancolie?'' (A. Naudet)   [2 S.]

No. 8.   La Sérénade Andalouse, Boléro ,,Aujourd'hui dans
Séville entière'' (Dunant)   2—   3

No. 9.   Notre Dame de bon Secours, Nocturne ,,Je souffre,
venez à mon aide'' (Justin Gensoul) (S, T, Pfte.)   (1)— 3

No. 10.   Tu me regretteras, Romance ,,Il m'apparut au matin
de la vie'' (Madame Angebert)   [2 S.]

No. 11.   Tyrolienne ,,Tyrol qui m'a vu naître'' (Adolphe Favre)   [2 S.]

No. 12.   Le Printemps et l'Amour, Nocturne à deux voix ,,Pour
nous l'été, l'automne, l'hiver'' (Emile Barateau) (S I, II,
Pfte.)   1—   3

(1835): Auguste Panseron

No. 1.   Demain on vous marie, Romance ,,Quand je vous
quittai'' (E. Barateau)   [2 S.]

No. 2.   Le Délire, Scène de Bal ,,Où suis-je? qu'ai-je vu!''
(Crevel de Charlemagne)   [4 S.]

No. 3.   Amour de la Nature, Nocturne à deux voix ,,Prête discret rayon de la lune argentée'' (H.T. Poisson) (S, T,
Pfte.)   [2 S.]

No. 4.   Endors-toi doucement, Chansonnette ,,Dans mes bras
mon enfant tu gémis'' (Henry Leducq)   [2 S.]

No. 5.	La Bague, Romance „Allez bague jolie qui peut vous retenir" (Henry Leducq)	[2 S.]
No. 6.	Les Gondoliers de Constantinople, Barcarolle à 2 voix égales „O ma Gondole! la brise est folle" (Crevel de Charlemagne) (2 Singst., Pfte.)	[3 S.]
No. 7.	Le Pacha d'Egypte, Chant Oriental „Riche et puissant Pacha du Caire" (Crevel de Charlemagne)	[2 S.]
No. 8.	Le Rasgado, Boléro „Partons, ma belle amie" (Crevel de Charlemagne)	[2 S.]
No. 9.	Tout se tait, plus de bruit, Nocturne à 2 voix égales „Comme le rossignol qui sous l'épais feuillage" (H. T. Poisson) (S I, II, Pfte.)	[3 S.]
No. 10.	Esmeralda, Ballade „Pour la foule qui t'environne jeune orpheline" (H.T. Poisson)	[2 S.]
No. 11.	La Fiancée du Tyrolien, Tyrolienne „Montagnes du Tyrol à la cîme bleuâtre" (Crevel de Charlemagne)	[2 S.]
No. 12.	Nocturne à 2 voix égales „Livrons nous à la brise" (Emile Barateau) (S I, II, Pfte.)	[3 S.]

(1836): Auguste Panseron

[1]	Il n'aurait pas dû venir, Romance „Avant qu'il ne vint de la ville" (Emile Barateau)	[2 S.]
[2]	La Fiancée du Catalane, Boléro „Cher Lorenzo que Barcelone admire" (Crevel de Charlemagne)	[2 S.]
[3]	La Nuit s'est endormie, Nocturne à deux voix „Quittons nous mon amie, voici le jour" (Emile Barateau) (S I, II, Pfte.)	[3 S.]
[4]	La Vierge de mes Rêves, Romance „Quand le Soleil sur l'horizon" (Méry)	[2 S.]
[5]	La Jalouse, Scène de Bal „O nuit fatale de ma rivale" (Crevel de Charlemagne)	[2 S.]
[6]	Voici l'Hirondelle, Nocturne à deux voix égales „Voici le beau tems" (Emile Barateau) (S I, II, Pfte.)	[4 S.]
[7]	Rebecca, Romance biblique „Vénérable étranger, n'importe votre race" (H.T. Poisson)	[2 S.]
[8]	Rien n'est si doux que l'air natal, Tyrolienne „Adieu Paris sans regret" (Emile Barateau)	[2 S.]
[9]	La Danse des Montagnes, Savoyarde à deux voix „Jamais de chagrin, restons en Savoie" (Crevel de Charlemagne)	[5 S.]
[10]	Le Janissaire, Chant oriental „Je suis Janissaire, hardi téméraire" (Crevel de Charlemagne)	[2 S.]
[11]	Amis, chantons la Barcarolle, Barcarolle „Chantons la Barcarolle, amis soyons dispos" (Adolphe Favre)	[2 S.]

[12]   Barcarolle Orientale ,,Voguons sur le Bosphore"
                    (Crevel de Charlemagne) (S I, II, Pfte.)   [4 S.]

(1837): Auguste Panseron

[1]   N'est-ce pas vous? Romance ,,Souvent, le soir, dans le
                    tremblant feuillage" (Emile Barateau)   2— 3

[2]   Rendez-moi mes beaux jours! Tyrolienne ,,Oh! rendez-
                    moi, de mon Tyrol, les montagnes si belles" (Emile
                    Barateau)   2— 3

[3]   Amour et Solitude, Nocturne à 2 voix égales ,,Voici
                    l'instant où tout repose" (Emile Barateau) (S I, II, Pfte.) 2— 3

[4]   Catherine Howard, Romance ,,Combien l'éclat qui
                    m'environne" (Charles Langlois)   2— 3

[5]   Le Fabliau ,,Par un beau jour, dans la Bretagne" (Emile
                    Barateau)   2— 3

[6]   Sous l'Abri du Rivage, Nocturne à 2 voix égales ,,En
                    oubliant l'orage qui vient de s'apaiser" (Emile Bara-
                    teau) (S I, II, Pfte.)   1— 3

[7]   Romance ,,Il croit que je ne l'aime pas" (Emile Barateau) 2— 3

[8]   Le Ciel bleu clair, Barcarolle ,,Quand la brise est fraîche"
                    (Emile Barateau)   1— 3

[9]   Echo des Bois, Nocturne à deux voix égales ,,Echo des
                    bois près du lac" (H.T. Poisson) (S I, II, Pfte.)   2— 3

[10]   Pauvre Enfant! Romance ,,Puis qu'il faudra te quitter,
                    Lise" (Emile Barateau)   2— 5

[11]   Séville, Chansonnette Boléro ,,Partons! ô ma Rosine,
                    suivons le Gitano" (Crevel de Charlemagne)   2— 3

[12]   Les jeunes Batelières, Barcarolle à deux voix ,,La brise
                    nous appelle, partons mes jeunes sœurs" (Crevel de
                    Charlemagne)   1— 3

[1839]: Auguste Panseron

[1]   Si vous avez une Mère! Romance ,,C'était aux jours,
                    dans nos beaux jours" (Emile Barateau)   [2 S.]

[2]   Ketty, Tyrolienne ,,Ketty, voici l'aurore" (Emile Bara-
                    teau)   [2 S.]

[3]   Te parle-t-il de moi? Romance ,,Madone sainte et
                    belle" (Emile Barateau)   [2 S.]

[4]   On sonne L'Angélus, Nocturne à deux voix ,,Partons,
                    le jour approche" (Emile Barateau)   [2 S.]

[5]   La jeune Fille de Toscanelle et Charles VIII, Romance
                    historique ,,Sire, en ces lieux quand vos soldats"
                    (H.T. Poisson)   [2 S.]

[6]	La Veille des Vacances, Chansonnette „Non, ce n'est point un rêve" (de Demoiselle)	[2 S.]
[7]	Notre Dame des Grèves, Ballade Dieppoise „Lorsque sonne le moutier, à minuit l'heure des rêves" (Roger de Beauvoir)	[2 S.]
[8]	Loin des Heureux du Monde, Nocturne à deux voix „Quand l'étoile sur l'onde va jetant sa lueur" (Emile Barateau)	[3 S.]
[9]	L'Espiègle, Chansonnette „Je suis une pauvre orpheline" (M. Festeau)	[2 S.]
[10]	L'Apparition, Romance „Durant la nuit, par leurs vagues mensonges" (Francisque Gail)	[2 S.]
[11]	L'Exigeant, Chansonnette „Non, vous ne m'aimez pas, Jeannette" (Emile Barateau)	[2 S.]
[12]	Le Lido, Nocturne à deux voix égales en Canon „Vers le Lido, ma belle" (Roger de Beauvoir)	2— 5

Journal de Chant et d'Education Musicale. Contenant un choix de Textes ou de Poésies.... de divers genres, soit Françaises, soit Italiennes, telles que Cantates, Romances, Scènes ou Fragments d'Oratorio, ou Opéra! Mises en Musique avec Accompagnement de Forte-Piano, par les meilleurs Auteurs anciens et modernes. Rédigé par M. A. Choron.... Ce journal est composé de vingt-quatre Numéros... paraissant le 1er et le 15 de chaque mois.

à Paris, Rue de Vaugirard, No. 69. (Alexandrine Choron.)

Année [1.] 1829—2. [1830].

F Pn ([1.] 1829, 1—7, 16—24; 2. [1830], 1—5, 7—26, 31—36)

→ *Journal de Musique Religieuse.* 1827.

Année [1.] 1829:

No. 1.2.	(J.[ohann] A.[braham] P.[eter] Schulz:) Chœurs d'Athalie, Quatrième Acte	41— 49
No. 3.4.	[Giuseppe] Nicolini: Récitatif et Air de l'Opéra de: Coriolan (Réc.) „Cari figli ah! non chiedete" (Aria) „Non ve non ve martiro" (Singst., Pfte.-Begl.)	3— 8
No. 5.6.7.	J.[ohann] B.[aptist] Pergolesi: Orphée, Cantate „Nel chiuso centro ove ogni luce assendo" (Singst., Pfte.-Begl.)	3— 13
No. 16.[!]	Giov:[anni] Gasp[aro] Ayblinger: Salmo LX a quattro voci „Dio verace omni possente" (4 Singst., Pfte.-Begl.)	3— 48
No. 16—24.	J.[ohann] P.[eter] A.[braham] [!] Schultz [!]: Chœurs d'Athalie, Tragédie de Racine [Seconde Acte]	18— 28

2e Année [1830]:

No. 1–2. [Alexandre] Choron: Le Montagnard émigré, Romance
(Chant populaire développé et mis à quatre voix)
„Combien j'ai douce souvenance" (Le Vicomte de
Chateaubriand) (4 Singst., Pfte.-Begl.: Montfort)　　2—　3

No. 3.4.5: Giov.[anni] B.[ea]ta Carl[o] Mar.[ia] Clari: Il Musico
ignorante, Duetto madrigalesque „Do re mi fa sol la
che bella cosa è la musica" (S, C-A oder T, B, Pfte.)　　1— 10

No. 7.8.9. G.[eorg] F.[riedrich] Haendel: Che vai pensando, Duetto
madrigalesque „Che vai pensando fol le pensier"
(2 Singst., Pfte.-Begl.: Montfort)　　3— 11

No. 10–18. N.[icolò] Jomelli: Miserere (à deux voix) „Pietà, pietà
signore si grande" (ital. Übers.: Saverio Mattei)
(2 Singst., Org.- oder Pfte.-Begl.: Fétis)　　1— 36

No. 19.20. [Alexandre] Choron: Cantique pour le Temps du Carême
„Grâce suspend l'arrêt" (Racine Fils) (Singst., Pfte.-
oder Org.-Begl.: Montfort)　　3—　6

No. 21.　A.[ntonio] Sacchini: La Consolation, Air „A mes pleurs
laissez vous fléchir" (Singst., Hf.- oder Pfte.-Begl.)　　2—　3

No. 22.23. [Adolphe] Vogel: La Tendresse maternelle „Doux sentiment de la nature" (Singst., Hf.- oder Pfte.-Begl.)　　3—　7

No. 24.25. [Antonio] Sacchini: Le Rappel à la Vertu, Duo „Ah!
daignez m'entendre mon cœur" (2 Singst., Hf.-
oder Pfte.-Begl.)　　3—　8

No. 26.　[Adolphe] Vogel: Le Bonheur de l'Age d'Or, Air „Age
d'or, ô bel âge" (Singst., Pfte.-Begl.)　　3—　5

No. 31.32.33. J.[oseph] Weigl: La Lezione di Canto ‹La Leçon de
Chant › Duo bouffon „Do re, Do, re, tu stuoni"
(B, T oder S, C–A, Pfte.-Begl.)　　3— 11

No. 34.35.36. (J.[ohann] A.[braham] P.[eter] Schulz): Chœurs
d'Athalie, Troisième Acte　　29— 40

Journal de Chant et de Musique d'Eglise contenant un choix de Pièces propres aux usages de l'Eglise, telles que Messes, Psaumes [!], Motets, Hymnes, Litanies, La-mentations, Tedeum, Messes des Morts &c., mises en Musique à une ou plusieurs voix avec ou sans Accompagnement d'Orgue ou Forte-Piano, par les meilleurs Auteurs. Rédigé par M. A. Choron. Ce Journal est composé de trente six Numéros par an ... qui paraissent les 10, 20 et 30 de chaque mois...

à Paris, Rue de Vaugirard, No. 69. (Alexandrine Choron.)

Année [1.] 1829 – 2. [1830].

F Pn

→*Journal de Musique Religieuse.* 1827.

Année [1.] 1829:

No. 1. [Alexandre] Choron: Sub tuum praesidium, Antienne à la Ste. Vierge à deux voix égales en canon „Sub tuum praesidium confugimus" (Pfte.- oder Org.-Begl. ad lib.: Montfort)   2— 4

No. 2.3.   In Circumcisione Domini ad 2das Vesperas „Victis sibi cognomina" (S, A, T, B)   9

Dominica Intra Circumcisionem et Epiphaniam „Verbum quod ante saecula" (S, A, T, B)   10

In Epiphania Domini. Ad 1. as Vesperas „Quae stella sole pulcrior" (S, A, T, B)   11

In Epiphania Domini. Ad Secundas Vesperas „Huc vos, o miseri" (S, A, T, B)   12

In Octava Epiphaniae et Baptismate D.[omi]ni Ad 1. as Vesperas „Clamantis ecce vox sonans" (S, A, T, B)   13

In Octava Epiphaniae et Baptismate D.[omi]ni Ad 2. as Vesperas „Emergit undis et Deo" (S, A, T, B)   14

In Dominicis post Epiphaniam. Ad Vesperas „Christus tenebris obsitam" (S, A, T, B)   15

In Dominicis a Septuagesima ad Quadragesimam. Ad Vesperas „Vos, ante Christi tempora" (S, A, T, B)   16

No. 4. [Alexandre] Choron: Da Pacem, Antienne pour la paix „Da pacem Domine in diebus nostris" (S, A, T, B)   2— 4

No. 5.6.   In Dominicis Tempore Quadragesimali „Audi benigne Conditor" (S, A, T, B)   17

In Dominicis Tempore Passionis „Fulget crucis mysterium" (S, A, T, B)   18

In Dominicis post Pascha. Ad Vesperas „Forti te gente brachio" (S, A, T, B)   19

In Ascensione Domini. Ad utrasque Vesperas „Opus peregisti tuum" (S, A, T, B)   20

In Die Sancto Pentecostes. Ad primas Vesperas „Veni, superne Spiritus" (S, A, T, B)   21

In Die Sancto Pentecostes. Ad secundas Vesperas „Quo vos Magistri gloria" (S, A, T, B)   22

In Festo SS. Trinitatis. Ad utrasque Vesperas „Ter sancte, ter potens Deus" (S, A, T, B)   23

In Festo Corporis Christi. Ad utrasque Vesperas „Pange, lingua, gloriosi Corporis mysterium" (S, A, T, B)   24

No. 7. [Alexandre] Choron: Inviolata „Inviolata integra et casta es" (4stg. a cappella, mit Vl. I, II, Vla., Vc., Org. ad lib.)   2— 3

No. 8.   [Joseph] Haydn: Domine Salvum fac Regem (Extrait du
76 Quatuor) „Domine salvum fac regem" (S, A, T, B)
[Hob. III, Nr. 77, II]   2—   3

[No. 8a] [Alexandre] Choron: Antiphona de Pace „Da pacem Domine"
(S, A, T, B)   4

No. 9.10. Fr.[anz] Bühler: Laudate Pueri „Laudate pueri, Dominum" (S, T-Solo, Chor; Pfte.- oder Org.-Begl.:
Monfort [!])   3—   9

No.11.12.13. Max.[imilian] Stadler: Psalmus L. Miserere „Miserere
mei Deus" (S, A, T, B)   3—   6

No. 14.   B.[enedetto] Marcello: Prière pour le Roi. Domine Salvum
Domine salvum fac ‹ aus Ps: 10e › (S, C-A, T, B, Pfte.)   2—   3

No. 15.   [Antonio] Sacchini: Da Pacem, Antienne pour la paix
„Da pacem Domine" (T, B, oder S, A, Pfte.-Begl.)   2—   4

No. 16.   G.[eorg] F.[riedrich] Haendel: Domine salvum fac regem,
Prière pour le Roi, parodiée sous une marche de
l'Oratorio de: Judas Machabée „Domine salvum
salvum fac Regem" (S, A, T, B, Pfte.- (oder Org.-)
Begl.: L. Helwig)   2—   4

No. 17.18. Abbé J.[oseph] G.[eorg] Vogler: Psaume [!] CXVI
„Laudate dominum omnes gentes" (S-Solo, Chor,
Org.- oder Pfte.-Begl.)   3—   9

No.19.20.21.22.F.[rancesco] Basili: Offertoire du Commun des
Martyrs „Justorum Animae in manu Dei sunt"
(S, A, T, B, Org. obl.)   3— 14

No. 23.   H. Courtin: Benedictus es, Domine, Motet à trois voix
égales „Benedictus es, Domine Deus patrum nostrum"
(S I, II, III, Org. oder Pfte.)   2—   5

No.24.25.26. J.B. Dreyer: Ave Maria, mis en musique pour Soprano-
Solo et Chœur „Ave Maria, gratia plena" (Pfte.-
oder Org.-Begl.: Lagatine)   3— 10

No. 27.   Sequentia pro Defunctis, una voce sola cum quatuor
aliis vocibus in contrapuncto alternantibus „Dies
irae, dies illa" — Chorus „Quantus tremor est fu-
turus" (S, A, T, B)   2—   3

No. 28.29. S.[amuel] Webbe: Messe brève et facile à deux voix
alternativement en Solo et Chœur avec Orgue ad
lib. (S oder T, C-A, oder B)   3—   7

No. 30—36. Théod:[ore] Zimmers: Messe brève à trois voix, enrichie d'un Offertoire, d'une Elévation et d'un Tan-
tum Ergo (S, T, B, Org. obl.)   3— 40

2e Année [1830]:

No. 1.2.   A. Dedler: Motet à voix seule „Quam dilecta tabernacula
tua" (Org.- oder Pfte.-Begl.: A. Monfort [!])   3—   7

No. 3. [Alexandre] Choron: Antienne à la Ste. Vierge à une ou plusieurs voix à volonté „Ave regina coelorum" (Org.- oder Pfte.- Begl. ad lib.: Montfort)   2—   3

No. 4.5. J.[ohann] H.[einrich] Rolle: Motet à 4 voix „Alles was Odem hat" — „Omnes spiritus laudet Dominum" (S, C-A, T, B, Pfte.-Begl.)   1—   5

No. 6.7.8. [Alexandre] Choron: Stabat mater à trois voix „Stabat mater dolorosa" (S I, II, B oder C-A; Org.- oder Pfte.-Begl.: Monfort [!])   3—   13

No.9.10.11. Chants funèbres.... de L. v. Beethoven ([1] Beethoven: Miserere „Miserere mei Deus" [WoO 30, Nr. 1]; [2] Beethoven: „Amplius lava me" [WoO 30, Nr. 3]; [3] De Seyfried: Libera „Libera me Domine") (T I, II, B I, II, Trombone I—IV oder Org. oder Pfte.)   3—   5

No. 12.13. A.[lexandre] Steph. Choron: Ps. CXIX: Dixit Dominus, 6ti. toni; Psalmodia mensurata, quatuor vocibus concertantibus, cum basso continuo ad lib. „Donec ponam inimicos" (S, A, T, B)   3—   7

No. 14.15. A.[lexandre] Steph. Choron: Ps. CXI. Beatus Vir, I.o toni, Psalmodia mensurata, 4.or vocibus concertantibus, cum basso continuo ad lib. „Beatus vir qui timet Dominum" (S, A, T, B)   3—   7

No.16.17.18.19.20. Engelberto Aigner: Missa tota in Canone quatuor vocibus assuetis, absque instrumentis (S, A, T, B)   3—   18

No. 21. Fr.[anz] Danzi: O Salutaris à voix seule de Basse ou de Contralto „O salutaris hostia" (Org.- oder Pfte.- Begl. ad lib.)   2—   3

No. 22.23.24. Hymni De Dominicis ac praecipuis anni solemnitatibus. Hymni Vespertini Proprium de Tempore

    (1) In Dominicis, per annum (ad Vesperas) „O! luce qui mortalibus" (S, A, T, B)   1

    (2) In Dominicis, per adventum (ad Vesperas) „Statuta decreto Dei" (S, A, T, B)   2

    (3) In Natali Domini, ad primas Vesperas „Missum Redemptorem polo" (S, A, T, B)   3

    (4) In Natali Domini, ad secundas Vesperas „Jesu, Redemptor omnium" (S, A, T, B)   4

    (5) In Festo S.[an] ti Stephani 1mi. Martyris (ad secundas Vesperas) „Miris probat sese modis" (S, A, T, B)   5

    (6) In Festo S.[an]ti Joannis Apostoli et Evangelistae (ad secundas Vesperas) „Sit qui ritè canat" (S, A, T, B) 6

    (7) In Festo SS. Innocentium (ad secundas Vesperas) „Salpete, flores Martyrium" (S, A, T, B)   7

    (8) In Circumcisione Domini ad primas Vesperas „Debilis cessent elementa legis" (S, A, T, B)   8

The Musical Bijou, an Album of Music, Poetry, and Prose, ([ab 4. 1832:] an Album of Music and Poetry.) Edited by F. H. Burney.

London: Goulding and D'Almaine, ([ab 6. 1834:] D'Almaine and Co.), 20, Soho Square.

[1.] 1829– [23.] 1851.

D Bim (M); Mbs ([16.] 1844) – **GB** Ep ([3.] 1831); Gu ([1.] 1829 – [8.] 1836); Lbm ([1.] 1829 – [5.] 1833; [7.] 1835 – [21.] 1849; [23.] 1851); Lcm ([2.] 1830; [4.] 1832 – [8.] 1836; [11.] 1839); Ob ([1.] 1829 – [9.] 1837; [21.] 1849 – [23.] 1851)

[1.] 1829:

[1]	H.[enry] R.[owley] Bishop: The Harp of Ossian „Old Harp of the Highlands" (Ettrick Shepherd)	2– 7
[2]	T.[homas] A. Rawlings: [Lied] „I have known thee in the sunshine" (T. H.(aynes) Bayly)	8– 11
[3]	C.[harles] E.[dward] Horn: False Rosabel „Fare thee well, false Rosabel!" (W.H. Bellamy)	12– 20
[4]	H.[enry] R.[owley] Bishop: [Lied] „Oh! tempt me not with jewels bright" (F.H. Burney)	32– 37
[5]	J.[ohn] F.[reckleton] Burrowes: Waltz	38– 40
[6]	John Barnett: Duet „Will you come where the sweet briar grows" (Harry Stoe van Dyk) (2 Singst., Pfte.)	44– 48
[7]	S.[amuel] Lover: My Gentle Lute „My gentle lute, alone with thee" (S. Lover)	52– 56
[8]	John Barnett: [Lied] „Now the lamp of day has fled" (Richard Ryan)	61– 63
[9]	G. Kiallmark: (Popular Air) „She never blamed him, never", arranged with an Introduction and Variations (Introduction Air – Var. 1–4) (Pfte.)	64– 70
[10]	H.[enry] R.[owley] Bishop: Glee „While the moon shines bright" (G. Pocock) (S, A, T, B, Pfte.)	72– 78
[11]	G.[eorge] H.[erbert] Rodwell: Pledge me brim to brim „Time was thy locks were brown" (Edward Fitz Ball)	80– 87
[12]	C. M. von Weber [recte: Karl Gottlieb Reissiger]: Waltz, the last composition [Jähns Anh. 91, 104: Op. 26, 5]	88
[13]	T.[homas] Valentine: Aria alla Scozzese con Variazioni (Andantino Grazioso – Var. 1–3)	89– 92
[14]	John Stevenson: The Dream „When dreary night has spread her curtain" (Mrs. Cornwell Baron Wilson)	94– 99
[15]	H.[enry] R.[owley] Bishop: My Emma, my Darling „My Emma, my darling, from winter's domain"	100–103
[16]	J.[oseph] W.[illiam] Holder: Valse in the German Style	104–107

[17]   A Set of Quadrilles, selected from [the] admired
         Opera: La Muette di Portici (Auber) (No. 1. Figure
         Le Pantalon. No. 2. Figure L'Eté. No. 3. Figure La
         Poule. No. 4. Figure Pastorale. No. 5. Chassez croi-
         sez et l'Eté)   108—113

[2.] 1830:

[1]   T.[homas] A. Rawlings: Poets beware „Poets beware! never
         compare" (Thomas Haynes Bayly) (Singst., Pfte.-
         Arr.)   2—   6

[2]   J.[ohn] Barnett: The Exiled Knight „Afar, afar, from my
         own bright land" (Harry Stoe Vandyk)   8— 15

[3]   J.[ohn] Parry: The Maid of Toro „O! low shone the sun
         on the fair lake of Toro" (Walter Scott)   16— 21

[4]   E. Solis: Stay, Time stay „Stay, time stay, delay thy parting
         hours" (Richard Ryan)   28— 33

[5]   J.[ohn] F.[reckleton] Burrowes: Waltz   34— 35

[6]   J.[oseph] W.[illiam] Holder: Air with Variations (Andante
         Grazioso — Var. 1—7)   36— 40

[7]   J. Jolly: Persian Love Song „Dark eyed one! come hither to
         me" (J.R. Planché)   42— 48

[8]   Henri Herz: Polacca pour le Piano Forte sur la Romance fa-
         vorite: Dormez, dormez, chères Amours (Op. 53)   63— 69

[9]   Charles Smith: [Lied] „Woman has nought to do with
         fame" (Mrs. Cornwell Baron Wilson)   70— 73

[10]   Henry R.[owley] Bishop: [Lied] „Helm and shield are
         stain'd with rust" (F.H. Burney)   77— 80

[11]   G. Kiallmark: Divertimento, introducing a Fairy March   81— 86

[12]   J.[ohn] Barnett: Duet „Ye stars of night" (Harry Stoe
         Vandyk)   90— 96

[13]   G.[ioacchino] Rossini: Romance „Sombres forêts déserts,
         triste(s) et sauvage(s)" (M. Jouy)   100—105

[14]   F.[riedrich] Kalkbrenner: Un Souvenir, Duo (Pfte. 4hdg.) 106—111

[15]   T.[homas] Valentine: Air à l'Espagnol (Pfte.)   112—114

[16]   G.[eorge] Herbert Rodwell: Round „Rest ye, rest ye,
         rapid streams!" (J.R. Planché)   126—131

[17]   A Set of Quadrilles from: Guillaume Tell (G. Rossi-
         ni) (No. 1. Le Pantalon. No. 2. L'Eté. No. 3. La
         Poule. No. 4. Pastorale. No. 5. Finale)   132—136

[3.] 1831:

[1]   Charles E.[dward] Horn: [Lied] „Why comes he not!"
         (Thomas Haynes Bayly)   2—   8

[2]   John Lodge: [Lied] „We return no more!" (Mrs. Hemans)   10— 15

[3]   J.[ohn] F.[reckleton] Burrowes: Waltz   16— 18

[4]   C.[arl] Czerny: La Tenerezza (Pfte.)   29— 32

[5]   Henry R.[owley] Bishop: The Widow „I cannot love another"
      (Thomas Haynes Bayly)   34— 38

[6]   N.[icolas] C.[harles] Bochsa: The Royalist, Souvenir for
      the Harp   39— 45

[7]   T.[homas] Valentine: Aria alla Francese (Pfte.)   46— 50

[8]   H.[enry] R.[owley] Bishop: Air (Pfte.-Arr.: Vincent
      Novello)   51— 52

[9]   Miss Dance: [Lied] „I love thee!" (J.R. Planché)   56— 59

[10] Charles Smith: [Lied] „I'll meet thee, love" (Mrs. E.F.
      Smith)   60— 65

[11] John Barnett: Night and Dawn (Rec.) „Serene the chaste
      moon" — „Now to lull'd Endymion creeping"
      (J.R. Raymond)   68— 76

[12] F.[riedrich] Kalkbrenner: Rêverie Musicale (Pfte.)   81

[13] Henri Herz: Cavatina from Rossini's Opera: La Cenerentola,
      arranged with Variations (Op. 60)   82— 95

[14] T.[homas] A. Rawlings: Impromptu   96— 98

[15] J.[ohn] Addison: Home — Dear Love and thee! „At
      morn I left my happy home" (F. H. Burney)   116—120

[16] G.[eorge] Herbert Rodwell: Song of the Highland Piper
      „March on! for the lad"   122—128

[4.] 1832:

[1]   Charles E.[dward] Horn: [Lied] „What shall be my theme"
      (Thomas Haynes Bayly)   2— 6

[2]   John Barnett: [Lied] „He came at morn" (Thomas Haynes
      Bayly)   8— 14

[3]   George Linley: [Lied] „Come away to the masquerade"
      (George Linley)   16— 24

[4]   G.[eorge] Herbert Rodwell: Evening Song of the Tyrol
      „Come o'er the mountain, love! to me" (Mrs. Corn-
      well Baron Wilson)   28— 32

[5]   G. Kiallmark: Air François (Thema — Var. 1—3) (Pfte.)   33— 37

[6]   Thomas Philips: Thou'rt ne'er forgot! „Ye lazy moments
      nurs'd by fears" (The late Mrs. Siddons)   38— 41

[7]   W.[ilhelm] Hünten: Waltz   42

[8]   Mrs. Alexander Kerr: Evening Hymn to the Virgin „Ave!
      now let prayer, and music" (Mrs. Hemans) (S I, II,
      B, Pfte.)   44— 49

[9] T.[homas] Valentine: Aria alla Tedesca (Pfte.) 50— 52

[10] Alexander Lee: [Lied] „Day's beams are over" (Mrs.
   Cornwell Baron Wilson) 54— 58

[11] Henry R.[owley] Bishop: Oh! Lethe's Stream! „Oh! Lethe's
   stream! too tempting fable" 60— 64

[12] John Barnett: [Lied] „I'll only hear the word farewell"
   (Thomas Haynes Bayly) 66— 70

[13] Edwin Merriott: March à la Militaire (Pfte. oder Hf.) 71— 72

[14] G.[eorge] Herbert Rodwell: [Duett] „For life! for death!
   for ever!" (2 Singst., Pfte.) 74— 82

[15] Henry R.[owley] Bishop: The Crusaders „Our ship in dark-
   ness, sails along" (S, A, T, B, Pfte.) 85— 91

[16] François Hünten: Rondoletto 92— 98

[17] J.[ohn] Addison: The Catalunian Lover's Song „Know
   ye in Barcelona an Andalusian dona" (J.R. Planché
   nach A. Musset: Les Contes d'Espagne et d'Italie) 100—106

[5.] 1833:

[1] Sigismond [!] Neukomm: The Thames „River! river!
   gentle river" 2— 9

[2] T.[homas] A. Rawlings: Petit Rondeau à la Valse 10— 12

[3] G.[eorge] Herbert Rodwell: Wilt thou love me then
   „Wilt thou love me, when at last" (Thomas Hay-
   nes Bayly) 14— 18

[4] George Linley: Round our own Fireside „Come! sit
   down beside me" (George Linley) 22— 26

[5] Henry R.[owley] Bishop: The Stirrup Cup „Fill up —
   fill up! thou rose-lipped page!" 28— 32

[6] G.[eorge] A.[lexander] Hodson: The Briton's Home „I am
   a Briton, bold and free" 36— 41

[7] Edwin Merriott: Waltz 42

[8] George Linley: For Thee! For Thee! „For Thee! for thee!
   sad thoughts are springing" (George Linley) 44— 48

[9] Alexander Lee: The dark-eyed Maid of Cadiz „Though
   many a clime 'tis mine to roam" (Byron) 50— 56

[10] G. Kiallmark: Kate Kearney (Pfte.-Arr.) 57— 61

[11] Charles Morgan: Oh Dio che pena, Duetto „O Dio che
   pena mi dà nel cuore" (S I, S II oder T, Pfte.) 62— 64

[12] Charles E.[dward] Horn: [Lied] „I've been where fresh
   flowers are springing" 66— 70

[13] John [!] Kuhlau: Rondeau ‹Thème de Ricciardo› [Op. 113, 1] 71— 76

[14]   G.[eorge] A.[lexander] Hodson: With thee beside me
       „With thee beside me, oh my love!" (Singst., Pfte.-
       Arr.)   78– 82

[15]   Henri Herz: La Fête Pastorale, Quadrille de Contredanses
       (No. 1. Le Pantalon. No. 2. L'Eté. No. 3. La Poule.
       No. 4. Trénis. No. 5. Chassez croisez et l'Eté) (aus:
       Op. 65)   83– 87

[16]   T.[homas] Valentine: Brazilian March   88– 90

[6.] 1834:

[1]   G.[eorge] A.[lexander] Hodson: May you be happy „May
       you be happy, may no care" (Charles Jefferys)   3– 5

[2]   Alexander Lee: He comes not! „He comes not! my own
       lover smiling" (Mrs. Cornwell Baron Wilson)   6– 10

[3]   G.[eorge] Herbert Rodwell: The Old Oak Tree „The
       old oak tree our shade shall be" (Thomas Haynes
       Bayly)   13– 17

[4]   Henri Herz: Russian Air with Variations (Moderato Maesto-
       so – Andantino Semplice – Var. 1–2)   18– 20

[5]   Henry R.[owley] Bishop: Home of my Youth „Scene of
       my pleasure, scene of my pain" (Thomas Haynes
       Bayly)   21– 24

[6]   G.[eorge] A.[lexander] Hodson: March away, march away
       „March away, march away, Buckler and Bonnet Blue"
       (George Croal)   27– 31

[7]   Philip Knapton: Aria alla (Scozzese) (Pfte.)   32– 34

[8]   J. Blockley: [Lied] „Oh! breathe no more that simple air"   35– 38

[9]   Charles E.[dward] Horn: The Mariner. His World the Ship,
       his Home the Waves „O! gallantly the bark glides"
       (Charles Jefferys)   41– 46

[10]   Edwin Merriott: Waltz   47– 48

[11]   Henri Herz: Air de Ballet from Auber's Opera of: Gustave
       [III.] (Pfte.)   49– 56

[12]   Charles E.[dward] Horn: [Lied] „Old Ocean is calm"
       (Charles Jefferys)   57– 63

[13]   S.T. Rosenberg: The Celebrated Bohemian Waltz   64

[14]   G.[eorge] A.[lexander] Hodson: The Soldier's Lament
       „Adieu my Moustachios! farewell to my tip!"
       (Thomas Haynes Bayly) (Singst., Pfte.-Arr.)   67– 70

[15]   Sir John Stevenson: The Olive and the Wine, Duet „Cheer'd
       by the cry of victory"   71– 74

[16]   G.[eorge] Herbert Rodwell: [Lied] „Speed safely o'er
       the sea"   77– 81

[17]   F.[ranz] Hünten: Ricord(a)nza del Opera di: Ludovic
            [Hérold] (Pfte.)   82— 83

[18]   We have liv'd and lov'd (Mel.: Henri Herz) „We
            have liv'd and lov'd together"   84— 88

[19]   J.[ohn] Weippert: The Ma(g)ician Quadrilles (No. 1.
            Le Pantalon. No. 2. L'Eté. No. 3. La Poule. No. 4.
            La Trénis. No. 5. La Finale) (Pfte.-Arr.)   89— 93

[20]   J.[ohn] Weippert: The Frankfort Galop (Pfte.-Arr.)   94

[7.] 1835:

[1]   Alexander Lee: The Days of Young Romance „There was
           a charm in early life" (Fraser Bradshaw Smith)   3— 7

[2]   John Barnett: The Page's Song „There was a page, a roguish
           page" (Harry Stoe Vandyk)   8— 14

[3]   G.[eorge] Herbert Rodwell: Land of the Free „Land of the
           free, the brave"   15— 21

[4]   François Hünten: Valse Brillante   22— 25

[5]   G.[eorge] Herbert Rodwell: The Ladye [!] and her Knight,
           (Duet) „From the(a) far-off land I come" (C. Jefferys)   26— 34

[6]   Henri Herz: Rondo Espagnol   35— 39

[7]   [Louis] Spohr: [Lied] „No more can grief impart" (G.
           Douglas Thompson)   40— 45

[8]   Miss Windsor: Serenade „Wake! wake! the red and fiery sun"
           (J. Doran)   46— 52

[9]   G.[eorge] Herbert Rodwell: The Vanquished „He came to
           the home of my father"   53— 57

[10]   George Linley: Go, lov'd One! „Go, lov'd one, to thine own
           bright land" (George Linley)   58— 62

[11]   Alexander Lee: O'er the gold Waters „He whisper'd soft
           words in her list'ning ear" (Mrs. C.B. Wilson)   63— 69

[12]   H.[enri] R.[owley] Bishop: [Gesang] for four voices
           „Take again all you gave" (T. Haynes Bayly) (S I,
           S II oder A, T, B, Pfte.)   70— 77

[13]   Henri Herz: Galop (nach Boieldieu) (Pfte.-Arr.)   78— 80

[14]   Edwin Merriott: Waltz   81— 82

[15]   G.[eorge] Herbert Rodwell: [Lied] „Thou gav'st me a
           bright sword, Lady" (Isabel Hill)   84— 88

[16]   G.[eorge] A.[lexander] Hodson: The Heiress „I would a
           lowlier lot were thine"   89— 92

[17]   S. T. Rosenberg: The Duke de Reichstadt's Waltz (Pfte.-Arr.)   93— 94

[18]   J.[ohn] Weippert: The Falconer Quadrilles (No. 1. Le Pan-
           talon. No. 2. L'Eté. No. 3. La Poule. No. 4. La Pa-
           storale. No. 5. Finale) (Pfte.-Arr.)   95—100

[19]   Waltz   101

[8.] 1836:

[1]   T.[homas] Millar: [Lied] „They chide me for my grief"
            (Thomas Haynes Bayly)   2— 6

[2]   Charles Czerny: Thema from Auber's: Lestocq (Pfte.-Arr.)   7

[3]   Charles Smith: Dear Holyrood „Dear land of my fathers"
            (Thomas Haynes Bayly)   8— 11

[4]   Alexander Lee: The Good Old Time, a Ballad in the old
            Style „You ask, why of the good old time" (Thomas
            Haynes Bayly)   12— 19

[5]   G.[eorge] Herbert Rodwell: Glee „While night extends her
            sable vest" (A, T, B I, II, Pfte.)   20— 27

[6]   Henry R.[owley] Bishop: Duet „Mingling with the murmuring
            waters" (C. Jefferys) (2 Singst., Pfte.)   28— 34

[7]   Edouard Billard: The Heiress (Introduzione. Thema — Var. —
            Finale) (Pfte.-Arr.)   35— 38

[8]   Henry R.[owley] Bishop: [Lied] „If earth be a garden"
            (C. Jefferys)   39— 43

[9]   Henry R.[owley] Bishop: The Warrior Knight „Tears! and
            from a warrior's eye?" (Mrs. Hemans)   44— 49

[10]   Thomas Moor Harsford: The Warrior's Farewell „Oh! chase
            from thy eye-lid"   50— 55

[11]   T.[homas] A. Rawlings: [Lied] „Weep not thou lonely
            one" (Thomas Haynes Bayly)   57— 60

[12]   Henri Herz: Rondo à l'Ecossaise   61— 64

[13]   T.[héodore] Labarre: She is thine „She is thine, the word is
            spoken" (C. Jefferys)   65— 69

[14]   G.[eorge] Herbert Rodwell: Hope maketh the Heart content
            „In the morning of life we roam"   70— 75

[15]   Henri Herz: Rapid River „Rapid river, tell me whither"
            (C. Jefferys)   76— 83

[16]   [Maria Felicia] Malibran: There is no home like my own
            „In the wild Chamois track"   84— 89

[17]   Henri Herz: Notre Dame du Mont Carmel (Carafa) (Pfte.-Arr.) 90— 91

[18]   P.[hilippe] Musard: The Sutherland Quadrilles (No. 1. Le
            Pantalon. No. 2. L' Eté. No. 3. La Poule. No. 4. La
            Trénise. No. 5. Finale)   92— 96

[19]   (John) Weippert: (Quadrilles from:) Le Cheval de Bronze
            [Auber] (No. 1. Le Pantalon. No. 2. L'Eté. No. 3.
            La Poule. No. 4. La Trénis. No. 5. Grand Rond L'Eté.
            No. 6. Echo Galopade) (Pfte.-Arr.)   97—103

[9.] 1837:

[1]   S.[ydney] Nelson: The Indian Maid „Morning's dawn is in
        the skies"   2— 7

[2]   Henry R.[owley] Bishop: [Lied] „Oh! why hath music power"
        (Thomas Haynes Bayly) (Singst., Pfte.-Arr.)   8— 13

[3]   (J.[ohn] Addison): The Tyrolien Boy „Come, where the
        rose is blowing" (Author of: The Rose of Lucerne)   14— 19

[4]   N.[icolas] C.[harles] Bochsa: Récréation après l'Etude   20— 26

[5]   [Maria Felicia] Malibran de Bériot: My Cot by the Moun-
        tain „Come to my cot"   36— 41

[6]   [Maria Felicia] Malibran de Bériot: The Tyrolese Maiden's
        Song „Dear are the vale and the snow mantled hill"   42— 45

[7]   Henry Herz: The Midnight Song of the Gondolier, (Duet)
        „Day no longer beams around us" (Charles Jefferys)   46— 51

[8]   S.[ydney] Nelson: Song of the Ancient Minstrel „The warrior-
        plain, the tented field"   52— 57

[9]   Henry R.[owley] Bishop: Grief was sent thee for thy Good
        „In the scenes of former pleasure" (Thomas Haynes
        Bayly) (Singst., Pfte.-Arr.)   58— 61

[10]   F.[ranz] Hünten: The Indian Girl's Song (Pfte.-Arr.)   62

[11]   S.[ydney] Nelson: (Duet) „Speed thou, my gondolier"
        (Charles Jefferys)   64— 69

[12]   Henry Herz: There is no home like my own (Madame Mali-
        bran de Bériot) (Variations) (Andante — Chan-
        sonette — Var.)   70— 74

[13]   J.[ohn] F.[reckleton] Burrowes: Prayer from: I Briganti
        [Mercadante] (Pfte.-Arr.)   75— 76

[14]   N.[icolas] C.[harles] Bochsa: The Pas Galop from Beniowsky 77— 81

[15]   Henry Herz: A Set of Quadrilles containing popular Songs
        (No. 1. Le Pantalon. No. 2. L'Eté. No. 3. La Poule.
        No. 4. La Trénis. No. 5. Grand Rond et l'Eté)
        (Pfte.-Arr.: J. Weippert)   82— 88

[10.] 1838:

[1]   [Vincenzo] Bellini: [Lied] „Oh, my bravest and best, I re-
        sign thee" (T. Haynes Bayly)   1— 5

[2]   H.[enry] R.[owley] Bishop: Ten Sweet Gliding Years
        „Yes! dearest, ten sweet gliding years" (C. Jefferys)   6— 10

[3]   Edward J.[ames] Loder: Away to the Forest Green „Softly
        o'er mount and dale" (G. Linley)   11— 15

[4]   H.[enri] Herz: Air Irlandaise (with Variations) (Pfte.)   16

[5]   The Soldier's Greeting (Allegro con brio — Var. 1—2)
        (Pfte.)   17— 20

[6]   Beethoven [unterschoben]: Invocation „Come with thy
         strains of love and hope" [Anh. 14, 1]   21— 25

[7]   S.[ydney] Nelson: [Gesang] „I knew thee in thy sunny
         days" (C. Jefferys) (Arr. für 1 oder 2 Singst., Pfte.)   26— 30

[8]   [Joseph] Weigl: Sweet Spirit of Heaven „O Music! dear
         music! What praises are thine!" (C. Jefferys) (S, T,
         Pfte.)   31— 34

[9]   H.[enry] R.[owley] Bishop: Dark-eyed Gipsey [!] „Dark-
         eyed Gipsey [!] come not hither" (T.H. Bayly)   35— 39

[10]   H.[enri] Herz: Air from: L'Ambassadrice (Auber) (Pfte.-
         Arr.)   40— 42

[11]   [Maria Felicia] Malibran de Bériot: The Sailor's Prayer
         „Hear us, Heav'n, o hear us!"   43— 46

[12]   F.[ranz] Hünten: Galop from: The Corsair (Le Corsaire)
         (Bochsa) (Pfte.-Arr.)   47— 51

[13]   [Maria Felicia] Malibran de Bériot: Spread thy wings and
         away! „Spread thy light wings"   52— 56

[14]   Adolphe Miné: Les Rues de Londres (Bochsa) (Pfte.-Arr.)   57— 60

[15]   E.[dward] J.[ames] Loder: [Lied] „The last links are
         broken" (F. Steers)   61— 65

[16]   John Weippert: A Set of Quadrilles from Bochsa's celebrated
         Ballet of: Le Corsaire (No. 1. Les Turcs. Le Pantalon.
         No. 2. La Vivandière. L'Eté. No. 5. [!] Les Almas.
         La Finale. No. 4. Conrad. La Trénis. No. 3. [!]
         L'Espagnole. La Poule) (Pfte.-Arr.)   66— 70

[11.] 1839:

[1]   Henry R.[owley] Bishop: [Lied] „Weep not thou lonely
         one" (Tho.(ma)s H.(aynes) Bayly)   1—   5

[2]   Alexander Lee: A Dream of the Past „There's a joy for the
         young" (Charles Jefferys)   6— 10

[3]   E.[dward] J.[ames] Loder: The Lady's Page „If I were a
         boy and the choice were mine" (W. H. Bellamy)   11— 15

[4]   Henry R.[owley] Bishop: Duett [!] „Sweet moonlight is
         beaming" (S, T, Pfte.)   16— 20

[5]   Henry Herz: The Queen's own Waltz   21— 25

[6]   Ercole Mecatti: Un Gondoliere „Qui t'assedio mio diletto" 26— 28

[7]   Charles Czerny: The New Cachucha „Quest istante desiato"
         (Singst., Pfte.-Arr.)   29— 33

[8]   Charles E.[dward] Horn: Duetto „Sweet round my bow'r"   34— 38

[9]   F.[riederich] Kalkbrenner: A favorite Air (Hérold) (Pfte.-
         Arr.)   39— 43

[10] H.[enry] R.[owley] Bishop: She never told her Love „I
        thought her made of gladness" (C. Jefferys)   44— 48

[11] John Barnett: Duettino „Come touch the chords again"
        (S I, II, Pfte.)   49— 54

[12] H.[enry] R.[ouwley] Bishop: Dark-eyed Gipsy „Dark-eyed
        gipsy, come not hither" (Tho.(ma)s H.(aynes) Bayly)   55— 59

[13] C.[harles] E.[dward] Horn: When Mary is away „Oh! I have
        sheep and kine a throng"   60— 63

[14] F.[rederick] Nicholls Crouch: The last Blessing „Oh! sing
        to me Aileen" (F.N. Crouch)   64— 70

[15] Henry Herz: Laendler Viennois (Pfte.-Arr.)   71— 73

[16] Johann Strauss [Vater]: Her Majesty's Own Quadrilles with
        the celebrated Galop from: Guillaume Tell [Rossini]
        (No. 1. Le Pantalon. No. 2. L'Eté. No. 3. La Poule.
        No. 4. La Trénis. No. 5. La Finale. Galop from: Guil-
        laume Tell) (Pfte.-Arr.)   74— 80

[17] Johann Strauss [Vater]: Her Majesty's Own Waltzes with
        the Tyrolienne Waltz from: Guillaume Tell [Rossini]
        (No. 1.—5. Tyrolienne Waltz from: Guillaume Tell)
        (Pfte.-Arr.)   81— 85

[18] Johann Strauss [Vater]: Her Majesty's State March   86

[12.] 1840:

[1]   E.[dward] J.[ames] Loder: [Lied] „It was a dream of
        perfect bliss" (T. Haynes Bayly)   1— 5

[2]   Henry Herz; 'Tis sad to part „Tho' 'tis sad to part in kindness"   6— 10

[3]   John Parry: Bridal Bells „Borne upon the balmy gale" (Char-
        les Jefferys)   11— 15

[4]   Henry Herz: The Popular Cracovienne (Pfte.-Arr.)   16— 19

[5]   Henry R.[owley] Bishop: Sister Dear „Oh no, my sister
        dear!" (By the Author of: The Captive to his Bird)   20— 23

[6]   Henry R.[owley] Bishop: The best Wish „Say my child, what
        would you do" (T. Haynes Bayly)   24— 28

[7]   J.[ohann] Strauss [Vater]: (Duet) „Thy home is on the
        bounding wave" (Charles Jefferys)   29— 35

[8]   Leigh Smith: Rise, Lady Moon „Rise Lady Moon and up
        and tread!" (C. Manners White)   36— 40

[9]   A.[uguste] Panseron: The Lay of the Deserted „Thou art
        false, but I cannot forget thee" (By the Autoress of:
        We have lived and loved together)   41— 44

[10] E.[dward] J.[ames] Loder: [Lied] „There's no land like
        Scotland"   45— 48

[11] [Joseph] Lanner: Lock Walzer (Pfte.-Arr.: T. Valentine)   49— 52

[12]   [Joseph] Lanner: Amors Flügel Walzer (Pfte.-Arr.: T. Valen-
       tine)   53— 56

[13]   Joseph Labitzky: Aurora Walzer (Pfte.-Arr.: E.F. Rimbault)   57— 60

[14]   J.[oseph] Lanner: Labyrinth Walzer (Pfte.-Arr.: E.F. Rim-
       bault)   61— 64

[15]   Joseph Labitzky: The Bergental Congratulations Walzer
       (Pfte.-Arr.: E.F. Rimbault)   65— 67

[16]   J.[oseph] Lanner: Les Nageurs — Die Schwimmer, Walzer
       (Pfte.-Arr.: E. F. Rimbault)   68— 70

[17]   J.[ohann] Strauss [Vater]: The Eglintoun Tournay Walt-
       zes, to which are added: Das Leben ein Tanz Waltz
       (No. 1—6)   71— 74

[18]   La Fête Champêtre, Waltz   75— 80

[19]   [François Henri] Musard: A Set of Quadrilles from Auber's
       celebrated Opera: Le Lac des Fées (No. 1. Le Panta-
       lon. No. 2. L'Eté. No. 3. La Poule. No. 4. La Pastorale.
       No. 5. La Finale)   81— 85

[20]   ([John Freckleton] Burrowes): The Celebrated Student's
       Waltz, from the Grand Opera of: The Fairy Lake
       [= Le Lac des Fées] (Auber)   86— 89

[13.] 1841:

[1]   Henry Herz: The Soldier's Home „When war stills her roar"
       (F. Wilson)   1

[2]   [Daniel François Esprit] Auber: First and Fairest „Where
       the festive lay is sounding" (C. Jefferys)   2

[3]   [Johann] Strauss: [Lied] „The pale moon is gleaming"
       (C. Jefferys)   3

[4]   [Vincenzo] Bellini: The Roundelay „Hark! hark! the voice
       of song awakes" (H. Cook)   4

[5]   C.[harles] E.[dward] Horn: Early Home „I've seen the
       leaves of Autumn die" (L.T.)   5

[6]   [R.] Guylott: [Lied] „When I from Ellen parted"   6

[7]   [Ferdinando] Paer: [Lied] „Haste, haste, the Gondolier
       is calling" (S. Cook)   7

[8]   [Giacomo] Meyerbeer: Sweet May „How sweet the flow'rs
       that op'ning blow" (C. Brown)   8

[9]   [Vincenzo] Bellini: [Lied] „Lo! the moon in silver radiance"
       (W.H. Bauman)   9

[10]   The Dream, Duett [!], Irish Air „Beneath a shade as
       I lay reposing"   10

[11]   E.[dward] J.[ames] Loder: [Lied] „Thou art the giddiest
       youth alive!" (Mrs. Opie)   11

[12] [George Herbert] Rodwell: The Sunbeam and the Rose „The last noon of Autumn a sunbeam stray'd" (E. Fitz Ball) 12— 13

[13] [Saverio] Mercadante: Prayer to the Virgin „With gloom and with sorrow" (G. Linley) 14

[14] [Johann] Strauss [Vater]: [Lied] „Sounds of music gently stealing" (C. Jefferys) 15

[15] [Gaetano] Donizetti: The Leafless Sycamore „By the waters sweetly growing" (W.B. Mowbray) 16

[16] [Gaetano] Donizetti: [Lied] „Sleep my babe in slumbers deep" (W.H. Bauman) 17

[17] The Rose and the Thorn, Russian Air „Of all the buds that smiling bloom in garden" (C. Hanbury) 18

[18] The Deserted, Duett [!], National Air „She sat beneath a willow" (D. Ryan) 19

[19] [Etienne Nicolas] Méhul: [Lied] „In the morning of life when reposing" (F.A. Kerr) 20

[20] [Vincenzo] Bellini: [Lied] „Farewell, farewell for ever" (D.H. Brown) 21

[21] [François Adrien] Boieldieu: [Lied] „How happy is the shepherd's lot" (H. Clifford) 22

[22] [Gioacchino] Rossini: [Lied] „A maiden by a river's side" (D. Ryan) 23

[23] Duett [!], Irish Air „I have left them in sadness" (D. Ryan) 24

[24] [Daniel François Esprit] Auber: Fairies of the Lake „Fairies of the lake, Naiads of the sea" (C. Jefferys) 25

[25] Our sweet Harvest Home, Duett [!], Irish Air „Behold o'er the meadow" (D. Ryan) 26

[26] [Johann] Strauss [Vater]: Sweet Nightingale „Sweet Nightingale, sing from thy sycamore tree!" (C. Jefferys) 27

[27] Duet, Irish Air „When around me I see the dear friends of my soul" 28

[28] [François Adrien] Boieldieu: Oh! Blest that hour „Oh! blest that hour for ever" (F. A. Kerr) 29

[29] [Henry Rowley] Bishop: The Evergreen Tree „I love thee! Evergreen tree" (Haynes Bayly) 30

[30] [Gioacchino] Rossini: [Lied] „Softly fades the closing day" (S. Smith) 31

[31] [Felice] Blangini: [Lied] „Who'll buy my flow'rs" 32

[32] [Ludwig van] Beethoven: Duett [!] „Sweet hour of eve!" (D.Ryan) 33

[33]   [Ferdinand] Hérold: The Fortune Teller „Ye belles and
            beaux" (D. Ryan)   34

[34]   [Charles] Avison: Duett [!] „Hark to the battle-note"
            (M.A. Wilson)   35

[35]   The Home of Contentment, Duett [!], Irish Air
            „By the side of a fountain" (D. Ryan)   36

[36]   H.[enry] R.[owley] Bishop: The Heart's First Love „Oh!
            how sweet the feeling"   37

[37]   [Vincenzo] Bellini: The Fairy's Call „Wake! Sisters wake!"
            (F.H. Burney)   38

[38]   [Gioacchino] Rossini: Lo! Moonlight is stealing „Lo! the
            moonlight is stealing" (H. Clifford)   39

[39]   G.[eorge] H.[erbert] Rodwell: The Summer Flower „The
            Summer flow'r shall cease to blow" (E. Fitz Ball)   40— 41

[40]   The Warrior's Death, Duett [!], Irish „The Soldier's
            dead and his war-horse stands"   42

[41]   [Gaetano] Donizetti: [Lied] „Over the lake at eve" (F. H.
            Burney)   43

[42]   H.[enry] R.[owley] Bishop: [Lied] „A captive in the
            stranger's land" (Haynes Bayly)   44— 45

[43]   J.[ohann] Strauss [Vater]: [Lied] „O haste thee, bold
            hunter" (C. Jefferys)   46

[44]   [François Adrien] Boieldieu: [Lied] „See the village lads
            awaking" (H. Clifford)   47

[45]   The Return from Battle, French Air „Hark the
            trumpet of fame is sounding" (D. Ryan)   48

[46]   The Friends that smile beside us, Duett [!], Irish
            Air „The world may journey as it will" (D. Ryan)   49

[47]   E.[dward] J.[ames] Loder: The Young Bride „Now he
            coldly flies the luring"   50

[48]   A.[lexander] Lee: Moonlight „What an hour is this"
            (T. Fricker)   51

[49]   J.[ohn] Parry: My native blue Hills „In youth when com-
            pell'd on the ocean to roam" (D. Ryan)   52

[50]   H.[enri] Herz: Sister Fairies hither „Sister fairies, hither
            haste to me" (C. Jefferys)   53

[51]   J.[ohann] Strauss [Vater]: Andalusian Quadrilles, to
            which is added The Celebrated Gitana Galop
            (No. 1—5.—Finale) (Pfte.-Arr.) [Op. 108]   54— 56

[52]   [Philippe] Musard: Les Chasseurs au Bal Quadrilles (No. 1.
            Le Pantalon. No. 2. L'Eté. No. 3. La Poule. No. 4.
            La Pastourelle. No. 5. La Finale)   57— 59

[53] [Johann] Tolbecque: Cosimo Quadrilles (No. 1. Le Pantalon. No. 2. L'Eté. No. 3. La Poule. No. 4. Le Trénis. No. 5. La Finale. Galop) 60— 62

[54] [Philippe] Musard: La Figurante Quadrilles (No. 1—5) 63— 65

[55] [Philippe] Musard: Les Laveuses du Couvent Quadrilles (No. 1. Le Pantalon. L'Espérance. No. 2. L'Eté. Fortunata. No. 3. La Poule. Les Hirondelles. No. 4. La Trénis. La Fugitive. No. 5. La Finale. Les laveuses du couvent) 66— 68

[56] [Philippe] Musard: Les Orangers Waltzes (No. 1—5—Coda) 69— 71

[57] S.T. Rosenberg: Tarantella from the Ballet of: Belphegor 72— 73

[58] H.[enri] Herz: Paganini's Last Waltz (Nice, 25th May, 1840) (Pfte.-Arr.) 74

[59] Lestocq Galop (Auber) 75

[60] [John] Weippert: Diavolo Galop 76

[61] [Philippe] Musard: Galop de Camille 77

[62] [Joseph] Labitzky: Araber Galop 78

[63] [Joseph] Labitzky: Rococo Galop 79

[64] [Johann] Strauss [Vater]: La Rage de Bretagne, a Musical Garland (Waltz. Air from the Ballet of Nina. Waltz. Galoppe. Mazurka. Air from: Le Domino Noir. A la chasse. Finale) 80— 82

[14.] 1842:

[1] J.[ohn] Barnett: [Lied] „My soldier wears a tartan plaid'' 1

[2] J.[oseph] P.[hilip] Knight: [Lied] „Dost thou think I forget thee?'' (W. Berry) 2

[3] G.[eorge] H.[erbert] Rodwell: [Lied] „In fancy still, her voice I hear'' (E. Fitz Ball) 3

[4] [Daniel François Esprit] Auber: A Cloudless Sky „A cloudless sky, a tranquil sea'' 4

[5] R. Guylot(t): [Lied] „I canna leave thee, love'' (J.W. King) 5

[6] H.[enry] R.[owley] Bishop: The Orphan „The orphan is not fatherless'' (T. H. Bayly) (Singst., Org.- oder Pfte.-Begl.) 6

[7] Henri Herz: [Lied] „Thy gentle beauty's soft control'' (J.A. Wade) 7

[8] C. Manners: [Lied] „Saw you not the rising tear'' 8

[9] J.[ohn] Barnett: The Sailor Boy's Song „The moon has gem'd the rippling ocean'' 9

[10] [Auguste] Panseron: [Romance] „The bloom was on the bright hare-bell'' 10

[11]   F.[rederick] N.[icholls] Crouch: The Cornish Mother's
       Lament „They say 'tis a sin to sorrow" (Rob. Steven
       Hawker)   11

[12]   J.[onathan] Blewitt: [Lied] „Oh, for a cot by a silv'ry
       lake" (E. Fitz Ball)   12

[13]   H.[enry] R.[owley] Bishop: The Child's first Prayer
       „Where shall the child's first pray'r be taught?"
       (T. H. Bayly)   13

[14]   E.[dward] J.[ames] Loder: [Lied] „I have known thee
       in the sunshine" (T.H. Bayly)   14

[15]   Miss Woolaston: [Lied] „O were I but a thing of light"   15

[16]   J.[oseph] A.[ugustine] Wade: Lochlin and Eveline „The
       Moon was mildly beaming" (J.A. Wade)   16

[17]   [Auguste] Panseron: The Treasures of the Heart „'Tis sweet
       to listen to the song" (C. Jefferys)   17

[18]   J.[oseph] A.[ugustine] Wade: [Lied] „There's a bliss in
       the morning of love!"   18

[19]   H.[enry] R.[owley] Bishop: [Lied] „Oh! from a Mother's
       eye" (T. H. Bayly)   19

[20]   E.[dward] J.[ames] Loder: Duet „Shun not the village
       church-yard" (T.H. Bayly)   20

[21]   J. Garnett: I ask thee but to think of me „I ask thee not
       for vows my flow'r"   21

[22]   Charles Smith: Old Oaks of Windsor Forest „Old oaks of
       Windsor Forest, in thy automnal shade" (T.H. Bayly)   22

[23]   R. Guylot(t): [Lied] „Oh! look ye out at sea, love"
       (J.W. King)   23

[24]   Irish Air, Duet „Weep not for hours" (D.Ryan)   24

[25]   J.[ohn] Barnett: The Mourning Ring „Silent pledge of true
       affection"   25

[26]   E.[dward] J.[ames] Loder: [Lied] „Time was thy locks
       were brown, friend John" (E.F. Ball)   26

[27]   [Daniel François Esprit] Auber: [Lied] „Thou wert kind
       to me"   27

[28]   [Karl] Eberwein: The Sister's Adieu „Farewell! and with
       a sister's love"   28

[29]   [August] Panseron: My Star of Hope! „How bright in
       woman's lovely form"   29

[30]   E.[dward] J.[ames] Loder: The Village Mill „Hark! the
       ceaseless murmur" (T.H. Bayly)   30

[31]   J.[oseph] P.[hilip] Knight: My Mother's Song „There is
       a tone, a melody"   31

[32]   A.[lexander] Lee: The Old Irish Gentleman „I love to
       hear the good old song"   32— 33

[33]   J.[oseph] P.[hilip] Knight: [Lied] „Old friends and true
       friends" (T.H. Bayly)   34

[34]   Our Joys of Old, Irish Air, Duet „Oh 'tis sweet in
       gay and festive bow'rs" (D. Ryan)   35

[35]   [Conradin] Kreutzer: The Joys of Home „Among the high
       the proud the gay"   36

[36]   G. Croale: The Pilgrim Lover „Oh sigh not thus for sighs
       are vain" (W. Alexander)   37

[37]   Henri Herz: The Parents' Prayer „O Thou, Almighty
       Father" (J.A. Wade)   38

[38]   S.[ydney] Nelson: Wishes „In childhoods happy hours"   39

[39]   F.[rederick] N.[icholls] Crouch: Dur-El Baheer! The Lay
       of the Captive „Oh give me sweet music" (Mrs. Craw-
       ford)   40

[40]   The Marchioness [Barbara R.] of Hastings: [Lied] „Away,
       away! Ye notes of woe" (Lord Byron)   41

[41]   F.[rederick] N.[icholls] Crouch: Kate Anderson, My Kate
       „Kate Anderson, my ain Kate"   42

[42]   H.[enry] R.[owley] Bishop: [Lied] „She lov'd not wisely,
       but to well" (C. Jefferys)   43

[43]   J.[oseph] P.[hilip] Knight: [Lied] „The tree of the forest" 44

[44]   E.[dward] J.[ames] Loder: [Lied] „I have roam'd the
       world over" (T.H. Bayly)   45

[45]   J.[oseph] Mazzinghi: [Lied] „See! the blushing op'ning
       roses"   46

[46]   F.[rederick] N.[icholls] Crouch: The Seraskier's Bride
       „Oh! how my fond heart flies" (Mrs. Crawford)   47

[47]   F.[rederick] N.[icholls] Crouch: The Exquisite Man „Of
       all that adorns the creation" (D. Ryan)   48— 49

[48]   [Daniel François Esprit] Auber: Day is breaking round me
       „Day again is breaking round me"   50

[49]   G.[eorge] H.[erbert] Rodwell: [Lied] „I lov'd thee in
       thy spring time" (E. Fitz Ball)   51

[50]   E.[dward] J.[ames] Loder: [Lied] „Oh softly falls the
       foot of love" (Mrs. Norton)   52

[51]   J.[ohn] Barnett: The Mountain's Pride „The bee had left
       its bow'r" (Gregor Logan)   53

[52]   E.[dward] J.[ames] Loder: In Summer's Cot „In Summer's
       cot, our lawns among"   54

[53]   [Lied] „Life is floating o'er me!"   55

[54]   Irish Air, Duet „We part but not for ever" (D. Ryan)   56

[55]   J.[ohann] Strauss [Vater]: Far away „Dear to my heart is
          my own sunny plain" (C. Jefferys)   57

[56]   C.[harles] E.[dward] Horn: [Lied] „As winter withers all
          the leaves" (H.J. Finn)   58

[57]   H.[enri] Herz: La Catalane (Pfte.)   59

[58]   W.[illiam] H.[enry] Holmes: Woodman spare that tree!
          (with brilliant Variations) (Introduction – Air –
          Var. 1–3)   60– 61

[59]   [Phillipe] Musard: Les Querelleurs Quadrilles (No. 1. Le
          Pantalon. No. 2. L'Eté. No. 3. La Poule. No. 4. La
          Trénis. No. 5. La Finale)   62– 64

[60]   H.[enri] Herz: Six brilliant waltzes   65– 67

[61]   [Phillipe] Musard: Le Postillon de Mad.(am)e Ablou
          Quadrille (No. 1. Le Pantalon. No. 2. L'Eté.
          No. 3. La Poule. No. 4. La Pastorale. No. 5. La Finale) 68– 70

[62]   [Louis Antoine] Jullien: La Rosita, Valse Espagnole   71– 73

[63]   [Philippe] Musard: L'Arc en Ciel Quadrilles (No. 1. Le Pan-
          talon. No. 2. L'Eté. No. 3. La Poule. No. 4. La Trénis.
          No. 5. La Finale)   74– 76

[64]   [Joseph] Labitzky: Stag-Leap Waltzes   77– 79

[65]   [Philippe] Musard: Vive la Danse Quadrilles (No. 1. Le Pan-
          talon. No. 2. L'Eté. No. 3. La Poule. No. 4. La Pasto-
          rale. No. 5. La Finale)   80– 82

[66]   A.T. Macdonald: Waltz Rondo   83

[67]   [Johann] Strauss [Vater]: La Fortuna Galop [Op. 69]   84

[68]   [Joseph] Labitzky: Furioso Galop   85

[69]   J.B. Nadaud: The Admired Pas de quatre Danced by Mad.lle
          Cerito in the Ballet of: Le Lac des Fées (Maestoso –
          Allegretto Moderato – Moderato – Allegretto – Coda)
          (Pfte.)   86– 89

Gems of Eminent Pianists:

[70]   F.[riedrich] Kalkbrenner: [Arie] „Ah non fia sempre odiata"
          (Bellini) (Pfte.-Arr.)   90

[71]   J.[ohann] B.[aptist] Cramer: All' Inglese (Pfte.-Arr.)   90

[72]   C.[harles] Neate: Pastoral Dance (H. R. Bishop) (Pfte.-Arr.) 91

[73]   J.[ohann] B.[aptist] Cramer: „Said a smile to a tear"
          (J. Braham) (Pfte.-Arr.)   91

[74]   H.[einrich] Panofka: Etude Caractéristique   92

[15.] 1843:

[1]   J.[oseph] P.[hilip] Knight: [Lied] „What dost thou bear?"
          (Mrs. Hemans)   1

[2]   E.[dward] J.[ames] Loder: The Merry Old Days ,,A song
      in praise of the merry old days" (J.E. Carpenter)   2

[3]   H.[enry] R.[owley] Bishop: 'Tis vain to seek ,,'Tis vain to
      seek in wealth alone" (D. Ryan)   3

[4]   G.[eorge] H.[erbert] Rodwell: The Gipsy's Temptation
      ,,Come hither, hither, my pretty rosy boy" (D. Ryan)   4

[5]   C.[hristian] F.[riedrich] J.[ohann] Girschner: [Lied] ,,O sing
      the song I love so dearly"   5

[6]   J.[ohn] Barnett: [Lied] ,,Come let's seek the fairest bowers"
      (Harry Stoe van Dyk)   6

[7]   E.[dward] J.[ames] Loder: [Lied] ,,Oh! say not sweet
      Lassie" (J. Bird)   7

[8]   H.[enry] R.[owley] Bishop: The Tyrolienne ,,How heavi-
      ly, how wearily, the moments drag away" (J. H.
      Payne)   8

[9]   T.[homas] Millar: Lov'd Friend, awake thy Song ,,Sweet
      friend, where sleeps thy song?"   9

[10] Mrs. Shelton: The Banished ,,Oh! give me back my heavy chain"
      (T. H. Bayley [!])   10

[11] H.[enry] R.[owley] Bishop: [Lied] ,,In the cold stilly
      night" (E. Fitz Ball)   11

[12] F.[rederick] N.[icholls] Crouch: Our Friends of Old!
      ,,Come fill we a glass to the days of old" (H. P.
      Gratton)   12

[13] [Fanny] Steers: [Lied] ,,We shall not meet again"   13

[14] A.[lexander] Lee: The Lad who wears the Pladdie ,,Oh!
      he's a braw and handsome lad"   14

[15] C. G. Byrne: My early Love! ,,My early Love! How dear thou
      wert to me" (G. Linley)   15

[16]   Duet, Irish ,,Oh! lead the Dance" (D. Ryan)   16

[17] Mrs. Shelton: The Deserted ,,Yes! weeping is madness away
      with this tear" (D'Israeli ‹The Younger›)   17

[18] H.[enry] R.[owley] Bishop: [Lied] ,,Thou! oh! thou hast
      lov'd me" (J.H. Payne)   18

[19] Mrs. Gore: The Earlie's Bride ,,Young Allan rode with
      spur of fire"   19

[20] Miss Smith: Oh! Say not that Hope ,,Oh! say not that hope
      ever dies" (Miss Reynett)   20

[21] A. Esain: [Lied] ,,And thou art dead" (Lord Byron)   21

[22] J.[ohn] Barnett: Oh! that those Moments ,,Oh that those
      moments could return"   22

[23] Mrs. Gore: [Lied] ,,The Soldier frae the war returns"   23

[24] E.[dward] J.[ames] Loder: In yonder Garden, Duet „In yonder garden where sweet maids are straying" 24— 26

[25] R. Guylot(t): [Lied] „There's no such light as womans' eyes" (J. W. King) 24

[26] C.[harles] E.[dward] Horn: The Lit de Veille „My Father's was the sweetest Cot" (Mrs. Crawford) 27

[27] E.[dward] J.[ames] Loder: Flow Rio Verde „Flow rio verde, in melody flow" (Mrs. Hemans) 29

[28] E.[dward] J.[ames] Loder: England, Dear England „I have sail'd from my home" (J. Bird) 30

[29] F.[rederick] N.[icholls] Crouch: [Lied] „Don't be too particular" 31

[30] J.[ohn] Barnett: The Sailor's Orphans „Oh! Lady hear the little Sailor's story" 32

[31] The Mountain Girl's Song „O sing, dear Girl, those notes again" 33

[32] [Joseph] Haydn: Fly away to the Woodland „Fly away, to the woodland go" 34

[33] H.[enry] R.[owley] Bishop: Marriage of the Rose „I dream'd the rose was married" (J. R. Planché) 35

[34] W. Kirby: My Bonnie Mary „Go fetch to me a pint o'wine" (Burns) 36

[35] H.[enry] R.[owley] Bishop: My Heart is sad for Araby „I languish in exile far over the seas" (Mrs. Crawford) 37

[36] J.[ohn] Parry: [Lied] „Thou hast left me (for) ever, Jamie" 38

[37] R. Guylot(t): [Lied] „When the glen all is still" 39

[38] Mirth and Music „I love to join a happy throng" 40

[39] A. D. Roche: [Lied] „A coronet may gild thy brow" (W. Fletcher) 41

[40] H.[enry] R.[owley] Bishop: No Lover comes to me „Oh, since the rising of the sun" (T. H. Bayly) 42

[41] Our Circle of Friendship at Home, Duet, Irish „Tho' life hath its cares and its sorrows" (D. Ryan) 43

[42] E.[dward] J.[ames] Loder: The Curate's Daughter „Who smiles at ev'ry cottage door" (T. H. Bayly) 44

[43] T.[homas] Millar: The Bright Summer Time „We met in a region of gladness" 45

[44] Duet, Irish „We are two pretty maidens" (D. Ryan) 46

[45] T.[homas] Millar: [Lied] „How brief are infant's saddest tears" (T. H. Bayly) 47

[46] E.[dward] J.[ames] Loder: The Bucanier's Bride „Away, away o'er the boundless deep" (Mrs. Crawford) 48

[47]   C.[hristian] F.[riedrich] J.[ohann] Girschner: A Morning
        Serenade ,,The bright beam of morning"   49

[48]   H.[enry] R.[owley] Bishop: [Lied] ,,In solitude one eve
        I stray'd" (D. Ryan)   51

[49]   Sigh no more, Duet, Irish ,,Oh! sigh no more o'er
        happier days" (D. Ryan)   51

[50]   E.[dward] J.[ames] Loder: The Idol of the Court ,,She
        smil'd in beauty o'er that regal throng"   52

[51]   G.[eorge] H.[erbert] Rodwell: Those who love us ,,As the
        first beam of morn" (C. J. Davids)   53

[52]   G.[eorge] H.[erbert] Rodwell: My Brigantine! ,,My Brigantine!
        Gentle in motion" (J. F. Cooper)   54

[53]   [Gioacchino] Rossini: Oh False Hearted ‹ Stabat Mater › ,,O
        false hearted, faithless treasures!"   55— 57

[54]   [Gioacchino] Rossini: ‹ Stabat Mater › ,,Veil'd in beauty
        like the even"   58— 59

[55]   J.[ohn] Weippert: Zurich Waltzes (No. 1—5)   60— 62

[56]   A.[lphonse] Thys: L'Orientale Valse   63— 65

[57]   [Louis Antoine] Jullien: (The Royal) Naval Quadrilles   66— 68

[58]   C.[harles] W. Glover: Galop from Giselle   69— 71

[59]   A. Esain: Souvenir de Clifton (Waltzes No. 1—2, Galop)   72— 73

[60]   [Philippe] Musard: Les Grenadiers' Waltzes (No. 1—4)   74— 76

[61]   C.[harles] W. Glover: Cujus animam ‹ Stabat Mater › (Pfte.) 77— 79

[62]   [Philippe] Musard: Esmeralda Quadrilles (No. 1. Le Pantalon.
        No. 2. L'Eté. No. 3. La Poule. No. 4. La Pastourelle.
        No. 5. La Finale)   80— 82

[63]   The Manor House Waltz   83

[64]   J. W. Davison: La Mazourka   84— 85

[65]   [Louis Antoine] Jullien: Napolitan Quadrilles (No. 1. Le
        Pantalon. No. 2. L'Eté. No. 3. La Poule. No. 4. La
        Trénis. No. 5. La Finale)   86— 88

[66]   [Philippe] Musard: The Queen's Scotch Quadrilles (No. 1.
        Le Pantalon. No. 2. L'Eté. No. 3. La Poule. No. 4.
        La Trénis. No. 5. En Rond)   89— 91

[16.] 1844:

[1]   E.[dward] J.[ames] Loder: [Lied] ,,My thoughts had
        wander'd home" (G. Linley)   1

[2]   J.[oseph] P.[hilip] Knight: The Old Songs we sung ,,Oh!
        the old songs we sung" (D. Ryan)   2

[3]   S.[igismund] Thalberg: [Lied] ,,When last we met thy face
        was fair" (G. Macfarren)   3

[4]   C.[harles] E.[dward] Horn: [Lied] „Oh no I've not forgotten
       thee" (Mrs. Crawford)   4

[5]   A.[uguste] Panseron: The Troubadour's Return „The first
       faint blush of day was breaking" (F. H. Burney)   5

[6]   F.[ranz] Schubert: The Joys of Spring „Mildly beaming, Joy
       beseeming" (D. Ryan) [D 711]   6

[7]   J.[oseph] A.[ugustine] Wade: In the Grove „In the
       grove, when we parted, you said" (J. A. Wade)   7

[8]   Bird of Summer, Italian „Bird of summer, welcome
       comer"   8

[9]   E.[dward] J.[ames] Loder: The Sweet Girls of Erin „Oh!
       the sweet girls of Erin" (J. F. Smith)   9

[10] F.[rederick] N.[icholls] Crouch: [Lied] „Bewail not the
       bard" (D. Ryan)   10

[11] W.[illiam] A. Wordsworth: Oh Child thou'rt too young
       for Love „When first of love my William sung"
       (W. A. Wordsworth)   11

[12] A.[lexander] Lee: [Lied] „One morn I left my boat"
       (T. H. Bayly)   12

[13] H.[enri] Herz: Thee and only thee „The colour from the
       flow'r is gone" (P. B. Shelley)   13

[14] F.[ranz] Schubert: The Forest Home „Leave the City's
       noise and pleasures" (D. Ryan) [D 957, 4]   14

[15] F.[rederick] N.[icholls] Crouch: The Maid of Mullingar
       „The purple light of ev'ning shone" (Mrs. Crawford)   15

[16] H. Russell: My Mothers Bible „This book is all that's left me
       now!" (G. P. Morris)   16

[17] J.[oseph] A.[ugustine] Wade: [Lied] „Ask the wild
       breeze" (J. A. Wade)   17

[18] C. Sloman: The Jewish Captives in Babylon „How can we
       sing the songs we sung" (Mrs. Crawford)   18

[19] Bruno Held: The Village Festival „The festive scene invites
       thee" (R. S. S.)   19

[20] A.[uguste] Panseron: Duet „List 'tis music stealing"
       (D. Ryan) (S I, II, Pfte.)   20

[21] F.[rederick] N.[icholls] Crouch: Mavourneen Deelish
       „My darling! Oh! my darling!" (J. Bani(m))   21

[22] H.[enri] Herz: The Dying Brahmin „Oh! leave me where
       the stream runs fast" (M.)   22

[23] T.[homas] A. Rawlings: Two Strings to your Bow „A Lady
       two lovers had got" (J. Lemare)   23

[24] S.[ydney] Nelson: The Monarch Oak „Two Forest trees to-
       gether stood"   24

[25] A.[dolphe] Adam: The Dews of the Flowers „Out' mid the
      blossom lands" (Miss E. L. Montague)   25

[26] V.[incenzo] Bellini: [Lied] „When lone in pensive hours"
      (W. Anson)   26

[27] J.[ohn] Parry: [Lied] „The flowers are bright and rare"
      (R. Folkestone Williams)   27

[28] H.[enri] Herz: [Lied] „When hearts are young" (G. Mac-
      farren)   28

[29] C.[harles] E.[dward] Horn: Highland Nora „Wand'ring far
      away from Mora" (Mrs. Crawford)   29

[30] C. Sloman: The Rose of Raby „Her thoughts are on the ten-
      ted field" (Mrs. Crawford)   30

[31] H.[enry] R.[owley] Bishop: [Lied] „By that still and shining
      river" (E. Fitz Ball)   31

[32] E.[dward] J.[ames] Loder: The many happy days we had
      „O, many happy days we had" (D. Ryan)   32

[33] F.[rederick] N.[icholls] Crouch: The White Moss Rose
      „Oh! take me not Lady" (Mrs. Crawford)   33

[34] V.[incenzo] Bellini: Childhood's Love „Dost remember those
      fond moments" (Mrs. C. Carpenter)   34

[35] H.[enri] Herz: Duet „Flow on thou noble Dwina"   35

[36] L.[oïsa] Puget: Come to the Jasmin Bower „Sweet is the
      breath of the morning hour" (R. S. S.)   36

[37] W.[alter] C.[ecil] Macfarren: Thou lingering Star „Thou
      ling'ring star, with less'ning ray" (Burns)   37

[38] L. Smith: [Lied] „Bright morn of life" (R. M. White)   38

[39] J. W. Davison: [Lied] „Why dost thou pause awhile" (H. J. W.) 39

[40] E.[dward] J.[ames] Loder: [Lied] „I ne'er shall hear his
      voice again" (Mark Lemon)   40

[41] F.[rederick] N.[icholls] Crouch: The Old Man's Bride
      „'Tis past! — the vow is spoken" (Mrs. Crawford)   41

[42] [Muzio] Clementi: The Cottage Girl „O! take me not from
      them" (R. S. S.)   42

[43] L.[oïsa] Puget: The Poor Savoyard „Home! fare thee well"
      (R. St. John)   43

[44] H.[enri] Herz: The Chain „When Boyhood's bright dream
      has too early been broken" (M.)   44

[45] [Francesco] Masini: The Return to England „Blow, breezes,
      blow for Britain" (R. S. S.)   45

[46] J.[ohn] L.[iphot] Hatton: [Lied] „Down in yon
      dell" (E. Fitz Ball)   46

[47] J.[ohn] A.[ugustine] Wade: [Lied] „Oh! ask her not the
      reason why" (J. A. Wade)   47

[48] A.[uguste] Panseron: The Homeless Boy „Lonely I wander
        all the day" (D. Ryan)   48

[49] T.[homas] A. Rawlings: [Lied] „Time brings a sure relief"
        (T. H. Bayly)   49

[50] C. H. Mueller: Poor Emma the Forsaken „Sweet Nightingale,
        thy song forbear" (T. Nimmo)   50

[51] H.[enri] Herz: The Fisherman's Song „The foam is white
        upon the wave" (M.)   51

[52] C.[arl] Czerny: Ballad Quadrilles (No. 1–5. Finale)   52– 54

[53] [Louis Antoine] Jullien: Clementine Valse   55– 61

[54] W.[alter] C.[ecil] Macfarren: March and Trio   62

[55] H.[enri] Herz: Air de Ballet   63– 65

[56] T. H. Baker: Norma Quadrilles (No. 1–5)   66– 68

[57] [Louis Antoine] Jullien: Saxe Cobourg Triumphal March 69– 72

[58] [Henri] Bohlman: The Royal Yacht Quadrilles (No. 1. Victo-
        ria and Albert. No. 2. Warspite. No. 3. Cyclops, No. 4.
        Prometheus. No. 5. Fearless)   73– 75

[59] [Louis Antoine] Jullien: Le Bouquet Royal Valse   76– 79

[60] [Louis Antoine] Jullien: Sappho Quadrilles (No. 1–5. Finale) 80– 83

[61] J. M. Hogan: Valse Brillante   84– 86

[62] C.[arl] Czerny: Prince Albert's Review March   87– 89

[63] [Jane] Clarkson: Les Fleurs d'Hiver Valses (Introduction.
        No. 1. La Jacinthe. No. 2. La Perce-Neige. No. 3.
        La Camelia. No. 4. Le Crocus. No. 5. Finale)   90– 92

[17.] 1845:

[1]   S.[ydney] Nelson: The Old Hawthorn Tree „Long years have
        elaps'd" (Mrs. Abdy)   1

[2]   J.[oseph] P.[hilip] Knight: [Lied] „I miss thee from my
        side" (G. P. Morris)   2

[3]   J.[ohn] Barnett: [Lied] „I saw thee like a bride" (Mrs.
        Crawford)   3

[4]   J. L. Dyson: Where the Purple Corn Flowers grow „Bluely
        shine the summer skies" (E. Fitz Ball)   4

[5]   H. Russel: Health is Wealth „Harry Hale us'd to sing"
        (W. Bartholomew)   5

[6]   H.[enry] R.[owley] Bishop: [Lied] „Thou wert lovely to my
        sight" (Miss Costello)   6

[7]   R.[icardo] Linter: [Lied] „Sweet years of youth" (Mrs.
        Crawford)   7

[8]   H. I. Haycraft: The Mother's Lament „Fate gave the word, the
        arrow sped" (R. Burns)   8

[9] T. Baker: Give me Music „Give me music, ere I slumber"
     (D. Thompson)   9

[10] H.[enry] R.[owley] Bishop: Oh! Twilight is a Lovely Hour
      „Oh! Twilight is a lovely time" (J. R. Planché)   10

[11] E.[dward] F.[rancis] Fitzwilliam: [Lied] „When should
      lovers breathe their vows?" (L. E. L.)   11

[12] H.[enry] R.[owley] Bishop: The Sisters of Charity, Duet
      „Sister, hark the convent chimes" (E. Fitz Ball)
      (S I, II, Pfte.)   12

[13] H. I. Haycraft: Scenes of Boyhood „They are the sounds of
      former joy"   13

[14] C. White: O! where is my darling „I wander alone where the
      wild rose is blooming" (D. Ryan)   14

[15] J.[oseph] Vernon: [Lied] „Sweetly sound the distant bells"
      (D. Hamilton)   15

[16] F.[rederick] N.[icholls] Crouch: Remembrance „The bark
      is trim" (B. Morrison)   16

[17] I. I. Cronin: The Forsaken One „Fair Ellen sate in the banquet
      room" (Mrs. Crawford)   17

[18] C. White: [Lied] „Where shall we meet" (D. Ryan)   18

[19] H.[enry] R.[owley] Bishop: „Gondolier! Through the
      twilight shade" (E. Fitz Ball)   19

[20] E.[dward] J.[ames] Loder: The old Church Bell „Oh! the old
      church bell" (I. F. Smith)   20

[21] I. R. Ling: [Lied] „The miser guards his treasure" (I. R. Ling) 21

[22] H.[enry] R.[owley] Bishop: [Lied] „Shall this wild valley
      be our home" (F. Lanoon)   22

[23] C. White: 'Tis sweet to wander „'Tis sweet to wander by the
      streamlet side" (D. Ryan)   23

[24] F.[rederick] N.[icholls] Crouch: The Pearl of Kilkenny „Och!
      Hone! Och! its me, that am dying" (F. N. Crouch)   24

[25] R.[icardo] Linter: [Lied] „Oh! sing me any song but this"
      (Mrs. Abdy)   25

[26] W. C. Peters: My bonny Kate „My bonny Kate! my gentle Kate!"
      (Mrs. R. S. Nichols)   26

[27] I. D. Kilmaine: [Lied] „Give me the golden violet" (W. Tyrrell) 27

[28] Mrs. H. Shelton: Oh come to me „Oh come to me, and bring
      with thee" (T. H. Bayly)   28

[29] J.[oseph] P.[hilip] Knight: [Lied] „Why chime the bells
      so merrily" (I. R. Phillips)   29

[30] H.[enry] R.[owley] Bishop: [Lied] „I dreamt of the halls
      of glitt'ring light" (E. Fitz Ball)   30

[31] C. White: Morn of my life „Days of my childhood now past
       and gone" (D. Ryan)   31

[32] V.[incenzo] Bellini: [Lied] „Oh! tempt me not to roam
       afar" (D. Ryan)   32

[33] G.[eorge] H.[erbert] Rodwell: The wither's tree „I'll sing
       you a song, but not of love" (G. H. Rodwell)   33

[34] I. Graham: Not in sorrow „Not in sorrow, let my mem'ry
       with you dwell" (Miss. E. Scaife)   34

[35] I. Ormonde: [Lied] „December snow is falling fast"
       (E. Fitz Ball)   35

[36] I. R. Ling: The voice of those we love „How sweet in early
       days the voice" (I. R. Ling)   36

[37] A. Dashwood: [Lied] „Far distant lies my native home"
       (G. Colstone)   37

[38] H.[enry] R.[owley] Bishop: St. George for England „I
       love the sweet sound of a lady's song"   38

[39] E.[dwin] Merriot [!]: The young Bride's Tomb „Lightly
       tread around her bier" (R. W. H.)   39

[40] C. White: Where is the Smile „Where is the smile love!"
       (D. Ryan)   40

[41] R. Pasteur: The Heart that ne'er turned „Give me the strain"
       (F. Miné)   41

[42] E. H. Dyneley: The Trees are bright „The trees are bright with
       shoots of green" (R. Peyton)   42

[43] R.[icardo] Linter: New Years Bells „Hark! how the chime
       of merry bells" (Mrs. Crawford)   43

[44] B. King: Isabelle's Melody „Gracefully melody speaketh"   44

[45] I. Humphreys: The Heart that loves sincerely „In distant
       clime, or fatherland" (A. Fisher)   45

[46] [Vincenzo] Bellini: [Lied] „The spring time is coming"   46

[47] G. Gurwood: The Butterfly „Butterfly! Tarry, oh! tarry
       with me" (H. Goldsmith)   47

[48] F.[rederick] N.[icholls] Crouch: [Lied] „Barrow's banks
       are fair to see" (D. Ryan)   48

[49] C. W. Stringland: Sweet Hearts ease! „Yes meekest rose-buds
       wear a thorn" (E. Fitz Ball)   49

[50]   Sing my Love „Sing, sing, my love, while thy soft
       music hearing" (R. S. S.)   50

[51] [Louis Antoine] Jullien: Prince Alfred's Quadrilles (No. 1—5) 51— 53

[52] R.[icardo] Linter: Les Chants du Rossignol, Quadrille
       (No. 1. Le Pantalon. No. 2. L'Eté. No. 3. La Poule.
       No. 4. La Trénis. No. 5. Le Grand Rond)   54— 56

[53] R.[icardo] Linter: L'Heliotrope, Valse   57

[54] I. Schubert: The celebrated Opera Polka   58— 60

[55] J. W. Davison: L'Echo du Lac, Quadrille (No. 1—5)
      (Melodies by Crouch) (Pfte.)   61— 63

[56] A. Stoepel: Cinque Polkas, Nationales Bohémiennes,
      Cosaques, et Russes (No. 1—5)   64— 65

[57] H.[enri] Herz: Sérénade de Donizetti (Andantino con
      moto — Moderato Assai)   66— 68

[58] S.[igismund] Thalberg: Barcarole (Pfte.)   69— 71

[59] A. Stoepel: Souvenirs de Chenonceaux, Quadrille
      (Pantelon [!] — Eté — Poule — Pastourelle — Finale)   72— 73

[60] R.[icardo] Linter: Her Majesty's Court Polkas (No. 1.
      Allegretto-No. 2—3)   74— 76

[61] [Louis Antoine] Jullien: L(es) Echos de la Cour,
      Quadrille (No. 1—4)   77— 80

[62] C.[harles] W. Glover: Quadrille antique (No. 1—5)   81— 84

[63] [Louis Antoine] Jullien: Quadrille chinois(e) (No. 1—5)   85— 88

[64] C. Schubert: La Poste Quadrille (No. 1—5)   89— 91

[65] W.[illiam] V.[incent] Wallace: La Sympathie, Valse   92— 93

[66] R. Stoepel: Souvenirs de Bohème, Quatre Polka(s)   94— 95

[18.] 1846:

[1]   F.[rederick] N.[icholls] Crouch: The Death of Dermot
      „Kathleen! my young bride, thy Dermot is dying"
      (Mrs. Crawford)   1

[2]   R.[icardo] Linter: The Land of our Loved „Oh! England,
      dear England" (Mrs. Abdy)   2

[3]   E.[dward] J.[ames] Loder: Old Christmas „Old Christmas,
      ho! is a merry old wight" (D. Ryan)   3

[4]   A.[lexander] Lee: There's not an eye will weep for me
      „I go but where so e'er I flee" (Lord Byron)   4

[5]   [Ferdinand] Hérold: The Captive „Sadly sigh the willows"   5

[6]   J.[ohn] L.[iphot] Hatton: My first love and my last
      „Dear secret! which he only knows" (E. Fitz Ball)   6

[7]   H.[enry] R.[owley] Bishop: [Lied] „The moon looks pale"
      (R. Bryant)   7

[8]   O.[smond] G. Phipps: Land of my Fathers „Land of my fathers
      thy glory is faded" (H. T. Thomson)   8

[9]   F.[rederick] N.[icholls] Crouch: [Lied] „I could roam thro'
      the lands" (F. N. Crouch)   9

[10] S.[ydney] Nelson: [Lied] „When I saw thee in youth"
      (D. Ryan)   10

[11] G.[eorge] H.[erbert] Rodwell: [Lied] „We will seek some
      distant clime" (E. Fitz Ball)   11

[12] R. Guylott: [Lied] „Oh! Lady come to the Indies with me"
      (T. Campbell)   12

[13] W.[ellington] Guernsey: [Lied] „I'll hang my harp on a
      willow tree" (T. H. Bayly)   13

[14] H.[enry] R.[owley] Bishop: [Lied] „The birds which
      sang so sweetly" (I. Millar)   14

[15] I. H. Hewitt: The Alpine Horn „Hear ye the alpine horn"
      (I. H. Hewitt)   15

[16] R.[icardo] Linter: Thy Mother is near „Oh! sleep gentle boy"
      (Mrs. Abdy)   16

[17] F. Tatton: The Broken Vow „Oh! give me back again"
      (J. A. Wade)   17

[18] E.[dwin] Merriott: [Lied] „The rose the sweetly blooming
      rose" (I. Ashton)   18

[19] F.[rederick] N.[icholls] Crouch: [Lied] „Oh! this heart
      it is thine" (F. N. Crouch)   19

[20] Mrs. Shelton: The World is my Home „I am far from the
      shores"   20

[21] L. Donzini: [Lied] „Oh ask me not for song or mirth"
      (E. C. White)   21

[22] H. Deval: [Lied] „I dreamt I was a fairy" (Fanny Ternan)   22

[23] H.[enry] R.[owley] Bishop: Why does that lip „Ah!
      why does that lip"   23

[24] F.[rederick] N.[icholls] Crouch: On Baltic Billows
      „On Baltic Billows rode my ship" (Monk Lewis)   24

[25] F.[erdinand] Hérold: [Lied] „A rose-bud in a valley grew"   25

[26] H.[enry] R.[owley] Bishop: Under the shade of the old
      Oak „The old oak tree, our shade shall be"
      (T. H. Bayly)   26

[27] E.[dwin] Merriott: The Broken Heart „I saw that the glow
      of her beauty had faded" (R. V. H.)   27

[28] G.[eorge] Linley: The Warriors Bride „He leaves the home
      where he was born" (G. Linley)   28

[29] I. H. Hewitt: The Mournful Good Night „My song 'neath
      thy lattice" (I. C. Mc. Cabe)   29

[30] F.[rederick] N.[icholls] Crouch: Old Time „Oh! why hast
      thou bleach'd these locks old time?" (I. F. Smith)   30

[31] E.[dward] F.[rancis] Fitzwilliam: [Lied] „Come let me
      take thee to my breast" (R. Burns)   31

[32] R.[icardo] Linter: The Dream of the Dying Maiden
      „Mother I have had a dream" (I. H. Iewell)   32

[33] G. Machold: [Lied] „She sits beside the lonely rill"
    (L. B. Adams)   33

[34] G.[eorge] H.[erbert] Rodwell: [Lied] „When the sun sinks
    in the sea"   34

[35] H.[enry] R.[owley] Bishop: [Lied] „When woe on the
    bosom"   35

[36] T.[homas] F. Millar: Oh sing to me „Oh sing to me the
    song of olden time"   36

[37] François Nicholas: Come to my sheeling Norah „Oh! come
    to my sheeling Norah" (E. I. Gill)   37

[38] E.[dwin] Merriott: Ring on, Ring on „Ring on, ring on,
    ye merry, merry bells"   38

[39] J.[oseph] P.[hilip] Knight: The three Prayers „My child-
    hoods pray'r how sweet it rose" (I. F. Smith)   39

[40] François Nicholas: My dear Irish Boy „'Tis years since
    the morn" (D. Ryan)   40

[41] G.[eorge] H.[erbert] Rodwell: [Lied] „Come o'er the
    mountain, love!" (Mrs. C. Baron Wilson)   41

[42] A.[lexander] Lee: The Maid of Kildare „Oh! the Maid of
    Kildare" (W. H. Bellamy)   42

[43] J.[ohn] L.[iphot] Hatton: A Wife's Sweet Welcome
    Home „Mine be the cottage on the hill" (E. Fitz Ball)   43

[44] John Barnett: Maiden Dear „Maiden dear, may each sunny
    tress" (H. S. Vandyke)   44

[45] F.[rederick] N.[icholls] Crouch: The Widower „Nay press
    me not my friends to leave" (Mrs. Abdy)   45

[46] A.[lexander] Lee: The Tear „When friendship or love our
    sympathies move" (Byron)   46

[47] F.[rederick] N.[icholls] Crouch: The Rose of Tullamore
    „On Shannon's flow'ry banks we met" (Mrs. Craw-
    ford)   47

[48] G.[eorge] H.[erbert] Rodwell: [Lied] „My love's like
    the deer" (C. I. Davids)   48

[49] François Nicholas: The time of the yellow leaf „Farewell
    to the hopes we cherish'd" (I. Percy Douglas)   49

[50] H.[enry] R.[owley] Bishop: O why when the cup „O why
    when the cup is just rais'd to the lip" (J. R. Planché)   50

[51] R.[icardo] Linter: La Redowa Polka   51— 53

[52] C.[arl] Czerny: March, Grotesque   54— 55

[53] [Philipp] Musard: Le Napolitain Quadrille (No. 1. Le Pan-
    talon. No. 2. L'Eté. No. 3. La Poule. No. 4. La Tré-
    nis. No. 5. La Finale)   56— 58

[54] W.[illiam] V.[incent] Wallace: La Deseada Valse   59— 61

[55]   R.[icardo] Linter: The Royal Mazurka or Cellarius Valse   62— 63
[56]   Les Trois Graces — Three Original Polkas (Auber:
              No. 1. The Cerito. — R. Linter: No. 2. Carlotta
              Grisi — F. Kalkbrenner: No. 3. The Taglioni)   64— 66
[57]   C. Schubert: Les Souvenirs. Quadrille (No. 1. Le Pantalon.
              No. 2. L'Eté. No. 3. La Poule. No. 4. La Pastou-
              relle. No. 5. La Finale)   67— 69
[58]   C.[harles] Chaulieu: Song without Words (Pfte.)   70— 71
[59]   R.[icardo] Linter: Grand Valse Caractéristique   72— 74
[60]   H.[enri] Herz: Lutine, Valse Brillante   75— 76
[61]   [Philippe] Musard: Château d'Eu Quadrille (No. 1. Le Pan-
              talon. No. 2. L'Eté. No. 3. La Poule. No. 4. La Pa-
              stourelle. No. 5. La Finale)   77— 79
[62]   W.[illiam] V.[incent] Wallace: Les Perles, Deux Valses   80— 81
[63]   C. Heidelberg: Souvenir de Saratoga, Trois Valses   82— 85
[64]   L. Gomion: Souvenir de la Folle   86— 89
[65]   R.[icardo] Linter: Serenade Waltzes (No. 1—5)   90— 94
[66]   C.[harles] W. Glover: Duo de Pacini (Pfte.)   95— 96

[19.] 1847:
[1]   R.[icardo] Linter: [Lied] „Lady, take this little wreath"
              (Mrs. Delhost)   1
[2]   G. A. Macfarren: [Lied] „Sing me a song of home!"
              (Percy Douglas)   2
[3]   Edwin Flood: [Lied] „There is a garden in her face"
              (R. Alison, 1606)   3
[4]   H.[enry] R.[owley] Bishop: Sly little Love „Sly little
              love to my cottage came" (N. Lewis)   4
[5]   R.[icardo] Linter: The Old Ivy Tower „The mid-night shades
              are darkling" (Mrs. Alexander)   5
[6]   E.[dward] J.[ames] Loder: Bonnie Maiden, Lovely Maiden
              „Bonnie maiden, lovely Moina, wert thou mine"
              (Mark Lemon)   6
[7]   A.[lexander] Lee: Sweet Mary, a Cush-la ma-chree „Oh!
              Mary, dear Mary, a Cush-la ma-chree" (Mrs. Craw-
              ford)   7
[8]   G. F. Taylor: [Lied] „I have traversed the world" (Mrs.
              Crawford)   8
[9]   J.[ohn] Parry: [Lied] „There's a feeling within us"
              (G. E. Inman)   9
[10]   H.[enry] R.[owley] Bishop: [Lied] „While the girls of
              our village" (E. Fitz Ball)   10

[11] E.[dward] F.[rancis] Fitzwilliam: [Lied] „Hope is still
a fair deceiver" (I. B. Buckstone)   11

[12] H.[enry] R.[owley] Bishop: Say when this cheek „Say,
when this cheek the summer rose" (B. Newman)   12

[13] P.[eter] Lindpainter [!]: The Standard-Bearer „To watch
the banner on the battle plain" (E. Fitz Ball)   13

[14] R.[icardo] Linter: [Lied] „Ask not why the tear-drop
glistens" (Mrs. Alexander)   14

[15] F.[rederick] N.[icholls] Crouch: [Lied] „Zilla! Zilla!
Moorish maiden" (J. E. Carpenter)   15

[16] B. Stewart: The Ivy Cot „Never can I forget my early
pleasures" (R. S. S.)   16

[17] A.[lexander] Lee: O'er the blue Waters „He whisper'd soft
words in her list'ning ear" (Mrs. C. B. Wilson)   17

[18] H.[enry] R.[owley] Bishop: [Lied] „We never yet with
whispers sealed" (G. E. Inman)   18

[19] Dr. Schröder: The Father's Birthday, Duet „Arise! arise!
The sunbeams gild the skies!" (A Lady)   19

[20] F.[rederick] N.[icholls] Crouch: [Lied] „My Tyrolese
has golden hair" (J. E. Carpenter)   20

[21] T.[homas] Millar: [Lied] „On the hills I wander'd early"
(T. H. Bayley [!])   21

[22] J. Blockley: [Lied] „There was a time" (Byron)   22

[23] G.[eorge] Linley: [Lied] „My love lies slain on yonder
plain" (G. Linley)   23

[24] C.[harles] E.[dward] Horn: [Lied] „Oh tell me not of
sorrow" (Mrs. Crawford)   24

[25] John Barnett: [Lied] „Did gentle pity ever, thy cheek with
tears bedew"   25

[26] R. Donzini: [Lied] „Oh! when the sparkling moonlit waves"
(T. H. Bayley [!])   26

[27] H.[enry] R.[owley] Bishop: [Lied] „Under a tree, one
summer's day" (A. Fitzgerald)   27

[28] R.[icardo] Linter: The Fairy Boat „Oh! see you not the
fairy boat" (Mrs. Alexander)   28

[29] E.[dward] J.[ames] Loder: As in the dark and sullen stream
„The flow'r that grows upon the thorn" (Mark Lemon)   29

[30] Edwin Flood: [Lied] „The tides which swell the ocean"
(Lewis Gidley)   30

[31] R. Manning: I miss thee „I miss thee when at matin pray'r"
(Alec. Holmes)   31

[32] G. F. Taylor: We have not met for years „Oh! no, we have
not met for years" (Mrs. Crawford)   32

[33] F. A. Marsdon: [Lied] „Oh send me back to my native
        cot" (R. S. S.)   33

[34] J. R. Ling: [Lied] „Oh! do not think of me" (J. R. Ling) 34

[35] W. Morrell: Oh! what pleasure „Oh! what pleasure 'tis to
        listen" (R. S. S.)   35

[36] A.[lexander] Lee: The Bird of Love „Who ne'er have
        lov'd" (Byron)   36

[37] F.[rederick] N.[icholls] Crouch: [Lied] „'Twas evening
        when I left the vale" (Mrs. Crawford)   37

[38] E.[dward] F.[rancis] Fitzwilliam: The Minstrel's last
        Farewell „His song was plaintive" (Mrs. Abdy)   38

[39] R.[icardo] Linter: Meet me to Night „Meet me to night
        when dewy stars are set" (Mrs. Crawford)   39

[40] H.[enry] R.[owley] Bishop: [Lied] „What is it when
        absent from thee" (I. Bird)   40

[41] A.[lexander] Lee: When Maggie gangs awa „Oh! what
        will a, the Lads do" (Hogg)   41

[42] G. F. Taylor: [Lied] „Yes, this was the cot" (W. Bartholomew) 42

[43] Edwin Flood: Oh! smile alone on me „That ev'ry one should
        sigh for you" (Stuart Farquharson)   43

[44] Dr. Schröder: The wild Briar Rose, Duet „Down in a lone
        and mossy dell" (Mrs. Crawford)   44

[45] I. Winterbottom: [Lied] „Hurrah for the Gipsey's jovial
        life" (H. Howard)   45

[46] C.[harles] E.[dward] Horn: My Arab Maid „My Arab Maid,
        the desert's flow'r" (Mrs. Crawford)   46

[47] H.[enry] R.[owley] Bishop: [Lied] „Yes, here alone I
        wait for thee" (I. H. Nunn)   47

[48] A.[lexander] Lee: [Lied] „Cold was the night wind"
        (Rob.[er]t Southey)   48

[49] R.[icardo] Linter: The Snow-Drop „The rose blooms
        fair in summer bow'r" (Mrs. Alexander)   49

[50] F.[rederick] N.[icholls] Crouch: Old Albion, and Scotia,
        and Erin go Bragh „Let the patriot contend for his
        Country's precedence" (D. Ryan)   50

[51] Ricardo Linter: The Bell Galop   51— 52

[52] Edwin Flood: Les Plaisirs chez nous Quadrilles (No. 1. Le
        Pantalon. No. 2. L'Eté. No. 3. La Poule. No. 4. La
        Pastourelle. No. 5. La Finale)   53— 55

[53] Sigismond [!] Thalberg: Romance sans Paroles (Pfte.)   56— 58

[54] J. P. Barratt: Fleur de Marie, (Valse)   59— 61

[55] Henri Rosellen: Deux Melodies de Auber (2 Rondos)   62— 65

[56] Ricardo Linter: Le Palais Royale, Valse   66— 70

[57] Henri Bohlmann: The Minstrel Quadrilles (No. 1. Le Pantalon.
        No. 2. L'Eté. No. 3. La Poule. No. 4. La Pastourelle.
        No. 5. La Finale)   71— 73

[58] Henri Herz: Romance de [Loïsa] Puget (Introduzione —
        Romance — Var. 1—2)   74— 76

[59] W.[illiam] H.[enry] Holmes: The Hudson's Side
        (Allegretto — Var. 1—3)   77— 79

[60] G. M. Prinz: The Flowers Quadrilles (No. 1. Le Pantalon.
        No. 2. L'Eté. No. 3. La Poule. No. 4. La Pastourelle.
        No. 5. La Finale)   80— 83

[61] A. Esain: Two Original Melodies (Pfte.)   84— 85

[62] Fred.[eri]k Kalkbrenner: Pensée de Bellini (Introduzione —
        Tema — Var.)   86— 87

[63] I. R. Ling: The Bijou Quadrilles (No. 1. Le Pantalon. No. 2.
        L'Eté. No. 3. La Poule. No. 4. La Pastourelle. No. 5.
        La Finale)   88— 90

[64] Ricardo Linter: The Birthday Waltz   91

[65] C.[harles] W. Glover: Aria de Pacini (Pfte.)   92— 93

[66] Ricardo Linter: Valse di Bravura   94— 97

[67] Ricardo Linter: Le Corsaire Quadrilles (No. 1. Le Pantalon.
        No. 2. L'Eté. No. 3. La Poule. No. 4. La Trénis.
        No. 5. La Finale)   98—100

[20.] 1848:

[1]   Stephen Glover: The Bridal Blessing „Bless thee my child!"
        (Mrs. Crawford)   1

[2]   Charles E.[dward] Horn: Fading Flowers „Fading flowers!
        Smiles that deck the face of earth" (Stuart Farquharson)   2

[3]   F.[rederick] N.[icholls] Crouch: The Fountain of the Glen
        „Where the hawthorn lends its sweetness" (W. Jones)   3

[4]   E.[dward] J.[ames] Loder: [Lied] „Lovely rose! bloom
        awhile" (D. Ryan)   4

[5]   G.[eorge] H.[erbert] Rodwell. The Midshipman „How
        proudly looks the Midshipman" (S. N. Elrington)   5

[6]   Edwin Flood: [Lied] „I wear a smile upon my lip"
        (Stuart Farquharson)   6

[7]   Wellington Guernsey: The Pastor's Daughter „An ivy
        mantled cottage smil'd" (G. P. Dismor)   7

[8]   S.[tephen] N. Elrington: A Tribute to our early Friends
        „I love these merry festive times" (S. N. Elrington)   8

[9]   Ricardo Linter: [Lied] „Oh! breathe once more that dulcet
        strain" (Mrs. Delhoste)   9

[10]   G.[eorge] A.[lexander] Hodson: [Lied] „Why gaze ye on
          my hoary hairs?" (Mrs. Sigourney)   10

[11]   [Saverio] Mercadante: [Lied] „Here by this waving willow"
          (G. Linley)   11

[12]   H.[enry] R.[owley] Bishop: [Lied] „How like the stars
          are woman's eyes" (R. March)   12

[13]   Captain Bruce: Lethe's Stream „I would I knew where
          Lethe's stream" (Captain Bruce)   13

[14]   G. Werner Glover: [Lied] „I trembled when i met thee"
          (Mrs. Brown)   14

[15]   R. Smart: [Lied] „Farewell to the false one" (G. Linley)   15

[16]   Edwin Flood: [Lied] „Go forth! go forth! the Standard
          bear" (Stuart Farquharson)   16

[17]   R. Felmin Lowell: [Lied] „We met as old friends"
          (G. Linnaeus Banks)   17

[18]   W.[illia]m Henry White: The Boatman is calling „The
          Boatman is calling away" (Mrs. Crawford)   18

[19]   F. C. Röhner: [Lied] „Tis a gladsome time" (H. Spicer)   19

[20]   F.[rederick] N.[icholls] Crouch: [Lied] „Oh! Woman!
          Dear Woman!" (Mrs. Crawford)   20

[21]   Greville W. Cushman: [Lied] „Come pass one happy day
          with us" (T. H. Bayly)   21

[22]   Osmond G. Phipps: [Lied] „Strike the tents of snow"
          (Mrs. Crawford)   22

[23]   Stephen Glover: Dreams of Childhood „Dreams of Child-
          hood! How they greet us" (W. Jones)   23

[24]   G.[eorge] H.[erbert] Rodwell: [Lied] „Oh! come to
          the valley of roses" (D. Ryan)   24

[25]   Ricardo Linter: „What is love? pretty maiden say!"
          (Mrs. Alexander)   25

[26]   W.[ellington] Guernsey: Come take our boy „Come
          take our boy and we will go" (W. C. Bryant)   26

[27]   E.[dward] F.[rancis] Fitzwilliam: My Lady bright! „Oh!
          list to me, my lady bright!" (Mrs. Crawford)   27

[28]   G.[eorge] A.[lexander] Hodson: Hebrew Melody „From
          the halls of our fathers" (Jeremiah 10 Ch. 17 V.)
          (Mrs. J. G. Brooks)   28

[29]   G. Werner Glover: [Lied] „Farewell, oh think on me"
          (Mrs. Browne)   29

[30]   F.[rederick] N.[icholls] Crouch: „Hope on for the better!"
          (W. Jones)   30

[31]   Jules Schulhoff: The Dreamer „Darkness o'er the earth is
          creeping" (Wellington Guernsey)   31

[32] Greville W. Cushman: The youthful Chieftain „The youthful
            chieftains pace the shore'" (T. H. Bayly)   32

[33] Stephen Glover: The first White Locks „They tell me that
            old age creeps on" (W. Jones)   33

[34] Wellington Guernsey: [Lied] „I will love you!" (T. H. Bayly) 34

[35]   Come my lovely Maiden, Jenny Lind's Swedish
            Melody „Tra la la... Come my lovely maiden"   35

[36] E.[dward] J.[ames] Loder: The Mirth of the cottage „The
            mirth of the cottage hath fled" (Richard March)   36

[37] Henry R.[owley] Bishop: [Lied] „We will not leave our
            native hills" (Stephen N. Elrington)   37

[38] W. F. Gillespie: That is the song for me „Tell not of sorrow
            tho' the song" (R. S. O. Shanghnessy)   38

[39] Edwin Flood: [Lied] „There is a dream of by gone days"
            (Stuart Farquharson)   39

[40] Greville W. Cushman: [Lied] „Oh welcome was your
            summons once" (T. H. Bayly)   40

[41] A. D. Roche: [Lied] „Why chide me so, my mother
            dear?" (Wellington Guernsey)   41

[42] R. Smart: [Lied] „Wake her not for she is sleeping"
            (S. N. Elrington)   42

[43] Greville W. Cushman: Sweet dream of youth „Sweet dream
            of youth how soon 'tis o'er" (G. Linley)   43

[44] G. Simpson: The Aged Harper „He sought on his harp to
            awaken" (Richard March)   44

[45] W. H. Grattann: As the bark floateth „As the bark floateth
            on o'er the summer-lit sea" (E. Bulwer Lytton)   45

[46] F.[rederick] N.[icholls] Crouch: Better late than never
            „The sun was set, the guests were met" (Mrs. Craw-
            ford)   46

[47] Edwin Flood: [Lied] „Sad and sweet that music soundeth"
            (Hugh Clifford)   47

[48] [Saverio] Mercadante: Our Ship in Darkness „Our ship in
            darkness sails along" (Tho.s H. Bayly)   48

[49] Greville W. Cushman: [Lied] „My early love" (G. Linley)   49

[50] Edwin Flood: [Lied] „My home is but a peasant's cot"
            (Stuart Farquharson)   50

[51] F.[rederick] N.[icholls] Crouch: Come Elfin Maids
            „Come Elfin maids, and lightly bound" (Mrs. Crawford) 51

[52] A.[uguste] Panseron: The parting Flower „Our ship is bea-
            ring from the shore" (W. Hayward)   52

[53] Ricardo Linter: The new Post Horn Polka   53

[54]   Ricardo Linter: Queen Mab Polka   54

[55]   Henri Bohlman: Le Bal Masqué Quadrilles (No. 1. Le Panta-
          lon. No. 2. L'Eté. No. 3. La Poule. No. 4. La Pastou-
          relle. No. 5. Finale)   55— 57

[56]   C.[arl] G.[eorg] Lickl: Grande March(e) Allemand(e)   58

[57]   [Peter] Lindpainter [!] : The Danina Galop   59

[58]   Clara Wieck: Polonaise de Bohemia   60

[59]   D. Sutch: La Polka Anglais(e)   61

[60]   J.[oseph] Lenliette: La Cité Quadrilles (No. 1. Le Pantalon.
          No. 2. L'Eté. No. 3. La Poule. No. 4. La Pastourelle.
          No. 5. Finale)   62— 64

[61]   Edwin Flood: Birth-Day-Polka   65

[62]   J.[oseph] Lenliette: Les Charmes de Paris Valse   66— 68

[63]   G. Werner Glover: Or Basta de Verdi   69— 72

[64]   F.[rederick] N.[icholls] Crouch: Lake Echoes, Quadrilles
          (No. 1. Le Pantalon. No. 2. L'Eté. No. 3. La Poule.
          No. 4. La Pastourelle. No. 5. Finale)   73— 75

[65]   A. Staudt: Grande Valse Romantique   76— 77

[66]   E. Brepsant: Pas Redoublé   78— 79

[67]   Henri Bohlman: The Royal Squadron Quadrilles (No. 1. Le
          Pantalon. No. 2. L'Eté. No. 3. La Poule. No. 4. La
          Pastourelle. No. 5. Finale)   80— 82

[68]   Ricardo Linter: Grande Valse   83— 84

[69]   Joseph Lenliette: L'Impromptu Quadrille(s) (No. 1. Le Pantalon.
          No. 2. L'Eté. No. 3. La Poule. No. 4. La Pastourelle.
          No. 5. Finale)   85— 87

[70]   Conrad Dinkler: The Fer(r)ara Waltzes (No. 1—6)   88— 91

[71]   Dr. Koch: The Flora Polkas (No. 1—8)   92— 95

[72]   Edwin Flood: Les Fées Elysées Quadrilles (No. 1. Le Pantalon.
          No. 2. L'Eté. No. 3. La Poule. No. 4. La Trénis. No. 5.
          La Finale)   96— 98

[73]   Jules Schulhoff: Victoria Valse   99—100

[21.] 1849:

[1]   C.[harles] E.[dward] Horn: The Merry Christmas Bells „The
          bells, the Christmas bells" (J. W. Brown)   1— 5

[2]   G.[eorge] Herbert Rodwell: [Lied] „I see thee, as I saw
          thee last" (Mrs. Crawford)   6— 10

[3]   E.[dwin] Flood: Merrily thro' the Wood „Merrily, through
          the wood, we'll laugh and dance" (Hugh Clifford)   11— 16

[4]   Stephen Glover: The Vesper Bell „Oh! list to the chime of
          the sweet vesper bell" (Mrs. Crawford)   17— 21

[5]   W. H. Montgomery: The Rose of Glenmay „Farewell to the
        mountain" (Mrs. Crawford)   22— 26

[6]   George Linley: The Hunter's Song „Softly, o'er mount, and
        dale" (George Linley)   27— 31

[7]   Ann S. Mounsey: An Evening Song „All the winds are slee-
        ping" (W. Bartholomew)   32— 35

[8]   G.[eorge] H.[erbert] Rodwell: The Venetian Lover's Sere-
        nade „O'er the blue Adriatic as sounds the Guitar"
        (Mrs. Crawford)   36— 41

[9]   H.[enry] R.[owley] Bishop: My Harp is mute „My harp is
        mute, my heart is cold" (Mrs. Crawford)   42— 44

[10]   Charles Salaman: [Lied] „How shall I woo her?" (Winthrop
        Mackworth)   45— 51

[11]   Alexander Lee: Come buy of me a Nosegay „I'll sell you,
        merry gentlemen" (R. Nicholson)   52— 56

[12]   Stephen Glover: The River of Song „Once again we have met"
        (Mrs. Crawford)   57— 61

[13]   F.[rederick] N.[icholls] Crouch: The Widower „Nay, press
        me not my friends to leave" (F. N. Crouch)   62— 68

[14]   Osmond G. Phipps: Weep on! „Weep on! oh! who would wish
        in grief" (Thomas Clark)   69— 73

[15]   W. H. Montgomery: An Old Man's Dream „There's joy upon
        the summer wind" (W. Jones)   74— 80

[16]   Ricardo Linter: The Palace Polka   81— 82

[17]   Stephen Glover: The St. James's Band March   83— 87

[18]   Ricardo Linter: The Wreath Waltzes (No. 1—5)   88— 93

[19]   J.[ohn] Fawcett: Mazurka Brillante   94— 98

[20]   J. P. Barratt: Souvenir d'Ixelles Quadrilles (No. 1. Le Pantalon.
        No. 2. L'Eté. No. 3. La Poule. No. 4. La Trénis.
        No. 5. La Finale)   99—103

[21]   Laubach: The Gem Polka   104—105

[22]   Ricardo Linter: The Hunter's Quadrilles (No. 1. Le Pantalon.
        No. 2. L'Eté. No. 3. La Poule. No. 4. La Trénis.
        No. 5. La Finale)   106—110

[23]   Ricardo Linter: The Helena Mazurka   111—112

[22.]   1850:

[1]   Stephen Glover: The young Bride's Song, or, Yes I'll wed
        him, Mother dear „Oh! mother dear, I cannot wear"
        (J. E. Carpenter)   1— 5

[2]   Alexander Lee: My Mother's plaintive Song „There is a
        tone, a melody" (J. E. Carpenter)   6— 10

[3]   Charles Morton: The Sea Fairy's Song ,,Come dwell with
me beneath the sea" (J. F. Smith)   11— 15

[4]   Alec Wilson: One Smile of thine ‹The Parting Look › ,,One
smile of thine, a gentle look" (Henry Sinclair)   16— 20

[5]   Ralph Morris: Homeward bound ,,Our gallant ship was homeward bound" (Mrs. Crawford)   21— 25

[6]   Ralph Morris: Come take this Flower ‹The Summer Flower ›
,,Come take this flow'r, t'was born in the light"
(Leonard Rolfe)   26— 30

[7]   [Lied] ,,I can't forget thee, if I would"   31— 35

[8]   Walter Palmer: The Farewell ,,Still I love thee" (Edward J. Gill) 36— 40

[9]   G.[eorge] H.[erbert] Rodwell: The Bridal Eve ,,Slowly to
Isabel pass the hours" (Mrs. Crawford)   41— 45

[10] G.[eorge] H.[erbert] Rodwell: The Barcarole ,,Oh, steal
to thy lattice" (Mrs. Crawford)   46— 51

[11] Alexander Lee: Annie Bell ,,Oh! never can my soul forget"
(Mrs. Crawford)   52— 56

[12]   The last, last time we met ,,With grief my heart
remembers"   57— 61

[13] F.[rederick] N.[icholls] Crouch: Gianetta ,,Beauty of Venice,
oh! ne'er shall depart" (J. E. Carpenter)   62— 66

[14] Stephen Glover: We parted ,,We parted in silence" (Mrs.
Crawford)   67— 73

[15] Ricardo Linter: The Corsair Quadrilles (No. 1—5)   74— 78

[16] Ricardo Linter: Queen of the Stars, Valse à deux temps (Introduction — No. 1—4 — Finale)   79— 85

[17] Edouard Schwartz: Belgravia Polka   86— 89

[18] Herr Linz: Don Quixote Polka   90— 93

[19] Ricardo Linter: The Gondola Waltzes   94—103

[20] Stephen Glover: The Débonnaire Polka   104—107

[21] André Norman: The Chiens Anglais(e) Quadrille (No. 1—5) 108—112

[22] Henri Bardoni: Les Souris Quadrille (No. 1—5)   113—117

[23.] 1851:

[1]   Ann S. Mounsey: The Lily of the Vale ,,Tiny flow'r with snowy
bells" (W. Bartholomew)   1— 6

[2]   A.[lexander] Lee: Down where the Blue Bells grow ,,I know a
spot which oft I deem'd" (James Bruton)   7— 11

[3]   Mrs. Mackinlay: Flowers that never die ,,The balmy west is
blowing" (William Beattie)   12— 16

[4]   Edwin Flood: [Lied] ,,The Music of my heart is gone" 17— 21

[5]   G.[eorge] H.[erbert] Rodwell: [Lied] „Though the last
      hope we cherish'd is faded and gone"   22— 26

[6]   A.[lexander] Lee: The Flower of Lammermoor „Blooming
      like a rose in June" (E. J. Gill)   27— 31

[7]   Stephen Glover: ‹A Song for Sabbath Mornings › „Morn
      spreads her glories o'er the sky"   32— 36

[8]   Stephen Glover: ‹A Song for Sabbath Evenings › „In shades
      of evening dies the day"   35— 41

[9]   W.[illiam] H.[enry] Holmes: The Butterfly „Oh! mother
      look at that bright thing" (Mrs. Mackinlay)   42— 44

[10] A.[lexander] Lee: My Village Girl „There's a sweet little
      cottage" (J. Bruton)   45— 50

[11] J. H. Cave: [Lied] „They have decked her for the bridal"
      (Henry Abrahams)   51— 55

[12] Stephen Glover: The Minstrel Knight „She sat and smil'd,
      in the rosy bow'r"   56— 60

[13] Giulie Alary: The Savoyard's Return „Oh yonder is the well
      known spot" (Kirke White)   61— 65

[14] G. T. Desanges: Columbus „Thou fragile ship, and thou in-
      spired man" (A. R. Samuda)   66— 72

[15] W.[illiam] H.[enry] Holmes: There's Light behind the
      Cloud „In the lone and weary nights" (Mrs. Mackinlay) 73— 77

[16] Alexander Lee: By the Waters of Babylon, Duet „We sat
      down and wept by the waters of Babel" (Byron)   78— 82

[17] J.[ohn] L.[iphot] Hatton: To Musique, to becalme his
      Fever „Charm me asleep, and melt me so" (Herrick)   83— 87

[18] J.[ohn] L.[iphot] Hatton: To Blossoms „Faire pledges
      of a fruitfull tree" (Herrick)   88— 90

[19] Stephen Glover: Wellington Marches: No. 1. Waterloo   91— 95

[20] Stephen Glover: Wellington Marches: No. 2. Assaye   96—100

[21] Stephen Glover: Wellington Marches: No. 3. Salamanca   101—105

[22] Stephen Glover: Wellington Marches: No. 4. Vittoria   106—110

[23] Stephen Glover: Wellington Marches: No. 5. Ciudad Rodrigo 111—115

[24] Stephen Glover: Wellington Marches: No. 6. Badajoz   116—119

[25] Ricardo Linter: Season Quadrilles (No. 1—5)   120—124

[26] [Imre] Székely: Le [!] Perle de Corail Polka [de Salon,
      Op. 26]   125—128

[27] J. M. Jolly: The Simms Reeves Quadrille(s) (No. 1—5)   129—133

[28] Ricardo Linter: All Nations Polkas (No. 1—3)   134—139

[29] Ricardo Linter: Military Quadrille(s)   140—145

[30]   Wellington Guernsey: Zora Quadrille(s) (No. 1 Pantalon.
            No. 2. L'Eté. No. 3. Poule. Nr. 4 Trénis. No. 5.
            Finale) (Pfte.-Arr.)   146—150
[31]   Ricardo Linter: Grand Exhibition Waltzes 1851 (No. 1—5)   151—155
[32]   Ricardo Linter: The Tambourine Polka   156—157

Musical Souvenir.
London: C. Tilt, 86 Fleet Street, Chappell, 135, New Bond Street and Longman
& Bates, 6, Ludgate Hill.

[1.] 1829.

GB Lbm, Ob

[1]   To Cheerfulness, Song, Introductory „Come Cheer-
               fulness! triumphant Fair!"   5— 14
[2]   To the Flower, called Forget me not, Song „Fond
               memory's flower, of azure dye" (Mrs. Opie)   15— 20
[3]   The Sky Lark, Trio „How sweet is the song of the
               lark" (S I, II, B, Pfte.)   21— 29
[4]   Batchelor's Fare, Song „Though endless variety, little
               satiety" (The Words by a Lady)   31— 33
[5]   The Trumpet „The trumpet's voice hath roused the
               land" (Mrs. Hemans)   35— 48
[6]   Home, Duet „Aye, here, dear love is just a home"
               (L. E. L.) (S I, II, Pfte.)   49— 53
[7]   The Land above, Song „When flowers are bright,
               and skies are fair" (T. Bradford)   55— 58
[8]   Glee „Thou sleepest, but when will thou wake fair
               child" (Mrs. Hemans) (S I, II, B, Pfte.)   61— 79
[9]   The Scotch Harper, Song „Ower heath an' brae fu
               mony a day" (Charles Feist)   81— 85
[10]   Diurnal Prayers, Song „Oft as the broad sun" (Tho.s
               Dale)   87— 91

Nye Apollo et Musicalsk Tidsskrift for Piano-Forte.
Christiania: hos I. Schiwe. Steentryk af A. O. Holdt.

[1829]: Heft 1.

N Ou

1. Heft:

[1]   A.[ndreas] P.[eter] Berggreen: Den Norske Bonde „Ti Norje
            er Bonden ein fribaaren Mand"   2— 3
[2]   Auf die Alm „Auf d'Alm gehn mir aufi"   4

[3]   C.[arl] Czerny: Marsch   5

[4]   Allegretto   5

[5]   Sang af Sappho „Φαίνεταί μοι κῆνος ΄ίσος θεῖσιν" –
           „Höie Gu ders Fryd mon den Yngling fylde" ([frei
           übers. von] I. N. F.)   6– 7

[6]   F.[erdinand] Ries: Alla Pol[a]cca   8

[7]   Comtesse Gourieff: Walse   (9)

Terpsichore oder Museum der neuesten Modetänze. Eine musikalische Zeitschrift
für mittlere Pianofortespieler, herausgegeben von J.[ohann] E.[rnst] Häuser.

Meissen: bei F.[riedrich] W.[ilhelm] Goedsche.

Jahrgang 1. [1829] –12. [1840].

D Bds (3. [1831, 1]); BFb (5. [1833], 1–3, 5–6)

3. Jahrgang [1831]

[1. Heft]:

No.   1.   Polonaise   1– 2

No.   2.   Ecossaise   2

No.   3.   Geschwind-Marsch (Trio aus der [Oper: Die] Stumme
               [von Portici von Auber])   3

No.   4.   Russe   4

No.   5.   Walzer   4– 5

No.   6.   Ecossaise   5

No.   7.   Walzer   6

[No. 7a]   Nach einer Melodie aus d.[er] Oper: Die Stumme
               v.[on] Portici [Auber]   6– 7

No.   8.   Galopp   7

No.   9.   Galopp-Walzer   8

No. 10.   Ecossaise   8

No. 11.   Galopade   9

No. 12.   Emma's Post-Ecossaise   9

No. 13.   Walzer   10– 11

No. 14.   Walzer   11

No. 15.   Walse brillant   12– 13

No. 16.   Contretanz   14

No. 17.   Galopp-Walzer   15

No. 18.   Ecossaise   15

No. 19.   Walzer (Trio nach dem Mantelliede aus: Leonore)   16

5. Jahrgang [1833]

1. Heft:

No. 1.	Polonaise	1—	3
No. 2.	Tyroler-Walzer (nach Mel.[odien] v.[on] d.[en] Natursängern Geschwister Strasser a.[us] d.[em] Zillerthale gesungen) „Mein Schatz ist mit [!] da" [und] „Holdig Schatzel, lass dich herz"	3—	4
No. 3.	Ecossaise	4	
No. 4.	Ecossaise	5	
No. 5.	Valse sur un Thème favorit de l'Opéra célèbre: Robert le Diavole, de Meierbeer [!]	5	
No. 6.	Walzer	6—	7
No. 7.	Galoppade	7—	8
No. 8.	Galoppade	9—	10
No. 9.	Schweizer Galopp	10—	11
No. 10.	Masurck	12	
No. 11.	Ecossaise	12	
No. 12.	Geschwind-Marsch	13	
No. 13.	Ecossaisen-Walzer	14	
No. 14.	[Ecossaise]	14—	15
No. 15.	Sehnsuchts-Walzer	16	

2. Heft:

No. 1.	Marsch	1—	2
No. 2.	Ecossaise	2—	3
No. 3.	Geschwind-Walzer	3—	4
No. 4.	Walzer nach einer Mel.[odie] a.[us] d.[er] Op.[er]: Robert der Teufel, v.[on] Meyerbeer	4—	5
No. 5.	Valse sur un thème de l'Op.[éra]: Robert le Diable [Meyerbeer]	5—	6
No. 6.	Galoppade (Trio nach einer Mel.[odie] aus: Der Bauer als Millionär)	6—	7
No. 7.	Walzer	8—	9
No. 8.	Galopp	9—	10
No. 9.	Masureck	10—	11
No. 10.	Geschwind-Walzer	11	
No. 11.	Walzer	12—	13
No. 12.	Walzer	13—	14
No. 13.	Ecossaise	14—	15

No. 14.	Walzer	15—	16
No. 15.	Ecossaise	16	
No. 16.	Ecossaise		

3. Heft:

No. 1.	Langsamer Walzer	1—	3
No. 2.	Walzer	3—	4
No. 3.	Walzer	4—	6
No. 4.	Geschwind-Walzer nach Mel.[odien] a.[us] d.[er] Oper: Zampa [Hérold]	6—	8
No. 5.	Polonaise	8—	10
No. 6.	Ecossaise	10	
No. 7.	Walzer nach Mel.[odien] a.[us] d.[er] Oper: Zampa v.[on] Hérold	10—	11
No. 8.	Geschwind-Walzer	12—	13
No. 9.	Galopp	13	
No. 10.	Ecossaise	14—	15
No. 12. [!]	Rutzscher (Trio nach einer Mel.[odie] a.[us]: Zampa [Hérold])	15—	16
No. 12.	Ecossaise	16	

5. Heft:

No. 1.	Rutzscher	1	
No. 2.	Galoppade	2—	3
No. 3.	Walzer aus: Die Stumme von Portici [Auber]	3—	4
No. 4.	Galoppade aus: Der Zweikampf, letzte Oper von F. Hérold	5	
No. 5.	Geschwind-Walzer aus derselben Oper [Hérold: Der Zweikampf]	6—	7
No. 6.	Hops-Walzer	7—	8
No. 7.	Galopp aus: Der Maskenball von Auber	8—	10
No. 8.	Walzer	10	
No. 9.	Walzer	11—	12
No. 10.	Pas redoublé	12	
No. 11.	Geschwind-Walzer aus: Wilh. Tell [Rossini]	13	
No. 12.	Galoppade	13—	14
No. 13.	Ecossaise	15	
No. 14.	Rutzscher	15	
No. 15.	Hops-Walzer	16	

6. Heft:

No.	1.	Walzer	1— 3
No.	2.	Langsamer Walzer	3
No.	3.	Ecossaise	3— 4
No.	4.	Galopp	4— 5
No.	5.	Ecossaise	5
No.	6.	Walzer	6— 7
No.	7.	Ecossaise	7
No.	8.	Walzer	7— 9
No.	9.	Walzer	9— 10
No.	10.	Wiener-Walzer	10— 11
No.	11.	Galopp nach Mel.[odien] a.[us] : Othello [Rossini]	11— 12
No.	12.	Walzer	12— 13
No.	13.	Russe	13— 14
No.	14.	Hops-Walzer	14— 15
No.	15.	Hops-Walzer	15— 16
No.	16.	Galoppade	16

1830

Apollo eine Sammlung interessanter und gediegener Compositionen älterer und neuerer Zeit, für das Piano-Forte.

Breslau: Carl Gustav Förster.

Jahrgang 1. 1830: Heft 1—?

Apollo's Gift, or the Musical Souvenir. Edited by Muzio Clementi and J.[ohann] B.[aptist] Cramer.

London: Published by S. Chappell. 135, New Bond Street ,,Clementi and Co. 26, Cheapside" Cramer & Co. 201, Regent Street; And Hurst, Chance, and Co. St. Paul's Church — Yard.

[1.] 1830 — [2.] 1831.

GB Er ([2.] 1831); Lbm; Lcm; Ob

[1.] 1830:

[1]	[Ignaz] Moscheles: Introduction (March) (Fl., Pfte.)	1— 5
[2]	Cha.[rle]s Smith: [Lied] ,,O never name those hours of grief" (J. R. Planché)	6— 8

[3]   [Ludwig van] Beethoven: Pastorale (Pfte.) [Op. 43, 10]   9

[4]   [Carl Maria von] Weber: Air (Vivace)   10

[5]   J.[ohn] Clarke: Athgarvan ,,By thy soft shaded glens"   11— 15

[6]   [Joseph] Haydn: Romance (Allegretto moderato)   16— 17

[7]   [Wenzel Robert von] Gallenberg: Air (Pfte.)   17— 18

[8]   P.[hilip] Knapton: Youth renewed ,,Spring flowers, spring
        birds" (J. Montgomery)   19— 20

[9]   J.[ohn] Thomson: Song of Harold Harfager ,,The sun is
        rising dimly red" (Walter Scott)   23— 25

[10] [Wolfgang Amadeus] Mozart: Air (Allegretto non troppo)   26— 27

[11] [Johann Baptist] Cramer: Air (Pfte.)   27— 28

[12] H.[enry] Phillips: Young Ellen ,,Young Ellen smil'd upon
        me once" (T. H. Bayly)   29— 31

[13] [Friedrich] Kalkbrenner: Air (Andante)   32— 33

[14] [George Alexander] Hodson: [Lied] ,,One word with thee"
        (Montgomery)   34— 35

[15] [Luigi] Cherubini: ,,Placa gli sdegni tuoi" (2 Singst., Pfte.)   36— 39

[16] [Carl Maria von] Weber: Venetian Serenade ,,Oh! the
        hour to meet" (W. F. Collard)   40— 41

[17] [Louis] Spohr: Air (Vivace)   42— 43

[18] Rousseau: Air (Con Espressione assai)   43

[19] [Auguste] Panseron: La Chanteuse ,,Chanter c'est mon
        bonheur suprême"   44— 45

[20] [Johann Peter] Pixis: (2) Waltzes   46— 47

[21] J.[ohn] Barnett: [Lied] ,,I knew not that the world
        contain'd" (H. S. Vandyk)   48— 50

[22] G.[eorge] Onslow: Air (Andante con moto e sostenuto)   51— 52

[23] John Thomson: Bagatelle   52— 53

[24] Duke of Marlborough: [Lied] ,,Could'st thou but know"
        (Lady C. Lamb)   54— 55

[25] [Johann Nepomuk] Hummel: Air (Polonaise)   56— 57

[26] G.[eorge] Hogarth: [Lied] ,,We shall not meet again,
        Love!" (Miss Landon)   58— 60

[27] [Carl] Czerny: Air (Pfte.)   61

[28] R.[obert] A.[rchibald] Smith: Ave Sanctissima ,,Ave,
        Sanctissima! 'Tis nightfall on the Sea" (Mrs. Hemans)
        ([T I, II,] B, Pfte.)   62— 65

[29] [Carl Maria von] Weber: Lützow's Wild Hunt ,,From yon-
        der dark forest what horseman advance?" (G. Hogarth
        [nach Th. Körner]) (T I, II, B I, II, Pfte.) [Jähns 168] 66— 68

[30] C.[harles] E.[dward] Horn: The Moorish Maid „Oh!
      lullaby, Father dear" (J. A. Wade)   69— 71

[31] [Henri] Herz: Air (Introduzione. Moderato quasi Allegretto)   72— 73

[32] F.[elix] Mendelssohn Bartholdy: Song of the Pilgrim
      „The griefs, the cares that rend thee" (Nach dem
      Deutschen von Paul Flemming: William Ball)   74— 75

[33] Challenger: Galope   76

[34]   Favorite Cotillion   77

[35] Challenger: A Set of Quadrilles from: Der Vampyr
      [Marschner] No. 1. Figure du Pantalon. No. 2.
      Figure de l'Eté. No. 3. Figure de La Poule. No. 4.
      Figure de La Trénis. No. 5. Grand Rond L'Eté)   78— 82

[36] F. (L.) Hummel: Spanish Air (Hf.)   83— 85

[37] [Charles] Bochsa: Assisa a piè (d'un salice) (Hf.)   86— 87

[38] Verini: „E vero che in casa io son la padrona" (2 Singst.,
      Git.)   88— 89

[39] Pauly: Le Chevalier Captif „Loin de la France et de sa
      belle" (Singst., Git.)   90— 91

[40] [Charles-Michel-Alexis] Sola: Una Paloma „Una paloma
      blanca" (2 Singst., Git.)   92— 93

              Fac-Similes [Autographe:]

[41] C.[arl] M.[aria] v.[on] Weber: First Sketches of the
      Opera of: Oberon [Jähns 306]   [Bl. 1]

[42] [Wolfgang Amadeus] Mozart: Air, Andantino für's Clavier
      [KV 588b=236]   [Bl. 2^r]

[43] [Muzio] Clementi: Canon ad Diapason (Pfte.)   [Bl. 2^v–3^r]

[44] [Joseph] Haydn: Musical Puzzle ‹to be read either way ›   [Bl. 3^v]

[45] [Ludwig van] Beethoven: Andante [Op. 79, II]   [Bl. 4–5^v]

[2.] 1831:

[1]   J.[ohann] B.[aptist] Cramer: Introduction   1

[2]   J.[ohann] B.[aptist] Cramer: Rondo à la Waltz   2— 5

[3]   C.[harles] E.[dward] Horn: The Gypsey's Mystery „Shall
         I tell the Gypsey's Mystery" (T. H. Bayly)   6— 8

[4]   J.[ohan] Thomson: Cleveland's Farewell to Minna
         „Farewell! the voice you hear" (Sir W. Scott)   9— 11

[5]   J.[oseph] Augustine Wade: [Lied] „I've built me a
         bow'r in a lonely dell" (J. Augustine Wade)   12— 13

[6]   Favorite Mazourka   14

[7]   H.[enri] Herz: Polacca   15— 20

[8]   J.[ohn] Barnett: Blow, blow ye winds „Blow, blow ye
      winds, and thou my bark dash onward" (W. H.
      Bellamy)   21— 25

[9]   [Charles] Bochsa: Second French March (Hf.)   26— 28

[10] Sister of Mrs. Hemans: The Bell at Sea „When the tide's
      billowy swell"   29— 31

[11] [Auguste] Panseron: Le Retour du Chevalier „Soldat
      vainqueur fidèle à son amour" (2 Singst., Pfte.)   32— 33

[12] (D.[avid]) Schlesinger: Waltz   34— 35

[13] F.[elix] Mendelssohn Bartholdy: Charlotte to Werter
      „All moveless in her dark bright eye" (W. F. Collard)   36— 37

[14] Mary Anne Jervis: La Partenza „Ecco quel fiero istante,
      Nice, mia Nice addio"   38— 40

[15] J.[ohann] N.[epomuk] Hummel: Military Air (Pfte.)   41— 43

[16] George Linley: Will you come „In the valley by the mill"
      (G. Linley)   44— 47

[17] C.[harles] E.[dward] Horn: „Seek not with gold or glitte-
      ring gem" (T. H. Bayly)   48— 49

[18] [Ludwig van] Beethoven: Minuet & Trio [Op. 31, Nr. III, 3] 50— 51

[19] P.[hilip] Knapton: The better Land „I hear thee speak of
      the better land" (Mrs. Hemans)   52— 55

[20] J.[oseph] Augustine Wade: Here do we meet „Here do we
      meet again, but broken hearted" (J. Augustine Wade)   56— 57

[21] [Carl Maria von] Weber: The Prayer before Battle „Hear
      us, Almighty God!" (Nach Körner) (T I, II, B I, II,
      Pfte.) [Jähns 173]   58— 60

[22] Rule Britannia (Air)   61

[23] [Ignaz] Moscheles: Variation [über „Rule Britannia"]
      (expressly written for this Work)   62— 63

[24] J.[ohann] B.[aptist] Cramer: Variation [über „Rule
      Britannia"]   64— 65

[25] J.[ohann] B.[aptist] Cramer: Second Variation [über
      „Rule Britannia"]   66

[26] [Johann Nepomuk] Hummel: Variation [über „Rule
      Britannia"]   67

[27] [Friedrich] Kalkbrenner: Variation [über „Rule Britannia"] 68— 69

[28] The Rose of Peace „They say that in the Vallies"
      (William Ball) (Singst., Git.-Arr.: F.[erdinand]
      Pelzer)   70— 71

[29] [J.] Blockley: Love not! „Love not! Ye hapless sons of
      clay" (Hon. Mrs. Norton) (Singst., Git.-Arr.: (C. M.)
      Sola)   72— 73

[30] [Gioacchino] Rossini: ,,Deh! calma oh ciel (nel seno)"
      (Hf.-Arr.: J. H. Wright)   74— 76

[31] [François] Musard: Quadrilles from Auber's favorite Opera:
      Fra Diavolo (No. 1—5) (Fl., Pfte.)   77— 84

[32] L. H. S.: The Versailles Waltz (Git.)   81

Autographs:

[33] J.[ohann] N.[epomuk] Hummel: Vivace (London, 1st
      July 1830)   [Bl. 1^r]

[34] I.[gnaz] Moscheles: Toccata (October 1830)   [Bl. 1^v—2^r]

[35] J.[ohann] B.[aptist] Cramer: Moderato con Grazia
      (Aug. 23, 1830)   [Bl. 2^v]

[36] J.[oseph] Mayseder: Canon (Wien, am 19ten October 1826)   [Bl. 3^r]

[37] Louis Spohr: Adagio aus dem Oratorium: Die letzten Dinge
      (Cassel, den 11ten Januar 1827)   [Bl. 3^v—4^r]

[38] [François-Adrien] Boieldieu: Moderato (Paris, février
      1830)   [Bl. 4^v]

[39] [Charles-Simon] Catel: [Ohne Titel] (C-dur)   [Bl. 4^v]

[40] Bernard Romberg: Aus der verlangten Cantilene (Den 14ten
      October 1834 [!] in Leipzig)   [Bl. 5^r]

[41] Jos.[eph] Weigl: Aus dem: Bergsturz ,,Wenn die Vernunft
      den Gram besiegt" (Wien, den 25 8ber [1]826)   [Bl. 5^r]

Concordance. Periodisches Werk für Pianoforte und Violine concertant, gesetzt
von Ant.[on] Diabelli. 130tes Werk. ([später:] von Anton Diabelli.)

Wien, bei A. Diabelli et Comp: (bey Ant. Diabelli und Comp) k.k. Hof- u. priv.
Kunst- u. Musikalienhändler, Graben No. 1133 ([später:] Spina's Nachfolger
‹Friedrich Schreiber› Kunst- und Musikalienhandlung.)

[1830 — ca. 1863]: Heft 1—107. 2 Stimmen: Pfte., Vl.

A Wn ([1830 — ca. 1863]: 1, 26, 28—29, 56, 95—105, 107); Wst ([1830],
1—6) — **I** Mc ([1830 — ca. 1863]: 27)

1. Heft ([Pl. Nr.] D. et C. No. 3677):

      D.[aniel] F.[rançois] E.[sprit] Auber: Ouverture aus der
      Oper: Die Stumme von Portici ‹La Muette de Por-
      tici ›   2— 7

2. Heft ([Pl. Nr.] D. et C. No. 3678):

      D.[aniel] F.[rançois] E.[sprit] Auber: Introduction aus der
      Oper: Die Stumme von Portici ‹Stimmt an der Freude
      Festgesang ›   2— 5

      Arie (Elvire) ‹Was gelten Glanz und Herrlichkeit ›   5— 7

3. Heft ([Pl. Nr.] D. et C. No. 3679):

    D.[aniel] F.[rançois] E.[sprit] Auber: Guarache
    ‹Balletmusik› aus der Oper: Die Stumme von Portici   2– 4

    Boléro ‹Balletmusik›   5– 7

4. Heft ([Pl. Nr.] D. et C. No. 3680):

    D.[aniel] F.[rançois] E.[sprit] Auber: Trauungszug aus der
    Oper: Die Stumme von Portici   2– 5

    Erste Barcarole ‹ Fischerlied › ‹ O seht! wie golden
    strahlt die Sonne ›   5– 6

    Chor ‹Auf, singet die Barcarole ›   6– 7

5. Heft ([Pl. Nr.] D. et C. No. 3681):

    D.[aniel] F.[rançois] E.[sprit] Auber: Marktchor aus
    der Oper: Die Stumme von Portici ‹ Zum Markte
    erschienen, seht uns heut ›   2– 5

    Tarantelle ‹Balletmusik ›   5– 7

    Gebet ‹Allmächtiger den im Staube ›   7

6. Heft ([Pl. Nr.] D. et C. No. 3682):

    D.[aniel] F.[rançois] E.[sprit] Auber: Schlummerlied
    aus der Oper: Die Stumme von Portici ‹O senke,
    süsser Schlaf, dich nieder ›   2– 3

    Cavatina ‹ Du kannst den Tod mir geben ›   3– 5

    2te Barcarole ‹ Fischerlied › ‹ Seht von des Ufers
    hohen Strande ›   5– 7

7. Heft:

    F.[erdinand] Hérold: Ouverture aus der Oper: Zampa

8. Heft:

    F.[erdinand] Hérold: Introduction, Cavatine, Chor, Lied aus:
    Zampa

9. Heft:

    F.[erdinand] Hérold: Romanze, Terzett, Quartett aus: Zampa

10. Heft:

    F.[erdinand] Hérold: Trinklied, Finale I aus: Zampa

11. Heft:

    F.[erdinand] Hérold: Preghiera, Arie aus: Zampa

12. Heft:

    F.[erdinand] Hérold: Duett, Chor, Tanz aus: Zampa

13. Heft:

    F.[erdinand] Hérold: Duett, Schifferlied, Serenade aus:
    Zampa

14. Heft:

    F.[erdinand] Hérold: Finale II, Barcarole aus: Zampa

15. Heft:

    F.[erdinand] Hérold: Cavatine, Duett aus: Zampa

16. Heft:

    D.[aniel] F.[rançois] E.[sprit] Auber: Ouverture aus
    der Oper: Die Braut [=La Fiancée]

17.−18. Heft:

    D.[aniel] F.[rançois] E.[sprit] Auber: Die Braut, I.−II.
    Abtheilung

19.−21. Heft:

    Erstes (−Drittes) Potpourri nach Motiven der Oper:
    [I] Montecchi e Capuleti von V. Bellini

22.−24. Heft:

    Erstes (−Drittes) Potpourri nach Motiven der Oper:
    Norma von V. Bellini

25. Heft:

    V.[incenzo] Bellini: Ouverture aus der Oper: Norma

26. Heft ([Pl. Nr.] D. & C. No. 6189):

    Math.[ias] Durst: Erstes Potpourri nach Motiven der Oper:
    Belisario von G. Donizetti   2− 11

27. Heft:

    Math.[ias] Durst: Zweites Potpourri nach Motiven der
    Oper: Belisario von G. Donizetti

28. Heft ([Pl. Nr.] D. & C. No. 6191):

    Math.[ias] Durst: Erstes Potpourri nach Motiven der Oper:
    Elisir d'Amore ‹Der Liebestrank› v.[on] G. Doni-
    zetti   2− 11

29. Heft ([Pl. Nr.] D. & C. No. 6192):

    Math.[ias] Durst: Zweites Potpourri nach Motiven der
    Oper: Elisir d'Amore ‹Der Liebestrank› v.[on]
    G. Donizetti   2− 11

30.–31. Heft:

        Erstes (–Zweites) Potpourri nach Motiven der Oper:
        Sonnambula von V. Bellini

32. Heft:

        [Luigi] Cherubini: Ouverture aus der Oper: Les Deux
        Journées

33. Heft:

        [Wolfgang Amadeus] Mozart: Ouverture aus der Oper: Don
        Juan [KV 527]

34. Heft:

        [Ludwig van] Beethoven: Ouverture aus dem Ballett:
        Prometheus [= Die Geschöpfe des Prometheus,
        Op. 43]

35. Heft:

        [Luigi] Cherubini: Ouverture aus der Oper: Lodoïska

36. Heft:

        Fr.[anz] Schubert: Ouverture aus der Oper: Alfons et
        Estrella [= Alfonso und Estrella, D 732]

37.–41. Heft:

        Erstes (–Fünftes) Potpourri nach Motiven der Oper:
        Linda von G. Donizetti

42.–44. Heft:

        [Giuseppe] Verdi: Erstes (–Drittes) Potpourri nach Motiven
        der Oper: Nabuccodonosor von G. Verdi

45.–46. Heft:

        Erstes (–Zweites) Potpourri nach Motiven von Lie-
        dern von Fr. Schubert

47. Heft:

        [Michael] Balfe: Ouverture aus der Oper: [Die Vier]
        Haymonskinder [= Les Quatre Fils d'Aymon]

48.–51. Heft:

        Erstes (–Viertes) Potpourri nach Motiven der Oper:
        [Die Vier] Haymonskinder von M. Balfe

52.–54. Heft:

        Erstes (–Drittes) Potpourri nach Motiven der Oper:
        Marie, die Regimentstochter von G. Donizetti

55. Heft:

Erstes Potpourri nach Motiven der Oper: Alessandro Stradella von Fr. v. Flotow

56. Heft ([Pl. Nr.] D. & C. No. 8288):

Zweites Potpourri nach Motiven der Oper: Alessandro Stradella von Fr. v. Flotow $\qquad$ 1— 12

57. Heft:

Drittes Potpourri nach Motiven der Oper: Alessandro Stradella von Fr. v. Flotow

58.—60. Heft:

Erstes (—Drittes) Potpourri nach Motiven der Oper: Heimkehr des Verbannten von O. Nicolai

61. Heft:

Schwedische Lieder

62.—64. Heft:

Erstes (—Drittes) Potpourri nach Motiven der Oper: Ernani von G. Verdi

65. Heft:

Märsche

66.—68. Heft:

Erstes (—Drittes) Potpourri nach Motiven der Oper: Maritana von [William Vincent] Wallace

69.—70. Heft:

Erstes (—Zweites) Potpourri nach Motiven der Oper: [Das] Haustheater der Nymphen von A.E. Titl

71.—72. Heft:

Erstes (—Zweites) Potpourri nach Motiven der Oper: Lucia di Lammermoor von G. Donizetti

73.—74. Heft:

Erstes (—Zweites) Potpourri nach Motiven der Oper: Lucrezia Borgia von G. Donizetti

75.—77. Heft:

Erstes (—Drittes) Potpourri nach Motiven der Oper: Profet [= Le Prophète] von G. Meyerbeer

78.–80. Heft:

> Erstes (–Drittes) Potpourri nach Motiven der Oper:
> [Die] Zigeunerin [=The Bohemian Girl] von M. Balfe

81.–83. Heft:

> Erstes (–Drittes) Potpourri nach Motiven der Oper:
> Rigoletto von G. Verdi

84.–85. Heft:

> Erstes (–Zweites) Potpourri nach Motiven der Oper:
> I Masnadieri von G. Verdi

86.–87. Heft:

> Erstes (–Zweites) Potpourri nach Motiven der Oper:
> Keolanthe von M. Balfe

88.–89. Heft:

> Erstes (–Zweites) Potpourri nach Motiven der Oper:
> Il Trovatore von G. Verdi

90.–93. Heft:

> Fr.[ranz] Schubert: Müllerlieder, 1.–4. Heft [D 795]

94. Heft:

> Erstes Potpourri nach Motiven der Oper: Jenny Bell
> von D. F. E. Auber

95. Heft ([Pl. Nr.] C. S. 10, 729):

> Zweites Potpourri nach Motiven der Oper: Jenny
> Bell von D. F. E. Auber — 3– 14

96. Heft ([Pl. Nr.] C. S. 16, 280):

> Erstes Potpourri aus der Oper: Der Nordstern von
> G. Meyerbeer — 2– 11

97. Heft ([Pl. Nr.] C. S. 16, 281):

> Zweites Potpourri aus der Oper: Der Nordstern von
> G. Meyerbeer — 2– 11

98. Heft ([Pl. Nr.] C. S. 16, 189):

> Erstes Potpourri aus der Oper: Die Sizilianische
> Vesper von G. Verdi — 2– 13

99. Heft ([Pl. Nr.] C. S. 16, 190):

> Zweites Potpourri aus der Oper: Die Sizilianische
> Vesper von J. [!] Verdi — 3– 15

100. Heft ([Pl. Nr.] C. S. 16, 778):

> Erstes Potpourri nach Motiven der Oper: Tannhäuser
> von Rich. Wagner   3— 14

101. Heft ([Pl. Nr.] C. S. 16, 779):

> Zweites Potpourri nach Motiven der Oper: Tannhäuser
> von Rich. Wagner   3— 14

102. Heft ([Pl. Nr.] C. S. 16, 805):

> Jos.[ef] Fahrbach: Erstes Potpourri über Motive der Oper:
> La Traviata von J. [!] Verdi   1— 12

103. Heft ([Pl. Nr.] C. S. 16, 806):

> Jos.[ef] Fahrbach: Zweites Potpourri nach Motiven der Oper:
> La Traviata von J. [!] Verdi   1— 12

104. Heft ([Pl. Nr.] C. S. 17, 401):

> Josef Fahrbach: Potpourri über Motive der Oper: Die Kinder
> der Haide von Anton Rubinstein   2— 19

105. Heft ([Pl. Nr.] C. S. 17, 423):

> Josef Fahrbach: Istes Potpourri über Motive der Oper: Die Ver-
> schworenen ‹ Der häusliche Krieg › von Franz Schubert
> [D 787]   2— 23

106. Heft:

> [Josef] Fahrbach: IItes Potpourri über Motive der Oper: Die
> Verschworenen ‹ Der häusliche Krieg › von Franz
> Schubert [D 787]

107. Heft ([Pl. Nr.] C. S. 17, 793):

> Jos.[ef] Fahrbach: Drittes Potpourri nach Motiven der Oper:
> Il Trovatore von J.[!] Verdi   3— 25

[Nach Verlagsverzeichnis ergänzt.]

Journal für Gesang & (und) Piano-Forte (Pianoforte).

Frankfurt a/M., bei A. Fischer.

[ca. 1830]: No. 1—16?

D Hs ([ca. 1830], 16); Mbs ([ca. 1830], 12)

No. 1. D.[aniel] F.[rançois] E.[sprit] Auber: Barcarole [aus:]
          La Muette [de Portici] „O seht wie golden"

No. 2. D.[aniel] F.[rançois] E.[sprit] Auber: Barcarole [aus:]
          La Muette [de Portici] „Es schwankt und wogt"

No. 3.　D.[aniel] F.[rançois] E.[sprit] Auber: Cavatina [aus:]
　　　　La Muette [de Portici] „Ach armes Kind"

No. 4.　D.[aniel] F.[rançois] E.[sprit] Auber: Carneval in
　　　　Venedig [aus:] Concert à la Cour

No. 5.　[Antonio Peregrino] Benelli: Recit. & Rondo [Rec.: „Es
　　　　regt sich im Herzen"] (Rondo) „Entfloh'n ist jeglicher
　　　　Kummer"

No. 6.　Das Lob der Kleinen „Es hat mich immer sehr verdrossen"

No. 7.　Das Lob der Grossen

No. 8.　L.[udwig] v.[an] Beethoven: „Mädchen du liebest mich"

No. 9.　[Christian August] Pohlenz: Der kleine Tambour Veit

No. 10.　C.[arl] M.[aria] v.[on] Weber: [Lied (Preciosa) aus:]
　　　　Preciosa „Einsam bin ich nicht [alleine]" [Jähns
　　　　279, N. 7]

No. 11.　L.[ouis] Spohr: Arie (Emma) aus: Der Erbvertrag (Horn-
　　　　begl. ad lib.) [„Was treibt den Waidmann"]

No. 12.　L.[ouis] Spohr: Recit. [ativ und] Aria (Faust) aus: Faust
　　　　(Rec.) „Der Hölle selbst will ich Seegen entringen"—
　　　　(Aria) „Liebe ist die zarte Blüthe"　　　　　　　3— 9

No. 13.　J.[Gioacchino] Rossini: [Arie aus:] Barbier „Frag ich
　　　　mein beklommen Herz"

No. 14.　J.[Gioacchino] Rossini: [Arie aus:] Gazza ladra „Was
　　　　ich oft im Traume sah"

No. 15.　[Wolfgang Amadeus] Mozart: Trennungslied [= Das Lied
　　　　der Trennung] „Die Engel Gottes weinen" [Klamer
　　　　Eberhard Karl Schmidt] [KV 519]

No. 16.　[Vincenzo] Bellini: [Arie aus:] La Straniera „Mecco tu
　　　　vieni, o misera" — „Komme mit mir, du Arme"　　2— 3

[Inhaltsangaben zu No. 1—11 und 13—15 nach den Titelblättern von No. 12
und No. 16 ergänzt.]

**Journal musical périodique pour le Chant avec Accompagnement de Pianoforte
ou Répertoire de plus intéressantes Compositions extraites de nouvelles Opéras:**
Cavatines, Airs, Duos, Romances, Ariettes, Couplets, etc. etc. de plus célèbres
Auteurs de nos jours. **Periodisches Musik Journal für Gesang mit Begleitung des
Pianoforte oder Repertoir der beliebtesten Opern Stücke: Duetten, Arien, Lieder,**
etc. etc. von den berühmtesten Tonsetzern unserer Zeit. Eigenthum des Verlegers.

Wien, bey A.[nton] Pennauer, Graben No. 1122.

[ca. 1830]

A Wgm ([ca. 1830], 3)

3. Heft ([Pl. Nr.] 476):

> [Daniel François Esprit] Auber: Schlummerlied (Leonardo) aus der Oper: Die Stumme von Portici [Rec.] „Umsonst mein Müh'n" — (Lied) „Mit leise rauschendem Gefieder"

Lyre des Demoiselles, Recueil de huit Romances à une et à deux voix...:. par Chollet, Lagoanère, Aulagnier, Ropiquet [mit Pianoforte-Begleitung].

A Paris: Chez Aulagnier, Editeur de Musique, rue du Coq, St. Honoré, No. 13.

Année 1. [ca. 1830]

F Pn

[1]	Auguste Chollet: Nocturne à 2 voix „Je sais sur la colline" (A. de Lamartine)	2—	3
[2]	Auguste Chollet: Le Berceau „Dors dans cette nacelle" (C.[om]te A. de V.)	2—	3
[3]	A.[ntonin] Aulagnier: Le Bal, Chansonnette „Essain joyeux nymphes charmantes" (Albert de Calvimont)		
[4]	A.[ntonin] Aulagnier: La Feuille flétrie, Nocturne „Pourquoi tomber déjà feuille jaune et flétrie" (Elisa Mercoeur)		
[5]	A. Ropicquet: Le Départ du Tyrol, Tyrolienne à deux voix „Il faut quitter le ciel" (Henry Fossier)		
[6]	A. Ropicquet: La Veuve du Marin, Romance „Déjà trois fois le soleil a l'aurore reparu" (Daudel)		
[7]	[Oscar de] Lagoanère: Retournons dans mon humble Berceau, Romance „Ah! que ne suis-je encor"		
[8]	[Oscar de] Lagoanère: Le Vieux Marin, Chansonnette „J'ai combattu longtems pour la patrie" (L'Herie)		

The Musical Gem: A Souvenir, Edited by W.[illiam] Ball and N.[icolas] C.[harles] Bochsa, ([ab 2. 1831:] N.[icholas] Mori and W.[illiam] Ball, [6. 1835:] Nicholas Mori).

London: Published ([1. 1830:] and sold) by Mori and Lavenu, 28, New Bond Street.

[1.] 1830 − [6.] 1835, 1829−1834.

D Bim (X: [2.] 1831; [5.] 1834); Hs ([2.] 1831); KIl ([5.] 1834) − **DK** Kk ([2.] 1831) − **GB** Lbm ([1.] 1830−[3.] 1832); Lcm ([1.] 1830; [3.] 1832− [4.] 1833; [6.] 1835)

[1.] 1830:

[1]	J.[ohn] Barnett: The Crystal Stream „The Crystal stream that leaves the lovely shore" (W. Ball)	5—	9

[2]   [Manuel] Garcia: Bajelito (The Denial) „Bajelito nuevo ay
            ay que me anego" (Garcia) (Singst., Git., Pfte.)   10— 17

[3]   [Joseph] Weigl: Leonore „Oh! swiftly hie thee where lightly
            falling"   19— 23

[4]   Walter Turnbull: The Mountain Boy „I am a merry mountain
            boy" (Mrs. Turnbull)   24— 29

[5]   The Herdsmen's Return, (adapted to a) Tyrolese Air
            „Oh! welcome ye rays o'er the uplands that shine!"
            (W. Ball)   30— 34

[6]   T.[heodore] Smith: O Lovely Moon! Written in reply to
            „Rise, Gentle Moon!" (Barnett) „Now shines the
            ray, o'er the wide ocean streaming" (W. Ball)   35— 39

[7]   C. M. von Weber [recte: Karl Gottlieb Reissiger]: The Vine
            Dresser's Song adapted to C. M. von Weber's last
            Waltz „Come, away, girls! To labor!" [Jähns Anh.
            91, 104: Op. 26, 5]   41— 57

[8]   [Maria Felicia] Malibran: I saw thee weep „I saw thee
            weep the big bright tear" (Lord Byron) (Singst., Hf.
            oder Pfte.)   48— 53

[9]   [Maria Felicia] Malibran: Le Retour de la Tyrolienne
            „Chagrin d'amour avait flétri ma vie"   54— 60

[10] L. van Beethoven [unterschoben]: The Maid of Elsmere
            „The wild mountain blossoms, the balm of the
            gale" (W. Ball) [Anh. 14, 1]   61— 65

[11] Lady William Lennox: Waltz (No. 1—2)   67— 69

[12] N.[icolas] C.[harles] Bochsa: A new Sett [!] of Galoppes
            (No. 1—5)   (70)— 74

[13] M. Dunois: Quadrilles, from Marschner's Grand Opera: Der
            Vampyr (No. 1. The Vampyr. Figure du Pantalon.
            No. 2. Ganthe. Figure de l'Eté. No. 3. Zarini. Figure
            de la Poule. No. 4. Wenzel. Rond à trois. Figure de
            la Pastourelle. No. 5. Liesta. Figure de la Finale.
            Le Grand Rond et L'Eté)   75— 79

[14] N.[icolas] C.[harles] Bochsa: The Admired Galopade
            (Hf.-Arr. mit Variationen)   80— 83

[2.] 1831:

[1]   Miss Smith: Spirit of Music, (Song) „Spirit! Spirit! Come to
            me now!" (Miss Smith)   5— 7

[2]   [Friedrich Heinrich] Himmel: The Pride of the Valley,
            (Ballad) „Ah! tell me, in kindness" (G. J. Seymour)   8— 10

[3]   [Daniel François Esprit] Auber: Haste thee, Love! Gua-
            racha „O haste thee, love, hither" (W. E. Attfield)   13— 15

[4]   Mlle. Eucharis Pacini: La Serenade, Tyrolienne ,,Sous ta fenêtre je chante doucement" (La Comtesse de Bradi)   16— 17

[5]   La Cachucha, Duett, Spanish Melody ,,Look from thy lattice, love" (Nach dem Spanischen: G. J. Seymour)   18— 20

[6]   [Vincenzo] Bellini: Rosalie, (Ballad) ,,The lovely day is closing" (William Ball)   25— 28

[7]   [Fernando] Sor: The Warning, (Bolero) ,,Love, that from flower to flower" — ,,El amor siempre empieza" (W. E. Attfield)   31— 33

[8]   [Domenico] Cimarosa: The Troubadour's Lay, Canzonet ,,The Spring's lovely blossoms" (Walter Thornton)   34— 38

[9]   W.[illiam] B.[all]: Sympathy, Ballad ,,A knight and a lady once met in a grove" (The Late Bishop Heber)   41— 42

[10]   C.[harles] de Bériot: Romance ,,It is the hour" (William Ball)   43— 46

[11]   [Vincenzo] Gabussi: (Italian Duet) ,,Accusa i tuoi bei rai" (The Marquis de Bologna)   51— 56

[12]   Mrs. Henry Shelton: Here's a Health to that Friend! ,,Tis not while the fairy breeze fans the green sea" (From a Lady's Album)   57— 61

[13]   [Manuel] Garcia: The Planting of the Vine (Ay, San Anton!), Rezo ,,Gentle Neighbours! Join with me" — ,,A quel que a tencion me de a" (Nach dem Spanischen: W. B.[all])   63— 65

[14]   [Maria Felicia] Malibran: (Tyrolienne) ,,Rouse thee up, Shepherd Boy!" — ,,Lève-toi, jeune enfant!" (Nach dem Französischen: W. Ball)   66— 68

[15]   F.[ranz] Stockhausen: The Swiss Maiden's Song to the Eagle ,,Where the craggy upland tow'rs" — ,,Buti, Buti, Buteli Bu!" (William Ball)   71— 74

[16]   I.[gnaz] Moscheles: Souvenir de l'Opéra, Fantasia cont.(ainin)g favorite Airs (Mozart: ,,Non più di fiori" [KV 621, 23]; Garcia: Bajelito, Spanish Air; Cimarosa: ,,Le Faccio un Inchino")   77— 86

[17]   H.[enri] Herz: Galope à la Giraffe (Moderato — Var. 1 — Polacca)   87— 90

[18]   [Daniel François Esprit] Auber: Tarantella (Pfte.-Arr.)   91— 92

[19]   Valse Hongroise   93

[20]   Reydowak   94

[21]   Reydowatzka   94

[22]   Mazurka   95

[23]   Mazurka   96

[24]   Ländler (No. 1–2)   97

[25]   Galopp-Waltzer   98

[26]   The Queen Adelaide Quadrilles, The Subjects selected from the most favorite Works of J.[ohann]
N.[epomuk] Hummel (No. 1. The Queen Adelaide.
Figure de Pantalon. No. 2. The Duchess of Cumberland. Figure L'Eté. No. 3. The Prince George
of Cumberland. Figure La Poule. No. 4. The Princess Victoria. Figure de Trénis. No. 5. The Prince
George of Cambridge. Figure la Finale)   103–107

[3.] 1832:

[1]   C.(harles) E.[dward] Horn: Oh! Stay my own Love stay
       „The eastern waves are red" (Thomas Haynes Bayly)   5– 10

[2]   [Gaetano] Donizetti: Ah che il Destino „Ah! che il destino
       mio bel tesoro!" (La Marchesa di Bologna)   11– 13

[3]   [Maria Felicia] Malibran: Now the Beams of Morning „Now
       the beams of morning o'er the uplands play" (J. G.
       Seymour) – „L'aube matinale a doré nos champs"
       (M. Zacharie Fils)   14– 16

[4]   Ye Alpine Snows, Styrian Melody „Ye alpine snows,
       enwreath'd with glory" (Walter Thornton)   17– 19

[5]   Miss Smith: The False One „When he said that he'd adore
       me" (Miss Smith)   20– 24

[6]   [Niccolò] Paganini: The Witches Dance „Come! where,
       darkly glow'ring, night" (W. E. Attfield nach: Le
       Noce di Benevento)   30– 33

[7]   Miss L. H. Sheridan: A Sound upon the Breeze „A sound
       comes on the rising breeze" (Mrs. Hemans)   34– 37

[8]   F.[ranz] Stockhausen: The three Strangers, ‹ or the Ring of
       Gold ›, Swiss Air „From yonder cliff I downward
       gaz'd" (William Ball) (Singst., Hf. oder Pfte.)   38– 41

[9]   [Mary Anne] Wood ‹ late Miss Paton › : Oh! Return, return
       again „Oh! Return, return again to those dear shades"
       (J. S. Flaxman)   42– 45

[10]   C.[harles] de Bériot: Mine alone, Tyrolienne „Where is my
       hunter boy?" (William Ball)   48– 52

[11]   [Manuel] Garcia: Those Eyes, dearest Nina! ‹ Tus Ojuelos ›,
       Spanish Air „The lightnings that flash from those
       eyes, dearest Nina!" (Nach dem Spanischen: J. G.
       Seymour) – „Tus ojuelos, Nina, me matan de amor"   53– 55

[12]   [Gaetano] Donizetti: Come, and beneath the Linden Shade,
       Duett „Come, and beneath the linden shade while
       in peace reposing" (W. E. Attfield)   56– 59

[13]   Count Dombroski: Non, belle Pologne, National Polish Me-
        lody ,,Non belle Pologne! à jamais non, tu n'es point
        esclave!" — ,,O Poland! Dear Poland! never shalt
        thou bow thee down in slavery!" (W. Ball)   60— 63

[14]   [Niccolò] Paganini: The Forest Sprite ,,In the forest lone
        there dwells a sprite" (J. S. Flaxman)   66— 68

[15]   Mrs. Henry Shelton: The broken Vow ,,Hark! The gay peal
        is ringing" (George Cross)   69— 73

[16]   I.[gnaz] Moscheles: Extracts from the Celebrated Fantasias
        Gems à la Paganini (Introduction — Maestoso — La
        Preghiera di Pietro L'Eremita — The Favorite Air
        from the Sonata Militaire, on the 4th String — Il
        Ballo delle Streghe ‹The Witches' Dance›)   77— 84

[17]   H.[enri] Herz: L'Enfant du Regiment with Var.[iation]s
        (Thema — Var. 1)   85— 89

[18]   M.[ichele] Costa: Waltz   90

[19]   J.[ohann] N.[epomuk] Hummel: Waltz: A La Styrienne 91— 92

[20]   [Franz] Listz [!]: Waltz   92

[21]   [Niccolò] Paganini: Waltz a la Campanella (Pfte.-Arr.: E.
        Perry)   93— 94

[22]   E.[dward] Perry: The Coronation Quadrilles, the Subjects
        arranged from Donizetti's Opera: Anna Bolena (No.
        1. King William 4th. Figure La Pantalon. No. 2. Queen
        Adelaide. Figure l'Eté. No. 3. The Duchess of Cumber-
        land. Figure la Poule. No. 4. The Duchess of Cambridge.
        Figure Trénis. No. 5. The Princess Augusta. La Finale) 95— 99

[23]   M.[ichele] Costa: Mazurka (Pfte.-Arr.)   100

[24]   N.[icholas] C.[harles] Bochsa: Galopp Waltzer (No. 1—2)
        (Pfte.-Arr.)   101—102

[25]   F.[ranz] Hünten: Ecossaises (No. 1—2)   103

[26]   F.[ranz] Hünten: Ländler (No. 1—2)   104

[27]   N.[icolas] C.[harles] Bochsa: Galope (No. 1—2) [Thema
        nach Giovanni] Pacini's Opera: Gli Arabi (nelle
        Gallie) (Pfte.-Arr.)   105—106

[4.] 1833:

[1]   Alexander Lee: I love thee! (Ballad) ,,I love thee! 'Tis
        all that I can say" (T. Hood)   5— 8

[2]   F.[elix] Mendelssohn Bartholdy: Oh! Father, let me fly
        to thee, (German Air) ,,Lord! Amid this gloom
        and sorrow" (William Ball) — ,,Herr zu Dir will ich
        mich retten" (J. G. Draysen [!])   9— 10

[3]   [Daniel François Esprit] Auber: The May Blossom, (Canzonet)
        ,,Lo! The thorn's unfolding blossom, wak'd by
        Zephyr's gentle wing" (W. E. Attfield)   13— 15

[4]   F.[elix] Mendelssohn Bartholdy: The Confiding Heart —
      Frühlingsglaube, (German Air) „Amid the limes
      the Zephyrs play" (William Ball) — „Die linden
      Lüfte sind erwacht" (L. Uhland)   16— 18

[5]   C.[harles] E.[dward] Horn: Weep not for thy roses, (Ballad)
      „Weep not for thy roses, fallen from the bough"
      (Thomas Haynes Bayly)   23— 24

[6]   [Nicola] Vaccaj: Ah! Se tu dormi, (Arietta) „Ah! se tu dormi
      svegliati"   25— 26

[7]   [Laure Cynthie] Damoreau Cinti: Dear home! Tyrolienne
      „Dear Home! whose remembrance I treasure" —
      „Combien j'ai douce souvenance" (Nach dem Fran-
      zösischen: W. Thornton)   27— 28

[8]   [Maria Felicia] Malibran (—Garcia): The Waterman, Notturno
      „Come, ye village fair! Haste ye, pretty lasses!" —
      „Filles du hameau, lassez vous conduire" (Nach dem
      Französischen: William Ball) (2 Singst., Pfte.)   31— 32

[9]   [Maria Felicia] Malibran (—Garcia): The Meeting, Notturno
      „The shadows now are blending" — „Déjà la nuit som-
      bre s'étend" (Nach dem Französischen: William Ball)   33— 34

[10] [Sigismund von] Neukomm: The Angelus, The Village Church
      Bell „O sainted pile! religion's dwelling" (William
      Ball) (3 Singst., Pfte.)   39— 41

[11] [Daniel François Esprit] Auber: Merrily, Merrily, Hark!
      The Bells — Povera Signora! „Merrily, merrily,
      hark! the bells sounding" — „Povera signora a
      des migraines" (W. A. Attfield)   42— 44

[12] [Ludwig van] Beethoven: Aria (Fidelio) [aus: Fidelio]
      „Della Vita in sull' aurora, perdo, oi mè!" [Op. 72, 9]   47— 48

[13] [Maria Felicia] Malibran (—Garcia): The Voice that says
      'I love thee' — La voix qui dit 'Je t'aime' „Ye
      Nightingales! Dispel your fear" (William Ball) —
      „Petits rosignoles [!] n'ayez peur"   49— 50

[14] Miss E. Windsor: Frena le belle Lagrime, Arietta „Frena le
      belle lagrime, idolo del mio cor!" (Metastasio)   53— 55

[15] Franz Schubert: The Forget me Not — Des Müller's Blumen,
      (Ballad) „Of all the buds that sweetly fling" (Richard-
      son) — „Am Bach viel kleine Blumen stehn"
      [D 795, 9] [Wilhelm Müller]   56— 58

[16] H.[enri] Herz: Rondo   61— 62

[17] J.[ohann] N.[epomuk] Hummel: Polonaise   63— 64

[18] E.[dward] Perry: Quadrilles from Meyerbeer's Celebrated
      Opera: Robert Le Diable (No. 1. Sonnez Clairons.
      Pantalon. No. 2. Avec bonté voyez ma peine.
      L'Eté. No. 3. O! Fortune à tone caprice [und] L'or

est une chimère. La Poule. No. 4. Dieu tout puissant.
La Trénis. No. 5. Jadis regnait en Normandie. La
Finale)   65— 69

[19] [Ludwig van] Beethoven: March in (the) Opera: Fidelio
[Op. 72, 6] (Pfte.-Arr.: I.[gnaz] Moscheles)   70— 71

[20] I.[gnaz] Moscheles: March & Trio, Duet (Pfte. 4hdg.)   72— 75

[21] E.[dward] Perry: Valse à la Weber   76— 77

[22] I.[gnaz] Moscheles: Rondeau   78— 80

[23] C.[arl] Czerny: Galop(p)e de Vienne   81— 82

[24] Beethoven [unterschoben]: Valse [Anh. 14, 6]   82— 83

[25] E.[dward] Perry: Quadrilles, The Subjects from Halévy's
Opera: La Tentation, as performed at the Grand
Opera at Paris (No. 1. Chœur des Démons. Le Pan-
talon. No. 2. Mélons gaiment heureux compères.
L'Eté. No. 3. Leur noce s'apprête. La Poule. No. 4.
Ermite Saint Ermite. La Trénis. No. 5. Chœur
des Pasteurs. La Finale)   84— 88

[5.] 1834:

[1] S.[ydney] Nelson: Time, speed thy Wings, (Ballad)
„A maiden in her lonely bow'r" (R. Folkstone
Williams)   6— 10

[2] S.[igismund von] Neukomm: (Song) „For me entwine no
flowers" (Walter Thornton)   11— 13

[3] [Vincenzo] Bellini: (Ballad) „Oh! Come to this sweet
solitude" (William Ball)   14— 17

[4] Miss [E.] Windsor: (Song) „I'm an elfin sprite"   18— 23

[5] [Maria Felicia] Malibran: The Goblin of the Lake, Notturno
for two voices „Ah! Our Grandam dear"(W. Ball)   25— 28

[6] F.[elix] Mendelssohn Bartholdy: (Song) „Maid of the
valley"(W. E. Attfield)   29— 33

[7] [Maria Felicia] Malibran: The Bayadère, (Romance) „I am
the Bayadère" [— „Je suis la Bayadère"] (Nach dem
Französischen: W. Ball)   37— 41

[8] F.[elix] Mendelssohn Bartholdy: (Song) „Is it true?"
(Walter Thornton)   42— 44

[9] Edward Perry: The Meeting, (Ballad) „The evening sun no
more appears" (W. Hart Reivillo)   45— 49

[10] S.[igismund von] Neukomm: Go, my Bark! Duett [!] „Onward float, the wave dividing" (W. E. Attfield)   50— 55

[11] J.[ohn] Lodge: (Ballad) „The day returns" (Burns)   56— 59

[12] [Ann S.] Mounsey: The Maid who vow'd to love me,
(Ballad) „She said she'd come at evening's fall"
(C. Mackay)   60— 63

[13]   Alexander Lee: (Ballad) „Oh! think of me" (Mrs. Crawford)   64— 67

[14]   F.[elix] Mendelssohn Bartholdy: Musical Sketch No. 1   71— 72

[15]   F.[elix] Mendelssohn Bartholdy: Musical Sketch No. 2   72— 75

[16]   J.[acques Simon] Herz: The celebrated Galopade from
            (the Ballet Opera): La Tentation [Halévy] (Pfte.-Arr.)   76— 80

[17]   François Hünten: Valse   81

[18]   I.[gnaz] Moscheles: Impromptu (Op. 89)   82— 84

[19]   Edward Perry: The Vision of the Bard, or the Grand Pageant
            Quadrilles (à l'Ecossaise) (No. 1. Waverley. Le Pan-
            talon. No. 2. The Antiquary. L'Eté. No. 3. Fortunes
            of Nigel. La Poule. No. 4. Rob Roy Mc. Gregor. La
            Trénis. No. 5. The Heart of Mid Lothian. La Finale)   85— 89

[20]   J.[acques Simon] Herz: The admired Valse des Diables from
            the Ballet Opera: La Tentation [Halévy] (Pfte.-Arr.)   90— 91

[21]   François Hünten: Galopade   92

[22]   Edward Perry: Valse from the admired Ballet Opera: La
            Tentation [Halévy] (Pfte.-Arr.)   93

[23]   Nicholas Mori: The Donna Maria Waltz   94— 95

[6.] 1835:

[1]   S.[ydney] Nelson: The Guide, (Ballad) „'Tis dark! and loud
            the whirlwind blows" (W. T. Moncrieff)   5— 7

[2]   Théodore Labarre: La Prière d'une Jeune Fille ‹ The Damsel's
            Prayer › , (Romance) „C'est à l'autel de la Madonne" —
            „Sainted Virgin! At thy Altar" (Nach dem Französi-
            schen: William Ball)   8— 10

[3]   Alexander Lee: A Beautiful Rose in a Valley, (Ballad) „A
            Beautiful Rose in a Valley once grew" (Miss F— H—)   13— 15

[4]   Henry Phillips: Mother! Dear Mother! (Canzonet) „Mother!
            dear mother! sweet mother of mine" (Robert Folke-
            stone Williams)   16— 18

[5]   F.[ranz] Stockhausen: Upon The Hills ‹ Auf hoher Alp › ,
            (Swiss Air) „Upon the hills the highest builds
            his throne" — „Auf hoher Alp wohnt auch der
            liebe Gott" (William Ball)   21— 23

[6]   J.[oseph] A.[ugustin] Wade: The Warder and the Knight,
            (Romance) „Good traveller! Do not pass my gate"
            (J. G. Millingen)   24— 26

[7]   Edward Perry: Sweet Land! (Ballad) „Sweet land, O'er the
            blue waters fading" (Walter Watson)   29— 32

[8]   F.[elix] Mendelssohn Bartholdy: O Lovely Spring, (Song)
            „Ye birds, for whom the soft dews swell!" (Walter
            Thornton)   33— 36

[9] Lewis H. Lavenu: The Lonely Heart, (Ballad) ,,And are the
     hours for ever fled'' (W. H. Reivillo)   41— 43

[10] [Felice] Blangini: Farewell, Love! (Duet) ,,Farewell, love!
     You grieve me!'' (Thomas Haynes Bayly) (S, T, Pfte.)   44— 48

[11] Théodore Labarre: La Sentinelle Perdue ‹ The Lost Sentinel › ,
     (Romance) ,,Bien loin du camp, toute la nuit'' —
     ,,The camp is still, and thro' the night'' (Nach dem
     Französischen: William Ball)   51— 53

[12] Mrs. Dawson: There is an Eye! (Ballad) ,,There is an eye that
     sees thee'' (Alex. Hamilton Earle)   54— 56

[13] Henri Herz: Rondo (from ,,O dolce Concento!'' [Mozart, KV
     620 aus 8]) (Pfte.)   61— 64

[14] I.[gnaz] Moscheles: Air Suisse à la (Madame) Stockhausen,
     varié (Pfte.)   65— 66

[15] Adolphe Adam: Meyerbeer's admired Tyrolienne, arr. as a
     Divertimento (Pfte.)   67— 69

[16] François Hünten: Valse Brillante et Trio   70— 71

[17] Nicholas Mori Jun.: Valse des Montagnards   72

[18] Edward Perry: Quadrilles from Rossini's popular Opera:
     Maometto Secondo, performed under the title of:
     L'Assedio di Corinto (Pfte.) (No. I. L'Anna. Pantalon.
     No. II. Le Maometto. L'Eté. No. III. Le Selimo. La
     Poule. No. IV. Le Calbo. Trénis. No. V. L'Erisso. La
     Finale)   73— 77

[19] Adolphe Adam: An admired Air from Hérold's Opera:
     Le Pré aux Clercs, arr. as a Rondo (Pfte.)   78— 79

[20] François Hünten: An admired Neapolitan Air, arr. as a
     Rondo (Pfte.)   80— 81

[21] Edward Perry: The admired Spanish Dance: El Zapateado
     (Pfte.-Arr.)   82— 83

Musikalischer Ehren-Tempel. Eine ausgewählte Sammlung der besten Compositionen ([ab 1. ca. 1830, 7:] älterer und neuerer Zeit) fürs Piano-Forte.

Hamburg, bei J. A. Böhme. Aug. Cranz.

Jahrgang [1. ca. 1830] —2.[ca. 1831], Heft 1—24.

D Bds ([1. ca. 1830], 1—3, 6—8, 10—11, 18, 22—23; 2. [ca. 1831], 1/2, 5/6 —
9/10); Bhm ([1. ca. 1830], 11); Bim ([1. ca. 1830], 2, 23); Bs ([1. ca. 1830],
17); Hs ([1. ca. 1830]); Lr ([1. ca. 1830], 23); Mbs; SW ([1. ca. 1830];
2.[ca. 1831], 15/16) — **DK** Kk; Kmk — **N** Bo (2. [ca. 1831])

[1. Jahrgang. ca. 1830]

1. Heft:

[1]   [Johann Ladislaus] Dussek: Sonate (Allegro grazioso —
           Adagio sostenuto ed espressivo — Rondo à la militaire)   2— 11

2. Heft:

[2]   [Johann Ladislaus] Dussek: Sonate (Allegro non tanto — Rondo) 2— 9
[3]   Rondo   10— 11

3. Heft:

[4]   F.[erdinand] Ries: Rondo pastorale   2— 5
[5]   F.[erdinand] Ries: Rondo (C-dur)   6— 11

4. Heft:

[6]   F.[erdinand] Ries: Rondo (c-moll)   2— 7
[7]   F.[erdinand] Ries: Rondo (F-dur)   7— 11

5. Heft:

[8]   Henri Herz: Variations sur un Air Tyrolien favori, Op. 13   2— 9
[9]   Henri Herz: Trois Walses   10— 11

6. Heft:

[10]   F.[riedrich] Kalkbrenner: Sonate Op. 1   2— 11

7./8. Heft:

[11]   F.[riedrich] Kuhlau: Sonate Op. 46, No. 1   2— 10
[12]   F.[riedrich] Kuhlau: Sonate Op. 46, No. 2   11— 17
[13]   F.[riedrich] Kuhlau: Variations sur un Air de Rossini ‹aus
           Op. 60 ›   18— 21
[14]   F.[riedrich] Kuhlau: Divertissement en forme de
           Valse ‹aus Op. 61 ›   22— 23

9. Heft:

[15]   C.[arl] Czerny: Divertissement, Op. 209   2— 7
[16]   J.[acob] Schmitt: Sonate Op. 56   8— 11

10. Heft:

[17]   J.[acob] Schmitt: Prélude et Allegro brillant, Op. 99   2— 8
[18]   J.[acob] Schmitt: Nocturne, Op. 66   9— 11

11. Heft:

[19]   L.[udwig] v.[an] Beethoven: Sonate, Op. 10, [I]   2— 9
[20]   [Ludwig van] Beethoven: Rondo [Op. 10, II, III]   10— 11

12. Heft:

[21]   D.[aniel] Steibelt: Impromptu (Le Départ: Tempo di
       Marcia-Chœur de Gluck: Grazioso — Var. 1—5)   2— 7

[22]   D.[aniel] Steibelt: Rondo Cosaque   8— 11

13./14. Heft:

[23]   C.[arl] Czerny: Trois Rondinos d'après des Thèmes très favoris
       (No. 1. Op. 164. No. 2. Op. 169. No. 3. Op. 195)   2— 23

15. Heft:

[24]   Muzio Clementi: Sonate (Allegro vivace — Arietta con Varia-
       zioni (1—8))   2— 8

[25]   M.[uzio] Clementi: Rondo   9— 11

16. Heft:

[26]   François Hünten: Trois Rondos (Rondoletto ‹Op. 15›
       Rondo ‹Op. 14› Rondo alla Polacca ‹Op. 7›)   2— 11

17. Heft:

[27]   C. F. Schröter: Sehnsuchtswalzer von Beethoven [= unterscho-
       ben: Anh. 14, 1] mit Variationen (Thema-Var. 1—7)   2— 5

[28]   Carl Czerny: Polonaise ‹Op. 150›   6— 7

18. Heft:

[29]   J.[ohann] B.[aptist] Cramer: Le Songe de Rousseau, Air
       varié (Introduction — Arie — Var. 1—10)   2— 6

[30]   J.[ohann] B.[aptist] Cramer: Romanze [!] de l'Opéra: Nina,
       arrangée en Rondo   7— 11

19./20. Heft:

[31]   J.[ohann] N.[epomuk] Hummel: Variations sur la Marche
       de l'Opéra: Cendrillon ‹Op. 40›   2— 11

[32]   J.[ohann] N.[epomuk] Hummel: Variationen über ein Oest-
       reichisches Volks-Lied ‹Op. 8›   12— 18

[33]   J.[ohann] N.[epomuk] Hummel: Variations sur l'Air: The
       Lass of Richmond Hill ‹Op. 2›   19— 21

[34]   J.[ohann] N.[epomuk] Hummel: Jem of Aberdeen, Air varié
       ‹Op. 2›   21— 23

21. Heft:

[35]   J.[oseph] Haydn: Sonate [Hob. XVI, Nr. 35]   2— 7

[36]   J.[oseph] Haydn: Sonate [Hob. XVI, Nr. 37]   7— 11

22. Heft:

[37]   W.[olfgang] A.[madeus] Mozart: Sonate [KV 570]   2— 9

[38]   (W.[olfgang] A.[madeus] Mozart): Adagio [KV 540]   10— 11

23. Heft:

[39]   John Field: Polonaise   2— 3
[40]   John Field: Nocturne   4— 6
[41]   John Field: Rondo   6— 11

24. Heft:

[42]   C.[arl] M.[aria] de Weber: Variations sur un thème original,
        Op. 1 [!] [= Op. 2 — Jähns 7]   2— 5

[43]   C.[arl] M.[aria] de Weber: Variations sur l'Air du Ballet de:
        Castor et Pollux [Abbé Vogler], Op. 5 [Jähns 40]   5— 8

[44]   C.[arl] M.[aria] de Weber: Capriccio [Op. 12 — Jähns 56]   8— 11

2. Jahrgang [ca. 1831]

1./2. Heft:

[1]   I.[gnaz] Moscheles: Sonate ‹Op. 6›   2— 8
[2]   I.[gnaz] Moscheles: Parodie über die Cavatine: Di tanti palpiti
        [Rossini: Tancred, I. Akt, aus Nr. 3]   9— 11
[3]   I.[gnaz] Moscheles: La Petite Babillarde, Rondeau [Op. 66]   12— 16
[4]   I.[gnaz] Moscheles: Deux Divertissements (No. 1—2), ‹Op. 40
        [No. 3]›   17— 23

3./4. Heft:

[5]   ‹C.[hristoph] E.[rnst] F.[riedrich] Weyse: Sonate›   2— 14
[6]   F.[riedrich] Kalkbrenner: ‹Fantasia›, Op. 57   15— 23

5./6. Heft:

[7]   F.[ranz] Hünten: Nocturne Brillant, Op. 5   2— 5
[8]   F.[ranz] Hünten: Fantasie sur des Thèmes favoris de l'Opéra:
        La Donna del Lago de Rossini, Op. 24   6— 12
[9]   F.[ranz] Hünten: Deux Rondeaux sur des motifs de Rossini,
        Op. 42 (No. 1. Edouard et Christine. No. 2. Mathilde
        de Sabran)   13— 19
[10]   D.[aniel] F.[rançois] E.[sprit] Auber: Barcarole aus der
        Oper: Fiorella   20— 21
[11]   (D.[aniel] F.[rançois] E.[sprit] Auber): Cantabile aus der-
        selben Oper [Fiorella]   21— 22
[12]   (D.[aniel] F.[rancois] E.[sprit] Auber): „Ja, ja, ihr schmach-
        tend Sehnen etc." aus derselben Oper [Fiorella] (Pfte.)   22— 23

7./8. Heft:

[13]   H.(enry) Herz: Rondoletto, Op. 40   2— 7

[14]   J.(os.[eph]) Haydn: Sonate [Hob. XVI, Nr. 30]   8— 12

[15]   J.(os.[eph]) Haydn: Sonate [Hob. XVI, Nr. 51]   13— 16

[16]   J.(os.[eph]) Haydn: Finale (Allegretto) aus einer Sonate
         [Hob. XVI, Nr. 12, III]   17

[17]   J. [Gioacchino] Rossini: Cavatine aus der Oper: Der Barbier
         v.[on] Sevilla   18— 20

[18]   J. [Gioacchino] Rossini: Duett aus der Oper: Der Barbier
         v.[on] Sevilla   20— 23

[19]   [Gioacchino Rossini] : Intermezzo aus der Oper: Der Bar-
         bier v.[on] Sevilla   23

9./10. Heft:

[20]   F.[riedrich] Kuhlau: Sonate, Op. 46, No. 3   2— 14

[21]   W.[olfgang] A.[madeus] Mozart: Sonate [KV 545]   15— 19

[22]   J.[Gioacchino] Rossini: Duett aus der Oper: Moses   20— 21

[23]   J. [Gioacchino] Rossini: Arie aus der Oper: Moses   21— 22

[24]   J. [Gioacchino] Rossini: Chor aus der Oper: Moses   22— 23

11./12. Heft:

[25]   Ch.[arles] Chaulieu: Rondoletto, Op. 65   2— 7

[26]   Ch.[arles] Chaulieu: Ballade sur un Thème de Paer, Op. 90   8— 13

[27]   Ch.[arles] Chaulieu: Divertissement No. 1, Op. 93   14— 19

[28]   Ch.[arles] Chaulieu: Divertissement No. 2, Op. 93   19— 23

13./14. Heft:

[29]   J.[ohann] P.[eter] Pixis: Introduction et Rondo sur un
         Thème de Carafa, Op. 63   2— 9

[30]   J.[ohann] P.[eter] Pixis: Rondino sur un Air de: Don Juan,
         Op. 81   10— 16

[31]   J.[ohann] P.[eter] Pixis: Mélange sur des Thèmes de l'Opéra:
         Faust, Op. 88   17— 23

15./16. Heft:

[32]   C.[hristian] Schwarz: Sonate, Op. 15   2— 15

[33]   J.[ohann] B.[aptist] Cramer: Divertissement: La Réunion
         (Introduzione — Andante — Var. 1—5 — Rondo)   16— 23

17./18. Heft:

[34]   L.[udwig] van Beethoven: Sonata, Op. 10, No. 2   2— 9

[35]   L.[udwig] van Beethoven: Sonata, Op. 10, No. 3   10— 21

[36]   (L.[udwig] van Beethoven): Andante grazioso, quasi Allegretto
         [Bagatelle, Op. 33, 1]   22— 23

976

19./20. Heft:

[37]	D.[aniel] Steibelt: Sonate, Op. 68	2— 9
[38]	D.[aniel] Steibelt: Sonate, Op. 86, No. 2	10— 16
[39]	J.[ohann] N.[epomuk] Hummel: Caprice	17— 23

21./22. Heft:

[40]	H.[enri] Herz: Introduction et Variations, Op. 8	2— 13
[41]	F.[ranz] Hünten: Variations Brillantes sur une Cavatine de Meyerbeer, Op. 41	14— 23

23./24. Heft:

[42]	C. Schultz de (von) Lübeck: Introd:[uction] et Variations (Introduzione — Thema — Var. 1—6 — Alla Polacca)	2— 15
[43]	A. Schlossbauer: Introduction et Variations (Introd.[uction] — Thema — Var. 1—5, Finale)	16— 23

Musikalisches Monatblatt für das Piano Forte.

Stuttgart im Verlag bei Fried. Gustav Schulz.

[ca. 1830] : No. 1—8?

A Wgm ([ca. 1830], 8)

8. Heft:

[1]	Tyrolienne aus: Wilhelm Tell (Rossini)	1— 5
[2]	C. Stenzer: Polonaise	6— 9
[3]	[Karl Gottlieb] Reissiger: Ständchen „Durch der Nacht vertraute Stille" [Op. 42]	10— 11
[4]	J. D. C. Brugger: Schweizerlied „Uf'm Bergli bin i gsässe"	11
[5]	Attenhauser: Marsch	12

Orgel-Journal oder Auswahl guter Orgel-Compositionen nach Original Manuscripten der jetzt lebenden vorzüglichsten Orgel-Componisten und aeltern noch nicht oder wenig bekannten Werken. Für das Bedürfniß des öffentlichen Gottesdienstes und das erweiterte Studium des Orgelspiels.

Mannheim bei K. F. Heckel. Eigenthum des Verlegers.

(Jahrgang) 1. 1830/1831—3. 1832/1833, Heft 1—12.

D Bs (1. 1830/31); DS (1. 1830/31; 2. 1831/32, 3, 5—12; 3. 1832/33, 1); SP (1. 1830/31, 1—11)—**US** NYp; Pc

1. Jahrgang. 1830/1831

1. Heft [ohne Pl. Nr.]:

[1]	Ch.[ristian] H.[einrich] Rink: Choral „Ein' feste Burg ist unser Gott'' (in C)	4— 5
[2]	J.[ohann Baptist] Vanhal: Prelude (in C)	6— 7
[3]	J.[ohann] G.[ottfried] Vierling: Fughetta (in F [recte: a-moll])	8
[4]	J.[ohann] G.[ottfried] Vierling: Vorspiel, Mixolydisch	8— 9
[5]	(J.[ohann] Ch.[ristian]) Kittel: Vorspiel (in D)	9
[6]	M.[ax] Keller: Vorspiel (in F)	10
[7]	C.[hristian Heinrich] Rink: Largo (in F m.[oll])	11
[8]	L.[udwig] E.[rnst] Gebhardi: (Andantino in D)	12— 13
[9]	L.[udwig] E.[rnst] Gebhardi: (Largo in G m.[oll])	13
[10]	(Fr.[iedrich] A.[ugust]) Kaehler: Prelude „O! Haupt voll Blut und Wunden'' (in E)	14— 15
[11]	J.[ohann] G.[ottfried] Vierling: Trio im doppelten Contrapunkt der Octave (in C)	16
[12]	J.[ohann] G.[ottfried] Vierling: (Trio in B)	16
[13]	Ch.[ristian] H.[einrich] Rink: Nachspiel (in C m.[oll])	17— 21
[14]	[Johann] S.[ebastian] Bach: Fugue (in Es) [BWV 876]	22— 24

2. Heft ([Pl. Nr.] 287):

[15]	Ch.[ristian] H.[einrich] Rink: Choral „Jesu meine Freude'' (in D m.[oll])	2— 3
[16]	(J.[ohann]) G.[ottfried] Vierling: Versette (in G m.[oll])	3
[17]	(J.[ohann Baptist]) Vanhal: Andante (in F)	4— 5
[18]	J.[akob] Vierling: Moderato assai (in C)	6
[19]	J.[akob] Vierling: Choralmässig (in C[moll])	7
[20]	M.[ax] Keller: Larghetto (in E)	8
[21]	(J.[ohann] G.[ottfried]) Vierling: Fughetta (in G)	9
[22]	J.[akob] Vierling: Andante molto (in A)	10
[23]	J.[ohann] Ch.[ristian] Kittel: Choralvorsp.(iel) (in A)	11
[24]	F.[ranz] Bühler: Vorspiel (in A)	12
[25]	C.[hristian] H.[einrich] Rink: Largo (in G m.[oll])	13
[26]	(J.[ohann]) G.[ottfried] Vierling: Trio (in D)	14
[27]	L.[udwig] E.[rnst] Gebhardi: Mässig (in H m.[oll])	15
[28]	H. W. Tauscher: Vorspiel „Jesu meine Freude'' (in D m.[oll])	16— 17
[29]	C.[hristian] H.[einrich] Rink: Präludium (in E m.[oll])	18— 19
[30]	Ch.[ristian] H.[einrich] Rink: Maestoso (in C)	20— 22

3. Heft ([Pl. Nr.] 288):

[31] Ch.[ristian] H.[einrich] Rink: Choral „Nun lasst uns den
        Leib begraben", Op. 77 (in B)   2

[32] Ch.[ristian] H.[einrich] Rink: Veränderung [über den
        Choral]   3

[33] J.[ohann] G.[ottfried] Vierling: Cantabile (und) Fughetta
        (in D)   4

[34] J.[akob] Vierling: Vorspiel (in D)   5

[35] Ch.[ristian] H.[einrich] Rink: Adagio, Op. 25 (in D)   6—   7

[36] H. W. Tauscher: Vivace quasi Rondo (in Es)   8— 10

[37] J.[akob] Vierling: Trio (in Es)   11

[38] J.[akob] Vierling: Moderato (in B)   12— 13

[39] C.[hristian] H.[einrich] Rink: Choral „Herr Jesu Christ, dich
        zu uns wend", 38tes Werk (in G)   14— 15

[40] Ch.[ristian] H.[einrich] Rink: Nachspiel (in B)   16— 20

[41] H. W. Tauscher: Fuga [über BACH] (in B)   21— 24

4. Heft ([Pl. Nr.] 307):

[42] Ch.[ristian] H.[einrich] Rink: Praeludium (in A m.[oll])   2—   3

[43] Ch.[ristian] H.[einrich] Rink: Fughetta (in D)   3

[44] [Johann] C.[hristian] Kittel: Fantasie (in D m.[oll])   4

[45] Adolph Hesse: Choralmässig (in B)   5

[46] C. Winkelmeier [!]: Praeludium (in C [recte: Es])   6—   7

[47] [Johann] C.[hristian] Kittel: Vorspiel und Choral „Machs
        mit mir Gott nach deiner Güt" (in D)   8—   9

[48] J. Seybold: Vorspiel (in B [recte: h-moll])   10— 12

[49] J.[ohann] Ludwig Krebs: Fuga (in A m.[oll]) ‹1740›   13— 15

[50] J.[ohann] Seb.[astian] Bach: Fughetta super „Christum
        wir sollen loben schon" (in E) [BWV 696]   16

[51] Ch.[ristian] H.[einrich] Rink: Nachspiel (in A m.[oll])   17— 20

5. Heft ([Pl. Nr.] 308):

[52] J. Seibold [!]: Vorspiel (in C)   2—   3

[53] Andreas Henkel: Larghetto (in G)   4—   5

[54] M.(ichael) Henkel: Largo (in H m.[oll])   6

[55] M.(ichael) Henkel: Fughetta (in D)   7

[56] (C.) Winkelmeier [!]: Prälud.(ium) (in G)   8— 10

[57] Ch.[ristian] H.[einrich] Rink: Präludium (in C)   11

[58] A.[ndreas] Henkel: Pesante (in C m.[oll])   12— 13

[59] G.[eorg] C.[aspar] Wecker: Fuga (in D [-moll])   14— 15

[60] (C.[arl] H.[einrich])Zoellner: Vorspiel. Zu dem Choral
       „Herzlich thut mich verlangen" (in A m.[oll])   16

[61] J.[akob] Vierling: (Vorspiel und) Fuga (in E)   17— 20

6. Heft ([Pl. Nr.] 315):

[62] Adolph Hesse: Präludium (in C)   2— 4

[63] (F.[riedrich] W.[ilhelm]) Zachau: Choral „Vom Himmel
       hoch da komm ich her" (in D)   5

[64] A.[ugust] Bertelsmann: Nachspiel (in D)   6— 9

[65] Ch.[ristian] H.[einrich] Rink: Fugirtes Vorspiel (in G)   10— 11

[66] Victor Klauss: Variirter Choral (in A) (Chorale — Var. 1—2 —
       Fughetta)   12— 19

[67] J.[ohann] Seb.[astian] Bach: Fughetta (in A m.[oll]) 19

[68] [Johann] Ch.[ristian] Kittel: Präludium (in G)   20

7. Heft ([Pl. Nr.] 318):

[69] J.[ohann] Michael Bach: Choral „Nun freut euch lieben
       Christen" (in G)   2— 3

[70] M.(ichael) Henkel: Vorspiel (in C)   4— 5

[71] M.(ichael) Henkel: Versett (in E)   5

[72] Adolph Hesse: Praeludium (in A m.[oll])   6— 7

[73] Adolph Hesse: Andante (und) Allegro (in D)   8— 13

[74] J.[ohann] Pachelbel: Fuga (in D m.[oll])   14— 15

[75] Ch.[ristian] H.[einrich] Rink: Choral mit Zwischenspielen
       „Wie schön leucht uns der Morgenstern" (1.-2.
       Veränderung) (in Es)   16— 19

[76] Andreas Henkel: Fughetta (in E m.[oll])   20

8. Heft ([Pl. Nr.] 320):

[77] Ch.[ristian] H.[einrich] Rink: Praeludium (in A m.[oll])   2

[78] Ch.[ristian] H.[einrich] Rink: Praeludium (in C)   2— 3

[79] Ch.[ristian] H.[einrich] Rink: Praeludium (in G m.[oll])   3

[80] A.[dam] V.[alentin] Volkmar: Choral Vorspiel „Gott ist
       mein Hort"(in C)   4— 5

[81] A.[dam] V.[alentin] Volkmar: Choral Vorspiel „Fürwahr
       du bist o Gott verborgen" (in F)   6— 7

[82] J.[ohann] C.[hristoph] Kellner: Fuga (in D)   8— 10

[83] A.(dolph) Hesse: Andante. Ausführung des Choral's: Lieb-
       ster Jesu wir sind hier (in G)   11— 15

[84] A.(dolph) Hesse: Praeludium (in G m.[oll])   16— 17

[85] [Jean-Jacques Beauvarlet-] Charpentier: Fugue (in G m.[oll])   18— 20

9. Heft ([Pl. Nr.] 324):

[86] A.(ndreas) Henkel: Andantino con moto (in F m.[oll]) 2— 3

[87] M.(ichael) Henkel: Vorspiel „Heut hat des Schöpfers Wunder-
          macht''(in G) 3

[88] G.[eorg] Ph.[ilipp] Telemann: Fughetta (in F) 4— 5

[89] A.[dam] V.[alentin] Volkmar: Choral Vorspiel „Mache dich
          mein Geist bereit''(in D) 6— 7

[90] A.[dam] V.[alentin] Volkmar: Choral „Freu' dich sehr o!
          meine Seele''(in G) 8— 10

[91] J.[akob] Vierling: Moderato non molto (in D m.[oll]) 11

[92] J.[akob] Vierling: Andantino molto (in G) 12

[93] J.[akob] Vierling: Larghetto (in B) 13

[94] Ch.[ristian] H.[einrich] Rink: Choral „Durch Adams fall
          ist" (in A m.[oll]) 14— 15

[95] C. G.[ottfried] Boehm: Fuga (in G) 16— 19

[96] Joseph Zekert [!], genannt Seeger: Fuga (in A m.[oll]) 20

10. Heft ([Pl. Nr.] 336):

[97] A.(dolph) Hesse: Vorspiel zu dem Chorale „Sei Lob u.[nd]
          Ehr dem höchsten Gut'' (in Es) 2— 5

[98] Joh.[ann] Ludw.[ig] Krebs: Fuge (in F m.[oll]) ‹1740› 6— 8

[99] Joh.[ann] Casp.[ar] Kerl: Fuga (in G m.[oll]) 8

[100] M.(ichael) Henkel: Larghetto (in Fis m.[oll]) 9

[101] A.[dam] V.[alentin] Volkmar: Choral Vorspiel „Schwing
          dich auf zu deinem Gott''(in A m.[oll]) 10— 12

[102] C. Trutzer: Andante con moto (in C m.[oll]) 12— 13

[103] C. Trutzer: Andante (in C) 13

[104] J.[akob] Vierling: Moderato (in Es) 14— 15

[105] H.[einrich] W.[ilhelm] Stolze: Praeludium (und) Fuge (in
          H m.[oll]) 16— 20

11. Heft ([Pl. Nr.] 337):

[106] Ch.[ristian] H.[einrich] Rink: Praeludium (in G m.[oll]) 2

[107] A.(dolph) Hesse: Praeludium (in F) 3— 4

[108] Ch.[ristian] H.[einrich] Rink: Praeludium (in C) 4

[109] M.(ichael) Henkel: Andante molto (in E m.[oll]) 5

[110] J. A. Schnurr: Praeludium (in F m.[oll]) 6

[111] J. F. Bauer: Fugato „Ein feste Burg ist unser Gott'' (in C) 6— 7

[112] Victor Klauss: Praeludium (und) Choral „Vom Himmel hoch,
          da komm ich her'' ‹canonisch bearbeitet› (in C) 8— 12

[113] A.[ugust] Bertelsmann: Vorspiel (in G)   12— 13

[114] H.[einrich] W.[ilhelm] Stolze: Praeludium „Brich an du
       schönes Tageslicht" (in Es)   18— 20

12. Heft ([Pl. Nr.] 338):

[115] A.[ugust] Bertelsmann: Praeludium (in C)   2

[116] Ch.[ristian] H.[einrich] Rink: Fughetta (in C)   3

[117] H.[einrich] W.[ilhelm] Stolze: Praeludium (in G)   4— 6

[118] A.[dam] V.[alentin] Volkmar: Choral Vorspiel „Wie
       schön leucht't uns der Morgenstern" (in D)   6— 8

[119] M.(ichael) Henkel: Nachspiel (in E)   9

[120] A. L. Löwe: (Vorspiel und Fuge in As)   10— 13

[121] A.(dolph) Hesse: Andante mit obligatem Pedale (in As)   14— 15

[122] L.[udwig] Krebs: Fuga [über BACH] (in B)   16— 20

2. Jahrgang. 1831/1832

1. Heft ([Pl. Nr.] 341):

Georg Christoph Stolze: 18 kleine u.[nd] leichte Vorspiele:

[1]   Georg Christoph Stolze: Vorspiel Nro. 1 (in C)   1

[2]   (Georg Christoph Stolze): Harmonisches Vorspiel Nro. 2
       (in A m.[oll])   1

[3]   (Georg Christoph Stolze): (Vorspiel) Nro. 3 (in D)   2

[4]   (Georg Christoph Stolze): (Vorspiel) Nro. 4 „Ach Herr mich
       armen Sünder" oder „Befiehl du deine Wege" (in H
       m.[oll])   2

[5]   (Georg Christoph Stolze): (Vorspiel) Nro. 5 (in Es)

[6]   (Georg Christoph Stolze): Vorspiel Nro. 6 „Ach bleib bei
       uns Herr Jesu Christ" (in E m.[oll])   3

[7]   (Georg Christoph Stolze): Harmonisches Vorspiel Nro. 7
       (in F)   3

[8]   (J. Zeckert, genannt) Seeger: Praeludium (in Es)   4— 5

[9]   M.[ichael] Henkel: Andante (in A m.[oll])   5

[10]   A.[ugust] Bertelsmann: Postludium (in D m.[oll])   6— 10

[11]   A.[dolph] Hesse: Postludium (in C m.[oll])   10— 11

[12]   Joh:[ann] Joachim [!] Froberger: Fantasie ‹1695› (Sopra
       il Signo sol la re)   12— 15

[13]   3stimmige Fuge (in C)   16— 19

[14]   Ch.[ristian] H.[einrich] Rink: Praeludium (in Es)   20

2. Heft [ohne Pl. Nr.]:

[15]   Ch.[ristian] H.[einrich] Rink: Praeludium (in E m.[oll])   21

G.(eorg) Ch.(ristoph) Stolze: Fortsetzung der 18 Vorspiele:

[16] G.(eorg) Ch.(ristoph) Stolze: (Vorspiel) Nro. 8 „Jesu Leiden
          Pein u.[nd] Tod" (in F)   22

[17] (Georg Christoph Stolze): (Vorspiel) Nro. 9 (in F)   22— 23

[18] (Georg Christoph Stolze): Harmonisches Vorspiel Nro. 10
          (in D m.[oll])   23

[19] (Georg Christoph Stolze): (Vorspiel) Nro. 11 (in G)   24

[20] (Georg Christoph Stolze): (Vorspiel) Nro. 12 (in G)   24

[21] (Georg Christoph Stolze): (Vorspiel) Nro. 13 (in A)   25

[22] (Georg Christoph Stolze): (Vorspiel) Nro. 14 (in G m.[oll]) 25

[23] J.[akob] Vierling: Choral „Tugend o wie schön bist du"
          (in B)   26— 27

[24] Victor Klauss: Praeludium (in D)   28— 29

[25] A.[dam] V.[alentin] Volkmar: Vorspiel „Wach auf mein
          Herz und singe" (in B)   30— 31

[26] J.[ohann] C.[hristoph] Kellner: Fuga (in C m.[oll])   32— 34

[27] H.[einrich] W.[ilhelm] Stolze: Fantasie (und Doppelfuge
          in C) „Ein feste Burg ist unser Gott"   34— 40

3. Heft ([Pl. Nr.] 345):

[28] Ch.[ristian] H.[einrich] Rink: Andante (in F)   41

Schluss der 18 Vorspiele:

[29] G.(eorg) Ch.(ristoph) Stolze: Vorspiel Nro. 15 „Warum be-
          trübst du dich" (in G m.[oll])   42

[30] (Georg Christoph Stolze): Vorspiel Nro. 16 „Aus meines
          Herzens Grunde" (in G)   43

[31] (Georg Christoph Stolze): Vorspiel Nro. 17 „Auf jauchzt
          dem Herrn" (in D)   44

[32] (Georg Christoph Stolze): Vorspiel Nro. 18 „Ich dank dir
          schon durch" (in F)   44— 45

[33] Schmachtenberg: Zwischenspiel „Jesus meine Zuversicht"
          (in C)   45

[34] A.[dolph] Hesse: Praeludium, Oeuv. 27 (in Es)   46— 47

[35] (Georg) A.(ndreas) Henkel: Fughetta (in Es)   48— 49

[36] Jak.[ob] Vierling: Ausführung der Choralmelodie
          „Herzlich thut mich verlangen" (in A m.[oll])   50— 53

[37] P.[adre] (Giambattista) Martini: Fuga (in B)   54— 57

[38] H.[einrich] W.[ilhelm] Stolze: Praeludium [und] Choral
          „Jesus meines Lebens Leben" (in Es)   58— 60

4. Heft ([Pl. Nr.] 352):

[39] F.(riedrich) Ernst: Andante (in A)   61

[40] A.[dam] V.[alentin] Volkmar: Choral Vorspiel „Wenn wir
      in höchsten Nöthen sein"(in G)   62— 63

[41] [Jean-Jacques Beauvarlet-] Charpentier: Grave (in D)   63

[42] C.[arl] H.[einrich] Zoellner: Nachspiel (in D m.[oll]) 64— 67

[43] C.[arl] H.[einrich] Zoellner: Vorspiel (in A m.[oll])   68— 69

[44] [Jean-Jacques Beauvarlet-] Charpentier: Grave (in D)   69

[45] H.[einrich] W.[ilhelm] Stolze: Praeludium „Allein Gott
      in der Höh' sei Ehr"   70— 72

[46] Ch.[ristian] H.[einrich] Rink: Maestoso (in C m.[oll]) 72— 73

[47] [Jean-Jacques Beauvarlet-] Charpentier: 3 Andante (in
      A, D, E m.[oll])   74

[48] Carl Philipp Emanuel Bach: Fuge (in A) [Wq 119, 4]   75— 80

5. Heft ([Pl. Nr.] 355):

24 (kleine) Orgelstücke (Oeuv. 13):

[49] H.[einrich] W.[ilhelm] Stolze: Vorspiel Nro. 1 (in C)   81

[50] (H.[einrich] W.[ilhelm] Stolze): Vorspiel Nro. 2 (in C) 82

[51] (H.[einrich] W.[ilhelm] Stolze): Vorspiel Nro. 3 (in A m.[oll]) 83

[52] C.[arl] H.[einrich] Zöllner: Adagio (in C)   84— 86

[53] Victor Klauss: Ausführung (des) Choral(s) „Dir, dir Jehovah
      will ich singen" (in C)   87— 89

[54] M.[ichael] Henkel: Praeludium (in A)   90

[55] M.[ichael] Henkel: Andante (in Cis m.[oll])   91

[56] (Wilh.[elm] Adolph) Müller: Vorspiel auf den Choral
      „Wachet auf, ruft uns"(in D)   92— 93

[57] (Wilh.[elm] Adolph) Müller: Choral „Wachet auf, ruft uns"
      (mit Zwischenspiel) (in D)   94— 95

[58] (Joh.[ann]) Pachelbel: Ricercare (in Fis m.[oll])   96— 99

[59] [Jean-Jacques Beauvarlet-] Charpentier: Grave (in G)   100

[60] [Jean-Jacques Beauvarlet-] Charpentier: Largo (in D m.[oll]) 100

6. Heft ([Pl. Nr.] 358):

[61] Ch.[ristian] H.[einrich] Rink: Nachspiel (in F)   101—103

[62] Ch.[ristian] H.[einrich] Rink: Praeludium (in G m.[oll]) 103

[63] Ch.[ristian] H.[einrich] Rink: Praeludium (in A m.[oll]) 104—105

[64] H.[einrich] W.[ilhelm] Stolze: Vorspiel Nro. 4 (in D)   106

[65] H.[einrich] W.[ilhelm] Stolze: Vorspiel Nro. 5 (in H m.[oll]) 106—107

[66] Jak.[ob] Vierling: Vorspiel zu dem Choral „Lobet den
      Herrn, den mächtigen König"(in A)   107—111

[67] Schmachtenberg: Zwischenspiel „Wie nach einer Wasser-
          quelle" oder „Freu dich sehr, o meine Seele" (in G)   111

[68] A.[dolph] Hesse: Praeludium, Oeuv. 27 (in C)   112—113

[69] C.[arl] H.[einrich] Zöllner: Larghetto (in G m.[oll])   114—115

[70] C.[arl] H.[einrich] Zöllner: Andantino (in F)   116—117

[71] V. Schulz: Vorspiel (und Choral) „Grosser Gott dich loben
          wir"(oder) „Jauchzt dem Höchsten alle (Welt)"
          (in A)   118—120

7. Heft ([Pl. Nr.] 361):

[72] Ch.[ristian] H.[einrich] Rink: Adagio (in Es)   121

[73] Ch.[ristian] H.[einrich] Rink: Nachspiel (in E m.[oll])   122—124

[74] H.(einrich) W.(ilhelm) Stolze: Vorspiel Nro. 6 (in F)   124—125

[75] (Heinrich Wilhelm Stolze): Vorspiel Nro. 7 (in F)   125

[76] (Heinrich Wilhelm Stolze): Vorspiel Nro. 8 (in Es)   126

[77] (Heinrich Wilhelm Stolze): Vorspiel Nro. 9 (in C m.[oll]) 126—127

[78] (Heinrich Wilhelm Stolze): Vorspiel Nro. 10 (in E)   127

[79] A.[dolph] Hesse: Andante (in B)   128—129

[80] C.[arl] H.[einrich] Zöllner: Vorspiel (in Es)   130—132

[81]   Versette (in D m.[oll])   132

[82] [Wilhelm Adolph] Müller: Fantasie mit Fuge (in C m.[oll]) 133—137

[83] Jak.[ob] Vierling: Variierter Choral „Stabat mater" aus dem
          Gesangbuch der Mainzer Diöcese (Choral-Var. 1—3)
          (in G)   138—140

8. Heft ([Pl. Nr.] 372):

[84] Ch.[ristian] H.[einrich] Rink: Andante (in A)   141

[85]   Versette (in G m.[oll])   142

[86] C.[arl] H.[einrich] Zöllner: Vorspiel (in G)   142—144

[87]   Versette (in A m.[oll])   144

[88] A.[ugust] Bertelsmann: Fugirtes Vorspiel (in Es)   145—147

[89] H.[einrich] W.[ilhelm] Stolze: Vorspiel Nro. 11 (in F
          m.[oll])   147

[90] H.(einrich) W.(ilhelm) Stolze: Vorspiel Nro. 12 (in B)   148

[91] (Heinrich Wilhelm Stolze): Vorspiel Nro. 13 (in G m.[oll]) 148

[92] (Heinrich Wilhelm Stolze): Vorspiel Nro. 14 (in D m.[oll]) 148—149

[93] A.[dolph] Hesse: Choral „Freu' dich sehr o meine Seele"
          mit Zwischenspielen (in G)   150—155

[94] [Johann Philipp] Kirnberger: Fuga (in G)   156—157

[95] A.[dam] V.[alentin] Volkmar: (Vorspiel) „Allein Gott
          in der Höh' sei Ehr" (in G)   158—160

9. Heft ([Pl. Nr.] 372):

[96]   Ch.[ristian] H.[einrich] Rink: Adagio (in A)   161

[97]   Versette (in D m.[oll])   162

[98]   H.(einrich) W.(ilhelm) Stolze: Vorspiel Nro. 15 (in D m.[oll])   162—163

[99]   (Heinrich Wilhelm Stolze): Vorspiel Nro. 16 (in G)   163

[100]   (Heinrich Wilhelm Stolze): Vorspiel Nro. 17 (in G)   164

[101]   (Heinrich Wilhelm Stolze): Vorspiel Nro. 18 (in E m.[oll])   165

[102]   (Heinrich Wilhelm Stolze): Vorspiel Nro. 19 (in E m.[oll])   166

[103]   (Heinrich Wilhelm Stolze): Vor- (oder) Nachspiel Nro. 20
              (in A)   166—167

[104]   C.[arl] H.[einrich] Zöllner: Allegro non tanto (in F m.[oll])   168—173

[105]   Ch.[ristian] H.[einrich] Rink: Fughetta (in D m.[oll])   174

[106]   Victor Klauss: Postludium (in E)   174—177

[107]   V.[alentin] A.[dam] [!] Volkmar: Choral Vorspiel „Ich
              weiss mein Gott, dass all' " (in A)   178—180

10. Heft ([Pl. Nr.] 377):

[108]   B.(ernhard) Feuerbach: Adagio (in F)   181

[109]   C.[arl] H.[einrich] Zöllner: Vorspiel zu dem Liede „Christus
              der ist mein Leben" (in F)   182—185

[110]   C.[arl] H.[einrich] Zöllner: Praeludium zu dem Choral „Wach
              auf mein Herz" (in B)   186—189

[111]   Versette (in D m.[oll])   189

[112]   Versette (in D m.[oll])   190

[113]   H.(einrich) W.(ilhelm) Stolze: Nachspiel Nro. 21 (in A m.[oll]) 190—191

[114]   (Heinrich Wilhelm Stolze): Nachspiel Nro. 22 (in F)   192—193

[115]   A.[dolph] Hesse: Praeludium (in D m.[oll])   194—195

[116]   (Johann) Seb.(astian) Bach: Fuge und Praeludium [!] (in
              E m.[oll]) [BWV 533]   196—199

[117]   Versette (in G [moll])   200

[118]   Versette (in A m.[oll])   200

11. Heft ([Pl. Nr.] 378):

[119]   A.[dam] V.[alentin] Volkmar: Choral Vorspiel „Seele,
              was ist Schön'res wohl"(in D)   201—203

[120]   A.[dam] V.[alentin] Volkmar: Choral Vorspiel „Wachet
              auf, ruft uns die Stimme" (in C)   204—205

[121]   Versette (in G m.[oll])   205

[122]   A.[dolph] Hesse: Praeludium (in F)   206—209

[123]   B.(ernhard) Feuerbach: Fughetta (in D)   210

[124] (Bernhard Feuerbach): Larghetto (in E)   210–211

[125]   Versette (in C)   211

[126] Ch.[ristian] H.[einrich] Rink: Nachspiel (in C m.[oll])   212–215

[127] H.(einrich) W.(ilhelm) Stolze: Nachspiel Nro. 23 (in G m.[oll]) 216–217

[128] C.[arl] H.[einrich] Zöllner: Vorspiel (in A)   218–219

[129]   Versette (in C)   220

[130]   Versette (in C)   220

12. Heft [ohne Pl. Nr.]:

[131] Ch.[ristian] H.[einrich] Rink: Larghetto (in As)   221

[132] A.[dolph] Hesse: Andante (in B)   222–223

[133] H.(einrich) W.(ilhelm) Stolze: Nachspiel Nro. 24 (in C)   224–225

[134] C.[arl] H.[einrich] Zöllner: Nachspiel (in E m.[oll])   226–239

[135] Ch.[ristian] H.[einrich] Rink: Choral „Was Gott thut das
      ist wohl gethan" (in G)   240

3. Jahrgang. 1832/1833

1. Heft ([Pl. Nr.] 405):

[1]   A.[dolph] Hesse: Vorspiel (in D m.[oll])   1–   5

[2]   Fr.(anz) Ziegler: Versette (in C) ‹1740›   5

[3]   Ch.[ristian] H.[einrich] Rink: Fughetta (in C m.[oll])   6

[4]   Aug.(ust) Seelmann: Choral „Was ist der Tod?" Melodie
       von Fr. Schneider (in G)   7

[5]   C. Trutzer: Andante (in F)   8–   9

[6]   Ch.[ristian] H.[einrich] Rink: Fughetta (in F)   9

[7]   A.[dolph] Hesse: Andante (in D)   10– 11

[8]   E.(rnst) Fr.(iedrich) Wolf: Vorspiel „Mir nach spricht
       Christus" (in F) ‹1760›   12– 13

[9]   Ch.[ristian] H.[einrich] Rink: Fughetta (in A m.[oll])   13

[10]   J.[akob] Vierling: Larghetto (in C m.[oll])   14– 15

[11]   Fr.(anz) Ziegler: Versette (in C)   15

[12]   G.[eorg] Ph.[ilipp] Telemann: Fughetta (in D)   16– 17

[13]   A.[dolph] Hesse: Etude (in G m.[oll])   18– 20

2. Heft ([Pl. Nr.] 410):

[14]   Ch.[ristian] H.[einrich] Rink: Andante (in E)   21

[15]   Ch.[ristian] H.[einrich] Rink: Moderato (in F)   21

[16]   Ch.[ristian] H.[einrich] Rink: Praeludium (in A m.[oll])   22

[17]   Ch.[ristian] H.[einrich] Rink: Larghetto (in D)   22– 23

[18]   Ch.[ristian] H.[einrich] Rink: Adagio (in E m.[oll])   23

[19]   A.[dolph] Hesse: Vorspiel (und) ausgeführter Choral „Sei
        Lob und Ehr dem höchsten Gut" (in Es)   24— 27

[20]   A.[ndreas] Henkel: Fughetta (in Es)   28— 29

[21]   E.[rnst] Fr.[iedrich] Wolf: Vorspiel (zu dem Choral) „Ermun-
        tre dich mein schwacher Geist" ‹1760› (in F)   30— 31

[22]   Ch.[ristian] H.[einrich] Rink: (Andante) Gelassen (in G)   31

[23]   A.[dolph] Hesse: Praeludium (in F)   32— 34

[24]   A.[ugust] Seelmann: Choral „Lobt Gott ihr Christen allzu-
        gleich" (in G)   34— 35

[25]   Praeludium (in G). Eingesandt von H.W. Stolze   36— 37

[26]   (G.[eorg] Ph.[ilipp]) Telemann: Fughetta (in F)   38— 39

[27]   J.[akob] Vierling: Andante molto (in G m.[oll])   40

3. Heft ([Pl. Nr.] 425):

[28]   Ch.[ristian] H.[einrich] Rink: Fughetta (in G)   41

H.[einrich] W.[ilhelm] Stolze: 12 Fugierte Orgelstücke
        Oeuv. 23, 6te Sammlung der Orgelstücke:

[29]   H.[einrich] W.[ilhelm] Stolze: (Orgelstück) Nro. 1 (in F)   41

[30]   (H.[einrich] W.[ilhelm]) Stolze: (Orgelstück) Nro. 2 (in F)   42

[31]   (H.[einrich] W.[ilhelm]) Stolze: (Orgelstück) Nro. 3 (in D
        m.[oll])   43

[32]   (H.[einrich] W.[ilhelm]) Stolze: (Orgelstück) Nro. 4 (in E
        m.[oll])   43— 44

[33]   (H.[einrich] W.[ilhelm]) Stolze: (Orgelstück) Nro. 5 (in G)   44— 45

[34]   (H.[einrich] W.[ilhelm]) Stolze: (Orgelstück) Nro. 6 (in D)   45

[35]   A. L. Löwe: Vorspiel (in F)   46— 47

[36]   A.[ndreas] Henkel: Praelud:(ium in D)   48— 51

[37]   J.[akob] Vierling: And(an)te con moto (et) Allegro moderato
        (in Es)   52— 57

[38]   J.(oh.) F.(ried.) W.(ilh.) Wenkel: Fuge   58— 60

4. Heft ([Pl. Nr.] 426):

[39]   A. L. Löwe: Andante   61

[40]   A. L. Löwe: Andante   62— 63

[41]   J.[ohann] F.[riedrich] Schwenke: Andante (in A m.[oll])   64

[42]   J.[ohann] F.[riedrich] Schwenke: Allegro (in D)   65— 66

[43]   J.[ohann] F.[riedrich] Schwenke: Fugierte Choral-Bearbei-
        tung „Sollt ich meinem Gott nicht singen" (in D
        m.[oll]) ‹ Nach dem alten Hamburgischen Choral-
        buch ›   67

[44]   Ch.[ristian] H.[einrich] Rink: Fughetta (in F)   68

[45] A.[ugust] Seelmann: Choral (Fuge) ,,Christus der ist mein
      Leben" (in F) (Mel.: Vulpius)   68— 70

[46] A. L. Löwe: Andante (in F m.[oll])   70— 71

[47] A.[dolph] Hesse: Andante (in B)   72— 74

[48] A. L. Löwe: Langsam (in E m.[oll])   74— 75

[49] J.[ohann] C.[ristoph] Kellner: Fuga (in C)   76— 77

[50] A.[dolph] Hesse: Andante (in A m.[oll])   78— 80

5. Heft ([Pl. Nr.] 430):

[51] B.[ernhard] Feuerbach: Versette (in G)   81— 82

8 Triomässige Choral Vorspiele Oeuv. 2:

[52] G.[eorg] Ch.[ristoph] Stolze: Choral Vorspiel Nro. 1 (zu
      dem Choral) ,,Allein Gott in der Höh' sei Ehr" (in G)   83— 85

[53] J.[akob] Vierling: Vorspiel (in G)   86— 88

[54] H.[einrich] W.[ilhelm] Stolze: Praeludium Nro. 7 (zu dem
      Choral) ,,Ach wir armen Sünder" (in D)   88— 89

[55] (H.[einrich] W.[ilhelm]) Stolze: Praeludium Nro. 8 (zu dem
      Choral) ,,Jesus, Jesus, nichts als Jesus" (in C)   90— 91

[56] (H.[einrich] W.[ilhelm]) Stolze: Praeludium Nro. 9 (zu dem
      Choral) ,,Jesus, Jesus, nichts als Jesus" (in A)   92— 93

[57] (H.[einrich] W.[ilhelm]) Stolze: Praeludium Nro. 10 (zu dem
      Choral) ,,An diesem Tag, o Jesu nicht" (in G)   94— 95

[58] (H.[einrich] W.[ilhelm]) Stolze: Praeludium Nro. 11 (zu
      dem Choral) ,,Wer nur den lieben Gott läßt wal-
      ten", oder ,,Dir, dir Jehova will ich singen" (in C)   96— 98

[59] (H.[einrich] W.[ilhelm]) Stolze: Postludium Nro. 12
      ‹ Fughette nach Kellner › (in F)   98—100

6. Heft ([Pl. Nr.] 431):

[60] A. L. Löwe: Langsam (in As)   101—102

[61] A. L. Löwe: Langsam (in G)   102—104

[62] A. L. Löwe: Moderato (in B)   104—106

[63] A. L. Löwe: Langsam (in A m.[oll])   106—107

[64] A.[dolph] Hesse: Allegro (in B)   108—110

[65] G.[eorg] Ch.[ristoph] Stolze: (Vorspiel) Nro. 2 (zu dem
      Choral) ,,Freu dich sehr, o meine Seele" (in G)   110—113

[66] (G.[eorg] Ch.[ristoph]) Stolze: (Vorspiel) Nro. 13 [recte:
      3] (zu dem Choral) ,,Herr Jesu, Gnadensonne"
      (in G)   113—115

[67] (G.[eorg] Ch.[ristoph]) Stolze: (Vorspiel) Nro. 4 (zu dem
      Choral) ,,Jesu meine Freude" (in C m.[oll])   116—117

[68] (G.[eorg] Ch.[ristoph] Stolze): (Vorspiel) Nro. 5 (zu dem
      Choral) „Liebe, die du mich zum Bilde" (in G)   118—120

7. Heft ([Pl. Nr.] 432):

[69] Ch.[ristian] H.[einrich] Rink: Praeludium (in E m.[oll])   121

[70] Ch.[ristian] H.[einrich] Rink: Praeludium (in G)   122—123

[71] A. L. Löwe: Andante (in H)   123—124

[72] F. C.(arl) Haueisen: Praeludium (in A m.[oll])   125

[73] A.[ndreas] Henkel: Fughetta (in G m.[oll])   126—127

[74] J.[akob] Vierling: Andantino (in A m.[oll])   128—130

[75] F. C.(arl) Haueisen: Praeludium (in Es)   130—131

Carl Geissler: 12 Orgel-Adagios Oeu[vre] 15, (4tes Heft der
      Orgelstücke):

[76] Carl Geissler: (Orgel-Adagio) Nro. 1 (in G)   131—133

[77] (Carl Geissler): (Orgel-Adagio) Nro. 2 (in E m.[oll])   134—135

[78] (Carl Geissler): (Orgel-Adagio) Nro. 3 (in A)   136—137

[79] (G.[eorg] Ch.[ristoph]) Stolze: Choralvorspiel Nro. 6
      ‹ Liebster Immanuel, du Freund der Deinen › (in C)   138—140

8. Heft ([Pl. Nr.] 443):

[80] Ch.[ristian] H.[einrich] Rink: Praeludium (in D)   141—143

[81] A. L. Löwe: Moderato (in Es)   144—145

[82] C.[arl] Geissler: (Orgel-Adagio) Nro. 4 (in D)   146—147

[83] C.[arl] Geissler: (Orgel-Adagio) Nro. 5 (in A m.[oll])   148—149

[84] C.[arl] Geissler: (Orgel-Adagio) Nro. 6 (in F)   149—150

[85] (G.[eorg] Ch.[ristoph]) Stolze: Choral Vorspiel Nro. 7 „Mir
      nach spricht Christus" (in D)   151—152

[86] (G.[eorg] Ch.[ristoph]) Stolze: Choral Vorspiel Nro. 8 „Nun
      lasst uns Gott den Herrn" (in B)   152—155

[87] K.[arl] Ph.[ilipp] E.[manuel] Bach: Fuge (in Es)   156—159

[88] W.[ilhel]m Ziller: Andantino (in E)   160

9. Heft ([Pl. Nr.] 460):

[89] (J.) Ch. Kittel: Fantasie (in F)   161

[90] A.[dolph] Hesse: Andante (in C)   162—165

[91] Dietrich Buxtehude: Vorspiel (zu dem Choral) „Christ lag
      in Todes-Banden" (in D)   166—167

[92] G.(ottlieb) Muffat: Fughetta (in E) ‹1726›   167

[93] C.[arl] Karow: Trio „Nun sich der Tag geendet hat"
      (in G m.[oll])   168—170

[94] C.[arl] Karow: Vorspiel zu dem Choral „Aus tiefer Noth
      schrei ich zu dir" (in E m.[oll])   171

[95] C.[arl] Karow: Canonisches Vorspiel zu dem Chorale
      „Morgenglanz der Ewigkeit " (in Es)   172—173

[96] C.[arl] Karow: Vorspiel zu dem Choral „Ich bin ja Herr
      in deiner Macht" (in F)   174—175

[97] G.[eorg] Ch.[ristoph] Stolze: 2tes Choral Vorspiel Nro. 9
      „Nun lasst uns Gott dem Herrn" (in B)   176—177

[98] (G.[eorg] Ch.[ristoph] Stolze): Choral Vorspiel Nro. 10
      „O Gott du frommer Gott" (in F)   178—180

10. Heft ([Pl. Nr.] 461):

[99] C.[arl] Karow: Vorspiel zu dem Chorale „Ach Gott! wie
      manches Herzeleid" (in B)   181

[100] C.[arl] Karow: Vorspiel zu dem Choral „Schmücke dich
      o liebe Seele" (in Es)   182—183

[101] Ch.[ristian] H.[einrich] Rink: Choral „Allein Gott in
      der Höh' sei Ehr" (in G)   184—185

[102] J.(oh.) Ch.(ristoph) Schmügel: Praeludium (in G)   185—187

[103] (G.[eorg] Ch.[ristoph]) Stolze: Choral Vorspiel Nro. 11
      „So gehst du nun mein Jesus hin" (in E)   188—191

[104] (G.[eorg] Ch.[ristoph]) Stolze: Choral Vorspiel Nro. 12
      „Was Gott thut das ist wohlgethan" (in G)   192—194

[105] C.[arl] Geissler: (Orgel-Adagio) Nro. 7 (in Es)   194—195

[106] A. L. Löwe: Praeludium mit Fuge   196—200

11. Heft ([Pl. Nr.] 462):

[107] A.[dolph] Hesse: Allegretto   201—203

[108] C.[arl] Geissler: (Orgel-Adagio) Nro. 8 (in E)   204—205

[109] C.[arl] Geissler: (Orgel-Adagio) Nro. 9 (in B)   206—207

[110] (G.[eorg] Ch.[ristoph]) Stolze: Choral Vorspiel Nro. (13)
      „Wenn wir in höchsten Nöthen sein" (in G)   208—210

[111] (G.[eorg] Ch.[ristoph]) Stolze: Zweites Choral Vorspiel
      (Nro. 14) „Wenn wir in höchsten Nöthen sein" (in G) 210—211

[112[(Carl Heinrich) Graun: Fuga (aus dem Oratorium): Der
      Tod Jesu (in C m.[oll])   212—213

[113] C.[arl] Geissler: (Orgel-Adagio) Nro. 10 (in C)   214—215

[114] A. L. Löwe: Postludium (in C m.[oll])   216—220

12. Heft ([Pl. Nr.] 463):

[115] A.[dolph] Hesse: Allegro (in G)   221—223

[116] C.[arl] Geissler: (Orgel-Adagio) Nro. 11 (in G m.[oll]) 224—225

[117] C.[arl] Geissler: (Orgel-Adagio) Nro. 12 (in C m.[oll])   226—227

[118] F.[riedrich] W.[ilhelm] Marpurg: Fuga (à 4 voci in G)   228—231

[119] (G.[eorg] Ch.[ristoph]) Stolze: Choral Vorspiel Nro. 15
,,Wie schön leucht' uns der Morgenstern" (in D)   232—233

[120] (G.[eorg] Ch.[ristoph]) Stolze: Choral Vorspiel Nro. 16
,,Wer weiß wie nahe mir mein Ende" oder ,,Wer nur
den lieben Gott" (in G)   234—236

[121] A. L. Löwe: Vorspiel (zu dem Choral) ,,Ich dank dir lieber
Herr" (in A)   237—240

Thalia. Eine ausgewählte Sammlung der besten Werke ausgezeichneter Componisten für's Pianoforte zu vier Händen, bestehend in Original-Compositionen, Ouverturen, Arrangements werthvoller Werke und Opern.

Hamburg: Bei J. A. Böhme. Bei A. Cranz.

Jahrgang 1. [ca. 1830], Heft 1—12.

1./2. Heft:

1.   J.[ohann] N.[epomuk] Hummel: Ouverture

2.   [Friedrich] Kuhlau: Sonate

3.   Tyrolienne aus der Oper: Die Braut (Auber)

3./4. Heft:

1.   [Louis] Spohr: Ouverture aus der Oper: Der Zweikampf

2.   [Joseph] Schmitt: Rondo

3.   Tyrolienne aus der Oper: Wilhelm Tell (Rossini)

[Verlagsanzeige ca. 1830.]

Vater und Sohn, musikalisches Jugendblatt für Pianofortespieler und Gesangmusik. [Herausgegeben von Karl Gottlieb] Hering.

Leipzig: Frohberger.

Jahrgang 1. 1830, Heft 1—6.

[Hofmeister 1844, S. 172.]

Wiener Theater-Journal für Gesang mit Begleitung des Pianoforte. Dieses Jornal [!] enthält die beliebtesten Gesangstücke, welche auf den hiesigen und auswärtigen Theatern aufgeführt werden.

Wien, Verlag der P. I. Th. Weigl'schen Kunst und Musikhandlung, Graben No. 1144.

[ca. 1830]: No. 1—10?

A Wst ([ca. 1830], 9)

No. 9.   D.[aniel] F.[rançois] E.[sprit] Auber: Strophen-Gesang
         (Marquis) aus der Oper: Fra Diavolo oder: Das Gast-
         haus von Terracina „Adele, lieblich blühend" (Text
         des k:k:Hofopern-Theaters, Wien [F. A. Ritter])   1—   3

Appendix

Zu S. 277—279:

Polyhymnia, eine Wochenschrift, gewidmet den Freunden der Musik.

Würzburg: bey Christian Bauer.

CH Bwchr (1. [1808], 3) — **D** Bim (M: 1. [1808], 3)

1. Jahrgang [1808]

Heft 3:

[41] [Vincenzo] Righini: Ouverture aus der Oper: Armida   3—   8

[42] [Daniel] Steibelt: Rondo   9— 12

[43] [Friedrich Heinrich] Himmel: Die Seelenwanderung der
      Blumen „Sollten nur der Menschen Seelen"   13— 14

[44] [Friedrich Heinrich] Himmel: Variationen über ein
      englisches Lied (Tema — Var. 1—4)   15— 18

[45] [Johann Franz Xaver] Sterkel: Fanny ihrer Freundin zum
      Abschiede „Wenn einst in stillen Abendstunden"   19— 20

[46] [Johann Heinrich Carl] Bornhardt: Die Guitarre „Hülle
      mich in deine dunklen Schatten" (Singst., Git.)   21

[47] Julien: 2 Tänze (No. 1. Walzer. No. 2. Contredanse)   22

[48] [Ludwig van] Beethoven: Menuett [Op. 22, III]   23— 24

[49] [Johann Franz Xaver] Sterckel [!]: Die Vollendung „Wenn
      ich einst das Ziel errungen habe" [Matthisson]   25

[50] [Carlo] Valentini: Lied aus der Ferne „Wenn in des Abends
      letztem Scheine" [Matthisson] (Singst., Git.)   26

[51] [Friedrich Heinrich] Himmel: Aria aus der Oper: Die
      Sylphen „Sanft entschwand mir sonst das Leben"   27— 29

[52] A.[loys] Schmitt: Walzer (No. 1—2)   30

[53] [Ludwig van] Beethoven: Andante favori [WoO 57]   31— 37

[54] [Johann Franz Xaver] Sterkel: Die vier Träume „Es ruht
      in dämmernder Ferne ein Land" (Singst., Git.-Arr.)   38

[55] [Vincenzo] Righini: Arie aus der Oper: Das befreyte Jeru-
      salem „Nein, ich weiß es nicht zu deuten"   39— 43

[56] Leonard de Call: Maylied „Schön im Feierschmucke lächelt''   44

[57] [Vicente Martín y Soler]: Ouverture aus der Oper:
              Capricciosa corretta   45— 47

[58] J.[oseph] Küffner: Marsch   48

[59] [Johann Ludwig] Dussek: Rondo   49— 54

[60] P.[eter von] Winter: Arie „Ewig ist sie hingeschwunden''   55— 56

Zu S. 537—555:

Le Troubadour Ambulant. Journal de Guitare...

On s'abonne à Paris, Chez Mr. [Antonio] Pacini, Rue Favart, No. 12...

D Bim (M: 1. [1817], 6—11) — **F** Pn (1. [1817], 6—11)

1re Année [1817]

6e Cahier:

No. 26. [Gotifredo Jacopo] Ferrari: L'Amour et les Grâces,
         Romance „A l'ombre d'un myrthe fleuri''
         (Singst., Lyra- oder Git.-Begl.: Meissonnier)   [2 S.]

No. 27. [Antonio] Pacini: Je voudrais bien le deviner!
         Romance pastorale „Un soir dans la forêt''
         (Singst., Lyra- oder Git.-Begl.: J. Meissonnier)   [2 S.]

No. 28. A.[ntoine] Romagnesi: Ecouter et Croire, Romance
         „On dit qu'il est faux et volage'' (A. Samson)
         (Singst., Lyra- oder Git.-Begl.: Meissonnier)   [2 S.]

No. 29. [Antonio] Pacini: A l'Amitié, Canon à deux voix
         „A l'amitié je consacre ma vie'' (H. Ladureau)
         (Singst., Lyra- oder Git.-Begl.: Meissonnier)   [2 S.]

No. 30. W. Cerruti: Sonate, œuvre 4 (Git. oder Lyra)   [4 S.]

7e Cahier:

No. 31. [Antonio] Pacini: Les Adieux de Raoul de Coucy
         à Gabrielle de Vergy, Romance „Il faut partir,
         l'honneur m'appelle'' (Vieillard)   [2 S.]

No. 32. Le Castel, Romance „Un castel d'antique structure''
         (Singstr., Lyra- oder Git.-Arr.: J. J. Cosse)   [2 S.]

No. 33. Pauline H...: Le Troubadour Guerrier, Romance
         „J'entends la trompette guerrière'' (Mademoiselle
         L. G...) (Singst., Lyra- oder Git.-Begl.: Pauline H...) [2 S.]

No. 34. A dix huit Ans, Rondoncino, chanté dans: Le
         Procès, Opéra Comique en un Acte „A dix huit
         ans le mariage promet'' (Singst., Lyra- oder Git.-
         Arr.: Meissonnier)   [2 S.]

No. 35. W. Cerruti: Rondo pour la Guittare ou Lyre   [2 S.]

8e Cahier:

No. 36. [Jacob Nicolas] Goulé: Pense au Retour, Romance
,,Il est venu le triste jour" (Mr. G +++) (Singst.,
Lyra- oder Git.-Begl.: Meissonnier Jeune)   [2 S.]

No. 37. [Isidore] Consul: Le Sourire, Romance ,,On dit que dans
un jeu piquant" (Mr. Joseph) (Singst., Lyra oder
Git.-Begl.: Rotolo)   [2 S.]

No. 38.   Le Troubadour, Romance, chantée dans: Le Procès,
Opéra Comique en un Acte ,,Aux vains désirs qui
tourmentent la vie" (Singst., Lyra- oder Git.-Begl.:
Meissonnier)   [2 S.]

No. 39. Théobald Walsh: Le Montagnard émigré, Romance à
une ou deux voix ,,Combien j'ai douce souvenance"
(de Chateaubriant) (Singst. I, II, Lyra- oder Git.-
Begl.: Meissonnier)   [2 S.]

No. 40 [Luigi] Castellacci: Thème varié pour la Guitare
(Valzer-Var. 1 —4)   [2 S.]

9e Cahier:

No. 41. [Antonio] Pacini: L'Espagnole impatiente, Seguidilla
,,Viens mon ami par ta présence" (Singst., Lyra-
oder Git.-Begl.: Meissonnier J:[eune])   [2 S.]

No. 42. [Isidore] Consul: L'Amour et la Raison, Romance
,,Désirant parcourir la terre" (Mr. Foucaux)
(Singst., Lyra- oder Git.-Begl.: Rotolo)   [2 S.]

No. 43. [Antonio] Pacini: Chant Français ,,Un preux
Français que la victoire" (M. F. de Verneuil)
(Singst., Lyra- oder Git.-Begl.: Meissonnier Jeune)   [2 S.]

No. 44. Jacques Strunz: A l'Amitié, Romance à deux voix
,,Douce amitié tu charmes notre vie" (Singst.
I, II, Git.)   [2 S.]

No. 45.   Dix Valtz pour la Guittare ou Lyre (No. 1—10)   [2 S.]

10e Cahier:

No. 46. [Jacob Nicolas] Goulé: L'Hospitalité, Romance à
deux voix ,,Ouvre en tout tems ta modeste
chaumière" (Guttinguer) (S, T, Lyra- oder Git.-
Begl.: Meissonnier)   [2 S.]

No. 47. [Georges] Lambert: Plainte d'Amour, Romance ,,Je
t'aime, ô toi" (P. A. Vieillard) (Singst., Lyra-
oder Git.-Begl.: Meissonnier J.[eun]e)   [2 S.]

No. 48. [Antonio] Pacini: Fernand et Laure, Romance
,,Fernand de l'amour le plus tendre" (C: de
Commequiers) (Singst., Lyra- oder Git.-
Begl.: Meissonnier J.[eun]e)   [2 S.]

No. 49. Alphonse Meurger: Le Retour du Croisé, Romance
„En revenant vainqueur de la Syrie" (A. Machet)
(Singst., Git.)   [2 S.]

No. 50. [Joseph] Meissonnier J.[eun] e: Mélange pour Lyre
ou 'Guitare (Valze. Contre-danse. Garde Nationale)   [2 S.]

11e Cahier:

No. 51. [Antonio] Pacini: Le Chant de Guerre et le Chant
d'Amour, Romance „Longtems ma lyre aux
Héros de la France" (A. Machet) (Singst., Lyra-
oder Git.-Begl.: Meissonnier J.[eun]e)   [2 S.]

No. 52. Louise de Beaucourt: Raymon, Romance „Raymon aimait
une bergère Laure" (Mr. Arsène) (Singst., Lyra- oder
Git.-Begl.: Meissonnier Jeune)   [2 S.]

No. 53. Jacques Strunz: Les Croisades, Romance „Près du Jourdain
un jeune Troubadour" (Mme. D'Hervilly) (Singst.,
Lyra- oder Git.-Begl.: Meissonnier Jeune)   [2 S.]

No. 54. F. Félix Aubry: Serment d'Amour, Romance „Peux-tu
douter, Zélis" (Mr. Dorival) (Singst., Lyra- oder
Git.-Begl.: Meissonnier Jeune)   [2 S.]

No. 55. [Joseph] Meissonnier Jeune: Mélange arrangé pour la
Lyre ou Guitare (Chanson Napolitaine. Valze. Valze)   [2 S.]

Register

1. Titel der Periodica musicalia

Abeille Musicale (L') 865
Album d'Aug.(uste) Panseron 898—905
Album des Dames 829—842
Album des Pianistes 842—844
Album Lyrique 898—905
Album Musical 654—655
Allgemeines deutsches, französisches und
  italienisches Theater Journal 148—149
Almanach Lyrique des Dames 384—386
Almanach pour une Flûte 149
American Musical Magazine (The) or, Re-
  pository of Sacred Music 130—131
Amphion (L') (Brüssel) 745—746
Amphion (Meissen) 744—745
Amphion (Stockholm) 663
Amphion (Wien) 655
Amphion et Musikalsk-Tidsskrift, for Piano-
  Forte 844—847
Amusement périodique pour Guitarre et
  Violon (ou Flûte, ou Piano Forte) 173
Anthologie Musicale ou Recueil périodique
  pour le Forte-Piano 317—322
Apollo (Breslau) 952
Apollo (Kopenhagen) 70—85
Apollo's Gift, or the Musical Souvenir
  952—956
Arion. Sammlung auserlesener Gesangstücke
  mit Begleitung der Guitarre 883—884
Arion. Sammlung auserlesener Gesangstücke
  mit Begleitung des Piano-Forte 865—883
Aurora d'Italia 746—747
Auswahl der besten Compositionen für das
  Clavier oder Pianoforte von den berühmte-
  sten Componisten 132—133
Auswahl der Vorzüglichsten Arien, Roman-
  zen und Duetten aus den neuesten Opern
  mit Begleitung des Piano-Forte 486—492
Auswahl der Vorzüglichsten Arien, Roman-
  zen und Duetten aus den neuesten Opern
  mit Begleitung des Piano-Forte oder der
  Guitarre 555—556
Aziatskij muzykal'nyj žurnal 492

Boehmens Euterpe 210—211

Cäcilia 645—648
Chansonnier du Jour (Le) 492
Concordance 956—962

Damen Allmanach am Claviere 150—151
Damen-Journal (für das Piano-Forte)
  556—560
Douze Nouvelles Polonaises favorites 620

Echo des Salons (L') 822
Erato 323—327
Etrennes à Terpsichore 626
Etrennes aux Dames 473—474
Etrennes Lyriques 382
Etrennes Lyriques (et Lithographiques)
  663—668
Eunomia 156—159
Eunomia (3. Aufl.) 160
Euphonia 327—329
Euphrosine 497—498

Giornale di Musica Vocale Italiana con Accompagnamento di Piano-Forte 597—602
Giornale di Musica vocale Italiana di Ricordi
  e Festa (di Giovanni Ricordi) 271—273

Hamburgisches Journal des Gesanges mit
  Guitarre-Begleitung 173—180
Hamburgisches Journal für Gesang und Gui-
  tarre 173—180
Harmonia, eine Monatschrift für Gesang und
  Clavier 201—202
Harpe du Nord (La) 648
Heilige Cäcilia (Die) 561—569
Holsteinisches Musik-Journal für Clavier und
  Gesang 137—138
Hommage aux Dames 747—752

Journal auserlesener Musikstücke für mittel-
  mässige Klavierspieler 160
Journal d'Airs choisies avec Accompagnement
  de Guitare par les meilleurs Maîtres 160
Journal d'Airs, Romances et Duos (Forts. von:
  Journal d'Airs, Romances et Duos de divers
  Auteurs (Hf. oder Pfte.)) 273—274
Journal d'Airs, Romances et Duos de divers
  Auteurs (Hf.) (Forts.: Journal d'Airs, Ro-
  mances et Duos) 251
Journal d'Airs, Romances et Duos de divers
  Auteurs (Pfte.) (Forts.: Journal d'Airs,
  Romances et Duos) 251
Journal d'Apollon (Brüssel) 602—609
Journal d'Apollon (Den Haag) 476—477
Journal d'Apollon et des Muses des Provinces
  Unies 391—393
Journal d'Apollon ou Nouveau
  Journal de Chant avec accompagnement de
  Piano ou Harpe 476—477
Journal d'Apollon pour le Forte Piano
  105—115
Journal d'Erato 569—570
Journal d'Euterpe (vereinigt mit: Journal des
  Amateurs zu: Journal d'Euterpe et des Ama-
  teurs) 345—382
Journal d'Euterpe et des Amateurs (Entstan-
  den durch Fusion aus: Journal d'Euterpe
  und Journal des Amateurs) 345—382
Journal d'Harmonie 161—164
Journal d'Orgue 648—649
Journal de Chant 498—502
Journal de Chant et d'Education Musicale
  (Forts. von: Journal de Musique Religieuse)
  905—906
Journal de Chant et de Musique d'Eglise (Forts.
  von: Journal de Musique Religieuse)
  906—909
Journal de Forté-Piano 609
Journal de Guitare 822
Journal de Harpe 253
Journal de Lyre ou Guitare 477—485
Journal de Lyre ou Guitare par les Meilleurs
  Auteurs 254
Journal de Musique (Hamburg) 133—134
Journal de Musique (St. Petersburg) 393
Journal de Musique (Stockholm) 609—610
Journal de Musique Etrangère 274—276

Journal de Musique Italienne pour le chant et Accompagnement de Piano 286—287
Journal de Musique Militaire 161—164
Journal de Musique Religieuse (Forts.: Le Journal de Chant et de Musique d'Eglise und Le Journal de Chant et d'Education Musicale) 847—849
Journal de Piano-Forte 276—277
Journal de Rondeaux, Romances, Airs, Scènes Françaises ou Italiennes avec Accompagnement de Forte-Piano 287
Journal dédié aux Dames 151—154
Journal dédié aux Jeunes Elèves 138—139
Journal des Amateurs (Git.)(Brüssel) 669—672
Journal des Amateurs (Pfte. oder Hf.) (Brüssel) 668—669
Journal des Amateurs (vereinigt mit: Journal d'Euterpe zu: Journal d'Euterpe et des Amateurs) (Paris) 474—476
Journal des Dames 151—154
Journal des Muses des Pays-Bas 391—393
Journal des Troubadours (Lyra oder Git.) 382
Journal des Troubadours (Pfte. oder Hf.) 260—268
Journal für die Guitarre 251—253
Journal für Gesang & (und) Piano-Forte (Pianoforte) 962—963
Journal für Militärmusik 823
Journal für Quartetten Liebhaber auf zwey Violinen, Alt et Basso 254—260
Journal Hebdomadaire (Brüssel) 502—503
Journal Hebdomadaire (London) 752—753
Journal Militaerischer Musik 387—391
Journal musical périodique pour le Chant avec Accompagnement de Pianoforte... 963—964
Journal Muzyczny 655
Journal of Musick 284—286
Journal pour la Guitarre (Mainz) 211—212
Journal pour la Guitarre (Penig et Leipzig) 160
Journal pour la Guit(t)are à sept cordes 154, 161

Lieder Kranz mit Begleitung des Pianoforte oder der Guitarre (Augsburg) 649—653
Liederkranz (Zürich) 493—495
Lira de Apolo (La) 570—573
Lustige Leyermann (Der) 823—824
Lyra 672—676
Lyre Armoricaine (La) 824—826
Lyre des Dames (La) (Paris) 610—615
Lyre des Dames (La) (Wien) 615
Lyre des Demoiselles 964
Lyre des Jeunes Demoiselles (La) 753—754
Lyre du Hainaut (La) 626—629
Lyre du Vaudeville (La) 676—679

Magazin pour la Harpe 202—203
Magdeburgisches musikalisches Wochenblatt für Klavier und Gesang 268—270
Maître à chanter (Le) ou le Troubadour cosmopolite 849—851
Martin Platt's Periodical Collection 287—288
Ménestrel Breton (Le) 755—758
Mon Plaisir 629—642

Monats-Früchte für Clavier (Piano-Forte) und Gesang (Forts.: Neue Monatsfrüchte ...) 164—169
Monthly Musical Journal (The) 140—142
Monthly Polite Musical Repertory (The) 203
Monthly Rose (The) 826—827
Musée Musical des Clavicinistes 503
Muses Lyriques (Les) 642—644
Museum für Klaviermusik 503
Museum für Pianoforte Musik und Gesang 884—892
Musical Bijou (The) 910—948
Musical Gem (The) 964—972
Musical Journal for the Flute or Violin (The) 134—137
Musical Journal for the Piano-Forte (The) 115—129
Musical Souvenir 948
Musikalischer Blumenkranz 851—855
Musickalischer Sammler für das Forte-Piano 317—322
Musik Journal för Damer 616
Musikalisch-Dramatische Blumenlese für's Piano-Forte 679—683
Musikalische Arabesken 18—182
Musikalische Biene (Die) 575—581
Musikalische Blumenlese des Steyermärkischen Musik-Vereins 683
Musikalische Gesellschafter in einsamen Stunden (Der) 683—712
Musikalische Monatsschrift 617—620
Musikalische Neuigkeiten für Freunde des Gesanges und Fortepiano's 288—293
Musikalische Schnellpost 827—829
Musikalischer Blumenkranz 851—855
Musikalischer Ehren-Tempel 972—977
Musikalischer Jugendfreund 393—400
Lieder-Texte zum Musikalischen Jugendfreunde (1. und 2. Aufl.) 400
Musikalischer Sammler für das Piano-Forte 400—404
Musikalisches Conversationsblatt 581—584
Musikalisches Damen-Journal (Leipzig) 155
Musikalisches Damen-Journal (Wien) 556—560
Musikalisches Monatblatt für das Piano Forte 977
Musikalisches Taschenbuch 855
Musikalisches Wochenblatt (Wien) 212—247
Musikalisches Wochenblatt für Klavier und Gesang (Magdeburg) 204, 584—585
Musikalisches Wochenblatt für zwey Flöten (Hamburg) 293
Musikalisk Journal 585—586
Musikaliskt Allehanda 655—663
Musikaliskt Tidsfördrif 1—70
Musikaliskt Veckoblad (Weckoblad) (för Piano-Forte) 712—719
Musikalsk Theater Journal (Forts. von: Musikalsk Theaterjournal) 506—537
Musikalsk Theaterjournal (Forts.: Musikalsk Theater Journal) 504—506
Muzykal'nyj al'bom 855
Muzykal'nyj žurnal dlja fortepiano... 293

Neue Amphion (Der) 719—720
Neue Monatsfrüchte für Pianoforte und Gesang (Forts. von: Monats-Früchte ...) 329
Neue Schlesische Musikalische Blumenlese (Forts. von: Schlesische Musikalische Blumenlese) 247—249

Neuer musikalischer Merkur für das Pianoforte 284
Neues musikalisches Wochenblatt für eine Flöte 294—306
Neuestes Journal 758—759
Neuestes Journal leichter und angenehmer Melodien für zwey Violinen von Anton Diabelli 720—724
Nordens Apollo (Ph. Barth) (Forts.: Nordens Apollo (Cl. Schall)) 182—184
Nordens Apollo (Cl. Schall) (Forts. von: Nordens Apollo (Ph. Barth)) 204—209
Norske Lyra 759—760
Nouveau Journal d'Apollon pour Piano ou Harpe 155
Nouveau Journal de Chant, composé de Romances, Airs, et Chansons, avec Accompagnement de Piano ou Harpe 495—497
Nouveau Journal des différentes agréables pièces variées pour seul guitare à six cordes 329
Nouvelles Etrennes Lyriques 382
Novyj žurnal dlja semistr. gitary 306, 330
Ny Maanedlig Journal for Fløite Solo 760—763
Nye Apollo (et Maaneds Skrift for Pianoforte) (Forts.: Odeon) 404—426
Nye Apollo et Musicalsk Tidsskrift for Piano-Forte 948—949

Odeon (Forts. von: Nye Apollo) 856—862
Orgel-Journal 977—992
Orphée (L') 725—736
Orpheus 892—898

Pelissier's Columbian Melodies 330—332
Periodische Unterhaltungen für Gesang und Clavier 209—210
Periodisches Musik Journal für Gesang mit Begleitung des Pianoforte... 963—964
Periodisches Wochenblatt der Tanzmusik für eine Flöte 537
Petersburgskij žurnal dlja gitary 829
Piano Forte Journal (The) 426
Piano-Forte Magazine (The) 86—104
Polyhymnia (Freiburg) 736—740
Polyhymnia (Kopenhagen) 249—250
Polyhymnia (Leipzig) 812—813
Polyhymnia (Meissen) 763, 812
Polyhymnia (Würzburg) 277—279, 993—994
Pot Pourri für das Forte-Piano 184—200

Répertoire de Musique 382—384
Répertoire de Musique pour le Piano-Forte 574—575
Répertoire de Musique pour les Dames 382—384
Répertoire des Clavecinistes 169—170
Rigasches musikalisches Journal 306—307
Russkij karmannyj pesennik dlja semistr. gitary 280

S. Peterburgskij trubadur 332
Schlesische Musikalische Blumenlese (Forts.: Neue Schlesische Musikalische Blumenlese) 142—148
Sentinelle (La) 654
Soirées Musicales ou Nouveau Recueil de Chant avec Accompagnement 620—621
Souvenir de Ménestrels (Le) 426—473

Terpsichore (Braunschweig) 270
Terpsichore (Wien) 863—864
Terpsichore oder Museum der neuesten Modetänze 949—952
Terpsychora 644—645
Teutonia 280—283
Thalia (Dresden) 307
Thalia (Hamburg) 992
Theater-Journal (Braunschweig) 148—149
Theater-Journal (München) 621—625
Theater-Journal für Flöte, Violine, Viola und Violoncello 587
Theater-Journal für Gesang mit Begleitung der Guitare 587
Theater-Journal für Gesang mit Begleitung des Piano-Forte 588—597
Theater-Journal für zwey Csakan 586—587
Theater-Journal für zwey Flöten 587
Theater-Journal für zwey Violinen 597
Theater-Journal für zwey Violinen, Viola und Violoncello 597
Trois Lyres (Les) 813
Troubadour Ambulant (Le) 537—555, 994—996
Troubadour des Salons (Le) (Lyra oder Git.) 332—339
Troubadour des Salons (Le) (Pfte. oder Hf.) 813—822
Troubadour du Nord (Le) (St. Petersburg) 307
Troubadour du Nord (Le) (Wien) 308—310

Udvalgte Stykker for Harpe eller Klaveer af het musikalske Ugeblad Eunomia 160
Unterhaltungen am (für das) Pianoforte 740—744

Variétés Amusantes (Les) (Wien) 473
Variétés amusantes pour le Piano Forte (München) 339—345
Vater und Sohn 992
Violin-Journal 270

Wiener Theater-Journal für Gesang mit Begleitung des Pianoforte 992—993
Wöchentliche Musikalische Blaetter für das Pianoforte, die Guitarre und für Gesang 310—316
Wybór pięknych dzieł muzycznych y piésni polskich 170—173

Zéphirs (Les) 575
Žurnal dlja fortepiano, soderžaščij v sebe russkie pesni s variacijami 316
Žurnal dlja gitary 744
Žurnal dlja semistr. gitary (Moskau) 270
Žurnal dlja semistr. gitary (St. Petersburg) 575
Žurnal gitarnyj 280
Žurnal otečestvennoj muzyki 250—251

2. Herausgeber

A... P..... 642
Åhlström, Olof (1756—1835) 1

Ball, William (1784—1869) 964
Barth, Frederik Philip Carl August (1774—
1804) 182
Beauvarlet-Charpentier, Jacques-Marie
(1766—1834) 648
Berwald, Franz Adolf (1796—1868) 585, 609
Bierey, Gottlob Benedict (1772—1840)
288
Bochsa, Robert Nicolas Charles (1789—1856)
964
Bornhardt, Johann Heinrich Carl (1774—
1840) 270
Bortolazzi, Bartolomeo (1773—?) 173
Bruguière, Edouard (1793—1863) 663
Büttinger, Carl Conrad (1789—nach 1827)
672
Burney, Francis H. (1752—1840) 910
Busby, Thomas (1755—1838) 140

Carr, Benjamin (1768—1831) 115, 134
Castro de Gistau, Salvador (1770—?) 274
Choron, Alexandre Etienne (1771—1834)
847, 905, 906
Clementi, Muzio (1752—1832) 952
Cramer, Johann Baptist (1771—1858) 952

Diabelli, Anton (1781—1858) 209, 629, 683,
720, 956
Dobrovol'skij, Ivan V. (1780—1851) 492
Dotzauer, Justus Johann Friedrich (1783—
1860) 744

Elsner, Joseph Anton Franciskus (Józéf
Antoni Franciszek) (1769—1854) 170
Ett, Kaspar (1788—1847) 393, 400

Festa, Felice 271
Forcht, Franz Moritz (1760—1813) 323
Friling, E. 497

Giuliani, Mauro (1781—1829) 308, 473, 492

Häuser, Johann Ernst (1803—vor 1874) 949
Hampshire Musical Society (Northampton,
Mass.) 130
Harder, August (1775—1813) 160
Hauber, Michael (1778—1848) 393—400
Hering, Karl Gottlieb (1766—1853) 992

Jenisch, August 306

Kallenbach, Georg Ernst Gottlieb (1765—
1832) 204, 268, 584
Kanne, Friedrich August (1778—1833) 160,
719
Kašin, Daniil Nikitič (1770—1841) 250
Kind, Johann Friedrich (1768—1843) 812
Knecht, Justin Heinrich (1752—1817) 142
Kummer, Friedrich August (1770—1849) 763
Kunzen, Friedrich Ludwig Aemilius (1761—
1817) 249

Laffillé, Charles (ca. 1772—1843) 426
Lafont, Charles-Philippe (1781—1839) 642
Lau, Christian 137

Leidesdorf, Maximilian Joseph (1787—1840)
556, 574
Le Moyne, Gabriel (1772—1815) 287
Le Pelletier, Madame 284
Löhr, Georg 855
Lorenz, Johan Henrik (1762—1818) 156

Marschner, Heinrich August (1795—1861)
812
Mees, Joseph Henri (1777—ca. 1856)
498, 849
Meissonnier, Antoine (Aîné) (1783—1857)
332, 477, 753, 813
Meissonnier, Joseph (Jeune) (ca. 1790—ca.
1855) 473
Methfessel, Albert Gottlieb (1786—1869)
251
Meurger, Alphonse 813
Michelot Jeune, P. L. 829
Milchmeyer, Peter Johann (1750—1813)
138
Mori, Nicholas (1796 oder 1797—1839) 964
Moscheles, Ignaz (1794—1870) 317
Mühling, August (1786—1847) 884
Müller, Wilhelm Adolph (1793—1859) 851

Nacher, P. (1781—?) 626
Nägeli, Hans Georg (1773—1836) 169, 280,
493
Nerlik, F. 316

Olbers, Johann Heinrich (ca. 1757—1839)
132

Panseron, Auguste Mathieu (1796—1859)
898
Plane, Jean-Marie (1774—nach 1827) 251,
253
Praeger, Heinrich Aloys (1783—1854) 763

Reichel, Carl Anton (1765—1849) 617
Ricordi, Giovanni (1785—1853) 271
Rodatz, Amadeus Eberhard (1775—1836) 173
Röth, Philipp (1779—1850) 339
Romagnesi, Antoine-Joseph-Michel (1781—
1850) 332, 474, 663, 753, 813

Sander, Johann Daniel (1759—1825) 561
Satzenhoven, Friedrich 648
Schall, Claus (1757—1835) 204
Schubert, Franz Louis (1804—1868) 763
Simonis, Ferdinando (ca. 1773—1835) 474
Société d'Artistes (Lyon) 161
Spangenberg Fils, J. 391
Starke, Friedrich (1774—1835) 387
Stegmayer, Matthäus (1771—1820) 212
Steyermärkischer Musik-Verein (Graz) 683
Sychra, A. 154
Sychra, A. O. 829

Theile, Adam Gottlieb (1787—1822) 823

Verstovskij, Aleksej Nikolaevič (1799—1862)
855

Weinlig, Christian Theodor (1780—1842)
323
Wirmbs, (Don) Bartolome 570

Wittassek, Johann Nepomuk August (1771—
1839) 327

Zinck, Johan Vilhelm Ludvig (Ludwig)
(1776—1851) 504, 506
Zucker 180

3. Erscheinungsorte

Altona 293, 294
Amsterdam 391, 495
Astrachan 492
Augsburg 649, 740

Baltimore 115, 134, 284
Berlin 164, 329, 493, 561
Braunschweig 148, 149, 150, 160, 202,
270 (2), 865, 883, 892
Breslau 142, 170, 247, 288, 493, 952
Bronsvic s. Braunschweig
Brüssel 498, 502, 575, 602, 668, 669, 725,
745, 813, 822, 829, 849
Bruxelles s. Brüssel

Christiania 759, 844, 948
Cöln s. Köln

Danzig ? 617
Dresden 181, 284, 307, 827

Frankfurt am Main 493, 855, 962
Freiburg im Breisgau 645, 672, 679, 736

Gand s. Gent
Gent 569
Grätz s. Graz
Graz 683

Haag, Den 391, 476, 495
Haarlem 502
Halberstadt 884
Hamburg 105, 132, 133, 137, 173, 293,
294, 972, 992
Hannover 132
Haye, La s. Haag, Den
Kiøbenhavn (Kiöbenhavn, Kjøbenhavn) s.
Kopenhagen
Köln 493
Kopenhagen 70, 156, 160 (2), 182, 204,
249, 404, 497, 504, 506, 760, 856

Leipzig 155, 160, 251, 493, 763, 812, 823,
865, 898, 992
Liverpool 826
London 86, 140, 203, 287, 426, 752, 826,
910, 948, 952, 964
Lyon 161, 822

Madrid 570
Magdeburg 204, 268, 584
Mailand 271
Mainz 211
Mannheim 977
Mayence s. Mainz

Meissen 138, 181, 323, 744, 763, 823, 851,
949
Milano s. Mailand
Mitau 306
Monaco s. München
Mons ? 654
Moscou s. Moskau
Moskau 154, 250, 270, 280, 293, 393, 855
Moskau ? 161
Moskva s. Moskau
München 339, 393, 400, 486, 555, 597, 621,
746
Munic s. München

Nantes 824
New York 134
Northampton (Mass.) 130

Oranienburg 164
Oslo s. Christiania

Paris 152, 155, 161, 251 (2), 253, 254, 260,
273, 274, 276, 287, 332, 345, 382 (2), 384,
427, 473, 474, 477, 537, 569, 610, 620, 626,
642, 648, 663, 676, 747, 753, 755, 813, 822,
842, 847, 865, 898, 905, 906, 964, 994
Paris ? 609
Penig 160
Philadelphia 134, 330
Prag 201, 210, 327
Pressburg 851

St. Malo (Ille-et-Vilaine) 755
St. Petersburg 287, 306, 307, 316, 329, 330,
332, 393, 575, 620, 648, 744, 829
Stockholm 1, **585**, 609, 616, 655, 663, 712
Stuttgart 493, 977

Tournai (Tournay) 626

Vienne s. Wien

Warschau 170, 644, 655
Warszawa s. Warschau
Wien 160, 173, 184, 209, 212, 254, 308, 317,
382, 383, 384, 387, 400, 473, 492, 503, 556,
574, 575, 581, 586, 587 (3), 588, 597 (2),
615, 629, 654, 655, 683, 719, 720, 758,
812, 863, 956, 963, 992
Wroclaw s. Breslau
Würzburg 277, 310, 993

Zürich 169, 280, 493
Zuric s. Zürich

4. Verleger und Drucker

A la Lyre Moderne s. Benoist, Madame
Aksenov, S. 306
Alfer'ev, V. 280
Almaine, D', and Co. 910
Almenräder, Gebrüder 493
Angelo, G. N. 204
Arnaud 822
Arnold 181
Artaria & (et) Comp. 308, 317, 384, 473, 615
Aulagnier 964

Barbieri 502
Barth jun., C. Friedrich, in Commission 247
Bates, T. C. 752
Bauer, Christian 277, 993
Beauvarlet-Charpentier, Jacques-Marie 648
Benoist, Madame (Veuve) 427. 473, 477
Berezovskij, K. 329
Blangini, Felice 610
Böhme, Johann August 133, 173, 972, 992
Bonitas, Carl Philipp 310
Boosey, T., & Co. 752
Breitkopf und Härtel 898
Bressler 620
Brüggemann, C. 884
Bruguière, E. 822
Bureau de lithographie chez Sidler (München) 339
Bureau du Journal d'Amphion (Brüssel) 745
Bureau du Journal d'Euterpe (Paris) 345, 382
Bureau du Journal de Piano-Forte (Paris) 276
Busse, Fr. 865, 883
Busse, Fr. (in Commission) 865, 892

Cappi, Johann 160, 212, 574
Cappi und Comp. 758
Cappi und Diabelli 683
Carli 648
Carpentier, T. A. E. 725
Carr, Joseph 115, 134
Casterman, D. 626
Castro de Gistau, Salvador 274
Chalk, J. 134
Chanel 161
Chapelle 287
Chappell, S. 952
Chappell & Co. 426
Chemische Druckerey (Wien) 173, 209, 254
Choron, Alexandrine 847, 905, 906
Clementi & Co. 287, 826, 952
Cramer & Co. 952
Cranz, Aug. 294, 972, 992
Crayen, Robert 865
Creutz 584

Dalmas 287, 307
Dansaert 502
Delfosse 725
Delfosse, J. (jun.) 725
Dépôt Central de Musique et de la Librairie (Paris) 898
Diabelli, A.(ntoine), et Comp. 629, 683, 720, 956
Dienemann, Ferdinand, et Comp. 160
Duhan, Mme., et Compagnie 155
Dupont 642
Duverger, E. 663

Ebeling, I. L. 655
Elsner & Komp. 170

Falter 486
Falter und Sohn 555, 597, 621, 746
Fehr & Müller 585
Ferstl, Franz 683
Festa, Felice 271
Fischer, A. 962
Fleischer, J. B. G. 493
Förster, Carl Gustav 952
Frère 898
Frohberger 992

Garaudé 345
Gayl 493
Gel'd, I. 332
Gide Fils 626
Giel, Jakob 400 (2)
Godefroy 502
Goedsche, Friedrich Wilhelm 744, 823, 851, 949
Gombart et Comp. 649, 740
Gouet, Arsène 755
Goulding and D'Almaine 910
Grass und Barth 142, 170, 247, 288
Grasses Erben und Barth 142
Greiner, Johann Lorenz 683
Gröbenschütz und Seiler 329

Harrison, & Co. 86
Harrison, Cluse, & Co. 86
Hartmann, C. H. F. 812
Heckel, K. F. 977
Herder 645, 672, 679, 736
Hewitt, J. 134
Hilscher 284, 307
Hinrich 155
Hofmeister, Friedrich 251, 823
Holdt, A. O. 759, 844, 948
Hummel, Johann Nepomuk 382, 383
Hurst, Chance, and Co. 952

Ibsen, Lars Möller 759
Imprimerie de Mellinet-Malassis 824

Janet 384
Janet et Cotelle 384, 569
Jouve 676

K. K. Hoftheater Musik Verlag (Wien) 575, 581
K. K. priv(l). Chemische Druckerey s. Chemische Druckerey
Kjellström, C. G. 712
Klinkicht, Christian Ehregott (& Sohn) 138, 323, 763
Klinkichtsche Notendruckerey 181
Kongl. Privilegierade Not-Tryckeriet (Stockholm) 1

Laffillé, Charles 427
Lafont, Charles-Philippe 642
Lamminger, J. T. 132
Leduc, Auguste, & Compagnie 253
Le Duc, P. et J. J. 254, 273, 276
Lehnhold 393, 620
Leidesdorf, Maximilian Joseph 655

Lélu 260, 382
Le Moyne, Gabriel 287
Le Pelletier, Madame 284
Leroy, P. 161
Letronne, L. 644
Lithographisches Institut (Wien) 719, 812
Longman, I. & Co. 203
Longman & Bates 948
Lose, C. C. 404, 506, 856
Lose, C. C., & Olsen 506
Lose & Comp. 182
Lund, T. 497

Magasin de Musique sur la rue: die Höhe s.
    Musikalisches Magazin auf der Höhe
Martin, I. E. 115
Max u. C. 493
Mechetti, Pietro (qm Carlo) 400, 863
Mees, Joseph Henri 498
Mees Fils, J. J. 105
Mees père et Compagnie 105
Mei, J. K. 170
Meissonnier, Antoine (Aîné) 332, 477, 620,
    753, 813
Meissonnier, Joseph (Jeune) 898
Meyn, Gebrüder 132
Michelot Jeune, P. L. 829
Milde, C. D. 760
Mittler, J. G. 763
Möller, A. W. 712
Mollo, Tranquillo 492
Momigny 152, 160
Mori and Lavenu 964
Müller, C. 602, 616, 655, 663
Müller, S. 712
Musik-Comptoir (Braunschweig) 270
Musikalien-Magazin auf der Höhe s. Musikali-
    sches Magazin auf der Höhe
Musikalisches Magazin auf der Höhe (Braun-
    schweig) 148, 149, 150, 202, 270

Nacher, P. 626, 725
Nägeli, Hans Georg 169, 280, 493
Naigueli, Jean George, et Comp. s. Nägeli,
    Hans Georg
Nolot, Mme. 849

Pacini, Antonio 537, 994
Paez 393, 620
Paul, Wilhelm 827
Pejron, Ž. 270
Pelissier, Victor 330
Pennauer, Anton 963
Peter, L. 648
Petit, Philippe 755, 898
Phillips, Richard 140
Pichler, E. 855
Pleyel 161
Plouvier, Pierre-Joseph 668, 669, 822
Pluth, C. 201, 210
Polt 327
Polt, J., in Commission 201

Real Sociedad (Madrid) 570
Remy, Delles. 829
Remy, Veuve 725
Ricordi, Giovanni 271
Ris 602, 654
Romagnesi, Antoine 474, 663, 865
Rudolphus, Louis 133, 293, 294

Sander 561
Satzenhoven, Friedrich 648
Sauer & Leidesdorf 654
Schiwe, I. 948
Schlesinger, Maurice 747, 842
Schmitzdorf, G. 648
Schonenberger, Georges 898
Schouten Carpentier, S. S. 725, 745
Schreiber, Friedrich 956
Schropp u. C. 493
Schultén lithogr. 712
Schulz, Fried. Gustav 977
Sicard 824
Sidler, Joseph 393
Sieber Fils, Georges Julien 251 (2)
Société Musicale (Paris) 898
Sønnichsen, S. 70, 156, 160 (2), 249, 504
Spehr, J. F. 160
Spina's Nachfolger < Friedrich Schreiber >
    956
Starke, Friedrich 387
Steffenhagen, Johann Friedrich und Sohn 306
Steiner, S. A., und Comp. 503, 556, 586,
    587 (3), 588, 597 (2)
Steinkopf 493
Svintickij 161
Sychra, A. 154, 330, 575, 744, 829

Taws, J. 330
Tilt, C. 948
Traeg, Johann 387
Troupenas, Eugène 898

Vaillant, P. 345

Weber, Joh. Frid. 393
Weigl, P. I. Th. 992
Weigl, Thadé 184
Werckmeister, Rudolph 164
Weygand, F. J. 391, 476, 495
Widrychiewicz, J. 655
Williaume, Frères 602
Willig, G. 330
Winthers, H. T. 844
Woets, Joseph Bernhard 569
Wright, Andrew 130
Wygand, Otto 851

Yaniewicz & Weiss's Music Warehouse 826

Zulehner, Charles 211

5. Komponisten

A. C. F. 32
A. F. 627
A. **, L. 485 (2)
Abeille, Johann Christian Ludwig (Louis) (1761—1838) 138, 178, 489 (3), 653, 740, 869, 893
Abel, Carl Friedrich (1723—1787) 86, 91
Abendroth 895
Abrams, Harriet (ca. 1758—ca. 1822) 119
Acedo Rico, M. D. E. D. 572
Adam, Adolphe Charles (1803—1856)
Opern und Vaudevilles
Le Baiser au Porteur 678
Le Bal champêtre 678
Le Brasseur de Preston 534 (2), 535 (5), 810, 811 (3)
Le Chalet 798, 799
Le Fidèle Berger 810, 812
Le Grand Prix 808
La Haine d'une Femme ou le jeune Homme à marier 679
Le Postillon de Lonjumeau 529, 530 (4), 805, 806, 840
La Quarantaine 679
La Reine d'un Jour 536 (4), 537 (3)
Sonstige Werke 464, 472, 542, 678, 679, 751, 801, 804, 807 (2), 931, 972 (2)
Adam, G. 828
Adam, Johann Ludwig (Louis) (1758—1848) 417, 605
Addison, John (ca. 1766—1844) 912, 913, 917
Adrien (Andrien, genannt La Neuville, Adrien L'Aîné), Martin-Joseph (1767—1822) 106 (2), 141, 477
Agosti, Don Juan Federico 466, 449
Agthe, Albrecht Wilhelm Johann (1790—1873) 413, 744
Agthe, Friedrich Wilhelm (1794—nach 1830) 744 (2), 827, 829
Ahlefeldt, Maria Theresia Gräfin (1755—1823) 17, 25
Ahlhelm, B. G. F. 84
Åhlström, Olof (1756—1835) 1, 2 (3), 3, 4 (2), 5, 6, 7 (2), 8, 10 (3), 16 (3), 17, 18 (2), 19 (2), 20 (2), 21, 24, 25, 28, 29 (3), 30 (3), 35 (2), 36, 45, 46, 47 (2), 48 (2), 49 (3), 51, 52 (3), 53, 58, 63, 77, 80
Aiblinger (Ayblinger), Johann Kaspar (1779—1867) 600, 601 (3), 602, 625, 905
Aigner, Engelbert (1798—nach 1851) 697, 719, 909
Aimon, Pamphile Léopold François (1779—1866) 545
Al'abjev, Aleksandr Aleksandrovich (1787—1851) 855
Alary, Giulio Eugenio Abramo (1814—1891) 751 (2), 947
Alary, Jules s. Alary, Giulio Eugenio Abramo
Alayrac d' s. Dalayrac
Albanese, Egide-Joseph-Ignace-Antoine (1729—1800) 156
Albert, B. 311 (2), 314
Albert, Heinrich (1604—1651) 23
Albrechtsberger, Johann Georg (1736—1809) 399
Alday, Paul (ca. 1763—1835) 162, 163 (2)
Alquen, Dr. d' 872 (2), 874, 878

Alsfasser 298
Alvimare, d' s. Dalvimare
Alvorthy 5
Amalfi, Princesse d' 37
Ambrosch, Joseph Karl (1759—1822) 877
Ambrose, John (wirkte ca. 1520—1545) 124
Amédée, Léon 464
Amédée, R. 393
Amon, Johann Andreas (1763—1825) 415, 425
Ancot, Jean (1799—1829) 451, 452 (2)
Ancot, Louis (1803—1836) 471, 472
Andrade, Jean-Auguste (Auguste) (1793—?) 468, 469, 470, 472, 667, 750, 800, 809, 811
André, Johann Anton (1775—1842) 204, 650, 652 (2), 673, 675
Andreozzi, Gaetano (1763—1826) 267
Andries, Joan (1798—1872) 604
Andrychewicz, J. (Komponistin) 170, 171 (2), 172
Angely, Louis (1787/1788—1835) 795
Angrisani, Carlo (ca. 1760—?) 351
Anson, Antoni (Antoine) 441, 443, 447, 449, 450, 453 (2), 455, 458, 461, 463, 464, 466, 468
Anspach, Elizabeth Margravine of (1750—1828) 123
Anthes, J. A. 674
Aprile, Giuseppe, genannt „Scirolino" oder „Sciroletto" (1732—1813) 18
Ardisson, Amédée 432, 440, 442, 443
Arendt, J. F. 869, 872, 878, 879 (5), 880 (7), 881 (3)
Arlt, F. G. 146, 147
Arnaud, Jean Etienne Guillaume (1807—1863) 549
Arne, Michael (ca. 1740—1786) 87, 88, 89, 91, 99
Arne, Thomas Augustine (1710—1778) 88 (2), 89 (2), 91 (2), 96, 97, 99
Arnold, Carl (Karl) (1794—1873) 414, 662, 674, 892
Arnold, Samuel (1740—1802) 86, 87, 88, 89 (3), 93, 94 (2), 95, 97, 99 (2), 116 (2), 119, 121, 135, 140, 141 (3), 331 (2), 332, 565
Asioli, Bonifacio (1796—1832) 91, 227, 237, 502, 869
Askergren, Peter (1767—1818) 23, 25, 27, 41
Assmayr (Assmayer, Assmeyer), Ignaz (1790—1862) 828 (2), 845
Astruc, P. 482
Attenhauser 977
Attwood (Atwood), Thomas (1765—1838) 116, 135
Auber, Daniel François Esprit (1782—1871)
Opern
Actéon 803, 804, 805, 838
L'Ambrassadrice 530 (4), 531 (2), 806 (2), 841, 842 (2), 918
La Bergère Châtelaine 671
Le Cheval de Bronze 528 (5), 801 (3), 836 (2), 916
Le Concert à la Cour 769, 827, 963
Le Dieu et la Bayadère 524, 525 (2), 789 (2), 790, 861
Le Domino Noir 532 (8), 533 (7), 807, 808 (3)

La Fiancée 520 (5), 521 (6), 633 (3), 634 (11), 695−696 (18), 734, 735 (3), 783, 785, 786, 787, 790, 835 (5), 889 (2), 958 (2), 992
Fiorella 530 (2), 531 (4), 634, 696, 733 (2), 778, 975 (3)
Fra Diavolo 521 (7), 635, 696 (2), 744 (2), 788 (2), 789 (2), 790, 860 (3), 876, 956, 993
Gustav III 798 (2), 914, 951
Jenny Bell 707 (14), 961 (2)
Le Lac de Fées 811 (3), 920 (2), 921
Léocadie 766
Lestocq 528 (3), 529 (3), 799, 800 (4), 923
Le Maçon 517 (9), 518, 519, 691 (13), 724, 772, 773, 777 (3), 779 (3), 856, 858, 859, 885, 886, 889
La Muette de Portici 519 (8), 520 (2), 633 (2), 694 (15), 695 (5), 742, 781 (4), 782 (3), 784 (2), 787, 832, 851, 859 (2), 860 (5), 873, 877, 888, 889, 891, 911, 949 (2), 951, 956 (2), 957 (4), 962 (2), 963, 964
La Neige 424, 425, 515 (4), 681, 740 (2), 741, 765 (3), 766
Le Philtre 523 (6), 524, 861
Le Serment 794, 795
Zanetta 537 (6)
Sonstige Werke 522, 747, 748, 786, 794, 795, 796, 798, 801, 837, 860, 923, 924, 925, 938, 940, 965, 966, 968, 969
Aubéry du Boulley, Prudent-Louis (1796−1870) 479, 480
Aubonne, Herminie d' 434, 443
Aubry, F. Félix 996
Aulagnier, Antonin (1800−?) 467, 470, 473, 964 (2)
Avé Lallement, Theodor (1805−1890) 844, 845 (3)
Avison, Charles (1709−1770) 922
Ayblinger, Johann Kaspar s. Aiblinger, Johann Kaspar

B. 777
B*** 550
Br. 674, 675
B., (Demoiselle) v. 133
B., (Mlle.) Marie 602
B . . . , P . . . de 437
B xxx, (M.) C. 444
B. *** Marie 484
B **(**), (M.) Ed. 542, 548
B . . . . . , Ed: 542
B. D. P., (Mme.) la Comtesse 449
Bach 127
Bach, August Wilhelm (1796−1869) 871
Bach, Carl Philipp Emanuel (1714−1788) 22, 31, 88, 93, 562 (2), 563 (3), 564 (4), 565, 887, 984, 990
Bach, Johann Christian Friedrich (1735−1782) 91, 100, 562
Bach, Johann Michael (1745−1820) 980
Bach, Johann Sebastian (1685−1750) 21, 567, 768 (2), 891, 892, 978, 979, 980, 986
Bach, N. G. 810
Bach, Wilhelm Friedrich Ernst (1759−1845) 81, 82, 164 (2), 165 (4), 166 (3), 167, 168
Bach of Berlin s. Bach, Carl Philipp Emanuel

Backofen, Johann Georg Heinrich (1768−1830) 156 (2), 157, 159 (3)
Baecker, Casimir (1790−?) 440
Bagioli, Giuseppe Andrea 381
Baildon, Joseph (ca. 1727−1774) 88, 97
Baker, T. H. 932, 933
Baldenecker, Nicolas (1782−nach 1859) 407, 662
Balfe, Michael William (1808−1870) 702 (15), 704, 959 (2), 961 (2)
Ball, William (1784−1869) 966
Balochi, Luigi (Louis) (1766−1832) 261, 266, 347, 352, 356, 357, 359, 361, 364 (2), 430, 435, 463 (2), 467
Baptiste, Josephine 428, 435
Barbereau, Mathurin Auguste Balthasar (1799−1879) 834
Barbier, genannt de Saint-Preux, Pierre François (1739−1839) 445
Barck, Nils Anton Augustin Graf (1760−1822) 4, 5, 9, 10
Bardoni, Henri 946
Baric 539
Barnard, John (ca. 1591−ca. 1641) 88
Barnett, Jean 840 (4)
Barnett, John (1802−1890) 910 (2), 911 (2), 912 (2), 913, 915, 919, 923 (2), 924, 925, 927 (2), 928, 932, 937, 939, 953, 955, 964
Barni, Camillo (Camille) (1762−nach 1811) 265, 349
Barratt, J. P. 940, 945
Barth, Frederik Philip Carl August (1774−1804) 73 (2), 74, 75 (4), 183 (9), 184 (2)
Barth junior s. Barth, Frederik Philip Carl August
Barthélémon, François-Hippolyte (1741−1808) 92, 99, 100 (4), 122
Basili, Francesco (1767−1850) 908
Bates, William (ca. 1750−ca. 1780) 97
Battishill, Jonathan (1738−1801) 87, 88, 89 (2), 90, 99
Batton, Désiré Alexandre (1798−1855) 444, 510, 511
Bauck, Wilhelm (1808−1877) 717 (2)
Baudron, Antoine Laurent (1743−1834) 105
Bauer, J. F. (ca. 1768−ca. 1789) 981
Baumbach, Friedrich August (1753−1813) 73
Baumgarten, Karl (Carl) Friedrich (ca. 1740−1824) 98
Bawr, Alexandrine Sophie Goury de Champgrand, Comtesse de Saint-Simon, später Baronne de Bawr (1773−1860) 429
Bay, Rudolph (1791−1856) 64, 414 (2), 415 (2), 416, 417 (2), 418 (2), 419, 421 (2), 422 (2), 423, 858
Bayer, Anton (1785−1855) 201 (2)
Bayle 672
Bayle, Théophile 356, 360, 480, 496, 497, 539, 543 (4), 544, 605, 606
Bayle avoué, (M.) 496, 671, 672
Béancourt, P. A. 678 (2), 679 (3)
Beaucourt, Louise de 996
Beauplan, Amédée-Louis-Joseph Rousseau de (ca. 1794−1853) 442, 445 (2), 446 (2), 452, 453, 454, 459, 460, 461, 462, 463, 466, 468, 496, 544, 627, 667, 671 (2), 735, 748, 750 (3), 792, 794, 797, 798, 799, 830, 832, 833 (3), 834, 835, 836, 837 (2), 838 (3)

Beauregard, Auguste Charles de 445
Beauregard, F. de 450
Beauvarlet-Charpentier, Jacques-Marie (1766–1834) 441, 476, 643 (2), 644, 649 (8)
Beauvarlet-Charpentier (Charpentier), Jean-Jacques (1734–1794) 980, 984 (5)
Beck, Bd. 539, 541
Becker 311, 768, 769
Becker, Carl Ferdinand (1804–1877) 769
Becker, E. 311, 312
Bečvařovský (Beczwarzowski), Antonín František (Anton Franz) [nicht: Felix] (1754–1823) 405 (2)
Beczwarzowsky (Beczwarzowski), Anton Franz s. Bečvařovský, Antonín František
Beethoven, Ludwig van (1770–1827)
Kammermusikwerke 318, 322 (2), 413, 423 (2), 683, 720 (2), 721, 790, 858
Klavierwerke 34, 38, 54, 57, 58, 62 (2), 67 (2), 80, 83, 84, 169, 170 (2), 183, 239, 279, 319, 320 (2), 405, 408, 409, 411 (2), 416, 423, 425, 503, 558, 560, 571, 716, 741, 743 (2), 771, 777, 827, 845, 853, 856 (2), 954, 955, 973 (2), 976 (3), 993 (2)
unterschoben 63, 68, 645, 714, 768, 783, 805, 826 (2), 827, 846 (2), 856, 858, 859, 918, 965, 970
Lieder und Gesänge 41, 59 (3), 68 (2), 179 (3), 229 (3), 278, 279, 291, 322, 557, 563, 619, 630, 651, 653, 674, 716, 717, 721, 727, 729 (2), 802, 813, 869, 877, 963
Oper und Schauspielmusik 217, 218, 223, 243, 255, 321 (3), 322, 387, 401 (7), 409, 557, 576, 577, 578 (2), 579 (3), 679, 715, 766, 767, 792, 870, 969, 970
Orchesterwerke 33, 37, 38 (2), 60 (2), 81, 182, 184 (2), 199, 322, 390, 413, 423, 557, 558 (2), 684, 953, 959
Sonstige Werke 68, 387, 503, 730, 831, 909 (2), 921
Bégrez, Pierre-Ignace (1787–1863) 352, 353, 427, 429, 435
Belcke, Christian Gottlieb (1796–1875) 882, 898 (2)
Belcke, Friedrich August (1795–1874) 889, 891 (2)
Bellini, Vincenzo (1801–1835)
Opern
Beatrice di Tenda 635, 699 (27), 801, 802
Bianca e Fernando 792
I Capuleti e i Montecchi 635, 697, 790, 791, 792, 862, 958
Norma 535, 635 (16), 697, 800 (2), 958 (2)
Il Pirata 635, 692 (9), 693 (7), 781 (2), 784, 792, 862
I Puritani 532 (3), 533, 636, 700 (16), 701 (5), 802, 803, 805
La Sonnambula 635, 697, 800, 959
La Straniera 65 (2), 527 (2), 528 (3), 636 (6), 637 (10), 717, 743 (2), 790, 792, 862, 878, 963
Sonstige Werke 751, 779, 787, 806, 808, 917, 920 (2), 921, 922, 926, 931, 934 (2), 941, 966, 970
Bellman, Carl Michael (1740–1795) 15, 529
Belloli, Luigi (1770–1817) 198 (2), 199 (2), 227, 229 (2), 291
Bemmel, Charles-Maximilien-Philippe van (1778–1828) 392
Bence, (Mlle.) A. 448, 451

Benda, Georg (1722–1795) 93
Benedict, Julius (1804–1885) 744, 844
Benedit 551
Bénédit, A. 380
Benelli, Antonio Peregrino (1771–1830) 963
Benincori, Angelo Maria (1779–1821) 669
Benoist, François (1794–1878) 361
Benucci, Rinaldo 391, 392
Bérat, Eustache (1791–1884) 485 (2), 603
Bérat, Frédéric (1800–1855) 466, 809, 836
Berbiguier, Aurélie 465
Berens, Carl (1801–1857) 762
Bergen 889, 892
Bergen, G. 872
Berger, Ludwig (1777–1839) 50, 277, 586, 618
Berggreen, Andreas Peter (1801–1880) 948
Bergh, A. G. E. van den (1794–1840) 392 (2)
Bergmann, Johann Gottfried 828 (2), 829
Bergt, Christian Gottlob August (1771–1837) 284, 291 (2), 775, 893, 894 (2), 895 (2), 897
Bériot, Charles-Auguste de (1802–1870) 799, 805, 917, 966, 967
Bériot, Madame Malibran de s. Malibran, Maria Felicia
Berjaud, L. 661
Berlot, Eliza 451, 454
Berls, Johann Rudolph (1758–nach 1799) 133
Berner, Friedrich Wilhelm (1780–1827) 142 (3), 144, 145, 248 (4), 249, 895
Berner, Heinrich Ludwig (?–1823) 143, 146 (3)
Berner jun. s. Berner, Heinrich Ludwig
Bernon, C. 460
Bertelsmann, Karl August (1812–?) 980, 982 (3), 985
Bertiguier, Benois-Tranquille (1782–1838) 456
Bertini, Henri Jérôme (1798–1876) 802 (6), 803, 805, 806 (2), 843, 862 (4)
Bertoldy, J. F. 323 (2), 324 (3), 326 (3), 327
Berton, Henri François (1784–1832) 333 (2), 334 (4), 336, 337 (2), 338, 372, 379, 433, 435, 439, 440, 443, 451, 452, 454, 459, 465 (2), 467, 468 (2), 481 (3), 482, 483 (2), 484, 539, 545, 551, 606 (2), 607, 609, 627, 666, 667, 746, 748 (3), 749, 750 (2), 754, 814 (3), 815 (2), 816 (2), 817, 818 (5), 819 (2), 820, 821, 830, 831, 834 (2), 851
Berton, Henri-Montan (1767–1844)
Lieder und Gesänge 38, 113, 114, 152 (3), 153 (3), 154 (2), 429, 436 (2), 437, 444 (2), 446, 448, 454, 456, 463, 500, 747, 748, 796, 830
Opern
Aline, Reine de Golconde 41, 42, 47, 59, 112 (3), 113 (3), 184 (2), 185 (3), 233, 236, 241, 295, 296 (2), 486, 488, 489 (2), 490, 629 (2), 777
Le Concert Interrompu 45, 47, 49, 112, 285
Corisandre ou La Rose magique 628
Les Créoles 732 (3)
Délia et Verdikan 218 (2), 257, 292

Le Délire 58 (2)
Le Grand Deuil 112 (2), 205 (4)
Les Maris Garçons 54
Montano et Stéphanie 511
Les Petits Appartements 734
Ponce de Léon 80 (2), 82, 108 (3), 109, 285
Le Rendez-Vous Supposé ou Le Souper de Famille 109 (2)
Roger de Sicile, ou Le Roi Troubadour 445
La Romance 113 (4), 152, 285, 407, 408 504 (2)
Valentin ou Le Paysan Romanesque 671 (2)
Virginie ou les Décemvirs 728
Berton, Pierre-Montan (1727—1780) 430, 432, 440, 442
Berton Fils, F. s. Berton, Henri François
Berton Fils, H. s. Berton, Henri François
Berton Père, Henri s. Berton, Henri-Montan
Bertoni, Ferdinando Gasparo (1725—1813) 98
Bervald, Johan Fredrik s. Berwald, Johan Fredrik
Berwald, Franz Adolf (1796—1868) 585 (12), 586 (7), 610 (2)
Berwald (Bervald), Johan Fredrik (1787—1861) 44, 45 (2), 300
Beutler, Franz (1787—1852) 339, 341 (2), 343 (2), 739 (3)
Bevilacqua, Matteo 235
Beyer, Ferdinand 770
Bianchi, Francesco (ca. 1752—1810) 78, 114 (2), 177 (4), 279, 294 (2), 295, 870
Bianchi, Giacomo (ca. 1768—?) 356
Bierey, Gottlob Benedict (1772—1840) 38, 39, 198, 225.(4), 227, 258, 259, 292 (3), 293, 853
Bigatti, Carlo (1779—1854) 271, 272
Bigot-Scruchard s. Le Bègue (Mme.)
Billard, Edouard 916
Billings, William (1746—1800) 131
Billington, Thomas (1754—ca. 1832) 119
Binzer, A. 845
Birmingham, Repmah of 125
Bischoff, Georg Friedrich (1780—1841) 895
Bishop, Henry Rowley (1786—1855) 910 (4), 911, 912 (2), 913 (3), 914, 915, 916 (3), 917 (3), 918 (3), 919 (4), 922 (2), 923, 924 (2), 925, 926, 927 (4), 928 (3), 929, 931, 932, 933 (5), 934, 935, 936 (3), 937 (2), 938 (2), 939 (3), 940 (2), 942, 943, 945
Blahetka, Leopoldine (1811—1877) 806
Blanchard, Henri-Louis (1778—1858) 469, 539, 606, 677 (3), 678, 679 (2)
Blangini, Giuseppe Marco Maria Felice (Félix) (1781—1841) 262, 263 (4), 264 (2), 266 (4), 268 (3), 278, 285, 322 (2), 350, 351 (2), 352, 354 (2), 382, 384, 434, 440, 451, 452, 456, 477, 489, 556, 558, 586, 610—615 (99), 669, 670, 673, 726 (2), 727, 748, 749, 754, 795, 818 (3), 819 (3), 921, 972
Blasius, Mathieu Frédéric (1758—1829) 163
Blaze, François-Henri-Joseph Castil, genannt Castil-Blaze (1784—1857 386 (2), 438, 454, 455, 456, 458, 461, 731 (2)
Blewitt, Jonathan (1782—1853) 924
Blidberg, Per Fredrik (1785—1866) 585 (2)
Blinck, Johan Frederik (1794—1884) 425, 861 (2)

Blockley, John (1800—1882) 914, 939, 955
Blondat, N. G. 450, 455 (2), 464, 627, 628
Blondeau, Pierre Auguste Louis (1784—1865) 428, 433 (2), 437 (2), 455
Blüher, Johann August (1755—?) 323 (5), 324 (5), 325 (4), 326 (5), 327 (2)
Blum, Carl Ludwig (1786—1844) 557 (2), 559, 575, 576, 577 (3), 630 (5), 684, 723, 770 ?, 786, 793, 796, 867, 872, 893 (2), 894, 895, 897
Blumröder, Karl (1789—?) 344 (2), 345
Boccherini, Luigi (1743—1805) 52, 117, 338, 821
Bochmann, Ernst 828 (3), 829 (2)
Bochsa (Bochsa Père), Karl (Charles) (1760—1820) 162, 163, 435
Bochsa, Robert Nicolas Charles, auch Bochsa Fils (1789—1856) 162 (2), 429, 441, 443, 502, 912, 917 (2), 918 (2), 954, 955, 965 (2), 968 (2)
Bodin, Félix 461, 538 (3), 540
Boehm, C. Gottfried (Kantor auf dem Tragheim zu Königsberg ca. 1744) 981
Böhner, Johann Ludwig (Louis) (1787—1860) 314, 854
Böttcher 80, 138, 892
Bohlman (Sauzier), Henri 932, 941, 944 (2)
Bohrer, Anton (1783—1863) 342, 344 (2)
Bohrer, F. 341
Boieldieu, Adrien Louis Victor (1815—1883) 811
Boieldieu, François Adrien (1775—1834)
Opern
Le Calif de Bagdad 41, 46, 80, 81 (2), 110, 111, 138, 176, 230, 254, 305, 307, 618, 774
Charles de France ou Amour et Gloire 578, 582, 584, 596 (3)
La Dame Blanche 61 (2), 62, 64 (2), 426 (4), 516 (5), 517, 691 (6), 692 (5), 724, 730, 741, 759, 762 (2), 770, 771, 780, 782, 783, 784, 785, 829, 856 (3), 857, 885
Les Deux Nuits 522 (2), 524 (3), 735 (5), 736, 782, 783, 784 (2), 786 (2)
La Dot de Suzette 109
La Famille Suisse 726
La Fête du Village Voisin 322 (2), 418, 511 (4), 584, 594, 670
Jean de Paris 200 (2), 245 (6), 246 (3), 318 (2), 319 (2), 387 (2), 490 (3), 505 (2), 616 (2), 686 (9), 765, 767, 776
La Jeune Femme Colère 115
Ma Tante Aurore 82, 112 (4), 204, 286, 287
Le Nouveau Seigneur de Village 50 (2), 417, 508 (3), 594
Le Petit Chaperon Rouge 57 (2), 62, 63 (2), 65, 69, 413, 415 (2), 417, 509 (2), 510, 558, 559 (2), 576, 577 (5), 578 (2), 580 (2), 581 (3), 582 (2), 621, 624, 644, 669 (4), 670 (2), 684, 723, 773 (2)
Télémaque 499
Les Voitures Versées 518, 519, 580, 671, 858
Zoraïme et Zulnar 110, 511
Sonstige Werke 36 (2), 67, 109, 111, 139, 156, 159, 427, 435, 443, 446, 747, 773, 776 (3), 796, 811, 850, 915, 921 (2), 956
Boieldieu Sohn s. Boieldieu, Adrien Louis Victor
Bolaffi, Jean Baptiste 727

Bolaffi, Michele (1769−?) 351, 352 (2), 355, 630

Bolognia, Marchesi di 357

Bombelles, Louis Philippe Marquis de (1780−1843) 409

Bonaventura 278 (3)

Bordogni, Giulio Marco (1789−1856) 371

Bornhardt, Johann Heinrich Carl (1774−1840) 72, 73, 80, 84 (2), 157, 277, 298, 993

Bortolazzi, Bartolomeo (1773−?) 173, 234

Botte, Colette 726

Boucault, Eugenie 467

Boucher de Crèvecœur de Perthes, Jacques (1788−1868) 540, 547

Boudeville, Léon de 465

Bouffet, Jean Baptiste (1770−1835) 346, 347, 349, 352, 354, 356, 359, 360, 362, 363 (2), 366, 369 (2), 372, 373, 376 (3), 379, 380, 381 (2), 386 (2), 428, 430, 436, 610, 726

Boulard 386

Bourget, G. 378

Boutmy, Laurent-François (1756−1838) 93 (3), 94

Bovin, de 480

Boyce, William (1711−1779) 88, 99, 100

Boyneburgk, Friedrich (Baron) von 412 (2), 674, 682

Braham, John (1774−1856) 124, 126, 127 (2), 128 (2), 926

Branchu, Pamela 335, 608

Brandl, Johann Evangelist (1760−1837) 129

Brauchle, Joseph Xaver (ca. 1820 in Wien, ca. 1830 in München wirkend) 653

Braun, Carl Anton Philipp (1788−1835) 405, 406 (3), 411, 505, 610

Bray, Madame de 644

Bredal, Ivar Frederik (1800−1864) 423, 523 (5), 524 (5), 526 (5), 527, 529 (4), 858 (2), 861 (2), 862

Brendler, Franz Friedrich Eduard (1800−1831) 716 (2)

Brepsant, G. 944

Bresson, (Mlle.) s. Mauger (geb. Bresson)

Breuil, L. de 441, 447, 450, 451, 457

Brice, Laure 811

Brocard, Auguste 381, 547, 548 (2)

Brochard, Peter (1779−?) 339 (2), 340, 342, 344

Bron, Philibert (de Bruxelles) 745, 746

Brose 269, 270 (2)

Brouilly, F. 472

Brouw de Bruxelles, Philibert 729

Brown 131

Bruce, Captain 942

Brugger, Joseph Dominik Carl (1796−?) 674, 675, 977

Bruguière, Édouard (1793−1863) 337, 363, 453, 465 (2), 468, 469, 665 (4), 666 (2), 672, 735, 746 (3), 800, 816, 822 (2), 830, 831 (3), 832, 833 (6), 834 (3), 835, 850 (3), 851 (2)

Bruni, Antonio Bartolomeo (1757−1821)
Opern
L'Auteur dans son Ménage 109, 123, 124, 140
Claudine ou Le Petit Commissionaire 30 (2), 31 (2), 32 (2)
Le Major Palmer 76, 106, 148, 149
La Rencontre en Voyage 79 (4)
Toberne ou Le Pêcheur Suédois 23 (5), 112, 658

Brunner, Christian Traugott (1792−?) 619

Buchbinder 789

Bühler, Franz (1760−1824) 908, 978

Bürgel 146

Büttinger, Carl Conrad (1789−nach 1827) 673, 675, 681, 683, 737 (2), 739 (2), 740 (2)

Burbure, Léon de 836

Burckhardt, Salomon (1803−1849) 882, 883 (3)

Burghersh, Lord John Fane (1784−1859) 381

Burgmüller, Friedrich Johann Franz (1806−1874) 810 (2)

Burrowes, John Freckleton (1787−1852) 910, 911, 912, 917, 920

Bursay, Madame 313

Burton, John (1730−1782) 91

Busby, Thomas (1755−1838) 93, 123, 140 (3) 141 (5), 142

Butler, Thomas Hamly (ca. 1755−1823) 92, 126

Buxtehude, Dietrich (ca. 1637−1707) 990

Byrne, C. G. 927

Byström, Thomas (1772−1839) 12, 14 (2), 15 (2), 17, 20, 21, 22 (2), 25, 34, 80

C. A. P. 83

C. R. 774

C**, (M.) 499

C **, Eugène 457

C. B.+++, (M.) 444

Cadina, Jacinto 572

Call, Leonhard von (de) (1768−1815) 278, 893 (2), 894 (2), 895, 994

Callault, Salvator (1791−1839) 446

Callcott (Callcot), John Wall (1766−1821) 116, 140, 141

Cambini, Giuseppe Maria Gioacchino (1746−1825) 136, 251, 273

Candeille, Be Julie 12

Cannabich, Carl (1771−1806) 182

Capin 131 (2)

Carafa (Caraffa) de Colobrano, Michel-Henry-François-Louis-Vincent-Paul (1787−1872)
Opern
Adelaide 598, 599, 621
Adele di Lusignano 368
L'Apparenza Inganna? 793
La Belle au Bois Dormant 728 (2), 745
Elisabetta in Derbyshire 602
Gabriella di Vergy 366, 573, 689, 723, 729
La Marquise de Brinvilliers 791
Masaniello ou Le Pêcheur Napolitain 798, 832 (3), 916
Il Sacrificio d'Epito 655
Le Solitaire 680, 681, 692, 724, 795, 888
Le Valet de Chambre 727
La Violette 734 (5)
Sonstige Werke 59, 543, 559, 560 (3), 598, 606, 630 (3), 632; 723, 751, 762, 772, 798 (2), 809 (2), 866, 891, 976

Carbonel, Narcisse (1773−1855) 429, 477 (3), 669, 670

Carcassi, Matteo (ca. 1792−1853) 822

Cardon, Fortuné 604

Cardon, Jean-Baptiste (ca. 1760−1803) 156

Carey, Henry (ca. 1688−1743) 88, 89

Carnaby, William (1772−1839) 127, 128

Carnaud 543, 544 (2), 545, 549

Caroline, S . . . C . . . 434

Carpenter 131

Carpentier s. Schouten, (Mme.)

Carpentras, Louis-Ange 460
Carr, Benjamin (1768—1831) 116 (3), 117
(3), 118 (7), 119 (2), 120 (2), 121, 122 (2),
123 (2), 125 (3), 129 (2), 135 (3), 136 (6)
Cartellieri, Casimir Antonio ? (1772—1807)
412
Carter, Charles Thomas (ca. 1735—1804) 86
(6), 87 (8), 88, 90, 99
Carulli, Ferdinando (1770—1841) 267, 268
(4), 544 (3), 545 (3), 546 (3), 547 (4), 548,
550, 551 (2), 553 (4), 554 (2), 555, 822
Carulli, Gustave (1801—1876) 549, 550, 552
Caruso, Luigi (1754—1822) 182
Cassel, Guillaume 832 (2), 834
Castellacci, Luigi 465, 466, 467, 468, 470,
471, 472 (2), 546, 547, 548 (3), 554 (2),
995
Castelli, Ch. Valentin 538, 539 (2), 542, 605
Castil-Blaze s. Blaze, François-Henri-Joseph
Castil
Castro de Gistau, Salvador (1770—?) 274 (6),
275 (17), 276 (10)
Catalani, Angelica (1780—1849) 689
Catel, Charles-Simon (1773—1830) 46 (2),
49, 196 (2), 197 (2), 213 (2), 214 (3), 228,
255, 256, 257, 258, 284, 321 (4), 429, 434,
435, 439, 444, 445, 449, 453, 454, 461, 488
(2), 491, 500 (2), 727, 956
Catrufo, Gioseffo (Giuseppe, Joseph) (1771—
1851) 265, 266, 267, 427, 428, 430, 448,
454 (2), 457, 474, 540, 627, 671
Cave, J. H. 947
Cavos, Catterino (1776—1840) 307
Celli, Filippo (1782—1856) 379
Celli, Giovanni 392
Ceracchini (Cerrachini), Francesco (1748—
1824) 352, 728
Cercha 645
Cerruti, W. 994 (2)
Cesarini, Carlo Francesco (ca. 1664—ca. 1730)
92
Challenger 954 (2)
Chalon, John (ca. 1758—1795) 93, 98
Champein, (Mlle.) J. E. 451
Champein, Marie-François-Stanislas (1799—
1871) Sohn von Stanislas Champein 442,
447, 449
Champein, Stanislas (1753—1830) 428, 436,
438, 439, 443, 444, 449, 510
Champein Père s. Champein, Stanislas
Chapelle, Pierre-David-Augustin (1756—1822)
455, 458
Chapus, Eugène 449
Charles (ca. 1705/1710—?) 478
Charles Fils 161
Charlotte, (Mme.) 366 (2), 368, 369
Charpentier s. Beauvarlet-Charpentier, Jean-
Jacques
Chateaubriant, de 752
Chaulieu, Charles (1788—1849) 810, 857,
938, 976 (4)
Chélard, Hippolyte André Jean-Baptiste
(1789—1861) 741, 742
Chénié, Marie Pierre (1773—1832) 469
Cherubini, Luigi Carlo Zanobio Salvadore
Maria (1760—1842)
Opern
Les Abencérages 794
Achille à Scyros 225 (2), 226
Anacréon 213, 216 (2), 217 (2), 218, 219,
221, 222, 255, 256, 257, 258

Les Deux Journées 32, 36 (3), 48, 52, 80
(2), 110 (2), 139, 148, 156 (2), 231, 237,
238, 241, 243, 246, 597 (3), 630, 739, 877,
959
Eliza 257
Faniska 194 (3), 228, 231 (2), 232 (2),
237, 254, 256, 409, 426, 738, 739
L'Hôtellerie Portugaise 739, 799
Lodoïska 151, 194, 195, 231, 407, 426,
681, 739, 801, 959
Médée 69, 234, 235, 242, 244, 255 (2), 318,
423, 557, 721, 793
La Prisonnière 219, 247
Sonstige Werke 29, 141, 155 (8), 442, 447,
458, 769, 771, 897, 953
Chollet, Auguste 964 (2)
Chollet, Louis François 798
Chopin, Frédéric (1810—1849) 797, 844 (3)
Choron, Alexandre Etienne (1771—1834)
476, 847 (2), 848 (4), 906 (2), 907 (3), 908,
909 (4)
Chotek, Franz Xaver (1800—1852) 703
Christmann, Johann Friedrich (1752—1817) 18
Chwatal, Franz Xaver (1808—1879) 771, 874,
891, 896
Cianchettini, Pio Dussek (1799—1851) 429,
435, 877
Cimadoro, Giovanni Battista (1761—1805)
217
Cimarosa, Domenico (1749—1801)
Opern
Le Astuzie Femminili 182
L'Impresario in Angustie 26, 76, 266
L'Italiana in Londra 15 (3), 16
Il Matrimonio per Raggiro 221, 777
Il Matrimonio Segreto 29, 75, 77, 84, 230,
234, 236, 238, 241, 253
Gli Orazi ed i Curiazi 192, 226, 227, 229
Sonstige Werke 88, 125, 163, 225, 261, 263,
489, 848, 966
Cinti s. Damoreau-Cinti, Laure Cynthie
Clapisson, Antonin-Louis (1808—1866) 751,
752 (3)
Clari, Giovanni Carlo Maria (1677—1754) 848,
906
Clarke (Clarke-Whitfeld), John (1770—1836)
286 (2), 953
Clarkson, Jane 932
Clasing, Johann Heinrich (1779—1829) 312,
879
Clementi, Muzio (1752—1832) 34, 75, 77 (2),
78, 93, 96, 103 (2), 123, 124, 126, 129, 133,
139, 169 (2), 304, 411, 618, 660, 786, 931,
954 (2), 974 (2)
Clerico, Francesco (Ballettkomponist, 1788
Ballettmeister am Theater in Venedig) 785
Coccia, Carlo (1782—1873) 368, 598 (2)
Colin, A. 548, 553, 554 (2)
Collin, Lars Gustaf (1772—1826) 9
Collinet 626
Colombelle, Henriette 360, 361, 364, 366 (2),
369, 371 (2), 372, 374
Commegrain, P. 153
Consalvo, Tito (geb. zu Beginn des 19. Jh., leb-
te in Neapel) 370 (2), 372 (2), 374, 382,
729, 730
Consul, Isidore 995 (2)
Converso, Gironimo (geb. ca. Mitte des 16. Jh.)
97
Cooke, G. 203
Cordoba, A. F. de 571 (2)

Corelli, Arcangelo (1653–1713) 93, 120
Cornu, René (1792–1832) 608, 626, 753
Corret Aîné, L. 450, 454, 456, 459
Corri, Domenico (1746–1825) 97, 124, 129, 586
Corri, Philip Anthony (ca. 1784–1832) 413
Cosse, J. J. 994
Costa, Michele Andrea Agniello ([Sir] Michael [Andrew Agnus]) (1808–1884) 968 (2)
Costellow, Thomas (Engl. Komponist, tätig seit ca. 1792) 123 (2)
Couperin, François (1668–1733) 847
Courtin, H. 365, 384, 496, 908
Courtrai, (Mme.) de 496
Cramer, Johann Baptist (1771–1858) 39 (2), 57, 58 (2), 59 (3), 62, 124 (2), 169, 230, 243 (2), 319, 320, 410, 413, 415 (2), 421 (2), 423, 426, 571, 617, 660 (2), 662 (2), 716, 767, 857, 926 (2), 953, 954 (2), 955 (2), 956, 974 (2), 976
Crescentini, Girolamo (1762–1846) 185, 285, 385 (2), 489, 860
Cresté, Caroline 428
Croal(e), George (1811–?) 925
Cronin, I. I. 933
Crouch, Frederick Nicholls (1808–1896) 919, 924, 925 (4), 927, 928, 930 (3), 931 (2), 933 (2), 934, 935 (3), 936 (3), 937 (2), 939, 940 (2), 941, 942 (2), 943 (2), 944, 945, 946
Crozet, Raoulx de 540 (2), 545, 546 (2), 548, 550 (2), 552, 602
Crüger, Johann (1598–1662) 569
Crusell, Bernhard Henrik (1775–1838) 39 (2), 845 (2), 846 (2)
Curci, Giuseppe (geb. Ende des 18. Jh., seit ca. 1838 in Wien wirkend) 352, 728
Cushman, Greville W. 942, 943 (4)
Czerny, Karl (1791–1857) 61, 66 (2), 425, 426 (2), 715 (2), 741, 742 (2), 743, 780, 787, 792, 827, 828, 842 (2), 843 (2), 844, 845 (3), 846 (2), 854 (2), 855, 856 (2), 857 (3), 859, 860, 861, 912, 916, 918, 932 (2), 937, 949, 953, 970, 973, 974 (2)

D *** 453
D., Auguste 446
D., (Mme.) J. 439, 443, 448
Dalassenée 386
Dalayrac (d'Alayrac), Nicolas-Marie (1753–1809)
Opern
Adolphe et Clara 26 (3), 78, 108 (11), 134, 137 (6), 270, 507
Alexis 37, 38, 58, 107, 148, 177, 498, 507 (2)
Azémia 11, 13, 25, 39, 104, 177, 204, 504
Camille 19, 82 (2)
Deux Mots 55, 56, 57, 221, 222, 224, 414, 508 (2), 656
Les Deux Petits Savoyards 22, 23 (2), 48, 157, 188 (3), 238, 240, 247, 776
La Famille Américaine 83
Fatima 27 (3)
Gulistan ou Le Hulla de Samarcande 115, 212, 213, 227, 229, 255, 260, 307 (2)
Gulnare 108, 109 (4), 110, 176, 315
Koulouf 40 (3), 420
La Leçon 107
Léhéman ou La Tour de Neustadt 32 (2), 33, 111 (2), 223, 236, 247

Léon 35 (2), 41, 44 (2), 51, 53, 54, 85, 110 (2), 149, 214, 215 (3), 217, 219, 256 (2), 257, 307 (2), 413, 505, 506
La Maison à Vendre 33, 79 (2), 110 (2), 138
La Maison Isolée 26 (3), 27, 28 (3), 106 (2), 148, 149
Marianne 107 (3)
Nina 10, 156, 212, 228, 255, 381, 421, 724, 862, 974
Philippe et Georgette 76 (2), 107
Picaros et Diégo 572
Le Poète et le Musicien 322 (2), 391
Raoul, Sire de Créqui 9 (2), 12, 23, 25, 107
Renaud d'Ast 71, 509
Une Heure de Mariage 40 (3), 84, 113 (3)
Une Matinée de Catinat ou Le Tableau 138 (2), 721
Sonstige Werke 11, 79, 115, 140 (2)
Dalayrac (unterschoben) 190
Dalberg, Johann Friedrich Hugo, Freiherr von (1760–1812) 53 (2), 177, 179 (2), 211 (2), 212, 313
Dale, Joseph (1750–1821) 121
Dalvimare, Martin Pierre (1772–1839) 156, 285, 384 (2), 393, 429, 434 (2), 440, 449, 501, 672
Damoreau-Cinti, Laure Cynthie, geb. Montalant, (Theatername: Cinti) (1801–1863) 969
Damse, Józéf (1788–1852) 655
Dance, (Miss) Sophia Louisa ? 912
Danzi, Franz (1763–1826) 313, 340, 341, 342 (4), 343 (4), 344, 345, 469, 470, 491 (3), 653, 770, 848 (2), 909
Darondeau (Fils), Henry (1779–1865) 114, 273 (2), 336, 337, 351, 356, 357, 358, 359 (2), 364, 368, 374, 375, 377, 378, 464, 476, 479 (2), 480 (2), 481, 484, 605, 670, 677, 819, 820, 821
Dashwood, A. 934
Daubonne, Herminie 438, 439
Davison, James William (1813–1885) 929, 931, 935
Davy, John (1763–1824) 123, 125 (2), 128
Dawson, (Mrs.) 972
Decius, Nicolaus (Nikolaus) (ca. 1485–nach 1546) 778
Dedler, A., vermutlich Rochus (1779–1822) 908
Dehn, Siegfried Wilhelm (1799–1858) 898
Déjazet, Eugène (ca. 1825–nach 1870) 805, 808, 810
Delaporte 554
Delaurier, Poly 316
Delieu 669, 670
Della Maria, Pierre-Antoine-Dominique (Domenico) (1769–1800)
Lieder 177 (2)
Opern
L'Oncle Valet 108 (2)
L'Opéra-Comique 27 (3), 28 (2), 78 (4), 107 (8), 184 (2)
Le Prisonnier 23 (2), 24, 78 (3), 106 (4), 108, 159, 179, 219
Le Vieux Château 207
Delvacq 539
Demar, Johann Sebastian (Sébastien, J. Sébastien, Jacques Sébastien, Pierre) (1763–1832) 35
Demar, Therese (1763–1832) 458

Dennerlein, W. 311
Depeelaert, Auguste s. Peellaert, Auguste de
Derwort, G. H. 312
Desanges, G. T. 947
Désargus, Xavier (ca. 1768–1832) 384, 430, 433, 439, 463, 467 (2), 469, 471, 474
Desbordes-Valmore, Marceline (1786–1859) 455
Desjardin(s), Léopold 446 (2)
Desomère Fils, Edouard 730
Désorméry, Jean-Baptiste-Léopold-Bastien (1740–1810) 470, 471
Desormes, Charles Bernard (1771–?) 162
Dessauer, Joseph (1798–1876) 802
Destouches, Franz Seraph von (1772–1844) 132, 278
Detroit, Carl Friedrich (ca. 1794–?) 414
Deval, Harry 936
Devienne, François (1759–1803)
Opern
Les Visitandines 12, 13, 40, 74 (3), 76 (2), 106, 111, 188
Le Valet de Deux Maîtres 110
Sonstige Werke 175 (3), 176, 577
Dezède (Dezedes), N. oder Nicolas (in Wirklichkeit Alexandre) (ca. 1740/1744–1792) 4, 91, 107
Diabelli, Anton (1781–1858) 220, 259, 390, 423 (2), 618, 620, 720, 721, 724, 772, 871
Dibdin, Charles (1745–1814) 92, 93, 100, 119, 128
Dibdin, Thomas John (1771–1841) 135
Dietrich, J. A. 428, 440
Dietrichstein (Didrichstein), Moritz Joseph Johann Reichsgraf von (1775–1864) 407
Dillenberger 675
Dinkler, Conrad 944
Ditfurt 890
Dittersdorf, Karl (Carl) Ditters von (1739–1799)
Singspiele
Doctor und Apotheker 75, 302 (2)
Hieronymus Knicker 71
Das Rothe Käppchen 76
Der Schiffpatron 71
Sonstige Werke 88, 96, 128
Doche, Joseph-Denis (1766–1825) 606, 607, 608, 677 (9), 678 (7), 679 (2), 832
Döhler, Theodor (1814–1856) 844
Doering (Döring), Gustav 772, 865, 883
Doin, (Mme.) S. 452
Dolive 817
Dombroski, Count 968
Domnich, Heinrich (1767–1844) 432
Donizetti, Gaetano Domenico Maria (1797–1848)
Opern
Anna Bolena 635, 697, 790, 843
Belisario 637 (19), 698 (23), 803, 804, 958 (2)
Don Pasquale 641 (14), 701
L'Elisir d'Amore 636 (20), 697 (15), 698 (7), 791, 801, 958 (2)
La Fille du Régiment 535, 536 (9), 703, 959
Il Furioso all'Isola di San Domingo 794, 801
Gianni di Calais 804
Linda di Chamounix 639, 640 (8), 701 (11), 959
Lucia di Lammermoor 637, 699, 807 (2), 960

Lucrezia Borgia 638 (20), 699, 960
Maria di Rohan 641 (9), 642 (5), 701 (4), 702 (11)
Marino Faliero 637 (4), 638 (16), 699, 804 (4)
Olivo e Pasquale 805
Parisina 639 (18), 699 (2), 700 (19)
Torquato Tasso 804, 805
Sonstige Werke 807, 921 (2), 935, 967 (2)
Donjon, Jenny 552
Donzini, L. 936
Donzini, R. 939
Dotzauer, Justus Johann Friedrich (1783–1860) 284, 744 (3)
Dourlen, Victor (1780–1864) 129, 347, 348, 349, 350, 353 (2), 355, 357, 367
Doy-Neff 543, 544
Doyen, Lucy 547
Drake, Erik (1788–1870) 44
Drechsler, Joseph (1782–1852) 201, 586, 587, 633 (13), 689 (10), 692, 723 (10), 724
Dreleng 437, 438
Dreuilh, Johann Jacob (1773–1858) 438
Dreyer, Johann Baptista ? 908
Drouet, Louis (1792–1873) 761
Dubournial, (Mme.) 366
Duchambge (Du Chambge), Pauline (geb. Charlotte-Antoinette-Pauline du Montet) (ca. 1778–1858) 459, 460 (2), 462, 469, 482 (2), 643, 750 (2), 832 (3), 837, 841
Ducocq, A. 549
Ducray-Duminil (Ducrey Dumenil), François-Guillaume (1761–1819) 478
Ducrêst de Villeneuve 264, 428 (2)
Dufay, Henry 480
Dugazon, Gustave (1782–1826) 274 (4), 333 (2), 384 (2), 385 (3), 386, 429, 431, 437 (2), 442 (2), 447, 450, 451, 541, 603, 629, 671, 816
Dumonchau, Charles-François (1775–1820) 81 (2), 83, 85, 115 (2)
Dunckel, Franz (1769–1845) 284 (2)
Dunois, M. 965
Dupierge, Félix 456, 458
Dupierge, François 452
Duplessis 544, 550
Dupont, Alexis (1796–?) 368, 370, 372
Duport, Jean Louis (1749–1819) 78
Duport, Jean Pierre (1741–1818) 91
Dupuy (Du Puy), Jean-Baptiste-Edouard-Louis-Camille (ca. 1770–1822) 17, 18 (2), 19, 20 (2), 27, 46 (2), 64, 76, 77, 82, 205, 208 (2), 407, 411, 412 (2), 413, 420 (2), 498, 504 (2), 506, 513 (5), 610, 656 (2), 659 (2), 663 (2), 860
Duquesnoy, J. (Pseud. von Charles-François-Honoré Lanctin) (1759–1822) 106, 107
Durette, Camille (1803–?) 541, 603
Durst, Mathias (?–1815) 958 (4)
Dussek, Johann Ludwig (Ladislaus) (1760–1812) 33, 37, 50 (2), 81 (2), 82 (3), 83, 120, 129 (2) 156, 158 (2), 169, 183, 228, 239 (2), 271, 286, 407 (2), 411, 412, 415 (2), 416, 617, 661, 973 (2), 994
Duval, Adolphe 541, 542, 603, 605
Duval, Edmond 836, 839, 841
Duval, Henry 386
Duvernoy, Frédéric-Nicolas (1765–1838) 429, 433, 440, 441, 484 (2), 485 (2), 602, 603 (2)

Duvernoy, Jean Baptiste 468, 472
Duvivier, Jenny 451 (2), 457
Dyneley, E. H. 934
Dyson, J. L. 932

E. B. 714
E. D. 764
E. L. 496
E . . s, C. E. A. Freyherr von 329
Ebell, Heinrich Carl (1775—1824) 145, 146,
  168, 248 (2), 289
Eberl, Anton Franz Josef (1765—1807) 37,
  79, 278
Ebers, Karl (Carl) Friedrich (1770 (oder 1772)
  —1836) 75, 133, 649, 877, 888 (3), 891 (2),
  892
Eberwein, Carl (Franz Carl Adalbert) (1786—
  1868) 778, 886, 887 (2), 889, 890, 924, 949
Eberwein, Traugott Maximilian (1775—1831)
  673, 728, 890, 892
Ebhardt, Gotthilf Friedrich (1771—?) 896
Ebner, Wolfgang (1612—1665) 503
Edelmann, Johann Friedrich (1749—1794)
  88, 96
Effimovitch 444
Egeling (Eggeling), Eduard (1813—1885) 860
Eggert, Joachim (Georg) Nikolas (1779—1813)
  44
Egghard, Julius (Pseud. von Reichsgraf Johann
  Julius von Hardegg) (1834—1867) 703
Ehlers, Wilhelm (1774—1845) 875
Ehrlich, Christian Friedrich (1807—1887)
  892 (2)
Eichler, Friedrich Wilhelm (1809—?) 788, 789,
  793 (2), 799
Eisen, M. C. 535
Eisenbeck, Ferdinand Florian 143, 144, 146
  (2), 147 (4)
Eisenhofer, Franz Xaver (1783—1855) 649,
  871, 872, 893, 894 (2), 895 (5)
Ellerton, John Lodge (1801—1873) 912, 970
Elmenreich, Johann Baptist (1770—1816)
  191, 234, 296
Elrington, Stephen N. 941
Elsner, Joseph Anton Franciskus (Józéf Antoni
  Franciszek) (1769—1854) 147 (2), 170 (3),
  171 (10), 172 (12), 173 (5), 247 (2), 248
  (4), 849
Elwart, Antoine Amable Elie (1808—1877)
  554
Emich 158, 159
Enckhausen, Heinrich Friedrich (1799—1885)
  888, 889, 890 (2), 891
Endres 553
Enkhausen, s. Enckhausen
Ennery, C. d' (wirkte Ende des 18. Jh. in
  Paris) 111 (4), 263
Erfurt, Carl Gottlieb (1807—1856) 885 (2),
  886 (2), 887, 888 (2), 889, 890 (2), 891,
  892 (5)
Ernest 544
Ernst, Friedrich (1805—?) 983
Esain, A. 927, 929, 941
Étienne, Denis-Germain (1781—nach 1814)
  265
Ett, Kaspar (1788—1847) 394 (3), 395 (3),
  396 (3), 398 (5), 399 (11)
Eybler, Joseph Leopold Edler von (1765—1846)
  387, 722

F. A. A. 571
F. B. 498, 669
F. K. 419
Fr . . . ke, Sig. von 143
Fahlroth, J. A. 25
Fahrbach, Joseph (1804—1883) 709—711
  (73), 712 (17), 962 (6)
Faistenberger, Johann 690 (15), 724, 789
Falandry, Alexis Germain (1789—1853)
  848 (2)
Falbe, Hans Hagerup (1772—1830) 57, 208
  (2), 759, 760
Farcy, François-Charles (1792—?) 445, 449
  (2), 457, 458, 642 (2), 643 (3), 644 (3)
Farinelli (Finco), Giuseppe (1769—1836) 233,
  271, 309, 360, 487, 488
Farrenc, Jacques Hippolyte Aristide (1794—
  1865) 455
Farrenc, Jeanne Louise (geb. Dumont) (1804—
  1875) 460
Fasch, Karl (Carl) Friedrich Christian (1736—
  1800) 564, 564 (5) zweifelhaft, 567
Fastré, Joseph (1783—1842) 391 (2), 392 (2)
Fatschek, Bernhard (1800—nach 1835) 302,
  303 (4)
Fauvel, André-Joseph (1756—?) 40
Favart, Adèle (1797—?) 627, 628
Favier, A. 580
Fawcett, John (ca. 1824—1857) 945
Federici, Francesco (2. Hälfte des 17.—An-
  fang des 18. Jh.) 191, 192, 227
Federici, Vincenzo (1764—1826) 271, 356
Fein, Eduard 880
Feisthamel, Jules 458, 463, 466 (2), 467,
  628
Félix de la Motte, Coralie de (geb. van den
  Cruyce) 337, 338, 472, 754, 817, 819
Féneaux, J. 471
Féneaux, Pauline 471
Féréol, A. 751 (2)
Ferrari, Gotifredo Jacopo (Giacomo Goti-
  fredo, Jakob Gottfried) (1763—1842) 109,
  132, 243, 359, 360, 385, 408, 502, 871, 994
Fesca, Friedrich Ernst (1789—1826) 675 (3)
  680, 681, 768, 773, 894
Festa-Maffei, Francesca (1778—1836) 263
Festing, John 88
Fétis, François-Joseph (1784—1871) 450,
  455, 459, 727, 728, 906
Feuerbach, Bernhard (1802—?) 986 (2),
  987, 989
Field, John (1782—1837) 50, 67, 553, 557,
  645, 713, 844, 975 (3)
Finck, Hermann (lebte gegen 1557 in
  Wittenberg) 569
Finiels, F. A. 335, 607, 815
Fink, Gottfried Wilhelm (1783—1846) 315
  (2), 888, 895, 896
Fiocchi, Vincenzo (1767—1843) 155
Fiochietti 97
Fioravanti, Valentino (1770—1837) 261,
  272, 347, 478, 491 (3), 559, 579 (2), 583
  (4), 595 (4)
Fischer 893
Fischer, de 447
Fischer, Anton (1778—1808) 188 (2), 189
  (3), 191 (3), 195 (2), 196, 212, 214, 216,
  218, 220, 226, 244, 255 (2), 256, 257, 258,
  290, 293, 322, 486, 487, 652
Fischer, Carl 693 (23)

Fischer, Johann Christian (1733—1800) 98, 101

Fitzwilliam, Edward Francis (1824—1857) 933, 936, 939, 940, 942

Fleischmann, Johann Friedrich Anton (1766—1798) 312

Flemming, Fried. Ferdinand 894

Flemming, Wilhelm 142

Fleury, Charles 161 (2), 162, 163 (4)

Flood, Edwin 938, 939, 940 (2), 941, 942, 943 (3), 944 (3), 946

Florian, Jean-Pierre Claris de (1755—1794) 36

Florio 499

Florio, Charles H. (?—1820) 121, 127

Flotow, Friedrich von (1812—1883) 960 (3)

Fodor-Mainvielle, Joséphine (1789—1870) 654 (2)

Foersom, Frederik (1805—1854) 424, 862

Förster, Emanuel Aloys (1748—1823) 53

Foissi, (Mme.) de 430

Foltmar, F. W. von 420, 424, 858, 859

Fontmichel, Hippolyte-Honoré-Joseph Court de (1799—?) 808

Fontry, (Mme.) de 455

Fontvanne, Alphonse 460, 462

Forcht, Franz Moritz (1760—1813) 324, 325 (2), 326, 327

Ford, Thomas (ca. 1580—1648) 97

Forment, A. 746

Forsberg, A. G. 51

Fournes 771

Fournes, P. J. 870

Fournier 163

Fränzl, Ferdinand (1767—1833) 339, 340 (2), 341, 343, 345, 600

Francesco 97, 475 (2), 476

Franz, Charlotte 767

Frary 130 (2)

Freubel, Johann Ludwig Paul L. (1763—1828) 15, 32, 392

Frey, J. 430, 452

Freystädtler, Franz Jakob (1761—1841) 133

Friard, André 548 (2)

Friard, Louis 839 (2)

Friedrich, Sophus 886, 890

Frigel, Per (1750—1842) 20, 53, 66

Friling, E. 498 (2)

Frisch, Carl Gustaf (1738—1793) 7

Froberger, Johann Jakob (1616—1667) 982

Fröhlich, Franz Joseph (1780—1862) 277 (3), 278 (6), 279

Fröhlich, Johannes Frederik (1806—1860) 425, 761

Frommelt, A. (Prediger an der Garnisonkirche zu Berlin, Komponist von 1821—1835 erschienener Rondos, Potpourris, Tänze für Klavier) 59, 62

Fuss (Fuß), Johann (ca. 1777—1819) 236, 240, 244, 247, 490, 713, 895

G. D. 764, 765

G. J. N. 329

G . . . . n 659

G., (Mme.) T. 543

G . . . ., M. . 499

Gabel, W. 172

Gabler, Christoph August (ca. 1770—1839) 132, 139, 419, 771, 869

Gabrieli 552

Gabrielski, Johann Wilhelm (1791—1846) 761 (2)

Gabussi, Vincenzo (1800—1846) 966

Gaede, Theodor (ca. 1787—1829) 619 (2), 869

Gänsbacher, Johann Baptist (1778—1844) 202, 210, 327, 328, 651 (2), 652, 676

Gail, Sophie, geb. Garre (1775—1819) 346, 348, 353, 358, 365, 427, 436, 444 (2), 628, 669, 670 (3), 671

Gallenberg, Wenzel Robert Graf von (1783—1839) 402, 559 (3), 560 (3), 575, 580 (7), 581, 625, 645, 654, 685, 776, 845, 863 (7), 864 (7), 953

Galliard, Johann Ernst (1687—1749) 89

Gallus, Johann s. Mederitsch, Johann

Galopin, J. 548

Galuppi, Baldassare (1706—1785) 93

Garat, (Mme.) Fabry 540, 602

Garat, Joseph-Dominique-Fabry (1774—?) 105, 108, 176, 261, 319, 337, 355, 385, 386, 429, 432, 433, 438, 440, 443, 452, 459, 469, 483 (2), 540 (2), 543, 546 (5), 547, 548, 549, 550, 551, 552, 602, 606, 628, 670, 749, 820, 850

Garat (Aîné), Pierre-Jean (1764—1823) 40, 430, 431, 432 (2), 434, 436

Garaudé, Alexis de (1779—1852) 346 (6), 347 (4), 348 (7), 349 (6), 350 (3), 351 (3), 352 (5), 353 (3), 354 (4), 355 (4), 356 (5), 357 (2), 358, 359 (2), 360 (4), 361 (3), 362 (4), 363 (3), 364 (5), 365 (5), 366 (3), 367 (4), 368 (3), 369 (3), 370 (6), 371 (3), 372 (3), 373 (3), 374 (5), 375 (6), 376 (5), 377 (3), 378 (4), 379 (5), 380 (5), 381 (5), 382, 437, 438, 442, 479 (2), 485, 629, 669, 725, 728, 730, 731, 732

Garcia, Manuel del Popolo Vicente Rodriguez (1775—1832) 629, 965, 966, 967

Gard, Jules 470, 471

Garnault, H. 353, 354, 355

Garnett, J. 924

Gasse, Hippolyte 549, 552, 553

Gassmann, Florian Leopold (1729—1774) 72

Gassner, Ferdinand Simon (1798—1851) 674

Gastaritz, Michael 778

Gatayes, Guillaume Pierre Antoine (1774—1846) 385, 386 (5), 452, 458, 670, 671

Gattermann, Michael Samuel David (1748—1829) 561 (3), 562 (3), 563 (2), 564 (2), 565 (6), 566 (2)

Gaubert, Denis 442, 447, 451, 452 (2), 455, 459

Gaussoin, Auguste 840

Gaveaux, Pierre (1761—1825)
Opern
L'Amour Filial 74, 75, 76, 105 (2)
Avis aux Femme 114
Le Bouffe et le Tailleur 114, 286, 502
Le Diable Couleur de Rose ou Le Bonhomme Misère 114 (2)
La Famille Indigente 106 (2)
Léonore 107 (3)
Le Petit Matelot 24, 25, 38, 77 (5), 81, 301
Le Traité Nul 105, 106
Le Trompeur Trompé 81 (2), 113, 114 (2)
Un Quart d'Heure de Silence 113 (2)
Romanzen und andere Vokalwerke 105, 114, 431, 435, 436, 441, 448 (2), 451, 454, 457

Gavilieff 78

Gazzaniga, Giuseppe (1743—1818) 502

Geary, J. 101 (8), 122

Gebauer, François René (1773–1845) 85
Gebel, Franz Xaver (1787–1843) 248
Gebel, L. 703
Gebhardi, Ludwig Ernst (1787–1862) 978 (3)
Geißler, Carl (1802–?) 990 (6), 991 (5), 992
Geissler, Heinrich 785
Gelinek, Joseph Abbé (1758–1825) 35, 39, 46, 47 (2), 48, 49, 51, 55, 73, 83, 101, 132, 229, 236 (2), 237, 245, 311, 317, 318, 319, 320, 402, 406, 411, 412 (2), 413 (2), 414, 416, 417, 424, 617 (2), 619, 659, 714, 856
Generali, Pietro (1783–1832) 272 (2), 362, 371, 555, 571, 583, 595, 682
Geništa 855
Georgeon, Henriette s. Moraux Domatre, Henriette (geb. Georgeon)
Georgi, Johann Gottlieb (1770–vor 1813) 284
Georgii 29
Gerber, Ernst Ludwig (1746–1819) 21
Gerke, August (Violinvirtuose und Komponist Anfang des 19. Jh.) 406 (3)
Gerlach, J. D. 312, 314
Gernandt, Johan (1769–1850) 20, 22
Gerson, George (1790–1825) 718
Gerson, Nicolaus 737 (2), 739
Geyer, Johann Egid (Aegidius) (1770–1808) 139
Giacomelli, Giuseppe (1759–1822) 261, 497, 669
Gianella, Luigi (Louis) (ca. 1778–1817) 360, 361
Giardini, Felice de (1716–1796) 88, 131
Gibbons, Orlando (1583–1625) 97
Gilles, Henri-Noël (1779–nach 1814) 38, 268, 347, 348 (2), 351, 363, 385, 496, 670
Gillespie, W. F. 943
Ginestet, Emilien de 448, 458
Ginestet, François-Regis-Prosper Vicomte de (ca. 1796–1860) 446, 450, 452 (2), 455, 458, 460, 462, 467
Gioja, Gaetano (1768–1826) 191 (3)
Giordani, Tommaso (ca. 1733–1806) 92 (2), 94, 95, 97, 98, 128
Giornovichi, Giovanni Mane (Jarnovich) (1745–1804) 129 (2), 138
Giroud 482
Girschner, Christian Friedrich Johann (1794–1860) 927, 929
Giuliani, Francesco (ca. 1760– nach 1818) 92
Giuliani, Mauro (1781–1829) 308–310 (58), 319, 320 (2), 445, 447, 473 (10), 619, 653, 731, 876
Giuliani, Nicolò 224
Giuseppe 386
Glachant, Antoine-Charles (1770–1851) 385, 644 (2)
Gläser, Franz Joseph (1798–1861) 533 (4), 534, 724, 771, 775 (2), 793, 794
Gleichmann, Johann Andreas (1775–1842) 650, 653
Gleisman, Carl Erik (1767–1804) 8, 14, 15, 16 (3), 18, 20, 24, 27
Glover, Charles William (1806–1863) 929 (2), 935, 938, 941
Glover, G. Werner 942 (2), 944
Glover, Stephen (Ralph) (1812–1870) 941, 942, 943, 944, 945 (3), 946 (2), 947 (9)

Gluck, Christoph Willibald (1714–1787)
Opern
   Alceste 9, 12, 32, 69, 198, 213, 226, 255, 421, 681, 779
   Armide 36, 45, 54 (2), 62, 69, 139, 199, 226 (2), 227, 228 (2), 229 (3), 383, 716
   Iphigénie en Aulide 13, 69, 133, 134, 234, 235 (2), 302 (3), 306, 312, 313, 421, 580
   Iphigénie en Tauride 13, 52 (3), 54, 63, 69, 197 (2), 215 (2), 216 (2), 218, 224 (2), 254, 289, 558, 576, 721, 724, 741
   Orfeo ed Euridice 13, 213, 214, 220, 263, 264 (2)
   Paride ed Elena 222
   La Rencontre Imprévue 3, 14, 184, 222, 223
   Sonstige Werke 3, 9, 157, 239, 658, 974
Godefroid, Jules-Joseph (1811–1840) 501, 805
Godfroy, A. 550, 551, 552 (2), 820
Goes 15
Götz (Goetz), E. von 209 (4), 210 (2)
Götzloff 35
Gollmick, Friedrich Karl (Carl) (1774–1852) 311 (2), 312, 313
Gomion, L. 810, 938
Gordigiani, Giovanni Battista (1795–1871) 475
Gore, (Mrs.) 927 (2)
Gossec, François-Joseph (1734–1829) 29, 156, 237, 444 (2)
Gottschalck, F. 777
Gouet, Arsène 755 (12), 756 (14), 757 (12)
Goulé, Jacques-Nicolas (1774–1818) 385, 393, 477, 538 (3), 670, 995 (2)
Gourieff, Comtesse 949
Gouzy, F. L. 546
Graham, I. 934
Graille 549, 552
Grammont, Mme. de (geb. Renaud d'Allen) (ca. 1790–nach 1823) 628
Grandfond, Eugène (1786–nach 1810) 445
Granier, Joseph 481, 482
Granville, (Mlle.) C. 347
Grast, Franz (ca. 1800–1871) 468, 470, 471, 544, 545 (3), 546, 547 (4), 550, 552, 553 (5), 666 (2), 668
Grast, J. 546
Grattann, W. H. 943
Gratz (Graz, Graetz), Joseph (1756–1826) 394 (2), 397, 398 (7), 399, 400
Graun, Carl Heinrich (1703 oder 1704–1759) 91, 93, 991
Gray, George (1815–1888) 285
Greene, Maurice (1696–1755) 97 (2)
Greith, Franz Josef (1799–1869) 673, 675 (2), 676 .
Grem, Tomasz 171
Grenser, Johan Frederik (1758–1794) 8 (3), 10, 11, 20 (2), 77, 157, 159 (2), 183
Grétry, André-Ernest-Modeste (1741–1813)
Opern
   Anacréon chez Polycrate 544
   La Caravane du Caire 22 (3), 51, 76
   Delphis et Mopsa 153
   Les Deux Avares 190
   Elisca ou L'Amour Maternel 108
   Lisbeth 106 (2)
   Les Mariages Samnites 91, 230, 773
   Les Maures d'Espagne 40
   Panurge dans L'Ile des Lanternes 24, 108

Raoul Barbe-Bleu 186, 187 (2), 233, 244 (2), 246, 305 (2)
Richard, Cœur de Lion 7 (3), 11, 36, 45, 101, 107, 213, 256
Zémire et Azor 5, 35, 55 (3), 217, 218, 258, 874
Sonstige Werke 17, 369, 479 (2), 480 (2), 814
Grétry, André-Joseph (1774−1826) 444
Grétry Aîné s. Grétry, André-Ernest-Modeste
Grétry Neveu s. Grétry, André-Joseph
Greulich, Carl Wilhelm (1796−1837) 886, 890
Grevesmöhlen, Carl August (1754−1823) 33
Grill, Franz (?−ca. 1795) 132
Grill, Joh. 783
Grisar, Albert (1808−1869) 535, 806, 807, 810, 811, 838 (2), 839, 840, 842
Grønland, Johan Frederik (1787−1843) 77, 84
Groetaers, L. N. (Amateur) 729, 730 (4), 732, 746
Grogan, Larry (?−1806) 88
Grosheim, Georg Christoph (1764−1841) 150 (3), 151, 294, 313, 649
Gross, Heinrich (wirkte 1793 in Schweden) 81, 165 (2), 166 (2), 167 (2)
Grotke 148
Grund, Friedrich Wilhelm (1791−1874) 887, 888, 889, 891, 892 (2)
Guénée, Lucas (1781−1847) 429, 431, 437, 441, 672
Guénin, Hilaire-Nicolas (1773−?) 274, 437
Guénin, Marie-Alexandre (1744−1819) 434, 437
Guénin Fils s. Guénin, Hilaire-Nicolas
Guénin Père s. Guénin, Marie-Alexandre
Günther, Georg Valentin (1785−1853) 64
Guérin, J. R. 542, 603
Guernsey, Wellington (1817−1885) 936, 942, 943, 948
Gürrlich (Gürlich), Joseph Augustin (1761−1817) 74, 81, 84 (2), 164 (3), 165 (2), 166, 167 (3), 168, 311
Güttler 143
Guglielmi, Pietro Alessandro (1728−1804) 88 (4), 264 (2), 272, 285, 350 (2), 475, 556
Guido, Giovanni-Antonio (Ende des 17. Jh.−?) 155
Guillon, Albert (1801−1854) 374
Guiraud, Jean Baptiste (1803−ca. 1864) 462
Gumlich, F. 649
Gurwood, G. 934
Guylott, Robert (1794−1876) 920, 923, 924, 928 (2), 936
Gyllenhaal, (Frøken) 82
Gyrowetz, Adalbert (1763−1850)
Ballette
Atalante und Hippomenes 193 (3), 196, 199 (3), 226
Der aus Liebe vermummte Neffe 864 (2)
Die Hochzeit der Thetis und des Peleus 322 (2), 389 (2)
Die Inkas oder die Eroberung von Peru 198, 224, 225, 226, 289
Der Zauberschlaf 390 (2), 556
Die Zwey Tanten 389 (2)
Lieder 177 (2), 297, 649, 650, 719, 724, 869, 875
Opern und Singspiele
Agnes Sorel 197 (2), 215, 216 (2), 217, 218,
230, 254, 255, 256, 409, 410 (3), 486 (2)
Aladin 576 (3), 577, 578, 581 (3), 582 (2), 596 (6), 723
Der Augenarzt 317 (4), 341, 488, 489, 490, 625, 776, 869
Emerike 225, 226 (2)
Ida 198, 218, 223, 226, 255, 258
Die Junggesellen-Wirtschaft 221, 225
Mirana 195 (6), 196
La Muta per Amore 217
Die Pagen des Herzogs von Vendôme 322
Der Sammtrock 487 (2)
Selico 244, 278
Sonstige Werke 80 (2), 158, 159, 224, 278, 284, 289

H. 499
H *** 551, 552, 553
H. D. 161
H . . . . dt 873
H., R. de 238
H . . . , Pauline 994
Haak, Friedrich Wilhelm (1760−1827) 169
Habeneck, François Antoine (1781−1849) 797
Hadot, A. Barthelmy 643
Haeffner, Johann Christian Friedrich (1759−1833) 11, 17 (2), 18, 19, 23 (2), 24, 28 (2), 30, 36, 47 (2), 68
Händel, Georg Friedrich (1685−1759) 47, 64, 67, 88, 92 (9), 93 (2), 97, 101, 104, 136, 238, 256, 319 (3), 568 (10), 569, 906, 908
Haensch, A. 653
Haensel, Peter (1770−1831) 322
Haerting 769 (2)
Häser, Johann Georg (1729−1809) 201
Hässler, Johann Wilhelm (1848−1822) 26, 32, 53, 77, 660 (3), 661 (2), 662 (2)
Haeuser, Johann Ernst (1803−?) 824
Haeusler, Ernst (1766−1837) 48 (2), 50 (2)
Hagemann, Frédéric 605
Haibel (Heibel), Petrus Jakob (1762−1826) 140, 237, 259
Haigh, Thomas (1769−1808, vermutlich jedoch später) 117, 121, 133, 136
Halévy, Jacques François Fromental (Fromentin) Elias (eigentlich Elias Levy) (1799−1862) 361, 448, 449 (2), 526, 531 (3), 535 (3), 736, 749, 750, 800, 801, 802 (4), 803, 808, 809, 810, 811 (2), 838 (2), 839, 844, 970, 971 (3)
Halm, Anton (1789−1872) 720
Hamelin, N. P. 338 (2), 821, 831
Hampeln, Karl von (1765−1834) 139
Hansen, Christian Julius (1814−1875) 862
Hansius 294
Harder, August (1775−1813) 211 (2), 279, 313, 315, 673, 774, 868
Hardivilliers, Auguste d' 444
Harington, Henry (1727−1816) 98
Harmann, Johann David (ca. 1760−1846) 144, 340
Harsford, Thomas Moor 916
Hartmann, Friedrich (um 1832 Komponist in Braunschweig) 869, 871, 877 (2), 880
Hartmann, Johann Peter Emil(ius) (1805−1900) 524, 529 (3), 536, 859 (2), 860, 861
Harwood, B. 130, 131 (3)
Hasse, Johann Adolf (1699−1783) 91, 93, 569

Hasslinger 894
Hastings, Barbara R. The Marchioness of 925
Hatton, John Liphot (1809—1886) 931, 935, 937, 947 (2)
Hatzfeld, J. 441
Hauber, Michael (1778—1848) 395
Haubold, A. 786
Haueisen, Fr. Carl (1808—?) 990 (2)
Hauptmann, Moritz (1792—1868) 744, 885 (3), 886 (2), 888, 889, 891
Hauschild 805
Hausmann, G. 273 (3), 786
Hauteclocque, (Mme.) la Baronne de 545 (2)
Haycraft, H. I. 932, 933
Haydn, Franz Joseph (1732—1809)
  Kammermusikwerke 5, 50, 54 (7), 87, 98, 232, 237, 277, 313, 908
  Klavierwerke 29, 71, 136, 162, 773, 885, 974 (2), 976 (3)
  Lieder 35, 70, 96 (3), 128, 133 (2), 135, 178 (2), 434 (2), 580, 690, 872, 874, 875
  Oratorien 43, 70, 78, 80, 103 (2), 123, 140, 141, 228 (2), 238, 247, 777, 848, 849
  Symphonien 1 (2), 2 (2), 5 (3), 6, 7 (2), 23, 26 (2), 65, 66, 71, 75, 76, 77, 79 (2), 83, 91, 101, 118, 121, 126, 132, 136—137, 158, 162 (2), 163 (8), 168, 183 (3), 184, 204 (2), 232, 278 (2), 773, 774, 886
  Sonstige Werke 57, 60, 76, 87, 98, 128, 183, 207, 388, 416, 426, 567, 680, 713, 768 (2), 849, 894, 928, 953, 954
  Unterschobenes Werk 132
Haydn, (Johann) Michael (1737—1806) 893 (2)
Hébert, Achille 551, 552
Hédouin, Pierre (1789—1868) 427, 428, 431, 437, 450, 459, 462, 464 (2), 466, 469, 470, 471, 472
Heger, August Daniel (1774—1835) 417 (2), 418, 419 (3), 420
Heger, Hans (1747—1819) 206 (2), 207, 209
Heidelberg, C. 938
Heine, F. 178 (2)
Heip, J. 328
Held, Bruno (lebte ca. 1815 in Mannheim) 930
Held, Johann Theobald (1770—1851) 201 (4), 202 (4), 210 (2), 211, 327, 328 (2), 329 (2)
Hellwig, Karl Friedrich Ludwig (1773—1838) 132, 874, 908
Helmholz, Carl 891
Hemans (Schwester von Mrs. Hemans) 955
Henkel, Georg Andreas (1805—1871) 650, 651, 979 (2), 980, 981, 983, 988 (2), 990
Henkel, Michael (1780—1851) 62, 979 (2), 980 (2), 981 (3), 982 (2), 984 (2)
Henneberg, Johann Baptist (1768—1822) 213 (2), 219, 246, 897
Henry 552
Hensel, Gottlob (ca. 1765—ca. 1826) 142, 145 (2), 147, 148, 248 (2)
Hérault 338
Herder 209
Herdliska, Henri (Pseud. von: Tourterelle) (1796—1821) 431, 453
Hering, Carl (Karl) Eduard (1809—1879) 852 (3), 853, 855, 872
Hering, Carl Gottlieb (1766—1853) 895, 896
Hermann, Johann David (ca. 1760—1846) 54, 340
Hernaut, H. 874

Hérold, Louis Joseph Ferdinand (1791—1833)
  Ballette
  La Somnambule 810
  Sövngjængersken 859
  Opern
  La Clochette ou Le Diable Page 424, 515 (2), 580, 592 (2), 822
  L'Illusion 792, 793 (2)
  Lasthénie 728
  Ludovic 526, 527 (7), 528, 862, 915
  Marie 69 (2), 519 (3), 520, 692, 731, 732, 778, 779, 780, 858 (3), 859 (2), 862, 886
  La Médecine sans Médecin 802 (2), 803
  Le Pré aux Clercs 528 (4), 531 (2), 951 (2), 972
  Le Roi René ou La Provence au XVe Siècle 727
  Les Rosières 416, 509 (3), 680
  Zampa ou La Fiancée de Marbre 522 (8), 634 (18), 635 (4), 696 (22), 789 (2), 791 (3), 792, 793, 861 (3), 879, 951 (3), 957 (6), 958 (3)
  Sonstige Werke 780, 798, 918, 922, 935, 936
Herold, W. 828
Herrmann, J. 144, 183
Herrmann, Johann 778
Herrmann, Johann Heinrich Wilhelm? (1785—1861) 874
Hertz 412 (2), 414
Herz, Henri (1803—1888) 63, 742 (2), 743, 791, 792 (2), 795, 796 (2), 801 (2), 802, 809, 858 (3), 859 (3), 911, 912, 914 (3), 915 (3), 916 (3), 917 (4), 918 (2), 919 (3), 920, 921, 923 (2), 925, 926 (2), 930 (2), 931 (3), 932 (2), 935, 938, 941, 954 (2), 966, 968, 969, 972, 973, 975, 977
Herz, Jacques Simon (1794—1880) 352, 354, 811, 971 (2)
Hesse, Adolph Friedrich (1809—1863) 979, 980 (5), 981 (2), 982 (2), 983, 985 (3), 986 (2), 987 (4), 988 (2), 989 (3), 990, 991
Hessner, W. 769, 773, 775, 777 (2), 779
Hettersdorf, E. von 652, 672, 675, 676
Heudier, Antoine François (1782—nach 1840) 607 (2), 677 (2), 678 (2)
Hewitt, James (1770—1827) 117, 120, 121 (2), 136
Hewitt, John H. (1801—?) 936 (2)
Heyne, Felicitas Agnesia, geb. Ritz (1756—nach 1791) 178 (2)
Heyne, Friedrich 284
Heyse, Anton Gottlieb 157
Hildebrandsson, Hildebrand (1791—1858) 718 (2)
Hildebrandt 344, 786
Hildenbrand (Musikdirektor am K. K. Hof-Opern Theater nächst dem Kärnthner Thor in Wien um 1824) 720 (2), 896
Hill, Uri K. (Amerikanischer Komponist Anfang des 19. Jh., Vater von Ureli Corelli Hill) (1802?—1875) 130, 131 (3)
Hiller, Johann Adam (1728—1804) 872
Himmel, Friedrich Heinrich (1765—1814)
  Klavierwerke 81, 85, 159, 165, 409, 993
  Lieder und mehrstimmige Gesänge 74, 81 (2), 164 (3), 165 (3), 166 (4), 167 (2), 168 (3), 174, 177 (4), 178, 179, 180 (3), 230, 252, 312, 411, 420, 491, 630, 649, 653, 674, 675, 683, 714, 715 (3), 716 (2), 723,

740, 783, 866, 867, 869, 871, 873 (3), 875, 965, 993
Opern
Fanchon, das Leiermädchen 33, 49, 56, 218, 224, 233, 234 (2), 270, 405, 406, 416, 504 (2), 582 (2), 594 (4), 616, 656 (2), 721, 775 (3), 779, 889
Die Sylphen 60, 270, 279, 285, 993
Hinner, Philipp Joseph (1754—nach 1805) 158, 159
Hippolytè, A 549
Hirtl, Heinrich 690, 724
Hitzelberger, Johann Franz 342
Hodson, George Alexander (ca. 1800—ca. 1850) 913, 914 (4), 915, 942 (2), 953
Hoffmann 416
Hoffmann, Ernst Theodor Amadeus (1776—1822) 172
Hoffmeister, Franz Anton (1754—1812) 71, 73, 132, 141 (2), 256, 257, 279, 300, 301, 304, 305 (2)
Hogan, J. M. 932
Hogarth, George (1783—1870) 953
Holder, Joseph William (1764—1832) 910, 911
Holenz, Johann Wilhelm 147 (2)
Holm, J. F. 845
Holmes, Wilhelm Henry 926, 941, 947 (2)
Homilius, Gottfried August (1714—1785) 566 (4), 567 (4), 569
Honorine (Mme.) xxxx 447, 451
Hook, James (1746—1827) 87, 88, 89, 90 (2), 92, 96 (4), 98 (2), 101, 103 (6), 104, 115, 121, 122, 124, 125, 127, 134, 135
Hoppe, Johann Gottlieb (1774—?) 144
Horak, F. 146, 147 (2)
Horn, Charles Edward (1786—1849) 910, 911, 912, 913, 914 (2), 918, 919, 920, 926, 928, 930, 931, 939, 940, 941, 944, 954 (2), 955, 967, 969
Horzălka, Johann (1778—1860) 401 (2), 743
Hospital, L. 131
Houzé, Amand (1784—1830) 627 (3), 628 (2), 629
Huber, Ferdinand Fürchtegott (1791—1863) 896
Hünten, Franz (1793—1878) 68, 69, 719, 742, 784, 790, 804, 807, 859 (4), 861, 913, 915 (2), 917, 918, 968 (2), 971, 972 (2), 974, 975 (3), 977
Hünten, Wilhelm (Bruder von Franz H.) 717 (2), 811, 860 (2), 912
Hüttenbrenner, Anselm (1794—1868) 683
Hüttner, C. A. 828, 829
Huin, N. 365
Hummel, Johann Bernhard (ca. 1760—ca. 1805) 59
Hummel, Johann Nepomuk (1778—1837) 58, 60 (3), 61, 62, 63, 75, 198 (2), 200 (2), 223, 224, 227, 228, 244, 258, 259, 260 (2), 279, 290, 317 (2), 318 (2), 319 (2), 320 (2), 321, 383, 384 (17) 387, 407 (4), 415 (3), 423 (2), 425 (3), 503 (2), 580, 716, 718 (3), 720 (3), 741 (3), 743, 744, 827, 843, 845, 857, 953, 954, 955 (2) 956, 967, 968, 969, 974 (4), 977, 992
Humphreys (Humphries), John (?—1730) 934
Hurel, Ferdinand van der 825
Hurka, Friedrich Franz (1762—1805) 85 (2), 144 (3), 145, 164 (3), 165 (3), 167 (2), 168 (3), 173, 174 (2), 175 (2), 178 (3), 180, 186, 228, 630, 684, 723, 875

Hus-Desforges, Jean-Baptiste (1776—1838) 442, 464, 465, 469
Hustache, Claudius Théodore 539 (2), 541, 542, 543, 607 (2)
Hyppolite 351

Ibsen, Lars Möller (1786—1846) 759 (4), 760 (11)
Imbimbo, Emanuel(e) (ca. 1765—ca. 1839) 455, 459, 460, 552
Irgens, Hanne (Johanne) (1792—1853) 421
Isouard, Nicolò (auch Nicolò de Malte) (1775—1818)
Lieder 350, 353, 355, 427, 431, 434, 440, 441, 448, 876, 894
Opern
Le Billet de Loterie 318, 583, 594
Cendrillon 41 (5), 42 (4), 47, 48, 243 (4), 291, 292, 304 (4), 314 (2), 317 (2), 318 (2), 387?, 405 (2), 406, 408, 414, 477, 486 (3), 487 (2), 721, 770, 784, 820, 867, 879, 974
Les Confidences 82 (2), 83, 112 (2), 285
L'Intrigue aux Fenêtres 37, 114 (4), 506 (2)
Jeannot et Colin 414, 507, 508 (3), 610
Joconde 50 (2), 51 (2), 53, 321, 387, 403 (3), 404, 409, 410 (3), 415 (2), 416, 417, 507 (2), 508, 557, 594 (3), 595 (3), 630, 659, 689, 768, 769, 876, 889
Léonce 85 (3)
Lully et Quinault 510 (2)
Le Médicin Turc 113 (4)
Michel-Ange 83, 112 (2), 285, 415, 486 (2), 509 (2)
Les Rendez-Vous Bourgeois 45
Un Jour à Paris 49, 306 (2), 307, 317
Ivanovitz 41

J. B. 765
J. T. 285 (3), 286 (3)
J-g-sch (vermutlich Jungnitsch) 146
Jackson of Exeter, William (1730—1803) 86 (12), 94 (5), 95 (19), 99, 102 (9), 103 (3), 128, 135
Jadin, Adolphe (1794—1867) 452
Jadin, Léonide 428, 433, 447
Jadin, Louis-Emmanuel (1768—1853) 155, 162 (4), 193 (2), 199?, 214 (2), 215, 255, 258, 262 (2), 265 (2), 267, 268, 333, 334, 336, 338, 339 (2), 346, 355, 357 (3), 358 (2), 359 (2), 360, 362 (3), 367 (2), 368, 370, 371 (2), 427, 431, 441, 448, 449, 453, 455, 457 (2), 460 (2), 462, 465, 470, 502, 547 (2), 605, 606, 608, 629 (2), 668, 726, 754, 814 (2), 821 (3), 822, 831 (2)
Jadin Père s. Jadin, Louis-Emmanuel
Jäger, Carl (wirkte ca. 1820 in Berlin als Komp. und Pianist) 410, 411
Jähns, Friedrich Wilhelm (1809—1888) 883 (2)
Jahn, August Wilhelm Friedrich (ca. 1780—nach 1804) 138, 156
Janicky 172
Jansen, Johann Anton Friedrich 573 (3)
Janssens, Jean François Joseph (1801—1835) 392 (3)
Jardin 386, 443, 448
Jaspar, André (?—1863) 838
Jensen, Niels Peter (1802—1846) 426, 518 (3), 761 (2), 762 (7), 763 (12), 858
Jervis, Mary Anne 955
Johnsson 859
Joliveau, (M.) 476

Jolly, J. M. 911, 947
Jommelli (Jomelli), Nicolò (1714—1774) 906
Joujou (Pseud.) 547
Jours, J. 202
Jüngling, Cand. 290 (2)
Jullien (Julien), Louis Antoine (1812—1860)
  926, 929 (2), 932 (4), 934, 935 (2), 993
Jungnitsch, J. H. 147
Junker, E. 202
Just, Johann August (ca. 1750—1791) 91, 95

K......N, S. A. S. la Princesse Nathalie de 264
Kr-r., W. v. 143 (2)
Kabell, Johannes (1781—1855) 411 (2), 414,
  416, 418 (2), 419
Kaehler, Moritz Friedrich August (1781—1834)
  978
Kalcher, Johann Nepomuk (1764—1827) 344
Kalkbrenner, Friedrich (1785—1849) 63, 416,
  420, 424 (3), 425, 571 (2), 741, 742, 747,
  748, 787, 793, 811, 843 (2), 844, 845, 853,
  856 (3), 857, 858, 911, 912, 918, 926, 938,
  941, 953, 955, 973, 975
Kallenbach, Georg Ernst Gottlieb (1765—1832)
  204 (11), 584—585 (10)
Kalliwoda, F. 674
Kalliwoda, Johann Wenzel (Johannes Wenzes-
  laus) (1801—1866) 681, 897
Kambra, Karl (Deutscher Komponist, tätig seit
  ca. 1780) 125 (2), 129
Kamieński, Maciej (1734—1821) 172 (2), 173,
  248
Kammell, Antonio (1730—1787) 103 (2)
Kanne, Driedrich August (1778—1833) 161
  (2), 224, 227, 246, 258, 279, 314, 320, 401
  (2), 719 (2)
Kanter 673
Karrow, Carl (1790—1863) 990, 991 (5)
Karr, Henri (1784—1842) 463, 538, 856, 861
Karsten 6, 16
Kašin, D. N. 250
Kauer, Ferdinand (1751—1831) 79, 80, 81,
  85, 139, 203 (2), 226, 227 (2), 232, 293
Kauffmann 898
Keck, Philip Ludvig (1790—1848) 418, 860,
  861
Kegler, A. 650 (2)
Keller, Carl (1784—1855) 690, 716, 723, 731,
  761 (2), 762 (3), 787, 865, 866, 867, 875,
  878, 883, 884
Keller, Max (1770—1855) 978 (2)
Kellner, Johann Christoph (1736—1803) 19,
  980, 983, 989 (2)
Kelly, Michael (1762—1826) 117, 119 (2),
  120, 122
Kelz, Johann Friedrich (1786—1862) 303,
  (2), 424, 661, 716
Kerll (Kerl), Johann Kaspar (1627—1693)
  981
Kerr, (Mrs.) Alexander (wirkte in der 1. Hälf-
  te des 19. Jh.) 912
Keyper, Franz Jacob August, genannt Keyper
  der Jüngere (1793—1856) 859, 861 (2), 862
  (2)
Keyper, Franz Leopold Anton Joseph, genannt
  Anton Keyper oder Keyper der Ältere (ca.
  1756—1815) 416
Khun 480
Kiallmark, G. 910, 911, 912, 913
Kilmaine, I. D. 933

King, B. 934
Kinsky, Joseph von (1790—?) 322 (2), 556,
  577, 579 (2), 580, 721 (3)
Kirby, W. 928
Kirchberg 618, 619
Kirmair, Friedrich Joseph (ca. 1770—1814)
  15 (4), 16 (2), 33 (2), 183, 184 (3), 416
Kirnberger, Johann Philipp (1721—1783) 16,
  21, 22, 93, 565, 566, 985
Kittel, Johann Christian (1732—1809) 978 (2),
  979 (2), 980, 990
Kittler, Gottlob Friedrich (1780—1819) 62,
  408, 411 (2), 412
Klage, Karl (1788—1850) 617
Klauß, Victor (1805—?) 980, 981, 983, 984,
  986
Kleeberg, Christian Gottlieb (1766—1811)
  139
Klemm, C. J. 795 (2)
Klengel, August Stephan Alexander (1784—
  1852) 660, 662 (3), 715, 745
Klingohr, Johann Wolfgang 248
Klingohr, Joseph (1735—1829) 146 (2)
Klipstein, Georg Gottfried (1772—1836)
  147 (3)
Klonowski, Teofil (Poln. Pädagoge, Dirigent)
  860 (3)
Kloss, Carl (1792—1853) 652, 661 (2)
Knafel, Joseph Leopold (wirkte Ende des
  18. Jh.) 157 (5), 158 (4)
Knap, vermutlich Knapp, William (1698—
  1768) 131
Knapp, F. 651
Knapton, Philip (1788—1833) 914, 953, 955
Knecht, Justin Heinrich (1752—1817) 143 (6),
  144 (10), 145 (7), 146 (2), 248, 398
Kniewel, Dr. 872
Knight, Joseph Philip (1812—1887) 923, 924,
  925 (2), 926, 929, 932, 933, 937
Koch, C. 944
Kocken 551, 552
Koczwara (Kotzwara), Franz (ca. 1750—1791)
  91 (2)
Köhler, Benjamin Friedrich (1777—nach 1817)
  147 (2), 178 (2)
Köhler, Gottlieb Heinrich (1765—1833) 139,
  303 (6), 304 (3), 305, 410, 411, 618 (2), 619
König, A. 26 (2)
Kotzeluch, Leopold s. Koželuch, Leopold
Kotziusko 786
Kotzwara s. Koczwara
Kourakin, Princesse N. 445
Kozeluch, C. 183
Koželuch, Leopold Anton (1747 ?—1818)
  71, 74, 77 (2), 91, 100, 103, 122, 125 (2),
  128, 199 (2), 227, 228, 229, 235
Kozłowsky, Józef (1757—1831) 572
Kraegen, Carl Philipp Heinrich (1797—1879)
  745, 828, 829
Krall, Johann 692
Kraus, Joseph Martin (1756—1792) 1, 3, 4, 5,
  6, 8 (4), 10 (2), 11 (2), 12, 13, 24 (2), 25 (2),
  28, 52, 65 (2), 71, 72, 73, 658, 660 (2), 661
  (3)
Krause, Karl Joseph? (1775—?) 204 (2)
Krebs, Johann Ludwig (1713—1780) 979, 981,
  982
Kreith, Carl (?—1809) 139, 300, 303 (5), 304,
  .306 (2)
Kretschmar, F. W. 808

Kretschmer 446, 674
Kretzschmer 887, 891
Kretzschmer, A. 875, 876, 885
Kretzschmer, H. A. 350, 354, 356, 437, 650
Kreubé, Charles-Frédéric (1777—1846) 509
(2), 512, 627, 729
Kreuser, Johann (1763—nach 1807) 212
Kreutzer, Conradin (1780—1849)
Lieder und mehrstimmige Gesänge 617, 618
650 (2), 673, 674, 675, 854, 855, 867 (2),
871, 874, 876 (2), 882 (3), 883 (2), 893, 894,
895, 897 (2), 898, 925
Opern
Libussa 422 (2), 513 (3), 514 (3), 682, 769
(3), 772
Das Nachtlager von Granada 803 (2)
Siguna 741
Der Taucher 681, 783
Sonstige Werke 235, 236, 321 (2), 425, 617,
771
Kreutzer, Jean Nicolas Auguste (1778—1832) 443
Kreutzer, Rodolphe (1766—1831)
Opern
Jadis et aujourd'hui 180, 507
Lodoïska 25, 26, 82, 98, 126, 148, 184, 233,
305, 767, 779, 780 (2)
Paul et Virginie 406, 407, 408, 505
Romanzen 429, 435, 440, 443, 448 (2), 451,
454, 463, 627
Sonstige Werke 713, 885
Krøyer, Hans Ernst (1798—1879) 422
Krogulski, Józef Władysław (1815—1842)
827, 829
Krommer, Franz (1759—1831) 407, 411 (2),
412, 415
Kronberger 620
Krufft, Nikolaus Freiherr von (1779—1818) 783
Krumpholtz, Johann Baptist (ca. 1745—1790)
157 (7), 158 (2), 159 (3)
Kryński, J. 172
Küffner, Joseph (1776—1856) 279, 421, 656,
789, 796, 803, 994
Kühn, Joseph Karl (1803—?) 672
Küster, Johann Heinrich (ca. 1780—1842) 40
Kugler, Franz (1808—1858) 790 (3), 796
Kuhlau, Conrad Gottfr. (1762—1827) 12, 26,
35, 51, 53 (5), 57, 60, 61, 67, 205
Kuhlau, Friedrich (1786—1832) 405 (2), 406
(3), 408, 411, 412, 413 (3), 417 (7), 418 (5),
419 (3), 420, 421 (3), 422, 425 (3), 514 (10),
515 (2), 517 (5), 518, 520 (4), 524, 533 (2),
656, 663, 674, 714 (2), 715 (3), 716 (2), 717,
718 (3), 740, 761 (6), 762 (3), 763 (3), 774,
782, 784, 785 (2), 787, 846 (6), 856 (3), 857,
858 (5), 859 (2), 860 (5), 861 (4), 862, 872,
896, 913, 973 (4), 976, 992
Kuhn Georg 338
Kull, Christian J. (1765—1815) 3, 12, 30
Kummer, Carl 765
Kummer, Friedrich August (1770—1849) 745,
761, 764 (6), 766, 767
Kunstmann, Johann Gottfried (musikgebildeter
Dilettant und Kaufmann zu Beginn des 19. Jh.
in Chemnitz) 745
Kunze 774
Kunzé, Fanny 554
Kunzen, Friedrich Ludwig Aemilius (1761—
1817) 13 (2), 25, 34, 73 (5), 78, 79 (2), 159,
174, 222, 249—250 (38), 408 (3), 412 (3),
414 (2), 506 (4), 507 (4) 508, 509, 869, 888

L. 741, 846 (3)
Lxxx 162
L. C. 265
L. Ct. 746
L. H. S. 956
La** (LA**) 485, 604, 605
L., E. 496
L . . . , Madame 436, 438
L ***, (M.) 544
Le B., (M.) de*** 549
Le B***, (M.) 539
Labadie, J. P. 453
Labarre, Théodore (1805—1870) 804 (2),
805, 808, 836, 839, 916, 971, 972
Labitzky, Joseph (1802—1881) 802, 920 (2),
923 (2), 926 (2)
Lachle, Fr. 652
Lachnith, Ludwig Wenzel (1746—1820) 848
Lacoste 585
Ladureau, Auguste 539
Ladureau, Hyacinte 456
Ladurner, Josef Alois (1769—1851) 428, 436,
440, 443
Laffillé, Charles (ca. 1772—1843) 427, 428,
431, 432, 433, 434, 435, 436 (3), 437, 439,
440, 441 (3), 442 (2), 443, 444, 447 (2),
448 (3), 449, 451 (2), 452, 454 (2), 456, 459,
461 (2), 463, 464, 465, 466, 467, 468, 469,
470, 471 (2), 472, 473
Laflêche, A. M. 360
Lafont, Charles-Philippe (1781—1839) 436,
438, 444, 457, 458, 462, 464, 465, 466, 467,
478 (2), 496 (3), 545, 642 (7), 643 (8), 644
(5), 734, 735, 747, 748 (2), 749 (2), 750
Lafont, (Mme.) E. 457, 501, 642 (2), 643 (2),
644, 747
Lagatine 908
Lagerfeldt, Israel (1754—1821) 11, 28
Lagoanère, le Chevalier Oscar de (ca. 1785—
1841) 460, 468, 479, 480, 667 (2), 668,
808 (2), 831, 964 (2)
La Lance, de 239
Lamarra, D. 550, 554
Lambert, Charles-Lucien (?—ca. 1875) 431,
432, 436, 437, 450
Lambert, Georges-Joseph-Laurent (1779—1852)
159 (2), 346, 351, 352, 356, 358, 361, 362,
368, 370, 371, 373, 378, 382, 428, 430, 431,
438, 440, 442, 460, 496, 672, 995
Lambre, Barni de 463
Lami 432
Lamothe-Langon, Etienne Leon Baron de
(1786—1864) 477
La Motte, (Mme.) Antony(i) 450
Lamparelli, Antonio (ca. 1761—ca. 1832) 107,
154 (2), 251, 273, 274, 477
Lampe, C. Johann Friedrich 92
Lanctin, Charles-François-Honoré s. Duquesnoy, J.
Lane, John 130
Langshaw, W. (ca. 1718—?) 125
Lanner, Joseph (1801—1843) 692 (5), 797
Lannoy, Heinrich Eduard Josef Freiherr von
(1787—1853) 503
Lanz, Johann Michael (wirkte Ende des 18.
Jh.) 151, 651, 784
Larmande, Alfred 464
La Tour, Jean (ca. 1766—1837) 85
Lau, Christian 109, 110, 115 (2)
Laubach 945
Laurent, Alexis 470
Laurent, Charles 603 (2), 604, 746

Lauska, Franz (1764—1825) 74, 406, 416, 417, 418
Lautz, Flore 552, 553
Lautz, S. J. 470, 552, 553
Lavenu, Lewis Henry (1818—1859) 972
Le Bègue, (Mme.) (geb. Bigot-Scruchard) 551
Lebrun, Louis-Sébastien (1764—1829) 29 (2), 30, 110 (4), 233, 237, 241 (2), 243, 244, 247
Le Camus, J. B. 463
Le Camus (Lecamus), Jean-Pierre (Anfang 18. Jh.—1768) 541, 626, 628, 629 (2), 672
Lechallier 441, 442, 447, 450, 452, 459, 462, 627, 669
Ledesma, Mariano Rodríguez de (1779—1847) 406, 407, 871
Le Duc, Alphonse (1804—1868) 826
Lee 131
Lee, George Alexander (1802—1851) 913 (2), 914, 915 (2), 916, 918, 922, 925, 927, 930, 935, 937 (2), 938, 939, 940 (3), 945 (2), 946 (2), 947 (3), 968, 971 (2)
Leeflang, A. 391
Le Gaye 107 (2)
Lehrl, Franz Tobias von 235
Leibl, Carl (1784—1870) 395, 400
Leidesdorf, Maximilian Joseph (1787—1840) 402 (5), 403 (3), 404, 417, 418 (3), 419, 421, 557, 558, 574—575 (18), 654 (3), 655
Lejey-Miland 751
Lélu, Jean-Baptiste-Pierre (1768—1850) 264, 266 (2), 267 (5), 268 (3), 310, 385 (2), 427, 433 (2), 446, 450 (2), 453, 455, 456 (2), 459 (2), 460, 464, 465, 467, 468, 470, 472
Le Maître 274, 539
Lemière (Le Mière) de Corvey (oder de Bermond), Le Chevalier Jean-Frédéric-Auguste (1771—1832) 84, 430, 438, 440, 442, 445 (3), 446, 449 (2), 450, 451, 452, 453 (2), 455 (2), 457, 458, 461 (2), 463, 465, 468, 470, 471, 472, 627, 666
Lemming, Frederik Carl (1782—1846) 66, 67 (2), 68, 415, 718, 845 (2), 846
Lemoine, Henri (1786—1854) 668, 808, 861
Le Moyne (Lemoyne, Lemoine), Gabriel (1772—1815) 287, 348, 350, 429, 435
Lemoyne, Jean Baptiste (1751—1796) 82, 83
Lenliette, Joseph 944 (3)
Lennox, Lady William 965
Lentz, Heinrich Gerhard (ca. 1764—1839) 51
Leon, Georg 209 (4)
Leonardi 673, 739, 740
Le Pelletier, Madame 284, 285 (4), 286
Lépinay, Mélanie de (Tochter) 428
Lerche, F. W. 891
Leroux (Le Roux), Emile 755 (2), 756
Leroux Fils 757
Leroux Père 757
Leroy, genannt Roy, Eugène (ca. 1770—1816) 161 (7), 162 (15), 163 (6), 164 (3)
Lessel, Franciszek (ca. 1780—1838) 645
Le Sueur (Lesueur), Jean François (1760—1837) 29, 105 (4), 215 (3), 216, 217, 237, 558, 629, 720, 776
Levasseur, Louis 816
Levit, I. 654
Lewis, Metthew Gregory (wirkte Ende des 18. Jh.) 122
Lhuillier, Edmond 749, 797, 850
Lickl, Carl Georg (1801—1877 944
Light, Richard 286

Lindeman, Ole Andreas ? (1769—1857) 76 (2), 77
Lindemann 619, 620
Lindemann, J. D. 415 (2), 416 (3), 417
Lindner, Friedrich (1798—?) 871, 874, 885 (6), 889
Lindpaintner, Peter Joseph von (1791—1856) 57, 62, 650 (2), 676 (2), 680, 682, 741, 785, 799, 810, 863 (7), 866, 867 (2), 873, 884, 939, 944
Ling, J. R. 933, 934, 940, 941
Linley, George (1798—1865) 912, 913 (2), 915, 936, 939, 945, 955
Linley, Thomas (The Elder) (1756—1778) 92, 96 (2), 99, 101
Linley, Thomas (The Jounger) 92
Linter, Ricardo (1818—1886) 932, 933, 934 (3), 935, 936 (2), 937, 938 (5), 939 (2), 940 (3), 941 (5), 942, 943, 944 (2), 945 (4), 946 (3), 947 (3), 948
Linz 946
Lipavsky, Joseph (1772—1810) 52, 184
Lis, Charles 462, 499
Liste, Anton (Antoine) (1772—1832) 169, 170
Liszt, Franz (1811—1886) 844 (2), 968
Lithander, Carl Ludvig (1773—1843) 15, 25 27, 36
Lithander, F. J. 21 (2), 23
Liverati, Giovanni (1772—1846) 219, 229, 242, 244 (3), 319, 572 (2)
Lobe, Johann Christian (1797—1881) 799 (4)
Loder, Edward James (1813—1865) 917, 918 (2), 920, 922, 924 (4), 925 (3), 927 (2), 928 (5), 929 (2), 930, 931 (2), 933, 935, 938, 939, 941, 943
Lodge, John s. Ellerton, John Lodge
Loehle, Franz Xaver (1792—1837) 652
Löhr, Georg 855(3)
Lövenskjold, Herman S. (1815—1870) 534 (5), 857
Löwe, A. L. (1800—?) 982, 988 (3), 989 (6), 990 (2), 991 (2), 992
Löwe, Johann Carl Gottfried (1796—1869) 156, 869
Lohmaier 340
Longuet, Constant 795
Lorentz (Lorentzen) s. Lorenz, Johan Henrik
Lorenz, Johan Henrik (1762—1818) 36 (2), 72, 77, 79, 82, 156 (3), 157 (3), 158 (4), 159 (3), 209
Lorenz, Otto (1806—1889) 895, 896 (3)
Lorenzen s. Lorenz, Johan Henrik
Lorin, L. 643 (2)
Lortzing, Albert (1801—1851) 795 (2), 809
Lostin, Honorine 431
Louël (wirkte in Rennes) 825
Louis *** 474
Louis, Auguste 654, 655
Lover, Samuel (1797—1868) 910
Lowell, R. Flemin 942
Lucchesi, Andrea (1741—1801) 155
Lucotte, L. 818
Lüders, Conrad (1801—1856) 422, 423, 858 (3), 860, 862 (2)
Lütger (F. H. Lütgert ?) 80, 138
Lundberg, J. G. 37
Luplau, Wilhelm Daniel (1774—1809) 205
Luther, John Christian 98 (8)
Luther, Martin (1483—1546) 23, 770, 771 (2)

Lyngbye, Hans Peter Johan (1806–1834) 421, 426

Lys, C. A. 541

Lyser, Ludewig Peter August, nannte sich später Johann Peter (1803–1870) 792

M*** 276, 551, 609

M. C. 497

M., (Mme.) A. 543

Mxxx, (M.) 445

M.***, A. 497

Macdonald, A. T. 926

Macdougall, G. C. 862

Macfarren, Sir George Alexander (1813–1887) 938

Macfarren, Walter Cecil (1826–?) 931, 932

Machold, G. 937

Mackinlay, (Mrs.) 946

Madinier, (Mlle.) 477

Mälzel (Maelzl), Johann Nepomuk (1772–1838) 194

Mäurer, Bernhard Joseph (1757–1841) 313, 314

Magg, C. 739

Maillard, Nélia 371, 376, 377, 379

Major, J. 122

Malibran, Maria Felicia (1808–1836) 553, 736 (2), 803, 804, 916, 917 (2), 918 (2), 965 (2), 966, 967, 969 (3), 970 (2)

Mallieux, J. 732

Malo, Charles (1790–1871) 338, 821

Manfroce, Nicola Antonio (1791–1813) 272, 601

Mankell, Carl Abraham (1802–1868) 718

Mann, Elias (1750–1825) 130 (2), 131 (3)

Manners, Charles 923

Manning, R. 939

Mansui, Charles 431, 474

Marcello, Benedetto (1686–1739) 908

Marchesi, Luigi (genannt Marchesini) (1754–1829) 35, 36, 272

Marcks, J. F. 859

Maresse, Louis (1797–nach 1828) 461, 462, 466

Marin, Marie-Martin Marcel, Vicomte de (1769–nach 1861) 156, 157, 158, 545

Marinelli, Gaetano (ca. 1760–ca. 1820) 271

Markmann, C. 869

Marks, G. 862 (3)

Marlborough, Duke of 953

Marpurg, Friedrich Wilhelm (1718–1795) 992

Marque, Pierre (1781–1868) 626 (9)

Marschner, Adolf Eduard 811

Marschner, Eugenie 813

Marschner, Heinrich August (1795–1861)
Bühnenwerke
Ali Baba 887
Der Bäbu 533 (4)
Des Falkners Braut 790 (2), 791, 792 (2), 793 (2)
Hans Heiling 530 (3), 531 (5), 532, 794 (2), 796 (3), 798
Der Holzdieb 812–813 (16)
Lucretia 891
Das Schloß am Ätna 807, 808, 809
Schön Ella 681
Der Templer und die Jüdin 526 (5), 527 (5), 788, 843, 862
Der Vampyr 954, 965
Der Wiener in Berlin 424, 767

Klavierstücke 719, 745, 797, 847, 890
Lieder und Gesänge 745, 806, 813 (4), 897

Marsdon, F. A. 940

Martainville, Caroline 440, 442, 456, 458, 461, 466, 467, 469, 472

Martens, De 403

Martin 543, 544 (2)

Martín y Soler, Vicente (1754–1806) 2, 72, 74, 119, 134, 175, 213, 216, 217, 237, 262, 293, 302, 362, 774, 994

Martini, Giovanni Battista (Gianbattista) (1706–1784) 983

Martini, Johann Paul Aegidius (1741–1816) 88, 123, 427, 430, 433, 440

Martini, Vincenzo s. Martín y Soler, Vicente

Marty, E. 446

Marx, Adolf Bernhard (1795–1866) 672, 680

Marx, Fr. (Justizpräsident) 278

Maschek (Mascheck), Paul (1761–1826) 36, 401 (2), 583

Maschek (Mascheck), Vincenz (1755–1831) 43, 80, 83, 132, 155, 158 (4), 159 (3), 210, 305

Masini, Francesco 554, 805, 810, 836 (3), 839 (2), 840, 841 (3), 931

Massimino, F. 467

Mathieu, Félix 368, 369, 480

Mauger (geb. Bresson) 458, 463, 545

Maurer, Franz Anton (1777–1803) 221 (2), 222, 258, 339, 340 (2), 342

Maurer, Ludwig Wilhelm (1789–1878) 676, 781

Mayer 825 (4)

Mayer, Charles (1799–1862) 645, 810

Mayr, Johannes Simon (1763–1845)
Ein- und zweistimmige Gesänge 211, 222, 272, 340, 351, 474, 475, 476, 478, 488, 727
Opern
Adelasia ed Aleramo 223 (2), 225, 228, 259
Alonso e Cora 185 (2)
Amor non ha ritegno 573
Atar 273, 572
Le Due Duchesse 796
Elisa 347, 571
Il Fanatico per la Musica 478
Ginevra di Scozia 188, 241 (2), 445, 487
Lanassa 511 (2), 512 (2)
Lodoiska 221, 350 (2)
Medea 358
I Misteri Eleusini 348
Raoul de Créqui 353
La Rosa bianca e la Rosa rossa 353 (2)
Il Sacrificio d'Ifigenia 349

Mayseder, Joseph (1789–1863) 67, 318, 319, 389, 717, 828, 956

Mazas, Jacques-Féréol (1782–1849) 453, 549, 628

Mazzinghi, Joseph (1765–1844) 121, 127, 925

Mazzoni, Camillo 346

Mecatti, Ercole 918

Mecklin, Johan Adolf (1761–1803) 8, 14 (6), 21

Mederitsch, Johann (Georg Anton) Gallus (1752–1835) 187 (2), 188, 216, 255, 259

Mees, Joseph Henri (1777–ca. 1856) 106 (3), 107 (3), 254 (2), 273 (3), 274, 393, 498 (6), 499 (5), 500 (4), 501 (3), 502 (2), 849, 850 (3)

Mehlhorn, Hermann 797 (2), 798

Méhul, Etienne Nicolas (1763—1817)
Opern
Ariodant 34, 37, 38, 110, 140, 149, 342
Les Deux Aveugles de Tolède 342
Euphrosine et Corradin 31, 36, 212
Gabrielle d'Estrées ou Les Amours d'Henri
IV 220 (3), 221, 259 (2)
Héléna 83 (2), 114 (2), 235, 239, 244, 414
508, 651
L'Irato ou L'Emporté 38, 111 (2), 232, 244
Le Jeune Henri 54, 183
Le Jeune Sage et le Vieux Fou 34
Joanna 34
Joseph 61, 306, 307, 310, 311, 321 (2), 388
(2), 404, 409 (3), 487, 490, 505 (3), 595 (4),
596, 630, 720, 765, 781 (2), 870, 874, 896
La Journée aux Aventures 499, 514 (4)
Le Trésor Supposé 40, 81 (2), 205 (5), 240
(3), 780
Une Folie 31, 32, 33, 35, 84, 111 (7), 112
(3), 174, 237, 246 (2), 285, 303, 721
Sonstige Werke 29, 74, 140, 237, 430, 436,
441, 586, 870, 921
Meifred, Joseph-Jean-Pierre Emile (1791—1867)
378, 542, 604
Meissonnier, Antoine (Aîné) (1783—1857)
262 (3), 263, 333 (8), 334 (12), 335 (12),
336 (12), 337 (10), 338 (6), 339 (2), 355,
356, 360, 362, 365, 369, 433, 441, 442,
444, 452, 456 (2), 457, 458, 462, 466, 468,
474 (2), 475, 478, 479 (4), 480 (5), 482
(2), 484, 485, 496 (2), 603, 605, 606 (6),
607, 608 (9), 609 (7), 627, 753, 814, 815
(4), 816, 817, 819, 820 (2), 850
Meissonnier, Joseph (Jeune) (ca. 1790—ca.
1855) 447, 451, 454, 460, 550, 606, 850 (4),
851 (2), 994 (5), 995 (8), 996 (6)
Melanzinsky 127
Mendelssohn Bartholdy, Felix (1809—1847)
843, 954, 955, 968, 969, 970, 971 (3)
Mercadante, Saverio (1795—1870) 369, 370,
373, 374, 375, 377, 378, 379, 466, 690, 729,
730, 744, 747 (7), 794, 807, 811, 917, 921,
942, 943
Mercadier, Adolphe 338, 821
Méreaux, Jean-Amédée (1802—1874) 431,
844 (2)
Méreaux (Le Froid de), Nicolas-Jean (1745—
1797) 448 (2)
Méreaux (Fils), Jean-Nicolas (1767—1838)
451, 468, 754
Merfort, Julie 146 (2)
Merlini 171
Merriott, Edwin 913 (2), 914, 915, 934, 936
(2), 937
Méry, J. (Père) 457
Messemaeckers, Antoine 497
Messemaeckers, Henri (1778—1864) 391, 462
Methfessel, Albert Gottlieb (1786—1869)
251 (2), 252 (15), 253 (10), 411, 650, 651,
652 (2), 675, 784, 845, 847 (2), 866, 868,
873, 876, 878 (2), 879, 893, 895, 897
Metzger-Vespermann, Clara (1800—1827) 687
Meurger Aîné, Urbain 266, 367 (3), 371, 496, 498
Meurger le Jeune, Alphonse 478, 540, 996
Meyer 619 (3)
Meyer, C. J. (in den 20er Jahren des 19. Jh.
Musiklehrer in Dresden) 783
Meyer, Carl (Karl) 770 (2), 771, 794, 805
Meyer, J. 789, 790

Meyerbeer, Giacomo (1791—1864)
Opern
Il Crociato in Egitto 376, 625 (2), 690 (5),
691 (7), 731, 742, 799, 827, 828
Emma di Resburgo 559, 599 (2), 600 (6),
625 (2), 683, 793
L'Etoile du Nord 708 (20), 961 (2)
Les Huguenots 803 (2), 804 (2), 805 (2),
839 (3), 844 (2)
Jephtas Gelübde 491
Margherita d'Anjou 602, 731, 766, 796
Le Pardon de Ploërmel 709 (19), 710 (7)
Le Prophète 960 (3)
Robert le Diable 525 (6), 717, 743 (3), 789,
792, 794 (2), 843, 862, 950 (3), 969, 970
Romilda e Costanza 366, 423, 730, 789
Wirth und Gast, oder Aus Scherz Ernst 721
Sonstige Werke 749 (3), 751 (2), 792, 830,
842, 868, 871, 920, 972, 977
Mezger (Metzger), François (wirkte 1785—ca.
1808 als Pianist in Paris) 17, 31, 74, 76, 132
(2)
Michelot, Jean-Baptiste-Aimé (1796—1852) 841
Michelot, L. Prosper 836, 837, 839
Michelot Jeune, Prosper L. 842
Milchmeyer, Peter Johann (1750—1813) 138,
139 (3)
Milde, C. D. 762
Milder-Hauptmann, Pauline Anna (1785—1838)
676
Milgrove, Benjamin (1731—1810) 130
Milhès, Isidore 334, 336, 482, 483, 608, 814
Millar, Thomas F. 916, 927, 928, 937, 939
Miller, H. 335, 336 (2), 608, 609, 817
Miller, Jost Anton 396 (2), 397 (2), 398
Miller, Julius (1782—1851) 311
Millot, Nicolas (Violinist im Orchester der
Comédie française, Paris, ca. 1800) 447
Miltitz, Carl Borromäus Stephan von (1781—
1845) 745
Miné, Jacques-Claude-Adolphe (1796—nach
1835) 370, 462, 482, 483, 484 (3), 918
Minette, (Mlle.) 430, 435
Mirecki, Francisco (1791—1862) 572
Mitchell, Nahum (1769—1853) 131 (4)
Mocker, A. 540
Möser, Carl (1774—1851) 81, 192 (2)
Molini 94, 95
Molino Francesco (ca. 1775—1847) 464
Momigny, Jérôme-Joseph de (1762—1842)
153 (6), 154 (3), 264, 427
Monière, Jh. 377 (3)
Moniot, A. (Musiker im Orchester des Grand
Théâtre in Bordeaux) 555
Monpou, Hippolyte (1804—1841) 534 (4),
667, 808, 810, 837, 840
Monsigny, Pierre-Alexandre (1729—1816)
4, 96, 97, 741
Montfort, Alexandre (1803—1856) 906 (3),
907, 908 (2), 909 (2)
Montgomery, William Henry 945 (2)
Monti de Rezé, Jh. de 825, 826 (2)
Montlaur, Isidore de 481
Montù, Jean Marie 870, 878, 895
Moorehead, John (ca. 1760—1804) 125, 141
Moralt, Johann Baptist (1777—1825) 394,
396
Morandi, Giovanni 353
Morange, A. de 485, 605
Moraux Domatre, Henriette (geb. Georgeon)

427, 434, 438 (2), 439, 540, 541, 554
Moreau, A. 550 (2), 551
Moreau, C. A. 543
Moreau, J. A. 449, 460
Moreau, Louis 350, 351, 354, 355, 358, 363,
  369, 372, 377 (2), 378, 380, 428, 431, 432,
  441, 444, 470, 478, 481, 482, 814
Morelly, Fr. 695 (2), 696
Moreno, E. 572
Moretti, Felice (geb. in Neapel, ital. Komponist
  in der 1. Hälfte des 19. Jh.) 275
Morgan, Charles 913
Morgenroth, Franz Anton 323 (2), 324 (3),
  325 (4), 326 (5), 327 (3), 745
Mori, Nicholas jun. (1822—ca. 1890) 971, 972
Moritz, C. T. 868, 879
Morlacchi, Francesco Giuseppe Baldassare
  (1784—1841) 272, 365, 373, 375, 591 (4),
  730, 766, 767, 819
Morley, Thomas (1557—1603) 97
Mornington, Garrett Colley Wellesley (Wesley),
  Earl of (1735—1781) 98
Moroni, F. 382
Morowski, A. 171
Morell, W. 940
Morris, Ralph 946 (2)
Mortellari, M. C. (1805—1806 Clavicembalist
  am Teatro Reale, vielleicht Sohn des Michele
  Mortellari (1750—1807)) 363 (2)
Morton, Charles 946
Mosca, Giuseppe (1772—1839) 272 (3), 572
Mosca, Luigi (1775—1824) 271, 364
Moscheles, Ignaz (1794—1870) 317 (2), 318,
  319 (7), 320 (8), 321 (5), 401, 402, 418,
  419 (2), 421, 422 (3), 423 (2), 424 (2), 425
  (2), 503, 743, 773, 827, 829, 842, 843 (4),
  856 (2), 857 (2), 952, 955, 956, 966, 968,
  970 (3), 971, 972, 975 (4)
Mosel, Ignaz Franz von (1772—1844) 703
Moulds, John (Engl. Komponist, tätig seit ca.
  1784) 89, 125
Mounsey, Ann Sheppard (1811—1891) 945,
  946, 970
Mozart, Franz Xaver Wolfgang (1791—1844)
  420 (2)
Mozart, Wolfgang Amadeus (1756—1791)
  Kammermusikwerke 32, 37, 56, 59, 76 (2),
  103, 133, 279, 342, 887
  Klavierwerke 5 (2), 6, 8 (2), 12, 14, 16 (2),
  19, 21, 33, 51, 55, 72, 74, 79 (2), 85, 91 (3),
  101 (6), 103 (2), 159, 187, 231, 238, 279 (2),
  769, 773, 854 (2), 885, 954, 974, 975, 976
  Lieder 15, 34, 72, 278, 558 (3), 777, 865,
  872, 875, 878, 883, 963
  Opern und Singspiele
  La Clemenza di Tito (KV 621) 42, 126, 132,
  178, 228, 230, 231, 241, 243, 257, 298, 300
  (3), 301 (6), 313, 390, 420, 421, 479, 512,
  513 (6), 558, 578, 581, 594, 658 (2), 659
  (2), 767, 773, 785 (2)
  Così fan tutte (KV 588) 65, 75 (2), 76, 187
  (2), 217, 232, 236, 238, 239, 258, 262, 263,
  279, 301, 506, 579
  Don Giovanni (KV 527) 12, 16, 19, 44 (3),
  45 (2), 47, 60, 84 (2), 112, 227 (2), 230, 231,
  232, 233, 235, 237, 303, 306 (2), 312, 417,
  424, 484, 557 (2), 602, 610, 660 (2), 687
  (17), 713, 738 (2), 764, 767, 769 (2), 779,
  888, 959, 976
  Die Entführung aus dem Serail (KV 384) 58,

77, 134 (5), 179, 219, 221, 233, 241, 247,
  259 (2), 301, 317, 416, 556, 713 (3), 738,
  878
  Idomeneo (KV 366) 62, 68, 69, 212, 238
  (2), 254, 256, 277, 560 (2), 680
  Le Nozze di Figaro (KV 492) 12, 16, 43,
  60 (2), 61 (2), 70, 228, 239 (2), 240, 243,
  245, 246 (2), 249, 260, 262, 276 (3), 277
  (2), 302 (2), 409, 417, 418, 421 (2), 422 (2),
  510 (6), 511 (3), 556, 576 (2), 616 (2), 657,
  662, 742, 759 (2), 765, 772, 775, 779
  Der Schauspieldirektor (KV 486) 738
  Il Sogno di Scipione (KV 126) 862
  Die Zauberflöte (KV 620) 14 (6), 15 (3),
  17, 39, 42, 43 (4), 44 (3), 59, 70 (3), 72 (3),
  75 (2), 96 (2), 184, 237, 238, 242 (2), 277,
  302 (3), 304 (2), 318 (2), 478, 515 (4), 516
  (3), 556, 616, 617, 631, 682, 705 (3), 706
  (14), 738 (2), 740, 776, 884, 972
  Orchesterwerke 133, 183 (4), 236, 410, 768
  Sonstige Werke 15, 25, 31, 300, 610, 770,
  786, 813, 848 (2), 849 (2), 875, 895, 953
  Unterschobene Werke 20, 37, 46, 53 (3),
  71, 72, 294, 299, 722, 862, 869, 894
Mozart, Wolfgang Amadeus (Sohn) s. Mozart,
  Franz Xaver Wolfgang
Mühlhausen 172
Mühling, August (1786—1847) 885 (4), 886
  (2), 887 (2), 888, 889, 890, 891, 893 (2),
  897, 898 (2)
Müller 893, 896
Müller, Adolph (1801—1886) 695 (2)
Müller, August Eberhard (1767—1877) 28,
  46, 51, 71, 178, 180, 653, 676
Müller, Carl Friedrich 888
Müller, Christian Friedrich (1752—1827) 3,
  18, 19, 20 (2), 76, 78, 83, 85
Müller, Christian Gottlieb (1800—1863) 743,
  774, 775 (2), 845, 882, 883
Mueller, C. H. 932
Müller, G. 891
Müller, Georg 869 (2), 871, 892 (2)
Müller, Heinrich Friedrich (ca. 1779—1848)
  150 (24), 151 (19), 298 (4)
Müller, H. R. 203
Müller, J. G. 773
Müller, Wenzel (1767—1835) 55 (2), 71, 74
  (2), 75, 132, 149 (4), 301, 302, 586, 587
  (2), 689 (2), 693, 723 (2), 724, 787, 795
Müller, Wilhelm Adolph (1793—1859) 851
  (12), 852 (23), 853 (21), 854 (14), 855 (6),
  984 (2), 985
Muffat, Gottlieb (1690—1770) 990
Munck, Rosalbina de 458, 542, 547
Munoz, Julian 571
Muntz-Berger, Joseph (1769—nach 1830) 273
Musard, François Henri 804, 805 (2), 807,
  920, 956
Musard, Philippe 916, 922, 923 (4), 926 (4),
  929 (3), 937, 938
Mussini, Nicolo 878
Muth-Rasmussen, Poul Diderich (1806—1855)
  861
Myhlenfeldt, Carl? (1797—?) 408
Myslivecek, Josef (1737—1781) 12

N.*** 571
N., G. J. v. 328
Nacher, P. (1781–?) 626, 627, 628 (2), 629,
733, 745, 746
Nadaud, J. B. 926
Naderman, Henry-Pascal (1783–1841) 434
Naderman, François Joseph (1781–1835)
159, 191, 216, 238, 257, 386, 429, 432, 433,
438, 443, 456, 476
Nägeli, Hans Georg (1773–1836) 71, 73, 174
(2), 175 (2), 280–283 (72), 295, 493–495
(72)
Nagel 619 (2)
Nasolini, Sebastiano (1768–1799/1816) 211,
262, 486
Naue, Johann Friedrich (1787–1858) 406 (2)
Nauenburg, Gustav (1803–1875) 870, 877
Naumann, Johann Gottlieb (1741–1801) 27,
28 (2), 53, 54, 71, 72, 73, 75, 77, 78, 127,
182, 284, 659, 848, 873, 897 (2)
Nazoli 501
Neate, Charles (1784–1877) 926
Neil 203
Neithardt, Heinrich August (1793–1861) 795,
827, 895, 897
Nelet, G. 756, 757 (2), 758
Nelson, Sydney (1800–1862) 917 (3), 918,
925, 930, 932, 935, 970, 971
Nero, Benedetto 221
Neuberth 277
Neukomm, Sigismund von (1778–1858) 64,
67, 416, 661, 662, 726, 728 (2), 729, 731,
847, 848 (2), 849 (2), 913, 969, 970 (2)
Neumann 284
Neumann, F. A. (wirkte ca. 1805 in Wien) 412
Neumann, Friedrich 225
Neuner, Carl Borromäus (1778–1830) 394 (7),
395 (10), 396 (7), 397 (8)
Neupauer, Ferdinand 237
Niccolini s. Nicolini
Nicholas, François 937 (3)
Nicola, Carl (1797–1857) 672
Nicolai, Friedrich (ca. 1783 Kammermusiker
und Geiger an der Kapelle der Königin von
England) 127
Nicolai, Otto (1810–1849) 960
Nicolai (Niccolai), Valentin (Valentino) (wirkte
1775–ca. 1798) 84, 92
Nicolini (Niccolini), Giuseppe (1762–1842)
241, 242 (3), 243, 267, 271 (2), 272 (2), 317,
346, 355, 401 (3), 488, 560, 598 (2), 599,
600 (5), 601 (3), 652, 726, 905
Nicolò de Malte s. Isouard, Nicolò
Niedermeyer, Louis (1802–1861) 551
Nielsen, Nicolai Peter (1795–1860) 424, 862
Nohr, Christian Friedrich (1800–1875) 882
(3)
Norblin, (Mme.) 440
Nordblad, Gustaf Eric (1796–1861) 53
Norman, André 946
Nourrit, Auguste (1808–1853) 538, 541, 551
Noury, (Mlle.) 545
Novello, Vincent (1781–1861) 912
Nystedt, Noach 28

Obert, L. D. 464
Obst 147
Ödman, Doctor 39 (2)
Offenbach, Jacques (1819–1880) 712
Ogiński, Fürst Michał Kleofas (Cléophas)

(1765–1833) 63, 170, 171, 172, 298, 405,
408, 619, 651, 744
Ohms 56
Oley, Johann Christoph (1738–1789) 21
Olivet, Fabre d' 334
Onslow, George (1784–1853) 69, 518, 519,
749 (2), 786, 789, 830, 831, 832, 857, 858,
887, 890, 953
Orlandi, Ferdinandò (1774–1747) 347, 348
(2), 556
Ormonde, I. 934.
Osborne, George Alexander (1806–1893)
844
Osthoff, W. 785, 865, 866 (2), 868, 869 (2),
871, 872, 880, 881 (4), 884, 893 (3), 895 (2)
Oterdahl, P. T. 424
Otter, Joseph (ca. 1760–1836) 722 (2)
Otto, Franz (1809–1842) 878, 879 (6), 880
(6), 881 (10), 882 (7), 883 (2), 898 (3)

P. 741
P*** 553 (2)
P. J. 841
P. L. 845 (2), 846
P., (M.) 826
P., (M.) F. 826
P., Le Chevalier H. 500
P., (M.) M. 555
P*****, Louise 453
Pachelbel, Johann (1653–1706) 980
Pacini, Antonio Francesco Gaetano Saverio
(1778–1866) 260, 261 (3), 262 (4), 263
(3), 265 (3), 266 (2), 267 (3), 468, 496,
538, 539 (2), 541, 542 (2), 547, 549, 551
(2), 552, 603, 605, 938, 994 (3), 995 (3),
996
Pacini, Eucharis 554 (2), 966
Pacini, Euphrosine 539
Pacini, Giovanni (1796–1867) 364, 366,
367 (2), 373, 374 (2), 376 (3), 377 (2),
378, 379, 380, 429, 443, 573, 598 (2),
601, 602, 625, 692, 724, 779 (2), 786,
787, 798, 941, 968
Paer, Ferdinando (1771–1839)
Opern
Achille 149, 181 (3), 186, 233, 234, 239,
261, 405, 416
Agnese 272 (2), 402, 409, 513 (3), 560,
573, 590 (3)
Camilla ossia Il Sotteraneo 148, 181, 199,
227, 228, 229 (2), 231, 296, 714, 721, 739
(2)
L'Eroismo in Amore 357, 361
I Fuorusciti 181 (2), 215, 216, 221, 224,
257, 278, 422, 513
Griselda 182, 301 (2), 302, 542, 739
L'Intrigo Amoroso 181, 224 (2), 352, 488
Leonora 182, 490, 492
Le Maître de Chapelle ou Le Souper Imprévu
627
Numa Pompilio 487, 490
Poche ma buone ossia La Moglie Ravveduta
182
Poche ma buone ossia Le Donne Cambiate
213, 491, 780
Il Principe di Taranto 188
Sargino 65, 181, 213, 216, 217 (2), 219, 238,
254 (2), 255, 258, 298, 305, 356, 412, 416,
509 (4), 557, 739, 766, 767, 768

Sofonisba 182, 218, 219 (2), 221, 487, 489, 682, 739
La Testa Riscaldata 181
Un Caprice de Femme 532 (2)
Sonstige Werke 33, 181 (2), 219, 220, 221, 225 (2), 226, 233, 236, 238, 245, 258, 265, 277, 278, 354 (2), 357, 362, 363, 454 (2), 459, 460, 461, 463, 465 (2), 466, 467, 469, 471, 474, 475 (2), 477, 492, 540 (3), 545, 550, 554, 618, 628, 630, 659, 721, 734, 750 (2), 751, 762, 850, 857, 893, 920, 976
Paganini, Ercole (1770—1825) 271 (2)
Paganini, Niccolò (1782—1840) 785, 855, 888, 892, 923, 967, 968 (2)
Pagioli s. Bagioli, Giuseppe Andrea
Paisiello (Paesiello), Giovanni (1740—1816)
Opern
L'Amor Contrastato 62, 83, 101, 234, 237, 238, 264, 385, 629, 630
Il Barbiere di Siviglia 93, 109, 156, 580
Il Calzolajo 78
La Festa Teatrale di Musica 132
La Frascatana 53, 75
Il Marchese Tulipano 13 (2)
Nina 228, 230, 267
Pirro 266
Proserpine 222
Il Re Teodoro in Venezia 71 (2), 93, 220, 231
Sonstige Werke 83, 97, 103, 159 (2)
Palestrina, Giovanni Pierluigi da (ca. 1525—1594) 774
Pallas, Fridericke 133
Palm, Johan Fredrik (1753—1821) 2, 6, 8 (2), 9 (2), 10, 13, 17, 18 (2), 22 (2), 27, 28, 37, 38, 46, 85
Palmer, Walter 946
Pamer, Michael (1782—1827) 722 (2)
Panofka, Heinrich (1807—1887) 751, 752, 926
Panseron, Auguste Mathieu (1796—1859) 334, 336, 337 (2), 464, 466, 468 (2), 470, 471, 484 (3), 546, 549, 550, 553, 603, 607, 608, 733, 734, 736 (2), 747, 748, 749, 793 (2), 796 (2), 798, 800, 802 (2), 803, 804, 806, 807, 810, 811, 815, 816, 817, 820, 821, 822, 830 (2), 831, 833 (5), 834, 835 (3), 836, 838, 842, 849, 899—905 (117), 919, 923, 924 (2), 930 (2), 932, 943, 953, 955
Pape, Ludwig (1799—1855) 422, 423, 782
Paradies (Paradisi), Domenico (1707—1791) 88, 91 (2)
Paré, Fanny 471
Parenti, Francesco Paolo Maurizio (1764—1821) 449
Parry, John (1776—1851) 911, 919, 922, 928, 931, 938
Partzsch, Friedrich 781, 824 (2), 872
Passy (Passi), Ludvik Anton Edmond (1789—1870) 42, 43 (2), 49, 58, 64, 67, 69, 585
Pasteur, R. 934
Paton, (Miss) s. Wood, Mary Anne
Patras, L. 441
Paula Roser von Reiter, Franz de s. Roser, Franz
Paulin-Nicolas-Hubert (ca. 1713—1785) 667
Pauly 954
Pavesi, Stefano (1779—1850) 272 (5), 309, 346, 350, 358 (2), 361, 557, 597, 598 (2), 624, 649
Paxton, Stephan (1735—1787) 91

Payer, Hieronymus (1787—1845) 403, 684, 723, 843 (2)
Payne, M. 126 (2)
Paz, N. 433, 473 (3)
Pechatschek, Franz Martin (1763—1816) 321
Pechwell, Antoine 745, 827
Peellaert, Auguste Baron de (1793—1876) 391 (2), 392 (5), 482, 500 (2), 501 (2), 502, 627, 628, 730 (2), 835, 842
Pelissier, Victor (ca. 1740/1750—ca. 1820) 330—332 (50)
Pellegrini, Félice (ca. 1774—1832) 373, 374, 375 (3)
Pelzer, Ferdinand 955
Pensel, Johann 864 (5)
Percilliée, A. (Mlle.) 453, 628
Percy, John (1749?—1797) 89, 117
Pergolesi, Giovanni Battista (1710—1736) 905
Pernet Fils, Antoine 497 (2)
Perry, Edward 968, 969, 970 (3), 971 (3), 972 (2)
Persuis, Louis Luc Loiseau de (1769—1819) 110, 387 (2), 390 (2), 403 (2), 424, 556, 559, 862
Pertosa, F. 260, 266, 382
Peruchini 676
Peters, William Cummings (1805—1866) 933
Petersen 761
Petitbon, Pascal 539
Petrack, Ulrich 210
Petrini, Franz (1744—1819) 159
Pettoletti, Joachim 861
Pfaehler, W. C. 855
Pfeffinger, Philipp Jacob (1765—ca. 1821) 470, 472, 548
Pfeffinger, T. H. J. 469, 470
Pfeiffer, Franz Anton? (1754—1787) 743
Phelippès (Phellipes, Phellippes), Charles 459, 463, 464
Philidor unterschoben 96
Philips, Thomas (1774—1841) 912
Phillips (Philips), Henry (1801—1876) 953, 971
Phipps, Osmond G. 935, 942, 945
Piantanida, Francesco de 731, 753, 868
Piccini, Julius 792
Piccini, Louis-Alexandre (1779—1850) 437, 452, 456, 463, 472, 482 (2), 483 (6), 508
Piccinni (Piccini), Nicola (1728—1800) 11, 12, 66, 97, 101, 140, 382, 384
Piercy, H. (Engl. Komponist, tätig seit ca. 1798) 124
Pihlman, Christopher (1749—1780) 52
Piis, Pierre Antoine Auguste Chevalier de (1755—1832) 430
Pillore, Edouard 333, 465, 546 (2), 548, 549 (2), 550 (2), 553, 816 (3), 817, 819, 820, 821
Pillwitz, Ferdinand von (ca. 1790—?) 651, 652, 674, 795
Piscator, J. 51
Piston, Julia 451, 454, 457 (2), 465 (2), 474 (2)
Pixis, Johann Peter (1788—1874) 400, 402, 403, 425, 655, 733, 788, 790, 793, 795 (2), 843 (3), 861, 953, 976 (3)
Plachý, Wenzeslaus (Václav) (1785—1858) 418, 424, 743, 860
Plaidy, Louis (1810—1874) 802
Plane, Jean-Marie (1774—nach 1827) 273
Plantade, Charles-Henri (1764—1839) 152 (4),

153 (2), 154 (3), 174, 267, 345, 372, 373, 385, 386, 393, 430, 436, 439, 440, 441, 466, 469, 476, 477, 497, 500, 667 (2), 732, 747, 749, 753, 800, 831, 835
Platel, Nicolas Joseph (1777—1835) 830, 831
Pleyel, Ignaz Joseph (1757—1831) 5 (2), 6 (2), 7, 11 (2), 18, 34, 70, 71, 75, 76 (2), 77 (3), 80, 82 (2), 85, 87 (11), 88, 90, 97, 98, 101, 117 (2), 118 (4), 120 (2), 124 (3), 126, 132 (2), 136 (4), 138, 139, 156 (2), 157, 158 (3), 159, 298 (4)
Pleyel, Joseph Stephan Camille (1788—1855) 418 (2), 419 (2), 420, 425 (2), 433, 434, 439, 443
Plou, Aurélie 357, 496
Plouvier, Pierre-Joseph (?—1826) 850 (2), 851
Plumetet 106
Pohl, P. 179 (2)
Pohlenz, Chr. August (1790—1843) 770, 896, 963
Poißl, Johann Nepomuk Freiherr von (1783—1865) 344, 741
Pollet, Jean Joseph Benoit (1753—1818) 496
Pollini, Franz (Francesco) (1762—1846) 170, 402 (2), 867
Polster 313
Ponchard, F. 461
Ponchard, Marie Sophie (geb. Callault) (1792—1873) 371
Pontus, Detournay 627
Porta, St. 106
Portugal (Portogallo), Marcos (Marco) António da Fonseca (1762—1830) 271, 571 (2)
Potenza, Pasquale (ca. 1735—?) 93
Potocka, Emilia 171
Pozzi, Carlo (1766—1842) 140
Pradher (Pradhere, Pradère), Louis-Barthélemi (1781—1843) 108, 152 (5), 153 (3), 154 (2), 429, 435, 439, 443
Praeger, Heinrich Aloys (1783—1854) 745, 768 (3), 769 (2), 770 (3), 771, 772 (5), 773, 774 (4), 775 (4), 776 (3), 777, 778, 779, 780 (3), 782, 783, 787 (3), 896
Prinz, G. M. 941
Proch, Heinrich (1809—1878) 639 (12), 697, 703 (2)
Propiac, Cathérine Joseph Ferdinand Girard de (1759—1823) 106
Pucitta, (Puccitta), Vincenzo (1778—1861) 571 (3), 572, 573 (2), 747
Puget, Loïsa (1810—1869) 806 (2), 809, 810, 812, 838, 840 (2), 841 (5), 842 (2), 865 (2), 931 (2), 941
Pugni, Cesare (1802—1870) 864
Purcell, Henry (1659—1695) 90, 104

Quaisain, Adrien (1766—1828) 187 (5), 189, 190 (6), 191, 227, 291, 315 (5)
Quesnel, Adolphe 751 (2)
Quinebaux 427, 428, 432 (3), 435, 439, 442, 453

R. E. 279 (2)
R. V.*** 757
R***, (M.) 481
Ragué, Louis Charles (vor 1760—nach 1973) 156, 157 (2), 158
Rahles, Ferdinand 872

Raillard-Bence, (Mme.) 461
Raimondi, Pietro (1786—1853) 375, 377, 864
Raimund, Ferdinand (1790—1836) 778 (2)
Randhartinger, Benedict (1802—1893) 878
Raoul, Amédée 469, 472
Raoulx, Maurice de 541, 543 (5), 544, 604, 605
Rastrelli, Joseph (1799—1842) 800, 827, 828 (2), 829
Ratzkowsky 618
Rauch, Carl Joseph (1791—1858) 422
Rausche, J. L. F. 845
Rauzzini, Venanzio (1746—1810) 95
Rawlings, Thomas A. (1775—ca. 1850) 910, 911, 912, 913, 916, 930, 932
Reeve, William (1757—1815) 286, 330
Reicha, Antoine (Anton) (1770—1836) 133, 360
Reichardt, Johann Friedrich (1752—1814) 72 (2), 82, 83, 96 (2), 117, 135, 139 (2), 158, 164, 165 (4), 166 (3), 167 (3), 168, 174, 175, 176 (3), 177, 179 (2), 180 (10), 289, 295, 315, 560, 561 (3), 563 (2), 564, 565, 566 (2), 568, 569 (5), 619, 673, 714, 774, 778, 866, 868, 873, 874, 875, 879 (2), 884
Reichardt, Louise (Luise) (1779—1826) 294, 770, 855, 865, 866, 883
Reichel, Carl Anton (1765—1849) 407, 617 (4), 618 (6), 619 (3), 620 (2)
Reichert (Kantor in Zwenkau) 853
Reinagle, Alexander (1756—1809) 115, 134
Reinwald, Bernhard 653
Reissiger, Karl (Carl) Gottlieb (1798—1859) 68, 525 (4), 742, 743, 750 (2), 781, 793, 794, 796, 828 (2), 829, 870, 872, 879 (2), 887, 888, 891, 892, 894, 910, 965, 977
Remde, Johann Christian Heinrich (1786—ca. 1850) 773
Rempt, Johann Ernst? (1749—1810) 781
Reuling, Wilhelm (1805—1877) 586, 744
Rey, Hippolyte 842
Reynaud, Siffrein 433, 439
Rhein, Charles Laurent 472, 811, 825, 826
Ricci, Luigi (1805—1859) 351, 742 (3), 743 (2), 801 (2)
Richter 785
Richter, C. 781, 782, 784, 795
Richter, Franz Xaver (1709—1789) 92
Richter, Friedrich 284
Riedel, G. L.? 133
Rieff, Georg Joseph von (1760—nach 1821) 176
Rieger, Gottfried (1764—1855) 424, 430
Riem, Wilhelm Friedrich (1779—1837) 714, 716, 778
Ries, Ferdinand (1784—1838) 58, 411, 413, 414 (8), 415 (4), 420, 422, 423 (2), 424, 425 (2), 558, 650, 651 (2), 657, 713, 793, 796, 843, 847, 848 (3), 849, 856 (2), 857 (3), 889, 949, 973 (4)
Riesch, F. Graf von 813
Rigaud-Pallard, Eugénie 367, 370
Rigault 359, 361, 362
Rigel, Henri-Jean (1772—1852) 346, 350, 430, 436, 439, 444, 448, 450, 456, 457, 459, 463, 464, 468, 470, 471
Righini, Vincenzo (1756—1812) 41, 58 (4), 59, 65 (3), 66 (8), 67 (2), 139 (2), 141, 157, 164, 165 (2), 166 (3), 167, 168, 174 (5), 175 (3), 179 (4), 212, 411 (2), 488 (2), 489, 490, 673, 870, 872, 876, 885,

887, 889, 890, 993 (2)
Rigot, J. 545, 548, 549, 550 (2), 551 (2)
Rimbault, Edward Francis (1816—1876)
920 (4)
Rinck (Rink), Johann Christian Heinrich
(1770—1846) 854, 978 (7), 979 (9), 980
(5), 981 (3), 982 (2), 983, 984 (4), 985
(3), 986 (2), 987 (11), 988 (3), 990 (3),
991
Rindler, Fr. 328, 329 (2)
Riotte, Philipp Jakob (1776—1856) 42, 403,
556 (2), 557 (2), 721, 779
Ritter, Peter (1763—1846) 343, 488, 682,
740
Rivière, A. 554
Robineau, Alexandre? 412
Roche, A. D. 928, 943
Rode, Pierre (1774—1830) 34, 50, 68, 82, 83,
319, 405, 411, 422. 502, 631, 762, 886
Rodwell, George Herbert Bonaparte (1800—
1852) 910, 911, 912 (2), 913 (2), 914 (2),
915 (4), 916 (2), 921 (2), 922, 923, 925,
927, 929 (2), 934, 935, 937 (3), 941, 942,
944, 945, 946 (2), 947
Röder, Georg Valentin (1780—1848) 277
Röder, Georg Vincent 311, 312 (2), 313,
314 (4), 315 (2), 316 (3)
Röhner, F. C. 942
Roeser, Valentin (ca. 1735—1782) 95
Rösler, Gottlob Benjamin (1769—1833) 79,
407, 408
Rösler (Rössler), Joseph (1773—1812) 201
(4), 202 (5), 210 (3), 211, 292, 328, 329 (3)
Röth, Philipp (1779—1850) 339 (4), 340 (6),
341 (6), 342 (5), 343 (7), 344 (8), 391
Roger, Anai 850
Roger, Edouard 475
Roger, Joseph-Pierre (1798—1859) 261, 446,
449, 458, 481 (4), 482 (2), 485, 604
Rogers, Sir John Leman (1780—1847) 97
Roget, A. 733
Roldan, E. 552
Rolla, Alessandro (1757—1841) 234
Rolle, Johann Heinrich (1718—1785) 561 (4),
562, 563 (2), 565, 566 (3), 567 (6), 568 (12),
569, 909
Romagnesi, Antoine-Joseph-Michel (1781—
1850) 273, 333, 334 (4), 335 (5), 336 (2)
347, 348, 349, 354, 357, 363, 385 (2), 393
(2), 428, 432, 439, 444, 453, 455, 457,
458, 460, 461, 463, 466, 468, 469, 471,
474 (4), 475 (3), 476, 483 (2), 484 (2),
485, 496, 497 (2), 500, 603, 604 (2), 605,
606 (3), 607 (3), 608 (4), 609 (3), 620,
621 (4), 663 (3), 664 (19), 665 (13), 666
(10), 667 (8), 668 (9), 669, 670, 672, 732,
733, 746, 753 (3), 754 (3), 798, 800, 804,
814 (5), 815 (5), 816 (3), 817 (4), 818 (4),
819 (4), 820 (5), 821, 830 (3), 831, 832,
834 (3), 835, 850, 865, 994
Romané 542, 604
Romberg, Andreas Jakob (1767—1821) 141,
177, 178, 230, 869
Romberg, Bernhard (1767—1841) 610 (2),
956
Ropicquet, A. 472, 818, 821, 964 (2)
Rose-Fonbrune, G. de la 122
Rosellen, Henri (1811—1876) 940
Rosén, Erik Gabriel von (1775—1866) 64
Rosenberg, S. T. 914, 915, 923

Rosenberger 133
Roser, Franz (Pseud. von: Franz de Paula
Roser von Reiter) (1779—1830) 320
Rosetti, Franz Anton (ca. 1750—1792) 95
Rosquellas, Andres 572
Rossini, Gioacchino (1792—1868) 418, 419,
425 (2), 764, 973, 975
Opern
Adelaide di Borgogna 367, 729
Armida 362, 364 (2), 573, 588, 688, 783
Aureliano in Palmira 361, 371, 571 (2)
Il Barbiere di Siviglia 57, 420 (2), 421, 424,
425 (2), 460, 501, 512 (2), 558, 559, 572,
580, 582, 584, 589 (2), 591, 592 (4), 601,
621 (3), 622 (6), 623 (6), 624 (3), 630, 631
(5), 632 (7), 685 (11), 758, 771, 783, 866,
884, 887 (2), 891, 963, 976 (3)
Bianca e Falliero 369, 375
La Cenerentola 359, 420, 556, 558 (2), 560,
576, 590 (2), 599 (2), 625 (2), 632, 686, 717,
723, 731, 759, 784, 859, 870, 912
Ciro in Babilonia 365, 572, 582 (2), 593,
594, 729
Le Comte Ory 471, 733, 734 (2), 786, 834,
889, 890
Demetrio e Polibio 57, 272, 349, 599 (3),
623, 625, 650. 732
La Donna del Lago 57, 518 (2), 602, 652, 688,
747, 758, 770, 772, 882, 975
Edoardo e Cristina 601 (2), 688, 975
Elisabetta, Regina d'Inghilterra 358, 359,
361, 363, 367, 419, 557, 571, 598, 599,
633 (11), 685, 758, 766, 772, 774
Ermione 382, 589, 592, 758
La Gazza Ladra 358, 359, 361, 421, 422, 425,
513, 558, 559, 573 (2), 574, 577, 579 (2),
581 (4), 584, 589 (3), 590 (4), 598, 600, 601,
603, 618, 622 (7), 623 (3), 624 (2), 631 (9),
645, 653, 684, 685 (2), 686 (9), 758, 765, 767,
782, 963
Guillaume Tell 66, 662, 717, 718, 742 (3),
783 (4), 784 (2), 787, 788, 793, 877, 911,
919 (2), 951, 977, 992
L'Inganno Felice 555 (2), 589, 601, 624
L'Italiana in Algeri 271, 272, 273, 354, 355,
356, 389, 501, 555, 556, 558, 583, 593 (3),
622, 624, 632 (9), 685, 758, 765, 784, 787
Ivanhoe 732
La Margarita di Scozia? 357
Matilde di Shabran ossia Il Corradino 368
(2), 371, 688 (11), 975
Mosè in Egitto 366, 368, 425, 560 (2), 589,
591 (3), 592 (2), 601, 688 (3), 689 (11), 725,
737 (2), 759, 784 (2), 785, 786, 787, 858
(3), 859, 976 (3)
Otello 61, 359, 362, 364, 366, 367, 390 (2),
557, 558 (4), 572, 573, 576 (4), 577 (7),
578 (3), 587 (3), 588 (6), 598 (2), 599, 618,
622, 623 (3), 624 (4), 632 (13), 650, 680,
684 (9), 717, 722, 723, 725, 737, 758, 767,
773, 775 (3), 777, 794, 874 (2), 896, 952
La Pietra del Paragone 347, 560, 591 (2),
592, 733
Ricciardo e Zoraide 372, 559, 578 (5), 579 (5),
582, 583 (3), 592, 593 (3), 598, 599, 621 (4),
622, 623 (3), 624 (3), 685 (12), 766, 859, 913
Semiramide 372, 373 (2), 374 (2), 681, 695
(2), 775, 799, 827, 859
Le Siège de Corinthe 467, 718, 732 (2), 759,
788, 789, 795, 859, 972

Sigismondo 365
Tancredi 57, 58, 272, 309, 310, 322 (3), 348, 349, 352, 359, 362 (2), 367, 389 (3), 413 (3), 414, 415, 417 (2), 418, 419, 423, 501, 510 (2), 555 (2), 556, 593 (5), 619, 620 (2), 631 (12), 684, 717 (2), 720, 721 (2), 727, 733, 735, 737 (2), 758, 765, 775, 787, 975
Torvaldo e Dorliska 599 (3)
Il Turco in Italia 57 (2), 559, 589 (2), 632, 662 (2), 686, 737 (2), 740
Zelmira 369, 370 (2), 373, 425, 689, 764, 860, 861
Sonstige Werke 59, 358, 390 (2), 555, 557, 600, 617, 622, 644, 654, 655, 716, 731, 759 (2), 764 (2), 765, 773, 797, 801, 807, 836 (2), 837 (6), 838 (2), 845, 870, 878, 896, 911, 921 (2), 922, 929 (2), 956
Rotolo 995 (2)
Roucourt, Jean-Baptiste (1780–?) 346, 347, 349, 430, 462, 466, 671
Rougeon Desrivières, P. 267, 268, 335, 445, 462, 608
Rouget de Lisle, Claude Joseph (1760–1836) 10, 703, 784
Rousseau, Jean Jacques (1712–1778) 39, 175, 415, 713, 953
Roussel, Louis 497, 544, 670, 671 (4)
Roux-Martin, A. B. 460, 481 (3), 746
Rouzé, Emile 338, 821
Rovelli, Pietro (1793–1838) 559, 690
Rubinstein, Anton (1829–1894) 710 (21), 711 (6), 962
Rucker, Manuel 571 (2), 573 (3)
Rudersdorff, Joseph (1799–1866) 424, 651
Rudolph, Johann Joseph Rainer, Erzherzog von Österreich (1788–1831) 503
Rue, (Mme.) Zoé de la 542
Rüttinger, Johann Karl Friedrich (Organist der neuen Kirche zu Hildburghausen gegen Ende des 18. Jh.) 618
Rumler, Johann (ca. 1780–?) 202, 211
Rummel, Ch. (1787–1849) 66, 782
Rummel, J. M. 790
Rung, Henrik (1807–1871) 529 (4)
Rungenhagen, Carl Friedrich (1778–1851) 562, 566 (2), 567 (2)
Rungenhagen, L. T. 778
Ruppe, Christian Friedrich (1753–1826) 785
Rush, George (wirkte ca. 1760–1780 in London) 92
Russell, Henry (1812–1900) 930, 932
Rylander, A. G. 46 (2)

S. A. S. 264
Schn. 148
St . . . . l 854
S***, de 825 (3)
St. L., (Mlle.) Cie. 825
Saal, Anton Wilhelm Christian 157
Sacchini, Antonio Maria Gaspare (1730–1786) 3, 4, 30 (3), 31, (3), 39, 46, 48, 91, 102, 237, 503, 906, 908
Saint-Aubin Fils, Jean-Denis 428
Saint-Pern, B. de 826
Saint-Preux, de s. Barbier
Salais 430, 436
Salaman, Charles (1814–1901) 945
Salieri, Antonio (1750–1825)
  Opern
  Armida 34

Axur, Re d'Ormus 228, 233, 234, 236 (2), 239, 242 (2), 245, 246, 305 (3), 346 (3), 772 (2), 776, 858, 879
Cesare in Farmacusa 236
La Grotta di Trofonio 71
Die Hussiten vor Naumburg 217, 220, 257, 258
Die Neger 188, 189
Palmira, Regina di Persia 194, 230 (2), 231, 235, 238, 240 (2), 314, 319, 771
Sonstige Werke 94, 158, 159, 236, 291, 893
Salior, Edouard 439
Salomo, Moritz 323 (2), 324 (3), 325 (3), 326, 327
Sander, Johann Daniel (1759–1825) 563 (3), 565
Sanderson, James (1769–1841) 121, 128 (2)
Sannoy, Guy de 432
Sanoy, (Mme.) de 433, 439
Sapienza, Antonio (1794–?) 378, 381
Saramia 163
Sarti, Giuseppe (1729–1802) 3, 70, 71 (2), 93, 192, 221, 223, 259, 265
Satzenhoven (Satzenhofen), Friedrich 237
Sauvan 384
Scarlatti, Domenico (1685–1757) 39
Schack, Benedikt (1758–1826) 727
Schäffer, Carl Friedrich Ludwig (1746–1817) 292
Schaffner, Nicolaus Albert (ca. 1790–nach 1834) 391 (2), 392, 453
Schale, Christian Friedrich (1713–1800) 567
Schall, Claus (1757–1835) 72, 80, 182, 183 (3), 184 (2), 204, 205 (14), 206 (21), 207 (18), 208 (12), 209 (2), 407, 410, 411, 414, 504 (2), 505 (2)
Schall, Peder (1762–1820) 207
Schaum, J. O. H. 143
Schaumas 384
Scheibler 618
Schein, Johann Hermann (1586–1630) 778
Schelcher, Carl von 828
Schelcher, Louis von 745
Schell, Joseph 394
Schenk, Johann Baptist (1753–1836) 73, 74
Schetky, Johann Georg Christoph (1737–1824) 117 (2), 121, 122, 125
Scheyermann, Georg (1767–1827) 825, 826
Schindlöcker, Wolfgang 312 (2), 314 (2), 315, 316
Schinn, Georg Johann (1768–1833) 341, 394 (4), 395 (3), 396 (3), 397 (4), 398 (5), 399 (6), 400 (5)
Schlesinger, David (1802–?) 955
Schloer, B. J. 454, 456, 457, 459 (2), 461, 462, 464 (2)
Schlossbauer, A. 859, 977
Schlotthauer 233, 258, 259, 292
Schmachtenberg (Lehrer und Rendant der Central-Wohltätigkeits-Anstalt in Elberfeld) 983, 985
Schmid, Joseph 403
Schmidt 620
Schmidt, C. H. 878
Schmidt, Christian 875
Schmidt, Johann Philipp Samuel (1779–1853) 169, 414, 508, 515, 565 (2), 566 (2), 568, 569, 848
Schmitt, Aloys (1788–1866) 717 (2), 741, 993
Schmitt, Jacob (1796–1853) 862, 973 (3)

Schmitt, Joseph (1734—1791) 198, 992
Schmuckert, E. 798, 799
Schmügel, Joh. Christoph (1726—1798) 991
Schnabel, Joseph Ignaz (1767—1831) 142, 143, 145 (2)
Schneider Friedrich (1786—1853) 886 (2), 888, 890, 893 (3), 894, 989
Schneider, Johann Gottlob (1789—1864) 782, 785, 788, 791, 794, 797, 800, 803, 806, 809, 812
Schneider, Julius (1805—1885) 888 (2), 891
Schneider, Laurenz 871
Schneider, Lorenz (1766—1855) 20, 72, 294, 722
Schnorr, Heinrich Theodor Louis (Ludwig) (1760—1835) 295
Schnurr, J. A. (Lehrer in Lautenbach bei Gernsbach (Baden) ca. 1830) 981
Schnyder von Wartensee, Xaver (1786—1868) 855
Schobert, Johann (ca. 1735—1767) 92 (2), 100
Schönche, Michel 340
Scholl, Carl 573
Schop, Johann (?—1667) 778
Schouten, (Mme.) (geb. Carpentier) 725, 729
Schreiber, Christian S. (1781—1857) 176, 177, 875
Schröder, Dr. 939, 940
Schröter, C. F. 68, 974
Schroeter, Johann Samuel 87, 93 (2), 98
Schubart, Jeannette 742
Schubert 781
Schubert, Camille (ca. 1810—?) 935, 938
Schubert, E. 773
Schubert, Franz (1797—1828)
    Klavierstücke 654 (2), 655, 692 (2)
    Lieder 639, 655, 675 (2), 676, 701, 844, 876 (2), 878, 930 (2), 959 (2), 961, 969
    Opern 711 (10), 959, 962 (2)
Schubert, Franz Anton (1768—1827) 291
Schubert, Franz Louis (1804—1868) 788 (8), 789, 790 (2), 791 (4), 792 (2), 793 (2), 794 (3), 795, 797 (3), 798 (3), 799, 800, 801 (2), 803, 804 (3), 805, 807 (4), 808 (3), 809 (5), 810 (2), 811 (2)
Schubert, I. 745, 935
Schubert, Johann Friedrich (1770—1811) 780
Schuberth, Ludwig? (1806—1850) 780
Schütz, Heinrich (19. Jh.) 768
Schulhoff, Julius 942, 944
Schultz, Fr. 694 (3)
Schultz von Lübeck, C. 977
Schulz 675, 774
Schulz, C. 673, 775, 779
Schulz, Ch(r). 776, 779
Schulz, F. A. (Musiklehrer in Wolfenbüttel ca. 1830) 873
Schulz, Johann Abraham Peter (1747—1800) 32, 33, 73, 74, 75, 95, 96 (3), 295, 561 (5), 562 (10), 563 (6), 564 (4), 565, 566, 849, 905 (2), 906
Schulz, Johann Philipp Christian (1773—1827) 222, 259, 650, 651, 776, 779, 867, 868, 870, 873, 875, 895, 897
Schulz, P. 770, 778
Schulz, V., (Hoforganist in Mannheim ca. 1830) 985
Schumann, Clara (geb. Wieck) (1819—1896) 944
Schummel, Johann Gottlieb 143

Schunck, Philippe 462
Schunke, Ludwig (1810—1834) 807, 844
Schuster, Ignaz? (1770—1835) 73, 689, 723
Schuster, Joseph (Josef) (1748—1812) 228
Schwartz, Edouard 946
Schwarz, Carl 420, 422 (2), 423 (2), 424 (2), 716, 861 (2)
Schwarz, Christian 976
Schwarzer, C. F. 146
Schweitzer, Anton (1735—1787) 257
Schwencke (Schwenke), Johann Friedrich (1792—1852) 988 (3)
Schwencke, Karl (1797—?, seit 1870 verschollen) 762, 846
Schwindel (Schwindl), Friedrich (1737—1786) 130
Scolari, Giuseppe (ca. 1720—1769) 93
Sechter, Simon (1788—1867) 247, 720 (5)
Seckendorff, Carl Siegmund Freiherr von (1744—1785) 650
Seeger, s. Zeckert, Joseph
Seelmann, August (ca. 1805—1885) 987, 988, 989
Segniz, C. 312, 313 (2), 316
Seidel, Carl 143
Seidel, Friedrich Ludwig (1765—1831) 84, 167, 168 (2), 177, 178, 406, 564, 565 (2), 567, 868, 876
Seifert, Carl 873
Seifert, Frédéric 316
Seiffart, Selmar 889
Servatius, Charles Adolphe 456
Setterholm (Seterholm), J. August 4 (2), 9, 62
Seybold, J. 979 (2)
Seyfried, Ignaz Xaver von (1776—1841) 189, 194, 197, 212, 214 (3), 215, 216, 219, 220, 223 (2), 255 (3), 256 (2), 257, 258 (2), 259 (2), 290, 313, 316, 318 (3), 322, 580, 686, 721, 863 (5), 893, 894 (2), 896, 909
Shelton, (Mrs.) Henry 927 (2), 933, 936, 966, 968
Sheridan, (Miss) L. H. 967
Shield, William (1748—1829) 91, 98 (3), 99 (6), 100 (10), 116, 120, 124, 125, 128, 136, 331
Siboni, Giuseppe (1780—1839) 345, 355 (2), 359
Siebigk, Ludwig Anton Leopold (1775—1807) 143 (2), 147 (2)
Siegel, Daniel Siegmeier (1774—?) 675, 676, 776 (2), 777 (2), 824 (2), 890
Signorile, N. 266
Simon, Ch. M. 338 (3), 465
Simonis, Ferdinando (ca. 1773—1835) 475, 479
Simons-Candeille, Amélie Julie (1767—1834) 264, 265 (2), 386, 428, 431, 435
Simonsen, Friedrich Wilhelm? (1791—1871) 408
Simonsen, Jørgen Ernst (1803—1886) 858
Simpson, G. 943
Sjöberg 24
Skjöldebrand, Anders Fredrik (1757—1834) 21 (2), 22 (4), 52, 64 (2), 65, 68
Skramstad, Hans (1797—1839) 844
Skraup, Franz J. (1801—1862) 882 (2), 883, 897
Sloman, Charles (1808—1870) 930, 931
Smart, R. 942, 943
Smith, (Miss) 927, 965, 967

Smith, Charles (1786–1856) 911, 912, 916, 924, 952
Smith, John Christopher (1712–1795) 98, 99
Smith, Leigh 919, 931
Smith, Robert Archibald (1780–1829) 953
Smith, Stafford 89
Smith, Theodore (ca. 1740–ca. 1810) 127, 965
Snel, Amélie 604
Söderman, Johan Wilhelm (1808–1858) 718
Sörgel, Friedrich Wilhelm (1790–1870) 886 (2), 887, 889 (2), 890
Sola, Charles-Michel-Alexis (1786–?) 380 (2), 545, 546, 547, 554 (2), 954, 955
Solié, Jean-Pierre (1755–1812)
  Opern
  Le Chapitre Second 109 (7)
  Le Diable à Quatre 42
  Le Petit Jokei 105
  Le Secret 64, 80 (2), 81, 877
  Sonstige Werke 558, 629, 684, 723
Solikof, Louis 440
Solis, E. 911
Soliva, Carlo Evasio (1792–1851) 363, 572
Somère, Edouard de 833
Sommerfeld 801
Sommerfeld, C. 790
Sor, Joseph Fernando Macari (1778–1839) 275, 338, 364, 435, 469, 484, 820, 821, 966
Spack 831
Spangenberg Fils, J. 391, 392
Spazier, Johann Gottlieb Carl (1761–1805) 175 (2), 893
Speratus, Paul (1484–1551) 771
Spofforth, Reginald (1770–1827) 116, 122 (2)
Spohr, Louis (1784–1859)
  Chöre und mehrstimmige Gesänge
  657, 777, 797, 893, 897
  Lieder 179 (3), 673, 714, 745, 769, 779, 868, 875, 876, 915
  Opern
  Der Berggeist 425, 767, 831
  Faust 63 (5), 417, 556, 558, 625, 661, 716, 776, 889, 891, 963
  Jessonda 59, 60 (2), 69, 680 (2), 737, 738 (2), 765
  Zemire und Azor 65, 421, 596, 597, 682, 715, 733, 737, 773, 867
  Der Zweikampf mit der Geliebten 680, 683, 737, 738, 992
  Sonstige Werke 322, 423, 425, 610, 781, 828, 953, 956, 963
Spontini, Gasparo Luigi Pacifico (1774–1851)
  Opern
  Fernand Cortez 60, 200, 318 (3), 319, 320 (3), 387, 489, 557 (2), 577, 686–687 (10), 765, 777
  Julie ou Le Pot de Fleurs 115 (3)
  Milton 114 (2), 214, 256, 721
  Olimpie 596
  La Petite Maison 114
  La Vestale 56, 59, 60 (2), 61, 240 (2), 241 (3), 242 (2), 317 (4), 318, 390, 488, 557 (2), 559, 623, 624, 656 (3), 657, 658, 659, 681, 764 (2), 767, 781, 782
  Sonstige Werke 62, 384, 430, 435, 748 (2), 796
Stadler, L. 397

Stadler, Maximilian Abbé (1748–1833) 70, 169. 503, 868, 908
Staes, Charles 668
Stamitz, Carl (1745–1801) 103
Stamitz, Johann Wenzel Anton (1717–1757) 88
Starke, Friedrich (1774–1835) 195, 196 (2), 197 (4), 220, 226, 292, 387 (8), 388 (10), 389 (11), 390 (7), 424
Staudt, A. 944
Steers, Fanny 927
Stefani, Jan (1746–1829) 170, 171 (2), 172 ·
Stegmann, Eduard 673, 680, 737
Stegmann, Karl David (1751–1826) 255, 257
Stegmayer, Ferdinand (1803–1863) 576, 882 (2), 883
Stehle 739 (2)
Stehle, B. 675, 676
Steibelt, Daniel Gottlieb (1765–1823) 17, 31, 32, 36, 38, 42, 48, 50, 55 (3), 78, 79, 80 (2), 81 (3), 82 (2), 84, 85 (2), 132, 133, 138 (2), 139 (3), 141, 159 (2), 169, 183 (2), 184, 226 (2), 277 (2), 320 (3), 321, 385, 393, 405 (3), 407 (3), 408 (3), 416, 426 (2), 657 (3), 659, 660, 776, 846, 974 (2), 977 (2), 993
Steidler 722
Stein, Friedrich (1784–1809) 224, 260 (2)
Stein, Karl 403
Steinacker, Carl (1785–1815) 895
Steinmann 690
Steinmann, J. 724
Stenborg, Carl (1752–1813) 2, 6 (2), 14, 20
Stenzer, C. 977
Stephenson 130
Sterkel, Johann Franz Xaver (1750–1817) 72, 102 (18), 139, 167, 168 (5), 175 (2), 176 (3), 178 (2), 211 (3), 212, 234, 675, 993 (3)
Steup, H. C. (1755–?) 462
Stevenson, Sir John Andrew (1762–1833) 119 (2), 286, 910, 914
Stewart, B. 939
Stieler, Carl August (1780–1822) 41
Stirl, Th. 765 (2), 784
Stockhausen, Franz Anton (1792–1865) 966, 967, 971
Stoepel, A. 935 (3)
Stössel, Nicolaus (1793–1839) 650, 651
Stolpe, A. (vermutlich Anton oder Aloys, die beide ca. 1820 in Warschau als Komponisten wirkten) 410
Stolze, Georg Christoph (1762–1830) 989 (4), 990 (4), 991 (6), 992 (2)
Stolze, Heinrich Wilhelm (1801–1868) 981, 982 (9), 983 (13), 984 (6), 985 (9), 986 (8), 987 (2), 988 (7), 989 (5)
Storace, Stephen (1763–1796) 116, 119, 120, 124, 128, 896
Strauss, Eduard (1835–1916) 712
Strauss, Johann Sohn (1825–1899) 711, 712
Strauss, Johann Vater (1804–1849) 692, 695 (5), 743 (2), 791, 792, 797, 799, 801, 809, 919 (4), 920 (2), 921 (2), 922 (2), 923, 926 (2)
Strauss, Josef (1827–1870) 712
Strauss, Joseph (1793–1866) 682
Streit, Baron 344
Stringland, C. W. 934
Strunz, Jacob (1783–nach 1845) 496, 671, 750, 751, 752 (5), 995, 996

Struwe, Jacob Bernhard (1767−1826) 31 (3), 38 (2)
Stumpf, Johann Christian (ca. 1740−ca. 1801) 344
Stunz, Joseph Hartmann (1793−1859) 719
Suchaneck, F. 797
Sudre, François 485 (3), 604 (2), 605
Süßmayr (Süßmayer), Franz Xaver (1766− 1803) 158, 186, 222 (2), 224, 256, 257
Süssmilch, P. A. 305
Sutch, D. 944
Sutor, Wilhelm (1774−1829) 782, 896, 898 (2)
Svensson, Johan (1775−1845) 35
Synghel Père, van 654
Székely, Imre 947
Szymanowska, Marie (1790−1831) 845

T x x x, Amédée de 445
T. A. L..., (Mme.) 438
T-n-th 329
Tarchi, Angelo (ca. 1759−1814) 82 (2), 83, 84, 110 (3), 111 (3), 122, 141, 184, 185, 246, 264
Target (geb. Hutchinson) 431, 532, 433
Taskin, Pascal-Joseph (1723−1793) 430
Tatton, F. 936
Taubert, Wilhelm (1811−1891) 891
Tauscher, H. W. 978, 979 (2)
Taylor, G. F. 938, 939, 940
Taylor, Raynor (1747−1825) 116, 117, 118, 121, 122, 124, 125, 127, 129, 135
Telemann, Georg Philipp (1681−1767) 981, 987, 988
Tenducci, Giusto Ferdinando (ca. 1735−1790) 103
Ter Borch, T. 419
Teschner, Gustav Wilhelm (1800−1883) 886, 888, 891
Teyber, Franz (1756−1810) 226, 232
Thalberg, Sigismond (1812−1871) 811, 844 (2), 929, 935, 940
Theile, Adam Gottlieb (1787−1822) 823 (6), 824
Theile, J. C. 823 (2), 824 (4)
Thénard, Etienne 750 (2), 751
Theuss, Carl Theodor (1785−nach 1841) 649, 823 (10), 824 (4)
Thibault, Charles 267, 438 (2)
Thiébault, Le Baron Paul-Charles-François-Adrien-Henri-Dieudonné (1769−1846) 446, 447, 449 (2)
Thomas, Charles-Louis-Ambroise (1811−1896) 534 (5), 535, 807, 810 (2)
Thomas, M. Ernst 777 (2)
Thomsen 846 (2), 847
Thomson, John (1805−1841) 953 (2), 954
Thrane, Waldemar (1790−1828) 844, 845
Thurner, Friedrich-Eugen (1785−1827) 342
Thys, Alphonse (1807−1879) 840, 929
Tillot 264
Titl, Anton Emil (1809−1882) 702, 704 (19), 960
Toeche, W. 875
Töpler (Toepler), Joseph 764, 766, 828 (2), 829
Tolbecque, Johann Baptist Joseph (1797−1859) 923
Tomaschek, Wenzel Johann (Tomášek, Václav Jan) (1774−1850) 170, 201, 202, 328 (4), 329

Tomeš, František Václav s. Tomich, François
Tomich, François (1759−nach 1796) 132
Torre, Jules Cesar dalla 273, 347, 353
Tourterelle s. Herdliska, Henri
Trajetta, Filippo (1777−1854) 119
Trento, Vittorio (1761−nach 1824) 237
Triebensee (Trübensee), Josef (1772−1846) 222
Tritto, Giacomo (1760−1824) 489
Troupenas, Eugène-Théodore (1799−1850) 471
Trübensee, Josef s. Triebensee, Josef
Trutzer, C. (Seminarlehrer in Kaiserslautern seit Nov. 1832) 981 (2), 987
Tuček, František Vincenc s. Tuczek, Vincenz Franz
Tuch, Heinrich Agathon Gottlieb (1768−?) 776 (2)
Tuczek, Vincenz Franz (1773−1821) 142, 143, 201, 312, 316 (3)
Türk, Daniel Gottlob (1750−1813) 120 (2), 141
Tulou, Jean Louis (1786−nach 1864) 761 (2), 762 (3)
Turnbull, Walter 965

Uber, Christian Benjamin (1746−1812) 142
Umlauff (Umlauf), Ignaz (1746−1796) 297
Umlauff (Umlauf), Michael (1781−1842) 185 (2), 187, 188, 189 (4), 190 (3), 191 (5), 192, 193, 194 (6), 195 (3), 196 (4), 197, 198 (3), 213, 214, 216, 218 (2), 219, 220, 221, 224, 225 (2), 226 (2), 229, 237, 239, 254, 255, 256 (2), 257, 258, 259, 260, 290, 293, 576, 577 (2), 582
Unicki 171 (2)
Urbani, F. H. 488

V *** 554
V., Le Vicomte D. de 443, 447, 450
Vxxx, D..d.(e) (D. de) 431, 432 (2), 434
V . . . . . . , D . . . . . . de 438 (2)
Vaccaj, Nicola (1790−1848) 377, 378 (3), 379, 380 (3), 381 (3), 969
Vacher (Wacher) Pierre-Jean (1772−?) 261, 266
Vaillant, Pierre-Marie-Gabriel (1778−nach 1837) 375, 376 (2), 377, 379, 381, 427, 434, 436, 437, 442, 445, 450, 453, 456, 459, 464, 467 (2)
Valbruch 785, 786
Valentine, Thomas (ca. 1788−1860) 910, 911 912, 913, 914, 919, 920
Valentini, Carlo (ca. 1790−1853) 993
Valmalette 431
Valory, La Marquise de 470
Vanhal (Vanhall, Wanhal), Johann Baptist (1739−1813) 1, 4, 71, 74, 88, 92, 96, 138, 139, 406, 498, 620, 855 (2), 978 (2)
Vanhall, F. 773
Varlet 549
Velluti, Giovanni Battista (1781−1861) 601
Vento Mattia (Mathias) (1735−1776) 93, 103
Verdi, Giuseppe (1813−1901) 640 (16), 701, 703 (2), 704 (7), 705 (29), 706 (16), 707 (19), 708 (12), 709 (16), 711 (10), 712 (17), 959, 960, 961 (5), 962 (3)
Vérelst 834
Verini 954
Vernon, Joseph (ca. 1739−1782) 933

Verstovskij, Aleksej Nikolaevič (1799—1862)
  855
Vetter 674
Vierling, Jakob (1796—1867) 978 (3), 979
  (3), 980, 981 (4), 983 (2), 984, 985, 987,
  988 (2), 990
Vierling, Johann Gottfried (1759—1813) 978
  (7), 979
Viernickel, Jos. 311, 312, 313
Viguerie, Bernard (1761—1819) 79, 129 (2)
Villeneuve, Ducrêst de s. Ducrêst de Villeneuve
Villers, Antoine Chevalier de (wirkte 1547—
  1556) 729
Vimeux, J. 542, 551, 552
Vinci 481
Vinci, Leonardo (ca. 1690—1730) 93
Viotti, Giovanni Battista (1755—1824) 78,
  104, 118, 586, 768
Vivenot, Rudolph von 703
Voetsch, Theodor 284
Vogel, Charles-Louis-Adolphe (1808—1892)
  842, 906 (2)
Vogel, Johannes Christoph (1758—1788)
  24, 185, 236, 255, 259, 340, 773
Vogler, Georg Joseph, genannt Abbé (1749—
  1814) 2, 4 (2), 7 (3), 22 (3), 24 (3), 28,
  37, 39, 46, 51 (2), 65, 67, 72 (2), 75, 78,
  82, 139 (2), 142, 199, 202, 213, 214 (2),
  219 (2), 221, 222 (3), 223, 255 (2), 258
  (3), 259, 292 (2), 293, 304, 397, 399, 616
  (2), 848, 849, 908, 975
Voigt 776
Vojtišek, Antonín s. Wojtischek, Anton
Voizel, Etienne 369, 372 (2), 373 (2), 374,
  376 (2), 377, 378, 379, 381, 472, 725, 731
Volckmar, Adam Valentin (1770—?) 980 (2),
  981 (3), 982, 983, 984, 985, 986 (3)
Volkert, Franz (1778—1845) 586 (2), 724
Volpato 548, 549 (3)
Vulpius, Melchior (ca. 1570—1615) 987

W * j. 311
Wacher s. Vacher
Wade, Joseph Augustine (ca. 1801—1845)
  924 (2), 930 (2), 931, 954, 955, 971
Wagenseil, Georg Christoph (1715—1777) 93
Wagner, K. Th. 767 (2), 779
Wagner, M. 781
Wagner, Richard (1813—1883) 962 (2)
Wagner, V. A. 246
Walch, Johann Heinrich (1775—1855) 421,
  422, 423, 498, 769, 781, 845, 847 (3),
  857 (2), 858
Walckiers, Eugène (1789—?) 455
Wallace, William Vincent (1812—1865) 703
  (16), 704 (5), 935, 937, 938, 960
Walsh, Théobald 995
Walter, George-Antoine (ca. 1785 Schüler von
  Rodolphe Kreutzer in Paris, 1792—1801
  Orchesterleiter in Rouen) 163 (5)
Walter, Thomas Christian (1749—1788) 1, 3
Wanhal, Johann Baptist s. Vanhal, Johann
  Baptist
Warot, J. 393 (2), 470, 497
Wass, J. E. 37, 42
Webbe, Samuel (1740—1816) 87, 88, 90 (2),
  122, 124, 908
Webbe Jun., Samuel (1770—1843) 125

Weber, Bernhard Anselm (1764—1821) 83, 84,
  85, 167 (4), 168 (3), 169, 175, 176, 197, 198
  (2), 199, 222, 223, 225, 305 (4), 311 (2), 409
  (6), 410 (4), 490, 505 (2), 567, 663, 894
Weber, Carl Maria von (1786—1826)
  Chorlieder 724 (2), 873, 875, 893, 894 (2),
    895, 896, 897, 953, 955
  Klavierwerke 63, 340, 426, 770, 773, 953, 957 (3)
  Lieder 336, 414, 422 (2), 423, 547, 550, 608,
    619, 650, 673, 674 (2), 734, 740, 747, 748,
    749, 772, 780, 782, 783 (2), 786, 787, 813,
    817, 843, 850, 866 (7), 867 (4), 868 (3), 869,
    870 (2), 871 (3), 872, 873 (2), 874 (2), 875
    (3), 876, 877 (2), 878, 884 (6), 894, 953
  Opern und Singspiel
  Abu Hassan 514, 653, 680, 741, 876
  Euryanthe 68, 680, 681, 714 (2), 726, 729,
    737, 741, 764 (2), 765 (2), 766, 767, 768
    (4), 769, 772 (2), 887, 889, 894, 896
  Der Freischütz 56, 404 (5), 419 (3), 420 (2),
    421, 461, 462, 511 (2), 512 (7), 546 (3), 575,
    651, 652 (4), 653, 654, 655, 657 (4), 658 (4),
    659 (2), 660, 661, 687 (4), 688 (11), 713, 714,
    725 (2), 726, 727, 728, 730, 736 (2), 737, 766,
    767, 769 (2), 843, 896, 897
  Oberon 520 (9), 742, 773, 774, 775, 828, 852,
    854, 856, 857 (2), 888, 954
  Preciosa 60, 61, 420 (2), 423, 424 (2), 682 (4),
    690, 728, 736 (2), 764, 765, 767, 770, 774,
    856 (2), 857 (2), 893, 963
  Silvana 487, 680, 886, 887, 890 (2), 892
  Sonstige Werke 426, 715 (3), 731, 745, 781, 787,
    796, 843, 858, 866, 868, 871 (2), 884
  Unterschobene Werke 68, 742, 770, 910, 965
  Zweifelhaftes Werk 870
Weber, Friedrich Dionys (1771—1842) 145
  (4), 146, 201 (3), 202 (4), 210 (2), 211 (2),
  327, 329
Weber, Gottfried (1779—1839) 672
Wecker, Georg Caspar (1632—1695) 979
Wedel, Sören (1765—1826) 70, 71, 157, 159
Weigl, Joseph (1766—1846)
  Ballette
  Alceste 198, 199, 228
  Alcina 237
  La Ballerina d'Athene 214, 216, 256 (2)
  Cleopatra's Tod 186 (3)
  I Giuochi Istmici 185 (4), 186
  Die Huldigung 224, 407
  L'Incendio e la Distruzione di Troja 186
  Richard Löwenherz 192 (3), 226, 289
  Wilhelm Tell 200 (4)
  Opern, Singspiele und Schauspielmusik
  L'Amor Marinaro 181, 227, 232, 244
  Der Bergsturz 956
  Das Dorf im Gebirge 305, 306
  Franciska von Foix 318 (2)
  Die Herrenhuterin (mit anderen) 188
  Kaiser Hadrian 220, 227, 259, 260 (2), 292
  König Waldemar 511, 512
  Der Machtanspruch 219
  Nachtigall und Rabe 390, 557, 575 (3),
    576 (4), 577, 684 (8), 741
  Ostade 225, 226 (2), 229, 259, 387
  Das Petermännchen 72
  Pigmalione 186
  Il Rivale di se stesso 271
  Die Schweizerfamilie 47, 48 (3), 49, 55, 289
    (2), 290, 311, 317, 406 (2), 408, 486 (2),
    488, 490, 505, 506, 616, 766, 780, 856

L'Uniforme 35, 83, 194, 244, 277
Vestas Feuer 196, 213 (2), 215 (2), 221, 255 (2), 256, 259
Das Waisenhaus 232, 235 (4), 260 (3), 681, 764
Sonstige Werke 157, 188, 232, 271, 292, 319, 320 (2), 344, 487, 584 (2), 594, 896, 906, 918, 965
Weigl, Thaddäus (Thadé) (1776–1844) 185 (8), 186 (9), 187 (4), 188, 189 (6), 190 (3), 191 (2), 218, 224, 227
Weinert, Antoni (1751–1850) 172
Weinlig, Christian Theodor (1780–1842) 323 (4), 324 (3), 325 (5), 326 (3), 327 (3)
Weippert, J. M. 156 (3), 157, 159 (2)
Weippert, John 915 (3), 916, 917, 918, 923, 929
Weiss 723
Weiss, Carl (ca. 1738–?) oder dessen Sohn (ca. 1777–?) 761 (3)
Weiß Franz (1778–1830) 195 (4), 196 (4), 197 (2), 198, 213 (2), 214, 215, 228, 256 (2)
Weiße 209, 210
Weixelbaum, Georg (1780–?) 673
Weldon, John (1676–1736) 88
Weller 618 (2)
Wenkel, Johann Friedrich Wilhelm (1734–ca. 1792) 988 (4)
Werner, H. 870, 871, 872, 873, 874 (2), 875, 877, 881, 894 (2), 895 (3), 896 (4), 897 (2), 898
Werner, W. 878, 881
Wertheimstein, Heinrich Edler von 654
Wessely, Johann (1762–1814) 139
West, Elisha 130
Westenholz, Friedrich (1788–1840) 405, 619
Weyrauch 718
Weyse, Christoph Ernst Friedrich (1774–1842) 169, 170, 405 (5), 406, 408 (2), 411, 412 (2), 413 (4), 416 (2), 420 (2), 421 (2), 424, 425, 504 (4), 505, 507, 508 (3), 509, 515 (6), 516, 518 (7), 519, 529, 713, 857, 862, 975
Whitaker, John (1776–1847) 286
White, C. 933 (3), 934 (2)
White, William Henry 942
Wieck, Clara s. Schumann, Clara
Wiedebein, Gottlob (1779–1854) 877
Wikmanson, Johan (1753–1800) 2, 11, 15, 35, 57
Wilde 618
Wilhem, Guillaume Louis Bocquillon (1781–1842) 347, 349, 351, 354, 429, 433, 438, 442, 447, 451, 454, 754
Willimann, Eduard 294 (2)
Wilms, Johann Wilhelm (1772–1847) 410 (3), 617, 620
Wilson, Alec 946
Windsor, (Miss) E. 915, 969, 970
Winkelmeyer, C. (1787–1831) 979 (2)
Winkhler, Carl Angelus von (?–1845) 887
Winter, Peter (von) (1754–1825)
  Opern und Ballette
  Belisa 252, 257
  Castore e Polluce 216, 217 (2), 218, 257, 339, 341, 342 (2), 343, 499
  I Due Valdomiri 365
  I Fratelli Rivali 133, 134, 148, 214, 257
  La Grotta di Calipso 487 (2), 681, 738 (2)

Das Labyrinth 188 (2), 215 (2), 256 (2), 278, 302, 586
Maometto II 360, 786
Marie von Montalban 186 (2), 254, 277, 278 (3), 279, 313, 681, 738 (2)
Die Pyramiden von Babylon 188 (2)
Il Ratto di Proserpina 339 (2), 340, 356
Tamerlan 186, 187 (2), 223, 224, 225, 340, 341 (3)
Das Unterbrochene Opferfest 43 (3), 133, 139, 170, 177, 220, 231, 234, 254, 412 (2), 416 (2), 507 (3), 629, 630, 738 (2), 766, 770 (2), 775 (2), 853, 854, 875
Vologesus 189 (5), 190 (4), 191 (2), 192, 227
Sonstige Werke 157, 158, 221, 279, 342, 343, 344, 598, 609, 630, 734, 798, 874 (2), 884, 893 (3), 897, 994
Winterbottom, I. 940
Winterle, Edmund (1809–?) 703
Winterstein, S. 828
Wirgin, A. Fr. 50
Wiskemann (Justizpräsident) 277 (2), 278
Witkowsky 620, 768
Witt, F. L. 797
Wittaschek s. Wittassek
Wittassek, Johann Nepomuk August (1770–1839) 201, 202 (2), 210, 328 (6), 329 (3), 414
Witzoffski 31
Wölfl (Wölffl), Joseph (1773–1812) 148 (3), 149 (2), 158, 170, 178, 214, 257, 258, 341, 618
Woets, Joseph Bernhard (1783–?) 456, 457, 458, 467, 469, 472, 497, 541, 569–570 (16)
Wojtischek (Vojtíšek), Anton (1771–nach 1819) 201
Woldemar, Michel (1750–1815) 644
Wolf 5
Wolf, Alois Joseph Anton Balthasar (1775–ca. 1819) 313
Wolf, Ernst Friedrich (?–1772) 987, 988
Wolff 77, 811
Wolfram, Joseph (1789–1839) 790, 792, 827, 886
Wolfram, Louis 854 (4)
Wollank (Wollanck), Friedrich (1782–1831) 649, 753, 868
Wood, Mary Anne 967
Woolaston, (Miss) 924
Wordsworth, William A. 930
Wornum, Robert (1742–1815) 127
Worzischek, Johann Hugo (1791–1825) 424, 719, 776, 828
Wranitzky, Anton (1761–1820) 79, 156
Wranitzky, Paul (1756–1808) 83, 189 (3), 190 (3), 191, 226, 228 (2), 259, 322, 578
Wright, J. H. 956
Würfel, Wenzel Wilhelm (Václav Vilém) (1790–1832) 645, 767 (3), 770
Wulff, Christian Nicolaj (1810–1856) 860
Wunderlich, Julius (1810–?) 789, 790, 793
Wustlich, F. E. 766

Ynzenga, Angel 572, 573

Zachariae, Carl Peter Otto (1788—1822)
 409 (2)
Zachau (Zachow), Friedrich Wilhelm (1663—
 1712) 980
Zampieri 121
Zander, Johan David (1753—1796) 2, 3, 4, 8
Zayitz (Zajitz), P. 769, 770
Zeckert (genannt Seeger, Seegert), Joseph
 (1720—1782) 981, 982
Zegers, Isidora de 544
Zeller, Georg Bernhard Leopold? (1728—1803)
 676
Zelter, Carl Friedrich (1758—1832) 139, 173
 (2), 315, 561, 617, 673, 674, 717, 780, 867,
 870, 873, 895, 896
Zérézo, Isidore 837, 838, 839 (2), 840 (2)
Zeuner, Karl Traugott (1775—1841) 81, 166
Zezi, Alfons 764
Ziegler 894
Ziegler, Franz (1740 Mönch vom Cistercienser-
 orden in der Abtei Eberbach) 987 (2)
Ziller, Wilhelm (Schüler von Christian Heinrich
 Rinck) 990
Zimmerman, J. W. 61 (3), 62
Zimmerman, Pierre-Joseph-Guillaume (1785—
 1853) 458, 459 (2), 627, 628
Zimmermann, Therese 403
Zimmers, Théodore 908 (6)
Zinck, Hardenack Otto Conrad (1746—1832)
 72, 74
Zinck, Johan Vilhelm Ludvig (Ludwig) (1776
 —1851) 85, 412, 504 (2), 505 (4), 506, 507
 (2), 509, 510 (2), 516 (4), 517 (3), 522 (3),
 528, 860
Zingarelli, Nicola Antonio (1752—1837) 185,
 188, 219, 223, 224, 230 (2), 234, 235, 239
 (2), 263, 346, 541 (2), 726, 784
Zoche-Zochetti 824
Zoellner, Carl Friedrich (1800—1860) 896,
 897 (2)
Zoellner, Carl Heinrich (1792—1836) 980,
 984 (3), 985 (4), 986 (3), 987 (2)
Zschaler 823 (2), 824
Zschiesche, H. August (1800—1876) 886,
 888, 890
Zucconi, Francesco de 160 (3)
Zulehner, Carl 211, 212, 849
Zumsteeg, Emilie (1796—1857) 617, 896
Zumsteeg, Johann Rudolf (1760—1802) 44,
 64, 174 (3), 175 (3), 176, 177, 178, 203,
 211, 279, 294 (2), 672, 723, 778, 867, 868,
 871 (3), 897
Zwaneveld 617

6. Textverfasser

A: D: 549
A. d. M. 869
A. P. 465
A. R. 476, 820
A. V. 451
A., (M.) 644
A., Stephen 539
A ++, (Mlle.) 546
A**, (Mme.) 820
A.***, (M.) 462
A***, Amand 552
A***, Benjamin 468
A...., Etienne 370
At., Flori d' 496
Abdy, (Mrs.) 932, 933, 935, 936, 937, 940
Abrahams, Henry 947
Abrantès, La Duchesse d' 447
Adam, F. A. 676
Adams, L. B. 937
Aikind 120
Albin***, (M.) 381, 547
Aldée 752 (2)
Alexander, (Mrs.) 938, 939 (2), 940, 942
Alexander, W. 925
Alexandre 336, 817
Alexandre, (M.) 608
Alexandre, J. 448
Alison, R. 938
Alliéry, Lise 391
Alphonse 665 (2), 819 (2)
Amalie 873
Amand, (M.) 840
Amant, (M.) S** 839
Amilet 457, 642, 643
Anakreon (Anacreon) (ca. 580–nach 495 v.
  Chr.) 24, 29 (4), 46
Ancelot, Jacques-Arsène-François-Polycarpe
  (1794–1854) 369, 628
Andersen, Hans Christian (1805–1875)
  535 (3)
Angebert, (Mme.) 902
Angely, Ludwig (Louis) (1787 oder 1788–
  1835) 771
Angers, G*** d' 750
Anglemont, Edouard d' (ca. 1798–1876)
  733, 735
Anne, Théodore (1796–1869) 677, 678
Anson, W. 931
Antibes, Le Chevalier d' 351
Arago, Etienne (1803–1892) 470
Arago, J. 751
Ardisson, Amédée 440, 442, 443
Arendt, J. F. 872, 879, 880
Aresto 280
Arletius (Rektor in Breslau zu Beginn des
  19. Jh.) 144
Arlincourt, (Mme.) Le Vicomte d' 367
Arlincourt, Victor Vicomte d' (1789–?)
  458, 674
Armant 678
Arnal, Etienne 483, 484
Arnaud, J. 469, 481
Arnault, Vincent (1766–1834) 457
Arndt, Ernst Moritz (1769–1860) 253, 493,
  494 (6)
Arnim, Achim (= Ludwig Joachim) von
  (1781–1831) 176, 179, 180
Arnold, Samuel (1740–1802) 140

Arnould 837
Arnoult 261
Arsène, (M.) 996
Arthur 312
Artois, d' 497
Ashton, I. 936
Asselin 370
Attaignant, Gabriel-Charles de l' (1697–
  1779) 668
Attel de Lutange, J. D. d' 374
Attfield, W. E. 965, 966, 967 (2), 968, 969,
  970 (2)
Aubonne, (M.) d' 443
Aubry, V. 755
Audibert, H. 348, 433, 434, 436, 439, 440
  (2), 497
Audiffret (Audiffier, Audifrat), Le Vicomte d'
  333, 746, 748 , 816
Auguste... 352
Aumassip, (M.) 668
Aurnhammer 176
Avot, Marotte d' 333, 336, 452, 483, 539,
  541, 603, 604, 608, 814, 816
Aycard, Marie (1794–?) 461
Azais, (Mme.) 357

B., (M.) A. 643
B., (M.) E. 555
B., Jacques de 378
B., (Dr.) T. 654
B., V. de 549
B., Victor de 734
Bxx, Gxx de 474
B..., (M.) de 664
B..., Théodore 480
B.xxx, (Mme.) F. 260
B***, (M.) 454
B***, (Mme.) de 379
B.***, Antoinette de la 667
B.***, Claudius 865
B...., Victorine de 380 (2)
B****, (M.) Ed.. 542
B....., Ed: 542
B..ee, (M.) A. 643
Babois, Marguerite-Victoire (1760–1839)
  266
Bachelier 465
Baggesen, Jens Immanuel (1764–1826) 74,
  78 (3), 80, 165, 167, 182, 426
Baillif 434
Balard, Marie-Françoise Jacquete-Alby
  (1776–1822) 554
Ball, William (ca. 1784–1869) 954, 955,
  964, 965 (3), 966 (5), 967 (2), 968 (2),
  969 (5), 970 (3), 971 (2), 972
Balochi, Luigi (Louis) (1766–1832) 325,
  463, 467, 732
Bang, Balthasar 505
Banim, John (1798–1842) 930
Banks, G. Linnaeus 942
Baour-Lormian, Pierre-Marie-François
  (1770–?) 431, 433
Barateau, Emile (1792–1870) 338, 363, 452,
  455, 456, 457, 459, 467 (2), 468, 469 (3),
  482, 484, 542, 548, 550, 551, 553, 603,
  667, 749 (2), 821, 831, 835, 838, 840,
  841 (2), 842, 850, 899 (2), 900 (6), 901
  (6), 902 (5), 903 (3), 904 (12), 905 (2)

Barde, A. 548
Barde, F. A. 548
Baron, A. 841
Baron, Denne 450
Barrière, Alex 666, 668
Bartholomew, William (1793–1867) 932, 940, 945, 946
Bauman, W. H. 920, 921
Bawr, (Mme.) de (1773–1860) 429
Bayly, Thomas Haynes (1797–1839) 910, 911 (2), 912 (3), 913 (2), 914 (3), 915, 916 (4), 917 (3), 918 (2), 919 (3), 921, 922, 923, 924 (6), 925 (2), 927, 928 (3), 930, 932, 933, 936 (2), 939 (2), 942, 943 (4), 953, 954, 955, 967, 969, 972
Beattie, William 946
Beaufort, La Comtesse de s. Hautpoul, Anne-Marie de...
Beaufort d'Hautpoult, (Mme.) de s. Hautpoul, Anne-Marie de...
Beaufrère, Emile 454
Beauharnais, (Mme.) de 428
Beaulieu 461
Beauplan, Amédée-Louis-Joseph Rousseau de (ca. 1794–1853) 750, 833 (2), 837, 838
Beauregard, F. de 450
Beauvoir, Eugène-Auguste Roger de Bully s. Beauvoir, Roger de
Beauvoir, Roger de (Pseud. von Eugène-Auguste Roger de Bully Beauvoir) (1809–1866) 905 (2)
Becker 675
Beils, C. 880
Bélesme, Morel de 462, 671
Bellamy, W. H. 910, 918, 937, 955
Belle 727
Belleau, Rémi (1528–1577) 430
Bellman, Carl Michael (1740–1795) 5, 10
Bemmel, Charles-Maximilien-Philippe van (1778–1828) 347, 349, 391 (2), 392 (4), 430, 628
Benjamin 677
Béranger, Pierre-Jean de (1780–1857) 337 (3), 429, 438, 447, 449, 451, 452 (2), 466, 468, 469, 472, 482, 483, 497 (2), 546, 551, 552 (3), 553, 644, 754, 816 (2), 820 (2), 821, 830 (2)
Bérard 475
Bérard, C. 363, 458, 614 (2)
Bérat, Eustache (1791–1884) 334, 484 (2), 485 (2), 603, 814
Bérat, Frédéric (1800–1855) 466, 665, 732, 818, 836
Béraud, A. 334, 814
Berceau, Ch. 366
Bernard, Gentil 273, 339, 364 (2), 365 (3), 367, 372, 375, 499
Berquin, Arnaud (1749–1791) 356
Berry, W. 923
Berton, Henri-Montan (1767–1844) 748
Berton, Pierre-Montan (1727–1780) 430, 440, 442
Bességuier, Le Comte de 819
Bessel(d)t, Carl (Karl) 283, 323, 886
Bétourné, Ambroise (1795–1835) 666, 667 (2), 750 (7), 833 (5), 834, 835 (2), 850, 899 (7), 900 (3), 901 (3)
Bickerstaffe, Isaac (ca. 1735–ca. 1812) 93 (2)
Bignan, Anne (1795–?) 448, 450, 612

Bird, J. 927, 928, 940
Bisset 482
Bjerregaard, H. A. (1792–1842) 759 (2), 760 (5), 844
Blankensee, Georg Friedrich Graf (1792–1867) 674
Blanvillain 453
Blaze, François-Henri-Joseph Castil, genannt Castil-Blaze (1784–1857) 438, 455, 460, 603, 654, 731 (2)
Blondat, N. G. 464, 628
Blondeau, Pierre Auguste Louis (1784–1865) 433, 437 (2)
Bloomfield, Robert (1766–1823) 125
Blot, Silvain 371, 540, 746, 831 (2), 833
Blumauer, Karl (1785–1840) 174, 675
Blumenhagen, Wilhelm (1781–1839) 872
Blumröder (auch Blumenröder), August Friedrich (seit 1816 von) (1776–1860) 324
Bobée 644
Bodin, Félix (1795–1837) 538 (3)
Bönicke, E. 792
Bohnhoff, Sophie 424
Boileau, Nicolas (1636–1711) 747
Bologna, La Marchesa di 967
Bologna, The Marquis de 966
Bonafont, Karl Philipp (1788–ca. 1848) 177 (2)
Bondu, Camille 665
Bonjour, Casimir (1795–?) 459
Bormann s. Burmann
Boucher de Crèvecœur de Perthes (Deperthes), Jacques (1788–1868) 262, 265, 267, 366 (2), 368 (2), 369, 371, 373, 375, 376 (3), 378, 379 (3), 380, 381 (3), 454, 460, 465 (2), 470, 471, 484, 485, 538, 540, 547, 550, 553, 663, 666, 731, 732, 736, 745, 748, 834, 849, 850, 899
Bouflers, Stanislas Chevalier de (1738–1815) 153, 375
Bouilly, Jean-Nicolas (1763–1842) 111 (6), 112 (3), 444, 446, 546 (2), 735 (5), 736
Bouilly, Le Comte de 462
Bouisse, Auguste de la 154
Bouisson, Justin 376
Boulay-Paty, Evariste (lebte in Rennes) 825
Bouquet 877
Bourgueil, N. (1763–1802) 455
Bourguignon, Henri-Frédéric (1785–1825) 429, 436
Bouteiller 459, 461
Bouterwek (Bouterweck) (1766–1828) 132, 280, 281
Bouvard, A. 441
Boye, Caspar Johannes (1791–1853) 425, 524
Brachmann, Louise (1777–1822) 325, 650 (2), 882
Bradford, T. 948
Bradi, Agathe-Pauline Comtesse de (1782–?) 472, 966
Braud, A. Racine 836, 837
Brault, Louis (1782–1829) 348, 393, 459, 475, 476 (2), 613 (3), 614, 615, 627, 628, 747, 832, 850
Brazier, Nicolas (1783–1838) 372, 381, 484, 528, 541, 604, 677 (2), 754 (2), 818 (2)
Brentano, Clemens (1778–1842) 790, 866
Brentano, Sophie s. Mereau, Sophie

Bretzner, Christoph Friedrich (1746−1807) 297
Breuer 875
Breuer, L. 852
Brévannes, de 429
Briand, P. César (1763−1850) 360
Brice 470
Brifaut (Briffaut), Charles (1781−?) 373, 429, 430, 436, 441, 451
Brisset 678
Brooks, (Mrs.) J. G. 942
Brot, Alphonse 471
Brown, Charles Brockden (1771−1810) 920
Brown, D. H. 921
Brown, J. W. 944
Brown(e), (Mrs.) 942 (2)
Bruce, Captain 942
Brüggemann, A. 885, 887, 889
Brun, Friederike (geb. Münter) (1765−1835) 282
Brunswick 840
Bruton, James 946, 947
Bruun, Malthe Conrad (1775−1826) 159, 183
Bruun, Niels-Thoroup (1778−1823) 79, 80, 82, 84, 85 (11), 184, 205 (4), 206 (3), 207, 208, 407, 410, 412, 416, 417, 420 (3), 422 (2), 504, (2), 506, 507 (2), 510
Bruun, Thomas-Christopher (1750−1834) 206
Bruys, Léon 899
Bryant, R. 935
Bryant, William Cullen (1794−1878) 942
Buckstone, I. B. (1802−1879) 939
Bürck 778
Bürde, Samuel Gottlieb (1753−1831) 167, 168
Bürger, Gottfried August (1747−1794) 202, 270, 278, 279
Bujac 439
Bulwer, Edward George, Lord Lytton (1803−1873) 943
Buquet, Léon 836
Burdach, Heinrich (1775−1823) 495
Burmann (eigentlich Bormann), Gottlob Wilhelm (1737−1805) 396
Burnes s. Burns
Burney, Francis H. (1752−1840) 910, 911, 912, 922 (2), 930
Burns (eigentlich Burnes), Robert (1759−1796) 123, 124, 126, 128, 928, 931, 932, 936, 970
Busby, G. F. 140
Busby, Thomas (1755−1838) 122, 140, 141
Buthiau, Aglaé 818
Byron, George Gordon Noel, Lord (1788−1824) 338, 366, 540, 752, 821, 913, 925, 927, 935, 937, 939, 940, 947, 965

C. G. 656
C. H. 875
C.xxx, Frédéric D. 473
C***, (M.) 643
C***, (M.) de 463
C.***, (Mme.) 665
C.***, (M.) A. 466
C***, V. de 546 (2)
C***, (M.) V*** de 545, 550 (2), 551
Ch***, J. de 547

C. F. D. L., (M.) Le 539
Cabassol, Justin 553
Caen, A. de 335, 608
Caignez (1756−1842) 443
Calderon, Don Pedro (1600−1681) 535
Calloc 826
Calvimont, Albert de 964
Camille 460, 664, 749, 753, 818, 820
Camoens (Camões), Luís de (1524 oder 1525−1580) 285
Campbell, Thomas (1777−1844) 936
Campenon, Vincent (1772−1843) 346, 432
Canzi 379
Capelle, Pierre (1772−1830) 351, 664
Carlisle 121
Carmouche, Pierre Frédéric Adolphe (1797−1868) 336, 438, 609, 817
Carnaud 543, 544
Carnot 730
Carové, Friedrich Wilhelm (1789−1852) 675
Carpenter, (Mrs.) C. 931
Carpenter, J. E. 927, 939 (2), 945 (2), 946
Carpentras, Louis-Ange 460
Carrion-(Carion) Nisas, Antoine Henri François Victor de (1794−?) 458, 642, 643
Carus 891
Castel, Louis 541
Castelli Ignaz Franz (eigentlich Ignaz Vinzenz) (1781−1862) 486, 674, 873, 876, 895
Castil-Blaze s. Blaze, François-Henri-Joseph Castil
Catelin, Charles 467, 749 (2), 818
Caumont, A. 666
Caze, de la 474
Chabeaussiere, A. Poisson de la (1752−1820) 643
Chamisso, Adelbert von (eigentlich Louis Charles Adelaide de) (1781−1838) 796
Champein, (Mlle.) J. E. 451
Champein, Marie-François-Stanislas (1799−1871) 438, 442, 443, 444, 447, 449 (2)
Chapus, Eugène 449, 459
Charrin, P. J. 445, 468
Chateaubriand, François-René Vicomte de (1768−1848) 435, 480, 906, 995
Chateauneuf, de 268
Châtelain, J. B. A. 470
Chatelain, J. F. 461, 463, 465, 467, 471, 608, 664, 817
Chatillon, C. de 432
Chauffret, L. F. 154
Chemieux, Adolphe 481 (2)
Chénier, Marie Joseph (1764−1811) 74
Cherry 141
Chesnaye, M. Duchemin de la (1769−nach 1810) 446
Cheurlin, Max. 436, 441, 444, 448, 450 (2), 457
Chézy, Helmina von (Pseud. von Wilhelmina von Chézy, geb. von Klencke) (1783−1856) 672, 676, 773, 807 (3), 898
Clark, Thomas 945
Claudius, Matthias (1740−1815) 280, 294, 878
Cleemann, Henriette 788, 799
Clément (geb. Hémery) 428
Clifford, Hugh 921, 922 (2), 943, 944
Cobb, James (1756−1818) 116
Cochet, Melchior 442

Coelestin 872
Colardeau 474
Collard, W. F. 953, 955
Collé, Charles (1709—1783) 442
Collet, Louise (1810—1876) 550
Collin, Heinrich Joseph Edler von (1771—1811) 236
Colombelle, Henriette 360
Colstone, G. 934
Commequiers, Charles de 825 (2), 826 (2), 995
Commerson, J. 545, 547
Conradi, Ernst 673
Cook, H. 920
Cook, S. 920
Cooper, James Fenimore (1789—1851) 929
Cordes, Johann Friedrich (1759—1827) 147?, 202
Correard 484, 603
Costè Fils 455
Costello, (Miss) 932
Cot, Auguste 554
Cotreau, Alfred 733, 834
Cottenet, Emilie 470
Cottereau 371
Couailhac, L. 840
Coucy, Raoul de 643
Coupé de St. Donat, Le Chevalier 449, 451
Coupigny, de 153, 176, 274, 359, 429, 432, 440, 442, 445, 449, 451, 455, 458, 470, 540, 543, 602, 606, 612, 620, 627, 642, 644, 667
Courcy, Frédéric de 335, 431 (2), 434, 435, 437, 438, 439 (3), 443, 459, 460 (2), 462 (2), 464, 465, 469, 474, 482, 606, 665, 678, 732, 747, 815, 820, 900
Courtrai (M.) de 496, 672
Courvoisier 470
Cox, Charles 330
Cramer, Johann Andreas (1723—1788) 280, 283 (5), ? 771, 778 (4)
Cramer, Karl Friedrich (1752—1807) ? 167, 494
Crawford, (Mrs.) 925 (2), 928 (3), 930 (3), 931 (4), 932 (2), 933, 934, 935, 937, 938 (2), 939 (2), 940 (4), 941, 942 (4), 943 (2), 944 (2), 945 (4), 946 (5), 971
Creusé de Lessert s. Creuzé de Lesser
Creuzé de Lesser, Le Baron Auguste-François (1771—1839) 348, 427, 438
Crevel de Charlemagne 543, 751, 752 (5), 836 (2), 839 (2), 840, 902, 903 (8), 904 (3)
Croal, George (1811—?) 914
Cross, George 968
Crouch, Frederick Nicholls (1808—1896) 919, 933, 935, 936, 945
Cunyngham 470
Custine, Le Marquise de 842
Cuvelier 629

D.... 262
D: A: B: 548
D. L. 664
D., Auguste 446, 451
D., E. D..... 458
D., (M.) G. 497
D., (Mme.) L. 451
D., (M.) T. 543
Dxx, Alfred 444
D.**, A. 552
D.**, Auguste 452
D**, E** 485, 604

D..., (M.) 367
D..., (M.) E. 643
Dxxx, V. Ambroisine 438 (2)
D***, (Mme.) 849
D***, (Mme.) J. 443
D.***, Natalie V. 730
D****, G**** 370
Dale, Thomas 948
Dalvimare, Martin-Pierre (1772—1839) 180
Daniel, A. 429
Darce 154
Dartois, Achille de Bournonville (1791—1868) 606, 677 (3), 678 (2), 679 (2)
Dartois, François-Victor-Armand de Bournonville (1788—1867) 606 (2), 615, 677 (5), 678, 679
Dartois, Louis-Armand-Théodore (recte: d'Artois de Bournonville) (1786—1845) 264
Dastrat 661
Daudel 964
Davids, C. J. 929, 937
Davot s. Avot, d'
Debassieux, Autier 454
Decker, Friedrich Karl von s. Thale, Adalbert vom
Deeken, (Dr.) 875
Dehmel, Karl Julius (Pseud.: Dorismund) (1803—1828) 872
Dekock, C. P. s. Kock, Charles Paul de
Delacour 732 (2)
Delahaye 665, 820, 830
Delalande 819
Delaunay s. Launay, A. J. de
Delaurier, Poly 316
Delavigne, Germain (1790—1868) 832, 851
Delavigne, Jean-François-Casimir (1793—1843) 469, 832
Delavillenié, J. F. 456
Delcroix, F. 361, 478
Delélé 830
Delestre-Poirson (Delêtre Poirson), Charles-Gaspard (1790—1859) 457, 471, 482 (2), 628 (2), 733, 734
Delhoste, (Mrs.) 938, 941
Delieu, (Mlle.) 497
Delorme 201
Delrieu, Etienne Joseph (1761—?) 112 (2), 333, 466, 816
Deluigni 266
Delvaux, A. 461, 465
Demarteau, Joseph 603
Demeun 629
Demoustier, Charles Albert (1760—1801) 433
Depeelaert, Auguste s. Peellaert, Auguste de
Dequet 455
Derochecave, Ménard 449
Derosoy 347
Désaugiers, Antoine (1772—1827) 347 (2), 430, 434, 469, 547, 608, 665, 677, 678, 754
Desbordes-Valmore, Marceline (1786—1859) 336, 360, 361, 362 (2), 371, 372, 376, 379 (2), 382, 427, 432 (2), 433, 435, 439, 440, 442, 446, 452 (2), 453 (2), 454, 455, 456 (2), 459, 460, 461, 464, 465, 468 (3), 469, 470, 471, 472, 479, 480, 481, 500, 501, 543, 549, 550, 553 (2), 606, 608, 609, 613 (2), 614, 627 (3), 628, 642, 643

(2), 663, 670, 672, 734, 750, 815, 826, 831, 834 (2), 835, 837, 838, 841
Desessard 261
Des-Essarts, Inger 262 (3), 263 (2), 264
Deshayes 670
Desjaques (Desjacques, Des Jaques), J. M. 544, 546, 547 (2), 552, 553, 666, 842
Deslauriers 460, 548, 551, 552, 749
Desmoulins, A. 542, 605
Desportes, Auguste (1789–nach 1855) 838
Desportes, Philippe (1545–1606) 154, 446
Despréaux, Jean-Etienne (1748–1820) 262, 263, 435, 748
Destouches, Paul Emil (1794–?) 485, 604
Deville, Pierre-François-Albéric (1773–1832) 441, 456 (2), 457 (2), 458 (2), 459, 460 (3), 461, 463 (2), 464, 470, 471, 472, 497
Devonshire, Dutchess of 120
Dhuyelle 451
Didier, Charles 553, 666
Dieulafoi (Dieulafoy), Joseph Marie Armand Michel (1762–1823) 114, 479, 606, 677 (2)
Dismor, G. P. 941
Disraeli, Benjamin Lord Beaconsfield (1804–1881) 927
Döring, Georg Christian Wilhelm (1789–1833) 675
Doran, J. 915
Dorange, Jacques-Nicolas-Pierre (1786–1811) 469
Dorismund s. Dehmel, Karl Julius
Dorival, (M.) 996
Dormoy 458
Dorph, N. V. (1783–1858) 421
Douglas, (I.) Percy 937, 938
Draparnaud, Victor-Marc-Xavier (1773–1833) 468
Droysen, Johann Gustav (1808–1884) 968
Dubois, Louis François (1773–1855) 353, 669, 670
Dubos, Constant 346, 464, 470
Duchemin, (M.) 465
Duchemin, P. 543
Ducis, Jean François (1733–1816) 436, 470
Ducos 262
Ducray-Duminil (Ducrai Dumenil, Ducrey Dumenil), François-Guillaume (1761–1819) 261, 478, 628
Dufay, Henry 480
Dufour, P. G. 842
Dufrenoy (Dufrenois), (Mme.) 369, 432, 747
Dufresne 462
Dumeray, Emilie 455, 816
Dumersan, Théophile Marion (1780–1849) 335, 355, 372, 437, 484, 541, 604, 607, 665, 677 (3), 678, 815, 817
Dumolard, Henri-François-Etienne-Elisabeth Orcel (1771–1845) 268
Dumonsseaux, Anacharsis 374
Dumoustier 378
Dunant, Ernest 746, 822 (2), 826, 902
Dupaty, Emanuel s. Mercier-Dupaty, Emanuel
Dupeuty, Charles-Désiré (1798–1865) 380, 453 (2), 479, 607, 677, 678 (2)
Dupin, Henri (1787–1887) 466, 678, 734
Duplessis, Pierre-Alexandre Gratet (1792–1853) 544
Dupont, T. 460, 471
Duport 545
Dupré, Emile 152

Dupuis, Francis 445
Dupuis, T. S. 98
Dupuy des Islets, Le Chevalier (ca. 1770–1831) 353, 427, 428, 429, 431 (2), 432 (3), 433, 434, 435 (3), 436 (2), 437, 439, 440, 441 (2), 443, 444 (2), 448 (2), 454 (3), 457, 465 (2), 467, 469, 483, 627
Duquere 449
Durozoir 365
Dusaulchoy de Bergemont, Joseph François Nicolas (1761–1835) 445
Dusausoir, Jean-François (1737–1822) 264 (2), 614
Dusch, Alexander von (1789–1876) 674
Dusommerard, Alexandre (1779–1842) 153
Duteil, Jean (Mitte 17. Jh.) 441
Dutton, T. 140
Duval, Alexandre-Vincent Pineu (1767–1842) 106 (2), 110 (2), 111
Duvert, Auguste Félix (1795–1876) 678 (2), 679
Duvivier, Auguste 551
Duvivier, Jenny 457
Duyse, (Mlle.) N. van 731 (2)
Duyse, Prudent van (1805–1859) 730 (2), 731 (4), 732, 733, 746
Dyer, George (1735–1841) 141
Dyk, Harry Stoe van 910, 911 (2), 915, 927, 937, 953

E., Eugène S.... 429
Eckermann, Johann Peter (1792–1854) 877
Eckschläger, Joseph August (1784–?) 772, 786, 866, 884
Edouard 747
Ehrlich, Bernhard Ambros (ca. 1765–1827) 211
Elrington, Stephen N. 941 (2), 943 (2)
Emmrich, Georg Karl Friedrich (1773–1837) 166
Engel, Moritz Erdmann (1767–1836) 778
Ernaux, Alphonse 549
Ernest 544
Eschenburg, Johann Joachim (1743–1820) 178
Etienne, Charles Guillaume (1778–1845) 112 (2), 113 (3), 539
Eugène***, (M.) 821, 831
Eurèn 20, 21

F. 183
F. de*** 819
F., (M.) L. 448
F.***, C. 460
F...., (Mme.) 370
Fxxxxx, A. de 434
Falk, Johannes Daniel (1768–1826) 315, 877
Falkenstein, Catharina Baronin von (geb. Gräfin von König-Montferrat) (1779–1844) 324, 325 (2), 326, 327
Falsen, Enevold de (1755–1808) 76, 78
Farcy, François-Charles (1792–?) 445, 449 (2), 642, 643 (2)
Farquharson D. C. L., Stuart 940, 941 (2), 942, 943 (2)
Favières, Edmond Guillaume François de 106 (2), 110, 112 (3)
Favre, Adolphe (1808–1886) 902 (3), 903
Feist, Charles 948

Felckel 142
Félix de la Motte, Coralie de (geb. van den Cruyce) 337, 472, 754, 817, 819
Feludi 881
Féray 371
Féréol 751
Ferlus, D. L. 376
Ferrand, Eduard (Pseud. von Eduard Schulz) (1813—1842) 883
Ferrary Jeune 155
Ferrier, (Mme.) 427
Festeau, M. 905
Fétis, François-Joseph (1784—1871) 450
Feuillide, Cappot de 750
Finberg 845
Fink, Gottfried Wilhelm (1783—1846) 315 (2), 888
Finke, Ernst 799
Finn, H. J. 926
Fischer, de 447
Fischer, C. F. 881, 898
Fischer, W. 890
Fisher, A. 934
Fitz Ball, Edward (1793—1873) 910, 921, 922, 923, 924 (2), 925, 927, 931 (2), 932, 933 (3), 934 (2), 935, 936, 937, 938, 939
Fitzgerald, A. 939
Flaxman, J. S. 967, 968
Fleming (Flemming), Paul (1609—1640) 674, 954
Fletcher, W. 928
Flori***, M. 753
Florian, Jean-Pierre Claris de (1755—1794) 79, 180 (2), 266, 268, 439, 462, 475, 569—570 (16), 609, 643, 664
Förster, Carl August (1784—1841) 877
Förster, Friedrich Christoph (1791—1868) 866, 867, 868, 874, 884
Fontenille, de 614 (5), 615 (3), 747, 818
Fossier, Henry 964
Foucaux, (M.) 995
Foucher, P. 842
Foulan 469
Fouqué, Friedrich Heinrich Karl de Motte (1777—1843) 494, 495 (6)
Fourquet, J. P. 392, 501
Francis, Anne (1790—?) 497, 606, 677 (3), 678
François, (M.) 456
Franke, C. 880
Frankenau, Rasmus (1767—1814) 71, 74, 77 (5), 79 (2), 80 (2), 81 (2), 82 (4), 83 (4), 84 (2), 85
Franz, Agnes (Pseud. von Franzky, Luise Antoinette Eleonore Konstanze Agnes [auch Elise]) (1794—1843) 828
Franzky, Luise Antoinette Eleonore Konstanze Agnes s. Franz, Agnes
Frédéric, (M.) 555
Freudentheil, Wilhelm Nikolaus (1771—1853) 133
Friard, Louis 839
Fricker, T. 922
Fülleborn, Georg Gustav (1769—1803) 142 (4), 143 (3), 144, 146, 148
Fürst, Nicolay Nathan (1781—1857) 407

G. 671
G... 351
G. S. 179
G., (M.) 500
G., Le Comte de la 754
G. (G**), (Mlle.) Angelique 498, 499
G:, Ch: 551
G..., (Mlle.) L. 994
G+++, (M.) 538, 995
G***, (M.) 482, 538
G***, Emilien de 482
G.***, (Mlle.) Victorine 756
Gabriel 606, 677, 678
Gail, Francisque 905
Galice 334, 468, 484 (2), 603, 747, 833, 835, 899 (2), 900 (2)
Garat, Joseph-Dominique-Fabry (1774—?) 105
Garaudé, Alexis de (1779—1852) 353, 355, 356, 366, 437, 438, 442, 479
Garcia, Manuel (1805—?) 965
Garnerey, Auguste 442, 443, 450, 454 (2)
Gassau 261
Gaston 446
Gaucheraud, M. 840 (2)
Gaudais, Auguste 391
Gaudin, Jacques (ca. 1740—1810) 391 (4), 392 (2)
Gaudran 372, 457, 458, 467, 480 (2), 481 (2), 483
Gauthier, A. 544, 613
Gautier 462
Gaux, Litais de 553
Gavet, F. T. 268
Gay, Delphine (1804—1855) 667, 749, 840
Gay, Sophie (1776—1852) 444, 670
Gellert, Christian Fürchtegott (1715—1769) 567, 729
Genevois (Genevoix), H. 484, 817, 821, 831
Genlis, Félicité, Comtesse de (1746—1830) 347, 356, 429, 440
Gensoul (Gensoult), Justin Marie Alexis (1781—?) 335 (2), 336, 357, 443, 456, 460, 479, 483, 607 (2), 608, 612, 664 (2), 666 (2), 678, 815, 902
Gentil 480, 608, 667 (3), 677, 678
Georgeon, Henriette s. Moraux Domatre, Henriette (geb. Georgeon)
Georgii 29
Géraud (Gérault), S. (St.) Edmond 263, 356, 359, 364 (2), 428, 439, 447, 452
Gerdret 746
Gerhard, Wilhelm Christoph Leonhard (1780—1858) 745, 776, 813, 829
Germont, de 449
Gerson, Julius 114
Gerstenbergk, Georg Friedrich Konrad Ludwig von (eigentlich Müller) (1780—1838) 867
Géry 441
Geßner, Salomon (1730—1788) 312
Geyer, Agnes Emerentia (1787—?) 855
Gidley, Lewis 939
Giese, Karl Friedrich (1776—1845) 323 (2), 326
Gilbert, L. T. (1751—1780) 453, 456 (2), 457, 459, 464, 470, 552
Gilden, Henriette Ernestine Christiane von (geb. Hagen) (1759/60—1794) 802
Gill, Edward J. 937, 946, 947

Ginestet, Emilien de 452, 458
Ginestet, François-Regis-Prosper Vicomte de (ca. 1796−1860) 446 (2), 450, 455, 458, 460
Girard, Le Chevalier H. de 554
Girardet, Friedrich Christlieb (1789−1814) 824
Girardin, (Mme.) Emile de s. Gay, Delphine
Girardon, A. 453
Giraud, Claude-Marie (1711−1780) 430
Girault, B. 543
Gleim, Johann Wilhelm Ludwig (1719− 1803) 173, 326, 327, 328, 674, 737, 740, 875, 894
Godard d'Aucourt de Saint-Just, Claude (1769−1826) 110 (2), 265, 726
Goeble, Heinrich 651
Göchhausen, Emil Freiherr von 179, 323
Goekingk, Leopold Friedrich Günther von, auf Daldorf und Günthersdorf (1748− 1828) 282
Goethe, Johann Wolfgang von (1749−1832) 67, 82, 117, 135, 165 (2), 174, 177, 180 (6), 201 (2), 202, 243, 252, 253, 291, 312, 315, 323, 327, 673, 675 (3), 714, 716, 739, 744, 780, 813 (2), 867, 869 (2), 870 (2), 871, 872 (2), 873, 874, 876, 877, 879 (2), 883, 894 (2), 896, 897
Goethe, Johann Wolfgang von (unterschoben) 673
Goettinger 649
Goldsmith, Dr. 98
Goldsmith, H. 934
Gotha, Herzog Leopold August von 813
Gotter, Friedrich Wilhelm (1746−1797) 44, 144, 147, 312, 897
Gottwald 674
Gottwalt 494, 495 (3), 875
Goubert, E. 668
Gouet, Arsène 755 (12), 756 (14), 757 (17), 758 (2), 825
Gouffé, Armand (1775−1845) 113 (4), 153, 351, 356, 358, 359, 441, 442, 450 (2), 470, 472, 474, 544, 548, 627, 670, 672
Gourbillon, de 261, 263 (4), 264 (2), 265 (2), 266 (3), 267 (4), 355
Gourbine 360
Gräre 775
Grafström, Anders (1790−1870) 716
Gramberg, Gerhard Anton Hermann (1772− 1816) 173, 253, 326, 495, 879
Graß, Karl Gotthard (1767−1814) 325, 494
Gratton, H. P. 927
Grétry, André-Ernest-Modeste (1741−1813) 479 (2), 480
Grétry, André-Joseph (1774−1826) 152, 444, 814
Grétry Aîné s. Grétry, André-Ernest-Modeste
Grétry Neveu s. Grétry, André-Joseph
Gries, Johann Diederich (1775−1842) 173, 493
Griffon, H. 554
Grillparzer, Franz (1791−1872) 871
Groß, E. 179
Grossmann, Ferdinand 769
Gruber 325
Gubitz, Friedrich Wilhelm (1786−1870) 650, 869, 875
Güntelberg, C. F. 714, 717
Günther 897

Guérin 451
Guérin, H. I. 462
Guérin, Hippolyte Louis 333, 377, 455, 549, 664, 735, 750, 819, 820
Guérin, J. R. 542, 603
Guernsey, Wellington (1817−1885) 942, 943
Guillet, Pernette du (ca. 1520−1545) 113 (2)
Guiraud, Ivès de 451
Guldberg, Frederik Hoegh s. Hoegh-Guldberg
Guttinguer (Gutinguer, Guttinger), Ulric(h) (1785−1866) 466, 473, 538, 832, 837, 900, 901 (3), 995
Guy, Jean Henri 360
Guyon 354, 446

H. J. W. 931
Hxxx, (M.) 429
H−−−−−−, (Miss) F−−−−−− 971
H. L. S., (M.) 385, 393
Hafis (1326−1390) 875
Halem, Gerhard Anton von (1752−1819) 179, 323, 324
Halévy, Jacques François Fromental (1799− 1862) 361, 450 (2)
Halévy, Léon (1802−1883) 736, 836
Hamelin, N. P. 338
Hamilton, D. 933
Hamilton Earle, Alex. 972
Hanappier, Eugène 836 (2)
Hanbury, C. 921
Hanhart, Johannes (1773−1829) 494
Hannong, Charles 553
Hardivilliers (Hardiviller), Auguste d' 429, 444
Harrison 87, 89 (2)
Hartwig, Gustav 744
Harwood, I. E. 122
Haslinger, Gerhard 342
Hasselt, André-Henri-Constant van (1806− 1874) 605, 838 (2), 839 (2)
Haste, Peder Horrebow (1765−1831) 71, 72 (2), 74
Hastfer, Wilhelmine Freiin von (geb. Klenke) 150
Haug, Johann Christoph Friedrich (1761− 1829) 175, 177, 178, 202, 203, 211, 324, 325, 326, 327, 869, 874
Haugwitz, Karl Wilhelm von (1770−1844) 167
Haugwitz, Paul Graf von (1791−1856) 494
Haupt, Theodor von (1782−1832) 673
Haussez, d' 453
Hautpoul, Anne-Marie de Montgeroult, Comtesse de Beaufort d' (1763−1837) 239, 364, 472, 545
Hawker, Robert Steven 924
Hayley, William (1745−1820) 127
Hayward, W. 943
Hebel, Johann Peter (1760−1826) 824
Heber, Reginald (1783−1826) 966
Hecht 269
Hedborn, Samuel Johan (1783−1849) 585
Hédouin, Pierre (1789−1868) 382 (2), 427, 428 (2), 431, 435, 437 (2), 450, 457, 459, 462, 463 (2), 464, 465 (2), 469, 471, 472 (4)
Heiberg, Johan Ludvig (1791−1860) 414, 516 (7), 517, 524 (5), 525 (4), 526, 846

Heiberg, Peter Andreas (1758—1841) 73, 74, 413, 421

Heidenreich 175 (2), 327

Heine, Heinrich (1797—1856) 790 (2), 878, 883, 885

Hell, Theodor (Pseud. von Karl Gottfried Theodor Winkler) (1775—1856) 323 (3), 325, 326, 494, 652, 828, 847, 852 (3), 870, 884, 887

Helmina s. Chézy, Wilhelmine Christiane von

Helvig-Imhof, Amalie von (1776—1831) 165, 166, 175, 177, 650

Hemans, Felicia-Dorothea Browne (Mrs.) (1794—1835) 912 (2), 916, 926, 928, 948 (2), 953, 955, 967

Hémery s. Clément

Henne, Josef Anton (1798—1870) 675, 676

Hennequin, Louis (ca. 1770—nach 1802) 446 (2)

Henri IV, de Bourbon (1553—1610) 274

Henrici, Christian Friedrich (1700—1764) 662

Henriette s. Gilden, Henriette Ernestine Christiane von

Henrion de Bussy, Le Chevalier 552

Hensel, Wilhelm (1794—1861) 494

Héraud, Virginie 372, 373 (2), 374 (3)

Herder, Johann Gottfried (1744—1803) 165, 280 (2), 281, 282 (3), 283, 493, 495, 873, 875

Héreau, Edme-Joachim (1791—1836) 545

Herklots, Carl Alexander (1759—1830) 168, 175, 177

Herloßsohn, Borromäus Sebastian (1802—1849) 882

Hermilly, (M.) d' 356

Herrick, Robert (1591—1674) 947 (2)

Hertz, Henrik (Heyman) (1798—1870) 529 (3), 535

Hertz, Sylvester 416, 418 (2)

Hervilly, d' 375

Hervilly, (Mme.) d' 438, 496, 671, 996

Hewitt, John H. (1801—?) 936

Heydenreich, Karl Heinrich (1764—1801) 495, 651

Hiemer, Franz Karl (1768—1822) 341, 799, 866, 884

Hilaire 729, 746

Hill 493, 494

Hill, Isabel 915

Hiller, Gottlieb (1778—1826) 166, 179

Hobacq, P. 471

Hochwald, Albert vom 873

Høegh-Guldberg, Frederik (1771—1852) 72, 73 (3), 74 (2), 75, 77, 78, 183, 413, 417, 418, 419

Hölty, Ludwig Heinrich Christoph (1748—1776) 179, 201, 329, 882, 886

Hölzl 676, 739

Hoffmann, Eduard 325

Hoffmann (Hoffman), François-Benoît (1760—1828) 112 (2), 458, 611, 629, 736

Hoffmann von Fallersleben, August Heinrich, eigentlich A. H. Hoffmann (1798—1874) 883

Hogarth, George (1783—1870) 953

Hogg, James (1770—1835) 940

Hohlfeldt (Hohlfeld), Christoph Christian (1776—1849) 829, 874

Holbein, Franz von (1779—1855) 516

Holcroft, Thomas (1745—1809) 120

Holmes, Alec. 939

Holmon-Durand 469

Holtei, Karl von (1798—1880) 424, 767, 778, 797, 889, 949

Hood, Thomas (1799—1845) 968

Hottinger der Jüngere, Johann Jakob (1783—1860) 493

Howard, H. 940

Hubert, C. 452

Hübner 147

Hugo, Victor (1802—1885) 751, 839

Hunter, Anne (geb. Home) 128

Hureau 363, 435, 438, 554

Hutchinson s. Target

Hyppolite 366

I. N. F. 949

I..., P. d' 550

Iewell s. Jewell

Iffland, August Wilhelm (1759—1814) 75

Imhof, Amalia von s. Helvig-Imhof, Amalie von

Ingelman, Göran Gabriel (1788—1844) 585

Ingemann, Bernhard Severin (1789—1862) 408, 414 (2), 418 (3), 421 (2)

Inman, G. E. 938, 939

Ireland, Samuel-William-Henry (1777—1835) 140, 141, 142

Isidorus 495 (2)

Israeli, D' ‹The Younger› s. Disraeli, Benjamin

J. A. 442

J. B. 760

J. D. L. 471

J. F. K. 168

Jacobi, Johann Georg (1740—1814) 151, 174, 281, 314, 326, 434, 493, 495, 650, 715, 777, 865, 873, 883

Jacquelin, Jacques André (1776—1827) 373, 437, 475, 539

Jacquemart, A. 467

Jacquin, Armand-Pierre (1721—ca. 1780) 393

Jadin, Adolphe (1794—1867) 333, 334, 336, 338, 339 (2), 354, 358 (2), 359 (2), 362 (3), 367 (2), 368, 370, 371 (2), 428, 430 (2), 431, 433, 452, 453, 455, 457 (2), 460 (2), 462, 547, 605, 606, 608, 629, 814 (2), 821 (3), 822, 831 (2)

Jäger, Daniel 270, 875

Jagemann 178, 674

James, Charles 141

Jardin 443, 448

Jarry, Alphonse 338

Jaubert, Le Comte Alfred de 547

Jauffret, Louis-François (1770—1850) 629

Jefferys, Charles 914, 915, 916 (4), 917 (3), 918 (3), 919 (3), 920 (2), 921 (3), 922 (2), 924, 925, 926

Jenneval, A. 834

Jetsmark, J. 416, 424

Jewell, J. H. 936

Jobard 462

John, R. St. 931

Joliveau de Ségrais, Marie-Madeleine-Nicole-Alexandrine (1756—1830) 476

Jolly, Louis 466

Jones, William (1726—1800) 941, 942 (2), 943, 945

Joseph, (M.) 995
Josephine xxx, (Mlle.) 442
Josselin, Casimir 448, 453 (2), 454 (2), 455, 465
Josselin, Ph. 391
Jourdain, Laure 369
Jouvy 554
Jouy, Victor Joseph Etienne de (1764–1846) 429, 434, 449, 461, 470, 546, 727, 911
Jubé, Le Baron de 427, 452
Jung, F. W. 672
Juventin, J. A. 374, 375

K. 269 (2), 270
Käuffer, W. 324
Kaltschmidt, D. 804
Kanter 673
Karpiński, Franciszek (1741–1825) 171 (3), 172
Keil, Georg (1781–1857) 880, 882
Keilholz, F. 881
Kellgren, Johan Henrik (1751–1795) 73
Kelly, Michael (1762–1826) 120
Kerner, Justinus Andreas Christian (1786–1862) 650
Kerr, F. A. 921 (2)
Kind, Friedrich (1768–1843) 326, 494, 715, 745, 783, 787, 794, 866, 867, 884
King, J. W. 923, 924, 928
Kirsch, Carl (Karl) (1803–1883) 792
Kleinschmidt, Friedrich August? (1749–?) 175, 672, 867
Klenke, Caroline Louise von (geb. Karsch) (1754–1802) 150, 151
Klopstock, Friedrich Gottlieb (1724–1803) 3, 315, 658 (2), 674
Kniaźnin, Franciszek Dyonizy (1750–1807) 171 (5), 172 (3)
Kock (Dekock), Charles Paul de (1794–1871) 372, 374, 378, 379, 450, 455, 458, 462, 627, 628, 729
Köchy, Carl (1800–1880) 869
Königsfeld 165, 653
Körner, Theodor (1791–1813) 253, 324, 410, 417, 420, 422 (2), 423, 493 (8), 494, 650, 652, 661, 737, 740, 764, 827, 870, 893, 895, 897, 953, 955
Kosegarten, Ludwig Theobul (1758–1818) 211, 281, 283, 323, 327, 329, 493, 494, 655, 715, 716, 868
Kotzebue, August von (1761–1819) 20, 21, 174, 184, 218, 220, 305 (4), 313, 740, 783, 867, 870, 873, 884
Kourakin, Princesse Lize de 441
Kretschmann, Karl Friedrich (1738–1809) 145, 269
Kretzschmar, G. H. 323, 324, 325 (2), 326 (2), 327
Krosigck (Krosigk), Ernestine von (geb. von Krüger) (1767–1843) 178
Krüger 895
Krug von Nidda, Friedrich (1776–1843) 494
Krummacher, Friedrich Adolph (1768–1845) 281 (2), 282, 283 (2), 315, 326, 397, 673, 868, 878, 891
Kruse, Laurids (Lauritz) (1778–1840) 80, 84, 426, 504
Küchelbecker 324
Kuhn, Friedrich (1774–1844) 715

L – 164
L. E. L. 948
L. G. C. 260
L. T. 920
L., (M.) P. 449
L., (Mme.) S. 668
Lxx, Rxx de 427
L**, A. 338, 821
L…, (M.) 436 (2)
L…(..), (Mme.) Agathe 254 (2), 274
L…, (M.) D… 363
L…, L. 627
L***, (M.) 544
L*** (L+++), Ernest 543, 550
L***, (Mme.) L. de 482
L. B., (Mme.) de 376, 439
L. C., Le Chevalier 377, 445
L. D. L., (M.) 261
L. S., Hilaire 446, 468
Labadie, J. P. 453
Laborde 238
Lacaze, de 428
Lacour, Le Chevalier 900
Ladureau, H. 994
Lafarge (La Farge), Auguste 355, 437, 441, 442 (2), 444, 447, 448, 451, 479
Lafargue, A. 459
Laffillé, Charles (ca. 1772–1843) 427, 428, 436 (2), 444, 448 (2), 451, 454, 461 (2), 462, 463, 467 (2), 470, 471, 473
Lafontaine, August Heinrich Julius (1758–1831) 201
Lafortelle, A.-M. 832 (3)
La Garde (Lagarde) (de) Messence, Le Comte (de) 444, 445 (3), 456, 478 (2), 545, 546, 547 (2), 550, 554, 611, 612, 670, 822, 826
Lagarenne, Charles 285
Lagneau 840
Lamaisonfort 155
Lamartine (La Martine), Alphonse de (1790–1869) 368, 374, 480, 548, 551, 752, 825, 840, 964
Lamb, Lady Caroline (1786–1828) 953
Lambert 376, 379, 465, 467
Lambert, A. 666
Lamiot 377
Lamothe-Langon, Etienne Léon Baron de (1786–1864) 370, 431, 447, 451, 477
Lance, J. 334, 815
Landon, (Miss) 953
Lang, C. 313
Langbein, August Friedrich Ernst (1757–1835) 253, 270, 282, 584, 649, 652, 824
Lange, Ernst 164
Lange, Fr. 868
Langlé, Joseph-Adolphe-Ferdinand (1798–1867) 679
Langlois, Charles 904
Lanoon, F. 933
Laprunarede, Nestor de 458, 547
Launay (Delaunay), A. J. de 428, 430, 431, 432, 436
Lavater, Johann Kaspar (1741–1801) 774
Le Bègue, (Mme.) (geb. Bigot-Scruchard) 551
Lebel 335, 336, 608
Leclère 800
Ledoux, P. 447
Leducq, Henry 902, 903

Lefebvre (Le Fèvre), Nicolas (17 Jh.) 355, 434, 821
Lefèvre, Pierre-François-Alexandre (1741−1813) 449, 727
Leftly, Charles 285
Legouvé, Ernest (1807−1903) 481, 547
Lehne, Friedrich (1771−1836) 165
Le Hoc 15
Lehr, Friedrich (1709−1744) 868
Lélu, Jean-Baptiste-Pierre (1768−1850) 268 (3)·
Lemare, J. 930
Le Mière de Corvey, Caroline 453, 455, 471, 472
Lemoine, Gustave (1802−1885) 838, 840 (2), 841, (5), 842 (2), 867 (2)
Lemon, Mark (1809−1870) 931, 938, 939
Lenngren, Anna Maria (1754−1817) 3, 6 (2), 19
Léonard, Nicolas-Germain (1744−1793) 206, 380
Leopold, Carl Gustaf af (1756−1829) 4
Lepage, A. 452
Le Pelletier, (Mrs.) 285 (2)
L'Epinay, Mélanie de 428
Le Prevot-(Prévost) d'Iray, Chrétien-Siméon, Vicomte (1768−1849) 480
Lesguillon, Hermance 836
Lesser (Lessert), Creuzé (Creusé) de s. Creuzé de Lesser
Lessing, Gotthold Ephraim (1729−1781) 11, 166, 898
Letellier Fils, E. 465
Le Tourneur, L'Abbé 847
Leuven, Adolphe de (1803−1884) 840 (2)
Levasseur, F. 154
Lewis, Monk 936
Lewis, N. 938
L'Herie 964
L'Héritier, Louis-François (1789−1852) 437
Lichtenstein, Ulrich von (13. Jh.) 253
Liebrecht 175
Lienard, A. F. 627
Lincelle 263
Lindegren, Carl Johan (1770−1815) 17
Ling, J. R. 933, 934, 940
Linley, George (1798−1865) 912, 913 (2), 915, 917, 921, 927, 936, 939, 942 (2), 943 (2), 945, 955
Loeben, Otto Heinrich Graf von (1786−1825) 675 (2), 881
Löwenstein-Wert(h)heim, Wilhelm Graf von 782, 866, 884
Logan, Gregor 925
Lohbauer, Johann Philipp Karl (von) (1777−1809) 174
Longchamps (Lonchamps), Pierre Charpentier de (1740−1812) 112 (3), 155, 348, 671
Lonsing 543, 606
Loraux, Claude-François Fillette (1753−1821) 454
Loraux, François Fillette (1780−ca. 1860) 113 (4), 377
Loraux Aîné s. Loraux, Claude-François Fillette
Loraux Jeune s. Loraux, François Fillette
Loraux, M. 436
Lorin de Belmontet, Louis (1799−nach 1848) 748, 850

Lorrando 361
Lostin, (M.) 431
Louël (wirkte in Rennes) 825
Louis, F. 337, 820
Lourdoueix, Jacques-Honoré Lelarge Baron de (1787−1860) 447
Louyer de Villermay, A. L. 362, 441, 442, 443, 466
Lover, Samuel (1797−1868) 910
Lucet, Jean Jacques 346, 349 (3), 350 (2), 351, 353, 354, 376, 459
Lucot 336
Lucy, Arthur de 751
Ludovic 825
Luigny, de 435
Lundbye, H. W. 79, 158, 183, 184, 417
Luther, Martin (1483−1546) 778
Lytton, Lord E. Bulwer s. Bulwer, Edward George

M. 930, 931, 932
M... 548, 549
M.xxx 356 (2), 357 (4)
M.*** 333 (2), 335, 336, 381, 458, 472, 604, 643, 900
M**** 831
M...... 434
M. F. G. 455
M. S. G. 353 (2)
M., Le Chevalier de 468
M., (M.) P. 539 (2)
M., (M.) T. 448
M.., L. 551
M.xxx, (Mme.) 358
M.***, (M.) 377, 666
M***, Le Chevalier de 819
M***, Charles 551
M***, (M.) P. 543, 607
M.*** Aîné, (M.) 444
M. .y., (Mme.) 347
Maaslieben 281
Maaß, Johann Gebhard Ehrenreich (1766−1823) 280
Mabilde, (M.) Ls. J. 729, 833
Mc. Cabe, I. C. 936
Macfarren, G. 929, 931
Machet, A. 540, 996 (2)
Machnell 715
Mackay, Charles (1812−1889) 970
Mackinlay, (Mrs.) 947 (2)
Mackworth, Winthrop 945
Madeleine (Madelaine), Philip(p)on de la (1734−1818) 430, 436, 459
Maesen, J. van der 392 (2)
Magenau, Rudolf Friedrich Heinrich von (1767−1846) 179
Mahlmann, Siegfried August (1771−1826) 176, 201, 212, 252 (2), 277, 281 (2), 313, 323, 652, 675, 739, 768, 898 (2)
Maistre, Le Comte Xavier de (1764−1852) 748
Maldigny, Le Baron Auguste de 471 (3), 472 (2), 872, 899, 900, 901
Malivert, Henri 450
Mallac, M. J. 542, 604
Malo, Charles (1790−1871) 338, 350, 351, 433, 440, 821
Malsburg, Karl Otto Freyherr von der (1790−1855) 649
Mange 736
Manners White, C. 919

March, Richard 942, 943 (2)
Marchangy, Louis-Antoine-François de (1782—1826) 261, 360
Marcillac, Pierre-Louis-Auguste de Crusy, Marquis de (1769—1824) 850
Mardelle, Mre. de la 274
Marie, Alexandre 551 (2)
Marius 751 (3)
Marmontel, Jean-François (1723—1799) 152, 274, 359, 851
Marquessac, Urbain de 825, 826
Marsano, Wilhelm Freiherr von (1797—1871) 790
Marsollier, Jeu 627
Marsollier des Vivetières, Benoît Joseph (1750—1817) 105, 106, 111 (3), 112, 336, 608
Martainville, Alphonse-Louis-Dieudonné (1776—1830) 440
Martin 484, 679
Martin, Louis-Aimé (1781—1847) 430
Martin, N. 350
Martini 270
Martinville 430
Marx, F. A. 277, 278 (2)
Massiac 286
Mathias 267, 427, 621
Mathieu, Félix 368 (2), 369
Mattei, Saverio (1742—1795) 906
Matthisson, Friedrich (von) (1761—1831) 151, 161, 168 (3), 174 (2), 175 (2), 236, 246, 252 (3), 269, 279 (2), 281, 282 (3), 294, 325, 493, 652, 676, 720 (4), 730, 745, 824, 869, 871, 877, 993 (2)
Maus, Isaac (Isaak) (1748—1833) 144
Mayer 145
Mazer 607, 677
Mazères, Edouard (1796—1866) 679
Mazois, F. 361
Meifred, Joseph-Jean-Pierre-Emile (1791—1867) 542, 604
Meinloh (Milon) von Sevelingen (12. Jh.) 178
Meißner, August Gottlieb (1753—1807) 327
Melesville, Anne Honoré-Joseph (Pseud. von Duveyrier) (1788—1865) 483 (6), 528, 727, 839, 842
Melinet Aîné 153
Mendelssohn, Moses (1729—1786) 871
Ménessier 679
Mennechet (Menechet), Edouard (1794—1845) 393, 540 (3), 735
Mercier-Dupaty, Emanuel (1775—1851) 110 (2), 111 (2), 346, 392, 430, 431, 440, 671
Mercœur, Elisa (1809—1835) 964
Mereau, Sophie (1770—1806) 325
Merville, Pierre François Camus (1783—1853) 377
Méry, Joseph (1798—1865) 903
Messence, Le Chevalier de 262, 444, 447, 452, 496 (2), 611
Métastase s. Metastasio
Metastasio (Métastase), Pietro Antonio Domenico Bonaventura (eigentlich Trapassi) (1698—1782) 179, 265, 324, 326, 328 (2), 329 (2), 433, 441, 446, 470, 539, 836, 837 (3), 848, 872, 969
Methfessel, Albert (1786—1869) 253 (2)
Meun, J. H. de 496

Meyer 326
Meyer, C. N. 240
Meyer, Friedrich Albrecht Anton (1768—1795) 180
Meyer, Friedrich Ludwig Wilhelm (1759—1840) 176 (2)
Mialhe 608, 753
Michaud (Michaut), Joseph (1767—1839) 433, 447
Michel, E. 435, 453
Michelot 441
Miksch, Joh. 829
Millar, John (1735—1801) 936
Miller, Johann Martin (1750—1814) 174, 177, 295, 894
Millevoye (Millevoie), Charles-Hubert (1782—1816) 263, 351, 352, 365, 380, 428 (3), 429, 433, 438, 443, 471, 481, 551, 749, 751, 834
Millingen, J. G. 971
Milon von Sevelingen s. Meinloh von Sevelingen
Miné, F. 934
Minette, (Mlle.) 430, 435
Mnioch, Johann Jakob (1765—1804) 282
Molard, Clara Francia 842
Molière (eigentlich Jean-Baptiste Poquelin) (1622—1673) 732
Mollevault, Charles Louis (1776—1844) 348
Momigny, Jérôme-Joseph de (1762—1842) 153
Moncrieff, W. T. 971
Monglave, François Eugène Garay de (1796—1873) 334, 606, 814
Monnais, Edouard Guillaume Désiré (1798—1868) 734 (2), 749 (2), 850
Montague, (Miss) E. L. 931
Montaiglon, Auguste de 437, 438
Montanclos, Marie-Emilie Mayon de (1736—1812) 485
Montano 882
Montcrif (Moncrif), François-Augustin Paradis de (1687—1770) 154
Montferier, Alexandre de 428
Montgomery, James (1771—1854) 953 (2)
Montigny, Caroline de 751
Montigny, L. 458, 481
Montolieu, Jeanne-Isabelle Pauline Polier de Bottens, dame de Crousaz (1751—1832) 360, 429
Moore, Thomas (1779—1852) 285 (2), 881
Morange, A. de 485, 605
Moraux Domatre (geb. Georgeon) 427, 434, 435, 438, 439, 540, 541
Moreau, Louis-Isidore-Eugène Lemoine, genannt Eugène (1806—1876) 832 (3)
Moreau de la Rochette, Armand-Bernard Baron (1787—1822) 550
Morel 443, 459
Morel, Charles 370
Morel, E. 499
Morel, Melchior-Hyacinthe (1756—1829) 461
Morgenstern, M. v. 653
Morris, George P. (1802—?) 930, 932
Morrison, B. 933
Mortanval, de 333
Mosen, Julius (1803—1867) 789, 879, 882 (3)
Motte Fouqué, Friedrich Heinrich Karl de la s. Fouqué
Moufle (Mouffle d'Angerville), Auguste (ca.

1794—?) 352, 371, 453
Mouron de Caux, Félix 473
Moustier, de 549
Mowbray, W. B. 921
Müchler, Carl (Karl) Friedrich (1763—1857)
174 (3), 175, 177 (4), 244, 269, 345, 495
(2), 618 (3), 652, 673, 866, 869, 870,
873, 875 (2)
Müller 768, 898
Müller, Ernst (1766—1826) 882
Müller, Wilhelm (1794—1827) 675 (2), 676,
878 (2), 879, 881, 887, 888
Münter, Balthasar (1735—1793) 771 (2)
Murat, Henriette-Julie de Castelnau,
Comtesse de (1670—1716) 363
Musset, Alfred de (1810—1857) 913

Nxxx, (Mme.) de 429
Naigeon, C. B. 447, 450, 748
Nakonz, Carl 772, 774
Nanteuil, Gaugiran de (1778—ca. 1832)
346, 832
Narcisse 358
Naudet 466, 664 (2), 665 (3), 816, 817, 835
Naudet, A. 334, 363, 663, 664, 666, 667
(3), 668, 749, 814, 830, 902
Naudet, M. 497
Neander, Christoph Friedrich (1724—1802)
771
Née, Firmin 901
Nelet, G. 757
Nevers, Gérard de 734 (5)
Newman, B. 939
Nibelle, Edouard 354
Nicander, Karl August (1799—1839) 718
Nichols, (Mrs.) R. S. 933
Nicholson, R. 945
Nicol(l)e 678 (2)
Niemann 280
Niemcewicz, Julian Ursin (1757—1841)
170, 171
Niemeyer 281, 771
Nieuwenhuysen, Van s. Vaez, Gustave
Nimmo, T. 932
Nivernois, de 273
Nöller, Jonathan Ludwig Lebrecht (1773—?)
495
Nordstern, Arthur vom (Pseud. von Nostitz
und Jänkendorf, Gottlob Adolf Ernst)
(1765—1836) 715 (2), 744, 872
Norton, (Mrs.) 925, 955
Nostitz und Jänkendorf, Clotilde von
(1801—?) 673, 868 (2)
Nostitz und Jänkendorf, Gottlob Adolf
Ernst s. Nordstern, Arthur vom (Pseud.)
Novalis, Friedrich Leopold Freiherr von
Hardenberg (1772—1801) 397, 778
Nunn, I. H. 940

O'Keeffe, J. 94
Ödman, Samuel (1750—1829) 21
Oehlenschläger, Adam Gottlob (1779—1850)
84, 207 (3), 208 (2), 408 (3), 412, 416,
420, 422, 510, 718, 740, 785 (2), 787,
872
Oettinger, Eduard Maria (1808—1872) 880
Olivet, Fabre d' 334, 471, 496, 547
Olsen, A. 759
Opie, Amalia (geb. Alderson) (1769—1853)
120, 141, 920, 948

Ordre, Sophie d' 427
Osiński, Ludwik (1775—1838) 170
Oudry, Le Chevalier 461
Ourry, E.-T.-Maurice (1776—1843) 363,
442, 677
Overbeck, Christian Adolf (1755—1821)
147, 495
Overnay, Armand 837

P., (M.) 445
P., (Mme.) 612
P., La Comtesse B. D. 449
P***, (M.) 615 (3)
P....., A... 642
P....., Camille 430
P....., La Baronne D.... de 427, 430, 440
Paban, Gabrielle de (1793—?) 754
Pacini, Emilien 751 (2)
Pacini, Eucharis 554
Pacini, Euphrosine 539
Paffrath, K. 144
Pain, Marie-Joseph (1773—1830) 456, 551,
552, 754
Palmire ***, (Mlle.) 462, 644
Pallard 432, 474
Panard (Pannard, Pannart), Charles François
(1690—1765) 273, 354, 440, 442, 476,
627
Paolo 798
Par, Ph. de 748
Par***, Louis de 438
Paris, Aimé 105, 457, 643, 644 (4)
Parny (Parni), Evariste-Désiré de Forges,
Chevalier, dann Vicomte de (1753—1814)
372, 430, 485, 550, 605, 643 (2), 730
Partzsch, Friedrich 781, 824
Pascal, Philippe 455
Patras, L. 441
Patrat, Joseph (1732—1801) 112
Paul, (M.) 451
Paul, Jean (1763—1825) 873
Paulin, Nicolas-Hubert (ca. 1713—1785)
438, 667, 830, 899
Paulin ***, (M.) 899 (2)
Paulix 835
Pawlowski (Pawlowsky) 334, 335, 461,
464, 468, 605, 607, 664, 748, 814, 815,
833
Payne, John Howard (1791—1852) 927 (2)
Péan, Edouard 334, 606, 814
Peellaert, Auguste Baron de (1793—1876)
482, 627, 628
Pepoli, Il Conte Carlo (1796—1881) 836,
837 (3), 838 (2)
Peronnet 480
Perrier, Jean-Baptiste (1767—1842) 267
Perrier, Marie-Victorine Patras (?—1821)
363, 497, 615
Pestre, Le Comte Adolphe de 501
Petigny, (Mme.) 273
Petit-Senn, Jules (1792—1870) 553
Petrarca, Francesco (1304—1374) 427
Petrick 325
Peucer, Friedrich (1779—1849) 877
Peyton, R. 934
Pfeffel, Gottlieb Conrad (1736—1809) 179,
269, 282, 328, 494, 720
Pfeiffer 283 (6), 495
Phelippès (Phellipes, Phellippes), Charles
459, 463, 464, 901

Phillips, I. R. 933
Picard, Louis Benoît (1769–1828) 111
Pierart 392
Pierret de St. Séverin, J. G. A. 264, 267
Piis, Pierre Antoine Auguste, Chevalier de
(1755–1832) 336, 430, 817
Pillet, Fabien (1772–1855) 154
Pilot 456
Pils 609
Pindar, Peter s. Wolcot, John
Pinto, Antonio Cerqueiro (ca. 1670–1740)
310
Pisaroni, Benedetta Rosamunda (1793–?)
379
Piston, Julia 465
Pixérecourt, René Charles Guilbert de
(1773–1844) 452
Plaisant, J. 392 (2)
Planard, François-Antoine-Eugène de
(1783–1855) 352, 671, 728 (2), 731,
732, 734 (5), 745, 831 (2), 838 (2), 839
Planché, James Robinson (1796–1880)
911 (2), 912, 913, 928, 933, 937, 952
Platen, August Graf von (1796–1835) 811
Plombières, P. de 434 (2), 436 (2)
Plumetet 109
Pocock, G. 910
Poirson, Charles-Gaspard Delestre- s.
Delestre-Poirson
Poisson, H. T. (J.) 335, 337, 463 (2), 464
(3), 466 (3), 467 (2), 468 (3), 469, 606,
665, 666 (2), 668, 746, 747, 753 (2), 800,
815, 817, 820 (2), 831, 832 (2), 833 (2),
834 (3), 851 (2), 900, 901 (2), 902 (2),
903 (3), 904 (2)
Polak, Théodore H. 752, 901, 902
Poliziano, Angelo (1454–1494) 173
Ponteuil (Pseud. von Triboulet) (ca. 1750–
1806) 152
Poterlet, (M.) 465
Pougens, Marie-Charles-Joseph de (1755–
1833) 372
Poultier-Delmotte, François-Martin (1753–
1826) 274, 354
Pourceaugnac, de 732
Pradel, Pierre-Marie-Michel-Eugène Coutray
de (1787–1857) 539
Prè, F. du 869
Pringle, Thomas (1789–1834) 715
Prölss, Adolph Eduard (1803–?) 798
Proisy d'Eppes, César Comte de (1788–
1836) 392, 428, 434, 440, 442
Pstrokoński, W. 171
Pussy, F. de 449, 460
Pye, Henry James (1745–1813) 141

Quetelet, Adolphe (1796–1874) 541, 726

R. H. 545
R. S. S. 930, 931 (3), 934, 939, 940 (2)
R. V. H. 936
R. W. H. 934
R:, (M.) 551
R., (Mme.) la Vicomtesse de 464
R., (Mlle.) D. 550
R., Erneste L.(...) 544 (2)
R., (Mme.) H. de 267, 475
R**, (M.) 392
R***, (Mme.) de 154
R***, Charles 467

R***, Victor 552
R....., (M.) 542, 607
Racine, Jean de (1639–1699) 849, 905 (2)
Racine, Louis (1692–1763) 906
Racine Fils s. Racine, Louis
Rahbek, Knud Lyne (1760–1830) 73 (2),
74, 208
Rahbek, Mathias (1780–1846) 83
Rainal, Antony 666
Raison, C. 449
Rancé, de 554
Rancogne, (Mme.) de 433
Ratschky, Joseph Franz von (1757–1810)
737
Ravrio, Antoine-André (1759–1814) 427
Raymond, R. J. 912
Reche 771
Recke, Elisabeth (Elisa) Charlotte Konstanze
von der (geb. Reichsgräfin von Medem)
(1756–1833) 164, 165, 178, 179, 324,
326, 327, 674
Redern, Henriette Comtesse de (geb. Mont-
pezat) (1770–1830) 458, 610
Reiffenberg, Frédéric Baron de (1795–1850)
842
Reinbeck, Georg (von) (1766–1849) 875
Reinhard(t), Karl 166, 167
Reiniger, Ernst Emil (1792–1849) 801,
824, 889
Reissig, Christian Ludwig (ca. 1783–1821)
617, 619, 649, 650, 717
Reivillo, W. H.(art) 970, 972
Renal, Antoni 838
Requin 338, 821
Rességuier, Jules Comte de (1788–1862) 665
Revenaz, E. 467, 472
Revoil 474
Revoli 677
Reynett, (Miss) 927
Riboutté (Ribouté), François-Louis (1770–
1834) 478
Riccoboni, Hélène-Virginie Baletti (1686–
1771) 628
Richardson 969
Richter 178 (2), 281
Richter, von 323
Richter, Johann Paul s. Paul, Jean
Richter, L. 882
Riedrich, Julius 880
Ries, Otto von (1763–1846) 183
Ritter, F. A. 993
Rivière, A. 554
Robert, Ludwig (1778–1832) 175
Robillard, C. J. 458
Rochecave, G. Ménard de 381, 465
Rochefort 550
Rochlitz, Friedrich (1769–1842) 280, 323,
324, 326 (2), 495, 619, 871
Rode, K. A. 178
Rodolphe 459
Rodwell, George Herbert Bonaparte (1800–
1852) 934
Roger, Jean-François (1776–1842) 612
Roger de Beauvoir s. Beauvoir, Roger de
Rokeby, Matilde de 366
Roland 434
Rolfe, Leonard 946
Rolie, M. H. 377
Rolle, Jacques Hippolyte (1804–?) 380
Romagnesi, Antoine-Joseph-Michel (1781–

1850) 444, 468, 609, 664 (3), 668 (2), 753, 815, 817, 830, 834
Romané 468
Romieu, Augustin (1800–1855) 679
Rondeau, B. 667
Ronsière, Fillette de 433
Ronsière, Loraux de 437, 439, 443, 446, 451, 459, 463, 464, 483, 553, 736
Rossi, Gaetano (1772–1855) 487
Rossius, Ch. de 541, 542, 603, 605
Rougemont, Michel Nicolas Ballison de (1781–1840) 456
Rousseau, Jean Jacques (1712–1778) 480, 502
Rousseau, Johann Baptist (1802–1867) 847
Roy, Pierre-Charles (1683–1764)? 427, 437
Rucoulau 438
Rudolphi, Karoline Christiane Louise (1750–1811) 147, 778
Ryan, Desmond Michael (1816–1888) 921 (5), 922 (5), 924, 925 (3), 927 (3), 928 (2), 929 (3), 930 (4), 931, 932, 933 (3), 934 (4), 935 (2), 937, 940, 941, 942
Ryan, Richard (1796–1849) 910, 911

S. 269
S. A. 265
S., (M.) E. 376
S., (M.) H. L. 393
Sxxx, M. de 265
S***, (M.) 474
S...., F..... de 541
Schr..r, K. Ag. 210
St. A., A. R. C. de 615
St. A***, Hortensius de 337, 820
St. P*****, Le Baron de 665 (2)
Sabran, (Mme.) de 264
St. Albin, Hxxx de 819
St. Amand, Ch. de 267, 612
Saint-Cyr 615
St. Cyr, Baron de R*** 612, 614
St. Cyr Poncet Delpech 550
Saint-Denis, Le Chevalier de 447
St. Elme Champ 850 (2)
Saint-Georges, Jules Henri Vernoy, Marquis de (1799–1875) 666, 838 (2), 839, 840, 841, 842
Saint-Hilaire, V. de 366 (2), 367, 472, 607, 677 (3), 736, 748 (2)
Saint-Just s. Godard d'Aucourt de Saint Just
St. Laurent, de 432
St. Michel, Alexis de 355
St. Victor, de 431
St. Yon, de 463
Sainte Marie 360, 672
Saintine, Joseph Xavier Boniface de (Pseud.: Xavier) (1797–1865) 437, 439 (2), 440, 628, 679
Salcs, de 447
Salis, Johann Gaudenz Freiherr von Salis-Seewis (1762–1834) 143, 165, 174 (2), 175, 176, 269, 281, 282 (2), 649, 673, 873
Salverte, René-Joseph Eusèbe Baconnière (1771–1820) 428
Samson, A. 994
Samuda, A. R. 947
Sander, Levin Christian (1756–1819) 207 (3), 208 (2), 674
Sannoy, Guy de 432

Sanson, Alex. 453, 544
Santeuil 848
Sappho (ca. 600 v. Chr.) 949
Sarrazin, August Anton de (1785–1858) 431
Sauter, Samuel Friedrich (1766–1846) 896
Sauvage, Thomas (1794–1877) 466
Sazerac, H. L. (de) 335, 437 (2), 815, 816, 818 (3), 819 (2), 830
Scaife, (Miss) E. 934
Schefer, Leopold (1784–1862) 806
Schenkendorf, Max von (1783–1817) 495
Schiller, Friedrich (von) (1759–1805) 74, 143, 165 (2), 166, 167, 168, 177, 178, 210, 232, 252, 282 (2), 311 (2), 420, 651 (2), 652 (2), 680, 770, 868, 871, 875, 876, 878, 879, 886
Schink (Schinck), Johann Friedrich (1755–1835) 269, 771, 795, 890
Schlechta von Wschehrd (Wssehrd), Franz Freiherr von (1796–1875) 745, 888
Schlegel, August Wilhelm (von) (1767–1845) 673
Schlippenbach, Albert Graf von (1800–1886) 789, 793
Schmid 674
Schmidt 283
Schmidt (genannt Schmidt von Lübeck), Georg Philipp (1766–1849) 253, 876
Schmidt, Heinrich (1779–1857) 869
Schmidt, Klamer Eberhard Karl (1746–1824) 147, 963
Schnezler, August (1809–1853) 880
Scholz, Gustav 327
Schrbr. 270
Schreiber 176, 180, 251, 252 (3), 324 (2), 327, 652, 675
Schreiber, Aloys Wilhelm (1761–1841) 494
Schreiber, Christian S. (1781–1857) 167, 325, 493, 673
Schubart, Christian Friedrich Daniel (1739–1791) 891
Schütze, Stephan (1771–1839) 311, 325, 673, 847
Schulz, Eduard s. Ferrand, Eduard
Schulz, Ernst 744
Schulze, Ernst Konrad Friedrich (1789–1817) 329
Schwach, C. N. 760
Scott, Sir Walter (1771–1832) 125 (2), 286 (3), 366, 378, 424, 483, 550, 911, 953, 954
Scribe, Eugène (1791–1861) 361, 446, 461, 467, 471, 483 (6), 607 (2), 677 (2), 678 (2), 679 (2), 727, 730, 733 (2), 734 (2), 735 (6), 736, 747, 749, 794, 830, 832 (2), 835 (4), 837, 838, 839, 840 (2), 841, 842, 851
Seckendorf, Siegmund Freiherr von 269, 282
Ségur, Joseph Alexandre Comte de (1752–1805) 180, 262, 376, 381, 449, 544, 549, 899
Seidel 323
Seidel, H. 251
Seidl, Johann Gabriel (1804–1875) 766, 891
Seiglière, (M.) de la 539
Séjalon, Silvain 902
Senemaud, Paul 454, 457, 459

Sérionne, E. de 472
Servatius, Charles Adolphe 456
Sevelingen, Milon von s. Meinloh von Sevelingen
Sévestre 452
Séville, Armand 471
Seward, Anna 286
Sewrin, Charles Augustin 180, 445, 670
678 (2), 727
Seymour, G. J. 965, 966, 967 (2)
Sezanne, Ch. 378
Shakespeare, William (1564—1616) 123,
167, 295, 674, 682, 745, 881
Shangnessy, R. S. O. 943
Shelley, Percy Bysshe (1792—1821) 930
Shepherd, Ettrick 910
Sheridan, Richard Brinsley (1751—1816)
285
Sibles, Edmond de 818
Siddons, (Mrs.) 912
Siegel, L. 789
Sieray 455
Sigourney, Livia (geb. Huntly) (ca. 1792—?)
942
Simard, Isidore 333, 462, 464, 469, 485
(2), 604, 605, 609, 664, 814, 815
Simon, Charles 352, 484, 485, 602, 603
Simonnin, Antoine Jean Baptiste (1780—
1856) 664
Simons-Candeille, Amélie Julie (1767—
1834) 264, 265 (2), 428, 435
Sinclair, Henry 946
Slawik, F. H. 887
Smets, Wilhelm (1796—1848) 874
Smith, (Miss) 965, 967
Smith, (Mrs.) E. F. 912
Smith, Fraser Bradshaw 915
Smith, J. F. 930, 933, 936, 937, 946
Smith, S. 921
Smits, Edouard (1789—1852) 501, 544,
604, 670, 671
Soulié (Soulier), Frédéric (1800—1847) 837
Soumet (Soummet), Alexandre (1788—1845)
467, 732
Southey, Robert (1774—1843) 940
Souvestre, Emile (1806—1845) 841 (2)
Spalding, Johann Joachim (1714—1804) 771
Spangenberg Fils, J. 391
Spicer, H. 942
Sporon 84
Staëti, La Comtesse de 447
Staffeldt, Schack 183
Starcke 146
Starke, Gotthelf Wilhelm Christoph (1762—
1830) 281, 739
Staudt, A. 439
Stéenhoff 718
Steers, F. 918
Steigentesch, August Ernst Freiherr von
(1774—1826) 176, 327, 650, 651
Stein, Eduard 768
Sterne, Laurence (1713—1768) 330, 331,
332
Stieglitz, Heinrich (1801—1849) 828
Stolberg, Friedrich Leopold Graf zu (1750—
1819) 278
Stoll, Joseph Ludwig (1778—1815) 653
Stolterfoth, Adelheid von (1800—1875) 877
Stoud, Frederik (1759—1823) 208
Streckfuss, Adolf Friedrich Karl (1778—

1844) 874
Sturm, Christoph Christian (1740—1786)
203, 562 (2), 563 (3), 564 (4), 565
Suleau, Louis Ange Antoine Elysée, Vicomte
de (1793—1853) 351, 355, 428, 478
Surr, T. S. 140, 141
Sveistrup, Hans Guldberg (1770—1824) 81

T*** 482
T., Crxxxx de Lxxxxx 446
T xxx, Amédée de 445
T*** de T***, de 814
Talairat 446, 452
Target (geb. Hutchinson) 431, 433
Tasso, Torquato (1544—1595) 155
Tastu, Sabine Casimire Amable Voïart
(1798—1885) 472, 538, 544, 554, 830,
832, 841
Ternan, Fanny 936
Ternier 457
Teuthold, Carl 714
Thaarup, Thomas (1749—1821) 79, 81 (2),
183 (2), 411
Thale, Adalbert vom (Pseud. von Friedrich
Karl von Decker) (1784—1844) 894
Théaulon, Marie-Emmanuel-Guillaume
(1787—1841) 443 (2), 445, 460, 461,
469, 484, 545, 605, 669 (3), 670, 679 (4),
733, 830, 832
Théophile 543
Thiais Fils, Charles David de 443
Thiébault, Le Baron Paul-Charles-François-
Henri-Dieudonné (1769—1846) 449
Thierry, Edouard (1813—?) 838, 840
Thilo, Valentin (1579—1620) 280
Thompson, G. Douglas 915, 933
Thomson, H. T. 935
Thornton, Walter 966, 967, 969, 970 (2),
971
Thoroup, A. G. 76 (3), 77 (4), 78 (5), 79
(3), 80, 156, 157
Tieck, Christian Friedrich (1776—1851) 883
Tieck, Johann Ludwig (1773—1853) 164,
281, 413, 619, 866, 875, 884, 890
Tiedge, Christoph August (1752—1841)
166, 167 (5), 168, 174, 178, 277, 281 (2),
323, 325, 491, 649, 650 (2), 651, 675,
676, 714, 715 (3), 716 (2), 726, 727, 728
(2), 729, 731, 871, 873, 878
Tingstadius 36
Tirpenne, J. L. 750 (2), 751
Tissot, Pierre François (1768—1854) 546
Tönsberg, O. 206
Töxen, Blok (1776—1848) 416
Toller, (Mlle.) 800
Tour, Gai (Gay) de la 336, 367, 609, 817
Tournay 433
Treu, Ferdinand 773
Triboulet s. Ponteuil
Tröiel, P. K. 183
Tromlitz, August (von) (Pseud. von K. A. F.
von Witzleben) (1773—1839) 797
Troyes 441
Trumper, E. 539
Trumper, N. J. 725, 726 (3)
Tscherning, E. 206
Turnbull, (Mrs.) 965
Typke, Wilhelm 326 (2), 327
Tyrrel, W. 933

Ueltzen, Hermann Wilhelm Franz (1759–1808) 168, 279, 294
Uhland, Ludwig (1787–1862) 617, 618, 650 (2), 672, 673 (2), 674, 675, 867 (2), 869, 871, 876, 880, 881 (2), 882 (3), 883, 897, 969
Ulrici, Moritz 494
Ultsch, Heinrich Josef 277
Unzer, Ludwig August (1748–1774) 737
Usteri, Johann Martin (1763–1827) 493

V. C. P. 230
V., Comte A. de 964
V., A. L. de 456 (2)
V., A. L. de 449, 450, 453
Vxxx, D.. d. 431, 432 (2), 434
V***, (M.) de 462
V.***, (M.) A. 453
V***, Adolphe de la 554
V*** (Vxxx), Alphonse 437, 448, 451
V...., (M.) L... de 463
V......, D...... de 438
Vaez, Gustave (Pseud. von Van Nieuwenhuysen) (1812–1862) 840
Vagon, C. 464
Vaissière, J. Jph. 496, 749, 830
Valette de Metz, L. C. 899
Vallenet 359
Valmalette 431
Valmore, Amélie 751
Valmore, Marceline s. Desbordes-Valmore
Valori, Le Chevalier de 433
Valory, La Marquise de 470
Valville, Bernard 110, 113, 114 (2)
Vanbemmel s. Bemmel, van
Vanduyse, Prudent s. Duyse, Prudent van
Vandyk, Harry Stoe s. Dyk, Harry Stoe van
Vanhasselt, André s. Hasselt, André van
Vaninka 371
Varner (1789–1854) 734
Vatout, Jean (1792–1839) 462, 463, 554
Vedder, David 715
Veith, Johann Emanuel (1787–1876) 731
Vernes-de-Luze 545
Vernet Bérard de St. Paul 463, 541
Verneuil, M. F. de 995
Vial, Jean-Baptiste-Charles (1771–1834) 112 (4)
Vial, Victor 430, 473, 900
Vianadt 679
Victor 628
Vieillard (Viellard, Veillard), Pierre Ange (1778–ca. 1850) 267 (2), 430, 433, 435, 543, 994, 995
Vigée, Louis Jean Baptiste Etienne (1758–1820) 251, 273, 429, 435
Villeneuve, Ferdinand de (?–1858) 449, 472, 678 (2)
Villenié, J. F. de la 548
Villermay, Louyer de s. Louyer de Villermay
Villiers 113 (4)
Vizentini 678
Vogel 493
Vogl, Johann Nepomuk (1802–1866) 779
Voigt 311, 883
Voß (Voss), Johann Heinrich (1751–1826) 176, 281, 282, 283, 294, 324, 493, 494, 650, 676, 770, 873, 878
Vulpian, Alphonse (1795–1829) 441, 443, 444, 447, 448, 462
Vulpius, Christian August (1762–1827) 312

W., Cäcilie von 673
Wa 628
Wade, Joseph Augustine (ca. 1801–1845) 923, 924, 925, 930 (2), 931, 936, 954 (2), 955
Wagner, Ernst (1768–1812) 493
Waldor, Mélanie (1796–1871) 668
Wallenborn, Julius von 324
Waller, Edmund (1606–1687) 125
Warin, Regnault 110
Watson, Walter 971
Wedig, Ernst von (1774–nach 1822) 146
Weiße (Weisse), Christian Felix (1726–1804) 132, 139, 396, 729, 828, 872
Wennington, William 122
Weppen, Johann August (1741–1812) 178
Werckmeister, R. 164 (2), 168
Wessenberg, Ignaz Heinrich Karl Freiherr von (1774–1860) 494, 674
Wessenberg, J. J. von 283, 493, 880
Weston, Ferdinand F. 461
White, C. Manners s. Manners White, C.
White, E. C. 936
White, Kirke 947
White, R. M. 931
Wieland, Christoph Martin (1733–1813) 881 (2)
Williams, Robert Folkestone 931, 970, 971
Wilson, (Mrs.) Cornwell Baron 910, 911, 912, 913, 914, 915, 937, 939
Wilson, F. 920
Wilson, M. A. 922
Winkler, Karl Gottfried Theodor s. Hell, Theodor
Wither, George (1588–1667) 178
Witschel, Johann Heinrich Wilhelm (1769–1847) 139
Witte, Karl Heinrich Gottfried (1767–1845) 280
Witzleben, K. A. F. von s. Tromlitz, August (von)
Wolcot, John Dr. (Pseud.: Pindar, Peter) (1738–1819) 117, 122, 135, 140 (3), 141 (7)
Woldemar 745
Wolff, S. O. 760 (2)
Wordsworth, W. A. 930
Wyß der Ältere, Johann Rudolf (1763–1845) 494

Xavier s. Saintine, Joseph Xavier Boniface de

Yriarte, Tomas de (ca. 1750–1791) 433

Z., (M.) R. 392
Zacharie Fils, M. 967
Zahle, Sophus 421
Zehmen, C. 793
Zimmermann 898

7. Titel und Textanfänge von Vokal- und
   Bühnenwerken

A b c d, wenn ich dich seh' 829
A Bacchus (Chanson anacréontique)
   (Glachant) 644
A bas la corvée, pour nous plus d'affront 842
A Beautiful Rose in a Valley (Ballad)
   (A. Lee) 971
A boire je passe ma vie 496
A bonny Soldier's Bride I'll be (Sanderson)
   128
A captive in the stranger's land 922
A ce soir (Romance) (Plantade) 732
A celui que j'aimois 519
A ces clartés mystérieuses 385
A chaque Instant (Nocturne, 1 oder 4 St.)
   (Lagoanère) 831
A chaque instant mon cœur palpite 831
A chaque instant sur mon passage 517, 691
A che quei Tronchi accenti 370
A chi v'ama, o pastorelle 351
A Cloudless Sky (Auber) 923
A coronet may gild thy brow 928
A Cythère avec le printems autrefois 112
*A d'aimables compagnes, une jeune beauté
   disait* 644
A demain (Romance) (Le Mière de Corvey)
   471
«A demain!» a-t-il dit 471
A demain des Affaires (Chanson) (Adrien
   l'Aîné) 477
A Demain ou le Rants des Vaches (Nocturne,
   2 St.) (Louis Jadin) 358
A deux époques de sa vie 38, 385, 446, 496
A deux voix (v. Dalberg) 179
A dix huit Ans (Rondoncino) 994
A douze ans l'aimable Lisette 665, 820, 830
A Dream of the Past (A. Lee) 918
A Drinking Song (v. Dittersdorf) 96
A dying thrush 125
A Emilie (Romance) (Mme. Lafont) 643
A favorite Air (Webbe) 124
A favorite Ballad
   Gin a body, ... 122
   Soft as the falling dews ... (Light) 286
A favorite Italian Air (Cimarosa) 125
A favorite Madrigal (Anspach) 123
A favorite Pastorale (Hook) 124
A favorite Rondeau (Major) 122
A favorite Rondo (Hook) 122
A favorite Song (Mazzinghi) 121
A favourite Glee
   Come all noble souls (Rogers) 97
   Fair sweet cruel (Ford) 97
   When all alone ... (Converso) 97
A festa a tutti rida il cor 700
A Glee (Pelissier) 331
A Hunting Song
   The morning ... 90
   The whistling plowman (Battishill) 89
A il più lieto 622
A jeune veuve aimable et belle 545
A justice I am 332
A knight and a lady once met in a grove 966
A l'aide d'un bouquet 436
A l'Alouette (Romance) (Desbordes-Valmore)
   455
A l'Amitié (Canon, 2 stg.) (A. Pacini) 994
A l'Amitié (Romance, 2 St.) (Strunz) 995

A l'amitié je consacre ma vie 310, 993
A l'amour ouvrez votre cœur 365, 629
A l'approche des froids autans 472
A l'aspect d'un affreux orage 443
A l'Astre des Nuits (Romance Elégiaque)
   (Catrufo) 428
A l'Espérance (Romance) (Mme. Lafont) 642
A l'heure où la cloche lointaine 364
A l'instant même où je verse des larmes 472
A l'ombre d'un épais feuillage 267, 427, 544,
   621, 834
A l'ombre d'un myrthe fleuri 243, 994
A l'ombre d'un tilleul en fleurs 430
A l'ombre d'un vieux hêtre 749
A l'ombre d'un vieux Sycomore 366
A la barque! Crie Annette à tous les passans
   670
A la Beauté (Paer) 435
A la fleur du bel âge 528, 727
A la gentille Glycère Lisis parlait 458
A la gloire fidèle au camp 355
A la Mélancolie (Romance) (Farcy) 644
A la Mémoire d'un être chéri (Romance
   Elégiaque) (Bawr) 429
A la noblesse il sait unir la grâce 452
A la Patrie (Romance) (Groetaers) 746
A la plus douce rêverie 336, 608
A la Poésie (Stances) (Ponchard) 371
A la porte d'un vieux manoir 548
A la Sonette (Romance) (Blangini) 615
A la valse légère, oh! livrons nous tous deux!
   902
A la ville je ne vois pas 539
A la vive coquetterie sans doute 459
A la voix du dieu des amours 462
A Lady two lovers had got 930
A Laure (Dugazon) 385
A Laurette (Schaumas) 384
A le grand homme! il a la pomme 615
A little Ballad (Carr) 122
A ma Cabane (Romance) (de K. .....N) 264
A ma Guitarre (Romance) (Byström) 25
A ma Mie (Chansonette) (Castelli) 542, 605
A ma Romance (Romance) (Lafont) 496
A maiden by a river's side 921
A maiden in her lonely bow'r 970
A me civetta? a me? 491
A me répondre qu'on s'apprète 666
A mes pleurs laissez vous fléchir 906
A mes vœux soyez sensible! 350
A moi qui suis sage 379, 553, 732
A mon Amie (Romance) (Gouet) 756
A mon bonheur je ne dois plus prétendre 836
A mon Bonnet de Nuit (Chansonnette) (Gouet)
   756
A mon expérience croyez jeune beauté 546
A mon réveil si vois l'Aurore 435
A morire incominciari 641
A Morning (Serenade) (Girschner) 929
A Negro Song (Carr) 120
A New Comic Song (Pelissier) 332
A nous unir puisque je suis forcée 348
A Paris et loin de sa mère 105
A pastoral elegiac Glee (Baildon) 97
A Peep behind the Curtain s. Orpheus
   (Barthélemon)
A peine à son aurore 340

A peine amour venait de naître 443
A peine arrivé sur la terre 667
A peine au matin de la vie 755
A peine au printems de mon âge 470
A peine au sortir de l'enfance 307, 409
A peine aux rayons du matin 153
A peine échappée à l'enfance 665, 830
A peine en mes quinze printems 849
A peine eus-je atteint l'âge 393, 502
A peine je respire 534
A peine l'aurore de ses feux colore 460
A peine sorti de l'enfance 547
A poor soul sat sighing 116, 135
A présent mes chers camarades 670
A prey to tender anguish 96
A quarante ans vous trouve-t-on encore 335, 607, 815
A quatorze ans fillette n'ose qu'en secret 439
A quel nome 700
A quel que a tencion me de a 966
A qui viens tu porter le tribut 357
A qui voulez vous que je plaise 180
A quinze ans, dans notre village 375
A quoi bon la richesse 406, 414, 486
A quoi sert-il d'être joli? (Chansonnette) (Romagnesi) 668
A rose-bud in a valley grew 936
A roving life I dearly love 128
A Royaumont, vers la plaine tranquille 455, 620
A sa jeune captive 517, 691
A sa maîtresse un gentil troubadour 455
A Schüsserl un a Reinerl 824
A Schüsserl und a Reind(e)l 246, 412
A Selma (Romance) (P.-M. Berton) 442
A Shepherd lost his blooming maid 89
A shepherd once 116
A Soffia mio caro bene 509
A son aurore d'abord charmer 451
A Song for Sabbath Evenings (Glover) 947
A Song for Sabbath Mornings (Glover) 947
A song in praise of the merry old days 927
A sound comes on the rising breeze 967
A Sound upon the Breeze (Sheridan) 967
A story there runs of a marvellous well 332
A te, fra tanti affanni 849
A te, o cara, amor talora 700
A Therpsicore (Romance) (Fastré) 391
A Tivoli riant et frais séjour du Sorcier 735
A toi (Romance) (Plantade) 476
A ton réveil la volupté 385
A tort on blâme la vieillesse 540, 602
A Toulouse il fut une belle 570
A travers se rempart fragile 489
A Tribute to our early Friends (Elrington) 941
A Tribute to Washington (Hill) 131
A un cor gentile e tenero 573
A un Dottor della mia sorte 592
A un Infidèle (Romance) (A. Meissonnier) 444
A un pecho tierro y candido 573
A una fonte afflitto 532, 701
A une Infidèle (Romance, 2 St.) (Bouffet) 373
A Venise jeune fillette 83, 112, 509
A Vénus, à son fils volage 453
A very honest poor old woman 100
A Victorine (Romance) (Berbiguier) 465
A vingt ans de l'insouciance 754, 818
A vingt ans, ignorant l'amour 446

A vos leçons mon cher Flutter 114
A voyager passant sa vie 177
A wand'ring Gipsey 117, 135
A wandring youth forgive 140
A Wife's Sweet Welcome Home (Hatton) 937
A Zélie! (Romance) (deBreuil) 457
Aal givt först i gaar 517
Aander Vellyst, milde Aftenvinde! 159
Aaret 1806 (C. Schall) 208
Aarstiden den forskjönnes 515
Aarstiderne (C. Schall) 208
Abandonné dès ma naissance 664
Abbietta Zingara 707
Abdallah schwor Vatiben 328
Abdul (Ballett: Rolla) 234
Abenamet e Zoraide (Oper: Nicolini) 346, 726
Abenceragen und Zegris (Die) oder Die feindlichen Volksstämme (Ballett: M. Umlauff) 196 (4), 197, 198 (2), 214, 218, 219, 224, 226, 254, 255, 258, 259
Abencérages (Les; Oper: Cherubini) 794
Abencerragen (Die) s. Abencérages (Les)
Abend wars, die Nachtviole 650
Abendfeier (Gleichmann) 650
Abendgedanken an Minona (Nägeli) 494
Abendgesang (Morgenroth) 324
Abendglocke töne fluthe Silberbach 328
Abendklokenhalle zittern 174
Abendlandschaft
  (Nägeli) 282; (Sechter) 720
Abendlied
  Alles still, ... (Gollmick) 311
  Dankt dem Herrn! (Schinn) 394
  Du stilles Ziel ... (Bertoldy) 323
  Gute Nacht! ... (Schinn) 400
  Guten Abend ... (Kretzschmer) 887
Abendlied im Herbst (Chr. G. Belcke) 882
Abendlied im Sommer (F. L. Schubert) 796
Abendlied unterm gestirnten Himmel (Beethoven, WoO 150) 651
Abendröthe (Himmel) 166
Abendständchen (Osthoff) 881
Abgeschiedenheit (Nägeli) 495
Abrahams Opfer (Oper: Blangini) 489
Abschied
  Nimm dies kleine Angedenken (Gyrowetz) 297, 869
  Schenke mir dein Angedenken (Eisenbeck) 147
  Strahle mit Wonne, leuchtende Sonne (Osthoff) 785, 866
  Zu lieblich ist's ein Wort zu brechen (J. F. Reichardt) 180
Abschied (Volkslied) (C. M. v. Weber, Jähns 208) 876
Abschied der Schwalben (Otto) 879
Abschied des Grafen Oginsky von seiner Geliebten 252
Abschied vom Lande (Otto) 883
Abschied vom Liebchen (Gabler) 869
Abschied von der Heimat (Boieldieu) 796
Abschiedslied
  Ach, wie wär's möglich dann (Otto) 898
  Du bist zum letzten Male ... (Nägeli) 281
Abschiedslied an Sophien 269
Absence (Moorehead) 125
Absence et Retour (Romance)
  On est si bien, ... (L. Moreau) 351
  Plus n'est bonheur ... (Vaillant) 436
Abu Hassan (Oper: C. M. v. Weber, Jähns 106)

514, 653, 680, 741, 876
Accablé d'ennuis et d'allarmes 466
Accepte, aimable modestie 364
Accoglienza così bella 371
Accourez, bachelettes, je prédis les beaux jours 835
Accourez, jeunes fillettes, venez trouver le gondolier 362
Accourez jeunes pastourelles 353, 431
Accourez Nymphes et Bergères 436
Accours, gentille Amie (Barcarolle) (Louis Jadin) 338, 821, 831
Accusa i tuoi bei rai 966
Accusata di furto 686
Accusé du meurtre d'un père 508
Ach! am Ehrentage 691
Ach! Amor Herzenszieler 133
Ach armes Kind 963
Ach bald trocknet das Verhängnis 278
Ach, bleib' bei uns, Herr Jesu Christ 398, 770, 982
Ach bleib mit deiner Gnade 797
Ach dein Herz fühlt keine Liebe 231
Ach, der Mund will gern es sagen 181
Ach die Jubelgesänge 784
Ach dies Herz schlägt nur für dich 871
Ach, du lieber Augustin 80
Ach du nur bist mir nahe 682
Ach! eine Thräne 636, 698
Ach einsam muss dies Herz verzagen 875
Ach, en gång jag denna skönhet 58
Ach es löst die Trennungsstunde 339
Ach! folgten dem Theuern der Fried 182
Ach gar zu viele schöne Rechte 594
Ach gieb dich zufrieden 598
Ach Gott und Herr 800
Ach Gott vom Himmel sieh 812
Ach Gott! wie mancher von den Tagen 564
Ach Gott, wie manches Herzeleid 800, 991
Ach, grymma sorg som mig förtar! 5
Ach Herr mich armen Sünder 778, 982
Ach! hvad gruflig plåga 40
Ach hvilken dag! fröjd för oss två! 42
Ach, ich armes Kloster-Fräulein! 805
Ach! ich frage nichts nach Kronen 493
Ach! ich fühl' des Feuers 641
Ach, ich fühl's, es ist verschwunden 43, 516, 706
Ach ihr Mädchen, ach ihr Guten 137
Ach! ihr Rosenlippen 701
Ach kaum kann ich es nun erwarten 177
Ach könnt ich Molly kaufen 202, 297
Ach lasset mich noch ferner weinen 218
Ach! lieber Gott! wie krank und matt 495
Ach, mein Auge ist verschlossen 873
Ach meine Kinder! holde Geliebte 600
Ach meine Thränen fliessen 590
Ach mich hat das Schicksal früh 341
Ach mir ist das Herz so schwer 168
Ach mir lag ein endlos Hoffen 788
Ach! mußte der Tod ihn uns nehmen 306, 311, 765
Ach musste der Tod ihn uns rauben 870
Ach nein, o glaube 641, 702
Ach nicht durch Klagen 300
Ach nur bei dir allein kann ich genesen 486
Ach nur einmal noch in meinem Leben 301
Ach, nur für Angst 641, 701
Ach sel'gen Liebesglanz erschau ich ferne 882
Ach sendet Frieden in unsre Herzen 490
Ach! sieh ihn dulden 394

Ach Sophia süsses Leben, ja ich athme nur für dich 768
Ach, süsses, theures Leben! 786
Ach! theure Schwester, siehst du nichts 244
Ach, umsonst auf aller Länder Charten 165, 177, 295, 875
Ach umsonst, Pharao 595
Ach unga qvinnor 45
Ach verzeih du Auserwählte 301, 780
Ach, wär' ich doch schon droben! 399
Ach wär' ich doch zu dieser Stund' 867
Ach, warum hier, o fliehe! 712
Ach, was ist die Liebe 294, 895
Ach was soll ich Sünder 800
Ach welch ein Schmerz 650
Ach welche Lust, Soldat zu sein 783
Ach wenn er kommt, fühl' ich Entzücken 240
Ach wenn ich doch der Flachs nur wäre 218
Ach! wenn ich nur ein einzigmal 879
Ach! wenn ich nur ein einzigs mal 872
Ach wenn ich nur ein Liebchen hätte! 866
Ach! wenn ich nur kein Mädchen wär 787
Ach, wenn Liebe 682
Ach! wer wird mir nun sagen 687
Ach! wie ein Engel 641
Ach wie sein Blick voll Trauer 739
Ach wie so reizend 304
Ach, wie wär's möglich dann 898
Ach wir armen Sünder 989
Ach! wo bist du hingeschwunden 681
Achille (Oper: Paer) 149, 181 (3), 186, 233, 234, 239, 261, 405, 416
Achille à Scyros (Oper: Cherubini) 225 (2), 226
Achilles (Ballett: Blum) 575, 577 (2), 684
Achilles (Paer) s. Achille
Achilles in Scyrus s. Achille à Scyros
Aci e Galatea (Oper: Naumann) 182
Acis and Galatea (Masque: Händel) 93
Ack är då ödets dom 69
Ack! af en vän skall jag ej blifva hörd 54
Ack! du för hvilken jag Evigt skall ömma 37
Ack! Gudar I, som velen oss förtrycka! 56
Ack Gudar! jag ej längre hinner 12
Ack, hårda öde att fördraga! 52
Ack! hur lär han sorgligt spana 57
Ack! huru rädslan än mig skakar! 23
Ack! hvad de lågor ljufligt brinna 660
Ack! hvilket straff af ömhet brinna 55
Ack! söta mor oändligt han rör mig 41
Actéon (Komische Oper: Auber) 803, 804, 805, 838
Addio 226
Addio del passato 708
Addio, felici sponde 375, 730
Addio pastorella amata 612
Addio Polluce amate 339
Addio speranza ed anima 704
Ade! ihr holden Frauen! 494
Adelaide (Beethoven) (Op. 46) 41, 557; (Righini) 175; (anonym) 294
Adelaide (Oper: Carafa) 598, 599, 621
Adelaide di Borgogna (Oper: Rossini) 367, 729
Adelaide di Gueselino (Clerico) 785
Adelaide e Comingio (Oper: G. Pacini) 367, 601 (2), 602
Adelasia ed Aleramo (Oper: Mayr) 223 (2), 225, 228, 259
Adelasia und Aleramo s. Adelasia ed Aleramo
Adele (Nägeli) 494

Adèle (Romance)
  Depuis longtems j'aimais Adèle (Romagnesi)
  496
  Gémissez sur le sort d'Adèle (F. Garat) 433
Adèle aux Montagnes russes (Couplets)
  (R. N. Ch. Bochsa) 443
Adèle de France (Ballett: Pugni) 864
Adele di Lusignano (Oper: Carafa) 368
Adele, lieblich blühend 993
Adèle ou la Rose (Gatayes) 386
Adelgitha (Tragödie mit Musik: Kelly)
  Eingelegter Marsch (Pelissier) 331
Adeline, je t'en supplie! (Romance) (Martain-
  ville) 461
Adelmorn the Outlaw (Romantisches Drama:
  Kelly) Eingelegter Gesang (Lewis) 122
Adeste fideles (the celebrated Portuguese Hymn
  for Christmas Day) 119
Adeste fideles 119, 135, 848
Adieu (Nocturne, 2 St.) (Panseron) 901
Adieu (Romance) (A. Adam) 464
Adieu Babet, chère et constante amie 498
Adieu, beauté douce et timide 368
Adieu, bergère chérie 177, 439, 475, 570
Adieu Bonheur (Romance)
  Adieu bonheur, ...(Bruguière) 468
  Du haut de la tourelle (de Lagoanère) 667
Adieu bonheur, loin de ma bien aimée 468
Adieu, charmant bocage 544, 613
Adieu, charmante solitude 455
Adieu, charmante terre 730
Adieu, charmantes bergères 570
Adieu, chère Colette 603
Adieu cités, adieu riches campagnes 899
Adieu Colin, au revoir (Romance) (H. F.
  Berton) 335, 607, 815
Adieu: Conserver dans votre âme 235
Adieu donc, mon Pays! ou Le Suisse au
  Régiment (Duchambge) 832
Adieu donc, ne m'oubliez pas (Romance)
  (Panseron) 899
Adieu, douce pensée, image du plaisir 471, 479
Adieu grandeurs, adieu vaine opulence 367
Adieu, jeunes filles, fraîches et gentilles 378
Adieu, le bonheur de ma vie 432
Adieu, mon beau navire 837
Adieu, Muse! on me marie 549
Adieu my Moustachios! farewell to my tip! 914
Adieu, paisible indifférence 442, 757
Adieu Paris sans regret 903
Adieu pays que je regrette 818
Adieu pense à moi (Romance) (Roldan) 552
Adieu pour la dernière fois 384
Adieu pour toujours, mes amours 837
Adieu Robert, seul objet de mon choix 497
Adieu, Roselle, adieu ma vie 441
Adieu, sois moi fidèle (Barcarolle) (Panseron)
  899
Adieu soucis, adieu fortune 666
Adieu to the village 97
Adieu tu vois mes larmes 837
*Adieu, vertes montagnes vallons riches cam-
  pagnes* 839
Adieu volage Amour (Romance) (Plantade)
  373
Adieu, volage amour, je brise cette lyre 373
Adieu vous dis! (Romance)
  Adieu vous dis! cruelle bachelette (de Beau-
  plan) 459
  Beau chevalier, appuyé sur sa lance (Louis
  Jadin) 449

Adieu Zoé (Romance) (A. Meissonnier) 333,
  462, 605, 814
Adieu Zulmé, toi que l'amour créa 756
Adieux à l'Amour (Rondeau) (de Garaudé) 355
Adieux à la Champagne (Romance) (Anson) 441
Adieux à la Suisse (Tyrolienne) (Michelot Jeune)
  842
Adieux à la Terre (Clapisson) 752
Adieux à Marie (Romance) (Meurger Aîné) 367
Adieux à une Coquette (Boléro) (de Beauplan)
  671
Adina credimi 636, 697
Adina glaube mir 636, 697
Adlers Horst (Des; Oper: Gläser) 533 (4), 534,
  793, 794
Admirez son regard touchant 545
Adolph an Julie (Gesang) (W. A. Müller) 852
Adolph og (und) Clara (Klara) s. Adolphe et
  Clara ou Les Deux Prisonniers
Adolphe et Clara ou Les Deux Prisonniers (Oper:
  Dalayrac) 26 (3), 78, 108 (11), 134, 137 (6),
  270, 507
Adonde me encaminas 275
Adorata eccelsa Diva 491
Adoration (Mitchell) 131
Adown in our valley 286
Ächtes Glück (J. F. Reichardt) 875
Ädla skuggor vördade Fäder 27
Ædle Hjerters Søster, Glæde! 79
Äfventyraren (Komödie: Kraus) 5, 6
  Einlage-Arie (Stenborg) 6
ÆEgtefolkene för Brölluppet (Oper: L.-A. Pic-
  cini) 508
Älskade kön, ditt välde tar ej ända 27
Älskvärda Nattfiol! 28
Älskvärdar Ros! så täck och så mild 65
Än lefver han, min Hugo 63
Än plockar jag rosor till kransar 27
Aendre doch dein hart Verfahren 653
Ändtlig nalkas den stunden 662
Aeneas i Carthago (Dido och Aeneas; Oper:
  Kraus) 24 (2), 25 (2), 660, 661
Aeneas in Latium (Righini) 489, 490
Ängel för mitt hjerta, milda ljufva hopp 30
Aennchen, komm mit mir! der Tag ist so schön
  728
Aennchen und Robert 726, 728 (2), 729, 731
Aennchens Gram (F. L. Schubert) 790
Ännu ej förtviflan mig fällt 51
Är detta ej en dröm? 40
Är du beskedlig, godsint och fredlig 45
Är väl försigtighet ett brott? 28
Aesop, ein Sklav aus Phrygierland 340
Æt, som var, hvem Liv og Land vi skylde
  417
Af Dem i Herrens Navn 521
Af en makas ömma låga njöt 26
Af en ofantlig skatt 49
Af hundra tusen paradis 39
Af jord du kommen är 13
Af krigets trollkraft dragen 59
Af Medynk Blikket vi bort vende 760 (2)
Af Mod og Lyst mig unge Bryst 529
Af skräck milt hjerta upfylt är 39
Af smärtorna förtärd 30
Af'n Sunda is Kiärda 798
Afar, afar, from my own bright land 911
Afbrudte Offerhöjtid (Den) s. Unterbrochene
  Opferfest (Das)
Afbrudte Reise (Den; Komödie mit Musik:
  Kunzen) 79

Afbrutna Concerten (Conserten) s. Concert Interrompu (Le)
Afbrutna Offerfesten (Den) s. Unterbrochene Opferfest (Das)
Aflenzer Jodler (C. Fischer) 693
Afsked af en Wän (W. A. Mozart) 19
Afsked fra Livet (C. M. v. Weber, Jähns 175) 423
Afskeden (Dupuy) 420
Aftensang (Barth) 183
Aftonrodnan (F. A. Berwald) 585
Aftonvandringen (Åhlström) 58
Again my absent love 123
Age d'or, ô bel âge 906
Agnes Sorel (Oper: Gyrowetz) 197 (2), 215 216 (2), 217, 218, 230, 254, 255, 256, 409, 410 (3), 486 (2)
Agnès Sorel (Romance historique) (H.-M. Berton) 429
Agnès Sorel à Charles VII (Romance Historique) (Blangini) 612; (Dalvimare) 384
Agnes verschmähte Liebestreue 800
Agnese (Oper: Paer) 272 (2), 402, 409, 513 (3), 560, 573, 590 (3), 600
Agnete hun stander paa Höielofts Bro 523
Agreeable Surprize (The; Komische Oper: S. Arnold) 86
Ah! ah! unga Flickor som bli gifta 26
Ah! cache-moi ta grâce enchanteresse 447
Ah! ces cris d'allégresse 520
Ah ch'io l'adoro ancor 691
Ah ch'io sento in tal momento 339
Ah! che giova un'alma forte 488
Ah, che il ciel vi benedica 640, 701
Ah che il Destino (Donizetti) 967
Ah che incertezza amara 491
Ah che mi manca l'anima 264
Ah! che non posso esprimere 347
Ah che non serve il piangere 362
Ah! che per me non v'è ne pace ne pietà 445
Ah! che scordar 510
Ah! chi mi dice mai 44, 687
Ah! Colin, que vous ai-je fait? 470
Ah combien pendant votre absence 108
Ah come mai non senti 588, 684
Ah come mai quell'anima 501, 631
Ah come nascondere 688, 758
Ah come rapida 692
Ah! comment pourrai-je rendre 347
Ah! confida ad altra amano 360
Ah, croyez à mon ardeur 530
Ah crudel tu m'hai tradito 355
Ah d'amor, se accorte siete 370, 758
Ah da chi son'io 637, 698
Ah! daignez m'entendre mon cœur 906
Ah! dans tous les pays du monde 354
Ah! de grâce! 731
Ah! deh! rallentate o barbari 707
Ah del Tebro 635
Ah dell'Empireo, Padre e Signor 655
Ah! des beaux arts 113, 152
Ah! di tue pene 640, 701
Ah! dillo tel chieggo 639, 700
Ah! dimmi t'amo 640, 701
Ah! dis-moi, gentil troubadour 385
Ah! dites-moi, quel est dans ce bocage 470
Ah! dottor ei do parola 636, 697
Ah! Dov'è colui che adoro? 377
Ah! du sage Padille 109
Ah! faut-il à mon âge 509
Ah! figli! venite 601

Ah forgive this thoughtless error 126
Ah forse è lui che l'anima 708
Ah! fu giusto il mio sospetto 705
Ah! grymma hjelte 66
Ah guarda sorella 187, 263
Ah Guillaume! min sværmende Elsker! 524
Ah! how hapless is the maiden 117
Ah! ich weiss es bleibt dem Gatten 680
Ah infido! 213
Ah! j'ai perdu mon blanc troupeau! 667
Ah! Je crains bien d'avoir toujours quinze ans (Romance) (Godfroy) 552
Ah! je sais bien que, loin des dames 362
Ah! je suis triste moi 334, 606
Ah! Jeannot me délaisse 508, 610
Ah! jeunes filles qu'on marie 108, 270
Ah! l'bel état qu'l'état d'soldat! 469
Ah! l'étoile de ma vie 726
Ah la bonne folie c'est divin 734
Ah, la morte a cui m'appresso 699
Ah — ! lad min Snak for fiantet gaae 77
Ah! laissez-moi dormir encore 751
Ah! le bonheur s'enfuit par la contrainte 109
Ah! le joli petit mari 671
Ah! lo veggio, quell'anima bella 76
Ah! lorsque la mort trop cruelle 409
Ah! Luisa ove sei 705
Ah mes amis, quel jour de fête 536
Ah moi n'est pas sauvage malgré ma noir couleur 177
Ah mon âme est oppressée 114
Ah! mon ami que ces pensées 832
Ah mon Dieu! quelle différence 510
Ah! mon fils parle! 348
Ah monsieur de grâce 528
Ah! nati, è ver, noi siamo sol 623
Ah! ne crains rien, bonne mère 437
Ah! ne dis pas que je suis heureux 275
Ah! ne me parlez pas d'amour! 471, 834
Ah ni har vackra rättigheter 50
Ah no non sia la misera 699
Ah nò, t'inganni 641, 702
Ah non credeva offendervi 365, 591
Ah non fia sempre odiata 926
Ah! non pensar che pieno 699
Ah non pentirti 639, 700
Ah non ti son più cara 625
Ah! non voler fra questi 699
Ah! Our Grandam dear 970
Ah pardonnez à votre amie 614
Ah! parlate che forse tacendo 848
Ah! per me l'avversa sorte 366, 598
Ah per sempre io ti perdei 700
Ah perchè da me t'involi, oh Regina 218
Ah! perchè mai nel petto 512
Ah, perdona al primo affetto 126, 243, 301, 513, 767, 780
Ah! perfido, sperguiro 68
Ah, pietà, signori miei! 687
Ah! pour l'amant le plus discret 107, 508
Ah, pour nous quel bonheur 535
Ah! puisque ma misère 353
Ah! qu'c'est un métier 105
Ah qu'elle est belle celle 529
Ah qu'il est doux le jour 358
Ah! Qu'il est laid! (Chansonnette) (Paer) 550
Ah! qu'ils redoutent ma vengeance 483
Ah! Qu'ils sont heureux de danser (Chansonnette) (Panseron) 899
Ah! Qu'on est bête quand on aime! (Romance) (Meifred) 378

Ah! qu'un Poète est amoureux 392
Ah qual colpo 632
Ah! qual tresca al mio cospetto 591
Ah quando cesserà 600, 652
Ah! quanto dopo il turbine 376, 728
Ah que ce jour pour Hypparète 728
Ah que deux Epoux sont heureux 115
Ah! que je plains l'amant tendre et fidèle 756
Ah! que je suis donc chagrinée 679
Ah! que je suis malheureuse! 554
Ah! que l'amour est chose jolie 611
Ah! Que les Hommes sont méchants! (Chansonnette) (de Garaudé) 379; (Lhuillier) 850
Ah que mon soleil est beau! 752
Ah! que n'éprouve t'il 350
Ah! que ne suis-je encor dans le hameau 454, 627, 964
Ah! quel bon tems une fille 458
Ah! quel charmant pays 901
Ah! quel cruel martyre 474
Ah quel giorno ognor rammento di mia gloria 374
Ah! quel plaisir d'être à la Cour 615
Ah, quelle nuit le moindre bruit me trouble 533
Ah questo baccio 599, 625
Ah! s'il est dans votre village 175, 570
Ah! scenda indegno 639, 700
Ah! se de mali miei 353, 555, 593, 631
Ah se fia il caro oggetto 602
Ah se giusto, o ciel 359, 593
Ah! se l'errore t'ingombra 711
Ah se non m'ami più 637
Ah se potessi piangere 637, 698
Ah se puoi così lasciarmi 366, 591, 689
Ah! se ti fossi, o nina 268, 451
Ah! Se tu dormi (Arietta) (Vaccaj) 969
Ah se un urna 699
Ah senti ah pietà 758
Ah senti! ben mio ah questo cos'è 217
Ah si, ben mio 707
Ah! si fa core e abbracciami 635
Ah! si j'étais sur la montagne 678
Ah! si ma dame me voyait! 455
Ah! Si ma Mère le savait! (Romance) (Lafont) 464
Ah! si per voi già sento 362, 623, 632
Ah! si pouvez ramener mon amante 180
Ah si tremendo annunzio 637, 698
Ah, Soffia mio caro bene io sospiro sol parte 217
Ah spiegarti oh Dio vorrei 181, 232
Ah sposo adorabile 602
Ah! sur not rechy men moi 691
Ah! sur notre hymen 517
Ah, taci ingiusto core 660, 687
Ah tal onta io meritai 699
Ah! tell me, in kindness 965
Ah tell me my Anna 88
Ah tergi i bei lumi 342
Ah the shepherd's mournful fate 95
Ah! tu sai che insiem 639, 700
Ah! un foco insolito 641
Ah! veglia, o donna 704
Ah vieni! nel tuo sangue 632
Ah! viens à moi, douce philosophie 542
Ah vive la Russie 534
Ah! voi dite ombrose piante 475
Ah what avails this sweetly solemn bow'r 95

Ah what avails thy lover's pray'r 86
Ah! where and ah! 118
Ah! where can fly my souls true love 90
Ah where does my Phillida stray 86
Ah! why does that lip 936
Ah why must words my flame reveal 102
Ah why on Quebec's bloody plain 331
Ah wie ängstlich wird er spähen 680
Ah! will no change of clime 101
Ahi me dove tracorsi 501
Ahndung
   Du Schloß dort auf dem Felsen (Nägeli) 493
   Einsam weil ich in den Abendstunden 296
Ahndungsgrauend, todesmuthig bricht der große Morgen an 493
Ai capricci della sorte 271, 354, 622, 632
Ai nostri monti 707
Ai perigli della guerra 636, 698
Ai tout perdu! car n'ai plus la jeunesse 452
Aimable chien c'est moi 551
Aimable enchanteur du bocage 755
Aimable et belle viens à ma voix 108
Aimable fille du printems 261
Aimable illusion, ta brillante magie 335, 608
Aimable object de mon délire 316
Aimable oiseau 285
Aimables enfans de zéphir 346
Aimables jouvenceaux, séduisante jeunesse 356
Aime les yeux noirs, si tu veux 880
Aimer est un destin charmant 372
Aimer est un tendre délire 614
Aimer et se le dire c'est remplir son Destin (Nocturne, 2 St.) (Bruguière) 735, 833
Aimer pour vivre et vivre pour aimer (Romance) (Gouet) 757
Aimez, jeunes fillettes 831
Aimez, pour être heureux! (Romance) (Mme. de Sanoy) 433
Aimez, vous avez quinze ans 154
Aimons toujours (Nocturne, 2 St.) (Garat) 549
Aimons toujours les belles 444
Ainsi que la jeune Rose 726
Ainsi ta bouche le confesse 378, 731
Air (Blangini) 556
Air
   Beaux yeux ... 265
   Da voi cari lumi (Barni) 265
   De mes larmes, témoin ... (Marchesi) 36
   En parcourant les doux climats de Paphos (Le Moyne) 287
   Inconstant spring thy morn 116, 135
   Lend me thy saffron robe, ... 116, 135
   Malheureux, que puis-je faire? (Princesse d'Amalfi) 37
   Te bien aimer ... 174
   The rose when dews of night ... (Cherubini) 141
Air de la petite Russie 434
Air de Mr. Musard (H.-M. Berton) 113
Air de trois notes (Rousseau) 175
Air ‹de Vieille› (Blangini) 611
Air écossais (2 St.) (H. Miller) 335
Air écossais chanté dans: La Dame Blanche (Boieldieu) 549
Air favorit (Rossini) 557
Air Montagnard (Louis Jadin) 754
Air Savoyard 176
Air Suisse 972

Air Suisse
Au matin quand le soleil brille 832
Du mues mir's nit vor übel nehme 733
Je dois te fuir et toi cruelle 733
Air, varié pour la voix (Rode) 502
Ak! forhen slog saa rolig glad mit Hjerte 531
Ak, hvilken Nat, af Alt forladt je flygted 533
Ak hvor finder jeg i Hast 518
Ak ja! dit Mod Du maa betvinge 523
Ak! Jeannot mig forlader 508
Ak! jeg har ingen Beiler! 509
Ak, jeg seer af Elskovs Lykke 516
Ak! om en Hyrde I opdager 78
Ak, som en Dame og Rangsperson 535
Al cielo natio 708
Al fin compite sono caro i desiri miei 217
Al Livets Held berövet 513
Al margine d'un rio 275
Al mio contento 285
Al mio pregar t'arrendi 373, 681
Al padre d'intorno 625
Al piè vostro conduco, e tributo 240
Al più dolce, e caro oggetto 601
Al tuo fallo 699
Al Verdens Skaber mild og blid! 523
Aladdin (Schauspiel von Öhlenschläger: F.
   Kuhlau) 533 (2)
Aladin (Oper: Gyrowetz) 576 (3), 577, 578
   (2), 581 (3), 582 (2), 596 (6), 723
Alamar, der Maure (Singspiel: v. Seyfried)
   197, 215, 216, 219, 255 (2), 257
Alane (Romantisches Schauspiel) 194
Alas from the day that we met 86
Albert et Emerance (Romance) (Carbonel)
   477
Alceste (Ballett: J. Weigl) 198, 199, 228
Alceste (Oper: Gluck) 9, 12, 32, 69, 198,
   213, 226, 255, 421, 681, 779
Alcibiade à Glycère (Couplets) (H.-M. Berton)
   463
Alcides Inträde di Verlden (Oper: Haeffner)
   11
Alcina (Ballett: J. Weigl) 237, 864?
Alcina (Oper: Händel) 104
Alderdommen (Åhlström) 35
Aldo's Bild (Himmel) 164, 179
Aldrig följer ångrens smärta 24
Aldrig man kan fit Maaltid nyde 77
Aldrig mig Glæden 513
Alessandro s. Alexander in Ephesus
Alessandro nell'Indie (Oper: G. Pacini) 376 (2)
Alessandro Stradella (Oper: v. Flotow) 960 (3)
Alexander in Ephesus (Oper: Lindpaintner) 62
Alexander's Feast or the Power of Music (Kan-
   tate: Händel) 319 (4)
Alexina (Oper: Geissler) 785
Alexis (Oper: Dalayrac) 37, 38, 58, 107, 148,
   177, 498, 507 (2)
Alexis (Oper: J. Weigl) 584, 594
Alexis. Das Orakel der Zweige (Himmel) 715
Alexis. Das Zeichen (Himmel) 716
Alexis. Ständchen (Himmel) 715
Alexis doit quitter son père 831
Alexis ne vient point dans ce champêtre azile
   459
Alexis und Ida (Himmel) 714, 715 (3), 716
Alexis und Naide (Duetto) 210
Alfader lod sit Blik paa Eden hvile 506
Alfen Som Page s. Clochette (La)
Alfons et Estrella s. Alfonso und Estrella

Alfonso und Estrella (Oper: Schubert, D 732)
   959
Alfred (Oper: Wolfram) 827
Alfred der Große (Ballett: Graf v. Gallenberg)
   559 (3), 560 (3), 580 (7), 581, 625, 645,
   685
Alfred, il faut je vous gronde 666
Alfred le Grand (Romance) (Carbonel) 429
Alfred ou la bonne Tête (Vaudeville: Doche)
   677
Alfred un jour, banni de son domaine 351
Algade de la Vega (L'; Oper: Onslow) 69
Ali Baba (Schauspiel mit Musik: H. Marschner)
   887
Ali og Gulhindi (Bay) 416
Aliment et poison d'une âme trop sensible
   368
Aline (Ballett: Blum) 557 (2), 576, 577, 587,
   723
Aline (Pantomime: M. Umlauff) 185
Aline (Romance) (Woets) 456
Aline et Zerbin (Romance) (Dalvimare) 429
Aline, Königin von Golkonda (Golconda) s.
   Aline, Reine de Golconde
Aline quitte son village 456
Aline, Reine de Golconde (Oper: H.-M. Berton)
   41, 43, 47, 59, 112 (3), 113 (3), 184 (2),
   185 (3), 233, 236 (2), 241, 295, 296 (2),
   468, 488, 489 (2), 490, 629 (2), 659, 777
   Einlege-Arie? (J. Weigl) 487
Aline, Reine de Golconde (Oper: J. A. P.
   Schulz) 32, 75
All moveless in her dark bright eye 955
All the winds are sleeping 945
All will hail the joyous day 119
All' er ta zovanotti 246
All'Idea di quel metallo 622, 631
All'orror di mie aventure 351
Alla dagar så såg han på mej 45
Alla Gloria, alla Trionfo 415
Alla ridente immagine di sua felicità 363
Alla tua bella Venere 272
Alla verldars Herre! Du oss vill bevara 56
Allah gibt Licht in Nächten 898
Alle de skjönne Bönderpiger 514
Alle erquickt die Freude 591
Alle fürchten sich (Operette: Liverati) 229
Alle giostre a tornei 700
Alle Menschen müssen sterben 778, 797
Alle Schönheit der Natur 400
Allegro, il Penseroso ed il Moderato (L'; Orato-
   rium: Händel) 101, 136
Allein du rufst mich aus meiner Nacht 569
Allein Gott in der Höh' sei Ehr' 764, 803, 984,
   985, 989, 991
Allein zu dir Herr Jesu Christ 806
Allen, die ihn anrufen 567
Alles aus Liebe (Stegmayer) 882
Alles droht uns hier Verderben 181
Alles fühlt der Liebe Freuden 72, 515, 706
Alles für Gott, Schönheit und Ruhm 490
Alles in mir glühet zu lieben 875
Alles ist an Gottes Seegen 800
Alles ist einsam 590
Alles ist stille 590
Alles ruht in Thal und Gründen 882
Alles schweige, jeder neige ernsten Tönen
   nun sein Ohr 280
Alles spielt! Ein Versifex mit Reimen 147
Alles still, und Liebchen streckte 311

Alles was die Erd 893
Alles was loben kann 394
Alles, was Odem hat 561 (2), 567, 568, 909
Alles zieht und will sich sonnen 650
Allez bague jolie qui peut vous retenir 903
Allez, colombes messagères 456
Allgemach aus Dämmerung und Nacht 315, 673, 868
Allgemeiner Lobgesang (J. F. Reichardt) 561; (Zelter) 561
Allgütiger, dich muß ich fühlen 563
Allgütiger! empor zu dir 771
Allgütiger! Kein Wort erreicht das Dankgefühl 396
Allgütiger, mein Lebenlang 564
Allmacht Gottes: Nun lob' mein Seel' den Herren 778
Allmächt'ger (Allmächtiger), den im Staube wir verehren 694, 957
Allons amis, mettons nous en cadence 539
Allons, courage! Ramons plus fort! 752
Allons danser sur la colline 899
Allons encor Madam' Bertrand 517, 691
Allons enfants de la patrie 10
Allons, jeunes beautés 643
Allons, partons, le plaisir nous invite 615
Allons, prenons patience 528
Allons! travaillons mon Sonate 749
Allons vous rangez ce côté 107
Allor che sul'prato 350
Allwissender! Du kennst das Herz 563
Allzu tief sind des Herzens Wunden 738
Alma Freud (C. Fischer) 693
Alma rea perchè t'involi 688
Alma soave e cara 641, 702
Almægtig er Din Ynde 529
Almaide vil förgäfves yrka 22
Alme volubili 266
Almen se non possio 673
Alonso e Cora (Oper: Mayr) 185 (2)
Alonso und Cora s. Alonso e Cora
Alors dans la provence 112
Alors qu'un amant vient me dire 333, 816
Alouette, hélas! petit Alouette 455
Alpehytten s. Alpenhütte (Die)
Alpenhütte (Die; Oper: J. P. Schmidt) 414, 508
Alpenkönig und der Menschenfeind (Der; Zauberspiel: W. Müller) 693, 787, 795
Alpenlied (W. Werner) 878
Alpen-Schäferin (Die; Ballett: Gürrlich) 164
Alperosen (Schauspiel von Franz v. Holbein, übers. von F. Gandil) 516
Als der Grossvater die Grossmutter nahm 824
Als des Herzens 641, 701
Als die Wiese neu ergrünte 872
Als du sagtest: ich muss scheiden 176, 297
Als er den Dienst bey mir beschloss 691
Als ich auf der Wiese sass 794
Als ich sie schon verloren glaubte 491
Als ich von dir schied 802
Als ihm der Tod den Sohn entrissen 595
Als Kunz seinen Sohn in Breslau besucht hatte (Hensel) 145
Als Lukas bei der Flasche sass 828
Als meine Großmutter die Lise behext 790
Als mich die Mama Hänschen küssen sah 147
Als mir noch die Träne 68, 721
Als noch dein Kuss auf meinen Lippen brannte 744
Also gehst du? Willst nicht länger weilen 240

Also ich? meinst du es wirklich 591
Alt alt förvandlas skall 16
Alt efter Modens Lov sig retter 82
Alt er taust paa disse mörke Steder 524
Alt ett sårat hjerta hämna 50
Alt hopp och klokhet 55
Alt iler Jordens Dyrker hen 80
Alt kallar till mitt minne åter 30
Alt Solens Lue 533
Alt ved den blotte Tanke 509
Alta ragion di stato 602
Alter Sänger, zarter Minne! 651
Altes Lied (Arendt) 881
Altes Volkslied 805
Altid fornöiet, altid glad 505
Altid hans billed mig ledsager 517
Alting er stille! 513
Alting föler Elskovs Glæde(r) 72, 515
Alzira (Oper: Manfroce) 601
Alzuma or The Death of Pizzarro Eingelegter Gesang (Pelissier) 331
Am allgemeinen Dankfeste (Moralt) 396
Am Bach viel kleine Blumen stehn 969
Am Bache saß Liebchen im lieblichen Traum 312
Am Erntefest (Sander) 563
Am Fenster steh' ich stundenlang 887
Am Geburtstage des Vaters (Ett) 396
Am Grabe der Luise (Morgenroth) 324
Am heiligen Abend vorm Osterfest 315
Am kühlen Bach, am luft'gen Baum 180, 211
Am letzten Abendmahle 398
Am Sonntag 894
Am Stiftungstag der Schule (Wechselgesang) (Hauber) 395
Am stillen Freitage (Decius) 778
Am stillen Hain im Abendschein 879, 882, 898
Am stillen Hügel, im Laube verhüllt 879
Am stillen Pfad der Kindheit 282
Ama tua madre e tenero 638
Amalia (Blumröder) 345
Amandas Brautfest zu verschönen 211
Amans que vous me faites rire 480
Amans qui du Dieu de Cythère 444
Amant aimé d'une amante fidelle 372
Amant dont le cœur enflammé 385, 429
Amant heureux de la belle Palmyre 757
Amant Troubadour (L'; Oper: Peellaert) 500, 502
Amant veux-tu gagner les faveurs 550
Amare un tenero e dolce oggetto 357
Ambassadrice (L'; Komische Oper: Auber) 530 (4), 531 (2), 806 (2), 841, 842 (2), 918
Ambassadricen s. Ambassadrice (L')
Amédée et Adèle (Romance) (Gaveaux) 435
Amélie (Romance) (Snel) 604
Amélie, ou l'Exilé (Romance élégiaque) (Dalvimare) 449
Amen! Lob und Preis und Stärke 562
Ames regrets aux tourmens de l'absence 542, 604
Ami alfin e chi non ama 688
Ami tu dunque la sposa tua? 349
Amiamo, cantiamo 838
Amici, in ogni evento 632
Amid the limes the Zephyrs play 969
Amis accordons 500
Amis, chantons la Barcarolle (Barcarolle)

(Panseron) 903
Amis, chantons la rose 643
Amis, de cette voûte sombre 444
Amis, de ma philosophie 454
Amis, il faut quitter ces lieux 834, 851
Amis, je le confesse, depuis longtems 664
Amis, la matinée est belle 519, 877
Amis! le soleil va paraître 520
Amis, le tambour bat, le clairon sonne 850
Amis, un peu de courage! 901
Amis, venez dans le bocage 731
Amis, voici la riante semaine 482
Amis, voici le matin 900
Amo te solo amai 876
Among the high the proud the gay 925
Amor che nasce 308
Amor Contrastato (L'; Oper: Paisiello) 62, 83, 101, 234, 237, 238, 264, 385, 629, 630
Einlage-Arie (Carafa) 59, 630
Amor, der Joujou-Spieler (Reicha) 133
Amor en Romance (P. L.) 845
Amor gaaer omkring og tigger 519
Amor Gradito (a favourite Air) (A. Romberg) 141
Amor in allen Ecken (Markmann) 869
Amor, in questo secolo 134, 148
Amor ist in allen Ecken 869
Amor Jesu dulcissime 848
Amor m'accendi (Polacca) (Mayr) 476
Amor Marinaro (L'; Oper: J. Weigl) 181, 227, 232, 244, 601, 602
Amor non ha ritegno (Oper: Mayr) 573
Amor perchè m'accendi 225, 253
Amor perchè mi 556
Amor possente nome 362, 588
Amor stimme meine Leyer 164
Amor und Psiche (Thurner) 342
Amor und Psyche s. Amour et Psyché (L')
Amore Artigiano (L'; Oper: Gassmann) 72
Amore vi chiedo 309, 487
Amors Rache (Ballett: M. Umlauff) 187, 188, 189
Amors Triumf (Ballett: C. Schall) 183
Amour, amour, ne me suis pas 433
Amour, couronne de Cyprès 554
Amour de la Nature (Nocturne, 2 St.) (Panseron) 902
Amour Dieu que l'encense 265
Amour, dit-on, est hypocrite 431
Amour entends ma voix! 514
Amour et Dépit (Romance, 2 St.) (de Garaudé) 363
Amour et Dépit (Rondeau en stile marotique) (Hus-Desforges) 442
Amour et Froideur (Romance) (Romagnesi) 664
Amour et Gloire (Romance nouvelle, 1 oder 2 St. ad lib.) 612
Amour et Indifférence (Romance) (Daubonne) 438
Amour et Mystère (Romance) (de Garaudé) 347
Amour et Psyché (L'; Oper: Abeille) 726, 740
Amour et Regret (Romance)
Dans les regrets ... (A. Adam) 542, 605
Il est passé ce tems d'ivresse (L. Moreau) 354
Amour et Soleil Couchant (Romance) (Rigel) 457
Amour et Solitude (Nocturne, 2 gleiche St.) (Panseron) 904

Amour, Fidélité! (Romance) (de Garaudé) 348
Amour Filial (L'; Oper: Gaveaux) 74, 75, 76, 105 (2)
Amour, Honneur! (Romance) (Schunck) 462
Amour, illusion chérie 392
Amour quel feu vient m'embrasser 454
Amour tu me dois ton appui 615
Amour viens finir 532
Amphion (Ballett (Divertissement): F. Weiß) 195, 196, 213 (2), 214, 256
Amphion (Oper: Naumann) 75
Amphion, lad Strengen lyde 75
Amphytrion (Tragödie von Molière; Intermedien: Kraus) 71, 72, 73
Amplius lava me 909
Amusez-vous oui 511
Amyntas (Romance) (Mme. T. G.) 543
An a Bergli bin i gesesse 315
An Alexis send' ich dich 491, 828, 873
An Auguste (Dotzauer) 744
An Bratach (Komische Oper: Reeve) 286
An Carolinen (Hurka) 178
An Chloe (Mozart, KV 524) 72, 777, 865, 883
An das Glück
Laß Glück in ihrem Kreise (Sterkel) 178
Nur so viel Stroh, ... 269
An das häusliche Glück 269
An das Schicksal (M. Giuliani) 619
An das Vergiss mein nicht 297
An deinem holden Bilde 598, 649
An dem reinsten Frühlingsmorgen 165
An dem Schmerz will ich mich weiden 635
An dem schönsten Frühlingsmorgen 132
An den Abendstern (Zulehner) 211
An den Abendstern (Lied) (Bornhardt) 277; (anonym) 294
An den Abendstern (Notturno) (Halm) 720
An den Erlöser (L. Reichardt) 855
An den Frühling (J. F. Reichardt) 868; (Ries) 651
An den Jüngling 297
An den May (Stehle) 676, 739
An den Mond (Friedrich Richter) 284
An den Mond
Füllest wieder Busch und Thal (Brugger) 675
Gefärde der Müden, du strahlest (Forcht) 326
Sanftes Licht, weiche nicht (C. M. v. Weber, Jähns 72) 875
An den Schlaf
Gott des Schlafes, Freund der Ruh! (Nägeli) 495
Komm hernieder Freund der Müden! 297
An der Besten der Gatten Seite 601
An der Mulde Strand 894
An der Quelle sass der Knabe 167
An dich gekettet 642, 702
An die Blumen (Wolfram) 790
An die Einfalt (Hurka) 165
An die Einsamkeit (Lied) (Mozart, KV 340b= 391) 278
An die Entfernte (Favoritlied) 651, 676
An die Freude
Freude! schöner Götterfunken (Nägeli) 282
Holde Freude, meinem Herzen ach! (Salomo) 326

An die Freunde der Tonkunst zum Neujahr 1811 291
An die Freundschaft 147
An die Geliebte (Beethoven, WoO 140) 653, 802
An die Geliebte (Beethoven, Anh. 14, 1; arr. Schütz) 768
An die Hoffnung (Till Hoppet) (Beethoven, Op. 32) 68
An die Hoffnung
Die du so gern in heil'gen Nächten feyerst (Beethoven, Op. 94) 727
Es reden und träumen die Menschen so viel (Methfessel) 878
Hoffnung, Quelle sanfter Freuden 279
Toi qui te plais dans l'ombre et le silence (Beethoven, Op. 94) 727
An die Hütte der Einsamkeit in Carlsruhe (H. L. Berner) 143
An die Laute (Kallenbach 204
An die Laute
Leiser, leiser, kleine Laute (Blüher) 323; (Harder) 211
Süße liebliche Vertraute, meines Kummers Trösterin (Methfessel) 784, 866
An die Mädchen (Eisenbeck) 146; (Stehle) 675
An die Natur
Enteilt der Schimmerbühne (Gyrowetz) 649
Lasst mich allein, verfolgende Gefühle (Hurka) 167
An die Scheidende (Enckhausen) 891
An die Spröden 764
An die Sterne (Proch) 639
An die Sterne (Schulz) 175
An die Tugend (Schinn) 395
An die Unschuld 778
An die Vorausgegangenen (A. W. Bach) 871
An diesem Tag, o Jesu nicht 989
An Doris mit einem Sträußchen von Vergißmeinnicht (Blüher) 326
An ein Abendlüftchen (Gross) 165
An eine Lerche (Morgenroth) 323
An eine Nachtigall (Erfurt) 885
An eine Rose (Morgenroth) 326
An eine Rosenknospe (Righini) 174, 876
An einem Frühlingsabend (Nägeli) 495
An einen Gott nur glauben wir 794
An einen sich allein zu binden 244
An einen Waldquell (Köhler) 178
An Eliesen um Mitternacht (Gyrowetz) 177
An Emma (Hartmann) 877
An Evening Song (Mounsey) 945
An Henriette von B.** (v. Götz) 209
An Iris (Haydn, Hob. XXVI a, 7) 96, 178
An ivy mantled cottage smil'd 941
An jedem Abend geh' ich aus 870
An Jesus in der Krippe (Gratz) 397
An König Matthis Hofe 148
An Liebchen (H. L. Berner) 142
An Lina (Nägeli) 295
An Lottchen (Leon) 209
An Lyde (Lied) (F. J. Fröhlich) 278
An Maria (Otto) 879
An Marien (J. R. Zumsteeg) 175
An mein Herz
Immer hoffend, immer voll Vertrauen (Forcht) 324
Lass dich nicht irren, Herz (Friedrich) 890

An mein Schifflein 873
An meine Harfe (Eisenbeck) 147
An meine Laute (André) 650; (J. F. Reichardt) 165; (anonym) 177
An meinen Freund, den Harfner, im Frühlinge (Knecht) 144
An meines Vaters Garten steht die Laube 324
An Mignon (F. W. Agthe) 744; (Chr. G. Müller) 883; (J. R. Zumsteeg) 174
An Mil (L'; Komische Oper: Grisar) 535, 842
An Minna (Kallenbach) 204
An Minna
Du forderst, o Mädchen, ein Liedchen von mir? 269
Hätt' ich Minna's süsse Liebe 296
Willst noch einmal mir erscheinen (F. L. Schubert) 798
An Nadine (Leon) 209
An Neapels Höhen 490, 629
An Old Man's Dream (Montgomery) 945
An Pauline (F. L. Schubert) 792
An Rittersman(n) wurden in aner Sla(c)kt 220, 486
An Ruhheims Fluren (Blüher) 323
An Sie
Holdes Blümchen des Mai (Otto) 881
Wenn du mein Herz ... 289
Wir trennten uns, ... (Rieff) 176
An Wasserflüssen Babylon 797
An's ferne Ufer hingebannt 785, 866
An's Mädel, das mich wohl kennt (Pohl) 179
Anacréon (Oper: Cherubini) 213, 216 (2), 217 (2), 218, 219, 221, 222, 255, 256, 257, 258
Anacréon (Grétry) s. Anacréon chez Polycrate
Anacréon chez Polycrate (Oper: Grétry) 544
Anacreon in Jonien (Große Oper: Ebell) 289
Anacreons 1sta Ode. Öfver hans Lyra (Lesueur) 29
Anacreons 3dje Ode (Cherubini) 29
Anacreons 4de Ode (Åhlström) 46
Anacreons 19de Ode (Méhul) 29
Anacreons 40de Ode. Kärleken stungen af ett Bi (Gossec) 29
Anacreontisk Sang (Naumann) 78
Anakreon s. Anacreon in Jonien
Anch'io dischiuso 640
And are the hours for ever fled 972
And God created man in his own image 141
And God said let the earth bring forth grass 140
And thou art dead 927
Andate amici miei 225
Andenken (Arendt) 869; (Himmel) 168; (Sechter) 720; (J. R. Zumsteeg) 279
Andra Tyger, Andra Seder 16
Andrem, raminghi e poveri 705
Andromeda (Oper: J. F. Reichardt) 72
Anfrage (Hurka) 178
Angio di pace all'anima 699
Anima del Filosofo (L') (Orfeo ed Euridice) (Haydn, Hob. XXVIII, 13) 680
Anna Bolena (Oper: Donizetti) 635, 697, 790, 843
Annette (Nocturne, 2 St.) (Dugazon) 451
Annette (Romance) (Mr. C. B.+++) 444
Annette ramenait un soir 435
Annie Bell (A. Lee) 946
Anno et Tusinde s. An Mil (L')
Anruf zum Genusse 296
Ansicht des Lebens (Forcht) 327
Anspruchsvoll und ohne Dünkel 243, 486

Anthem
 I was glad (Stephenson) 130
 O praise the Lord with one consent
 (Händel) 568
Anthem. Psalm 39th (Knap) 131
Antienne à la Ste. Vierge (1 oder mehrere St.
 ad lib.: Choron) 909
Antiphona de Pace (Choron) 908
Antoine est si las de la vie 430
Antoine et Antoinette (Romance) (Piis) 430
Antonia (Romance) (Gaveaux) 451
Antonius zur Predig die Kirche findt ledig
 248
Antwort (J. R. Zumsteeg) 175
Antwort des Malers (Willimann) 294
Apollo als Hirt (Divertissement) 192 (4)
Apollon et Daphné (Romance) (H.-M. Berton)
 152
Apollon, et toi, tendre Amour 436
Apollon II (Air) (A. Adam) 679
Apothekeren og Doktoren s. Doctor und Apo-
 theker
Apôtre de l'indépendance 471
Apparenza Inganna (L'; Oper)
 Ouverture (Carafa) 793
Appelez-moi .... Je reviendrai (Romance)
 (Panseron) 900
Approchez-vous, brillant cortège des poètes
 465
Approchons! Approchons! 525
Après la richesse, joyeux pélerin 530
Après les beaux jours 668
Après quelques moments d'absence 433
Après un long délire 263
Après un long exil 349
Apri le fulgide pupille 267, 346, 478, 726
Ar hyd y nos or Poor Mary Anne (Welch Air)
 126
Araber in Gallien (Die) s. Arabi nelle Gallie
 (Gli)
Arabi nelle Gallie (Gli; Oper: G. Pacini) 724
 968
Arabien, Arabien, mit elskte Fædreland 520
Aragis von Benevent (Posse mit Gesang: Teyber)
 226
Arbeit macht das Leben süß 395, 396
Arbeit und Gesang sind gar treue Schwestern
 887
Arbeitssamkeit (Schinn) 399
Arbitre (L'; Vaudeville-Komödie: de Beauplan)
 830
Arbore di Diana (L'; Oper: Martín y Soler)
 134, 175, 237, 774
Arbre charmant qui me rappelle 175, 570
Arbre flétri (Romance) (A. Meissonnier) 475
Arbre flétri pâle et mourant feuillage 475
Arbres touffus témoins de ma (mes) faiblesse(s)
 476, 482
Archers (The; Oper: Carr) 119
Archers (The; Pantomime)
 Einlage-Arie (Pelissier) 332
Ardo ognor perte d'amore 309
Argile fragile, sous mes doigts 437
Aria
 C'est en vain ... (Marchesi) 35
 Chi mi dice ... (Nasolini) 211
 Dåmera ej flyter ... (Beethoven, WoO 137)
 68
 Dir allein will ich nur leben (Farinelli)
 488

Ecco a voi di pace il segno (Farinelli) 488
Eccoti Orazio, al ... (Danzi) 343
För Edert väl ... (Åhlström) 19
Guardami e in ... (Zingarelli) 261
Holde Liebe, ... (Eisenhofer) 871
Ich war, wenn ich erwachte (Winter) 884
In seno ... (Marchesi) 272
Io ti lascio, o cara, addio (Mozart, KV 621a
 = Anh. 245) 25
Ja so bist du endlich ... (Danzi) 343
Jag ädelt vill förklara (Paer) 33
La Biondina in Gondoletta (Bevilacqua)
 235
Lo sventurato ... (Blangini) 285
Milt öma hjerta ... (Th. Chr. Walter) 1
Mörka öknar lät ... 37
Nar i mitt sorgsna ... (Passy) 49
No che ... (Manfroce) 272
O död! hvar är ... 16
Rigtigt, ja rigtigt ... (Haydn, Hob. XXIVb,
 5) 57
Son troppo innocente (Sterkel) 211
Wid ljudet utaf ... (Stenborg) 14
Yra fjärln full af hopp (Stenborg) 6
Aria buffa (Paer) 354
Aria Favorita (Mayr) 222
Aria med Chor
 Kan mit hjerta ... (Haeffner) 17
 Princessa Nordens högsta ... (Haeffner) 19
Aria per il Soprano (Danzi) 491
Aria per il Tenore (Danzi) 491
Arie
 A Paris ... 105
 Ach nur bei dir allein ... (Nasolini) 486
 Ah d'Amor, ... (Mercadante) 758
 Ah non fia sempre odiata (Kalkbrenner) 926
 Darf die Liebe ... (Fuss) 240
 Du, som ... (Bay) 414
 Eile Geliebter! (Mayr) 340
 Ewig ist sie hingeschwunden (Winter) 994
 Fuggi mio ... (Mayr) 340
 Klopfe nicht so bange (Pallas) 133
 Kong Christian ... (F. Kuhlau) 413
 O wie sind ... (B. A. Weber) 169
 Semblable aux fleurs ... 244
 Stille Ruhe ... (Mayr) 340
 Vienio caro amor ... (Mayr) 340
Arie aus Schillers: Maria Stuart (Schummel)
 143
Arietta (Carafa) 560
Arietta
 Cruelle Denise (A. Pacini) 266
 E di me che sarà (Asioli) 502
 Et qui viendra ... (Asioli) 502
 In quell'occhio ... (Ferrari) 359
 Lagna si ognor Lisetta ... (Siboni) 359
 Ma belle pastourelle (Siboni) 359
 Mi giuri che m'ami (A. Pacini) 266
 Pour un cœur ... (Bianchi) 356
 Pourquoi donc ne puis-je ... (Ferrari) 359
 Quel effroi quelle honeur! (Asioli) 502
 Son dolci ... (Bianchi) 356
 Son gelsomino ... (Piantanida) 753
 Son tanti i mie ... (Asioli) 502
 Vorrei che ... (Moroni) 382
Ariette
 Ach, en gång ... (Righini) 58
 Ah crudel ... (Siboni) 355
 Beglückt durch dich (Gelinek) 229
 Des Frühlings schöne Königin (Paer) 236

Est-il possible d'être ... (Siboni) 355
Ich denke dein, ... (Salieri) 236
Kennst du der Liebe Sehnen (C. Keller) 723
Ljufva Zefir! ach! ... (Righini) 58
Mitt arma hjerta ... (Righini) 58
Non vé'più barbaro ... Siboni) 355
Nu, när af himlen ... (Righini) 58
O hvilken ... (C. Keller) 716
Pupille tenere ... (Paer) 245
Stava all erbette in seno ... (Siboni) 354
Sur l'herbette nouvelle ... (Siboni) 354
Ti sento ... (J. Th. Held) 329
Tout doucement ... (Blangini) 613
Tu trahis donc tes promesses (Siboni) 355
Un enfant plein de malice (Ferrari) 360
Un fanciullin tiranno (Ferrari) 360
Wen glücklich seine Liebe macht (C. Keller) 884
Wohl hör' ichs ... (J. Th. Held) 329
Ariette alla Polacca (C. Keller) 690
Ariette italienne
   Che non mi disse un di (Blangini) 268
   Giovenotti se bramate (Castellacci) 470
   J'ai perdu le bonheur (Blangini) 268
Ariodant (Oper: Méhul) 34, 37, 38, 110, 140, 149, 342
Ariodante s. Ariodant
Arioso
   Land meiner seligsten Gefühle (C. Keller) 867
   Wo lebt man glücklicher ... (C. M. v. Weber, Jähns 283, 2) 745
Arise! arise! The sunbeams gild the skies! 939
Aristodemo (Oper: Puccitta) 573
Arlechinos Bryllup (Lustspiel von Lauritz Kruse, mit Gesang: Weyse) 504
Arlequin und Columbine auf den Alpen s. Harlekin und Columbine auf den Alpen
Arlequins Wanderung (Pantomime: Brochard) 344
Arm und klein ist meine Hütte 294
Arm ye brave and nobly join 331
Arme Fisker siig hvorhen Du roer? 522
Arme Forladte, fölg Din Ven 527
Arme, geopfert ist dein Glück 635
Armes Herz, trag' deine Leiden 878
Armid(a) (Gluck) s. Armide
Armida (Oper: Rossini) 362, 364 (2), 573, 588, 688, 783
Armida (Oper: Salieri) 34
Armida al Campo de' Franchi (Oper: Righini) 885, 887, 890, 993
Armida! vill då lemna mig 45
Armide (Oper: Gluck) 36, 45, 54 (2), 62, 69, 139, 199, 226 (2), 227, 228 (2), 229 (3), 383
Arminia (Oper: Pavesi) 272, 358
Armiro e Daura (Oper: N. Giuliani) 224
Arrangeons ces fleurs ces dentelles 486
Arrestanten s. Prisonnier (Le) ou La Ressemblance
Arrêtez vite l'enfant frère des trois Grâces 447
Års Tiderne s. Jahreszeiten (Die)
Arsène s. Belle Arsène (La)
Artaxerxes (Oper: Th. A. Arne) 91
Artaxerxes (Oper: Portogallo) 571
Arthur (Romance) (Bouffet) 376
Arthur de Royaumont (Romance) (Romagnesi) 455, 620

Arthur éloigne-toi! (Romance) (Anson) 458
Arthur et Julia (Romance historique) (de Garaudé) 353, 438
Arthur saisit et lance et bouclier 264
Arts enchanteurs dont le goût est le guide 360
As in the dark and sullen stream (Loder) 939
As Jamie Gay gang'd blithe his way 89
As steals the morn 136
As the bark floateth (Grattann) 943
As the first beam of morn 929
As the Thames silent stream 98
As Thomas was cudgel'd 97
As To'ther Day (Geary) 101
As winter withers all the leaves 926
Aschenbrödel (Isouard) s. Cendrillon
Aschenbröd(e)l (Rossini) s. Cenerentola
Aschenbrödl (Ballett: Kinsky) 556
Aschermittwochslied 281
Ascouta Jeannette 303
Asile discret du mystère 350
Asile du silence, sombres forêts 353
Asile heureux de mon enfance 666
Ask not why the tear-drop glistens 939
Ask the wild breeze 930
Aslega (Romance) (de Peellaert) 730
Aspirant de Marine (L'; Oper: Labarre) 805
Assai di Sofonisba a Roma è noto 356
Assedio di Corinto (L') s. Siège de Corinthe (Le)
Assez vogué sur l'onde, la terre nous sourit 901
Assis à l'ombre d'un vieux chêne 822
Assis au bord d'une fontaine 485, 605
Assis au bord de sa nacelle 454, 627
Assis au pied d'un hêtre 530
Assis au pied des tours gothiques 460
Assis auprès d'un vert boccage 550
Assis sur le gazon, à l'ombre d'un vieu chêne 501
Assisa a piè d'un salice 367, 587, 588, 599, 632, 684, 725, 954
Assise au bord d'un clair ruisseau 543
Assise au bord d'une onde claire 436
Assise auprès d'une fontaine 461
Astre des Nuits (Nocturne, 1 oder 2 St.) (Grast) 471, 547
Astre des Nuits (Romance, 2 St.) (Blangini) 614
Astre des nuits, dont la douce lumière 334, 471, 547
Astre des nuits et vous heures paisibles 614
Astre du soir, astre du Cythère 546
Astuzie femminili (Le; Oper: Cimarosa) 182
At Amor os bedrager 75
At early dawn from humble cot 116, 135
At elske og behage er Qvindens Øiemeed 504
At first how humble 330
At hun græder Slet kun klæder 512
At ingen Tid, og intet Land 74
At Lucy's door was Colin seen (Philint stand jüngst vor Baucis Tür) 96
At morn and eve to thee I pray 119
At morn I left my happy home 912
At the peacefull midnight hour 99
At vaade Öine jeg har faaet 537
At vi i Fredens trygge Lye 206
Atala (Chant Elégiaque) 500
Atala je t'adore! 500
Atalante und Hippomenes (Ballett: Gyrowetz)

193 (3), 196, 199 (3), 226
Atar (Oper: Mayr) 273, 572
Åter igen mee lifvande blickar 7
Återkomsten (Åhlström) 49
Athalie (Schauspielmusik: J. P. A. Schulz) 849, 905 (2), 906
Athgarvan (Clarke) 953
Atis s. Atys
Att ärans gudomlighet dyrka 616
Att hopp och klok het samman para! 656
Atteint par un plomb meurtrier 368
Attend thou purling stream 127
Attendons en ces lieux le lever de l'aurore 500
Attends hélas 263
Atter Vaaren Jorden fryder 80
Atys (Oper: N. Piccini) 66
Au banc du parc, un soir qu'elle était belle! 840
Au beau pays de l'Helvétie 496
Au beau Sexe (Romance) (Leroux) 755
Au bois la gentille marcelle 540
Au bon vieux tems de galans ménestrels 550
Au bon vieux tems, point n'etait d'infidèles 627
Au bord Américain, l'or étincelle 733
Au bord d'un clair ruisseau 735, 833
Au bord d'une onde vive et pure 459
Au bord du lac tranquille 756
Au bruit de la guerre 536
Au bruit des Castagnettes 752
Au bruit des chansonnettes 665
Au camp Danois, un Ménestrel s'avance 429
Au champs de bataille 453
Au château du seigneur Gernance 499, 514
Au dieu d'amour 496
Au dieu de la folie constant 376, 459
Au doux chant des oiseaux au murmure de l'onde 501
Au doux pays d'Occitanie 539
Au fond d'un champêtre séjour 443
Au fond de ces arbres épais 499
Au hameau, depuis ce matin 333
Au marché qui vient de s'ouvrir 519
Au matin je vis une rose 477
Au matin quand le soleil brille 832
Au moindre mot au moindre signe 482
Au noble Arthur, gente Marie 667
Au nom au tendre nom de père 341
Au nom du Dieu puissant! 521, 735
Au p'tit jardinet d'amour 468
Au pied d'un chêne solitaire 447
Au plaisir à la folie 522
Au point du jour 554
Au premier moment du bonheur 445, 482
Au près de Barcelone un jour me promenant 176
Au près de ce lit de douleur 837
Au près de la simple Nérée 273
Au printems de mon âge 347
Au printems j'aimais la nature 467
Au printems moins qu'à son feuillage 730
Au réfectoire à la prière 533
Au Revoir, Louise! (Romance) (Panseron) 901
Au sein des jeux et des plaisirs 467
Au sein des nuits, sur l'aride bruyère 435
Au soleil couchant un pêcheur bravant l'amour 438
Au tems heureux de mon jeune âge 668
Au tems jadis la Reine Bérangère 442
Au tems passé, j'étais fraîche et jeunette 443

Au tems passé l'on vit parmi les hommes 462
Au tems passé, la jeune Aldine 749
Au théâtre, le secret 707
Au traître amour je me fierais peut-être 476
Au vallon tout est sombre 496, 500
Au Zéphir (Romance) (Rigel) 430
Auberge de Bagnères (L'; Oper: Catel) 46, 49, 284
Aubergistes de Qualité (Les; Oper: Catel) 491
Aucaßin und Nicolette (Oper: v. Poißl) 344
Auch des Edlen schlummernde Gebeine 246
Auch hier kann Seligkeit seyn (Neuner) 397
Auch ich hab einst geliebt! 252
Auch ich versteh' die feine 641
Auch im Zorn ist die Natur 340
Auch jetzt macht Gott uns offenbar 764
Auch mir lachte einst 640
Audace! trema del mio rigore 345
Audacia Fortunata (L'; Oper: Sapienza) 378, 381
Audi benigne Conditor 907
Auf, auf Kameraden aufs Pferd, aufs Pferd 278
Auf, auf mein Herz 794
Auf! auf zum Kampfe 598
Auf Berg und Thal ruht dunkle Nacht 493
Auf blühenden Haiden, am einsamen Bach 177
Auf Brüder auf! der Morgen grüsst die Erde 694
Auf Brüder, zieht von hinnen 738
Auf d'Alm gehn mir aufi 948
Auf das heilige Weihnachtsfest (Neuner) 397
Auf dem Schlitten will ich jagen 852
Auf dem Wasser (Righini) 175
Auf den Abend Auen 488
Auf den Bergen sass ein Müder 173, 344
Auf den heiligen Charfreytag (Neuner) 394
Auf den Rauchenstein (Kallenbach) 204
Auf den Tod meines Hundes 270
Auf der Ahnung offnem Meere 873
Auf der blut'gen Bahn des Ruhmes 488
Auf der Olma giebts Kalma 245
Auf des Schicksals hohen Wellen 278
Auf die Alm 948
Auf! die Arme sanft verschlungen 651
Auf die stürm'sche See hinaus 674
Auf ein Lautenband (F. Kuhlau, Op. 11a, 10) 715
Auf eines Berges Gipfel 883
Auf, entweicht von hier, ihr Geister 709
Auf! es dunkelt, silbern funkelt 282
Auf ewig dein, wenn Berg' und Meere trennen 314
Auf! fesselt zum Genusse des Lebens flücht'gen Traum 132
Auf Freund! Laß uns fliehen 229
Auf getrunken! 896
Auf grüner Haide steht der Klee 494
Auf hoher Alp (Stockhausen) 971
Auf hoher Alp 896
Auf hoher Alp' wohnt auch der liebe Gott! 878, 971
Auf hurrah! nur fröhlich 779
Auf ihr Bewohner der friedlichen Flur 209
Auf, ihr Brüder! 281
Auf ihr Wachen 702
Auf in die Schlacht 895
Auf jauchzt dem Herrn 983
Auf jenen Felsenklippen 876

Auf! lasset uns ohne 702
Auf! laßt die Hörner schallen 742
Auf lasst uns der Freude fröhnen 710
Auf Männer rechne man nicht viel 214
Auf meinem Weg hierher 703
Auf meinen lieben Gott 806
Auf, singet die Barcarole 694, 957
Auf starkem Fittige (On mighty pens) 123
Auf! trockne froh den Schweiß 396
Auf und lasst die Fahnen fliegen 737
Auf und stimmt ein Lied der Lieder 248
Auf unsers Lebens Wegen 212
Auf, weil volle Gläser winken 279
Auf wild verwachsnem Felsenpfade 210
Auf würz'gen Blüthenwogen 880
Auferstehn, ja auferstehn 563, 564, 806
Aufforderung (Chr. G. Müller) 882
Aufmunterung zum Fleiß (Gratz) 394
Aufmunterung zum Fleiße (Ett) 394
Aufmunterung zur Arbeit (v. Götz) 209
Aufmunterung zur Geselligkeit (v. Götz) 209
Aufrichtigkeit: Mein Gott! ich danke herzlich
  dir 771
Aufruf (Nägeli) 494
Augenarzt (Der; Oper: Gyrowetz) 317 (4),
  341, 488, 489, 490, 625, 776, 869
Auguste épouse d'un héros 596
Auguste, objet de notre amour 830
Aujourd'hui dans Séville entière 902
Auld Robin Gray 90
Auprès de douce amie 540
Auprès de toi (Romance) (Chapus) 449
Auprès de toi, brûlante ivresse 442
Auprès de toi, loin de toi (Romance, 2 St.)
  (Panseron) 833
Auprès de toi quelle ardeur inconnue 833
Auprès de toi toujours être sans cesse 348
Auprès de toi toujours mon cœur palpite 449
Auprès de vous (Nocturne, 2 St.) (Panseron)
  833
Auprès de vous dans ce champêtre asile 833
Auprès de vous je sens mon cœur 350
Aura d'Amor 272
Aura soave 639, 700
Aure amiche ah! non spirate per pietà 869
Aureliano in Palmira (Oper: Rossini) 361,
  371, 571 (2)
Aurora! che sorgerai avversa ognor per me?
  882
Aus dem Alpenröslein (H. Werner) 881
Aus dem Danklied zu Gott (Haydn, Hob.
  XXVc, 8) 567
Aus der Ferne (Otto) 879, 882; (Sutor) 898
Aus der Ferne komm ich her 745
Aus der Tiefen rufe ich 797
Aus der verlangten Cantilene (B. Romberg)
  956
Aus des Thales düstren Auen 326
Aus dieser Welt voll Angst und Schmerzen
  296
Aus fernem Lande wandelt er 488
Aus hat der Sturm getobet 590, 758
Aus Liebe vermummte Neffe (Der; Ballet:
  Gyrowetz) 864 (4)
Aus meines Herzens Grunde 791, 983
Aus Rom an Caroline von der Lühe (Him-
  mel) 252
Aus seinen holden Zügen 601
Aus Tiedges Urania (Himmel, Op. 18) 871,
  873

Aus tiefer Noth ... 771, 800, 991
Aus welcher Stadt bist du? 708
Aus Wolken tritt der Mond 495
Aussitôt que le bal commence 679
Autant qu'il m'en souvient (Chansonnette/
  Romance) (de Lagoanère) 460; (Romagnesi)
  663
Auteur dans son Ménage (L'; Komische Oper:
  Bruni) 109, 123, 124, 140
Autour de moi chacun s'empresse 555
Autour de moi les honneurs 535
Autre fois jeune et jolie, ah! 439
Autrefois, d'un sexe enchanteur 665
Autrefois tout dans la nature 492
Aux Belles dépourvues d'Esprit (Romance,
  2 St.) (de Garaudé) 352
Aux bords brumeux de la Tamise 678
Aux bords d'une mer écumante 459
Aux bords d'une onde claire 285, 385
Aux bords du Bendamir est un berceau de roses
  377
Aux caprices du hasard 354
Aux champs de l'Armorique 825, 826
Aux champs de la Massoure 474
Aux champs où respire le Maure 435
Aux chants des fils de la victoire 367, 674
Aux Fleurs qui doivent parer le sein d'une Belle
  (Bouffet) 346
Aux Françaises de la beauté 510
Aux jours de l'opulence 531
Aux jours des frimats tout repose 545
Aux lieux charmans qu'habite son amie 440
Aux lieux de ton enfance 472
Aux lieux où je vivais tranquille 458
Aux lieux témoins de nos amours 332
Aux pieds d'un antique Castel 455
Aux pieds de la Madonne 522
Aux rochers de Saint Avelle 263
Aux tems de la chevalerie 678
Aux vains désirs qui tourmentent la vie 995
Avais quinze ans, bouche jolie 392
Avant l'aube du jour 468
Avant qu'il ne vint de la ville 903
Avant que la chaleur du jour 262
Avanti, avanti, chi vuol comprar 622
Ave Maria (Dreyer) 908
Ave Maria 848, 895, 908
Ave! Now let prayer, and music 912
Ave regina coelorum 909
Ave Sanctissima (R. A. Smith) 953
Ave, Sanctissima! 'Tis nightfall on the sea
  953
Ave Verum (1 St.) (Danzi) 848
Ave verum (Motette, 3stg.) (Choron) 848
Ave verum corpus natum 848 (2)
Avec bonté voyez ma peine 525
Avez-vous rêvé mariage? 544
Avis à la Jeunesse (Rondeau) (A. Pacini) 263
Avis à ma Pendule (Gouet) 755
Avis à une Coquette (Polacca) (Lechallier)
  459
Avis au beau Sexe (Ronde) (Rigot) 551
Avis aux Femmes (Oper: Gaveaux) 114
Avis aux maris jaloux (Houzé) 627
Avis aux Plaideurs ou l'Amour Avocat
  (Mees) 393
Avrem lieta di maschere la notte 708
Avril, l'honneur et des bois 430
Avvinta di Catena 378
Away, away o'er the boundless deep 928

Away, away! Ye notes of woe 925
Away to the Forest Green (Loder) 917
Axur, Re d'Ormus (Oper: Salieri) 228, 233, 234, 236 (2), 239, 242 (2), 245, 246, 305 (3), 346 (3), 772, (2), 776, 858, 879
Ay, San Anton! (Rezo) (Garcia) 966
Aye aï aï qu'ai-je donc fait? 456
Aye, here, dear love is just a home 948
Ayez Pitié de moi (Romance) (Voizel) 372
Ayez pitié de moi, aimable châtelaine! 816
Azélie (Romance) (de Bray) 644
Azélie avait de mon cœur reçu 644
Azélie et Gustave (Romance) (J. Ancot) 451
Azémia (Oper: Dalayrac) 11, 13, 25, 39, 104, 177, 204, 504
Azor! Jag dig i denna skogen 55

Babilons Piramiden s. Pyramiden von Babylon (Die)
Babylons Piramide s. Pyramiden von Babylon (Die)
Babylons Pyramiden s. Pyramiden von Babylon (Die)
Baccanali di Roma (I; Oper: Vaccaj) 380
Baccanti di Roma (I; Oper: Generali) 555, 682
Bacchus und Ariadne (Ballett: Th. Weigl) 186 (4), 187
Bachanten s. Baccanti di Roma (I)
Bæbu s. Bäbu (Der)
Bäbu (Der; Komische Oper: H. Marschner) 533 (4)
Bägge Arrestanterna (De) s. Adolphe et Clara ou Les Deux Prisonniers
Bälten Wispänna Och brynjor vi draga 52
Bäume schatten, Pilger wanken 494
Bag Gitrets tætte Gjemme 521
Bag Vestens Skove Mørket viger 73
Baierisches Lied (Lyser) 792
Baiser au Porteur (Le; Vaudeville: A. Adam) 678
Baiser d'Amour (Romance) (R. Kreutzer) 440; (Staudt) 439
Baiser d'amour, charme délicieux! 440
Baiser d'amour pris sur lèvres 439
Bajelito (Spanish Air) (Garcia) 966
Bajelito (The Denial) (Garcia) 965
Bajelito nuevo ay ay que me anego 965
Bal champêtre (Le; Vaudeville final: A. Adam) 678
Bal Masqué (Le) s. Gustav III
Bala (Romance) (Lorin) 643
Bald bist du ein Geist geworden 738
Bald naht die Stunde 640
Bald, nur nicht zu bald (Romanze) (Bursay) 313
Bald, o geliebter Schatten! 489
Bald prangt den Morgen zu verkünden 706
Bald sinkt der Tag, Emma wird bald nicht mehr seyn 683
Bald trennt uns das Meer 810
Bald vergnügt, bald sinnig 495
Bald werd' ich sie seh'n 691
Bald werd' ich wieder ein holdes Wesen 182
Balders Død (Singspiel: J. P. E. Hartmann) Einlage-Arien (Kunzen) 249, 250
Balduino (Oper: Nicolini) 600 (2), 601
Ball-Lied. Alte und neue Welt (Kallenbach) 584

Ballad
Dear Boy throw that icicle down (Langshaw) 125
Oh! Come to this sweet solitude (Bellini) 970
Oh! think of me (A. Lee) 971
The day returns (Lodge) 970
When Fairies are lighted ... (Dibdin) 119
Ballad from the Egyptian Festival Music (C. H. Florio) 121
Ballad, sung in the grand Dramatic Romance of: Joanna 122
Ballade
Der kalte wilde Regen goss (Sterkel) 175
Knabe kam gegangen zu dem Meer (Greith) 676
Svend Aage og Ingeborg drog' over Söe (Weyse) 411
Ballade de la Reine Marguerite de Valois (Meyerbeer) 749
Ballanden's Braes (Hook) 89
Ballerina d'Athene (La; Ballett: J. Weigl) 214, 216, 256 (2)
Balzers Girge (Volkslied) 147
Bandkraemerinnen aus Tyrol (Die; Divertissement: Th. Weigl) 189
Bando a si triste immagini 638
Banni de sa patrie, un noble chevalier 615
Bannis la chimère, qui trouble ton cœur 733
Bannissant la tristesse 521
Bar Du end Kronens Guld 525
Barbe bleue (Romance) (Hédouin) 470
Barberen af (i) Sevilla s. Barbiere di Siviglia (Il)
Barbero de Sevilla (El) s. Barbiere di Siviglia (Il)
Barbier (de Séville, von Sevilla) s. Barbiere di Siviglia (Il)
Barbiere di Siviglia (Il; Oper: Paisiello) 93, 109, 156, 580
Barbiere di Siviglia (Il; Oper: Rossini) 57, 420 (2), 421, 424, 425 (2), 460, 501, 512 (2), 558, 559, 572, 580, 582, 584 (2), 589 (2), 591, 592 (4), 601, 621 (3), 622 (6), 623 (6), 624 (3), 630, 631 (5), 632 (7), 685 (11), 758, 771, 783, 866, 884, 887 (2), 891, 963, 976 (3)
Barcarola Veneziana (Lélu) 268
Barcarole
Dort an Sorrentos Strande (Beauplan) 794
Es weh'n so sanft die Winde (Lagoanère) 808
Immer nur vorwärts, mein schaukelnder Kahn (Witt) 797
Nur zu, du kühner Kahn (F. L. Schubert) 805
Sind wir beym frohen Feste (Auber) 801
Stets auf ruhiger Welle (Panseron) 803
Warum erschallt am Lande ... (Masini) 805
Barcarole vénitienne (Veluti) 601
Barcarolle
Sur l'eau qui te balance (Lafont) 734
Trage Kahn mich zum Gestade (A. Adam) 801
Barcarolle (2 St.) (Lami) 432
Barcarolle dialoguée (Beauplan) 454
Barcarole Orientale (Panseron) 904
Bard Reinold (Ballade) (Greith) 675
Bärden (Die) s. Bardes (Les)
Bardes (Les; Oper: Lesueur) 215 (3), 216, 217
Barföddermunk fra sin Celle bortdrog 526
Barn, der Himlen lig 249
Barn! hvis du vil bevare 507
Barndommens Blomster (Lemming) 845

Barnet i favre Alder 847
Barnlige Kierlighed (Den) s. Amour Filial (L')
Baron de Dolsheim (El) s. Barone di Dolsheim (Il)
Barone di Dolsheim (Il; Oper: G. Pacini) 364, 366, 367, 573, 598 (2), 625
Barrow's banks are fair to see 934
Basta così ma basta d'amarti ti prometto 308
Batchelor's Fare (Song) 948
Batelier, dit Lisette 519, 731
Batelière jolie, pour rejoindre ma mie 393
Bathilde et Loredan (Nocturne) (Louis Jadin) 362
Batti, batti, o bel Masetto 687
Bauer als Millionär (Der) s. Mädchen aus der Feenwelt (Das) oder: Der Bauer als Millionär
Bauernregel (Otto) 880
Baum der Diana (Der) s. Arbore di Diana (L')
Bayadères (Les; Ballett: Catel) 321 (4)
Bayard (Chant guerrier) (F. Carulli) 268
Bayard à Brescia (Romance) 544
Bayard Mourant (Romance historique) (Méhul) 430
Bayerisches Volkslied 790
Be calm your rising anger 140
Beatrice di Tenda (Oper: Bellini) 635, 699 (27), 801, 802
Beatus vir qui timet Dominum 909
Beau Chevalier, appuyé sur sa lance 449
Beau chevalier, prends pitié de mes peines 449
Beau damoisel paré de mille charmes 544
Beau Ménestrel autrefois sur ma lyre 437
Beau Narcisse qu'une bergère 570
Beau troubadour a suspendu sa lyre 454
Beau troubadour, reviens couvert de gloire 756
Beaucoup d'Amour (Romance) (N.-J. Méreaux) 448; (Wilhem) 429
Beauté, charmes des yeux 435
Beauté et Bonté (Bouffet) 386
Beauté et Bonté (Chansonnette) (Pfeffinger) 470
Beauty blooms on ev'ry thorn (Geary) 101
Beauty of Venice, oh! ne'er shall depart 946
Beaux châtelains et damoiselles 362
Beaux jours de la chevalerie 604
Beaux lieux, séjour de l'innocence 432
Beaux yeux que j'adore 265, 349
Bedragne Bachan (Den; Oper: Åhlström) 2
Bedst ved Dit Smiil Du atter vil 534
Befiehl du deine Wege 778, 982
Befreite Jerusalem (Das; Oper: Eberwein) 728
Befreyte Jerusalem (Das) (Persuis) s. Jerusaleme Delivrée (La)
Befriade Jerusalem (Det) (Righini) s. Gerusalemme liberata (La)
Begiebt mein Herr sich auf die Reise 245, 686
Begin the high celestial strain 131
Beglänzt vom rothen Schein des Himmels 151, 281, 325
Beglückt durch dich 229, 294
Beglückt ist die Jungfrau, die niemals noch hörte ein Loblied 802
Beglückt wer die Geliebte findet 297
Beglückte Freistadt heitrer Ruh 306
Beglückter Tag 702
Beglücktes Paar! welch' sel'ge Stunden 793
Begone dull care 90

Beherrscher der Geister (C. M. v. Weber, Jähns 122) 828
Behold o'er the meadow 921
Bei dem Andenken der Leiden Jesu (J. A. P. Schulz) 562
Bei dem Glanz der Abendröthe 165
Bei dem Klange der Schalmeien 792
Bei der allgemeinen Todtenfeier (J. F. Reichardt) 774
Bei einem Wirthe, wundermild 618, 673, 871
Bei gut und böser Laune 143
Bei labbri che amore 491
Bei lauten Gesängen 636, 697
Bei Männern, welche Liebe fühlen 14, 15, 75, 96, 516, 706
Bei Sonnaufgeh'n zieh ich zum Wald 812
Bei Wiederspruch und Grillen 812
Beiden Füchse (Die) s. Une Folie
Beiden Galeerensklaven (Die; Schauspiel mit Musik: Spohr) 797
Beiden kleinen Savoyarden (Die) s. Deux Petits Savoyards (Les)
Beiden Savoyarden (Die) s. Deux Petits Savoyards (Les)
Beim Abendläuten (Mehlhorn) 798
Beim Abschied (Gyrowetz) 177
Beim fröhlichen Mahle 895
Beklagt sey er 229
Bel conforto al mietitore 636, 697
Bel sogno beato 700
Belagerung von Corinth (Die) s. Siège de Corinthe (Le)
Belebte Gemälde (Das; Ballett: J. N. Hummel) 244, 264 (2), 721
(Zwey) beliebte Tyroler Lieder (Satzenhofen) 237
Believe me, Sir 331
Belisa (Oper: Winter) 252, 257
Belisar (Donizetti) s. Belisario
Belisar (Trauerspiel: v. Poissl) 741
Belisario (Oper: Donizetti) 637 (19), 698 (23), 803, 804, 958 (2)
Bell'alme generose 359, 571, 598, 633
Bell'ombra adorata, lo sento 376
Bella Ciprignia, madre d'amor 867
Bella e di sol vestita 642, 702
Bella fiamma del mio core 491
Bella immago degli Dei 372
Bella siccome un angelo 641
Bella Venezia 638
Bella vita, bel mestier 348
Bella vita militar 187, 217, 258
Belle Arsène (La; Oper: Monsigny) 4, 741
Belle au Bois Dormant (La; Oper: Carafa) 728 (2), 745
Belle cousine, un être aimable et doux 408
Belle d'attraits et d'innocence 817
Belle Lise, où vas-tu seulette 454
Belle ninfe, è nato aprile 350, 726
Belle, plus belle (Chansonnette) (Simons-Candeille) 386, 428
Belle, viens à moi! (Chansonnette) (Panseron) 468
Belles vous qui savez charmer 474
Belphegor (Ballett) 923
Ben & Mary (Th. Dibdin) 135
Ben fu il giorno 641, 767
Beneath a poplar's friendly shadow 96
Beneath a shade as I lay reposing 920
Benedictus es, Domine (Motette, 3 stg.)

(Courtin) 908

Benedir quel l'infelice 698

Berceau de mes jeunes années 334, 814

Bérenger (Romance, 2 St.) (Balochi) 364

Berenice in Roma (Oper: Raimondi) 375, 377

Berg und Thal (Weinlig) 326

Berger, pense-tu trouver des charmes 825

Bergère Châtelaine (La; Komische Oper,: Auber) 671

Bergerette jeune et jolie 374

Bergerette ne vas pas sous l'ormeau 551

Bergers, prenez vos chalumeaux 471

Berget euch im Hauch der Winde 326

Berggeist (Der; Ballett: Riotte) 556 (2), 557 (2)

Berggeist (Der; Oper: Spohr) 425, 767, 831

Berggeist (Der; Zauberspiel: Drechsler) 586, 587

Bergmönch (Der; Oper: Wolfram) 792

Bergsturz (Der; Oper: J. Weigl) 956

Berliner Eckensteher Lied (Kugler) 796

Beruhigung

   Der wahre Himmelsfriede ... (Gyrowetz) 650

   Ermatte nicht, o Herz! (Salomo) 327

Beruhigungs-Walzer (Reissiger) 781

Beschattet von der Pappelweide 143

Beschwichtigung (Nägeli) 495

Besitz ich nur ein ruhiges Gewissen 788

Besoin d'aimer 546

Besoin d'aimer est besoin du jeune âge 549

Beständigkeit (Bertoldy) 324

Bestätigt ihn nach alter deutscher Weise 147, 282

Bestes Mädchen mit Entzücken 738

Bestie in Uomini (Le; Oper: Mosca) 272

Bestrafte Eifersucht (Die; Ballett) 230

Bestrafter Leichtsinn (Duettino für geübtere Singschüler) (Schinn) 395

Betet an vor Gott, ihr Sünder! 564

Betragt fra disse höie Strande 519

Betrogene Bacchus (Der) s. Bedragne Bachan (Den)

Better late than never (Crouch) 943

Betty's Liedchen (Weinlig) 325

Bewahret euch vor Weibertükken 302

Bewail not the bard 930

Beware beauteous virgins 285

Beweine nicht mein herbes Leiden 652

Bey der Sterne sanftem Schimmer 719

Bey des Mondes blassem Schimmer 600

Bey diesen heißen Zähren 601

Bey diesen Reue Zähren 599

Bey Übersendung eines Paars weißer Handschuhe (Leon) 209

Beyden Brüder (Die; Präger) 776

Beyden Füchse (Die) s. Une Folie

Beyden Geitzigen (Die) s. Deux Avares (Les)

Beyden Kalifen (Die) s. Wirth und Gast, oder Aus Scherz, Ernst

Beyden Marillo (Die; Oper: Teyber) 232

Beyden Savoyarden (Die) s. Deux Petits Savoyards (Les)

Beyden Tanten (Die; Ballett) 557 (2)

Beym Schall der Kriegstrommete 490

Beym Schlafengehen (Nägeli) 494

Beym Tode eines Mitschülers (einer Mitschülerin) (Schinn) 399

Bezauberte Rose (Die; Oper: Wolfram) 886

Bianca di Messina (Oper: Vaccaj) 380, 381(2)

Bianca e Falliero (Oper: Rossini) 369, 375

Bianca e Fernando (Oper: Bellini) 792

Bicester (Milgrove) 130

Bid the festive glass go round 87

Biedny Sabaudczyk 172

Bien aime qui jamais n'oublie 456, 611

Bien aimer est le Bonheur (Gouet) 757

Bien Fin sera qui m'attrapera! (Chansonnette) (Pillore) 333, 816

Bien loin de la Bretagne 840

Bien loin de vous, mon adorable mère 447

Bien loin du camp, toute la nuit 972

Bien loin du foyer paternel 337, 754, 817

Bien malin qui m'attrappera 549, 734

Bien qu'obscurci par les nuages 725

Bien que Brigitte eut à peine quinze ans 384

Bien veux t'aimer, ô ma fidèle amie! 391

Bientôt la nuit silencieuse 539

Biergbeboerne eller Börnene og Speilet (Ballett: C. Schall) 206

Bild der Geliebten, das sie mir gab 739

Bild der jungfräulichen Tugend 177

Billet de Loterie (Le; Oper: Isouard) 318, 583, 594

Bin der kleine Tambour Veit 770

Bin ich allein ein Fremdling 809

Bin ich gleich von Bauernstande 71

Bird of Summer 930

Bird of summer, welcome comer 930

Bird Song (Storace) 120

Bis Morgen dich erweckt, o schlumm're 801

Bisher besiegte nie mich Liebe 343

Bist du das Land, wohin mich Sehnsucht zieht? 495, 783, 867

Bist du entflohen du Traum der Liebe! 599

Bist verloren, Don Pasquale 641

Bist viel zu reizend 329

Bitte beim Abschied (Fuss) 240

Bitte, bitte! (F. Hartmann) 869

Bitte, bitte! einen Blick 869

Bitte eines Mädchens ‹Prière de jeune fille› (Romanze) (Labarre) 804

Bitte um den Beistand des heiligen Geistes (Rungenhagen) 562, 778

Bitter sorg och smärta 714

Björn og Frithiof begge sad de ved et Taulbredts blanke Plade 846

Blaise et Babett (Ballett: Dussek) 228

Blanca (Trauerspiel von B. S. Ingemann mit Musik: Bay) 418

Blanca (Trauerspiel von B. S. Ingemann mit Musik: Kunzen) 408

Blanche de Devan (Romance) (Balochi) 463

Blanche et isolier (Air) (Doche) 678

Blanche et Rose (Romance) (Le Mière de Corvey) 452, 627

Blanche Marguerite (Desargu) 384

Blanche of Devan's Song (Clarke) 286

Blanche portera ma Couronne (Lélu) 385

Bland alla flickor här i vår by 53, 659

Bland alla nöjens krets 25

Blandt Almer i Borghallen Ridderen sad 517

Blanduze, Vallon solitaire qu'arosent de limpides eaux 468

Blas, blas! du Winterluft 745

Blaubart (Der) (A. Fischer) s. Raoul, der Blaubart

Blaubart (Der) (Grétry) s. Raoul Barbe-Bleue

Blaue Augen! Euch zu preisen 289

Blaue und der rothe Geist (Der; Komisches Singspiel: W. Müller) 689 (2), 723 (2)

Bleibe bei uns 855
Bleibe du stets kindlich und rein 487
Bleibt mir nur der leichte Sinn 829
Bless thee my child! 941
Blessé par le fer d'une lance 268
Blest as th'immortal Gods 102
Blick' o Gott! mit Wohlgefallen auf die Flur 395
Blickt huldvoll mächt'ge Götter 487
Blide Amor, Kierligheds Gud! 81
Blide Haab! jeg har Dig iglen! 506
Blide Kjærlighed 532
Blif evigt vid min sida! 43
Blinde Gärtner (Der; Liederspiel: Lindpaintner) 873
Bliomberis (Romance) (Lafont) 643
Blithe as the hours in may 119
Blitz (Der) s. Eclair (L')
Bliv min Bajadere 525
Blodet brinner, hjertat hoppar 5
Blöde Ritter (Der; Ballett: v. Seyfried) 318 (3), 577, 579
Blomman förgät mig ej (Blidberg) 585
Blommorne (J. F. Reichardt) 714
Blomsten jeg veed 78
Blomsterspråket (Himmel) 716
Blonde Kleine 489, 629
Blondel (Romance) (Dugazon) 442
Blondelette joliette 112, 489
Blooming like a rose in June 947
Blossom loveliest flower 96
Blott den sitt Bröd med tårar åt 718
Blott för en stund kan molnet skilja 658
Blouses (Vaudeville?) 539 (2)
Blow, blow, thou winter wind 745
Blow, blow ye winds (Barnett) 955
Blow, breezes, blow for Britain 931
Blow ye breezes, wave my willow 141
Blue Bell of Scotland (The) 121
Bluely shine the summer skies 932
Blume auf das Grab eines Kindes (Gross) 167
Blumen! nicht für Spiel und tanz 726
Blumengruss (Bolero) (F. L. Schubert) 788
Blumeninsel (Die; Komische Oper: Ebers) 133
Bocage solitaire, abri mystérieux 449
Bön under ett Fältslag 661
Bön under Slaget (Himmel) 420
Bönhöre Tig then Evige! 36
Bohemian Girl (The; Oper: Balfe) 704, 961
Bolero (Boléro)
  Adonde me encamina (Castro de Gistau) 275
  Dans l'espoir d'avoir une belle ... (Pillore) 465
  Du mal qui me dévore ... (Boccherini) 338, 821
  En que todos te quieran (Castro de Gistau) 275
  Estoy convaleciente ... (Boccherini) 338, 821
  Faut l'oublier, disait Colette (Romagnesi) 669
  Favores y desprecios (Castro de Gistau) 275
  Je ne garole point les faveurs (Castro de Gistau) 275
  Je ne suis pas fâché (Castro de Gistau) 275
  Je vis ta beauté, et aussitôt (Castro de Gistau) 274
  Moi, je serois constant (Castro de Gistau) 276

Non, l'Amour ne compte jamais (R. N. C. Bochsa) 441
Où me conduis-tu cruel (Castro de Gistau) 275
Pour la première fois (Godfroy) 550
Puisque je ne peux te donner (Castro de Gistau) 274
Vi tu hermosura y luego (Castro de Gistau) 274
Ya que no puedo darte (Castro de Gistau) 274
Yo bien fuera constante (Castro de Gistau) 276
Boléro Espagnol (Sor) 435
Boléro espagnol (2 St.) 476
Boleros (Boléros)
  Dir will ich Tempel bauen (Arendt) 880
  Ein Quell der Freuden ist treue Liebe (Carafa) 866
  Pour être heureux (H. F. Berton) 481
  Speranza più bel dono (Arendt) 880
Bollero (Carafa) 630
Bolleros (Gail) 346
Bolleros (2 St.) (de Garaudé) 348
Bon Fils (Le; Komische Oper: Lebrun) 29 (2), 30
Bon la voilà bon j'aperçais une voiture 108
Bon ouvrier, voici l'aurore 517, 691
Bonden som Dommer (Du Puy) 407
Bondocani (El; Oper: Danzi) 342
Bonheur d'aimer (Romance) (Louis Jadin) 267
Bonheur d'Amour (Romance) (Schloer) 464
Bonheur de se revoir après les jours d'absence 832
Bonheur et Malheur (Romance) (Ducrêst de Villeneuve) 264
Bonhomme Misère (Le) ou Le Diable Couleur de Rose s. Diable Couleur de Rose (Le) ou Le Bonhomme Misère
Bonne Lucie appaise ta colère 901
Bonne mère, daignez m'apprendre 834
Bonne vieille, l'âme attendrie 469
Bonnie Maiden, Lovely Maiden (Loder) 938
Bonnie maiden, lovely Moina, wert thou mine 938
Bonny Blithsome Nanny 90
Bons habitans du village 665, 818
Bonsoir, au Revoir (Romance) (Doin) 452
Bonsoir, mes amis, dormez bien! (Chanson) (Forment) 746
Bords charmans que la seine arrose 437
Born upon the balmy gale 919
Bort, Havets arme Sön! 530
Bort med al Melancholie 528
Bortförelse s. Entführung aus dem Serail (Die)
Bortt sorg och bekymmer 5
Bosquet charmant, c'est sous ton verd feuillage 438
Bosquet charmant, où mon âme ravie 449
Bosquet chéri, mystérieux séjour 428
Bosquet d'Amour (Nocturne, 2 St.) (de Crozet) 548
Bosquets charmant, ô fortune Boccage 264
Bosquets enchanteurs où ma belle jura ... 445, 819
Bouche gentille, demi close 628
Bouffe et le Tailleur (Le; Oper: Gaveaux) 114, 286, 502
Boutade d'un Français (Romance)(V***) 551

Bouton charmant que le Zéphir 152

Bouton d'Amour (Romance) (de Lamothe-Langon) 477

Bouton d'amour sur ta tige fléxible 477

Bouton d'amour, tendre fillette 349

Bouton de rose tu seras plus heureux que moi 108

Bouvine! à ce beau nom 471

Bouvines (Chant héroïque) (Laffillé) 471

Brama og Bayaderen s. Dieu et la Bayadère (Le)

Bramine (Le; Komische Oper: L.-A. Piccini) 482 (2)

Brasseur de Preston (Le; Komische Oper: A. Adam) 534 (2), 535 (5), 810, 811 (3)

Brauer von Preston (Der) s. Brasseur de Preston (Le)

Braut (Die) s. Fiancée (La)

Braut von Messina (Die; Schauspiel mit Musik: B. A. Weber) 199, 223

Brautgesang (Otto) 881

Brava! ti hò colta alfin 271

Brave et galant par caractère 825

Brave soldat va! renonce aux allarmes 757

Braves français, guerriers fidèles 459

Braves guerriers, tendres amans 386

Brennus (Fait historique) (Wilhem) 451

Brennus (Nocturne, 2 gleiche St.) (Panseron) 337, 820

Brennus disait aux bons Gaulois 337, 451, 820

Brentford 130

Bricconi, birbanti 622

Brich an du schönes Tageslicht 982

Bridal Bells (Parry) 919

Bridal Ring (The; Melodram)
    Eingelegte Märsche (Pelissier) 330, 331
    Eingelegte Ouvertüre (Pelissier) 331
    Eingelegte Tänze (Pelissier) 331

Briganti (I; Oper: Mercadante) 917

Bright morn of life 931

Bright orb that rulst th'aethereal way 331

Brigitta auch in ihrer Zahl 691

Brillant Français héritier de la gloire 469

Brillant palais, séjour de l'opulence 671

Bringt Lob dem Allerhalter dar 563

Brist mit arme Hjerte 535

Britons strike home 89

Bröder se Bålen den fröjdas och röker 3, 6 (2) 19

Broom on Cowdenknows 101

Bruden.s. Fiancée (La)

Bruden fra Lammermoor (Komische Oper: Bredal) 523 (5), 524 (5), 861 (2)

Brudens öga passa föga 660

Bruder! tönt es dir entgegen 852

Bruderliebe
    Bruder! tönt es dir ... (W. A. Müller) 852
    Himmlische! die unsre Herzen ... (Nägeli) 283

Brüder als Nebenbuhler (Die) s. Fratelli Rivali (I)

Brüder, die Menschheit leitet ein Gott 296

Brüder lasset uns 893

Brüder, laßt uns lustig sein 897

Brüder schwingt nun die Pokale 635, 696

Brüder von Stauffenberg (Die; Oper: F. Starke) 388 (2)

Brüder weihet euch aufs neue zu neuem Fleiss 771

Brüllender Sturm im Meere 490

Brûlant d'amour et partant pour la guerre 384, 878

Brûlez doux parfums d'Arabie 750

Brune fille, ô toi que j'adore 842

Brygger, fölg flink Lykkens Vink 535

Bryggeren i Preston s. Brasseur de Preston (Le)

Bryt blomman, o Yngling 67

Büble wir wolle ausse gehe 248

Bürger in Wien (Die; Posse: W. Müller) 619

Bundeslied 296

Bundeslied der heiligen Schaar in Griechenland (Haensch) 653

Bundeslied vor der Schlacht (Nägeli) 493

Bunt sind schon die Wälder 143

Buona Figliuola (La; Komische Oper: N. Piccini) 101

Buona Sera! 622, 632

Burgen mit hohen Mauern und Zinnen 896

Buried in shadows of the night 130

Bußlied. Nach dem 51sten Psalm (J. A. P. Schulz) 562

Buti, Buti, Buteli, Bu! 966

Butterfly! Tarry, oh! tarry with me 934

Buvez: en attendant l'aurore 438

Buvons, aimons, chantons Bacchus 644

By Baby bunting 135

By moonlight's softest lustre 96

By that still and shining river 931

By the Waters of Babylon (Duet) (A. Lee) 947

By the waters sweetly growing 921

By thy soft shaded glens 953

C'en est donc fait! (Romance) (Lafont) 642

C'en est donc fait! au sein de la victoire 356

C'en est donc fait, belle constance 544

C'en est donc fait! j'ai brisé cette chaîne 642

C'en est donc fait, jeune Bergère 627

C'en est fait, aimable inconnue 380

C'en est fait, dans l'onde glacée 433

C'en est fait! j'ai cessé de plaire 643

C'en est fait ... je succombe souvenir! 570

C'en est fait, la raison m'éclaire 386

C'est à l'autel de la Madonne 971

C'est à vous seul que je veux plaire 465

C'est ainsi que plaintive au milieu des forêts 386

C'est bon mademoiselle! c'est bon, monsieur 439

C'est dans ces lieux 353

C'est de l'or 497

C'est en ces lieux que je l'attends! (Romance) (Bruguière) 834, 851

C'est en vain qu'on blâme les torts 109

C'est en vain qu'on fait la guerre 35

C'est Erato, c'est toi, ma sœur 427

C'est Guillaume! allons, du courage 524

C'est l'amour 497

C'est la beauté qui séduit par ses charmes 386

C'est la commune loi, partout on est de même 434

C'est la fête du village 831

C'est la petite mendiante 366, 484, 540

C'est le Signal du Rendez-Vous (Boléro) (Louis Jadin) 339, 821

C'est mon Ami, rendez-le-moi (Romance) (Woets) 570

C'est pour mourir que la fleur vient de naître 466

C'est pour te plaire 309, 611

C'est près de vous 463

C'est toi (Romance) (Mr. M. P.). 555
C'est toi dont le charmant sourire 555
C'est toi que j'aime 463
C'est toujours du bout de son aile 113
C'est un cruel martyre 268
C'est un Enfant, il faut du Bruit! (Chanson)
(Lélu) 268
C'est une larme 496
C'est une misère 611
C'est une Sœur! (Romance) (Gasse) 553
C'est Venise, mon doux rêve 839
C'était Armand (Romance) (Halévy) 450
C'était aux jours, dans nos beaux jours 904
C'était ici que mon amie 363, 452
C'était l'hiver, et la nature entière 379
C'était un soir, au fond de sa tourelle 428
C'était un soir, une voix gémissante 607, 677
Ça commençons mais je crois qu'elle tremble
112
Ça fait toujours plaisir (Chanson pastorale)
(Brocard) 548
Ça ira 10
Ça n'peut pas prendre 678
Cabeza de Bronce (La; Oper: Soliva) 572
Cabinet (The; Oper: Braham, Davy, Ranzzini,
Corri, Moorhead) 124 (2)
Caccia di Enrico IV (La; Oper: Pucitta) 571
Cache moi ton regard 613, 642
Cache tes yeux sous un voile sévère 442, 825
Caché par la verte chamille 461
Cachée et sous la mousse obscure 728
Cadix, ô noble ville! rivale de Séville 752
Cadran noi perfidi 640
Calif von Bagdad s. Calife de Bagdad (Le)
Calife de Bagdad (Le; Oper: Boieldieu) 41,
46, 80, 81 (2), 110, 111, 138, 176, 230,
254, 305, 307, 618, 774
Einlage-Arie (Depuy) 506
Califen af (i) Bagdad s. Calife de Bagdad (Le)
Calliroe (Oper: Farinelli) 271
Calypso s. Grotta di Calipso (La)
Calzolajo (Il; Pasticcio: Paisiello u. a.) 78
Camilla (Dalayrac) s. Camille
Camilla oder Das Geheime Gewölbe s. Camil-
la, ossia Il Sotteraneo
Camilla, ossia Il Sotteraneo (Oper: Paer)
148, 181, 199, 227, 228, 229 (2), 231, 296,
714, 721, 739 (2)
Camille (Oper: Dalayrac) 19, 82 (2)
Camp (The; Musical Entertainment: Th. Linley
the Elder) 96
Canon
Ach, süsses, theures Leben! (Mozart,
KV 562) 786
Der Ewige segnet der frommen Tage
(J. R. Zumsteeg) 871
Entends-tu ma sœur? (Garnault) 355
Canon (2 St.)
De pena siempre barbara (Ynzenga) 573
E pena troppo barbara (Ynzenga) 573
Canon (3 St.)
Ah! je sais bien que, loin des dames
(de Garaudé) 362
Dans la jeunesse aimons toujours (Garnault)
353
Dein Herz sey wie das Licht der Sonne
292
J'aime hélas! une infidèle (Garnault) 354
Que la gaîté, qu'une douce harmonie
(Khun) 480

Wer seinem Gott vertraut 290
Canon (4 St.)
Das Hirtenleben hat viel Freud (Tomaschek)
202
Der sey ein deutscher Mann 290
Toma glas i godt Calas (Wilkmanson) 15
Canon (5 St.) (G. V. Röder) 314
Canon Four in one (Carter) 87
Canon in the 5th below (Carter) 87
CanonThree in one (Carter) 87
Canone (3 St.) (Salieri) 291
Canons, Glees and Catches (2, 3 u. 4 St.)
(Carter) 86
Canst thou leave me thus my Katy 123
Cantabunt labia mea quando 87
Cantando un di 848
Cantate
Gläds, Svea! ... (Eggert) 44
Helig är Herren! (Abbé Vogler) 39
O Harmonie! din Tryllekjæde (Kunzen) 250
Se'n Han dig helgat ... (Eggert) 44
Cantate. Für den Advent (Rolle) 568 (6)
Cantate med Chor (Küster) 40
Cantatrici Villane (Le; Komische Oper: Fiora-
vanti) 559, 579 (2), 583 (3), 594, 595 (3)
Einlage-Arie (Generali) 583, 595
Einlage-Arie (Isouard) 583
Cantemire (Oper: Fesca) 680
Cantiamo, facciam brindisi 636, 697
Cantique de la Ste. Vierge ‹Magnificat› (1 stg.)
(v. Neukomm) 849
Cantique pour le Jour de la Confirmation (3 stg.)
(Choron) 847
Cantique pour le Temps du Carême (Choron)
906
Canzoncina (Isouard) 440
Canzone (A. Romberg) 178
(Eight) Canzonets (Geary) 101
(Twelve) Canzonets (2 St.) (Jackson of Exeter,
Op. 9) 86
Canzonett
Do not unbind two gentle hearts (Jackson
of Exeter) 128
Love in thy eyes for ever plays (Jackson of
Exeter) 135
The Sails are bend (Schetky) 121
This Lock of dear Selina's hair (Shield) 120
Canzonett (2 St.) (Carr) 119
Canzonetta
Ah! se ti fossi, o nina (Blangini) 451
Amo te solo amai 876
Ardo ognor perte d'amore 309
Aure amiche ah! ... (G. Müller) 869
Bella Ciprignia ... (Pollini) 867
Die Blumen des Lebens ... (Winter) 874
Dürft ein süsses Wörtchen (Winter) 874
Fra tanti palpiti (Blangini) 613
Già la notte s'aviccina (J. F. Reichardt) 180
Gl'affetti del cuore ... (Blangini) 612
Grazie o figlinol d'apollo (Mortellari) 363
Heitere Tage, Mädchen (C. M. v. Weber, Jähns
124) 877
Il fiero destin, mia cara Ninin (Blangini) 614
L'Amor che mi tormenta (Blangini) 613
L'astro di Venere ... (J. F. Reichardt) 176
La speranza del mio core (Blangini) 613
Languir d'amore crudel mi vedi (Crescentini)
385
Nice di te m'accesi (Blangini) 611
Nina non dir di no! 310

Nina, s'è ver che m'ami 309
Ninfe, se liete viver bramate (C. M. v. Weber, Jähns 124) 877
No me scaldè la zucca (Blangini) 614
O toi que j'aime ... (Crescentini) 385
Ob hier am Gestade ... (Asioli) 869
Parla mi pur sincera (Castellacci) 472
Pensa ch'io resto e peno (Haeusler) 48
Placa gli sdegni tuoi (Francesco) 476
Pur non sonno almenta lora 252
Se anch'io fossi in caso 309
Se resto sul lido ... (Asioli) 869
Sempre più t'amo, mio bel tesoro 308
Sul margine d'un rio 308
Tornate sereni ... (Haeusler) 48
Venni amore ... (F. Kuhlau) 663
Vezzosetta mia pargoletta (Blangini) 611
Canzonetta (1 oder 2 St.) (Blangini) 613
Canzonetta (3 St.)
   Già riede primavera 880
   Schon kehrt der Frühling wieder 880
Canzonetta Italiana
   Al margine d'un rio (Castro de Gistau) 275
   Chi mai di questo core (Castro de Gistau) 275
   Eh qui pourra lire ... (Castro de Gistau) 275
   Giera un giorno in gondoletta (Castro de Gistau) 274
   J'étois un jour ... (Castro de Gistau) 274
   Je suis amoureux (Castro de Gistau) 275
   Jouons sur le basson (Castro de Gistau) 275
   L'autre soir je menai la petite (Castro de Gistau) 274
   La biondina in gondoletta (Castro de Gistau) 274
   La mia crudel tiranna (Castro de Gistau) 276
   La neige couvre la montagne (Castro de Gistau) 275
   La nev' è la montagna (Castro de Gistau) 275
   La perfidie! ... (Castro de Gistau) 276
   O pescator de l'onda fidulin (Castro de Gistau) 275
   Pêcheur de l'onde petit fripon (Castro de Gistau) 275
   Presso del rio che piange (Castro de Gistau) 276
   Qu'il te souvienne, ô mon amie (Castro de Gistau) 276
   Sono innamorato (Castro de Gistau) 275
   Sur le bord d'une rivière (Castro de Gistau) 275
   Togliemo su'l fagotto (Castro de Gistau) 275
Canzonetta Siciliana 308
Canzonetta Tedesca 308
Canzonetta Veneziana
   Basta così ma basta ... 308
   Maintenant que je suis sans amours (Castro de Gistau) 276
   Or che sono d'amante sprovvisto (Castro de Gistau) 276
   Senti cara Ninetta (Blangini) 611
Canzonette
   Du, ved hvem mit Hierte hænger (Methfessel) 411
   Försänkt i qualets sköte (Rossini) 716

   Per pietà, deh senti ingrato! (Methfessel) 411
(XII) Canzonette Italiane (Danzi, Op. 40) 491
(Twelve) Canzonetts (Jackson, Op. 13) 95
Capellmeister (Der; Oper: Elmenreich) 234
Capricciosa Coretta (La; Oper: Martín y Soler) 994
   Einlage-Arie (Paer) 362
Capricciosa Pentita (La; Komische Oper: Fioravanti) 261
Caprice (3 St.) (Pillore) 550
Captif qu rivage du maure 816, 820
Captive en ce palais 538
Captive of Spilberg (The; Musikalisches Drama: Dussek) 286
Captive of Spilburg (The) s. Captive of Spilberg (The)
Capuleti e i Montecchi (I; Oper: Bellini) 635, 697, 790, 791, 792, 862, 958
Cara, adorata immagine, che impressa in cor 364
Cara Lisa (Canzonetta) (Reissiger) 872
Cara Lisa (Romance Italienne, 1 oder 2 gleiche St. ad lib.) (de Garaudé) 360
Cara Lisa, amato bene! 360, 872
Cara mano dell'amore 376
Cara mia Sposina (Aria buffa) (Mosca) 364
Cara mia, sposina bella 364
Cara parte di me stessa 229
Cara su questo core 475
Caravan s. Caravane du Caïre (La)
Caravane du Caïre (La; Oper: Grétry) 22 (3), 51, 76
Caravanen s. Caravane du Caïre (La)
Caravanen fra Cairo s. Caravane du Caïre (La)
Care pupille, tra mille e mille 448
Cari figli 271
Carlo Fioras (Oper: Fränzl) 339, 340, 341, 345, 600
Carlo! io muojo 706
Carlo Magno (Oper: Nicolini) 599, 600 (3), 652
Carnaval à Venise (Le; Ballett) 863 (2)
Carnevale di Venezia (Il; Oper: Guglielmi) 88
Carnival of Venice (The; Oper: Th. Linley the Elder) 99
Caro ben vivi felice 613
Caro mio sposo, se per inganno 348
Caro nome che il mio cor 705
Caro Rio (Canzonetta) (Bolaffi) 352
Caro rio ... 352, 630
Caro suono lusinghiero 373, 730
Caroline og Edmond s. Edmond et Caroline ou la Lettre et la Réponse
Casta Diva ... 535, 635
Castell von Ursino (Das) s. Beatrice di Tenda
Castle of Andalusia (The; Komische Oper: S. Arnold u. a.) 94, 99 (2)
Castor und Pollux s. Castore e Polluce
Castore e Polluce (Oper: Vogler) 213, 214 (2), 255 (2), 257 (3), 975
Castore e Polluce (Oper: Winter) 216, 217 (2), 218, 257, 339, 341, 342 (2), 343, 499
Catherine Howard (Romance) (Panseron) 904
Catherine ô toi mon unique trésor 276
Catina Amabile (Canzonetta Veneziana) (Castro de Gistau) 276
Catina amabile dolce tesor 276
Catinat, ou Le Tableau s. Une Matinée de Catinat ou Le Tableau

Cavarello Iocondo (El; Oper: Kozłowsky) 572
Cavatevi, padroni la gran folia 2
Cavatina
  Ach dies Herz schlägt ... (Meyerbeer) 871
  Ah! que n'éprouve t'il (Guglielmi) 350
  Ah! quel cruel martyre (Paer) 474
  All' orror di mie aventure (Ricci) 351
  Alla ridente immagine ... (Paer) 363
  Allor che sul' prato (Guglielmi) 350
  Amare un tenoro e dolce ... (Bolognia) 357
  Armes Herz, trag' deine Leiden (Rossini) 878
  Aura d'Amor (Morlacchi) 272
  Beaux yeux que j'adore (Barni) 349
  Cara su questo core (Mayr) 475
  Caro rio (Bolaffi) 630
  Che cangi tempra mai più ... (Bolaffi) 352
  Chi dice mal ... (Mayr) 211
  Chi sa dirmi, o mia speranza (Rossini) 358
  Come mai da te ... (Bolaffi) 351, 727
  Come potrei mai vivere (Nicolini) 560
  (anonym) 308
  Da voi cari lumi (Barni) 349
  Deh tu pietoso ... (Rossini) 654
  E pena troppo barbara (Paer) 474
  Ecco mi, ingiusti numi (Rossini) 358
  En vain douce espérance (Francesco) 475
  Gaîment je m'accomode ... (Gaveaux) 114
  Godete oh! dolci amanti (Ceracchini) 352, 728
  Hold wie das Morgenlicht lächelt ... (Rossini) 870
  Ich träumte (Bellini) 787
  Ils sont passés ces jours ... (Bolaffi) 352
  Je briserai mes tristes chaînes (Torre) 347
  Je ne puis me défendre (Mayr) 475
  Je suis donc en la puissance (Rossini) 358
  Jeune Emilie ma douce amie (Mayr) 474
  La rigueur du sort ... (Ricci) 351
  Lorsque l'on aime ... (Bolognia) 357
  Ma simple innocence ... (Mazzoni) 346
  Mein Geliebter ... (Mayr) 488
  Mi vien da ridere (Pavesi) 272
  Mon cœur soupire 309
  Nella selvetta amica (Mortellari) 363
  No non ti dei lagnar (Paer) 475
  Non darmo un'ora (Bigatti) 272
  O toi pour qui je soupire (Ceracchini) 352, 728
  Objet de mon ivresse (Gordigiani) 475
  Per pietà bell' Idol mio 310
  Per quell' amabile ... (Mayr) 474
  Perchè presente ... (Pavesi) 350
  Perchè tardi amato sposa (Mayr) 488
  Pour un baiser faut-il perdre ... (Blangini) 611
  Povere mie speranze (Francesco) 475
  Quel caro amato oggetto (Gordigiani) 475
  Scioglierò le mie catene (Torre) 347
  Se alcun veduto (E. Paganini) 271
  Sentir un dolce affetto (Bordogni) 371
  Soffri amor per qualche istante (Rossini) 878
  Sol per te mio bel tesoro (Guglielmi) 475
  Son troppo innocente ... (Mazzoni) 346
  T'adorer belle Emilie (Guglielmi) 475
  Te quitter, ma douce amie (Bolaffi) 351, 727
  Unique objet de ma pensée (Rossini) 358
  Voi che sapete 309

Cavatina alla Polacca (Carafa) 59, 630
Cavatina per Matrimonio per Sussurro (Festa-Maffei) 263
Cavatine (Carafa) 560; (anonym) 501
Cavatine (chantée dans: La Capricciosa Corretta) (Paer) 362
Caverne (La; Oper: Le Sueur) 105 (4)
Caza de Henrique IV (La) s. Caccia di Enrico IV (La)
Ce doux espoir par la crainte 108
Ce doux lutin qu'il me faut oublier 336, 608
Ce jeune homme depuis huit jours 110
Ce malheureux qui sous l'ombrage 369
Ce matin dans une bruyère 175, 570
Ce n'est pourtant pas dieu merci 614
Ce n'est qu'dans not' bell' France 546
Ce n'était pas là de l'Amour (Romance) (Le Mière de Corvey) 455
Ce penchant aux douces erreurs 372
Ce qu'il ne faut pas dire (Chansonette) (Lafont) 748
Ce qu'on appelle Amour (Romance) 554
Ce que c'est de vieillir (Chansonette) (Romagnesi) 667
Ce que j'adore (Romance) (Lambert) 371
Ce que j'aimais, hélas! 465
Ce que j'aime en toi ma Laurette 384
Ce que j'éprouve loin de vous 380, 479
Ce que je désire 179, 233
Ce que mon cœur aime à penser (Romance) (Lechallier) 442
Ce soir Inès à l'heure du silence 628
Ce sublime essor m'épouvante! 365
Ce testament lorsque j'y pense 607, 677
Cease rude Boreas blustring railer 90
Cédant au bruit des armes 367
Cède à l'Amour! (Chansonette) (A. Jadin) 452
Celadon (Battishill) 88
Celanira (Oper: Pavesi) 597, 598 (2), 649
Celebrated (Italian) Air (N. Piccinni) 140
Celeste man placata 688
Céleste objet, sensible créature 106
Celle dont la tendresse d'espoir 840
Celle que j'aime (Chansonette) (Auber) 837
Celle que j'aime est très jolie 543
Celle que j'aime tant, lasse d'être cruelle 446
Celle que je préfère (Chansonnette) (Moreau) 550
Celui que ton cœur préfère 707
Celui qui sut toucher mon cœur 669, 670
Cendrillon (Ballett: Sor) 820
Cendrillon (Oper: Isouard) 41 (5), 42 (4), 48, 242, 243 (3), 291, 292, 304 (4), 314 (2), 317, 318 (2), 387 ?, 405 (2), 406, 408, 414, 477, 486 (3), 487 (2), 609, 721, 770, 784, 867, 879, 974
Cendrillon (Rossini) s. Cenerentola (La)
Cenerentola (Isouard) s. Cendrillon
Cenerentola (La, Oper: Rossini) 359, 420, 556, 558 (2), 560, 576, 590 (2), 599 (2), 625 (2), 632, 686, 717, 723, 731, 759, 784, 859, 870, 912
Cercherò lontana terra 641
Certain esclave de Phrigie 110
Ces beaux Messieurs ou Non, non, je ne veux pas (Chansonnette) (H. F. Berton) 334
Ces champs peuvent-ils te sourire 751
Ces messiers ont cet avantage 107
Ces mouvemens de tendresse 264

Ces yeux où les tiens savaient lire 464
Cesar in Farmacusa s. Cesare in Farmacusa
Cesare in Egitto (Oper: G. Pacini) 378
Cesare in Farmacusa (Oper: Salieri) 236
Cesen ya tantas lagrimas 573
Cesse de m'abuser fugitive 153
Cessi o mai quel tuo rigore 582, 592, 624, 685
Cessino al fine i palpiti 573
Cessons d'aimer Adèle, hélas! 444
Cet appareil de fête ajoute à mon malheur 307
Cet homme là je le parie 500
Cette main victorieuse te rend 358
Cette nuit sur la montagne 678
Cette vermeille rose 707
Ch'io mai vi possa lasciar d'amore 265, 491, 836
Ch'io perdessi la mia pace 381
Chactas au Tombeau d'Atala (Romance) (de Peellaert) 391
Chacun avec moi l'avouera entre les fleurs fraîches 107
Chacun dans ce palais 515
Chacun le sait, chacun le dit 536
Chacun me croit de ce canton 454
Chacun son Paquet (Ronde Villageoise) (Mees) 498
Chagrin d'Amour (Romance)
    Amans qui du Dieu de Cythère (Gossec) 444
    Je possédais la jeune Aglaure (Roger) 481
    Je reprends la vie ... (P. M. Berton) 440
Chagrin d'amour avait flétri ma vie 553, 965
Chagrin d'amour m'agite et me dévore 447
Chalet (Le; Komische Oper: A. Adam) 798, 799
Chalyf von Bagdad (Der) s. Calife de Bagdad (Le)
Champs émaillés de fleurs, et vous ruisseaux limpides 437
Chanson
    Aimez vous avez quinze ans (Plantade) 154
    Faut-il être tant volage? (Gilles) 363
    La jeune Thémire est charmante (Ferrari) 502
    Narguons la tristesse 545
    Ne soyez qu'infidèle (Mazas) 549
    O Démocrite en ta philosophie (Panseron) 484
    Point de tristesse ... (Kraus) 661
    Point ne voudrais pour bien passer (L. Pradère) 152
    Un jour échappe de Cythère (Cherubini) 155; (anonym) 502
    Vive un amant pour être prévenant! (Dietrich) 440
Chanson à toi (Paer) 233
Chanson anglaise en Trio (Mr.xxx) 445
Chanson bachique (St. Champein) 444
Chanson de guerre ‹ Kriegslied › (J. Weigl) 319, 320
Chanson italienne, mise en duo (Cherubini) 155
Chanson Napolitaine ·996
Chanson Nègre (L. Pradère) 153
Chanson Sicilienne 478
Chanson vénitienne 893
Chansonnette
    Aimer est un tendre délire (Blangini) 614
    Bien malin qui m'attrappera (Panseron) 549, 734

Dans cette vie je le soutiens (Maillard) 379
Dans un rond de bergerettes (Domnich) 432
Grâce à tant de tromperie (Bovin) 480
J'aimais à chanter autrefois (Moreau) 431
J'étais bien jeune encore (C. Pleyel) 434
Je n'ai pas encore de maîtresse (Bouffet) 380
Pour mieux tromper l'œil des jaloux (Romagnesi) 732
Chansonnette (2 St.) (Romagnesi) 333, 604, 814
Chansonnette Savoyarde (Louis Jadin) 333, 605, 814
Chansonnette (arr. f. 2 St.) sur un motif de Beethoven (Bruguière) 831
Chant chevaleresque (Léonide Jadin) 447
Chant d'Amour (Dugazon) 274
Chant d'Haïti (Laffillé) 468
Chant d'Hymen (Moreau) 358
Chant d'un Vendéen (Scheyermann) 826
Chant d'une Odalisque (Monière) 377
Chant de l'Hellénie (Hurel) 825
Chant de Medorah (Rouzé) 338, 821
Chant de Noce villageoise, imité d'un vieil Air Breton (Bruguière) 666
Chant de Romance (F. N. Duvernoy) 485
Chant de Virginie (Romance) (Troupenas) 471
Chant des Jeunes Marins Boulonnais (Barcarolle, 2 gleiche St.) (de Garaudé) 382
Chant des Mariniers (Barcarole) (Andrade) 750
Chant du Captif Espagnol (Garat) 386
Chant du dernier Abencérrage (de S***) 825
Chant en l'Honneur de la Ste. Vierge (2 stg. Motette über eine sizilianische Weise) 848
Chant Espagnol (de Garaudé) 376
Chant Français (A. Pacini) 995
Chant guerrier (Leroux Père) 757
Chant guerrier d'Alfred (Gonthier) 447
Chant Nocturne (Sérénade, 2 oder 3 St. ad lib.) (Mees) 499
Chant Nocturne d'Alfred, Observant les positions du Camp Danois (Lambert) 438
Chante, chante, Fauvette (Romance) (Bruguière) 830
Chante Heloïse (Romance) (Panseron) 464
Chante le Repos (Romance) (Féréol) 751
Chante, pauvre Petit (Romance) (Gaubert) 452
Chanter c'est mon bonheur suprême 953
Chanter l'esprit et la beauté 371
Chanter ô terreurs 707
Chanterois tant douce Mie, eus-je, dieu des arts 730
Chantez, Linus, les faveurs éclatantes du dieu 364
Chantez Petit! (Chansonnette) (Panseron) 468
Chantons à pleine gorge 351
Chantons gaîment, jeunes bergères 668
Chantons gaîment la barcarole 519, 851
Chantons la Barcarolle, amis soyons dispos 903
Chantons le jour le plus beau de ma vie 16
Chantons un Air napolitain (Barcarolle, 2 St.) (Panseron) 900

Chantre d'Azor, que tu plais à nos cœurs
444
Chants du Cynge, Dernières Mélodies de Schubert. No. 1 s. (13) Lieder ... (Schubert)
Chants funèbres .... de L. v. Beethoven 909
Chaperon Rouge (Le) s. Petit Chaperon Rouge
(Le)
Chapitre Second (Le; Oper: Solié) 109 (7)
Chaque matin aussitôt que l'aurore répand le jour 334
Chaque matin, en baillant, on s'éveille 665,
820
Charles de France ou Amour et Gloire (Oper: Boieldieu) 578, 582, 584, 596 (3)
Charles et Agnès Sorel (Romance) (de Garaudé) 380
Charles oubliant toute la terre 448
Charles VII (Romance historique) (Gaveaux)
448
Charlotte au Tombeau de Werther (Romance) (Plantade) 152
Charlotte to Werter (Mendelssohn) 955
Charm me asleep, and meet me so 947
Charmant paiis, séduisante contrée 839
Charmant ruisseau je t'en supplie 654
Charmante Gabrielle (Romance) 386
Charmantes fleurs, présent de flore 545
Charmants Oiseaux (Nocturne français/Romance, 1 oder 2 St.) (Vaillant) 377, 445
Charmants oiseaux dont la discrète flamme
377, 445
Charme trompeur cesse de me poursuivre 392
Chasse au Renard (La; Vaudeville?: Doche)
677 (2)
Chasse du: Jeune Henry (La) s. Jeune Henri
(Le)
Château de ma Tante, ou l'Amour et les Cartes (Lecamus) 628
Château de Monténéro s. Léon ou Le Château
de Monténéro
Che affanni oh che pene 86
Che ascolto! ... 364, 623, 632
Che bel contento 894
Che bel piacere al cuore 612
Che bella vita è il militar 362
Che cangi tempra mai più non spero 352
Che chiedi che brami 751
Che ciascun per te 491
Che farò senza Euridice 214
Che mai potrà 702
Che non mi disse un di 268
Che sorda al mesto pianto 382, 589
Che ti giova, cara Fille 176
Che vago sembiante, che luci vezzose 235
Che vai pensando (Duetto madrigalesque) (Händel) 906
Cheer'd by the cry of victory 914
Cher amant, l'hymen entre nous 335, 607, 815
Cher compagnon de mon enfance 385
Cher Lorenzo que Barcelone admire 903
Cher objet de ma tendresse 106
Cher objet! ton absence 261
Cherchez-vous le bonheur suprême? 447
Chère Almaïs, voici donc la tourelle 454
Chère Atala, ma bien aimée 391
Chère Marie entends-tu le tambour 671
Chère Mathilde, ô malheureuse amie? 441
Cherecate 685
Cherokee (The; Oper: Storace) 116
Chers compagnons disait à ses soldats 428

Cheti, immantinente 641
Cheval de Bronze (Le; Komische Oper: Auber)
528 (5), 801 (3), 836 (2), 916
Cheval échappé (Le; Blangini) 612
Chevalier de Canolle (Le; Komische Oper: Fontmichel) 808
Chevalier Dûpe auf dem Jahrmarkt (Ballett: Kinsky) 322 (2)
Chez nous il est un monastère 841
Chez nous les hommes, les coquettes 110
Chi d'amor squarciò la benda 261
Chi dice mal d'amore 211, 222
Chi m'ascolta il canto usato 555
Chi mai di questo core 178, 275, 491
Chi menta su, chi scende giù 291
Chi mi dice il gran per che 211
Chi, per pietà, mi dice 848
Chi sa dirmi, o mia speranza 358
Chi un dolce amor condanna 491
Chi vuol la bella rosa 221
Chiara di Rosembergh (Oper: Generali) 371
Chiara di Rosembergh (Oper: Ricci) 742 (3),
801 (2)
Chiedi all'aura lusinghiera 636, 697
Childhood's Love (Bellini) 931
Chimène et le Cid (Romance) (A. Pacini) 266
Chinafarerne (Singspiel: C. Schall) 208
Ching Chit Quaw (Air) 121
Chloe (Lied) (Kanne) 314
Chloé gentille bergerette 452, 497
Chloe, kennst du jene Stunde 314
Chœur de guerre ‹Kriegslied› (J. Weigl) 320
Chor (J. Haydn) 388
Chor
Ah tergi i bei lumi 342
Al Verdens Skaber mild og blid! 523
Allein du rufst mich aus meiner Nacht 569
Dann denk' ich es ganz, ... 569
Ehre sey dem Vater und dem Sohne (B. A. Weber) 567
Gloria! Die Dreieinigkeit, in Ewigkeit 774
Herr! nie laß uns im Glauben wanken (Händel) 569
Sei mit uns, mit deinem Volke, Gott, Vater!
774
Trockne deine Thränen (Winter) 342
Unsre Seele harret auf den Herrn (Rolle)
569
Wie erhebt sich das Herz 569
Wohlauf! seht dort der Sonne Strahlen 781
Chor (4 MSt.) (Rossini) 797
Chor, mit dèm Liede: O Gottes Lamm, unschuldig (Hasse) 569
(Zwölf) Choräle harmonisirt (J. G. Schneider)
782, 785, 788, 791, 794, 797, 800, 803,
806, 809, 812
Choral
Allein Gott in der Höh' sey Ehr' 764
Auch jetzt macht Gott uns offenbar 764
Danket dem Herrn, denn er ist sehr freundlich 766
Eine feste Burg ist unser Gott 765
Eins ist Noth, ach Herr dies Eine 775
Erhalt' uns, Herr, bei deinem Wort 764
Gott sey uns gnädig 774
Herr, deine Allmacht reicht so weit 767
Herr Jesu Christ, dich zu uns wend' 764
Herzlich lieb hab ich dich (Gastaritz)
778 (2)
Hier ist mein Herz, Herr, nimm es hin! 774

Jesu meine Zuversicht 766
Komm Gott Schöpfer, heiliger Geist (Bach, BWV 370) 21
Kommt, lasst uns niederfallen (P. Schulz) 778
Lob't unsern Gott mit fröhlichem Gemüthe 767
Nachsicht, Langmuth, stilles Dulden 774
Nun bitten wir den heiligen Geist 766
Nun danket alle Gott 765
Sende, Himmel ... (Spohr) 777
Wer nur den lieben Gott lässt walten 765
Choralchor (Bach, BWV 231) 567
Chorgesang der erstkommunizirenden Kinder (Schinn) 394
Chorgesang nach der Erneuerung der heiligen Taufgelübde bey der Kinder-Kommunion (Schinn) 394
Christ lag in Todesbanden 809, 990
Christ, unser Herr, zum Jordan kam 788
Christe, du Lamm Gottes 803
Christels Klage am letzten März (Hildebrand) 344
Christi Geburt (J. A. P. Schulz) 564
Christi Grablegung (Oratorium: Neukomm) 64
Christi Grafläggning s. Christi Grablegung
Christi Huld gegen den gefallenen Petrus (J. A. P. Schulz) 562
Christian Tzessell von Schwenting, eine Schlesische Volkssage (Schaum) 143
Christiane (Randhartinger) 878
Christum wir sollen loben schon 979
Christus der ist mein Leben 986, 989
Christus ist erstanden 803
Christus tenebris obsitam 907
Ciel, che intendo? 640, 701
Ciell che veggio 638
Ciel exauce ma prière 603
Ciel pietoso! Ciel clemente 867
Ciel pietoso in si crudo momento 637
Ciel sei tu che in tal 639, 700
Cielo! che mi chiedete! 555
Cielo! la morte! 367
Cielo, pietoso cielo 590
Cimetière de la Madeleine (Le; d'Ennery) 111 (2)
Cinquantaine (La) s. Fête de la Cinquantaine (La)
Cinta di fiori 532, 700
Ciro in Babilonia (Oper: Rossini) 365, 572, 582 (2), 593, 594, 729
Citharspilleren 80
Clärchen (Blüher) 323
Claire est espiègle 106, 149
Clamantis ecce vox sonans 907
Clara (Romance) (F. Garat) 261
Clara (Schauspielmusik: Thrane) 844
Clara mej ofta banna plär 27
Clara, n'a pas besoin d'ayeux 261
Clari (Romance) (R. Kreutzer) 454, 627
Clarice (Romance) (Dolive) 817
Clarisse (Romance) (Gail) 353
Clarisse, n'a pas du destin 353
Claudine (Carr) 125
Claudine eller Skaputsaren s. Claudine ou Le Petit Commissionnaire
Claudine ou Le Petit Commissionaire (Oper: Bruni) 30 (2), 31 (2), 32 (2)
Clémence (Nelet) 758

Clémence Isaure (Romance) (Woets) 570
Clément Marot et Marguerite de Valois (Romance historique ...) (A. Pacini) 542, 605
Clemenza di Tito (La; Oper: Mozart, KV 621) 42, 126, 132, 178, 228, 230, 231, 241, 243, 257, 298, 300 (3), 301 (6), 313, 390, 420, 421, 479, 512, 513 (6), 558, 578, 581, 594, 658 (2), 659 (2), 767, 773, 780 (2)
Cleopatra's Tod (Ballett: J. Weigl) 186 (3)
Cleveland's Farewell to Minna (Thomson) 954
Clitandro oh se sapesse 252
Clochette (La) ou le Diable Page (Oper: Hérold) 424, 515 (2), 580, 592 (2), 822
Clori la Pastorella (Canzonetta) (Crescentini) 285, 385
Cloris à sa Lyre (Romance) (de Peellaert) 392
Clotilde (Oper: Coccia) 598 (2)
Cœur à moi chagrin Félicie 432
Cœur perdu (Chansonnette) (Le Mière de Corvey) 445
Cœur timide et sans foi 267
Coiffeur et le Perruquier (Le; Vaudeville: Heudier) 607, 677
Col sorriso d'innocenza 693
Cold was the night wind 117, 940
Colección de Canciónes Españolas 571
Colei che prima potè 705
Colette (Romance) (Paer) 465
Colette (Romance, 2 gleiche St.) (de Garaudé) 375
Colette a dix huit ans 748
Colette, au village, a reçu le jour 375, 465
Colette disait à Colin 438
Colin des bergers du village 748
Colin dit que je suis sévère 548
Colin et Colette ou toi et moi (Romance) (H.-M. Berton) 748
Colin paa Rhinens Vover laae 519
Colin, que vous ai-je fait! (Chansonnette) (Aulagnier) 470
Colin va-t-en (Chansonnette) (Romagnesi) 483
Collins Grave (an elegiac Ballad) (I. Pleyel) 124
Collonien s. Isola d'Amorè (L')
Colma (Chant Ossianique) (C. Pleyel) 433
Colmo di duol, regina 363
Colpa Emendata dal Valore (La) s. Barone di Dolsheim (Il)
Colporteur (Le; Komische Oper: Onslow) 518, 519, 786, 831 (2), 857 (2), 858, 887, 890
Columbia (Hill) 131
Columbians raise your cheerful songs 131
Columbus 291
Columbus (Desanges) 947
Com'ape ingegnosa 236, 346
Com'e gentil 641
Comando fu di Cesare 637
Combien j'ai douce souvenance 752, 906, 969, 995
Combien je te regrette, beau ciel de mon pays! 336, 608
Combien l'éclat qui m'environne 904
Combien la nature est féconde en plaisirs 552
Combien ô trône de Cibele 604
Come ah come ogni cosa 699
Come all noble souls 97 (2)
Come, and beneath the Linden Shade (Duett) (Donizetti) 967
Come, away, girls! To labor! 965
Come away to the masquerade 912

Come bonny Lassie 128
Come buy of me a Nosegay (A. Lee) 945
Come buy of poor Kate primroses 89
Come Cheerfulness! triumphant Fair! 948
Come dolce all'alma mia 362, 556, 593, 631
Come dwell with me beneath the sea 946
Come Elfin Maids (Crouch) 943
*Come fill, fill my good fellow (Schenk ein,
mein guter Junge)* 813
Come fill we a glass to the days of old 927
Come frenar il pianto 590
Come gentle strains 100
Come gentle Zephyr (Geary) 101
Come hither, hither, my pretty rosy boy 927
Come if you dare (Purcell) 104
Come il bacio d'un padre amoroso 706
Come il candore 584, 592
Come il rospo sempre 346
Come in un giorno solo 705
Come lasciar potrei 231
Come let me take thee to my breast 936
Come let us laugh 97
Come let's seek the fairest bowers 927
Come list unto my ditty 141
Come mai da te lontano 351, 727
Come my fair one 96
Come my lovely Maiden 943
Come notte a sol fulgente 640
Come o'er the mountain, love! ... 912, 937
Come Paride vezzoso 636, 697
Come partir poss'io 223
Come pass one happy day with us 942
Come potrei mai vivere 241, 308, 487, 560
Come potrò 624
Come qual cenno oh colpo 379
*Come rouse brother sportsmen the hunters
all cry* 90
Come sembrava mi bello il mattino 374
Come sereno è il di come più bello 369
Come? Si che l'estinta infida mia consorte
365
Come! sit down beside me 913
Come t'adoro e quanto 699
Come take our boy (Guernsey) 942
Come take this Flower (Morris) 946
Come tell me where the maid is found 285
Come ti piace, imponi 241, 513, 581, 594,
659
Come to my cot 917
Come to my sheeling Norah (Nicholas) 937
Come to the Jasmin Bower (Puget) 931
Come touch the chords again 919
Come! where, darkly glow'ring, night 967
Come, where the rose is blowing 917
Come with thy strains of love and hope 918
Come, ye village fair! Haste ye, pretty lasses!
969
Comedy of Life 121
Comedy of the Chances (J. Chr. Smith) 99
Comme au temps où dans la prairie 544
Comme autre fois je t'en supplie ah! 553
Comme il est beau le ciel de ma patrie 451
Comme la vie, l'amour est un feu créateur
450, 548
Comme le rossignol qui sous l'épais feuillage
903
Comme on aime (Romance) (A. Meissonnier)
458, 480
Comme on voit l'abeille presser chaque fleur
346

Comme tout change avec le Tems (Chanson-
nette, 2 St.) (Romagnesi) 668
Comme un torrent, s'élance une onde vive 643
Comme un voile étoilé, vois-tu, jeune Glycère
757, 825
Comme une erreur mensongère 450
Comme une rose épanouie 433
Comme une vaine erreur 543, 606, 672
Comme va le Monde (Boutade) (P.-J. Garat) 431
Comment faire? (Boléro) (Ducocq) 549
Comment faire? (Romance) (Lambert) 370
Comment la voir et ne pas l'adorer? (Romance)
(Gouet) 757
Comment ne pas croire à la flamme 153
Comment veut-on que je devine? (Chanson-
nette) (A. Pacini) 551
Comment voulez-vous que je chante 627
Compagnon soumis de mes jeux 386
Compagnons du devoir après le tour de France
841
Complainte de l'Aveugle espagnol (J. T.) 286
Complainte de la Duchesse de la Vallière, ...
(Balochi) 435
Comte Ory (Le; Oper: Rossini) 471, 733, 734
(2), 786, 834, 889, 890
Comtesse de la Marck (La) ou Tout par Amour
(Komische Oper: Blangini) 611, 613, 615
(2)
Comus (a Masque: Th. A. Arne) 91
Con dolce forza le tue pupille 176, 293
Con qual franchezza il perfido 719
Con rispetto e riverenza 272
Concert à la Cour (Le; Komische Oper: Auber)
769, 827, 963
Concert bey Hofe (Das) s. Concert à la Cour (Le)
Concert Interromptu (Le; Oper: H.-M. Berton)
45, 47, 49, 112, 285
Conçois-tu toutes mes douleurs 438, 655
Condotta ell'era in ceppi 711
Confidences (Les; Oper: Isouard) 82 (2), 83,
112 (2), 285
Confusa quest'alma 223
Conosci tui martiri 878
Conquista dell'Indie Orientali (Oper: Fede-
rici) 271
Consacrons nos airs et nos concerts 847
Conseils à ma Fille (Romance) (H. F. Berton) 452
Conseils à Rosine (Romance) (Grast) 545
Conseils aux Demoiselles (Romance, 2 St.)
(de Garaudé) 363
Conseils de Mentor (Piccini) 384
Conservati fedele 491
Conservez bien la paix du cœur 286
Conservez bien votre bonté 487
Consigne à mon Chien (Gatayes) 386
Consolation d'un Amant malheureux (Romance
Allemande) (Haydn, Hob. XXVIa, 9) 434
Constance (Romance) (de Beauplan) 797
Constanza e Romilda s. Romilda e Costanza
Constanze og Romilde s. Romilda e Costanza
Consumé de mélancolie un écossais redit 345
Consumé de mélancolie un écossais répète encor
832
Conte mio se l'eco avesse 591
Contende il giubilo 707
Contento il cor nel seno mi senti giubilar 350
Contessa di Colle Erboso (La; Oper: Generali)
616?
Aria, eingelegt in: Cantatrici Villane (Le;
Oper: Fioravanti) 583, 595

Contre le sexe on se récrie 356
Contrition (S. Arnold) 89
Contro cento 622
Contro un cor che accende amore 601
Convivial Harmony. Being a Favourite Collection of Catches, Canons, and Glees (S. Arnold) 97
Coppia si tenera così fedel 230
Coradino (Oper: S. David) Cavatina aus: Ermione (Rossini) eingelegt 758
Corali ou la Lanterne Magique (Komische Oper: Bianchi) 114 (2)
Coralie (Romance) (A. Meissonnier) 365, 479
Corine (Romance) (Lélu) 465
Corinna an ihren Geliebten, der sie nicht Du nennen wollte 269
Corinths Belägring s. Siège de Corinthe (Le)
Coriolano (Il; Oper: Nicolini) 240, 241, 242, 271 (2), 488, 905
Corisandre ou la Rose magique (Oper: H.-M. Berton) 628
Cornet (Der; Operette: Küffner) 789, 803
Cornette (La) s. Cornet (Der)
Coro (F. Kuhlau) 417
Coromandel (Brown) 131
Corsair (The) s. Corsaire (Le)
Corsaire (Le; Ballett: R. N. Bochsa) 918 (2)
Corsarerne (Komische Oper: J. P. E. Hartmann) 529 (3)
Corsaro (Il; Oper: G. Pacini) 798
Cortez s. Fernand Cortez
Cosackenoffizier s. Kosakenoffizier (Der)
Così, donne mie care 357
Così fan tutte (Opera buffa: Mozart, KV 588) 65, 75 (2), 76, 187 (2), 217, 232, 236, 238, 239, 258, 262, 263, 279, 301, 506, 579
Costanza e Romilda s. Romilda e Costanza
Couché sur la déserte plage 447, 501
Could'st thou but know 953
Couplets
   A l'aspect d'un affreux orage (St. Champein) 443
   Chantons le jour ... (Karsten) 16
   Elle est à moi ... (H.-M. Berton) 153
   On dit que l'himen et l'amour (Lafont) 644
Couplets à ma Mère, pendant ma captivité en Sibérie (M. Giuliani) 447
Couplets à Sophie (L. Pradère) 152
Couplets chantés à l'occasion du Mariage de S. A. S. le Prince ... de Mecklenbourg Schwerin 109
Couplets du Peintre par Amour (Janssens) 392
Couplets trouvés dans le berceau de la petite fille, recueillie par la Princesse Louise de Prusse (Momigny) 153
Coupletter 60
Couplettr i anledning af Kongl. Majts återkomst från Ryssland 17
Courage et Raison (Romance) (Carbonel) 477
Couramé ou l'Amour de la Terre Natale (Romance) (H. F. Berton) 337, 830
Courteous Stranger (the favorite Polonaise) (S. Arnold) 116, 135
Couvert d'une armure brillante 755
Couvert de gloire ét rempli espérance 444
Couvert de sang et chargé de blessures 430
Craignés, jeunes beautés 112, 285
Craignez, naïves pastourelles 354
Craignez une fillette 106
Crains mon courroux, fuis ma présence! 351

Crainte et Plaisir (Romance) (Hutchinson) 433
Crainte et plaisir troublent mon cœur 433
Creation (a Chorus) (Schwindel) 130
Creation (The) s. Schöpfung (Die)
Creation of the World (The) s. Schöpfung (Die)
Creator alme siderum 399
Credeasi misera 701
Créoles (Les; Oper: H.-M. Berton) 732 (2)
Crociato (Il) s. Crociato in Egitto (Il)
Crociato in Egitto (Il; Oper: Meyerbeer) 376, 625 (2), 690 (5), 691 (7), 731, 742, 799, 827, 828
Crocus und Hepatica 324
Crois moi le luxe 536
Crois que mon vœu le plus sincère 349
Croppies lie down (Irish Air) 101
Croyez ma vieille expérience 667
Croyez vous que je me désole 468, 753, 817
Crucifixion. 22d Psalm 131
Cruda sorte 685
Crudel! perchè finora 240, 657
Crudo amor en tus cadenas 433
Cruel amour, tu déchires mon âme 364
Cruel ennemi des amours 614
Cruelle absence de le chérir 626
Cruelle Denise 266
Cuisinières (Les) 541
Cujus animam 929
Cupa fatal mestizia 641, 701
Cupid benighted 116, 135
Cupid rambling once astray 118
Cupidon est un drôle 268
Cymon (Dramatische Romanze: M. Arne) 91
Cyrus (Oper: v. Seyfried) 256
Czaar und Zimmermann s. Zar und Zimmermann
Czas wszystko goi 171
Czy to nie jest udręczenie 172

D'abord je veux, en mariage 678
D'ä väl Fan att ni som gör Musiken 28
D'aimer jamais si je fais la folie 273
D'amor la febbre 352
D'amor sull'ali rosee 707
D'Amour, gage flatteur 355, 437, 479
D'amour je bravais la puissance 446
D'amour, je veux fuir les tourmens 837
D'Auberge en Auberge (Singspiel: Tarchi) 82 (2), 83, 84, 110 (2), 111 (2), 184, 185, 246
D'Egitto la sui lidi 640
D'Henri second, de sa belle maîtresse 434
D'ici voyez ce beau domaine 516
D'où naît le trouble, qui m'agite 551
D'où peut venir le trouble 501
D'où venez vous, ma chère 532
D'où vient ce mélancolie? 902
D'où vient cette rougeur subite 818
D'où vient qu'en proie à la tristesse 267
D'où vient que je rougis? 364, 472, 747
D'un accueil qui m'enchante 477
D'un anno il giro 641, 702
D'un époux chéri 108, 134
D'un fol amour déabusé 643
D'un gai refrain la légère harmonie 736
D'un insensé d'un téméraire 515
D'un mensonge très innocent 113

D'un peu d'étourderie empruntons le secours 112

D'un pied léger et devançant l'aurore 545

D'un pouvoir usurpé malheureuse victime 111

D'un ruisseau qui coupait la plaine 642

D'un seul regard je connais la puissance 267

D'un sort contraire 837

D'un sort fatal, déplorable victime 467

D'un vieux château les antiques tourelles 353, 438

D'una madre disperata 731

D'une brillante cour je quitte le délice 441, 485, 603

D'une fausse pitié je ne fus point séduite 848

D'une haute naissance 522, 791, 879

D'une juste et vive tendresse 385

D'une mère infortunée 731

D'une montagne sur la cime 609

D'une voix craintive et tremblante 434

Då Bacchus bor i huset 6

Da bin ich alter blinder Mann 269

Da Døden ham rev fra vort Hierte 409, 505

Da droben funkelt der Komet 316

Da drüben (Otto) 882

Da drüben über'm Walde 882

Da fra mit Værksted 518

Da Gud os vilde Held tilmaale 509

Da hemmelig tyst under Egens 760

Da Hyrden gjenfandt Lammet 513

Då i nattens tysta sköte 30

Da ist das liebe Morgenlicht 887

Da ist die Stunde 708

Då jag var liten (Byström) 17

Da jeg drog fra mit Hjem med Smerte 525

Da jeg ham saae, jeg følde noget her 85

Da Lykken mig omsvæved 531

Da me che vuoi, che brami 599

Då, min vän! oss alt förlåter 21

Da mir mein Mädchen untreu ward 344

Da Oldtids gamle Guder döde 510

Da Pacem (Antienne pour la paix) (Choron) 907; (Sacchini) 908

Da pacem Domine ... 907, 908 (2)

Da quel di che l'innocente 637, 698

Da quel sembiante appresi a sospirare amante 310

Da sind wir Musikante wieder 790

Da steh' ich sehnend im Feld' und schau 888

Da stehest du, Sohn Gottes 565

Da tal punto più non vivo 360

Da tanto duolo e spasimo 489

Da te lungi il mio destino 375

Da te mio ben dipende 489

Da til os först Elskov steeg ned 205

Da tret ich wieder an den Tag 395

Da trug uns ja auf sanfter Welle 142

Da un Numeignoto dentro il mio seno 175

Da voi cari lumi 265, 349

Da, wo der Tiberstrom 147

Dämona (Singspiel: Tuczek) 289 (2), 312

Däva inte mycke höfligt 616

Dagen flöi med Lysets Vinger 183

Dagens buller hjertat kyler 715

Daignez prendre un guide 728

Dal, hvor jeg bygger 530

Dal tenebroso carcere 699

Dal tuo gentil sembiante 324, 491

Dal tuo rigore oppresso 613

Dal tuo stellato soglio 589, 689

Dalens hulde Pige 522

Dall'aule raggianti 705

Dall'Eridano si stende 638, 699

Dalmatia (Mitchell) 131

Dama Soldato (La; Oper: Orlandi) 347, 360, 556

Dame Blanche (La; Oper: Boieldieu) 61 (2), 62, 64 (2), 426 (4), 516 (5), 517, 691 (6), 692 (5), 724, 730, 741, 759, 762 (2), 770, 771, 780, 782, 783, 784, 785, 829, 856 (3), 857, 885

   Einlage-Arie (anonym) 549

Dame Clotho! noble Parque! 472

Dåmera ej flyter en saknadens tår 68

Damon und Pyties (Oper: Kalliwoda) 681

Danevang (Dansk Folkesang) (Bay) 421

Danevang med grönne Bred 421

Danina (Ballett: Lindpaintner) 741, 863 (7), 864

Dank (J. A. P. Schulz) 564

Dank am Neujahrs- oder am Ernte-Fest 565

Dank für den Erlösungs-Tod (Gattermann) 565

Dank für die Geburt Christi (Gattermann) 565

Dank theurer Oheim! 600

Dank um Liebe (Nägeli) 495

Danket dem Herrn 566, 568, 766

Danklied

   Gott Zebaoth! ... (Gratz) 394

   Laßt unserm Gott ... (Neuner) 397

Danklied für die Erlösung (J. A. P. Schulz) 562

Dankonning han lader en Havfrue gribe 522

Dankt dem Herrn! 145, 394

Dankt dem segnenden Gebieter 397

Dann denk' ich es ganz, daß du ewig mich schufst 569

Dann heisst's wandern wie die Andern 710

Dannemark! hellige Lyd! 416, 418

Dannevang 858

Dans ce mysterieux language 542, 604

Dans ce séjour de crainte 357

Dans ce séjour où l'innocence 435

Dans ce triste et sombre azile 543

Dans ces bois, dans cette prairie 451

Dans ces déserts, je finirai ma vie 428

Dans ces magnifiques jardins 537

Dans cet âge heureux de l'erreur 665

Dans cette aimable Solitude 570

Dans cette forêt solitaire 353

Dans cette plaine viens me trouver 822

Dans cette riante prairie 461

Dans cette vie, je le soutiens 379

Dans chaque bal, par sa danse légère 750

Dans l'âge d'or 467

Dans l'âge heureux où des plaisirs 347, 386, 430

Dans l'âme délaissée 537

Dans l'espoir d'avoir une belle fidèle 465

Dans l'ombre de la nuit 540

Dans la carrière de la vie 379, 455, 627

Dans la foule, Olivier 465, 609, 815

Dans la jeunesse aimons toujours 353

Dans la paisible indifférence 460

Dans la prairie elle brillait naguère 368

Dans la saison nouvelle 476

Dans la solitaire bourgade 365, 481

Dans la solitaire vallée 464

Dans la Thrace indomptée 375, 450

Dans le bocage rose sauvage 539

Dans le calme et l'indifférence 481

Dans le Châtel je suis entré 614

Dans le doux paiis qu'il habite 833
Dans le fond d'une tour 350
Dans le jardin de la beauté 335, 607
Dans le langage épistolaire 445
Dans le printems, dans le jeune âge 628
Dans le printems du bel âge 350, 726
Dans le sein d'Amphitrite 268
Dans le silence la nuit s'avance 267
Dans le vallon, triste et rêveuse 819
Dans le vieux château de son père 477
Dans les beaux champs de l'Helvétie 391
Dans les beaux vallons de Clarence 524, 735
Dans les bras de l'espérance 610
Dans les camps, dans les combats 348
Dans les champs Navarrois 439
Dans les combats de l'Ibérie 757
Dans les combats et par mainte prouesse 453
Dans les nœuds de l'hyménée 154
Dans les regrets et dans les larmes 542, 605
Dans ma retraite obscure 112
Dans ma solitude profonde ... 265
Dans mes bras mon enfant tu gémis 902
Dans mes yeux tu lis que je t'aime 443
Dans mon cœur je crois découvrir 538
Dans mon jeune âge, un jeune page 472
Dans mon Printems 440
Dans notre brasserie 535
Dans Rome une fille des champs 746
Dans sa barque légère le pêcheur amoureux 733, 834
Dans sa course brûlante 464
Dans sa retraite agréable 614
Dans sa tendresse frénétique 361, 446
Dans son délire, mon pauvre ami 454
Dans son printems la jeune Coralie 365, 479
Dans ton regard, dans ton sourire 376
Dans tous les romans de la vie 109
Dans un amoureux délire 410, 416
Dans un bosquet 748
Dans un bosquet délicieux 497
Dans un camp régnait le silence 439
Dans un Canton de la sombre Angleterre 454
Dans un castel, aux rives de Provence 451
Dans un château d'Occitanie 446
Dans un château de l'Arragon 134
Dans un délire extrême 410, 769, 876, 889
Dans un rond de bergerettes 432
Dans une barque légère 385
Dans une coupe d'Ambroisie 543
Dans une fête qu'amour apprète 112
Dans une forêt des Ardennes 110
Dans une molle insouciance 750
Dans une prairie, à Cythère 447
Dans une pure ivresse 725
Dans une retraite profonde 727
Dansen (Himmel, Op. 43, 2) 715
Dansk Fiirkreds Sang i Bern (Lyngbye) 426
Danske i Paris (De; Vaudeville) 524 (5), 525 (4), 862
Daphnis avec mystère m'a parlé de ses feux 444
Daphnis et Chloé (Nocturne, 2 St.) (Blangini) 749
Daphnis et Chloé (Romance) (Dupierge) 452
Daphnis et Chloé (Romance, 2 St.) (Pernet Fils) 497
Darf die Liebe nicht das Schicksal lenken 240
Darf ich zu deinem Preise 175, 652, 673
Darf mein Lied Dir leis' erklingen? 890
Dark-eyed Gipsy (Bishop) 918, 919

Dark eyed one! come hither to me 911
Dark was the night 116, 135
Darkness o'er the earth is creeping 942
Darmo mi, matko, stawiasz krosienka 171
Das Abentheuer des Pfarrers Schmolke und Schulmeisters Bakel (eine komische Romanze) (Kallenbach) 584
Das also ist der Schatz 489
Das Alpenhorn (Proch) 639
Das Alphorn (v. Seckendorff) 650
Das Angedenken (Gyrowetz, Op. 22, 1) 177, 297, 724, 869
Das Augenmaß (Petrack) 210
Das Bächlein das im Thale so leise murmelnd fließt 211
Das beste Leben hab' ick doch 796
Das Blümchen (Schinn) 398
Das Blümchen Wunderhold (Lied) (Beethoven, Op. 52, 8) 278
Das Brautpaar hoch! 710
Das Daseyn Gottes (Gläser) 775
Das deutsche Lied (Nägeli) 283
Das Dörfchen (Nägeli) 493
Das Echo auf dem Kynast in 3 Scenen: Empfindungen (Knecht) 145 (2), 146
Das Echo uns'rer Berge 634, 696
Das entscheidende Reis (Wechselgesang) (v. Neukomm) 728
Das Erwachen (Nägeli) 494
Das Feenland (Righini) 174
Das Fest der Freude ist erschienen 280
Das Flüchtigste (Nägeli) 493
Das fränkische Lied vom Kometen aus der fränkischen Chronik (G. V. Röder) 316
Das Gärtchen (Hurka) 166
Das Gastmahl (Nägeli) 282
Das Gebirgsmädchen bei der Abreise (F. Bérat) 809
Das Gefühl der reinsten Liebe 874
Das Geheimniss (Gross) 165
Das Geheimniss. Liebe und Wahrheit (Beethoven, WoO 145) 674
Das Gesetzbuch (Aria) 270
Das Geständniss (André) 675; (F. Schultz) 694
Das Glas gefüllt 893
Das Glück der Freundschaft (Beethoven, Op. 88) 59
Das Glück der Jugendjahre (Schinn) 399
Das Glück der Liebe (Knecht) 144
Das Glück des Lebens (J. F. Reichardt) 561
Das glückliche Land (Beethoven) 877; (A. Romberg) 177
Das Grab zerbricht 562
Das Graun der Nacht umgab die Welt 568
Das grüne Lautenband s. Mit dem grünen Lautenbande
Das gute und böse Herz (Schinn) 400
Das Häuschen (Schnyder von Wartensee) 855
Das hat er gut gemacht (Weiße) 209
Das Haus benedei ich und preiss' es laut 881
Das Heimathland 803
Das Herz ist gewachsen 812
Das Herz wird im Freyen dem Städter erst frey 280
Das Himmelsröschen (W. A. Müller) 853
Das Hindumädchen (Lhuillier) 797
Das Hirtenleben hat viel Freud' 202
Das Hüttchen (Morgenroth) 327; (Zelter) 173

Das ist alles eins 683
Das ist das ächte Lied 812
Das ist der Tag des Herrn 874, 881 (2), 897
Das ist die Schreckensstunde 179
Das ist ein köstlich Ding, dem Herrn danken
  (J. F. Reichardt) 564, 778
Das ist uns ein fröhlicher seliger Tag 396
Das ist vom Herrn gescheh'n 567
Das Johannes Würmchen (Wittassek) 328
Das Kartenhäuschen (Vanhal) 138
Das Kind (Klipstein) 147
Das Kind am Grabe der Mutter (P. J. Fournes)
  870
Das klinget so herrlich 14, 75, 706
Das Kräutermädel an die Städterinnen (Hur-
  ka) 145
Das kranke Kind (Romanze) (Otto) 880
Das kurze Glück (Romanze) (Grosheim) 150
Das lasst ein Leben, wie's soll, mir sein 683
Das Laub fällt von den Bäumen 675
Das Leben (Gattermann) 563
Das Leben der Menschen ist nichtiger Traum
  650
Das Leben giebt, das Teuerste zu retten 694
Das Leben ist ein Würfelspiel 297
Das Liebchen (Weinlig) 323
Das Liebchen ist so mild und gut 323
Das liebe kleine Baeumchen hier 139
Das liebende Mädchen 297
Das Lieblingsörtchen (Blüher) 325
Das Lieblingsplätzchen (Himmel) 165, 653
Das Lied der Trennung (Mozart, KV 519)
  558, 963
Das Lied vom langen Bart (Zoche-Zochetti)
  824
Das Lied vom Scheiden (Otto) 881
Das Lied von der Dankbarkeit (Sterkel) 176
Das Liedchen von der Ruhe (Beethoven, Op.
  52, 3) 279, 630
Das Lob der Grossen 963
Das Lob der Kleinen 963
Das Lob der Musik 301
Das Lösegeld (J. F. Reichardt) 874
Das Mädchen
  Ein Mädchen, das ein fühlend Herz 270
  Ich weiss ein Mädchen (Kunzen) 174
Das Mädchen am Bache (Georg Müller) 871
Das Mädchen am Ufer (L. Reichardt) 865, 883
Das Mädchen an das erste Schneeglöckchen
  (C. M. v. Weber, Jähns 267) 867
Das Mädchen an die Hoffnung (B. A. Weber)
  176
Das Mädchen aus der Fremde (Grosheim)
  294
Das Mädchen im Mai 786, 867
Das Mädchen ist mir ehrenwerth 296
Das Mädchen und der Vogel (A. E. Müller)
  71
Das Mägdlein will ein Freyer hab'n 248
Das Milchmädchen (Puget) 806
Das neue Grossvaterlied (Zschaler) 824
Das neue Lied (Schnorr) 295
Das Rauschen der Blätter auf wankenden
  Zweigen 681
Das Ritterspeel ei Fürstensteen, dan 17. Ogust
  1800 (Uber) 142
Das Röschen (C. M. v. Weber, Jähns 67) 866
Das Saatfeld ist gemähet 811
Das Schiksal winkt 301
Das Schnaderhüpfl (C. Fischer) 693

Das Schneegefild (F. L. Schubert) 807
Das Schneeglöckchen (Himmel) 177
Das schöne Jahr ist nunmehr fort! 561
Das Schwert an der Seite 495
Das Sehnen nach Ruhe (R. E.) 279
Das Singen ist ein köstlich Ding 824
Das Ständchen 211
Das Ständchen (Lied) (Harder) 313
Das Sträusschen (Kanter) 673
Das Süsseste (Hurka) 164
Das Tagewerk ist abgethan 283
Das Thal (Pillwitz) 651; (Schelcher) 745
Das Todtenopfer 282
Das Traumbild (Pohl) 179
Das traurige Turnei (Ballade) (C. Kreutzer)
  882
Das Unwandelbare (J. F. Reichardt) 879
Das Veilchen
  Crocus und Hepatica (Weinlig) 324
  Ein Veilchen auf der Wiese stand (Mozart,
  KV 476) 872
  Holdes Veilchen! (J. A. Miller) 397
  Von dunklem Laub umschlossen (Himmel)
  177; (Reichel) 618
Das Veilchen an Bianca (Methfessel) 650
Das Veilchen entblühte 651
Das Veilchen im Thale (C. M. v. Weber, Jähns
  217) 787, 866, 884
Das Veilchen und das Mädchen (Doering) 772,
  865, 883; (Fesca) 675
Das Verdienst 702
Das Vergangene (Rudersdorff) 651
Das Vergißmeinnicht
  Freundlich glänzt an stiller Quelle (Himmel)
  177, 869; (Reichel) 618
  Im hohen Schilfe grün und dicht (Grosheim)
  150
Das Vergißmeinnicht und die Rose (Methfessel)
  252
Das Vöglein (L. Reichardt) 770
Das Waisenmädchen (Panseron) 796
Das walt mein Gott 809
Das Wasser (Nägeli) 494
Das Wasser rauscht', das Wasser schwoll 201,
  253, 873
Das weiße Mäuschen (Schinn) 398
Das Würfelspiel 297
Das Wunderblümchen 867
Das Zigeunermädchen (F. L. Schubert) 794
Daß ein selig Band ihm bliebe 877
Daß ein selig Pfand ihm bliebe 249
Daß ich den Nachbar liebe 324
Daß mich Glück mit Rosen kröne 737
Daß mir diese Welt mit allen ihren Narren 495
Daß wir uns niemals wieder finden 738
Dauer im Wechsel (J. F. Reinhardt) 180
David (Melodram: Wittassek) 328 (4)
David (Oper: Liverati) 319
Davidde penitente (Kantate: Mozart, KV 469)
  848 (2), 849
Day is breaking round me 925
Day no longer beams around us 917
Day's beams are over 913
Days of my childhood now past and gone 934
De amores me muero mi madre acudid 571
De ce beau lac, sur ma nacelle un jour 666
De ce refus pénétrez vous la cause 545
De ce ruisseau ces fleurs ornaient la rive 476
De ce ruisseau l'on deparoit 239
De cet aveu si tendre 536

De cette résistance que faut-il 679
De det Held sig til Nytte føre 78
De deux beaux yeux 455
De fem Skaaler (Gyllenhaal) 82
De fixer le choix de l'amour 449
De Husliga Sorgerna (Dryckes Wisa) 37
De klare bölger rulled mod dunkle Aftenlund 405
De l'amandier tige fleurie 374
De l'amant qui m'engage 820
De l'amitié l'amour est la folie 266
De l'amour aimable ornement 453
De l'amour, de sa douce magie 426
De l'Amour évitons les armes 354
De l'amour j'ai porté la chaîne 445
De l'amour la douce ivresse 346
De l'antique chevalerie 757
De l'arc léger dont il nous blesse 346
De l'innocence du village 665
De l'intrigue ô vastes mystères 111
De la beauté fuyons les charmes 447
De la faible vieillesse 681
De la lampe qui nous éclaire 746
De la paisible indifférence 391
De la pauvre Isabelle, ah! 353, 479
De la raison la voix suprême 310
De la saison que toujours on regrette 153
De la sombre jalousie 627
De la triste destinée, ô dieux abrégez le cours 478
De la voiture enlevez-moi 731
De ljufva månskens stunder 55
De ma Céline amant modeste 496, 672
De ma chaumière, je vais en joyeux jouvenceau 444
De ma Thémire, dans mon délire 338
De me chérir toute la vie 360, 497, 672
De mes larmes, témoin fidèle 36
De mes soupirs, aimable confidente 392
De mes yeux le sommeil a fui 448
De milda Gudars nåd 59, 656
De moi Fanny s'est éloignée avec elle 462
De mon berger volage ... 357, 496
De mon premier billet te souvient-il encore 732
De mon vieux compagnon de gloire 461
De non parlare al misero 704
De nos bergères la plus belle 614
Des nos erreurs trop illustre victime 349
De nos vallons la fille solitaire 366
De oeniga Äkta 5
De pâles feux l'horizon se colore 355
Dè pappataci 272
De pena siempre barbara 573
De plus tendre amant 434
De prendre femme, un jour 377
De quels nouveaux malheurs 521
De quels transports sa présence en ces lieux 347
De Røde og Hvide Roser (Ibsen) 760
De sa voix le douceur enchante 440
De sagtnes alt, de Bölger 417
De sdegni tuoi mi rido 598
De sidde to Ravne paa Træet hist 523
De son bonheur, de sa tendresse 554
De spøgelser dandse ved midienat 34
De t'arresta, Siface! 682
De ta tiche détachée pauvre feuille 457
De tes beaux yeux (Romance) (F. Grast) 547
De tu Duer (Häsler) 77

De toi Frontin je me défie 286, 287
De tous les pays pour vous 110
De tre Stierner (Bay) 417
De vos oiseaux la douce mélodie 427
De votre confidence je m'honnore en ce jour 115
De Zilia (Romance) (de la Lance) 239
De'el take the warr 90
De' miei bollenti spiriti 708
Deaf Lover (The; Farce: Shield) Eingelegter Gesang (Pelissier) 331
Dear are the vale 917
Dear Boy throw that icicle down 125
Dear Holyrood (Ch. Smith) 916
Dear Home! (Tyrolienne) (Damoreau-Cinti) 969
Dear land of my fathers 916
Dear Mary (M. Arne) 88
Dear secret! which her only knows 935
Dear to my heart is my own sunny plain 926
Debatten i Politievinnen (Vaudeville: Rung) 529 (3)
Debilis cessent elementa legis 909
Debora e Sisara (Oratorium: Guglielmi) 285
Deborah (Oratorium: Händel) 92
Dęby wesołe naco wy szumicie 172
December snow is falling fast 934
Deck' dich zu, schlumm're nun zu guter Ruh 494
Deerfield (Billings) 131
Deh calma, oh ciel 598, 624, 632, 650, 684, 874, 956
Deh con me non vi 896
Deh! con te li piendi 635
Deh! la parola amara 705
Deh! lascia, ch'io respiri 378
Deh! m'inspira oh ciel 380
Deh! mi salva, deh! m'aita 705
Deh! non volerli vittime 635
Deh pensa che domani oggi fors'anco 359, 590
Deh per pietà de della mia sorte 239
Deh, per questo istante solo (Ach nur einmal noch in meinem Leben) 301, 512
Deh perdona ad un padre 640
Deh prendi un dolce amplesso 132, 178, 231, 300, 313, 479, 513, 658
Deh! Se mi amasti 699
Deh se piacer mi vuoi 300, 513
Deh! Se pietà pei miseri 379
Deh seconda amica, sorte 378
Deh! ti scorda in quel momento 267
Deh! tu calma o Dio possente 709
Deh, tu guida, oh ciel pietoso 598
Deh tu pietoso cielo 654
Deh tu reggi in tal momento 358
Deh vieni alla finestra 232, 484, 602, 687
Dein bin ich! Ein schönes Wort (Ej till färd åt fjerran land) 715
Dein gedenk' ich, röthet sich der Morgen 212, 295
Dein gedenk'ich und mit sanftem Beben 295
Dein Herz sey wie das Licht der Sonne 292
Dein ist mein Herz 710
Dein Silberschein durch Eichengrün 329
Deine Liebe ist mein Leben 491
Deine Lyra sie schweigt 800
Déjà brille l'astre des nuits 452
Déjà de nos climats Cérès exile Flore 346
Déjà de son souffle amoureux 464
Déjà frappé d'une stupeur mortelle 679

Déjà l'haleine du Zéphir 469
Déjà la nuit d'un voile sombre 338
Déjà la nuit sombre s'étend 969
Déjà le rants appelle les troupeaux 358
Déjà sur l'horizon seintillent les étoiles 153
Déjà tout renait à la vie 502
Déjà trois fois le soleil a l'aurore reparu 964
Del destin in van mi lagno 502
Del mio core il voto estremo 680
Del piacer s'avanza l'ora 709
Del più sublime soglio (Der höchste Thron der Erde) 301
Del sen gl'ardori nessun mi vanti 266
Délaissé par sa belle 552
Delauriers 624
Delia Duchessa ai prieghi 638
Délia et Verdikan (Oper: H.-M. Berton) 218 (2), 257 (2), 292
Delia the brightest of the village train 98
Delia und Verdikan s. Délia et Verdikan
Délie (Romance) (Laffillé) 461
Délire (Le; Oper: H.-M. Berton) 58 (2)
Dell' invito trascora è già l'ora 707
Della guerriera tromba 490
Della Rosa (Air Favori) (Rossini) 731
Della rosa il bel vermiglio ... 369, 731
Della Vita in sull'aurora, perdo, oi mè! 969
Delle trombe frammisto 698
Delphis et Mopsa (Oper: Grétry) 153
Deluding joys of gaudy art 95
Dem Allweisen (Neuner) 394
Dem, dem hans liar skörda 63
Dem Dreieinigen (J. A. P. Schulz) 563
Dem Druck' erlieget die Natur 70
Dem Erlöser (Schinn) 397
Dem Frieden Heil! 764
Dem Ideal des Herzens 289
Dem Landmann verrinnet auf Erden das Leben 779
Dem Schnee, dem Regen 893
Dem stillen Hause blick' ich zu 881
Dem Unendlichen (Ode) (J. F. Reichardt) 569
Dem Unglück heimgegeben 704
Dem 12te August 1806 (C. Schall) 207
Demain (Romance) (F. Garat) 551
Demain guidé par l'amour 310, 455, 538
Demain je puis mourir (Romance, 2 St.) (Romagnesi) 754, 818
Demain, je verrai ce que j'aime 551
Demain on vous marie (Romance) (Panseron) 902
Demain ou le Retour (Romance) (F. Grast) 547
Demetrio e Polibio (Oper: Rossini) 57, 272, 349, 599 (3), 623, 625, 650, 732
Demi Dieux que la terre encense 384
Démophon (Oper: J. Chr. Vogel) 24, 255, 259, 340, 773
Demüthigung vor Gott (C. Ph. E. Bach) 564
Den Älskande (Ariette) (Der Liebende) (Beethoven, WoO 139) 59
Den är borta, ack! jag arma! 61
Den Äldriges Klagan (Ariette) (Beethoven, WoO 138) 59
Den allas kärlek sig förvärfvat 616
Den arme Iwan 529
Den Bedjande Laura (Zelter) 717
Den blomstrande vår skrider fram under dans 59
Den Döende (Sang) (F. Kuhlau) 417
Den Dumme, som hæler 533

Den ensliga Blomman (F. Kuhlau) 51
Den er stærk, den gyldne Viin 529
Den ersten Kuß der Liebe 599
Den Fernen (F. Hartmann) 871
Den fernen Brüdern 281
Den Förnöjde (Aria) (Mozart, KV 473) 34
Den första Kyssen (Spohr) 714
Den förste gang jeg skued Bruden 513
Den Forladte 208
Den forladte Pige (C. Schall) 208
Den franske Dands 74
Den Fremmede (Methfessel) 847
Den fröhlichen Tanz der Savoyarden 234
Den fröjd, i dag ditt hjerta skänks 715
Den fromme Landmand (The Mermaid's Song) (Haydn, Hob. XXVIa, 25) 70
Den gamle Borg i Skovens Skygger 516
Den giftes God morgon (v. Dalberg) 53
Den giftes God natt (v. Dalberg) 53
Den Glade (Lemming) 845
Den glade Landboer (Christmann) 18
Den gröna, den sköna 718
Den Hirten in der Armuth gleich 397
Den Honig pflegt die ganze Welt 164
Den Hytte, som er Bacchi Bolig 85
Den kronede Norske Nationalsang (F. Kuhlau) 419
Den lefvande fullhetens yppia prakt 585
Den lille Pietro (Irgens) 421
Den Lyckliga Makan (Åhlström) 29
Den Lyckelige Konstner (C. Schall) 205
Den lykliga Barndomen (Byström) 20
Den, man som Herremand adlyder 508
Den man som utaf kärlek brinner 14
Den Mand, som Elskov giennemgløder 75
Den Mand som Elskovs Ild besjeler 516
Den Mand, som vil behage 82
Den Mann, den ich erwählt 686
Den manskjovän må heder ske 10
Den mörke Nat forsvunden er 413
Den Nattergal synger 504
Den Norske Bonde (Berggreen) 948
Den rette Biskop (J. A. P. Schulz) 74
Den role jag önskar vinna 26
Den Ruhm über alles zu lieben 686
Den Saknades Minne (Aria) (Haydn, Hob. XXVIa, 32) 35
Den sande rene Fryd 513
Den sidste Midnatstime i Aaret 1806 (C. Schall) 207
Den sköna som så ljufligt ler 14
Den skjönne Dag, da Du mig gav 530
Den Sladdrer seer jeg ogsaa her 517
Den Sökta Herden (Romance) (de Florian) 36
Den som ei drikke kan 521
Den som er uden Synd og Last 207
Den som lider uden Smerte 532
Den süssen Glauben gönne mir 641, 702
Den svarta jorden dricker (Tout boit dans la nature) 29
Den Tillidsfulde 207
Den Trofasta Kärleken (Whar ha'e ye been a'day) (C. M. v. Weber, Jähns 304, 10) 715
Den Ulykkelige til Sövnen (Barth) 184
Den Uskyldige Alder (Barth) 183
Denn unsre größte Wonn' 568
Denna dag jag Hymen lyder 4
Denne Flamme, som Kierlighed 505

Denne sidste Gunst i Livet 512
Deodata (Oper: B. A. Weber) 305 (4), 409
   (6), 410 (4), 505 (2)
Départ des Grecs (Chant Guerrier) (Castil-
   Blaze) 458
Dépêchons, travaillons 519, 691
Depuis deux ans privé de mon amie 392
Depuis dix Jours (Romance) (de Garaudé)
   437
Depuis dix jours écoulés sans te voir 354,
   437
Depuis la triste journée 448
Depuis le jour, ou son courage 230
Depuis longtemps 417
Depuis longtems Clycère 265
Depuis longtems de dieu d'amour 437
Depuis longtems, gentille Anette 413, 581,
   669
Depuis longtems j'aimais Adèle 439, 496
Depuis mes plus tendres années 465
Depuis qu'amour enflamme 726
Depuis qu'auprès de ma rivale 374
Depuis qu'aux genoux de Silvine 549
Depuis qu'Edvin ne voit plus son Emma 465
Depuis qu'une autre a su te plaire 154
Depuis que j'ai touché le faîte 547
Depuis que je connais Lucette 430
Depuis que ma jeune maîtresse 446, 612
Depuis que sur cette rive 431
Depuis quelque Temps, Thérèse 449
Depuis quelque tems le soleil 154
Depuis ta mort Elisa 729
Depuis un Jour (Romance) (Blondeau) 433
Depuis une heure je l'attends 346, 669
Der Abend
   Der Abend schleiert Flur und Hain (Meth-
   fessel) 252, 878
   In rothen Gluthen sank der Tag (N. Ger-
   son) 739
   Purpur malt die Tannenhügel (Methfessel)
   252
   Stille Ruhe deckt die Flur (Morgenroth)
   323
Der Abend auf dem Wasser (Himmel) 875
Der Abend kam, zur Frühlingsflur 325
Der Abend schleiert Flur und Hain 252, 878
Der Abend schwebt herab auf goldnen Flügeln
   324
Der Abend sinkt 894
Der Abschied
   Alter Sänger, zarter Minne! (Stössel) 651
   Das ist die Schreckensstunde (Beethoven,
   WoO 140) 179
   Dumpf ertönt (W. A. Müller) 854
   Lass mein Aug den Abschied sagen (Stehle)
   739; (Sterkel) 675
   Muss ich von dir auch scheiden (v. Schel-
   cher) 828
Der achte Psalm (F. L. Seidel) 567
Der Alpenhirt (Methfessel) 251
Der Alpenjäger (Romanze) (J. F. Reichardt)
   873
Der Alpensohn (Nägeli) 493
Der alte wilde Regen goss 175
Der alte Zaubrer der dort hauset 709
Der Ambos erschallt 809
Der arme Fischer (Schönche) 340
Der arme Thom's (H. Werner) 877; (anonym)
   315
Der arme Topfbinder (Proch) 639

Der armen Magdalenen Wiegenlied (Osthoff)
   871
Der Auferstandene (Neuner) 395
Der auferstandene Heiland (J. A. P. Schulz)
   562
Der Augenblick entscheidet 591
Der Bauer Troll und der Maler (Romanze)
   (Willimann) 294 (2)
Der Bergmann (Clasing) 879
Der beschwerlichste Stand 634, 695
Der Besuch (Himmel) 167
Der blaue Himmel (Nägeli) 280
Der Blumenkranz (E. Stegmann) 673
Der boede en Konge i Leire 418
Der boer en Kæmpe i Ætnas Huler 418
Der Bräutigam (Blüher) 324
Der Bund
   Bestätigt ihn nach alter deutscher Weise
   (Nägeli) 282
   Leiser nannt ich deinen Namen (A. Kretzsch-
   mer) 650
Der Compas (Spohr) 769
Der Corporal versteht des Dienstes Pflichten
   708
Der dandser en Pige for hver Mands Dör 414
Der deutsche Mann (Methfessel) 253
Der Dorfmusikant (J. Piccini) 792
Der du stets unsre Zuflucht bist 398
Der du von dem Himmel bist 675, 876, 894
Der Edelmann (Romanze) 301
Der Ehstand knüpft mit goldnen Banden 225
Der Eichwald brauset, die Wolken ziehn 420,
   871, 886
Der eifersüchtige Gärtner (Dennerlein) 311
Der Einsiedler (Nägeli) 493
Der Eistanz (Nägeli) 282
Der en Lov i Indien findes 515
Der er Billedet af Qvinden 528
Der er borte, men dog jeg bæver 517
Der er en Øei (Öe) Livet 504, 529
Der er et Land 425
Der er stor Forskjel paa min Fader 510
Der Erlöser (J. A. P. Schulz) 565
Der erste Kuß
   D'une voix craintive et tremblante
   (Haydn, Hob. XXVIa, 3) 434
   Die Lippe brennt, die Wange glüht (Otto)
   882; (Spohr) 876
   Leiser nannt ich deinen Namen (Haydn,
   Hob. XXVIa, 3) 434
   Minna! kennst du noch die Stunde (Näge-
   li) 495
Der erste Mai (Otto) 880
Der erste Ton der Saiten im neuen Aufenthalt
   323
Der Ewige segnet der Frommen Tage 871
Der Fischer
   Das Wasser rauscht, das Wasser schwoll
   (J. Th. Held) 201; (Methfessel) 253;
   (Zelter) 873
   Der Fischer ruht im Nachen (Moritz) 879
Der Fischerknabe (B. A. Weber) 311
Der Fleiß (Neuner) 395
Der Fluren Grün, das Abendgold 617
Der Freche treibt sein Spiel mit mir 719
Der freie Mann (Beethoven) (WoO 117) 179;
   (Nägeli) 282
Der freie Mann schaut die Natur 783
Der Freiheit goldne Stunden 882
Der Freudenwechsel (Lied) (F. J. Fröhlich) 277

Der Freundschaft heilge Pflichten treu erfüllen 487

Der Friede fehlt dem Leben 737

Der fröhliche Trinker (Righini) 174

Der fröhliche Zecher (Proch) 639

Der Frühling
  Der Frühling ist wieder gekommen 293
  Es kehret der Frühling ... (W. A. Müller) 851
  Preist Gott, der uns den Frühling schafft (Neuner) 395

Der Frühling entblühet dem Schoß der Natur 59, 619

Der Frühling erwacht, es grünen die Maien 799

Der Frühling ist wieder gekommen 293

Der Frühling umweht uns so lind und so warm 775

Der Frühlingsabend (Frühlings-Abend)
  Beglänzt vom rothen Schein des Himmels (Morgenroth) 325; (H. F. Müller) 151
  Es naht in stiller Feier 174

Der Frühlingsabend (Aria) (Kallenbach) 204

Der Garten des Lebens (Nägeli) 281

Der Geist der Harmonie (v. Hettersdorf) 652; (Sterkel) 176

Der Genügsame (Arendt) 880

Der Gesang (Hurka) 174

Der Gewinn des Lebens (v. Dalberg) 211; (Hurka) 180

Der Gram der mir die Seele füllt 711

Der Greis (Aria) 269

Der Greis des Silberhaares 167

Der Grieche und sein Sohn (C. M. v. Weber, Jähns 161) 748

Der Harfner (Methfessel) 252

Der Harfnerin Klagen (C. Eberwein) 890

Der Heerden froh Geläute 742

Der Heiland, welcher Jesus 794

Der heitre Himmel im Bächlein blinkt 493

Der Herbst
  Bunt sind schon die Wälder 143
  Wie gut und mild ist unser Gott! (Neuner) 396

Der Herbst durchgieng die stille Flur 324

Der Herbstabend (Otto) 883

Der Herbstabend. An Sie (Righini) 174

Der Herr der einst auf Erde war 399

Der Herr erscheint in seiner Höhe 561

Der Herr hat Großes an uns gethan 569

Der Herr ist erhöht durch die Rechte Gottes 569

Der Herr ist freundlich (Neuner) 395

Der Herr ist gut! 396, 564

Der Herr ist König 567

Der Herzens-Wechsel (J. Th. Held) 210

Der Himmel glänzt im Frühlingssonnenschein 801

Der Himmel ist oft hell 180

Der Himmel ist so klar und rein 676

Der Himmels Garten trägt ein Blümlein schön und fein 395

Der Hirte auf dem Berge (B. A. Weber) 311

Der Hirtenknabe an die Himmelsschäfchen (H. Werner) 881

Der Hirtin Wahl (Methfessel) 253; (Theuss) 649

Der höchste Thron der Erde 301

Der Hölle selbst will ich Seegen entringen 963

Der holde Gefaehrte (Erfurt) 889

Der holden Blumen bunter Schimmer 865, 883

Der Holdseligen sonder Wank 650, 676, 873

Der hvor Ganges ruller klar 533

Der Jäger (Romanze) (F. L. Schubert) 799

Der Jäger des Gebirges (Hérold) 798

Der Jüngling (Ode) (Gluck) 3

Der Jüngling am Bache (Proch) 639

Der Jüngling an die Rose (d'Alquen) 874

Der Jüngling in der Fremde (Beethoven, WoO 138) 59, 619

Der Jüngling und die Spröde (C. M. v. Weber, Jähns 192) 869

Der Jüngling zieht in die Welt hinaus 871

Der Jugend Lenz verfliesset, so flüchtig wie ein Traum 149

Der junge Baum (Vanhal) 139

Der junge Gondoliere schiffend in seinem Kahn 810

Der junge Krieger (Nägeli) 495

Der Junggesell und der Mühlbach (J. F. Reichardt) 180

Der kärleken lägrar sig hvilar man säll 661

Der Kaiser ruft zu Kampf und Sieg 793

Der kleine Fritz an seine jungen Freunde (C. M. v. Weber, Jähns 74) 866

Der kleine Liebesgott 633, 689, 723

Der kleine Schornsteinfeger (H.-M. Berton) 796

Der kleine Tambour (Veit) (Pohlenz) 770, 963

Der Knaben Wunderhorn (Ebell) 248

Der König in Thule (Zelter) 780, 867

Der König Ludwig zog so weit 785

Der Kukuk s. Meister Kukuks Musikalische Vorrede

Der kurze Frühling (J. P. Chr. Schulz) 873

Der Kuss
  Amor stimme meine Leyer (Himmel) 164
  Im Dörfchen wo ich lebte (Bertoldy) 326
  Nie kann die Liebe ganz ihr Wesen sagen (Brauchle) 653

Der Kuß (Ariette) (Beethoven, Op. 128) 729

Der Landmann (Berls) 133

Der Landmann grüßt der Aue entflohn 133

Der Landmann hat viel Freude 133

Der Lebensweg 283

Der lebt ein Leben wonniglich 59

Der Lenz belebet die Natur 74

Der Lenz verblüht, die Freude flieht! 292, 327

Der Liebe Sehnen
  Des Herbstes Lüfte wehen (Gumlich) 649
  Hier steh' ich auf dem Hügel (Nohr) 882

Der lieben Sonnen Licht 812

Der Liebende (Den Älskande, Ariette) (Beethoven, WoO 139) 59

Der Liebhaber nach der Mode 295

Der Lobgesang Mariae (Abbé Vogler) 399

Der Mai, der Mai 768, 889

Der Maitag (Himmel) 675

Der Mann, den ich erwählt 246

Der Mann für uns (Hellwig) 132

Der Mensch 203

Der Mensch hat Begierden 596

Der Mensch lebt und bestehet 566

Der Mensch wie er sey soll (Neuner) 397

Der Menschenfreund 296

Der milde Strahl der Hoffnung 214, 488

Der Mond blickt durch die Fenster klar 773

Der Mondschein (Canon) (Fink) 315

Der Morgen graut, mit Jubellaut begrüsst 797

Der Morgen im Gebirge (Anthes) 674

Der Müller und der Bach (Schubert, D 795, 19) 676
Der Müller und die Müllerin (H. Marschner) 745
Der Musikfreund (Ebell) 146
Der neue Galgen in Posen (F. L. Schubert) 789
Der Obelisk bei Ullersdorf (ein Gesang) (Schnabel) 143
Der Organist und das Mädchen 297
Der Organist und der Bälgentreter 297
Der Postillion 296
Der Rattenfänger (Romanze) (F. X. Gebel) 248
Der Recensent dieser Blumenlese 142
Der Rechenmeister Amor (Elmenreich) 296
Der Ring (F. A. Schulz) 873
Der Ritter auf dem Kynast, eine Volkssage (Hurka) 144
Der Ritter bey Weinsberg (Aria) 269
Der ritterliche Sänger (A. Kretzschmer) 876
Der Ritterschaft Zierde 490
Der Rosenstock 147
Der Sachsen Vaterland (Präger) 768
Der Säemann säet den Samen 563
Der Sänger
    Der Sänger sah ... 878
    Schöne Mädels, lust'ge Knaben (Hurka) 144
Der Sänger (Volkslied) 875
Der Sänger sah als kühl der Abend thaute 878
Der Sänger Willkommen (Nägeli) 283
Der Savoyarde 209
Der Schäfer im Mai (Moritz) 868
Der Scheerenschleifer 295
Der Scherz (Morgenroth) 326
Der Schiffer (Skraup) 882
Der Schlaf (J. Rösler) 211
Der Schmachtende (H. Marschner) 813
Der Schmerz der Erinnerung (Morgenroth) 325
Der Schmetterling (Weinlig) 325
Der Schmetterling mit Kosen 737
Der Schmied (Nicola) 672
Der Schmied (Chansonnette) (Puget) 809
Der Schnee (C. Fischer) 693
Der Schnee zerrinnt, der May beginnt 872
Der Schnee zerschmolz vom milden Strahl der Sonne 325
Der Schule edle Stunden 395
Der schwere Tod (Weiße) 210
Der Seesturm (Romagnesi) 804
Der Segen des Erlösers (J. A. P. Schuzl) 561
Der selige Morgen auf dem Lande (Duetto) (Herder) 209
Der sey ein deutscher Mann 290
Der Siegesfürst (J. A. P. Schulz) 562
Der siges at i Ægtestanden 85
Der Silfe des Friedens 875
Der slynger sig mangen Vei 846
Der Sohn der Ukraine 708
Der sollt ich entsagen, für die ich nur lebe! 601
Der Sommer
    O Kinder seyd doch recht erfreut (Neuner) 396
    O! welche Lust herrscht überall (Forcht) 325
Der Sommer ist da! 281
Der Sommerabend (Weinlig) 324

Der Sommerabend (Lied) (F. J. Fröhlich) 277
Der Stern (Himmel) 873
Der Stern (Romance) (Panseron) 810
Der Steyrische Bauer (Schlutz) 694
Der Strom (Lied) (Berger) 277
Der Sturm (Haydn, Hob. XXIVa, 8) 849
Der Tag ist kalt und traurig 494
Der Tag ist verschwunden 601, 676
Der Tag will entfliehn 709
Der Talismann (Kallenbach) 204
Der Tausendkünstler Amor 296
Der Thau steht auf der Rose 277, 323, 618
Der thauende Morgen (Naar Dagningen vinker) 78
Der theure süsse Vatername 341
Der Tochter Glückwunsch (Nägeli) 494
Der Tod
    Aus dieser Welt voll Angst und Schmerzen 296
    Wie wird mir dann, o dann mir seyn (J. F. Reichardt) 563; (Rolle) 563
Der Tod darf mir nicht schrecklich sein 771
Der Tod ist mir willkommen 712
Der Tod Jesu (Schop) 778
Der Ton, der Blick sei fürchterlich 137
Der Traum (Aria) 151
Der Traum am Bach (Schreiber) 177
Der Traum der Unschuld (Nägeli) 494
Der Treue (Blüher) 326
Der Trinker an die Flasche (Knecht) 145
Der Trinker an seine Flasche (v. Götz) 209
Der Trinker und sein Fläschchen (C. Fischer) 693
Der Trost 249
Der Trost der Kleinen 653
Der Troubadour (Osthoff) 869
Der Troubadour (Romance) (F. L. Schubert) 801
Der Troubadour stolz auf der Liebe Band(e) 245, 287, 490, 686
Der Ungenannten (Jähns) 883
Der uppe på skyhög klyfta 67
Der vanker en Ridder mellem grönne Traeer 846
Der var en Fryd i gamle Dage 73
Der var en Möe i fordums Dage 409, 505
Der var engang en Ungersvend 410
Der Vater an seinen Sohn (Nägeli) 493
Der Verlassene (Fink) 888
Der Verliebte 143
Der versprochne Kuß (C. G. Müller) 774
Der Vogel, Idyll 312
Der Vogelfänger bin ich ja 15, 44, 72, 302, 304, 705
Der Wächter (Arendt) 880
Der wahre Himmelsfriede wohnt nur im stillen Grab 650
Der Waisenknabe (H. Werner) 873
Der Wald (Nägeli) 282
Der Wald, der dunkle Wald 164
Der Wanderer (Schubert, D 493) 876
Der Wandrer, die Rose und das Mädchen (Weinlig) 325
Der Weiber Streicheln 581, 596
Der Wein erfreut 876, 893
Der Winter
    Es rast mit Schnee und Eis (Röth) 342
    Kein Gesang belebt die Wälder (F. L. Schubert) 791
Der Winter ist ein scharfer Gast 248
Der Wirthin Töchterlein (C. Löwe) 869

Der Wollust Reiz zu widerstreben 812
Der wunde Ritter (C. H. Schmidt) 878
Der Zackenfall, eine Musikalie (Knecht) 143
Der Zanck ist geschlichtet 591
Der Zigeunerknabe (Osthoff) 881
Der Zottelbär (Romanze) (Righini) 168
Der Zufriedene
   Wenn mich mein Röschen liebet (Righini)
   166
   Zwar schuf das Glück hienieden (Beet-
   hoven, Op. 75, 6) 717
Der zufriedene Landmann 824
Der Zwirn ist gesponnen 297
Dernier trésor d'une amie 369
Dernières Mélodies de Schubert s. Liebesbot-
   schaft
Derniers Couplets (Plantade) 469
Des amours suivant le torrent 456
Des Amtmanns Tochter (J. Th. Held) 201
Des Antonius von Padua Fischpredigt (Elsner)
   248
Des beaux jours aimable chimère 550
Des bois aimer la solitude ... 543, 605, 628
Des chevaliers guerriers et troubadours 610
Des cœurs aimant, ô compagne chérie 438
Des coquettes chacun se plaint 386
Des dieux j'éprouve le bonheur 376
Des dons charmans que la rosée 347
Des Einsamen Klage (Blüher) 327; (anonym)
   292
Des ennemis voyez vous la bannière 552
Des filles de notre village 378
Des fillett's de ce village 677
Des fleurs ô toi la plus jolie 177
Des Fremdlings Abendlied (Methfessel) 253
Des Frühlings schöne Königin 236
Des Ifs (Romance à trois Notes) 439
Des Jahres letzte Stunde 295, 897
Des jours de ma jeunesse 264
Des jours si longs de mon absence 818
Des Jünglings Klage (Lindpaintner) 676
Des Kindes Traum (Arendt) 879
Des Künstlers Abschied (C. M. v. Weber, Jähns
   105) 674
Des Lebens Blume blühet schön 282
Des lustigen Leiermanns Lieblingslied (Siegel)
   824
Des Mädchens Klage
   Der Eichwald brauset, die Wolken ziehn
   (Eberwein) 886
   Wohl treiben über die Berge die Wolken
   (Blüher) 325
Des Mägdleins Schmuck (Chr. Schmidt) 875
Dès mes plus jeunes ans 356, 428
Dès mon enfance auteur a fait 507
Des Müllers Blumen (Schubert, D 795, 9) 969
Des nos bergères la plus belle 748
Des nuits aimable messagère 900
Des Pilgers Nachtlied (Abeille) 178
Des plaisirs aimable folie 371
Dès qu'une amie à recours 525
Dès que je connus le plaisir 378
Dès que Lubin dans la prairie 468
Des rois et des dieux, le vainqueur 499
Des Sängers Liebesweh (Otto) 880
Des Sängers Lied zu den Sternen (Nägeli) 493
Des Sängers Saitenspiel erklingt 789
Des Sarrazins Mathilde prisonnière 454
Des Soldaten Heirathgedanken (K.E.? Hering) 852

Des stillen Freundes Sehnen 871
Des stummen Schmerzens Klage 589
Des succès de Linsberg 515
Des Tagscheins Blendung drückt 168
Des Todes Engel winkt 555
Des Töchterleins Meinung (Brugger) 674
Des unga bröst af kärlek rördt 4
Deserted by the waning moon 128
Deserter (The; Musikalisches Drama: Monsigny,
   Dibdin) 96
Deserteur (Der) (Mercadante?) s. Dissertore
   Svizzero (II)
Déserteur (Le; Oper: Monsigny) 96
Deserto sulla terra 711
Déserts écartés sombres lieux 222
Désir d'Inconstance (Romance) (Castellacci)
   548
Désirant parcourir la terre 995
Despair (Die Verzweiflung) (Haydn, Hob.
   XXVIa, 28) 133
Dess älskande hjerta 57
Dessa band och dessa knippor 5
Desservant la cour immortelle 545
Det är ej värdt att nöta bort 29
Det blanke Sværd paa Væggen hang 405
Det bodde en Gubbe i västan fjell skog 31
Det en Konung var en gång 717
Det er besluttet 514
Det er dog ret herligt som Konge at staae 527
Det er ei værd at slide bort 83
Det er Tid tænk vor Hövdings Fare 518
Det hædrer höit en Drot 527
Det hedder en aquisition 205
Det klingar så herrligt 14
Det klinger saa herligt 75
Det lysted en Jæger at frie engang 531
Det milde Bud Naturen Giver 83
Det mörknar öfver sjö och land 715
Det Regiment som overalt 536
Det sidste Morgenskiær (Kabell) 418
Det unge Folk, det Lapsepak 81
Det var en lag i Grekeland 10
Det var en liten Savojar 36
Det var en tid! 40
Det var en tid jag kallades den lilla 17
Det var i saimen på en ö 20
Det vil bedre gaae 526
Deucalion et Pyrrha (Oper: Darondeau) 358
   359
Deutsche Choral-Vesper (Eingang) (Schinn)
   398
(V)deutsche Gedichte (Sechter) 720
Deutscher Sinn (Schauspiel mit Chören: Kanne)
   320
Deutscher Trost (Nägeli) 493
Deutsches Herz verzage nicht 493
Deux Avares (Les; Singspiel: A.-E.-M. Grétry)
   190
Deux Aveugles de Tolède (Les; Oper: Méhul)
   342
Deux bergères pour faire usage de l'amusement
   38
Deux jeunes s'aimaient d'amour 112
Deux Journées (Les; Oper: Cherubini) 32, 36
   (3), 48, 52, 80 (2), 110 (2), 139, 148,
   156 (2), 231, 237, 238, 241, 243, 246,
   597 (3), 630, 739, 792, 877, 959
Deux Mots (Oper: Dalayrac) 55, 56, 57, 221,
   222, 224, 414, 508 (2), 656
Deux Nuits (Les; Oper: Boieldieu) 522 (2),

524 (3), 735 (5), 736, 782, 783, 784 (2), 786 (2)
Deux Petits Savoyards (Les; Oper: Dalayrac) 22, 23 (2), 48, 157, 188 (3), 238, 240, 247, 776
Deux Reines (Les; Komische Oper: Monpou) 837
Devers minuit, dans le palais tranquille 450
Dévide ma blonde quenouille 840
Devine-moi (Romance) (H. F. Berton) 481
Devine-moi je n'ose te l'écrire 481
Devise chasseurs français (Chansonnette) (Louis Jadin) 448
Devise des Français (Couplets) (Vaillant) 434
Devotion (Harwood) 131
Di capricci di smorfiette 371, 688
Di chi fedel t'adora 181
Di cor mio quanto t'amai 104
Di felice in nesto 623, 632
Di gioja il cor sorpreso 271
Di ladroni attorniato 706
Di Madride noi siam mattadori 708
Di marte la tromba 352, 728
Di mia patria 637
Di pescatore ignobile 638
Di piacer mi balza il cor 361, 422, 513, 573, 574, 581, 589, 598, 622, 653
Di procelle à noi foriera 361
Di provenza il mar 708
Di quella pira 707
Di tale amor 707
Di tanti miei tormenti 268, 871
Di tanti palpiti 417 (2), 418, 631, 975
Di Troskab, Elskte! Bestod sin Pröve 517
Di voi spiagge a mene dividermi dovrò! 339
Diable à Quatre (Le; Oper: Solié) 42
Diable Couleur de Rose ou Le Bonhomme Misère (Le; Oper: Gaveaux) 114 (2)
Diadesté (Le; Komische Oper: Godefroid) 805
Dialogue du Guerrier et du Pasteur 825
Dialogue entre Euterpe et Erato (Isouard) 427
Diamant des Geisterkönigs (Der; Zauberspiel: Drechsler) 633 (13), 689 (10), 723 (10)
Dice benissimo chi si marita (Rigtigt, ja rigtigt den nygifte säger) 57
Dich deckt mit bleiernem Gefieder 775
Dich, Gott zu Zion, lobt man in der Stille 280
Dich nur liebt' ich 640
Dich preis't, Allmächtiger 566
Dich rächet meine Reue 710
Dich überfällt ein Grauen 214
Dicht von Felsen eingeschlossen 413
Dichter und der Tonkünstler (Der; Oper: Röth) 343 (3), 344
Dichter und Tonsetzer s. Poète et le Musicien (Le)
Dichtung zu einem Romane (C. M. v. Weber, Jähns 129) 813
Did gentle pity ever, thy cheek with tears bedew 939
Dido (Kraus) s. Aeneas i Carthago
Dido (Oper: N. Piccini) 11, 12
Dido (Oper: Sacchini) 3
Dido och Aeneas s. Aeneas i Carthago
Didone Abbandonata (Oper: Mercadante) 374, 375, 730
Die Abendröthe färbt die Flur 166
Die Abendstille (J. F. Reichardt) 176
Die Abreise der Tochter (Romanze) (Panseron) 806

Die acht Kirchentöne nach Vorschrift des Antiph. Rom. 398–399
Die acht Seligkeiten (L. Stadler) 397
Die aller Liebe sich erworben 616
Die Alpenrose (v. Neukomm) 728
Die Annäherung (Bertoldy) 326
Die Auferstehung (Fasch?) 564
Die Bekehrte. Ein Gegenstück zu der Spröden (Hurka) 165
Die Berge stehn so düster 282
Die Beruhigung (Loehle) 652
Die Betende (Mühling) 885; (Zelter) 870
Die betende Laura (Schwarzer) 146
Die Bitte (Eisenbeck) 146
Die blauen Augen 289
Die Blümchen (Gollmick) 311; (Leibl) 400
Die Blume 878
Die Blume des Lebens (Nägeli) 282
Die Blumen aus Eden (Nägeli) 494
Die Blumen des Lebens, mit eilenden Schwingen 874
Die Blumenweihe (v. Neukomm) 726
Die Boten
    Berget euch im Hauch der Winde (Blüher) 326
    Mondenschein, süßer Mondenschein (Arendt) 881
Die Boten der Liebe (Weinlig) 323
Die Christen Hoffnung (Schinn) 397
Die Christen landen kühn am Strand 872
Die drei Sterne (Weinlig) 324
Die drey Elemente (A. Wolf) 313
Die drey Wünsche (Lied) (Plaidy) 802
Die du so gern in heil'gen Nächten feierst (Du hopp! som plägar hos den sorgsne dröja) 68, 727
Die Ehre Gottes aus der Natur (Beethoven, Op. 48, 4) 563, 729
Die Ehre ist fürwahr nicht klein 633, 689, 723
Die eine Hand auf's Herz gelegt 168
Die Elfenköniginn (Kanne) 279
Die Engel Gottes weinen 558, 963
Die Entfernte (J. Rösler) 202
Die Erde (Siegel) 676
Die Erde ruht 739, 898
Die erfreute Welt (J. A. P. Schulz) 561
Die Erinnerung (Neumann) 284
Die Erscheinung (Schubert, D 229) 655; (T - n - th) 329; (J. R. Zumsteeg) 868; (anonym) 297
Die erste Liebe (Blüher) 324
Die Erwartung (Arendt) 879
Die Fahnen wehen 896
Die Feinde müssen untergehn 640
Die Feldflasche (C. Keller) 731
Die Fenster auf, die Herzen auf! 888
Die Fesseln der Liebe (R. E.) 279
Die Feyerstunde 209
Die Flamme lodert! Milder Schein 730
Die Flasche (Lied) (C. Richter) 782
Die Flucht der Liebenden (Duett) (Kanne) 719
Die Flucht der Zeit (Nägeli) 281
Die freien Sänger (C. M. v. Weber, Jähns 198) 866, 884
Die frühe Liebe (J. Rösler) 201
Die Gastlichkeit des Winters (J. W. Klingohr) 248
Die Gefahren wohl ich kenne 636, 698
Die gefangenen Sänger (C. M. v. Weber, Jähns 197) 868

Die Geschenke (d'Alquen) 872
Die Gewaehrung (Greulich) 890
Die geweihten Rosen (Duettino) (Praeger) 774
Die Gnade Gottes sey mit allen 283
Die Gnomen
    Des Tagscheins Blendung drückt (Himmel) 168
    Gleich schwarzen Phantomen (Partzsch) 824
Die Götter werden uns nicht sinken lassen 242
Die Guitarre (Bornhardt) 993
Die Hände kreuzweis auf der Brust (B. A. Weber) 167
Die Halbheit (v. Pillwitz) 652
Die Herrlichkeit Gottes in der Natur (Rolle) 561
Die hier im Herrn 896
Die Himmel rühmen des Ewigen Ehre 563, 729, 785
Die Himmel rufen 280
Die Hirtenflöte blasen 301
Die Hochzeit einer Gräfin (Ballade) (de Beauplan) 799
Die Hochzeit ist bei meiner Treu 292
Die Hoffnung
    Daß ein selig Band ihm bliebe (Ebers) 877
    Daß ein selig Pfand ihm bliebe (anonym) 249
    Es wandelt auf Erden ... (Morgenroth) 326; (Neuner) 396
Die Hütte (v. Neukomm) 731
Die ihr dort oben zieht 493
Die im Kampfe Gefallenen an die trauernden Freunde (Nägeli) 493
Die Jahreszeiten (Knecht) 144
Die junge Schäferin
    Auf grüner Haide steht der Klee (Nägeli) 494
    Zu den Knaben will ich gehen (Kretzschmer) 674
Die Jungfrau und der Schwan (Nägeli) 494
Die Kaffee-Schwester (J. W. Klingohr) 146
Die Kinder am Geburtstage ihrer Mutter (Schinn) 397
Die Kindheit (Hildenbrand) 720; (Kunstmann) 745
Die kleine Adelaide (J. F. Reichardt) 167
Die kleine Myris oder Die Grazie des Widerspruchs (Hurka) 167
Die Könige der Welt 281
Die kranke Flasche (Bergmann) 828
Die Lämmlein springen, die Vögelein singen 871
Die Laute (C. Keller) 866
Die Laute der Polyhymnia (Eichler) 788
Die leichten Segel schwellen 708
Die Lerche (Fr. Heyne) 284
Die letzten Zehn vom vierten Regiment bei ihrem Übergange über die Preussische Grenze im Herbste 1831 (J. Meyer) 789
Die Leyer (Nägeli) 495
Die Lieb in unsern Tagen 134, 148
Die Liebe (G. J. N.) 329
Die Liebe macht das Leben süss 81
Die Liebe zeugt, sie zeugt nur Engel 487
Die Liebenden (Himmel) 167
Die Liebespost 824
Die linden Lüfte sind erwacht 969

Die Lippe brennt, die Wange glüht 876, 882
Die Lüfte des Abends wehn kühler und mild 178
Die lustigen Musikanten (Kugler) 790
Die Männertreu hat sich verjährt 213
Die Mairose (Kloss) 652
Die menschliche Stimme (Gerson) 737
Die Milch ist gsünder 304
Die Mittagssonne brennet jetzt 70
Die Müllerin befehle 600
Die Musik (F. W. Berner) 146
Die Nachbarin (Arendt) 881
Die Nacht (Wollank) 649
Die Nacht entflieht, der Morgen tritt hervor 235
Die Nachtigall (Röth) 339
Die Nachtigall singt überall 891
Die Nachtigallen (Osthoff) 872
Die neue Wohnung (Morgenroth) 323
Die Nonne
    Ach welch ein Schmerz (Lindpaintner) 650
    Wenn ich zum Altare trete (Eisenbeck) 143
Die Propheten der Natur (Harder) 315, 673, 868
Die Rose
    Bild der jungfräulichen Tugend (Himmel) 177
    Die Rose blüht ... (Chr. Schulz) 651
    Es gleicht die Jugend ... (Lindner) 874
    Rose komm! der Frühling schwindet (Nägeli) 493
Die Rose blüht, der Liebe süsse Blume 651
Die Rosenfeyer (Nägeli) 494
Die Ruh' ist mir verschwunden 489
Die Ruhe (Beethoven, Op. 52, 3) 279
Die Ruhe (Arie) (Gyrowetz) 719
Die Ruhe im Grabe (Kallenbach) 585
Die Schäferin (Hurka) 144; (Zelter) 173
Die Schiffahrt (Lied) (Hurka) 186, 228, 630, 684, 723
Die Schifferin (Ballade) (Blüher) 324
Die schöne Gegend (Nägeli) 282
Die schöne Müllerin (Schubert, D 795, 8, 9, 13, 19) 675 (2), 676, 878, 969
Die schöne Nacht (Bianchi) 294
Die schöne Spinnerinn s. Die Spinnerin
Die Schöpfung schlummert um mich her 177
Die Schulfeyer (Moralt) 394
Die Schwagerinn auf der Alm (C. Fischer) 693
Die Schwalben, ja die Schwalben 879
Die schwarzbraune Hexe (J. W. Klingohr) 248
Die Schweizerei bei Fürstenstein (Lied einer Melkerin) (Schnabel) 145
Die Schwestern des Schicksals (Nägeli) 282
Die See ist klar, stoßt ab vom Land 278
Die Seefahrt des Lebens (Kallenbach) 204
Die Seelenwanderung der Blumen (Himmel) 164, 993; (Hurka) 168
Die Sehnsucht (Himmel) 312
Die Seligkeit der Liebe 297
Die Sendung Ida's (Melodie) (Himmel) 630, 683, 723
Die Sennerin (Schultz) 694
Die sieben Wünsche (Nägeli) 280
Die Sommernacht (Sommarnatten) (Gluck) 9, 658
Die Sonn erwacht, mit ihrer Pracht 765
Die Sonn glänzt so helle 210
Die Sonne sank am Horizont 281
Die Sonne schien im Lenz so mild 180

Die Sonne sinkt yo ho ho hé hip! 803
Die Sonnen (Hering) 872
Die Spinnerin (J. R. Zumsteeg) 294
Die Spinnerin (Romanze) (Grisar) 807
Die Spröde (Hurka) 165
Die Stationen des Lebens 180
Die Sterne
  Sterne sind dem Himmel gegeben (Nägeli)
  283
  Wie wohl ist mir im Dunkel (J. Th. Held)
  211; (Nägeli) 494
Die Stille 878
Die Tauben (Duettino) (Righini) 673
Die Thale dampfen, die Höhen glüh'n! 741,
766, 772, 896
Die theuren Geliebten 227
Die Thräne
  Die Wahrheit wohnt auf düstrem Grunde
  (Salomo) 323
  Zerdrück die Thräne ... (Stegmayer) 882
Die Thräne perlt aus weichem Herzen 879
Die Tochter an die Mutter 178
Die Töne (Weinlig) 325
Die Traeume (Enckhausen) 888
Die Ulmenlaube (Bertoldy) 324
Die Unanakreontische Muse (Sterkel) 212
Die ungerechte Forderung (Bianchi) 294
Die unsichtbare Welt (Himmel) 178
Die Vergleichung (Salomo) 325
Die Verlassene (Fink) 315
Die Verlassene an ihr Kind (Fuss) 244
Die Versteigerung 692
Die Verzweiflung (Despair) (Haydn, Hob.
XXVIa, 28) 133
Die Vestale an ihr Lämpchen (Eisenbeck)
144
Die vier Träume (Sterkel) 211, 993
Die Vollendung (Sterkel) 993
Die Wahrheit wohnt auf düstrem Grunde 323
Die Waise (Schinn) 396
Die Waisen des Kriegers (Gerlach) 312
Die Waldfrau (Sutor) 898
Die Wasserfahrt (de Beauplan) 792
Die Wayse (v. B.) 133
Die Weisheit (ein Trinklied) (J. Herrmann)
144
Die Welt der Ideale (Methfessel) 251
Die Welt ist nichts als ein Orchester 775
Die Welt ohne Sie (J. R. Zumsteeg) 174
Die Wiederkehr in mein Vaterland (Himmel)
783, 867
Die Wittwe (J. R. Zumsteeg) 203
Die Worte des Glaubens (Hurka) 166
Die Wünsche (F. Kuhlau) 674
Die Wunde brennt 423
Die Wunderblume (Kanne) 246
Die Zeit entflieht, der Mensch mit ihr 147
Die Zufriedenheit (Mozart, KV 473) 34
Diebische Elster (Die) s. Gazza Ladra (La)
Dies Bildnis ist bezaubernd schön 14, 302,
515, 705, 884
Dies Haus ist zu kaufen s. Maison à Vendre
Dies irae, dies illa 908
Dies ist der Tag, den Gott gemacht 561 (2)
Dies Judicii, or Doomsday (Mitchell) 131
Dies Lied e'm Mädel gelten soll 179
Diese Blumen, diese Spitzen 486
Diese Hand und ihr zärtliches Drücken 692
Diese Zarten jetzt beschütze 635
Dieser ist's, welch ein Anblick 634, 696

Dieser Plan ist unvergleichlich 589
Dieses Auge, diese Miene 209
Dieses Auge voll von Liebe 556
Dieses und jenes Leben (C. Ph. E. Bach) 564
Dieu! C'est désolant (Romance) (Lafont)
  462
Dieu d'Israel! père de la nature! 490
Dieu des amans, Dieu des époux 153
Dieu des amants, toi que ma voix implore 448
Dieu des plaisirs, dieu des amours 115
Dieu du mystère et de la volupté 483
Dieu et la Bayadère (Le; Komische Oper: Auber)
  524, 525 (2), 789 (2), 790, 861
Dieu juste que j'implore 266
Dieu, le roi et l'amour (M. Giuliani) 492
Dieu le veut! (Romance) (Blangini) 613
Dieu puissant! pardonne à sès larmes 489
Dieu que j'adore ma voix t'implore 267
Dieu! que ma voix tremblante 531
Dieux que c'est beau! 483
Diffondasi terribile 637, 698
Dig dagens hjelte skålen ägnas 658
Dig elskte Frankrig! mit Farvel jeg byder 845
Dig, mit Haab, jeg Dig paakalder 518
Dilettante d'Avignon (Le; Komische Oper:
  Halévy) 736
*Dille pietosa js me ne ch'ella fuil primo
  amore* 440
Dimanche dans la plaine 444, 670
Dinorah oder die Wallfahrt nach Ploërmel s.
  Pardon de Ploërmel (Le)
Dio di Guida 640
Dio verace omni possente 905
Dir allein will ich nur leben 488
Dir Dank für deine Leiden! 569
Dir, dir Jehovah will ich singen 782, 984, 989
Dir, Einsamkeit! vertrau' ich nur mein Herz
  278
Dir folgen meine Thränen 487
Dir ist sonst der Mund verschlossen 796
Dir Mädchen schlägt mit leisem Beben 827
Dir nur bleib ich treu und hold 209
Dir soll mit treuster Zärtlichkeit 737
Dir verdank ich, güt'ger Himmel 740
Dir will ich Tempel bauen 880
Directeur dans l'Embaras (Le) s. Impresario in
  Angustie (L')
Dis-le-moi (Nocturne 1 oder 2 St. ad lib.)
  (Astruc) 482
Dis-le-moi, est-ce à moi 482
Dis-moi ce que j'éprouve 613
Dis-moi, je t'aime (Romance) (Puget) 842
Dis-moi, Nanette, veux tu m'aimer? 468, 542,
  603
Dis-moi pourquoi? (Romance) (Mr.***) 757
Dis-moi pourquoi, jeune Azélide 757
Dis-moi que je me suis trompé? (Romance)
  (Romagnesi) 485, 604
Dis-moi si tu m'entends (Romance) (Plantade)
  835
Dis seulement, dis-moi, je t'aime! 842
Disciples de l'accord parfait 543
Disertore (Il; Oper: P. A. Guglielmi) 88
Disertore (Il; Oper: Tarchi) 264
Disertore Svizzero (Il; Oper: Mercadante?) 794
Distress me with these tears 100
Dite almeno amiche fronde 155
Dites-le-moi (Romance)
  D'où naît le trouble, qui m'agíte (Rigot)
  551

Pourquoi ne puis-je plus entendre (de Beau-plan) 461

Vous le savez, je vous adore (Panseron) 899

Dites-moi bois solitaire 475

Dites-moi donc en confidence 351, 727

Dites-moi, femme échanteresse 392

Dites-moi, pastourelle 477, 669, 670

Diurnal Prayers (Song) 948

Divertissement (Leidesdorf, Op. 85) 574

Divin sommeil! rend la paix à la terre 548

Divine Hortense, si chère à mon amour 448

Divine paix, viens régner sur la France 900

Divisi noi? Pur troppo 375

Divorce (The; Entertainment: Shield) 100 (5)

Dix printemps vous ont bien grandie! 667

Djævles Hær, med Blus og Svöber 521

Do dębów (Stefani) 172

Do Filonie (Elsner) 172

Do Justyny (Elsner) 171

Do not unbind two gentle hearts 86, 128

Do, re, Do, re, tu stuoni 906

Do re mi fa sol la che bella cosa è la musica 906

Do zabłockiego (Elsner) 172

Do Zosi (Elsner) 170

Doch heisst dich auch das Pflichtgeboth 712

Doch in des Mädchens Schoße 582, 594

Doch man kommt 695

Doch wie schnell schwand meine Freude 713

Doch wird wider mein Vermuthen 623

Doctor und Apotheker (Singspiel: Dittersdorf) 75, 302 (2)

Död du ei skrækker mig 510

Döds-offer öfver Bröderna Ramsay (J. F. Berwald) 44

Döm sparre, döm, min vän 24

Dois-je encore l'aimer (Romance) (Laurent) 603

Dois-je l'aimer? dois-je la fuir? 438

Dois-je le croire? 441

Dois-je toujours aimer sans espérance? 664

Dolce de bardi il canto 597

Dolce dell'anima speme e diletto 216, 509

Dolce Sposa 271

Dolci memorie d'un primo affetto 601

Dolci silvestri orrori amiche 571

Dom di dom! kommer Alle, kom! 414

Domine Salvum fac (Marcello) 908

Domine salvum fac regem (Händel) 908

Domine Salvum fac Regem (Haydn, Hob. III, 77, II) 908

Dominica Intra Circumcisionem et Epiphaniam 907

Domino Noir (Le; Komische Oper: Auber) 532 (8), 533 (7), 807, 808 (3)

Dominus regit me (Stadler) 868

Don Alonso oder das Opfer der Pflicht (Nägeli) 283

Don charmant, tissu précieux 439

Don Giovanni (Dramma giocoso: Mozart, KV 527) 12, 16, 19, 44 (3), 45 (2), 47, 60, 84 (2), 112, 227 (2), 230, 231, 232, 233, 235, 237, 303, 306 (2), 312, 417, 424, 484, 557 (2), 602, 610, 660 (2), 687 (17), 713, 738 (2), 764, 767, 769 (2), 779, 888, 959, 976

Don Juan s. Don Giovanni

Don Pasquale (Oper: Donizetti) 641 (14), 701

Don précieux de la nature 836

Don Quixote (oder Die Hochzeit des Gomache) s. Hochzeit des Gamache (Die) oder Don Quixote

Don't be too particular 928

Dona la a questo core 583, 593, 685

Donauweibchen (Das; Oper: Kauer) 79, 81, 203 (2)

Donec ponam inimicos 909

Donna del Lago (La; Oper: Celli) 379

Donna del Lago (La; Oper: Rossini) 57, 518 (2), 602, 652, 688, 747, 758, 770, 772, 882, 975

Donne, un gusto v'e nel mondo 182

Donnert, Welten, in feierlichem Gang 569

Donnete innamorate 721

Doppelleiter (Die) s. Double Echelle (La)

Dorchen, allerschönstes Dorchen 182

Dorf im Gebirge (Das; Schauspiel mit Gesang: J. Weigl) 305, 306

Dormez donc mes chères Amours (Romance) (de Beauplan) 496

Dormez, dormez, chères Amours 911

Dormez je veillerai sans cesse 484, 548

Dormia sul margine (Canzonetta) (Francesco) 475

Dorothea og Gomez Arias (Schauspiel nach Calderon) 535

Dors, cher enfant, repose encore 366

Dors, Clary, tu le peux 430

Dors dans cette nacelle 964

Dors disent-ils, pauvre étrangère! 463

Dors ma Mère! (Chansonnette) (Martainville) 456

Dors, mon enfant, clos ta paupière 11, 356

Dors mon enfant, lorsque sur ta paupière 547

Dors, notre mère, dors encore 472

Dort am Flüsschen bei der Brücke 790

Dort an Sorrentos Strande 794

Dort in der Laub' am Gitter 681

Dort in des Waldes traulich stillen Gründen 801

Dort loss i mei Kühel am liebste fresse 790

Dort oben auf buschigtem Hügel 855

Dort oben auf jenen Bergen (L. Reichardt) 294

Dort schwimmt er auf dem grünen See 494

Dort sinket die Sonne 893

Dort vergiss leises Flehn, sanftes Wimmern 302

Dort, wo des Himmels Blau auf Bergen ruht 651

Dost remember those fond moments 931

Dost thou think I forget thee? 923

Dot (La) s. Dot de Suzette (La)

Dot de Suzette (La; Komische Oper: Boieldieu) 109

Double Disguise (The; Komische Oper: Hook) 104

Double Echelle (La; Oper: Thomas) 807

Doubt o most beautified 120

Doubt the morning and evening dew 116, 135

Douce amie, charme de ma vie 262

Douce Amitié (Romance)

Douce amitié! que ta voix ... (de Garaudé) 376

Douce amitié, toi qui charmait ... (Sola) 380, 554

Douce amitié, pure et divine flamme 363

Douce amitié! que ta voix consolante 376

Douce amitié, toi qui charmait ma vie 380, 554

Douce amitié, tu charmes notre vie 995

Douce candeur, raison aimable 498
Douce espérance, tu consoles dans le malheur 457
Douce et fidèle amie 114, 506
Douce jouvencelle 522
Douce Pensée (Romance) (Anson) 447
Doucement faisons silence ayons de la confiance 501
Douceur d'aimer (Romance) (Lafont) 501
Doux Chant Amour (Romance) (Bouffet) 428
Doux chant d'amour me trouble 428, 834
Doux ciel de l'Italie 840
Doux espoir à mon cœur 839
Doux moment, douce ivresse 534
Doux moment! trouble extrême! est-ce un songe 307
Doux parler, doux regard 500
Doux penchant tendre souvenance 850
Doux sentiment de la nature 906
Doux sentiment dicté par la nature 110
Doux Souvenir! (Romance)
   Doux souvenir, à l'espérance mon cœur préfère (Louis Jadin) 462
   Doux souvenir embellit notre vie (Mathieu) 368
   Doux souvenir je chéris ta puissance (Levasseur) 816
Doux souvenir, à l'espérance mon cœur préfère 462
Doux souvenir embellit notre vie 368
Doux souvenir je chéris ta puissance 455, 816
Doux souvenir, venez calmer mon âme 842
Doux Tyrol, montagnes tranquilles 901
Dov'è l'amato bene? 680
Dove ando? che vidi mai? 41
Dove mai, dove trovarlo 369
Dove s'intese mai mostro dite peggior 611
Dove sei bel Idol mio 614
Dove son io? 364
Dove sono i bei momenti 616
Dove sono? vivo ancora! 363
Dove trovar si può (Cavatina) (Morandi) 353
Dovunque il suon guerriero 356
Dovunque tu sarai 488
Down in a lone and mossy dell 940
Down in yon dell 931
Down the Burn Davy 101
Down where the Blue Bells grow (A. Lee) 946
Drängt wohl sich auch beim Scheiden 881, 898
Dramatic Harmony, a Collection of Favourite Songs, Airs, &c. 98—100
Dreams of Childhood (St. Glover) 942
Drei Pumpernickel (Die) 292
Drei Worte nenn ich euch Innhalt schwer 166
Dreizehn (Die) s. Treize (Les)
Dresden 131
Drey Blümlein (Sechter) 720
Drey Blümlein in meinem Garten blühn 720
Driftige svend, straalerne smile 517
Drikkesang 73
Drikkesang af Aftenen (C. Schall) 72
Drikkevise (Chr. Fr. Müller) 85
Drinck to me only with thine eyes 445
Droben stehet die Kapelle 897
Dronning Yseult, som Solen skjön 523
Dronningen for een Dag s. Reine d'un Jour (La)
Drottning Catharinas Vålnad (Lithander) 21
Drottning Christina (Heroisches Drama mit Gesang und Tanz: Chr. Fr. Müller) 662

Drückt nicht Schuld 642, 702
Dry those eyes 330
Du är ej mer min son 30
Du aftonens stjerna! 714
Du aldrig vil elske? 208
Du, alla werldars Konung! 66
Du allmagt som täks bistånd sända 52
Du bal voilà le signal déjà 666
Du bas en haut, du haut en bas 748
Du beau ciel de l'Occitanie 262
Du bestürmest mich mit Bitten 592
Du bist die Stütze deines Vaters! 487
Du bist mir treu geblieben! 181
Du bist zum letzten Male hier 281
Du bist's, dem Ruhm und Ehre gebühret 567
Du blickst so lächelnd auf mich nieder 720
Du blühtest dort im dunklen Moose 728
Du bör ej fruktan bärd 44
Du bonheur goûtant tous les charmes 734
Du choix que l'amour suggère rarement 108
Du ciel pour nous 516
Du danat dygder i min själ 27
Du, de betrycktas stöd 60, 658
Du den wir hoch verehren 712
Du, der da nichts als Liebe ist! 399
Du, der so schändlich 640
Du, die mein Mund nur mit Beben nennt 488
Du, die mit holder Grazien Miene 634, 696
Du Dieu d'amour 310
Du din vän kan säker följa 63
Du dort oben, ew'ger Rächer 600
Du doux printems on célèbre la fête 429, 615
Du du liegst mir im Herzen 896
Du ellers skal Aandernes Harme fornemme 531
Du enteilest mir 226
Du Erstling des Jahrhunderts 142
Du feines Täubchen, nur herein! 238, 706
Du flyr! o dyra Maka 45
Du forderst, o Emma, ein Liedchen von mir 877
Du forderst, o Mädchen, ein Liedchen von mir? 269
Du forsvandt Haabets flygtige Straale 80
Du från mig hastar 15
Du friedliches Hüttchen im Thale 796
Du gebest wenig oder viel 771
Du giebst mir also nicht dein Herz? 210, 866
Du, Gott, bist groß 568
Du Gott und Vater aller Welt 564
Du Guda skänk, från himlen buren 23
Du har Skönhed og jeg har Penge 523
Du haut de la tourelle 667
Du heller linder Abendwind 879
Du Himla skänk 31
Du holder Engel so sanft und rein 710
Du holdes Traumbild aus meiner Kindheit 806
Du hopp! som pläger hos den sorgsne dröja 68
Du hvars blick är solens lågor 69
Du i hvars oskuldsfulla blick 4
Du jeune époux l'âme s'est exhâlée 366
Du Jüngling schön und liebevoll 705
Du kannst den Tod mir geben 957
Du kjerlig med mig iler, min Ungdoms favre Vaar 416
Du klagst, o Christ 812
Du klagst und fühlest 812
Du kleines blauäugiges Mädchen 178

Du kömmst vom Kloster Walsingham 177
Du leichter Schatten, bleib mir zur Seite 709
Du leitest mich nach deinem Rath 566
Du liebes holdes himmelsüsses Wesen 874
Du liebes holdes Wesen 495
Du Liebesliedchen schwebe zum Fensterchen hinauf 881
Du liebst? — Welch' süss Bekenntniss! 588
Du luth plaintif, Alcindor jeune ermite 481
Du Mächtiger, der in den Sagen des Volkes 767
Du magst mich so betrüben 587, 588, 684, 722
Du mal que me fait ton absence 427
Du mal qui me dévore 338, 821
Du mein Ut re mi fa sol la 673
Du meiner Leiden, du meiner Freuden, Heimathland 877
Du meiner Seele Lust! welch sel'ges Entzücken 598
Du meines Herzens einzige Wonne 342
Du min Far! sommig lifvet skänkt 23
Du mirthe frais au du triste olivier 309
Du mit Hiertes sidste Fryd 206
Du moins je la voyais (Romance) (C. M. v. Weber, Jähns 292) 336, 608, 817
Du mues mir's nit vor übel nehme 733
Du musst zum Tode gehen 853
Du nom de Persinette 745
Du preux, l'effroi de l'infidèle 666
Du Printems chantez les attraits 379
Du prophet'scher Vogel du 897
Du Rossignol caché dans le feuillage 749
Du rührend Muster edler Freundschaftstreue 489
Du scheidest geliebte Mutter 340
Du Schloß dort auf dem Felsen 493
Du schmückst mein Ruheplätzchen 489
Du schöner Traum von meines Lebens Wonnen 652
Du schönes Licht, das alles rings erhellt 870
Du schwäbisches Mädchen 897
Du Schwert an meiner Linken 724, 893
Du Seddel Drot med Rosens Skjer 845
Du Sehnsuchterwecker, du freundlicher Mond 766
Du skalbej fruktan bära 47
Du snart skal her ham skue 508
Du soir respirons la fraîcheur 900
Du soleil qui te suit 570
Du som ännu i grymma öden 25
Du som af skönket och behagen 3
Du, som al vor Skyld forlader! 250
Du som begråter ömt 40
Du som dignar under plågor 616
Du som din bolig har imellem Skiolde 408
Du som fordom burit en krona 30
Du som hörer Bedrövedes Klage 528
Du som i höghet tror sällheten vinnas 3
Du som jag här ej vågar nämna 61, 659
Du som kjender hver en Tanke 524
Du som kjender Landets Viis 511
Du, som länder 58
Du som mit Hjerte Kjerlighed lærte 509
Du, som svöbt i Skiönheds Rosenklæde 414
Du som tændte dette Hierte 413
Du sommeil le Dieu bienfaisant 446
Du stilles Ziel der Müden 323
Du süße Erinnrung an schönre Tage 598
Du süsser Wohnplatz stiller Freuden 344

Du Temps de Charlemagne (Romance) (de Garaudé) 373
Du tendre amour ... 113, 285, 407
Du, theurer Mutter Geist 708
Du Toneskaberinde! O Sangens Muse tie 183
Du, um den wir zärtlich trauern 827
Du, ved hvem mit Hierte hænger 411
Du voll reger Harmonien 146
Du Welt voll Glück und Heil 568
Du widmest mir dein ganzes Leben 236
Du Yngling! som ännu har nog för dit hopp 11
Duästenn enten peten Trompeten 37
Due Duchesse (Le; Oper: Mayr) 796
Due Prigionieri (Le; Oper: Guglielmi) 556
Due vaghi rai son la sorgente 342
Due Valdomiri (I; Oper: Winter) 365
Due Voci amabili (Cavatina) (Gianella) 361
Duellen s. Journée aux Aventures (La)
Duenna (The; Komische Oper: Th. Linley the Elder) 92
Dürft ein süsses Wörtchen 874
Duet
   Flow on thou noble Dwina (H. Herz) 931
   For life! for death! for ever (Rodwell) 913
   Hark to the battle-note 922
   List 'tis music stealing (Panseron) 930
   Mingling with the murmuring waters (Bishop) 916
   Shun not the village church-yard (Loder) 924
   Softly ye swains (S. Arnold) 140
   Speed thou, my gondolier (Nelson) 917
   Sweet hour of eve! (Beethoven) 921
   Sweet moonlight is beaming (Bishop) 918
   Sweet round my bow'r (Horn) 918
   Thy home is on the bounding wave (Johann Strauss Vater) 919
   When a woman ... 332
   Will you come where the sweet briar grows (Barnett) 910
   Ye stars of night (Barnett) 911
Duet (Irish)
   Oh! lead the Dance 927
   We are two pretty maidens 928
Duet (Irish Air)
   I have left them ... 921
   When around me I see ... 921
Duetino Nocturno (Ynzenga) 573
Duett
   Audace! trema del mio rigore 345
   Da te mio ben dipende (Tritto) 489
   Du meines Herzens einzige Wonne (Danzi) 342
   Due vaghi rai son la sorgente (Danzi) 342
   Fu d'amore la bella face (Winter) 343
   Haben böse Mächte ... (G. Müller) 869
   Hallt mir von deiner Flöte (Tritto) 489
   Ja, wir müssen nun scheiden (Panseron) 807
   Macht des kühnen Herrschers 345
   Real destra io voglio 345
   Schwäne kommen gezogen (Blum) 786, 867
   Trennt mich das Schicksal ... (Blangini) 795
   Verwegner! zittre vor meiner Rache 345
   Zarter Liebe Götter Flamme (Winter) 343
Duett (aus den Notturnen) (Blangini) 278
Duett from Red Roy (Davy) 128

Duettino
    Amor perchè m'accendi ... 253
    Apri le fulgide ... (Nicolini) 267;
    (Fioravanti) 478
    Come touch the chords ... (John Barnett)
    919
    Il mondo nuovo 308
    Lausche dann! ... (Greith) 673
    Mir pocht es hier im Herzen (Pucitta) 747
    O di l'aura (J. F. Reichardt) 180
    Oh notte soave ... (Cimarosa) 489
    Senk Abend voll Milde ... (Cimarosa) 489
    Torna Licinia bella 179
    Un palpito mi sento (Pucitta) 747
Duettino militare (Gail) 365
Duettino Notturno
    Douce amie, charme de ma vie (Nasolini)
    262
    Idol mio, mio bene amato (Nasolini) 262
    Nuit pure et tranquille (Cimarosa) 263
    O`Notte soave (Cimarosa) 263
Duetto
    E che? che mi ro guisto ciel? 341
    Er du min egen Pigel (I.? Schuster) 73
    La vostra Pamela ... 308
    Minacci ah! parti (Pavesi) 272
    Misero padre (Nicolini) 272
    Non tremar io t'offro il petto (Portugallo)
    271
    Parlo schietto (Pavesi) 272
    Questo cor, quest'alma mia (Fioravanti)
    272
    Se non lontano 309
    Se provaste il mio tormento (Blangini)
    266; (M. Giuliani) 492
    Se ti guardi (Generali) 272
    The breast that heaves (Davy) 125
    Voci canore, e tenere 308
    Wohl an! Ist's möglich? o Himmel 341
Duetto buffo
    A mes vœux soyez sensible (Guglielmi)
    350
    Auprès de vous je sens mon cœur (Gugliel-
    mi) 350
    Che bella ... (Generali) 362
    Crains mon courroux, ... (Angrisani) 351
    Dites-moi donc en confidence (Mayr) 351,
    727
    Guardami, indegna, e trema (Angrisani)
    351
    Il mio ben tu sola sei (Guglielmi) 350
    Non fuggir, mi ascolta, ingrata! (Gugliel-
    mi) 350
    Qui donc ainsi ... (Pavesi) 358
    Si mi amate ... (Paer) 354
    Si tu m'aimes, si je t'adore (Paer) 354
    Sono quà, di sù, che vuoi? (Pavesi) 358
    Vecchierello, mio grazioso (Mayr) 351
    727
Duetto madrigalesque (Clari) 848
Duetto Notturno 309
Duftende Enge og kornrige Vange 416, 424
Duguesclin (Romance 1 St. und Refrain 4 St.
    ad lib.) (Blangini) 613
Duguesclin au Tombeau de Roland (Romance
    Chevaleresque) (C. Pleyel) 439
Duidu Dass im Wald finster ist 587
Dukaten, Aemter, Bräute kommt 145
Duld' o Herz 787
Dumme Gärtner (Der; Oper: Schack) 727

Dumpf ertönt 854
Dunkel ruh'n die Loose 709
Dunkle Sagn fra svundne Tider 250
Dunque andiam 637, 698
Dunque io son 591, 623, 632, 891
Dunque mi lascia o ciel 491
Dunque mio bene 230, 541
Dunque tradita, oh Cielo! 598
Duo
    Del sen gl'ardori nessun mi vanti (Blangini)
    266
    Han vårdnad åt ... 64
    L'espérance me dit sans cesse (Blangini)
    586
    Lå tombe kymret ... 2
    O! hvar är du, ... (Righini) 59
    Que ne puis-je, ô mon amante (Blangini)
    266
    Que nul me vante flamme brûlante
    (Blangini) 266
    Se non Timoro altato (Kraus) 52
    Sömnens Gud min Thilmar målar (Aprile)
    18
Duo Favori (Florio) 500
Duo Nègre (Nocturne, 2 St.) (Louis Jadin)
    359
Duo nocturne (Signorile) 266
Duo Notturne à Romance 309
Duo, Suite de la Chanson italienne
    Dite almeno amiche fronde (Cherubini)
    155
    La mia fille ... (Cherubini) 155
Duo, tiré d'un Opéra inédit (Romagnesi) 621
Dur-El Baheer! The Lay of the Captive
    (Crouch) 925
Durandarte and Belerma (a Spanish Ballad)
    (Barthélémon) 122
Durant la nuit, par leurs vagues mensonges
    905
Durch Adams Fall ist ganz verderbt 794, 981
Durch das Band der reinsten Liebe 616
Durch das Leben fließe Neues Jahr! 397
Durch der Abenddämmerung 893
Durch der Nacht vertraute Stille 977
Durch die Wälder durch die Auen 512, 546,
    688
Durch einen Wald bejahrter Eichen 219
Durch Fichten am Hügel 877
Durch gleichen Schmerz gebunden 684
Durch Nacht zum Licht 283
Durch Zärtlichkeit und Schmeicheln 134, 713
Durchdenk' ich meines Heilands Leben 562
Dybe Sorg (Den) s. Grand Deuil (Le)
Dybt Skoven bruser og Skyen gaaer 420
Dydig og from aldrig Coquette 511
Dyhrenfurth (H. L. Berner) 142
Dykt indgravet i mit Hjerte 513
Dystra skog och mörka gömma 36

E amore un ladroncello 262
E ben per mia memoria 359, 590
E che? che mi ro giusto ciel? 341
E deggio e posso crederlo? 711
E deserto il bosco intorno 353
E di me che sarà 502
E finita, Don Pasquale 641
E il sol dell' anima 704
E la voce che primièra 640, 701

E mi lasci così? 181
E palese il tradimento 688
E pena troppo barbara 474, 573
E pur dolce un pò d'amore 263
E rimato la impietrato 641
E se fia che ad altro 641
E Susanna non vien? 510, 616
E tanto tu dunque l'ami? 371
E vero che in casa io son la padrona 954
E vero, ebben, co lei che ognor 375
E'er night assumes her gloomy reign 96
Early Home (Horn) 920
(8) easy and familiar Songs (J. C. Luther) 98
Ebben per mia memoria 624, 686
Ecce quam bonum 848
Ecco a voi di pace il segno 488
Ecco cessato il vento 584, 590, 686
Ecco di Gnido il Tempio 308
Ecco il sen Fericio mai 555
Ecco mi, ingiusti numi 358
Ecco o patria! invitta Roma 598
Ecco quel fiero istante 179, 227, 253, 264,
  837, 955
Ecco ridente il cielo 512, 589, 631, 866, 884
Eccomi a voi miei fidi! 599
Eccoti alfin, Feraspe, al gran cimento! 378
Eccoti Orazio, al fine in liberta 343
Eccoutez tous l'aventure de jeune et gente
  Nisa! 444
Ech kumm hold oh vu Fürstensteen 142
Echappé des bras de l'aurore 443
Echappée à l'œil de sa mère 434
Echelle de Soie (L'; Oper: Lafont) 644
Echo (Passy) 58
Echo de ce rocher sauvage 391
Echo des Bois (Nocturne, 2 gleiche St.)
  (Panseron) 904
Echo, echo, how do you do 86
Echo fidèle! et vous, légers Zéphirs! 375
Echo veux-tu qu'un peu je te consulte? 538
Echo, voici l'aurore 643
Echtes Glück (J. F. Reichardt) 165, 177
Eclair (L'; Oper: Halévy) 802 (2), 803, 838
  (2), 839, 844
Eclatans flambeaux de la terre 439
Eclos sur la robe de Flore, beau papillon 450
Ecole de Rome (L'; Komische Oper: Panseron)
  550
Ecoute bien, écoute Nicolas 338
Ecoute bien, Nicolas, je t'en prie 821
Ecoute bien, ô ma pendule 755
Ecoute donc mon aventure 746
Ecoute, Ecoute (Nouvelle Tyrollienne) 485
Ecoute la trompette 356
Ecoute-moi, jeune Délie 672
Ecoute-moi, me dit Lucas 664
Ecoute-moi sans te fâcher, Gustave 372
Ecoute ne trahis jamais ta foi 485
Ecoute Nicolas, je t'en prie, écoute bien 831
Ecouter et Croire (Romance) (Romagnesi)
  994
Ecoutés la prière d'un jeune voyageur 307
Ecoutez bien ce passage 707
Ecoutez, gente Damoiselle 392, 545
Ecoutez la chanson 266, 382
Ecoutez ma lyre 365
Ecoutez-Moi (Romance)
  Ecoutez-moi, j'ai deux mots à vous dire
    (Maillard) 377
  Ecoutez-moi, je n'ai que deux mots à

vous dire (Desomère Fils) 730
Ecoutez-moi, vous que mon cœur adore
  (Le Mière de Corvey) 461
Ecoutez-moi, gentes fillettes 899
Ecoutez-moi, j'ai deux mots à vous dire 377
Ecoutez moi, je n'ai que deux mots à vous
  dire 730
Ecoutez-moi, vous que mon cœur adore 461
Ecoutons ses récits touchans 499
Edgard, mon cher ami 551
Edile (Romance) (Milhès) 334, 814
Edle Tugend, sanfte Freude 144
Edmond et Caroline ou La Lettre et la Réponse
  (Komische Oper: Kreubé) 509 (2), 512,
  627
Edmond quitte la ville 644
Edoardo e Cristina (Oper: Rossini) 601 (2),
  688, 975
Edouard et Christine s. Edoardo e Cristina
Edra miner, bistra, tvära 64
Eduard und Christina s. Edoardo e Cristina
Eduart og Anine (C. Schall) 206
Edvin (Romance) (de Boudeville) 465
Edwin and Angelina (Oper: Pelissier) 330, 331
Een Tanke blot bestandig nære 81, 205
Eensom? Nei, det er jeg ei 847
Eensom og traurig, tilsidst du haver 71
Efter korte Savn, til den elskte Favn 504
Efter Rigdoms Gaver jeg som Pilegrim gaaer
  530
Eginard (Romance) (Gouet) 756
Eginard (Romance, 2 St.) (H.-M. Berton) 446
Eginard au Tombeau de son Amie (Romance)
  (Plantade) 385, 393
Eginhard et Emma (Romance) (Méhul) 441
Eglé (Romance) (L. Moreau) 350
Eglé cueillait des fleurs et l'humble violette
  643
Egli è spento è del perdono 637, 698
Egmont (Musik zum Trauerspiel von Goethe:
  Beethoven, Op. 84) 243, 767, 870
Eh bien! je vous ai donc perdus 756
Eh! gai vivent les amours 750
Eh qui pourra lire dans ce cœur 275
Eh! quoi, ce matin, à la ville 668
Eh! quoi déjà sur la montagne 456
Eh quoi, jamais une pensée 900
Eh via buffone (Hör' auf, du Haase!) 687
Eh via! mi segui e sgombra questa larva 363
Eh! viva l'Estramadura! 752
Eh! Vogue ma Nacelle (Chansonnette) (Pan-
  seron) 466, 548
Eh' ich dies vollendet habe 778
Eherne Pferd (Das) s. Cheval de Bronze (Le)
Ehestand der Freude (F. W. Berner) 248
Ehmals lebt ich wohl in Freuden 682, 740
Ehre Dir, in Deinem Heiligthume 561
Ehre sey dem Vater und dem Sohne 567
Ehre sey Gott! Halleluja! 791
Ehre sey Gott in der Höhe! 398, 399, 564,
  568
Ehret die Frauen 166, 168, 282
Ehrlich denken, ehrlich leben 397
Ei Byrd, men Skiönhed Aand og Dyder 405
Ei Friheds Sön 527
Ei Kronens Glands og Demants Smykker 509
Ei min Attraq det længer er 77
Ei Susanna er her? (E Susanna non vien?) 510
Ei trolös skal mig Hugo troe 518
Ei wenn ich ein Veilchen wär' 874

Eifersucht quälte den Vater sehr oft 217
Eifersüchtigen auf dem Lande (Die; Ballett: Gaede) 619 (2)
Eigenthumsschätzung: Vater unser im Himmelreich (M. Luther) 771
Eil', o Mai, mit hellem Brautgesange 324
Eile (Burckhardt) 883
Eile Geliebter! 340
Eilende Wolken 143, 252
Ein Alphorn hör' ich schallen 650
Ein altes Schlesisches Volkslied 143
Ein Auge, das mir Liebe lacht 133
Ein bezaubernd weiss nicht was 590
Ein Blümchen gibt's 703
Ein Blümchen lacht im Frühlingsthal 311, 400
Ein Blümchen schön, doch unbekannt 867
Ein Brautkranz (Panseron) 793
Ein deutsches Kriegslied (Mozart, KV 539) 875
Ein edler Schmaus hat uns geschaart 282
Ein freyes Leben führen wir 232
Ein Gärtner hegt' ein Röselein 168
Ein Gesetz in Indien läßt geschehen 592
Ein Graf ritt aus auf Mädchenschau 295
Ein guter Mann traut seiner Frau 405
Ein gutes Kind sagt ohne Scheu 213
Ein Heller und ein Batzen 793
Ein Hoffnungs-Schimmer 702
Ein hübsches kleines Mädchen 240
Ein Ideal schwebt stets vor meinen Blicken 345
Ein Jahr ist schon dahin 641, 702
Ein Johannes Würmchen saß 328
Ein junges Lämmchen, weiß wie Schnee 395
Ein klagender Schatten 682
Ein kleines Blümchen ist die Jasmine 653
Ein kleines Haus, von Nussgesträuch 875
Ein Knab' auf schnellem Roß 248
Ein Krieger wendet seine Kunst 217
Ein Lämmlein geht und trägt die Schuld 797
Ein Lied ist noch kein Gläschen Wein 847
Ein Liedchen der Freundschaft singt heut mein Gesang 327
Ein Liechen von Liebe verlangst Du von mir 96, 178
Ein Mädchen, das auf Ehre hielt 247
Ein Mädchen, das ein fühlend Herz 270
Ein Mädchen, das sich einen Mann zum Sclaven macht 148
Ein Mädchen, nah an achtzehn Jahr 297
Ein Mädchen oder Weibchen wünscht Papageno sich 39, 43, 70, 184, 277, 304, 515, 706
Ein Mädchen ohne Mängel 487
Ein Mädchen schön, in später Nacht 167
Ein Mädchen voll Verlangen 221
Ein Mann ist bald genommen 217
Ein muntrer Ritter ging einmal 269
Ein neuer Weltsistemsverfasser 313
Ein neues Lied 295
Ein österreichisches Nationallied 291
Ein Pferd das ist was ich längst begehrt 710
Ein Pilger bin ich in der Welt 564
Ein Quell der Freuden ist treue Liebe 584, 592, 866
Ein Raugraf gross und mächtiglich 297
Ein Reisender verlohr den Weg 236
Ein Ritter fürstlich anzuschau'n 703
Ein Ritter von edlen Geblüt 651

Ein Röckle und ein Hösle 246
Ein Röschen so lieblich und sorgsam gepflegt 652
Ein Spatziergang im Walde (Nägeli) 495
Ein Stelldichein 702
Ein steter Kampf ist unser Leben 873
Ein Sturmgewölk umzog den Horizont 283
Ein Tag in Paris s. Un Jour à Paris
Ein Tag ist wieder hingegangen 798
Ein Troubadour im Bearnerland 239
Ein Ungarisch Nationallied 291
Ein Veilchen auf der Wiese stand 872
Ein Veilchen blüht im Thale 787, 866, 884
Ein Veilchen, das im Schatten 650
Ein Vogel kam geflogen 71
Ein Weibchen, ein Männchen 203
Ein' feste Burg ist unser Gott 765, 782, 978, 981, 983
Eine Abschieds Scene (Duetto) (v. Götz) 210
Eine hohe Hahnefeder steck' ich auf meinen Hut 882
Eine junge dornenlose zart erblühte Maienrose 853
Eine Lilie wie Schnee rein 640, 701
Eine nur und ewig Eine 175
Eine sehr gewöhnliche Geschichte (Haydn, Hob. XXVIa, 4) 96
Einen Doctor meines Gleichen 592
Einen Ton im Reich der Harmonieen 291
Einer Freundin, als sie mir ein Band schenkte (Grosheim) 150
Eines guten Hauses Kind 881
Einfalt, Einfalt, Freundin meiner Jugend 165
Eingeschlummert ist die Erde 582
Einkehr
   Bei einem Wirthe, wundermild (Büttinger) 673; (C. Kreutzer) 618, 871
Einladung aufs Land (Nägeli) 281
Einladung zum Tanz (Leonardi) 740
Einladung zum Tanze (Nägeli) 282
Einmahl war ein grosser König 590
Eins ist Noth, ach Herr dies Eine 775, 794
Eins nur ist das Best' auf Erden 182
Eins, zwey 226
Einsam bin ich nicht alleine 728, 736, 963
Einsam mit gebrochnem Herzen 594
Einsam? nein, das bin ich nicht! 870, 889
Einsam und freudenleer 600, 652
Einsam und traurend fließt 601
Einsam wandelt dein Freund 41, 175, 294, 557
Einsam weil ich in den Abendstunden 296
Einsamkeit
   Ja winkt nur, ... (J. F. Reichardt) 179
   So sitz' ich oft alleine ... (Reissiger) **879**
Einsamkeit und Freundesnähe (v. Hettersdorf) 676
Einschiffung nach Cythere (Die; Ballett: Gürrlich) 168
Einsiedler (Der) s. Solitaire (Le)
Einst blüht ein Morgen der beßern Welt 249
Einst dehnte sich in ungemessner Ferne 494
Einst gieng im sanften Abendschein 230
Einst träumte meiner sel'gen Base 421
Einst weilt ich seelig an ihrer Seite 601
Einst wird wohl der Tag erscheinen 590
Einst zog an der Brüder Seite 596, 630
Einstmal gieng beym Sternenhimmel 739
Eiserne Jungfrau (Die) oder Der Tempel des Todes (Oper: Kanne) 719

Ej äran gör nog til at Ynglingen mana 19
Ej dit Øje flamme 249
Ej er jeg Konge, men tilfreds 18
Ej hymens låga för mig skall tändas 659
Ej kan ett hjerta sig försvara 40
Ej mera muntert nöje är 715
Ej mitt värf kan fråmgang vinna 60
Ej nog, at hundra Hjeltars blod 20
Ej spørge vi Druen 250
*Ej till färd åt fjerran land (Where ha'e ye been
   a day/Dein bin ich/Ein schönes Wort)* 715
El amor siempre empieza 966
El dulce bien por quien suspiro 572
El enigma 571
El mas dulce y caro amante 573
El placer reboza en mi 573
El Recuerdo (Canción) (Rosquellas) 572
Elan d'Amour (Romance) (de Peellaert) 392
Election (The; Interlude: Barthélémon)
   100 (4)
Elegie (Kraus) 10
Elégie
   J'ai cherché ... (Grast) 550
   Tout se tait ... (Hässler) 52
Elegie auf den Tod der Zwickauer Biene
   (F. L. Schubert) 793
Elegie vid Marg. Fredr. Georgiis Död (Georgii)
   29
Elend ist Zigeunerleben 710
Elender Reimer du wagst's 491
Elève et fils du dieu 364
Elicio tilbad Nanette 83
Eliesens Abschied (Kallenbach) 584
Elisa (Oper: Cherubini) 257
Elisa (Oper: F. Kuhlau, Op. 29) 784
Elisa (Oper: Mayr) 347, 571
Elisa (Oper: Naumann) 71, 72
Elisa e Claudio (Oper: Mercadante) 369, 370,
   373, 690, 744, 758 (7)
Elisabeth s. Elisabetta Regina d'Inghilterra
Elisabeth, Königin von England s. Elisabetta
   Regina d'Inghilterra
Elisabetta in Derbyshire (Oper: Carafa) 602
Elisabetta, Regina d'Inghilterra (Oper: Rossi-
   ni) 358, 359, 361, 363, 367, 419, 557,
   571, 598, 599, 633 (11), 685, 758, 766,
   772, 774
Elisas letztes Gebet (Romanze) (Romagnesi)
   800
Elisca ou L'Amour Maternel (Oper: A.-E.-M.
   Grétry) 108
Elise s. Elisa
Elisene (Oper: J. Rösler) 292
Elisens Abschied (Schnabel) 145
Elisens Lied (Nägeli) 494
Elisir d'Amore (L'; Oper: Donizetti) 636 (20),
   697 (15), 698 (7), 791 (2), 801, 958 (2)
Eliska ou la Russe (F. Garat) 385
Eliza (Romance) (Laffillé) 441
Eliza wczoraj ostro spojrzała 171
Ell'è un giglio di puro 640, 701
Elle (Romance)
   Il faut que je vous parle d'elle (Gouet) 755
   Songes riants, vous passez vite (Berbiguier)
   456
Elle a sonné l'heure de la vengeance 338
Elle a trahi ses sermens et sa foi 497, 672
Elle aima toujours (Romance) (Mees) 850
Elle avait d'un tendre regard 436
Elle est à moi, celle que j'aime 153

Elle est jeune la Bajadère 750
Elle est partie! (Romance) (de Beauplan)
   462
Elle est triste la damoiselle 552
Elle et lui (Romance) (Paz) 473
Elle et Moi (Chansonnette) (J. Meissonnier)
   454
Elle et moi (Romance) (Plantade) 372
Elle et vous (Romance) (Th. Bayle) 543
Elle était là (Romance)
   Elle était là, celle que j'aime (Darondeau)
   378
   Elle était là! j'ai douce souvenance (J.-M.
   Beauvarlet-Charpentier) 441
   Elle était là: L'amour avait guidée (Roux-
   Martin) 481
Elle était là celle que j'aime 378
Elle était là! j'ai douce souvenance 441
Elle était là: L'amour avait guidée 481
Elle était là, superbe et triumphante 819
Elle était simple et gentillette 336, 608, 817
Elle fuit (Romance) (Lélu) 433
Elle là venir, j'en conçois 691
Elle le veut la coquette Julie 353
Elle m'a fui, l'amante que j'adore 469
Elle m'aimait tant (Romance) (Panseron)
   901
Elle n'a fait que paraître (Romance) 542,
   604
Elle n'est plus (Romance) (Lechallier) 450
Elle n'est plus cette bonne Amélie 453
Elle n'est plus, mon amante chérie! 435
Elle pleurait (Romance) (de Garaudé) 381
Elle s'en va, la douce pastorelle 838
Elle va mourir! (Romance) (Zérézo) 840
Elle va venir 517
Eloge de la Bétise (Bouffet) 356
Eloge de la Coquetterie (Guiseppe) 386
Eloge de la Rose (Romance) (Moniot) 555
Eloigne-Toi! (Romance) (Anson) 455
Eloigne-toi! l'amitié t'en supplie 455
Eloigne-toi, Pauline t'en supplie! 458
Eloisa ed Abelardo negli Elisi (Kantate: Paer)
   220, 221
Elopement (The; Pantomime: Giordani) 94
Elskende Hyrder! Blomsterne 75
Elskende Par! I som froe 509
Elskende Pige, Hiertet til Plage 77
Elskernes Skole s. Così fan tutte
Elskov blomster i hver Barm 526
Elskov og Haab venlig tilsmilte 534
Elskov staaer i Pagt med Livet 75
Elskovs Rosenkjæde omslynge skal og Bryst!
   507
Elskovs Trylleri opfylder al naturen 507
Elskovsdrikken s. Philtre (Le)
Elskte, elskte, du som mig fryder 513
Elskte Fader, de mig anklage 508
Elskte Faruk! hörte du min Klage 508
Elskte! huld du vist 75
Elskte! o kunde du höre 506
Elskte vaagn op 527
Elster s. Gazza Ladra (La)
Elverhöi (Schauspiel von J. L. Heiberg: F.
   Kuhlau, Op. 100) 846 (2), 858, 860
Elvir et Mathilde (Romance) (F.-R.-P. de
   Ginestet) 446
Elvire (Romance) (Imbimbo) 552
Elvirens Schwanenlied, im Herbst zu singen
   (Blüher) 324

Elysium (W. A. Müller) 851
Embelissez ma triste solitude 627
Emergit undis et Deo 907
Emerike (Komische Oper: Gyrowetz) 225,
  226 (2)
Emilie à sa Mère (Romance élégiaque) (Fastré)
  391
Emma (Ballett: Kinsky) 579, 580
Emma (Tyrolienne) (Panseron) 900
Emma di Resburgo (Oper: Meyerbeer) 559,
  599 (2), 600 (6), 625 (2), 683, 793
Emma von Leicester s. Emma di Resburgo
Emma von Ressburg s. Emma di Resburgo
Emma von Rexburgh s. Emma di Resburgo
Emmène-moi (Romance) (Panseron) 899
Emot din vän 32
Empfange diesen Schwesterkuss 635
Empfange diess Herzchen! 232
Emploi de la Journée (Romance) (Friard)
  548
Emporté (L') s. Irato (L') ou L'Emporté
En affaires comme en voyage 113
En Amour on nous dit légères 40
En bedaget Knark, hvis Ho'ede 531
En Blomst paa nögen Klippe stod 414
En ce moment parlez vous même 820
En combattant aux champs de Navarette 613
En course dès le grand matin 818, 821
En dag bland unga Rosor 29
En dåre för sin framtid gråter 10
En Digter, en redelig Mand 83
En Espagne dites le moi 511
En este santo y retirado templo 572
En Flicka jag vacker kan finna 27
En Havnens Dæmon ledet har mit Fjed 524
En högröd ros på kinden står 714
En Kones Caprice s. Un Caprice de Femme
En Krigare 19
En Kriger hos det smukke Kiön 410
En liden vakker Kvinde ta'r Papageno sig 70
En lille rosenkindet Glut 530
En liten menlös tärna 24
En lystig, ung, galant Student 534
En Mand mistænker ei i Lön 405
En me jurant d'être fidèle 285
En Möe i mine Arme 515
En Möe i Ungdoms Vaar 520
En Mund til Kysret dannet 508
En nyfödt Soel i Östen glöder 519
En öm och trogen maka 43
En oubliant l'orage qui vient 842, 904
En parcourant les doux climats de Paphos 287,
  585
En partant pour la Palestine 438
En que todos te quieran 275
En revenant vainqueur de la Syrie 996
En riant (Chanson) (Castellacci) 547
En Ridder stolt og drabelig 505
En Riddersmand drog fra sin unge Brud 408
En Rose stander i Himlens Lund 518
En Savojard laae paa en Stii 80
En Sön jeg favned faderglad 518
En Soldat i Ungdoms Alder 516
En Sommer Dag (Divertissement) (Cramer)
  415
En sortant d'chez moi 518, 691
En Spelares (Visa) (Catel) 547
En Times Ægteskab s. Une Heure de Mariage
En Timmas Äktenskap s. Une Heure de
  Mariage

En tro og kiærlig Elsker 85
En troefast Ven er Jordens Hæder 250
En Troubadour stolt af sin ljufva kedja 616
En ulyksalig Mand, forfulgt af svare Plager 511
En un tournois jouter pour la plus belle 361
En ung Krigers Sang (J. H. Lorenz) 158
En vacker dag! hvad oförtänkt 40
En vain s. a. Envain
En vain des bois la naissante verdure 381, 467
  671
En vain douce espérance 475
En vain j'espère 526
En vain je cherche à m'en distraire 115
En vain l'aurore, qui se colore 481, 670
En vain l'orage grondera (Nocturne, 2 gleiche
  St.) (Panseron) 900
En vain mon âme espère 732
En vain un berger du village 334, 606, 814
En vakker Glut indsperret var 71
En vandringsman som vilse gick 33
En Vinternat i Slud og Blæst 534
Enchaîné par l'amour près de femme jolie 153
Enclume chérie, ô mes seuls amours 841
Encompass'd in an angel's frame 89
Encor un jour et je suis enchaînée 665
Encor un mot, ô ma Lucette 335, 607, 815
Encore toi (Romance) (Pertosa) 261
Encore toujours (Nocturne, 2 St.) (Panseron)
  336, 608, 817
Encore un Troubadour (Romance) (Rigel)
  471
Encore une Tirolienne 670
End jeg lever, og min bittre Smerte 184
Enda glädje för mitt hjerta 52
Endimions Schlaf (Nachtgesang, 2 St.)
  (Longuet) 795
Endlich bist du mir gegeben 223
Endors-toi doucement (Chansonnette)
  (Panseron) 902
Endskiønt jeg ei har villet 79
Enea in Cartagine (Oper: Liverati) 244
Enea nel Lazio (Oper: Righini) 41
Enfans chéri des dames je fus 106
Enfans de la Castille 448
Enfans de la folie 475
Enfans de la Provence 113, 486
Enfans de la simple nature 833
Enfans de Maître Pierre (Les; Komische
  Oper: Kreubé) 729
Enfans de mon faible génie 274
Enfans, évitez les savanes, surtout 901
Enfans, il était une fois une Fée 449
Enfans légers de la folie 355
Enfant de la Grèce asservie 458
Enfant de la ville prochaine 614
Enfant du pauvre pêcheur 377
Enfin, j'aurai bientôt quinze ans 544
Enfin mon Amant, n'est jamais content
  (Pillore) 548
Engang Endnu (Ibsen) 759
Engang mig Skjæbnen fletted 511
Engelske Bord Visa 13
England, Dear England (Loder) 928
Englisches Matrosen-Lied (Malibran) 803
Englisches Volkslied 580, 630
English Fleet in 1342 (The; Komische Oper:
  Braham) 128 (2)
Enhver paa dette Slot 515
Enlèvement (L') s. Entführung aus dem Serail
  (Die)

Enlèvement du Serail (L') s. Entführung aus dem Serail (Die)
Ensam i min hyddas famn 16
Ensam vandrar din vän i blomster parken 41
Ensamheten mig ej döljer 60
Ensligheten (Götzloff) 35
Enteilt der Schimmerbühne 649
Entendez-vous? 521
Entendez-vous cette voix éclatante? 359
Entendez-vous jeune bergère 627
Entendez-vous le joyeux chalumeau 901
Entends ma voix ermite charitable 453
Entends ma voix, ô déesse chérie 471
Entends, ô nuit silencieuse, ma faible voix 434
Entends-tu, bergerette, la cloche du hameau? 468
Entends-tu les gondoles 468, 553
Entends-tu ma sœur? 355
Entfernt von der Erde Getümmel 145
Entfloh'n ist jeglicher Kummer 963
Entflohen ist das Glück meines Lebens 341
Entflohene Freuden (Blüher) 325
Entführung aus dem Serail (Die; Komisches Singspiel: Mozart, KV 384) 58, 77, 134 (5), 179, 219, 221, 233, 241, 247, 259 (2), 301, 317, 416, 556, 713 (3), 738, 878
Entraîné par la sympathie 115
Entre l'amour et l'innocence 755
Entre mille fleurs nouvelles 105
Entre nous jamais l'Amour (Romance) (Panseron) 902
Entrepreneuren i Knibe s. Impresario in Angustie (L')
Entrons dans le temple de Gnide 446
Entsagung (Nägeli) 495
Entschwinge dich, mein Geist 564
Entstehung des Harlekins (Die; Ballett: Praeger) 772, 774
Entzückter Sehnsucht Gluten 488
Envain d'un premier sentiment 439
Envain la fleur nouvelle appèle le zéphir 540
Envain le jour succède au jour 548
Envoi en Italie (Dugazon) 274
Eponine à son Fils endormi sur ses Genoux dans les Souterrains (Romance) (Mme. Charlotte) 369
Er bat mich so sanft 577, 582
Er blickt auf Felsenhöhen 788
Er der en Stand, hvorved man 33
Er drückt mit leisem Beben 216, 486
Er du min egen Pige! 73
Er Flickor, kärlekens Gudinna 32
Er hat mit Sorgfalt mich erzogen 306
Er ist erstanden 562
Er ist's! nur angefaßt! 813
Er ist's sie ist's 711
Er jeg lidt fuld en Morgen-Stund 76
Er kommt, der Held aus Davids Stamm 568
Er kommt zu mir, o welche Freude 216
Er lebt! ihr Himmel, jauchzt 395
Er man een Snees Aar 518
Erbvertrag (Der; Drama von W. Vogel: Spohr) 963
Erdelebens Abschied (Nägeli) 493
Ere the lark with eager flight 87
'Ere the larks early carol 122
Eremiten eller Faderskärbat (Oper: Stenborg, Vogler, Chr. Fr. Müller, Du Puy, Frigel, Gleismann, Wikmanson, Åhlström) 20 (5), 21, 76

Ergebung
In verklärter Stille ruht das Herz (Weinlig) 325
Mag immerhin der Strom entgleiten (Ebers) 649
Veni Amore, nel tuo Regno (Righini) 176
Wann der Liebe Ruf ertönet (Righini) 176
Ergebung in Gottes Willen (Gattermann) 562
Erhab'ne Gattin eines Helden 596
Erhalt' uns Herr, bei deinem Wort 764, 812
Erheb' o meine Seele 563
Erheitre nun o Liebe 600
Erhöhet die prächtigen Pforten der Siege 562
Erik Ejegod (Oper: Kunzen) 159
Erin go Bragh or the Exile of Erin (Carr) 121
Erindring (C. M. v. Weber?, Jähns Anh. III, 99) 422
Erindringen (C. Schall) 208
Erinnerung
Auch ich hab einst geliebt! (Methfessel) 252
Gute Zeiten, sel'ge Stunden (Nägeli) 283
In stillen Phantasieen ... (Nägeli) 493
Lieblich wie der Blüthenschleyer (Weixelbaum) 673
O Tage meiner Freude 295
Was blickst du sehnend so zurück? (Nägeli) 494
Was ist's, das mit Sehnsucht ... (Bierey) 292
Erinnerung an den Tod und das Weltgericht (J. R. Zumsteeg) 778
Erinnerung der Kinderjahre 203
Ermahnung an zwey Kinder (Gabler) 132
Ermanno (Oper: Liverati) 244 (2)
Ermatte nicht, o Herz! 327
Ermione (Oper: Rossini) 382, 589, 592, 758
Ermite, votre chapelle s'ouvre-t'elle 468, 834
Ermunterung
Der heitre Himmel im Bächlein blinkt (Nägeli) 493
Muthig, muthig, bald errungen ... (Kunze) 774
Seht! wie die Tage ... (Ett) 395; (J. R. Zumsteeg) 174
Weil' im stillen Blütenhaine ... (Weinlig) 323
Ermuntere dich, mein schwacher Geist 771, 791, 988
Ermuthigung (F. W. Agthe) 829
Ernani (Oper: Verdi) 703, 960
Erniedrigt hatte sich bereits mein Heiland bis zum Tod' 565
Ernst oder Scherz, ei was, sei's was es sei 148
Erntelied
Erheb' o meine Seele (Rolle) 563
Frohe Schnitter! aufgesprungen (J. A. Miller) 396
Eroberung von Jerusalem (Die) s. Prise de Jérusalem (La)
Eroberen og Fredsfyrsten (Oratorium: Kunzen) 249 (2), 250
Eroismo in Amore (L'; Oper: Paer) 357, 361
Eropolis (Oper: Kunzen) 249 (7), 250 (9)
Errant de ville en ville 445
Errant depuis l'aurore 543
Errant un jour dans ces riants bosquets 545
Erscheine endlich, lang ersehnte Stunde 218, 292
Erscheine, liebes Mädchen 687
Erscheine liebstes Mädchen 232
Erschienen ist der herrliche Tag 803

Erschreckt und blass 634, 696
Erstanden ist der Herr vom Tod 565
Erste Kuß (Der; Oper: Hoffmeister) 256
Ert lof till glädjen höjen 34
Ertöne Lied mit wonnigem Empfinden 143
Ertöne süße Laute 165, 177, 650
Ertönt Schalmei'n und Hörner 691
Erwach beim Ruf der Siegestöne 674
Erwache aus deinen 897
Es bebet die Seele 640
Es bleiben Gram und Sorgen aus 490
Es blies ein Jäger wohl in sein Horn 248
Es blinken drei freundliche Sterne 324
Es blinken so lustig die Sterne 423, 424
Es blüht des Herzens süsse Lust 325
Es blüht ein Blümchen irgend wo 278
Es blüht voll Lust und neuen Freuden 201
Es cierto que ofre ces 573
Es flog ein Zeisig durch den Wald 883
Es gehn nach Raub die Hyänen 787
Es geht vom Kriegsmann ein Geschrei 824
Es giebt der Plätzchen überall 281
Er giebt ein Holz auf Erden 789
Es gibt Leute, welche murmeln 555
Es gilt! Zum Feste 813
Es gingen drei Jäger 895
Es gleicht der Ehestand 487
Es gleicht die Jugend einem schönen Garten 874
Es hat die Schöpferinn der Liebe 79
Es hat euch immer sehr verdrossen 653
Es hat mich immer sehr verdrossen 963
Es ist alles eins, ob wir Geld hab'n oder keins 556
Es ist ein gar wunderlich seltsames Ding 339
Es ist ein Gott, ein guter Gott 775
Es ist ein Reif gefallen (Stegmayer) 883
Es ist genug 809
Es ist in keinem Andern Heil 566
Es ist nun aus mit meinem 809
Es ist vollbracht! 778
Es jauchze Gott und preise Gott alle Welt 283
Es kann schon nicht alles so bleiben 81, 174
Es kehret der Frühling mit lächelndem Blick 851
Es keimen uns Freuden die Fülle 296
Es lächelt der See 311
Es lebe, auf Erden 898
Es lebe hoch das Wiederseh'n 640, 701
Es lebe hoch der Kriegerstand 691
Es lebt ein Gott, der Menschen liebt! 774
Es muß das Herz an etwas hangen 244
Es nahet der Winter, und hüllet die Flur 252
Es naht die ernste Stunde 491
Es naht in stiller Feier 174
Es rast mit Schnee und Eis 342
Es reden und träumen die Menschen so viel 652, 878
Es regt sich im Herzen 876, 963
Es ritten sieben Ritter 882
Es ruhet in dämmernder Ferne ein Land 211, 993
Es säuseln lind die Bäume 649
Es schauet der Morgen mit funkelndem Schein 495
Es schaut der Leuchtthurm durch die Nacht 868
Es schwankt, es wogt in Sturmes Grausen 695
Es schwankt und wogt 962

Es schwebt die Gondel auf schaukelnder Welle 776
Es schwinden die Sinne 592
Es seufzt einmal um Mitternacht 71
Es siegt die Stärke 706
Es singt ein Vögelein wit, wit, wit 770
Es singt ein Vöglein witt, witt, witt 865, 883
Es sitzen auf den Thronen 797
Es spalten und sprossen, vom Lenzhauch umflossen 146
Es stand ein Sternlein am Himmel 878
Es stürmt auf der Flur 495, 619, 748, 871
Es summt und schwirrt und singt 708
Es tanzen beflügelt die Jahre dahin 494
Es thut mir im Herzel wos brenne 291
Es tönt das Lied der Nachtigallen 875
Es tönt ein fernes Lied 595
Es wandelt auf Erden ein himmlisches Kind 326, 396
Es war ein Jüngling treu und brav 201
Es war ein König in Thule 780, 867
Es war einmal ein Edelmann 301
Es war einmal ein Grübelkopf 270
Es war einmal ein König, der hat nen klugen Spitz 808
Es war mir unbekannt 147
Es weh'n so sanft die Winde 808
Es weicht das Licht 600
Es will die Pflicht 711
Es wird wohl Winter weit und breit 397
Es wogt der Kahn auf dem stillen See 324
Es woll' uns Gott genädig seyn 794
Es zieht ein Strom durch alle Lebensreiche 277
Es zog ein Jäger so lustig im Wald 799
Es zogen drei Burschen wohl über den Rhein 869
Esci, fatal memoria 380
Eselshaut (Die, Feenspiel: J. N. Hummel) 383 (2), 387, 720
Esmeralda (Ballade) (Panseron) 903
Espoir au matin de la vie 380
Espoir, Bonheur, Amour (Nocturne, 2 St.) (Panseron) 900
Espoir des preux et fleur de courtoisie 384, 612
Espoir et Souvenir (Romance, 2 gleiche St.) (de Garaudé) 380
Espoir et Souvenir (Tyrolienne) (Branchu) 335, 608
Espoir, plaisir, doux songe de la vie 478
Essain joyeux nymphes charmantes 964
Est advenu le dernier de mes jours 474
Est-ce de Plaisir ou de Peur? (Chansonnette) (Louis Jadin) 457
Est-ce elle, est ce un songe 536
Est-ce l'amour, est-ce la peur? (Chansonnette) (Romagnesi) 666, 835
Est-ce pour moi, qu'Edmond soupire 465
Est-il possible d'être insensible 355
Estas que miro oh Dioses! 573
Estelle avait seize printemps 817
Estelle ou on sait mieux aimer au village (Romance) (Pillore) 817
Esther (Oper: Ebers) 892
Esther (Oratorium: Händel) 92
Estoy convaleciente 338, 821
Esultate già i Stuardi 701
Esulti pur la barbara 636, 697
Et Aar igien tilbagelagt 183
Et cependant il n'est rien (Romance) (Blangini) 818

Et Dyb og dog Gods Himmel 523
Et Eventyr i Rosenborg Hauge (Singspiel: Weyse) 518 (2), 519, 857, 862
Et Glimt fru Evigheden 759
Et qui viendra defendre 502
Et quoi! je n'aime pas! 733
Et Slot beboer jeg her 536
Etais plongé dans la mélancolie 437
Etait un lis aux champs 612
Etoile du Nord (L'; Oper: Meyerbeer) 708 (20), 961 (2)
Etre charmant, objet de mon ardeur 392
Etre infidèle non 836
Etwas wider die Liebe 144
Euch ihr Blumen, liebe Blumen 790
Euch ihr heimathlichen Auen 342
Euch, ihr Herrn, mit stolzen Blicken 73
Euch ist heute der Heiland geboren 791
Euch, schöne blumenreiche Auen 777
Euphrosine (Oper: v. Seyfried) 255, 721
Euphrosine an ihr Bettchen (Righini) 166, 179
Euphrosine et Conradin (Oper: Méhul) 31, 36, 212
Euphrosyne (Dillenberger) 675
Euryanthe (Oper: C. M. v. Weber, Jähns 291) 68, 680, 681, 714 (2), 726, 729, 737, 741, 764 (2), 765 (2), 766, 767, 768 (4), 769, 772 (2), 887, 889, 894, 896
Eveille-toi, noble Vendée 826
Eveillez-vous, gens qui dormez 841
Evening (Canzonett) (Stevenson) 119
Evening (Sonnet) (Hook) 96
Evening Hymn to the Virgin (Kerr) 912
Evening Song of the Tyrol (Rodwell) 912
Eventyret paa Maskeraden s. Domino Noir (Le)
Every one's Liking (Th. A. Arne) 88
Evig Naturen skiænker sine Gaver 518
Eviga Magt som dygden belönar 616
Evige Gud, mit Fied du lede 80
Evigheds Blomsten (F. Kuhlau, K. 157) 413
Evitez là (Romance) (Lambert) 373
Evviva! allegri 692
Evviva il Reno 638
Ew'ger Vater 640
Ew'ges Wesen, nur deine Güte 598
Ewig dein (Schindlöcker) 314
Ewig ist sie hingeschwunden 994
Ewig, Natur! vertheilst du deine Gaben 518
Ewig sey dir Lob gesungen 146
Ewig treu beständig lieben 651
Ewigkeit Gottes: Sey Lob und Ehr' dem höchsten Gut (Speratus) 771
Exhortation de l'amour (Lafont) 643
Ey du lieber Augustin 303
Ey wie froh, geht sichs so 798
Eya popeya, so leise so lind 179, 875

Fabio! Fabio! mon triste cœur 276
Fabio Fabio te nombra mi triste pecho 276
Facciam allegri un brindisi 640, 701
Fader Bergström 529
Fader, Din Fred os ei forlade! 527
Fader jeg kalder Dig! 420
Fading Flowers (Horn) 941
Fächerlied einer Liebenden (Nägeli) 495
Fædreland! naar Vold Dig truer 526
Fædrelandssang 416, 424
Fædres Skygger! Fortidens Hæder! 73
Fästom då förrände slutas 9
Fåfängt ni flytt, ni vackra 62

Faiello (Il; Oper: Coccia) 368
Fair Anna (Webbe Jun.) 125
Fair Ellen 124
Fair Ellen sate in the banquet room 933
Fair Phillis I saw sitting 97
Fair Rosale 89
Fair sweet cruel 97
Faire pledges of a fruitfull tree 947
Fairies of the Lake s. Lac des Fées (Le)
Fairies of the lake, Naiads of the sea 921
Fairy Lake (The) s. Lac des Fées (Le)
Fairy Prince (The; Masque: Th. A. Arne) 96
Fais tendre amour que brûlant pour Glycère 629
Fais-toi Corsaire (Chanson) (Quesnel) 751
Faisant serment de constance éternelle 546
Fal lal la 89
Falkners Braut (Des; Oper: H. Marschner) 790 (2), 791, 792 (2), 793 (2)
Fallala! agt paa min Sang! 509
Falsch ist sein Herz und schaudervoll 687
Falschmünzer (Die) s. Serment (Le) ou Les faux Monnayeurs
False Rosabel (Horn) 910
Famiglia filarmonica (La; Kantate: Paer) 357
Familien fra America s. Famille américaine (La)
Familien Mazarin (Schauspiel nach Ancelot mit Gesang) 536
Famille Américaine (La; Oper: Dalayrac) 83
Famille du Porteur d'Eau (La; Vaudeville? : Blanchard) 606, 677
Famille Indigente (La; Oper: Gaveaux) 106 (2)
Famille Suisse (La; Oper: Boieldieu) 726
Family Quarrels (Oper: Braham, Moorhead, Reeve) 127
Fan far i Er så många ni ären 20
Fanatico per la Musica (Il; Oper: Mayr) 478
Fanchon, das Leiermädchen (Oper: Himmel) 33, 49, 56, 218, 224, 233, 234 (2), 270, 405, 406, 416, 504 (2), 582 (2), 594 (4), 616, 656 (2), 721, 775 (3), 779, 889
Fanden er Lös (Ballett: C. Schall) 205
Faniska (Oper: Cherubini) 194 (3), 228, 231 (2), 232 (2), 237, 254, 256, 409, 426, 738, 739
Fanny ihrer Freundin zum Abschiede (Sterkel) 993
Fanny Morna (Oper: Persuis) 110
Far away (Johann Strauss Vater) 926
Far distant lies my native home 934
Far, far, at Sea (Florio) 127
Far väl Jaggår at evigt rycka 6
Far verlden kring, min vän 31
Fare thee well, false Rosabel! 910
Farewell ambition's gilded toys 90
Farewell! and with a sister's love 924
Farewell, farewell for ever 921
Farewell, Love! (Duet) (Blangini) 972
Farewell, oh think on me 942
Farewell! the voice you hear 954
Farewell to Old England 88
Farewell to the false one 942
Farewell to the hopes we cherish'd 937
Farewell to the mountain 945
Farinelli (Lustspiel übers. von J. L. Heiberg, mit Gesang) 530 (7)
Faruk (Singspiel: Weyse) 507, 508 (3), 509, 518 (2)
Farväl all ro! 34

Farväl! behållt i ständigt minne 69
Farväl du goda systers skara farväl 657
Farväl mit kära barn 10
Fasset eure Seelen in Geduld (Gratz) 398
Fast jag är i min ungdoms dar 31
Fast lyckan mig förskjuter 717
Fate gave the word, the arrow sped 932
Fatima (Oper: Dalayrac) 27 (3)
Fausse Duègne (La; Oper: Blangini) 615
Faust (Ballett: Keck) 861
Faust (Oper: Spohr) 63 (5), 417, 556, 558,
  625, 661, 716, 776, 889, 891, 963, 976
Faut-il dépouiller la nature 756
Faut-il être tant volage? 363
Faut-il toujours et souffrir 842
Faut l'oublier (Boléro) (Romagnesi) 670
Faut l'oublier, disait Colette 669, 670
Faut te quitter! toi que jamais 756
Favores y desprecios 275
Favorit Boleros
  Ein kleines Blümchen ist die Jasmine 653
  O jours riants où brille la jeunesse (Pianta-
    nida) 731
  So lange noch in unschuldsvollen Tagen
    (Piantanida) 731, 868
  Son gelsomino, son piccol fiore (Pianta-
    nida) 868; (anonym) 653
(Six) Favourite Songs (Webbe, Hook, M. Arne,
  Battishill, Carter, S. Arnold) 87
(Twelve) Favourite Songs
  Jackson of Exeter (Op. 1) 102–103
  Jackson of Exeter (Op. 4) 94
Favre Blomster som Engene pryder 71
Favre Fred Du mild ned 413
Favre Stierne, som paa Himlen tindrer! 507
Fedor eller Skovbarnet s. Colporteur (Le)
Fedra (Oper: Burghersh) 381
Fee aus Frankreich (Die; Zauberposse: W.
  Müller) 587
Fee him, father (Haydn, Hob. XXXIa, 156)
  128
Fee Radiante (Pantomime: F. Stein) 260
Fee (Die) und der Ritter (Feenmärchen: W.
  Müller) 724
Fee Urgèle (La; Komische Oper: Blangini)
  610, 611, 612, 615 (2)
Feensee (Der) s. Lac des Fées (Le)
Feier des achtzehnten Octobers (Sander) 563
Feindlichen Volksstämme (Die) s. Abencerra-
  gen und Zegris (Die) oder Die feindlichen
  Volksstämme
Feld einwärts flog ein Vögelein 202
Felice donzella, che mai non intese un inno
  802
Felici voi cui die propizio il cielo 370
Felicie (Singspiel: Du Puy) 513 (5)
Félicité (Romance) (Madame J. D.) 448
Felsenmühle zu Etalières (Die; Oper: Reissiger)
  525 (4), 743, 794
Femme jeune et jolie (Romance) (Etienne)
  265
Femme jolie, chère patrie 627
Femme sensible, entends-tu le ramage
  110, 149
Femmes, voulez-vous épouver 877
Fenêtre Secrète (La; Singspiel: Batton) 510,
  511
Feodora (Oper: J. Ph. S. Schmidt) 515
Feodore s. Feodora
Ferdinand Cortez s. Fernand Cortez

Férie des Arts (La; Vaudeville?) 678
Ferme tes yeux la fatigue t'accable 519
Fermier Belge (Le; Komische Oper: Mees)
  498
Fern von väterlichem Strande 487
Fernand Cortez (Oper: Spontini) 60, 200,
  318 (3), 319, 320 (3), 387, 489, 557 (2),
  577, 686–687 (10), 765, 777
Fernand de l'amour le plus tendre 995
Fernand et Laure (Romance) (A. Pacini) 995
Fernando und Clarisse (Methfessel) 252
Ferne Wolken seh 896
Fest der Handwerker (Das; Singspiel: Reuling)
  744
Festa del Villaggio (La; Oper: Martín y Soler)
  217
Festa Teatrale di Musica (La; Oper: Paisiello)
  132
Festen i Valhal (Oper: Kunzen) 73 (5)
Festgesang zur Feier der Vaterlandsbefreiung
  (Sander) 563
Festlich wollen wir uns freuen 394
Festtags-Lied (C. Ph. E. Bach) 562
Festung an der Elbe (Die; Oper: A. Fischer)
  195, 196, 212, 214, 216, 220, 255 (2),
  257, 258, 293, 486, 487, 652
Fête de la Cinquantaine (La; Oper: Dezède)
  107
Fête des Mariages (La; Komische Oper:
  Duquesnoy) 106, 107
Fête du Village Voisin (La; Oper: Boieldieu)
  322 (2), 418, 511 (4), 584, 594, 670
Feudal Times (Oper: Kelly) 119
Feuerbraut (Die) s. Schloß am Ätna (Das)
Feuernelke (Die; Ballett: v. Gallenberg)
  863 (3)
Feuille de Rose (Chansonnette) (de Garaudé)
  379
Few are the Joys 330
Fi! que c'est laid d'être jaloux! (Chanson-
  nette) (Romagnesi) 666
Fiancée (La; Komische Oper: Auber) 520 (5),
  521 (6), 633 (3), 634 (11), 695–696 (18),
  734, 735 (3), 783, 785, 786, 787, 790,
  835 (5), 889 (2), 958 (2), 992
Fick jag mig kalla hans egen 63
Fidèle à mes Amours je t'aimerai toujours
  (Romance) (Laffillé) 461
Fidèle au serment qui nous lie 901
Fidèle Berger (Le; Komische Oper: A. Adam)
  810, 812
Fidelio (Oper: Beethoven, Op. 72)
  1. und 2. Fassung 217, 218, 223, 255,
    578
  3. Fassung 321 (3), 387, 401 (7), 409,
    557, 577, 578, 579 (3), 679, 715, 766,
    792, 969, 970
Fidélio, mon doux ami 107
Fido silenzio amico, ombre segrete! 353
Fieldet være brat og Vejen nok saa lang
  207
Fière châtelaine prétends-tu toujours 335,
  607, 815
Fiernt vi drog fra Österlandet 409
Fiero aquilon furente 490
Fiero nell'anima terror si desta 582, 593
Fiers défenseurs du beau pays de France
  358
Fiez-vous aux vains discours 33, 110
Figaro s. Nozze di Figaro (Le)

Figaro oder Der Barbier von Sevilla (von
Duport, Komisches Ballett) 199 (3),
229, 230, 231 (4), 232 (3)
Figaros Bröllop s. Nozze di Figaro (Le)
Figaros Giftermaal (Givtermaal) s. Nozze
di Figaro (Le)
Figlia! ... Mio Padre 704
Figlio Bandito (Il; Oper: Bagioli) 381
Figlio mio! Segui! 348
File, file, jeune Lucile 336, 608, 816
Fill away! (A Glee, 3 St.) (Callcott) 141
Fill up — fill up! thou rose-lipped page! 913
Fille céleste, je t'implore 473
Fille d'amour, douce mélancolie 432
Fille du Régiment (La; Oper: Donizetti)
535, 536 (9), 703, 959
Fille mal gardée (La; Ballett) 318
Filles du Hameau (Chansonnette, 2 St.) (H.)
499
Filles du hameau, laissez-vous conduire 432,
499, 969
Fillette sage est prise un Jour (Romance)
(Félix de la Motte) 472
Fillette si ton âme se sent 552
Fillettes qui d'un fâcheux rêve 467
Filonie! ty lubisz wiosnę 172
Filons toute la nuit 841
Final de la Sérénade (Retraite des Trouba-
dours) (Mees) 500
Finch' han dal vino 12, 45, 60, 84, 112, 233,
237, 417, 687, 738, 769
Find ich dich Geliebte wieder 682
Finden der Ruhe (Schinn) 400
Findes vel en jordisk Pige 71
Finissez donc, disait Glicère au beau Damon
467
Finnland soll leben, stosst an! 708
Fiora's Lied 174
Fiorella (Komische Oper: Auber) 530 (2),
531 (4), 634, 696, 733 (2), 778, 975 (3)
Fire Aarstider (De) s. Jahreszeiten (Die)
First and Fairest (Auber) 920
First beneath the Willow shade 119
Fischer harrt am Brückenbogen 745
Fischer hat ein schönes Seyn 888
Fischer-Lied (Holenz) 147
Fischerlied
Fischer hat ein schönes Seyn (Jul. Scheider)
888
Wir schwanken hin, wir schwanken her
(v. Dalberg) 211
Fiskarne s. Toberne ou le Pêcheur Suédois
Fjeld-Eventyret (Oper: Thrane) 845
Fjernt fra Dig jeg hæved 531
Flagget mig kalder! 420
Flambeau d'Amour (Rondeau) (Spontini)
435
Flambeau d'amour est éteint dans mon cœur
443
Flamme vengeresse 532
Flattersinn (Spazier) 175
Flattre, flattre, kleiner Vogel 308, 653, 731,
876
Flauto Magico (Il) s. Zauberflöte (Die)
Fleur d'Innocence (Romance) (Lys) 541
Fleur de Beauté (Romance) (F. J. Naderman)
432
Fleur du joli printems, parais donc je t'attends
747
Fleur du matin! je sens que je t'adore 363

Fleur du Printems (Romance) (C. M. v. Weber,
Jähns 117) 747
Fleur printanière (Chansonnette) (A. Laurent)
470
Fleurette (Romance) (Hamelin) 338
Fleurette et Henriot (Romance) (Piston) 451
Fleurette et Henry, Histoire du 15e Siècle
(Romance) (Louis Jadin) 453
Fleurs et tapis décoraient la Chapelle 613
Fleuve du Tage 496
Flibustier (Die; Oper: Lobe) 799 (2)
Flickan som lågar ofta sig plågar 15
Flickan, vid femton år 12
Fliege Schiffchen durch die Rosen 879
Fliegen möcht' ich mit dir 323
Flieh ich von dir, Geliebter 182
Flieh nicht grausam länger uns 279
Fliesset, fliesset, stille Thränen 324
Fließet ihr Tränen der reinsten Liebe 602
Flitch of Bacon (The; Komische Oper: Shield
u. a.) 99
Floribella (Oper: Weyse) 515 (6), 518 (2)
Flow on thou noble Dwina 931
Flow Rio Verde (Loder) 928
Flowers that never die (Mackinlay) 946
Fluch den Römern 635
Flüchtig ist die Zeit (Bertoldy) 326
Flüchtiger als Wind und Welle 281
Flugten til Sprogöe (Vaudeville von Henrik
Hertz) 535
Flutenreicher Ebro, blühende Gestade 869
Fly away to the Woodland (J. Haydn) 928
Flydda äro för detta hjerta 616
Flygter! o snarligt! fra samlede Hær 183
Flyv søde Fugl, hvorhen du vil! 72
Född i de sköna Länder 43
Foedselsdagen (Ibsen) 760
Før Døden ender min Plage 512
För Edert väl dess hjerta brinner 19
För tviflan i mitt hjerta 4
Föräldrar å förmyndare 27
Föregifne Skatten (Den) s. Trésor Supposé (Le)
Förgäfves letar du en töcknig 15
Förgät ej mig, när nöjets öpna sköte 19, 20
Förlän mig skydd, O Gud! 61
Förmätne Gustaf, frukta! 28
Förmenta Prinsen (Den) s. Verwunschene
Prinz (Der)
Förn Rosensblad i morgon kanske falla 40
Förnöjsamheten
Fast lyckan mig förskjuter (Beethoven,
Op. 75, 6) 717
Sök dig förnöjsamhet 7
Förr lekte jag och sjöng och log 43
Förr mitt värf jag sorg fri skötte 659
Förrn solens morgon blick 18
Försänkt i qualets sköte 716
Försonaren på Oljoberget (Oratorium: Frigel)
53, 66
Först bad han mig om den Bouquet 509
Förtjusande lott! 23
Förtjusande ring, så farlig för de sköna! 62
Folge deinem grossen Ziele 682
Folies du Jour (Les) 497, 679
Folk Sang 657
Folke Birgersson s. Raoul, Sire de Créqui
Folle par Amour (La) s. Nina
Follies of a Day (The; Schauspiel nach Beau-
marchais mit Gesang: Shield) 99
Fond memory's flower, of azure dye 948

For at glemme ham ret 504
For at være Dig Tröst i Nöden 536
For ever Fortune wilt thou prove 102
For life! for death! for ever 913
For me entwine no flowers 970
For sig Rigdom at sanke 537
For Skjönheden henrykt af knæle 526
For Thee! For Thee! (G. Linley) 913
Fordom, lïkt den lugna floden 60
Fordom var verlden så glättig och rolig 2
Fordre nach Gefallen 581, 594
Fordum det et Ordsprog 81
Fordum saa vandred enhver Menestrel 530
Fordum var en tro Provencaler 524
Forelsket ind til Sielen 407
Forelsket, liig en Oltids Digter 79
Forêt de Sénart (La) ou La Partie de Chasse
    de Henri IV (Pasticcio: Rossini, C. M. v.
    Weber u. a.) 731 (2)
Forgieves Pigens Hierte 410
Forgieves Rosen dølger 84
Forgjæves jeg forsvare 536
Forglem ei mig, naar Glæden dig indbyder 72
Forglem mig ei! 412
Forlibte Haandværksfolk (De) s. Amore
    Artigiano (L')
Forrigetider og Nuomstunder s. Jadis et
    Aujourd'hui
Forse un destin 639, 700
Forse un di conoscerete 590, 686
Fort, daß die Leyer klinge 233, 406, 594
Fort, fort aus diesem Land 686
Fort in die Schlachten, tapfre Krieger! 599
Fort ist Aennchen, hin, dahin! 729
Fort mit der Liebe, ich gab mein Wort 137
Fort mit Leiden, immer in Freuden! 132
Fort Skyndom oss, kom alle man! 44
Forth from my dark and dismail cell 90
Forti te gente brachio 907
Fortunata farfalletta 325
Fortunata Glicera! 364, 573, 598
Forvangen 28
Fosca notte orrenda 638
Foundling (The; Schauspiel von Edward
    Moore, mit Gesang: Battishill) 99
Fra Adelsblod hun nedstammed 522
Fra arvet Borg til fjerne Bred 515
Fra baci innocenti 758
Fra da una parte 641
Fra den Dag af, hans Kjækhed lærte 81
Fra Diavolo oder das Gasthaus von Terracina
    s. Fra Diavolo ou l'Hôtellerie de Terracine
Fra Diavolo ou L'Hôtellerie de Terracine
    (Komische Oper: Auber) 521 (7), 635,
    696 (2), 744 (2), 788 (2), 789 (2), 790,
    860 (3), 876, 956, 993
Fra due tombe 638
Fra höien Fjeld jeg kommer 419
Fra i Due Litiganti il Terzo Gode (Oper: Sarti)
    71 (2), 265
Fra i perigli onor mi chiama 488
Fra l'oscure ombre funeste 848
Fra lieti concenti 636, 697
Fra Livets allerförste Vaar 507
Fra Livets lyse Morgenröde 506
Fra Martino companajo 86
Fra Nattens Busk töd Elskovs Ord 517
Fra poco rivedrai 219
Fra quai (quei) soavi palpiti 310, 367, 423
    593, 631

Fra Skabelsens Morgen alt Levendes Lyst 74
Fra spæde Aar ung Edvans Dage 498, 507
Fra tante 591
Fra tante angoscie 632, 723
Fra tanti palpiti nel mio tormento 613
Fra Træet Rimens Blade 207
Fra tuoi palpiti o cor 267
Fra un istante a te vicino 599
Fra Vertshuus til Vertshuus s. D'Auberge en
    Auberge
Fräulein vom See (Das) s. Donna del Lago
    (La)
Fräuleins Wache (C. Kreutzer) 882
Frag' die lauen Lenzesweste 636, 697
Frag' ich mein beklommen Herz 589, 963
Frage mich immer! fragest umsonst 872
Fragrant Chaplets quaintly twining 125
Från dessa Fjäll, med ögat vändt från jorden
    52
Från detta slott i morgon skall jag fara 69
Från ett helt förtroende leder 55, 657
Från lifvets första år tillbaka 58
Från Lunden hem, jag sorgsen går 29
Franc Chasseur (Le) s. Freischütz (Der)
Français! chel est ce chevalier 431, 473
Français qui chérissez vos dames 429
France chérie, ô ma Patrie! 436
Franciska von Foix (Oper: J. Weigl) 318 (2)
François I.er (Dalvimare) 384
François Premier (Romance) (Boieldieu) 427
Françoise de Foix (Rhein) 825
Francs Chevalier, suivons la gloire 429
Francs Paladins! pour vaincre l'infidèle 447
Frankrig! jeg her har fölt med Smerte 536
Frankrigs Pige indrömmer man 510
Franzisca de Foix s. Franciska von Foix
Frascatana (La; Oper: Paisiello) 53, 75
Fratelli Rivali (I; Oper: Winter) 133, 134,
    148, 214, 257
Frau Gerdrut war im ganzen Land 203
Fred, o Spæde! om Din Slummer! 73
Freddo ed immobile 584, 592
Frederiksværkernes Sang paa Kronprindsens
    Födselsdag 1806 (C. Schall) 206
Frei, ja ich war es einst 711
Freias Altar (Ibsen) 760
Freie Künste (Ehlers) 875
Freischütz (Der; C. M. v. Weber, Jähns 277)
    56, 404 (5), 419 (3), 420 (2), 421, 461,
    462, 511 (2), 512 (7), 546 (3), 575, 651,
    652 (4), 653, 654, 655, 657 (4), 658 (4),
    659 (2), 660, 661, 687 (4), 688 (11), 713,
    714, 725 (2), 726, 727, 728, 730, 736 (2),
    737, 766, 767, 769 (2), 843, 896, 897
Frejas Alter (Singspiel: Grønland) 84
Frema pur l'irata sorte 356
Fremd bin ich hier 873
Fremde (Die) s. Straniera (La)
Fremde Gefühle glühn mir im Herzen 175
Frena le belle Lagrime (Arietta) (Windsor)
    969
French Air 128
French Song (Méhul) 140
Frères de Lait (Les; Vaudeville: Heudier) 678
Freu' dich sehr, o meine Seele 785, 981,
    985 (2), 989
Freude
    Im vertrauten Kreise der Brüder (Nägeli) 283
    Kommt laßt uns fröhlich singen! (Nägeli)
    280

Freude Friede Hoffnung (Himmel) 180
Freude, ja Freude winket mir 739
Freude! schöner Götterfunken 282
Freude ströhmt zum Herzen 297
Freudenlied (Nägeli) 494
Freudenlied treuer preussischer Unterthanen 143
Freudensänge deutscher Brüder 294
Freudigkeit bei dem Gedanken an den Tod (C. Ph. E. Bach) 564
Freudvoll und leidvoll (Beethoven, Op. 84, 4) 870
Freudvoll und leidvoll 323, 870
Freund was du bist, das sey tüchtig und ganz 625
Freunde! genießet den Frühling des Lebens 494
Freunde seht — Junges Jahr — 813
Freunde stimmt ein 894
Freundlich an dem Berggehänge 493
Freundlich glänzt an stiller Quelle 177, 618, 869
Freundlich nimmt des 896
Freundliche Sterne 635, 696
Freundschaft (Nägeli) 280
Freundschaft, Freude 893
Freundschaft schätzbarer als Liebe (Divertissement; arr.: Gioja) 191 (3)
Freundschaft und Liebe (Praeger) 774
Freundschaft und Liebe (Lied) (Wiskemann) 278
Freundschaftslied (Sterkel) 175
Freut euch der Jugend 394
Frevler! ha ich will dich lehren 491
Frey und frank im Alpenlande 493
Frey von Sorgen treib' ich jeden Morgen 175
Freyschütze (Der) s. Freischütz (Der)
Fridheds Sang i Skoven (C. Schall) 207
Fridolin (Schauspiel nach v. Holbein, mit Gesang: L. Zinck) 505
Friede (Töpler) 828
Friede Gottes komm wir flehen 399
Friede umher! Lächelnder Friede 828
Friedensgesang im Jahre 1814 (Methfessel) 253
Friedenslied (Ebell) 248
Friendship (Lee) 131
Frigga (Oper: Åhlström) 4
Frisch auf mit frischem Flug! 895
Frisch die Segel aufgezogen 769
Frischer Muth, leichter Sinn 736, 893
Frisk och glad är Jägarns lefnad (Robin is my joy, mi dear) 715
Friskytten s. Freischütz (Der)
Frit over mig du byde! 513
Frithiof hos Angantyr 846
Frithiof kommer til Kong Ring (Crusell) 846
Frithiof og Ingeborg 846
Frithiof spiller Skak (Crusell) 846
Frithiofs Lykke (Crusell) 845
Fröhlich gesellten, nach nordischer Weise 424
Fröhlich tönt der Becherklang! 295
Fröhlich wandern wir und wallen 174
Frohe Schnitter! aufgesprungen! 396
Frosinn auf der Alm (Solojodler) (C. Fischer) 693
Froid et redoutable poison 153
From branch to branch 128
From chaos see the new-born fields 140
From the far-off land I come 915

From the Halls of our fathers 942
From the plains from the woodlands and groves 86
From the roseate bowr's Aurora 122
From the white blossom's Sloe 124
From yonder cliff I downward gaz'd 967
From yonder dark forest 953
Fromt for din Fod, Madonna 522
Fru Colbiörnsens Födselsdag (C. Schall) 208
Früh wenn der junge Tag 227
Früh wenn der Tag erwacht 602, 652
Frühe geht die Schäferinn 144, 173
Frühe Tugend (Neuner) 396
Frühe ward für Heldenthaten 488
Frühling (Neuner) 394
Frühling und Natur vereinen 178
Frühling währt nicht immer 873
Frühlings Ahnung (C. Kreutzer) 617; (Otto) 880
Frühlings-Ruhe (C. Kreutzer) 650, 867
Frühlings-Vorgefühl (Fesca) 675
Frühlingsbote (Mühling) 885
Frühlingseinzug (Schneider) 888
Frühlingserwachen (Nägeli) 495
Frühlingsgesang (F. D. Weber) 201
Frühlingsglaube (Mendelssohn) 969
Frühlingsgruss (Eichler) 789
Frühlingshoffnung (Neuner) 397
Frühlingslied (Frühlings-Lied)
    Das Herz wird im Freyen ... (Nägeli) 280
    Der Frühling erwacht (Schmuckert) 799
    Der Frühling umweht uns ... (Gläser) 775
    Der Schnee zerrinnt ... (Hiller) 872
    Sänger des Haines! ... (Weinlig) 326
    Sieh, mit Huld und Glanzgefieder (Nägeli) 174
    Unsre Wiesen grünen wieder (Greitz) 675; (Righini) 175; (anonym) 269
Frühlingslust (Nägeli) 495
Frühlingsorakel (Spohr) 897
Frühlingsphantasie (Salomo) 325
Frühlingsreigen (Otto) 879
Frühlingswünsche (J. F. Reichardt) 166, 175
Frühlingszeit (C. Fischer) 693
Frühlingszeit hat viel Freud 765
Frühzeitiger Frühling (J. F. Reichardt) 180, 673
Fruentimmerhævneren (Komödie mit Musik: J. H. Lorenz) 82—83
Frun beklagar sig grätande 5
Fryd dig, o Konge! 79
Fryd dig ved Livet 71, 73
Fu d'amore la bella face 343
Fühlst du bei Vaterthränen 555, 787
Fühlst du noch die 897
Füllest wieder Busch und Thal 675
Fünf Faden tief liegt Vater dein 674
Für dein Glück und für dein Leben 712
Für die Fastenzeit (Homilius) 566
Für die Mühen des Lebens 290
Für Freiheit, Ehre und 897
Für jeden Festtag (Rolle) 566
Für Mädchenreiz zu schlagen 681
Fürst von Tarant (Der) s. Principe di Taranto (Il)
Fürsten der Langobarden (Die; Schauspiel: Kauer) 232
Fürstin von Grenada (Die; Oper: Lobe) 799 (2)
Fürwahr du bist o Gott verborgen 980

Fuggi mio bene 340
Fuglen tier, Skoven hviler 515
Fuis de mon cœur, stérile indifférence 350
Fuis, innocente bergerette 644
Fuis mélancolie va courir les champs 262
Fuldmaanen skinner paa Busk og Krat 524
Fulget crucis mysterium 907
Fullbordad är Evighetens råd 66
Funklende Stierner af din Krands 249
Fuor del mar (Jag har en storm) 69
Fuorusciti di Firenze (I; Oper: Paer)
  181 (2), 215, 216, 221, 224, 257, 278,
  422, 513
Furbo (El; Oper: (N.)***) 571
Furchtbarer Augenblick 182
Furioso all'Isola di San Domingo (Il; Oper:
  Donizetti) 794, 801
Fuyant la gloire et les allarmes 380
Fuyez de cette ville 541
Fuyez la bien (Chansonnette) (Blangini) 615
Fuyez Lubin me dit ma mère 464
Fuyez oiseaux des bois 550
Fylda glas och fylda Balår 4

Gå Hjeltehamn ach gå til baka! 11
Gå, säg, att under fjättrar böjd 28
Gaae! gaae! sagde hun 525
Gaae kiære Dreng! tryg ved min Side 207
Gabriele d'Estrées oder Die Liebschaft Hein-
  rich des Vierten s. Gabrielle d'Estrées ou
  Les Amours d'Henri IV
Gabriel(l)a (La) s. Gabriella di Vergy
Gabriella di Vergy (Oper: Carafa) 366, 573,
  689, 723, 729
Gabrielle d'Estrées ou Les Amours d'Henri
  IV (Oper: Méhul) 220 (3), 221, 259 (2)
Gabrielle von Vergi s. Gabriella di Vergy
Gage d'un amour trop funeste 433
Gage de la flamme secrette! 391
Gai Démocrite, qui vécus cent neuf ans 665,
  754
Gaîment je m'accomode de tout je suis 114
Galant qui chantez la beauté 470
Galaor (Romance) (Blaze) 454
Gamla Didrick var en man 18
Gamla faster hon sa så här 51
Gamle Borg (Den) s. Vieux Château (Le)
Gån mine vänner! til tåget alt bereden 22
Ganz im Stillen, sacht' und 641
Ganz lose leise will ich ihn wecken 134
Gar fröhlich tret' ich in die Welt 493
Gar lieblich mag der Ehstand seyn 313
Gar viele Ding auf Erden 291
Garde à Vous (Couplets) (Bron) 746; (Brouw
  de Bruxelles) 729
Garde à vous, avançons en silence 735
Garde à vous, garde à vous 520, 835
Garde-toi bien d'accuser d'inconstance 351
Gardez-vous Bergerette (Couplets) 393
Gardez-vous sans cesse des pièges 372
Gardons l'Indifférence (Romance nouvelle)
  (A. Pacini) 552
Gaston (Chant héroïque) (Woets) 570
Gaston (Romance) (Blangini) 264
Gaston de Foix (Romance historique)
  (Guénée) 429; (Lambert) 356
Gaston le sort de la patrie 264, 570
Gather your rose buds 127
Gazza Ladra (La; Oper: Rossini) 358, 359,
  361, 421, 422, 425, 513, 558, 559, 573 (2),

574, 577, 579 (2), 581 (4), 584, 589 (3),
590 (4), 598, 600, 601, 603, 618, 622 (7),
623 (3), 624 (2), 631 (9), 645, 653, 684,
685 (2), 686 (9), 758, 765, 767, 782, 963
Geben will ich nun euch Allen 641
Gebet
  Herr, gib Frieden (C. G. Belcke) 898
  Nimm, o Vater, ... (Praeger) 772
  Verlass mich nicht, ... (H. Werner) 874
Gebet des Herrn (J. Ph. S. Schmidt) 565
Gebet um die Geliebte (C. M. v. Weber,
  Jähns 166) 875
Gebet um Frieden (Schinn) 399
Gebet während der Schlacht (Himmel) 740;
  (Nägeli) 493
Gebet zur Madonna (Romance) (Lagoanère)
  808
Gebete zur heiligen Jungfrau (Romanze)
  (A. Thomas) 810
Gebirgsjodler aus Admont (C. Fischer) 693
Geboren für Thränen und Leiden 599
Gedanken an den Tod (J. A. P. Schulz) 563
Gefährde der Müden, du strahlest 326
Gefährtin in Leiden 702
Gefällt dir dieses schöne Kleid 518
Gefangene (Der) s. Prisonnier (Le) ou La
  Ressemblance
Gefangene (Die) s. Prisonnère (La)
Gefesselte Fantasie (Die: Zauberspiel: Raimund)
  778 (2)
Gegenbild von jener Himmelsbläue 297
Geh Phillis ins Gebüsch 576
Geh sage deinem Herrn 305
Geheime Overfinantzraad (Falbe) 760 (3)
Geheimniss (Das) s. Secret (le)
Geheimnisvolles jetzt umrollt 703
Geiger und Pfeiffer 896
Geist der Wahrheit! Geist der Liebe 281
Geist der Wahrheit, lehre mich 562, 778
Geisterinsel (Die; Oper: J. R. Zumsteeg) 44
Geld und Gut macht uns nicht glücklich 304
Gelehnt an die Cypresse (Zypresse) 587, 588,
  599, 684
Geliebte Gabriele 220
Geliebte Nicolette 344
Geliebte Schwester 138
Geliebter meiner Seele du! 602
Geliebtes Bild, das mir mit Feu'rentzücken
  179
Geliebtes Mädchen 487
Gelobet sey'st du, Gott 564
Gelobet seyst du Jesu Christ 791
Gemälde (Das) s. Une Matinée de Catinat
  ou (Le) Tableau
Gemea di tetro carcere 641, 702
Gémis tendre musette, soupire ma douleur
  434
Gémissant en silence 358
Gémissez sur le sort d'Adèle 433
General Bertrand's Abschied 796
General Bertrand's Afskedsqvad til Frankrige
  845
Généviève de Brabant (Ballade) (J.-B.-A.
  Michelot) 841
Genie 20
Genießet edle Seelen 598
Geniesst den Reiz des Lebens 296
Geniet aldtid tænker 534
Genièvre et Lancelot (Romance) (Catrufo)
  454

Genius of Science 131
Genom Dalens stilla famn 15, 23
Genom lifvet in i döden 31
Genoveva von Schottland s. Ginevra di Scozia
Gente Annette et son Page (Romance) (Louis Jadin) 547
Gentil Alain à sa jeune Bergère 154
Gentil Edmond (Romance) (Barbier) 445
Gentil page et gai troubadour 542, 605
Gentille Amie (Romance) (Duvivier) 451
Gentille Bachelette un jour allait au bois 671
Gentille bergerette, au bord d'un clair ruisseau 757
Gentille châtelaine, au nom du tendre amour 433
Gentille châtelaine, je reviens près de toi 667
Gentille jouvencelle compte à peine quinze ans 372, 725
Gentille Jouvencelle compte à peine vingt ans 462
Gentille Nonette (Nocturne, 2 St.) (Romagnesi) 666
Gentille pastourelle, accourez, il est jour 478
Gentilles pastourelles, ah! venez m'écouter 900
Gentle Neighbours! Join with me 966
Gentle Shepherd (The; Oper: Th. Linley the Elder) 96
Genua und Rache (Trauerspiel mit Musik: B. A. Weber) 167
Genügsamkeit
    Ach! ich frage nichts nach Kronen (Nägeli) 493
    Wird vom Glück dir viel beschieden (Gattermann) 566
Genueserin (Die; Oper: Lindpaintner) 810
Genuss auf der Alm (C. Fischer) 693
Genuss der Tugend und Freude (Hoppe) 144
Geoffroy Rudel (Romance nouvelle) (Blangini) 612
Gérard de Nevers (Romance) (H.-N. Guénin) 437
Gerechte Götter steht der Tugend bei 230
Gerettet bin ich 681
Germania, Schlußgesang aus: Die gute Nachricht (Beethoven, WoO 94) 322
Gern schafft andern er Vergnügen 302
Gerne geb' ich, was ich habe 788
Gerne will ich dem Tode mich weihen 555
Gerusalemme liberata (Oper: Righini) 65, 66 (6), 67 (2), 993
Gesänge und Var. der Mad. Catalani 689
Gesänge und Var. der Mad. Metzger-Vespermann 687
Gesänge zur heil. Messe nach römischen Choralmelodien 399
Gesandtin (Die) s. Ambassadrice (L')
[Gesang] (1 oder 2 St.) (Nelson) 918
Gesang (3stg.) (B. A. Weber) 894
[Gesang] (4 St.) (Bishop) 915
Gesang aus: Anakreon (Panseron) 804
Geschöpfe des Prometheus (Die; Ballett: Beethoven, Op. 43) 33, 38 (2), 81, 182, 184 (2), 199, 557, 684, 953, 959
Gesellenreise (Mozart, KV 468) 558
Gesellschaftslied (Himmel) 174
Gesellschaftslied für junge Frauenzimmer 132
Gestern Abend ging ich aus 304
Getäuschten (Die) s. Inganno Felice (L')

Geythaler-Jodler (C. Fischer) 693
Già la mensa è preparato (Schon ist hier der Tisch bereitet) 687
Già la notte s'avvicina 180, 491, 837
Già mi pasco ne tuoi sguardi 635
Già nel fatale istante 376
Già pronta là t'aspetta 434, 442
Già riede primavera 880
Già suona il tamburo 365, 603
Gianetta (Crouch) 946
Gianni di Calais (Oper: Donizetti) 804
Gianni di Parigi (Oper: Morlacchi) 365, 591 (4)
Giardiniera Appruzzeza (Oper: Pavesi) 346
Gib mir die Hand zum Unterpfand 149
Gib mir die zarte lilljen Hand 151
Gib (Gieb) mir jetzt Kraft, o Liebe 583, 595
Gid, elskte Söstre! 532
Gieb mir die Hand, mein Leben 312, 687
Giera un giorno in gondoletta 274
Gif detta skärp, gif dessa band! 56
Gif, i nader, att företaget 57
Gif mig det blåa axelband 718
Gifta Ungkarlarne s. Maris Garçons (Les)
Gil Blas (Pantomime)
    Fandango (Pelissier) 332
Gin a body, meet a body 122
Ginevra degli Almieri (La; Oper: Farinelli) 360
Ginevra di Scozia (Oper: Mayr) 188, 241 (2), 445, 487
    Einlage-Arie (Liverati) 242
Ginevra di Scozia (La; Oper: Pucitta) 571
Giorni sereni e placidi 441
Giorno poveri virea 707
Giovenotti se bramate 470
Gioventù di Cesare (La; Oper: Pavesi) 361
Giovin rosa il vergin seno 636
Giovinette che fate all'amore 306, 687
Giovinetto Cavalier 691
Giulietta e Romeo (Steibelt) s. Roméo et Juliette
Giulietta e Romeo (Oper: Vaccaj) 380
Giulietta e Romeo (Singspiel: Zingarelli) 224, 230 (2), 235, 239 (2), 346, 541, 727, 784
    Einlage-Arie (Crescentini) 185, 234, 263, 489, 541, 860
Giulio Sabino (Singspiel: Sarti) 192, 221, 223, 259
Giunse alfin il momento 510, 662
Giuochi Istmici (I; Ballett: J. Weigl) 185 (4), 186
Giuramento (Il; Oper: Mercadante) 811
Giusti Numi ah sostenete 149
Giusto ciel! del mio tormento 230, 346, 727
Give me Music (Baker) 933
Give me the golden violet 933
Give me the strain 934
Giver Agt, op til Jagt! 526
Gjennem Skove, gjennem Lunde 512
Gl'affetti del cuore serbarti costante 612
Glad jeg hörte hende sige 521
Glad jeg seer at det ædleste Hierte 76
Glada lekar muntra nöjen 28
Glade Alder! Barndoms hulde Vaar! 509
Glade Lyst! Hör Hornet toner 524
Glæde varsler Dagens Vinge 82
Glædens Bud (en Selskabssang) 85
Glædens engel venligt byde 528
Gläds, Svea! Länge nog den molnom köljda tiden 44

Glaube an Unsterblichkeit: Nun lasst uns den Leib begraben 771
Glee
Fair Phillis I saw sitting (Morley) 97
The silver swan (Gibbons) 97
Thou sleepest ... 948
While night extends ... (Rodwell) 916
While the moon shines bright (Bishop) 910
Glee (3 St.) (Callcott) 140
Gleich der Blume, ohne Licht und Wärme 704
Gleich der jungen Frühlings Rose 726
Gleich des Feldes Blumen schwindet alles Fleisch umher 770
Gleich schwarzen Phantomen 824
Gleiches mit Gleichem (Komisches Divertissement: M. Umlauf) 191 (4), 192
Gleichsinn (Haydn, Hob. XXVIa, 6) 178
Glicera (Elsner) 171
Glisse, vole, ô ma gondole 838
Glöcklein im Thale! 68, 680, 714, 768
Glödende Skiær min Alders Morgenröde! 418
Gloire et Bonheur (Romance dialoguée ...) (Romagnesi) 664
Gloria Deo (Motet en chœur, 3 stg.) (J. Ph. S. Schmidt) 848
Gloria Deo in excelsis 848
Gloria! Die Dreieinigkeit, in Ewigkeit 774
Glory of Columbia (Schauspiel) Gesang (Pelissier) 332
Glück (Burckhardt) 883
Glücklich das Paar 486
Glücklich, wem die stille Freude 166
Glücklich wer durch sanfte Bande 325
Glücksel'ge Zeit 708
Glückselig stumme Zeugen ihr 575, 684
Glühende Liebe (Den Trofasta Kärleken) (C. M. v. Weber, Jähns 304, 10) 715
Glühn im Herzen 226
Glut und Nacht (Righini) 176
Gnäd'ge Götter diese Rosen (Ricevete, o padroncina) 302
Gnäd'ge Götter o schwebt hernieder 149
Gnäd'ges Fräulein! sehn sie hier das Register 687
Gnädig und barmherzig ist der Herr 567
Go, Dimpled Boy (Glee, 3 St.) (Busby) 142
Go fetch to me a pint o' wine 928
Go forth! go forth! the Standard bear 942
Go gentle gales 94
Go gentle Zephyr 101, 122
Go, lov'd One! (G. Linley) 915
Go, lovely Rose 125
Go, my Bark! (Duet) (v. Neukomm) 970
Go perjur'd wretch! 89
Go tuneful bird 103
Goâs Alma Jodler (C. Fischer) 693
God bless the King 9
God save great George our King 90
God save the King 35, 90, 410, 580, 630, 662, 690
Goda Gosse! glaset töm 13
Gode Herde! se med välbehag 63
Godefroy (Romance) (P. de Ginestet) 458
Godem, c'été insupportable 615
Godete oh! dolci amanti 352, 728
Godiam che fugaci 706
Göttin mit dem Palmenkranze 491
Gold und Silber (Arendt) 880
Golden-Pippin (The; Burletta: Th. A. Arne, Bates, Fiochietti u. a.) 97

Goldene Saaten und duftende Auen 416
Goldner Schein deckt den Hain 282, 720
Gondolier! Through the twilight shade 933
Good Liqor (Carter) 90
Good Lord how the seasons are vary'd 100
Good traveller! Do not pass my gate 971
Gott (Der) und die Bajadere s. Dieu (Le) et la Bayadère
Gott allmächt'ger! ach, vergieb die Thränen 489
Gott Amor! schütze stets meine Triebe 213
Gott Amor sprach: Mir folge nach! 869
Gott Amor und Bacchus 898
Gott, dein Weg ist heilig 567
Gott, deine Gnade hat kein Ziel 568
Gott, dem ich lebe 564
Gott den Ewigen erhebet meine Seele 399
Gott, der uns das Gute schafft! 396
Gott der Vater wohn' uns bei 809
Gott des Himmels und der Erden 782
Gott des Schlafes, Freund der Ruh! 495
Gott! du bleibest, wie du bist 566
Gott! ein Gott! ach irrend such' ich ihn! 873
Gott! erhalte den Kaiser! 232
Gott erhalte Franz den Kaiser 580, 690, 768
Gott, Ewiger! 565
Gott, grenzenlos, undenkbar groß! 562
Gott grüss dich, Mädchen, jung und fein 175
Gott im Frühling (Frühlingslied) (J. A. P. Schulz) 562
Gott in den Höhen 781
Gott Israel! Vater aller Wesen! 490
Gott ist allwissend (J. A. P. Schulz) 563
Gott ist mein Hirt! im Schatten seiner Güte 283
Gott ist mein Hirt, mir wird nichts mangeln 868
Gott ist mein Hort 564, 980
Gott ist mein Lied 791
Gott ist unsre Zuversicht und Stärke 566
Gott lebet noch 562, 690
Gott mein Alles (Schinn) 400
Gott schützt die Unschuld 490
Gott sey Dank in aller 803
Gott sey gelob't 812
Gott sey uns gnädig 774
Gott sey uns gnädig und barmherzig 812
Gott vertheilte gnädig seine Gaben 709
Gott! was hör' ich 640, 701
Gott, was seh ich? 289, 702
Gott will, es soll immer so bleiben 394
Gott Zebaoth! Dich loben freudig wir 394
Gott! zu dem der Unschuld Stimme 305
Gott, zu dir mich stets zu halten 567
Gottes Größe in der Natur (C. Ph. E. Bach) 563
Gottes Sohn ist kommen 785
Gottes Unermeßlichkeit und Allmacht (Gattermann) 562
Gottes Vorsehung
Soll' ich Dir, mein Gott, nicht trauen? (Gattermann) 562
Wenn ich, o Schöpfer, deine Macht (Fasch) 564
Gottes Wort (Fasch?) 564
Gottlob! der Frühling ist erschienen! 282
Gottsgebirger Jodler (C. Fischer) 693
Goûtons sans crainte et sans allarmes 499
Grabe Spaten, grabe 296, 881
Grablied (V. A. Wagner) 246

Grâce à tant de tromperie 480
Grâce pour sa misère! 865
Grâce suspend l'arrêt 906
Gracefully melody speaketh 934
Graf Eberstein (C. Kreutzer) 883
Graf Ory s. Comte Ory (Le)
Graf von Gleichen (Oper: Eberwein) 890
Gräfven har gömt den första i bland vänner 26
Gran Nume, che voli 640
Grand Deuil (Le; Oper: H.-M. Berton) 112 (2), 205 (4)
Grand Dieu! combien elle est jolie 497
Grand Prix (Le; Oper: A. Adam) 808 (2)
Grandmama har mig ofte sagt 507
Grands Dieux combien elle est jolie 469
Grata quest' alma costante 588
Grav Sang (C. Schall) 206
Grazie a l'inganni tuoi 263
Grazie o figliuol d'apollo 363
Great Bacchus born in thunder 97
Great God how frail a thing 131
Great is the Lord 131
Greens 130
Gretchen in der Stadt (Büttinger) 674
Gretels Warnung (Beethoven, Op. 75, 4) 179, 291
Grevinde Danneskiolds Samsöes Födselsdag den 12 August 1805 (C. Schall) 207
Grief was sent thee for thy Good (Bishop) 917
Griselda (Oper: Paer) 182, 301 (2), 302, 542, 571, 739
Grisélidis (Romance) 545
Größe im Unglück 281
Groß ist der Herr! 561, 563, 567
Groß und schön, o Natur im Jubelkleide! 280
Grossen Reichthum habe ich nimmer 802
Grosser Gott dich loben wir 985
Großer Schöpfer! Herr der Welt 398
Großmüthige Kalif (Der; Ballett: F. Weiß) 196 (3), 197 (2), 198, 215, 228, 256
Grotta di Calipso (La; Oper: Winter) 487 (2), 681, 738 (2)
Grotta di Trofonio (La; Oper: Salieri) 71
Grün in Busch und Hüttendach 495
Grüne Dämmerung des Haines 493
Grüne frisch, du Epheuranke 731
Grum, men flygtig er den Smerte 504
Gruss an die Schweiz (Blum) 793
Gruß aus der Ferne (Nägeli) 495
Guai se ti sfugge un moto 638
Guardami 226
Guardami e in questo ciglio 261
Guardami, indegna, e trema! 351
Gubben i Bergsbygden s. Maison Isolée (La)
Guckt nicht in (die) Wasserquellen 855, 898
Gud Amor er en Driller 845
Gud bevares, hvor Alting er stort i Paris! 525
Gud, det är för mig 30
Gud Du Danmarks Kongekrone 407
Gud hvad vällust hjertat känner 22
Gud! hvilken händelse! 41
Gud jag anropar dig! 661
Gud, o hör min Klage 531
Gud! til din Fod sig svinger 531
Gud! til hvem end Uskylds Stemme 409
Gudar! skall jag fly dig 62
Gudinna du mig ser 63
Gudomligt skön i ungdoms våren 656

Guerillabanden (Oper: Bredal) 526 (5), 527, 529 (4), 862
Guernadier que tu m'affliges 372, 484, 541, 604
Guerre aux Turcs ou Les Adieux des Dames Russes (Romance) (de Garaudé) 369
Güte Gottes (Ett) 396
Guidami all'Ara, o caro! 381
Guide mes pas, ô Providence 110, 148, 877
Guide par l'Aimable phalange 473
Guidiam nina guidiam 612
Guido et Ginevra ou La Peste à Florence (Oper: Halévy) 808, 809, 810, 844
Guido und Ginevra oder Die Pest in Florenz s. Guido et Ginevra ou La Peste à Florence
Guillaume au Cornet (Romance Héroïque) (Groetaers) 729 (2)
Guillaume Tell (Oper: Rossini) 66, 662, 717, 718, 742 (3), 783 (4), 784 (2), 787, 793, 877, 911, 919 (2), 951, 977, 992
Guillot de la jeune Isabelle 114
Guldhornet Odin tømmer 73
Guldkorset (Lustspiel von Melesville und Brazier mit Gesang: L. Zinck) 528
Gulistan ou Le Hulla de Samarcande (Oper: Dalayrac) 115, 212, 213, 227, 229, 255, 260, 307 (2)
Gulnare (Oper: Dalayrac) 108, 109 (4), 110, 176, 315
Gustaf Adolph s. Gustaf Adolph och Ebba Brahe
Gustaf Adolph och Ebba Brahe (Oper: Abbé Vogler) 4, 6, 22 (2), 24 (4), 46, 72 (2)
Gustaf Wasa (Oper: Naumann) 27, 28 (2), 71, 73, 127?, 659
Gustaf Wasa, Prolog s. Prolog zu J. G. Naumann: Gustaf Wasa (Dupuy)
Gustav Adolf s. Gustaf Adolph och Ebba Brahe
Gustav III oder Der Maskenball s. Gustav III ou le Bal Masqué
Gustav III ou le Bal Masqué (Komische Oper: Auber) 798 (2), 914, 951
Gustave, à chaque instant du jour 451
Gut' Nacht (F. L. Schubert) 807
Gut' Nacht, fahr' wohl 807
Gute Nachricht (Die; Singspiel: J. N. Hummel, Beethoven, WoO 94, u. a.) 322, 580
Gute Nacht (Beutler) 739
Gute Nacht 895
Gute Nacht! allen Müden sey's gebracht 650, 739
Gute Nacht gute Nacht gute Nacht 211
Gute Nacht mein Leid, meine Einsamkeit 495
Gute Nacht! Meine Wallfahrt ist vollbracht 493
Gute Nacht! wieder ist ein Tag vollbracht 400
Gute Zeiten, sel'ge Stunden 283
Guten Abend, lieber Mondenschein! 887
Guten Morgen! Nimm des Tages Sorgen 399
Guten Morgen, schöne Müllerin 675, 878
Guter Mond du gehst so stille 303
Guter Tag (Morgenroth) 325
Guttenberg (Oper: Füchs) 793
Guy (Romance) (Blangini) 613
Guy, vous serez mon Chevalier 613
Gyldne lokker silke blöde 845
Gyllene Tiden (Wikmanson) 2
Gypsy's Warning (The; Oper: Benedict) 844

Ha! den Frevel 583
Ha! den rædsomste Uro 517
Ha, denne Jubelsang 520
Ha, det er hendes Stemme 532
Ha, dette Ord mig til Himlen kan hæve 531
Ha, Falsche, die Thüre offen 244
Hå hå min Engel skön! vak opp! 663
Ha! Horch! das ist des Rössleins Huf 710
Ha, Scandal, was muss ich finden 591
Ha schon sinkt der Abend nieder! 491
Ha, segne Gottheit! 139, 630, 877
Ha! si pouvez ramener mon amante 449
Ha! sie lügen deine Sterne 711
Ha, stolt af mit Forsög 535
Ha Verwirrung! 703
Ha, welch ein Augenblick 578
Ha! welch ein Schreckenloos! 492
Ha, welch hohe Wonne 712
Ha, welch Vergnügen 578
Ha welche Angst presst meine Brust 491
Ha, welcher Jubel 703
Ha, wie warf mich eine Stimme 589
Ha wohin 742, 784
Haabet
   O Haab! maaskee Du daarer (Righini) 411
   Smilende Haab! du elskte Barn (Bay) 415
Haabet forsvinder 526
Hab' oft mit Dir gesprochen 891
Habakkuk 130
Haben böse Mächte Herrschaft immer? 869
Habitans des bords de l'Adour 523
Habt wohl Acht 634, 695
Hadrian s. Kaiser Hadrian
Hæld Bryllup! den er Dands for Glædens Ven 83
Här i jordens jämmerdal 657
Här mig en Krona 63
Hätt' ich einen Mutterpfennig 313
Hätt' ich Minna's süsse Liebe 296
Hätt' ich sieben Wünsch' in meiner Gewalt 280
Hätte Echo doch ihre Stimme 591
Häusliches Glück (Nägeli) 495
Hæv Dig, min Sang, med Jubellyd 504
Hævnens Magt Du er forsonet 527
Haf mod min son 42
Hafsstilla och Lycklig Segelfart 660
Hagbarth og Signe (Trauerspiel mit Musik: Kunzen) 408 (2)
Hai Luli (Chanson du Mont Caucase) (Kalkbrenner) 748
Haidée (Scène dramatique) (Panofka) 752
Haidenröslein s. Heidenröslein
Hail hail green fields 97
Hail matchless flow'r 125
Haine d'une Femme (La) ou Le jeune Homme à marier (Vaudeville: A. Adam) 679
Haingesang (Nägeli) 493
Haingesang. In den ersten Tagen des Lenzes (Nägeli) 283
Håll herein Umma da 245
Håll up, min far jag ber! 20
Halleluja! Bringet Ehre ... 564, 778
Hallo, ihr Gesellen 270
Halloh, im Wald nur lebt' sich's froh 890
Hallt mir von deiner Flöte 489
Halte heute, lieber Velten! 852
Halte là, Messieurs, je vous prie 707
Ham, som ved Skjæbnens Slag 511
Hamlet's Letter to Ophelia (Kelly) 120
Han är sin väg 25

Han blef försmädad 67
Han går, jag ensam är 69
Han gik til Ludlams Hule 408
Han kommer her! 531
Han mig kjærlig til sig vil hæve 530
Han oss lemnar här allena båda 61
Han rask som för skal brygge 535
Han slumred derinde 508
Han, som kan ensam glädje skänka 10
Han var saa from 79
Han vårdnad åt min ungdom gifvit 64
Hannchen trug zum Markte Eier (Eyer) 489, 653
Hans Heiling (Oper: H. Marschner) 530 (3), 531 (5), 532, 794 (2), 796 (3), 798
Hans var hver Glæde 508
Hans Vink, som Jord og Himmel 250
Hansel und Gretl (C. Fischer) 693
Happy are the days of wooing 90
Har du den glömt 716
Har Du Din Elskov glemt 528
Hark away 89
Hark! hark! the voice of song awakes 920
Hark! hark! what distant music melts upon the ear 131
Hark! Hark! What I tell to thee 128
Hark! how the chime of merry bells 934
Hark the birds 122
Hark! the ceaseless murmur 924
Hark! the gay peal is ringing 968
Hark the trumpet of fame is sounding 922
Hark the warbling choir sings 99
Hark to the battle-note 922
Hark where martial music sounding 127
Harlekin als Spinne (Pantomime: J. N. Hummel) 319
Harlekin und Columbine auf den Alpen (Pantomime: F. A. Maurer u. a.) 221 (2), 222, 233 (2), 258 (2), 259, 292
Harlem (Harwood) 131
Harlequin Amulet 123
Harlequin and Humpo 288
Harlequin Rambler (Pantomime: Shield) 100 (2)
Harlequin und Kolumbine s. Harlekin und Columbine auf den Alpen
Harlequin's Invasion (Pantomime: Boyce) Eingelegter Gesang (M. Arne) 99
Harmonie (Bergt) 291
Harmoniens Välde (Quartett) (G....n) 659
Harpespilleren (Righini) 411
Harpspelaren (Weyrauch) 718
Harr' o harre, liebe Quelle 720
Harry Hale us'd to sing 932
Hass den Frauen (Lustspiel mit Gesang) 292
Haste, haste, the Gondolier is calling 920
Haste thee, Love! (Auber) 965
Haste ye (a favorite Scotch Ballad) (Schetky) 122
Haste ye Mary dear 122
Hastigt som vi spinna 43
Hat dich der Sturm fortgeweht? 874
Hat ein Mädchen sein Liebchen gefunden 687
Hausgesinde (Das; Oper: A. Fischer) 322
Hausirer (Der) s. Colporteur (Le)
Haustheater der Nymphen (Das; Komische Zauberpantomime: Titl) 704 (19), 960
Havoi un Dio 642, 702
Haymonskinder s. Quatre Fils d'Aymon (Les)
He came at morn 912

He came to the home of my father 915
He comes not! (A. Lee) 914
He dies! the heav'nly Lover dies! 131
He leaves the home where he was born 936
Hé que me sont à moi 7
He sought on his harp to awaken 943
He was despised 67
He whisper'd soft words in her list'ning ear
915, 939
He who his country's liv'ry wears 332
He's gone on the mountain 286
Health is Wealth (Russell) 932
Hear both Sides (Komödie mit Gesang) 127
Hear us, Almighty God! 955
Hear us, Heav'n, o hear us! 918
Hear ye the alpine horn 936
Hear you not the nightingale? 122, 141
Hebet eure Augen auf zu der Berge Höhen!
565
Hebrew Melody (Hodson) 942
Heda! Wache! hört auf euren Freund! 488
Hege männliches Vertrauen 783
Heidenröslein (Werner) 872, 894; (anonym)
879
Heil dir! o Held 634, 696
Heil Euryanth' 765
Heil sei dem Tag 579
Heil unserm König (Neuner) 397
Heil unserm König Max 397
Heiland, den uns Gott verhieß 565
Heilge Quelle reiner Triebe 779
Heilig ist der Bund 296
Heilig! sey uns der Weg der Tugend 314
Heiliges Lied (J. P. Schmidt) 566
Heiligkeit (J. Herrmann) 778
Heilmittel (Das) s. Médecine sans Médecin (La)
Heimkehr des Verbannten (Oper: Nicolai) 960
Heimlicher Schmerz (Büttinger) 739, 740
Heimweh (Otto) 880
Heinrich an Lyda (Fournes) 771
Heinrich der Löwe (Oper: Stegmann) 255, 257
Heisa, stik Glasset ud 525
Heiss' mich nicht reden 871
Heisse stille Liebe schwebet 201
Heiter lacht nun die Sonne 584
Heiter und froh schwanden ... 634, 696
Heitere Tage, Mädchen 877
Heitre Wonne 226
Hélas! A qui donc se fier? (Romance) (Pelle-
grini) 375
Hélas! d'un pâtre malheureux 547
Hélas! il aime une autre amie 375
Hélas! plein du feu qui m'inspire 430
Hélas! puissai-je par ma mort 353
Hélas qu'est devenu ce tems de ton enfance!
841
Hélas! que je dois à vos soins! 663
Hélas, quel coup funeste me ravit 338, 821
Hélas! quelle est ma peine 501
Hélas! qui pourrait oublier le triste sort 447
Hélas sans toi tranquille indifférence 254
Held Pigen som tæller sit fiortende Aar! 84
Héléna (Oper: Méhul) 83 (2), 114 (2), 235,
239, 244, 414, 508, 651
Helena og Paris (J. N. Hummel) s. Helena
und Paris
Helena und Paris (Gluck) s. Paride ed Elena
Helena und Paris (Ballett: J. N. Hummel)
198 (2), 223, 224, 227, 228, 258, 259,
407 (2)

Helene (Boléro) (Grisàr) 810
Helene (Méhul) s. Héléna
Helene und Paris (J. N. Hummel) s. Helena
und Paris
Helft Leutchen mir vom Wagen doch 731, 782
Helft mir! Helft um Moses Willen! 813
Helig är Herren! 39
Hell Dig, som höjt på stridens bana 45
Hell, wie der Strahl der Sonne 642, 702
Heller Blick (Haydn, Hob. XXVIa, 35) 874
Hellig er min Troskabseed 530
Hellige Frihed! for svinder 759
Hellige Martyr 519
Helm and shield are stain'd with rust 911
Héloïse au Paraclet (Romance) 478
Héloïse et Abailard (Dialogue) (Mees) 499
Hemliga Äktenskapet s. Matrimonio Segreto
(Il)
Hemligheten s. Secret (Le)
Hemmelige Forlovelse (Den) s. Matrimonio
Segreto (Il)
Hemmelige Vindue (Det) s. Fenêtre Secrète
(La)
Henover hine Bölger 518
Henri IV à Gabrielle à Cœuvres (Romance
historique) (Gaubert) 442
Henrys Cottage Maid (I. Pleyel) 90
Her, Bjergets skjønne Datter 535
Her blandt de grönne Stammer 513
Her er jeg, kjære Barn 522
Her frem! hver Konstner 82
Her hörer jeg Blæsten og Regnen 531
Her hvor Adour med Sölverskjær 523
Her hvor ingen Hjorder gives 508
Her hvor Uskyld fredelig byger 74
Her i Cataloniens Dale 536
Her i Jordens Jammerdal 512
Her jeg gaaer og spadserer 514
Her jeg til hans Stemme lytted 533
Her komme vi ei 515
Her sad de gamle Fædre 412
Her thoughts are on the tented field 931
Her ved Havets aabne Bredder 83
Her ved Nattens stolte Pragt 208
Heran ihr Freunde trinket! 295
Heraus aus deiner Wolfesgruft 737
Herbei zu frohem Jagen 710
Herbstempfindungen (Salomo) 324
Herbstlied
Dankt dem segnenden Gebieter (J. A. Mül-
ler) 397
Das Laub fällt von den Bäumen (Siegel)
675
Du Gott und Vater aller Welt (Gatter-
mann) 564
Feld einwärts flog ein Vögelein (J. Rösler)
202
Waldnacht! Jagdlust! ... (Nägeli) 281
Wohl seh ich die Blätter ... (v. Dalberg) 212
Herde-klagan (v. Neukomm) 67
Herden af sin ömhets låga 50
Here by this waving willow 942
Here do we meet (Wade) 955
Here do we meet again, but broken hearted
955
Here's a health to ane I loe dear 122
Here's a Health to that Friend! (Shelton)
966
Herein (Arendt) 880
Heritière (L'; Vaudeville: Heudier) 607, 677

Hermann von Unna (Schauspiel: Abbé Vogler)
4, 46, 51 (2), 139 (2), 199, 222 (2), 258,
616 (2)
Hermione s. Ermione
Hermit (The; Musikalisches Schauspiel: Hook,
Op. 24) 98
Hermosa le long du rivage 452, 604
Herr Christ der ein'ge Gottes Sohn 794
Herr, dein ist alle Stärke 778
Herr, deine Allmacht reicht so weit 767
Herr, gib Frieden 898
Herr Gott dich loben alle wir 797
Herr, Gott, dich loben wir 563
Herr Guvernör som rider 660
Herr ich habe missgehandelt 794
Herr! ich lege hier zu deinen Füssen 240
Herr in den Sternenhöhen 797
Herr Jesu Christ, dich zu uns wend 764, 803,
979
Herr Jesu Christ, du höchstes 800
Herr Jesu, Gnadensonne 989
Herr Jobst, ein Freund sein Lebelang 210
Herr, lehre uns bedenken, daß wir sterben
*   müssen* 567
Herr neige deine Ohren und erhöre mich 874
Herr! nie laß uns im Glauben wanken 569
Herr Oberst! en Skotte maae slaae for sit Land
504
Herr segne und behüte mich! 398
Herr, stärke mich, dein Leiden zu bedenken
565
Herr! thue meine Lippen auf 567
Herr Tzessell war ein arger Mann 143
Herr! was kann ein Blümchen seyn 398
Herr wie du willst, so schick's mit 785
Herr, wir singen deiner Ehre 562
Herr zu Dir will ich mich retten 968
Herre bevara skydda försvara vår dyre Kung!
657
Herre! Dig i nåd förbarma! 21
Herre! i min Qval og Jammer 527
Herrenhuterin (Die; Oper: J. Weigl u. a.) 188
Herrer, I med stolte Blikke 73
Herrin, sag' was soll das Flüstern? 874
Herrlich pranget die Natur 394
Herrnhuterinnen (Die) s. Visitandines (Les)
Herz, mein Herz ermanne dich 674
Herz, mys Herz, warum so trurig? 651
Herzenswechsel (Duett) (Himmel) 866
Herzhaftes Hochzeitslied auf die Vermählung
des Professor Weinisch (Knecht) 144
Herzig Schatzerl, lass dich herzen 878
Herzlich lieb hab ich dich, o Herr 778, 797
Herzlich thut mich verlangen 980, 983
Herzliebster Jesu, was hast du verbrochen 785
Heurath durch List (Die) s. Matrimonio per
Raggiro (Il)
Heure du Soir (Romance) (Barbereau) 834;
(Bénédit) 380
Heure du Soir est Aurore d'Amour (Romance)
(Bénédit) 551
Heure du soir, heure paisible et sombre 380,
429, 551, 834
Heures d'Amour (Romance) (L. Ct.) 746
Heureuse Inconséquence (L'; Plumetet) 106
Heureux ami sur le rivage 545
Heureux berceau de ma paisible enfance 605
Heureux cent fois le jour 464
Heureux ces jours où de la jeune Adèle 746
Heureux climat! beau ciel de l'Italie! 531

Heureux climat, Tyrole, ô ma patrie 899
Heureux enfans d'Occitanie, ménestrels
667
Heureux favori de l'amour 756
Heureux Printems (Nocturne, 2 St.) (Schloer)
459
Heureux qui ne respire 532
Heureux qui près de toi 539
Heut hat des Schöpfers Wundermacht 981
Heut im frohen Jubelkreise 253
Heut zu Tage (André) 652
Heute die und jene morgen 175
Heut is Sonntag 895
Heute scheid' ich, heute wandr' ich 768
Hielte diesen frühen Segen 180
Hier am lieblich duftenden Flieder 872
Hier, au fond d'un sombre bois 757
Hier dans un songe charmant 756
Hier das Gestade des wogenden Meeres 872
Hier im einsam stillen Thale 633
Hier im ird'schen Jammerthal 404, 512, 651,
657, 688, 736
Hier in den Schatten 708
Hier ist mein Herz, Herr, nimm es hin! 774
Hier je t'adorais encore 355
Hier klag ich verborgen 813
Hier le bonheur dans un songe 553
Hier liegt vor deiner Majestät 399
Hier sind wir 895
Hier soir assis sur l'herbette 273
Hier soll ich dich denn sehen, Konstanze 134,
221
Hier stahl er mir den Frieden 635
Hier steh' ich auf dem Hügel 882
Hier treibt der Teufel selbst sein Spiel 214
Hier und dort. An Lyda 175
Hier vor der heil'gen Jungfrauen Bilde 804
Hier, wo die Frühlingslüfte 776, 879
Hier, wo so sanft sie wehen 182
Hieronymus Knicker (Singspiel: Dittersdorf)
71
High on the giddy bending mast 133, 135
Highland Nora (Horn) 931
Hil dig Dag som smiler 521
Hil Dig, Frankrigs Kriger 536
Hil være Dig Frederik! Velkommen igien! 206
Hild være dig signede Dag! 250
Himla försyn! min hand ledsaga 32
Himla magt, du hör mig klaga 718
Himlars Gud! till Dig mitt hjerta flyr 716
Himlen er blaae 537
Himmel! ack, han mer ej brinner 43
Himmel! du mich verlassen 340
Himmel, lass Rache mich sehen 738
Himmel! mitleid'ger Himmel 590
Himmel! ser jag er anlets dragen 66
Himmel unter und über uns 887
Himmel! vergebens ist mein Rufen 599
Himmel! welch eine Frage? 555
Himmels Segen mag euch beglücken 640, 701
Himmlische Auen, wo meines Daseyns Wiege
*   stand* 494
Himmlische! die unsre Herzen 283
Himmlisches Entzücken (Morgenroth) 326
Hin an dein Kreuz zu treten 562
Hin ist alle meine Kraft 894
Hin nach deinem Sonnenhügel 653
Hin nimm die Seele mein! 729
Hinan! hinan zu jener steilen Höhe 146
Hinauf zum hohen Fenster der Grausamen 799

Hinter diesen schwachen Stäben 489
Hinweg mit der Grille 675
Hippolyte et Aricie (Scène) (Dourlen) 348
Hirtenlied
    Frey von Sorgen (Nägeli) 175
    Kaum wechselt die Nacht (A. Fischer) 290
His song was plaintive 940
Hist i Kreds af höie Fjelde 413
Hist i mörke Fængsel 514
Hither ye faithful 119
Hittebarnet (Komödie von N. T. Bruun mit
    Musik: L. Zinck) 506
Hjalmar (Oper: Skjöldebrand) 22, 64 (2), 65,
    68
Hjertats ljufva låga! 714
Hjertet Lykken har sin Trone 760
Hjertets Vuggevise (Bay) 418
Hjordarnes klockor! 714
Hjorden maa drives hjem 534
*Hm! hm! Ei! ei! Ein musikalisch Allerlei zu
    rezensiren?* 142
Ho dulce momento 571
Hoch am Kreuze seh ich dich 394
Hoch droben auf'm Berge, da horstet der Aar
    619
Hoch hebt sich der Sonne 895
Hoch klimmt der Seemann auf den Mast 133
Hoch leb' der König 640
Hoch lebe der neue Herr vom Gut 692
Hoch soll ewig leben 253
Hoch über dir, du stiller Tempel 738
Hochbeglückte Glizere! 598
Hochgegrüßt sei (seyst) du Aurore! 167,
    168, 249
Hochzeit auf dem Lande (Die; Ballett:
    Kinsky) 721 (2)
Hochzeit der Thetis und des Peleus (Die;
    Ballett: Gyrowetz) 322 (2), 389 (2)
Hochzeit des Gamache (Die) oder Don
    Quixote (Ballett: M. Umlauff) 198,
    220, 221, 225 (2)
Hochzeitfeier (Die; Liederspiel: Reichel) 617
Höie Gu ders Fryd mon den Yngling fylde 949
Höit af Glæde Hjertet slaaer 523
Hör min vän der är ej åt 17
Hör mina öma suckar klaga 1
Hör sidste Gang denne bedende Stemme 530
Hør Skiønne! hvis I prøve vil? 80
Hör' auf, du Haase! (Eh via buffone) 687
Hör' mich, Gott der Feinde 640
Hör' mich, holde Maritana 703
Hör' uns Wahrheit 894
Hör' unser Flehn, o spende Segen! 782
Hör' zu! ich will dir Weisheit singen 297
Höre Schicksal, was ich heische 619
Hörer Du, Fritz? 521
Hører I Schwalbernes Hvirvledands? 81
Hörst du den Ton 674, 897
Hört Ihr den der schwäbischen Wirbeltanz?
    143, 166
Hört ihr von fern den Schall 769
Höst Wisa
    Från Lunden hem, ... (Åhlström) 29
    Jag hösten ser ... (Wirgin) 50
Hösten (Mankell) 718
Hoffe, Herz, nur mit Geduld! 774
Hoffe, Theure! nicht mehr ferne 599
Hoffnung
    Es reden und träumen die Menschen (Meth-
    fessel) 652

Hin nach deinem Sonnenhügel (Gleichmann)
    653
Hoffnung immergrün! ... (Nägeli) 280
    Wenn in Nacht sich meine Tage hüllen (Mor-
    genroth) 325
Hoffnung blüht für Dulden und Leiden 601
Hoffnung, du liebes freundliches Licht 872
Hoffnung flüstert mir still im Herzen 278
*Hoffnung immergrün! Wenn dem Armen alles
    fehlet* 280
Hoffnung, Quelle sanfter Freuden 279
Hoffnung! Trösterin in Leiden 343
Hoffnung und Erinnerung (Knapp) 651
Hoffnung, Vertraute gefühlvoller Herzen 176
Hoffnung, weiche nicht 296
Hoffnungsstrahlen blinken uns 247
Hohe Lust und Wonne 600
Hola! fillette brune et blanche 838
Hold bin ich einer Holden 178
Hold wie das Morgenlicht lächelt die Ferne 870
Holde erglänzt die Sonne 601
Holde Freude, meinem Herzen ach! 326
Holde Harfe, die du weinest 147
Holde Liebe 871, 893
Holde Sittsamkeit, Lieb' und Freundlichkeit
    209
Holde Tugend! leite mich in meiner Jugend!
    395
Holde Vergessenheit 165
Holden Schönen hier zu fröhnen 887
Holder Glückestraum 800
Holder klingt mir Vogelgesang 886
Holder Lyra Zaubertöne 304
Holder Mond 808
Holdes Blümchen des Mai 881
Holdes Veilchen! 397
Holdig Schatzel, lass dich herz 950
Holger Danske (Oper: Kunzen) 13 (2), 34, 888
Holländisches Volkslied 797
Holnara (Oper: Röth) 339, 340, 341, 342
Holy Nature heav'nly fair 95
Holzdieb (Der; Komische Oper: H. Marschner)
    812—813 (14)
Home (Duet) 948
Home – Dear Love and thee! (Addison) 912
Home! fare thee well 931
Home of my Youth (Bishop) 914
Home! sweet home! 803
Homeward Bound
    Loose evry sail to the breeze (Th. A. Arne)
    88
    Our gallant ship was homeward bound
    (Morris) 946
Hommage à Mme. M.ine Desbordes (F. J.
    Naderman) 456
Hommage au Roi, Charles X (Paer) 467
Hommage aux Chef d'Œuvres du célèbre
    Grétry (A.-J. Grétry) 444
Hon då Er hela ömhet vunnit 42
Hon ensam har mig följt 30
Hon nalkos den sorgliga stunden 39
Honneur à la muse nouvelle 456
Honneur, Amour (Romance) (de Crozet) 546
Honneur des rives immortelles 451
Honneur donc au galant 707
Honneur et Foi (Romance) (Blondeau) 437
Honneur et franchise, loyauté, valeur 448
Honneur et Loyauté (Romance) (Gouet) 757
Hope, gentle hope 332
Hope is still a fair deceiver 939

Hope maketh the Heart content (Rodwell) 916
Hope on for the better! 942
Hopp, ljufva hopp! 64
Hopp om den tid som komma skall 14
Hoppet (Bay) 64
Horazier und Curiazier (Die) s. Orazi (Gli) ed i Curiazi
Horch auf, was flüstert der Abendwind? 252
Horch! die liebe Feyerstunde schlägt 209
Horch, die Wellen tragen bebend 805
Horch durch des 895
Horch, leise, horch! 414
Horch Mutter, ich erzähle 879
Horch! Trommelschlag 634, 695
Horch! was ruft dort in dem Hain? 874
Horcht, Brüder, horcht! 283
Hortense est, dit-on, très coquette, eh! 432
Hosianna Davids Son 28
Hospitalet (Oper: Kunzen) 250
Hot ihr ne dos Mensch gesahn 143
Hôtellerie Portugaise (L'; Oper: Cherubini) 739, 799
Hôtes légers de ce riant bocage 485, 603
How brief are infant's saddest tears 928
How bright in woman's lovely form 924
How can we sing the songs we sung 930
How cruelly fated is woman to woe 99
How did my heart rejoice to hear 130
How does my Lady's garden grow 115, 134
How gaily once the hours flew 285
How happy is the shepherd's lot 921
How heavily, how wearily, the moments drang away 927
How like the stars are woman's eyes 942
How pleasant 'tis to see 131
How proudly looks the Midshipman 941
How shall I woo her? 945
How smooth glides the stream 90
How soft the delights 97
How sweet amidst the calm serene 98
How sweet are the ties 90
How sweet in early days the voice 934
How sweet is the song of the lark 948
How sweet the flow'rs that op'ning blow 920
Hr. Phillip var mægtig 249
Huc vos, o miseri 907
Hülle mich in deine dunklen Schatten 993
Hüt du dich (F. W. Berner) 248
Hütte am See (Die; Oper: Jos. Strauss) 682
Hütte im Schwarzwald (Ballett: Braun) 405, 406 (2), 411, 505
Hugenotten (Die) s. Huguenots (Les)
Hugo og Adelheid (Oper: F. Kuhlau, Op. 107) 517 (5), 518, 857
Huguenots (Les; Oper: Meyerbeer) 803 (2), 804 (2), 805 (2), 839 (3), 844 (2)
Huldigung (Die; Ballett: J. Weigl) 224, 407
Humble cabane de mon père 264
Humble saule, ami du mystère 436
Hun iler bort med snare Skridt 505
Hun kver er kjer 512
Hundra bålar fyllas i 37
Hunting Song
   How smooth glides the stream (Hook) 90
   Now the hill tops are burnish'd 90
   Ye sluggards who murder 89
Hur kan du grymma flicka 657
Hur kan jag lifvets smärta bära 28
Hur ljuft det svar 58

Hur lungt mitt lif förflutit 659
Hur nöjd hvar morgon tar jag mot 34
Hur ömt jag älskar dig hur ömt! 40
Hur sköna äro dina sår! 64
Hurley Burley (Haydn, Hob. XXVIa, 31) 135
Hurra, durch Feld und Wald 773
Hurrah for the Gipsey's jovial life 940
Hurtig svandt min Ungdoms Glæder 516
Husaren sind gar wack're Truppen 894
Husarenlied (C. M. v. Weber, Jähns 284) 894
Husarerne paa Frieri (Singspiel: Kunzen) 506 (3), 507 (2)
Hush ev'ry breeze 90, 96
Hush sweet Babe 116
Hussiten vor Naumburg (Die; Oper: Salieri) 217, 220, 257, 258
Huusfred (Lustspiel, mit Gesang: Dupuy) 504
Huuskiøbet s. Maison à Vendre (La)
Huya del anima 571
Hvad äktenskap ger skäl att prisa 54
Hvad är den ed som älskarn svär betagen 40
Hvad bör nuske? O hvilket val! 56
Hvad er det dog 418
Hvad er det som smelter vort Hjerte 760
Hvad er jeg, Baronesse! 537
Hvad er vor første Pligt? 85
Hvad fröjd åt själen vinet ger! 63
Hvad fröjd för oss att åter få 28
Hvad gruflig lott för all min ära 7
Hvad har jeg gjort 529
Hvad har jeg hört? 527
Hvad jag är svag, ach värdes ömma 12
Hvad jag darrar! 49
Hvad ligner Soldaternes krigerske Glæde 516
Hvad lycklig lott har en soldat 64
Hvad mægter at standse min Gang! 206
Hvad muntrar mer ett hurtigt lag 30
Hvad nye Anstalter uden Tal? 78
Hvad plåga at brinna 13
Hvad Propheten har forjettet 521
Hvat Robert är glad och rolig 32
Hvad rystig syn! 55
Hvad sällhet, hvilken höjd 28
Hvad spørger jeg om Gods og Guld 75
Hvad tiden sagta skrider 22
Hvad troer du Mennesket at være? 84
Hvad vil Folk sige? (Komödie, mit Gesang: Kunzen) 78
Hvad vil Riigdom vel sige? 405
Hvar är jag? hvart går jag? 15
Hvar dag då solen på fästet går 23
Hvar för höghet efter sträfva? 41
Hvarest silfverböljor strömma (Unter blüh'nden Mandelbäumen) 714
Hvart ögnablick, hvad godhets prof 9
Hvem är den Största Man? (Wikmanson) 11
Hvem? du, bli min Förstinna, hvem? 42
Hvem hörde väl nånsin mig klaga 48
Hvem jeg er? 532
Hver Dag, hver Nat 507
Hver, som bylder gierne 74
Hvert Bogstav dybt til Hjertet trænger 506
Hvert Minut for Fryd vi lever 522
Hvi flyer Du Hjemmets Böge 534
Hvi græder hun 533
Hvi skjælver saa Din Stemme? 514
Hvide Dame (Den) s. Dame Blanche (La)
Hvilken Nöd, hvilken Qval 520
Hvilken overvættes Lyst 77

*Hvilken undransvärd förmåga! (Welch ein
    wunderbares Leben)* 59
Hvis min Troskab jeg glemmer 520
Hvis nogen seer her i vor Nord 182
Hvita Frun s. Dame Blanche (La)
Hvo er den Riddersmand 526
Hvo nærmer hist sig Eensomhedens Bo? 518
Hvo paa at reise falder 79
Hvo prøve vil sin Piges Hierte 76
Hvo til Piger har Attraae 74
Hvo til Piger Tillid sætter 78
Hvor alting aander Munterhed 412
Hvor det vil være mig en Glæde 504
Hvor er o Skiald, dit Fædreland? 422
Hvor Faren vinker 249
Hvor hopper ei Hjertet nu höit 530
Hvor Kugler regne, Sabler klirre 507
Hvor livsaligt at flyde paa Vand 520
Hvor mig fryder, min Ven 515
Hvor min Barm af Glæde slaaer! 513
Hvor rolig var min Slummer 512
Hvor sig Dagen langsomt sniger 421
Hvor sig hist om Fjeldet snoer 534
Hvor smykker ei Bruden 532
Hvor stærk er ei din Trylleklang 70, 515
Hvor tryller dette Billed mig 515
Hvor tryller rene Kiærlighed! 72
Hvor underligt! hvad mon alt det betyder 71
Hvor Viin og Piger trylle os 77
Hvor vildsomme Klippe udspringer 528
Hvorhen jeg seer, yppig Pragt 535
Hyldningen s. Huldigung
Hymen först vår sällhet tänder 714
Hymn to Nature (J. A. P. Schulz) 95
Hymne
    Groß ist der Herr (J. A. P. Schulz) 561
    Lobt den gewaltigen, den gnäd'gen Herrn
    (J. F. Reichardt) 561
    O preis't den Herrn mit einem Mund
    (Händel) 568
    *Vor dir, o Ewiger, tritt unser Chor zusam-
    men* (J. A. P. Schulz) 566
Hymne (2 Chöre) (Mecklin) 21
Hymne à la Concorde (Laffillé) 436
Hymne à la Gaîté (Balochi) 347; (Bouffet)
    386, 430
Hymne à la paix (Paz) 473
Hymne à la Paix (Chant National, 4 gleiche
    St.) (Panseron) 900
Hymne à la Providence (Cantique, 2 stg.)
    (Mozart) 849
Hymne de François Premier: A la Beauté
    (Paer) 435
Hymne Magique (Lambert) 352
Hymne portugais, en l'honneur de la natività
    de N. S. sur un chant des matelots siciliens
    848
Hymne zum Osterfest (S. Arnold) 565
Hymnen der Barden erschallen 597
Hymni De Dominicis ac praecipuis anni
    solemnitatibus. Hymni Vespertini Proprium
    de Tempore 909
Hymnus (Ett) 399
Hyrdens Morgensang (Kabell) 418
Hytten i Schwarzwald s. Hütte im Schwarzwald

I alle Verdens Riger 535
I am a brisk and sprightly lad 99
I am a Briton, bold and free 913
I am a merry mountain boy 965

I am far from the shores 936
I am the Bayadère 970
I am the saviour 131
I anthe the lovely joy of her swain 103
I ask thee but to think of me (Garnett) 924
I ask thee not for vows of flow'r 924
I bland de skönas skara 12
I bland en munter ungdoms tropp 10
I blomman utaf lefnads våren 61
I can't forget thee, if I would 946
I canna leave thee, love 923
I cannot love another 912
I Cittadini correano alle festa 706
I could roam thro' the lands 935
I danc'd with Harriet at the fair 285
I Dandsen du mig möder 524
I Dannemark en Drot der var 512
I de år, då ordet qvinna ökar 53
I den tysta midnattens stund 29
I den uerfarne Alder 511
I denna graf, der fasa rår 37
I dessa dragen alla behagen 57
I dessa fridens bygder 44
I detta Slott, som Gud förbanna 35
I dette Tempels Skygger 72
I din Favn 534
I den stille blide Slummer 525
I disse hellige Haller 516
I ditt bröst sig kärlek gömde 616
I Dödens Arm han hviler kold og blodig
    529
I doni d'Elmireno 690
I dream'd the rose was married 928
I dreamt I was a fairy 936
I dreamt of the halls of glitt'ring light 933
I Drøm ved Bredden op og ned 74
I en from, uskyldig Romance 505
I Enslighetens lugna sköte 35
I et Slør, som Mængden forblinder 80
I favre Lises Have en fremmed Yngling kom
    71
I Fredens livsalige Dage 411
I go but where so e'er I flee 935
I Gudar! må Ert hat 52
I har lært os, muntre Piger 517
I hate to learn the ebb of time 330
I have a silent sorrow here 285
I have known thee in the sunshine 910, 924
I have left them in sadness 921
I have listened too long to thy tale 141
I have roam'd the world over 925
I have sail'd from my home 928
I have traversed the world 938
I hear thee speak of the better land 955
I Herrar jag vil er berätta 21
I Hildings Gaardi Omsorgs Lÿ 846
I hvilket djup af förnedring 44
I Kierligheds Lund hugger jeg her 84
I knew not that the world contain'd 953
I knew thee in thy sunny days 918
I know a spot which oft I deem'd 946
I know not joy when far from thee 122
I Læ ved de sölvblaa Vande 530
I languish in exile far over the seas 928
I laugh, I sing 330
I lifvet och i döden 658
I lifvets vår då första lågan brinner 22
I lov'd thee in thy spring time 925
I love the sweet sound of a lady's song 934
I love thee! (Ballad) (A. Lee) 968

I love thee! 912
I love thee! Evergreen tree 921
I love thee! 'Tis all that I can say 968
I love them all (Hook) 87
I love these merry festive times 941
I love to hear the good old song 925
I love to join a happy throng 928
I Lunden blomman ensligt stod 51
I Ly af Egens Kroner 530
I min ungdom, sade Tant 16
I miss thee (Manning) 939
I miss thee from my side 932
I miss thee when at matin pray'r 939
I Nat jeg drömte underlig! 514
I nått ert mål, i grymma öden! 32
I, nattens bårn! 31
I nattens tysta sköt 69
I ne'er shall hear his voice again 931
I nöjens rus min tid försvunnit 51
I Normandie, som nyss jag sade 717
I Normandie til Folkets Lykke 525
I oprørt Vand er godt at fiske s. Fra i Due
    Litiganti il Terzo Gode
I Preston Enhver har Robinson kjær 534
I rosor ängen blomma låter 714
I said I will take heed to my ways 131
I saw that the glow of her beauty had faded
    936
I saw thee like a bride 932
I saw thee weep (Malibran) 965
I see thee, as I saw thee last 944
I sigh and lament me in vain 90
I sin Holdning og Mine 534
I sin unge slavinde 517
I sing the Maid of Lodi 127
I sitt ägta val min vän 23
I Skogens svala luft 50
I skydd af dessa hvalf 11
I som beslutat at följa min Fana 22
I som föragten krigets fara 8
I, som våra offer skåden 20
I Stillhet gömd för ödets nycker 4, 6
I Taare svandt et Aar! 208
I thought her made of gladness 919
I Tidens dybe Hav 207
I trembled when I met thee 942
I tystnadens sköt mina tårar de rinna 13
I Ungdoms glade Dage 528
I Vaaren (F. Kuhlau) 421
I våra dar; hvad härligt bruk 27
I vårens skugga fann jag dig 8, 658
I Venedig leved' en Pige 83
I Venedig var der en Pige 509
I vort Italien, milde Drömmes Rige 531
I wander alone where the wild rose is blooming
    933
I was glad 130
I wear a smile upon my lip 941
I will love you! 943
I would a lowlier lot were thine 915
I would I knew where Lethe's stream 942
I'll hang my harp on a willow tree 936
I'll meet thee, love 912
I'll only hear the word farewell 913
I'll sell you, merry gentleman 945
I'll sing you a song, but not of love 934
I'm an elfin sprite 970
I'm just arriv'd from the holy land 99
I'm the toast of half the City 100
I've been where fresh flowers are springing 913

I've built me a bow'r in a lonely dell 954
I've lost my mistress 97
I've seen the leaves of Autumn die 920
Ich bebe, athme kaum, o heilige Natur 242
Ich bin bereit! 489
Ich bin bescheiden 304
Ich bin das Mädchen der Freude 167
Ich bin der liebe Florian 633, 689, 723
Ich bin der Schneider wetz wetz 160
Ich bin die jüngste der Musen 212
Ich bin durch deine Liebe 778
Ich bin ein deutscher Biedermann 209
Ich bin ein schlichtes Mädel 145
Ich bin ein wahrer Teufel 680
Ich bin erschrocken 575, 684
Ich bin etwas verliebter Launen 594
Ich bin gewiß ein folgsam Kind 279
Ich bin ja Herr in deiner Macht 991
Ich bin nicht hübsch, ich bin nicht schön 167
Ich bin reich 636, 697
Ich bin überall zu Hause 306, 877, 879
Ich bin verrathen, o Himmel! 598
Ich bin zu verlassen 226
Ich dank dir lieber Herr 992
Ich dank dir schon durch 791, 983
Ich danke seinem Muth mein Leben 342
Ich darf dir nicht erklären 591
Ich denk' an euch ihr himmlisch schönen Tage
    296
Ich denke dein
    Ich denke dein, wenn durch den Hain
    (C. M. v. Weber, Jähns 48) 871
    Ich denke dein, wenn in des Schachtes
    Tiefe (Osthoff) 869
Ich denke dein, und neues Wonneleben erfüllt
    mein Herz 324
Ich denke dein, wenn durch den Hain 168,
    236, 279, 720, 869, 871
Ich denke dein, wenn in des Schachtes Tiefe
    869
Ich denke dein, wenn mir der Sonne Schimmer
    201, 327
Ich erblicke froh den Dämmerschein des Lich-
    tes 872, 895
Ich fleh' dich an und bebe 218
Ich freue mich herz inniglich 674
Ich fühle — ist's Lust? 323
Ich fuhr im Traume, so wie heut 74
Ich geh all' Nacht die Runde 882
Ich gehe, weil es mir von Herzen gefällt 888
Ich gieng bei'm Abendschimmer 150
Ich hab' ein kleines Hüttchen nur 173, 327
Ich hab' Geld, alles Trübe ist erhellt! 877
Ich habe ein Sträusschen 673
Ich habe gewagt 711
Ich habe viel gelitten 96
Ich hatte gemähet den ganzen Tag 323
Ich hielt dir Wort 710
Ich hör' in des Schlosses Nähe 811
Ich hör' meinen Schatz 672, 893
Ich hör' von tausend Freuden 881
Ich hörte einen Guguk schrein 216, 293
Ich hoff' auf Gott mit festem Muth 564
Ich irr' um traurige Cypressen 565
Ich irr' umher betäubt und stumm 811
Ich kenn' ein wunderschönes Land 768
Ich kenne ein Blümchen 897
Ich komme vom Gebirge her 253, 876
Ich komme vor dein Angesicht 398
Ich lag auf grünen Matten 297, 329, 655, 868

Ich lag unter duftenden Rosen 878, 896
Ich leb' in stetem Leide 873
Ich lebe frey und sorgenlos 174
Ich lebe still und eingezogen 314
Ich lebe und liebe und weiter nichts 878
Ich liebe dich (Righini) 165; (anonym) 297
Ich liebe dich 226
*Ich liebe Dich, sprach oft mein thränend
    Auge* 294
Ich liebe Glanz, Musick und Tanz 737
Ich liebe, kleines Bettchen! dich 166, 179
Ich liebte Dich! es waren Wonnetage 326
Ich möchte Ida's Laute seyn 715
Ich möchte sie wohl sehen 877
Ich möchte wohl der Kaiser sein 875
Ich muß es Euch bekennen 218
Ich muss fort 691
Ich muss ins Feld 870, 895
Ich nenne dich, ohn' es zu wissen 210
Ich ruf zu dir Herr Jesu Christ 788
Ich sah ein Blümchen am Wege stehn 252
Ich sah ein Röschen am Wege stehn 764, 866
Ich sah in die blaue unendliche See 879
Ich saß im Frühroth, saß im Abendschimmer
    327
Ich saß im Grünen am klaren Bach 871
Ich saß und spann vor meiner Thür 294
Ich schleiche bang und still herum 711
Ich schlief am Blüthenhügel 883
Ich schlief, da träumte mir 303
Ich schnitt' es gern in alle Rinden ein 878
Ich soll euch Liebe schenken 598
Ich sollt' den Lieben meiden? 231
Ich sollte fort? 705
Ich steig' auf die Berge 889
Ich träumte 787
Ich trete vor dein Angesicht 771
Ich verachte Gold und Schätze 301
Ich verglich mein schönes Mädchen 325
Ich wäre wohl fröhlich so gerne 167, 178,
    767
Ich wandle still und bescheiden 879
Ich war bei Chloen ganz allein 729
Ich war betrübt bis in den Tod 675
Ich war Jüngling noch an Jahren 781, 874,
    896
Ich war, wenn ich erwachte 231, 875, 884
Ich weiss dein Herz ist frei 710
Ich weiss ein Gärtchen klein und schön 166
Ich weiss ein herrliches Thal 651, 745
Ich weiss ein kleines, enges Haus 853
Ich weiß ein Mädchen 174, 248
Ich weiss eine alte Kunde 878
Ich weiss es lange, was dir wohl fehlet 687
Ich weiss, mein Gott, dass all 794, 986
Ich will das harte Loos 302, 312
Ich will der Minne pflegen 179
Ich will scherzen, lachen, singen 313
Ich will vergessen 710
Ich will vor Gott dich nicht verklagen 711
Ici l'onde, un instant, réfléchit ton image 667
Ici mon enfant, ma barque t'attend 748
Ici restons toujours (Ronde, 2 St.) (Romag-
    nesi) 733, 834
Ida s. Ida, die Büßende
Ida an Alexis, bei Sendung einer Rose
    (Himmel, Op. 13, 40) 873
Ida. Der Tanz (Himmel, Op. 43, 2) 715
Ida, die Büßende (Oper: Gyrowetz) 198,
    218, 223, 226, 255, 258

Ida. Die Lauscherin (Himmel, Op. 43, 7) 714
Ida. Die Sendung (Himmel) 491
Idala (Romance) (de Crozet) 552
Idas und Marpissa (Oper: v. Seyfried) 223 (2),
    258 (2), 290
Idol mio, mio bene amato 262
Idole de ma vie 526, 613, 643
Idole de mon cœur 553
Idoli (Oper: Th. Weigl) 218
Idolo del mio cuor 611
Idomeneo, Re di Creta (Opera seria: Mozart
    KV 366) 62, 68, 69, 212, 238 (3), 254,
    256, 277, 560 (2), 680, 682
Ieg s. Jeg
If earth be a garden 916
If happily we wish to live 140
If I love 95
If I were a boy and the choice were mine 918
If in that breast 285
Ifigenia in Aulide s. Sacrificio d'Ifigenia (Il)
Ifrän min maka skilja mig 36
Igien, igien til Dands det gaaer 74
Ihn der mich so tief betrübte 602
Ihn sehn, den Theuren wiederfinden 218
Ihr bangen Sorgen 894
Ihr Blümlein alle, die sie mir gab 881
Ihr, die dieser Ort 228
Ihr, die ihr Triebe des Herzens kennt 243
*Ihr, die mit Feuerblicken zum süssen Kampf
    bereit* 221
Ihr flieht umsonst, Ihr armen Schäferinnen
    582
Ihr Freunde, gebt das Lieben auf! 144
Ihr Freunde, seht die wilden Wogen 782, 873
*Ihr Freunde! Stimmt den Rundgesang auf
    Vater Hermann an!* 280
Ihr Freunde theilt nun mein Glück 634, 696
Ihr Freunde wollt den Tod mir geben 292
Ihr Jäger, horcht! der Hörner Klang 771
Ihr Kinder der erhabnen Sonne 686
Ihr lieblichen Bilder, entflohenes Glück 180
Ihr Mädchen, ja ihr sollt es wissen 240
Ihr Mädeln, he! wollt's mich 293
Ihr Matten lebt wohl, ihr sonnigen Weiden 311
*Ihr missvergnügten Stunden, wie gross ist
    eure Zahl!* 434
Ihr wollet Abschied nehmen 215
Ihr Wuchs ist nymphenhaft und schlank 871
Iil ædle Helt, iil og befrie 520
Iil hulde Sommer iil ei bort din 407
Ikke mere med Kjerligheds Sukke 422, 510
Il a donc fallu pour la gloire 115
Il a donc quitté ce rivage 642
Il a fui loin de son amie 384
Il a quitté sa tendre amie 435
Il abandonne un ciel si pur 850
Il attend! (Romance) (Raillard-Bence) 461
Il Bacio (Arietta) (Paer) 370
Il braccio mio guerriero 242, 355, 613
Il core vi dono 232
Il croit que je ne l'aime pas 904
Il dicadra 600, 683
Il Dolce Far Niente (Romance) (Thénard) 750
Il Dolore (Cavatina) 349
Il don m'è grato e pregio 709
Il est bien doux 459
Il est, dit-on, un beau jeune homme 530, 842
Il est donc vrai? 463, 755
Il est donc vrai! je ne vous suis plus chère 444
Il est donc vrai, parjure Eléonore 455

Il est donc vrai vous partez mon amie 544
Il est Minuit (Nocturne, 1 oder 2 St.) (Roussel) 544
Il est minuit 670
Il est minuit, Eblis quitte soudain son lit 832
Il est minuit: faut surmonter 265
Il est minuit, la cloche du village 832,
Il est minuit, léger zéphir 497, 544
Il est Minuit ou L'Ombre de Claire (Romance) (Louis Jadin) 370
Il est minuit sur la bruyère 370
Il est mort, mon époux 840
Il est parti
   Il est parti, l'objet de ma tendresse (Romance) (Fél. Dupierge) 456
   Il est parti, l'objet de mon amour (Romance) (Gilles) 348
Il est parti celui que j'aime 385
Il est parti, l'objet de ma tendresse 456
Il est parti, l'objet de mon amour 263, 348
Il est parti, mon âme se déchire 611, 826
Il est passé ce tems d'ivresse 354
Il est passé le songe 472
Il est tems, dit la gente Claire 832
Il est tems, ma chère sonnette 615
Il est trop tard (Romance) 476
Il est trop tard 179, 308, 476
Il est un lieu simple 540, 608, 733
Il est venu le triste jour 538, 995
Il était nuit et la bise était forte 542, 607
Il était un vieux bonhomme 531, 841
Il etoit là (M. Giuliani) 492
Il fallait bien lui pardonner (Chansonnette, 2 St.) (Romagnesi) 665, 820, 830
Il faudrait m'aimer (Romance) (Nacher) 628 (2); (Romagnesi) 457
Il faudrait une journée 707
Il faut aimer (Romance)
   D'amour je bravais le puissance (Auguste D.) 446
   De la paisible indifférence (Schaffner) 391
   Par une chansonnette égayant son chemin (de Garaudé) 356, 442, 669
   Point n'aimerai, disait Colette (Duval) 541, 603
Il faut aimer au printems de son âge 273
Il faut aimer pour plaire à son amie 370
Il faut attendre tout du Tems (Chansonnette) (Paer) 466
Il faut de mon destin 312
Il faut des époux assortis 106
Il faut encore avoir bon Cœur (Romance) (Lechallier) 462
Il faut garder votre savoir 285
Il faut l'aimer 512, 627
Il faut la marier (****) 670
Il faut la voir et l'entendre (Romance) (Agosti) 449
Il faut parler, il faut se taire (Chansonnette) (H. F. Berton) 333, 746, 816
Il faut partir! (Romance) (Obert) 464
Il faut partir (Romance nouvelle) (Blangini) 612
Il faut partir 309
Il faut partir, car l'automne s'avance 441
Il faut partir, l'honneur m'appelle 430, 994
Il faut partir, mes bons compagnons d'armes 536
Il faut partir, ô! joie hélas 612

Il faut partir, rêve heureux de ma vie 442
Il faut que je vous le confie 553
Il faut que je vous parle d'elle 755
Il faut quitter le ciel 964
Il fiero destin mia cara Ninin 614
Il figlio della Zingara 707
Il Gelsomino (Arietta) (Paer) 369
Il Giuramento (Arietta) (A. Pacini) 265
Il m'a demandé le bouquet 509, 669
Il m'apparut au matin de la vie 902
Il m'en souvient, ce fut sous cet ombrage
Il m'en souvient longtems 84, 113
Il m'en souvient, lorsque l'amour soumit mon cœur 468
Il m'oublie! (Romance) (Farcy) 644
Il maledetto 640
Il me faut des chevaux 537
Il me souvient d'avoir entendu dire 432
Il me trouve triste et rêveuse 668
Il mentira (Romance) (Andrade) 469
Il mio ben, quando verrà 228, 267
Il mio ben tu sola sei 350
Il mio destin dipende 591
Il mio piano è preparato 589, 600, 624
Il mio tesoro intanto 687, 888
Il mondo nuovo 308
Il Musico ignorante (Duetto madrigalesque) (Clari) 906
Il n'aime plus comme autre fois 586
Il n'aurait pas dû venir (Romance) (Panseron) 903
Il n'est pas de fidèle Amant (Chansonnette) (Romagnesi) 483
Il n'est plus là! (Romance) (F. Grast) 470
Il n'est plus là! 546
Il n'est plus là, cet Edmond 470
Il n'est plus Temps (Chansonnette, 2 St.) (Bruguière) 832
Il n'est plus Tems (Chansonnette) (Romagnesi) 664, 817
Il n'est rien comme l'amitié 615
Il ne m'aime pas comme je l'aime (Romance) (Kunzé) 554
Il ne vient pas (Romance) (Lafont) 644
Il ne vient pas 309, 730
Il nous aimait, il aimait sa patrie 552
Il nous faut donc battre en retraite 437
Il palco è a noi trionfo 638
Il piacer la gioja 600
Il più gentil tra fiori 369
Il primo amore (Blüher) 324
Il reçut au sein de la gloire 113
Il reviendra (Romance) (Romagnesi) 428, 474
Il Rimprovero (Bellini) 751
Il Rimprovero (Canzonetta) (Rossini) 837
Il Riposo et la sua Pace 265
Il rival salvar tu dei 700
Il Ruscello (Duetto) (Paer) 181
Il secreto se si perde 616
Il segreto per esser felici 638
Il Sogno (Righini) 179
Il Tempio di Gnido. Le Temple de Gnide (Chansonnette vénitienne) (Mr.xxx) 446
Il tenero sembiante 179
Il va parler! (Pontus) 627
Il va venir 531
Il va venir dans un tel jour 483
Il va venir, il me consolera (Romance) (de Beauplan) 463

Il vecchioto cerca moglie 624, 632
Il vient un sorcier l'autre jour 472
Il y a cinquante ans 105
Il Zeffiretto 369
Ild var min Barm 83
Illusion (L'; Oper: Hérold) 792, 793 (2)
Ils ne sont plus ces jours charmans 440
Ils ne sont plus, ces jours de ma jeunesse 643
Ils ne sont plus ces jours de mon jeune âge 481
Ils ne sont plus ces momens pleins de charmes 621
Ils s'éloignent, mais de leur vue 517
Ils sont passés ces jours où ta constance 352
Ils sont passés les beaux jours de ma vie 392
Ils vont courant la terre 841
Ilsomt Manden fra os bortiler 517
Im Abendschimmer wallt der Quell 493
Im Anfang wars auf Erden 280
Im Angesicht der heil'gen Mauern 728
Im Arm der Freundschaft weilen 313
Im Arm der Liebe 893
Im Arm der Liebe ruht sich's wohl! 279, 294, 630
Im Bade (Nägeli) 494
Im Blüthenduft der stillen Nacht 881
Im Busch wo kühl sich ruht 710
Im Dörfchen wo ich lebte 326
Im Erlenhaine, tief versteckt 269
Im Frühling (Mühling) 887
Im Frühling seines Lebens 340
Im Frühlingsanfang (Mozart, KV 597) 558
Im Frühlingsschatten fand ich sie 315, 674
Im Grabe ist Ruh! 585
Im Grünen (A. Henkel) 651
Im Haare den Kranz, am Busen den Strauss 875
Im hohen Schilfe grün und dicht 150, 252
Im Krieg ist mein Liebster 326
Im kühlen Keller sitz ich hier 795
Im Leiden (Schinn) 396
Im May wie lustig und schön! 812
Im Mohrenland gefangen 134, 247, 878
Im Mondenschein (Blüher) 326
Im öden Kerker schmachtet Sophiens trauter Freund 771
Im Phrygerland ein armer Sklave 233
Im Schatten einer Weide sass einst im tiefsten Leide 874
Im Sommer such' ein Liebchen dir 880
Im stillen Glücke Tag für Tag 703
Im Strahle der Sonne die Rose verblüht 281
Im süssesten Rausche der Jugend 882
Im Thale des Lebens am silbernen Quell 252
Im tiefen Grunde (Beutler) 341
Im vertrauten Kreis der Brüder 283
Im Wald erwacht der Hörnerklang 495
Im Wald! im frischen, grünen Wald! 770
Im Weine wie das Sprichwort sagt 295
Im Windsgeräusch in dunkler Nacht 619, 866, 884
Imboscata (L'; Oper: J. Weigl) 363
Imellem Egnens Piger her 410
Imitation (F. Berwald) 585
Imitation d'Anacréon (Hadot) 643
Imitation de la Chasse (Seguidilla) (Castro de Gistau) 275
Imma si belle que j'adorais 439, 483
Immer heiter und zufrieden 653, 676
Immer hoffend, immer voll Vertrauen 324
Immer mehr (Wiedebein) 877

Immer müsse, Gott, dein Rath 562
Immer nur vorwärts, mein schaukelnder Kahn 797
Immer zu! ohne Ruh! 777
Immortelle divine symbole d'un amour parfait 392
Impatiente sentinelle 455
Impresario in Angustie (L'; Oper: Cimarosa) 26, 76, 266
In a humble thatch'd cot 331
In allen meinen Thaten 806
In aller Herzen ruht die Welt des Schönen 251
In Ascensione Domini. Ad utrasque Vesperas 907
In awful gloom the tufted grove 118
In certa l'anima 684
In childhoods happy hours 925
In Circumcisione Domini ad primas Vesperás 909
In Circumcisione Domini ad 2das Vesperas 907
In deinem Arm zu weilen 300
In dem Drange der Gefühle 737
In dem fernen theuren Vaterlande 680
In dem reichsten Farbenglanze 673
In dem Schmuck der ersten (erster) Jugend 791, 879
In der Berge Riesenschatten 649
In der Bittwoche (Neuner) 395
In der Ferne (C. Kreutzer) 673, 867
In der Freude Reih'n 326
In der Freundschaft Busen 343
In der Geliebten Nähe 243
In der kleinen niedern Hütte 581, 596
In der Liebe Götterwelt 652
In der Mühle (Proch) 639
In der Myrthen Schatten 673
In der Väter Hallen 343
In des Gatten zärtlicher Liebe 137
In dich hab' ich gehoffet, Herr 791
In die Ferne will ich ziehen 641
In die Nacht voll Duft und Glanz 316
In Die Sancto Pentecostes. Ad primas Vesperas 907
In Die Sancto Pentecostes. Ad secundas Vesperas 907
In diesen heil'gen Hallen 44, 72, 96, 516, 706, 740, 776
In dieser Stunde sollst du erkennen 635
In dieses Thales Gründen 684
In distant clime, or fatherland 934
In Dominicis a Septuagesima ad Quadragesimam. Ad Vesperas 907
In Dominicis, per adventum (ad Vesperas) 909
In Dominicis, per annum (ad Vesperas) 909
In Dominicis post Epiphaniam. Ad Vesperas 907
In Dominicis post Pascha. Ad Vesperas 907
In Dominicis Tempore Passionis 907
In Dominicis Tempore Quadragesimali 907
In einem Dorf nicht weit von hier 297
In einem kleinen Dörfchen war ein Mädchen 148
In einem Thal bei armen Hirten 294
In einer schmachtenden Romanze 245, 246, 490, 686
In either eye a ling'ring tear 128
In Epiphania Domini. Ad 1. as Vesperas 907

In Epiphania Domini. Ad Secundas Vesperas 907
In fancy still, her voice I hear 923
In Festo Corporis Christi. Ad utrasque Vesperas 907
In Festo Santi Joannis Apostoli et Evangelistae ad secundas Vesperas 909
In Festo Santi Stephani 1mi. Martyris ad secundas Vesperas 909
In Festo SS. Innocentium ad secundas Vesperas 909 (3)
In Festo SS. Trinitatis. Ad utrasque Vesperas 907
In finstrer Kammer, um Mitternacht 880
In Geist und Wahrheit Gott verehren 398
In gurgling eddies roll'd the tide 117, 135
In heitrer Abend Sonne Strahlen 224
In jener Mühle wie bekannt, Da hauste Kilian 149
In lang gezognen Klängen 684
In Lieb' entglüht, doch Harmes müde 876
In meinem Schlosse ist's gar fein 303
In meines Kerkers dunkler Nacht 641, 702
In mia man alfin tu sei 635
In my eyes dear Edward read 125
In my pleasant native plains 99
In Natali Domini, ad primas Vesperas 909
In Natali Domini, ad secundas Vesperas 909
In Octava Epiphaniae et Baptismate Domini Ad 1 as Vesperas 907
In Octava Epiphaniae et Baptismate Domini Ad 2. as Vesperas 907
In Osten tagts! 653
In qual loco, in quale istante 181
In qual tenera parte 611
In que' soavi sguardi 601
In quegl'anni, in cui val poco 511
In quel cor confido e spero 367
In quell'occhio lusinghiero 359
In questa tomba oscura 328, 871
In queste sacre ed abborrite mura 572
In rothen Gluthen sank der Tag 739
In Savoyen bin ich gebohren 218, 594
In Schlummer wieget mich die Nacht 880
In seinem schimmernden Gewand 562
In seno qu'est'alma 272
In shades of evening dies the day 947
In solitude one eve I stray'd 929
In stillen Phantasieen sitz' ich am Wiesenbach 493
In stiller Nacht wo alles ruht 710
In stolzen Palästen, was soll mir die Pracht 803
In Summer's Cot (Loder) 925
In Summer's cot, our lawns among 925
In Summers cool shade 98
In tatter'd weed from town to town 116
In the cold stilly night 947
In the dead of the night 89, 116, 135
In the Forest lone there dwells a sprite 968
In the Grove (Wade) 930
In the lone and weary nights 947
In the morning of life we roam 916
In the morning of life when reposing 921
In the scenes of former pleasure 917
In the valley by the mill 955
In the wild Chamois track 916
In Thetis Wellen sank nun wieder 211
In this shady blest retreat 127

In tiefer heil'ger Stille 565
In unserm heut'gen Geist der Zeiten 875
In vain the song of sorrow 141 (2)
In vain you tell your parting Lover 102
In van tu fingi, Ingrata 593
In Venedig lebt einst ein Mädchen 486
In verklärter Stille ruht das Herz 325
In Warschau schwuren tausend auf den Knieen 789
In yonder Garden (Duet) (Loder) 928
In youth when compell'd on the ocean 922
Incanta che fessi? 357
Incanto superato (L'; Oper: Süßmayr) 256
Incendio e la Distruzione di Troja (L'; Ballett: J. Weigl) 186
Incerta l'anima 588, 632
Inconstant spring thy morn 116, 135
Inès (Boléro) (Gail) 628
Inès (Romance) (Boucher de Perthes) 547
Ines de Castro (Oper: Zingarelli) 219, 223
Ines de Castro (Tragisches Pantomime-Ballett von V. Galeotti: C. Schall) 208
Ines er skjön! Dalens Sön 533
Inès et Roger (ou La Fidélité) (Romance) (Balochi) 356; (Ducrêst de Villeneuve) 428
Infante de Zamora (L') s. Frascatana (La)
Infelice il veleno bevesti 638
Infelice sventurata 897
Inganno Felice (L'; Oper: Rossini) 555 (2), 589, 601, 624
Ingeborgs Klager 846
Ingen fins på vår jord 46
Ingen kan sin Skjæbne kjende 523
Ingratitude (v. Miltitz) 745
Inkas oder die Eroberung von Peru (Die; Ballett: Gyrowetz) 198, 224, 225, 226, 289
Innocence paisible, tu charmais l'heureux tems 363
Innocenti e dolci affetti 341
Insanae et vanae curae 849
Insel der Liebe (Die) s. Isola Piacevole (L')
Instrumentmageren i Wien s. Luthier de Vienne (Le)
Integer vitae 894
Intet, min Ven, jeg frygter meer 516
Intrigen i Fönstren s. Intrigue aux Fenêtres (L')
Intrigen i Vinduerne s. Intrigue aux Fenêtres (L')
Intrigo Amoroso (L'; Oper: Paer) 181, 224, 352, 488
Intrigue aux Fenêtres (L'; Oper: Isouard) 37, 114 (4), 506 (2)
Indroduction und Schlachtgesang (Büttinger) 737
Invan tu fingi ingrata 583, 685
Inviolata (Choron) 907
Invitation à l'Amour (Romance) (Reynaud) 433
Invitation à louer Dieu (Air) (Couperin) 847
Invocation
  Come with thy strains of love and hope (Beethoven unterschoben) 918
  O toi qui m'apparus dans ce désert du monde (de S***) 825
  O toi qui veille sur mes jours (Catel) 461
  Vas-tu revoir demain l'éternelle lumière (de S***) 825

Invocation à l'Amitié (Romance) (Demar)
458
Invocation à l'Espérance (Romance, 1 oder
2 St. ad lib.) (Wilhem) 349
Invocation à la Lune (Romance) (d'Olivet)
334
Invocation à la Nuit (Romance) (F. Garat)
355
Invocation au Sommeil (Nocturne, 2 St.)
(Friard) 548
Invocation aux Arts (Romance) (Martín y
Soler) 262
Involata integra et casta es 907
Io già m'immagino 636, 698
Io l'amai fin da quell'ora 639, 700
Io non chiedo al ciel 272
Io senti tremar la mano 639, 700
Io soffrii tortura 699
Io son la rea 373
Io son ricco 636, 697
Io sono docile 572
Io sono un pò difficile 360
Io souis d'andalousié 478
Io d'amava 640
Io t'amo, Amalia! io t'amo 706
Io darò balordo 638
Io ti lascio, [o] cara, addio 25
Io ti lascio perchè uniti 234, 253
Io ti veggio, or vegli 638
Io ti vid di t'ammirai 435
Iomfru Lauervaldts Debut (Ballett: C. Schall)
205
Iphigenia in Tauris s. Iphigénie en Tauride
Iphigenie (Gluck) s. Iphigénie en Aulide
Iphigenie auf Tauris s. Iphigénie en Tauride
Iphigénie en Aulide (Oper: Gluck) 13, 69,
133, 134, 234, 235 (2), 302 (3), 306,
312, 313, 421, 580
Iphigénie en Tauride (Oper: Gluck) 13, 52 (3),
54, 56, 63, 69, 197(2), 215 (2), 216 (2),
218, 224 (2), 254, 289, 558, 576, 721,
724, 741
Iphigenie i Tauriden s. Iphigénie en Tauride
Iphigenie in Tauris s. Iphigénie en Tauride
Iphigenie uti Auliden s. Iphigénie en Aulide
Ipsiboé (Romance) (R. Kreutzer) 463
Ira d'Achille (L'; Oper: Pucitta) 573
Irato ou L'Emporté (L'; Oper: Méhul) 38,
111 (2), 232, 244
Irène (Romance nouvelle) (A. Pacini) 267
Iris (Gerson) 737
Iris s'en va quelle douleur! 152
Irish Air 125
Irish Air (Duet)
  We part but not for ever 925
  Weep not for hours 924
Irma snart er her 517
Irma votre sœur est jolie 664
Irrlicht (Das; Komische Oper: I. Umlauff) 297
Is der Bua frisch und g'sund 790
Is it true? 970
Isaacco (Cimarosa) s. Sacrificio d'Abramo (Il)
Isaak (Melodram: Fuss) 490
Isabella ed Enrico (Oper: G. Pacini) 376, 377
Isabelle (Romance, 2 St.) (Gouet) 756
Isabelle's Melody (King) 934
Isaure (Romance) (Wilhem) 347
Isidore (Romance) (Woets) 570
Isle des Lanternes (L') s. Panurge dans l'Ile
des Lanternes

Islington 130
Ismène (Romance) (Lélu) 264
Isnel (Romance) (Lemière de Corvey) 453
Isnelle (Romance) (Paer) 748
Isola d'Amore (L'; Oper: Sacchini) 4
Isola Piacevole (L'; Oper: Martín y Soler)
213, 216, 293
Isolier (Romance) (Madame J. D.) 439
Ist denn Lieben ein Verbrechen 630
Ist doch eigen in 895
Ist spröd auch eine Schöne 634, 695
Ist's Traum? oder Wahrheit, diess Glück! 219
Isthmischen Spiele (Die; Ballett: J. Weigl)
185 (4), 186
It is the hour 966
It was a dream of perfect bliss 919
It was a winter's evening 120
It was high o'er the murelands 89
Italian Air
  Partiro, mio caro bene 140
  Says Jessy on morn ... 140
  Turn from my heart's delight ... 140
Italian Duet (Gabussi) 966
Italian Monk (The; Drama: S. Arnold)
  Poor Mary (Carr) 116, 135
Italiana i Londra (L'; Oper: Cimarosa) 15 (3),
16
Italiana in Algeri (L'; Komische Oper: Mosca)
271
Italiana in Algeri (L'; Komische Oper: Rossi-
ni) 272, 273, 354, 355, 356, 389, 501,
555, 556, 558, 583, 593 (3), 622, 624,
632 (9), 685, 758, 765, 784, 787
Italienerin in Algier (Die) s. Italiana in Algeri
(L')
Italienskan i London s. Italiana in Londra (L')
Ite sul colle o Druidi 635
Ivanhoe (Pasticcio aus verschiedenen Opern
Rossinis) 732
Ivanoé s. Ivanhoe

J'ai cherché dans l'absence un remède 550
J'ai choisi Rose pour maîtresse 496, 671
J'ai combattu longtems pour la patrie 964
J'ai consulté le devin du village 819
J'ai cru le revoir (Romance) (Panseron) 901
J'ai d' l'argent (Cianchettini) 877
J'ai de la raison 111, 232
J'ai de nos villes opulentes admiré 371
J'ai fort peu de science 707
J'ai longtemps parcouru le monde 415, 507
J'ai messieurs en mon pouvoir 276
J'ai parcouru le monde entiers 678
J'ai perdu celle que j'adore 152
J'ai perdu le bonheur 268
J'ai perdu mon Amie! (Romance) (Larmande)
464
J'ai perdu mon Euridice 263
J'ai perdu son amour! (Romance) (H. F.
Berton) 465
J'ai pour guides en voyage 528, 836
J'ai prié (Romance) (Panseron) 901
J'ai quinze Ans (Romance) (Louis Jadin) 460
J'ai recouvré ma liberté 453
J'ai retrouvé man Coutiau (Chansonnette)
(E. Bérat) 485
J'ai souffert trop longtems des maux 347
J'ai souvenance que pour exprimer 485
J'ai souvent chanté sur ma lyre 374
J'ai sur mon sein ton écharpe légère 482

J'ai tout perdu, tout jusqu' à l'espérance
839
J'ai tout rêvé, pour mon âme 612, 747
J'ai vu de votre Roi la cour 851
J'ai vu les Iles Boromées fraîches 838
J'ai vu mainte femme jolie 458, 480
J'ai vu naître l'aurore 830
J'ai vu passer autour de moi 755
J'ai vu près de mon asile 548
J'ai vu s'éteindre dans mes bras 446
J'ai vu tes yeux charmans 348
J'aimais à chanter autrefois 431
J'aimais, j'étais aimé de la belle Sylvie 376
J'aimais Silvie et je croyais lui plaire 472
J'aime à la Folie (Romance) (Barnett) 840
J'aime à voir la terre 438
J'aime encore et je revais d'avance 610
J'aime et je ne puis exprimer mes vœux 38, 570
J'aime hélas! une infidèle 354
J'aime, je ne puis m'en défendre 467
J'aime la nuit 671
J'aime les tartelettes 483
J'aime Rosine à la folie 153
J'aime Suzon, j'aime Margot 107
J'aime une bergère 451
J'aimons que on chante gaiment couplets
148
J'arrive au terme du voyage 900
J'arrive ici de not' Village 308
J'attendais dans l'impatience 114
J'attendais ton heureux retour 463
J'attends en vain, de sa promesse 483
J'attends le Soir (Boléro) (Granier) 481
J'aurai le sort de la fleur des déserts 114
J'aurai toujours des pleurs 460
J'avais à peine quatorze ans 480
J'avais juré d'être volage 466
J'avais juré haine éternelle 542, 605
J'avais juré que dans l'indifférence 433
J'avais juré que de mon âme émue 610
J'avais pensé lisant un certain livre 747
J'avais pris Lise pour amie 440
J'avais promis amour, Constance 453
J'avais un cœur simple et paisible 445
J'avais vu Sophie une fois 551
J'en reviens à mes Moutons (Romance)
(A. Friard) 548
J'en vois que dans le monde 678
J'entends Barbe bleue 470
J'entends dans le grand monde 707
J'entends et la grêle et la pluie 531
J'entends la danse et par prudence 533
J'entends la trompette guerrière 994
J'entends parler de ces montagnes 443
J'entends sonner la douzième heure 464
J'éprouve le plus doux transport 434
J'étais au loin sous la coudrette 470
J'étais bien jeune encore 434
J'étais encore au printems de la vie 376, 467
J'étais heureux 899
J'étais heureux à ce tems d'innocence 661
J'étais heureux au printems de ma vie 455
J'étais heureux avant de te connaître 456
J'étais heureux lorsque l'indifférence 352
J'étais près d'Isnel 458
J'étais seul encor dans la vie 440
J'étais triste et rêveuse 440
J'étois aimé, j'étois heureux 114
J'étois un jour délicieusement endormi 274

J'eusse mieux fait de l'éviter (Chansonnette)
(Panseron) 748
J'ignorais jusqu'au nom d'amour 539
J'irai te voir (Romance) (Louël) 825
J'peux quoiqu'menuisier 677
Ja, alles will sich vereinen 701
Ja, dem Himmel will ich mich vertrauen! 345
Ja, der Tag der Wonne 641, 701
Ja det var Elskovs Tryllekjæde 507
Ja, det var lyksalige Dage! 85
Ja, die Engel seh' ich mir 640
Ja, die Stimme musst du kennen 640, 701
Ja dir, der du mein Schicksal leitest 777
Ja du hast mein gedacht 710
Ja Er des Vaters Ebenbild 395
Ja, es schwinden alle Leiden 640, 701
Ja, Frankrig er et Eden 522
Ja, fürwahr! uns führt mit sanfter Hand 283
Ja, hendes Frygt, skal snart forgaae 82
Ja, hvert et Ord endnu jeg veed 84
Ja, i Morgen Din jeg bliver 521
Ja ich leb und webe nur in ihr 149
Ja, ich schwöre auf meine Ehre 636, 697
Ja ich weih mein Herz der Liebe 739
Ja ja ich gebe deine Schwüre 246
Ja, ja, ihr schmachtend Sehnen 975
Ja, ja sa stolt marchera 38
Ja, jag svär vid det höga 62
Ja mein Plänchen kann nicht fehlen 600
Ja, min Helt, mit Haab, min Glæde! 520
Ja, naar i Morgen 511
Ja, offret måste ske 41
Ja! skiøn du er, o Ægtestand! 85
Ja so bist du endlich Orazio in Freiheit 343
Ja, so wahr als du bist Don Caesar 704
Jà sont passés seize printems 428
Ja sorgen är skuggan i lifvet 659
Ja trauet den Weibern nur 737
Ja undankbar ist stets die Welt 232
Ja verlden är en stor orchester 56, 656
Ja vist, godt Folk, det går så till 36
Ja, wer auf ihn nur bauet 640
Ja winkt nur, ja winkt nur 179
Ja, wir müssen nun scheiden 807
Ja wisse nur, dass meinem Weib 213
Ja wohl nur edler Muth 487
Jacob und seine Söhne s. Joseph
Jadis, Agnès la belle 429
Jadis au temps de la chevalerie 365
Jadis aux rives de la Grèce 628
Jadis, échappé de Cythère 449
Jadis et Aujourd'hui (Oper: R. Kreutzer) 180, 507
Jadis et Aujourd'huï (Romance) (Romagnesi)
453
Jadis fut un jeune page 435
Jadis il fut une princesse 463
Jadis on jouait en France 540
Jadis, près de sa dame 540
Jadis régnait en Normandie 525
Jadis tranquilles sur la terre 386
Jägarn (Skottsk melodi) (Robin is my joy,
mi dear) (C. M. v. Weber, Jähns 303, 9)
715
Jäger oder Hirt 634
Jäger sind Kinder 896
Jægerbruden s. Freischütz (Der)
Jägerchor
Hurra, durch Feld und Wald, ... (Praeger)
773

Ihr Jäger, horcht! ... (C. Kreutzer) 771
Wir Jäger sind Kinder ... (Praeger) 772
Jägerlied (C. Kreutzer) 675
Jägers Lust (C. Kreutzer) 898
Jaegers-Braut (Erfurt) 892
Jag ädelt vill förklara 33
Jag är en sorgsen Sweitzisk man 48
Jag är godsint from och fredlig 42
Jag af min Far fått ärfva 23
Jag alla dar denna yngling får se 29
Jag blef af ödet dömd att lida 42
Jag blygsam tyst och undergifven 41
Jag det känner: Trogen kärlek 63
Jag ej kan se utan löje 49
Jag ej vet hvad det är ... 61, 616
Jag, en sådan dåre vara 25
Jag fattar, tro mig, intrigen 57
Jag föddes vid en 585
Jag för soldater tycke har 55
Jag först bör ta en bister mine 26
Jag ger farväl åt stora verldens sköna 29
Jag gerna dör, men utan mod 56
Jag gläder mig åt hur 38
Jag gränslös lydnad svärdig 659
Jag gråter! Svaren sorgsna stränder 19
Jag hafver hungrat 20
Jag har dig åter 39
Jag har en storm (Fuor del mar) 69
Jag heter Papageno jag' 44
Jag hösten ser på dessa blad 50
Jag känna lärdt en unger man 39
Jag kom! se mig O hulda! 58
Jag lämnar Er på borgen 15
Jag läntar till grafven 66
Jag läst i Farfars gamla skrifter 26
Jag minnes dig, när näktergalen 585
Jag mins den, som en aning 58
Jag sjunga vil om Trojas krig 8
Jag sjunga vill A triders fejd 29
Jag skall då evigt bryta det band 661
Jag skall mig lycklig finna 16
Jag skiljas från min själ? 54
Jag smider och jag plöjer 23
Jag sökte — och fann (Romance) 61
Jag sökte oskuld 61
Jag svär att segren min skall blifva! 42
Jag till min hydda nu i all tysthet 40
Jagd (Die; Oper: Blumröder) 344 (2)
Jahre wechseln, Tage, Monden schwanden 327
Jahresfeyer (Die; Schauspiel mit Musik: B. A. Weber) 222
Jahreszeiten (Die; Oratorium: Haydn, Hob. XXI, 3) 43, 70, 80, 228 (2), 238, 247, 777, 848
Jaloux de réparer tous les maux 265
Jamais changer (Chansonnette) (Darondeau) 377
Jamais d'Amour (Romance) (Colombelle) 372
Jamais d'amour je l'ai juré 108
Jamais d'une cruelle 354, 727
Jamais de chagrin, restons en Savoie 903
Jamais sans toi (Romance) (Gabrieli) 552
Jamie Gay (M. Arne) 89
Jane Shore (Alary) 751
Jauchzet dem Herrn, alle Welt 567
Jauchzt dem Höchsten alle Welt! 565, 985
Je briserai mes tristes chaînes 347
Je brûle de voir ce château 107
Je cède à la raison 435

Je chante de la providence 460
Je chante peu, car je n'ai pas d'amie 360
Je chanterai le brave et sa patrie 538
Je chéris ce séjour 729
Je commençais à peine ma carrière 755
Je comptais sur un tendre ami 449
Je connais la bonne jeunesse 106
Je connais le Pèlerin (Chansonnette) (Le Mière de Corvey) 450
Je connais une bergerette 334, 606, 814
Je craignais de trahir 520
Je crus toujours sans nulle méfiance 603
Je disais aux fils d'Epicure 438
Je dois te fuir et toi cruelle 733
Je donnerois Bagdad pour une Rose (Romance) (Noury) 545
Je dors, je suis heureux (Nocturne, 1 oder mehrere St.) (de Beauplan) 833
Je fus au grand art 453
Je fus hélas dans ma patrie 534
Je fus heureux avant de te connaître 736
Je fus sur la pierre abandonnée au malheur 677
Je jure de t'aimer 550
Je l'adorai cette jeune Zélie 542, 605
Je l'ai perdu (Romance) (Lafont) 643
Je l'ai revu le solitaire ombrage 465
Je l'aimerai toute la Vie (Romance) (Romagnesi) 334, 606, 814
Je la cherchais depuis longtems 552
Je la voyais de ma fenêtre 337, 816
Je languis, je soupire 264
Je le sais, vous m'avez trahie 900
Je le tiens ce billet de celle que j'adore 443
Je le tiens ô ma douce amie 442
Je le veux! (Romance) (Molino) 464
Je lis dans ton cœur agité 461
Je lui disais: perfide Estelle! 381
Je m'abandonne à l'espérance 612
Je m'en vais 517, 691
Je m'unis à celui que j'aime 732
Je me croyais guéri pour l'avenir 435
Je me meurs! je succombe au destin 439
Je n'ai pas encore de maîtresse 380
Je n'ai pas encore quinze ans 664
Je n'ai plus à ma collerette 749
Je n'ai plus d'appui sur la terre 485, 604
Je n'ai qu'un cœur 550
Je n'ai rien, pas même un fleur (Romance) (J. Meissonnier) 447
Je n'aimais plus (Gatayes) 386
Je n'aime pas qu'on me répète 369, 726
Je n'aime plus (Romance) (Romagnesi) 746
Je n'aime point (Chansonnette) (Blangini) 819
Je n'aime rien quand je ne la vois pas (Romance) (H. F. Berton) 467
Je n'aimerai jamais 497, 669, 670
Je n'en ai point (Boléro) (Colin) 554
Je n'entends plus aucun bruit 644
Je n'ose (Romance) (Romagnesi) 348
Je n'ose parler (Romance) (Endres) 553
Je ne garole point les faveurs 275
Je ne l'aime plus (Romance) (Miné) 483
Je ne l'aime plus (Romance, 1 oder 2 St.) (Th. Bayle) 497, 672
Je ne l'aime plus maintenant 734
Je ne l'oublirai jamais (Romance) (Mr.***) 758
Je ne la verrai plus! (Romance) (A. Meissonier) 474; (Thiébault) 446

Je ne le ferai plus (Romance) (Gasse) 553
Je ne puis me défendre 475
Je ne puis souffrir les abus 273
Je ne puis te dire: je t'aime! 347
Je ne sais pas (Romance)
    Je ne sais pas: voilà toujours, Adèle (de Garaudé) 371
    Non les trésors de la science (Corret Aîné) 450
Je ne sais pas comme on oublie (Romance) (Schloer) 456
Je ne sais pas: voilà toujours, Adèle 371
Je ne sais plus ce que je veux (Air) (Romagnesi) 603
Je ne saurais vivre sans lui 473
Je ne suis à personne (Romance) (de Beauplan) 833
Je ne suis pas dans la saison 434
Je ne suis pas fâché 275
Je ne suis pas la plus Belle (Romance) (Romagnesi) 471, 834
Je ne t'aime pas (Glachant) 385
Je ne t'aime plus (Romance) (Roucourt) 349
Je ne t'aime plus (Romance, 2 St.) (Cherubini) 458
Je ne veux pas tromper (Romance) (de Raoulx) 541, 604
Je ne veux pas vous regarder 609, 664, 815
Je ne veux plus (Romance) (Anson) 464, 468
Je ne veux plus aimer (Romance, 2 St.) 542, 605
Je ne vous vois jamais rêveuse 112
Je pars (Romance) (Saint-Aubin Fils) 428
Je pars, ami, je vais quitter l'ingrate 470
Je pars demain, il faut quitter Marie 519
Je pars, ô mon unique amie 428
Je pense à toi! (Romance) (Frey) 452
Je pense à toi dès que je vois l'aurore 452
Je pense à toi lorsque l'aurore 368
Je pense à toi quand se lève l'aurore 362, 442
Je pense à vous, alorsque la nature 501
Je pense à vous lorsque la jeune aurore 353
Je pense à vous, pensez à moi (Nocturne, 2 St.) (Mees) 501
Je pense a vous! Pensez à moi (Romance) (Voizel) 373
Je perdis l'épouse fidelle 286
Je possédais la jeune Aglaure 481
Je possède un réduit obscur 478, 541, 672
Je puis du moins de la fenêtre 901
Je quittai la montagne 176
Je renonce aux Amours (Romance) (Panseron) 900
Je rentre dans le hameau 484, 603
Je reprends la vie avec les désirs 440
Je rêvais à toi, sur la rive 440
Je rêvais, ah le plaisant tour 154
Je rêvais non loin d'Idalie 441
Je revenais de mon Village (Chansonnette) (Romagnesi) 665
Je reviens, je reviens 535
Je ris au flot qui me jette du lac 840
Je sais qu'une fois dans la vie 106, 148
Je sais sur la colline 964
Je sais une violette sous gentille collerette 734
Je saure au pied d'un seul épais 725
Je sens naître dans mon âme 460
Je sens qu'avec des épigrammes 442
Je songe à lui (Romance) (Bodin) 538

Je songe à toi (Nocturne, 2 St.) (Bourget) 378
Je sors enfin de ma cellule 434
Je souffre hélas sans espérance 464
Je souffre, venez à mon aide 902
Je suis à toi, c'est pour toute la vie 612
Je suis aimé! (Romance) (Lambert) 427
Je suis amant et militaire 374
Je suis amoureux 275
Je suis belle 726
Je suis d'un caractère facile 464
Je suis donc en la Puissance 358
Je suis encor dans mon printems 111, 303
Je suis fatigué du jour 458
Je suis heureux (Romance, 2 St.) (Halévy) 448
Je suis heureux! (Virelai) (Désormery) 470
Je suis heureux, chantant un vieux garçon 470
Je suis heureux, puisque ma douce amie 448
Je suis isolé sur la terre 643
Je suis Janissaire, hardi téméraire 903
Je suis la Bayadère 970
Je suis la femme d'un pêcheur 900
Je suis la pastourelle 836
Je suis la petite marchande 511
Je suis le petit tambour de la garde nationale 868
Je suis loin d'elle 821, 831
Je suis maître d'équipage 732
Je suis modeste et soumise 243, 477, 486, 879
Je suis pauvre (Romance) (Breuil) 447
Je suis riche, vous êtes belles 523
Je suis sage j'obtins la Rose 680
Je suis sensible, j'ai quinze ans 456
Je suis sergent 523
Je suis seul et non solitaire 728
Je suis simple gondolier 751
Je suis Souffrante (Romance) (P. J.) 841
Je suis triste, je m'inquiète 748
Je suis un diable 680
Je suis une pauvre orpheline 467, 905
Je suis une simple bergère 628
Je t'ai vu, charmante Emilie 336, 609, 817
Je t'aime (Romance) (Granier) 482
Je t'aime encore! (Romance) (J. B. Duvernoy) 468
Je t'aime encore 351, 479
Je t'aime et n'ose te le dire 450, 746
Je t'aime hélas 476
Je t'aime, ô toi 995
Je t'aime tant 176, 309, 492
Je t'aimerai (Nocturne, 2 St.) (F. Grast) 545
Je t'aimerai (Romance)
    Garde-toi bien ... (Darondeau) 351
    Je t'aimerai, tant que dans la prairie (Lafont) 643
    Je t'aimerai tant que l'amant (Blangini) 382
Je t'aimerai 285, 610
Je t'aimerai, j'adorerai mes chaines 478
Je t'aimerai, tant que dans la prairie 643
Je t'aimerai tant que l'amant 263, 382
Je t'aimerai tant que l'ombre fidèle 545
Je t'en conjure, ma Délie 756
Je t'implore, ô dieu, que j'adore! 735
Je te dois tout, ô ma divine amie! 431
Je te fuis, volage Amélie 353
Je te plains Pastourelle! (Romance) (Percilliée) 453
Je te plains, pastourelle 453, 628

Je te promets, gente fleur du village 668
Je te retrouve après trente ans 470
Je te revois, antique et noble asile 471
Je te salue, humble hameau 471, 608, 664, 817
Je te salue, ô Vierge tutélaire 554
Je toller je besser s. Une Folie
Je touche au terme du voyage 841
Je touche enfin ce fortuné rivage 154
Je tremble en approchant d'Estelle 480
Je tressaille! J'ai froid! (Romance) (Lafont) 750
Je trouve une femme jolie 109
Je vais bientôt de ma patrie 358
Je vais chanter de la douce Laurence 274, 850
Je vais donc quitter (Romance) (Steup) 462
Je vais donc quitter 570
Je vais donc quitter mon amie 465
Je vais donc quitter pour jamais 462
Je vais en Palestine 310
Je vais le revoir 830
Je vais sur un ton lamentable 350
Je vais te voir, ma douce amie 464, 834, 851
Je vends des bouquets 610
Je vends des scapulaires 527
Je veux chanter un noble paladin 749
Je veux dans le village aller 550
Je veux dormir sans cesse (Chanson) (P***) 553
Je veux enseigner aux dames 357
Je veux le fuir 547
Je veux plaire à mon époux (Chansonnette) (Romagnesi) 667
Je veux t'aimer (Romance) (Labadie) 453
Je veux t'aimer malgré toi-même 453
Je veux t'aimer toujours (Romance) (Blangini) 613; (Mme. Lafont) 643
Je veux te saluer, ô charme de l'aurore! 437
Je veux un jour avoir un hermitage 480
Je viens de l'essayer 535
Je vis ta beauté, et aussitôt 274
Je vis un jour dans la prairie 370
Je vis un jour, Dieux! 733
Je vois encor la vague mugissante 535
Je vois l'avenir sans effroi 468
Je vois Lise, soudain j'adore 547
Je voudrais bien le deviner! (Romance pastorale) (A. Pacini) 994
Je voudrais chanter les Atrides 643
Je voulais chanter Atride, Thèbe 431
Je voulais offrir à ma belle 436
Je voulais pour l'aimer sans cesse 371
Je vous aimais (Romance) (Colombelle) 371
Je vous aimais et pour toute la vie 460
Je vous aimais, lorsqu'amante fidèle 371
Je vous attends (Romance) (F.-N. Duvernoy) 440
Je vous attends au temple de la nuit 309
Je vous attends, que mon âme est saisie 440
Je vous comprendrai toujours 107
Je vous disais, écoutez ma musette 460, 663
Je vous écris 309
Je vous l'ai dit (Romance) (Blangini) 614
Je vous promets, gentille pastourelle 361, 452
Je vous quitte, riants côteaux 356
Je vous revois 899
Je vous revois, lieux charmans, doux ombrage 668
Je vous salue, ô lieux charmans 570
Je vous suis, viens donc, traître! 112

Jean de Montfort (Romance) (Le Vicomte D. de V.) 447
Jean de Paris (Komische Oper: Boieldieu) 200 (2), 245 (7), 246 (3), 318 (2), 319 (2), 387 (2), 490 (3), 505 (2), 616 (2), 686 (9), 765, 767, 776
Jean Paul's Lieblingslied 297
Jeanne d'Arc (Ballett: v. Gallenberg) 575, 863 (4)
Jeannot et Colin (Oper: Isouard) 414, 507, 508 (3), 610
Jeannot og Colin s. Jeannot et Colin
Jeder Gram weiche heute dem Vergnügen 712
Jedes Ding im weiten Leben 650
Jeg aldrig det for Vellyst kiender 82
Jeg ei min Bröde kan forsvare 515
Jeg er bestemt, jeg Dyd vil lære! 78
Jeg er dog ret ulykkelig 206
Jeg er en Fuglefænger, ja 72
Jeg er endnu i Livets Vaar 504
Jeg er et Sendebud 513
Jeg er et Söndagsbarn! 535
Jeg er her! jeg er flink! 515
Jeg er lidt af alle Slags 505
Jeg er Sergeant 523
Jeg fik Rosen for rene Sæder 509
Jeg fik u di min Barndoms Vaar 759
Jeg for at bevare ham 534
Jeg for din Ynde alt maa glemme 522
Jeg forstaaer mig dog 525
Jeg gjerne saae 521
Jeg har gjennemreist alle Zoner 507
Jeg har kun i Tanker 519
Jeg igjen vender hjem 535
Jeg ikke sove kan 72
Jeg kan og Jeg kunde (Selskabsang) (Palm) 85
Jeg kiender en Alder hvor hemmelig Kummer 183
Jeg kiender en Pige som Vaaren skiön 206
Jeg kjender et Land 421
Jeg kun for Marie at vinde 536
Jeg laae som Barn 536
Jeg lever stille, indgetrogen 405
Jeg maa afsted fra Vaabenbrödre 536
Jeg maa ha'e et Palais 537
Jeg maae afsted! naar Solens Straaler glöde 519
Jeg mig opoffre maa 505
Jeg mig selv ikke mere gjenkjender! 510
Jeg min Skjebne, muntre Lykke 525
Jeg saae paa Elskovs Vinge 250
Jeg sætte vil et Ausigt op 507
Jeg seer endnu de skumbedække Bölger 535
Jeg seer hendes Pande 524
Jeg siger ei jeg elsker Dig 760
Jeg snart til Altret gaaer 535
Jeg til ham, jeg har kjær 519
Jeg under Frankrigs Örn vil kjæmpe 536
Jeg vædder Tante kjender vel det Barn 510
Jeg vandrer fra Bye og til Bye 80
Jeg vanked' viden om i Land at finde 523
Jeg var en Knös med ærligt Blod 516
Jeg var en Knös paa sexten Aar 529
Jeg var i alle Zoner 74
Jeg var nær ved at röbe 520
Jeg var paa Nattens Hvile 507
Jeg vil gaae 517
Jéhan de Saintré (Romance) (Dugazon) 450
Jem of Aberdeen 974

Jenes Grabmal, das die Hülle 590
Jenny Bell (Komische Oper: Auber)
  707 (14), 961 (2)
Jephta (Oratorium: Händel) 92
Jephtas Gelübde (Oper: Meyerbeer) 491
Jerusalem (West) 130
Jerusaleme Delivrée (La; Oper: Persuis) 559
Jessonda (Oper: Spohr) 59, 60 (2), 69,
  680 (2), 737, 738 (2), 765
Jessy (Scotch Air) (L. Koželuch) 122
Jesu, der du meine Seele 778, 797, 809
Jesu! Jesu! komm zu mir! 396
Jesu Leiden, Pein und Tod 803, 983
Jesu, lover of my soul 131
Jesu, meine Freude 800, 978, 989
Jesu meine Zuversicht 766, 983
Jesu meines Herzens Freud 788
Jesu, Redemptor omnium 909
Jesu Tod (Neuner) 395
Jesus
  Der Herr der einst auf Erde war (Gratz)
    399
  Reich an jeder schönen Gabe (Schinn)
    394
Jesus attend, thyself reveal 130
Jesus auf Golgotha (J. A. P. Schulz) 562
Jesus Christus, unser Heiland, der den Tod
  803
Jesus Christus, unser Heiland, der von uns
  803
Jesus der Kinderfreund (Neuner) 395
Jesus, Jesus, nichts als Jesus 989 (2)
Jesus meine Zuversicht 782
Jesus meines Lebens Leben 983
Jetté sur cette boule 452
Jetzt, dächt' ich lang ich in den Sack 824
Jetzt ist wohl ihr Fenster offen 688, 737, 897
Jetzt schwingen wir 893
Jeune Aglaé, vous êtes belle et sage 757
Jeune amans cueillez la fleur nouvelle 392
Jeune beauté, cause de mon martire 346
Jeune beauté d'humeur légère 671
Jeune beauté de haut parage 463
Jeune beauté, pense en grandissant 606, 677
Jeune bergère, espère 831
Jeune Brigitte (Romance-Valse) (Lafont) 747
Jeune Emilie ma douce amie 474
Jeune encor et sans défiance 485, 604
Jeune encore, je revais d'avance 308
Jeune fauvette, qui vous cachez 381
Jeune Femme Colère (La; Komische Oper:
  Boieldieu) 115
Jeune Fille (Boléro) (A. Meissonnier) 360
Jeune Fille aux Cheveux d'Ebène (Romance)
  (Halévy) 450
Jeune fille aux cheveux d'ébène 361, 450
Jeune fille qu'amour inspire 263
Jeune fille, qui de l'amour 360
Jeune Henri (Le; Oper: Méhul) 54, 183
Jeune héritier du noble Sabinus 369
Jeune Hôtesse (La)
  Einlage-Arie (Isouard) 350
Jeune Oncle (Le; Komische Oper: Blangini)
  614 (5), 615 (2)
Jeune pêcheur des côtes d'Arabie 445
Jeune Sage (Le) et le Vieux Fou (Oper: Méhul)
  34
Jeune soldat sentinelle avancée 850
Jeunes amans cueillés des fleurs 105
Jeunes amants qui d'amour 112, 509

Jeunes beautés, charmantes demoiselles 838
Jeunes beautés d'humeur légère 519
Jeunes beautés, je vous supplie 541, 603
Jeunes beautés que mon langage éveille 834
Jeunes beautés, qui tournez mille têtes 352
Jeunes beautés, soyez indifférentes 430
Jeunes beautés vous à qui la nature 608, 678
Jeunes Bergerettes (Nocturne/Romance, 2 St.)
  (Panseron) 733, 833
Jeunes esclaves, croyez-moi 110
Jeunes filles qui reposent sur les roses 838
Jeunes gens qui d'Estelle approchez quelque
  fois 615
Jeunesse aveugle et souvent téméraire 108
Jo ti lasciai piangendo 358
Joanna (Große Dramatische Romanze: Busby)
  Eingelegte Ballade 122
Joanna (Oper: Méhul) 34
Joconde (Oper: Isouard) 50 (2), 51 (2), 53,
  321, 387, 403 (3), 404, 409, 410 (3),
  415 (2), 416, 417, 507 (2), 508, 557,
  594 (2), 595 (3), 630, 659, 689, 768, 769,
  889
Jödinden s. Juive (La)
Johan de (fra) Paris s. Jean de Paris
Johann von Paris s. Jean de Paris
Johanna Montfaucon (Trauerspiel von Kotze-
  bue, übers. und erweitert von N. T. Bruun:
  C. Schall) 184
Jokeyen (Singspiel: Kunzen) 250
Joko (Ballett: Lindpaintner) 788, 799
Joli Bouton (Dugazon) 274
Joli brasseur, de mon cœur 535
Joli hameau, berceau de mon jeune âge 367
Joli minois, petite fille 466
Jolly mortals fill your glasses 97
Joseph (Oper: Méhul) 61, 306, 307, 310, 311,
  321 (4), 388 (2), 404, 409 (3), 487, 490,
  505 (3), 595 (4), 596, 630, 720, 765, 781
  (2), 870, 874, 896
Joseph et ses Frères s. Joseph
Joseph, oder Jacob und seine Söhne in Egyp-
  ten s. Joseph
Joseph og hans Brødre i Ægypten s. Joseph
Joseph und seine Brüder s. Joseph
Jouissons et passons (Chansonnette) (de
  Beauplan) 837
Jouons sur le basson 275
Jour et nuit je travaille 381
Journée aux Aventures (La; Komische Oper:
  Méhul) 499, 514 (4)
Jours d'allégresse, qu'êtes vous devenus?
  363
Jours de deuil, jours de larmes 434
Jours de mon enfance 528
Jours ténébreux obscurcissent ma vie 428
Joyeux enfans de la folie 664
Joyeux enfans de la Provence 430
Juana, mon idole, ah! 836
Jubelklang: Es lebe hoch, der neue gnädge
  Herr 780
Jubeltöne 887
Jubileum (Oratorium: Kunzen) 250
Juchhe, frisch af, wems Schiässn g'frait 779
Judas Maccabaeus (Oratorium: Händel) 97,
  256, 908
Judas Machabée s. Judas Maccabaeus
Judenburger-Jodler (C. Fischer) 693
Judges who rule the world by laws 130
Jüdin (Die) s. Juive (La)

Jüngling wenn ich dich von fern' erblicke
297, 312
Jüngling willst du dich verbinden 297
Jüngst saß am Fenster ich allein 341
Jüngstens ging beim Sternenhimmel 296
Jugement de Salomon (Le; Melodram:
Quaisain) 187 (5), 189, 190, 227 (2),
291, 315 (4)
Jugend ist ein Gut 232
Juive (La; Oper: Halévy) 531 (4), 800,
802 (2)
Juive et Chrétien (Romance) (A. Vogel) 842
Jul Aflonen (Wisa) (Åhlström) 45
Julia (Palm) 18
Julie (Komödie mit Gesang: Dezède) 4, 91
Julie, Dein Adolph naht sich Dir 852
Julie ou le Danger des Voyages (Romance
nouvelle) (L. C.) 265
Julie ou Le Pot de Fleurs (Komische Oper:
Spontini) 115 (3)
Julie und Romeo s. Giulietta e Romeo
Julien (Air) (Doche) 679
Jung bin ich, und weiß noch nicht 325
Jung Siegfried war ein stolzer Knab' 882
Jung und noch unerfahren 489
Junge Freudengötter flattert auf und ab!
166, 174, 295, 649
*Junge Schäferinnen, o kommt hinaus in die
Flur!* 796
Junge Schöne, weich von Herzen 296
Junges Herz voll Zärtlichkeit 168, 177
Jungfrau vom See (Die) s. Donna del Lago
(La)
Jungfrau von Orleans (Die; Musik zum Dra-
ma von Schiller) (J. Ph. Chr. Schulz)
222, 259; (v. Seyfried) 580; (B. A. We-
ber) 198
Junggesellen-Wirtschaft (Die; Singspiel:
Gyrowetz) 221, 225
Jupiter and Alcmena (Burletta: Dibdin) 100
Jurer chaque jour de ma vie 352
Jusqu'à lui son amour m'élève 530
Jusqu' à mon dernier Jour (Romance, 2 St.)
(Hautecloque) 545
Jusqu'au dernier jour de ma vie 545
*Juste ciel, ah! ta clémence est ma seule
espérance!* 467
Justorum Animae in manu Dei sunt 908
Juź ia nie ten (Elsner) 171

Källan 23
Källrarna öpna! vinerne flyte! 45
Kära go vänner, ta Er väl till vara! 24
Kärlek! hvad förtjusning 65
Kärlek sjunger min hämpling 60
Kärleken (Haeffner) 18
Kärleken stungen af ett Bi (L'Amour piqué
par une Abeille) (Gossec) 29
Kaffeechen, du himmlischer Trank 164
Kaiser Hadrian (Oper: J. Weigl) 220, 227,
259, 260 (2), 292
Kaiser Joseph willst du noch 320
Kalaf (Oper nach Dalayrac: J. Weigl) 232
Kaliffen i Bagdad s. Calife de Bagdad (Le)
Kalimuska 408
Kaliph von Bagdad (Der) s. Calife de Bagdad
(Le)
Kan ingen hamn åt mig upsökas 30
Kan lugnet i mitt hjerta bo? 56
Kan man den man älskar bedröfva? 38

Kan mit hjerta mer begära 17
Kan Nattergalen sörge 514
Kann ich froh die Hoffnung nähren 490
Kannst du von mir dich trennen 673
Kanonernes Torden 536
Kanzonetta
Bist viel zu reizend (J. T. Held) 329
Se tu non vedi ... (J. T. Held) 328
Sei troppo scaltra (J. T. Held) 329
Wenn dir mein Innres ... (J. T. Held) 328
Kapellmeister (Der; Komisches Intermezzo:
Elmenreich) 191
Kaspar der Fagottist s. Zauberzither (Die)
Kate Anderson, My Kate (Crouch) 925
Kate Kearney (Kiallmark) 913
Kate of Aberdeen 89
*Kathleen! my young bride, thy Dermot is
dying* 935
Katzennatur (Kugler) 790
Kaufmanns-Bude (Die; Operette: Henneberg)
246
Kauft mir ab, schaut her 708
Kaum ertrag ich die Gefühle 747
Kaum glaub ich mir 225
Kaum wechselt die Nacht 290, 487, 652
Kaum wird es Morgens früh 247
Kehr zurück in Titus Arme 301
Kehre wieder, holder 896
Kehrte ohne Blumen 228
Kein bessre Lust in dieser Zeit 675
Kein Gesang belebt die Wälder 791
Kein tödtliches Sorgen beklemmet die Brust
740
Keine Blumen blühn, nur das Wintergrün 882
Keine Lust ohn' treues Lieben 877, 896
Keine Ruh' bei Tag und Nacht 230, 687, 767
Kellgrens Död (Gleisman) 16
Kennst du das Land, wo die Citronen blühn?
82, 177, 560, 869, 877, 879
*Kennst du den Fluß, auf dessen schwarze
Wellen* 323
Kennst du den Ort, wo sich in Harmonien 851
Kennst du der Liebe Sehnen? 690, 723, 787,
878
Kennst du wohl die kleine Mühle 745
Kennt ihr das Blümchen still und fein 246
Kennt ihr das Land? 397
Kennt ihr das Land, wo jede Klage schweigt
869
Keolanthe (Oper: Balfe) 961
Ketten sind wenn Sie Geliebte theilen 222
Ketty (Tyrolienne) (Panseron) 904
Ketty, voici l'aurore 904
Keusche Göttin 635
Kiærlighed, vor Jords Gudinde 72
Kiærminde (Kjerminde) (Barth) 183; (A. D.
Heger) 417
Kierlighed (Ibsen) 760
Kierligheds Glæde fyldte dette Hierte 407
Kiffhaeuser-Berg (Der; Oper: Büttinger) 681
Kind, willst du ruhig schlafen 139
Kind Zephir 330
Kinder der Haide (Die; Oper: Rubinstein)
710–711 (27), 962
Kinder! geht zur Biene hin 399
Kinder! laßt uns fleißig seyn 394
Kindlicher Frohsinn (Schell) 394
Kiølige Druer, Kierligheds Luer 84
Kirchtag im benachbarten Dorfe (Der) s.
Fête du Village Voisin (La)

Kitty's the Rose (a favorite Ballad to the Romance of: An Bratach: Reeve) 286
Kjærlighed paa Landet (Singspiel: Kunzen) 507
Kjærlighedens ömme Röst 512
Kjerlighed du som al Verden op liver 845
Kjerligheds Held, troer een at finde 81
Kjöge Huuskors (Vaudeville von Heiberg: L. Zinck) 522 (3), 860
Klaga, klaga; rätt till sorgen Mensklighet! 663
Klagan på Stranden (J. F. Berwald) 45
Klage
    Dein Silberschein ... (Freyherr v. E..s) 329
    Der Tag ist kalt ... (Nägeli) 494
    Ein steter Kampf ist unser Leben (C. M. v. Weber, Jähns 63) 873
    Säuselt sanft ihr Zephir Lüfte (Leonardi) 673
    Spira pour ma spira lento (Leonardi) 673
    Still ist die Nacht ... (Otto) 882; (Salomo) 324; (Schreiber) 875
    Wie gern möcht das Haupt ich legen (Rahles) 872
Klage der Schäferin (C. Schulz) 673; (F. L. Seidel) 167
Klage der Veilchen, die im Mai ihren Duft verlieren (Arendt) 879
Klagosång öfver Moreaus död (B. A. Weber) 663
Klare Maane, som huldt forsölver 535
Klarer Himmel (Erfurt) 892
Klausner (Der) s. Solitaire (Le)
Klausner auf dem wüsten Berge (Der) s. Solitaire (Le)
Klein oder gross! was kümmert mich die Länge 884
Kleine Blumen, kleine Blätter 872, 893
Kleine Motette (3stg.) (Rungenhagen) 566
Kleiner bunter Sommervogel 325
Kleiner Matrose s. Petit Matelot (Le)
Klerkevænget s. Pré aux Clercs (Le)
Kling Harpe, kling! 157
Klinge leise, klinge 897
Klitandern macht sein Reichthum Sorgen 209
Klockan i dalen, Bäckarnas sus 68
Kloden maatte styrte sammen 515
Klokkens Lyd er min Fryd 529
Klopfe nicht so bange 133
Klotar (Harder) 211
Klynk ei din Stakkel! (Verdrai, carino, se sei buonino) 84
Knabe kam gegangen zu dem Meer 676
Knabe Samuel und Eli's Söhne 283
Know ye in Barcelona an Andalusian dona 913
Knurre, schnurre, knurre (Hastigt som vi spinna) 43
König Saul s. Saul, König in Israel
König Waldemar (Oper: J. Weigl) 511, 512
Königssohn aus Ithaka (Der) s. Telemach, der Königssohn von Ithaka
Könnt ihr klagen, könnt ihr sagen 675
Könnt' ein holdes Wörtchen 339
Könnt' ich den Schmerz dir lindern 687
Könnt' ich ein Lüftchen sein! 876
Könnt' ich wider Willen lachen 328
Könntest du mich so verlassen 591
Kogen i Leire (Romance) 418
Koketterie mit Feueraugen 636, 698

Kom, älskade minne! (To wander alone) 35
Kom, åt min båt förtrodig 717
Kom du ljufva Harmonie, kom att trösta mig 659
Kom glada ungdom, lek och dansa 35
Kom glädjens Vän! kom handledd af din sköna 19
Kom hid, hver Markedsgjæst 519
Kom kjöb! jeg har deilige Vare! 511
Kom kun ind, höitelskte Beiler 409, 505
Kom, læg dig smukt for mig paa Knæ! 511
Kom lät oss lifvets vällust smaka 5
Kom min Herr Græve! jeg skal Dem lære 511
Kom muntra löje sänk dig neder 1, 2, 4
Kom nu min Yngling kjære 533
Kom och sätt dig vid min sida 47
Kom omfavn mig min Veninde 71
Kom, tjusande sköna! 62
Kom ut, kom hit 32
Komiken s. Opéra-Comique (L')
Komm, Bräutigam, und komm, o Braut 684
Komm denn, unser Leid zu rächen! 767
Komm, fein Liebchen, komm ans Fenster 766
Komm feins Liebchen 896
Komm! Freude, komm! 280
Komm Gott Schöpfer, heiliger Geist 803
Komm heiliger Geist 788
Komm herein mein holdes Liebchen 305
Komm hernieder Freund der Müden! 297
Komm in die offnen Arme 589
Komm, liebe Treue 145
Komm Lüftchen aus dem Morgen 866
Komm mit mir, o du Arme 878
Komm nach Rom 635
Komm noch oft, o Tag der Wonne! 397
Komm stiller Abend 869, 893 (2)
Komme, komm' in die offnen Arme 601
Komme mit mir, du Arme 792, 963
Kommer, Amors vante Fölge! 506
Kommst du mir wieder, Sohn der Sterne? 494
Kommt Brüder, trinket froh mit mir 674
Kommt ein schlanker Bursch gegangen 511, 653, 658, 688, 714, 728
Kommt Freunde, trinket 894
Kommt her zu mir 791
Kommt, ihr Männer, jung und alt 813
Kommt! Kommt Freunde, kommt aufs Land! 281
Kommt laßt uns fröhlich singen! 280
Kommt, lasst uns niederfallen 568, 778
Konen beklager sig grædende 77
Kong Christian stod ved höjen Mast 413
Kong Ring sad glad paa Höibænk 846
Kong Salomon og Jörg Hattemager (Oper: Fröhlich) 425
Kong Theodorus i Venedig s. Re Teodoro in Venezia (Il)
Kongevalget (Crusell) 845
Konning Volmer drager 536
Konrad Langbart (Schauspiel mit Musik: Henneberg) 219
Konstanze dich wieder zu sehen, dich! 233
Kopf ohne Mann (Der; Oper: Wölfl) 214, 258
Korsridderne (Schauspiel mit Musik: Kunzen) 506
Korte Drömme hele Livet er 515
Korydon (Elsner) 171
Kosakenoffizier (Der; Oper: Julius Miller) 311

Koulouf (Oper: Dalayrac) 40 (3), 420
Kreutzfahrer (Die; Schauspiel: Jos. Schmitt)
  198
Kreutzfahrer in Egypten (Der) s. Crociato in
  Egitto (Il)
Kreuzritter in Egypten (Die) s. Crociato in
  Egitto (Il)
Krieg ist entschieden, kräftig und frey! 494
Krieger, auf! die Fahne winket 142
Kriegerlied (W. Flemming) 142
Kriegers Abschied
  Ich muss ins Feld, ... (H. Werner) 870
  Leb' wohl, mein Bräutchen ... (Methfessel)
  253
Kriegslied (J. Weigl) 319, 320
Krigerens Afsked 857
Krigernes Afskeed (Hymne) (Méhul) 74
Krigstrompeterne tone 526
Krosienka (Stefani) 171
Kühlend nach des Tages Gluth 796
Küssen und Weinen (Otto) 881
Kuluff s. Koulouf
Kun alt for nöie han opdager 205
Kun Elskov fryder alle Guder 249
Kun for dine Dage 250
Kun Trælle kan frygte! 249
Kun ved Uskyld kan vi vinde 250
Kunde dog hver brave Mand 75
Kunde hvarje redlig man 14
Kunde Væggen her sladdre 531
Kung Ludvik drog i fordom tid 57
Kunstner min Pige Du male! 411
Kunz von Kauffungen (Kauffingen)
  (Schauspiel mit Gesang: Kauer) 227 (2)
Kupletter (Åhlström) 36
Kupletter ur en Tysk Opera 32
Kusslehre (Pillwitz) 674
Kyrie eleison 894

L'Abandon (Nocturne, 2 St.) (H. F. Berton)
  372, 481
L'Abandon (Romance)
  Il est parti, mon âme se déchire (Blangini)
  611; (Rhein) 826
  Que n'as-tu comme moi (de Garaudé)
  360; (Quinebaux) 432
  Rendez à son amie (Dourlen) 349
L'Abandon (Romance, 2 St.) (Spack) 831
L'Abbandono (Canzonetta) (Wollank) 753
L'Absence
  Cruelle absence de le chérir (Lecamus)
  626
  Quand on est loin ... (de Somère) 833
L'Absence (Romance)
  Ames regrets aux tourmens de l'absence
  (Romané) 542, 604
  De moi Fanny s'est éloignée ... (Fontvan-
  ne) 462
  Depuis la triste journée (Catrufo) 448
  Du mal que me fait ... (Laffillé) 427
  O triste retraite, ... (Farcy) 449, 642
L'Absence (Romance, 2 St.) (Th. Bayle)
  544
L'Absence d'une Amie (Romance) (Lampa-
  relli) 251, 273
L'Acciar della fede 691
L'Accord parfait (Chanson) (Carnaud) 544
L'Accueil (Romance) (Plantade) 477
L'addio 253

L'Adieu (Romance)
  Adieu pour toujours ... (Zérézo) 837
  Aux lieux charmans ... (Norblin) 440
  Je cède à la raison (Simons-Candeille) 435
  Laisse tomber les yeux ... (Quinebaux)
  427
  Touchant adieu ... (Spontini) 748
L'Adieu (Romance en Nocturne, 2 St.) (Lélu)
  446
L'Adieu du Départ (Romance) (Hus-Desforges)
  465
L'Adoption (Clapisson) 752
L'Age d'Or (Romance) (Balochi) 467
L'Agneau chéri (Pastorale) (Ladurner) 436
L'Agnellina e la Cornacchia (Canon, 3stg.)
  (Ferrari) 871
L'agnellina fa bebe 871
L'ai-je rêvé (Romance)
  L'ai-je rêvé? disait un jour Annette (A.
  Meissonnier) 456; (Romagnesi, 2 St.)
  664
  L'ai-je rêvé, disait un jour Lisette (A. Meis-
  sonnier) 627
L'ai perdue malheureuse! 262
L'aimable printems vient de naître 441
L'Album, ou Conseils à ma jeune amie (Ro-
  mance) (Panseron) 899
L'alto retaggio non ho 705
L'Amant à préférer ou le Choix raisonnable
  (Romance) (J.-M. Beauvarlet-Charpentier)
  476
L'Amant d'Isaure (Romance) (Plantade) 152
L'Amant Délaissé (Romance) (F.-N. Duver-
  noy) 485, 603
L'Amant désabusé (Romance) (Roucourt)
  346
L'Amant et le Nautonnier (Romance, 2 St.)
  (Romagnesi) 832, 850
L'Amant Hermite (Romance) (A.-E.-M. Gré-
  try) 480
L'Amant Heureux (Romance) (Vaillant)
  464
L'Amant résigné (Romance) (de Garaudé)
  370
L'Amant Timide (Romance) (Romagnesi)
  354, 393
L'Amant trahi (Romance)
  Cruel amour ... (Sor) 364
  Plaisir d'aimer ... (Corret Aîné) 456
L'Amant Voleur (Romance) (Doche) 677
L'Amant abandonné (Romance)
  Il m'en souvient ... (R. Kreutzer) 429
  Malgré ta froide indifférence (Gouet) 756
L'Amante abandonnée (Romance marotique)
  (Giacomelli) 260
L'Amante del Secol d'Oro (Chansonnette
  italienne) (Balochi) 463
L'Amante délaissée (Romance nouvelle)
  (A. Meissonnier) 262, 263
L'Amante inquiète (Romance, 2 St.) (Le-
  challier) 452, 627
L'Ameró (Canzonetta) (Gänsbacher) 328
L'ameró saró costante 328, 651
L'Ami (Romance) (de Garaudé) 380
L'Amitié (Canon, 2stg.) 310
L'Amitié (Couplets) (J. E. Champein) 451
L'Amitié (Romance)
  Au près de la simple Nérée (Plane) 273
  Tendres amants ... (Blondeau) 428
L'Amitié (Romance, 2 St.) (L. Moreau) 363

L'Amor che mi tormenta 613
L'Amore Infelice (Canzonetta) (Minette) 435
L'amore vi chiedo 233
L'Amour 252
L'amour a déserté Cythère 452
L'amour a fait couler mes larmes 469, 551
L'Amour à la Chasse (Chanson) (Lambert) 431
L'Amour a passé par là (Chansonnette)
   A peine échappée à l'enfance (Romagnesi) 665, 830
   Quand une fille ... (Piston) 454
L'amour au lever de l'aurore 542, 603
L'amour auprès de la sagesse 349
L'Amour aux Rives de la Seine (J. Ancot) 452
L'Amour avec nous perd son temps (Chansonnette) (Mees) 499
L'Amour caché dans une Rose (Romance) (H. Miller) 336, 608
L'Amour Combattu (Romagnesi) 476
L'Amour comparé à la vie (Romance) (Lélu) 450; (Pfeffinger) 548
L'Amour Constitutionel (Chansonnette) (Romagnesi) 484
L'amour courait chercher pratique de plaisir 499
L'Amour couronne la jeunesse 262
L'Amour d'un Jour (Romance) (Duchambge) 462
L'amour dans l'ombre du mystère 347
L'Amour de la Musique (Chansonnette) (Th. Bayle) 480
L'Amour desarmé (Romance à trois notes, 1 oder 2 St.) (Gouet) 756
L'Amour discret (Romance, 1 oder 2 St.) (Blangini) 615
L'Amour du Poète (Romance) (Freubel) 392
L'amour en a menti (Chansonnette) (Panseron) 900
L'Amour en Sentinelle (Chanson) (H. F. Berton) 545
L'Amour en Vendange (Chanson) (Paz) 473
L'Amour Ermite (Chansonnette) (H. F. Berton) 333
L'amour est plein de charmes 392
L'amour est un enfant trompeur 129, 176, 183, 309
L'Amour et l'Amitié (Barcarole) (Bouffet) 379
L'Amour et l'Amitié (Romance)
   Depuis qu'aux genoux de Silvine (Carnaud) 549
   Quel pouvoir inconnu ... (Blangini) 612; (Laffillé) 456
L'Amour et la Châtelaine (Romance) (Gard) 471
L'Amour et la Gloire (Romance héroïque) (Momigny) 264
L'Amour et la Raison (Romance) (Consul) 995
L'Amour et la Reconnaissance (Romance) (A. Meissonnier) 457, 480
L'Amour et le Diable (Chansonnette) (Gail) 348
L'amour et le Médecin (Couplets) 393
L'Amour et le Papillon (Romance) (Lechallier) 447

L'Amour et le Temps (v. Dalberg) 177
L'amour et les beaux arts 432
L'Amour et les Bergères (Romance) (Fétis) 459
L'Amour et les Grâces (Romance) (Ferrari) 994
L'Amour exilé (Romance) (A.-E.-M. Grétry) 479
L'amour exilé de cithère 393
L'amour fâché contre sa mère 443
L'Amour filial (Romance) (P.-M. Berton) 432
L'Amour fixé (Couplets) (M.-Fr.-St. Champein) 447
L'Amour fixé (Romance) (Vaillant) 437
L'Amour Guerrier (Goulé) 385
L'Amour heureux (Romance) (M.-Fr.-St. Champein) 449
L'Amour interroge par un Berger (R. Taylor) 118
L'Amour, l'Amitié, et le Vin ou L'Hongroise, La Viennoise, et la Tyrolienne (Canon, 3 stg.) 310
L'Amour, l'espoir de sa patrie 444
L'amour l'hymen et la folie 546
L'Amour m'a fait la peinture de Daphné 152
L'amour m'a remis cette lyre 365
L'Amour Marchand de Meubles (Chansonnette) (A. Meissonnier) 484
L'Amour Médecin (Chansonnette) (G. Pacini) 443
L'Amour Médiateur (Chansonnette) (Plantade) 439
L'Amour mendiant (Romance nouvelle) (Ch. Thibault) 267
L'Amour Naïf (Romance) (Lemière de Corvey) 463
L'Amour Naissant (Romance) (Guénée) 431
L'Amour ne rend donc pas heureux (Romance) (Darondeau) 480
L'Amour nourrit ce doux espoir 110
L'Amour nous réunit dans ce séjour 335
L'Amour noyé dans une Coupe (Doy-Neff) 543
L'Amour Oriental (Chansonnette) (Romagnesi) 335, 607
L'Amour piqué par une Abeille (Kärleken stungen af ett Bi) (Gossec) 29
L'amour plein de malice 262
L'amour pour prix de ma défaite! 348, 671
L'Amour Prédicateur (M.. G...) 499
L'Amour qui tient mon âme captive sous sa loi 336, 608
L'Amour Raisonnable (Couplets) (Sanoy) 439
L'amour s'enfuit, Dame Cypris 672
L'Amour seul nous reste! (Romance) (Imbimbo) 455
L'Amour sommeillant (Romance) (Lafont) 642
L'Amour Souffleté (Chanson allégorique) (Romagnesi) 349
L'amour t'appelle, et l'ami te regrette 380
L'amour tient le flambeau du monde 385
L'Amour Trahi (Romance) (Plantade) 153
L'Amour un beau soir s'égara 429
L'amour veut-il former un cœur? 456
L'amour voulant sur la terre voyager 450
L'Amour vrai (Nocturne, 2 St.) (Mr. C.**) 499

L'Amour vrai (Romance) (Lambert) 496, 672
L'Amoureuse Attente (Romance) (de Lépinay) 428
L'Andalousie (Strunz) 752
L'Ange de Poésie (Romance) (Lafont) 749
L'Ange et le Rameau (Romance) (F. Grast) 553
L'Anglaise à Paris (Walse) (Panseron) 901
L'Anneau de Claire (Romance) (Panseron) 902
L'Anneau magique (Romance) (P.-J. Garat) 434
L'Anniversaire (Romance élégiaque)(N. Piccinni) 382
L'Anniversaire. Hommage rendu à S. A. R. La Princesse d'Orange-Nassau ..., Le 7 Janvier 1814 (van den Bergh) 392
L'Anonyme (Romance ou Chanson) 337, 871
L'Apparition (Romance) (Panseron) 905
L'ara o l'avello apprestami 705
L'Arbre et le Vieillard (Romance) (Romagnesi) 608, 664, 817
L'armi deponi, o caro 242, 271
L'arrêt affreux qui te dégage 465
L'Arrivée di Troubadour (Romance) (A. Pacini) 262
L'Art de plaire et l'Art d'aimer (Boulard) 386
L'Asile de la Bienfaisance (Romance) (Cornu) 608, 753
L'astre brillant du jour 756
L'astre des nuits de son paisable éclat 308, 476
L'astre des nuits éclaire la campagne 266
L'astre des nuits s'élève à l'horizon 604
L'astre du jour allait de sa lumière 826
L'astro di Venere apparse in Cielo 176
L'Attente (Blangini) 610
L'Attente (Pastorale) (Gaubert) 459
L'Attende (Romance)
  Depuis une heure ... (Lechaillier) 669
  Il ne vient pas (de Peellaert) 730
  Je vais te voir ... (Schloer) 464
  Mon doux ami ... (Farcy) 445
L'Attente du Reveil (Romance) (Romagnesi) 668
L'Attente et le Retour (Romance) (L. Ancot) 472
L'Aube à peine effleure 431
L'aube matinale a doré nos champs 967
L'aube riante annonçoit le matin 476
L'Aubépine (Romance, 1 oder 2 St.) (P.-J.-G. Zimmerman) 628
L'Aurore (Romance) (Laffillé) 448
L'Aurore a paru sans nuage 112
L'aurore annonce le matin 667
L'aurore étincelante ramène au loin 751
L'Automne (Romance) (Mathieu) 480
L'autre jour la bergère Annette 569
L'autre jour ma bergère 554
L'autre soir je menai la petite 274
L'avare cache sa richesse 268
L'Aveu (Romance)
  L'aveu que tu viens de me faire (Hébert) 552
  L'histoire dit qu'un jour ... (M.-F.-S. Champein) 442
  Pour la première fois (Duchambge) 482
L'Aveu d'une Femme (Romance) (Duchambge) 460; (Bruguière) 465

L'Aveu permis (Romance) (Dupont) 372
L'aveu que tu viens de me faire 552
L'Aveugle (Romance) (Paer) 750
L'aveugle Troubadour (Romance) (Gouet) 755
L'Ecaillère (Chanson de Table, arr. mit 2 St. ad lib.) 670
L'Ecarté (Chanson) (Moraux Domatre) 540
L'Echarpe (Romance) (Guénée) 437; (A. Meissonnier) 355, 479
L'Echarpe de Bayard (Romance) (U. Meurger) 496
L'Echo (Bollero) (Lélu) 433
L'Echo (Nocturne) (Nelet) 757
L'Echo (Romance)
  Echo, voici l'aurore (Duchambge) 643
  Tout pour l'amour ... (Lambert) 362
L'Echo de Navarin (Romance héllenique) (Kuhn) 338
L'Echo désespérant (Nocturne, 2 St.) (Bodin) 538
L'Echo du Vallon (Romance) (G. Carulli) 552
L'Echo prophétique (Romance) (Bruguière) 822
L'éclair, précurseur de l'orage 664
L'Eclipse (Romance) (Chapelle) 455
L'Ecossais (Nocturne, 2 St.) (Cassel) 832
L'Egalité d'Humeur (Romance) (Darondeau) 336
L'Eloge de la Coquetterie (Polonaise) (Th. Bayle) 356
L'Empire des Arts et de la Beauté (Polonaise) (H.-M. Berton) 152
L'encens des fleurs embaume cet azile 393, 670
L'Enfance (Romance) (Mme. la Comtesse B. D. P.) 449
L'Enfant aveugle (Romance) (Le Mière de Corvey) 461
L'Enfant du Pêcheur (Romance, 2 St.) (de Garaudé) 377
L'Enfant du Soldat (Romance) (LA**) 485, 604
L'Enfant perdu (Romance) (Boieldieu) 748, 850
L'Enfant trouvé (Romance) (Romagnesi) 664
L'Enigme (Chansonnette) (H. F. Berton) 748
L'Enthousiasme (Cantate) (J.-M. Beauvarlet-Charpentier) 643
L'Epreuve (Romance) (Farcy) 449
L'Ermite de Saint-Avelle (Romance) (d'Ennery) 263
L'Ermite de St. Mesmin (Nocturne, 2 St.) (Lélu) 453
L'Ermite par Amour (Romance) (Vimeux) 552
L'Erreur (Chansonnette) (Paer) 465
L'Erreur (Romance) (Th. Bayle) 543, 606
L'Erreur d'un Moment (Romance) (de Peellaert) 392
L'Errore (Arietta) (Paer) 370
L'Esclave souveraine (Lorin) 643
L'Espagnole impatiente (Seguidilla) (A. Pacini) 995
L'Espérance (Romance)
  De deux beaux yeux (Blondeau) 455
  Douce espérance ... (Piston) 457
  Sur l'espérance ... (Jardin) 443

L'Espérance et le Souvenir (Romance) (Beck) 541

L'espérance me dit sans cesse 586

L'espérance n'est qu'un vain songe 477

L'Espiègle (Chansonnette) (Panseron) 905

L'Espoir (Nocturne) (Zérézo) 839

L'Espoir (Romance) (Duvernoy) 484, 602

L'espoir est ici bas, un bien cher à tout âge 484, 602

L'Esprit de mon Cousin Roland (Chanson) (Beauplan) 446; (de Garaudé) 361

L'Été (Romance) (Rigel) 346

L'Etoile du Soir (Romance, 1 oder 2 St.) (F. Garat) 546

L'Etranger (Romance) (A. Pacini) 264

L'Excuse (Romance) (Voizel) 369

L'Exigeant (Chansonnette) (Panseron) 905

L'Exil (Romance)
    Loin d'un monde rempli ... (Catel) 429
    Sous des Cyprès ... (Quinebaux) 453

L'Exilé (Romance)
    A d'aimables compagnes ... (Lafont) 644
    J'ai tout perdu ... (Friard) 839
    Proscrit, chassé ... (H. F. Berton) 465

L'Exilé (Romance, 2 St.) (Madame Charlotte) 368

L'Exile de la Guyanne (Romance) (Cresté) 428

L'ha sbagliata il Signor Zio 747

L'harmonie et les fleurs 751

L'Helvétien (Pastorale Suisse) (Hédouin) 427

L'Hermite Pierre à Tancrède pleurant Clorinde aux pieds des Autelas (Darondeau) 357

L'Heure du Rendez-Vous (Tyrolienne) (Lélu) 455

L'Heure du Repos (Chansonnette) (Panseron) 901

L'heure, la nuit, tout m'est propice 532

L'Heureuse Destinée (Romance) 476

L'Heureuse Solitude (Chansonnette) (Romagnesi) 666

L'Heureuse Solitude (Romance) 478

L'Heureux Hymen (Rondeau) (Plantade) 152

L'Heureux Perroquet (Chansonnette) (Bruguière) 822

L'Heureux Sommeil (Romance) (Romagnesi) 664

L'Heureux Temps (Chansonnette) (A. Moreau) 550

L'Heureux Vieux Temps (Romance) (de Crozet) 540, 602

L'Heureux Vigneron (Chansonnette) (Romagnesi) 667

L'histoire dit qu'un jour, soit caprice ou tendresse 442

L'Hiver (Romance)
    A l'approche des foids autans (Lélu) 472
    La forêt n'a plus de parure (A. Pacini) 261

L'ho perduta ... me meschina! (Den är borta, ack! ...) 61, 262

L'homme au sortir de son berceau 498

L'homme qui veut nous plaire 111

L'Honneur, La Patrie et le Roi (Romance) (Kretschmer) 446

L'honneur m'appelle et me ravit 367, 502

L'Hospitalité (Romance, 2 St.) (Goulé) 538, 995

L'Hôte aimable (Chanson) (Laffillé) 442

L'Humeur égale, en apparence 750

L'Hyacinthe (Romance) (Roux-Martin) 460

L'Hymen d'un Jour (Romance) (Pernet Fils) 497

L'hymen en t'unissant à celle 527

L'Hymen et l'Amour (Chansonnette) (F.-N. Duvernoy) 441

L'hymen lui donne Une couronne 732

L'Ignorante (Chansonnette) (Mme. Lafont) 457, 642

L'Illussion Maternelle (Romance) (Romagnesi) 468, 753, 817

L'Image et la Réalité (Romance, 2 St.) (Romagnesi) 665, 817

L'Immortel Laurier (Romance chevaleresque) (de Courtrai) 496; (Kühn) 672

L'Immortelle (Romance) (Janssens) 392

L'Incertitude (Romance)
    D'où vient que je rougis? (Castellacci) 472; (de Garaudé) 364
    Serait-il vrai? (Duvivier) 457

L'Inconstance (Chansonnette) (Gouet) 757

L'Indécision (Chanson) (Bouffet) 369

L'Indécision (Romance) (Romagnesi) 444

L'Indien au Tombeau de sa Compagne (Romance) (S. Champein) 439

L'Indifférence (Romance)
    A vingt ans ... (Desjardins) 446
    Vous qui des faveurs ... (de Breuil) 450

L'Indifférence (Tyrolienne, 1 oder 2 St.) (Malibran) 736

L'infedel punir dovrai 371

L'Infidèle (Chansonnette) (Louis Jadin) 822

L'Infidélité d'Aline (Romance) (Laffillé) 467

L'Infidélité d'Annette (Romance) (Catrufo) 427

L'Infidélité Excusable (Romance) (Hédouin) 464

L'Infidelle (Romance) (Mme. F. Garat) 540, 602

L'Ingénue (Chansonnette) (de Beauplan) 544

L'Ingenué abusée (Romance) (Le Mière de Corvey) 445

L'ingrat qui m'a ravi ton cœur 393

L'inno della vittoria 637, 698

L'Innocence (Chansonnette) (Piston) 457

L'Innocence et l'Echo 499

L'Innocence et la Beauté (Romance) (Hustache) 539

L'Innocence et la Pudeur (Romance) (Paer) 460

L'Innocente (Pastorale) (Louis Jadin) 441

L'innocente Bergerette (Favart) 627

L'Insomnie (Nocturne, 2 St.) (J.-P. Le Camus) 629

L'Intimité (Romance) (Catrufo) 430

L'Invito (Bollero) (Rossini) 837

L'Invocazione del Sole alla mezza notte in Laponia (Abbé Vogler) 22

L'Isle des Noirs (Chanson Créole) 677

L'Oiseau bleu (Ronde Villageoise) (Mocker) 540

L'oiseau du bocage 451

L'Oiseleur (Romance) (Maresse) 461

L'ombra magnanima pianti non vuole 213

L'Ombre de Robert le Diable (Romance) (Félix de la Motte) 819

L'ombre du soir se répand dans la plaine 550

L'on nous dit que l'premier homme 114

L'Orage (Chansonnette) (de Garaudé) 379, 731

L'Orage (Romance)
Dans sa course brûlante (Hus-Desforges) 464
Lise entends-tu l'orage? (Louis***) 474
Mon jeune ami, sur la montagne (Lélu) 460

L'orage a détruit notre armée 439

L'Orage et le Berger (Romance) (de Garaudé) 351

L'Oraison du Paladin (Romance, 2 St.) (Romagnesi) 816

L'ordre est donné, demain avant l'aurore 447

L'Orgia (Rossini) 838

L'orgueil et la tendresse 734

L'Oriflamme (Chant Guerrier) (Walckiers) 455

L'Ormeau (Romance) (Lélu) 470

L'Orphelin (Romance) (F.-N. Duvernoy) 484, 603

L'Orphéline (Romance)
Depuis mes plus tendres années (Le Mière de Corvey) 465
Je suis une pauvre orphéline (Désargus) 467

L'Oubli (Romance) (Voizel) 378, 731

L'Ouragan (Pastorale) (H.-M. Berton) 437

L'un me dit que je suis jolie 500

L'univers fléchit sous ma loi 677

L'Usage de ce Monde (Chanson) (Miné) 484

L'usage défend aux époux 434

L'usato ardir, il mio valor 374

La Bachelette (Dugazon) 385

La Bachelette (Romance)
A la porte d'un vieux manoir (Galopin) 548
Où donc est-il le jouvenceau (A. Meissonnier) 479
Pêcheur de cette rive (Laffillé) 459

La Bague (Romance) (Panseron) 903

La Bal ou la Jalousie (Romance) (Darondeau) 819

La Barcarolle (Zérézo) 838

La Barque (Romance) (de Beauplan) 835

La barque allait partir pour chercher d'autres rives 901

La Barque légère (Meyerbeer) 749

Là bas vers la colline 749

La Batelière (Chanson Nouvelle) (R. Amédée) 393

La Batelière de la Grâce de Dieu (Romance) (H.-M. Berton) 444

La beauté que j'adore 548

La beauté rit de nos allarmes 462

La Belle de Jour et la Belle de Nuit (Romance) (Taskin) 430

La belle Inès fait florès 533

La belle nuit, la belle fête 735

La belle qui m'est chère 457, 628 (2)

La Berceuse (Nocturne, 2 St.) (Miné) 484; (Volpato) 548

La Bergère Annette (Chanson) (Woets) 569

La Bergère Consolée (Romance) (Lélu) 467

La Bergère délaissée (Chansonnette) (Louis Jadin) 502

La Bergère et le Roi (Romance) (F. Garat) 459

La Bergère et son Fuseau (Romance) (Munck) 547

La Bergère prévoyante (Chansonnette) (Romagnesi) 668

La Bergère sans Façon (Nocturne, 2 St.) (Pillore) 816, 821

La Bergère satisfaite (Pillore) 549

La Bergère Suisse (Chansonnette Tyrolienne) (Panseron) 902

La Bergerette (Chansonnette) (de Grammont) 628

La Biondina in Gondoletta 235, 274, 630, 721, 762, 857

La blanche aurore 497

La blonde Eglé jeune et naïve 431

La Bonne Epouse (Romance) (Georgeon) 434

La Bonne Nourice (Madame xxx) 443

La Bonne Vieille (Romance) (Pradher) 443

La Branche d'Amandier (Nocturne, 2 St.) (Darondeau) 374

La Brigantine (ou le Départ) (Romance) (Duchambge) 469, 832

La Brigantine qui va tourner 469, 832

La brise nous appelle, partons mes jeunes sœurs 904

La Cachucha (Duett, Spanish Melody) 966

La calunnia 623

La Campana di Morte (Sonetto) (Asioli) 237

La Candeur et l'Innocence (Romance à Estelle) (Plantade) 154

La Ceinture d'Armide (Cherubini) 155

La Chambre à coucher, ou une demi heure de Richelieu (Romance) (Guénée) 672

La Chanson (Chanson) (Romagnesi) 474

La Chanson du Rossignol (Romance) (Pertosa) 266

La Chanteuse (Panseron) 953

La Chapelle de l'Amour (Petit Rondo) (Anson) 449

La charité s'il vous plaît 609

La Châtelaine (Romance) (Catel) 434

La Châtelaine et le Troubadour (Mees) 500

La Châtelaine et le Troubadour (Romance 1 oder 2 St.) (Catrufo) 671

La Chaumière (Pastorale) (Laffillé) 444

La Chaumière (Romance) (Voizel) 374

La Chaumière et le Château (Chansonnette) (de Garaudé) 366

La Chaumière incendiée (Romance) (Brocard) 547

La chimère ou l'image du bonheur (Romance) (Houzé) 628

La chose la plus nécessaire 544

Là ci darem la mano 44, 47, 231, 312, 687, 740, 764, 779

La Civetteria (Aria) (de Garaudé) 357

La Clef des Champs (Dugazon) 386

La Cloche (Nocturne, 1 oder 2 St.) (Gail) 670

La Cloche du Hameau (Romance) (H. F. Berton) 750

La cloche du hameau rappelle les bergères 352

La Cloche du hameau retentit dans la plaine 666

La Cloche du Matin (Canon, 3 stg.) (Louis Jadin) 457

La Cloche du Rendez-Vous (Romance) (J. A. Moreau) 460

La Cloche du Soir (Nocturne, 2 St.) (F. Grast) 666

La Colère (Chansonnette) (P***) 553

La Colère d'un Fillette (Chansonnette) (de Garaudé) 379, 732

La Colombe et le Damoisel (Romance) (Lélu) 456

La Commune Loi (Chanson) (Dalvimare) 434

La Confession
Mon père il me disait (Paer) 751
Quand mon époux ... (Thénard) 750

La Confession Militaire (Romance) (H.-M. Berton) 456

La Consolation (Air) (Sacchini) 906

La Contemplazione (Fantasia) (J. N. Hummel) 425

La Contrainte (Romance nouvelle) (F. Garat) 262

La Contredanse déjà commence 900

La Coquette (Momigny) 153

La Coquette (Romance) (Quinebaux) 432

La Coquette de Village (Chansonnette) (Romagnesi) 466, 816

La Coquetterie (Aria) (de Garaudé) 357

La coquetterie fait mon seul bonheur 523

La Costanza (Bertoldy) 324

La coupe de mes jours 752

La Cour et le Village (Stances) (H. F. Berton) 851

La Crainte et l'Espoir (Romance) (Fétis) 450

La crainte m'agite 731

La Créole (Romance) (Jardin) 448

La Croisade (Chant Guerrier) (Hédouin) 459

La Croix d'Honneur (Nelet) 757

La Croix d'Or (Chansonnette) (Panseron) 901

La Croix du Village (Romance) (Lhuillier) 749

La Dame au Collier d'Or (Romance) (Féréol) 751

La Dame de la Tourelle (Nocturne, 2 St.) (de Beauplan) 460

La Dame du Terrail à sons Fils Bayard (Romance) (Hédouin) 466

La Dame noire du Valais (Romance) (Laffillé) 466

La Damoiselle (Lai du 12me Siècle) (Godfroy) 552

La Damoiselle au Croisé (Romance à trois notes) (A.-E.-M. Grétry) 369

La Danse des Montagnes (Savoyarde, 2 St.) (Panseron) 903

La Danse des Pasteurs (Dugazon) 385

La Déclaration (Romance)
C'en est fait ... (de Garaudé) 380
Des dieux j'éprouve ... (Maillard) 376

La Déclaration (Romance nouvelle) (Catrufo) 266

La Déclaration chevaleresque (A.-E.-M. Grétry) 480

La Défaite de Lise (Romance) (Laffillé) 436

La Défense de Chanter (Tyrolienne) (de Beauplan) 750

La Demande (Romance) (Feisthamel) 463

La Dernière Fois (Romance) (Bégrez) 353

La Devise Castillane (Romance) (Blangini) 456, 611

La Devise des Preux (Romance) (Louis Jadin) 358

La Devise du Chevalier (Romance) (G. Le Moyne) 429

La Dichiarazione (Arietta) (Paer) 371

La Dolce Imagine (Cavatina) (Paer) 475

La donna è mobile 705

La Dormeuse (Barcarole Vénitienne) 385

La Dormeuse (Romance) (Blangini) 615; (Romagnesi) 475

La douce fille du printem(p)s 754, 819

La douce Ignorance (Ladureau) 539

La Douce Vengeance (Romance) (Rigaut) 370

La Fantaisie (Barcarole) (H. A. Kretschmer) 354

La Fantaisie (Boléro/Romance) (U. Meurger) 266, 498

La Farfalletta (Weinlig) 325

La fausse Gajeté (Paer) 238

La fausse Indifférence (Romance) (Mme. Lafont) 644

La Fée Morgane (Romance) (Villeneuve) 428

La Fée Urgande (Conte) (Laffillé) 449

La Felicità (Ledesma) 871

La Femme de bon Conseil (Chansonnette) (H. F. Berton) 818

La Femme du Contrebandiste (Boléro) (Panseron) 900

La Femme du Pêcheur (Chansonnette) (Panseron) 900

La Femme du Pêcheur (Romance) (Voizel) 472

La Feuille (Fable) (Woets) 457

La Feuille flétrie (Nocturne) (Aulagnier) 964

La Feuille Sèche (Romance) (F. J. Naderman) 433

La Feuille tombée (Gatayes) 386

La Fiancée (Romance)
Cher amant ... (Panseron) 335, 607, 815
Le soir brunissait ... (Laffillé) 433

La Fiancée (Scène dramatique) (Panofka) 751

La Fiancée du Catalane (Boléro) (Panseron) 903

La Fiancée du Tyrolien (Tyrolienne) (Panseron) 903

La Fidélité (Romance) (Rigot) 548

La Fidelité au Village (Chansonnette) (A. Meissonnier) 363, 452

La fière Sophonisbe enfin doit croire 356

La Fièvre (Dugazon) 274

La fièvre est une maladie 274

La Fileuse (Chansonnette) (Désargus) 439

La Fileuse (Chansonnette, 2 St.) (Romagnesi) 336, 608, 816

La Fille Abandonnée (Romance) (Rigel) 456

La Fille d'Otaïti (Romance) (Labarre) 839

La Fille de quinze Ans (Chansonnette) (Romagnesi) 458

La Fille de Montagnes (Romance, 2 St.) (Bruguière) 831

La Fille du Marin (Couplets) (Blanchard) 678

La Fin du Jour (Romance) (H. F. Berton)
451, 627
La Fleur d'Amour (Romance) (de Breuil)
451
La Fleur chérie (Romance) (Warot) 497
La fleur de la chevalerie la va heureux
François 384
La Fleur du Matin (Romance) (de Garaudé)
366
La Fleur et le Papillon (Mélodie) (Clapisson)
751
La Fleur Marguerite (Romance 1 oder 2 St.)
(Le Chevalier H. P.) 500
La Fleur mourante (Romance) (Lafont) 466
La Fleur renvoyée (Romance) (Castellacci)
471
La foi nous prête son flambeau 483
La Folle de St. Joseph (Romance) (Meyerbeer)
842
La Fontaine du Grand-Bois (Romance, 2 St.)
(Balochi) 361
La forêt n'a plus de parure 261
La Fortune (H***) 551
La Franchise d'un Vieullard (Chanson)
(Martainville) 440
La franchise sait me charmer 731
La Fuite inutile (Romance) (Farcy) 458, 642
La Fuite, Thême allemand de C. Kreutzer,
(arr. f. 2 St.) (Romagnesi) 834
La Gamme (Chanson) (Carnaud) 543
La Gelosa (Ariette) (J. Th. Held) 328
La Gita in Gondola (Barcarola) (Rossini) 838
La gloire et la fortune à nos armes fidèles 732
La guerre avait pour nous des charmes 441
La Jalouse (Chansonnette) (de Garaudé) 381
La Jalouse (Scène de Bal) (Panseron) 903
La Jalousie (Romance)
   Depuis qu'auprès de ma rivale (de Garaudé)
   374
   Quelle est donc cette jalousie (Voizel) 377
   Si d'un seul trait, ... (H.-M. Berton) 444
La jeune beauté qui t'engage 261
La jeune Coquette (Chansonnette) (de Beau-
plan) 833
La jeune Estelle (Chansonnette) (de Beauplan)
748
La jeune Estelle au paturage 459, 613, 627
La jeune Fille de Toscanelle et Charles VIII
(Romance historique) (Panseron) 904
La jeune fille qui s'élance dans un monde 468
La Jeune Idienne (de Burbure) 836
La Jeune Insulaire (Romance) (Panseron) 901
La jeune Lise avait quinze ans 450
La Jeune Malade (Romance) (Duval) 836
La jeune Pélerine (Romance) (Andrade) 472
La jeune Peureuse (Reissiger) 870
La Jeune Proscrite (Strunz) 751
La jeune Thémire est charmante 502
La Jeune Veuve (Hymne à L'Amitié)
(Castellacci) 548
La Jouvencelle (Romance) (Léonide Jadin)
428
La Justification (Romance) (Blangini) 614
La, la, la ... écoutons 524
La, la la ... hör engang 524
La la la sur les bords de la mer 902
La Laitière (Puget) 806
La lanterne magique (Chanson) (Romagnesi)
663
La Leçon (Nocturne, 2 St.) (Louis Jadin) 367

La Leçon (Romance) (Laffillé) 439
La Leçon d'Amour (Nocturne, 2 St.) (Paer)
540
La Leçon de Chant (J. Weigl) 906
La Leçon de la Vieille (Chansonnette) (Vimeux)
551
La Leçon de Musique (de Peellaert) 502
La Leçon de Valse du Petit François
(de Beauplan) 837
La Leçon inutile (Nacher) 629
La Lezione di Canto (J. Weigl) 906
La Libertà à Nice (Canzonetta) (Blangini) 263
La Lontananza (J. F. Reichardt) 179
La lune a franchi les coteaux 443, 671
La Lyre d'Orphée (Romance) (Quinebaux) 432
La Maison de Cartes (Vanhal) 138
La man terribile 637, 698
La Manière de vivre cent Ans (Bouffet) 347
La Marguerite (Chansonnette) (Voizel) 372,
725
La Marguerite (Romance)
   Gentille Jouvencelle ... (Lis) 462
   Marguerite, est le nom chéri (Feisthamel)
   466
La Marina (Duetto) (Paer) 181
La Marseillaise 10, 703, 784
La Mauvaise Langue de Village (Chansonnette)
(Romagnesi) 335, 463, 606, 815
La Mélancolie (Synghel Père) 654
La Mélancolie (de Garaudé) 379
La Mélancolie (Romance) 273
La Mélodie (Woets) 497
La Méprise (Romance) (Anson) 466
La Mère au Berceau de son Fils (Romance)
(C. M. v. Weber, Jähns 96) 547
La Mère aveugle (Romance) (A. M.***) 497
La Mère devant le Lion (Romance)
(L. Moreau) 470
La Mère et l'Amant (Chansonnette)
(Romagnesi) 664
La Métempsicose (Romance) (J. B. Le Camus)
463
La Meunière (Chansonnette) (Paer) 454
La mia canzon d'amore 532
La mia crudel tiranna 276
La mia fille il mio bel foco dite 155
La mia pace a te si affida 377
La mine dit-on est trompeuse 393
La Modestie (Romance) (Colombelle) 364
La moindre perte est un malheur 445
La Morale en Action (Romance) (Panseron)
334
La morale in tutto questo 641
La Mort d'Oscar (Nocturne, 2 St.) (Louis
Jadin) 357
La Mort du Chevalier (Romance) (H. F.
Berton) 435
La mort la plus cruelle 341
La Muette de Portici (Romance) (Panseron)
471
La musette sur l'herbette 629
La Naissance de la Femme (Gatayes) 385
La Naissance de la Volupté (Romance)
(Bégrez) 429
La Naissance du Roi de Rome (Chant
héroïque) (Lélu) 267
La Naïve (Chansonnette) (de Beauplan) 466
La naïve Pastourelle (Romance) (Botte) 726
La Nature (Romance, 1 oder 2 St.) 552
La nature à mes yeux 431

La Négresse (Romance) (J.-N. Méreaux) 754
La neige, au loin, couvre nos montagnes 548
La neige couvre la montagne 275
La nev'è a la montagna 275
La noble chose que l'être chevalier 612
La notte c'è bella 601
La notte e il giorno sempre presente 348
La notte inoltrasi 638
La Nouvelle Athala (Romance) (Quinebaux) 435
La Nouvelle Athalante (Romance) (H.-M. Berton) 448
La Nouvelle Corine (Romance) (Romagnesi) 665, 819
La Nouvelle Leçon de Chant (Mees) 502
La Nouvelle Valentine (Stances Elégiaques) (Blangini) 612
La Nuit (Nocturne, 2 St.) (Lafont) 496; (Plantade) 500
La Nuit (Romance)
    Ah (Ha)! si pouvez ramener mon amante (J. F. Reichardt) 180; (Roger) 449
    La nuit enveloppe la terre (Hérault) 338
La Nuit (Stances) (H.-M. Berton) 153
La Nuit (Tyrolienne) (Vxxx) 434
La nuit a déployé ses voiles 438
La nuit a ralenti les heures 472
La nuit a voilé l'empirée Philomèle 540
La nuit allait s'enfuir 438
La Nuit Blanche (Romance) (Lafont) 748
La nuit enveloppe la terre 338
La nuit étend ses voiles 835
La nuit mysterieuse en déployant ses voiles 833
La nuit paraît moins sombre 551
La Nuit s'avance (Nocturne, 2 St.) (Carassi) 822
La Nuit s'est endormie (Nocturne, 2 St.) (Panseron) 903
La nuit sombre de son ombre 450
La nuit tendait ses voiles sombres 373
La nuit tombait dans la prairie 266, 498
La nuit vient remplacer le jour 339, 821
La Nymphe de Blanduze (Romance) (J.-N. Méreaux) 468
La pace, la calma 272
La pace mia smarrita 689
La Paix du Cœur (Chansonnette) (H. F. Beton) 468
La Palinodia à Nice (Romance Italienne) (Blondeau) 433
La Panache d'Henri IV (Romance) (L. Moreau) 428
La Paresse (Chansonnette) (Hamelin) 338, 821, 831
La Parjure (Air) (Laffillé) 448
La Partenza (Canzonetta)
    Adieu tu vois mes larmes (Rossini) 837
    Ecco quel fiero istante (Beethoven, WoO 124) 179; (Blangini) 264; (Jervis) 955; (Rossini) 837
    Voici l'instant funestre (Blangini) 264
La Partenza (Duetto) (Paer) 226
La Partenza del Guerriero 603
La Pastorella dell'Alpi (Tirolese) (Rossini) 836
La Pastourelle (Nocturne, 2 St.) (Jaspar) 838
La Pastourelle (Romance, 2 St.) (Th. Bayle) 543
La Patrie (Romance) (de Beauplan) 838

La Pauvre Adèle (Romance, 1 oder 2 St.) (Carbonel) 477, 669, 670
La pauvre Amélie (Romance) (Hédouin) 472
La pauvre Aveugle (Romance) (Lafont) 545
La Pauvre Colette (Romance) (Georgeon) 438
La pauvre fleur disait au papillon céleste 751
La Pauvre Isabelle (Romance) (de Garaudé) 353, 479
La pauvre Laide (Romance) (Castellacci) 467
La pauvre Rose (Romance) (Rhein) 472
La Pauvre Zélie (Romance) (Blangini) 615; (G. Pacini) 429
La Pêche du Soir (Barcarolle, 2 gleiche St.) (Panseron) 902
La Pélerine (Romance) (de Garaudé) 361; (Voizel) 376
La Pendule (Leroux) 756
La pénible Reconnaissance (Romance) (Romagnesi) 663
La pénible Résolution (Romance) (Godfroy) 551
La Pénitente (Romance) (Romagnesi) 664, 820
La Pensée (Romance)
    Des dons charmans que la rosée (Dourlen) 347
    J'aime à voir la terre (Lemière de Corvey) 438
La Pensée (nouvelle Tyrolienne) (A. Meissonnier) 479
La perduta Pace (Romance italienne) (Laffillé) 441
La perfidie! elle fit serment de m'aimer 276
La Pesca (Barcarole) (Blangini) 434
La Pesca (Notturno, 2 St.) (Rossini) 837
La peste de Barcellonne inquiétait bien des gens 541
La Petite Babet (Air) (Doche) 678
La petite Batelière (Barcarole, 2 St.) (Romagnesi) 667
La Petite Bayadère (Reissiger) 750
La petite Bergère (Romance) (Romagnesi) 666
La petite Bohémienne (Chansonnette) (Bruguière) 835
La petite Boiteuse (Chansonnette) (H. F. Berton) 666
La Petite Coquette (Romance) (Doche) 608, 678
La Petite Fille et la Sonate (Scène et Romance) (H. F. Berton) 749
La petite Fille ou on la marira (Chansonnette) (H. F. Berton) 818, 819
La Petite Jeannette (Romance) (Bron) 745
La Petite Laurette (Chansonnette) (Plantade) 440
La Petite Maîtresse (Chansonnette) (Bouffet) 369, 726
La Petite Marguerite (Romance, 1 oder 2 St. ad lib.) (de Garaudé) 346
La petite Mendiante (Chansonnette) (Boucher de Perthes) 540
La Petite Mendiante (Romance) (Colombelle) 366; (Panseron) 484
La Petite Meunière (Chansonnette) (U. Meurger) 371
La Petite Meunière (Historiette) (Meifred) 542, 604
La Petite Savante (Chansonnette) (Darondeau) 484, 605

La petite Somnambule (Air) (A. Adam) 678
La petite Ville (Chanson) (A. Pacini) 541
La Peur (Romance) (Grisar) 838
La Peureuse (Chansonnette) (Arnaud) 549
La Peureuse (Chansonnette, 2 St.) (Romagnesi) 819
La Philosophie du Gondolier (Chanson) (Thénard) 751
La più dolce e fida amante 573
La Plainte (Winter) 609
La Plainte (Romance) (Thiébault) 449
La Plainte d'Amour (Romance) (Spontini) 430
La Plainte du Barde (Chant Ossianique) (H.-M. Berton) 436
La Plainte du Troubadour (Romance) (Patras) 441
La plus Jolie (Romance) (de Munck) 542
La plus Sage (Chansonnette) (de Garaudé) 378
La Prairie (Romance nouvelle) (J. P. Roger) 261
La Prefecture de Cythère (Mees) 273
La 1ère et la 2ème Fois (Romance) (P. de Ginestet) 462
La Première Fleur du Printems (Romance) (Roucourt) 347
La première Fois (Romance) (Vaillant) 376, 467
Là, près de moi sois immobile 752
La Prière d'une Jeune Fille (Romance) (Labarre) 971
La Prière de La Jeune Proscrite (Strunz) 751
La Prière du Soir (Nocturne, 2 St.) (Dugazon) 437
La primavera ecco venir 613
La Prisonnière ou Le Clair de Lune (Romance) (Catel) 454
La Promenade du Soir (Nocturne, 2 St.) (Halévy) 750
La Promenade sur Mer (Nocturne, 2 St.) (de Garaudé) 366
La Promessa (Canzonetta) (Rossini) 836
La Provence (Romance) (Le Mière de Bermond) 430
La Prude (Romance) (Catel) 435
La Puce (Chansonnette) (Gouet) 756
La pudeur dans son enfance 460
La Querelle de l'Amour et du Papillon (Mees) 274
La Questionneuse (Chansonnette) (A. Meissonnier) 337, 820
La Rachelina 237, 385, 629
La Raison détrônée (J. T.) 286
La raison régnait sur la terre 286
La Rançon (Romance) (Duchambge) 841
La Reconnaissance Filiale (Romance) (Romagnesi) 335, 608
La Réforme (Chanson) (Catrufo) 540
La Regata Veneziana (Notturno, 2 St.) (Rossini) 837
La Reine Berthe aimait 454
La Reine Yseult aux blanches mains 523
La Religieuse et le Soldat (Romance) (Duchambge) 837
La Renaissance des Lys (Chant gallique) (Laffillé) 431, 473
La Rencontre du Soir (Chansonnette) (Boieldieu) 435

La Résignation (Romance)
  Si mon cœur ... (Romagnesi) 497
  Tu le veux ... (Chapelle) 458
La Résignation forcée (Chanson) (Désormery) 471
La Résolution inutile (Romance) (Batton) 444
La Retraite (Chanson) (Pfeffinger) 472
La Rêverie (Romance)
  La jeune fille ... (Rigel) 468
  O douce poésie ... (Pillore) 550
La riche nature en ces beaux climats 838
La Richesse de celui qui n'a rien (Chanson) (Romagnesi) 664
La rigueur du sort qui m'accable 351
Là rivive il nostro amore 380
La Romance d'Alfred (Lambert) 351
La Romance des Romances (Halévy) 749
La Rose (Momigny) 153
La Rose (Romance)
  Amis, chantons la rose (Lafont) 643
  Des fleurs ô toi la plus jolie (Della Maria) 177
  Tendre fruit des pleurs de l'aurore (Darondeau) 273
  Une rose dut l'existence (Finiels) 335, 607, 815
La Rose blanche de l'Ermite (Romance) (A. Meissonnier) 753, 817
La Rose d'Amour (Romance) (Anson) 453
La Rose de Salente (Romance) (de Garaudé) 376
La Rose délaissée (Romance) (Woets) 458
La Rose du Soir (Romance) (Guérin) 542, 603
La rose sait par sa couleur 555
La Rosière (Chansonnette) (Romagnesi) 665
La Rupture (J.-P. Roger) 446
La Rupture (Romance)
  Il est donc vrai, ... (Castil-Blaze) 455
  L'arrêt affreux ... (Simon) 465
La Sagesse et le Plaisir (Chanson) (Dugazon) 431
La Saison d'aimer (Romance) (Lélu) 459
La Salutation angélique (Prière, 3 stg.) (v. Neukomm) 848
La seduto l'amato Giannetto 622
La Semaine (Adrien) 106
La Sensitive et le Papillon (Nocturne, 2 St.) (Romagnesi) 609, 664
La Sentinelle (Romance) 308, 476, 558, 629, 683, 720
La Sentinelle Perdue (Romance) (Labarre) 972
La Séparation (Romance)
  Adieu, bergère chérie (Roger) 475; (Woets) 570
  Faut te quitter! ... (Gouet) 756
  On nous sépare ... hélas! (Mansui) 431, 474
  Plaisir d'amour ... (Gouzy) 546
  Témoin des jeux ... (Rigel) 350
La Séparation forcée (Romance) (de Garaudé) 360
La Sérénade (Tyrolienne) (E. Pacini) 966
La Sérénade Andalouse (Boléro) (Panseron) 902
La Serenata (Notturno, 2 St.) (Rossini) 837
La Servante Marie (Romance historique) (Bruguière) 746
La sguardo avea degli angeli 706
La simple fleur des champs 753
La Simplicité (Nocturne, 2 St.) (Gouet) 757

La Sirène (Romance) (Laffillé) 464
La smorfiosetta (Bianchi) 870
La Sœur de Charité (Romance) (Duchambge) 750
La Soirée Orageuse 176
La Somnambule (Romance, 1 oder 2 St.) (de Beauplan) 671
La Sorcière (Chansonnette) (Feisthamel) 467
La sorte già col suo rigor 890
La sorte la sorte barbara 599
Là, sous ce vert feuillage 346
La Souvenance (Romance, 1, 2, 3 oder 4 St.) (Blangini) 611
La Speranza (Righini) 179
La Speranza (Canzonetta)
  L'espérance n'est qu'un vain songe (Blangini) 477
  So che un sogno e la speranza (Blangini) 477
La speranza al cor mi dice 370
La speranza del mio core 613
La Straniera a cui fé 637
La sua lampada vitale 706
La Suisesse au Bord du Lac (Romance) (Goulé) 393, 670
La Sultane Favorite (Duchambge) 750
La Syrène (Romance) (Reissiger) 750
La Tempesta (Haydn, Hob. XXIVa, 2) 849
La Tempête (Romance) (Andries) 604; (P. de Ginestet) 452
La Tendresse maternelle (Vogel) 906
La Tendresse maternelle (Romance) (Caroline S..... C.....) 434
La terre a fui, les paisibles étoiles 471
La tirana se embarcò 308
La tomba è un letto 705
La Tombe du Pauvre (Romance) (Roucourt) 462
Là tombe kymret för svinna 2
La Tourelle (Romance, 2 St.) (de Garaudé) 360
La Tourterelle (Pastorale) (Lélu) 268
La Tourterelle (Romance)
  Redis ton chant ... (Feisthamel) 466
  Une sensible tourterelle (Lafont) 644
La trompette appelle aux alarmes 180
La trompette guerrière 526
La troupe des amants 109
La tua diletta imagine 598, 649
La tyrannie étreint la terre 839
La Tyrolienne (Panseron) 899
La Vallée d'Interlachen (Nocturne, 2 St.) (Panseron) 835, 899
La Valse (Chansonnette) (G. Carulli) 549
La Valse Légère (Nocturne, S oder T) (Panseron) 902
La Valse Romantique (Bruguière) 746
La Veglia (Risposta al Sogno) (Righini) 179
La Veille des Vacances (Chansonnette) (Panseron) 905
La Veillé (Chansonnette) (Massimino) 467
La Veillée de la Mère Simonne (Ronde Villageoise) (Panseron) 900
La Vengeance de l'Amour (Momigny) 154
La Verità (J. Rösler) 202
La Veuve du Grec Botzaris (Romance historique) (Louis Jadin) 465
La Veuve du Marin (Romance) (Ropicquet) 964
La Veuve Montagnard Ecossais (Romance) (Barnett) 840

La Veuve du Soldat (Romance) (Lautz) 552
La Veuve et ses trois Amans (Chansonnette) (de Hauteclocque) 545
La vie est un fleuve profond 606, 677
La Vieille de seize Ans (Romance) (Gatayes) 458
La vieillesse doit êt' sage 607, 677
La Vieillesse du Troubadour (Romance) (Gaubert) 452
La Vierge de mes Rêves (Romance) (Panseron) 903
La Villageoise (Pastorale) (Bouffet) 436
La Violette
  Aimable fille du printems (Giacomelli) 261
  De la saison que toujours on regrette (Momigny) 153
La Violette (Chansonnette) (Mery) 457
La Violette (Romance)
  Eglé cueillait des fleurs ... (Lafont) 643
  Gage de la flamme ... (Benucci) 391
La Voix d'Amour (Romance) (Madinier) 477
La Voix de la Nature (Romance égyptienne) (Carnaud) 545
La Voix du Cœur (Nocturne, 2 gleiche St.) (Panseron) 901
La Voix du Cœur s'élevant contre la Raison et la Gloire (Momigny) 153
La voix du ménestrel vous annonce la paix! 381
La voix qui dit 'Je t'aime' 969
La vostra Pamela v'adora costante 308
Labung vor der Sonne Gluthen 636, 697
Labyrinth (Das; Oper: Winter) 188 (2), 215 (2), 256 (2), 278, 302, 586
Lac des Fées (Le; Ballett) 926
Lac des Fées (Le; Komische Oper: Auber) 811 (3), 920 (2), 921
Lacht nur, guten Leute, lacht! 138
Lad den fraadende Bölge 522
Lad Eders Fryd denne Fest herligt smykke 522
Lad ikkun andre Folk berömme 535
Lad Jorden aabne os sit Favn 73
Lad kun den Pige løbe 76
Lad kun Kong Beles Sönner drage 845
Lad os til vore Vaaben gribe modigt 517
Lady Alice 121
Lady Alice was sitting in her bow'r 121
Lady of the Lake (The; Melodram: Jones)
  Eingelegte Gesänge (Clarke) 286 (2)
  Eingelegte Gesänge (Pelissier) 330 (2), 331
  Eingelegter Gesang (Stevenson) 286
Lady of the Manor (The; Komische Oper: Hook) 98
Lady, take this little wreath 938
Lägg af min van 2
Ländliche Fest bey Kis-Bèr (Das; Ballett: Kinsky) 388 (2)
Længsel (Ibsen) 760
Lät de mörka tviflen försvinna 34
Lät en sniken Guldets slaf 17
Lät oss Bacchi ära höja! 9
Lät oss ej spela kärlek mer 27
Lät oß i mörka lunden gå 658
Lät Pastor smiler få för klara 11
Lät sorgen fly, och frucktan jaga 9
Lät statskloke män i Conseljen 9
Lätt mitt hopp ej få 3

Lagna si ognor Lisetta 359
Laisse-moi! fuis ma présence 348, 727
Laisse-moi quitter nos montagnes 899
Laisse-moi t'oublier! (Romance) (de S***)
  825; (Wilhem) 442
Laisse-moi te dire je t'aime 448
Laisse-moi te parler de Bastien (Chansonnette
  dialoguée) (H. F. Berton) 338, 821, 831
Laisse ta lance, prends la rame 751
Laisse tes agneux errer dans la prairie 359
Laisse tomber les yeux sur celle qui t'adore
  427
Laissés vous toucher par mes pleurs 264
Laissez-le dire ou l'Amant comme il y en a
  beaucoup (Romance) (Carnaud) 544
Laissez-moi le pleurer ma Mère! (Romance)
  (Bruguière) 665
Laissez venir le Tems (Chansonnette) (Romag-
  nesi) 664
Łakozielona! nie zwa biszmię więcey 171
Lambeth 130
Lamm! du trägst der Erde Sünden! 398
Lanassa (Oper: Mayr) 511 (2), 512 (2)
Lanassa (Oper: Tuczek) 316 (3)
Land meiner seligsten Gefühle 867
Land of my Fathers (Phipps) 935
Land of the Free (Rodwell) 915
Landlied (Duett) (Chr. Schulz) 875
Landlied für Mädchen (Nägeli) 282
Landsbybarn, Kammerat 520
Landsbyepigen s. Frascatana (La)
Landwehr Marsch mit unterlegtem Text
  (Gelinek) 236
Lång samt dagen skrider 713
Lange schon sah liebe Nanette 581
Lange Sommer-Tage! 396
Lange Weil den König plagt 599
Languir d'amore crudel mi vedi 268, 385
Languir per una bella 355
Languir pour une belle 355
Lanterne Magique (La) s. Corali ou la Lanterne
  Magique
Largo al factotum 621, 631
Largo al quadrupede 708
Larmes d'Amour (Romance)
  Depuis que ma jeune maîtresse (Callault)
  446
  Vous vous plaignez, amants ... (Hutchinson)
  432
Las! est bien loin cette tant douce amie 612
Las! il fuit loin de son amie 428, 474
Las! il n'est plus le bon vieux temps 451
Las! j'étais en si doux servage 498, 669
Las! plaignez la triste aventure du troubadour
  251, 268, 273
Lasciami! non t'ascolto 348, 727
Lasciarti mio bene verderti languire 601
Lass das Herz nur einmal offen 636, 697
Lass dein Trauern! lass dein Klagen 867
Lass dich nicht irren, Herz 890
Laß die Menschen stumm und fern 495
Laß Glück in ihrem Kreise 178
Lass mein Aug den Abschied sagen 675, 739
Lass mich das Böse stets verabscheun 778
Lass mich los, um Gotteswillen 875
Lass mich, nein, ich scherze nicht 710
Lass mich schlummern 783, 867, 884
Laß o laß dein banges Zagen 329
Lass ruhen mich im Stillen 871
Laß stets dein Reich sich mehren 567

Lass uns ruhig ringsum sehen 246
Laß uns zum Grabe gehen 341
Lass't in Ruh 807
Lasset die Freud' uns 893
Lasset Frieden uns stiften 302
Lasset uns scherzen blühende Herzen 248
Lasst ab mit Fragen, ich darf nicht sagen
  712
Laßt andre nur im Müßiggang 394
Laßt den Thieren ihre Kriege 139
Laßt diese Neckereien 708
Laßt euch nicht schrecken 600
Lasst in freundlicher Ruhe 691
Laßt jetzt nun, ihr Theuren 601
Laßt lustig die Hörner erschallen 767
Lasst mich allein, verfolgende Gefühle 167
Lasst uns alle fröhlich seyn 797
Laßt uns in vereinten Chören 561
Laßt uns jubeln 595
Lasst uns Kränze winden 146
Laßt uns mit ehrfurchtsvollem Dank 564 (2)
Laßt uns unserm Gott lobsingen! 565
Lasst uns're Gondel schaukeln 634, 696
Laßt unserm Gott uns singen 397
Laßt zu dem Fest 246, 686
Lasthénie (Oper: Hérold) 728
Låt Dina portar upp 68
Låt oss nu, passa på! 62
Låt sömnens magt förjaga 717
Lata moie ustąpiły! 171
Laudate dominum omnes gentes 908
Laudate Pueri (Bühler) 908
*Laue Lüfte, Blumendüfte (Mildly beaming, Joy
  beseeming)* 930
Lauf der Welt (Montù) 870
Laura beder Engla harpor klinga 717
Laura betet! 146, 870, 885
Laure d'Estell (Romance) (Plantade) 154
Lauretanische Lytanie (Gratz) 399
Lausch, o Geliebte dem Tone der Saiten!
  175
Lausche dann! im Blätterschauer 673
Laut komm' und froh die ganze Welt 568
Laut tönet durch Berg und Thal 738
Le Baiser (Nocturne, 1 oder 2 St.) (Romag-
  nesi) 672
Le Baiser (Romance)
  Dans mes yeux ... (A. Kreutzer) 443
  Gentil Alain ... (Momigny) 154
  Quel mortel ... (Lafont) 465
Le Baiser d'Adieux (Romance) (Aubéry du
  Boulley) 479
Le Baiser du Départ (Paer) 384
Le Bal (Chansonnette) (Aulagnier) 964
Le Bal de l'Hôtel voisin (Chansonnette)
  (Panseron) 901
Le bal est un plaisir 727
Le Banni (Romance) (Roucourt) 466
Le Barde (Chant Gallique)
  Je chanterai le brave ... (Castelli) 538
  Le fier Colgar ... (Cassel) 832
Le Barde au Tombeau de sa Bien Aimée
  (Romance) (Rigel) 439
Le Barde Ecossais (Romance) (Plantade)
  345
Le Beau Berger (Rondeau Pastoral) (Bouffet)
  363
Le Beau Châtelain de Coucy (Romance, 2 St.)
  (F. B.) 498, 669
Le beau Mainfroi du Roi Charles 613

Le beau Mainfroi, pour repousser le Maure
    355
Le beau pays de France 522, 735
Le Berceau (Chollet) 964
Le Berger Amoureux (Romance) (Désargus)
    430
Le Berger dans le Malheur (Chansonnette)
    (Plantade) 667
Le Berger Délaissé (Romance) (H. F. Berton)
    439, 483
Le Berger délaissé (Romance postume)
    (A.-E.-M. Grétry) 814
Le Berger et son Troupeau (Pastoral Rondo)
    (Steibelt) 426
Le Berger Fidèle (Romance) (L. Farrenc)
    460
Le Berger malheureux (Romance) (J.-N.
    Méreaux) 451
Le Berger Méril (Scène pastorale) (Woets)
    570
Le Berger trahi (Pastorale) (Laffillé) 463
Le Berger Volage (Romagnesi) 273
Le Berger Volage (Boléro) (Plou) 357, 496
Le Berger Volage (Romance) (E. de Ginestet)
    458
Le Billet (Romance) (H. F. Berton) 443
Le Billet (Romance, 1 oder 2 St.) (Blangini)
    612
Le Boc(c)age (Romance) (Honorine) 447;
    (Lélu) 264
Le bon Artus, loin d'une belle 369
Le Bon Ermite (Nocturne, 2 St.) (Lis) 499
Le bon Ermite (Romance) (Andrade) 468;
    (de Beauplan) 834
Le bon Pasteur (Romance) (Romagnesi) 665,
    818
Le bon Temps (Chansonnette, 2 St.) (Romag-
    nesi) 754, 818
Le bon vieillard de Gaillard 106
Le bon vieux Temps (Romance) (de Munck)
    458
Le bon vieux tems (Houzé) 627
Le Bonheur (Chanson) (St. Champein) 449
Le Bonheur (Nocturne, 2 St.) (Sudre) 604, 485
Le Bonheur (Romance) (H. A. Kretschmer)
    350
Le Bonheur d'être aimé (Romance) (Herdliska)
    431
Le Bonheur d'être aimé quand on aime (Boléro)
    (Feisthamel) 628
Le Bonheur d'être mère (Romance) (Mauger)
    463
Le Bonheur de l'Age d'Or (Air) (Vogel) 906
Le Bonheur de la Vie (Chanson) (Louis Jadin)
    262
Le Bonheur de se revoir (Tyrolienne) (de Beau-
    plan) 832
Le Bonheur des Champs (Romance) (H. F. Ber-
    ton) 834
Le Bonheur du Châlet (Romance) (Courtin)
    496
Le Bonheur est de vous aimer (Duval) 386
Le bonheur est partout 449
Le Bonheur habite aux Chalets (Chant montag-
    nard suisse sur des motifs de Ranz, 2 St.)
    (Bruguière) 665
Le Bonheur n'est qu'auprès de toi (Romance)
    (Louis Jadin) 371
Le Bosquet (Romance) (F. J. Naderman) 438
Le Bouquet (Chansonnette) (Rigel) 459

Le Bouquet (Romance) (Rigel) 436
Le Bouton de Rose (L. Pradère) 108
Le Bouton de Rose de 1814 (Romance) (Baecker)
    440
Le Brigand de l'Estramadure (Strunz) 752
Le Buisson (Romance) (LA**) 485, 605
Le Buveur (Chanson bachique) (Mr.+++) 496
Le calme vient après l'orage 546
Le Caprice (Nocturne, 2 St.) (Panseron) 484,
    603
Le Captif (Romance) (Phelippès) 464
Le Captif en Ecosse (Romance) (L. Ancot)
    471
Le Castel (Romance) (A. Pacini) 496; (anonym)
    671, 994
Le Castel et l'Abbaye (Romance) (Nourrit)
    538
Le Champs d'Asyle (Romance) (Romagnesi)
    497
Le Changement (Chansonnette/Romance)
    (Sola) 380, 546
Le Chant d'Amour (Romance) (A. Meissonnier)
    482
Le Chant d'Amour (Virelai) (de Garaudé) 349
Le Chant d'Asléga (Romance) (Salais) 430
Le Chant d'Elmire (Romance) (Martainville)
    458
Le Chant de Guerre et le Chant d'Amour
    (Romance) (A. Pacini) 996
Le Chant de l'Infortune (Bodin) 540
Le Chant de la Fauvette (Rondeau) (Bouffet)
    349
Le Chant des Fauvettes (Romance) (Louis
    Jadin) 262
Le Chant des Ménestrels (Hédouin) 471
Le Chant du Pâtre (Tyrolienne) (Romagnesi)
    666
Le Chant du Troubadour Castillan (Baptiste)
    428
Le Chapeau du Pêcheur (Romance) (Plantade)
    753
Le Chaperon de Roses (Romance) (de Beau-
    plan) 445; (de Garaudé) 359
Le Charme (Mayer) 825
Le Charme (Romance)
    Charme trompeur ... (Fastré) 392
    Le charme est la fleur ... (A. Pacini) 547
Le Charme de l'Amour (Romance) (Schloer)
    461
Le Charme de la Mélodie (Romance) (Lafont)
    467
Le Charme de la Voix (Romance) (Lambert)
    442
Le Charme de s'entendre (Romance)
    (Imbimbo) 459
Le Charme est la fleur du bocage 547
Le Charme est un prestige enivrant et rapide
    825
Le Chasseur (Romance) (A. Kreutzer) 443
Le chasseur avide vainement poursuit l'oiseau
    754
Le Chasseur de Montagne (Romance) (Hérold)
    798
Le Châtelain (Romance) (Ponchard) 461
Le Chevalier (Romance)
    Dans les combats ... (Louise P*****) 453
    Quand guidé par la gloire (Hippolyte)
    549
Le Chevalier au Tombeau de son Amie
    (Romance) (Lemière de Corvey) 440

Le Chevalier breton (Romance) (Gouet) 755

Le Chevalier Captif (Pauly) 954

Le Chevalier de la Montagne (Tyrolienne) (Panseron) 902

Le Chevalier et la Pastourelle (Romance dialoguée) (de Garaudé) 361

Le Chevalier et la Pastourelle (Romance-Nocturne, 2 St.) (Gouet) 755

Le Chien d'Olivier (Romance) (Mazas) 453, 628

Le Chien du Régiment (Romance) (Romagnesi) 461

Le Chien et la Belle (Romance) (Dugazon) 447; (de Garaudé) 370

Le Choix d'un Epoux (Chansonnette) (Romagnesi) 357

Le Choix d'une Amie (Romance, 2 St.) (Milhès) 336, 608

Le Chrétien mourant (Méditation poétique) (Gaussoin) 840

Le Cid (Romance) (A. Meissonnier) 480

Le Cid, après son hyménée 266

Le ciel blanchit et la lumière lutte déjà 462

Le Ciel bleu clair (Barcarolle) (Panseron) 904

Le ciel dit-on dans sa clémence 509

Le ciel est noir, l'orage gronde 865

Le Ciel est pur (Barcarole) (Panseron) 833

Le ciel est pur 470, 750, 753

Le Ciel n'a plus d'étoiles 832

Le ciel nous a placés 530, 842

Le Clair de Lune (Romance) (H. F. Berton) 609

Le clair de lune 336, 609, 817

Le Clocher de mon Village (Chansonnette) (Puget) 841

Le cœur à l'ouvrage 519

Le cœur plein de tristesse 673

Le Combat des Trente ou La devise des Bretons (de Saint-Pern) 826

Le Commencement et la Fin (Romance) (Romagnesi) 665

Le Compte du Tems (Conte) (Laffillé) 435

Le Conseil inutile (Romance, 1 oder 2 St.) (Blangini) 615

Le Cor (Romance) (Panseron) 830

Le cor, le son du cor, là-bas 841

Le Coup d'Oeil (Romance nouvelle) (A. Meissonnier) 262

Le Courroux Appaisé (Romance) (Gilles) 351

Le crêpe de la nuit couvre le paysage 484

Le Crieur de Nuit (Romance) (Duval) 841

Le Croisé (Romance) (Phelippès) 459

Le Curieux (Mees) 273

Le Cyprès (Romance) (Delaporte) 554

Le Damoisel ou l'Amour Vengé (Romance chevaleresque) (Darondeau) 364

Le Damoiselle au Croisé (Romance à trois notes) (A.-E.-M. Grétry) 479

Le Délire (Romance) (Lafont) 438

Le Délire (Scène de Bal) (Panseron) 902

Le Délire des quatre Ages (Mees) 498

Le Départ 603

Le Départ (Romance)
 Beau troubadour ... (Corret Aîné) 454
 Il a donc quitté ... (Mme. Lafont) 642
 Il faut partir ... (Vaillant) 442
 L'ordre est donné ... (Millot) 447

Me faut partir ... (Amédée de Txxx) 445

Ne retiens plus ton ami (J. S. Herz) 352

Tous les braves ... (Martainville) 466

Le Départ de Croisé (Romance) (Thibault) 438

Le Départ de ma Mie (Romance) (F. Grast) 544

Le Départ de Némorin (Scène pastorale) (Woets) 570

Le Départ de Némour (Romance) (F. Garat) 540

Le Départ des Pêcheurs (Nocturne) (de Garaudé) 378

Le Départ du Chevalier (Romance) (Karr) 463

Le Départ du Français exilé (Romance) (Mr.***) 540

Le Départ du Grenadier 604

Le Départ du Pays (Romance) (Bruguière) 834, 851

Le Départ du petit Savoyard (L. Moreau) 377

Le Départ du Tyrol (Tyrolienne, 2 St.) (Ropicquet) 964

Le Dépit (Romance) (L.-A. Piccini) 456

Le Dépit Amoureux (Romance) (Lambert) 460

Le Dépit et le Penchant (Romance) (Blangini) 266

Le Dépit jaloux (Romance) (Sola) 545, 554

Le Dernier Adieu (Romance) (Quinebaux) 439

Le Dernier Baiser (Romance) (J.-P. Roger) 482

Le Dernier Chant de l'Ermite (Romance) (Vinci) 481

Le dernier Chant du Troubadour (Romance) (Balochi) 266; (anonym) 309

Le destin appelle aux combats 900

Le Destin d'un Papillon (Romance) (Lélu) 450

Le Devin du Village (Nocturne, 2 St.) (Pillore) 819

Le Diable au manoir (Chansonnette) (de Garaudé) 374

Le Diable boiteux (Romance) (Woets) 541

Le dieu d'amour, le dieu d'hymen 362

Le Dieu de la Treille (Chanson) (Vaillant) 456

Le dieu qu'on adore à Cythère 541

Le discret Troubadour (Romance) (Romagnesi) 432, 474

Le Don de plaire (Romance) (Bégrèz) 352

Le double Enchantement (Romance) (Th. Bayle) 496, 539, 672

Le double Regret (Romance) (Martin) 544

Le Doute (Romance)
 Dois-je le croire? (de Breuil) 441
 Est-ce pour moi ... (Piston) 465
 La beauté que j'adore (F. Garat) 548
 Suis-je aimé ... (Laffillé) 447
 Trois fois on a daigné m'écrire (Duchambge) 459; (Plantade) 747; (Raoul) 469

Le Doute embarrassant (Romance)
 Maman me dit ... (Imbimbo) 460
 Trois fois on a daigné m'ecrire (A. Meissonnier) 335, 606, 815

Le Doux Air de Venise (Barcarolle) (Panseron) 902

Le Doux Bonsoir (Romance Nocturne) (Simons-Candeille) 265

Le Doux Mal (Méhul) 870

Le doux mystère et l'ombre de la nuit 733

Le doux Printems (Romance nouvelle) (Catrufo) 265

Le doux printems couronné de verdure 265

Le doux printems vit naître mon amie 457, 642

Le doux sommeil, sur tout ce qui respire 441
Le Fabliau (Panseron) 904
Le Faccio un Inchino 966
Le Fandango Français (Louis Jadin) 668
Le Fat (Chanson) (Sallais) 436
Le Faux Solitaire (Romance) (de Beauplan) 453
Le Feux de la Mer (Stances) (Lambert) 440
Le fier Colgar assis au pied d'un chêne 832
Le fier Oscar a mordu la poussière 357
Le fier Roland, soldat de Charlemagne 437
Le Fils de la Veuve (Romance) (Louis Jadin) 831
Le Forgeron (Chansonnette) (Puget) 841
Le Fou (Scène dramatique) (Clapisson) 752
Le Français (Romance) (R. Kreutzer) 451
Le Français au Sérail (M***) 551
Le front calme et serein 429
Le Garçon Suisse 861
Le Gitano (Strunz) 752
Le glaive et la torche à la main 385
Le Gondolier (Barcarolle) (Catrufo) 454, 627
Le Gondolier (Nocturne) (Louis Jadin) 362
Le Grain de Mer (Romagnesi) 865
Le grand Fantôme blanc (Chansonnette) (Panseron) 899
Le Grand Homme Noir (Chansonnette créole) (Panseron) 901
Le Grand Père ou L'Avis tardif (Chansonnette dialoguée, 1 oder 2 St.) (H. F. Berton) 818, 830
Le Grec à son Coursier (Cassel) 834
Le Grec captif (Romance) (Lautz) 553
Le Grec et son Fils (C. M. v. Weber, Jähns 161) 748
Le Grenadier blessé (Romance) (de Garaudé) 368
Le Grenadier français (Romance) (Gouet) 757
Le Guernadier (Romance) 372, 484
Le Héros d'Ibérie (Houzé) 628
Le Janissaire (Chant oriental) (Panseron) 903
Le jardinier, le moissonneur et le berger 502
Le jeune amour est ma foi 109
Le Jeune Arbre (Vanhal) 139
Le jeune Eloi, fils chéri de Germaine 357
Le Jeune Enfant (Romance) (Lejey-Miland) 751
Le jeune Exilé (Romance) (Paer) 545
Le jeune homme au teint de roses 728
Le Jeune Ménestrel (Romance) (Sannoy) 432
Le Jeune Page et la Fillette (Nocturne, 2 St.) (Pillore) 816
Le jeune Pêcheur hollandais (Romance) (Laffillé) 447
Le Jeune Peintre devenu aveugle (Romance) (Ardisson) 432
Le Jeune Poète mourant (Romance) (F. Garat) 469
Le Joli Petit Mari (Air) (Gatayes) 671
Le joli Pied de mon Amie (Romance) (F. Grast) 545
Le Jour (Nocturne, 2 St.) (Plantade) 497
Le jour a fui, la nuit commence 451, 622
Le Jour de Mai (Romance) (Miné) 462
Le jour, la nuit 507
Le jour naît, la voûte azurée 392
Le jour se lève, amour m'inspire 436
Le Jouvencel breton (Ballade) (Scheyermann) 825
Le Jouvencel Breton (Romance) (Mr. P.) 826

Le joyeux troubadour a ressaisi sa lyre 267
Le Lac (Méditation poétique) (Niedermeyer) 551
Le Lac de Genève (Helvétienne) (F. Grast) 553
Le Lac de Thun (Romance) (Barnett) 840
Le Langage de Fleurs (Romance, 1 oder 2 St.) 542, 604
Le Laurier de Virgile (Laffillé) 471
Le Lendemain du Mariage (Chansonnette) (A. Meissonnier) 456
Le Lido (Nocturne, 2 gleiche St. im Canon) (Panseron) 905
Le lierre et le murier sauvage 106
Le Lilas (Romance (Allégorique) (Groetaers) 730
Le Lys et la Rose (d'Ennery) 111
Le Magnétisme (Chanson) (Lemoine) 435
Le Maître de Chapelle de Campagne 500
Le Mal d'Amour (Dalvimare) 501
Le Mal d'Amour (Romance) (Zimmerman) 458
Le Malheur d'aimer (Romance) (Romagnesi) 609, 815
Le Malheureux Troubadour (Romance) (Benucci) 392
Le Marchand de Plaisir (Romance) (Mees) 499
Le Mariage de l'Amour (Romance) (J. A. Moreau) 449
Le Mariage du Preux (Romance, 2 St.) (Romagnesi) 666
Le Matador (Romance) (Labarre) 836
Le Matelot (Duchambge) 482
Le Matin (Chansonnette italienne) (Dugazon) 442
Le Matin (Romance)
  De pâles feux ... (de Garaudé) 355
  Je veux te saluer ... (P.... de B....) 437
Le Matin (Tyrolienne) (D.. d. (e) Vxxx) 431
Le matin, quand je vois l'aurore 361
Le maudit animal, qu'il m'a donné de mal 612
Le médecin le dieu d'amour 393
Le même Jour que toi (Romance) (Colombelle) 361
Le Ménestrel (Romance) (de Crozet) 540
Le Ménestrel (Ronde Villageoise) (Isouard) 353, 431
Le Ménestrel aux Abois (Romance) (P. de Ginestet) 455
Le Ménestrel aveugle (Romance) (Gouet) 756
Le Ménestrel breton (Ballade) (Scheyermann) 825
Le Ménestrel Ecossais (Ballade) (Catel) 500
Le Mépris des Richesses (Chansonnette) (A. Meissonnier) 333, 466, 816
Le Midi (Tyrolienne) (Vxxx) 432
Le Miroir d'Héloïse (Romance) (L. Amédée) 464
Le Moine (Meyerbeer) 751
Le Mois de Mai (Helvétienne) (F. Grast) 553
Le monde a salué tes fils 468
Le Montagnard Ecossais (Romance) (Panseron) 899
Le Montagnard émigré (Romance) (de Chateaubriant) 752; (Choron) 906; (Walsh) (1 oder 2 St.) 995
Le Mot Amour (Romance) (Mouti de Rezé) 826
Le Mystère (Romance)
  Amant dont le cœur enflammé (Paer) 385, 429
  Arbres toufus ... 476

Le nain monté sur la tourelle 492
Le Napolitain (Chant, 1 oder 2 St.) (Bruguière) 850
Le Naufrage (Scène dramatique) (Panofka) 752
Le Naufragé (Romance) (Plantade) 461
Le Nautonnier ou La Batelière déguisée (Romance) (Voizel) 373
Le Navigateur suisse (Romance) (Doyen) 547
Le Nid de Fauvettes (Romance) (Woets) 570
Le Nid et la Rose (Chansonnette) (Romagnesi) 665, 819
Le noble Arthur, en son chemin 457, 643
Le noble éclat du diadème ici 509, 669, 670
Le Nom d'Amour (Romance) (A. Meissonnier) 480
Le Nouveau Démocrite (Chanson) (Romagnesi) 665, 754
Le p'tit Jardinet d'Amour (Ronde) (de Beauplan) 468
Le Pacha d'Egypte (Chant Oriental) (Panseron) 903
Le Page (Chansonnette) (de Garaudé) 369
Le Page blessé à Pavie (Romance nouvelle) (Blangini) 614
Le Page de la Reine Marguerite (Romance) (Catrufo) 457
Le Paladin (Chant héroique) (Hardivilliers) 444
Le Paladin (Romance)
  Assis au pied des tours ... (Carpentras) 460
  Le beau Mainfroi du Roi ... (Blangini) 613
Le Papillon (Chansonnette) (Masini) 839
Le papillon brillant par ses vives couleurs 375
Le Papillon et les Roses (Romance) (Le Mière de Corvey) 442
Le parfait Chevalier (Romance) (Benoist) 361
Le Pastour (A. Meurger) 478
Le Pastour (Nocturne, 1 oder 2 St.) (Dugazon) 437, 671
Le Pâtre au Trombeau de sa Bergère (Romance) (H. A. Kretschmer) 437
Le Pâtre des Pyrénées (Nourrit) 541
Le pauvre Alexis (Pastorale) (Laffillé) 472
Le Pauvre Aveugle (Romance) (Romagnesi) 753, 820
Le Pauvre Enfant (Romance) (Darondeau) 464
Le pauvre Homme, il n'a rien à lui (Chanson) (Halévy) 449
Le pauvre Insensé (Romance) (Colombelle) 369
Le pauvre Ivan 529
Le pauvre Ménestrel (Romance) (A. Meissonnier) 468, 819
Le pauvre Page (Romance) (Paer) 463
Le Pauvre Petit (Chansonnette) 438
Le Péage du Châtelain (de Beauplan) 735
Le Pêcheur (Courtin) 384
Le Pêcheur (Barcarole Boulonnaise) (L.-A. Piccini) 463
Le Pêcheur de Cadix (Barcarolle) (Lautz) 470
Le Pêcheur de Sorrente (Ballade) (Plantade) 667

Le Pêcheur de Sorrente (Barcarole, 2 St.) (Zérézo) 840
Le Pêcheur Hollandais (Nocturne) (de Peellaert) 501
Le Pêcheur, ou Perle sans Tache (Romance) (de Beauplan) 445
Le Pêcheur pris par l'Amour (Romance) (Dreuilh) 438
Le Pêcheur Vénitien (Barcarolle) (Marie B.) 484, 602
Le Pèlerin et le Damoisel (Romance, 2 gleiche St.) (Balochi) 364
Le Pélerinage (Romance) (H. F. Berton) 468
Le perruquier du quartier 677
Le Persifflage (Chansonnette) (Désargus) 463
Le Petit Air boudeur (Couplets à Hortense) (F. Garat) 432
Le Petit Bateau (Chanson) (de Garaudé) 359
Le Petit Doigt (Chansonnette) (Romagnesi) 664
Le petit Malheureux (Romance) (Laffillé) 465
Le petit Questionneur (Chansonnette) (Laffillé) 451
Le Petit Ramoneur (Der kleine Schornsteinfeger) (H.-M. Berton) 796
Le petit Revenant (Nelet) 756
Le petit Tambour 859, 868
Le petit Vinaigrier (Chansonnette) (Ropicquet) 818, 821
Le Philosophe (Chansonnette) (de Garaudé) 381
Le Plaisir 309
Le Plaisir (Chansonnette) (Romagnesi) 347, 475
Le Plaisir des Larmes (Romance) (Georgeon) 438
Le Plaisir des Rois et le Roi des Plaisirs (Chanson) (Wilhem) 354
Le Plaisir et l'Espérance (Romance) (Goulé) 477; (Voizel) 376
Le plus amoureux et la plus jolie (Romance) (Lafont) 643
Le plus Beau Jour (Cardon) 604
Le plus beau jour d'une Femme (Rondoletto) (A. Pacini) 549
Le plus Fort a toujours Raison (Chansonnette) (Woets) 467
Le poète chantail: de sa lampe fidèle 751
Le Poète mourant (Elégie) (Meyerbeer) 751
Le point du jour à nos bosquets 115
Le Porte Drapeau (Chant Guerrier) (F. Garat) 546
Le Portrait (Romance)
  O Ménestrel ... (Thibault) 438
  Qui la voit ... (F. J. Naderman) 476
Le Portrait de Corine 500
Le Portrait de Zélie (Romance) (Ardisson) 440
Le Portugais (Romance) 310
Le Pot au Lait (Canon, 4 stg.) (Castil-Blaze) 456
Le Pour et le Contre (Duo) (de Garaudé) 351
Le Pouvoir de l'Amour (Romance) (Blondat) 450, 628
Le Pouvoir de la Musique (Romance) (Bégrez) 427
Le premier Age (Rondeau) (Bouffet) 372
Le Premier Amour 500

Le Premier Amour (Romance)
  Hélas! plein du feu ... (P.-M. Berton) 430
  Quel trouble s'élève ... (Joliveau) 476
  Reviens, ô toi ... (Dalayrac) 115
Le Ier Amour du Troubadour (Romance)
  (Rougeon Desrivières) 462
Le Premier Baiser (Romance Allemande)
  (Haydn, XXVIa, 3) 434
Le premier Baiser d'Amour (Romance)
  (F. Garat) 628
Le premier Baron Chrétien (Onslow) 749
Le premier jour qu'Emma vit Eginhard 441
Le premier Moment (M. Giuliani) 445
Le premier Moment (Romance) (Giroud) 482
Le premier Rendez-Vous (Le Vicomte D. de
  V.) 443
Le Premier Rendez-Vous (Nocturne, 1 oder 2
  St.) (Roussel) 671
Le Premier Serment (Romance) (Janssens)
  392
Le premier Serrement de Main (Romance)
  (G. Carulli) 550
Le Pressentiment d'Amour (Romance)
  (H. F. Berton) 539
Le preux Raimond, à la jeune Isabelle 543,
  606
Le Printemps et l'Amour (Nocturne, 2 St.)
  (Panseron) 902
Le Printems (Romagnesi) 474
Le Printems (Chanson des Bergères) (Woets)
  569
Le Printems (Nocturne, 1 oder 2 St. ad lib.)
  (Onslow) 749, 830
Le Printems (Nocturne, 2 St.) (Louis Jadin)
  629
Le Printems (Romance) (Lafont) 457, 642
Le Printems fuit (Romance) (Schloer) 454
Le Prisonnier (Nocturne, 2 St.) (F. Grast) 468
Le Prisonnier (Romance, 1 oder 3 St.)
  (Platel) 830
Le Pseaume CXXXII (4stg.) (Abbé Vogler)
  848
Le Radotage Amoureux (Romance) (Lafont)
  436
Le Radoteur (Chansonnette, 1 oder 2 St.
  ad lib.) (H. F. Berton) 754, 816
Le Ramoneur Auvergnat (Romance) (Félix de
  la Motte) 337, 754, 817
Le Ranz-des-Vaches d'Appenzel (Chanson
  Suisse, 1 oder 2 St.) (Meyerbeer) 749, 830
Le Rappel à la Vertu (Duo) (Sacchini) 906 (2)
Le Rasgado (Boléro) (Panseron) 903
Le Réduit obscur (Romance) (J. P. Lecamus)
  541, 672
Le Refrain menteur (Romance) (Houzé) 627
Le Refus du Baiser (Marin) 545
Le Regard (Romance)
  Cache-moi ton regard (Blangini) (1, 2, 3
  oder 4 St.) 613; (Lafont) 642
  J'aime encore ... 610
Le Rendez-Vous (Mees) 254
Le Rendez-Vous (Nocturne, 2 St.) (Hédouin)
  450
Le Rendez-Vous (Nocturne ou Rondeau, 2
  gleiche St.) (de Garaudé) 368, 485
Le Rendez-Vous (Romance)
  Olivier je t'attends (Lambert) 382, 432
  Pourquoi ces pleurs ... (J.-P. Roger) 481
  Quand par le mystere embellie (Drelong)
  438

Ton cœur garde ... (Reynaud) 439
Le Rendez-Vous au Lido (Barcarole, 2 St.)
  (Masini) 836
Le Rendez-Vous Espagnol (Nocturne, 2 St.)
  (Romagnesi) 667
Le Repentir (Romance)
  Oyez d'un beau Ménestrel (H. F. Berton)
  440
  Pour un ingrat ... (Simons-Candeille) 431
Le Repentir (Romance, 1, 2, 3 oder 4 St.)
  (Blangini) 611
Le repos loin de moi 471
Le Reproche (Romance) (Martin) 543
Le Retour (Goulé) 538; (anonym) 501
Le Retour (Romance)
  Aux bords d'une mer ... (Schloer) 459
  Sombre et plaintif ... (Gaubert) 451
Le Retour (Strophes) (Spontini) 748
Le Retour à Florence (Romance) (Thys)
  840
Le Retour à la Chapelle (Romance)
  (E. Pacini) 554
Le Retour au Castel (Romance) (Romagne-
  si) 667
Le Retour au Tyrol (Tyrolienne) (Panseron)
  899
Le Retour au Village (Romance) (Maresse)
  462
Le Retour dans la Patrie (Chanson) (Laffillé)
  452
Le Retour dans sa Patrie (Romance) (L. Pra-
  dère) 154
Le Retour de Firmin (Romance dialoguée)
  (Mees) 499
Le Retour de l'Exilé (Romance) (Méhul)
  436
Le Retour de l'Hiver (Pastorale) (Colin)
  548
Le Retour de la Palestine (Nocturne, 2 St.)
  (Louis Jadin) 357
Le Retour de la Sentinelle (Romance)
  (Darondeau) 476
Le Retour de la Tyrolienne (Malibran) 553,
  965
Le Retour de Nély (Romance) (Hédouin)
  431
Le Retour de Némorin (Scène pastorale)
  (Woets) 570
Le Retour de Pierre ou Le Congé du Soldat
  (Chansonnette) (Plantade) 831
Le Retour de Syrie (Romance) (Frey) 430
Le Retour du Bien Aimé (Romance) (Lostin)
  431
Le Retour du Chevalier (Panseron) 955
Le Retour du Chevalier (Romance) (Rigel)
  450
Le Retour du Croisé (Romance) (A. Meurger)
  996
Le Retour du Guerrier (Romance) (Georgeon)
  427
Le Retour du Ménestrel (Rondeau) (Bouffet)
  381
Le Retour du Printems (Romance) (Hustache)
  541
Le Retour du Prisonnier (Romance) 453
Le Retour du Tyrolien (de Lagoanère) 668
Le Retour en Bretagne (Romance) (Duchamb-
  ge) 841
Le Retour en France (Romance) (Maresse)
  466

Le Rêve
  Je rêvais, ah le plaisant tour (Lamparelli) 154
  Moi rêver douce amie (Plantade) 386
  Un soir accablé de tristesse (J.-M. Beauvarlet-Charpentier) 643; (Groetaers) 730
Le Rêve (Chant Nègre) (Plantade) 430
Le Rêve (Romance) (Daubonne) 439
Le rêve brillant de la gloire 336
Le Rêve du Bonheur (Romance) (Gaubert) 455
Le Rêve du Pauvre (Chansonnette) (de Garaudé) 381
Le Rêve ou Adieux à Marie (Romance) (Mercadier) 338, 821
Le Reveil (A. Meissonnier) 480
Le Reveil (Romance) (Cherubini) 155
Le Reveil du Troubadour (Canon, 3stg.) (H. F. Berton) 748
Le Revenant (Chansonnette) (Romagnesi) 664
Le reverrez, belles cités de France 544
La Rieuse (Chansonnette) (Le Mière de Corvey) 449
Le Roi Momusien (Chanson bachique) (Le Mière de Corvey) 468
Le Roi René (Romance) (Paulin) 667
Le Roi Troubadour (Stances Marotiques) (Hédouin) 437
Le Roman, dit-on, prit naissance 264
Le Roman et la Romance (Chansonnette) (Simons-Candeille) 264
Le Romantique (Romance) (Romagnesi) 334, 606, 814
Le Rossignol (Romance) (Pertosa) 382
Le rossignol, enfermé dans sa cage 386
Le Rossignol et le Berger (Nocturne) (J.-P. Roger) 485, 604
Le Ruisseau
  Ruisseau qui baigne cette rive (Mathieu) 369
  Ruisseau qui baignes cette plaine (Darondeau) 273
Le Ruisseau (Romance) 476
Le Ruisseau (Romance, 2 St.) (R. V.***) 757
Le Ruisseau, ou l'Amant constant (Romance) (Graille) 552
Le Sacrifice (Romance) (Anson) 461
Le Sans-Souci (Chansonnette)
  Au Dieu de la folie constant (Vaillant) 376, 459
  Je suis d'un caractère facile (Blondat) 464
Le Saule (Romance)
  Qu'un autre des amours ... (Lélu) 464
  Que tu conviens à l'ennui (La Motte) 450
Le Saule de l'Amant (Romance) (Laffillé) 436
Le Saule du Sage (Romance, 1 oder 2 St.) (Blangini) 613
Le Savez-vous (Romance) (Mr. le B.de ***) 549
Le Secret (Chanson) (Bouffet) 359
Le Secret (Fantaisie Pastorale/Romance) (C. M. v. Weber, Jähns 157) 749, 850
Le Secret (Romance) (Bruguière) 465; (A. Meissonnier) 609, 815
Le Séjour au Village (Pastorale, 2 St.) (Panseron) 901
Le Sentiment (Romance) (de Morange) 485, 605

Le Sentiment d'Amour (Romance) 310
Le sentiment est l'âme de la vie 485, 605
Le Sentiment et la Folie (Rondeau) (L. Pradère) 153
Le Serment (Nocturne, 2 St.)
  Je jure de t'aimer (de Crozet) 550
  Viens écouter ... (Gail) 671
Le Serment (Romance) (L. Moreau) 444
Le Serment d'une Coquette (Chansonnette) (Romagnesi) 732
Le Serment de l'amour (Romance) (Duval) 542, 605
Le Serment de Silvie (Romance) (H. F. Berton) 334, 606, 814
Le Serment du Soir (Nocturne, 2 St.) (Louis Jadin) 357, 726
Le Serment du Troubadour (Romance) (Guillon) 374
Le Serment rompu (Romance) (A. Meissonnier) 433
Le Service dangereux (Romance) (Agosti) 446
Le seul Objet de mes Amours (Chansonnette) (Louis Jadin) 460
Le Silence ou l'Aveu refusé (Romance) (H. F. Berton) 482
Le Sire de Coucy partant pour la Croisade (Romance) (F. Garat) 483
Le Sire de Damas (Romance historique) (Désargus) 474
Le Soir (Nocturne) (Baric) 539
Le Soir (Romance)
  Comme un voile étoilé ... (Mayer) 825; (Mr.***) (2 St.) 757
  En vain l'aurore ... (F. Garat) 670
Le Soir (Romance pastorale) (Wacher) 266
Le Soir (Tyrolienne) (Vxxx) 432
Le soir brunissait la clairière 433
Le soir la jeune Colette 727
Le Soldat (Romance) (Pradher) 439
Le Soldat français (Chansonnette) (Monti de Rezé) 825
Le Soldat Laboureur (Ronde de la Beausseronne) 679
Le soleil au rivage 338, 821, 831
Le soleil, de la nuit éclaire la montagne 461
Le soleil échauffe la terre 545
Le Solitaire (Romance) (Bresson) 458
Le sombre hiver dépouillant la nature 836
Le Sommeil (Romance) (Le Mière de Corvey) 470
Le Sommeil de Clary (Romance) (P.-J. Garat) 430
Le Sommeil du Julien (Romance) (H. F. Berton) 379
Le Sommeil de l'Amour (Romance) (Romagnesi) 621
Le Sommeil du Troubadour (Romance) (Me. A: M:) 543
Le sommeil fuit, je vois naître le jour 155
Le Songe (Romance) (de Beauplan) 446
Le Songe de Marie (Romance Anglaise) (Danzi) 469
Le Songe et le Réveil (Romance) (Lélu) 459
Le Songe véritable (Romance) (P. de Ginestet) 446
Le Sorcier de Tivoli (Lafont) 735
Le Soupir (Romance) (Lafont) 642
Le Sourire (Mayer) 825

Le Sourire (Romance)
  On dit que ... (Consul) 995
  Qu'un sourire ... (Dupierge) 458
  Qui ne connait ... (H. F. Berton) 748
Le Sourire de la Patrie (Romance) (Gouet) 756
Le Souvenir (Ed. B*.*) 548
Le Souvenir (Romance)
  Ah! viens à moi ... (Mr. Ed.. B****) 542
  Cesse de m'abuser fugitive (Plantade) 153
  Doux souvenir, je chéris ... (Farrenc) 455
  Doux souvenir venez ... (Rey) 842
  Ils ne sont plus ces jours ... (Roux-Martin) 481
  Je chante de la providence (Bernon) 460
  Parle-moi de ce que j'adore (Lafont) 478
  Quand du destin ... (Duvivier) 451
  Quinze printems ... (Cambini) 251, 273
  Sans l'oublier ... (Andrade) 470
Le Souvenir (Romance, 2 St.) (Berjaud) 661
Le Souvenir (Stances) (Monière) 377
Le Souvenir d'Amour (Romance) 309
Le souvenir de la victoire de l'amour 337, 820
Le Souvenir de la Victoire ou l'Invalide (Chanson) (H. F. Berton) 337, 820
Le Souvenir et l'Amitié (Nocturne/Romance, 2 St.) (Dugazon) 333, 816
Le Souvenir et l'Espérance (Romance) (de Peellaert) 392
Le Souvenir et les Adieux (Romance) (Servatius) 456
Le Spectre (Romance) (Gouet) 757
Le Spectre de la Tour (Romance) (Dourlen) 350
Le Suisse au Régiment (Romance) (Martainville) 467
Le Talisman (Chansonnette) (Bruguière) 834
Le Tasse captif (Romance) 543
Le Temple de Gnide (Chansonnette vénitienne) (Mr.xxx) 446
Le Temps (Romance) (Milhès) 483
Le temps, sur son aile légère 377
Le tems approche où les fruits de nos plaines 470
Le tems debout sur des ruines 267
Le Tems et l'Amitié (Romance) (Desrivières) 267
Le Tems fait tout (Romance) (Lafont) 458, 642
Le Tems, le Plaisir et la Peine (Chansonnette) (Romagnesi) 335, 607, 815
Le Tems n'est plus (Romance) (de Beauplan) 750
Le Tems passé (Romagnesi) 385
Le Tems perdu (Boléro) (Bouffet) 366
Le tems que fuit 370
Le tems s'enfuit qu'elle tarde à paraître 485, 604
Le Tissu de Cheveux (Romance) (A. Meissonnier) 442
Le Tombeau (Elégie) (Le Mière de Corvey) 453
Le Tombeau (Romance)
  Dans la prairie ... (de Garaudé) 368
  Mathilde, ici rêveuse et solitaire (Catel) 444
  Sur la tombe ... (H.-M. Berton) 154
Le Tombeau de Caroline (Romance) (Lamparelli) 274

Le Tombeau de Clorinde (Romance Héroïque) (Désargus) 467
Le Tombeau de L'Amour 499
Le Tombeau de Pèlerin (Romance) (Andrade) 667
Le Tour d'Europe du Grenadier (F. Garat) 546
Le Tour de France (Chansonnette) (Puget) 841
Le Traité de Paix entre l'Amour et l'Hymen (Romance allégorique) (de Garaudé) 362
Le Travail et l'Amitié (Romance) (Simons-Candeille) 265
Le Trésor d'Eloi (Chansonnette) (Monière) 377
Le triste hiver a fui 848
Le triste Retour (Romance) (Lemire) 666
Le Trompeur par Système (Castelli) 539
Le Troubadour (Romance)
  Aux vains désirs ... 995
  Quand la chevalerie ... (F. Garat) 432
  Tout est joyeux ... (Blangini) 263
Le Troubadour (Romance marotique) (A. Pacini) 260
Le Troubadour consolateur au Troubadour aveugle (Gouet) 755
Le Troubadour d'Occitanie (Petitbon) 539
Le Troubadour Délaissé (Romance)
  Amour, illusion chérie (Bemmel) 392
  Un troubadour délaissé ... (Eugène C**) 457
Le Troubadour du Tage (Romance) (Pollet) 496
Le Troubadour errant (Romance) (J.-P. Roger) 458, 481
Le Troubadour exilé (Romance) (Mr. R***) 481
Le Troubadour fier de son doux servage 616
Le Troubadour français au tombeau de Poniatowski (Polonaise héroïque) (Lafont) 444
Le Troubadour Guerrier (Romance) (Pauline H...) 994
Le Troubadour Hermite (Romance) (Balochi) 359
Le Troubadour Infortuné (Godefroid) 501
Le Troubadour Malheureux (Romance)
  Elle avait d'un tendre regard (Madame L...) 436
  Troubadour de la belle France (Lambert) 430
Le Troubadour montagnard (Chansonnette) (F. Garat) 552
Le Troubadour Pasteur (Nocturne, 1 oder 2 gleiche St.) (F. Garat) 749
Le Troubadour polonais (Romance) (de Fischer) 447
Le troubadour repend sa lyre 541
Le Troubadour Suppliant (Romance) (Léonide Jadin) 433
Le Troubadour trompé par l'Amour (Romance) (Hustache) 542, 607
Le Troubadour vaincu par l'Amour (Romance) (Tillot) 264; (anonym) 309
Le Trouble (Romance) (Laffillé) 454
Le trouble et la frayeur 532
Le trouble secret qui m'agite 352
Le Tyrol est là bas (Nocturne, 2 gleiche St.) (Panseron) 901
Le Vague du Cœur (Romance) (Paer) 471
Le Vaillant Troubadour (Sauvan) 384
Le Vaisseau, ou Le Retour en France (Nocturne) (Gail) 358
Le vent du nord sifflait 757

Le verras-tu jamais! (Romance) (Panseron) 900

Le Veuf inconsolable (Romance) (Cherubini) 155

Le Vieillard (Romance)
J'ai vu passer ... (E. Leroux) 755
Sombres forêts, ... (de Peellaert) 391

Le Vieillard amoureux (Romance) (M.-A. Guénin) 434

Le Vieillard et l'Ormeau (Romance) (Désargus) 471

Le Vieillard Grivois (Chanson Bachique) (Herdliska) 453

Le Vieux Berger ou les Charmes de la Vie paisible (Romance) (Woets) 570

Le vieux Castel (Romance) (J. Féneaux) 471

Le Vieux Châtel (Romance) (Balochi) 357

Le Vieux Châtelain (Romance) (H.-N. Guénin) 437

Le vieux Chêne (Romance, 1 oder 2 St.) (Panseron) 822

Le vieux Clocher de mon Village (Romance d'un esclave à Alger) (Romagnesi) 666

Le Vieux Lubin, ou la Mémoire de Jeanne d'Arc (Romance) (Catel) 453

Le vieux Lycas chantait un jour 455

Le Vieux Marin (Chansonnette) (de Lagoanère) 964

Le Vieux Ménestrel (Romance) (Bruguière) 363

Le Vieux Temps (Romance) (Lemière de Corvey) 451

Le vieux Troubadour (Pillore) 546

Le Vieux Troubadour (Chanson) (St. Champein) 436

Le vieux Troubadour (Chansonnette) (Romagnesi) 664

Le Vieux Troubadour (Romance) (Mme. Dubournial) 366

Le Village (Romance) (Hédoin) 469

Le Village abandonné (Romance) (Laffillé) 470

Le Vœu (Romance) (Voizel) 379

Le voici l'aimable séjour 554

Le voir et l'entendre 542

Le Volage constant (Louis Jadin) 265

Le Volage fixé (Romance) (Martin) 544

Le Voleur Idiot (Romance) (Puget) 865

Le voulez-vous? ne le voulez-vous pas? 539

Le Voyage de la Vie (Romance) (de Crozet) 546

Le Voyage en Sicile ou l'Eruption de l'Etna (Romance historique) (de Garaudé) 375

Le Voyageur (Chansonnette) (Romagnesi) 667

Le vrai Bonheur (Rondocino) (A. Moreau) 551

Le vrai bonheur habite nos campagnes 678

Le Vrai Français (Chant Guerrier) (Chénié) 469

Léandre au Bord de l'Hellespont (Romance) (Castil-Blaze) 438

Leave the City's noise and pleasures 930

Leb' wohl deinem Herzen ewig theuer 302

Leb' wohl, du theures Land 796

Leb' wohl, geliebte Mutter 490

Leb' wohl, geliebter Bruder 339

Leb' wohl, mein Bräutchen schön! 253

Leb' wohl, o Holde, die mein Herz verehrte 769

Leb' wohl, und das Bild der Tiefbetrübten 235

Lebe beständig wohl, o Königin 781

Lebe wohl (Junker) 202

Lebe wohl! (Proch) 639

Lebe wohl (Sicilienne) (Monpou) 810

Lebe wohl, du die ich innig liebe 269

Lebe wohl, lebe wohl mein Lieb! 650, 876

Lebe wohl, o mütterliche Erde 585

Lebe wohl, vergiß mein nicht 202

Lebe wohl, Vergissmeinnicht! 295

Lebe wohl, wir müssen scheiden 244

Lebens Genuss 651

Lebensblumen (Nägeli) 495

Lebenslied (Himmel) 166, 174, 649; (anonym) 295

Lebensmuth (Nägeli) 495

Lebensregeln (Vetter) 674

Lebet wohl, ihr lieben schönen Auen 883

Lebewohl
Im Wald erwacht der Hörnerklang (Nägeli) 495
Lebe wohl, mein Lieb! (C. Kreutzer) 650, 876
Zum Lebewohl nimm meines Herzens Klagen (Oginsky) 651

Lebt ein junger Barde 675

Lebt Mann und Weib hienieden 213

Lebt wohl ihr Berge 723

Lebt wohl, mein Capitänchen 703

Leçon (La; Oper: Dalayrac) 107

Leçon inutile (Romance, 1 oder 2 St.) (Blangini) 611

Léhéman ou La Tour de Neustadt (Oper: Dalayrac) 32 (2), 33, 111 (2), 223, 236, 247

Lehmann ou La Tour de Neustadt s. Léhéman ou la Tour de Neustadt

Leicester et Amélie (Nocturne, 2 St.) (F. Garat) 551

Leichter Sinn (Bergt) 284, 291

Leiht ein Gott mir 642, 702

Leise flehen meine Lieder (Leave the City's noise and pleasure) 930

Leise, leise, fromme Weise 512, 688, 736, 896

Leise rauscht es in den Bäumen 870, 884, 892

Leiser, leiser, kleine Laute 211, 323

Leiser nannt ich deinen Namen 326, 434, 650

Lend me thy saffron robe dear god of joy 116, 135

Lenore (ein Lied) (Himmel) 230

Lenore (Melodram: Eberwein) 778, 889, 949

Leocadia s. Léocadie

Léocadie (Oper: Auber) 766

Leoma Stanzeln (C. Fischer) 693

Léon ou Le Château de Monténéro (Oper: Dalayrac) 35 (2), 41, 44 (2), 51, 53, 54, 85, 110 (2), 149, 214, 215 (3), 217, 219, 256 (2), 257, 307 (2), 413, 505, 506

Léonce (Oper: Isouard) 85 (3)

Léonide (Vaudeville?: Doche) 607, 677

Leonora (Oper: Paer) 182, 490, 492

Leonore (Eberwein) s. Lenore

Leonore (J. Weigl) 965

Léonore (Oper: Gaveaux) 107 (3)

Les Adieux
O champs heureux ... (Dalassenée) 386
Vous qu'il fallait ... (Ed: B.....) 542

Les Adieux (Chanson) (Woets) 570

Les Adieux (Nocturne, 2 St.) (de Crozet) 550

Les Adieux (Romance)
Adieu charmante solitude (Le Mière de Corvey) 455
Charmant paiis ... (Friard) 839
Le jour naît ... (de Peelaert) 392
O beau pays ... (Dalvimare) 393, 672
Quel calme pur ... (Hustache) 543, 607
Un chevalier ... (Romagnesi) 475
Vallon chéri ... (F. Grast) 552
Voici l'instant affreux (H.-M. Berton) 152
Les Adieux (Romance, 2 St.) (Charlotte ...) 366
Les Adieux (Rondeau) (Farcy) 643
Les Adieux a Betzi (Lambert) 368
Les Adieux à la Campagne (Nocturne, 2 St.) (Masini) 836
Les Adieux à la Campagne (Romance) (de Garaudé) 356
Les Adieux au Collège (Chansonnette) (Laffillé) 434
Les Adieux d'Isaure à la brigantine (Romance) (Bruguière) 850
Les Adieux d'un jeune Croisé (Spontini) 384
Les Adieux d'un Volontaire Royal à son Amie (Romance) (de Garaudé) 354
Les Adieux de Charles Premier (Romance) (H.-M. Berton) 747
Les Adieux de Firmin à Babet (Mees) 498
Les Adieux de Linus (aux Nymphes de la Thrace) (Romance) (Vaillant) 375, 450
Les Adieux de Mme. de Lavallière à la Cour de Louis quatorze (Romance) (A. Meissonnier) 441, 485, 603
Les Adieux de Raoul de Coucy (à Gabrielle de Vergy) (Romance)
Il faut partir ... (Balochi) 430; (A. Pacini) 994
Tout brillant ... (F. J. Naderman) 443
Les Adieux de Roselle (Romance) (Lechallier) 441
Les Adieux de Sapho à Phaon (Romance) (J. P. Ae. Martini) 433
Les Adieux de Velléda (Chant gallique) (Hédouin) 428
Les Adieux du Troubadour (Romance) (Gaubert) 447
Les Amis de Paris (Air) (Gatayes) 670
Les Amours de Cupidon (Chansonnette) (de Garaudé) 377
Les Amours des Quatre Ages (Romance) (L. Moreau) 377
Les Anglais et les Français (Romance) (C. A. Moreau) 543
Les Arts et l'Amitié (Romance) (Colombelle) 360
Les Batelières de Brienz (Barcarolle Suisse) (F. Grast) 668
Les Belles (Nocturne, 2 St.) (Gail) 444
Les Bergers malheureux (Nocturne, 2 St.) (Paer) 540
Les Bergers sont des Loups (Chansonnette) (H. F. Berton) 667
Les Bienfaits de l'Amitié (Romance) (P. Féneaux) 471
Les Bords de la Seine (Romance) (Bérat) 485, 603
Les Brises du Soir (Romance) (Bruguière) 833
Les Champs (H***) 552
Les Charmes de l'Amitié (Romance) (Hatzfeld) 441

Les Chefs Ecossais (Romance) (L.-A. Piccini) 452
Les Chemins différens (Chanson) (Romagnesi) 666
Les Chevaliers de la Fidélité (Romance à quatre Notes) (Boieldieu) 443
Les Chevaliers Rose Croix (Romance) (Laurent) 604
Les Cheveux d'Iris (Romance) (Lambert) 346
Les Cheveux noirs et les Cheveux blonds (Chansonnette) (Gouet) 755
Les cinq Ages de la Vie (Romance) (Plantade) 436
Les Conseils (Romance) (de Beauplan) 442
Les Conseils de la vieille Annette (Farcy) 644
Les Contes de ma Mère grand (Chansonnette) (A. Roger) 850
Les Croisades (ou le Boristhène) (Romance historique) (Mme. T. A. L...) 438; (Strunz) 496, 671, 996
Les Dangers (Chansonnette/Romance) (Blangini) 613; (J. Zimmerman) 459, 627
Les Débats ou l'Oubli du Passé (Chanson de Table) (Darondeau) 670
Les derniers Adieux (Romance) (Castellacci) 468
Les Derniers Regrets d'un Jeune Sciote (Romance) (Hagemann) 605
Les deux Bateliers (Nocturne) (Martainville) 442
Les Deux Voyageurs (Romance) (Blondat) 455, 627
Les Devoirs du Chevalier (Romance) (Gail) 427
Les Devoirs du Chevalier (Rondo) (Nacher) 627
Les doux rayons de l'Aurore 430
Les Effets de l'Absence (Romance) (R. Kreutzer) 435
Les Enfans de dix ans (Romance) (Panseron) 902
Les Enfants de la Joie (Chanson) (Vaillant) 453
Les Enfants de la Veuve (Romance) (Raoul) 472
Les Etrennes (Chansonnette) (Schaffner) 453
Les femmes prens y garde 254
Les Festes de Paris (Moraux Domatre) 541
Les Feuilles (Romance) (Laffillé) 432
Les feux du jour nous chassent 432
Les Fiancées des Pâtres (Styrienne, 2 St.) (Masini) 839
Les fils de l'université de Vienne 534, 840
Les Fleurs (Romance) (Mauger) 545
Les flots entonnent leur colère 752
Les Folies du Jour (Couplets) (Doche) 679
Les Français au Tombeau de Louis XVI (Hymne, 3stg. ad lib.) (de Garaudé) 349
Les Fruits de l'Education (Chansonnette) (Bruguière) 666
Les Gondoles (Barcarolle, 2 St.) (F. Grast) 553
Les Gondoliers de Constantinople (Barcarolle, 2 St.) (Panseron) 836, 903
Les Grâces et Amour (Romance) (Ferrari) 243
Les Guerriers et les Belles (Romance) (Gatayes) 452
Les Guerriers Troubadours (Chanson bacchique) (Isouard) 441
Les Hélas! (Nocturne, 2 St.) (P. de Ginestet) 450
Les Hirondelles (Romance) (Panseron) 816, 820

Les Illusions (Stances) (Le Mière de Corvey) 449

Les Inconveniens de la Fortune (F. Garat) 547

Les jeunes Batelières (Barcarolle, 2 St.) (Panseron) 904

Les Laveuses du Couvent (Romance) (Grisar) 838

Les Lunettes (Chansonnette) (Marty) 446

Les Lunettes de ma Grand'Mère (Chansonnette) (A. Meissonnier) 820

Les Madrilènes (Strunz) 752

Les Maris sans Femmes (Rondo) (Darondeau) 677

Les Matelots et les Bergères (Barcarolle, 2 St.) (Panseron) 835, 899

Les Maux de l'Univers (Chanson) (A. Pacini) 263

Les Ménestrels (Romance) (A. Meissonnier) 478

Les Montagnards Tyroliens (Bruguière) 833

Les Noms (Romance) (Warot) 393

Les Nouveaux Valets de Ferme (Duo) (Roux-Martin) 746

Les Petits Appartemens (Romance) (H.-M. Berton) 734

Les Petits Coups (H***) 553

Les petits Jeux (Chansonnette) (J. Meissonnier) 451

Les petits Oiseaux de Sylvie (Romance, 2 gleiche St.) (H. F. Berton) 818

Les Plaisirs de l'Enfance (Romance, 2 St.) (Romagnesi) 753

Les Plaisirs de l'Hiver (Ronde, 2 St.) (Romagnesi) 668

Les Plaisirs du Printems (Chansonnette, 2 St.) (Romagnesi) 668

Les plaisirs volaient sur mes traces 113

Les plus jolis Mots (Romance) (Gilles) 385, 496

Les Pourquoi? (Romance) (Moraux Domatre) 554

Les Pourquoi. A Aglaé (Romance) (Schaffner) 392

Les Prestiges de l'Amour (Nocturne, 2 St.) (de Lagoanère) 667

Les Preuves d'Amour (Romance) (Gouet) 756

Les quatre Ages de Colette (Nocturne, 2 St.) (Blangini) 748

Les quatre Heurs du Jour (Romance) (Schloer) 462

Les Quinze Ans de Cécile (Dugazon) 384

Les Rameurs du Bosphore (Barcarole Orientale) (Strunz) 752

Les Refrains du Pays (Tyrolienne) (Strunz) 750

Les Regrets (Romance)
   Chagrin d'amour ... (Thiébault) 447
   Comme une rose épanouie (Madame J. D.) 443
   Fille d'amour ... (L. Moreau) 432
   Ils ne sont plus ... (Solikof) 440
   Ils sont passés ... (van den Bergh) 392
   Le doux sommeil ... (L. Moreau) 441

Les Regrets d'Amitié (Romagnesi) 385

Les Regrets d'un Troubadour (Romance) (Laffillé) 428

Les Regrets d'une Amante Helvétienne (Romance) (Leeflang) 391

Les Regrets de Chloé (Romance) (de Zegers) 544

Les Regrets de l'Absence (Romance)
   O toi qui me fais éprouver (Blangini) 266
   Tendres agneaux ... (Gaveaux) 454

Le Regrets de Lise (Pastorale) (H.-M. Berton) 436

Les Regrets du Ménestrel (Romance) (d'Aubonne) 443

Les Regrets du Voyageur (Romance, 2 St.) (Romagnesi) 336, 608

Les Regrets maternels (Romance) (Glachant) 644

Les Riens (Chansonnette) (F. Garat) 546

Les Roses (Rondeau) (Mees) 501

Les Rossignols (Romance) (Ropicquet) 472

Les Ruisseaux (Stances, 2 St.) (H. F. Berton) 459

Les Sermens (Blaze) 386

Les Sermons et la Danse (Chansonnette) (Bruguière) 665

Les Souhaits (Romance) (Lafont) 478

Les Souhaits d'un Suisse hors de sa Patrie (Schaffner) 391

Les Soupirs
   Petit chagrin dans notre enfance 501
   Témoins de ma peine secrette (Lélu) 385

Les Soupirs (Romance) (A. Meurger) 540

Les Soupirs d'Amour (Della Maria) 177

Les Souvenirs (Nocturne) (Louis Jadin) 362

Les Souvenirs (Romance) (Woets) 570

Les Souvenirs de l'Amour (Romance) (Rigault) 361

Les Souvenirs de St. Preux (Romance) (Parenti) 449

Les Souvenirs du Val (Romance) (Lambert) 431

Les Tourmens de l'Absence (Romance) (Woets) 570

Les Trois Ages du Troubadour (Tyrolienne) (Romagnesi) 621

Les Trois Baisers (Romance pastorale) (Ladurner) 440

Les Troubadours et la Voisine (Trio) (Mees) 500

Les Troubadours François à Hambourg (nouvelle Romance) (F. Garat) 105

Les Troubadours ou le premier de Mai (Sérénade) (Mees) 500

Les Turcs inondant nos rivages 832

Les Vœux (Romance) (d'Aubonne) 434

Les Vœux d'un Troubadour (Romance) (St. Champein) 428

Les vœux dont ce peuple m'honnore 134

Les Voyages de la Folie (Romance) (Desrivières) 445

Les Yeux de Philis (Romance) (St. Champein) 438

Les yeux noirs et les yeux bleus 880

Lestocq oder Intrigue und Liebe s. Lestocq ou L'Intrigue et l'Amour

Lestocq ou L'Intrigue et l'Amour (Komische Oper: Auber) 528 (3), 529 (3), 799, 800 (4), 916, 923

Let fortune's angry tempest blow 95

Let knœkker Stormens Kast 523

Let me approach my sleeping live 95

Let og glad Gazellen spiller 533

Let the patriot contend for his Country's precedence 940

Lethe's Stream (Bruce) 942

Letzte Tag von Pompei (Der) s. Ultimo Giorno di Pompei (L')

Letzten Dinge (Die; Oratorium: Spohr) 956
Letzter Wunsch (Kallenbach) 584
Leuchtturm (Der; Trauerspiel: F. L. Seidel)
   868
Lève-toi, jeune enfant! 966
Ley es que ha de adorarte 275
Leyermann am Jahrmarkte (Nägeli) 495
Libella (Oper: Reissiger) 793, 796
Libera (v. Seyfried) 909
Libera me Domine 909
Libiamo ne' lieti calici 708
Libussa (Oper: C. Kreutzer) 422 (2), 513 (3),
   514 (3), 682, 769 (3), 772
Licas et sa bien Aimée (Romance, 2 St.)
   (de Peellaert) 627
Licht und Leben sind geschwächet 228
Liden Kirsten gaaer i Lunden 522
Lidt blye man först os finder 513
Lidt Klogstab, Haab og vaagent Öie 508
Lidt Snedighed jeg tager 204
Lieb' sey ferne, ist doch immer da 494
Lieb' Söhnlein sprach meine Grossmutter 305
Lieb' und Freude sind zärtliche Schwestern
   324
Lieb' Väterlein wünschet mich fromm und gut
   674
Liebchen, aller Zank sey ferne 687
Liebchen, lass dich küssen 878
Liebchen, lausche meinen Tönen 891
Liebchen, öffne doch dein Fenster 492
Liebchen wallt in fernem Lande 873
Liebchens Erinnerung (Reissiger) 879
Liebchens Schätze (Arendt) 880
Liebe
   Heisse stille Liebe ... 201
   Nichts rundum ... (J. R. Zumsteg) 211
   Sag an, mein Lied ... (Nägeli) 282
   Was zieht zu deinem Zauberkreise ...
   (Hurka) 174
   Wenn der Reiz der Zärtlichkeit (J. F. Rei-
   chardt) 166, 174
Liebe, die du mich zum Bilde 990
Liebe, eine Hütte nur 146
Liebe Flöterin 885
Liebe Glühen (C. M. v. Weber, Jähns 140) 650
Liebe ist die zarte Blüthe 963
Liebe macht kurzen Prozeß (Singspiel: Henne-
   berg) 213
Liebe schwärmt auf allen Wegen 296
Liebe Schwestern zur Liebe geboren 306
Liebe und Ruhm s. Charles de France ou
   Amour et Gloire
Liebe und Treue 296
Liebe wechselt Berg' und Thale 178
Liebe! wer kann deiner Macht widerstehen
   315
Liebe zu den Schwestern (W. A. Müller) 852
Liebe zum Vaterlande (Die; Ballett: Cavos)
   307
*Liebende preisen hier Florens süße Blumen-
   düfte* 740
Liebes A-B-C (Reissiger) 829
Liebes Bild, du hebest meinen Geist empor
   164, 179
Liebes Kind, lass dir rathen 695
Liebes Leiden (Fesca) 675
Liebes-Ruhe (Hérold) 828
Liebesbotschaft (Schubert, D 957, 1) 844
Liebeserklärung
   Aendre doch dein hart Verfahren 653

Du mein Ut re mi fa sol ... (T. E. Eberwein)
   673
Gott grüss, dich, Mädchen, ... (Hurka) 175
Liebeserklaerung von einem Kaufmann 311
Liebesgeständniß (Otto) 882
Liebesglück (Praeger) 773
Liebesklage (Weinlig) 326
Liebesnähe (Nägeli) 494
Liebesrausch (Neithardt) 827
Liebesschwärmerei (Spohr) 673
Liebestaumel (J. F. Reichardt) 165
Liebestrank (Der) s. Elisir d'Amore (L')
Liebeswonne (v. Hettersdorf) 675
Liebeszauber
   Mädel schau mir ins Gesicht (Zulehner)
   212
   Wer nennt den Zauber ... (Morgenroth)
   327
*Lieblich ist's im Kühlen, wenn die Mücken
   spielen* 775
Lieblich wie der Blüthenschleyer 673
Liebliche Blume, dir ward mein Geschick! 214
Liebliches Sträuschen am Busen 775
Liebling des Frühlings, lächelnde Rose 326
Liebster Immanuel, du Freund der Deinen 990
Liebster Jesu, wir sind hier 803, 980
Liebt, o liebt! den wirds gereuen 292
Liebt, o liebt, es wird 897
Lied (Kanne) 161
Lied
   A captive in the stranger's land (Bishop)
   922
   A coronet may gild thy brow (Roche)
   928
   A maiden by a river's side (Rossini) 921
   A rose-bud in a valley grew (Hérold) 936
   Ach umsonst ... (J. F. Reichardt) 295
   Adieu Bergère ... (F. Bianchi) 177
   Älskvärda Nattfiol! (Palm) 28
   Än plockar jag rosor ... 27
   Ah moi n'est pas sauvage ... (F. Bianchi)
   177
   And thou art dead (Esain) 927
   As winter withers all the leaves (Horn)
   926
   Ask not why the tear-drop glistens (Linter)
   939
   Ask the wild breeze (Wade) 930
   Auf den Bergen saß ein Müder (Röth) 344
   Away, away! Ye notes of woe (Hastings)
   925
   Barrow's banks are fair to see (Crouch)
   934
   Beglückt durch dich ... 294
   Bewail not the bard (Crouch) 930
   Bright morn of life (L. Smith) 931
   By that still and shining river (Bishop) 931
   Cold was the night wind (A. Lee) 940
   Come away to the masquerade (Linley)
   912
   Come let me take thee to my breast
   (Fitzwilliam) 936
   Come let's seek the fairest bowers (Bar-
   nett) 927
   Come o'er the mountain, love! (Rodwell)
   937
   Come pass one happy day with us (Cush-
   man) 942
   Could'st thou but know (Marlborough)
   953

Lied

Das Mädchen ist mir ehrenwerth 296
Day's beams are over (A. Lee) 913
December snow is falling fast (Ormonde) 934
Dein gedenk' ich ... (Righini) 212
Der Mond blickt durch die Fenster klar (Fesca) 773
Des chevaliers , guerriers et troubadours (Dupuy) 610
Did gentle pity ever ... (Barnett) 939
Don't be too particular (Crouch) 928
Dost thou think I forget thee? (Knight) 923
Down in yon dell (Hatton) 931
Du som af skönhet och behagen 3
Dystra skog och mörka gömma (Lorenz) 36
Ensam i min hyddas famn (Åhlström) 16
Es stürmt auf der Flur (v. Weber, Jähns 161) 495, 619, 748, 871
Ewig treu beständig lieben (Gaensbacher) 651
Far distant lies my native home (Dashwood) 934
Farewell, farewell for ever (Bellini) 921
Farewell, oh think on me (St. Glover) 942
Farewell to the false one (Smart) 942
Forglem mig ei! (L. Zinck) 412
Fylda glas och fylda Balår 4
Genom Dalens stilla famn (Byström) 15
Give me the golden violet (Kilmaine) 933
Go forth! the Standard bear (Flood) 942
Haste, haste, the Gondolier is calling (Paer) 920
He came at morn (Barnett) 912
Helm and shield are stain'd with rust (Bishop) 911
Here by this waving willow (Mercadante) 942
Hör min vän det är ej åt 17
Hoffe, Herz, nur mit Geduld! (Harder) 774
Hoffnung, du liebes freundliches Licht 872
Hon nalkos den sorgliga stunden 39
Hope is still a fair deceiver (Fitzwilliam) 939
How brief are infant's saddest tears (Millar) 928
How happy is the shepherd's lot (Boieldieu) 921
How like the stars are woman's eyes (Bishop) 942
How shall I woo her? (Salaman) 945
Hurrah for the Gipsey's jovial life (Winterbottom) 940
I can't forget thee, if I would 946
I canna leave thee, love (Guylott) 923
I could roam thro' the lands (Crouch) 935
I de år ... (C. G. Kuhlau) 53
I dreamt I was a fairy (Deval) 936
I dreamt of the halls ... (Bishop) 933
I have known thee ... (Loder) 924; (Rawlings) 910
I have roam'd the world over (Loder) 925
I have traversed the world (G. F. Taylor) 938
I knew not that the world contain'd (Barnett) 953
I lov'd thee ... (Rodwell) 925

Lied

I love thee! (Dance) 912
I miss thee ... (Knight) 932
I ne'er shall hear ... (Loder) 931
I saw thee ... (Barnett) 932
I see thee ... (Rodwell) 944
I Stillhet gömd ... 4
I trembled when I met thee (St. Glover) 942
I wear a smile ... (Flood) 941
I will love you! (Guernsey) 943
I'll hang my harp ... (Guernsey) 936
I'll meet thee, love (C. Smith) 912
I'll only hear ... (Barnett) 913
I've been where fresh flowers ... (Horn) 913
I've built me a bow'r ... (Wade) 954
Ich irr' umher ... (A. E. Marschner) 811
Ich wäre wohl fröhlich so gerne (Franz) 767
If earth be a garden (Bishop) 916
Im Arm der Liebe ... (Hansius) 294
Im süssesten Rausche ... (Skraup) 882
In fancy still ... (Rodwell) 923
In solitude one eve I stray'd (Bishop) 929
In the cold stilly night (Bishop) 927
In the morning of life ... (Méhul) 921
In vain the song of sorrow (Adrien) 141; (S. Arnold) 141
It was a dream ... (Loder) 919
Jag har dig åter (Crusell) 39
Junges Herz voll Zärtlichkeit (F. L. Seidel) 168, 177
Kom muntra löje ... (Stenborg) 2
L'amero saro costante (Gaensbacher) 651
Lady, take this little wreath (Linter) 938
Lebe wohl, o mütterliche Erde (Kallenbach) 585
Lieblich ists im Kühlen ... (Bergt) 775
Life is floating o'er me! 925
Lifligt mig Foglarnas ... (Lorenz) 36
Ljudet kan väl aldrig hinner 4
Lo! the moon in silver radiance (Bellini) 920
Lovely Rose! bloom awhile (Loder) 941
Lüftchen, ihr plaudert ... 869, 884
Lycklig den med sorgfritt hjerta (Gleisman) 16
Månen ej lyser ... (Åhlström) 35
Mein, o mein ist sie auf immer (A. Romberg) 230
Meine Lieder, meine Sänge (C. M. v. Weber, Jähns 73) 782, 866, 884
Meine Ruh' ist dahin ... (Danzi) 653; (Röth) 342
Milda körlek, Himla låga ... 656
Mins hur jag älskat ... (Alvorthy) 5
Mond und Sterne ... (v. Hettersdorf) 672
My early love (Cushman) 943
My home is but a peasant's cot (Flood) 943
My love lies slain ... (Linley) 939
My love's like the deer (Rodwell) 937
My nymph a world, bewitches! (Righini) 141
My soldier wears a tartan plaid (Barnett) 923
My thoughts had wander'd home (Loder) 929
My Tyrolese has golden Hair (Crouch) 939
Nå! nå! unga Flicka ... (C. Kuhlau) 35
Nanas siska i sin bur 17

Lied

Naturen mig lärde ... 34
Neben dir ist das liebste Plätzchen mir (Gyrowetz) 875
Nehmt euch in acht! (Righini) 870
Nej bättre jag min lycka vet (Haeffner) 30
No more can grief impart (Spohr) 915
Now the lamp of day ... (Barnett) 910
O dass ich dir ... (Beethoven, WoO 140) 802
O Du som i ditt häng har slutit 3
O Du, som verldars millioner (Palm) 27
O haste thee, bold hunter (Joh. Strauss Vater) 922
O never name ... (C. Smith) 952
O! say not sweet Lassie (Loder) 927
O sing the song ... (Girschner) 927
O were I but a thing of light (Woolaston) 924
Ob ich dich liebe? ... (Röth) 343
Ömhet lugn och hopp upfyll (Witzoffski) 31
Oh! ask her not ... (Wade) 931
Oh ask me not ... (Donizetti) 936
Oh! breathe no more ... (Blockley) 914
Oh! breathe once more ... (Linter) 941
Oh! come to the valley ... (Rodwell) 942
Oh! do not think of me (Ling) 940
Oh, for a cot ... (Blewitt) 924
Oh! from a Mother's eye (Bishop) 924
Oh! Lady come ... (Guylott) 936
Oh! look ye out ... (Guylott) 924
Oh, my bravest and best ... (Bellini) 917
Oh, no I've not forgotten thee (Horn) 930
Oh send me back ... (Marsden) 940
Oh! sing me any song ... (Linter) 933
Oh softly falls the foot of love (Loder) 925
Oh tell me not ... (Horn) 939
Oh! tempt me not to roam afar (Bellini) 934
Oh! tempt me not with jewels bright (Rawlings) 910
Oh! this heart it is thine (Crouch) 936
Oh welcome was ... (Cushman) 943
Oh! when the sparkling moonlit waves (Donzini) 939
Oh! why hath music power (Bishop) 917
Oh! Woman! Dear Woman! (Crouch) 942
Ohne deine Blicke ... (F. Bianchi) 279
Old friends ... (Knight) 925
Old Ocean is calm (Horn) 914
Om hoppet sin stråle (Gleisman) 15
On the hills I wander'd early (Millar) 939
One morn I left my boat (A. Lee) 930
One word with thee (Hodson) 953
Over the Lake at eve (Donizetti) 922
Piangero la mia suentora (Gaensbacher) 652
Que le jour me dure (F. Bianchi) 177
Quel ruscelletto che l'onde chiare (Gaensbacher) 651, 676
Rieselnde Quelle, freundliche Welle (Gänsbacher) 676
Rose d'amour ... (F. Bianchi) 177
Sad and sweet that music soundeth (Flood) 943
Sälla förflutna ... 2

Lied

Saw you not the rising tear (Manners) 923
Se mamma hur det brinner (Palm) 22
See! the blushing op'ning roses (Mazzinghi) 925
See the village lads awaking (Boieldieu) 922
Thou! oh! thou hast lov'd me (Bishop) 927
She lov'd not wisely, but to well (Bishop) 925
She sits beside the lonely rill (Machold) 937
Sing me a song of home! (Macfarren) 938
Skön stod blomman ... (Åhlström) 28
Skön stod på liflets falska stränder 25
Sleep my babe in slumbers deep (Donizetti) 921
So fliesst ihr denn, ... (Osthoff) 881
So mancher mögt ihr Blümchen sein (Methfessel) 868
Softly fades the closing day (Rossini) 921
Sounds of music ... (Joh. Strauss Vater) 921
Speed safely o'er the sea (Rodwell) 914
Strike the tents of snow (Phipps) 942
Süße Ahnungsschauer gleiten ... (Harder) 279
Süsse heilige Natur ... (Fränzl) 340
Sweet years of youth (Linter) 932
Sweetly sound the distant bells (Vernon) 933
The birds which sang so sweetly (Bishop) 936
The flowers are bright ... (Parry) 931
The last links are broken (Loder) 918
The miser guards his treasure (Ling) 933
The moon looks pale (Bishop) 935
The Music of my heart is gone (Flood) 946
The pale moon is gleaming (Joh. Strauss Vater) 920
The rose the sweetly blooming rose (Merriott) 936
The Soldier frae the war returns (Barnett) 927
The spring time is coming (Bellini) 934
The tides which swell the ocean (Flood) 939
The tree of the forest (Knight) 925
There is a dream ... (Flood) 943
There is a garden ... (Flood) 938
There was a time (Blockley) 939
There's a bliss ... (Wade) 924
There's a feeling ... (Parry) 938
There's no land ... (Loder) 919
There's no such light ... (Guylott) 928
They chide me ... (Millar) 916
They have decked her ... (Cave) 947
Tho' winter blast the weaping year (Busby) 141
Thou art the giddiest youth alive! (Loder) 920
Thou gav'st me ... (Rodwell) 915
Thou hast left me for ever, Jamie (Parry) 928
Thou! oh! thou hast lov'd me (Bishop) 927
Thou wert kind to me (Auber) 924
Thou wert kind to me (Auber) 924
Thou wert lovely to my sight (Bishop) 932
Though the last hope we cherish'd ... (Rodwell) 947
Thy gentle beauty's soft control (H. Herz) 923

Lied

Time brings a sure relief (Rawlings) 932
Time was thy locks were brown ... (Loder) 924
'Tis a gladsome time (Röhner) 942
Trzeba sie kochac (Elsner) 171
'Twas evening when I left the vale (Crouch) 940
Un amante suenturato (Sarti) 3
Under a tree, one summer's day (Bishop) 939
Uns ist ein Sternlein ... (Erfurt) 891
Unter allen Dingen ... (Puget) 810
Vid första kallelsen at dricka 658
Wär' ich ein Vöglein (Erfurt) 886
Wake her not for she is sleeping (Smart) 943
Was ich liebe ... 180
Was zieht zu deinem Zauberkreise (C. M. v. Weber, Jähns 68) 870
We den som sig ... (C. G. Kuhlau) 53
We met as old friends (Lowell) 942
We never yet with whispers sealed (Bishop) 939
We return no more! (Lodge) 912
We shall not meet again (Hogarth) 953; (Steers) 927
We will not leave our native hills (Bishop) 943
We will seek some distant clime (Rodwell) 936
Weep not thou lonely one (Bishop) 918; (Rawlings) 916
Wehe nur, du Geist des Lebens (Hauptmann) 744
Wenn du mich liebst ... (Skraup) 883
Wenn ich ein Vöglein wär (Lindner) 885
What dost thou bear? (Knight) 926
What is it when absent from thee (Bishop) 940
What shall be my theme (Horn) 912
When first, o Zelinda (S. Arnold) 141
When hearts are young (H. Herz) 931
When I from Ellen parted (Guylott) 920
When I saw thee ... (Nelson) 935
When last we met ... (Thalberg) 929
When lone in pensive hours (Bellini) 931
When should lovers ... (Fitzwilliam) 933
When the glen all is still 928
When the sun sinks in the sea (Rodwell) 937
When woe on the bosom (Bishop) 937
Where shall we meet (C. White) 933
While the girls of our village (Bishop) 938
Who'll buy my flow'rs (Blangini) 921
Why chide me so ... (Roche) 943
Why chime the bells ... (Knight) 933
Why comes he not! (Horn) 911
Why dost thou pause a while (Davison) 931
Why gaze ye on my hoary hairs? (Hodson) 942
Wo ich gewesen bin ... 813
Wo lernt man Weisheit ... 295
Woher das Grübchen ... (F. A. Kummer) 767
Woman has nought ... (C. Smith) 911
Yes, here alone ... (Bishop) 940
Yes, this was the cot (G. F. Taylor) 940
Zilla! Zilla! Moorish maiden (Crouch) 939
Lied an den Mond 297

Lied auf dem Wasser zu singen (1 oder 2 St.) (Naumann) 873
[Lied aus:] Der arme Minnesänger (C. M. v. Weber) 740, 783, 867, 870, 884
Lied aus der Ferne
  Als mir noch die Träne (Beethoven, WoO 137) 68, 721
  Wenn in des Abends letztem Scheine (Methfessel) 252; (Nauenburg) 870; (Valentini) 993; (anonym) 269
  Wo ist sie hin ... (Zeller) 676
Lied aus der Steiermark (A. Kretzschmer) 885
Lied aus Gabriele (Osthoff) 865, 884
Lied aus Hedwig (Ch. Schulz) 870
Lied beym Rundetanz (Nägeli) 282
Lied beym Wechsel des Jahres zu singen (H. Marschner) 813
Lied der Freude (Spohr) 179
Lied der Freude, am ersten Tage des 19ten Jahrhunderts (Hensel) 142
Lied der Freude für jüngere Mädchen (Knecht) 146
Lied der Hirtin (C. M. v. Weber, Jähns 229) 783, 867
Lied der Liebe
  Durch Fichten am Hügel (Nauenburg) 877
  Namen nennen dich nicht ... (Sterkel) 168
Lied der Mutter an der Wiege ihres Knaben (W. A. Müller) 852
Lied der Nacht (J. F. Reichardt) 619, 866, 884
Lied der Räuber aus dem Trauerspiel: Die Räuber 232
Lied der Treue (Stegmann) 737
Lied der Treue ‹Gegenstück› (Spazier) 175
Lied des Ariel aus dem Sturm (Boyneburgk) 674, 682
Lied des Gefangenen
  Als meine Großmutter ... (Kugler) 790
  Wie lieblicher Klang! ... (Montù) 878
Lied des Narren (F. L. Schubert) 808
Lied des Rekruten in Wallensteins Lager (Praeger) 770
Lied eines Harfenmädchens (Blüher) 323
Lied eines Invaliden im Auslande gesungen 269
Lied eines jungen Bauern (C. Seidel) 143
Lied eines Landmanns (Köhler) 178
Lied eines Pariser Stutzers (Auber) 798
Lied eines Schweizer Mädchens (Sterkel) 167, 178
Lied für Deutsche 294
Lied für zwey Liebende (Starke) 226
Lied im Freien (Ett) 395
Lied in der Fremde (Bergen) 889; (C. M. v. Weber (zweifelhaft)) 870
Lied mit Chor (H. Marschner) 813
Lied von Clotilde (Osthoff) 868; (C. M. v. Weber, Jähns 281) 673, 868
Lied von der Hoffnung 296
Lied, zum Hausbedarf (Blüher) 324
Lied zum Lobe der Weiber 296
Lied zur Feier des hundertjährigen Preussischen Königthums (H. L. Berner) 142
Lied zur Wallfahrt auf den Prudelberg (F. W. Berner) 146
Liedchen
  An a Bergli ... (J. F. Reichardt) 315
  Ruhe, Süßliebchen ... (J. F. Reichardt) 164
  Wär ich ein muntres Vögelein (J. R. Zumsteeg) 175, 672

Liedchen der Freundschaft an Emma (Morgenroth) 327
(3) Lieder (Beethoven) 229
(13) Lieder nach Gedichten von Rellstab und Heine (Schubert, D 957, 1, 4) 844, 930
Lieder von Franz Schubert 639, 701, 959
(2) Lieder von Göthe (E. Marschner) 813
Lieder von Heinrich Proch 639 (12), 697
Lieux charmans où de ma jeunesse 462
Life is floating o'er me! 925
Lifligt mig Foglarnas samljud förtjusar 36
Lifvets dag Ode till et nyfödt Barn (Sjöberg) 24
Lifvets Vår och Höst 40
Lig Skyen, naar bag Vestens Fjeld 845
Lightly tread around her bier 934
Lik en Engel i dyg der och godhet 55
Lik en Zephyr Din fot du styr 662
Lik Sång 13
Like sparkling champaigne 99
Liksom i skyn en stjerna 715
Lilla s. Una Cosa Rara
Lille Mand troe mig 530
Lille Matros (Den) s. Petit Matelot (Le)
Lille Rödhætte (Den) s. Petit Chaperon Rouge (Le)
Lille Rose, du smiler i bliden Vaar 516
Lillien (A. E. Müller) 71
Linda s. Linda di Chamounix
Linda di Chamounix (Oper: Donizetti) 639, 640 (8), 701 (11), 959
Linto al sen 271
Linus! que vous tardiez de répondre à ma voix! 364
Lionel and Clarissa, or a School for Fathers (Pasticcio: Ch. Dibdin u. a.) 93
Lira d'Achille (Ballett: v. Gallenberg) 864
Liredreieren (Himmel) 74
Lisbeth (Oper: Grétry) 106 (2)
Lise (Chansonnette) (Desjardin) 446
Lise accueille tous mes riveaux 749
Lise, Alan fra Barndoms Alder 509
Lise disait dans son jeune âge 644
Lise entends-tu l'orage? 351, 474
Lise et Colin (Mees) 273
Lise et Colin (Romance) (Charles) 478
Lise et Lycas (Romance) (Morlacchi) 819
Lise gentille pastourelle 457, 642
Lise, jeune aventurière 359
Lise m'aime à la Folie (Romance) (Lafont) 749
*Lise ne m'aime pas (Chansonnette) (F. Grast) 547
Lise og Peter (Singspiel: Wedel) 70, 71, 157, 159
Lise sur le rivage un soir se promenait 749
Lise tremblante ou nom d'amant 436
Lisels Brautlied (Helmholz) 891
Lisette et Léandre (Romance) (Rigot) 550
Lisis est un jeune berger 484, 605
Lison är skön; men ringa är dess börd 33
Lison dormait 91
List' tis music stealing 930
List und Phlegma (Vaudeville: Angely) 795
Little bird with bosom red 103, 125
Little Boy blew (Nursery Song, Duet) (B. Carr) 116, 135
Little Fairy 127
Little Gipsey declare 129
Little Winny Wilkins (a favorite Song) (Whitaker) 286

Livet er tit ved et Blomsterbeed lignet 74
Livets Fader! skue til mig ned! 528
Livets fire Aldre 847
Livets Glæder at smage 521
Livonia 130
Livrons nous à la brise 903
Livrons nous à la danse 678
Lizidas (Methfessel) 876
Ljudet kan väl aldrig hinna 4
Ljufva milda västan vindar! (Zeffiretti lusinghieri) 68
Ljufva Zefir! ach! hör mig! 58
Llega yen es tos brazos 573
Lo Cantor Ispagnol (Dumenil) 478
Lo! he cometh countless trumpets blow 131
Lo! Moonlight is stealing (Rossini) 922
Lo sognai 692
Lo sventurato adora 285
Lo! the moon in silver radiance 920
Lo! the moonlight is stealing 922
Lo! The thorn's unfolding blossom 968
Lo vidi, e'l primo palpito 705
Lob der Arbeitsamkeit (Ett) 395
Lob der Buchdruckerkunst (Elsner) 248
Lob der Stadt Breslau (Volkslied) 145
Lob der Tränen (The Joys of Spring) (Schubert, D 711) 930
Lob der weissen Farbe (Hurka) 875
Lob des Allgütigen (C. Ph. E. Bach) 564
Lob des Singens (Siegel) 824
Lob des Sprudels in Karlsbad (H. L. Berner) 146
Lob sey dem allerhöchsten Gott! 565
Lob't unsern Gott mit fröhlichem Gemüthe 767
Lobe den Herren, den mächtigen 788
Lobe den Herrn, meine Seele 567
Lobet den Herren, denn er ist 800
Lobet den Herrn, den mächtigen König 984
Lobgesang
Alles was loben kann (Ett) 394
*Alles, was Odem hat (J. P. Schmidt) 567
Lobsingt dem Herrn! (Gratz) 400
*Meine Seele lobsinget dem Herrn (J. A. P. Schulz) 563
Lobgesang am Mittag (F. W. Berner) 145
Lobgesang am Morgen (F. W. Berner) 144
Lobgesang auf die Himmelfahrt des Erlösers (J. A. P. Schulz) 562
Lobgesang der Engel (J. P. Schmidt) 568
Lobgesang der Erhörten (J. A. P. Schulz) 561
Loblied am Morgen (Schinn) 395
Lobsinget Gott, des Weltalls Herrn! 568
Lobsingt dem Gott der Ehren 561
Lobsingt dem Herrn! 400
Lobt den gewaltigen, den gnäd'gen Herrn 561
Lobt den Herrn! 395
Lobt den Herrn, die Morgensonne weckt die Flur 144
Lobt Gott ihr Christen 565, 782, 988
Lochlin and Eveline (Wade) 924
Lodi's Frantic Maid, a Sequel to the Maid of Lodi (Wornum) 127
Lodoïska (Oper: Cherubini) 151, 194, 195, 231, 407, 426, 681, 738, 739, 801, 959
Lodoïska (Oper: R. Kreutzer) 25, 26, 82, 98, 126, 148, 184, 233, 305, 767, 779, 780 (2)
Lodoïska (Oper: Mayr) 221, 350 (2)
Löjliga Mötena (De) s. Rendez-Vous Bourgeois (Les)

Løvhytten (J. H. Lorenz) 159
Logerende (Den; Singspiel: Kunzen) 249, 250
Loin d'un monde rempli d'appas 429
Loin de ces lieux qu'attriste ton absence 385
Loin de la France et de sa belle 471, 954
Loin de la riche Babilone 443
Loin de moi Salgar est errant 433
Loin de sa Clémence chérie 758
Loin de son amie 531
Loin de toi, ma Félicie 643
Loin de vous (Romance) (de Garaudé) 380
Loin de Zélie (Romance) (Ardisson) 443
Loin des bords baignés par la Seine 464
Loin des bords où je pris naissance 337, 830
Loin des bruits de la vie 841
Loin des Heureux du Monde (Nocturne, 2 St.)
   (Panseron) 905
Loin des Yeux près du Cœur (Romance)
   (Romagnesi) 621
Loin du beau ciel où je reçus le jour 449
Loin du beau ciel où je suis né 666
Loin du hameau la jeune Lise 478
Loin du hameau se promenant 499
Loin du païs de Galibis 466
Loin du tumulte de la guerre 500
Lombardi (I; Oper: Verdi) 703
London Town is just like a Barbers shop 100
Lonely I wander all the day 932
Long years have elaps'd 932
Longtems j'ai cru la seule gaité 438
Longtems l'amour fit palpiter mon cœur 551
Longtems ma lyre aux Héros de la France 996
Longtems nos maîtres sur la scène 677
Longtems voilé par les nuages 654
Look from thy lattice, love 966
Loose evry sail to the breeze 88
Lord! Amid this gloom and sorrow 968
Lord I will bless you 130
Lord in the morning 131
Lord Mayors Day (Pantomime: Shield) 100 (3)
Lord of the Manor (The; Comic Opera: Jack-
   son) 99
Lorédan (Romance) (Balochi) 352
Lorsqu'à seize ans au dieu de la tendresse 462
Lorsqu'à t'aimer bornant mes vœux 373
Lorsqu'abusant ma crédule jeunesse 665, 819
Lorsqu'accablé d'une sombre tristesse 664
Lorsqu'après tant de maux 434
Lorsqu'en ces lieux Lindor viendra 267
Lorsqu'on est riche et gentille 678
Lorsqu'on soupire dieux quel martyre 268
Lorsque dans une tour obscure 106, 179, 309
Lorsque Dieu la femme créa 385
Lorsque je dis que la richesse 114
Lorsque je parvins à cet âge 621
Lorsque je te crus infidèle 553
Lorsque l'astre des nuits 267
Lorsque l'hiver, enchaîne les flots 515
Lorsque l'on aime avec tendresse 357
*Lorsque le doux Zéphire ramène les beaux
   jours* 474, 500
*Lorsque sonne le moutier, à minuit l'heure des
   rêves* 905
Lorsque ta voix, ô mon amie 467
Lorsque Vénus sortit du sein de l'onde 364
Lorsque vous verrés un amant 105
Los venturato adora la speme 382
Losreissend ohn' Erbarmen 769, 876
Lost in my quiet for ever 119
Lotterie-Loos (Das) s. Billet de Loterie (Le)

Lou flasqué Rout (Canon, 4 stg.) (Castil-Blaze)
   456
Lou Troubadour (Romance provençale)
   (Castil-Blaze) 461
Lou vent s'escoun din sei mountagne 461
Lov'd Friend, awake thy Song (Millar) 927
Love and Honor now conspire 124
Love & Kitty (a favorite Song) (Gray) 285
Love in a Village (Komische Oper: Händel,
   Baildon etc.) 88
Love in thy eyes 95, 135
Love not! (Blockley) 955
Love, that from flower to flower 966
*Lovely maid see around us all nature is bloo-
   ming* 140
Lovely Rose! bloom awhile 941
Lu Lu s. Lulu
Lubin à l'ombre d'un ormeau 826
Lubin, de la forêt prochaine 665, 819
Lucas, épris de la gentille Hélène 830
Luci sereni 894
Lucia di Lammermoor (Oper: Donizetti)
   637, 699, 807 (2), 960
Lucido Dio! per cui l'april s'infiora 22
Lucretia (Oper: H. Marschner) 891
Lucrezia Borgia (Oper: Donizetti) 638 (20),
   699, 960
Lucy Gray of Allendale 117
Ludlams Hule (Oper: Weyse) 408, 412,
   420, 504 (3), 505, 516, 529
Ludovic (Oper: Hérold) 526, 527 (7), 528,
   862, 915
Lüftchen, ihr plaudert so viel und so laut
   869, 884
Lüftchen woher und wohin 880
Lügner (Der; Lustspiel nach Goldoni, neu
   arr. nach dem: Menteur von Pigault
   Lebrun; mit Gesang) 197
Lützow's Wild Hunt s. Lützow's wilde Jagd
Lützow's wilde Jagd (C. M. v. Weber, Jähns
   168) 724, 897, 953
Lugnt är vattnet som en spegel 660
Luisa Miller (Oper: Verdi) 705 (20)
Lukker op, I bange Harer! 517
Lulli et Quinault s. Lully et Quinault
Lully et Quinault (Oper: Isouard) 510 (2)
Lulu (Oper: F. Kuhlau) 67, 514 (10),
   515 (2), 714, 717, 718, 762
Lumpaci-Vagabundus (Zauberposse: A.
   Müller) 797
Lundi pour une semaine 106, 309
Lungi ancor dal ben che adoro 179
Lungi dal caro ben 373
Lungo il largo 637
Lustig durchs Leben 894
Lustig, ihr Leute, Soldaten sind da 827
Lustig in den Kampf 894
Lustig, ohne Sorg' und Pein 898
Lustige Fritz (Der; Singspiel: Reuling) 586
Lustige Schuster (Der) s. Poche ma buone,
   ossia Le Donne Cambiate
Lustiger Matrosengesang 895
Lutan 715
Luthier de Vienne (Le; Komische Oper:
   Monpou) 534 (3), 535, 840
Lycas m'aimait, il sut me plaire 459
Lycklig den med sorgfritt hjerta 16
Lycklig den som Hoppets Tärna 716
Lyckliga Trolleriet (Det) s. Diable à quatre
   (Le)

Lycksalig den, hvars trohets lön **59**
Lyda, Lyda unser Leben ist ein Traum 175
Lydia och Arist (Lyrisk monolog) 21
Lykken ei tvinges maa 533
Lykönskningssang. Ved Deres Majestæters
   höie Ankomst i Skuespillhuset des 4de
   September 1815 (Didrichstein) 407
Lyksalig den som vandrer 532
Lyksalig er han, som sidder der 524
Lyksalig Möe! 520
Lyksalige Fred! 505
Lyre Enchantée (La; Oper: de Garaudé)
   364 (2), 365 (3), 367, 372, 375, 629
Lysis avait de la jeunesse 350
Lystige Passagerer (De; J. H. Lorenz) 156
Lystigt omkring i susende Ring! 514
Lystigt op med hver kop 527
Lyt sagte lyt Du Elskte lyt! 414

M'abbracia, Argirio! 352
M'aime-t'elle encore? (Romance) (J. Zim-
   merman) 459
M'aimes-tu bien? (Romance, 1, 2 oder 3 St.)
   (Gouet) 755
M'è importuna 699
M'en vais doucement de la vie 831
M'han no detto che il marito 228
M'oublieras-tu ou le Troubadour proscrit
   (Romance) (Le Mière de Corvey) 445
M'oublieras-tu? quand fuyant ma Patrie 445
Ma belle pastourelle 359
Ma bonne mère, pourquoi donc prendre 668
Ma bonne sœur ouvre ton cœur 138
Ma Bourse (Couplets) (Salior) 439
Ma Chimère (Romance) (Bruguière) 833
Må Cytherens blommer paras 14
Må den enda tröst jag njuta 32
Ma dernière Espérance (Romance) (H. F.
   Berton) 454
Ma douce amie vois la couleur 550
Ma Femme se marie (Air) (Béancourt)
   679
Ma fille j'aperçois Colin 818, 830
Ma fille vous avez quinze ans 819
Ma Fille vous ne filiez pas! (Chansonnette)
   (Romagnesi) 334, 814
Ma fiorella toi que j'adore 550
Ma fortune étoit mince 670
Ma Gaîeté Perdue (Mees) 254
Ma grand' mère disait souvent 826
Ma grandmère me dit souvent 507
Ma Guitarre! ô la seule amie 25
Må Himlen sjelf Er sälla göra! 40
Må jag Grefvens till gift vinna 29
Ma la sola ohimè 699
Ma le tue luci angeli 709
Ma Maîtresse (Romance) (E. L.) 496
Ma mer'qu'était prudente et sage 677
Ma Mère est-ce ainsi qu'on oublie? (Romance)
   (Anson) 463
Ma mère grande et nuit et jour 549, 819, 870
Ma mère prétend que l'absence triomphe 463
Ma Mie (Chanson) (Fodor-Mainvielle) 654
Ma mie, ma douce mie 668
Må mitt beröm, de slagnas blygd 27
Ma Nicette (Chansonnette) (A. Meissonnier)
   334, 815
Ma Normandie (Romance) (F. Bérat) 836
Ma pantoufle à la main 535
Ma Pastourelle a trahi mon cœur 448

Ma Philosophie (Chanson de table) (Laffillé)
   454
Ma Philosophie (Polonaise) (A. Meissonnier)
   496
Ma Philosophie (Ronde) (H. F. Berton) 750
Ma première Romance (Mme. Le Bègue) 551
Ma qual suono? 421, 622
Ma quando quell'ora 706
Ma simple innocence, tendre et sans détour 346
Ma sœur examine 263
Ma Sœur serrait-ce donc aimer (Panseron) 899
Ma Tante Aurore (Oper: Boieldieu) 82,
   112 (4), 204, 286, 287
Må Thronens hopp fördubbladt styrkas 20
Ma tu tremi, o mio tesoro 661
Ma un solo conforto 637
Ma vie auprès d'Annette 360
Ma vie est une fleur sauvage 585
Maanen taus og klar nedstraler 422
Macbeth (Oper: Chélard) 741, 742
Macbeth (Trauerspiel mit Musik: E. Stegmann)
   680
Macbeth (Trauerspiel mit Musik: Weyse) 412,
   413 (3)
Mach's mit mir Gott nach deiner Güt 785, 979
Mache dich mein Geist bereit 981
Machet die Thore weit! 566
Macht der Lenz die Erde neu 144
Macht der Liebe (A. E. Müller) 178
Macht des kühnen Herrschers 345
Machtspruch (Der; Schauspiel mit Musik:
   J. Weigl) 219
Maçon (Le; Komische Oper: Auber) 517 (9),
   518, 519, 691 (13), 724, 772, 773, 777 (3),
   779 (3), 856, 858, 859, 885, 886, 889
Mad Tom (Purcell) 90
Madame de la Vallière recevant Mlle. de Blois,
   sa fille, dans son Oratoire (Désargus) 433
Madamina! il catalogo è questo 687
Mad(e)l drah dich, Madl hüth dich 689, 723
Mademoiselle de la Fayette ou Le Siècle de
   Louis XIII (Romance nocturne, 3 St.)
   (de Garaudé) 347
Madone sainte et belle 904
Madonna mit dem Kinde (Nägeli) 494
Madre los ojos 571
Madre tu fosti 637, 698
Madre unos ojuelos 571
Madrigale (Bolaffi) 355
Mächt'ge Kunst der Magie 709
Mädchen aus der Feenwelt (Das) oder: Der
   Bauer als Millionär (Zauberspiel mit Gesang:
   Drechsler) 692, 724, 950
Mädchen du liebest mich 963
Mädchen heraus! 302
Mädchen, ich denke es 636, 698
Mädchen, 's ist Winter 269
Mädchen sieh das Veilchen an 675, 772, 865,
   883
Mädchen sind wie der Wind 891
Mädchen unter Lachen 634, 696
Mädchen versäumet ja nicht die Zeit 229
Mädchen zu küssen, ei, schadet ja nicht! 880
Mädchenklage und Mädchentrost (v. Krufft)
   783
Mädchenlehre (Methfessel) 252
Mädchenlied (Rose) 796
Mädchen-Treue s. Così fan tutte
Mädchens Herzenschläge (Leidesdorf) 654
Mädel, geh ja mir nicht hin 226

Mädel schau mir ins Gesicht 212
Mädels sagt es laut 891
Mægtig Elskovs reene Lue 77
Män skja känn dilt ödes Skick 7
Maffia Orsini 638
Mag die Welle mich schwingen 634, 696
Mag immerhin der Strom entgleiten 649
Maggie Lauder (Lawder) (Schottisches Lied)
   104, 203
Magnificat anima mea 849
Mahler mahl' mir mein Liebchen 411
Mahler Tenier (Der) s. Teniers
Mahomed (Winter) s. Maometto Secondo
Mai figli miei l'amata sposa 600
Maid of the Mill (The; Komische Oper: S.
   Arnold) 93
Maid of the valley 970
Maiden Dear (Barnett) 937
Maienblümlein (C. M. v. Weber, Jähns 117)
   772, 786, 866, 884
Maienblümlein so schön 772, 786, 866, 884
Maienglocken in den Locken 786, 867
Maigildet (Dramatisches Idyll von Wilh. Holst,
   mit Gesang) 522 (2), 523 (5)
Maigruss (Hernaut) 874
Mailied
   Paradiesisch umgestaltet prangt die Flur ...
   (Nägeli) 175
   Tra, ri, ro! der Sommer ... (C. M. v. We-
   ber, Jähns 210) 787, 868
Mainfroi ou le Chant du Départ (Dourlen) 355
Maintenant l'ouvrage est fini 107
Maintenant observons 730
Maintenant que je suis sans amours 276
Maireigen (Sterkel) 176
Mais, ne l'oublions pas, à la ville 586
Maison à Vendre (La; Oper: Dalayrac) 33,
   79 (2), 110 (2), 138
Maison de Plaisance (La; Vaudeville?: Doche)
   677
Maison Isolée (La; Oper: Dalayrac) 26 (3),
   27, 28 (3), 106 (2), 148, 149
Maître de Chapelle (Le) ou Le Souper
   Imprévu (Oper: Paer) 627
Maîtres de tous nos désirs 553
Majestic rose 115, 134
Major Palmer (Le; Oper: Bruni) 76, 106,
   148, 149
Majorat (Das; Schauspiel mit Musik: Spohr)
   779
Mal reggendo 707
Målaren och Modellerna s. Une Folie
Maler (Der; Ballett: Lindner) 885
Malgré l'éclat de l'opulence 507
Malgré la voix de la sagesse 429
Malgré ta froide indifférence 756
Malheur à moi! (Romance) (E. Duval) 839
Malheur d'Amour (Romance) (Rigot) 549
Malheureux qu'ai-je fait 263
Malheureux, que puis-je faire? 37
Malwina's letzte Klage (Hurka) 164
Mam'zelle Zizi (Chanson Créole) (H. F. Ber-
   ton) 334, 814
Maman me dit avec tendresse 460
Maman me permet de danser (Chansonnette)
   (Panseron) 899
Mamma Mia 38
Man denna yngling sett belönas 41
Man ertheilte mir gern die Rose 680
Man fader, och hembygd 62

Man Fryd forgiæves söger 415
Man gewinnt nicht Mädchenherzen 222
Man har fortalt, Du har indtaget 530
Man har sin Plage for Fred at faae 509
Man herved gjöre vil bekjendt 516
Man intet mig bebreide kan 205
Man kann nicht immer fröhlich sein 881
Man nennt mich einen armen Wicht 296
Man rühmt der Hallen Pracht 808
Man siger Hjertet har ei Rum 518
Man strebt die Flamme zu verhehlen 168
Man stundum vel kan sige 410
Man ved Glands vil fængsle mit Hjerte 536
Manche verlangen Mädchen zu fangen 176
Mancherlei Freuden (Himmel) 165; (Gäns-
   bacher) 327
Mancini (Romance) (Le Mière de Corvey)
   458
Mandarin oder die gefoppten Chinesen (Der;
   Oper: Ritter) 682, 740
Manden med Glas i Haand 405
Manen (Skottsk melodi) (C. M. v. Weber,
   Jähns 295, 1) 715
Månen ej lyser den ängsliga natt 35
Mångelskan (Bellman) 15
Mannens Fyra Aldrar (Åhlström) 7
Maometto (Il) (Winter) s. Maometto Secondo
Maometto Secondo (Rossini) s. Siège de Co-
   rinthe (Le)
Maometto Secondo (Oper: Winter) 360, 786
Marburger Stanzeln (C. Fischer) 693
Marc'Antonio (Oper: Pavesi) 557?, 624
Marcellin (Oper: Lebrun) 110 (3), 233, 237,
   241 (2), 243, 244, 247
March away, march away (Hodson) 914
March on! for the lad 912
Marchande de Goujons (La; Vaudeville)
   Einlage-Arie 497
Marche
   Hosianna Davids Son (Abbé Vogler) 28
   Se grande Furste ... 5
Marche (Nordisk Ynglinga Sång, 4 stg.) 661
Marche på minnesfästen i Upsala d. 6 Novem-
   ber 1832 (4 Männer-St.) 68
Marchese Tulipano (Il; Oper: Paisiello) 13 (2)
Margarita di Scozia (La; Oper: Rossini?) 357
Margherita d'Anjou (Oper: Meyerbeer) 602,
   731, 766, 796
Margot l'aut' jour gemissant 106
Marguerite d'Anjou s. Margherita d'Anjou
Marguerite de Flandre à Richard Cœur de
   Lion (Sola) 547
Marguerite de Navarre à son Ménestrel, Aprés
   la Bataille de Pavie (Dalvimare) 440
Marguerite, est le nom chéri 466
Marguerite fleur d'innocence 755
Maria (Pelissier) s. Sterne's Maria
Maria di Rohan (Oper: Donizetti) 641 (9),
   642 (5), 701 (4), 702 (11)
Maria mein! dachtest du meiner 710
Maria's Evening Service to the Virgin
   (Billington) 119
Mariage du Petit Blanc (Nocturne Créole)
   (Panseron) 736
Mariages Samnites (Les; Oper: A.-E.-M. Grétry)
   91, 230
Mariand'l (Volkslied) 876
Mariand'l ist so schön 633, 689, 723, 876
Mariand(e)l, Zuckerkand(e)l 633, 689, 723
Marianne (Oper: Dalayrac) 107 (3)

Marie (Ballade) (Monpou) 667
Marie. (Oper: Hérold) 69 (2), 519 (3), 520, 692, 731, 732, 778, 779, 780, 858 (3), 859 (2), 886
Marie, die Regimentstochter s. Fille du Régiment (La)
Marie Louise (Romance historique) (A. Pacini) 265
Marie Mensikoff (Romance) (Warot) 470
Marie, ô ma douce Marie! (Romance) (Hédouin) 462
Marie oder Verborgene Liebe s. Marie
Marie Stuart (d'Ennery) 111
Marie Stuart en Ecosse (Oper: Fétis) 727
Marie von Montalban (Oper: Winter) 186 (2), 254, 277, 278 (3), 279, 313, 681, 738 (2)
Mariens Lied (Weinlig) 327
Marino Faliero (Oper: Donizetti) 637 (4), 638 (16), 699, 804 (4)
Maris de qui l'esprit morose 679
Maris Garçons (Les; Oper: H.-M. Berton) 54
Maris jaloux vous avés tort 114
Maritana (Oper: Wallace) 703–704 (20), 960
Marja (J. F. Reichardt) 180
Markedet i nærmeste Landsbye s. Fête du Village Voisin (La)
Marlborough 130
Marmorbraut (Die) s. Zampa ou La Fiancée de Marbre
Marquis Tulipano (Le) s. Marchese Tulipano
Marquise de Brinvilliers (La; Oper: Carafa) 791
Marriage of the Rose (Bishop) 928
Mars a vraiment plus d'un mystère 452
Marsch opfört i Anledning af Hans Majestæts Allerhöjeste Födselsdag (F. Kuhlau, K. Nr. 138) 417
Marsch, marsch, marsch! 713
Marschall Catinat s. Une Matinée de Catinat ou Le Tableau
Marseillaise 10, 703, 784
Mårten Holk af ingen känd 48
Mary (Romance) (Lucotte) 818
Mary's Dream (Geary) 101
Mary's Dream (Romance Anglaise) (Danzi) 469
Masaniello, der Neapolitanische Fischer s. Masaniello, ou Le Pêcheur Napolitain
Masaniello ou Huit Jours à Naples 377
Masaniello ou Le Pêcheur Napolitain (Oper: Carafa) 798, 832 (3), 916
Masken (Lustspiel von Balthasar Bang: C. Schall, L. Zinck) 505 (2)
Maskenball (Der) (Auber) s. Gustav III ou le Bal Masqué
Maskenball (Der) (Verdi) s. Un Ballo in Maschera
Masnadieri (I; Oper: Verdi) 706 (16), 961
Mat og træt du sagtens maa være 505
Mathilde (Oper: Büttinger) 740
Mathilde (Romance) (Berlot) 454
Mathilde au Désert (Romance) (Gaveaux) 441
Mathilde, ici rêveuse et solitaire 444
Matilde de (di) Sabran s. Matilde di Shabran ossia Il Corradino
Matilde di Shabran ossia Il Corradino (Oper: Rossini) 368 (2), 371, 688 (11), 975
Matrimonio per Raggiro (Il; Oper: Cimarosa) 221, 777

Matrimonio Segreto (Il; Oper: Cimarosa) 29, 75, 77, 84, 230, 234, 236, 238, 241, 253
Matrosen (Komödie von Sauvage und Lurieu, übers. von N. V. Dorph, mit Gesang) 528
Matrosenlied (Haydn, Hob. XXVIa, 31) 133
Matt schleich ich durch das Leben 672
Måttlighetens Skål (Åhlström) 10
Maudit Argus que le diable l'emporte 114 (2)
Maudit Printemps! (Chansonnette) (Bruguière) 337, 816
Maurer (Der) s. Maçon (Le)
Maurer (Der) und der Schlosser s. Maçon (Le)
Maures d'Espagne (Les; Oper: A.-E.-M. Grétry) 40
Mauvais Œil (Le; Komische Oper: Puget) 840 (2)
Mavourneen Deelish (Crouch) 930
May-Lied 146
May you be happy (Hodson) 914
Maygesang (J. F. Reichardt) 167
Maylied (de Call) 994
Mayreigen (Himmel) 165
Me faut partir, cruel honneur 445
Me fuyez-vous? (Romance) (Gossec) 444
Me n'andrò di giove al piede 499
Me séparer de mon époux 243
Me voilà pour vous 515
Me vois-tu? M'entends-tu? (Romance) (Lélu) 468
Mecco tu vieni, o misera 878, 963
Mechanicus (Der; Ballett: Brochard) 339 (2), 340, 342
Méchante Annette m'abandonne 466
Meco all'altar di Venere 635
Meco tu vieni o misera 637
Med alt Ert guld och al Er lycka 22
Med Barnets rene Himmel i mit Bryst 760
Med Din Haand Dadlerne pluk 407
Med dubbel glädje, för dig 39
Med flygtigt sind Pariserinden 519
Med Foden paa Nakken 525
Med hædret Flag i höien Mast 517
Med känslan snillet fick en son 658
Med min Haand bortgav jeg mit Hierte 78
Med Rosenkrands om Haarets blöde Lokker 532
Med Roser Elslov strøer vort Fied 81
Med Taalmod, med hellig Forlængsel 250
Medea (Cherubini) s. Médée
Medea (Oper: Mayr) 358
Médecin Turc (Le; Oper: Isouard) 113 (4)
Médecine sans Médecin (La; Oper: Hérold) 802 (2), 803
Médée (Oper: Cherubini) 69, 234, 235, 242, 244, 255 (2), 318, 423, 557, 721, 793
Medens Aurora maler 512
Meerfahrt (F. Hartmann) 877
Meet me to Night (Linter) 940
Méfiez vous! (Romance) (Pellegrini) 374
Mein einsam Denken (F. L. Schubert) 807
Mein erst Gefühl sey Preis und Dank 561
Mein Geliebter, du nur kannst mir Freude geben 488
Mein Geliebter, verweile! 682
Mein Herr Bauer grossen Dank 294
Mein Herr Maler wollt ihr wohl 294 (2)
Mein herzliebstes Schatzerl! 792
Mein Hüttchen (Romanze) (Panseron) 802
Mein Jesu, dem die Seraphinen 806

Mein Kindchen schlafe ein 806
Mein Knappe, wie kommst du 779, 867
Mein Leben steht in Gottes Hand 563
Mein Liebchen hat ein Vögelein 339
Mein Mädchen 295
Mein Männchen, o gib 641
Mein nur bist du! 243
Mein, o mein ist sie auf immer 230
Mein Reichthum (Proch) 639
Mein Schatz, das ist ein Jägersmann 892
Mein Schatz ist nit da 950
Mein Schatzerl is hübsch! 781, 866, 884
Mein Schicksal (Ries) 651
Mein Seel'! wir gehen irr' 584
Mein Sinn ist mir so trübe 209
Mein Sohn gehorche mir 727
Mein Stübchen ist mir lieber 881
Mein Vater hat g'wonnen 213
Mein Vaterland (Nägeli) 493; (C. M. v. Weber,
    Jähns 177) 422
Mein Verlangen (C. M. v. Weber, Jähns 196)
    867
Mein Wunsch 269
Meine Augen schliess' ich 809
Meine Farben (C. M. v. Weber, Jähns 62) 868
Meine Gespielen steigen hernieder 796
Meine höchste Wonne (Zelter) 617
Meine Hoffnung kann nicht vergehn 215
Meine Hoffnung steht auf Gott 788
Meine Hütte (Tyrolienne) (Labarre) 808
Meine Leiden wird Amor rächen 589
Meine Lieder, meine Sänge 782, 866, 884
Meine Ruh' ist dahin 326, 342, 653
Meine Schäfchen Morgens früh 209, 875
Meine Seele lobsinget dem Herrn 563
Meine Sterne (Lied) (v. Dalberg) 313
Meine Taube (Romanze) (Puget) 806
Meine Wünsche
    Ich möchte wohl der Kaiser sein (Mozart,
        KV 539) 875
    Nur ein Hüttchen ... (Woelfl) 178
Meinen Jesum lass ich nicht 791
Meines Lebens Glück, und meine Wonne 600
Meister Kukuks musikalische Vorrede (J. R.
    Zumsteeg) 294
Meister Lorenz! 812
Mej lite fjålleri förlåt! 24
Mellem Frygt og Haab jeg strider 82
Mellem Gravenes Höie 413
Melodie
    Ist denn Lieben ein Verbrechen 630
    Lebt wohl ihr Berge (J. R. Zumsteeg) 723
Mélomanie (La; Komische Oper: St. Champein)
    510
Men ack! Er hjelp oss unna 22
Men det for Öie skal 206
Men Eva, osynbar för menskligt öga 64
Men löse Ängel! Slumrande ler du än 24
Men Pynt dog tidt 536
Men Susanna ej syns? 616
Mener du at den har Lykken fat 73
Mennesket (en Sang) 84
Mens fjerne Qvad paa Hjemmets Fest 426
Mentre, di morte, o misero 512
Mentre guardo 272
Mentre qual fiera ingorda 370
Menuetto (Barck) 4
Méritez un si bel honneur 113
Merket auf! Pfaff! 708
Merrily, Hark! The Bells (Auber) 969

Merrily thro' the Wood (Flood) 944
*Merrily, through the wood, we'll laugh and
    dance* 944
Merry Gardener (The; Entertainment)
    Einlage-Arie (Pelissier) 330
Mes amis, c'est dans sa patrie 670
Mes amis, écoutez l'histoire 529, 840
Mes amis, faites silence 500
Mes amis, partageons l'ivresse 109
Mes bons amis, partagez mon ivresse 522
Mes chères sœurs 532
Mes Couleurs (Romance) (C. M. v. Weber,
    Jähns 62) 550
Mes Désirs (Romance) 478
Mes pleurs, mouillez cette pierre 842
Mes premiers nœuds que le sort a rompus 454
Mes quarante Ans (Romance) (A. Meissonnier)
    335, 607, 815
Mes Regrets (Romance) (Gouet) 757
Mes seules Amours (Romance) (Miné) 482;
    (Paer) 459
Mes Souhaits (Chanson érotique) (Balochi) 261
Mes Troubadours (Mr.***) 336, 609, 817
Mes Vœux (Romance) (F. Garat) 443
Messe (3 gleiche St.) avec deux Motets, for-
    mant Graduel et Offertoroir (Elsner) 849
Messe brève (3stg.) enrichie d'un Offertoire,
    d'une Elévation et d'un Tantum Ergo
    (Zimmers) 908
Messe brève et facile (2stg., abwechselnd in
    Solo und Chor) (Webbe) 908
Messias (Oratorium: Händel) 67, 93
Messieurs, chantez tous avec moi 442
Mèta di voi quà vadano 687
Mexicanska Systrarna (De; Schauspiel von N.
    B. Sparrschöld, mit Gesang: Kraus) 4
Mexikanischen Schwestern (Die) s. Mexicans-
    ka Systrarna (De)
Mi fa il destin mendico 641
Mi giuri che m'ami 266
Mi lagnerò tacendo 491, 837
Mi lasci o madre amata 340
Mi manca la voce 592, 689
Mi Pizzica (Cavatine) (de Garaudé) 372
Mi scende nell'alma 599
Mi tornano presenti 638
Mi tradi quell'alma ingrata 44
Mi vien da ridere 272
Mia vezzosa Dorindela 182
Mich brannt' ein heisses Fieber 213
*Mich durchläuft, mich durchglüht ein Beha-
    gen* 235
Mich fliehen alle Freuden 740
Mich g'freut mein Bauernstand 689, 723
Mich hat in mein Leben 227
Mich trennen soll ich von dem Gatten? 243
Mich verlassen kannst du? 181
Mich will der Freund im Kampfe unterstützen 681
Michael Angelo s. Michel-Ange
Michel-Ange (Oper: Isouard) 83, 112 (2),
    285, 415, 486 (2), 509 (2)
Michel Angelo (Isouard) s. Michel-Ange
Middleton (Lane) 130
Midnats seene Stierne alt operinder 183
Midnatstimen i Taarnet slaaer 418
Midnatts Sång i Lappmarken år 1799 af förf.
    till Voy. Pittor Cap Nord 52
Midt i Ardenner Skovens Øde 85
*Między rozumem i pięknością łatwo wybierać
    można* 173

Miei cari figli 758
Miei fidi ecco l'albergo 611
Mig den Elstes Haand har givet 760
Mig disse skiønne Duer ere 77
Mig en afgrund är öpnad 69
Mignon (Beethoven, Op. 75, 1) 877
Mignon aus Wilhelm Meister (H. Werner) 871
Mignons Lied (J. F. Reichardt) 879; (A. Romberg) 869
Mihi adhaerere Deo bonum est 567
Mijn Wensch aan Fanny (Zangstuk) (Groetaers) 730
Mild erglüht die Maien Sonne 742
Milda himmel! se min smärta 60
Milda Hjerta känn min låga 18
Milda kärlek, Himla låga stundom såtjusande öm 656
Milde Konung! hör vår röst 17
Milde Soel, hvor er din Lue 514
Mildhet från ditt öga gick 53
Mildly beaming, Joy beseeming 930
Mille grazie mio Signore 621
Mille sospiri e lagrime 371
Milleners (The; Pantomime) 332
Miloj moj serdečnoj drug 307
Milt öma hjerta min älskling jag gifvit 1
Milton (Oper: Spontini) 114 (2), 214, 256, 721
Min Barm af Glæde sig hæver og slaaer 526
Min Barndom (Ibsen) 760
Min Bedstemoder (Singspiel: Kunzen) 249 (3), 250, 508
Min bror, bror Eric ack da vaka! 23
Min dotter! ach må du mig för låta 30
Min Eduart vil du blive din Pige evig huld? 206
Min Fader nævnte hun 521
Min fiortende vaar kun jeg skued 409, 505
Min Fru på bröllopsdagen 56
Min Haand han kierlig trykker 410
Min hielm er mig for blank og tung 408
Min Hjord är alt för mig 16
Min kärlek I begären 59
Min lefnad har ständigt besannat 1
Min Lili! jeg alting savner 406
Min ömhet mildra skall den smerta 30
Min ømme Barm indtager 71
Min Sang om min Venide (C. Schall) 182
Min Siel er tryg, og stolt mit Blik 206
Min Sjæl paa Drömmens Vinger 533
Min vän! hvad båtar oss så noga tiden mäta? 6
Min vän jag ropar dig 13
Min vän mer lycklig är en jag 47
Min Ven! hvad nytter det at give Tiden Love? 85
Minacci ah! parti 272
Minacci pur disprezzo 621, 685
Minacciata a la mia vita 638
Mindet (Ibsen) 759
Mindet blidt skal drage 528
Mine alone (Tyrolienne) (de Bériot) 967
Mine be the cottage on the hill 937
Mine Herrer! mig tilgive 70
Mine Qvaler vil jeg taale 528
Mingling with the murmuring waters 916
Minna als Wilhelms Braut, bei dessen Abreise (Blüher) 324
Minna! kennst du noch die Stunde 495
Minnas Stemme (Barth) 183
Minneboten (Nägeli) 495

Minnelied
Der Holdseligen sonder Wank (Lindpaintner) 650, 676; (C. M. v. Weber, Jähns 160) 873
Flutenreicher Ebro, blühende Gestade (Gaede) 869
Holder klingt mir Vogelgesang (Hauptmann) 886
Ich will der Minne pflegen 179
Minnetrost (Partzsch) 872
Minois piquant, gentil corsage, pied mignon 901
Mins hur jag älskat dig från din linda 5
Minuit
Il est minuit ... (Duchambge) 832
Impatiente sentinelle (Blondat) 455
J'entends sonner la douzième heure (Hédouin) 464
Minuit s'avance 732
Mio ben, non amo 463
Mio ben serena il ciglio 600
Mio dolce tesoro 133
Mio figlio non sei 349, 599
Mir auch war ein Leben aufgegangen 871
Mir blühet kein Frühling 325
Mir blüht eine Stelle, die weiht ein Altar 651
Mir fehlet die Sprache 289
Mir ist, als müßt' ich dir was sagen 179, 868
Mir ist auf der Welt 893
Mir ist ein starker Schutz gegeben 739
Mir ist kein Potentate gleich 295
Mir ist so wunderbar 223, 577
Mir ist, was ich empfind 691
Mir leuchtet die Hoffnung 488, 625, 776, 869
Mir nach spricht Christus 987, 990
Mir nahet nun die Wonne 739
Mir pocht es hier im Herzen 747
Mir thut's so weh im Herzen! 202
Mira, di acerbe lagrime 707
Mira! fra mille Stelle 225
Mira la bianca luna 837
Mira, o Norma 635
Mirina, Königin der Amazonen (Melodram: Gyrowetz) 195 (6), 196
Miris probat sese modis 909
Mirth and Music 928
Mirtil, errant à l'aventure 814
Mirtyll der schönste Hirt im Hain 312
Misanthropie, ou Portrait de la vie (Romance nouvelle) (Wacher) 261
Mischelli und sein Sohn (Oper: Clasing) 312
Misdescuida des ojos vieron tu cara 435
Misera io spero m'affanno 601
Miserere (Beethoven, WoO 30, 1) 909
Miserere (Stadler) 908
Miserere (2 St.) (Jomelli) 906
Miserere mei Deus 908, 909
Misero padre 272
Missa tota in Canone Quatuor vocibus assuetis, absque instrumentis (Aigner) 909
Missum Redemptorem polo 909
Misteri Eleusini (I; Oper: Mayr) 348
Mit Adalgisa Hand in Hand 635
Mit Andacht grüßt das neue Jahr 565
Mit Blondienen phantasiren 306
Mit blut'gem Schwerdt ging Saladin 784
Mit deinem Menschen gehst du, Herr! 397
Mit dem grünen Lautenbande (Schubert, D 795, 13) 675

Mit einem alleine ist trauliches Spiel 343
Mit Fædreland (C. M. v. Weber, Jähns 177) 422
Mit freiem Sinn, mit frischem Muth 769
Mit freudigem Entzücken 599, 650
Mit frommen reinen Trieben 634, 696
Mit frommer Ehrfurcht und mit heitern Blicken 561
Mit Gram und Schmerz soll ich gehorchen 277
Mit Hierte for ham aabent stod 504
Mit hjerta klappar vid din röst 11
Mit Hjerte ængstligt bæver 534
Mit Hjerte ængstligt slaaer 532
Mit holder Schönheit ausgestattet 234, 582, 549, 779
Mit leise rauschendem Gefieder 694, 964
Mit Liebesblick und Spiel und Sang 179, 291
Mit mildem Wort 702
Mit mir ziehst du dahin 710
Mit Nacht umzog das Heidenthum den Tempel Gottes 398
Mit nur zu raschem Flügel entfloh ein altes Jahr 327
Mit Rosen umweben der Sterblichen Leben 174
Mit Saar er Brandde blege Læber bæve! 423
Mit Sang und Klang 144
Mit starrem Angesicht blickt sie nach oben 712
Mit Staunen sieht das Wunderwerk (The marvellous work) 103
Mit tausendfacher Schöne begrüßt der Len(t)z die Flur 165, 327
Mit trunknen Blick hieng ich an ihm 223
Mitridates s. Morte di Mitridate (La)
Mitt arma hjerta, jag förstår dig 58
Mitt Giftermål är fast beslutit 24
Mit hjerta räds och bäfvar bland 65
Mitt lif är en våg 718
Mitt öma hjertas låga 7
Mitten unter deinen Schmerzen 562
Mitternacht (Oper: v. Seyfried) 220
Mitternacht umhüllt die Flur 313
Mitternachtsstunde (Die; Komische Oper: Danzi) 313
Mnemosyne (Bay) 417
Mod den klare Himmel 844
Moder, du for meget skatter 208
Moder du som i din famn 20
Modtag den Blomst, jeg rækker dig 183, 417
Modtag din ældste Datters Gave 208
Mødes nu, for næste Stund 75
Mødet paa Reisen s. Rencontre en Voyage (Le)
Mög' sanfter Schlaf 784, 787
Mögen Verliebte gehen einsam zum stillen Hain 804
Möllen i Bjergklöften s. Felsenmühle zu Etalières (Die)
Moer I jer kun ved 511
Mörk står skogen 715
Mörka öknar lät mig dölja 37
Moerlille sidder med Briller paa 524
Moglie Ravveduta (La) s. Poche ma buone, ossia La Moglie Ravveduta
Mohr von Venedig s. Otello (L')
Moi baronne et comtesse! 537

Moi captif, à la fleur de l'âge 468
Moi de l'esprit, toi de la grâce 109
Moi je fais semblant d'être heureux (Chansonnette) (de Beauplan) 750
Moi, je serois constant 276
Moi ne vouloir aimer que toi ah! 153
Moi, qui même auprès des belles 447, 754
Moi, quitter l'Italie pour un climat nouveau 733
Moi rêver, douce amie 386, 430
Moins de Richesse, plus d'Amour! (Romance) (Fétis) 455
Moïse s. Mosè in Egitto
Molinara (La) s. Amor Contrastato (L')
Mollement balancées les vagues caressées 366
Mollys Werth 202, 297
Moment fatal et plein d'horreur 264
Moment heureux que mon âme est charmée de mon amour 254
Momento barbaro! 182, 492
Mon Adèle était si jolie 544
Mon Beau Rouet que filez-vous (Romance) (Grisar) 840
Mon béti Vranzois 837
Mon Carnaval (A. Meissonnier) 482
Mon cœur et toi 480
Mon cœur renaît à l'espérance 527
Mon cœur s'agite auprès (privé) de toi 458, 642
Mon cœur s'élance et palpite il bat 526
Mon cœur s'ouvroit au sentiment 113
Mon cœur soumis à votre aimable empire 354, 393
Mon cœur soupire 177, 308, 309
Mon courroux que son sort désarme 526
Mon dieu, comment donc faire 455
Mon Dieu! Mon Dieu! C'est désolant (Romance) (Lafont) 644
Mon Dieu, mon Prince, et mon Amie (Romance militaire) (U. Meurger) 367
Mon Dieu, quand reviendra l'enfant de la montagne 900
Mon doux ami dans ces lieux va se rendre 445
Mon doux pays, ma belle France 536
Mon Ecriture (Romance) (Mrxxx) 445
Mon Elisa n'est plus (Romance) (Schouten) 729
Mon fils écoute-moi 727
Mon Fils est là! (Romance) (Bodin) 461
Mon Habit (Henry) 552
Mon Inconstance (Gatayes) 386
Mon jeune ami, sur la montagne 460
Mon luth dormait ne voulait l'accorder 748
Mon maître est quelque fois avare 107
Mon œil rêveur suit la barque lointaine 835
Mon pauvre Cœur console-toi (Romance) (Mr. L***) 544
Mon père, il me disait 751
Mon père, souffrez qu'en ce lieu 664, 820
Mon petit mari 530
Mon plaisir fut de voltiger 436
Mon Plan de Retraite (Chansonnette) (Dreleng) 437
Mon Réveil (Romance) (Lambert) 436
Mon Réveil à mon Amie (Chansonnette) (Elwart) 554
Mon sein palpite, mon cœur s'agite 266
Mon seul Désir. Rêve à Zélie (Louis Jadin) 265
Mon Souvenir (Romance) (Laffillé) 442

Mon Système (Rondeau) (P.-J. Garat) 436
Mont tour ne viendra-t-il jamais (Chanson-
  nette) (Monti de Rezè) 826
Monat Mai (Canon, 6 stg.) 792
Mond du mein Freund 880
Mond und Sterne wie so selig 672
Mondenschein, süsser Mondenschein! 881
Mondhelle (Töpler) 766
Monolog der Maria Stuart (Methfessel) 252
Monsieur Champagne à la mine imposante
  508
Monsieur Champagne har fornemme Nykker
  508
Monsieur, je suis un grand artiste 25
Monsieur Robinson est si bon garçon 534
*Montagnard ou berger votre sort peut chan-
  ger* 835
Montagnarde jolie 535
Montagnes du Tyrol à la cîme bleuâtre 903
Montagnes, ici je veux passer mes jours 835,
  899
Montagnes tranquilles (Tyrolienne) (Panse-
  ron) 901
Montano et Stéphanie (Oper: H.-M. Berton)
  511
Montano og Stephanie s. Montano et Stépha-
  nie
Montecchi und Capuleti s. Capuleti e i Mon-
  tecchi (I)
Moo-Lee-Chwa 125
Moonlight (A. Lee) 922
Morale en Chanson (Nocturne/ Romance,
  2 St.) (de Peellaert) 482, 628
More o bella il Trobadore 591
Morerne i Spanien s. Maures d'Espagne (Les)
Morgen-Ständchen
  Ecco ridente ... (Rossini) 866, 884
  Schon glänzt ... (Rossini) 866, 884
Morgenandacht im Freien an einem Sonn-
  tage (C. Kreutzer) 874
Morgenfeier (Morgenfeyer) (Hurka) 168;
  (J. F. Reichardt) 167; (anonym) 249
Morgengedanken 297
Morgengesang (Kirnberger) 565
Morgenglanz der Ewigkeit 991
Morgengruss (Schubert, D 795, 8) 675, 878
Morgengruss (Duettino) (J. F. Reichardt) 176
Morgenlied
  Da tret ich wieder ... (Neuner) 395
  Guten Morgen! ... (Schinn) 399
  Ich bin durch deine Liebe (Schein) 778
  Mein erst Gefühl ... (Rolle) 561
  Sieh, wie der Hain erwacht (Nägeli) 174
  Vater, also leb' ich wieder (J. F. Reichardt)
  565; (J. P. Schmidt) 565
  Von Dankbarkeit durchdrungen (F. L.
  Seidel) 565
  Wenn ich einst ... (J. A. P. Schulz) 561
  Wie die Sonne ... (Arlt) 147
  Wir sind zum Tag erwacht (Neuner) 394
Morgenlied: Wachet auf! ruft uns die Stimme
  (Prätorius) 771
Mormorando il chiaro rio 181
Morn of my life (White) 934
Morn spreads her glories o'er the sky 947
Morning (Sonnet) (Hook) 96
Morning's dawn is in the skies 917
Mort d'Atala (Jardin) 386
Mort du Tasse (La; Oper: Garcia) 629
Mortals learn your lives 97

Morte di Mitridate (La; Oper: Portogallo)
  571
Mosè in Egitto (Oper: Rossini) 366, 368,
  425, 560 (2), 589, 591 (3), 592 (2),
  601, 688–689 (14), 725, 737 (2), 759,
  784 (2), 785, 786, 787, 858 (3), 859,
  976 (3)
Moses (Rossini) s. Mosè in Egitto
Moses (Oper: Süssmayr) 257
Moses in Egypten s. Mosè in Egitto
Moss Roses (a favorite Song) (Ambrose) 124
Mot vackra barn! sad Olle 12
Motet (1stg.)
  O salutaris hostia (Danzi) 848
  Quam dilecta (Dedler) 908
Motet (3 gleiche St.) (v. Neukomm) 848
Motet (4stg.)
  Alles was Odem hat (Rolle) 909
  Insanae et vanae curae (Haydn, Hob.
  XXI, 1, 13c) 849
Motette (Kirnberger) 566
Mother! Dear Mother! (Canzonet) (Phillips)
  971
Mother I have had a dream 936
Moun flasque ei rout 456
Müllerlieder (Schubert, D 795) 961
Müllthaler Jodler (C. Fischer) 693
Mürzthaler-Jodler (C. Fischer) 693
Muette de Portici (La; Komische Oper: Auber)
  519 (8), 520 (2), 633 (2), 694–695 (20),
  742, 781 (4), 782 (3), 784 (2), 787, 832,
  851, 859 (2), 860 (5), 873, 877, 888, 889,
  891, 911, 949 (2), 951, 956 (3), 957 (11),
  962 (2), 963, 964
Munter doch nicht zu geschwind 201
Muntere Hirten, schmücket mit Blumen 739
Muntert fra vort Fangebuur 529
Muntre Glutter, I snedig smile 250
Muntre Sultan, iil hen 530
Murmelnd sagt der Bach auf grüner Weide 181
Murmle sanft, du kleine Quelle 178
Muse charmante, aimable Therpsicore 391
Musicomania (La) s. Fanatico per la Musica
  (Il)
Musik du bist mein bester Freund 146, 301
Musiken lyder og Klogskab byder 533
Muß ich von dir auch scheiden 828
Muta insensibile 700
Muta per Amore (La; Oper: Gyrowetz) 217
Muth im Leben (Kegler) 650
Muthig durch die Lust des Lebens 343
Muthig, bald errungen ist der Sieg 774
Muthig ohne Sorgen 305
Muthiger bei dem Ruf der Posaune 737
Mutter was belaurst du meine Blicke 178
Mutterliebe 282
Muurmesteren s. Maçon (Le)
My ain kind dearie 100
My Arab Maid (Horn) 940
My banks they are furnish'd 94
My Bonnie Mary (Kirby) 928
My bonny Kate (Peters) 933
My Brigantine! (Rodwell) 929
My childhoods pray'r how sweet it rose 937
My Cot by the Mountain (Malibran) 917
My cruel love to danger go 331
My darling! Oh! my darling! 930
My days have been so wond'rous free 102
My dear Irish Boy (Nicholas) 937
My early Love! (Byrne) 927

My early love 943
My early love! How dear thou wert to me 927
My Emma, my Darling (Bishop) 910
My Father's was the sweetest Cot 928
My first love and my last (Hatton) 935
My Gentle Lute (Lover) 910
My Harp is mute (Bishop) 945
My Heart is sad for Araby (Bishop) 928
My home is but a peasant's cot 943
My Lady bright! (Fitzwilliam) 942
My love lies slain on yonder plain 939
My love's like the deer 937
My Mam is no more 121
My Mothers Bible (Russell) 930
My Mother's plaintive Song (A. Lee) 945
My Mother's Song (Knight) 924
My native blue Hills (Parry) 922
My nymph a world bewitches! 141
My Orra moor where art thou 121
My soldier wears a tartan plaid 923
My song 'neath thy lattice 936
My soul repeat his praise 131
My Star of Hope! (Panseron) 924
My Stella sleeps 286
My thoughts had wander'd home 929
My Tyrolese has golden Hair 939
My Village Girl (A. Lee) 947
My voice tho' discordant 90
My William left his Nancy 87
Myrthe soll mir Kühlung hauchen 804
Mystères d'Eleusis (Les) s. Misteri Eleusini (I)

N'abuse pas de mes aveux 466, 816
N'accusez point mon trouble extrême 614
N'ai-je pas assez d'Attraits? (Pillore) 546
N'ai plus d'Annette (Pastorale) (F. Bérat) 466
N'ai pu changer (Romance) (Blondeau) 437
N'as-tu point vu, plaintive tourterelle 427
N'attendez pas, pour jouir de la vie 366
N'avoir jamais qu'une pensée 252, 870
N'avoir sans y songer 310
N'ayez pas peur! (Romance) (F. Garat) 452
N'écoutez pas! (Chansonnette) (Romagnesi) 460
N'en parle pas! (Romance) (Louis Jadin) 470
N'est-ce pas là de l'Amour (Romance) (H. F. Berton) 433
N'est-ce pas vous? (Romance) (Panseron) 904
N'est-il pas vrai, ma bonne mère 752
N'Monta hat's g'reg'nt, und'n Järda hats g'schnaibt 799
N'oubliez pas! (Boscareccia) (A. Pacini) 538
N'oubliez pas (Romance) 310
N'oubliez pas que je vous aime! (Chansonnette) (Romagnesi) 665, 818
N'y pensons plus! (Romance) (Le Mière de Corvey) 472
Nå! nå! unga Flicka det stundar en dag 35
Naar Aftenglands og Morgenröde 522
Naar Dagningen vinker 78
Naar dit aabne Blik indbyder 72
Naar Dig en hellig Lænke binder 527
Naar du beste Pige 78
Naar Hjertet heftigt glöder 537
Naar i dit Blik jeg skuer 507

Naar i et Fængsels mørke Giemme 78
Naar i Glasset Duen glöder 526
Naar jeg drikker, Amphion 73
Naar jeg min Hannas Aasyn seer 418
Naar jeg paa Excercitsen er 525
Naar Konst, og Hierte Strængen röre 183
Naar Livets bedste Held 759
Naar Maanens Skjær igjennem Skovens Kroner 526
Naar man paa sin Vandring finder 511
Naar man sit Glas har tömt ... 506
Naar min Edvard gienkommen 156
Naar Möen bliver Kone 514
Naar Mörket slukker Aftenröden 505
Naar paa Torvet jeg gik 535
Naar Præsten först har sagt Amen 205
Naar Præstens Amen giver os sammen 509
Naar Sneens lune Dyne 533
Naar Solen röd og langsom daler 208
Naar Ynglingen seer elsket Pige 510
Nabucodonosor (Nabucco) (Oper: Verdi) 640 (16), 701, 959
Naccqui all'affanno al pianto 599
Nach dem Glanze 226
Nach der Abendschule (Schinn) 398
Nach der Heimath möcht ich wieder 880
Nach der Morgenschule (Schinn) 398
Nach der Stadt zog mich's hinaus 796
Nach einem Gewitter 283
Nach meiner Klause flieh' ich 232
Nach Sevilla, wo die hohen Prachtgebäude 866
Nachgefühl (J. F. Reichardt) 180; (Spohr) 745
Nachruf (v. Neukomm) 729
Nachsicht, Langmuth, stilles Dulden 774
Nacht, o Nacht, du 896
Nacht voll Heil, voll ew'ger Wonne 564
Nachtgesang
    Das Tagewerk ist abgethan (Nägeli) 283
    Tiefe Feyer schauert um die Welt (Nägeli) 281; (Naumann) 284
Nachtigall und Rabe (Oper: J. Weigl) 390, 557, 575 (3), 576 (4), 577, 684 (8), 741
Nachtlager von Granada (Das; Oper: C. Kreutzer) 803 (2)
Nachtlied
    Die Erde ruht (Büttinger) 739; (Mühling) 898
    Sterne mit den goldnen Füsschen (Burckhardt) 883
Nachtlied der Schiffer (Neugriechisches Volkslied) 880
Nachts (Otto) 881
Nachtviolen! Liebesklagen! öffnet euch dem Abendhauch 495
Nachtwandlerin (Die) (Bellini) s. Sonnambula (La)
Nachtwandlerin (Die; Operette: Blum?) Eingelegtes Duettino (Danzi) 770
Nähe des Geliebten (Bertoldy) 327; (J. Th. Held) 201
När en älskling åter syns 10
När en gång jag ska i brudesäng 46
När fången i den dystra muren 23
När ifrån den (fulla) stilla Månan (Wenn der Schimmer von dem Monde) 9, 658
När jag blir väckt 35
När jag far en gål uppå landet 26
När jag så stilla, så lycklig och nöjd 29

När jag upp med solen står 64
När kärlek härskar i ett bröst 2
När skall'den högtids klocka slå 661
När til en blygd för våra seder 8, 16
Närrchen sey nicht spröde 174
Naked as from the earth we came 130
Namen nennen dich nicht 168, 297
Nanisdags Sång den 6 Junii 1823 658
Nannas siska i sin bur 17
Napolitains, cessez la barcarole 471
Nar i mitt sorgsna bröst 49
Narguons la tristesse 545
Natalie au Tombeau de sa Mère (Romance)
   (Kourakin) 445
Natalie ou La Famille Russe (Oper: Reicha)
   360
Natergalen s. Rossignol (Le)
Nati non eravamo peressere felici 367
Nato io sono nello stato Romano 239
Natten (F. Kuhlau) 716
Natur (Nägeli) 280
Natur und Jugend (E. Zumsteeg) 617
Naturen bär i handen 176
Naturen mig lärde hvad vishet ej fann 11,
   12, 34
Naturen skabes ny om Vaar 74
Naturen stedse man indrömmer 207
Naturen trycks af hettans tyngd 70
Naturens Røst (Singspiel: Kunzen) 249 (3)
Naturgenuß (Nägeli) 493
Nay, press me not my friends to leave 937,
   945
Ne battez pas la petite Jeannette 745
Ne chantez pas la rose de Salente 376
Ne crains pas que je t'abandonne 831
Ne crains plus, Argire 353
Ne crains plus rien pour l'avenir 108
Ne croit pas que l'infortune 356
Ne croyez pas (Romance) (E. Pacini) 539
Ne croyez pas Estelle 550
Ne croyez pas, naïve pastourelle 539
Ne croyez pas que la vieillesse 440
Ne doute plus de ma constance 548
Nè fra voi si trova 669
Ne fuyez pas, quand ma voix vous implore
   751
Nè il superbo pavon si vago 155
Ne l'éveilles pas (Romance) (Fodor) 654
Ne la vois plus celle qui fut ma mie 448
Ne laissons pas aux roses 360
Ne le croyez si l'on vous dit 362, 501, 835
Ne m'interrogez pas, ma mère 838
Ne m'oubliez pas (Romance) (Panseron)
   736
Ne m'oubliez pas (Romance, 2 St.) (Graille)
   549
Ne m'oubliez pas 233
Ne m'oubliez pas, ô ma tant douce amie
   549
Ne me fuis point, nymphe charmante 448
Ne me regardez pas ainsi 838
Ne peux plus chanter avec vous 153
Ne pleure pas, ma pauvre fille 902
Ne pleure pas, mon pauvre enfant 464
Ne pleurons plus sur ma patrie 748
Ne quittez jamais votre mère (Romance)
   (Puget) 841
Ne quittons pas Paris (Romance) (Lafont)
   747
Ne repoussez pas 519

Ne retiens plus ton ami 352
Ne sais pourquoi toujours soupire 361
Ne soyez qu'infidèle 549
Ne te réveille pas (Nocturne, 2 St.) (Romag-
   nesi) 664
Ne te réveille pas 334, 603, 605, 664, 814
Ne valsez jamais (Chansonnette) (Gouet)
   755
Ne vois-je pas de la montagne 427
Neapolitanische Fischer (Der) s. Masaniello
   ou Le Pêcheur Napolitain
Neapolitanisches Lied 799
Neben dir ist das liebste Plätzchen mir 875
Nécessaire et le Superflu (Le; Vaudeville?:
   Doche) 677
Neckendes Lied (Osthoff) 881
Neger (Die; Oper: Salieri) 188, 189
Nehmt euch in acht! 870
Nei (Vaudeville: Rung) 529
Nei! aldrig meer mit Hjerte 512
Nei, at gaae til Verdens Ende 529
Nei, min Arm skal Ingen myrde! 250
Nei trods din grummt Eviig 510
Nei, vilde Jæger, derinde leger 514
Neidisch trennen Thal und Hügel 651, 676
Neige (La; Komische Oper: Auber) 424
   425, 515 (4), 681, 740 (2), 741, 765 (3),
   766
Nein! (André) 652, 673; (Hurka) 175
Nein die barbar'sche Pflicht 218
Nein, ich singe nicht, mein Herr 583, 594
Nein, ich weiß es nicht zu deuten 993
Nein, Liebe kennt nicht Rang und Stand
   234
Nein, nein, warum das Zagen 684
Nein, nichts ist betrübter 270
Nein! nimmermehr 640, 701
Nein so grausam, o Geliebter 681
Nein warum das Zagen 588
Nej, afgrunds gudar nattens söner 69
Nej bättre jag min lycka vet 30
Nej, eskte min ære 527
Nej, för mig intet hopp! 58
Nej, intet haf min kärlek till dig stänger
   715
Nej, jag kan ej rätt förklara 67
Nej vilda yngling 717
Nel chiuso centro ove ogni luce assendo
   905
Nel cor più non mi sento 62, 83, 101, 264,
   617, 630, 631
Nel mirarmi lieta appieno 478
Nel mirarti un solo istante 701
Nel rivederti, o caro 379
Nel seno già sento 623
Nel silenzio fra l'orror 691
Nell furor delle tempeste 692
Nella fatal di Rimini 638
Nella selvetta amica 363
Nello stringerti al mio petto 582, 594
Nemici Generosi (I; Pasticcio: Pavesi u. a.)
   261, 309
Némorin Exilé (Air) (Woets) 570
Nenne nicht das Schicksal grausam 282
Nephtale (Romance sacrée) (de Valory)
   470
Nephtali (Oper: Blangini) 322 (2)
Ner uti dalens djup 22
Nere, e funeste immagini 600
Neu blühen wieder im Himmelshain 518

Neue Figaro (Der) s. Nuovo Figaro (Il)
Neue Freuden, neue Schmerzen 239
Neue Gutsherr (Der) s. Nouveau Seigneur
de Village (Le)
Neue Lebenslust (Röth) 344
Neue Paris (Der; Vaudeville: Maurer) 781
Neue Romanze (Paer) 277
Neue Sonntagskind (Das; Singspiel: W. Müller) 71
Neues Leben (Righini) 167
Neujahreswunsch (Schinn) 397
Neujahrs-Gesang des Kindes (Praeger) 775
Neujahrs-Lied (Gattermann) 561
(4stg.) Neujahrsgesang (J. T. Held) 327
Neujahrslied
    Des Jahres letzte Stunde (J. A. P. Schulz)
    295
    Mit Andacht grüßt das neue Jahr (Sander)
    565
    Mit frommer Ehrfurcht ... (J. A. P.
    Schulz) 561
    Willkommen, liebes neues Jahr! (Neuner)
    394
Neulich Abends, als mein Schiffchen 882
Neuseeländisches Schlachtlied (Aria) 270
Never can I forget my early pleasures 939
Never doubt that I love (R. Taylor) 116, 135
New (French) Song (Dalayrac) 140
New Years Bells (Linter) 934
Ni ä mina Damer ni så lätta så svaga 662
Ni jamais, ni toujours (Nocturne, 1 oder 2 St.)
    (Delieu) 669, 670; (Giacomelli) 496
Nice, Alain dans not' village 509
Nice Augente: O la Explicación, Prima Parte
    (Canción) (Rucker) 572
Nice Burlada (Canción Española) 571
Nice Burlada, o los Ojuelos, Prima Parte
    (Canción) 571
Nice Cauta: O del Dicho al Hecho (Canción)
    (Rucker) 573
Nice desengañada, o: Amara la Moda (Canción) (Rucker) 573
Nice di te m'accesi 611
Nice dorme (Cavatina) (Mayr) 478
Nice dorme e solo i mondo di mie lagrime
    478
Nice Enamorada (Canción) (Muñoz) 571
Nice et Philène ou le Départ ‹La Partenza›
    (Romance) (Mr. Le B.) 539
Nice Presente: O la Explicación, Segunda
    Parte (Canción) (Rucker) 572
Nice Vengada o los Ojuelos, Segunda Parte
    (Canción) (Rucker) 571
Nicette à quinze ans (Chansonnette) (Louis
    Jadin) 368
Nicette vous plaît, vous enchante 338, 821
Nicht bestimmt, um zu trauern 634, 696
Nicht blos für diese Unterwelt 295
Nicht deiner Schwester 269
Nicht den Sternen sollst du trauen 649
Nicht Purpurglanz, nicht Diademe 581
Nicht so traurig, nicht 809
Nicht über diese Schwelle 642, 702
Nicht würdig bin ich Armer 399
Nicht zur Erde senkt die Blicke 877
Nichts gehet über Weiberlist 296
Nichts kann mir so sehr gefallen 301
Nichts rundum erforschen des endlichen
    Blicke 211
Nichts Schöneres auf der ganzen Welt 778

Nici bedda Nic'ingrata 308
Nie genug preisen kann man das Reisen 703
Nie kann die Liebe ganz ihr Wesen sagen 653
Nie werd' ich deine Huld verkennen 134, 556
Nie werd' ich fühllos vergessen 588
Nie wird von dir sich trennen 488
Nie wirst du Ali untreu sehn 223
Niech kornu wielka nadzieja zabłyśnie 172
Niels Lembak (Schauspiel mit Musik: C.
    Schall) 206 (5), 207 (5)
Niergends hin als auf den Mund 674
Night (Sonnet) (Hook) 96
Night and Dawn (Barnett) 912
Night reigns around 96
Nightingale no more complain 103
Nim słońce nasze oświeci strony 172
Nimm an der Gaben Weihe 399
Nimm Bacchus unser Opfer 145
Nimm dich in Acht 784
Nimm dies kleine Angedenken 177, 297,
    724, 869
Nimm diesen Kuß zum Pfande 132, 178
Nimm freundlich heut die Rose 494
Nimm hier, nun bist du von mir frey 698
Nimm hin des Freundes Gabe 774
Nimm mich in kühligen schattigen Arm 282
Nimm, o Vater, an des Jahres erstem Morgen
    772
Nimm zu dieses Festes Feier 896
Nimmer das glaubt mir 896
Nimmer frommen wirds den Stutzern 877
Nimphes pourquoi me fuyez vous? 108
Nina (Ballett von Bournonville, nach Musik
    von Persuis, zum Teil nach Dalayracs
    Oper: Nina) 320, 321 (3), 387, 403 (2),
    862
Nina (Oper: Dalayrac) 10, 156, 212, 255,
    421, 724, 862, 974
Nina (Oper: Paisiello) 228, 230, 267
Nina (Schauspiel von Heiberg, mit Gesang:
    Weyse) 421
Nina eller: Den Vanvittige af Kierlighed
    (Ballett von Galeotti: C. Schall) 206
Nina non dir di no! 310
Nina, s'è ver che m'ami 309
Nina sul fior degli anni 371
Ninette à la Cour (Vaudeville?: Doche) 677
Ninfe, se liete viver bramate 372, 877
Nise llorosa, o la Amarga Reconvención
    (Canción) (Rucker) 573
Nitocri (Melodram: Mercadante) 378, 379
No che il morir non è 510, 555
No che non può 272
No crudel non posso vivere tu lo sai 681
No crudel per me giammai 271
No crudel tu non m'amasti 231
No ice so hard so cold as I 99
No longer hope 95
No Lover comes to me (Bishop) 928
No, Matilde, non morrai 368, 688
No me llamen dichoso 275
No more can grief impart 915
No, non è ver 640
No, non temer serena 588, 624, 632, 684
No non ti dei lagnar 475
No, non ti son rivale 637
No più vaghi Soggiorni dell'Asia 242
No quel lampo non dà terrore 261
No 'twas neither shape nor feature 99
Nò ... t'arresta! e maggior pena 378

Noble châtelaine, voyez notre peine 471, 733, 834
Noble écuyer, soutien du diadême 443
Noble Françoise, au fond de ces tourelles 825
Nobles soutiens de mes états 458
Noces de Gamache (Pasticcio: Guénée nach Mercadante) 466
Noch einmal Heinrich, eh wir scheiden 145
Noch einmal möcht' ich 720
Noch einmal muss ich vor dir stehn 872
Noch einmal, Robert, eh wir scheiden 584
Noch glänzt mir deines Lichtes Schein 676
Noch nicht entblüht zur Rose 165
Noch saß im schwarzen Kleide 203
Noch spielet Adele mit Lämmern der Au 494
Nocturne
   Belle Ninfe è nato aprile (Blangini) 726
   Che chiedi che brami (Alary) 751
   D'où peut venir le trouble (de Peellaert) 501
   Dans le printems du bel âge (Blangini) 726
   Non, ami il prigioniero (Blangini) 726
   Tout est tranquille (Field) 553
   Vous donc l'humeur légère (Blangini) 726
Nocturne (1 oder 2 St.)
   De l'amant qui m'engage (Pillore) 820
   Il est minuit (Roussel) 497, 670
   Reposons nous ici tous ... (de Beauplan) 627
Nocturne (1, 2 oder 3 St.) (de Lagoanère) 479
Nocturne (2 St.)
   Ah! voi dite ombrose piante 475
   Aimer est un destin ... (L. Moreau) 372
   C'est un cruel martyre (Blangini, Op. 15) 268
   Care pupille, tra mille ... (Isouard) 448
   Des cœurs aimants ... (F. Garat) 438
   Di tanti miei tormenti (Blangini, Op. 15) 268
   Dites-moi, bois solitaire 475
   Entendez-vous cette voix ... (Louis Jadin) 359
   Idolo del mio cuor (Blangini) 611
   J'étais heureux (Panseron) 899
   Je n'ai qu'un cœur (Lamarra) 550
   Je sais sur la colline (Chollet) 964
   La cloche du hameau ... (de Garaudé) 352
   Lorsque le doux zéphire ... (Romagnesi) 500
   Minuit s'avance (Groetaers) 732
   Ne te réveille pas (Laurent) 603; (Romagnesi) 334, 605, 814
   Nymphe, de ce bocage (Nourrit) 551
   Oh come volano ... (Blangini) 610
   Quand on est deux (Bouffet) 381
   Quand Thalie, plus jolie (Paer) 454
   Que ton sort ... (Romagnesi) 484
   Quel labbro ch'io speri (Blangini) 614
   Sediamo ai freschi ... (Blangini) 611
   Sia benedetto amore (Simonis) 479
   Tu ne dis mot (Panseron) 900
Nocturne (2 gleiche St.) (Panseron) 903
Nocturne (Français) (1 oder 2 St.) (Gail) 444, 670
Nocturne (Français) (2 St.) (de Garaudé) 350
Nocturne italien (2 St.)
   Languir d'amore crudel ... (Blangini) 268
   Lorsqu'on soupire dieux ... (Blangini) 268

Parti coll' ombra è ver (Cherubini) 442
Son lungi ... (Cherubini) 447
Sul margine del rio (Blangini) 614
Nocturno
   O rammenta o bella, Irena (de Garaudé) 355
   Où sont-ils, ces jours ... (de Garaudé) 355
Noël (Puget) 865
Nör ifrån den fulla Månan skimret sig 658
Noi recchiamo a nemici 637
Noi siamo Zingarelle 708
Noi vechiamo a nemici la morte 698
Nom charmant, voix mystérieuse 378
Non!!! (Chansonnette) (Hippolyte) 549
Non ami il prigioniero 351, 726
Non arrestar il colpo 366
Non bastan quelle lagrime 361, 633
Non, beau sire, plus d'amour! 351
Non, belle Pologne (National Polish Melody) (Dombroski) 968
Non, ce n'est point un rêve 905
Non dolerti, o pastorello 179
Non dormo un'ora 272
Non era ancora sorta 220
Non fuggir, mi ascolta, ingrata 350
Non irritarmi più 612
Non jamais, il ne faut aimer 351
Non, je n'eus plus rien à chercher (Chanson) (Louis Jadin) 371
Non, je ne crois pas ce langage 547
Non, je ne l'oublirai jamais 758
Non, je ne puis en conscience 112
Non, je ne puis me deffendre 615 (2)
Non, je ne t'aime plus 458
Non, je ne veux chanter que toi 260
Non, je ne veux pas (Chansonnette) (H. F. Berton) 814
Non, je ne veux pas danser 727
Non, je ne veux pas écouter 727
Non, je ne veux plus aimer (Romance) (P. Michelot) 837
Non, l'Amour ne compte jamais 441
Non les trésors de la science 450
Non, Lycas, je n'écoute rien 833
Non me scaldè la zucca 614
Non mi sprezzar licori 354, 727
Non nobis, Domine 87
Non, non beau Sire! (Chansonnette) (Wilhem) 433
Non più andrai farfallone amoroso 16, 246, 302, 417, 422, 510, 765
Non più di fiori 513, 966
Non più mesta 912
Non plus d'Amour (Chansonnette) (Wilhem) 351
Non plus d'amour! 455
Non, plus d'espérance 153
Non, point de mélancolie 108
Non regnar che per costei 699
Non sai qual incanto 691
Non si da follia maggiore 589
Non sò più cosa son, cosa faccio 61, 239, 276, 421, 510, 556, 576, 616
Non so qual forza ignota 377
Non so se tu m'inganni 179
Non son io che la condanna 699
Non sperar, non lusingarti 374, 731
Non ti fidar, o misera 687
Non tremar ti t'offro il petto 271
Non v'atterisca 600
Non ve non ve martiro 905

Non vè più barbaro di chi non sente 355
Non, vous ne m'aimez pas, Jeannette 905
Non, vraiment, je n'écoute rien (Chansonnette)
(Bruguière) 833
Nonnerne s. Visitandines (Les)
Noon (Sonnet) (Hook) 96
Nord oder Süd! Wenn nur im warmen Busen
868
Nordstern (Der) s. Etoile du Nord (L')
Norfolk (Capin) 131
Norma (Oper: Bellini) 535, 635 (16), 697,
800 (2), 958 (2)
Norsk Balvise (Ibsen) 760
Norwegische Volksmelodie 805
Nos troubadours nous ont vanté le tems 385
Not in sorrow (Graham) 934
Notabene (Lied) (Polster) 313
Notre Dame de bon Secours (Nocturne)
(Panseron) 902
Notre Dame des Grèves (Ballade Dieppoise)
(Panseron) 905
Notre Dame du Mont Carmel (Carafa) 916
Notre vieux Bailli, que c'est drôle! 901
Notte (La; Oper)
  Duetto (Paer) 225
Notte e giorno faticar 230, 687, 767
Notte tremenda! orribil notte! 373, 730
(6) Notturni (Consalvo) 370 (2), 372 (2),
374, 382
Notturnino (Pavesi) 272
Notturno (Pantomime: Brandl) 129
Notturno
  Jamais d'une cruelle (Blangini) 727
  La franchise sait me charmer (Consalvo)
  731
  Lycklig den som Hoppets Tärna 716
  Non mi sprezzar licori (Blangini) 727
  Non sperar, non lusingarti (Consalvo)
  731
  O notte soave ... 253
  Perchè palpiti cor mio (Blangini) 354
  Pourquoi donc douter encore (Blangini)
  354
Notturno (1 oder 2 St.) (Blangini) 612
Notturno (2 St.)
  Addio pastorella amata (Blangini) 612
  Almen se non possio (Blangini) 673
  Caro ben vivi felice (Blangini) 613
  Dove sei bel Idol mio (Blangini) 614
  Kannst du von mir dich trennen (Blangi-
  ni) 673
  La primavera ecco venir (Blangini) 613
  Le Cœur plein de tristesse (Blangini) 673
  Quando amor m'avvin se al gioco (Blangi-
  ni) 614
  Se tu sapessi (de Garaudé) 349, 725
  Toute la vie, avec sa mie (de Garaudé)
  349, 725
Notturno primo
  Quand je m'éloigne de mon amie (Blan-
  gini) 265
  Se son lontano dal mio diletto (Blangini)
  265
Nous (Romance, 2 St.) (Blangini) 440
Nous allons avoir gráce à Dieu 533
Nous apprenons de l'île de Cythère 484
Nous autres fillettes qui cueillons des oranges
106
Nous boirons, trinquerons 527
Nous consacrons au Dieu d'amour 725

Nous danserons une autre fois (Pastorale,
2 St.) (Panseron) 900
*Nous v'nous vous souhaiter bonheur en
mariage* 666
Nous voici tous, ô protectrice 527
Nouveau Rondeau (Bouffet) 360
Nouveau Seigneur de Village (Le; Oper:
Boieldieu) 50 (2), 417, 508 (3), 594
(6) Nouveau Nocturnes (Blangini) 350,
351 (2), 352, 354
Nouvelle Somnambule (La; Vaudeville:
Doche) 832
Nouvelle Somnambule (La; Vaudeville:
Roget) 733
Now he coldly flies the luring 922
Now I know what it is to have stove 86
Now led our mou1 1ful songs record 131
*Now shines the ray, o'er the wide ocean
streaming* 965
Now the Beams of Morning (Malibran) 967
*Now the dancing sunbeams play (Venligt
Aftenrøden smiler)* 70
Now the hill tops are burnish'd 90
Now the lamp of day has fled 910
Now to lull'd Endymion creeping 912
Now twilights fairy hand had dress'd 124
Nozze di Dorina (Le) s. Fra i Due Litiganti
il Terzo Gode
Nozze di Figaro (Le; Oper: Mozart, KV 492)
12, 16, 43, 60 (2), 61 (2), 70, 228, 239 (2),
240, 243, 245, 246 (2), 260, 262, 276 (3),
277 (2), 302 (2), 409, 417, 418, 421 (2),
422 (2), 510 (6), 511 (3), 556, 576 (2),
616 (2), 657, 662, 742, 759 (2), 765, 772,
775, 779
Nye Duett og Chor (Kunzen) 249
Nozze Disturbate (Le) oder Die unterbrochene
Hochzeit (Komisch-pantomimisches Ballett:
Haibel) 237
Nu afsted, ja afsted! 525
Nu bränner middags solens eld 70
Nu er det Höst 846
Nu er Du min! 532
Nu god morgon! dagens öga öpnat i det höga!
53
Nu han Svevede om paa det vild somme Hau
846
Nu Held omsider til os ned smiler 513
Nu kiere Børn forener jer 76
Nu man först lytte maae 516
Nu muntre Dyr! jeg Roe Jer skiænker 513
Nu, när af himlen, jag får dig åter 58
Nu skal el Eventyr I höre 529
Nu skal vi et lækkert Maaltid faae 533
Nu stille Nat om Jorden hviler 525
Nu vi berette ville Hvorlunde Angantyr 846
Nützet die Jahre! wie euch die Klugheit räth
397
Nützet die Zeit des Lebens 322
Nuit charmante et paisible 476
Nuit pur et tranquille 263
Nulla è un regno 699
Numa Pompilio (Oper: Paer) 487, 490
Numa Pompilius s. Numa Pompilio
Nume benefico che forte sei 216
Numi che intesi mai! 379
Numi che sento? ah, padre! 379
Numi! pietosi Numi 487
Nummero quindici 622
Nun Adjeu! ich reis' ihr Schönen 302

Nun beut die Flur das frische Grün 103, 140
Nun bist du in meinen Händen 635
Nun bitten wir den heil'gen Geist 766, 788
Nun danket alle Gott 765, 791
Nun freuet euch lieben Christ'n gemein 23
Nun freut euch lieben Christen 785, 980
Nun hebt die Gläser hoch empor 636, 697
Nun hilft kein Zieren 584, 594
Nun ist alles wohlgemacht 565
Nun kommt der Heiden Heiland 771
Nun lasse mich, mein theures Leben 798
Nun lasst uns den Leib begraben 771, 979
Nun lasst uns Gott dem Herr(e)n 791, 990, 991
Nun lebe, o Hoffnung im heilenden Herzen 781
Nun lob' mein' Seel' den Herren 778, 797
Nun ruhen alle Wälder 797
Nun sich der Tag geendet hat 770, 800, 990
Nun soll ich? Wenn die sanften Abendlüfte 246
Nun verlass ich diese Hütte! 294
Nunnorne s. Visitandines (Les)
Nuovo Figaro (Il; Komische Oper: Ricci) 743 (2)
Nur den reizenden Namen 278
Nur ein Hüttchen 178
Nur ein Weilchen blüht der May 240
Nur einen Wunsch, nur ein Verlangen 216, 576
Nur noch einmal vollgegossen 280
Nur piano, haltet ein 633, 689, 723
Nur Scherze sind's und Possen 712
Nur so viel Stroh, ein Lager mir zu betten 269
Nur Thaler 812
Nur treuer Sinn 398
Nur zärtliches Kosen im blühenden Haine 296
Nur zu, nur zu! 709
Nur zu, nur zu, du kühner Kahn 805
Nurzahad (Melodram: Elsner) 173 (2), 247
Nya Egendoms Herrn s. Nouveau Seigneur de Village (Le)
Nyd Livets glade Dage 511
Nyd Livets korte Morgenrøde 84
Nye Godseier (Den) s. Nouveau Seigneur de Village (Le)
Nye Jordegodsejer (Den) s. Nouveau Seigneur de Village (Le)
Nymphe de ce bocage 551
Nytaarssang (J. Herrmann) 183

O Abendluft 710
O, allmächt'ger der Waisen Herr 223
O beau pays de l'Ibérie 393, 672
O bella che dormi su letto 370
O Berlin, ich muss dich lassen 876
O blygd! O djup af smerta! 660
O calme heureux! chère et paisible indifférence 358
O cara memoria 598, 724
O champs heureux arrosés par le Tage 386
O ciel che sorda al mesto pianto 592
O ciel! que vois-je? 353
O ciel qui, qui vi passa 217
O ciel tu parti 340
O cielo clemente 625, 691
O crudel che il mio pianto non vedi 751
O dame tant jolie 538

O Dank, diesen freundlich grünen Bäumen 252
O das nur, was im Busen des Edlen heimlich glüht 174
O dass ich dir vom stillen Auge 653, 802
O Démocrite en ta philosophie 484
O denk ich eurer, theure Kinder! 138
O denke, dass morgen 590
O denkt, ich kam schon seit Jahren 291
O des beaux arts grand et noble délire! 643
O des Dieux le plus bel ouvrage! 510
O di l'aura che dolce sospira 180
O dieu du jeune âge 531
O Dieu puissant protège ma démarche! 499
O Dio che pena mi dà nel cuore 913
O divine harmonie, viens m'apprendre mon sort 838
O död! hvar är din udd? 16
O dolce canto del dio d'amore 502
O dolce concento 478, 617, 631, 972
O dolce istante! 600
O douce Chimère (Romance, 1 oder 2 St.) (Bruguière) 672
O douce nuit, ô silence éloquent 499
O douce poésie, couvre de quelques fleurs 371, 550
O douce providence 849
O! doux bienfait du créature 440
O doux moment dont mon âme est ravie 528
O doux sommeil en fermant ma paupière 459
O du arme Margarethe 691, 782
O du, der alles Sehnen stillt 398
O du, die mir das Leben gab 224, 721
O Du, die mir innig verbündet 809
O, du, din gamle Faders Stytte! 505
O du Gefährte 322
O du Gudernes Mesterstykke! 510
O! du hvis Blik saa venligt smiler 207
O, du mein Einziger 216
O du meine einzige Stütze 595
O! du som altid har utgjort mitt väl 33
O Du som i ditt häng har slutit 3
O Du som jeg med Smerte 76
O Du som kiender! 409
O du som svingar dig i spåren 45
O, Du, som verldars millioner 27
O, ein Wort aus diesem Munde 680
O Einsamkeit; wie sanft erquickst du mich! 344
O Elskov! hör min Bön! 514
O Elskovsdrik, som hende skal henrive 523
O! elskte Barn, hviil paa mit Skiød 82
O entzückende, selige Stunden 712
O Ewigkeit, du Donnerwort 785
O false hearted, faithless treasures! 929
O Fatime, meine Traute 680, 876
O femme Roi, modèle des grands hommes 501
O flieht, ihr sanften Triebe 583, 595
O! flygtade behag af mina ungdoms dagar! 20
O forbear to bid me 89
O force me not from him 100
O! forlad mig gode Herre 84
O fortune à ton caprice 525
O France! ô ma patrie! 456, 540
O Fred, livsaligste Lyd! 249
O! gallantly the bark glides 914
O Geliebte, laß dieses Zagen 579, 582, 592
O gieb vom weichen Pfühle 178

O, glade lyksalige Dage! 85
O Glædens Haand mit Liv skal smykke 527
O Göttin sanfter Triebe 634; 696
O Gott der Ehen 214
O Gott der Liebe, Gott der Wonne 311
O Gott, du frommer Gott 778, 797, 991
O Gott, hab' Mitleid 587, 598, 650, 684, 723
O Gott! mit sanftem Schlummer 874
O Gott! sieh' auf meine Leiden 641
O Gottes Lamm, unschuldig 569
O Gottheit erhöre 640
O Grav! som skiuler min Themire 206
O Gud! det var då här 61
O Gud! dig, vanbörd 49
O Gud! ditt bistånd vi åkalla! 44
O Gud! förlåt mig! 69
O Gud! hvad er det! 526
O Gud! i all min bittra smärta 19
O Gud! mine Kinder de glöde! 205
O Gud! mine Taare de rinde saa varme! 208
O Gud! skiøndt Qvaler mig fortære 82
O Gud vi lofve Tig 9
O Haab! maaskee Du daarer 411
O had I the wings of an Eagle I'd fly 122
O hans Aand 526
O hans Skjæbne har slukt min Vrede 526
O Harmonie! din Tryllekjæde 250
O haste thee, bold hunter 922
O haste thee, love, hither 965
O Haupt voll Blut und Wunden 797, 978
O hav, unhyre Slange 520
O! have you seen the blushing rose 117
O heilige Jungfrau 709
O Herr mein Gott, durch den 806
O Herre Gott, dein göttlich 806
O Heymath, süß und theuer 582, 596
O Himmel! deinen Segen 739
O! hjælp mig Himmel! 529
O Höiheds Glands og Hæder! 519
O höre mich 694
O höret mit Erbarmen 229
O holde Geliebte 133
O holder Engel erscheine bald! 137
O! hur hastigt sorgedagen 715
O! huru lifvas ej mitt sinne 28
O! hvar är du, min vän, min sällhet? 59
O! hvilken ljuf och himmelsklott 715
O hvilken ljuflig låga 716
O hvor gjerne saae jeg ikke 524
O! I maa skamme Jer 529
O Isis och Osires 44
O Isis und Osiris 44, 706
O jeg beer min Herre 528
O jour digne d'envie 478
O jour heureux 521, 835
O jour plein de charmes 521
O jours riants où brille la jeunesse 731
O juble nur, du Grausame 636, 697
O Juno! du som öfvergifvet 25
O kärlek, din ära skall elda min tunga 27
O! kan Graad dit Hierte bøie 71
O kannst du mir vergeben 695
O Kinder seyd doch recht erfreut 396
O kjære Doctor, tie, o tie 529
O Kjærligheds Stemme 532
O könnt' ich doch die Nachtigall 165, 297
O kom og lytter til min Stemme 416
O komm, Geliebter, weile nicht 715
O, komm mein süßes Leben 742
O komm weisse Schöne 692

O komm zurück an der Geliebten Herz 212
O! kunde blot jeg give 515
O lächle stets 897
O Lamm Gottes unschuldig 778, 788
O lass Hoffnung dich beleben 688
O laß zu sanfter Liebe 579, 583, 593
O lasst, in muntern Tänzen 712
O lasst mich ruhn an dieser lieben Stelle 865, 884
O lasst mich Tiefgebeugte weinen 224, 289
O lebe für Orest, meinen Bruder 235
O legt mich nicht ins dunkle Grab 650, 867
O leide! leide gern 396
O Licht des Himmels 742
O Liebe, deren Augen 766
O Liebe warum plagst du mich 556
O lieber May, wie schön und neu 676, 739
O Lilly! why so droops thy head 117
O love the parent of gay smiling 99
O Lovely Moon! (T. Smith) 965
O Lovely Spring (Song) (Mendelssohn) 971
O! low shone the sun on the fair lake of Toro 911
O! luce qui mortalibus 909
O Lust, du meiner Jugend Aufenthalt 692
O lycklig den, i från sin låga hydda 21
O lyckliga maka! 21
O, lyd min Sang om Kierlighed! 407
O ma Cavale *(Ballade)* (de Beauplan) 836
O! ma chère Constance! 134
O ma Clémence si ta constance 114
O ma compagne dans la campagne 549
O ma gondole! la brise est folle 836, 903
O ma jeune amie 452
O ma Lorna, fleur matinale 439
O ma meilleure amie 732
O ma paresse, ô ma chère paresse 338, 821, 831
O ma tendre amie 531
O ma vie! sans envie 452, 456, 627
O ma Zulmé, prends pitié de ma flamme 467
O Mädchen! wenn die Liebe 145
O man hat zu jedem Werke 279
O, many happy days we had 931
O Maritana, süsse Waldesblüth' 704
O! måtte dock till dessa skuggors famn 50
O meines Lebens schönster Tag 218
O Ménestrel, va servir la patrie 438
O mes compagnons de misère 666
O mes jeunes compagnes, accourez sur mes pas 668
O milde venskab, du, som straaler 420
O miłosci (Stefani) 171
O min Annette! med Roser strøer du Livets Vei 76
O min elsker, jeg dig skal miste 505
O min Kung o min vän! 7
O min Sjæl henrykt af Lyst! 520
O mio castel paterno 706
O mio rimorso 708
O Mistress mine 123
O moitié de moi même 501
O momento, fortunato 230
O mon cher fils à ma douleur amère 359
O mon Dieu, c'est bien lui 668
O mon Elise! Reste encore! *(Romance)* (de Garaudé) 374
O mon père, veille sur moi! 528
O Music! dear music! What praises are thine! 918

O Mutter mit dem Himmels Kinde 399
O my loves like the red rose 125
O nah dich dem Herzen 491
O nahet edle Seelen 758
O namenlose Freude 579
O Nancy wilt thou go with me 95
O never name those hours of grief 952
O Notte soave 253, 263
O nuit, de ta pâleur obscure 355
O nuit fatale de ma rivale 903
O nuit terrible! O nuit horrible! 730
O nume benefico 623
O! pastourelle, je suis Arthur 480
O patria! dolce e ingrata patria 349
O Pauvre Enfant, tu seras Roi! (Romance)
   (Colombelle) 366
O Pescator (Cansonet) 499
O pescator dell'onda fidulin 275, 499, 893
O plaisir, ô bonheur 108
O Poland! Dear Poland! never shalt thou
   bow thee down in slavery! 968
O preis't den Herrn mit einem Mund (O praise
   the Lord with one consent) 568
O prodige, ô merveille 848
O, qual fiamme di gloria 505
O que de pleurs ont mouillé ma paupière 539
O, qval! jag är förlorad 66
O rammenta, o bella Irena 355
O Rose! von duftenden Blättern umhüllt 325
O Rosenbusk, hvor blid var ei din Fred 79
O sacra terra 709
O sähst du die Holde 868
O sällhet hvar finner jag Dig? 10
O sag' wenn ich fahr' auf stürmischen Wogen
   712
O saint ermite des montagnes 377
O sainte Madone, ma belle patrone 841
O sainted pile! religion's dwelling 969
O Salutaris (B oder C-A) (Danzi) 909
O Salutaris (Motette, 3stg.) (v. Neukomm) 847
O salutaris hostia 847, 848, 909
O sanctissima 848, 894, 897
O sanfter süsser Hauch 617, 880
O say bonny lass 90
O! say not sweet Lassie 927
O say thou dear possessor 95
O schenk' mir deine Liebe 588, 684
O schlumm're Kindchen, stille jetzt 824
O Schmeichellaut! wie süss, wie neu! 489
O see min Skræk 508
O seht, auf leisen Flügeln 281
O seht! wie golden strahlt die Sonne 694, 957,
   962
O seht, wie strahlet schön der Morgen 781, 877
O senke nun Schlummer 599
O senke, süsser Schlaf, dich nieder 957
O sexe aimable mais trompeur 487, 867
O siig, kan Du ikke 527
O sing, dear Girl, those notes again 928
O sing sweet bird from that lov'd strain 127
O sing sweet Bird or the Captive to his Linnet
   (Mazzinghi) 127
O sing the song I love so dearly 927
O soave zeffiretto che d'intorno 369
O soll von dir 597
O Sophia! elskte Pige! 509
O souvenir à mon cœur plein d'allarmes 446,
   474
O souvenir! sous ce palmier sauvage 439
O statua gentilissima 660

O süsse Himmelslust bebt durch die trunkne
   Brust 768
O süsse Morgenröthe 787
O Sympatie! os Himlens Mildhed 513
O Tag der Lust und Freude 634, 695
O Tage meiner Freude 203, 295
O Tage sanfter Freude 399
O! take me not from them 931
O Talismann du furchtbar unsern Schönen
   582
O terreur qui m'accable 533
O the immense th'amazing height 131
O Thebe! sälla folk och land 11
O Thou, Almighty Father 925
O, tilgiv det piinte Hierte 513
O toi digne amant que j'adore 548
O toi, dont j'ai troublé la vie 391
O toi dont l'amitié fidèle 457, 480
O toi dont l'onde pure 355
O toi dont la douce lumière convient 428
O toi la compagne chérie de mon enfance 464
O toi, le charme de ma vie 629
O toi, mon bien, ma vie 336, 608, 817
O toi pour qui je soupire 352, 728
O toi qu'il suffit que l'on nomme 475
O toi qu'une bouche jolie 472
O toi que j'aime 369, 480
O toi que j'aime d'amour extrême 385
O toi que j'aime et que je perds 455
O toi qui m'apparus dans ce désert du monde
   825
O toi qui me fais éprouver 266
O toi qui ne peux plus entendre 429
O toi qui ne veux pas comprendre 464
O toi qui veille sur mes jours 461
O toi, seul arbitre du monde 286
O Traurigkeit 800
O Traurigkeit, o Herzeleid 778
O sing sweet bird from that lov'd strain 127
O triste retraite, tu vis mon bonheur 449, 642
O trotz dem blassen 894
O tu che sai gli spasimi 636
O, unverhofftes Glück 215
O Vater sieh mit Wohlgefallen 394
O, ved din Barm, elskovsvarm 530
O, Venskabs Himmelflamme 513
O Venus hear my ardent pray'r 86
O Vorsicht 597
O vous, aimables tourterelles 427
O vous, dont la richesse est grande 753, 820
O vous, dont le cœur volage 351
O Vous! qu'un Dieu tout bon 392
O vous, que Mars rend invincible 338, 469, 821
O vous qui bravez les dangers 496
O vous, qui cherchez le bonheur 548
O vous, qui de l'amour 266
O vous, qui des ris et des jeux 436
O vous, qui près de ma Sylvie 818
O vous, qui sans espoir 113
O vous, qui vous laissez séduire 109
O was verdank 597
O weel may the boatie row 128
O weiche nie aus dieser Brust 770
O weine nicht! (Romance allemande) (Danzi)
   470
O! welche Lust herrscht überall 325
O welcome home my dearest Jack 100
O were I but a thing of light 924
O! where is my darling (C. White) 933
O why when the cup (Bishop) 937

O wie bin ich tief gefallen 711
O wie die süssen Worte 712
O wie gut, o wie rein 709
O wie herrlich, o wie 894
O wie herrlich, o wie labend 302
O wie schön ist es hier 894
O wie seelig seyd ihr doch ihr Frommen 785
O wie sind zwei Gatten glücklich 169
O wie so schmerzenvoll 675
O Zauberland 783
O zittre nicht, mein lieber Sohn 42
O'er barren rocks and dreary space 125
O'er the blue Adriatic as sounds the Guitar 945
O'er the blue Waters (A. Lee) 939
O'er the gold Waters (A. Lee) 915
O'er the heath the heifer strays 119
Ob hier am Gestade, ob dort auf dem Meere 869
Ob ich auch erkannte Italiens Flur 800
Ob ich dich liebe, fragest du? 874
Ob ich Dich liebe? O frage die Sterne 792
Ob ich dich liebe? weiß ich nicht 343
Ob sie meiner wohl gedenkt (Proch) 639
Ob's Liebe wohl sey? (Bertoldy) 323
Oberon (Kunzen) s. Holger Danske
Oberon (Oper: C. M. v. Weber) 520 (9), 742, 773, 774, 775, 828, 854, 856, 857 (2), 888, 954
Oberon, König der Elfen (Ballett: v. Seyfried) 686, 863 (5)
Obi or Three Fingered Jack (Pantomime: S. Arnold)
    Eingelegter Gesang 121
    Eingelegter Gesang (Pelissier) 331
    Eingelegte Tänze (Pelissier) 331, 332
Objet de crainte et d'espérance 757
Objet de mon amour 264
Objet de mon ivresse 475
Obligato, ah! si obligato 636, 697
Occasional Oratorio (Oratorium: Händel) 92
Occhi miei, piangeste assai 367, 729
Och! Hone! Och! its me, that am dying 933
Och vi ska skära hafre 47
Ochietto fubetto 237
Oczęta Zosi, aczęta żywe 172
Oda o Elizie (Elsner) 171
Ode
    Tyst stod Maj ... (Gluck) 3
    Vid den klara ... (Åhlström) 24
Ode d'Anacréon (J.-A. Méreaux) 431
Ode öfver Sällheten 10
Ode to Science (Hill) 131
Odi i profondi gemiti 381
Odin se lève, Odin l'invulnérable 352
Odo il suon di chi sprezza 638
Öde, om du vill mig gifva 6
Ödet skulle fritt min oskuld få förtrycka 11
Œdip s. Œdipe à Colonne
Œdipe à Colonne (Oper: Sacchini) 30 (3), 31 (3), 39, 46, 49, 102, 503
Öffnet mir! (Romanze) (Auber) 794
Öfver hans Lyra (Lesueur) 29
Ömhet lugn och hopp upfyll 31
Ömma maka! se hvad smärta 12
Ømme Par! din Fryd forkynde 249
Ömt, hvad Smerten saarer 514
Œnône abandonnée Héroide (Vacher) 261
Önskan och Försakelse (Gerson) 718
Oerdög was soll das bedeuten 289

Örnens Rede s. Adlers Horst (Des)
Oesterreichische Volkslieder 798—799 (5)
Oesterreichisches Volkslied (Haydn, Hob. XXVIa, 43) 580, 690
Of all that adorns the creation 925
Of all the buds that smiling bloom in garden 921
Of all the buds that sweetly fling 969
Of all the girls 89
Of noble Race was Shenkin 94
Of the rose fair and young 127
Offerhöitiden s. Unterbrochene Opferfest (Das)
Offertoire du Commun des Martyrs (Basili) 908
Officier Cosaque (L'; Komische Oper: Dumonchau) 115 (2)
Oft as the broad sun 948
Oft in meiner Kindheit süssen Träumen 174
Oft läßt die Lieb' uns ihre Macht empfinden 297
Ofte jeg mindes 521
Og Odin han sendte Hermod Afsted 73
Og visner end den rene Lillie 512
Ogni mio ben perdei per chi vivro 601
Ogni mio bene 642, 702
Oh! ask her not the reason why 931
Oh ask me not for song or mirth 936
Oh! bel momento 571
Oh! Blest that hour (Boieldieu) 921
Oh! breathe no more that simple air 914
Oh! breathe once more that dulcet strain 941
Oh! c'en est fait, je me marie 106
Oh, ce n'est rien encore 531
Oh cease the murmur of those bells 121
Oh cease those Bells 121
Oh! chase from thy eye-lid 916
Oh che giorno fortunato 622
Oh Child thou'rt too young for Love (Wordsworth) 930
Oh ciel, dois-je en croire mes yeux? 106
Oh ciel, oh ciel pietoso 600
Oh come l'anima soavemente 598
Oh come to me (Mrs. H. Shelton) 933
Oh! come to my sheeling Norah 937
Oh! come to the valley of roses 942
Oh! Come to this sweet solitude 970
Oh come volano i bei momenti 610
Oh Dei! Tu guerrier parlar t'intesi 368
Oh desio della vendetta 637, 698
Oh, det er endnu Intet 531
Oh! di qual sei tu vittima 635
Oh Dieu, quel tourment 539
Oh Dio che pena (Duetto) (Morgan) 913
Oh dischiuso è il 640
Oh! do not think of me 940
Oh! England, dear England 935
Oh False Hearted (Stabat Mater) (Rossini) 929
Oh! Father, let me fly to thee (German Air) (Mendelssohn) 968
Oh, for a cot by a silv'ry lake 924
Oh! from a Mother's eye 924
Oh! give me back again 936
Oh! give me back my heavy chain 927
Oh give me of the icy wave 122
Oh give me sweet music 925
Oh Gottheit! Du den edlen theuer 216
Oh had I a cave 125
Oh! he's a braw and handsome lad 927
Oh! how my fond heart flies 925

Oh! how sweet the feeling 922
Oh! I have sheep and kine a throng 919
Oh! Lady come to the Indies with me 936
Oh! Lady hear the little Sailor's story 928
Oh! lead the Dance 927
Oh! leave me where the stream runs fast 930
Oh! Lethe's Stream! (Bishop) 913
Oh! list to me, my lady bright! 942
Oh! list to the chime of the sweet vesper bell 944
Oh! look ye out at sea, love 924
Oh! lullaby, Father dear 954
Oh! Mary, dear Mary, a Cush-la ma chree 938
Oh mattutini albori! 602, 652
Oh mia Fecennia, oh cara 380
Oh momento fortunato 227
Oh! mother dear, I cannot wear 945
Oh! mother look at that bright thing 947
Oh, my bravest and best, I resign thee 917
Oh! never can my soul forget 946
Oh, no I've not forgotten thee 930
Oh no, my sister dear! 919
Oh! no, we have not met for years 939
Oh notte soave, tu rendi la calma 489
Oh! par pitié, mon aimable Constance! 349
Oh! qu'il est doux, quand la rame docile tombe 666
Oh que j'ai froid ma main glacée 750
Oh! Que je hais ma Pension (Chansonnette) (A. Adam) 751
Oh! que la mer est belle 841
Oh! qui peut calmer de ma vie 111
Oh raro esempio d'amistà 377
Oh red look'd the sun 121
Oh! rendez-moi, de mon Tyrol, les montagnes si belles 904
Oh! Return, return again (Wood) 967
Oh sacro vincolo 572
Oh! Say not that Hope (Miss Smith) 927
Oh Schicksal! ich klage vergebens 217
Oh! see you not the fairy boat 939
Oh send me back to my native cot 940
Oh! sien così tranquille 638
Oh! sigh no more o'er happier days 929
Oh sigh not thus for sighs are vain 925
Oh, since the rising of the sun 928
Oh! sing me any song but this 933
Oh sing to me (Millar) 937
Oh! sing to me Aileen 919
Oh sing to me the song of olden time 937
Oh! sleep gentle boy 936
Oh! smile alone on me (Flood) 940
Oh softly falls the foot of love 925
Oh! Stay my own Love stay 967
Oh, steal to thy lattice 946
Oh! swiftly hie thee where lightly falling 965
Oh 'tis sweet in gay and festive bow'rs 925
Oh! take me not Lady 931
Oh tell me not of sorrow 939
Oh! tempt me not to roam afar 934
Oh! tempt me not with jewels bright 910
Oh! that those Moments (Barnett) 927
Oh! the hour to meet 953
Oh! the Maid of Kildare 937
Oh! the old church bell 933
Oh! the old songs we sung 929
Oh! the sweet girls of Erin 930
Oh! think of me 971
Oh! this heart it is thine 936
Oh! Twilight is a Lovely Hour (Bishop) 933

Oh! Twilight is a lovely time 933
Oh vieni al tempio 700
Oh! viens, quittons la ville 902
Oh! vous avez des droits superbes 508
Oh welch ein Lob bereitet du dir 283
Oh welcome was your summons once 943
Oh! welcome ye rays o'er the uplands 965
Oh what a pleasure it will be 100
Oh! what pleasure (Morrell) 940
Oh! what will a, the Lads do 940
Oh! when the sparkling moonlit waves 939
Oh! where and oh where is your Highland Laddie gone 100
Oh! why hast thou bleach'd these locks old time? 936
Oh! why hath music power 917
Oh wie beleidigend 216
Oh wie reich an lautren Freuden 301
Oh! Woman! Dear Woman! 942
Oh yonder is the well known spot 947
Ohime! sperai che morte 353
Ohne deine Blicke ist die schönste Flur 279
Ohne Leichtsinn fröhlich seyn 739
Ohne Rast, angefasst 691
Ohne Wein und ohne Liebe 739
Ohne Zärtlichkeit und Liebe 146, 675
Oi me che orror! 368
Oi-me! tacete! Ah! dov'è colui che adoro? 377
Oiga meuna cosa 572
Old Age (Harwood) 131
Old Albion, and Scotia, and Erin go Bragh (Crouch) 940
Old Christmas (Loder) 935
Old 50th Psalm 131
Old friends and true friends 925
Old Harp of the Highlands 910
Old Oaks of Windsor Forest (C. Smith) 924
Old Ocean is calm 914
Old Time (Crouch) 936
Old women we are 99
Olgar et Lorma (Romance) (C. Pleyel) 443
Olgar, soumis à la voix de l'honneur 443
Olimpiade (Oper: J. F. Reichardt) 72
Olimpie (Oper: Spontini) 596
Olimpio s. Olimpie
Olivier (Nocturne, 2 St.) (Mr. F. P.) 826
Olivier je t'attends 382, 432, 614, 826
Olivo e Pasquale (Komische Oper: Donizetti) 805
Olivo und Pasquale s. Olivo e Pasquale
Oltre ogni tuo pensiero 639, 700
Olympiaden s. Olimpiade
Om Alkoranen er fra Evighed 521
Om din stolte Tinding svæver 249
Om et gådt råd du följa kan 46
Om Flickor nån sin 43
Om hende har ieg ofte drömt 207
Om hoppet sin stråle 15
Om jag så här på asstånd blifver 50
Om mit Hjem staaer et Minde 528
Om ni hos Er en herde finner 36
Om spanske Piger et Rygte siger 530
Om styrkan mig har lämnat 20
Omar und Leila (Oper: Fesca) 681
Omarbetning Ring Lek (Haeffner) 47
Ombra adorata aspetta 185, 234, 263, 489, 541, 860
Ombra che a me d'intorno 366, 573, 729
Ombra diletta 709

Ombre chère et sacrée 263
Omduftet af venlige Dale 514
Omnes spiritus laudet Dominum 909
Omsonst vil Hiertet sig forsvare 205
On a de loi que son vouloir 154
On aime tout dans celle que l'on aime! 442, 477
On appelle ça du Bonheur (Chansonnette) (Romagnesi) 667
On Baltic Billows (Crouch) 936
On by the spur of valor goaded 99
On croit que dans l'indifférence 837
On dit Coquette, jeune fillette 551
On dit qu'aimer est grand bonheur 677
On dit qu'il est faux et volage 816, 994
On dit qu'il faut aimer (Romance, 2 gleiche St.) (L. Moreau) 481
On dit que dans un jeu piquant 995
On dit que j'ai de grands défauts 111
On dit que je suis belle 431
On dit que je suis sans malice 114
On dit que l'amour à mon âge 466
On dit que l'himen et l'amour 644
On dit que le Diable est céans 110
On dit que les soins 614
On entend mugir la tempéte 472
On est heureux que lorsqu'on aime (Romance) 310
On est si bien, près d'une amie! 351
On est si méchant au village! (Chansonnette) (Romagnesi) 664
On m'accusa toute ma vie 377
On m'avait dit: sur un autre rivage 850
On me disait: fuyez l'indifférence 609, 815
On mighty pens (Auf starkem Fittige) 123
On n'aime qu'une fois (Romance) (F. Carulli) 268
On n'en meurt pas (Romance, 4 St.) (de Peellaert) 835
On ne dort plus (Romance) (de Garaudé) 371
On ne formait plus que des plaintes 479
On ne m'aime plus (Romance) (Gouet) 756
On ne me trouve pas jolie 546
On ne meurt pas d'Amour (Romance) (A. Meissonnier) 362
On ne saurait trop embellir 111, 174
On nous raconte qu'au village 107, 507
On nous sépare ... hélas! 431, 474
On nous vante en vain les appas 543
On parle de philosophie 496
On peut être un amant fidèle 359
On pleasure's smooth wings 95
On reconnaît qu'on est près d'une fleur 111
On sait que l'amour et le diable 348
On se plaint de l'amour 461
On Shannon's flow'ry banks we met 937
On sonne dans la chappelle de l'hermite du Valnoir 437
On sonne! ... encore! 480
On sonne l'Angélus (Nocturne, 2 St.) (Panseron) 904
On temi góry za las obrócił 171
On that lone bank 89
On the hills I wander'd early 939
On the poor confin'd debtors 97
On vante chez les Ecossaises 678
On vante toujours la nature 308
On voit dame grecque ou romaine 432
On vous dira la Verité (Romance) (Paer) 469, 850

On y va (Chansonnette) (Gilles) 268
Once again we have met 945
Once, twice, thrice 127.
Oncle Valet (L'; Oper: Della Maria) 108 (2)
Oncles tuteurs se fâcheront 107
Onde a lei ti mostri grato 638
Onde azurée, onde limpide 553
Ondsinta Hustrun (Den; Komödie mit Gesang: Struwe) 38 (2)
One morn I left my boat 930
One Smile of thine ‹The Parting Look› (Wilson) 946
One word with thee 953
Onward float, the wave dividing 970
Opéra-Comique (L'; Singspiel: Della Maria) 27 (3), 28 (2), 78 (4), 107 (8), 184 (2), 508
Operetten s. Opéra Comique (L')
Opfer vor der Bildsäule des Amor (Das; Ballett: Gürrlich) 164, 165, 166
Opferfest (Das) s. Unterbrochene Opferfest (Das)
Opferlied (Beethoven, Op. 121b) 730
Opstandelsen (Oratorium: Kunzen) 250 (3)
Opus peregisti tuum 907
Or che fra i taciti 272
Or che in cielo 638
Or che sono d'amante sprovvisto 276
Or écoutez la doléance d'un troubadour 431
Or écoutez séduisante bergère 482, 628
Or, écoutez, voici mon conte 435
Or più dolce intorno 583, 593
Or se pago ciel tremendo 637
Orazi (Gli) ed i Curiazi (Singspiel: Cimarosa) 192, 226, 227, 229
Ordensband und Sterne braucht die Liebe nicht 773
Ordenslied (Nägeli) 281
Ordonnance des Muses à leurs Favoris (Spangenberg) 391
Orfeo ed Euridice (Oper: Gluck) 13, 213, 214, 220, 263, 264 (2)
Orfeo ed Euridice (Haydn) s. Anima del Filosofo (L')
Orfeo und Euridice (Gluck) s. Orfeo ed Euridice
Orgie (L'; Ballett: Carafa) 809
Orgoglio si scelerati 637
Original Airs of Hindostan (Specimes) 123
(2) Original Russian Airs 116
Orlando (Oper: P. A. Guglielmi) 88
Ornement d'un bocage 452, 627
Orphe (Gluck) s. Orfeo ed Euridice
Orphée (Gluck) s. Orfeo ed Euridice
Orphée (Cantate) (Pergolesi) 905
Orphée (Romance) (Favart) 628
Orphée ayant perdu sa femme 370
Orphelin dès ma tendre enfance 482
Orpheo und Euridice (Gluck) s. Orfeo ed Euridice
Orpheus (Musikalische Burletta: Barthélémon) 92
Orpheus (Oper: Kanne) 224, 227, 258
Orpheus und Euridice (Haydn) s. Anima del Filosofo (L')
Orra Moor (a favorite Canzonet) (Hook) 121
Os Elskovs hulde Skaberinde 79
Os Veyen til AEren staaer aaben 158
Oscar (Romance) (N.-J. Méreaux) 448

Oscar et Malvina (Romance) (A. Pacini) 267
Oscar ne te plains pas Isnelle 748
Oss kallar våren lill att njuta 48
Oss samma hulda moders vård uppfödde 44
Osserva come esulta 633
Ossian (Ballett: Verschiedene Komponisten) 578 (5), 579 (6)
Ossian's Harfe (Oper: Kunzen) 25, 222
Ossians Harpa s. Ossian's Harfe
Ostade (Oper: J. Weigl) 225, 226 (2), 229, 259, 387
Osterlied (C. Ph. E. Bach) 562
Ostermorgen (Der; Kantate: v. Neukomm) 662
Otello (Oper: Rossini) 61, 359, 362, 364, 366, 367, 390 (2), 557, 558 (4), 572, 573, 576 (4), 577 (7), 578 (3), 587 (3), 588 (6), 598 (2), 599, 618, 622, 623 (3), 624 (4), 632 (13), 650, 680, 684 (9), 717, 722, 723, 725, 737, 758, 767, 773, 775 (3), 777, 794, 874 (2), 952
    Einlage-Arie (Carafa) 632, 723
Otelo s. Otello
Othello s. Otello
Othello, der Mohr in Wien (Parodie mit Gesang: Schuster) 228
Ottavio Pinelli s. Schimpf und Rache
Où courez-vous ainsi, ma chère? 453
Où courez-vous, jeunes Filles (Nocturne) (de Beauplan) 838
Où donc est-il le jouvenceau 479
Où la trouver? (Chansonnette) (H. F. Berton) 483
Où me conduis-tu cruel 275
Où sont-ils, ces jours d'ivresse 355
Où suis-je? qu'ai-je vu! 902
Où va Laurette en tapinois? 440
Où vas-tu, pauvre gondolier 522
Où vont ces valeureux guerriers? 825
Oubliez-moi, mais ne m'évitez pas (Romance) (Fontvanne) 460
Oui, c'en est fait à la mélancolie 540
Oui, c'en est fait, perfide amante 467
Oui, c'en est fait renonce à la tendresse 266
Oui, c'est demain 511
Oui, c'est là qu'il m'est doux de l'attendre 901
Oui, c'est toi, que j'aime 838
Oui, j'ai pour toi la tendresse 349
Oui, j'en conviens, j'ai traité de folie 452
Oui, je croyais toute ma vie 611
Oui, je dois encore espérer mon espoir 149
Oui, je l'avouerai, j'en conviendrai 833
Oui je le jure et pour la vie 732
Oui, je le vois, deux fois l'aurore 374
Oui, je suis infidèle 822
Oui, je suis triste, moi 814
Oui je suivrai ton ombre 541
Oui, je veux enfin lui dire 392
Oui je vous fuis 245
Oui, loin de toi, je suis souffrante 841
Oui, ma tête est brûlante 517
Oui, mon ami, je reste là 108
Oui, mon dessin est pris 357
Oui voilà ma femme 527
Our Circle of Friendship at Home (Duet) 928
Our Friends of Old! (Crouch) 927
Our gallant ship was homeward bound 946
Our hero of immortal fame 948
Our Joys of Old (Irish Air, Duet) 925
Our Shepherd alone 131

Our Ship in Darkness (Mercadante) 943
Our ship in darkness, sails along 913, 943
Our ship is bearing from the shore 943
Our spirits join t'adore the Lamb 131
Our sweet Harvest Home (Duet, Irish Air) 921
Ourika (Romance)
    A peine au matin de la vie (Gouet) 755
    L'astre du jour ... (Le Duc) 826
Out' mid the blossom lands 931
Ouvre en tout tems ta modeste chaumière 538, 995
Ouvres donc tes beaux yeux 346, 726
Ouvrez, beau châtelain 359, 445
Ouvrez, gentille châtelaine 471
Ouvrez-moi! (Chansonnette) (Auber) 747
Ouvrez-moi! O mes gentilles demoiselles 747
Ouvriers ou les Bons Enfants (Les; Vaudeville?: Blanchard) 677 (2)
Ouvrons la voile 537
Ováf denna harm och smerta! 66
Ove son? che m'avenne? 600
Over Bierg og Dal og Söe 411
Over the Lake at eve 922
Over the mountain and over the moor 124
Overalt jeg er velkommen 411, 505
Ovide (Couplets) (de Garaudé) 350
Ower heath an' brae fu mony a day 948
Oxford (Capin) 131
Oyez d'un beau Ménestrel 440

På Edert Slaveri 27
På en väns Namsdag 67
På ödslig stig bort i skogarnas gömma 718
På Späda myrthenqvistars blad 8
Paa Bjerget dybt i Skoven 521
Paa blodig Valplads 527
Paa denne Plads jeg nu skal blive? 508
Paa Gernance der saae jeg svinde 514
Paa livets Øe ved en afsides Kilde 66
Paa min Reise mig ledsager 528
Paa Ungdoms og Munterheds Vinger 249
Pace e gioja 623
Pace ei goda, e pace ei segni 378
Pachter Robert (Singspiel: Röth) 339, 340, 341, 342, 343
Padlock (The; Komische Oper: C. Dibdin) 92
Padre, a voi che di Roma regolate 374
Padre ricevi ... l'estremo ... addio 705
Pächter Robert s. Marcellin
Pächter Steffens Abentheuer auf der Reise zu seinem Liebchen, seinen Freunden beym Caminfeuer erzählt (Brose) 269
Pagen des Herzogs von Vendôme (Die; Komische Oper: Gyrowetz) 322
Paisible indifférence dissipe mon erreur 152
Paisibles Lieux (Nocturne, 1, 2 oder 3 St. ad lib.) (de Lagoanère) 480
Palmira s. Palmira, Regina di Persia
Palmira, Regina di Persia (Oper: Salieri) 194, 230 (2), 231, 235, 238, 240 (2), 314, 319, 771
Palmyra s. Palmira, Regina di Persia
Palpitante incerto 893
Palpito dolente 690
Pamela nubile (Oper: Generali) 571
Pan! est-ce ma brune Pan! 551
Pange lingua (Abbé Vogler) 397
Pange, lingua, gloriosi Corporis mysterium 907

Pantomimisk Prolog (C. Schall) 206
Panurge dans l'Ile des Lanternes (Oper:
A.-E.-M. Grétry) 24, 108
Paolo e Virginia (Oper: P. C. Guglielmi?)
Einlage-Arie (Aiblinger) 601
Papa, non dite no 478
Papagena! Papagena! 43
Papagoien s. Papegøjen
Papataci 632
Papegøjen (Komödie von Kotzebue, mit
Gesang: H. O. C. Zinck) 72
Par Cypris chassé d'Idalie 267
Par l'amour Glycère amenée 463
Par le rang, et par l'opulence 536
Par le séjour des champs on peut être charmé
365
Par les égards, par les plaisirs 615
Par un beau jour, dans la Bretagne 904
Par une chansonnette égayant 356, 442,
669
Par vos soins est-ce une fête 707
*Paradiesisch umgestaltet prangt die Flur in
holdem Glanz* 175
Parcourant la plaine liquide de l'amour 463
Pardon de Ploërmel (Le; Oper: Meyerbeer)
709—710 (26)
Pardonne, Isnel, un père inexorable 430,
730
Pardonnez si mon cœur 110
Pari all' amor degli angioli 637
Paride ed Elena (Oper: Gluck) 222
Paris abandonnoit Œnône 261
Pariser Peruquier (Der) s. Perruquier de la
Régence (Le)
Parisina (Oper: Donizetti) 639 (18), 699—
700 (21)
Parisina, Héroïne d'un Poème de Lord Byron
(Nocturne, 2 St.) (Paer) 540
Parla mi pur sincera 472
Parlar non vuoi? 711
Parlar, spiegar non posso 591, 689
Parle-moi de ce que j'adore 309, 478
Parlez, dites que faut-il faire 483
Parlez échos discrets 734
Parlez tout bas, mon doux ami 667
Parlo schietto 272
Parlons plus bas! (Nocturne, 2 St.) (J. Ancot)
452
Parlons plus bas (Romance) (Brocard) 381
Parmi les filles du canton 410
Parmi les fleurs qu'arrose 747
Parmi les pleurs mon rêve se ranime 839
Parmi les preux de la noble Armorique 826
Parmi veder le lagrime 705
Parny (Romance) (Wilhem) 438
Paroissez roi des rois 847
Pars jeune objet de ma tendresse 466
Partagez mes Amours (Romance)
(Darondeau) 481
Partant pour la Syrie 238, 308, 558, 629,
684, 723
Partez, défenseurs de la croix 369
Parti coll'ombra è ver 442
Parti del vostro affetto 214
Partiro dal caro bene 125
Partiro, mio caro bene 140
Partiro, mio bel tesoro 182
Parto, parto, ma tu ben mio 513
Partons, le jour approche 904
Partons, ma belle amie 903

Partons! ô ma Rosine, suivons le Gitano 904
Partons, tout est tranquille 836
Parykmageren s. Perruquier de la Régence (Le)
Pas d'aimerai (Romance) (A. Pacini) 539
Pas d'Amours (Chansonnette) (Quesnel) 751
Paschaen i Suresne (mit Musik nach Méhuls:
Une Folie) 84
Påskmorgonen s. Ostermorgen (Der)
Passant près du château d'Ambure 462
Passer paa, giver Agt 520
Passionslied (C. Ph. E. Bach) 565
Pastoral Cantata (J. C. Luther) 98
Pastorale
Gentille bergerette ... (Gouet) 757
(J'aime une bergère) (Berlot) 451
Min Hjord är alt ... (Åhlström) 16
Patrie, Honneurs (Couplets) 497, 672
Paul enrichi (Chanson) (A. Pacini) 551
Paul et Virginie (Oper: R. Kreutzer) 94?,
406, 407, 408, 505
Paul og Virginie s. Paul et Virginie
Paul und Rosette (Ballett: M. Umlauff) 193,
194 (6), 195 (3), 213, 216, 237, 256 (2)
Pauvre dame Marguerite 516
Pauvre Enfant! (Romance) (Panseron) 904
Pauvre fiancée 535
Pauvre Fille (La; Vaudeville?: Doche) 606,
677 (2)
Pauvre Hirondelle! (Romance) (Colombelle)
371
Pauvre Napolitain 530, 733
Pauvre petit, pars pour la France 377
Pauvre soldat, en partant pour la guerre 901
Pauvres Français tout chez nous dégénère
551
Pauvrette dors en Paix (Romance) (H. F. Ber-
ton) 818
Payis des montagnes, berceau de nos jours
835
Peasant Boy (The; Oper: Kelly)
Eingelegte Ouverture (Pelissier) 331
Eingelegte Tänze (Pelissier) 331
Eingelegte Gesänge (Pelissier) 331, 332
Peau d'Ane (La) s. Eselshaut (Die)
Pebersvendene (Komödie nach Iffland: Die
Hagestolzen, mit Gesang) 75
Pêcheur de cette rive 459
Pêcheur de l'onde-petit fripon 275
Peeping Tom of Coventry (Komische Oper:
S. Arnold) 88
Peinds lui, Rose matinale 731
Peines d'Amour (Romance nouvelle) (A. Paci-
ni) 261
Pélage (Romance héroïque) (R. Kreutzer) 448
Pelegrimerne s. Rencontre Imprévue (La)
Pelérine, où vas-tu si tard? 361, 376
Pelham (de Giardini) 131
Penge, penge! tro mit Ord 523
Pensa alla Patria 273
Pensa ch'io resto e peno 48
Pensa che sol per poco 633
Pense au Retour (Romance) (Goulé) 538, 995
Pensée (Penser) d'Amour (de Raoulx) 543,
605
Pensée (Penser) d'amour emplit mon existence
543, 605
Pensée du Soir (Nocturne, 1 oder 2 St.)
(Roussel) 671
Per guarir da tal pazzia 636, 697
Per indol felice, nemica al capriccio 362

Per le cure per le pene 639, 700
Per lui, che adoro 501, 583, 593 (2), 632
Per me ora fatale 707
Per pietà bell'idol mio 310, 491
Per pietà, ben mio 75
Per pietà, deh senti ingrato! 411
Per poco ti calma 598
Per quell'amabile dolce sembiante 474
Per queste estreme lagrime 273, 572
Per sempre sotterra sepolto 639, 700
Per te di vane lagrime 692
Per te Solo amanto 233
Per veder su quel bel viso 699
Pera l'empio che offese natura 698
Perchè mai destin crudele 363, 633
Perchè mai le luci apprimmo 361
Perchè mi guardi e piangi 369
Perchè palpiti cor mio 221, 354
Perchè presente, quel vago oggetto 350
Perchè siam da questi Eroi 489
Perchè solleciti così ne ad una? 698
Perchè tardi amato sposa 488
Perchè turbar la calma 272, 631
Perdei del cor la pace 264
Perigliarti ancor languente 707
Perrette étoit meunière 542, 604
Perruquier de la Régence (Le; Komische Oper:
  A. Thomas) 534 (5), 535, 810
Persian Love Song (Jolly) 911
Persisches Lied (C. M. v. Weber, Jähns 238)
  875
Personne n'aime autant que moi 542, 643
Pest in Florenz (Die) s. Guido et Ginevra ou
  La Peste à Florence
Peter og Lise s. Lise og Peter
Peter und Aennchen (Singspiel: Abeille)
  489 (3), 653
Petermännchen (Das; Schauspiel mit Ge-
  sang: J. Weigl) 72
Petit Blanc (Chanson Créole) (Panseron)
  849
Petit Blanc à Négresse (Chansonnette)
  (Panseron) 470
Petit blanc, dans la ville 472
Petit chagrin dans notre enfance 501, 642
Petit Chaperon Rouge (Le; Oper: Boieldieu)
  57 (2), 62, 63 (2), 65, 69, 413, 415 (2),
  417 (2), 509 (2), 510, 558, 559 (2), 576,
  577 (5), 578 (2), 580 (2), 581 (3), 582
  (2), 621, 624, 644, 669 (4), 670 (2),
  684, 723, 773 (2)
Petit Commissionnaire (Le) s. Claudine
Petit garçon, petite fille 902
Petit Jokei (Le; Oper: Solié) 105
Petit Matelot (Le; Oper: Gaveaux) 24, 25,
  38, 77 (5), 80, 301
Petit oiseau vole, vole! 731
Petite Cendrillon (La) s. Cendrillon
Petite ensemble faisons route 746
Petite Lampe Merveilleuse (La, Oper:
  L.-A. Piccini) 483 (5)
Petite Maison (La; Oper: Spontini) 114
Petits Appartements (Les; Oper: H.-M.
  Berton) 734
Petits rossignoles n'ayez peur 969
Peu connue, point troublée (Romance)
  (Blangini) 754, 819
Peuple du nord l'Europe te contemple 730
*Peupliers dont les rameaux verts se dépouil-
  lent* 432

Peut-être j'aimerai (Romance) (Schouten)
  725
Peut-être un Jour (Romance) (Panseron)
  900
Peut-on marcher du même pas 677
Peux-tu douter, Zélis 996
Pfauenfest (Das; Oper: J. R. Zumsteeg) 64
Pfeffer-Rösel (Das; Schauspiel von Charlotte
  Birch-Pfeiffer mit Musik: F. Gläser)
  783
Pferd von Erz (Das) s. Cheval de Bronze (Le)
Pfingstlied
  Geist der Wahrheit, Geist der Liebe (Näge-
  li) 281
  Schmückt das Fest ... (J. F. Reichardt)
  563
  Sey Welterlöser ... (C. Ph. Em. Bach) 563
Pflichten gegen die Obrigkeit: Nun kommt
  der Heiden Heiland 771
Φαίνεταί μοι κῆνος 'ἰσος θ εδίοιν 949
Phantasie. An Guido (Hurka) 178
Phasma (Singspiel: Süßmayr) 186
Phébus de pourpre et de rubis 746
Philadelphia 130
Philint stand jüngst vor Babets Thür 96, 166
*Philint stand jüngst vor Baucis Tür (At Lucy's
  door was Colin seen)* 96
Philippe et Georgette (Oper: Dalayrac) 76 (2),
  107
Philis plus avare que tendre 335, 606, 815
Phillip og Annette s. Philippe et Georgette
Phillis (Hurka) 166
Philocles (Air) (Dourlen) 357
Philosophie encor un jour 614
Philtre (Le; Komische Oper: Auber) 523 (6),
  524, 861
Philtre divin, liqueur enchanteresse 523
Phoebé (Nocturne français) (Dugazon) 384
Phoebé que ton règne paisible 384
Phoebé versait sur la nature 338, 821
Phoebus, au delà des montagnes 432
Phrygisch 248
Piaceri dell'anima 261, 309
Piange il mio ciglio 368, 688
Piangero la mia suentora 652
Piangi, il tuo dolore 705
Piangon le ciglia 700
Pianin pianino ho chia mero 134
Piano, pianissimo 624
Piano, piano, vien 893
Picaros et Diégo (Oper: Dalayrac) 572
Picaros y Diego s. Picaros et Diégo
Pie Voleuse (La) s. Gazza Ladra (La)
Pien di contento in seno 599, 650
Pierre (Nocturne, 2 St.) (Duchambge) 460
Pierre est sorti de son village 460
Pierrot, Charlot et Coco ou les Enfans Egarés
  (Canon, 3stg.) (H.-M. Berton) 500
Pieśń (Elsner) 172
Pietà del mio dolore 368
Pietà, pietà signore si grande 906
Pietosa a miei lamenti 221
Pietra del Paragone (La; Oper: Rossini) 347,
  560, 591 (2), 592, 733
Pietro il Grande (Oper: Vaccaj) 379, 380
Pieux symbole où mon cœur en délire 751
Pigen (Arie) (Bay) 414
Pigen sad tavs ved den rivende Ström 426
Pigen til sin Elsker. Svar paa Seilladsen (Hurka) 85

Pigen ved Rygtet om Krig (Barth) 183
Pigen ved Söen s. Donna del Lago (La)
Pigmaleone s. Pimmalione
Pigmalion s. Pigmalione
Pigmalione (Singspiel: J. Weigl) 186
Pilger von Mecca (Die) s. Rencontre Imprévue (La)
Pilgers Nachtlied (K. Th. Wagner) 779
Pilgrimme von Mekka (Die) s. Recontre Imprévue (La)
Pillegrimssang (Bay) 419
Pimmalione (Oper: Cimadoro) 217
Pirata (Il; Oper: Bellini) 635, 692−693 (16), 781 (2), 784, 792, 862
Pirro (Oper: Paisiello) 266
Pirro, Re d'Epiro (Oper: Zingarelli) 188
Pirus, König von Epirus s. Pirro, Re d'Epiro
Pity the Sorrows (Geary) 101
Più dolci e placide 631
Più lieta, più bella 633
Più non si trovano fra mille amanti 324
Più tollerar non posso 376
Pizarro von Auffenberg (Trauerspiel mit Gesang: A. B. Marx) 680
Placa gli sdegni tuoi 433, 476, 953
Placido obgeto de un dulce afecto 571
Plaignez deux pastourelles 128
Plaignez le pauvre Aveugle (Romance) (Malo) 338, 821
Plaignez ma destinée, vous qui souffrez 437
Plaignez-moi (Nocturne, 2 St.) (J.-P. Le Camus) 629
Plaignez-moi bien, ah' quel malheur! 378
Plaignez-moi cruelle Emilie 629
Plaignez mon sort, partagez ma tristesse 430
Plains mes Tourmens (Romance) (Thiébault) 449
Plainte d'Amour (Romance)
   Je t'aime, ô toi (Lambert) 995
   Quand l'amitié ... (Quinebeaux) 428
   Rive enchantée, berceau de mes amours! (F. Garat) 440
Plainte du Troubadour (Romance) (A. F.) 627
Plaintes d'un Troubadour (Romance, 1 oder 2 St.) 612
Plaintes de Marie (Mees) 849
Plaintes du Troubadour (Romance) (Gouet) 755
Plaintive Tourterelle (Romance) (Lambert) 450
Plaire et aimer (Romance) (Masini) 554
Plaire et Changer (Romance) (Laffillé) 440
Plaisir d'aimer ou le Troubadour d'Occitanie (Romance) (H. F. Berton) 484
Plaisir d'aimer qui fait le bien suprême 456
Plaisir d'Amour (Nocturne, 2 St.) (Montlaur) 481
Plaisir d'Amour (Romance) (Lambert) 428
Plaisir d'amour allait charmer ma vie 481
Plaisir d'amour, besoin d'une âme tendre 546
Plaisir d'Amour, charmez encor mon cœur 428
Plaisir d'amour embellissait la vie 352
Plaisir du rang suprême 519
Plaisir et Tourment (Romance) (Le Moyne) 348; (Roucourt) 671
Pleas'd let the dangling fop delight 87
Pleasures leads the captive senses 98

Pledge me brim to brim (Rodwell) 910
Pleiesønnen s. Léonce
Plein d'une ardeur nouvelle 848
Plein de malice 308
Pleurs sur la Tombe de J. J. Rousseau (Romance) (Ladurner) 428
Plötzlich, o Mädchen 896
Plukker Blomster unge Piger 534
Plus d'aimerai, paisible indifférence 153
Plus d'Amour (Romance)
   En vain des bois la naissante verdure (Vaillant) 381, 467
   Non, plus d'amour! (de Fontry) 455
Plus d'Amour plus rien (Nocturne, 1 oder 2 St.) (Roussel) 671
Plus d'Espérance (Romance) (Brocard) 548
Plus d'espérance 749, 850
Plus d'Illusion (Romance) (Boieldieu) 747
Plus d'un seigneur de Venise 751
Plus de Bonheur (Romance) (Louis Jadin) 431
Plus de calme, plus d'espérance 265
Plus de repos, j'ai perdu douce amie 450
Plus doucement 537
Plus fraîche que l'aurore 373
Plus léger qu'un enfant 309, 347
Plus n'ai soucis, plus n'ai souffrance 346
Plus n'est bonheur pour la triste Idelmine 436
Plus ne saurais supporter ton absence 350
Plus ne verrai ma jeune bergerette 268
Plus ne veux rire (Chant du Pâtre) (Le Mière de Corvey) 457
Poche ma buone ossia La Moglie Ravveduta (Oper: Paer) 182
Poche ma buone ossia Le Donne Cambiate (Oper: Paer) 213, 491, 780
Podestà di Burgos (Oper: Mercadante) 747
Poète (Le) et le Musicien (Oper: Dalayrac) 322 (2)
Poets beware (Rawlings) 911
Point d'aimerai, disait Colette 603
Point de mélancolie bannissons les soupirs 113
Point de tristesse: passons nos jours 12, 661
Point je ne veux, disait Colette 334, 814
Point n'aimerai disait Colette 541
Point ne suffit de tre beau Damoisel 644
Point ne voudrais pour bien passer 152
Point ne voudrais pour bien passer la vie 261
Polacca (Cannabich) 182
Pole und sein Kind (Der; Liederspiel: Lortzing) 795 (2)
Polonaise
   Ohne Leichtsinn ... (Beutler) 739
   Profitons de nos jeunes ans (Nollet) 550
   Que l'aimable folie ... (Momigny) 154
   Soyez discrèt, tendre et sincère (L. Pradère) 152
Polonoise s. Polonaise
Polterabend (Der; Singspiel: A. E. Müller) 653, 676
Polyxena (Oper: Schweitzer) 257
Ponce de Léon (Oper: H.-M. Berton) 80 (2), 82, 108 (3), 109, 285
Poor Christobal! (Busby) 141
Poor Emma the Forsaken (C. H. Mueller) 932
Poor Lima (Ballad) (Attwood) 116, 135

Poor little simple rustic maid 431
Poor Mary Anne (Welch Air) 126
Poor Soldier (The; Komische Oper: Shield) 98
Popolo d'Egitto, ecco, ritorno a voi 376
Popular Air (Kiallmark) 910
Por tanta amarga lagrima 572
Porgi amor qualche ristoro 60, 510, 779
Porgi la destra amata 689
Portant ses pas vers les champs d'Ibérie 825
Portrait Charmant (Romance) 477
Portrait de Délie (Romance) (Woets) 469
Portrait de Thémire (Chansonnette) (Félix de la Motte) 338
Portraiterne s. Portraits (Les)
Portraitet (Himmel) 411
Portraits (Les; Ballett: Moscheles, Op. 40) 422, 773
Portugiesen in Indien (Die; Ballett) 864 (7)
Portugiesische Gasthof (Der) s. Hôtellerie Portugaise (L')
Portugueze Hymn on the Nativity 135
Posso donarti il cor 217
Postillon de Lonjumeau (Le; Komische Oper: A. Adam) 529, 530 (4), 805, 806, 840
Postillon von Lonjumeau (Der) s. Postillon de Lonjumeau (Le)
Postillonen i Lonjumeau s. Postillon de Lonjumeau (Le)
Postmeister Amor lässt euch sagen 824
Potz wetter das kann gar nicht seyn 149
Pour admirer une glace gothique 464
Pour aller au bal, ma douce Marie 842
Pour aller venger la patrie 831
Pour bien chanter il faut premièrement 38
Pour bien employer ses loisirs 106
Pour cet affreux hymen déjà je suis parée 751
Pour chanter la jeune Annette 444
Pour charmer le voyage 514
Pour chasser de sa souvenance 611
Pour chasser la mélancolie 445
Pour chercher la richesse 537
Pour courir sur les vertes fougères 899
Pour dame belle et blanche d'une illustre maison 748
Pour des filles si gentilles 518
Pour entendre chanter 113
Pour être heureux 481
Pour être heureux auprès des belles 539
Pour être heureux que faut-il dans la vie? 436
Pour être un digne et bon Chrétien 749
Pour jeune pastourelle 110, 511
Pour l'Amour de Dieu (Romance, 2 St.) (Romanesi) 335, 607, 815
Pour la foule qui t'environne jeune orpheline 903
Pour la gloire et la patrie 357
Pour la première fois 482, 550
Pour la première fois, tout bas 460, 465
Pour le Jour de la Présentation (Cantique, 3stg.) (Choron) 848
Pour lui parler un seul instant 538
Pour lui, pour moi mon père 531
Pour ma tendresse 541
Pour me rapprocher de Marie 536
Pour mieux te prouver mon amour 109
Pour mieux tromper l'œil des jaloux 665, 732, 818
Pour mon bonheur je ris encore 725

Pour nous garantir de l'orage 379, 731
Pour nous l'été, l'automne, l'hiver 902
Pour obtenir celle qu'il aime 176, 307
Pour Orgon l'or est une idole 449
Pour oser offrir nos hommages 347, 429
Pour peindre le sentiment 502
Pour prendre les armes 352, 728
Pour promener sur l'eau 667
Pour retourner près de Clémence 501, 538
Pour riche damoiselle Robert brûlait d'amour 466
Pour sauver ma gentille amie 536
Pour sauver sa vie 534
Pour savoir à quoi m'en tenir! (Chansonnette) (Louis Jadin) 455
Pour surmonter tendre langueur 261
Pour t'attendre Floride 428
Pour toi la vie est une fête 822
Pour trouver ce parfait bonheur 899
Pour trouver le bonheur 453, 628
Pour un amant ma chère enfant 534
Pour un baiser faut-il perdre la vie 611
Pour un cœur fidèle 356
Pour un français quel don flatteur 613
Pour un ingrat dont l'imposture trahit l'honneur 431
Pour un seul jour (Chansonnette) (Darondeau) 480
Pour une femme de mon nom 535
Pour visiter le saint lieu 459
Pour vivre heureux faut vivre en bête (Chanson de Table) 543
Pourquoi ces pleurs, gentille pastourelle 481
Pourquoi d'être volage 265
Pourquoi disais-tu d'abord 462
Pourquoi donc douter encore 354
Pourquoi donc ne puis-je lire 359
Pourquoi faut-il au printemps de ma vie 457
Pourquoi me fuir, jeune pêcheur? 750
Pourquoi me fuir passagère hirondelle? 368
Pourquoi me presenter l'image de la tendresse 831
Pourquoi me réveillez-Vous? (Chansonnette) (Gard) 470
Pourquoi ne devine-t-il pas? (Romance) (Romagnesi) 668
Pourquoi ne puis-je plus entendre 461
Pourquoi par ce cruel silence 457
Pourquoi suis-je triste au bocage 899
Pourquoi, tandis que d'espérance 666
Pourquoi tomber déjà feuille jaune et flétrie 964
Pourquoi ton doux regard 449
Pourquoi toujours avec indifférence 543
Pourquoi tourmenter ma jeunesse 429
Pourquoi troubler dans mon âme 176, 373, 540, 602
Pouquoi veux-tu suivre 357
Povera Signora! (Auber) 969
Povere mie speranze 475
Povero angusto rio! 355
Povero cor perchè 601
Povero Rigoletto 705
Pozaluite saduryma siadte samoi riadam 434
Prayer to the Virgin (Mercadante) 921
Pré aux Clercs (Le; Oper: Hérold) 528 (4), 531 (2), 951 (2), 972
Preciosa (Oper: C. M. v. Weber, Jähns 297) 60, 61, 420 (2), 423, 424 (2), 682 (4), 690, 728, 736 (2), 764, 765, 767, 770, 856 (2), 857 (2), 893, 963

Preghiera
  Ciel pietoso! ... (Lindpaintner) 867
  Lass dein Trauern! ... (Lindpaintner) 867
  Wie dort auf den Auen ... 773
Preis Ihm! Er schuf 399, 563
Preis und Anbethung bringen wir Herr 398
Preis't Ihn, All' ihr, die ihr sein Haus 568
Preiset Lippen das Geheimniß 397
Preist Gott, der uns den Frühling schafft!
  395
Prémices, du printemps, fleurs qui venez
  d'éclore 375
Premier présent que la nature nous offre 347
Premier Prix (Le; Vaudeville: Doche) 678
Premier Regard et premier Soupir (Romance)
  (de Beauregard) 445
Prenant son sabre de bateille 839
Prendi! l'acciar ti rendo 239
Prendi, per me sei libero 698
Prends garde à toi! (Rondo) (Schloer) 457
Prends garde à toi 522, 735
Prends ta lyre, bon troubadour 500, 671
Prenez garde à ce que vous faites 820
Prenez garde à vous (Romance) (F. Garat)
  850
Prenez garde d'aimer! (Romance) (Guiraud)
  462
Prenez pitié de ma misère 465
Prenons d'abord l'air bien méchant 108(2)
Prenons ma lyre pour abréger la nuit 386, 428
Près chéris, champs fleuris, montagnes campag-
  nes 900
Près d'un ami plus d'une jeune fille 472
Près d'un bois dans une cachette 483
Près d'un castel de structure gothique 458, 481
Près d'un hôtel un pauvre diable 381
Près d'un Ruisseau (Romance pastorale)
  (Anson) 450
Près d'un ruisseau dans l'ombre solitaire 450
Près d'un ruisseau dont l'onde fugitive 445
Près d'un temple sacré 348
Près d'un vaisseau voguant 464
Près d'une Amie (Nocturne, 2 St.) (Masini)
  841
Près de chloè seul me trouvant 729
Près de l'adour est un village 749
Près de l'orme au bout du village 459
Près de la beauté que j'adore 483
Près de la plage de Catane 375
Près de son chalet de feuillage 664
Près de Thétis au sein de l'onde 264
Près de toi l'heure du mystère 479
Près de toi mon âme 441
Près de toi, ô ma douce amie 450
Près de vous, mon âme ravie 500
Près des bords fleuris 384
Près des bords où l'Evan paisible roule 427
Près du Jourdain un jeune Troubadour 438,
  496, 671, 996
Près du lointain feuillage 830
Près du troupeau que gaîment 437, 671
Près du vallon l'écho murmure 839
Présens du ciel, bien faits charmans 180
Présent du ciel, divine mélodie 427, 497
Presentari alla Duchessa 705
Presso del rio che piange 276
Presso un ruscello limpido 381
Prêt à combattre où son Seigneur l'appelle 434
Prêt à partir pour la rive africaine 480
Prêt à partir pour les champs d'Idumée 459

Prêt à quitter la France 540
Prête discret rayon de la lune argentée 902
Pretendenti Delusi (I; Oper: G. Mosca) 272,
  572
Pretendientes (Los) s. Pretendenti Delusi (I)
Prétendus (Les; Oper: Lemoyne) 82, 83
Pretty Maids all in a Row (Nursery Song)
  (Hook) 115, 134
Preux chevalier, affronte le trépas 757
Preux chevalier combat toujours 612
Preux chevalier, déjà l'airain sonore 463
Preux, Chevalier, sensible ménestrel 428
Preux chevaliers la beauté nous appelle 628
Preux chevaliers, laissez le cimeterre 729 (2)
Preux troubadour je ne suis point coquette
  541, 604
Pria che per sempre melo rapisca 366
Pria che spunti in ciel l'aurora 230
Prière à l'Amour (Romance) (Houzé) 629
Prière à Marie (Romance) (Baptiste) 435;
  (de Peellaert) 500
Prière à Ste. Geneviève (Nocturne, 2 St.)
  (Romagnesi) 664
Prière aux Songes (Nocturne, 2 St.) (Gail) 436
Prière de jeune fille ‹Bitte eines Mädchens›
  (Romanze) (Labarre) 804
Prière pour le Roi. Domine Salvum fac
  (Marcello) 908
Priez pour nous, ô vierge de Nanterre 664
Prima che d'altri vivere 711
Prima Composizione (Rossini) 600
Primroses deck the banks green side 99
Princessa Nordens högsta prydnad 19
Princesse de Cachemire (La; Komische Oper:
  Blangini) 611
Princesse de Nevers (La; Oper: Blangini) 612,
  614
Principe di Taranto (Il; Komische Oper: Paer)
  188
Prindsen af China s. Cheval de Bronze (Le)
Printems, réveil de la nature 458
Prinzessin Aschenbrödel s. Cendrillon
Prinzessinn von Navarra s. Gianni di Parigi
Prise de Jéricho (La; Oratorium, arr. von
  Lachnith als Pasticcio aus Werken von
  Naumann u. a.) 848
Prise de Jérusalem (La; Großes Historisches
  Drama: Quaisain) 190 (5), 191, 315
Prisonnier (Le; Oper: Della Maria) 23 (2),
  24, 78 (3), 106 (4), 108, 159, 179, 219
Prisonnière (La; Oper: Cherubini) 219, 247
Prithee foolish boy 97
Privé de toi, mon adorable amie 337, 820
Procès (Le; Komische Oper: Estourmel)
  Einlage-Arien 994, 995
Prof-Psalm
  Mel. No. 141 (Haeffner) 23; No. 219
  (Haeffner) 23
Profet s. Prophète (Le)
Profitez de la vie 511
Profitons de nos jeunes ans 372, 550
Projets d'Amour (Romance) (Spangenberg)
  392
Prolog zu J. G. Naumann: Gustaf Wasa
  (Dupuy) 19, 20 (2)
Prolonge un moment ta carrière 348
Promenerons nous bien longtems 111
Promesse à Fanni (Romance) (H. Messe-
  maeckers) 391
Prometheus s. Geschöpfe des Prometheus (Die)

Promets encore à moi d'aimer 359
Prophète (Le; Oper: Meyerbeer) 960 (3)
Propizio all' opra arridi 365
Proscrit, chassé, quel sort affreux 465
Proserpin (Kraus) s. Proserpina
Proserpina (Musik zu Goethes Monodram:
   C. Eberwein) 887
Proserpina (Oper: Kraus) 660
Proserpina (Paisiello) s. Proserpine
Proserpina (Winter) s. Ratto di Proserpina
   (II)
Proserpine (Oper: Paisiello) 222
Provençale jolie, de ce joyeux canton 469
Provencalisches Lied (Halévy) 801
Proverbe en Défaut ou L'Insubordination
   (Le; Oper: Mees) 502
Przerwana Ofiara s. Unterbrochene Opfer-
   fest (Das)
Psalm
   Dich, Gott zu Zion ... (Nägeli) 280
   Die Gnade Gottes ... (Nägeli) 283
   Die Himmel rufen (Nägeli) 280
   Es jauchze Gott ... (Nägeli) 283
   Gott ist mein Hirt! ... (Nägeli) 283
   Ja, fürwahr! ... (Nägeli) 283
   O welch ein Lob ... (Nägeli) 283
   Wie selig lebt, der Gott vertraut (Nägeli)
   283
Psalm XXIII: Dominus regit me (Stadler)
   868
Psalm LXXXVI (Hellwig) 874
Ps. CXI. Beatus Vir, I.o toni (Psalmodia
   mensurata) (4 konzertierende St. mit
   B. c. ad lib.: Choron) 909
Ps. CXIX: Dixit Dominus, 6ti. toni (Psalm-
   odia mensurata) (4 konzertierende St. mit
   B. c. ad lib.: Choron) 909
(Fifth) Psalm Tune 131
(Fiftyeighth) Psalm (Harwood) 130
Psalmen (M. Luther) 23
Psalmus L. Miserere (Stadler) 908
Psaltaren (Haeffner) 36
Pseaume CXVI (Abbé Vogler) 908
Psyché (Romance mit 2. St. ad lib.)
   (Benincori) 669
Puis bien souffrir (Romance) (Catrufo) 474
Puisqu'ici bas la vie est un passage 749
Puisqu'il faudra te quitter, Lise 904
Puisque d'un dieu d'auguste bienfaisance
   755
Puisque je ne peux te donner 274
Puisque l'orgueil pour jamais nous sépare
   539
Puisque la gloire vous appelle 736, 899
Puisse des Dieux 499
Pumpernickel s. Rochus Pumpernickel
Punition des Impies (Ode (Cantique, 3stg.))
   (Choron) 847
Punschlied (Bianchi) 295
Pupille tenere del caro bene! 245, 349
Pur non sonno almenta lora 252
Pura siccome un angelo 708
Puritaner (Die) s. Puritani (I)
Puritanerne s. Puritani (I)
Puritani (I; Oper: Bellini) 532 (3), 533, 636,
   700−701 (21), 802, 803, 805
Purpur malt die Tannenhügel 252
Pyramiden von Babylon (Die; Komische Oper:
   Mederitsch u. Winter) 187 (2), 188 (3),
   213, 216, 255, 259

Qu'a ma voix la victoire s'arrête 732
Qu'ai-je promis! 464, 468
Qu'as-tu donc bocage fleuri? 447
Qu'au tendre amour, votre cœur s'abandonne
   545
Qu'avec charme je me rappelle 109
Qu'avez-vous rêvé (Romance) (Ernest u.
   Duplessis) 544
Qu'el calme pur la nature repose 543, 607
Qu'elle est cette pastourelle 451
Qu'elle est jolie! (Chanson/Romance)
   (A. Messemaeckers) 497; (T. H. J. Pfeffin-
   ger) 469
Qu'entends-je autour de moi? 840
Qu'est-ce donc que l'Amour? (Romance)
   (Romagnesi) 363
Qu'est-ce que la vie (Chansonnette) (Romag-
   nesi) 665, 820
Qu'est devenu ce tems heureux 757
Qu'exigez vous encore 482
Qu'il donne en Paix! (Romance) (Wilhem) 454
Qu'il est doux de recommencer (Chanson)
   (Ardisson) 442
Qu'il m'a fallu depuis deux ans 107
Qu'il te souvienne, ô mon amie 276
Qu'il va doucement le navire 452
Qu'on a mal pour se faire aimer (Romance)
   (Plantade) 466
Qu'on est heureux d'habiter le village! 901
Qu'un autre des amours chante l'heureux
   symbole 464
Qu'un sourire produit en nous d'effets! 458
Qua la mano giovinetto 636, 698
Quae stella sole pulcrior 907
Qual capestio 228
Qual cor tradisti 635
Qual è tuo nome? 709
Qual innate so fulmine 623
Qual s'offre al mio sguardo 709
Qual sarà il mio contento 239
Qual sarà mai al primo rivederlo 347
Qual sarà mai la gioja 621
Qual suono terribile 622, 913
Qual voce 707
Qualcunque sia l'evento 638
Quale assalto 592, 689
Quale un sorriso 705
Quali accenti 758
Quam dilecta tabernacula tua 908
Quand à mon âme attendrie 730
Quand d'une froide indifférence 444
Quand de la nature l'épais nuage 839
Quand de la nuit étoile 357, 726
Quand de votre voix douce et tendre 469
Quand deux flambaux brûlent ensemble 430
Quand du destin la loi cruelle 451
Quand fillette ignore l'amour 457
Quand fuit le jour 671
Quand guidé par la gloire 549
Quand il est auprès de Sophie 107
Quand je m'éloigne de mon amie 265
Quand je n'avais que trois ans 818, 819
Quand je ne te vois pas 750
Quand je quittai la Normandie 525
Quand je t'écris (Romance) (Désargus) 469
Quand je te vois (Romance) (F.-N. Duvernoy)
   429
Quand je vous quittai 902
Quand je vous vois 678
Quand je voyais femme jeune et jolie 554

Quand jeune, à peine au sentier de la vie 899
Quand jeune bergerette qu'Amour vient épier 670
Quand l'amitié seconde mon courage 623, 681
Quand l'amitié tremblante 428
Quand l'aquilon qui glace nos montages 459
Quand l'aube paraît le chasseur 546
Quand l'espérance de voir 485, 605
Quand l'étoile sur l'onde va jetant sa lueur 905
Quand la brise est fraîche 904
Quand la chevalerie embellissait les jours 432
Quand le destin 536
Quand le mensonge défigure 663
Quand le papillon amoureux 609, 664
Quand le printemps ramène les plaisirs et les fleurs 433
Quand le Soleil sur l'horizon 903
Quand le sort nous est prospère 726
Quand le tout puissant fit la terre 819
Quand les brises du soir caressent nos campagnes 833
Quand ma jeune et belle maîtresse 376
Quand mon époux loin de la France 750
Quand mon seigneur on se fait appeler 333, 746, 816
Quand nous fîmes l'échange 276
Quand on aime, on aime sans Retour (Romance, 2 St.) (Colin) 554
Quand on attend sa belle 415
Quand on dort dans ses chaînes 532
Quand on est deux (Nocturne, 2 St.) (H.-M. Berton) 454
Quand on est deux 381
Quand on est fille, hélas 836
Quand on est loin de sa maîtresse 833
Quand on ne dort pas 106
Quand on se promène 679
Quand par le mystère embellie 438
Quand Phébus ouvre ma paupière 373
Quand reviendra cet heureux tems 458
Quand sur mon front 268
Quand sur mon front brillait fleur de jeunesse 499
Quand ta bouche savait me dire 900
Quand Thalie, plus jolie 454
Quand ton amour répond 818
Quand ton regard, doux interprète 461
Quand tout renaît à l'espérance 836
Quand tu m'aimais (Romance) (Brouilly) 472
Quand tu m'aimais 263
Quand tu m'aimais, je chérissais la vie 472
Quand tu me dis qu'on doit sans peine 615
Quand une fille de quinze ans 454
Quand Vénus punit Pérystère 154
Quand vient la Nuit (Nocturne) (Bruguière) 832
Quand vient la saison de Flore 670
Quand vous verrez nimphe jolie 654
Quando al marcial 631
Quando amor m'avvin se al gioco 614
Quando de nice lolo grar solia 572
Quando hicimos el cambio 276
Quando il ciel 225
Quando il cor 641, 701
Quando le sere al placido 705
Quando mi sei vicina 592
Quando vedo il pastorello 223
Quando volto al patrio monte 349
Quant'è grato all'alma mia 367
Quanto amore 636, 698

Quanto è bella 636, 697
Quanto è dolce, o buona gente 380
Quanto, oh, quanto è amor possente 216
Quantus tremor est futurus 908
Quarantaine (La; Vaudeville final: A. Adam) 679
Quartette (Spohr) 657
Quashee he load his gun 121
Quatre Fils d'Aymon (Les; Oper: Balfe) 702 (15), 959
Quatre Saisons s. Jahreszeiten (Die)
Quattro sono le parti del mondo 354
Que bachelette à son aurore 729, 746
Que ce jour dure à mon impatience 499
Que ce rameau béni protège ta demeure! 553
Que ces lieux ont de charmes 501
Que ces murs coquets 531
Que d'attraits! que de majesté! 133
Que dans tes yeux il est de charmes 900
Que de grâces! que de candeur! 370
Que de grâces, quelle candeur 549
Que de mal de tourment 520
Que de souvenirs poétiques 431
Que devenir? ô Ciel! 470
Que devenir sur la machine ronde? 431
Que disiez vous hier, jeune fillette 751
Que du plaisir la trompeuse douceur 376, 547
Que fais-tu là, valeureux chevalier 385, 393, 446
Que fais-tu toujours solitaire? 334, 814
Que faut-il faire? (Romance) (Guénée) 441
Que j'admire la main savante 262
Que j'ai ri! (Chansonnette) (Panseron) 901
Que j'aime à voir dans les prairies 459
Que j'aime à voir les hirondelles 176
Que j'aime à voir un riant paysage 469
Que j'aime ce sage Thébain 477
Que j'aime la danse 838
Que j'aime la prairie 261
Que j'sis content qu'eu bonn'nouvelle 485
Que je l'aimais! (Romance) (Barnett) 840
Que je plains ces docteurs 837
Que je plains un homme d'esprit! 356
Que je quitte ces lieux! 307
Que je vous plains, conquérants de la terre 445
Que l'aimable folie règne sur notre vie 154
Que l'amour et que la gaîté 108
Que la beauté sur nos sens a d'empire 273
Que la gaîté, qu'une douce harmonie 480
Que la Mer est Belle (Nocturne, 2 St.) (Masini) 841
Que la vogue écumante 522
Que le diable emporte l'amour! 333, 604, 814
Que le Jour me dure (Romance, 2 St.) (R. N. C. Bochsa) 502
Que le jour me dure 175, 177, 384, 502
Que les chiens sont heureux! (Lamentations) (Joujou) 547
Que les destins prospères accueillent vos prières 734
Que me fait, si tu m'aimes bien 438
Que mon sort est funeste 467, 832
Que n'as-tu, comme moi, pris naissance au village? 360, 432
Que n'as-tu comme nous pris naissance 831
Que n'est ce hélas! le Chant de mon Berger (Romance) (H. F. Berton) 834
Que ne puis-je, ô mon amante 266
Que ne savez-vous lire? (Plantade) 749

Que ne suis-je la fougère 478
Que nul me vante flamme brûlante 266
Que ta peur cesse sur ma tendresse 265
Que tes traits sont ravissants! 831
Que ton haleine est parfumée 430
Que ton sort est digne d'envie 476, 484
Que tu conviens à l'ennui 450
Que veut-il dire? (Romance) (Dugazon) 429
Que veut-il dire? 347, 429, 670, 879, 880
Que veux-tu? berger curieux 467
Que vois-je! ah Sire mon nom? 613
Que vois-je sur la verdurette? 457
Que votre cœur est rempli d'inconstance 538
Que voulez-vous? Un prix bien doux 615
Queen Mary's Lamentation 90
Quegli affetti lusinghieri 264
Quel air se fait entendre 900
Quel bonheur 691
Quel bonheur est le nôtre 152
Quel bruit confus! d'où naît cette allégresse?
436
Quel caro amato oggetto 475
Quel cor che mi prometti 265
Quel dir mi, o dio! 733
Quel dirmi odio! non t'amo! 347
Quel effroi quelle honeur! 502
Quel espoir enchanteur! 134
Quel est ami de notre enfance? 553
Quel est ce brillant chevalier 427
Quel est ce personage 543
Quel est celui qu'il faut aimer? (Romance)
(Pellegrini) 375
Quel est cet aimant 431
Quel est de tartre funéraire 667
*Quel est donc, dites-moi, ce qu'on nomme
lumière* 461
Quel est le plus sage? (Chansonnette) (de
Garaudé) 370
Quel est, sur cette couche obscure 361
Quel farouche regard 728
Quel feu s'allume dans mon cœur 847
Quel labbro ch'io speri 614
Quel mortel n'a connu l'yvresser 465
Quel nom donner au sentiment 372
Quel plaisir d'être en ces lieux 456
Quel plaisir pour un Roi français 611
Quel pouvoir inconnu m'entraîne 456, 612
Quel prestige égarait mes yeux! 472
Quel Ruscelletto (Notturni) (Consalvo) 729
Quel ruscelletto, che l'onde di chiare 372,
651, 676, 729
Quel Sepolcro 272, 590
Quel suono chi mè! quel suon perchè 242
Quel trouble en tous mes sens 451
Quel trouble s'élève en mon cœur 476
Quel vecchio maledivami! 704
Quel vin, quel repas délectable 524
Quell'alma severa che amor non intende 373
Quell'occhietto coccoletto 556
*Quelle austère contrainte on m'impose en ce
jour* 262
Quelle est donc cette jalousie 377
Quelle mortelle impatience 461
Quelle ombre de tristesse 285
Quelle pupille tenere che brillano d'amore
229
Quelle rigueur extrême! Zulime 351
Quelle tristesse dans Paphos 484
Quelli sguardi 215
Quello di Tito è il volto! 658

Quello sguardo quell'aspetto 181
Quelque Gloire, beaucoup d'Amour
(F. J. Naderman) 386
Quelques Histoires (Romance) (Mme. Ho-
norine**) 451
Quels transports règnent en ces lieux 386
Quels tristes sons, quel sinistre présage 819
Quest'a spettare mi piace assai 509
Quest'amor dovea in terra 639, 700
Quest'istante desiato 918
Quest'ultimo addio 599
Questa è la Dea 688
Questa o quella per me pari sono 704
Queste che io miro oh Dei 573
Questo ah si lo raviso 221
Questo brando del suo sangue 638
Questo cor, quest'alma mia 272
Questo cor ti giura amore 272, 732
Questo è di Gnido il tempio 446
Questo monte, quell'antro 370
Qui blesse peut guérir (Romance) (H. F.
Berton) 551; (Hus-Desforges) 469
Qui cause des neuf sœurs 367
Qui che fai? 638
Qui cœur à moi a doux émoi 334, 814
Qui de l'amour j'entends souvent 678
Qui, de la riante nature 614
Qui dolcemente spira 182
Qui donc ainsi te chagrine? 358
Qui, dove ride l'aura 245, 346
Qui fra le mie ritarte 357
Qui fra voi 758
Qui j'emporte dans la tombe 707
Qui jamais me plaira comme lui (Romance)
(Pillore) 549
Qui je suis? 532
Qui l'aurait dit? (Romance) (A. Pacini) 539
Qui la voce sua soave 533, 700
Qui la voit un jour seulement 476
Qui la voit veut l'entendre, qui l'entend veut
la voir (Chansonnette) (Darondeau) 479
Qui le bell'anime che fide amarono 220
Qui m'aime me suive! ou l'Enfant d'Auvergne
(Blangini) 614
Qui me dira pourquoi mon cœur soupire 840
Qui me rendra mon beau berger! 363
Qui mi accolse oppresso 699
Qui moi changer moi devenir volage 834
Qui n'eût de ses charmes touchans 392
Qui ne connait d'un doux sourire 748
Qui non visti qui segreti 636
Qui nous offre des charmes? 669, 670
Qui nous rendra ces premiers jeux 449
Qui peut causer tant de bonheur 539
Qui pro quo (Il; Oper: Orlandi) 348
Qui seco piansi di bel contento 601
Qui sospirò, là rise 353
Qui t'assedio mio diletto 918
Qui veut savoir la touchante aventure 359,
364
Quinto Fabio (Oper: Nicolini) 598 (2), 601 (2)
Quinze Ans (Romance) (de Garaudé) 348
Quinze printems embellissoient Zaide 251, 273
Quittant pour un procès maudit 484
Quitte ma Dame, hélas! 643
Quitter pour la terre étrangère 679
Quittez la campagne et les bois 391
Quittez la contredanse, venez jeunes beautés
899
Quittez tout cela promptement 111

Quittez votre village 677
Quittons-nous (Chansonnette) (de Garaudé)
378
Quittons-nous, mon aimable Lise 378
Quittons-nous, mon amie, voici le jour 903
Quo vos Magistri gloria 907
Quoi ce jeune homme à regard tendre 736
Quoi! Lise au printems de vos jours 446
Quoi, mon Eglé, tu prétends 756
Quoi, mon Elise, quand je t'aime 480
Quoi! pas encore une bergère 665
Quoi, tu crains, en quittant la vie 463
Quoi! tu peux douter de mon cœur 155
Quoi vous songiez à faire une romance! 337,
817
Quoi! Zulmé, tu crois que je t'aime 385
Quoique bon diable et bon vivant 541
Quoique voilé par un nuage 462
Qvällen (F. Kuhlau, Op. 23, 6) 715

Rabenlied (Otto) 882
Räuber (Die) s. Masnadieri (I)
Räuberburg (Die) s. Röverborgen
Räuberlied (Labarre) 804
Raggio d'eterna luce 611
Rahm geb' ich mit Freuden, guten Leuten 806
Raimond à la Croisade (Romance) (Carafa)
543, 606
Ramène-moi (Sicilienne) (de Beauplan) 838
Ramenons mon troupeau 534
Ramons vers le Rivage (Barcarolle, 2 St.)
(Panseron) 901
Ramt af Kierlighedens Pile 410
Rank staaer, med Hjelmen i det Höie 419
Raoul Barbe-Bleue (Singspiel: A.-E.-M. Grétry)
186, 187 (2), 233, 244 (2), 246, 305 (2)
Raoul de Créqui (Dalayrac) s. Raoul, Sire de
Créqui
Raoul de Créqui (Oper: Mayr) 353
Raoul, der Blaubart (Oper von A.-E.-M. Gré-
try; Neubearbeitung von A. Fischer)
241, 244
Raoul, Sire de Créqui (Oper: Dalayrac)
9 (2), 12, 23, 25, 107
Rap og stærk, til dit Værk 519
Rapid River (H. Herz) 916
Rasch behutsam 710
Rasch nach den Tönen 893
Rasch tritt der Tod 894
Rasch und flink 633, 695
Rasch von seiner 895
Rascher Walzer (Kretzschmer) 891
Rask! lad din lire klinge! 406
Rask, som min Fader, Möllen jeg lader 519
Rasserena il mesto ciglio 350
Rataplan, der kleine Tambour (Liederspiel:
Pillwitz) 527 (4), 795
Rataplan ou le Petit Tambour (Vaudeville?:
Doche) 678
Rataplan rataplan 839
Rath und Trost (Segniz) 316
Ratto di Proserpina (Il; Oper: Winter) 339 (2),
340, 356
Raub der Proserpina (Der; Ballett: Danzi)
342 (2), 343 (2), 345
Raub der Proserpina (Der) (Winter) s. Ratto
di Proserpina (Il)
Raufen kann ein jeder Bauer 214
Raul der Blaubart (A. Fischer) s. Raoul, der
Blaubart

Raul der Blaubart (Grétry) s. Raoul Barbe-
Bleue
Rauschendes Bächlein, so silbern und hell
844
Rauschet ihr Meere 179, 894
Ravnen (Oper: J. P. E. Hartmann) 524, 861
Ravvisa quel alma 691
Raymon (Romance) (de Beaucourt) 996
Raymon aimait une bergère Laure 996
Rayon d'Amour et de Mystère (Nocturne,
2 St.) (Panseron) 900
Raz patrzajac na mą Zosie 170
Re Teodoro in Venezia (Il; Oper: Paisiello)
71 (2), 93, 220, 231
Re'nnattens välde syns försvinna 55
Real destra io voglio 345
Rebecca (Romance biblique) (Panseron)
903
Rebenblut fliesst durch die Adern 711
Recensenten og Dyret (Vaudeville von J. L.
Heiberg) 516 (2)
Recht! Recht! Immer nach China verwiesen!
584
Rechter Gebrauch des göttlichen Unterrichts
(Fasch?) 564
Recitativ
Also gehst du? ... (Fuss) 240
Und will er nicht, ... 824
Recit.(ativ) & Rondo (Benelli) 963
Recontrant sous l'ombrage 474
Red and White (Battishill) 87
Redemandez, ô seigneur infidèle 433
Redemption 130
Redis-le moi (Nocturne, 2 St.) (Louis Jadin)
629
Redis-moi je t'aime! 367
Redis ton chant, plaintive tourterelle 450, 466
Redoute (Die; Kinder-Ballett: Riotte) 721
Reflection (J. C. Luther) 98
Regard d'Amour (Air suisse du Canton du
Vaud) 544
Regard d'Amour (Nocturne/Romance)
(H. Messemaeckers) 462; (Rigel) 448
Regard d'amour pénètre dans notre âme
448, 462
Regard d'amour trompe la vigilance 360
Regarde, ainsi que cette rose blanche 836
Regarde-moi (Romance) (Panseron) 900
Regarde-moi, fière Clémence 549
Reggia ab(b)orrita 382, 589, 592
Regimentets Datter s. Fille du Régiment (La)
Regna il terror 631
Règne des fleurs douce belle saison 372, 481
Regrets (Romance, 1 oder 2 St.) 612
Regrets d'Absence (Romance)
Jours ténébreux obscurcissent ... (Dietrich)
428
Tristes échos d'une terre ... 478
Bords charmans que la seine arrose (L.-
A. Piccini) 437
Depuis que sur cette rive (Valmalette)
431
Ils ne sont plus, ... (Farcy) 643
Tout repose dans la nature (Catel) 439
Regrets d'Isaure, sur la Mort de sa Mère
(Romance) (Le Mière de Corvey) 446
Regrets d'un Troubadour (Romance)
(A. Meissonnier) 474
Regrets d'une Bergère (Romance, 1 oder 2 St.)
(Blangini) 613

Regrets de Couramé (Romance) (Boieldieu)
466
Regrets de Sully sur la mort d'Henri Quatre
475
Regrets et Souvenirs (Romance) (L. Moreau)
482, 814
Regt euch stille Lüfte! 495
Reich an jeder schönen Gabe 394
Reich die Hand mir 636, 698
Reich mit des Orients Segen beladen 797
Reiche Gewänder, Spitzen und Bänder 582,
596
Reiche volle Blüthen, bringt der schöne Mai
874
Reigen (C. M. v. Weber, Jähns 159) 878
Reine d'un Jour (La; Komische Oper: A.
Adam) 536 (4), 537 (3)
Reine des Fleurs (Romance) (Plantade) 267
Reine des fleurs, charmante Rose 267
Reine des fleurs, rose jolie 346
Reine des flots, sur ta barque rapide 830
Reis't ihr einmal durch deutsche Land 295
Reiselied (Nägeli) 281
Reiser Eder, Spaniens Sönner! 529
Reiterlied (C. M. v. Weber, Jähns 172) 895
Reiterlied (Marsch) (Destouches?) 278
Reitzend, doch trügliches Geschlecht 243
Reizende Bilder und munt're Lust 704
Rejouis-toi, peuple fidèle 467
Relevé des plus nobles vœux 430
Remembrance (Crouch) 933
Rempli d'illusions, j'aimais la fleur nouvelle
469
Ren solen sunkit bakom bergen 585
Renaud (Oper: Haeffner) 28 (2)
Renaud d'Ast (Oper: Dalayrac) 71, 509
Rencontre en Voyage (La; Komische Oper:
Bruni) 79 (4)
Rencontre Imprévue (La; Oper: Gluck) 3,
184, 222, 223
Rendant hommage à la beauté 833
Rendez à son amie 349
Rendez-la-moi! (Romance) (Durette) 541,
603
Rendez-la-moi cette fille chèrie 274
Rendez-moi mes beaux jours! (Tyrolienne)
(Panseron) 904
Rendez-moi, mon léger bateau (Barcarolle)
(Bruguière) 850
Rendez-Vous Bourgeois (Les; Oper: Isouard)
45
Rendez-Vous Supposé (Le) ou Le Souper de
Famille (Oper: H.-M. Berton) 109 (2)
Rends-le-Moi (Chansonnette) (Bence) 451
Rends-moi ton Cœur! (Romance) (Boucault)
467
Répète encor ces deux mots! 482
Répète-le-moi (Romance) (Blangini) 818
Répondez-Moi (Romance) (Anson) 453
Répondez-moi, charmante Eléonore 453
Réponse à la Romance de Mr. de Segur: Ne
m'oublies pas 245
Repose en paix, ma bonne mère 339, 821
Reposés vous, beau Chevalier 560
Reposez-vous, bon chevalier 310
Reposons-nous ici tous deux 496, 627, 671
Repressaglia (La; Oper: Strunz) 719
Rest ye, rest ye, rapid streams! 911
Reste en ces lieux! (Romance) (F. Garat) 337,
820

Rester à la gloire fidèle 616
Retenez bien cette leçon 113
Retirons-nous, le jour va nous surprendre 500
Retour à la Ferme (Le; Vaudeville? Arr.:
Béancourt) 678
Retourne à ton Hameau (Nocturne, 2 St.)
(de Lagoanère) 468
Retournons dans mon humble Berceau (Ro-
mance) (de Lagoanère) 964
Return oh love! 330
Réveille-toi (Romance) (Dugazon) 629;
(Vaillant) 379
Réveille-toi, jeune bergère 379, 475, 615,
629
Réveillez vous frère, la cloche au son argentin
457
Revenant au village un soir 544
Rêves heureux de ma jeunesse 458
Reviendra-t-elle? (Nocturne, 2 St.) (Paer) 554
Reviendra-t-il celui que j'aime 472
Reviendra-t-il le bien aimé 453
Reviens à moi (Romance) (Romagnesi) 393
Reviens de l'Ibérie, modèle des guerriers 628
Reviens encor paisible avant courrière 552
Reviens mon aimable gaîté 111
Reviens, ô toi que je chéris 115
Révolte au Sérail (La; Ballett: Labarre) 797
Rhapsodie (C. M. v. Weber, Jähns 70) 874
Rheinlied (Kauffmann) 898
Ricciardo! che veggo? 372, 599, 621
Ricciardo e Zoraide (Oper: Rossini) 372, 559,
578 (5), 579 (5), 582, 583 (3), 592, 593
(3), 598, 599, 621 (4), 622, 623 (3), 624 (3),
685 (12), 766, 859
Ricciardo! wen seh' ich! 599
*Ricevete, o padroncina (Gnäd'ge Götter, diese
Rosen)* 302, 422
Richard s. Richard, Cœur de Lion
Richard, Cœur de Lion (Oper: Grétry) 7 (3),
11, 36, 45, 101, 107, 213, 256
Richard Löwenherz (Ballett: J. Weigl) 192 (3),
226, 236
Richard Löwenherz (Grétry) s. Richard,
Cœur de Lion
Richard Löwenherz in Palästina (Schauspiel
mit Musik: Riotte) 779
Richard und Zoraide s. Ricciardo e Zoraide
Riche et puissant Pacha du Caire 903
Richesse, honneurs, quelle folie! 333, 466,
816
Richmond (Frary) 130
Ridente la calma nell'alma si desti 875
Riedi al soglio irata stella 373
Rien avant toi rien après toi (Romance, 2 St.)
(Vérelst) 834
Rien n'est joli comme l'amour 643
Rien n'est si doux que l'air natal (Tyrolienne)
(Panseron) 903
Rien ne me plaît tant que ma Mie 542, 605
Rien ne peut tenir Lieu d'Amour! (Romance)
(H. Ladureau) 456
Rien, tendre amour ne résiste 109, 176
Rieselnde Quelle, freundliche Welle 651, 676
Riez, riez, mes légères compagnes 459
Rigoletto (Oper: Verdi) 704–705 (16), 961
*Rigtigt, ja, rigtigt den nygifte säger (Dice
benissimo chi si marita)* 57
Rinaldo og Rinaldini (J. F. Reichardt?) 83
Rinaldo Rinaldini (Schauspiel mit Gesang:
G. V. Röder) 312

Ring on, Ring on (Merriott) 937
Rings wallten Todesstille 202
Ringsum wird Nacht und näher sausen die Stürme schon 804
Rise, Gentle Moon 965
Rise, Lady Moon (L. Smith) 919
Risler alle Bölger smaae 507
Ritorn al fine a questo petto 182
Ritorna fedele 491
Ritorno d'Ulisse (Il; Ballo: v. Gallenberg) 402
Ritorno di Tobia (Il; Oratorium: Haydn, Hob. XXI, 1, 13 c) 849
Ritter voll Muth 596
Ritterliebe (Oper: Streit) 344
Rival Candidates (Komische Oper: Carter) 99
Rivale di se stesso (Il; Oper: J. Weigl) 271
Rivalerne s. Prétendus (Les)
Rivali Generose (Le; Oper: E. Paganini) 271
Rive enchantée, berceau de mes amours 440, 446
River! river! gentle river 913
Rives charmantes de la Seine 466
Rives de ma terre natale 547
Robert (Romance) (Castellacci) 466
Robert af Normandiet s. Robert le Diable
Robert der Teufel s. Robert le Diable
Robert disait à Claire 669, 670
Robert forsikred Lise 510
Robert le Diable (Oper: Meyerbeer) 525 (6), 526 (5), 717, 743 (2), 789, 792, 794 (2), 843, 862, 950 (3), 969–970
Robert le Diavole s. Robert le Diable
Robert, Robert! Taarer rinde 526
Robert! Robert! toi que j'aime 526
Robin des Bois s. Freischütz (Der)
Robin Hood (Komische Oper: Shield u. a.) 98, 99 (5)
Robin is my joy, mi dear (Jägarn, Skottsk melodi) (C. M. v. Weber, Jähns 303, 9) 715
Robin is my joy, mi dear (Frisk och glad är Jägarns lefnad) 715
Rochesters Forviisning (Komödie von Moreau u. Dumolard, übers. von N. T. Bruun, mit Gesang: L. Zinck) 509, 510
Rochus Pumpernickel (Musikalisches Quodlibet: arr. von M. Stegmayer, Musik von Haibel und v. Seyfried) 259, 289 (2)
Eingelegter Favoritmarsch als Ouverture (F. J. Naderman) 238
Einlage-Arie (Paisiello) 238
Eingelegter Marsch (J. Weigl) 289
Röda och den hvita Rosen (Den; Du Puy) 659
Røde Hue (Den) s. Rothe Käppchen (Das)
Rödhætte (Den) s. Petit Chaperon Rouge (Le)
Röfvarborgen s. Röverborgen
Röschen (Righini) 165
Röverborgen (Oper: F. Kuhlau, K. Nr. 129) 53, 56 (5), 57, 61, 417, 718, 740, 782, 785 (2), 787, 872
Roger de Sicile, ou Le Roi Troubadour (Oper: H.-M. Berton) 445
Roger Roi de Sicile s. Roger de Sicile, ou Le Roi Troubadour
Rogneda mein 225
Roi de Cocagne (Le; Komödie mit Gesang: Baudron) 105

Roi et le Pâtre (Le; Vaudeville?: Doche) 678 (2)
Roi René ou La Provence au XVe Siècle (Le; Oper: Hérold) 727
Roland d'ésarmé par l'Amour (Romance historique) (Laffillé) 437
Rolf Blaaskiæg (Ballett: C. Schall) 208
Rolig, Hulde, rolig! dæmp dit Hjertes Slag! 514
Rolig natt! mädans vänner hvilen Er! 657
Rolig natt! ögat tungt och känslan matt 53
Roligen han ved Rosenhækken 528
Romance (La; Oper: H.-M. Berton) 113 (4) 285, 407, 408, 504 (2)
Romance
 A deux époques ... (Agosti) 446; (Gilles) 38
 A la plus douce rêverie (Louis Jadin) 336, 608
 A ton réveil ... (Ferrari) 385
 Adieu grandeurs, ... (Dourlen) 367
 Ah! Jeannot me délaisse 610
 Ah! si ma dame me voyait! (Romagnesi) 455
 Avril, l'honneur et des bois (de Foissi) 430
 Bag Vestens Skove ... (Barth) 73
 Beglückt ist die Jungfrau .. (Dessauer) 802
 Besoin d'aimer (F. Garat) 546
 Brûlant d'amour ... (Mozart) 878
 C'est pour te plaire (Blangini) 611; (anonym) 309
 C'est près de vous (de Lambre) 463
 C'est toi que j'aime (Phelippès) 463
 C'est une larme (Lafont) 496
 Ce que j'éprouve (Darondeau) 479
 Conçois-tu toutes mes douleurs (Leidesdorf) 655
 Craignez naives pastourelles (J. S. Herz) 354
 D'ou vient que je rougis? (Kalkbrenner) 747
 Dans mon Printems (J. P. A. Martini) 440
 Daphnis avec mystère ... (Rigel) 444
 De ce ruisseau ... (De la Lance) 239
 De me chérir ... (Th. Bayle) 360
 De vos oiseaux ... (Louis Jadin) 427
 Depuis dix jours ... (de Garaudé) 354
 Depuis longtems ... (Romagnesi) 439
 Depuis que ma jeune maîtresse (Blangini) 612
 Depuis une heure ... (Louis Jadin) 346
 Des bois aimer la solitude (Paer) 628
 Des jours si longs ... (Blangini) 818
 Des plaisirs aimable folie (Maillard) 371
 Dès que je cormu (Lambert) 378
 Deux bergères ... 38
 Die Sonne glänzt ... (v. Götz) 210
 Divine Hortense, si chère (Gaveaux) 448
 Dors, mon enfans ... (Federici) 356
 En Amour on nous dit ... (Fauvel) 40
 En parcourant les doux climats ... 585
 Felice donzella ... (Dessauer) 802
 Gémis tendre musette ... (H. Naderman) 434
 Hélas! il aime ... (Pellegrini) 375
 Heure du soir! ... (F. J. Naderman) 429
 Heureux qui près de toi (Castelli) 539
 Hier je t'adorais encore (Louis Jadin) 355
 Holder Mond (Bellini) 808
 Hur ömt jag älskar ... (P.-J. Garat) 40
 Ich hatte gemähet ... (Salomo) 323

Romance

Ich hör' in des Schlosses Nähe (Boieldieu Sohn) 811

Il croit que je ne l'aime pas (Panseron) 904

Il est parti ... (A. Pacini) 263; (Paer) 385

Il est trop tard (de Dalberg) 179; (anonym) 308

Il faut aimer au printems de son âge (Dalla Torre) 273

Il faut aimer pour plaire (Dupond) 370

Il faut que je vous le confie (Colin) 553

Il n'est plus là! (F. Grast) 546

Iris s'en va ... (L. Pradère) 152

It is the hour (de Bériot) 966

J'aimais, j'étais aimé ... (Bouffet) 376

J'aime et je ne puis exprimer mes vœux 38

J'arrive ici ... 308

J'avais juré ... (Braun) 610

J'étais heureux ... (Bouffet) 352

Jadis au temps ... (Huin) 365

Jag minnes dig, när näktergalen (F. Berwald) 585

Je chante peu ... (Louis Jadin) 360

Je me croyais guéri ... (Cianchettini) 435

Je pense à toi lorsque l'aurore (Duport) 368

Je pense à toi quand se lève l'aurore (Rigault) 362

Je pense à vous ... (Dourlen) 353

Je suis loin d'elle (Romagnesi) 821, 831

Je t'aime encor(e) (Bolaffi) 351; (de Garaudé) 479

Je t'aime tant (F. Garat) 176; (M. Giuliani) 492

Je t'aimerai (Blangini) 263; (Dalvimare) 285; (anonym) 610

Je te plains, Pastourelle (Percilliée) 628

Je vais en Palestine 310

Je veux le fuir (Louis Jadin) 547

Je vous écris 309

Jeune amans ... 392

Jeune fille ... (Halévy) 361

Jeunes beautés ... (J.-P.-Ae. Martini) 430

Joli hameau, ... Rigaud-Pallard) 367

L'amour est un enfant trompeur 176, 309

L'amour tient le flambeau du monde (Steibelt) 385

La trompette appelle aux alarmes (Himmel) 180

La troupe des amants (Ferrari) 109

Laisse-moi te dire ... (R. Kreutzer) 448

Le clair de lune (H. F. Berton) 336, 817

Le jeune amour ... 109

Le voulez-vous? ... (Delvacq) 539

Lorsque dans une tour obscure 309

Lorsque je te crus ... (Pillore) 553

Lundi pour une semaine 309

M'en vais doucement ... (Panseron) 831

Ma vie est une fleur sauvage (F. Berwald) 585

Mon cœur et toi (Aubéry du Boulley) 480

Ne peux plus chanter ... (L. Pradère) 153

Ne sais pourquoi ... (Lambert) 361

O toi que j'aime (A. Meissonnier) 369

O vous que Mars rend invincible (Sor) 338, 821

Romance

Olivier je t'attends (Blangini) 614

On a de loi ... (H.-M. Berton) 154

Partant pour la Sirie (R. de H.) 238

Pigen sad tavs ... (Jensen) 426

Plaignez mon sort, ... (Rieger) 430

Plus d'aimerai, paisible indifférence (Commegrain) 153

Pour bien chanter ... (H.-M. Berton) 38

Pourquoi tourmenter ma jeunesse (H. F. Berton) 429

Pourquoi troubler ... 176

Près de toi, ... (de Beauregard) 450

Puisque l'orgueil ... (Le Maître) 539

Quand l'espérance ... (Sudre) 485, 605

Quand le tout puissant ... (H. F. Berton) 819

Quand tu m'aimais (Blangini) 263

Que le jour me dure ... (Blangini) 384

Que veut-il dire? (Gilles) 347

Quitte ma Dame ... (Lafont) 643

Quoi! tu peux douter ... (Louis Jadin) 155

Regard d'amour ... (Laflèche) 360

Repose en paix ... (Louis Jadin) 339, 821

Reposés vous, beau Chevalier 560

S'il avait su ... (Aulagnier) 467

S'il est vrai ... (Boieldieu) 67, 111

S'il me fallait ... (Lamarra) 554

Saa herlig ... (C. Schall) 207

Sans te nommer ... (Louis Jadin) 367

Seconde moi ma lyre (J. Grast) 546

Si Colin est auprès de moi (de Garaudé) 380

Si j'ai chanté (Rigel) 470

Si vous étiez ma sœur (Romagnesi) 820

Soleil couchant ... (L. Moreau) 355

Sombres forêts déserts, ... (Rossini) 911

Son gli occhi di fille (Carafa) 751

Te bien aimer, ... 308

Tes mépris, ton inconstance (Quinebaux) 442

The bloom was ... (Panseron) 923

Toujours je te serai fidèle 309

Tout deux ... (F. Garat) 483

Tout repose dans la nature (Rigault) 359

Tranquillo nel suo cor ... (Mosca) 272

Tu le veux donc, ô peine extrême (Paer) 265; (anonym) 308

Tu les brisas ... (Cherubini) 155

Tu me demandes ... (Sudre) 485, 604

Tu ne sais pas aimer (Paré) 471

Un chevalier de haut lignage (Charlotte ...) 366

Un ingrat fait couler mes larmes (Auber) 748

Un jeune troubadour qui chante (F. Berwald) 586; (anonym) 180

Viens avec moi (E. Pacini) 554

Vivre seul n'est point exister (Voizel) 381

Vous désirez que sur ma lyre (de Garaudé) 364

Vous dont le cœur ... (Plantade) 152

Vous me quitter ... 233

Wann muntre Lerchen ... (Brice) 811

Wenn mir oft mit heilig süssem Schauer (Praeger) 768

Wohl über Thal und Hügel (Panseron) 811

Romance (1 oder 2 St.)

Quand fuit le jour (Roussel) 671

Que veut-il dire? (Gilles) 670
Qui nous offre des charmes? (Blangini)
669, 670
Vous me quittez ... (Blangini) 262
Romance (2 St.) (Mr.***) 756
Romance af: Ali og Gulhindi (Bay) 416
Romance af: De to Eremitter (Falbe) 208
Romance af Genoveva (Weyse) 413
Romance af: Rinaldo og Rinaldini (J. F.
Reichardt) 83
Romance Allégorique à l'occasion de la Nais-
sance de S. A. R. la Princesse Wilhelmine ...
des Pays-Bas (Nacher) 733
Romance Anglaise (Hutchinson) 431
Romance arabe (Bouffet) 363
Romance avec accompagnement de Basson
obligé (Le Maître) 274
Romance, chantée ... dans: Une Journée de
Charles V (Aimon) 545
Romance Chinoise 106
Romance d'Estelle (Devienne) 175 (3), 176
Romance de Blanche de Capello ou La Vertu
récompensée (H. A. Kretzschmer) 356
Romance de la Nimphe (F. Garat) 108
Romance de le bon Chevalier 310
Romance de Malvina (Lamparelli) 154
Romance des Trois Prisonniers (H.-M. Berton)
114
Romance du Passager (Hustache) 539
Romance du Solitaire (C. Arnold) 674
Romance en Nocturne (F. Carulli) 268
Romance espagnole (Paz) 433
Romance et Rondeau (Méhul) 586
Romance favorite de Henry Quatre (Lélu)
266
Romance française (Delaurier) 316
Romance historique, Françoise de Foix à
François Ier ... (F. Duvernoy) 433
Romance Martiale 309
Romance Nègre (F. Garat) 432
Romance nouvelle 261
Romance Pastorale (Minette) 430
Romance tirée de Walter Scott (Ed. B***)
550
Romance, tirée du nouveau Roman de Mme.
de Genlis, Intitulé Mademoiselle de la
Fayette ... (R. N. C. Bochsa) 429
Romance, tirée du Poème d'Ossian (Gaveaux)
431
Romance, tirée du Poème de Rosamonde
(Pradher) 429
Romance, tirée du Roman de Pauline et
Belval (Vaillant) 427
Romancen s. Romance (La)
Romanze
Als ich von dir schied (Panseron) 802
Das Saatfeld ist gemähet, ... (Andrade) 811
Die eine Hand auf's Herz gelegt (Ebell)
168
Die Sonne schien ... (A. E. Müller) 180
Ein Gärtner hegt' ein Röselein (Himmel)
168
Ein Raugraf gross ... 297
Flattre, flattre, kleiner Vogel (M. Giuliani)
653, 731
Holder Glückestraum, ... (Bruguière) 800
Im Blüthenduft der stillen Nacht (H. Wer-
ner) 881
Mein Knappe, wie kommst du ... (Chr.
Schulz) 779, 867

Nichts gehet ohne Weiberlist 296
Nur den reizenden Namen (Paer) 278
Ob ich auch erkannte ... (Andrade) 800
Partant pour la Syrie (Solié) 629
Petit oiseau, vole, vole! (M. Giuliani) 731
Reis't ihr ... 295
Schon weicht die Nacht ... (Grisar) 811
Umsonst klag' ich ... (Panseron) 800
Vernimm mein traurig Loos 739
Vous me quittez 629
Romanze (Andrade) als Duett (arr. für 2 S)
(F. L. Schubert) 809
Romanze auf den Tod Boieldieu's
(Romagnesi) 798
Romanze aus dem Minnesänger (Gollmick)
313
Romanze vom Sänger (Hurka) 173
Romeo e Giulietta (Zingarelli) s. Giulietta
e Romeo
Roméo et Juliette (Oper: Steibelt) 31, 50,
55 (3), 226 (2), 408, 657 (2), 660
Roméo och Juliette (Steibelt) s. Roméo et
Juliette
Romeo og Juliette (Zingarelli) s. Giulietta
e Romeo
Romeo und Julie (Zingarelli) s. Giulietta e
Romeo
Romilda e Costanza (Oper: Meyerbeer)
366, 423, 730, 789
Romilda og Constance s. Romilda e Co-
stanza
Ronde (Corret Aîné) 459
Ronde chantée dans les Blouses (Blanchard)
539
Ronde d'Auvergne (Nocturne, 2 St.) (Pan-
seron) 835
Ronde de Village (Mees) 499
Ronde Nocturne (Gaveaux) 436
Ronde Provençale (Blanchard) 469
Ronde villageoise (2 St.) (Panseron) 899
Rondeau
De l'Amour ... (Bouffet) 354
Non, plus d'espérance (H.-M. Berton)
153
Paisible indifférence ... (L. Pradère) 152
Reine des fleurs, rose jolie (de Garaudé)
346
Sans l'amant ... (Fiocchi) 155
Rondeau chanté dans les Blouses 539
Rondeau Chasse (Carr u. Schetky) 125
Rondo (Rondò)
Agnes verschmähte Liebestreue (Plantade)
800
Alla tua bella Venere (F. Guglielmi) 272
Cher objet de ma tendresse (St. Porta)
106
Der holden Blumen ... (Keller) 865;
(Otto) 883
Donnete innamorate 721
Es regt sich im Herzen ... 876
Flieh ich von dir, Geliebter (Caruso) 182
Io non chiedo al ciel (Nicolini) 272
Linto al sen (Bigatti) 271
No quel lampo ... (Cimarosa) 261
Parto, mio bel tesoro (Caruso) 182
Se è ver che il cor (Dussek) 271
The summer heats bestowing (Storace)
128
Wen glücklich seine Liebe macht (C. Keller)
875

Rondoncino (Rossini) 555
Rorate coeli de super 849
Rorate, prière pour le temps de l'Avent (Abbé
    Vogler) 849
Rosa bianca e la Rosa rossa (La; Oper: Mayr)
    353 (2)
Rosa, sung in the Comedy of: The Secret
    (Reinagle) 115, 134
Rosalie (Ballad) (Bellini) 965
Rosalinde (Zauberoper: Hoffmeister) 132,
    141
Rosaline (Nägeli) 494
Rose blanche (La) et la Rose rouge s. Rosa
    bianca e la Rosa rossa (La)
Rose chérie viens sur mon cœur 733
Rose d'amour (F. Bianchi) 78
Rose d'Amour (Romance) (Laffillé) 443
Rose d'amour nouvelle éclose 443
Rose d'amour, par son brillant contour 177
Rose! hvor er Du yndig og skiön! 421
Rose innocente, amours des champs sauvages
    429
Rose komm! der Frühling schwindet 493
Rose ou il s'agît de bien voir la Chose (Bayle
    avoué) 496, 671
Rose partons voici l'aurore 552
Rose qui du hameau renevait seule un jour
    833
Rose qui vient d'éclore 728
Rose sauvage (Tyrolienne) (Beck) 539
Rose, wie bist du lieblich und mild! 596
Rose, wie bist du reizend und mild 596, 682,
    737, 773, 867
Rose, wie du duftest 874
Rosen (Blidberg) 585
Rosen (Chanson française) (F. Bianchi) 78
Rosen auf den Weg gestreut 295
Rosen im Haare, den Becher zur Hand 875
Rosen og Kysset (Nachspiel von N. T. Bruun,
    mit Gesang) 416
Rosen pflücke, Rosen blühn 326, 674
Rosen und Röschen (Methfessel) 897
Rosen welken und verschwinden 399
Rosenband (Zelter) 315, 674
Rosenbilder süsser Liebe 313
Rosenhütchen (Das; Große Zauberoper: Blum)
    559, 630 (5)
Rosenmädchen (Die) s. Rosières (Les)
Roses and Thorns, sung in the new Comedy
    of: Hear both Sides 127
Roses! point ne vous destine 726
Rosette (Chansonnette) (Dalvimare) 434
Rosette, das Schweizer Hirtenmädchen
    (Singspiel: Bierey) 38, 39
Rosette, pour un peu d'absence 154, 434
Rosier d'Amour (Romance) (Isouard) 355, 434
Rosières (Les; Oper: Hérold) 416, 509 (3),
    680
Rosina (Komische Oper: Shield) 91, 116
Rossignol amoureux, sensible tourterelle 430
Rossine (Romance favorite) (Masini) 810
Rosy Morning (Carter) 87
Rothe Geist im Donnergebirge (Der; Oper:
    Triebensee) 222
Rothe Käppchen (Das; Singspiel: v. Ditters-
    dorf). 76
Rothe Lichter steigen aus der Nacht empor
    793
Rothe und die weiße Rose (Die; Oper: v.
    Seyfried) 313

Rothenkäppchen (P.) 741
Rothkäppchen (Das) s. Petit Chaperon Rouge
    (Le)
Round
    As Thomas ... 97
    Come come all ... 97
    Come let us laugh 97
    How soft ... 97
    I've lost ... 97
    Jolly mortals ... 97
    Mortals learn ... 97
    Rest ye, rest ye, ... (Rodwell) 911
Round our own Fireside (G. Linley) 913
Roundelay 100
Rouse thee up, Shepherd Boy! 966
Roxelane (Air) (Sor) 469
Royal Shepherd (The; Oper: Rush) 92
Roys wife of Aldivalloch ... 123
Rudolf (Singspiel: Skjöldebrand) 22
Rübezahl (Oper: Würfel) 767 (3), 770
Rückfahrt des Kaisers (Die; Oper: J. N. Hum-
    mel) 320 (2), 321
Rückkehr (Salomo) 325
Rückkehr in's Vaterland (Nägeli) 495
Rückkehr ins Dörfchen (Die; Liederspiel:
    Blum) 796
Ruhe frei von aller Klage 895
Ruhe sanft, du gutes Thier 270
Ruhe, Süßliebchen, im Schatten 164, 890
Ruhig ist der Kindheit Schlummer 341
Ruhig schlummre deine Hülle 167
Ruhig wall' ich meine Bahn 296
Ruhm und Liebe s. Charles de France ou
    Amour et Gloire
Ruht, ihr weichen Seelen 178
Ruisseau, dont l'onde limpide 352
Ruisseau qui baigne cette rive 369
Ruisseau qui baignes cette plaine 106, 273,
    552
Ruisseau qui baignes la prairie 453
Rule Britannia 89, 630, 680, 690, 707, 720,
    955 (5)
Rundgesang
    AEdle Hjerters ... (G. B. Rösler) 79
    Nicht blos für diese Unterwelt 295
    Süss ist der Liebe Vorgefühl 296
Rundsang (Naumann) 77
Rusland, det maa jeg föle 534
Russische Lieder 250—251
Russischer Vespergesang 805
Russisches Brautlied (Duett) (J. R. Zumsteeg)
    871
Russisches Volkslied 629
Russisk National Viise 408
Rysvärd Natten är 716

's Bedl'waib'l wollt Kiärifiärten gehn 798
'S gibt nur a Kaiserstadt! 'S gibt nur a Wien!
    712
's war mal 'ne Katzenkönigin 790
S'appressan gl'istanti 640
S'ella m'è egnor 685
S'ella me ognor fedele 624
S'en allant en Pélérinage 441
S'il avait su quelle âme il a blessée 467
S'il est sur terre un emploi 533
S'il est vrai que d'être deux 67, 111
S'il faut quitter la noble terre 839
S'il m'aimait (Romance) (Momigny) 427
S'il me fallait aimer encore 554

S'occuper du soir au matin 499
S'ora fatal s'appressa 491
Så är min Bror mig åter lämnad vorden! 31
Så länge hjertat Slår i mitt beklämda bröst 3
Så snart mår gon råd nan 26
Sa Suite du Rendez-Vous (Romance) (Roux-Martin) 481
Saa bryd da frem 514
Saa er du kommen da, o vaar 421
Saa herlig staaer Vaaren med Blomster og Krat 207
Saa samles vi igien til Lyst ved hulde Harmonie 208
Saa snart som Jis bedækker vor Sö 515
Saadan, Tilfældet alting mager 82
Saadi, min Mester 521
Saafremt man ikke mig tillader 74
Saagaaer du da ikke din Vei 760
Saat der Vollendung, gereift dem Tage der Garben 566
Saccenti alla Moda (I; Oper: Nero) 221
Sacerdotessa (La; Oper: G. Pacini) 380
Sachez brillante jeunesse 263
Sachte mein Herr, wir haben Muse 149
Sacra la scelta 705
Sacrifice Interrompu (Le) s. Unterbrochene Opferfest (Das)
Sacrifizio d'Abramo (Il (auch: Isacco); Oratorium: Cimarosa) 848
Sacrifizio d'Epito (Il; Oper: Carafa) 655
Sacrifizio d'Ifigenia (Il; Oper: Mayr) 349
Sad and fearful is the story 122
Sad and sweet that music soundeth 943
Sad is my day and ling'ring night 86
Sadly, Jane sat weaving willow 123, 140
Sadly sigh the willows 935
Säg, för att trösta dig 36
Säg hurdu kunde trolös vara 28
Säg hvar den man jag finner 44
Sälla förflutna dagar hvar förre 2
Sälla känslors skaparinna! 56
Sälla stund! ljufva smärta! 53
Sällhet! jag sökte dig 21
Sänger des Haines! mit heiterem Lied 326
Sängerinnen auf dem Lande (Die) s. Cantatrici Villane (Le)
Sängers Abschied von den Frauen (Nägeli) 494
Sängers Morgenlied (Methfessel) 879
Sängers Vorüberziehen (C. Kreutzer) 883
Sängers Wanderlied (Nägeli) 493
Sæt dig Elskte! ved min Side 506
Säuselt sanft ihr Zephir Lüfte 673
Sag mig, at dricka 13
Sag' an, mein Lied, was an den Staub den Erdenpilger kettet 282
Sag' an, was unsterbliche Geister entzückt 281
Sage mir doch, liebliche Taube 806
Sagen werd' ich 583, 595
Sagrado vinculo 572
Sagt ich's nicht schon tausendmal 812
Sagt, ist nicht diese Hütte mein 710
Sagt mir an, was schmunzelt ihr 878
Sagt mir Freunde! 211
Sah ein Knab' ein Röslein stehn 872, 879, 894
Sah ich ihr Auge strahlen 794
Sah ich sonst ein Mädchen 487
Sahst du die Braut hoch auf dem Throne 799
Sai come arde 700

Said a smile to a tear 926
Sailor's Song (Haydn, Hob. XXVIa, 31) 133, 135
Saint bien heureux 519
Saint Denis (Cantique spirituel ... si l'on veut) (Hyppolite L...) 351
S.(ain)t George for England (Bishop) 934
Sainted Virgin! At thy Altar 971
Sainval étoit encor dans l'âge 155
Sais-tu pourquoi? (Romance) (de Garaudé) 381
Saisis tes armes, Troubadour 428
Saisissons la rame légère 382
Salgo già del trono 640
Salige Stund! endelig tindre 528
Sally in our Alley (Carey) 89
Salmo LX (4 St.) (Aiblinger) 905
Salomons Dom (Schauspiel mit Musik: Kunzen) 412 (2)
Salomons Urtheil s. Jugement de Salomon (Le)
Salpete, flores Martyrium 909
Salpetervise 73
Salut à la France 536
Salut à nos beautés nouvelles 756
Salut, berceau de mon enfance 746
Salut bois couronnés 480
Salut! fille des cieux; salut! 448
Salut! homme et jolie, salut! 436
Salut, ô lieux qui m'ont vu naître 362
Salut, ô sol hospitalier 832, 850
Salut riches bords de la Seine 485, 603
Salut terre chérie, berceau de mes ayeux 450
Salvator Rosa (Oper: Rastrelli) 800
Samma hjerta än Du bär 66
Sammlung von Favoritarien 155
Sammtrock (Der; Singspiel: Gyrowetz) 487 (2)
Samniterinnen (Die) (A.-E.-M. Grétry) s. Mariages Samnites (Les)
Samniterinnen (Die; Oper: v. Seyfried) 194, 256
Samore (Oper: Abbé Vogler) 202
Samson (Oratorium: Händel) 568
Sanct Hansaften Spil (Drama von Oehlenschläger, mit Gesang: L. Zinck) 510
Sanct Hansdag er Glædens og Midsommers Fest 415
Sanct Hubert love vi med Sang! 524
Sanct Paulus war ein Medicus 895
Sancta Maria 895
Sandy and Alice 90
Sandy & Jenny (Sanderson) 128
Sanft entschwand mir sonst das Leben 993
Sanft ist des Todes Schlummer 738
Sanftes Licht, weiche nicht 875
Sang (Sång)
    Forglem ei mig, ... (Lorenz Schneider) 72
    Himlars Gud! ... (Himmel, aus Op. 18) 716
    Ieg kiender en Pige ... (C. Schall) 206
    Långsamt dagen skrider (Rousseau) 713
    Mødes nu, for næste Stund (Barth) 75
    Veed Du de Zoner ... (J. F. Reichardt) 82
Sang (3 MSt.) (Ingen Klubsang) (L. Zinck) 74
Sang af Epilogen i Anledning af Hs. Majestæt Kongens Fødselsdag den 28de Januari 1816 (C. Schall) 504
Sang af Sappho 949
Sang den 21 Augusti 1810 41
Sang for Danske
    Der er et Land (Weyse) 425
    Jeg kjender et Land (Lyngbye) 421
Sang i Anledning af Hans Höjhed Prinds Christian Födselsdag (C. Schall) 411

Sang i Anledning af Hans Höjhed Prinds
  Christian Fredericks Födselsdag opfört
  paa Sorgenfrei den 18de Sept. 1815
  (C. Schall) 407
Sang opfört ved det Kongelige Artilleriecorp-
  sets Höjtideligholdelse af Kongens Födsels-
  dag 1822 (F. Kuhlau) 419
Sang paa Kongens Fødselstag 1802 (Kunzen)
  79
Sång Stycke
  I Skogens svala ... (J. Haeusler) 50
  Oh! måtte dock ... (J. Haeusler) 50
Sang til: Bancosedlerne 845
Sang til et Klaver (Barth) 183
Sang til Kiærlighed 72
Sång till Ordens Biskopen ... O. Wallin ...
  (Åhlström) 63
Sang ved den förste Concert i det Harmonis-
  ke Selskab i Vinteren 1807 (Dupuy) 208
Sångarns Lön (Ballad) (Hildebrandsson) 718
Sans argent comptant 734
Sans attendre Alexis 481
Sans blesser l'austère raison 818
*Sans espérance, à soupirer se passent mes
  beaux jours* 642
Sans espoir aimant une belle 432, 474
Sans l'amant qui nous engage 150
Sans l'oublier, on peut fuir 470
Sans le nommer (x x x) 385
Sans le secours d'un vain langage 114
Sans le vouloir (Romance) 476
Sans peine à l'accent 109
Sans pitié, l'amitié 451
Sans plaisirs et sans espérance 113
Sans te nommer je t'offre mon hommage
  367
Sans toi et avec toi (Romance) (Mallieux)
  732
Sans toi, pour moi, qu'est l'existence? 334,
  606, 814
Sans toi, pour moi, tout est Souffrance!
  (Nocturne, 2 gleiche St.) (Louis Jadin)
  334, 606, 814
Sans toi quels lieux auraient des charmes
  732
Sans trop vouloir chérir la vie 363
Sans un peu d'or 107
Saper bramate 580
Sapho consacrant sa lyre à l'Amour (Romance)
  (Gaveux) 457
Sappho on the Rock of Lucate (a favorite
  Romance) (de la Rose-Fonbrune) 122
Sappho von Mitilene oder Die Rache der
  Venus (Ballett: J. N. Hummel, Op. 68) 383
Sappi che un rio dovero 375
Saprei serbar l'amico 487
Sara (Ballett mit Gesang: Lövenskjold)
  534 (5)
Sarah (Komische Oper: Grisar) 839
Sargines s. Sargino
Sargino (Oper: Paer) 65, 181, 213, 216,
  217 (2), 219, 238, 254 (2), 255, 258,
  298, 305, 356, 412, 416, 509 (4), 557,
  739, 766, 767, 768
Saül 286
Saul (Oratorium: Händel) 92
Saul, König in Israel (Melodram: v. Seyfried)
  316, 322
Saule, que j'aime ton ombrage! 613
Savez-vous bien ce qu'il faut aux fillettes 498

Savoyar Gossarne s. Deux Petits Savoyards
  (Les)
Saw ye Johnny 128
Saw you not the rising tear 923
Say my child, what would you do 919
Say when this cheek (Bishop) 939
*Says Jessy one morn as we rang'd thro' the
  fields* 140
Scena e Cavatina (Mayr) 272
Scena e Duetto (2 S.) (de Garaudé) 371
Scena e Rondo (Sacchini) 237
Scena ed Aria·
  Ah! perfido, ... (Beethoven, Op. 65) 68
  Andate amici ... (Cimarosa) 225
Scène d'Orphée (Nazoli) 501
Scene im Mondschein (C. M. v. Weber, Jähns
  295, 1) 715
Scene of my pleasure, scene of my pain 914
Scenes of Boyhood (Haycraft) 933
Schad um das schöne grüne Band 675
*Schäfer sagt: Erblicket ihr nirgends meine
  Dora?* 326
Schäferlied (Panseron) 796
Schäfers Sonntagslied (Otto) 881 (2)
Schatz über alle 806
Schatzgräber (Der) (Méhul) s. Trésor Supposé
  (Le)
Schatzgräber (Der; Singspiel: Schenk?) 73, 74
Schau der Herr mich an als König 419, 652,
  687, 766
Schau hin an jene Stätte 395
Schaue, mein Kind, jenes Sternes Geflimmer
  810
Schauerlich schwarze Bilder! 600
Schauspieldirektor (Der; Oper: Mozart, KV
  486) 738
Scheerenschleifers Morgenlied (Erfurt) 887
Scheiden und Meiden (C. Kreutzer) 674, 855,
  876
Schein trügt (Der) s. Apparenza inganna (L')
Schelm! halt fest! 512, 657, 688, 730
*Schenk ein, mein guter Junge! (Come fill, fill
  my good fellow)* 813
Schenke mir dein Angedenken 147
Scheriffen s. Shérif (Le)
Scherz auf einem sanften Munde 326
Scherzlied (Dehn) 898
Schiava in Bagdad (La; Oper: G. Pacini) 379
Schier dreissig Jahre bist du alt 778
Schiffspatron (Der) oder Der neue Gutsherr
  (Singspiel: v. Dittersdorf) 71
Schimpf und Rache (Ballett: v. Gallenberg)
  864 (2)
Schlacht, du brichst an! 894
Schläfst sanft in deinem Kämmerlein 870
Schlägt mir dein Herz voll Liebe 300
Schlägt mir ihr Herz voll Treue 578
Schlaf', Herzens Söhnchen 341, 780, 799,
  866, 884
Schlaf' in guter Ruh, thu' die Aeuglein zu
  875
Schlaf' wohl, du Himmels-Knabe, du! 397
Schlafe mein Kind, schlafe bald ein 872
Schlafe mein Prinzchen, es ruhn 312
Schlafe, süß Kindel 151
Schlafe Vögelein im Walde 886
Schlangenthurm (Der; Zauberoper: Kauer)
  226, 293
Schleudre, schäumende Welle 789
Schlittenfahrt (W. A. Müller) 852

Schloß am Ätna (Das; Oper: H. Marschner)
807, 808, 809
Schloß von Montenero (Das) s. Léon ou le
_Château de Monténéro
Schlum're sanft noch an dem Mutter Herzen
652
Schlumm're Kind, daß Mutterfreude 494
Schlumm're, mein Söhnchen, o schlumm're
du! 871
Schlumm're ruhig, kleine Biene 793
Schlumm're sanft! des Lebens Morgenröthe
327
Schlumm're sanft, du holder Knabe 795
Schlumm're sanft, o edle 895
Schlummerlied
Sohn der Ruhe, sinke nieder (C. M. v.
Weber, Jähns 285) 873, 895
Süß von Zitherklang umfangen (Nägeli)
495
Schlummert ruhig holde Kinder 740
Schlußlied (Albrechtsberger) 399
Schmeichelnde Flöten laden uns ein 282
Schmerz (C. M. v. Weber, Jähns 274) 674
Schmerzliches Erinnern verlasse mich 601
Schmidlied (Proch) 639
Schmücke dich, o liebe Seele 569, 794, 991
Schmücken will mich deine Hand 150
Schmückt das Fest mit grünen Maien 563
Schnee (Der) s. Neige (La)
Schnell ist die Zeit, rasch das Gefühl 174
Schnurr' immer zu, mein liebes Rädchen 807
Schön am Abend, schön glühen Wald und
Höhn 176
Schön Breslau will ich preisen 145
Schön Ella (Volksschauspiel: H. Marschner)
681
Schön Gretchen ging spazieren im Buchen-
wald 168
Schön im Feierschmucke lächelt 994
Schön ist das Leben 592
Schön ist das vergnügte Leben 235
Schön ist es auf Gottes Welt 296
Schön ist's, wenn Natur zur Frühlingsweihe
617
Schön sind die blumigen Matten 737
Schön sind die Rosen und Jasmin 344, 737, 897
Schön Suschen war ein Bürgerskind 174
Schöne Früchte ärnten wir 395
Schöne Gitana, künde geschwinde 703
Schöne Helena (Die; Komische Oper: Offen-
bach) 712
Schöne Mädchen, holde Frauen 880
Schöne Mädchen, munt're Knaben 875
Schöne Mädels, lust'ge Knaben 174
Schöne Milchmädchen (Das; Oper: Wölfl)
148 (3), 149 (2)
Schöne Minka 629
Schönes Mädchen, wirst mich hassen 680
Schönheit (Schinn) 400
Schönste Gottheit edler Seelen 277
Schönste Rosenknospe dieser Flur! 174, 876
Schöpfer, deine Herrlichkeit 565
Schöpfung (Die; Oratorium: Haydn, Hob.
XXI, 2) 78, 103 (2), 123, 140, 141
Schon deines Namens Süßigkeit 180
Schon eilet froh der Ackermann 80, 848
Schon flammt die Sonne durch Morgenröthe
828
Schon glänzt die Morgenröthe 783, 866, 884
Schon haben viel Dichter 180

Schon ist hier der Tisch bereitet 687
Schon kehrt der Frühling wieder 880
Schon kehrte in dem Aehrenkleide 396
Schon lang schmückt seine Stirn 306
Schon nimmt ins vertrauliche Düster 176, 252
Schon seh' ich den Thron 640
Schon war in Höhe und in Tiefen 251
Schon weicht die Nacht 811
(25) Schottische Lieder (Beethoven, Op.
108, 13) 813
Schottisches Lied (Spohr) 179, 868
Schütze mich, o Gott der Liebe 737
Schützenlied 799
Schützt Titus, o ihr Götter! 780
Schwäbisches Tanzlied (C. M. v. Weber,
Jähns 135) 896
Schwäne kommen gezogen 786, 867
Schwanengesang s. (13) Lieder nach Gedichten
von Rellstab und Heine
Schwanenlied (J. Th. Held) 202
Schwarze Domino (Der) s. Domino Noir (Le)
Schwedische Lieder
Schwedisches Psalmbuch Mel. Nr. 45 39; Nr. 131
23; Nr. 141 23; Nr. 165 44; Nr. 194 39;
Nr. 219 23
Schweigend sahe der May 3
Schweitzerhütte (Die) s. Chalet (Le)
Schweitzers Heimweh (Proch) 639
Schweiz (Grosheim) 649
Schweizerfamilie (Die; Oper: J. Weigl) 47,
48 (3), 49, 55, 289 (2), 290, 311, 317,
406 (2), 408, 486 (2), 488, 490, 505, 506,
616, 766, 780, 856
Schweizerhütte (Die) s. Chalet (Le)
Schweizerlied (Brugger) 977
Schwertlied (C. M. v. Weber, Jähns 169)
724, 893
Schwester dich zu nennen 340
Schwestern weihet euch aufs neue 771
Schwing dich auf zu deinem Gott 981
Schwüle Luft 180
Schwur (Der) s. Giuramento (Il)
Schwytzer Heiweh 651
Scioglierò le mie catene 347
Sciti (Gli; Oper: Mercadante) 377, 729
Scorrendo uniti remota via 705
Scotch Ballad 125
Scotch Song
Saw ye Johnny (Haydn, Hob. XXXIa, 156)
128
Wilt thou be my dearie 128
Sdegno nell'anima terror Fiero si desta 582
Se a caso madonna la notte ti chiama 239,
421, 422
Se afgrunds klyftor skälfva 67
Se alcun veduto 271
Se all'amor d'un padre amato 600
Se anch' io fossi in caso 309
Se ancor m'è dato 641, 702
Se dai retta a quel infido 361
Se de nemici a scorno 374
Se dimman försvinner 660
Se è ver che il cor 271
Se fiaato in Corpo avete 238
Se grande Furste dagen svalkas 5
Se her, som Gartnerpige 537
Se il fratel stringere 637, 698
Se il padre perdei 62, 560
Se il vuol la mulinara 600
Se inclinassi a prender moglie 356, 555, 632

Se intraccia del piacer 370
Se källan, se lunden 13
Se l'Inganno osser la Sorte (Aria) (Orlandi) 348
Se la mia dolce speme 377, 729
Se libertà ti è cara se brami 571
Se ljuset redan flyr 63
Se lontan ben mio 897
Se m'abbandoni 379
Se mai turbo il tuo riposo 491
Se mamma hur det brinner 22
Se mi credi amato bene 500
Se non lontano 309
Se non Timoro altato 52
Se pietoso, ho giusto Dio! 381
Se provaste il mio tormento 266, 492
Se pur giungi a trucidarlo 638
Se resto sul lido se sciolgo le vel 869
Se ricuso i doni tuoi 365
Se sapesse Fiordalisa 272
Se solen hur prägtig och skön 18
Se son lontano dal mio diletto 265
Se tanto in ira agli uomini 701
Se ti guardi 272
Se tra il bujo 700
Se tu non vedi tutto il cor mio 328
Se tu piè mormori sola una sillaba 625
Se tu sapessi 349, 725
Se tutti i mali miei 267
Se vuol ballare, signor contino 12, 70, 228, 418, 511
Se'n Han dig helgat sin hjeltliga lefnad 44
Séalgar (Romance Ecossaise) (Rigel) 464
Sechs Monden sind es schon 801
Seconda i miei desiri 381
Secondate, aurette amiche 236, 301, 506
Seconde moi ma lyre 546
Secondi il cielo la vostra speme 490
Secret (Le; Oper: Solié) 64, 80 (2), 81, 877
Secret (The; Komödie mit Gesang: Reinagle) 115, 134
Sed god dag min söta Pappa! 24
Sediamo ai freschi, o cara 611
See, alt sig forandrer herneden 81
See det Purpur Læben sirer 249
See en Stjerne blinker hist paa Himlens Blaa 845
See hist paa de vildene Bölger 530
See mig i Angrens bittre Smerte 525
See Solen, hvor pragtfuld og skiønden nedgaaer 77
See! the blushing op'ning roses 925
See the jolly god appears 90
See the village lads awaking 922
See Vaaren sig nærme! 80
See vore Hierter for Dig brænde 184
See where stern winter's icy hand 141
Seegnend dencke ich der Stunden meiner Jugendzeit 277
Seehafen (Der; Komisches Ballett) 194 (4), 226
Seek not with gold or glittering gem 955
Seekadet s. Aspirant de Marine (L')
Seele, was ist Schön'res wohl 986
Seelenbräutigam 806
Seelig, wem gebettet Liebe hat sein Kämmerlein 828
Seer Du min Kraft aftage 76
Seeräuber (Der) (Bellini) s. Pirata (Il)
Seeräuber (Der) (G. Pacini) s. Corsaro (Il)

Segne mich mit deinem Segen 568
Segno soave e casto 641
Seguidilla
   Ah! ne dis pas ... (Castro de Gistau) 275
   Fabio! mon triste cœur (Castro de Gistau) 276
   Fabio te nombra mi triste pecho (Castro de Gistau) 276
   No me llamen dichoso (Castro de Gistau) 275
   Quand nous fimes l'échange (Castro de Gistau) 276
   Quando hicimos el cambio (Castro de Gistau) 276
   Una muger me dixo (Castro de Gistau) 275
   Une femme me disait (Castro de Gistau) 275
Seh' ich die holde Miene 592
Seh' ich frisch mit grünen Zweigen 166, 175
Seh' ich recht, 's ist mein Weib 634, 696
Seh'n sie nur auf mich 795
Sehe ich voll Gram und Schmerzen 179
Sehet, welch eine Liebe 566
Sehnsucht
   Abendglocke töne, fluthe Silberbach (Heip) 328
   Ach einsam muss dies Herz verzagen (H. Werner) 875
   Ach mir ist das Herz so schwer (B. A. Weber) 168
   Als du sagtest: ich muss scheiden (Righini) 176; (anonym) 297
   Der Wald, der dunkle Wald (Hurka) 164
   Dort, wo des Himmels Blau ... (Methfessel) 651
   Hier das Gestade ... (Righini) 872
   Ich denk' an euch ... 296
   Ich weiss ein kleines, enges Haus (K. E.? Hering) 853
   Kennst du den Fluß, ... (Weinlig) 323
   Lüftchen woher und wohin (F. Hartmann) 880
   Matt schleich ich durch das Leben (A. B. Marx) 672
   Meine Ruh' ist dahin, ... (Blüher) 326
   Noch einmal muss ich vor dir stehn (Kniewel) · 872
   Schon nimmt ins vertrauliche Düster (Methfessel) 252; (Schreiber) 176
   Ueber die Wolken hin (Burckhardt) 882
   Una breve lontananza (Righini) 176
   Was zieht mir das Herz so? (H. Marschner) 813
   Wenn nur Sehnsucht Flügel hätte (Heine) 178
   Wie die Nacht mit heil'gem Beben (Töpler) 764
   Wie so ganz dahin gegeben (Nohr) 882
Sehnsucht der Liebe (Methfessel) 253; (Nägeli) 494
Sehnsucht nach dem Geliebten (Reissiger) 828
Sehnsucht nach dem Himmel (Schinn) 399
Sehnsucht nach dem Landleben (Kallenbach) 204
Sehnsucht nach dem Vaterlande (Lindpaintner) 785, 866
Sehnsucht nach den Bergen (Nägeli) 493

Sehnsucht nach der Geliebten (Leonardi) 739
Sehnsucht nach Licht 870
Sehnsucht und Beruhigung (J. Ph. Chr. Schulz) 650
Sehnsucht und Liebe (Methfessel) 873
Sehr verbunden 636, 697
Seht das Korn reift überall 710
Seht, dort kommt Euer Weib gelaufen 691
Seht, er eilet, lässt uns hier allein 785
Seht er kommt mit Preis gekrönt 256
Seht! er kommt! vor ihm die Freude 395
Seht, Gespielen, seht! 282
Seht jenes Schloss mit seinen Zinnen 784
Seht mich hier Befehle zu empfangen 592
Seht mich in eurer Mitte! 602
Seht rings umher die Gegend an 282
Seht von des Ufers hohen Strande 957
Seht, wie der strenge Winter flieht 848
Seht! wie die Tage sich sonnig verklären! 174, 395
Sei gegrüsst durch 897
Sei gegrüßt in deiner Schöne 277, 294
Sei hochgelobt du 895
Sei Lob und Ehr dem höchsten Gut 782, 981, 988
Sei Lob und Preis mit Ehren 567
Sei, Matros! kun en Vending med Stavnen! 528
Sei mir gegrüsst aus deinen reinen Höhen 165
Sei mit uns, mit deinem Volke, Gott, Vater! 774
Sei pur che angor rivedo 380
Sei troppo scaltra 329
Sei willkommen Tag der Ehre 142
Seid ihr vorausgegangen, liebe Gefährten der Reise 871
Seid jetzt still 709
Seid uns zum zweiten Mal willkommen 15
Seiersæl Frieheds Røst 74
Seigneur de Haut Parage n'aura mon cœur (Romance) (Farcy) 457, 643
Seigneur soldat, mon camarade 735
Seilladsen (Hurka) 85
Seine Hand führte mich 708
Seiner jungen Gefang'nen 691
Seiner Majestät dem König bei der Ankunft in Breslau von den hiesigen Frey-Maurer-Logen 290
Seit dem sein Arm kraftvoll im Streite 305
Seit du aus diesem Thal gegangen 797
Seit du der andern dich ergeben 164
Seit jenem Tag, wo er zum Glücke 230
Séjour de ma jeunesse 358
Séjour de mon heureux enfance 374
Selbstberuhigung 296
Selbstprüfung (J. A. P. Schulz) 564
(8) Select Overtures, from Oratorios (Händel) 92
Selgar laissait oisifs sa harpe et son courage 436
Selico (Oper: Gyrowetz) 244, 278
Selig, Herr! 396
Selig sind die arm im Geiste 397
Selig sind die Todten 566, 567
Selig, wessen Herz 681
Selma's Schwanenlied (Salomo) 324
Selskabs Sang (Selskabssang)
    Det er ei værd at slide bort (C. F. Müller) 83

Es kann schon nicht alles so bleiben (Himmel) 81
Fra Skabelsens Morgen ... (Barth) 74
Fryddig ved Livet ... (Nägeli) 71
Livet er tit ... 74
See, alt sig forandrer herneden (Himmel) 81
See Solen, ... (Dupuy) 77
Skjön var den Skik ... (v. Foltmar) 424
Velkommen, enhver, ... 72
Selv Heltens Mod at bøje 249
Selv naar vi Morgenbön skal gjöre 533
Selva incantata (La; Oper: Righini) 65 (2), 66 (2)
Selvaggi (I; Oper: Liverati) 572 (2)
Semblable aux fleurs, qui naissent sur les traces 244
Semiramide (Oper: Rossini) 372, 373 (2), 374 (2), 681, 695 (2), 775, 799, 827, 859
Sémiramis (Oper: Catel) 196 (2), 197 (2), 213 (2), 214 (3), 228, 255, 256, 257, 258, 488 (2)
Semiramis (Rossini) s. Semiramide
Sempre più t'amo (Canzonetta, 1 oder 2 St.) 614
Sempre più t'amo, mio bel tesoro 308, 614
Sen ci wczorajszy wystawił 170
Sen Fillidy (Elsner) 170
Sende, Himmel, Seegens Fülle 777
Sende Rettung uns hiernieder 279, 738
Sendung Ida's an Alexis (Melodie) (Himmel) 683
Senex (Mitchell) 131
Senk Abend voll Milde auf unsre Gefilde 489
Sennor Gomez! lad Dig röre 535
Sent en Majdag så skön 661
Sentenza 373
Senti cara Ninetta 611
Sentinelle (Urbani) 488
Sentinelle prenés garde à vous! 488
Sentir un dolce affetto 371
Sento che in seno mi batte il core 266
Sento nel dir vi addio 233
Sento un interna voce 358, 633
Senza lui che fù mio guida 487
Séparons nous jeune indiscrète 671
Sequentia pro Defunctis (una voce sola cum quatuor aliis vocibus in contrapuncto alternantibus) 908
Sequester'd in my native bow'r 98
Ser jag de blommor små 718
Ser Marc Antonio (Polacca) (Fioravanti) 347
Serait-il vrai? 457
Seraphine (Oper: Tomaschek) 328 (2), 329
Serba i tuoi segreti 636
Serbami ognor si fido il cor 373
Serenad (Himmel) 715
Serenade
    Der Thau steht auf der Rose (Berger) 618; (Blüher) 323; (Wiskemann) 277
    Horch, leise horch! (C. M. v. Weber, Jähns 65) 414
    Lausch, o Geliebte ... (B. A. Weber) 175
    Lyt sagte lyt ... (C. M. v. Weber, Jähns 65) 414
    Wake! wake! the red and fiery sun (Windsor) 915
Serenate (M. Giuliani) 492
Serene the chaste moon 912

Sereni qui di pace in seno 889
Serious Glee (Carter) 87
Sermens d'Amour (Romance) 478
Serment d'Amour (Romance)
   Ne doute plus de ma constance (Castellaci) 548
   Peux-tu douter, Zélis (Aubry) 996
   Serment d'amour à la beauté (de Villiers) 729
   Serment d'amour est de peu de durée (Granville) 347
Serment d'amour à la beauté 729
Serment d'amour est de peu de durée 347
Serment d'amour ressemble à fleur nouvelle 113
Serment (Le) ou Les faux Monnayeurs (Komische Oper: Auber) 794, 795
Serto di eterni lauri 637, 698
Serva innamorata (Oper: P. A. Guglielmi) 264 (2)
Setz' dich, liebe Emmeline 408, 488
Seufzer (Hauptmann) 891
Seufzer aus der Geisterwelt (G. Weber) 672
Seufzer des Gefangenen (Zelter) 673
Seule dans cette armure 735
Seule espérance de longue absence 437
Séville (Chansonnette Boléro) (Panseron) 904
Sex Rosenbrude (De) s. Rosières (Les)
Sexe adoré, femmes charmantes 755
Sexe aimable, l'on a beau dire 386
Sexe charmant de qui nous tenons l'être 114
Sexe charmant, j'adore ton empire 109
Sexe charmant, quel est donc votre empire? 825
Sey Christenheit, sey hocherfreut! 565
Sey gnädig mir nach deiner Güte 562
Sey ohne Furcht mein Leben! 231
Sey uns gesegnet heilige Stunde 394
Sey uns Rang und Gold beschieden 292
Sey Welterlöser, sey gepreis't! 563
Seyd mir mauchel 144
Seyd munter, behende, fällt die Bäume 581
Sgombra dall'anima 571
Shakespeare's Willow (Carr) 116, 135
Shall I tell the Gypsey's Mystery 954
Shall this wild valley be our home 933
She is thine (Labarre) 916
She lov'd not wisely, but to well 925
She never blamed him, never 910
She never told her Love (Bishop) 919
She said she'd come at evening's fall 970
She sat and smil'd, in the rosy bow'r 947
She sat beneath a willow 921
She sits beside the lonely rill 937
She smil'd in beauty o'er that regal throng 929
Shepherds I have lost my love 90
Shérif (Le; Komische Oper: Halévy) 535 (3)
Should the rude hand of care 124
Shun not the village church-yard 924
Si ça t'arrive encore (Chansonnette) (Romagnesi) 609, 664, 815
Si celebri al fine tra canti 709
Si, ch'io t'amo 378
Si chez nous le Dieu qu'on adore 551
Si Colin est auprès de moi 380
Si d'amour brisant les armes 261
Si d'un seul trait, né de la jalousie 444
Si dans ces lieux elle respire 628

Si de l'amour je ne portais la chaîne 548
Si de tus astucias 573
Si de votre aimable langage du ciel 820
Si de votre vie, joyeux troubadours 347
Si fiero dolore, si lungo soffrire 381
Si j'ai chanté 470
Si j'en crois ma Silvie 454
Si j'étais Petit Oiseau! (Chanson(ette)) (Wilhem) 447, 754
Si jamais du mariage 356
Si jamais je prinds femme 111
Si je l'osais (Romance) (H. Miller) 336, 609, 817
Si je le puis (Romance) (Dourlen) 353
Si je recherche la parure 273
Si je savais par ma baguette 728
Si je suis encor toute émue 537
Si je suis infidèle 520, 735, 835
Si je voulais parmi les hommes 357
Si joliette pauvre Perrette hélas! 457
Si l'amour cause mes tourments, ah! 441
Si l'on vous dit que je vous aime 469, 850
Si le Zéphir l'éveille (arr. als Nocturne f. 2 St.) (Panseron) 747
Si libertad de se as y reino 571
Si loin du port 497
Si lorsque tout sommeille (Meurger Aîné) 367
Si mi amate e s'io v'adoro 354
Si mon amie est belle 449, 479, 496, 539, 672
Si mon cœur s'est laissé surprendre 370, 497
Si mori ... ma che fo ... vivi 374
Si par hazard à travers la campagne 466
Si per voi pupille 686
Si quelque jour je fais choix d'une amie 336, 608
Si quelques jours je m'engage 615
Si quest'alma respira 639, 700
Si ravvisi quel guerriero 375
Si rencontrez la sensible Isabelle 446
Si savez bien aimer encore 260
Si ... sulla salma del fratello 637
Si ta marche attristée 468
Si ton cœur, ô négresse 470
Si ton regard brille 840
Si trovarla io iuro 420
Si tu m'aimais (Romance)
   Quand ma jeune et belle maîtresse (Bouffet) 376
   Si tu m'aimais, ... (Laffillé) 469
Si tu m'aimais, d'un amour pur et tendre 469
Si tu m'aimes, si je t'adore 354
Si tu pouvais comprendre 267
Si, và trionfa 598
Si, vendetta, tremenda 705
Si vincemmo 692
Si vous aimez gentil sourire 554
Si vous aimez tendre sourire 463
Si vous avez une Mère! (Romance) (Panseron) 904
Si vous connaissiez celle que tant j'aime 368
Si vous étiez ma Sœur (Romance) (Romagnesi) 666
Si vous étiez ma sœur 666, 820
Si vous étiez mon Frère (Romance) (Romagnesi) 469
Si vous m'aimez (Romance) (Cianchettini) 429; (Laurent) 746
Si vous m'aimez, pourquoi ne pas me dire 429
Si vous m'aimez, vous que j'adore 746

Sia benedetto amore (Duettino) (Simonis) 475
Sia benedetto amore 475, 479
Sia qual vuolsi in tuo demora 638
Sicilian Romance (The; Entertainment: Reeve) Eingelegter Gesang (Pelissier) 330
Sidste, sidste Gang jeg hilser Eder 77
Sie, Er (C. Eberwein) 887
Sie konnte mir kein Wörtchen sagen 165
Sie wallte sinnig und allein 494
Sieben letzten Worte unseres Erlösers am Kreuze (Die; Oratorium: Haydn, Hob. XX, 2) 768 (2)
Sieben Mädchen in Uniform (Die; Singspiel: Gläser) 771
Siedm razy jeden (Oper: Elsner) 172
Sieg! euer Kampf ist aus! 493
Siège de Corinthe (Le; Oper: Rossini) 467, 718, 732 (2), 759, 788, 789, 795, 859, 972
Siege of Belgrade (The; Komische Oper: Storace, zum Teil nach Martín y Soler: La Cosa rara) 119 (2)
Siegend wir streiten, singen in Reihen 518
Siegende Amor (Der; Pantomime: Volkert) 586
Siegfried's Schwerdt (C. Kreutzer) 882
Siegmund von Nostitz, der Löwenritter, eine Erzählung (Schn.) 148
Siegreich kehr' ich zu dir, o theure 598
Siegreich siegreich von fernen Höhen 601
Sieh, da bist du wieder, lieber guter Mond! 297
Sieh den Kahn, geschaukelt von Winden 806
Sieh den Troubadour, o Schöne 591
Sieh, der Himmel strahlet 674
Sieh dort im Thal 798
Sieh' im Aug' die heissen 640
Sieh in weit entlegner Ferne 289
Sieh Jesum Christum leiden! 562
Sieh mein Herz hier ohne Emballage 311
Sieh mich an und lächle, Süsse 278
Sieh, mit der Gattin, zu solchen Stunden 712
Sieh, mit Huld und Glanzgefieder 174
Sieh', o Norma 635
Sieh schon die Morgenröthe 589
Sieh, wie der Hain erwacht 174
Siehe da in Waldesnacht 493
Siehe, das ist Gottes Lamm 566
Siehe, das ist unser Gott 567
Siehe! Finsterniß bedecket das Erdreich 568
Siehst du das Vögelein nisten im Wald? 868
Siehst du ein Glück 651
Siehst du in Westen der Berge goldne Kante? 323
Siehst du sie, die ich verlassen 781
Sig det Öie blik nærmer 510
Sigh no more (Duet, Irish) 929
Sigismondo (Il; Oper: Rossini) 365
Signor, vita non chiedo 378
Signora recevez mon très humble respect 502
Sigune (Melodram: C. Kreutzer) 741
Siig husker Du den Gang 527
Siig hvad man vinder 535
Siig mig Annette, hvi saa længe 413
Silberner freundlicher Mondenschein 315, 896
Silence amis, point de bruit 822
Silence! ... L'Amour dort (Romance) (Doy-Neff) 544; (Lélu) 267, 427

Silent Nymph 331
Silent pledge of true affection 924
Silenzio facciasi 235, 893
Silvana (Oper: C. M. v. Weber, Jähns 87) 487, 680, 886, 887, 890 (2), 892
Simple berger j'étais dans l'esclavage 499
Simple bergère j'étais en son printems 543, 606
Simple et timide autant que belle 448
Simple et timide bachelette 466, 753, 817
Simple Histoire (Romance) (Louis Jadin) 268
Simple, innocente et joliette 511, 670
Simple, timide et joliette 453
Sin favre Elskerinde 511
Sin la tomba 637, 698
Sinai (Carpenter) 131
Since then I'm doom'd 99
Sind wir beym frohen Feste 801
Sind wir einzig nur beschieden 489
Sing me a song of home! 938
Sing my Love 934
Sing', schönes Mädchen, sing' 703
Singen wir aus Herzens Grund 797
Singet Gott! Lobsinget seinem Namen 568
Singet, tanzt, die Becher leeret 890
Singspiel (Das) s. Opéra-Comique (L')
Singspiel auf dem Dache (Das; Singspiel: A. Fischer) 218
Singt, Christen, singt in freudigen Chören 568
Singt dem großen Bassa Lieder 317
Singt der Wonn' und Blütenzeit 165, 176
Singt, die größte aller Nächte 568
Singt laut! das Lied 896
Singt mit heiligem Entzücken 563
Singt und trinket 895
Sinkt die Sonn' am Abend nieder 653
Sinn Blüthe (Reinwald) 653
Sir Arthur et la Pastourelle (Romance) (de Beauplan) 452
Sir Roger le Silencieux (Boléro) (de Peellaert) 842
Sire, en ces lieux quand vos soldats 904
Siskan med sin unga tropp 35
Sister Dear (Bishop) 919
Sister Fairies hither (H. Herz) 922
Sister, hark the convent chimes 933
Sit qui ritè canat 909
Sittig Alter ehrt die Tugend 681
Sitze still, mein Schiffchen lenck' ich 175
Sizilianische Vesper (Die) s. Vespri Siciliani (I)
Sjungom vänner! höjom glädjens ljud! 18
Skaal for alle smukke Piger! 504
Skabelsen s. Schöpfung (Die)
Skaden s. Gazza Ladra (La)
Skälm! sitt qvar, som jag dig fäste 657
Skal fra det kjære Land 534
Skal jeg maaskee til mit Fædrelands Dale 524
Skånska Dragon Wisan 30
Skattegraverne s. Schatzgräber (Der)
Skatten s. Trésor supposé (Le)
Skielmen i sin egen Snare s. Trompeur Trompé (Le)
Skild ifrån sin älskarinna 659
Skilt fra Dig ved Bølger 83
Skiøn er Jordens store Sphære 250
Skiøn Jomfru! jeg beder, medlidende vær! 74
Skiön Jomfrue! luk dit Vindue op 405

Skiønne Guddomsstraale, Glæde! 74
Skiönne Minka AEren lyder 408
Skiønt for en frygtsom Elsker man 78, 508
Skiønt seirende over al Jorden 83
Skisnt jeg er en Bondepige 71
Skiulte Vidne til min Klage 72
Skjæbnen alt paa Vuggen 530
Skjelm! hold fast! 512
Skjelmsk om Pigen Amor spöger 522
Skjön var den Skik hos de nordiske Fædre
    424
Skjönne Faruk! lad dig röre! 509
Skjönne Toner i det Fjerne! 513
Skoemageren s. Calzolajo (Il)
Skön Agnes höll harpan i liljehand 718
Skön stod blomman, förstlingen af våren 28
Skön stod på lifvets falska stränder 25
Skönhet, skänk af Himmelen! 19
Sköytelöberen (C. Schall) 207
Skolie
    Im Strahle der Sonne ... (Nägeli) 281
    Wer Vater Bacchus deine Gaben (Büttinger)
    737
Skomakaren i Damas (Crusell) 39
Skovens Krone, löft min Tone 512
Skovens Sönner s. Fuorusciti di Firenze (I)
Skovhuggerens Sön s. Colposteur (Le)
Skue i Lilien, Fyrstinde 412
Skulde vel en större Glæde 207
Sleep my·babe in slumbers deep 921
Slig Viin alle Sorger forjager 524
Slottet Monténéro s. Léon ou le Château de
    Monténéro
Slowly to Isabel pass the hours 946
Slunken AEdderkop sidder paa Tue 514
Slutningschor 523
Sly little Love (Bishop) 938
Smaae Helgenmalerier 527
Smilende Haab! du elskte Barn 415
Smilende i Søvnens Arme 249
Smiling Nan (S. Arnold) 89
Smukke Møllerpige (Den) s. Amor Contrastato
    (L')
Snälla flötter, dristig flykt 43
Snart är din sällhets tid 17
Snart är jag en ande vorden 60
Snart er din Ungdomstid forsvunden 85
Snart hun som min Kone 527
Snart mit hjerta domnande bort (Palm) 18
Snart skal Dig Veninde 531
Snart sprider dagen sina strålar 9
Sneen s. Neige (La)
Snillet (Brendler) 716
So che un sogno e la speranza 477
So fern von dir, du Holde 252
So fliesst ihr denn, ihr heissen Thränen
    nimmer 881
So fröhlich als ich Bursche bin 209
So früh, so schnell erwach' ich nicht 400
So gehst du nun, mein Jesu(s) hin 566, 991
So hab ich wirklich dich verlohren 202
So höret ihr Bauern 636, 697
So ist's, es bleibt dabei 702
So kann dich nicht der Thränen Schwall
    702
So kommt denn, jugendliche Weisen 144
So lang hab ich geschmachtet 240
So lang hab' ich sie nicht gesehen 681
So lange noch in unschuldsvollen Tagen 731,
    868

So mancher möcht ihr 896
So mancher mögt ihr Blümchen sein 868,
    893
So mögt ihr muntre Thiere weiden! 862, 772
So nahst du endlich 325
So nimm, gedenke meiner 590
So oder so! (Chr. Schulz) 868; (anonym)
    884
So peaceful rests without a stone 97
So per prova il tuo 642, 702
So sagen die Weisen 893
So schlagen wir die Grillen todt 883
So sinkt sie denn, die zarte Blüthe nieder
    324
So sitz' ich oft alleine in stummer Sehnsucht
    da! 879
So soll ich dich nun meiden 674, 855, 876
So sprach oft meine Großmama 595
So stirbt die Hoffnung 491
So trübe, so traurig? 281
So unerwartet sie zu sehen 344
So viel Liebe 636, 698
So willst du mich verlassen 147
So' anch'io la virtù 641
Soave giubilo le sue delizie 244
Soave luce di paradiso 236
Soave sia il vento 238
Soavi catene, se amore v'ordi 364
Sobald die Stunde schlägt 709
Soccorso! oh dio 353
Södt Stemmen lyder 532
Sök dig förnöjsamhet 7
Sömnens Gud min Thilma målar 18
Sönner af Norges det ældgamle Rige 419
Sörg du min Sjel 520
Sœurs Lumelles (Les; Oper: Fétis) 728
Sövngjængersken (Ballett; Bournonville nach
    Hérold) 859
Sof min söta gosse! sof 14
Soffri amor per qualche istante 593, 878
Soffri o cor 632
Soffrire, nò, non voglio 347
Sofonisba (La; Oper: Federici) 356
Sofonisba (Oper: Paer) 182, 218, 219 (2),
    221, 487, 489, 682, 739
Sofonisbe (Paer) s. Sofonisba
Sofronia ed Olindo (Oper: Andreozzi) 267
Soft Arnos stream 128
Soft as the falling dews of night 286
Soft Zephyr on thy balmy wing 90
Softly fades the closing day 921
Softly, o'er mount, and dale 917, 945
Softly ye swains 140
Sogno (Il; Oper)
    Duetto (Paer) 225
Sogno di Scipione (Il; Azione teatrale: Mo-
    zart, KV 126) 862
Sogno talor di correre 639, 700
Sohn der Ruhe, sinke nieder 873, 895
Soi touché de ma tristesse 727
Soir et matin sur la fougère 356, 496
Soirées Italiennes (Collection de 8 ariettes
    et duos pour chant avec Pfte.: Mercadan-
    te) 807
Sois ma bayadère 525
Sois moi fidèle, ô pauvre habit 552
Sois touché de ma tristesse 346
Sol per te mio bel tesoro 475
Sol tu mi rendio caro 244
Sola furtiva al tempio 635

Soldat qui garde ces créneaux 261, 308
Soldat vainqueur fidèle à son amour 955
Soldaten-Abschied (Fesca) 768
Soldatenlied beim Einrücken in's Quartier
(F. W. Agthe) 827
Soldati a voi la nuova usata legge 264
Soldats, Soldats, sans murmure et sans truit
264
Soleil couchant (Romance) (L. Moreau) 478
Soleil couchant embellit nos campagnes
457
Soleil couchant mieux que brillante aurore
355, 478
Solen sank hag grönne Lund 414
Soliman den Anden (Komödie nach Favart
von N. T. Bruun, mit Gesang: L. Zinck)
504, 507 (2)
Soliman der Zweyte (Komische Oper: Süss-
mayr) 222 (2), 224
Soliman II (Oper: Kraus) 8 (4)
Soliman II (L. Zinck) s. Soliman den Anden
Solitaire (Le; Oper: Carafa) 680, 681, 692,
724, 795, 888
Solitaire et silencieuse 443
Solitario bosco ombroso 155
Soll für der Mutter 635
Sollt' einstens die Gräfin zur Nachtzeit dir
schellen 239
Sollt' es gleich bisweilen scheinen 800
Sollt' ich Dir, mein Gott, nicht trauen? 562
Sollt' ich einst die Treue brechen 633, 695
Sollt' ich meinem Gott nicht singen 788, 988
Sollt' ich voller Sorg' und Pein 178
Sollten nur der Menschen Seelen 164, 168, 993
Solo tu sostegno, e vita 600
Solomon (Oratorium: Händel) 92
Som blide Morgendrömme svinde 207
Som Fuglene raske 249
Som her ubemærket jeg gik 537
Som Julie behagar 4
Som när af et gynnande väder 8
Som Nattens kolde Mørke 250
Som Olding Fader 67
Som ugift Pige 528
Sombra que ami cercana 573
Sombre et plaintif dans le délire 451
Sombres forêts déserts, tristes et sauvages 911
Sombres forêts, témoins de mon délire 391
Some men with rapture view 87
Some unkindly wou'd persuade me 126
Sommarnatten (Die Sommernacht) (Gluck)
9, 658
Sommeil bien faisant de tes charmes 629
Sommerlied
Allgütiger, dich muß ich fühlen (C. Ph. Em.
Bach) 563
Es giebt der Plätzchen überall (Nägeli) 281
Lange Sommer-Tage (J. A. Miller) 396
Singt mit heiligem Entzücken (Gattermann)
563
Sommo ciel che il cor mi vedi 239
Sommo ciel! Che un padre amato 379
Sommo Clemente nume 266
Somnambule (La)
Eingelegte Couplets (M. C.) 497, 672
Eingelegte Romance (de Beauplan) 496
Somnambule (La; Ballett: Hérold) 810
Somnambule marié (La; Vaudeville: Béancourt)
679
Son bella pastorella 836

Son Dieu, son Prince et son Amie (Romance
Guerrière) (Mr.***) 502
Son dolci le pene 356
Son gelsomino son piccol fiore 653, 753, 868
Son gli occhi di fille 751
Son in Law (The; Komische Oper: S. Arnold)
94
Son lungi e non mi brami 447
Son Nom (Romance) (L. Moreau) 378
Son queste le speranze 234
Son regard me plaît, m'enchante 731
Son tanti i mie i disastri 502
Son troppo innocente 211
Son troppo innocente nel arte d'amar 346
Son vergin vezzosa 532, 700
Song
A prey to tender anguish (Haydn, Hob.
XXVIa, G 1) 96
A t Lucy's door ... (Haydn, Hob. XXVIa,
4) 96
Beneath a poplar's friendly shadow (J. A.
P. Schulz) 96
Blossom loveliest flower (J. A. P. Schulz)
96
By moonlight's softest lustre (J. A. P.
Schulz) 96
Come tell me ... (Pelletier) 285
For me entwine ... (v. Neukomm) 970
Hear you not the nightingale? (Tarchi)
141
I danc'd with Harriet ... (J. T.) 285
I have a silent sorrow here (J. T.) 285
I have listened ... (S. Arnold) 141
I'm an elfin sprite (Windsor) 970
In this shady blest retreat (Bach) 127
Is it true? (Mendelssohn) 970
My Stella ... (J. T.) 286
Maid of the valley (Mendelssohn) 970
Strew the way ... (J. F. Reichardt) 95
To sing of love's passion (Haydn, Hob.
XXVIa, 7) 96
Unnotic'd in the lonely mead (J. F.
Reichardt) 96
Song of Harold Harfager (Thomson) 953
Song of the Ancient Minstrel (Nelson) 917
Song of the Highland Piper (Rodwell) 912
Song of the Pilgrim (Mendelssohn) 954
Songe enchanteur, favorable chimère 544
Songe-t-elle à moi? (Romance) (Bodin) 538
Songes riants, où ma maîtresse se peignait
465
Songes riants vous passez vite 456
Songez à moi! (Romance) (Castellacci) 465
Sonnambula (La; Oper: Bellini) 635, 697,
800, 959
Sonnenfest s. Sonnenfest der Braminen
(Das)
Sonnenfest der Braminen (Das; Singspiel:
W. Müller) 74, 132, 301, 302
Sonnez, Sonnez, cors et musette 426
Sonntagslied im Sommer (Nägeli) 281
Sonntagsliedchen (Stössel) 650
Sonntagsmorgenlied im Frühling (Nägeli)
281
Sono amabil 491
Sono dolci le catene 309
Sono Donzella von stor Verstande 79
Sono innamorato 275
Sono quà, di sù, che vuoi? 358
Sons of freedom 100

Sophia's Liebe (Bertoldy) 324
Sophie au Bocage (Romance) (Milhès) 482
Sophie D'Apremont et Sargines (Romance)
  (J.-M. Beauvarlet-Charpentier) 644
Sophrosyne (R. Taylor) 127
Sophrosyne thou guard unseen 127
Sorcière des Vosges (La; Vaudeville?: Béan-
  court) 678, 679
Sorg' und Reichthum fliehen mich 178
Sorge la Bell'Aurora 752
Sorgea la notte folta 700
Sorgen kom i dystra skyar 29
Sorgenfrey (Nägeli) 494
Sorgi, o Signore, e spargi i tuoi nemici 848
Sorprender mi vorresti 352
Sorrente, doux rivage, espoir des matelots
  667, 840
Sotto quel armi in campo 261
Soumis, galant, sincère l'amant 134
Sounds of music gently stealing 921
Souper de Famille (Le) ou Le Rendez-Vous
  Supposé s. Rendez-Vous Supposé (Le)
  ou Le Souper de Famille
Soupir d'Amour (Romance) (Hébert) 551
Soupirait Bergerette déja depuis longtems
  441, 627
Soupirs d'Amour (Romance)
  Etre charmant ... (Fastré) 392
  Vœux indiscrets ... (J. P. Ae. Martini)
  427
Sourde-Muette (La; Komische Oper: Blangi-
  ni) 612
Sous ce vieil arbre où tous les jours 818
Sous cette noble armure 261
Sous des Cyprès je dépose ma lyre 453
Sous des lambris où l'or éclate 354
Sous l'Abri du Rivage (Nocturne, 2 gleiche
  St.) (Panseron) 842, 904
Sous l'heureux ciel de l'antique Ausonie
  265
Sous l'humble chaume 545
Sous la grâce et l'aisance 534
Sous le beau ciel de l'Ausonie 481
Sous le beau ciel de l'Helvétie 902
Sous le beau ciel de notre Occitanie 484
Sous le ciel doux et pur 612
Sous le toit qui vit naître Jeanne 453
Sous les drapeaux des ris et des amours 336,
  609, 817
Sous les murs du château d'Elvire 462
Sous les saules de la prairie 665, 817
Sous mon bras qui t'enchaîne ton bras 736
Sous ta fenêtre je chante doucement 966
Sous ta fenêtre, objet chéri 442
Sous ton boccage, ô Nymphe hospitalière 543
Sous ton bras qui m'enchaîne mon bras 736
Sous un berceau jeune bergère 547
Sous un ciel pur et sans nuages 899
Sous un jeune orme, au bord d'une onde claire
  333, 816
Sous un ombrage près du rivage 475
Sous un voile que l'on révère 108
Sous une couronne nouvelle 665, 819
Soutiens mon Dieu, la pauvre Fiancée!
  (Romance) (Bruguière) 665
Souvenez-vous de moi (Romance)
  A mon bonheur ... (Michelot) 836
  Faut-il dépouiller ... (Gouet) 756
Souvenir d'Amour (Romance) (Laffillé) 448
Souvenir d'enfance, oh! mon beau Noël 865

Souvenir du Bonheur (Romance) (Dugazon)
  332
Souvenir du jeune âge 528
Souvenir est folie (Romance) (Piston) 465
Souvent il veut me faire dire 112
Souvent l'amour (Mussini) 878
Souvent l'hymen souffre 83
Souvent la nuit quand je sommeille 106
Souvent, le soir, dans le tremblant feuillage 904
Souveraine de ce séjour 357
Souviens-toi Jeannette, de ces jours si doux
  333, 605, 814
Sov, o sov, min Broder! 534
Sovedrikken (Oper: Weyse) 405 (4)
Soyez discrèt, tendre et sincère 152
Soyez heureux (Chant d'Himénée, 2 St.)
  (Panseron) 833
Soyez mon guide et mon amie 679
Soyez toujours mes amours 530
Soyez volage (Romance) (Martainville) 472
Späh' auf dem Hügel 635
Spanisches Lied (L. Reichardt) 866
Spanish Barber (The; Komische Oper: S.
  Arnold) 95
Speed safely o'er the sea 914
Speed thou, my gondolier 917
Speranza più bel dono 880
Spesso trionfa, trionfa amore 487
Spielerlied (B. F. Köhler) 147
Spine voi che germogliate 613
Spinnerlied (Bergmann) 828
Spira pour ma spira lento 673
Spirit of Music (Song) (Miss Smith) 965
Spirit! Spirit! Come to me now! 965
Spirits of the storm 331
Spoil'd Child (The; Farse) 99 (2)
Sposa Fedele (La; Oper: G. Pacini) 374
Spottend der (des) Mädchen(s) Jammer 595, 630
Sprache der Melodie (Methfessel) 252
Spread thy light wings 918
Spread thy wings and away! (Malibran) 918
Sprich nicht, ich weiss was dich beseelt 710
Sprich, schöne Phillis 577, 684
Sprich, was giebt's, was geht hier vor 634, 696
Spring flowers, spring birds 953
Squilli, echeggi la tromba guerriera 707
Stabat Mater
  Cujus animam (Glover) 929
  Veil'd in beauty ... (Rossini) 929
Stabat mater (3stg.) (Choron) 909
Stabat mater dolorosa 909, 985
Stackars gamla Margareta 64
Ständchen
  Durch der Nacht vertraute Stille (Reissiger,
  Op. 42) 977
  Horch auf, was flüstert der Abendwind?
  (Methfessel) 252
  Ich erblicke froh ... (Eisenhofer) 872
  Komm, fein Liebchen ... (Wustlich) 766
  Leise flehen meine Lieder (Schubert,
  D 957, 4) 930
  Leise rauscht es in den Bäumen (Bergen) 892
  Liebchen, lausche meinen Tönen (Chwatal)
  891
  O gieb vom weichen Pfühle (Heine) 178
  Ruhe süss Liebchen ... (Ditfurt) 890
  Stille Nacht hält mich umfangen (Wunder-
  lich) 789
  Zu meiner Laute Liebesklang (Zelter) 139;
  (anonym) 297

Ständchen (The Forest Home) (Schubert, D 957, 4) 930
Ständchen an Feodoren 202
Ständchen an Luise 870, 884
Ständchen im Mai (Methfessel) 253
Stærke vi stande, Stridende gange 518
Stances (Martainville) 469
Stances à Indifférence (Romance) (Lambert) 358
Stances à la Mélancolie (Darondeau) 368
Stances à Lydie (L. Moreau) 369
Stances à Marie Thérèse, Impératrice d'Autriche (Mees) 501
Stances aux Fleurs (Nocturne, 2 St.) (Darondeau) 375
Stances sur la Mort d'un Serin (J. T.) 285
Stances (1 oder mehrere St. ad lib.) sur la Naissance de Son Altesse Royale, Monseigneur le Duc de Bordeaux (de Garaudé) 365
Stanco di pascolar le pecorelle 478
Stand ein Röslein wunderschön 881
Stark är o Flöjt din tjusmings magt 14
Stary trzpiot (Komische Oper: Elsner) 173
Statuta decreto Dei 909
Staunen und Schrecken 584, 592
Stava all erbette in seno la pastorella clori 354
Stay Lady stay, for my mercy's sake 120
Stay sweet enchanter of the grove 116, 755
Stay, Time stay (Solis) 911
Steh' mal auf, junger Schweizerbub' 516
Steh' nur auf, du Schweizer Bu'r! (Schweizerbub) 618, 859
Stehe auf, mein holdes Leben 810
Steig' auf, mein Dank, zu jener Höh' 561
Steige, sanfter Schlummer! 852
Stelldichein (Das; Ballett: Aigner) 697
Stem i til en glad Barcarole 519
Sterben möcht' ich auf dem Ehrenfeld 703
Stern der Liebe, bleich und trübe 211
Sterne mit den goldnen Füsschen 883
Sterne sind dem Himmel gegeben 283
Sterne's Maria or The Vintage (Entertainment: Pelissier) 330, 331, 332
Sternenkönigin (Die) s. Sternenmädchen im Meidlinger Walde (Das)
Sternenmädchen im Meidlinger Walde (Das; Romantisch-komisches Volksmärchen, mit Gesang: Kauer) 85
   Einlage-Arie? (Winter) 279
   Einlage-Arie (Bierey) 292
Sternlein rein und golden 675
Stets auf ruhiger Welle 803
Steyrische Alpengesänge 693—694 (26)
Still I love thee 946
Still ist die Nacht 324, 875, 882
Still Lüftchen athmet nur mit Zagen! 795
Still! seht ihr von fern die alten Mauern 691
Still! Still! (Arendt) 878
Still the Lark finds repose 99
Still und schauerlich 897
Still und schauerlich empor! 737
Stille (Duett) (F. L. Schubert) 804
Stille deiner Zweifel Frage 487
Stille du skal dig her paa Bænken sætte 518
Stille Fluren, kühle Quellen 339
Stille Freude (Nägeli) 493
Stille Leben (Sterkel) 211
Stille Liebe (Lindpaintner) 867, 884

Stille Nacht hält mich umfangen 789
Stille, o Stille! Fruchtende Fülle 804
Stille Rache, reifen Sinn 213
Stille Ruhe deckt die Flur 323
Stille Ruhe, o komm und tröste 340
Stille, stille, stille 895
Stillen er! — Stillen er! 716
Stimme der Natur (Die; Singspiel: Schuster) 689, 723
Stimmt an das Lied mit Cherubim und Seraphim 568
Stimmt an der Freude Festgesang 694, 956
Stimmt an des Dankes Feierlieder 563
Stjerne midnatten (F. Kuhlau, Op. 72 b, 1) 418
Stjernen (Binzer) 845
Stöd ei fra Din Barm 519
Større Lyst man ei kan smage 73
Största dårskap är i verlden 662
Stoff-Alma Jodler (C. Fischer) 693
Stoler kun paa Mandfolks falske Eeder! 79
Stolt I troe hver og een 80
Stolti ai corre alla Negroni 638
Store Gud for min Bröde 533
Store Gud! i så grufliga stunder 65
Stosst an! leert Freunde diesen Becher 738
Straal herligt paa Himlen 507
Straf mich nicht in deinem Zorn 782
Strahle mit Wonne, leuchtende Sonne 785, 866
Straniera (La; Oper: Bellini) 65 (2), 527 (2), 528 (3), 636 (6), 637 (10), 717, 743 (2), 790, 792, 862, 878, 963
Strazziar l'amato oggetto 693
Strew the way with fairest flow'rs 9
Strickerlied 297
Stride la vampa 707
Strike the tents of snow 942
Stringhe e ferri 685
Strinse i lacci nostri 499
Ström' aus mein Lied und werde Tanz 296
Strophes sur le rétablissement de la Santé de S. M. la Reine (Platel) 830
Studenternes Velkomstsang til Hans Höihed Prinds Christian paa Sorgenfri (Kroyer) 422
Studering let undværes 508
Stumm ist das Leben um mich her 252
Stumme i Portici (Den) s. Muette de Portici (La)
Stumme Liebe (Lindner) 871
Stumme von Portici (Die) s. Muette de Portici (La)
Stunden 225
Stundom du bland vapnen i lar 8
Stutzerlied (Kunzen) 174
Su, su! Ich wiege mein Kind 253
Submission (Frary) 130
Sub tuum praesidium (Antienne à la Ste. Vierge, 2 gleiche St. als Kanon) (Choron) 907
Such' nie die Ruhe außer dir 400
Suchen wir zu Meer 784
Suchet keine stärkern Waffen 711
Süss ist das seelige Gefühl 3
Süss ist der Liebe Vorgefühl 296
Süss verhallen in meiner Seele 556
Süß von Zitherklang umfangen 495
Süße Ahnungsschauer gleiten über Flur und Fluß 279
Süsse Erinn'rung 695

Süsse heilige Natur, lass mich gehn auf deiner Spur 340
Süße liebe Friedenstaube 248
Süsse Liebe nur erfüllt die Natur 342
Süsse liebliche Vertraute 784, 866
Süßer angenehmer Fleiß! 396
Süsser Schlaf schloß meine Augenlider 244, 343
Süsses Erinnern erster Gefühle 601
Süsses Licht aus goldnen Pforten 879
Süsses Liebchen, Herzensdiebchen 142
Süsses Mädchen, holder Knabe! 132
Sug hvor sö ger du o Tanke hen? 760
Suis-je aimé de la bergère 447
Suivez la Loi des Plaisirs (Nocturne, 2 St.) (Panseron) 834
Suivons la lumière du flambeau d'amour 435
Suk! hvorfor haever Du Dig fra mit Bryst? 760
Sul campo della gloria 637, 698
Sul margine d'un rio 308, 574
Sul margine del rio 614
Sull'aria ... che soave zefiretto 246, 277, 510, 576
Sull' orlo dei tetti 711
Sulla rupe triste e sola 600
Sulmona (Oper: Lindpaintner) 57, 680, 682
Summe des Gebots (Neuner) 394
Summe Deus! Te ragamus 399
Suoni la tromba 700
Supplement to Denmark (Mann) 131
Sur ces rives lointaines chantons ô mes amis 750
Sur cet autel simple et charmant 457
Sur cette machine ronde 263
Sur cette tombe où repose ma mère 445
Sur l'eau qui te balance 734
Sur l'espérance, je vais tracer quelques couplets 443
Sur l'herbette nouvelle la jeune pastorelle 354
Sur la Mort d'un Fils (Romance) (Gouet) 757
Sur la place il n'est plus personne 899
Sur la rive où naguère j'errais 547
Sur la rivière, comme mon père 519
Sur la tombe où ses yeux ont vu descendre Adèle 154
Sur le bord d'une rivière 275
Sur le gazon, au bord d'une fontaine 436
Sur le rivage ramène-moi 838
Sur le sommet d'un rocher 428
Sur le sommet de la montagne 552
Sur le Tableau de la Bataille d'Eylau (Chant héroique) (A. Pacini) 262
Sur les barques légères des joyeux matelots 835, 899
Sur les bords de la Durance 477
Sur les flots ma piroque enchantée se berçait 901
Sur les mortels et sur les Dieux 106
Sur les neiges de la montagne 750
Sur les rives de la Durance 750
Sur les yeux noirs, sur les yeux bleus 755
Sur mon Rocher (Chansonnette) (Masini) 841
Sur tes rameaux j'avais laissé ma lyre 431
Sur un lit de feuillage 539
Sur une onde tranquille 466, 546, 877
Suschen (Righini) 174

Sussex (Hospital) 131
Svärfadern Rival s. Bon Fils (Le)
Sværger at fölge 529
Svæv, hulde Mnemosyne, fra din Taage ned! 417
Svage Bryst! Alt hvad du kan 506
Svallhaf, brustna djup, och Klippiga 65
Svårare seglats man aldrig finner 25
Svearne fordomdags (Stieler) 41
Sveitziska Flicka s. Rosette, das Schweizer Hirtenmädchen
Sveizer Famillen s. Schweizerfamilie (Die)
Svend Aage og Ingeborg drog'over Söe 411
Svensk Ynglinga-Sång (Åhlström) 52
Sventurata il cor che fida 636
Sweet Bird that cheer'st the heavy hours 120
Sweet Charity 116
Sweet dream of youth (Cushman) 943
Sweet friend, where sleeps thy song? 927
Sweet Hearts ease! (Stringland) 934
Sweet hour of eve! 921
Sweet is the breath of morn 125
Sweet is the breath of the morning hour 931
Sweet is the work, my God, my King 131
Sweet Land! (Ballad) (Perry) 971
Sweet little Bird 123
Sweet lute attune thy mystic sting 98
Sweet Maid, I've heard thy frequent sigh 141
Sweet Mary, a Cush-la ma-chree (A. Lee) 938
Sweet May (Meyerbeer) 920
Sweet moonlight is beaming 918
Sweet Music Tink a Tank (S. Arnold) 121
Sweet Nightingale (Joh. Strauss Vater) 921
Sweet Nightingale, sing from thy sycamore tree! 921
Sweet Nightingale, thy song forbear 932
Sweet round my bow'r 918
Sweet Spirit of Heaven (J. Weigl) 918
Sweet to the morning traveller 122
Sweet warbling Thrush 103
Sweet years of youth 932
Sweetest bard that ever sung 99
Sweetly in life's jocund morning 121
Sweetly sound the distant bells 933
Sweitzer Familjen s. Schweizerfamilie (Die)
Sweizer Famillen s. Schweizerfamilie (Die)
Swetards Zauberthal (Großes Singspiel: M. Umlauff) 191 (3)
Sylphen (Die; Oper: Himmel) 60, 270, 279, 285, 993
Sylpherna s. Sylphen (Die)
Sylphs (The) s. Sylphen (Die)
Sympathie (Haydn, Hob. XXVIa, 33) 872
Sympathy (Ballad) (Ball) 966
Symptômes d'Amour (Romance) (Blangini) 613
Symptômes d'Amour (Romance, 2 St.) (Th. Bayle) 543, 605
Syng höit! i Hallen Minstrel 516
Syngesygen s. Mélomanie (La)
Syv militaire Piger (Baudeville von Heiberg: L. Zinck) 516 (4), 517 (3)
Sysoverdag (Schauspiel von Heiberg, mit Gesang: J. P. L. Hartmann) 536
Szczęśliwość (Elsner) 172
Szczęśliwy kto samotnym cieszęc się schronieniem 171

T'abbraccio o Carlo ... abbracciami 706
T'abbraccio, ti stringo 365, 729
T'adorer belle Emilie 475
T'aimer est une loi pour tous ceux 275
T'amo d'amor ch'esprimere 705
T'en souviens-tu des jours de notre enfance 482, 814
Taarnvægteren (A. D. Heger) 418
Tacea la notte placida 711
Tacete già veggo 621
Tack! min Mamma! tack för din visit! 30
Tadelt nicht den jungen Hirten 253, 649
Tadle nicht der Nachtigallen 493
Täcka Creoler skyndom till Dansen 28
Tändeln und scherzen kapert die Herzen 222
Tænk engang: midt i nat 522
Tänk, lilla Clara, hon som sjöng för Er 31
Tänzerin aus Athen (Die; Ballett: J. Weigl) 214, 216, 256 (2)
Täuschung (Die) s. Illussion (L')
Tag der reinsten Wonne 785
Tag der Wonne 742, 787
Tag Dig i vare, saa siger min Fader 522
Tag frem min Harpe, jeg vil sinnge 85
Tag hit min Lyra 6
Tage der Gefahr (Die) s. Deux Journées (Les)
Tage der Wonne, kommt ihr so bald? 180, 673
Tagebuch (Das; Komische Oper: Sutor) 782
Take again all you gave 915
Take oh take those lips away 86
Tal vez mi pena fiera 572
Tale of Mystery (The; Melodram: Busby) Eingelegter Tanz (Pelissier) 330
Talent chéris! venez guérir les maux 262
Talents chéris (Romance) (Zoé de la Rue) 542
Tamerlan (Oper: J. F. Reichardt) 139
Tamerlan (Oper: Winter) 186, 187 (2), 223, 224, 225, 340, 341 (3)
Tancred s. Tancredi
Tancrède (Oper) s. Tancredi
Tancrède (Romance, 1 oder 2 St.) (Blangini) 615
Tancrède de nos murs est proscrit à jamais 733
Tancredi (Oper: Rossini) 57, 58, 272, 309, 310, 322 (3), 348, 349, 352, 359, 362 (2), 367, 389 (3), 413 (3), 414, 415, 417 (2), 418, 419, 423, 501, 510 (2), 555 (2), 556, 593 (5), 619, 620 (2), 631 (12), 684, 717 (2), 720, 721 (2), 727, 733, 735, 737 (2), 758, 765, 775, 777, 787, 975
Tancredi! idolo mio 362
Tancredo s. Tancredi
Tand Doctorn (Singspiel: Åhlström) 25
Tandis qu'Alain conte fleurette 452
Tannhäuser (Oper: R. Wagner) 962 (2)
Tant doux plaisir que tiens de toi 448
Tante Aurore s. Ma Tante Aurore
Tanti affetti in tal momento 747
Tanzlied (Lanz) 651
Tanzsucht (Die; Divertissement von Gardel, inszeniert von Taglioni, mit Musik: M. Umlauff u. a.) 193 (2), 199, 214 (2), 215, 226, 229, 255, 258
Tår hvaraf mitt öga skymmes 660
Tårarna (Åhlström) 30
Tarpeja (Beethoven, WoO 2a) 576
Tarquin und Lukrezia (Romanze) (Holenz) 147

Taucher (Der; Oper: C. Kreutzer) 681, 783
Taus Kjerlighed (Ibsen) 760
Te abrazo te estrecho 572
Te bien aimer, ô ma chère Zélie 174, 308
Te faudra-t-il toujours des larmes? 337, 821
Te faut-il plus, te faut-il moins? (Romance) (Romagnesi) 665, 819
Te guida a palme nobile 616
Te lo chiedo per l'amore 360
Te parle-t-il de moi? (Romance) (Panseron) 904
Te quitter, ma douce amie 351, 727
Te serai-je donc toujours chère? 349
Te souvient-il du jour 839
Te souvient-il, Eléonore 451
Te sovente in mezzo all'ire 357
Tears! and from a warrior's eye? 916
Tebaldo e Isolina (Oper: Morlacchi) 373, 375, 730, 766, 767
Teco potessi io vivere 753
Teklas Sang (Weyse) 420
Tel qu'on voit en silence 346
Telasko kommt 686
Telemach (Ballett) 319 (2)
Telemach auf der Insel der Calypso (Ballett: Ahlefeldt) 17, 25
Telemach, der Königssohn von Ithaka (Oper: Hoffmeister) 73, 171, 172, 257, 279, 301, 304, 305 (2)
Telemack s. Telemach auf der Insel der Calypso
Télémaque (Oper: Boieldieu) 499?
Tell not me of your Roses and Lillies 99
Tell not of sorrow tho' the song 943
Tell tale eyes can ne'er dissemble 93
Telle que je la voudrois (Muntz-Berger) 273
Tema con variazioni (de Garaudé) 376, 728
Temistocle (Il; Oper: G. Pacini) 377
Témoin des jeux de mon enfance 350
Témoins de ma peine secrette 385
Tempelherren og Jödinden (Jødinden) s. Templer (Der) und die Jüdin
Temperamente (Die) s. Irato (L') ou L'Emporté
Tempest (The; Komödie von Shakespeare, mit Musik: Th. Arne) Eingelegte Gesänge (Pelissier) 330, 331
Tempesta (La; Kantate: Kraus) 661
Templer (Der) und die Jüdin (Oper: H. Marschner) 526 (5), 527 (5), 788, 843, 862
Templier (Le) et La Juive s. Templer (Der) und die Jüdin
Ten Sweet Gliding Years (Bishop) 917
Tendre Amitié (Romance) (G. Celli) 392
Tendre amitié, celeste flamme 392
Tendre amitié, douce compagne 548
Tendre amitié, doux charme de la vie 441, 458
Tendre Baiser (Romance) (J. B. Duvernoy) 472
Tendre fruit des pleurs de l'aurore 273
Tendres agneaux qui paissez dans la plaine 454
Tendres amants, troupe aimable et légère 428
Teneri e cari affetti 571
Tenero oggetto d'un dolce amore 571
Teniers (Komische Oper: F. A. Maurer) 339, 340 (2), 342
Tentation (La; Ballett: Halévy) 970, 971 (3)

Teobaldo e Isolina s. Tebaldo e Isolina
Ter sancte, ter potens Deus 907
Teresa e Claudio (Oper: Farinelli) 233, 309, 487
Tergi quei tuoi beirai 242, 611
Terra amica, amica stella 271
Terzetto
    Da quel sembiante appresi ... 310
    Ecco quel fiero istante (Asioli) 227
    In questo tomba oscura (G. J. v. N.) 328
    Se mépris Fiordalisa (Generali) 272
Tes mépris, ton inconstance 379, 442
Testa di Bronzo (La; Oper: Soliva) 363
Testa Riscaldata (La; Oper: Paer) 181
Teufelsmühle (Die) s. Teufelsmühle am Wienerberg (Die)
Teufelsmühle am Wienerberg (Die; Österreichisches Volksmärchen, mit Gesang: W. Müller) 149 (4)
That ev'ry one should sigh for you 940
That I might prove my love sincere 140
That is the song for me (Gillespie) 943
The Aged Harper (Simpson) 943
The Alpine Horn (Hewitt) 936
The Anacreontick Song (Stafford Smith) 89
The Angelus. The Village Church Bell (v. Neukomm) 969
The Angler (J. F. Reichardt) 117, 135
The anguish of my bursting heart (Verzweiflung preßt mein armes Herz) 133
The Archers Tune (Pelissier) 330
The Aviary, a Collection of Sonnets (Hook) 103
The balmy west is blowing 946
The Banished (Shelton) 927
The Banks of the Tyne (Spofforth) 122
The Barcarole (Rodwell) 946
The bark is trim 933
The Bayadère (Romance) (Malibran) 970
The bee had left its bow'r 925
The Beggar Girl (Song) (Moorehead) 141; (Piercy) 124
The Bell at Sea (Sister of Mrs. Hemans) 955
The bells, the Christmas bells 944
The best Wish (Bishop) 919
The better Land (Knapton) 955
The bird in yonder cage confin'd 124
The Bird of Love (A. Lee) 940
The Bird when summer charms no more 331
The birds which sang so sweetly 936
The bleak wind whistles o'er the main 128
The bloom was on the bright hare-bell 923
The Blue Bell of Scotland (Scotch Ballad) 100, 118
The boatie Rows (an ancient Scotch Ballad) 128
The Boatman is calling (White) 942
The Boatswain now pipes 124
The Borrow Womans Song 100
The Braes of Yarrow (Carnaby) 128
The breast that heaves 125
The breeze of love 95
The Bridal Blessing (Glover) 941
The Bridal Eve (Rodwell) 946
The bright beam of morning 929
The Bright Summer Time (Millar) 928
The Briton's Home (Hodson) 913
The Broken Heart (Merriott) 936
The Broken Vow (Shelton) 968; (Tatton) 936

The Bucanier's Bride (Loder) 928
The Butterfly (Gurwood) 934; (Holmes) 947
The camp is still, and thro' the night 972
The Captive (Hérold) 935
The Catalunian Lover's Song (Addison) 913
The Caution (Webbe) 88
The Chain (H. Herz) 931
The Child's first Prayer (Bishop) 924
The Colour from the flow'r is gone 930
The Comforts of a social life (J. C. Luther) 98
The Confession (Geary) 101
The Confiding Heart (German Air) (Mendelssohn) 969
The Constant Sailor leaving Land (R. Taylor) 124
The Cornish Mother's Lament (Crouch) 924
The Coronach (Grabgesang) (Clarke) 286
The Coronation Anthem (Händel) 92
The Cottage Girl (Clementi) 931
The Cottage on the Moor (Sanderson) 121
The Crusaders (Bishop) 913
The Crystal Stream (Barnett) 964
The Curate's Daughter (Loder) 928
The Damsel's Prayer (Romance) (Labarre) 971
The dark-eyed maid of Cadiz (A. Lee) 913
The day returns 970
The day that saw thy beauty rise 86
The Days of Young Romance (A. Lee) 915
The Death of Crazy Jane 118
The Death of Dermot (Crouch) 935
The decks were clear'd 135
The Deserted (Shelton) 927
The Deserted (Duet, National Air) 921
The Dews of the Flowers (A. Adam) 931
The Disconsolate Shepherd (S. Arnold) 89
The Dream (Stevenson) 910
The Dream (Duet, Irish Air) 920
The Dream of the Dying Maiden (Linter) 936
The Dreamer (Schulhoff) 942
The Dying Brahmin (H. Herz) 930
The Earlie's Bride (Gore) 927
The Early Horn (Galliard) 89
The eastern waves are red 967
The evening sun no more appears 970
The Evergreen Tree (Bishop) 921
The Exiled Knight (Barnett) 911
The Exquisite Man (Crouch) 925
The faded Lilly! or Louisa's Woe (R. Taylor) 117
The Fairy Boat (Linter) 939
The Fairy's Call (Bellini) 922
The False One (Miss Smith) 967
The Farewell (Palmer) 946
The Father's Birthday (Duet) (Schroeder) 939
The favorite Ballad of: Edward (R. Taylor) 125
The favorite ballad of: The beautiful Maid (Braham) 126
The favorite Duett 125
The favorite Scotch Ballad 123
The festive scene invites thee 930
The first faint blush of day was breaking 930
The first White Locks (St. Glover) 943
The Fisherman's Song (H. Herz) 932
The flow'r that grows upon the thorn 939
The Flower of Lammermoor (A. Lee) 947
The flowers are bright and rare 931
The foam is white upon the wave 932
The Forest Home (Schubert, D 957, 4) 930

The Forest Sprite (N. Paganini) 968
The Forget me Not (Ballad) (Schubert, D 795, 9) 969
The Forsaken One (Cronin) 933
The Fortune Teller (Hérold) 922
The Fountain of the Glen (Crouch) 941
The Fox Hunter 90
The Friends that smile beside us (Duet, Irish Air) 922
The frozen streets in Moonshine glitter 119
The German Erato (a celebrated Collection of Airs by Haydn, Mozart, &c.) 95
The Gipsy's Temptation (Rodwell) 927
The Goblin of the Lake (Notturno, 2 St.) (Malibran) 970
The Golden Moments are gone by (a Song) (Busby) 140
The Goldfinch (Hook) 103
The Good Old Time (a Ballad) (A. Lee) 916
The griefs, the cares that rend thee 954
The Guide (Ballad) (Nelson) 971
The Gypsey's Mystery (Horn) 954
The Gypsies came to my father's door 127
The Harp of Ossian (Bishop) 910
The Heart that loves sincerely (Humphreys) 934
The Heart that ne'er turned (Pasteur) 934
The heart that warm'd my guileless breast 285
The Heart's First Love (Bishop) 922
The heath this night must be my bed 286
The heavy hours are almost past 102
The Heiress (Hodson) 915
The Herdsmen's Return 965
The Home of Contentment (Duet, Irish Air) 922
The Homeless Boy (Panseron) 932
The Host that fights for Liberty (Pelissier) 331
The Hounds are all out 89
The Hours of Love (Sonnet I–IV) (Hook) 96
The Hunter's Song (G. Linley) 945
The Idol of the Court (Loder) 929
The Indian Maid (Nelson) 917
The Irish Echo Catch (Carter) 86
The Ivy Cot (Stewart) 938
The Jewish Captives in Babylon (Sloman) 930
The Joys of Home (C. Kreutzer) 925
The Joys of Spring (Schubert, D 711) 930
The Lad who wears the Pladdie (A. Lee) 927
The Lady and her Knight (Duet) (Rodwell) 915
The Lady's Page (Loder) 918
The Land above (Song) 948
The Land of our Loved (Linter) 935
The land of silence and of death 131
The Landskip (J. C. Luther) 98
The Lark (Hook) 103
The Lass of Richmond Hill (Air) 974
The last Blessing (Crouch) 919
The last, last time we met 946
The last links are broken 918
The last noon of Autumn a sunbeam stray'd 921
The laughing powr's 99
The Lay of the Deserted (Panseron) 919
The Leafless Sycamore (Donizetti) 921
The lightnings that flash from those eyes, Dearest Nina! 967

The Lily of the Vale (Mounsey) 946
The Linnetts (Hook) 103
The Lit de Veille (Horn) 928
The Lonely Heart (Ballad) (Lavenu) 972
The Lost Sentinel (Romance) (Labarre) 972
The loud wind roar'd 120
The lovely day is closing 965
The Lover's Address to his Lute (J. C. Luther) 98
The Lover's Rhapsody
  How sweet ... (J. C. Luther) 98
  O forbear ... (Battishill) 89
The Maid of Elsmere (Beethoven unterschoben, Anh. 14, 1) 965
The Maid of Kildare (A. Lee) 937
The Maid of Lodi 127
The Maid of Mullingar (Crouch) 930
The Maid of Toro (Parry) 911
The Maid who vow'd to love me (Ballad) (Mounsey) 970
The manly heart with love o'erflowing 96
The Mansion of Peace 90
The many happy days we had (Loder) 931
The Mariner. His World the Ship, his Home the Waves (Horn) 914
The marvellous work 103
The May Blossom (Canzonet) (Auber) 968
The Meeting (Ballad) (Perry) 970
The Meeting (Notturno) (Malibran) 969
The merchant to secure his treasure 102
The Mermaid's Song (Den fromme Landmand) (Haydn, Hob. XXVIa, 25) 70
The Merry Christmas Bells (Horn) 944
The Merry Old Days (Loder) 927
The mid-night shades are darkling 938
The Midnight Song of the Gondolier (Duet) (H. Herz) 917
The Midshipman (Rodwell) 941
The Minstrel Knight (St. Glover) 947
The Minstrel's last Farewell (Fitzwilliam) 940
The Mirth of the cottage (Loder) 943
The miser guards his treasure 933
The Monarch Oak (Nelson) 930
The moon had climb'd the highest (high east) hill 101, 469
The moon has gem'd the rippling ocean 923
The moon looks pale 935
The Moon was mildly beaming 924
The Moorish Maid (Horn) 954
The morning dew 125
The morning is charming 90
The Morning Ring (Barnett) 924
The Mother's Lament (Haycraft) 932
The Mountain Boy (Turnbull) 965
The Mountain Girl's Song 928
The Mountain's Pride (Barnett) 925
The Mournful Good Night (Hewitt) 936
The much admir'd Scotch Air of: Jessy (L. Koželuch) 122
The much admired Battle Song of Love and Honor (Storace) 124
The much admired Death and Burial of Poor Cock Robin (S. Arnold) 116
The Music of my heart is gone 946
The neglected Swain (J. C. Luther) 98
The New Cachucha (Czerny) 918
The Nightingale (Hook) 103
The Nonpareil (Webbe) 87
The old Church Bell (Loder) 933
The Old Hawthorn Tree (Nelson) 932

The Old Irish Gentleman (A. Lee) 925
The Old Ivy Tower (Linter) 938
The Old Man's Bride (Crouch) 931
The Old Oak Tree (Rodwell) 914
The old oak tree, our shade shall be 914, 936
The Old Songs we sung (Knight) 929
The Old Woman's Song (M. Arne) 99
The Olive and the Wine (Duet) (Stevenson) 914
The Orphan (Bishop) 923
The Orphan Boy (Carr) 120
The orphan is not fatherless 923
The Orphans Prayer (a Pathetic Ballad) (Abrams) 119
The Page's Song (Barnett) 915
The pale moon is gleaming 920
The Parents' Prayer (H. Herz) 925
The parting Flower (Panseron) 943
The Parting Look (Wilson) 946
The Pastor's Daughter (Guernsey) 941
The Pearl of Kilkenny (Crouch) 933
The Persian Slave (Song) (Dalayrac) 140
The Peyho Boatmen or Higho highau 125
The Pigeon 89
The Pilgrim Boy (Moulds) 125
The Pilgrim Lover (Croale) 925
The pilgrim that journeys all day 86
The Planting of the Vine (Rezo) (Garcia) 966
The poor Flower Girl (Carr) 120
The poor little Gleaner (Davy) 125
The Poor Savoyard (Puget) 931
The poor Songstress (Th. Smith) 127
The Post Captain, a Sailor's Tale (Shield) 125
The Power of Wine (Battishill) 90
The Prayer before Battle (C. M. v. Weber, Jähns 173) 955
The Pride of the Valley (Ballad) (Himmel) 965
The Primrose Girl (Moulds) 89
The purple light of ev'ning shone 930
The Return from Battle (French Air) 922
The Return to England (Masini) 931
The River of Song (St. Glover) 945
The Robin Redbreast (Hook) 103; (anonym) 125
The Rose and the Thorn (Russian Air) 921
The rose blooms fair in summer bow'r 940
The Rose had been wash'd 124
The Rose of Glenmay (Montgomery) 945
The Rose of Peace 955
The Rose of Raby (Sloman) 931
The Rose of Tullamore (Crouch) 937
The rose the sweetly blooming rose 936
The rose when dews of night are shed 141
The Roundelay (Bellini) 920
The Sailor, an Elegy (Trajetta) 119
The Sailor Boy's Song (Barnett) 923
The Sailor sighs 119
The Sailor's Orphans (Barnett) 928
The Sailor's Prayer (Malibran) 918
The Sails are bent 121
The Sapling (Ch. Dibdin) 128
The Savoyard's Return (Alary) 947
The Scotch Harper (Song) 948
The Sea Fairy's Song (Morton) 946
The Seasons of Love (M. Arne) 87
The Sentimental Shepherd (Percy) 89
The Seraskier's Bride (Crouch) 925

The shadows now are blending 969
The Shepherd's Return, a Pastoral Dialogue (J. C. Luther) 98
The silken Cord (Haigh) 121
The silver moons enamoured beam 89
The Silver Rain (Geary) 101
The silver swan 97
The silver waters 125
The Sister's Adieu (C. Eberwein) 924
The Sisters of Charity (Duet) (Bishop) 933
The Skaiters Song 127
The Sky Lark (Trio) 948
The Snow-Drop (Linter) 940
The Soldier Bridegroom's Song (Stevenson) 286
The Soldier frae the war returns 927
The Soldier in Camp (Song) (Busby) 141
The Soldier's dead and his war-horse stands 922
The Soldier's Home (H. Herz) 920
The Soldier's Lament (Hodson) 914
The soothing shades (C. M. v. Weber, Jähns 295, 1) 715
The Spirit's Song (Hob. XXVIa, 41) 128
The Spring time ist coming 934
The Spring's lovely blossoms 966
The Standard-Bearer (Lindpaintner) 939
The Stirrup Cup (Bishop) 913
The Storm 90
The Summer flow'r shall cease to blow 922
The Summer Flower
   Come take this flow'r (Morris) 946
   The Summer flow'r shall cease ... (Rodwell) 922
The summer heats bestowing 128
The sun had sunk behind a hill 125
The sun is rising dimly red 953
The Sun sinks yo ho ho hé hip! 803
The sun was set, the guests were met 943
The Sunbeam and the Rose (Rodwell) 921
The sweet blue eye'd Maid (Pelissier) 331
The Sweet Girls of Erin (Loder) 930
The Swiss Maiden's Song to the Eagle (Stockhausen) 966
The Tear (A. Lee) 937
The Thames (v. Neukomm) 913
The Thorn (a favorite Ballad) (Shield) 124
The three Prayers (Knight) 937
The three Strangers ‹or the Ring of Gold› (Swiss Air) (Stockhausen) 967
The Thrush (Hook) 103
The tides which swell the ocean 939
The Ties of Friendship (Webbe) 90
The time of our abode on earth 131
The time of the yellow leaf (Nicholas) 937
The Treasures of the Heart (Panseron) 924
The tree of the forest 925
The Trees are bright (Dyneley) 934
The Troubadour's Lay (Canzonet) (Cimarosa) 966
The Troubadour's Return (Panseron) 930
The Trumpet 948
The trumpet's voice hath roused the land 948
The Tyrolese Maiden's Song (Malibran) 917
The Tyrolien Boy (Addison) 917
The Tyrolienne (Bishop) 927
The Vanquished (Rodwell) 915
The Venetian Lover's Serenade (Rodwell) 945
The Vesper Bell (St. Glover) 944

The vi'let and primrose 120
The Vi'let nurs'd in woodland wild 99
The Village Festival (B. Held) 930
The Village Mill (Loder) 924
The Vine Dresser's Song (Reissiger) 965
The voice of those we love (Ling) 934
The Voice that says 'I love thee' (Malibran) 969
The wand'ring sailor 99
The Wanderer (Den Saknades Minne) (Haydn, Hob. XXVIa, 32) 35
The Warder and the Knight (Romance) (Wade) 971
The Warning (Bolero) (Sor) 966
The Warrior Knight (Bishop) 916
The warrior-plain, the tented field 917
The Warrior's Bride (Linley) 936
The Warrior's Death (Duet, Irish) 922
The Warrior's Farewell (Harsford) 916
The Waterman (Notturno) (Malibran) 969
The Welch Lullaby 116
The whistling plowman 89
The White Moss Rose (Crouch) 931
The Widow
   Cold was the night wind (Carr) 117
   I cannot love another (Bishop) 912
The Widower (Crouch) 937, 945
The wild Briar Rose (Duet) (Schröder) 940
The wild mountain blossoms 965
The Willow (Ballad) (Stevenson) 119
The Willows wave over his Tomb (Carr) 129
The wind it blows cold 122
The Winter's Evening 120
The Witches Dance (N. Paganini) 967
The wither's tree (Rodwell) 934
The Wood Robin (Spofforth) 116
The Wood Robin-Le Rouge-Gorge (Nocturne, 2 St.) (Gouet) 755
The Wooing Days (Hook) 90
The World is my Home (Shelton) 936
The world may journey as it will 922
The Young Bride (Loder) 922
The young Bride's Song, or, Yes I'll wed him, Mother dear (St. Glover) 945
The young Bride's Tomb (Merriott) 934
The youthful Chieftain (Cushman) 943
The youthful chieftains pace the shore 943
Theater Directeuren s. Impresario in Angustie (L')
Theatralische Abendtheuer s. Festa Teatrale di Musica (La)
Thee and only thee (H. Herz) 930
Their groves o'sweet myrtle 126
Thekla, aus Wallenstein (J. R. Zumsteeg) 871
Thekla ‹Eine Geisterstimme› (F. L. Seidel) 178, 876
Thelemak på Calypsos s. Telemach auf der Insel der Calypso
Thémire (Romance) (Grandfond) 445
Thémire Infidelle (Romance) (Blangini) 819
Théophile (Romance) (Darondeau) 114
There came to the beach 121
There is a dream of by gone days 943
There is a garden in her face 938
There is a tone, a melody 924, 945
There is an Eye! (Ballad) (Dawson) 972
There is no home like my own (Malibran) 916, 917

There was a charm in early life 915
There was a page, a roguish page 915
There was a time 939
There was an old woman 100
There's a bliss in the morning of love! 924
There's a feeling within us 938
There's a joy for the young 918
There's a sweet little cottage 947
There's joy upon the summer wind 945
There's Light behind the Cloud (Holmes) 947
There's no land like Scotland 919
There's no such light as womans' eyes 928
There's not an eye will weep for me (A. Lee) 935
Thérésina (Barcarolle vénitienne) (Panseron) 553
Thérésina pour la vie 553
Thesée (Oper: Gossec) 237
Theseus s. Thesée
Thetis et Peleus (Ballett) 574, 586
Theure, faße Muth, ich scheide 210
Theure Gattinn! die Ehre rufet 488
Theure Heimath 640
They are the sounds of former joy 933
They bid me sleep 286
They chide me for my grief 916
They have decked her for the bridal 947
They say 'tis a sin to sorrow 924
They say that in the Vallies 955
They tell me that old age creeps on 943
Thi stor, og reen, og navnløs Salighed 250
This bleak and frosty morning 127
This book is all that's left me now! 930
This Lock of dear Selina's hair 120
Tho' his passion in silence 88
Tho' life hath its cares and its sorrows 928
Tho' my flocks range o'er pastures 89
Tho' 'tis sad to part in kindness 919
Tho' winter blast the weaping year 141
Thöricht ist die Frau zu nennen 589
Thoms sass am hallenden See 315, 877
Those Eyes, Dearest Nina! (Spanish Air) (Garcia) 967
Those who love us (Rodwell) 929
Thou art false, but I cannot forget thee 919
Thou art the giddiest youth alive! 920
Thou fragile ship, and thou inspired man 947
Thou gav'st me a bright sword, Lady 915
Thou hast left me for ever, Jamie 928
Thou lingering Star (Macfarren) 931
Thou! oh! thou hast lov'd me 927
Thou sleepest, but when will thou wake fair child 948
Thou wert kind to me 924
Thou wert lovely to my sight 932
Thou'rt ne'er forgot! (Philips) 912
Though endless variety, little satiety 948
Though many a clime 'tis mine to roam 913
Though the last hope we cherish'd is faded and gone 947
Thräne und Lied (Arendt) 879
Through nature I have sought 87
Thurm von Gothenburg (Der) s. Léhéman, ou La Tour de Neustadt
Thus may freedom still make known 100
Thy braes were bonny 128
Thy gentle beauty's soft control 923
Thy home is on the bounding wave 919

Thy Mother is near (Linter) 936
Thy name, almighty Lord 131
Thy words the raging winds control 131
Thy wrath lies heavy on my soul 131
Ti desta o Luisa 705
Ti Norje er Bonden ein fribaaren Mand 948
Ti parli l'amore 588, 632, 684
Ti sento mio core 329
Tief unten im einsamen Thale 167, 673
Tiefe Feyer schauert um die Welt 281
Tiens Babet ta mine jolie 621
Tiens, infâme 730
Tiernos suspiros mios 571
Tiger im Zaubergebirge (Der; Pantomime:
    W. Müller) 587
Tigrane (Tigranes) (Dramma eroi-tragico:
    Righini) 488 (2)
Til Arbeid op! den unge Soel sig hæver 520
Til blodig Kamp gaae Stridens Kiæmpe ud
    410
Til Chloe (Mozart, KV 524) 72
Til Danmark nu! 525
Til Dannebrog (Bay) 421
Til Friheden (Ibsen) 759
Til giv, o ærværdige Herr Eremit 421
Til Glæden 74
Til Graven (Romance) (Bay) 415
Til Lön for Elskov 516
Til min Søsters Bryllup 83
Til mit Favntag bring tilbage 510
Til söes naar Storme true 521
Til Sol gaaer op, fra Dag gaaer ned 517
Til Things! Budstikken gaaer om Bjerg og
    Dal 845
Til Ungdomsvaaren (Romance) (Kabell) 416
Til Vennen, til den hulde Lærer 504 (2)
Tilgiv os elskte Fader! 531
Till Aftonstjernan (Himmel, Op. 43, 7) 714
Till Cidli (Kraus) 658
Till Hoppet (Beethoven, Op. 32) 68
Till Jason (Åhlström) 30
Till målet denna bana 616
Till min Flicka (Kraus) 65
Till min lxxi dess Graf 37
Till nöjet alla hjertan fika 5
Till Sophie (F. Kuhlau, Op. 23, 1) 715
Till vida oceanen tågar 716
Tillad af jeg Slöret bærer 527
Tilveirs med Seilet 537
Time and Truth s. Triumph of Time and Truth
    (The)
Time brings a sure relief 932
Time has not thinn'd my flowing hair 86
Time, speed thy Wings (Ballad) (Nelson) 970
Time was thy locks were brown 910, 924
Timotheus s. Alexander's Feast or The Power
    of Music
Tiny flow'r with snowy bells 946
Tirañita Spagnuola 308
Tiranno, amor, deh lasciate mi 86
Tiroler sind lustig 422
Tirolienne s. Tyrolienne
'Tis a gladsome time 942
'Tis dark! and loud the whirlwind blows 971
'Tis far away o'er yonder plains 332
'Tis love holds the light torch of nature 141
'Tis Love holds the bright torch of Nature
    (Song) (Steibelt) 141
'Tis not while the fairy breeze fans the green
    sea 966

'Tis past! — the vow is spoken 931
'Tis sad to part (H. Herz) 919
'Tis sweet to listen to the song 924
'Tis sweet to wander (White) 933
'Tis then with bound & sprightly horn 125
'Tis vain to seek (Bishop) 927
'Tis years since the morn 937
Titus s. Clemenza di Tito (La)
Tjusande fält, som fordom glädt hans hjerta
    58
To Anacreon in heav'n 89
To arms your ensigns strait display 89
To Bacchus dear Bacchus 96
To Blossoms (Hatton) 947
To Cheerfulness (Song) 948
To Dage (De) s. Deux Journées (Les)
To him who in an hour must die 102
To keep my gentle Jessy 89
To me had clouds o'erspread 95
To Melodier til Fröken Jessens kronede
    Nationalsang (Weyse) 416
To mighty love 119
To Musique, to becalme his Fever (Hatton)
    947
To Nætter (de) s. Deux Nuits (Les)
To Ord s. Deux Mots
To Sedler (De; Lustspiel von Florian mit
    Gesängen: Auber u. a.) 522
To sing of love's passion (Ein Liedchen vom
    Lieben verlangst du von mir?) 96
To smaae Savoyarder (De) s. Deux Petits
    Savoyards (Les)
To speer my love 88
To the brook and the willow 119
To the Flower, called Forget me not (Song)
    948
To the Greenwood gang wi me (Hook) 88
To the winds, to the waves 99
To Virtuoser (de) s. Lully et Quinault
To wander alone (Kom, älskade minne!) 35
To watch the banner on the battle plain 939
To you kind Ladies 127
Toberne ou Le Pêcheur Suédois (Singspiel:
    Bruni) 23 (5), 112, 658
Tocchiamo, beviamo 623
Tod Jesu (Der; Oratorium: Graun) 991
Todesqual war mir schon 641
Todtenehre (Nägeli) 493
Todtenfeier (Kegler) 650
Todtengräberlied (H. Werner) 881; (anonym)
    296
Todtengräberlied aus: Hamlet 295
Töne der Hoffnung, Ahnung der Liebe 168
Tör jeg Din Alder vide 532
Together rear'd we oft beguild 125
Togliemo su'l fagotto 275
Toi! (Romance) (Puget) 838
Toi, dont jadis un seul regard 349
Toi, dont l'amour m'est plus cher 114, 444,
    506
Toi, dont la grâce séduisante 522
Toi et moi (Chansonnette) (Blangini) 614
Toi jurer de n'aimer jamais 664, 817
Toi que j'adore te voir encore 501
Toi que l'oiseau ne suivrait par 877
Toi que les vents ont détachée des arbres
    386, 433
Toi que sans cesse j'appelle 105
Toi qui d'une flâme brûlante 468
Toi qui de l'innocence 346, 500

Toi qui depuis plus de dix ans 756
Toi qui du temps impitoyable 756
Toi qui fais mon bien suprême 499
Toi qui jadis (Chant Hellénique) (Groetaers) 730
Toi qui jeune et belle 385
Toi qui longtemps à mes vœux fut rebelle 749, 830
Toi qui m'appris 460
Toi qui me fit connaître un instant 547
Toi, qui par une douce erreur 349
Toi qui sans cesse occupe tes loisirs 335, 608
Toi qui te plais dans l'ombre et le silence 727
Toi qui va cherchant, à la ronde 667
Toison d'Or (La; Oper: Abbé Vogler) 7 (2)
Toleranzvise 84
Toma glas i godt Calas 12, 15
Tommeliden var sig en Mand saa spæd 504
Ton cœur garde t'il souvenance, ma Zélie 439
Ton cœur soupire ton cœur, Elvire 437
Ton igjen, o hulde Röst! 515
Ton mépris, ta faveur, n'ont plus rien qui me touche 446
Ton regard tendre ô toi que j'aime 475
Ton Roi t'appelle aux bords du Jourdain 369, 479
Ton, söde Strenge, tolk med eders Klang 416
Ton souvenir est toujours là 479
Tordenskjold i Marstrand (Nationaldrama von K. L. Rahbek, mit Gesang: L. Zinck) 504, 505
Tordes jag nämnas Hans maka 716
Torna in quell'onda chiare 491
Torna Licinia bella 179
Tornate sereni Begl'astri d'amore 48
Torni al fin ridente 413
Torni serena l'alma 244
Torparen (Musik zur Komödie: Struwe) 31 (3)
Torquato Tasso (Oper: Donizetti) 804, 805
Torvaldo e Dorliska (Oper: Rossini) 599 (3)
Touchant adieu que dans la vie 748
Toujours (Nocturno, 2 St.) (de Crozet) 545
Toujours avide de conquêtes 385
Toujours courant après ma belle 110
Toujours et jamais (Nocturne, 2 St.) (Romagnesi) 830
Toujours était là ton langage 552
Toujours fidèle à ta rive chérie 757
Toujours frondé par la vieillesse 748
Toujours guidé par la tendresse 113
Toujours inquiette et rêveuse 666, 835
Toujours, jamais, toujours (Romance) (Karr) 538
Toujours je pense à l'objet qui me charme 369
Toujours je t'aimerai, je te serai fidèle 461
Toujours je te serai fidèle 309
Toujours quand je sors du hameau 549
Tour à tour je crains et j'espère 369
Tour de Neustadt (La) s. Léhéman ou La Tour de Neustadt
Tourment d'Absence (Romance) (Pradher) 435
Tourments d'Amour (Romance) (Laffillé) 441
Tourterelle captive au fond de ce berceau 111
Tourterelle si fidelle je vois 268
Tous deux (Nocturne, S, T) (Panseron) 902

Tous les braves courent aux armes 354, 466
Tous les jours au fond de mon cœur 107, 140
Tous mes plaisirs 508
Toussez quand il faudra rougir (Chansonnette) (Romagnesi) 668
Tout Amour, ou Sœur Henriette (Romance, 2 St.) (Blangini) 615
Tout boit dans la nature (Den svarta jorden dricker) 29
Tout brillant de vaillance 443
Tout cède au pouvoir de vos armes 341
Tout change dans la nature 380, 546
Tout deux dans la même chaumière 483
Tout doucement plus lentement 613
Tout en filant votre lin 497
Tout est calme (Romance, 1 oder 2 St.) (Blangini) 613
Tout est joyeux dans la nature 263
Tout est tranquille 553
Tout était vrai dans son langage 665
Tout excite mon courage 349
Tout homme de génie 534
Tout l'univers est plein de sa magnificence 849
Tout l'univers obéit à l'amour 669
Tout le village ignore qu'Alin est mon amant 548
Tout m'a séduit dans la belle Helvétie 842
Tout mon bonheur est de suivre vos pas 503
Tout n'est qu'amour (Romance) (Warot) 393
Tout par Amour s. Comtesse de la Marck (La) ou Tout par Amour
Tout passe! (Nocturne, 2 St.) (Bruguière) 831
Tout passe (Romance) (Le Vte. D... de V...) 450
Tout plaît en Elle (Romance) (P. de Ginestet) 460
Tout pour l'amour! chante le troubadour 362, 433
Tout reposait dans la forêt 485, 604
Tout repose dans la nature 359, 439
Tout repose en ce lieu sauvage 524, 736
Tout s'embellit dans la nature 384
Tout se tait, plus de bruit (Nocturne, 2 gleiche St.) (Panseron) 903
Tout se tait, tout est calme 52, 460
Toute la vie (Boléro) (de Beauplan) 667
Toute la Vie (Romance) (Paer) 469
Toute la vie avec sa mie 349, 725
Toute la vie l'homme ici bas 469
Toute la vie, rêvant de séduisans attraits 667
Toutes bonnes que nous sommes 107
Toutes les filles du village 514
Tra la la ... Come my lovely maiden 943
Tra, ri, ro! der Sommer, der ist do! 787, 868
Traçons bien notre plan 111
Trägårds Balen 10
Trägt nach Staaren man Verlangen 812
Træt jeg vandrede paa Livets Sti 85
Træthed betvang dine vaagende Blikke 519
Träum' ich, oder wach' ich 495
Trag' mich Schifflein, leise 873
Tragalla (Barcarolle) (L. P. Michelot) 839
Trage Kahn mich zum Gestade 801
Traget sanft mit leisem Wehen 236, 301
Trahi du sort un brave matelot 553
Traité Nul (Le; Oper: Gaveaux) 105, 106
Trajano in Dacia (Oper: Blangini) 611 (3), 612 (2), 613
Trajano in Dacia (Oper: Nicolini) 241 (2), 242 (2), 243, 317, 355, 401 (3)

Tramtaram (Malibran) 804
Tramtaramtam, Trommelschläger 804
Tranquillement il se promène 528
Tranquilles dans notre nacelle 442
Tranquillo io son 234, 263, 489
Tranquillo nel suo cor la Villanella 272
Transi de froid et sans asile 484, 603
Transi de froid, marchant à peine 461
Transport qui m'enflamme 261
Trauer-Motette (Fasch) 567
Trauermarsch, mit welchem am 19. August
   1810 die Gedächtnissfeyer unserer ge-
   liebten Monarchie im hiesigen Theater
   eröffnet wurde (J. F. Reichardt) 289
Trauernd auf des Vaters 702
Trauert um die Trauernden 566, 774
Traulich kommt zu dem Freund, ihr Freunde
   494
Traulich sank der Abend nieder 324
Traum der Kindheit (Romanze) (Bellini)
   806
Traunberger Echo-Jodler (C. Fischer) 693
Traurig! einsam welkst du hin, Blume! 874
Traurig tönt im falben Strauche 883
Traut Liebchen, leb' wohl! 869
Travestirte Tancred (Der; Musikalische Tra-
   vestie: W. Müller) 586
Traviata (La; Oper: Verdi) 707–708 (12),
   962 (2)
Tre Galninger (De; Singspiel von N. T. Bruun
   nach Lamartellière: C. Schall) 504, 505
Tre venlige Stierner opklare 417
Treibt auf nächtlich wilden Meere 719
Treibt der Champagner 233, 687, 738
Treize (Les; Oper: Halévy) 811 (2)
Trema Bisanzio 637, 698
Tremin gl'insani 640
Tremo osteno 638
Tremola amena l'onda 181
Trennt mich das Schicksal von dem Geliebten
   795
Trennung, ach! der Liebe Leiden 270
Trennung und Wiedersehn (Aria) 270
Trennungslied s. Das Lied der Trennung
30 [Trente] et 40 [Quarante] (Oper: Tarchi)
   110, 111
Trente Moutons pour un Baiser, ou trente
   Baisers pour un Mouton (Chansonnette)
   (H. F. Berton) 334, 606, 815
Trésor Supposé (Le; Oper: Méhul) 40, 81 (2),
   205 (4), 240 (3), 780
   Einlage-Arie (Dupuy) 205
Treu geliebt und still geschwiegen 867, 884
Treue (Jägarn, Skottsk melodi) (C. M. v. We-
   ber, Jähns 303, 9) 715
Treue Liebe 881
Treue Schäfer (Der) s. Fidèle Berger (Le)
Treulieb (Duett) (Wollank) 868
Treulieb ist nimmer 868, 895
Trichordium (Dussek) 661
Trilby ou le Lutin d'Argail (Romance)
   (A. Meissonnier) 336, 608
Trillingbrödrene fra Damask (Lustspiel von
   Oehlenschläger, mit Musik: F. Kuhlau,
   Op. 115) 521 (5), 860
Trinklied (Trincklied)
   Auf hurrah! nur fröhlich (Bellini) 779
   Geniesst den Reiz des Lebens 296
   Gott Amor und Bacchus (Otto) 898
   Im Weine ... 295

   Kommt Brüder ... (Gassner) 674
   Lustig, ohne Sorg' und Pein (Otto) 898
   Nimm Bacchus unser Opfer (Ebell) 145
   So schlagen wir die Grillen todt (Jähns)
   883
   Trinkt, ihr deutschen Brüder! (Nägeli)
   282
   Wir sind die Könige der Welt (H. Werner)
   897
Trinklied, an Geburtstagen der Freunde zu
   singen (Elsner) 147
Trinklied mit Chor (Beethoven, Op. 108, 13)
   813
Trinklied vor der Schlacht (C. M. v. Weber,
   Jähns 171) 894
Trinkt, ihr deutschen Brüder! 282
Trio
   Ja sorgen ... (Dupuy) 659
   Lät oß i mörka lunden gå 658
   När skall den högtids blocka slå 661
   Tår hvaraf mitt öga skymmes 660
Trio de Mirlitons (Scène Comique) (Mr.***)
   502
Triolet (C. M. v. Weber, Jähns 256) 877
Triolett (F. Kuhlau, Op. 19, 4) 714
Trionfo d'Amore (Il; Oper: Marinelli) 271
Tristan (Romance chevaleresque) (D...... de
   V......) 438
Tristan et son Lévrier (Romance) (Paer) 461
Triste, accablé sous le poids du malheur 266,
   309
Triste bosquet bois solitaire 547
Triste et pensif sur son fier destrier 755
Triste jouet d'un bizarre destin 456
Tristes amans, fades auteurs 350
Tristes échos d'une terre étrangère 478
Tristes regrets sortez de ma pensée 549
Triumph des Vitellius Maximus (Der; Ballett:
   Belloli) 227, 229 (2), 291
Triumph Ihm, Jubel und Dank! 562
Triumph of Time and Truth (The; Oratorium,
   hauptsächlich aus: Il Trionfo del Tempo
   e della Verità: Händel) 92
Tro ej hjertats ömma Gud 36
Trockene Blumen (Otto) 881
Trockne deine Thränen 342
Trockne deines Jammers Thränen 563
Trocknet nicht, Thränen der ewigen Liebe!
   180, 312, 716, 869
Trods Guldets Glands 507
Troe mit Ord, jeg Dem sværger til 81
Tröja, som hört att den önskade dagen 49
Tröst (Beethoven, Op. 83, 1) 716
Tröst af det venlige Haab 521
Trötta Gossen min 662
Trois Déesses Rivales (Les; Comédie lyrique:
   de Propiac) 106
Trois fois on a daigné m'écrire 335, 459, 469,
   747, 815
Trois Sultanes (Les)
   Chanson Persane (Lamparelli) 107
   L'Origine du Jokei, Romance 106
Trollflöjten s. Zauberflöte (Die)
Trommeln und Pfeifen, krieg'rischer Klang
   770
Trompe-moi donc, abuse de tes charmes 757
Trompeur Trompé (Le; Oper: Gaveaux)
   81 (2), 113, 114 (2)
Trop jeune et trop vieux (Chansonnette)
   (de Garaudé) 370

Trop longtemps la folie 754, 818
Trophonii Hule s. Grotta di Trofonio (La)
Trost (Blüher) 325
Trost am Grabe (J. A. P. Schulz) 563
Trost der Hoffnung 148, 269
Trost in Tönen (Methfessel) 675
Trost unglücklicher Liebe (Haydn, Hob. XXVIa, 9) 434
Trostlied (J. A. P. Schulz) 564
Troubadour de la belle France 430
Troubadour et Guerrier (Romance) (F. Garat) 429
Troublant la paix du beau pays de France 429
Troupe légère, aimables songes 554
Troupeau que j'accompagne 902
Trovatore (Il; Oper: Verdi) 707 (18), 711 (10), 961, 962
Trüb' und heiter tagt 893
Trübe Augen, Liebchen taugen 512, 660, 713, 727
Trumpets cease your ratt'ling clangor 100
Try me Biddy you shall find 100
Trylleflöite s. Zauberflöte (Die)
Trzeba się kochać 171
Tu che accendi questo core 309, 349, 413, 593
Tu che m'accendi pietoso amore 624
Tu che sei crudel sorgente 681
Tu che sei l'oggetto 340
Tu connais bien celle 730
Tu connais ma jeune maîtresse 440
Tu del mio Carlo al seno 706
Tu dis que je suis inconstant 386
Tu en appartiens 243
Tu le veux donc, ô peine extrême 265, 308
Tu le veux je fuis ta présence 458
Tu les brisas ces nœuds charments 155
Tu lo sai quant' io t'amai 367
Tu m'aimeras toute la vie 113
Tu m'as quitté paisible indifférence 433
Tu me demandes, ma Julie 450, 628
Tu me demandes si je t'aime 463, 485, 604
Tu me dis refrain menteur 627
Tu me fuis, amant infidèle (infidelle) 262, 263
Tu me l'a dit! (Romance) (Rigel) 463
Tu me l'as dit, ce mot 463, 464
Tu me regretteras (Romance) (Panseron) 902
Tu n'es donc plus, ô fille si chérie 644
Tu n'es plus belle! (Romance) (Aulagnier) 473
Tu n'es plus celui que j'aimais (Romance) (de Garaudé) 373
Tu n'es plus là! (Romance) (J.-P. Roger) 482
Tu ne dis mot 900
Tu ne sais pas aimer 471
Tu non sai 638
Tu puniscimini, o Signore 705
Tu sai qual oggetto 366, 730
Tu sais pourquoi (Romance) (Darondeau) 337, 821
Tu seconda il mio disegno 589
Tu sei agurato, ah fuggi 692
Tu sei gelosa, è vero! 328
Tu sei il mio amore 317
Tu sei l'anima mia 346
Tu sul labbro 640
Tu trahis donc tes promesses 355
Tu vas là voir cette mère charmante 360
Tu vedrai che amore 707
Tu vedrai la sventurata 693

Türke in Italien (Der) s. Turco in Italia (Il)
Tugend o wie schön bist du 983
Turco in Italia (Il; Oper: Rossini) 57 (2), 559, 589 (2), 632, 662 (2), 686, 737 (2), 740
Turken i Italien s. Turco in Italia (Il)
Turn from my heart's delight my lover 140
Turnier von Kronstein (Oper?: v. Gallenberg) 776
Tus ojos bañados 573
Tus ojuelos, Nina, me matan de amor 967
Tutte le feste al tempio 705
Tutti di con che il bel sesso 202
Tutto è deserto 590
Tutto è silenzio 272, 590
Tutto è vano! ni un m'ascolta 599
Tutto il Male vien dal Buco s. Intrigo Amoroso (L')
Tutto mi ride intorno 368, 591, 601, 689, 725
Tutto or morte 638
Tutto sorridere mi veggo 622
Två Ord s. Deux Mots
Tveka då ej, olyckliga 717
Tvillingerne fra Bergamo (Komödie von Florian, übers. von O. J. Samsøe, mit Gesang: L. Zinck) 85, 505
Twå Ord s. Deux Mots
'Twas at night 127
'Twas at the dark and midnight hour 100
'Twas at the hour of days decline 117
'Twas evening when I left the vale 940
'Twas Monmouth Fair 286
'Twas on a pleasant morning 87
'Twas when the seas were roaring 102
'Twas within a mile of Edinborough Town 90
Two bunches a penny moss roses 124
Two Forest trees together stood 930
Two Maidens sat complaining (Duo) (v. Dittersdorf) 128
Two Strings to your Bow (Rawlings) 930
Ty en ynglings friska kinder 658
Tycho Brahes Spaadom (Schauspiel von J. L. Heiberg, mit Gesang: C. Schall) 414
Tyrana del Animalito — Chanson du Petit Animal (M.***) 276
Tyrol qui m'a vu naître 902
Tyroler Jahrmarkt (Der; Ballett: M. Umlauff, Th. Weigl etc.) 189 (3), 190 (5), 191 (2), 228 (2)
Tyroler-Walzer nach Melodien von den Natursängern Geschwister Strasser aus dem Zillerthale gesungen 950
Tyroler Wisa 64
Tyrolerlied 284, 873
Tyrolienne
Celui qui sut toucher mon cœur (Gail) 669, 670
Sans argent comptant (C. M. v. Weber) 734
Sieh dort im Thal (de Beauplan) 798
Tyrol qui m'a vu naître (Panseron) 902
Tyrolienne (1 oder 2 St.) (Malibran) 736
Tyska Småstadsboerne (De; Komödie mit Couplets: Dupuy) 663
Tyst stod Maj såg den kransade 3

U tej topoli ja mu wieńce wiła 171
Ubekjendte (Den) s. Straniera (La)
Ubi bene, ibi patria (Otto) 879
Ud til Kampen os Flaskerne byde 72

Udite, o rustici 636, 697
Udite or'alto arcano 625
Udrai la sentenza perdon chiederai 622
Ueber alles die Liebe (Righini) 166
Über Berge, über Fluthen 222
Ueber der See wogende Höh 881
Ueber die Auferstehung Jesu (J. A. P. Schulz) 562
Ueber die Berge mit Ungestüm 313, 740, 870
Ueber die See! (Otto) 881
Ueber die Wolken hin 882
Ueber Nacht (J. H. W.? Herrmann) 874
Ueber Thal und Fluss getragen 174, 774, 883
Uf'm Bergli bin i gsässe 793, 977
Uhrforagteren 85
Ultimo Giorno di Pompei (L'; Oper: G. Pacini) 692 (17), 779 (2), 786
Ulysses Abschied von der Königin Aräte (Rempt) 781
Um der Männer Herz 702
Um die Mitternacht, wenn kein Horcher wacht 654
Um froh zu seyn, bedarf nicht 216
Um in der Ehe froh zu leben 218
Um Rettung bietet ein güld'nes Geschmeide 813
Umgeworfenen Wagen (Die) s. Voitures Versées (Les)
Umsonst (C. M. v. Weber, Jähns 28) 871
Umsonst entsagt ich der lockenden Liebe 871
Umsonst klag' ich mein Leiden 800
Umsonst mein Müh'n 964
Umsonst, sie ist nicht mehr 686
Umsonst willst du mich täuschen 579, 583, 593
Un agréable mensonge m'a charmé 265
Un amant timide et discret 448
Un amante suenturato 3
Un Ballo in Maschera (Oper: Verdi) 712
Un beau LYS se mourait, sa tige était flétrie 365
Un beau matin, la jeune Adèle 386
Un beau navire à la riche carène 836
Un beau troubadour béarnais 83, 114
Un bel enfant, triste et timide 748, 850
Un berger de notre village 466
Un bien suprême où l'on aspire 392
Un Bonheur Ignoré (Romance) (Puget) 842
Un brillant par terre de fleurs 111
Un Caprice de Femme (Oper: Paer) 532 (2)
Un castel d'antique structure 496, 499, 671, 994
Un chevalier de haut lignage 366
Un chevalier de haut parage 360
Un chevalier qui volait aux combats 447, 475
Un chevalier tendre et fidèle 461
Un ciel serein et sans nuage 734, 835
Un cœur à peine à son aurore 549
Un couple heureux qu'himen engage 442
Un Damoisel, ennemi du repos 364
Un dì felice eterea 708
Un dì, se ben rammentomi 705
Un Enfant en délire 628
Un enfant plein de malice 360
Un étendard mystérieux 455
Un fanciullin tiranno 360
Un forte batticore 217, 509
Un français ardant et volage abusé 265
Un Gondoliere (Mecatti) 918
Un grido io sento 637

Un ingrat fait couler mes larmes 748
Un instant mes sœurs 691
Un jeune Arabe, aux plaines d'Idumée 355, 434
Un jeune homme a le cœur sensible 677
Un jeune pâtre assis au pied d'un chêne 541
Un jeune troubadour, enfant de la victoire 264, 309
Un jeune troubadour qui chante 180, 586
Un Jour à Paris (Oper: Isouard) 49, 306 (2), 307, 317
Un jour, Constance sans défiance 756
Un jour, d'une jouvencelle s'empara cruel dépit 363, 442
Un jour échappe de Cythère 155, 502
Un jour j'étais à la fontaine 450
Un jour l'amour battit sa mère 106
Un jour l'amour se promenant 274
Un jour le prince de Cythère 451
Un jour Lubin, d'un air honnête 816, 821
Un jour passant sur la rive isolée 541
Un jour, si l'on en croît 335, 607, 815
Un jour sur la coudrette 611, 629
Un jour sur la (sa) harpe plaintive 459, 482
Un jour traversant le village 542, 604
Un jour une mère cruelle 754
Un labbro io più non odo 363
Un lion affreux, dans Florence 470
Un Matelot à bord loin du rivage 482
Un Ménestrel, avec tristesse 370, 447
Un Ménestrel, un Troubadour 105
Un momento di contento 104
Un Mot d'Amour (Romance du Solitaire) (de Garaudé) 367
Un noble chevalier de France 612
Un noble sentiment l'enflamme 134
Un paladin, sur son coursier 348
Un palpito mi sento 747
Un pauvre Ménestrel 468, 819
Un pauvre petit Savoyard 110
Un petit blanc que j'aime 849
Un peu d'adresse 508
Un peu de malice, un grain de caprice 354
Un Portugais dont l'âme fière s'irritait 310
Un preux Français que la victoire 995
Un Quart d'Heure de Silence (Oper: Gaveaux) 113 (2)
Un Regard, un Soupir, un Baiser (Romance) (F.-R.-P. de Ginestet) 452
Un Rien (Romance) (Lélu) 456
Un rien me séduisit en toi 456
Un rien sait occuper les belles 546
Un sage l'a dit autrefois 261
Un seul Amour (Romance) (Duplessis) 550
Un seul Baiser (Romance pastorale) (Darondeau) 359
Un seul Jour (Chanson) (Colombelle) 374
Un seul Regard (Paer) 386
Un seul Regard (Romance) (Lélu) 267
Un seul regard remplit mon cœur de flamme 386, 477
Un seul Regard, un seul Mot, un seul Baiser (Romance) (Paer) 477
Un soave non sò chè 359, 590
Un soir accablé de tristesse 643, 730
Un soir d'été, dans la prairie 371
Un soir d'hiver, à la veillée 467, 832
Un soir dans la forêt 994
Un soir de cette automne de Bordeaux 111
Un soir t'en souvient-il? 551

Un solo quarto d'ora 224, 488
Un Sourire (Romance) (Masini) 836
Un sujet abat mes grandeurs 747
Un tetto umil, cui cinge il faggio e il pin 875
Un Troubadour, à la fleur de son âge 757
Un troubadour délaissé de sa belle 457
Un troubadour lorsqu'il monte sa lyre 446
Un vaillant et fier paladin 496, 672
Un vieux berger loin du hameau 734
Un vieux pêcheur de prise sa guitare à la main 484, 602
Un vieux soldat porte drapeau 546
Un vieux troubadour revenait 361
Un Vœu à la Madone (Romance) (Puget) 841
Un voyageur s'est égaré 111
Una breve lontananza 176
Una Cosa Rara (Komische Oper: Martín y Soler) 2, 72, 74, 302
Una fida pastorella fù rapita al suo pastor 221
Una furtiva lagrima 636, 698
Una muger me dixo 275
Una Paloma (Sola) 954
Una paloma blanca 476, 954
Una soave calma nascere in cor mi sento 219
Una tenera occhiatina 636, 698
Una Verdad (Canción) (Moreno) 572
Una voce 589
Una voce poco fà 512, 582, 589, 624, 632
Una volta c'era un Re 590, 599, 625, 870
Unaufhaltsam enteilet die Zeit 879
Unbefangenheit (C. M. v. Weber, Jähns 157) 872
Unbekannte (Die) s. Straniera (La)
Und du behauptest noch, dass du mich liebst 215
Und er hielt Wort (Himmel) 166
Und Gott schuf den Menschen (And God created man) 141
Und Gott sprach (And God said) 140
Und ihr Florl, meint sie, gilt (ist) ihr all's, meint sie 689, 723
Und Liebe für dich Freund und Klarisse 592
Und mig blot et Haab; Du Kjære! 531
Und ob die Wolke sie verhülle 404, 420, 462, 512, 546, 652, 654, 658, 688, 725, 769
Und wenn du mich einst 641
Und wenn im Maien der Kuckuck schreit 828
Und will er nicht, nun gut, gut! 824
Undankbarkeit (v. Miltitz) 745
Under a tree, one summer's day 939
Under the shade of the old Oak (Bishop) 936
Une belle existe en ces lieux 460
Une Chanson Bretonne (Masini) 840
Une éternelle nuit s'étend sur ma paupière 541, 603
Une femme me disait 275
Une femme prudente et sage 114
Une fièvre brûlante 352
Une fièvre brûlante un jour me terrassait 107
Une fleur, un nœud de rubans 667
Une Folie (Oper: Méhul) 31, 32, 33, 35, 84, 111 (7), 112 (3), 174, 237, 246 (2), 285, 721
Une Heure de Mariage (Oper: Dalayrac) 40 (3), 84, 113 (3)
Une jeune bergère a su me captiver 460
Une jeune pastourelle, du village 463
Une Journée de Charles V 545
Une loi dans l'inde connue 515, 822

Une Matinée de Catinat ou Le Tableau (Oper: Dalayrac) 138 (2), 721
Une robe légère 520, 732
Une Romance sans Amour (Romance) (F.-R.-P. de Ginestet) 467
Une Rose à l'Agonie (Romance) (Lamparelli) 477
Une rose bien fleurie 522
Une rose dut l'existence 335, 458, 607, 815
Une sensible tourterelle 644
Une Soirée d'Eté (Nocturne, 2 St.) (Miné) 484
Une Vierge à genoux, dans sa mélancolie 435, 500
Une Visite en Prison (Vaudeville: Heudier) 678
Unendlicher, den keine Zeit umschließt 771
Unendlicher! Gott unser Herr! 567
Unga Arestanten (Den) s. Prisonnier (Le) ou La Ressemblance
Unga flicka med ett hjerta 47
Unga Matrosen (Den) s. Petit Matelot (Le)
Ungdom du hvars hjerta hyser 2, 35
Ungdom och Dårskap s. Ungdom og Galskab
Ungdom og Galskab (Oper: Dupuy) 46 (2), 64, 208, 411, 504, 860
Unge Blomst, som Solen qvæger 528
Unge Herrer, I som sukke 518
Unge skiønne Creolerinder 156
Unge Zigeunerinde (Den; Schauspiel: Kunzen) 414 (2), 507, 509
Ungeduld (Otto) 878
Unglückliche Liebe (Eisenbeck) 147
Uniform (Die) s. Uniforme (L')
Uniforme (L'; Singspiel: J. Weigl) 35, 83, 194, 244, 277
Uniformen s. Uniforme (L')
Union (Mitchell) 131
Unique object de ma pensée 358
Unkraut (Hensel) 248
Unnotic'd in the lonely mead 96
Uno stupido 632
Uns Hirten der Provence 295
Uns ist ein Sternlein aufgegangen 891
Uns rufen Schmerzenstöne 740
Unschuld, Gottes reinster Engel 778
Unschuld und Tugend giebt wahren Werth vor Gott 394
Unser Bruder Malcher 143
Unser süßester Beruf ist das Glück der Liebe 144
Unsichtbare Engelschaaren 703
Unsre Auferstehung durch die Auferstehung Jesu (J. Chr. Fr. Bach) 562
Unsre Seele harret auf den Herrn 569
Unsre Wiesen grünen wieder 175, 269, 675, 896
Unsterblichkeit (Choral) (P. Schulz) 770
Unstete, leidig liebe Fraun! 487, 784, 867
Unter allen Dingen kann nur Lust mir bringen 810
Unter allen Wipfeln 896
Unter blüh'nden Mandelbäumen (Hvarest silfverböljor strömma) 714, 737, 764, 894
Unter der Linde (Bergen) 872; (Dotzauer) 744
Unter ist mein Stern gegangen 726, 765
Unter Mirthen ward er gebohren 296
Unter Palmen schlief ich ein 597

Unterbrochene Opferfest (Das; Oper: Winter)
43 (3), 133, 139, 170, 177, 220, 231,
234, 254, 412 (2), 416 (2), 507 (3),
629, 630, 738 (2), 766, 770 (2), 775 (2),
853, 854, 875
Unto thee, O my strength 87
Untreue aus Liebe (Zauberoper: v. Seyfried)
189
Unwandelbar (Morgenroth) 326
Uomini di Promoteo (Gli) s. Geschöpfe des
Prometheus (Die)
Upon The Hills (Swiss Air) (Stockhausen)
971
Ur det lugn min oskuld vunnit 13
Ur föraktaren (Åhlström) 6
Uroczysty dzień wesela 655
Urraca Ladrona (La) s. Gazza Ladra (La)
Urridi vezzose 690
Urtheilt bedächtig 301
Uskyld skal alt udtrykke 520
Usynlige paa Sprogøe (Den; Dramatischer
Scherz von H. C. Andersen) 535 (3)
Ute blåser sommarvind 585
Utidige Fortrolighed (Den) s. Confidences
(Les)
Utur din famn för evigt stärta mig 49
Uventede Möde (Det) s. Rencontre Imprévue
(La)

V'era un di quando l'alma 639, 700
Va de nouveau courir le monde 496
Va dire à l'infidelle 554
Va pensiero sull'ali 640
Va tal uno mormorando 555, 624
Va! va! va dit-elle 525
Vaaren (Kauer) 80
Vaaren, Blomster lokket 760
Vaarsang
Atter Vaaren ... (Bornhardt) 80
Kling Harpe, ... (Bornhardt) 157
Vackra Arendatorskan (Den; Oper: Can-
deille) 12
Vackra men bedrägliga kön 41
Vægelsindede (Den) eller: Det fortryllede
Malerie (Ballett: C. Schall) 207
Væltede Vogne (De) s. Voitures Versées (Les)
Vänskapens Saknad 34
Vær velkommen, o Morgenrøde! 249
Værene, med Dig Selv og Gud 418
Væringerne i Miklagard (Drama von
Oehlenschläger: Jensen) 518 (3)
Einlage-Arie (Weyse) 518
Vågen (Hildebrandsson) 718
Vaghi colli ameni prati 339, 356
Vais la revoir (Chansonnette) (Gouet) 757
Valentin ou Le Paysan Romanesque (Oper:
H.-M. Berton) 671 (2)
Valentine (Romance) (A. Adam) 472
Valentine & Orson (Pelissier) 332
Valentine Day (Serenade) (Spofforth) 122
Valérie (Romance) (Dugazon) 541, 603
Valet de Chambre (Le; Oper: Carafa) 727
Valet de Deux Maîtres (Le; Oper: Devienne)
110
Valet will ich dir geben 806
Valfarten gjennem Livet (Thomsen) 846
Valkyrier med Sang og Dands 73
Vallon chérie, retraite fortunée 552
Valse de: La Férie des Arts 678
Valse jolie dans cette vie 549

Valse jolie danse chérie 546
Valtsesang (Himmel) 81
Vampyr (Der; Oper: H. Marschner) 954,
965
Vanne sì mi lascia indegno 635
Var det kun en Dröm 536
Var en Veninde i Nöd 525
Var mig huld som du det varit förr 656
Varbeck s. Warbeck
Variationen aus der: Schönen Müllerin
(4 St.) 740
Variationen für die Singstimme über „Con
dolce forza ..." (Bierey) 293
Vårvind barn af Årets skiften 662
Vas dire à l'infidèle 545
Vas-tu revoir demain l'éternelle lumière
825
Vater! aller Wesen 399
Vater, also leb' ich wieder 565 (2)
Vater! der mit Licht und Gnade segnet
565
Vater ich rufe dich! 493, 740
Vater unser im Himmelreich 785
Vater! wirst du mir verzeih'n 490
Vaterlandslied
Alles schweige, jeder neige ... (Nägeli)
280
Ich bin ein deutscher Biedermann (Leon)
209
Ihr Freunde! Stimmt den Rundgesang ...
(Nägeli) 280
Vaudrait-il pas mieux mourir? (Romance)
(Feisthamel) 458
Vè i venti fre mon fieri 849
Vecchierello mio grazioso 351, 727
Ved at coquettere kun jeg fryder mig
523
Ved Deres Hierte Troskab Kierlighed
408
Ved en Kilde eensom stille 532
Ved fremmed Kyst 526
Ved Garonnes favre Kyster 520
Ved Haabets gyldne Straaler 530
Ved Kronprindsens tilbagekomst fra
Holsten 1804 (C. Schall) 206
Ved lange Rejsers Ende 76
Ved Ledreborg, der stod en Lund 73
Ved lidt Intrigue 508
Ved St. Nepomuks Statue paa Broenover
Moldaufloden i Prag (Barth) 183
Vederla piangere, sentirla gemere 602
Vederlo piangere, sentirlo gemere 602
Vederlo sol bramo 182, 542
Vedrai, carino, se sei buonino 45, 84, 227,
713
Vedrommi intorno 682
Veed Du de Zoner, hvor Citronen groer 82
Veemod! söde Tryllerinde! 509
Veil'd in beauty like the even 929
Veilchensträuße 283
Velanda! Kjöl og sval er Aftenluften 510
Velkommen, enhver, som har Druesaft kiær!
72
Velkommen i Din Ungdomsland 422
Velkommen, livsalige Aften! 84
Velléda (Romance) (Bégrez) 435
Vendemmia (Gazzaniga) 502
Vénérable étranger, n'importe votre race 903
Venetian Serenade (C. M. v. Weber) 953
Venetianisches Gondlerlied (Praeger) 776

Venez amour, venez monter ma lyre 274
Venez, beau voyageur 551
Venez dans ma chaumière (Nocturne, 2 St.)
   (Panseron) 899
Venez entendre mes accens 552
Venez Petits! (Chansonnette) (Bence) 448
Venez petits oiseaux 628
Venezianisches Lied (Peruchini) 676
Veni Amore, nel tuo Regno 176
Veni, superne Spiritus 907
Venise (Barcarole) (Zérézo) 839
Venite, inginocchiatevi 511
Venlige Nat mit Fjed Du dölger 532
Venligt Aftenrøden smiler 70
Vennehuld du her skal hvile 508
Venner, i Naturens Skiöd 207
Venni amore nel tuo regno m'accompagno
   663
Venskab
   Træt jeg vandrede ... 85
   O milde venskab ... (Dupuy) 420
Venskab! Din himmelske Stierne 205
Venskabs Ønsker paa høitidelige Dage
   (Abbé Vogler) 82
Vent brûlant d'Arabie 107
Vent du Nord (Romance) (Georgeon) 439
Venu dans ce bas monde 438
Vénus! Vénus! ... quoi! c'est un songe 358
Verbum quod ante saecula 907
Verdi prati e selve amene 104
Verdrà che in van persiste 612
Vergangenheit! (F. L. Schubert) 788
Vergebens will die Liebe 215, 486
Vergeblicher Trost (Lied) (F. Marx) 278
Vergessen soll ich jede Sorgen 278
Vergiss mein nicht
   Vergiss mein nicht, o Theure, die ich
   meine (L. Schneider) 20, 294, 722
   Vergiss mein nicht, wenn dir die Freude
   winket (Sterkel) 234
   Vergissmeinnicht soll dir zu Ehren
   (Eisenbeck) 147
Vergiß mein nicht! so lispelt dir die kleine
   Blüthe 26
Vergiss mein nicht, wenn dir die Freude
   winket 234
Vergissmeinnicht
   Leb' wohl, o Holde ... (Praeger) 769
   Vergissmeinnicht! Dein auch nie zu
   vergessen (Arlt) 146
Vergissmeinnicht soll dir zu Ehren 147
Verlaß das Städtchen, den lärmenden
   Schwall 209
Verlass mich nicht! o du, zu dem ich flehe
   874
Verlegenheit durch Zufälle (Ballett: Th.
   Weigl) 186 (2), 187 (3), 189 (2), 190
Verliebten Thorheiten (Die; Ballett: Th.
   Weigl) 185 (8), 186 (2), 188, 224, 227
Vernahmt mech orma Bauersman 148
Vernimm mein traurig Loos! 739
Vernimm mich Nachtigall 575, 684
Vers la chapelle à l'ombre d'un murier 372
Vers le Lido, ma belle 905
Vers le temple de la richesse 551
Verscheucht des Lebens Sorgen 486
Verschiedenes Führen (Neuner) 397
Verschworenen — Der häusliche Krieg (Die;
   Oper: Schubert, D 787) 711 (10), 962 (2)
Verschwunden ist die finstre Nacht 680

Verser afsjungne vid aftäckningen af L.
   Hjortsbergs Porträtt 658
(Erste) Versette (F. L. Seidel) 566
(Zweite) Versette (J. F. Reichardt) 566
Versez que fume et pétille 707
Versöhnung (Die; Oper: Präger) 779, 780
Vertraue kühn auf meine Lehren 222
Vertrauen (Eisenhofer) 649
Vertrauen auf Gott
   Entschwinge dich, mein Geist (F. L.
   Seidel) 564
   Zu Gott will ich mich wenden (Osthoff)
   880
Vertraun auf Gott (Gattermann) 562
Verwegner! zittre vor meiner Rache 345
Verwirrung und Schrecken 579
Verwunschene Prinz (Der; Oper: W. Müller)
   55 (2)
Verzage nicht, wenn rings Orkane stürmen 829
Verzeihet, wenn ich fehlte 591
Verzweiflung preßt mein armes Herz (The
   anguish of my bursting heart) 133
Vespri Siciliani (I; Oper: Verdi) 708—709
   (16), 961 (2)
Vestal (La) s. Vestale (La)
Vestale (La; Oper: G. Pacini) 373, 374
Vestale (La; Oper: Pucitta) 571, 572
Vestale (La; Oper: Spontini) 56, 59, 60 (2),
   61, 240 (2), 241 (3), 242 (2), 317 (4),
   318, 390, 488, 557 (2), 559, 623, 624,
   656 (3), 657, 658, 659, 681, 764 (2), 767,
   781, 782
Vestalinn (Die) (Spontini) s. Vestale (La)
Vestas Feuer (Singspiel: J. Weigl) 196,
   213 (2), 215 (2), 221, 255 (2), 256, 259
Vestens fjerne Bjerge blaane 515
Veut-on connaître de l'amour 376, 477
Veut-on peindre taille légère 554
Veux l'oublier (Romance) (F. Garat) 540, 602
Veux-tu m'aimer? (A. Pacini) 468, 542, 603
Vezzosetta mia pargoletta 611
Vi binde dig din Jomfruekrands 511
Vi bundit hop din bröllopskrans 658
Vi dem Vinterveien vise! 506
Vi ere i vor Alders Vaar 84
Vi föddes blott at slafvar vara! 22
Vi skilles maae, o bittre Smerte! 524
Vi tu hermosura y luego 274
Via caro sposino 641
Viaggiatore Ridicolo (Il; Oper: P. A. Guglielmi) 88
Victima desgraciada 571
Victis sibi cognomina 907
Victor, me disait mon Adèle 455
Victor me dit que sa tendresse 462, 644
Victor renonce aux amours de la ville 110
Victoria der Meister soll leben 419, 687
Victorin (Vaudeville?: Blanchard?) 679 (2)
Victorine ton image dans mon cœur 465
Victors Bryllup (Ballett) (Keck) 860
Vid den klara källans brädd 24
Vid första kallelsen at dricka 658
Vid ljuset af ett nytändt hopp 41
Vieillard qui veut épouse de vingt ans 442
Viel von Rosen, süßen lichten 897
Vieler Trug bethört 895
Vien, diletto, è in ciel la luna 700
Vien qua Dorina bella 700
Viendra bientôt (Lai du XVe siècle) (Effimovitsch) 444

Viendra bientôt (Romance, 2 St.) (Blangini) 452

Viendra bientôt celui que tant aimez 444, 452

Vieni! appaga il tuo Consorte 213

Vieni, cerchiam pei mari 693

Vieni, diletto sposo 219

Vieni fra queste braccia 573, 589, 601, 701

Vieni in Roma 635

Vieni, o prode 633

Vieni, o Ruggiero 837

Vieni pur fra le mie bracesa cara 572

Vienio caro amor ci chiama 340

Viens Aurore (H.-N. Guénin) 274

Viens aurore, je t'implore 266, 274

Viens avec moi 554

Viens bergère, viens ma chère 368, 485

Viens Damoisel, suis noble Dame 437

Viens, douce mélancolie 254, 644

Viens écouter ce doux serment 671

Viens fuyons en silence 834

Viens, jeune Reine, calme ta haine 732

Viens, ma chère Aline 107

Viens mon ami par ta présence 995

Viens, mon cher Olivier 372

Viens, ô ma vie 837

Viens, prends ton luth, fidèle troubadour 440

Viens, seul espoir, qui reste à ma vengeance 834

Vier Haimonskinder (Haymonskinder) (Die) s. Quatre Fils d'Aymon (Les)

Vier Jahreszeiten s. Jahreszeiten (Die)

Vierge Marie soyez bénie 839

Vierge trésor de la Floride 435

Vieux Château (Le; Oper: Della Maria) 207, 308

Vieux château de Montgoméri 462

Vieux Ménestrel (Romance) (M.-A. Guénin) 437

Vift stolt paa Codans Bölge! 421

Viid mit Barn, hvert Elskovsbaand 527

Vikingebalk 846

Vil du mit Hierte vinde 513

Vil du see? disse tre 516

Vil Du være stærk og fri(e) 408, 420

Vil du vil hære denne Dragt 518

Vilde du Skiønne min Troeskab lønne 76

Vilhelms Afsked (J. H. Lorenz) 77

Villageois ou berger 520

Villanella (L. Pradère) 154

Villanella Feudataria (La; Oper: Vaccaj) 378, 381

Villanelle (F. Garat) 543, 606

Vincitor la man ti stendo 272, 358

Vinden vifter, Lövet skjælver 529

Vindmöllerne i Provence (Grenser) 183

Vins étrangers ah! s'il est vrai 679

Vinsi vinsi che fui d'Eroi 601

Vinum Rhenanum 894

Violette (La; Oper: Carafa) 734 (5)

Violette, jolie image de pudeur 734

Virelai (Romance) (Woets) 472

Virginie ou les Décemvirs (Oper: H.-M. Berton) 728

Virtuosi ambulanti (I; Oper: Fioravanti) 491 (3)

Visa
Bröder se Bålen (Åhlström) 19; (Kraus) 3; (Stenborg) 6; (anonym) 6

Det var en lag i Grekeland 10

Du som i höghet ... (Åhlström) 3

Förgäfves letar ... (Byström) 15

Gamla Didrick ... (Dupuy) 18

I bland en munter ungdoms tropp (Åhlström) 10

I Stillhet gömd ... (Karsten) 6

Kom glädjens Vän! ... 19

Kom muntra löje ... (Åhlström) 1

Lägg af min van (Palm) 2

Lät en sniken Guldets slaf (A.-E.-M. Grétry) 17

Naturen mig lärde ... 11

Öde, om du vill mig gifva 6

Sjungom vänner! ... 18

Snart är din sällhets tid (Palm) 17

Visa. Den första Maj 1797 (Dupuy) 18

Vise
Mener du at den har Lykken fat 73

Sanct Hansdag ... 415

Visitandines (Les; Oper: Devienne) 12, 13, 40, 74 (3), 76 (2), 106, 111, 188 (2)

Visittimman (Komödie mit Gesang: J. M. Kraus) 1

Vite! à la veillée accourons! 900

Vittima sventurata 571

Viva! eccoli 701

Viva il grande Kaimakan 632

Viva Nabucco 640

Viva Otello 624

Vivat (Nägeli) 282

Vivat Bacchus, Bacchus lebe 301

Vivat! es lebe, was fröhlich ist 282

Vivat, ja sie sind's 701

Vivat Tapperhed! 516

Vive l'Empereur (F. L. Schubert) 793

Vive l'université pour la grâce et la beauté 679

Vive le Roi! (Blaze) 386

Vive ma petite Jeannette 678

Vive Paris toute la vie 679

Vive un amant pour être prévenant! 440

Vivent les plus gentilles des brunes jeunes filles 752

Vivez pour Oreste, mon frère 235

Vivi, la mia memoria 638

Vivi superbo e regna 374

Vivo in foco amoroso 141

Vivo non t'è concesso 642, 702

Vivre seul n'est point exister 381

Vo cantare voglio cantare 87

Voci canore, e tenere 308

Vöglein einsam in dem Bauer 868

Vöglein hüpfet in dem Haine 866, 884

Vœux indiscrets, soupirs d'amour 427

Voga il vento 636

Voga, o Tonio bene — detto voga arranca 837

Voga qual lago stagnante 639, 700

Vogue ma Nacelle (Duettino) 877

Voguez Sultan joyeux 530

Voguons sur le Bosphore 904

Voi, che sapete che cosa è amor 60, 243, 260, 276, 309, 409

Voi che vedete il pianto 601

Voi mi chiamaste al trono 377

Voici ce que disait naguère 754, 816

Voici de saint Dunstan l'antique monastère 736

Voici donc le séjour paisible 428
Voici donc le soir 749, 830
Voici l'Aurore (Nocturne) (Paer) 750
Voici l'heure où ma Laurette 460
Voici l'Hirondelle (Nocturne, 2 St.) (Panseron) 903
Voici l'instant affreux 152
Voici l'instant funeste 264
Voici l'instant où la parque inflexible 382
Voici l'instant où tout repose 904
Voici la jardinière 537
Voici la Nuit (Romance) (Miné) 370
Voici la nuit faut-il l'attendre encore? 370, 483
Voici la paisible demeure 750
Voici la riante prairie 544
Voici la saison nouvelle 468
Voici le beau tems 903
Voici le jour (Romance, 2 St.) (Panseron) 899
Voici le jour! 527
Voici le jour qui s'empresse d'éclore 899
Voici le Printems! (Romance) (Bruguière) 469
Voici le Soir (Nocturne, 2 gleiche St.) (Panseron) 901
Voici le soir! déjà dans nos campagnes 901
Voici le soir, la pêche est abondante 902
Voici les lieux où ma triste musette 430
Voici venir la nuit 500
Voici venir le doux printems 569
Voilà bien comme sont les femmes 528
Voilà comme dans cette vie 112
Voilà comme il m'aimait! (Romance) (Ladurner) 443
Voilà donc ce beau rivage 356
Vois! déjà la nuit s'avance 837
Vois l'astre du mystère 837
Vois-tu cette nacelle 454
Vois-tu cette troupe guerrière 664
Vois-tu là bas, sur la colline 664
Voitures Versées (Les; Oper: Boieldieu) 518, 519, 580, 671, 858
Voix ravissante 532
Volez ange de poésie 749
Voli l'agile barchetta 838
Volkslied 204, 270
Volkslied
   Mein Schatzerl is hübsch (C. M. v. Weber, Jähns 234) 781, 866, 884
   Vernahmt mech orma Bauersman (Hensel) 148
   Wann i in der Früh aufsteh' ... 880
   Weine nur nicht (C. M. v. Weber, Jähns 231) 876
   Wenn ich ein Vöglein wär! (C. M. v. Weber, Jähns 232) 871
   Wenn ich heirath', ... 880
Volkslied (1 oder 2 St.) 878
Volkslied aus der Gegend von Bourbon-l'Archambauld in Frankreich 801
Voll Anmuth, und voll Wahrheit 399
Voll, voll, voll 898
Vollendet bist du nun vor Gott 562
Vollendung (J. T. Held) 210
Vollmondnacht (H. Werner) 874
Vologesus oder: Der Triumph der Treue (Pantomimisches Ballett: Winter) 189 (5), 190 (4), 191 (2), 192, 227
Vom Grab', an dem wir wallen 562

Vom Himmel hoch, da komm ich her 782, 980, 981
Vom lauten Weltgetümmel fern 143
Vom Leiden und Tode Jesu (Rolle) 562
Vom sanften Frühlingshauch umschwebt 253
Vom Schicksal auserlesen wirst du den Geist erlösen 149
Vom Wald bin i füra 873
Vom weißen Mäuschen sing' ich dir 398
Von allen bin ich verlassen 687
Von allen Ländern in der Welt 283
Von Dankbarkeit durchdrungen 565
Von deinem Sternenthrone 589
Von den Farben allen 812
Von der Alpen steilen Höhen 649
Von der Liebe Schlangenbissen 583, 595
Von dunklem Laub umschlossen 177, 618
Von einer Seite 641
Von fernen Fluren weht ein Geist 176, 652
Von Gott will ich nicht lassen 794
Von Herzen, Gott will ich dir singen 398 (5), 399 (3)
Von ihrem Blick entflammet 324
Von Jugend auf in dem Kampfgefild 854
Vom Leiden rings umgeben 489
Von Leiden schwer 737, 896
Von lichter Höh' kam ich heran 779
Von Lust belebt 877
Von seinen dunklen 702
Von tausend Liebenden wollte man suchen 324
Vond ik Febus elpenciter voor u, Fanny! 730
Vor Angst erstarrt mein Blut 709
Vor deinen Thron tret ich 797, 809
Vor dem Evangelium
   Mit Nacht umzog das Heidenthum ... (Gratz) 398
   Voll Anmuth, und voll Wahrheit (Ett) 399
Vor den Blicken dieser Augen 181
Vor den Fenstern lasst euch warnen 882
Vor der Abendschule (Schinn) 398
Vor der Morgenschule (Schinn) 398
Vor der öffentlichen Prüfung
   Der Schule edle Stunden (Neuner) 395
   Willkommen in unserer Mitte (Neuner) 395
Vor der öffentlichen Schulprüfung (Schinn) 396
Vor der Preise-Vertheilung (Neuner) 395
Vor der Preise-Vertheilung der Knabenschule 396
Vor der Preise-Vertheilung der Mädchenschule (Neuner) 396
Vor des Altares Schwelle 809
Vor dir, o Ewiger, tritt unser Chor zusammen 566
Vor første Pligt (Selskabssang) 85
Vor løvbekrandste Bane 533
Vor Møller hjem ad skynder sig 82
Vor und nach der öffentlichen Prüfung 396
Vor Verden her er et Orchester 504
Vorabend (Otto) 881
Vornehmen Wirthe (Die) s. Aubergistes de Qualité (Les)
Vorrei che almen per gioco 382
Vorrei che il tuo pensiero 359, 572, 588, 598, 624, 632, 680, 684
Vorrei stemprarti in lagrime 599
Vorsätze (Ett) 394
Vorsatz (Chwatal) 874

Vorüber! (Methfessel) 652
Vos, ante Christi tempora 907
Votre meunière devant son maître 385
Vous aimerez mon Amie (Chansonnette)
(Rivière) 554
Vous auprès de qui l'on soupire 615
Vous avez reçu l'humble aveu 472
Vous avez tous la vanité 108
Vous connaissez l'enfant trompeur 510
Vous connaissez la jeune Ormonde 435
Vous demandez pourquoi je pleure (Romance)
(Panseron) 838
Vous demandez que mes crayons, de la vie
436
Vous désirez que sur ma lyre 364, 548
Vous dont l'humeur légère 351, 726
Vous dont l'image toujours chère 629
Vous dont la gloire est d'être belle 153
Vous dont le cœur jusqu'alors insensible
152
Vous êtes belle et Princesse 611
Vous faites donc comme elle? (Romance)
(Paer) 734
Vous l'écoutiez (Romance) (E. de Ginestet)
448
Vous l'ordonnez 93, 109, 129
Vous le savez, je vous adore 899
Vous m'aimez, je vous cros sincère 463
Vous m'aviez dit, bon Ermite 901
Vous me l'aviez bien dit, ma mère 379, 850
Vous me quittez 629
Vous me quittez pour aller à la gloire 233,
262
Vous me refusez pour amant 335, 463, 606,
815
Vous n'avez pas vu ma nicette 334, 815
Vous plaire ah! C'est trop difficile (Romance)
(Godfroy) 820
Vous qu'il fallait pour mon martire 542
Vous qui brûlez des flammes du génie 471
Vous qui chantez (Romance) (Pellegrini)
373
Vous qui craignez d'aimer 469
Vous qui d'amour craignez 373
*Vous qui dans les beaux arts et leur culte
tranquille* 502
Vous qui des faveurs de vos belles 450
Vous qui, près d'un objet charmant 440
Vous qui priez, priez pour moi
(Courtin; Nocturne, 2 St.) 365; (J.
Roger; Romance) 481
Vous qui riez du mal d'amour 552
Vous qui savez grand'mère deviner l'avenir
337, 820
Vous qui souffrez du mal d'amour 114
Vous qui voulez l'ordre de chevalier 427
Vous reviendrez demain (Romance) (de
Garaudé) 373
Vous si jeunes, si gentilles 838
Vous souvient-il de cette jeune amie 500
Vous vous plaignez, amants ingrats 432
Vous vous plaignez, jeune Zélie 457
Voyez ami cette barque légère 337
Voyez, amis, cette barque légère 821, 830
Voyez cette Barque légère (Nocturne, 2 St.)
(Panseron) 337, 821, 830
Voyez du haut de ces rivages 519, 832, 873
Voyez sur cette roche 788, 876
Voyez-vous, triste et solitaire 471
Vraiment le Diable est en ces lieux 374

Vreda skuggor! böjd till försoning 657
Vrede, naar din Ild kun ulmer 250
Vuggevise for Lovisa Augusta's Datter
(Barth) 73
Vuoi che teco anch'io deliri 271
Vuoi per sempre abbondonarmi 309

W raju naszego Proroka 173
Wach auf, Herzliebste, aus Nacht und Traum!
789
Wach auf mein Herz 983, 986
Wach ich? Träum ich? 165
Wachet auf! ruft eine Stimme 782
Wachet auf, ruft uns die Stimme 984 (2),
986
Wack'rer Meister, sieh der Morgen 691
Wäldchen bei Kis-Ber (Das; Ballett) 630
Wär' Gott nicht mit uns 806
Wär' ich doch ein milder West! 674
Wär' ich ein muntres Vögelein 175, 672, 867
Wär' ich ein Stern (Seifert) 873
Wär' ich ein Vögelein 673, 886
Wär' mir verliehen Zaubermacht 703
Wärdshuset i Bagnères s. Auberge de Bagnères
(L')
Wären doch bei jedem Bürger 301
Wäsen som lyda ömma begär 60
Waft me some soft 103
Wagg-visa (Haessler) 662
Wahnsinnige auf St. Domingo (Der) s.
Furioso all'Isola di San Domingo (Il)
Wahr ist's du eiferst Amande! 328
Wahre Minne (J. R. Zumsteeg) 178
Wahres Glück suchest du 634, 695
Wai, sollst hoam gehn 799
Waisenhaus (Das; Oper: J. Weigl) 232,
235 (4), 260 (3), 681, 764
Wake her not for she is sleeping 943
Wake! Sisters wake! 922
Wake! the red and fiery sun 915
Waldmädchen (Das; Ballett: P. Wranitzky)
226, 259, 322, 578
Waldmusik (Nägeli) 494
Waldnacht! Jagdlust! 281, 893
Wallace ou le Ménestrel écossais (Romance)
(Catel) 445
Wallensteins Lager (Drama: F. Destouches?)
278
Wålnaden af lilla Gustaf (Åhlström) 30
Walse (Panseron) 900
Walsons encore (Chansonnette) (Panseron)
899
Walzer
Büble wir wolle ... (Hensel) 248
Du schwäbisches Mädchen (Blum) 897
Kleine Blumen ... (Blum) 872
Walzlied (Himmel) 166
Walzlied, im Winter 1801 (Güttler) 143
Wand'ring far away from Mora 931
Wanderers Abendlied (Morgenroth) 745
Wanderers Abschied (Otto) 898
Wanderers Morgenlied (Osthoff) 866
Wandering Melodist (The; Entertainment?:
Davy)
Eingelegter Gesang (Mazzinghi) 127

Wanderlied
  Ein Heller und ein Batzen (Ries) 793
  Gute Nacht mein Leid ... (Nägeli) 495
Wanderlied an Sie (Proch) 639
Wandrers Abendlied (H.....dt) 873
Wandrers Nachtlied (Büttinger) 675; (Reis-
  siger) 894; (Schubert, D 224) 876
Wann der Herzgeliebte erscheint 212
Wann der Liebe Ruf ertönet 176
Wann dir mein Auge strahlet 630
Wann hell im Thau die Rosen stehn 676
Wann i in der Früh aufsteh' 311, 412, 880
Wann Liebe uns beglücken wird 214
Wann muntre Lerchen schlagen 811
War einmal eine edle Dirne 305
War mig huld, som du det varit förr 60
Warbeck (Oper: Skjöldebrand) 21 (2), 22 (3),
  52
Wårda, vårda så mycken hemlighet 65
Wårens ankomst (Åhlström) 7
Warnung (Otto) 882
Warnung an die Mädchen (Knecht) 145
Warnung für Mädchen 295
Warnung vor dem Wasser (Pfaehler) 855
Wärt fasta vänskapsband är knutit 69
Warum betrübst du dich 812, 983
Warum denn stets mich täuschen 588, 598,
  680, 684
*Warum erschallt am Lande der frohen Schif-
  fer Sang?* 805
Warum heirathen Frauenzimmer? 295
Warum heyrathen Frauenzimmer (H. R. Mül-
  ler) 203
Warum ich bleibe? 673
Warum ist mir so 897
Warum muß ich Dein gedenken 325
Warum sollt' ich mich denn grämen 794
Warum willst du noch 702
Warum willst du ihn beklagen 650
Was blickst du sehnend so zurück? 494
Was brauchen wir weiter 889
Was bricht hervor wie Blüthenweiss 867
Was der Glanz 702
Was des Schicksals Macht geschieden 583,
  593
Was die Götter mir auch bestimmen 488
Was erschallt 783
Was frag' ich viel nach Geld und Gut 295, 894
Was für ein Feld wohl nennst du dein? 236
Was gelten Glanz und Herrlichkeit 694, 956
Was glänzt dort im Walde im Sonnenschein?
  724, 897, 953
Was gleichet der Lust 175
*Was gleicht wohl auf Erden dem Jägervergnü-
  gen* 404, 546, 652, 657, 661, 688, 843
Was Gott thut, das ist wohl gethan 782,
  987, 991
Was höhnst du, Mädchen 269
Was hör' ich draussen vor dem Thor 252
Was ich gestern Dir entrissen 774
Was ich liebe weiss nur ich 180
Was ich oft im Traume sah 589, 598, 653,
  963
Was ist aller Glanz von Thronen 486
Was ist das für ein 894, 896
Was ist der Mensch? Halb Thier, halb Engel!
  203
Was ist der Tod? 987
Was ist des Reichtums Schimmer? 243
Was ist Liebe? (J. R. Zumsteeg) 177

Was ist mein Stand mein Glück 788
Was ist Reichthum, was sind Ehren 176
*Was ist's, das mit Sehnsucht den Busen mir
  schwillt* 292
Was ist's, daß nun die Waffen hier 738
Was kümmert mich des Fremden Gold 764
Was lauscht her ein zum Fensterlein? 880
Was Liebe wir nennen 177
Was lindert der Wehmuth 897
Was lispelt in den Zweigen 880
Was machen die Kinder? 325
Was mein Gott will, gescheh' allzeit! 564,
  569, 800
Was nicht schadet (Fein) 880
Was perlt im Glase 897
Was quäl' ich mich so lange 687
Was ragt dort aus der Ferne 793
Was sagte Oroes 488
*Was sanft und mild, und mit bescheidner
  Sitte* 327
Was saust und rauscht so dumpf heran? 143
Was schallet im Walde 898
Was seh ich hier? 145
Was sie wähnen, wird nie geschehen 747
Was soll ich thun? was wird aus mir? 138
Was sollen wir auf dieser Welt 778
Was sorgst du ängstlich für dein Leben 809
Was streift vorbei im Dämmerlicht? 881
Was tapp' ich noch im Dunkeln 311
Was treibt den Waidmann in den Wald 779, 963
Was treibt ihr dort in ferner Höh' 881
Was unterm Monde gleicht uns Elfen 279
Was, was, was 895
Was will das sagen? 879
Was wir lieben (Methfessel) 253
Was wünscht zuerst eine junge Braut 710
Was ziehet so rüstig 893
Was zieht mir das Herz so? 813
Was zieht zu deinem Zauberkreise 174, 870
Was zittert ihr 635, 696
Washington's Dirge (Hill) 130
Wasserlied (Nägeli) 281
Wasserträger (Der) s. Deux Journées (Les)
Wattendragaren s. Deux Journées (Les)
Waving Willow 117
We are his people 131
We are two pretty maidens 928
We den som sig med griller plågar 53
We have liv'd and lov'd (Mel.: H. Herz) 915
We have not met for years (G. F. Taylor)
  939
We met as old friends 942
We met in a region of gladness 928
We never yet with whispers sealed 939
We part but not for ever 925
We parted (St. Glover) 946
We parted in silence 946
We return no more! 912
We sat down and wept by the waters of Babel
  947
We shall not meet again 927, 953
We will not leave our native hills 943
We will seek some distant clime 936
Wechselgesang
  Beglänzt vom rothen Schein ... (Nägeli)
  281
  Das Fest der Freude ... (Nägeli) 280
  Gottlob! der Frühling ist erschienen
  (Nägeli) 282
  Komm! Freude, komm! (Nägeli) 280

Wecke den Amor nicht 897
Wedding in Wales (The; Entertainment?)
  121
Weep not for hours 924
Weep not for thy roses (Ballad) (Horn)
  969
Weep not thou lonely one 916, 918
Weep on! (Phipps) 945
Weeping, Widow'd, Polly (a favorite Ballad)
  (S. Arnold) 119
Weg mit dem Wort, das Rousseau haßt 269
Weg von Lustgesang und Reigen 281
Wegelagerer (Die) s. Fuorusciti (I)
Wehe mir! o hartes Schicksal! 598
Wehe nur, du Geist des Lebens 744
Wehe, wie mit Wiegenliede 495
Weht, Bäume des Lebens, in's Harfengetön
  569
Weht hier leis ihr Lüfte 396
Weiber, euch setzt die Zeit ein Ziel 877
Weiber-Feind (Der; Oper: F. Stein) 260
Weiberkur (Die) s. Poche ma buone, ossia
  Le Donne Cambiate
Weiberproben s. Pietra del Paragone (La)
Weiberwitz ist doch der beste 148
Weiblicher Sinn (Weinlig) 327
Weih' immer deine Thränen 342
Weihe der Kraft (Die; Schauspiel: B. A.
  Weber) 85, 197, 198, 225
Weihnachts-Cantate (Rolle) 568 (3)
Weihnachtslied
  Dies ist der Tag ... (Gattermann) 561;
    (Rolle) 561
  Ehre sey Gott in der Höhe (Gattermann)
    564
  Heiland, den uns Gott verhieß (Gatter-
    mann) 565
  Laßt uns mit ehrfurchtsvollem Dank
    (Fasch?) 564; (Gattermann) 564
  Laßt uns unserm Gott lobsingen! (Gatter-
    mann) 565
  Lob sey dem allerhöchsten Gott! (Gatter-
    mann) 565
  Sey Christenheit, sey hocherfreut! (Gatter-
    mann) 565
Weil man jetzt hier im Haus 686
*Weil' im stillen Blütenhaine süßer Hoffnung
  gern!* 323
Weile Kind, ich will nicht rauben 869
Weile, o scheidende Seele 641, 702
Weilt sie hier nicht? 146
Wein und Kuss 290
Wein und Liebe (Magg) 739
Weine nur nicht (F. W. Berner) 249
Weine nur nicht, ich will dich lieben 249
Weine, weine, weine nur nicht 876
Weinlese (Die; Pantomime: M. Umlauff)
  239, 260
Weinlied (Methfessel) 847
Weiss nicht, wo ich geboren 881
Weisse Dame (Die) s. Dame Blanche (La)
Weisse Frau (Die) s. Dame Blanche (La)
Weisst auf der Haide drauss 710
*Weisst du nicht, dass, wenn Schlangen der
  Reue nagend* 712
Weißt du was die Liebe ist? 329
Weit hin durch der Nächte Stille 871
Weit in nebelgrauer Ferne 651
*Welch ein wunderbares Leben (Hvilken
  undransvärd förmåga!)* 59

Welch' seltne Pracht 634, 696
Welche Lust gewährt das Reisen 686
Welche Lust, welche Freude 691
Welche Wonne, welche Lust 77, 134
Welche Wonne! wie so glücklich 230
Welches Mädchen kann wohl immer 71
Wem das Glück nicht viel gegeben 675
Wem kam auf der Arbeit Wegen 852
Wen glücklich seine Liebe macht 875, 884
Wen grüßt der traute Sängerbund? 283
Wenn! (Seiffart) 889
Wenn auf dem weiten Blumenfeld 219
Wenn auf die Männer wir freundlich blicken
  289
Wenn auf meines Lebens Wegen 148, 269
Wenn das Heer sich rüstet zu dem Kampfe
  312
Wenn das Kraut, wie ihr Wort mir verkündet
  712
*Wenn das Leben stürmend an die Brust dir
  schlägt* 872
Wenn das Schwert und die Leier (Leyer)
  584, 596
Wenn der Blüthenhauch der Lüfte 495
Wenn der finstre Damon spricht 166
Wenn der Freude Thränen fliessen 219, 259
Wenn der Lenz die jungen Blumenschwingen
  872
Wenn der Lenz erwacht 805
Wenn der Reiz der Zärtlichkeit 166, 174
*Wenn der Schimmer von dem Monde (När ifrån
  den (fulla) stilla Månan)* 9, 658
Wenn die Abendröthe 720, 745, 896
Wenn die helle Fiedel 895
Wenn die Hoffnung nicht so wär 651
*Wenn die Lieb' aus deinen blauen, hellen,
  offnen Augen sieht* 777, 865, 883
Wenn die Maien grün sich kleiden 783, 867
Wenn die Nacht mit 895
Wenn die Reben wieder blühen 180, 745
Wenn die Sonne niedersinket 651
Wenn die Vernunft den Gram besiegt 956
Wenn dir die Sehnsucht den Busen bewegt 788,
  866
Wenn dir im blendend-weißen Kleide 210
Wenn dir mein Innres dunkel noch bliebe
  328
*Wenn du mein Herz geliebtes Mädchen kenn-
  test* 289
Wenn Du mich liebst, so bin ich reich 220
Wenn du mich liebst, so sehr als ich dich liebe
  883
Wenn dunkel meinen Pfad umhüllt 168
Wenn ein Mädchen mir gefällt 791
Wenn einst in stillen Abendstunden 993
Wenn freundlich noch die Traubenhügel
  493
Wenn gute Menschen sich umschlingen 209
Wenn ich die Blümlein 893
Wenn ich ein Blümlein schau 876
Wenn ich ein Maler wär' 889
Wenn ich ein Vöglein wär! 871, 885
Wenn ich eine Gattinn wählte 555
Wenn ich einst das Ziel errungen habe 993
Wenn ich einst von jenem Schlummer 561
Wenn ich heirath', sagt' ich 880
Wenn ich Ihn nur habe 397
Wenn ich mein Gärtchen früh bestelle 584,
  594
Wenn ich mir einst ein Mädchen wähle 389

Wenn ich, o Schöpfer, deine Macht 564
Wenn ich schlafe, wenn ich wache 882
Wenn ich so gehe her und hin 852
Wenn ich zum Altare trete 143
Wenn im Hauch der Abendkühle 178
Wenn im Schatten, wo die Pracht zertrüm-
mert 252
Wenn in des Abends letztem Scheine 252,
269, 870, 993
Wenn in Nacht sich meine Tage hüllen 325
Wenn in treue Vater Arme 600
Wenn jene Palmenhügel das Morgenlicht
umkränzt 339
Wenn jüngst der Arbeit Last 396
Wenn Kindlein süssen Schlummers Ruh'
673, 868 (2)
Wenn mein Herz mit reinem Triebe 601
Wenn meine Sünd' mich kränken 800
Wenn meine Thränen flössen 215
Wenn mich mein Röschen liebet 166
Wenn mir dein Auge strahlet 234
Wenn mir oft mit heilig süssem Schauer 768
Wenn noch Eis die Fluren drückt 177
Wenn nur Sehnsucht Flügel hätte 178
Wenn, o Schicksal, wenn wird endlich 584
Wenn sanft entzückt mein Auge sieht 676
Wenn sich Lenz und Sommer gatten 780
Wenn sich still der Abend senkt 494
Wenn sie mich nur von weitem sieht 486
Wenn Sieges Lieder tönen 775
Wenn uns die Gunst der Schönen 595
Wenn wir in höchsten Nöthen sein 788, 984,
991 (2)
Wenn wir in Labyrinthen irren 224
Wenn zu Zeiten schwere Leiden 398
Wer der Mädchen 895
Wer ein Liebchen hat gefunden 179
Wer frech in sich selber zerstörte die Blüthe
283
Wer gehorcht, der thu's mit Lust 771
Wer gleichet uns freudigen Fischern im
Kahn? 147
Wer Gott erkennt, den Fürsten ehret 142
Wer Gott und seinen König ehrt 143
Wer Gott vertraut 812
Wer Gottes Wege geht 806
Wer hieng in lichten Fernen 394
Wer hörte wohl jemals mich klagen? 290, 486,
856
Wer ist der bunte Mann im Bilde 248
Wer ist ein freier (freyer) Mann? 179, 282
Wer ist ein Mann? Wer beten kann 253
Wer ist ein Patriot? (Schnabel) 142
Wer ist glücklich? (Forcht) 325
Wer ist, wie du, so heilig 399
Wer ist wohl wie du 806
Wer ist's die so magisch des Lebens Bild 180
Wer je mein Kind zu freien denkt 144
Wer Leib und Geist erhalten will 281
Wer leidet, wenn er leiden sieht 400
Wer nennt den Zauber mir 327
Wer nicht im Freundeskreis sich freun 132
Wer nur den lieben Gott läßt walten 765,
782, 989, 992
Wer seinem Gott vertraut 290
Wer sieht wohl mein Mädchen 295
Wer unter eines 893
Wer Vater Bacchus deine Gaben 737
Wer Wahrheit über alles schätzt 771
Wer Weiberherzen fischen will 132

Wer weiß wie nahe mir mein Ende 992
Wer wird in Jugendfülle 634, 695
Wer wollte nicht Sorgen und Trübsinn zer-
streun? 294
Wer wollte sich mit Grillen plagen 295
Wer zeigt mir zur Höhe des Ruhmes die
Bahn? 495
Werd' ich denn hier sterben müssen 633
Werde munter mein Gemüthe 791
Werfner Jodler (C. Fischer) 693
Werth der Arbeit (Neuner) 396
Werth der Unschuld (Leibl) 395
Werth der Vorzeit (Choral) (Riem) 778
Werther, mon cher Werther 152
Westale(n) s. Vestale (La)
Wette (Die; Singspiel: B. A. Weber) 490
Whar ha'e ye been a' day (Den Trofasta
Kärleken) (C. M. v. Weber, Jähns 304,
10) 715
What a Blunder! (Oper: Davy) 123
What an hour is this 922
What boots it where thy Soldier lies 119
What detains him ah! 122
What dost thou bear? 926
What groans shall yonder vallie fill 331
What is it when absent from thee 940
What is love? pretty maiden say! 942
What shall be my theme 912
What should sailors do on shore 89
What tho' I have skill 95
When a woman hears the sound 332
When absent from her 126
When absent from my souls delight 95
When all alone my pretty love 97
When around me I see 921
When Boyhood's bright dream has too early
been broken 931
When Britain first at heav'ns command 89,
143
When by some favour'd youth 90
When Cupids leave the virgin's face 140
When dreary night has spread her curtain 910
When Fairies are lighted by Nights silver Queen
119
When first, o Zelinda 141
When first of love my William sung 930
When first this humble roof 99
When flowers are bright 948
When friendship our love our sympathies move
937
When God reveal'd (revealed) his gracious
name 131 (2)
When he said that he'd adore me 967
When hearts are young 931
When I from Ellen parted 920
When I saw thee in the youth 935
When I the holy grave survey 130
When kind friends expect 88
When last we met thy face was fair 929
When lone in pensive hours 931
When Maggie gangs awa (A. Lee) 940
When Mary is away (Horn) 919
When nights were cold 122
When should lovers breathe their vows? 933
When simmers sun 128
When Steerwell heard me first impart 125
When the blossoms of spring 87
When the glen all is still 928
When the rosy morn appearing 116
When the Shades of Night (James Hewitt) 136

When the shades of night persuing 117, 136
When the sheep are in the fauld 90
When the shepherd asks my hand 286
When the sun sinks in the sea 937
When the tide's billowy swell 955
When the vine's balmy juice 86
When 'tis Night 89
When war stills her roar 920
When woe on the bosom 937
Whence comes my love 95
*Where ha'e ye been a day (Ej till färd åt
  fjerran land)* 715
Where is my hunter boy? 967
Where is the Smile (C. White) 934
Where shall the child's first pray'r be taught?
  924
Where shall we meet 933
Where the craggy upland tow'rs 966
Where the festive lay is sounding 920
Where the hawthorn lends its sweetness 941
Where the Purple Corn Flowers grow (Dyson)
  932
While liquid odours round him breathe 103
While night extends her sable vest 916
While Strephon thus you teize me 122
While the girls of our village 938
While the moon shines bright 910
Whilst blooming youth and gay delight 95
Who kill'd poor Robin 116
Who ne'er have lov'd 940
Who plays so sweet 122
Who smiles at ev'ry cottage door 928
Who'll buy my flow'rs 921
Why all this whining 87
Why chide me so, my mother dear? 943
Why chime the bells so merrily 933
Why comes he not! 911
Why does that lip (Bishop) 936
Why dost thou pause awhile 931
Why gaze ye on my hoary hairs? 942
Why heaves that soft that piercing sigh 98
Why Huntress why 119
Why tarries my love 89
Why will you my passion reprove 94
Wi sees igien (Ibsen) 759
Wid den klara källans brädd 46
Wid ljudet utaf Älskarns röst 14
Widow of Delphi (Mus. Drama: Th. Butler) 92
Wie beglückt lebte man 812
Wie blickst du aus dem Nebelduft 324
Wie d'Wölkern am Himmel 885
Wie das Herz sich wieget 892
*Wie der Himmel fest gegründet (Frisk och
  glad är Jägarns lefnad)* 715
Wie der holde Jüngling 636, 697
Wie der Tag mir schleichet 175, 297
Wie der Thor beugt sich der Weise 304
*Wie die Gondel so sanft im Abendwind sich
  wieget!* 792
Wie die Nacht flieht 640
Wie die Nacht mit heil'gem Beben 253, 494,
  764, 873
Wie die Sonne freundlich lacht! 147
Wie die Wiesenblum' am Abend 737
*Wie dort auf den Auen beim Morgenlicht
  grauen* 773
Wie ein Gestirn um Mitternacht 881
Wie! ein Schatz? 709
Wie ein Vöglein möcht ich fliegen 802
Wie erhebt sich das Herz 569

Wie es die Alten vormals gehalten 780
Wie flimmerst du so matt und trübe 144
Wie gern möcht das Haupt ich legen 872
Wie graus es endet 588, 684
Wie groß ist des Allmächt'gen Güte! 566
Wie gut und mild ist unser Gott! 396
Wie hehr im Glase blinket 893
Wie herrlich bist Du, Gott! 561
Wie herrlich ists im Wald 767
Wie herrlich wär hienieden 397
Wie kommen die Menschen 495
Wie kommt's daß du so traurig bist 248
Wie lieb' ich dich 872
Wie lieblicher Klang! o Lerche 878
Wie Luna lacht 641
Wie mir ist dies kann ich niemand sagen
  739, 740
Wie nach einer Wasserquelle 985
Wie nahte mir der Schlummer 420, 512, 726
Wie? noch am Leben 710
Wie sanft ruht sich's auf diesem harten Steine
  328
Wie sanft, wie ruhig fühl' ich hier 34
Wie schau' ich fromm und still hinab 494
Wie schnell ist doch ein Jahr 809
Wie schön ist's im Freien! 395
Wie schön leucht' uns der Morgenstern 980,
  982, 992
Wie schön leuchtet der Morgenstern 785
Wie selig lebt, der Gott vertraut 283
Wie sie schön ist 636, 697
Wie so ganz dahin gegeben 882
Wie so lieblich hallen Deine Lieder 885
Wie? soll denn auch in diesen Wonnetagen 144
Wie stark ist nicht dein Zauberton 14, 70, 242,
  515, 706
Wie süss, wie hold 708
Wie tobt und wie toset des Sturms Getose!
  283
Wie tragen Sterne reinern Glanz 675
Wie trübst du, Geliebter! 175
Wie versteinert bleibt er 641
Wie Verzweiflung mich bestürmet 739
Wie vor Marien betend aufm Knie'n 808
Wie weiss sind grüne Fluren beschneit 807
Wie wimmelt's von Blümchen 395
Wie wird mir dann, o dann mir seyn 563 (2)
Wie wudes og inse Balzers Girga roin 147
Wie wohl ist mir im Dunkeln! 211, 494
Wie wohl ist mir im Herzen 879
Wie wohl ist mir, o Freund der Seelen 806
Wiedergefundene Tochter Kaiser Otto des
  Zweyten (Die; Ballett: L. Koželuch)
  199 (3), 227, 228, 229, 235
Wiederschein (Praeger) 745
*Wiedersehen, Lyda, wieder küssen werden wir
  uns* 771
Wiedersehn
  Wiedersehn! endlich tönt dir ... (Himmel)
  674
  Wiedersehn! Wort des Trostes (J. T. Held)
  201; (Kreuser) 212; (J. R. Zumsteeg) 176
Wiedersehn (Romanze) (C. M. v. Weber, Jähns
  129) 813
Wiedersehn! endlich tönt dir mein Willkommen!
  674
Wiedersehn! Wort des Trostes 176, 201, 212
Wiederum hat stille 897
Wiedervergeltung (Sterkel) 168
Wiege mich ein, du Mutter alles Trostes 878

Wiegen wir Schwalben 896
Wiegenlied
    Bis Morgen dich erweckt ... (Rossini) 801
    Eya popeya, so leise so lind (Spohr) 179, 875
    Liebchen, lass dich küssen (d'Alquen) 878
    Mein Kindchen schlafe ein ... (H. Marschner) 806
    O schlumm're, Kindchen, stille ... (Partzsch) 824
    Schlaf', Herzens Söhnchen! (Eichler) 799; (Schinn) 341; (C. M. v. Weber, Jähns 96) 780, 866, 884
    Schlaf' in guter Ruh ... 875
    Schlafe, mein Prinzchen es ruhn (Fleischmann) 312
    Schlafe, süß Kindel (Grosheim) 151
    Schlafe Vögelein im Walde (Friedrich) 886
    Schlummre sanft! Des Lebens Morgenröthe (Weinlig) 327
    Schlummre sanft noch an dem Mutter Herzen (Lachle) 652
    Su, su! Ich wiege mein Kind (Methfessel) 253
Wiegenlied für einen kleinen Knaben (Klemm) 795
Wiener in Berlin (Die; Liederspiel: H. Marschner) 424, 767
Wiener National Arie (F. A. Neumann) 412
Wild wie der Sturm der Steppe 708
Wilde Fluten schweiget 224
Wilde Mann im Prater (Der; Zauberposse: Volkert) 724
Wilden (Die) s. Azémia ou Les Sauvages
Wilhelm Tell (Rossini) s. Guillaume Tell
Wilhelm Tell (Ballett: J. Weigl) 200 (4)
Wilhelm Tell (Schauspiel von Schiller mit Musik: B. A. Weber) 311
Will der Herr zur Schweizerei? 145
Will man sich 227
Will ruhen unter den Bäumen hier 673, 867
Will you come (G. Linley) 955
Will you come where the sweet briar grows 910
Will you never from me part 86
Willams coquin maraud 109
William (S. Arnold) 87
William and Jane (Song) (Busby) 123, 140
William Shakespeare (Schauspiel von C. J. Boye: F. Kuhlau, Op. 74) 524, 861
Willkommen, Freund, und Retter, uns! 568
Willkommen in unserer Mitte 395
Willkommen, liebes neues Jahr! 394
Willkommen, o Abend, den Müden 277
Willkommen schöner Jüngling! 651, 868
Willkommen uns, wer frohen Muth mit Biedersinn vereint 175
Willkommen warmer Purpurtrank! 740, 785
Willst du des Armen dich gnädig erbarmen 883
Willst du mit? (A. Henkel) 650
Willst du nicht das Lämmlein hüten? 873
Willst du, wo ich wohne, sehn? 650
Willst noch einmal mir erscheinen 798
Wilt thou be my dearie 128
Wilt thou love me then (Rodwell) 913
Wilt thou love me, when at last 913
Winter Defeated (Song) (Busby) 141

Winterlied
    Das schöne Jahr ist nunmehr fort! (Rolle) 561
    Es nahet der Winter ... (Methfessel) 252
    Großer Schöpfer! Herr der Welt (J. A. Müller) 398
    Keine Blumen blühn, ... (Nohr) 882
    Schöpfer, deine Herrlichkeit 565
    So trübe, so traurig? (Nägeli) 281
Winterlied (Aria) 269
Wir Christenleut 791
Wir gehorchen schnell dem Signale 696
Wir glauben an den ein'gen 812
Wir haben Veilchen. duftig und blau 283
Wir Jäger sind Kinder der freien Natur 772
Wir liegen vor dir mit unserm Gebet 567
Wir ruhen, vom Wasser gewiegt 281, 873
Wir sahen uns und nie gefühltes heißes Sehnen 279
Wir schwanken hin, wir schwanken her 211
Wir schweben, wir wallen auf hallendem Meer 282
Wir sind die Könige der Welt 281, 897
Wir sind zum Tag erwacht 394
Wir singen und fahren 898
Wir trennten uns, als schon die Abendröthe 176
Wir treten hier in's Leben 563
Wir verlassen die stillen Hütten 692
Wir Vögel singen nicht egal 294
Wir wandeln beseeligt durch Feld und Flur 341
Wir winden dir den Jungfernkranz 404, 419, 421, 461, 511, 575, 652, 658, 688, 725
Wird ewig uns hassen 599
Wird Philomele trauern 514, 653
Wird vom Glück dir viel beschieden 566
Wirf eilig weg 576
Wirst sehn, wie ich mich kleide 581, 596
Wirth und Gast oder Aus Scherz Ernst (Lustspiel: Meyerbeer) 721
Wirtshaus von Granada (Das; Schauspiel mit Gesang: M. Umlauff) 576, 577 (2), 582
Wisa
    Det är ej värdt ... 29
    Hopp om den tid ... (Byström) 14
    Kom lät oss lifvets vällust smaka (Åhlström) 5
    Min lefnad ... 1
    När til en blygd ... (Åhlström) 16
    Sof min söta gossel ... (Byström) 14
    Till nöjet alla hjertan fika 5
    Ungdom du hvars hjerta hyser (Åhlström) 2; (Wikmanson) 35
Wisa till en Yngling (Passy) 67
Wishes (Nelson) 925
With conscious pride I view the band 121
With consent of ones friends 100
With Delia ever could I stay 95
With early horn salute 89
With gloom and with sorrow 921
With grief my heart remembers 946
With sorrow and repentance true 101
With thee beside me (Hodson) 914
With verdure clad (Nun beut die Flur das frische Grün) 103

Wither strays my lover 331
Within these sacred bowers 96
Within this faithful bosom 100
Wladimir, Fürst von Nowgorod (Singspiel:
Bierey) 198, 225 (4), 227, 258, 259, 292
Wo bin ich? 635, 696
Wo bin ich? Ha! was seh ich? 600
Wo blüht das Blümchen das nie verblüht 674
*Wo blüht das Thal, wo Liebe sich ew'ge Krän-
ze flicht* 890
Wo des Mondes bleicher Schimmer 652
Wo die Bie'n', saug' ich mich ein 682
Wo die Töne rieselnd quellen 291
Wo ein treues Herze in Liebe vergeht 676
Wo find ich o schöne Zeiten 316
Wo Gott zum Haus nicht giebt sein' Gunst
803
Wo hinaus armer Schiffersmann 635, 696
Wo ich gewesen bin, kann ich dir schon sagen
813
Wo ich sei, und wo mich hingewendet 178,
876
Wo ist des Sängers Vaterland? 422, 493
Wo ist es nun hingeschwunden 641
Wo ist mein Vater und Mutter hin? 312
Wo ist sie hin, von der ich ewig träume 676
*Wo lebt man glücklicher als in dem Schoos
der Lieben* 745
Wo lernt man Weisheit besser 295
Wo Lieb' und Güte 895
Wo möcht ich sein? 895
Wo seyd ihr hin mit eurem heitern Glücke 650
Wo soll ich fliehen hin 806
Wo Vergnügen ihr winkt 222
Wo willst du klares Bächlein hin 180, 297
Wo ziehet ihr hin, ihr Wolken blau? 323
Woher das Grübchen im Kinn? 767
Woher dies neue Leben 167
Wohin bist du mein Leben? 680
Wohl an! Ist's möglich? o Himmel 341
Wohl giebt es der Mädchen so viele 675
Wohl hör' ichs im Herzen 329
Wohl kenn' ich ein Plätzchen 165, 653
Wohl lernt sich fügen was sich gesträubt 672
Wohl liebt mich dieser Aladin 582
Wohl scherzen und kosen 167
Wohl seh ich die Blätter vom Baume 212
Wohl treiben über die Berge die Wolken 325
Wohl über Thal und Hügel 811
Wohl wechseln schnell im Leben uns're Jahre
775
Wohl wölbet sich lieblich am kühligen Bach
325
*Wohlan! der beste Rath ist ein schmeichelnder
Brief* 307
Wohlan so geh' ich sicherlich 710
Wohlauf! seht dort der Sonne Strahlen 781
Wohlthaetige (wohltätige) Genius (Der; Kin-
der-Pantomime: A. Fischer) 188 (2),
189 (2), 226
Wohnsitz des Schreckens 589
Wolken verschweben tiefer ins Leben 897
Wollt' ich neulich von euch scheiden 344
Wollt' ihr sie kennen? 868
Woman has nought to do with fame 911
Wonne der Wehmuth (Beethoven, Op. 83, 1)
716, 869; (J. F. Reichardt) 180; (Schind-
löcker) 312
Wonne, Wonne still im Schauern 176
Worte der Liebe (Nägeli) 493

Worte der Sehnsucht (Methfessel) 252
Worte des Erlösers am Kreuze (Die) s. Sieben
letzten Worte unseres Erlösers am Kreuze
(Die)
Worte such' ich mir vergebens 870
Wos ich jentag ho gesahn 145
Woziwoda (Oper) 172
Wozu ein Serail 582, 596
Wreda skuggor! böjd till försoning 55
Wünsche (Wittassek) 328
Würde der Frauen (Gross) 166; (Hurka) 168;
(Nägeli) 282
Wunderbare Töne klingen 494
Wunsch (d'Alquen) 872; (Otto) 879
Wunsch an Salis (Sechter) 720
Wunsch und Entsagung (C. M. v. Weber,
Jähns 213) 876

Ya que no puedo darte 274
Ye Alpine Snows (Styrian Melody) 967
Ye belles and beaux 922
Ye birds, for whom the soft dews swell! 971
Ye gen'rous reapers 125
Ye Gentlemen of England 116
Ye lazy moments nurs'd by fears 912
Ye ling'ring winds 116, 135
Ye Nightingales! Dispel your fear 969
Ye nymphs and shepherds 95
Ye Shepherds give ear 94
Ye Shepherds so chearful 94
Ye sluggards who murder 89
Ye stars of night 911
Ye swains that insult o'er my woe 89
Ye tunefull linnets bless my care 103
Yes and No (Webbe) 90
Yes! dearest, ten sweet gliding years 917
Yes, here alone I wait for thee 940
Yes I hear'd the roaring ocean 141
Yes meekest rose-buds wear a thorn 934
Yes, this was the cot 940
Yes! weeping is madness 927
Yn felice amor mio 573
Yndige hulde Pige! 506
Ynglingen
Blodet brinner ... 5
Ner uti dalens djup (Palm) 22
Yo bien fuera constante 276
Yo soi mui timida 572
Yo tengo un animalito 276
You ask, why of the good old time 916
Young Allan rode with spur of fire 927
Young Ellen (Phillips) 953
Young Henry was as brave a youth 128
Young Sandy was press'd 90
Yra fjäriln full af hopp 6
Yras de Aquiles s. Ira d'Achille (L')

Zadig (Romance) (Anson) 443
Zadig ed Astartea (Oper: Vaccaj) 377, 378 (2)
Zadok the Priest 92
Zagal tus canta res dexa 572
Zaïra (Singspiel: Federici) 191, 192, 227
Zaïre s. Zaïra
Żal pasterki (Elsner) 171
Zampa oder Die Marmorbraut s. Zampa ou
La Fiancée de Marbre
Zampa ou La Fiancée de Marbre (Oper:
Hérold) 522 (8), 634 (18), 635 (4),
696 (22), 789 (2), 791 (3), 792, 793,
861 (3), 879, 951 (3), 957 (6), 958 (3)

Zanetta (Komische Oper: Auber) 537 (6)
Zar und Zimmermann (Oper: Lortzing) 809
Zara infida 637
Zarłok bez pieniędzy ze śpiewu (Komische Oper) 655
Zarter Liebe Götter Flamme 343
Zartes Herz (Morgenroth) 324
Zartes Weiss, die Feier meiner Lieder 875
Zauberfleuten s. Zauberflöte (Die)
Zauberflöjten s. Zauberflöte (Die)
Zauberflöte (Die; Oper: Mozart, KV 620) 14 (6), 15 (3), 17, 39, 42, 43 (4), 44 (3), 59, 70 (3), 72 (3), 75 (2), 96 (2), 184, 237, 238, 242 (2), 277, 302 (3), 304 (2), 318 (2), 478, 515 (4), 516 (3), 556, 616, 631, 682, 705 (3), 706 (14), 738 (2), 740, 776, 884, 972
Zauberflöte zweiter Theil s. Labyrinth (Das)
Zauberglöckchen (Das) s. Clochette (La) ou Le Diable Page
Zauberpyramiden (Pantomime: Volkert) 586
Zauberring (Der) oder: Harlekin als Spinne (Pantomime: J. N. Hummel) 200 (2), 721
Zauberrose (Die; Pantomime: Faistenberger) 690 (15), 724, 789
Zauberschlaf (Der; Ballett: Gyrowetz) 390 (2), 556
Zauberschleier (Der; Zauberspiel: Titl) 702
Zauberzither (Die; Singspiel: W. Müller) 74, 75
Zauberzitter s. Zauberzither (Die)
Zeffiretti lusinghieri (Ljufva milda västan vindar) 68
Zélia, à petit blanc (Romance) (L.-A. Piccini) 472
Zelinette (Villanelle, 2 St.) (Bruguière) 746
Zelmira (Oper: Rossini) 369, 370 (2), 373, 425, 689, 764, 860, 861
Zelmire s. Zelmira
Zémire et Azor (Oper: Grétry) 5, 35, 55 (3), 217, 218, 258, 874
Zémire et Azor (Spohr) s. Zemire und Azor
Zemire och Azor (Grétry) s. Zémire et Azor
Zemire och (og) Azor (Spohr) s. Zemire und Azor
Zemire und Azor (Grétry) s. Zémire et Azor
Zemire und Azor (Oper: Spohr) 65, 421, 596, 597, 682, 715, 733, 737, 773, 867
Zéphir (Ballett) 318 (2)
Zéphir charmant mais trop volage 273
Zéphir et Flore (Romance allégorique) (Dufay) 480
Zéphir un jour au lever de l'aurore 480
Zéphyrs bercez notre barque légère (Nocturne, 2 St.) (Panseron) 749
Zephyrs of the vernal morn 119
Zerdrück die Thräne nicht in deinem Auge 882
Zerreiß den Wolkenschleier, du herbstliche Natur! 323
Zerstörung der Stadt Troja (Die; Ballett: J. Weigl) 186
Zerstörung von Pompeianum (Die; Ballett: Belloli) 198 (2), 199 (2)
Zertheilt ihr guten Götter 215
Zevs, almægtige Gud 250
Ziehe hin, mein wackrer Sohn! 493

Ziehe hin, weil du vergessen 635
Zieht der Russe in den Krieg 898
Zieht Ihr Krieger, zieht von dannen 738
Ziel des Menschenlebens: Aus tiefer Not schrey' ich zu dir (M. Luther) 771
Zigeunerin (Die) s. Bohemian Girl (The)
Zigeunerliedchen 877
Zigeunervise (Kittler) 412
Zilla! Zilla! Moorish maiden 939
Zion 130
Zirphile à l'espoir le plus doux 449
Zirphile et Fleur de Myrthe (Oper: Catel) 449, 500, 727
Zitherschläger (Der; Oper: Ritter) 343, 488
Zitternde kleine Wellen 181
Zitterschläger s. Zitherschläger
Zitti nessun v'è 688
Zitti, zitti, piano, piano 421, 501, 623
Złote mey pierwszey młodosci chwile 171
Zoé (Polonaise) (Gilles) 348
Zoé ou la Provençale (Romance) (Roucourt) 430
Zoé, quoique légère, voudrait à chaque instant 348
Zögling der Natur (Der; Ballett: v. Gallenberg) 864 (2)
Zorai (Romance) (K. Bochsa) 435
Zoraides Klage ved Rosentræet (J. H. Lorenz) 79
Zoraïme et Zulnar (Oper: Boieldieu) 110, 511
Zoraime og Zulnar s. Zoraïme et Zulnar
Zu den Knaben will ich gehen 674, 875
Zu der grauen Urwelt heil'gen Resten 290
Zu der heil'gen Jungfrau Füssen 793
Zu der Romanze des Troubadour (Kalliwoda) 674
Zu des Himmels süßem Frieden 493
Zu dir! (Arendt) 879
Zu dir, du meiner Seele 879
Zu Gott will ich mich wenden 880
Zu Hilfe! sonst bin ich verloren 705
Zu leben auf dem Lande 138
Zu lieblich ist's ein Wort zu brechen 180
Zu meiner Laute Liebesklang 139, 297
Zu Speier, im Saale, da hebt sich ein Klingen 883
Zu Steffen sprach im Traume 297
Zu Thaten mich empor zu flügeln 305
Zufrieden durch Liebe und sanfte Herzenstriebe 491
Zufriedenheit
  Arm und klein ist meine Hütte 294
  Bleibt mir nur der leichte Sinn (Bergmann) 829
Zufriedenheit, auch im Leiden (Fasch) 564
Zulema (La; Oper: Curci) 352, 728
Zulmé (Romance)
  Adieu Zulmé ... (Gouet) 756
  Dans un castel ... (Laffillé) 451
  De ce beau lac ... (F. Grast) 666
Zum Abschied (L. W. Maurer) 676
Zum Agnus Dei (Ett) 399
Zum Agnus Dei und zur Communion (Gratz) 398
Zum Berge meiner Freude 494
Zum Beschluß (Gratz) 398
Zum Credo
  Du, der da nichts als Liebe ist! (Ett) 399
  Preis und Anbethung ... (Gratz) 398

Zum ewigen Frieden (Kleeberg) 139
Zum fernen Liebchen ritt' ich einst 269
Zum Gloria (Alte Melodie) 398
Zum Gloria (Ett) 399
Zum Kyrie
   Hier liegt vor deiner Majestät (Ett) 399
   Ich komme vor dein Angesicht (Gratz) 398
Zum Lebewohl nimm meines Herzens Klagen 252, 651
Zum Leiden bin ich auserko(h)ren 42, 706
Zum Markt(e) erscheinen (erschienen), seht uns heut 694, 957
Zum Monolog in der: Jungfrau von Orleans (C. Schulz) 776
Zum Neuen Jahr 1803 (F. D. Weber) 145
Zum Neujahrs-Feste (Rolle) 566
Zum Neujahrsfest (Rolle) 565
Zum Offertorium
   Am letzten Abendmahle (Knecht) 398
   Nimm an der Gaben Weihe (Ett) 399
Zum Sanctus
   In Geist und Wahrheit Gott verehren (Gratz) 398
   Wer ist, wie du, so heilig (Ett) 399
Zum Tode, zum Tode führt mich fort! 599
Zum treuen Schäfer s. Fidèle Berger (Le)
Zum Weihnachts-Fest (Homilius) 566
Zum Ziele führt dich diese Bahn 706, 738
Zum zweitenmal ein Herz zu finden 235
Zur Freude, zum Gesange 897
Zur heiligen Communion (Ett) 396
Zur Mutter sagte jüngst 491
Zur Nacht (Dietrichstein) 650
Zur Zeit, als die Königin Bertha spann (Romance Comique) (Puget) 812
Zuruf auf der Alm (C. Fischer) 693
Zwar du schwebst vor meinen Blicken 682
Zwar konnte das Schicksal 599
Zwar schuf das Glück hienieden (Fast lyckan mig förskjuter) 717
Zweck der Jugendjahre: Ermuntre dich, mein schwacher Geist 771
Zwei Fäuste zur Arbeit 880
Zwei Genien hat uns die Gottheit gesandt 774, 896
Zwei Herzoginnen (Die) s. Due Duchesse (Le)
Zwei Mädchen sassen manche Nacht 302
Zwei Nächte (Die) s. Deux Nuits (Les)
Zwei Raben flogen um einen Stein 882
Zwei Sterne leuchten 895
Zwei Tanten (Die) s. Zwey Tanten (Die)
Zweifle nicht, du bleibst mir theuer 687
Zweikampf (Der) (Hérold) s. Pré aux Clercs (Les)
Zweikampf (Der) (Spohr) s. Zweikampf mit der Geliebten (Der)
Zweikampf mit der Geliebten (Der; Oper: Spohr) 680, 683, 737, 738, 992
Zweitzer familie (Die) s. Schweizerfamilie (Die)
Zwey Blinden von Toledo (Die) s. Deux Aveugles de Tolède (Les)
Zwey Posten s. D'Auberge en Auberge
Zwey Tanten (Die; Ballett: Gyrowetz) 389 (2)
Zwey Worte s. Deux mots
Zwey Wünsche (Ries) 650
Życzenia w samotności (Elsner) 171

8. Titel von Instrumentalwerken

A favourite Lesson (Pfte.-Arr.) 104
A favourite Lesson (Haydn) s. Divertimento
A la Polacca (Pfte.) 827
A la Styrienne (Pfte.: J. N. Hummel) 968
A Schüsserl und a Reindl etc. (mit Var.) (Pfte.: F. A. Neumann) 412
Abschied von der Küste Frankreichs, Rondo Barcarole über eine Romanze (Grisar) (Pfte.: Bertini, Op. 103) 806
Abschieds-Walzer à la Strauss (Pfte.) 793
Adagio (Fl.)
   Gabrielski 761; C. Keller 761
Adagio (Org.)
   Feuerbach 986; Rinck, Op. 25 979; Rinck 985, 986, 987; C. H. Zöllner 984
Adagio (Pfte.)
   Bertini 802; Clementi 411; Cramer 571; Dunckel 284; König 26; Mozart, KV 540 231, 279, 975; Mozart 79; W. A. Müller 852; I. Pleyel 139; Spohr 423; Vanhal 4; anonym 846
Adagio - Allegro assai - Adagio (Pfte.: Lacoste) 585
Adagio con espressione (Pfte.) 33, 618
Adagio espressivo (Pfte.: F. D. Weber) 202
Adagio et Polonaise (Pfte.)
   Leidesdorf, Op. 86 574; Lindner 885
Adagio et Polonaise (Pfte., Vl. oder Fl.:
   Leidesdorf, Op. 105) 574
Adagio ma non troppo (Pfte.: Wittassek) 210
Adagio maestoso (Pfte.: Steibelt) 139
Adagio non troppo (Pfte.: I. Pleyel) 5
Adagio und alla Polacca nach Melodien aus Mozarts Zauberflöte (Pfte.: Frommelt) 59
Adagio und Minuetto aus: Notturnen (Gyrowetz; Pfte.-Arr.: Fröhlich) 278
Afrikanische Romanze (Abbé Vogler) (Arr. f. 2 Vl., Va., Vc.) 258; (Pfte.-Arr.) 292
Aften paa Landet (En; Divertissement) (Pfte.: Blinck) 861
Aftruppning (Pfte.: Steibelt) 657
Agnesen Rutscher (Pfte.) 790
Aigues Caoutes, Canzonette du: Petit Pâtre de St. Sauveur, variée (Pfte.: Méreaux, Op. 31) 844
Air (Fl. oder Vl.: Shield) 136
Air (Pfte.)
   Asioli 91; Cramer 953; Czerny 953; v. Gallenberg 953; H. Herz 954; J. N. Hummel 953; Kalkbrenner 918, 953; Mozart 953; Onslow 953; Rousseau 953; Schetky 117; Spohr 953; C. M. v. Weber 953; anonym 103 (2)
Air (Bishop; Pfte.-Arr.: V. Novello) 912
Air à l'Espagnol (Pfte.: Valentine) 911
Air anglais avec Var. (Pfte.: Himmel) 165
Air célèbre irlandais en rondeau (Pfte.: Ries, Op. 67, 2) 413
Air Chinois (Pfte.) 65
Air composé et varié (Git. oder Lyra: Castro de Gistau) 276
Air de Ballet (Pfte.: H. Herz) 932
Air de Ballet from Auber's Opera of: Gustave III. (Pfte.: H. Herz) 914

Air de dance de l'Opéra d': Armide (Gluck)
mit Var. (Pfte.: Wessely) 139
Air de: Nina, varié (Pfte.: Moscheles) 321
Air de Vaudeville, varié (Pfte.: Rhein) 811
Air favori (Pfte.: Carafa) 809
Air favorite (Rossini; Pfte.-Arr.) 557
Air Français (Pfte.: Kiallmark) 912
Air Français varié (Git.: Castro de Gistau) 275
Air Français varié (Git. oder Lyra: Castro de
Gistau) 276
Air from Hérold's Opera: Le Pré aux Clercs,
arr. as a Rondo (Pfte.: A. Adam) 972
Air from: L'Ambassadrice (Auber) (Pfte.-Arr.:
H. Herz) 918
Air in the Barbier de Seville (Paisiello) with
Var. (Pfte.: Chalon) 93
Air Irlandais (with Var.) (Pfte.: H. Herz) 917
Air populaire (Pfte.) 317
Air russe (Schubert) s. Moments Musicaux
Air russe (Pfte.-Arr.) 94
Air russe avec Var. (Pfte.: Cramer) 320
Air russe en Rondo (Pfte.: Dussek) 617
Air russe varié (Pfte.: Byström) 22
Air suisse (Pfte.: Clementi, Op. 36, 5, II)
77
Air suisse à la Madame Stockhausen, varié
(Pfte.: Moscheles) 972
Air suisse, varié (Pfte.: N. G. Bach) 810
Air tyrolien varié (Pfte.)
F. Hünten, Op. 27 719; Payer, Op. 130
843
Air varié (Git.: Moretti) 275
Air varié (Pfte.: Rode) 83
Air varié sur: L'amour est un enfant trompeur
(Pfte.: Dussek, Op. 6, 1) 183
Air: Vous l'ordonnés &c., varié (Pfte.) 129
Air with Var. (Pfte.)
Holder 911; anonym 103
Airs russes variés (Vc.: B. Romberg) 610
Aldrige's favourite Hornpipe (Pfte.-Arr.) 104
Alexander Marsch (Persuis; Pfte.-Arr.: Starke)
424
All Nations Polkas (Pfte.: Linter) 947
All'Inglese (Pfte.-Arr.: Cramer) 926
Alla Polacca (Pfte.)
Cherubini 771; Ries 949; Töpler 829
Alla Polacca über ein Motiv aus der Oper: Der
schwarze Domino (Auber) (Pfte.) 808
Alla Siciliana (Pfte.)
Bertini 802; Knecht 143
Allegorisk Ouverture till: Åminnelse af Amiral
Duncans Seger öfver Hollendska Flottan d.
11. Oct. 1797 (Pfte.: Steibelt) 42
Allegretto (Cemb. oder Pfte.) (Sterkel, Op. 24,
2) 102
Allegretto (Git.: M. Giuliani) 473 (4)
Allegretto (Hf. oder Pfte.)
Albanese 156; Gluck 157; Knafel 157;
C. Löwe 156; V. Maschek 159; Ragué
156, 157; Salieri 159; J. Weigl 157;
Weippert 156, 159; Winter 158
Allegretto (Org.: Hesse) 991
Allegretto (Pfte.)
Barth 75; Dupuy 656; Gerlach 314;
Gürrlich 74, 167; Haydn, Hob. XVII, 10
71; H. Herz 63; H. F. Müller 151;
I. Pleyel 87; J. F. Reichardt 139; Röth
344; Rossini 765; C. Schall 205; Schind-
löcker 312, 314, 315; J. A. P. Schulz 73;
Steibelt 183; J. Weigl 344; Winter 344;

Winterstein 828; anonym 4, 7, 9, 11 (3),
13, 18, 26, 45 (2), 48 (2), 52, 56, 341,
344, 949
Allegretto (Pfte.: Dussek, Op. 46, 3, II) s. (6)
Leichte Sonaten
Allegretto (Pfte.: Ries, Op. 30, 3, III, Beginn)
s. (3) Sonatinen
Allegretto (Pfte.: Ries, Op. 58, 6) s. (12)
Bagatelles
Allegretto (Pfte. 4hdg.)
Geyer 139; Grund 889
Allegretto (2 Vl.: Weiss) 723
Allegretto (Zither) 3
Allegretto avec. Var. s. Allegretto mit Var.
Allegretto con grazia (Pfte.: Haessler) 661
Allegretto con Var. s. Allegretto mit Var.
Allegretto fugato (Pfte.: Mühling) 885
Allegretto grazioso (Hf. oder Pfte.: Grenser)
159
Allegretto med Var. taget af: Bournonvilles
Eng: Entre (Pfte.: C. Schall?) 204
Allegretto mit Var. (Pfte.)
Clementi 786; Lithander 21; Lütger 138;
Pixis 402; I. Pleyel 87; F. Schneider 886;
F. D. Weber 327; anonym 26
Allegretto Moderato (Pfte.)
Bohrer 341; Cramer 62; Röth 340
Allegretto nach einer Melodie von C. M. v.
Weber (Pfte.: Praeger) 772
Allegretto non tanto (Pfte.: Cramer) 716
Allegretto non troppo (Pfte.)
Bohrer 344; Danzi 341; anonym 344
Allegretto poco Andantino (Pfte.: Beutler) 341
Allegretto scherzando (Hf. oder Pfte.: Krump-
holtz) 158
Allegretto Siciliano (Pfte.: Mühling) 890
Allegretto – Var. (Pfte.: I. Pleyel) 87
Allegretto vivace (Pfte.: Röth) 344
Allegrezza (Pfte.) 764, 766
Allegri di Bravura (Pfte.: Weyse) 169, 170
Allegro (Fl.: C. Keller) 762 (2)
Allegro (Git.: M. Giuliani) 473
Allegro (Git. oder Lyra: Sor) 275
Allegro (Hf. oder Pfte.: Mozart) 159
Allegro (Org.)
Hesse 989, 991; Schwencke 988
Allegro (Pfte.)
W. Bach 164; Dumoncheau 85; Kalk-
brenner 416; Lindeman 76; A. E. Müller
46; I. Pleyel 87 (3); Rossini 622; Scarlatti
39; C. Schall 205; Schwencke 846; anonym
151 (2), 321, 764
Allegro – Andante legato (Pfte.: W. Bach) 167
Allegro assai (Cemb. oder Pfte.: Sterkel, Op.
10, 1) 102
Allegro brillante (Pfte.)
Becker 769; Dumoncheau 81
Allegro con Fuoco (Pfte.) 248
Allegro con spirito (Pfte.: F. D. Weber) 211
Allegro di molto (Pfte.)
C. Ph. Em. Bach 887; Zezi 764
Allegro Finale (Harmoniemusik: Alday) 163
Allegro giocoso (Pfte.: F. A. Kummer) 766
Allegro giusto (Pfte.)
F. A. Kummer 764; Lemming 68; anonym
766
Allegro moderato (Fl.) 762
Allegro Moderato (Pfte.: Cramer) 59
Allegro Moderato (Pfte.: Moscheles) s.
Bonbonnière musicale

Allegro molto (Hf. oder Pfte.: Wranitzky)
156
Allegro molto (Pfte.)
Lindemann 77; Weisse 56
Allegro non tanto (Org.: Zöllner) 986
Allegro scherzando (Pfte.)
Beyer 770; Dumoncheau 81
Allegro scherzando nach Caraffa (Pfte.: Ebers)
891
Allegro spiritoso (Git.: M. Giuliani) 473
Allegro vivace (Git.: M. Giuliani) 473
Allegro vivace (Pfte.)
Beyer 772; Lindner 885
Allemande (Fl.)
Fatschek 303; H. F. Müller 298; anonym
298
Allemande (Hf. oder Pfte.)
Backofen 156; Gyrowetz 158, 159; Kna-
fel 158; Krumpholtz 157; G. Lambert
159
Allemande (Harmoniemusik: Leroy) 162 (2),
163, 164
Allemande (Pfte.)
Beutler 339, 343; Böhner 314; Diabelli
423; Lohmaier 340; Pelissier 330, 332;
Praeger 775, 777; Röth 340 (2), 341 (2),
342, 343, 344 (2); Schindlöcker 316;
Seifert 316; Steibelt 407; W*j. 311;
Wiskemann 277; anonym 196, 290, 315,
316, 343 (2), 344
Allemande (Pfte., 4hdg.)
Kallenbach 584; anonym 313 (2)
Allemande en Rondeau (Harmoniemusik) 162
(6) Allemandes (Pfte.: J. Klingohr) 146
Ally Croaker (Pfte.-Arr.) 104
Am Kiritag (Steirischer Tanz; arr. f. 1 Fl.)
694
Amors-Flügel (Galopp nach Lanner) (Pfte.)
807
Amors Flügel Walzer (Lanner; Pfte.-Arr.:
Valentin) 920
Amusement (Pfte.)
J. N. Hummel, Op. 108 718; Oterdahl
424
Amusement (für 3 Hände oder Pfte. und Fl.
oder Vl.: Klemm) 795
Amusement aus der Oper: Belisar (Donizetti)
(Pfte.) 804
Amusement Musical (Pfte.: Agthe, Op. 4, 1)
413
Amusement über beliebte Tanzmelodien aus
der Oper: Gustav III oder Der Maskenball
(Auber) (Pfte.) 798
Amusement über Motive aus: La Médecine sans
Médecin (Hérold) (Pfte.) 803
An Herz und an Sinn (Steirischer Tanz) (arr.
f. 1 Fl.) 694
Andalusian Quadrilles, to which is added The
Celebrated Gitana Galop (Joh. Strauss
Vater) (Pfte.-Arr.) 922
Andante (Fl.: C. Keller) 761, 762
Andante (Hf. oder Pfte.)
Backofen 156; Grenser 157; Knafel 157,
158; J. H. Lorenz 158; Paisiello 159; I.
Pleyel 158; Süssmayr 158; Winter 157
Andante (J. Haydn; Harmoniemusik: Starke)
388
Andante (Org.)
Ernst 983; M. Henkel 982, 984; Hesse
985, 987 (2), 989 (2), 990; A. L. Löwe

988 (2), 989, 990; Rinck 983, 985, 987,
988; Schwencke 988; Trutzer 981, 987;
Vanhal 978
(3) Andante (Org.: J. J. Beauvarlet-Charpen-
tier) 984
Andante (Pfte.)
Agthe 413, 744; Beethoven, WoO 57 993;
Beethoven 560; F. Berwald 585; Böhner
854; Carafa 559; Cramer 230; Danzi 340;
Enckhausen 890; K. E.? Hering 852;
Kalkbrenner 856; Kamieński 173, 248;
G. H. Köhler 619; W. A. Müller 852, 853,
854; Ries 856; G. V. Röder 315; J. Rös-
ler 201, 210, 328; Röth 343; Vanhal
855; Viotti 768; Wittassek 202; anonym
6, 9, 26, 45, 47, 248 (3), 623
Andante (Mozart, KV 543, II) (Pfte.: Gelinek)
236
Andante (Pfte. 4hdg.: W. Bach) 166
Andante (2 Vl., Va., Vc.)
Abbé Vogler 259; Wölfl 257
Andante (Var. 1-2) (Pfte.)
G. H. Köhler 139; I. Pleyel 87
Andante af Naumann med Var. (Pfte.) 54
Andante af Rode var. (Pfte.: Diabelli) 423
Andante affettuoso (Hf. oder Pfte.) (Righini)
157
Andante alla Polacca (Caraffa) (arr. f. 1 Fl.)
762
Andante Amoroso (Hf. oder Pfte.: Ragué) 157
Andante. Ausführung des Choral's: Liebster
Jesu wir sind hier (Org.: Hesse) 980
Andante cantabile (Pfte.)
Amon 425; C. F. Becker 769; Cramer 59;
W. A. Müller 855; I. Pleyel 11, 70
Andante con espressione (Pfte.: König) 26
Andante con molto espressione (Pfte.:
C. Schall) 205
Andante con moto (Org.)
Trutzer 981; anonym 10
Andante con moto ed espressione (Pfte.:
Sterkel) 168
Andante con moto et Allegro moderato (Org.:
J. Vierling) 988
Andante con Variazione (Pfte.) 38
Andante con Variazioni (Fl.: Tulou) 762
Andante con vivezza (Pfte.: Sterkel) 168
Andante espressivo (Pfte.: Gross) 167
Andante favorit (Pfte.: Georgi) 284
Andante grazioso (Hf. oder Pfte.: J. H.
Lorenz) 157
Andante grazioso (Pfte.)
L. Adam 417; I. Schubert 745; anonym 52
Andante grazioso (Pfte. 4 hdg.: Gürrlich) 167
Andante grazioso (Naumann) med Var. (Pfte.:
Åhlström) 53
Andante grazioso (Pihlman) med Var. (Pfte.:
Åhlström) 52
Andante ma non troppo (Pfte.: I. Pleyel) 5
Andante maestoso, ma con moto (Hf. oder
Pfte.: Salieri) 158
Andante minore-Majore (Pfte.: Vanhal) 498
Andante mit obligatem Pedale (Org.: Hesse)
982
Andante mit Var. (Pfte.)
Askergren 23; W. Bach 165; Cadina 572;
Gabler 419; Gelinek 46; Grem 171; Haigh
133; C. Kuhlau 12, 205; Morowski 171;
H. F. Müller 151; I. Pleyel 6, 87; Potocka
171; Rode 422; anonym 743

Andante Moderato (Pfte.)
André 204; F. D. Weber 211; anonym 315
Andante molto (Org.)
M. Henkel 981; J. Vierling 988; J. G. Vierling 978
Andante Pastorale (Pfte.: Reichel) 619
Andante Polonaise (Pfte.) 19
Andante sostenuto (Fl.: F. Kuhlau) 761
Andante sostenuto (Pfte.) 53
Andante spagnuolo (Pfte.: W. Bach) 165
Andante udi den spanske Smag (Pfte.: Beethoven) 83
Andante und Allegro (Org.: Hesse) 980
Andante & (3) Var. (Git.: Löhr) 855
Andante Varié (Fl.: C. Weiss) 761
Andantino (Cemb. oder Pfte.: Sterkel, Op. 24, 5) 102
Andantino (Hf. oder Pfte.)
Backofen 159; Knafel 157
Andantino (Org.)
Gebhardi 978; J. Vierling 990; Ziller 990; C. H. Zöllner 985
Andantino (Pfte.)
W. Bach 166; Belcke 891; F. Berwald 585; Boccherini 117; Gross 81, 166; Leidesdorf 418; Mozart, KV 588 b = 236 954; Röth 344; Rovelli 559; F. Schneider 886; Sterkel 139; Abbé Vogler 67; anonym 9, 19
Andantino, con affetto (Pfte.: Haessler) 660
Andantino con espressione (2 Vl.: Diabelli) 721
Andantino (con) Menuetto (Pfte.: Mühling) 885
Andantino con moto (Org.: A. Henkel) 981
Andantino grazioso (Pfte.: Mühling) 891
Andantino i Spansk Smag (Pfte.: Moscheles) 422
Andantino (mit Var.) (Hf.: Zander) 3
Andantino mit Var. (Pfte.)
Dussek 407; C. Schall 205
Andantino molto (Org.: J. Vierling) 981
Andantino Pastorale (Fl.) 149
Andantino poco Allegretto (mit Var.) (Pfte.: Hitzelberger) 342
Andantino teneramente (Pfte.: Ebers) 891
Anglaise (Fl.)
H. F. Müller 298; anonym 299, 300 (3), 304
Anglaise (Hf. oder Pfte.)
Heyse 157; Knafel 157; Krumpholtz 157; V. Maschek 158, 159
Anglaise (Pfte.)
F. W. Berner 248; Boieldieu 776; Gerke 406; Knecht 143, 145; H. F. Müller 150 (5), 151 (2); anonym 29, 32, 142, 195 (2), 269, 657
Anglaise (Pfte. 4hdg.: Kallenbach) 585
Anglaise (Pfte., Hf. oder Vl.) 288
Anglaisen (Pfte.: Guido) 155
Anglaises (Nr. 1–2) (Pfte.: Marque) 626
Angloise s. Anglaise
Apollo-Saal-Tänze (III; Pfte.: J. N. Hummel, Op. 31, 8–9) 415 (2)
Araber Galop (Pfte.: Labitzky) 923
Aria af: Aline med Var. (Pfte.: J. N. Hummel) 75
Aria af: Lilla (Martín y Soler) med Var. (Pfte.: Vanhal) 74

Aria alla Francese (Pfte.: Valentine) 912
Aria alla Scozzese (Pfte.: Knapton) 914
Aria alla Scozzese con Var. (Pfte.: Valentine) 910
Aria alla Tedesca (Pfte.: Valentine) 913
Aria alla Tedesca, arr. as a Rondo (Pfte.: Dussek) 120
Aria con Var. (Fl. oder Vl.: Haigh) 136
Aria con Var. (Pfte.)
Haigh 117; I. Pleyel 118, 126; Rust 140
Aria de Pacini (Pfte.: Glover) 941
Aria Polonaise (Pfte.: Trento) 237
Aria S.r kaiserlichen Majestät Ferdinand III. 36 Mahl verändert (Pfte.: W. Ebner) 503
Aria utur Op: Wattendragaren (Les deux Journées) af Cherubini med Var. (Pfte.: Lipavski) 52
Arie af: Den røde Hue med Var. (Pfte.: v. Dittersdorf) 76
Arie af Rousseau (med Var.) (Pfte.: Cramer) 415
Arie af: Zelmire af Rossini, arr. i Rondo (Pfte.: W. H. Hünten) 860
Arie aus: Fanchon von Himmel mit Var. (Pfte.: Mühling) 889
Arie: Kong Christian stod ved höjen Mast, med Var. (Pfte.: F. Kuhlau, Op. 16) 413
Arie med Var. (Rode) s. Air varié
Arie med Var. over en tydsk Sang (Pfte.: Lüders, Op. 24) 862
Arie mit Var. (Pfte.: Dalayrac) 79
Arie varié (Fl.: Tulou) 761
Arietta alla Spagnuola (Pfte.: Cramer) 243
Ariette (Pfte.)
Boieldieu 776; anonym 780
Ariette con Var. (Pfte.: Bürgel) 146
Ariette der Fantasie: Ich bin ein Wesen leichter Art (Pfte.) 780
Ariette variée (Pfte.: Lanz) 151
Assisa a piè d'un salice (Hf.: Bochsa) 954
Astley's Hornpipe (Pfte.-Arr.) 104
Aufforderung zum ländlichen Tanz über Motive aus Donizetti's Liebestrank (Pfte.: H. Herz) 791
Aufforderung zum Tanze. Rondo brillant (Pfte.: C. M. v. Weber, Jähns 260) 63, 773
Aufgabe von Ludwig van Beethoven gedichtet, Vierzig Mahl verändert (Rudolf Erzherzog von Österreich) 503
Aurora Walzer (Labitzky; Pfte.-Arr.: Rimbault) 920
Ausführung der Choralmelodie: Herzlich thut mich verlangen (Org.: J. Vierling) 983
Ausführung des Chorals: Dir, dir Jehovah will ich singen (Org.: Klauss) 984

Bacchanale (Pfte.: Steibelt) 320 (2)
Bäjerska Favorit Folksången (Pfte.: Spontini) 62
Bag-pipe (Pfte.) 32
Bagatelle (Pfte.)
Leidesdorf, Op. 107 574; Ries 558; Thomson 953
Bagatelle ou Var. sur un thème favori (Pfte.: de Winkhler) 887
(7) Bagatellen (Pfte.: Beethoven, Op. 33)
1: 405, 976; 2: 416; 3: 320; 4: 411; 6: 411
(6) Bagatellen (Pfte.: Beethoven, op. 126, 3) 425

Bagatellen (Pfte.: J. N. Hummel, Op. 107, 2, 3, 6) 425 (3)
Bagatelles (Pfte.: Leidesdorf, Op. 92) 574
(12) Bagatelles (Pfte.: Ries, Op. 58, 1–3, 6—12) 414 (7), 415 (3)
Ballabile (Pfte.: J. Weigl) 292
Ballad Quadrilles (Pfte.: Czerny) 932
Ballade af Syngestykket: Den hvide Dame (Boieldieu) med Var. (Pfte.: Karr, Op. 151) 865
Ballade sur un Thème de Paer (Pfte.: Chaulieu, Op. 90) 976
Ballet ‹Pas de deux› (Pfte.: Auber) 796
Balletmester, Galleottis pantomimiske Epilog (C. Schall; Kl. A.) 80
Balletstykker (Pfte.: Gürrlich) 81
Balletto (Pfte. 4 hdg.) 269
Balli Tedeschi (Pfte.: F. D. Weber) 145 (2)
Barcarol(l)e (Pfte.)
    Bertini 802; Thalberg 935
Barcarolle de Venise varié (Pfte.: Abbé Vogler) 65
Bataille d'Jena (La; Pfte.: Lemière, Op. 36) 84
Bataille de Fleurus (Pfte.: Mezger) 21
Bataille de Marengo (Viguerie, Op. 8; Pfte.-Arr.) 79
Belgravia Polka (Pfte.: Schwartz) 946
Berg-Schotten (Die; Quadrille) (Möser; Pfte.-Arr.) 81, 192 (2)
Berliner Favorit Dandse (Westenholz; Pfte.-Arr.) 405
Berliner Favorit Vals (Pfte.-Arr.)
    Detroit 414; anonym 412
Berliner Galloppe (Pfte.) 741
Berllisle March (Pfte.-Arr.) 104
Bertha-Rutscher (Pfte.: Schmuckert) 798
Beschattet von der Pappelweide (Pfte. oder Hf.: Siebigk) 143
Bierskotter s. Berg-Schotten (Die; Quadrille)
Birth-Day-Polka (Pfte.: Flood) 944
Blanding af Arier (uddragene) af Rossinis Operaer s. Mélange d'Airs de Rossini
Bøhmisk Almuesang med Var. (Pfte.: V. Maschek) 80
Böhmisk Walz med Var. (Pfte.) 47
Bohemian Waltz (Pfte.: Rosenberg) 914
Bolero (Carafa) (Arr. f. 1 Csakan) 630; (Pfte.) 772
Bolero (2 Vl.) 720
Bolero favori — Spansk Divertissement (Pfte.: Ledesma) 407
Bolero nach Motiven aus der Oper: Der Schwur (Mercadante) (Pfte.) 811
Boléro sur la Romance favorite: Rossine de Massini (Pfte.: Burgmüller, Op. 22) 810
Boleros (Fl.) 683
Bonbonnière musicale. Suite de Morceaux faciles, agréables et doigtés (Pfte.: Mosche-les, Op. 55) 421
Brasilianische Tanzweise (Pfte.) 792
Brazilian March (Pfte.: Valentine) 914
(3) Brillante Walzer à la Chopin über Motive aus der Oper: Der schwarze Domino (Auber) (Pfte.) 808
(6) Brilliant waltzes (Pfte.: H. Herz) 926
Broom on Cowdenknows (a Scotch Air) with Var. (Pfte.) 101
Brose and Butter (Pfte.-Arr.) 104
Bundes-Marsch der deutschen Völker (Gebel; arr. f. 1 Fl.) 703

C. M. v. Weber's last Waltz s. Danses brillantes (Pfte.: Reissiger, op. 26, 5)
Ça ira (Pfte.) 10
Cachucha (La) (Pfte.)
    A. Adam 807; Gomion 810
Cadenza - Sonatine (Pfte.: Diabelli) 618
Caffe. Fugette (Pfte.: Kellner) 19
Calamaica (2 Vl.) 722
Calder Fair (Pfte., Hf. oder Vl.) 288
Caledonian Hunt (Pfte.-Arr.) 94
Canon (Pfte.: Mayseder) 956
Canon ad Diapason (Pfte.: Clementi) 954
Canonisches Vorspiel zu dem Chorale: Morgenglanz der Ewigkeit (Org.: Karow) 991
Cantabile (Pfte.: I. Pleyel) 6
Cantabile und Fughetta (Org.: J. G. Vierling) 979
Cantabile und Polacca über Motive aus der Oper: Torquato Tasso (Donizetti) (Pfte.) 805
Capriccio (Pfte.)
    Lithander 27; Macdougall 862; Mendelssohn, Op. 5 843; J. Rösler 329
Capriccio (C. M. v. Weber) s. Momento capriccioso
(3) Capriccios (Pfte.: J. N. Hummel, Op. 105, 3) 423
Caprice (Fl.: F. A. Kummer) 761
Caprice (Pfte.)
    Czerny, Op. 108 843; J. N. Hummel, Op. 49 383; J. N. Hummel 977
Caprice à la Chasse (Pfte.: P. Maschek) 401
Caprice à la Polacca (Pfte.: P. Maschek) 401
Caprice à la Valse (Pfte.: Field) 645
Caprice et Rondeau (Pfte. oder Hf.: A. Meissonnier) 262
Caprice et Var. (Pfte.: Haak) 169
Carlotta Grisi (Polka) (Pfte.: Linter) 938
Carneval in Gotha ... (Der) (arr. f. türkische Musik: Starke) 389
Carnevals-Galopp (Pfte.: Sommerfeld) 801
Carussel-Marsch (Pfte.: C. G. Müller) 743
Castle Durrow (Pfte., Hf. oder Vl.) 287
Cavatina af: Tancredi med Var. (Pfte.: Gelinek) 417
Cavatina alla Polacca (Carafa; arr. f. 1 Csakan) 630
Cavatina from Rossini's Opera: La Cerentola, arr. with Var. (H. Herz) s. Var. sur une Cavatine de la Cenerentola
Cavatine (Pfte.: Rossini) 764
Cavatine favorite des: Huguenots de Meyerbeer (Pfte.: Schunke, Op. 51) 844
Chaconne (Cemb. oder Pfte.: Sterkel, Op. 24, 6) 102
Chaconne (Pfte.: Sterkel) 72
Champagner-Walzer (Joh. Strauss Vater, Op. 14; arr. f. 1 Fl.) 695
Chanson de guerre ‹Kriegslied› (Weigl) avec Var. (Pfte.: Moscheles) 320
Chanson Napolitaine (Lyra oder Git.: Meissonnier Jeune) 996
Chanson Russe avec XII Var. (Pfte.: Hässler) 26
Chansons russes (Pfte.) 320
Chansons suédoises avec Var. (Pfte.: B. Romberg) 610
Chantons l'Hymen (Fl. oder Vl.: Cambini) 136
Chants du Cynge, Dernières Mélodies de Schubert, Nr. 1 (Pfte.: Liszt) 844

Chants du Rossignol (Les) (Quadrille) (Pfte.: Linter) 934
Chasse (Harmoniemusik) Fleury 163; L. Jadin 162; Leroy 162
Chasse (La; Pfte.) Dussek 416; Fuss 713
Chasse (Rondo) (La; Pfte.: Steibelt) 393, 407
Chasse du jeune Henry (La) (Méhul) (Pfte.-Arr.) 54
Chasse (La). Rondino über Motive aus: Soirées musicales (Rossini) (Pfte.: F. L. Schubert) 807
Chateau d.Eu Quadrille (Pfte.: Ph. Musard) 938
Chinesisk Ballet(t) (Pfte.) K. J.? Krause 204; anonym 3
Chor af Biergbönderne i Operaen: Den hvide Dame (Boieldieu) med Var. (Pfte.: Chaulieu) 857
Choral (Org.):
  Allein Gott in der Höh' sei Ehr (Rinck) 991
  Durch Adams Fall ist (Rinck) 981
  Ein' feste Burg ist unser Gott (Rinck) 978
  Freu' dich sehr o meine Seele (Hesse) 985; Volkmar 981
  Herr Jesu Christ, dich zu uns wend (Rinck) 979
  Jesu meine Freude (Rinck) 978
  Lobt Gott ihr Christen allzugleich (Seelmann) 988
  Nun freut euch lieben Christen (J. M. Bach) 980
  Nun lasst uns den Leib begraben (Rinck, Op. 77) 979
  Tugend o wie schön bist du (J. Vierling) 983
  Vom Himmel hoch da komm ich her (Zachau) 980
  Wachet auf, ruft uns (W. A. Müller) 984
  Was Gott thut das ist wohl gethan (Rinck) 987
  Was ist der Tod? (Fr. Schneider; Org.: Seelmann) 987
Choral Fuge: Christus der ist mein Leben (Vulpius; Org.: Seelmann) 989
Choral i Aeolisk Tonart (Kirnberger; Pfte.-Arr.) 21
Choral i Myxolydisk Tonart (Bach, BWV 370; Pfte.-Arr.) 21
Choral mit Zwischenspielen: Wie schön leucht uns der Morgenstern (Org.: Rinck) 980
Choral uti Hypolydisk Tonart (Pfte.-Arr.) 21
Choralvorspiel (Org.: Kittel) 978
Choral-Vorspiel (Org.):
  Allein Gott in der Höh' sei Ehr (G. Chr. Stolze) 989
  Fürwahr du bist o Gott verborgen (Volkmar) 980
  Gott ist mein Hort (Volkmar) 980
  Ich weiss mein Gott, dass all' (Volkmar) 986
  Liebster Immanuel, du Freund der Deinen (G. Chr. Stolze) 990
  Mache dich mein Geist bereit (Volkmar) 981
  Mir nach spricht Christus (G. Chr. Stolze) 990
  Nun lasst uns Gott dem Herrn (G. Chr. Stolze) 990, 991

O Gott du frommer Gott (G. Chr. Stolze) 991
Schwing dich auf zu deinem Gott (Volkmar) 981
Seele, was ist Schön'res wohl (Volkmar) 986
So gehst du nun mein Jesus hin (G. Chr. Stolze) 991
Wachet auf, ruft uns die Stimme (Volkmar) 986
Was Gott thut das ist wohlgethan (G. Chr. Stolze) 991
Wenn wir in höchsten Nöthen sein (G. Chr. Stolze) 991 (2); (Volkmar) 984
Wer weiß wie nahe mir mein Ende oder: Wer nur den lieben Gott (G. Chr. Stolze) 992
Wie schön leucht't uns der Morgenstern (G. Chr. Stolze) 992; (Volkmar) 982
Choral-Vorspiel (Pfte.) C. Ph. E. Bach 22; Gerber 21; Kirnberger 22; Oley 21
Choralmässig (Org.) Hesse 979; J. G. Vierling 978
Clairons et Cromone avec les Fonds (Org.) 649
Claver Sonat s. Sonate (Pfte.)
Clementine Valse (Pfte.: Jullien) 932
Collección de Waltzes (Pfte.) Beethoven 571; F. A. A. 571; Acedo Rico 572
Collection of Favourite and familiar Pieces (Pfte.-Arr.) 94
Collection of Familiar Rondos (Pfte.) 93
Communal-Garden-Marsch ‹ Rutscher › (Pfte.) 790
Comtesse af Southerlands Favorit Rondo (Pfte.: Dussek) 412
Comtesse Knuths Walz (Pfte.: Friling) 498
Con spirito (Pfte.: C. F. Müller) 888
Con Vivezzo (Pfte.) 248
Concert (Vl., Orch.: Spohr, Op. 28; Pfte.-Arr.) 610
Concertante (Pfte.: I. Pleyel) 88
Concerto (Pfte.) J. Chr. Bach, Op. 13, 4, 91; Cesarini 92; Corri 97; Hasse, Op. 4, 1 91; Just 91; Paradies 91; Fr. X. Richter 92
Concerto (Pfte. oder Hf.: Koželuch) 103
Concerto Grosso (Corelli, Op. 6, 8; Pfte.-Arr.) 93, 120
(2) Concertos (Pfte.: Cesarini) 92
(6) Concertos (Pfte.) (J. S. Schroeter, Op. 3) 98
Contra Caira (Fl.) 303
Contredands s. Contredanse
Contredanse (Lyra oder Git.: Meissonnier Jeune) 996
Contredanse (Pfte.) Jullien 993; Keck 418; F. Kuhlau, Op. 100, 12 b 846
Contretänze (Pfte.: Herz) 795
Contretänze über die neuesten Opernmelodien (Pfte.: F. H. Musard) 804
Contretänze über Motive aus Donizetti's: Liebestrank (Pfte.: F. L. Schubert) 791
(6) Contretänze über Themen aus: Hans Heiling (Marschner) (Pfte.: F. L. Schubert) 798
Contretanz (Pfte.) 949

Corps de Ballet (Pfte.: Gürrlich) 311
Cosakisk Rondo s. Rondo cosaque
Cosaque (2 Vl.) 722
Cosaque s. a. Cossack, Kosak, Kosaka
Cosaques (Pfte.: Stoepel) 935
Cosimo Quadrilles (Pfte.: Tolbecque) 923
Cossack (Pfte.) 778
Cossack (Pfte., Hf. oder Vl.) 288
Cossack s. a. Cosaque, Kosak, Kosaka
Cotillon (Pfte.)
  v. Gallenberg 654; Haerting 769; Lüders
  858; W. A. Müller 853; Walch 421; ano-
  nym 954
Cotillon (2 Vl.) 722
Cotillon af: Den Stumme i Portici (Auber)
  (Pfte.) 860
Cotillon af Operaen: Der Berggeist (Spohr)
  (Pfte.) 425
Cotillon efter Themaer af: Elverhöi (F. Kuh-
  lau) (Pfte.: Jensen) 858
Cotillon efter yndede Themaer af Operaen:
  Den hvide Dame (Boieldieu) (Pfte.) 426
Cotillon nach Melodien aus C. M. v. Weber's:
  Beherrscher der Geister (Pfte.: Bochmann)
  828
Cotillon, uddraget af Balletten: Sövngjængers-
  ken (Keyper) 859
Cotillon, Walzer (Pfte.: J. G. Müller) 773
Count Platoff or the New Russian Danse
  (Pfte., Hf. oder Vl.) 288
Countess of (Comtesse af) Sutherlands Reel
  (Pfte.-Arr.) 94, 498
Cracovienne (Pfte.)
  H. Herz 919; anonym 811
Croppies lie down (an Irish Air) with Var.
  (Pfte.) 101
Cujus animam (Stabat Mater) (Pfte.: C. W.
  Glover) 929

Dänische Romance (Pfte.) 743
Damen-Galopp (Pfte.: Wunderlich) 790
Dampf-Walzer nach Strauss Vater (Pfte.) 799
Dands i den bøhmiske Smag (Hf. oder Pfte.:
  Knafel) 157
Dands i den Kosakkiske Smag (Hf. oder Pfte.:
  I. Pleyel) 156
Dands ved Hr. Dahlens Benefice (C. Schall;
  Pfte.-Arr.) 207
Dandse (Anglaise) (Pfte.: Grønland) 77
Dandse opförte ved Söe Cadetternes Examen
  (Pfte.)
  Keck 418; Kittler 408
Danina Galop (Pfte.: Lindpaintner) 944
Danse cosaque favorite avec Var. (Pfte.: Ries)
  415
Danse montagnarde dans le genre Dauphinois
  (Pfte.) 802
Danse nommée Tempette (Pfte.) 320
Danse Russe (Pfte.: Righini) 139
Danse-Skolen for Bournonvilles Elever (C.
  Schall; Kl. A.) 208
Danses brillantes (Pfte.: Reissiger, Op. 26, 5)
  68, 742, 910, 965
Danses hongroises (Nr. 1–4) (Pfte.: J. N. Hum-
  mel) 319
Dansk Sang med Var. s. Songe danois, avec Var.
Das ist alles eins (Lied mit Var.) (Fl.) 683
Das Leben ein Tanz Waltz (Pfte.: Joh. Strauss
  Vater) 920

Das sand Tag, d'Hochzeit Tag (Steirischer Tanz;
  arr. f. 1 Fl.) 694
Débonnaire Polka (Pfte.: St. Glover) 946
Der Alpen-Sänger (Walzer) (Pfte.) 783
Der alte Riegersburger (Steirischer Tanz; arr. f.
  1 Fl.) 694
Der Appenzeller Hirtenknabe (Pfte.) 743
Der Bizelberger Mirzel der ihrige (Steirischer
  Tanz; arr. f. 1 Fl.) 694
Der Dessauer Marsch als Ouverture von Fr.
  Schneider (Pfte.-Arr.: Praeger) 776
Der Hundsmarkerische (Steirischer Tanz; arr.
  f. 1 Fl.) 694
Der kleine Tambour (Rondo) (Pfte.: F. Hünten)
  784
Der Luttenbergerische (Steirischer Tanz; arr. f.
  1 Fl.) 694
Der Sennerinn ihrer (Steirischer Tanz; arr. f. 1
  Fl.) 694
Der Tanzlustige (Pfte.: Praeger) 775
Der Uhraufzieher, Wiener Schlittagen Walze
  (Pfte.) 59
Der Vorderberger (Steirischer Tanz; arr. f. 1 Fl.)
  694
(2) Deutsche (Pfte.: Schubert, D 769, 2) 654
Deutsche Quadrille (2 Vl.) 722
(12) Deutsche Tänze (Beethoven, WoO 8; Pfte.-
  Arr.) 4: 60; 5: 37, 60
(12) Deutsche Tänze (Haydn, Hob..IX, 12, 1
  und 10; Pfte.-Arr.) 183
Deutscher Tanz, genannt: Der Wetzstein (Pfte.)
  182
Di piacer mi balza il cor, Cavatine favorite de
  l'Opéra: La Gazza ladra en Rondeau (Pfte.:
  Ries, Op. 98, 1) 422
Diavolo Galop (Pfte.: Weippert) 923
Die Post (Walzer) (Pfte.: Burgmüller, Op. 23)
  810
Die Schiffahrt (Lied) (Hurka) varié (1 Fl.)
  684
Die Schwimmer – Les Nageurs (Walzer)
  (Lanner; Pfte.-Arr.: Rimbault) 920
Divertimento (Pfte.)
  W. Bach 82, 166; Cramer 421; Kiallmark
  911; R. Kreutzer 885
Divertimento (Pfte., 2 Vl., Vc.: Haydn, Hob.
  XIV, 4; Pfte.-Arr.) 87
Divertimento (Vl., Pfte.: C. Richter) 784
Divertimento (Vl., Va., Vc.: Mozart, KV 563,
  V; Pfte.-Arr.) 279, 342
Divertimento mit Baryton (Haydn, Hob. X,
  12, III; Pfte.-Arr.) 76
Divertimento pastorale (Pfte.: Arnold) 892
Divertimento scherzando (Pfte.: F. A. Kum-
  mer) 764
Divertimento über Thema's aus: Preciosa
  (C. M. v. Weber) (Pfte.: F. A. Kummer)
  764
(3) Divertimentos (Pfte.: Carr) 118
(6) Divertimentos (Pfte.: Kammell, Op. 17)
  103
Divertimiento sobre el Tema de la Polacca en:
  La Griselda (Pfte.: Cordoba) 571
Divertissement (Fl.)
  Kreith 303 (5), 304; F. Kuhlau, Op. 68,
  1–6 761 (5), 762
Divertissement (Pfte.)
  Chaulieu, Op. 93 976 (2); Czerny, Op.
  209 973; Dumonchau 83; Karr 861; A.
  Schmitt 717; anonym 208

Divertissement (Pfte.: J. N. Hummel, Op. 105, 3) s. (3) Capriccios
Divertissement af: I Capuleti e Montecchi (Bellini) (Pfte.: Marks, Op. 27) 862
Divertissement af: Il Pirata (Bellini) (Pfte.: Marks, Op. 28) 862
Divertissement af: La Straniera (Bellini) (Pfte.: Marks, Op. 29) 862
Divertissement aus: Jessonda (Spohr), Figaro (Mozart), Elster (Rossini), Euryanthe (C. M. v. Weber) (Pfte.) 765
Divertissement aus dem Ballet: Joko (Lindpaintner) (Pfte.) 799
Divertissement aus dem Ballet: La Somnambule (Hérold) (Pfte.) 810
Divertissement aus der Oper: Actéon (Auber) (Pfte.) 805
Divertissement aus der Oper: Der Brauer von Preston (Adam) (Pfte.) 811
Divertissement aus der Oper: Die Gesandtin (Auber) (Pfte.) 806
Divertissement aus der Oper: Hans Heiling (H. Marschner) (Pfte.) 794
Divertissement aus der Oper: Die Jüdin (Halévy) (Pfte.) 802
Divertissement aus der Oper: Lestocq oder Intrigue und Liebe (Auber)(Pfte.) 800
Divertissement aus der Oper: Die Puritaner (Bellini) (Pfte.) 802
Divertissement en forme de Valse (Pfte.) Günther 64; F. Kuhlau, aus Op. 61 973; Lemming 718; Simonsen 858
Divertissement: La Réunion (Pfte.: Cramer) 976
Divertissement over en Schweizer Sang (Pfte.: Moscheles) 857
Divertissement sur des airs de Danse du: Grand Prix (Adam) (Pfte.) 808
Divertissement sur les Thèmes de l'Opéra: Fra Diavolo (Auber) (Pfte.: F. L. Schubert) 788
Divertissement sur Thèmes favoris de Mozart (Pfte.: F. Kuhlau, Op. 126) 862
Divertissement über Motive aus der Oper: Robert der Teufel (Meyerbeer) (Pfte.) 789
Divertissement über Motive aus: Des Adlers Horst (Gläser) (Pfte.) 794
(2) Divertissements (Pfte.: Moscheles, Op. 40, 3) 975
(3) Divertissements (Pfte.: Rosetti, Op. 2) 95
(6) Divertissements (Pfte.: Moscheles, Op. 28) 402
Dodatek (Git.: Mühlhausen) 172
Döblinger Reunion Walzer (Joh. Strauss Vater, Op. 2; arr. f. 1 Fl.) 692
Don Quixote Polka (Pfte.: Linz) 946
Donna Maria Waltz (Pfte.: Mori) 971
Doralicen-Walzer (Pfte. 4 hdg.: Eichler) 793
Down the Burn Davy (a Scotch Air) (Hook), with Var. (Pfte.) 101
Downfall of Paris (Pfte.-Arr.) 94
Drah dich Waberl (Steirischer Tanz; arr. f. 1 Fl.) 694
Dreher (Pfte.) Albert 311; Becker 312; F. J. Fröhlich 277; Viernickel 311, 312
Dronning af Westphalens Vals (Pfte.) 405
Dronningen af Danmarks Walz (Pfte.) 497
Drops of Brandy (Pfte.-Arr.) 94

Dublin House (Pfte.-Arr.) 104
Duchess of Gloucester (Pfte., Hf. oder Vl.) 288
Duettino facile (2 Vl.: Diabelli) 724
Duke de Reichstadt's Waltz (Pfte.-Arr.: Rosenberg) 915
Duke of Kents Grand March (Pfte.) 117
Duke of Yorks Cotillion (Pfte.-Arr.) 94
Duma. Na Kształt ronda (Pfte.: Kamiński) 172
Duo (Fl. oder Vl.: I. Pleyel) 136
Duo de Pacini (Pfte.: Glover) 938
Duo ur Operan: Sveizer-Famillen (J. Weigl) satt i Rondo (Pfte.: Gelinek) 49

Earl of Hume (Pfte.-Arr.) 94
(12) easy Lessons (Pfte.: Roeser, Op. 6) 95
(12) easy Sonatinas (Pfte.: I. Pleyel) 97
Echo (Pfte.: F. Berwald) 585
Echo, Zapfenstreich mit Trio und Abschieds-Coda, nebst 2 Märschen (Starke; Harmoniemusik) 387
Echos de la Cour (Les) (Quadrille) (Pfte.: Jullien) 935
Ecloge (Pfte.: Tomaschek) 328
Ecóssaise (Fl.) H. Köhler 304 (2); I. Pleyel 298 (4); anonym 298 (4), 299 (10), 300 (6), 303, 304 (2), 306
Ecossaise (Hf.) 203 (2)
Ecossaise (Pfte.) Avé Lallement 845; Beczwarzowski 405; F. W. Berner 248; Böhner 314; Boynebourgk 412; Haerting 769; Hauptmann 885, 886, 889; Hertz 412; Hessner 769, 777; Jüngling 290; Kirmair 183; Kittler 62; Lindemann, Nr. 1—3 619; Lindemann, Nr. 1—2 620; Ch. Mayer 645; Meyer 619; H. F. Müller 150 (6), 151 (4); W. A. Müller 851 (2), 855; Naue 406 (2); P. L., Nr. 1—5 846; Praeger 769, 772; C. Schall 209; J. C. Theile 823 (2); Theuss 824; Walch 498, 847; J. W. Zimmermann 61 (2); anonym 57, 142, 143, 144 (2), 146, 208, 289, 290 (2), 291, 292, 293 (2), 317, 405, 406, 618, 619, 661, 766, 846, 949 (4), 950 (6), 95i (6), 952 (3)
Ecossaise (Pfte. 4hdg.) W. A. Müller 852; anonym 269
Ecossaise (2 Vl.: Pamer) 722
Ecossaise af: Röverborgen (F. Kuhlau) (Pfte.) 417
Ecossaise aus der: Felsenmühle (Reissiger) (Pfte.) 794
Ecossaise aus: Lodoïska (R. Kreutzer) (Fl.) 305
Ecossaise Bournonvilles Solo i: Den Bortfløyene Fugl (Dupuy) 498
Ecossaise var. (Pfte.: Gelinek) 714
(2) Ecossaisen (Pfte.: Voetsch) 284
(3) Ecossaisen (Pfte.: B. F. Köhler) 147
(8) Ecossaisen (Pfte.: A. G. Theile) 824
(2) Ecossaisen (Pfte., Fl.) (Segniz) 313
Ecossaisen-Walzer (Pfte.) Reichel 617; anonym 950
Ecossaises (Pfte.) Dupuy 208; H. Heger 209; Horžalka 401; F. Hünten 968; Leidesdorf 402; Marque 626; Moscheles 319, 320
Ecossaises en Potpourri (Pfte.: C. Schall) 207

Ecossoise s. Ecossaise

Eenige Ægtepar (Det; Tonmalerei) (Wolff; Kl. A.) 77

Eglintoun Tournay Waltzes (Pfte.) 920

Ein Mädchen oder Weibchen, Var. aus der: Zauberflöte (Mozart, KV 620, 20) (Fl.) 304

Eine besonders für Clarinett concertante Partie, für türkische Musik (Starke; Harmoniemusik) 388

Einzugs-Marsch von Sallustio (Pfte.: G. Pacini) 787

Einzugsmarsch und Zapfenstreich der Russen in Adrianopel ... (M. Wagner; Pfte.-Arr.) 781

Eisball-Walzer (F. Morelly; arr. f. 1 Fl.) 695

Eisenbahn-Galoppe (Pfte.: F. L. Schubert) 799

Emma's Post-Ecossaise (Pfte.) 949

Engelsk Dands (Dans) (Pfte.: C. Schall) 205 (2), 206 (2)

Engelsk Hornpipe Dands (Hf. oder Pfte.) 158

Engelsk Nationalmusik (Pfte.: Clementi) 78

Englischer Walzer (Pfte. 4hdg.) 617

Englischer Zapfenstreich (Pfte.: Praeger) 770

(3) English Overtures (Pfte.-Arr.) 92

Enrico (Pfte., Hf. oder Vl.) 288

(3) Equale (Beethoven, WoO 30, 1, 3; arr. f. Chor) 909

Erindring fra Italien (Bay) s. Souvenir de l'Italie

Erlkönig-Marsch (Gläser; arr. f. 2 Vl.) 724

Erwärmungs-Walzer (Pfte.: Joh. Strauss Vater) 791

Esmeralda Quadrilles (Pfte.: Musard) 929

Esquisse musicale, Thème écossais, tiré de Redgauntlet of W. Scott (Pfte.: Kalkbrenner, Op. 74) 424

Estländske Bond Danser (Pfte.) 9

Estlandske Bondedandse (Hf. oder Pfte.) 157 (2)

Eté (Pfte.) 655

Etude (Fl.: Jensen, Op. 25, 1—12) 763 (12)

Etude (Org.: Hesse) 987

Etude (Pfte.) Klengel 662; A. Schmitt 717

Etude Caractéristique (Pfte.: Panofka) 926

Exercice (Pfte.) Clementi 660; Cramer 660

Extracts from the Celebrated Fantasias Gems à la Paganini (Pfte.: Moscheles) 968

Fandango (Harmoniemusik: Leroy) 162, 164

Fandango (Pfte.) Cramer 58; Hoffmann 416; anonym 236

Fandango (2 Vl.) 722

Fantaisie (Fl.: Tulou) 761, 762

Fantaisie (Pfte.) J. P. E. Hartmann 860; J. N. Hummel, Op. 18 503

Fantaisie Militaire (Pfte.: Steibelt) 38

Fantaisie sur des Motives de l'Opéra: Le Chevalier de Canolle (Fontmichel) (Pfte.: Déjazet, Op. 22) 808

Fantaisie sur des thèmes du: Franc Chasseur (C. M. v. Weber, Jähns 277) (Pfte.: Louis) 655

Fantaisie sur les Thèmes de L'Opéra: La Cornette (Küffner) (Pfte.) 789

Fantaisie sur un Air russe (Pfte.: Le Pelletier) 286

Fantaisie über Motive aus der Oper: Der Feensee (Auber) (Pfte.) 811

Fantaisie über Motive aus der Oper: Die Hugenotten (Meyerbeer) (Pfte.) 803

Fantaisie über Motive aus der Oper: Guido und Ginevra oder die Pest in Florenz (Halévy) (Pfte.) 808

Fantaisie und Rondo über Motive aus der Oper: Das Schloss am Aetna (Marschner) (Pfte.) 807

Fantaisies ou Caprices (Fl.: Jensen, Op. 14, 1—3) 761 (2), 762

Fantasia (Fl.: F. Kuhlau, Op. 38) 763 (3)

Fantasia (Git.: Zucconi, Op. 11) 160

Fantasia (Pfte.) W. Bach 165; Kalkbrenner, Op. 57 975; Moscheles 966

Fantasie (Fl.: Schwencke) 762

Fantasie (Org.: Kittel) 979, 990

Fantasie (Pfte.) J. N. Hummel 845; Knecht 143, 144; W. A. Müller 851, 852, 853; Wolfram 854

Fantasie ‹im italienischen Style› verbunden mit einem großen Rondo (Pfte.: Moscheles, Op. 38) 503

Fantasie mit Fuge (Org.: W. A. Müller) 985

Fantasie (Sopra il Signo sol la re) (Org.: Froberger) 982

Fantasie sur des motifs de: La Révolte au Sérail (Pfte.: Chopin) 797

Fantasie sur des Thèmes favoris de l'Opéra: La Donna del Lago (Rossini) (Pfte.: F. Hünten, Op. 24) 975

Fantasie sur la Ronde d'Aline (Pfte.: Steibelt) 659

Fantasie über Motive aus der Oper: Die Hugenotten (Meyerbeer) (Pfte.) 804

Fantasie über Motive aus der Oper: Die Nachtwandlerin (Bellini) (Pfte.) 800

Fantasie über Motive aus der Oper: Die Puritaner (Bellini) (Pfte.) 803

Fantasie über Motive aus der Oper: Lucia di Lammermoor (Donizetti) (Pfte.) 807

Fantasie und Doppelfuge: Ein feste Burg ist unser Gott (Org.: H. W. Stolze) 983

Fantasieblumen (Schottischer Walzer) (Pfte.: F. L. Schubert) 808

Fastnachts-Cotillon (Pfte.: F. L. Schubert) 798

Fastnachts-Walzer (Pfte.: Praeger) 782

Favorit-Duett af: Den smukke Møllerpige (Paisiello) med Var. (Pfte.: Gelinek) 83

Favorit-Thema (Rovelli) (arr. f. 1 Fl.) 690

Favorit Wals af L. van Beethoven med Var. s. Sehnsuchtswalzer von Beethoven mit Var.

Favorit-Walzer der Königin von Dänemark (Fl.) 299

Favorit-Walzer der Königin von Preussen (Fl.) 298 (2)

Favorit-Walzer der Münchner Redoute (Pfte.) 617

Favorit-Walzer Ihrer Königl. Hoheit der Prinzessin Louise von Lucca (Pfte.) 827

Favorit-Walzer im: Türkischen Garten zu Paris (Pfte.: Chollet) 798

(6) favorite German Waltzen (Pfte.) 118, 136

Feldmarschall Blüchers Seyersmarsch (Pfte.: F. L. Seidel) 406

Feldschritt (Pfte.) 743

Fest-Marsch der Nationalgarde Österreichs (Winterle) (arr. f. 1 Fl.) 703

Fife Hunt (Pfte.-Arr.) 94

Fleur de Marie (Valse) (Pfte.: Barratt) 940

Fleurs d'Hiver Valses (Les) (Pfte.: Clarkson) 932

Folksången: God save the King med Var. (Pfte.) 35

Foppländer mit Var. (Fl.) 684

[Fragment] C-dur (Fl.) 149

Française (Fl.) 299 (2)

Française (Hf.) 203 (2)

Française (Pfte.)
Kittler 411; Praeger 770

Françoise s. Française

Französisch (Pfte.) 766

(3) Französische Märsche (1.–6. Partie) (Pfte.-Arr.) 238, 239 (2), 240 (3)

Französischer Grenadier Marsch (Pfte.-Arr.) 193 (2)

Französischer Marsch ‹Le Drapeau tricolore› (Pfte.) 797

Französischer Zapfenstreich (Pfte.-Arr.) 238

Frauenherz (Polka-Mazur) (Jos. Strauss, Op. 166; arr. f. 1 Fl.) 712

French March (Hf.: Ch. Bochsa) 955

Fröken M. Gyllenborg Quadrille (Pfte.: Setterholm) 9

Frühlings-Galoppe (Pfte.: F. L. Schubert) 804

Fuchs-Marsch nach beliebten Studentenliedern (arr. f. 1 Fl.) 703

Fuga s. Fuge

Fugato: Ein feste Burg ist unser Gott (Org.: Bauer) 981

Fuge (Org.)
C. Ph. Em. Bach, Wq 119, 4 984; C. Ph. Em. Bach 990; Boehm 981; J. Chr. Kellner 980, 983, 989; Kerll 981; Kirnberger 985; Krebs 979, 981, 982; Marpurg 992; G. Martini 983; Pachelbel 980; Tauscher 979; Wecker 979; Wenkel 988; Zeckert 981; anonym 982

Fuge (Fugue) (Pfte.: Bach, BWV 876; Org.-Arr.) 978

Fuge (Pfte.: Händel) 47, 64

Fuge ‹mit einem Vorspiel› (Pfte.: M. Stadler) 503

Fughetta (Org.)
J. S. Bach 980; Feuerbach 986; A. Henkel 980, 983, 988, 990; M. Henkel 979; Muffat 990; Rinck 979, 982, 986, 987 (3), 988 (2); Telemann 981, 987, 988; J. G. Vierling 978 (2)

Fughetta (Pfte.: Rinck) 854

Fughetta super: Christum wir sollen loben schon (Org.: Bach, BWV 696) 979

Fugierte Choral-Bearbeitung: Sollt ich meinem Gott nicht singen (Org.: J. F. Schwencke) 988

(12) Fugierte Orgelstücke (H. W. Stolze, Op. 23) 988

Fugiertes Vorspiel (Org.)
Bertelsmann 985; Rinck 980

Fugue (Org.)
J. J. Beauvarlet-Charpentier 980; Moscheles 321; M. Stadler 169

Fugue (Pfte.: Wölfl) 170

Furioso Galop (Pfte.: Labitzky) 926

Gallopade (2 Vl.) 722

Gallopade af: Ludovic (Hérold) (Pfte.) 862

Gallopade af: Robert le Diable (Meyerbeer) (Pfte.) 862

Gallopade af: Tempelherren og Jödinden (H. Marschner) (Pfte.) 862

Gallopade af: Zampa (Hérold) (Pfte.) 861

(2) Gallopader af Operaen: Brama og Bayaderen (Auber) (Pfte.) 861

Galop (Pfte.: Esain) 929

Galop aus der Oper: Der Pariser Peruquier (Thomas) (Pfte.) 810

Galop de Camille (Pfte.: Ph. Musard) 923

Galop from Giselle (Pfte.: Glover) 929

Galop from: The Corsair (Bochsa) (Pfte.-Arr.: F. Hünten) 918

Galop nach Boieldieu (Pfte.-Arr.: H. Herz) 915

Galop Valse af: Muurmesteren (Auber) (Pfte.: Schlossbauer) 859

Galopade (N. C. Bochsa; Hf.-Arr. mit Var.) 965

Galopade (Pfte.: F. Hünten) 971

Galopade af Elskovsdrikken (Pfte.) 861

Galopade from the Ballet Opera: La Tentation (Halévy) (Pfte.-Arr.: J.-S. Herz) 971

Galope à la Giraffe (Pfte.: H. Herz) 966

Galope (Nr. 1–2) [nach] Pacini's Opera: Gli Arabi (Pfte.: N. C. Bochsa) 968

Galopp (Pfte.)
Challenger 954; Czerny 859; Eichler 793; W. A. Müller 853; Pfeiffer 743; Romagnesi & Lemoine 668; anonym 741, 744, 949, 950, 951, 952

Galopp aus dem: Brauer von Preston (Adam) (Pfte.) 811

Galopp aus: Der Maskenball (Auber) (Pfte.) 951

Galopp aus der Oper: Die Braut (Auber) (Pfte.) 786

Galopp nach C. M. v. Webers: Reigen (Pfte.) 786

Galopp nach Melodien aus: Othello (Rossini) (Pfte.) 952

Galopp über Motive aus der Oper: Die Hugenotten (Meyerbeer) (Pfte.) 805

Galopp-Wals med Var. (Pfte.: Frommelt) 62

Galopp-Waltzer s. Galopp-Walzer

Galopp-Walzer (Pfte.)
N. C. Bochsa, Nr. 1–2 968; anonym 949 (2), 967

Galopp-Walzer (Pfte. 4hdg.: Zschaler) 823 (2)

Galoppade (Pfte.) 949, 950 (2), 951 (2), 952

Galoppade aus: Der Bauer als Millionär (Pfte.) 950

Galoppade aus: Der Zweikampf (Hérold) (Pfte.) 951

Galoppe aus der Oper: Actéon (Auber) (Pfte.) 803, 804

Galoppe aus der Oper: Belisar (Donizetti) (Pfte.) 803

Galoppe aus der Oper: Chiara di Rosembergh (Ricci) (Pfte.) 801

Galoppe aus der Oper: Das eherne Pferd
(Auber) (Pfte.) 801
Galoppe aus der Oper: Der Blitz (Halévy)
(Pfte.) 803
Galoppe aus der Oper: Der Postillon von
Lonjumeau (Adam) (Pfte.) 805
Galoppe aus der Oper: Die Jüdin (Halévy)
(Pfte.) 802
Galoppe aus der Oper: Marino Faliero
(Donizetti) (Pfte.) 804
Galoppe aus: Lestocq (Auber) (Pfte.) 799,
800
Galoppe de Vienne (Pfte.: Czerny) 970
Garde Nationale (Lyra oder Git.: Meisson-
nier Jeune) 996
Gavotta s. Gavotte
Gavotte (Hf. oder Pfte.: Gossec) 156
Gavotte (Pfte.) 208, 293, 320
Gavotte Andante quasi Allegretto (Pfte.:
C. Schall) 206
Gavotte dandsed af Madame Ginetti (Pfte.)
411
Gedanken und Empfindungen des Käufers
der: Musikalischen Neuigkeiten am ersten
Tage des 1811ten Jahres (Pfte.) 291
General Laureston's March (Pfte.: Cooke)
203
Gesänge und Var. der Mad. Catalani (arr. f.
1 Fl.) 689
Gesänge und Var. der Mad. Metzger-Vesper-
mann (arr. f. 1 Fl.) 687
Geschwind-Marsch (Pfte.)
Bredal 858; Kirchberg 618; W. A. Müller
851, 853; F. L. Schubert 797; C. Schulz
775; Spontini 796; Walch 857, 858;
anonym 618 (2), 950
Geschwind-Marsch (Pfte. 4hdg.: W. A. Mül-
ler) 851
Geschwind-Marsch (Trio aus der Oper: Die
Stumme von Portici) (Pfte.) 949
Geschwind-Marsch in Es (Orch.: Theuss,
Op. 49) 823 (2)
Geschwind-Walzer (Pfte.)
Meyer 619 (3); C. Meyer 770; Nagel
619; Sörgel 886; J. C. Theile 824; ano-
nym 950 (2), 951
Geschwind-Walzer aus: Der Zweikampf
(Hérold) (Pfte.) 951
Geschwind-Walzer aus: Wilh. Tell (Rossini)
(Pfte.) 951
Geschwind-Walzer nach Melodien aus der
Oper: Zampa (Hérold) (Pfte.) 951
Geschwind-Walzer über ein Thema aus: Obe-
ron (C. M. v. Weber) (Pfte.: Erfurt) 888
Gesellschafts-Walzer (J. Strauss Vater, Op. 5;
arr. f. 1 Fl.) 695
Gesvind-Marsch (Pfte.) s. Geschwind-Marsch
Gigue (Pfte.: Knecht) 144
Gitana Galop (Joh. Strauss Vater) (Pfte.-Arr.)
922
God bless the King (Trp.) 9
God save the King (mit Var.) (Pfte.) 35
Gow a Strathpay (Pfte.: Neil) 203
Gowatschische Ländler (Lanner, Op. 2; arr. f.
1 Fl.) 692
Græske Hyrde (Den; Divertissement) (C. Schall;
Kl. A.) 208
Grand Caprice (Pfte.: A. E. Müller) 51
Grand Exhibition Waltzes 1851 (Pfte.: Lin-
ter) 948

Grand Galopp aus der Oper: Der schwarze
Domino (Auber) (Pfte.) 807
Grand March and Trio from the New Roman-
tic Drama of: Gustavas Vasa (Naumann?)
(Pfte.: Melanzinsky) 127
Grand March, composé à Varsovie l'hiver
1807 (Paer) (Pfte.) 219
Grand March in his celebrated Battle Overture
(Martini) (Pfte.) 123
Grand Overture (Pfte.: Pelissier) 330
Grand Overture (Martini) (Pfte.-Arr.) 88
Grand Potpourri (Pfte.: Leidesdorf, Op. 88)
574
Grand Rondo brillante (Pfte.: Grill) 783
Grand Trio (Pfte., Vl., Vc.: J. N. Hummel, Op.
65) 383
Grand Waltz (Pfte.: Clementi) 126
Grande Fantaisie sur des Thèmes de l'Opéra:
The Gypsy's Warning (Benedict) (Pfte.:
Döhler, Op. 27) 844
Grande Fantaisie sur une Mazurka (Chopin)
(Pfte.: Méreaux, Op. 45) 844
Grande Marcha y Polaca (Pfte.) 573
Grande March(e) Allemand(e) (Pfte.: Lickl)
944
Grande Sérénade (Nr. 2) en Potpourri (Pfte.,
Vl., Git., Klar., Fg. oder Fl. u. Vc.: J. N.
Hummel, Op. 66) 383
Grande Valse (Pfte.)
Linter 944; Weyse, Nr. 1–2 405–406
Grande Valse brillante (Pfte.: Lerche) 891
Grande Valse Caractéristique (Pfte.: Linter)
938
Grande Valse en forme de rondeau (Pfte.:
J. N. Hummel, Op. 103, 3) 423
Grande Valse Romantique (Pfte.: Staudt)
944
Grave (Org.: J. J. Beauvarlet-Charpentier)
984 (3)
Grave et Fandango (Lorenz?; Hf.-Arr.) 209
Grazien-Walzer (Pfte.: Tuch) 776
Grazioso (Git.: M. Giuliani) 473 (2)
Grazioso (Hf.) 4
Grazioso (Hf. oder Pfte.: I. Pleyel) 158
Grazioso (Pfte.)
I. Pleyel 11, 87 (2); anonym 6, 10, 26,
33, 34, 54
Grazioso (Pfte. 4hdg.) 62
Gregiske Tonarterne (Pfte.: Kirnberger) 16
Griechische Schlacht-Ouverture (Pfte.: Ruppe)
785
Große Polonaise, Ecossaisen sammt Coda
(Mayseder; arr. f. Harmonie u. türkische
Musik: Starke) 389
Große Sonate (Pfte.)
J. N. Hummel, Op. 81 503; Lannoy, Op.
9 503
Großer Jahreszeiten-Walzer (Pfte.: Richter)
785
Großer russischer Pas de deux (Pfte.: De-
vienne) 577
Großes Pas de deux (Pfte.: Favier) 580
Gruß an die Schweiz (Pfte.: Bochmann) 829
Gubben Noak, Thema med Var. (Pfte.: Kull)
30

Haffner-Serenade s. Serenade
Hamborger Favorit-Vals 420
Hamelton Races (Pfte.-Arr.) 104
(2stg.) Handstück (Pfte.: Knecht) 144

Hans Majestæts Kongens Regiments Revue Marsch (Pfte.: Dupuy) 413

Harfen-Marsch (F. J. Naderman; Pfte.-Arr.) 191

Harmonisches Vorspiel (Org.: G. Chr. Stolze) 982 (2), 983

Haydn's...Military Movement, with Var. & an Introduction (Pfte.: Steibelt) 426

Helenen-Quadrille über Motive der komischen Oper: Die schöne Helena (Offenbach) (E. Strauss, Op. 14; arr. f. 1 Fl.) 712

Hendes Höjhed Prindsesse Julianes Favorit Vals (Pfte.) 410

Hendes Kongelige Höjhed Kronprindsesse Carolines Favorit Vals (Pfte.) 408

Henrietten-Rutscher (Pfte.: F. L. Schubert) 794

Henrietten-Walzer (Pfte.: F. L. Schubert) 795

Her Majesty's Court Polkas (Pfte.: Linter) 935

Her Majesty's Own Quadrilles with the celebrated Galop from: Guillaume Tell (Rossini) (Pfte.-Arr.: Joh. Strauss Vater) 919

Her Majesty's Own Waltzes with the Tyrolienne Waltz from: Guillaume Tell (Rossini) (Pfte.-Arr.: Joh. Strauss Vater) 919

Her Majesty's State March (Pfte.: Joh. Strauss Vater) 919

Hertugen af Wellingtons Marsch (Pfte.) 498

Hr. Casaglis Solo i Baletten till: Gubben i Bergsbygden (Dalayrac) (Pfte.-Arr.) 28

Herne Hill (Pfte., Hf. oder Vl.) 287

Himmlischer Deutsche (Fopp-Walzer) (Pfte.) 558

Hirtenwonne (Abbé Vogler) (Fl.) 304

Hönshuset, Badinage (Pfte.: Wikmanson) 57

Hoffdandse (Quadrille, Trenis) (Pfte.) 409

Holsteensk Galop Vals (Pfte.: Johnsson) 859

Hongroise (2 Vl.) 722

Hope told a flatt'ring Tale, with Var. (Pfte.: Gelinek) 101

Hops-Anglaise (Fl.) 298, 300

Hops-Walzer (Fl.)
Bornhardt 298; H. F. Müller 298; anonym 298

Hops-Walzer (Pfte.)
Foltmar 858, 859; Lüders 858 (2); Meyer 619 (2); G. Müller 892; anonym 617, 951 (2), 952 (2)

Hopser (Fl.) 299 (6)

Hopser (Pfte.)
Kallenbach 204 (2); H. F. Müller 151 (3); anonym 151, 269 (6), 777

Hornpipe (Pfte.)
Dussek 33; Pelissier 331 (2), 332

How d'ye do? Very well I thank you (a favorite Waltz) (Pfte.: Clementi) 129

Hugenotten-Walzer (Pfte.: Schunke) 807

I lost my love & I care not (Pfte.-Arr.) 104

(6) Imitations of English, Scotch, Irish, Welch, Spanish & German Airs (Carr) (arr. f. Fl. oder Vl.) 136; (Pfte.-Arr.) 118

Impromptu (Pfte.)
Moscheles, Op. 89 971; Rawlings 912; Steibelt 974; Worzischek 719

Impromptu Quadrilles (L'; Pfte.: Lenliette) 944

Intermezzo (Pfte.: Wolff) 811

Intonationen auf der Orgel
Durtonarten 645−646 (12); Molltonarten 646 (12)

Introduction (Pfte.)
Cramer 954; Wölfl 170

Introduction (March) (Fl., Pfte.: Moscheles) 952

Introduction. Allegro spirituoso (Pfte.: Moscheles) 320, 321

Introduction con Rondo (Pfte.: Reichert) 853

Introduction et Grande Marche (Pfte.: Ries) 58

Introduction et Polonaise brillante (Pfte.: Kalkbrenner, Op. 141) 844

Introduction et Rondeau (Leidesdorf, Op. 81 u. 82) 574

Introduction et Rondeau sur le duo favorit („Din, din") de l'Opéra: Les Noces de Figaro (Mozart) (Pfte.: Kalkbrenner, Op. 57) 742

Introduction & Rondino (Pfte.)
Kalkbrenner, Op. 78 858; Pixis 788

Introduction & Rondo (Pfte.)
Blinck 425; Kalkbrenner 787; Reichel 618; Ries, Op. 139 843

Introduction et Rondo sur un Thème de Carafa (Pfte.: Pixis, Op. 63) 976

Introduction et Var. (Pfte.)
H. Herz, Op. 8 977; Schlossbauer 977; Schultz v. Lübeck 977

Introduction und Ballet (Pfte.: H. Herz) 802

Introduction und Bolero (Pfte.) (Carafa) 798

Introduktion und französischer Marsch über Motive aus: Des Falkners Braut (H. Marschner) (Pfte.: J. Meyer) 790

Introduction und Rondo bachique aus der Oper: Robert der Teufel (Meyerbeer) (Pfte.) 792

Introduction und Rondo über Motive aus der Oper: Der Blitz (Halévy) (Pfte.) 802

Introduction und Rondo über Motive aus der Oper: Der schwarze Domino (Auber) (Pfte.) 808

Introduction und Rondo über Motive aus: Guido und Ginevra (Halévy) (Pfte.: C. Mayer) 810

Introduzion og stor Marsch (Pfte.: Ries) 424

Introduzione-Allegretto dans le genre russe (Pfte.: Moscheles) 320

Introduzione Pastorale (Pfte.) 318

Introduzione. Tempo di Marcia (Pfte.: Moscheles) 319

Introduzione. Tempo di Marcia, ma moderato (Pfte.: Moscheles) 319

Irish Air in: Harlequin Amulet, with Var. (Hf.: Costellow) 123

(3) Irish and Scotch Airs, with Var. (Pfte.) 101

Irländische Arie aus der Fantasie (Moscheles) s. Souvenirs d'Irlande. Grande Fantaisie

Irlandsk Arie i Rondo (Ries) s. Air célèbre irlandais en rondeau

(4) Italian Ouvertures (Sarti, Paisiello, Salieri; Pfte.-Arr.: Boutmy) 93

(6) Italienische Kanzonen (Git.: Kanne) 161

Jägar-Chœur utur Op.: Friskytten (Jähns 277, 15) var. (Pfte.: Kelz) 661

Jægermarsch. Efter Jægerchoret i C. M. v.
  Webers: Jægerbrud (Jähns 277, 15) (Pfte.)
  419
Jagt Stykke (Cramer) s. Le Rendez-Vous à la
  Chasse
Jagten (Hf. oder Pfte.: Marin) 157
Jagten (Pfte.: Duport) 78
Jagtstykke (Dussek) s. Chasse (La)
Je ne sais plus ce que je veux (Air) (Romagne-
  si) (arr. et varié) (Git.: Rougeon) 603
Je suis encor dans mon printems, Var. (Köhler;
  arr. f. 1 Fl.) 303
Jem of Aberdeen (Air varié) (Pfte.: J. N.
  Hummel, Op. 2) 974
Jess Macpharlane (Pfte.-Arr.) 94
Jewatsdorfer Ländler (Lanner, Op. 4; arr. f.
  1 Fl.) 692
Jodler-Galoppe (Pfte.: F. L. Schubert) 792
Johanna Quadrill (Pfte.) 61
Johannisthal-Galoppe (Pfte.: Hauschild) 805
Johny's A Coming (Pfte., Hf. oder Vl.) 287
Julerl-Walzer (A. Müller; arr. f. 1 Fl.) 695

Kadenzen und Tonausweichungen (Org.:
  Knecht) 648 (17)
Kaiser-Marsch des zweyten Regiments der
  Stadt-Miliz (Maelzl; Pfte.-Arr.) 194
Kanonen-Rutscher (Pfte.) 796
Kehraus. Wals (Pfte.: C. Schall) 183, 209
[Klavierstück] (C-dur) (Catel) 956
(18) Kleine und leichte Vorspiele (Org.: G.
  Chr. Stolze) 982–983
(6) Kontertänze über ein Thema aus der Oper:
  Der Templer und die Jüdin (H. Marschner)
  (Pfte.: F. L. Schubert) 788
Kontratanz aus dem beliebten Terzett des
  Herrn Giulio Viganò (Pfte.-Arr.) 186
Kontratanz der Bergschotten (Möser; Pfte.-Arr.)
  81
Kontretanz „La Bataille" (2 Vl., B, Piccolo,
  2 Klar., Fg., Clarino, Trommel: Mozart,
  KV 535; Pfte.-Arr.) 133
Konzert (Pfte., Orch.) (Pfte.-Arr.)
  Beethoven, Op. 15, I, Anfang 558; Op.
  15, II 423; Moscheles, Op. 56, III 827;
  Op. 64, II 829; Thalberg, Op. 5 844
Kosak (Pfte.) 1, 2, 12, 766
Kosak s. a. Cosaque, Cossack
Kosaka (2 Vl.: Kinsky) 721
Kosakenballet (Abbé Vogler) s. Kosakentanz
Kosakentanz (Pfte.) 406
Kosakentanz (Abbé Vogler; arr. f. 2 Vl., Va.,
  Vc.) 258
Kosakisk Arie (Pfte.: Steibelt) 405
Kosakisk Dands (Hf. oder Pfte.) 159
Kosakisk Dands med Var. s. Danse cosaque
  favorite avec Var.
Kosakisk Rondo s. Rondo cosaque
Kosakiske Favorit Dandse af Kaiserinden af
  Rusland (Pfte.) 406
Kozack (Kozak) s. Kosak
Krakowiak (Pfte.) 789
Kriegsgebeth s. Prière de guerre
Kriegslied (J. Weigl; Pfte.-Arr.) 319, 320
Kriegslied (J. Weigl) avec Var. (Pfte.: Mosche-
  les) 320
Krigerens Afsked til sin Elskede (Pfte.) 410
Krigswalzer (Pfte.: Ahlhelm) 84
Krönungs-Marsch (Pfte.: Czerny) 426, 787

Krönungs-Marsch des Kaisers Napoleon
  (Pfte.-Arr.) 189
Krönungs-Marsch zur: Jungfrau von Orleans
  (Praeger) (Pfte.-Arr.) 780
Kronprindsens Menuet (Pfte.: C. Schall) 207
Kuckuck und Nachtigall (komischer Walzer)
  (Pfte.: B.) 777

L'Amour est un Enfant Trompeur varié
  (Pfte.: Dussek) 129
L'Amusoire (Favorit-Rondo) (Pfte.: Dussek)
  415
L'Andalouse d'Hippolyte Monpou (Impromtu)
  (Pfte.: Lemoine, Op. 33) 808
L'Arc en Ciel Quadrilles (Pfte.: Ph. Musard)
  926
L'Echo du Lac (Quadrille) (Pfte.: Davison)
  935
L'Enfant du Regiment with Var. (Pfte.: H.
  Herz) 968
L'Espérance (Nocturne) (Pfte.: Bertini, Op.
  87, 1) 862
L'Heliotrope (Valse) (Pfte.: Linter) 934
L'Orientale Valse (Pfte.: Thys) 929
La Bataille s. Kontretanz „La Bataille"
La bella Capricciosa (Polacca) (Pfte.: J. N.
  Hummel, Op. 55) 383
La Belle Catherine, varié (Pfte.: J. N. Hum-
  mel, Op. 1) 843
La Belle Inconnue (Pfte.) 34
La Catalane (Pfte.: H. Herz) 926
La Cité Quadrilles (Pfte.: Lenliette) 944
La Clochette (Rondeau brillant) (Pfte.: F.
  Kuhlau, Op. 121) 861
La Consolation (Pfte.: Dussek) 50
La Contemplazione (Fantasia) s. Bagatellen
  (Pfte.: J. N. Hummel)
La Coquette (Pfte.)
  Hermann 54; Steibelt 32
La Deseada Valse (Pfte.: Wallace) 937
La Fête Champêtre (Waltz) (Pfte.) 920
La Fête Pastorale (Quadrille de Contredanses)
  (Pfte.: H. Herz, aus Op. 65) 914
La Figurante Quadrilles (Pfte.: Ph. Musard)
  923
La Fortuna Galop (Pfte.: Joh. Strauss Vater)
  926
La Galantina (Divertissement) (Pfte.: Ph. A.
  Corri) 413
La Guarache. Air de Ballet de: La Muette de
  Portici (Pfte.: H. Herz) 859
La Jota Andalouse (Spanischer Nationaltanz)
  (Pfte.) 812
La Légèreté (Rondeau brillant) (Pfte.: F.
  Kuhlau, Op. 120) 861
La Malinconia (Pfte.: Ries, Op. 58, 8) 414
La Perle de Corail Polka de Salon (Pfte.:
  Székely, Op. 26) 947
La Petite Babillarde (Rondeau) (Pfte.: Mo-
  scheles, Op. 66) 843, 975
La Petite Chasse (Pfte.) 118
La Poste (Walzer) (Pfte.: Burgmüller, Op. 23)
  810
La Poste Angelaise (Pfte.: Passy) 43
La Poste Quadrille (Pfte.: C. Schubert)
  935
La Rage de Bretagne (a Musical Garland)
  (Pfte.: Joh. Strauss Vater) 923
La Rosita (Valse Espagnole) (Pfte.: Jullien)
  926

La Sentinelle (mit Var.) (arr. f. 1 Fl.) 683
La Sympathie (Valse; Pfte.: Wallace) 935
La Tenerezza (Pfte.)
  Czerny 912; Moscheles, Op. 52 423
La Virginie (2 Vl.) 722
La Visite (Pfte.-Arr.) 104
Labyrinth Walzer (Lanner; Pfte.-Arr.: Rimbault) 920
Lady Catherine Bertie (Pfte., Hf. oder Vl.) 288
Lady Shaftsbury Reel (Pfte.-Arr.) 94
Länderer (Pfte.) 290, 293
(3) Länderer (Pfte. 4hdg.: Schäffer) 292
(3) Ländler (Git., 2. Git. ad lib.: v. Call) 278
Ländler (Pfte.)
  E. D. 764; F. Hünten, Nr. 1-2 968;
  Leidesdorf, Nr. 1-12 403; Schubart, Nr.
  1-3 742; anonym, Nr. 1-6 249; anonym,
  Nr. 1-2 967
Ländler nach schweizerischer Art (C. Kreutzer; Pfte.-Arr.) 235
Laendler Viennois (Pfte.-Arr.: H. Herz) 919
Ländlicher Marsch (Pfte.: Beutler) 343
Lake Echoes (Quadrilles) (Pfte.: Crouch) 944
Lamentabile (Pfte.) 45
Landeværnets Marsch af Hjemkomsten, med Var. (Hf. oder Pfte.: J. H. Lorenz) 158
(6) „Landlerische" (2 Vl., B: Mozart, KV 606, 1, 3, 5; Pfte.-Arr.) 31
Landwehr Marsch mit unterlegtem Text (Gelinek; Pfte.-Arr.) 236
Langsam (Org.: A. L. Löwe) 989 (4)
Langsamer Walzer (Pfte.)
  W. A. Müller 851, 852, 853 (2); Reissiger 888; Viernickel 313; anonym 951, 952
Lapp-Sång (Pfte.) 63
Larghetto (Hf. oder Pfte.)
  Backofen 159; J. H. Lorenz 159
Larghetto (Org.)
  Feuerbach 987; A. Henkel 979; M. Henkel 981; M. Keller 978; Rinck 987 (2);
  J. Vierling 981, 987; Zöllner 985
Larghetto (Pfte.)
  Danzi 344; Dotzauer 744; Kalkbrenner 853; Spohr 828; anonym 6, 21, 46, 51
Larghetto con moto (Pfte. 4hdg.: Clementi) 139
Larghetto quasi Andante (Dussek, Op. 16, 1, II) s. (3) Sonaten (Pfte., Vl.)
Larghetto quasi Andante - Allegro molto (Pfte.: C. Schall) 206
Largo (Hf. oder Pfte.: Emich) 158
Largo (Org.)
  J. J. Beauvarlet-Charpentier 984; Gebhardi 978; M. Henkel 979; Rinck 978 (2)
Largo (Pfte.)
  Gürrlich 167; Lentz 51; Ries 713; J. A. P. Schulz 33
Lasst's den Alma Nazl ausser (Steirischer Tanz; arr. f. 1 Fl.) 694
Le Bal Masqué Quadrilles (Pfte.: Bohlman) 944
Le Bon Vieux Tems, Air varié (Pfte.: Kalkbrenner) 843
Le Boulanger (Pfte.-Arr.) 94
Le Bouquet Royal Valse (Pfte.: Jullien) 932
Le Calme (Nocturne) (Pfte.: Bertini, Op. 87, 3) 862
Le Combat naval (Pfte.: Steibelt, Op. 41) 81

Le Corsaire Quadrilles (Pfte.: Linter) 941, 946
Le Cours du Monde, Problême Musical (Pfte.: Moscheles) 843
Le Palais Royal (Valse) (Pfte.: Linter) 941
Le Papillon (Caprice) (Pfte.: H. Marschner) 719
Le petit rien (Morceau favori) (Pfte.: Cramer) 857
Le Postillon de Madame Ablou Quadrille (Pfte.: Ph. Musard) 926
Le Rendez-Vous à la Chasse (Divertissement) (Pfte.: Cramer) 413
Le Retour du Printems, (Divertissement) (Pfte.: Cramer) 56, 243
Le Reveil du Peuple (Pfte.-Arr.) 94
Le Rossignol (Vals) (Pfte.: Bay) 423
Lebewohl (Pfte.: C. Kreutzer) 854
Legatissimo (Pfte.) 42
(6) Leichte Klavierstücke (J. N. Hummel, Op. 52, 6) 407
(6) Leichte Sonaten (Pfte.: Dussek, Op. 46) 81 (2), 82 (2), 83
(3) Leichte Sonaten (Pfte.: Steibelt, Op. 40, 1) 407
Leichte Sonatine (Pfte.: Klage) 617
(3) Leichte Stücke (Pfte.: J. N. Hummel, Op. 111, 1) 857
(6) Leichte Var. über ein eigenes Thema (Pfte.: Beethoven, WoO 77) 408
(6) Leichte Var. über ein Schweizer Lied (Pfte.: Beethoven, WoO 64) 239, 409
(7) leichte Var. (Pfte.: F. A.? Schubert) 291
Leichter Walzer durch alle Tonarten (Pfte.: C. J. Meyer) 783
Leipziger Schützen-Marsch (Pfte.) 796
Leipziger Walzer (Harmoniemusik: Starke) 389
Lento (Pfte.)
  Czerny 856; anonym 768
Leopoldstädter Theater-Tänze (arr. f. 1 Fl.) 692
Les Adieux, l'Absence et le Retour (Pfte.: Leidesdorf) 574
Les Charmes de Copenhague (Rondo) (Pfte.: F. Kuhlau, Op. 92) 858
Les Charmes de Paris (Pfte.: Moscheles, Op. 54) 422
Les Charmes de Paris Valse (Pfte.: Lenliette) 944
Les Charmes de Valse (Pfte.: Kalkbrenner, Op. 73) 425
Les Chasseurs au Bal Quadrilles (Pfte.: Ph. Musard) 922
Les Fées Elysées Quadrilles (Pfte.: Flood) 944
Les Folies Parisiennes, Suite de danses favorites (nach Rossini) (Pfte.: Pixis) 655
Les Grenadier's Waltzes (Nr. 1-4) (Pfte.: Ph. Musard) 929
Les Laveuses du Couvent Quadrilles (Pfte.: Ph. Musard) 923
Les Nageurs — Die Schwimmer (Walzer) (Lanner; Pfte.-Arr.: Rimbault) 920
Les Perles (2 Valses) (Pfte.: Wallace) 938
Les Petites Beauté's (Nr. 1-6) (Cemb. oder Pfte.: Sterkel, Op. 24) 102
Les Plaisirs chez nous Quadrilles (Pfte.: Flood) 940

Les Querelleurs Quadrilles (Pfte.: Ph. Musard) 926
Les Regrets ‹Hjemvee› (Valse) (Pfte.: Bay) 422
Les Regrets (Nocturne) (Pfte.: Bertini, Op. 87, 2) 862
Les Rues de Londres (N. C. Bochsa; Pfte.-Arr.: Miné) 918
Les Souris Quadrille (Pfte.: Bardoni) 946
Les Trois Graces (3 Original Polkas) (Pfte.: Auber; Linter; Kalkbrenner) 938
Lestocq Galop (Pfte.) 923
Lette Var. paa Foraarssangen (Pfte.: Bornhardt) 84
Letzter Gedanke (C. M. v. Weber unterschoben) s. Danses brillantes (Pfte.: Reissiger, Op. 26, 5)
Lock Grrock side (Pfte.-Arr.) 94
Lock Walzer (Lanner; Pfte.-Arr.: Valentine) 919
Lock-Walzer nach Strauss (Vater) (Pfte.) 800
Logie of Buchan (Pfte.-Arr.) 94
Lord Alexander Gordons Reel (Pfte.-Arr. als Rondo: Schetky) 117
Lord Exmouth's Return (Pfte., Hf. oder Vl.) 288
Lord Lowis Gordon (Pfte.-Arr.) 104
Lord Mac Donald's Reel (Pfte.-Arr.) 94
Louisen-Marsch (Pfte.) 425
Lutine (Valse Brillante) (Pfte.: H. Herz) 938

Mac Gregor Aruaro (Pfte.-Arr.) 94
Madam Hilligsbergs Reel (Pfte.-Arr.) 94, 104
Madame Bonapartes Minuet (Pfte.) 118
Madme. Parisot's Hornpipe (Pfte.) 203
Mlle. Henriette Sontags Favorite Galop-Vals (Pfte.) 858
Madlle Hjortsbergs Solo i Baletten till: Gubben i Bergsbygden (Dalayrac) (Pfte.-Arr.) 28
Madratura (2 Vl.) 722
Märsche (arr. f. 1 Fl.) 703 (12)
(2) Märsche (Pfte.)
   Fuss 247; F. D. Weber 329
(2) Märsche (Pfte. 4hdg.: v. Riesch) 813
Märsche (Pfte., Vl.) 960
(2) Märsche für türkische Musik (Starke) 387
Mässig (Org.: Gebhardi) 978
Maestoso (Cemb. oder Pfte.: Sterkel, Op. 24, 1) 102
Maestoso (Org.: Rinck) 978, 984
Maestoso (Pfte.)
   Cramer 57; Lagerfeldt 28
Maiblumen (Schottischer Walzer) (Pfte.: F. L. Schubert) 810
Mailänder Favorit-Galoppe (Pfte.) 811
Mailänder Walzer (arr. f. 2 Vl.) 720
March (Pfte.)
   Barth 183, 184; H. Heger 206; Hoffmeister 141; C. Schall 205
March (Pfte.-Arr.) 94, 104
March à la Militaire (Pfte. oder Hf.: Merriott) 913
March & Rondo (Pfte. R. Taylor) 129
March & Trio (Pfte.: Macfarren) 932
March & Trio (Duet) (Pfte. 4hdg.: Moscheles) 970
March, Grotesque (Pfte.: Czerny) 937

March in blue Beard (Pfte.: Kelly) 117
March with Var. (Pfte.: Pelissier) 332
Marcha Funebre a la sensible y prematura muerte de la Reina nuestra Señora D. Maria Ysabel de Braganza (Pfte.: Ynzenga) 572
Marche (Hf.) 253
Marche (Harmoniemusik)
   Charles Fils 161; Cimarosa 163; Desormes 162; Lxxx 162; Leroy 161 (2), 162 (2), 163, 164; Saramia 163; G.-A. Walter 163
Marche (Pfte.)
   Åhlström 2, 18, 29; Albert 311, 314; Barck 9; Grenser 8 (3), 10, 11; Gürrlich 165; J-g-sch 146; Küffner 656; Lemming 67; Lundberg 37; Mecklin 14; Nordblad 53; Nystedt 28; Passy 42; Righini 139; Rosén 64; Setterholm 4; Siebigk 143; W. v. Kr-r 143; Zander 8; anonym 2, 3, 7, 9 (2), 10 (3), 16, 17, 18 (2), 19 (2), 20, 24, 25, 27, 29 (2), 30 (3), 31 (2), 32 (2), 34 (2), 35, 37, 38, 39 (2), 42, 43, 44, 48 (2), 50 (2), 53 (2), 58, 68 (2), 656
Marche à la Romain (Pfte.: J. N. Hummel, Op. 111, 1) s. (3) Leichte Stücke (Pfte.)
Marche (aus: Beisetzungsmusik für Gustav III) (Kraus) (Pfte.-Arr.) 28
Marche de l'Opéra: Die Rückfahrt des Kaisers variée (Pfte.: Moscheles) 320
Marche de parade (Pfte.: Carl Schwarz) 423
Marche de Trompettes (Pfte.-Arr.) 321
Marche des Marseillois (Rouget de l'Isle) (Pfte.-Arr.) 10, 94
Marche et Rondeau pastorale (Pfte.: Wölfl) 618
Marche et Rondo militaire sur des Motives de l'Opéra: Torquato Tasso (Donizetti) (Pfte.) 804
Marche Funèbre (N. C. Bochsa) (Harmoniemusik) 162
Marche Funèbre (Pfte.)
   Bertini 802; Palm 37
Marche Lamentabile (Pfte.) 44
Marche Militaire (Röth) (Pfte.-Arr.) 341
Marche pour les processions de la Fête du St. Sacrement (Org.) 649 (2)
Marche Presto (Pfte.) 656
Marche Triomphale (Pfte.)
   Moscheles 320; anonym 610
Marche triomphale sur l'Entrée à Paris de leurs Majestés François I., Alexandre I. et Frédéric Guillaume III. le 10 Juillet 1815 (Pfte.: Steibelt) 321
Marche Turque (Pfte.: Cramer) 124
Marche utur: Gustav Wasa var. (Pfte. Collin) 9
Marche utur Operan: Dido och Aeneas (Haeffner) (Pfte.-Arr.) 24
Marche variée (Pfte.: A. E. Mueller) 28
Marche vid Påfvens Lifgarde (Pfte.-Arr.) 53
(3) Marches et Trios (Pfte.: Leidesdorf) 402
Marcia (Pfte.)
   Cherubini 769; Leidesdorf 419; Lindner 889; Mühling 888; Siegel 776, 777 (2); Zayitz 770; Zschiesche 886; anonym 12, 770, 772, 781
Marcia (Pfte. 4hdg.: Grund) 887, 891
Marcia brillante (Pfte.)
   Eberwein 892; Zayitz 769
Marcia del Regimento d'Orange (Pfte.-Arr.) 133
Marcia di tre Nazioni (Pfte.) 216

Marcia francese (Pfte.: Rindler) 328
Marcia funebre sulla morte de L. van Beethoven (Pfte.: Czerny, Op. 146) 857
Marcia Maestoso (Cemb. oder Pfte.: Sterkel, Op. 10, 2) 102
Marcia Maestoso (Pfte.: Passy) 64
Marienbader Hops-Walzer (Pfte.) 786, 787
Maritana-Marsch (Wallace; arr. f. 1 Fl.) 703
Marsch (Fl.)
    Fatschek 303; Süssmilch 305; anonym 300 (2)
Marsch (Git.: Derwort) 312
Marsch (Hf. oder Pfte.)
    J. H. Lorenz 156; J. M. Weippert 157
Marsch (Seyfried) (Harmoniemusik: Starke) 388
Marsch (Pfte.)
    Attenhauser 977; Barth 75; Becker 311; Czerny 742, 846, 856, 949; Dupuy 412, 663; Gyrowetz 284; K. E. ? Hering 852; Hertz 412; Kabell 411, 414, 419; Kreith 139; Küffner 279, 994; L. 846; Leidesdorf 418; Lesueur 776; Lüders 423; W. A. Müller 852; Neupauer 237; Ries 847; Righini 164; G. V. Röder 314; C. Schall 206, 207; C. Schulz 779; Carl Schwarz 422, 716; Siegel 776; Simonsen 408; Steibelt 846; Suchaneck 797, Tuczek 201; B. A. Weber 168; F. D. Weber 201; anonym 269, 523, 743(2), 772, 847, 950
Marsch (Pfte. 4hdg.)
    Kalkbrenner 793; Skramstad 844
Marsch (Naderman)
    Pfte.-Arr. 216; Arr. f. 2 Vl., Va., Vc. 257
Marsch (2 Vl., Va., B, 2 Ob., 2 Fg.?, 2 Hr., 2 Trp. (Clarini), Pauken: Mozart, KV 383e = 408/1; Pfte.-Arr.) 768
Marsch af de Kaiserlige Russiske Tropper ved Indtoget i Berlin 405
Marsch af: Gustav Vasa (Naumann) med Var. (Pfte.) 71
Marsch aus der Oper: Tancredi (Rossini) mit einem Original-Trio (Harmoniemusik: Starke) 389
Marsch, ausgezogen aus einer Fantasie (Pfte.: Eberl) 278
Marsch componered for Garden til Fods i Anledning af Hans Majestæts Höje Födselsdag (Pfte.: C. Schwarz) 420
Marsch componered i Anledning af Hans Majestæts Kong Frederik VI Kroning (F. Kuhlau, K. 206, 1–2; Pfte.-Arr.) 406 (2)
Marsch der Französischen Grenadier zu Pferd (Pfte.-Arr.) 193
Marsch der K: Französischen Garde zu Fuss (Pfte.-Arr.) 193
Marsch der k. k. Nieder-Oesterreichischen Landwehre der Stadt Wien (Pfte.-Arr.) 234
Marsch der Leibgarde des Kaysers der Franzosen Napoleon (Hf.-Arr.) 203
Marsch des Franz: 8ten Jaeger-Regiments (Pfte.-Arr.) 193
Marsch des Französischen 9ten Jaeger-Regiments (Pfte.-Arr.) 193
Marsch des Französischen 11ten Jaeger-Regiments (Pfte.-Arr.) 192
Marsch des Französischen 49ten Linien Inf: Regiments (Pfte.-Arr.) 193
Marsch des Französischen 50ten Linien Inf: Regiments (Pfte.-Arr.) 193

Marsch des löblichen 2ten Regiments der Wiener Stadt Miliz (Moscheles; Pfte.-Arr.) 319
Marsch des 6ten Bataillons der k. k. Nieder-Oesterreichischen Landwehre der Stadt Wien (v. Lehrl; Pfte.-Arr.) 235
Marsch for de franske Tropper (La Tour; Pfte.-Arr.) 85
Marsch for den Polske National-Garde (Klonowski; Pfte.-Arr.) 860
Marsch for de polske Skarpskytter (Klonowski; Pfte.-Arr.) 860
Marsch for den Kongelige Liv Garde til Fods (Pfte.-Arr.) 861(2)
Marsch for Hans Kongelige Majestæts Garde til Fods (Zachariae) (Pfte.-Arr.) 409
Marsch für die Leipziger Communal-Garde (F. L. Schubert) (Pfte.-Arr.) 808
Marsch i den tyrkiske Smag (Mozart) s. Sonate (Pfte.) Mozart, KV 300i = 331, III
Marsch i den tyrkiske Smag (Hf. oder Pfte.: Wölfl) 158
Marsch in Es (Orch.: Theuss, Op. 49) 823(3)
Marsch mit Trio (Steinmann) (Arr. f. 2 Vl.) 724
Marsch nach dem neuen eingeführten geschwinden Tempo für das 2te Regiment der Stadt Militz (A. Fischer; Pfte.-Arr.) 195
Marsch nach Melodien aus der Oper: Die Flibustier (Lobe) (Pfte.) 799
Marsch til den Kongelige Liv Garde (F. Kuhlau, K. 207; Pfte.-Arr.) 406
Marsch til kongelige Livgarde til Fods (Lüders; Pfte.-Arr.) 422
Marsch über Motive aus der Oper: Zum treuen Schäfer (A. Adam) (Pfte.) 810
Marsch über Motive von Strauss (Vater) (Pfte.) 801
Marsch und Pantomime (Pfte.: B. A. Weber) 84, 168
Marsch ved Intoget i Paris af de allierede Tropper (Pfte.-Arr.) 409
Marsch, Walzer (Pfte.: Rossini) 773
Marseiller-Marsch (Pfte.) 784
Marsz (Pfte.: Kryński) 172
Marsz z opery: Przerwana Ofiara [=Das unterbrochene Opferfest, Winter] w wariacjami (Pfte.: Elsner) 170
Maskenfreiheit (Schottischer Walzer) (Pfte.: F. L. Schubert) 810
Master Mac Cloud (Pfte., Hf. oder Vl.) 287
Masur (Pfte.) 233, 655
Masur (2 Vl.) 722
Masurca (Masurck, Masureck) s. Mazurka
Masurka nach Melodien aus: Wilhelm Tell (Rossini) (Pfte.) 793
Matelotte (2 Vl.) 722
Maurer und Schlosser Cotillon (arr. f. 1 Fl.) 692
Mazourka s. Mazurka
Mazur favorit, varié (Pfte.: Gelinek) 619
Mazure (Pfte.)
    Cercha 645; anonym 645(2)
Mazurka (Pfte.)
    Costa 968; Davison 929; Krogulsky 827, 829; anonym 557, 662, 775, 777, 789, 862, 950(2), 954, 966, 967
Mazurka aus: Hans Heiling (H. Marschner) (Pfte.) 796
Mazurka brillante (Pfte.: Fawcett) 945
Mazurka sentimentale (Pfte.: F. Hünten) 811
(4) Mazurkas (Pfte.: Chopin) 844

Mélange (arr. f. Lyra oder Git.: Meissonnier Jeune) 996
Mélange af Musiken till Op.: Richard (A.-E.-M. Grétry) (Pfte.) 45
Melange aus der Oper: Das Pferd von Erz (Auber) (Pfte.) 801
Melange aus der Oper: Der Postillon von Lonjumeau (A. Adam) (Pfte.) 806
Mélange d'Airs de Rossini (Pfte.: C. Pleyel, Op. 20, 21, 25, 27) 418, 419, 425(2)
Mélange sur des Thèmes de l'Opéra: Faust (Pfte.: Pixis, Op. 88) 976
Mellemspil (Pfte.: Steibelt) 84
Melodie des ... Liedchens: Die Schiffahrt (Hurka) (Pfte.) 186
Melodier af Operaen: Den hvide Dame (Boieldieu) som Potpourri (Fl.: Berens) 762
(2) Melodies de Auber (2 Rondos) (Pfte.: Rosellen) 940
Menuet s. a. Menuett
Menuet (Git. oder Lyra: Sor) 275
Menuet (Pfte. 4hdg.) 269
Menuet (Zither) 2
Menuet à la reine (2 Vl.) 722
Menuet Favori, varié très facile (Pfte.) 235
Menuet nach einem Thema aus der Oper: Die weisse Frau (Boieldieu) (Pfte.) 741
Menuet Savoyarde (2 Vl.) 722
Menuett (Fl.)
  Hoffmeister 300; anonym 299, 300(2)
Menuett (Hf.) 3
Menuett (Hf. oder Pfte.)
  Backofen 157, 159; Krumpholtz 159; J. H. Lorenz 157; Petrini 159; I. Pleyel 156, 158
Menuett (Pfte.)
  W. Bach, 1–2 165; Bohrer 342, 344; Czerny 846; Gernandt 20, 22; M. Giuliani 319; J. Haydn 713; J. Th. Held 202; Horak 147; Kalcher 344; C. Kreutzer 425; Krommer 407, 411; C. Kuhlau 26; Lindeman 76; Lindner 885; Mecklin 14 (2); Moscheles 401; Mozart, KV 576b = 355 885; Mühling 886; I. Pleyel 7, 87; Rindler 329; J. Rösler 201, 210; Röth 340; C. Schall 205 (2), 206; Setterholm 4; F. D. Weber 202; Weyse 713; Wittaschek 202, 414; anonym 3, 4, 5, 7 (2), 8 (2), 10, 11, 12, 13, 16, 18, 19, 20, 24, 29, 34 (2), 40, 42, 45, 46, 145
Menuett (Mozart, KV 492,3) med Var. (Pfte.) 70
Menuett samt Trio aus dem K:K: kleinen Redouten-Saal vom Jahr 1805 (A. Fischer; Pfte.-Arr.) 189
Menuette composée pour sa Majesté la Reine regnante de Prusse (Pfte.) 166
(3) Menuetten mit Trios (2 Vl.: Otter) 722
Menuetto s. a. Menuett
Menuetto composée pour S. A. R. Madame la Princesse Guillaume (Pfte.) 166
Menuetto con 12 Var. (Pfte.: Haydn, Hob. XVII,3) 29
Meyerbeer's admired Tyrolienne, arr. as a Divertimento (Pfte.: A. Adam) 972
Milanaise (2 Vl.) 722
Militärisch musikalische Tags Begebenheiten, für die türkische Musik (Starke) 390
(6) militärische Stücke als Märsche, Vergatterung, Rast und Zapfenstreich (Harmoniemusik: Starke) 387

(6) militärische Walzer und Coda mit Trompetensolo (arr. f. Harmonie- und türkische Musik: Starke) 389(2)
Militair-Galoppe (Pfte.: Joh. Strauss Vater) 792
Militair Marsch (Pfte.: Moscheles) 856
Militairisk Vals (Pfte.: C. M. v. Weber) 858
Military Air (Pfte.: J. N. Hummel) 955
Military Finale to the Battle of Maringo (Pfte.: Dourlen) 129
Military Quadrilles (Pfte.: Linter) 947
Minuet with Var. (Pfte.: Paradies) 91
(6) Minuetti (Pfte.: F. D. Weber) 145, 146
Minuetto s. a. Menuett
Minuetto (Fl. oder Vl.: I. Pleyel) 136
Minuetto en Rondo (Pfte.: I. Pleyel) 118
Minuetto & Trio (I. Pleyel)
  Fl. oder Vl.: 136; Pfte.: 118
Miss Admirall Gordon (Pfte.-Arr.) 104
Miss Grunde (Pfte., Hf. oder Vl.) 288
Miss Polly Welsh (Pfte.-Arr.) 104
Miss Stewart's Gig (Pfte.-Arr.) 104
Mode-Walzer (Pfte.) 772
Moderato (Org.)
  A. L. Löwe 989, 990; Rinck 987; J. Vierling 979, 981(2); J. G. Vierling 978
Moderato (Pfte.)
  Boieldieu 956; Cramer 956; C. Schall 206; Steibelt 183; anonym 8, 13, 50, 768
Moderato af Åhlström, var. (Pfte.: Grenser) 20
Moderato med Var. (Pfte.: I. Pleyel) 18
Mödlinger Tänze s. (11) Tänze
Momento capriccioso (Pfte.: C. M. v. Weber, Jähns 56) 975
Moments Musicaux (Pfte.: Schubert, D 780, 3, 6) 654, 655
Monemasque (2 Vl.) 722
Money Musk (Pfte.-Arr.) 94
Monferine (2 Vl.) 722
Monferines (Pfte.: M. Giuliani) 320
Monferrine (2 Vl.: Diabelli) 720
Moorland Willy (Pfte.-Arr.) 104
Morceau de Concert, Fantaisie & Variations sur des Motifs de: Guido et Ginévra (Halévy) (Pfte.: Osborne, Op. 29) 844
Morgenblätter (Walzer) (Joh. Strauss Sohn, Op. 279; arr. f. 1 Fl.) 711
Motif aus der Oper: Elisa und Claudio (Mercadante) (Pfte.) 744
Münchner Odeon Laendler (Pfte.: L.) 741
Muntre und angenehme Orgelstücke im eleganten Stiel: Durtonarten 647(16); Molltonarten 647(14)
Musical Puzzle ‹to be read either way› (J. Haydn) 954
Musical Sketch (Pfte.: Mendelssohn) 971(2)
Musik til: Balletmester, Galleottis pantomimiske Epilog (C. Schall; Kl. A.) 80
Musik, uppförd vid Deras Kongl. Majestäters höga kröning i Norrköping (Pfte.-Arr.) 25
Musikalische Gänge mit Anmerkungen (Pfte.: Milchmayer) 138
Musikalische Spielerei, Ein Menuet auf den obern Tasten (Pfte.) 290
Musiken til Hr: Solodandser Paulsens Pantomimiske Epilog (Luplau; Pfte.-Arr.) 205
Musique du Carousel (Pfte.) 321
My ain kind dearie with Var. (Pfte.) 100
My Lodging is on the cold Ground (Pfte.-Arr.) 94

Nach beliebten Melodien aus der Oper: Die
Stumme von Portici (Auber) (Pfte.: Fr. A.
Belcke, op. 46) 889
Nach einer Melodie aus der Oper: Die Stumme
von Portici (Auber) (Pfte.) 949
Nachspiel (Org.)
Bertelsmann 980; M. Henkel 982; Rinck
978, 979(2), 984, 985, 987; H. W. Stolze
986(2), 987(2); Zöllner 984, 987
Napoleons Krönungs-Marsch
Arr. f. 1 Fl. 300; Pfte.-Arr. 774
Napoleons Krönungsmarsch (Lesueur; Pfte.-
Arr.) 237
Napolitain (Le) (Quadrille) (Pfte.: Ph. Muṣard)
937
Napolitan Quadrilles (Pfte.: Jullien) 929
National Polonaise (Pfte.: Oginsky) 405
National-Polonaise, nebst Var. verbunden mit
Clarinet, Horn, Trompeten, und Serpent
oder Fagottsolo, für Harmonie und türki-
sche Musik (Starke) 390
Nationalgarde-Marsch (Proch; arr. f. 1 Fl.)
703
Nationaltanz aus: Neu York (Pfte.) 766
Natten (Tonmalerei) (Orch.: Falbe; Kl. A.)
208
Neapolitain Air, arr. as a Rondo (Pfte.: F.
Hünten) 972
Neu-Schottisch (Pfte.) 806
(6) Neue Contretänze (Pfte.: F. L. Schubert)
794, 800
(6) Neue Contretänze über Motive aus der
Oper: Das Schloss am Aetna (Marschner)
(Pfte.: F. L. Schubert) 809
Neue Galoppe (arr. f. 1 Fl.) 690
Neue Galoppe (Pfte.-Arr.) 827
Neue Galoppe in C (arr. f. 2 Vl.) 724
Neue k. k. Wachparade für türkische Musik
(Starke) 389
Neue 6 Militärmärsche (Harmonie- und türki-
sche Musik: Starke) 389
Neue Tänze (Pfte.)
Brunner 619; Meyer 619
(4) Neue Tänze (Pfte.: Reichel) 618
Neue Var. (Git.: Bonaventura) 278
Neuer Militärischer Marsch (Starke; Pfte.-Arr.)
220
Neuer österreichischer Militärmarsch (Starke;
Pfte.-Arr.) 292
Neuer Pausen-Walzer (Pfte.: Bochmann) 828
Neuer Sehnsuchts-Walzer (Pfte.: Czerny) 792
Neuer Triangel-Walzer (Pfte.: Walch) 781
Neuer Waterloo Deutscher (Pfte.: Leidesdorf)
557
Neuester Marsch des Kaisers Napoleon (Pfte.-
Arr.) 192
New German Waltz (Pfte.Arr.) 94
Niederländischer Bauerntanz (Pfte.) 292
No 'twas neither shape nor Feature (Pfte.-Arr.)
94
Nocturne (Pfte.)
Field 557, 975; F. Hünten, Op. 5 975;
Moscheles, Op. 71 843; J. Schmitt, Op. 66
973; Thalberg 811
(3) Nocturnes (Pfte.: Bertini, Op. 87) 862 (3)
Norma Quadrilles (Pfte.: Baker) 932
Norsk dans kallad Feijern (Pfte.) 657
Norsk National Dands (Pfte.: Dupuy) 412
Norsk Vise med Var. (Pfte.: Plachy, Op. 11) 418
Norsk Wals (Pfte.: Falbe) 57

Notturno (Pfte.)
Field 67; Passy 69; Rastrelli 828
Notturno über Motive aus der Oper Marino
Faliero (Donizetti) (Pfte.) 804
Notturno über Themen aus der Oper: Fra
Diavolo (Auber) (Pfte.) 789
Nouveau Chœur des Chasseurs de C. M. de
Weber, varié (Pfte.: Pixis, Op. 80) 843
Nye Cotillon (Pfte.: Walch) 423
Nye Gallopade (Pfte.) 861
Nye Kehraus (Pfte.: C. Schall) 410
Nye Pariser-Marsch (Pfte.: Auber) 860
Nye Potpourri af Operaen: Zampa (Hérold)
(Pfte.: Lemoine) 861
Nye Skots Dands (Pfte.: Beczwarzowski) 405
Nye Wiener Vals (Pfte.: J. N. Hummel, Op. 31,
8–9) s. Apollo-Saal-Tänze (III)

O Gud vi lofve Tig (Trp.) 9
O'er the Moor among the Heather (Pfte.-Arr.)
104
Oberländler (Lanner, Op. 3; arr. f. 1 Fl.) 692
Ochsenmenuett (Haydn, Hob. IX, 27) 60,
416
Octave Movement (Pfte.: V. ? Nicolai) 117
Ode on the Passions (Pfte.: Pelissier) 331
Österisk Folkesang med Var. (Kalkbrenner,
Op. 10,1) 856
Of Noble Race was Shenkin, a ... Welch Air
with Var. (Pfte.: Molini) 94
Omarbetning af Traditioner för Svenska Folk-
dansar (Pfte.: Haeffner) 47
Opera Polka (Pfte.: I. Schubert) 935
Or Basta de Verdi (Pfte.: G. W. Glover) 944
Orange Boven (Pfte., Hf. oder Vl.) 288
Orangers Waltzes (Les) (Nr. 1–5; Pfte.: Ph.
Musard) 923
Orgel-Adagio (Nr. 1–12) (C. Geissler) 990(6),
991(5), 992
(12) Orgel-Adagios (C. Geissler, Op. 15) 990
Orgelstück (Nr. 1–6) (H. W. Stolze) 988(6)
(6) Original-Eilmärsche (Türkische Musik:
Starke) 389
(2) Original Melodies (Pfte.: Esain) 941
Original Schweitzer Ländler oder Alpen Lie-
der (Pfte.: Gelinek) 245
Original-Märsche in D (Türkische Musik: Star-
ke) 390
Original-Marsch nach dem neuen bey der K. K.
oesterreichischen Armée eingeführten ge-
schwinden Tempo (Starke; Pfte.-Arr.)
196(2), 197(4)
(36) Originaltänze (Pfte.: Schubert, D 365,
16, 21; arr. f. 1 Fl.) 692
Othellerl-Walzer (A. Müller; arr. f. 1 Fl.) 695
Ouvertura (Pfte.) 315
Ouverture (Harmoniemusik)
Alday 163; Blasius 163; R.-N.-C. Bochsa
162; Fleury 161, 162, 163; L. Jadin 162(2);
Persuis 387; Starke 390; G.-A. Walter
163(2)
Ouverture (Orch.; Pfte.-Arr.)
Dittersdorf 88; Edelmann, Op. 4 88;
Haydn, Hob. Ia, 15, II 71; Koželuch 91;
J. Stamitz 88; Türk 141; Vanhal 88, 92
Ouverture (Pfte.)
Falbe 759; W. A. Müller 852, 853, 854
G. V. Röder 314; anonym 314
Ouverture (Pfte. 4hdg.)
J. N. Hummel 992; Kallenbach 584

Ouverture à la Rossini (Arr. f. 1 B-Git.: Löhr) 855

Ouverture au Caprice avec 6 Var. faciles (Pfte.: C. ? Kreutzer) 617

Ouverture aus der Oper: Dichter und Tonsetzer (Dalayrac) nebst 6 Deutschen mit Trios und Coda (Arr. f. Harmonie u. türkische Musik: Starke) 391

Ouverture aus: Othello (Rossini), nebst den beliebten Waterloo-Walzern (Arr. f. türkische Musik: Starke) 390

Ouverture, eine beliebte Cavatine, Var. für Clarinett und Horn, nebst 4 Ecossaisen mit Trios und Coda (Arr. f. Harmonie u. türkische Musik: Starke) 390

Ouverture turque (Steibelt, op. 3; Pfte.-Arr.) 17

Ouverture zum zweiten Jahrgange der Monats-Früchte (Pfte.: B. A. Weber) 167

Ouverturen till: Turken s. Ouverture turque

Overture (Pfte.-Arr.)
Salieri, in D 94; Sarti 93

Overture (Vl., Pfte.: Cimarosa) 88

Overture (Paisiello; arr. f. Vl., Cemb. oder Pfte.) 97

(6) Overtures (Abel, Op. 1; Pfte.-Arr.) 91

Ox-Menuetten (Oxemenuetten) s. Ochsenmenuett

Paganini oder Glöckchen-Walzer (Pfte.) (Ebers) 888

Paganini's last Waltz (Pfte.-Arr.: H. Herz) 923

Pantomime (Pfte.: B. A. Weber) 83

Parade-Marsch (Payer; Arr. f. 1 Fl.) 684

Parade-Marsch (Pfte.)
Egeling 860; Kirchberg 619; Lüders 423; Marschner 797; C. G. Müller 743; W. A. Müller 853

Parade-Marsch (Pfte. 4hdg.: W. A. Müller) 851

Parade-Marsch der Französischen Armé in Warschau (Paer; arr. f. 2 Vl., Va., Vc.) 258

Parade Marsch des zweyten Löbl: Bürger-Regiments in Wien (Pfte.-Arr.) 247

Parade-Marsch des 2ten sächsischen Schützen-Bataillons (Pfte.: F. L. Schubert) 788

Parade-Marsch for Hans Majestæt Kongens Regiment (Pfte.: Muth Rasmussen) 861

Parade-Marsch für die Nationalgarde (v. Vivenot; arr. f. 1 Fl.) 703

Parademarsch mit Trio (Payer; arr. f. 2 Vl.) 723

Parademarsch über Motive aus der Oper: Die Hugenotten (Meyerbeer) (Pfte.) 803

Pariser Favorit-Galopp(e) (Pfte.: F. H. Musard) 805, 807

Pariser National Marsch (Pfte.: Auber) 786

Pariser-Revolutionen: Stormklokken, Modstand og Sejer (Pfte.: Lüders) 860

Parodie (La) (Sonate) (Pfte.: J. B. Cramer, Op. 43) 423

Parodie über die Cavatine: Di tanti palpiti (Rossini) (Pfte.: Moscheles) 975

Partant pour la Syrie (Romance) (Solié) varié (Fl.) 684

Partita IV: Aria (Pfte.: Bach, BWV 828) 892

Partita VI: Air (Pfte.: Bach, BWV 830) 891

Pas de Deux aus dem neuen Divertissement des Herrn Taglioni (F. Neumann; Pfte.-Arr.) 225

Pas de deux der zwei kaledonischen Kriegerinnen (Pfte.) 578

Pas de quatre ... (Pfte.: Nadaud) 926

Pas Galop from Beniowsky (Pfte.: N. C. Bochsa) 917

Pas redoublé (Fatschek; arr. f. 1 Fl.) 303(2)

Pas redoublé (Harmoniemusik)
Fleury 161, 163; Leroy 161(3), 162, 163

Pas redoublé (Pfte.)
Agthe 744; Brepsant 944; Keck 418; Theuss 824; Walch 422; anonym 951

Pas redoublés (Pfte.: C. Schwarz) 423

Passages les plus difficiles (Pfte.: Milchmayer) 139(3)

Pasticcio (Pfte.: Kambra) 129

Pastoral Dance (Bishop; Pfte.-Arr.: Neate) 926

Pastorale (Hf. oder Pfte.: Lambert) 159

Pastorale (Pfte.)
Åhlström 4; Boieldieu 139; Dupuy 656; Haubold 786; Lagerfeldt 11; W. A. Müller 852; Steibelt 81; anonym 3, 7, 9, 18, 21

Pastorale (Pfte. 4hdg.) 269

Pastorale for føelsomme Spillere (Pfte.: Paisiello) 83

Pause Gallopade (Pfte.) 862

Pausen-Walzer (Pfte.) 827

Pensée de Bellini (Pfte.: Kalkbrenner) 941

Periodische Ouverture, Sinfonie XXXVIII (Dittersdorf; Pfte.-Arr.) 88

Pesante (Org.: A. Henkel) 979

Peter Kneller (Pfte., Hf. oder Vl.) 287

Petit Rondeau à la Valse (Pfte.: Rawlings) 913

(4) Petites Pièces (Pfte.: Destouches) 132

(12) Petites Pièces faciles (1 Git.: Zucconi, Op. 7) 160

(4) Petits airs (Pfte.: Mezger) 132

(6) Petits airs (Pfte.: Mezger) 132

Phantasie (Pfte.: G. V. Röder) 314

Pièce Joyeuse, enthält ein Rondo aus einem Ballet, Masurisch mit Trompetensolo, Quadrille, 6 Var. nebst Coda über ein russisches Thema (Arr. f. Harmonie u. türkische Musik: Starke) 388(2)

Pièce Joyeuse pour la musique militaire (Starke) 388

(12) Pièces (Cemb. oder Pfte.: Sterkel, Op. 10) 102

(6) Pièces très faciles (Pfte.: J. N. Hummel, Op. 52) 383

Più moto (Pfte.: Dussek) 768

Plain-Jeu ou Fonds d'Orgue pour Amen 649

Plaintes d'un Troubadour s. Moments Musicaux (Pfte.: Schubert, D 780,6)

Plaisanteries sur des thèmes originaux espagnols (Pfte.: Louis) 654

Poco Allegretto (Hf. oder Pfte.: Grenser) 159

Poco Allegretto (Pfte.)
J. Haydn 207; Mezger 76; anonym 23

Poco Allegretto quasi Andante (mit Var.) (Pfte.) 206

Poco Andantino quasi Allegretto (Pfte.: P. Schall) 207

Poco Allegretto quasi una Fantasia (Pfte.: H. Köhler) 618

Polacca (Fl.)
Gabrielski 761; Tulou 762

Polacca (Pfte.)
H. Herz 954; Lemming 846; W. A. Müller 852

Polacca (Pfte. 4hdg.: Rossini) 617

Polacca (Viotti) (Pfte.-Arr.) 104

Polacca (Vl.: Chr. F. Müller) 18

Polacca (2 Vl.: J. N. Hummel) 721
Polacca melancolica (Pfte.: Assmeyer) 828
Polacca sur la Romance favorite: Dormez
dormęz, chères Amours (Pfte.: H. Herz,
Op. 53) 911
Polka Anglaise (La) (Pfte.: Sutch) 944
(4) Polkas (Pfte.: Stoepel) 935
(5) Polkas (Nationales Bohémiennes, Cosa-
ques, et Russes) (Pfte.: Stoepel) 935
Polonaise (Cemb. oder Pfte.: Sterkel, Op. 10,5)
102
Polonaise (Fl.)
   J. F. Berwald 300; Ogiński 298; anonym
   300
Polonaise (Git., Vl.: Mäurer) 314
Polonaise (Hf. oder Pfte.)
   Boieldieu 156, 159; Jahn 156; I. Pleyel
   159; Saal 157
Polonaise (Harmoniemusik)
   Beethoven 387; Fleury 163; Mayseder
   (Starke) 388; G.-A. Walter 163
Polonaise (Pfte.)
   Åhlström 18, 48, 80; Andrychewicz 170,
   171, 172; Askergren 27, 41; Becker 311;
   Beethoven 54, 84; Belcke 891; F. Berwald
   586 (3); Blinck 861; Byström 34, 80;
   Carafa 560; Corri 586; Czerny, Op. 85
   742; Czerny, Op. 150 974; Czerny 715,
   741, 828, 845, 854, 857; Dupuy 17, 27,
   76, 82; Elsner 172 (4), 173 (2), 248 (2);
   Erfurt 890; Field 713, 975; Forsberg 51;
   Frisch 7; Gabel 172; Gebauer 85; Geli-
   nek 402, 406; Gleisman 8, 18, 24; Gott-
   schalck 777; Grenser 20; Grevesmöhlen
   33; Gürrlich 164; Hauptmann 885; H.
   Herz 792, 796; Hessner 773; F. Hünten,
   Op. 22 861; J. N. Hummel 60, 63, 969;
   Ivanovitz 41; Jahn 138; Jansen 573 (2);
   Jungnitsch 147; Kotziusko 786; Kraegen
   745; Küffner 421; Lipavsky 184; C. L.
   Lithander 25, 36; De Martens 403; V.
   Maschek 210; Mayseder 67; Merlini 171;
   Methfessel 845; Moscheles, Op. 3 856; F.
   X. W. Mozart 420; Chr. Fr. Müller 78; W.
   A. Müller 853, 854 (2), 855; Nielsen 424;
   Ogiński 63, 170, 171, 172, 408, 619, 744;
   Payer 403; Pixis, Op. 107 790; C. Pleyel
   418; I. Pleyel 34; Reichel 407, 617, 618,
   619; Riem 714, 716; Rindler 329; Rode
   34, 50, 82, 411; Rudersdorff 424; F. L.
   Schubert 797 (2); Segniz 312; Sörgel
   886; Spohr 425; Stefani 170; Stenzer
   977; Stolpe 410; Stumpf 344; Svensson
   35; Szymanowska 845; A. G. Theile 823;
   Thomsen 847; Unicki 171; Abbé
   Vogler 7, 75; W. v. Kr-r 143; Wass 37;
   F. D. Weber 202; Weinert 172; Wilms
   617; Witkowsky 620, 768; Zander 4;
   Zschiesche 890; Zwaneveld 617; anonym
   1, 2 (2), 3, 4 (2), 5 (2), 6, 9 (2), 10, 12,
   17, 18 (2), 26, 32, 39, 40, 44, 45, 46 (3),
   47 (3), 49 (3), 65, 67, 68, 70, 146, 147,
   248, 413, 949, 950, 951
Polonaise (Pfte. 4hdg.)
   Kloss 661 (2); W. A. Müller 852
Polonaise (Vl.) 2
Polonaise (2 Vl.: Eybler) 722
Polonaise à la Chlopicki (Pfte.: Klonowski)
860
Polonaise à la Kosciusko (Fl.) 298

Polonaise (Nr. 1–3) af Operaen: Joconde
(Isouard; Pfte.Arr.: Lindemann) 415
(2), 416
Polonaise af Operaen: Tancredo s. Polonaise
de Tancredi ...
Polonaise af: Skaden (Rossini) (Pfte.) 421
Polonaise af Tancred (2. Akt, Finale) (Ros-
sini) (Pfte.) 414
Polonaise aus der Oper: Die Falschmünzer
(Auber) (Pfte.) 795
Polonaise aus dem: Calif von Bagdad (Boiel-
dieu) (Pfte.: Ratzkowsky) 618
Polonaise aus den Opern: Die Diebische Elster
und Othello (Rossini) (Pfte.: Wilde) 618
Polonaise Bagatelle (Pfte.: F. Berwald) 585
Polonaise dandsed af Madame Ginetti (Pfte.)
411
Polonaise de Bohemia (Pfte.: Cl. Schumann)
944
Polonaise de la Redoute parée (Pfte.-Arr.) 321
Polonaise de Tancredi: Fra quai soavi palpiti,
arr. en rondeau (Pfte.: Ries, Op. 104, 1)
423
Polonaise efter Dansen og Choret af: Preciosa
(C. M. v. Weber) (Pfte.) 423
Polonaise efter et Thema af: Barbaren i Sevil-
la (Rossini) (Pfte.) 421
Polonaise. Executée à la Masquerade Impériale
de Peterhof (Zeuner; Pfte.-Arr.) 81, 166
Polonaise favorite, arr. en Rondo (Pfte.: Stei-
belt) 277
Polonaise från Skåne (Pfte.) 49
Polonaise från Upland (Pfte.) 49
Polonaise mélancolique (Pfte.: F. X. W. Mo-
zart) 420
Polonaise Militaire (Pfte.: Gerke) 406
Polonaise nouvelle (Pfte.)
   Lessel 645; Woldemar 644
Polonaise öfver mel.: God save the King
(Pfte.: Klengel) 662
Polonaise über Motive aus: Fra Diavolo (Auber)
(Pfte.: F. L. Schubert) 790
Polonaise und Rondo (Pfte.: Sechter) 247
Polonaise und Trio (Pfte. 4hdg.: Kallenbach)
204
(6) Polonaisen (Pfte.: J. N. Hummel, Op. 70,1)
415
Polonesa, Trio y Waltz a la Feliz Entrada en
Madrid de la Reina nuestra Señora D. Maria
Josefa Amalia de Saxonia (Pfte.) 573
Polonesa s. a. Polonaise
Polonese s. Polonaise
Polonesia y Trio (Pfte.: Mirecki) 572
Polonez s. a. Polonaise
Polonez z arii opery: Telemach (Pfte.: Janicky)
172
Polonoise s. Polonaise
Polymelos ou Caractères de Musique de Diffé-
rents Nations (Pfte., 2 Vl., Va., Vc.: Abbé
Vogler; Pfte.-Arr.)
   Grönländische Romance mit 6 Var. 221;
   Großer Kosakentanz 219; Schwedisches
   Lied mit 5 Var. 222; Var. 223
(30) Popular Airs, Reels, Dances &c. (Pfte.-
Arr.) 103–104
Postludium (Org.)
   Bertelsmann 982; Hesse 982; Klauss 986;
   A. L. Löwe 991
Postludium: Fughette nach Kellner (Org.: H.
W. Stolze) 989

Potpourri (Pot-Pourri) (Pfte.)
F. Berwald 586; Demar 35; J. Hewitt
120, 121; F. A. Kummer 745; W. A. Mül-
ler 854(3), 855; Paer 618; Reichel 620;
C. Schall 208; anonym 316, 560, 610
Potpourri (Pfte., Git.-Begl.: J. N. Hummel,
Op. 53) 383
Potpourri als Zapfenstreich mit 2 Trios
(Starke) 389
Potpourri aus dem Ballett:
Faust (Keck)(Pfte.: Keyper) 861
Nina (de Persuis) (Pfte.) 862
Victors Bryllup (Keck) (Pfte.) 860
Potpourri aus (der Oper):
Beatrice di Tenda (Bellini) (Pfte.) 801
Bruden fra Lammermoor (Bredal) (Pfte.)
861
Il Corsaro (G. Pacini) (Pfte.) 798
Czaar und Zimmermann (Lortzing) (Pfte.:
F. L. Schubert) 809
De Danske i Paris (Pfte.: Keyper) 862
Elverhöi (F. Kuhlau) (Pfte.) 860
Et Eventyr i Rosenborg Hauge (Weyse)
(Pfte.: Keyper) 862
Des Falkners Braut (H. Marschner) (Pfte.
4hdg.) 791
Der Feensee (Auber) (Pfte.) 811
Die Genueserin (Lindpaintner) (Pfte.) 810
Guerillabanden (Bredal) (Pfte.) 862
Der Klausner (Carafa) (Pfte.: Ebers) 888
Lestocq (Auber) (Pfte.) 800
Libella (Reissiger) (Pfte.) 796
Marie (Hérold) (Pfte.) 778
Das Nachtlager von Granada (C. Kreutzer)
(Pfte.) 803
Der Nordstern (Meyerbeer) (Pfte., Vl.)
961(2)
Die Schweitzerhütte (A. Adam) (Pfte.) 799
Die Sizilianische Vesper (Verdi) (Pfte.,
Vl.) 961(2)
Der Wahnsinnige auf St. Domingo (Doni-
zetti) (Pfte.) 801
William Shakespeare (F. Kuhlau) (Pfte.:
Keyper) 861
Potpourri efter Themaer af: Die Wiener in
Berlin (H. Marschner) (Pfte.: Gelinek) 424
Potpourri nach Melodien aus der Oper: Das
Concert am Hofe (Auber) (Pfte.) 827
Potpourri nach Motiven der Oper:
Alessandro Stradella (v. Flotow) (Pfte.,
Vl.) 960(3)
Belisario (Donizetti) (Pfte., Vl.: Durst) 958(2)
Elisir d Amore (Donizetti) (Pfte., Vl.:
Durst) 958(2)
Ernani (Verdi) (Pfte., Vl.) 960
Haustheater der Nymphen (Titl) (Pfte.,
Vl.) 960
Haymonskinder (Balfe) (Pfte., Vl.) 959
Heimkehr des Verbannten (Nicolai) (Nr.
1–3; Pfte., Vl.) 960
Jenny Bell (Auber) (Pfte., Vl.) 961 (2)
Keolanthe (Balfe) (Nr. 1–2; Pfte., Vl.) 961
Linda (Donizetti) (Nr. 1–5; Pfte., Vl.) 959
Lucia di Lammermoor (Donizetti) (Nr.
1–2; Pfte., Vl.) 960
Lucrezia Borgia (Donizetti) (Nr. 1–2;
Pfte., Vl.) 960
Marie, die Regimentstochter (Donizetti)
(Nr. 1–3; Pfte., Vl.) 959
Maritana (Wallace) (Pfte., Vl.) 960

I Masnadieri (Verdi) (Pfte., Vl.) 961
Montecchi e Capuleti (Bellini) (1 Fl.) 697;
(Pfte., Vl.) 958
Nabuccodonosor (Verdi) (Pfte., Vl.) 959
Norma (Bellini) (1 Fl.) 697
(Pfte., Vl.) 958
Profet (Meyerbeer) (Pfte., Vl.) 960
Rigoletto (Verdi) (Pfte., Vl.) 961
Sonnambula (Bellini) (Pfte., Vl.) 959
Tannhäuser (Wagner) (Pfte., Vl.) 962(2)
La Traviata (Verdi) (Pfte., Vl.: Fahrbach)
962(2)
Il Trovatore (Verdi) (Pfte., Vl.: Fahrbach)
961, 962
Zigeunerin (Balfe) (Pfte., Vl.) 961
Potpourri nach Motiven von Liedern (Fr.
Schubert) (Pfte., Vl.) 959
Potpourri ou Solos de l'Opéra: Lulu (F. Kuh-
lau) (Fl.: Milde) 762
Potpourri over Themaer af: Bortförelsen (Mo-
zart), Offerhöitiden (Winter) og Fanchon
(Himmel) (Pfte.: Gelinek) 416
Potpourri sur differens thèmes de: La Peau
d'Ane (Pfte.: J. N. Hummel, Op. 58 und
59) 383(2)
Potpourri über Motive aus dem Melodram: La
Straniera (Bellini) (Pfte.) 790
Potpourri über Motive der Oper:
Die Kinder der Haide (Rubinstein) (Pfte.,
Vl.: Fahrbach) 962
Die Verschworenen (Fr. Schubert) (Pfte.,
Vl.: Fahrbach) 962(2)
Potpourri über Themas von J. N. Hummel
(Pfte.) 741
Präludien (Org.)
Durtonarten 646(9); Molltonarten 646–
647(7)
(4) Präludien (Pfte.: Cramer) 617
Praeludium (Hf. oder Pfte.) 156
Praeludium (Org.)
Bertelsmann 982; Haueisen 990(2); A.
Henkel 988; M. Henkel 984; Hesse, Op.
27 983, 985; Hesse 980(3), 981, 986(2),
988; Kittel 980; Klauss 983; Rinck 978,
979(2), 980(3), 981(2), 982(2), 984(2),
987, 990(3); Schmügel 991; Schnurr 981;
H. W. Stolze 982; Winkelmeyer 979(2);
Zeckert 982; anonym 988
Praeludium (Org.):
Allein Gott in der Höh' sei Ehr (H. W. Stol-
ze) 984
Brich an du schönes Tageslicht (H. W. Stol-
ze) 982
Praeludium (Prélude) (Pfte.: Bach, BWV 850,
856) 768(2)
Praeludium mit Fuge (Org.: A. L. Löwe) 991
Praeludium und Choral (Org.):
Jesus meines Lebens Leben (H. W. Stolze)
983
Vom Himmel hoch, da komm ich her
(Klauss) 981
Praeludium und Fuge (Org.)
J. S. Bach, BWV 533 986; H. W. Stolze
981
Praeludium (Org.) zu dem Choral:
Ach wir armen Sünder (H. W. Stolze) 989
An diesem Tag, o Jesu nicht (H. W. Stolze)
989
Jesus, Jesus, nichts als Jesus (H. W. Stolze)
989(2)

Wach auf mein Herz (Zöllner) 986
*Wer nur den lieben Gott läßt walten oder:
Dir, dir Jehova will ich singen* (H. W. Stolze) 989
Pratermarsch (Prater Marsch)
  Hirtl: arr. f. 1 Fl. 690; arr. f. 2 Vl. 724;
  anonym: Pfte.-Arr. 242
Prélude (Org.: Vanhal) 978
Prélude (Pfte.: Cramer) 660, 662(2)
Prélude: *O! Haupt voll Blut und Wunden*
  (Org.: Kaehler) 978
Prélude et Allegro brillant (Pfte.: J. Schmitt,
  Op. 99) 973
Preludium s. Praeludium
Prestissimo (Pfte.)
  Cramer 767; Haessler 660; Mühling 887
Presto (Pfte.)
  Kirmair 184(2); Klengel 745; C. M. v.
  Weber 770; anonym 151
Presto scherzando (Cemb. oder Pfte.: Sterkel,
  Op. 10,7) 102
Prière de guerre ‹ Kriegsgebeth › (Pfte.: Moscheles) 320
Prince Albert's Review March (Pfte.: Czerny)
  932
Prince Alfred's Quadrilles (Pfte.: Jullien) 934
Prince Blucher's Farewell (Pfte., Hf. oder Vl.)
  287
Princesse Charlotte (La) (Walse) (Git.: Mees)
  498
Prinz Johann, Lied (Marsch) (v. Mosel; arr. f.
  1 Fl.) 703
Production der Madame Catalani in Wien etc.
  (Arr. f. Harmonie u. türkische Musik: Starke) 390
Pyrenäen-Walzer, vor- und rückwärts zu spielen
  (Pfte.) 774

Qua Ouverture (Pfte.: H. F. Müller) 151
Quadrille (Fl.)
  Alsfasser 298; anonym 298, 299(2), 300,
  303
Quadrille (Hf.) 203
Quadrille (Hf. oder Pfte.: V. Maschek) 158
Quadrille (Pfte.)
  Collinet 626; G. D. 764; Hensel 147;
  Knecht 144, 145; Marque 626(2); H. F.
  Müller 150 (5), 151 (3); Sörgel 889; A.
  G. Theile 823 (2); Thomsen 846; anonym 290 (2), 654, 661
Quadrille (Pfte. 4 hdg.: Kallenbach) 584
Quadrille-Allemandes (Pfte.) 321
Quadrille antique (Pfte.: C. W. Glover) 935
Quadrille chinoise (Pfte.: Jullien) 935
Quadrille der Berg-Schotten s. Berg-Schotten
  (Die; Quadrille)
Quadrille francaise (arr. f. 1 Fl.) 305(2)
Quadrille Fröken Hammarskjöld (Pfte.: Mecklin) 14
Quadrille Grefvinnan Strömfeldt (Pfte.: Mecklin) 14
Quadrille für geübtere Spieler (Pfte.: Siebigk)
  147
Quadrille paa Melodier af Operaen: Den Stumme i Portici (Auber) (Pfte.) 860
Quadrilles from:
  Auber's Opera: Fra Diavolo (Fl., Pfte.: Musard) 956
  Le Cheval de Bronze (Auber) (Pfte.: J. Weippert) 916

Marschner's Grand Opera: Der Vampyr
  (Pfte.: Dunois) 965
Meyerbeer's Opera: Robert Le Diable (Pfte.:
  Perry) 969-970
Rossini's Opera: Maometto Secondo, performed under the title of: L'Assedio di Corinto
  (Pfte.: Perry) 972
(2) Quadrilles nouveaux, suivis d'une Valse et
  d'un Galop (Pfte.: Romagnesi & Lemoine)
  668
Quadrilles, The Subjects from Halévy's Opera:
  La Tentation (Pfte.: Perry) 970
Quartett (2 Vl., Va., Vc.) (Pfte.-Arr.)
  Beethoven, Op. 18, II, III 413; Haensel,
  Op. 33: Andante 322; Haydn, Hob. III,
  23, I 50; Haydn, Hob. III, 34, II 54; Haydn,
  Hob. III, 35, I und II 54 (2); Haydn, Hob. III,
  38, II 54; Haydn, Hob. III, 39, II und III
  54(2); Haydn, Hob. III, 41, IV 5; Haydn,
  Hob. III, 74, II 277; Haydn, Hob. III, 77,
  II 232, 908; Haydn, Hob. III, 78, II 54;
  Haydn, Hob. III, 83, II 313; Leidesdorf,
  Op. 123 575; Mayseder 318, 319; Mozart,
  KV 464, III 56, 887; Spohr 322
Quartuor s. Quartett
Queen Mab Polka (Pfte.: Linter) 944
Queen of the Stars, Valse à deux temps (Pfte.:
  Linter) 946
Quintett (Klar., 2 Vl. Va., Vc.: Mozart, KV
  581, IV; Pfte.-Arr.) 37

Rakoczy-Marsch (arr. f. 1 Fl.) 703
Récit de voix humaine ou à son défaut de Haubois (Org.) 649
Récréation (La) (Rondoletto) (C. Pleyel, Op.
  18) 419
Récréation après l'Etude (Pfte.: N. C. Bochsa)
  917
Recueil de 6 Pièces (Pfte.: Sterkel, Op. 24) 102
Redowa Polka (La) (Pfte.: Linter) 937
Réminiscences des: Huguenots de Meyerbeer,
  Grande Fantaisie dramatique (Pfte.: Liszt)
  844
Reminiscenzen aus der Oper: Die Dreizehn
  (Halévy) in Form eines Divertissements
  (Pfte.: F. L. Schubert) 811
Reveille (Orch.: Theuss, Op. 49) 823
Rêverie Musicale (Pfte.: Kalkbrenner) 912
Revue Marsch for (Hans Majestæts) Garden
  til Fods (F. Kuhlau, K. 209; Pfte.-Arr.)
  413
Revue Marsch for Hans Majestæts Kongens
  Regiment (Kittler) 411
Revue-Marsch for H. M. Kongens Livcorps
  (Pfte.: Bredal) 858
(2) Revue-Marscher for det Slesvigske Jægercorps (Pfte.: C. Schwarz) 424
Reydowak (Pfte.) 966
Reydowatzka (Pfte.) 966
Ricercare (Org.: Pachelbel) 984
Ricordanza del Opera di: Ludovic (Hérold)
  (Pfte.: F. Hünten) 915
Rittornel (Starke)
  Arr. f. Harmoniemusik 388; Arr. f. türkische Musik 389
Robert Tänze, nach Motiven aus Meyerbeer's
  Oper: Robert der Teufel (Pfte.: Joh.
  Strauß Vater, Op. 64) 743
Rococo Galop (Pfte.: Labitzky) 923

Röthelsteiner (Steirischer Tanz; Arr. f. 1 Fl.)
694
Romance (Cemb. oder Pfte.: Sterkel)
Op. 10,4 102; Op. 24,3 102
Romance (Fl.: C. Weiss) 761
Romance (Hf. oder Pfte.)
Dalvimare 156; Emich 159; Hinner 159;
Krumpholtz 157, 158; Paisiello 159
Romance (Romanze) (Pfte.)
Blangini 558; Boieldieu 773, 776; Czerny
66(2); Field 50; F. Garat 319; J. Haydn
953; Hérold 780; Horzalka 743; J. N.
Hummel 58; Kalkbrenner 424; Klengel
660, 662; Meyerbeer 792; Panseron 798;
Pechwell 745, 827; Ries, Op. 58,2 414;
Steibelt 48, 408; F. D. Weber 202; Wit-
tassek 329; anonym 80, 237
Romance 'A quoi bon la richesse' (Isouard)
med Var. (Pfte.) (Gelinek) 414
Romance af: Apothekeren og Doktoren med
Var. (Pfte.: Dittersdorf) 75
Romance af: Arrestanten (Della Maria) med
Var. (Hf. oder Pfte.: Naderman) 159
Romance af: Nina (Dalayrac) i Rondeau (Pfte.:
Cramer) 421
Romance Africaine (Pfte.: Abbé Vogler) 219
Romance avec Var. (Pfte.: Pixis, Op. 13) 403
Romance de l'Opéra: Joseph, variée (Pfte.:
Moscheles) 321
Romance de l'Opéra: Nina, arr. en Rondo
(Pfte.: Cramer) 974
Romance de Puget (Pfte.: H. Herz) 941
Romance Espagnole (Pfte.) 557
Romance favorite: Voyez sur cette roche
‹ Er blickt auf Felsenhöhen › de l'Opéra:
Fra Diavolo (Auber) varié (Pfte.: F. L.
Schubert) 788
Romance Françoise (2 Vl.) 721
Romance och Rondo (Pfte.: J. N. Hummel)
718
Romance Pastorale (Pfte.: Leidesdorf) 418
Romance sans Paroles (Pfte.: Thalberg) 940
Romance ur: Cendrillon (Isouard) Var. (Pfte.:
Gelinek) 47
Romance var. (Pfte.)
Freubel 15; Klengel 715
Romanesque over Themaer af: Preciosa (C. M.
v. Weber) (Pfte.: Czerny) 857
Rondeau (Harmoniemusik)
Alday 162; R.-N.-C. Bochsa 162; Fournier
163; L. Jadin 162; Leroy 162(2); G.-A.
Walter 163
Rondeau (Pfte.)
Berger 586; Kalkbrenner 741; Moscheles
970; Pixis, Op. 9 400; Tomaschek, Op. 11
170; Viotti 118; anonym 743
Rondeau (Pfte. 4hdg.: Rumler) 211
Rondeau au Mignon (Pfte.: Worzischek) 776
Rondeau Bagatelle (Pfte.: F. Berwald) 610
Rondeau brillant (Pfte.: J. P. E. Hartmann, Op.
6, 1–2) 859 (2)
Rondeau brillant (F. Kuhlau) s. Les Charmes
de Copenhague
Rondeau brillant dans le style français (Pfte.
Czerny, Op. 107) 843
Rondeau de Hyacinte Jardin (Pfte.: I. Pleyel)
120
Rondeau en Pas Redoublé (Harmoniemusik:
Leroy) 162, 163
Rondeau en Walse (Pfte.: Rastrelli) 829

Rondeau espagnol (Orch.: Worzischek, Op. 17;
Pfte.-Arr.) 828
Rondeau expressif sur un Thème favori de
Gallenberg (Pfte.: Moscheles, Op. 71) 857
Rondeau Mignon (Pfte.)
Assmayer 845; Czerny 425, 845; Rastrel-
li 827; Worzischek, Op. 18,2 424
Rondeau Pastoral (Pfte.: F. Kuhlau, Op. 125)
718
Rondeau with Var. (Pfte.: J. Chr. Fischer) 98
(2) Rondeaux sur des motifs de Rossini (Pfte.:
F. Hünten, Op. 42) 975
(4) Rondeaux sur des thèmes favoris (Pfte.:
F. Hünten, Op. 30) 859(4)
Rondino (Pfte.)
Bertini 803; Czerny, Op. 164 974; Czer-
ny, Op. 169 974; Czerny, Op. 195 974;
Erfurt 888; H. Marschner, Op. 58 890;
Onslow 789; Pixis, Op. 108 795; Praeger
787; Reissiger 887. 892; A. Schmitt 741
Rondino alla Cosacca (Pfte.: W. Hünten) 795
Rondino alla Polacca (Pfte.)
Bertini 806; F. Hünten, Op. 7 974
Rondino cantabile über ein Thema aus der
Oper: Die Puritaner (Bellini) (Pfte.: Bériot)
805
Rondino grazioso über ein Thema aus der Oper:
Die Pest in Florenz (Halévy) (Pfte.) 809
Rondino grazioso über ein Thema aus: Hans
Heiling (H. Marschner) (Pfte.) 796
Rondino scherzando (Pfte.: H. Herz) 796
Rondino sur deux Romances favorites de
l'Opéra: Le Templier et la Juive (H. Marsch-
ner) (Pfte.: Pixis, Op. 115) 843
Rondino sur le Duo du: Colporteur (Onslow)
(Pfte.: Kalkbrenner) 857
Rondino sur un Air de: Don Juan (Pfte.: Pixis,
Op. 81) 976
Rondino sur une Cavatine de Zelmira (Rossini)
(Pfte.: Czerny, Op. 22) 861
Rondino über ein dänisches Nationallied (Pfte.:
Chaulieu, Op. 142) 810
Rondino über Motive aus der Oper: Das Heil-
mittel (Hérold) (Pfte.) 802
Rondino über Motive aus der Oper: Lucia di
Lammermoor (Donizetti) (Pfte.) 807
Rondino über russisches Lied (Pfte.: F. Hün-
ten) 807
(3) Rondinos d'après des Thèmes très favoris
(Pfte.: Czerny, Op. 164, 169, 195) 974
Rondo s. a. Rondeau
Rondo (Cemb. oder Pfte.: Sterkel, Op. 10, 11)
102
Rondo (Fl.)
Clementi 304; V. Maschek 305
Rondo (Git. oder Lyra)
Cerruti 994; Castro di Gistau 275(4), 276
Rondo (Hf. oder Pfte.)
Dussek 158(2); Hinner 158; Krumpholtz
157(3), 159(2); Ragué 158; J. M. Weippert
156, 159; anonym 158
Rondo (Diabelli) (Arr. f. Harmoniemusik:
Starke) 390
Rondo (Pfte.)
Abeille 138; W. Bach 81, 164, 168; Bayer
201; Becker 768; Beczwarzowski 405;
Beethoven, Op. 51, 1 58, 771, 856; Beet-
hoven, Op. 51, 2 856; Beethoven 80;
Bierey 853; Böttcher 892; Bornhardt 72;
Carr 123, 129; Clementi 974; Cordoba

571; Cramer 58; Czerny 827; Dussek 994;
Eberl 79; Ebers 75; Enckhausen 889;
Field 975; Giornovichi 138; Gyrowetz 80;
Hauptmann 888; M. Henkel 62; H. Herz
969; Horak 147; F. Hünten, Op. 14 974;
F. Hünten 69, 790; Kalkbrenner, Op. 32
420; Kanne 401 (2); Kelz 424, 716; Koželuch 71; R. Kreutzer 713; Krommer
411, 415; Kull 3; L. 846; Lauska, Nr. 1 –
3 416, 417, 418; V. Maschek 83, 132;
Mayseder 828; Mezger 17, 76; Moscheles,
Op. 11, 1–2 424 (2); Moscheles, Op. 18,
1–2 419 (2); Moscheles, Op. 18, 3 418;
Mozart, KV 485 72, 238; Mozart 854 (2);
Mühling 886; W. A. Müller 852; V. Nicolai 84; Pelissier 332; Pixis, Op. 111 793;
I. Pleyel 75, 77, 85, 87, 118; Remde 773;,
Ries 411, 973 (3); Riotte 403; Rode 886;
Rösler 201, 202 (2), 329 (2); F. Schneider 890; J. Schneider 891; Carl Schwarz
861 (2); F. L. Seidel 84, 168; Steibelt,
Op. 29, 1 85; Steibelt 36, 78, 80, 81, 82,
138 (2), 184, 993; M. Umlauf 293; Vanhal 1, 855; F. D. Weber 210 (2); Wilms,
Op. 19, 1–3 410 (3); Wilms 620 (2);
Wittassek 201; Wolfram 854; A. Wranitzky 79; anonym 4, 248, 973
Rondo (Pfte.: J. N. Hummel) s. (6) Leichte
Klavierstücke
Rondo (Pfte.: Dussek, Op. 46,4, II u. 46,5, II)
s. (6) Leichte Sonaten
Rondo (Pfte. 4hdg.)
J. Schmidt 992; anonym 290
Rondo (Giornovichi) (Pfte.-Arr.: Corri) 129
Rondo (Vl., Pfte.: Zander) 2
Rondo (Haydn, Hob. X, 12, III) s. Divertimento mit Baryton
Rondo à l'Ecossaise (Pfte.: H. Herz) 916
Rondo à la danse nach Lanner (Pfte.) 800
Rondo à la Krakowiak (Pfte.: Elsner) 171
Rondo à la Mazurek (Pfte.: Elsner) 171
Rondo à la Polonaise (Pfte.: Gelinek) 413
Rondo à la Tedesca (Pfte.: Ries, Op. 157,2)
889
Rondo à la Turque (Pfte.: G. B. Rösler) 407
Rondo à la Waltz (Pfte.: Cramer) 954
Rondo af: Rödhætten (Boieldieu) med Var.
(Pfte.: Leidesdorf, Op. 148) 417
Rondo af: Schweizerfamilien (J. Weigl) (Pfte.)
408
Rondo all' Ongarese s. Trio (Pfte., Vl., Vc.:
Haydn XV, 25, III)
Rondo alla Polacca (Pfte.)
Drechsler 201; F. Hünten, Op. 7 974
Rondo alla Turca (Pfte.: Erfurt) 886
Rondo brillant (Pfte.)
Bertini, Op. 54 843; Leidesdorf 403;
Pixis, Op. 84 843; Zimmermann 403
Rondo brillant (Pfte., Orch.: J. N. Hummel,
Op. 56; Pfte.-Arr.) 383
Rondo brillant. Aufforderung zum Tanze
s. Aufforderung zum Tanze. Rondo brillant
Rondo-Capriccio sur la Barcarolle Favorite de:
La Muette de Portici (Auber) (Pfte.: H. Herz,
Op. 44) 742
Rondo con brio (Pfte.: Passy) 585
Rondo Cosaque (Pfte.: Steibelt) 416, 974
Rondo écossais (Pfte.: Pixis, Op. 106) 795
Rondo efter en Russisk Arie (Pfte.: Dussek)
415

Rondo efter en ynded Cavatina i: Skaden
s. Di piacer mi balza il cor, Cavatine favorite ...
Rondo efter et Thema af Crescentinis' Opera:
Romeo og Juliette (Pfte.: W. Hünten) 860
Rondo en Pas Redoublé (Harmoniemusik:
Leroy) 162
Rondo espagnol (Pfte.)
A. Adam 807; H. Herz 915
Rondo espagnol über Themen aus dem Werke:
Soirées italiennes (Pfte.: Mercadante) 807
Rondo Espressivo (Moscheles) s. Rondeau
expressif ...
Rondo Finale (Harmoniemusik: H. D.) 161
Rondo for Damer (Pfte.: Lauska) 74
Rondo for Damer (Pfte. 4hdg.: Steibelt) 85
Rondo from „O dolce Concento!" (Mozart)
(Pfte.: H. Herz) 972
Rondo i den Kosakkiske Smag (Hf. oder Pfte.:
Marin) 158
Rondo in Walzerform (Pfte.: Sörgel) 887
Rondo mignon (Pfte.)
A. Adam 804; Diabelli 772
Rondo öfver ett Thema utur: Don Juan (Pfte.:
F. Kuhlau) 60
Rondo over en Arie af Rossinis Opera: Moses
(Pfte.: H. Herz) 859
Rondo over en Cavatine af: Barberen i Sevilla
(Rossini) (Pfte.: Ries, Op. 89,2) 420
Rondo over en Cavatine af Operaen: Zelmire
s. Rondino sur une Cavatine de Zelmira
Rondo over en engelsk Arie (Pfte.: Ries, Op.
134, 2?) 423
Rondo over en Norsk Dands (Pfte.: C. Arnold,
Op. 13) 414
Rondo over en yndet Vals s. Souvenir de
Bergen
Rondo over et Chor af Operaen: Moses (Pfte.:
H. Herz) 858
Rondo over et Thema af: Preciosa (C. M. v.
Weber) (Pfte.: Lövenskjold) 857
Rondo over et Thema af: Rossinis Opera: Moses, La Chasse (Pfte.: H. Herz) 858
Rondo på ett Norrskt Thema (Pfte.: K. Arnold)
662
Rondo pastorale (Git. oder Lyra: Castro de
Gistau) 274
Rondo pastorale (Pfte.)
F. Kuhlau, Op. 125 861; Leidesdorf 402;
Ries 973; Steibelt 776
Rondo Polacca (Pfte.: Kalkbrenner, Op. 45) 856
Rondo scherzando (Pfte.)
J. N. Hummel 718; W. A. Müller 851
Rondo scherzando (Pfte. 4hdg.: W. A. Müller)
852
Rondo scherzando über Motive aus der Oper:
Chiara di Rosembergh (Ricci) (Pfte.) 801
Rondo scherzando und Bolero über Motive
aus der Oper: Salvator Rosa (Rastrelli)
(Pfte.) 800
Rondo scherzo (Pfte.: Steibelt) 405
Rondo sur la Sicilienne dans: Robert le Diable
(Meyerbeer) (Pfte.: Kalkbrenner, Op. 109)
843
Rondo sur un Barcarole vénitienne (Pfte.: Moscheles, Op. 12) 425
Rondo sur une Thême de l'Opéra: Tancred
(Rossini) (Pfte.: W. Hünten) 717
Rondo über ein Thema aus dem: Feensee
(Auber) (Pfte.: J. Herz) 811

Rondo über ein Favorit-Thema aus der Oper: Gianni di Calais (Donizetti) (Pfte.: F. Hünten) 804

Rondo über ein Thema aus: Le Corporteur (Onslow) (Pfte.: F. Kuhlau, Op. 96) 858

Rondo über ein Thema von Rode (Pfte.: F. Kuhlau, K. 203) 405

Rondo über Melodien aus der Oper: Die Stumme von Portici (Auber) (Pfte.: Müller, Op. 12) 891

Rondo über Motive aus der Oper: Der Gott und die Bajadere (Auber) (Pfte.) J. M. Rummel 790; anonym 789

Rondo über Motive aus: Marino Faliero (Donizetti) (Pfte.: F. L. Schubert) 804

Rondoletto (Pfte.)
Chaulieu, Op. 65 976; Czerny 854; Field 844; K. E. Hering 855; H. Herz, Op. 40 975; Himmel 409; F. Hünten, Op. 15 974; F. Hünten 68, 742, 913; J. N. Hummel 827; F. A. Kummer 764; W. A. Müller 853(2); Ries, Op. 78,1 414

Rondoletto (Moscheles) s. La Tenerezza, Op. 52

Rondoletto alla Polacca (Pfte.: Lanz, Op. 15) 784

Rondoletto nach Motiven aus Boieldieu's: Weisser Dame (Pfte.: Hüttner) 829

Rondoletto nach Temas aus C. M. v. Weber's Oberon (Pfte.: Hüttner) 828

Rondoletto über ein Thema aus der Oper: Robert der Teufel (Meyerbeer) (Pfte.) 743

(2) Rondos (Pfte.: Rosellen) 940

(3) Rondos (Pfte.: F. Hünten, Op. 15, 14 u. 7) 974

(3) Rondos über beliebte Melodien (Pfte.: F. Kuhlau, Op. 109, 2 u. 3) 859(2)

(3) Rondos über Opern-Melodien (Pfte.: F. Kuhlau) Op. 31: 417(3); Op. 73: 425(3); Op. 84: 856(3); Op. 113,1: 913

(3) Rondos über Themen aus: Figaro (Mozart) (Pfte.: F. Kuhlau, Op. 56) 421(2), 422

(3) Rondos über Themen aus: Fra Diavolo (Auber) (Pfte.: F. Kuhlau, Op. 118) 860(3)

(2) Rondos über Themen aus: Marie (Hérold) (Pfte.: F. Kuhlau, Op. 97) 858(2)

Rosen-Galopp (Pfte.: Joh. Strauss Vater) 797

Rosenthal-Galopp (Pfte.: Wunderlich) 793

Rouseaus Dröm (Cramer) s. Songe de Rousseau

Rule Britannia (Air) (Pfte.) 955

Rule Britannia Marcia (arr. f. 1 Fl.) 690

Russe (Pfte.)
W. A. Müller 853, 854; anonym 949, 952

Russian Air with Var. (Pfte.: H. Herz) 914

(2) russische Märsche (Pfte.-Arr.) 241

(3) Russische Melodien mit Var. (Pfte.: Küffner) 796

Russische Quadrille (2 Vl.) 722

Russischer Geschwind-Marsch in F (Orch.: Theuss, Op. 49) 823

Russischer Marsch (Fl.) 305

Russischer Marsch (Pfte.: Voigt) 776

Russischer Walzer in Es (Orch.: Theuss, Op. 49 823(2)

Russischer Walzer (Pfte.)
C. Kummer 765; C. G. Müller 775, 845; Stirl 765; Weller 618; anonym 862

Russisk Arie (Pfte.: Myhlenfeldt) 408

Russisk Arie med Var. (Pfte.: Dussek) 82

Russisk Dands (Hf. oder Pfte.)
Himmel 159; anonym 157

Russisk Dands, Masurque (Pfte.) 420

Russisk Dandsemusik (Pfte.: Gavilieff) 78

Russisk Rondoletto s. Bagatellen (Pfte.: J. N. Hummel)

Russisk Thema af: Vanhal med Var. (Pfte.: Friling) 498

Russisk Vals s. Russischer Walzer

Russisk Vise med Var. (Pfte.: Baumbach) 73

Rutscher (Pfte.)
Buchbinder 789; F. L. Schubert 788; Sommerfeld 790

Rutscher aus (der Oper):
Bajadere (Auber) (Pfte.) 789
Beatrice di Tenda (Bellini) (Pfte.) 802
Das eherne Pferd (Auber) (Pfte.) 801
Des Falkners Braut (H. Marschner) (Pfte.) 792(2)
Fra Diavolo (Auber (Pfte.) 789
Hans Heiling (H. Marschner) (Pfte.) 794
Maskenball (Auber) (Pfte.) 798
Robert der Teufel (Meyerbeer) (Pfte.) 794

Rutscher nach Melodien aus: Zampa (Hérold) (Pfte.: F. L. Schubert) 791

Rutscher nach Melodien von Labitzky (Pfte.) 802

Rutscher nach Straussischer Manier (Pfte.) 799

Rutzscher (Pfte.) 951(2)

Rutzscher Trio nach einer Melodie aus: Zampa (Hérold) (Pfte.) 951

'S gibt nur a Kaiserstadt! 'S gibt nur a Wien! (Polka) (Joh. Strauss (Sohn), Op. 291; arr. f. 1 Fl.) 712

St. Bride's Bells with Var. (Pfte.: Payne) 126

Sammlung verschiedener Tänze (2 Vl.) 722

Sammlung von drei Walzern (Kalkbrenner, Op. 73) 425

Sappho Quadrilles (Pfte.: Jullien) 932

Sauteuse (Pfte.: Lindemann) 416

Savoyart-Rondo (Pfte.: Steibelt) 405

Saxe Cobourg Triumphal March (Pfte.: Jullien) 932

Scherzando (Hf. oder Pfte.: Krumpholtz) 157

Scherzando (Pfte.)
Barck 5; F. A. Kummer 764; W. A. Müller 853(2); I. Pleyel 891

Scherzo (Beethoven) s. (7) Bagatellen

Scherzo (Pfte.)
Benedict 744; F. Berwald 585; Krägen 828; Leidesdorf 421; Taubert 891; Thalberg, Op. 31 844

Scherzo tiré d'une Sérénade (M. Giuliani; Pfte.-Arr.) 320

Schlacht bei Belle-Alliance (Die) oder Wellingtons und Blüchers Sieg (Tongemälde) (Arr. f. Harmoniemusik: Starke) 389(2)

Schlacht bei Leipzig (Die) (Arr. f. türkische Musik: Starke) 387(2)

Schlesisches Volkslied: Unser Bruder Malcher mit 7 Veränderungen (Pfte.: Knecht) 143

Schlittage-Walzer mit Trio (2 Vl.: Steidler) 722

Schneeglöckchen (Schottischer Walzer) (Pfte.: F. L. Schubert) 809

Schnell-Walzer (Pfte.)
Mozart 770; W. A. Müller 853; Reissiger 891; A. G. Theile 823; Valbruch 785

Schottisch
(Hf.) 203 (3); (Pfte.) 807

Schottischer (Pfte.: Neuberth) 277

Schottischer Tanz (Pfte.)
F. L. Schubert 807; anonym 806, 808
Schottischer Tanz aus der Oper: Die Gesandtin (Auber) (Pfte.) 806
Schottischer Walzer aus (der Oper):
Feuerbraut (H. Marschner) (Pfte.) 808
Der Brauer von Preston (Adam) (Pfte.) 811
Zum treuen Schäfer (Adam) (Pfte.) 812
Die Dreizehn (Halévy) (Pfte.: F. L. Schubert) 811
Schwäbischer Bauerntanz (Pfte.: Knecht) 143
Schwäbischer Bauerntanz mit 6 Veränderungen (Pfte.: Knecht) 145
Schwedisches Lied mit 5 Var. (Pfte.: Abbé Vogler) 293
Schweizer Galopp (Pfte.) 950
Schweizer Hirtenlied: Steh' nur auf, du Schweizer Bu'r mit Var. (Pfte.: Reichel) 618
Schweizer Wals (Pfte.: J. N. Hummel) 62
Schwerttanz (2 Vl.) 722
Scotch Air of the Blue Bell of Scotland with Var. (Pfte.: Dale) 121
Scotsk Thema med Var. (Kalkbrenner) s. Esquisse musicale ...
Season Quadrilles (Pfte.: Linter) 947
Sehnsuchtswalzer (Pfte.)
Ehrlich 892; anonym 950
Sehnsuchtswalzer von Beethoven (unterschoben, Anh. 14,1) mit Var. (Pfte.: C. F. Schröter) 68, 974
Seitenstück zum Franzensbrunner Walzer (2 Vl.) 722
Select Collection of Favourite Airs and Rondos (Pfte.: I. Pleyel) 87
(6) Select Pieces in the Waltz, Minuet, and Polacca Style (Pfte.) 826—827
Septett (Beethoven, Op. 20; Pfte.-Arr.)
I, Anfang: 318; III: 322, 423, 721; IV, Anfang: 741; IV: 322, 720, 858; V: 423
Serenad (Pfte.: Viotti) 586
Serenade (Donizetti) (Pfte. 4hdg.) 807
Serenade (Haffner-Serenade) (Mozart, KV 248 b = 250, 6 u. 7; Pfte.-Arr) 183 (2)
Sérénade de Donizetti (Pfte.: H. Herz) 935
Sérénade interrompue par l'Orage (La) (Brillant Nocturne) (Pfte.: Jac. Schmitt, Op. 143) 862
Serenade, vorzüglich für Geburts- und Namenstage anwendbar (arr. f. Harmoniemusik u. türkische Musik: Starke) 390(2)
Serenade Waltzes (Nr. 1—5) (Pfte.: Linter) 938
Set of Galoppes (Nr. 1—5) (Pfte.: N. C. Bochsa) 965
Set of Quadrilles containing popular Songs (H. Herz; Pfte.-Arr.: J. Weippert) 917
Set of Quadrilles from Auber's Opera: Le Lac des Fées (Pfte.: Ph. Musard) 920
Set of Quadrilles from Bochsa's Ballet of: Le Corsaire (Pfte.: J. Weippert) 918
Set of Quadrilles from: Guillaume Tell (Rossini) (Pfte.) 911
Set of Quadrilles from: Der Vampyr (H. Marschner) (Pfte.: Challenger) 954
Set of Quadrilles, selected from the ... Opera: La Muette de Portici (Boieldieu) (Pfte.) 911
Siciliana (Pfte.)
H. Herz 801; C. Koželuch 183
Sicilianische Melodie variirt (Pfte.: Bertini) 805

Signal-Galopp (Pfte.) 797
Sinfonia (Sinfonie) s. Symphonie
Sista Musikaliska Tanka (C. M. v. Weber unterschoben) s. Danses brillantes (Pfte.: Reissiger, Op. 26, 5)
Sjömans Dans (Pfte.) 657
Skots Arie med Var. (Pfte.: Dussek) 407
Skotsk Dands (Hf. oder Pfte.) 157
Skotsk Dandsemusik (Pfte.: L. Koželuch) 77
Slaget ved Jena s. Bataille d'Jena
Slaget ved Marengo s. Bataille de Marengo
Sörge-Marsch (Pfte.: Lüders) 862
Sörgemarsch ved v. Beethovens Begravelse s. Marcia funebre sulla morte de L. van Beethoven
Søeslaget s. Le Combat naval
Solo (Fl.)
Drouet 761; Jensen, Op. 17 762(6); Kreith 306(2); Petersen 761
Sololändler (Krall; arr. f. 1 Fl.) 692
Solomon (Serenata) (Boyce; Cemb.- oder Pfte.-Arr.) 100
Sonat (Sonata) s. Sonate
Sonate (Cemb. oder Pfte.: C. Stamitz) 103
Sonate (Cemb. 4hdg.: J. N. Hummel, Op. 51) 383
Sonate (Git. oder Lyra: Cerutti, Op. 4) 994
Sonate (Haydn, Hob. XVI, 35, I)
arr. f. Fl. oder Vl. 135; arr. f. Harmoniemusik 162
Sonate (Fl. oder Vl., Pfte.)
J. N. Hummel, Op. 50 383; I. Pleyel 117, 120
Sonate (Pfte.)
Ählström 10, 47, 49; C. Ph. Em. Bach 93; Bauck 717; Beethoven, Op. 2, I 67; Beethoven, Op. 10, I 973; Beethoven, Op. 10, II, 976; Beethoven, Op. 10, II, II 38; Beethoven, Op. 10, II, III 973; Beethoven, Op. 10, III 976; Beethoven, Op. 13, II 741, 743; Beethoven, Op. 22, III 993; Beethoven, Op. 26, I 67, 716; Thema 57, 853; Beethoven, Op. 26, III 34, 67, 319; Beethoven, Op. 28, II 183; Beethoven, Op. 31, III, III 955; Beethoven, Op. 53 170; Beethoven, Op. 101 503; Beethoven, Op. 101, I 743; Benda 93; Clementi 133, 974; Cramer 319; Dussek 50, 973(2); Elsner 147, 172, 247; Enckhausen 890; Ferrari 132; Gelinek 73, 132; Graun 93; Greulich 886; Grill 132; Haessler 660, 661, 662; Hasse 93; Haydn, Hob. XVI, 12, III 976; Haydn, Hob. XVI, 27, III 885; Haydn, Hob. XVI, 30 976; Haydn, Hob. XVI, 35 974; Haydn, Hob. XVI, 36 773; Haydn, Hob. XVI, 37 974; Haydn, Hob. XVI, 51 976; Haydn unterschoben, Hob. XVa, B-dur 132; Hensel 145; Hermann 340; E. T. A. Hoffmann 172; Hüttenbrenner 683; Kalkbrenner, Op. 1 973; Kirnberger 93; G. H. Köhler 618; L. Koželuch 74; F. Kuhlau, Op. 46, 1—3 973(2), 976; Lucchesi 155; Mecklin 8, 14; Mezger 74; Moscheles, Op. 6 975; Moscheles, Op. 27, III 425; Mozart, KV 284c = 311, III 74; Mozart, KV 300d = 310, I 5, 55; Mozart, KV 300h = 330, II 33; Mozart, KV 300i = 331, II 51; Mozart, KV 300i = 331, III 79, 187; Mozart, KV 545 976; Mozart KV 545, I 85; Mozart, KV 570 974; W. A. Müller 852(2), 853; Paisiello 103; I. Pleyel 132;

Reichel 619; Riedel 133; Jac. Schmitt, Op. 56 973; Chr. Schwarz, Op. 15 976; M. Stadler 70; Steibelt, Op. 68 132, 139, 977; Steibelt, Op. 86, 2 977; Tomaschek, Op. 10 170; Tomich 132; Tuczek 142; Vanhall 773; Viguerie 129; Wagenseil 93; Weyse 975; Zampieri 121

Sonate (Pfte.: Dussek, Op. 46, 1) s. (6) Leichte Sonaten

Sonate (Pfte. 4hdg.)
Haessler 32; F. Kuhlau 992; Mozart, KV 123a = 381, I 21; C. Schall 208

Sonate (Pfte. mit Fl. oder Vl.-Begl.: J. N. Hummel, Op. 64) 383

Sonate (Pfte. oder Hf.)
F. Carulli, Op. 56 268; L. Koželuch 103

Sonate (Vl.: Chr. F. Müller) 3

Sonate (Vl., Hf.: Jours) 202

Sonate (Vl., Pfte.)
Beethoven, Op. 12, II, II 790; Elsner 172 (2); Mozart, KV 374d = 376 133

Sonate Militaire (Pfte.: Vanhal) 620

Sonate pathétique (Pfte.: Leidesdorf, Op. 72) 574

Sonate périodique (Pfte.: Amon) 415

Sonate précédée d'une Introduction et Fugue (Pfte.: Wölfl) 170

(3) Sonaten (Cemb. oder Pfte.)
L. Koželuch 100; I. Pleyel 101

(6) Sonaten (Cemb. oder Pfte.: J. Chr. Bach) 100

(2) Sonaten (Pfte.)
Beethoven, Op. 31, I u. II 169; Beethoven Op. 13 u. 31, III 170; Clementi, Op. 5 103; Liste 169; Mezger 17; Schobert, Op. 8 100; Schobert 92 (2); M. Stadler 169; Steibelt 169

(3) Sonaten (Pfte.)
Clementi, Op. 7 103; Clementi 169; Cramer 169; Dussek 169; Haydn, Hob. XV, 3–5 98; I. Pleyel 98; Türk 120

(4) Sonaten (Pfte.)
Edelmann, Op. 2 96; Tenducci 103

(6) Sonaten (Pfte.)
C. Ph. Em. Bach, Wq 63,6 31; Busby, Op. 1 93; Clementi, Op. 1 93; Clementi, Op. 4 96; Giordani, Op. 10 92; Giordani, Op. 24 92; Giordani, Op. 27 95; F. Giuliani, Op. 6 92; Hook 92; Just 95; V. Nicolai 92; Rauzzini 95; J. S. Schroeter, Op. 2d 93; J. S. Schroeter, Op. 4 93; Vanhal 96

(6) Sonaten (Pfte., Fl.- oder Vl.-Begl.: Vento) 103

(6) Sonaten (Pfte. oder Hf.: Kammel, Op. 9) 103

(6) Sonaten (Pfte. mit Vl.-Begl.: Abel, Op. 5) 86

(3) Sonaten (Pfte., Vl.: Dussek, Op. 16, 1, II; Pfte.-Arr.) 411

Sonatina with Scotch Airs (Pfte.: I. Pleyel, aus Op. 48) 124

Sonatine (Git., Vl.: Mäurer) 313

Sonatine (Hf. oder Pfte.)
Dussek 156; J. H. Lorenz 158

Sonatine (Pfte.)
Amon 415; Baldenecker 407; Beethoven, Op. 79, II 320, 954; Bornhardt 73; Diabelli 618; Gürrlich 84; Gyrowetz 80; Hoffmeister 71; J. N. Hummel 290; Jäger 410, 411; Knecht 248; G. H. Koehler 411;

L. Koželuch 77; F. Kuhlau, Op. 20, 1–3 418(3); F. Kuhlau, Op. 55, 5 774; Mozart KV 545, I 85; W. A. Müller 853, 854(2), 855; V. Nicolai 127; Pape 422, 423; I. Pleyel 71, 76(2), 82; Ries, Op. 5, 1 u. 2 425(2); G. B. Rösler 408; Rüttinger 618; Schubert 781; J. F. Schubert 780; Carl Schwarz, Op. 5 424; Steibelt 79; M. Umlauf 290; anonym 126

Sonatine (Steibelt) s. a. Rondo (Pfte.: Steibelt, Op. 29,1)

Sonatine (Pfte. 4hdg.: Gürrlich) 84

Sonatine et Rondo (Pfte.: Leidesdorf, Op. 9) 402

Sonatine für Dilettanten oder Schüler (Pfte.: Röder) 316

Sonatine nach dem Duett: Fühlst du bei Vaterthränen aus der Oper: Tancred (Rossini) (Pfte.: Praeger) 787

Sonatine nach der Ariette: Kennst du der Liebe Sehnen? (Pfte.: Keller) 787

Sonatine nach der Cavatine: Duld' o Herz aus der Oper: Die Italienerin in Algier (Rossini) (Pfte.: Praeger) 787

Sonatine nach einer Arie aus der Oper: Die Täuschung (Hérold) (Pfte.) 793

Sonatine über Motive aus der Oper: Olivio und Pasquale (Donizetti) (Pfte.) 805

(2) Sonatinen (Pfte.: Diabelli) 620

(6) Sonatinen (Pfte.: Chalon, Op. 3) 98

(6) Sonatinen (Pfte.: Clementi, Op. 36)
Op. 36,2,I 77; Op. 36,3 75; Op. 36,5,III 77; Op. 36,6,II 77

(3) Sonatinen (Pfte., Vl.: Ries, Op. 30,3,III) 856

Song without Words (Pfte.: Chaulieu) 938

Songe allemand, avec Var. (Pfte.: Ries, Op. 149,2) 857

Songe danois, avec Var. (Pfte.: Ries, Op. 149,1) 857

Songe de Rousseau (Pfte.: Cramer) 410

Songe de Rousseau, Air varié (Pfte.: Cramer) 59, 974

Sorg-Marche (Pfte.) 49(2), 52, 57

Sortie de Chœur à la Fin des Offices (Org.) 649(2)

Souvage (2 Vl.) 722

Souvenir (Duo) (Pfte. 4hdg.: Kalkbrenner) 911

Souvenir (Fantaisie) (Pfte.: Leidesdorf, Op. 114) 574

Souvenir d'Anna Bolena, Fantaisie Dramatique, sur une Cavatine (Pfte.: Moscheles, Op. 86) 843

Souvenir de Bergen (Valse) (Pfte.: Nielsen) 862

Souvenir de Clifton (Waltzes Nr. 1–2, Galop) (Pfte.: Esain) 929

Souvenir de l'Italie (Valse capricieuse) (Pfte.: Bay) 422

Souvenir de l'Opéra (Fantasia containing favorite Airs) (Pfte.: Moscheles) 966

Souvenir de la Folle (Pfte.: Gomion) 938

Souvenir de Saratoga (3 Valses) (Pfte.: Heidelberg) 938

Souvenir de Spa (Romance) (Pfte.) 557

Souvenirs (Les) (Quadrille) (Pfte.: C. Schubert) 938

Souvenirs d'Irlande (Grande Fantaisie) (Pfte., Orch.- oder Quartett-Begl.: Moscheles, Op. 69; Pfte.-Arr.) 743

Souvenirs d'Ixelles Quadrilles (Pfte.: Barratt) 945

Souvenirs de Bohème (4 Polkas) (Pfte.: Stoepel) 935

Souvenirs de Chenonceaux (Quadrille) (Pfte.: Stoepel) 935

Spanischer Insurgenten-Marsch (Pfte.) 416, 785

Spanischer Marsch (Pfte.) 786

Spanish Air (Hf.: J. N. Hummel) 954

Spansk Dands kaldet Zapateado (Pfte.: Ledesma) 406

Specimens of original Airs of Hindostan (Pfte.-Arr.) 123

Sperls Fest-Walzer (Joh. Strauss Vater, Op. 30) (arr. f. 1 Fl.) 695

Stag-Leap Waltzes (Pfte.: Labitzky) 926

Starinnaja muzyka na drevnie russkie povesti 251

Steyermärkischer Favorit-Walzer (Pfte.) 805

Steyrische Tänze
(arr. f. 1 Fl.) 694 (12); Pamer (arr. f. 2 Vl.) 722

Stor Vals (Pfte.: Zachariae) 409

Stor Vals i Form af Rondo s. Grande Valse en forme de rondeau

Straahytten, Romance af Operaen: Koulouf (Dalayrac) med Var. (Pfte.: C. Pleyel, Op. 9) 420

Strassburger (arr. f. 2 Vl.) 722

Streichquartett s. Quartett (Vl. I, II, Va. Vc.)

Student's Waltz, from the Grand Opera of: The Fairy Lake (Pfte.: Burrowes) 920

Studenten-Marsch (Proch; arr. f. 1 Fl.) 703

(3) Studier (Pfte.: Bertini) 862

Suite (Fragment; Pfte.: Mozart, KV 385i = 399, III) 769

Sultan Mahmud II Favorit Marsch (Pfte.) 859

Svenske Balletstykker (Pfte.-Arr.) 84

Svenske Fakkeldands (Pfte.) 78

Symphonie (Haydn, Hob. I, 94, II; Arr. f. Fl. oder Vl.) 136–137

Symphonie (Haydn, Hob. I, 73, II; Hf.- oder Pfte.-Arr.) 158

Symphonie (arr. f. Harmoniemusik)
Haydn, Hob. I, 73, II 162; Haydn, Hob. I, 92, II u. III 163(2); Haydn, Hob. I, 94, II 163; Haydn, Hob. I, 97, II u. III 163(2); Haydn, Hob. I, 100, II u. III 163(2); Haydn, Hob. I, 101, II 162; Haydn, Hob. I, 104, II 163

Symphonie (Pfte.-Arr.)
C. Ph. Em. Bach 88; Beethoven, Op. 36, II 558; Beethoven, Op. 67, IV 322; Beethoven, Op. 92, III, 1. Thema 413; Haydn, Hob. I, 31, IV 75; Haydn, Hob. I, 47, I, IV 7; Haydn, Hob. I, 47, II 1, 65; Haydn, Hob. I, 47, III 5; Haydn, Hob. I, 53, II 23; Haydn, Hob. I, 62, I, III, IV 7; Haydn, Hob. I, 63, II (Hewitt) 121; Haydn, Hob. I, 66, I 5; Haydn, Hob. I, 69, I 6; Haydn, Hob. I, 69, III 77; Haydn Hob. I, 71, II 2, 66, 204; Haydn, Hob. I, 71, III 1; Haydn, Hob, I, 71, IV 5, 204; Haydn, Hob. I, 73 91; Haydn, Hob. I, 73, III 184; Haydn, Hob. I, 75, II 26; Haydn, Hob. I, 81, II 2; Haydn, Hob. I, 81, III 76; Haydn, Hob. I, 85 101; Haydn, Hob. I, 85, II + Ia, 15, II 71; Haydn, Hob. I, 86, III 183; Haydn, Hob. I, 88, IV 83;

Haydn, Hob. I, 88, IV 168; Haydn, Hob. I, 89, II 132, 773; Haydn, Hob. I, 91, III, 183; Haydn, Hob, I, 94, II 26, 118, 232; Haydn, Hob. I, 96, III 774; Haydn, Hob. I, 97, III 79, 886; Haydn, Hob. I, 97, IV 886; Haydn, Hob. I, 99, II 278; Haydn, Hob. I, 100, II 79, 126; Haydn, Hob. I, 101, II 183; Haydn, Hob. I, 101, III 278; Krommer 412; Mozart, KV 425, III 183; Mozart, KV 543, II 236; Mozart, KV 543, III 183; Mozart, KV 551, III 410; Piccinni 97; Salieri 94; Sarti 93; C. Schall 205; Wittassek 329

Symphonie (Paisiello; arr. f. Vl., Cemb. oder Pfte.) 97

Symphony s. Symphonie

(2) Tänze (Pfte.: Jullien) 993

(11) Tänze (die sog. „Mödlinger Tänze") (Beethoven, WoO 17; Arr. f. Harmoniemusik) Scherzo 390

Täuberln-Walzer (Joh. Strauß Vater, Op. 1; arr. f. 1 Fl.) 695

Tambourin af: Vindmøllerne i Provence (Pfte.: Grenser) 183

Tambourin Solo der Mademoiselle Neumann (Pfte.) 220

Tamburin Solo (Diabelli; arr. f. 2 Vl., Va., Vc.) 259

Tanz (Pfte. 4hdg.: Lindner) 885

Tanz aus: Columbus (Pfte.-Arr.) 291

Tanz aus dem Schauspiel von Klingemann (Büttinger; arr. f. Pfte. 4hdg.) 683

Tanz der Gebirgsbewohner s. Danse montagnarde

Tanz mit Tamburin (Elsner; Pfte.-Arr.) 247

Tarantella (Auber) (Pfte.-Arr.) 966

Tarantella from the Ballet of: Belphegor (Pfte.-Arr.: Rosenberg) 923

Tarantelle (2 Vl.) 722

Tarantelle (Air de Ballet) de: La Muette de Portici (Auber) (Pfte.: H. Herz) 859

Tausendsapperment-Walzer (Nr. 1–2) (Pfte.: Joh. Strauß Vater, Op. 61) 743

Tempête (2 Vl.) 722

Tempo di Marcia (Pfte.: F. Berwald) 586

Tempo di Menuetto (Pfte.)
Barck 10; C. Kreutzer 321; Ries, Op. 58, 3 415; anonym 30

Tempo di Menuetto con Var. (Cemb. oder Pfte.: Sterkel, Op. 10, 12) 102

Tempo di Menuetto et Moderato (mit Var.) (Pfte.: C. Schall) 207

Tempo di Minuetto (Fl.) 149

Tempo di Polacca brillante (Pfte.) 766

Tempo di Walzer (Pfte.)
Böttcher 80; anonym 774

Teufels-Walzer nach Motiven aus der Oper: Robert der Teufel (Meyerbeer) (Pfte.) 794

The Agreeable Surprize (Sonata) (Pfte.: Kotzwara) 91

The Battle of Prague (Pfte.: Koczwara) 91

The Battle of Rosbach (Sonate) (Pfte.: Graun) 91

The Battle of Salamanca (Pfte., Hf. oder Vl.) 288

The Bell Galop (Pfte.: Linter) 940

The Bergental Congratulations Walzer (Labitzky) (Pfte.-Arr.: Rimbault) 920

The Bijou Quadrilles (Pfte.: Ling) 941

The Birthday Waltz (Pfte.: Linter) 941

The Broken Sword (Pfte., Hf. oder Vl.) 288
The Brunswick (Pfte.-Arr.) 94
The Bughe Horn (Pfte.) 203
The Cerito (Polka) (Pfte.: Auber) 938
The Chiens Anglaise Quadrille (Pfte.: Norman)
  946
The Conquest of Belgrade (Pfte.: Schroeter)
  87
The Coronation Quadrilles (Pfte.: Perry) 968
The Courtship, the Chace, and Tit for Tat
  (3 ... Concertos) (Pfte.: Burton) 91
The Cuckoo (Concerto) (Lampe; Pfte.-Arr.)
  92
The Falconer Quadrilles (Pfte.-Arr.: J. Weip-
  pert) 915
The Ferrara Waltzes (Pfte.: Dinkler) 944
The Field of Battle (Pfte.: Schroeter) 87
The Five Hunt (Scotch Air) with Var. (Pfte.:
  Molini) 95
The Flora Polkas (Pfte.: Koch) 944
The Flowers Quadrilles (Pfte.: Prinz) 941
The Forest of Bondy (Pfte., Hf. oder Vl.)
  288
The Frankfort Galop (Pfte.-Arr.: J. Weip-
  pert) 915
The Gem Polka (Pfte.: Laubach) 945
The Gondola Waltzes (Pfte.: Linter) 946
The Grand Duke Nicholas (Pfte., Hf. oder
  Vl.) 288
The harmonious Blacksmith (Händel) s. Var.
  sur un Thème de Händel (Moscheles)
The Heiress (Pfte.-Arr.: Billard) 916
The Helena Mazurka (Pfte.: Linter) 945
The Hornsey Dance or Julianas Cottage
  (Pfte., Hf. oder Vl.) 287
The Hudson's Side (Pfte.: Holmes) 941
The Hunter's Quadrilles (Pfte.: Linter) 945
The Indian Girl's Song (Pfte.;Arr.: F. Hünten)
  917
The Lass of Peaties Mill with Var. (Pfte.) 100
The lass of Richmond hill (Thema mit Var.)
  (Pfte.: J. N. Hummel) 61
The Lee Rigg with Var. (Pfte.) 123
The Lullaby, selected from his celebrated 8th
  Concerto (Corelli) (Pfte.-Arr.) 120
The Magician Quadrilles (Pfte.-Arr.: J. Weip-
  pert) 915
The Manor House Waltz (Pfte.) 929
The Marquis of Huntly's Farewell (Pfte.-Arr.)
  104
The Merry Dance (Pfte.-Arr.) 104
The Minstrel Quadrilles (Pfte.: Bohlman) 941
The Muses (Pfte., Hf. oder Vl.) 288
The new Post Horn Polka (Pfte.: Linter) 943
The Palace Polka (Pfte.: Linter) 945
The Princess of Wales's Reel (Pfte.-Arr.) 104
The Queen Adelaide Quadrilles (Pfte.) 967
The Queen's own Waltz (Pfte.: H. Herz) 918
The Queen's Scotch Qudrilles (Pfte.: Ph. Mu-
  sard) 929
The Regent (Pfte., Hf. oder Vl.) 288
The Royal Mazurka or Cellarius Valse (Pfte.:
  Linter) 938
The Royal Naval Quadrilles (Pfte.: Jullien) 929
The Royal Squadron Quadrilles (Pfte.: Bohl-
  man) 944
The Royal Yacht Quadrilles (Pfte.: Bohlman)
  932
The Royalist (Souvenir) (Hf.: N.C. Bochsa) 912
The Sailor's Wife (Pfte.-Arr.) 104

The St. James's Band March (Pfte.: St. Glover)
  945
The Saxon Dance (Pfte., Hf. oder Vl.) 287
The Sicilian (Pfte., Hf. oder Vl.) 287
The Simms Reeves Quadrilles (Pfte.: Jolly)
  947
The Sociable (Pfte., Hf. oder Vl.) 287
The Soldier's Greeting (Pfte.) 917
The Straw Bonnet (Pfte.) 203
The Sutherland Quadrilles (Pfte.: Ph. Musard)
  916
The Taglioni (Polka) (Pfte.: Kalkbrenner)
  938
The Tambourine Polka (Pfte.: Linter) 948
The Versailles Waltz (Git.: L. H. S.) 956
The Village Maid (Pfte.-Arr.) 104
The Vision of the Bard, or the Grand
  Pageant Quadrilles (à l'Ecossaise) (Pfte.:
  Perry) 971
The Waltzer's Fancy (Pfte., Hf. oder Vl.)
  288
The Waterloo (Pfte., Hf. oder Vl.) 288
The Wreath Waltzes (Pfte.: Linter) 945
Thee-Walzer über das Wort: Thee (Pfte.:
  Kretschmar) 808
Thema (Pfte.: I. Pleyel) 138
Thema (Åhlström) mit Var. (Pfte.: Grenser)
  77
Thema (Boccherini) mit Var. (Pfte.: Åhl-
  ström) 52
Thema (Carafa) mit Var. (Winter) (arr. f.
  1 Csakan) 630
Thema (Haydn, Hob. I, 53, II) mit Var. (Pfte.:
  F. J. Lithander) 23
Thema (Méhul) mit Var. (Pfte.: Gelinek)
  35
Thema (Mozart, KV 492, 3) mit Var. (Pfte.)
  12
Thema (Mozart, KV 492, 9) mit Var. (Pfte.:
  Kirmair) 16
Thema (Mozart, KV 527) mit Var. (Pfte.:
  Kirmair) 16
Thema (Mozart, KV 527, 12) mit Var. (Pfte.)
  12
Thema (Mozart, KV 620, 2) mit Var. (Pfte.:
  Kirmair) 15
Thema (Mozart, KV 620, 7) mit Var. (Pfte.:
  Kirmair) 15
Thema (Mozart, KV 620, 16) mit Var. (Pfte.:
  Kirmair) 15
Thema (Mozart, KV 620, 20) mit Var. (Pfte.)
  Cramer 39; Kirmair 184; Steibelt 277
Thema (Mozart) mit Var. (Pfte.: Kirmair) 15
Thema (Rossini) mit Var. (Pfte.: F. A. Kum-
  mer) 764
Thema (Rousseau) mit Var. (Pfte.: Cramer)
  39
Thema (Abbé Vogler) mit Var. (Pfte.) 2
Thema (Carafa) var. (Pfte.: Winter) 798
Thema (Goës) var. (Pfte.: C. L. Lithander)
  15
Thema (Hummel) var. (Pfte.: Gelinek) 659
Thema aus dem: Fest der Handwerker mit
  Var. (Pfte.: J. N. Hummel) 744
Thema aus der Oper:
  Algade de la Vega (L') (Onslow) (Pfte.) 69
  Armida (Gluck) mit Var. (Pfte.: J. N.
    Hummel, Op. 57) 716
  Moses (Rossini als Rondo (Pfte.: H. Herz)
    858

Siedm razy jeden (Elsner) mit Var. (Pfte.:
Weinert) 172
Telemak mit Var. (Pfte.: Andrychewicz)
171
Żarłok bez pieniędzy ze śpiewu mit Var.
(Pfte.: Damse) 655
Thema aus einem Humm'lischen Rondo (Pfte.)
741
Thema connu sous le nom de: Lodoïska,
varié (Git. oder Lyra: Castro de Gistau)
274
Thema from Auber's: Lestocq (Pfte.: Czerny)
916
Thema (Arie): La biondina in gondoletta (Paer)
mit Var. (arr. f. 1 Csakan) 630; (arr. f. 1 Fl)
762; (arr. f. 2 Vl.) 721
Thema med Var. (Pfte.: Dussek, Op. 46, 6,
II) s. (6) leichte Sonaten
Thema mit Var. (Fl.)
Fröhlich 761; Rode 762
Thema mit Var. (Fl. oder Vl.: I. Pleyel) 136
Thema mit Var. (Hf. oder Pfte.)
Knafel 158; J. H. Lorenz 156, 159;
I. Pleyel 157
Thema mit Var. (Pfte.)
Åhlström 49, 51; Askergren 25; Balden-
ecker 662; F. Berwald 585 (2), 610;
Czerny 61, 426; Dalayrac 11; Dussek
37; Eberl 37; Erfurt 885; Förster 53;
Gelinek 39, 51, 55; Himmel 85; Kalk-
brenner 63; Kirmair 33 (2); Kraus 10;
Lauska 406; Mozart, KV 315 d = 264 6;
Mozart, KV 455 14; Mozart, KV 547 b
19; Paer 659; Passy 43; I. Pleyel 77 (2),
82, 132; Reichel 620; Riotte 42; Rode
68; Sörgel 890; A. G. Theile 823; Theuss
824; Vanhal 71; Viotti 78; Abbé Vogler
6, 37, 78, 142; anonym 248
Thema mit Var. und Melodien aus der Oper:
La Dame Blanche als Potpourri (Fl.) 762
Thema mit Veränderungen (Git.: Methfessel)
252
Thema mit Veränderungen (Pfte.: W. A. Müller)
853
Thema: O cara memoria mit Var. (Winter) (arr.
f. 2 Vl.) 724
Thema und Var. (Rode) (arr. f. 1 Csakan) 631
Thema varié (Pfte.: Åhlström) 8
Thème allemand varié (Pfte.: Kalkbrenner,
Op. 10, 1) 845
Thème de l'Opéra: Joconde (Isouard) varié
(Pfte.: Leidesdorf) 403
Thème de l'Ouverture de la Tragédie: Johann
von Finnland (J. N. Hummel) (Pfte.-Arr.)
318
Thème hongrois, varié (Pfte.: Pechatschek)
321
Thème: Kaiser Joseph willst du noch avec
Var. s. (10) Var. sur l'air: Kaiser Joseph ...
Thème russe (Pfte.) 318
Thème varié (Git.: Castellacci) 995
Thème varié sur la Polonaise favorite de
l'Opéra: Le Barbier de Séville (Pfte.) 625
There's Nea Luck About the House (Pfte.-
Arr.) 104
There is no home like my own (Var.) (Pfte.:
H. Herz) 917
Three Halfpence (Pfte.-Arr.) 104
Thro' the Wood of Favie (Pfte.-Arr.) 104
Tink a Tink (Pfte.-Arr.) 104

Toccata (Pfte.)
Moscheles 955; Pollini 402
Todtenmarsch (Pfte.: J. F. Reichardt) 166
Tom Thumb (Pfte., Hf. oder Vl.) 288
Trauer-Marsch (Starke) (Pfte.-Arr.) 195
Trauer-Marsch bey dem Leichenbegräbnisse
Kant's (28. 2. 1804) (Pfte.: F. Stein) 224
Trauermarsch (Pfte.)
Bertini 802; M. E. Thomas 777 (2); F. D.
Weber 201; Wittassek 329
Trauermarsch, aufgeführt bei der religiösen
Festlichkeit der 2n. Säcularfeier des Todes
Gustav Adolph's ... (Pfte.: F. L. Schubert)
791
Trauermarsch, gewidmet den Manen des am
7. März 1809 verstorbenen G. Albrechts-
berger (Pfte.: Fuß) 236
Trauer-Walzer (arr. f. 1 Fl.) 692
Trio (Org.)
J. Vierling 979; J. G. Vierling 978 (2)
Trio (Pfte.: Czerny) 845
Trio (Pfte., Klar., Va.: Mozart, KV 498, I;
Pfte.-Arr.) 59
Trio (Pfte., Vl., Vc.)
Beethoven, Op. 70, 2, III (arr. f. 1 Fl.)
683; (arr. f. 2 Vl.) 720; Haydn Hob. XV,
25, III (Pfte.-Arr.) 237; J. N. Hummel, Op.
65 383; Mozart, KV 564, II u. III (Pfte.-
Arr.) 76 (2)
Trio im doppelten Contrapunkt der Octave
(Org.) (J. G. Vierling) 978
Trio: Nun sich der Tag geendet hat (Org.: Ka-
row) 990
Trios (Pfte., Vl., Vc.: Haydn, Hob. XV, 3—5;
Pfte.-Arr.) 98
(6) Trios (Just, Op. 13; Pfte.-Arr.) 95
Trios (L. Koželuch, Op. 27; Pfte.-Arr.) 100
Trip to Amiens, arr. as a Rondo (Pfte.: Butler)
126
Triumph-Marsch (Pfte.)
Rastrelli 828; Richter 795; Ries 657;
Righini 889; anonym 417
Triumphmarsch aus: Tarpeja (Beethoven,
WoO 2a; Pfte.-Arr.) 576
Trompeten-Marsch (Pfte.: Gabler) 771
Trompetenstoß (Der) (Fl.: Kreith) 300
Türkischer Tanz (Elsner) (Pfte.-Arr.) 247
Turkish Air (Pfte.) 118
Tydsk Dands (Hf. oder Pfte.: Knafel) 158
Tydsk Dands (Vals med Chor) (Pfte.: J. N.
Hummel) 407
Tydsk Sang med Var. s. Songe allemand, avec
Var.
Tyrkisk Rondo (Pfte.: Foersom) 424
Tyrkisk Rondo (Steibelt) s. (3) Leichte Sona-
ten
Tyroler (Pfte.: Tuch) 776
Tyroler Ländler (Lanner, Op. 6; arr. f. 1 Fl.)
692
(2) Tyroler Lieder (Satzenhofen; Pfte.-Arr.)
237
Tyroler Walzer (Pfte.: H. Herz) 792
Tyroler Walzer aus der Oper: Das Heilmittel
(Hérold) (Pfte.) 802
Tyrolertanz (Pfte.) 289
Tyrolienne (Pfte.: J. N. Hummel) 743
Tyrolienne aus der Oper: Die Braut (Auber)
(Pfte. 4 hdg.) 992
Tyrolienne aus der Oper: Wilhelm Tell (Ros-
sini) (Pfte. 4hdg.) 992

Tyrolienne aus: Wilhelm Tell (Rossini) (Pfte.) 977

Ungarisch Nationallied (Pfte.) 291
Ungarische Land Werbung (Pfte.: Gelinek) 237
Ungarischer Tanz (Pfte.)
  Gerke 406; K. J.? Krause 204; C. Schall 183; anonym 290
Ungersk Dandsemusik (Hf. oder Pfte.) 157
Ungersk Rondo s. Bagatellen (Pfte.: J. N. Hummel)
Ungrische Täntze (Nr. 1–4) (Pfte.: Bayer) 201
Union of France & England (Pfte.) 203
Uppjudning till Dans s. Aufforderung zum Tanze. Rondo brillant

Vaabendands (Pfte.: Keck) 418
(2) Vaabendandse ... (Pfte.: F. Kuhlau, K. 208) 408
Vals (Pfte. 6hdg.) 660
Vals af: Cendrillon (Pfte.) 420
Vals af: Jægerbrud (C. M. v. Weber, Jähns 277, 1: Beginn) (Pfte.) 419
Vals af: Den Stumme i Portici (Auber) (Pfte.) 860
Vals af (ur): Tancred(i) (Rossini) (Pfte.) 57, 418
Vals af Operaen: Den hvide Dame (Pfte.) 426
Vals af Operaen: Joconde (Isouard) (Pfte.) 417
Vals, efter en Arie i C. M. v. Webers: Jægerbrud (Jähns 277, 13) (Pfte.: A. D. Heger) 419
Vals, efter en Mellem-Act og et Jægerchor i C. M. v. Webers: Jægerbrud (Jähns 277, 15) (Pfte.: A. D. Heger) 419
Vals efter en Vise af C. M. v. Webers: Preciosa (Pfte.: A. D. Heger) 420
Vals efter et Thema af Ouverturen af: Oberon (C. M. v. Weber) (Pfte.) 857
Vals efter et Thema af: Tancred (Rossini) (Pfte.: F. K.) 419
Vals, efter Melodier af C. M. v. Webers: Jægerbruden (Jähns 277, aus 3, 12, 16) (Pfte.) 420
Vals Favorite ur Operan: Barbier de Sevilla (Rossini) (Pfte.) 57
Vals ur Op.: Le petit Chaperon Rouge (Boieldieu) (Pfte.) 57
Valse (Lyra oder Git.: Meissonnier Jeune) 996 (3)
Valse (Pfte.: F. Kuhlau, K. 213) 412
Valse (Schubert) s. (2) Deutsche
Valse à la Robertson (Pfte.: C. A. P.) 83
Valse à la Viennoise (Pfte.: Blahetka, Op. 42) 806
Valse à la Weber (Pfte.: Perry) 970
Valse brillante (Pfte.)
  Hogan 932; F. Hünten 915, 972; anonym 949
Valse de: Don Juan (Mozart) varié (Pfte.: Kalkbrenner, Op. 38) 424
Valse des Diables from the Ballet Opera: La Tentation (Halévy) (Pfte.-Arr.: J.-S. Herz) 971
Valse des Montagnards (Pfte.: Mori Jun.) 972
Valse di Bravura (Pfte.: Linter) 941
Valse du Ballet de: Cendrillon (Sor) 820

Valse en Rondo (Pfte.: Steibelt) 408
Valse from the ... Ballet Opera: La Tentation (Halévy) (Pfte.-Arr.: Perry) 971
Valse Hongroise (Pfte.) 966
Valse in the German Style (Pfte.: Holder) 910
Valse: La Chasse (Pfte. 4hdg.: J. N. Hummel) 60
Valse militaire (Pfte.: Ahlhelm) 84
Valse nouvelle (Pfte.: Rossini) 644
Valse russe, avec Var. (Pfte.: Steibelt) 320
Valse styrienne (Pfte.) 805
Valse sur un thème de l'Opéra: Robert le Diable (Meyerbeer) (Pfte.) 950 (3)
Valsen's Fortryllelser s. Les Charmes de Valse
Valses (Pfte.)
  Chopin, Op. 34, 1–3 844; H. Herz, 1–3 973; Moscheles, 1–4 319; Würfel 645
Valses brillantes (Pfte.)
  Erfurt, Op. 11 892; H. Herz, 1–2 743; H. Herz, 1–4 809
Valses de l'Apollo-Saal (J. N. Hummel; Pfte.-Arr.) 62, 317, 318, 412
Valses de la Sale de la Redoute (Roser; Pfte.-Arr.) 320
Variationen (Pfte.)
  de Bériot, Op. 20 799; Cartillieri 412; Czerny 743; Dunckel 284; Gaensbacher 210; Gelinek, Op. 46 311, 412; Händel 238; H. Herz, Op. 39 742; Horak 146; Horzalka 401; J. B. 765; Leidesdorf, Op. 10 402; Leidesdorf 402; V. Maschek 155; Plachý 743; Pollini 402; G. V. Röder 316; J. Rösler 210; Rumler 202; K. Stein 403; Abbé Vogler 292; C. M. v. Weber, Op. 5 340; Wölfl 341; Wojtischek 201
Var. alla Monferrina (Pfte., Vc.: J. N. Hummel, Op. 54) 383
Var. auf das Wiegenlied v. C. M. v. Weber (Pfte.: J. Schneider) 888
Var. brillantes sur la célèbre romance dans: L'Eclair (Halévy) (Pfte.: Czerny, Op. 443) 844
Var. brillantes sur un Air Allemand (Pfte.: Payer, Op. 152) 843
Var. brillantes sur un Thème favori de Beethoven (Pfte.: Déjazet, Op. 17) 805
Var. brillantes sur une Cavatine de Meyerbeer (Pfte.: F. Hünten, Op. 41) 977
Var. de Mayseder (Pfte.: W. Hünten, Op. 25) 717
Var. et Rondeau (Pfte.: Pollini) 170
Var. mignonnes sur un thème de Paganini (Pfte.: Erfurt, Op. 10, 1) 892
Var. mignonnes sur un thème original (Pfte. Erfurt, Op. 10, 2) 892
Var. mit Coda über das Lied: Wenn ich mir einst ein Mädchen wähle ... (Harmonie-musik: Starke) 389; (f. türkische Musik: Starke) 389
(6) Var. mit Introduction über ein originales Thema (Pfte.: ?ner) 719
Var. nach Themen russischer Lieder (Pfte.: Kašin) 250
Var.: Nel cor più non mi sento (Paisiello) (arr. f. 1 Csakan) 630, 631
Var.: O dolce concento (Mozart) (arr. f. 1 Csakan) 631
Var. öfver ett Tyroler-Thema (F. Hünten) s. Air tyrolien varié

Var. over Arien af: Ludlams Huule (Pfte.: Foltmar, Op. 12) 420

Var. over Arien: Krigerens Afsked (Pfte.: Ries) 857

Var. over den kronede danske Nationalsang (Pfte.: F. Kuhlau, Op. 35) 418

Var. over en Arie af: Ungdom og Galskab (Dupuy) (Pfte.: Wulff) 860

Var. over en Polonaise i: Barberen af Sevilla (Rossini) (Pfte.: Rieger, Op. 17) 424

Var. over en russisk Arie (Pfte.: Ferrari) 408

Var. over en Schweitzer-Sang s. Var. sur un air suisse

Var. over en Svensk Folkesang (Pfte.: Plachý) 424

Var. over en tyds Quadrille (Pfte.: v. Neukomm) 416

Var. over en yndet Arie af: Figaro (Pfte.: Carl Schwarz, Op. 2) 422

Var. over en yndet Galopade (Czerny) (Pfte.: Plachý, Op. 26) 860

Var. over en yndet Schveitzersang (Pfte.: Pixis) 861

Var. over en yndet Tyroler Viise (Pfte.: Rauch) 422

Var. over et original Thema (Pfte.: Foersam) 862

(6) Var. over favorit Dandsen i: Cendrillon (Isouard) (Pfte.: Vanhal) 406

Var. over Sangen Dannevang (Pfte.: Bay) 858

(4) Var. paa Arien: L'amour est un enfant trompeur (Pfte.: Dussek, op. 6, 1) 183

Var. paa Selskabssangen: Fryd dig ved Livet &c. (Nägeli) (Pfte.) 73

Var. paa Selskabsangen: Nyd Livets korte Morgenrøde (Pfte.: Bornhardt) 84

Var. pastorales sur l'air de Chalumeau de l'Opéra: Sweizer Familien (Pfte.: Gelinek, Op. 60) 48

Var. sopra la Cavatina: Tu sei il mio amore dell' Opera: Trajano in Dacia (Pfte.: Moscheles, Op. 7) 317

Var. sopra un thema originale (N. Paganini) (Pfte.: Ebers, Op. 1) 888

Var. sul Tema: Ich bin der Schneider wetz wetz (Git.: Zucconi, Op. 8) 160

(8) Var. sur l'air de Ballet de Castor et Pollux (Abbé Vogler) (Pfte.: C. M. v. Weber, Jähns 40) 975

Var. sur l'air des Tyroliens: Wann i in der Früh aufsteh (Pfte.: Gelinek, Op. 46) 311, 412

(10) Var. sur l'air: Kaiser Joseph willst du noch (Pfte.: Gelinek, Op. 80) 320

Var. sur l'air: Nato io sono nello stato Romano del Opera: Axur (Salieri) (Pfte.: Dussek) 239

Var. sur l'air: Nel cor più non mi sento (Pfte.: Gelinek) 617

Var. sur l'air: O dolce concento (Pfte.: Gelinek) 617

Var. sur l'air: The Lass of Richmond Hill (Pfte.: J. N. Hummel, Op. 2) 973

Var. sur l'air tyrolien (Pfte.: J. N. Hummel) 59

(10) Var. sur l'air: Wer hörte wohl jemals mich klagen aus: Die Schweizerfamilie (J. Weigl) (Pfte.: Gelinek, Op. 65) 856

Var. sur la Marche de l'Opéra: Cendrillon (Pfte.: J. N. Hummel, Op. 40) 974

Var. sur la Marche de Gluck (Pfte.: Dussek) 239

Var. sur la marche du couronnement du Ballet: Jeanne d'Arc (Pfte.: Leidesdorf, Op. 122) 575

Var. sur la Polonaise d'Ogińsky (Pfte.: Westenholz) 619

Var. sur la Romance favorite de l'Opéra: Joseph et ses Frères (Méhul) (Pfte.: Leidesdorf) 404

Var. sur le Duo: La ci darem la mano de: Don Juan (Mozart) (Pfte.: Gelinek, Op. 6) 47

Var. sur le Duo: Nel cor più non mi sento de: Molinara (Paisiello) (Pfte.: Gelinek) 83

Var. sur le Rule Britannia (Auber) (arr. f. 1 Fl.) 707

Var. sur un air de Rossini (Pfte.: F. Kuhlau, aus Op. 60) 973

Var. sur un air suisse (Marcks) 859

Var. sur un air tyrolien favori (Pfte.: H. Herz, Op. 13) 973

Var. sur un thème d'Armide de Gluck (Pfte.: J. N. Hummel, Op. 57) 383

Var. sur un thème de Händel (Pfte.: Moscheles, Op. 29) 320, 423

Var. sur un thème favorit du Ballet: Thetis et Peleus (Pfte.: Leidesdorf, Op. 84) 574

Var. sur un thème russe (Pfte.) Leidesdorf, Op. 108 574; Moscheles, Op. 23 318

Var. sur une Cavatine de la: Cenerentola: Non più mesta (Pfte.: H. Herz, Op. 60) 912

Var. sur une valse autrichienne (Pfte.: Gelinek) 413

Var. sur une valse de Hummel pour la Salle d'Apollon à Vienne (Pfte.: Gelinek, Op. 50) 412

(11) Var. sur une valse favorite de S. M. la Reine de Prusse (Pfte.: Gelinek, Op. 67) 411

Var. sur une Valse tyrolienne (C. Weiss) (1 Fl.) 761

Var. Tema (Carafa) (Pfte.: Winter) 598

(12) Var. to Ching Chit Quaw, an Imitation of a Chinese Air (Pfte.: Taylor) 121

(12) Var. über: Ah, vous dirai-je, Maman (Pfte.: Mozart, KV 300 e = 265) 16

Var. über: Ascouta Jeanette (H. Köhler) (arr. f. 1 Fl.) 303

Var. über Chœurs de l'Opéra: Fernand Cortez (Pfte.: Moscheles) 319

(8) Var. über das Chorstück: Dieu d'amour aus der Oper: Les Mariages Samnites (A.-E.-M. Grétry) (Pfte.: Mozart, KV 374 c = 352) 5, 91, 773

(6) Var. über das Duett: Nel cor più non mi sento aus der Oper: La Molinara (Paisiello) (Pfte.) (Beethoven, WoO 70) 62; Gelinek 83

(8) Var. über das Lied: Ein Weib ist das herrlichste Ding (Pfte.: Mozart, KV 613) 12, 103

(7) Var. über das Lied: Willem von Nassau (Pfte.: Mozart, KV 25) 101

Var. über das Menuett: Don Juan (H. Köhler) (arr. f. 1 Fl.) 303

Var. über das Menuett des Viganò (H. Köhler) (arr. f. 1 Fl.) 303

Var. über das Quartett aus: Das Unterbrochene Opferfest (Winter) (Pfte.: Kirmair) 416

Var. über das Thema: An Alexis send ich dich
(Pfte.: Töpler) 828
Var. über das Thema: Ey du lieber Augustin!
(H. Köhler) (arr. f. 1 Fl.) 303
Var. über das Thema: In meinem Schlosse
ist's gar fein (H. Köhler) (arr. f. 1 Fl.) 303
(9) Var. über das Thema: Quant' è più bello
aus der Oper: La Molinara (Paisiello)
(Pfte.: Beethoven, WoO 69) 62
(10) Var. über das Volkslied: Wir winden dir
den Jungfernkranz aus: Der Freischütz
(C. M. v. Weber, Jähns 277, 14) (Pfte.: F.
Kuhlau, Op. 48) 419
Var. über: Der Vogelfänger bin ja, aus der:
Zauberflöte (Mozart, KV 620, 2) (arr. f.
1 Fl.) 304
Var. über: Die Milch ist gsünder (arr. f. 1 Fl.)
304
Var. über die Sentinelle (Pfte.: Leidesdorf)
558
(6) Var. über ein Allegretto (Pfte.: Mozart, KV
547 b) 19, 101
(5) Var. über ein Andante (Pfte. 4hdg.: Mozart, KV 501) 279
(6) Var. über ein bekanntes Thema (Pfte.:
Tomaschek, Op. 16) 201
Var. über ein englisches Lied (Pfte.: Himmel)
993
Var. über: Ein Mädchen oder Weibchen, aus
der: Zauberflöte (Mozart, KV 620, 20)
304
(12) Var. über ein Menuett von J. Chr. Fischer
(Pfte.: Mozart, KV 189 a = 179) 16, 101
(9) Var. über ein Menuett von J. P. Duport
(Pfte.: Mozart, KV 573) 8, 91
Var. über ein Oesterreichisches Volkslied
(Pfte.: J. N. Hummel, Op. 8) 974
(6) Var. über ein Original-Thema (Pfte.: C.
M. v. Weber, Jähns 7) 975
(11) Var. über ein russisches Originalthema
(Pfte.: Jos. Schmid) 403
Var. über ein Thema aus: Das befreite Jerusa-
lem (Righini) (Pfte.: Siegel, Op. 49) 890
Var. über ein Thema aus dem Ballet: Der
Mechanicus (Pfte.: Röth) 339
(6) Var. über ein Thema aus dem Finale zum
II. Akt der Oper: La Fiera di Venezia
(Salieri) (Pfte.: Mozart, KV 173 c = 180)
101
Var. über ein Thema aus dem: Wirtshaus von
Granada (Umlauff) (Pfte.: Stegmayer)
576
Var. über ein Thema aus der Oper: Der Brau-
er von Preston (A. Adam) (Pfte.: Déjazet)
810
Var. über ein Thema aus der Oper: Der Liebes-
trank (Donizetti) (Pfte.: F. L. Schubert,
Op. 28) 801
Var. über ein Thema aus: Don Juan (Mozart,
KV 527, 7) (Pfte.) 779
Var. über ein Thema aus: Freischütz (Pfte.: F.
Kuhlau, Op. 49, 2) 420
Var. über ein Thema aus Rossini's: Wilhelm
Tell (Pfte.: F. L. Schubert) 788
(9) Var. über ein Thema von N. Dezède: Lison
dormait (Pfte.: Mozart, KV 315d=264) 6, 91
Var. über einen Marsch aus der Oper: Samoré
(Abbé Vogler) (Pfte.: Gänsbacher) 202
Var. über: Gestern Abend ging ich aus (arr.
f. 1 Fl.) 304

(6) Var. über: God save the King (Pfte.: G.
H. Köhler) 410
Var. über: Guter Mond du gehst so stille
(Kelz) (arr. f. 1 Fl.) 303
(6) Var. über: Hélas, j'ai perdu mon amant
(Pfte., Vl.: Mozart, KV 374 b = 360; Pfte.-Arr.)
103
Var. über: Ich schlief, da träumte mir (Kelz)
(arr. f. 1 Fl.) 303
Var. über: Je suis encor dans mon printems
(H. Köhler) (arr. f. 1 Fl.) 303
(12) Var. über: Je suis Lindor (Baudron) (Pfte.:
Mozart, KV 299 a = 354) 8, 101
(12) Var. über: La belle Françoise (Pfte.: Mo-
zart, KV 300 f = 353) 101
(12) Var. über: La Bergère Célimène (Pfte.,
Vl.: Mozart, KV 374 a = 359; Pfte.-Arr.)
32
Var. über Manden med Glas i Haand (Pfte.:
F. Kuhlau, Op. 14) 405
Var. über Marsch aus: Cendrillon
Gelinek 317; J. N. Hummel 317
Var. über Romance aus: Joseph et ses Frères
(Pfte.: Moscheles) 321
Var. über Romance von Garat (Pfte.: Mosche-
les) 319
Var. über: Rule Britannia (Pfte.)
Auber 707; Cramer 955 (2); J. N. Hum-
mel 955; Kalkbrenner 955; Moscheles
955
(7) Var. über Schulze's Lied: Beschattet von
der Pappelweide (Pfte. oder Hf.: Siebigk)
143
Var. über: Sul margine d'un rio (Leidesdorf,
Op. 90) 574
Var. über Thème aus: Cendrillon (Pfte.: Geli-
nek) 318
(10) Var. über: Unser dummer Pöbel meint
aus dem Singspiel: La Rencontre Imprévue
(Gluck) (Pfte.: Mozart, KV 455) 14
Variirter Choral (Org.: Klauss) 980
Variirter Choral: Stabat Mater (Org.: J. Vier-
ling) 985
Venetianisk Sang med Var. (Pfte.: Paer) 857
Veni Creator (Hymne) (Org.) 649 (4)
Veränderung (über den Choral: Nun lasst uns
den Leib begraben) (Org.: Rinck) 979
(33) Veränderungen über einen Walzer von
A. Diabelli (Pfte.: Beethoven, Op. 120)
Thema 827; Thema, Var. 3 777
Verbesserte militärische Messgesänge (Starke;
Harmoniemusik) 387
Vergatterung, Rast, Abschiedsmarsch, und
ein lustiges Quodlibet (Starke; Harmonie-
musik) 387
Vergatterung, Rast, Alexandermarsch nebst
14 Var. und Coda (Starke; Harmoniemu-
sik) 388
Vergatterung, Rast, Doublier-Marsch und
Ecossaisen, für türkische Musik (Starke)
388
Vergissmeinnicht-Walzer (Pfte.: H. Herz) 801
Versett(e) (Org.)
Feuerbach 989; M. Henkel 980; J. G.
Vierling 978; Ziegler 987 (2); anonym
985 (3), 986 (6), 987 (3)
Victoria Valse (Pfte.: Schulhoff) 944
(3) Vienna Laendler (Waltz) (Pfte.) 752
Vise af: Barberen i Sevilla med Var. (Hf. oder
Pfte.: Cardon) 156

Vise (Arie) af: De to smaae Savoyarder (Da-
layrac) med Var. (Hf. oder Pfte.: J. H.
Lorenz) 157
Vivace (Cemb. oder Pfte.: Sterkel, Op. 10,
10) 102
Vivace (Hf. oder Pfte.: J. F. Reichardt) 158
Vivace (Pfte.)
Clementi 618; J. N. Hummel 956; Linde-
man 76; anonym 2, 10, 51, 892 (2)
Vivace quasi Rondo (Org.: Tauscher) 979
Vive la Danse Quadrilles (Pfte.: Ph. Musard)
926
Volkslied mit Var. (Pfte.)
Kallenbach 204; anonym 270
Vor- oder Nachspiel (Org.: H. W. Stolze) 986
Vorspiel (Org.)
Bertelsmann 982; Bühler 978; M. Henkel
980; Hesse 987; M. Keller 978; Kittel
978; A. L. Löwe 988; Seybold 979 (2);
G. Chr. Stolze 982 (3), 983 (5); H. W.
Stolze 984 (5), 985 (9), 986 (5); J. Vier-
ling 979, 989; J. G. Vierling 978; Zöllner
984, 985 (2), 987
Vorspiel (Pfte.) 768
Vorspiel (Org.)
Ach bleib bei uns Herr Jesu Christ (G. Chr.
Stolze) 982
Ach Herr mich armen Sünder oder: Befiehl
du deine Wege (G. Chr. Stolze) 982
Allein Gott in der Höh' sei Ehr (Volkmar)
985
Auf jauchzt dem Herrn (G. Chr. Stolze)
983
Aus meines Herzens Grunde (G. Chr.
Stolze) 983
Heut hat des Schöpfers Wundermacht
(M. Henkel) 981
Ich dank dir schon durch (G. Chr. Stolze)
983
Jesu Leiden Pein und Tod (G. Chr. Stolze)
983
Jesu meine Freude (Tauscher) 978
Mir nach spricht Christus (E. F. Wolf)
987
Wach auf mein Herz und singe (Volkmar)
983
Warum betrübst du dich (G. Chr. Stolze)
983
Vorspiel auf den Choral: Wachet auf, ruft
uns (Org.: W. A. Müller) 984
Vorspiel und ausgeführter Choral: Sei Lob
und Ehr dem höchsten Gut (Org.: Hesse)
988
Vorspiel und Choral (Org.: Kittel) 979
Vorspiel und Choral: Grosser Gott dich lo-
ben wir oder: Jauchzt dem Höchsten alle
Welt (Org.: V. Schulz) 985
Vorspiel und Fuge (Org.)
A. L. Löwe 982; J. Vierling 980
Vorspiel zu dem Choral(e) (Org.)
Ach Gott! wie manches Herzeleid (Karow)
991
Aus tiefer Noth schrei ich zu dir (Karow)
991
Christ lag in Todes-Banden (Buxtehude)
990
Ermuntre dich mein schwacher Geist (E.
F. Wolf) 988
Freu dich sehr, o meine Seele (G. Chr.
Stolze) 989

Herr Jesu, Gnadensonne (G. Chr. Stolze)
989
Herzlich thut mich verlangen (Zoellner)
980
Ich bin ja Herr in deiner Macht (Karow)
991
Ich dank dir lieber Herr (A. L. Löwe) 992
Jesu meine Freude (G. Chr. Stolze) 989
Liebe, die du mich zum Bilde (G. Chr.
Stolze) 990
Lobet den Herrn, den mächtigen König
(J. Vierling) 984
Schmücke dich o liebe Seele (Karow)
991
Sei Lob und Ehr dem höchsten Gut
(Hesse) 981
Vorspiel zu dem Liede: Christus der ist mein
Leben (Org.: Zöllner) 986
Vorspiele ... (Pfte.: J. N. Hummel, Op. 67)
383

Wals s. Vals
Waltz a la Campanella (Paganini; Pfte.-Arr:
Perry) 968
Waltz Rondo (Pfte.: Macdonald) 926
Waltz, the last composition (C. M. v. Weber
unterschoben) s. Danses brillantes (Pfte.:
Reissiger, Op. 26, 5)
Waltzer s. Walzer
(2) Waltzes (Pfte.: Pixis) 953
(12) Waltzes (Pfte., Tamburin, Triangel: Cle-
menti, aus Op. 38; Pfte.-Arr.) 123
(3) Waltzes o Landlers (Pfte.: Jansen) 573
Walz (Mozart) s. (6) ,,Landlerische''
Walz con Trio y Coda (Pfte.: Scholl) 573
Walzer (arr. f. 1 Fl.)
Fatschek 302; H. Köhler 305; Mozart
300; Mozart (unterschoben, Anh. C.29.
08, 1) 299; H. F. Müller 298; anonym
298 (3), 299 (8), 305 (2), 306
Walzer (Git.) 628
(3) Walzer (2 Git.: Löhr) 855
(10) Walzer (Git. oder Lyra) 995
Walzer (Hf.) 203
Walzer (Hf. oder Pfte.)
Marin 156; V. Maschek 158 (2); Steibelt
159; J. M. Weippert 156; anonym 158
Walzer (Harmoniemusik)
Ch. ? Bochsa 163; Leroy 161 (2), 162
(4), 163 (2)
Walzer (Pfte.)
G. Adam 828; Auber 795; Avé Lallement
844, 845 (2); Barth 75, 183; Bauck 717;
Berger 50; Bertini 802; Bochmann 828,
829; Böttcher 138; Boieldieu 36 (2);
Bombelles 409; Boynebourgk 412; Bre-
dal 423; Brose 270 (2); Burrowes 910,
911, 912; C. R. 774; Cercha 645; Chwatal
771; Clementi 124, 129; Costa 968; Czer-
ny 715, 855; E. B. 714; Eberwein 949;
Ehrlich 892; Erfurt 890; Esain 929; G.
D. 765; v. Gallenberg 845; Gleisman 27;
Gourieff 949; Grotke 148; Grund 888,
892 (2); Guido 155; Haeuser 824; v.
Hampeln 139; Hansen 862; Hauptmann
885; Hausmann 786; A. D. Heger 417;
H. Heger 206, 207; Hertz 414; Hessner
769, 776, 777, 779; Hildebrandt 786;
Holm 845; F. Hünten 971; W. Hünten
912; J. N. Hummel 60, 279; Jüngling 290;

Jullien 993; Kabell 411; Kalkbrenner 571 (2); Kauer 139; Keyper 416; Klipstein 147 (2); Knecht 144; Krägen 829; C. Kreutzer 236, 321; F. Kuhlau 656; L. 846; Lanner 797; Leidesdorf 654 (2); Lemming 415; Lennox 965; Levit 654; J. D. Lindemann 416; Liszt 968; Marque 626; H. Marschner 745, 847; P. Maschek 36; V. Maschek 43; Mehlhorn 797 (2); Merriott 913, 914, 915; Carl Meyer 770, 771, 794; Ch. G. Müller 846; G. Müller 892; H. F. Müller 150 (8), 151 (3); W. A. Müller 851, 852, 853, 854 (3), 855; F. H. Musard 805; Nagel 619; Neithardt 795; v. Neukomm 661; Ohms 56; P. L. 845; Palm 38, 46; Pape 782; Pelissier 331, 332; Pettoletti 861; Piscator 51; Pixis 425; Praeger 768, 780; Rausche 845; Reichel 617; Reissiger 828; Robineau 412; Romagnesi & Lemoine 668; Rossini 59; Rylander 46 (2); C. Schall 184, 205, 207; Schlesinger 955; A. Schmitt 993; Ludwig? Schubert 780; Setterholm 62; Siebigk 147; Sig. von Fr...ke 143; Södermann 718; Sörgel 889; St...l 854; Steibelt 80, 133, 139; Stirl 765, 784; Teschner 886, 888, 891; A. G. Theile 823; J. C. Theile 824 (3); Theuss 824; Tuczek 143; Valbruch 786; K. T. Wagner 767 (2); Walch 769, 845, 847 (2), 857; Wass 42; C. M. v. Weber 426; Weller 618; Wertheimstein 654; Wolfram 854 (2); J. W. Zimmerman 61 (2), 62; Zschiesche 888; anonym 17, 25, 33 (2), 37, 41, 45, 46, 55, 64, 208, 269, 290, 291 (2), 416, 572, 617, 618, 654, 656 (2), 661, 662, 764, 777, 826, 847 (3), 916, 949 (4), 950 (4), 951 (5), 952 (5)

(2) Walzer (Pfte.)
 Brunner 619; J. N. Hummel 741; Voetsch 284

(4) Walzer (Pfte.: Beethoven unterschoben, Anh. 16)
 2. Gertruds Traumwalzer 783, 857

(6) Walzer (Pfte.: Beethoven unterschoben, Anh. 14)
 1. Sehnsuchtswalzer 56, 68, 714, 768, 805, 826, 858, 918, 965, 974
 2. Schmerzenswalzer 63, 645, 827, 846, 859
 3. Hoffnungswalzer 826, 846
 6. Walzer 970

(6) Walzer (Pfte.: Merfort) 146

(10) Walzer (Pfte.: F. Kuhlau, K. 211, 5 u. 7) 411, 716

Walzer (Pfte. 4hdg.)
 Beethoven 845; Gabler 139; Kronberger 620; W. A. Müller 851, 852; Obst 147; Segniz 313; anonym 269

(3) Walzer (Pfte. 4hdg.: Dotzauer) 284

Walzer aus: Hans Heiling (H. Marschner) (Pfte.) 796

Walzer aus: Lestocq (Auber) (Pfte.) 800

Walzer aus: Nòrma (Bellini) (Pfte.) 800

Walzer aus: Die Stumme von Portici (Auber) (Pfte.) 951

Walzer aus dem Ballett: Joko (Lindpaintner) (Pfte.) 788

Walzer aus der Oper:
 Der Blitz (Halévy) (Pfte.) 802

Die Flibustier (Lobe) (Pfte.) 799

Joconde (Isouard) (Pfte.) 889

Die Jüdin (Halévy) (Pfte.) 800

Marino Faliero (Donizetti) (Pfte.) 804

Das Nachtlager von Granada (C. Kreutzer) (Pfte.) 803

(2) ... Walzer mit Alten (Pfte.: Freystädtler) 133

(3) Walzer mit Trios (2 Vl.: Otter) 722

(12) Walzer mit untermischten Posthornsolo nebst Coda, die Schlacht bei Paris ausdrückend (Starke; Harmoniemusik) 388

Walzer mit Var. (Git.: Bonaventura) 278

Walzer nach einem Thema aus dem: Maurer (Pfte.: Erfurt) 889

Walzer nach einer Melodie aus: Oberon (C. M. v. Weber) (Pfte.) 773

Walzer nach Melodien aus der Oper: Zampa (Hérold) (Pfte.) 951

Walzer nach Melodien aus: Oberon (C. M. v. Weber) (Pfte.)
 Beyer 774; W. A. Müller 852; Praeger 775

Walzer nach Melodien von Lanner (Pfte.) 802

Walzer nach Motiven aus der Oper: Macbeth (Chélard) (Pfte.) 742

Walzer über Motive aus der Oper: Die Hugenotten (Meyerbeer) (Pfte.: C. Meyer) 805

Walzer und 2 Ecossaisen (Eybler; Arr. f. Harmoniemusik: Starke) 387

(3) Walzer und (3) Ecossaisen (Pfte.: J. P. Schmidt) 169

Walzer-Guirlande nach Lanner und Strauss (Vater) (Pfte. 4hdg.) 809

Walzes‹Schweitzer Ländler› (Pfte.: Gelinek) 319

Waterloo-Walzer (Arr. f. türkische Musik: Starke) 390

Welch Air (Pfte.) 203

Wellington Marches (Pfte.: Glover) 947 (6)

Welsh Hornpipe (Pfte.-Arr.) 104

Wiener Congress Wals (Pfte.) 406

Wiener Favorit-Marsch (Steinmann; arr. f. 1 Fl.) 690

Wiener Jubelmarsch (Chotek; arr. f. 1 Fl.) 703

Wiener Ländler (Pfte.: E. Marschner) 813

Wiener-Launen-Walzer (Joh. Strauss Vater, Op. 6; arr. f. 1 Fl.) 695

Wiener Nationalgarde-Marsch (Egghard; arr. f. 1 Fl.) 703

Wiener Pause-Vals (Pfte.) 412

Wiener Tänze (Morelly; arr. f. 1 Fl.) 696

Wiener-Vals af: Den Stumme i Portici (Auber) (Pfte.) 860

Wiener Walzer (arr. f. 1 Fl.)
 H. Köhler 304; anonym 304, 695

Wiener Walzer (Pfte.)
 Czerny 780; Lindemann 417; C. G. Müller 775; Rossini 845; Scheibler 618; Ter Borch 419; anonym 410, 952

Wiener Walzer nach Paganini (Pfte.) 785

Wienerländler (Lanner, Op. 1; arr. f. 1 Fl.) 692

(50) Wienertänze (arr. f. 1 Fl.) 692

Winterbelustigung (Schottischer Walzer) (Pfte.: F. L. Schubert) 809

Wintergarten-Walzer (F. Morelly; arr. f. 1 Fl.) 695

Wohltemperierte Klavier (Das) (Bach, BWV 850, 856, 876) 768 (2), 978
Woodman spare that tree! (with Var.) (Pfte.: Holmes) 926

Yndlings Polonaise (Pfte.)
   Himmel 81; Steibelt 82; P.? Wranitzky 83
Youth renewed (Knapton) 953

Zapateado (Spanischer Tanz) (Pfte.) 406, 556, 972
Zapfenstreich in Es (Orch.: Theuss, Op. 49) 823
Zapfenstreich, Märsche und Var. über die Romanze aus dem: Aschenbrödel (Starke; Harmoniemusik) 387

Zapfenstreich mit Var. nebst dem Berliner Triumph-Marsch für türkische Musik (Starke) 390
Zigeuner-Galoppe aus der Oper: Die Hugenotten (Meyerbeer) (Pfte.) 804
Zigeuner-Marsch aus dem Schauspiel: Preciosa (Schulz) (Pfte.-Arr.) 774
Zora Quadrilles (Pfte.: Guernsey) 948
Zurich Waltzes (Nr. 1–5; Pfte.: Weippert) 929
Zwischenspiel: Jesus meine Zuversicht (Org.: Schmachtenberg) 983
Zwischenspiel: Wie nach einer Wasserquelle oder: Freu dich sehr, o meine Seele (Org.: Schmachtenberg) 985

Addenda:

Zu Seite 100:

    [25] [François-Hippolyte Barthélémon]: „Sons of
            freedom" (The Election)   78— 79

    [27] [William Shield]: „With consent of ones friends"
            (The Divorce)   84— 87

    [29] [William Shield]: „O force me not from him"
            (The Divorce)   92— 93

Zu Seite 107:

No. 51.52.[Nicolas Dalayrac]: Duo (Md. Bernard, Marianne) [aus:
            Marianne] „Mon maître est quelque fois avare"
            (Pfte.-Arr.: Le Gaye)   2— 8

Zu Seite 309:

Cahier 6 ([Pl. Nr.] 2309 [13.4.1814]):

Nro. 4.   [Giuseppe Farinelli]: Duetto [aus: Teresa e Claudio]
            „Amore vi chiedo" (S, C-A, Git. oder Pfte.)   12— 19

Cahier 8 ([Pl. Nr.] 2402 [20.9.1815]):

Nro. 5.   [Stefano Pavesi]: Duetto [aus: I Nemici Generosi] „Piaceri
            dell' anima" (S I, II, Git. oder Pfte.)   14— 18

Zu Seite 332:

[38]   Dance as performed in: Obi or Three Fingered
        Jack [S. Arnold]   90

Zu Seite 857:

[27] C.[arl] Czerny: Sörgemarsch ved v. Beethovens Begravelse
      [Op. 146]   54— 57

Zu Seite 949:

No. 19.   Walzer (Trio nach dem Mantelliede aus: Leonore)
        [Eberwein]   16

Réseau de bibliothèques Université d'Ottawa Échéance	Library Network University of Ottawa Date Due